八閩文庫

專題彙編

第二種

福建民間契約文書

厦門大學民間歷史文獻研究中心 編
鄭振滿 主編

48

海峽出版發行集團
THE STRAITS PUBLISHING & DISTRIBUTING GROUP
福建人民出版社

本册目録

第十一卷　永泰縣洑口鄉后亭、雙溪、廠坪村契約文書（一）

第二帙　盧氏祠堂

第十一卷　永泰縣洑口鄉后亭、雙溪、廠坪村契約文書（一）

本卷主編　鄭鵬程

本卷簡介

永泰縣洑口鄉后亭、雙溪、廠坪三個行政村，地處后亭溪、官林溪流域，「雙溪」即因兩溪交匯而得名。后亭溪與官林溪流入大樟溪，而後自西向東匯入閩江，直達省會福州。由於水運交通較爲便利，雙溪流域較早進入山區開發進程。明代中期以降，大量外來移民來到永福山區，種菁種蔗，伐山采木，在雙溪流域逐漸形成了一些小村落。

本卷涉及的地域範圍，明清時期隸屬於永福縣和平鄉英達里三十六都，民國四年劃歸永泰縣南區。就契約文書的收藏者而言，主要涉及后亭村盧氏家族、温氏家族、黄氏家族，雙溪村賴氏家族、白氏家族，廠坪村鄭氏家族。茲依據族譜記載和田野調查資料，對這些家族的發展歷程略作概述。

后亭盧氏家族原爲明代軍户，四世祖賢聰公於正德五年徙居后亭坂，最初是里長林氏家族的佃户。萬曆年間，盧氏族人通過頂替户籍，進入當地的里甲系統，逐漸發展成爲一方大族。第七代義伸公生四子，分爲詩、禮、傳、家四房，而家房又分爲日、月、天、光、德五房，形成了后亭盧氏的八大支派。自明中葉以來，盧氏族人主要聚居於后亭溪流域，現有人口一千二百餘人。

温氏家族聚居於后亭村下屬的塗洋自然村，現有人口約一千二百人。據族譜記載，温氏始遷祖媽孫公於嘉靖三十六年（一五五七）徙居塗洋，其長子温麟開基洑口鄉吉坑村，三子温賢開基德化縣楊梅鄉大傳村，僅次子温濱留在塗洋「奠基」。黄氏家族聚居於后亭村下屬的東山自然村，其始遷祖文灼公於清初遷居東山，建立「東升堂」，現有後裔三百餘人。

雙溪賴氏家族的始祖爲德化縣桂林鄉桃源口的五一公，其派下分爲孟、仲、季三房。至仲房第十四代寬五、寬十，爲雙溪賴氏家族的開基祖，共同創建了「埕祥堂」。白厝家族聚居於雙溪村下屬的白厝自然村，其始遷祖劉一公，原爲延平衛軍官，於永樂三年隨軍到洑口開屯，建立了「新安厝」。至第二代福緣，開始致力於山林經濟，遂定居於此。

廠坪鄭氏家族的舊譜已經散佚。新編的下昌坪支譜將族源追溯至西晉鄭沖，至第十代六三公，於嘉靖十三年遷至廠坪湖厝前，在此建屋定居，是爲廠坪鄭氏的開基祖。至明末清初，第二十三代正三公傳下冬錫、冬銘、冬誌、冬旺、冬紹五房，族譜乃有較爲明確、完整的譜系。目前廠坪鄭氏多是該五房後代，傳歷十餘代。

二〇一八年冬，我們首次到后亭、雙溪、白厝等地調查，收集了較爲豐富的歷史文獻資料。此後又多次到當地開展補充調查，涉及的地域擴大至土洋、東山、廠坪等村。我們在當地收集的契約文書，主要來自六位收藏者和兩座家族祠堂，另有少數契約由周寧縣博物館鄭勇先生提供。依據「歸户」的原則，本卷編爲九帙，每帙之内再分爲若干文書群，按時序編排。

第一帙爲盧賢焯户契約文書，包括各類契約八十一件，另有一批賬單、鬮書、信函、儀式文書、税單及訴訟文書等。盧賢焯爲天房第十五代族人，所收藏契約文書形成於第十代盧師若，經由歷次分家傳承而來。至第十四代聖寬、至務兄弟，因家庭糾紛遺失了一些契約文書，但原有系統仍然較爲完整。

第二帙爲盧氏祠堂契約文書，包括四册賬簿，分别涉及抄契、請神、添丁和福首。這些賬簿的延續時間較長，如抄契簿謄録的契約可以上溯至明萬曆年間，而請神、添丁和福首賬簿的記録時間皆爲清乾隆年間至民國時期。

通過解讀這些公共文書，可以完整再現盧氏家族的發展史。

第三帙爲温永國户契約文書，包括二件契約和一幅地圖。温永國是應寬派下第十三代族人，所收藏兩件契約爲清康熙年間陳氏出賣税山的上下手契，而地圖則反映了清嘉慶年間温氏與后亭盧氏的争控事件。

第四帙爲鄭勇所藏温氏契約文書，包括各類契約五十四件，主要涉及田土、糞椆、房屋的産權交易。這些契約的當事人爲應添派下第九世其章，反映了晚清民國時期該房支的經濟活動。

第五帙爲温氏祠堂契約文書，包括二册賬簿，即民國時期的福首簿和晚清民國時期的添丁簿。通過解讀這兩種賬簿，可以再現近代温氏家族的儀式組織與人口發展態勢。

第六帙爲黄正柱户契約文書，包括八件契約，内容涉及房屋、税山與公輪田的産權交易。黄正柱为東山黄氏第十二代族人，所收藏契約文書傳承自曾祖父黄材宜（别名「金懋」、「亦有」）及祖父黄德鑄（别名「世溶」）。

第七帙爲賴元代户契約文書，包括各類契約三百二十二件，另有若干賦税文書和訴訟文書。賴元代是寬五派下第二十七代族人，所收藏契約文書繼承自二十二代賴振福。其中有不少涉及廠坪鄭氏的契約文書，反映了兩大家族之間的田土和房屋交易，另有二十四件涉及「黄楊大使」和「都督尊王」的契約文書，反映了當地神明會組織和地方公産的發展進程。

第八帙爲白昌爐户契約文書，包括十三件契約和一册抄契簿，主要涉及山林經濟的開發與經營。白昌爐爲白厝白氏第十八代族人，所收藏契約文書傳承自第二代白福緣。抄契簿中抄録了明成化年間的契約，其餘立契時間爲清康熙六年（一六六七）至同治十二年（一八七三）。

第九帙爲鄭應艷户契約文書，包括契約二百三十一件，另有鬮書二册、祭簿一册、山租簿一册。鄭應艷爲廠坪鄭氏第三十五代族人，所收藏契約文書傳承自第二十九代鄭佳增（别名「大年」），主要涉及田土流轉和山林經濟開發。第三十二代鄭春有（别名「功慶」）所立乾、坤二房鬮書，記録了爲子美才（别名「祖華」）、美溪（别名「祖長」）分家析産的過程。該户保存的山租錢賬簿，反映了鄭氏家族的山林經營方式。

本卷收録的契約文書，大致可以分爲兩大類：一是由某一家族共同保存的契約文書，如盧氏祠堂契約文書、温氏祠堂契約文書、白昌爐户契約文書，主要反映了家族經濟與公共事務管理；二是由歷次分家傳承的契約文書，主要反映了某一家庭或某一房支的經濟活動。在日常生活中，這兩類契約文書各有不同的用途，應該回到家族發展的歷史進程，在具體的歷史情境中理解和釋讀。

第一帙 盧賢焯户

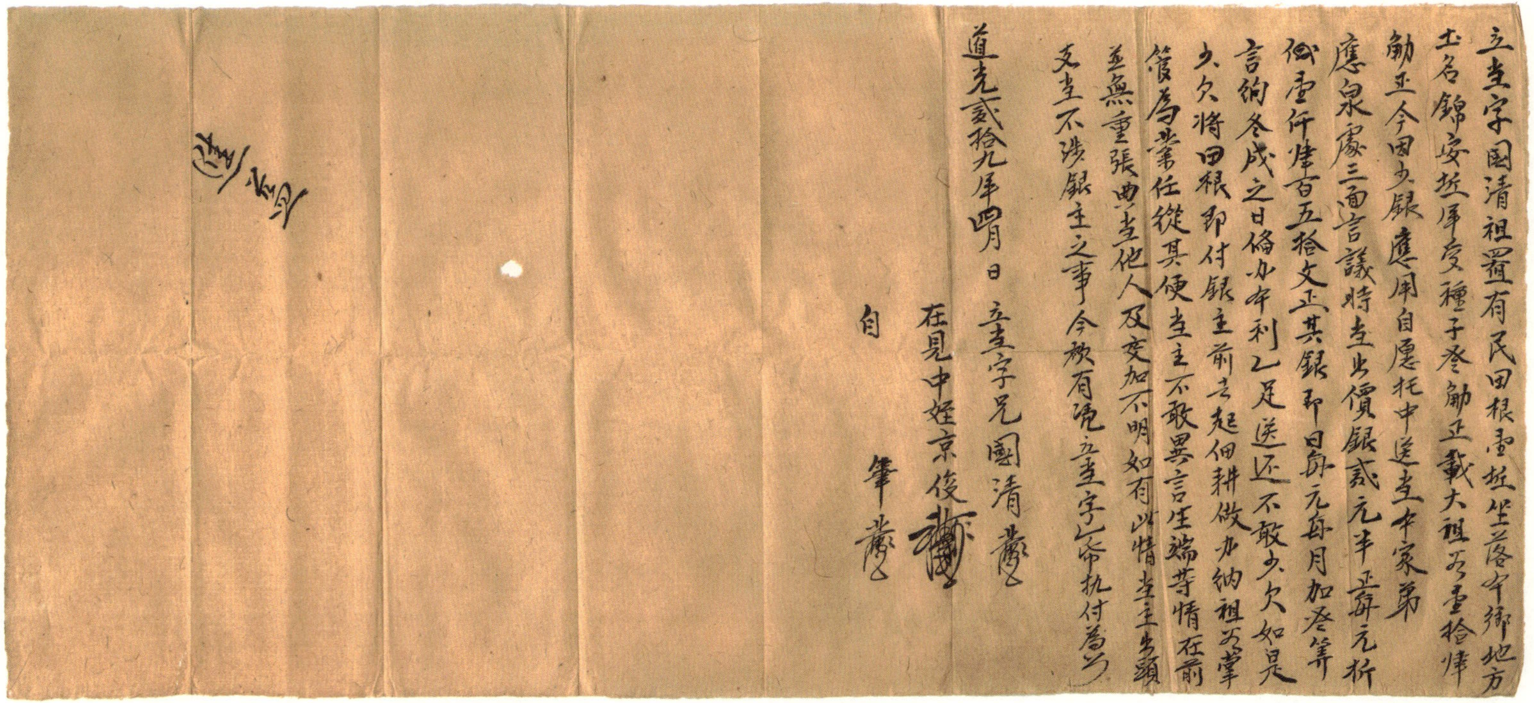

立當字國清祖置有民田根壹坵，坐落本鄉地方
土名錦安坵，年受種子叁觔正，載大租谷壹拾肆
觔正。今因乏銀應用，自愿托中送當本家弟
應泉處，三面言議，時當出價銀貳元半，每元折
錢壹仟肆百五拾文正。其銀即日收足，每元每月加叁算，
言約冬成之日備办本利一足送还，不敢少欠。如是
少欠，將田根即付銀主前去起佃耕做，办納租谷，掌
管為業，任從其便，當主不敢異言生端等情。在前
並無重張典當他人及交加不明，如有此情，當主出頭
支當，不涉銀主之事。今欲有憑，立當字一帋，付為炤。

道光貳拾九年四月　日　立當字兄國清（押）

在見中姪京俊（押）

自筆（押）

11-1-1-1　清道光二十九年四月盧國清立當民田根契

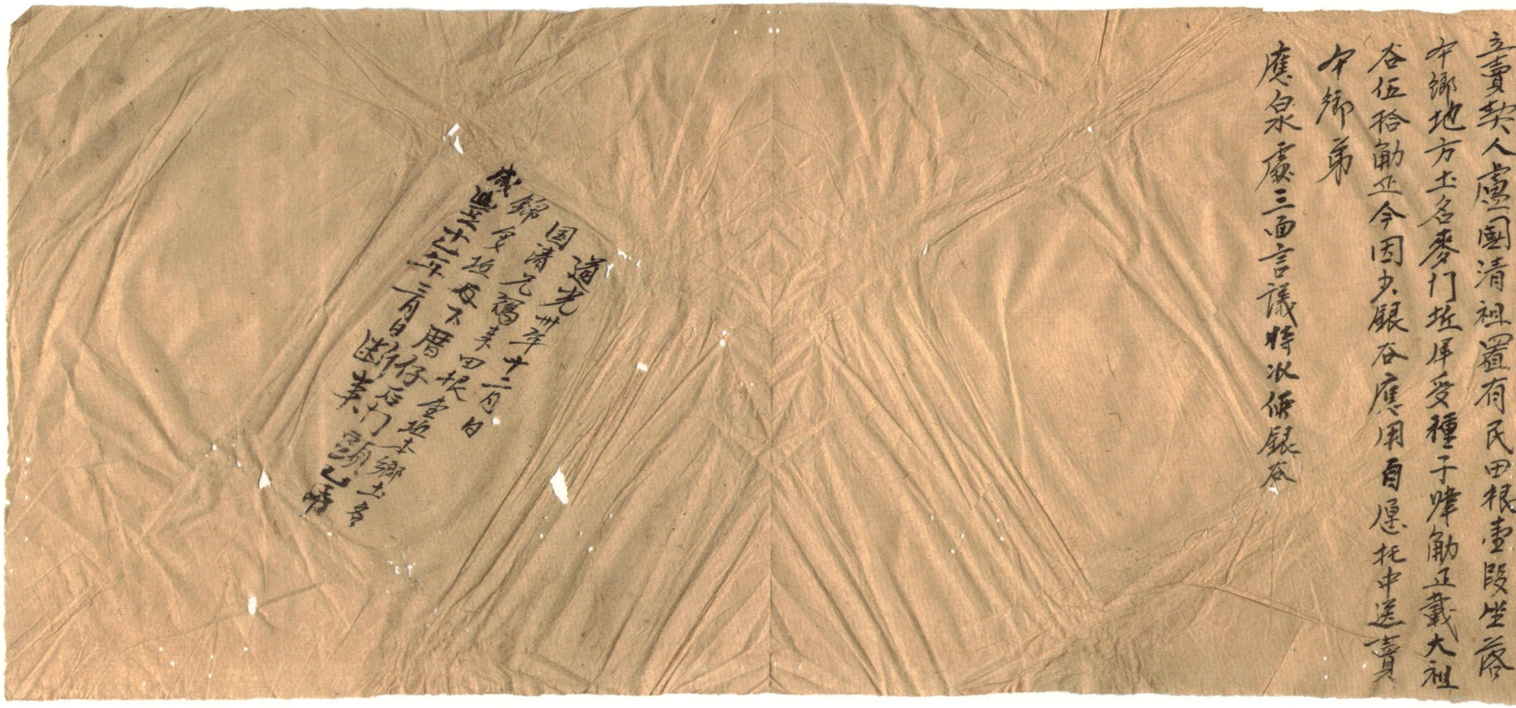

立賣契人盧國清祖置有民田根壹段坐落
本鄉地方土名麥门坵岸受種子肆觔正載大租
谷伍拾觔正今因少銀谷應用自愿托中送賣
本鄉弟
應泉處三面言議時收價銀谷

道光卅年十二月　日
國清兄賣來田根全坵本鄉土名
錫合坵安下厝仔后门頭乙坵
咸豐十七年二月日斷賣

11-1-1-2　清道光年間盧國清立賣民田根契（草契）

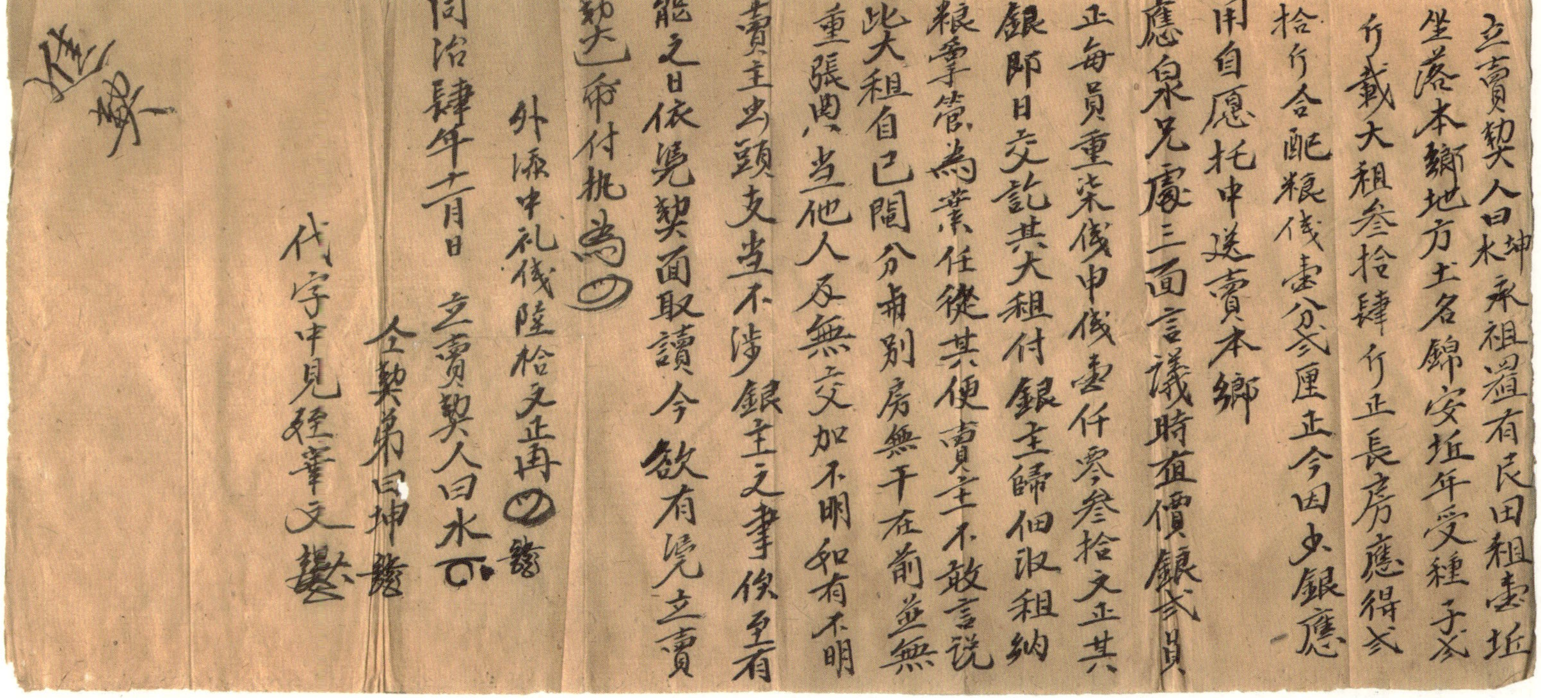

立賣契人曰水、坤承祖遺有民田租壹坵，坐落本鄉地方，土名錦安坵，年受種子弍斤，載大租叁拾肆斤正，長房應得弍拾斤，合配粮錢壹分弍厘正。今因乏銀應用，自愿托中送賣本鄉應泉兄處，三面言議時值價銀弍員正，每員重柒錢，申錢壹仟零叁拾文正。其銀即日交訖，其大租付銀主歸佃收租納粮管業，任從其便，賣主不敢言説。此大租自己閫分，與別房無干，在前並無重張典當他人及無交加不明，如有不明，賣主出頭支當，不涉銀主之事。俟至有能之日，依憑契面取讀。今欲有憑，立賣契一帋付執為照。

外添中禮錢陸拾文正再照。

同治肆年十一月　日　立賣契人曰水（押）

仝契弟曰坤（押）

代字中見姪筆文鑾（押）

11-1-1-3 清同治四年十一月盧曰水等立賣民田租契

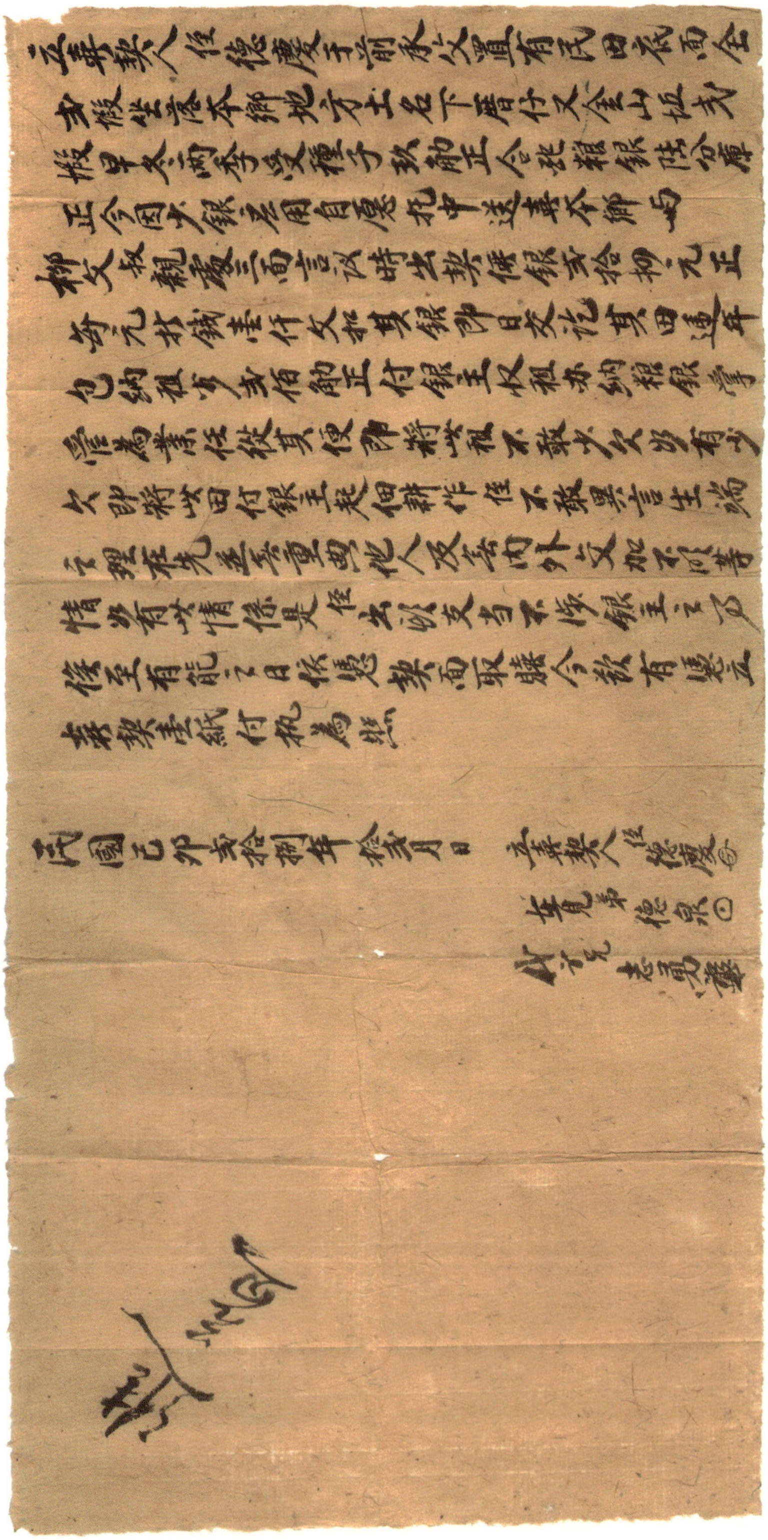
立賣契人盧德慶手前承父遺有民田底面全
壹號坐落本鄉地方土名下厝仔又金山坳弍
段早冬二兩季受種子玖斛正仝批租銀陸合厝
正今因乏銀應用自愿托中送賣本鄉[illegible]
柳文叔親處三面言議時出契價銀壹拾捌元正
每元折錢壹仟文就其銀即日交訖其田逐年
包納租斤壹佰觔正付銀主收租亦納糧銀[illegible]
憑為業任從其便即將此租不敢少欠如有少
欠即將此田付銀主起佃耕作任不敢異言生端
系理在先並無重典他人及家內外亦無不明等
情如有此情係是任出頭支當不涉銀主之事
候至有能之日係聽契面取贖今欲有憑立
賣契壹紙付執為照

民國己卯貳拾捌年拾貳月 日　立賣契人盧德慶（押）
在見弟 德泉（押）
代字兄 志勇筆

11-1-1-4　民國二十八年十二月盧德慶立賣底面全民田契

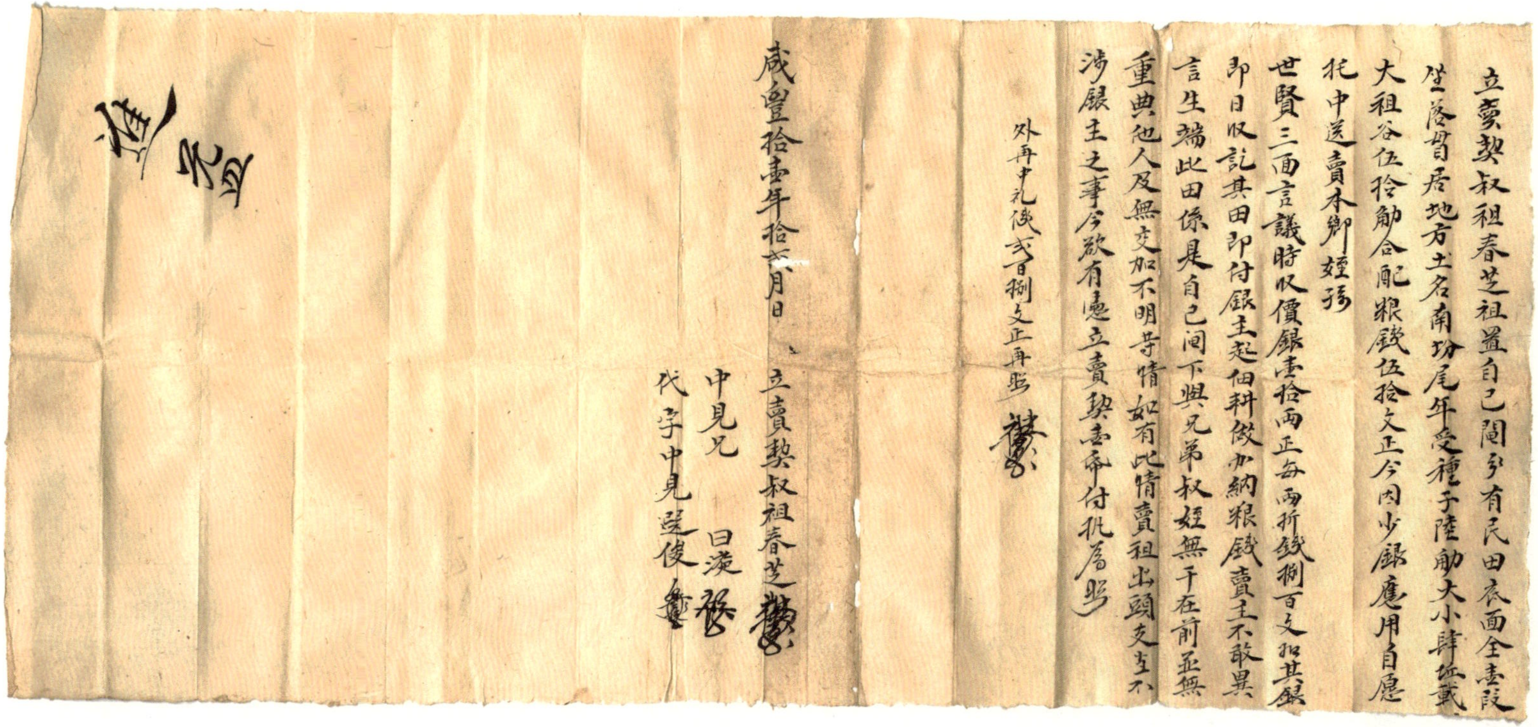

立賣契叔祖春芝祖置自己閭分有民田底面全壹段
坐落習居地方土名南坋尾年受種子陸斛大小肆坵載
大租谷伍拾斛合配粮錢伍拾文正今因乏銀應用自愿
托中送賣本鄉姪孫
世賢三面言議時收價銀壹拾兩正每兩折錢捌百文扣其銀
即日收訖其田即付銀主起佃耕種收納粮錢賣主不敢異
言生端此田係是自己閭下與兄弟叔姪無干在前並無
重典他人及無交加不明等情如有此情賣祖出頭支當不
涉銀主之事今欲有憑立賣契壹紙付執爲照

外再中礼俊式百捌文正再照

咸豐拾壹年拾貳月日

立賣契叔祖春芝

中見兄 曰湲

代字中見姪俊鑾

11-1-2-1 清咸豐十一年十二月盧春芝立賣底面全民田契

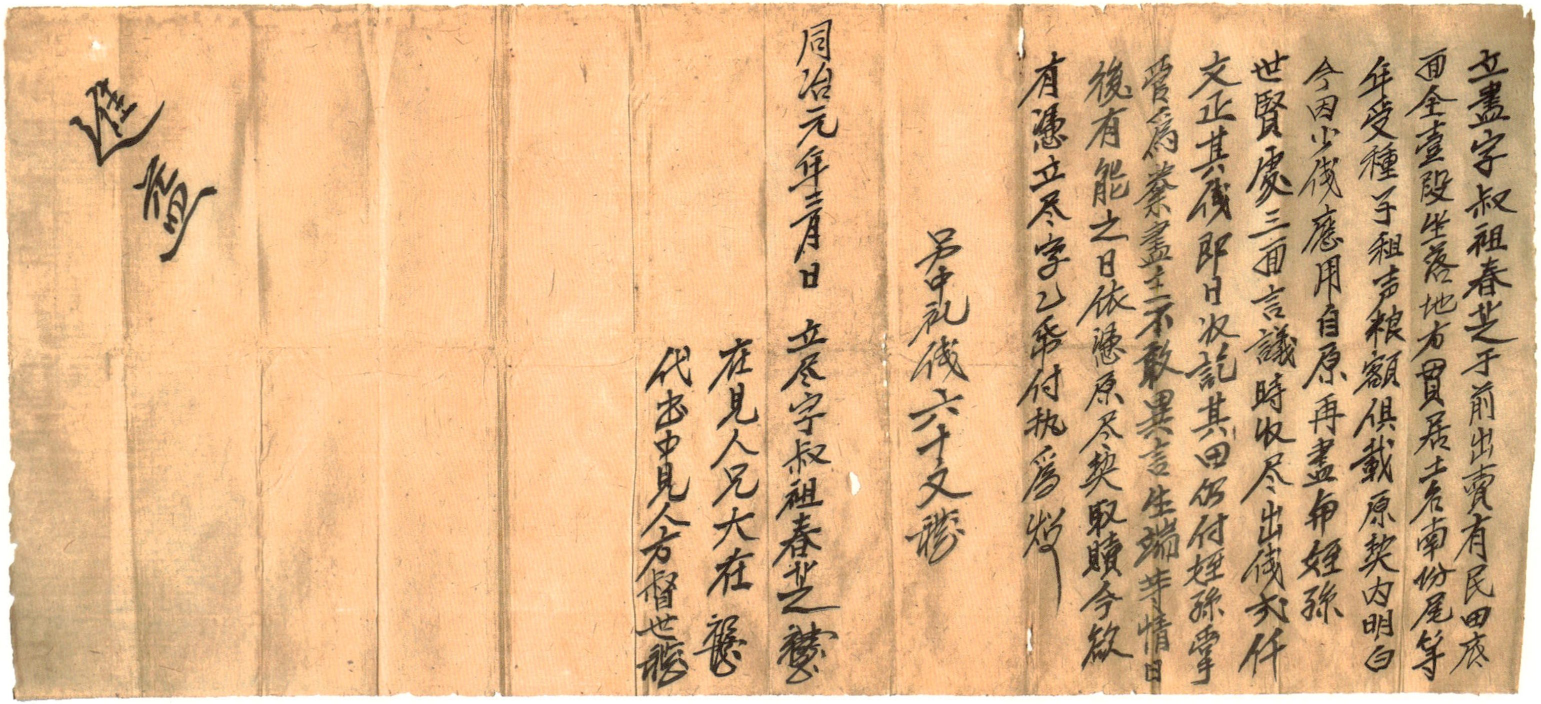

11-1-2-2　清同治元年三月盧春芝立盡底面全民田字

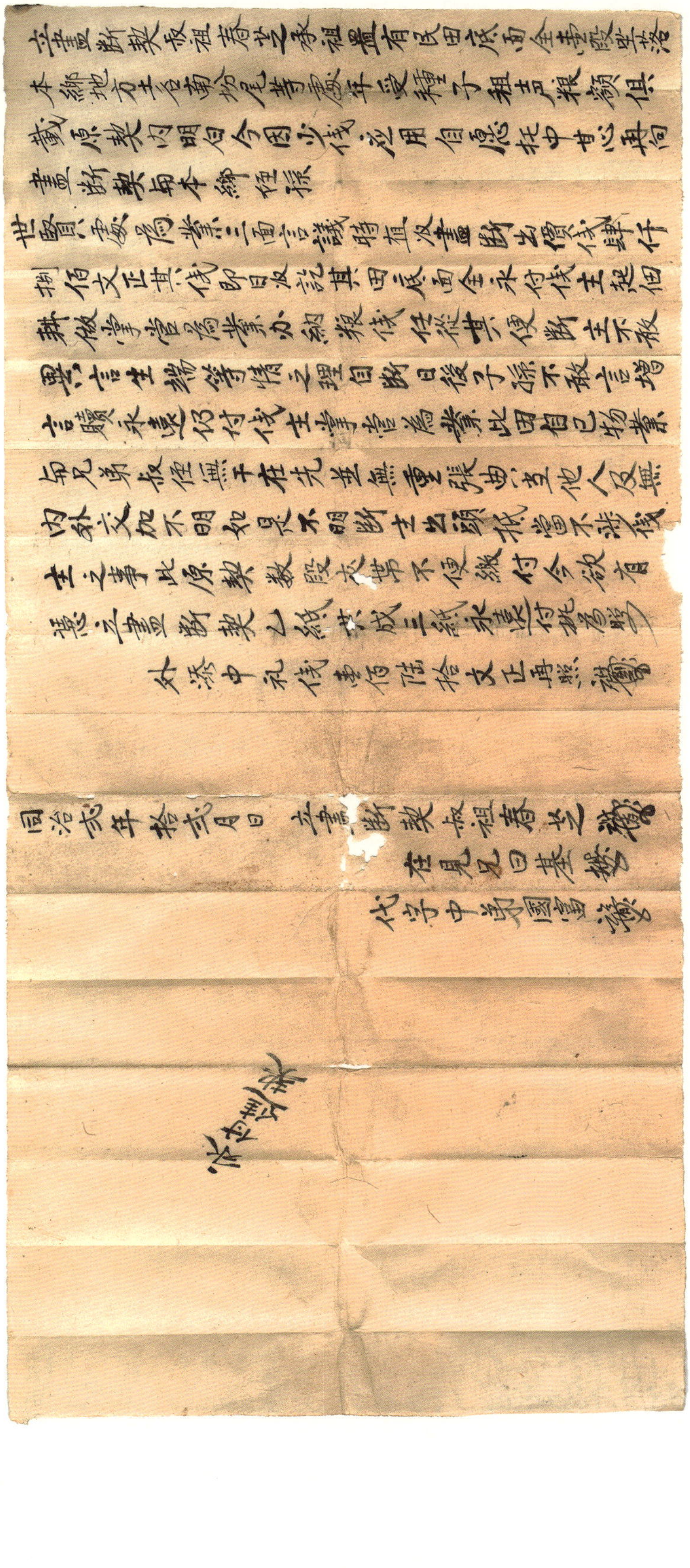

立盡斷契叔祖春芝承祖遺有民田一號底面全壹段坐落
本鄉地方土名南坑尾基前處坪處受種子粗二斗粮額俱
載原契內明白今因乏錢應用自願托中甘心盡向
立盡斷契與本鄉侄孫
世賢、世燦為業三面言議時值價盡斷出價錢肆仟
捌佰文正其錢即日收訖其田一底面全永付錢主起佃
耕做掌管為業亦納粮差任從其便斷主不敢
異言生端爭贖情之理自斷日後子孫不敢言增
言贖永遠付錢主掌管為業此田自己物業
與兄弟叔侄無干亦先並無重張典掛他人及無
內外交加不明如是不明斷主出頭抵當不涉錢
主之事此係契斷數段本世不使幾付今欲有
憑立盡斷契一紙付錢主永遠付執為照
外添中禮錢壹佰陸拾文正再照（押）

同治貳年拾貳月日　立盡斷契叔祖春芝（押）
在見兄日基（押）
代字中弟國壹（押）

永遠執照

11-1-2-3　清同治二年十二月盧春芝立盡斷底面全民田契

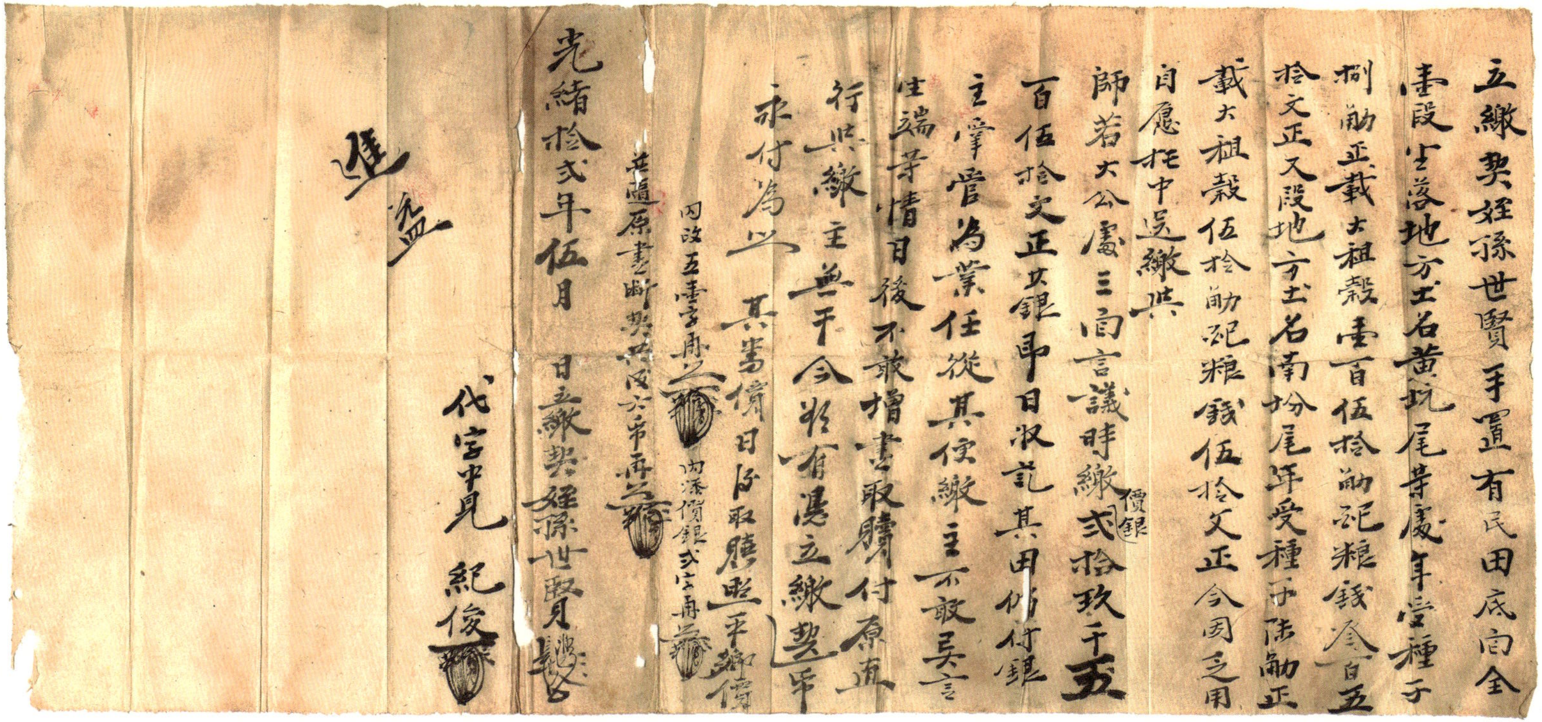

11-1-2-4 清光緒十二年五月盧世賢立繳底面全民田契

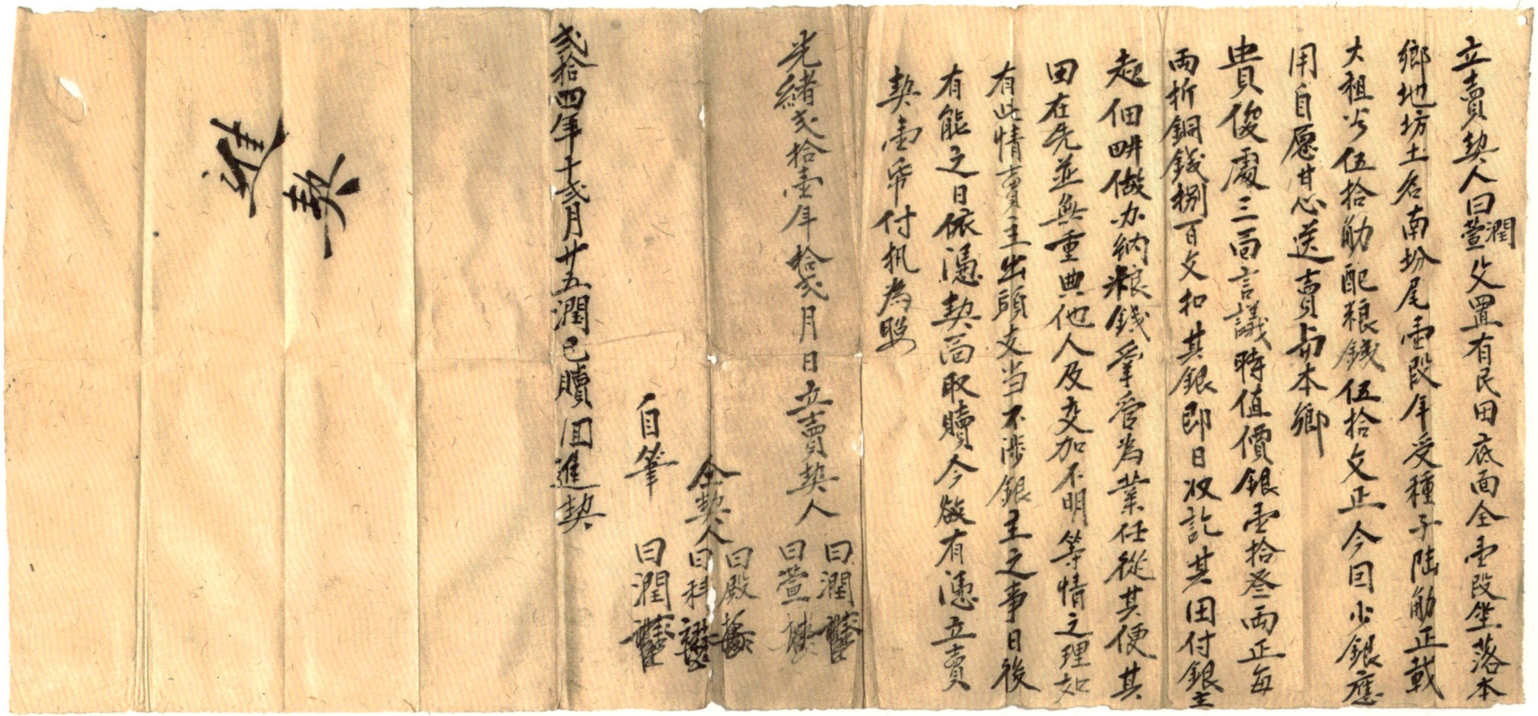
立賣契人曰萱仝潤，父置有民田底面全壹段，坐落本
鄉地方土名南坋尾，壹段，年受種子陆觔正，載
大租米伍拾觔，配粮銭伍拾文正。今因少銀應
用，自愿甘心送賣與本鄉
貴俊處，三面言議時值價銀壹拾叁兩正，每
兩折銅錢捌百文扣，其銀即日收訖，其田付銀主
起佃耕作，办納粮銭，掌管為業，任從其便。其
田在先並無重典他人及交加不明等情之理。如
有此情，賣主出頭支当，不涉銀主之事。日後
有能之日，依還契面取贖，今欲有憑，立賣
契壹帋付执為照。

光緒弍拾壹年拾弍月　日立賣契人　曰潤（押）　曰萱（押）
仝契人　曰殷（押）　曰秋（押）
自筆　曰潤（押）

弍拾四年十弍月廿五潤已贖回進契

11-1-2-5　清光緒二十一年十二月盧曰潤等立賣底面全民田契

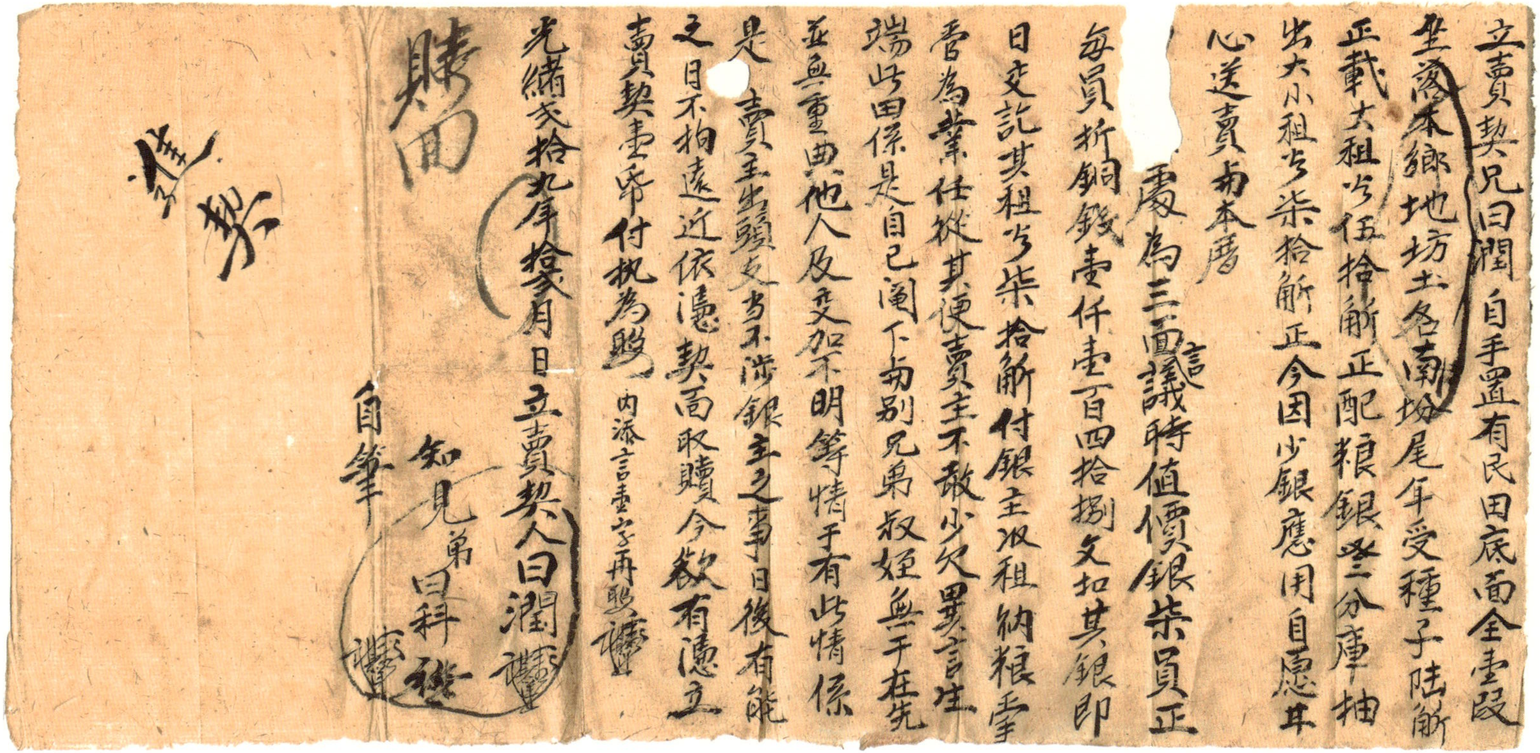

立賣契兄曰潤，自手置有民田底面全壹段，坐落本鄉地坊土名南坳尾，年受種子陸觔正，載大租谷伍拾觔正，配粮銀叁分，庫抽出大小租谷柒拾觔正。今因少銀應用，自愿将心送賣與本房處為三面言議，時值價銀柒員正，每員折銅錢壹仟壹百四拾捌文，扣其銀即日交訖。其租谷柒拾觔付銀主收租納粮，掌管為業，任從其便，賣主不敢少欠異言生端。此田係是自己鬮下物，別兄弟叔姪無干，在先並無重典他人及交加不明等情，于有此情，係是賣主出頭支当，不涉銀主之事。日後有能之日，不拘遠近，依憑契面取贖。今欲有憑，立賣契壹帋付執為照。

内添言壹字再照。

光緒弍拾九年拾弍月　日立賣契人曰潤

知見弟　曰科

自筆

贖回

注契

11-1-2-6　清光緒二十九年十二月盧曰潤立賣底面全民田契（廢契）

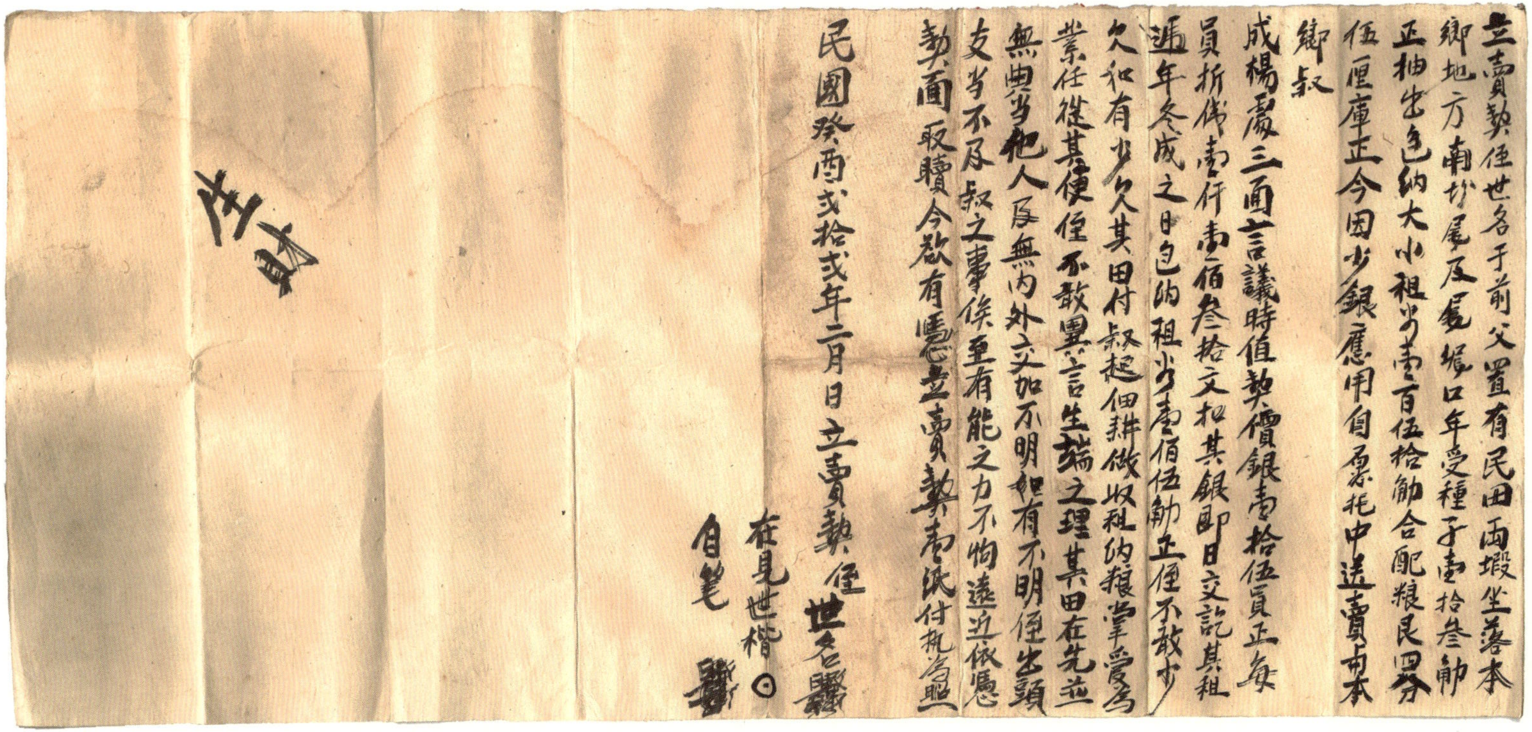

立賣契侄世名于前父置有民田西墩坐落本
鄉地方南坵尾及尾墘口年受種子壹拾叁觔
正柚出息納大小租米壹百伍拾觔合配粮民田四分
伍厘庫正今因少銀應用自愿托中送賣與本
鄉叔
成楊處三面言議時值契價銀壹拾伍員正每
員折錢壹仟壹佰叁拾文扣其銀即日交訖其租
逓年冬成之日自納租米壹佰伍觔正侄不敢少
欠扣有少欠其田付叔起佃耕作收租納粮掌管為
業任從其便侄不敢異言生端之理其田在先並
無典當他人及無內外交加不明如有不明侄出頭
支當不及叔之事係至有能之力不拘遠近依憑
契面取贖今欲有憑立賣契壹紙付執為照
民國癸酉弍拾弍年二月日立賣契侄世名
在見世楷
自筆

11-1-2-7　民國二十二年二月盧世名立賣民田契

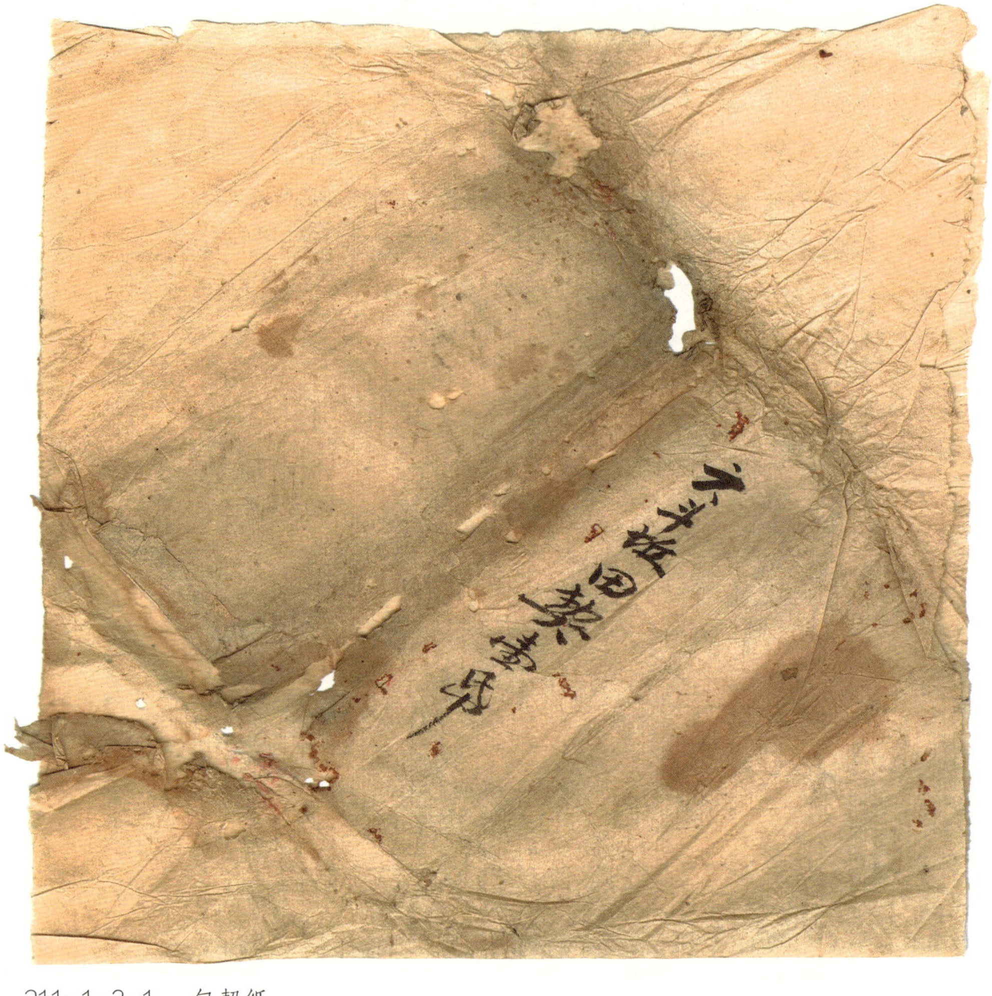

211-1-3-1　包契紙

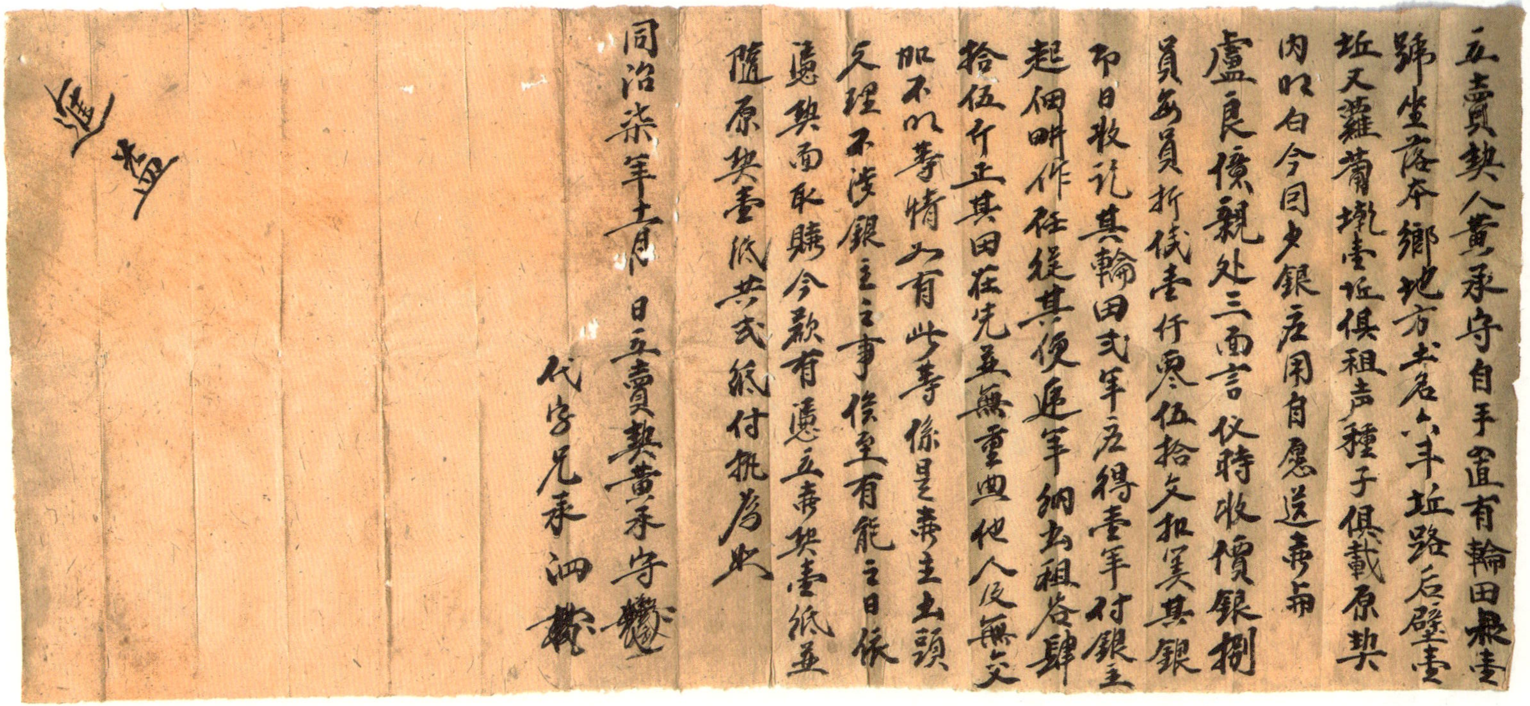
立賣契人黃承守自手置有輪田根壹
號，坐落本鄉地方土名六斗垃路后壁壹
垃，又蘿蔔墘壹垃，俱租声種子俱載原契
內明。今因乏銀応用，自愿送賣與
盧良僚親处，三面言议時收價銀捌
員，每員折錢壹仟零伍拾文，扣算其銀
即日收訖。其輪田式年応得壹年，付銀主
起佃耕作，任從其便，逐年納出租谷肆
拾伍斤正。其田在先並無重典他人，及無交
加不明等情，如有此等，係是賣主出頭
文理，不涉銀主之事。倘至有能之日，依
還契面取贖，今欵有憑，立賣契壹紙並
隨原契壹紙，共式紙，付執為照。
同治柒年十一月　日立賣契黃承守（押）
代字兄承泗（押）

11-1-3-2　清同治七年十一月黄承守立賣輪田根契

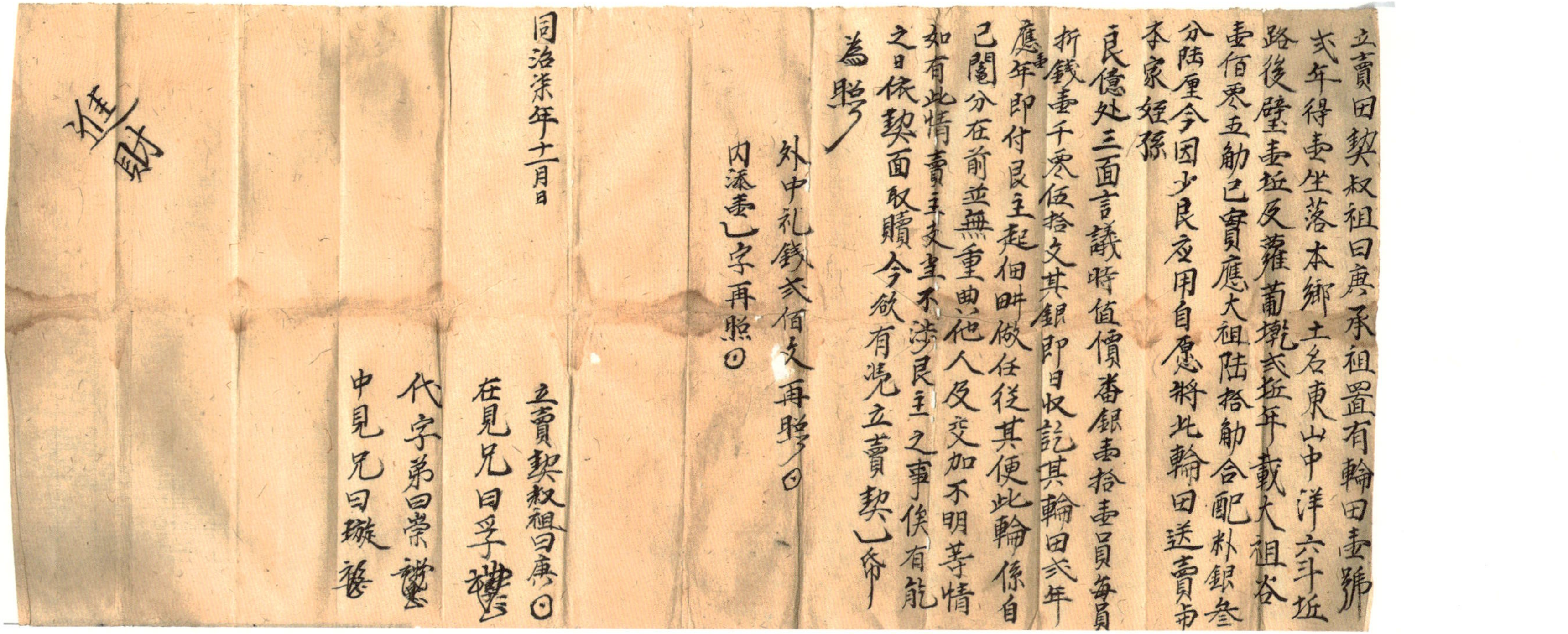
立賣田契叔祖曰庚承祖置有輪田壹號
弍年得壹坐落本鄉土名東山中洋六斗坵
路後壁壹坵又蘿蔔墘弍坵年載大祖谷
壹佰叁五觔己實應大祖陸拾觔合配粙銀叁
分陸厘今因少艮应用自愿將此輪田送賣本
家侄孫
艮億処三面言議時值價番銀壹拾壹員每員
折錢壹千叁伍拾文其銀即日收訖其輪田弍年
應壹年即付艮主起佃耕做任從其便此輪係自
己閹分在前並無重典他人及交加不明等情
如有此情賣主支当不涉艮主之事俟有能
之日依契面取贖今欲有凴立賣契一帋
為照

外中礼錢弍佰文再照
内添壹字再照

立賣契叔祖曰庚
在見兄曰孚
代字弟曰崇
中見兄曰璇

同治柒年十一月 日

征財

11-1-3-3 清同治七年十一月盧曰庚立賣輪田契

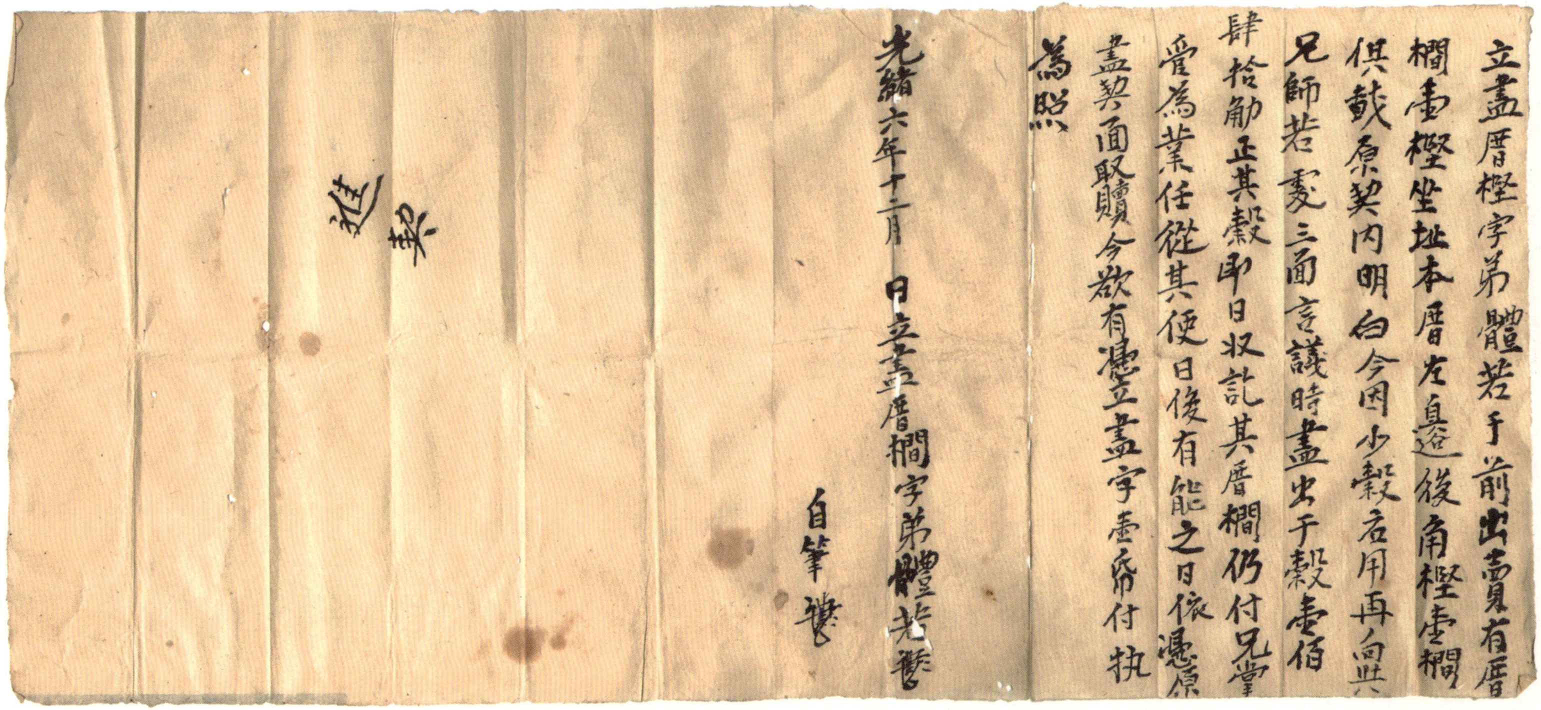
立盡厝樫字弟體若，于前出賣有厝
櫊壹樫，坐址本厝左邊後角樫壹櫊，
俱載原契內明白。今因少穀應用，再向與
兄師若處三面言議，時盡出乾穀壹佰
肆拾觔正，其穀即日收訖。其厝櫊仍付兄掌
管為業，任從其便。日後有能之日，依憑原
盡契面取贖。今欲有憑，立盡字壹紙，付執
為照。

光緒六年十二月　日立盡厝櫊字弟體若（押）

自筆（押）

11-1-4-1　清光緒六年十二月盧體若立盡厝樫字

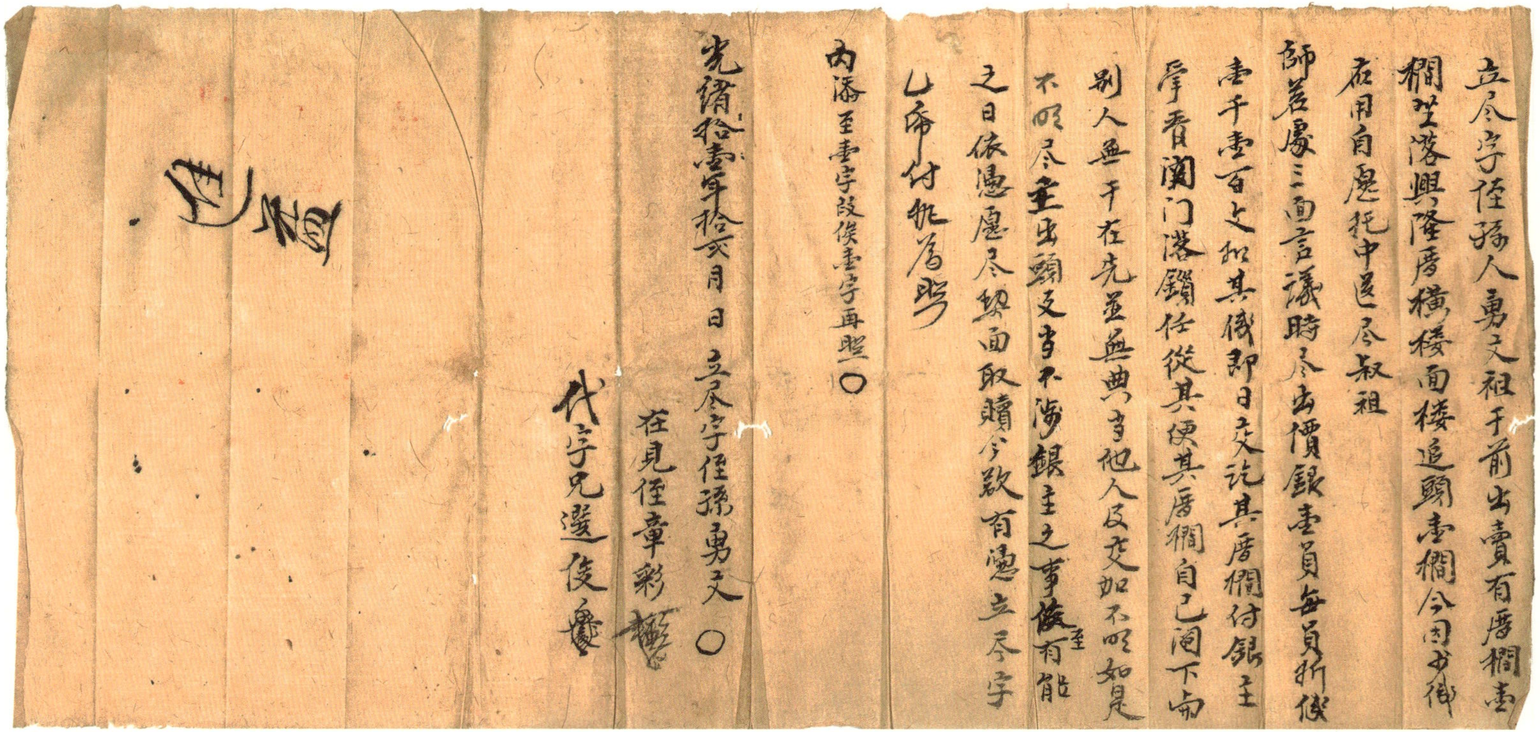
立盡字侄孫人勇文祖手前出賣有厝棡壹
棡坐落興隆厝橫樓面樓追頭壹棡今因乏銀
應用自愿托中送盡叔祖
師岩處三面言議時盡出價銀壹員每員折錢
壹千壹百文扣其錢即日交訖其厝棡付銀主
掌管開門落鎖任從其便其厝棡自己問下向
別人無干在先並無典当他人及交加不明如是
不明盡重出頭文当不涉銀主之事後至有能
之日依憑原盡契面取贖今欲有憑立盡字
乙帋付執為照
內添至壹字改俟壹字再照〇
光緒拾壹年拾貳月　日　立盡字侄孫勇文〇
在見侄章彩（押）
代字兄選俊（押）

11-1-4-2　清光緒十一年十二月盧勇文立盡厝棡字

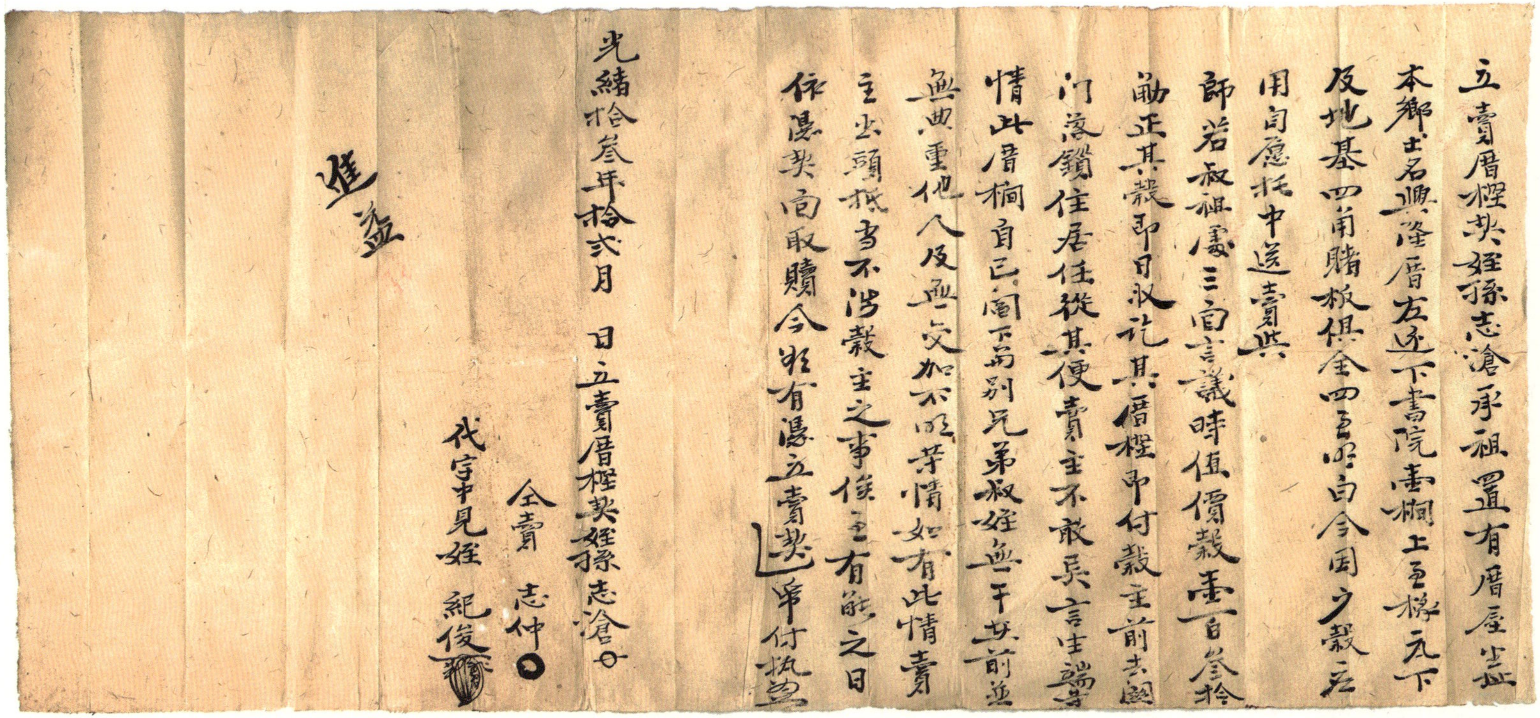

立賣厝樫契姪孫志滄承祖置有厝屋壹座，坐
本鄉土名興隆厝左边下書院壹榴，上至樑瓦，下
及地基，四角牆板俱全，四至明白。今因乏穀应
用，自愿托中送賣與
師岩叔祖處，三面言議時值價穀壹百叁拾
觔正。其穀即日收訖，其厝樫即付穀主前去闗
门落鎖住居，任從其便，賣主不敢異言生端等
情。此厝桐自己闔下，另別兄弟叔姪無干，并前無
典重他人，及無交加不明等情。如有此情，賣
主出頭抵当，不涉穀主之事。俟至有能之日，
依憑契面取贖。今欲有憑，立賣契壹帋付執為照。

光緒拾叁年拾弍月 日立賣厝樫契姪孫志滄〇
仝賣 志仲〇
代字中見姪 紀俊

進益

11-1-4-3 清光緒十三年十二月盧志滄等立賣厝樫契

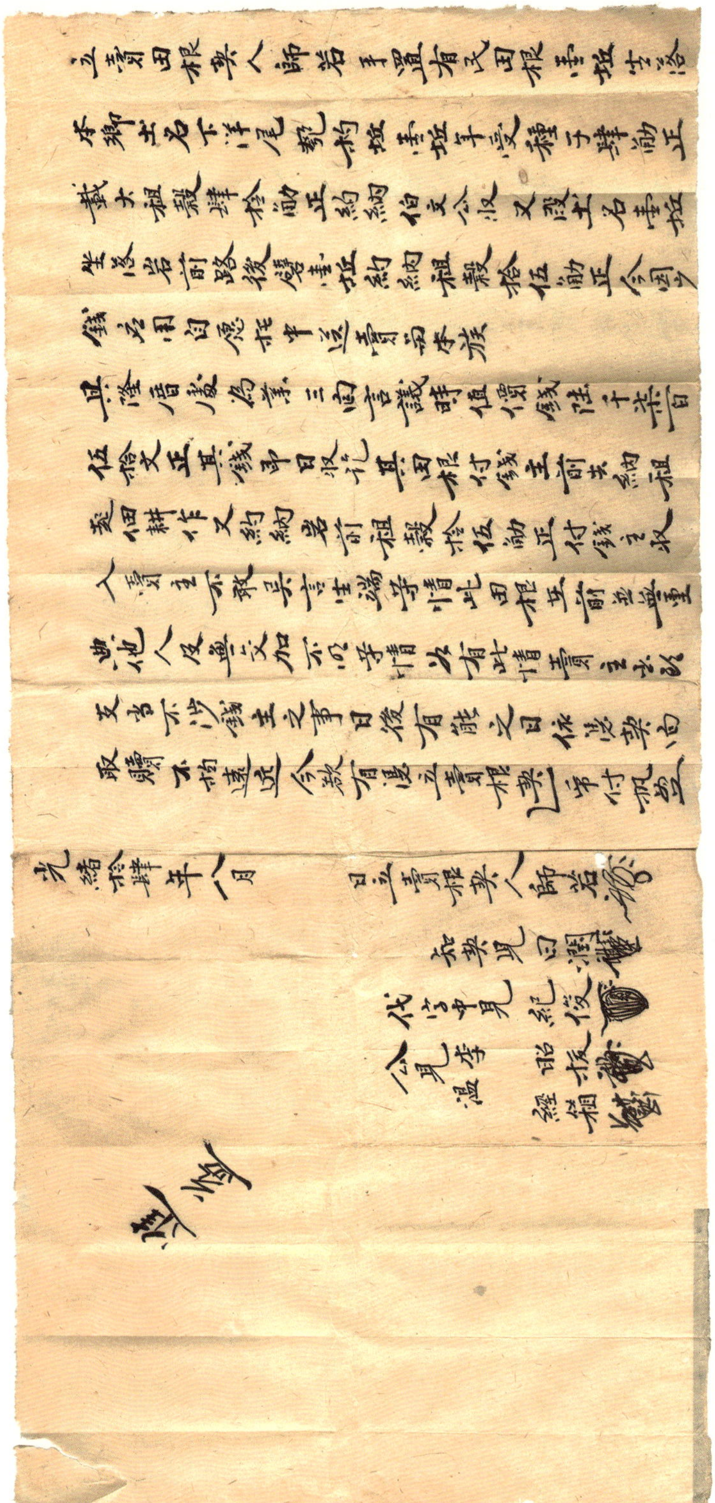
立賣田根契人師若，手置有民田根壹坵，坐落本鄉土名下洋尾垅，約坵壹坵，年受種子肆斗正，載大租穀肆拾斤正，納給伯文公收。又一段，土名壹坵，坐落岩前路後，壹坵，納給祖穀拾伍斤正。今因少錢應用，自愿托中送賣與本族兄隆居處爲業。三面言議時值價錢陸千柒百伍拾文正。其錢即日收訖，其田根付錢主前去納租召佃耕作。又約納岩前祖穀拾伍斤正，付錢主收。人賣田主不敢異言生端等情。此田根在前並無重典他人，及無文加不明等情，如有此情，賣主出頭支當，不涉錢主之事。日後有能之日，依照契面取贖，不得違逆。今欲有憑，立賣田根契一紙，付執爲照。

光緒拾肆年八月　日立賣田根契人師若（押）

在契見弟潤（押）

代書中見紀俊（押）

公見李昭板（押）

溫經緒（押）

11-1-4-4　清光緒十四年八月盧師若立賣民田根契

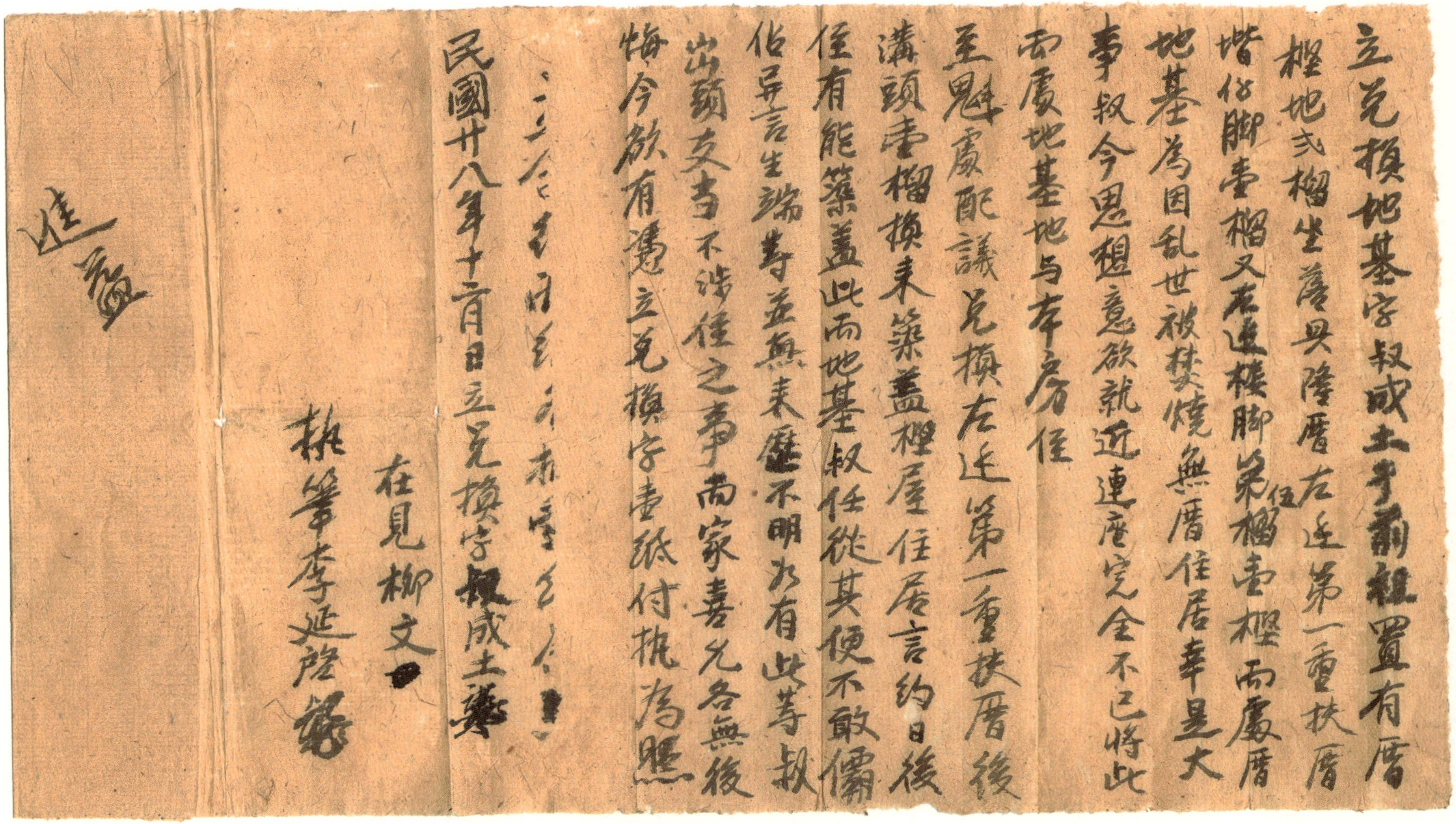
立兑換地基字叔成土，予前祖置有厝
樫地弍榴，坐落吳隆厝左廷第一重扶厝
堦仔腳壹榴，又本達樓腳侄弟榴壹樫，而處厝
地基為因乱世被焚燒，無厝住居，幸是大
事叔今思想，意欲就近連庵完全不已，將此
而處地基地与本房侄
至魁處酌議，兑換左廷第一重扶厝後
滿頭壹榴，換来築蓋樫屋住居，言約日後
任有能築蓋，此而地基叔任從其便，不敢儞
佔異言生端等並無来歷不明，如有此等，叔
出頭支當，不涉侄之事。两家喜允，各無後
悔，今欲有憑，立兑換字壹紙付執為照。
一二三四五六七八九十
民國廿八年十二月日立兑換字叔成土（押）
在見柳文（押）
執筆李延陞（押）
進益

11-1-4-5　民國二十八年十二月盧成土立兑換厝地基字

11-1-5-1　包契紙

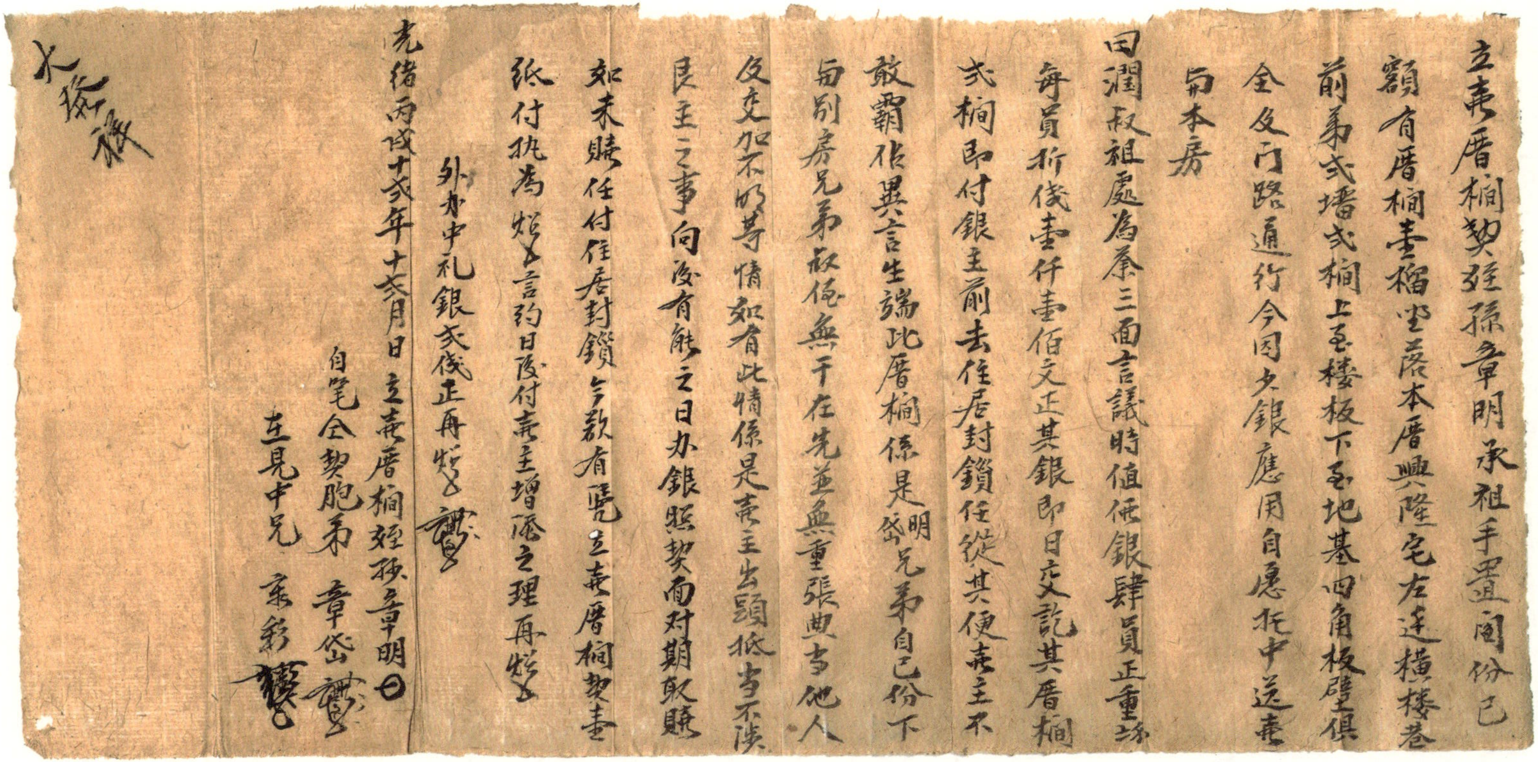
立賣厝棡契姪孫章明承祖手置園份已
額有厝棡壹榴坐落本厝興隆宅左边橫樓巷
前第弍墻弍棡上至樓板下至地基四角板壁俱
全及門路通行今因乏銀應用自愿托中送賣
與本房
日潤叔祖處為業三面言議時值價銀肆員正重柒
每員折伐壹仟壹佰文正其銀即日交訖其厝棡
弍棡即付銀主前去住居封鎖任從其便賣主不
敢霸佔異言生端此厝棡係是明兄弟自己份下
與別房兄弟叔伯無干在先並無重張典当他人
及交加不明等情如有此情係是賣主出頭抵当不涉
銀主之事向後有能之日办銀照契面对期取贖
如未贖任付住居封鎖今款有憑立賣厝棡契壹
紙付執為照
又言約日後付賣主增添之理再照
外批中礼銀弍伐正再照
光緒丙戌十弍年十弍月日立賣厝棡姪孫章明
自筆仝契胞弟章岱
在見中兄宗彩

11-1-5-2　清光緒十二年十二月盧章明等立賣厝棡契

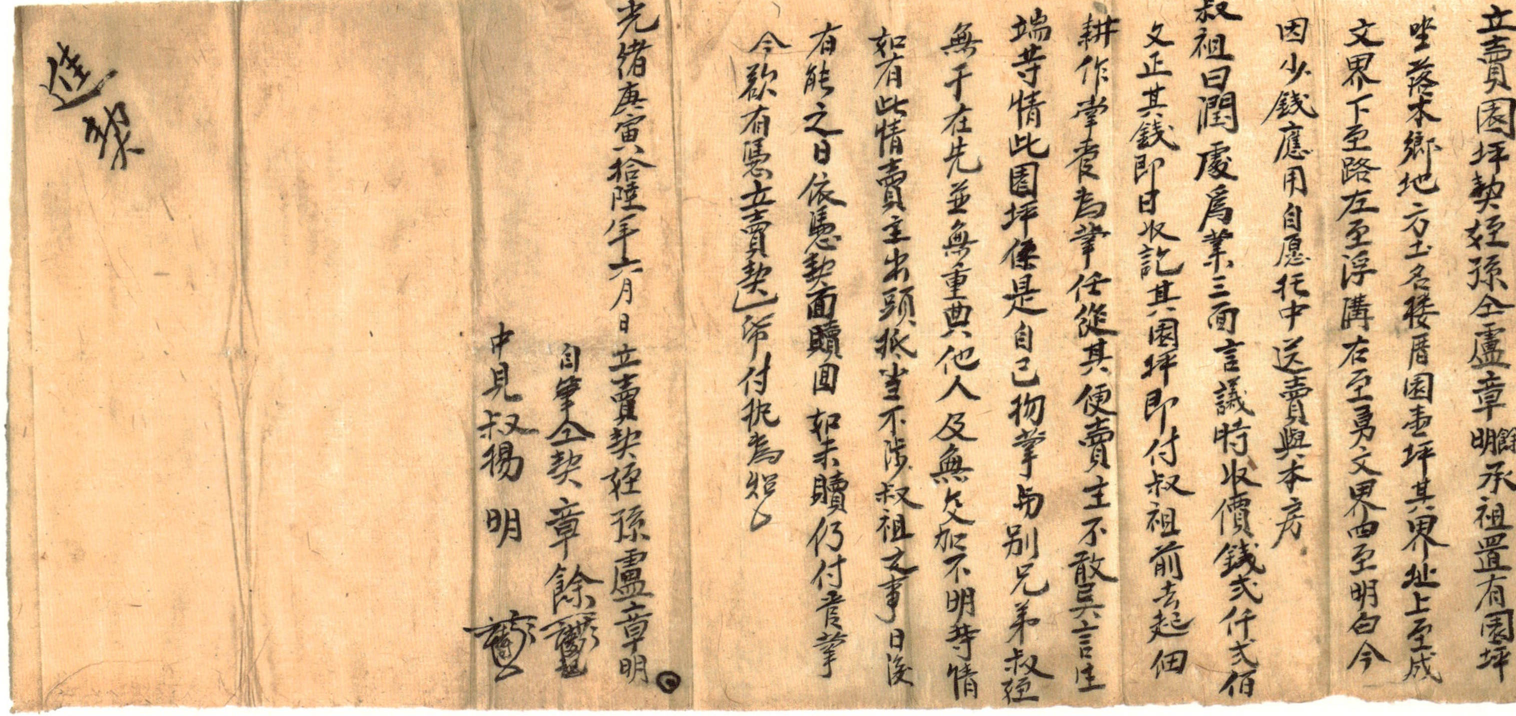
立賣園坪契姪孫仝盧章明餘承祖置有園坪
坐落本鄉地方土名樓厝園壹坪其界址上至成
文界下至路左至浮溝右至勇文界四至明白今
因少錢應用自愿托中送賣與本房
叔祖日潤處爲業三面言議時收價錢弍仟弍佰
文正其錢即日收訖其園坪即付叔祖前去起佃
耕作掌管爲業任從其便賣主不敢異言生
端等情此園坪係是自己物業与別兄弟叔姪
無干在先並無重典他人及無交加不明等情
如有此情賣主出頭抵當不涉叔祖之事日後
有能之日依憑契面贖回如未贖仍付管掌
今欲有憑立賣契一紙付執爲炤
光緒庚寅拾陸年六月　日立賣契姪孫盧章明
自筆仝契　章餘
中見叔揚明
進契

11-1-5-3　清光緒十六年六月盧章明等立賣園坪契

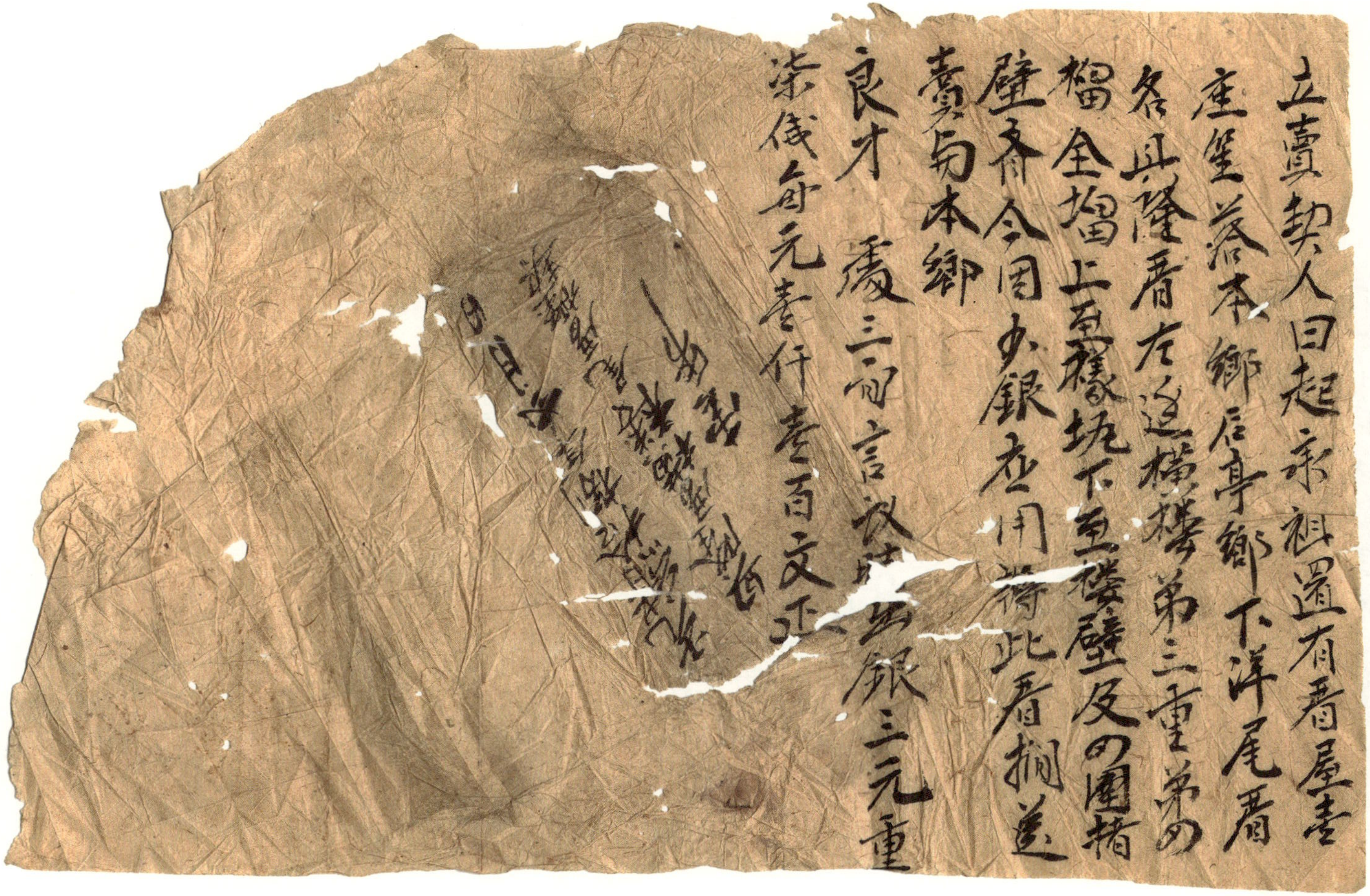
立賣契人日起承祖遺有厝屋壹
座坐落本鄉后亭鄉下洋尾厝
名土隆厝左邊橫樓第三重第四
榴全榴上至椽桷下至樓壁及四圍楮
壁齊全因乏銀應用將此厝捌送
賣與本鄉
良才處三面言議出價銀三元重
柒錢每元壹仟壹百文正

11-1-6-1　清光緒十八年二月盧日起立賣厝屋契（草契）

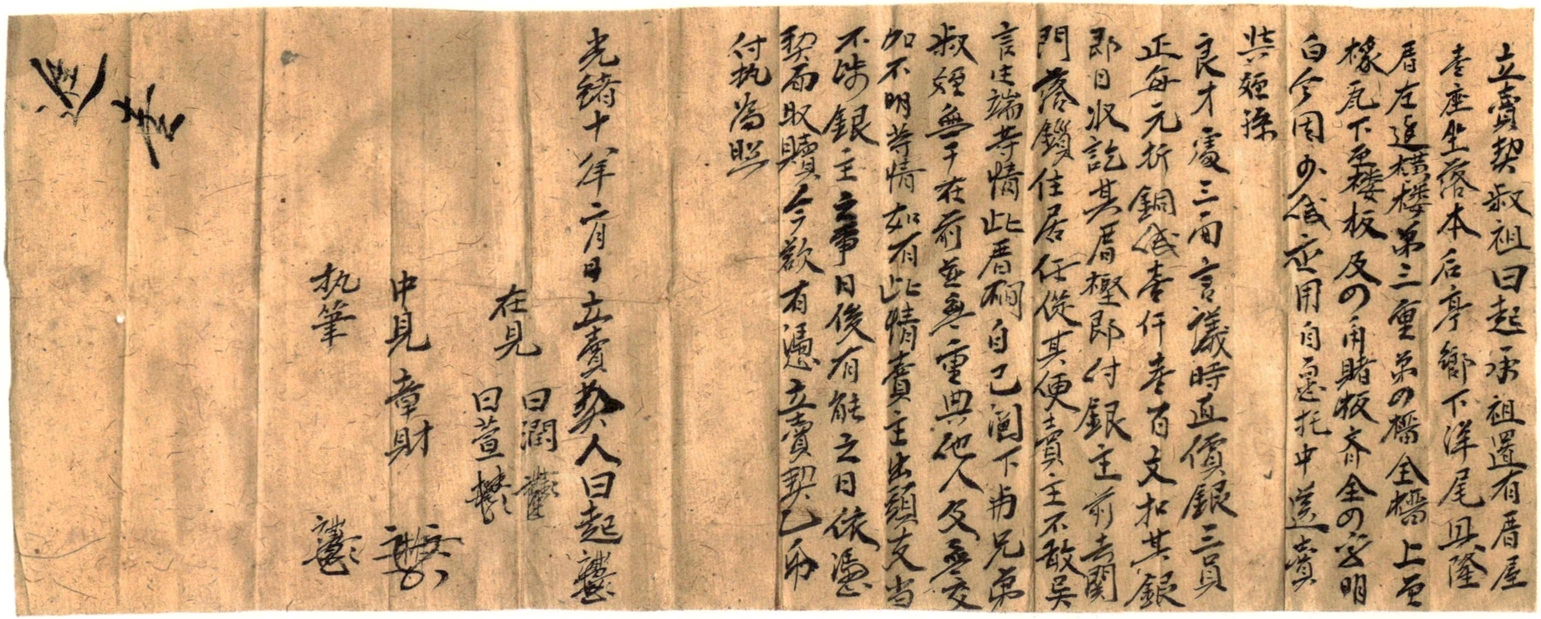
立賣契叔祖曰起承祖置有厝屋
壹座坐落本后亭鄉下洋尾丹隆
厝左邊橫樓第三重第四櫥全櫥上至
椽瓦下至樓板及四角睹板齊全四至明
白今因乏錢應用自愿托中送賣
與姪孫
良才處三面言議時值價銀三員
正每元折銅錢壹仟壹百文扣其銀
即日收訖其厝樫即付銀主前去開
門啓鎖住居任從其便賣主不敢異
言生端等情此厝係自己閫下弟兄
叔姪無干在前並無重典他人交互
加不明等情如有此情賣主出頭支當
不涉銀主之事日後有能之日依還
契面取贖今欲有憑立賣契乙紙
付執為照
光緒十八年二月日立賣契人曰起
在見　曰潤　曰萱
中見　章財
執筆

11-1-6-2　清光緒十八年二月盧曰起立賣厝屋契

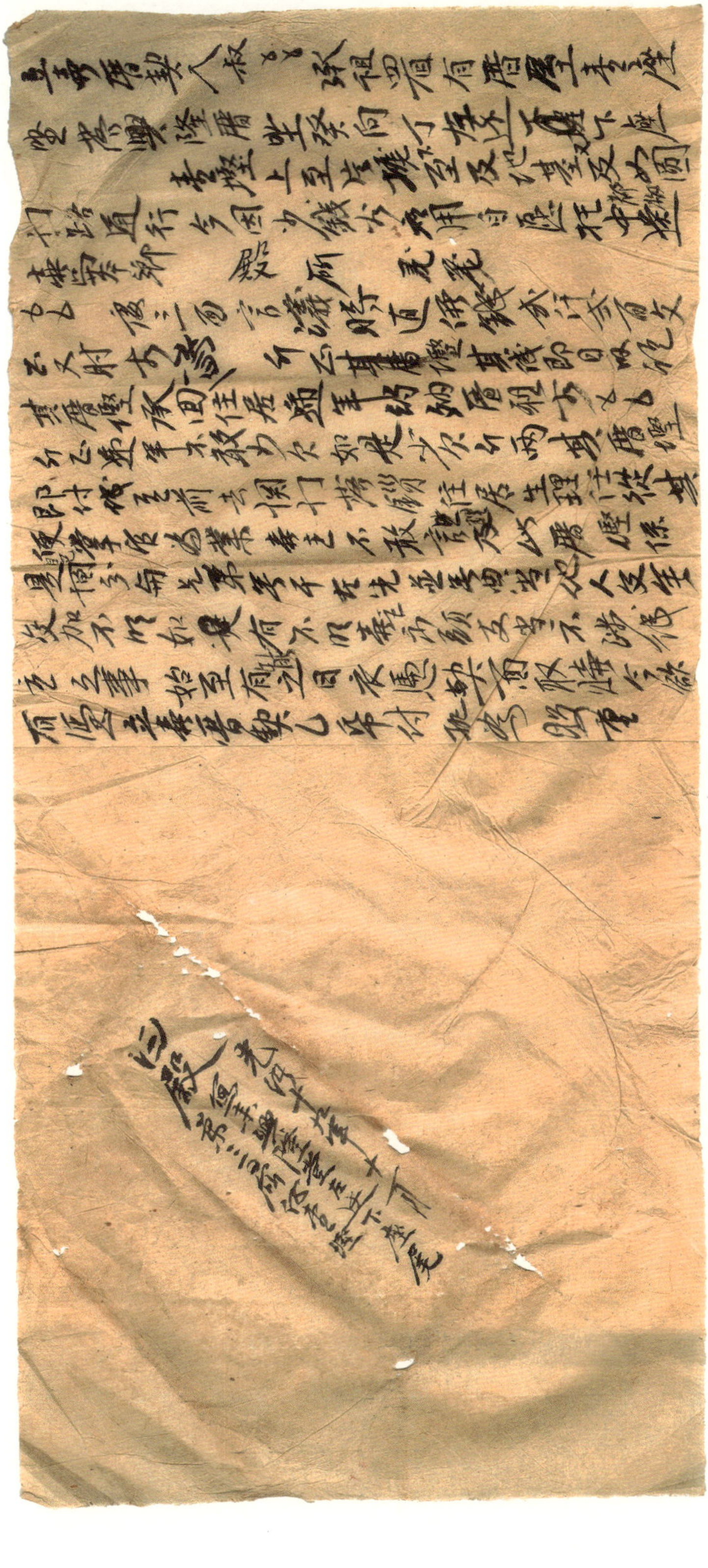

11-1-7-1　清光緒十九年十一月盧日殿立賣厝屋契（草契）

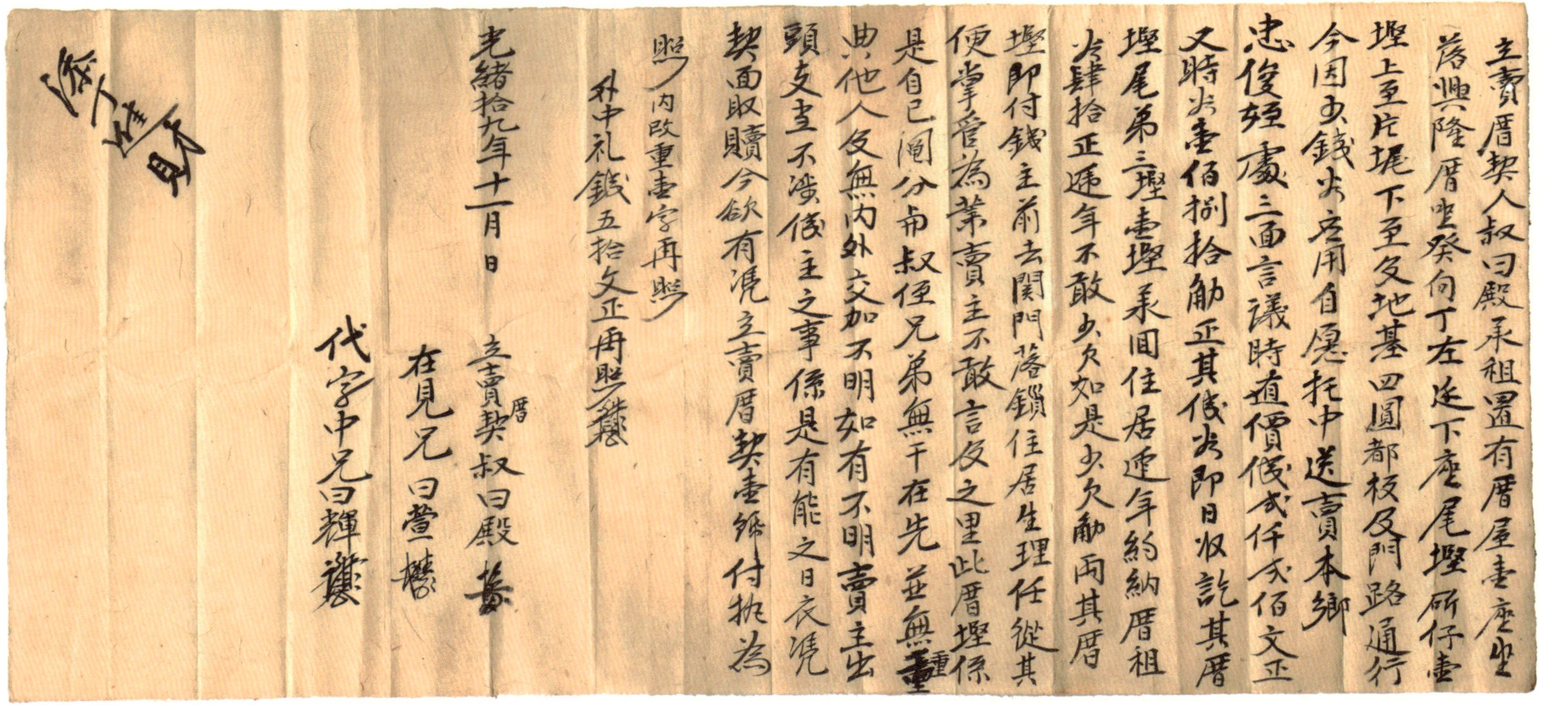

11-1-7-2　清光緒十九年十一月盧曰殿立賣厝屋契

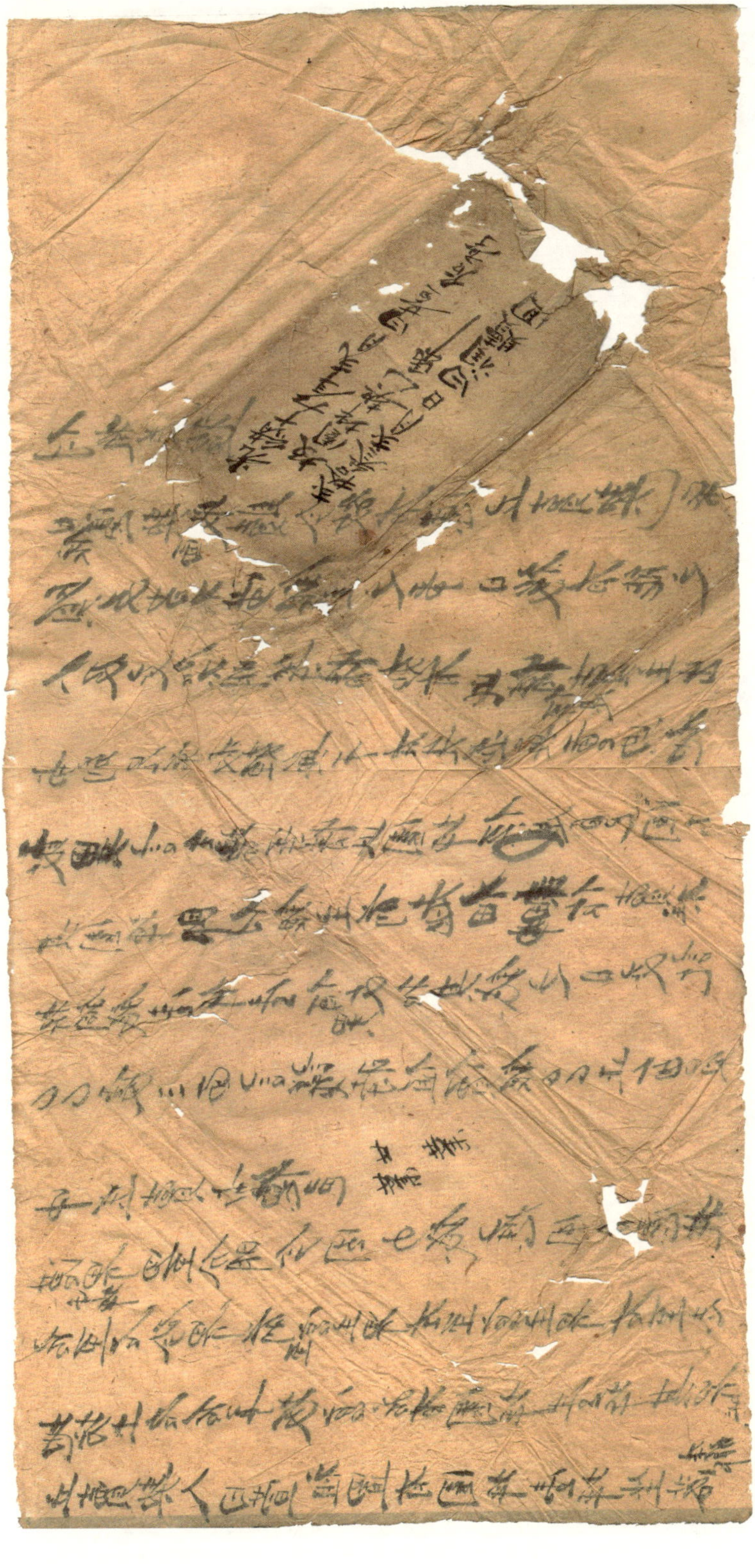

11-1-8-1 包契紙

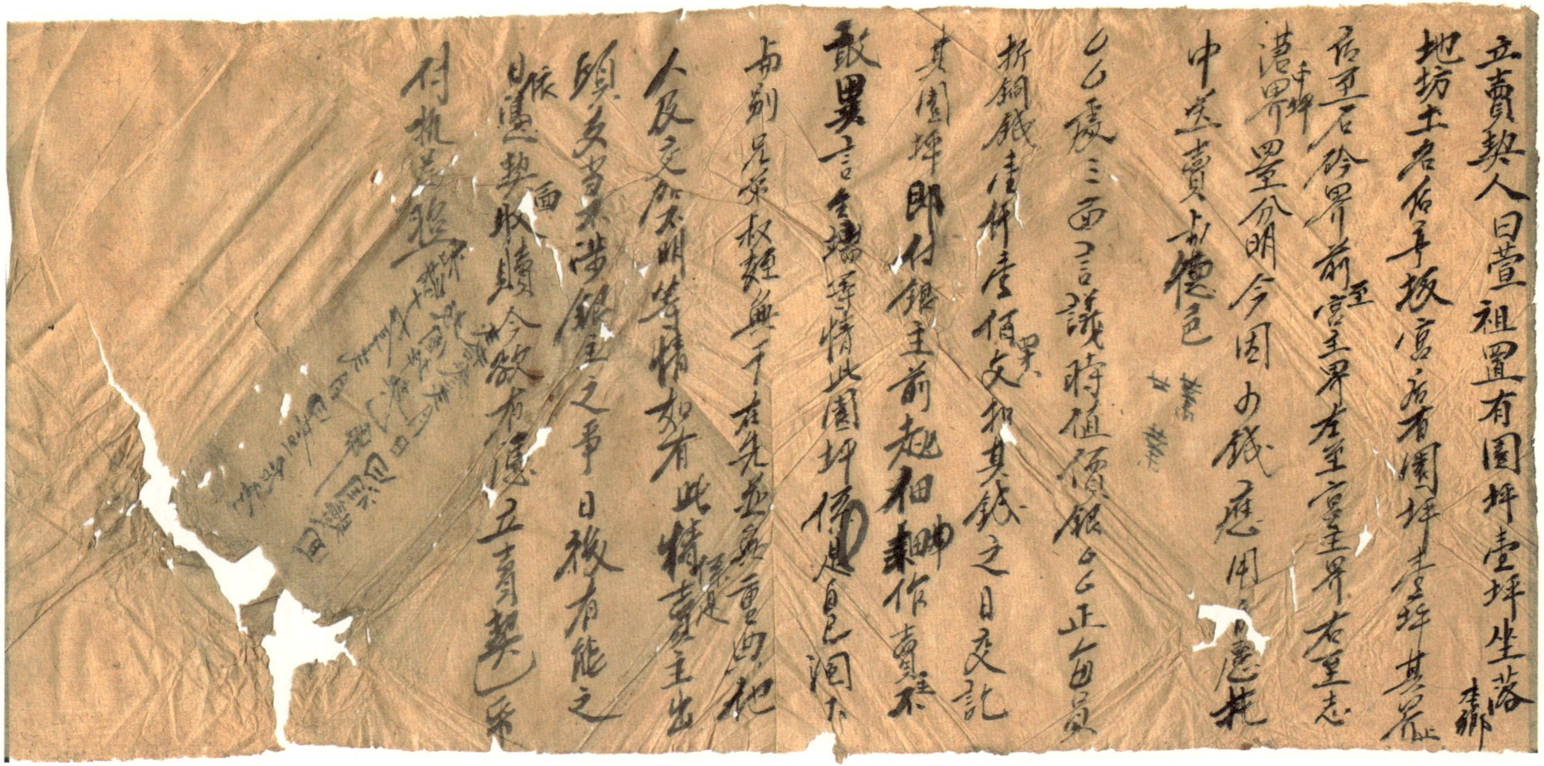

11-1-8-2　清光緒十九年二月盧日萱立賣園坪契（草契）

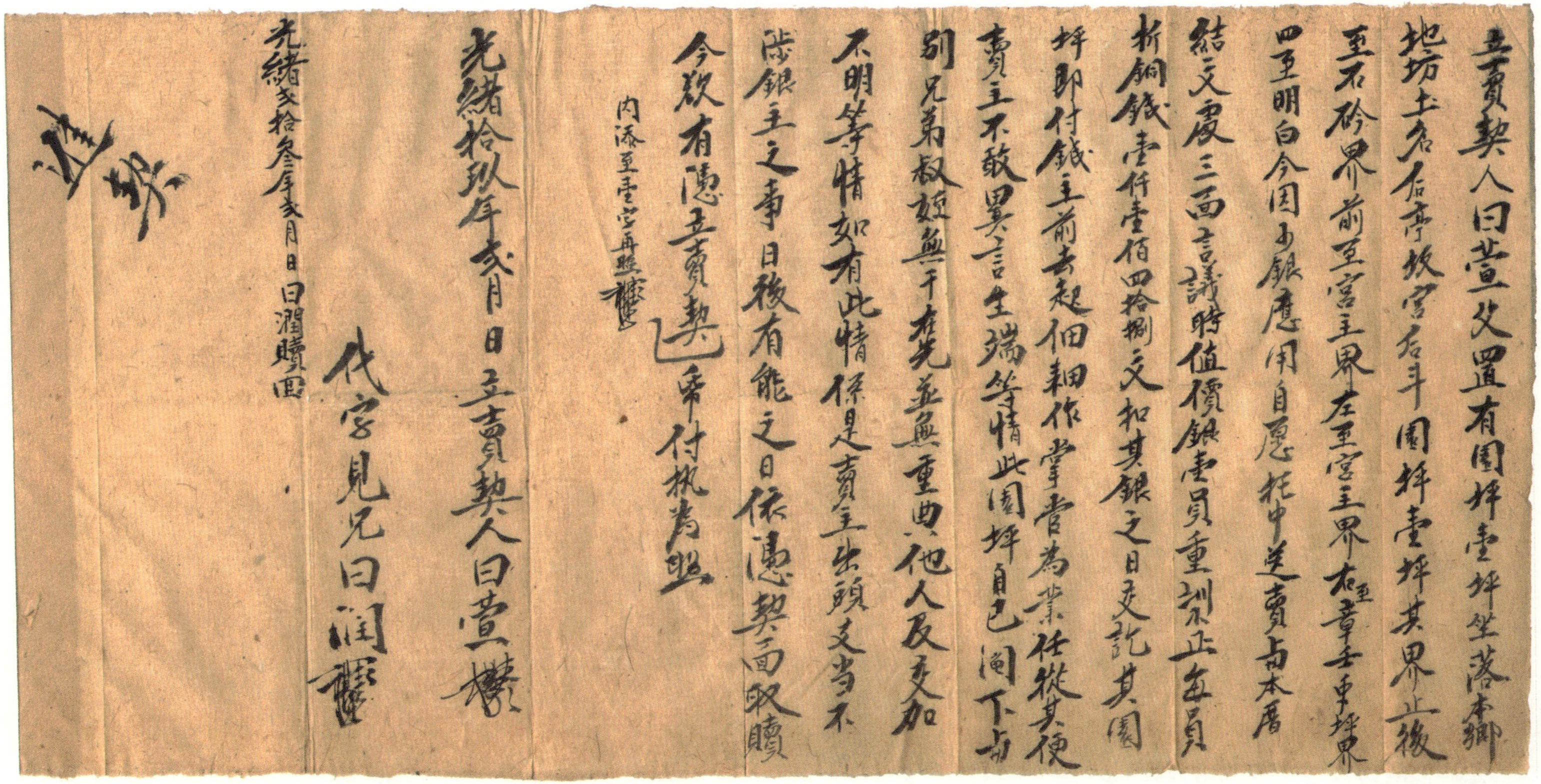

立賣契人曰萱父置有園坪壹坪坐落本鄉
地坊土名后亭坂宮后斗園坪壹坪其界上至後
至石砱界前至宮主界左至宮主界右至章壬軍坪界
四至明白今因少銀應用自愿托中送賣與本厝
結文處三面言議時值價銀壹員重訓正每員
折銅錢壹仟壹佰四拾捌文和其銀之日交訖其園
坪即付錢主前去起佃耕作掌管為業任從其便
賣主不敢異言生端等情此園坪自己闔下之
別兄弟叔姪無干並無重典他人及交加
不明等情如有此情係是賣主出頭之當不
涉銀主之事日後有能之日依原契面取贖
今欲有憑立賣契乙帋付執為照
內添至壹字再照
光緒拾玖年貳月　日　立賣契人曰萱
代字見兄曰潤
光緒叁拾叁年貳月　日　曰潤贖回
退契

11-1-8-3　清光緒十九年二月盧曰萱立賣園坪契

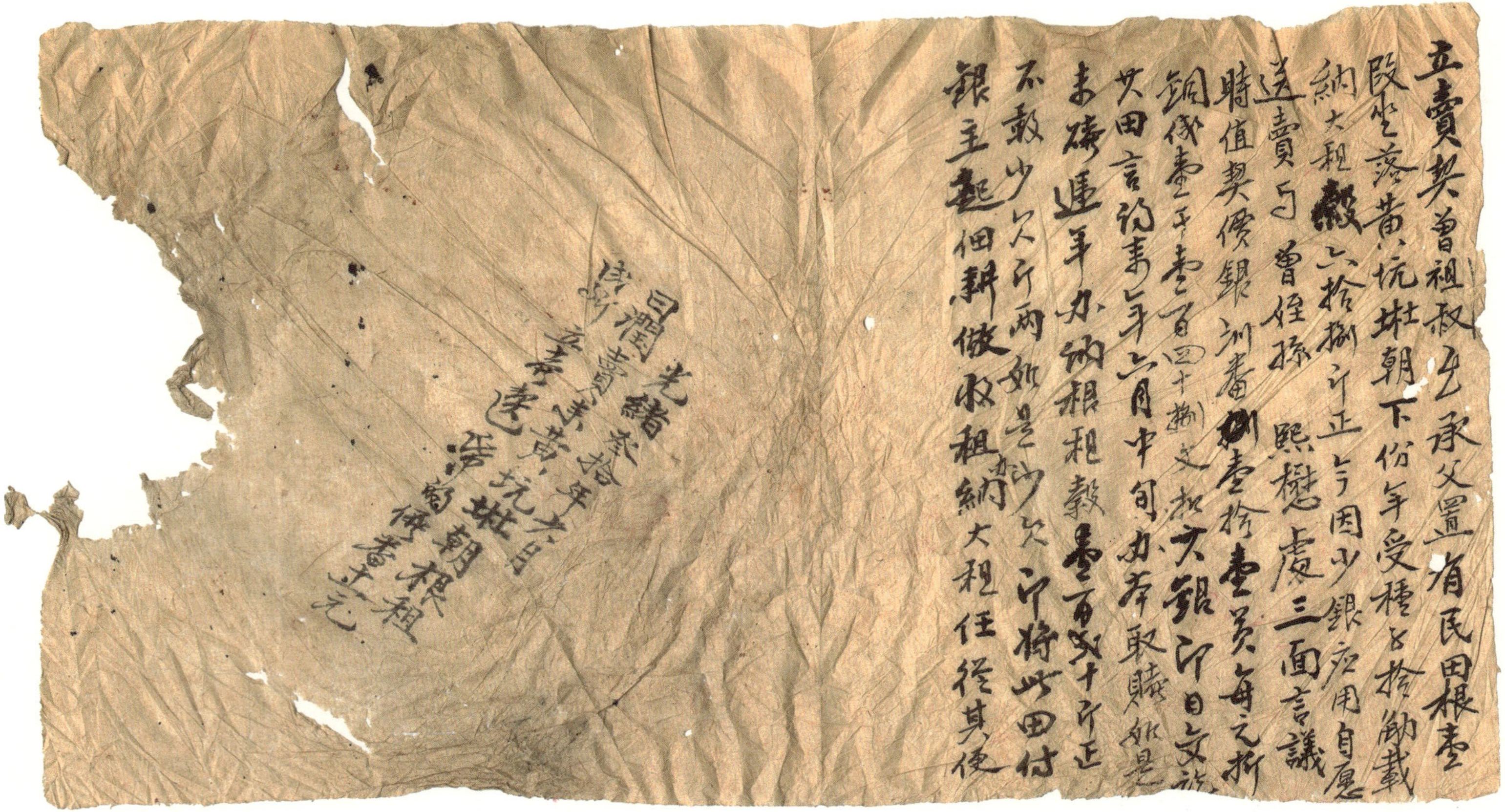
立賣契曾祖叔[illegible]承父置有民田根壹
段坐落黃坑坩朝下份年受種七拾觔載
納大租穀六拾捌斤正今因少銀應用自愿
送賣與曾侄孫熙樾處三面言議
時值契價銀洲番捌壹拾壹員每元折
銅錢壹千壹百四十捌文扣大銀[illegible]
其田言約壹年六月中旬办本取贖如是
未贖進年办納根租穀壹百貳十斤正
不敢少欠斤兩如是短少欠斤將此田付
銀主起佃耕做收租納大租任從其便

光緒叁拾年六月　日
曰潤立賣黃坑坩朝根租
[illegible]

11-1-9-1　清光緒三十年六月盧曰潤立賣民田根契（草契）

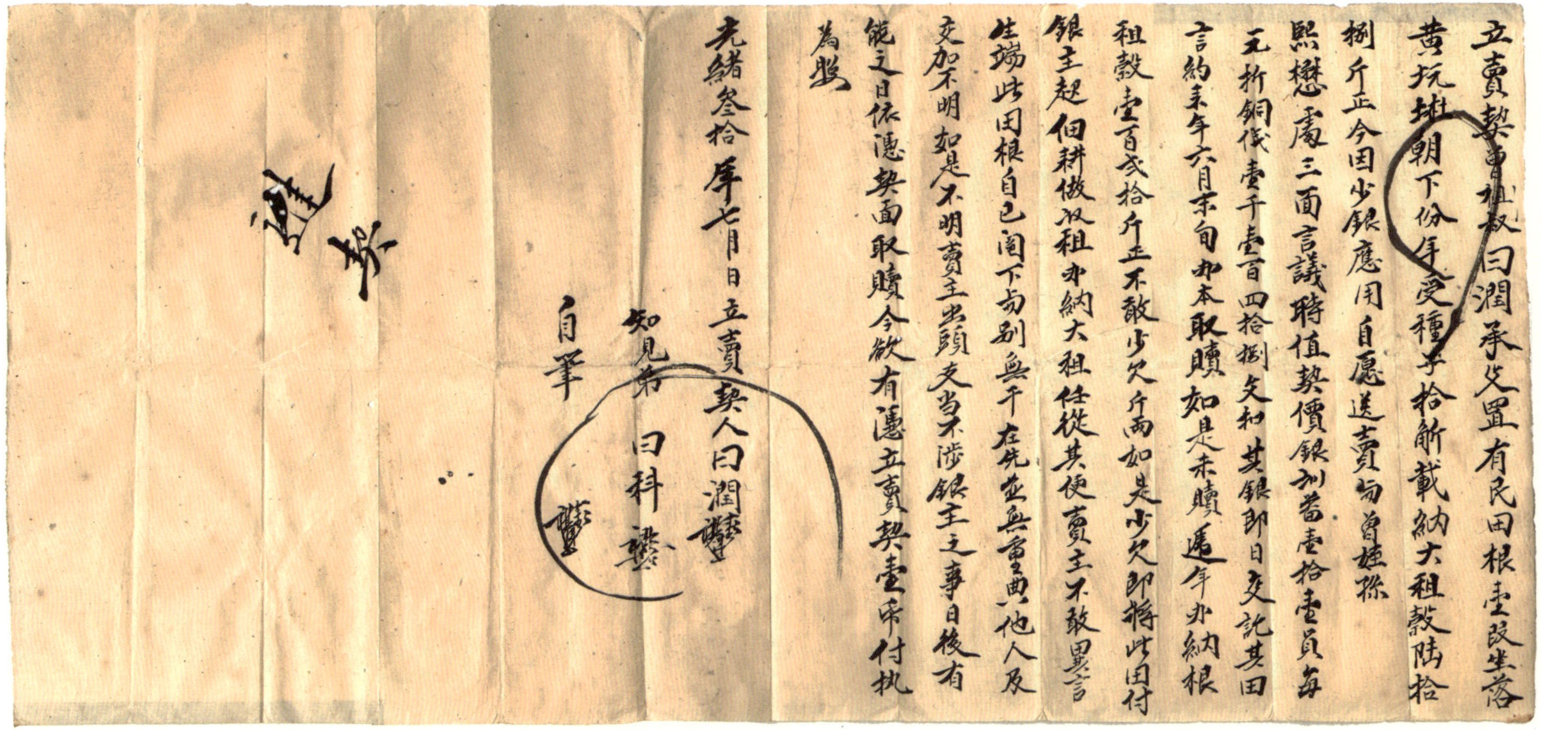

立賣契曾祖叔曰潤承父置有民田根壹段坐落
黄坑坪朝下份，年受種子拾觔，載納大租穀陆拾
捌斤正。今因少銀應用，自愿送賣与曾侄孫
熙懋處，三面言議時值契價銀洋番壹拾壹員，每
元折銅錢壹千壹百四拾捌文，和其銀即日交訖。其田
言約来年六月末自办本取贖，如是未贖，逐年办納根
租穀壹百貳拾斤正，不敢少欠斤両，如是少欠，即將此田付
銀主起佃耕做，取租办納大租，任從其便，賣主不敢異言
生端。此田根自己阄下分到，與干在先並無重典他人及
交加不明，如是不明，賣主出頭支当，不涉銀主之事。日後有
能之日，依憑契面取贖。今欲有憑，立賣契壹帋付執
為照。

光緒叁拾年七月　日　立賣契人曰潤（押）
知見弟　曰科（押）
自筆

廢契

11-1-9-2　清光緒三十年七月盧日潤立賣民田根契（廢契）

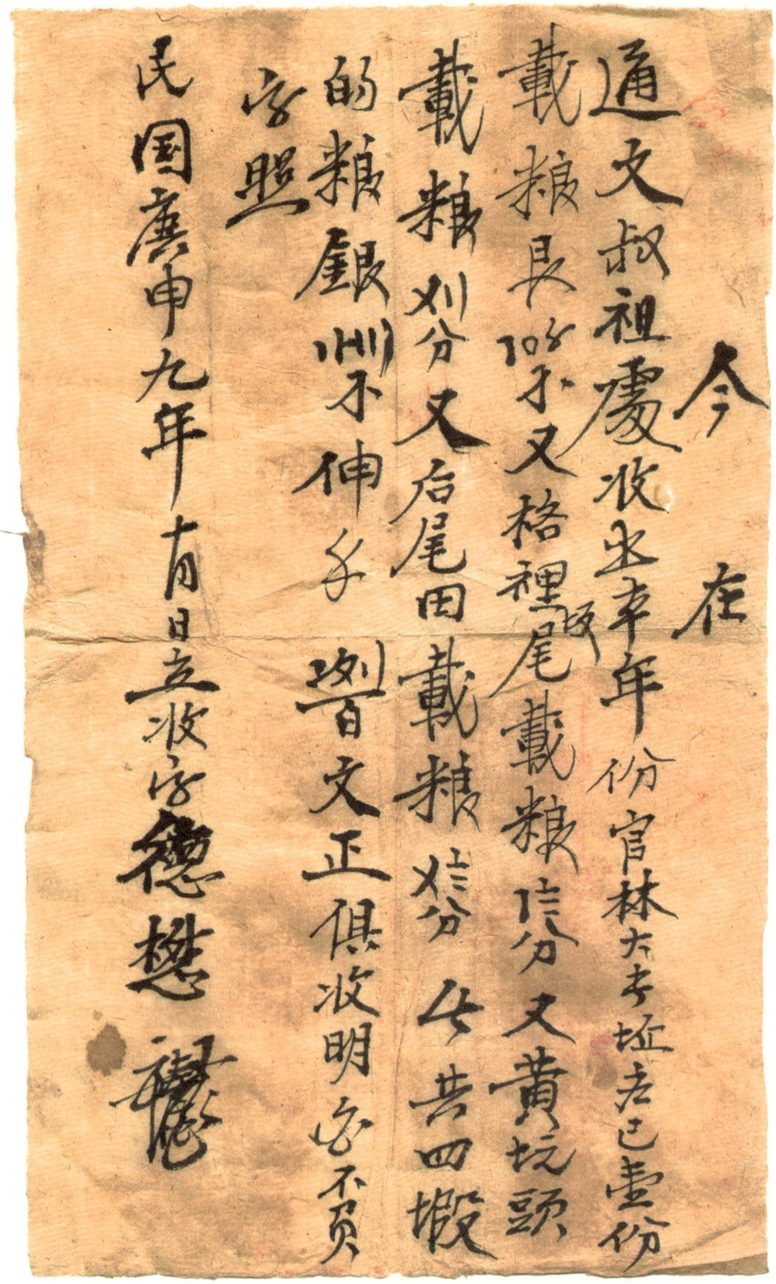
今在
通文叔祖處收出辛年份官林大寺垅左边壹份
載粮長〡斗又格裡坵尾載粮〡分又黄坑頭
載粮〥分又后尾田載粮〣分 谷共四擔
的粮銀〦不伸手 劉晉文正俱收明白不負
字照
民国庚申九年十月日立收字德懋(押)

11-1-10-1　民國九年十月盧德懋立收糧銀字

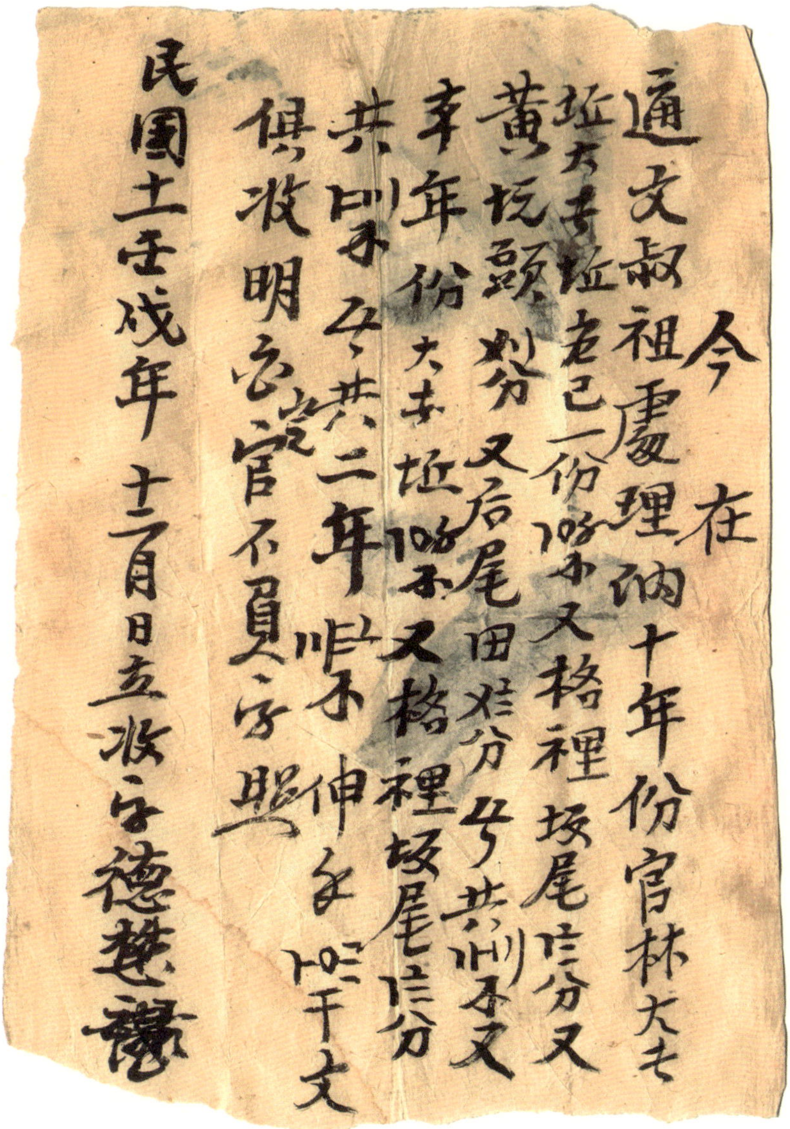

今在

通文叔祖處理納十年份官林大毛

垅大丰垅右已一份[illegible]又格裡坂尾二分又

黃坑頭[illegible]分又后尾田[illegible]分[illegible]共[illegible]又

辛年份大丰垅[illegible]又格裡坂尾二分

共[illegible]共二年[illegible]伸[illegible]千文

俱收明完官不負，字照

民國十一壬戌年十二月日立收字德懋（押）

11-1-10-2　民國十一年十二月盧德懋立收糧銀字

11-1-11-1　包契紙

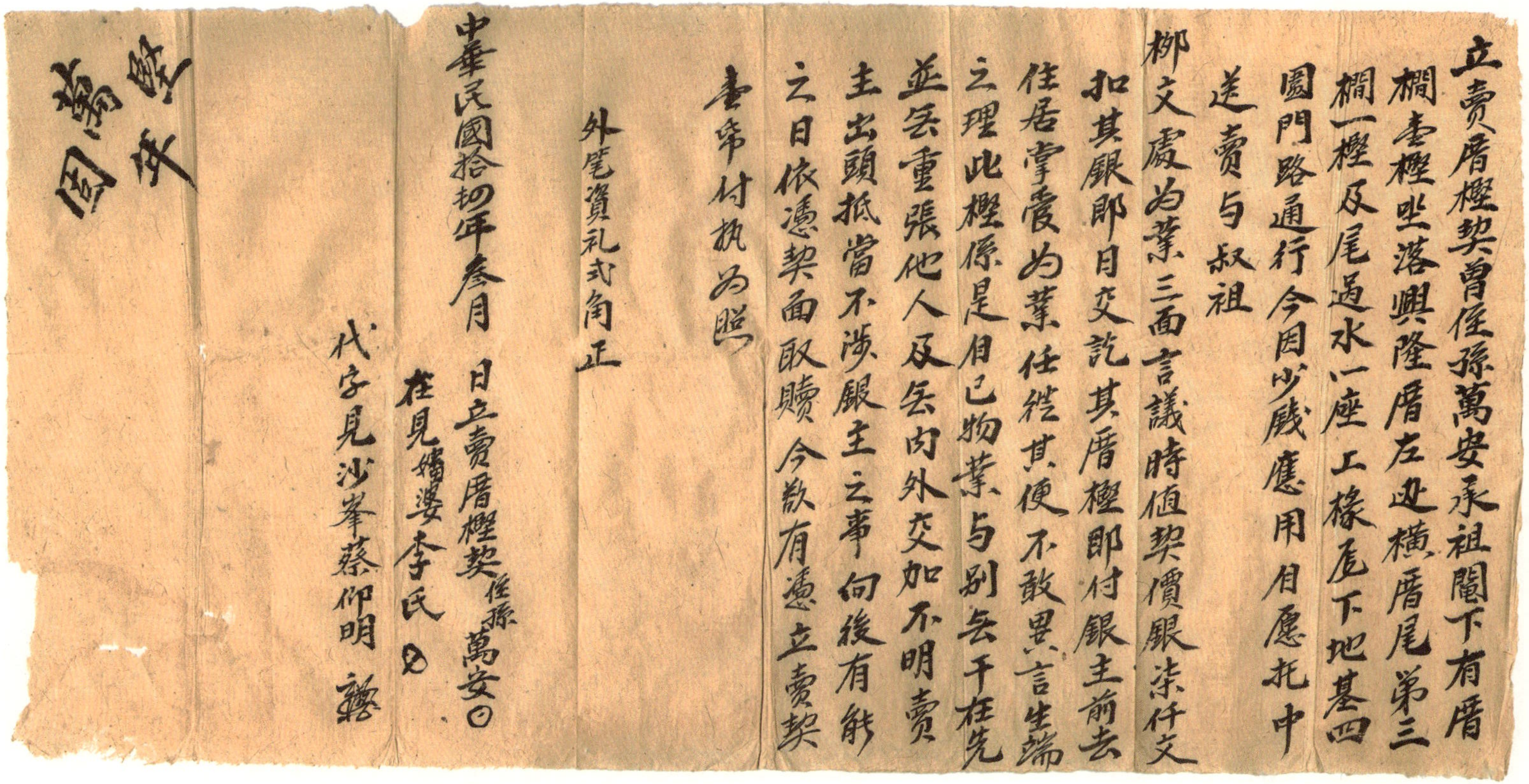

立賣厝樫契曾侄孫萬安承祖閹下有厝
櫚壹樫坐落興隆厝左边横厝尾第三
櫚一樫及尾過水一座，上椽瓦下地基四
圍門路通行，今因少錢應用，自愿托中
送賣与叔祖
柳文處為業，三面言議時值契價銀柒仟文
扣，其銀即日交訖，其厝樫即付銀主前去
住居掌管為業，任從其便，不敢異言生端
之理。此樫係是自己物業，与别無干，在先
並無重張他人，及無内外交加不明，賣
主出頭抵當，不涉銀主之事，向後有能
之日，依憑契面取贖。今欲有憑，立賣契
壹帋付执為照。

外筆資礼式角正

中華民國拾四年叁月　日立賣厝樫契侄孫萬安（押）
在見嫡婆李氏（押）
代字見沙峯蔡仰明（押）

11-1-11-2　民國十四年三月盧萬安立賣厝樫契（一）

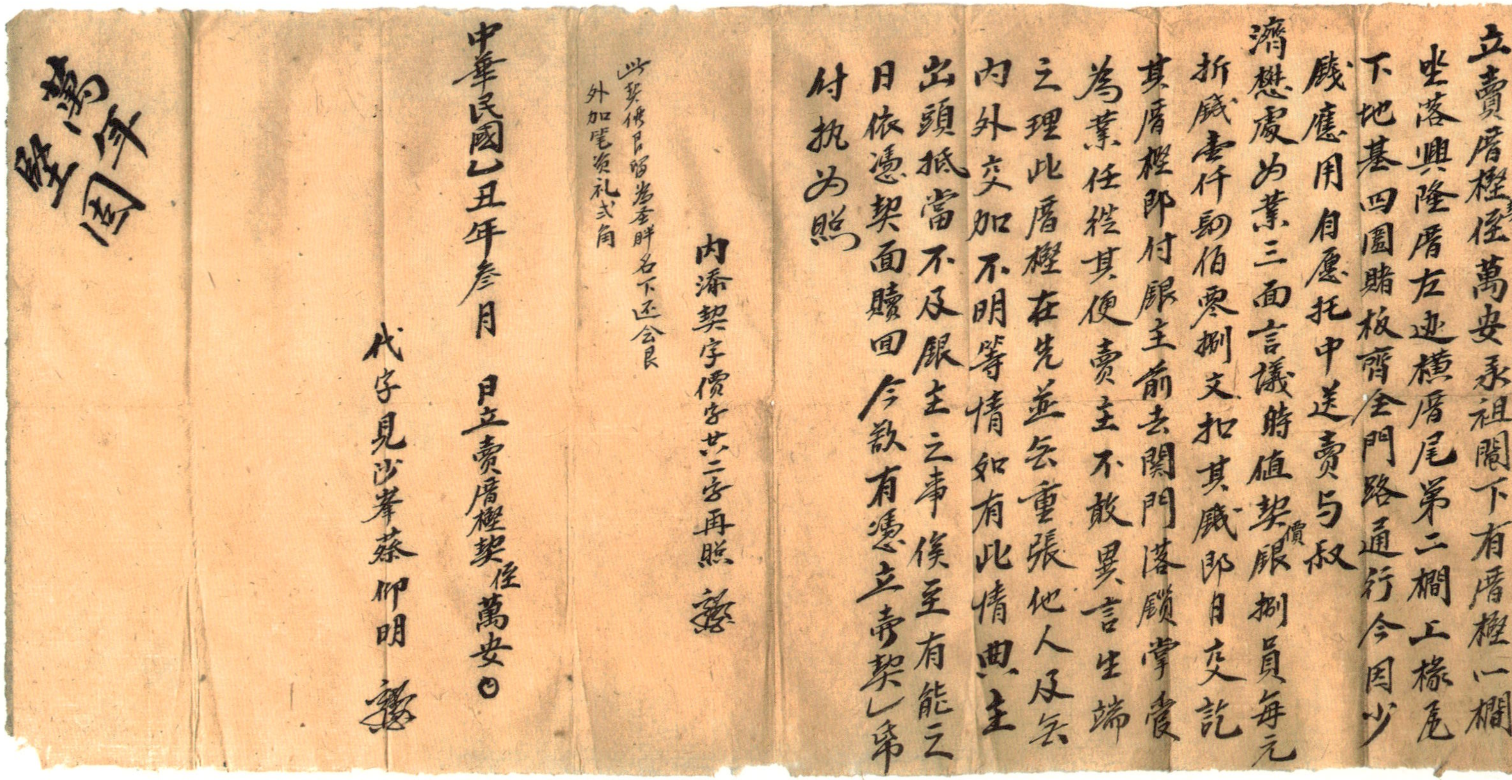

立賣厝樫契侄萬安承祖閣下有厝樫一椚
坐落興隆厝左边橫厝尾第二椚上椽尾
下地基四圍賠板齊全門路通行今因少
錢應用自愿托中送賣与叔
濟懋處為業三面言議時值契價銀捌員每元
折錢壹仟貳佰零捌文扣其錢即日交訖
其厝樫即付銀主前去開門落鎖掌管
為業任從其便賣主不敢異言生端
之理此厝樫在先並無重張他人及無
內外交加不明等情如有此情典主
出頭抵當不及銀主之事候至有能之
日依憑契面贖回今欲有憑立賣契一帋
付執為照

內添契字價字廿二字再照

此契候日贖回當年名下还公艮
外加筆資礼弍角

中華民國乙丑年叁月　日立賣厝樫契侄萬安

代字見沙峯蔡卯明

萬年堅固

11-1-11-3　民國十四年三月盧萬安立賣厝樫契（二）

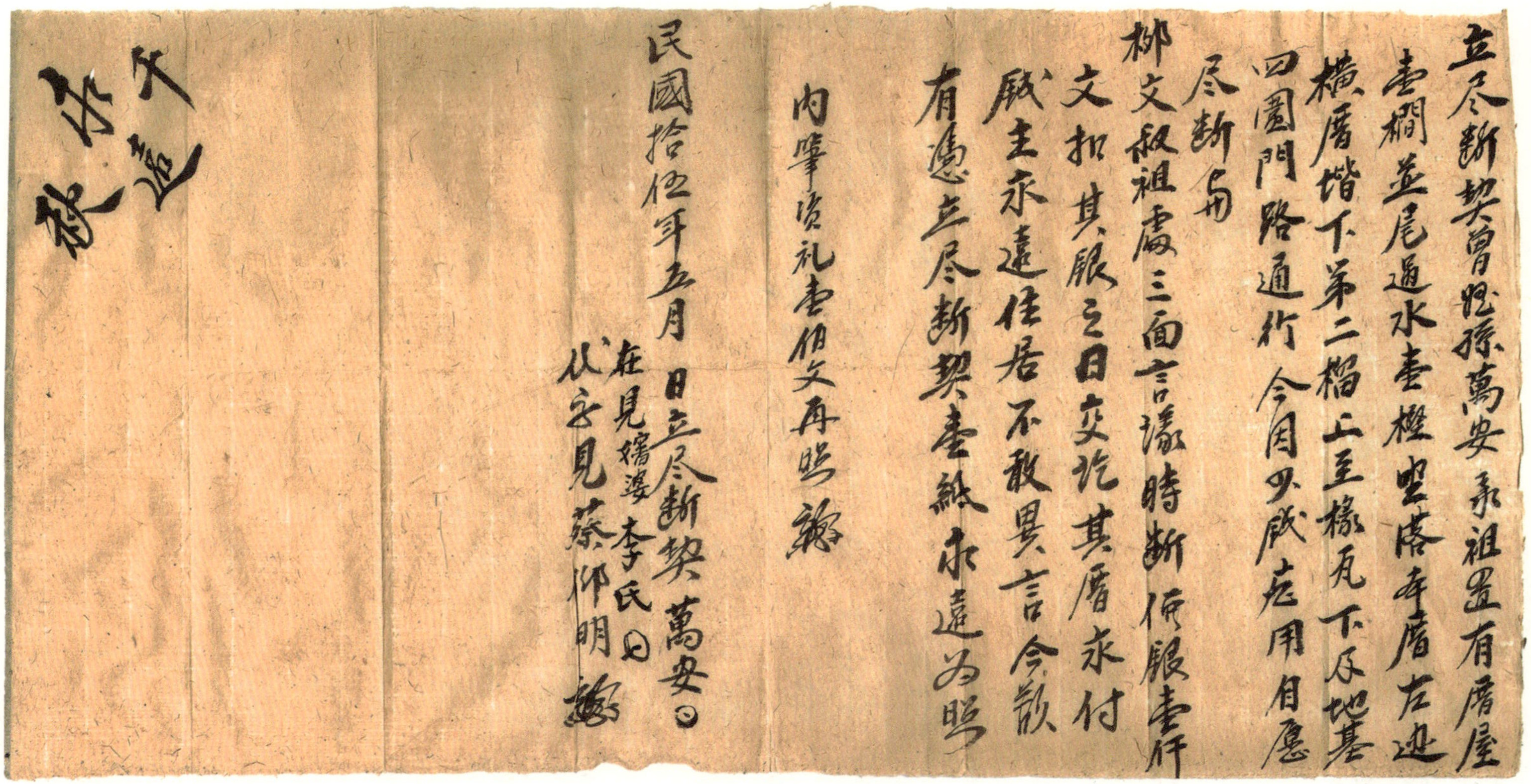

立盡斷契曾姪孫萬安，承祖置有厝屋
壹櫊，並尾過水壹植，坐落本厝左邊
橫厝，階下第二榴，上至椽瓦，下至地基，
四圍門路通行。今因乏錢應用，自愿
盡斷與
椰文叔祖處，三面言議時斷價銀壹仟
文，扣其銀交日交訖，其厝永付
叔主永遠住居，不敢異言。今欲
有憑，立盡斷契壹紙，永遠為照。
內筆資礼壹伯文再照
民國拾伍年五月　日立盡斷契萬安（押）
在見孀婆李氏（押）
代字見蔡仰明（押）

11-1-11-4　民國十五年五月盧萬安立盡斷厝屋契

立賣厝樫契侄孫濟茂，于前手置有厝樫坐落興隆厝左边横厝尾第弍樫壹樫，上椽瓦下地基，四圍睹板，齊全門路通行。今因乏銀應用，自愿托中送賣與本坊成揚叔祖處為業。三面言議，时值契價銀弍元又大洋伍角正，其銀即日交訖，其厝樫即付銀主掌管為業，任從其便。賣主不敢異言生端之理。其厝樫在先並無重張他人，及無內外交加不明，如有不明，賣主出頭支当，不涉銀主之事。倘至日後取贖，原主直行本賣主，無干今欲有憑，立賣契壹帋，並隨原契壹帋，共成弍帋，付执為照。

內改坐立弍字再照
外添宅賣礼儀壹佰文正再照

民國甲戌弍拾叁年弍月日立賣契侄孫濟茂（押）

代字叔 良舟（押）

進賣

11-1-11-5　民國二十三年二月盧濟茂立賣厝樫契

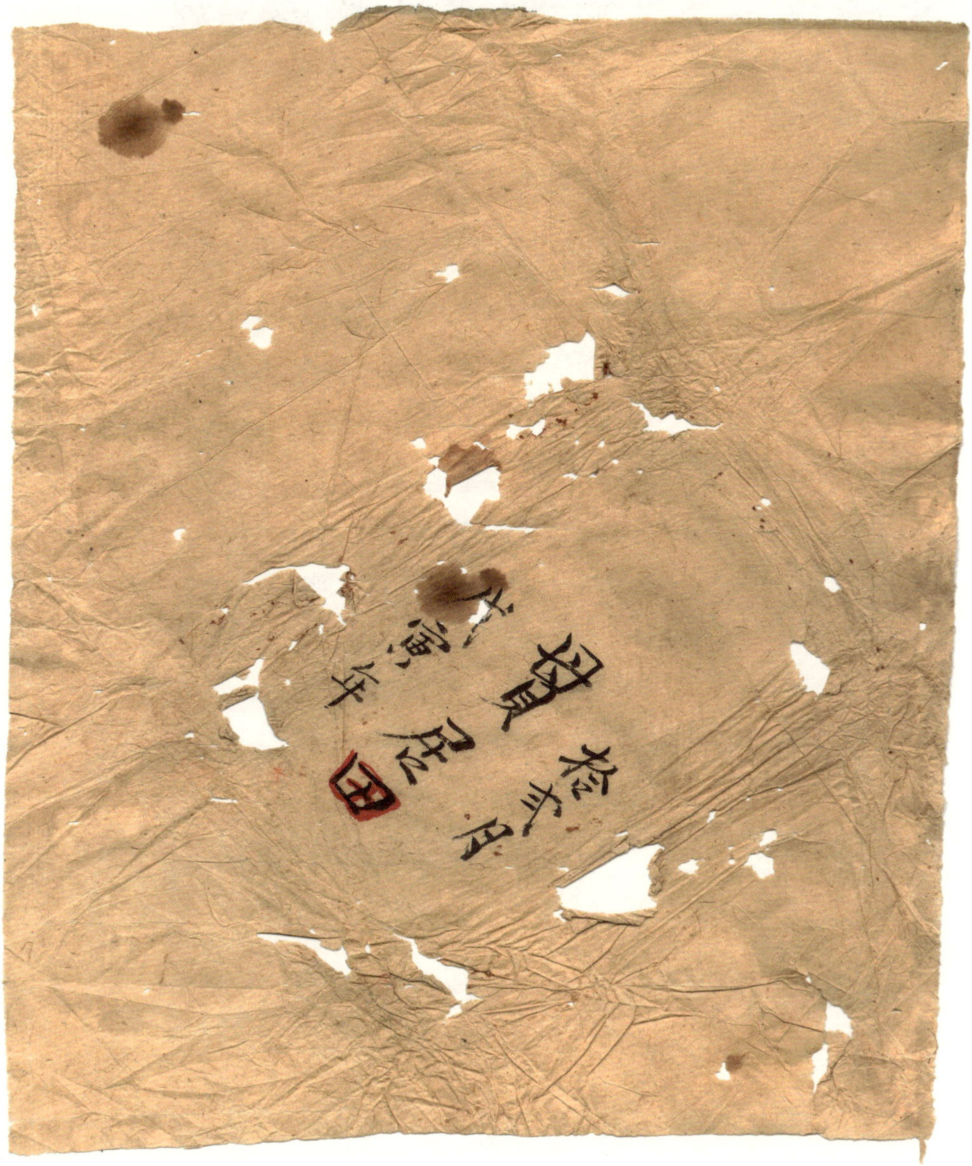

11–1–12–1　包契紙

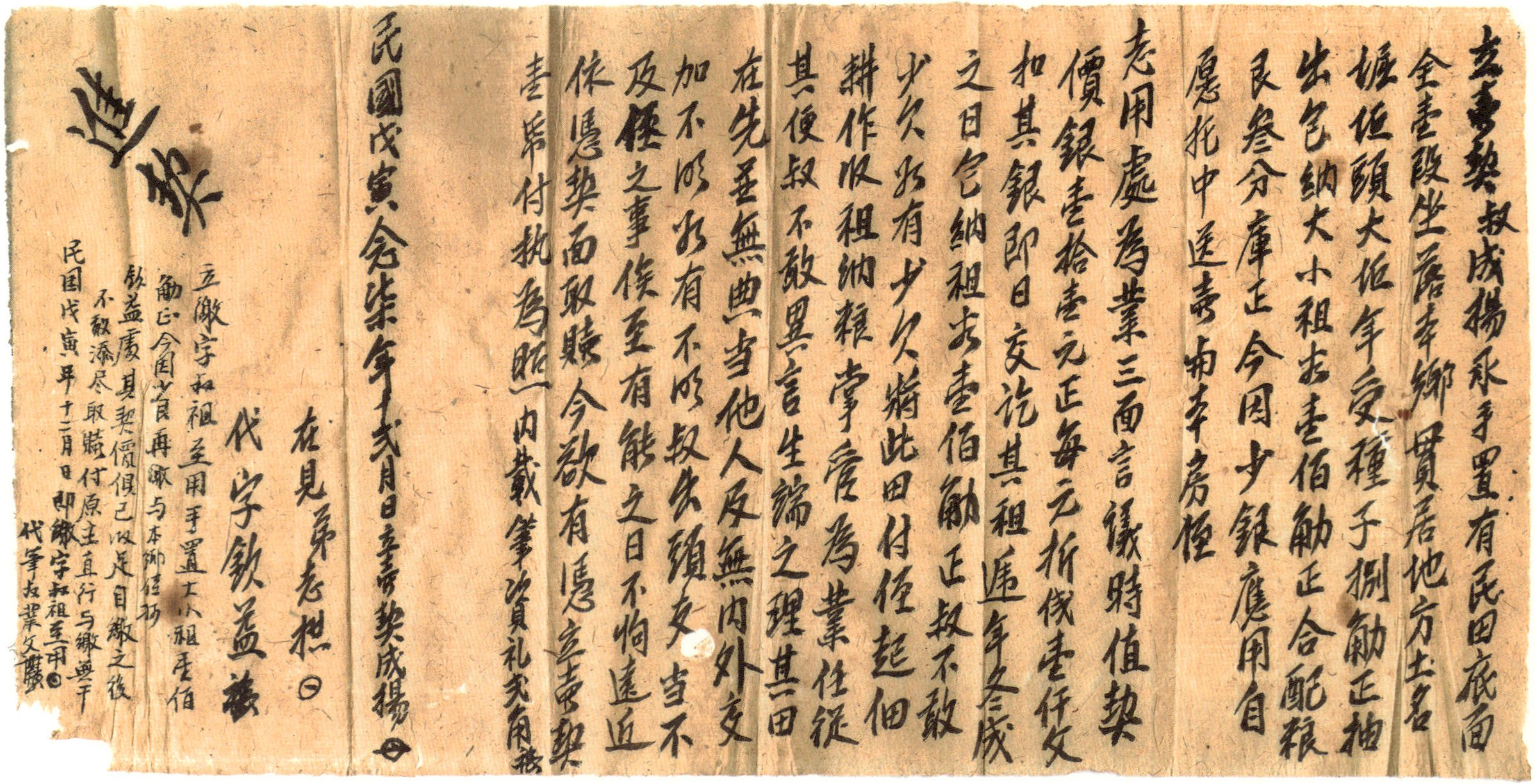
立賣契叔成揚承手置有民田底面
全壹段坐落本鄉貫居地方土名
姬丘頭大丘年受種子捌觔正柚
出包納大小租谷壹佰觔正合配粮
民叁分庫正今因乏銀應用自
愿托中送賣胞弟房侄
志用處為業三面言議時值契
價銀壹拾壹元正每元折錢壹仟文
扣其銀即日交訖其租逓年冬成
之日包納租谷壹佰觔正叔不敢
少欠如有少欠將此田付侄起佃
耕作收租納粮掌管為業任從
其便叔不敢異言生端之理其田
在先並無典當他人及無內外交
加不明如有不明叔自頂支當不
及侄之事候至有能之日不拘遠近
依憑契面取贖今欲有憑立賣契
壹紙付執為照 內載筆資礼炎俱稍
民國戊寅念柒年十二月日立賣契成揚
在見弟志枏
代字欽益
進契

11-1-12-2　民國二十七年十二月盧成揚立賣底面全民田契

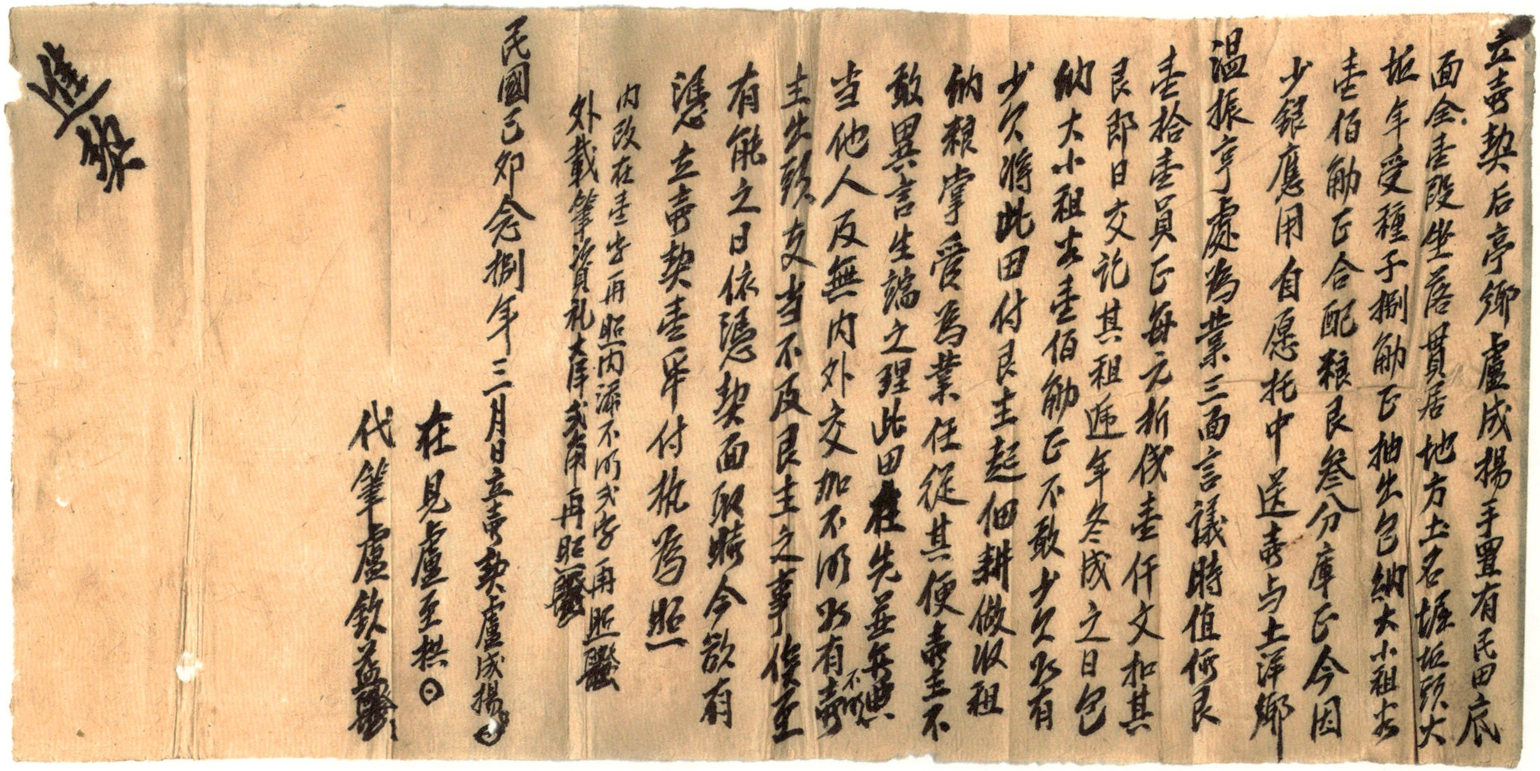
立賣契后亭鄉盧成揚手置有民田底
面全壹段，坐落貫居地方，土名塆坵頭大
坵，年受種子捌觔正，抽出包納大小租去
壹佰觔正，合配粮叁分庫正。今因
少銀應用，自愿托中送賣與土洋鄉
溫振亨處為業，三面言議時值價艮
壹拾壹員正，每元折伐壹仟文，加其
艮即日交訖，其租逐年冬成之日包
納大小租去壹佰觔正，不敢少欠，如有
少欠，將此田付艮主起佃耕做收租
納粮，掌管為業，任從其便。賣主不
敢異言生端之理。此田在先並無典
當他人，反無內外交加不明，如有賣不明
主出頭支當，不及艮主之事。倘至
有能之日，依憑契面取贖。今欲有
憑，立賣契壹帋付執為照。
內改在壹字再照，內添不明弍字再照。
外載筆資礼大洋弍角再照。
民國己卯念捌年三月　日立賣契盧成揚
在見盧至樵
代筆盧欽益

11-1-12-3　民國二十八年三月盧成揚立賣底面全民田契

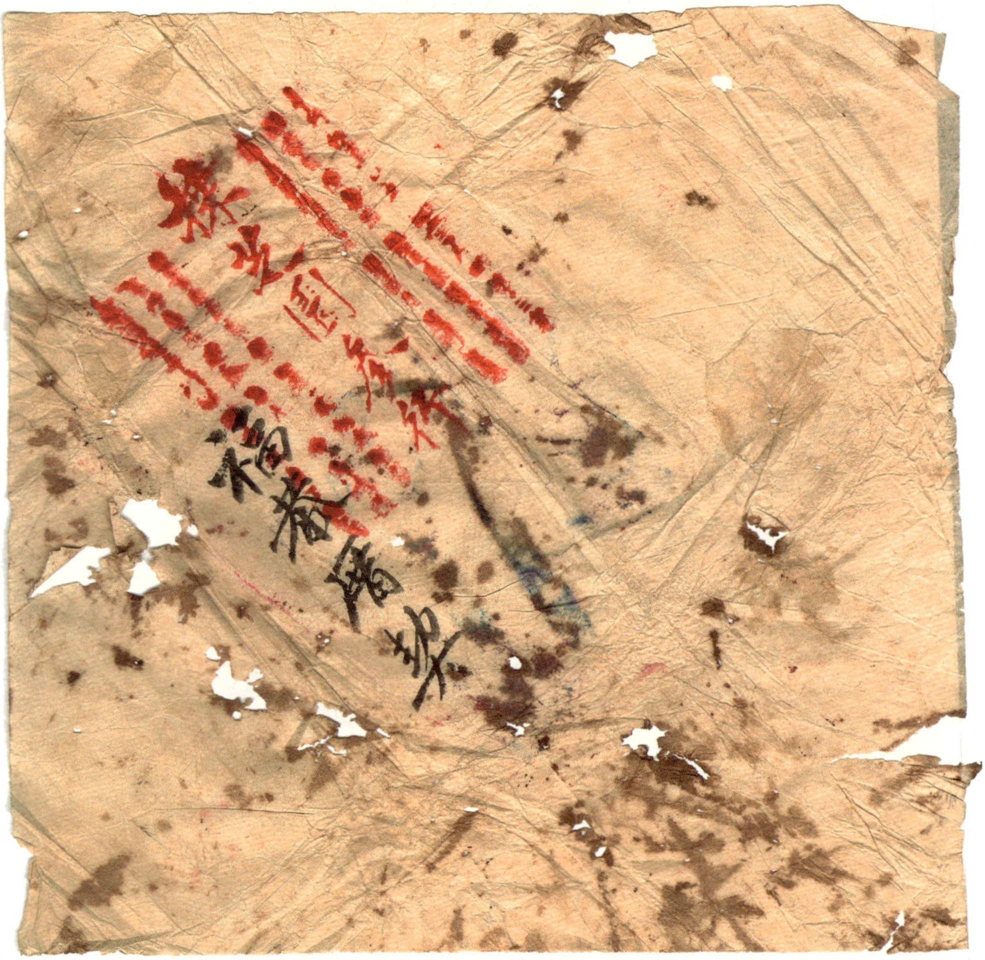

11-1-13-1　包契紙

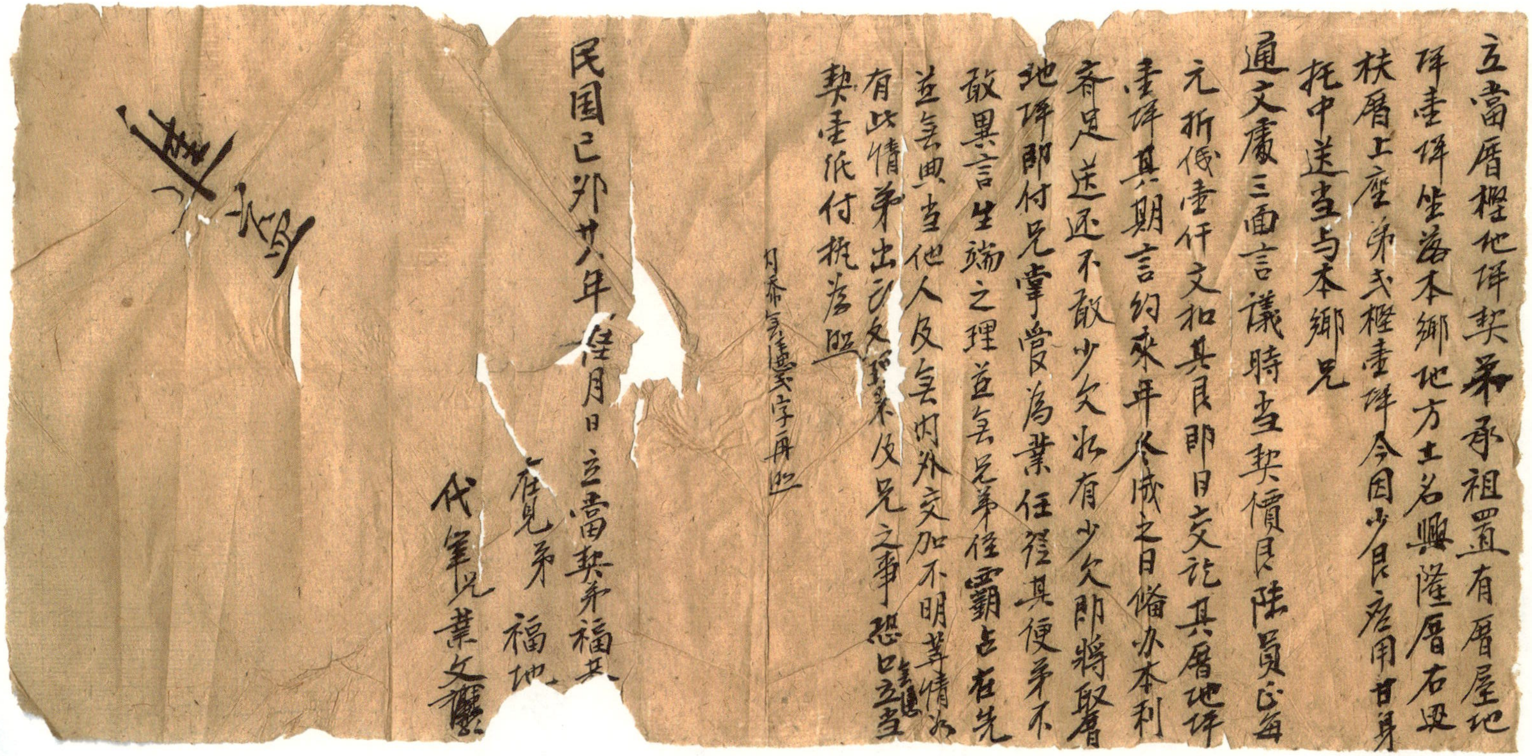
立當厝樫地坪契弟承祖置有厝屋地
坪壹坪坐落本鄉地方土名興隆厝右邊
扶厝上座弟弍樫壹坪今因少艮应用甘身
托中送去与本鄉兄
通文處三面言議時当契價艮陸員正每
元折倍壹仟文和其艮即日交訖其厝地坪
壹坪其期言约來年冬成之日備办本利
齊足送还不敢少欠如有少欠即將厝
地坪即付兄掌管為業任從其便弟不
敢異言生端之理並无兄弟侄霸占在先
並無典当他人及無内外交加不明等情如遇
有此情弟出力支理不及兄之事恐口无憑立当
契壹帋付执為照
内添字壹字再照
民国己卯廿八年八月日　立當契弟福恭
在見弟　福坤
代筆兄　業文

11-1-13-2　民國二十八年八月盧福恭立當厝樫地坪契

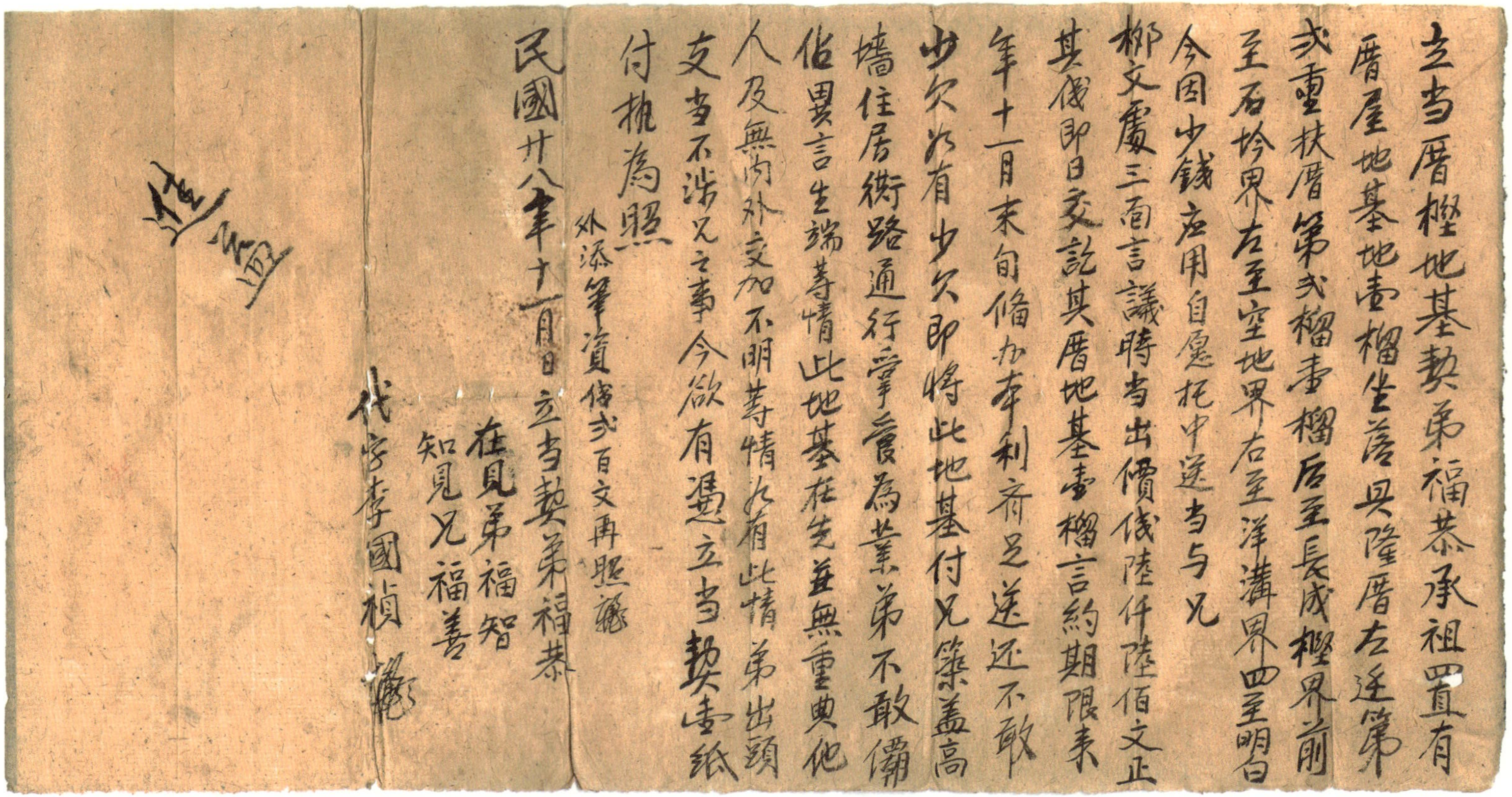
立当厝㭗地基契弟福恭承祖置有
厝屋地基地壹𣛮坐落吳隆厝右迸第
弍重扶厝第弍𣛮壹𣛮后至長成㭗界前
至石埒界左至空地界右至洋溝界四至明白
今因少錢應用自愿托中送当与兄
椰文處三面言議時当出價錢陸仟陸佰文正
其錢即日交訖其厝地基壹𣛮言約期限來
年十一月末旬備办本利齊足送还不敢
少欠如有少欠即將此地基付兄築蓋高
墻住居街路通行掌管爲業弟不敢攔
佔異言生端等情此地基在先並無重典他
人及無內外交加不明等情如有此情弟出頭
支当不涉兄之事今欲有憑立当契壹紙
付執爲照
外添筆資貨弍百文再照
民國廿八年十一月日立当契弟福恭
在見弟福智
知見兄福善
代字李國楨

11-1-13-3　民國二十八年十一月盧福恭立當厝㭗地基契

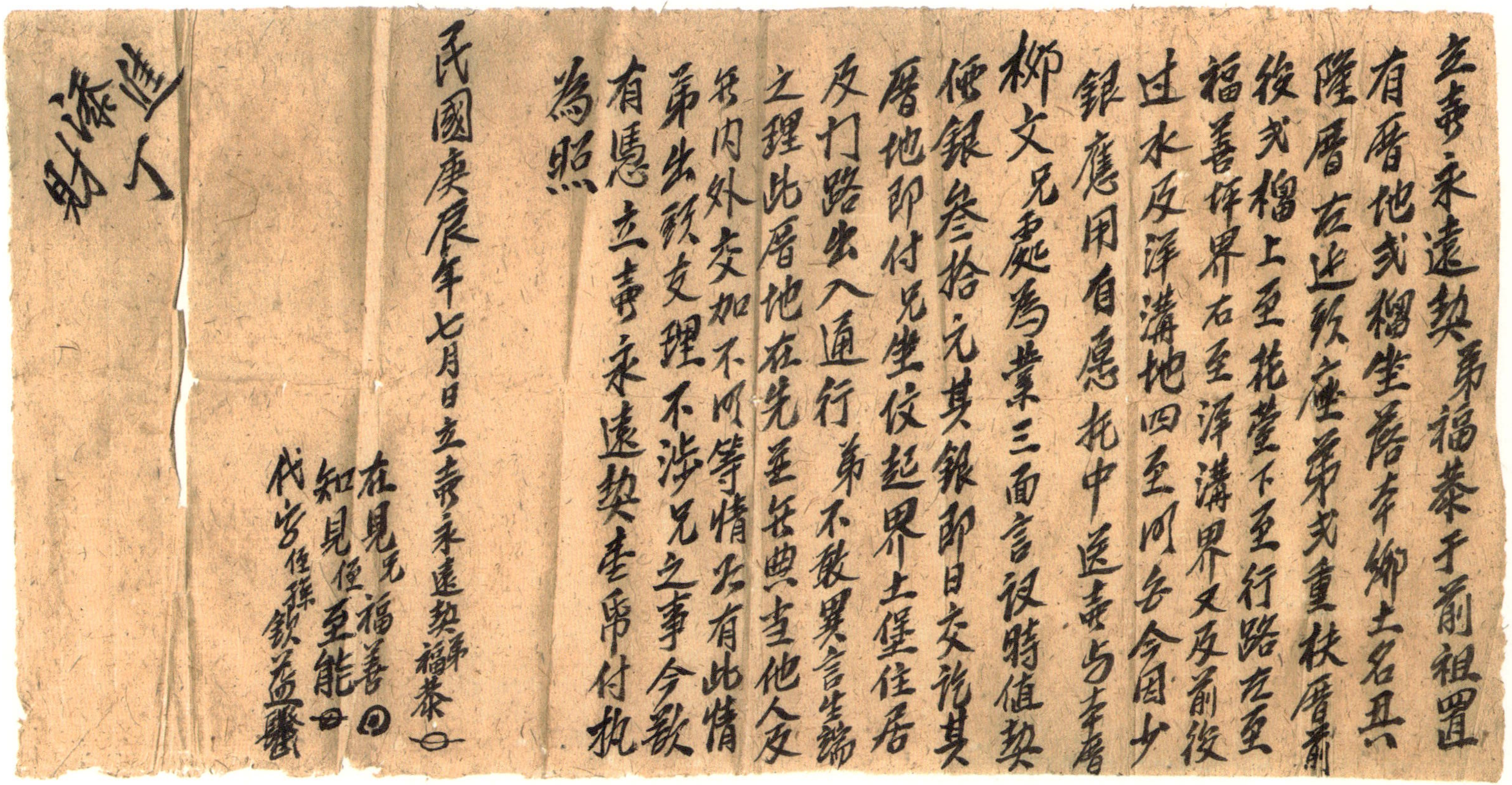

立賣永遠契弟福恭于前祖置
有厝地弍栂坐落本鄉土名丑六
隆厝左边玖座第弍重校厝前
後弍栂上至花萱下至行路左至
福善仟界右至洋溝界又及前後
过水反洋溝地四至明白今因乏
銀應用自愿托中送賣與本房
柳文兄處為業三面言议時值契
价銀叁拾元其銀即日交訖其
厝地即付兄坐位起界土堡住居
及门路出入通行弟不敢異言生端
之理此厝地在先並無典當他人交
易內外交加不明等情如有此情
弟出頭支理不涉兄之事今欲
有憑立賣永遠契壹帋付執
為照

民國庚辰年七月日立賣永遠契弟福恭（押）
在見兄　福善（押）
知見侄　至能（押）
代字侄孫　欽益（押）

進丁添財

11-1-13-4　民國二十九年七月盧福恭立賣厝地契

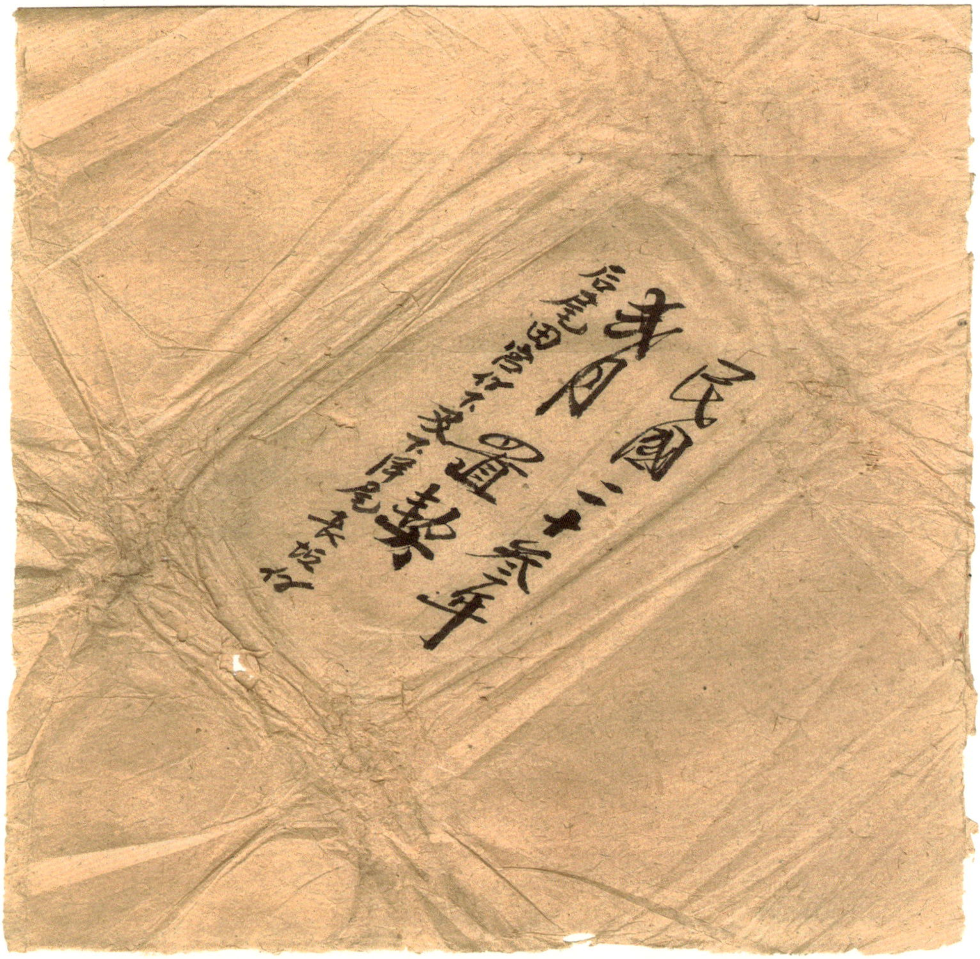

11–1–14–1　包契紙

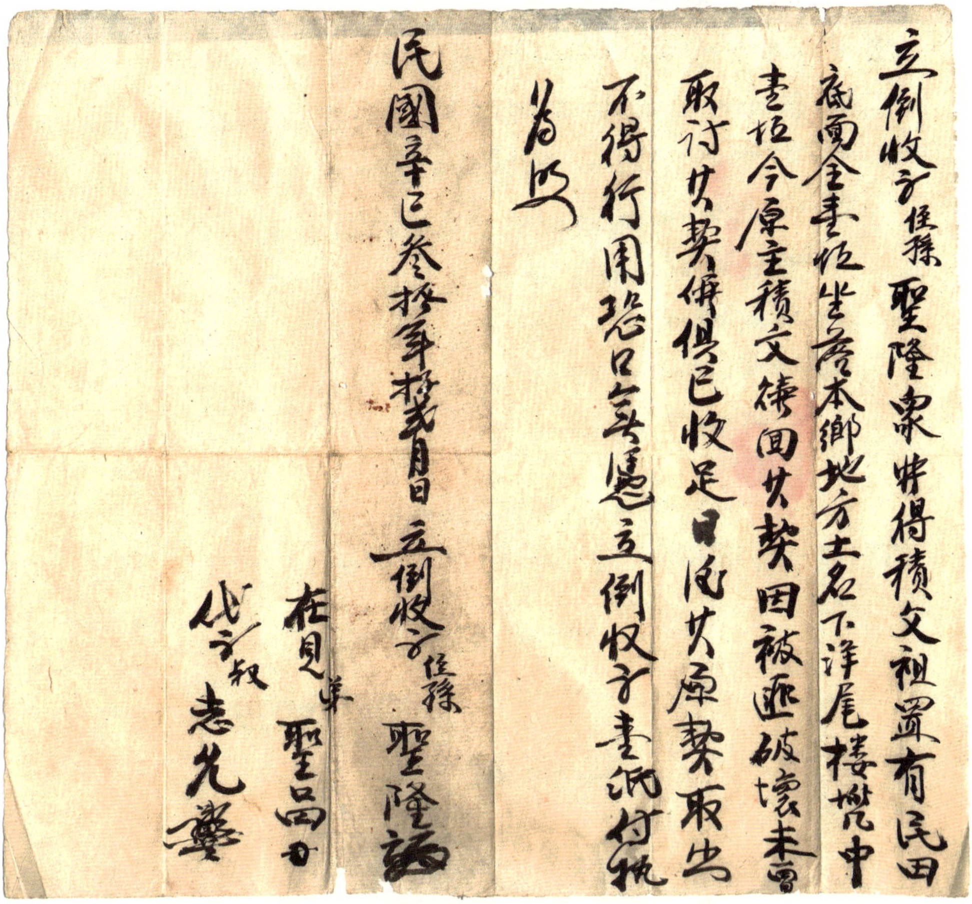

立倒收字侄孫聖隆衆將得積文祖買有民田
底面全業伍坐落本鄉地方土名下洋尾樓墘中
壹坵今原主積文備回其契因被匪破壞未曾
取討其契併俱已收足日後其原契取出
不得行用恐口無憑立倒收字壹紙付執
為照
民國辛巳叁拾年拾貳月日　立倒收字侄孫　聖隆（押）
在見弟　聖品（押）
代字叔　志光（押）

11-1-14-2　民國三十年十二月盧聖隆立倒收字

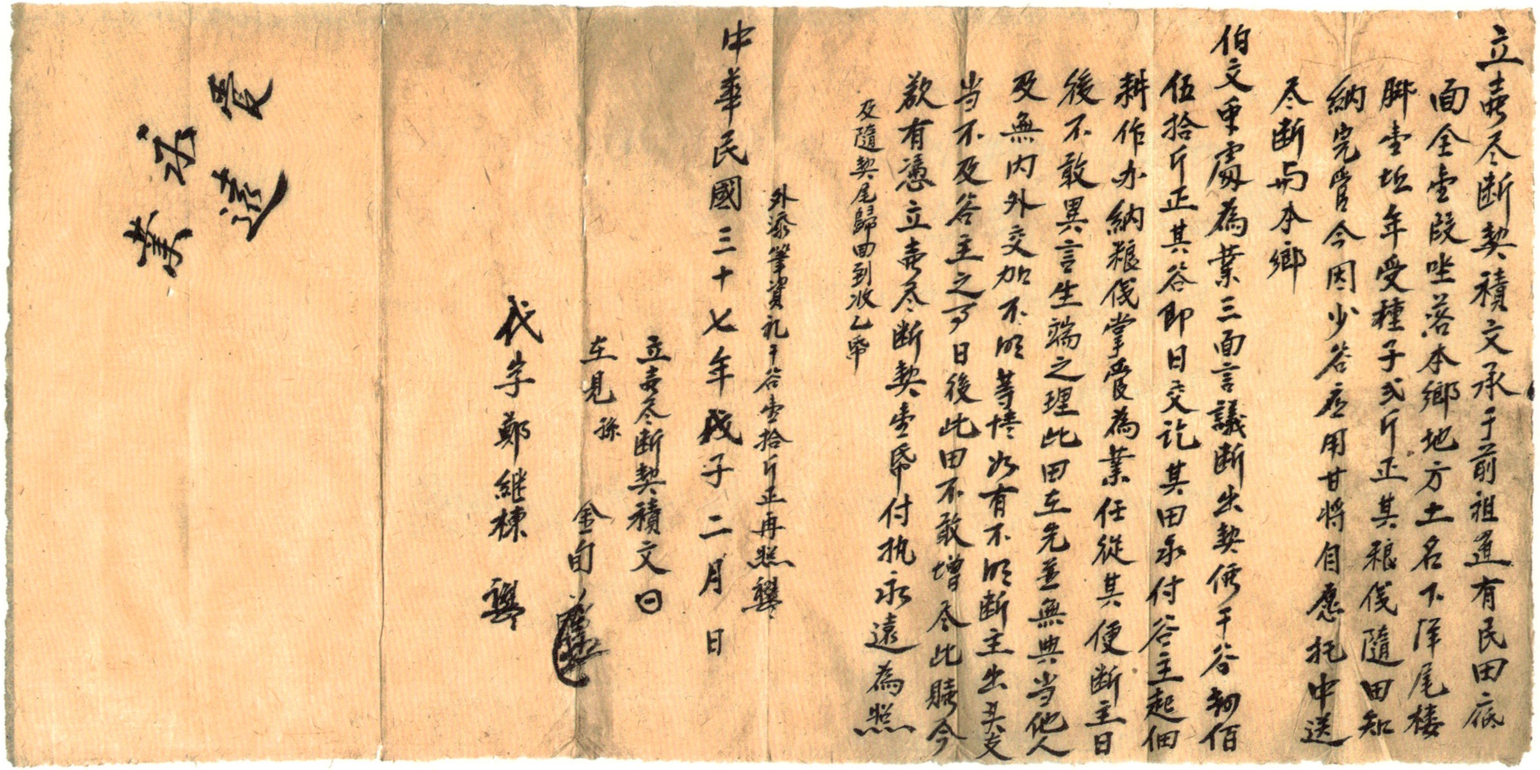
立賣盡斷契積文承父前祖遺有民田底面全壹段坐落本鄉地方土名下洋尾樓脚壹坵年受種子弍斤正其粮代随田知納完實今因少谷應用甘將自愿托中送盡斷與本鄉

伯文重處為業三面言議斷出契價干谷捌佰伍拾斤正其谷即日交訖其田永付谷主起佃耕作亦納粮代掌管為業任從其便斷主日後不敢異言生端之理此田在先並無典当他人及無內外交加不明等情如有不明断主出頭支当不及谷主之事日後此田不敢增盡此賒今欲有憑立賣盡斷契壹紙付執永遠為照

又隨契尾歸田到收山帋

外添筆資九干谷壹拾斤正再照

中華民國三十七年戊子二月　日

立賣盡斷契積文（押）

在見孫　金旬（押）

代字鄭繼棟（押）

永遠受業

11-1-14-3　民國三十七年二月盧積文立賣盡斷底面全民田契

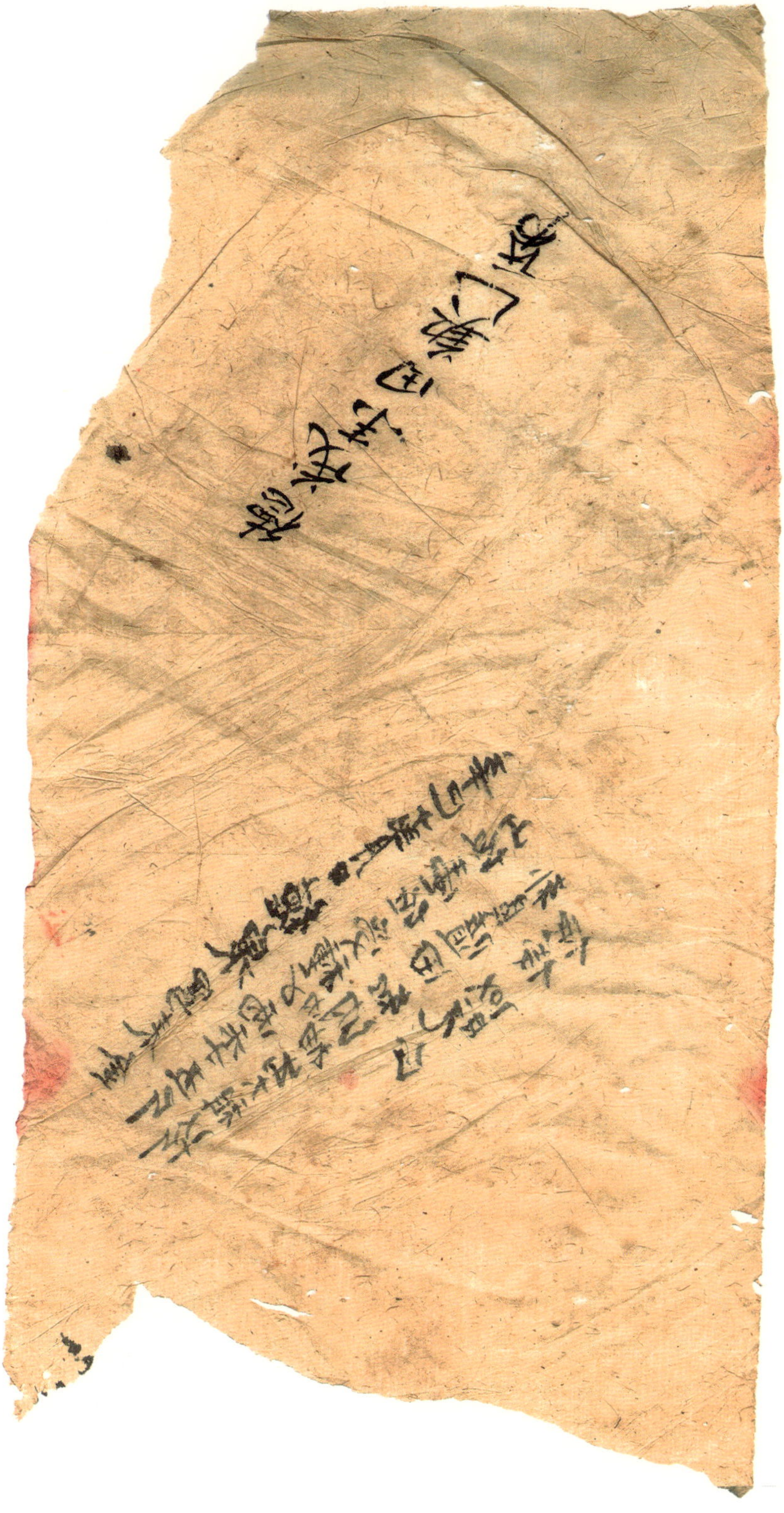

11-1-15-1 包契紙

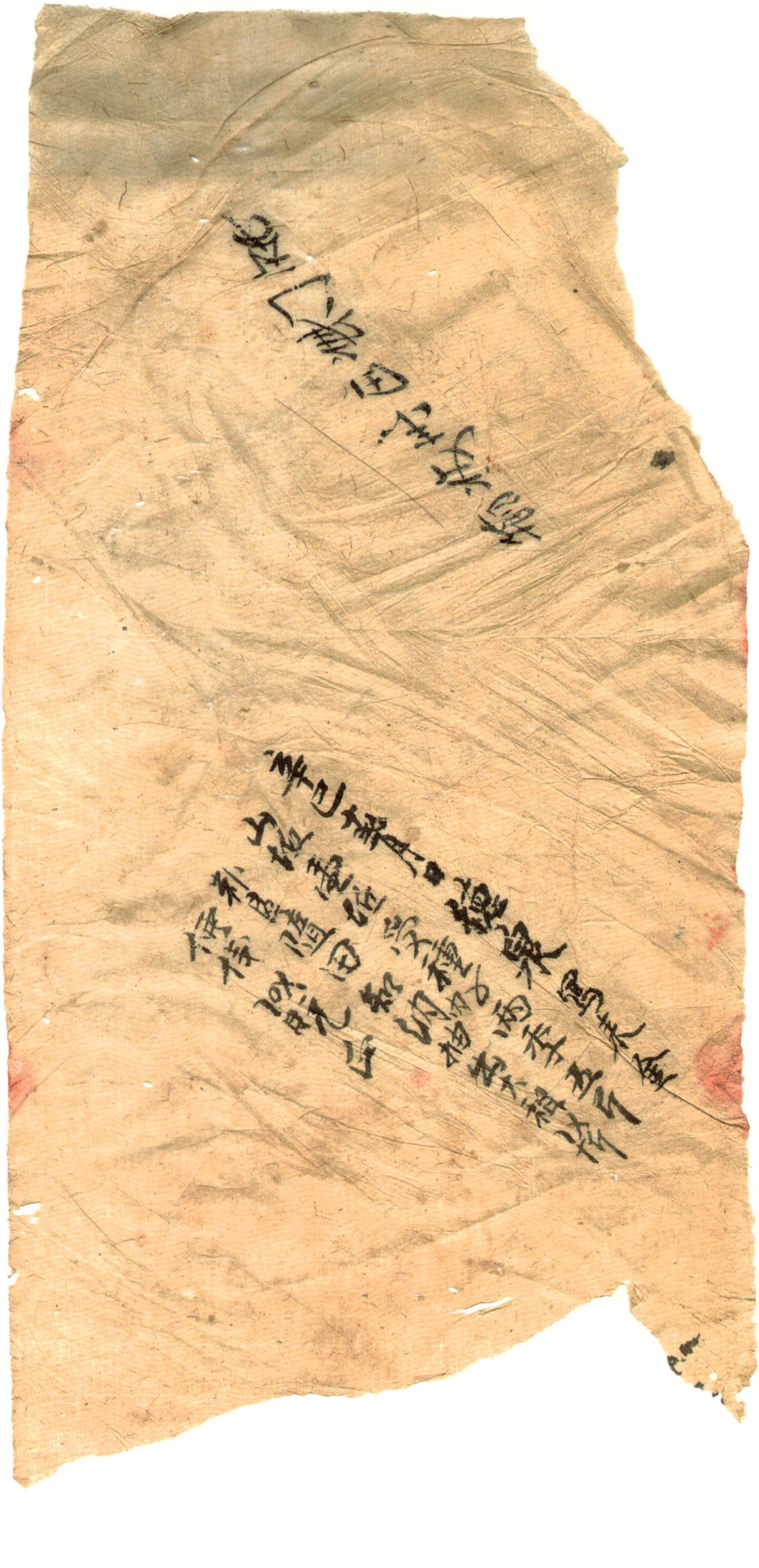

11-1-15-2　包契紙

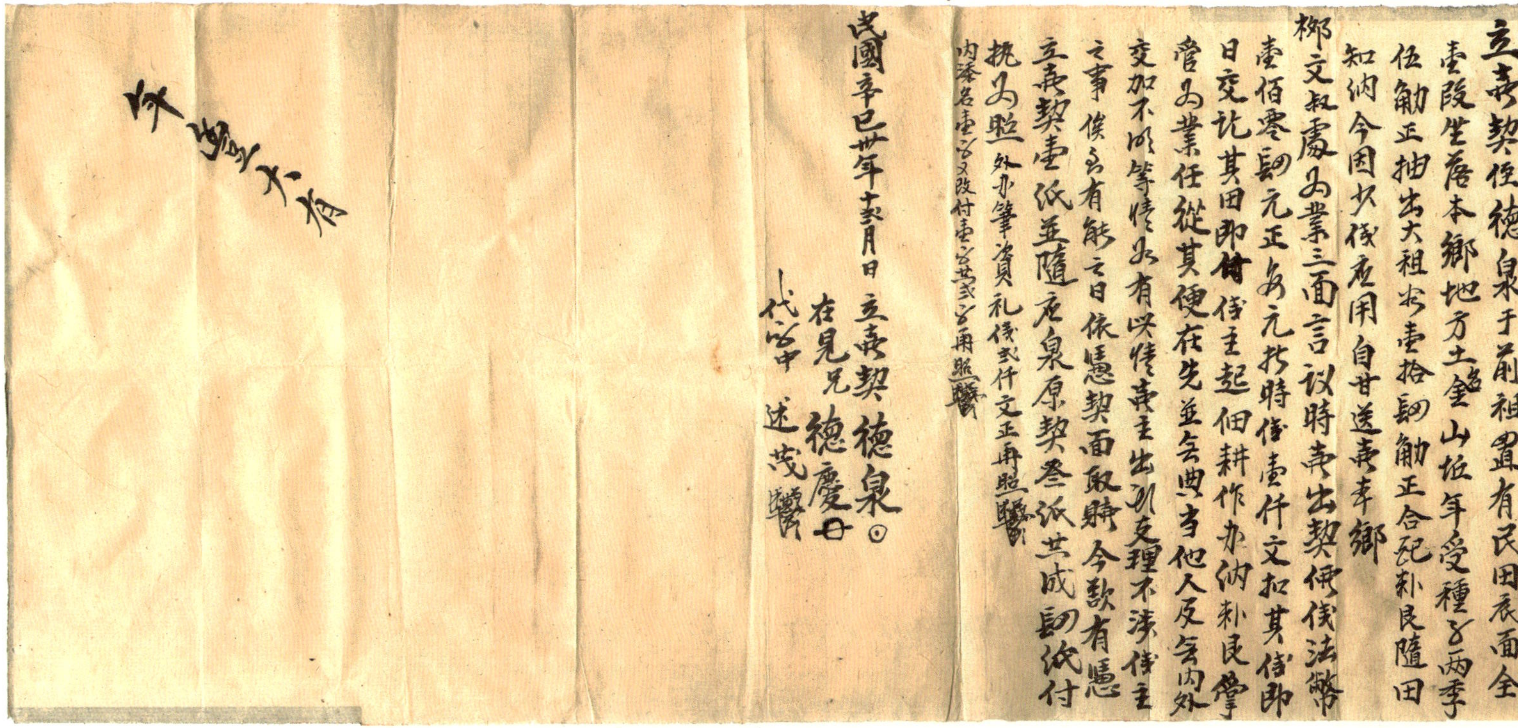

立賣契侄德泉，于前祖置有民田底面全
壹段，坐落本鄉地方土名金山坵，年受種子兩季
伍觔正，抽出大祖米壹拾觔觔正，合配糧民隨田
知納。今因欠錢應用，自甘送賣本鄉
鄉文叔處爲業，三面言议，時賣出契價錢法幣
壹佰零觔元正，其元於時侄壹仟文扣其價，即
日交訖，其田即付侄主起佃耕作，办納糧民學
魯爲業，任從其便。在先並無典当他人及無內外
交加不明等情，如有此情，賣主出頭支理，不涉侄主
之事。候至有能之日，依憑契面取贖，今欲有憑，
立賣契壹紙，並隨應泉原契叁紙，共成肆紙付
執爲照。外批筆資貝礼錢貳仟文正，再照。
內添名壹字，又改付壹字，共叁字，再照。

民國辛巳卅年十二月　日　立賣契　德泉
在見兄　德慶
代字中　述莞

11-1-15-3　民國三十年十二月盧德泉立賣底面全民田契

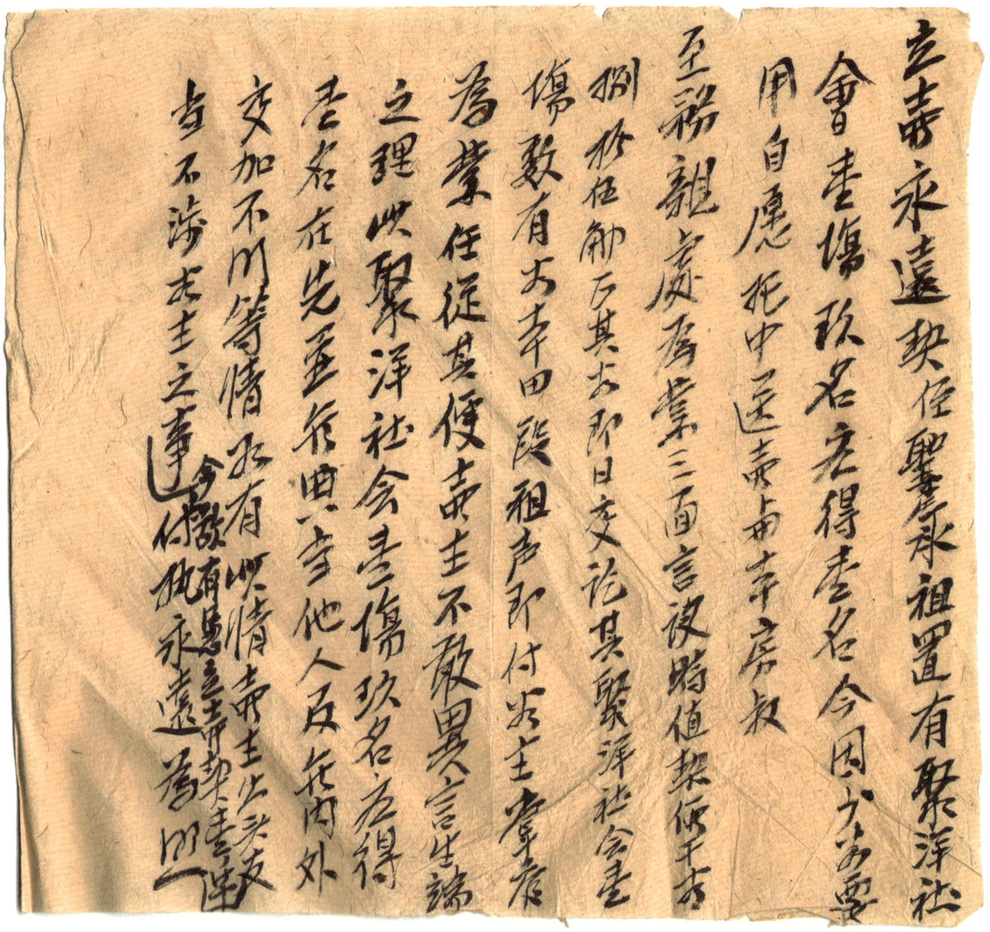
立賣永遠契侄聖居承祖置有聚洋社
會壹條玖名應得壹名今因少欠要
用自愿托中送賣與本房叔
至務親處爲業三面言說時值契价大
洋捌拾伍元正其大洋即日交訖其聚洋社會壹
條玖名有本年田段租谷即付與主掌收
爲業任從其便賣主不敢異言生端
立理此聚洋社會壹條玖名應得
壹名在先並無典當他人及在內外
交加不明等情如有此情賣主出頭支
當不涉本主之事今欲有憑立賣契壹紙付執永遠爲照

11-1-16-1　民國三十四年十二月盧聖居立賣聚洋社會契（草契）

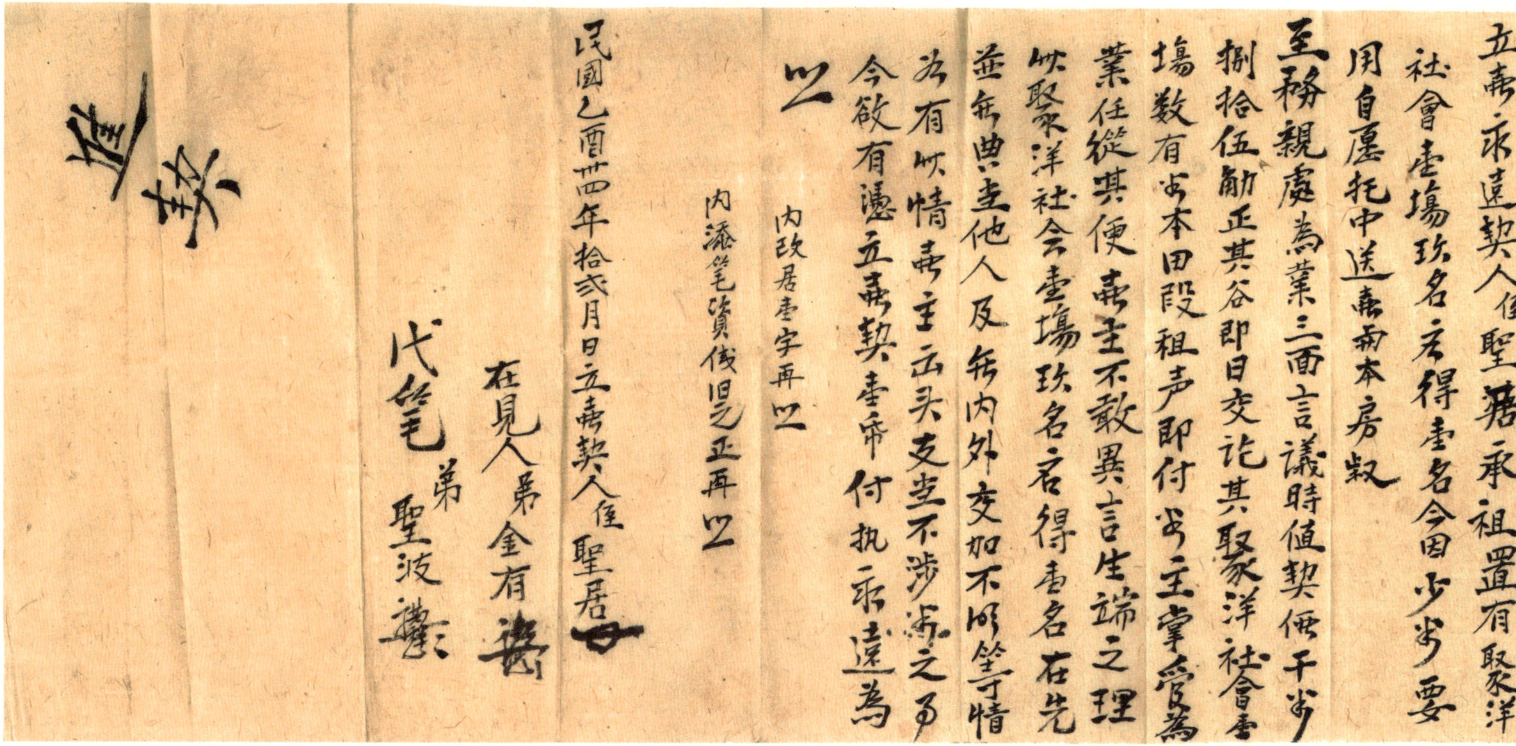
立賣永遠契人侄聖居承祖置有聚洋
社會壹塲玖名，今因少米要
用，自愿托中送賣與本房叔
至務親處為業，三面言議時值契價干米
捌拾伍觔正，其谷即日交訖，其聚洋社會壹
塲數有米本田段租声即付米主掌管為
業，任從其便，賣主不敢異言生端之理。
此聚洋社会壹塲玖名，言得壹名在先
並無典去他人及無内外交加不明等情，
如有此情，賣主出头支当，不涉米主之事。
今欲有憑，立賣契壹帋付执永遠為
照。
内改居壹字再照
内添筆資伐旧之正再照
民國乙酉卅四年拾弍月 日立賣契人侄 聖居（押）
在見人弟 金有（押）
代筆 弟 聖波（押）
[illegible]

11-1-16-2 民國三十四年十二月盧聖居立賣聚洋社會契

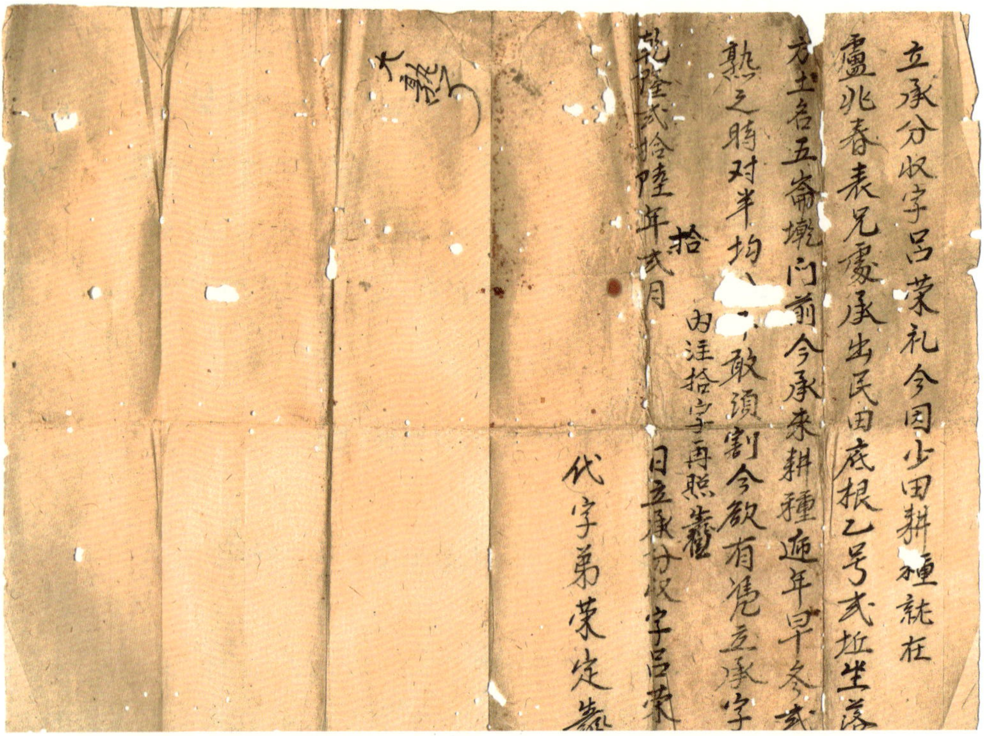

立承分收字呂荣礼今因少田耕種就在
盧兆春表兄處承出民田底根乙号式坵坐落
方土名五斋境门前今承来耕種遞年早冬式
熟之時对半均、[illegible]敢頑割今欲有憑立承字
内注拾字再照[illegible]
乾隆式拾陸年拾式月日立承分收字呂荣
代字弟荣定[illegible]
大號

11-1-17-1　清乾隆二十六年十二月呂荣礼立承民田底根字

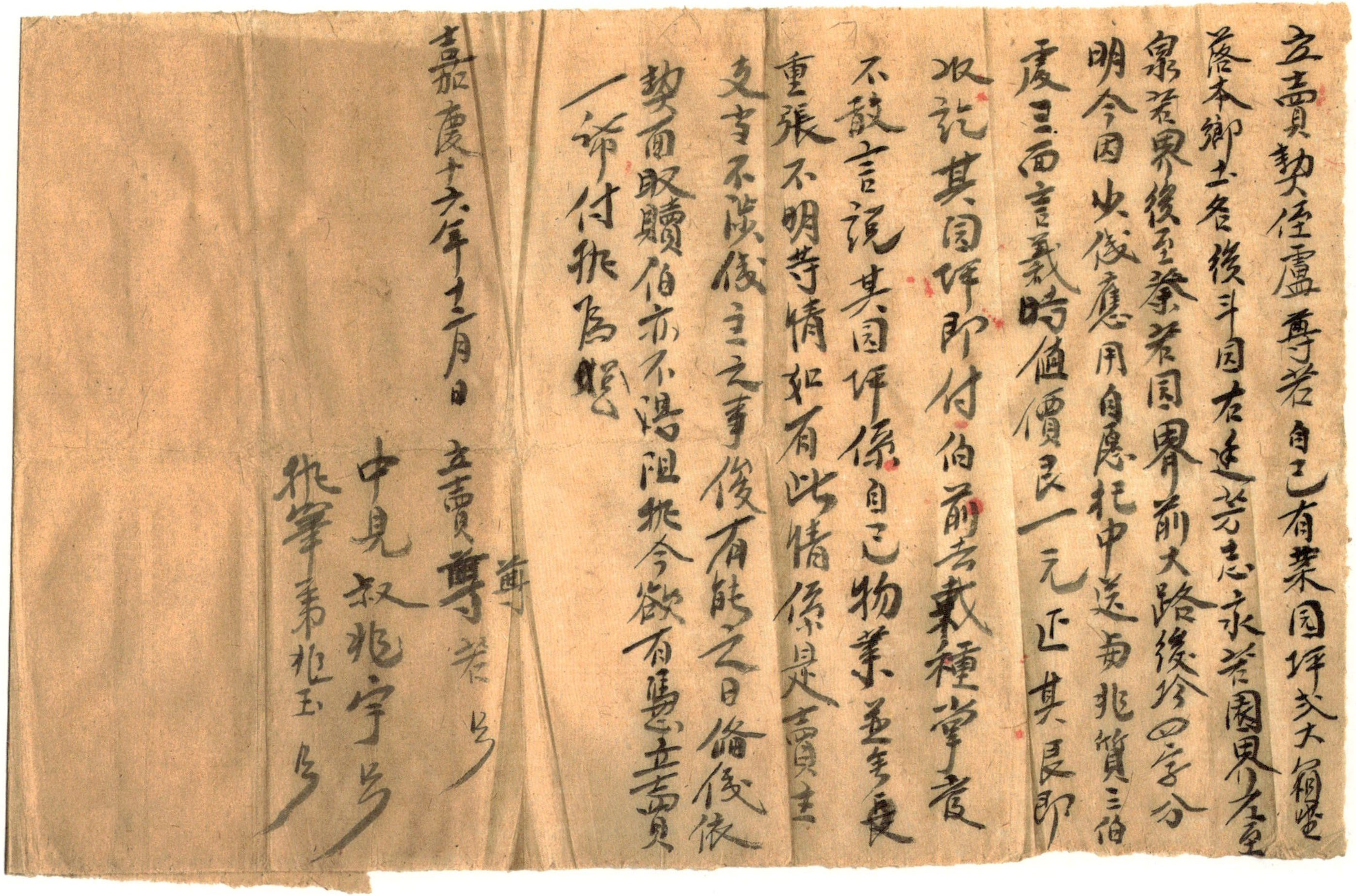
立賣契侄盧尊若自己有菜園坪弍大𦊓坐
落本鄉土名後斗園右边芳志、永若園界，左至
泉若界，後至榮若園界，前大路，後珍四字分
明。今因乏銀應用，自愿托中送與兆質三伯
處三面言議時值價艮一元正，其艮即
收訖，其園坪即付伯前去栽種掌管
不敢言說。其園坪係自己物業，並無典
重張不明等情，如有此情，係是賣主
支當，不涉侄主之事。後有能之日，備價依
契面取贖，伯亦不得阻抱。今欲有憑，立賣[illegible]
一紙付執為照。
嘉慶十六年十二月日　立賣尊若[illegible]号
中見叔兆宇号
執筆弟兆玉号

11-1-17-2　清嘉慶十六年十二月盧尊若立賣菜園坪契

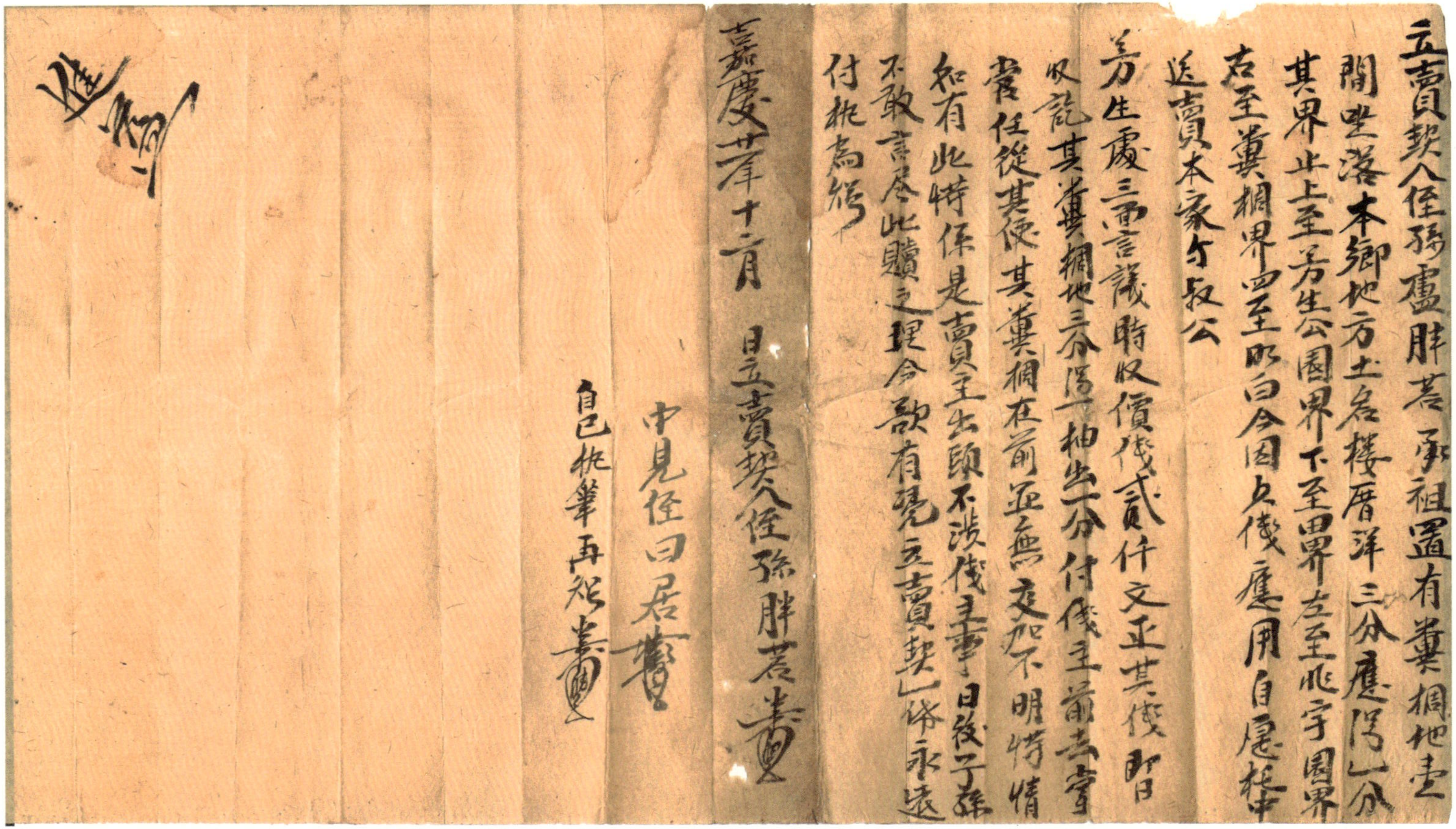

立賣契人侄孫盧胖若，承祖置有糞桐地壹閘，坐落本鄉地方，土名樓厝洋，三分應得一分。其界北上至芳生公園界，下至田界，左至叱字園界，右至糞桐界，四至明白。今因乏錢應用，自愿將送賣本家叔公芳生處，三面言議，時收價錢貳仟文正，其錢即日收訖。其糞桐地三分得一，抽出一分付錢主前去掌管，任從其便。其糞桐在前並無交加不明等情，如有此特係是賣主出頭，不涉錢主之事。日後子孫不敢言及收贖之理。今欲有憑，立賣契一紙永遠付執為照。

嘉慶廿一年十二月　日立賣契人侄孫胖若（押）

中見侄曰居（押）

自己執筆再䋣（押）

11-1-17-3　清嘉慶二十一年十二月盧胖若立賣糞桐地契

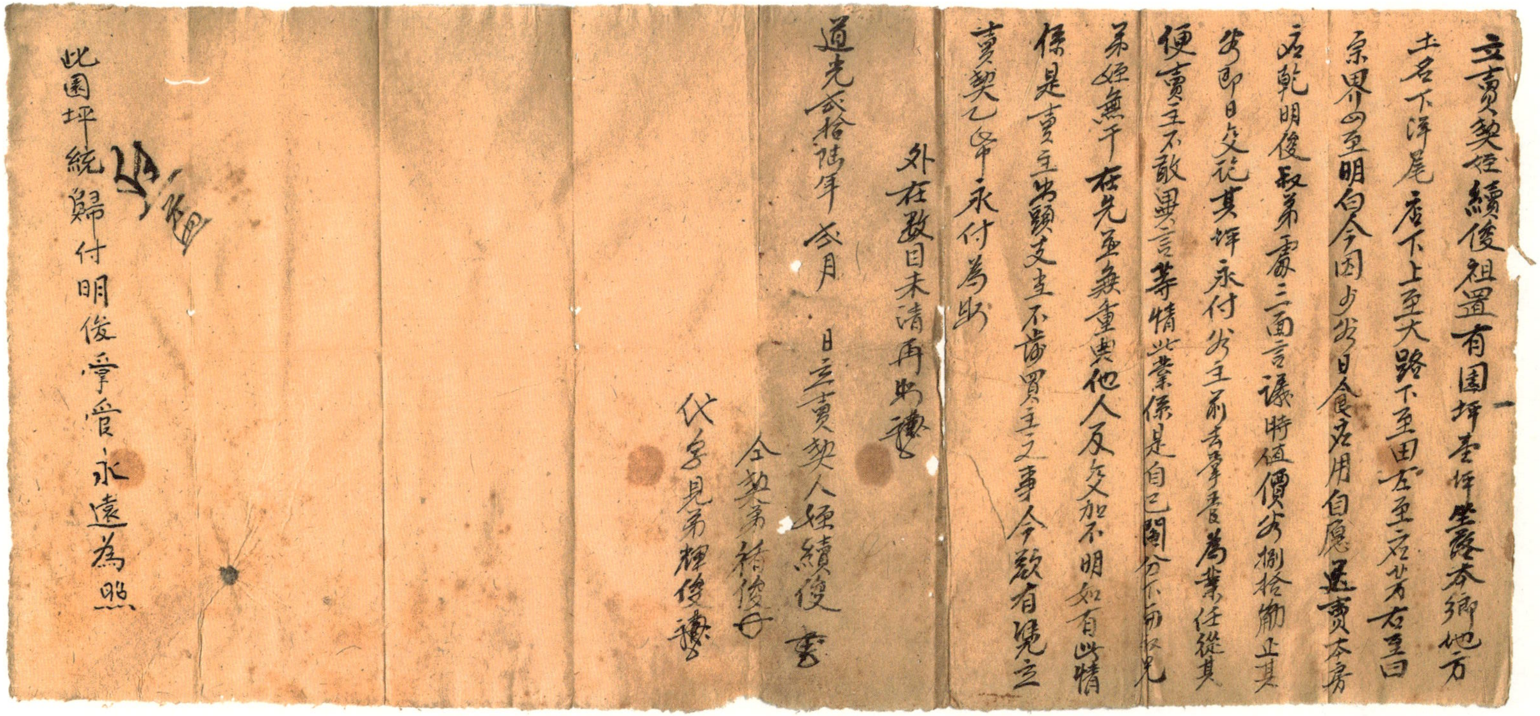
立賣契侄續俊祖置有園坪壹坪坐落本鄉地方
土名下洋尾庵下上至大路下至田左至石崁右至田
宗界四至明白今因少錢日食應用自愿送賣本房
兄乾明俊叔弟處三面言議時值價錢捌拾捌正其
錢即日交訖其坪永付錢主前去掌管為業任從其
便賣主不敢異言等情此業係是自己鬮分不涉叔兄
弟侄無干在先並無重典他人及交加不明如有此情
係是賣主出頭支當不涉買主之事今欲有憑立
賣契乙紙永付為照
外在數日未清再照
道光貳拾陸年貳月 日立賣契人侄續俊（押）
仝契弟精俊（押）
代字見弟輝俊（押）
此園坪統歸付明俊掌管永遠為照

11-1-17-4 清道光二十六年二月盧續俊立賣園坪契

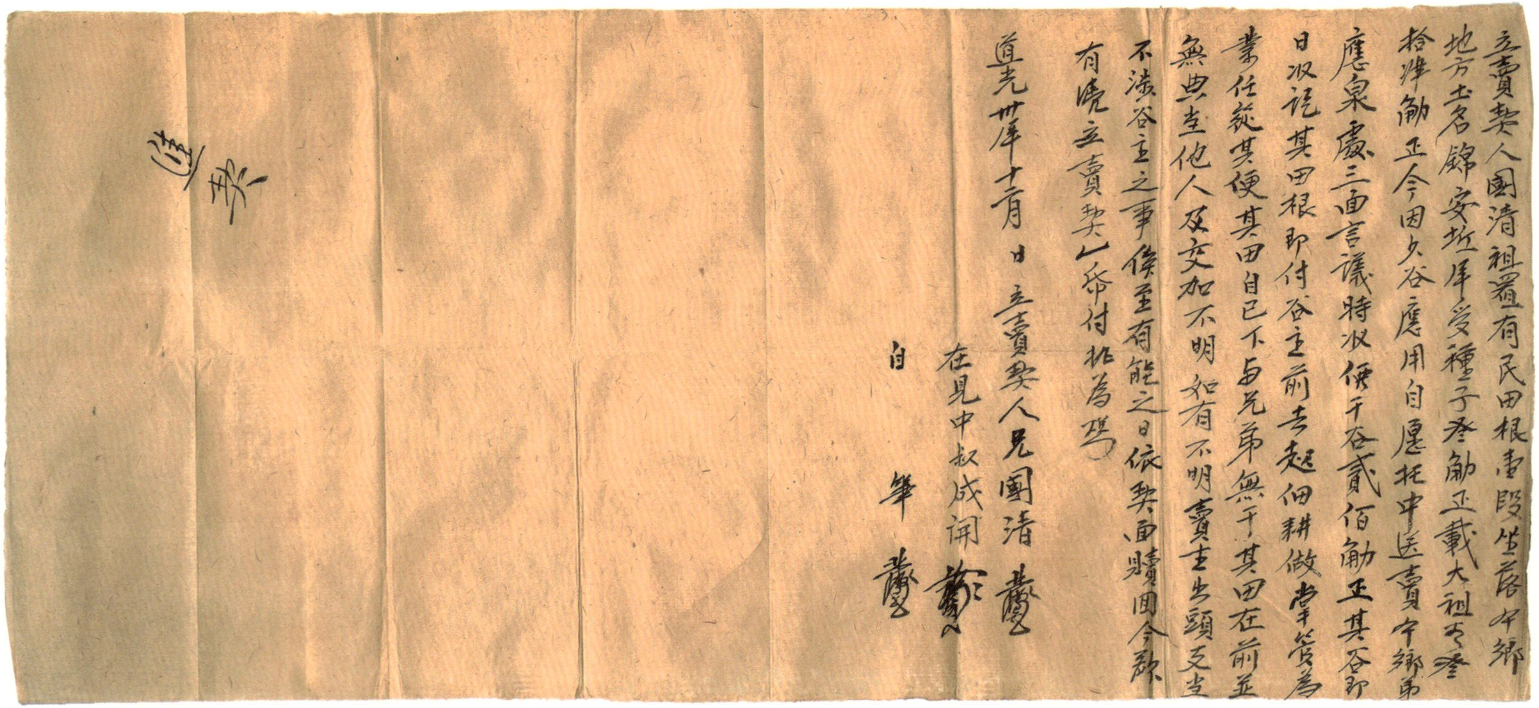
立賣契人國清祖置有民田根壹段坐落本鄉
地方土名錦安垅年受種子叁觔正載大租谷叁
拾肆觔正今因欠谷應用自愿托中送賣本鄉弟
應泉處三面言議時價干谷貳佰觔正其谷即
日收訖其田根即付谷主前去起佃耕做掌管為
業任從其便其田自己下與兄弟無干其田在前並
無典查他人及交加不明如有不明賣主出頭支當
不涉谷主之事倘至有能之日依契面贖回今欲
有憑立賣契一紙付執為照
道光卅年十二月 日 立賣契人盧國清（押）
在見中叔成開（押）
自 筆（押）

11-1-17-5　清道光三十年十二月盧國清立賣民田根契

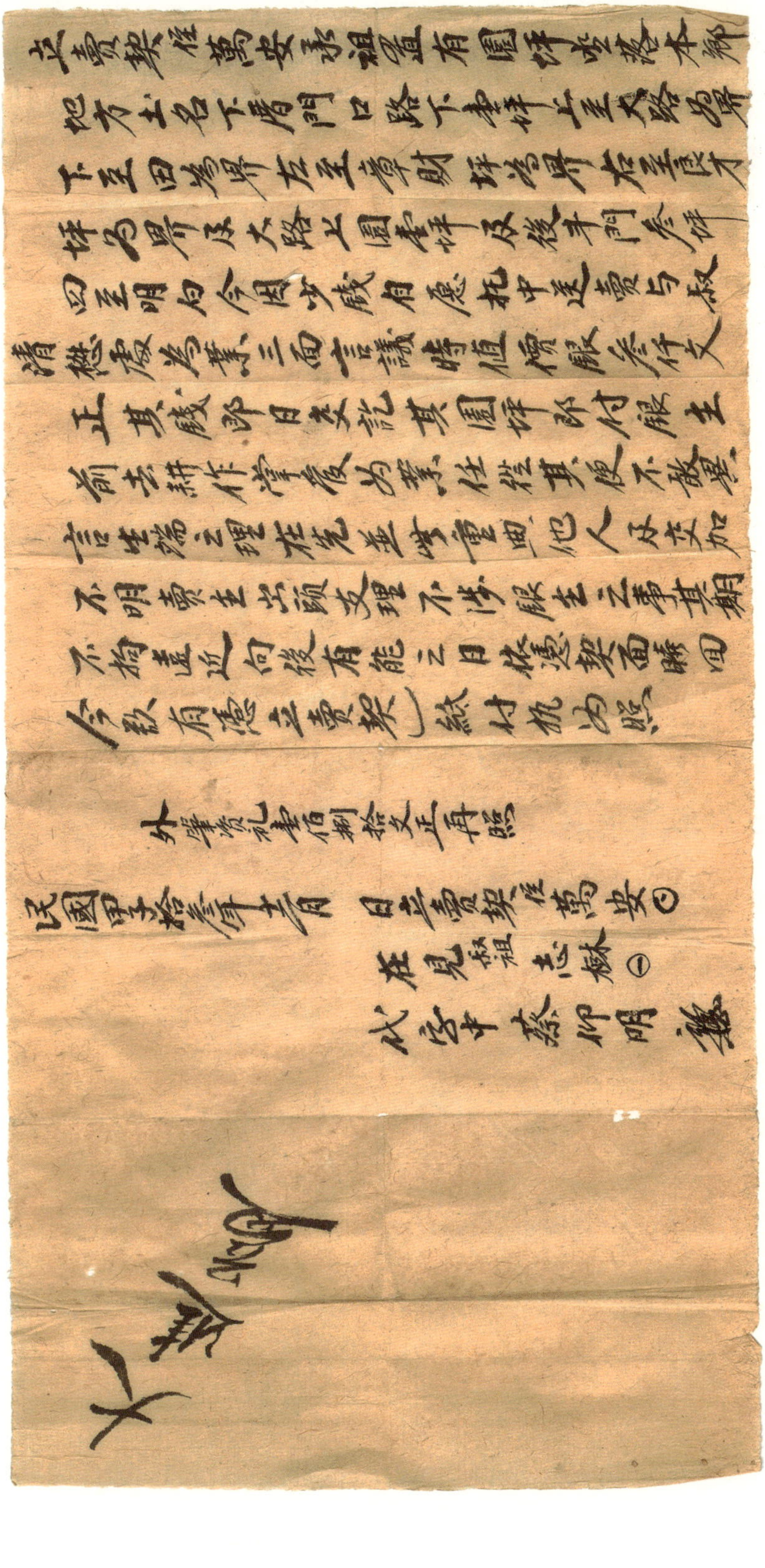
立賣契侄萬安承祖遺有園坪壹形，坐落本鄉地方，土名下厝門口路下，東坪上至大路為界，下至田為界，左至壽財坪為界，右至良才坪為界，及大路上園壹坪，及後手門秀坪，四至明白。今因少錢用度，托中送賣與叔清標處為業，三面言議，時值價錢參仟文正。其錢即日交訖，其園坪即付錢主前去耕作管掌為業，任從其便，不敢異言生端之理。在先並無重典他人及交加不明，倘有此處，賣主出頭支理，不涉錢主之事。其朝不拘遠近，向侄有能之日，依照契面贖回。今欲有憑，立賣契一紙付執為照。

外批清礼壹佰捌拾文正再照

民國甲子拾叁年十二月　日立賣契侄萬安（押）

在見叔祖志樹（押）

代字中孫仰明　筆

11-1-17-6　民國十三年十二月盧萬安立賣園坪契

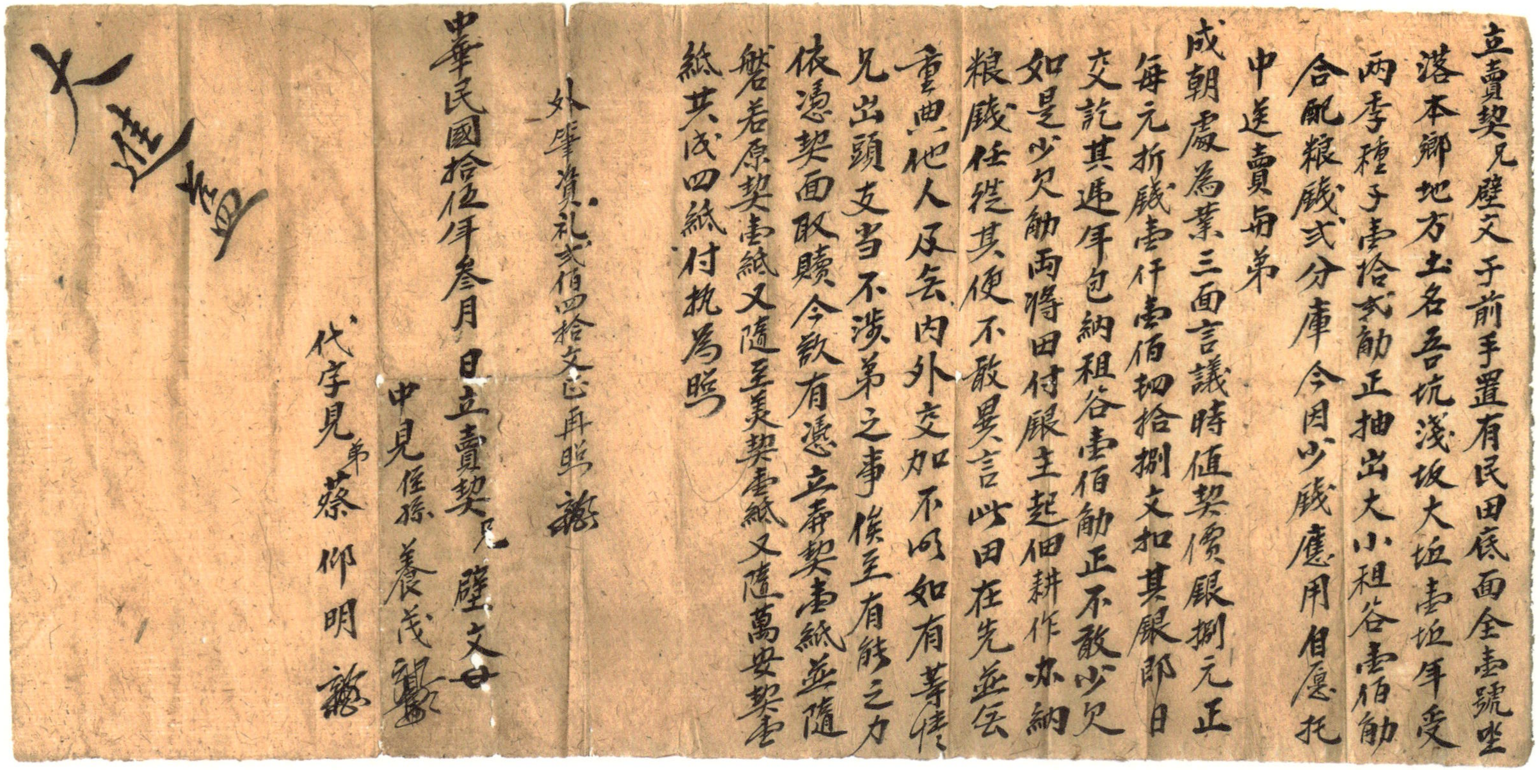

立賣契兄璧文，于前手置有民田底面全壹號，坐落本鄉地方土名吾坑淺坂大垣壹垣，年受兩季種子壹拾貳觔正，抽出大小租谷壹佰觔，合配粮錢貳分庫。今因少錢應用，自愿托中送賣与弟成朝處為業。三面言議時值契價銀捌元正，每元折錢壹仟壹佰捌拾捌文，扣其銀即日交訖。其递年包納租谷壹佰觔正，不敢少欠；如是少欠觔兩，將田付銀主起佃耕作，亦納粮錢，任從其便，不敢異言。此田在先並係重典他人及家內外交加不明，如有等情，兄出頭支当，不涉弟之事。候至有能之力，依憑契面取贖。今欲有憑，立賣契壹紙，並隨盤若原契壹紙，又隨至美契壹紙，又隨萬安契壹紙，共成四紙，付執為照。

外筆資礼貳佰四拾文，已再照。（押）

中華民國拾伍年叁月　日立賣契兄　璧文（押）

中見侄孫　養茂（押）

代字見弟　蔡仰明（押）

大進壹

11-1-17-7　民國十五年三月盧璧文立賣底面全民田契

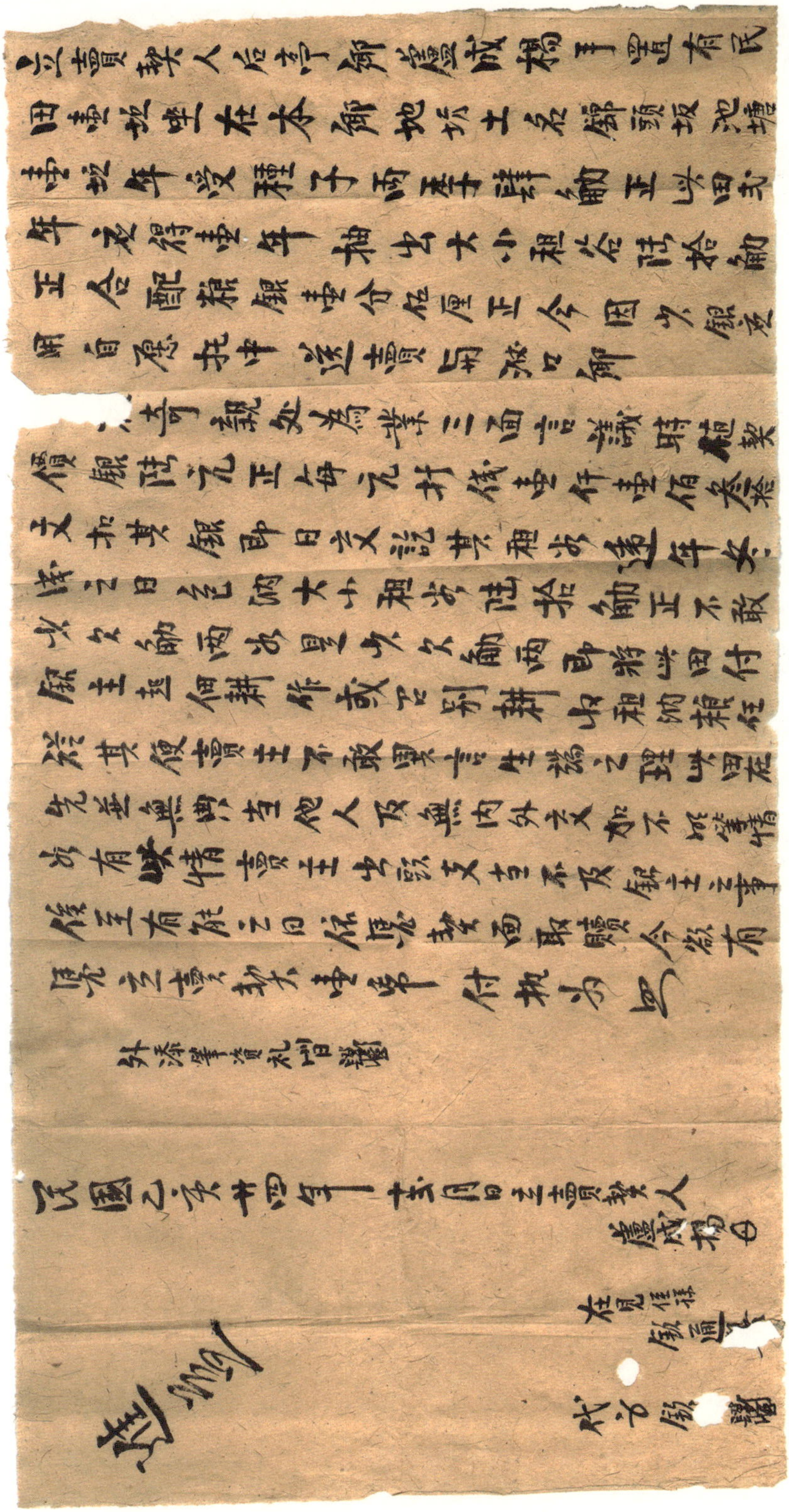

立賣契人后亭鄉盧成揚手置有民
田壹坵坐在本鄉地方土名鄒頭坂池塘
壹坵年載種子兩零肆觔正此田載
年老得壹年抽出大小租谷陸拾觔
正仝配糧銀壹分伍厘正今因少銀要
用自愿托中送賣與洑口鄉
[illegible]壹門親處為業三面言議時值契
價銀陸元正上年元打價壹仟壹佰叁拾
文加其銀即日交訖其租出逐年交
倖之日谷已納大小租出陸拾觔正不敢
少欠觔兩少旱少欠觔兩即將此田付
銀主起佃耕作或召別耕收租納糧任
從其便賣主不敢異言生端之理此田在
先並無典當他人及無內外交加不明等情
如有此情賣主出頭支當不及銀主之事
願至有能之日依原契面取贖合欲有
憑立賣契壹紙付執為照
外添筆資禮[illegible]照

民國乙亥廿四年十二月 日 立賣契人 盧成揚（押）
在見侄孫 盧昌通
代字 陳[illegible]

11-1-17-8 民國二十四年十二月盧成揚立賣民田契

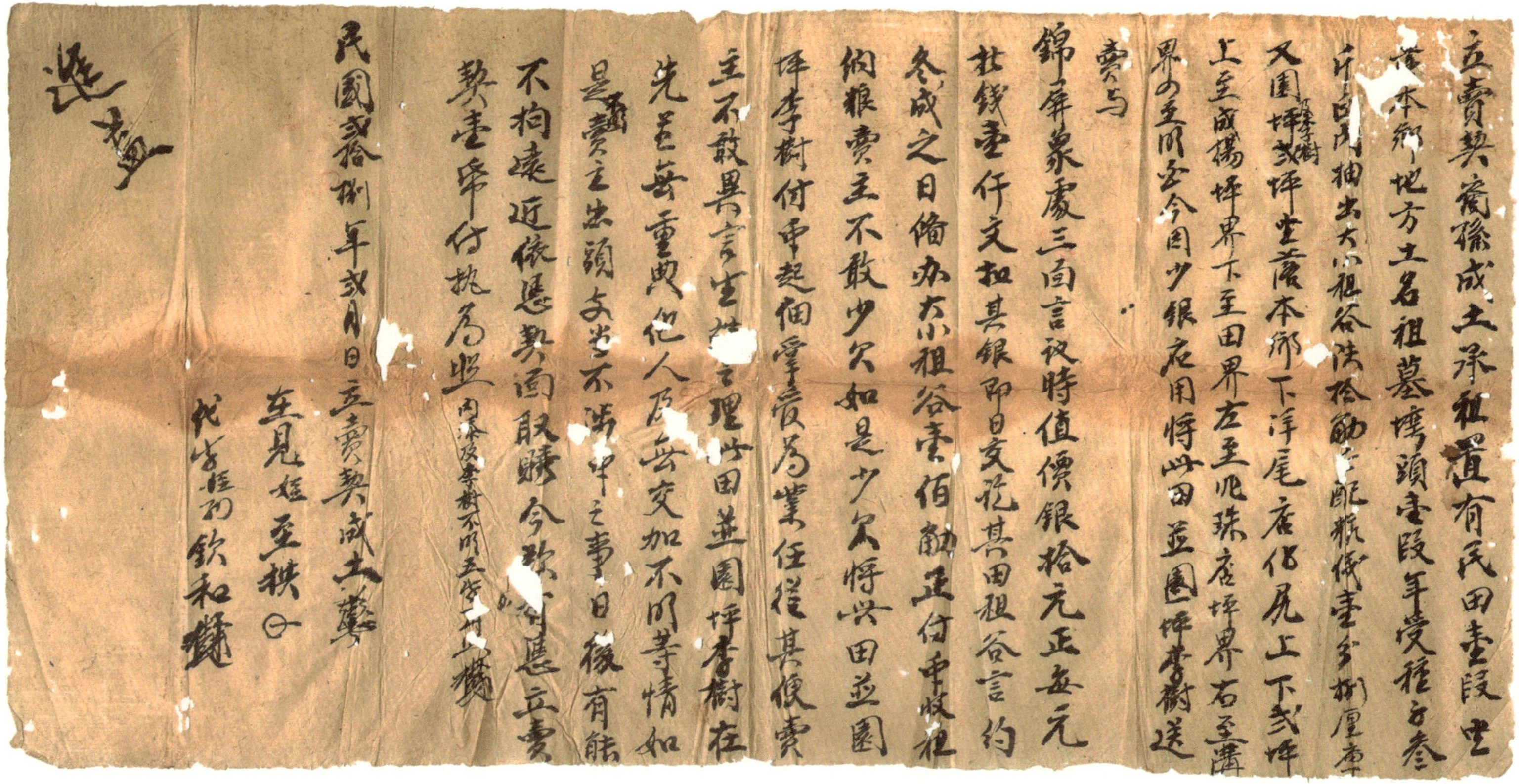

11-1-17-9　民國二十八年二月盧成土立賣民田契

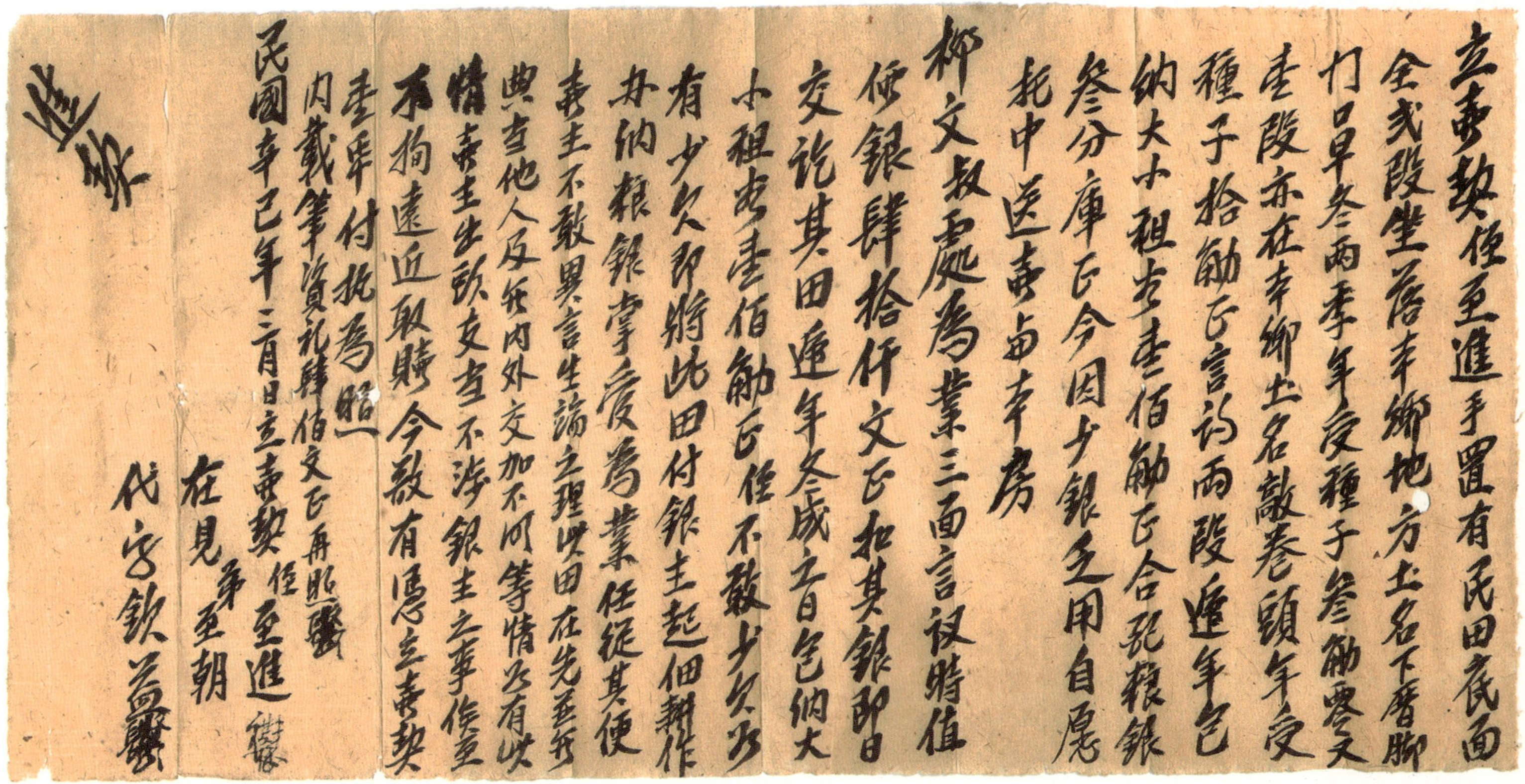
立賣契侄至進手置有民田底面
全弍段坐落本鄉地方土名下厝脚
竹口早冬兩季年受種子叁觔零又
壹段亦在本鄉土名敲巷頭年受
種子拾觔正言約兩段逐年官
納大小租谷壹佰觔正合配粮銀
叁分庫正今因乏銀応用自愿
托中送賣與本房
柳文叔處為業三面言議時值
價銀肆拾仟文正扣其銀即日
交訖其田逐年冬成之日包納大
小租谷壹佰觔正侄不敢少欠如
有少欠即將此田付銀主起佃耕作
并納粮銀掌管為業任從其便
賣主不敢異言生端之理此田在先並無
典當他人及侄內外交加不明等情如有此
情賣主出頭支當不涉銀主之事係至
不拘遠近取贖今欲有憑立賣契
壹紙付執為照
內載筆資礼肆佰文正再照
民國辛巳年三月日立賣契侄至進
在見弟至朝
代字欽苗
[illegible]

11-1-17-10　民國三十年三月盧至進立賣底面全民田契

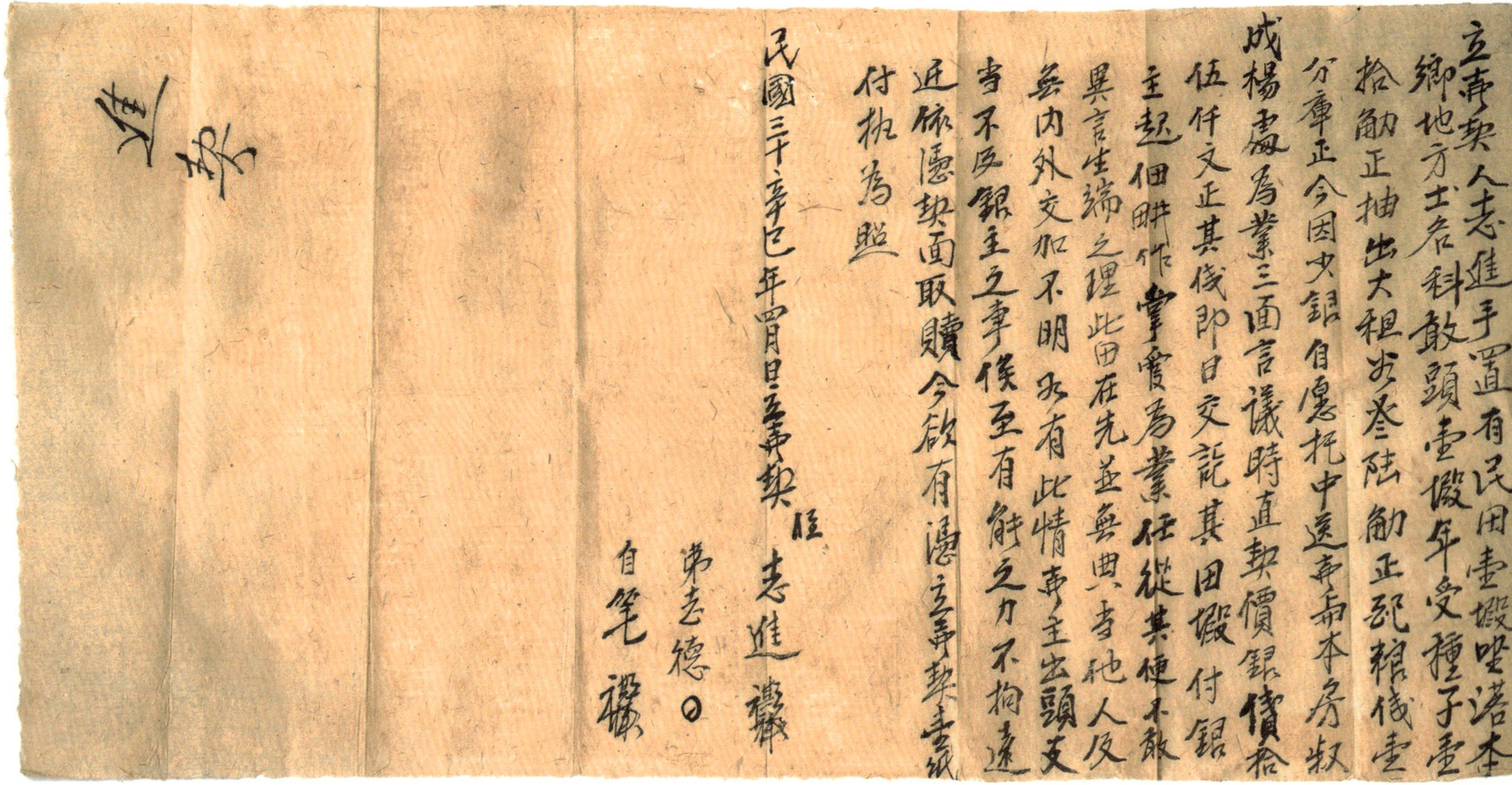
立賣契人志進手置有民田壹墩坐落本
鄉地方土名科敢頭壹墩年受種子壹
拾觔正抽出大租米叁陸觔正配粮伐壹
分庫正今因乏銀自愿托中送賣與本房叔
成楊處為業三面言議時直契價銀債拾
伍仟文正其伐即日交訖其田墩付銀
主起佃耕作管賣為業任從其便不敢
異言生端之理此田在先並無典當他人及
無內外交加不明等有此情賣主出頭支
當不及銀主之事後至有能之力不拘遠
近旅憑契面取贖今欲有憑立賣契壹紙
付執為照

民國三十辛巳年四月日立賣契 在 志進（押）
弟志德（押）
自筆（押）

11-1-17-11　民國三十年四月盧志進立賣民田契

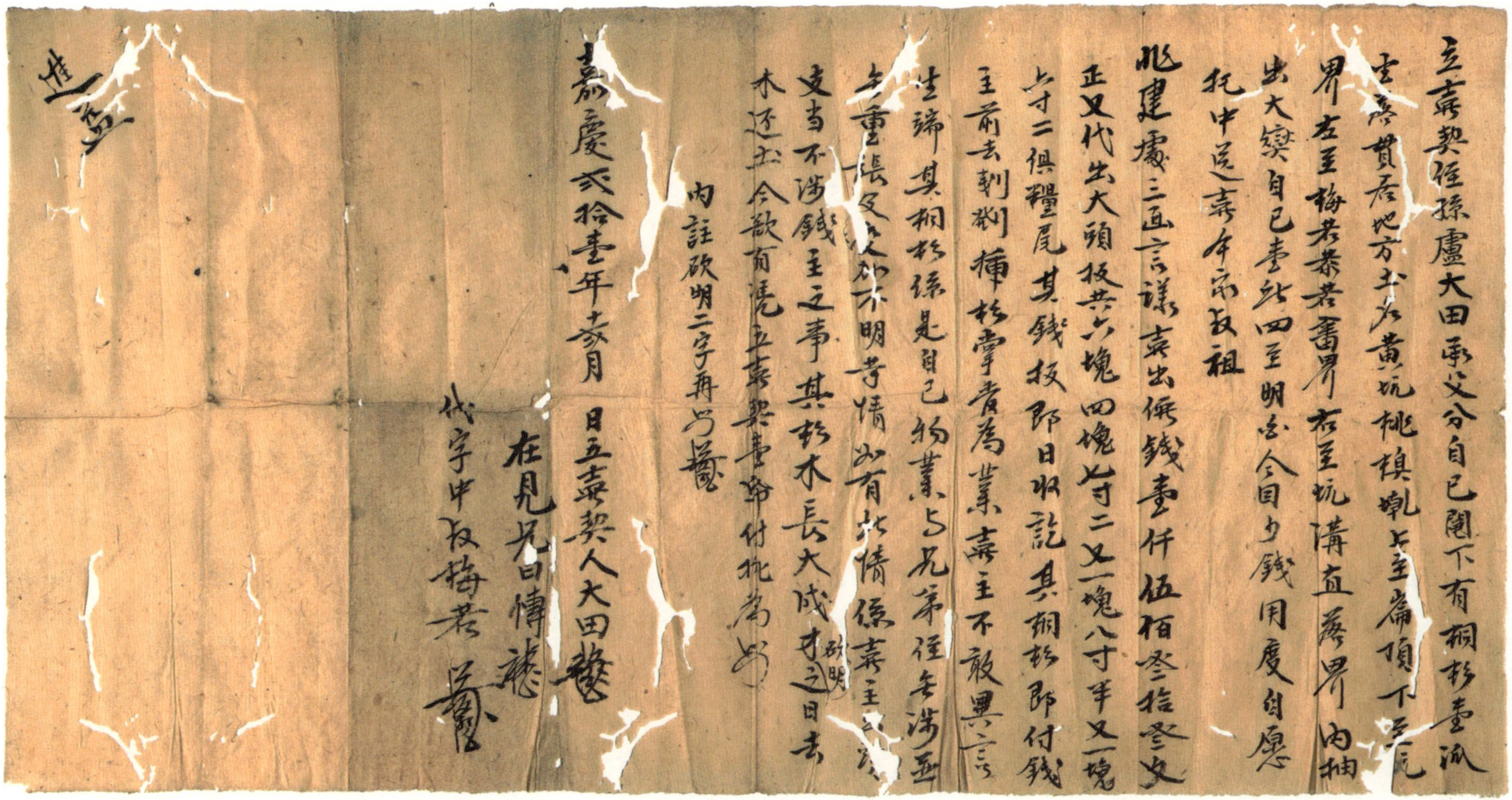
立賣契侄孫盧大田承父分自己鬮下有桐杉壹派
坐落貫居地方土名黃坑桃模乾上至扁頂下至溪
界左至梅君恭君番界右至坑溝直落界內抽
出大奱自己壹股四至明白今因乏錢用度自愿
托中送賣與宗叔祖
兆建處三面言議賣出價錢壹仟伍佰叁拾叁文
正又代出大頭板共六塊四塊七寸二又一塊八寸半又一塊
六寸二俱糧尾其錢板即日收訖其桐杉即付錢
主前去剃剷插杉掌管為業賣主不敢異言
生端其桐杉係是自己物業與兄弟侄無涉並
無重張及交加不明等情如有此情係賣主一力
支當不涉錢主之事其杉木長大成材之日去（旁注：砍明）
木還土今欲有憑立賣契壹紙付執為照
內註砍明二字再照（押）
嘉慶貳拾壹年拾貳月　日立賣契人大田（押）
在見兄日傳（押）
代字中叔梅君（押）
推退

11-1-18-1　清嘉慶二十一年十二月盧大田立賣桐杉契

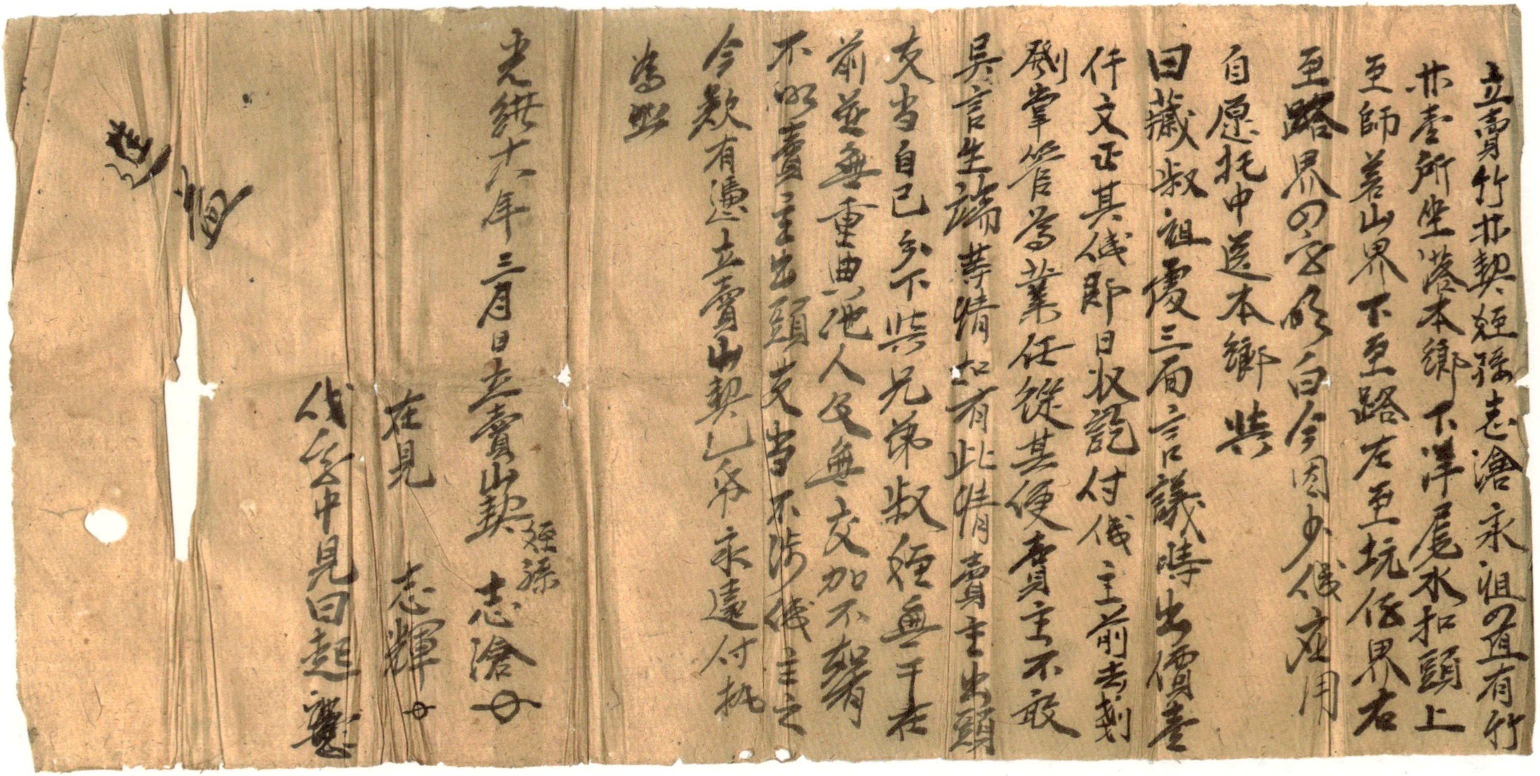

立賣竹林契姪孫志滄承祖○道有竹
林壹所坐落本鄉下洋尾水扣頭上
至師若山界下至路左至坑伍界右
至路界四至明白今因少錢應用
自愿托中送本鄉 共
回藏叔祖處三面言議時出價壹
仟文正其錢即日收訖付錢主前去剗
劉掌管爲業任從其便賣主不敢
異言生端等情如有此情賣主出頭
支當自己叔不與兄弟叔姪無干在
前並無重曲他人及無交加不明
不明賣主出頭支當不涉錢主之
今欲有憑立賣山契一紙永遠付執
為照

光緒十八年三月 日立賣山契姪孫 志滄
在見 志輝
代筆中見 回起

11-1-18-2　清光緒十八年三月盧志滄立賣竹林契

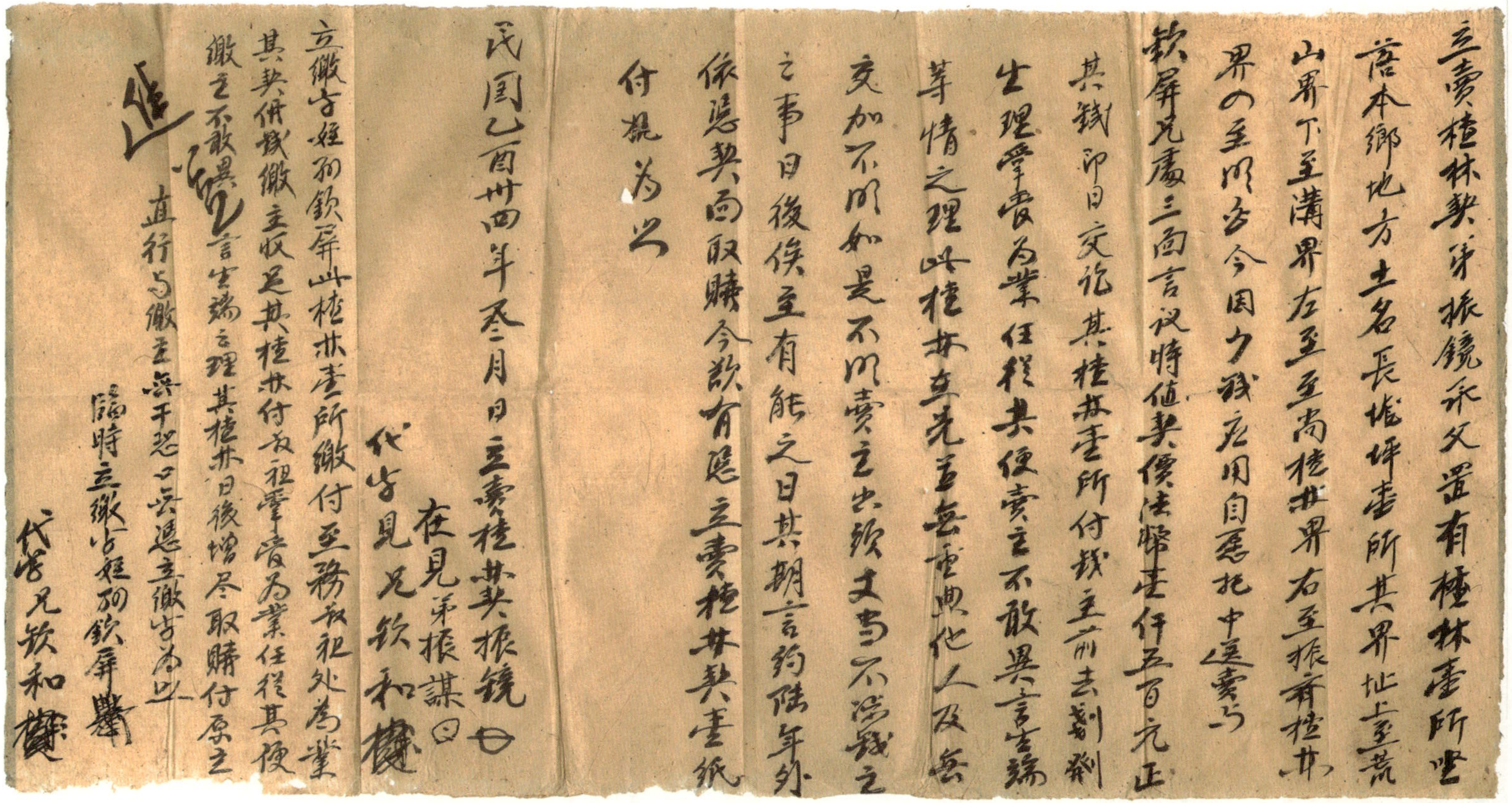
立賣楂林契人盧振鏡承父置有楂林壹所坐
落本鄉地方土名長坑坪壹所，其界址上至荒
山界，下至溝界，左至尚楂林界，右至振輝楂林
界，四至明白。今因乏錢應用，自愿托中送賣與
欽屛兄處，三面言議，時值契價法幣壹仟五百元正。
其錢即日交訖，其楂林壹所付錢主前去剗劉
出理管為業，任從其便，賣主不敢異言生端。
等情之理，此楂林在先並無重典他人及無
交加不明，如是不明，賣主出頭支當，不涉錢主
之事。日後候至有能之日，其期言約限年外
依照契面取贖。今欲有憑，立賣楂林契壹紙
付執為照。

民國乙酉卅四年叁月　日　立賣楂林契振鏡（押）
在見弟振謀（押）
代字見兄欽和（押）

立繳字姪孫欽屛，此楂林壹所繳付叔祖處為業，
其契價繳主收足，其楂林付與叔祖管為業，任從其便，
繳主不敢異言生端之理，其楂林日後增盡取贖付原主，
直行與繳主無干。恐口無憑，立繳字為照。
進
臨時立繳字姪孫欽屛（押）
代字兄欽和（押）

11-1-18-3　民國三十四年三月盧振鏡立賣楂林契

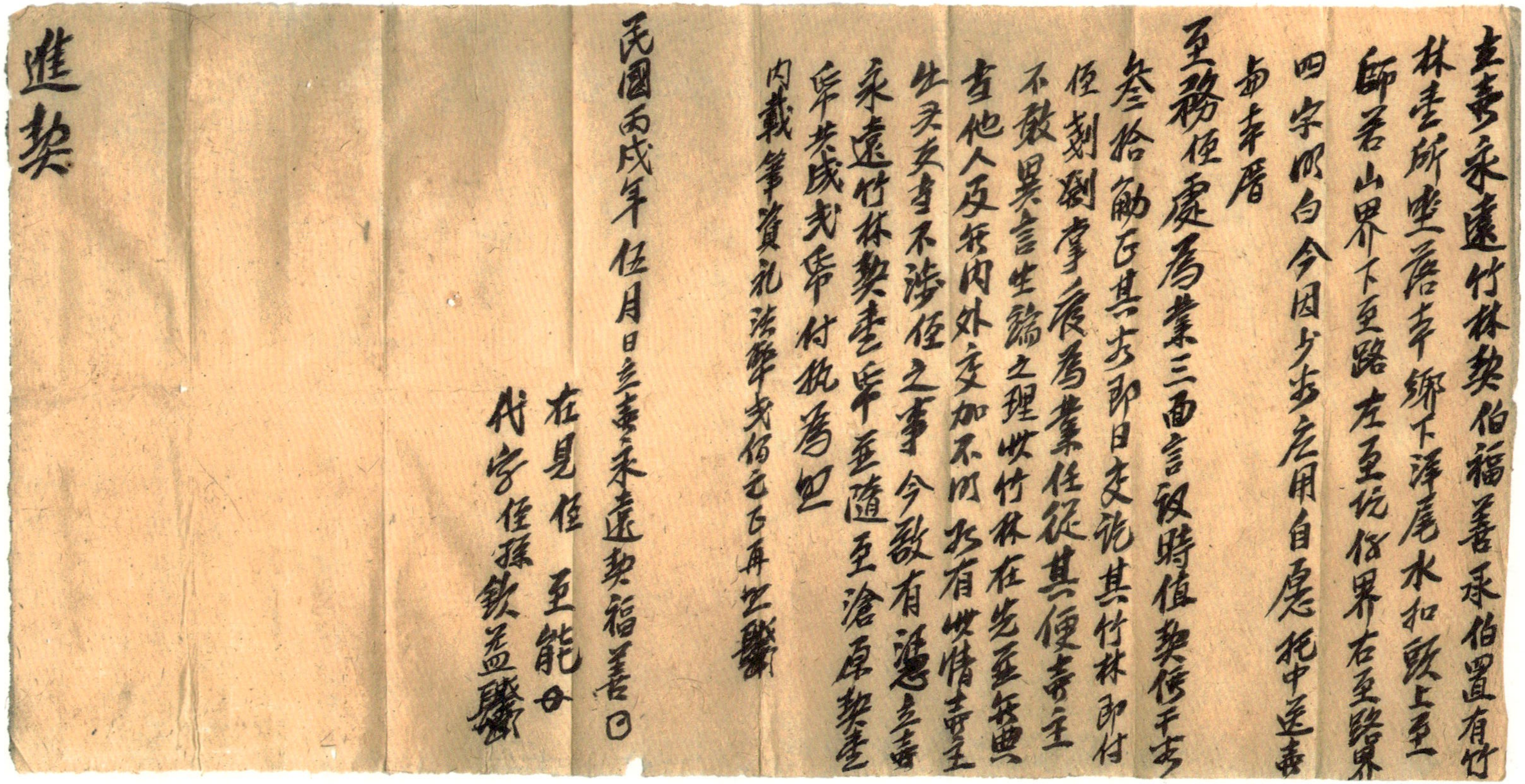
立賣永遠竹林契伯福善承伯置有竹
林壹所坐落本鄉下洋尾水和頭上至一
師若山界下至路左至汽仔界右至路界
四字明白今因乏銀應用自愿托中送賣
與本房
至務侄處為業三面言斷時值契價干古
叁拾萬元正其銀即日交訖其竹林即付
侄剗劉掌管為業任從其便賣主
不敢異言生端之理此竹林在先並無
賣他人及房內外交加不明如有此情賣主
出頭支當不涉侄之事今欲有憑立賣
永遠竹林契壹紙並隨至滄原契壹
紙共成弍紙付執為照
內載筆資禮法幣弍佰元正再照
民國丙戌年伍月日立賣永遠契福善
在見侄至能
代字侄孫欽益
進契

11-1-18-4　民國三十五年五月盧福善立賣竹林契

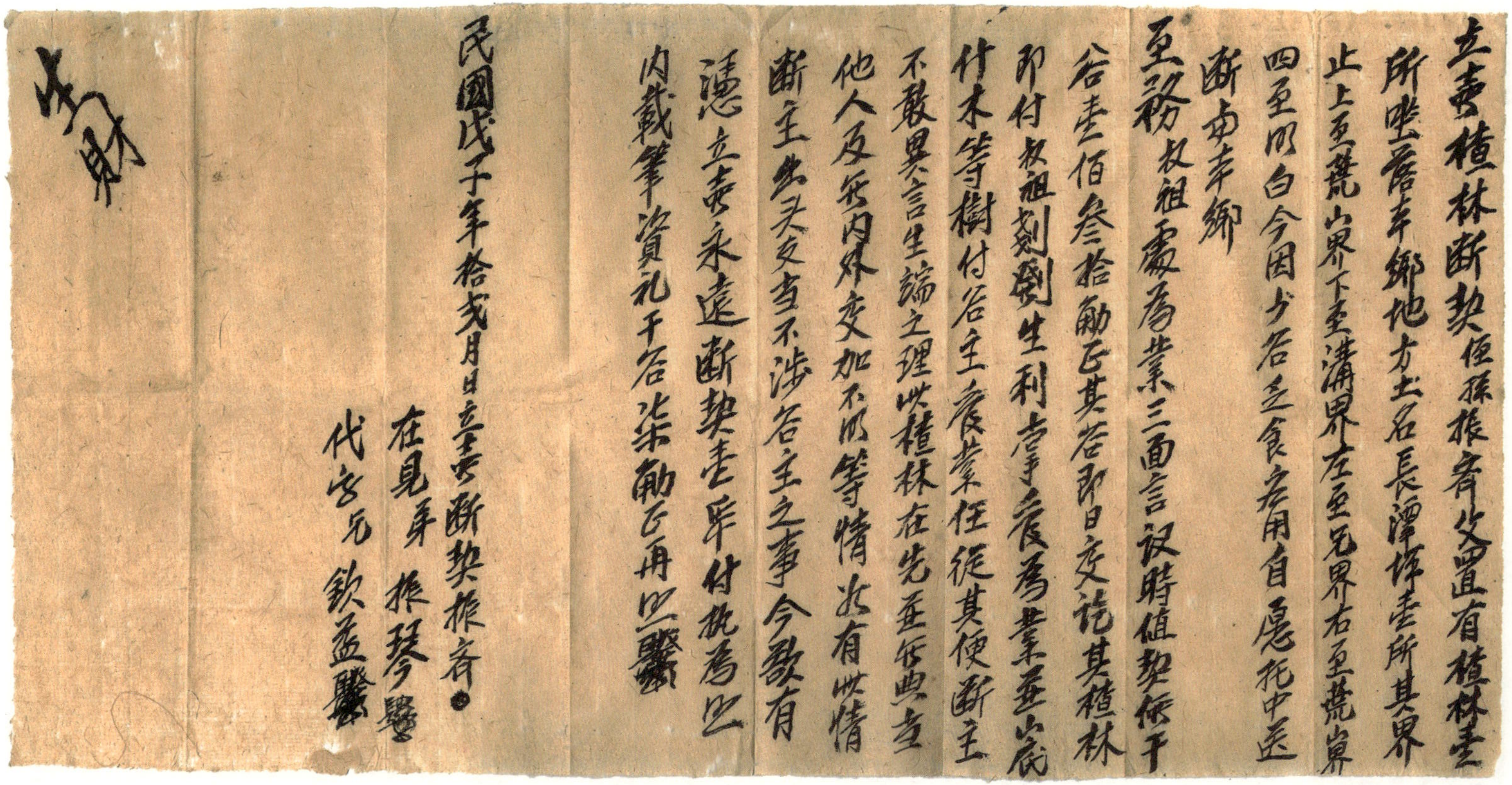

立賣楂林斷契侄孫振齊，父置有楂林壹
所，坐落本鄉地方土名長潭坪壹所，其界
止上至荒山界，下至溝界，左至兄界，右至荒崀，
四至明白。今因乏谷乏食，要用，自愿托中送
斷本鄉
至務叔祖處為業，三面言議時值契價干
谷壹佰叁拾觔正，其谷即日交訖，其楂林
即付叔祖刻割生利，掌管為業，並山底
竹木等樹，付谷主管業，任從其便，斷主
不敢異言生端之理。此楂林在先並無典去
他人，及無內外交加不明等情，如有此情
斷主出頭支當，不涉谷主之事。今欲有
憑，立賣永遠斷契壹紙，付執為照。
內載筆資禮干谷柒觔正，再照。

民國戊子年拾弍月　日立賣斷契振齊（押）
在見弟　振琴（押）
代字兄　欽益（押）

11-1-18-5　民國三十七年十二月盧振齊立賣斷楂林契

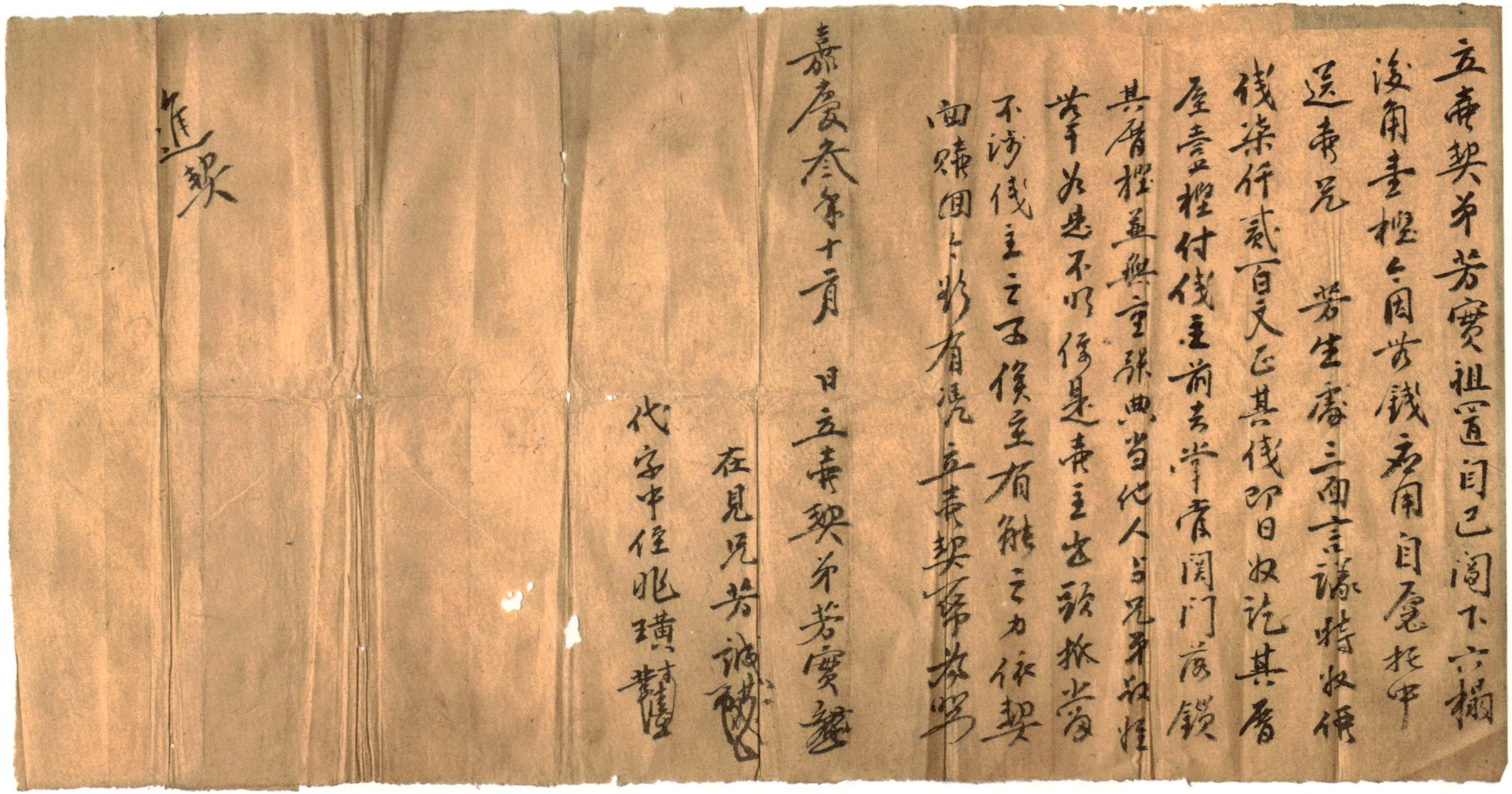

立賣契弟芳實祖置遺自己閣下六櫊
後角壹樫今因乏錢應用自愿托中
送賣兄 芳生處三面言議特收價
錢柒仟貳百文正其錢即日收訖其厝
厝壹樫付錢主前去掌管開門落鎖
其厝樫並無重張典當他人兄弟叔侄
等爭為是不明係是賣主出頭抵當
不涉錢主之事倘至有能之力依契
回贖恐口難有憑立賣契為照

嘉慶叁年十二月　日立賣契弟芳實（押）
在見兄芳誠（押）
代字中侄兆璜（押）

進契

11-1-19-1　清嘉慶三年十二月盧芳實立賣厝樫契

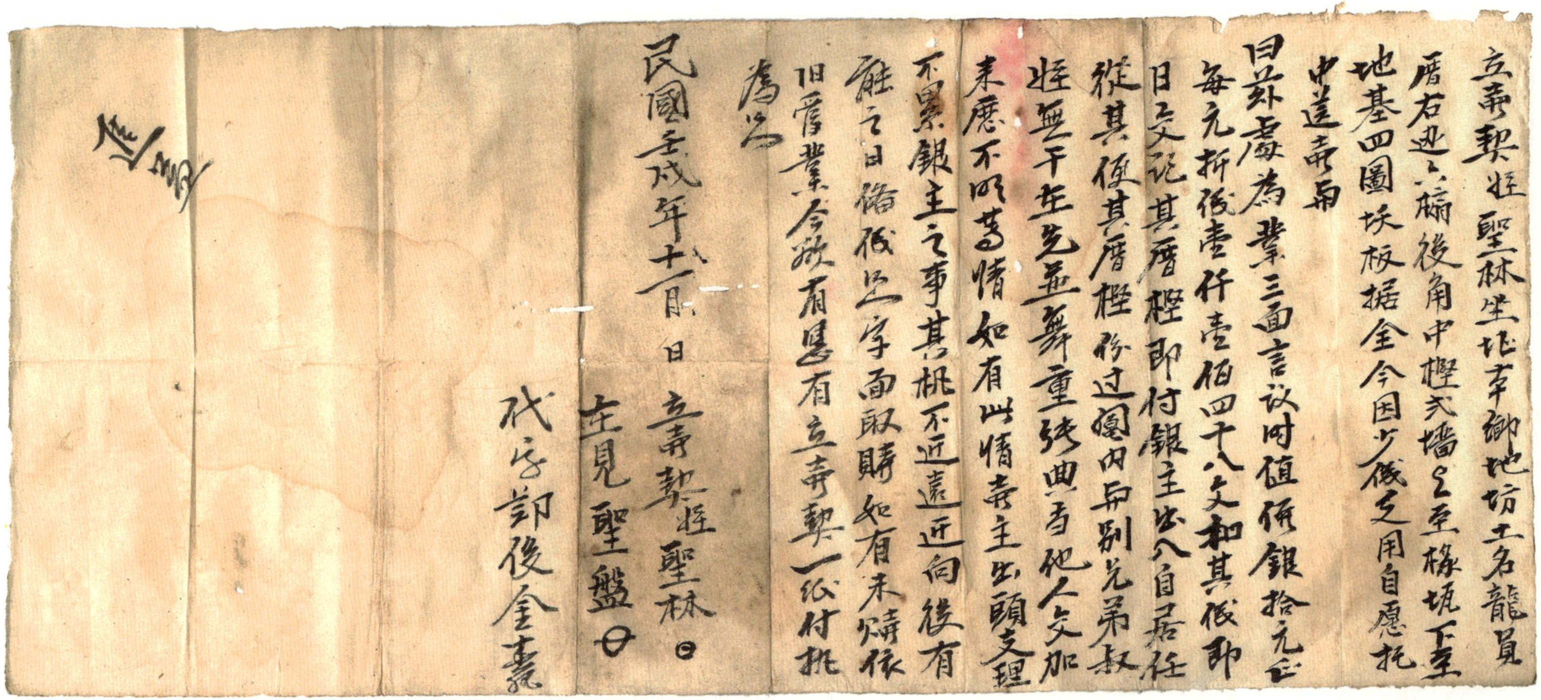
立賣契姪聖林坐址本鄉地坊土名龍員
厝右邊二[illegible]橺後角中樫弍墻己至椽坧下至
地基四圍坏板据全今因少錢乏用自愿托
中送賣與
曰叔嘉爲業三面言议时值價銀拾元正
每元折錢壹仟壹佰四十八文和其錢即
日交訖其厝樫即付銀主出入自居任
從其便其厝樫係过己內与别兄弟叔
姪無干生先並無重張典当他人交加
未應不明等情如有此情賣主出頭支理
不累銀主之事其[illegible]不近遠近向後有
礙之日備價照字面取贖如有未贖依
旧管業今欲有憑有立賣契一紙付批
爲照
民國壬戌年十一月　日　立賣契姪聖林 ○
在見聖盤 ○
代字郭後金

11-1-19-2　民國十一年十一月盧聖林立賣厝樫契

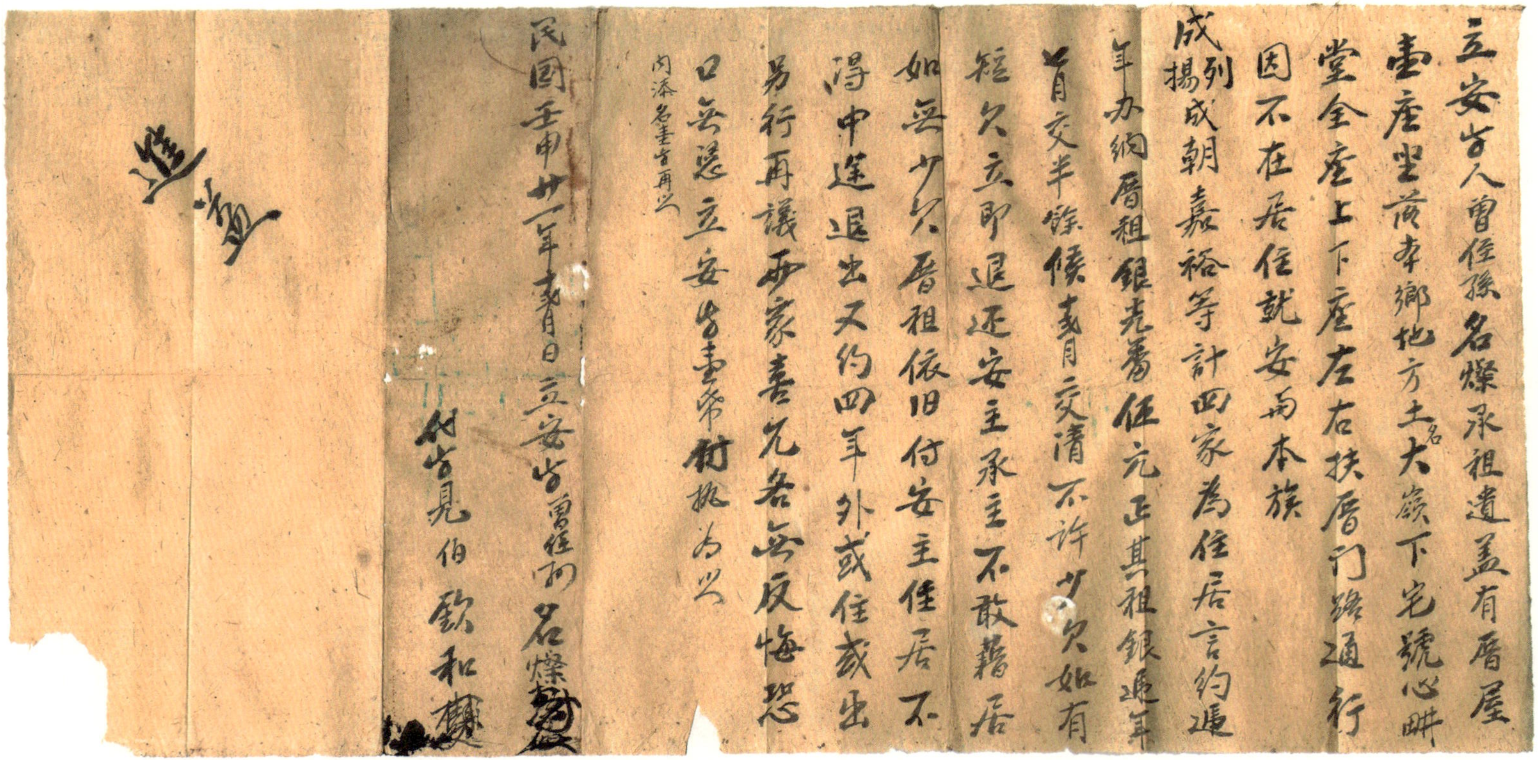
立安厝人曾侄孫名燦承祖遺蓋有厝屋
壹座坐落本鄉地方土名大嶺下宅號心畊
堂全座上下座左右扶厝门路通行
因不在居住，就安與本族
成列揚成朝嘉裕等計四家為住居，言約遞
年办納厝租銀光番伍元正，其祖銀遞年
首交半，餘候叁月交清，不許少欠。如有
短欠，立即退还安主承主，不敢藉居。
如無少欠，厝租依旧付安主住居，不
得中途退出。又約四年外或住或出，
另行再議。兩家喜允，各無反悔。恐
口無憑，立安厝字壹帋付執為照。
内添名壹字再照。
民國壬申廿一年十二月日 立安厝曾侄孙名燦（押）
代筆見伯 欽和（押）
進益

11-1-19-3 民國二十一年十二月盧名燦立安厝屋字

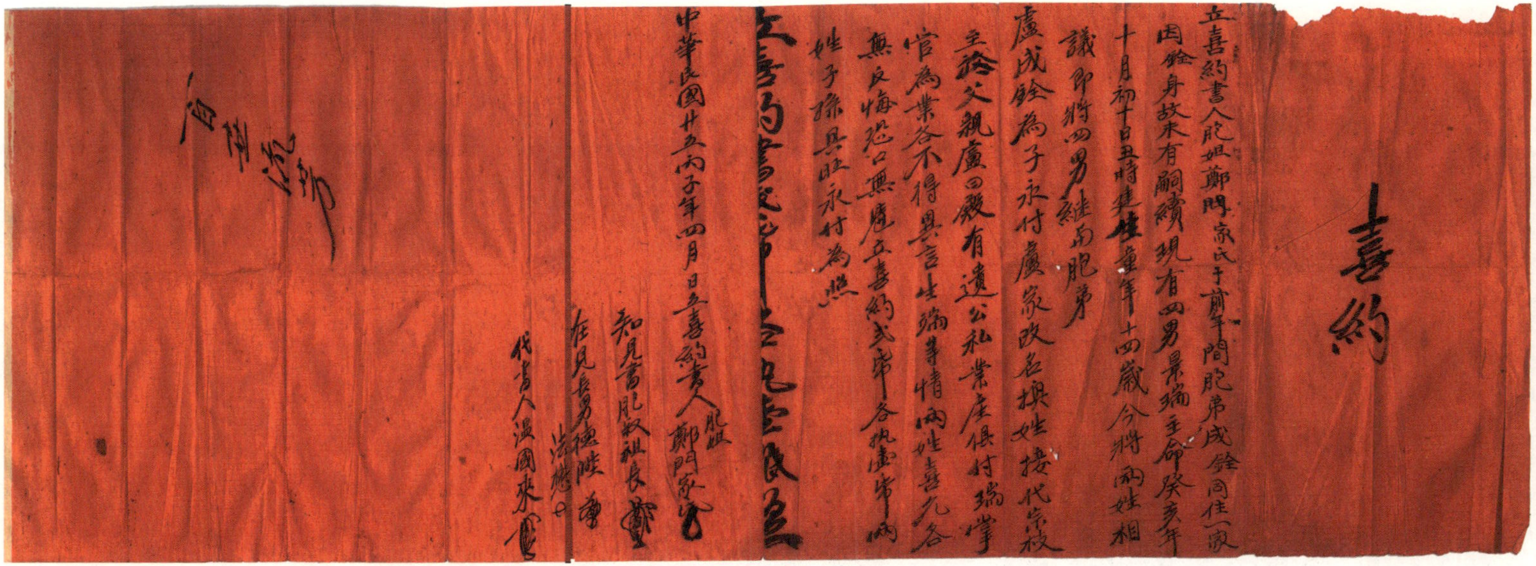

喜約

立喜約書人胞姐鄭門家氏，于前年間胞弟成銓同住一家，因銓身故，未有嗣續。現有四男景瑞，壬命癸亥年十月初十日丑時建生，童年十四歲，今將兩姓相議，即將四男繼與胞弟盧成銓為子，永付盧家改名換姓，接代宗祧，至於父親盧回嚴有遺公私業產俱付瑞掌管為業，各不得異言生端等情。兩姓喜允，各無反悔，恐口無憑，立喜約式帋，各執壹帋，兩姓子孫具旺，永付為照。

中華民國廿五丙子年四月　日立喜約書人胞姐鄭門家氏（押）

知見書胞叔祖長（押）

在見長男德陞（押）

法樾（押）

代書人溫國來（押）

11-1-20-1　民國二十五年四月鄭門家氏立喜約書

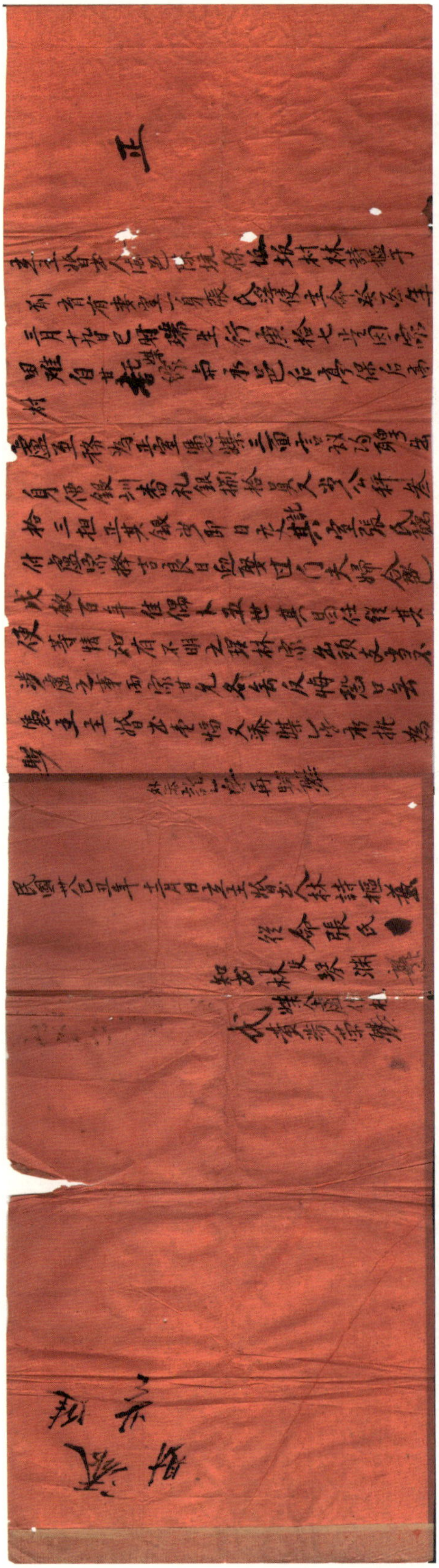

11-1-20-2　民國三十八年十二月林詩樞立主婚書

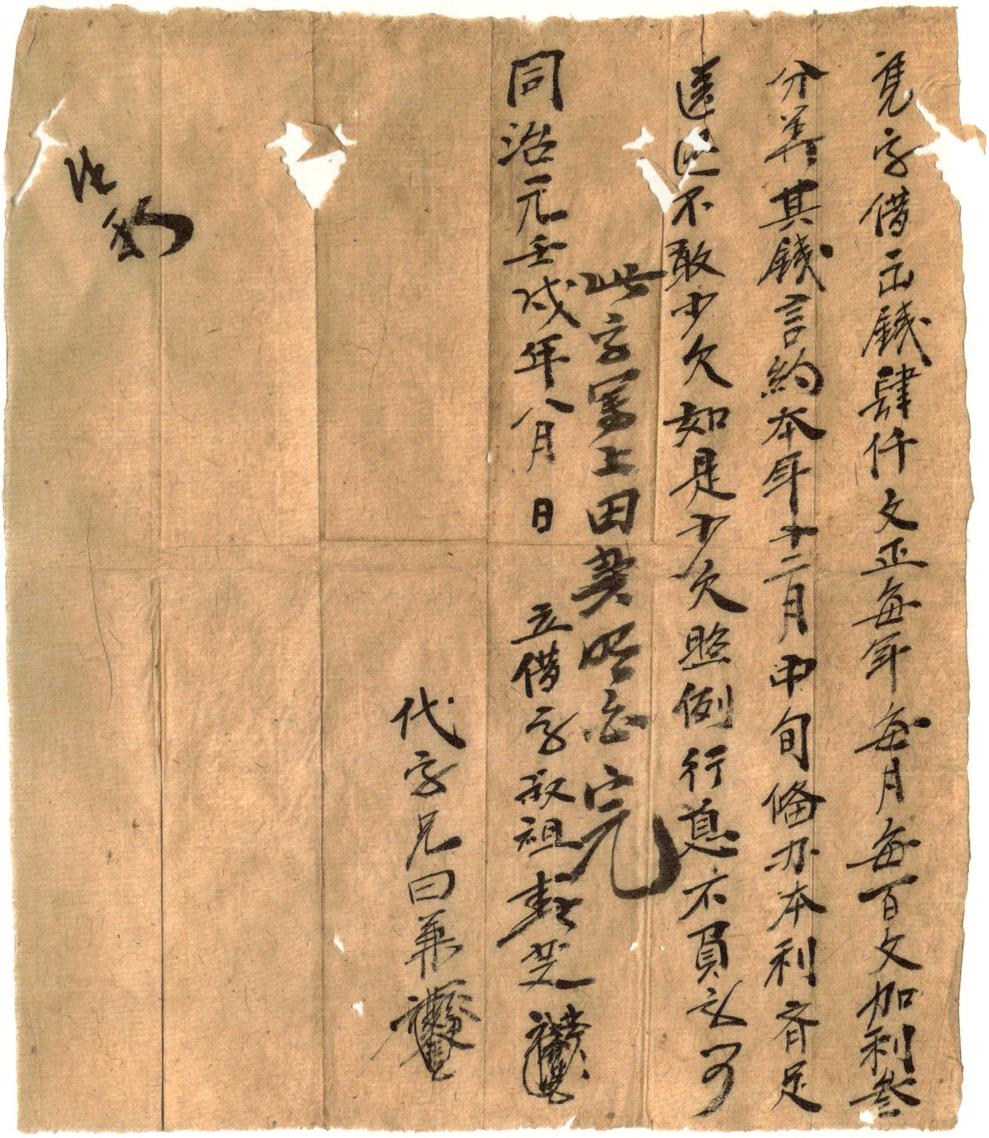
見字借出錢肆仟文正，每年每月每百文加利叁
分算。其錢言約本年十二月中旬備办本利齊足
送还，不敢少欠。如是少欠，照例行息，不負之了。
此字寫上田契叫合完
同治元壬戌年八月　日　立借字叔祖春芝（押）
代字兄回華（押）
借約

11-1-21-1　清同治元年八月盧春芝立借錢字

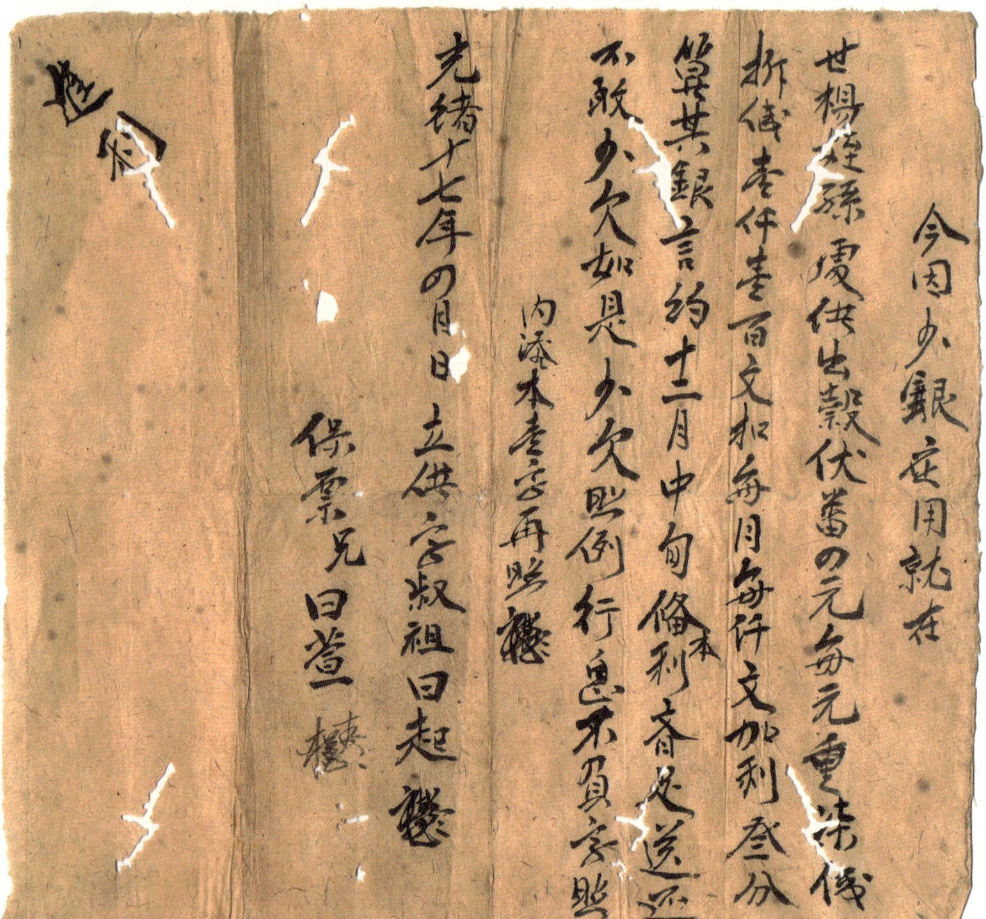
今因乏銀应用就在
世楊姪孫處借出穀伏番の元每元重柒錢
折錢壹仟壹百文扣每月每仟文加利叁分
算其銀言約十二月中旬備本利齊足送还
不敢少欠如是少欠照例行息不負字照
内添本壹字再照 押
光緒十七年四月日 立借字叔祖日起 押
保票兄 日萱 押
退約

11-1-21-2　清光緒十七年四月盧日起立借伏番字

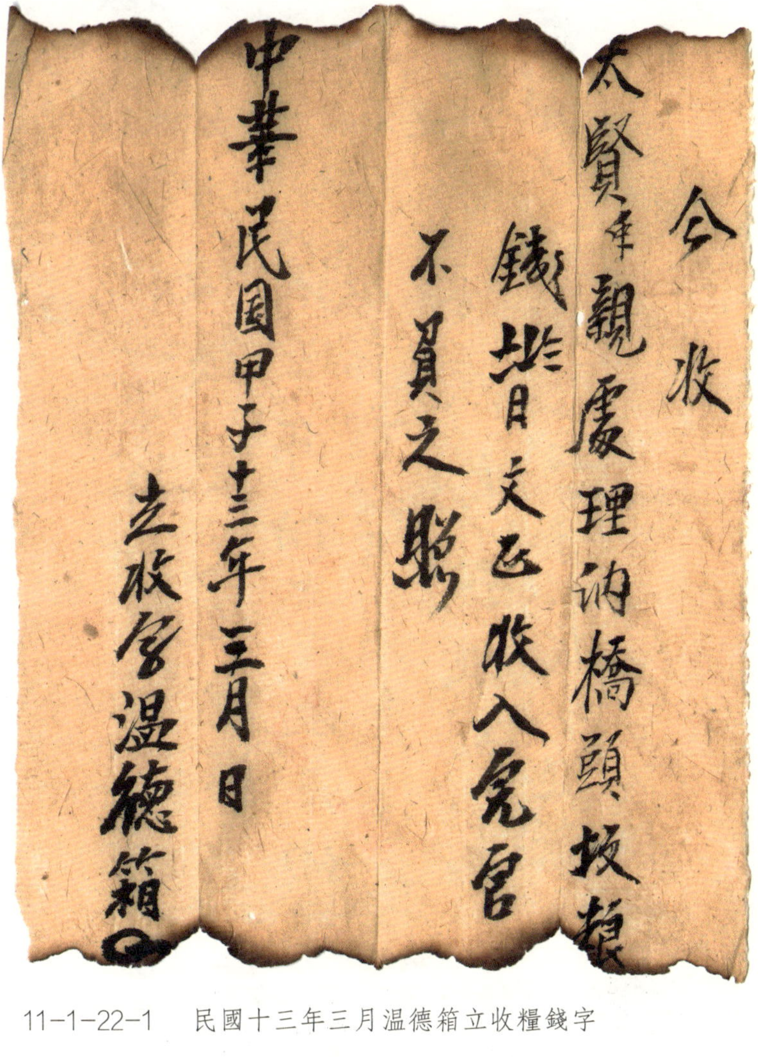
仝收
太賢手親處理納橋頭坂嶺
錢〻[illegible]文正收入完官
不負之照
中華民國甲子十三年三月　日
立收字温德箱

11-1-22-1　民國十三年三月温德箱立收糧錢字

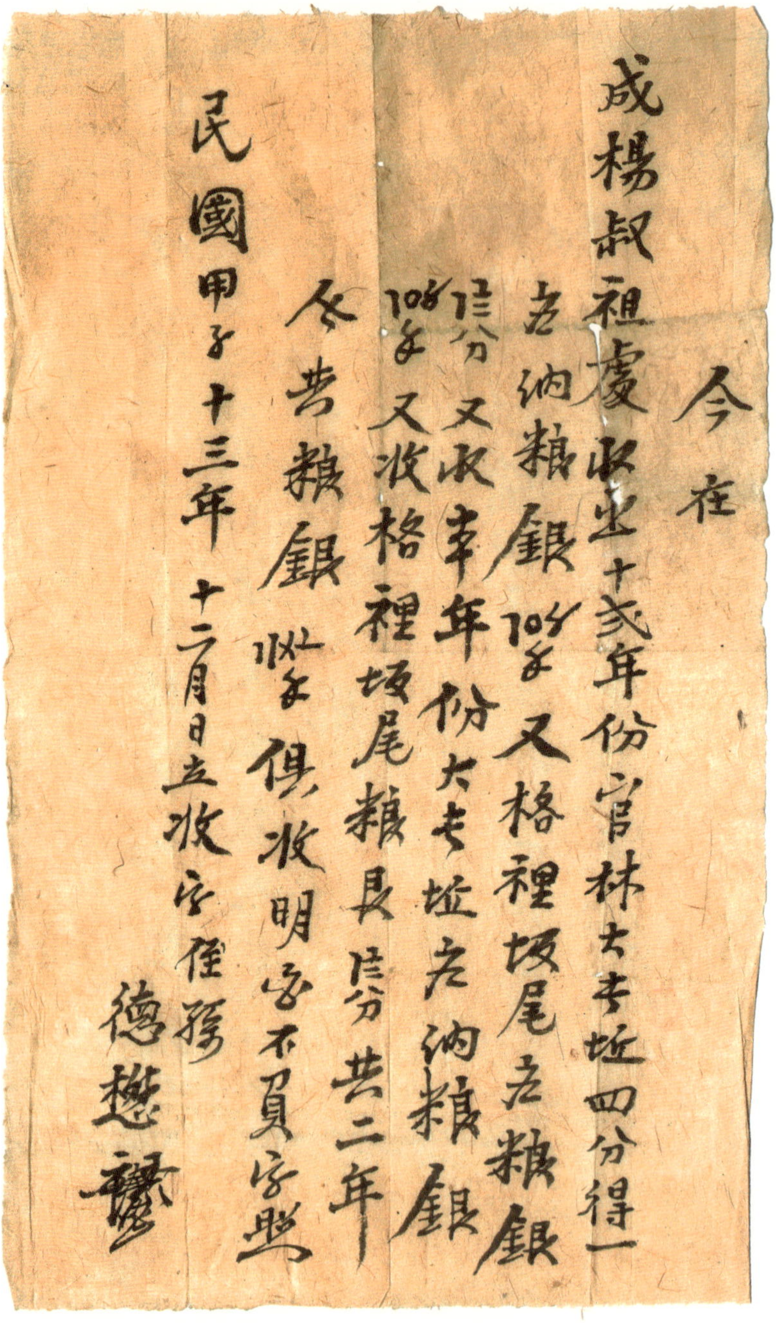

今在

成楊叔祖處收出十弍年份官林大𡋾垅四分得一

應納粮銀〡〇〤毛又格裡坡尾應粮銀

〡〣分又收辛年份大𡋾垅應納粮銀

〡〇〤毛又收格裡坡尾粮銀〡〣分共二年

合共粮銀〣〇〤毛俱收明白不負字照

民國甲子十三年十二月日立收字侄孫

德懋（押）

11-1-22-2　民國十三年十二月盧德懋立收糧銀字

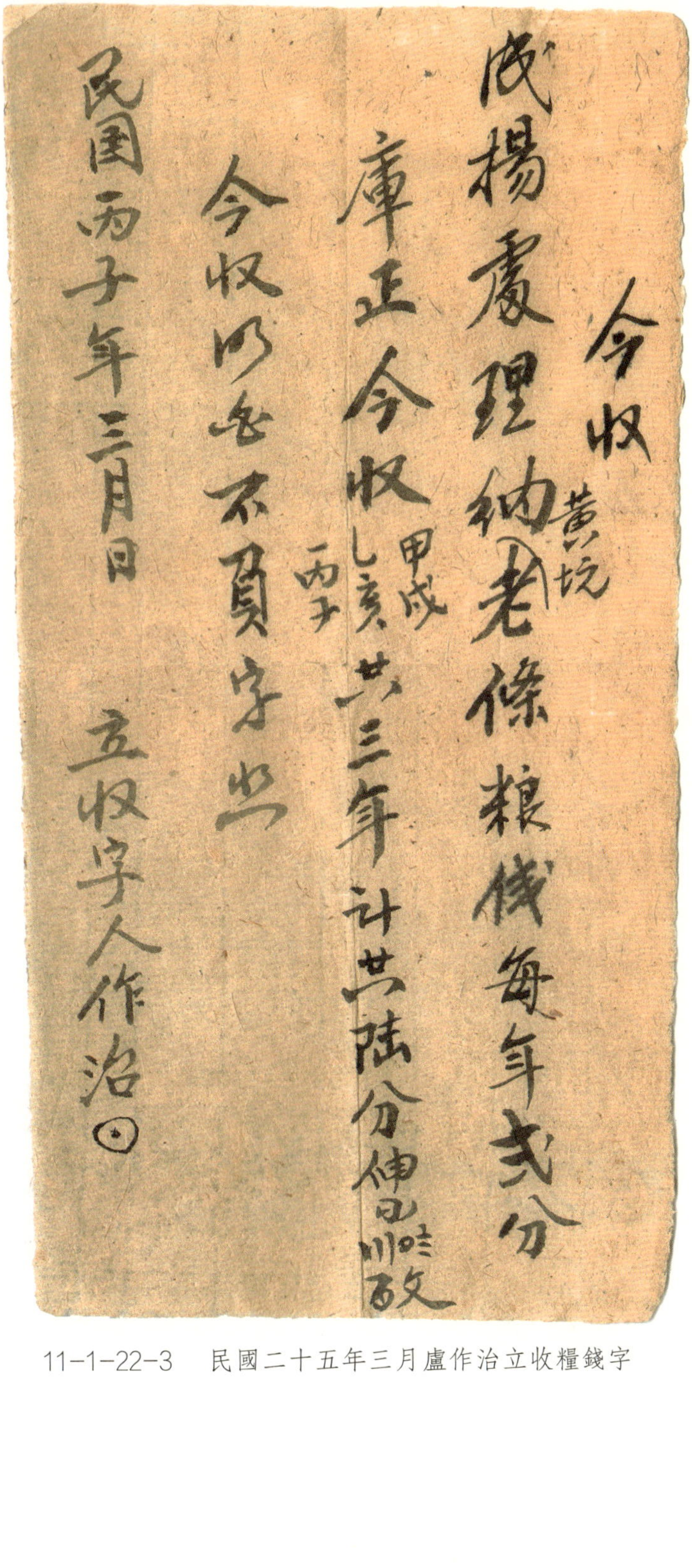
今收
收楊處理納黃坑老條粮錢每年弍分
庫正今收甲戌乙亥丙子共三年計共陸分伸[illegible]文
今收明白不負字出
民國丙子年三月日　立收字人作治（押）

11-1-22-3　民國二十五年三月盧作治立收糧錢字

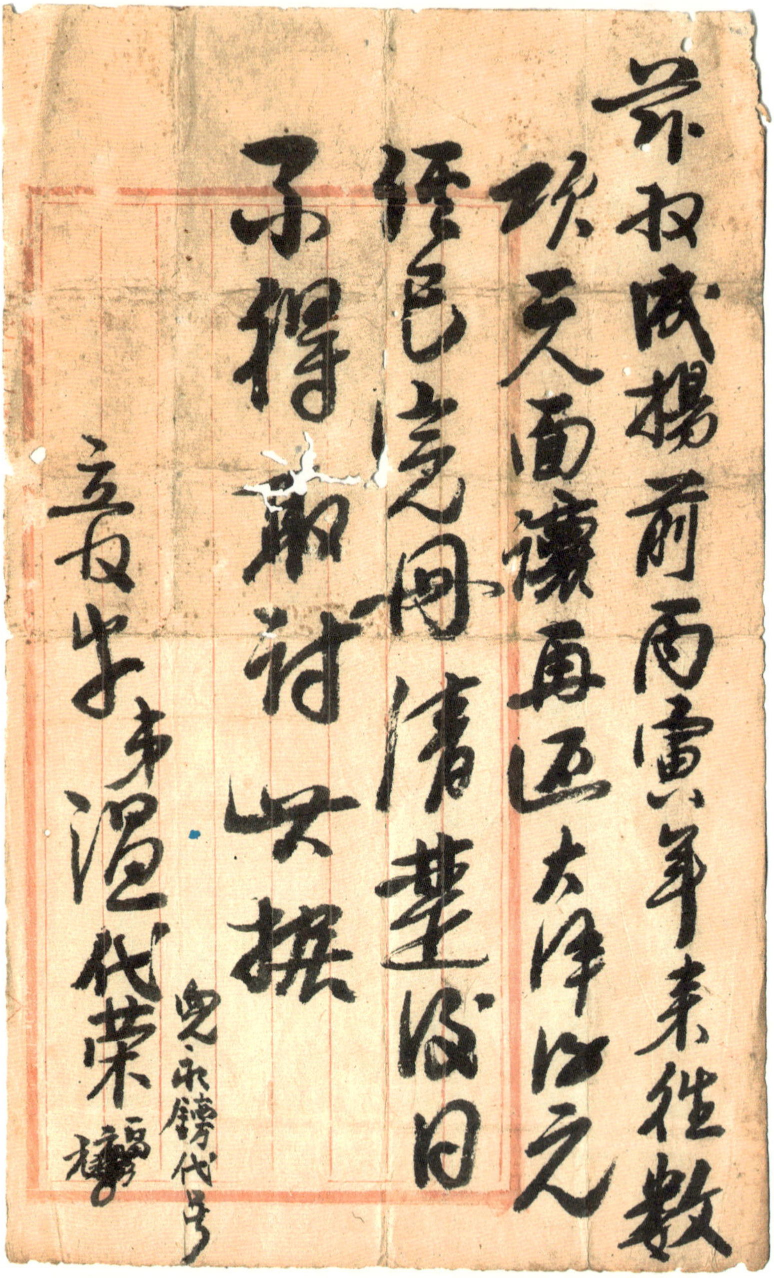
茲收到楊前兩處年來往數項又面讓再匯大洋□元經已完同清楚後日不得再討此據
立收字弟溫代榮
見永鏐代筆

11-1-22-4　温代荣立收大洋字（年代不詳）

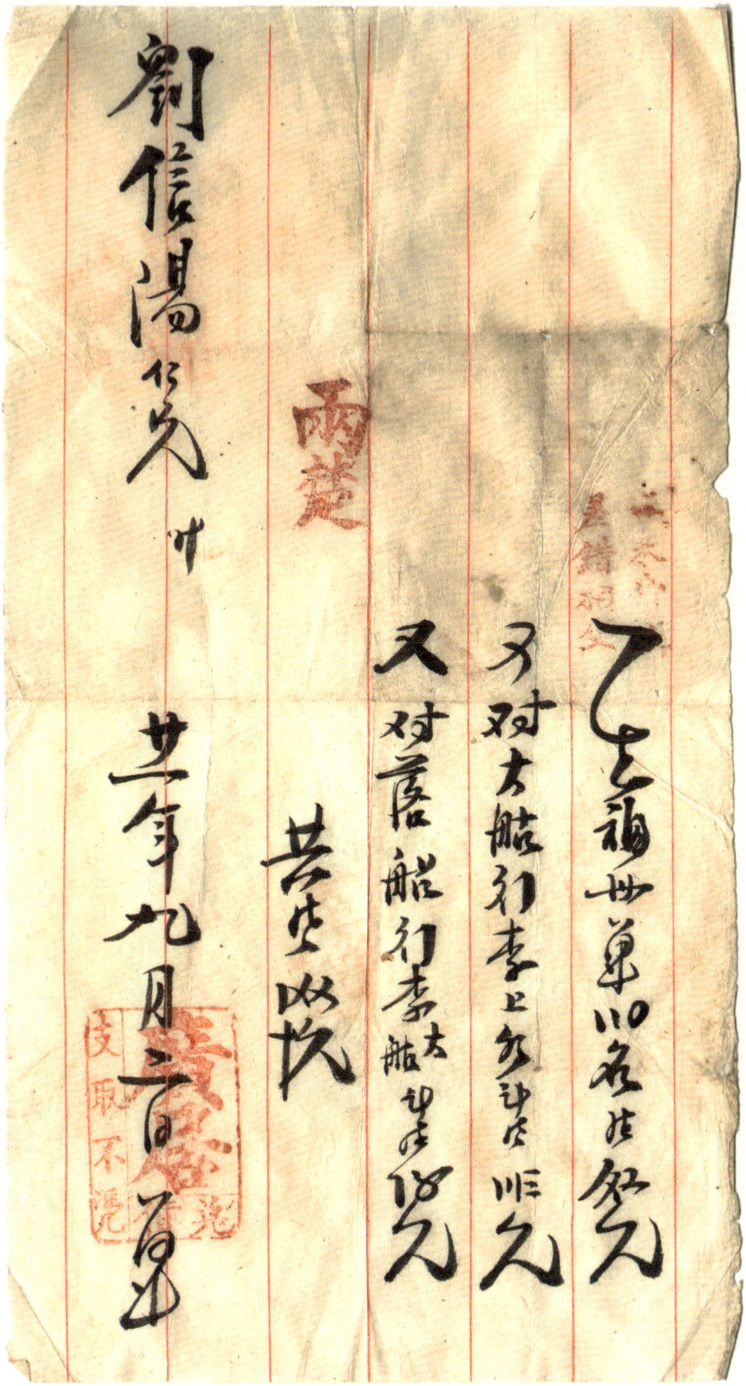

11-1-23-1 廣居號兑付憑單（年代不詳）

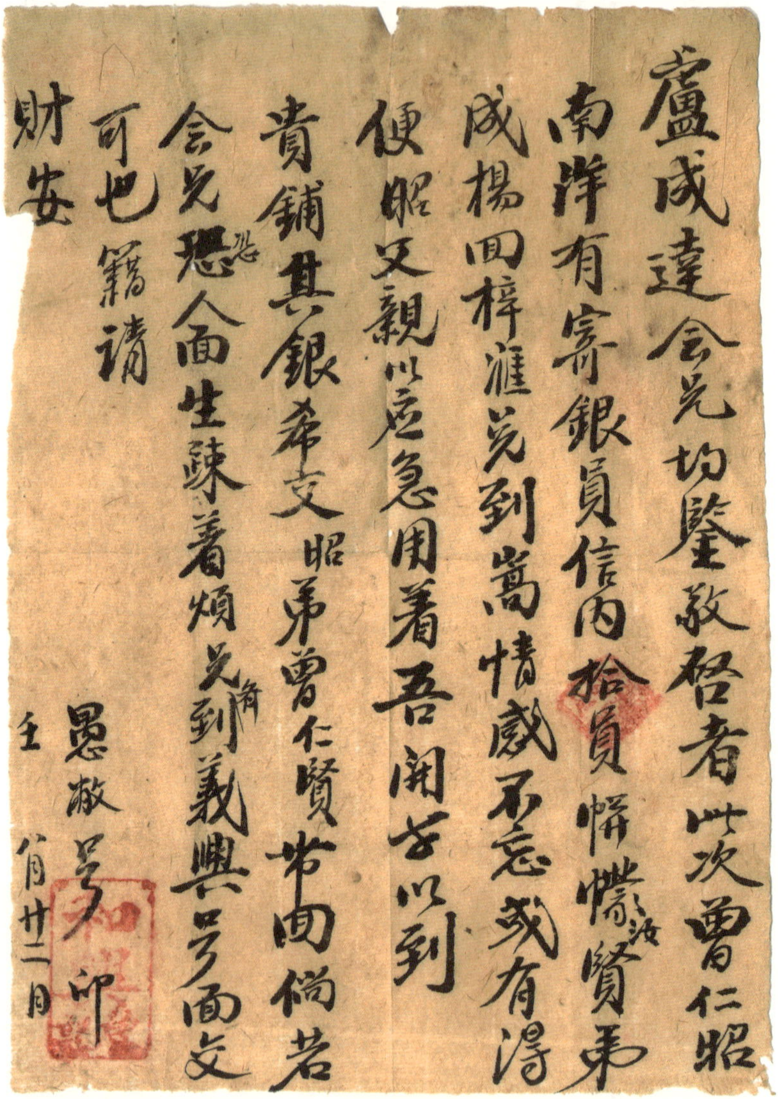

盧成達会兄坊鑒敬啓者此次曾仁昭
南洋有寄銀員信內拾員懵懵（添）賢弟
成揚回梓淮兄到舊情感不忘或有浔
便昭又親以危急用着吾開去以到
貴鋪其銀希文昭弟曾仁賢當面倘若
会兄恐人面生疎着煩兄到義興号面交
可也籍請
財安
愚淑（?）号印
壬八月廿二日

11-1-24-1　和興號致盧成達書信（年代不詳）

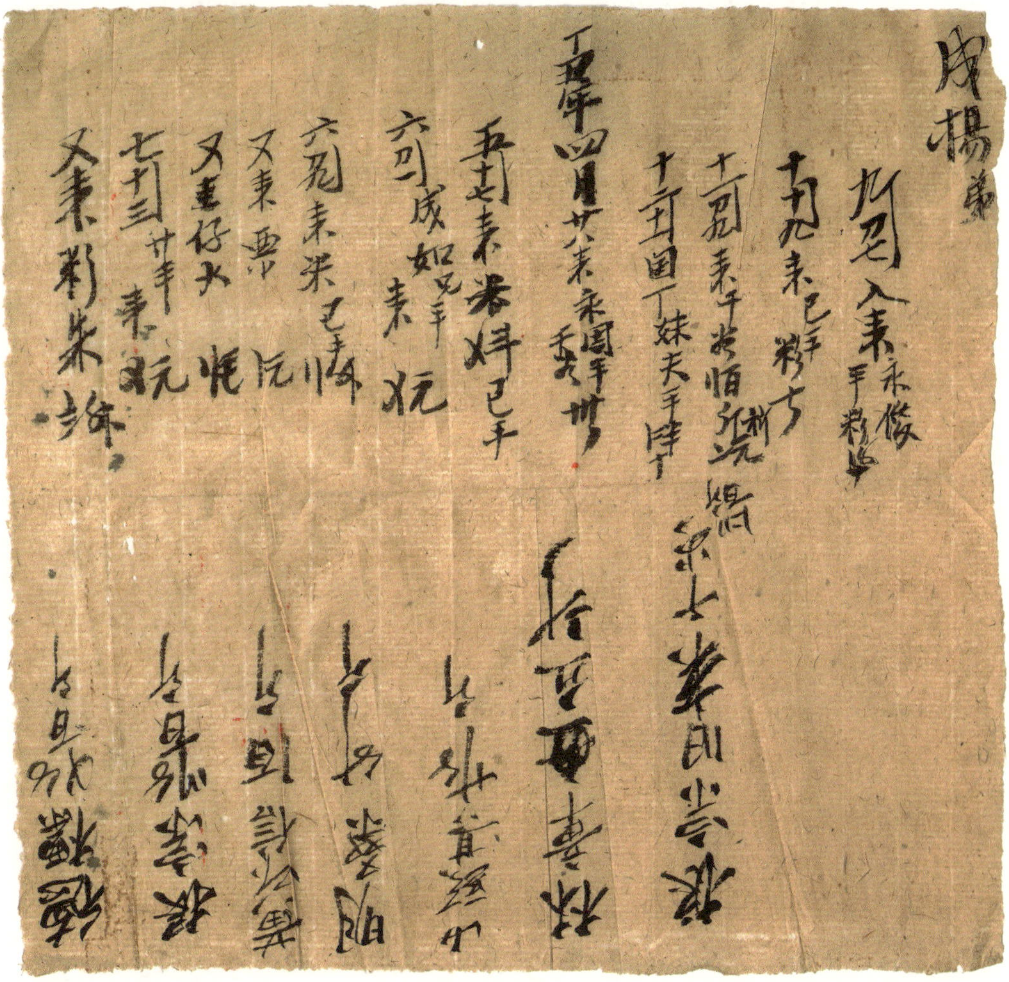

11-1-25-1　民國時期盧成揚等賬單

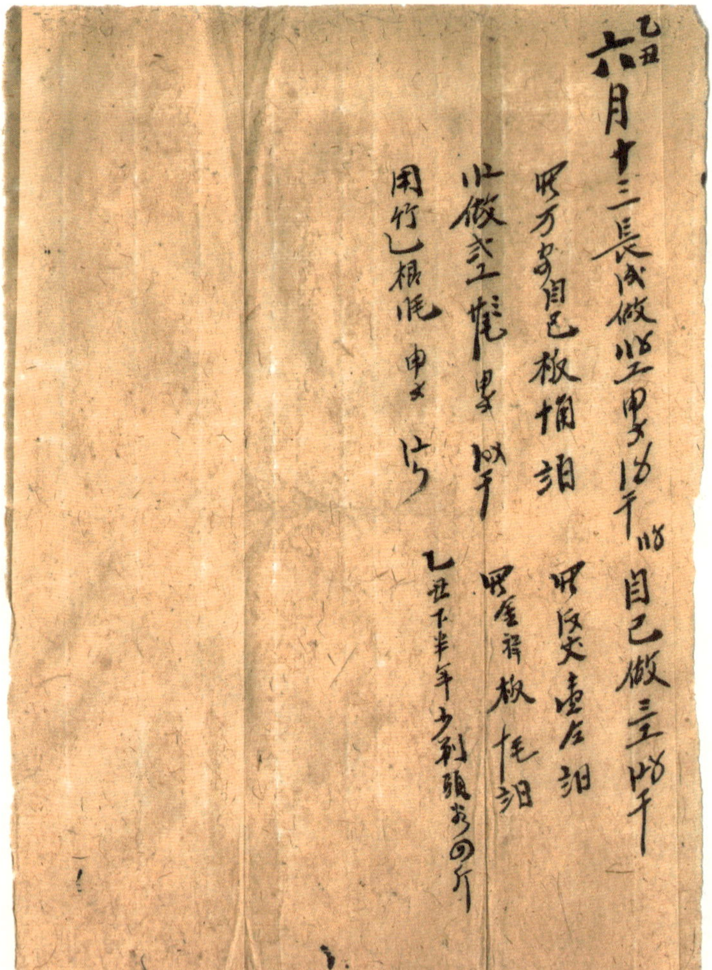

11-1-25-2　盧長成等工力賬單（年代不詳）

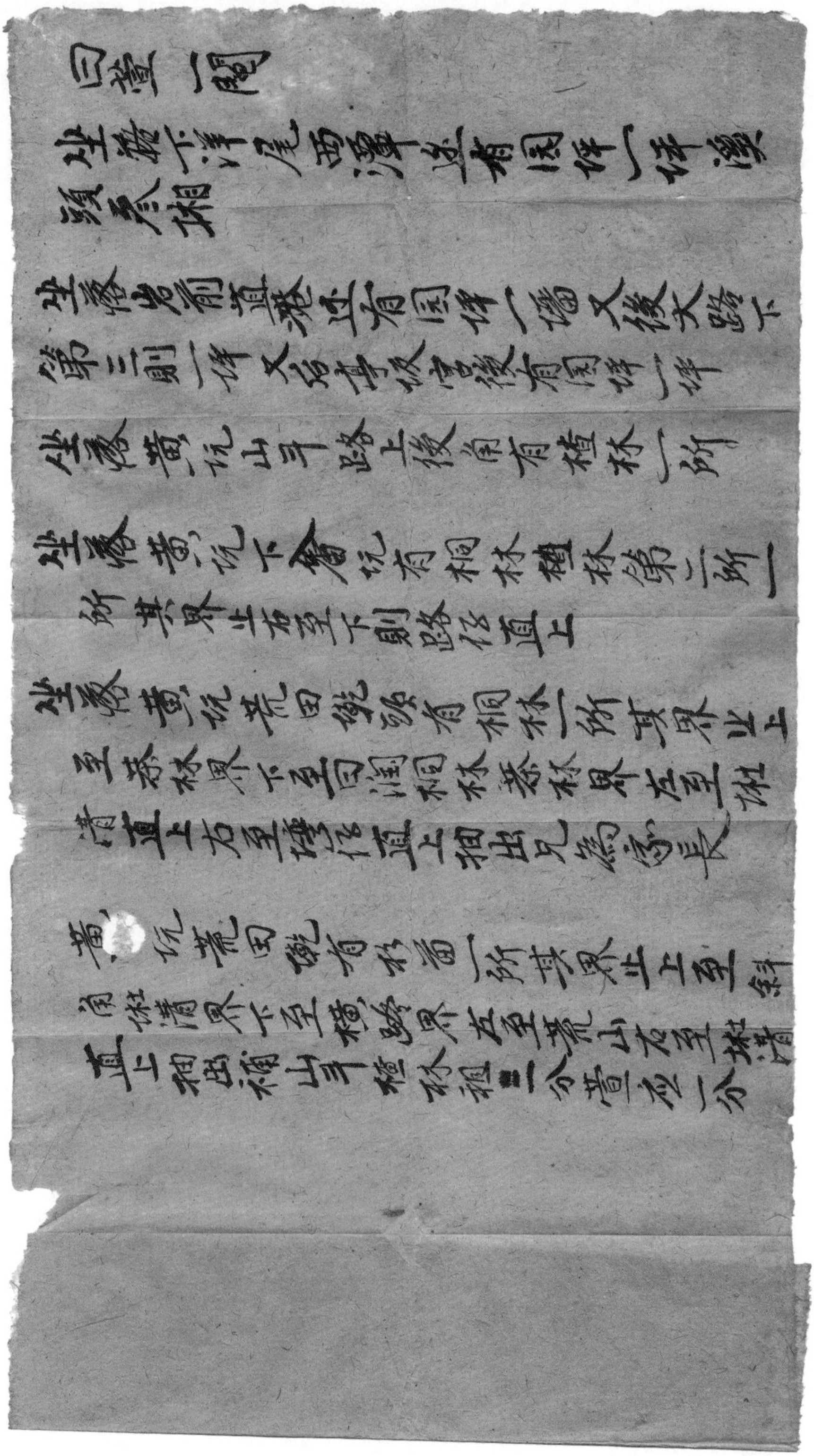
曰萱一鬮
坐落下洋尾西邊上有園併一併邊
頭系湘
坐落後岩前直邊上有園併一墻又後大路下
傍第三則一併又后亭坪當後有園併一併
坐落黄坑山弓路上後角有楮林一所
坐落黄坑下會坑有桐林楮林第二所一
所其界止右至下則路往直上
坐落黄坑荒田塊頭有桐林一所其界止上
至茶林界下至回澗桐林茶林界左至湖
清直上右至塘路往直上相出兄弟長
黄坑荒田塊有杉木一所其界止上至斜
角湖清界下至楮路界左至荒山右至湖清
直上相出荷山弓楮林祖三分萱立一分

11-1-26-1 清光緒年間盧日萱鬮書

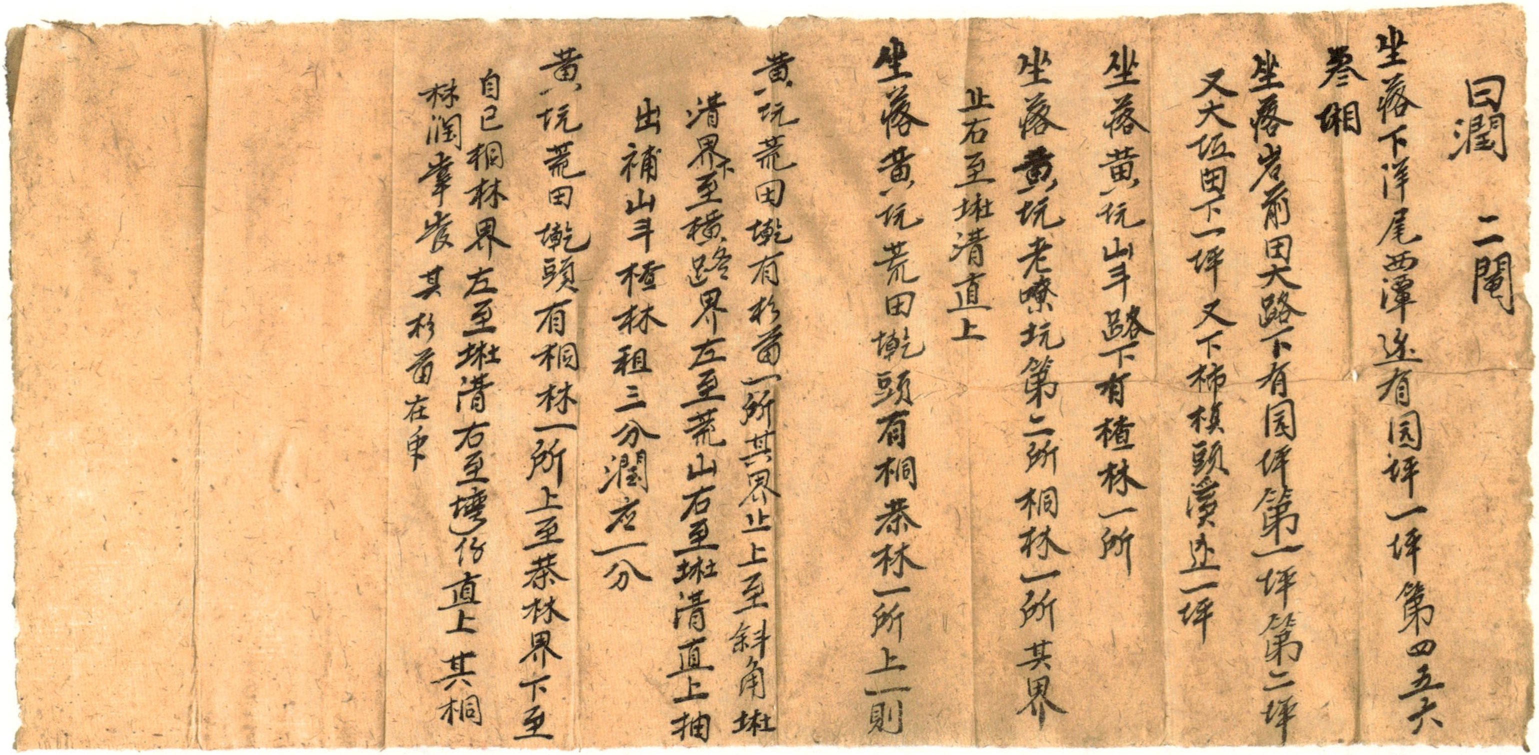

日潤 二鬮

坐落下洋尾西潭边有园坪一坪第四五六

叁細

坐落岩前田大路下有园坪第一坪第二坪

又大坵田下一坪 又下柿楨頭㘸边一坪

坐落黄坑山羊路下有楂林一所

坐落黄坑老嶚坑第二所桐林一所其界

止右至墈清直上

坐落黄坑荒田墘頭有桐茶林一所上一則

黄坑荒田墘有杉苗一所其界止上至斜角墈

清界至横路界左至荒山右至墈清直上抽

出補山羊楂林租三分潤存一分

黄坑荒田墘頭有桐林一所上至茶林界下至

自己桐林界左至墈清右至塆仑直上 其桐

林潤掌管 其杉苗在中

11-1-26-2　清光緒年間盧日潤鬮書

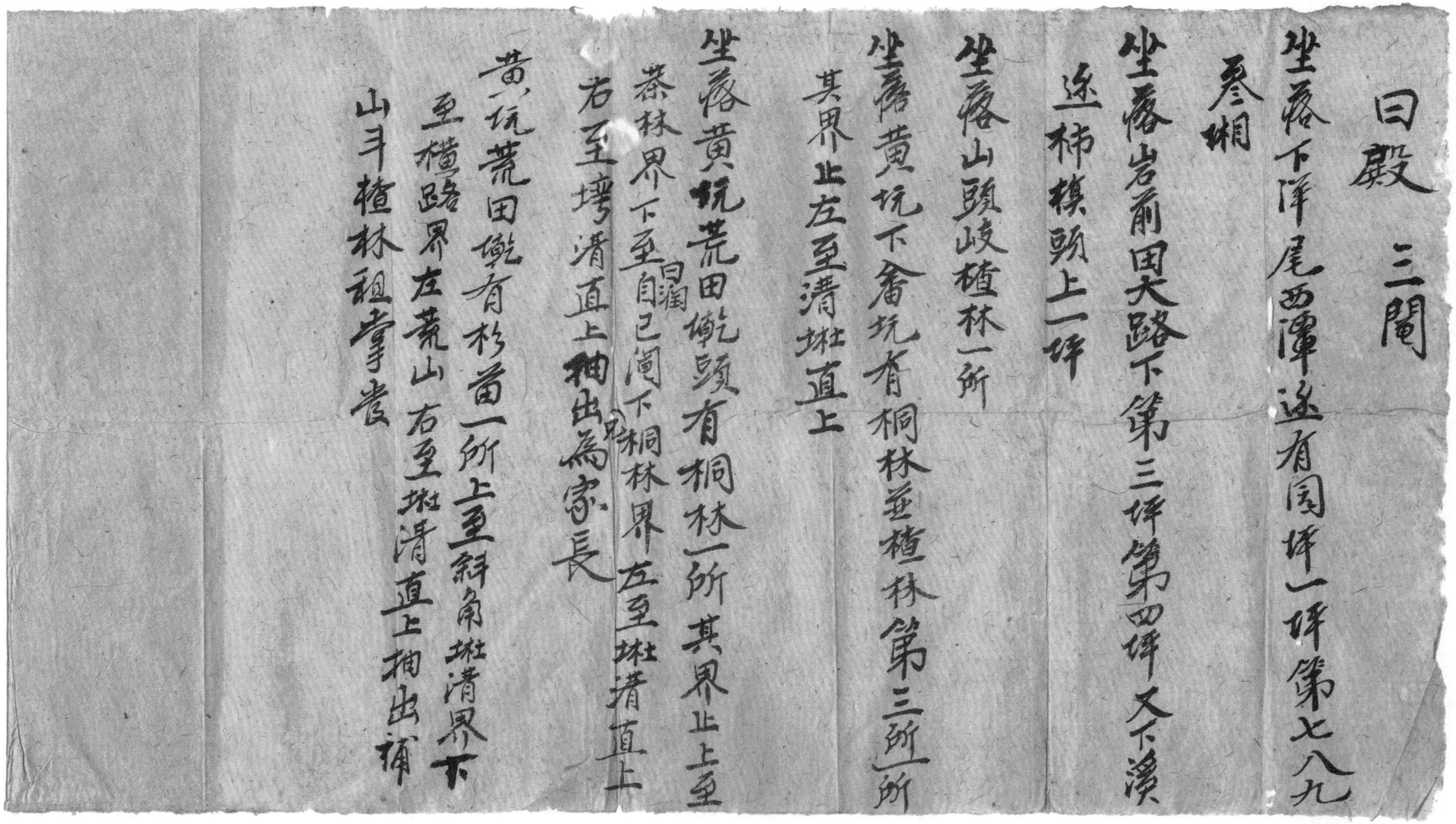

曰殿　三鬮

坐落下洋尾西潭迷有園坪一坪第七八九

叁坰

坐落岩前園𡨚大路下第三坪第四坪又下溪

迷柿模頭上一坪

坐落山頭岐植林一所

坐落黄坑下畲坑有桐林並植林第三所

其界止左至清墈直上

坐落黄坑荒田墘頭有桐林一所其界止上至

茶林界下至自己〔曰潤〕園下桐林界左至墈清直上

右至墈清直上抽出爲家長

黄坑荒田墘有杉苗一所上至斜角墈清界下

至横路界左荒山右至墈清直上抽出補

山手植林租掌管

11-1-26-3　清光緒年間盧曰殿鬮書

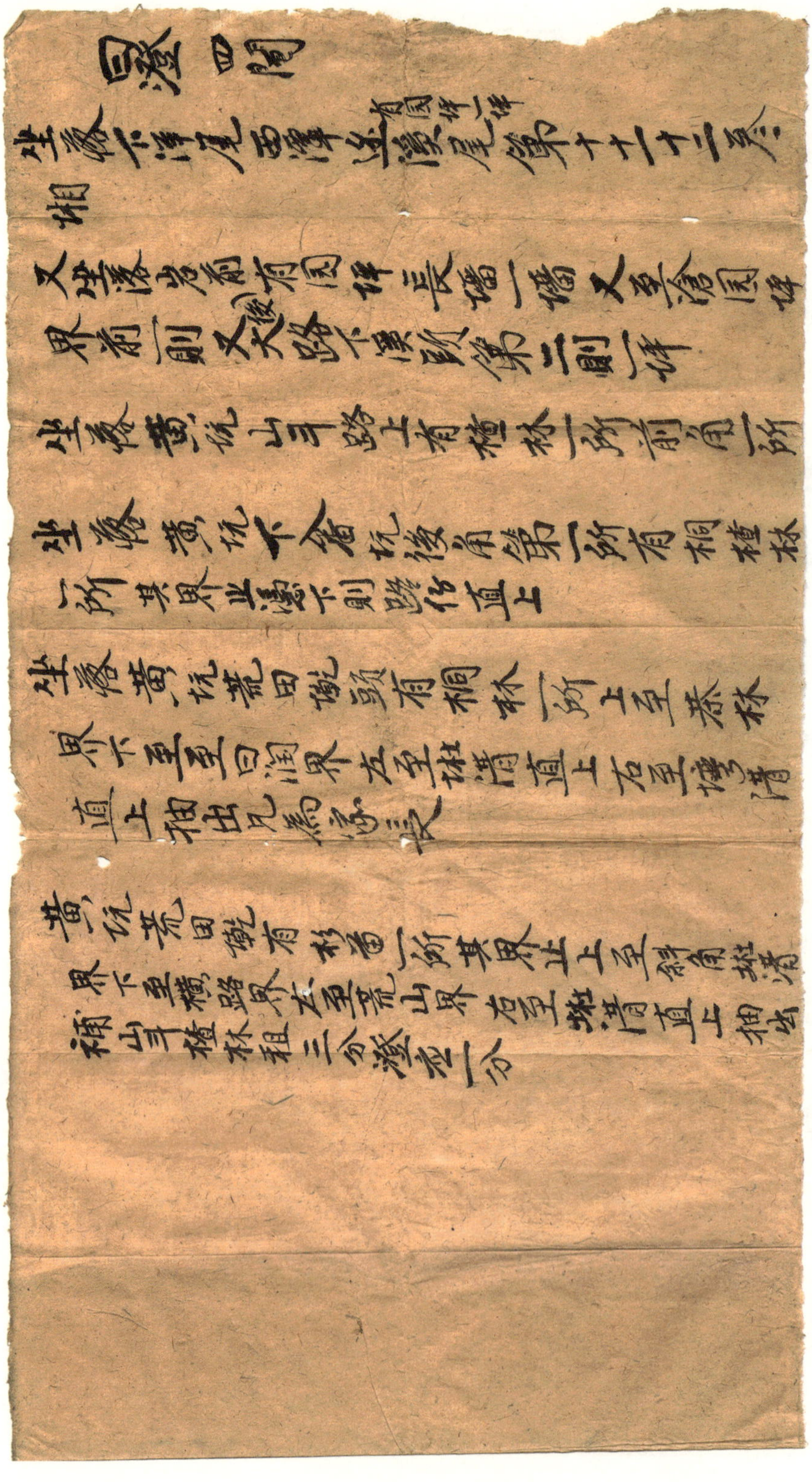
日澄四鬮
坐落下洋尾西洋坵邊尾第十一十二十三叚（有園仔一坵）相
又坐落出高圳有園仔長墦一墦又至溪園仔界前一則又（後）大路下洋頭第二則一坵
坐落黃坑山寻路上有樟林一所前園一所
坐落黃坑下倉坑後面第一所有桐樟林一所其界上至下至則路作直上
坐落黃坑荒田墘頭有桐林一所上至茶林界下至日澄界左至坳崗直上右至墻崗直上相出凡為三叚
黃坑荒田墘有杉樹一所其界上至斜角坳崗界下至橫路界左至荒山界右至坳崗直上相出種山寻樟林祖三分澄在一分

11-1-26-4　清光緒年間盧日澄鬮書

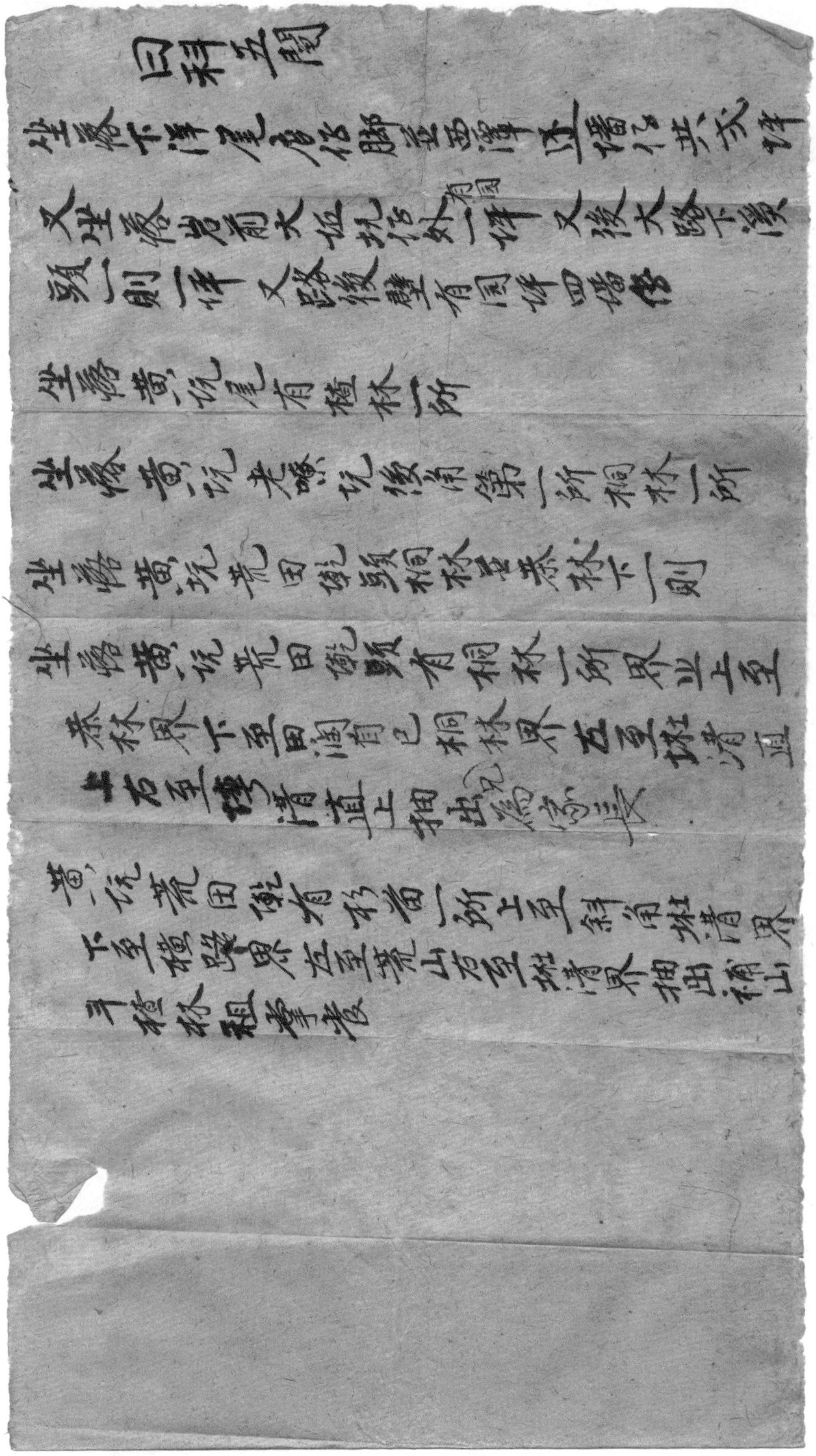
日科五鬮
坐落下洋尾名俗腳底西洋過墻仔共弍坵
又坐落岩前大坵坑仔外有一坵　又後大路下漈
頭一則一坵　又路後壁有園坵四墻傍
坐落黃坑尾有植林一所
坐落黃坑老鴉坑後片第一所桐林一所
坐落黃坑荒田坵頭桐林并茶林下一則
坐落黃坑荒田坵頭有桐林一所界址上至
茶林界下至田墘有已桐林界左至壠清直
上右至壠清直上抽出為三房長
黃坑荒田坵有杉苗一所上至斜崗壠清界
下至檔路界左至荒山右至壠清界抽出杉山
日科林租掌管

清光緒年間盧日科鬮書　11-1-26-5

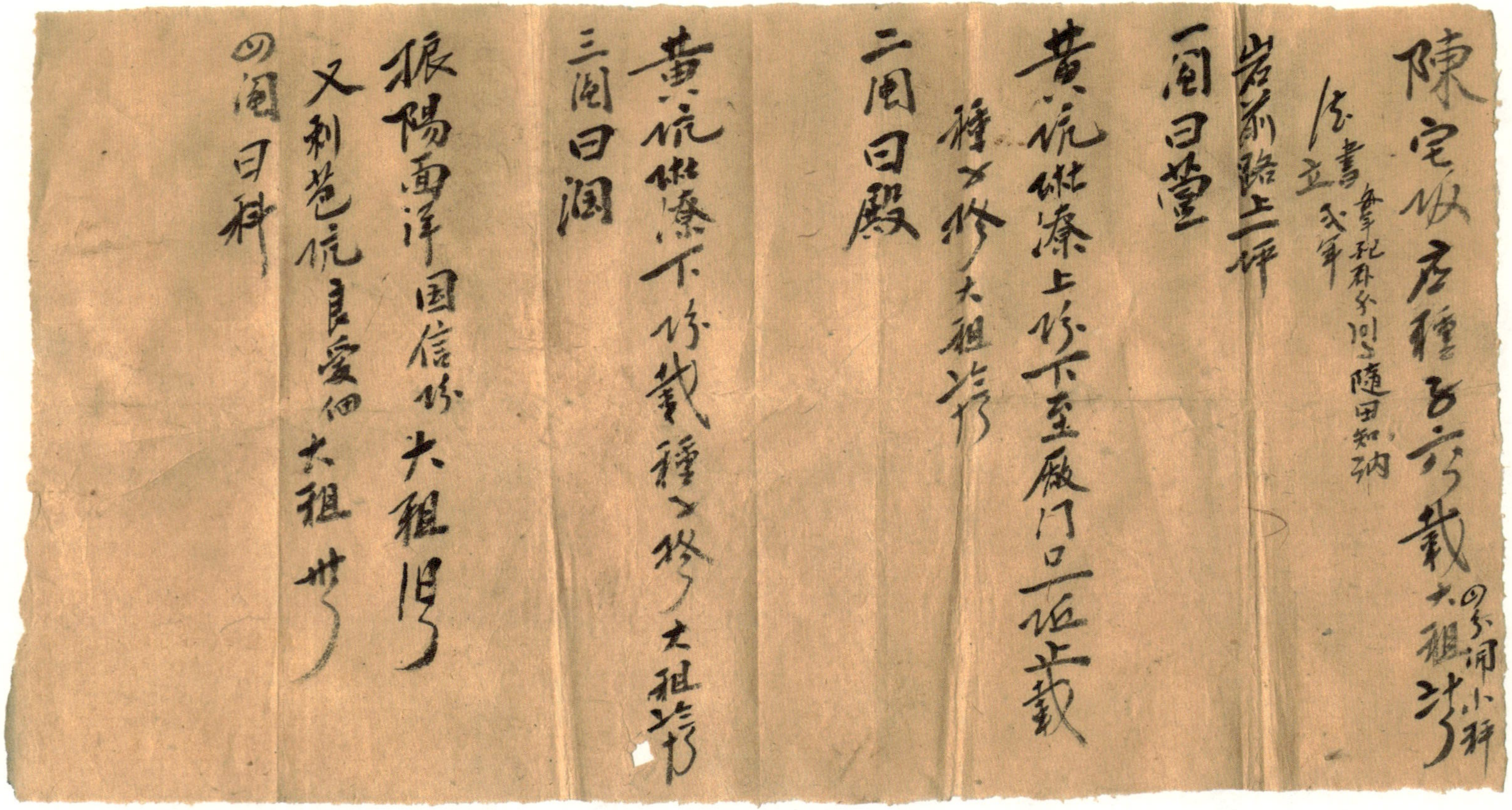
陳宅坂店種五斗載 大租廿斗 四分開小秤
係書立 壹年紀貳分同隨田知納
岩前路上一坪
一阄曰萱
黃坑絀潦上坵下至廠门口一坵上載
種子斗 大租谷[illegible]
二阄曰殿
黃坑絀潦下坵載種子斗 大租谷[illegible]
三阄曰润
根陽面洋国信坵 大租四斗
又刹芭坑良愛佃 大租廿斗
四阄曰科

11-1-26-6　清光緒年間盧日萱等鬮書

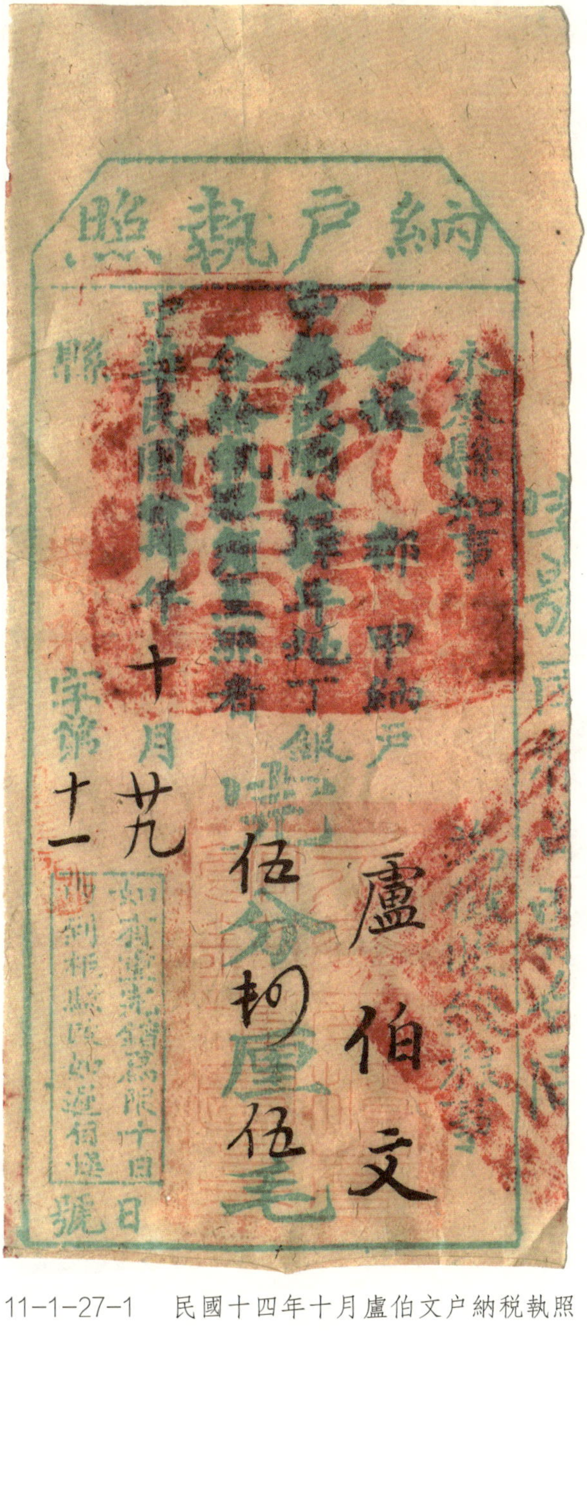

納戶執照

盧伯文

伍分柒厘伍毫

11-1-27-1 民國十四年十月盧伯文户納稅執照

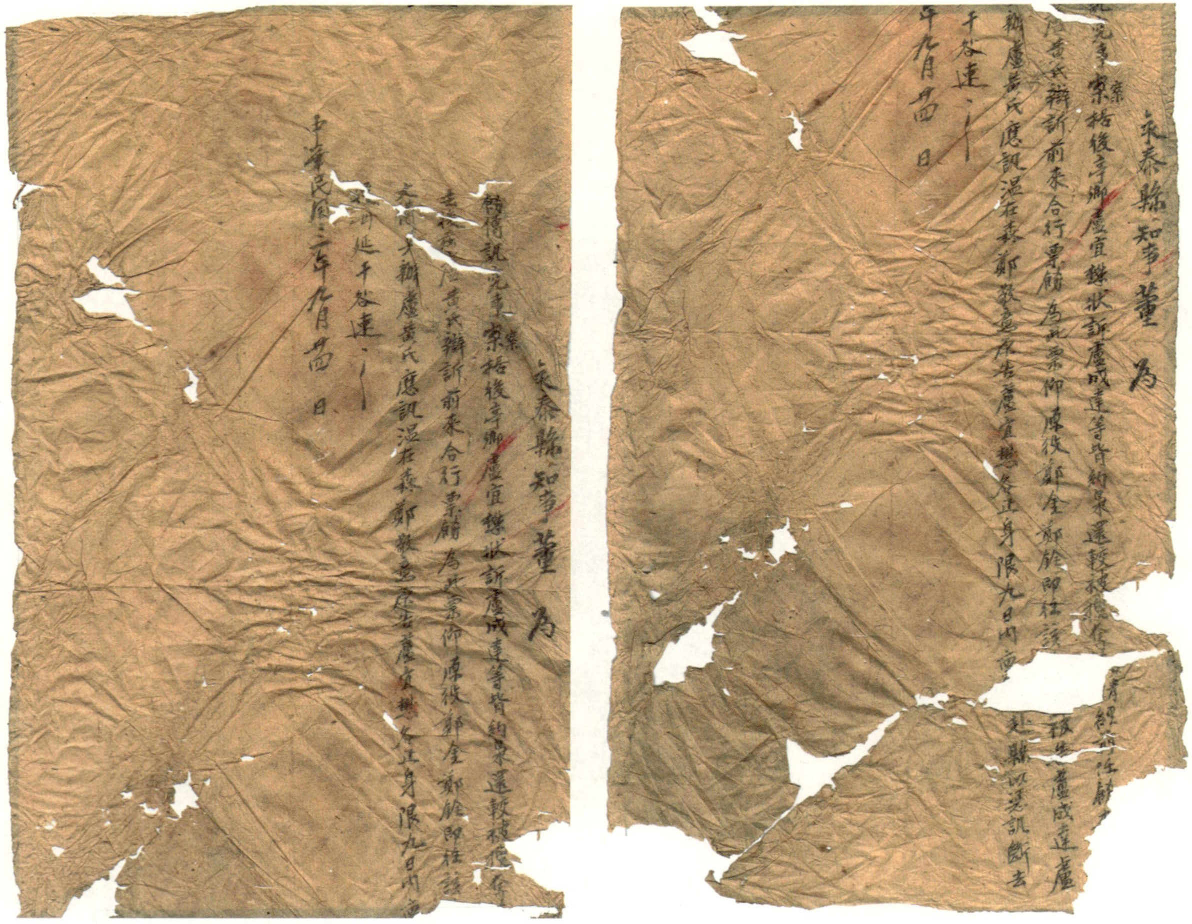

11-1-28-1　民國三年九月永泰縣知事董傳票

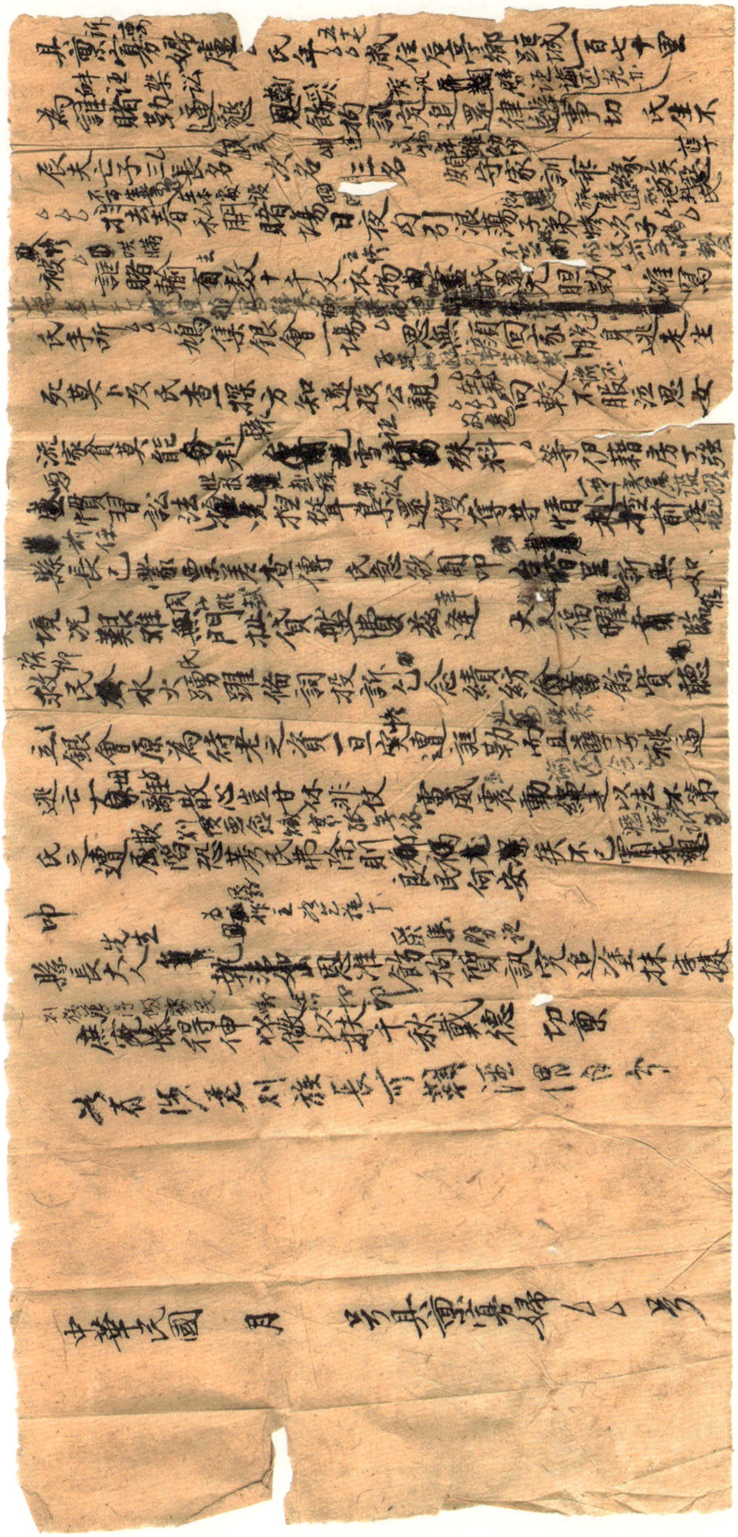

11-1-28-2　民國時期盧氏寡婦訴稟（草狀）

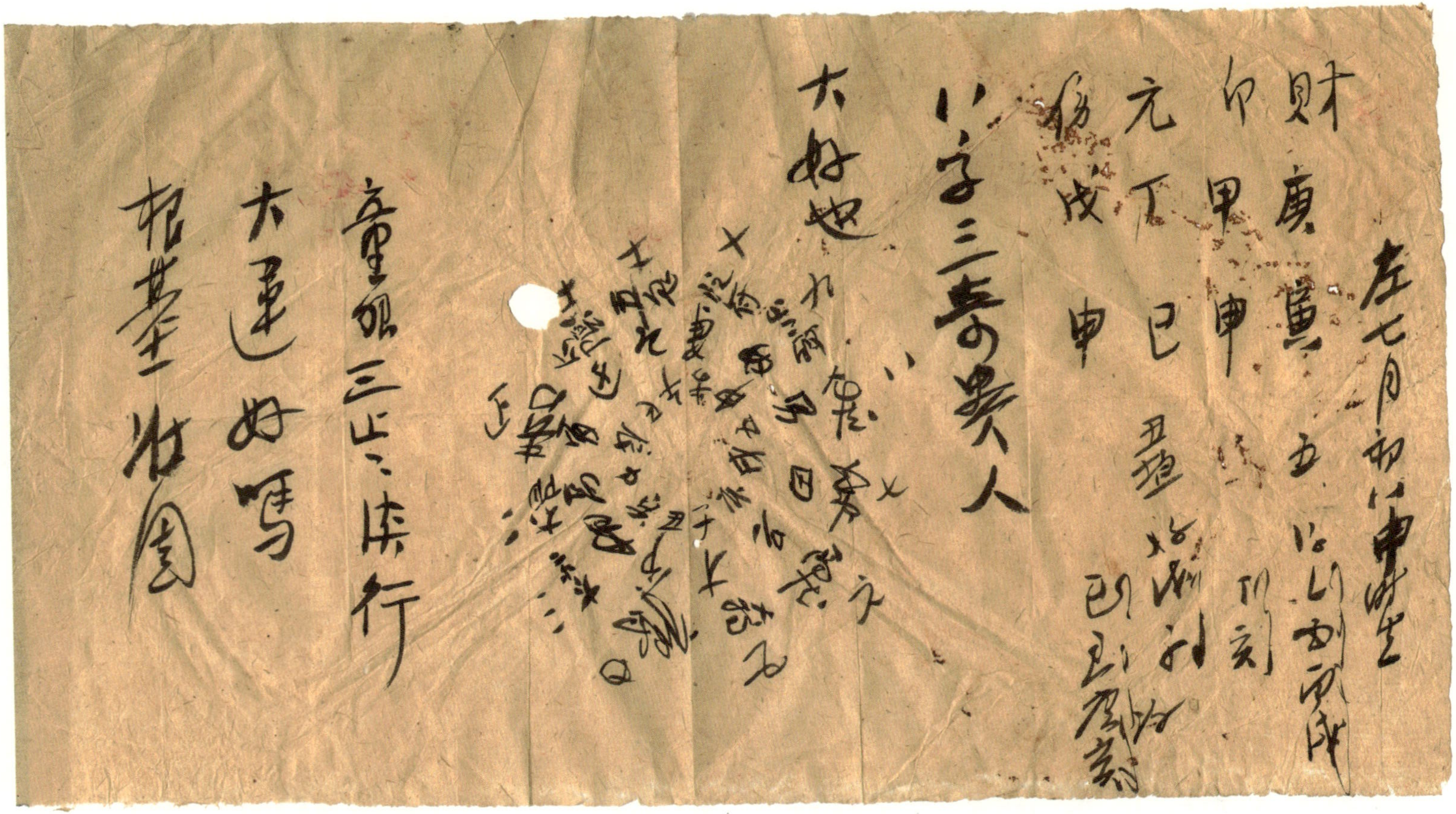

11-1-29-1　流年書（年代不詳）

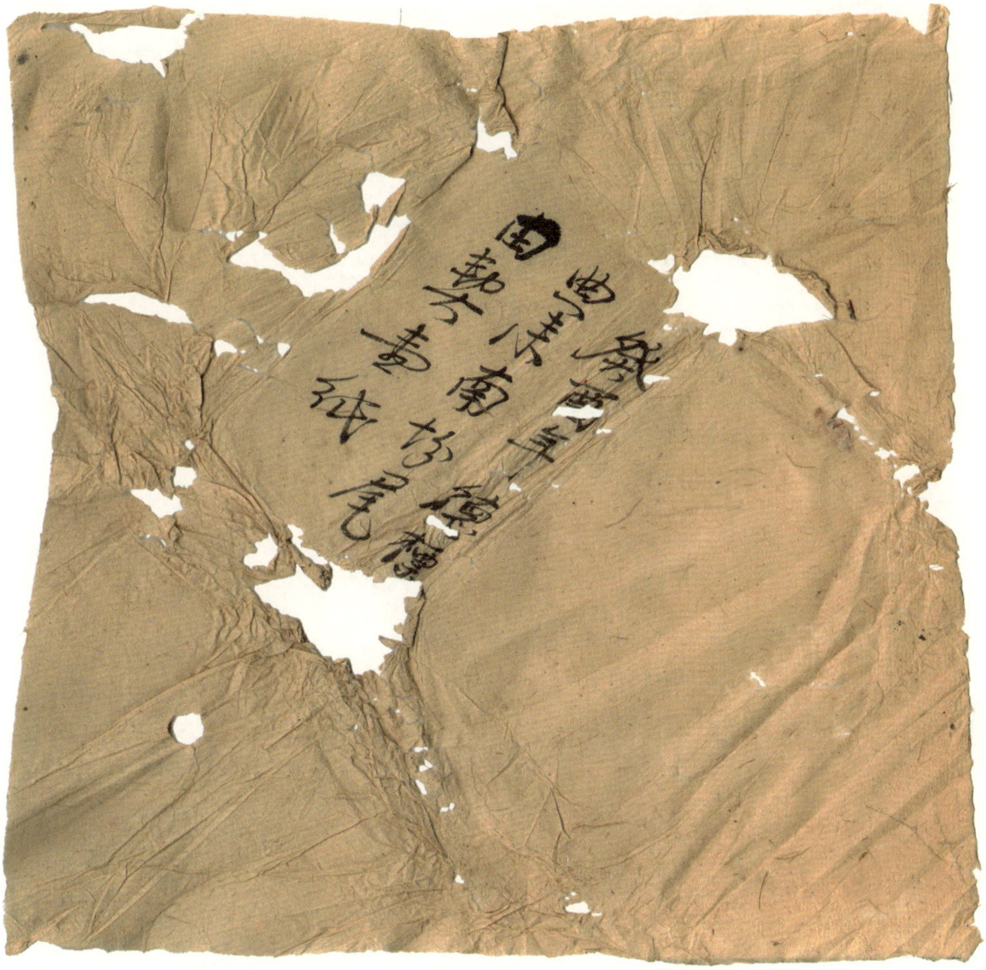

11-1-30-1　包契紙

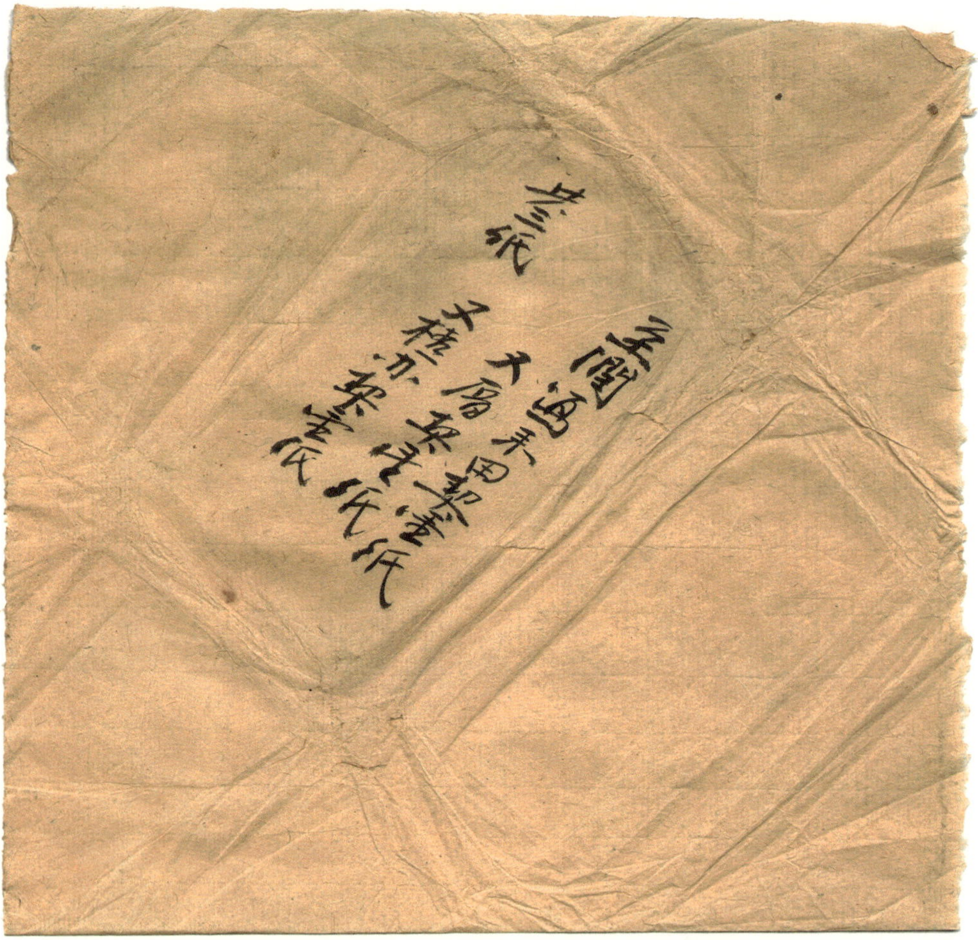

11-1-30-2　包契紙

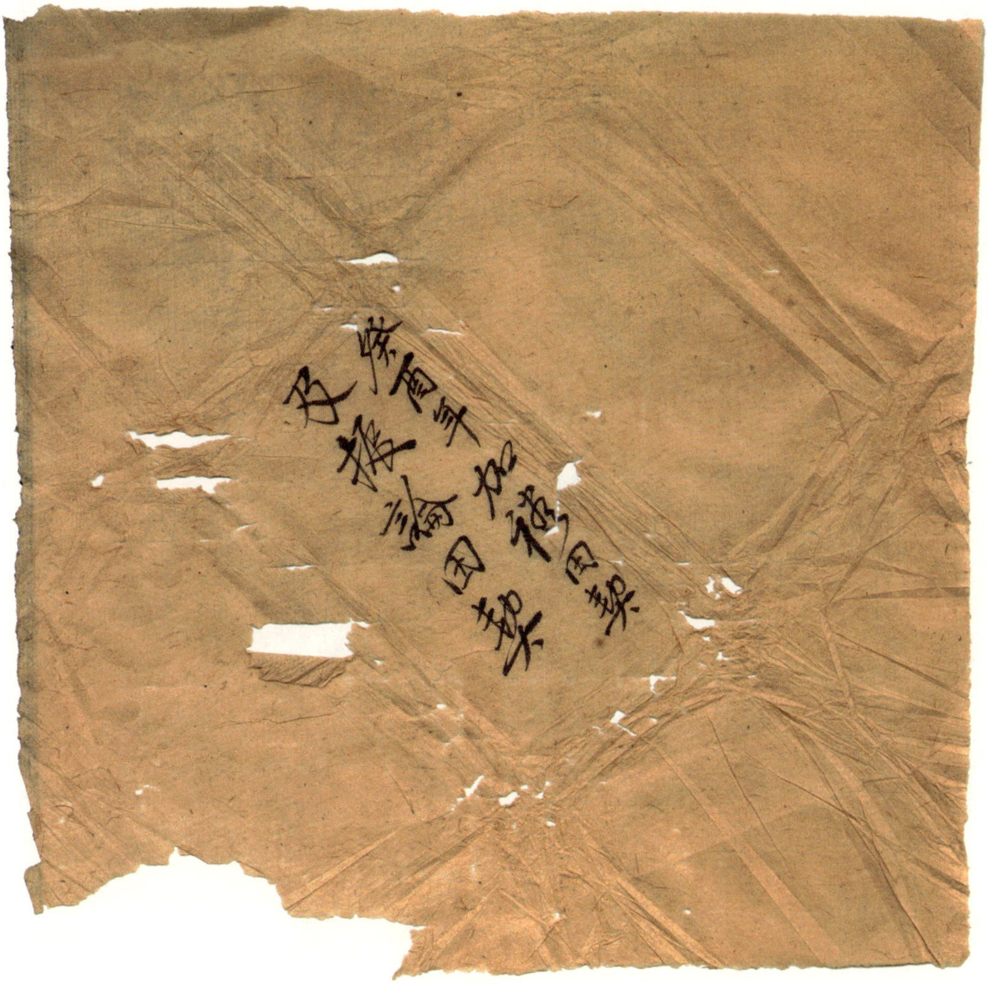
癸酉年加[illegible]田契
及[illegible][illegible]田契

11-1-30-3　包契紙

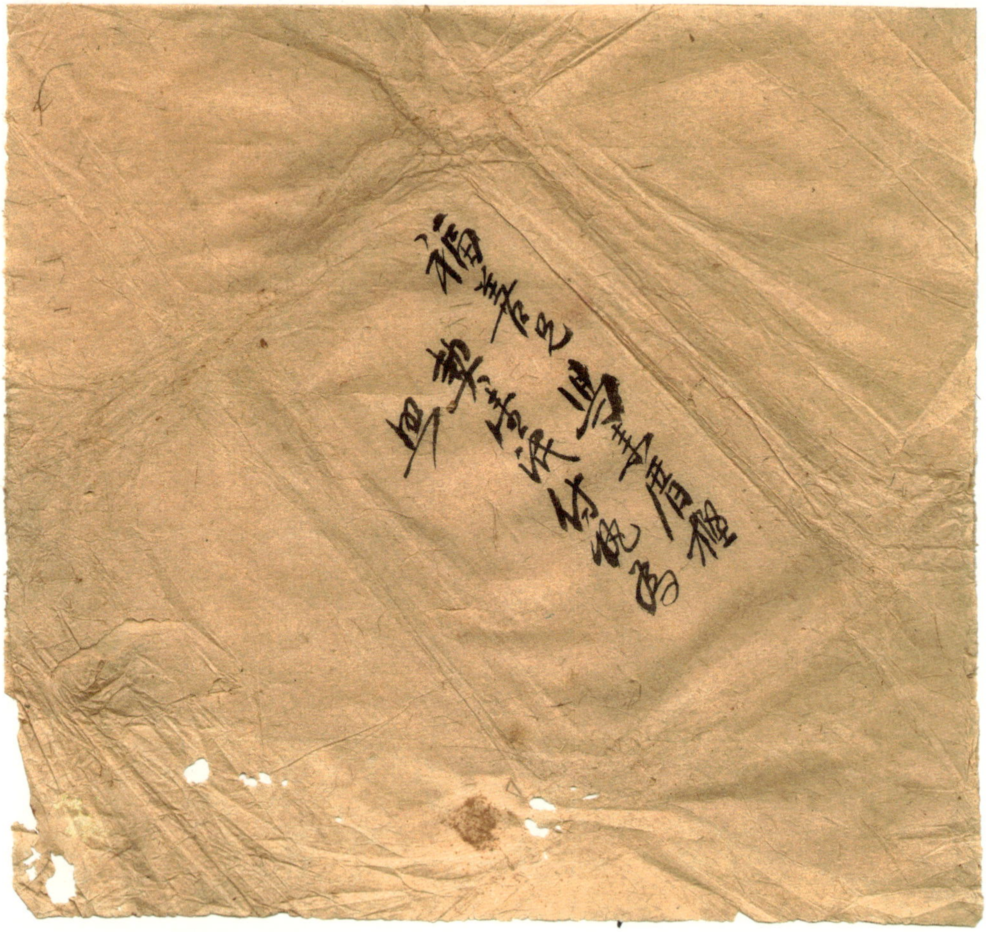

11-1-30-4　包契紙

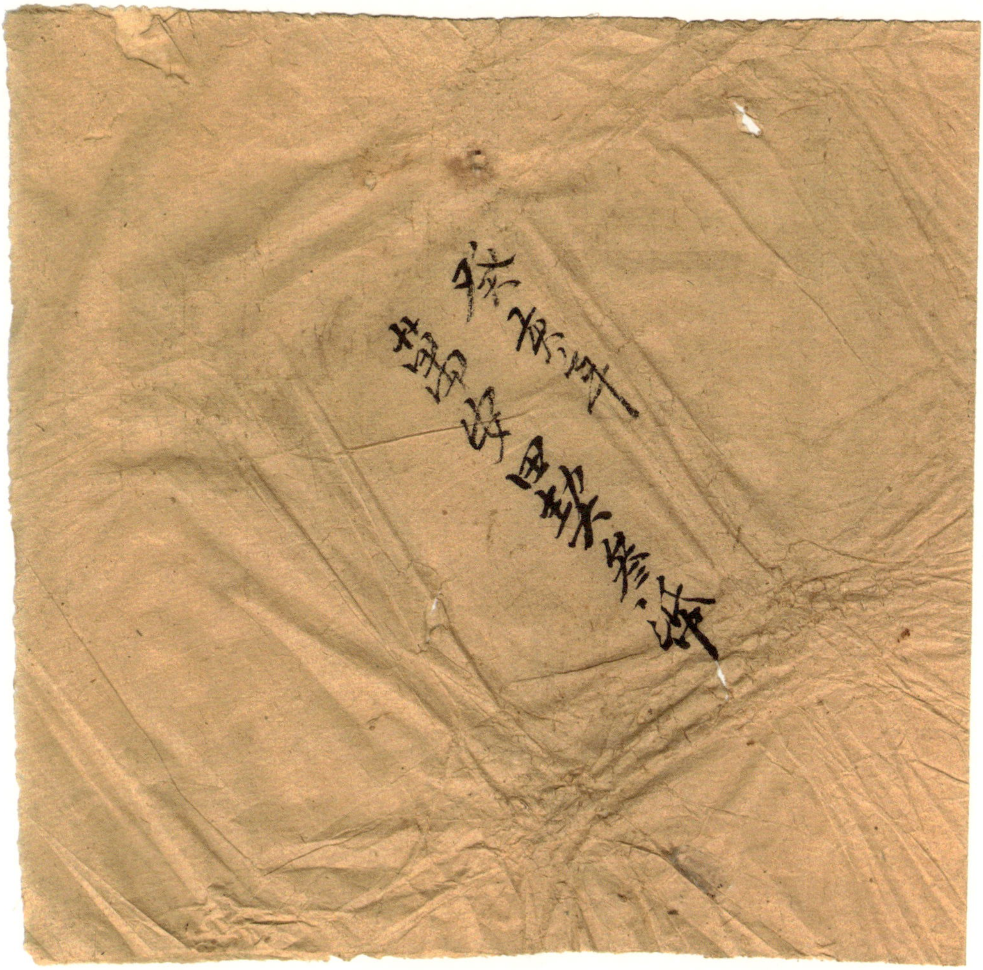
孫泰坪
塔兜坪田契叁紙

11-1-30-5　包契紙

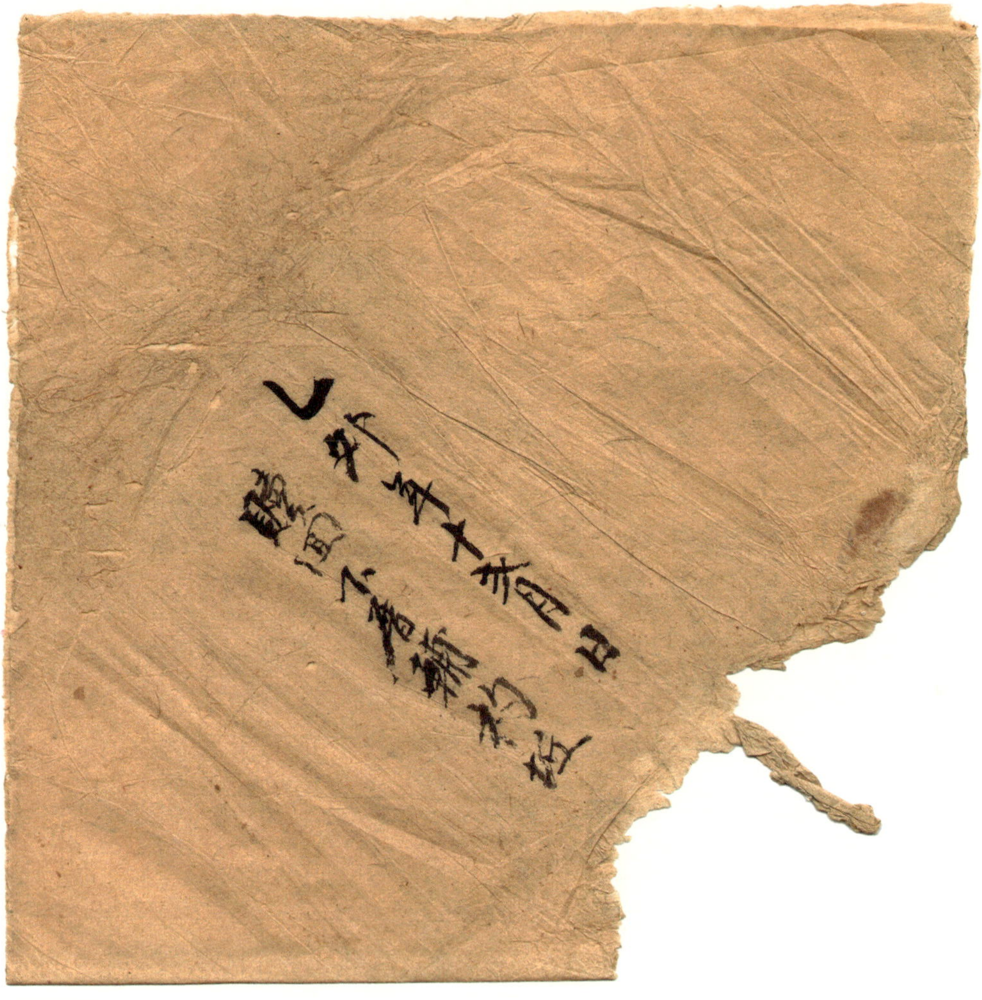

11-1-30-6　包契紙

11-1-30-7　包契紙

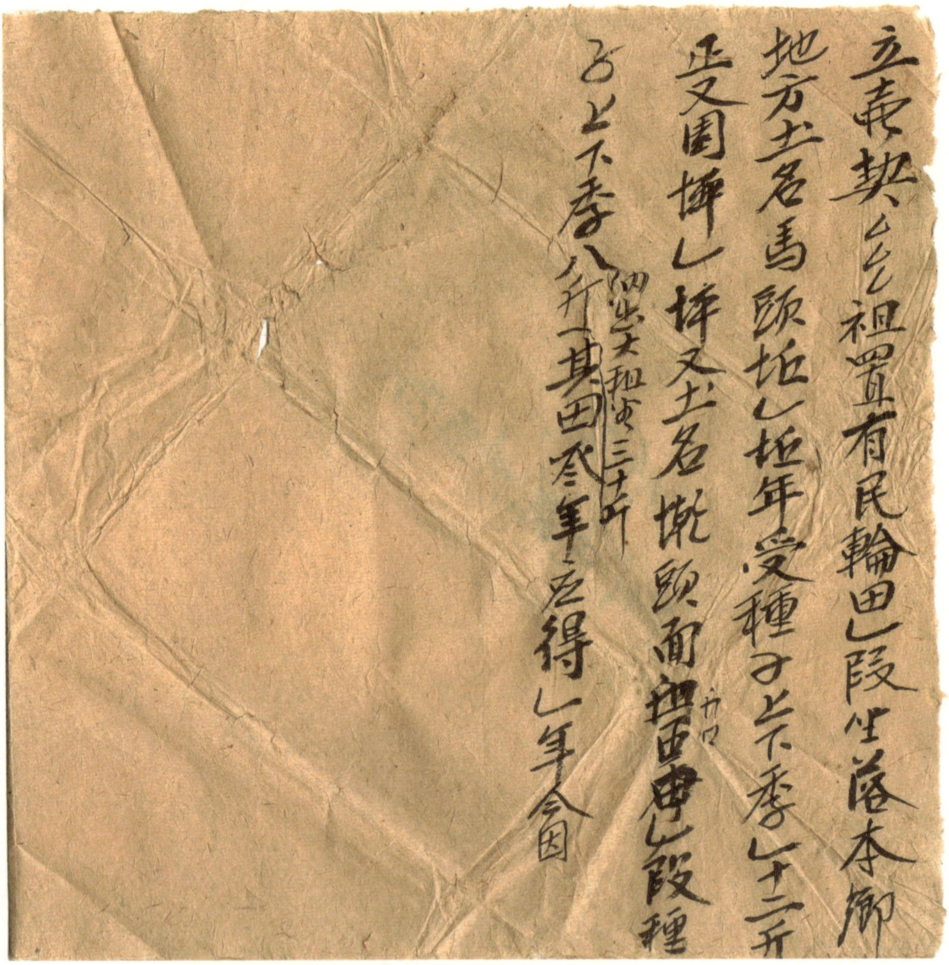
立賣契ムム祖置有民輪田乙段坐落本鄉
地方土名馬頭坵乙坵年受種子上下季乙十二斤
并又園坪乙坪又土名枕頭面加田甲乙段種
子上下季八斤（內出大租谷三十斤）其田叁年輪得乙年今因

11-1-30-8　包契紙（草契）

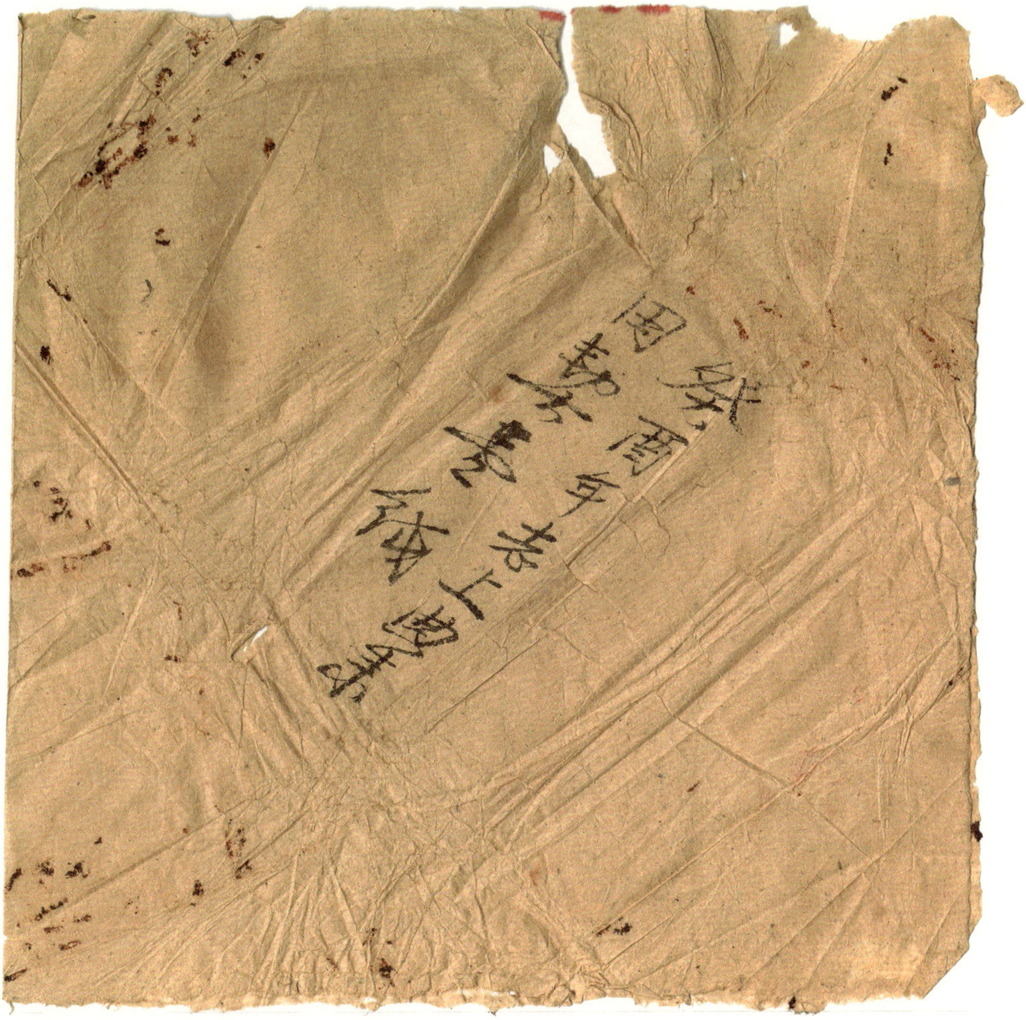

11-1-30-9　包契紙

第二帙　盧氏祠堂

11-2-1-1　民國七年范陽郡衆記合約山界田段契抄簿（一）

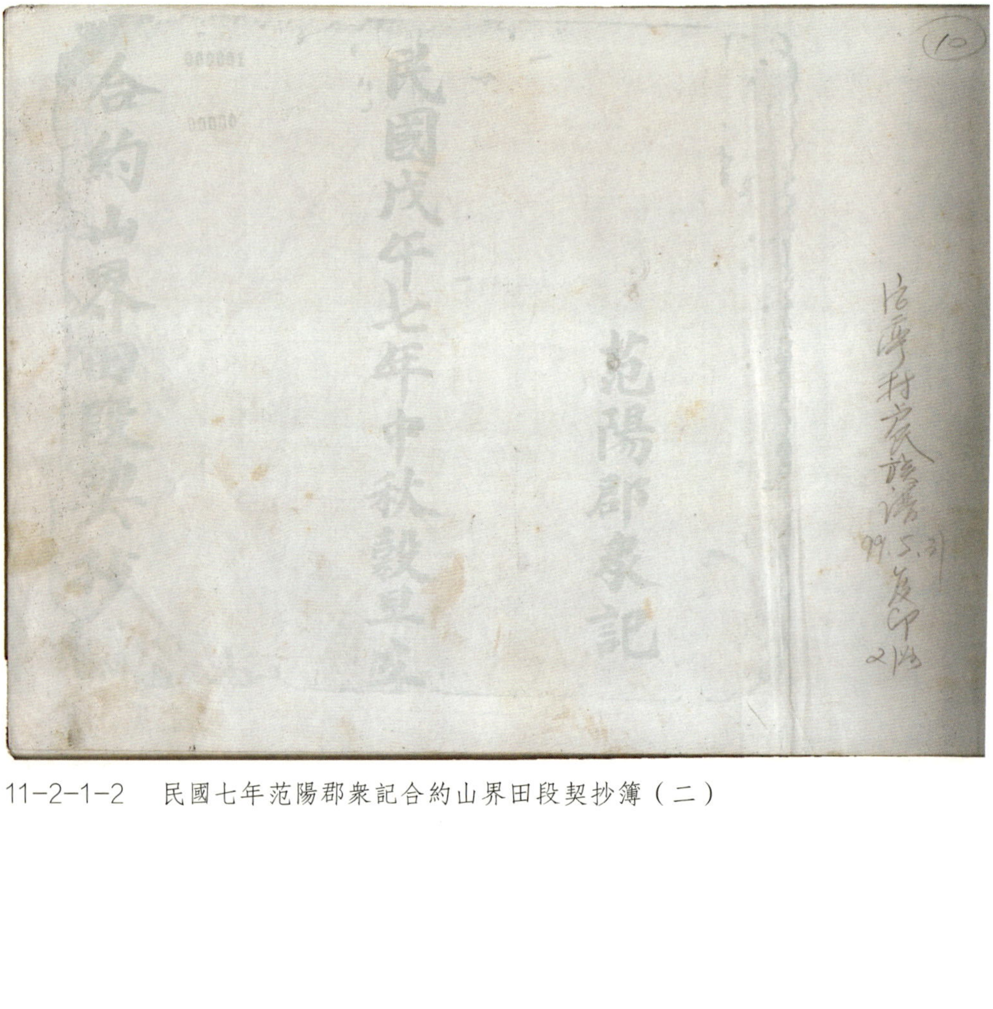

11-2-1-2　民國七年范陽郡衆記合約山界田段契抄簿（二）

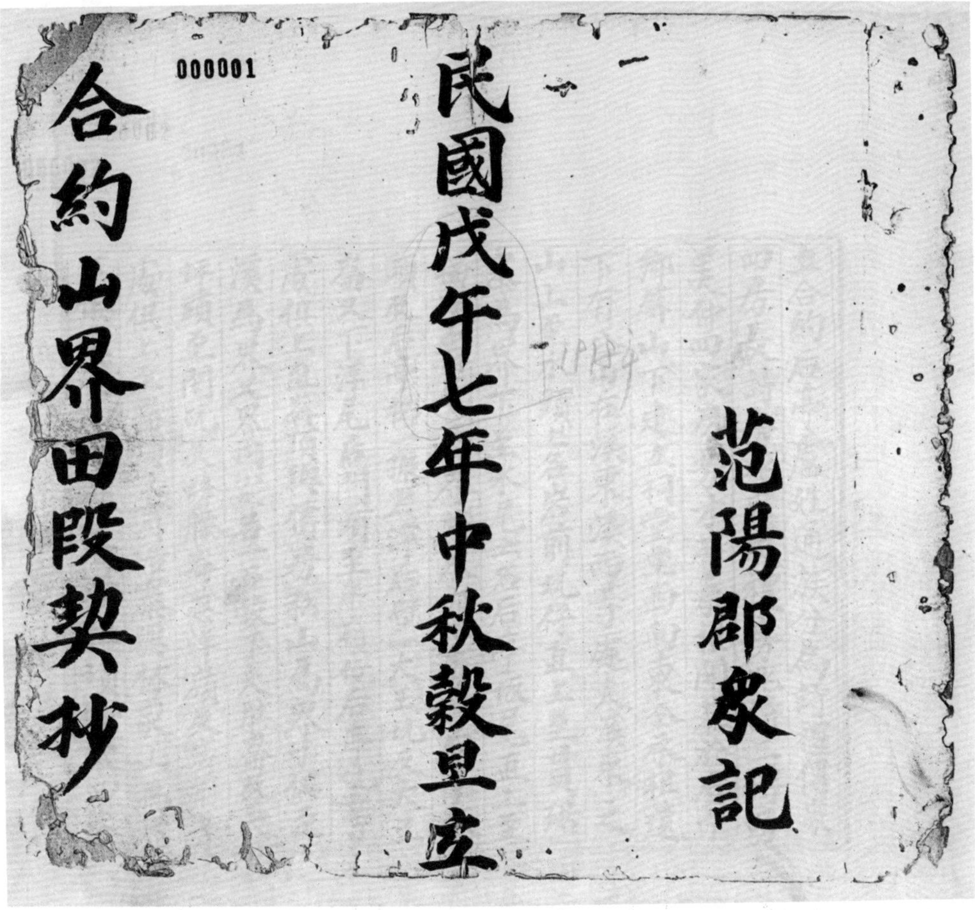
000001

范陽郡衆記

民國戊午七年中秋穀旦立

合約山界田段契抄

11-2-1-3　民國七年范陽郡衆記合約山界田段契抄簿（三）

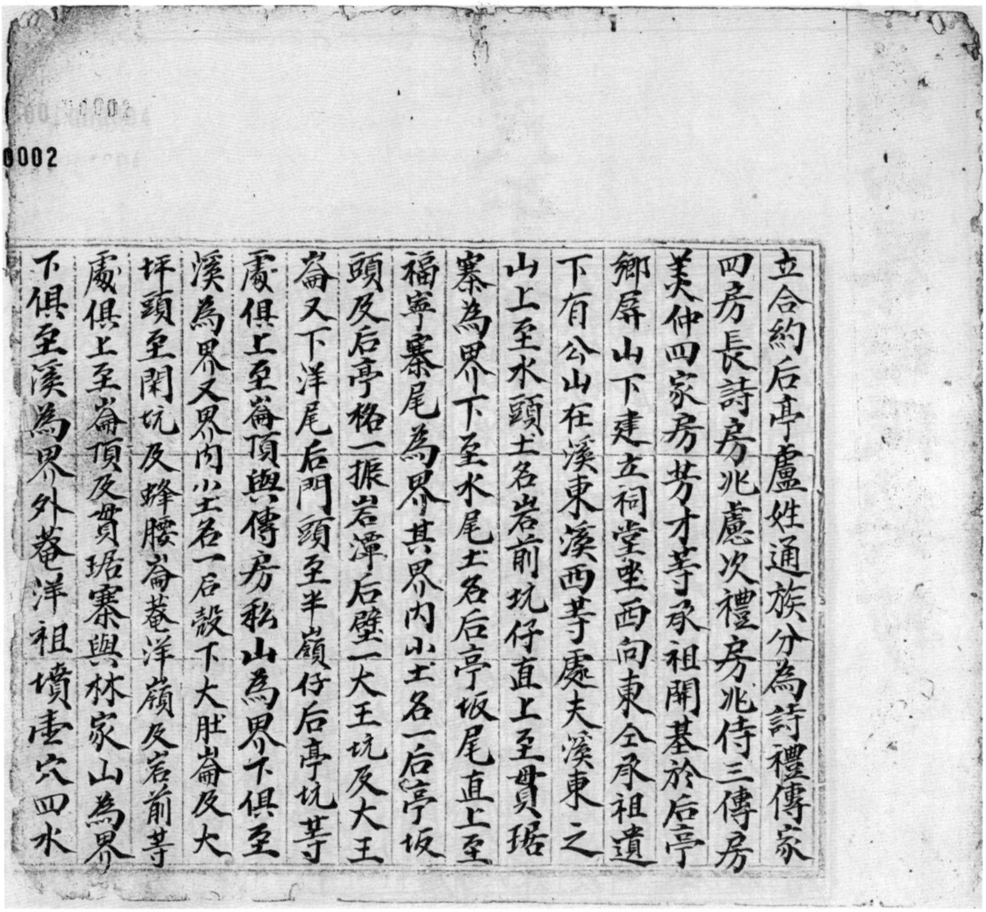

0002

立合約后亭盧姓通族分為詩禮傳家
四房長詩房兆處次禮房兆侍三傳房
美仲四家房芳才等承祖開基於后亭
鄉屏山下建立祠堂坐西向東仝承祖遺
下有公山在溪東溪西等處夫溪東之
山上至水頭土名岩前坑仔直上至貫琚
寨為界下至水尾土名后亭坂尾直上至
福寧寨尾為界其界内小土名一后亭坂
頭及后亭格一振岩潭后壁一大王坑及大王
嶺又下洋尾后門頭至半嶺仔后亭坑等
處俱上至嶺頂與傳房私山為界下俱至
溪為界又界内小土名一后殼下大肚嶺及大
坪頭至閑坑及蜂腰嶺菴洋嶺及岩前等
處俱上至嶺頂及貫琚寨與林家山為界
下俱至溪為界外菴洋祖墳壹穴四水

11-2-1-4　民國七年范陽郡衆記合約山界田段契抄簿（四）

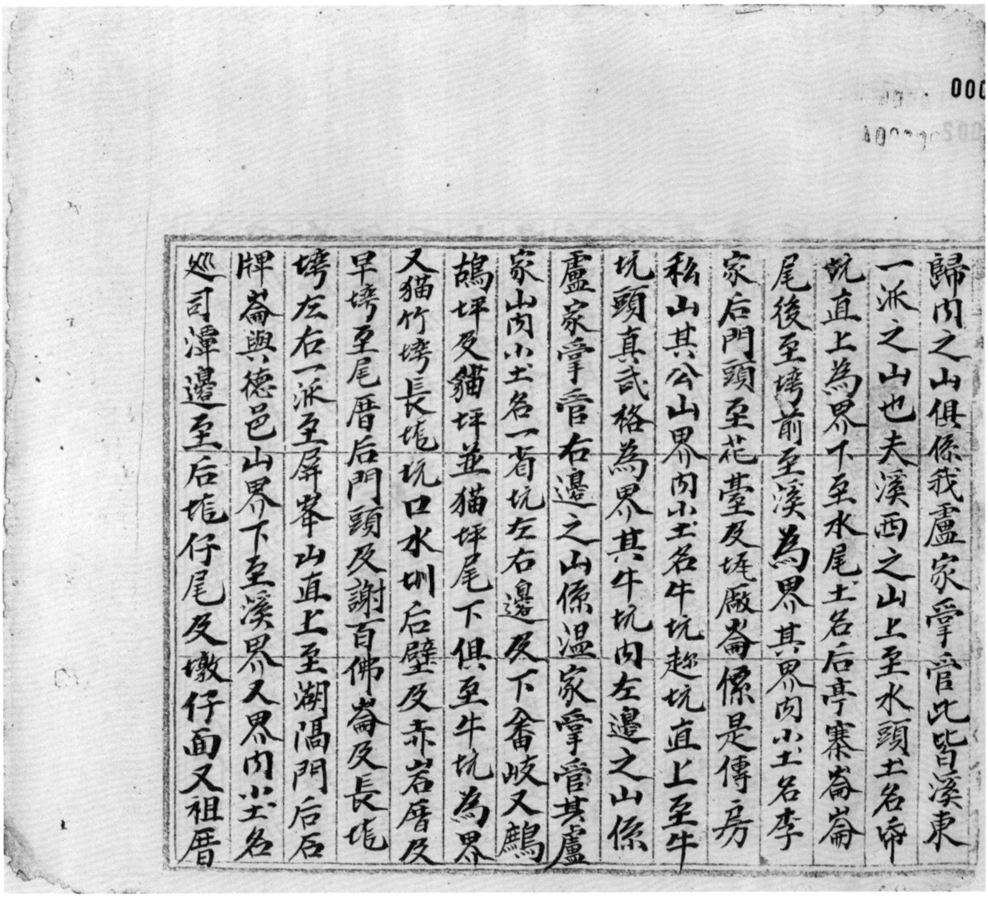
歸內之山俱係我盧家掌管此皆溪東
一派之山也夫溪西之山上至水頭土名帝
坑直上為界下至水尾土名后亭寨崙崙
尾後至垮前至溪為界其界內小土名李
家后門頭至花臺及墘廠崙係是傳房
私山其公山界內小土名牛坑趨坑直上至牛
坑頭真武格為界其牛坑內左邊之山係
盧家掌管右邊之山係溫家掌管其盧
家山內小土名一宥坑左右邊及下畲岐又鵲
鴣坪及貓坪並貓坪尾下俱至牛坑為界
又貓竹垮長墘坑口水圳后壁及赤岩厝及
早垮至尾厝后門頭及謝百佛崙及長墘
垮左右一派至屏峯山直上至湖隔門后石
牌崙與德邑山界下至溪界又界內小土名
巡司潭邊至后墘仔尾及墩仔面又祖厝

11-2-1-5　民國七年范陽郡衆記合約山界田段契抄簿（五）

000004

後門頭及牛畲寨至君潭後石門裡並
石鋪路及龍潭裡塗籐坑至坑頭橫崙
界俱上至崙頂下至啼坑尾大溪為界此皆
溪西一派之山也當年吾祖以溪東溪西
之山遺子孫其垂訓云山面之業雖屬
各置而界內之山俱屬公管自開基至
今有分業無分山者也從前或有私賣
山底俱經眾議一一贖回至或有產業出
賣異姓者每契價錢壹千文應納山租
錢五文付眾收為祭祖費用自今伊始鳩
集族內公議有一二家道貧窮者只許
出賣私置物業不許盜賣公眾山底誠
恐異姓者籍買私業佔管公山亂我宗
兆致釀訟端如有賣業並賣山底者即
會眾革出祖祠生則春秋不許預祭典

11-2-1-6　民國七年范陽郡衆記合約山界田段契抄簿（六）

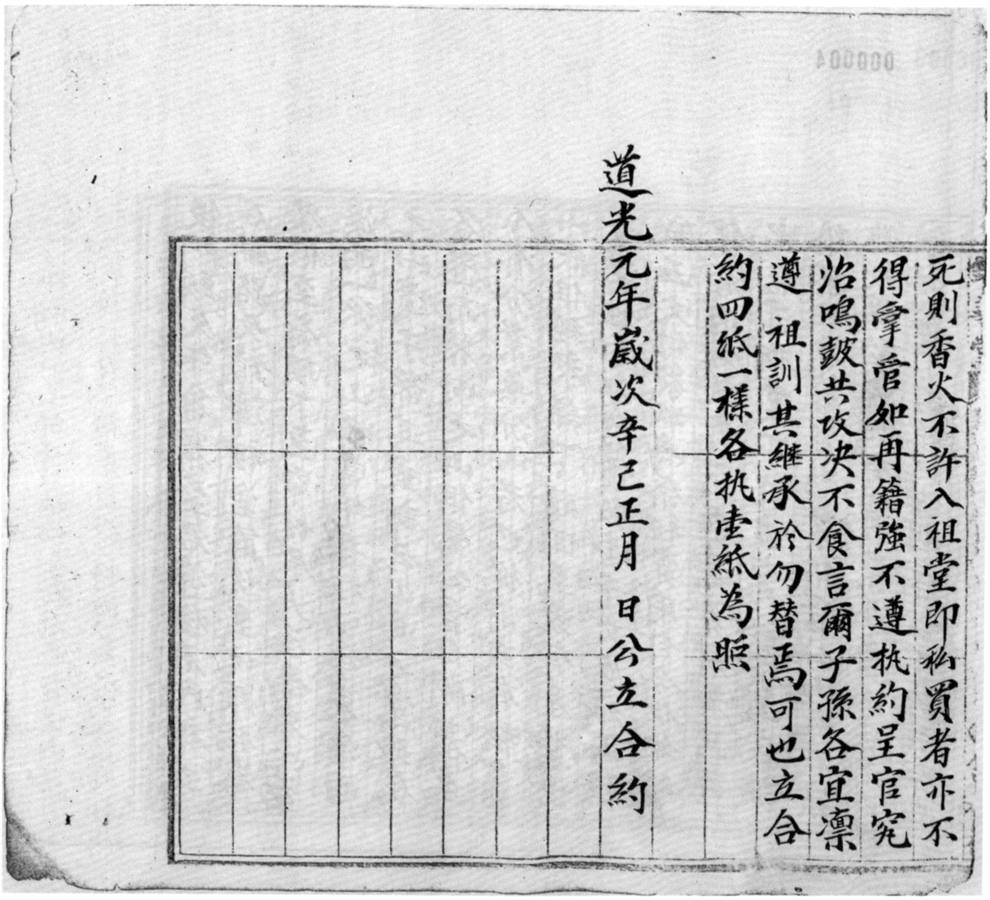

死則香火不許入祖堂即私買者亦不
得拿管如再籍強不遵执約呈官究
治鳴鼓共攻决不食言爾子孫各宜凛
遵　祖訓其繼承於勿替焉可也立合
約四紙一樣各执壹紙為照

道光元年歲次辛巳正月　日公立合約

11-2-1-7　民國七年范陽郡衆記合約山界田段契抄簿（七）

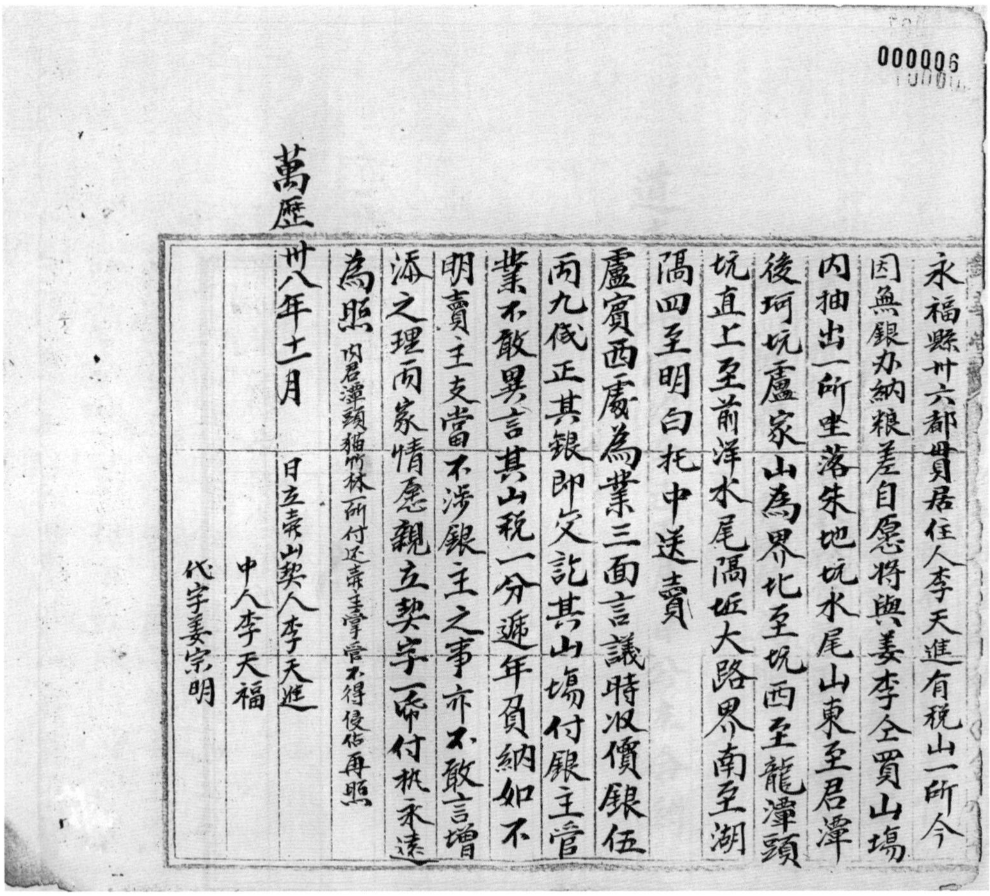
000006

永福縣廿六都貫居住人李天進有稅山一所今
因無銀办納粮差自愿將與姜李仝買山塲
内抽出一所坐落朱地坑水尾山東至君潭
後坷坑盧家山為界北至坑西至龍潭頭
坑直上至前洋水尾隔岖大路界南至湖
隔四至明白托中送賣
盧賓西處為業三面言議時值價銀伍
两九伐正其銀即交訖其山塲付銀主管
業不敢異言其山稅一分遞年貟納如不
明賣主支當不涉銀主之事亦不敢言增
添之理両家情愿親立契字一帋付執永遠
為照　内君潭頭猫竹林一所付还業主掌管不得侵佔再照
萬歷廿八年十二月　日立賣山契人李天進
中人李天福
代字姜宗明

11-2-1-8　民國七年范陽郡衆記合約山界田段契抄簿（八）

立契書林懋綬為因無銀應用將祖置稅山一號
坐址卅六都后亭地方土名上店洋境頭貓坪等
處情愿托中送賣與　　宗從居為業三面
言議價銀壹拾捌兩伍錢正其山付銀主掌管
開墾栽插生理蓋屋造墳任從其便向後不
敢言及增贖之理　　計開
一上店洋東至[illegible]岩潭尾坑仔西至枷楨木南
至溪北至崙頂
一境頭東至長塆坑西至君潭頭坷坑南至湖漏
北至溪
一貓坪東至坑西至湖漏南至視豐坪北至坑
一十二丈全字面下至溪
萬曆弍年十月　　日立契林懋綬
中人黃道富
在見倪興武

11-2-1-9　民國七年范陽郡衆記合約山界田段契抄簿（九）

立契字姜聖麒仝侄積富承祖置有稅山一所坐(址)本山土名安洋上至崙頂下至田左至坑頭右至水尾岐界四至明白今因欠粮賠累情愿托中送與宗義仲舅處贖收價銀伍兩叁錢正付銀

其山場

主開堀培留蔭樹整做墳墓不得異言及增賍之理並花紅酒礼等項

萬曆四十六年十二月　立契姜聖麒

仝契侄積富

中見人林仕弘

11-2-1-10　民國七年范陽郡衆記合約山界田段契抄簿（一〇）

立尽契林兆定同弟兆寔承祖有稅山在本都上
店洋等處東至后亭坂頭坷坑止西至枷楨丕止
上至嶺頂下至大溪又一所坐在梗頭山一派前至長
垅坑界尽后至居潭后坷坑止上至湖隔下至溪内有
地基一併父在日賣與本都字珠添處為業其
山場地基山業任從買主前去栽種茶杉生
理并起蓋房屋憑原契管業其山場父賣
之後係未收足今托中再尽出銀叁两正前
去完粮其山場地基付字珠添子　仰田掌管
其山與房分兄弟伯叔無干如有不明等情係
兆定兄弟支当與字家無涉今欲有憑立尽字
契一帋付執永遠為照

天啟三年三月　立尽契人林兆定
同契弟兆寔
中人馬步田

11-2-1-11　民國七年范陽郡衆記合約山界田段契抄簿（一一）

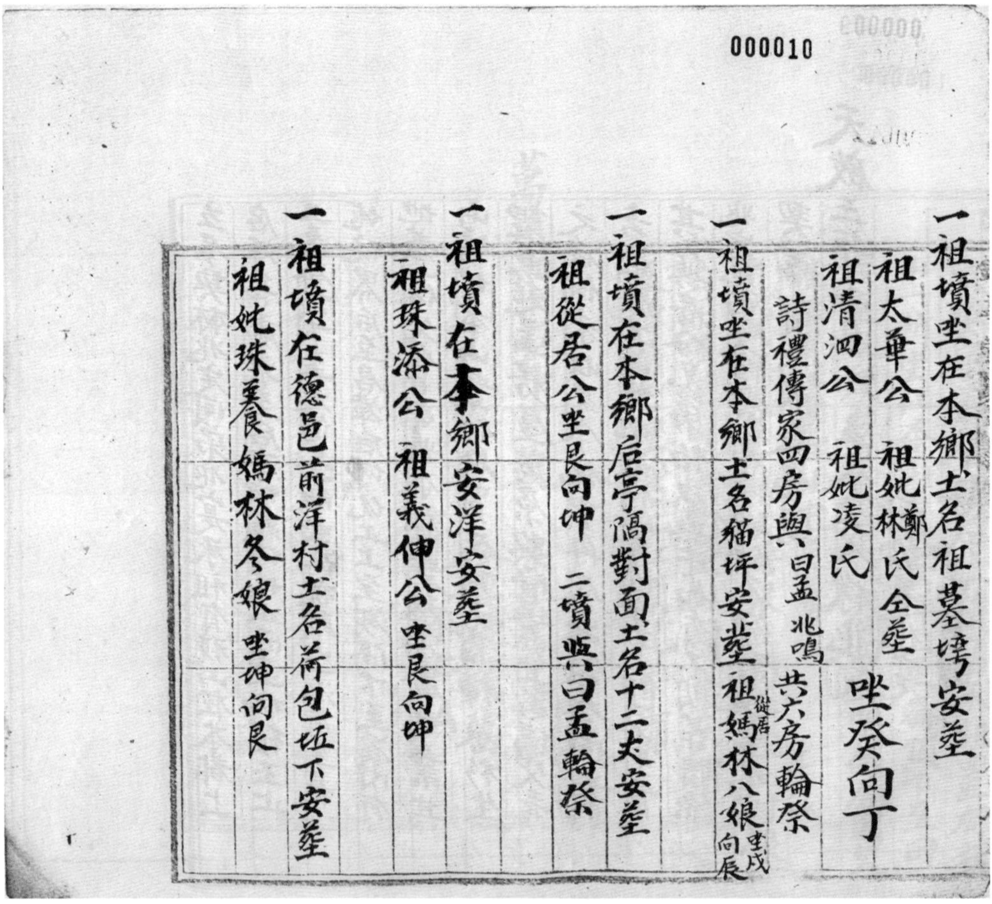

000010

一祖墳坐在本鄉土名祖墓墘安塟
祖太華公　祖妣林鄭氏仝塟
祖清泗公　祖妣凌氏
坐癸向丁
詩禮傳家四房與曰孟　兆鳴
共六房輪祭
一祖墳坐在本鄉土名貓坪安塟祖從居媽林八娘坐戌向辰
一祖墳在本鄉后亭隔對面土名十二丈安塟
祖從居公坐艮向坤
二墳與曰孟輪祭
一祖墳在本鄉安洋安塟
祖珠添公　祖義伸公坐艮向坤
一祖墳在德邑前洋村土名荷包垢下安塟
祖妣珠養媽林冬娘坐坤向艮

11-2-1-12　民國七年范陽郡衆記合約山界田段契抄簿（一二）

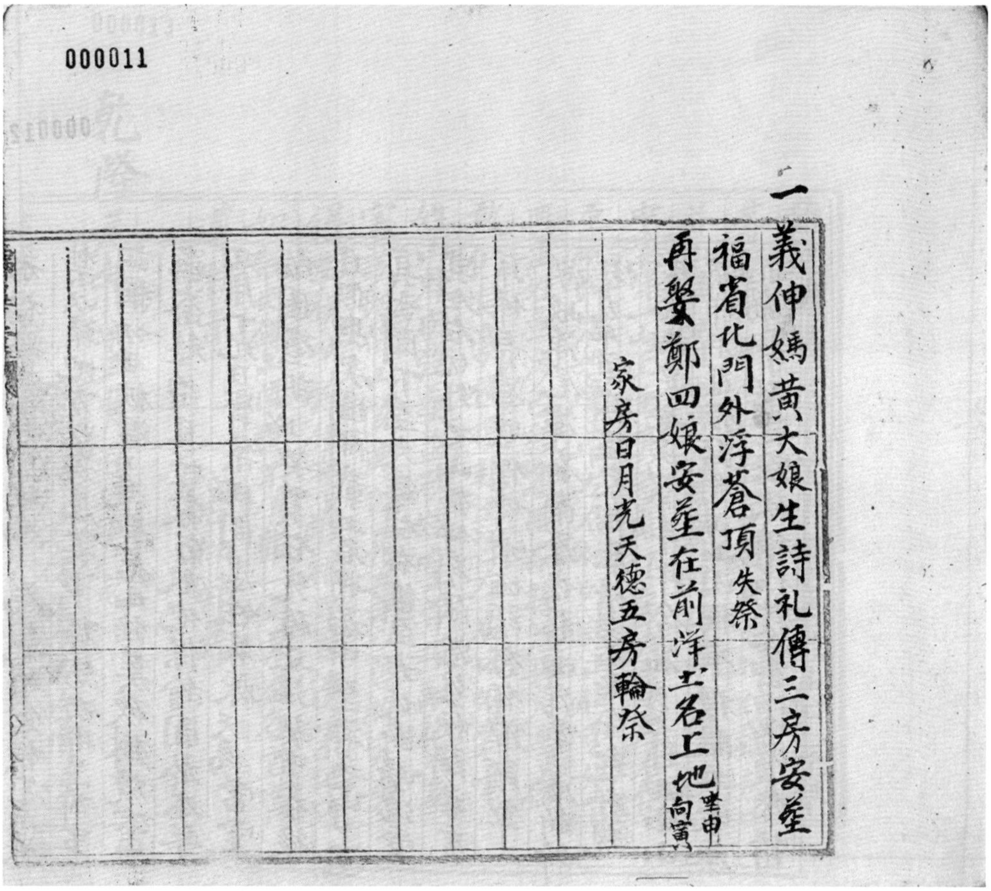
000011

一

義仲媽黃大娘生詩礼傳三房安塋

福省北門外浮蒼頂 失祭

再娶鄭四娘安塋在前洋土名上地 坐申向寅

家房日月光天德五房輪祭

11-2-1-13　民國七年范陽郡衆記合約山界田段契抄簿（一三）

永福縣正堂加一級馮　為藐斷愈横乞示嚴
禁以靖地方以安良善事據宅友昭呈前事
詞稱切昭被温兆連等佔山強葬砍樹燒窯
無奈赴台具控蒙分飭地保繪圖於本年
四月十九日齊集昭同温姓并陳天為當堂
驗圖查訊昭契買在先確正温契買在後
且假照契圖開載土名將居中全洋之山上至
真武閣下至大溪左右俱至大坑斷歸温管
其左右坑外之山貓坪湖隔洮坑梗頭并虎
耳坪青潭岐裡塆水坵頭林柄潭頭草
湖岐洋尾潭崙南漈坑林田洋等處斷歸
宅友昭管其温家強葬墳墓斷令起扦現
蒙奈諭定案已令半年今温兆連自知佔山
情非不能強踞將昭山內樹木投献土豪蔡
孔賜等又遣強砍横伐燒窯傷墳慘情

11-2-1-14　民國七年范陽郡衆記合約山界田段契抄簿（一四）

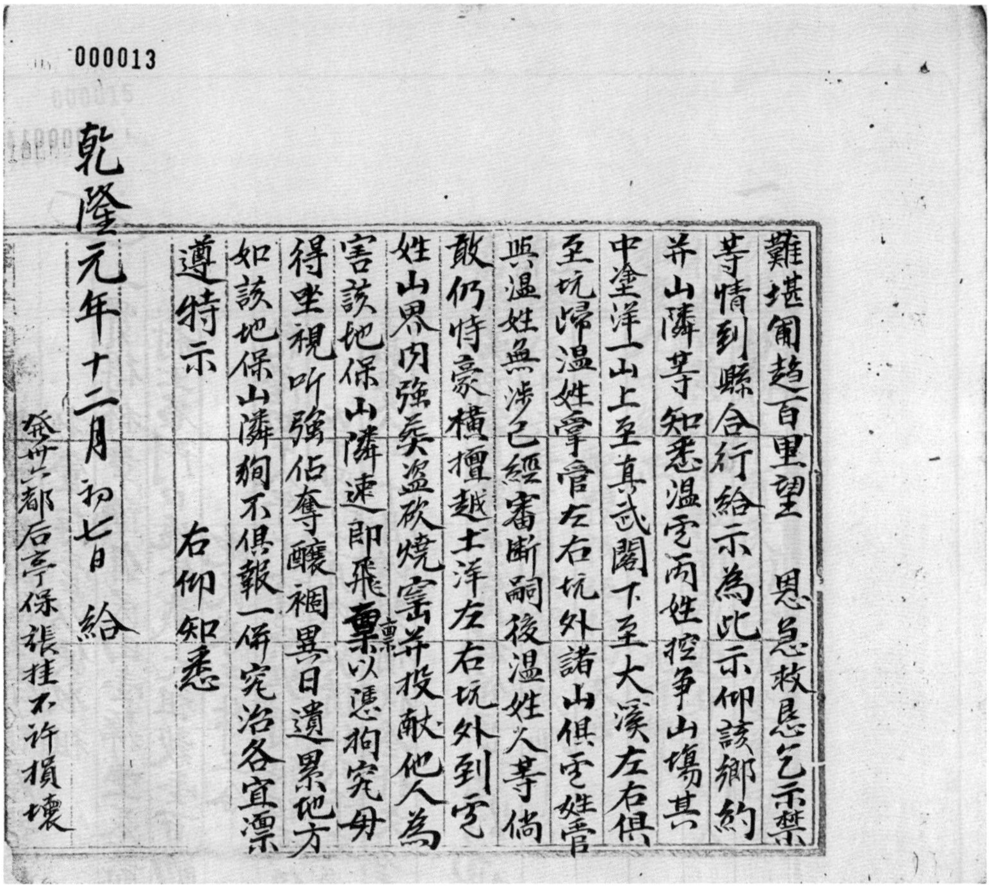

000013

難堪匍趋百里望　恩急救懇乞示禁
等情到縣合行給示為此示仰該鄉約
并山隣等知悉温雲两姓控争山場其
中金洋一山上至真武閣下至大溪左右俱
至坑歸温姓掌管左右坑外諸山俱雲姓管
與温姓無涉已經審斷嗣後温姓人等倘
敢仍恃豪横擅越土洋左右坑外到雲
姓山界内強葬盜砍燒窯并投献他人為
害該地保山隣速即飛稟以憑拘究毋
得坐視听強佔奪釀禍異日遺累地方
如該地保山隣狥不俱報一併究治各宜凛
遵特示

右仰知悉

乾隆元年十二月初七日給

發廿六都后亭保張挂不許損壞

11-2-1-15　民國七年范陽郡衆記合約山界田段契抄簿（一五）

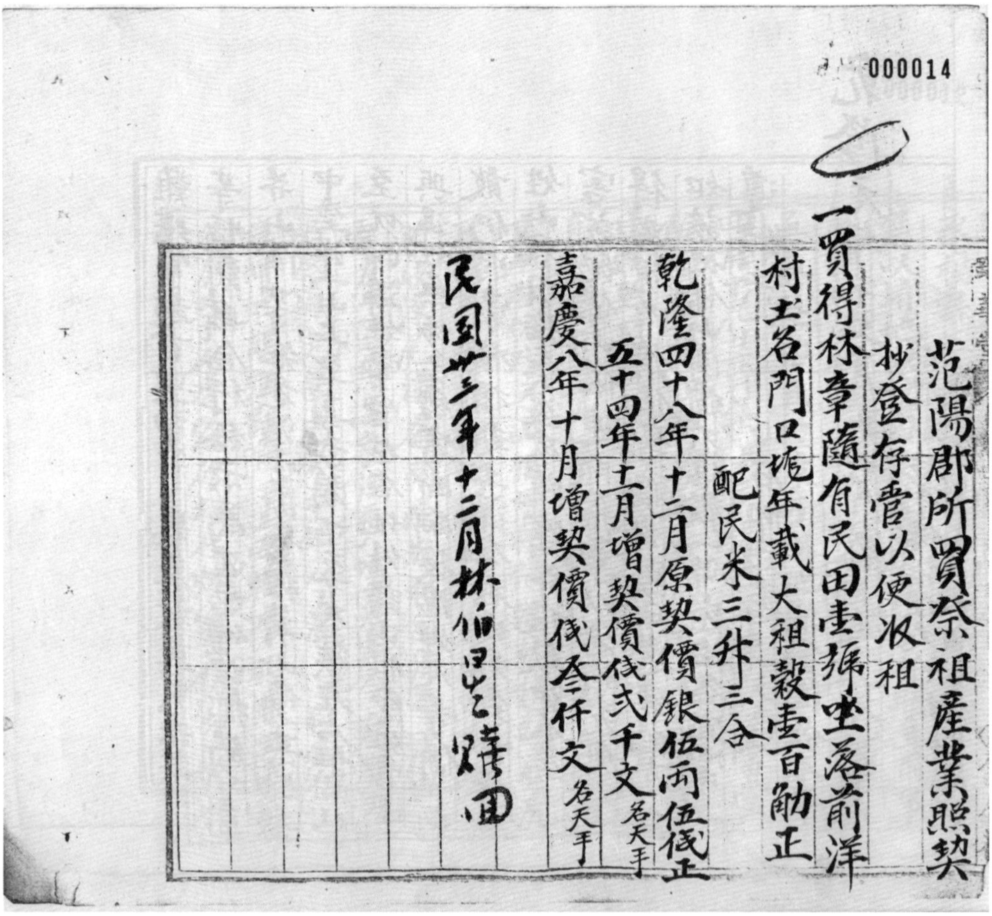
000014

范陽郡所買祭祖產業照契
抄登存簿以便收租
一買得林章隨有民田壹號坐落前洋
村土名門口垅年載大租穀壹百觔正
配民米三升三合
乾隆四十八年十二月原契價銀伍兩伍錢正
五十四年十一月增契價錢弍千文 名天手
嘉慶八年十月增契價錢叁仟文 名天手
民國廿三年十二月林伯昆贖田

11-2-1-16　民國七年范陽郡衆記合約山界田段契抄簿（一六）

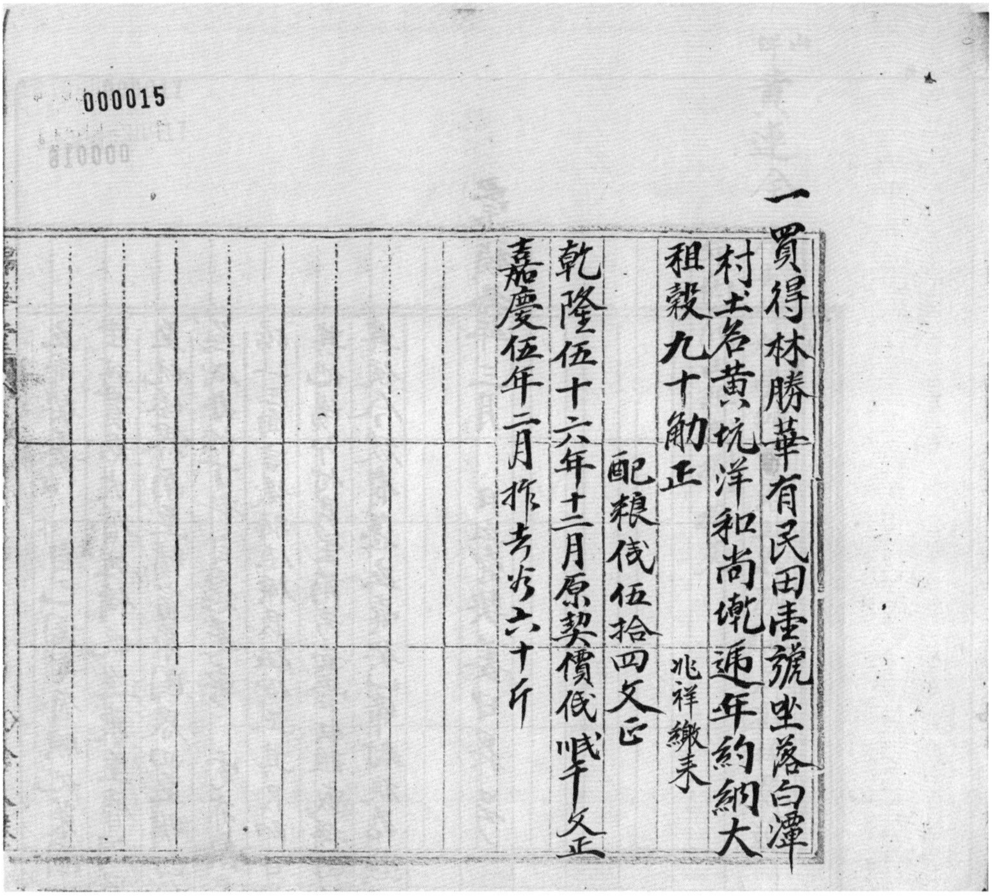

000015

一買得林勝華有民田壹號坐落白潭
村土名黃六坑洋和尚墘逓年約納大
租穀九十觔正　兆祥繳来
配粮錢伍拾四文正
乾隆伍十六年十二月原契價錢貳千文正
嘉慶伍年二月拆考谷六十斤

11-2-1-17　民國七年范陽郡衆記合約山界田段契抄簿（一七）

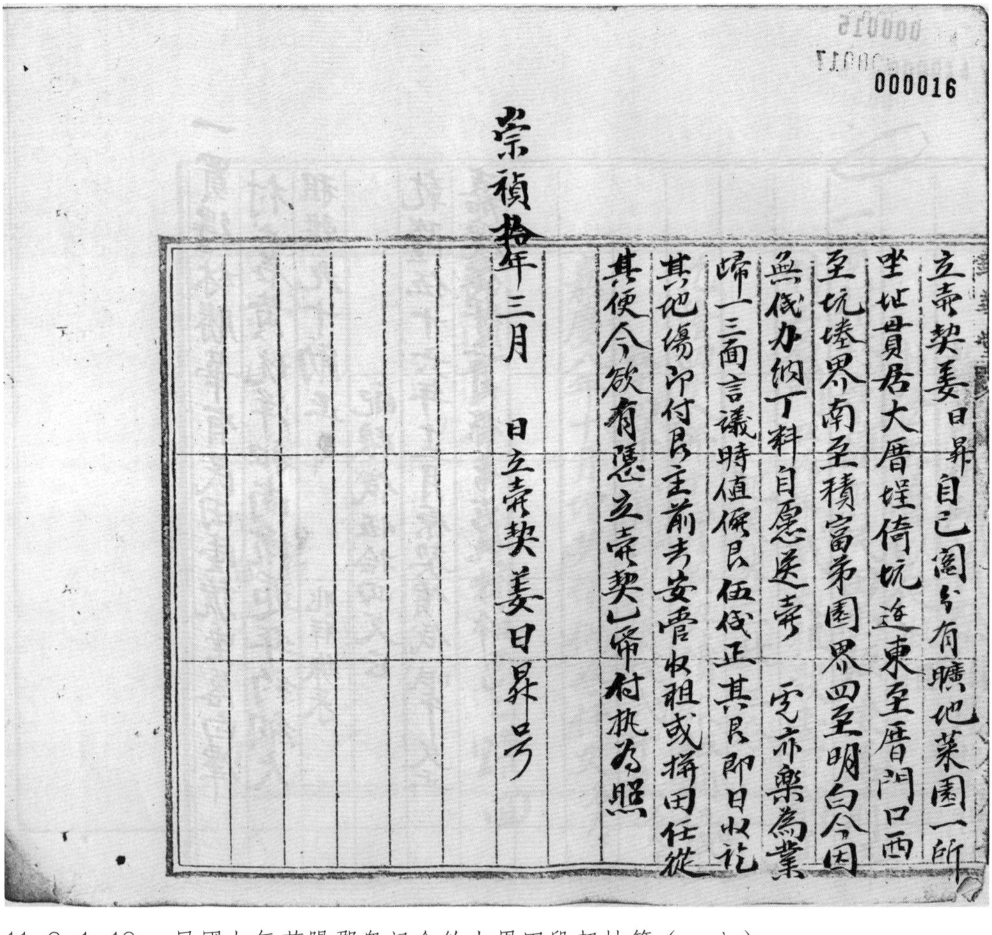

立賣契姜日昇自己鬮分有廳他菜園一所坐址貫居大厝埕倚坑沿東至厝門口西至坑墘界南至積富弟園界四至明白今因無錢办納丁料自愿送賣 宅亦樂爲業歸一三面言議時值價艮伍錢正其艮即日收訖其地場即付艮主前去安厝收租或耕田任從其便今欲有憑立賣契乙帋付執爲照

崇禎拾年三月 日立賣契姜日昇号

11-2-1-18 民國七年范陽郡衆記合約山界田段契抄簿（一八）

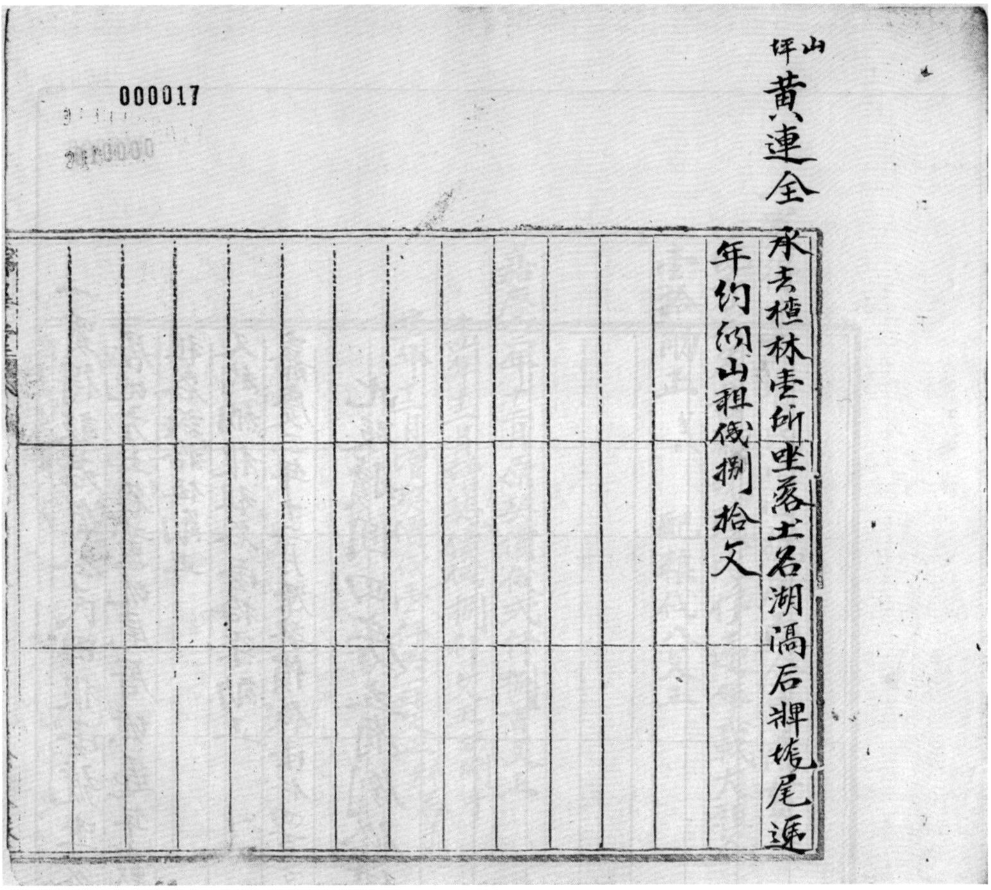
000017

山坪
黃連全
承去植林壹所坐落土名湖濶后𤱶垅尾逐
年约纳山租錢捌拾文

11-2-1-19　民國七年范陽郡衆記合約山界田段契抄簿（一九）

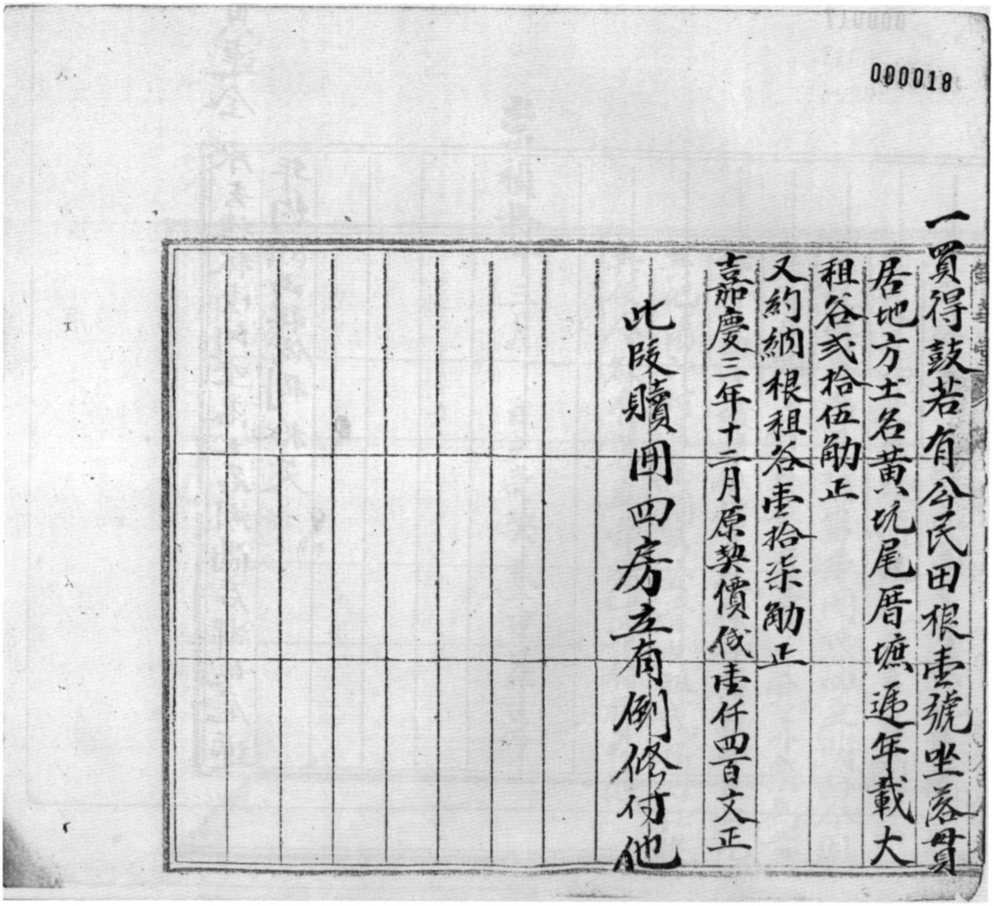

000018

一買得鼓若有公民田根壹號坐落貝
居地方土名黃坑尾厝墘遞年載大
租谷弍拾伍觔正
又約納根租谷壹拾柒觔正
嘉慶三年十二月原契價錢壹仟四百文正
此段贖回四房立有例份付他

11-2-1-20　民國七年范陽郡衆記合約山界田段契抄簿（二十）

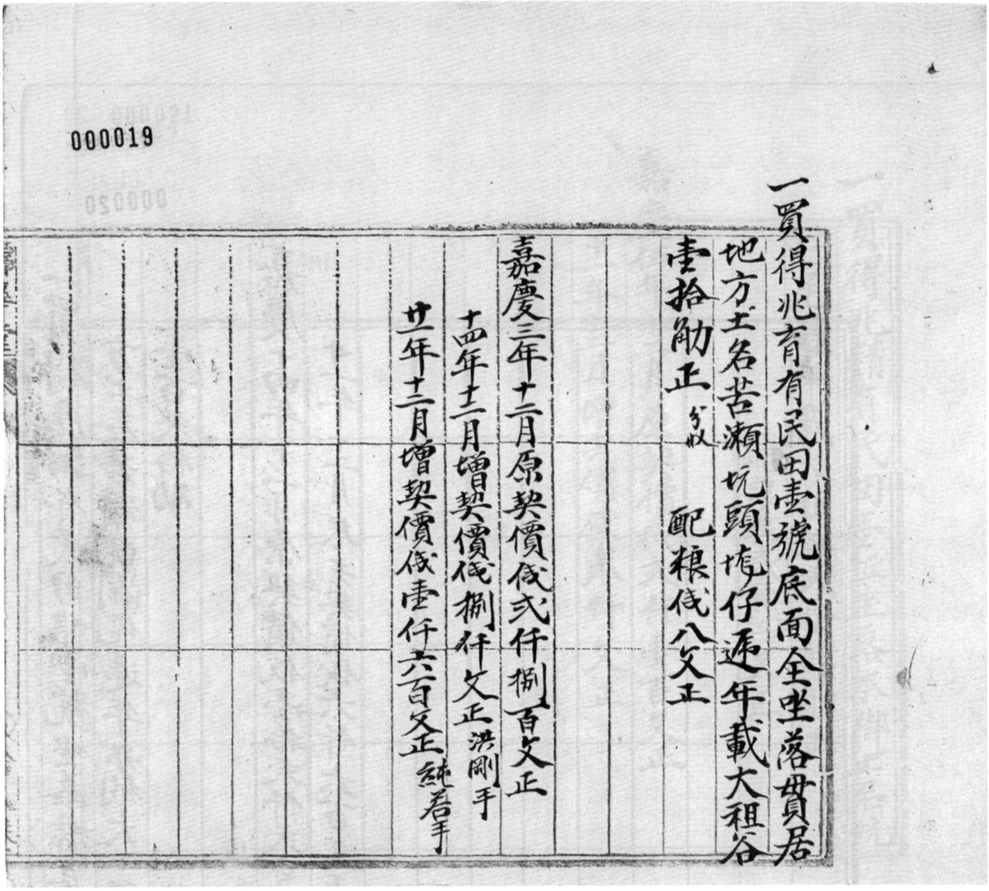
000019

一買得兆育有民田壹號底面全坐落貫居
地方土名苦瀨坑頭垳仔逺年載大租谷
壹拾觔正 分收 配粮錢八文正
嘉慶三年十二月原契價錢弍仟捌百文正
十四年十二月增契價錢捌仟文正洪剛手
廿年十二月增契價錢壹仟六百文正純着手

11-2-1-21　民國七年范陽郡衆記合約山界田段契抄簿（二一）

一買得應山有民田根壹號坐落貫居地
方土名苦瀨坑瀾垉逓年办納大小租谷
壹百弍拾觔
嘉慶十四年十二月原契價伩壹拾弍仟弍百文正
廿二年十二月尽去契價伩六仟六百文正應琴手

11-2-1-22　民國七年范陽郡衆記合約山界田段契抄簿（二二）

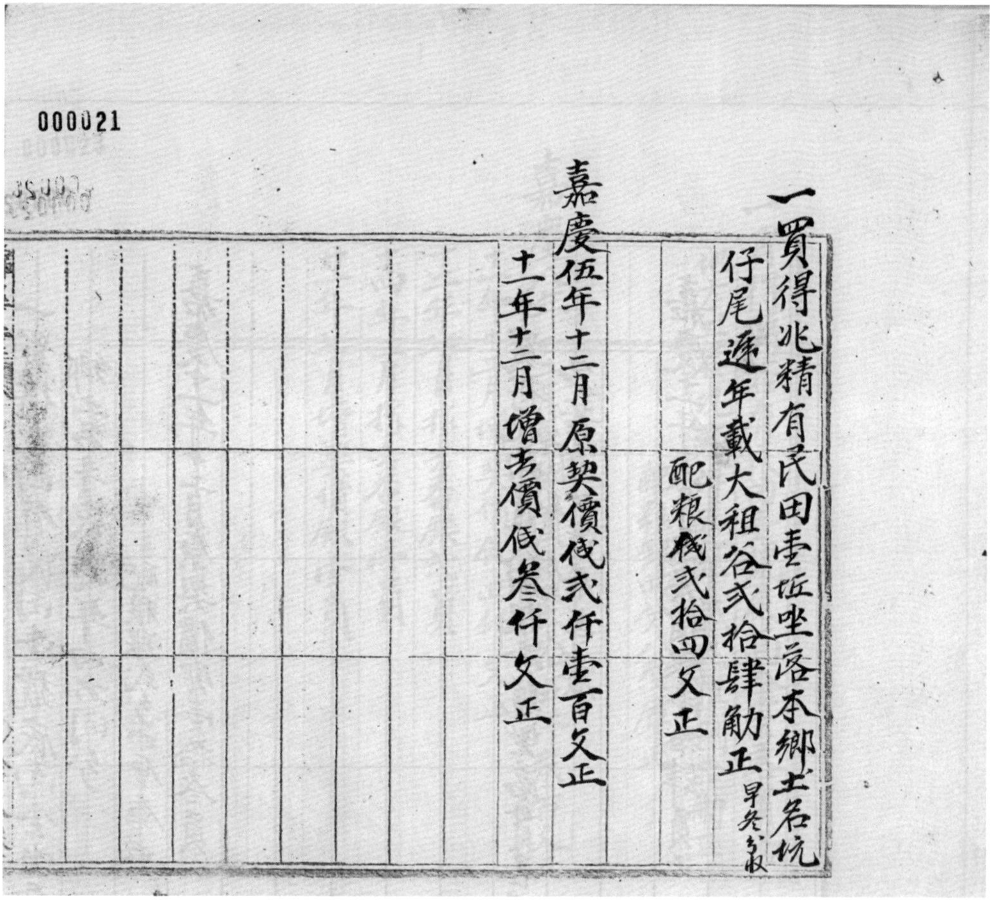

一買得兆精有民田壹坵坐落本鄉土名坑仔尾逐年載大租谷弍拾肆觔正 早冬分收

配粮銭弍拾四文正

嘉慶伍年十二月原契價銭弍仟壹百文正

十一年十二月增找價銭叁仟文正

11-2-1-23 民國七年范陽郡衆記合約山界田段契抄簿（二三）

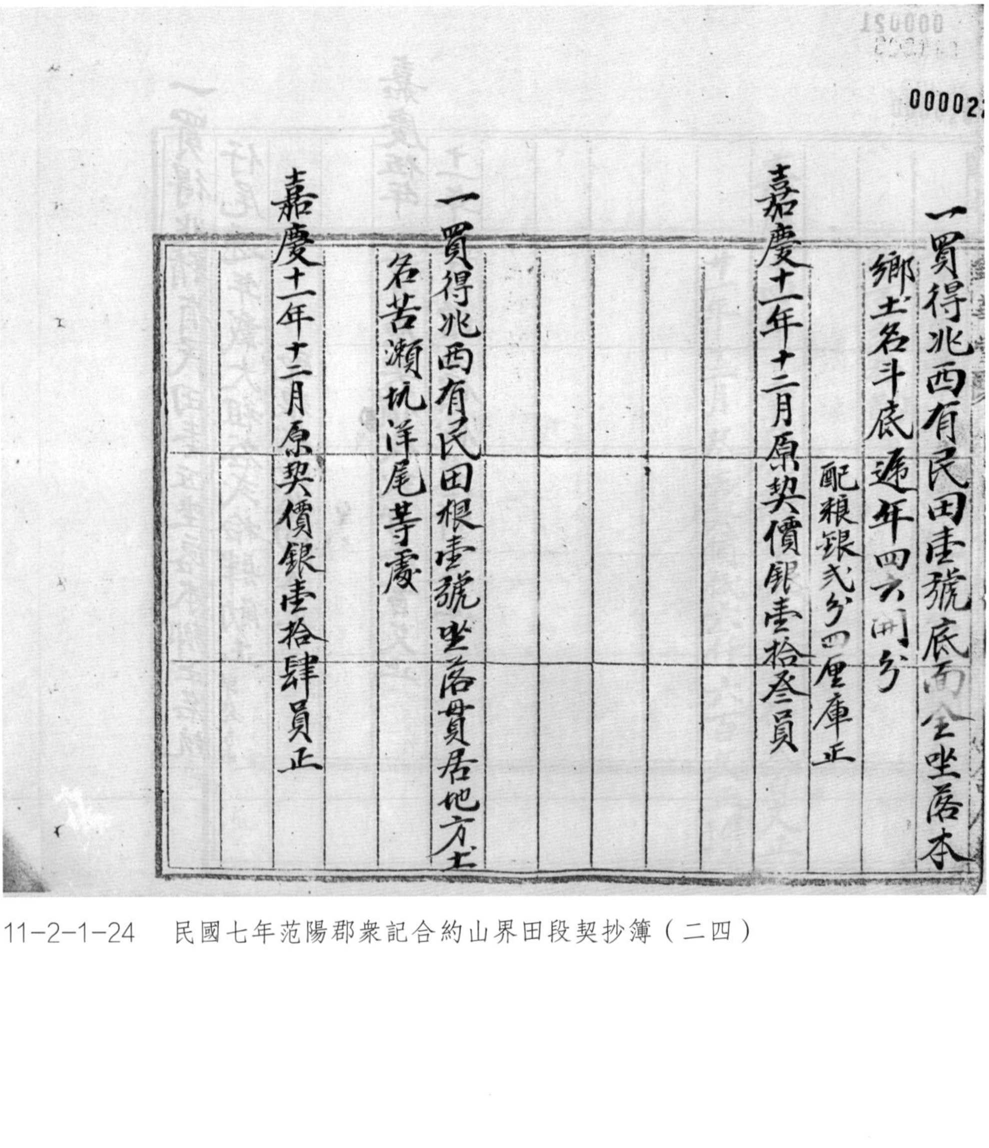
一買得兆西有民田壹號底面仝坐落本
鄉土名斗底遞年四六兩分
配粮銀弍分四厘庫正
嘉慶十一年十二月原契價銀壹拾叁員
一買得兆西有民田根壹號坐落貫居地方土
名苦瀨坑洋尾等處
嘉慶十一年十二月原契價銀壹拾肆員正

11-2-1-24　民國七年范陽郡衆記合約山界田段契抄簿（二四）

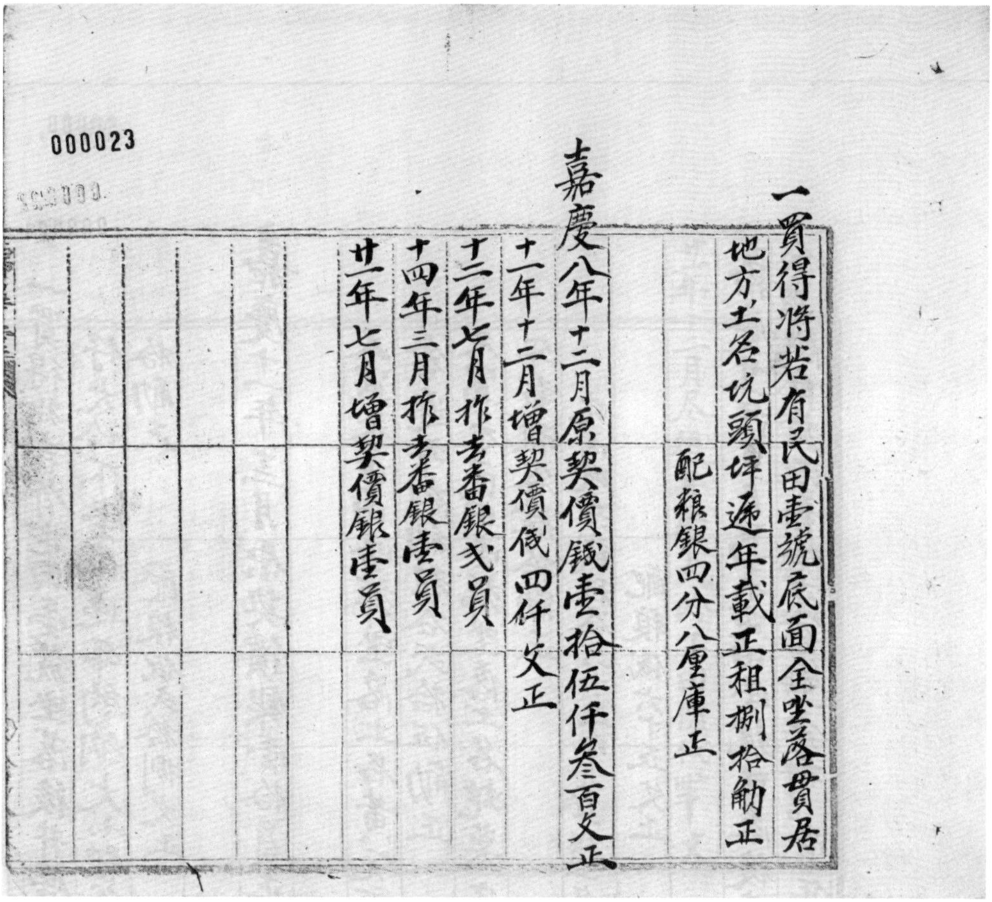
000023

一買得將若有民田壹號底面全坐落貫居
地方土名坑頭坪遞年載正租捌拾觔正
配粮銀四分八厘庫正
嘉慶八年十二月原契價錢壹拾伍仟叁百文正
十一年十二月增契價錢四仟文正
十二年七月找去番銀弍員
十四年三月找去番銀壹員
廿一年七月增契價銀壹員

11-2-1-25　民國七年范陽郡衆記合約山界田段契抄簿（二五）

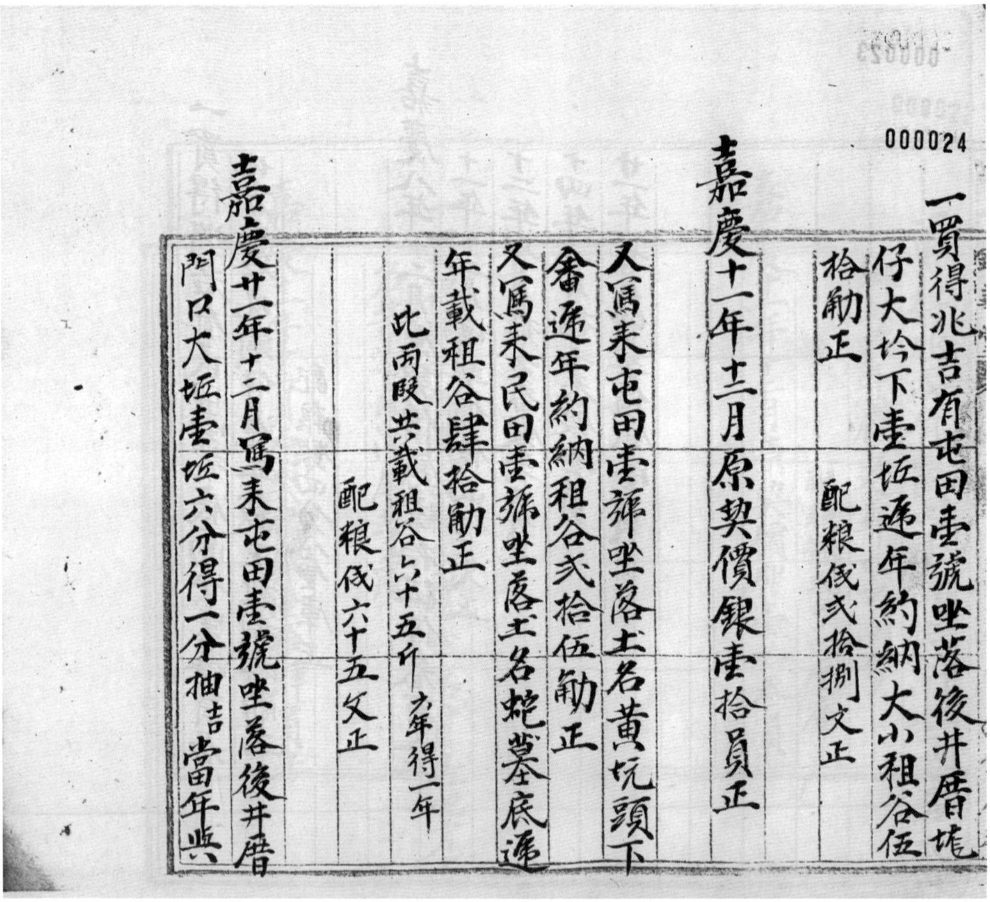
000024

一買得兆吉有屯田壹號坐落後井厝垅
仔大坋下壹坵逓年約納大小租谷伍
拾觔正　　配粮伐弍拾捌文正
嘉慶十一年十二月原契價銀壹拾員正
又寫来屯田壹號坐落土名黄坑頭下
畬逓年約納租谷弍拾伍觔正
又寫来民田壹號坐落土名蛇崟垄底逓
年載租谷肆拾觔正
此两段共載租谷六十五斤　六年得一年
配粮伐六十五文正
嘉慶廿一年十二月寫来屯田壹號坐落後井厝
門口大坵壹坵六分得一分抽吉　當年與

11-2-1-26　民國七年范陽郡衆記合約山界田段契抄簿（二六）

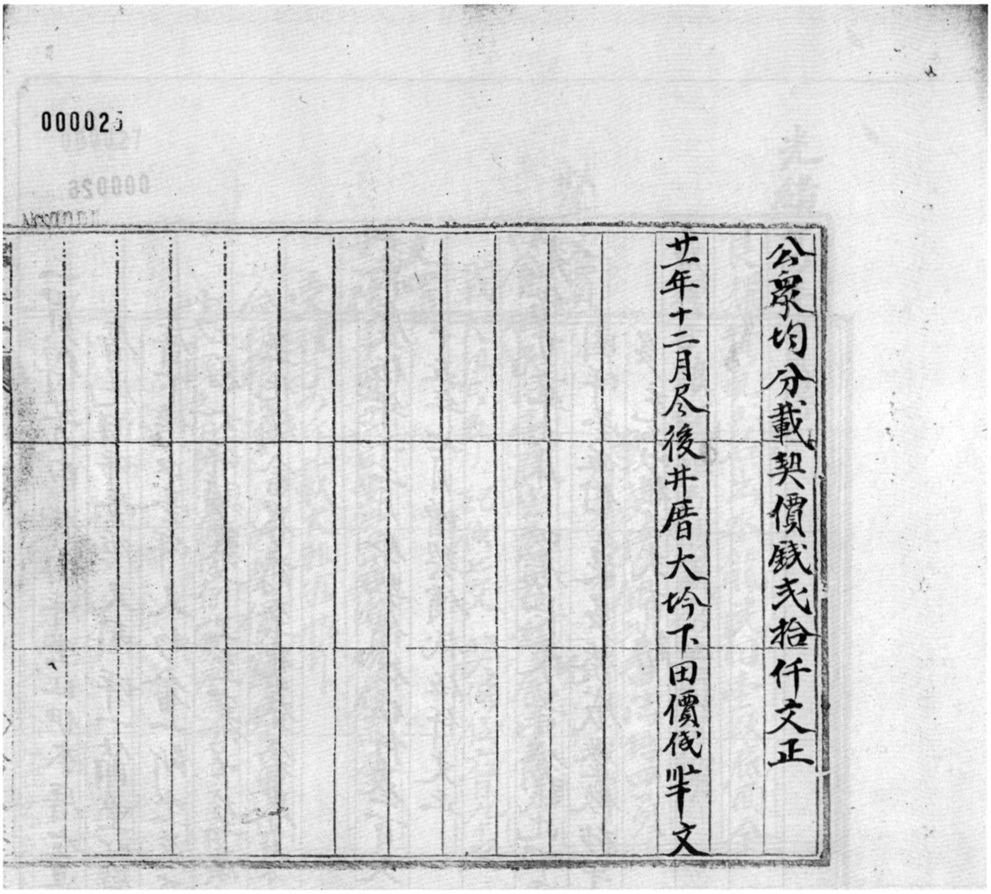
公衆均分載契價錢弍拾仟文正
廿年十二月尽後井厝大岭下田價伐半文

11-2-1-27　民國七年范陽郡衆記合約山界田段契抄簿（二七）

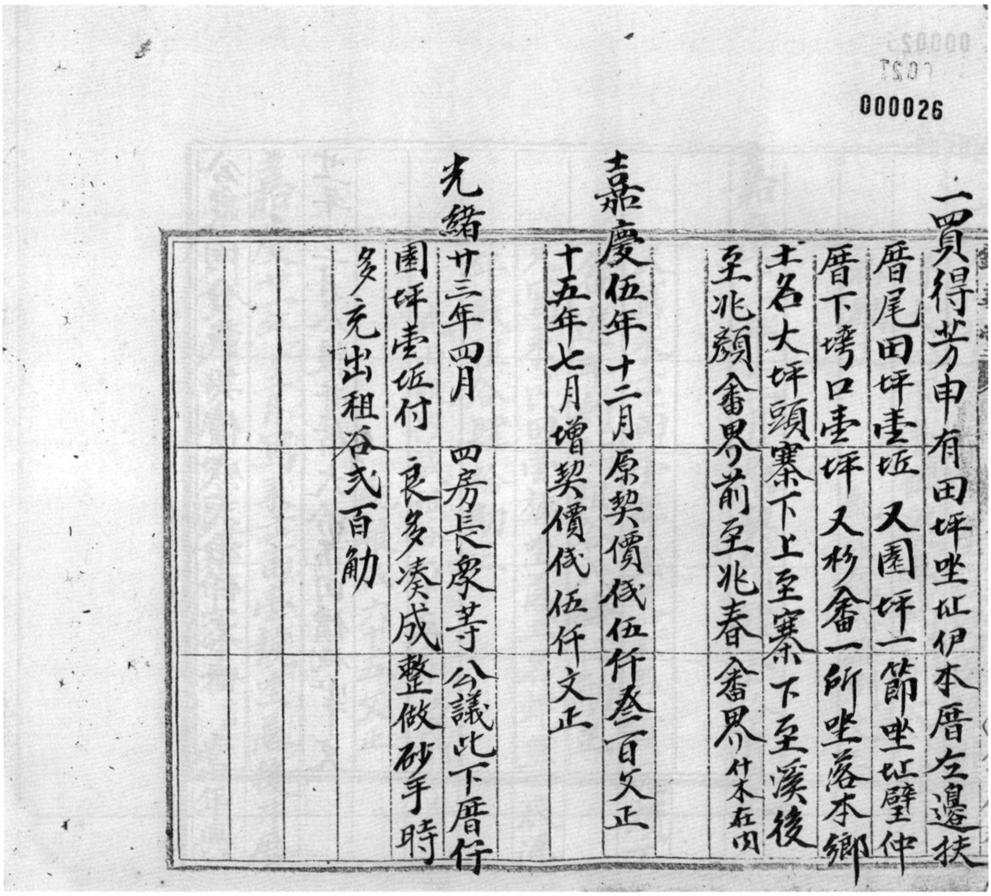

000026

一買得芳申有田坪坐址伊本厝左邊扶
厝尾田坪壹坵　又園坪一節坐址壁仲
厝下塆口壹坪　又杉畬一所坐落本鄉
土名大坪頭寨下上至寨下至溪後
至兆顏畬界前至兆春畬界竹木在内

嘉慶伍年十二月原契價錢伍仟叁百文正
十五年七月增契價錢伍仟文正

光緒廿三年四月　四房長衆等公議此下厝仔
園坪壹坵付　良多湊成整做砂手時
多充出租谷弍百觔

11-2-1-28　民國七年范陽郡衆記合約山界田段契抄簿（二八）

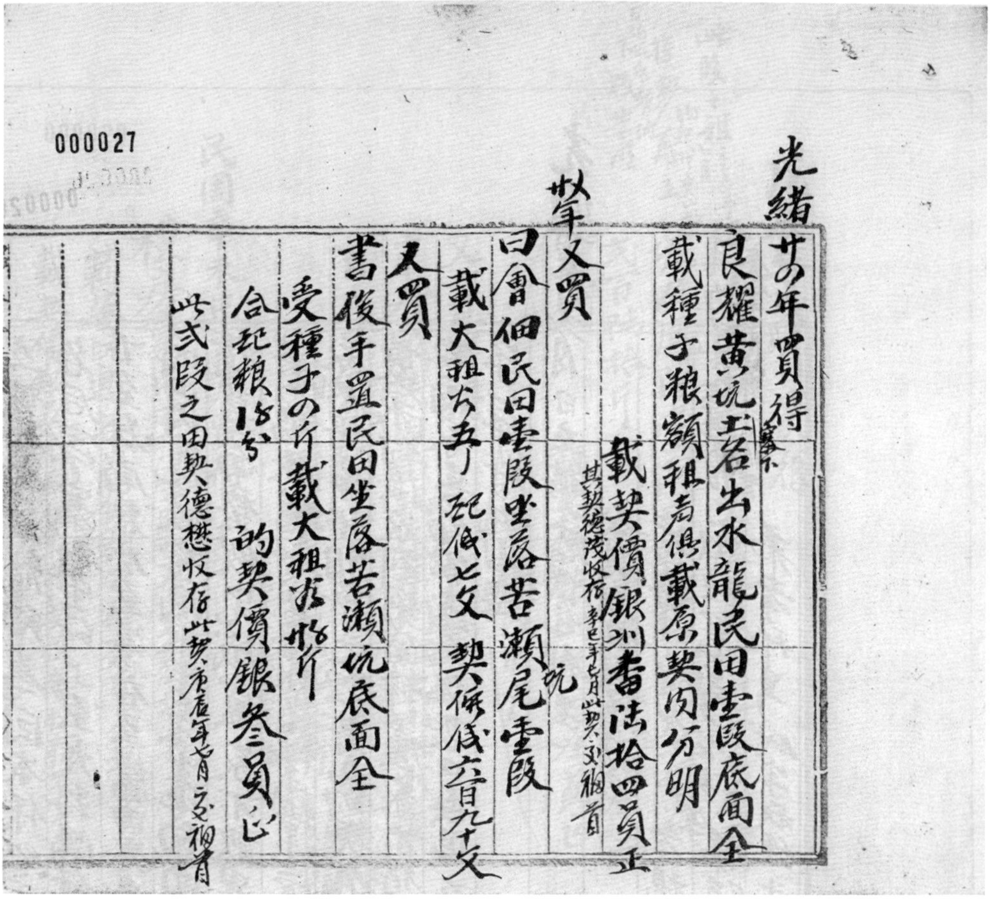
光緒廿の年買得
良耀黄坑土名出水龍民田壹段底面全
載種子粮額租壽俱載原契內分明
載契價銀卅番陸拾四員正
其契德茂收存 辛巳年七月出契人文袒首
卅年又買
日會佃民田壹段坐落苦瀨尾坑壹段
載大租谷五丿 配錢七文 契係錢六百九十文
又買
書後手置民田坐落苦瀨坑底面全
受種子の斤載大租谷拾斤
合配粮18分 的契價銀叁員正
此式段之田契德懋收存 此契庚辰年七月六文袒首

11-2-1-29　民國七年范陽郡衆記合約山界田段契抄簿（二九）

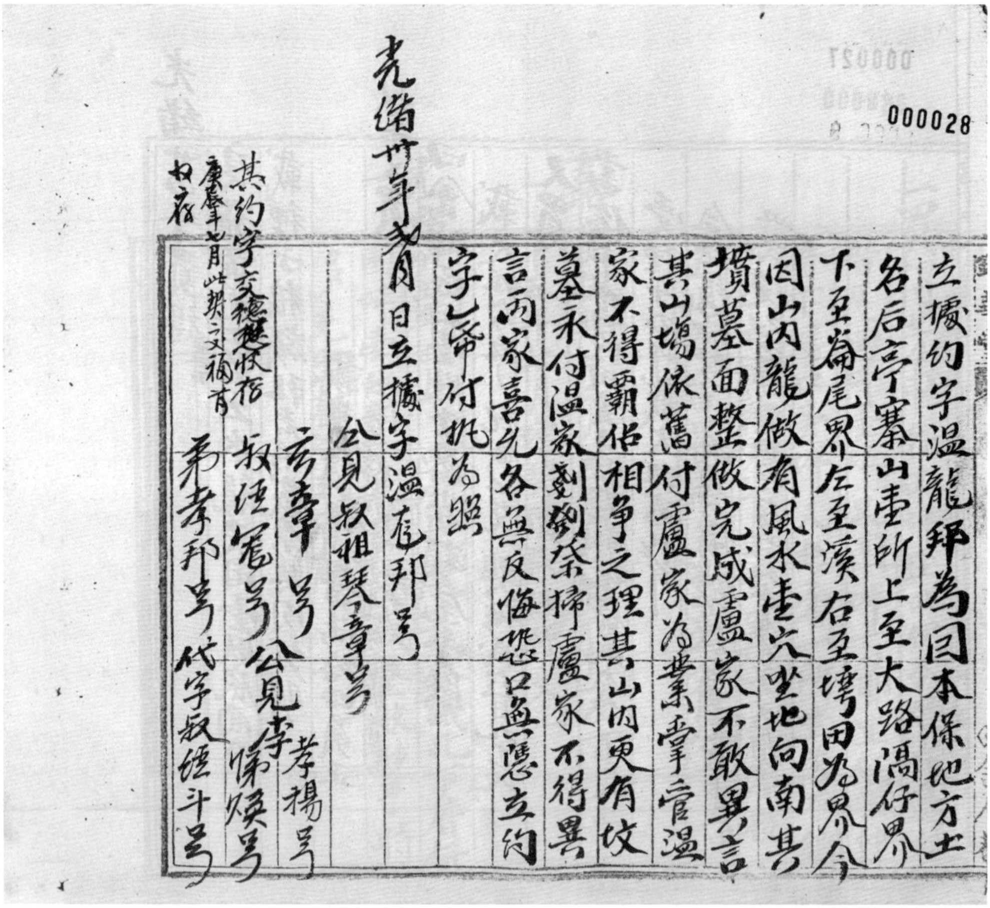

立據約字温龍邦爲回本保地方土
名后亭寨山壺所上至大路濶仔界
下至崙尾界左至溪右至壋田爲界今
因山内龍做有風水壺穴坐北向南其
墳墓面整做完成盧家不敢異言
其山塲依舊付盧家爲業掌管温
家不得霸佔相爭之理其山内更有坟
墓永付温家劉劉祭掃盧家不得異
言两家喜允各無反悔恐口無憑立約
字一紙付執爲照

光緒卅年□月日立據字温□邦号

公見叔祖琴章号

玄章号 孝揚号

叔侄寵号 公見李悌焕号

弟孝邦号 代字叔侄斗号

其約字交穗趣收存

庚癸年七月此契二文福肖收存

11-2-1-30　民國七年范陽郡衆記合約山界田段契抄簿（三〇）

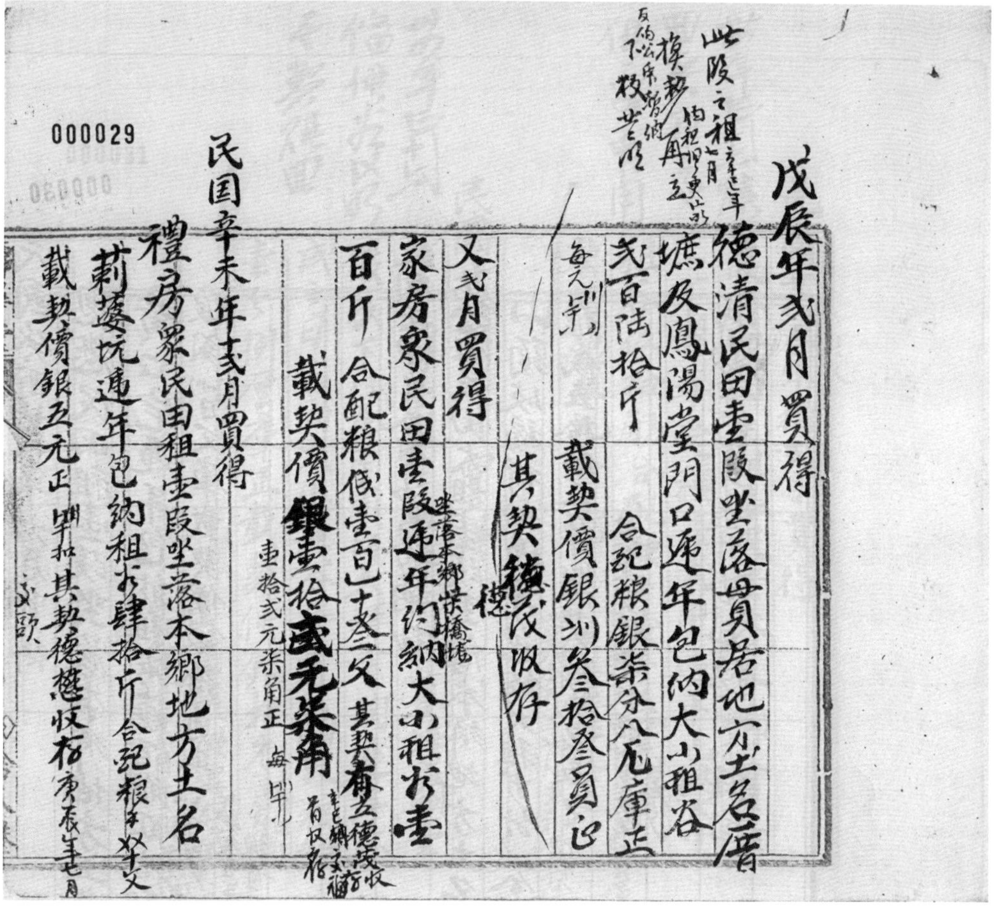

戊辰年弍月買得
德清民田壹段坐落貫居地方土名唐
塘及鳳陽堂門口逐年包納大小租谷
弍百陸拾斤　合配粮銀柒分八厘庫正
載契價銀洲叁拾叁員正
其契德氏收存
又弍月買得
家房衆民田壹段坐落本鄉洪橋垱逐年約納大小租谷壹
百斤　合配粮俵壹百二十叁文　其契存五德茂收
載契價銀壹拾弍元柒角正
民国辛未年十弍月買得
禮房衆民田租壹段坐落本鄉地方土名
莉蓤坑逐年包納租谷肆拾斤合配粮
載契價銀五元正　其契德懋收存　庚辰年七月

11-2-1-31　民國七年范陽郡衆記合約山界田段契抄簿（三一）

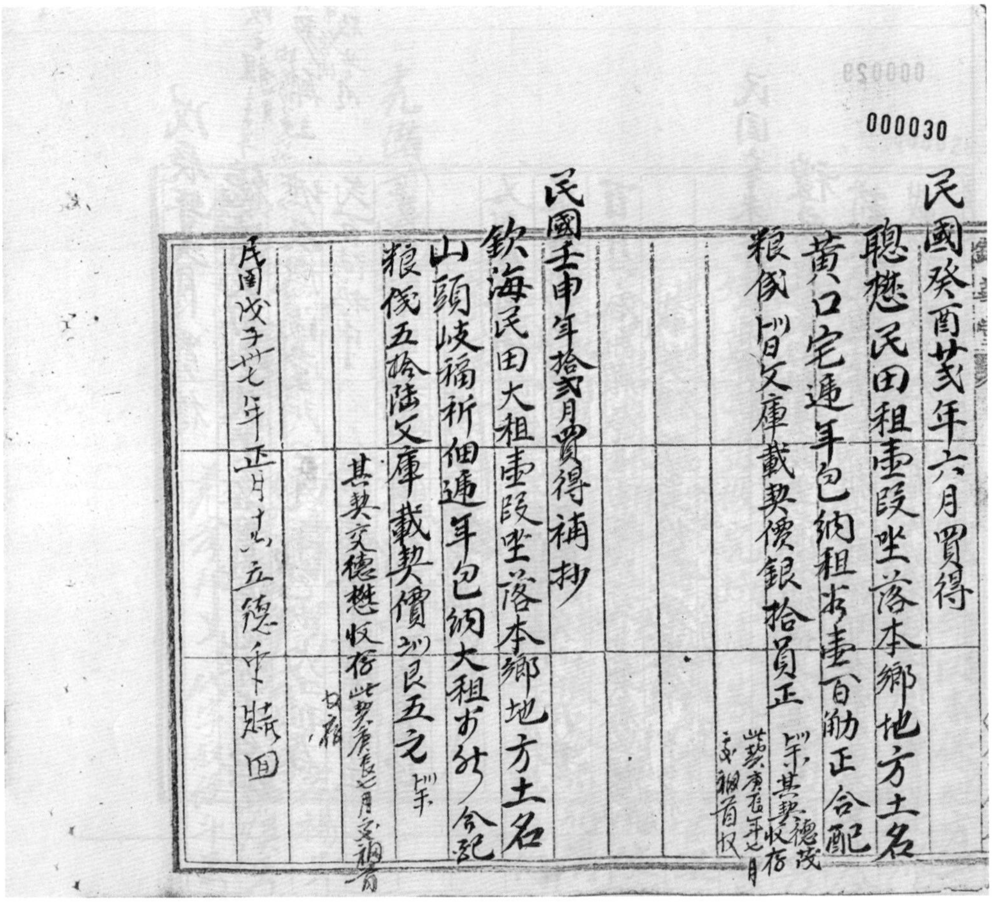

000030

民國癸酉廿弍年六月買得
聰懋民田租壹段坐落本鄉地方土名
黃口宅逓年包納租谷壹百觔正合配
粮傢〡〢文庫載契價銀拾員正
〡〢其契德茂收存
此契庚辰年七月交福首收

民國壬申年拾弍月買得補抄
欽海民田大租壹段坐落本鄉地方土名
山頭岐福祈佃逓年包納大租谷[illegible]合配
粮傢五拾陸文庫載契價〢〡艮五元〡〢
其契交德懋收存
此契庚辰七月交福首

民國戊子卅七年正月十六立德平賬回

11-2-1-32　民國七年范陽郡衆記合約山界田段契抄簿（三二）

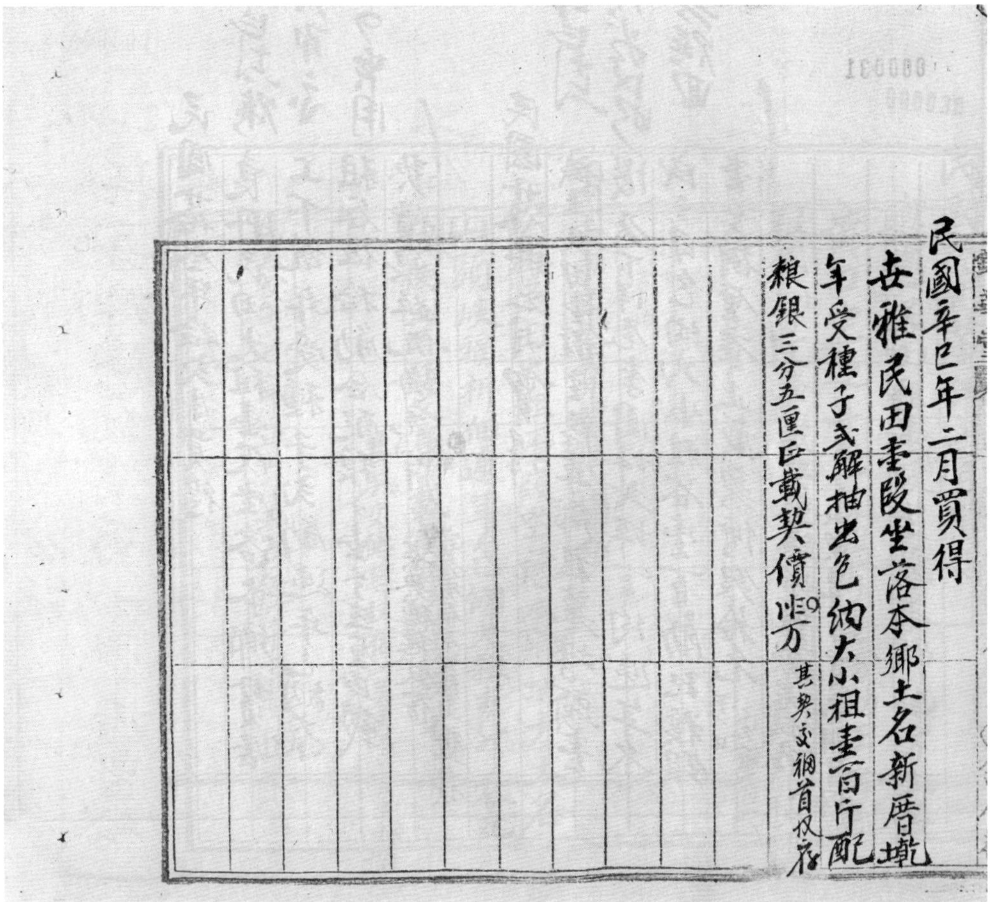

民國辛巳年二月買得
安雅民田壹段坐落本鄉土名新厝墘
年受種子弍觔抽出色納大小租壹百斤配
粮銀三分五厘正載契價[illegible]万
其契交祠首收存

11-2-1-33　民國七年范陽郡衆記合約山界田段契抄簿（三三）

000034

今将詩禮傳家公議

一禁吾鄉溪東溪西一帶培留松杉樝竹不許焚燒山林盜砍如有違規公罰大洋伍員報知者賞酒礼銀大洋四員業主另行賠價

二約男丁廿歲起至六十歲止遞年福首收来衆事听從如是無听衆事者遞年充出大洋壹員限至正月十六日交福首收存以為公耗

內約外姪鄉內遞年充出大洋壹員正亦付福首收入耗用

三約添男丁喜出灯燭錢弍百文正

11-2-1-34　民國七年范陽郡衆記合約山界田段契抄簿（三四）

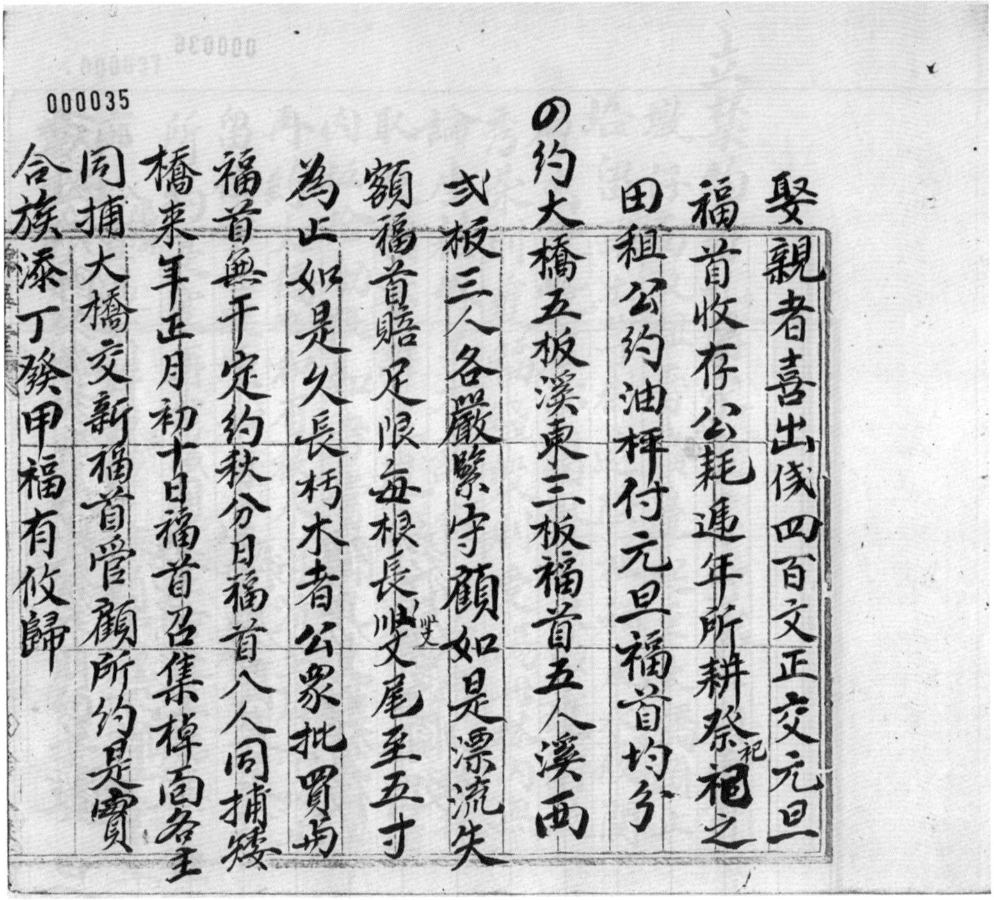
000035
娶親者喜出錢四百文正交元旦
福首收存公耗進年所耕祭祀之
田租公約油秤付元旦福首均分
又約大橋五板溪東三板福首五人溪西
弍板三人各嚴緊守顧如是漂流失
額福首賠足限每根長叁丈尾至五寸
為止如是久長朽木者公衆批買另
福首無干定約秋分日福首八人同捕獲
橋來年正月初十日福首召集棹面各主
同捕大橋交新福首管顧所約是實
合族添丁發甲福有攸歸

11-2-1-35　民國七年范陽郡衆記合約山界田段契抄簿（三五）

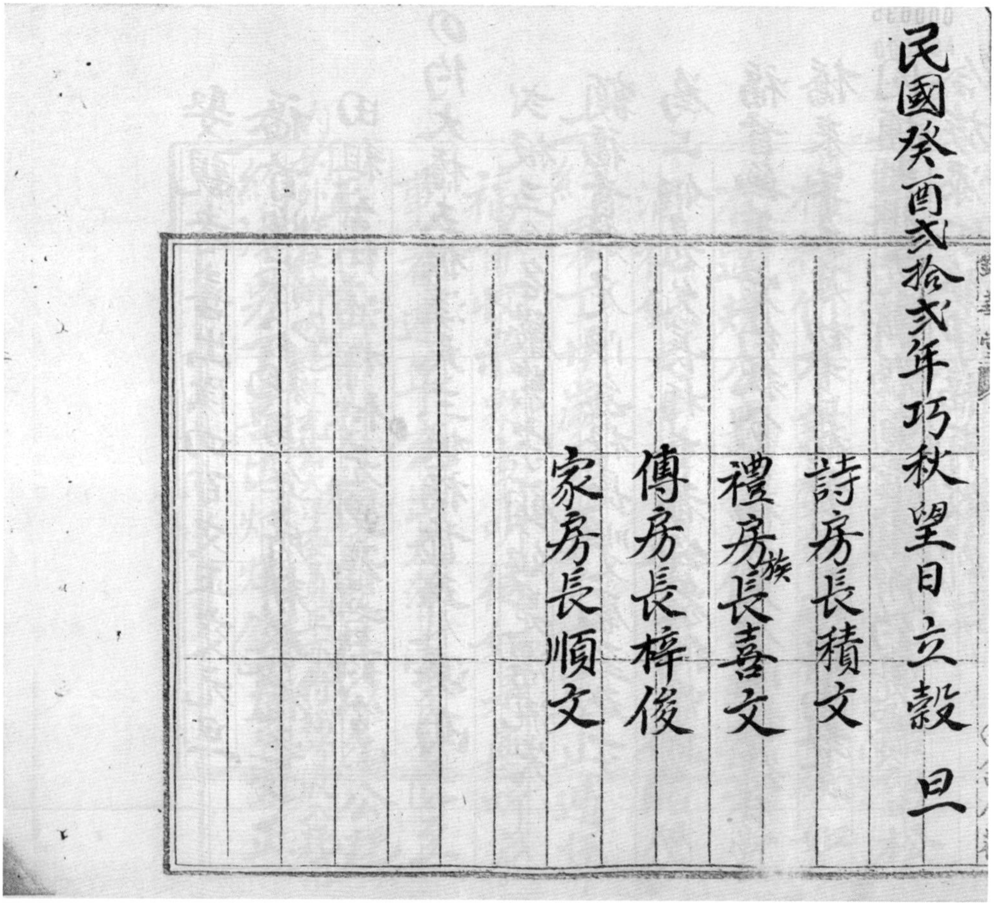

民國癸酉弍拾弍年巧秋望日立穀 旦

詩房長積文

禮房族長喜文

傳房長梓俊

家房長順文

11-2-1-36　民國七年范陽郡衆記合約山界田段契抄簿（三六）

000037

立禁約詩礼傳家衆等公議祖祠面前
墩仔面及祖厝嶺邊起至大橋頭止
培留雜木等樹遮蔭祖祠風水攸関
層峦之巉岩必藉樹木林以護衛故
秀荣則獲福殘毀則受傷此林内無
論生枯樹木不許斧斤不得入林採
取枝葉不許違規如有違規公罰猪
肉伍拾觔報知者賞酒礼大洋弍員
再約大橋抱脚如有被水浮流至后亭坂止
留住不准破壞如有違規罰猪肉拾斤正
所約是寔再公議祠堂左右迹上廳並下座
廊砛陽溝直過不許栽種又約祠堂裡不許堆草土
糞貯存如有違規罰猪肉弍拾斤所約是寔

11-2-1-37　民國七年范陽郡衆記合約山界田段契抄簿（三七）

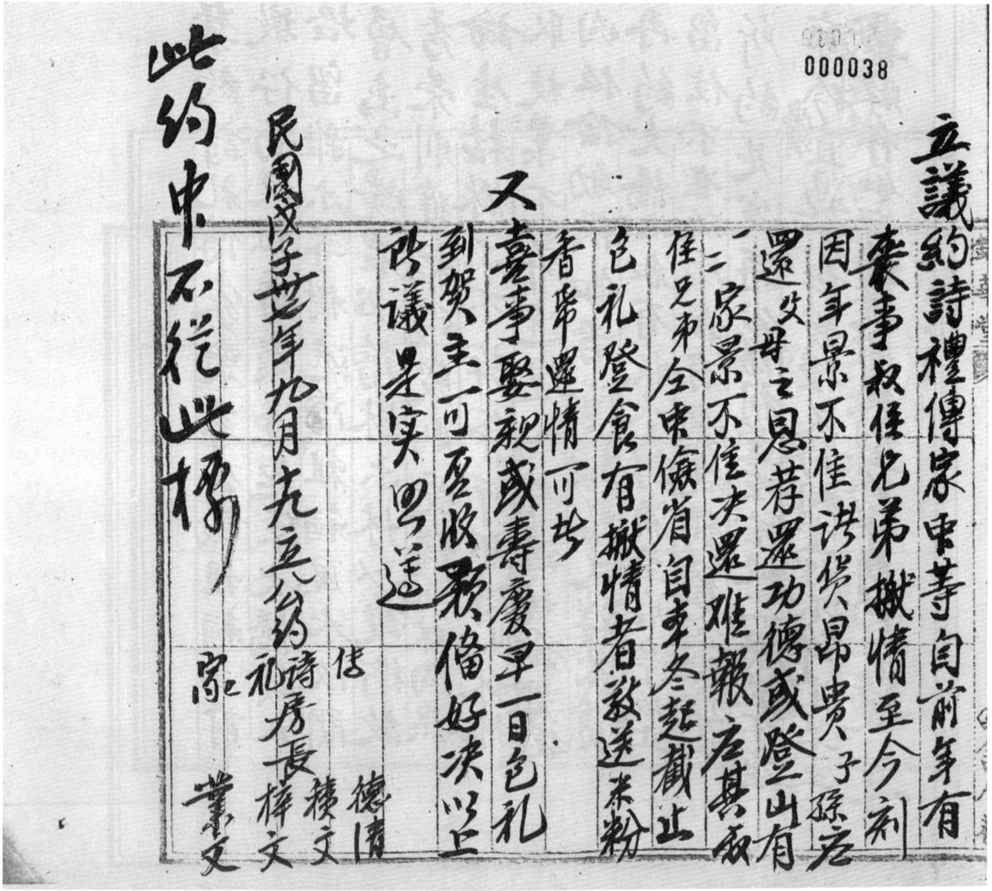
000038

立議約詩禮傳家衆等自前年有
衆事叔侄兄弟撤情至今剎
因年景不佳詃貸昂貴子孫店
還父母之恩薦還功德或登山有
一二家景不佳决還難報其處
侄兄弟全衆儉省自本冬起截止
色礼登食有撤情者敬送茶粉
香帛還情可也
又喜事娶親或壽慶早一日色礼
到賀主一可至收斂偹好决以上
所議是實照送

民國戊子卅年九月廿九立公約詩礼房長 棒文
佳 德清 稼文
家 業文

此約中不從此標

11-2-1-38　民國七年范陽郡衆記合約山界田段契抄簿（三八）

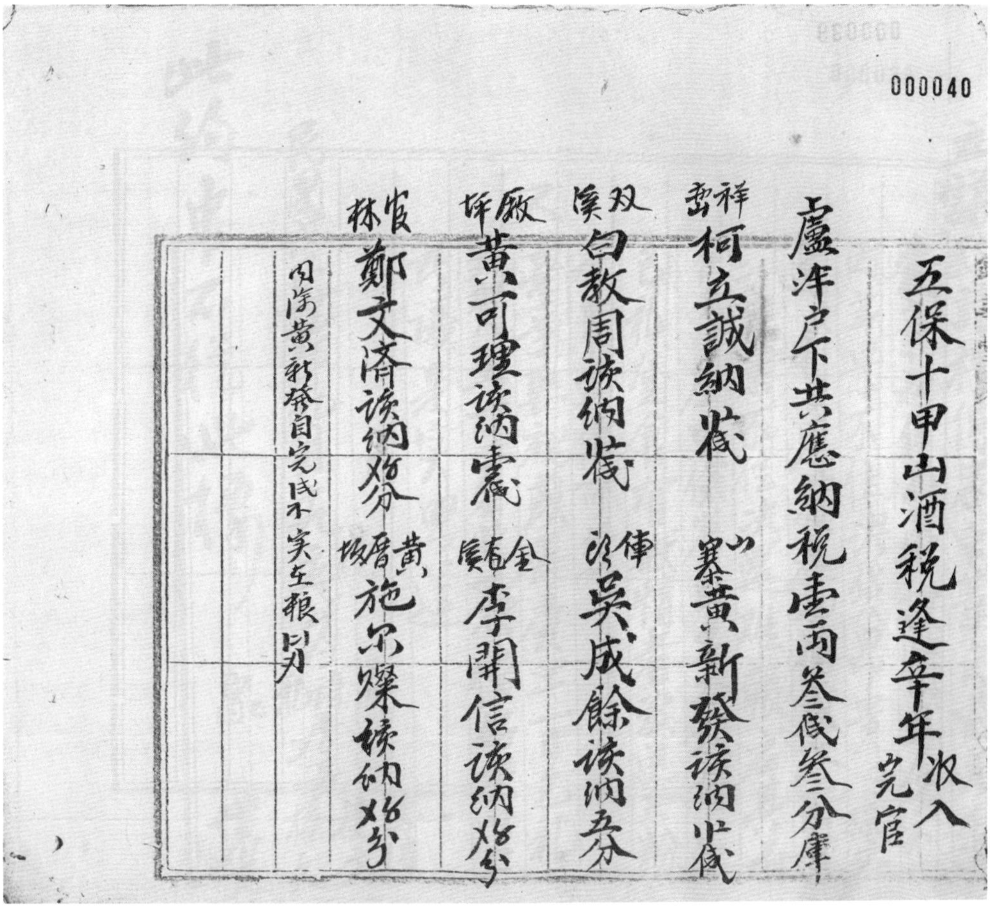

五保十甲山酒税逢辛年收入完官

盧洋户下共應納税壹両叁錢叁分肆

祥雲 柯立誠納錢　山寨 黄〃新發該納五錢

双溪 白教周該納錢　律溪 吴〃成餘該納五分

廠坪 黄〃可理該納壹錢　金垟溪 李開信該納柒分

官林 鄭文濟該納柒分　黄〃厝坂 施尔燦該納柒分

内溪黄〃新發自完民不实左粮[illegible]

11-2-1-39　民國七年范陽郡衆記合約山界田段契抄簿（三九）

11-2-1-40　民國七年范陽郡衆記合約山界田段契抄簿（四〇）

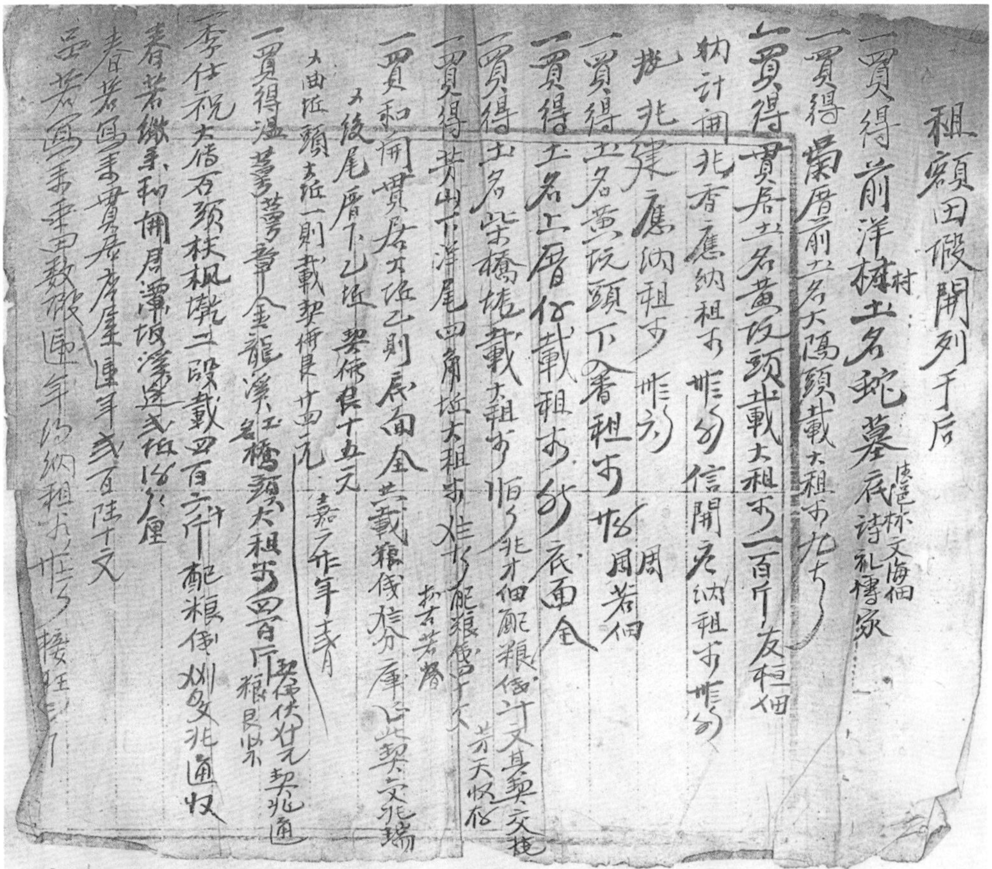
租額田段開列于后
一買得前洋村土名蛇墓底 林文海佃
一買得蘭厝前土名大隔頭載大租[illegible] 友相佃
一買得貫居土名黃坂頭載大租[illegible]一百斤
納計開北香應納租[illegible] 信開庄納租[illegible]
撥北建應納租[illegible] 周
一買得土名黃坂頭下の香租[illegible] 周若佃
一買得土名上厝[illegible]載租[illegible]底面全
一買得土名[illegible]橋墘載大租[illegible] 北才佃 配粮[illegible]文 其契交[illegible] 芳天收存
一買得黃山下洋尾四角坵大租[illegible] 配粮[illegible] 杏若管
一買和[illegible]貫居大坵乙則底面全 共載粮[illegible]存分庫 此契交兆瑞
又後尾厝下乙坵 契價艮十五元
又曲坵頭大坵一則 載契價艮廿四元 嘉[illegible]年[illegible]月
一買得溫[illegible]金龍溪土名橋頭大租[illegible]四百斤 契價[illegible]元 粮艮[illegible] 契兆通
一李仕[illegible]大厝石頭杖枫[illegible]二段載四百六十斤 配粮[illegible] 兆通收
春若[illegible]和[illegible]潭坂溪邊式坵[illegible]厘
春若寫手[illegible]居厝連年式百陸十文
[illegible]若寫手車田數段連年仍納租[illegible]接[illegible]

11-2-1-41　民國七年范陽郡衆記合約山界田段契抄簿（四一）

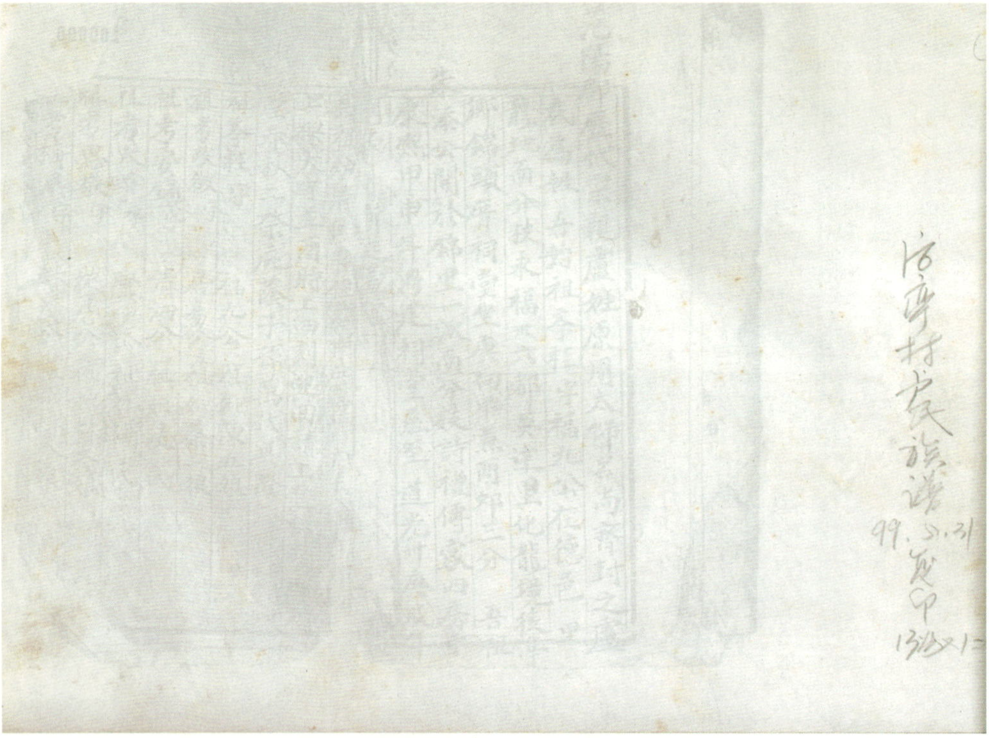

11-2-1-42　民國七年范陽郡衆記合約山界田段契抄簿（四二）

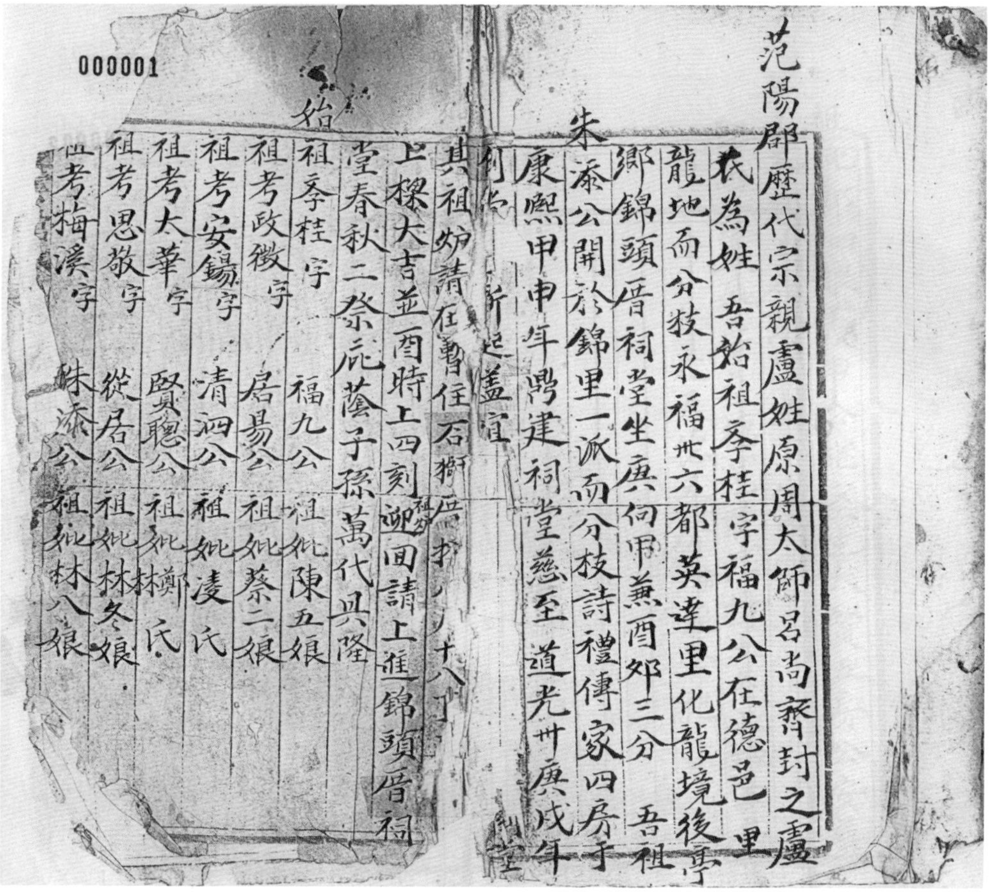
000001

范陽郡歷代宗親盧姓原周太師呂尚齊封之盧
衣為姓　吾始祖季桂字福九公在德邑　里
龍地而分牧永福卅六都英達里化龍境後亭
鄉錦頭厝祠堂坐庚向甲兼酉卯三分　吾祖
朱添公開於錦里一派而分枝詩禮傳家四房子
康熙甲申年間建祠堂慈至道光卅庚戌年
例修[illegible]新起蓋宜[illegible]
其祖妣請在曾任石獅厝於八月十八日
上樑大吉並酉時上四刻（祖妣）迎回請上進錦頭厝祠
堂春秋二祭庇蔭子孫萬代興隆
始祖季桂字　福九公　祖妣陳五娘
祖考政徽字　居易公　祖妣蔡二娘
祖考安錫字　清泗公　祖妣凌氏
祖考太華字　賢聰公　祖妣鄭氏
祖考思敬字　從居公　祖妣林冬娘
祖考梅溪字　朱添公　祖妣林八娘

11-2-1-43　民國七年范陽郡衆記合約山界田段契抄簿（四三）

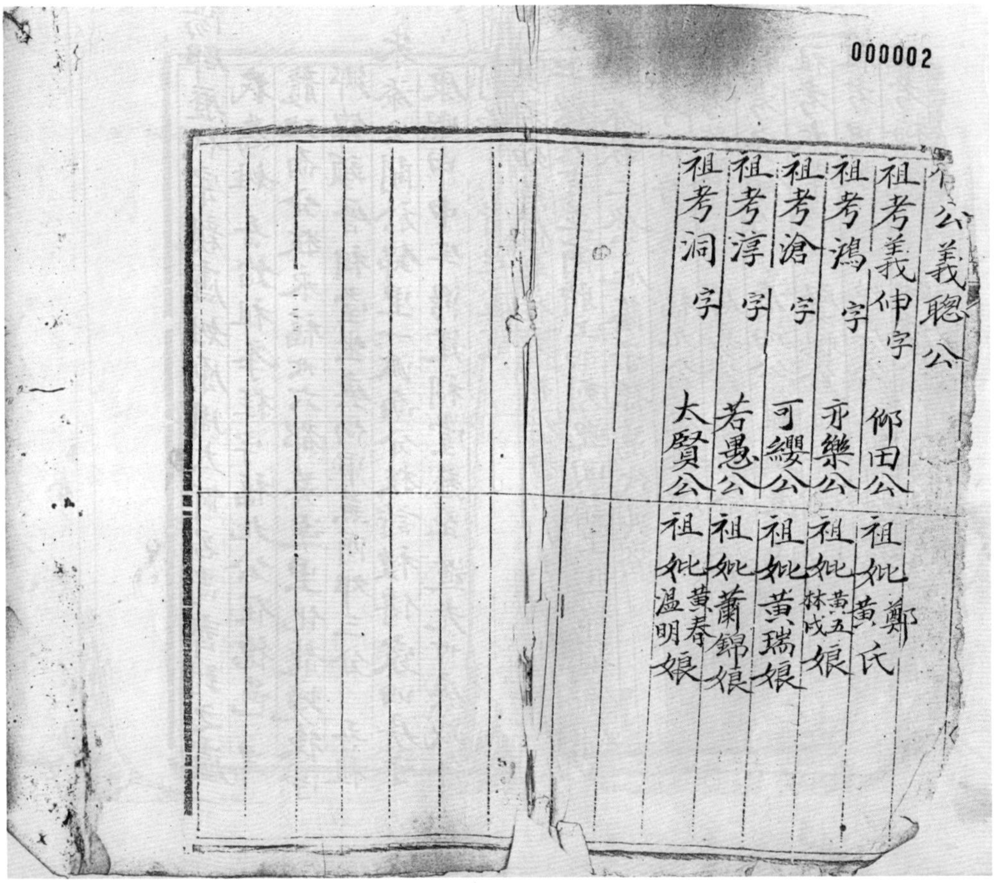

000002

公義聰公

祖考義仲字　御田公　祖妣鄭、黄氏

祖考鴻　字　亦樂公　祖妣黄五、林戊娘

祖考滄　字　可纓公　祖妣黄瑞娘

祖考淳　字　若愚公　祖妣蕭錦娘

祖考洞　字　太賢公　祖妣黄春、温明娘

11-2-1-44　民國七年范陽郡衆記合約山界田段契抄簿（四四）

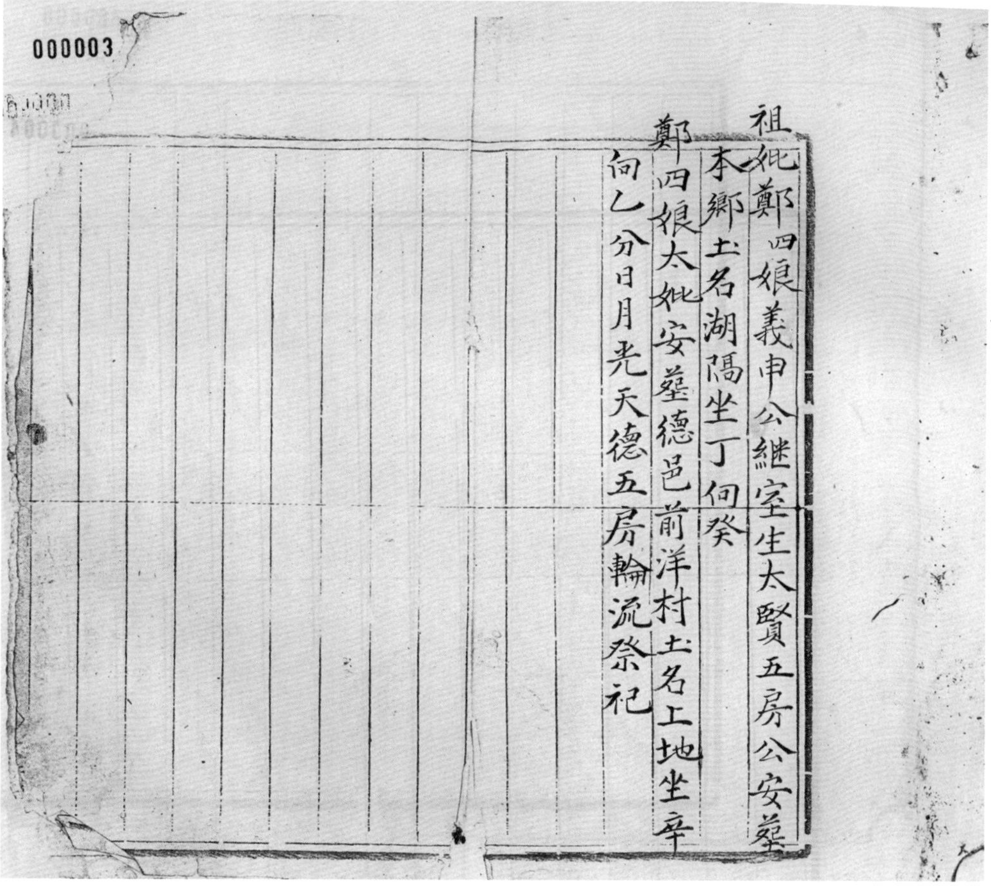

000003

祖妣鄭四娘義申公繼室生太賢五房公安塟
本鄉土名湖陽坐丁向癸
鄭四娘太妣安塟德邑前洋村土名上地坐辛
向乙分日月光天德五房輪流祭祀

11-2-1-45　民國七年范陽郡衆記合約山界田段契抄簿（四五）

000006

且人死既瘞之後則必有祭祭々者所以報祖宗之恩而盡孫子之々心也然祭之候則又不可云其物々其物維何維雞與豚維酒與肴若夫骨角毛羽皮革齒牙不登於器則不以祭古之道々雖然祭之禮亦云難矣孫子之貧富不同蓋富者之樂易于祭貧者且若难知祭々至难于祭而終不祭矣誰謂祖而可不祭乎抑是衆知其不可幸有智者曰貴祖置有其田曷不去為祀田與吾孫子聞之咸曰善哉是言乎自今以後願以祖田五房輪祀使祭者不啻有之天享者云憂心也是以祀序

11-2-1-46　民國七年范陽郡衆記合約山界田段契抄簿（四六）

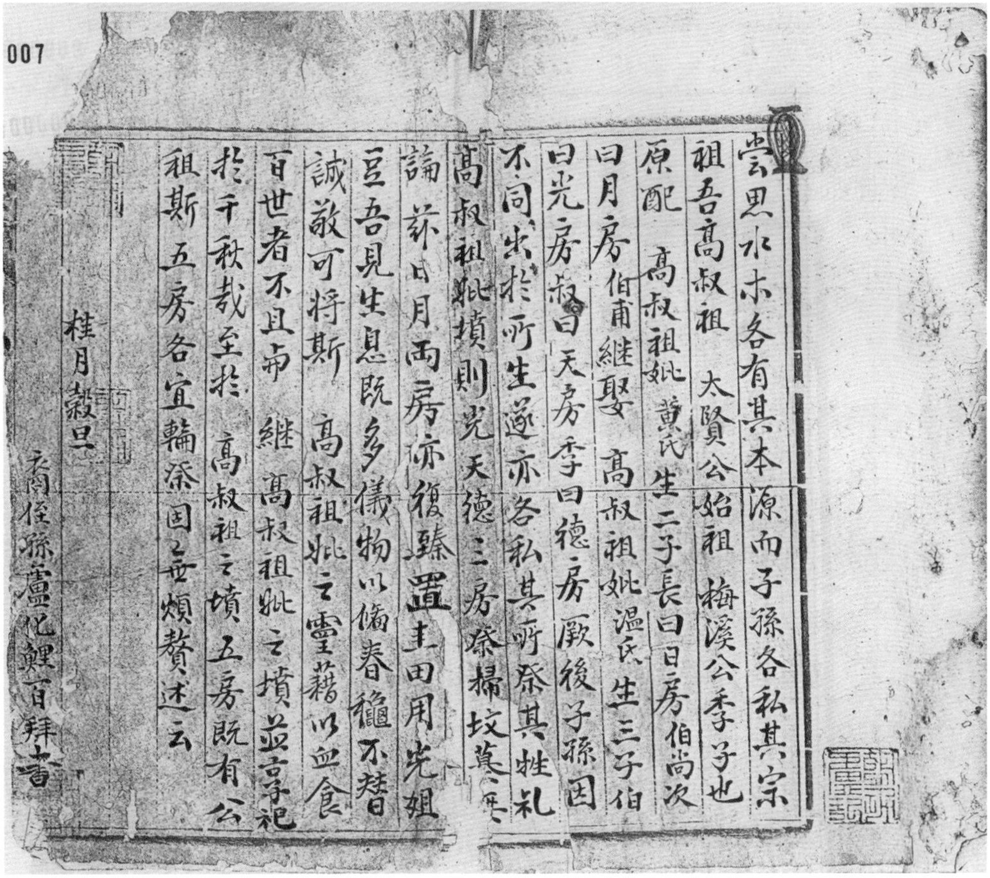

007

嘗思水木各有其本源而子孫各私其宗
祖吾高叔祖 太賢公始祖 梅溪公季子也
原配 高叔祖妣黄氏生二子長曰日房伯尚次
曰月房伯甫繼娶 高叔祖妣温氏生三子伯
曰光房叔曰天房季曰德房厥後子孫因
不同出於所生遂亦各私其所祭其牲禮
高叔祖妣墳則光天德三房祭掃坟墓焉
論並日月兩房亦復臻置田用光俎
豆吾見生息既多儀物以備春龝不替
誠敬可將斯 高叔祖妣之靈藉以血食
百世者不且亦 繼 高叔祖妣之墳並享祀
於千秋哉至於 高叔祖之墳五房既有公
祖斯五房各宜輪祭固無煩贅述云

桂月穀旦

裔侄孫盧化鯉百拜書

11-2-1-47　民國七年范陽郡衆記合約山界田段契抄簿（四七）

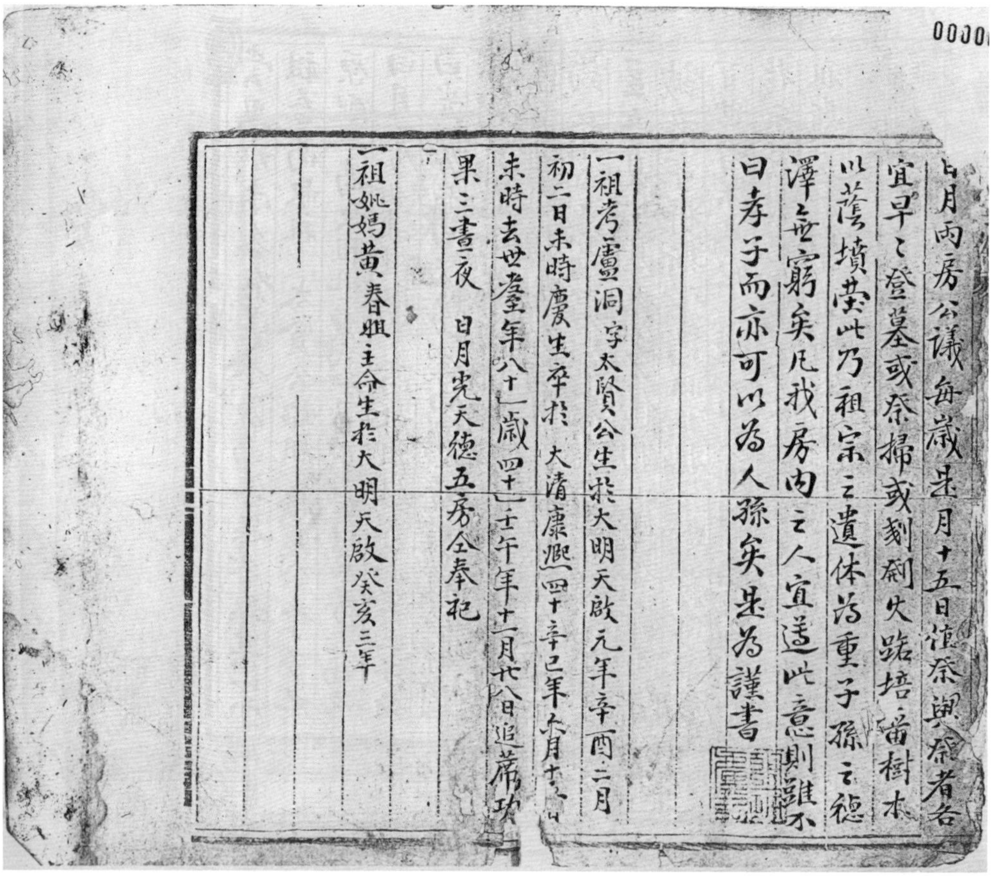

七月兩房公議每歲是月十五日值祭與祭者各宜早早登墓或祭掃或剗刷失路培留樹木以蔭墳塋此乃祖宗之遺体為重子孫之德澤無窮矣凡我房内之人宜遵此意則雖不曰孝子而亦可以為人孫矣是為謹書

一祖考盧洞字太賢公生於大明天啟元年辛酉二月初二日未時䖍生卒於 大清康熙四十辛巳年十月十六日未時去世壽年八十一歲四十一壬午年十一月廿八日追薦功果三晝夜 日月光天德五房全奉祀

一祖妣媽黃春姐主命生於大明天啟癸亥三年

11-2-1-48　民國七年范陽郡衆記合約山界田段契抄簿（四八）

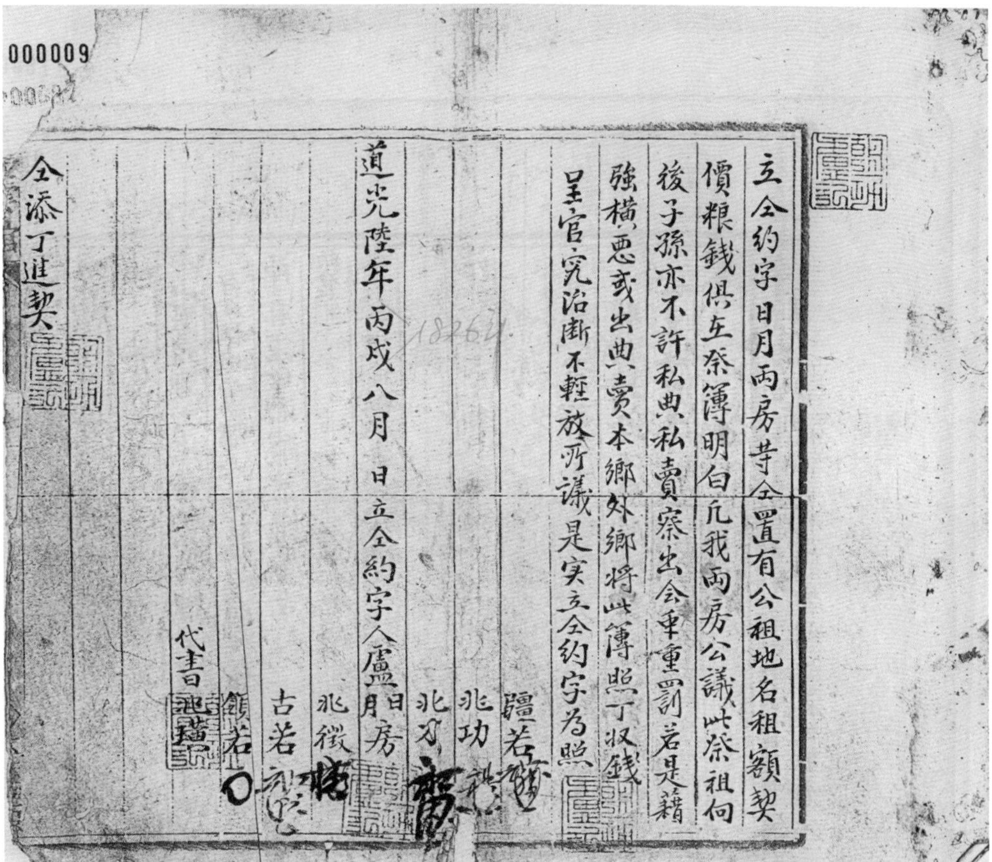
立仝約字日月兩房等仝置有公祖地名租額契
價粮錢俱在祭簿明白凡我兩房公議此祭祖向
後子孫亦不許私典私賣察出仝重重罰若是藉
強橫惡或出典賣本鄉外鄉將此簿照丁收錢
呈官究治斷不輕放所議是实立仝約字為照
道光陸年丙戌八月　日立仝約字人盧日房
盧月房
疆若
兆功
兆才
兆徵
古若
領若
代書
仝添丁進契

11-2-1-49　民國七年范陽郡衆記合約山界田段契抄簿（四九）

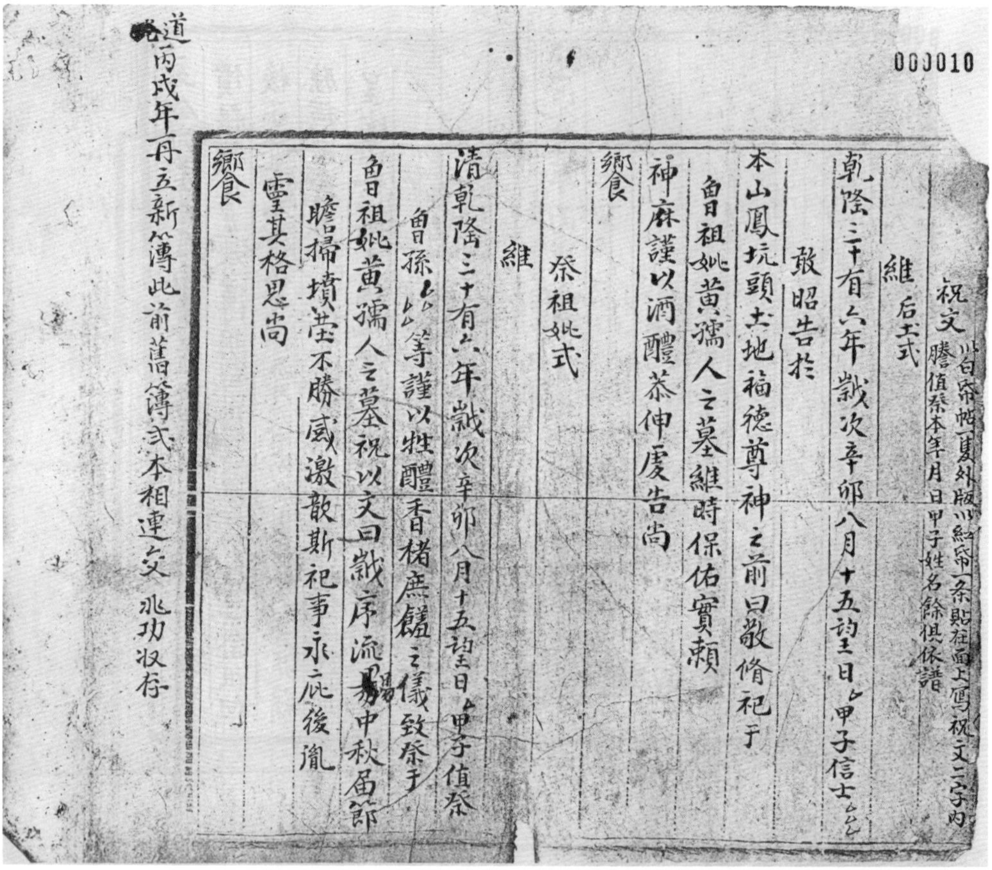

000010

祝文 以白帋帖一夏外版以紅帋一条貼在面上寫祝文二字內
謄值祭本年月日甲子姓名餘俱係譜

維 后土式

乾隆三十有六年歲次辛卯八月十五望日〻甲子信士〻〻

敢昭告於

本山鳳坑頭土地福德尊神之前曰敬脩祀于

曾祖妣黄孺人之墓維時保佑實賴

神庥謹以酒醴茶仲虔告尚

饗

祭祖妣式

維

清乾隆三十有六年歲次辛卯八月十五望日〻甲子值祭

曾孫〻〻等謹以牲醴香楮庶饈之儀致祭于

曾祖妣黄孺人之墓祝以文曰歲序流易中秋届節

瞻掃墳塋不勝感激敢斯祀事永庇後胤

靈其格思尚

饗

道光丙戌年再立新簿此前舊簿式本相連交 兆功收存

11-2-1-50　民國七年范陽郡衆記合約山界田段契抄簿（五〇）

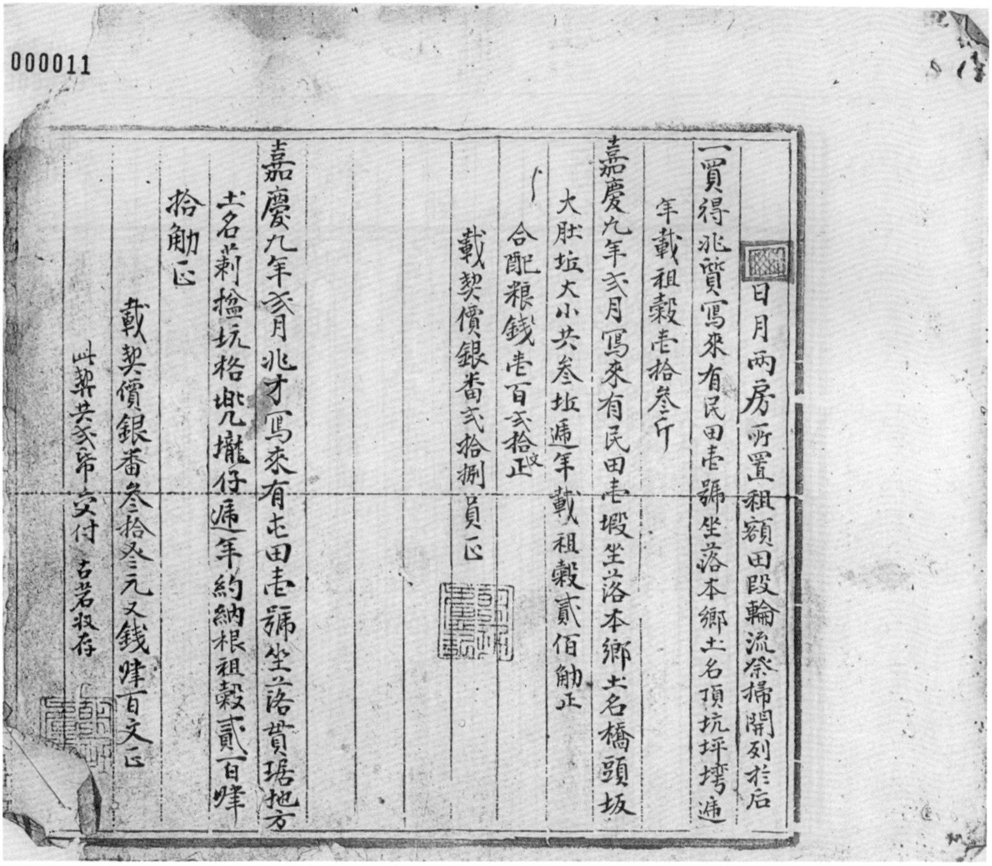

000011

日月兩房所置租額田段輪流祭掃開列於后

一買得兆質寫來有民田壹號坐落本鄉土名頂坑坪墘逓

年載租穀壹拾叁斤

嘉慶九年弍月寫來有民田壹墹坐落本鄉土名橋頭坂

大肚坵大小共叁坵逓年載租穀貳佰觔正

合配粮錢壹百弍拾文正

載契價銀番弍拾捌員正

嘉慶九年叁月兆才寫來有屯田壹號坐落貫塘坵方

土名荊檢坑格兜壠仔逓年約納根祖穀貳百肆

拾觔正

載契價銀番叁拾叁元又錢肆百文正

此契共弍帋交付 古若收存

11-2-1-51　民國七年范陽郡衆記合約山界田段契抄簿（五一）

000012

〇芳南叔

嘉慶九年弍月寫來有民田壹坵坐落貫琚地方

土名君塢坂逓年約納租穀壹佰觔正

合配粮錢壹百弍拾文正

載契價銀壹拾員每員重柒伐弍分正　此契壹帋係古若收存

廿一年丙子十二月尽吉価壹弍元每員重柒伐弍分正

贖回

一祖買得温天冲有民田壹號坐落土洋地方土名鉄炉壠坪

載大祖穀陸拾觔正

道光叁年十二月古若寫來有民田根壹坵坐落貫琚地方

土名黄坑尾年受種子弍斤載大祖穀弍拾伍斤正逓年約

納根租穀弍拾陸觔正

載契價錢貳仟壹百文正　此契一帋兆功收存

11-2-1-52　民國七年范陽郡衆記合約山界田段契抄簿（五二）

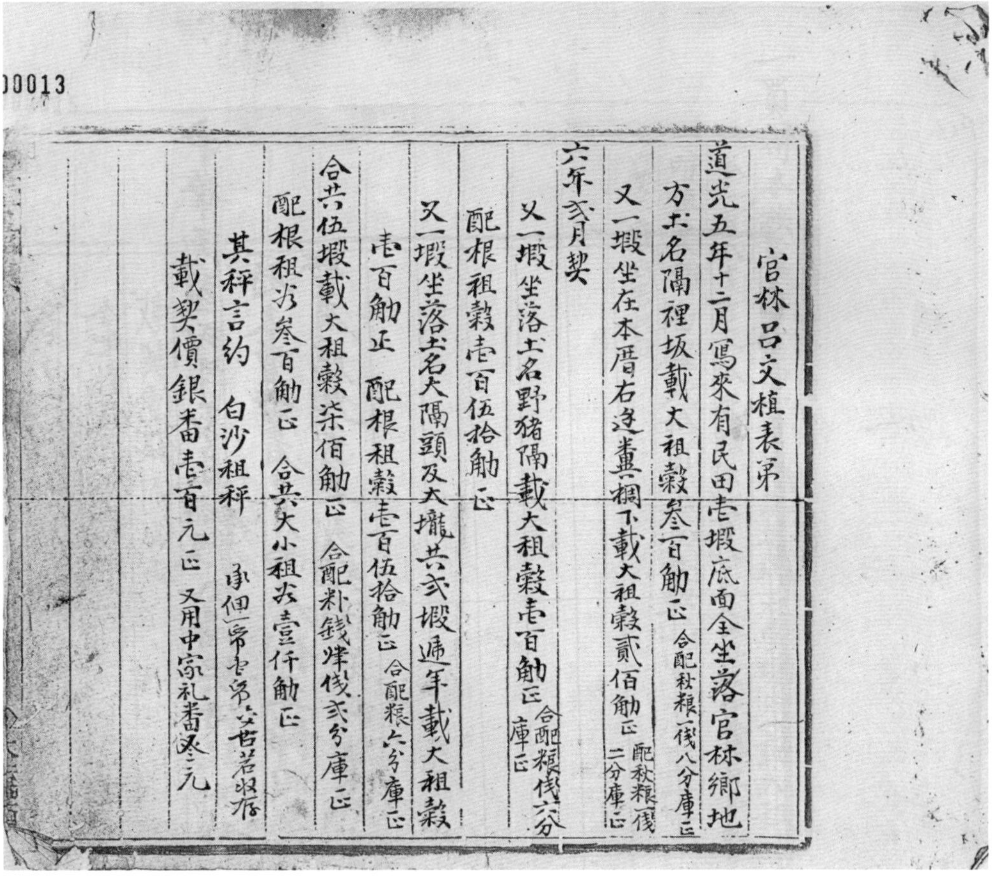
00013

官林呂文植表弟
道光五年十二月寫來有民田壹暇底面全坐落官林鄉地
方土名陽裡坂載大租穀叁百觔正 合配秋粮一錢八分庫正
又一暇坐在本厝右邊叢桐下載大租穀貳佰觔正 配秋粮一錢二分庫正
六年弍月契
又一暇坐落土名野豬陽載大租穀壹百觔正 合配粮錢六分庫正
配根租穀壹百伍拾觔正
又一暇坐落土名大陽頭及大壠共弍暇逓年載大租穀
壹百觔正 配根租穀壹百伍拾觔正 合配粮六分庫正
合共伍暇載大租穀柒佰觔正 合配料錢肆錢弍分庫正
配根租共叁百觔正 合共大小租共壹仟觔正
其秤言约 白沙租秤 承佃帋壹帋安書若收存
載契價銀番壹百元正 又用中字礼番叁元

11-2-1-53 民國七年范陽郡衆記合約山界田段契抄簿（五三）

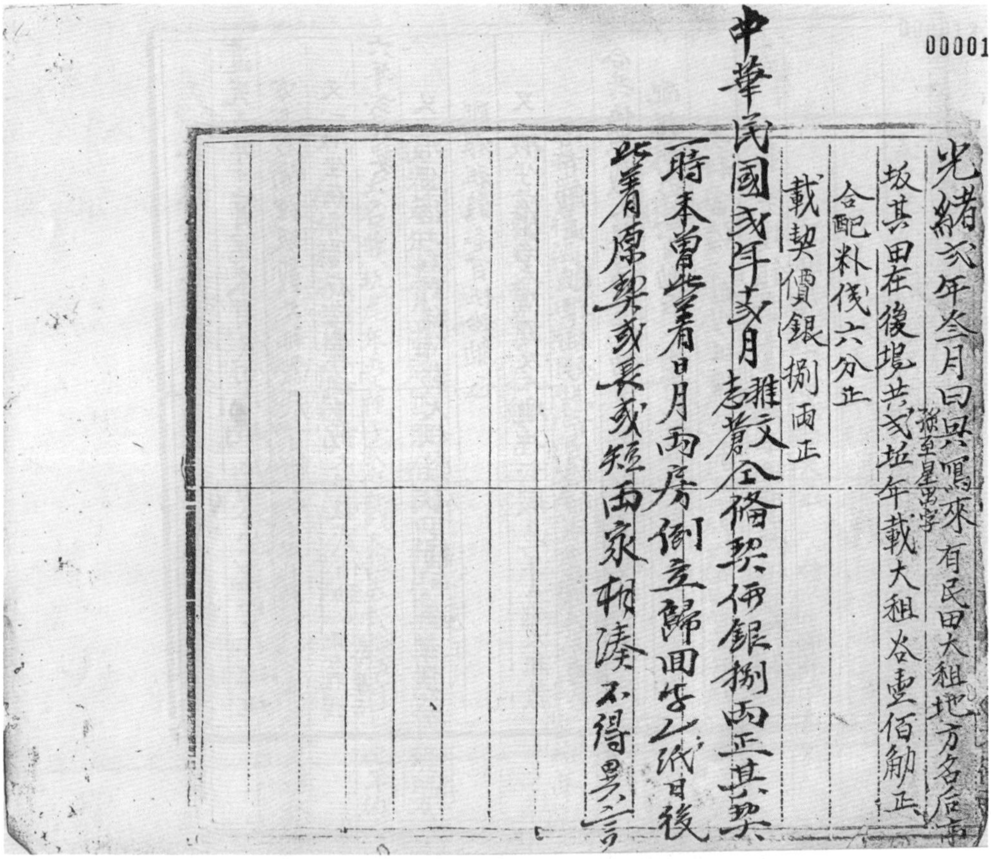
光緒弍年叁月日與寫來 有民田大租地方名后亭
孫至星出字
坂其田在後墘共弍坵年載大租谷壹佰觔正
合配料钱六分正
載契價銀捌兩正
中華民國弍年叁月 雅文 志蒼 仝備契價銀捌兩正其契
一時未曾出首日月兩房倒立歸田字紙日後
此首原契或長或短兩家相湊不得異言

11-2-1-54　民國七年范陽郡衆記合約山界田段契抄簿（五四）

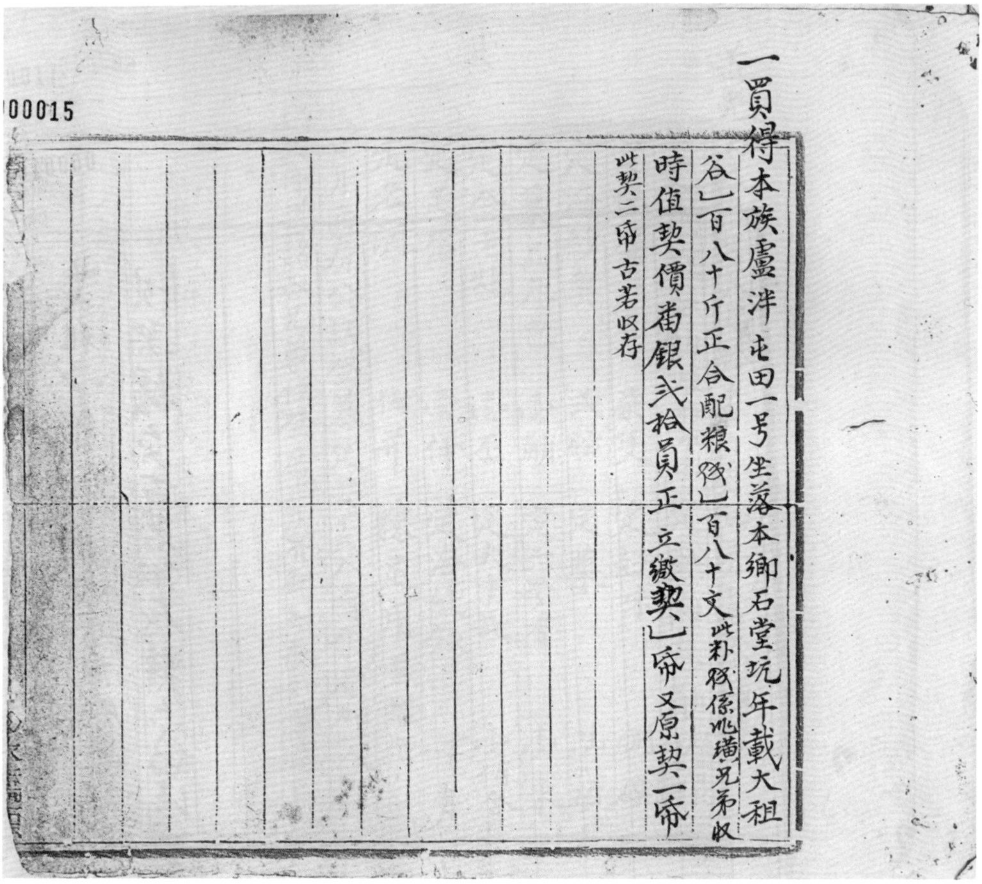

一買得本族盧泮屯田一号坐落本鄉石堂坑年載大租谷乚百八十斤正合配粮錢乚百八十文此粮錢係兆璜兄弟收

時值契價番銀弍拾員正　立繳契乚帋又原契一帋

此契二帋古若收存

11-2-1-55　民國七年范陽郡衆記合約山界田段契抄簿（五五）

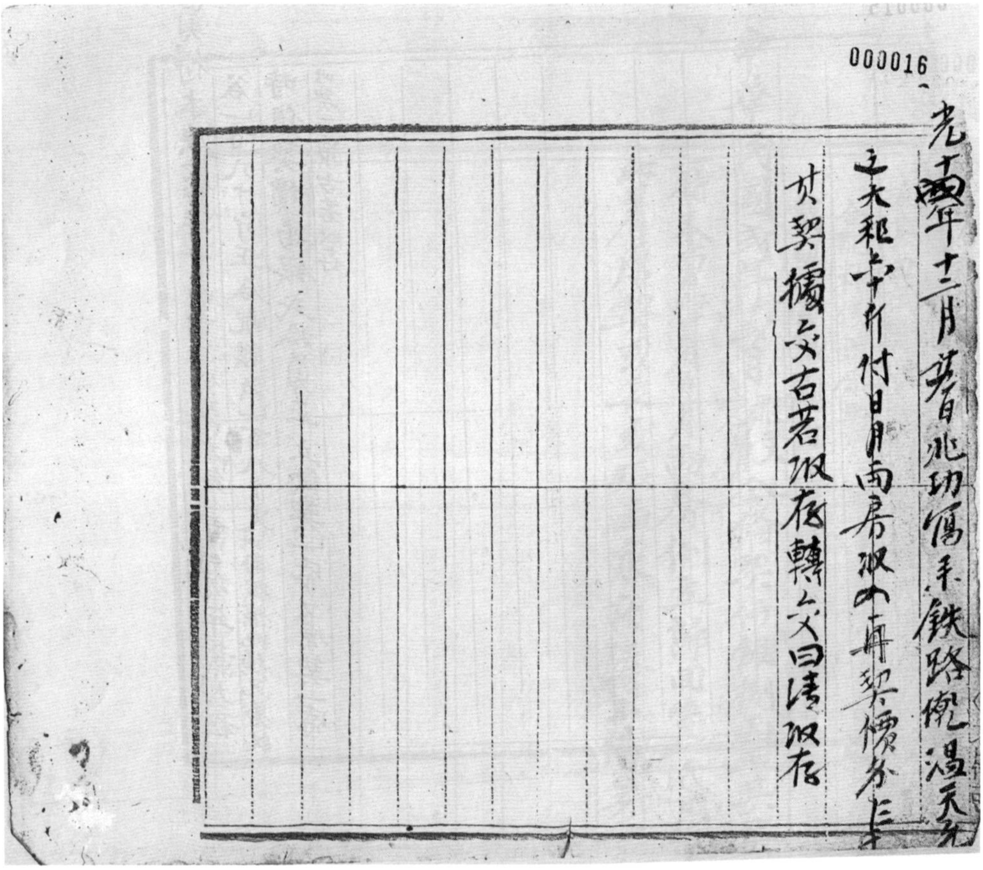
000016
光十四年十二月廿六日兆功寫手鐵路佺温天光
立大租字中所付日月兩房收内再契價分三年
其契據交古若收存轉交日清收存

11-2-1-56　民國七年范陽郡衆記合約山界田段契抄簿（五六）

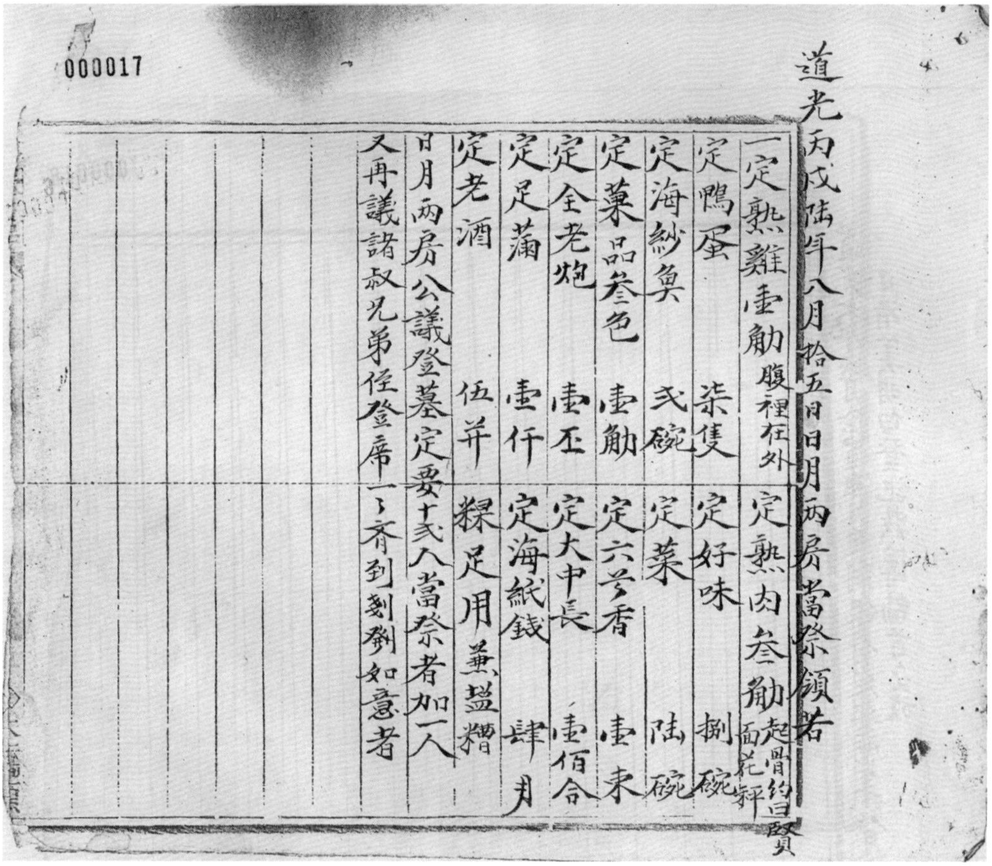

000017

道光丙戌陆年八月拾五日日月两房當祭領若

一定熟雞壹觔腹裡在外　定熟肉叁觔起骨[illegible]面花稱

定鴨蛋　柒隻　定好味　捌碗

定海紗魚　弍碗　定菓　陆碗

定菓品叁色　壹觔　定六号香　壹束

定全老炮　壹丕　定大中長　壹佰合

定足蒲　壹仟　定海紙錢　肆月

定老酒　伍斤　粿足用兼鹽糟

日月两房公議登墓定要十弍八當祭者加一人

又再議諸叔兄弟侄登席一一齊到[illegible]如意者

11-2-1-57　民國七年范陽郡衆記合約山界田段契抄簿（五七）

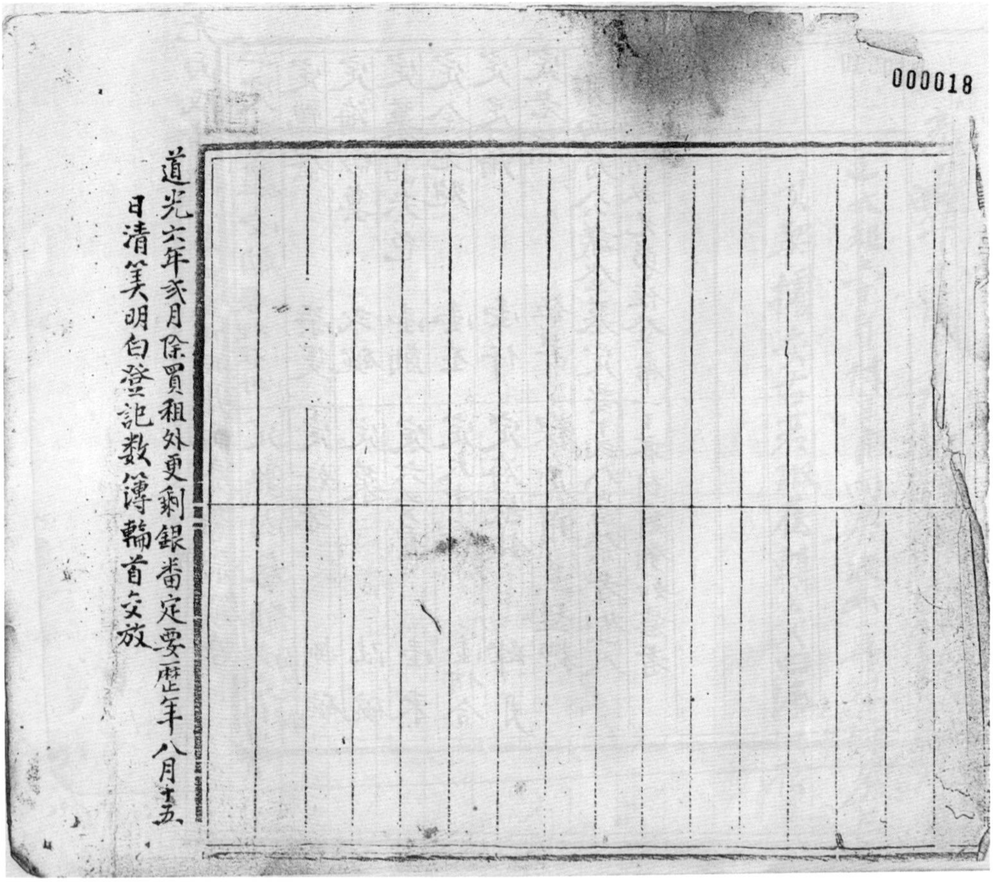

道光六年貳月除買租外更剩銀當定要歷年八月十五日清筭明白登記数簿輪首交放

000018

11-2-1-58　民國七年范陽郡衆記合約山界田段契抄簿（五八）

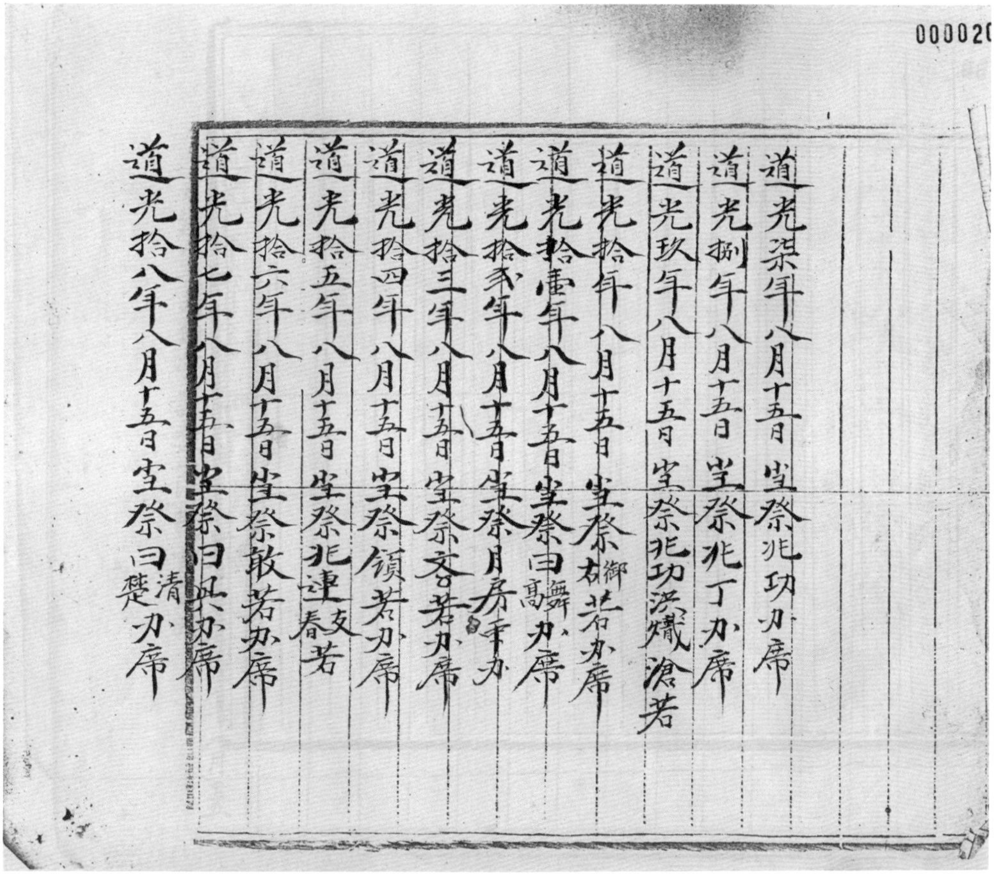

000020

道光柒年八月十五日　坐祭兆功力席

道光捌年八月十五日　坐祭兆丁力席

道光玖年八月十五日　坐祭兆功、洪熾、滄若

道光拾年八月十五日　坐祭右御若力席

道光拾壹年八月十五日　坐祭曰舞高力席

道光拾貳年八月十五日　坐祭月房、年力

道光拾三年八月十五日　坐祭文吝若力席

道光拾四年八月十五日　坐祭頌若力席

道光拾五年八月十五日　坐祭兆連支、春若

道光拾六年八月十五日　坐祭敢若力席

道光拾七年八月十五日　坐祭曰凡力席

道光拾八年八月十五日　坐祭曰楚清力席

11-2-1-59　民國七年范陽郡衆記合約山界田段契抄簿（五九）

000021

道光拾九年八月十五日 当祭兆功办席
道光廿年八月十五日 当祭領若办席
道光廿一年八月十五日 当祭春若办席
道光廿弍年八月十五日 当祭洪倫办席
道光廿三年八月十五日 当祭曰高舜成祖办
道光廿四年八月十五日 当祭輝若办席
道光廿五年八月十五日 当祭太文樓办席
道光廿六年八月十五日 当祭曰和办席
道光廿七年八月十五日 当祭春元若办席
道光廿八年八月十五日 当祭洪倫办席
道光廿九年八月十五日 当祭曰具宗办席
道光卅年八月十五日 当祭曰清泉办席
咸豐元年八月十五日 当祭庇若办席
咸豐弍年八月十五日 当祭曰和办席
咸豐三年八月十五日 当祭勇房全办
咸豐四年八月十五日 当祭洪倫办席

11-2-1-60　民國七年范陽郡衆記合約山界田段契抄簿（六〇）

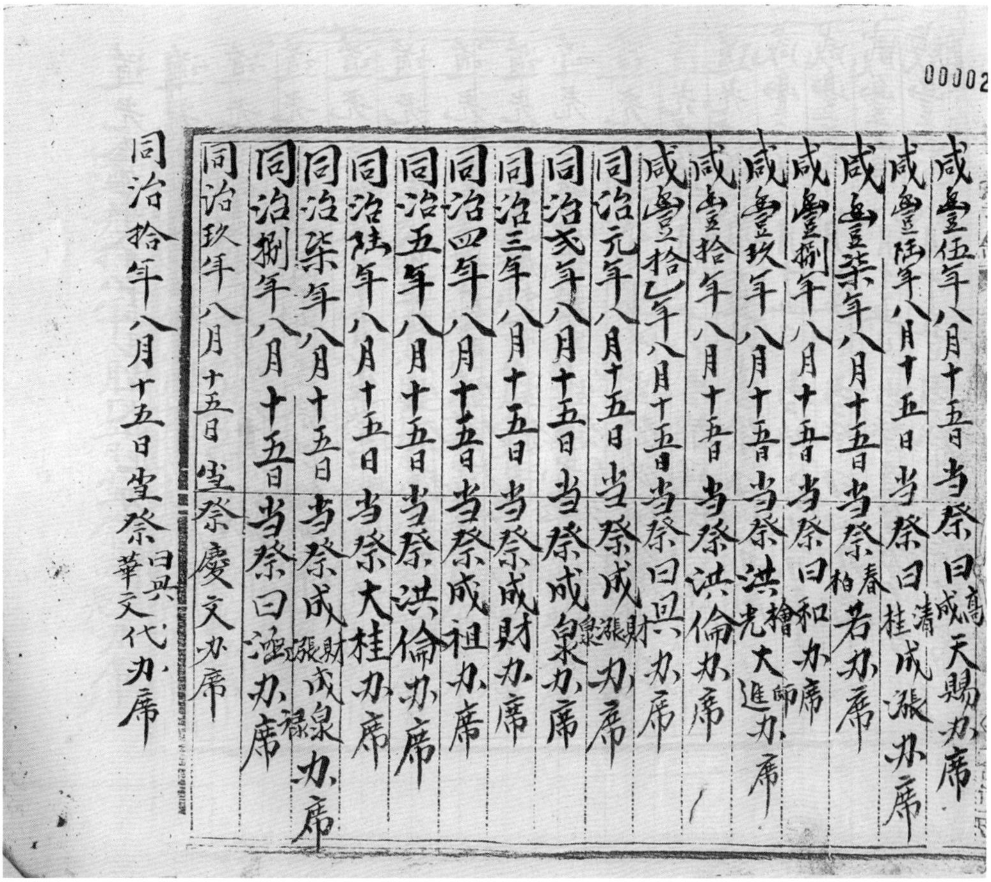
00002
咸豊伍年八月十五日当祭曰成（高）天賜办席
咸豊陆年八月十五日当祭曰桂（清）成漲办席
咸豊柒年八月十五日当祭春（柏）若办席
咸豊捌年八月十五日当祭曰和办席
咸豊玖年八月十五日当祭洪光（檜）大進（師）办席
咸豊拾年八月十五日当祭洪倫办席
咸豊拾乙年八月十五日当祭曰興办席
同治元年八月十五日当祭成財漲泉办席
同治弍年八月十五日当祭成泉办席
同治三年八月十五日当祭成財办席
同治四年八月十五日当祭成祖办席
同治五年八月十五日当祭洪倫办席
同治陆年八月十五日当祭大桂办席
同治柒年八月十五日当祭成財漲成泉祿办席
同治捌年八月十五日当祭曰溋办席
同治玖年八月十五日当祭慶文办席
同治拾年八月十五日当祭曰興華文代办席

11-2-1-61　民國七年范陽郡衆記合約山界田段契抄簿（六一）

000023

同治拾壹年八月十五日当祭大華办席

同治十贰年八月十五日当祭曰官办席

同治拾叁年八月十五日当祭慶文孝登文办席

光緒元年八月十五日当祭

光緒弍年八月十五日当祭慶文办席

光緒叁年八月十五日当祭養良之文办席

光緒四年八月十五日当祭大華办席

光緒五年八月十五日当祭曰官办席

光緒六年八月十五日当祭發登孝文鍾大圣程

光緒七年八月十五日当祭大賞大焕良以學

光緒八年八月十五日当祭慶文办席

光緒玖年八月十五日当祭章明办席

光緒拾年八月十五日当祭曰精办席

光緒拾壹年捌月拾五日当祭曰官办席

光緒拾弍年捌月拾五日当祭鑄文志懃全办席

光緒拾四年捌月拾五日当祭涵文办席

光緒拾五年捌月当祭至林書勇文办席

11-2-1-62　民國七年范陽郡衆記合約山界田段契抄簿（六二）

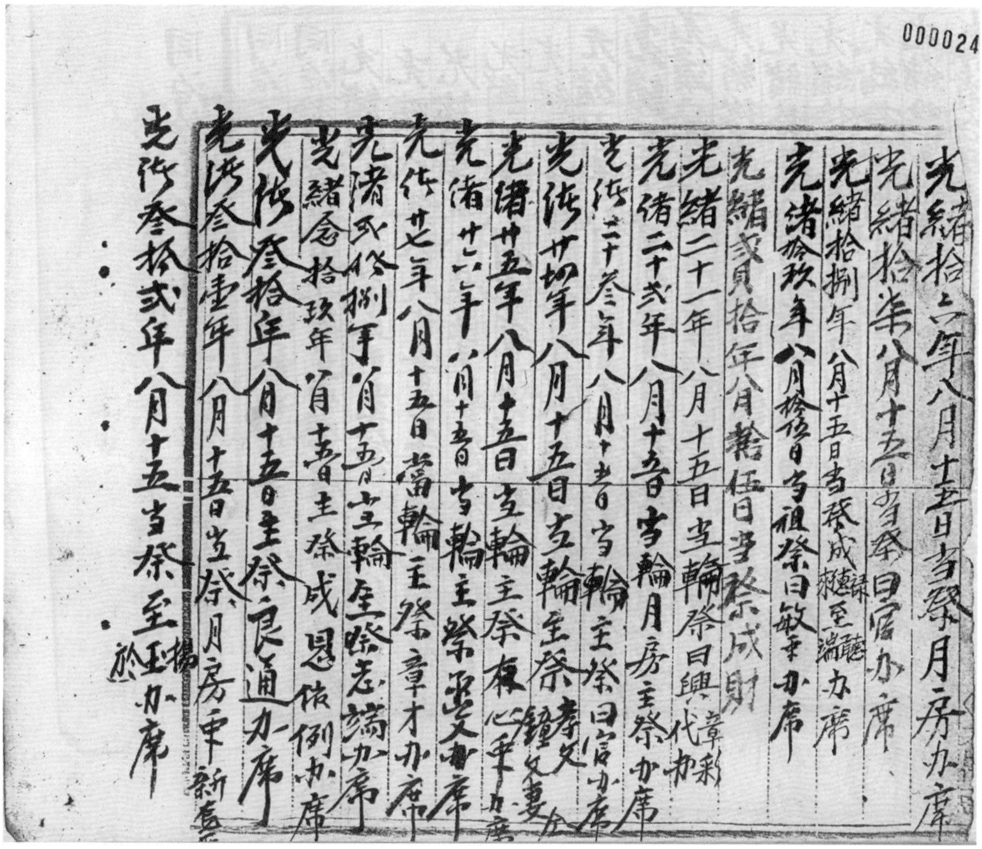

000024

光緒拾六年八月十五日当祭月房办席
光緒拾柒年八月十五日当祭日官办席
光緒拾捌年八月十五日当祭成緒禄縂至端聽办席
光緒拾玖年八月拾伍日当祖祭日敏爭办席
光緒貳拾年八月拾伍日当祭成財
光緒二十一年八月十五日当輪祭日興代办章彩
光緒二十弍年八月十五日当輪月房主祭办席
光緒二十叁年八月十五日当輪主祭日官办席
光緒廿四年八月十五日当輪主祭孝文鍾文隻办
光緒廿五年八月十五日当輪主祭春心爭办席
光緒廿六年八月十五日当輪主祭丞文办席
光緒廿七年八月十五日當輪主祭章才办席
光緒弍拾捌年八月十五日当輪主祭志端办席
光緒念拾玖年八月十五日主祭成恩依例办席
光緒叁拾年八月十五日主祭良通办席
光緒叁拾壹年八月十五日当祭月房聿新
光緒叁拾弍年八月十五日当祭至玉楊於办席

11-2-1-63　民國七年范陽郡衆記合約山界田段契抄簿（六三）

00025

光緒叁拾叁年八月十五當祭雅文

1908年

光緒卅年八月中秋日當祭至昕如良

1909年

宣統元年八月中秋日當祭成恩良

宣統貳年八月拾五日當祭至餘

1911年

宣統叁年八月拾五日當祭新龍厝

1912年

中華民國壬子年八月十五日當祭鍾文媳婦

中華民國貳年八月十五日當祭至蒼丕胖全祭

中華民國叁年八月十五日當祭至璧全祭办席

中華民國四年八月十五日當祭足文办席

中華民國伍年八月十五日當祭良恭办席

中華民國陆年八月十五當祭新厝办

中華民國柒年八月十五當祭至餘办席

中華民國捌年八月十五當祭可行办席

11-2-1-64　民國七年范陽郡衆記合約山界田段契抄簿（六四）

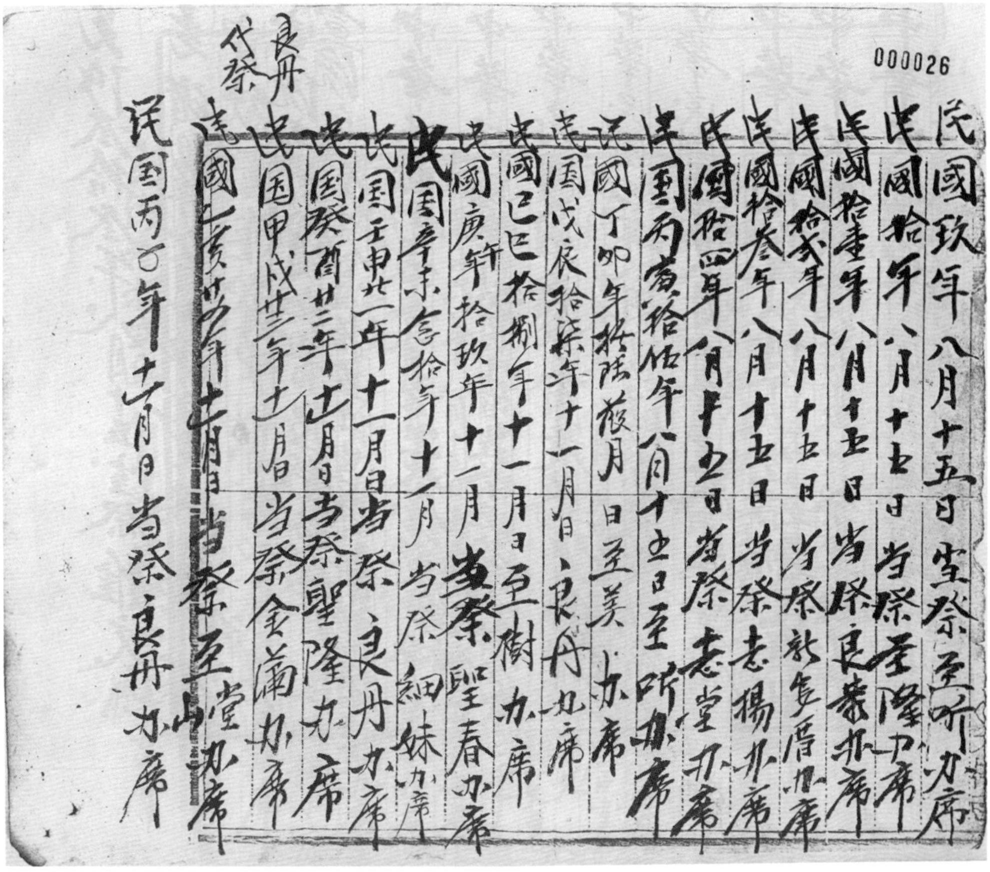

000026

民國玖年八月十五日当祭至圻办席

民國拾年八月十五日当祭至隆办席

民國拾壹年八月十五日当祭良崇办席

民國拾貳年八月十五日当祭新良晋办席

民國拾叁年八月十五日当祭志揚办席

民國拾四年八月十五日当祭志堂办席

民國丙寅拾伍年八月十五日至圻办席

民國丁卯年拾陸[illegible]月日至美办席

民国戊辰拾柒年十一月日良丹办席

民國己巳拾捌年十一月日至樹办席

民國庚午拾玖年十一月当祭聖春办席

民国辛未念拾年十一月当祭細妹办席

民国壬申廿一年十一月日当祭良丹办席

民国癸酉廿二年十一月日当祭聖隆办席

民国甲戌廿三年十一月日当祭金蘭办席

良丹代祭

民國乙亥廿四年十一月日当祭至堂办席

民国丙子年十一月日当祭良丹办席

11-2-1-65　民國七年范陽郡衆記合約山界田段契抄簿（六五）

11-2-1-66　民國七年范陽郡衆記合約山界田段契抄簿（六六）

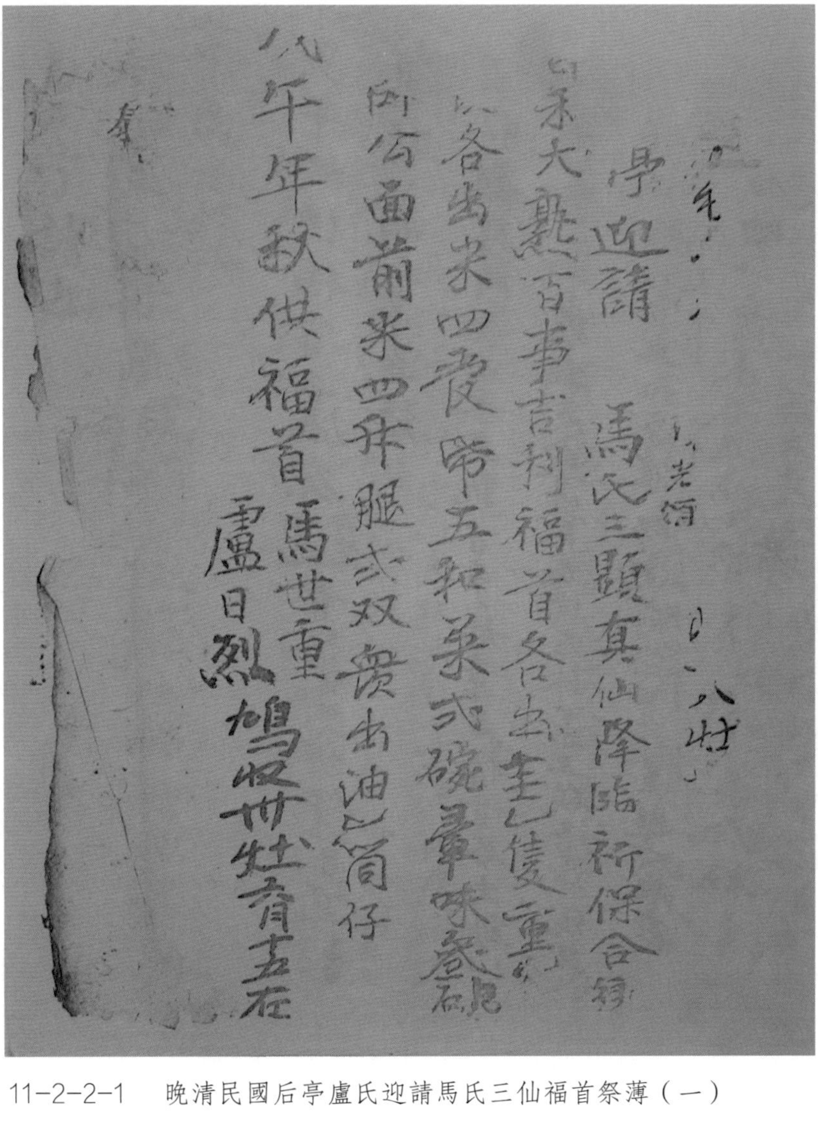
亭迎請　馬氏三顯真仙降臨祈保合境
合村大熟百事吉利福首各出圭包壹重
各出米四良帶五和菜弍碗葷味叁碗
向公面前米四升腿弍双貴出油二筒仔
午年秋供福首　馬世重
盧日烈鳩收卅灶有左右

11-2-2-1　晚清民國后亭盧氏迎請馬氏三仙福首祭薄（一）

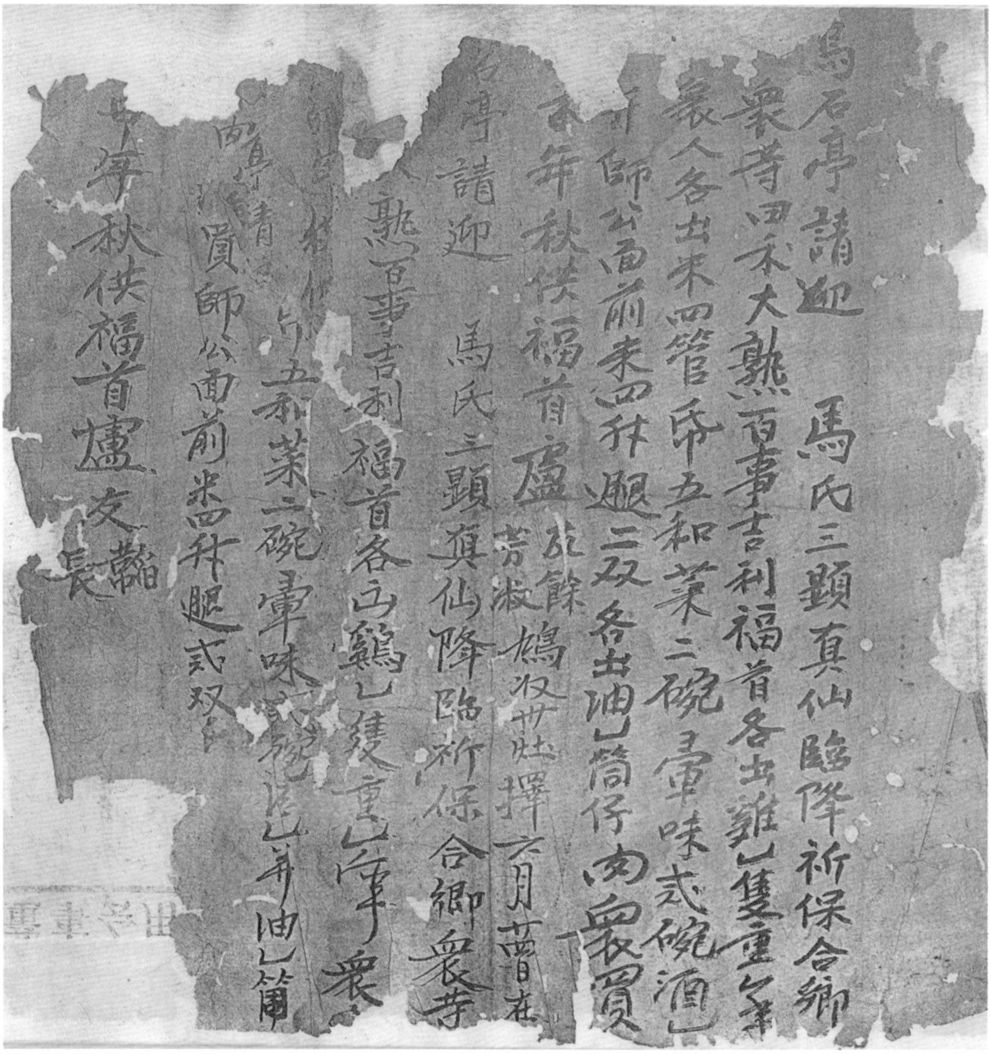
馬石亭請迎　馬氏三顯真仙臨降祈保合鄉
衆等田禾大熟百事吉利福首各出雞乙隻重乙斤
衆人各出米四管錢五和菜二碗葷味弍碗酒乙
請師公面前米四升遐二双各出油乙筒仔　內衆買
本年秋供福首盧存餘芳淑鴆汝廿駐擇六月廿三日在
后亭請迎　馬氏三顯真仙降臨祈保合鄉衆等
人熟百事吉利福首各出雞乙隻重乙斤衆
[illegible]行五和菜二碗葷味弍碗酒乙瓶油乙簡
內衆請[illegible]買師公面前米四升遐弍双乙
本年秋供福首盧文龢長

11-2-2-2　晚清民國后亭盧氏迎請馬氏三仙福首祭薄（二）

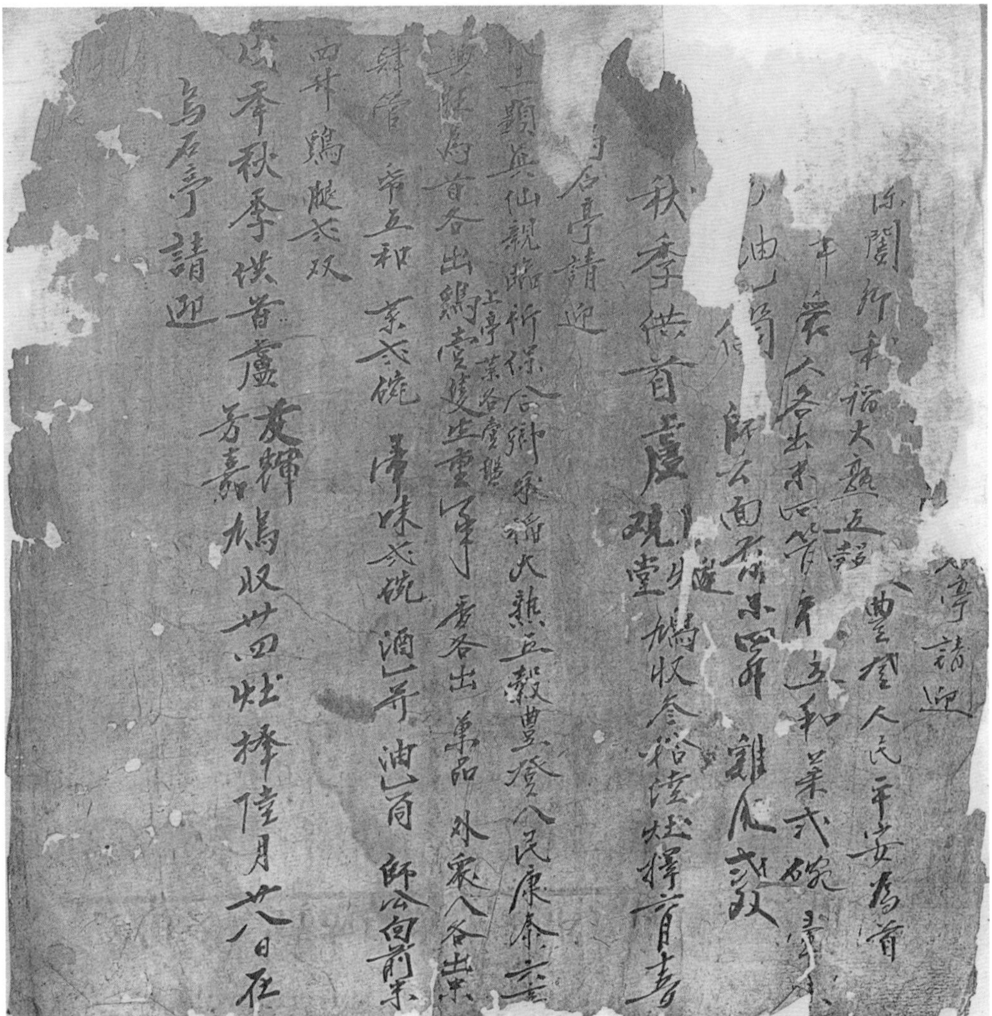

……亭請迎
……保闔[illegible]平福大熟五穀豐登人民平安為首
……年當人各出米二管首正五和菜式碗壹……
……油一斤……師公面前米四升雞一隻
秋季供首盧觀堂 鳩收叁拾陸灶擇首吉
……后亭請迎
……顯真仙親臨祈保合鄉承福大熟五穀豐登人民康泰吉
……為首各出雞壹隻（上亭菜各壹盤）生童一年……各出菜品 外家人各出米
肆管 帝五和 菜式碗 清味式碗 酒一斤 油一斤 師公面前米
四升 雞腿式双
……年秋季洪首盧友輝 芳嘉 鳩收卌四灶 捧陸月廿八日在
烏石亭請迎

11-2-2-3　晚清民國后亭盧氏迎請馬氏三仙福首祭薄（三）

氏三顯真仙親臨祈保合鄉五穀豐登人民康泰六畜
興旺為首者出主山隻重[illegible]斤 上亭菜[illegible]壹盤[illegible]者出魚
肉外衆人各出米四升 [illegible]和菜弍碗[illegible]弍碗酒[illegible]
油[illegible] 鄉[illegible]西前米四升 主腿弍双
癸亥年秋季供首盧友華 芳菁 鳩收廿六灶 擇六月初九日恭[illegible]
后亭請迎
氏三顯真仙親降祈保闔鄉五穀豐登人民康泰六畜興旺為
首者出主山隻重[illegible]斤 上亭菜[illegible]盤[illegible]菜[illegible]外衆人各出米四
[illegible]和菜弍碗[illegible]弍碗酒[illegible]油[illegible]
鄉[illegible]西前米四升 主腿弍双
甲子年秋季供首盧芳能 許[illegible] 鳩收卅五灶 擇六月廿九日[illegible]

11-2-2-4　晚清民國后亭盧氏迎請馬氏三仙福首祭薄（四）

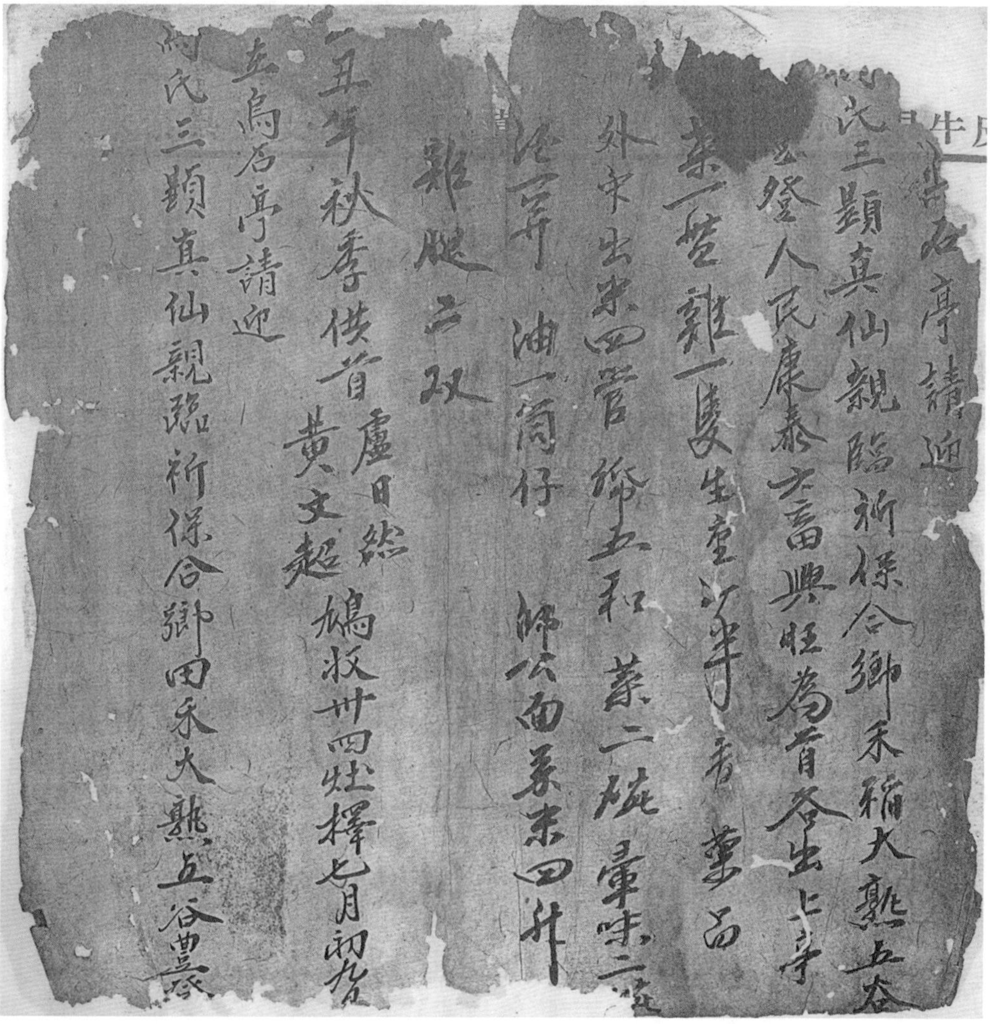
石亭請迎
氏三顯真仙親臨祈保合鄉禾稻大熟五谷
登人民康泰六畜興旺為首各出上等
菜一碟雞一隻生豬半斤 香 蠟 酒
外來出米四管 節五和 菜二碗 葷味二碗
洋一角 油一筒仔 師公面菜米四升
雞腿二双
丑年秋季供首盧日總
黃文超 鳩叔廿四灶擇七月初旨
左島石亭請迎
馬氏三顯真仙親臨祈保合鄉田禾大熟五谷豐登

11-2-2-5 晚清民國后亭盧氏迎請馬氏三仙福首祭薄（五）

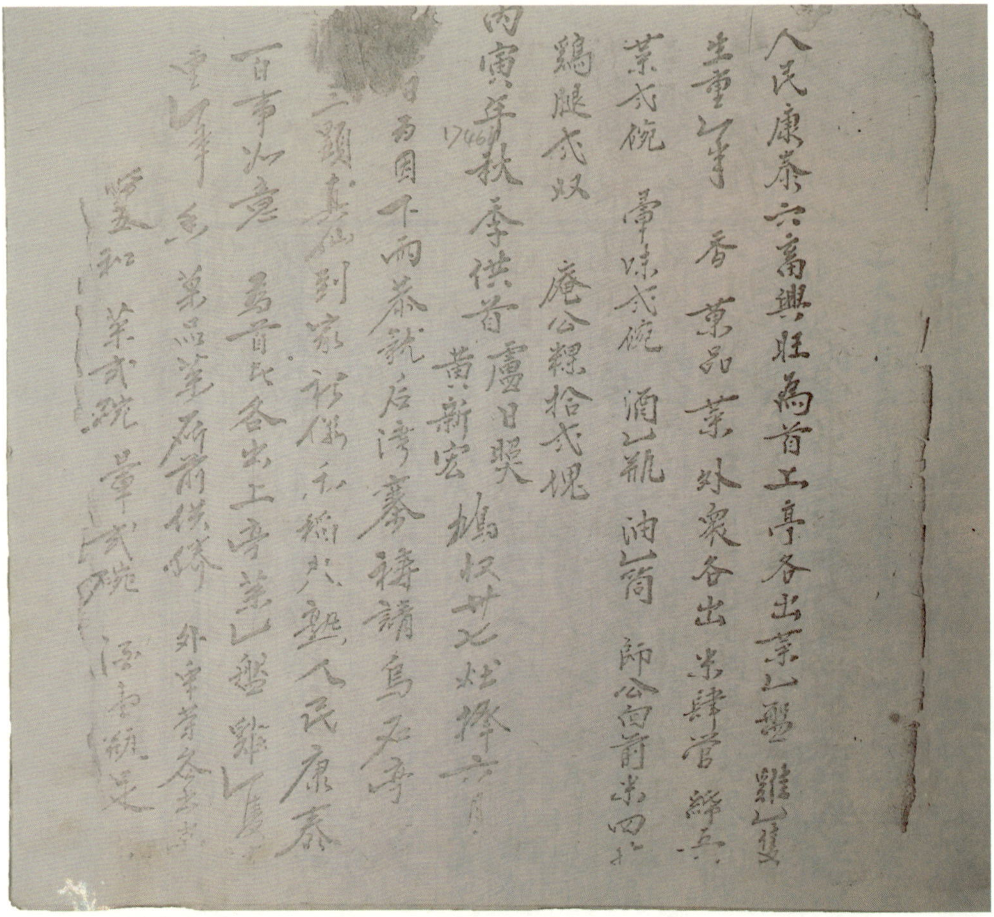

人民康泰六畜興旺為首工亭各出菜山盤 雞山隻
生童山羊 香 菓品 菜 外衆各出 米肆管 絲兵
菜弍碗 葷味弍碗 酒山瓶 油山筒 師公田前米四升
鷄腿弍双 庵公粿拾弍塊
丙寅年1746秋季供首盧日獎
黃新宏 鴨奴廿七灶 擇六月
日因下雨恭就后湾壽祷請烏石寺
三題真仙到家祈保和順共八壯人民康泰
百事如意 為首盧各出工亭菜山盤 雞山隻
重山羊山 菓品菜 府前供備 外衆等各出米
營五 和 菜弍碗 葷弍碗 酒壺瓶足

11-2-2-6　晚清民國后亭盧氏迎請馬氏三仙福首祭薄（六）

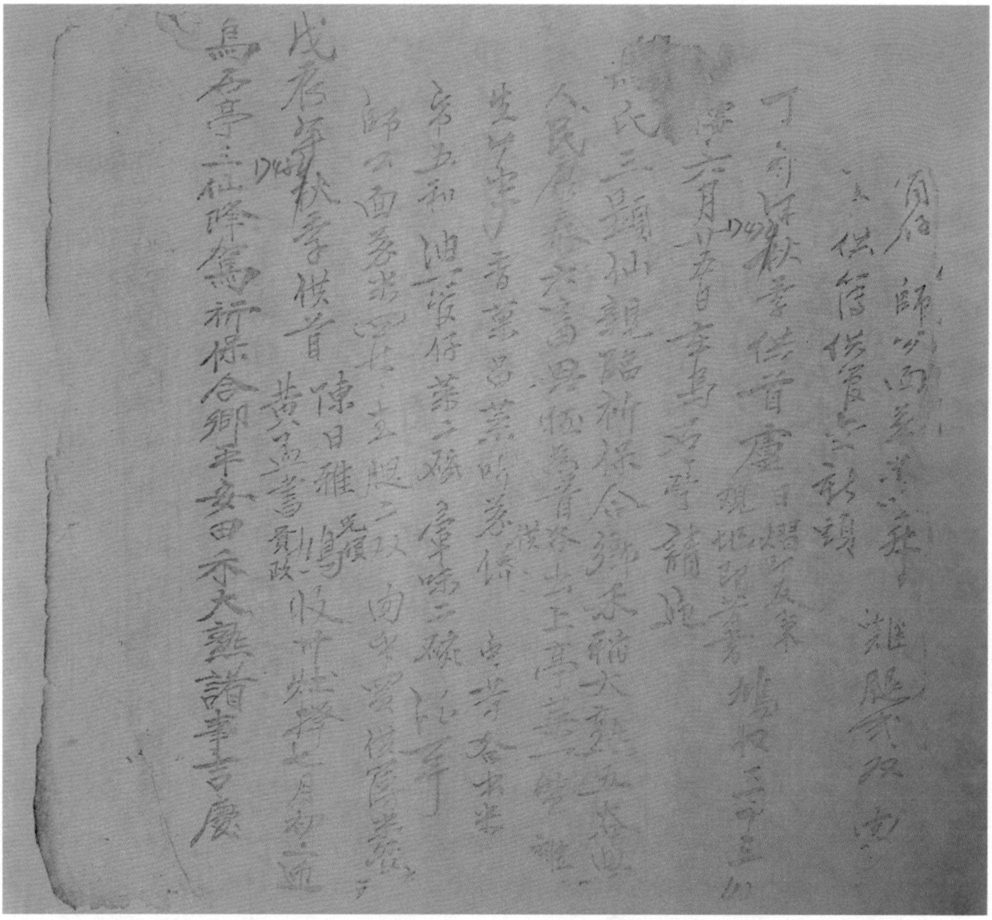

[illegible]師[illegible]雞腿[illegible]
[illegible]供管[illegible]頭
丁酉年秋季供首盧日熠[illegible]
[illegible]六月廿五日辛馬后亭請迎[illegible]書 鳩收三千五百
馬氏三顯仙親臨祈保合鄉禾稻大熟五谷豐
人民康泰六畜興旺福首各出上亭[illegible]雞
生[illegible]香菓品菜時務係[illegible]
[illegible]油[illegible]三碗[illegible]三碗[illegible]年
師公西務米四升[illegible]腿二双[illegible]供管[illegible]
戊戌年秋季供首陳日雅 黃孟書 貴政[illegible]收廿姓[illegible]七月初二迎
馬后亭三仙降駕祈保合鄉平安田禾大熟諸事吉慶

11-2-2-7　晚清民國后亭盧氏迎請馬氏三仙福首祭薄（七）

福首各出上亭菜乚盤圭乚隻生乚手香菓品菜呼有傢
衆等各出米四曆牟五和油一筒菜二碗 羣味二碗
酒乚升肉乚斤買 供傳米貨交新頭
師公面前米四升圭腿弍双
秋供福首 黄德昊 盧俊 鳩收廿七灶六月十七日在
后亭請迎 馬氏三仙降駕祈保合鄉田禾大乚
諸事大吉
各出上亭菜乚盤圭各出乚隻重乚手香菓乚
昕前供俸衆等各出米四壹斗五和油乚筒仔菜
碗羣味二碗酒乚瓶肉衆買依例
秋供福首盧友貽 以和 鳩收廿六灶 擇七月

11-2-2-8　晚清民國后亭盧氏迎請馬氏三仙福首祭薄（八）

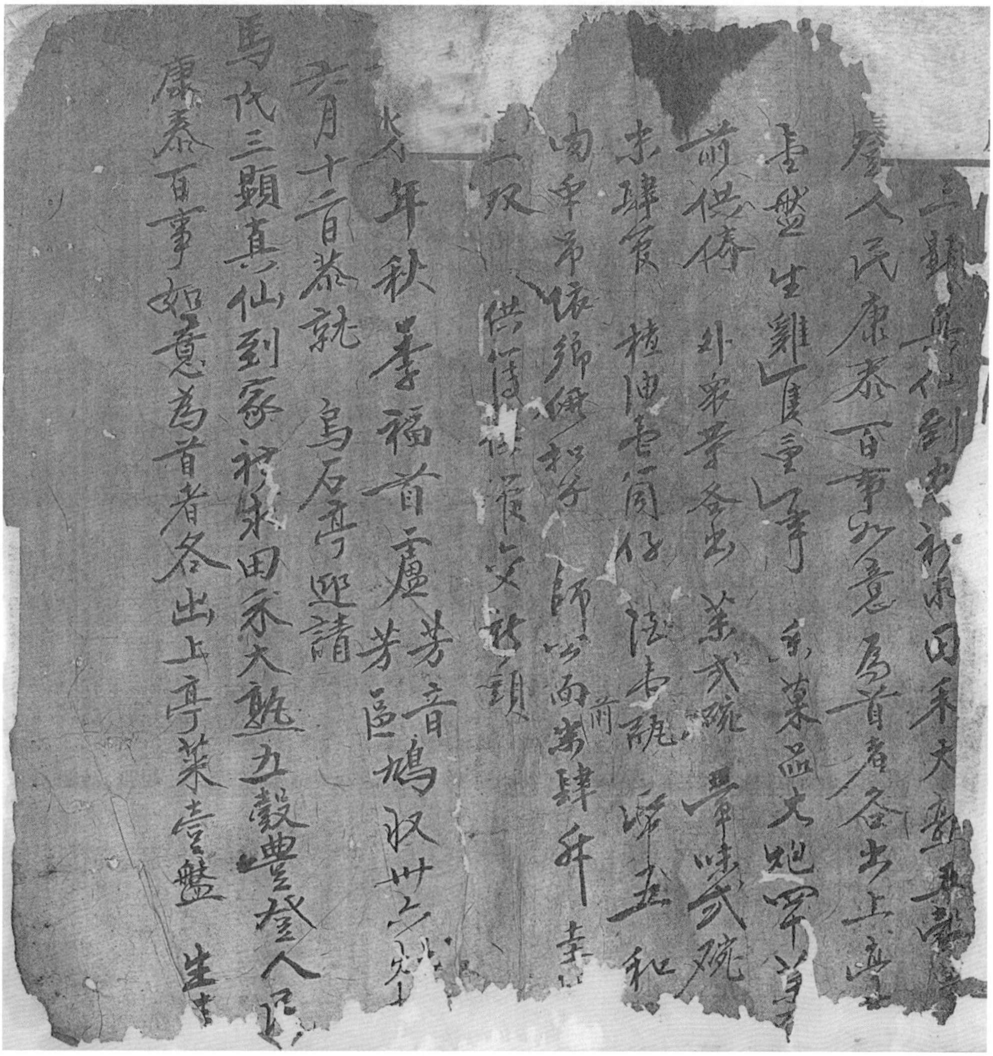

三顯真仙到此祈求田禾大熟五穀豐
登人民康泰百事如意為首者各出上亭
壹盤　生雞壹隻壹手　糕菓品大炮眾首
前供奉　外眾等各出　菜貳碗　葷味貳碗
米肆碗　植油壹兩作　法香頭　紙五和
肉重弟依鄉例扣子　師公面前　前肆斤　幸[illegible]
一双　供信衣安頭
卅年秋季福首盧芳音　芳邑　鳩收廿二[illegible]
六月十二日恭就　烏石亭迎請
馬氏三顯真仙到家祈求田禾大熟五穀豐登人民
康泰百事如意為首者各出上亭菜壹盤　生[illegible]

11-2-2-9　晚清民國后亭盧氏迎請馬氏三仙福首祭薄（九）

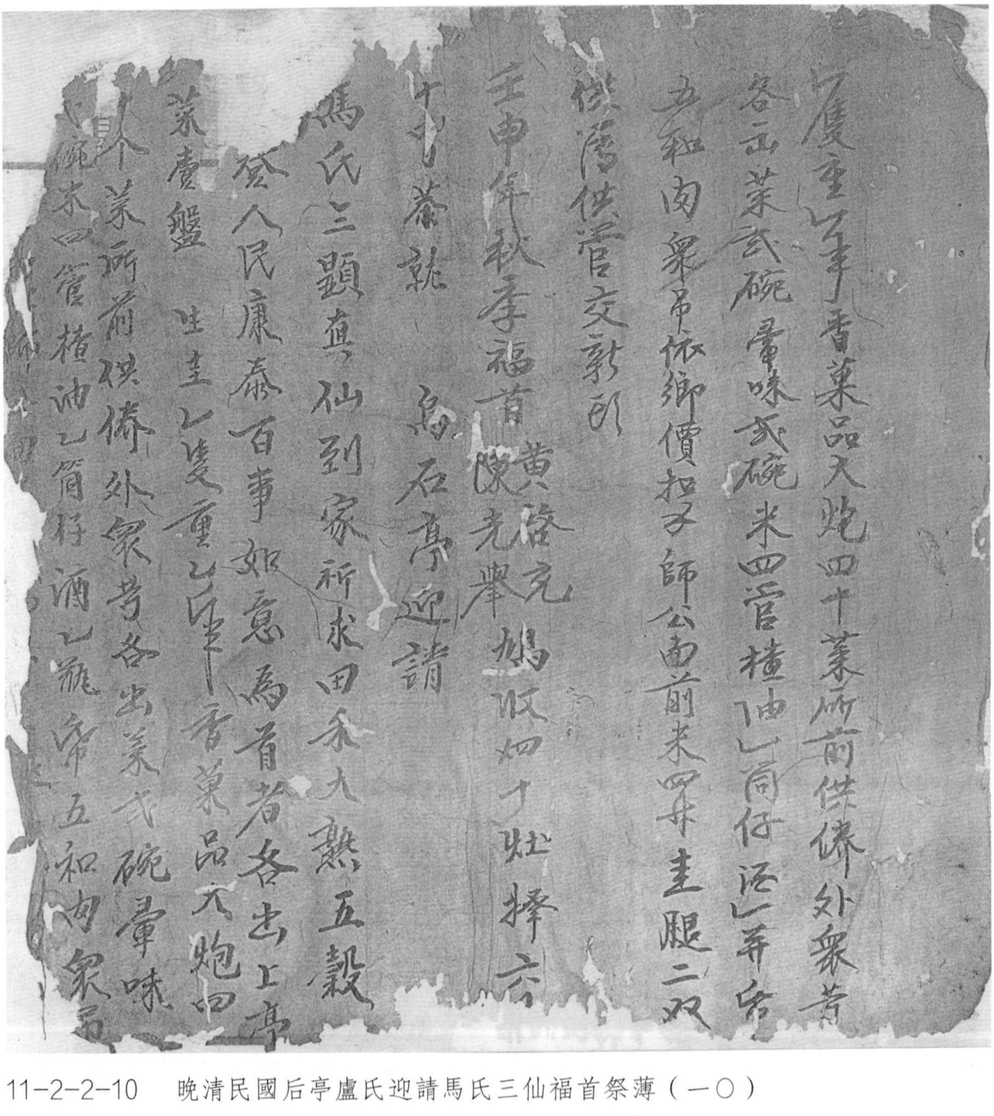

□庚重□年香菓品大炮四十叢所前供備外衆若
各出菜弍碗暈味弍碗米四管植油乚筒仔酒乚瓶帋
五釦肉衆帋依鄉價扣子師公面前米四升圭腿二双
做薦供管交新所
壬申年秋季福首黄啓元陳克舉媽收如十灶擇六
十廿日薦就烏石亭迎請
馬氏三顯真仙到家祈求田禾大熟五穀
登入民康泰百事如意為首者各出上亭
菜壹盤　生主乚庚重乚年香菓品大炮四
十叢所前供備外衆若各出菜弍碗暈味
碗米四管植油乚筒仔酒乚瓶帋五釦肉衆帋

11-2-2-10　晚清民國后亭盧氏迎請馬氏三仙福首祭薄（一〇）

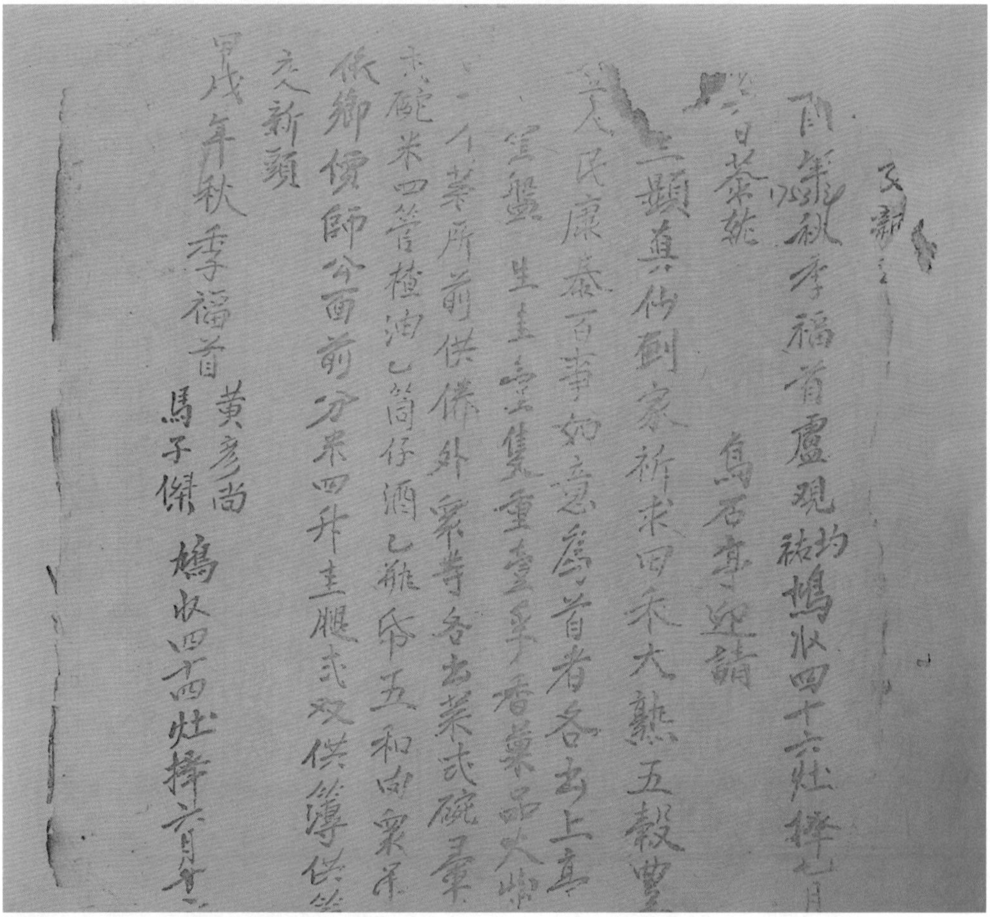

交卸之

丙□年秋季福首盧觀均 祐鳩收四十六灶 擇七月
□日茶姥 1753 鳥石亭迎請
三顯真仙到家 祈求田禾大熟 五穀豐[illegible]
人民康泰百事如意 爲首者各出上亭
宜盤 生主金集重壹平香菓品大燭
一付 菜所前供佛外 眾等各出菜式碗[illegible]
米碗 米四管 桂油乙筒 仔酒乙瓶 錢五 和尚眾米
依鄉價 師公面前 分米四升 圭腿弍双 供簿 供[illegible]
之新頭
甲戌年秋季福首 黄彥尚 馬子傑 鳩收四十四灶 擇六月[illegible]

11-2-2-11　晚清民國后亭盧氏迎請馬氏三仙福首祭薄（一一）

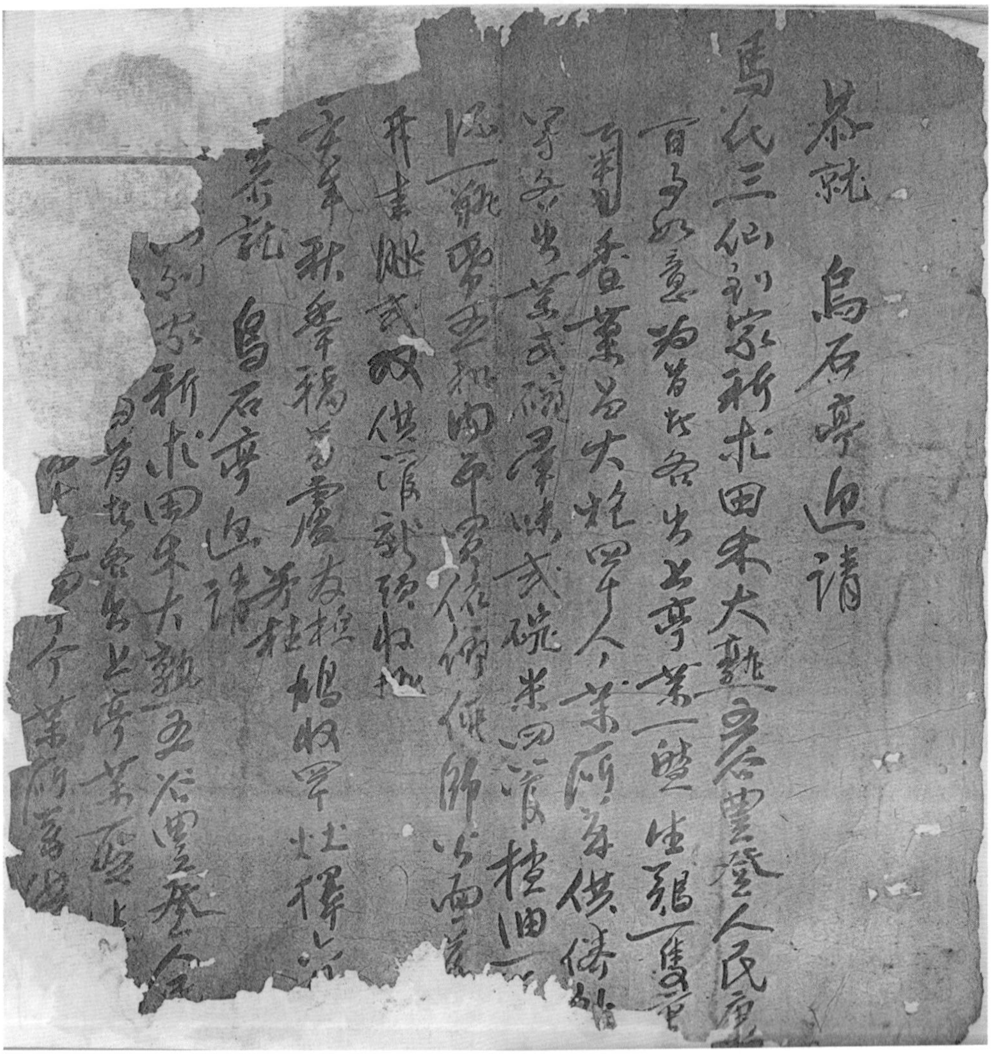

11-2-2-12　晚清民國后亭盧氏迎請馬氏三仙福首祭薄（一二）

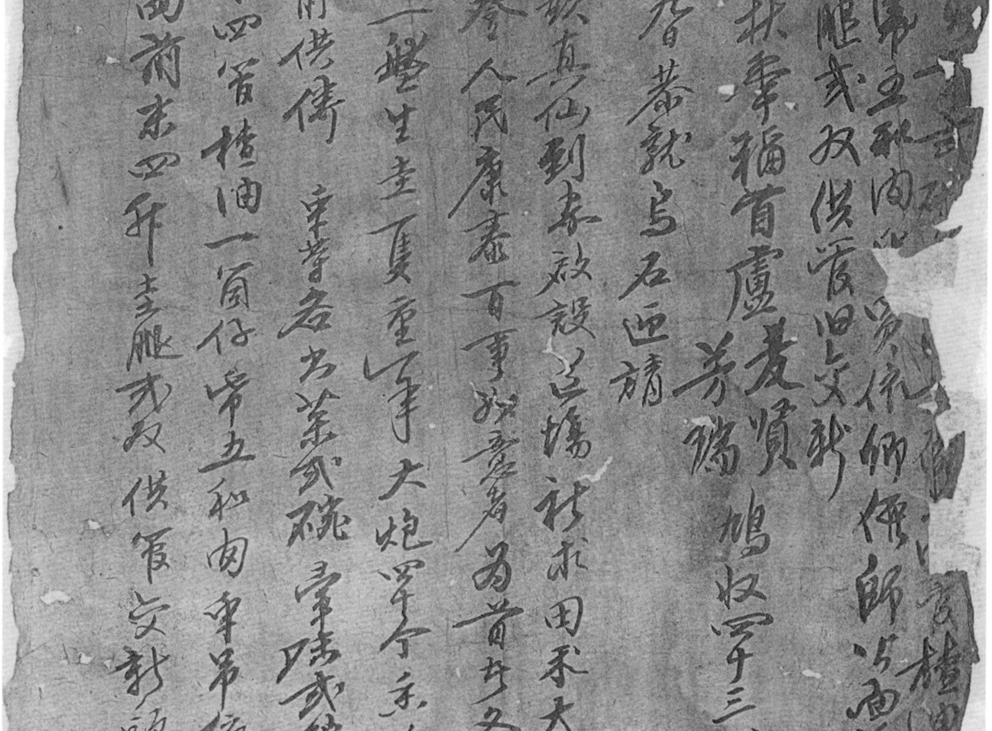

……一式……檀油……
酒一新壽五秋酒□□依例俻師公酒
四斤圭雕弍双供盤旧交新
戊子年秋季福首盧友賢　并瑞　鳩收罕三姓
十月初旬恭就烏石迎請
馬氏三歲真仙到來啟設道場祈求田禾大
熟豐登人民康泰百事如意為首弟各
亭菜一盤生圭一隻重□斤　大炮罕个　余菜
菜碗前供俵　果茶名大菜弍碗　果味弍碗□
一并米四筒檀油一罐仔常五秈肉串串依鄉□
師公酒前來四斤圭雕弍双供盤交新頭

11-2-2-13　晚清民國后亭盧氏迎請馬氏三仙福首祭薄（一三）

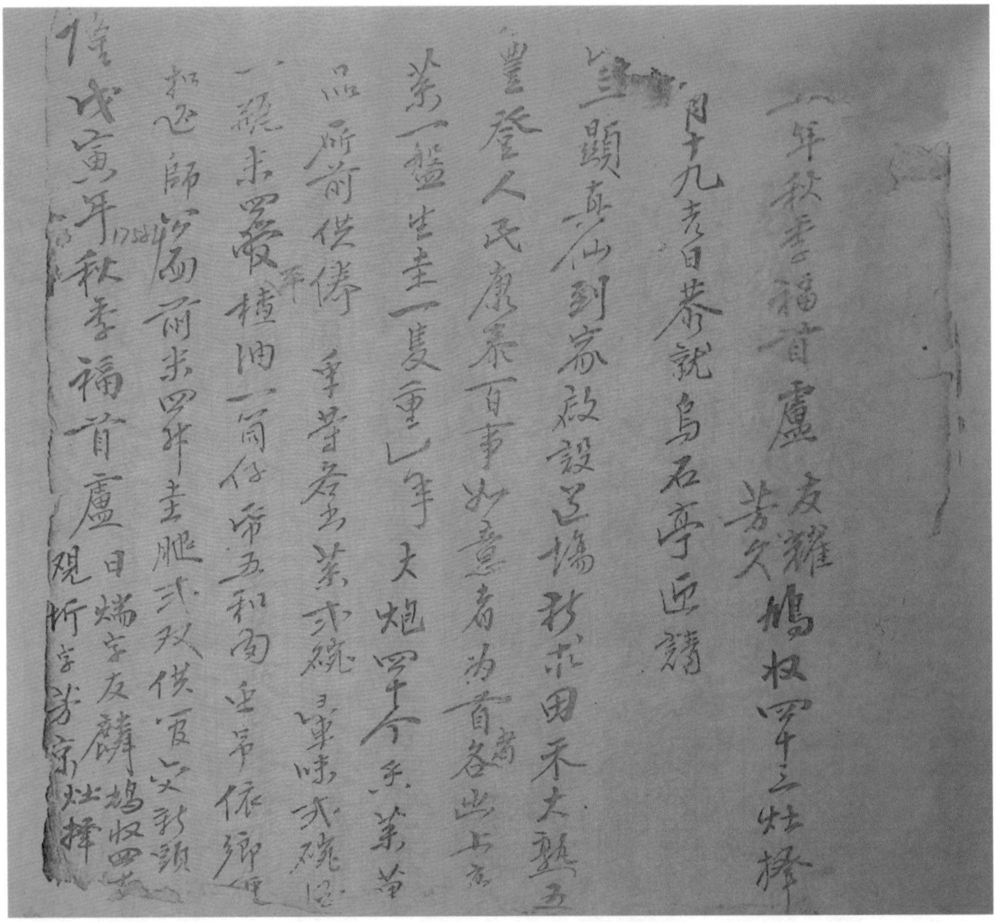

年秋季福首盧友耀
芳父鳩收四十二灶擇
月十九吉日恭就烏石亭迎請
三顯真仙到家啟設道場祈求田禾大熟五
豐登人民康泰百事如意者爲首各出上
菜一盤生圭一隻重 斤 大炮四十个 菜
品所前供傳 芋簽 菜式碗 菜味式碗
一綫米四 植油一筒 帝五和 依鄉
師 前米四斗 圭肫式双 供夜 頭
戊寅年1758 秋季福首盧日端字友麟鳩收四
硯圻字芳宗灶擇

11-2-2-14　晚清民國后亭盧氏迎請馬氏三仙福首祭薄（一四）

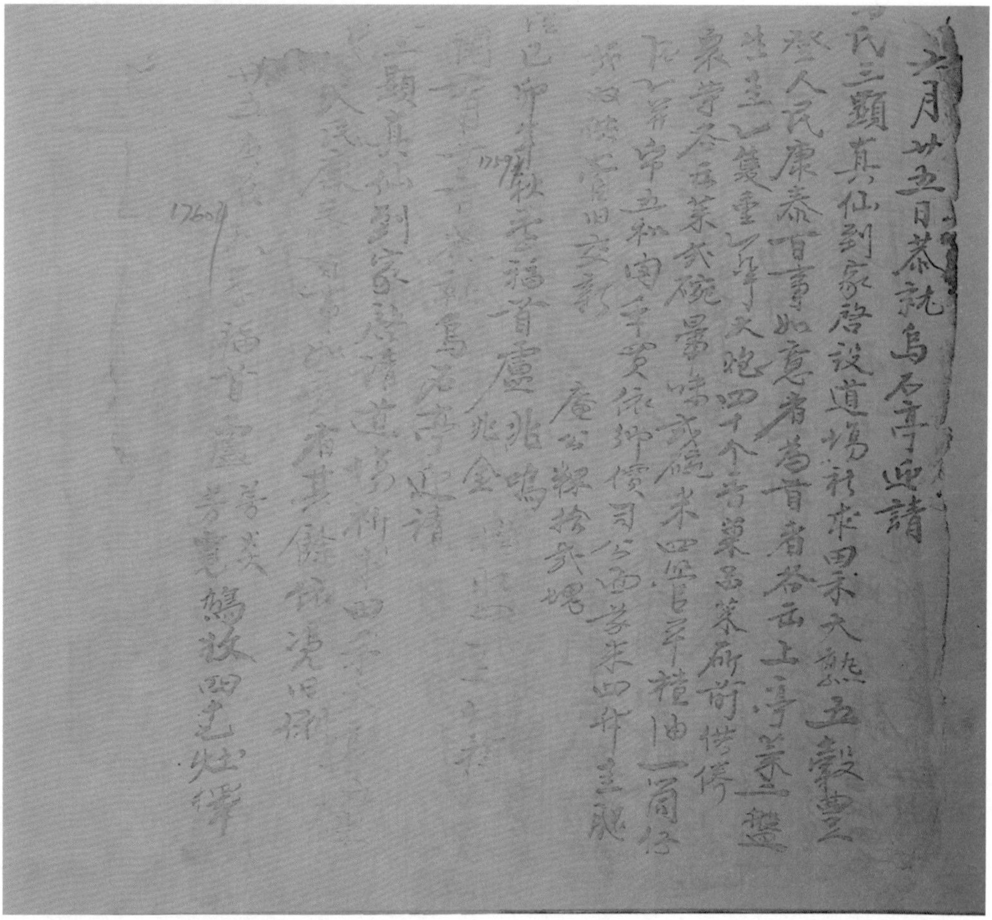

六月廿五日恭詣烏石亭迎請
馬氏三顯真仙到家啓設道場祈求四季大熟五穀豐
登人民康泰百事如意者為首者恭函上亭菜三盤

11-2-2-15　晚清民國后亭盧氏迎請馬氏三仙福首祭薄（一五）

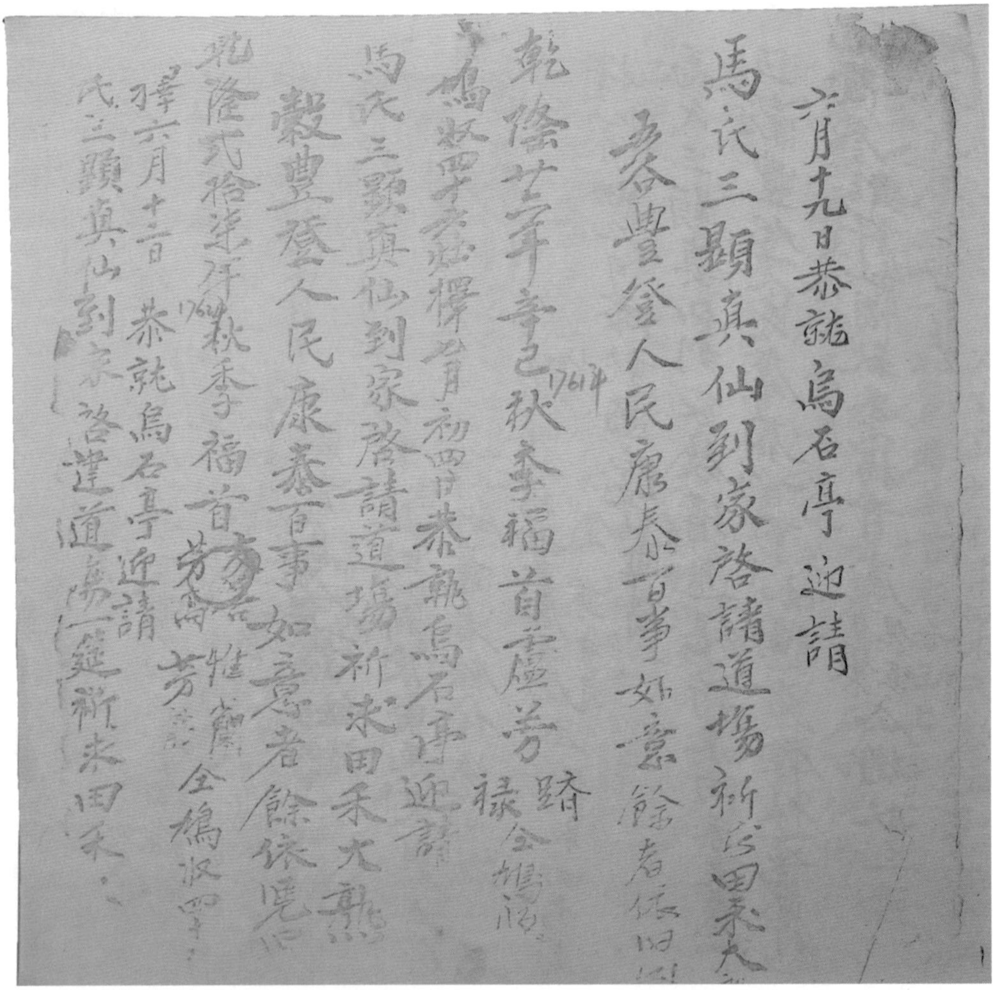
六月十九日恭就烏石亭迎請
馬氏三顯真仙到家啓請道場祈求田禾大熟
五谷豐登人民康泰百事如意餘者依旧[illegible]
乾隆廿六年辛巳1761年秋季福首盧芳　踦
祿仝鳩收
[illegible]鳩收四十[illegible]擇五月初四日恭就烏石亭迎請
馬氏三顯真仙到家啓請道場祈求田禾大熟
穀豐登人民康泰百事如意者餘依見[illegible]
乾隆弍拾柒年1762秋季福首芳高　芳[illegible]　[illegible]　仝鳩收四十[illegible]
擇六月十二日恭就烏石亭迎請
氏三顯真仙到家啓建道場一筵祈求田禾。

11-2-2-16　晚清民國后亭盧氏迎請馬氏三仙福首祭薄（一六）

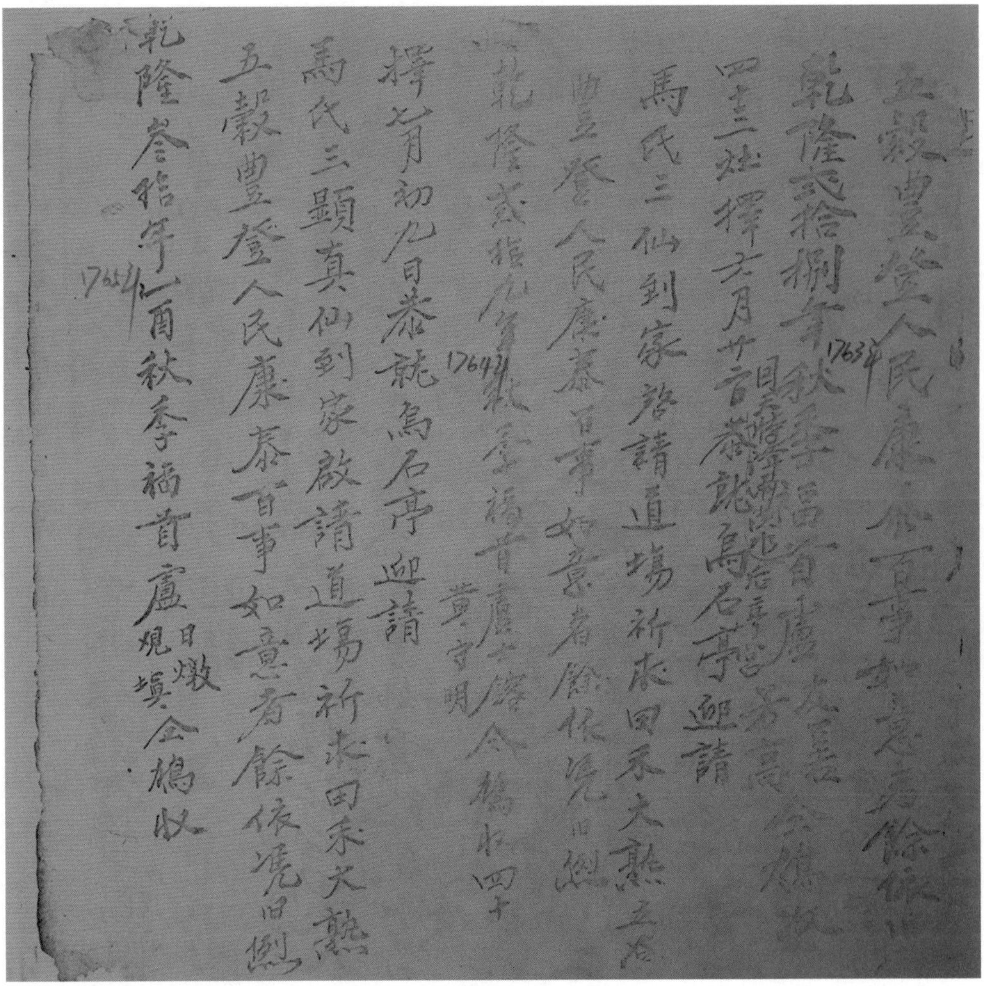

五穀豐登人民康泰百事如意有餘依舊

乾隆貳拾捌年秋季福首盧大喜高仝鳩收 1763年

四十二灶擇六月廿三日恭就烏石亭迎請

馬氏三仙到家啓請道場祈求田禾大熟五谷

豐登人民康泰百事如意有餘依舊

乾隆貳拾玖年秋季福首盧大餘仝鳩收四十 1764年

黃守明

擇七月初九日恭就烏石亭迎請

馬氏三顯真仙到家啓請道場祈求田禾大熟

五穀豐登人民康泰百事如意有餘依舊

乾隆叁拾年 1765年 酉秋季福首盧日燉規填仝鳩收

11-2-2-17　晚清民國后亭盧氏迎請馬氏三仙福首祭薄（一七）

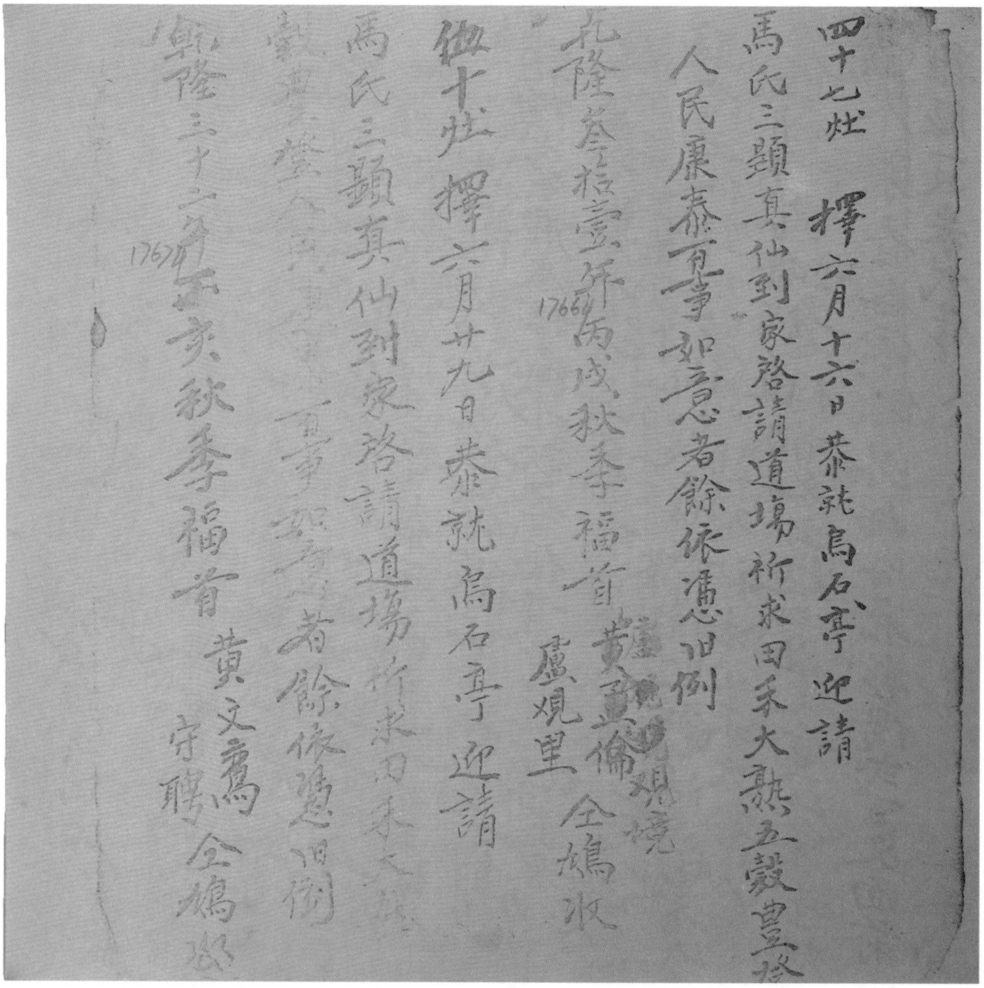
四十七灶　擇六月十六日恭就烏石亭迎請
馬氏三顯真仙到家啓請道場祈求田禾大熟五穀豐登
人民康泰百事如意者餘依憑旧例
乾隆叁拾壹年丙戌秋季福首　黃亶倫　盧觀境
盧觀里　仝鳩收
1766
伍十灶　擇六月廿九日恭就烏石亭迎請
馬氏三顯真仙到家啓請道場祈求田禾大熟
豐登人民康泰百事如意者餘依憑旧例
乾隆三十二年丁亥秋季福首　黃文鳶
守聰　仝鳩收
1767

11-2-2-18　晚清民國后亭盧氏迎請馬氏三仙福首祭薄（一八）

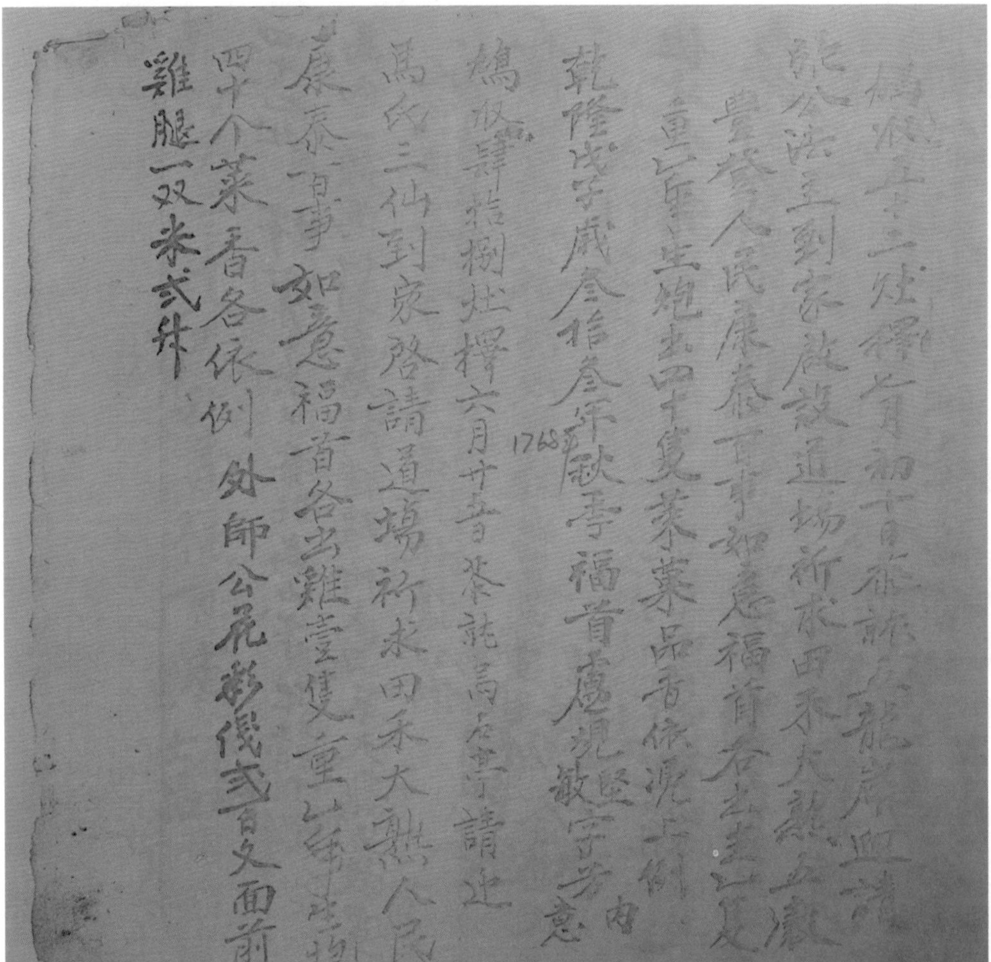
鳩收廿三灶擇七月初十日奉請□龍虎山請
張公法主到家啟設道場祈求田禾大熟六畜
豐登人民康泰百事如意福首各出雞壹隻
重三斤生炮出四十隻菜菓品香依照上例
乾隆戊子歲叁拾叁年(1768)歆亭福首盧現經敏守芳 意 内
鳩收肆拾捌灶擇六月廿五日恭就高在亭請進
馬氏三仙到家啟請道場祈求田禾大熟人民
康泰百事如意福首各出雞壹隻重三斤生炮
四十个菜香各依例 外師公花彩銭弍百文面前
雞腿一双米弍升

11-2-2-19　晚清民國后亭盧氏迎請馬氏三仙福首祭薄（一九）

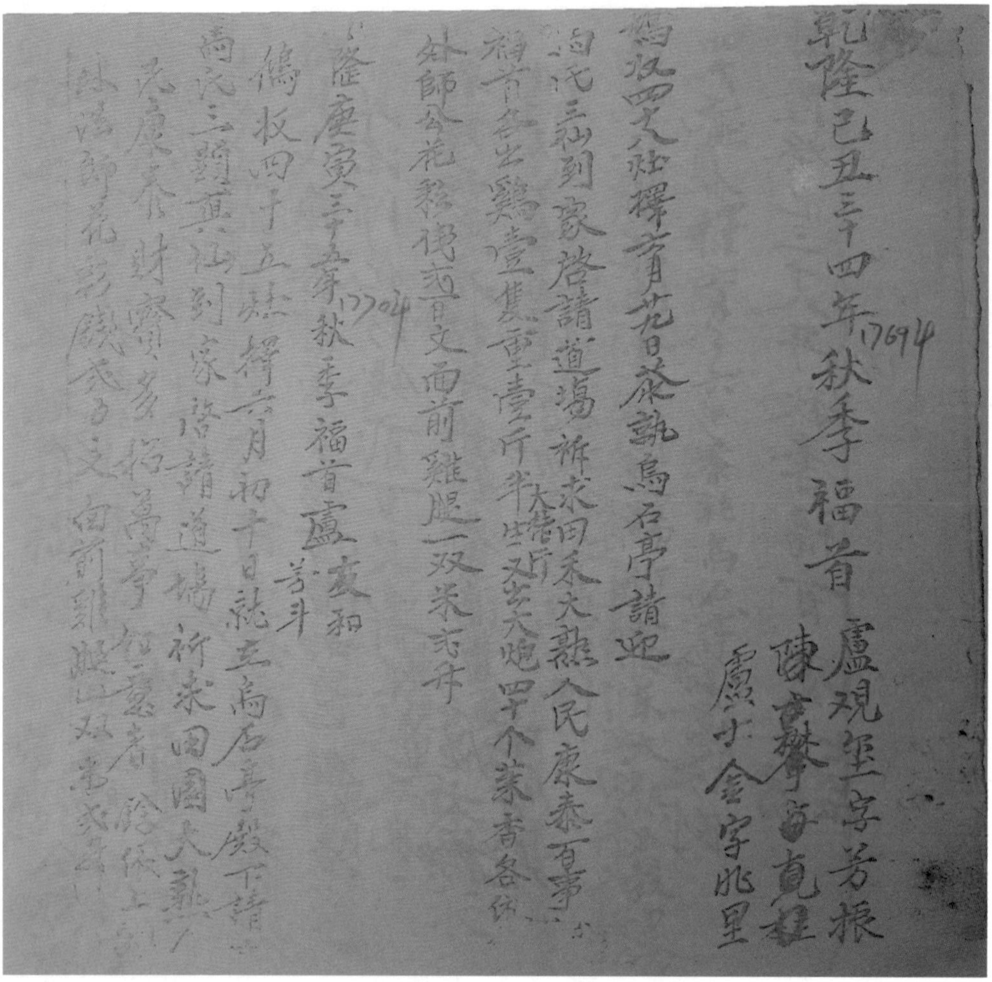
乾隆己丑三十四年1769年秋季福首　盧观玺字芳振
陳[illegible]字[illegible]
盧士金字兆里
鳩收四丈八灶擇六月初[illegible]日在[illegible]烏石亭請迎
馬氏三仙到家啓請道場祈求田禾大熟人民康泰百事[illegible]
福首各出雞壹隻面壹斤半大猪[illegible]斤生[illegible]大炮四个茶香各位
外師公花紅錢[illegible]文面前雞腿一双米弍升
乾隆庚寅三十五年1770年秋季福首盧玄和
芳斗
鳩收四十五灶擇六月初十日就立烏石亭殿下請
馬氏三顯真仙到家啓請道場祈求田園大熟人
民康泰財寳多招萬事如意者[illegible]
外法師花彩錢[illegible]文面前雞腿一双米弍升

11-2-2-20　晚清民國后亭盧氏迎請馬氏三仙福首祭薄（二〇）

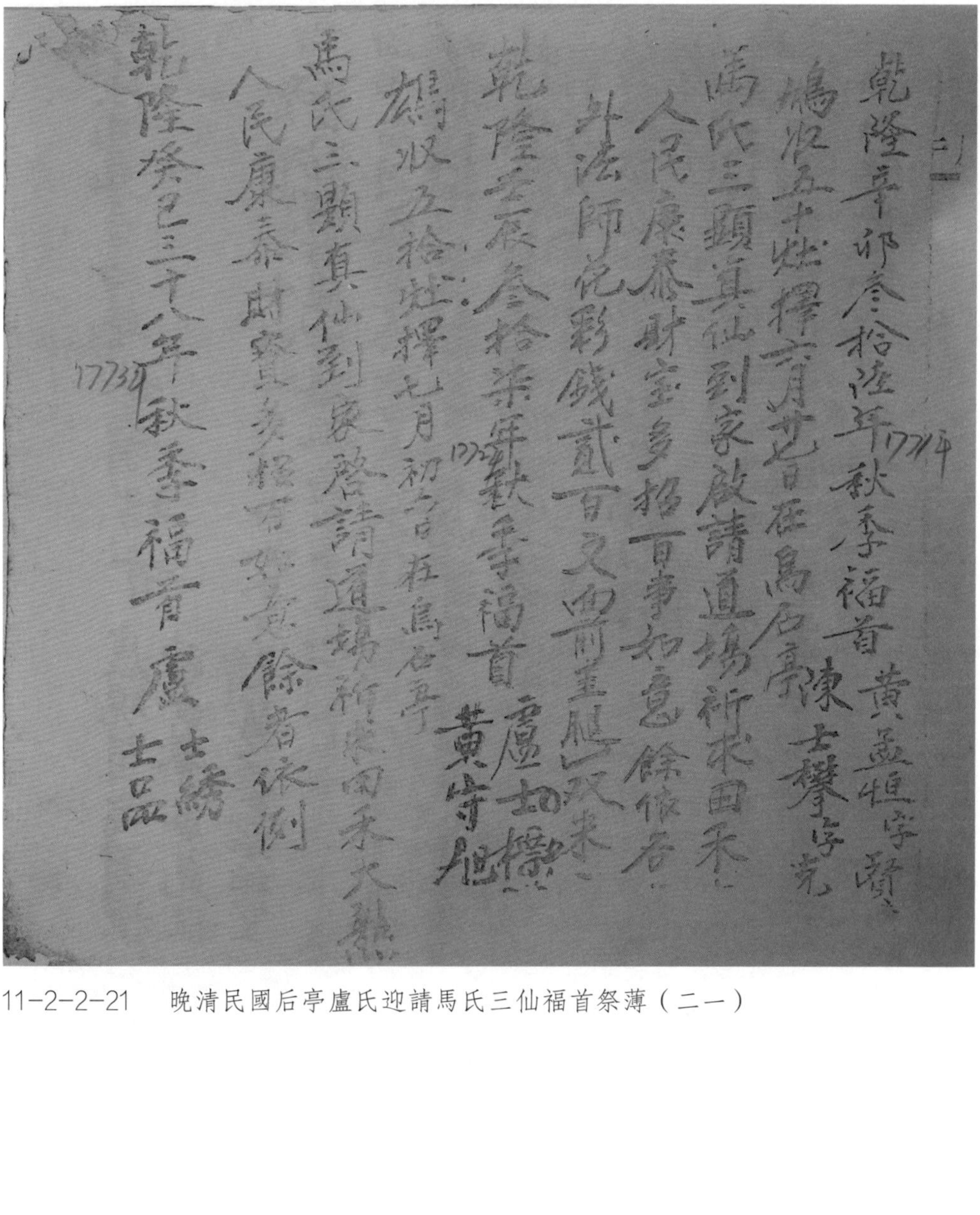

二一

乾隆辛卯叁拾陸年（1771年）秋季福首 黃孟恒 字賢、

鳩収五十姓擇六月廿二日在烏石亭 陳士攀 字光

馬氏三顯真仙到家啟請道場祈求田禾、

人民康泰財宝多招百事如意餘依右、

外法師花彩錢貳百文四前王腿、双来、

乾隆壬辰叁拾柒年（1772）秋季福首 盧士標 黃守亿

鳩収五拾姓擇七月初六日在烏石亭

馬氏三顯真仙到家啟請道場祈求田禾大熟

人民康泰財寶多招百如意餘者依例

乾隆癸巳三十八年（1773年）秋季福首 盧士綉 士品

11-2-2-21　晚清民國后亭盧氏迎請馬氏三仙福首祭薄（二一）

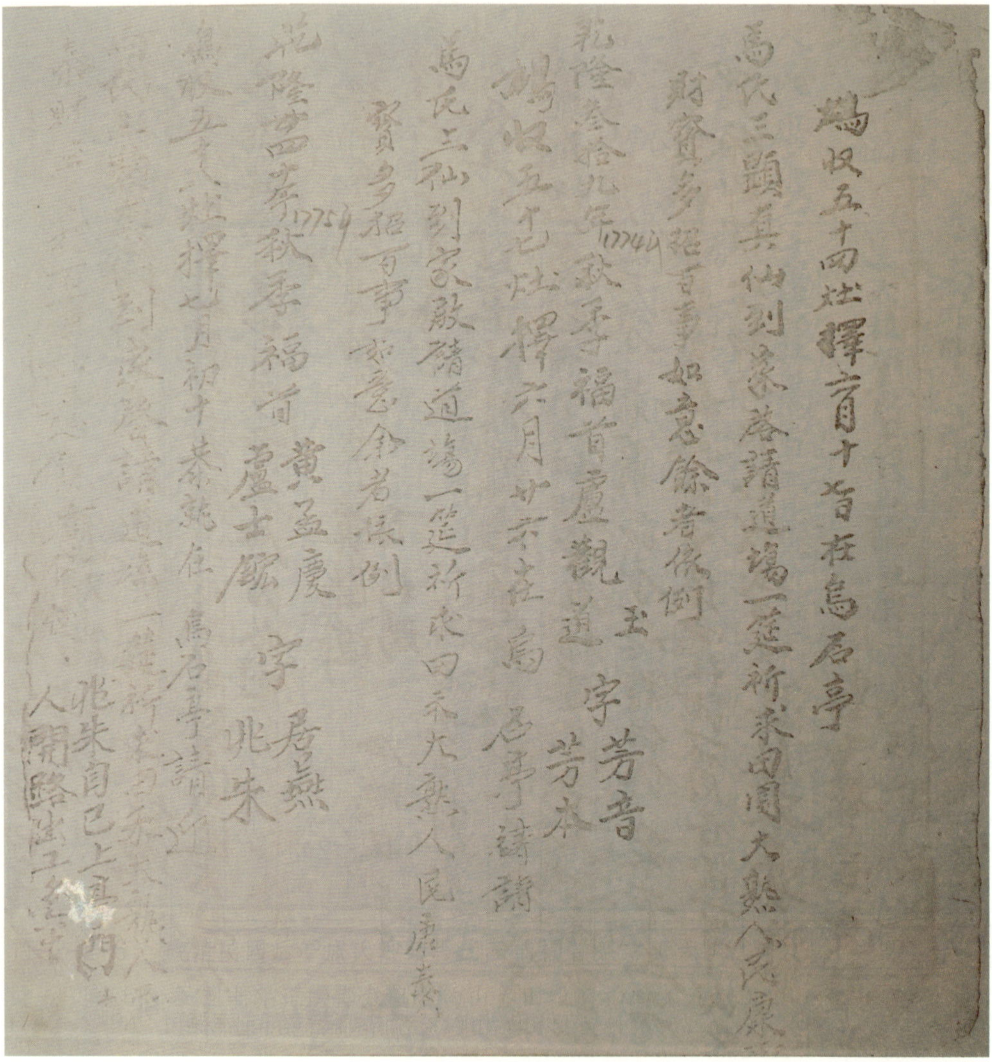
輪收五十四灶擇首十旨在烏居亭
馬氏三顯真仙到家啓請道場一筵祈求四園大熟人民康
財資多招百事如意餘者依例
乾隆叁拾九年（1774）秋季福首盧觀道 玉 字芳音 芳本
輪收五十七灶擇六月廿六在烏居亭請
馬氏三仙到家啓請道場一筵祈求四禾大熟人民康泰
財資多招百事如意餘者依例
乾隆四十年（1775）秋季福首 黄孟慶 字居燕 盧士歐 兆朱
輪收五十八灶擇七月初十未就在烏居亭請
到家啓請道場一筵祈求四禾大熟人
兆朱自己上直門
人開路

11-2-2-22　晚清民國后亭盧氏迎請馬氏三仙福首祭薄（二二）

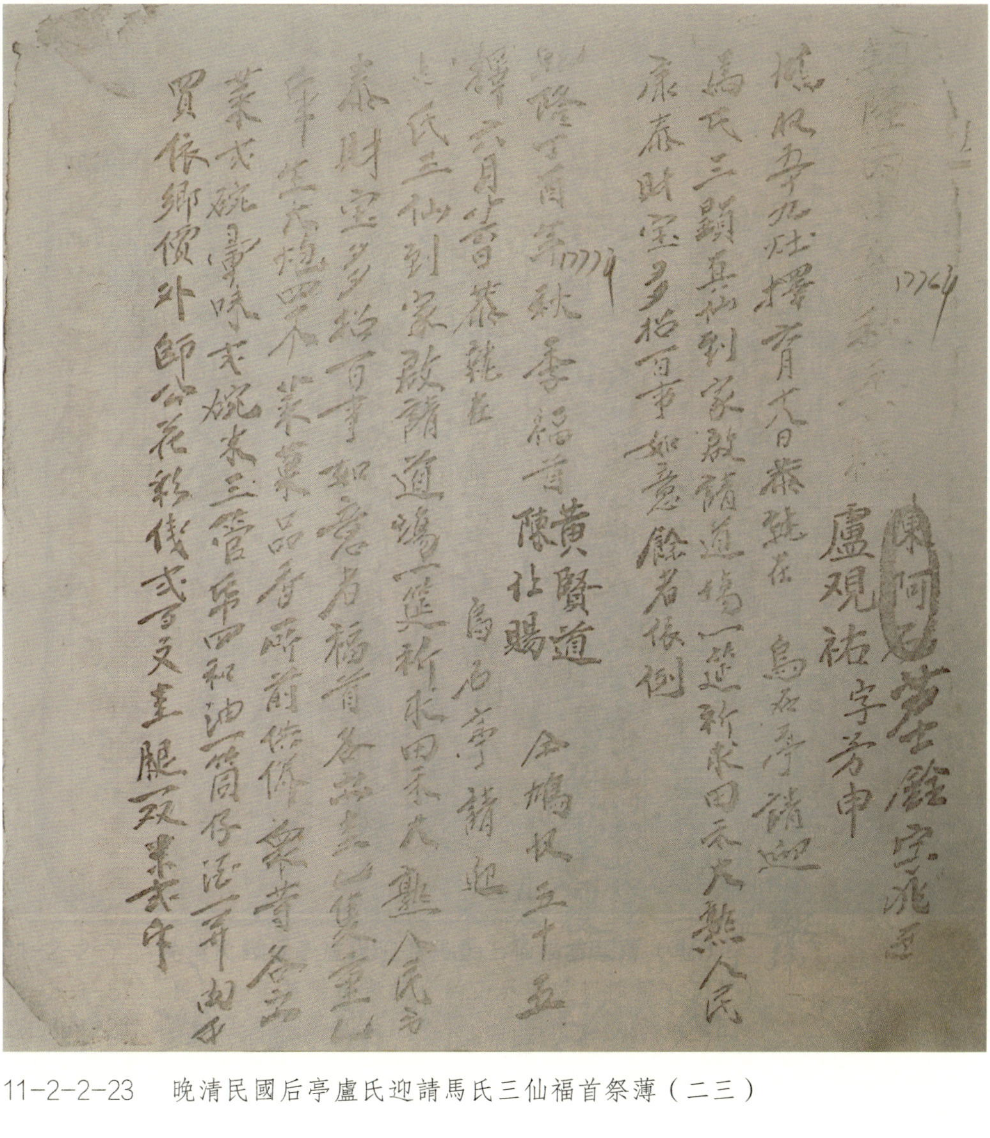

1776

陳阿石

菴銓 字飛臣

盧覌祐 字芳申

據叔孕九灶擇育月六日恭請在 烏石亭 請迎

馬氏三顯真仙到家啟請道場一筵祈求田禾大熟人民

康泰財寶多招百事如意餘者依例

黃賢道

陳壮賜

乾隆丁酉年1777秋季福首 全鳩叔五十五

擇六月廿四日恭請在 烏石亭 請迎

氏三仙到家啟請道場一筵祈求田禾大熟人民

康泰財寶多招百事如意者福首各出[illegible]

[illegible]

11-2-2-23　晚清民國后亭盧氏迎請馬氏三仙福首祭薄（二三）

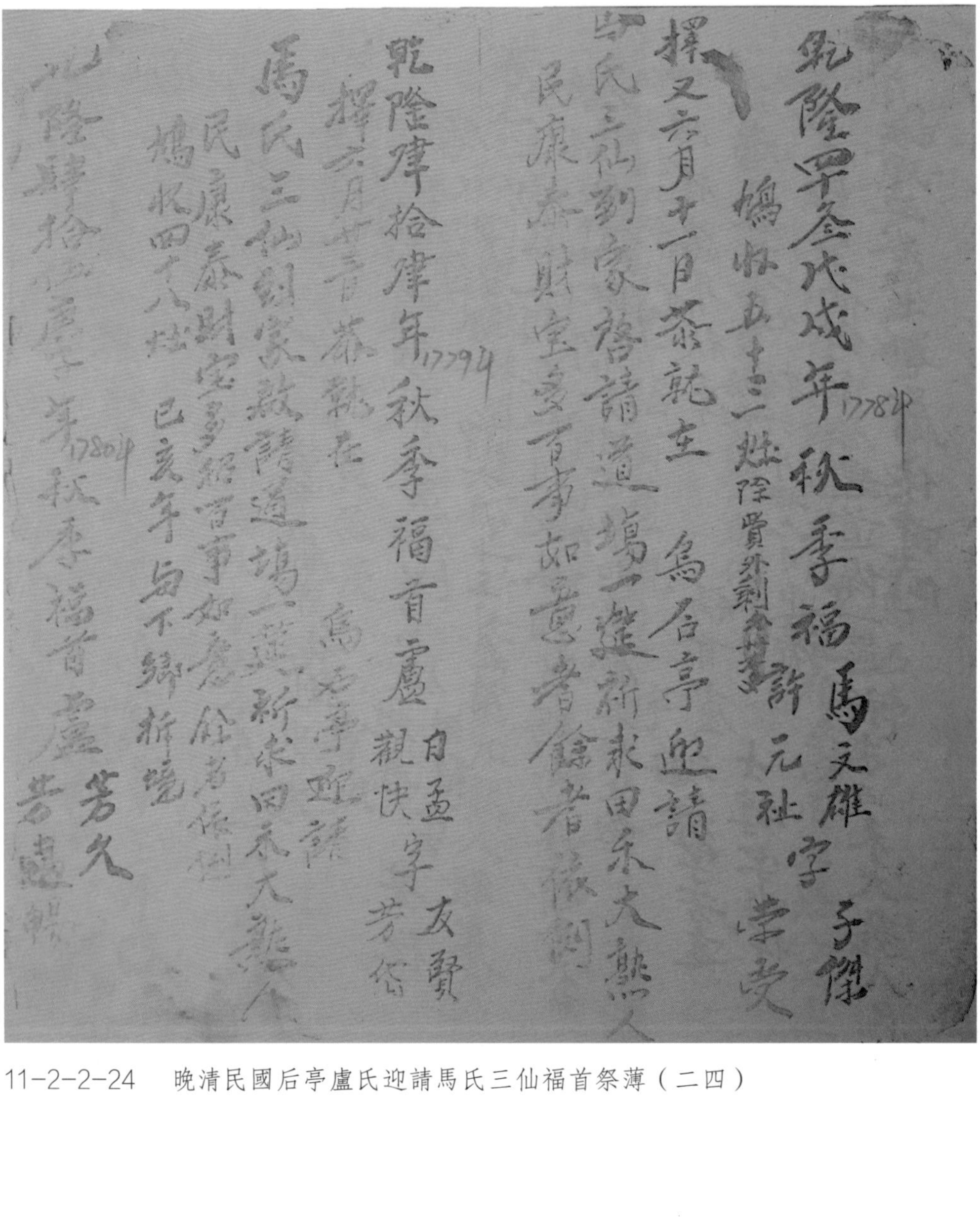

乾隆四十三戊戌年1778秋季福首馬文雄 子傑

鳩收五十二丝除買外剩　許元社 字學受

擇又六月十一日恭就在　烏石亭迎請

馬氏三仙到家啓請道塲一筵祈求田禾大熟人

民康泰財宝多百事如意者餘者依例

乾隆肆拾肆年1779秋季福首盧 白孟 友賢 覲快 字芳俗

擇六月廿二日恭就在　烏石亭迎請

馬氏三仙到家啓請道塲一筵祈求田禾大熟人

民康泰財宝多百事如意者依例

鳩收四十八丝　巳亥年分不歸析噫

乾隆肆拾伍庚子年1780秋季福首盧 芳久 芳聰

11-2-2-24　晚清民國后亭盧氏迎請馬氏三仙福首祭薄（二四）

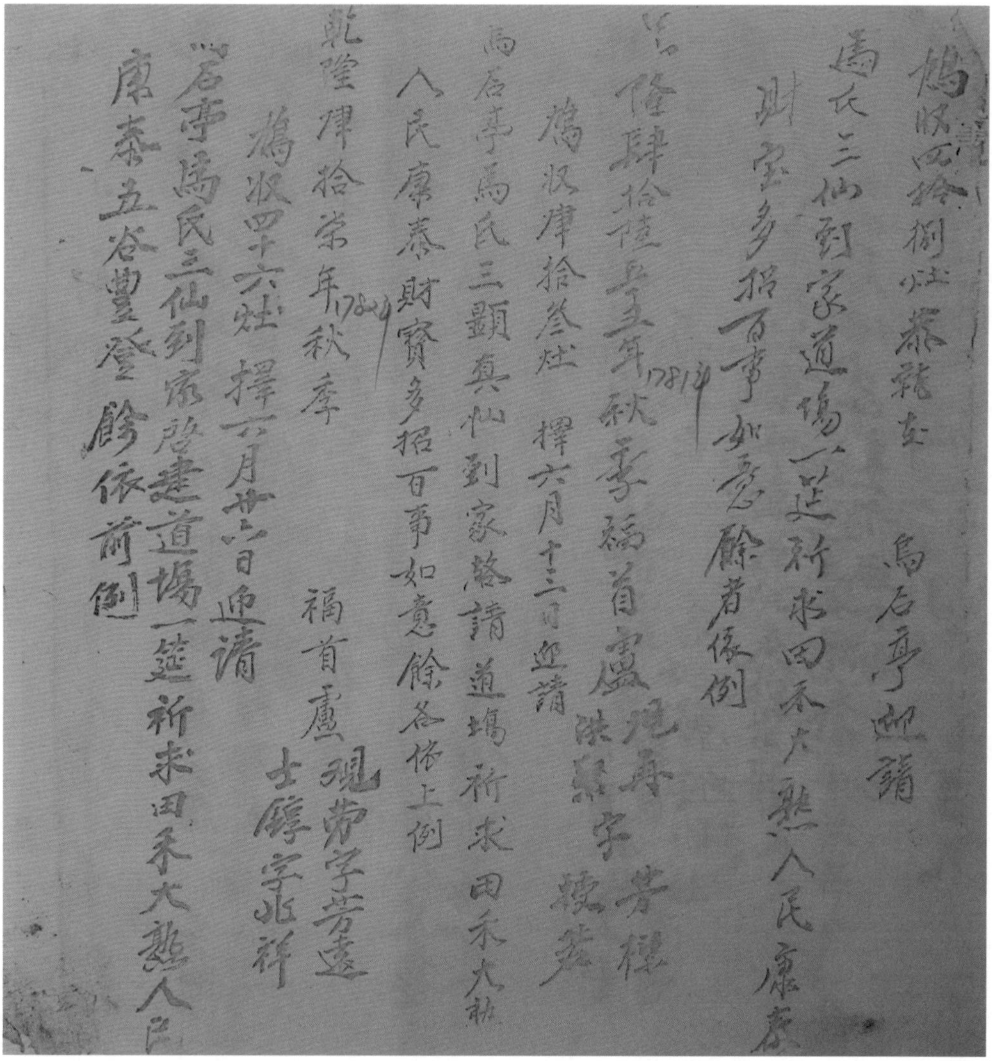

鳩收四拾捌灶恭就在　烏石亭迎請
馬氏三仙到家道場一筵祈求田禾大熟人民康泰
財寶多招百事如意餘者依例
乾隆肆拾陸年1781年秋季福首盧廷舟　芳樑
鳩收肆拾叁灶　擇六月十三日迎請　洪猷字　竣蕃
烏石亭馬氏三顯真仙到家啓請道場祈求田禾大熟
人民康泰財寶多招百事如意餘各依上例
乾隆肆拾柒年1782年秋季　福首盧現芳字芳遠
鳩收四十六灶　擇六月廿六日迎請　士錞字兆祥
烏石亭馬氏三仙到家啓建道場一筵祈求田禾大熟人民
康泰五谷豐登　餘依前例

11-2-2-25　晚清民國后亭盧氏迎請馬氏三仙福首祭薄（二五）

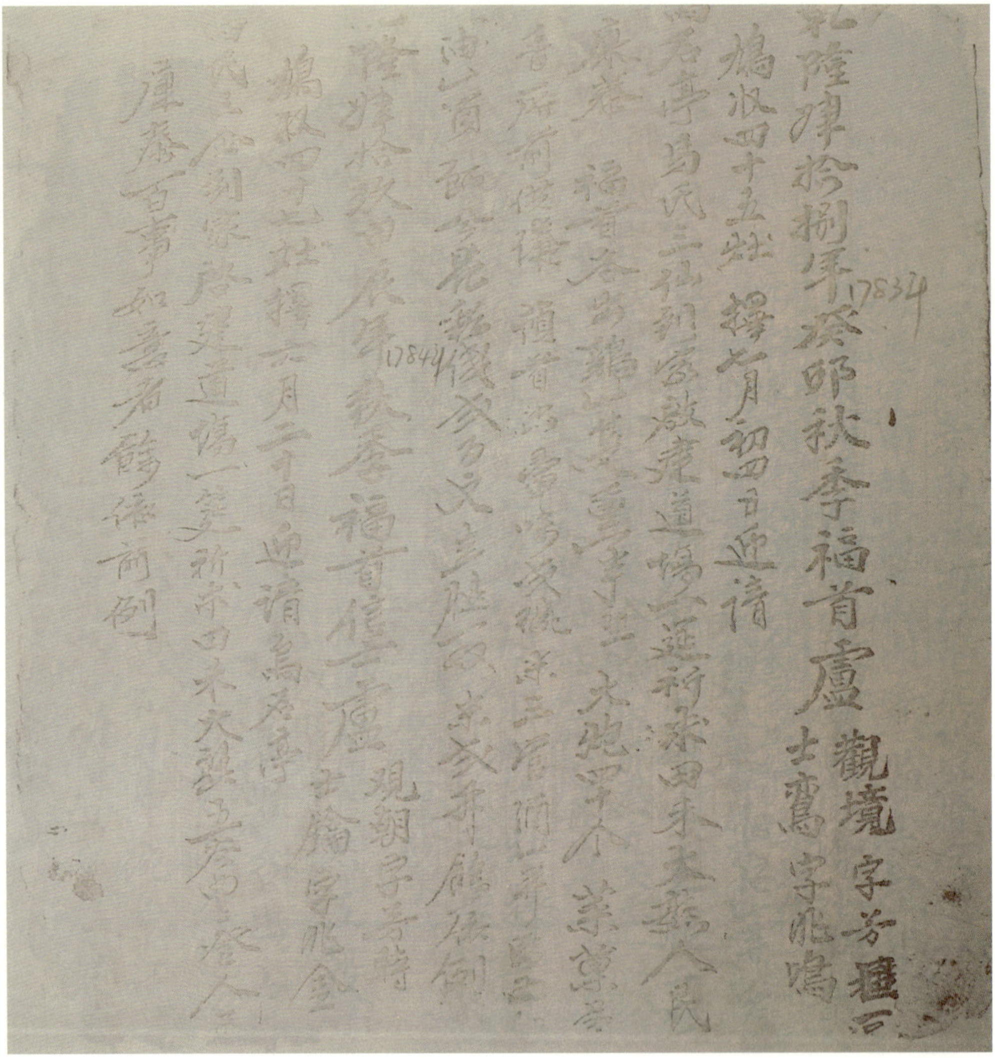

乾隆肆拾捌年癸卯秋季福首盧 觀境 字芳壇
士鳶 字兆鳴
鳩收四十五姓 擇七月初四日迎請
西后亭馬氏三仙到家啟建道場一延祈求田禾大熟人民
康泰 福首各家鳩收錢壹百十文 大猪一只 菜菓各
色所有從儀 續首等費用及錢三百陸拾文
油香師公花錢伍百文 其餘俱依舊例
乾隆肆拾玖年甲辰年秋季福首信士盧 觀朝 字秀時
士倫 字兆金
鳩收四十五姓擇七月二十日迎請西后亭
馬氏三仙到家啟建道場一延祈求田禾大熟五穀豐登人民
康泰百事如意者餘依前例

11-2-2-26　晚清民國后亭盧氏迎請馬氏三仙福首祭薄（二六）

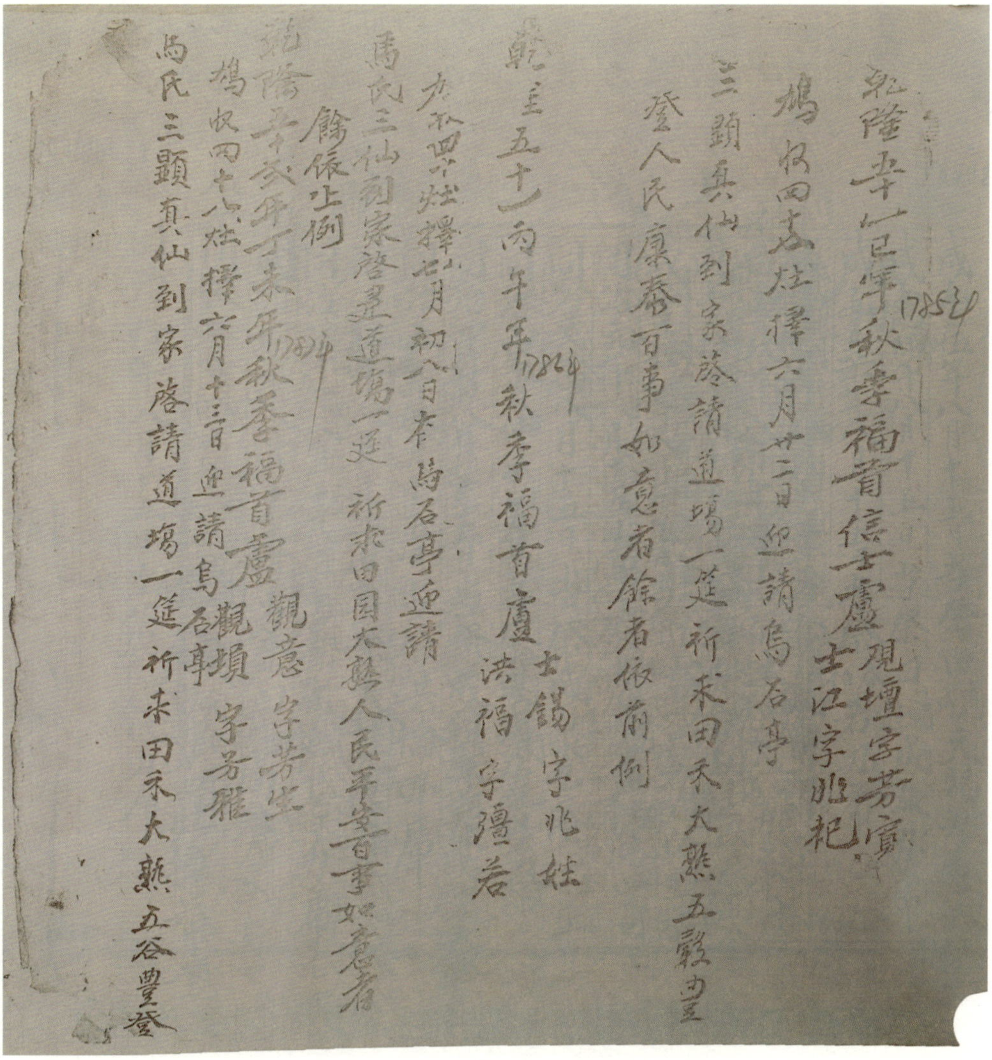
乾隆五十乙巳年秋季福首信士盧觀壇字芳廣
士江字兆杞
鳩收四十灶擇六月廿二日迎請烏石亭
三顯真仙到家啓請道場一筵祈求田禾大熟五穀豐
登人民康泰百事如意者餘者依前例
乾隆五十一丙午年秋季福首盧士錫字兆姓
洪福字潭若
共收四十灶擇七月初八日本烏石亭迎請
馬氏三仙到家啓建道場一筵祈求田園大熟人民平安百事如意者
餘依上例
乾隆五十二丁未年秋季福首盧觀意字芳生
觀頊字芳雅
鳩收四十八灶擇六月十三日迎請烏石亭
馬氏三顯真仙到家啓請道場一筵祈求田禾大熟五谷豐登

11-2-2-27　晚清民國后亭盧氏迎請馬氏三仙福首祭薄（二七）

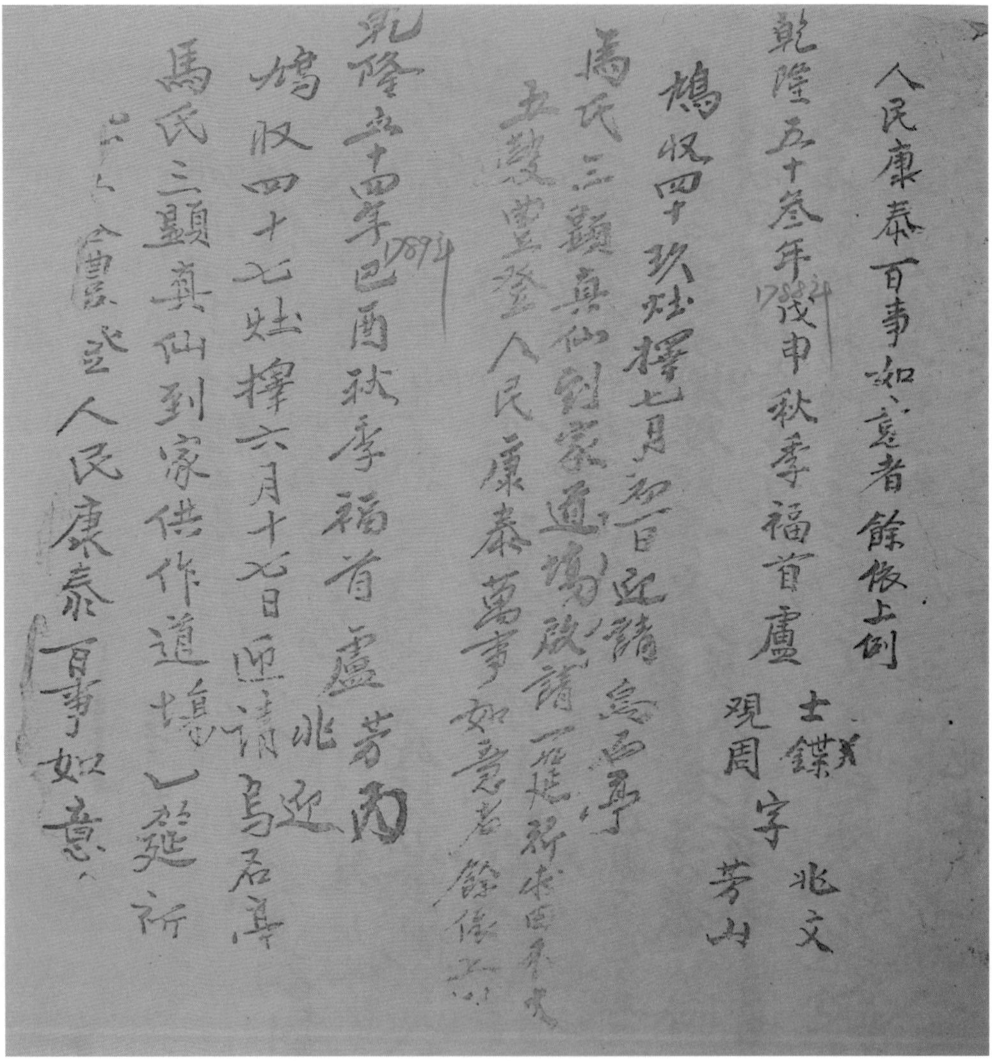

人民康泰百事如々意者 餘依上例

乾隆五十叁年1788年戊申秋季福首盧 士鍱

觀周 字 兆文

芳山

鳩収四十玖灶擇七月初二日迎請烏石亭

馬氏三顯真仙到家道場啟請一筵祈求四季

五穀豐登人民康泰萬事如意者 餘依上例

乾隆五十四年1789年己酉秋季福首盧芳丙

兆迎

鳩収四十七灶擇六月十七日迎請烏石亭

馬氏三顯真仙到家供作道場一筵祈

五穀豐登人民康泰百事如意々

11-2-2-28　晚清民國后亭盧氏迎請馬氏三仙福首祭薄（二八）

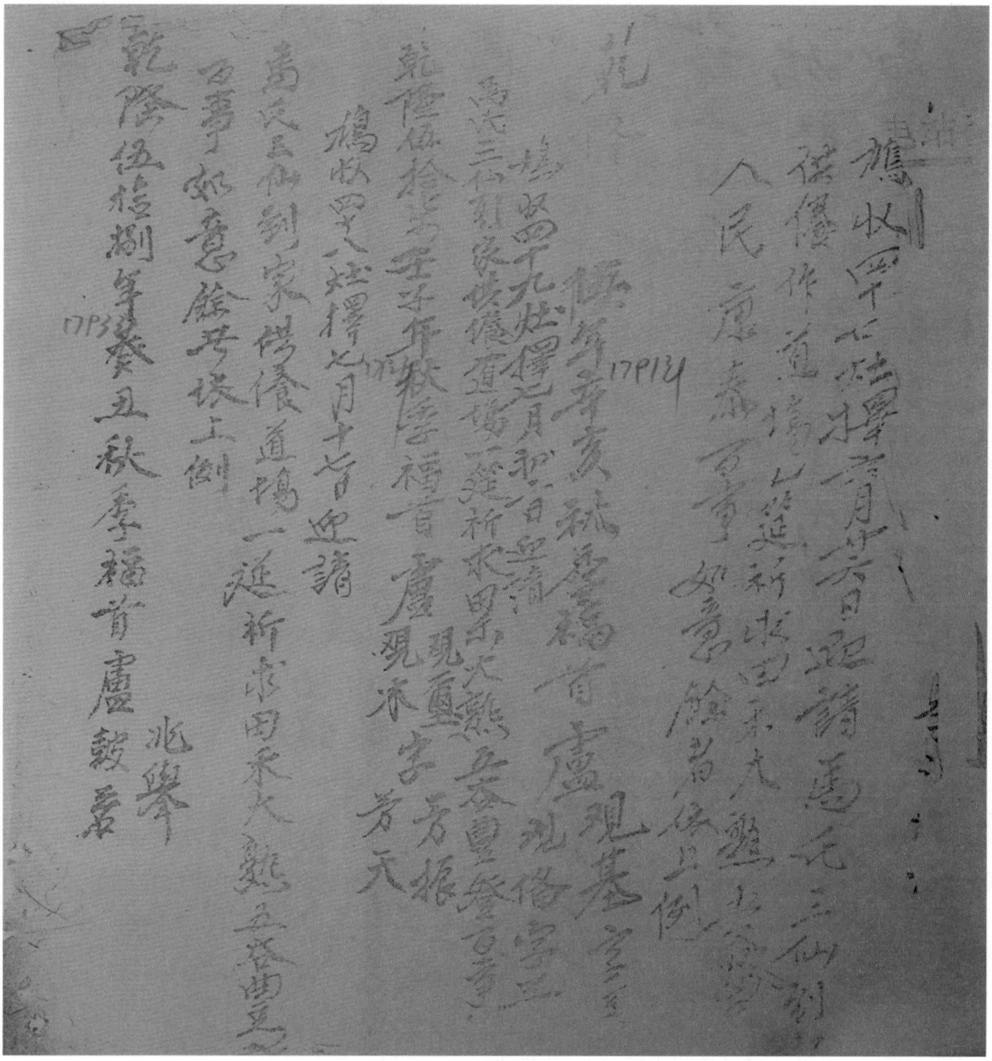
鳩收四十七灶擇六月廿六日迎請馬氏三仙到
保佑作道場一筵祈求田禾大熟五谷豐登
人民康泰百事如意餘者依上例
乾
隆□年辛亥秋季福首盧現基 立
鳩收四十九灶擇七月初六日迎請
馬氏三仙到家保佑建道場一筵祈求田禾大熟五谷豐登百事
乾隆伍拾柒年壬子年秋季福首盧現木 芳天
現直 字 芳振
鳩收四十八灶擇七月十七日迎請
馬氏三仙到家保佑道場一筵祈求田禾大熟五谷豐登
百事如意餘者依上例
乾隆伍拾捌年癸丑秋季福首盧毅峯 兆舉

11-2-2-29　晚清民國后亭盧氏迎請馬氏三仙福首祭薄（二九）

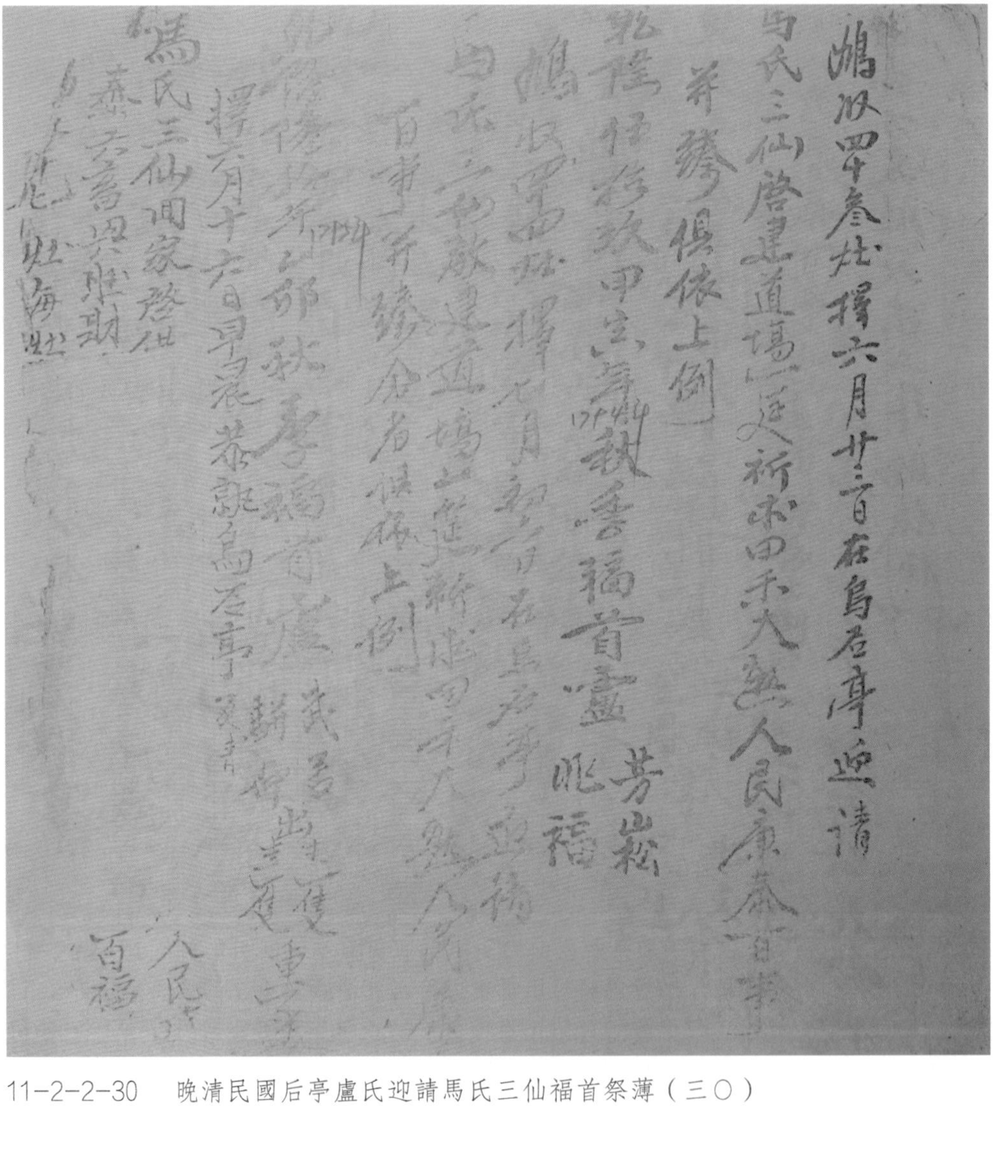
鳩收甲叁拾 擇六月廿二日在烏石亭迎請
馬氏三仙啓建道場一莚，祈求田禾大熟，人民康泰，百事
并發，俱依上例
乾隆拾玖甲戌年秋季福首盧 芳崧 兆福
鳩收甲叁拾 擇七月初三日在烏石亭迎請
馬氏三仙啓建道場一莚，祈求田禾大熟，人民康泰
百事并發，余者俱依上例
[illegible]秋季福首盧 武昌 [illegible]
擇六月十六日早晨恭就烏石亭[illegible]
馬氏三仙回家啓社
泰六畜興旺財
[illegible]
人民[illegible] 百福

11-2-2-30　晚清民國后亭盧氏迎請馬氏三仙福首祭薄（三〇）

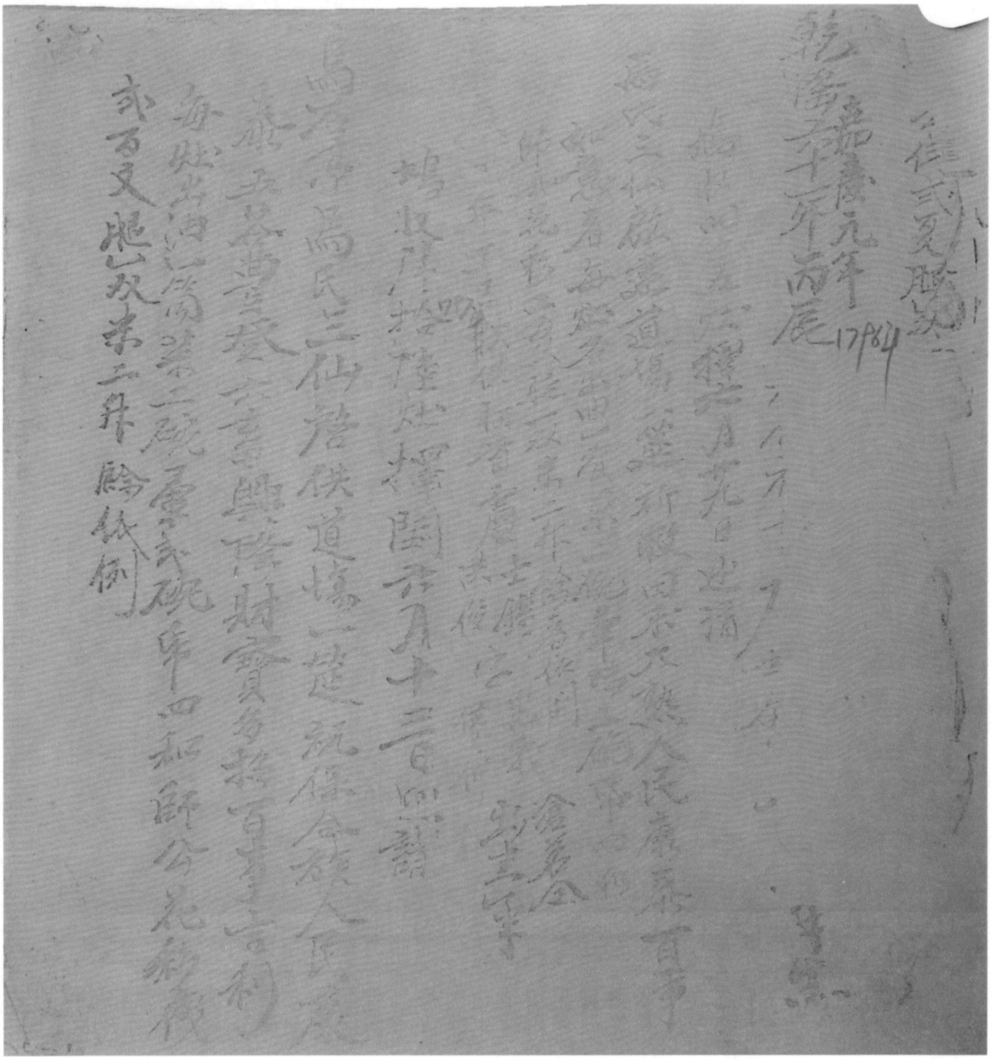

11-2-2-31　晚清民國后亭盧氏迎請馬氏三仙福首祭薄（三一）

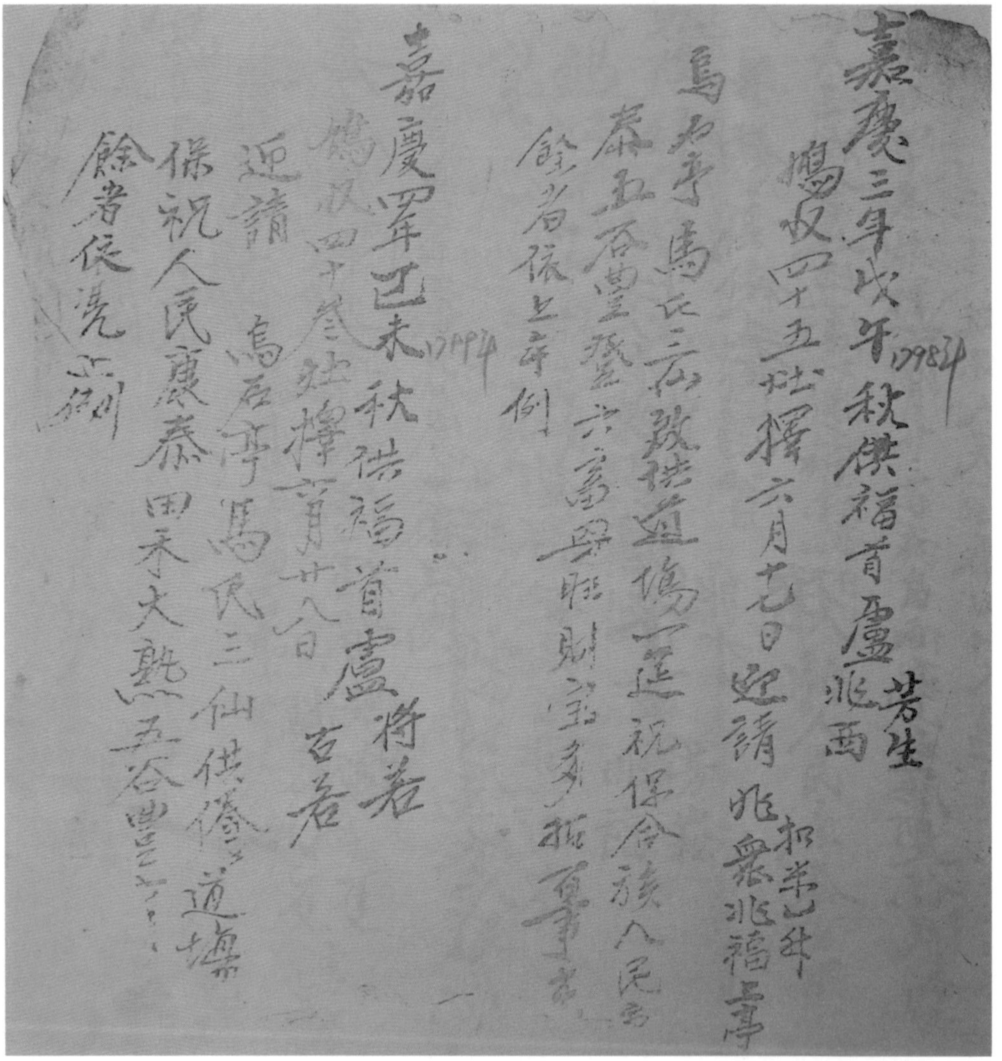

嘉慶三年戊午1798年秋供福首盧兆丙 芳生
鳩收四十五灶擇六月廿七日迎請 兆衆 兆禧 和半山 上亭
馬后亭馬氏三仙致供道場一筵祝保合族人民安
泰五谷豐登六畜興旺財寶多招事事吉
餘者依上年例

嘉慶四年己未1799年秋供福首盧將若 古若
鳩收四十叁灶擇八月廿八日
迎請 馬后亭馬氏三仙供修道場
保祝人民康泰田禾大熟五谷豐登
餘者依舊例

11-2-2-32　晚清民國后亭盧氏迎請馬氏三仙福首祭薄（三二）

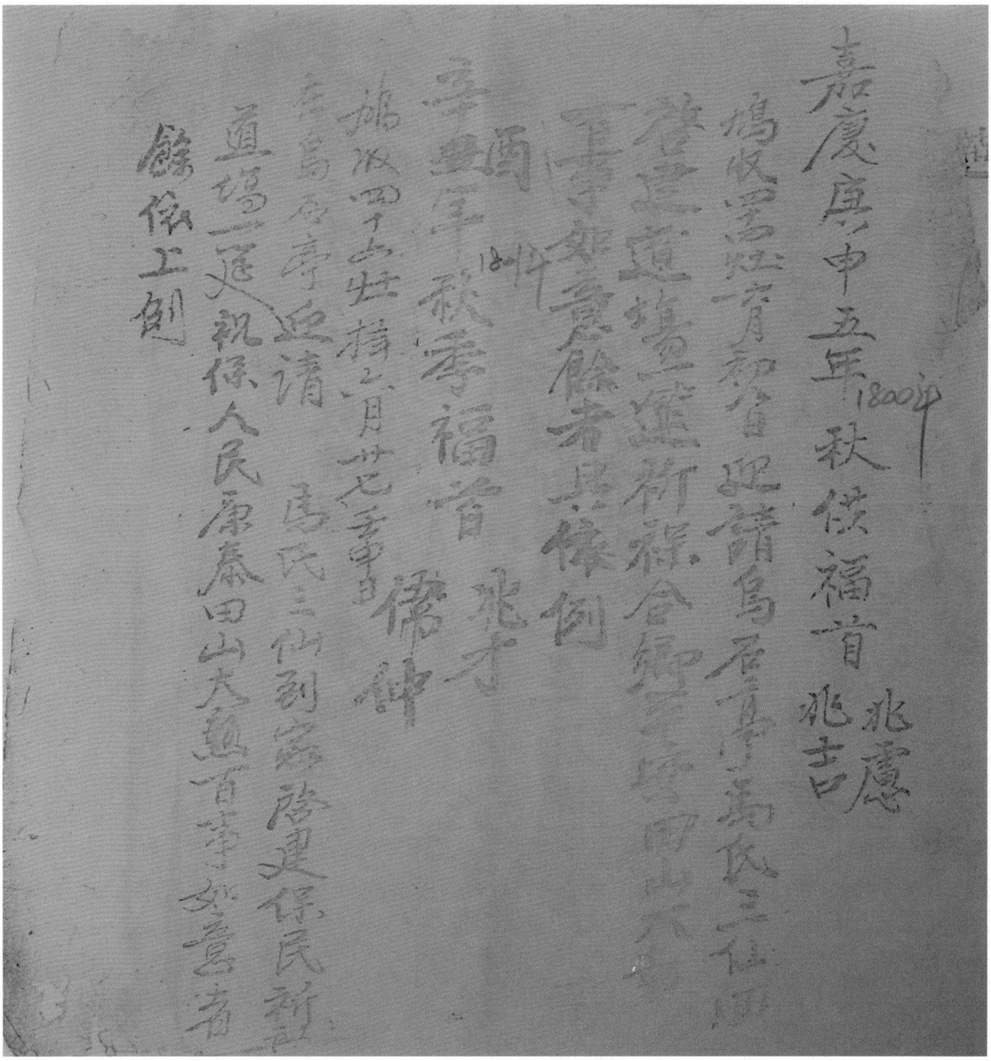
嘉慶庚申五年1800 秋收福首 兆慶 兆吉
鳩收四名姓十月初旬迎請烏后亭馬氏三仙回
啓建道場一筵祈禄合鄉人等田山大吉
丁等如意餘者照依條例
酉 1801年
辛酉年秋季福首 兆才 儒仲
鳩收四十姓擇二月廿七至十三日
在烏后亭迎請 馬氏三仙到家啓建保民祈福
道場一筵祝保人民康泰田山大熟百事如意者
餘依上例

11-2-2-33　晚清民國后亭盧氏迎請馬氏三仙福首祭薄（三三）

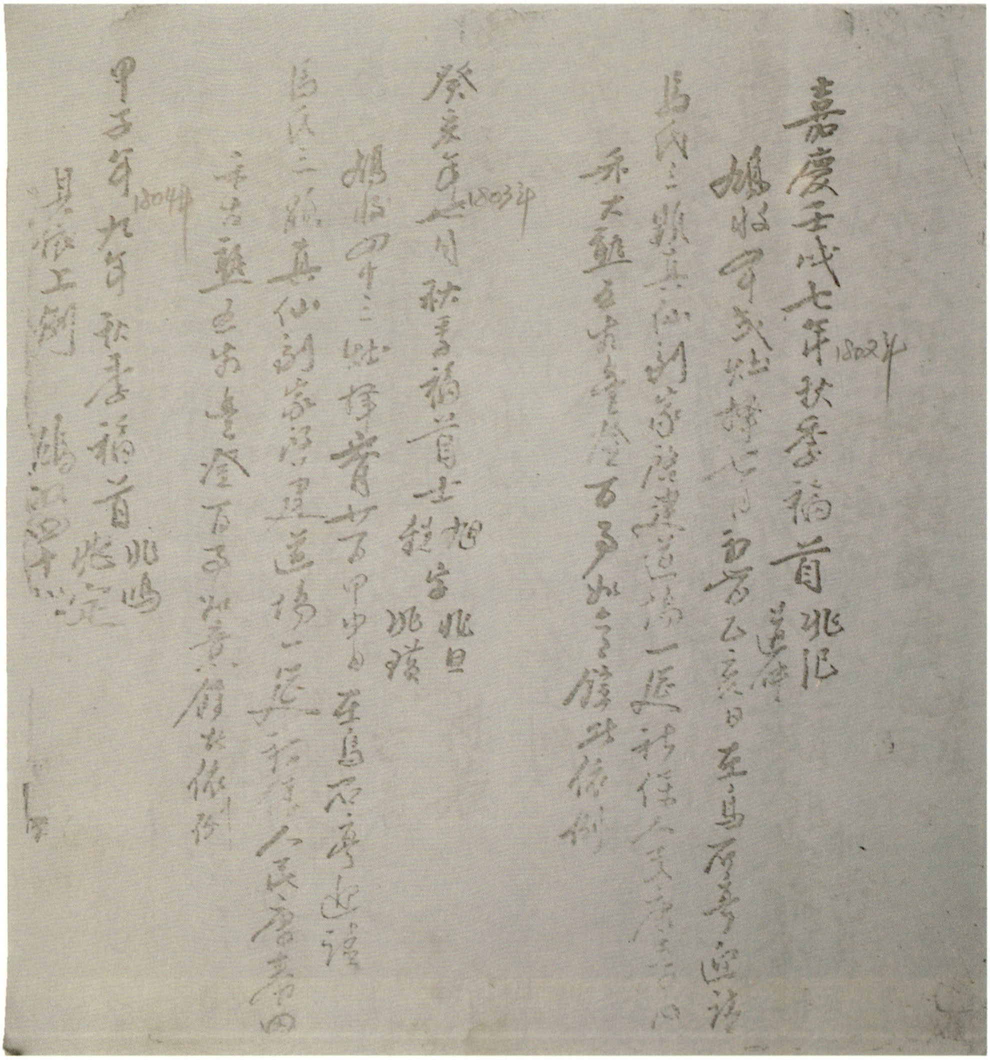
嘉慶壬戌七年秋季福首 兆恩 1802年
癸亥年正月秋季福首 兆日 1803年
甲子年九年秋季福首 兆鳴 1804年

11-2-2-34　晚清民國后亭盧氏迎請馬氏三仙福首祭薄（三四）

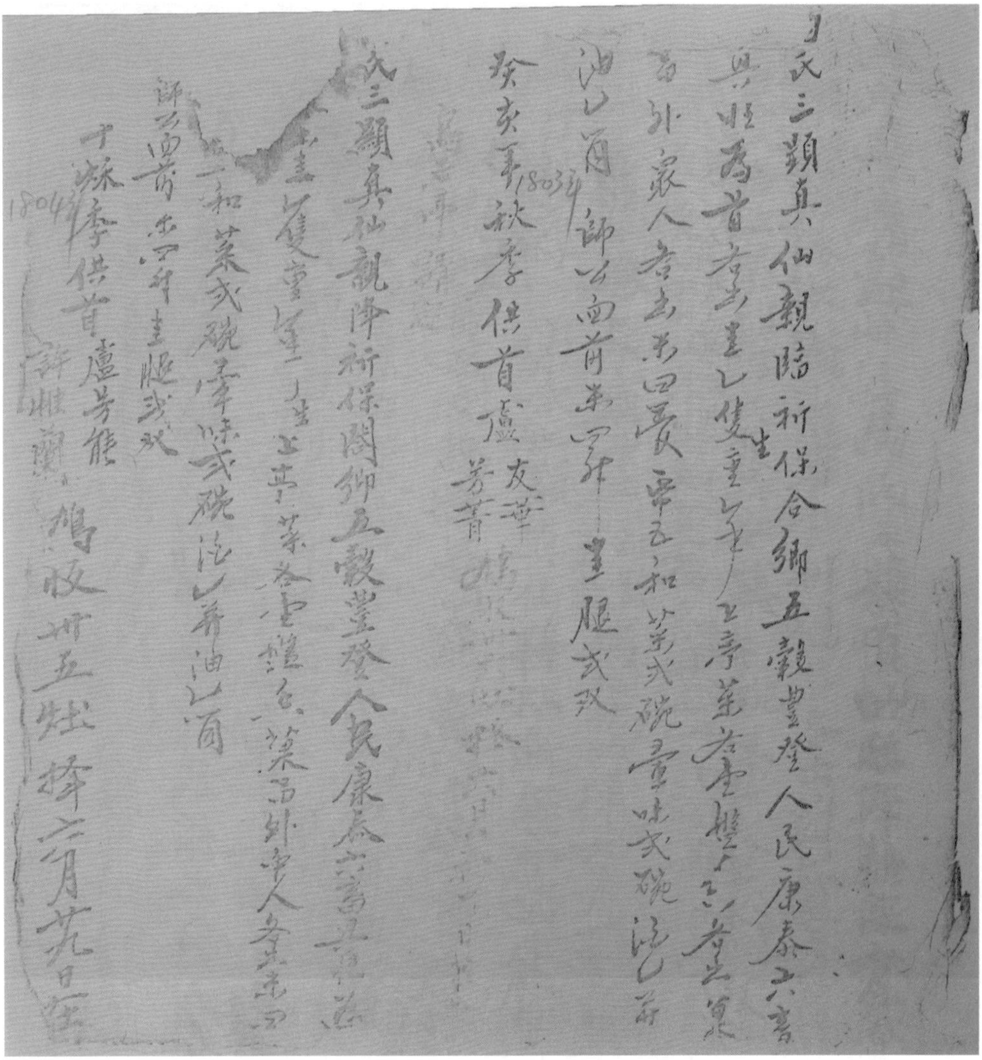
馬氏三顯真仙親臨祈保合鄉五穀豐登人民康泰六畜
興旺為首者[illegible]生雙童[illegible]人 主亭菜各壹盤 [illegible]
者外眾人各[illegible] 帝王和菜弍碗 [illegible]味弍碗 [illegible]斤
油[illegible]角 鄉[illegible]前米[illegible]斤 豬腿弍双
癸亥年秋季供首盧友華 芳菁 1803年
[illegible]
馬氏三顯真仙親降祈保閤鄉五穀豐登人民康泰六畜興旺為首
生雙童[illegible]人 主亭菜各壹盤 [illegible]菜[illegible]外眾人各[illegible]
[illegible]一和菜弍碗 [illegible]味弍碗 [illegible]斤 油[illegible]角
鄉[illegible]前米[illegible]斤 豬腿弍双
甲子年季供首盧芳能 1804年
許椎蘭 鳩收卅五灶 擇六月廿九日[illegible]

11-2-2-35　晚清民國后亭盧氏迎請馬氏三仙福首祭薄（三五）

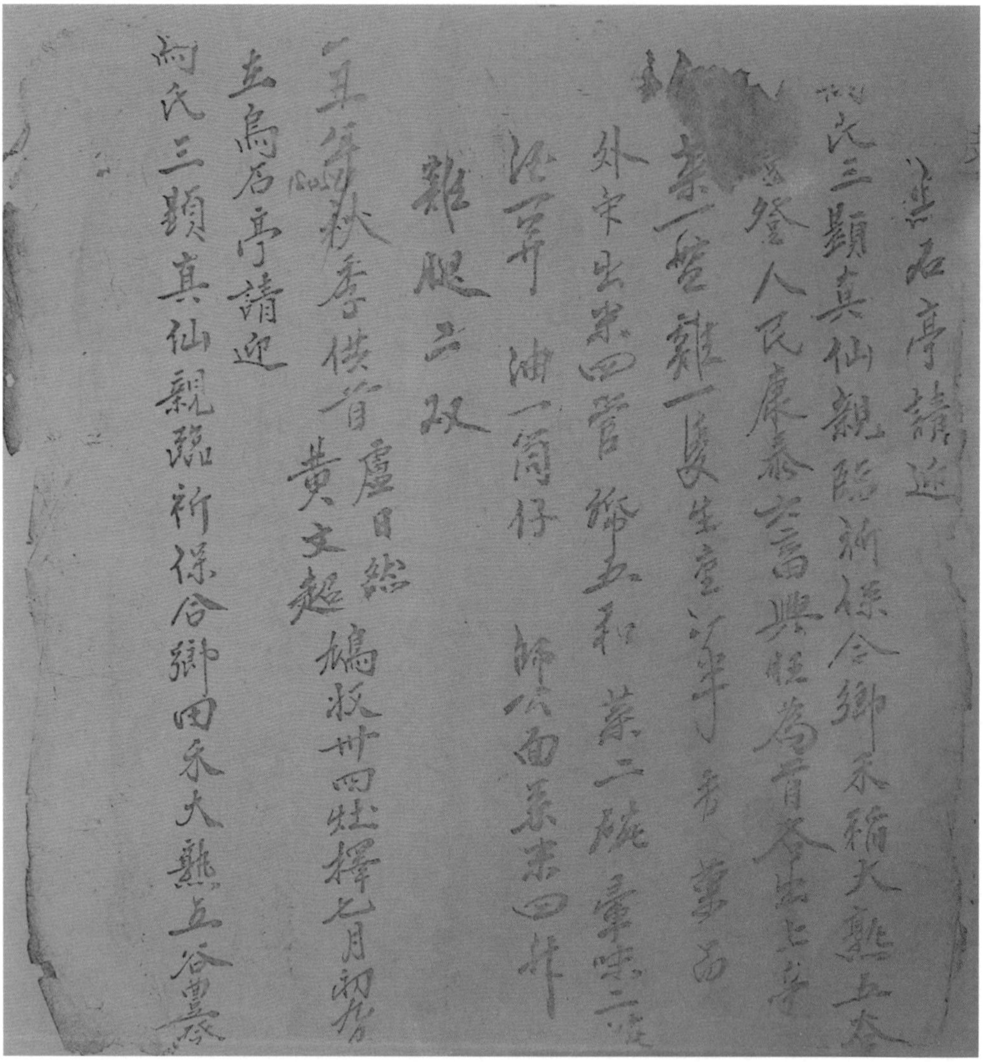

集石亭請迎
氏三顯真仙親臨祈保合鄉禾稻大熟五谷
登人民康泰六畜興旺為首合出七弟
米一盤雞一隻生豆筍 弟 筆面
外家出米四管 鄉五和 菜二碗 筆味二
酒一壺 油一筒仔 鄉公面 菜米四件
雞腿二双
一五年秋季供首 盧日総
黄文超 鴻淑 卅四灶擇七月初旬
五烏石亭請迎
馬氏三顯真仙親臨祈保合鄉田禾大熟五谷豐登

11-2-2-36　晚清民國后亭盧氏迎請馬氏三仙福首祭薄（三六）

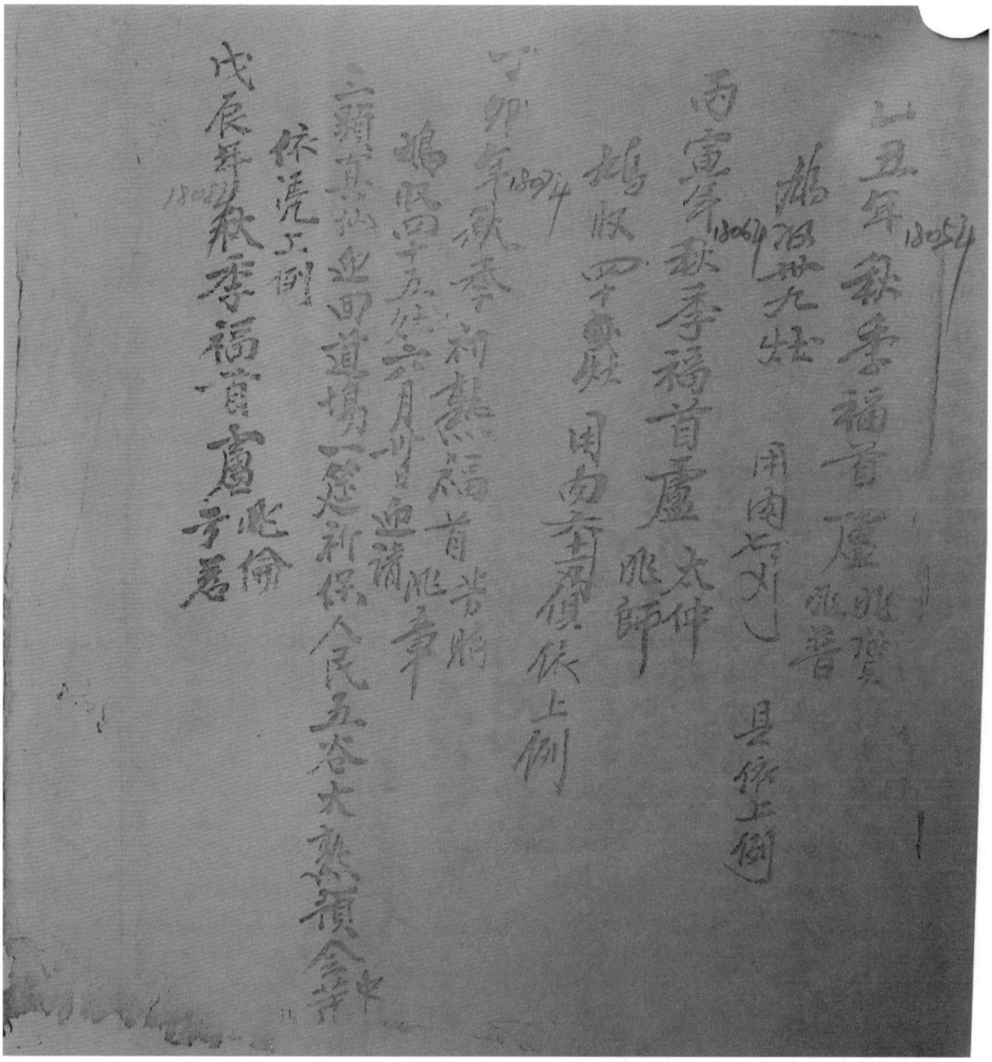
乙丑年秋季福首盧兆寶 1805年
兆普
媽胙卅九斤　用肉七斤　具依上例
丙寅年秋季福首盧太仲 1806年
兆師
媽胙四十斤　用肉六斤價依上例
丁卯年秋季新熟福首普勝 1807年
媽胙四十五斤六月廿日迎請兆章
六頭首扮迎田道場一筵祈保人民五谷大熟預金中
依凭上例
戊辰年秋季福首盧兆倫 1808年
亨意

11-2-2-37　晚清民國后亭盧氏迎請馬氏三仙福首祭薄（三七）

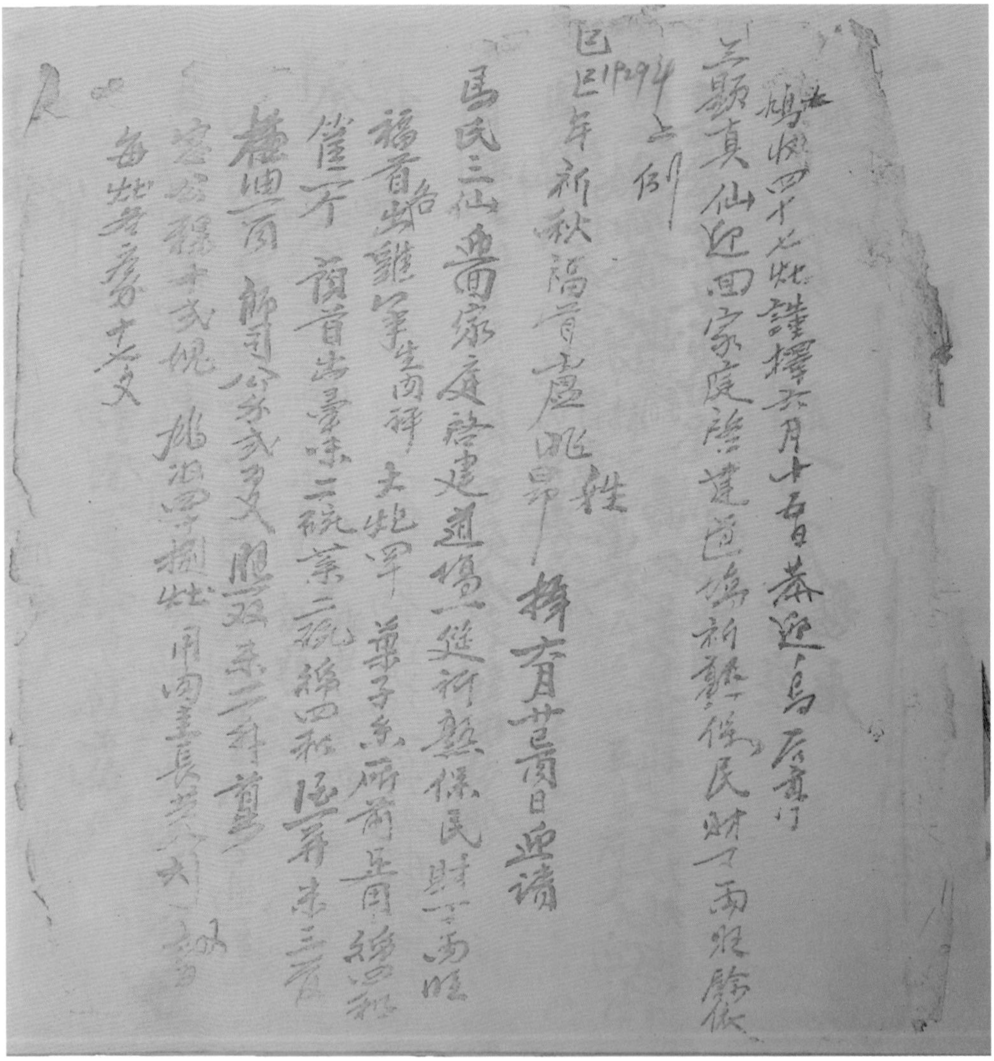

燒收四十七姓謹擇六月十五日恭迎至后亭門

三顯真仙迎回家庭陞建道場祈熟保民財丁兩旺除依

巳 21P294 上例

己巳年新秋福首盧朏昂姓 擇六月廿三日迎請

馬氏三仙蒞家庭啟建道場一筵祈熟保民財丁兩旺

福首出雞一隻生肉一觔 大姓單 菓子五碗 酒壹壺 綫四斤

僅有 頭首出葷味二碗 菜二碗 粿四斤 米三斤

楼油酒 郎司八分式文 腿双 茶一斤 首事

定穀桌式碗 燒油罕捌斤 用肉壹長共六斤 一觔

每姓出錢十六文

11-2-2-38 晚清民國后亭盧氏迎請馬氏三仙福首祭薄（三八）

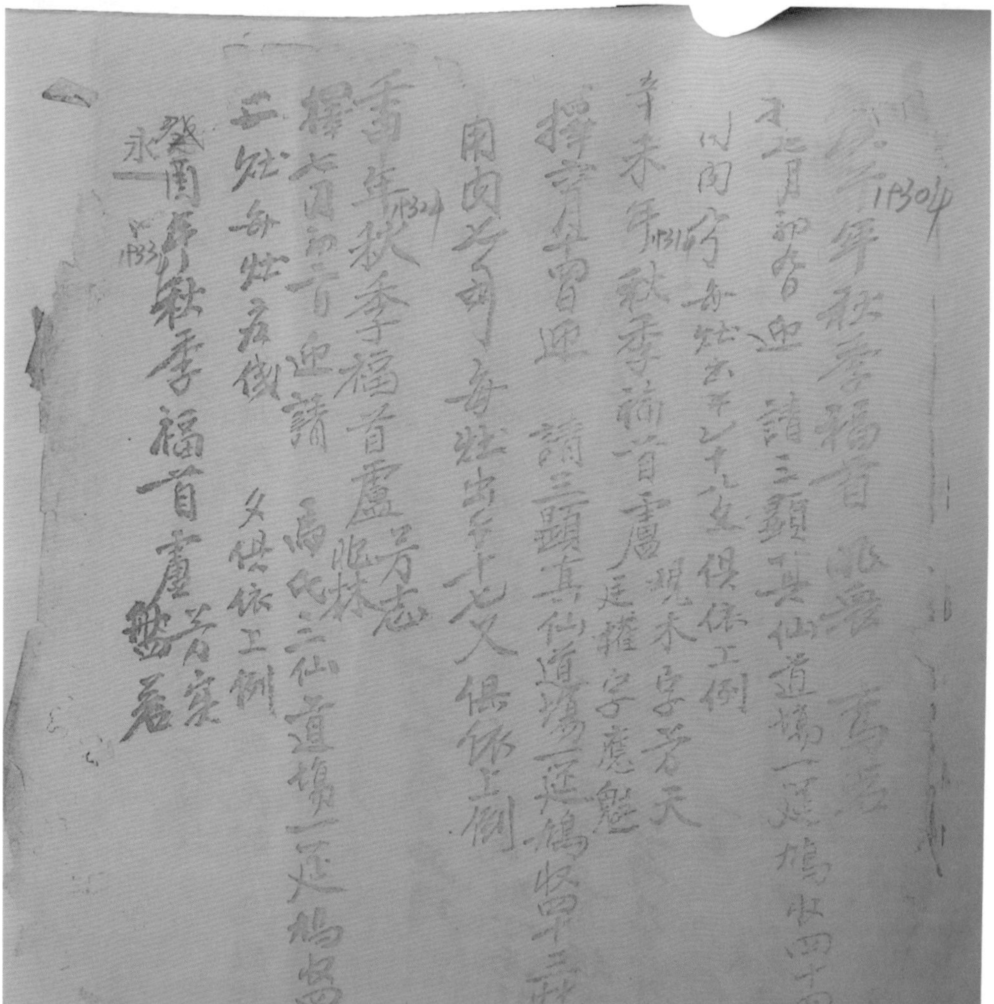

庚寅年1830秋季福首盧[illegible]萬吉
于七月初六日迎　請三顯真仙道場一筵鵝收四十四
所用項每灶出錢二十九文俱依上例
辛卯年1831秋季福首盧觀木字芳天
廷耀字應魁
擇八月廿四日迎　請三顯真仙道場一筵鵝收四十三灶
所用項每灶出錢十七文俱依上例
壬辰年1832秋季福首盧芳志
臨林
擇八月初八日迎請　馬氏三仙道場一筵鵝收四十
三灶每灶出錢[illegible]文俱依上例
癸巳年1833秋季福首盧芳案
盤卷
永一

11-2-2-39　晚清民國后亭盧氏迎請馬氏三仙福首祭薄（三九）

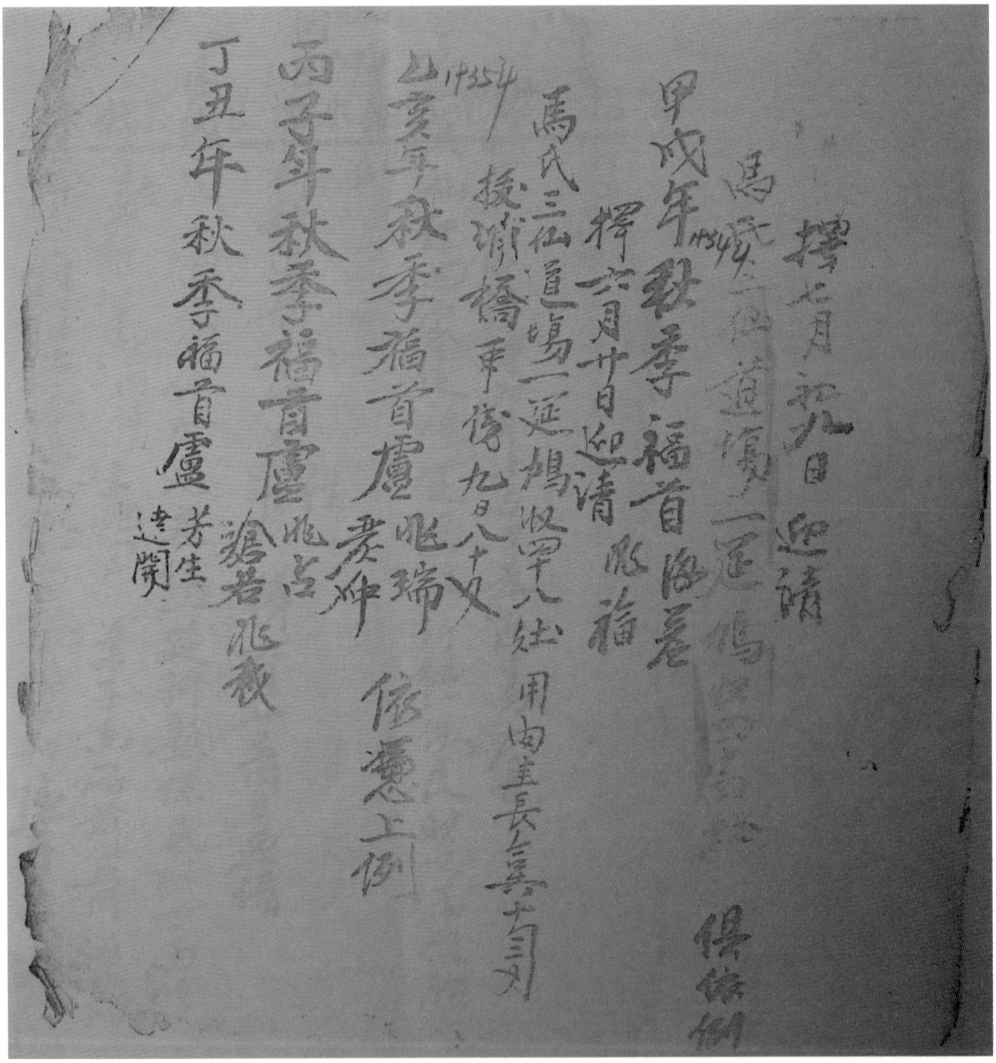
擇七月廿九日迎請
馬氏三仙道場一延鳩[illegible]
保依例
甲戌年1834秋季福首盧邑
擇六月廿日迎請　胤福
馬氏三仙道場一延鳩收四千八位　用由主長[illegible]十二月
援衛橋平價九八十文
乙亥年1835秋季福首盧胤瑞
發坤
依舊上例
丙子年秋季福首盧胤占
滄若　胤森
丁丑年秋季福首盧芳生
進閣

11-2-2-40　晚清民國后亭盧氏迎請馬氏三仙福首祭薄（四〇）

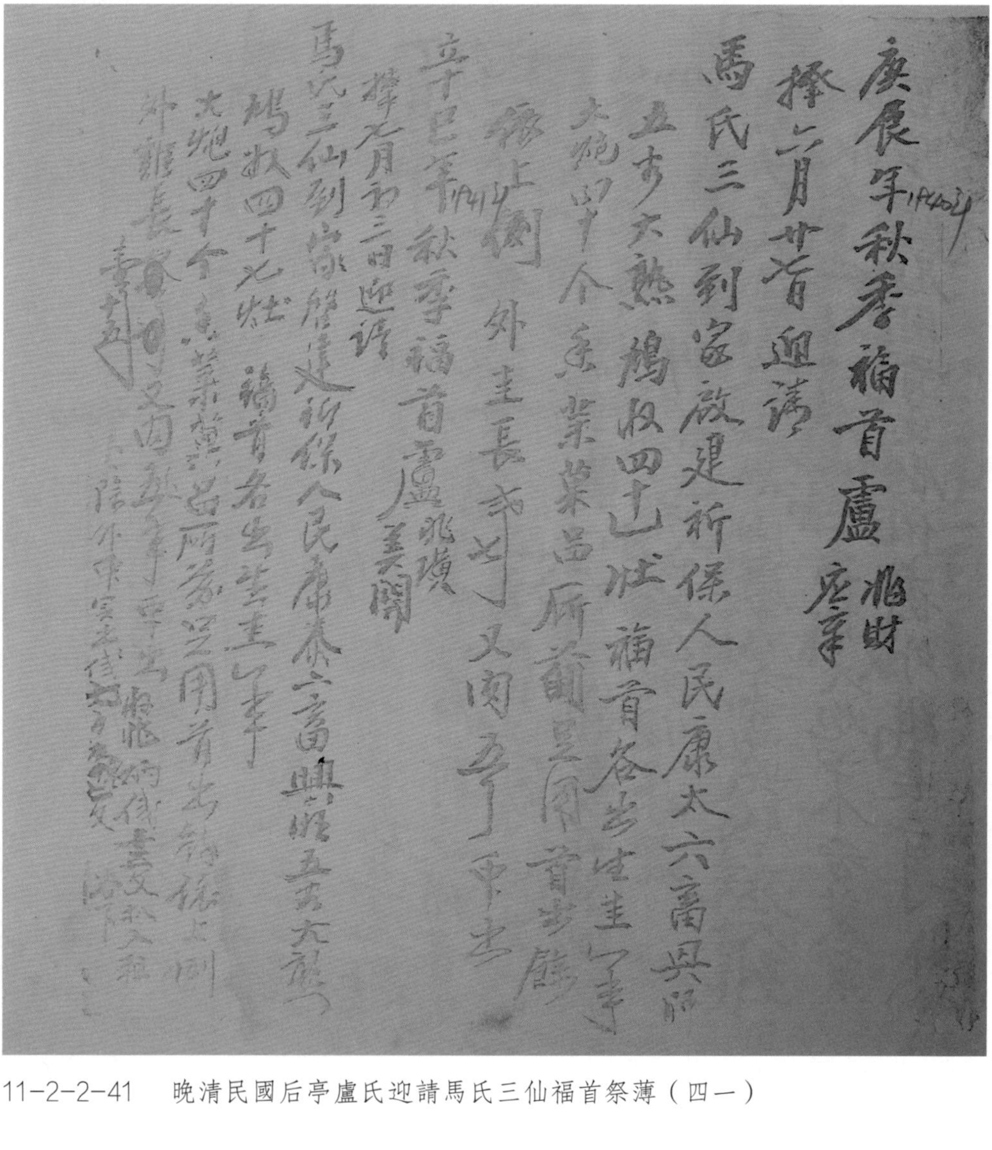

11-2-2-41　晚清民國后亭盧氏迎請馬氏三仙福首祭薄（四一）

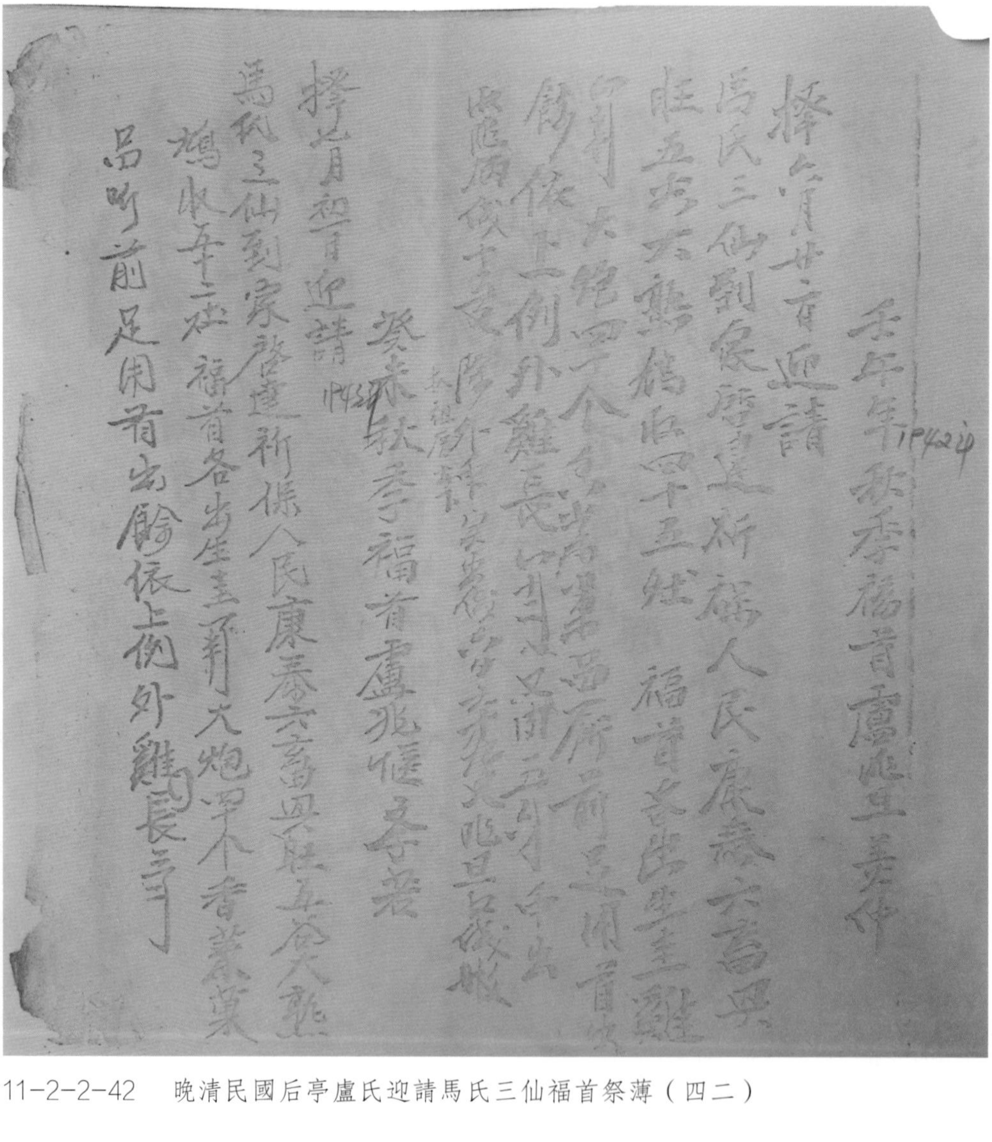
壬午年秋季福首盧兆玉弟作 1942

擇六月廿二日迎請

馬氏三仙到家啓建祈保人民康泰六畜興

旺五谷大熟鴿收四十五灶　福首各出生主雞

一只大炮四十个香燭蒙果廟前足用首收

餘依上例外雞長民一只又酬五斗每出

照庙錢十文[illegible]

本祖廟幹[illegible]

癸未秋季福首盧兆僊兄弟

擇六月初二日迎請 1943

馬氏三仙到家啓建祈保人民康泰六畜興旺五谷大熟

鴿收五十二灶　福首各出生主雞一只大炮四十个香燭蒙菓

品廟前足用首出餘依上例外雞長民一只

11-2-2-42　晚清民國后亭盧氏迎請馬氏三仙福首祭薄（四二）

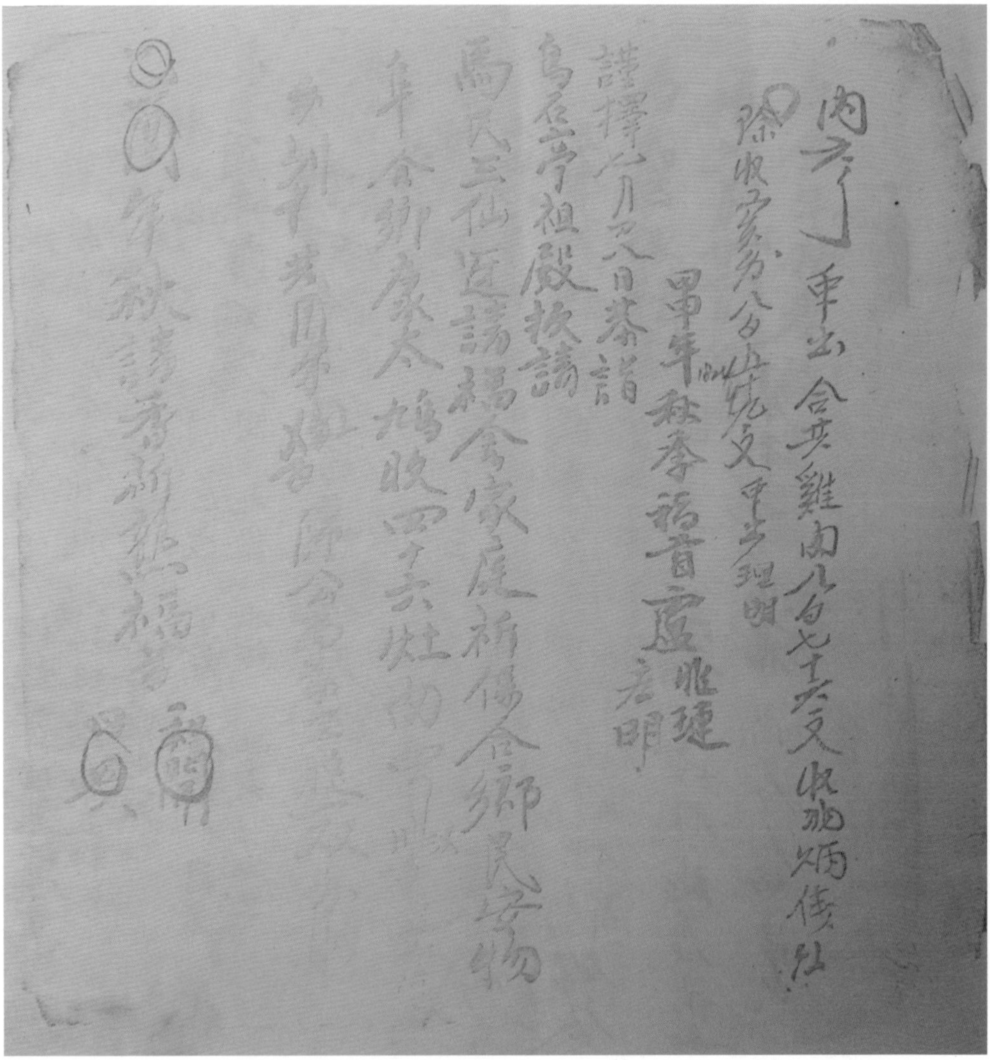
肉六丁 单出 合共雞肉八百七十六文 收訖炳侯仙
除收家分八分外[illegible]九文 单出理明
㽞年秋季福首盧兆璉 存明
謹擇六月又日恭詣
后亭祖殿恭請
馬氏三仙迎請福合家庭祈福合鄉民安物
年合鄉康太[illegible]四十六灶[illegible]
[illegible]
[illegible]

11-2-2-43　晚清民國后亭盧氏迎請馬氏三仙福首祭薄（四三）

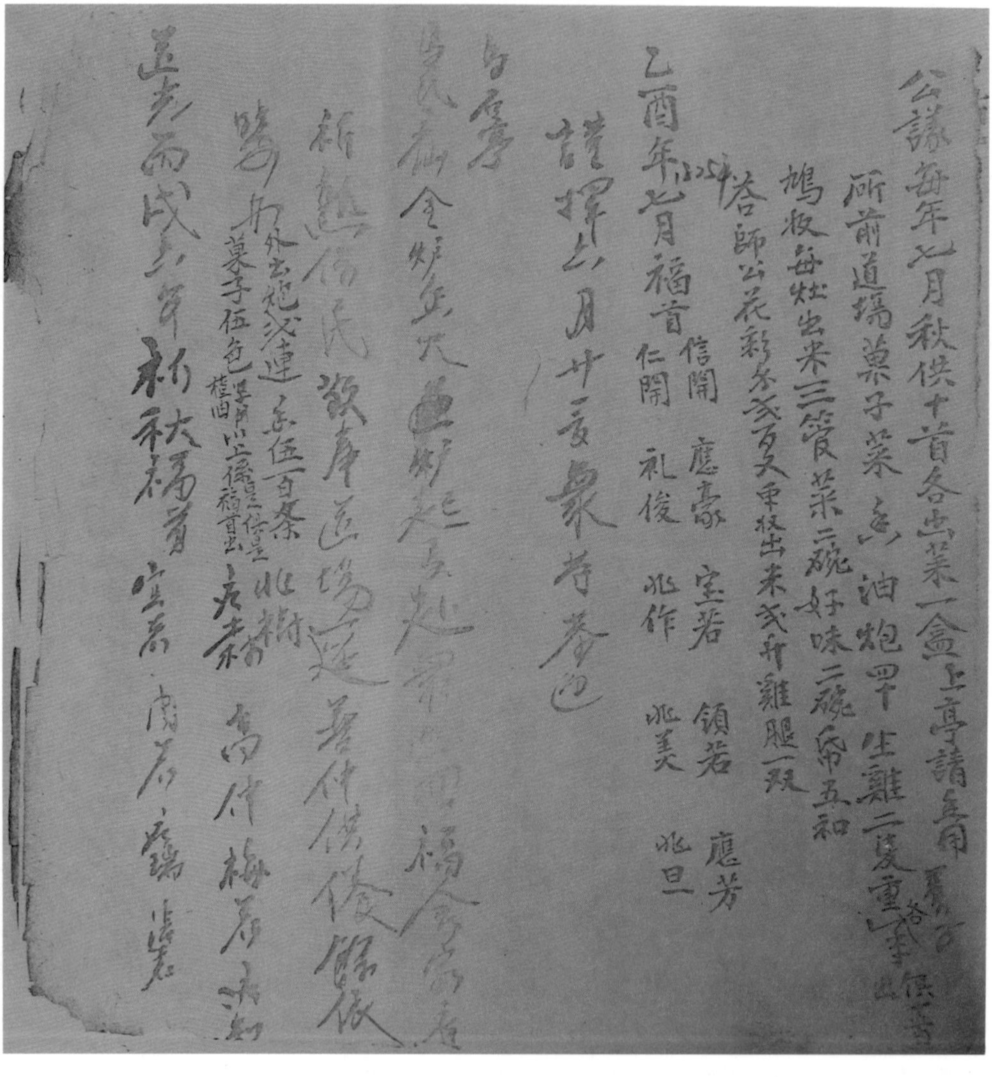

公議每年七月秋供十首各出菜一盒上亭請ㄙ用
所前道場菓子菜ㄙ油炮罡生雞二隻重[illegible]各弍斤出[illegible]
鳩妝每灶出米三管菜二碗好味二碗ㄙ五和
咨師出花彩光弍百文東妝出米弍升雞腿一双
乙酉年七月福首　信開　應豪　宜若　領若　應芳
仁開　礼俊　兆作　兆美　兆旦
請擇六月廿一日衆等[illegible]
后亭
馬氏仙金炉安大[illegible]炉起立起[illegible]福[illegible]
新造信氏敬奉道場迎接[illegible]
賤用外出炮弍連系伍百条　兆樹
菓子伍色[illegible]
[illegible]　高付　梅[illegible]　永樹
道光丙戌六年新秋大福首　宜[illegible]　廣[illegible]　瑞[illegible]　清[illegible]

11-2-2-44　晚清民國后亭盧氏迎請馬氏三仙福首祭薄（四四）

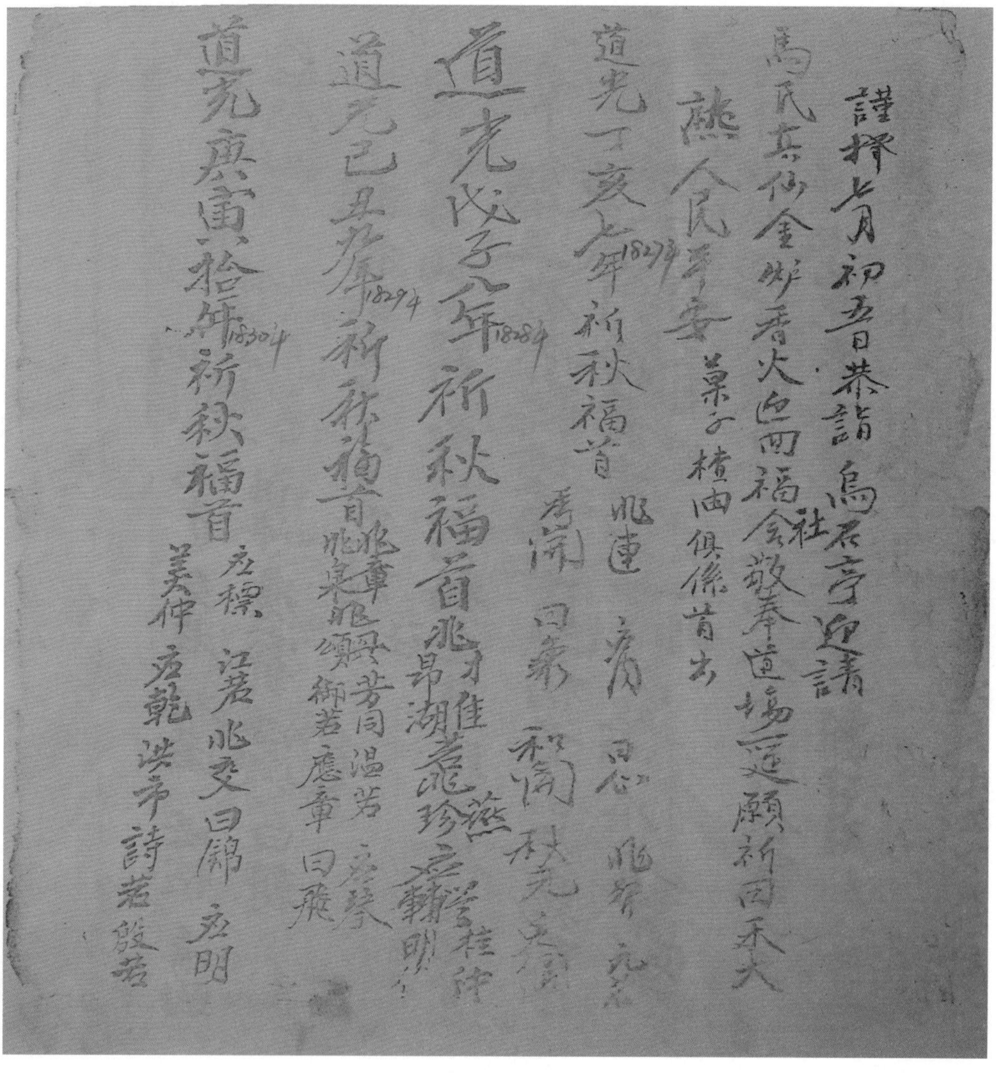

謹擇七月初五日恭詣烏石亭迎請
馬氏真仙金爐香火迴西福會社敬奉道場延願祈田禾大
熟人民平安 菓子檟由俱係首出
道光丁亥七年1827年祈秋福首 兆運 廣 日心 兆智 應
秀崇 日象 和閣 秋元 應
道光戊子八年1828年祈秋福首 兆才 佳 兆昂 湖 若范 珍 慈 應翰 學 明 桂 仲
道光己丑九年1829年祈秋福首 兆章 兆泉 兆興 兆頌 芳 同 温 若 御 若 應 章 應琴 日飛
道光庚寅拾年1830年祈秋福首 應標 江 若 兆交 日錦 應明 美仲 應乾 洪帝 詩若 殷若

11-2-2-45 晚清民國后亭盧氏迎請馬氏三仙福首祭薄（四五）

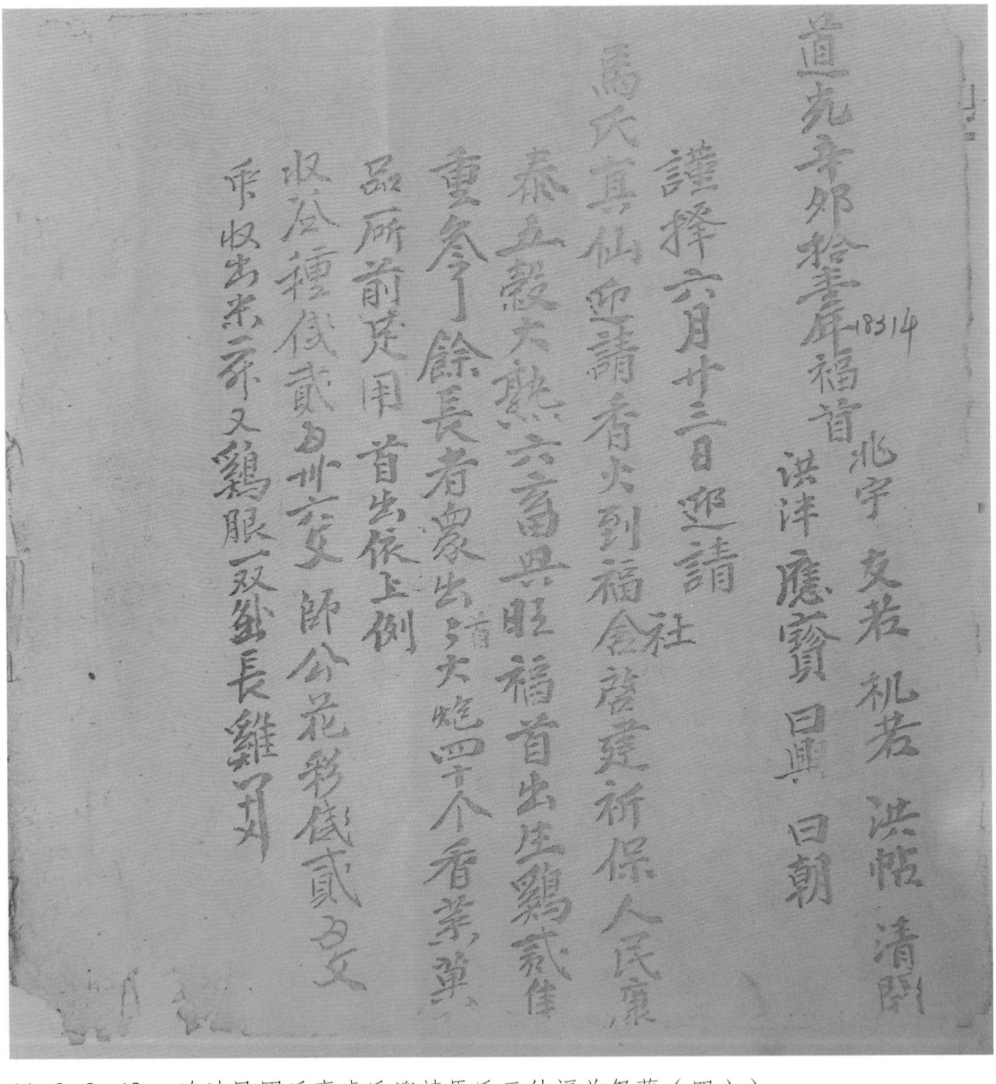
道光辛卯拾壹年福首 1831
兆字 友若 机若 洪帖 清閑
洪泮 應寶 日興 日朝
謹擇六月廿三日迎請
馬氏真仙迎請香火到福舍社啓建祈保人民康
泰五穀大熟六畜興旺福首出生鷄貳隻
重叁斤餘長者衆出猪首大炮四十个香菜菓
品所前是用 首出依上例
收谷種伐貳百卅六文 師公花彩伐貳百文
乖收出米一升又鷄眼一双歸長雞刀

11-2-2-46 晚清民國后亭盧氏迎請馬氏三仙福首祭薄（四六）

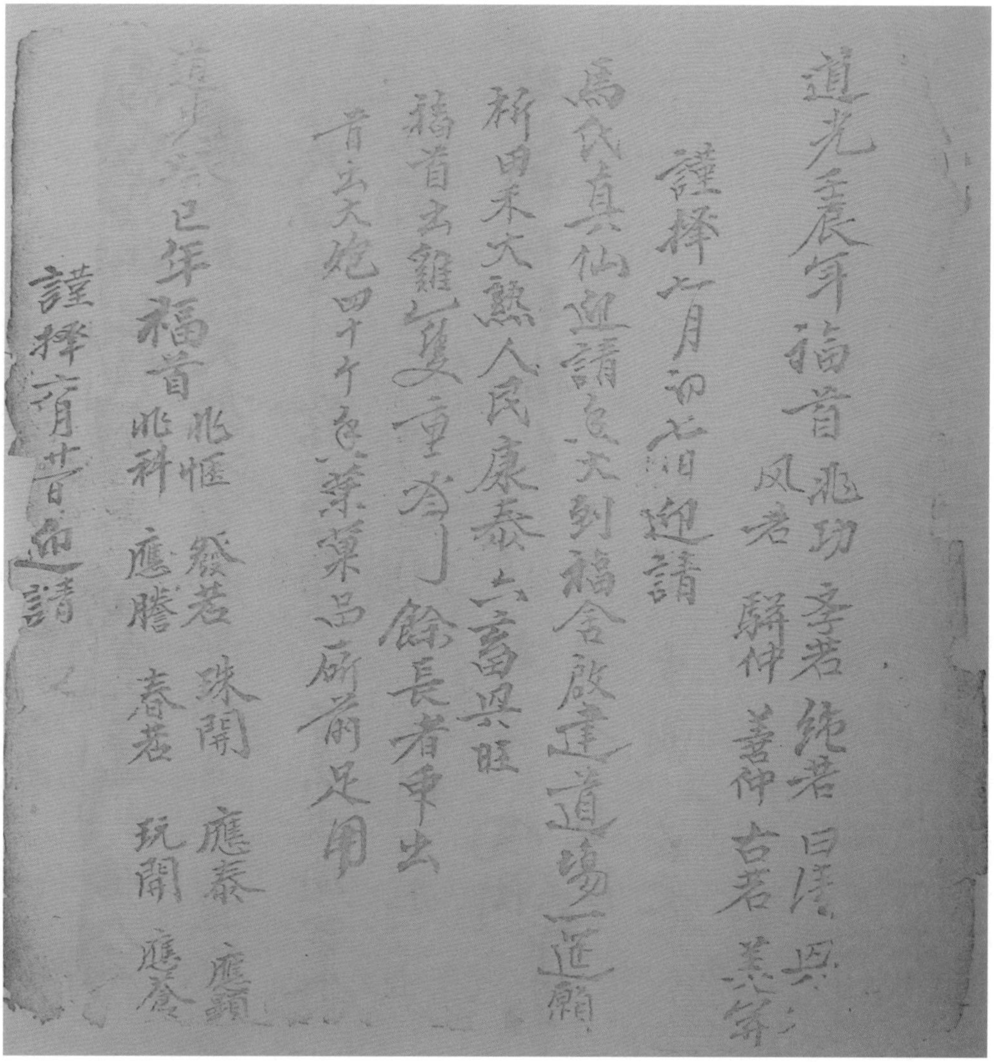
道光壬辰年福首 兆功 孝若 純若 日達 興[illegible]
凤若 麟仲 善仲 古若 [illegible]
謹擇七月初六日迎請
馬氏真仙迎請至大到福舍啟建道場一延願
祈田禾大熟人民康泰六畜興旺
福首出雞一隻 重[illegible] 餘長者平出
首出大炮四十斤 [illegible] 菜菓品 所前足用
道光[illegible]巳年福首 兆恆 發若 珠聞 應泰 應穎
兆科 應騰 春若 玩聞 應[illegible]
謹擇六月廿四日迎請

11-2-2-47　晚清民國后亭盧氏迎請馬氏三仙福首祭薄（四七）

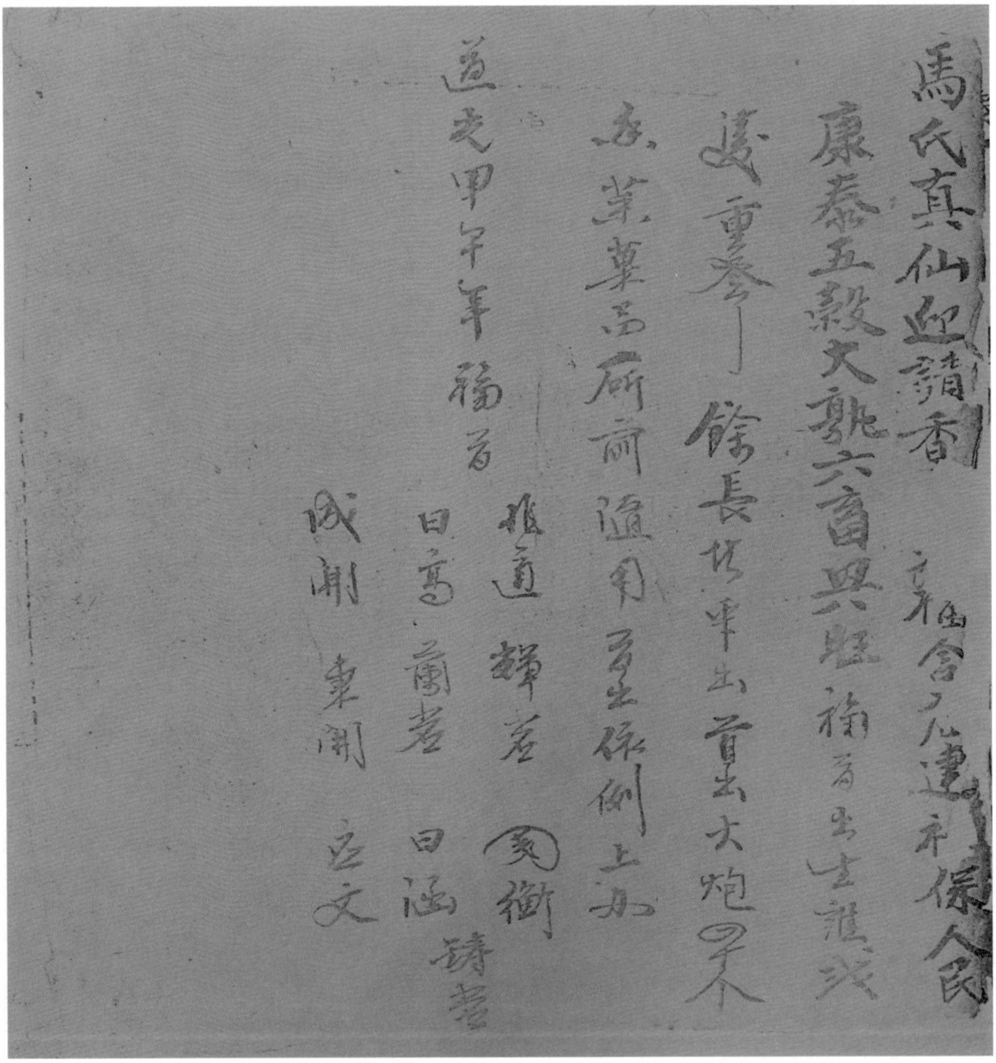

馬氏真仙迎請香　奉福首合九連保人民
康泰五穀大熟六畜興旺　福首出生雞錢
遂重叁丁　餘長供平出　首出大炮四个
香案菓品所需通用　首出係例上办
道光甲午年福首
雅道　輝著　衛
日高　蘭著　日涵　鑄著
盛潮　東潮　立文

11-2-2-48　晚清民國后亭盧氏迎請馬氏三仙福首祭薄（四八）

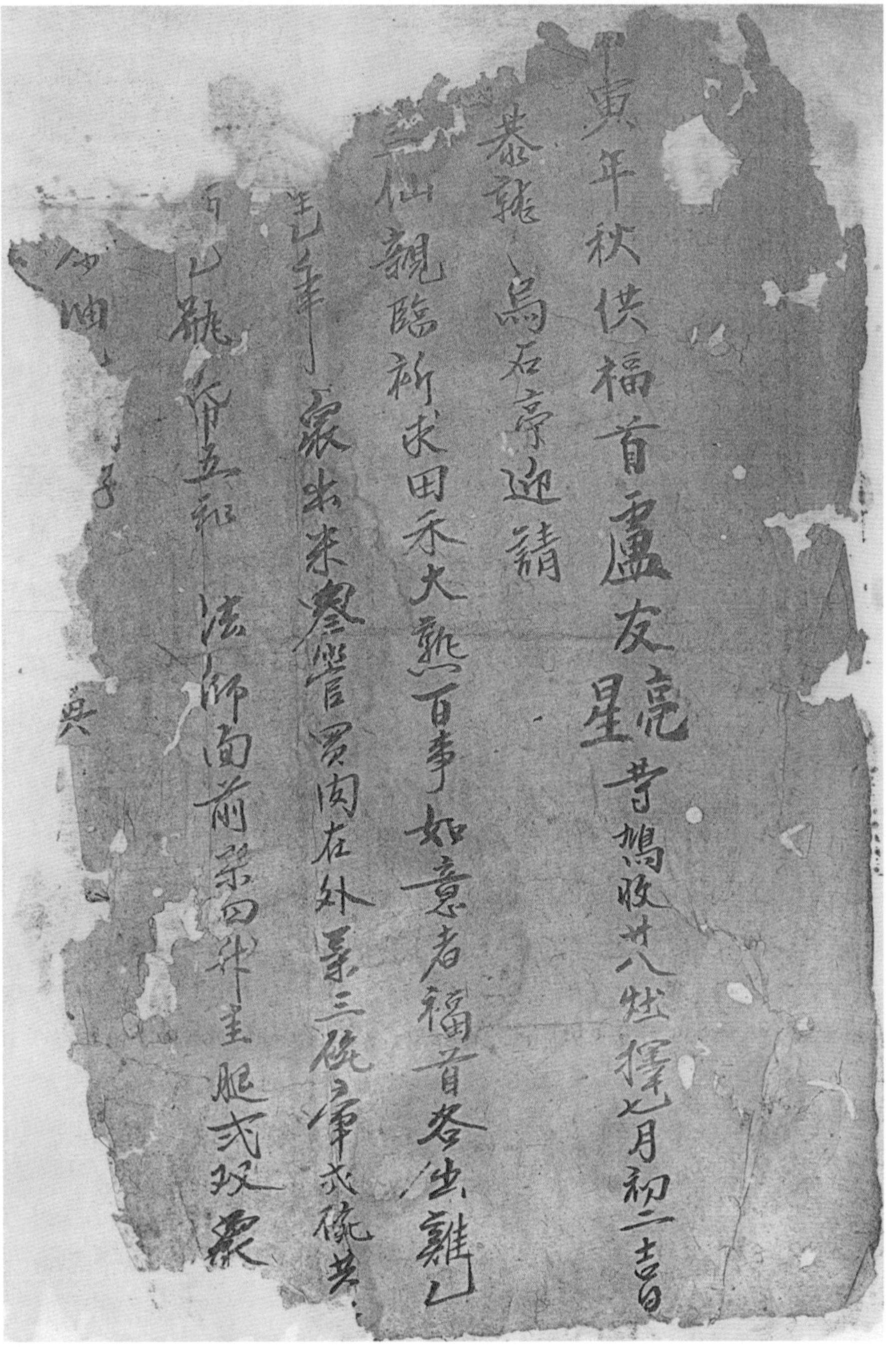
甲寅年秋供福首盧友亮星荳鳩收廿八姓擇七月初二吉
恭請、烏石亭迎請
三仙親臨祈求田禾大熟百事如意者福首各出雞乙
每年丁眾出米叁升買肉在外菜三碗酒式碗共
□山雞乙五秖 法師面前菜四件豬肚式双眾
□油□子 典

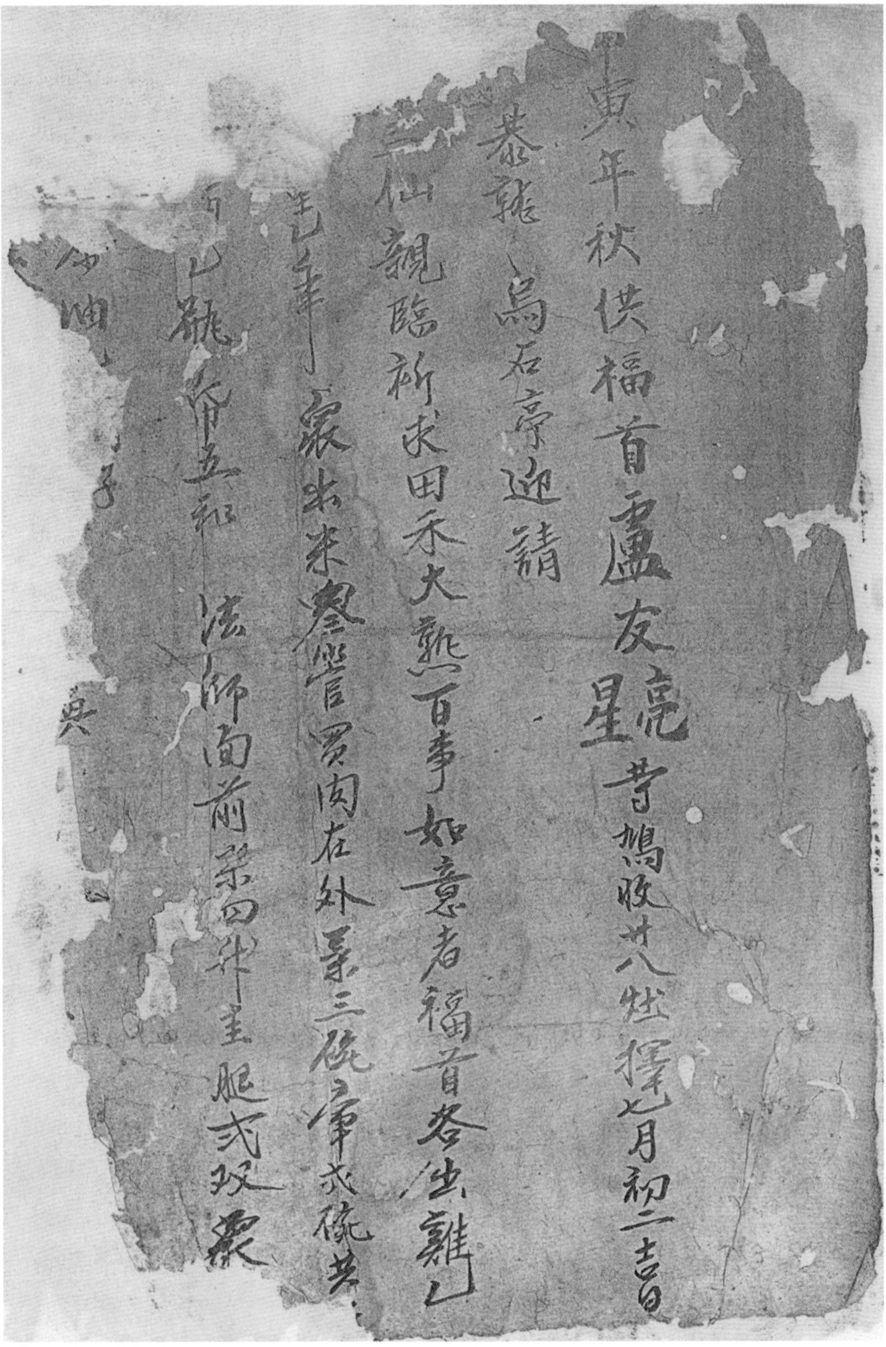

11-2-2-49　晚清民國后亭盧氏迎請馬氏三仙福首祭薄（四九）

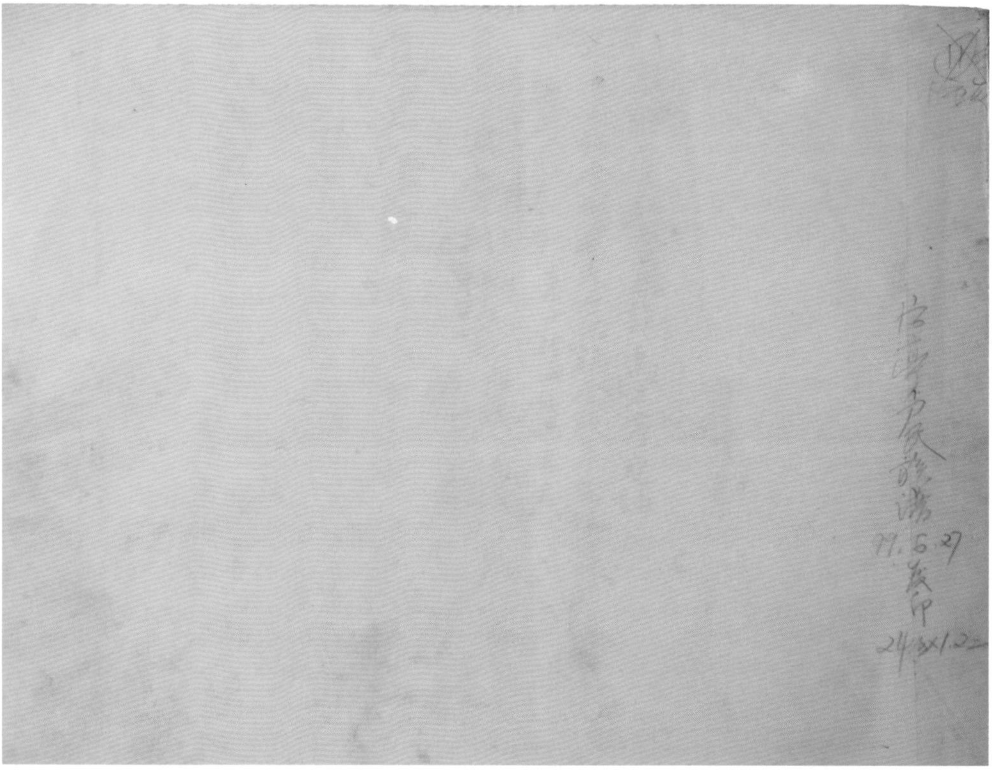

11-2-2-50　晚清民國后亭盧氏迎請馬氏三仙福首祭薄（五〇）

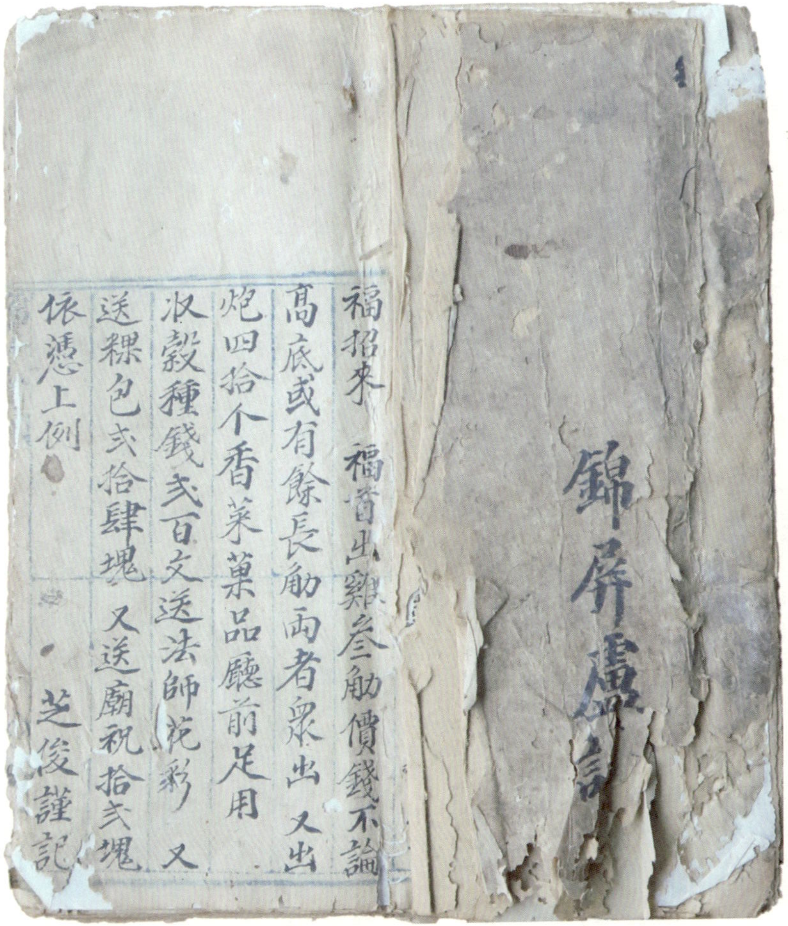

11-2-3-1　晚清民國錦屏盧氏迎請馬氏三仙拾首貼出數簿（一）

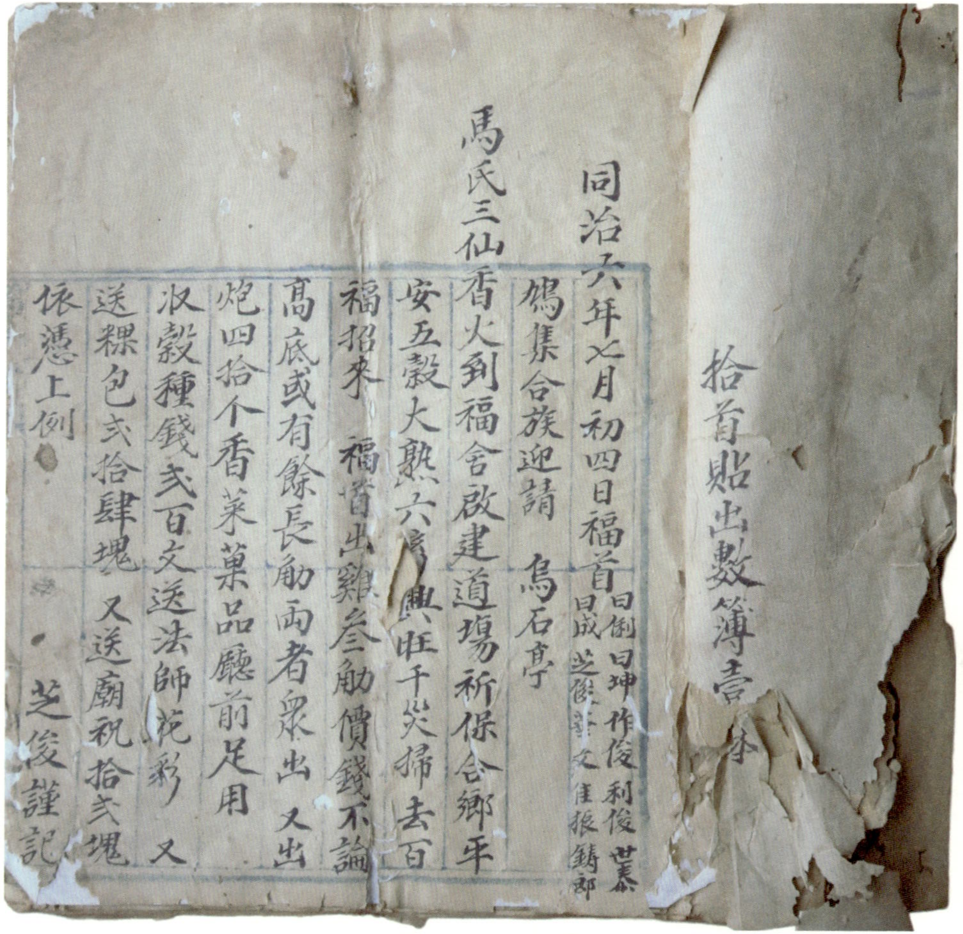

拾首貼出數簿壹本

同治六年七月初四日福首日倒　日坤　作俊　利俊　世泰
日成　芝俊　□文　佳振　鎔郎
鳩集合族迎請　烏石亭
馬氏三仙香火到福含啟建道場祈保合鄉平
安五穀大熟六畜興旺千災掃去百
福招來　福首出雞叁觔價錢不論
高底或有餘長觔兩者衆出　又出
炮四拾个香菓品廳前足用
凩穀種錢弍百文送法師花彩　又
送粿包弍拾肆塊　又送廟祝拾弍塊
依憑上例　芝俊謹記

11-2-3-2　晚清民國錦屏盧氏迎請馬氏三仙拾首貼出數簿（二）

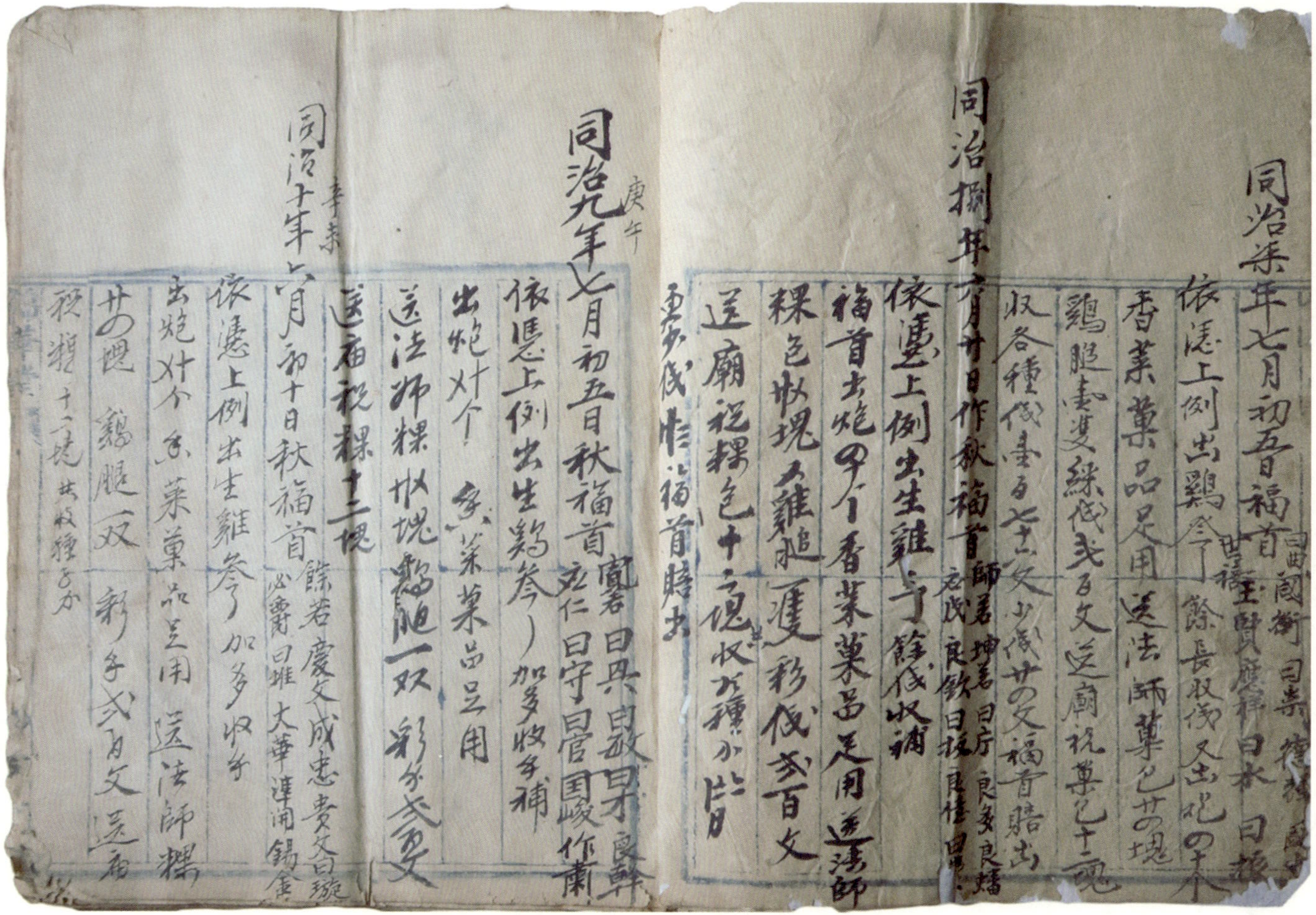
同治柒年七月初五日福首
依憑上例出鷄叁隻 餘長收伐又出炮四十个
香菓菓品足用 送法師菓包廿四塊
鷄腿壹隻 綵伐弍百文 送廟視菓包十二塊
收各種伐壹百七十文 福首贈出
同治捌年六月廿日作秋福首
依憑上例出生雞 餘伐收補
福首出炮四十个 香菓菓品足用 送法師
粿包收規 雞腿壹隻 彩伐叁百文
送廟視粿包十二塊 收各種皆
壹伐 作福首贈出
同治九年庚午七月初五日秋福首
依憑上例出生鷄叁隻 加多收補
出炮廿个 香菓菓品足用
送法師粿收規 鷄腿一双 彩伐叁百文
送廟視粿十二塊
同治十年辛未六月初十日秋福首
依憑上例出生雞叁隻 加多收補
出炮廿个 香菓菓品足用 送法師粿
廿四塊 鷄腿一双 彩伐弍百文 送廟
視粿十二塊

11-2-3-3 晚清民國錦屏盧氏迎請馬氏三仙拾首貼出數簿（三）

拾叁年六月廿一日秋福首 夏君植俊

彭若有文花建

衣親楊文 成田 國為

依洗上例出雞三隻 另多收

出炮大个 外葉藥品足用 送法師

粿包收塊 又送雞腿一双

又厝爪依旧 又送廟祝粿十二塊

共收錢

拾弍年

閏六月十一日秋福首 大河 大勉 德億

居其 大珠 信郎 源俊 世賛 渊俊

良位 依憑例出鴨雞二了

又送法師雞腿一双 又送花彩分

又送廟祝粿十弍塊

外用果子餅 炮油 其餘共餘十个

福首对開 而樟個無干

11-2-3-4　晚清民國錦屏盧氏迎請馬氏三仙拾首貼出數簿（四）

十三年六月十三日秋福首　芹溯　日輝　成學　良封
國樑　日瓔　良俊　德招
良高　世揚
依舊例办鴨鵝三了
送法師鴨鵝一隻　又花粉个旧
又粿廿四塊
送廟祝粿十弍塊
外用香炮紙菓子油係是福首
已出當棹面無干

光緒元年七月初五秋社
福首　日舉　王水　上達　坤生
良孝　良駒　敎俊　其瑞
必沫　玉宗
依例辦喜雞叁只
法師送花粉襪帕又雞肫一隻
粿廿四塊　廟祝送粿十弍塊
外用香炬紙果子油俱是福首
自辦與棹面無干

11-2-3-5　晚清民國錦屏盧氏迎請馬氏三仙拾首貼出數簿（五）

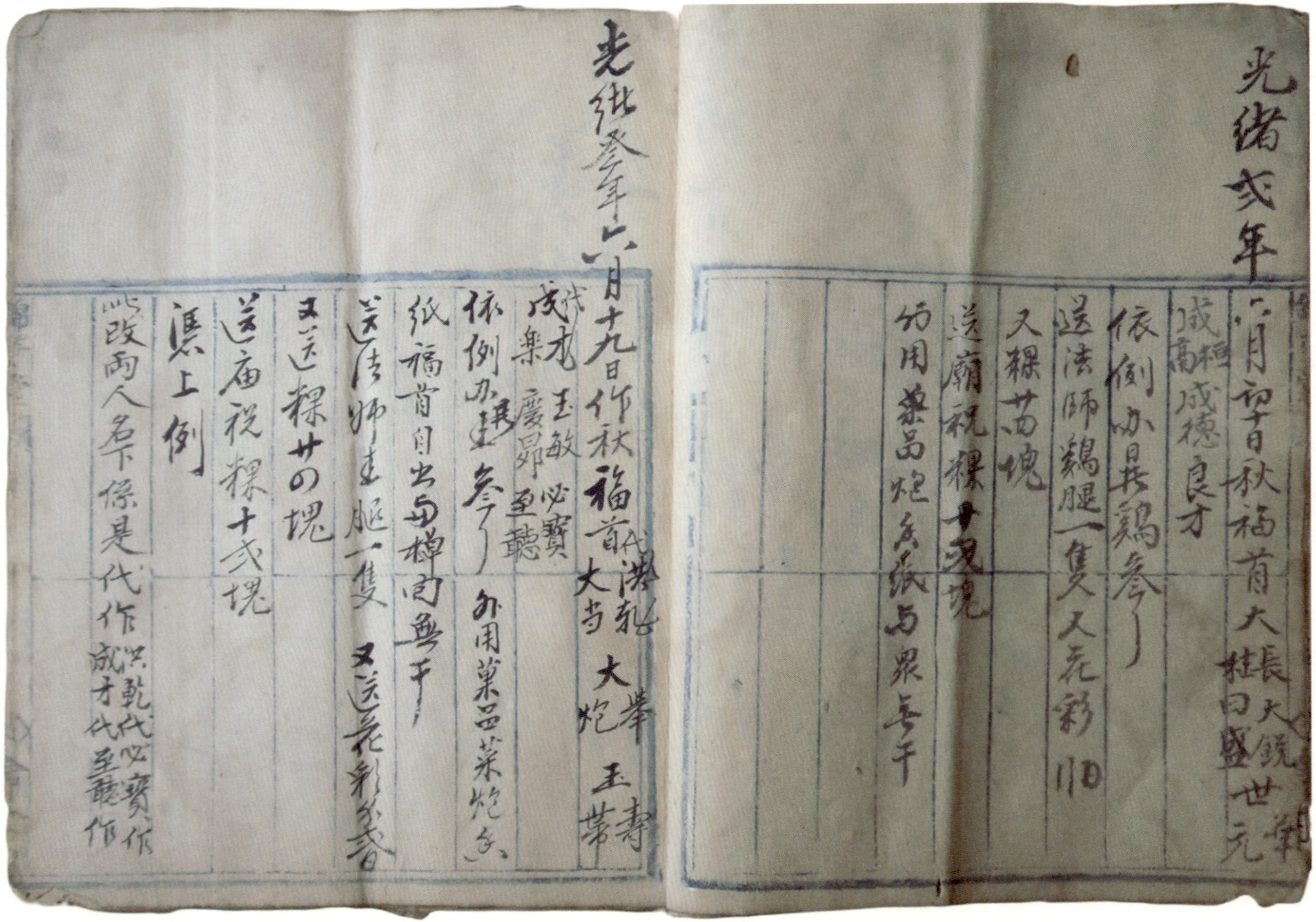

光緒弍年六月初十日秋福首大長 大錢 世元
成榜 高成德 良才
依例办具鷄叁ㄧ
送法師鷄腿一隻 又花彩 旧
又粿廿塊
送廟祝粿十弍塊
約用菓品炮文紙与衆無干

光緒叁年六月十九日作秋福首 代瀛龍 大卓 大炮 玉壽 玉帶
成龍 樂慶昂 玉敏 必寶 孟聽
依例办具鷄叁ㄧ 另用菓品菜炮多
紙福首自出西樽酒無干
送法師法艇一隻 又送花彩多
又送粿廿四塊
送廟祝粿十弍塊
照上例
此改兩人名下係是代作 洪乾代必寶作 成才代孟聽作

11-2-3-6　晚清民國錦屏盧氏迎請馬氏三仙拾首貼出數簿（六）

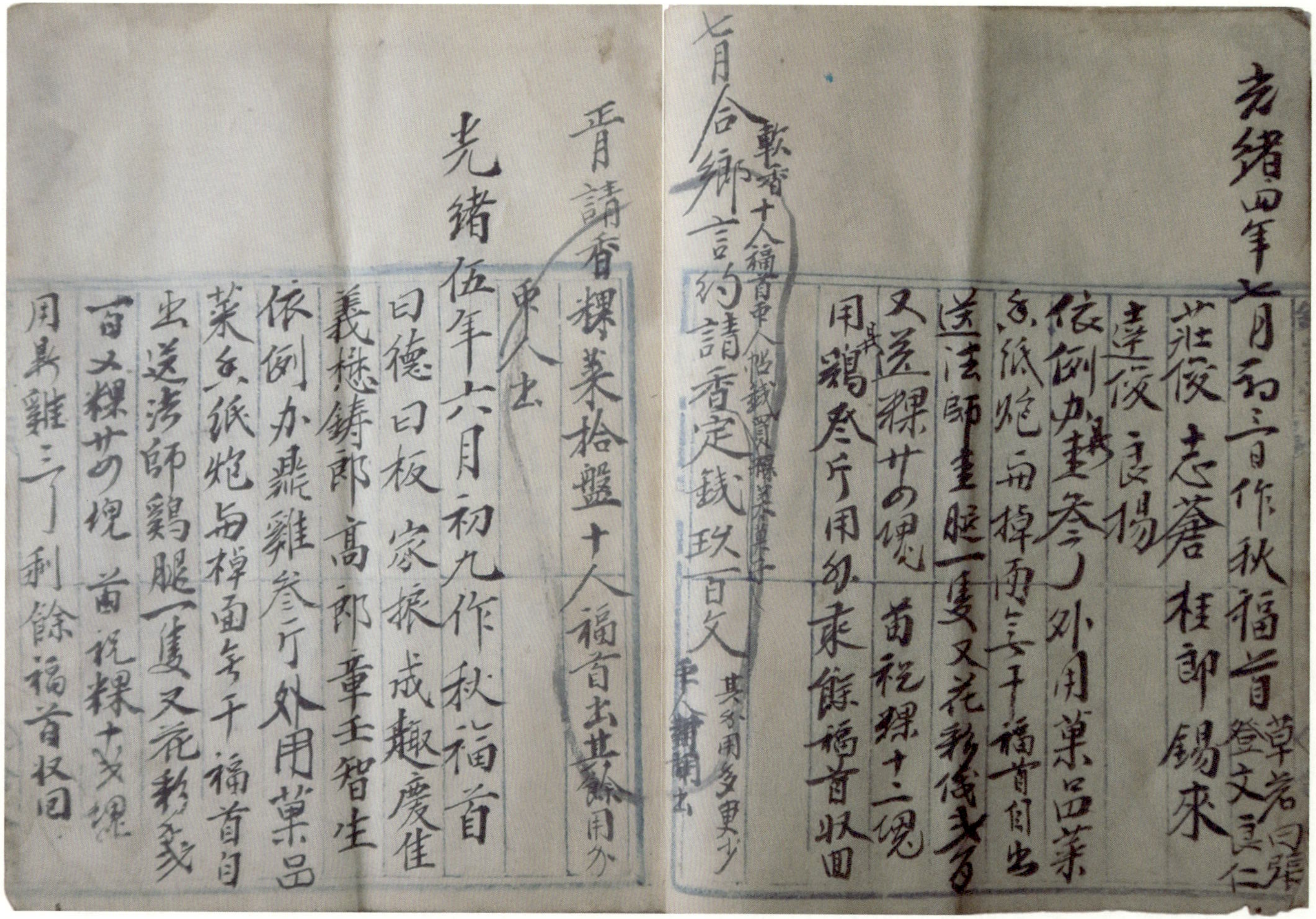

光緒四年七月初三日作秋福首　草岩　登文　良仁　日張
莊俊　志蒼　桂郎　錫來
達俊　良揚
依例办雞叁斤外用菓品菜
香紙炮两棹酒壹千　福首自出
送法師雞腿一隻又花彩錢弍百
又送粿廿四塊　苗祝粿十二塊
用其雞叁斤用外　來餘福首收回

七月合鄉言約請香定錢玖百文
歡香十人福首出錢買粿菜菓子　其錢用多更少　每人攤開出

正月請香粿菜拾盤十人福首出其餘用分
每人出

光緒伍年六月初九作秋福首
曰德　曰板　家振　戍趣　慶佳
義懋　鑄郎　高郎　章壬　智生
依例办雞叁斤外用菓品
菜香紙炮兩棹酒壹千　福首自
出送法師雞腿一隻又花彩錢
百文粿廿四塊　苗祝粿十二塊
用其雞三斤　剩餘福首收回

11-2-3-7　晚清民國錦屏盧氏迎請馬氏三仙拾首貼出數簿（七）

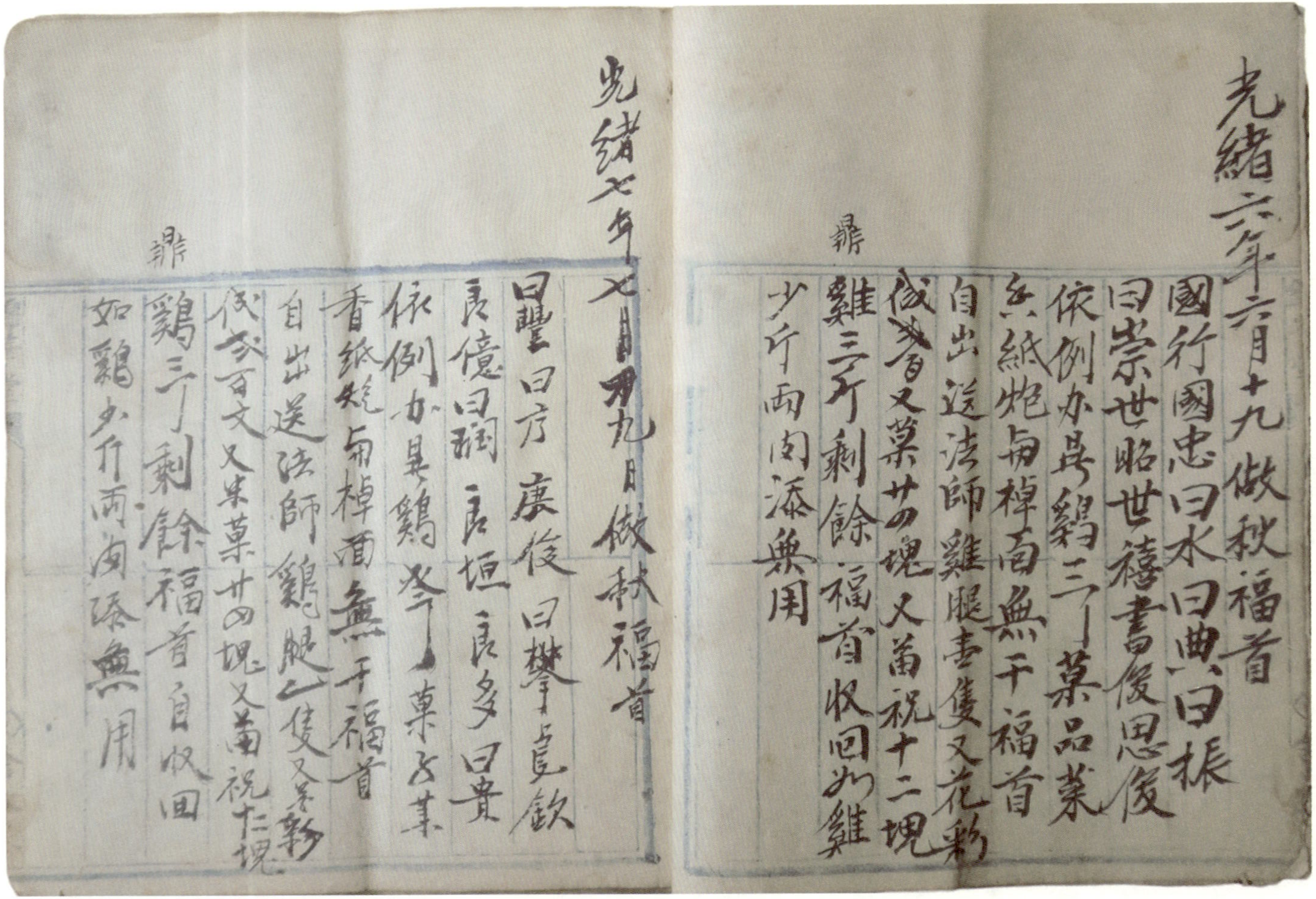
光緒六年六月十九做秋福首
國行 國忠 曰水 曰典、曰振
曰崇 世昭 世禧 書俊 恩俊
依例办具 鷄三丁 菜品 菜
香紙炮 扇 棹面 無干福首
自出 送法師雞腿壹隻 又花彩
代番 又菜廿四塊 又菌祝十二塊
雞三斤 剩餘福首收回 如雞
少斤兩 肉添無用

光緒七年七月九日做秋福首
曰豐 曰序 庚俊 曰攀 良欽
良億 曰瑚 良垣 良多 曰貴
依例办具 鷄叁丁 菜 又菜
香紙炮 扇 棹面 無干福首
自出 送法師 鷄腿乙隻 又花彩
代番百文 又果菜廿四塊 又菌祝廿塊
鷄三丁 剩餘福首自收回
如雞少斤兩 肉添無用

11-2-3-8 晚清民國錦屏盧氏迎請馬氏三仙拾首貼出數簿（八）

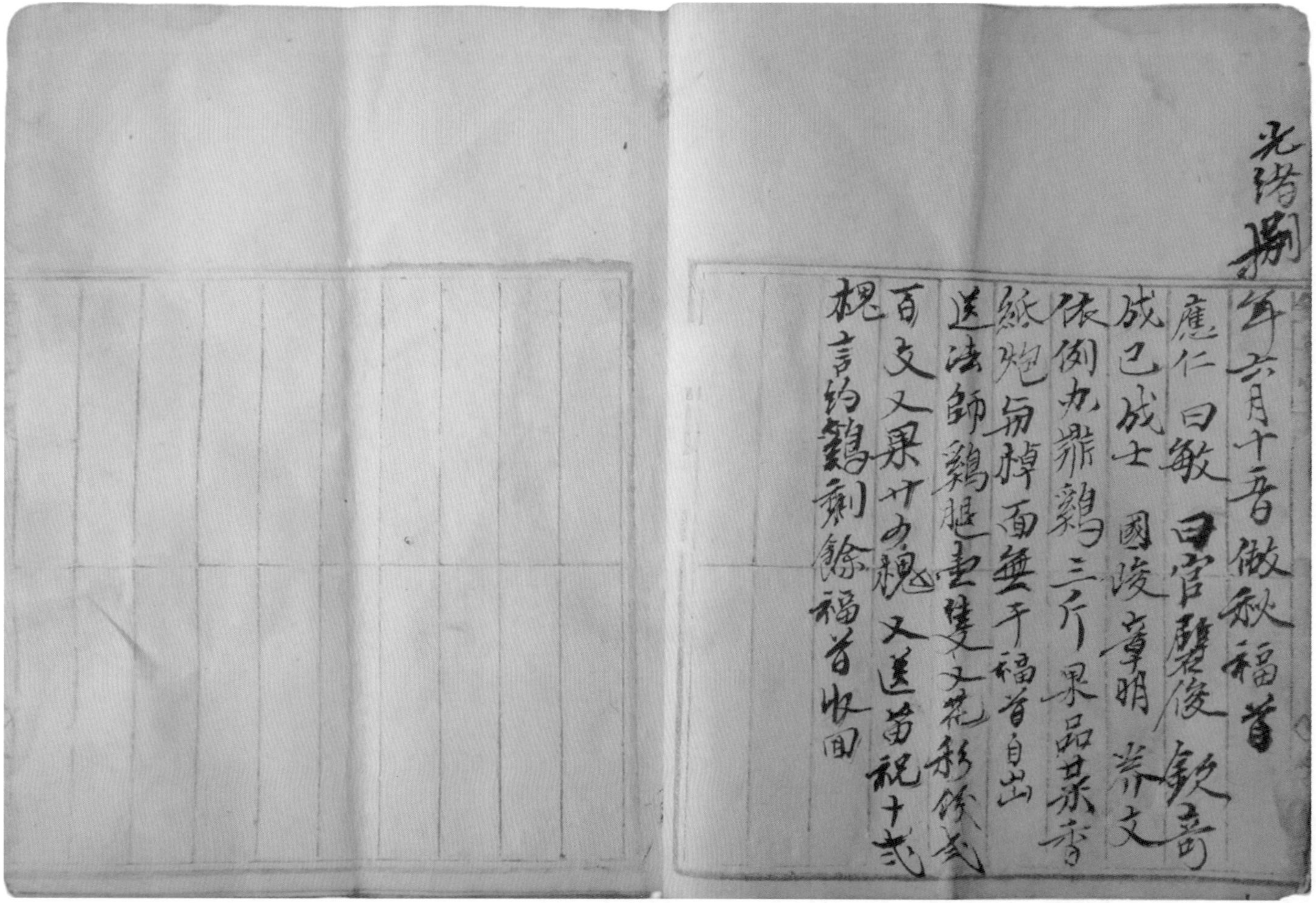
光緒卅年六月十五做秋福首
鹿仁　日敏　日宮　馨俊　欽奇
成己　成士　國陵　章明　荐文
依例九排鷄三斤　果品菜香
紙炮句棹面無干福首自出
送法師鷄腿壹隻　又花彩錢式
百文　又果廿四塊　又送苗祝十式
槐言約鷄剩餘福首收回

11-2-3-9　晚清民國錦屏盧氏迎請馬氏三仙拾首貼出數簿（九）

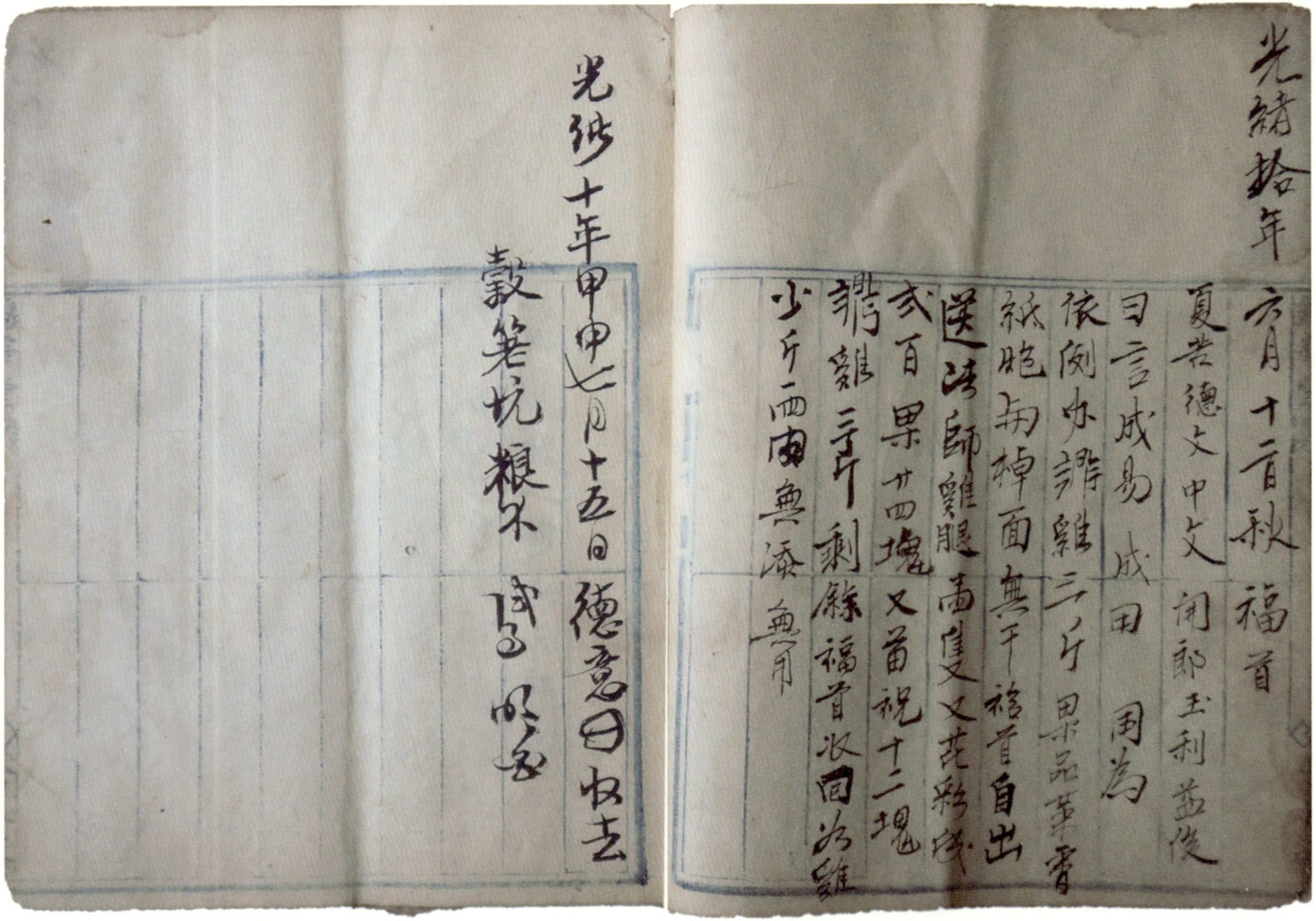
光緒拾年
六月十二日秋 福首
夏若德文中文 開郎玉利益俊
曰言成易成田 周為
依例办𫋹雞三斤果品茶膏
紙炮錫棹面無干福首自出
送法師雞腿兩隻文花彩饯
弍百果廿四塊又蒲視十二塊
𫋹雞三斤剩餘福首收回洋雞
少斤二兩無添無用

光緒十年甲申七月十五日 德意日收去
穀笔坑粮米 德意 收去

11-2-3-10　晚清民國錦屏盧氏迎請馬氏三仙拾首貼出數簿（一〇）

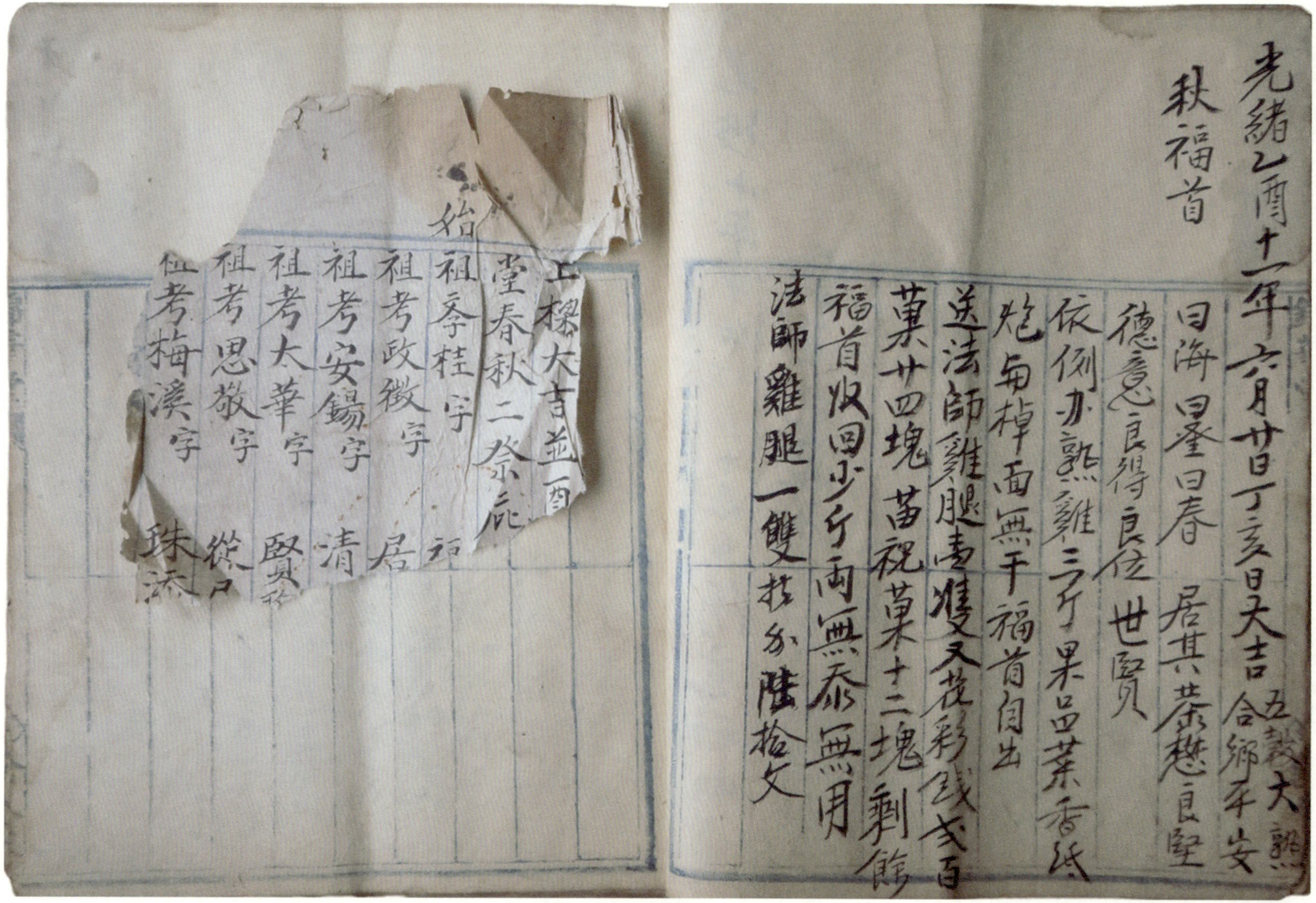

光緒乙酉十一年六月廿日丁亥日大吉 五穀大熟 合鄉平安

秋福首

日海 曐日春 居其 恭懋 良堅

德意 良得 良位 世賢

依例办熟雞三斤 果品 茶 香紙

炮布棹面無干 福首自出

送法師雞腿壹雙 又花彩錢弍百

菓廿四塊 苗䅽菓十二塊剩餘

福首收回少斤兩 無添 無用

法師雞腿一雙 扯分 陸拾文

上樑大吉並酉

堂春秋二祭祀

始祖秀桂字 祐

祖考政徵字 居

祖考安錫字 清

祖考太華字 賢

祖考思敬字 從

伍考梅溪字 珠添

11-2-3-11　晚清民國錦屏盧氏迎請馬氏三仙拾首貼出數簿（一一）

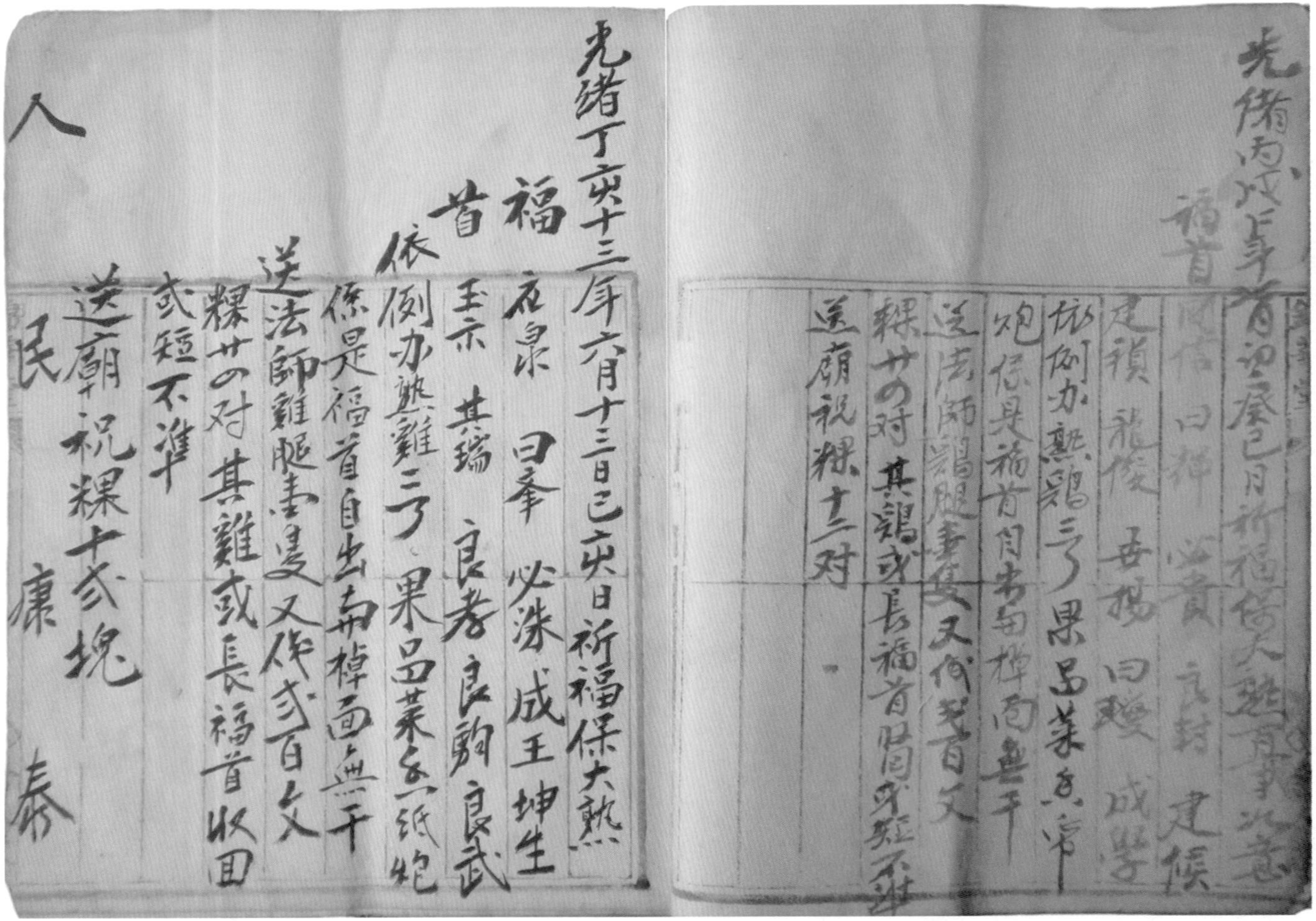

光緒丙戌年首迎屋己月祈福保大熟[illegible]意

福首

[illegible]信　日禪　必貴　良封　建候

建禎　龍俊　安揚　日璦　成學

依例办熟雞三了　果品菜蔬紙炮

炮係是福首自出南樟面無干

送法師雞腿壹隻　又代錢首文

粿廿の对　其雞或長福首賠回或短不准

送廟祝粿十二对

光緒丁亥十三年六月十三日己亥日祈福保大熟

福

首

依

应泉　日秦　必滌　成王　坤生

王宗　其瑞　良孝　良駒　良武

依例办熟雞三了　果品菜蔬紙炮

係是福首自出南樟面無干

送法師雞腿壹隻　又作弍百文

粿廿の对　其雞或長福首收回

或短不準

送廟祝粿十弍塊

民　康　泰

人

11-2-3-12　晚清民國錦屏盧氏迎請馬氏三仙拾首貼出數簿（一二）

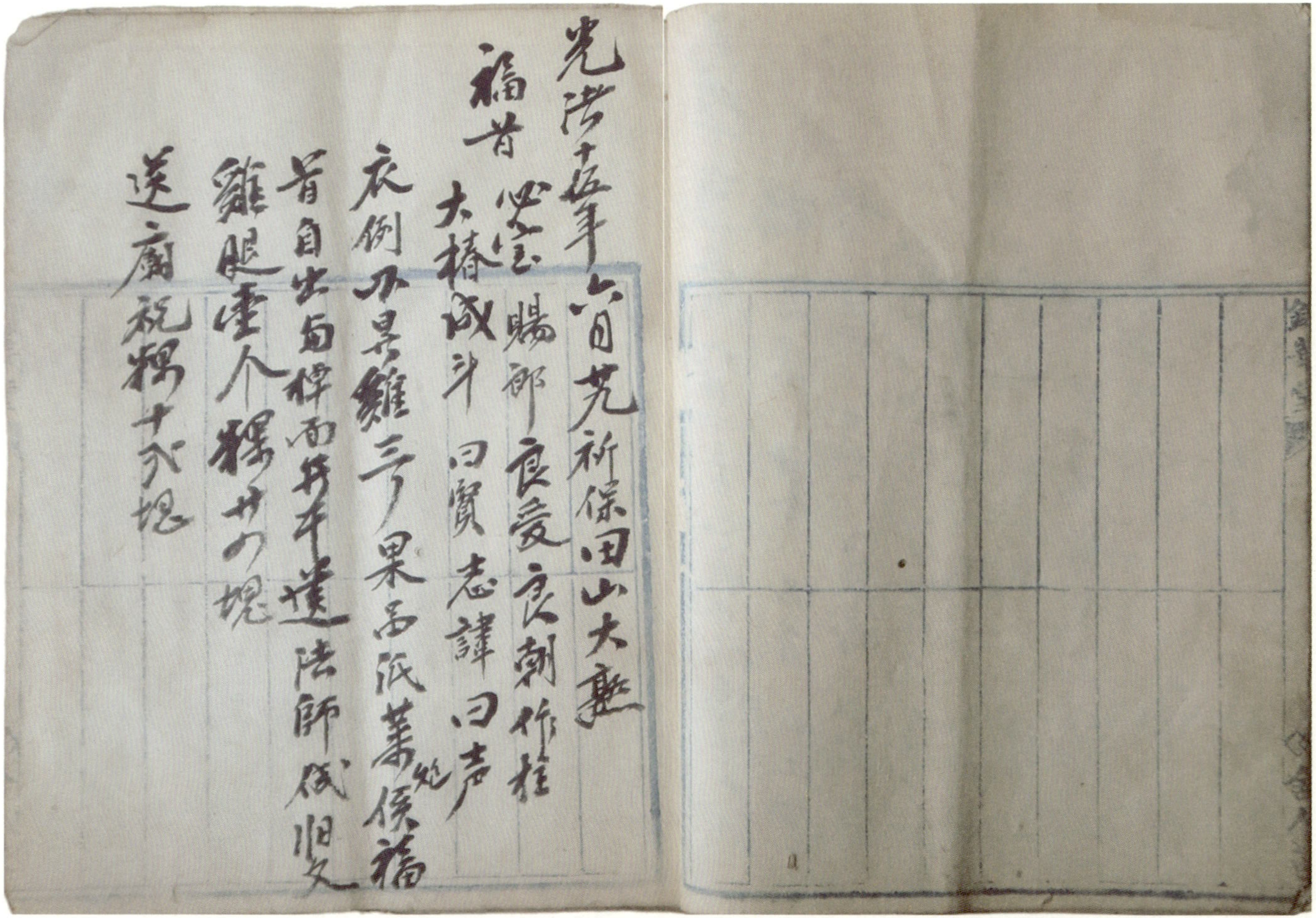
光緒十五年六月　先祈保田山大熟
福首　光宗　賜郎　良爱　良潮　作桂
大椿　成斗　回賓　志諱　回声
衣例乃是雞三只、果品、紙、茶，俟福
首自出面牌，而其年進法師伐旧叟
雞腿壹个，粿廿四塊
送廟祝粿十弍塊

11-2-3-13　晚清民國錦屏盧氏迎請馬氏三仙拾首貼出數簿（一三）

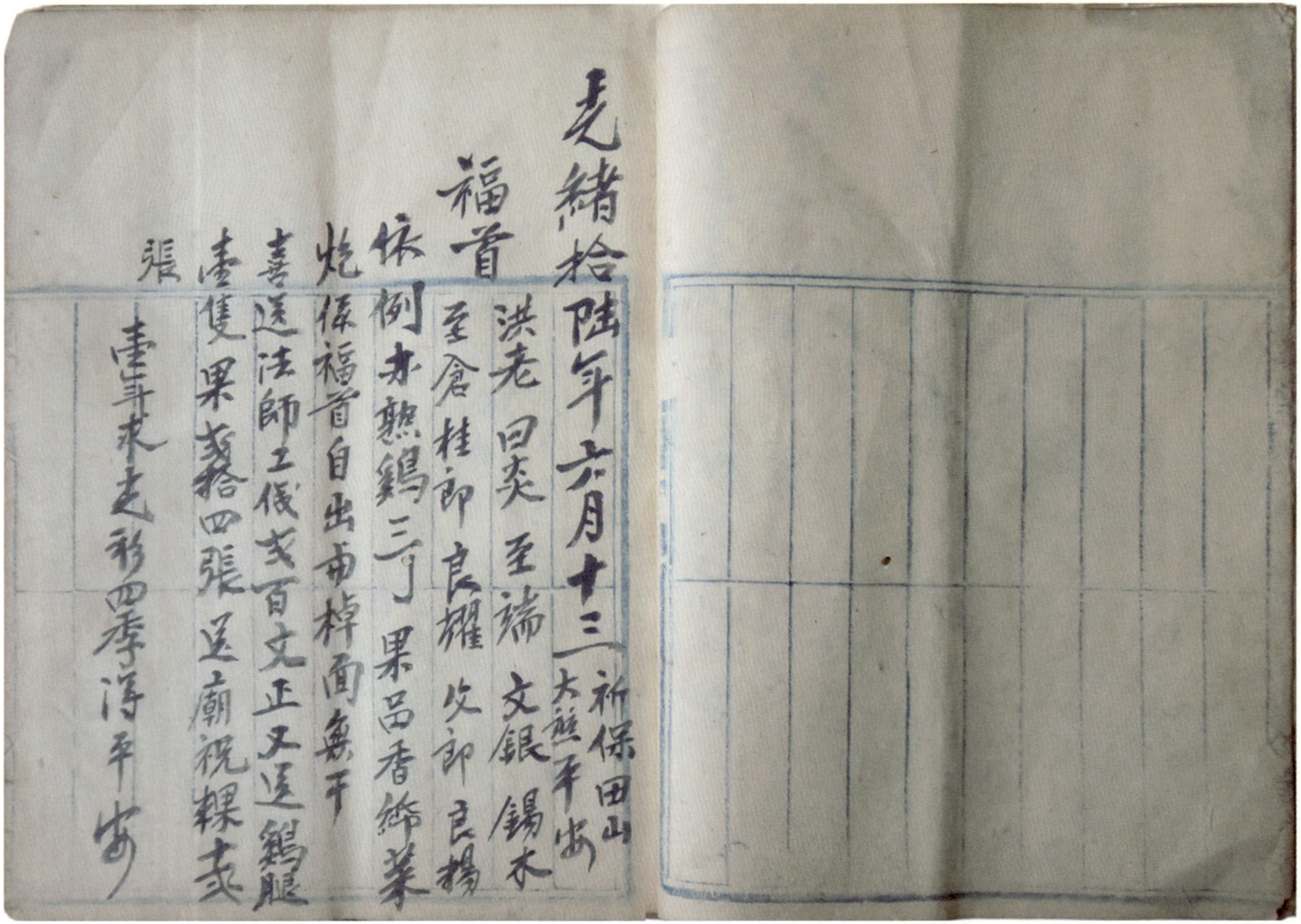
光緒拾陸年六月十三 祈保田山大熟平安
福首 洪老 曰奕 至瑞 文銀 錫木
至倉 桂郎 良耀 攵郎 良楊
依例 赤熟鷄三丁 果品香締菜
炮 係福首自出 前棹面無干
喜送法師工錢弍百文正 又送鷄腿
壹隻 果弍拾四張 送廟祝粿弍
張 壹年求老彩四季得平安

11-2-3-14　晚清民國錦屏盧氏迎請馬氏三仙拾首貼出數簿（一四）

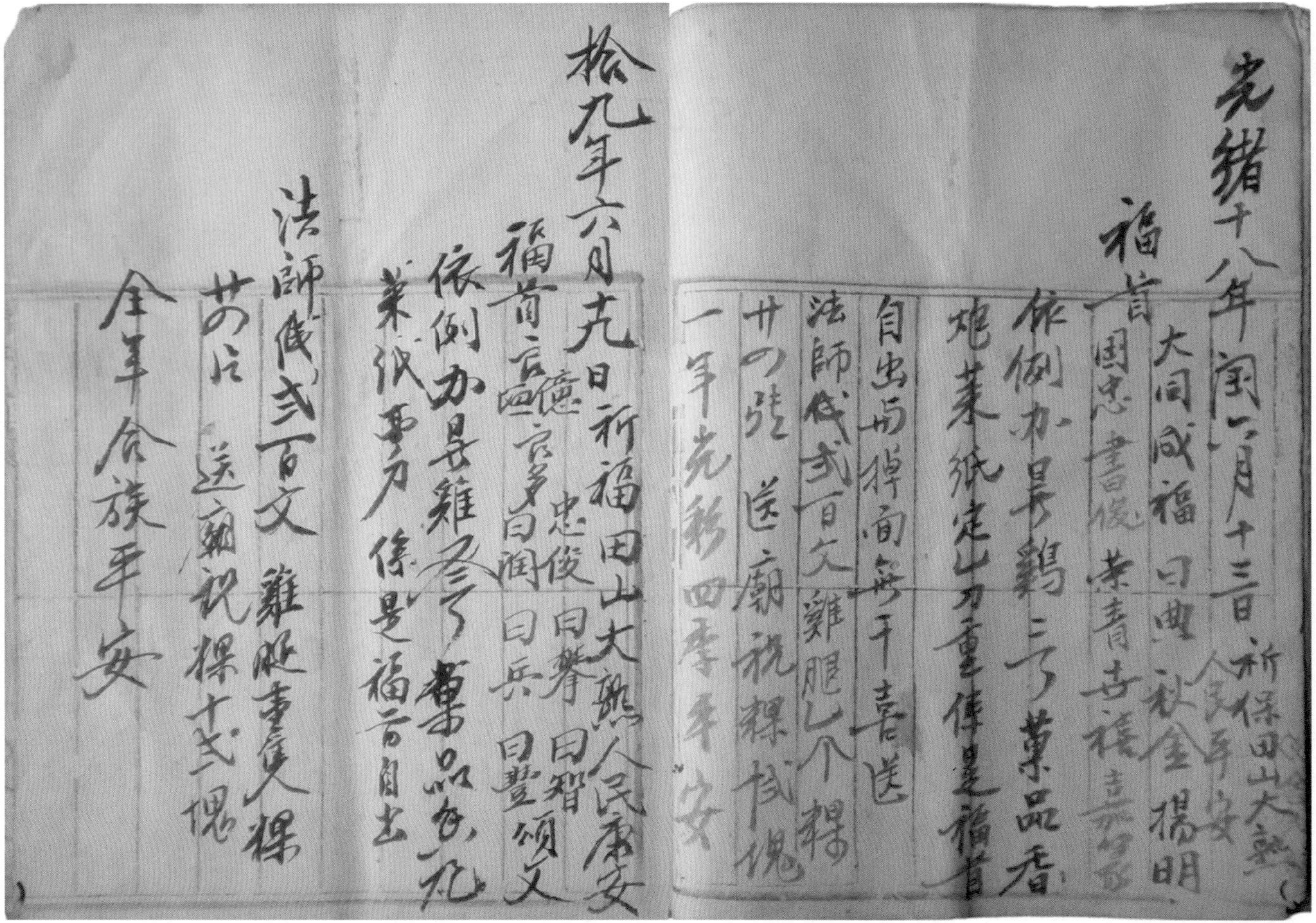

光緒十八年閏六月十三日祈保田山大熟人民平安

福首 大同 咸福 日典 秋金 揚明

一國忠 書俊 棠青 吉禧 嘉銘

依例办果鷄三了菓品香

炮菜紙定山乃重俦是福首

自出尚得前無千喜送

法師錢弍百文 雞腿山个粿

廿四號 送廟祝粿拾塊

一年光彩四季平安

拾九年六月廿九日祈福田山大熟人民康安

福首 言德 忠俊 日聲 日智

四言 日潤 日兵 日豐 領文

依例办果雞叁了 菓品魚丸

菜紙弍刀 係是福首自出

法師錢弍百文 雞腿壹个粿

廿四號 送廟祝粿十弍塊

全年合族平安

11-2-3-15 晚清民國錦屏盧氏迎請馬氏三仙拾首貼出數簿（一五）

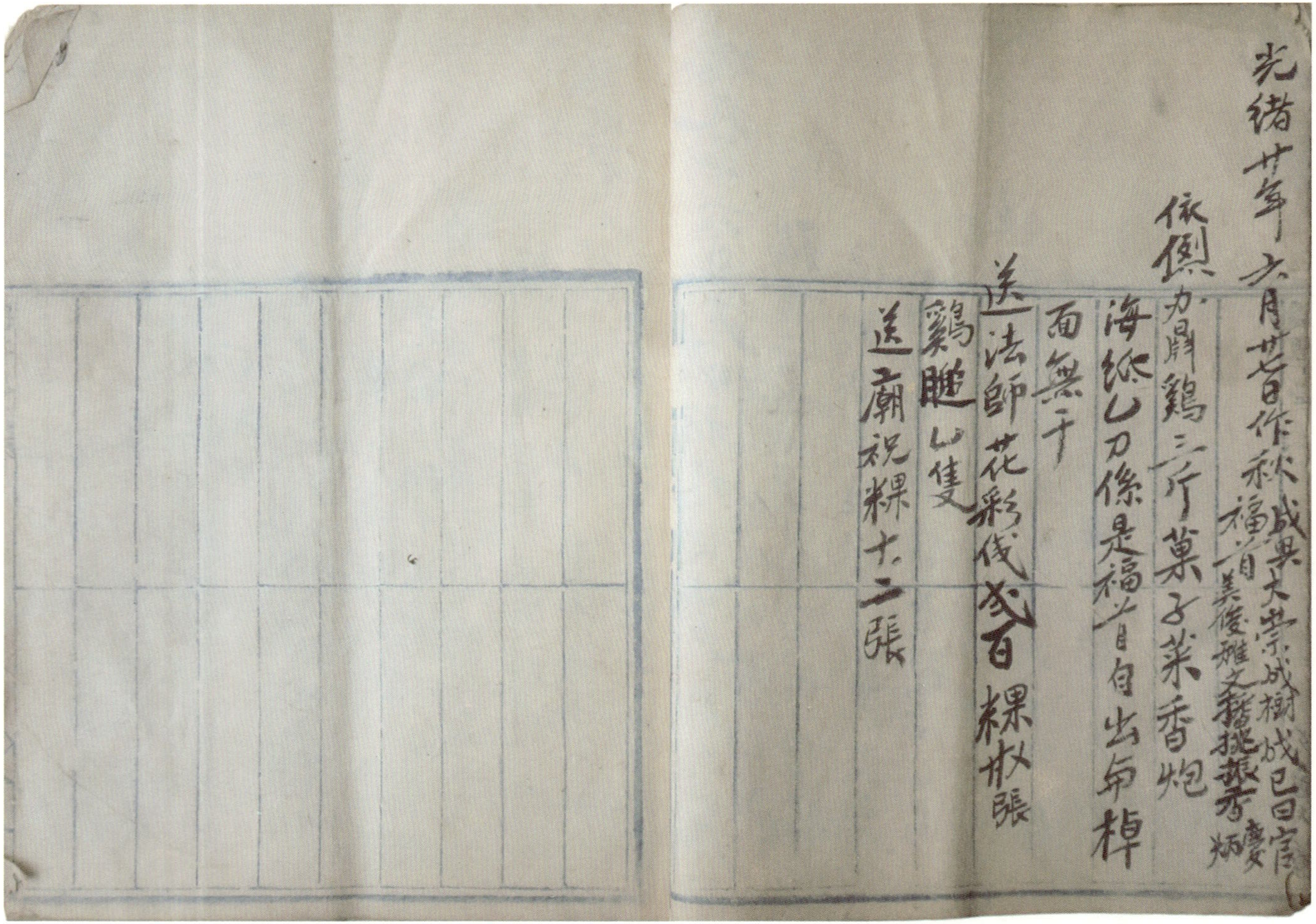

光緒廿年六月廿四日作秋成異大崇成樹成巳回宗
福首美後雅之發挑振秀燫慶
依例力斛鷄三斤菓子菜香炮
海紙山刀係是福首自出布棹
面無干
送法師花彩伐香粿拾張
鷄腿山隻
送廟祝粿十二張

11-2-3-16　晚清民國錦屏盧氏迎請馬氏三仙拾首貼出數簿（一六）

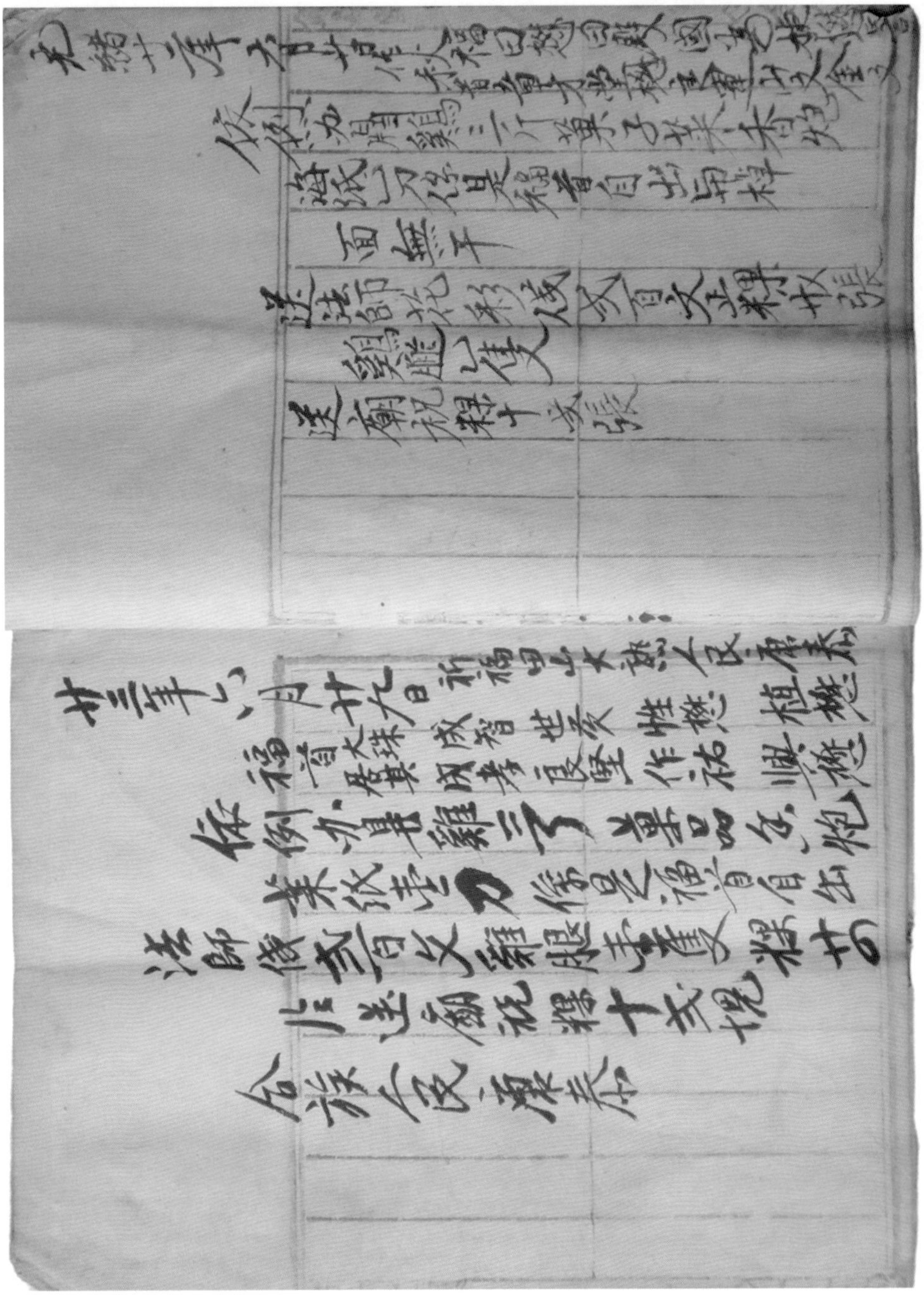

光緒廿二年八月廿日作秋福，曰懋、曰殿、國[illegible]、旋[illegible]
福首章才、堂槐、建宗、金之
依例辦胙雞三斤、菓子、菜、香炮
海紙一刀，係是福首自出吊棹
面無干
送法師花彩錢弍百文，正粿拾張
雞腿一隻
送廟祝粿十弍張

廿三年六月廿九日祈福，由大懋、人民、康泰
福首大珠、成智、世炎、性懋、植懋、居其、成孝、良堅、作祐、興懋
依例辦胙雞三斤、菓品、魚、炮
業紙壹刀，係是福首自出
法師錢弍百文，雞腿壹隻，粿廿四
又送廟祝粿十弍塊
合族人民、康泰

11-2-3-17 晚清民國錦屏盧氏迎請馬氏三仙拾首貼出數簿（一七）

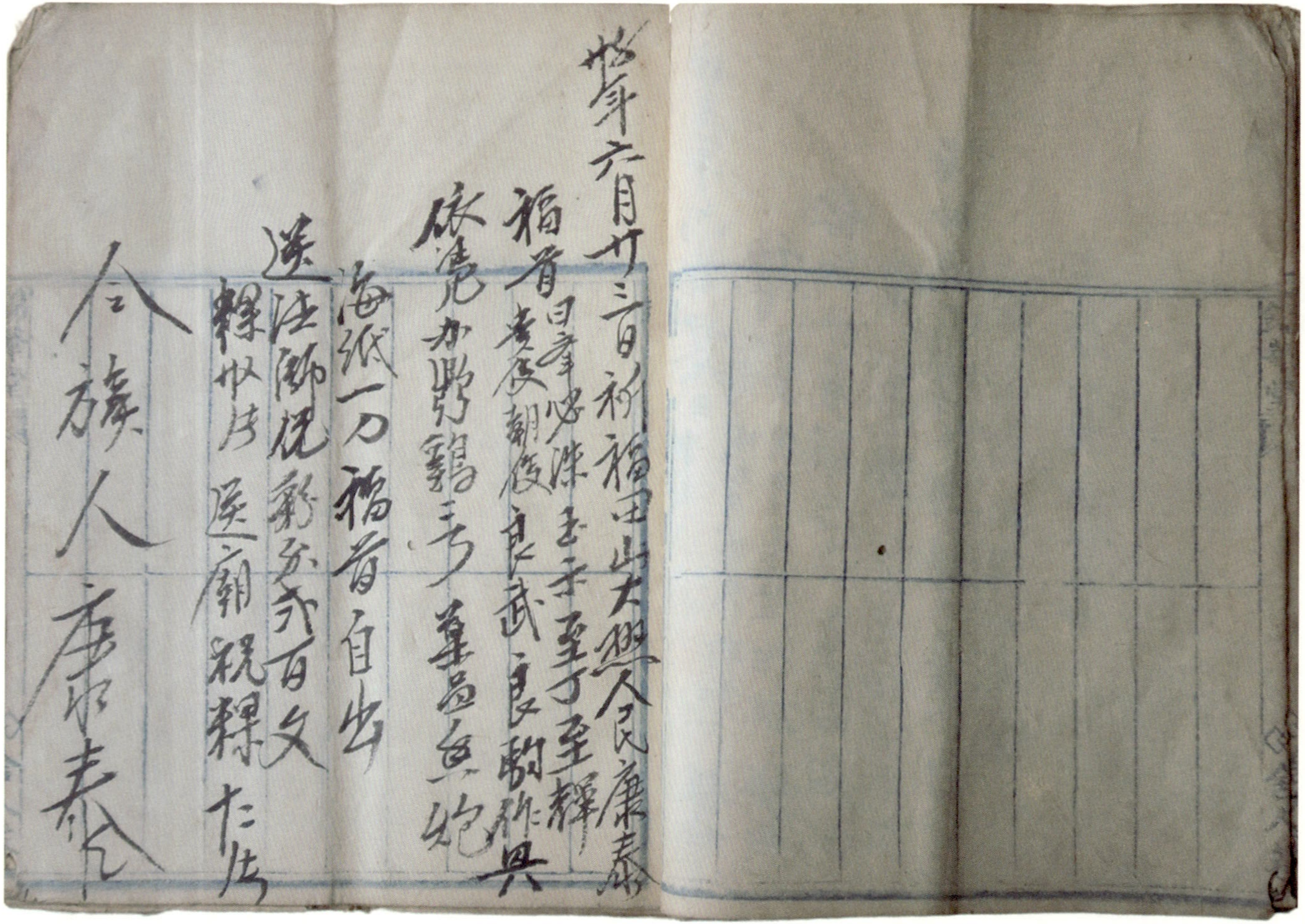

11–2–3–18　晚清民國錦屏盧氏迎請馬氏三仙拾首貼出數簿（一八）

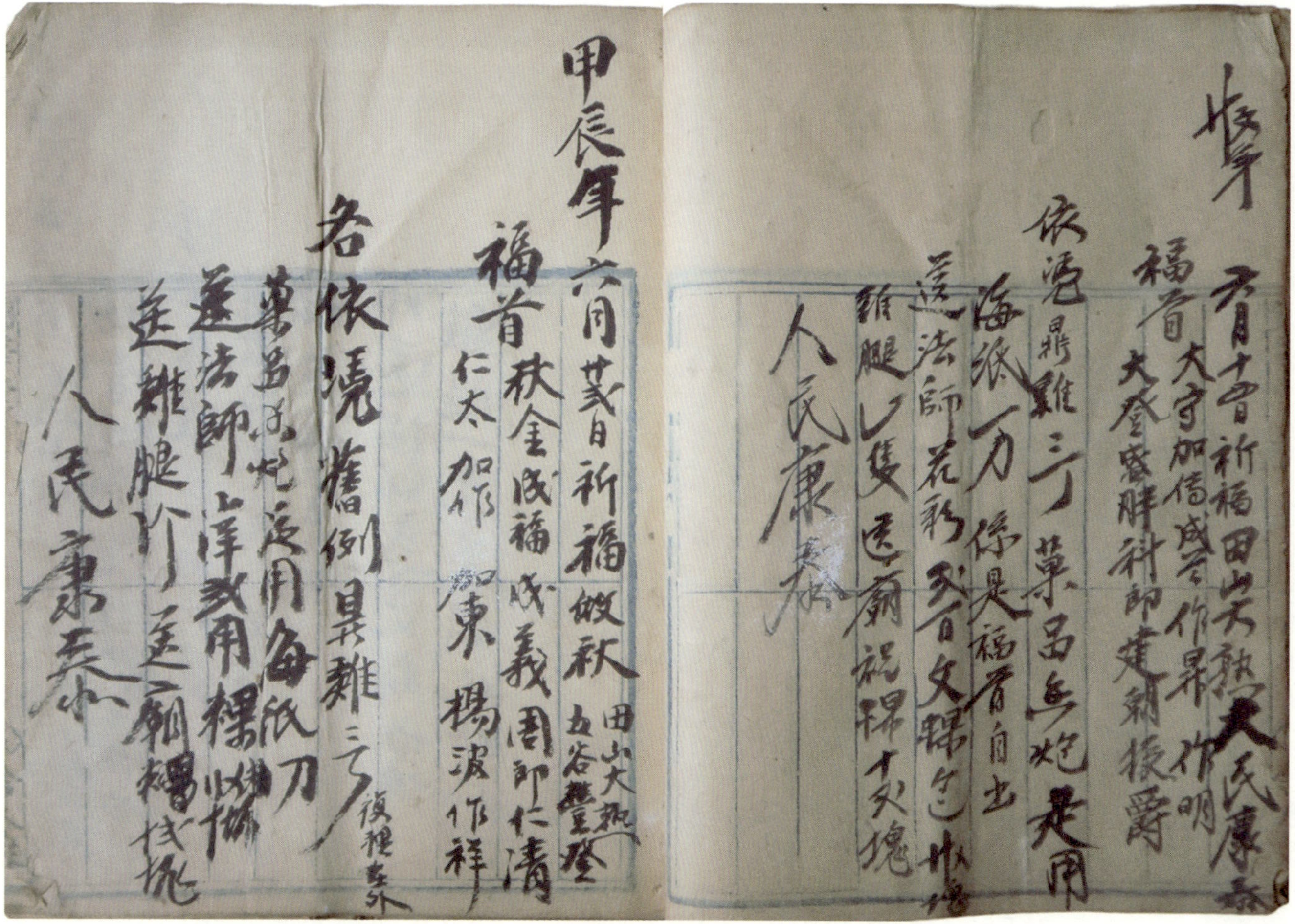

11-2-3-19 晚清民國錦屏盧氏迎請馬氏三仙拾首貼出數簿（一九）

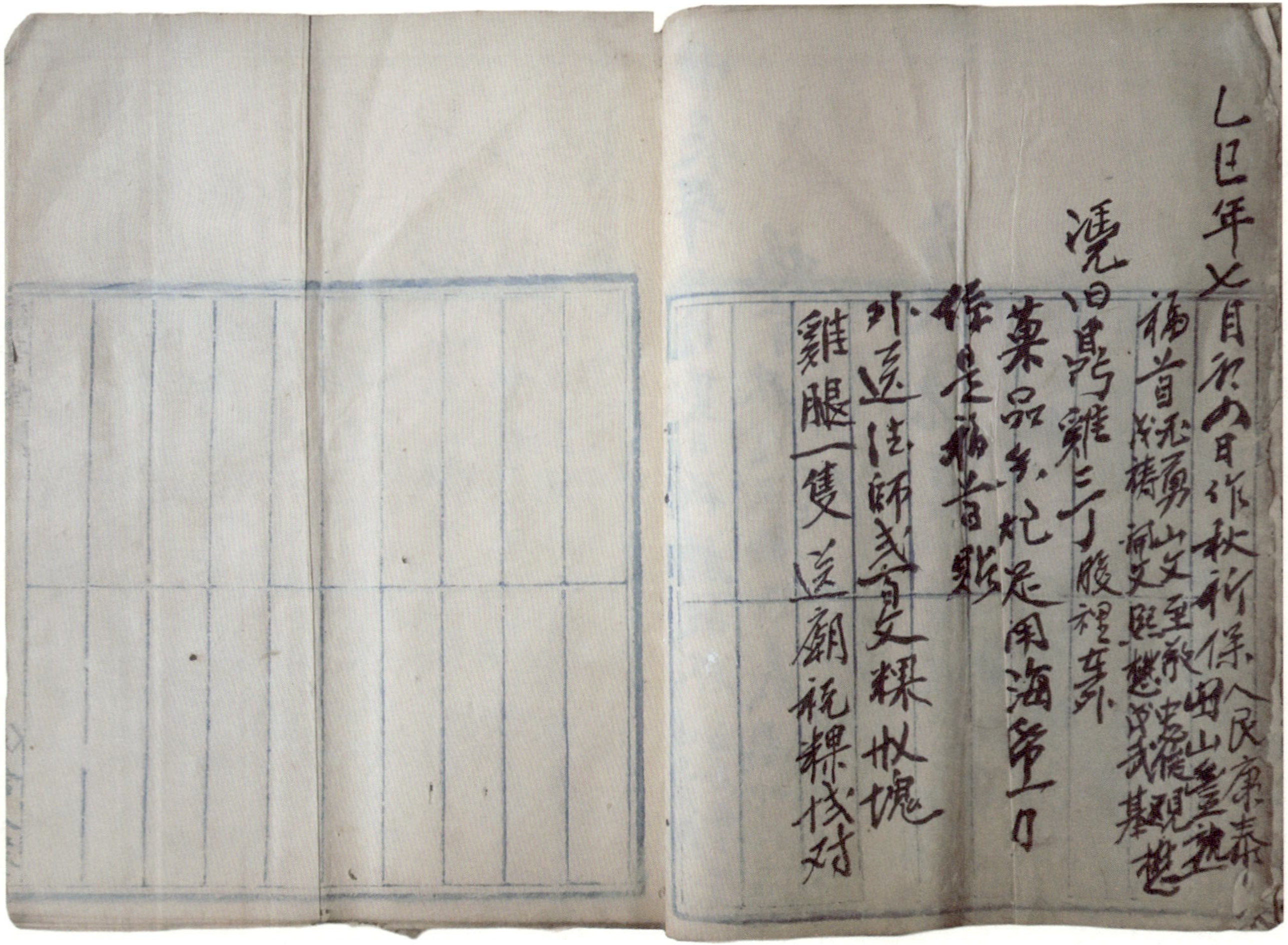

11-2-3-20　晚清民國錦屏盧氏迎請馬氏三仙拾首貼出數簿（二〇）

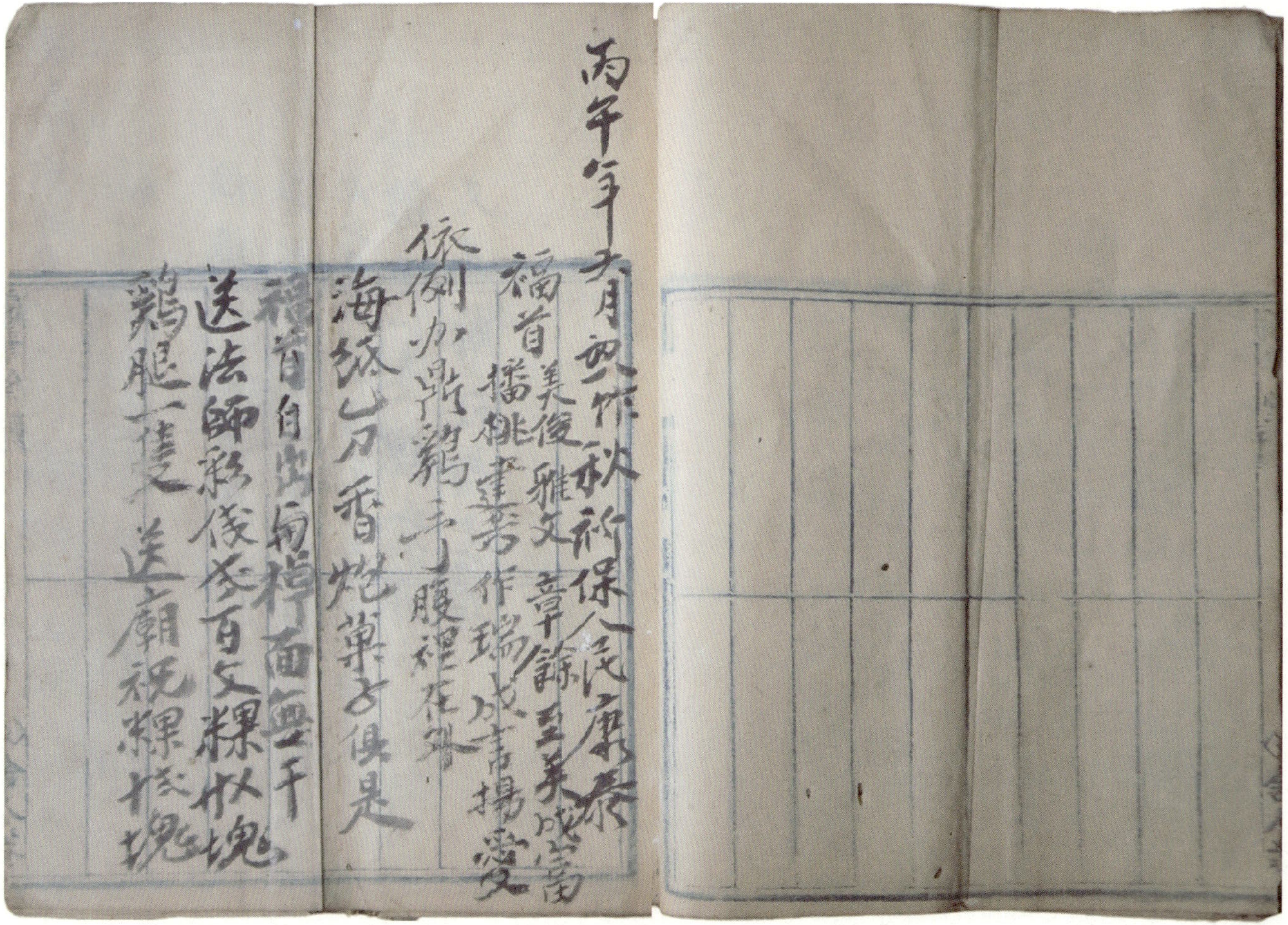
丙午年七月初作秋祈保人民康泰
福首 美俊 雅文 章錦 至美 成富
播桃 建壽 作瑞 成吉 揚愛
依例办鼎雞手腹裡在外
海紙山刀香炮菓子俱是
福首自出前將面無干
送法師彩儀叁百文粿拾塊
鷄腿一隻 送廟祝粿拾塊

11-2-3-21 晚清民國錦屏盧氏迎請馬氏三仙拾首貼出數簿（二一）

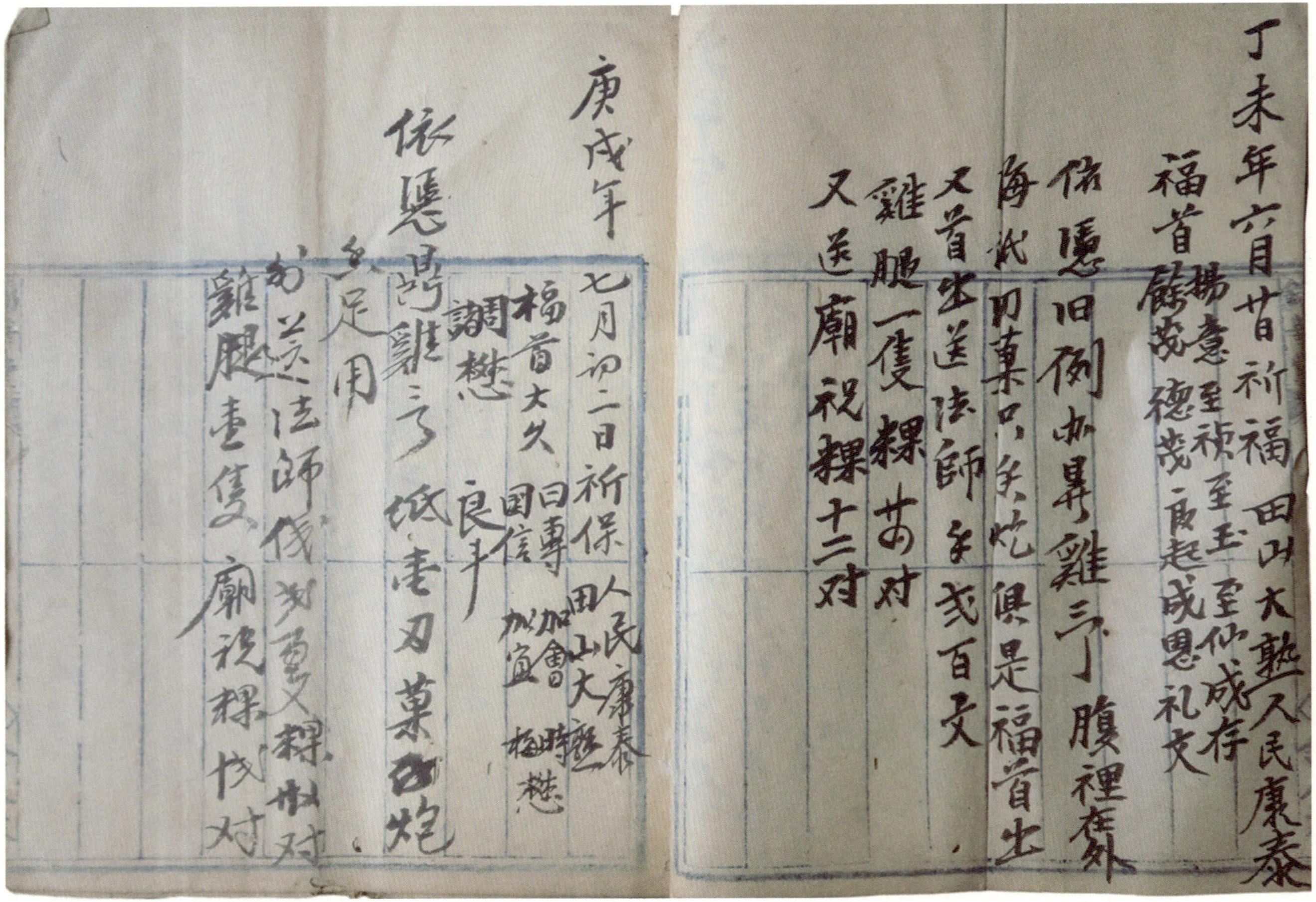
丁未年六月廿日祈福田山大熟人民康泰
福首楊意至禎至玉至仙成存
薛茂德茂良起成恩礼文
依憑旧例办鼻雞三丁腹裡在外
海浙田菓口只炕俱是福首出
又首出送法師钱弍百文
雞腿一隻粿廿对
又送廟祝粿十二对

庚戌年
七月初二日祈保人民康泰
福首大久日專良丰田山大熟
調懋国信加會加宜梅時懋
依憑鼻雞三丁紙烛刀菓[illegible]炮
只足用
另送法師钱肉又粿拾对
雞腿壹隻廟祝粿拾对

11-2-3-22　晚清民國錦屏盧氏迎請馬氏三仙拾首貼出數簿（二二）

辛亥年　六月廿日秋季祈熟田山
豐年人民康泰
福首亦具雞三丁　海紙切
菓子錢、炮足用
送法師錢旧文雞腿壹隻
廟祝粿十二塊

中華民国元年六月廿日秋福祈
熟人民康泰五穀豐登
依照旧例亦具雞三丁　腹裡在外
海紙壹刀　菓子錢、炮足用
又送法師工錢旧文雞腿壹隻
廟祝粿十二塊

11-2-2-23　晚清民國錦屏盧氏迎請馬氏三仙拾首貼出數簿簿（二三）

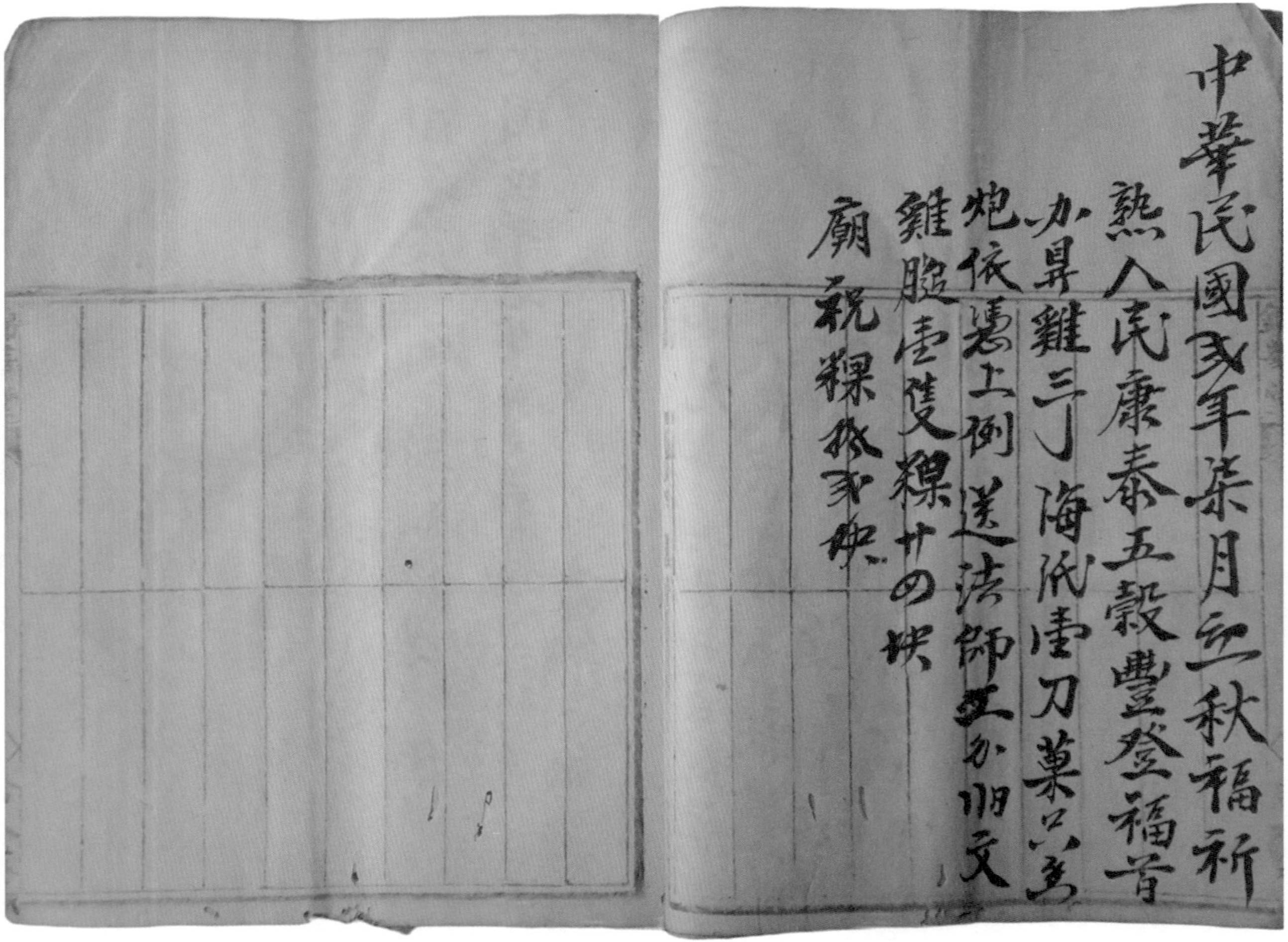

中華民國戌年柒月立秋福祈
熟人民康泰五穀豐登福首
办昇雞三丁海紙壹刀菓只盒
炮依憑上例送法師工加册文
雞腿壹隻粿廿四塊
廟祝粿肆塊

11-2-3-24　晚清民國錦屏盧氏迎請馬氏三仙拾首貼出數簿（二四）

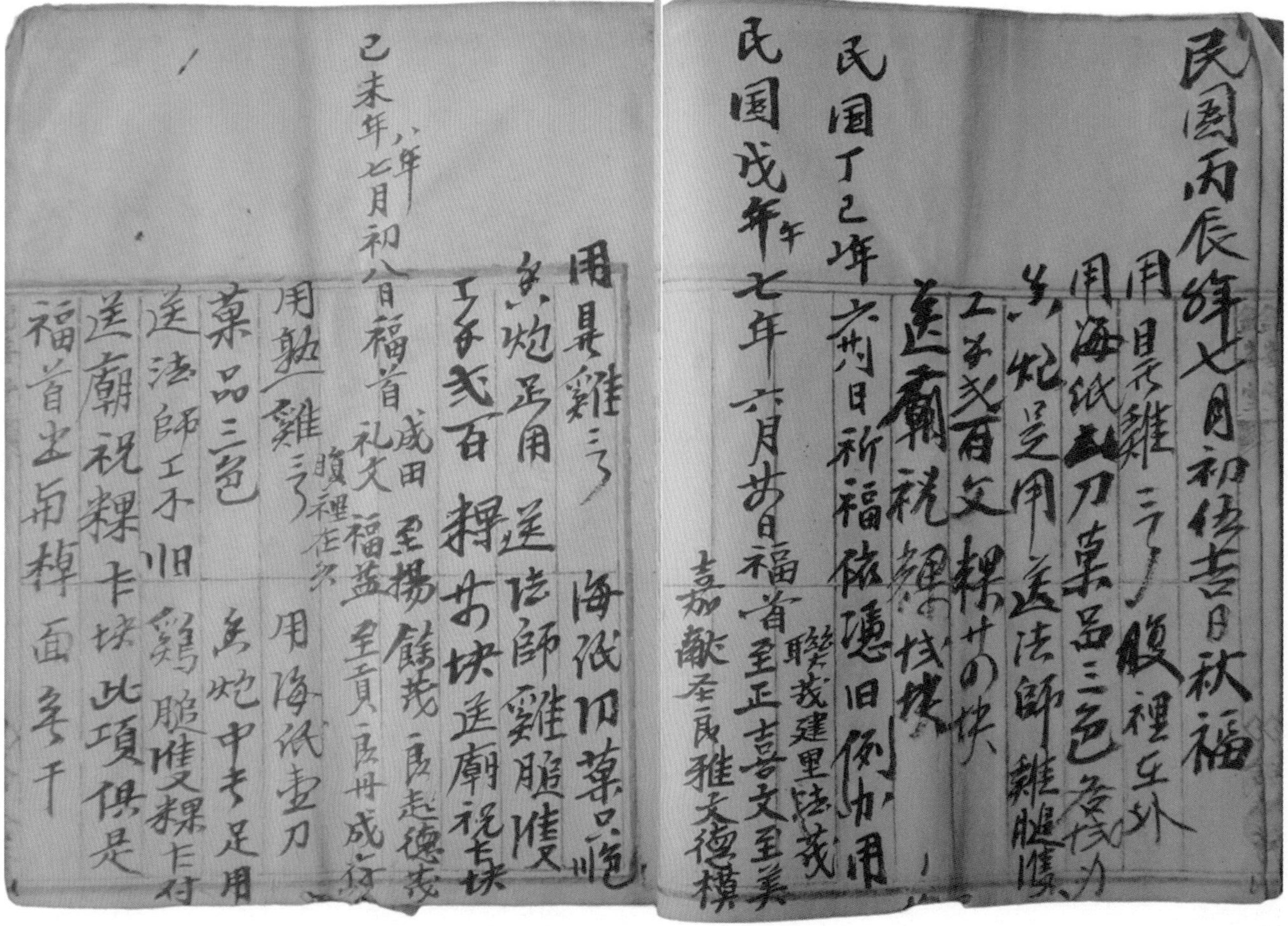
民國丙辰年七月初伍吉日秋福
用具雞三隻　腹裡在外
用海紙壹刀　菓品三色　各找刀
魚炮足用　送法師雞腿隻、
工資弍百文　粿廿四塊、
送廟祝雞　找塊
民國丁巳年六月廿八日祈福　依照旧例加用
民國戊午年七年六月廿五日福首　至正　吉吾　文至　美
聯芳　建里　陆茂
嘉猷　奎良　雅文　德模
己未年八年七月初八日福首　成田　星揚　餘茂　良起　德茂
礼文　福益　星貢　良册　成衍
用具雞三隻　海紙仍　菓品
魚炮足用　送法師雞腿隻
工資弍百　粿廿四塊　送廟祝粿七塊
腹裡在外
用麵雞三隻　用海紙壹刀
菓品三色　魚炮中等足用
送法師工資不旧　雞腿隻　粿十付
送廟祝粿十塊　此項俱是
福首出吊棹面多干

11-2-3-25　晚清民國錦屏盧氏迎請馬氏三仙拾首貼出數簿（二五）

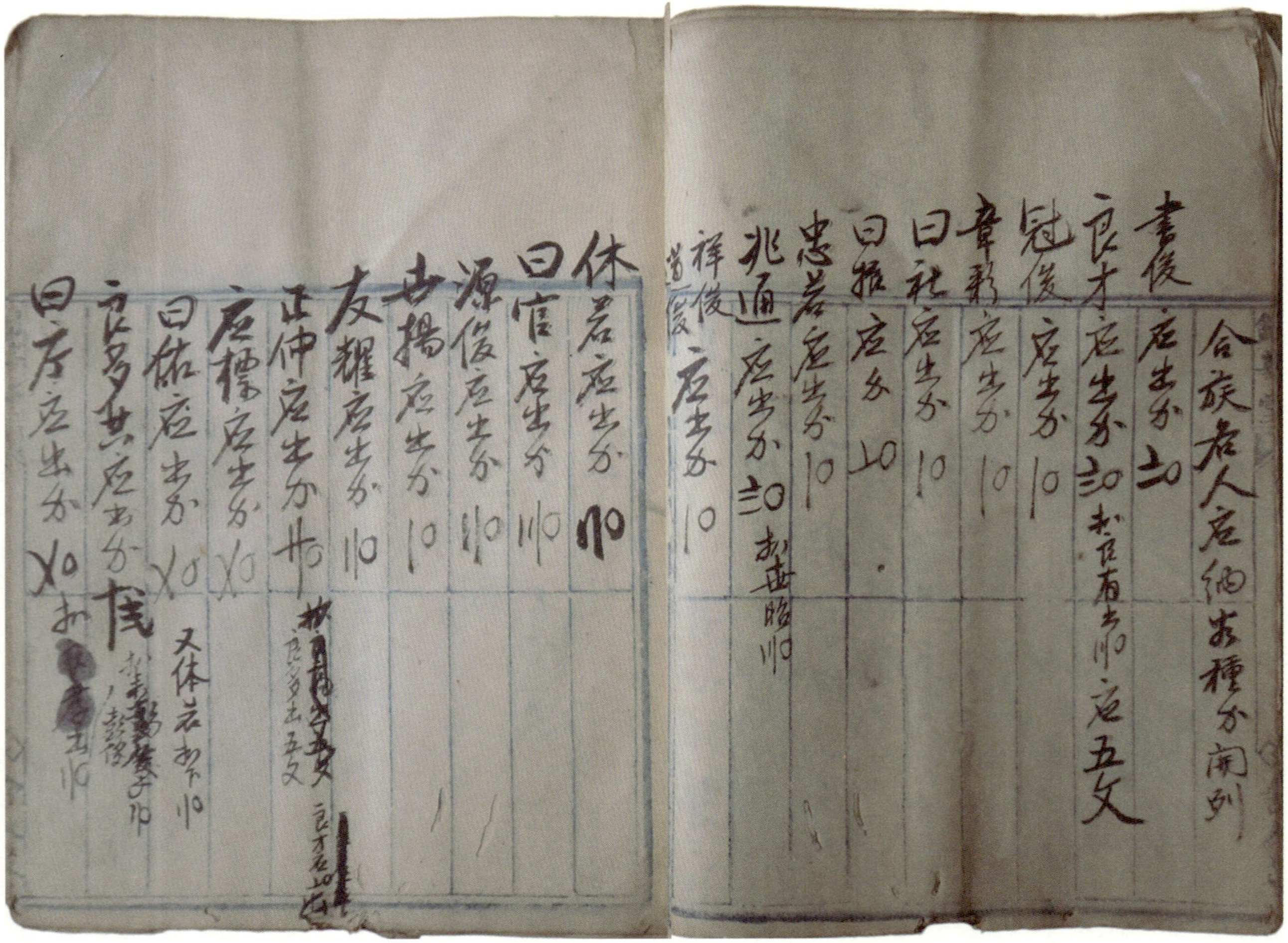

11-2-3-26　晚清民國錦屏盧氏迎請馬氏三仙拾首貼出數簿（二六）

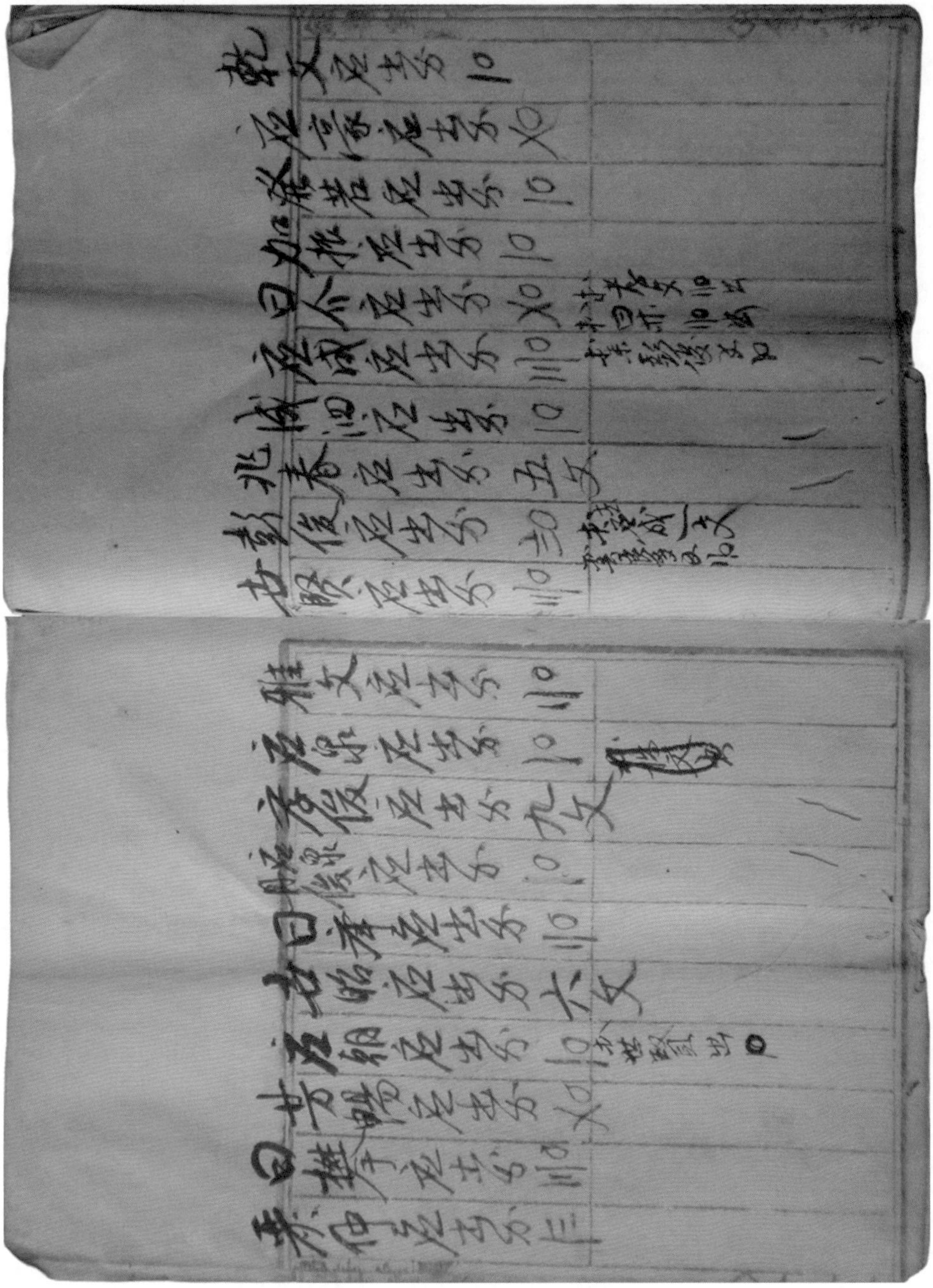

11-2-3-27 晚清民國錦屏盧氏迎請馬氏三仙拾首貼出數簿（二七）

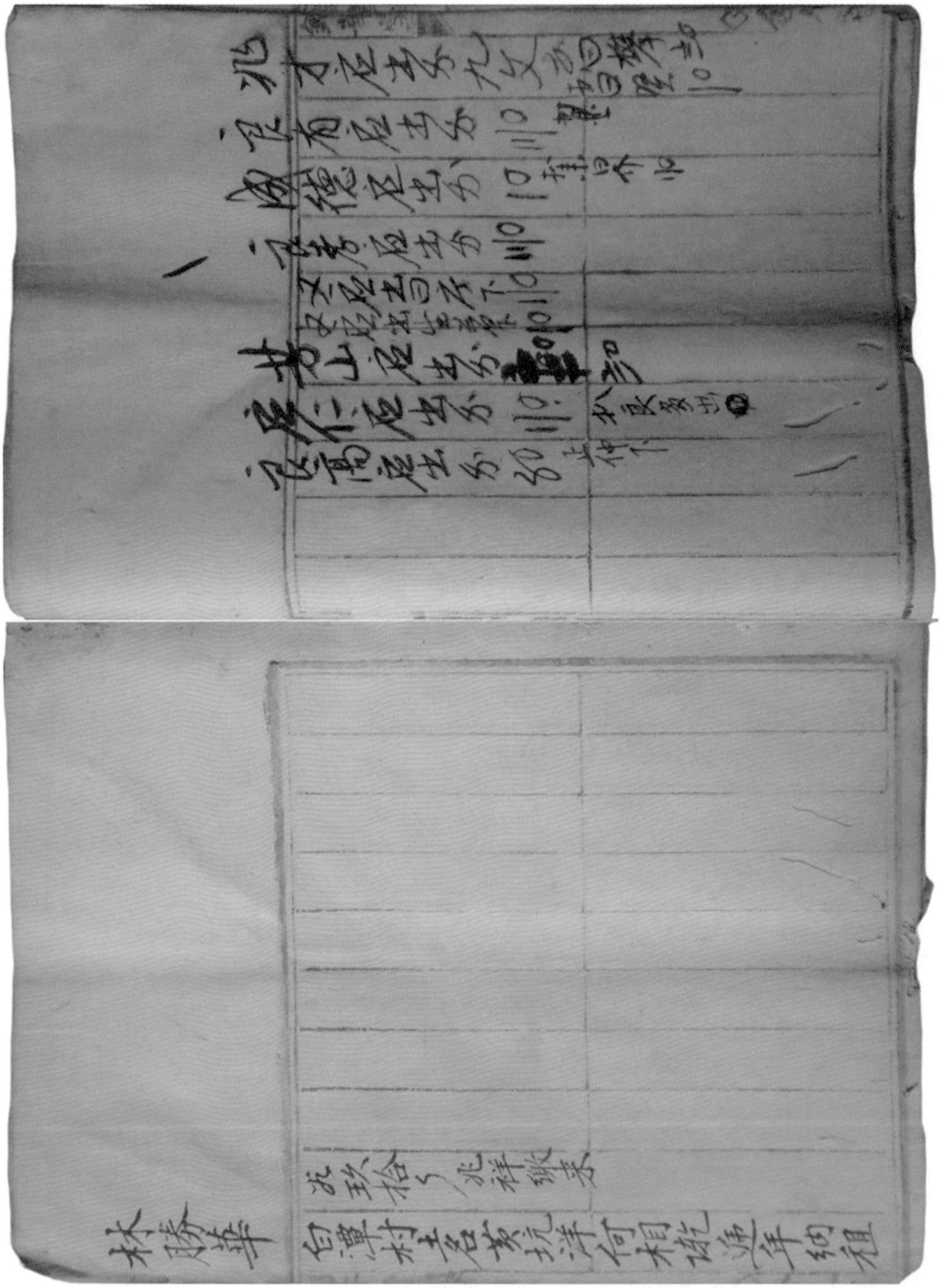

11-2-3-28　晚清民國錦屏盧氏迎請馬氏三仙拾首貼出數簿（二八）

11-2-3-29　晚清民國錦屏盧氏迎請馬氏三仙拾首貼出數簿（二九）

滿年錢納大祖錢五千文	
貳居主名下計花后花中一名兆旦文	

下畬蛇墓底兆吉分六年应壹年

11-2-3-30　晚清民國錦屏盧氏迎請馬氏三仙拾首貼出數簿（三〇）

11-2-3-31　晚清民國錦屏盧氏迎請馬氏三仙拾首貼出數簿（三一）

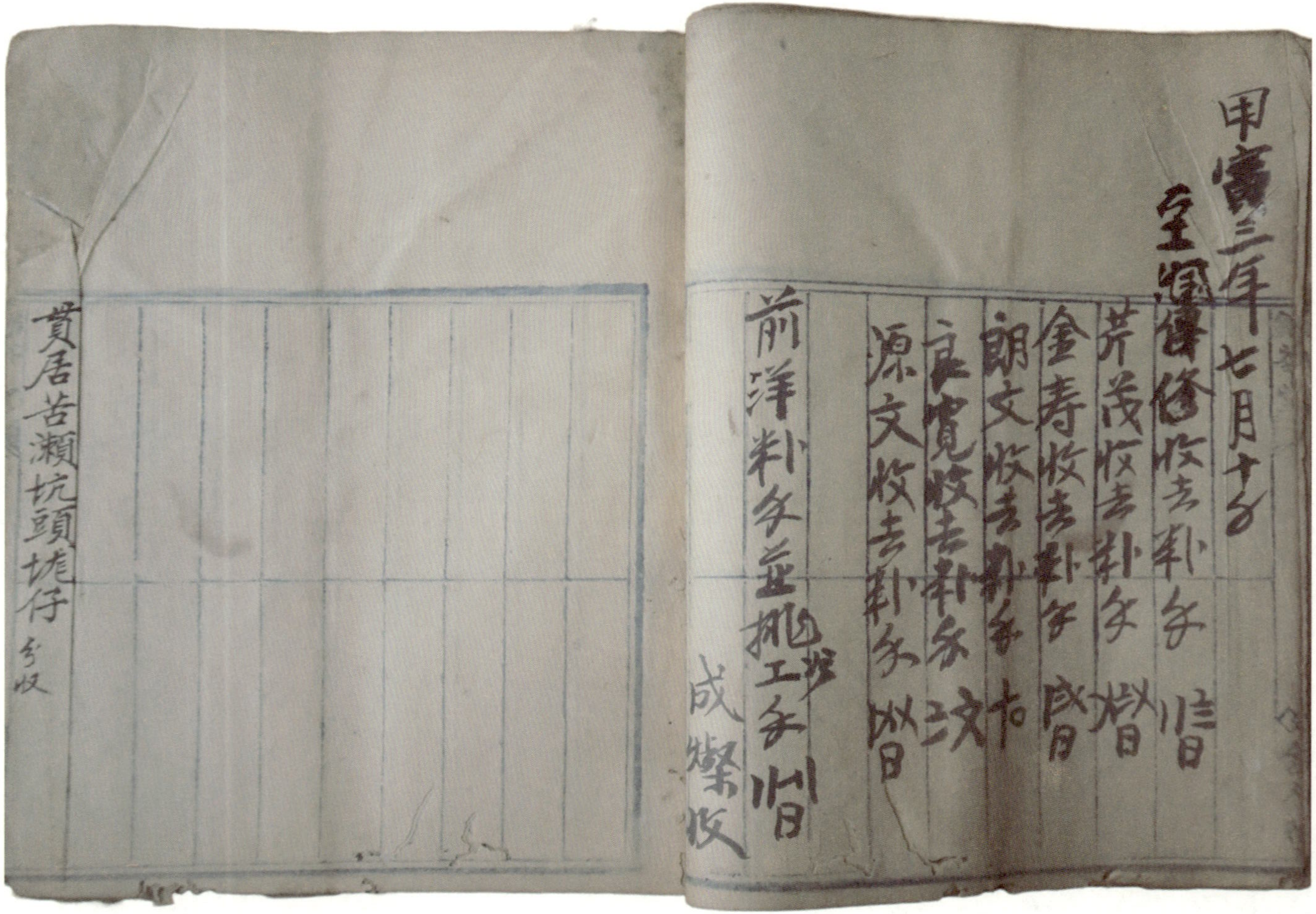
甲寅三年七月十五
全興修收去料子 [illegible]
芹茂收去料子 [illegible]
金寿收去料子 [illegible]
朗文收去料子 [illegible]
良寬收去料子 [illegible]
源文收去料子 [illegible]
前洋料子並挑工子 [illegible]
成燦收
貫居苦瀨坑頭垅仔 子收

11-2-3-32　晚清民國錦屏盧氏迎請馬氏三仙拾首貼出數簿（三二）

晚清民國錦屏盧氏迎請馬氏三仙拾首貼出數簿（三三）

11-2-3-33

11-2-3-34　晚清民國錦屏盧氏迎請馬氏三仙拾首貼出數簿（三四）

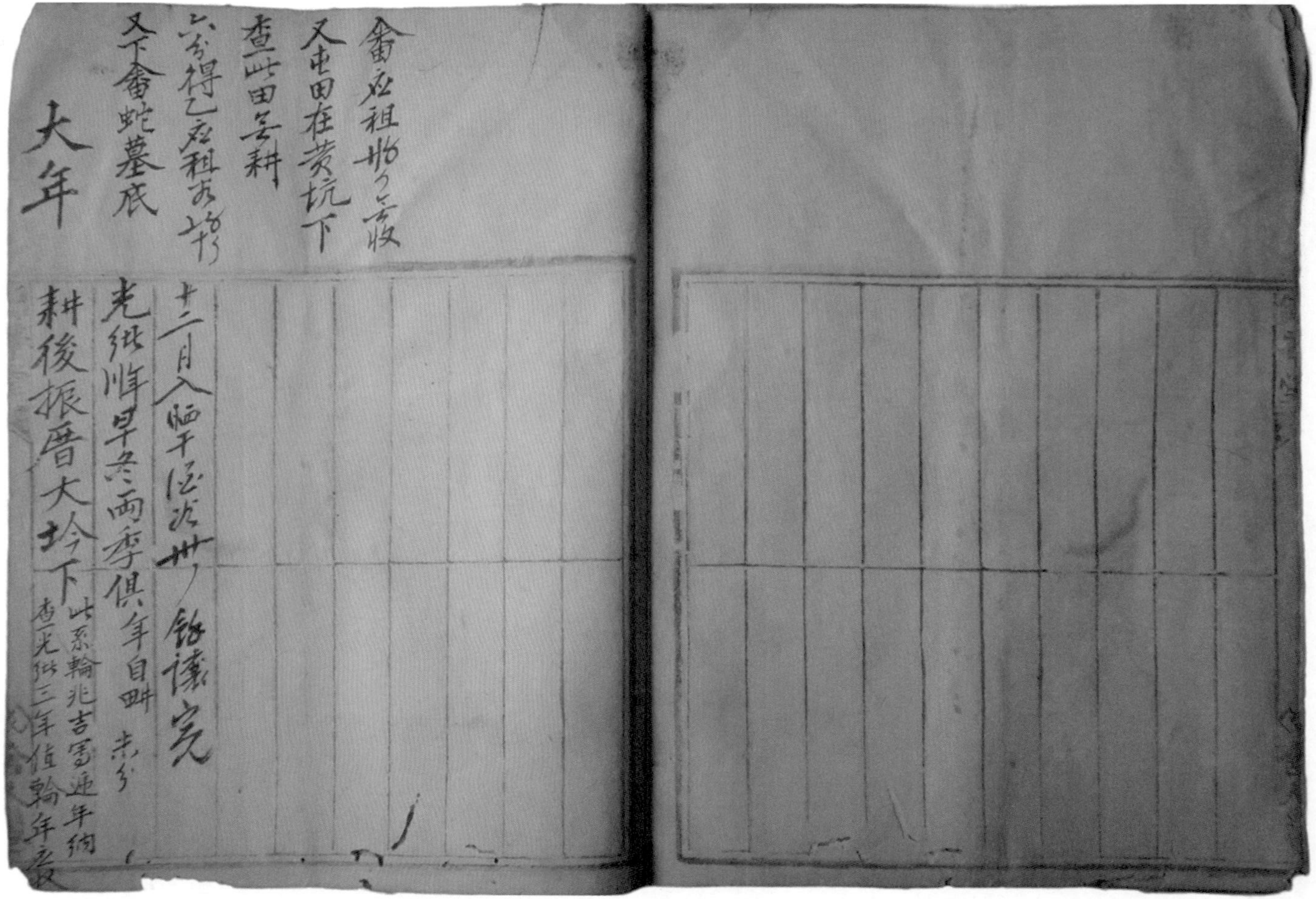

11-2-3-35　晚清民國錦屏盧氏迎請馬氏三仙拾首貼出數簿（三五）

11-2-3-10　晚清民國錦屏盧氏迎請馬氏三仙拾首貼出數簿（三六）

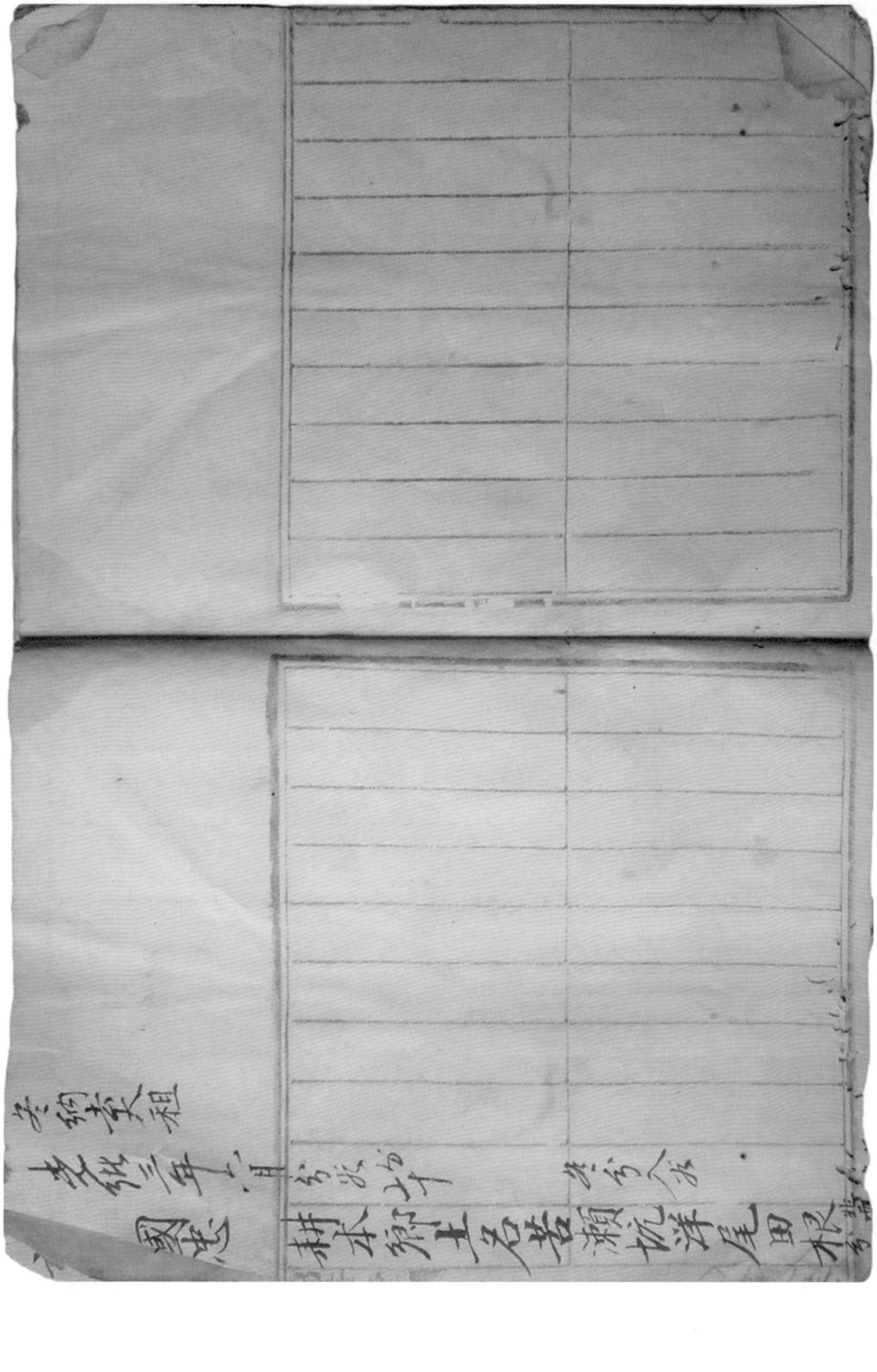

11-2-3-37　晚清民國錦屏盧氏迎請馬氏三仙拾首貼出數簿（三七）

11-2-3-38　晚清民國錦屏盧氏迎請馬氏三仙拾首貼出數簿（三八）

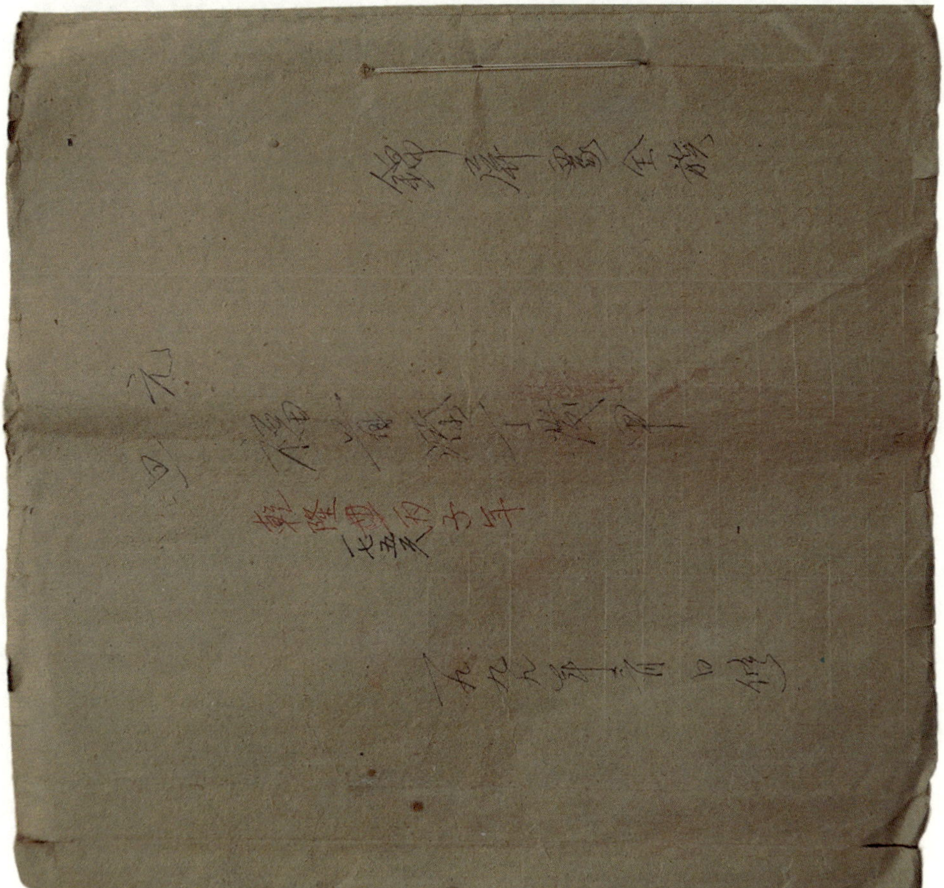
錫屏衆全族

11-2-4-1　晚清民國錫屏衆全族添丁簿（一）

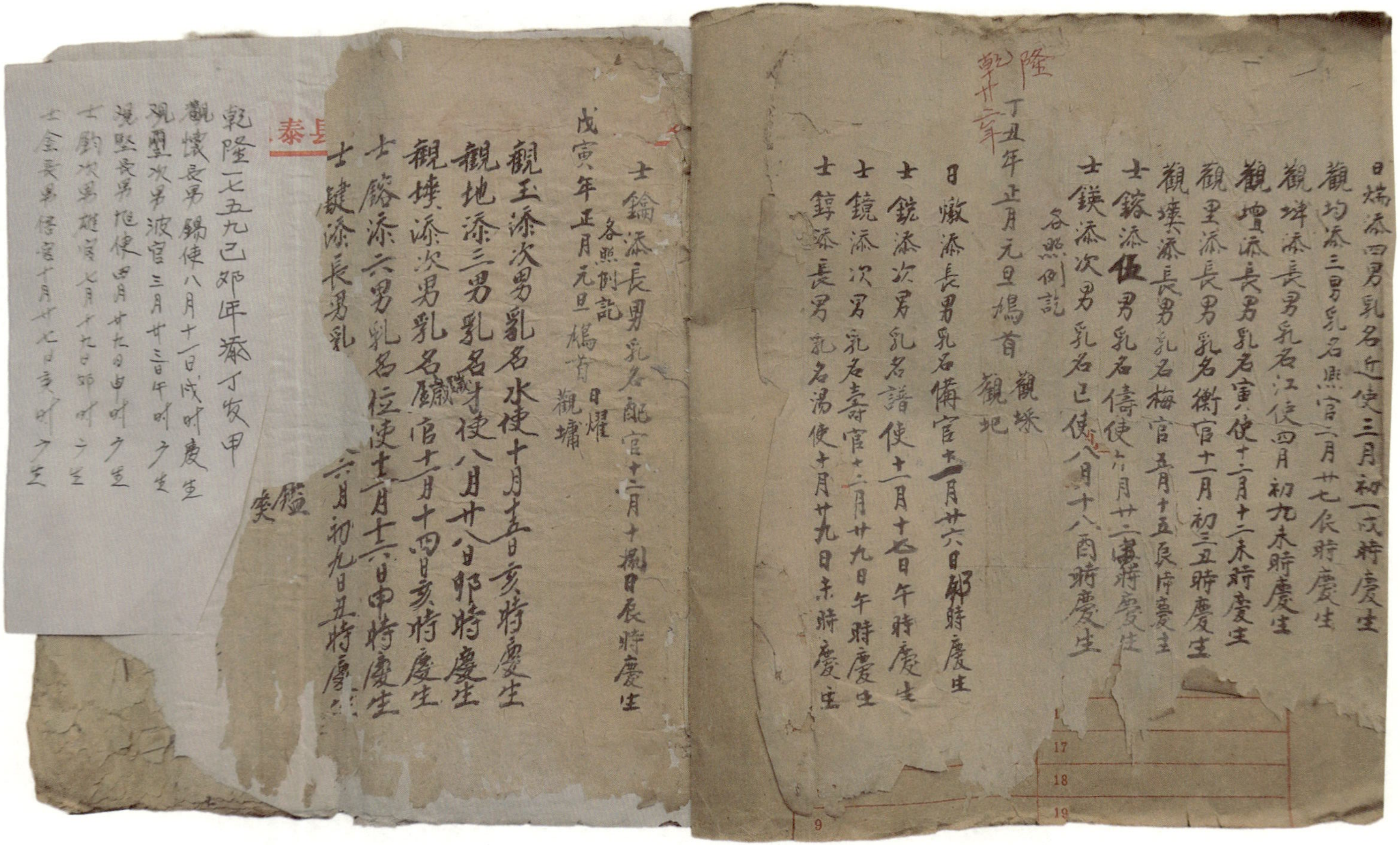
日炜添四男乳名近使三月初一戌時慶生
觀均添三男乳名照官二月廿七辰時慶生
觀坪添長男乳名江使四月初九未時慶生
觀壇添長男乳名寅使十二月十二未時慶生
觀里添長男乳名衛官十一月初三丑時慶生
觀壎添長男乳名梅官五月十五辰時慶生
士鎔添伍男乳名倚使六月廿二寅時慶生
士鍈添次男乳名巳使八月十八酉時慶生
各照例記
隆
乾廿二年
丁丑年正月元旦鳩首 觀烼 觀圯
日瞰添長男乳名備官十一月廿六日卯時慶生
士銑添次男乳名譜使十一月十七日午時慶生
士鏡添次男乳名壽官十二月廿九日午時慶生
士錞添長男乳名湯使十月廿九日未時慶生

士鑰添長男乳名配官十二月十楓日辰時慶生
各照例記
戊寅年正月元旦鳩首 日燿 觀墉
觀玉添次男乳名水使十月十五日亥時慶生
觀地添三男乳名才使八月廿八日卯時慶生
觀墺添次男乳名鑛官十一月十四日亥時慶生
士鎔添六男乳名位使十二月十六日申時慶生
士鍵添長男乳……六月初九日丑時慶生
泰長

乾隆一七五九己卯年添丁簿甲
觀懷長男錫使八月十一日戌时慶生
覌璽次男波官三月廿三日午时广生
覌堅長男旭使四月廿九日申时广生
士鈞次男雄官七月十九日卯时广生
士金長男保官十月廿七日亥时广生

11-2-4-2 晚清民國錦屏衆全族添丁簿（二）

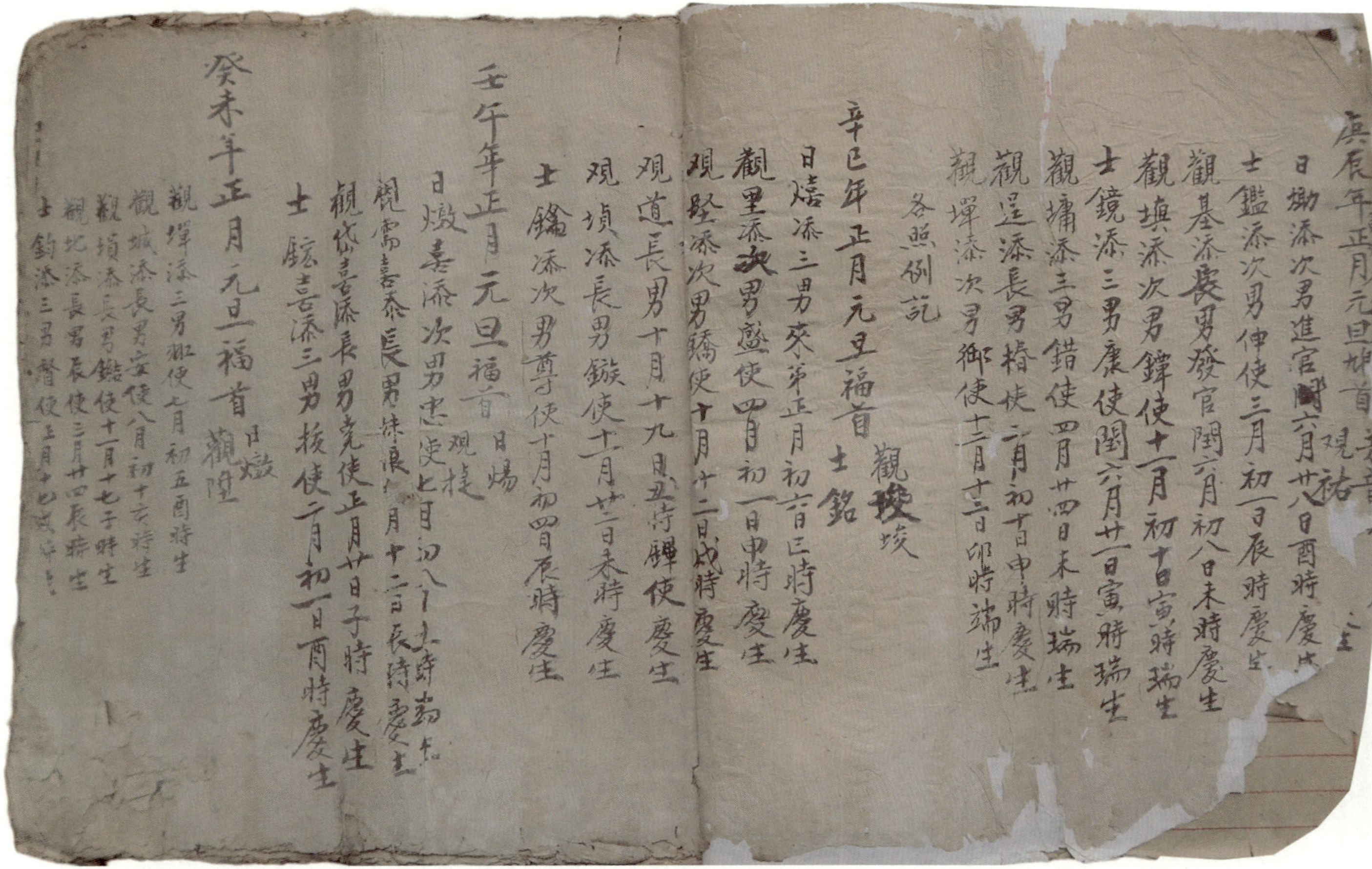
庚辰年正月元旦福首 觀祐
日勷添次男進官閏六月廿八日酉時慶生
士鑑添次男伸使三月初一日辰時慶生
觀基添長男發官閏六月初八日未時慶生
觀塤添次男鏵使十一月初十日寅時瑞生
士鏡添三男康使閏六月廿一日寅時瑞生
觀墉添三男錯使四月廿四日未時瑞生
觀逞添長男椿使二月初十日申時慶生
觀墠添次男御使十二月十三日卯時瑞生
各照例訖
辛巳年正月元旦福首 士銘 觀墢
日熺添三男來弟正月初六日巳時慶生
觀里添次男盛使四月初一日申時慶生
觀堅添次男矯使十月十二日戌時慶生
觀道長男十月十九日丑時譁使慶生
觀墳添長男鏃使十一月廿三日未時慶生
士鑰添次男尊使十月初四日辰時慶生
壬午年正月元旦福首 日煬 觀捷
日燉喜添次男忠使七月初八[illegible]時慶生
觀霌喜添長男[illegible]月十二日辰時慶生
觀怡喜添長男堯使正月廿日子時慶生
士鋐喜添三男拔使二月初一日酉時慶生
癸未年正月元旦福首 日燉 觀陞
觀墠添三男淑使七月初五酉時生
觀城添長男安使八月初十六時生
觀墳添長男鎔使十一月十七子時生
觀圯添長男長使三月廿四辰時生
士鈞添三男督使五月十七戌時生

11-2-4-3 晚清民國錦屏衆全族添丁簿（三）

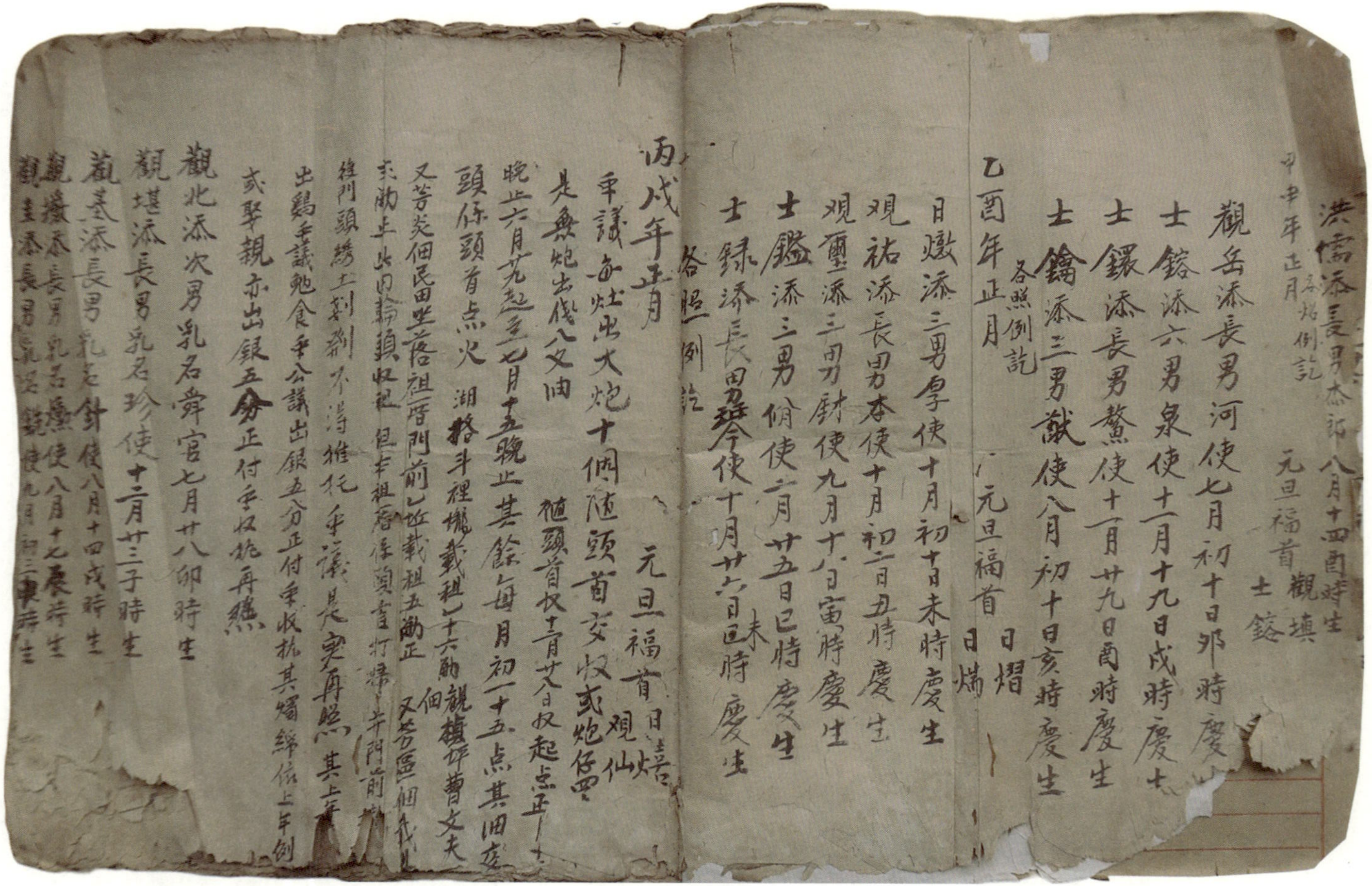

11-2-4-4　晚清民國錦屏衆全族添丁簿（四）

士欽添長男乳名浪使正月初三戌時生
洪仁添長男乳名梓郎六月初二申時生
各照例訖
觀園娶親出喜銀伍分正
[illegible]亥年正月
元旦福首　觀敏　士品
士品
觀儒添次男乳名洽官十二月初八辰時生
觀達添次男乳名浣官三月廿八酉時生
觀洪添長男乳名添官七月廿八寅時生
觀晶添次男乳名錸官十月十三酉時生
觀岱添次男乳名銑官正月廿五亥時生
觀惠添長男乳名淦官十二月廿四寅時生
各依例訖
元旦福首　觀儒　觀澧
戊子年正月
現墠添肆男乳名四官十月廿五日辰時生
現域添長男乳名鷹官十一月初九日亥時生
觀園添長男乳名濤官九月念三日戌時生
士鈞添肆男乳名出使肆月廿四日未時生
士金添次男乳名薦使正月十八日酉時生
士鉉添震男乳名潤官正月初一日未時生
士錄添次男乳名衛使閏七月十九日戌時生
士鑰添肆男乳名濯使三月十六日未時生
各依前例
現木娶親溫氏喜出艮伍分正
士榜娶親許氏喜出艮伍卜正
現鏞娶親溫氏喜出艮伍卜正
己丑年正月
元旦福首現[illegible]

11-2-4-5　晚清民國錦屏衆全族添丁簿（五）

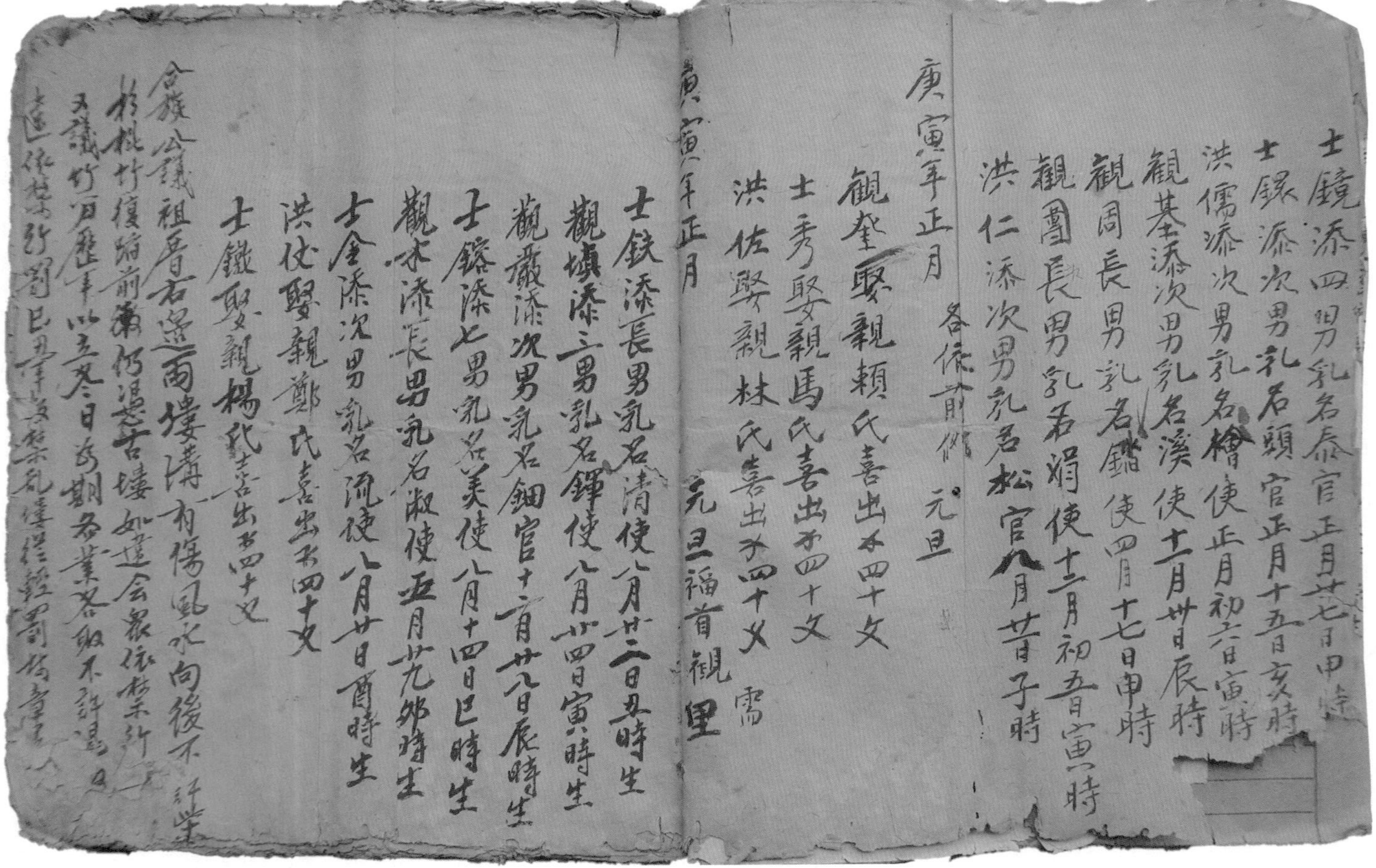
士鏡添四男乳名泰官正月廿七日申時
士鍨添次男乳名頤官正月十五日亥時
洪儒添次男乳名檜使正月初六日寅時
觀基添次男乳名溪使十一月廿日辰時
觀同長男乳名鍇使四月十七日申時
觀圖長男乳名涓使十二月初五日寅時
洪仁添次男乳名松官八月廿一日子時
庚寅年正月　各依前例　元旦
觀奎娶親賴氏喜出錢四十文
士秀娶親馬氏喜出錢四十文
洪佐娶親林氏喜出錢四十文
元旦福首觀里　需
庚寅年正月
士鈇添長男乳名清使八月廿二日丑時生
觀鎮添三男乳名鏵使八月廿四日寅時生
觀藏添次男乳名鈿官十二月廿八日辰時生
士鎔添七男乳名美使八月十四日巳時生
觀來添長男乳名淑使五月廿九卯時生
士金添次男乳名流使八月廿日酉時生
洪佐娶親鄭氏喜出錢四十文
士鐵娶親楊氏喜出錢四十文
合族公議祖居右邊兩壠溝有傷風水向後不許挖[illegible]
杉松竹復始前藏何得挖苦壠如違會衆依禁所[illegible]
又議竹山歷年以立冬日為期各業各收不許混入
違依禁所罰民錢[illegible]罰[illegible]

11-2-4-6　晚清民國錦屏衆全族添丁簿（六）

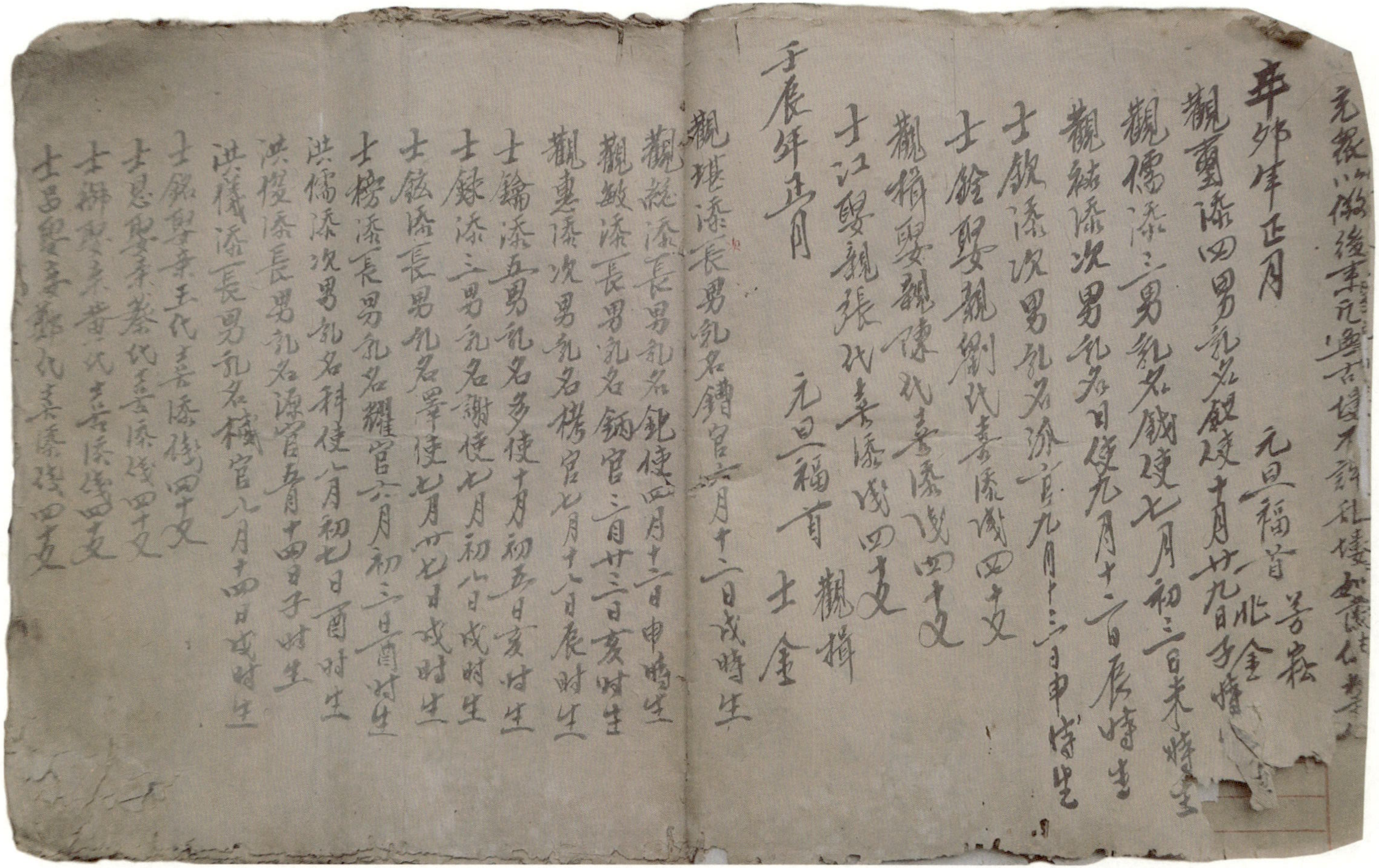

11-2-4-7　晚清民國錦屏衆全族添丁簿（七）

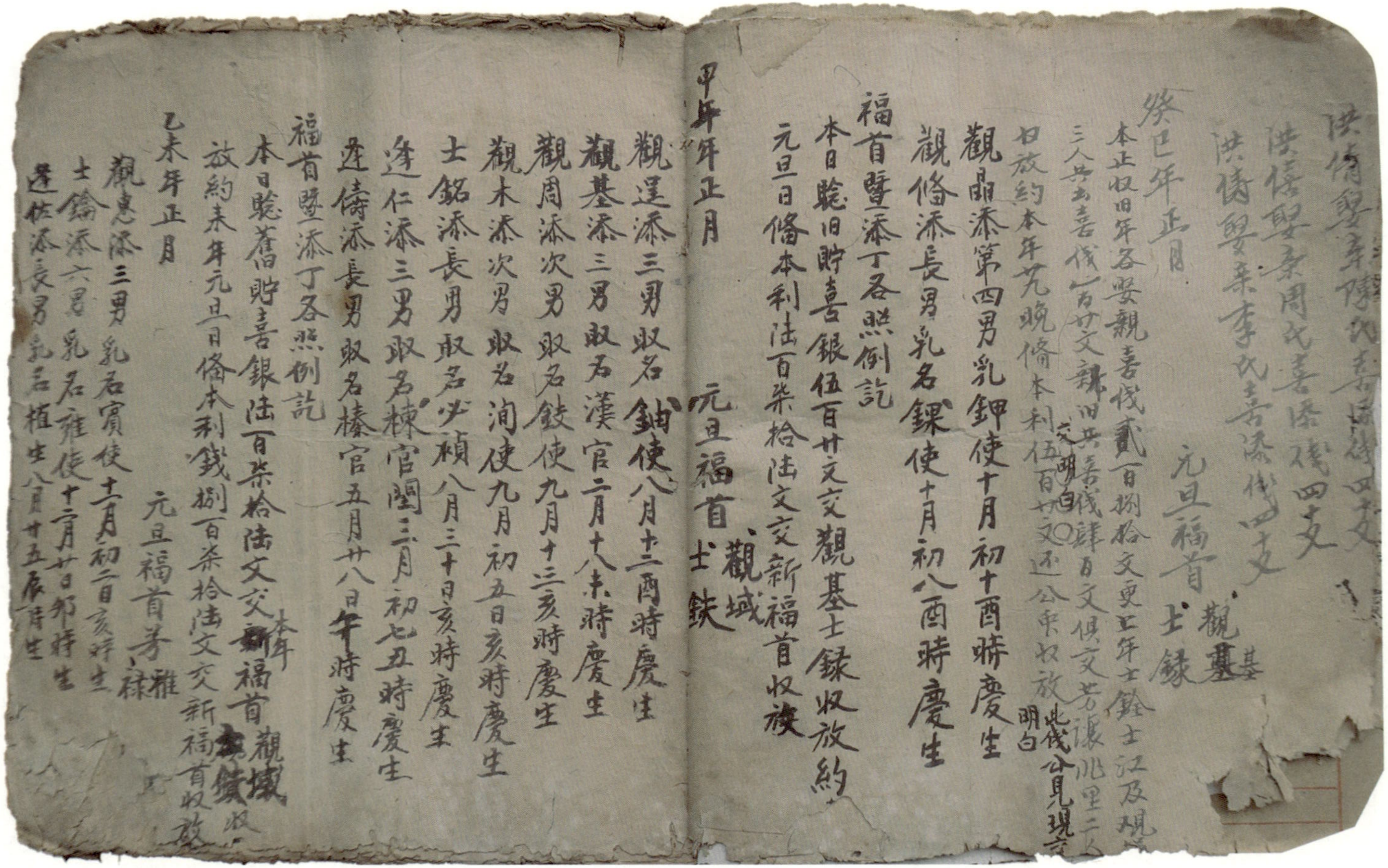

洪倚娶余周氏喜添伐四支
洪倚娶朱李氏喜添伐四支
元旦福首 士錄 觀基
癸巳年正月
觀晶添第四男乳名鉀使，十月初十酉時慶生
觀脩添長男乳名錸使，十月初八酉時慶生
福首暨添丁各照例訖
本日驗旧貯喜銀伍百廿文，交觀基、士錄收放約
元旦日僐本利法百柒拾陆文，交新福首收放
元旦福首 觀域 士鉄
甲午年正月
觀逞添三男取名鈾使，八月十二酉時慶生
觀基添三男取名漢官，二月十八未時慶生
觀周添次男取名鈫使，九月十三亥時慶生
觀木添次男取名洵使，九月初五日亥時慶生
士銘添長男取名必禎，八月三十日亥時慶生
逢仁添三男取名棟官，閏三月初七丑時慶生
逢倚添長男取名榛官，五月廿八日午時慶生
福首暨添丁各照例訖
本日驗舊貯喜銀陆百柒拾陆文，交本年新福首觀域收
放約來年元旦日僐本利錢捌百柒拾陆文，交新福首收放
乙未年正月
觀惠添三男乳名賓使，十一月初二日亥時生
士鑰添六男乳名雍使，十二月廿日卯時生
逢佐添長男乳名植生，八月廿五辰時生

11-2-4-8　晚清民國錦屏衆全族添丁簿（八）

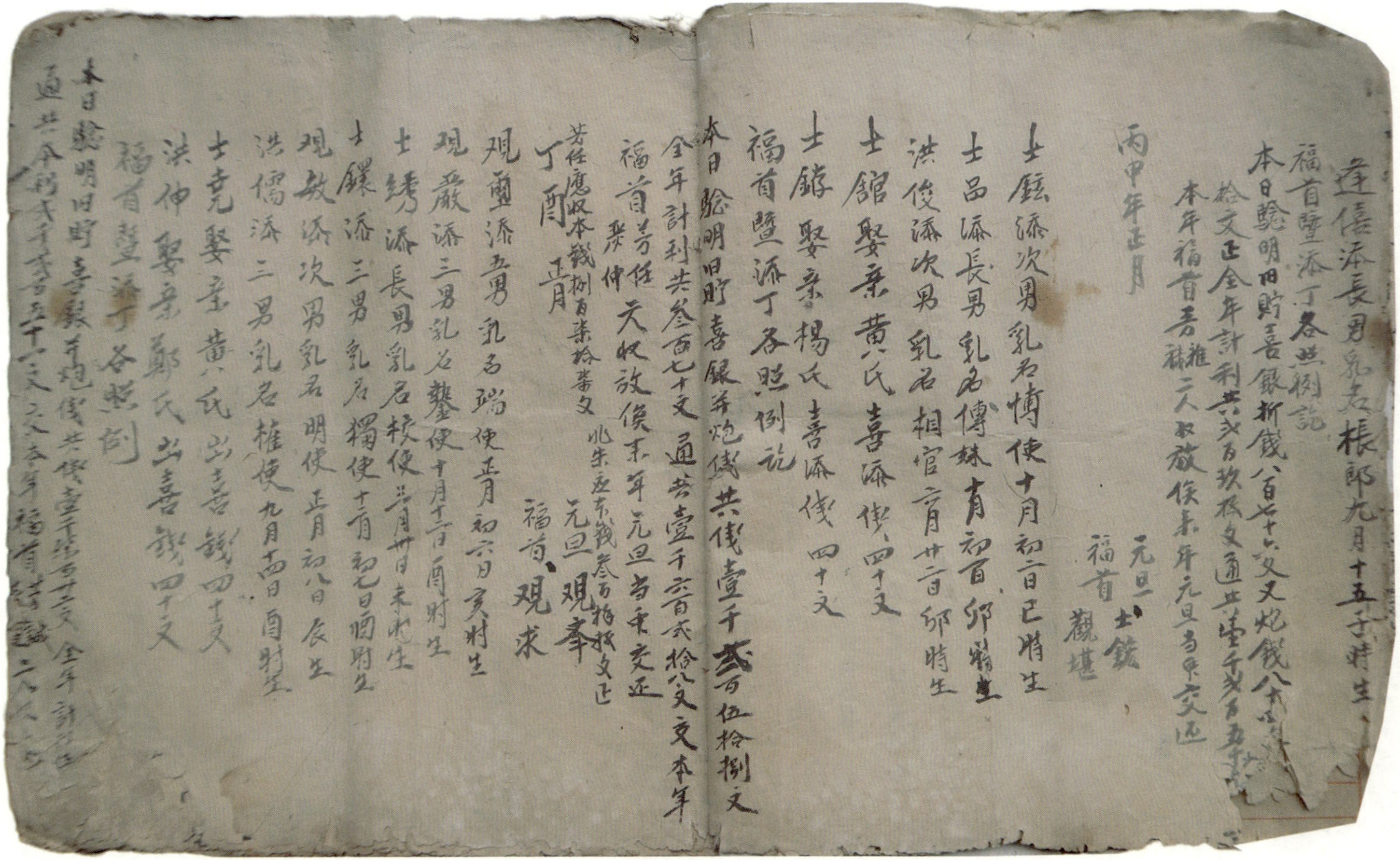

達信添長男乳名根郎九月十五子時生
福首暨添丁各照例訖
本日驗明田貯喜銀折錢八百七十六文又炮錢八[illegible]
拾文正全年計利共弍百玖拾文通共壹千弍百五[illegible]
本年福首壽禧、壽雍二人收放俟來年元旦当衆交还

丙申年正月
元旦 士鈸
福首 觀堪

士鉉添次男乳名博使十月初三日巳時生
士品添長男乳名傳妹十一月初四日卯時生
洪俊添次男乳名相官十二月廿三日卯時生
士館娶妻黄氏喜添俵四十文
士銲娶妻楊氏喜添俵四十文
福首暨添丁各照例訖
本日驗明田貯喜銀并炮錢共錢壹千叁百伍拾捌文
全年計利共叁百七十文通共壹千六百弍拾八文交本年
福首芳任、芳伸天收放俟來年元旦当衆交还
芳任應收本錢捌百柒拾柒文
兆朱应收錢叁百拾捌文正

丁酉正月
元旦 觀奉
福首 觀求

觀璽添五男乳名瑞使正月初六日寅時生
觀嚴添三男乳名鑾使十一月十三日酉時生
士銹添長男乳名校使十二月廿日未時生
士鏁添三男乳名獨使十二月初七日酉時生
觀敏添次男乳名明使正月初八日辰生
洪儒添三男乳名權使九月十四日酉時生
士克娶妻黄氏出喜錢四十文
洪伸娶妻鄭氏出喜錢四十文
福首暨添丁各照例
本日驗明田貯喜銀并炮錢共錢壹千[illegible]全年計利[illegible]
通共本錢弍千弍百五十六文交本年福首[illegible]二人[illegible]

11-2-4-9 晚清民國錦屏衆全族添丁簿（九）

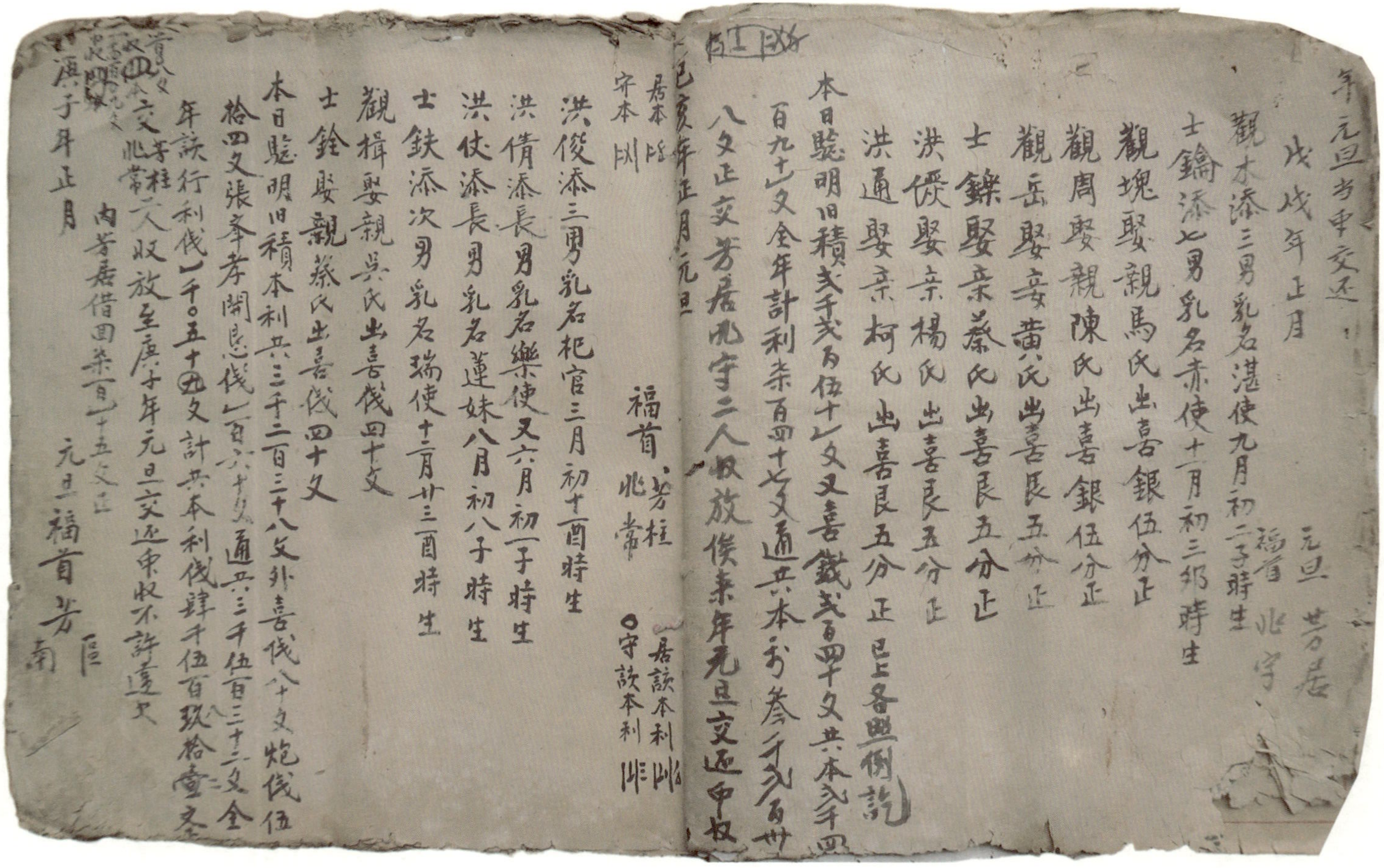
年元旦芳甲交还
戊戌年正月
觀木添三男乳名湛使九月初二子時生
士鑰添七男乳名赤使十一月初三卯時生
觀塊娶親馬氏出喜銀伍分正
觀周娶親陳氏出喜銀伍分正
觀岳娶妾黄氏出喜艮五分正
士鑅娶亲蔡氏出喜艮五分正
洪僫娶亲楊氏出喜艮五分正
洪通娶亲柯氏出喜艮五分正　已上各照例訖
本日聼明旧積弍千弍百伍十七文又喜鐵弍百四十文共本弍千四
百九十七文全年計利柒百四十七文通共本利叁千弍百卅
八文正交芳居兆守二人收放俟来年元旦交還甲收
元旦　芳居
福首　兆守
己亥年正月元旦
福首　芳柱　兆常
洪俊添三男乳名杞官三月初十酉時生
洪倩添長男乳名樂使又六月初一子時生
洪仗添長男乳名蓮妹八月初八子時生
士鉄添次男乳名瑞使十二月廿三酉時生
觀揖娶親吳氏出喜钱四十文
士銓娶親蔡氏出喜钱四十文
本日聼明旧積本利共三千二百三十八文外喜钱八十文炮钱伍
拾四文張本孝闕息钱一百六十九文通共三千伍百三十二文全
年該行利钱一千〇五十四文計共本利钱肆千伍百玖拾壹文
芳柱兆常二人收放至庚子年元旦交还甲收不許違欠
內芳居借回柒百一十五文正
庚子年正月
元旦福首　芳臣　南

11-2-4-10　晚清民國錦屏衆全族添丁簿（一〇）

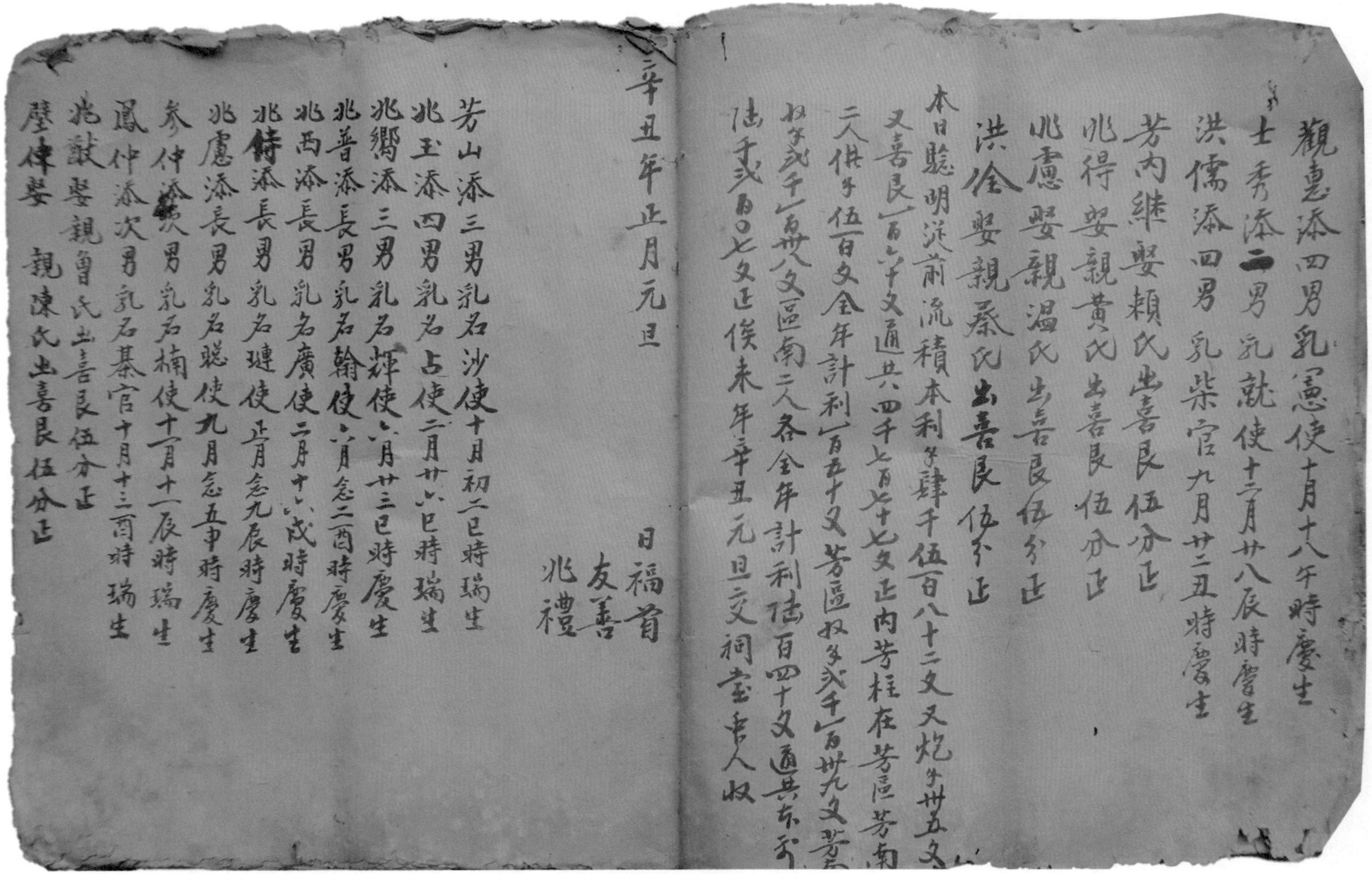

11-2-4-11　晚清民國錦屏衆全族添丁簿（一一）

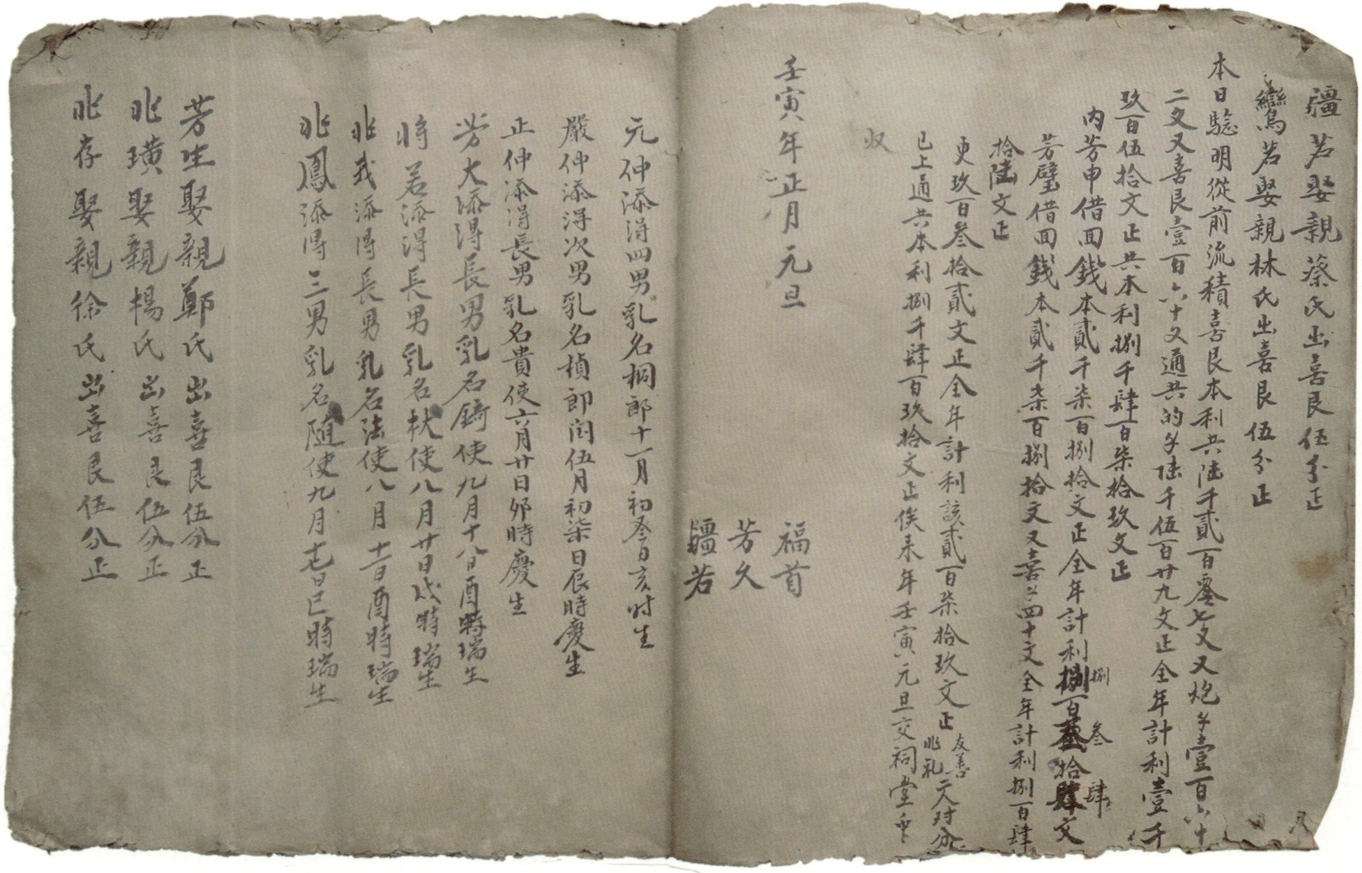
疆若娶親蔡氏出喜艮伍分正
鸞若娶親林氏出喜艮伍分正
本日驗明從前流積喜艮本利共陸千貳百叁七文又炮分壹百六十二文又喜艮壹百六十文通共的分陸千伍百廿九文正全年計利壹千玖百伍拾文正共本利捌千肆百柒拾玖文正
内芳申借田錢本貳千柒百捌拾文正全年計利捌百叁拾肆文
芳壁借田錢本貳千柒百捌拾文又喜艮四十文全年計利捌百肆拾陸文正
更玖百叁拾貳文正全年計利該貳百柒拾玖文正 友善 兆礼 天対
已上通共本利捌千肆百玖拾文正俟來年壬寅元旦交祠堂中
收
壬寅年正月元旦
福首
芳久
疆若
元仲添得四男乳名桐郎十一月初叁日亥時生
嚴仲添得次男乳名楨郎閏伍月初柒日辰時慶生
正仲添得長男乳名貴使六月廿日卯時慶生
芳大添得長男乳名鑄使九月十八日酉時瑞生
時若添得長男乳名杕使八月廿日戌時瑞生
兆戎添得長男乳名法使八月十一日酉時瑞生
兆鳳添得三男乳名隨使九月廿七日巳時瑞生
芳生娶親鄭氏出喜艮伍分正
兆璜娶親楊氏出喜艮伍分正
兆存娶親徐氏出喜艮伍分正

11-2-4-12　晚清民國錦屏衆全族添丁簿（一二）

本日驗明從前流積喜艮本利共捌千四百九十文又進喜艮□
百廿文又剩炮分玖拾文合共捌千柒百文內買杉造橋用分弍□
叁百柒拾肆文 芳申入分弍百四十文
內芳申借田本分壹千文 全年計利三百文
內珍仲借田本分壹千吊□文 全錢計利一千六百文交福首 芳久
更存分伍千叁百廿九文
以上通共本利分捌千弍百廿九文候來年癸卯祠堂交來 方若

癸卯年正月元旦福首 士觀 道建
芳讓添長男乳名賜生三月初五酉時生
芳寬添長男乳名棣生九月十七子時生
兆德添長男乳名仰生二月初三辰時生
魯仲添次男乳名格郎十二月初四辰時生
兆旦娶親單氏喜銀伍分
兆源娶親柯氏出喜艮五分
文若娶親許氏出喜艮五分
武仲娶親鄭氏出喜艮五分
本旦計得前項蓄積喜丁艮共本利捌千弍百九十文又烗錢一百八
十大文喜艮一百六十文 共錢在本伍□百零叁文又利弍千□百五
十文正通共本利拾壹千□百四十叁文候來年甲辰正月元旦交新
議增福首共六人其錢交頭點利舫盡。管通族竹笋不許
仍前盜砍盜挖等情如有此情六福首協同 業主挨杜驗查
復真盜必罰不許推委觀望不前致混亂 族規慎之
其錢本仍條存以交新福首訂議是實

11-2-4-13　晚清民國錦屏衆全族添丁簿（一三）

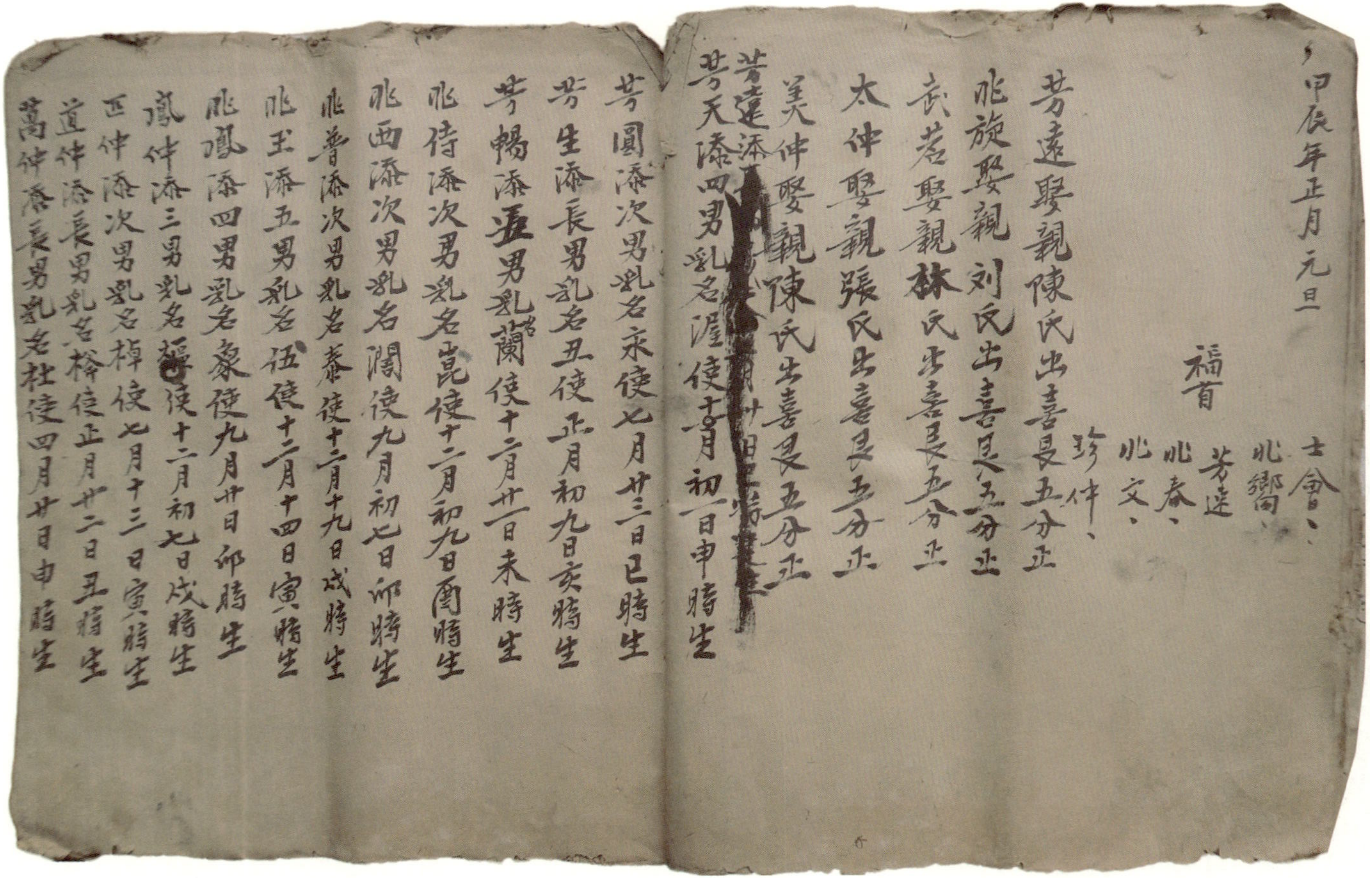
甲辰年正月元旦

福首 士會、兆鑾、芳逵、兆春、兆文、珍仲、

芳逵娶親陳氏出喜辰五分止

兆旋娶親刘氏出喜辰五分止

武若娶親林氏出喜辰五分止

太仲娶親張氏出喜辰五分止

美仲娶親陳氏出喜辰五分止

菁逵添[illegible]

芳天添四男乳名渥使十二月初一日申時生

芳圓添次男乳名永使七月廿三日巳時生

芳生添長男乳名丑使正月初九日亥時生

芳暢添五男乳名蘭使十二月廿一日未時生

兆侍添次男乳名崑使十二月初九日酉時生

兆西添次男乳名潤使九月初七日卯時生

兆普添次男乳名泰使十二月十九日戌時生

兆玉添五男乳名伍使十二月十四日寅時生

兆鳳添四男乳名象使九月廿日卯時生

鳳仲添三男乳名福使十二月初七日戌時生

西仲添次男乳名棹使七月十三日寅時生

道仲添長男乳名榕使正月廿二日丑時生

萬仲添長男乳名社使四月廿日申時生

11-2-4-14　晚清民國錦屏衆全族添丁簿（一四）

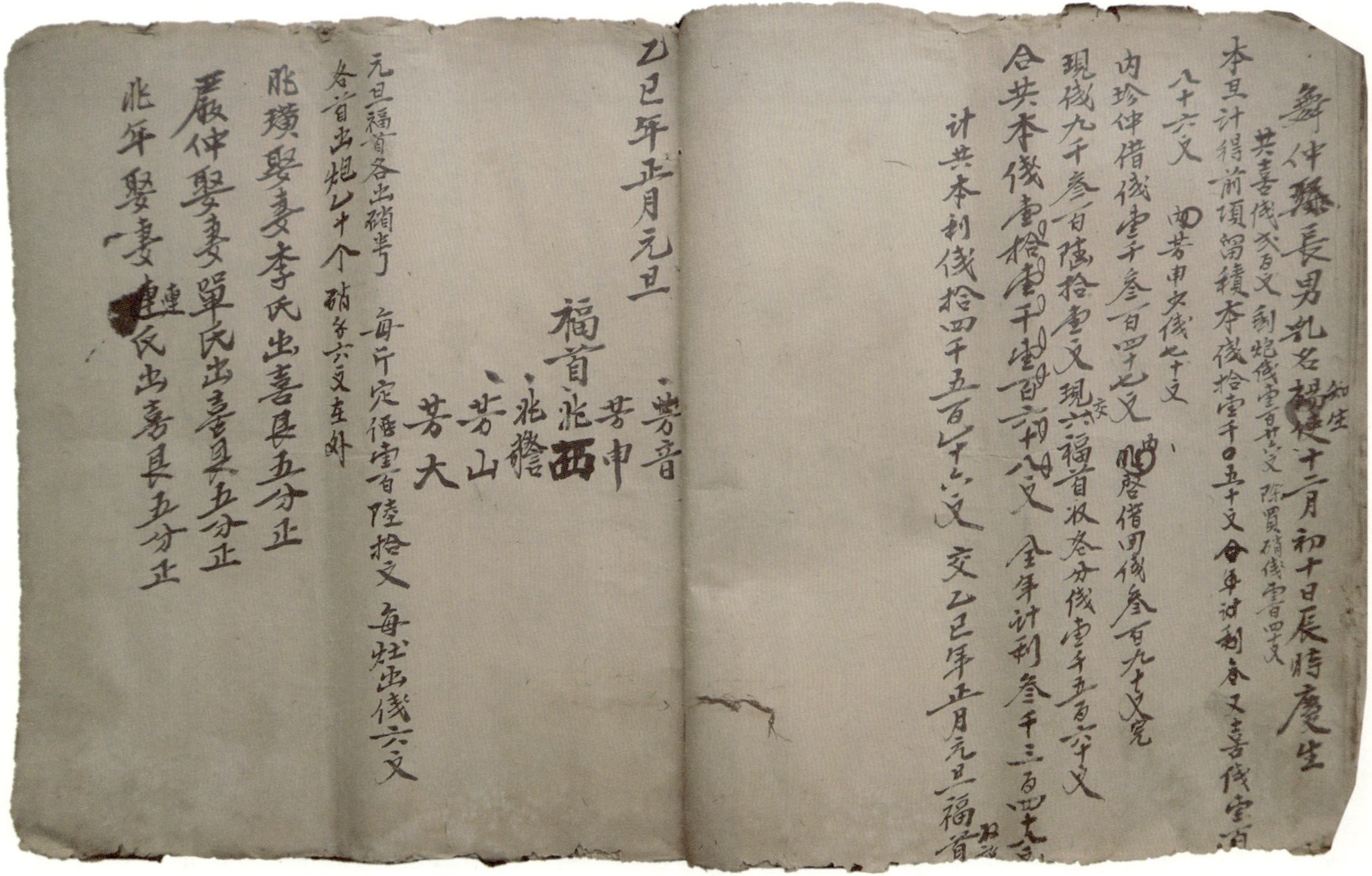

11-2-4-15　晚清民國錦屏衆全族添丁簿（一五）

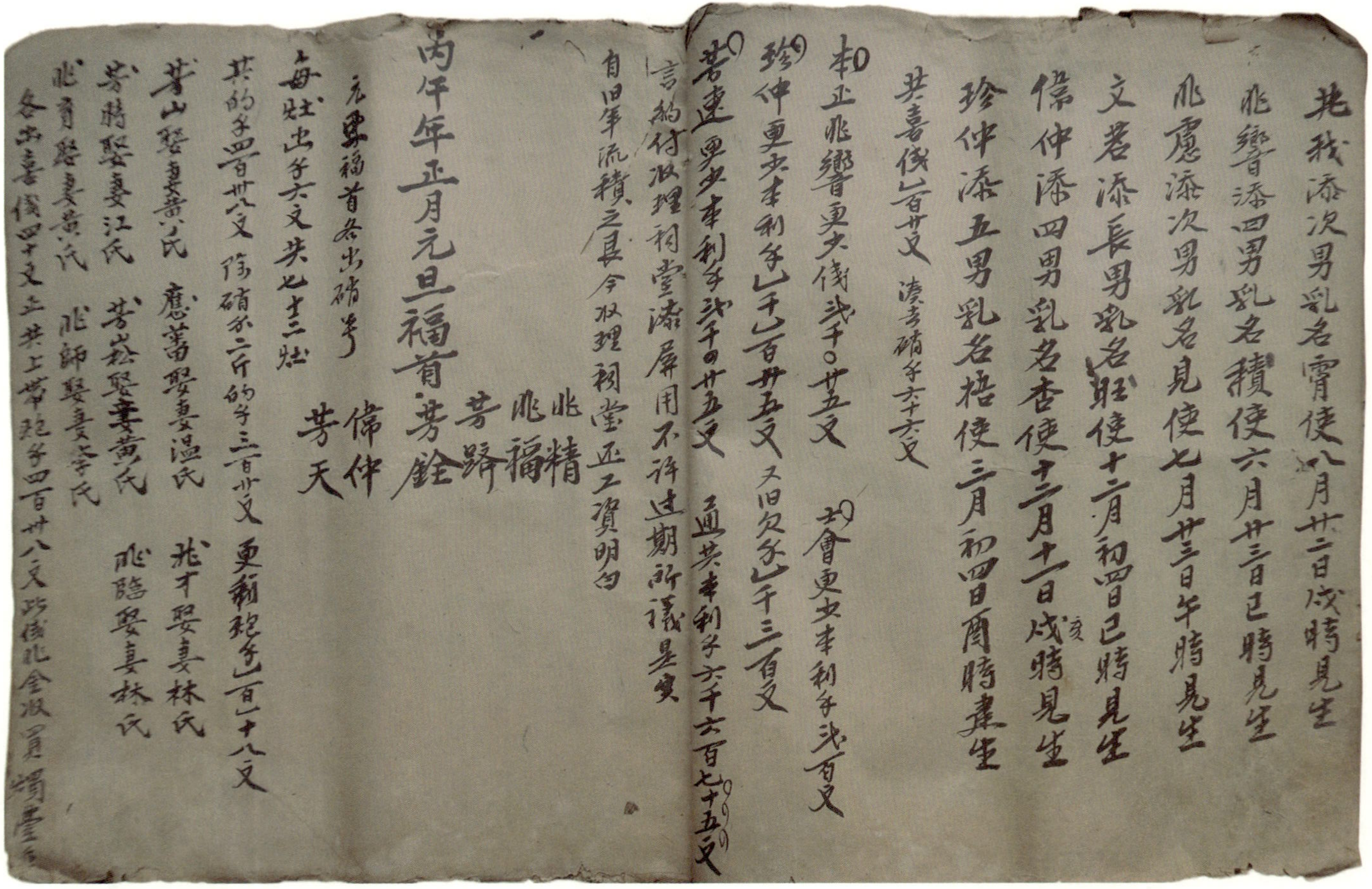
兆我添次男乳名霄使八月廿二日戌時見生
兆響添四男乳名積使六月廿三日巳時見生
兆應添次男乳名見使七月廿三日午時見生
文君添長男乳名旺使十二月初四日巳時見生
倖仲添四男乳名杏使十二月十一日戌時見生
珍仲添五男乳名梧使三月初四日酉時見生
共喜錢一百廿文 凑去硝子六十六文
和丕兆響首更大錢式千〇廿五文 土會更大串利子式百文
珍仲更大串利子山千山百卅五文 又旧欠子山千三百文
芳速更大串利子式千四廿五文 通共串利子六千六百七十五文
言約付與理祠堂添屏用不許过期所議是實
自旧年流積之項今與理祠堂正工資明白
丙午年正月元旦福首 芳銓 芳驛 兆福 兆精 倖仲 芳天
元旦福首各出硝子
每灶出子六文共七十三灶
共的子四百卅八文 除硝子二斤的子三百廿文 更剩錢子一百十八文
芳山娶妻黃氏 應蕃娶妻温氏 兆才娶妻林氏
芳榜娶妻江氏 芳松娶妻黃氏 兆臨娶妻林氏
兆育娶妻黃氏 兆師娶妻李氏
各出喜錢四十文正共上常錢子四百廿八文此錢兆全收買燭壹□

11-2-4-16 晚清民國錦屏衆全族添丁簿（一六）

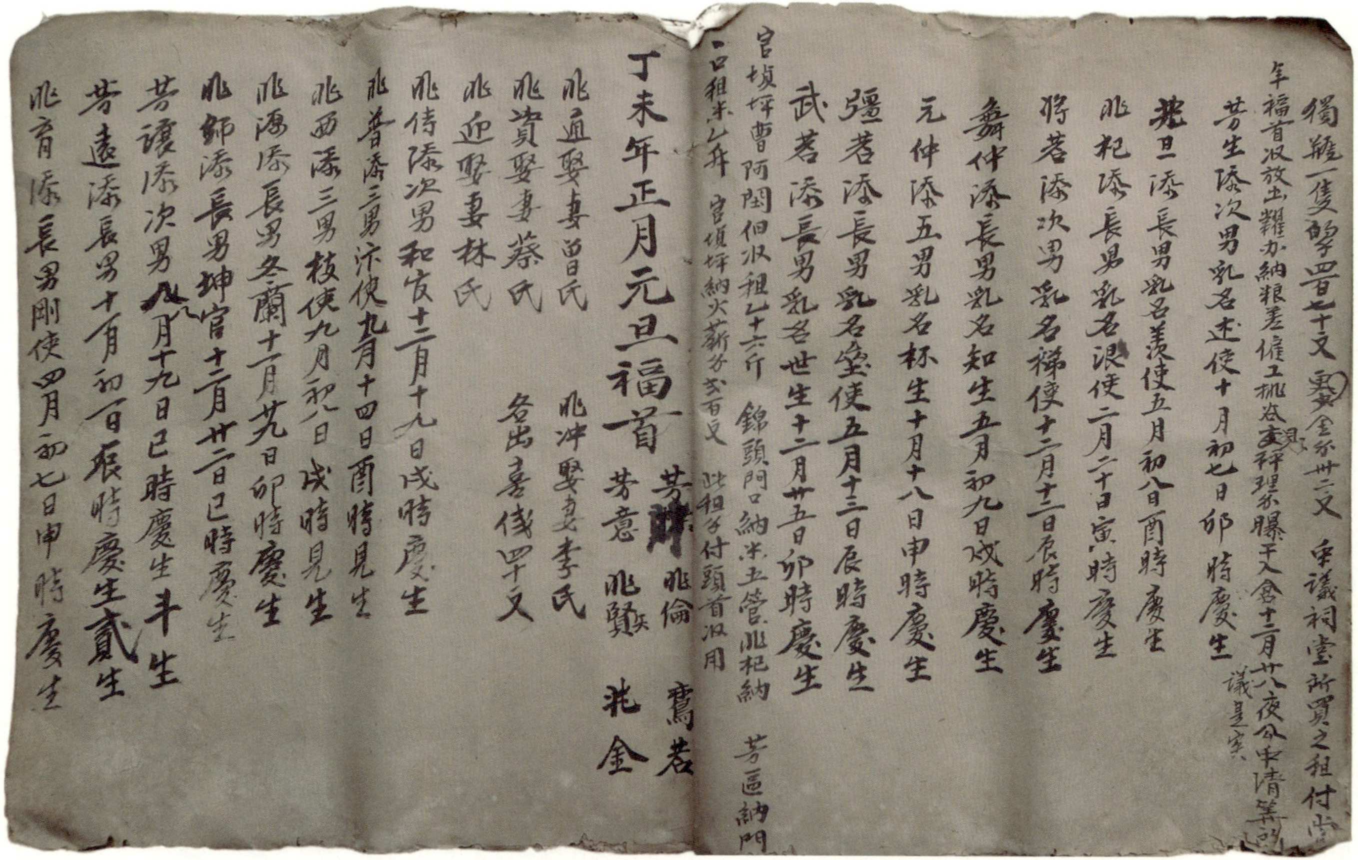

獨雞一隻錢四百七十文　粟金谷卅二文　□議祠堂所買之租付□
年福首收放出糶谷納粮差僱工挑谷支秤理谷腸干入倉十二月廿八夜公平清算訖　議是實
芳生添次男乳名述使十月初七日卯時慶生
兆旦添長男乳名羕使五月初八日酉時慶生
兆杞添長男乳名浪使二月二十日寅時慶生
將若添次男乳名禘使十二月十三日辰時慶生
彝仲添長男乳名知生五月初九日戌時慶生
元仲添五男乳名杯生十月十八日申時慶生
彊若添長男乳名璺使五月十三日辰時慶生
武若添長男乳名世生十二月廿五日卯時慶生
官墳坪曹阿閩佃收租山十六斤　錦頭門口納米五管兆杞納　芳亘納門
一口租米山舁　官墳坪納火薪芬式百文　此租子付頭首收用

丁未年正月元旦福首　芳時　兆倫　鶯若
芳意　兆賢　兆金
兆逼娶妻曾氏
兆資娶妻蔡氏
兆迎娶妻林氏
兆冲娶妻李氏
各出喜錢四十文
兆侍添次男和官十二月十九日戌時慶生
兆普添三男汴使九月十四日酉時見生
兆西添三男枝使九月初八日戌時見生
兆源添長男冬蘭十一月廿九日卯時慶生
兆錦添長男坤官十二月廿二日巳時慶生
芳讓添次男凡月十九日巳時慶生斗生
芳遠添長男十月初百辰時慶生貳生
兆育添長男剛使四月初七日申時慶生

11-2-4-17　晚清民國錦屏衆全族添丁簿（一七）

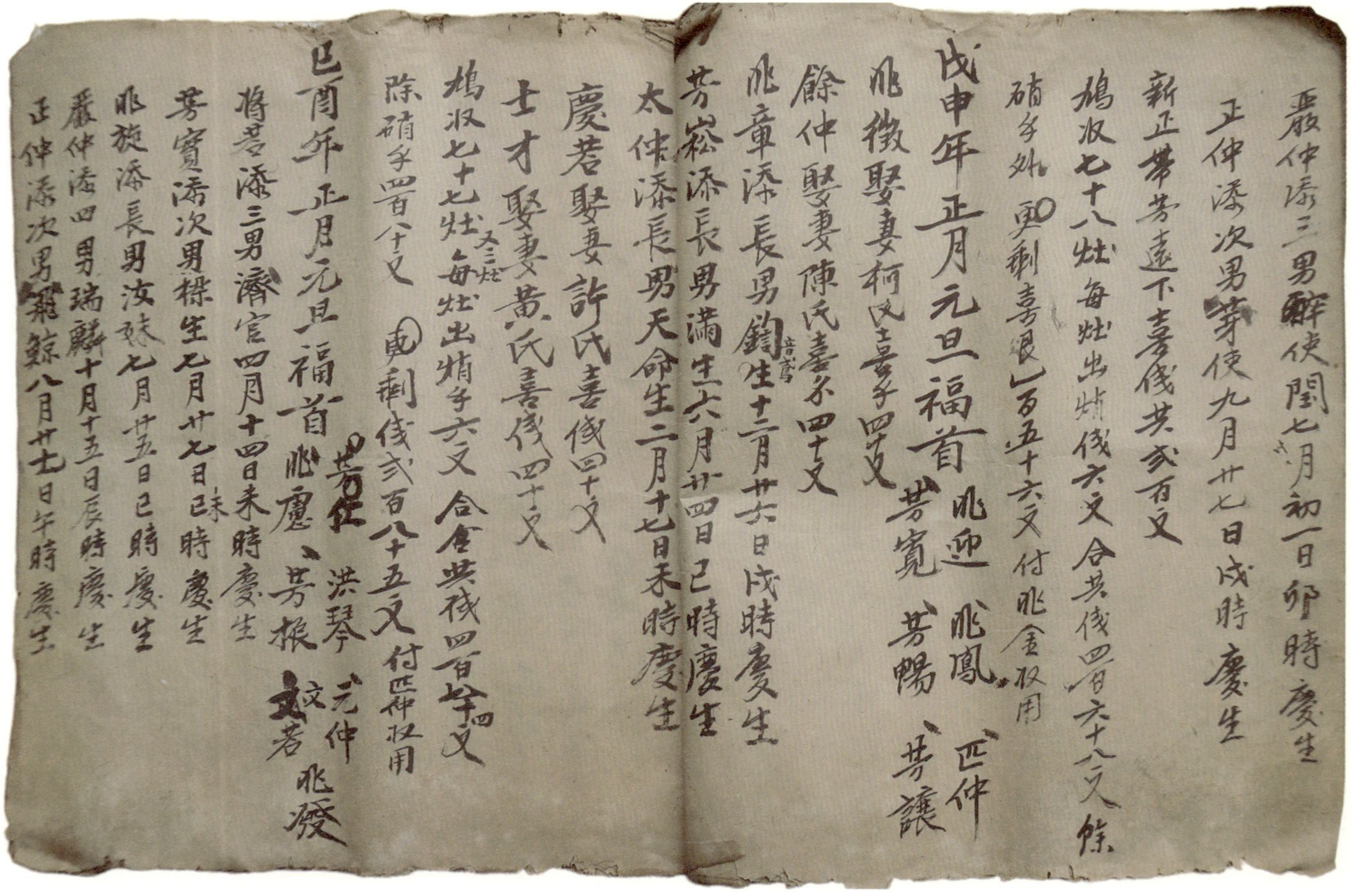

嚴仲添三男醉使閏七月初一日卯時慶生
正仲添次男茅使九月廿七日戌時慶生
新正帶芳遠下喜錢共弍百文
鴇叔七十八灶每灶出媎錢六文合共錢四百六十八文除
硝子外更剩喜艮一百五十六文付兆金收用
戊申年正月元旦福首 兆迎 兆鳳、匹仲 芳寬 芳賜、芳讓
兆徵娶妻柯氏喜子四文
餘仲娶妻陳氏喜子四十文
兆章添長男鈞（音亨）生十二月廿六日戌時慶生
芳崧添長男滿生十六月廿四日巳時慶生
太俤添長男天命生二月十七日未時慶生
慶若娶妻許氏喜錢四十文
士才娶妻黃氏喜錢四十文
鴇叔七十七灶又三灶每灶出媎子六文合共錢四百六十四文
除硝子四百八十文 更剩錢弍百八十五文付匹仲收用
已酉年正月元旦福首 兆塵、芳振 芳仕 洪琴 元仲 文若 兆發
將若添三男濟官四月十四日未時慶生
芳實添次男標生七月廿七日巳時慶生
兆旋添長男汝駷七月廿五日巳時慶生
嚴仲添四男瑞麟十月十五日辰時慶生
正仲添次男耀錝八月廿七日午時慶生

11-2-4-18 晚清民國錦屏衆全族添丁簿（一八）

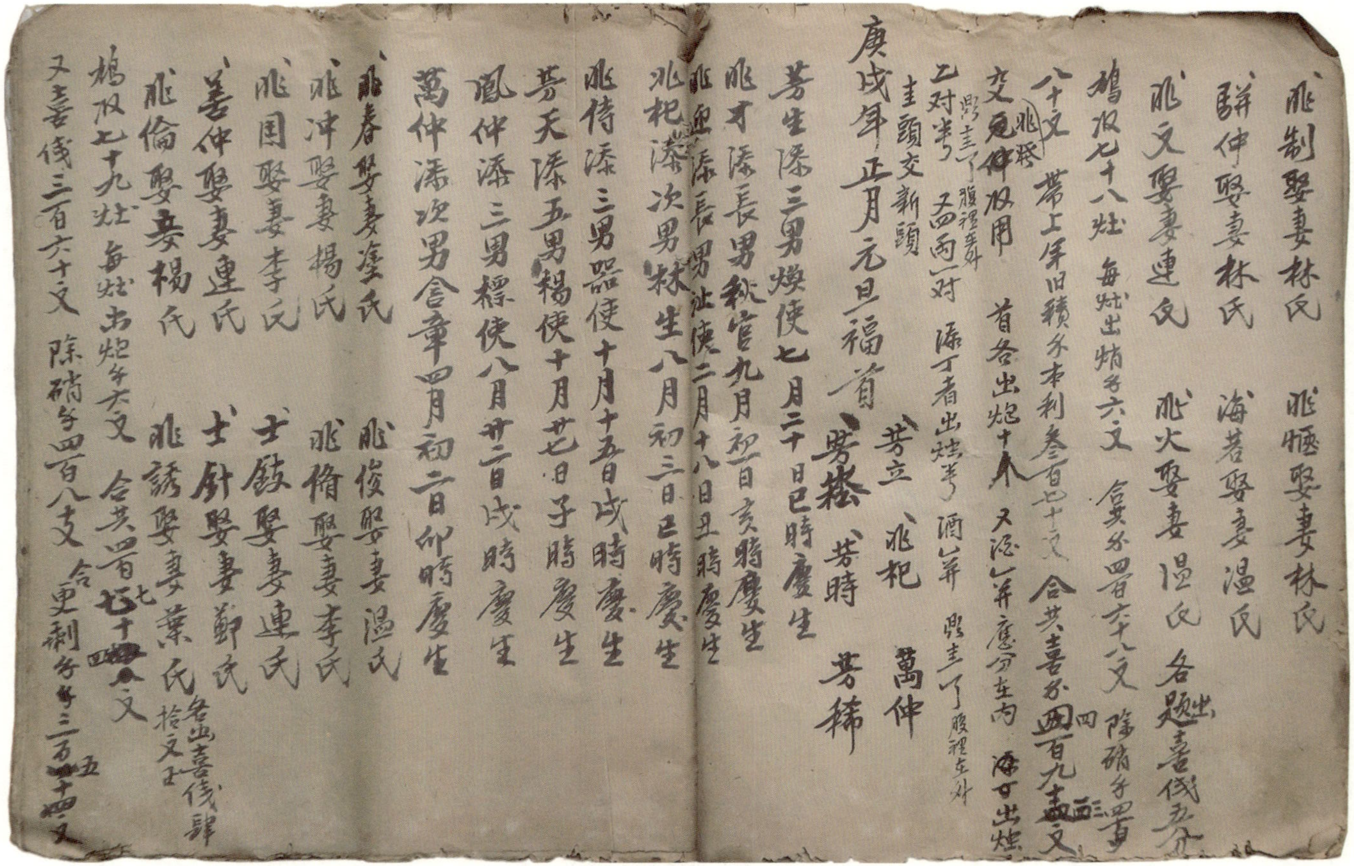
兆制娶妻林氏　兆㥞娶妻林氏
聯仲娶妻林氏　海若娶妻温氏
兆文娶妻連氏　兆火娶妻温氏　各題出喜錢五分
鳩收七十八灶　每灶出炮錢六文　合共錢四百六十八文　除硝錢四百
八十文　帶上年旧積錢本利叁百四十文　合共錢四百九十二文
交兆仲兆琛收用　首各出炮十八　又添丁年應分在內　添丁出炮
二对半　又面丙一对　添丁者出炮錢　酒一年　與主丁服裡在外
主頭交新頭
庚戌年正月元旦福首　芳立　兆杞　萬仲
芳㮋　芳時　芳稀
芳生添三男煥使七月二十日巳時慶生
兆才添長男秋官九月初四日亥時慶生
兆迎添長男灶使二月十八日丑時慶生
兆杞添次男林生八月初三日巳時慶生
兆待添三男器使十月十五日戌時慶生
芳天添五男楊使十月廿七日子時慶生
鳳仲添三男標使八月廿二日戌時慶生
萬仲添次男倉章四月初二日卯時慶生
兆春娶妻潘氏　兆俊娶妻温氏
兆沖娶妻楊氏　兆循娶妻李氏
兆国娶妻李氏　士鈫娶妻連氏
善仲娶妻連氏　士針娶妻鄭氏
兆倫娶妻楊氏　兆誘娶妻葉氏　各出喜錢肆拾文正
鳩收七十九灶　每灶出炮錢六文　合共四百七十四文
又喜錢三百六十文　除硝錢四百八支　合更剩錢三百五十四文

11-2-4-19　晚清民國錦屏衆全族添丁簿（一九）

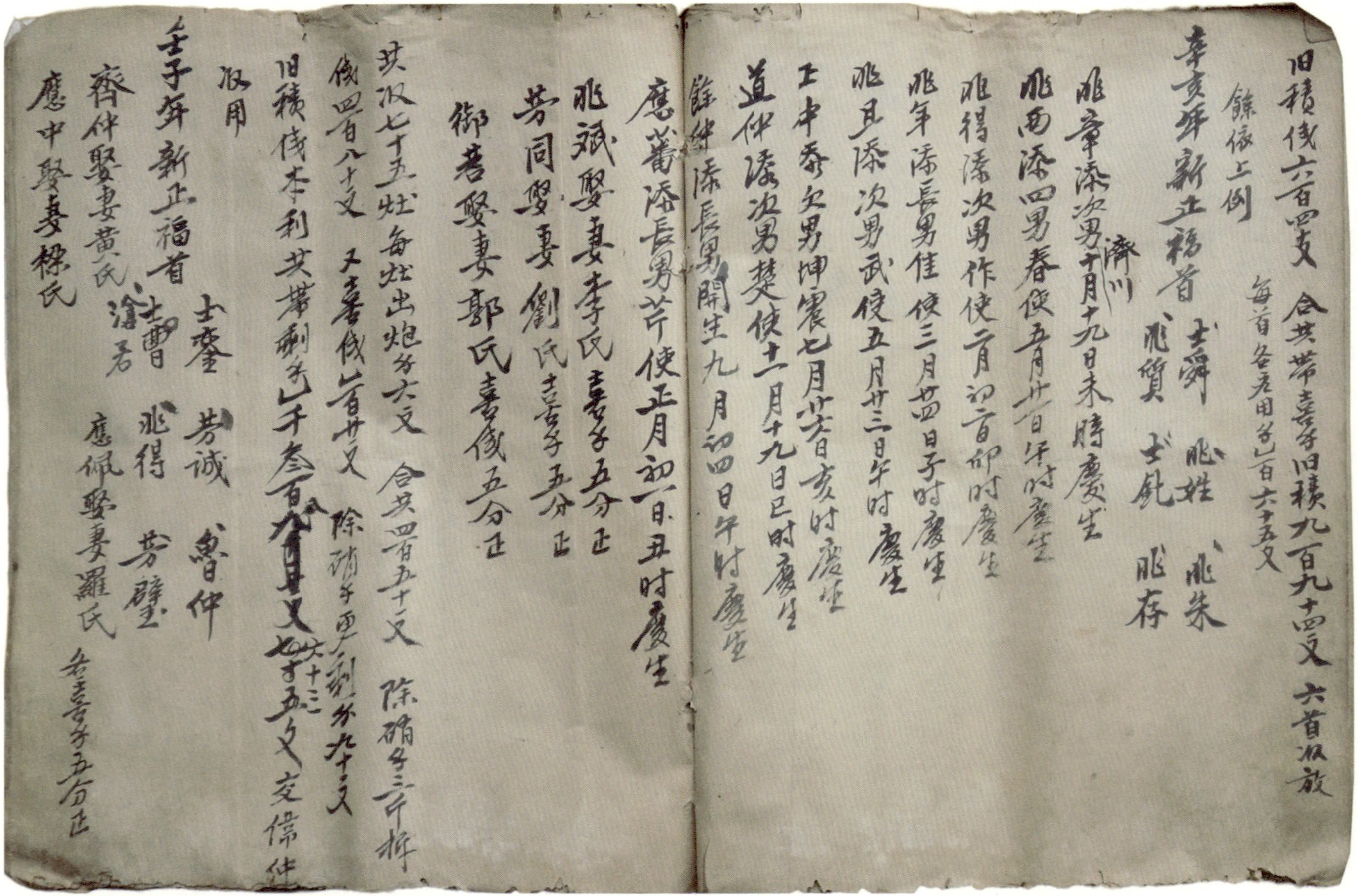
旧積伐六百四文　合共芾壹千旧積九百九十四文　六首収敛

餘依上例

辛亥年新正福首　士舜　兆姓　兆朱

兆質　士航　兆存

兆章添次男十月十九日未時慶生　濟川

兆西添四男春使五月廿一日午时慶生

兆得添次男作使六月初二日卯时慶生

兆年添長男佳使三月廿四日子时慶生

兆且添次男武使五月廿三日午时慶生

上中添女男坤震七月廿六日亥时慶生

道仲添次男楚使十一月十九日巳时慶生

薛仲添長男開生九月初四日午时慶生

應藩添長男芹使正月初一日丑时慶生

兆祇娶妻李氏壹千五分正

芳同娶妻劉氏壹千五分正

御君娶妻鄭氏壹錢五分正

共収七十五灶每灶出炮分六文　合共四百五十文　除硝分三斤杵

錢四百八十文　又壹錢山百廿文　除硝分西人到分九十三文

旧積伐本利共芾剩錢山千叁百[illegible]文　七十五文交儒仕

収用

壬子年新正福首　士奎　芳诚　魯仲

士曹　濬君　兆得　芳璧

齊仲娶妻黄氏　應佩娶妻羅氏

應中娶妻梁氏

各壹千五分正

11-2-4-20　晚清民國錦屏衆全族添丁簿（二〇）

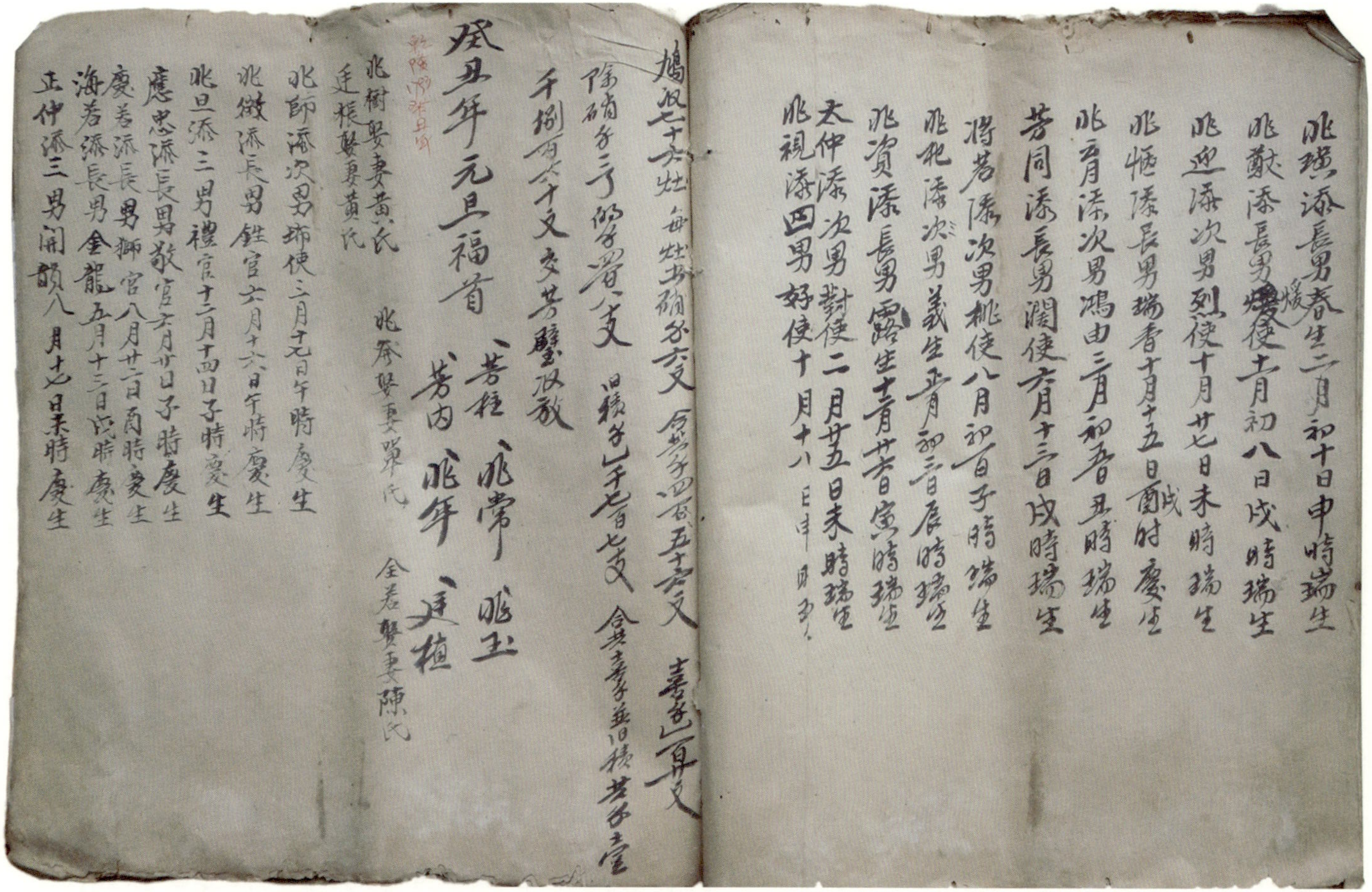
兆瑞添長男春生二月初十日申時瑞生
兆歡添長男煖使十二月初八日戌時瑞生
兆迎添次男烈使十月廿七日未時瑞生
兆恆添長男瑞香十月十五日酉時慶生
兆育添次男鴻由三月初六日丑時瑞生
芳同添長男潤使六月十三日戌時瑞生
將若添次男桃使八月初四日子時瑞生
兆杞添次男義生五月初三日辰時瑞生
兆資添長男露生十二月廿四日寅時瑞生
太仲添次男對使二月廿五日未時瑞生
兆視添四男好使十月十八日申[illegible]
鳩收七十六灶，每灶出艏分六文，合共錢四百五十六文，[illegible]
除艏分三丁，仍存[illegible]八文，旧積錢[illegible]千七百七文，合共[illegible]益旧積共錢[illegible]
千捌百六十文交芳璧收執
[illegible]癸丑年
癸丑年元旦福首　、芳桂　、兆常　兆玉
芳內　兆年　、廷植
兆樹娶妻黃氏　兆秦娶妻鄭氏　全若娶妻陳氏
廷棖娶妻黃氏
兆師添次男埗使三月十九日午時慶生
兆微添長男鉒官六月十六日午時慶生
兆旦添三男禮官十二月十四日子時慶生
應忠添長男敬官六月廿日子時慶生
慶若添長男獅官八月廿二日酉時慶生
海若添長男金龍五月十三日戌時慶生
正仲添三男開韻八月十七日未時慶生

11-2-4-21　晚清民國錦屏衆全族添丁簿（二一）

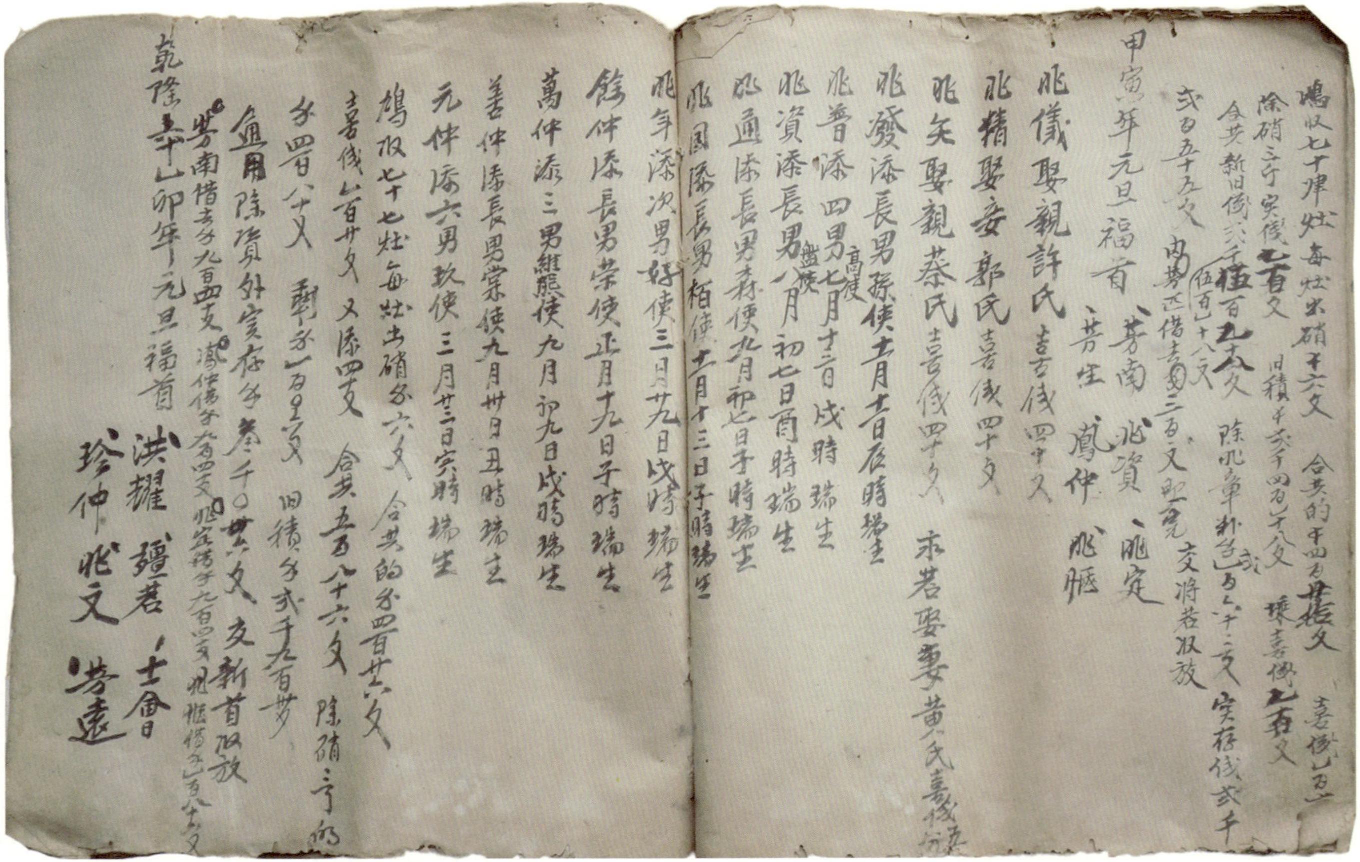

11-2-4-22　晚清民國錦屏衆全族添丁簿（二二）

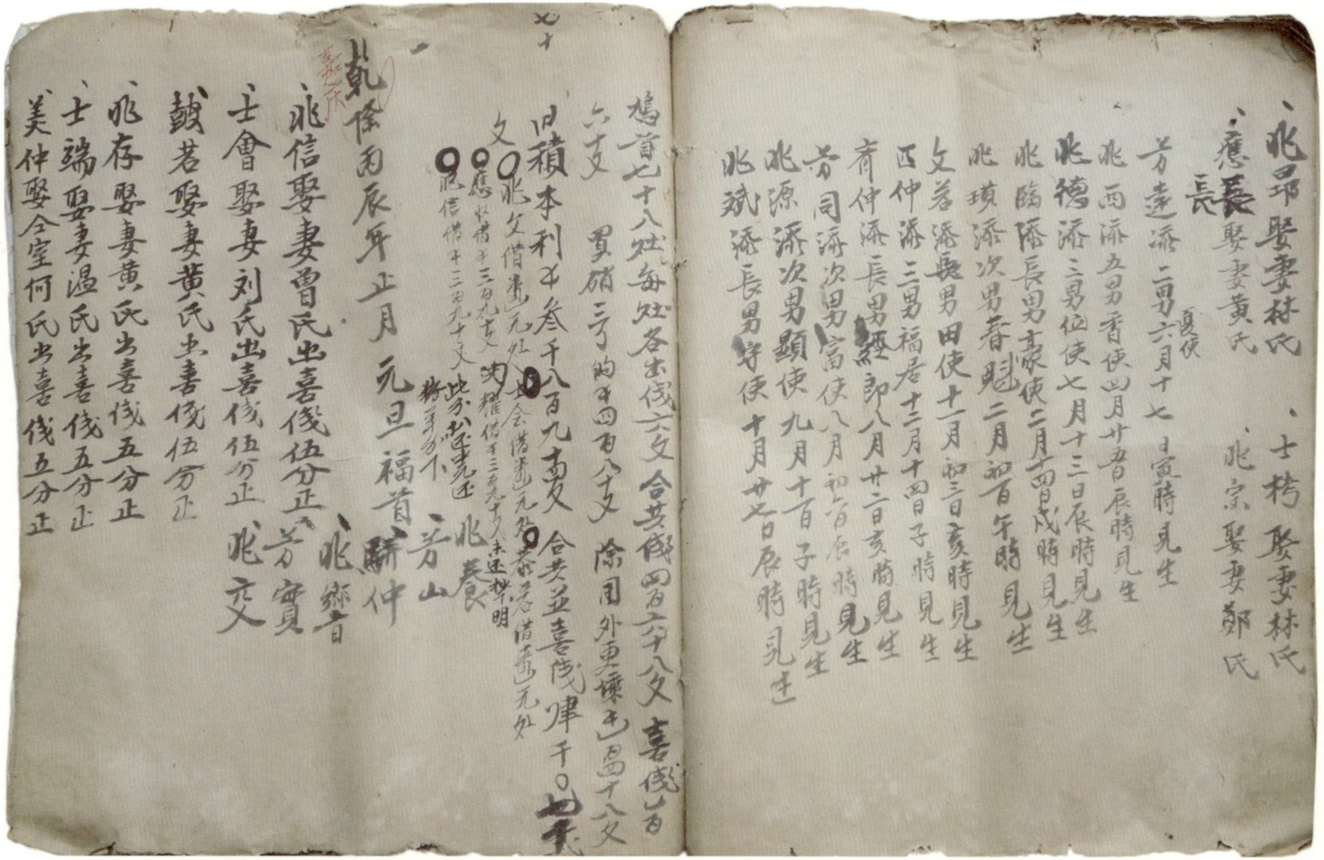
、兆昂娶妻林氏
、應長娶妻黄氏
、士梓娶妻林氏
兆宗娶妻鄭氏
芳達添二男六月十七日寅時見生
兆丙添五男晉使四月廿五日辰時見生
兆德添三男位使七月十三日辰時見生
兆臨添長男嘉使二月十四日戌時見生
兆璜添次男春魁二月初八日午時見生
文蒼添長男田使十一月初三日亥時見生
正仲添三男福居十二月十四日子時見生
齊仲添長男經郎八月廿二日亥時見生
芳司添次男富使八月初六日辰時見生
兆源添次男顯使九月十二日子時見生
兆斌添長男守使十月廿七日辰時見生

鳩首七十八灶每灶各出錢六文合共錢四百六十八文

乾隆丙辰年正月元旦福首
兆信娶妻曾氏出喜錢伍分正
士會娶妻刘氏出喜錢伍分正
鼓若娶妻黄氏出喜錢伍分正
兆存娶妻黄氏出喜錢五分正
士端娶妻温氏出喜錢五分正
美仲娶仝室何氏出喜錢五分正

11-2-4-23　晚清民國錦屏衆全族添丁簿（二三）

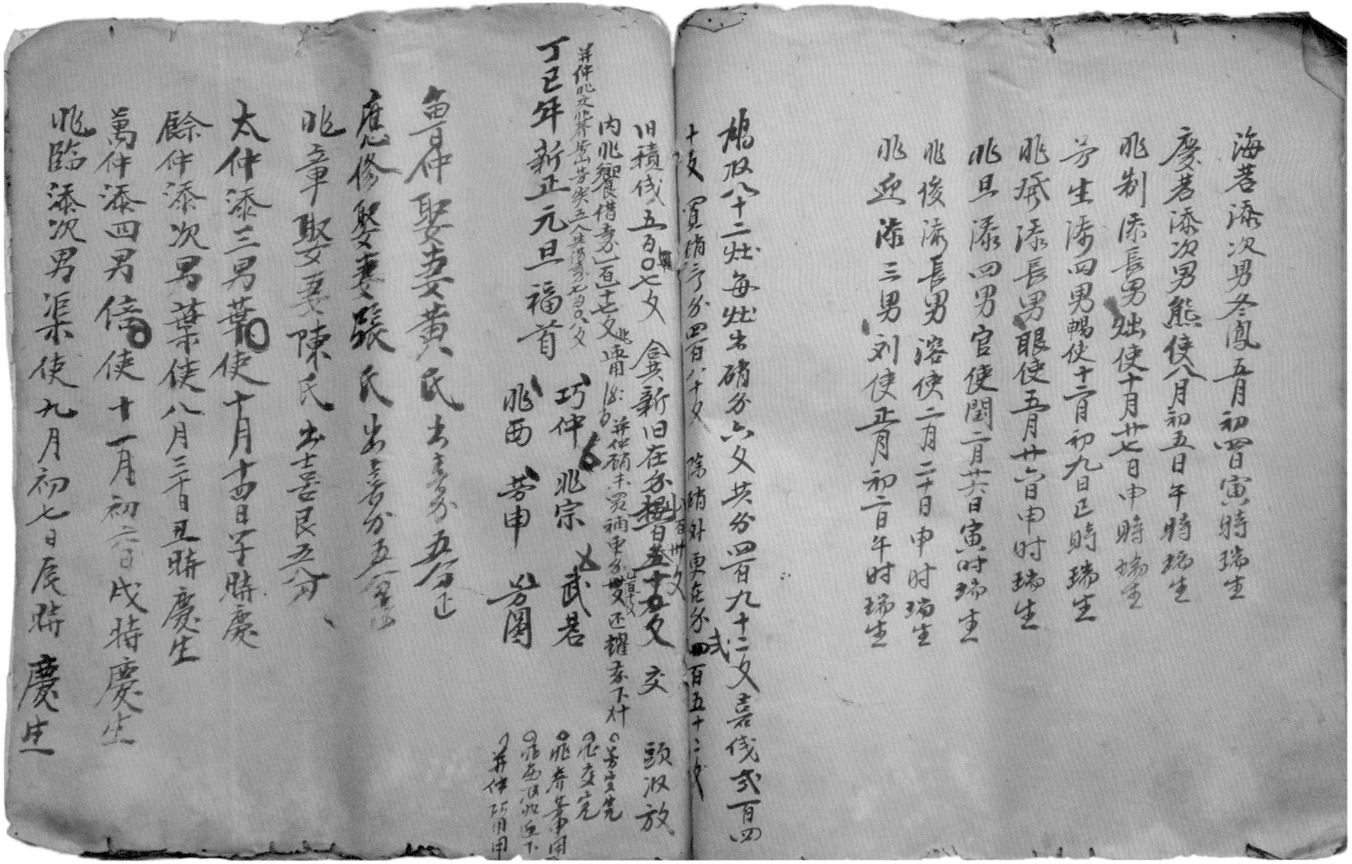

11-2-4-24　晚清民國錦屏衆全族添丁簿（二四）

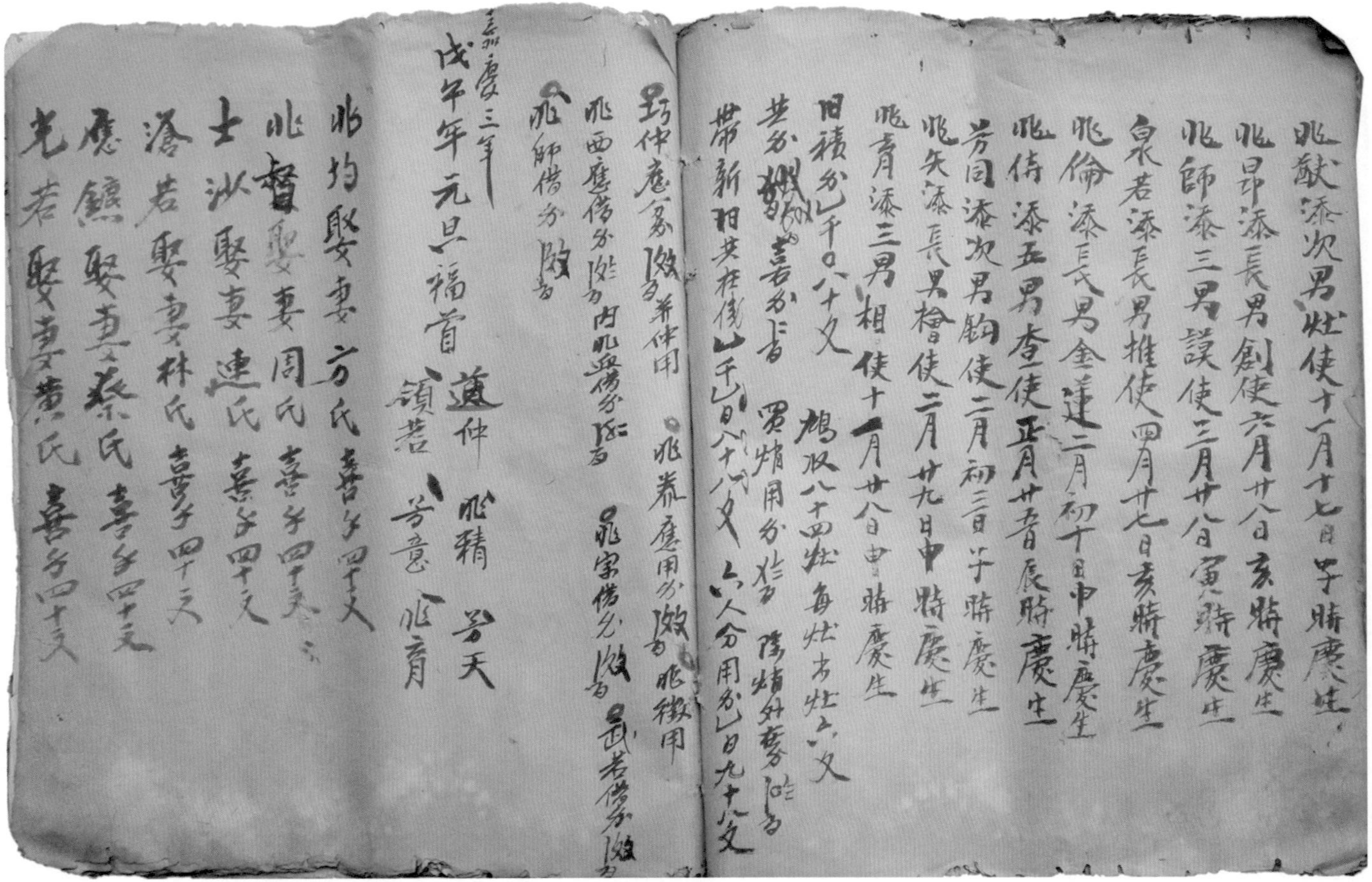
兆猷添次男灶使十一月十七日子時慶生
兆昂添長男創使六月廿八日亥時慶生
兆師添三男謨使三月廿八日寅時慶生
泉若添長男推使四月廿七日亥時慶生
兆倫添長男金蓮二月初十日申時慶生
兆侍添五男查使正月廿五日辰時慶生
芳同添次男駒使二月初三日子時慶生
兆矢添長男檜使二月廿九日申時慶生
兆青添三男相使十一月廿八日申時慶生
田積分山千〇八十文　鳩取八十四灶每灶出灶六文
共分樂[illegible]善分去　買燭用分答　陸燭外家(?)貼去
帶新相共往復山千山百八十八文　六人分用分山百九十八文
芳仲應家(?)做去莽仲用　兆恭應用分做去　兆徽用
兆西應傍分貼去　內兆興傍分貼去　显宗傍分做去　武若傍分做
兆師傍分做去
嘉慶三年
戊午年元旦福首　道仲　兆精　芳天
頌若　芳意　兆育
兆均娶妻方氏喜分四十文
兆晉娶妻周氏喜分四十文
士洮娶妻連氏喜分四十文
潘若娶妻林氏喜分四十文
應鎮娶妻蔡氏喜分四十文
光若娶妻黃氏喜分四十文

11-2-4-25　晚清民國錦屏衆全族添丁簿（二五）

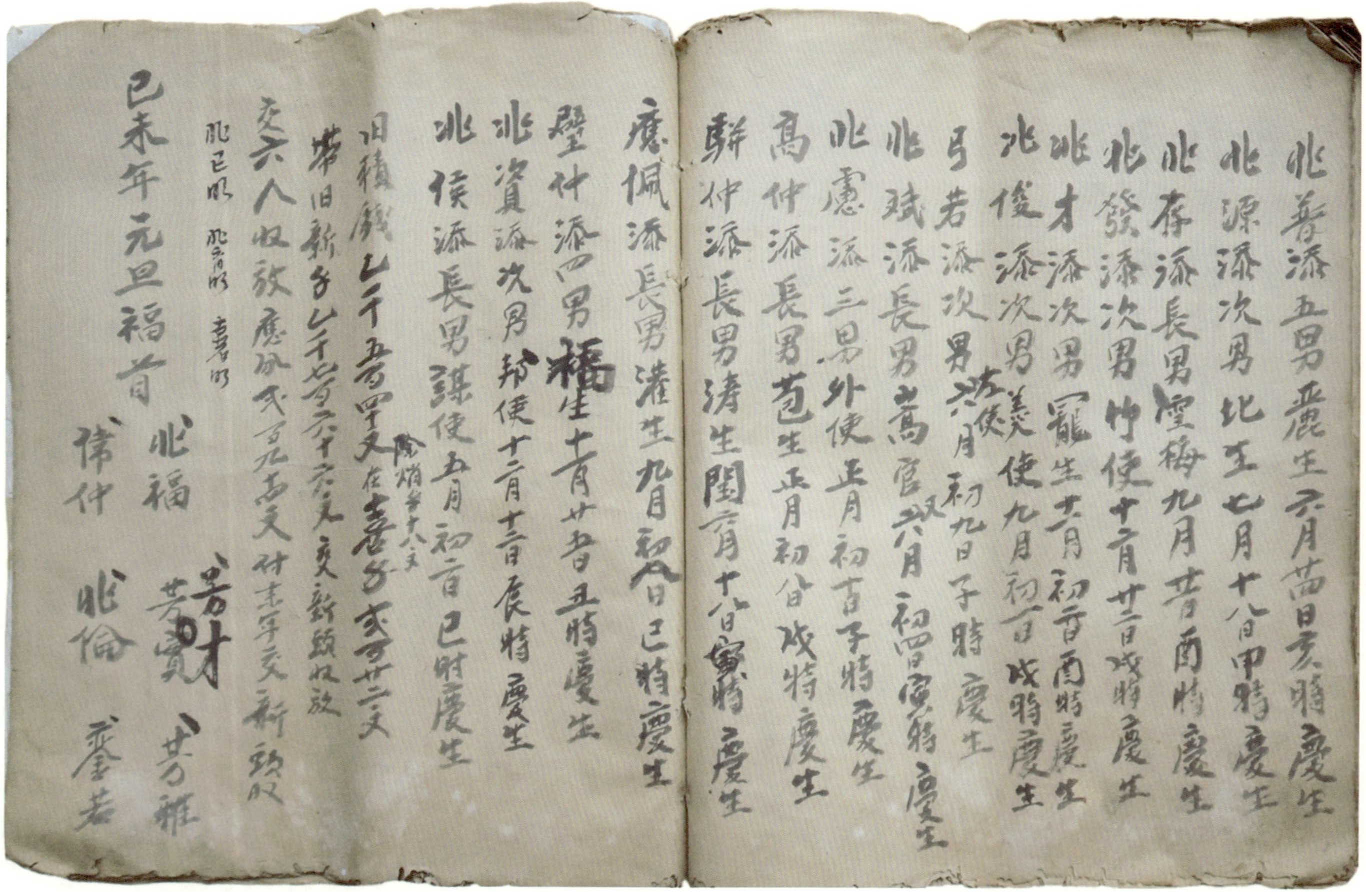
兆善添五男麗生六月廿日亥時慶生
兆源添次男比生七月十八日甲時慶生
兆存添長男璽梅九月廿日酉時慶生
兆發添次男竹使十月廿三日戌時慶生
兆才添次男龍生十一月初三日酉時慶生
兆俊添次男羨使九月初一日戌時慶生
另若添次男太使六月初九日子時慶生
兆斌添長男高官又六月初四日寅時慶生
兆憲添三男外使正月初十日子時慶生
為仲添長男苞生正月初八日戌時慶生
驊仲添長男濤生閏六月十八日寅時慶生
應佩添長男灌生九月初八日巳時慶生
璧仲添四男福生十月廿四日丑時慶生
兆資添次男邦使十二月十三日辰時慶生
兆侯添長男謀使五月初三日巳時慶生
旧積錢八千五百四十文 除炳爷十八文 在喜爷貳百廿二文
帶旧新錢八千七百六十六文 交新頭收放
交六人收放應收貳百九十五文 付去年交新頭收
兆巳收 兆○收 喜○收
已未年元旦福首 兆福 芳財 芳雅
偉仲 兆倫 鑾若

11-2-4-26 晚清民國錦屏衆全族添丁簿（二六）

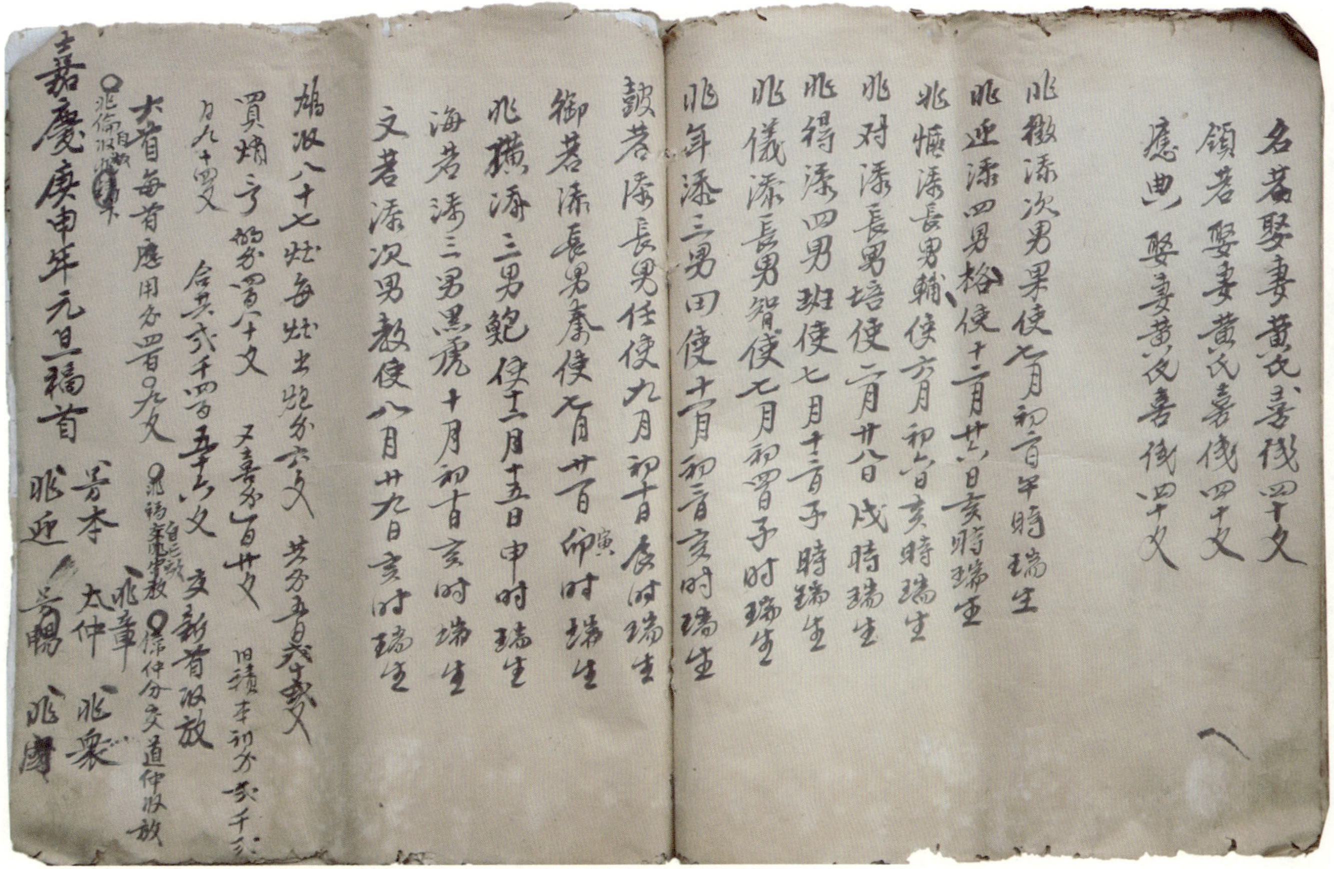
名若娶妻黄氏喜钱四十文
領若娶妻黄氏喜钱四十文
應典娶妻黄氏喜钱四十文
兆擻添次男果使七月初十日午時瑞生
兆延添四男裕使十二月廿六日亥時瑞生
兆櫃添長男輔使六月初七日亥時瑞生
兆对添長男培使二月廿八日戌時瑞生
兆得添四男斑使七月十三日子時瑞生
兆儀添長男智使七月初四日子時瑞生
兆年添三男田使十二月初三日亥時瑞生
欽若添長男任使九月初十日辰时瑞生
御若添長男秦使六月廿日卯（寅）时瑞生
兆機添三男鮑使十二月十五日申时瑞生
海若添三男黑虎十月初十日亥时瑞生
文若添次男教使八月廿九日亥时瑞生
福收八十七灶每灶出鈔分六文　共分五百廿二文
買燭子鈔分買八十文　又喜分四百廿文　旧積本利分貳千□
又九十四文　合共貳千四百五十六文　支新首收放
大首每首應用分四百○九文　○兆福□□收　○兆仲分交道仲收放
嘉慶庚申年元旦福首　兆延　芳李　芳暢　太仲　兆章　兆衆　兆國

11-2-4-27　晚清民國錦屏衆全族添丁簿（二七）

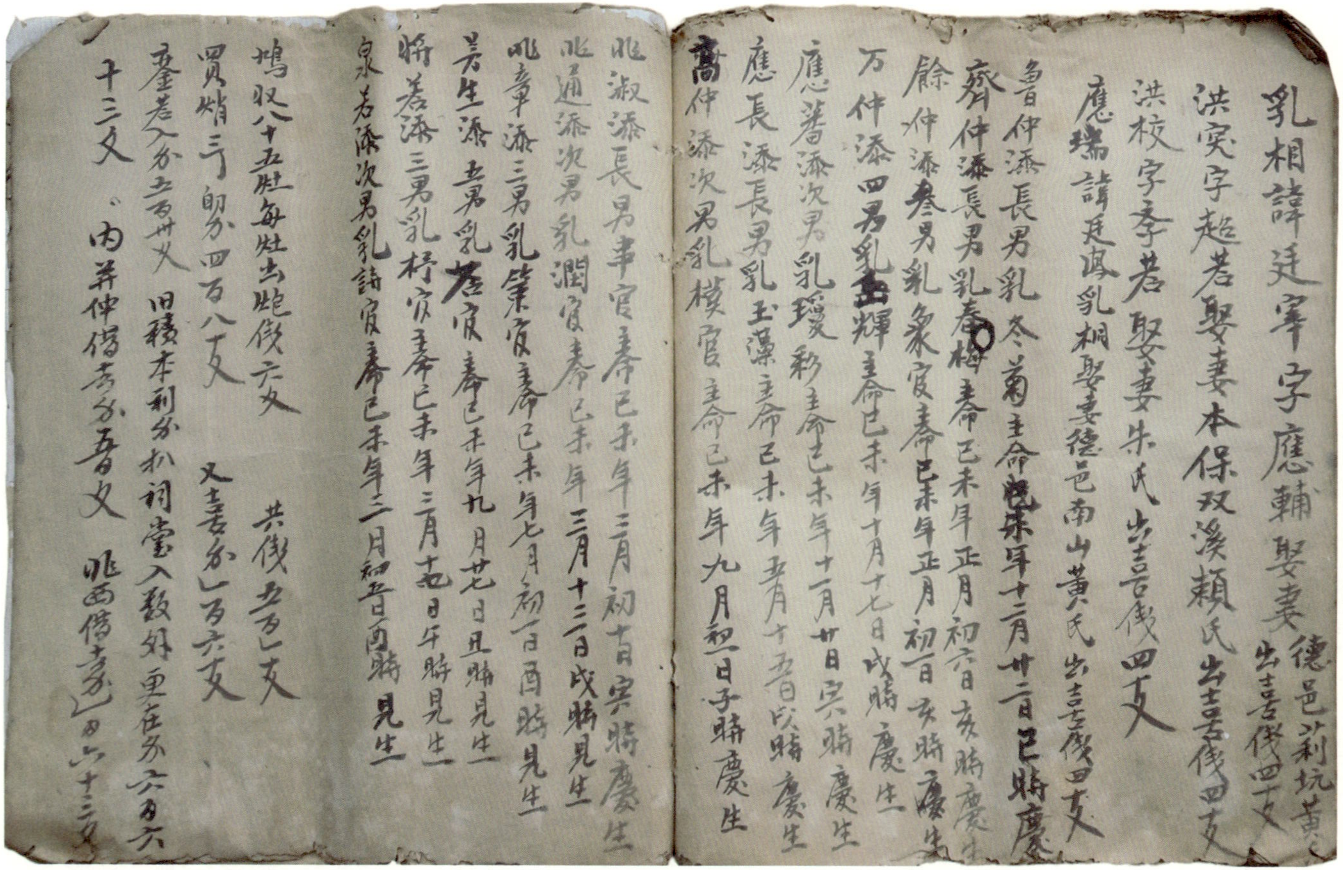

乳相諱廷宰字應輔娶妻德邑剎坑黃氏 出吉錢四十文
洪寀字超若娶妻本保双溪賴氏 出吉錢四文
洪校字李若娶妻朱氏 出吉錢四文
應瑞諱廷淑乳桐娶妻德邑南山黃氏 出吉錢四文
魯仲添長男乳冬菊主命己未年十二月廿二日巳時慶生
齊仲添長男乳春梅主命己未年正月初六日亥時慶生
餘仲添叁男乳象宦主命己未年正月初一日亥時慶生
万仲添四男乳玉輝主命己未年十月十七日戌時慶生
應蕃添次男乳瓊彩主命己未年十一月廿日寅時慶生
應長添長男乳玉藻主命己未年五月十五日戌時慶生
喬仲添次男乳橫宦主命己未年九月初一日子時慶生
兆淑添長男乳聿宦主命己未年三月初十日寅時慶生
兆通添次男乳潤宦主命己未年三月十二日戌時見生
兆章添三男乳策宦主命己未年七月初一日酉時見生
若生添五男乳茬宦主命己未年九月廿七日丑時見生
將若添三男乳材宦主命己未年三月十七日午時見生
泉若添次男乳詩宦主命己未年三月初五日酉時見生
鳩收八十五灶每灶出胙錢六文　共錢五百乚文
買燭三斤朗錢四百八文　又去錢乚百六文
𡌿差入錢五百卅文。旧積本利錢抑祠堂入数外更在錢六百六
十三文。內并仲借去錢五百文　兆西借去錢乚四六十三文

11-2-4-28　晚清民國錦屏衆全族添丁簿（二八）

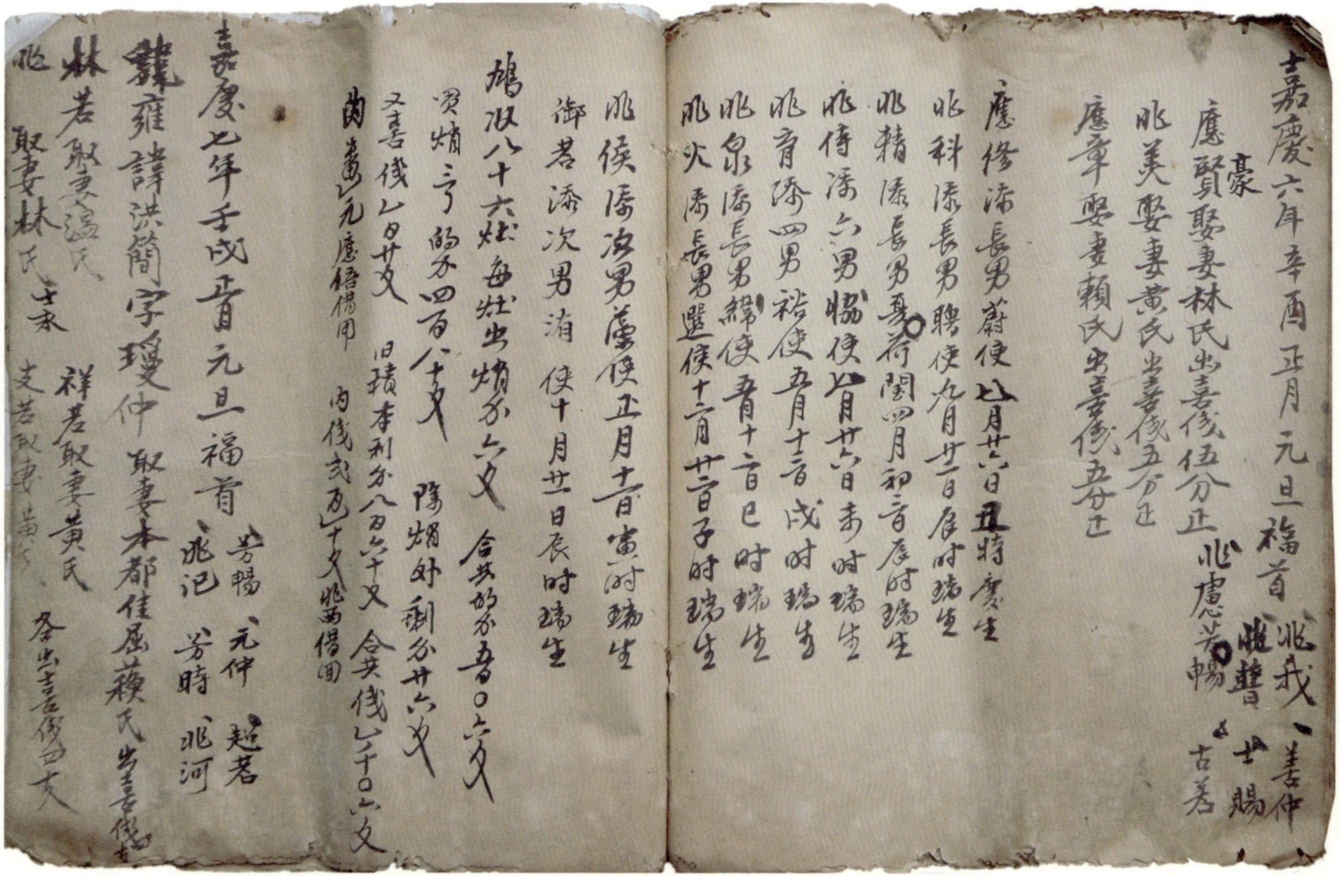
嘉慶六年辛酉正月元旦福首
豪
應賢娶妻林氏出喜錢伍分正
兆美娶妻黃氏出喜錢五分正
應章娶妻賴氏出喜錢五分正
應修添長男蔚使七月廿六日丑時產生
兆科添長男聘使九月廿二日辰時瑞生
兆精添長男使閏四月初二日辰時瑞生
兆傳添六男使七月廿六日亥時瑞生
兆育添四男裕使五月十二日戌時瑞生
兆泉添長男使十月十二日巳時瑞生
兆火添長男選使十一月廿二日子時瑞生
兆侯添次男使正月十二日寅時瑞生
御君添次男滔使十月廿一日辰時瑞生
嘉慶七年壬戌首元旦福首

11-2-4-29　晚清民國錦屏衆全族添丁簿（二九）

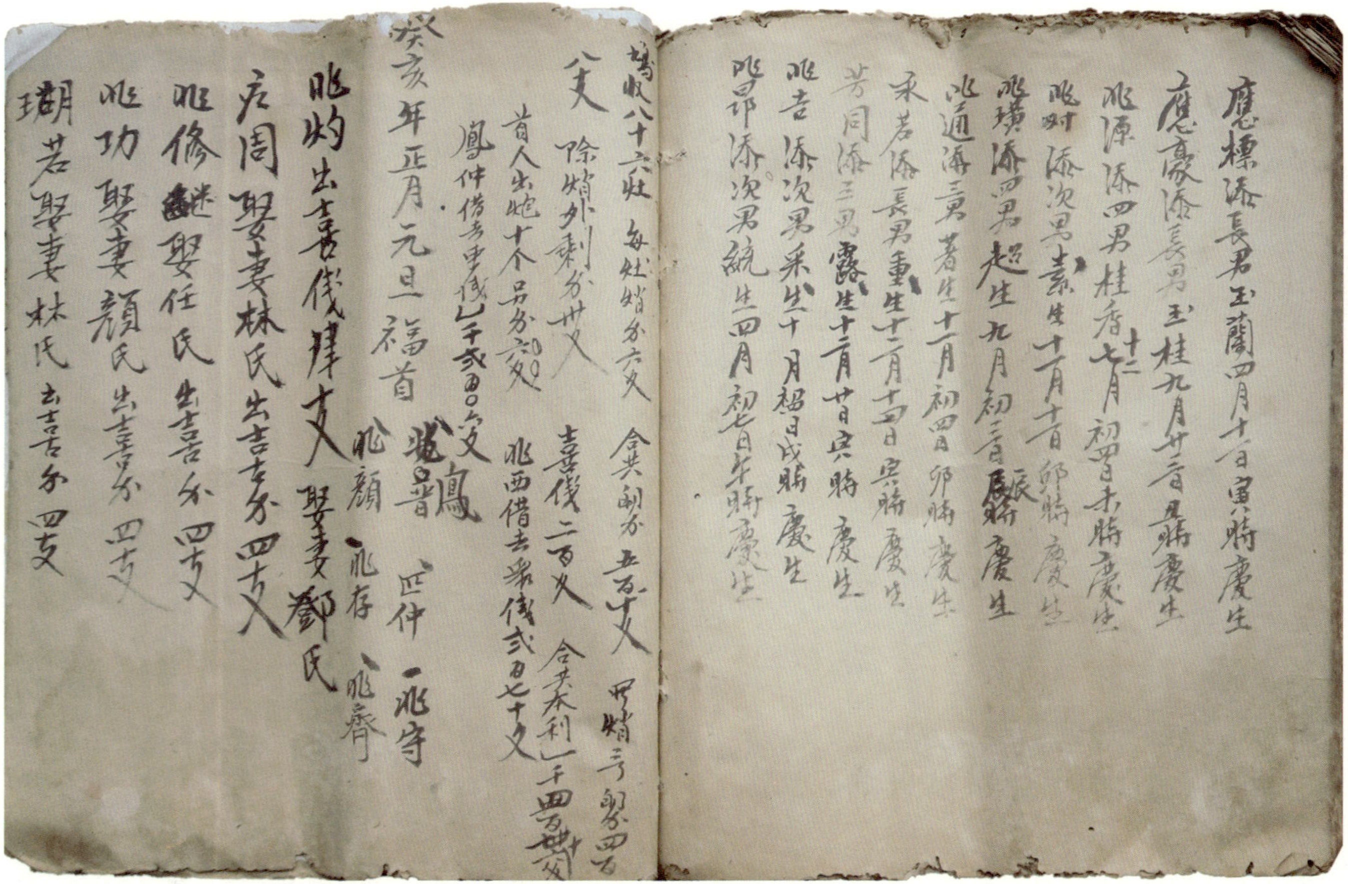

應標添長男玉蘭四月十一日寅時慶生
應豪添長男玉桂九月廿二日辰時慶生
兆源添四男桂香十二月初四日未時慶生
兆財添次男嘉生十一月十一日卯時慶生
兆璜添四男超生九月初三日辰時慶生
兆通添三男著生十一月初四日卯時慶生
承若添長男重生十二月十四日巳時慶生
芳同添三男露生十二月廿日巳時慶生
兆吉添次男采生十月初一日戌時慶生
兆邛添次男統生四月初七日午時慶生

螞收八十六灶　每灶焇分六文　合共劑分五百十文　又焇二百四
八文　除焇外剩分廿文　喜錢二百文　合共本利一千四百廿文
首人出砤十个另分廿文　兆西借去柴錢式百七十文
鳳仲借去錢一千式百〇六文　兆鳳
癸亥年正月元旦福首　兆普　正仲　一兆守
兆顏　兆存　兆齊
兆灼出喜錢肆文　娶妻鄧氏
庄周娶妻林氏出喜錢四文
兆修繼娶任氏出喜錢四文
兆功娶妻顏氏出喜錢四文
瑚若娶妻林氏出喜錢四文

11-2-4-30　晚清民國錦屏衆全族添丁簿（三〇）

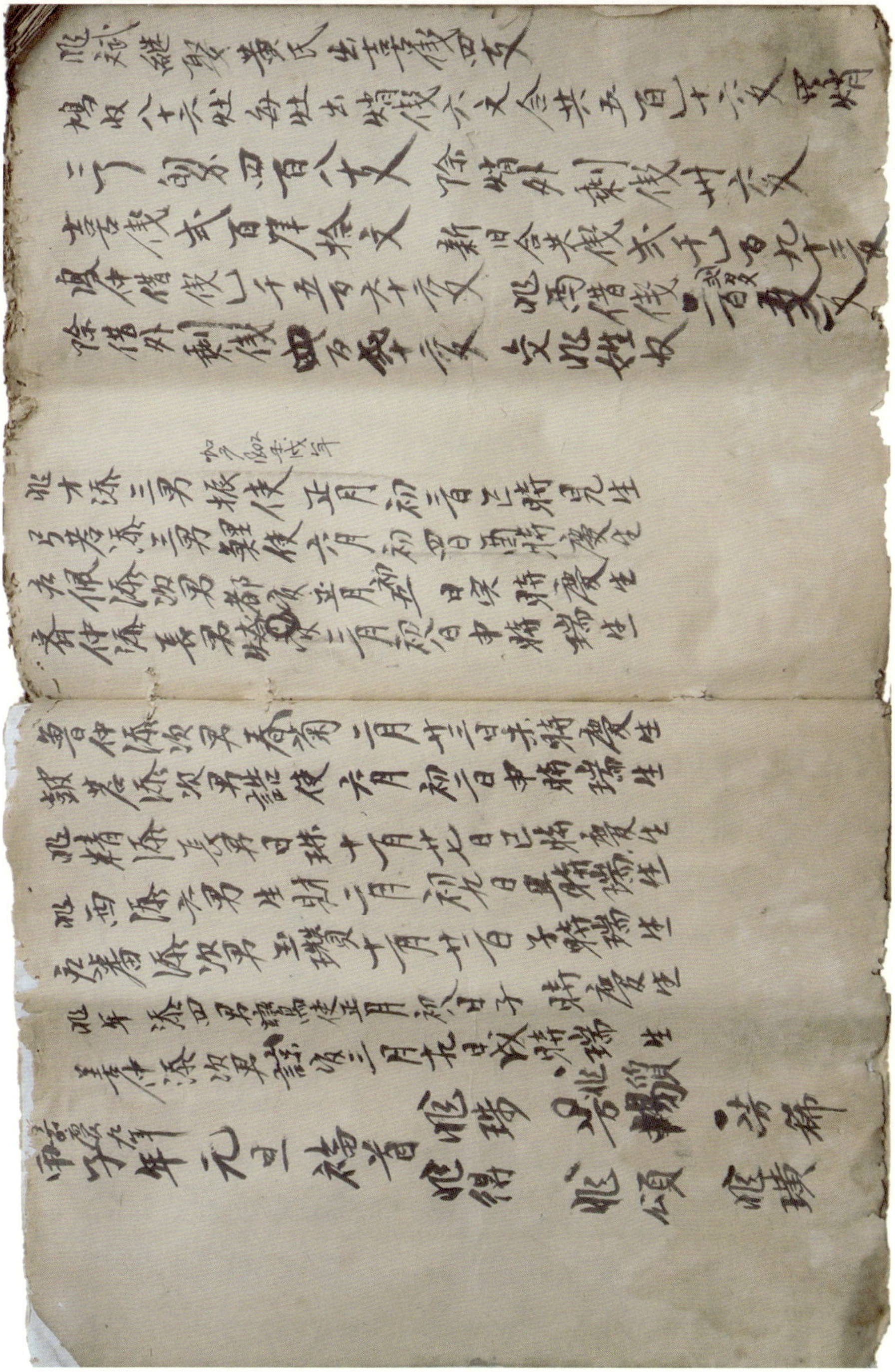

11-2-4-31 晚清民國錦屏衆全族添丁簿（三一）

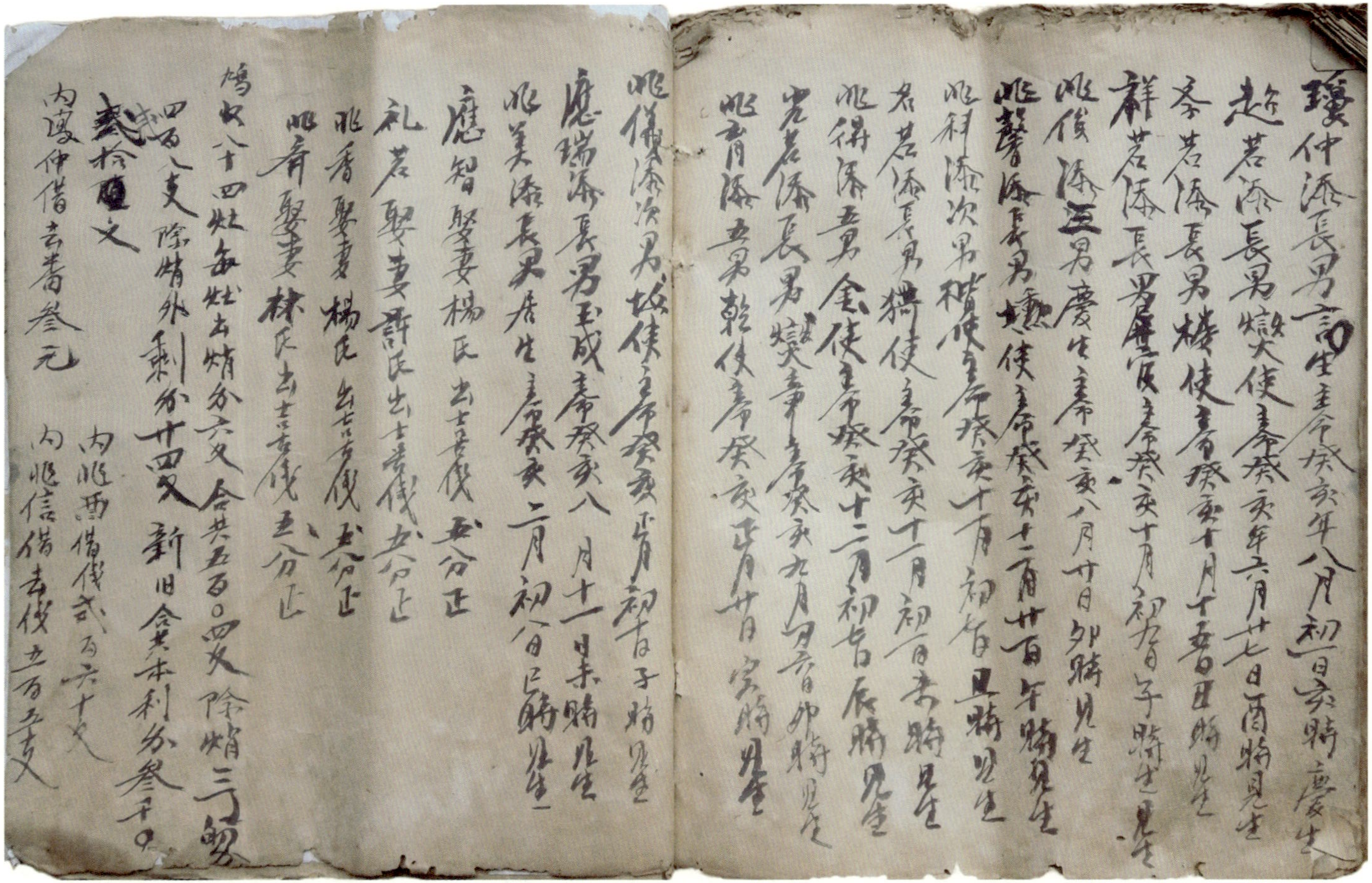
瓖仲添長男言ㄖ生主命癸亥年八月初四日亥時慶生
趙若添長男樂使主命癸亥年六月廿七日酉時見生
秀若添長男樓使主命癸亥十月十五日丑時見生
祥若添長男慶使主命癸亥十月初三日子時生見生
兆信添三男慶生主命癸亥八月廿日卯時見生
兆馨添長男壎使主命癸亥十二月廿四日午時見生
兆科添次男楷使主命癸亥十一月初四日丑時見生
名若添長男猶使主命癸亥十一月初一日未時見生
兆得添五男金使主命癸亥十二月初七日辰時見生
岩若添長男樂使主命癸亥九月廿六日卯時見生
兆育添五男乾使主命癸亥正月廿日寅時見生
兆備添次男松使主命癸亥正月初十日子時見生
應瑞添長男玉成主命癸亥八月十一日未時見生
兆美添長男存生主命癸亥二月初八日巳時見生
應智娶妻楊氏出去錢五分正
礼若娶妻許氏出去錢五分正
兆香娶妻楊氏出去錢五分正
兆斉娶妻林氏出去錢五分正
鳩收八十四灶每灶出錢分六文合共五百○四文除錢二丁錢
四百八文除錢外剩分廿四文新旧合共本利分叁千○
貳拾通文
內交仲借去錢叁元
內兆酉借錢貳百六十文
內兆信借去錢五百五十文

11-2-4-32 晚清民國錦屏衆全族添丁簿（三二）

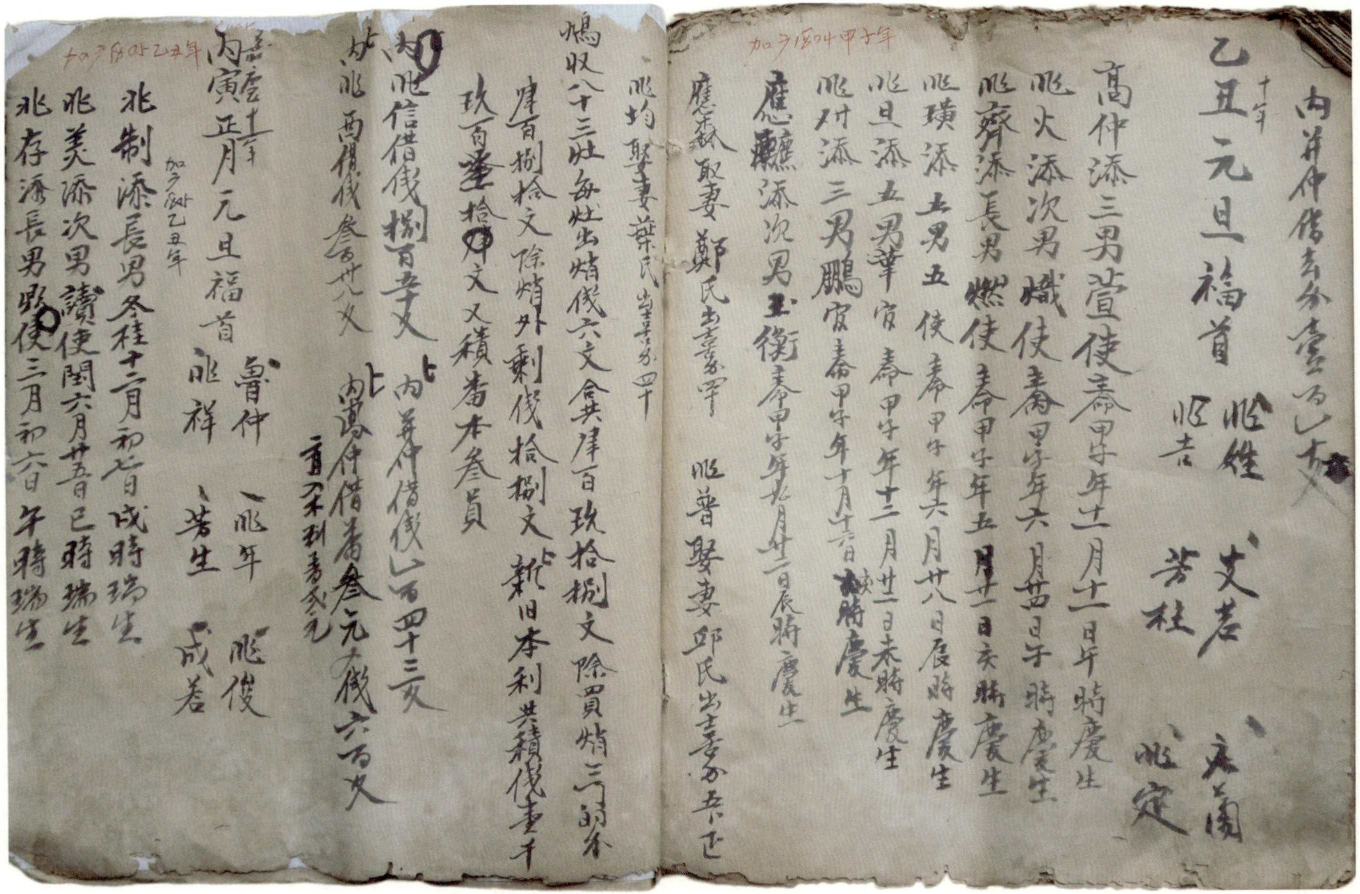

11-2-4-33　晚清民國錦屏衆全族添丁簿（三三）

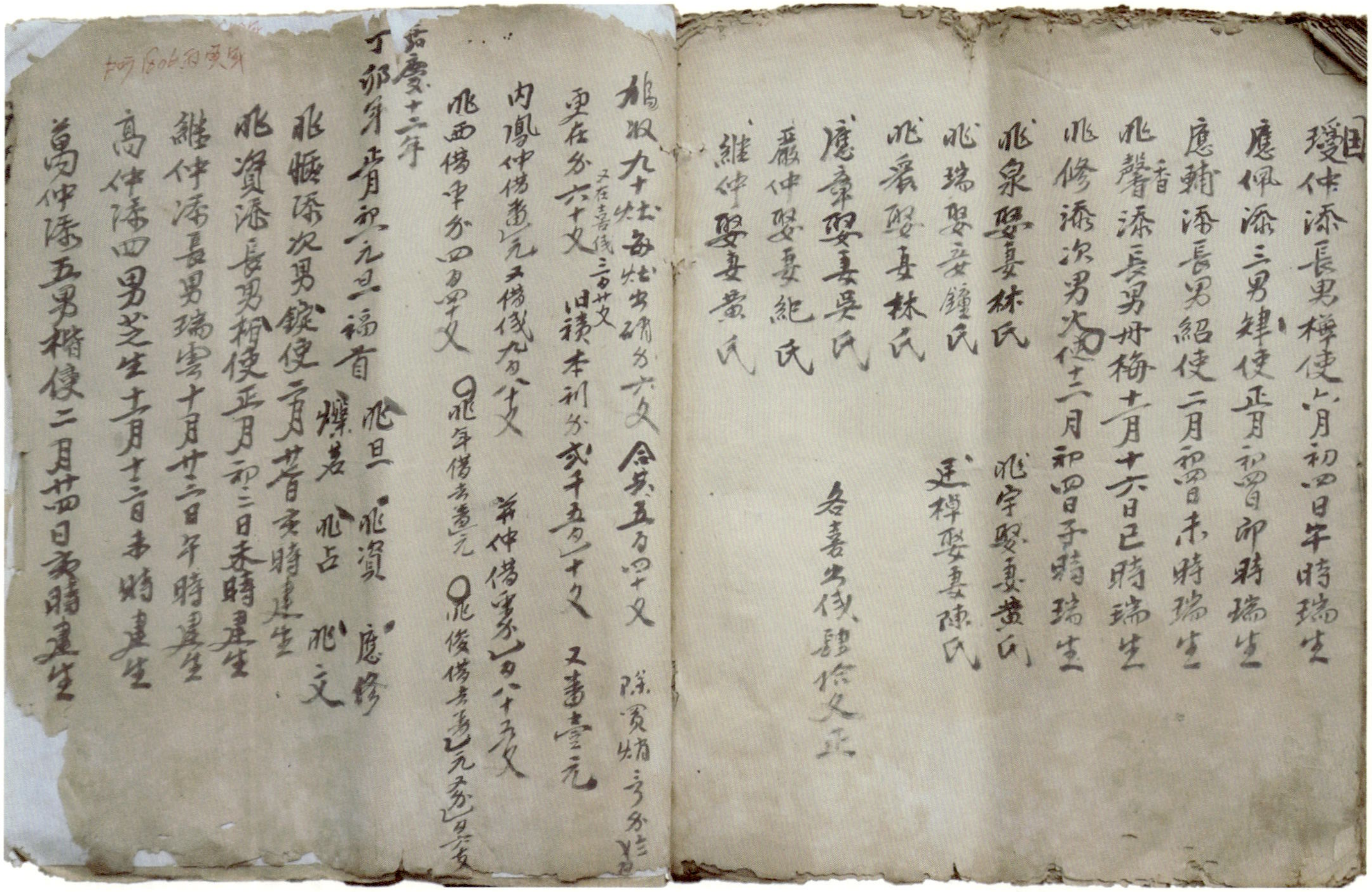

11-2-4-34　晚清民國錦屏衆全族添丁簿（三四）

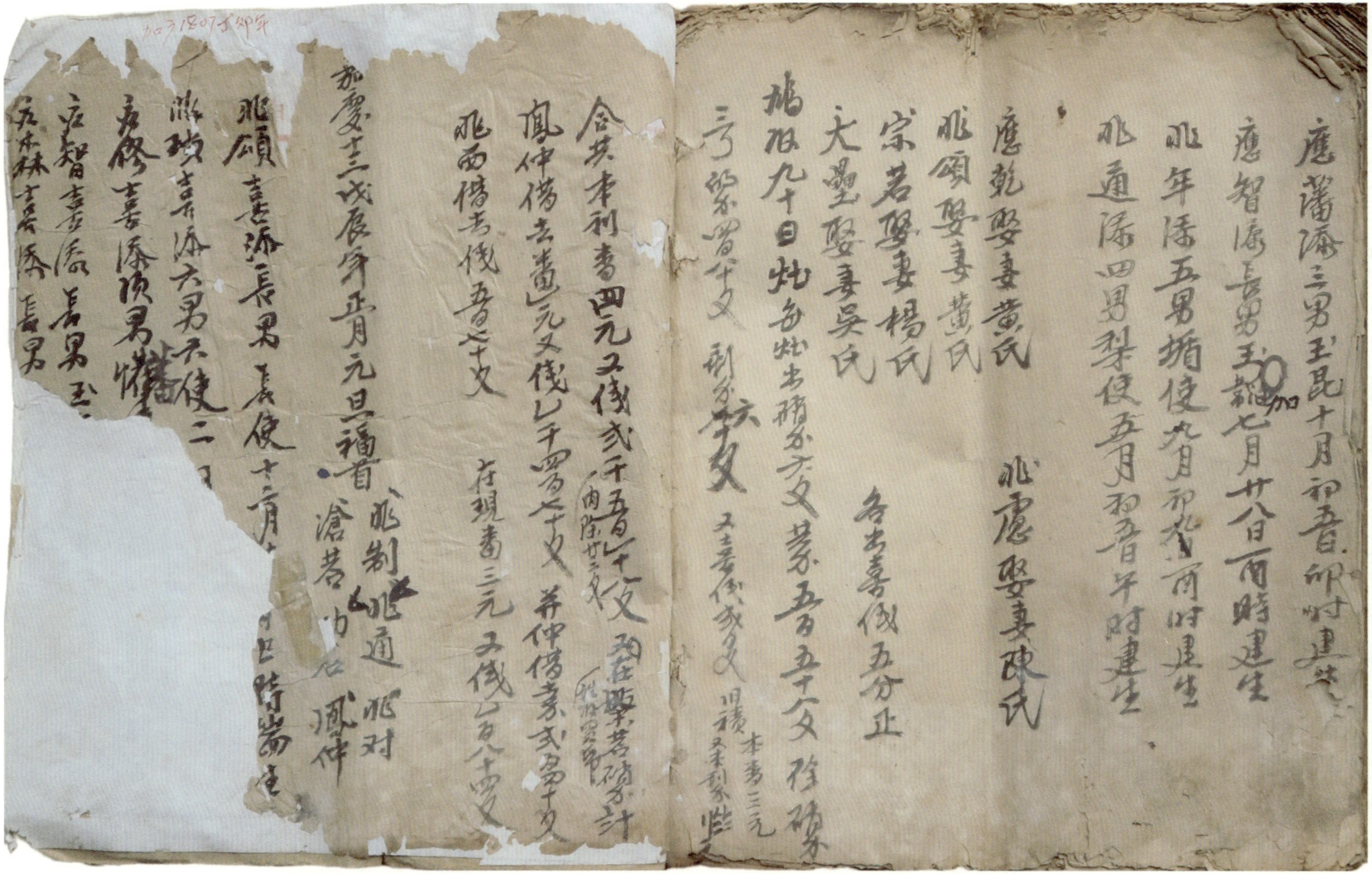

11-2-4-35 晚清民國錦屏衆全族添丁簿（三五）

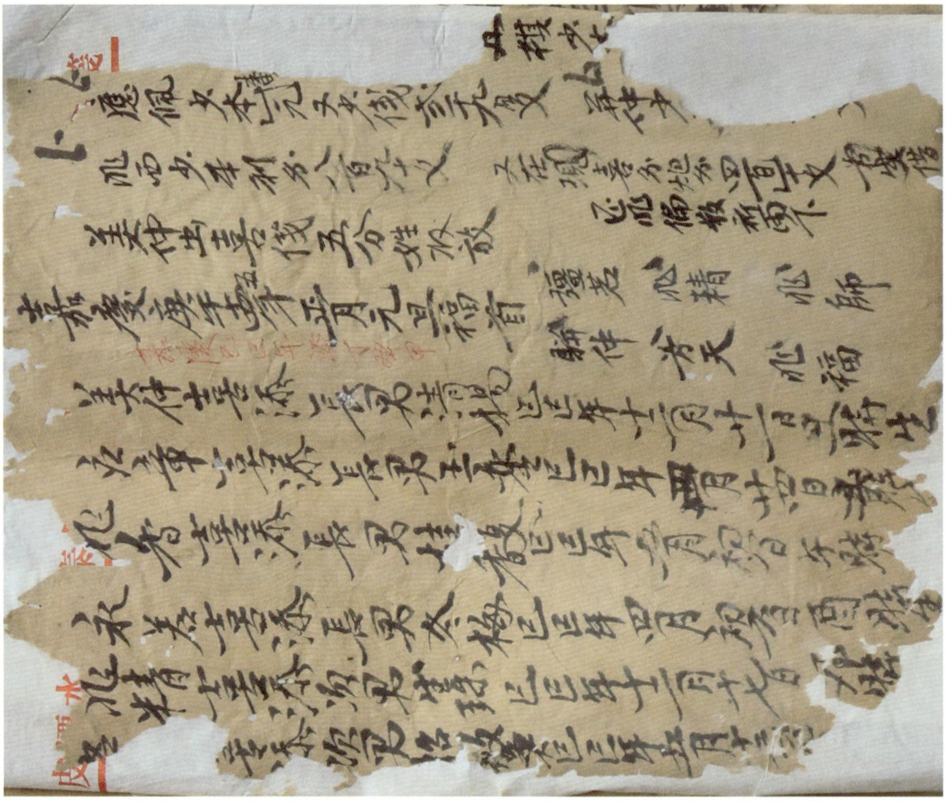

11-2-4-36　晚清民國錦屏衆全族添丁簿（三六）

11-2-4-37 晚清民國錦屏衆全族添丁簿（三七）

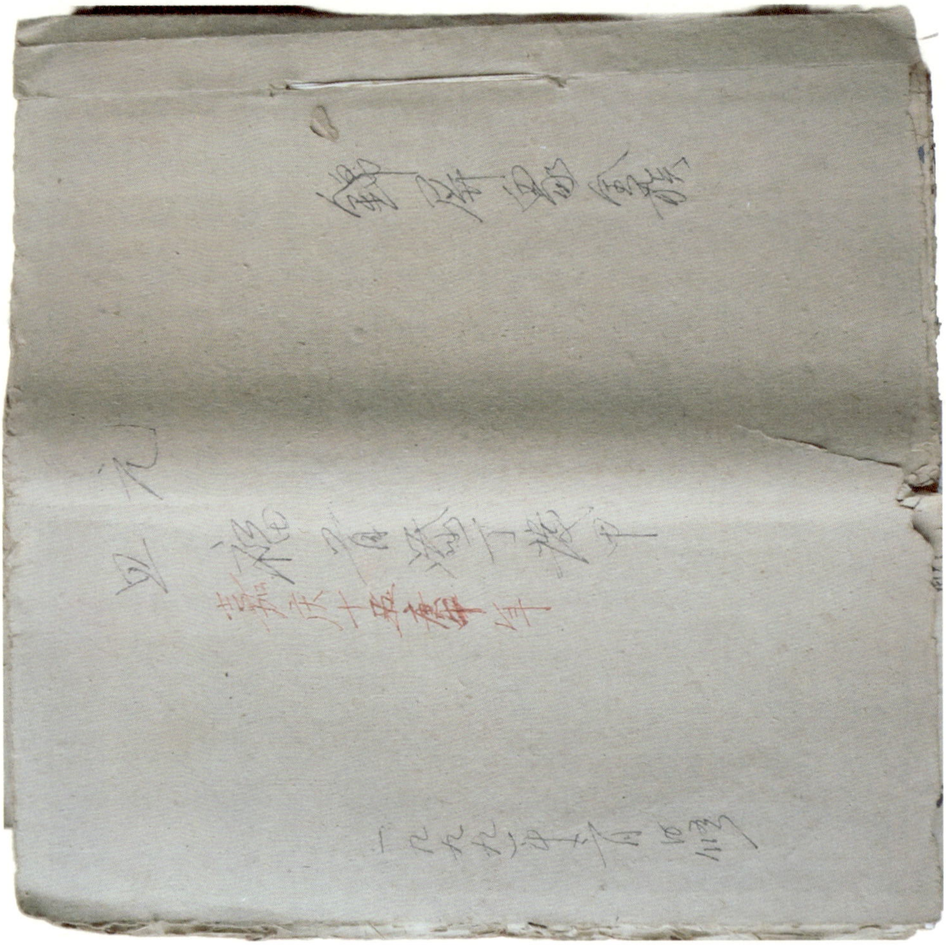

11-2-4-38　晚清民國錦屏衆全族添丁簿（三八）

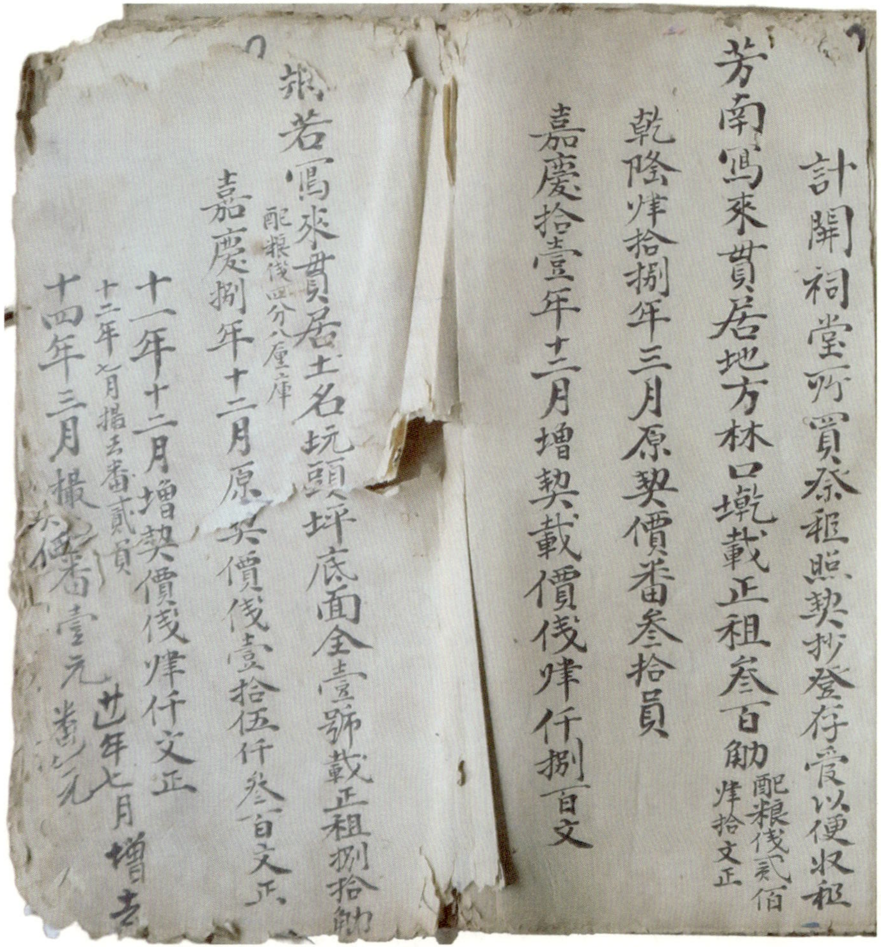
計開祠堂所買谷租照契抄登存賬以便收租
芳南馮來貫居地方林口墘載正租叁百觔 配粮伐貳佰肆拾文正
乾隆肆拾捌年三月原契價番叁拾員
嘉慶拾壹年十二月增契載價伐肆仟捌百文
泳若馮來貫居土名坑頭坪底面全壹號載正租捌拾觔 配粮伐四分八厘六庫
嘉慶捌年十二月原契價伐壹拾伍仟叁百文正
十一年十二月增契價伐肆仟文正 廿年七月增去
十二年七月措去番貳員
十四年三月撮去番壹元 叁元

11-2-4-39 晚清民國錦屏衆全族添丁簿（三九）

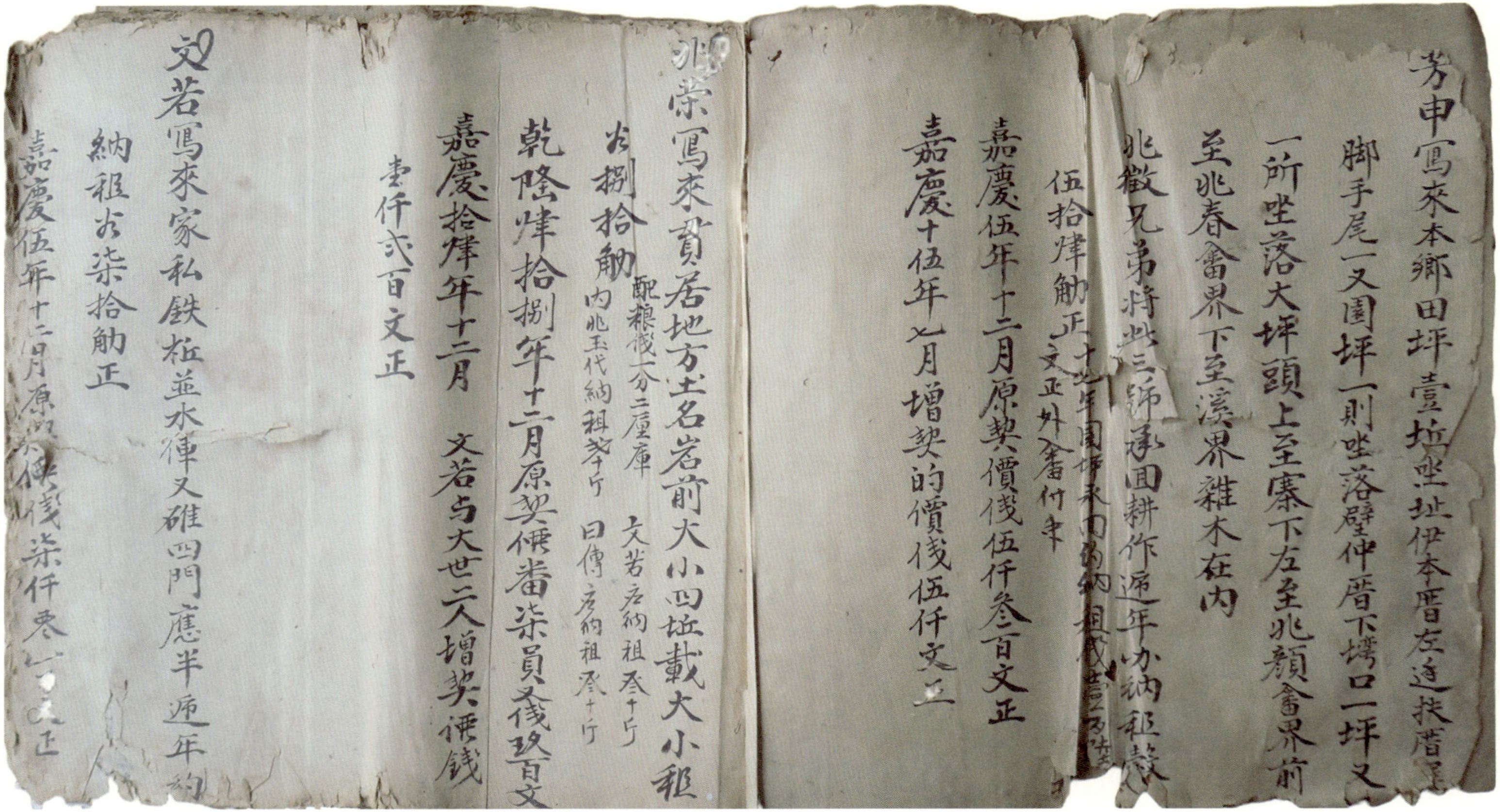
芳申寫來本鄉田坪壹坵坐址伊本厝左邊扶厝[illegible]
脚手尾一又園坪一則坐落壁仲厝下墘口一坪又
一所坐落大坪頭上至寨下左至兆顏畲界前
至兆春畲界下至溪界雜木在内
兆徵兄弟將此三號承回耕作逓年办納租穀[illegible]
伍拾肆觔正　[illegible]
文正外畲付串
嘉慶伍年十二月原契價伐伍仟叁百文正
嘉慶十伍年七月增契的價伐伍仟文正
兆榮寫來買居地方土名岩前大小四坵載大小租
谷捌拾觔　配粮伐一分二厘庫
内兆玉代納租谷十斤　文若店納租叁十斤　曰傳店納租叁十斤
乾隆肆拾捌年十二月原契價番柒員叁伐玖百文
嘉慶拾肆年十二月　文若与大世二人增契價錢
壹仟弍百文正
文若寫來家私鉄柸並水碓又碓四門應半逓年約
納租谷柒拾觔正
嘉慶伍年十二月原[illegible]價伐柒仟叁[illegible]文正

11-2-4-40　晚清民國錦屏衆全族添丁簿（四〇）

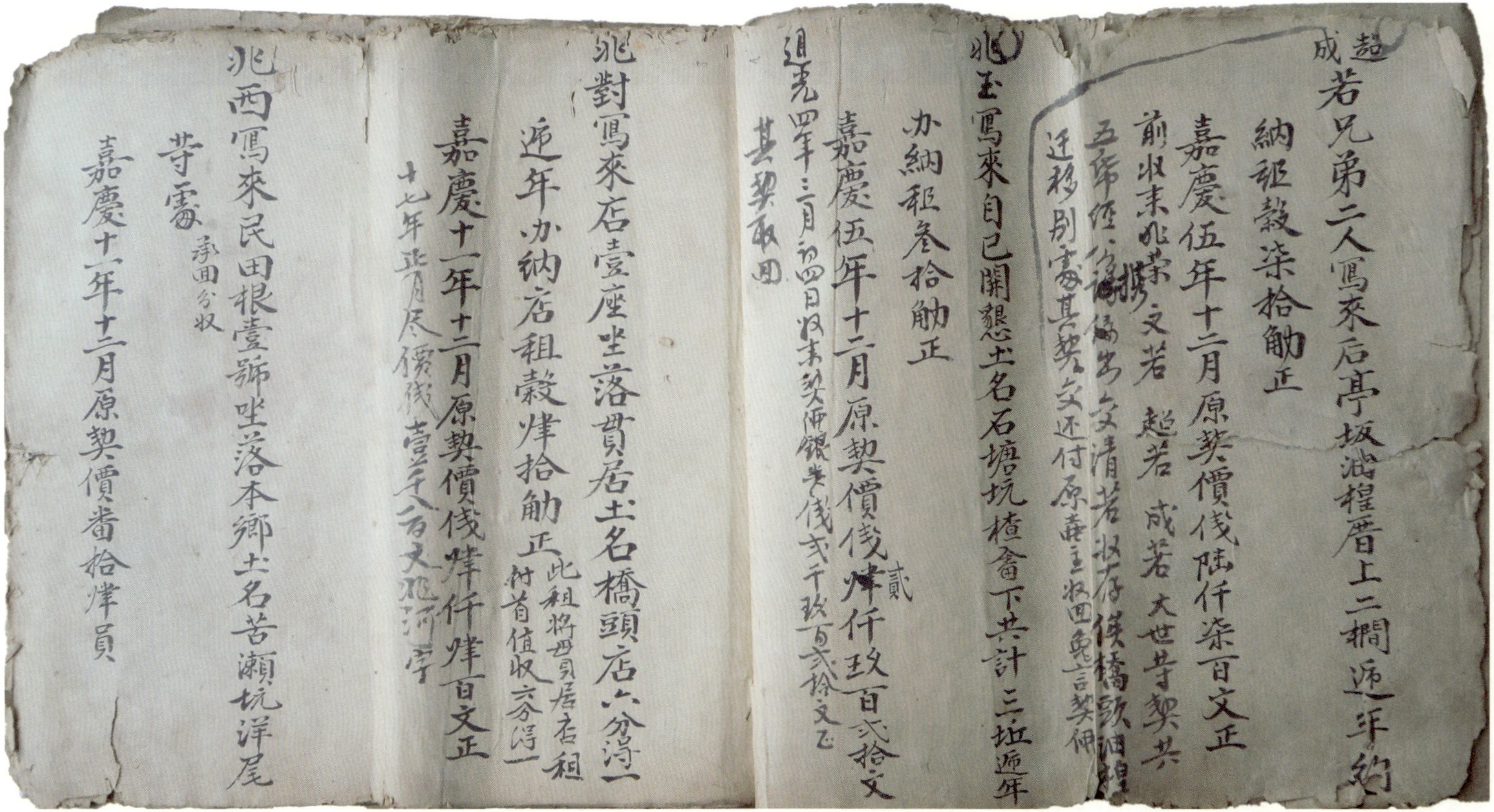

11-2-4-41　晚清民國錦屏衆全族添丁簿（四一）

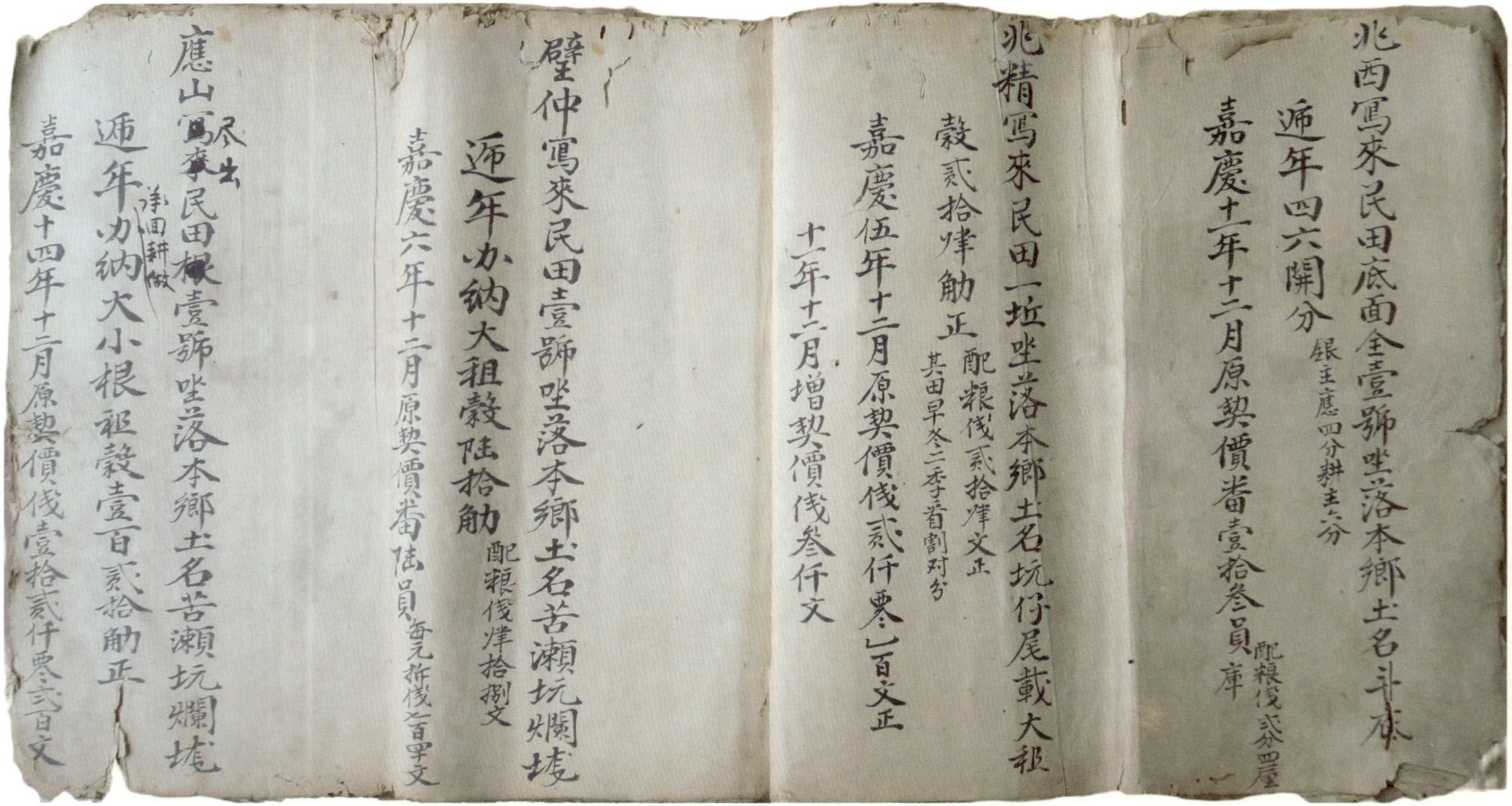
兆酉買來民田底面全壹號坐落本鄉土名斗床
遞年四六開分 銀主應四分耕主六分
嘉慶十一年十二月原契價番壹拾叁員庫 配粮伐弍分四釐
兆精買來民田一坵坐落本鄉土名坑仔尾載大租
穀貳拾肆觔正 配粮伐貳拾肆文正 其田早冬二季首割对分
嘉慶伍年十二月原契價伐貳仟零一百文正
十一年十二月增契價伐叁仟文
璧仲買來民田壹號坐落本鄉土名苦瀨坑爛墘
遞年办納大租穀陸拾觔 配粮伐肆拾捌文
嘉慶六年十二月原契價番陸員 每元折伐七百四文
應山買來尽出民田根壹號坐落本鄉土名苦瀨坑爛墘
遞年办納大小根租穀壹百貳拾觔正 洋田耕做
嘉慶十四年十二月原契價伐壹拾貳仟零弍百文

11-2-4-42 晚清民國錦屏衆全族添丁簿（四二）

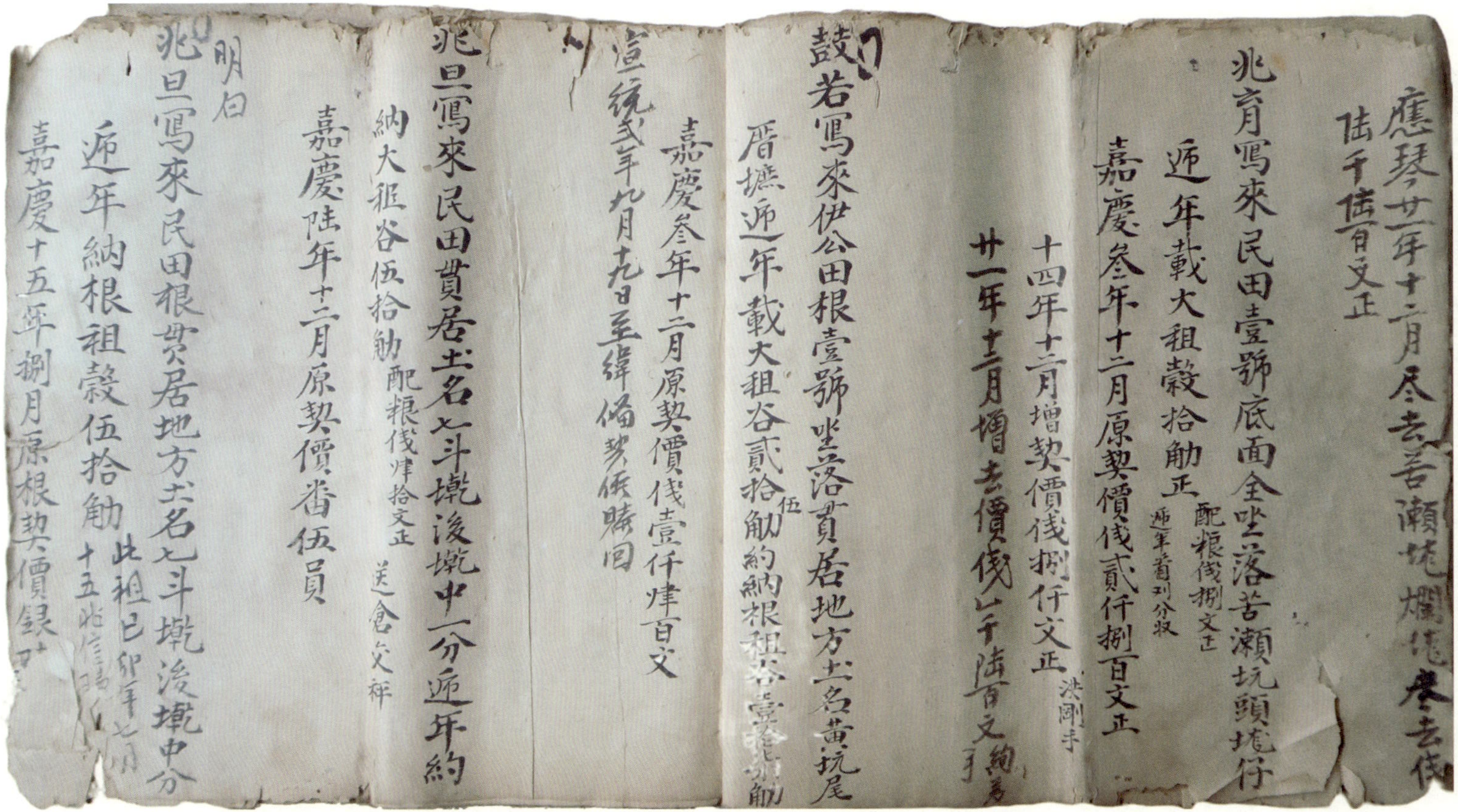
應琴廿年十二月叁去苦瀨坑欄仔叁去伐
佔千伍百文正
兆育寫來民田壹號底面全坐落苦瀨坑頭坵仔
迊年載大租穀拾觔正　配根伐捌文正　迊年首刈分收
嘉慶叁年十二月原契價伐貳仟捌百文正
十四年十二月增契價伐捌仟文正　洪剛手
廿一年十二月增去價伐乚千陸百文絕
鼓若寫來伊公田根壹號坐落貫居地方土名黃坑尾
厝墘迊年載大租谷貳拾伍觔納根租谷壹拾乚觔
嘉慶叁年十二月原契價伐壹仟肆百文
宣統貳年九月廿日至鋒備契依贖回
兆旦寫來民田貫居土名乚斗墘後墘中一分迊年約
納大租谷伍拾觔　配根伐肆拾文正　送倉交秤
嘉慶陸年十二月原契價番伍員
明白
兆旦寫來民田根貫居地方土名乚斗墘後墘中分
迊年納根祖穀伍拾觔　此祖已卯年乚月　十五兆信贖回
嘉慶十五年捌月原根契價錄廿

11-2-4-43　晚清民國錦屏衆全族添丁簿（四三）

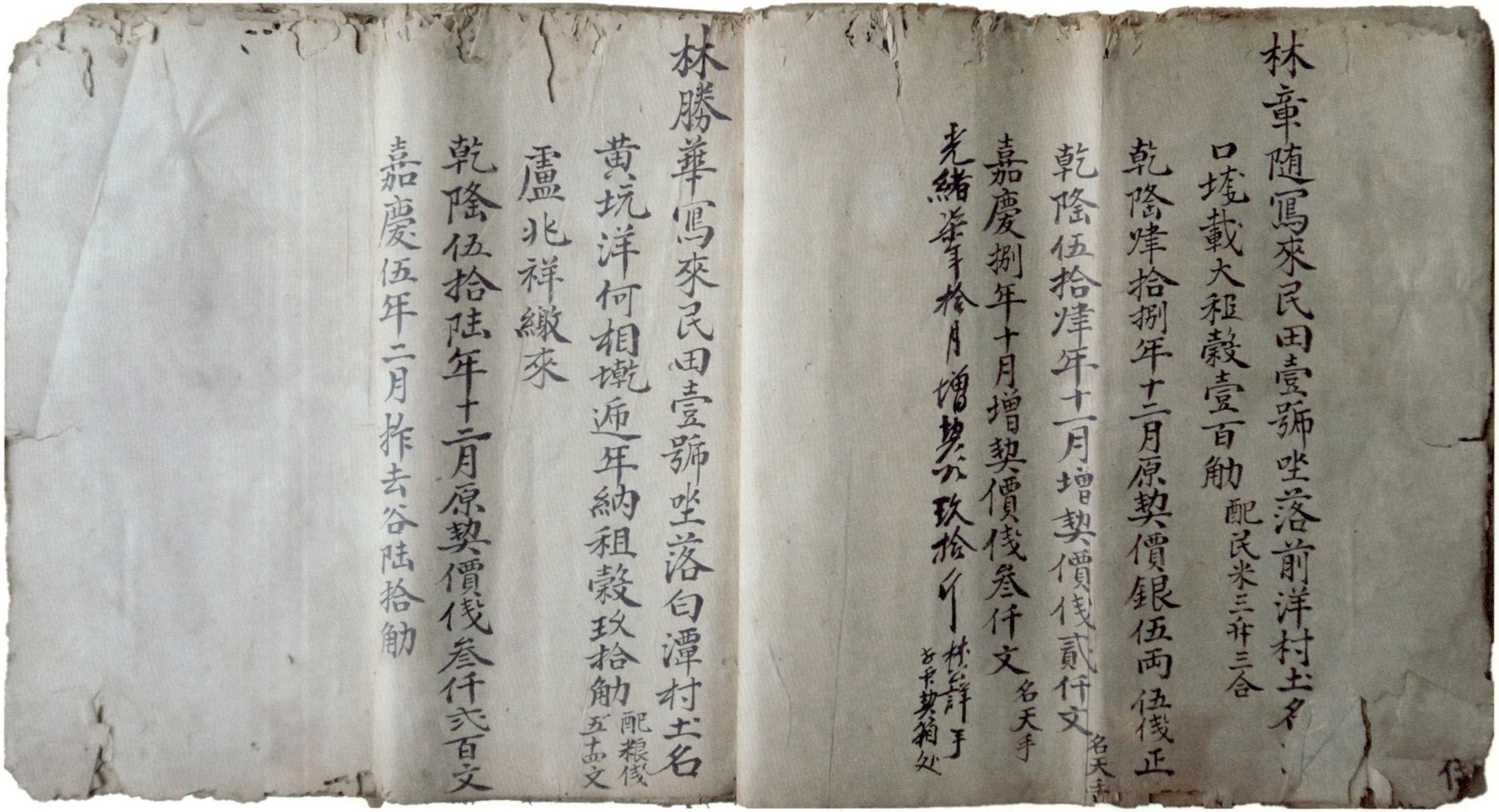
林章隨寫來民田壹號坐落前洋村土名
口垅載大租穀壹百觔 配民米三升三合
乾隆肆拾捌年十二月原契價銀伍兩伍錢正
乾隆伍拾肆年十一月增契價錢貳仟文 名天手
嘉慶捌年十月增契價錢叁仟文 名天手
光緒叁年拾月增契六玖拾仟 林祥手 存契箱处
林勝華寫來民田壹號坐落白潭村土名
黃坑洋何相墘遞年納租穀玖拾觔 配粮錢五十五文
盧兆祥繳來
乾隆伍拾陸年十二月原契價錢叁仟弍百文
嘉慶伍年二月拚去谷陸拾觔

11-2-4-44 晚清民國錦屏衆全族添丁簿（四四）

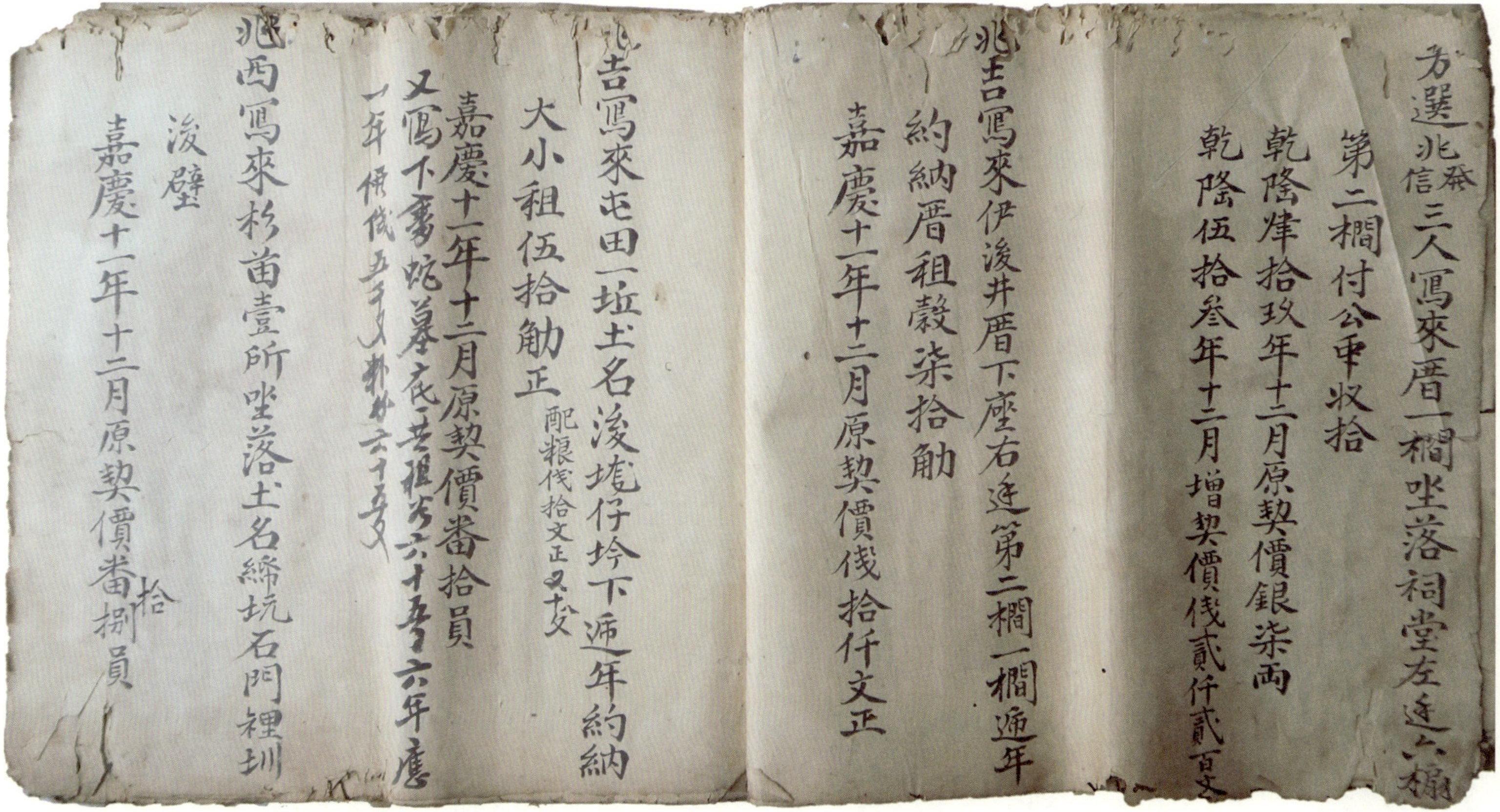
为選、兆信、兆森三人寫來厝一椆坐落祠堂左邊六欄

第二椆付公中收拾

乾隆肆拾玖年十二月原契價銀柒兩

乾隆伍拾叁年十二月增契價伐貳仟貳百文

兆吉寫來伊後井厝下座右邊第二椆一椆添年

約納厝租穀柒拾觔

嘉慶十一年十二月原契價伐拾仟文正

兆吉寫來屯田一坵土名後壠仔坽下添年約納

大小租伍拾觔正　配粮伐拾文正又交

嘉慶十一年十二月原契價番拾員

又寫下[illegible]蛇墓在芒祖方六十五年六年應

一年俱伐五千文[illegible]六十五文

兆西寫來杉苗壹所坐落土名締坑石門裡圳

後壁

嘉慶十一年十二月原契價番拾捌員

11-2-4-45　晚清民國錦屏衆全族添丁簿（四五）

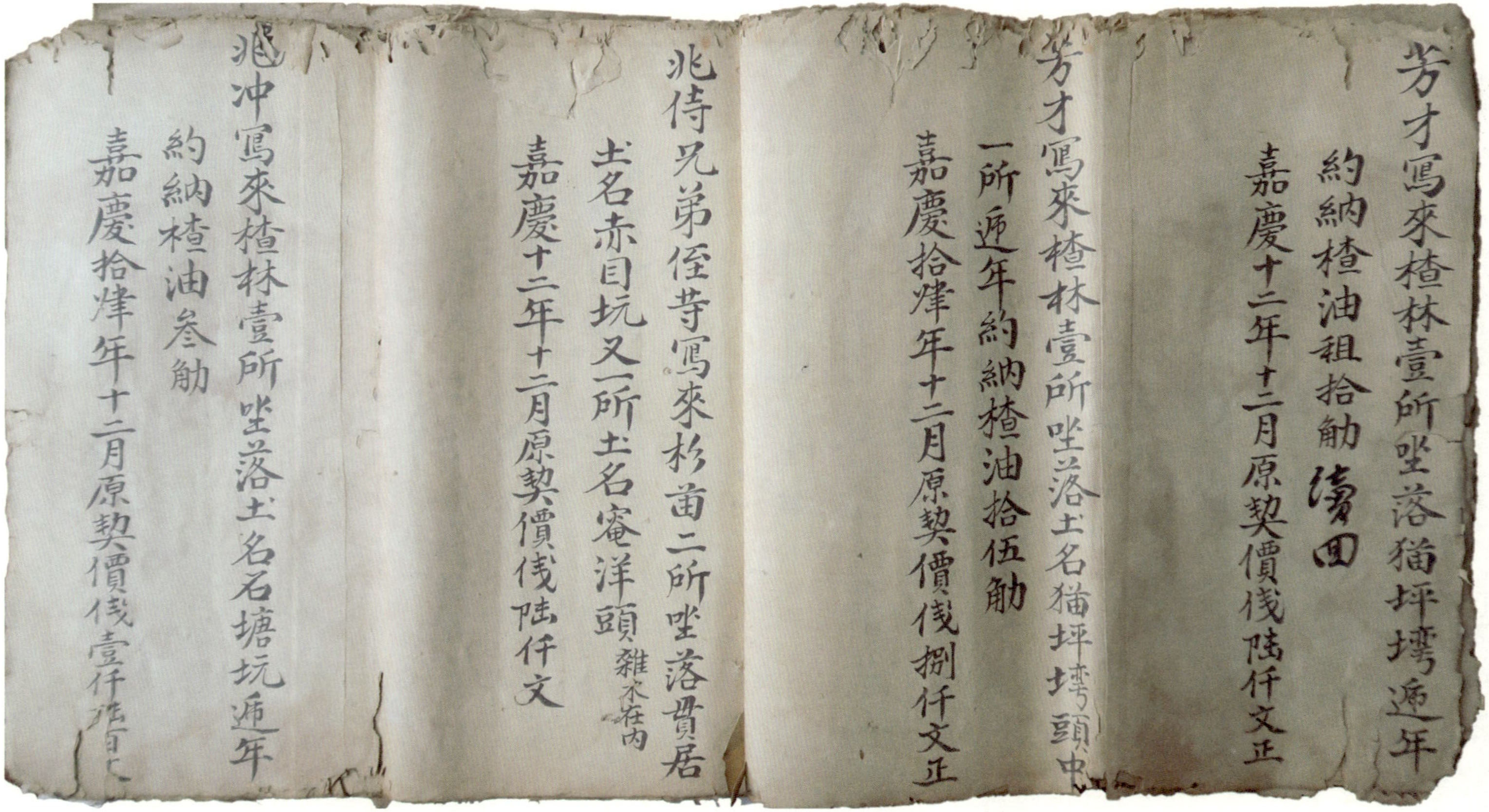

芳才寫來楂林壹所坐落猫坪墶遆年
約納楂油租拾觔 債田
嘉慶十二年十二月原契價錢陸仟文正
芳才寫來楂林壹所坐落土名猫坪墶頭中
一所遆年約納楂油拾伍觔
嘉慶拾肆年十二月原契價錢捌仟文正
兆侍兄弟侄芳寫來杉苗二所坐落貫居
土名赤目坑又一所土名䆉洋頭 雜木在內
嘉慶十二年十二月原契價錢陸仟文
兆冲寫來楂林壹所坐落土名石塘坑遆年
約納楂油叁觔
嘉慶拾肆年十二月原契價錢壹仟陆百文

11-2-4-46　晚清民國錦屏衆全族添丁簿（四六）

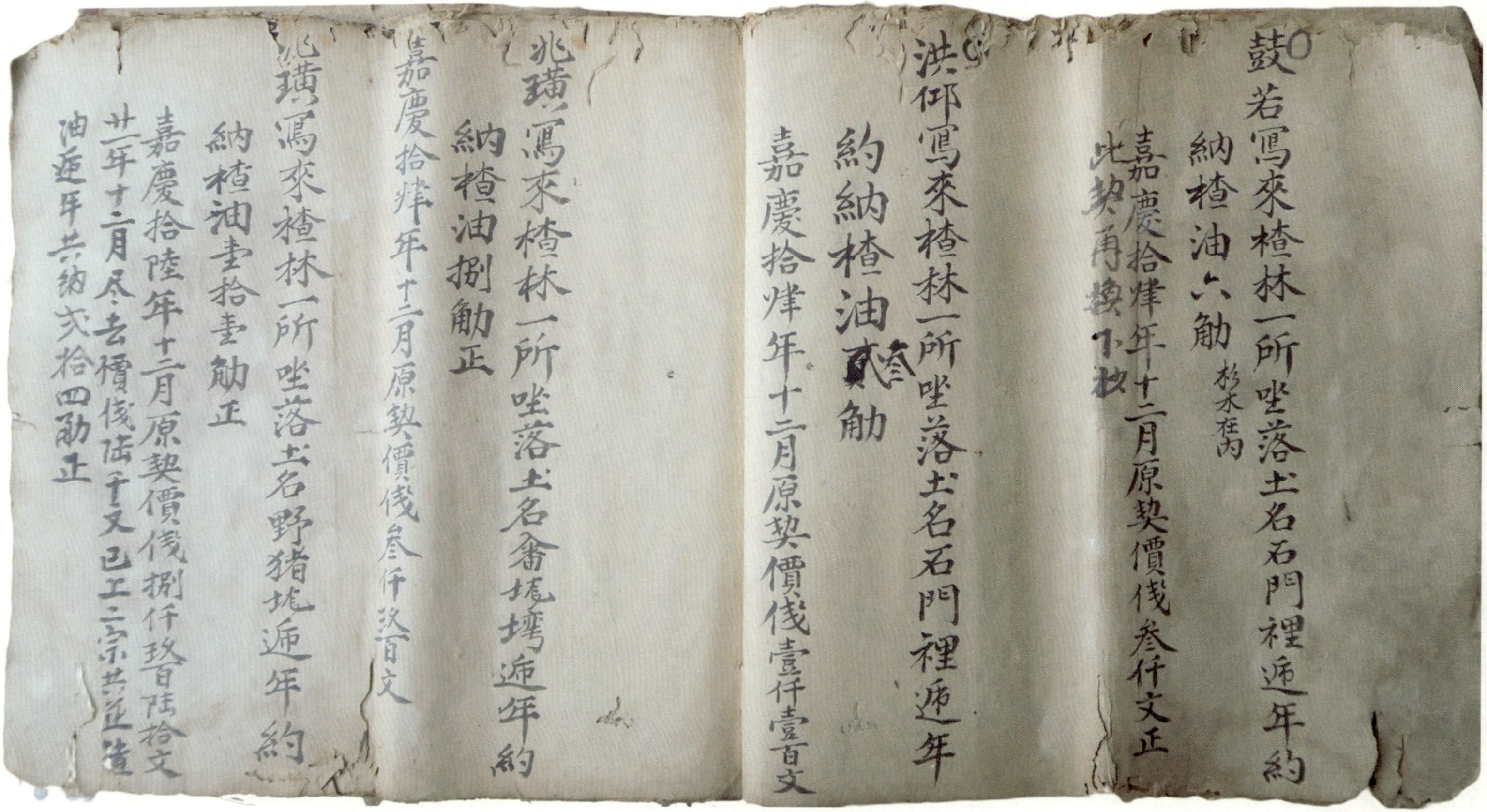

鼓若寫來楂林一所坐落土名石門裡遞年約
納楂油六斤　杉木在內
嘉慶拾肆年十二月原契價錢叁仟文正
此契再換下收
洪仰寫來楂林一所坐落土名石門裡遞年
約納楂油貳叁斤
嘉慶拾肆年十二月原契價錢壹仟壹百文
兆璜寫來楂林一所坐落土名畬坵墘遞年約
納楂油捌斤正
嘉慶拾肆年十二月原契價錢叁仟玖百文
兆璜寫來楂林一所坐落土名野猪坵遞年約
納楂油壹拾壹斤正
嘉慶拾陸年十二月原契價錢捌仟玖百陆拾文
廿年十二月尽去價錢陆千文已上二宗共正遣
油遞年共納弍拾四斤正

11-2-4-47　晚清民國錦屏衆全族添丁簿（四七）

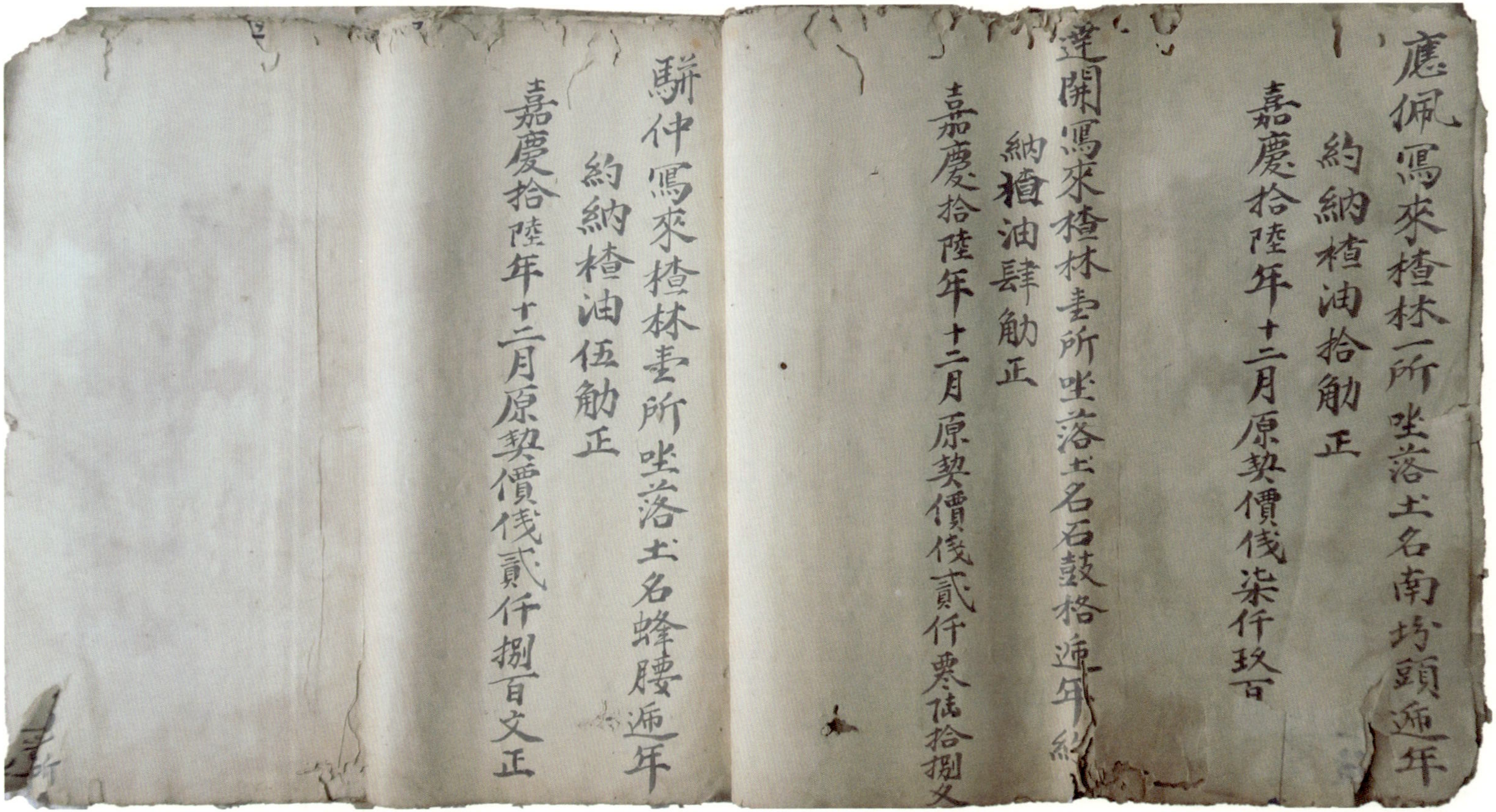
應佩寫來楂林一所坐落土名南坍頭遞年
約納楂油拾觔正
嘉慶拾陸年十二月原契價錢柒仟玖百
逢開寫來楂林壹所坐落土名石鼓格遞年納
納楂油肆觔正
嘉慶拾陸年十二月原契價錢貳仟零陆拾捌文
騈仲寫來楂林壹所坐落土名蜂腰遞年
約納楂油伍觔正
嘉慶拾陸年十二月原契價錢貳仟捌百文正

11-2-4-48 晚清民國錦屏衆全族添丁簿（四八）

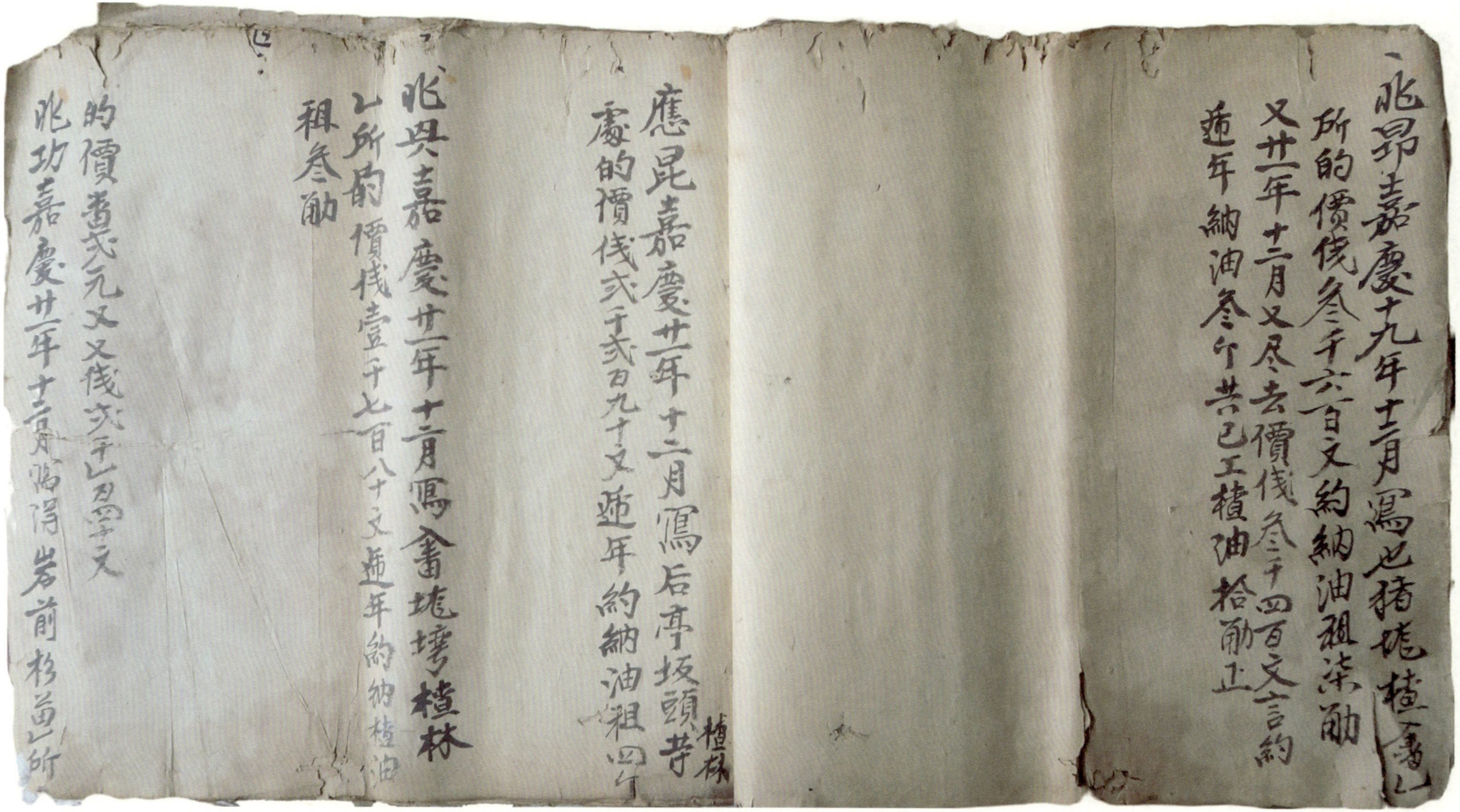

一兆昂嘉慶十九年十二月寫也豬垅植壹山
所的價錢叁千六百文約納油租柒觔
又廿一年十二月又尽去價錢叁千四百文言約
逐年納油叁斤共已上植油拾觔止
應昆嘉慶廿一年十二月寫后亭坂頭岢植林
處的價錢式千式百九十文逐年約納油租四斤
兆興嘉慶廿一年十二月寫畬垅墘植林
山所的價錢壹千七百八十文逐年約納植油
租叁觔
兆功嘉慶廿一年十二月寫得岩前杉苗山所
的價錢式九文又錢式千山百四十文

11-2-4-49　晚清民國錦屏衆全族添丁簿（四九）

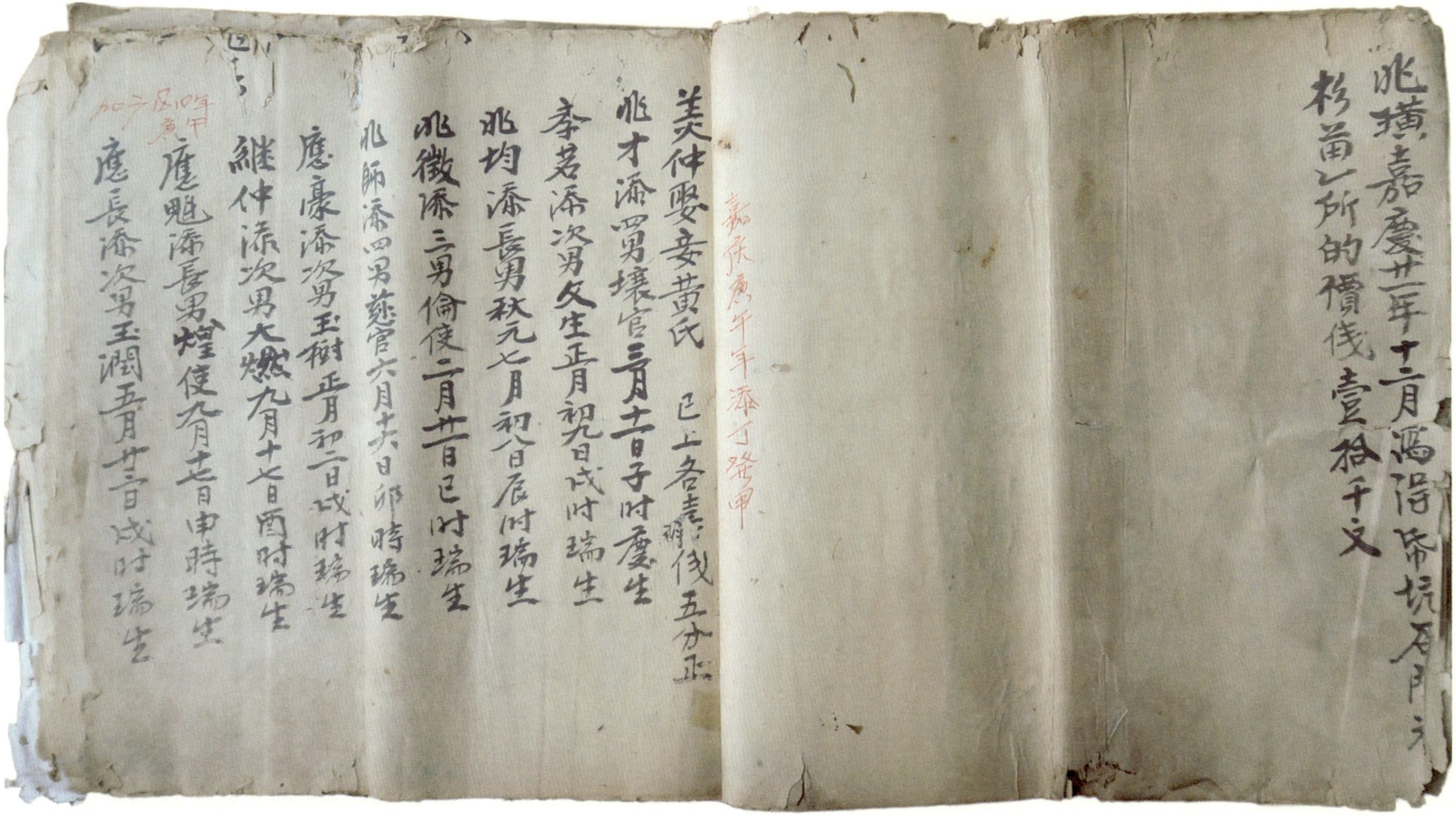

兆璜，嘉慶廿一年十二月濶得□坑石門□
杉苗山所的價錢壹拾千文

嘉慶庚午年添丁發甲

美仲娶妾黄氏　已上各耆補錢五分正
兆才添四男壞官三月十二日子时慶生
李若添次男文生正月初九日戌时瑞生
兆均添長男秋元七月初八日辰时瑞生
兆徽添三男倫使二月廿二日巳时瑞生
兆師添四男慈官六月十六日卯時瑞生
應豪添次男玉樹正月初二日戌时瑞生
繼仲添次男大燃九月十七日酉时瑞生
應魁添長男煌使九月十七日申時瑞生
應長添次男玉潤五月廿二日戌时瑞生

11-2-4-50　晚清民國錦屏衆全族添丁簿（五〇）

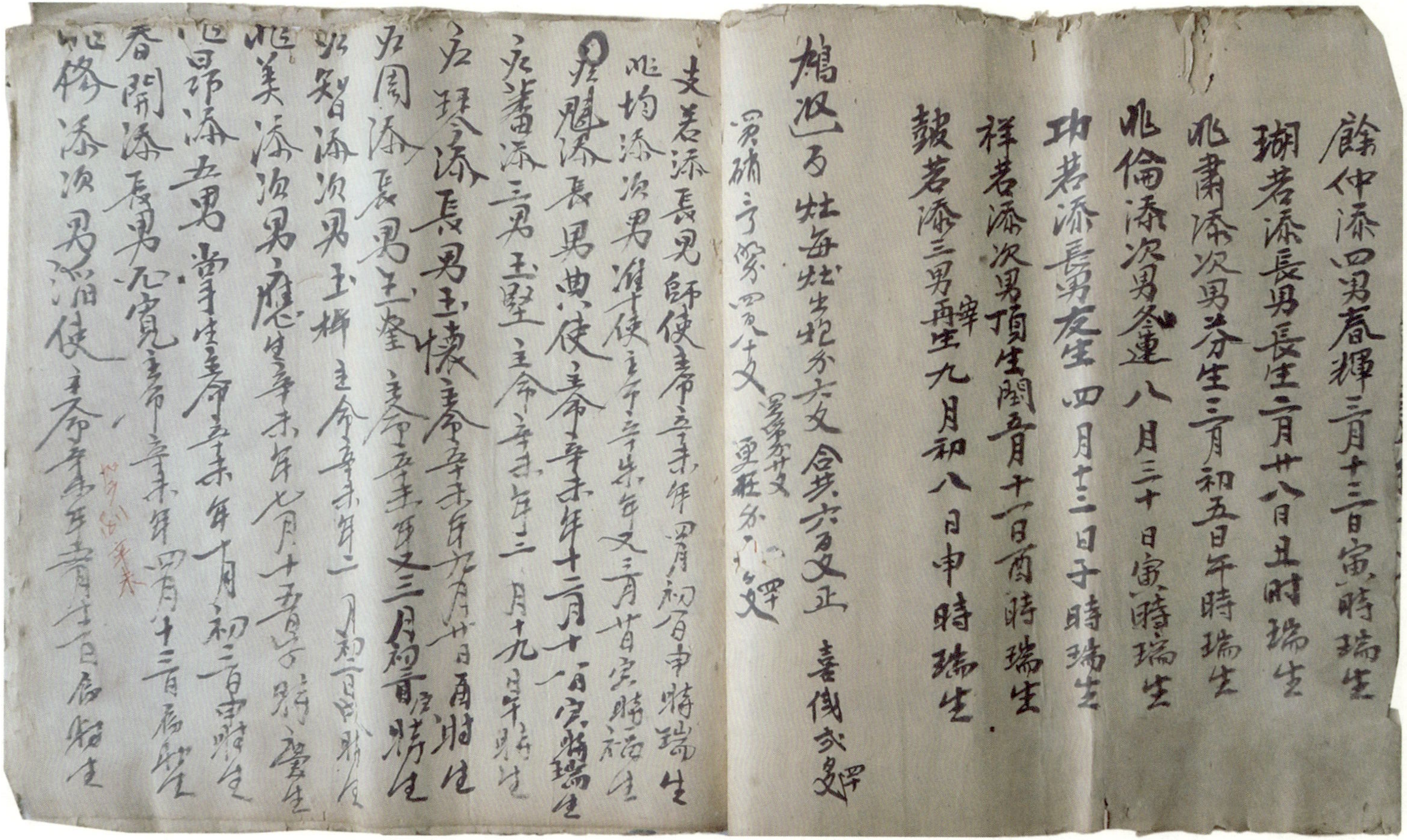
餘仲添四男春輝三月十三日寅時瑞生
瑚若添長男長生二月廿八日丑时瑞生
兆肅添次男芬生三月初五日午時瑞生
兆倫添次男金蓮八月三十日寅時瑞生
功若添長男友生四月十三日子時瑞生
祥若添次男順生閏五月十一日酉時瑞生
皷若添三男再生九月初八日申時瑞生

11-2-4-51　晚清民國錦屏衆全族添丁簿（五一）

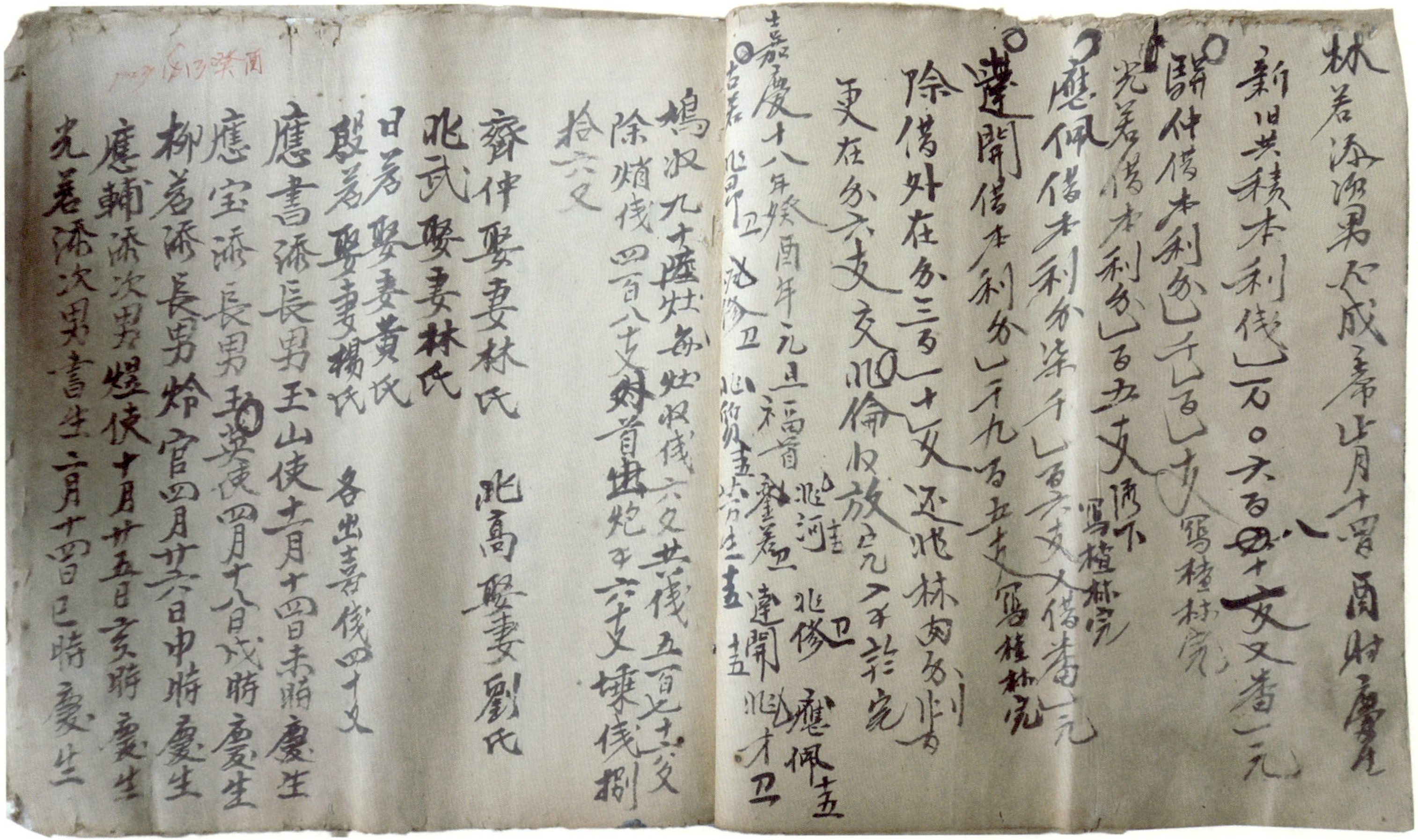

· 11-2-4-52　晚清民國錦屏衆全族添丁簿（五二）

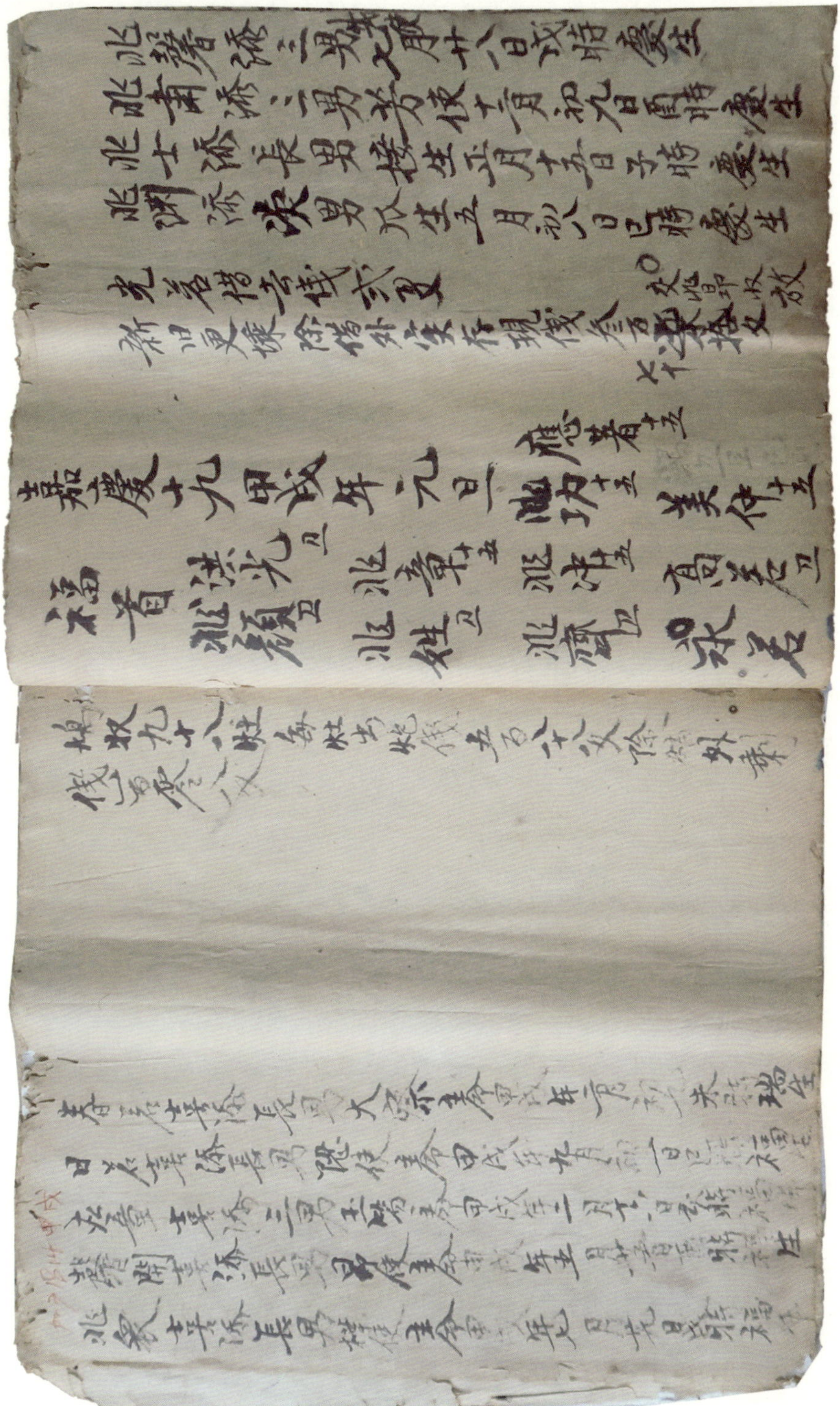

11-2-4-53　晚清民國錦屏衆全族添丁簿（五三）

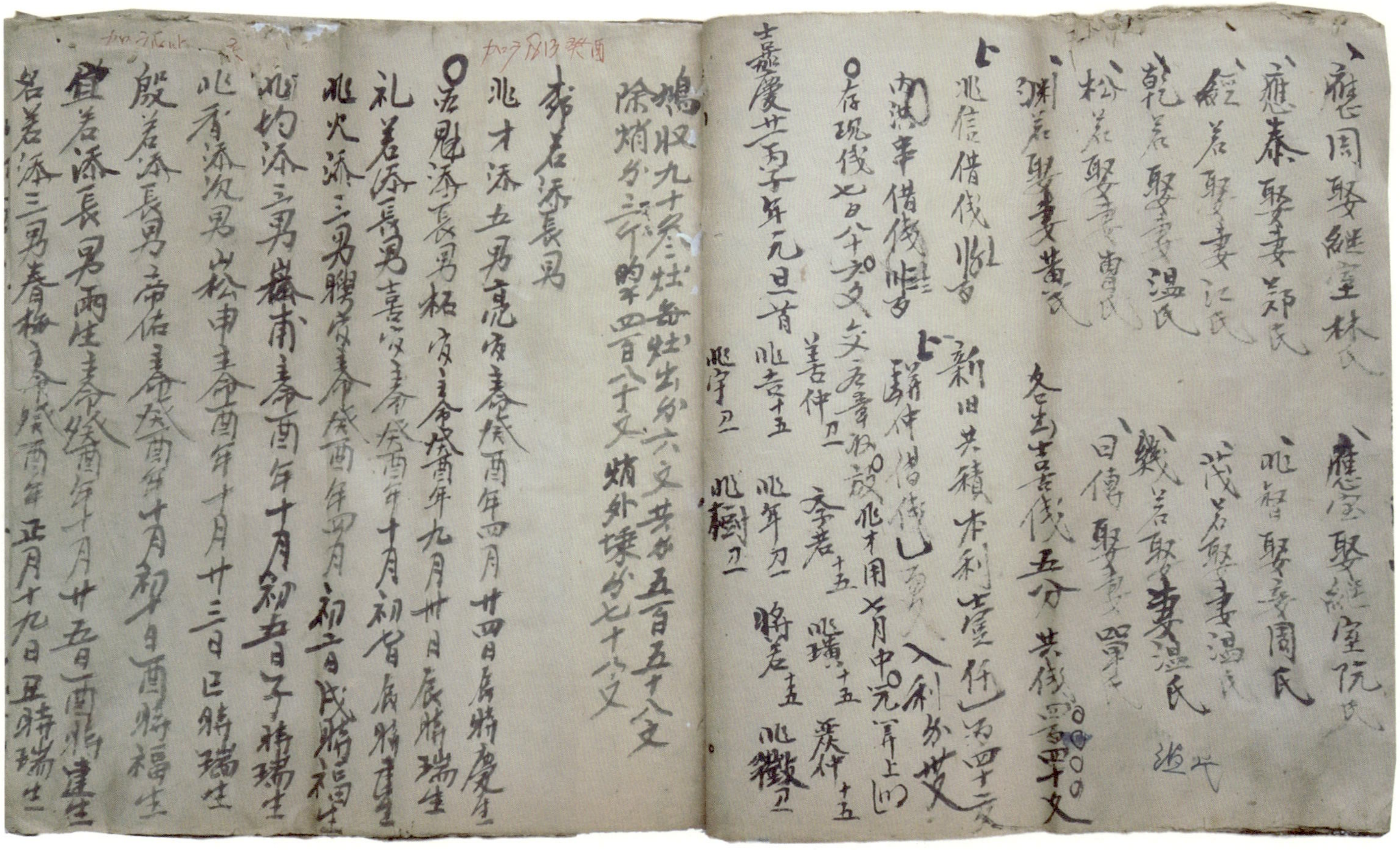

11-2-4-54　晚清民國錦屏衆全族添丁簿（五四）

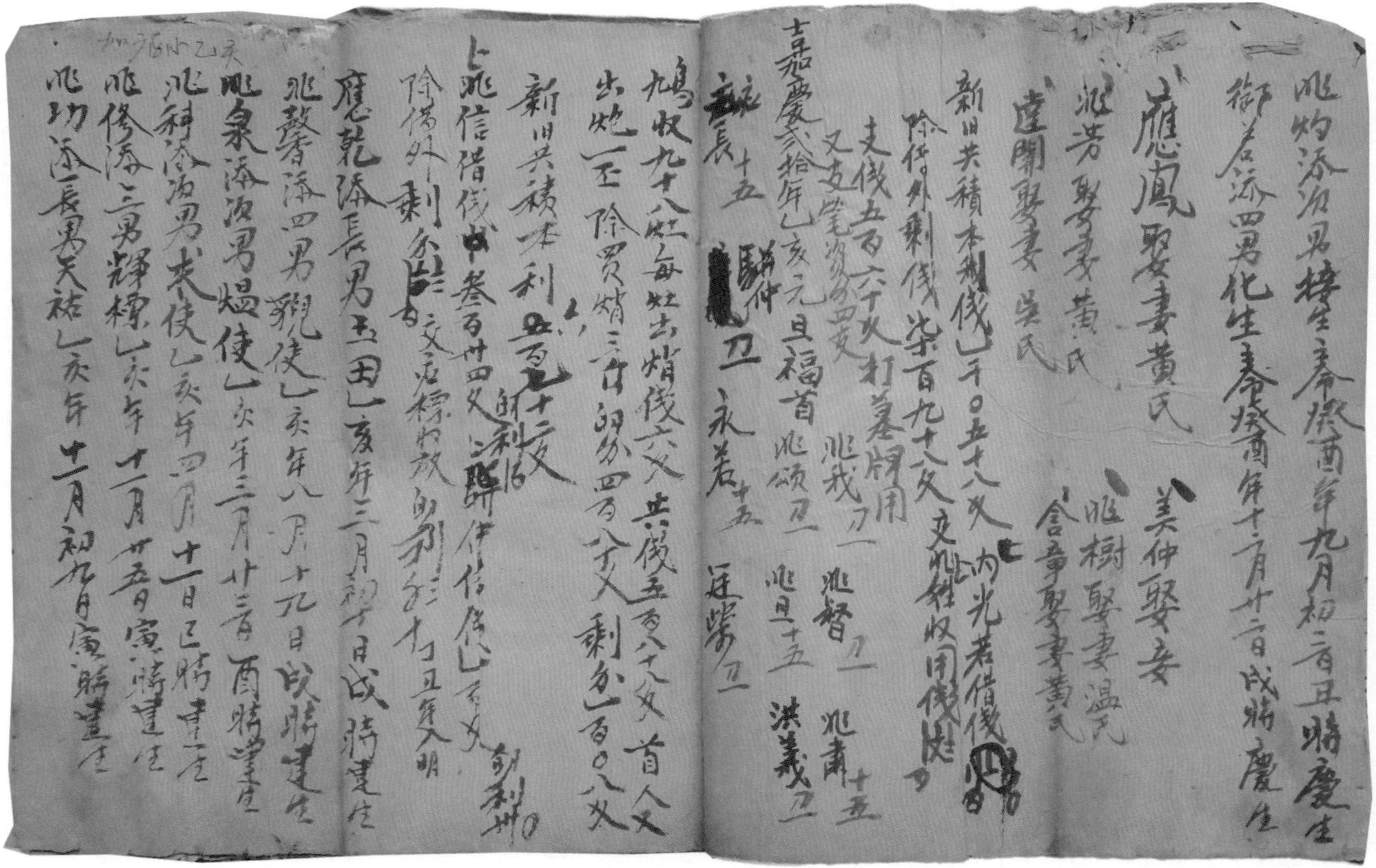
兆灼添治男樟生癸酉年九月初二日丑時慶生
御彦添四男化生癸酉年十二月廿二日戌時慶生
應鳳娶妻黃氏
兆芳娶妻黃氏
達開娶妻吳氏
美仲娶妻
兆樹娶妻温氏
舍章娶妻黃氏
新旧共積本利錢一千〇五十八文　內光若借錢
除付外剩錢柒百九十六文　又兆鈢收用錢
支錢五百六十文打墓牌用
又支堂燈四百文
嘉慶貳拾年乙亥元旦福首
兆碩刀一　兆我刀一　兆哲刀一　兆旦十五　兆肅十五　洪義刀一
鉉長十五　聯仲刀一　永若十五　廷紫刀一
鳩收九十八灶每灶出燈錢六文　共錢五百八十八文　首人文
出灶一　除買燈三斤　仍分四百八十文　剩錢一百〇八文
新旧共積本利五百[illegible]十六文
上兆信借錢叁百廿四文　聯仲信借錢一文
除借外剩錢　文店標前放自利　十丁丑年入明　剩
應乾添長男玉田乙亥年三月初十日戌時建生
兆馨添四男觀使乙亥年八月十九日戌時建生
兆泉添治男熻使乙亥年三月廿三日酉時建生
兆釗添治男求使乙亥年四月十二日巳時建生
兆修添三男輝標乙亥年十一月廿五日寅時建生
兆功添長男天祐乙亥年十一月初九日寅時建生
加添三乙亥

11-2-4-55　晚清民國錦屏衆全族添丁簿（五五）

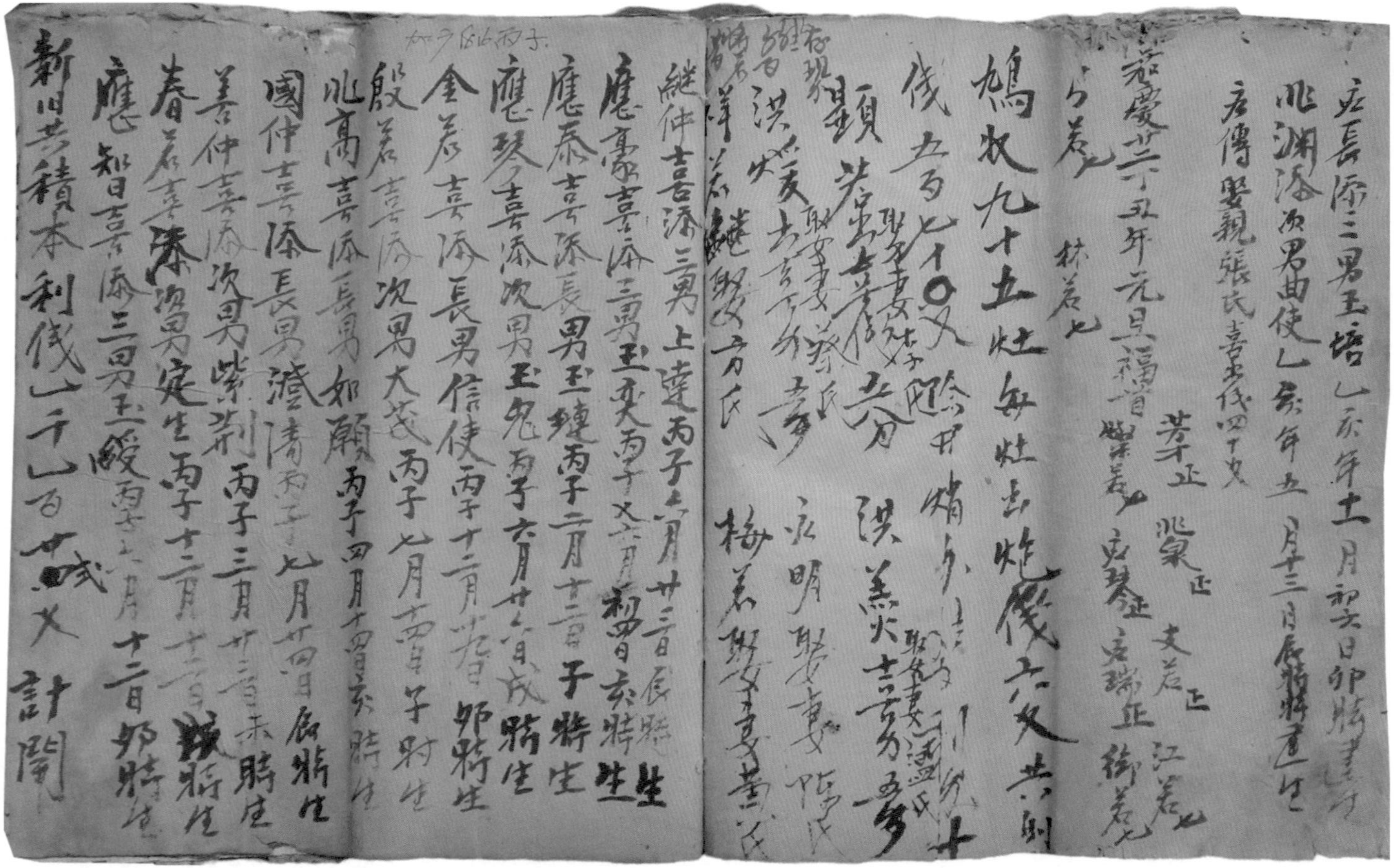

11-2-4-56　晚清民國錦屏衆全族添丁簿（五六）

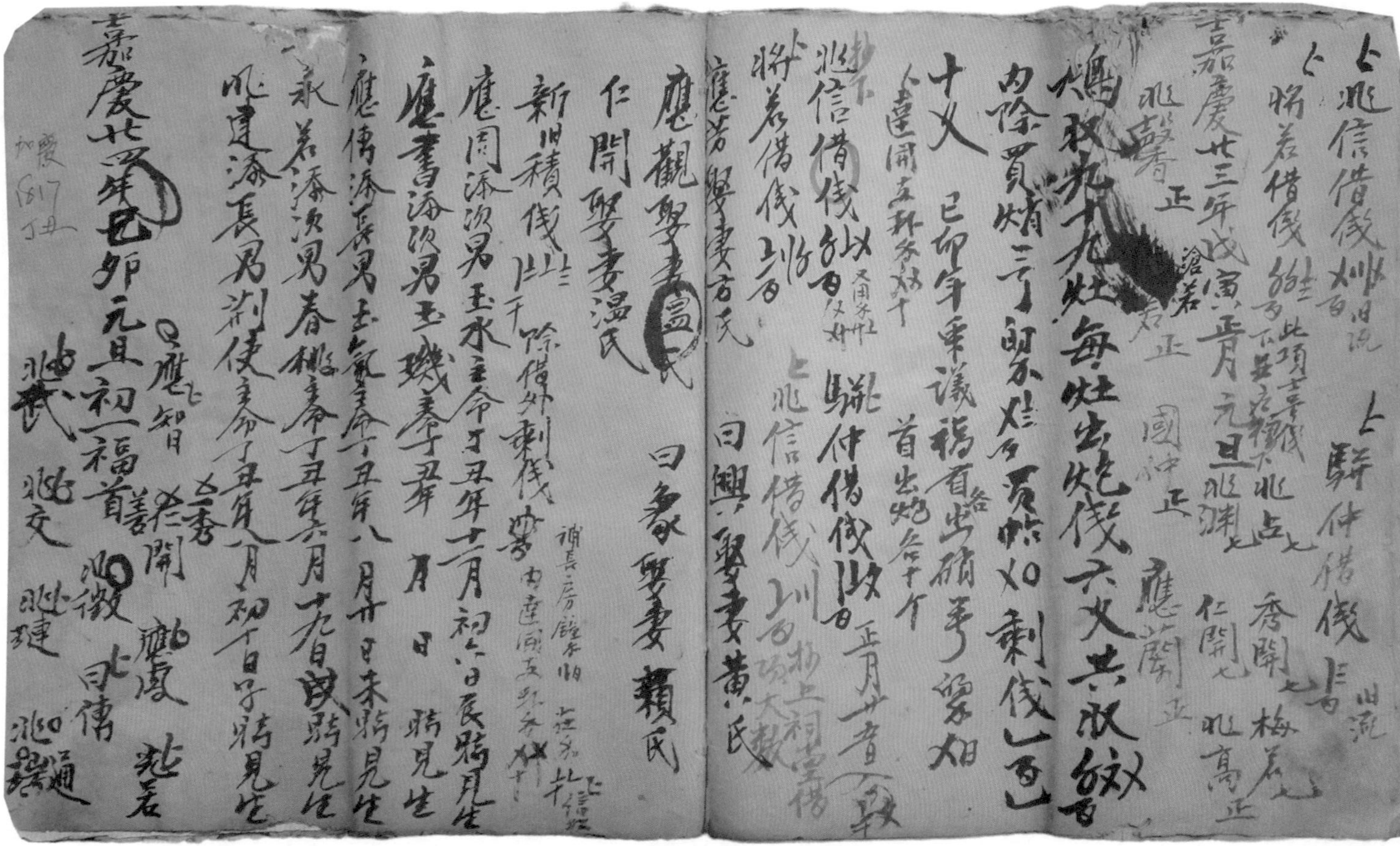

11-2-4-57　晚清民國錦屏衆全族添丁簿（五七）

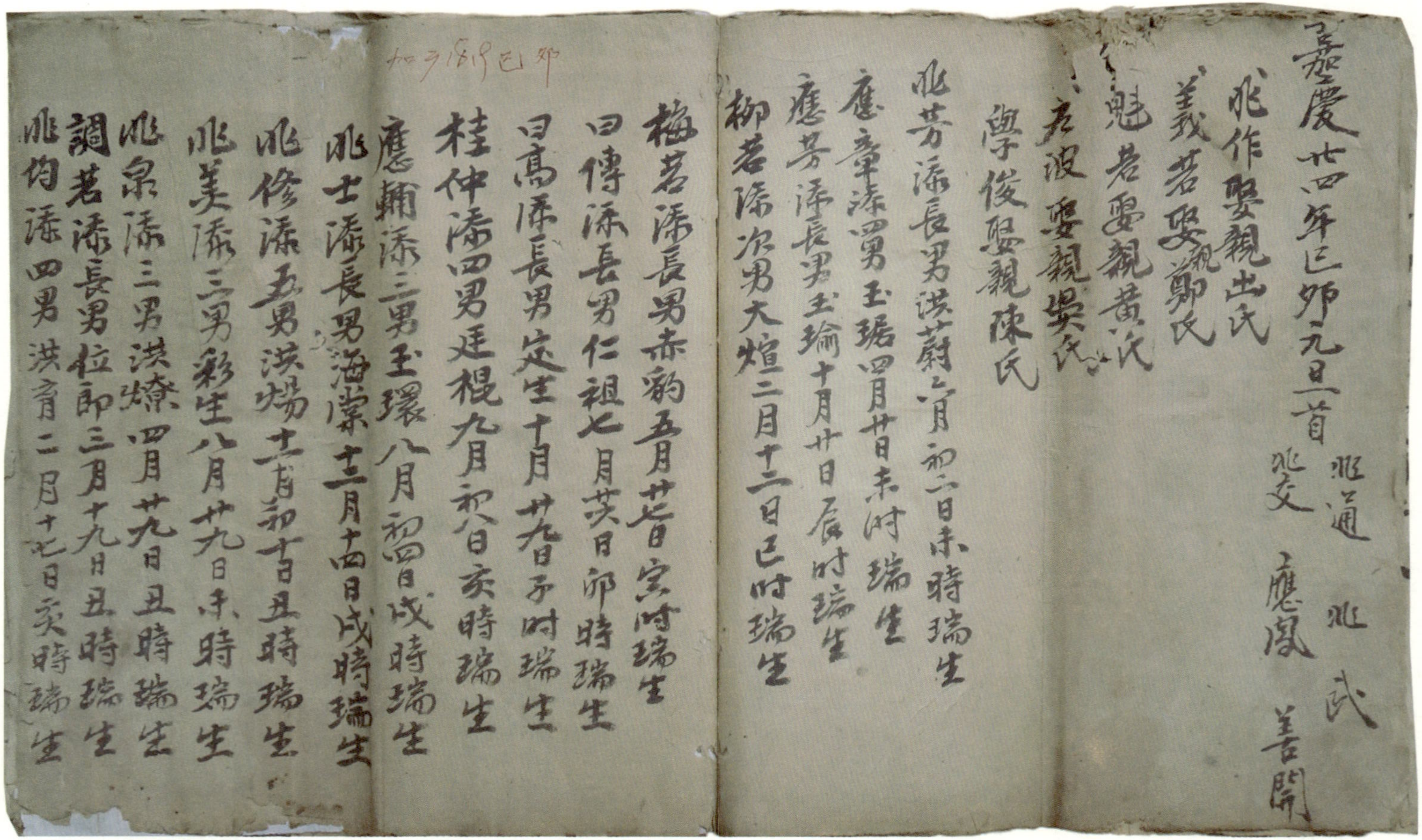

加5 1819 己卯

嘉慶廿四年己卯九月立首

兆通 兆文 應鳳 兆武 善開

兆作娶親出氏

義若娶親鄭氏

魁若娶親黃氏

启波娶親吳氏

學俊娶親陳氏

兆芳添長男洪蔚六月初二日未時瑞生

應章添四男玉琚四月廿日未時瑞生

應芳添長男玉瑜十月廿日辰時瑞生

柳若添次男大煊二月十二日巳時瑞生

梅若添長男赤豹五月廿七日寅時瑞生

日傳添長男仁祖七月廿六日卯時瑞生

日高添長男定生十月廿九日子時瑞生

桂仲添四男廷梘九月初八日亥時瑞生

應輔添三男玉環八月初四日戌時瑞生

兆士添長男海棠十二月十四日戌時瑞生

兆修添五男洪煬十一月初十日丑時瑞生

兆美添三男彩生八月廿九日未時瑞生

兆泉添三男洪燦四月廿九日丑時瑞生

調若添長男椪郎三月十九日丑時瑞生

兆灼添四男洪育二月十七日亥時瑞生

11-2-4-58 晚清民國錦屏衆全族添丁簿（五八）

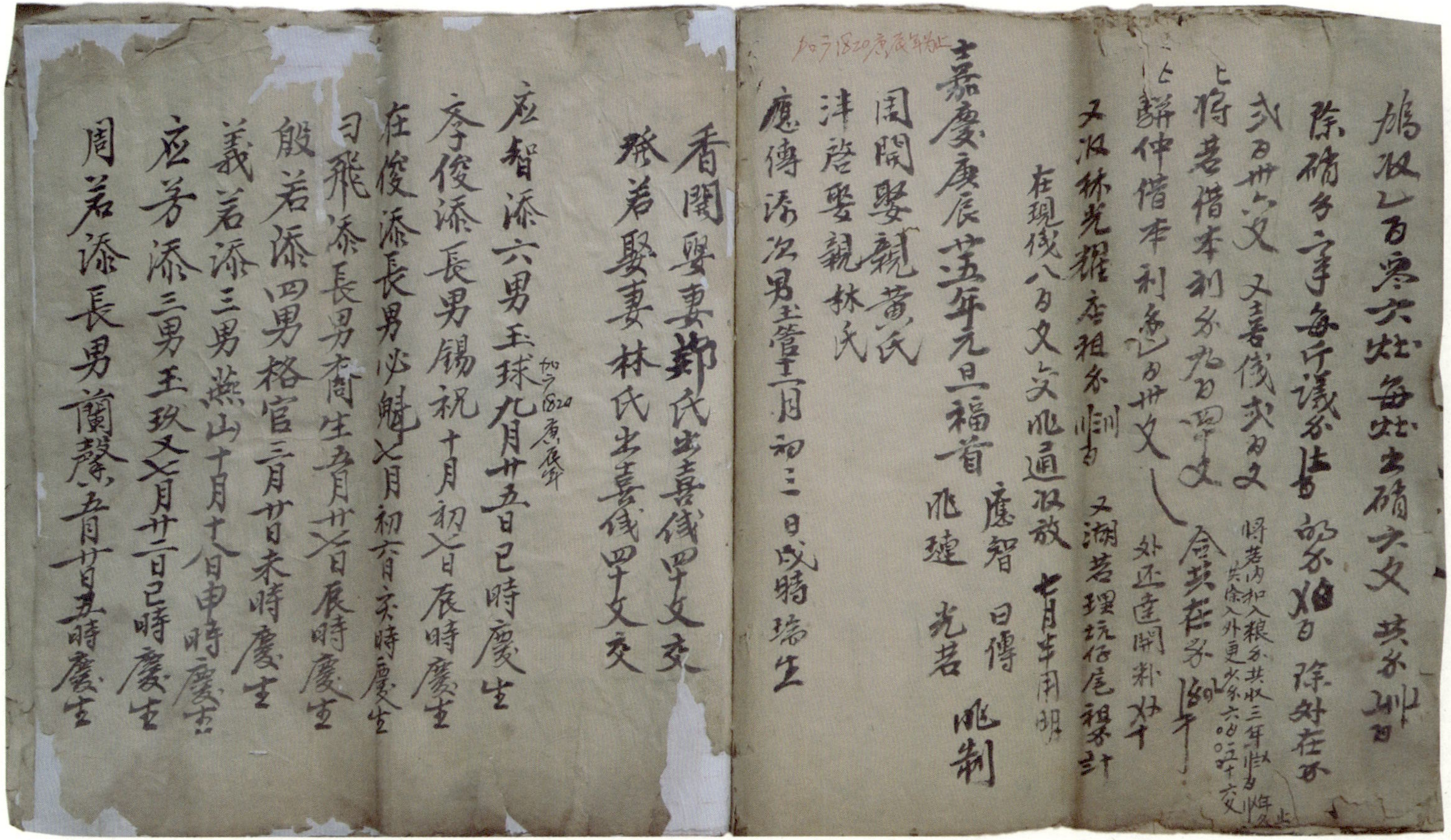

旂收乙酉冬穴灶每灶出硝六文 共〇卅一
除硝〇之年每斤議〇〇 〇〇 除〇在〇
戊〇卅六文 又喜錢式〇文
將若借本利〇九〇四文
辭仲借本利〇〇〇卅文
又收林光耀〇祖〇〇
又湖若理坑〇〇祖〇計
在現錢八〇文〇〇〇放
十二月〇用明
應智 日傳 兆制
兆璉 光若
嘉慶庚辰廿五年元旦福首
周閏娶親黃氏
沣啓娶親林氏
應傳添次男生十一月初三日戌時瑞生

香閏娶妻鄭氏出喜錢四十文交
琢若娶妻林氏出喜錢四十文交
應智添六男玉球九月廿五日巳時慶生
李俊添長男錫祝十月初七日辰時慶生
在俊添長男必魁七月初六日亥時慶生
日飛添長男有生五月廿八日辰時慶生
般若添四男格官三月廿日未時慶生
義若添三男燕山十月十八日申時慶生
應芳添三男玉玖又七月廿二日巳時慶生
周若添長男蘭馨五月廿日丑時慶生

11-2-4-59 晚清民國錦屏衆全族添丁簿（五九）

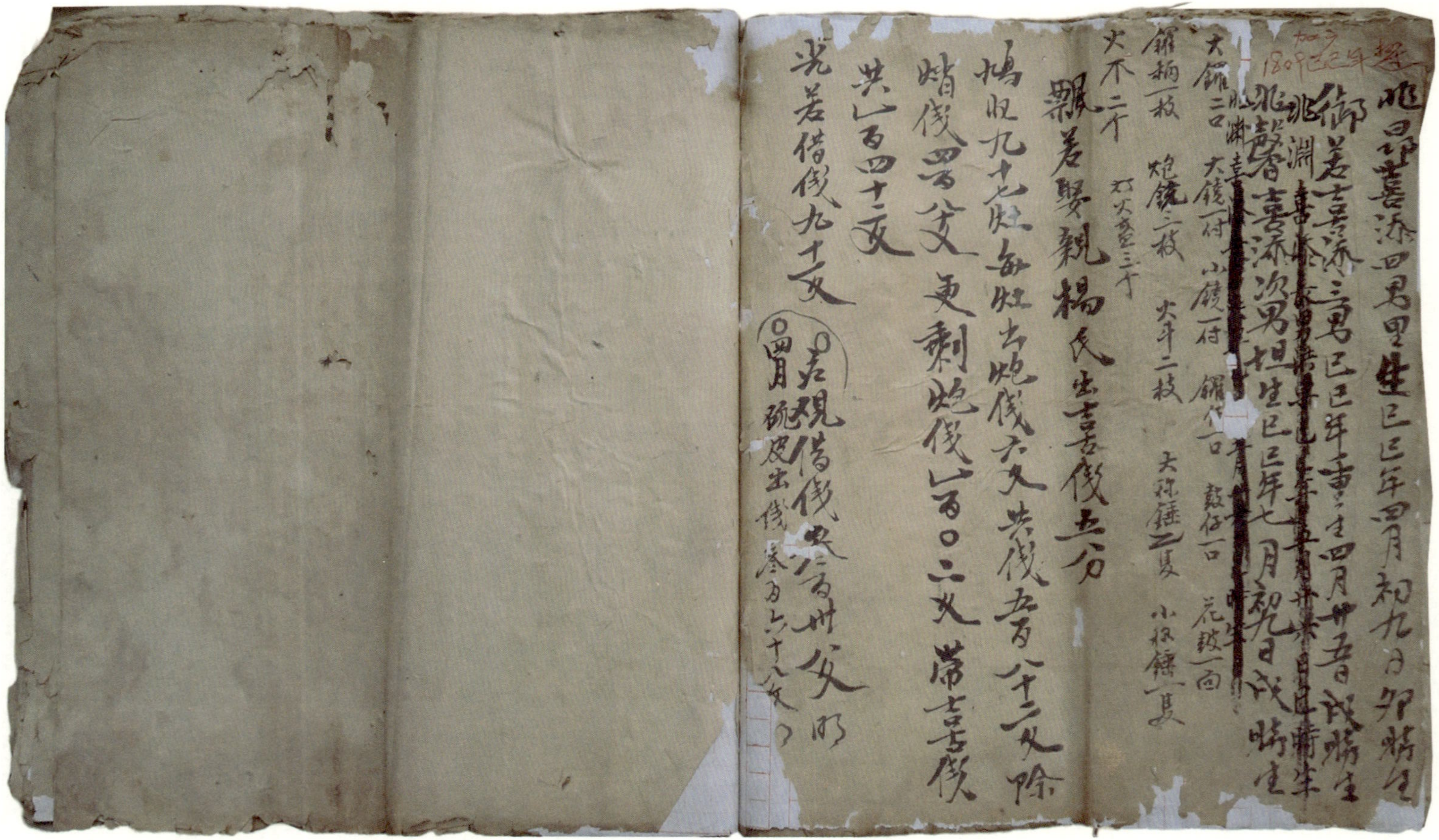

11-2-4-60　晚清民國錦屏衆全族添丁簿（六〇）

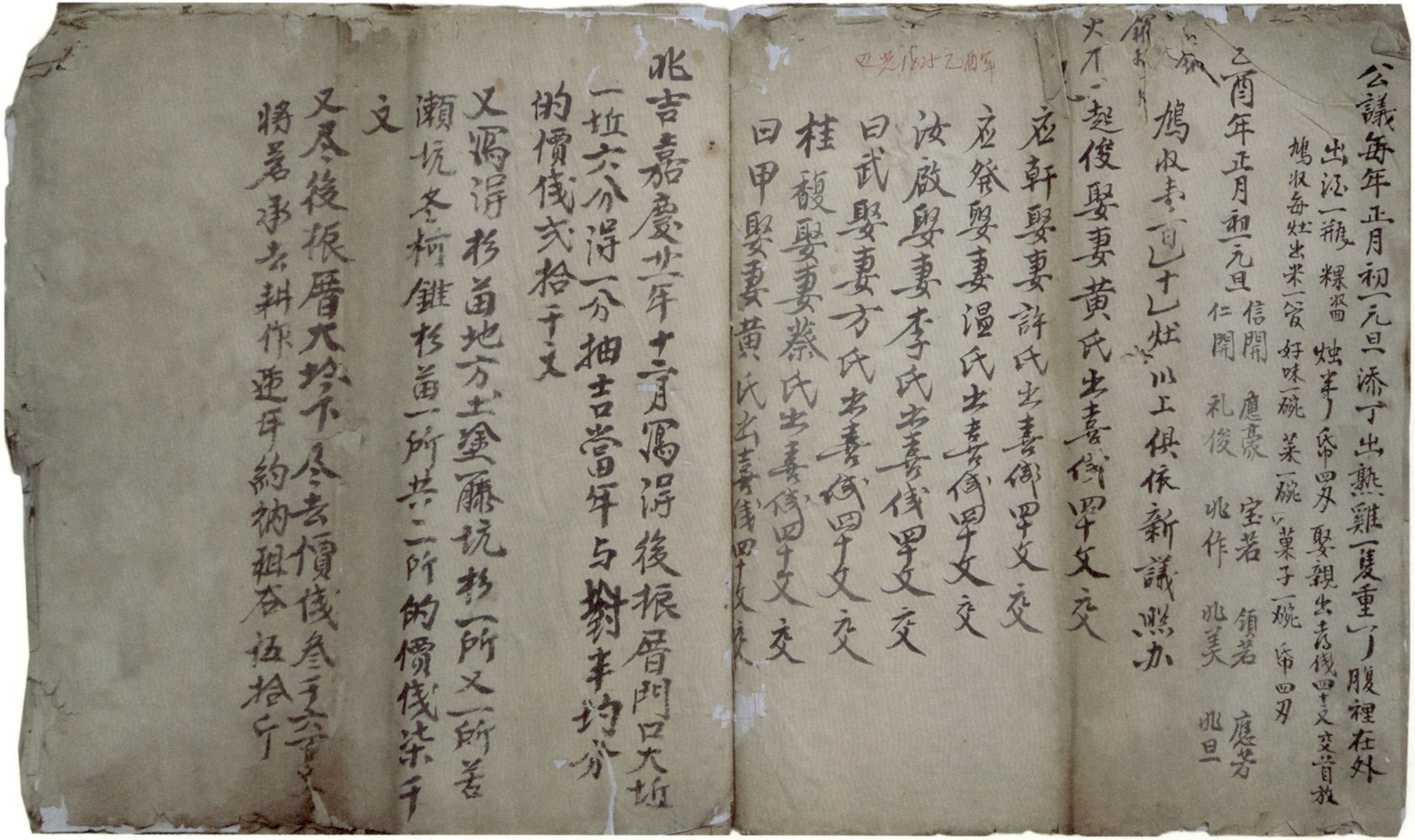
公議每年正月初一元旦添丁出熟雞一隻重一斤腹裡在外
出酒一瓶　粿醬　烛半斤　席四刃　娶親出喜錢四十文交首教
鳩收每灶出米一[illegible]　好味一碗　菜一碗　菓子一碗　席四刃
乙酉年正月初一元旦　信開　應豪　宝若　領若　應芳
仁開　礼俊　兆作　兆美　兆旦
鳩收去百十七灶　以上俱依新議照办
起俊娶妻黃氏出喜錢四十文交
應軒娶妻許氏出喜錢四十文交
應發娶妻温氏出喜錢四十文交
汝啟娶妻李氏出喜錢四十文交
曰武娶妻方氏出喜錢四十文交
桂馥娶妻蔡氏出喜錢四十文交
曰甲娶妻黃氏出喜錢四十文交
兆吉嘉慶廿年十二月買得後振厝門口大垅
一垅六分得一分抽去當年与對半均分
的價錢弍拾千文
又買得杉苗地方土坐藤坑杉一所又一所苦
瀨坑冬柯鍵杉苗一所共二所的價錢柒千
文
又尽後振厝大坵下尽去價錢叁千六百文
將[illegible]年約納租谷伍拾斤

11-2-4-61　晚清民國錦屏衆全族添丁簿（六一）

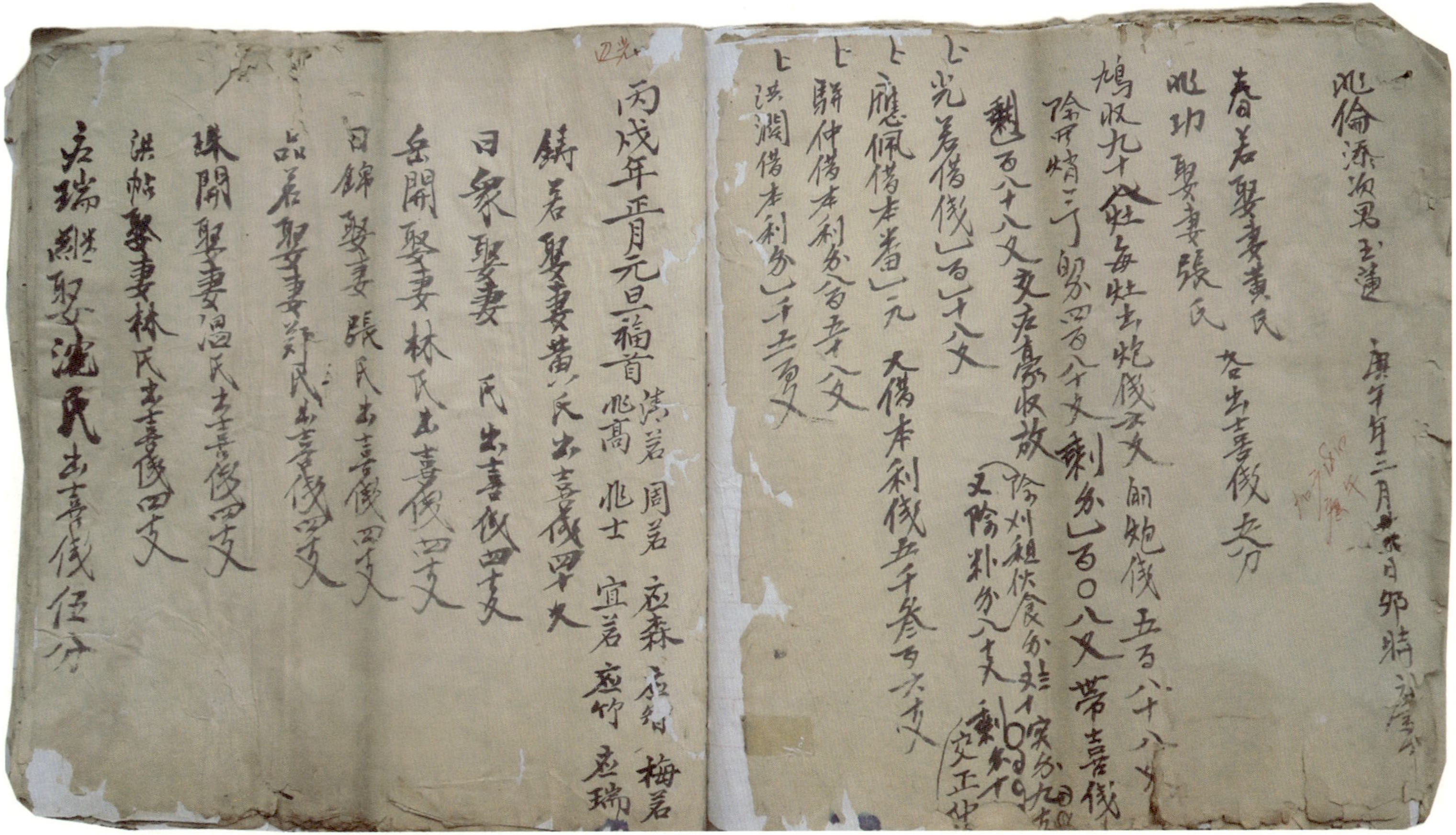

兆倫添次男玉蓮　庚午年二月廿□日卯時生

春若娶妻黃氏
兆功娶妻張氏　各出喜錢文乃

鳩收九十姓每姓出炮錢□文　開炮錢五百八十八文
除開婧三丁開分四百八十文　剩分一百○八文　帶喜錢
剩一百八十八文交应高收放
（除刈祖伙食分錢……）又除补分八文　剩……交正……

上 光若借錢一百一十八文
上 應佩借本番一元　又借本利錢五千叁百六十文
上 騂仲借本利分一百二十八文
上 洪潤借本利分一千二百文

丙戌年正月元旦福首　洪若　周若　应森　应结　梅若
兆高　兆士　宜若　应竹　应瑞

鑄若娶妻黃氏出喜錢四十文
日象娶妻　氏出喜錢四十文
岳開娶妻林氏出喜錢四十文
日錦娶妻張氏出喜錢四十文
品若娶妻鄭氏出喜錢四十文
珠開娶妻溫氏出喜錢四十文
洪帖娶妻林氏出喜錢四十文
应瑞繼娶沈氏出喜錢伍分

11-2-4-62　晚清民國錦屏衆全族添丁簿（六二）

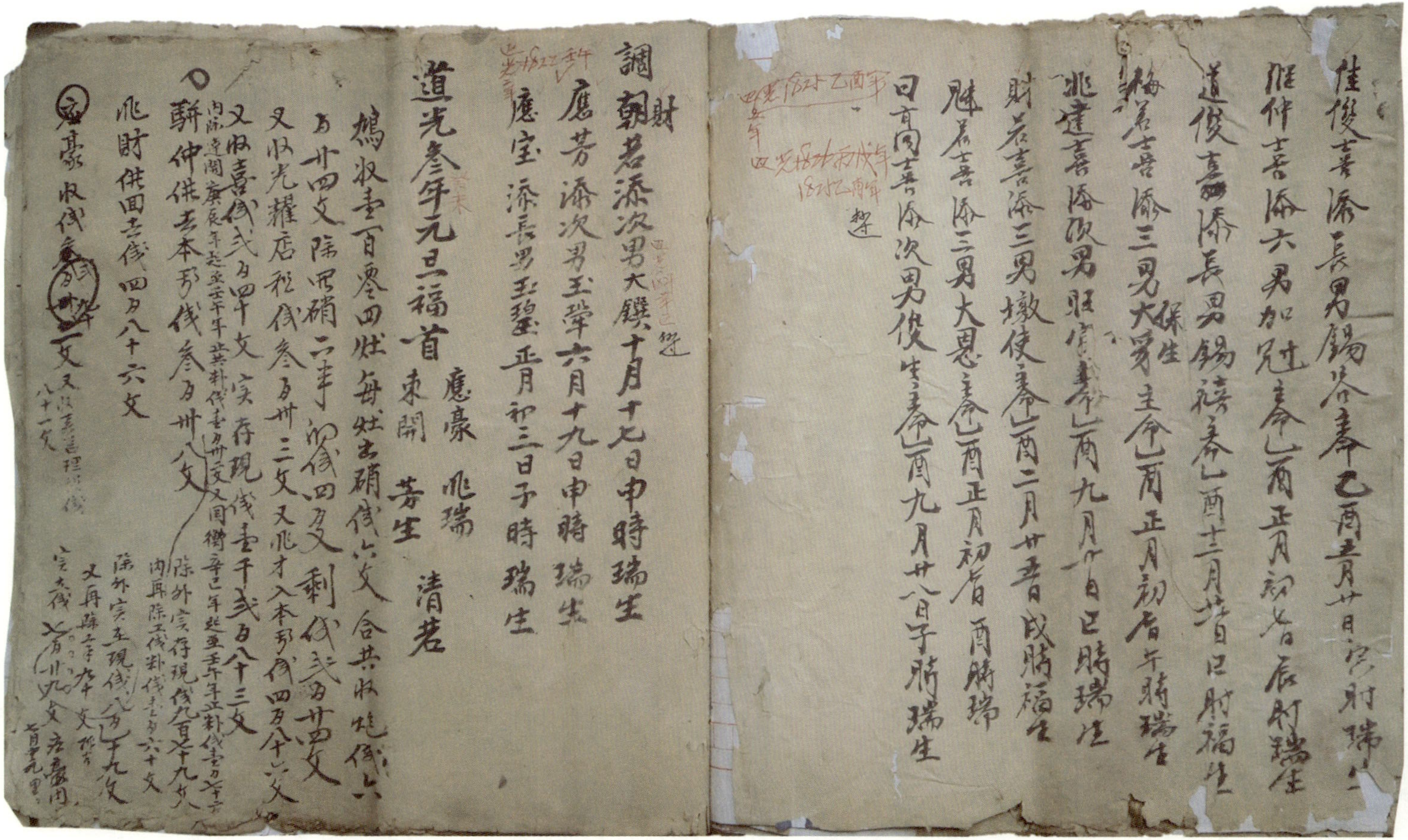

11-2-4-63　晚清民國錦屏衆全族添丁簿（六三）

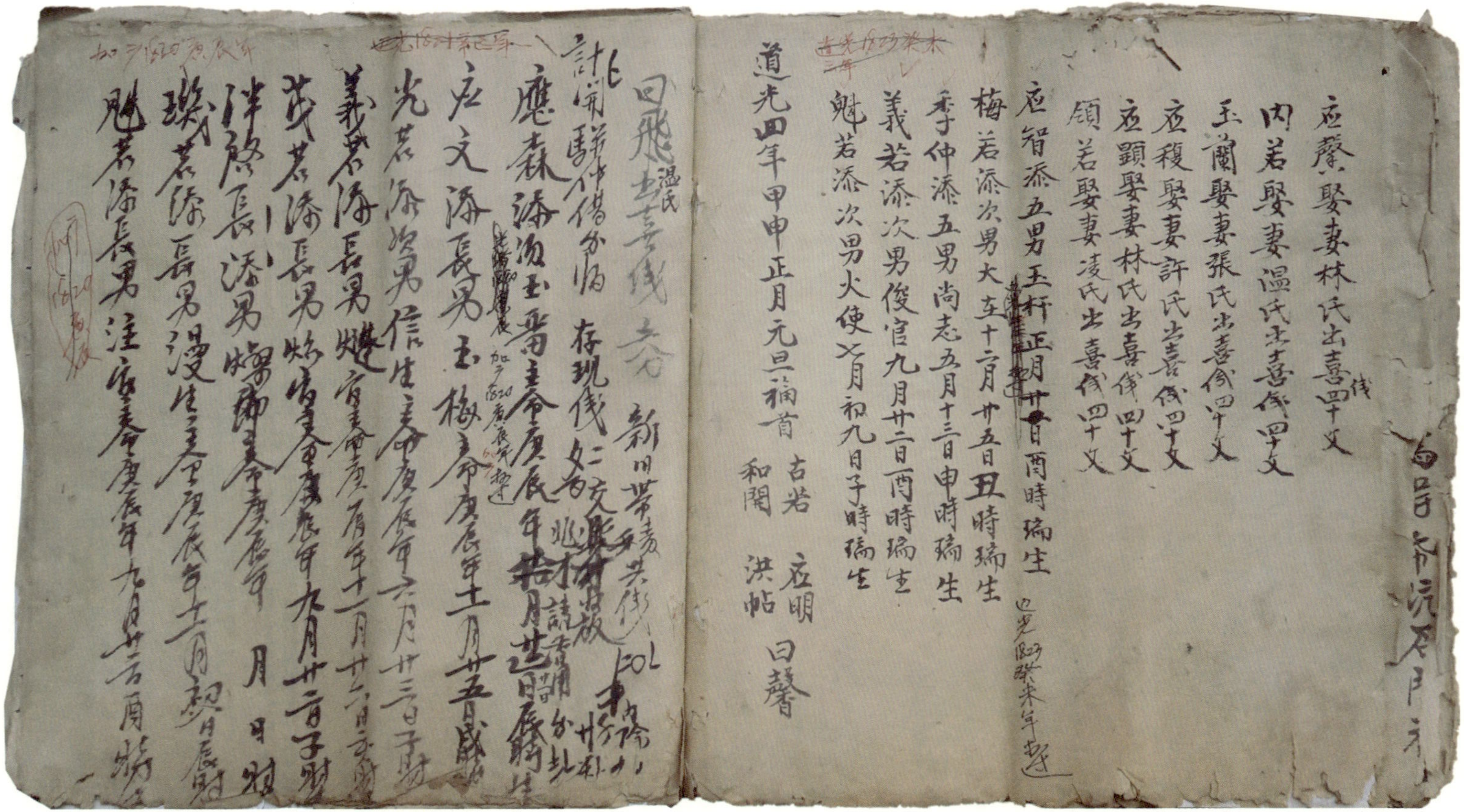

應馨娶妻林氏出喜錢四十文
內若娶妻溫氏出喜錢四十文
玉蘭娶妻張氏出喜錢四十文
應稷娶妻許氏出喜錢四十文
應顯娶妻林氏出喜錢四十文
領若娶妻凌氏出喜錢四十文
應智添五男玉杆正月廿日酉時瑞生
梅若添次男大垚十二月廿五日丑時瑞生
季仲添五男尚志五月十三日申時瑞生
義若添次男俊官九月廿二日酉時瑞生
魁若添次男火使七月初九日子時瑞生
道光四年甲申正月元旦福首 古若 應明 曰馨
和閣 洪帖

11-2-4-64 晚清民國錦屏衆全族添丁簿（六四）

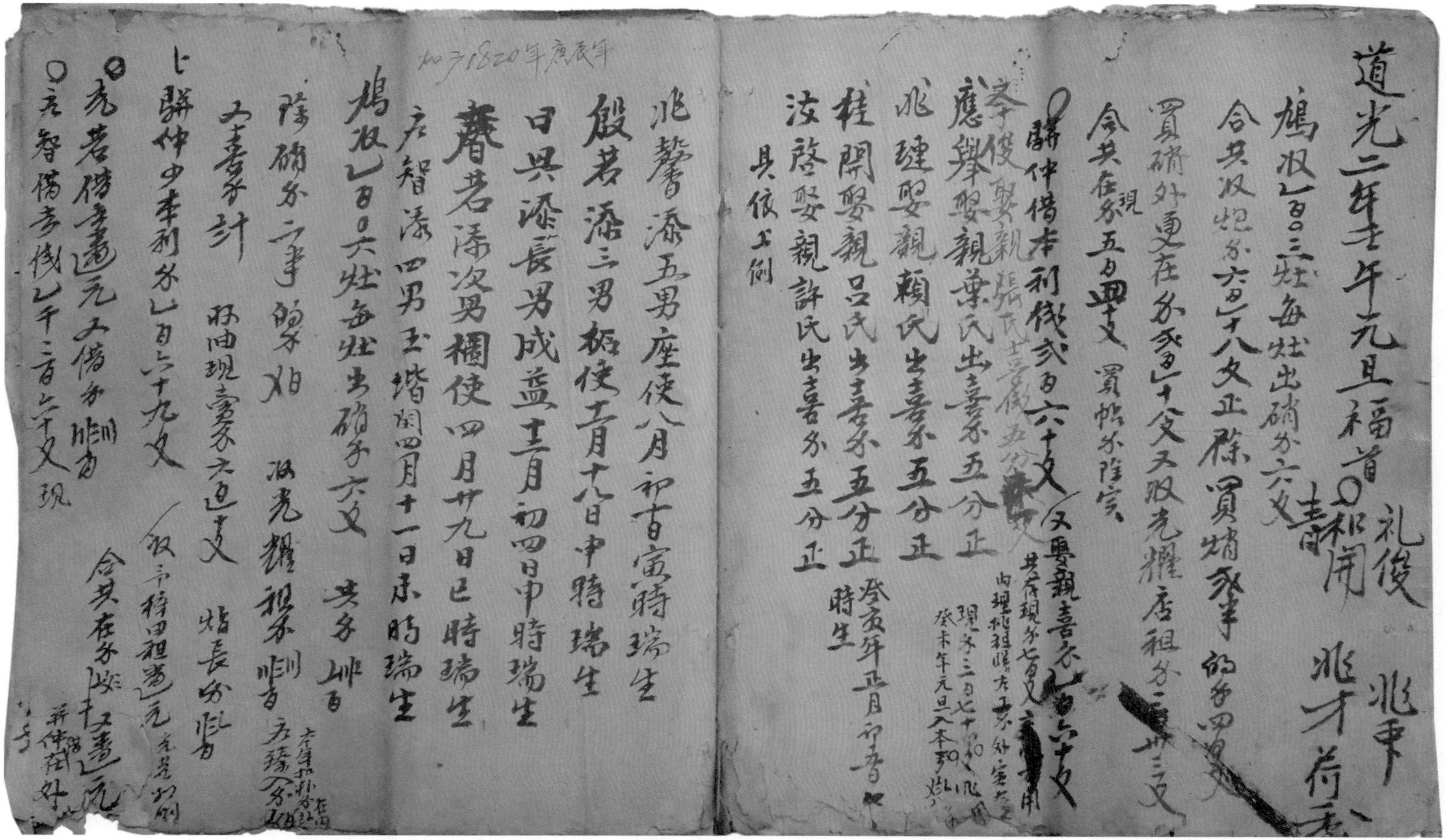

11-2-4-65 晚清民國錦屏衆全族添丁簿（六五）

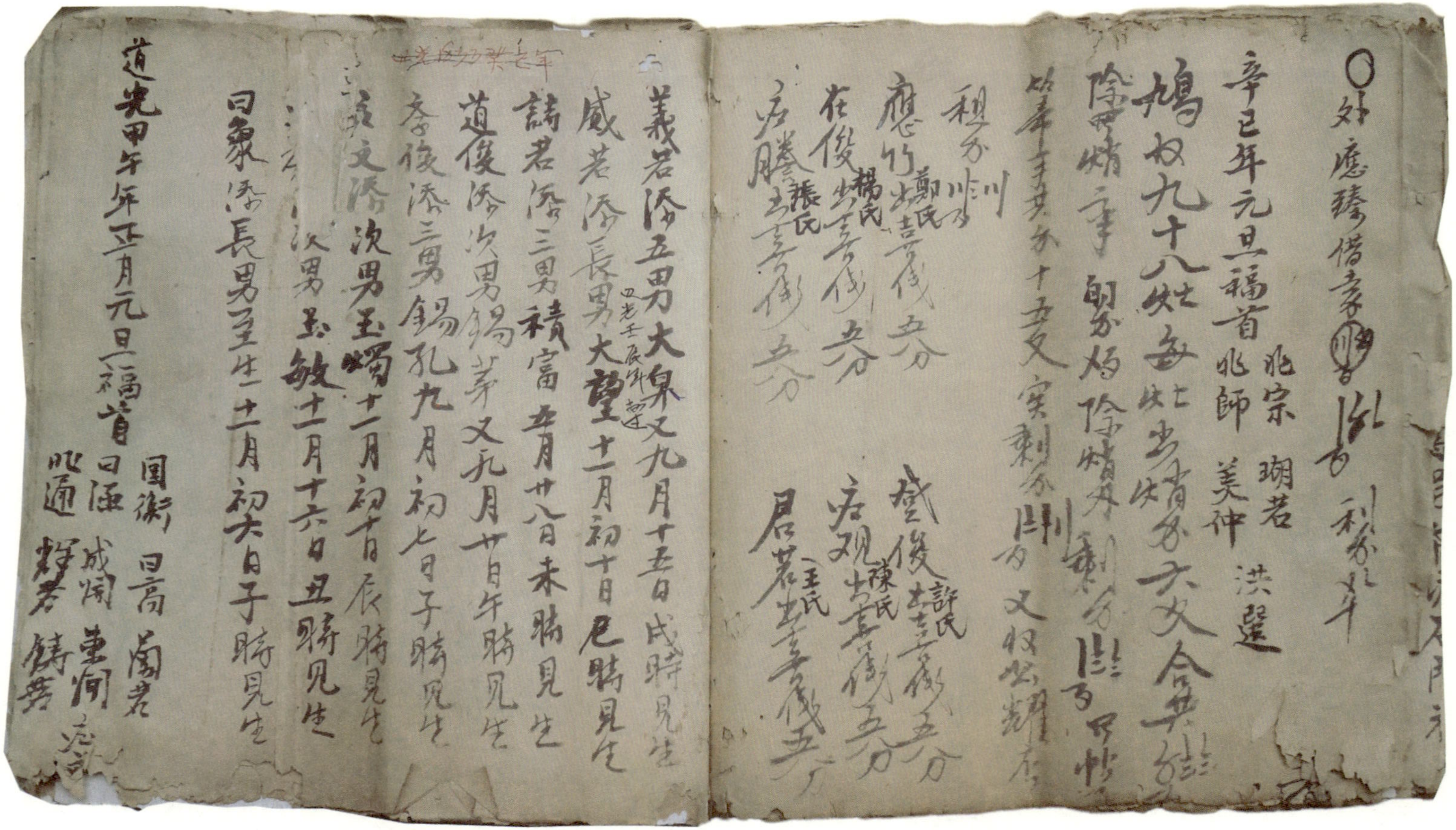

○外應臻借去 利分 年
辛巳年元旦福首 兆宗 瑚若
兆師 美仲 洪選
鳩收九十八姓每姓出錢六文合共錢
應竹 鄭氏 出吉錢五分
在俊 楊氏 出吉錢五分
應騰 張氏 出吉錢五分
盛俊 許氏 出吉錢五分
應觀 陳氏 出吉錢五分
君若 王氏 出吉錢五分
義若添五男大泉 又九月十五日戌時見生
威若添長男大望 十一月初十日巳時見生
請君添三男積富 五月廿八日未時見生
道俊添次男錫芳 又九月廿日午時見生
李俊添三男錫孔 九月初七日子時見生
文添次男玉燭 十一月初十日辰時見生
次男玉敏 十一月十六日丑時見生
日象添長男玉生 十一月初六日子時見生
道光甲午年正月元旦福首 國衡 日高 蘭君
日涵 成湖 重洞
兆通 好君 鑄英

11-2-4-66　晚清民國錦屏衆全族添丁簿（六六）

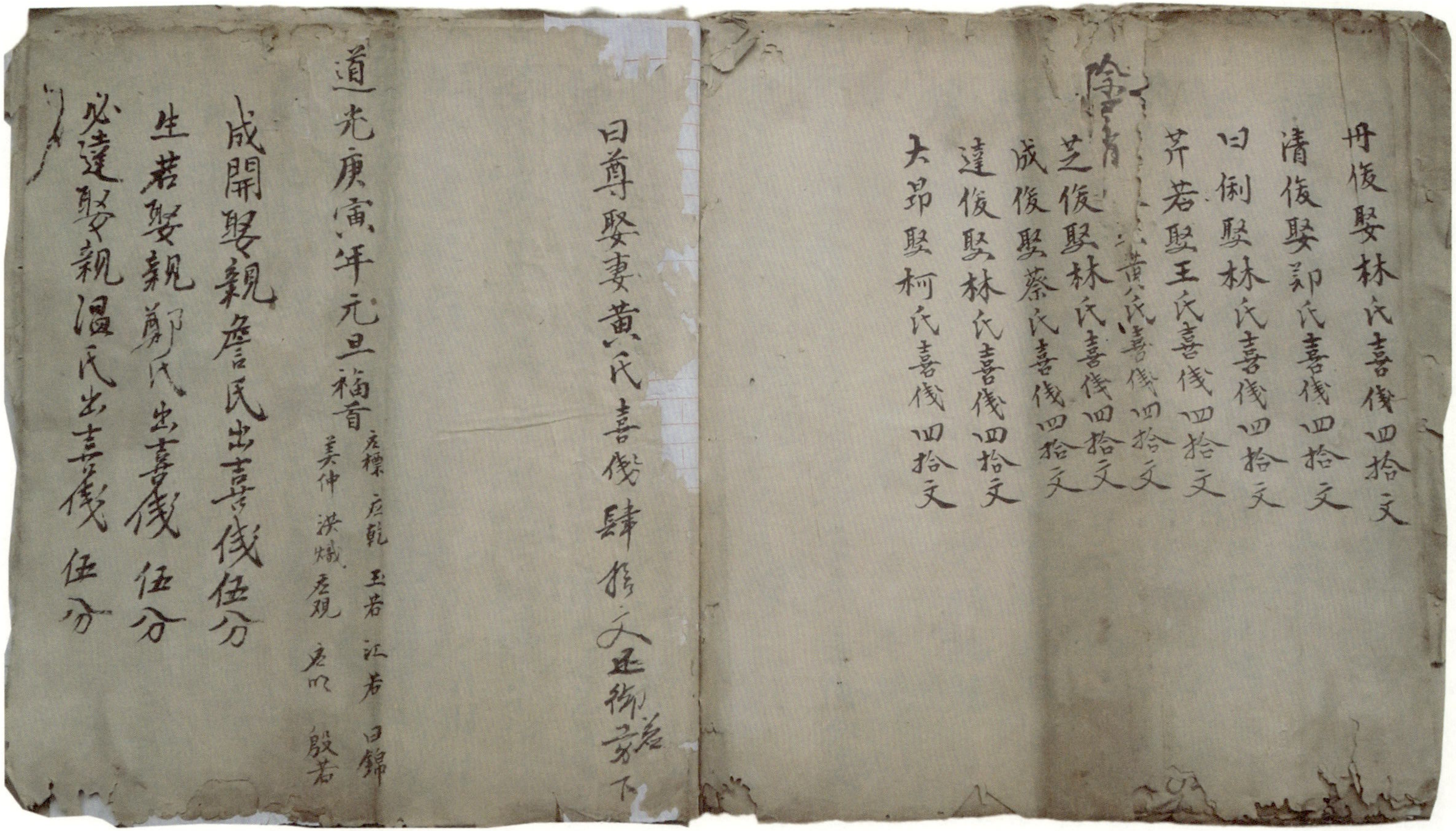
丹俊娶林氏喜錢四拾文
清俊娶鄭氏喜錢四拾文
曰俐娶林氏喜錢四拾文
芹若娶王氏喜錢四拾文
除清
黄氏喜錢四拾文
芝俊娶林氏喜錢四拾文
成俊娶蔡氏喜錢四拾文
達俊娶林氏喜錢四拾文
大昂娶柯氏喜錢四拾文

曰尊娶妻黄氏喜錢肆拾文還御若下

道光庚寅年元旦福首
庄標 庄乾 玉若 江若 曰錦
美仲 洪熾 庄观 庄贝 啟若

成開娶親詹氏出喜錢伍分
生若娶親鄭氏出喜錢伍分
必達娶親温氏出喜錢伍分

11-2-4-67 晚清民國錦屏衆全族添丁簿（六七）

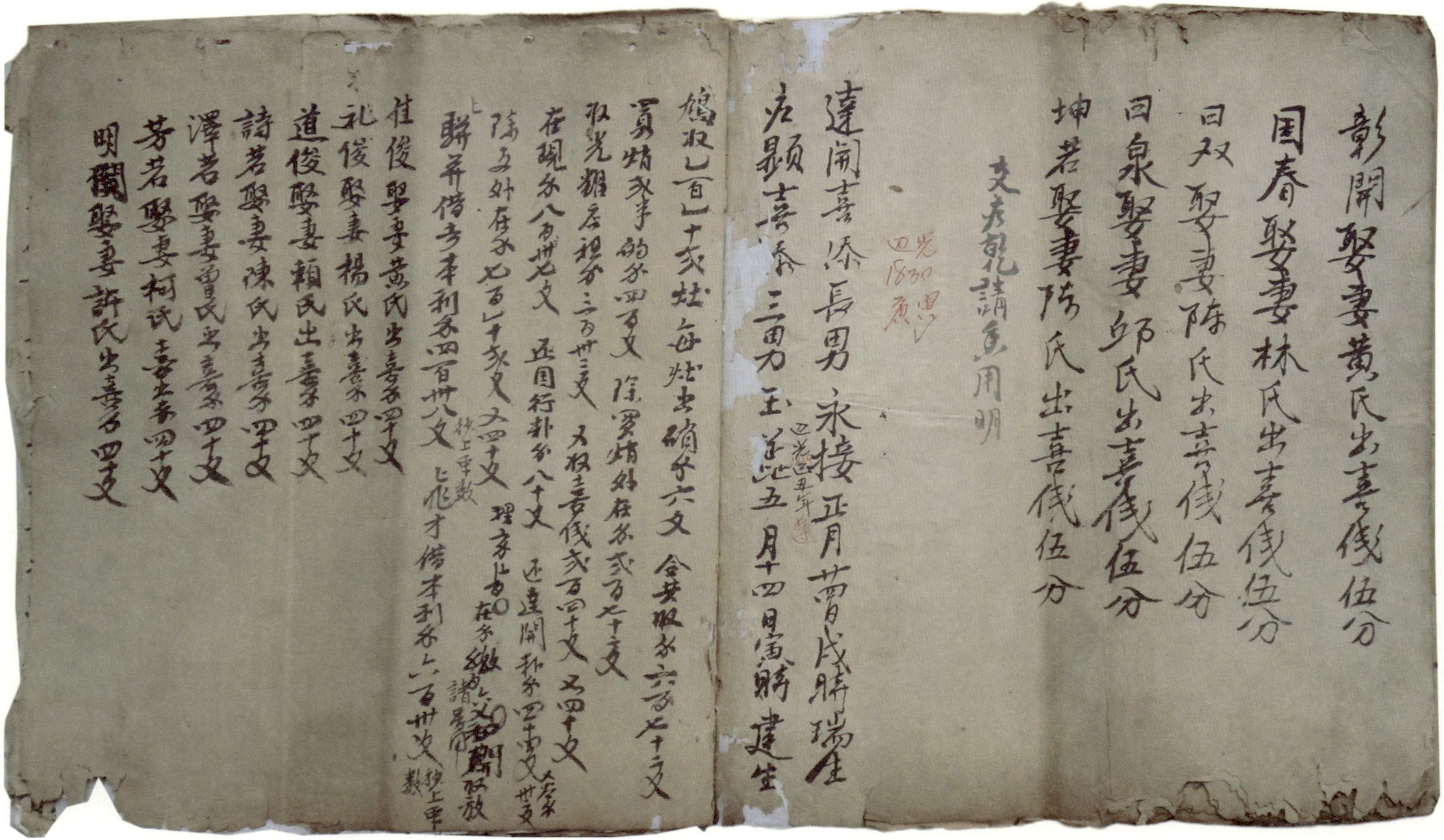
彰開娶妻黄氏出喜錢伍分
国春娶妻林氏出喜錢伍分
曰双娶妻陳氏出喜錢伍分
曰泉娶妻邱氏出喜錢伍分
坤若娶妻陳氏出喜錢伍分
支房乾請盦用明
達開喜添長男永接正月廿四戌時瑞生
启顯喜添三男乃玉道光五月十四日寅時建生
鳩收乙百乙十弍灶 每灶出硝錢六文 合共收錢六百七十二文
買硝弍斤的錢四百文 除買硝外存錢弍百七十二文
收光輝房租錢三百卅三文 又收喜錢弍百四十文 又四十文
存現錢八百卅七文 丞国行卄錢八十文 丞達開卄錢四十四文 又存錢卅文
除各外存錢七百乙十弍文 又四十文 理房上首□ 存錢繳□諸事劃□收放
聯卄借去本利錢四百卅八文 抄上年數 乙化才借本利錢乙百卅文 抄上年數
桂俊娶妻黄氏出喜錢四十文
礼俊娶妻楊氏出喜錢四十文
道俊娶妻賴氏出喜錢四十文
詩若娶妻陳氏出喜錢四十文
澤若娶妻曾氏出喜錢四十文
芳若娶妻柯氏出喜錢四十文
明闌娶妻許氏出喜錢四十文

11-2-4-68　晚清民國錦屏衆全族添丁簿（六八）

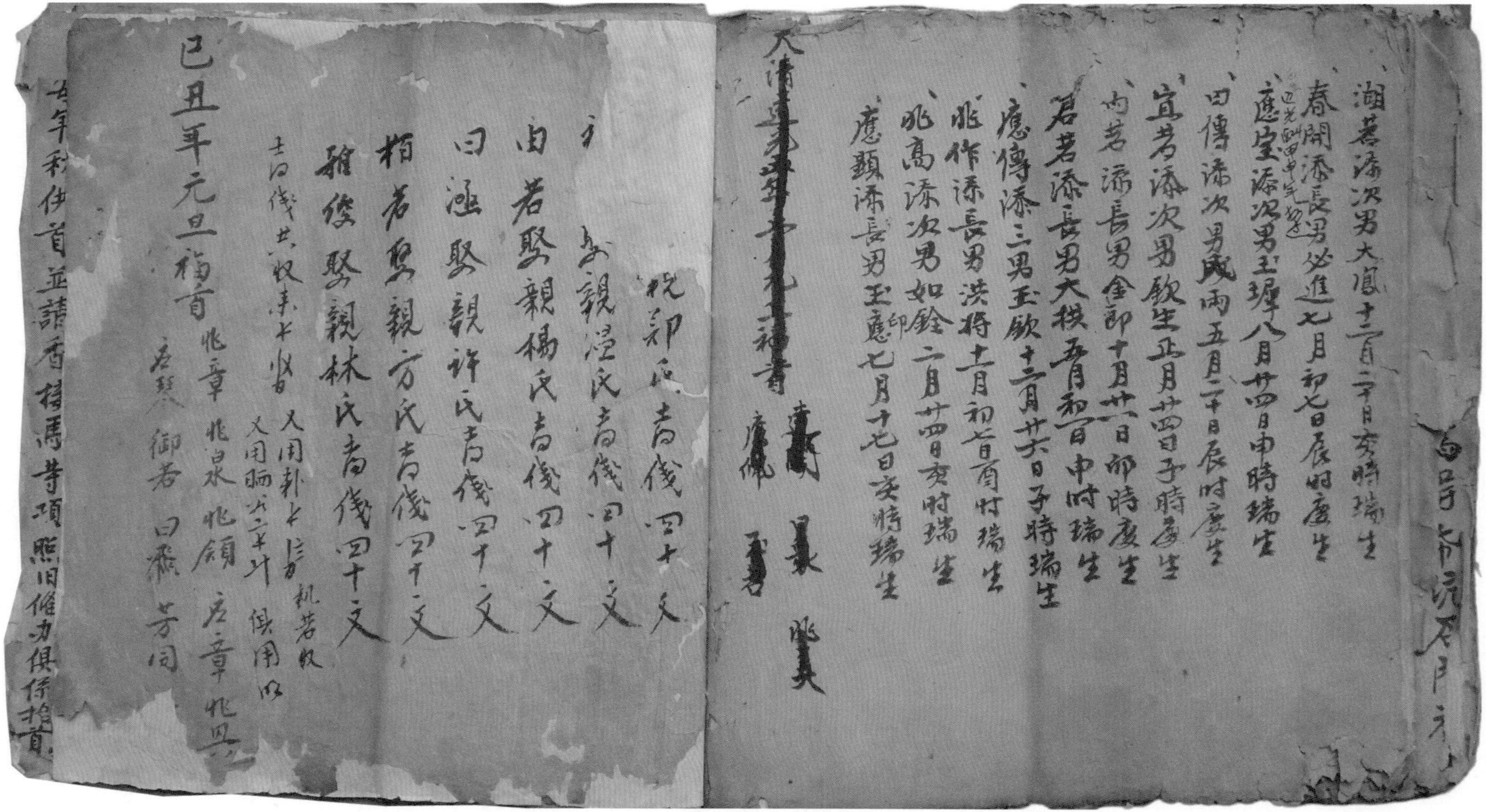
湖若添次男大宜十二月二十日亥時瑞生
春開添長男必進七月初七日辰時慶生
應奎添次男玉璋八月廿四日申時瑞生
田傳添次男威丙五月二十日辰時慶生
宜若添次男欽生正月廿四日子時慶生
門若添長男金郎十月廿六日卯時慶生
君若添長男大楙五月初四日申時瑞生
應傳添三男玉欽十二月廿六日子時瑞生
兆作添長男洪將十一月初七日酉時瑞生
兆高添次男如銓二月廿四日亥時瑞生
應顯添長男玉應（印）七月十七日亥時瑞生

晚郭氏青錢四十文
亨娶親溫氏青錢四十文
由若娶親楊氏青錢四十文
田涵娶親許氏青錢四十文
楷若娶親方氏青錢四十文
雅俊娶親林氏青錢四十文
[illegible]
己丑年元旦福首　兆章　兆泉　兆頒　兆興
[illegible]　御若　田淼　芳司

11-2-4-69　晚清民國錦屏衆全族添丁簿（六九）

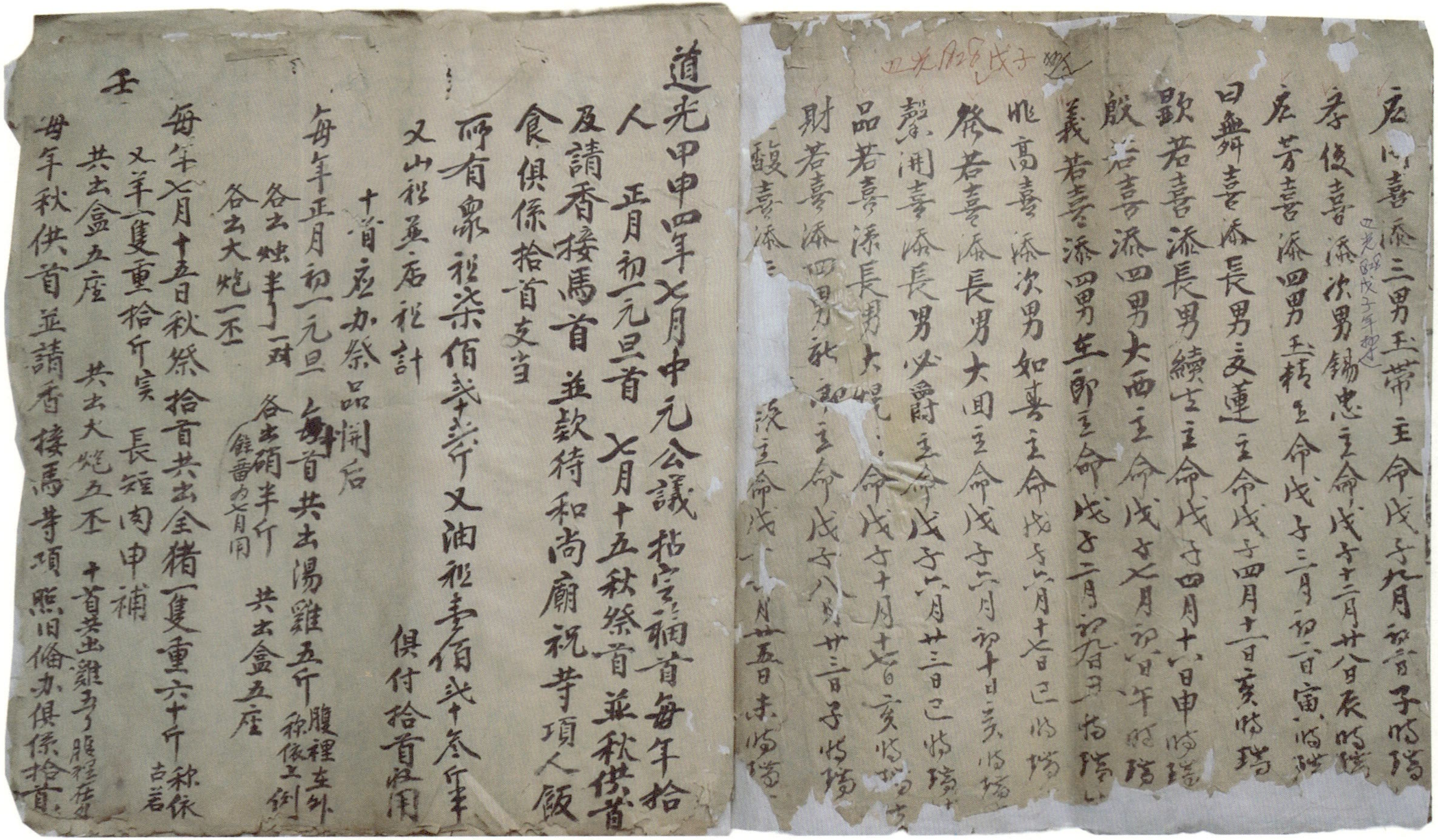
道光甲申四年七月中元公議拈定祠首每年拾
人 正月初一元旦首 七月十五秋祭首 並秋供首
及請香接馬首 並款待和尚廟祝等項人飯
食俱係拾首支当
所有衆租柒佰弍拾斤 又油租叁佰弍十叁斤
俱付拾首收用
又山租並店租計
十首应办祭品開后
每年正月初一元旦 每首共出湯雞五斤 腹裡在外 秤依上例
各出燭半斤一對 各出硝半斤（鉎番为七月同） 共出盒五座
各出大炮一丕
每年七月十五日秋祭 拾首共出全猪一隻 重六十斤 秤依古若
又羊一隻 重拾斤實 長短肉申補
共出盒五座 共出大炮五丕 十首共出雞五斤 腹裡在外
壬
每年秋供首並請香接馬等項 照旧倫办 俱係拾首

庭[illegible]喜添三男玉帶 主命戊子九月初二日子時瑞
孝俊喜添次男錫忠 主命戊子十二月廿八日辰時瑞
庭芳喜添四男玉精 主命戊子三月初二日寅時瑞
日舞喜添長男友蓮 主命戊子四月十一日亥時瑞
歐若喜添長男續吉 主命戊子四月十六日申時瑞
飲若喜添四男大西 主命戊子七月初八日午時瑞
義若喜添四男生郎 主命戊子二月初九日丑時瑞
兆高喜添次男如寿 主命戊子六月十七日巳時瑞
佫若喜添長男大田 主命戊子六月初十日亥時瑞
馨湘喜添長男必爵 主命戊子六月廿三日巳時瑞
品若喜添長男大焜 主命戊子十月十七日亥時瑞
財若喜添四男秋[illegible] 主命戊子八月廿三日子時瑞
[illegible]醖喜添三[illegible] 主命戊[illegible]月廿五日未時瑞

11-2-4-70 晚清民國錦屏衆全族添丁簿（七〇）

酉年福首　信開　仁開　應豪　礼俊　宝若　兆作　鎮若　兆美　應芳　兆旦

丙戌年福首　清若　周若　兆高　兆士　應森　應智　宜若　有仲　梅若　應瑞

丁亥年福首　兆連　秀開　應周　日象　日忠　和開　兆督　秋元　元若　應綢

戊子年福首　胡若　應蘭　季仲　君若　兆燕　兆昂　兆丁　應馨　渊若　應輔

己丑年福首　日飛　兆泉　兆頌　兆章　兆興　洪煖　應琴　應章　芳同　御若

庚寅年福首　應標　應乾　詩若　玉若　美仲　江若　洪選　日錦　應觀　文　應明　殷若

辛卯年福首　兆宇　文若　日翔　大爽　應佩　桂開　日興　洪帖　机若　洪泮　應宝

壬辰年福首　李若　巡若　兆功　美開　興若　善仲　猗鳳　風若　古若　騂仲

11-2-4-71　晚清民國錦屏衆全族添丁簿（七一）

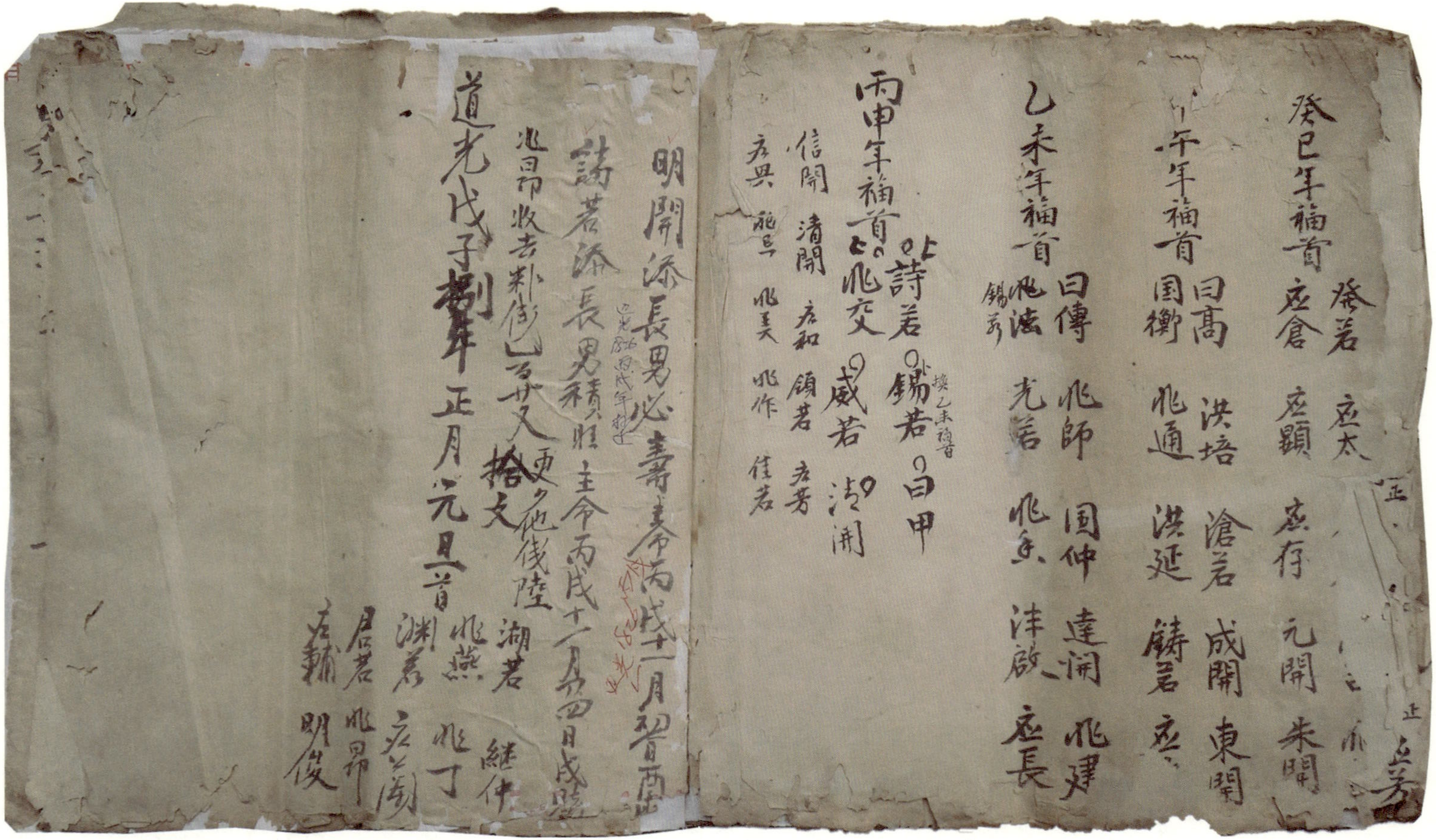
癸巳年福首 癸若 應太
應倉 應顯 應存 元開 朱開
壬午年福首 日高 洪培 滄若 成開 東開
國衡 兆通 洪延 鑄若 應[illegible]
乙未年福首 日傳 兆師 國仲 達開 兆建
兆法 錫芳 光若 兆[illegible] 沣啟 應長
丙申年福首 詩若 錫若 日甲
兆交 威若 洪開
信開 清開 應和 頌若 應芳
應興 福旦 兆美 兆作 佳若
明開添長男必壽 壽命丙戌十一月習酉時
誥若添長男積財 主命丙戌十一月初四日戌時
兆日 印收去粿米錢四百廿文 更名他錢陸 拾文 湖若 繼仲
道光戊子年 正月元旦首
淵若 兆燕 兆丁 應閣
居若 兆昂
應輔 明俊

11-2-4-72 晚清民國錦屏衆全族添丁簿（七二）

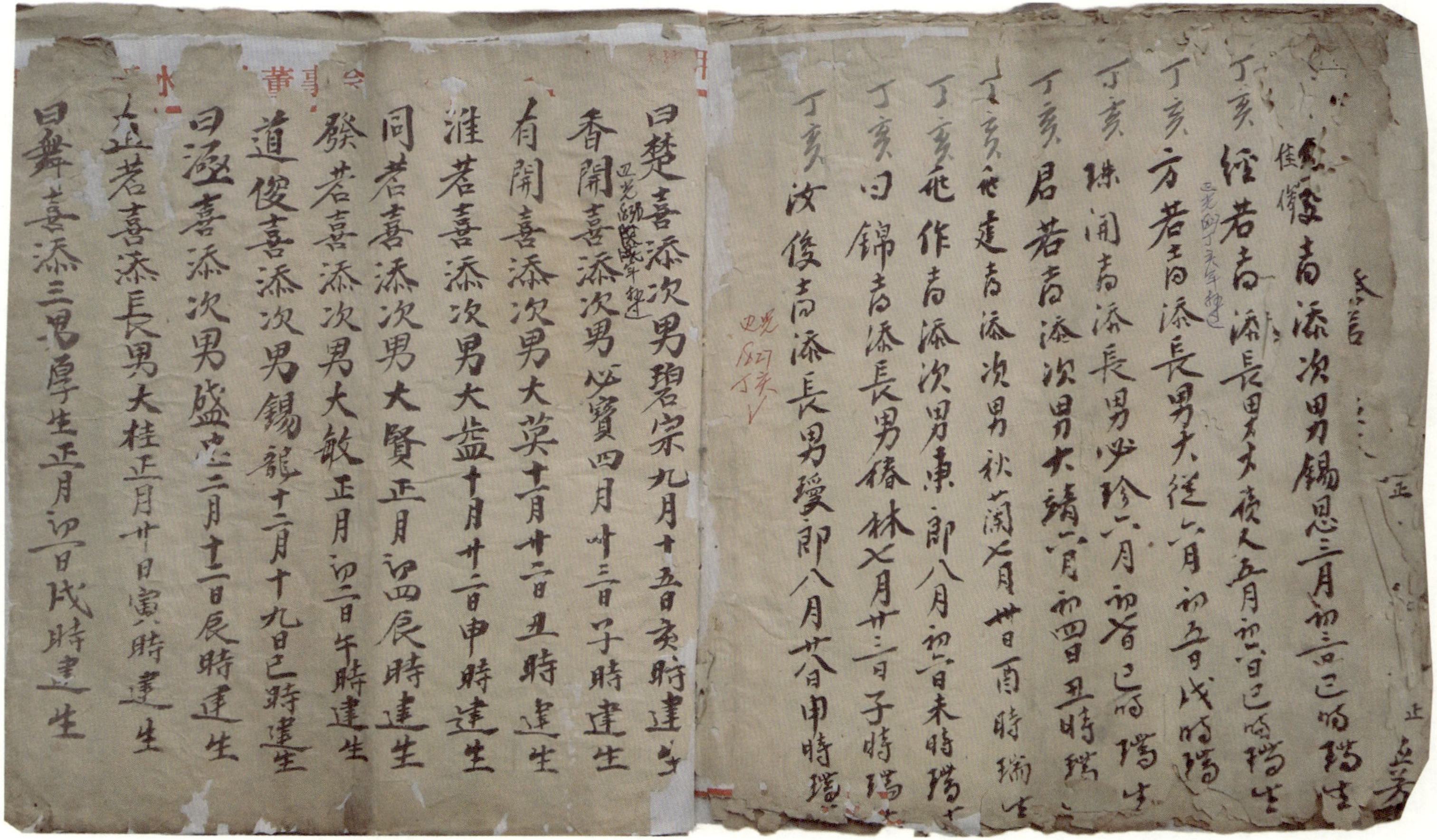

丁亥 [illegible]青添次男錫恩三月初二日巳時瑞生
丁亥 經若青添長男大猷五月初六日巳時瑞生
丁亥 方若青添長男大從六月初五日戌時瑞生
丁亥 珠潤青添長男必珍六月初六日巳時瑞生
丁亥 君若青添次男大靖六月初四日丑時瑞生
丁亥 乾建青添次男秋蘭七月廿日酉時瑞生
丁亥 乾作青添次男東郎八月初六日未時瑞生
丁亥 日錦青添長男椿林七月廿三日子時瑞生
丁亥 汝俊青添長男瓔郎八月廿六日申時瑞生

日楚喜添次男碧宗九月十五日亥時建生
香開喜添次男必寶四月廿三日子時建生
有開喜添次男大英十月廿二日丑時建生
淮若喜添次男大盎十月廿二日申時建生
同若喜添次男大賢正月初四日辰時建生
發若喜添次男大敏正月初二日午時建生
道俊喜添次男錫龍十二月十九日巳時建生
日滋喜添次男盛忠二月十二日辰時建生
丕若喜添長男大桂正月廿日寅時建生
日舞喜添三男學生正月初一日戌時建生

11-2-4-73　晚清民國錦屏衆全族添丁簿（七三）

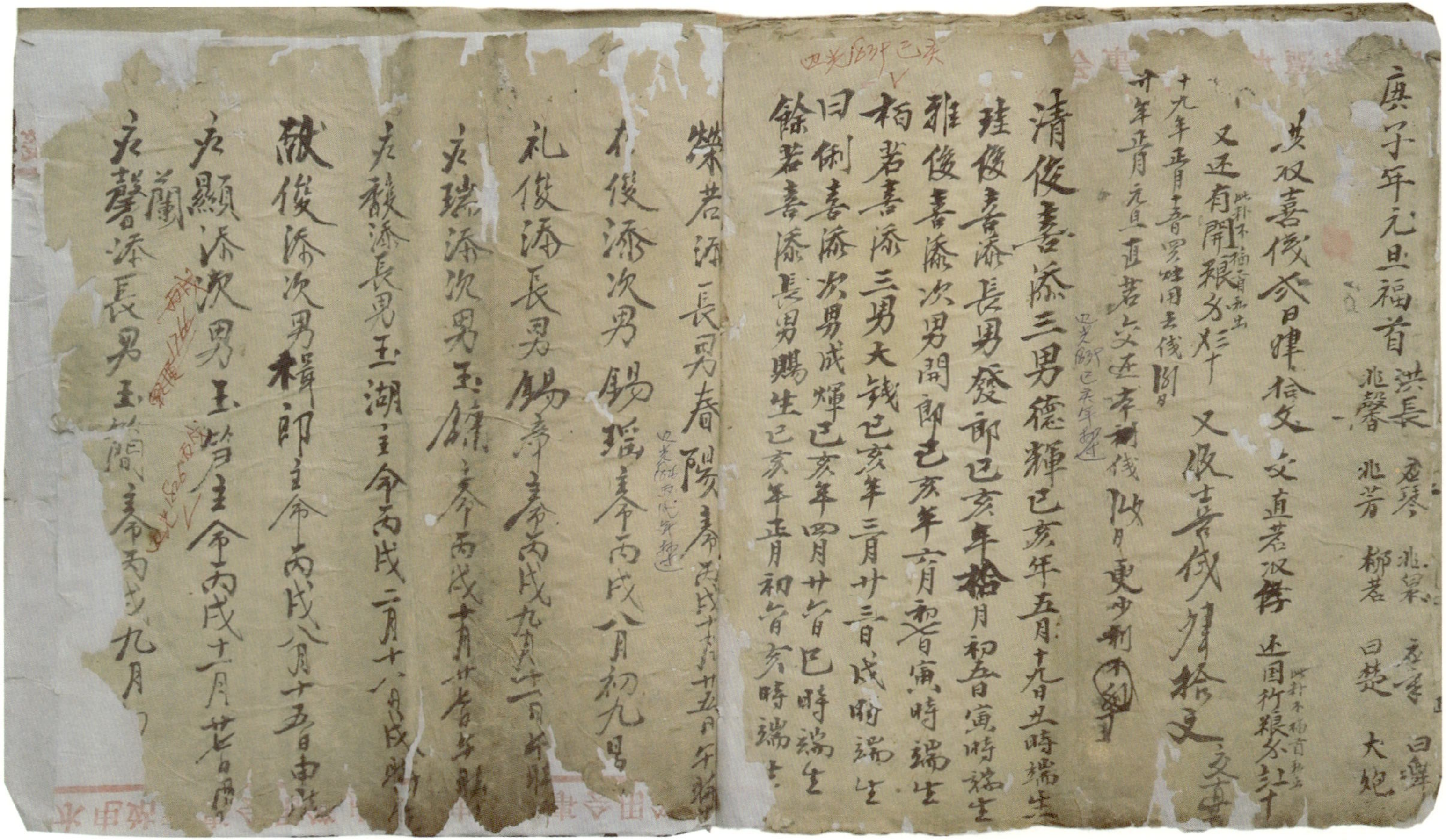
庚子年元旦福首 洪長 兆馨 兆芳 柳若 曰楚 大炮
清俊嘉添三男德輝己亥年五月十九日丑時端生
珪俊嘉添長男發郎己亥年拾月初五日寅時端生
雅俊嘉添次男開郎己亥年六月初四日寅時端生
栢若嘉添三男大錢己亥年三月廿三日戌時端生
日俐嘉添次男成輝己亥年四月廿六日巳時端生
餘若嘉添長男賜生己亥年五月初六日亥時端生
榮若添一長男春陽奉命丙戌十月廿五日午時
有俊添次男錫瑞奉命丙戌八月初九日
礼俊添長男錫齊奉命丙戌九月廿一日卯時
應瑞添次男玉練奉命丙戌十月廿七日午時
應馥添長男玉湖主命丙戌二月十八日戌時
獻俊添次男樟郎主命丙戌八月十五日申時
應顯添次男玉堂主命丙戌十一月廿七日
應馨添長男玉蘭奉命丙戌九月

11-2-4-74　晚清民國錦屏衆全族添丁簿（七四）

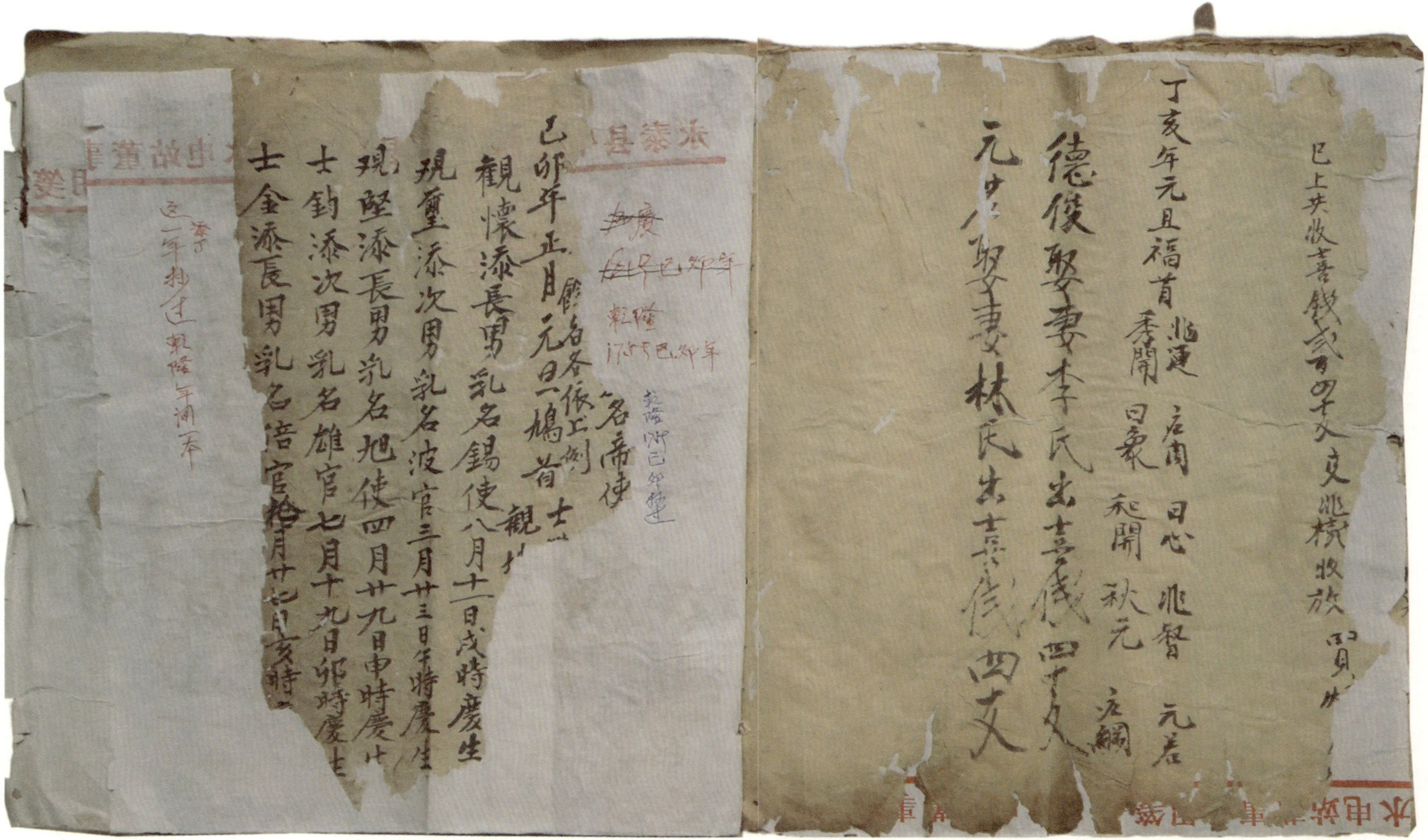

11-2-4-75　晚清民國錦屏衆全族添丁簿（七五）

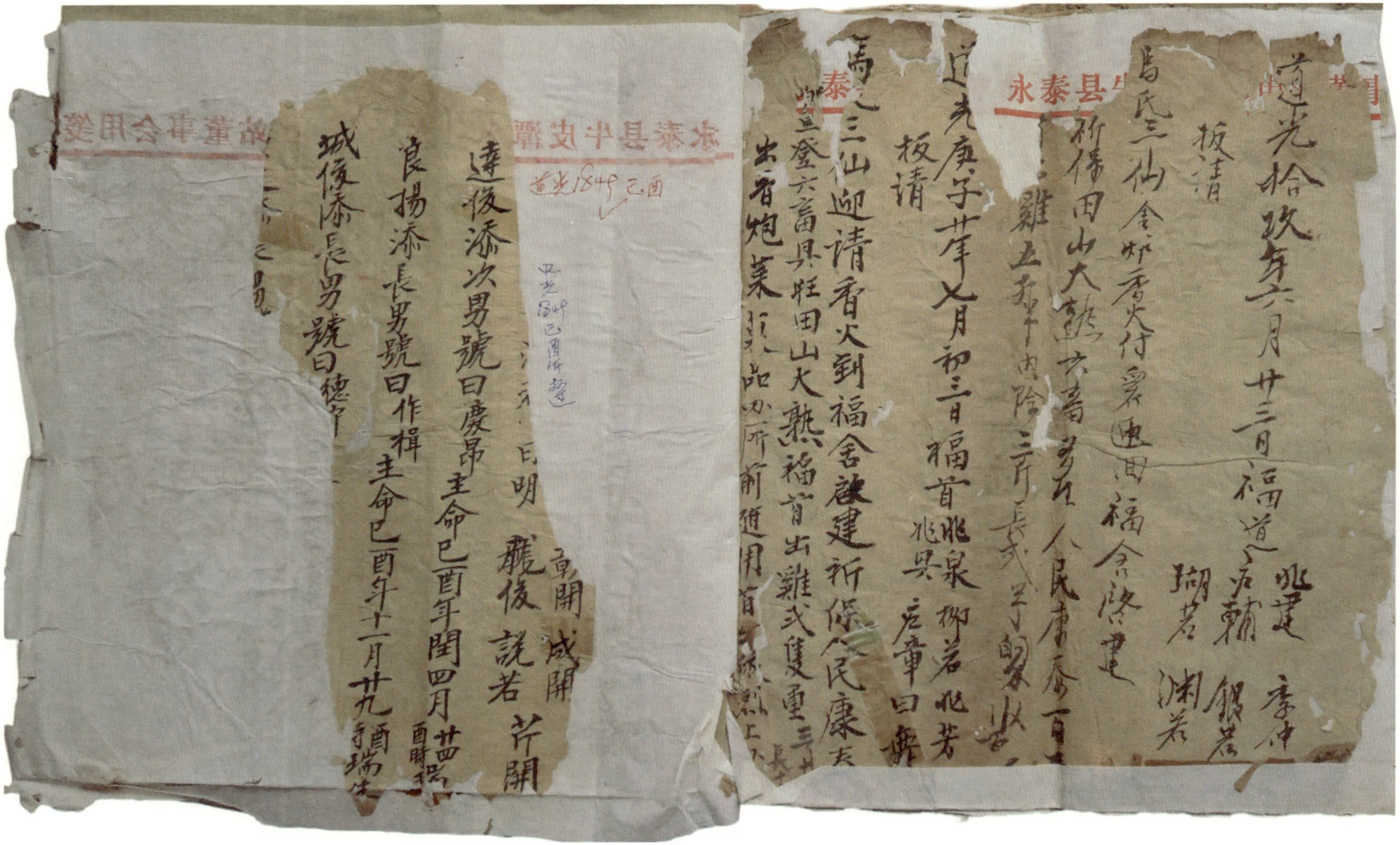

11-2-4-76　晚清民國錦屏衆全族添丁簿（七六）

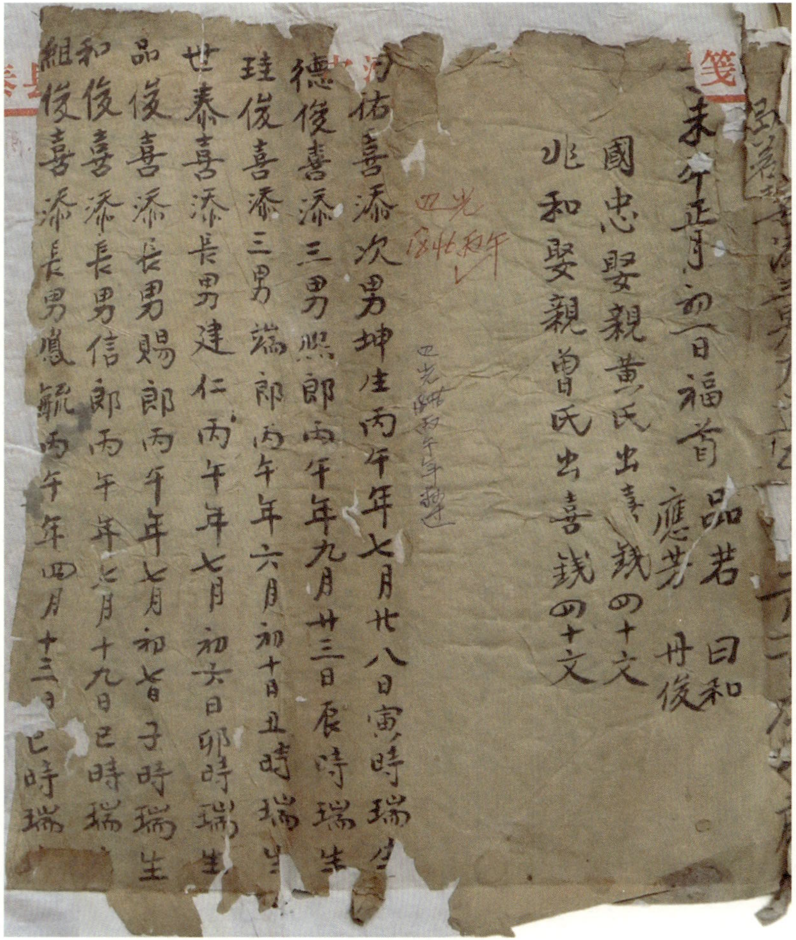
未年正月初一日福首　品君　應芳　曰和　丹俊
國忠娶親黄氏出喜錢四十文
兆和娶親曾氏出喜錢四十文
祐喜添次男坤生丙午年七月廿八日寅時瑞生
德俊喜添三男熙郎丙午年九月廿三日辰時瑞生
珪俊喜添三男端郎丙午年六月初十日丑時瑞生
世泰喜添長男建仁丙午年七月初六日卯時瑞生
品俊喜添長男賜郎丙午年七月初旨子時瑞生
和俊喜添長男信郎丙午年七月十九日巳時瑞生
組俊喜添長男[illegible]毓丙午年四月十三日巳時瑞

11-2-4-77　晚清民國錦屏衆全族添丁簿（七七）

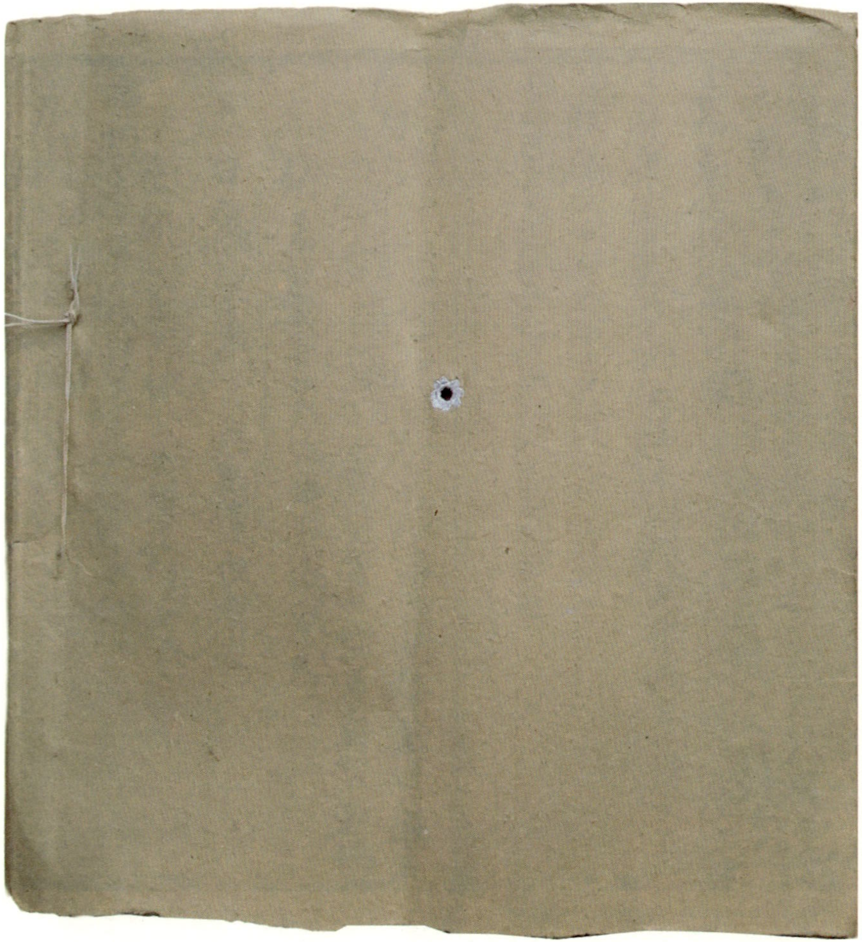

11-2-4-78　晚清民國錦屏衆全族添丁簿（七八）

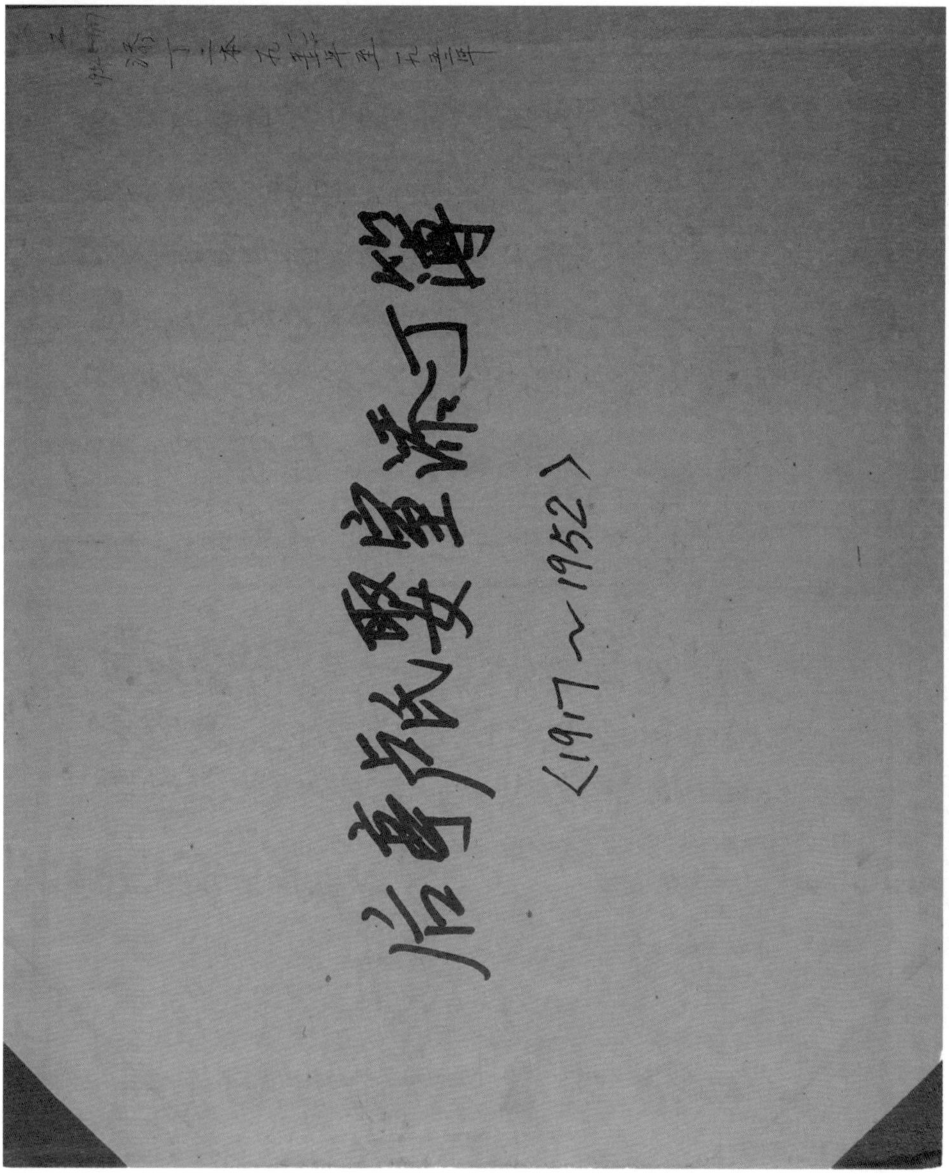

后亭盧氏衆堂添丁簿

〈1917～1952〉

11-2-4-79　晚清民國錦屏衆全族添丁簿（七九）

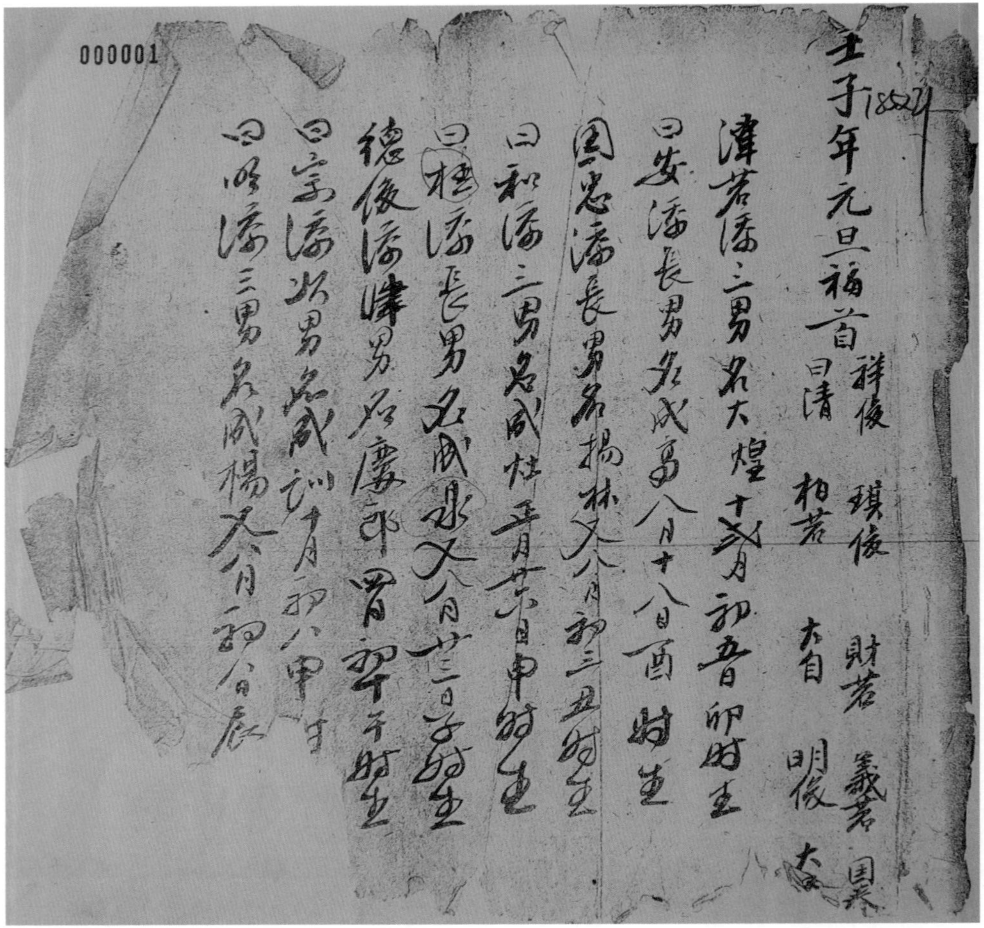

壬子（1852）年元旦福首 祥俊 日清 琪俊 柏若 財若 有自 義若 明俊 國英 太□

潭若添三男名大煌 十二月初五日卯時生
日安添長男名成高 八月十八日酉時生
國忠添長男名揚林 八月初三丑時生
日和添三男名成杜 五月廿六日申時生
日桂添長男名成永 八月廿三日子時生
德俊添肆男名慶郎 四月初午時生
日宗添次男名成訓 十月初八申時生
日明添三男名成楊 六月初六日辰

11-2-4-80　晚清民國錦屏衆全族添丁簿（八〇）

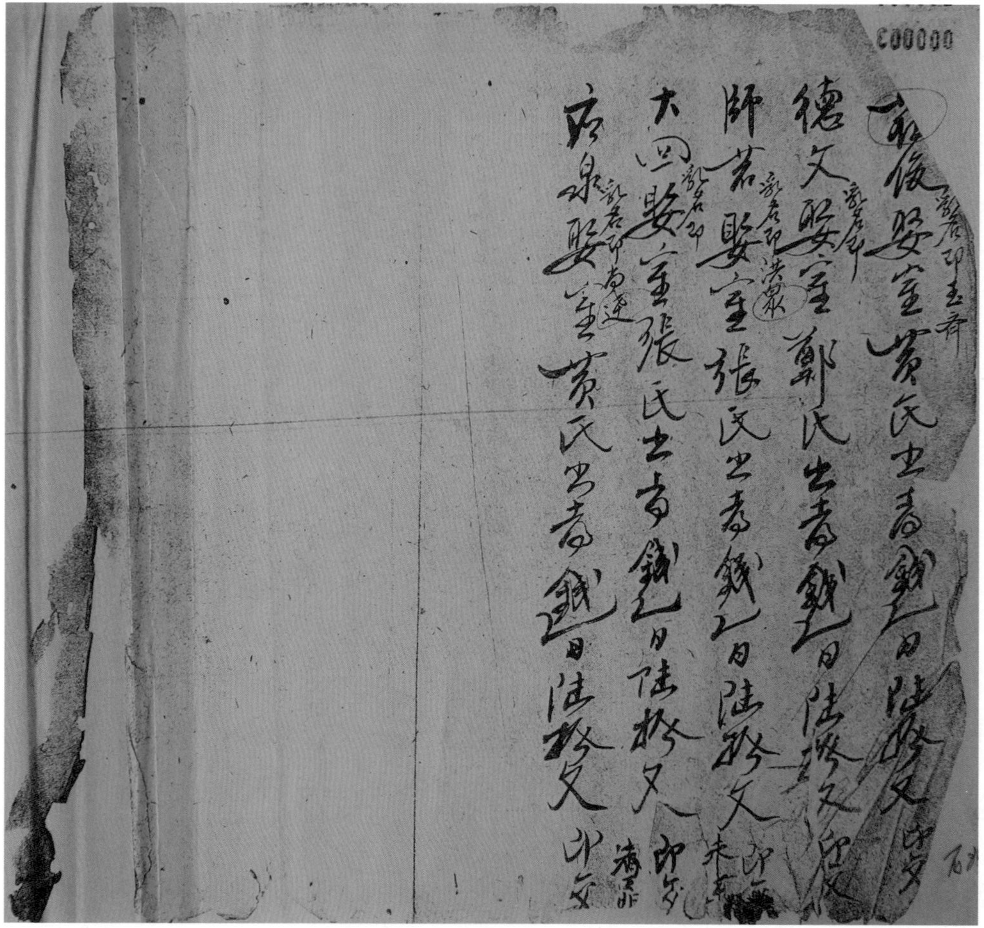

11-2-4-81　晚清民國錦屏衆全族添丁簿（八一）

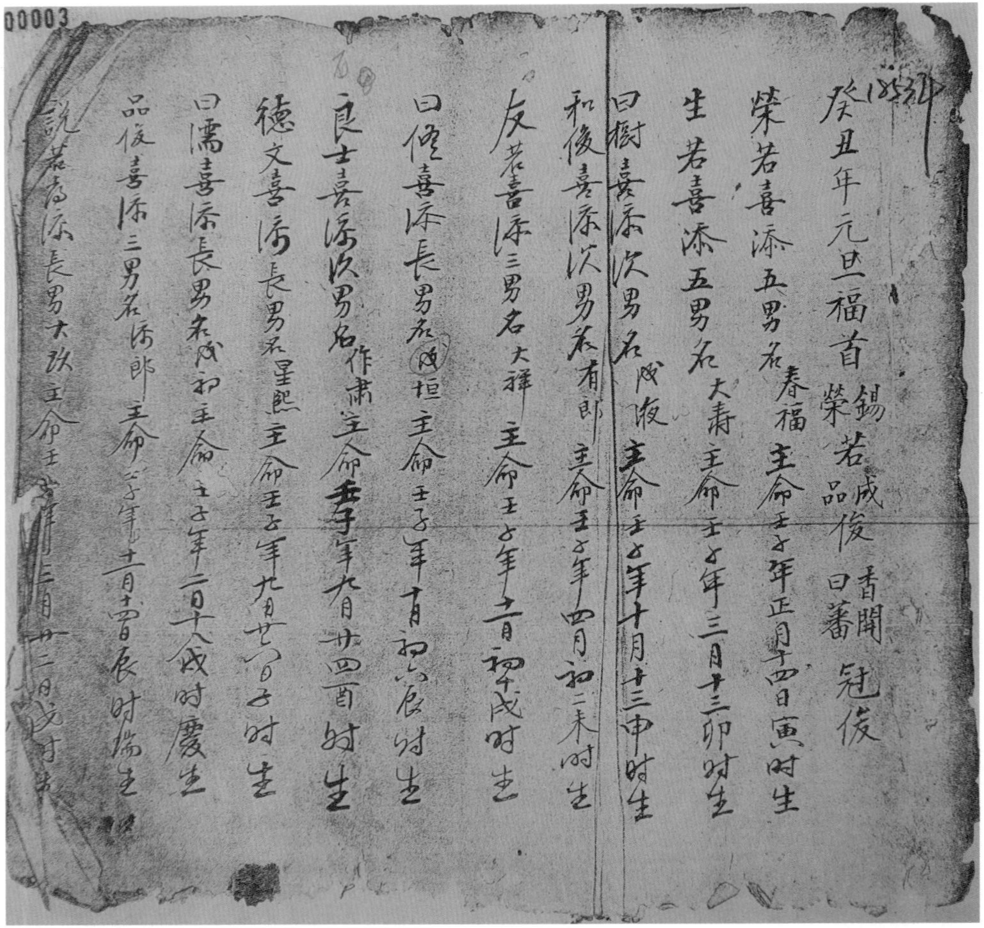

1853年

癸丑年元旦福首 錫榮 若成 品俊 香聞 曰蕃 冠俊

榮若喜添五男名春福 主命壬子年正月十四日寅时生

生若喜添五男名大壽 主命壬子年三月十三卯时生

曰樹喜添次男名成俊 主命壬子年十月十三申时生

和俊喜添次男名有郎 主命壬子年四月初二未时生

友若喜添三男名大祥 主命壬子年十二月初四戌时生

曰便喜添長男名成垣 主命壬子年十月初六辰时生

良士喜添次男名作肅 主命壬子年六月廿四酉时生

德文喜添長男名星熙 主命壬子年九月廿八子时生

曰濡喜添長男名成和 主命壬子年二月十八戌时慶生

品俊喜添三男名添郎 主命壬子年十一月十四辰时協生

説若喜添長男大玖 主命壬子年十二月廿二日戌时生

11-2-4-82　晚清民國錦屏衆全族添丁簿（八二）

廿韋娶室温氏出青錢壹百陆拾文
生俊娶室陳氏出青錢壹百陆拾文　新居印玉鏞
國陔娶室涂氏出青錢壹百陆拾文　新居印

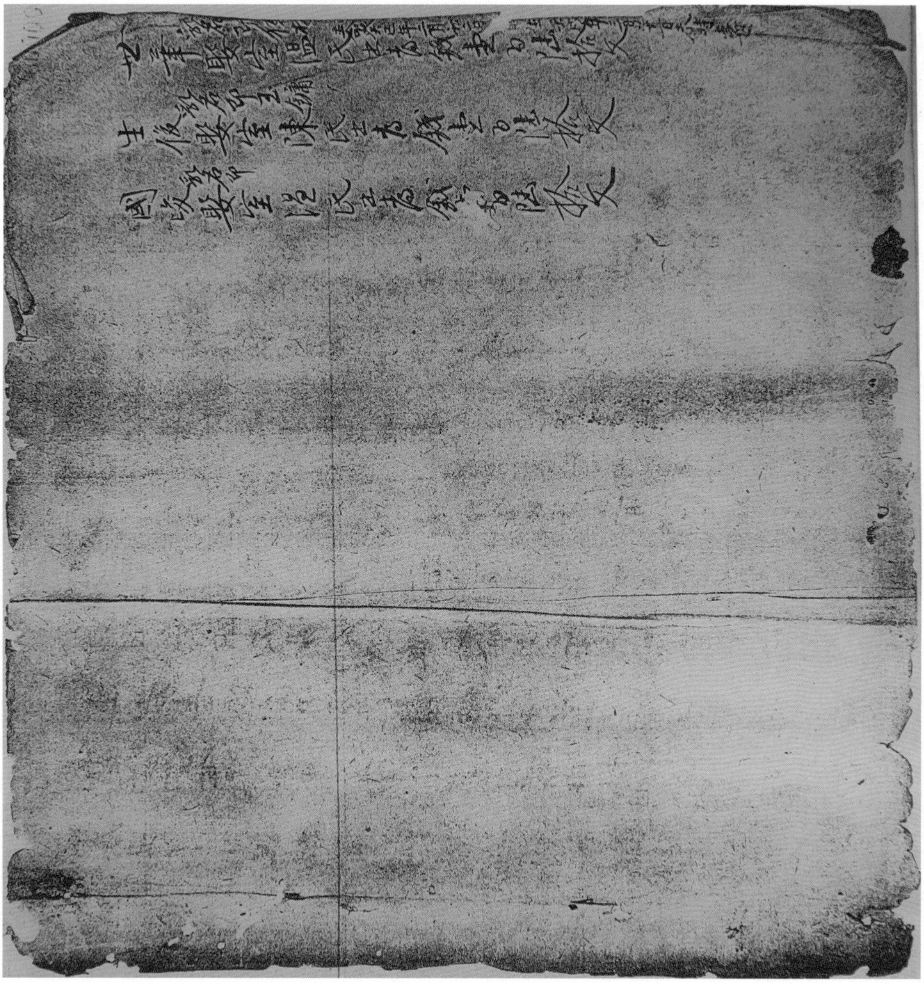

11-2-4-83　晚清民國錦屏衆全族添丁簿（八三）

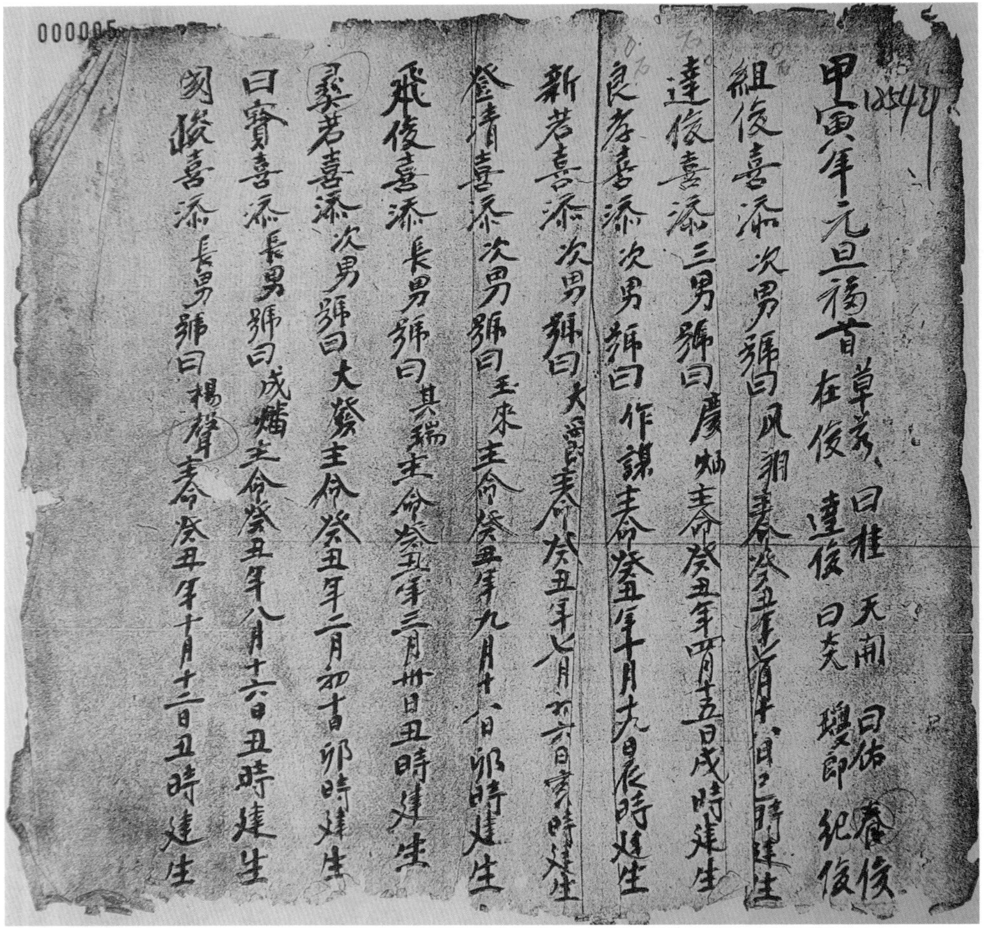

000005

甲寅年元旦福首 草茂 曰桂 天南 曰佑 春俊
在俊 達俊 曰尧 瓊郎 紀俊

組俊喜添次男號曰凤翔主命癸丑年正月廿八日[illegible]時建生

達俊喜添三男號曰慶灿主命癸丑年四月十五日戌時建生

良孝喜添次男號曰作謀主命癸丑年十月廿九日辰時建生

新君喜添次男號曰大[illegible]主命癸丑年七月初六日亥時建生

登清喜添次男號曰玉來主命癸丑年九月廿八日卯時建生

飛俊喜添長男號曰其瑞主命癸丑年三月廿日丑時建生

象君喜添次男號曰大發主命癸丑年二月初十日卯時建生

曰寶喜添長男號曰成燔主命癸丑年八月十六日丑時建生

國駿喜添長男號曰楊聲主命癸丑年十月十三日丑時建生

11-2-3-84　晚清民國錦屏衆全族添丁簿（八四）

11-2-4-85　晚清民國錦屏衆全族添丁簿（八五）

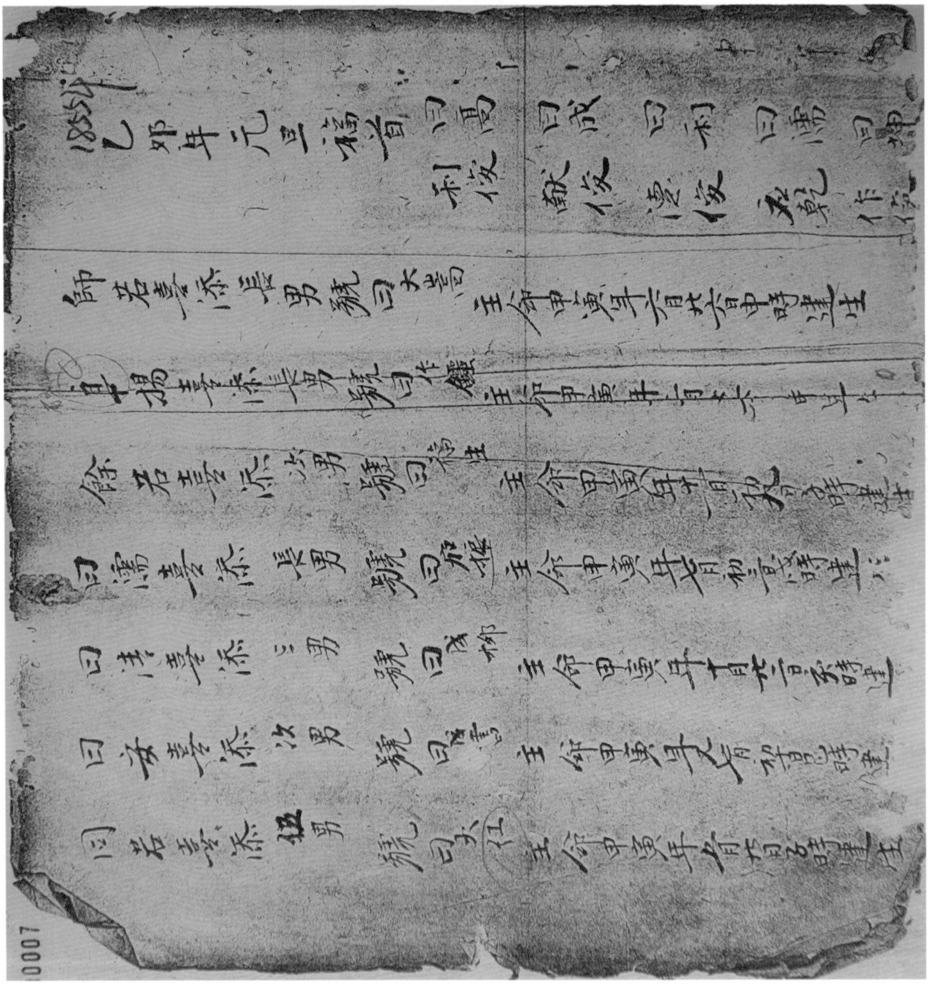

11-2-4-86 晚清民國錦屏衆全族添丁簿（八六）

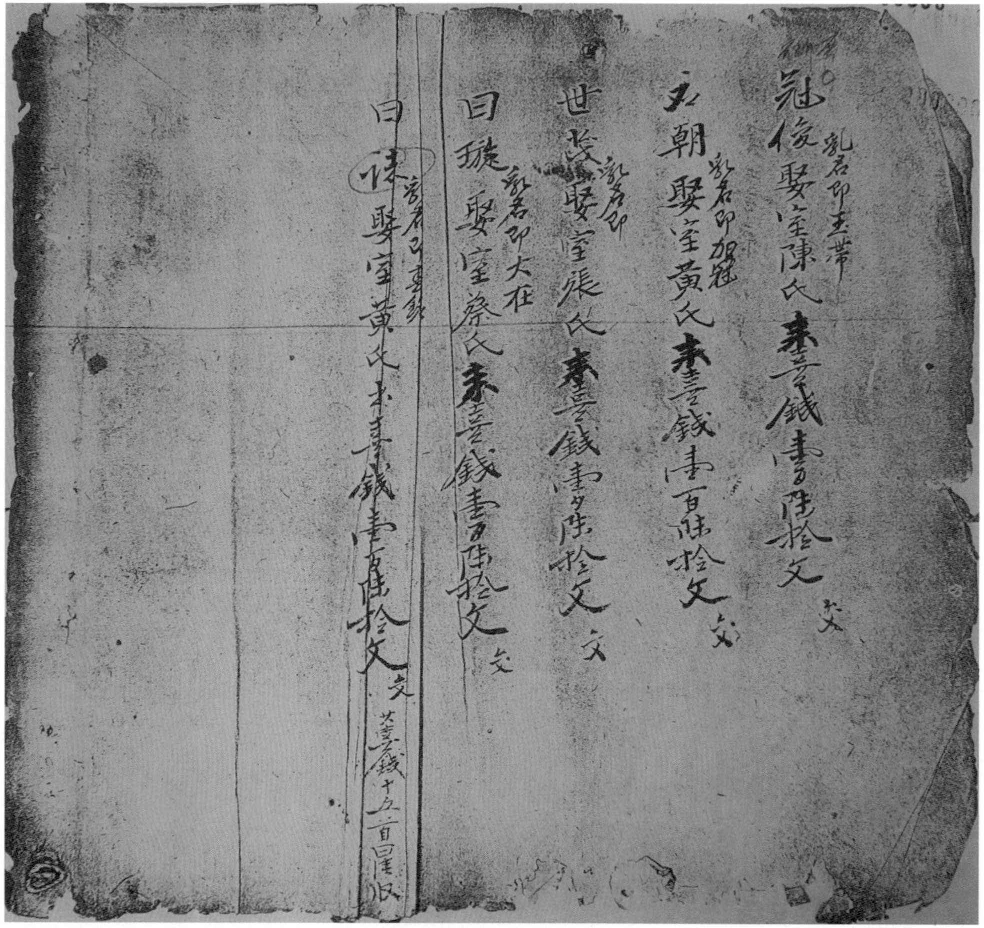
冠俊　乳名印玉常　娶室陳氏　來喜錢壹阡陸拾文　交
天朝　乳名印加杞　娶室黄氏　來喜錢壹百陸拾文　交
世綏　乳名印　娶室張氏　來喜錢壹阡陸拾文　交
日璇　乳名印大在　娶室蔡氏　來喜錢壹阡陸拾文　交
日琳　乳名已喜銓　娶室黄氏　來喜錢壹百陸拾文　交
來喜錢十五百

11-2-4-87　晚清民國錦屏衆全族添丁簿（八七）

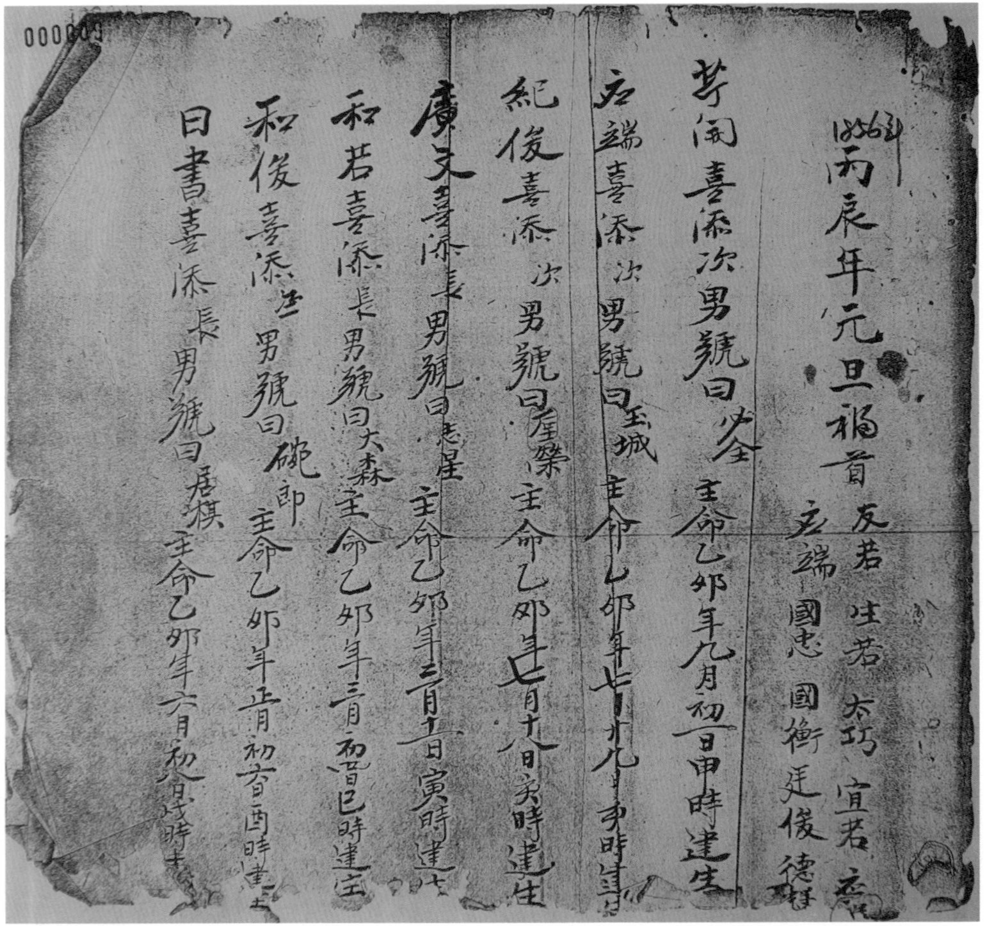

1856年

丙辰年元旦福首　友君　生君　太巧　宜君　应□

应端　國忠　國衛　廷俊　德□

孝閑喜添次男號曰少全　主命乙卯年九月初四日申時建生

应端喜添次男號曰玉城　主命乙卯年七月廿九日申時建生

紀俊喜添次男號曰屋榮　主命乙卯年七月十八日亥時建生

廣文喜添長男號曰志星　主命乙卯年三月十五日寅時建生

和君喜添長男號曰大森　主命乙卯年三月初四日巳時建生

和俊喜添三男號曰碗郎　主命乙卯年五月初六日酉時建生

日書喜添長男號曰居旗　主命乙卯年六月初八日□時生

11-2-4-88　晚清民國錦屏衆全族添丁簿（八八）

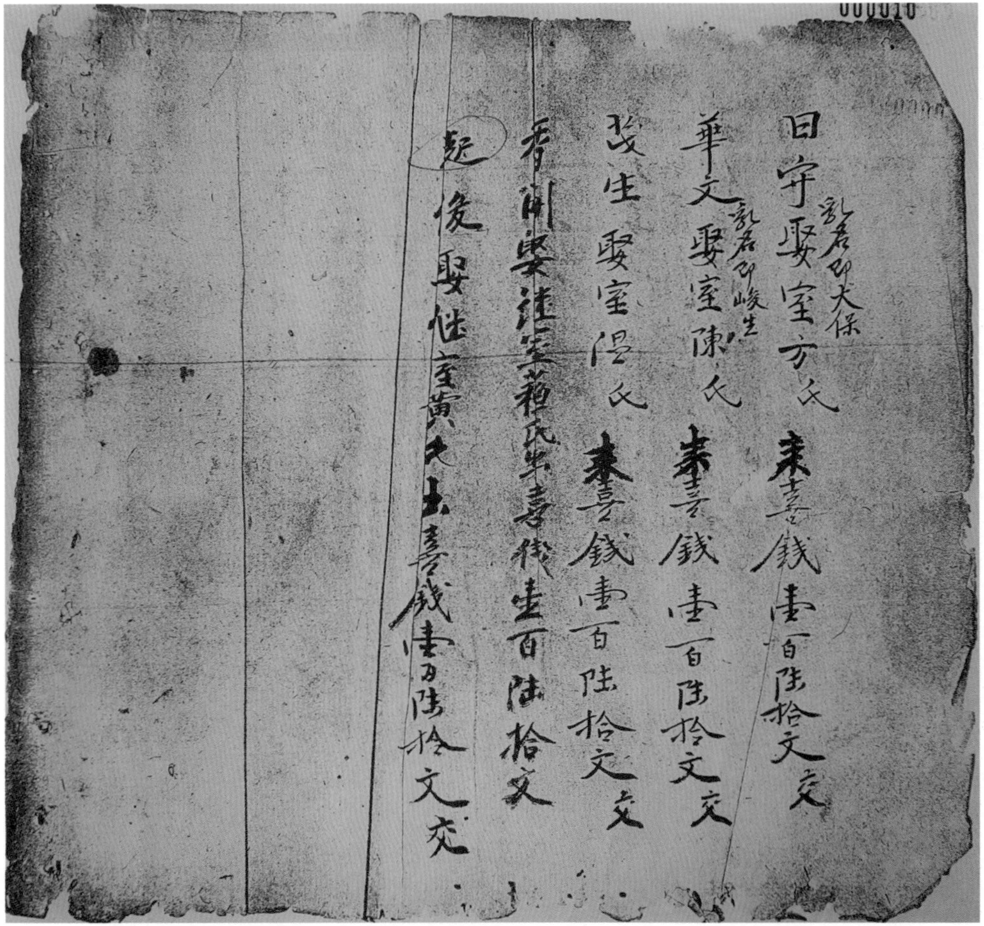

日守（彭居卬大保）娶室方氏　来喜錢壹百陸拾文交

華文（彭居卬峻生）娶室陳氏　来喜錢壹百陸拾文交

發生娶室吕氏　来喜錢壹百陸拾文交

秀訓娶继室藉氏半喜錢壹百陸拾文

（起）俊娶继室黄氏大来喜錢壹百陸拾文交

11-2-4-89　晚清民國錦屏衆全族添丁簿（八九）

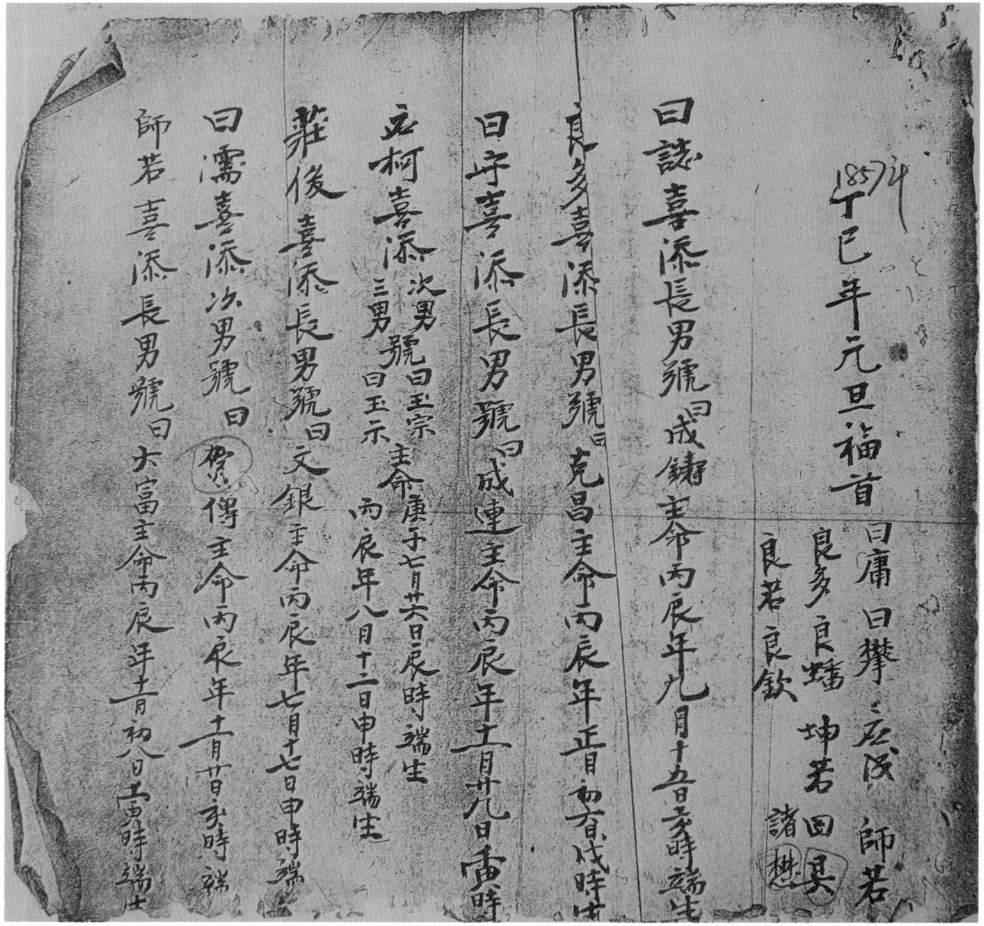

1857 丁巳年元旦福首

曰庸 曰攀 應茂 師若

良多 良蟠 坤若 回昊

良若 良欽 諸樾

曰誌喜添長男號曰成鑄主命丙辰年九月十五日亥時端生

良多喜添長男號曰克昌主命丙辰年正月初一日戌時端生

曰守喜添長男號曰成連主命丙辰年十一月廿九日寅時

應柯喜添次男號曰玉宗主命庚子七月廿六日辰時端生

三男號曰玉示丙辰年八月十二日申時端生

莊後喜添長男號曰文銀主命丙辰年七月十七日申時端

曰濡喜添次男號曰傳主命丙辰年十一月廿日亥時端

師若喜添長男號曰大富主命丙辰年十一月初八日寅時端生

11-2-4-90　晚清民國錦屏衆全族添丁簿（九〇）

日敏（乳名印大捷）娶室林氏　來喜錢壹百陸拾文正
良有（乳名印錫金）娶室林氏　來喜錢壹百陸拾文正
祥俊娶室樓氏　來喜錢壹百陸拾文正
右仁（乳名印尚志）娶室李氏　來喜錢壹百陸拾文正
世高（乳名印賢郎）娶室李氏　來喜錢壹百陸拾文正
敬俊（乳名印玉欽）娶室李氏　來喜錢壹百陸拾文正

11-2-4-91　晚清民國錦屏衆全族添丁簿（九一）

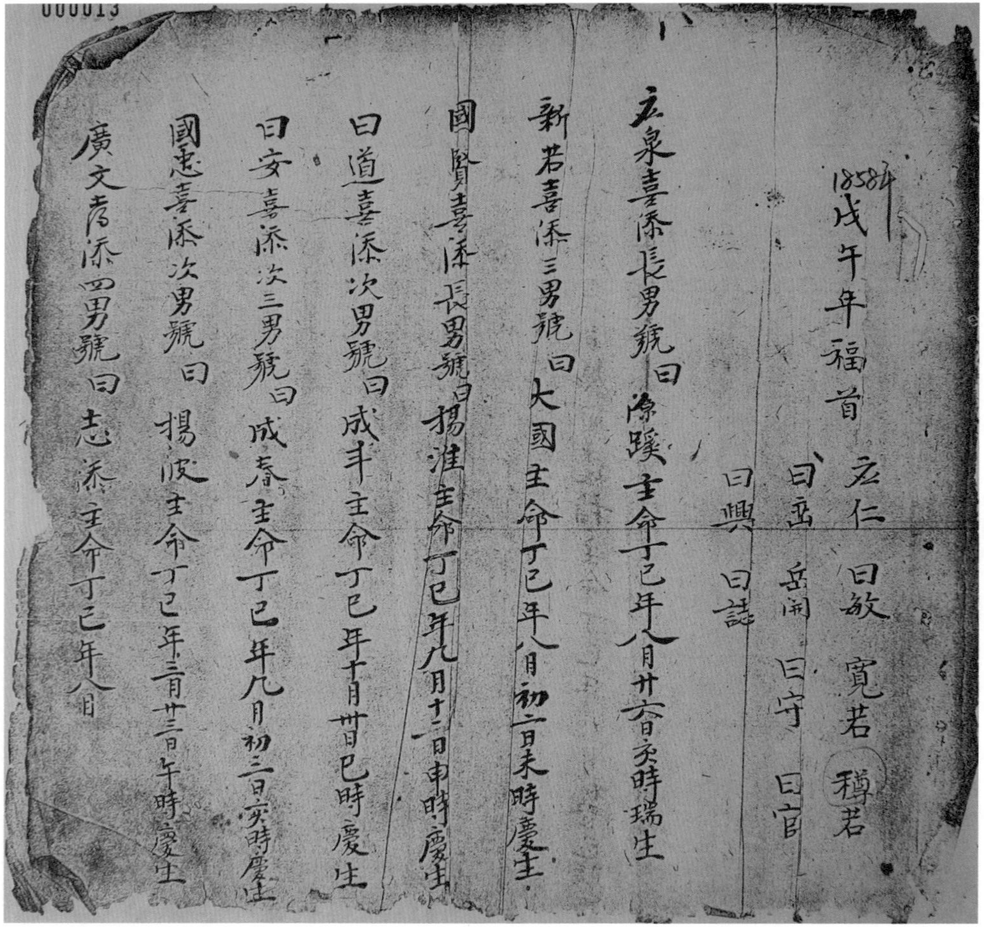
1858 戊午年福首 玄仁 曰敍 寬若 穆若
曰亞 岳閙 曰守 曰官
曰興 曰誌
玄泉喜添長男號曰滌蹊 主命丁巳年八月廿六日亥時瑞生
新若喜添三男號曰大國 主命丁巳年八月初二日未時慶生
國賢喜添長男號曰揚淮 主命丁巳年九月十二日申時慶生
曰道喜添次男號曰成丰 主命丁巳年十月廿日巳時慶生
曰安喜添次三男號曰成春 主命丁巳年九月初三日亥時慶生
國志喜添次男號曰揚波 主命丁巳年三月廿三日午時慶生
廣文喜添四男號曰志添 主命丁巳年八月

11-2-4-92　晚清民國錦屏衆全族添丁簿（九二）

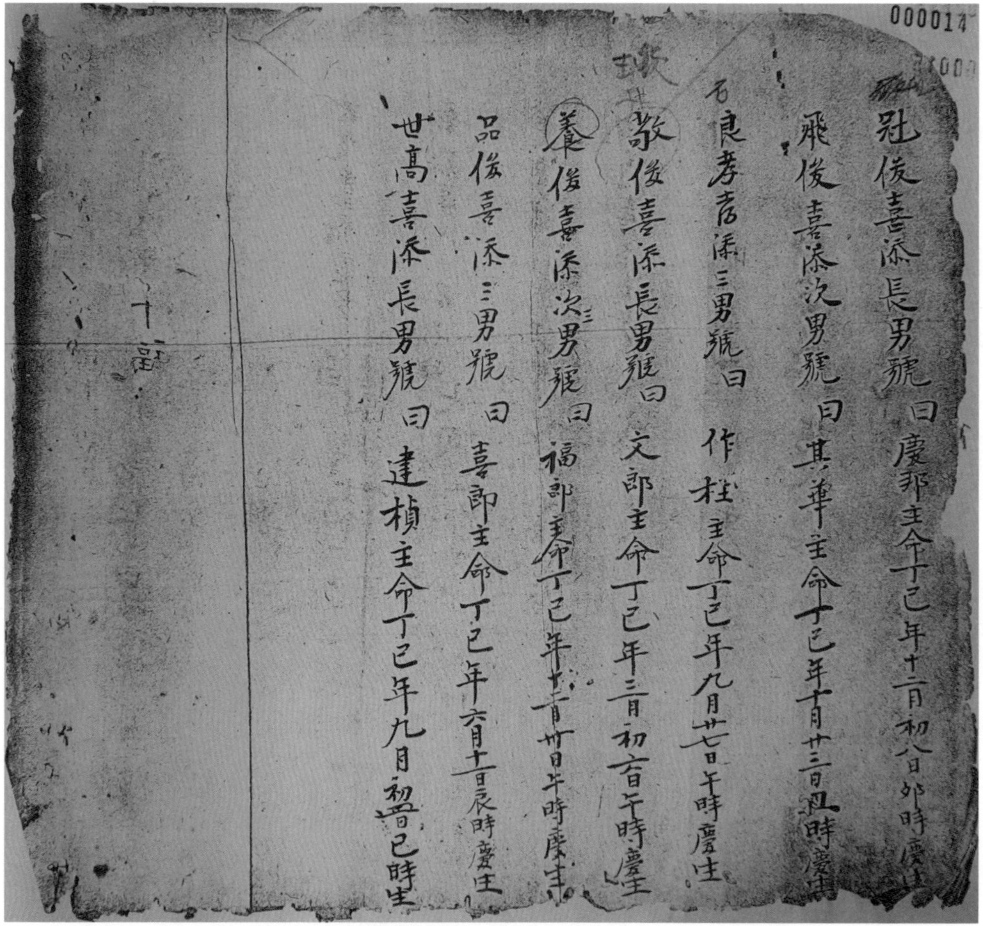

冠俵喜添長男號曰慶邦主命丁巳年十二月初八日卯時慶生

飛俵喜添次男號曰其華主命丁巳年十月廿三日丑時慶生

石良孝喜添三男號曰作柱主命丁巳年九月廿七日午時慶生

敬俵喜添長男號曰文郎主命丁巳年三月初六日午時慶生

養俵喜添次男號曰福郎主命丁巳年十一月廿日午時慶生

品俵喜添三男號曰喜郎主命丁巳年六月十五日辰時慶生

世高喜添長男號曰建楨主命丁巳年九月初四日巳時生

十丁

11-2-4-93　晚清民國錦屏衆全族添丁簿（九三）

日賢（歆著即大舉）娶室單氏 喜錢壹百陸拾文正

義民（壽名又桭）娶室黄氏 喜錢壹百陸拾文正

11-2-4-94 晚清民國錦屏衆全族添丁簿（九四）

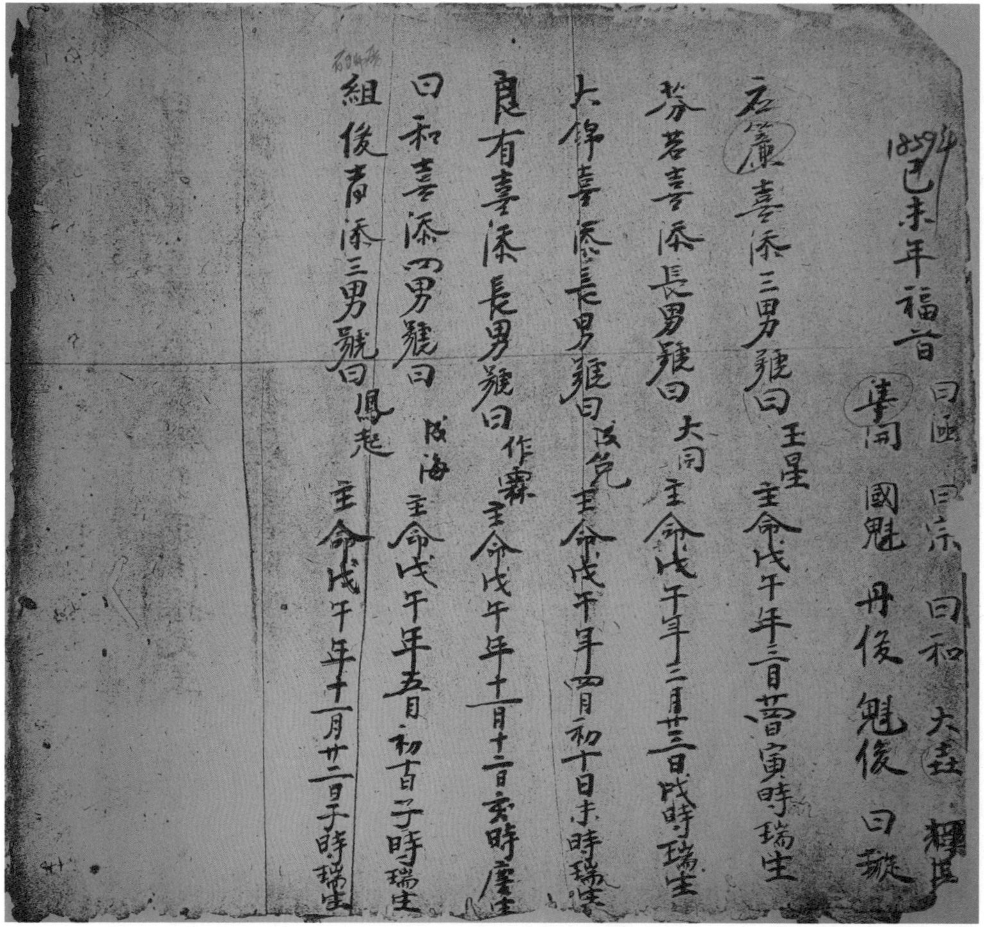

1859年

己未年福首 曰函 曰宗 曰和 大垚 相臣

壽開 國魁 丹俊 魁俊 曰琥

右廉喜添三男號曰王星 主命戊午年三月廿四日寅時瑞生

芬若喜添長男號曰大同 主命戊午年十二月廿三日戌時瑞生

大倬喜添長男號曰汝晃 主命戊午年四月初十日未時瑞生

良有喜添長男號曰作霖 主命戊午年十一月十二日亥時慶生

曰和喜添四男號曰汝海 主命戊午年五月初十日子時瑞生

組俊喜添三男號曰鳳起 主命戊午年十一月廿二日子時瑞生

11-2-4-95 晚清民國錦屏衆全族添丁簿（九五）

良才（譜名印茇三）娶室黃氏喜添銅壹百陸拾文正
曰成（譜名印丹梅）娶室羅氏喜添銅壹百陸拾文
曰官（譜名印大晉）娶室林氏青添銅壹百陸拾文
錦章娶室江氏青添銅壹百陸拾文
良若（譜名印四居）娶室張氏青添銅壹百陸拾文
開俊（譜名印玉泉）娶室李氏青銅壹百陸拾文

11-2-4-96　晚清民國錦屏衆全族添丁簿（九六）

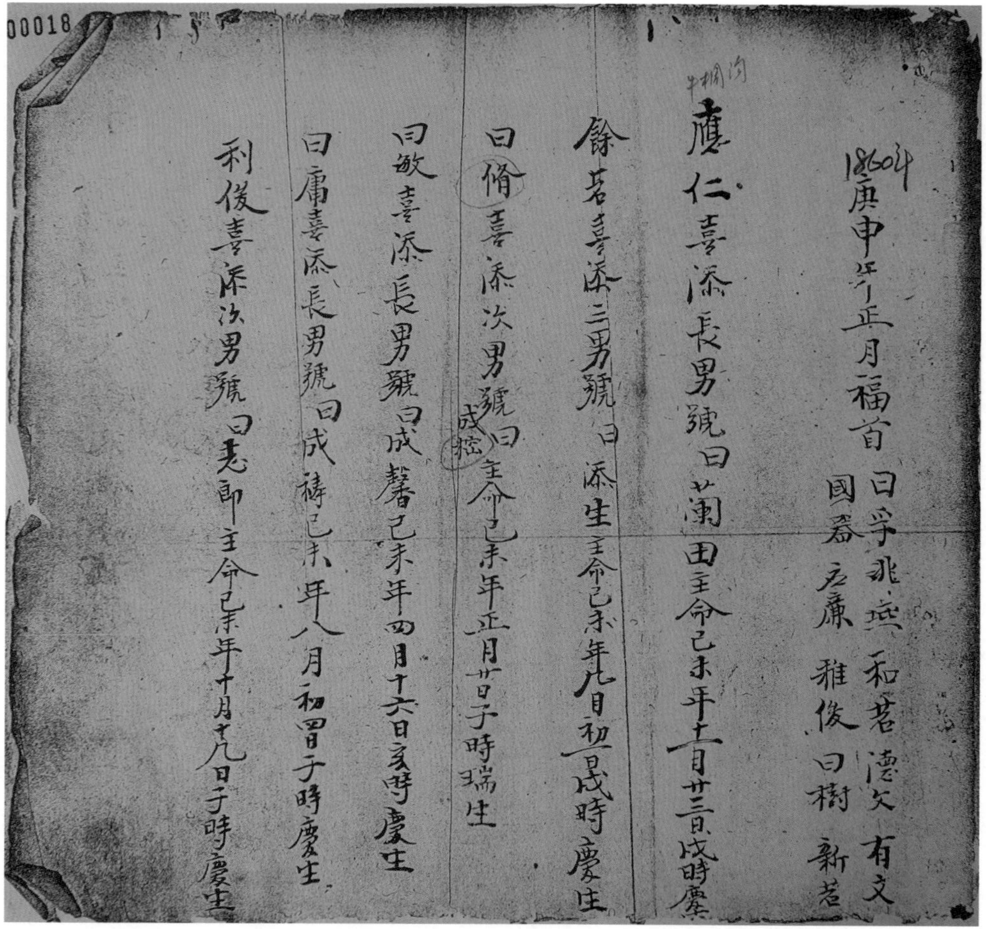
1860年
庚申年正月福首 曰孚 兆煐 和茗 灋文 有文
國器 应康 雅俊 曰樹 新茗
中桐洋
應仁喜添長男號曰蘭田主命己未年十一月廿三日戌時慶生
餘茗喜添三男號曰添生主命己未年九月初一日辰時慶生
曰脩喜添次男號曰成控主命己未年正月廿日子時瑞生
曰敏喜添長男號曰成馨己未年四月十六日亥時慶生
曰庸喜添長男號曰成禱己未年八月初四日子時慶生
利俊喜添次男號曰恙郎主命己未年十月十九日子時慶生

11-2-4-97 晚清民國錦屏衆全族添丁簿（九七）

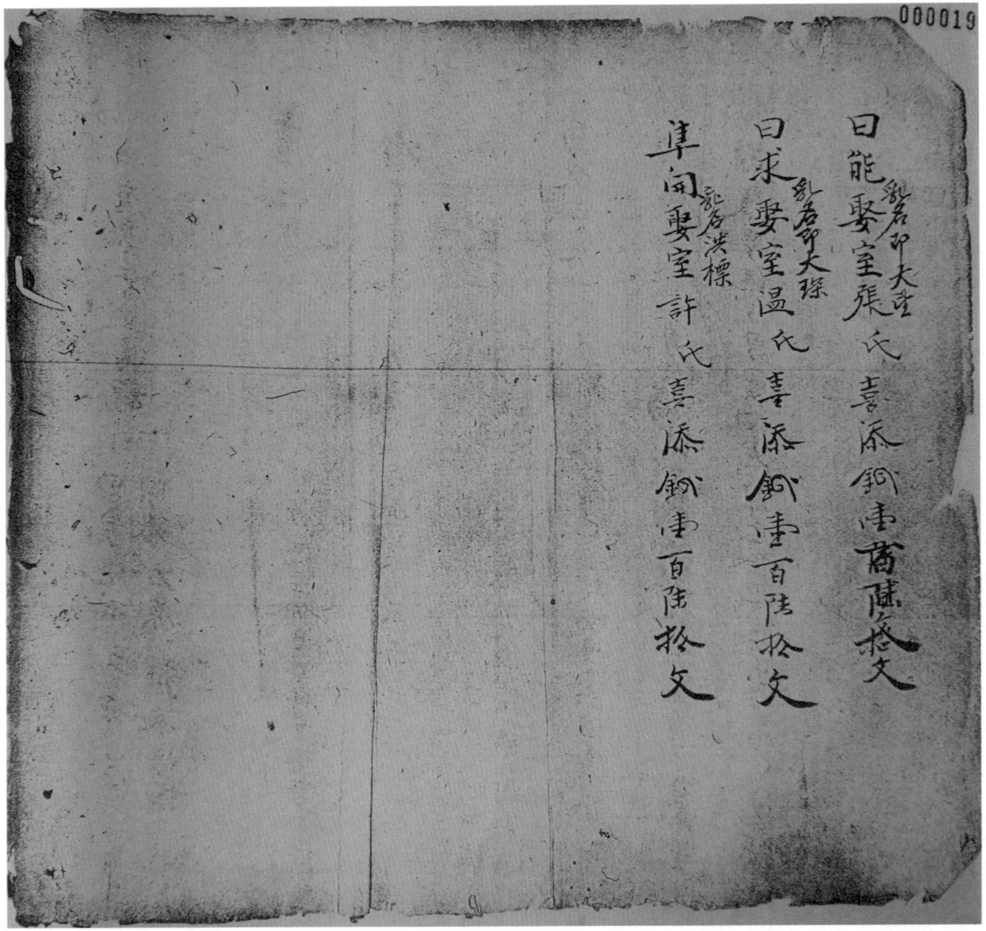

日能（乳名印大奎）娶室張氏喜添錢壹萬陸拾文
日求（乳名印大琛）娶室溫氏喜添錢壹百陸拾文
隼向（乳名洪標）娶室許氏喜添錢壹百陸拾文

11-2-4-98 晚清民國錦屏衆全族添丁簿（九八）

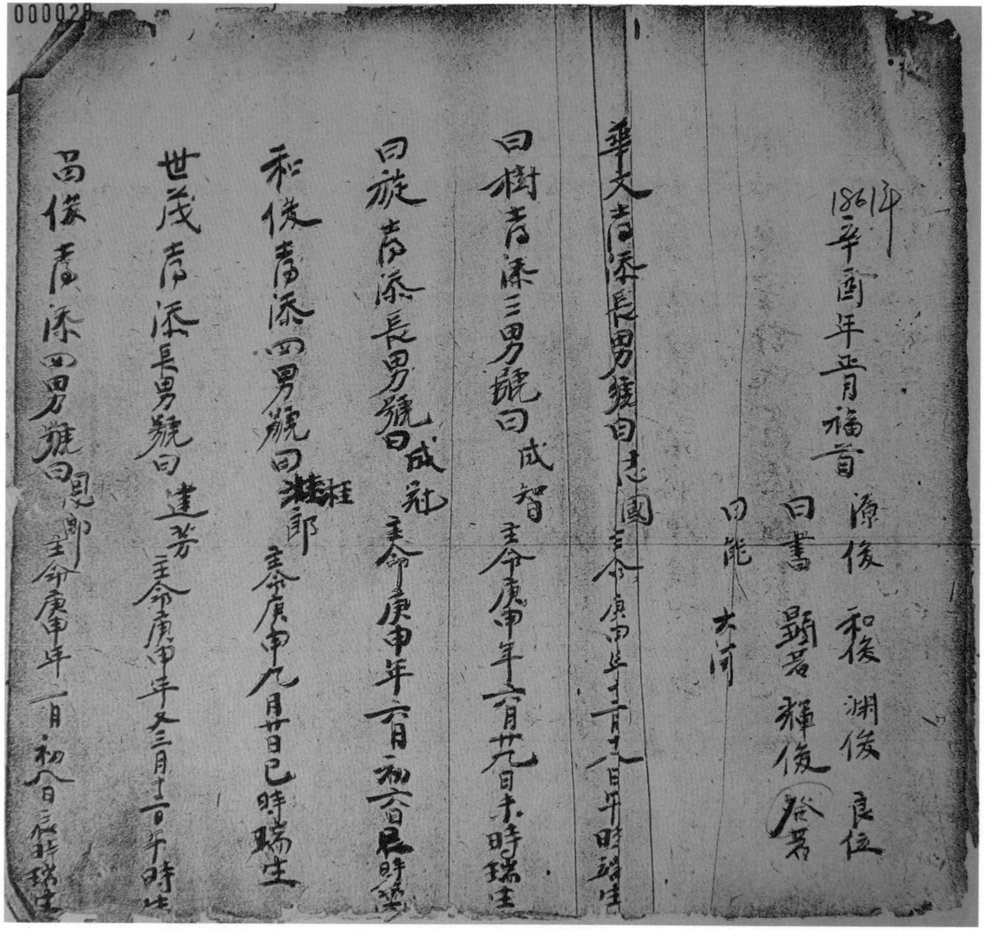
1861
辛酉年五月福首
源俊 和後 渊俊 良位
日書 顯著 輝俊 啓男
日能 大河
華文喜添長男號曰志國 生命庚申年十一月十一日午時瑞生
日樹喜添三男號曰成智 生命庚申年十二月廿九日未時瑞生
日旋喜添長男號曰成冠 生命庚申年六月初六日辰時瑞生
和俊喜添四男號曰桂郎 生命庚申年九月廿日巳時瑞生
世茂喜添長男號曰建芳 生命庚申年又三月十一日午時生
昌俊喜添四男號曰恩郎 生命庚申年一月初八日三時瑞生

11-2-4-99 晚清民國錦屏衆全族添丁簿（九九）

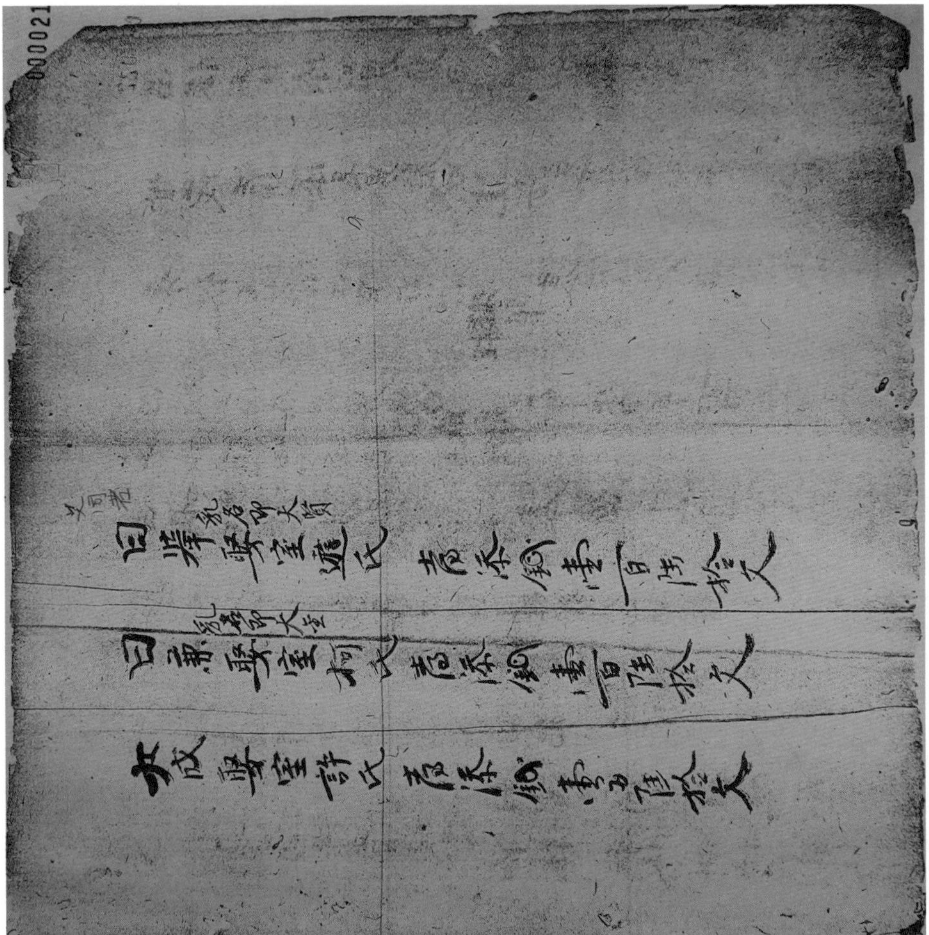
曰琟娶室盧氏　生添紉丁一百陸拾文
曰鼎娶室柯氏　生添紉丁一百陸拾文
大成娶室許氏　生添紉丁[illegible]陸拾文

11-2-4-100　晚清民國錦屏衆全族添丁簿（一〇〇）

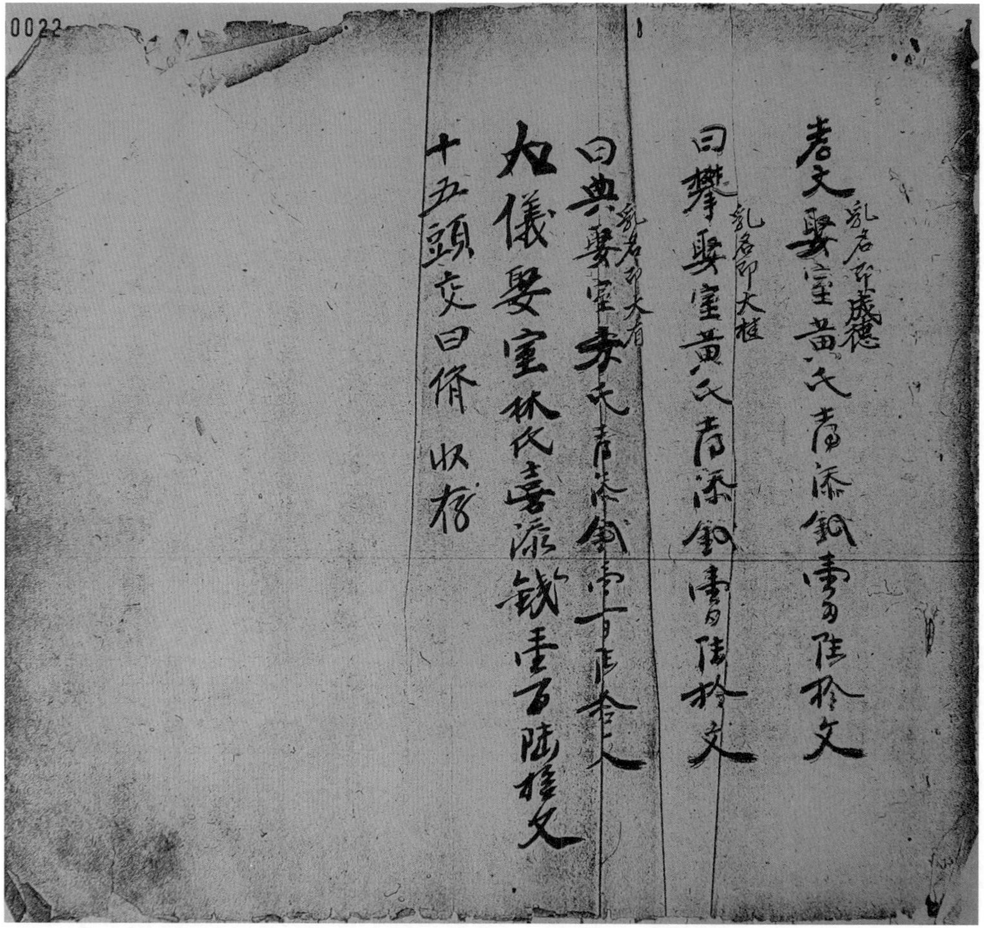

孝文（乳名印成德）娶室黄氏壽添錢壹百陸拾文

曰攀（乳名印大柱）娶室黄氏壽添錢壹百陸拾文

曰典（乳名印大有）娶室李氏壽添錢壹百陸拾文

如儀娶室林氏壽添錢壹百陸拾文

十五頭交曰脩收存

11-2-4-101　晚清民國錦屏衆全族添丁簿（一〇一）

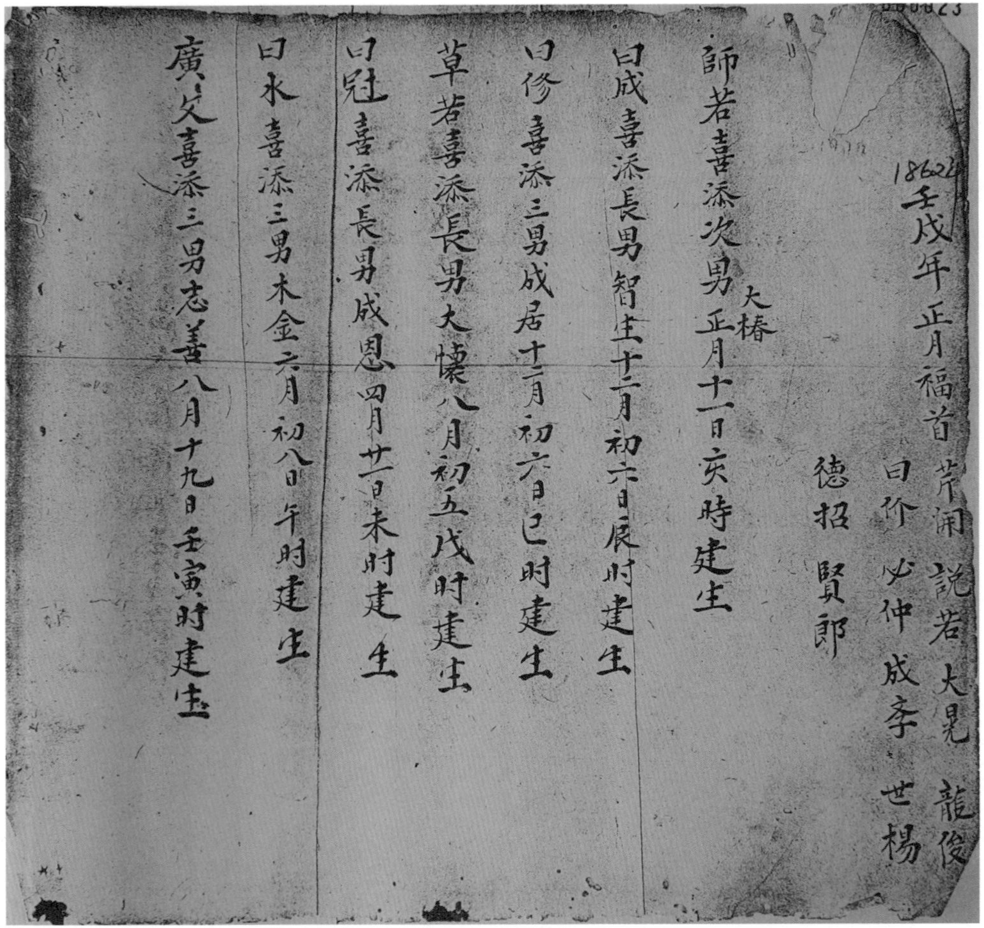
1862
壬戌年正月福首　芹渢　說若　大晃　龍俊
曰价　必仲　成李　世楊
德招　賢郎

師若喜添次男大椿正月十一日亥時建生
曰成喜添長男智生十二月初六日辰时建生
曰修喜添三男成居十二月初六日巳时建生
草若喜添長男大懷八月初五戌时建生
曰冠喜添長男成恩四月廿一日未时建生
曰永喜添三男木金六月初八日午时建生
廣、交喜添三男志善八月十九日壬寅时建生

11-2-4-102　晚清民國錦屏衆全族添丁簿（一〇二）

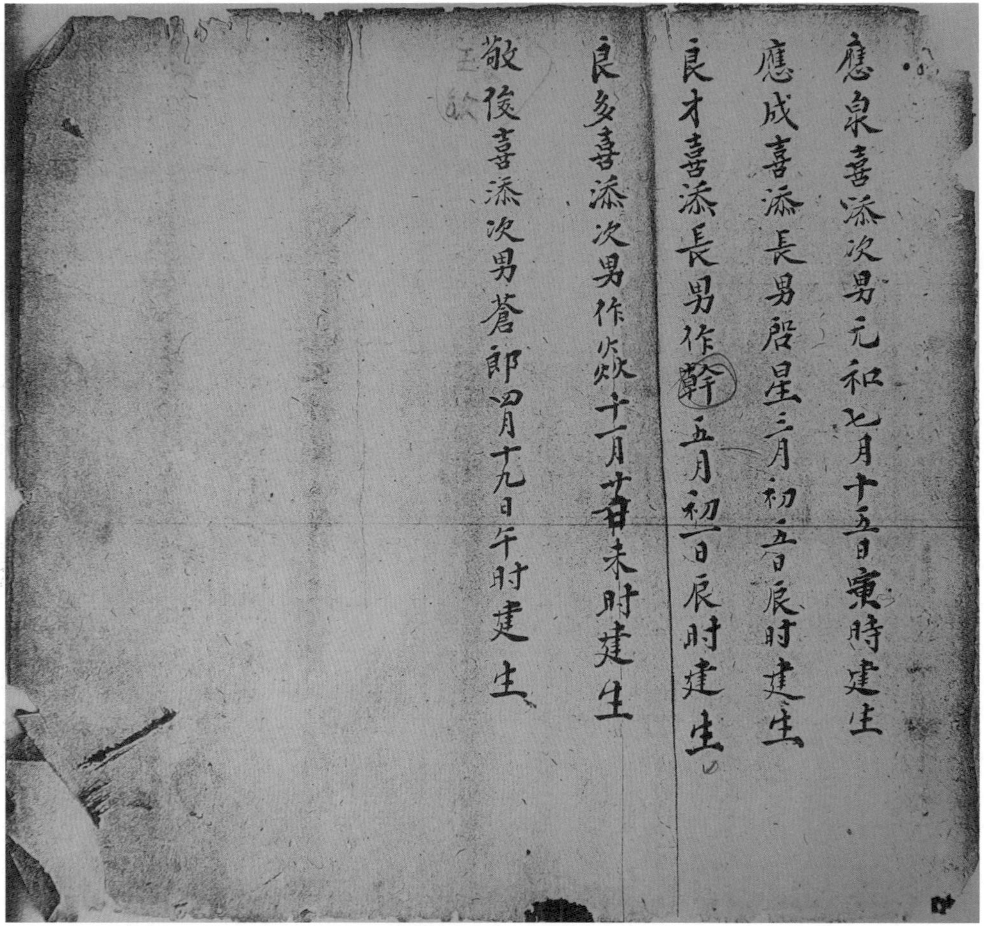
應泉喜添次男元和七月十五日寅時建生
應成喜添長男啓星三月初五日辰時建生
良才喜添長男作幹五月初一日辰時建生
良多喜添次男作炊十一月廿日未時建生
敬後喜添次男蒼郎四月十九日午時建生

11-2-4-103　晚清民國錦屏衆全族添丁簿（一〇三）

書俊（乳名卯五通）娶室鄭氏喜添錢壹佰陸拾文
日進（乳名卯大敏）娶室王氏喜添錢壹佰陸拾文
碧俊（乳名卯志拜）娶室林氏喜添錢壹百陸拾文
文元　育（福）德文　丹俊　以去不　肆百捌拾文正

11-2-4-104　晚清民國錦屏衆全族添丁簿（一〇四）

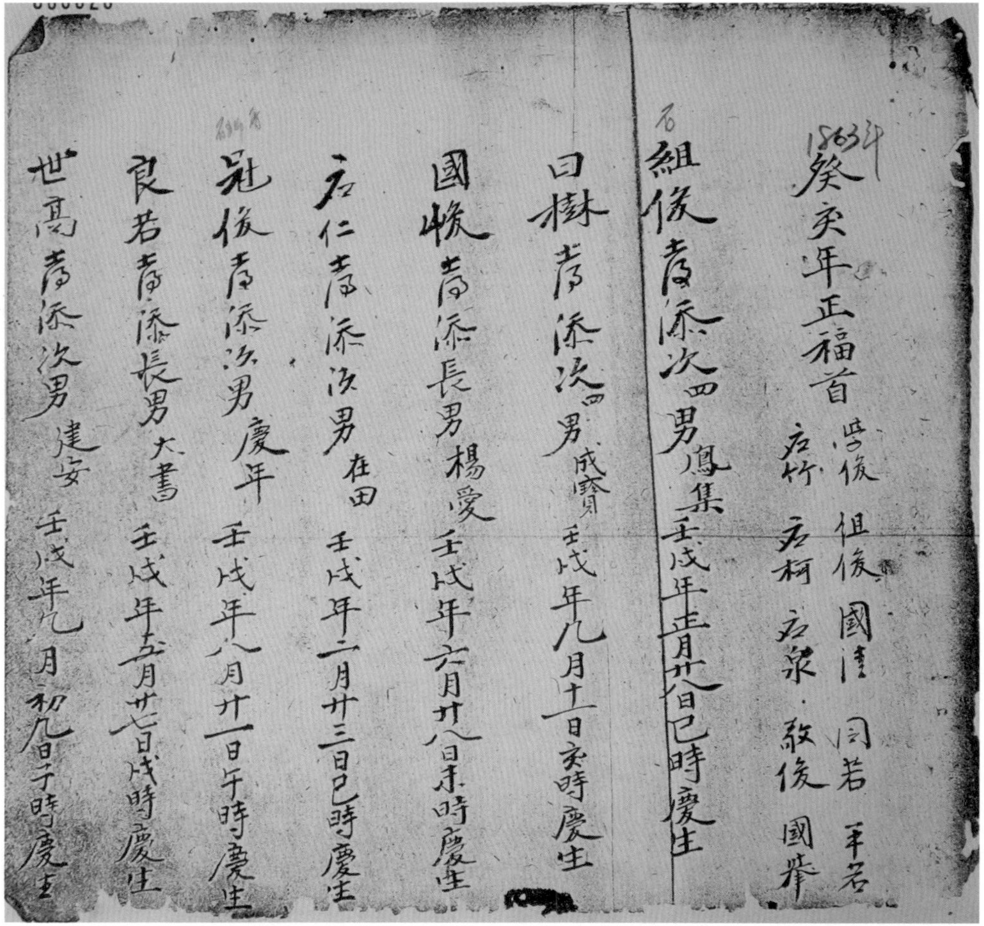
癸亥年正福首　岳俤　启竹　但俤　启柯　國清　启泉　同若　敬俤　國舉　平若
組俤房添次四男鳳集　壬戌年十二月廿八日巳時慶生
曰樹房添次四男成齊　壬戌年九月十一日亥時慶生
國恢房添長男楊愛　壬戌年六月廿八日未時慶生
启仁房添次男在田　壬戌年二月廿三日巳時慶生
冠俤房添次男慶年　壬戌年八月廿一日午時慶生
良若房添長男大書　壬戌年五月廿七日戌時慶生
世高房添次男建安　壬戌年九月初九日子時慶生

11-2-4-105　晚清民國錦屏衆全族添丁簿（一〇五）

品依喬添次男思爵　壬戌年八月初二日子時慶生
日進喬添長男成阜　壬戌年十一月初十日丑時慶生

11-2-3-106　晚清民國錦屏衆全族添丁簿（一〇六）

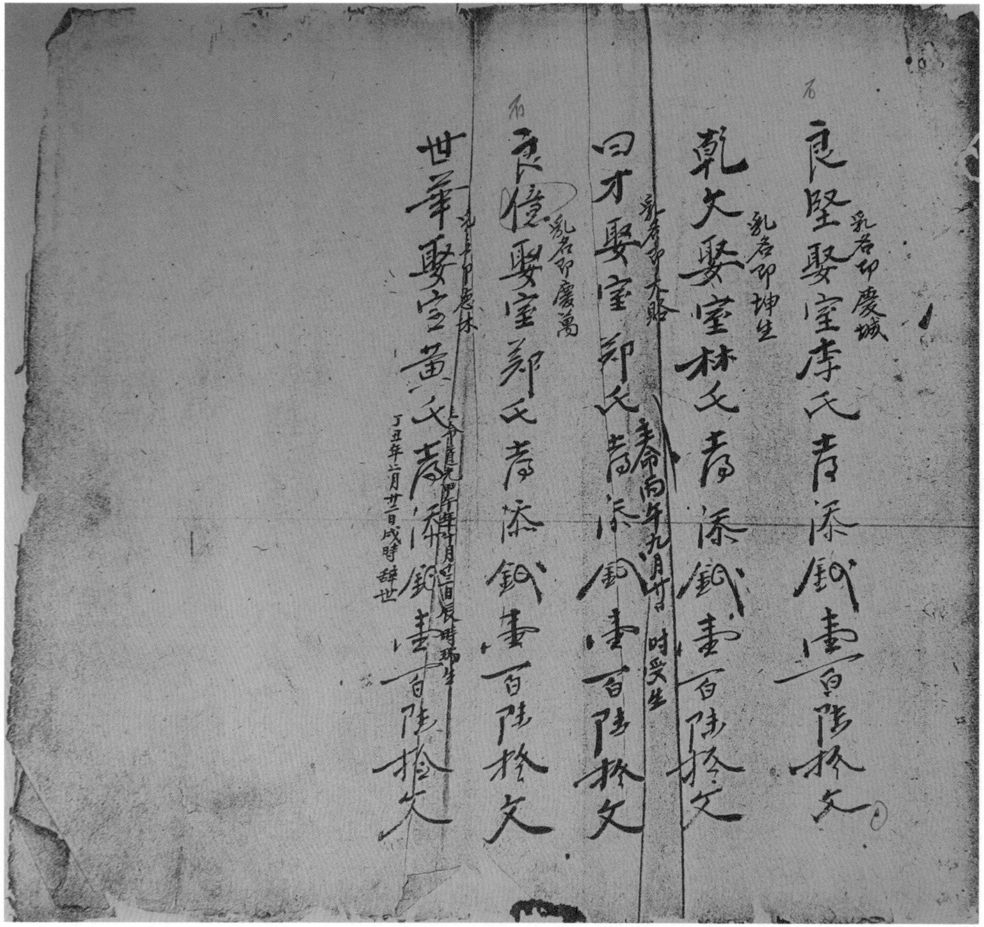

良堅 乳名印慶城 娶室李氏 壽添錢壹百陆拾文

乾文 乳名印坤生 娶室林氏 壽添錢壹百陆拾文

日才 乳名印大路 娶室鄭氏 壽添錢壹百陆拾文 壽命丙午年九月廿日时受生

良億 乳名印慶萬 娶室鄭氏 壽添錢壹百陆拾文

世華 乳名印忠林 娶室黄氏 壽添錢壹百陆拾文 壽命[illegible]月廿[illegible]日辰時瑞生 丁丑年二月廿二日戌時辭世

11-2-4-107 晚清民國錦屏衆全族添丁簿（一〇七）

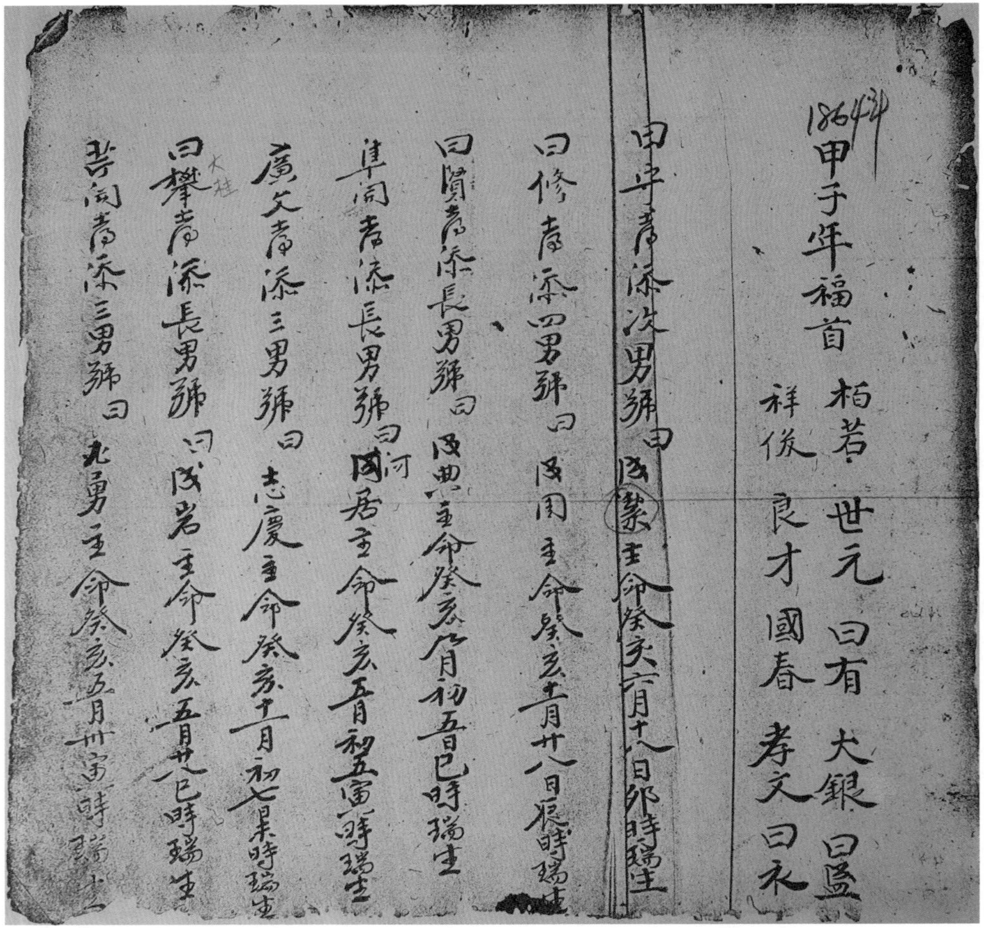

甲子年福首 柏若 世元 曰有 大銀 曰盈
祥俊 良才 國春 孝文 曰永

甲年青添次男孫曰 茂象 生命癸亥六月十八日卯時瑞生
曰修青添四男孫曰 茂周 生命癸亥十一月廿八日辰時瑞生
曰賢青添長男孫曰 茂興 生命癸亥八月初五日巳時瑞生
集同青添長男孫曰河 國居 生命癸亥五月初五寅時瑞生
廣文青添三男孫曰 志慶 生命癸亥十一月初七未時瑞生
曰攀（大柱）青添長男孫曰 茂岩 生命癸亥五月廿九巳時瑞生
岩周青添三男孫曰 丸勇 生命癸亥五月卅寅時瑞生

11-2-4-108 晚清民國錦屏衆全族添丁簿（一〇八）

11-2-4-109 晚清民國錦屏衆全族添丁簿（一〇九）

世賢　乳名印德淳　娶室張氏　青添錢壹百陆拾文
日德　乳名印大贊　娶室林氏　青添錢壹百陆拾文
世元　乳名印德全　娶室方氏　青添錢壹百陆拾文
良矯　乳名印菱龍　娶室黄氏　青添錢壹百陆拾文
名稚印
乃庚戌年十一月廿三日

11-2-4-110　晚清民國錦屏衆全族添丁簿（一一〇）

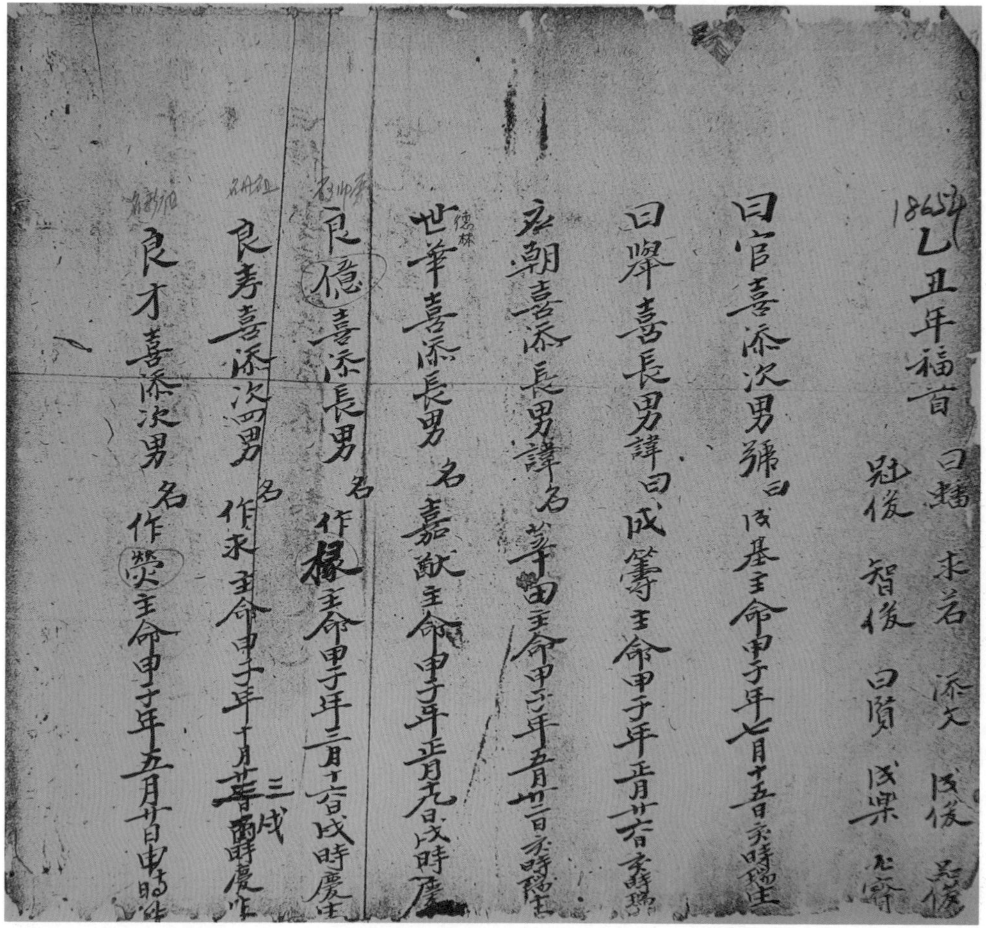

11-2-4-111　晚清民國錦屏衆全族添丁簿（一一一）

師若喜添三男名大陞主命甲子年十一月廿五日酉時慶生

良多喜添次男名作鍠主命甲子年八月初八日未時慶生

良有喜添長男名作礪主命甲子年正月十三日亥時慶生

敬俊喜添三男諱魁郎主命甲子年十月廿五日未時生

王欽

11-2-4-112　晚清民國錦屏衆全族添丁簿（一一二）

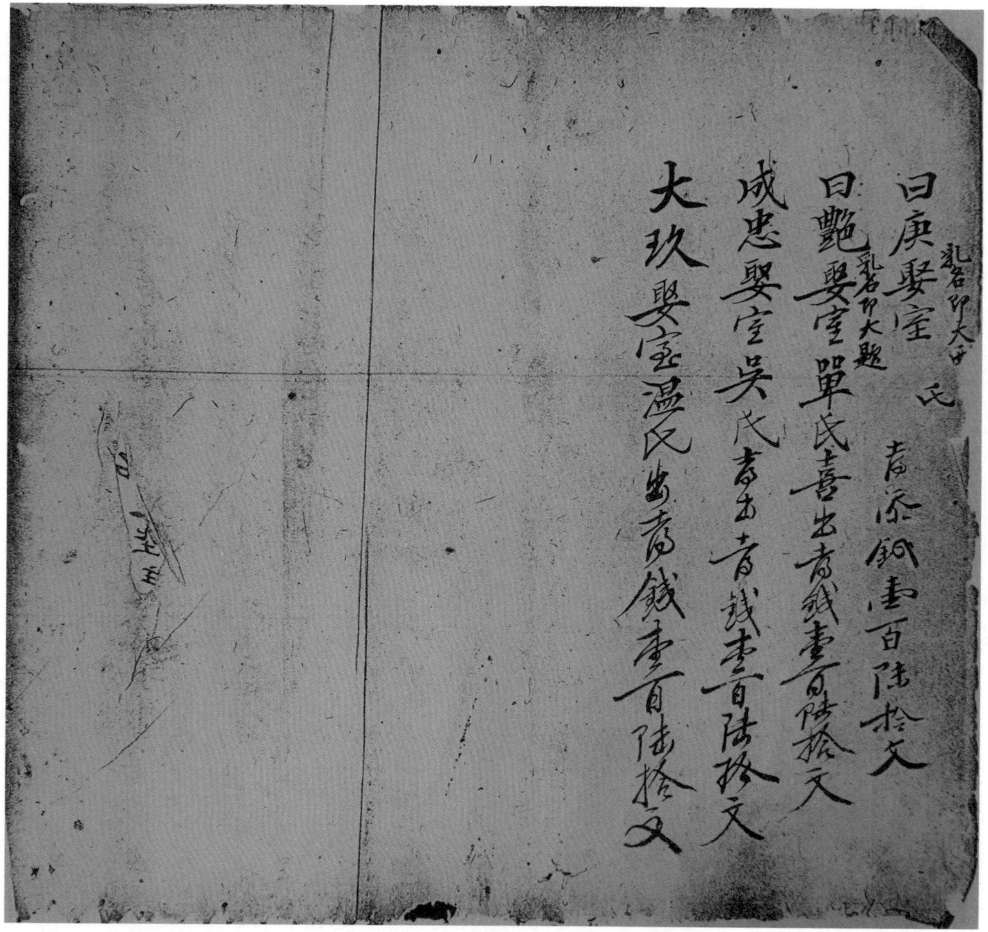

曰庚（乳名卬大）娶室　氏　喜添錢壹百陆拾文
曰艷（乳名卬大題）娶室單氏喜出喜錢壹百陆拾文
成忠娶室吳氏喜出喜錢壹百陆拾文
大玖娶室温氏出喜錢壹百陆拾文

11-2-4-113　晚清民國錦屏衆全族添丁簿（一一三）

1866年
丙寅福首　草若　日艷　成泉　松文　桂
　　　　　近俊　在俊　信俊　錫鈺　尤

日份喜添長男孫曰瑞鳳　主命乙丑年十一月初五日戌時慶生（乳名卯大滿）

新名廣添四男孫曰大發　主命乙丑年七月十六日申時慶生

松文廣添長男孫曰志滄　主命乙丑年九月廿四日未時慶生

國俊廣添次男孫曰陽書　主命乙丑年十月初二日戌時慶生

世茂喜添次男名建基　主命乙丑年十月十七日戌時慶生

世高廣添三男孫曰建能　主命乙丑年九月初四日酉時慶生

11-2-4-114　晚清民國錦屏衆全族添丁簿（一一四）

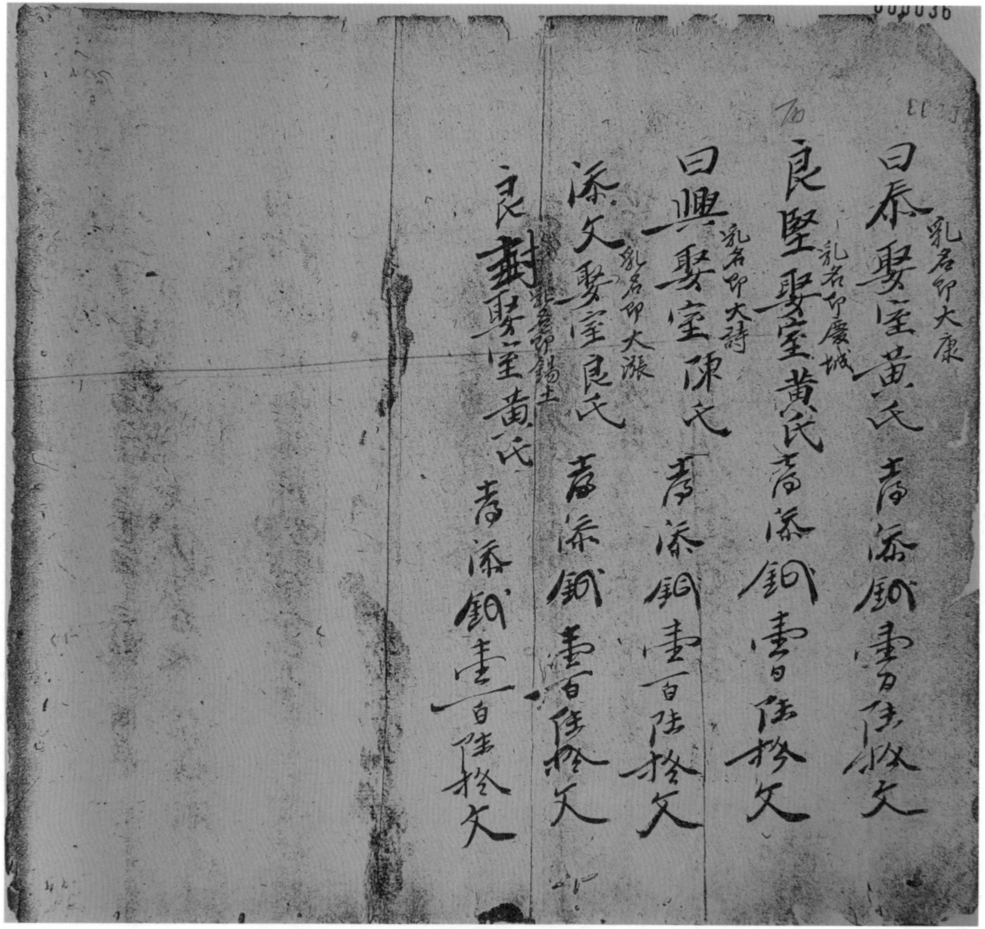

日泰（乳名仰大康）娶室黃氏　壽添錢壹百陸拾文
良堅（乳名仰慶城）娶室黃氏　壽添錢壹百陸拾文
日興（乳名仰大詩）娶室陳氏　壽添錢壹百陸拾文
添文（乳名仰大漲）娶室良氏　壽添錢壹百陸拾文
良封（乳名仰錫土）娶室黃氏　壽添錢壹百陸拾文

11-2-4-115　晚清民國錦屏衆全族添丁簿（一一五）

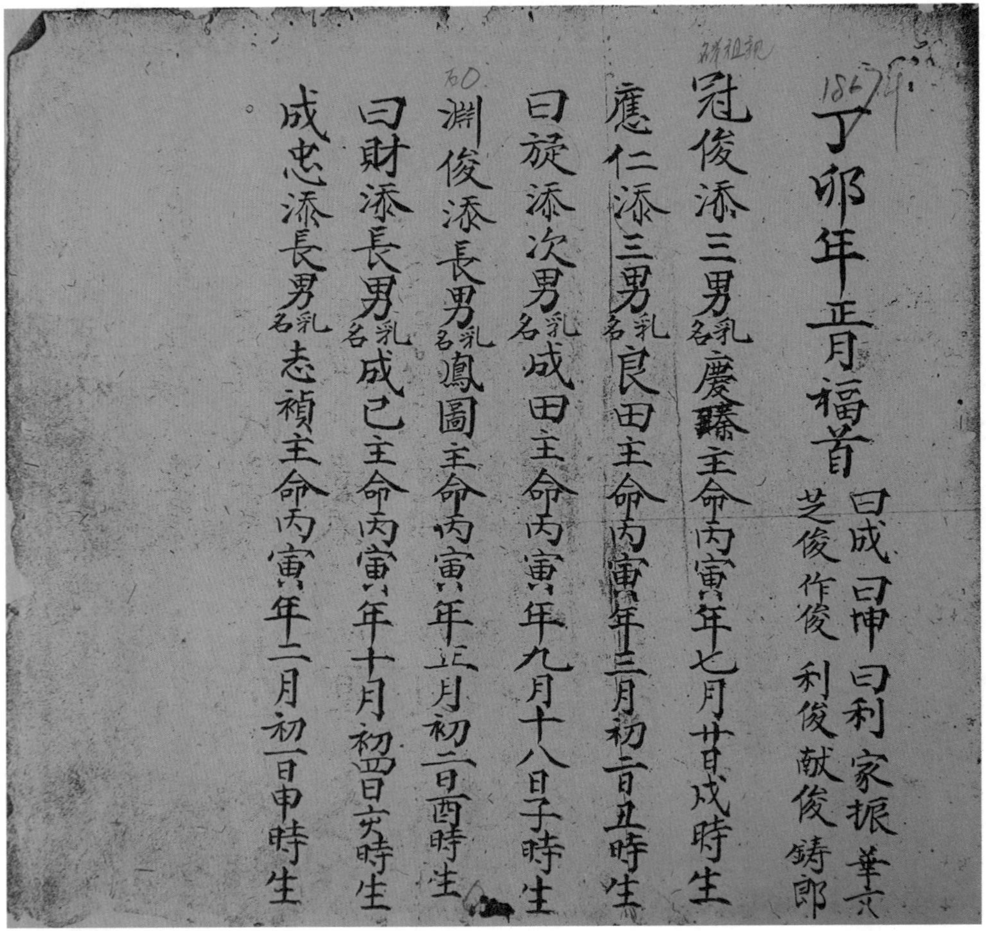

丁卯年正月福首　曰成　曰申　曰利　家振　華六
芝俊　作俊　利俊　献俊　铸郎

冠俊添三男乳名慶藤主命丙寅年七月廿日戌時生

應仁添三男乳名良田主命丙寅年三月初二日丑時生

曰旋添次男乳名成田主命丙寅年九月十八日子時生

淵俊添長男乳名鳳圖主命丙寅年正月初二日酉時生

曰財添長男乳名成己主命丙寅年十月初四日亥時生

成忠添長男乳名志禎主命丙寅年二月初一日申時生

11-4-3-116　晚清民國錦屏衆全族添丁簿（一一六）

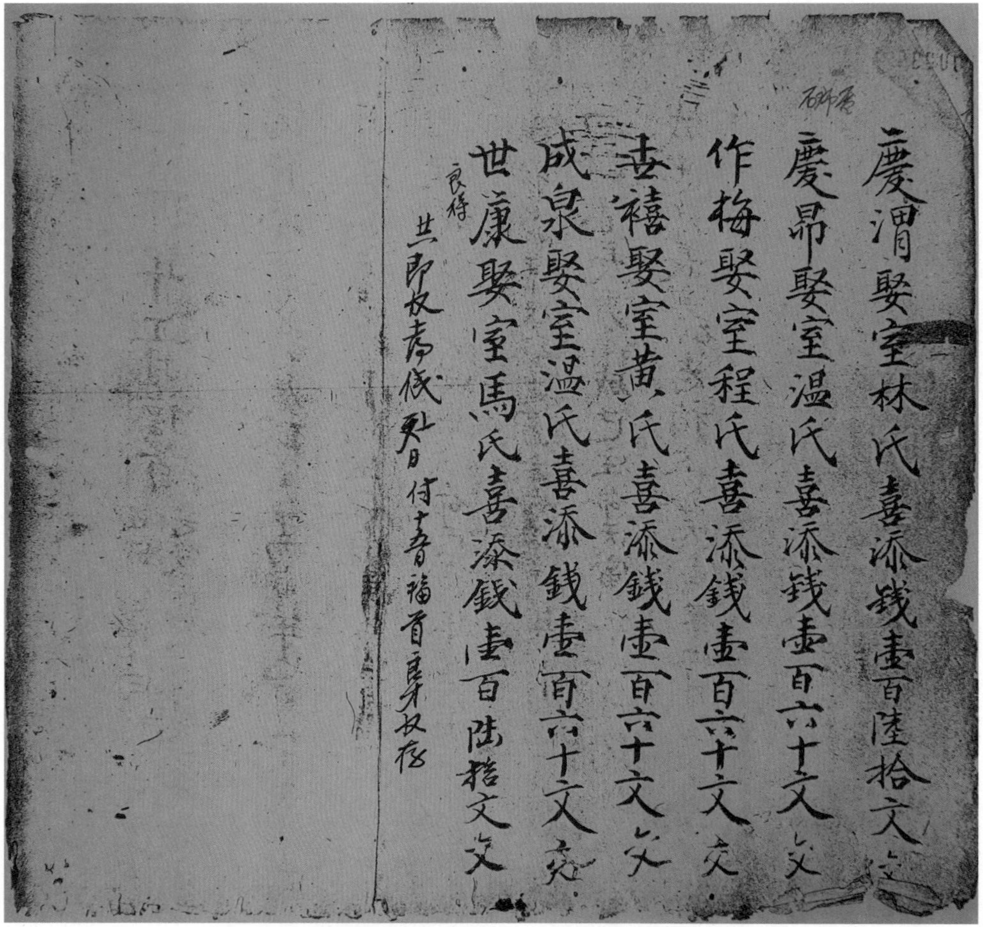

慶渭娶室林氏喜添錢壹百陸拾文
慶昂娶室溫氏喜添錢壹百六十文
作梅娶室程氏喜添錢壹百六十文
喜禧娶室黃氏喜添錢壹百六十文
成泉娶室溫氏喜添錢壹百六十文
世康娶室馬氏喜添錢壹百陸拾文
良得
共即收壽俵列日付去壽福首事收存

11-2-4-117　晚清民國錦屏衆全族添丁簿（一一七）

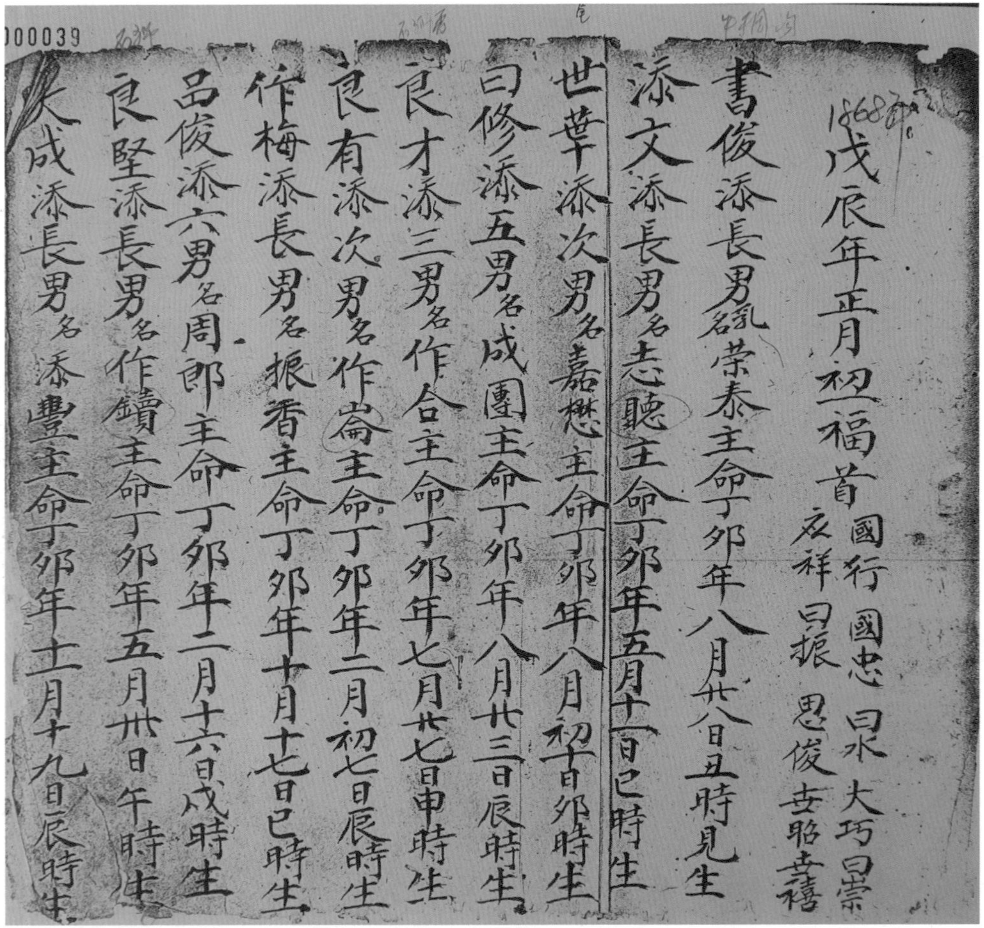
戊辰年正月初二福首國行 國忠 曰水 大巧 曰崇 辰祥 曰振 恩俊 士昭 士禧
書俊添長男名紹崇泰主命丁卯年八月廿八日丑時見生
添文添長男名志聽主命丁卯年五月十一日巳時生
世華添次男名嘉懋主命丁卯年八月初十日卯時生
曰修添五男名成團主命丁卯年八月廿三日辰時生
良才添三男名作合主命丁卯年七月廿七日申時生
良有添次男名作崙主命丁卯年二月初七日辰時生
作梅添長男名振香主命丁卯年十月十七日巳時生
品俊添六男名周郎主命丁卯年十二月十六日戌時生
良堅添長男名作鑽主命丁卯年五月卅日午時生
大成添長男名添豐主命丁卯年十一月十九日辰時生

11-2-4-118　晚清民國錦屏衆全族添丁簿（一一八）

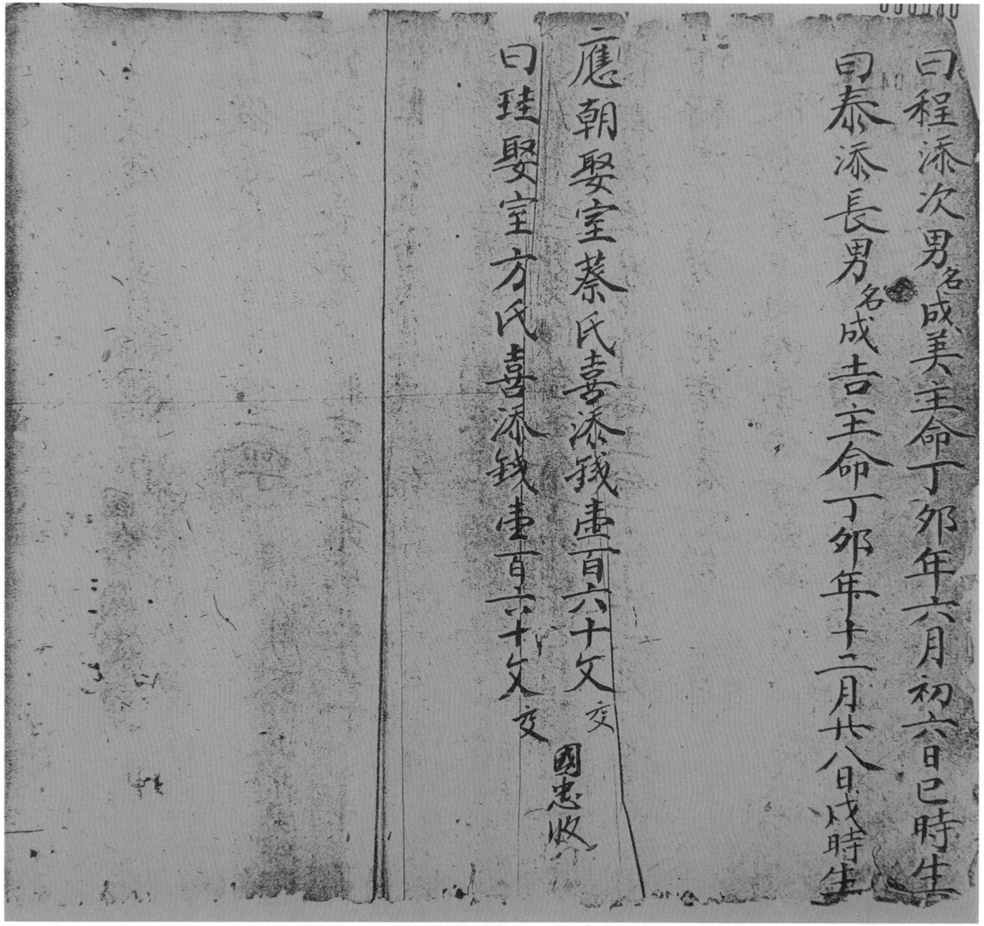
曰程添次男名成美主命丁卯年六月初六日巳時生
曰泰添長男名成吉主命丁卯年十二月廿八日戌時生
應朝娶室蔡氏喜添錢壹百六十文　交
曰珪娶室方氏喜添錢壹百六十文　交
國忠收

11-2-4-119　晚清民國錦屏衆全族添丁簿（一一九）

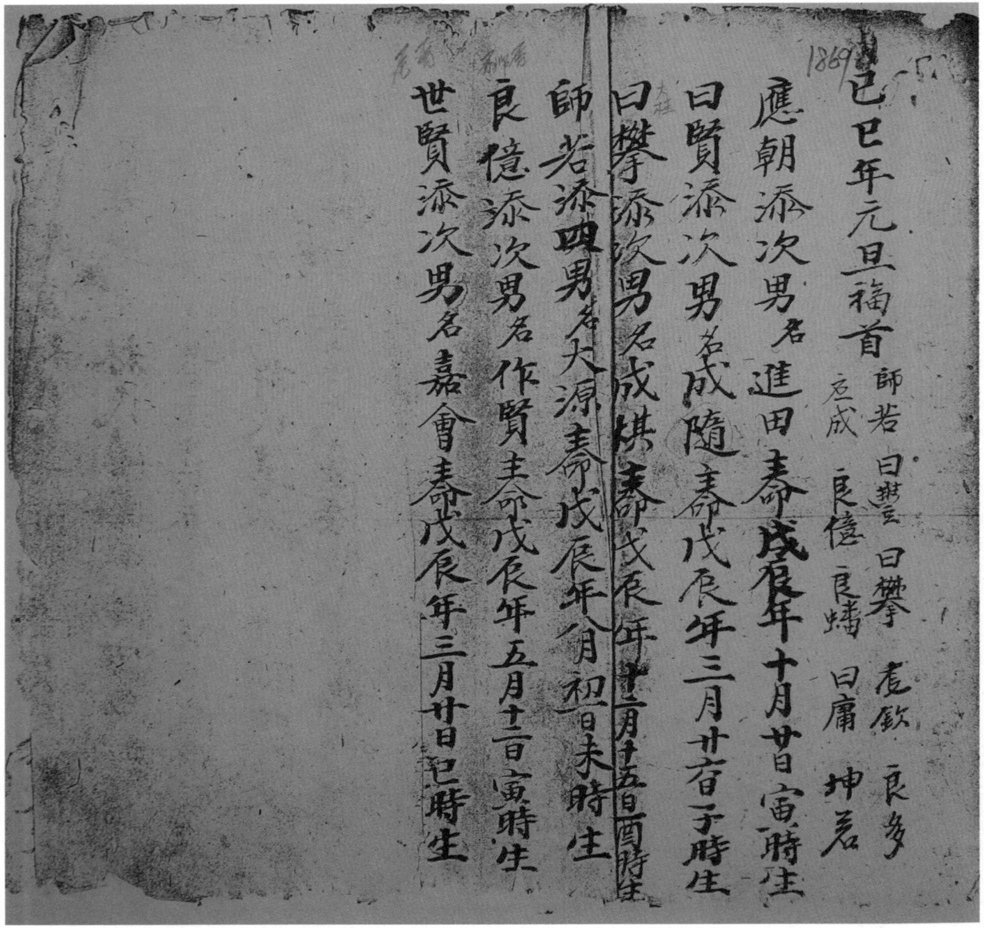

己巳年元旦福首 師若 曰豊 曰攀 虔欽 良多
应成 良億 良蟜 曰庸 坤茗

應朝添次男名進田壽戊辰年十月廿日寅時生
曰賢添次男名成隨壽戊辰年三月廿六日子時生
曰攀添次男名成棋壽戊辰年十二月十五日酉時生
師若添四男名大源壽戊辰年八月初五日未時生
良億添次男名作賢壽戊辰年五月十三日寅時生
世賢添次男名嘉會壽戊辰年三月廿日巳時生

11-2-4-120　晚清民國錦屏衆全族添丁簿（一二〇）

見文娶室林氏喜添錢壹百陸拾文 文

良孝娶繼室林氏喜添錢壹百陸拾文 文

渊俊娶室黄氏喜添錢壹百陸拾文 文

椎郎娶室許氏喜添錢壹百陸拾文 文

良敢娶室李氏喜添錢壹百陸拾文 文

愛

共收喜錢捌百文正 內用下落棟上修整太陽星用

又收叁百文 良揚收 除用外更剩錢陸百文 良侄收存

11-2-4-121 晚清民國錦屏衆全族添丁簿（一二一）

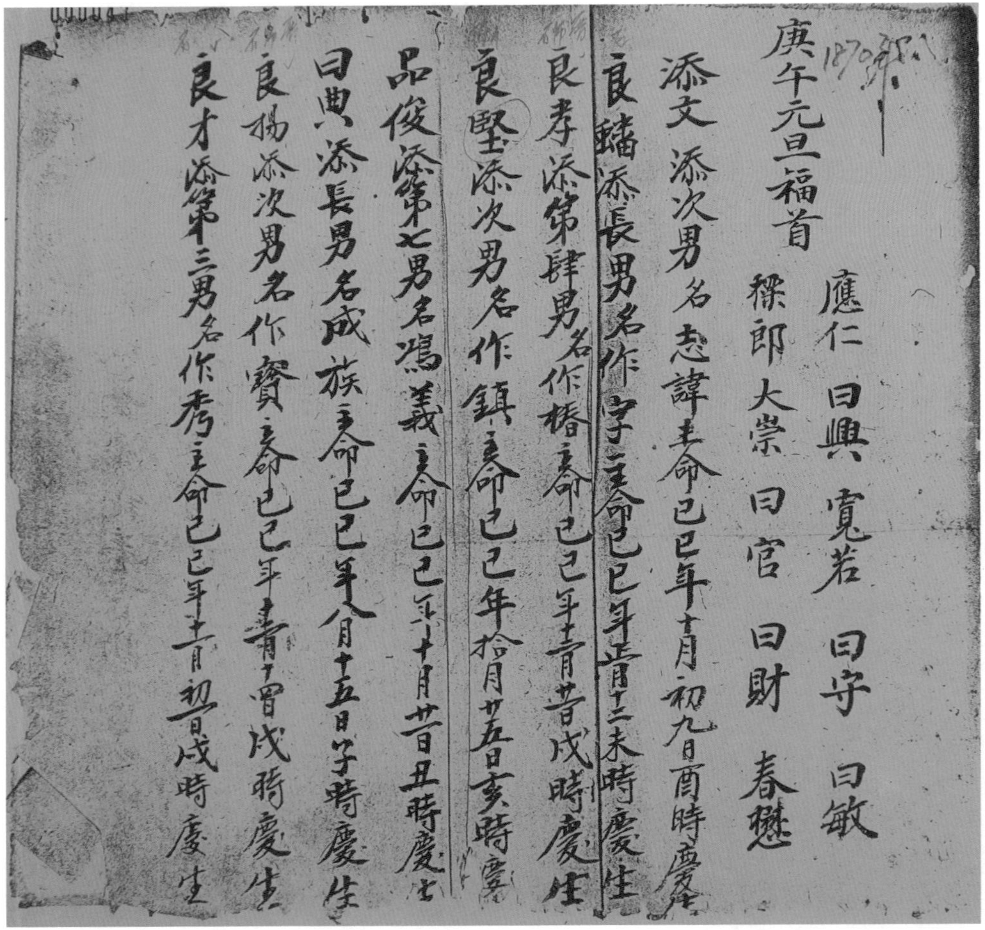

庚午元旦福首 1870年

應仁 曰興 寬若 曰守 曰敏

樑郎 大崇 曰官 曰財 春懋

添文 添次男名忠諱 主命己巳年十月初九日酉時慶生

良鐇添長男名作字 主命己巳年十二月十二未時慶生

良孝添第肆男名作榜 主命己巳年十一月廿日戌時慶生

良堅添次男名作鎮 主命己巳年拾月廿五日亥時慶生

品俊添第七男名作鴻義 主命己巳年十月廿日丑時慶生

曰典添長男名成族 主命己巳年八月十五日子時慶生

良揚添次男名作賓 主命己巳年十二月十四日戌時慶生

良才添第三男名作秀 主命己巳年十一月初四日戌時慶生

11-2-4-122 晚清民國錦屏衆全族添丁簿（一二二）

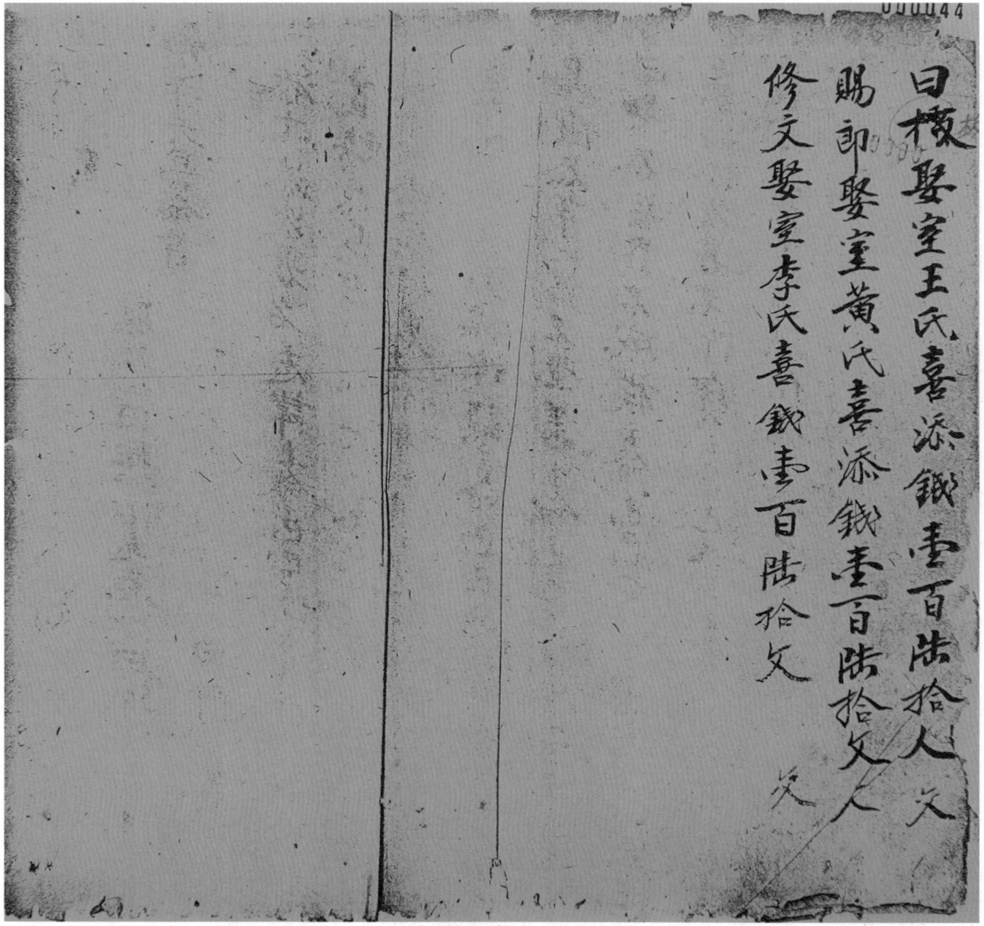

日椋娶室王氏喜添錢壹百陆拾文
賜郎娶室黄氏喜添錢壹百陆拾文
修文娶室李氏喜錢壹百陆拾文

11-2-4-123 晚清民國錦屏衆全族添丁簿（一二三）

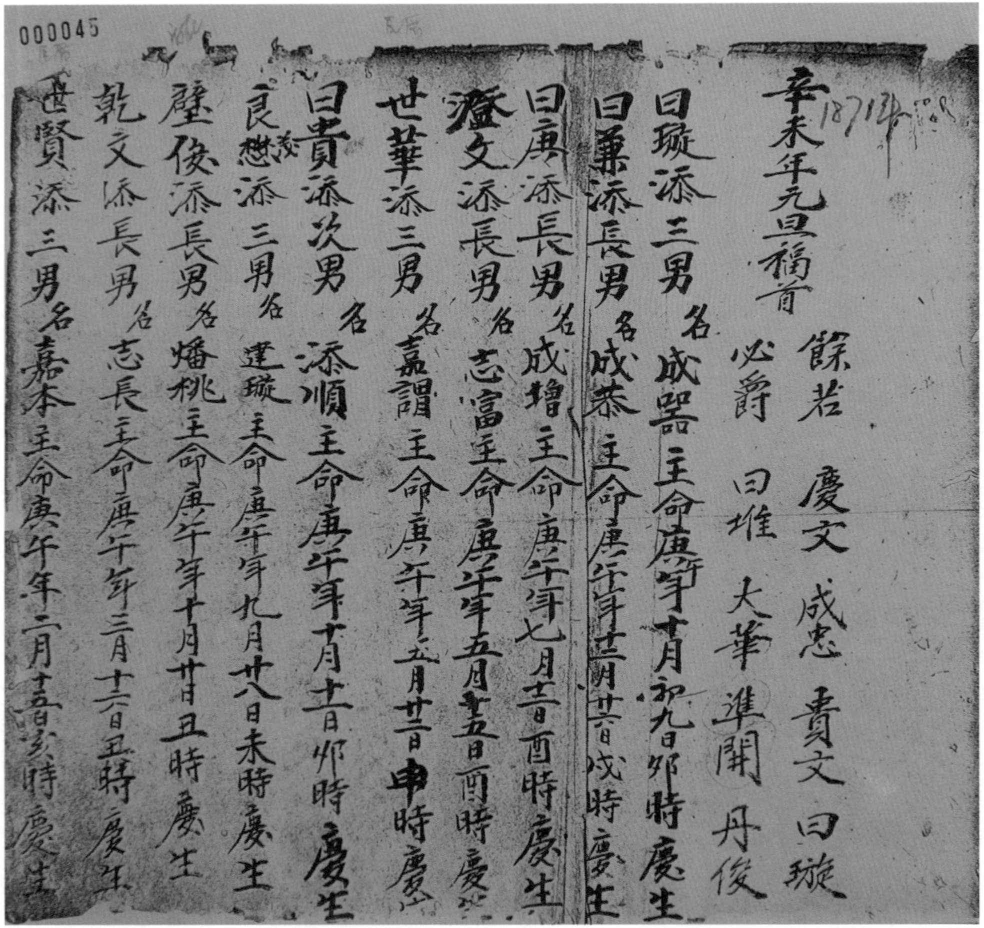
000045

辛未年元旦福首 1871年

餘若 慶文 成忠 貴文 曰璇

必爵 曰堆 大華 準開 丹俊

曰璇添三男名成器主命庚午年十月初九日卯時慶生

曰兼添長男名成恭主命庚午年十二月廿一日戌時慶生

曰庚添長男名成增主命庚午年七月十三日酉時慶生

瀅文添長男名志富主命庚午年五月廿五日酉時慶生

世華添三男名嘉謂主命庚午年六月廿三日申時慶生

曰貴添次男名添順主命庚午年十月十一日卯時慶生

良懋添三男名建璇主命庚午年九月廿八日未時慶生

壁俊添長男名燔桃主命庚午年十月廿日丑時慶生

乾文添長男名志長主命庚午年三月十六日丑時慶生

世賢添三男名嘉本主命庚午年二月十五日亥時慶生

11-2-4-124　晚清民國錦屏衆全族添丁簿（一二四）

應仁添四男名養田生命庚午十月十八日酉時生

良仁娶室李氏喜添錢壹百陸拾文　交

章彩娶室吳氏喜添錢壹百陸拾文　交

國權娶室許氏喜錢壹百陸拾文　交

世揚娶室白氏喜錢壹百陸拾文　交

11-2-4-125　晚清民國錦屏衆全族添丁簿（一二五）

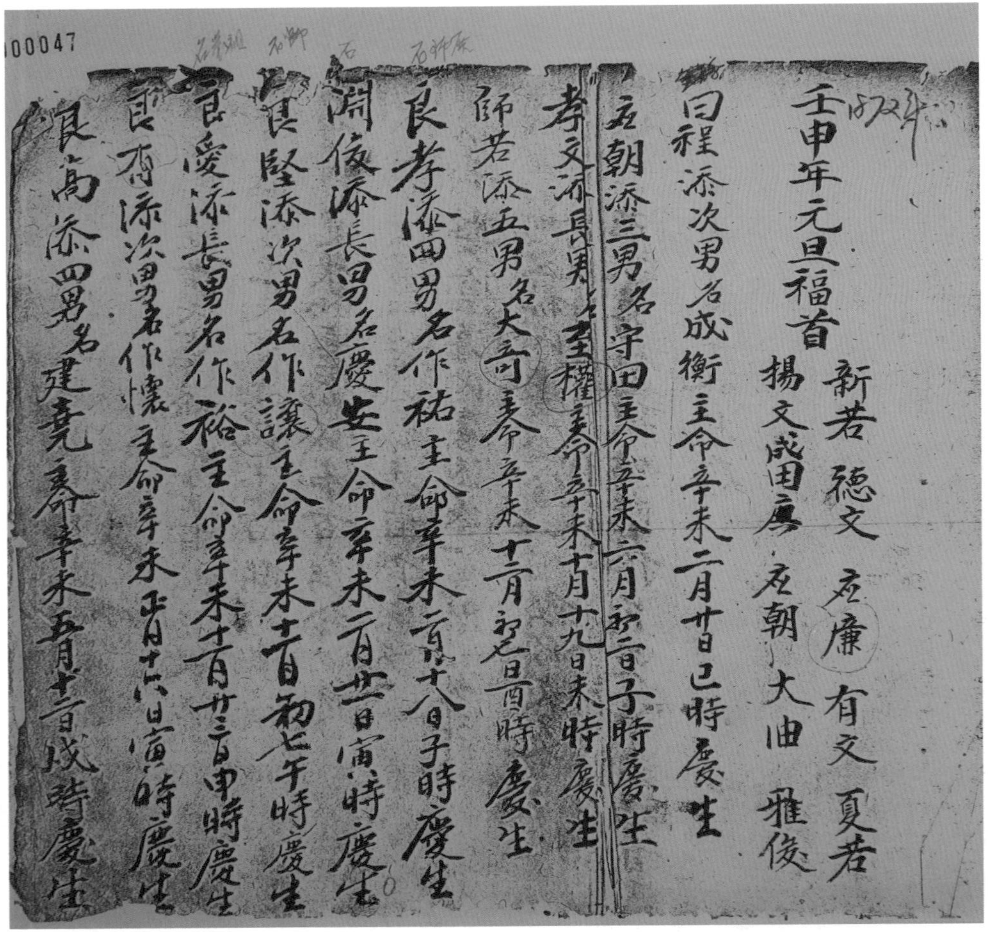
100047

壬申年元旦福首　1872年

新若　德文　應廉　有文　夏若

揚文　成田　應　應朝　大曲　雅俊

曰程添次男名成衡　生命辛未二月廿日巳時慶生

應朝添三男名守田　生命辛未二月初二日子時慶生

孝文添長男名聖權　生命辛未十二月十九日未時慶生

師若添五男名大奇　生命辛未十二月初七日酉時慶生

良孝添四男名作祐　生命辛未十一月十八日子時慶生

潤俊添長男名慶安　生命辛未二月廿一日寅時慶生

良堅添次男名作讓　生命辛未十二月初七午時慶生

良愛添長男名作裕　生命辛未十二月廿三日申時慶生

良齊添次男名作懷　生命辛未五月十六日寅時慶生

良高添四男名建堯　生命辛未五月十二日戌時慶生

11-2-4-126　晚清民國錦屏衆全族添丁簿（一二六）

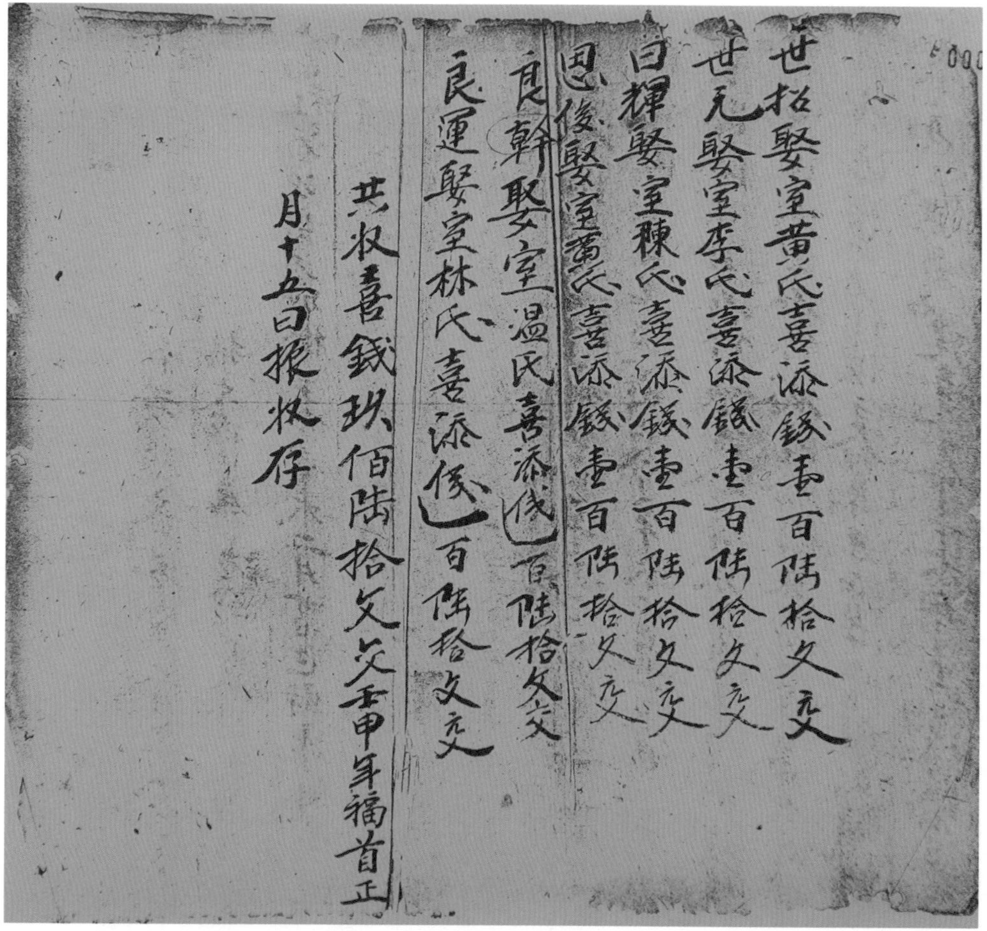

世拓娶室黃氏喜添錢壹百陆拾文交
世元娶室李氏喜添錢壹百陆拾文交
日輝娶室陳氏喜添錢壹百陆拾文交
思後娶室黃氏喜添錢壹百陆拾文交
良幹娶室温氏喜添錢一百陆拾文交
良運娶室林氏喜添錢一百陆拾文交
共収喜錢玖佰陆拾文交壬申年福首正
月十五日振收存

11-2-4-127 晚清民國錦屏衆全族添丁簿（一二七）

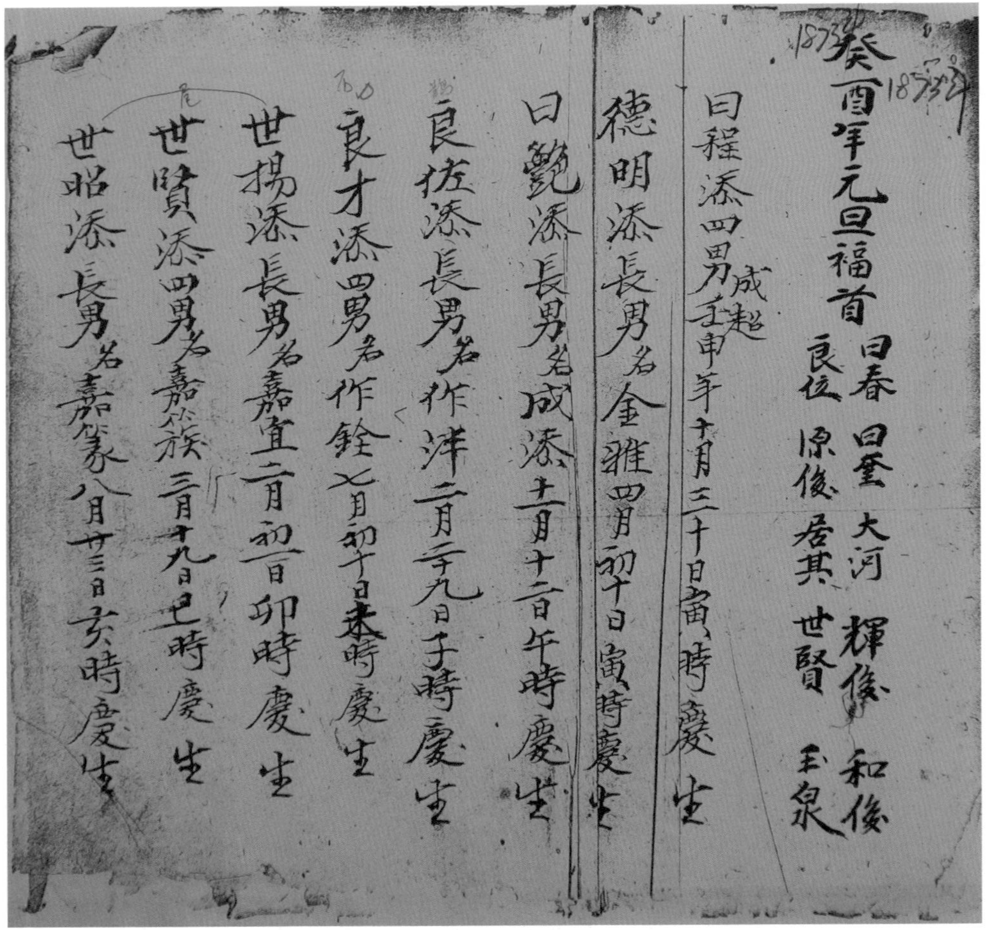
癸酉年元旦福首 曰春 曰奎 大河 輝俊 和俊
良位 源俊 居其 世賢 玉泉
曰程添四男成起壬申年十月三十日寅時慶生
德明添長男名金雅四月初十日寅時慶生
曰艷添長男名成添十月十二日午時慶生
良佐添長男名作洋二月廿九日子時慶生
良才添四男名作銓七月初十日未時慶生
世揚添長男名嘉宜二月初二日卯時慶生
世賢添四男名嘉簇三月十九日巳時慶生
世昭添長男名嘉篆八月廿三日亥時慶生

11-2-4-128 晚清民國錦屏衆全族添丁簿（一二八）

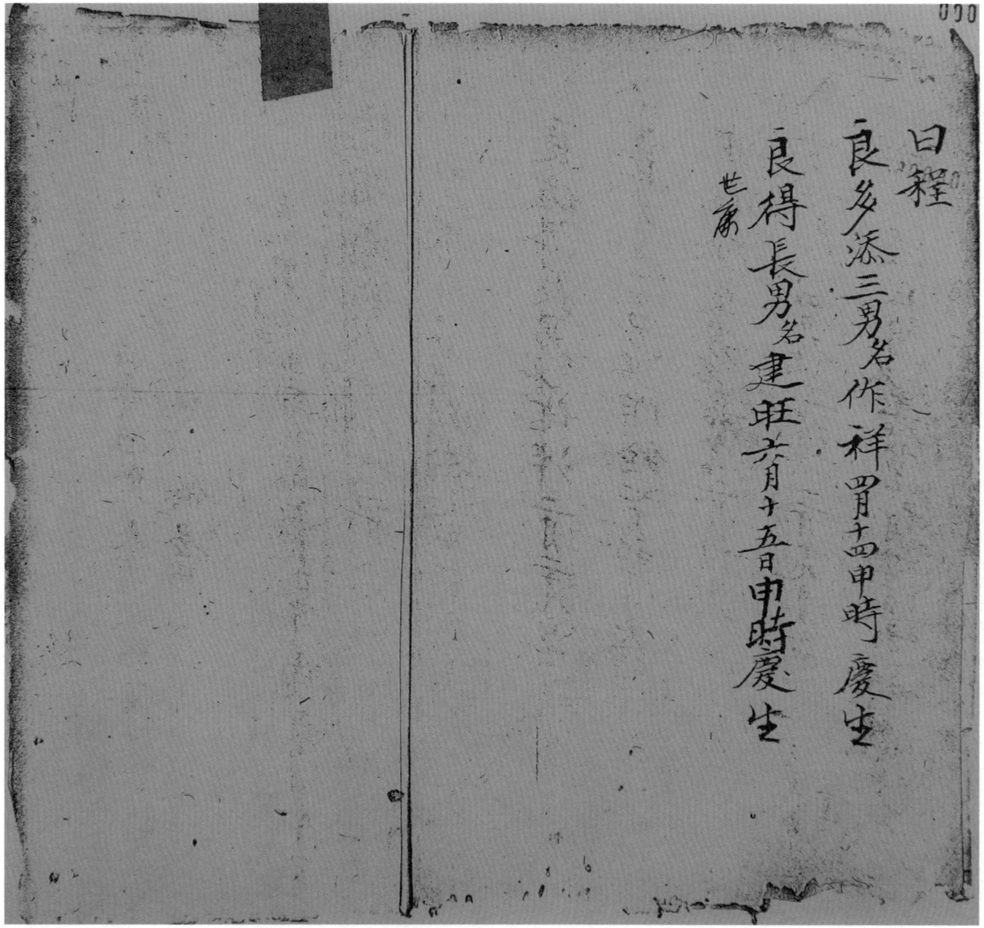

日程
良多添三男名作祥四月十四申時慶生
良得長男名建旺六月十五日申時慶生
世康

11-2-4-129　晚清民國錦屏衆全族添丁簿（一二九）

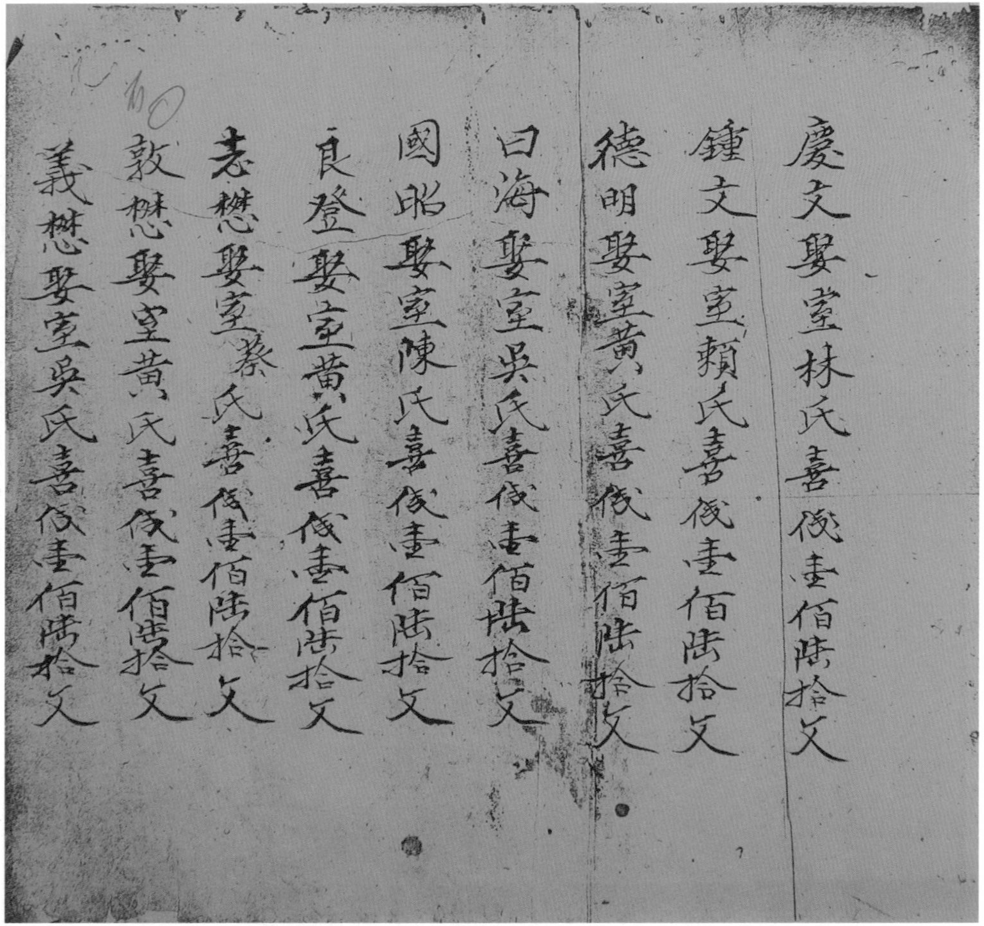

慶文娶室林氏喜錢壹佰陸拾文
鍾文娶室賴氏喜錢壹佰陸拾文
德明娶室黃氏喜錢壹佰陸拾文
曰海娶室吳氏喜錢壹佰陸拾文
國昭娶室陳氏喜錢壹佰陸拾文
良登娶室黃氏喜錢壹佰陸拾文
志懋娶室蔡氏喜錢壹佰陸拾文
敦懋娶室黃氏喜錢壹佰陸拾文
義懋娶室吳氏喜錢壹佰陸拾文

11-2-4-130　晚清民國錦屏衆全族添丁簿（一三〇）

1874

甲戌年新正元旦福首　日樟　成學　德招　良俊　大火

世揚　芹閩　大晃　世勇　允仲

日振娶親蔡氏喜儀壹百陸拾文

建侯娶張氏喜儀壹百陸拾文

樵郎娶親林氏喜儀壹百陸拾文

誉文娶親單氏喜儀壹百陸拾文

11-2-4-131　晚清民國錦屏衆全族添丁簿（一三一）

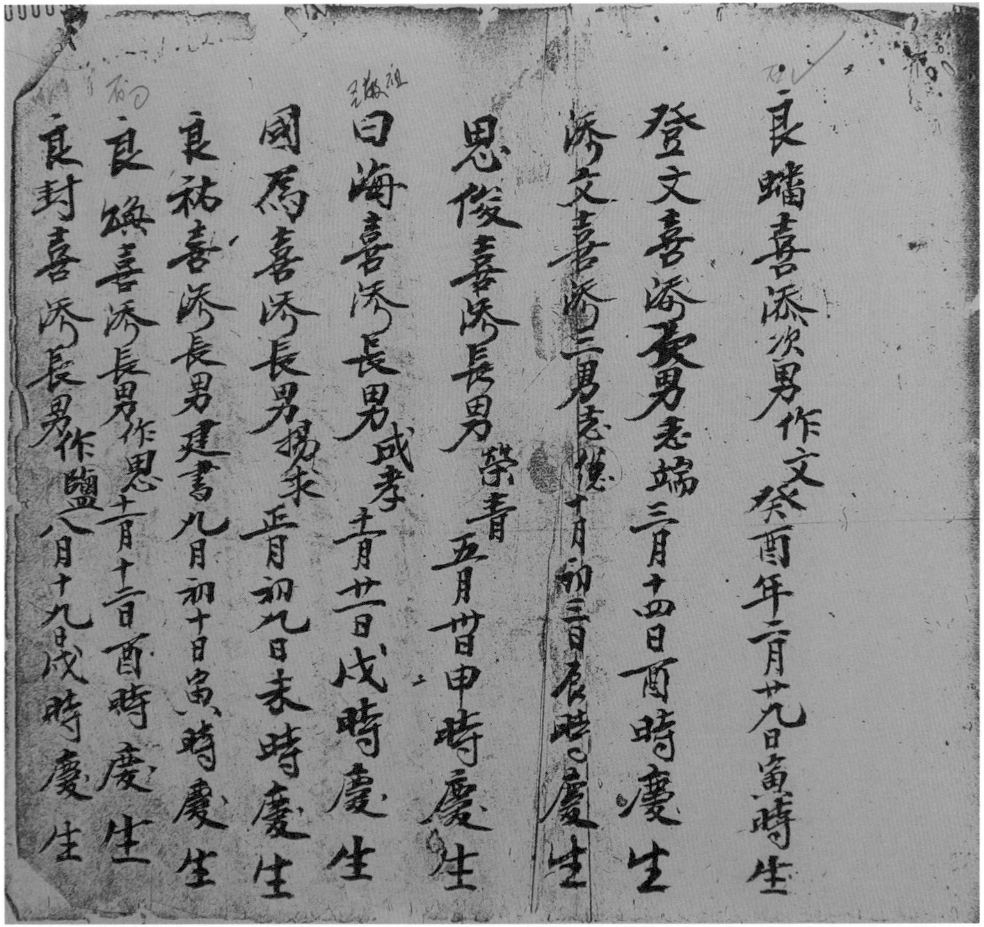

良蟠喜添次男作文　癸酉年二月廿九日寅時生
登文喜添長男志端　三月十四日酉時慶生
添文喜添三男志德　十月初三日辰時慶生
恩俊喜添長男榮青　五月廿日申時慶生
曰海喜添長男成孝　十二月廿二日戌時慶生
國爲喜添長男揚采　正月初九日未時慶生
良祐喜添長男建書　九月初十日寅時慶生
良煥喜添長男作恩　十二月十二日酉時慶生
良封喜添長男作盥　八月十九日戌時慶生

11-2-4-132　晚清民國錦屏衆全族添丁簿（一三二）

良茂喜添四男建鵬三月十六日未時慶生

曰德喜添長男成傳正月廿六日酉時慶生

世揚喜添次男嘉懷五月初一日巳時慶生

世禧喜添長男嘉義二月初六日辰時慶生

良高喜添五男建多十月初六日戌時慶生

11-2-4-133 晚清民國錦屏衆全族添丁簿（一三三）

1875年

乙亥十四年正月元旦福首

日舉　龍文　必森　組俊　良孝

敬俊　乾文　應泉　王樽　其瑞

良大娶妻温氏喜錢壹百陸拾文

日張娶妻黄氏喜錢壹百陸拾文

居其娶妻林氏喜錢壹百陸拾文

家棖娶妻方氏喜錢壹百陸拾文

共收喜錢陸百肆拾文交乙亥年正月十五

福首玉通收存

11-2-4-134　晚清民國錦屏衆全族添丁簿（一三四）

國俊喜添次男慶登甲戌年七月廿一日丑時生
日璇喜添五男成對甲戌年四月十一日巳時生
慶文喜添長男志玉甲戌年七月初九日寅時生
良多喜添四男作順甲戌年十一月廿七日酉時生
世賢喜添五男嘉籌甲戌年八月初七日子時生
良幹喜添長男建財甲戌年七月初五日子時生
良茂喜添五男建連甲戌年九月廿三日巳時生

11-2-4-135　晚清民國錦屏衆全族添丁簿（一三五）

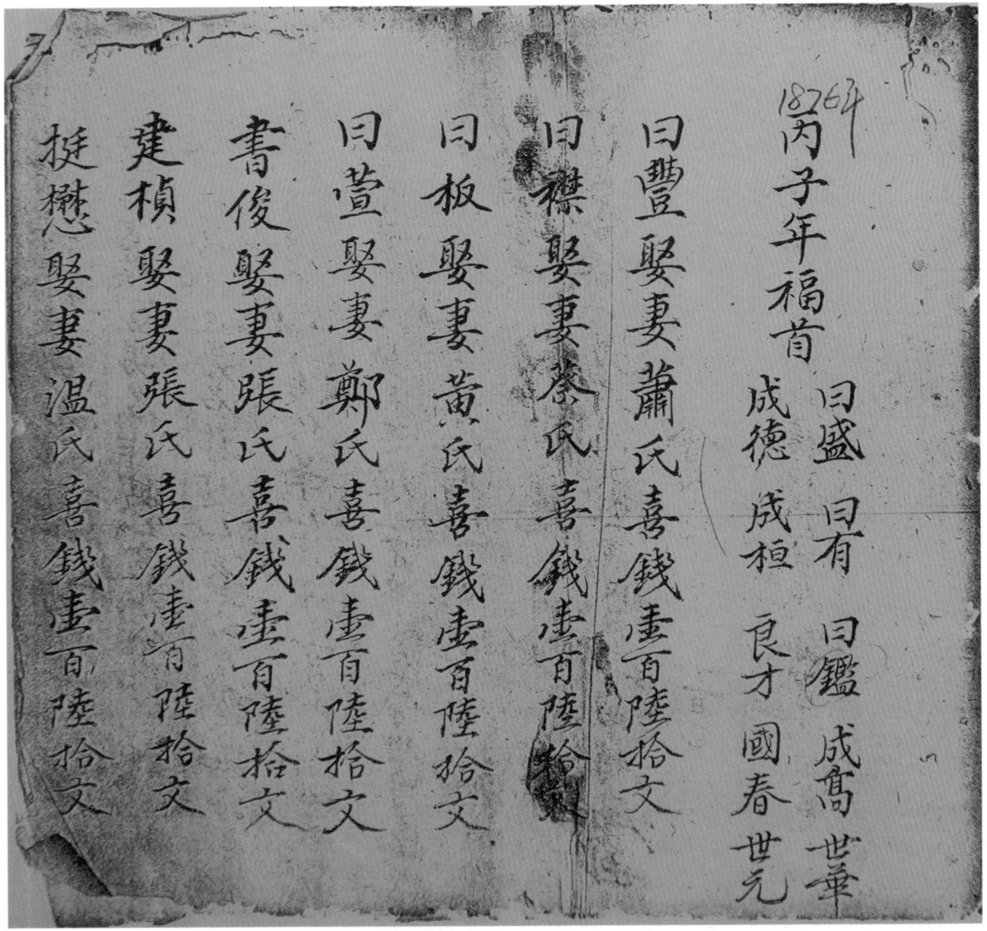
1826年

丙子年福首

曰盛　曰有　曰鑑　成高　世華

成德　成桓　良才　國春　世元

曰豐娶妻蕭氏喜錢壹百陸拾文

曰標娶妻蔡氏喜錢壹百陸拾文

曰板娶妻黃氏喜錢壹百陸拾文

曰萱娶妻鄭氏喜錢壹百陸拾文

書俊娶妻張氏喜錢壹百陸拾文

建楨娶妻張氏喜錢壹百陸拾文

挺懋娶妻温氏喜錢壹百陸拾文

11-2-4-136　晚清民國錦屏衆全族添丁簿（一三六）

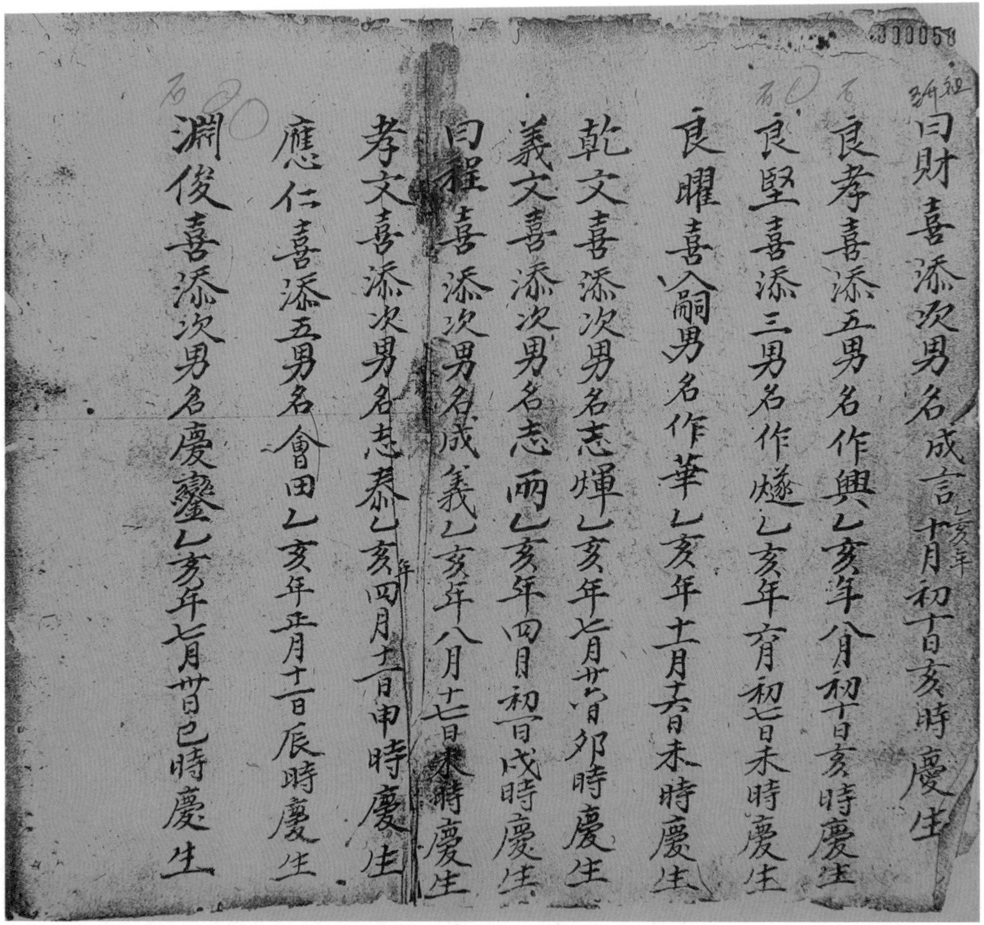
祖孫
曰財喜添次男名成言乙亥年十月初十日亥時慶生
良孝喜添五男名作興乙亥年八月初十日亥時慶生
良堅喜添三男名作燧乙亥年六月初七日未時慶生
良曜喜入嗣男名作華乙亥年十二月十六日未時慶生
乾文喜添次男名志煇乙亥年七月廿六日卯時慶生
義文喜添次男名志兩乙亥年四月初八日戌時慶生
曰程喜添次男名成義乙亥年八月十七日未時慶生
孝文喜添次男名志恭乙亥年四月十一日申時慶生
應仁喜添五男名會田乙亥年正月十二日辰時慶生
淵俊喜添次男名慶鑾乙亥年七月廿四日巳時慶生

11-2-4-137　晚清民國錦屏衆全族添丁簿（一三七）

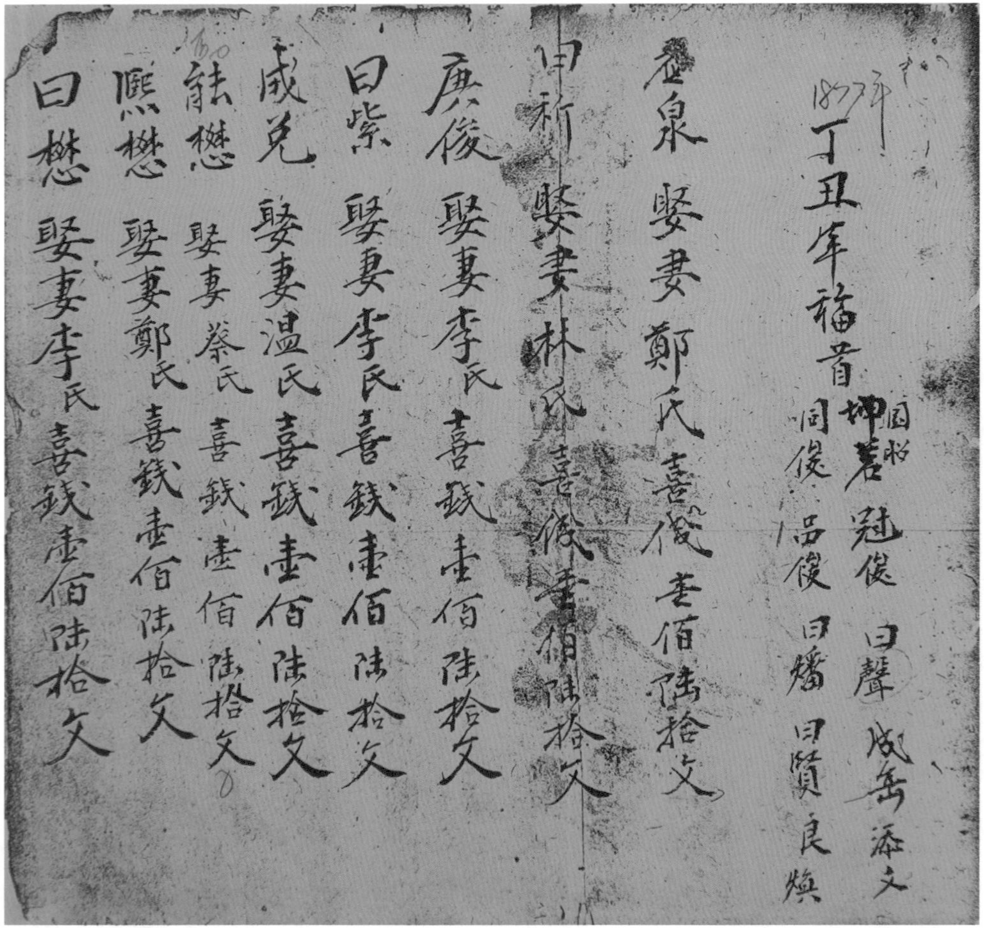

1877年

丁丑年福首 坤善 冠俊 曰聲 啟岳 添文

同俊 品俊 曰燔 曰賢 良煥

鳳泉 娶妻鄭氏 喜錢壹佰陸拾文

甲祈 娶妻林氏 喜錢壹佰陸拾文

庚俊 娶妻李氏 喜錢壹佰陸拾文

曰紫 娶妻李氏 喜錢壹佰陸拾文

咸兄 娶妻溫氏 喜錢壹佰陸拾文

鉥懋 娶妻蔡氏 喜錢壹佰陸拾文

賢懋 娶妻鄭氏 喜錢壹佰陸拾文

曰懋 娶妻李氏 喜錢壹佰陸拾文

11-2-4-138 晚清民國錦屏衆全族添丁簿（一三八）

良有娶妻許氏　喜錢壹佰陸拾文
良幹　喜添長男建庸　丙子年八月廿五日戌時慶生
曰振　喜添長男成福　丙子年八月廿五日戌時慶生
曰旋　喜添六男成貢　丙子年八月廿日辰時慶生
登文　喜添三男志貴　丙子年正月初四日酉時慶生
良珂　喜添次男金秀　丙子年八月廿四日酉時慶生
曰球　喜添長男成士　丙子年四月十一日亥時慶生
孫喜
曰板　喜添長男成蘭　丙子年九月廿日申時慶生
良茂　喜添六男建森　丙子年九月廿三日午時慶生

11-2-4-139　晚清民國錦屏衆全族添丁簿（一三九）

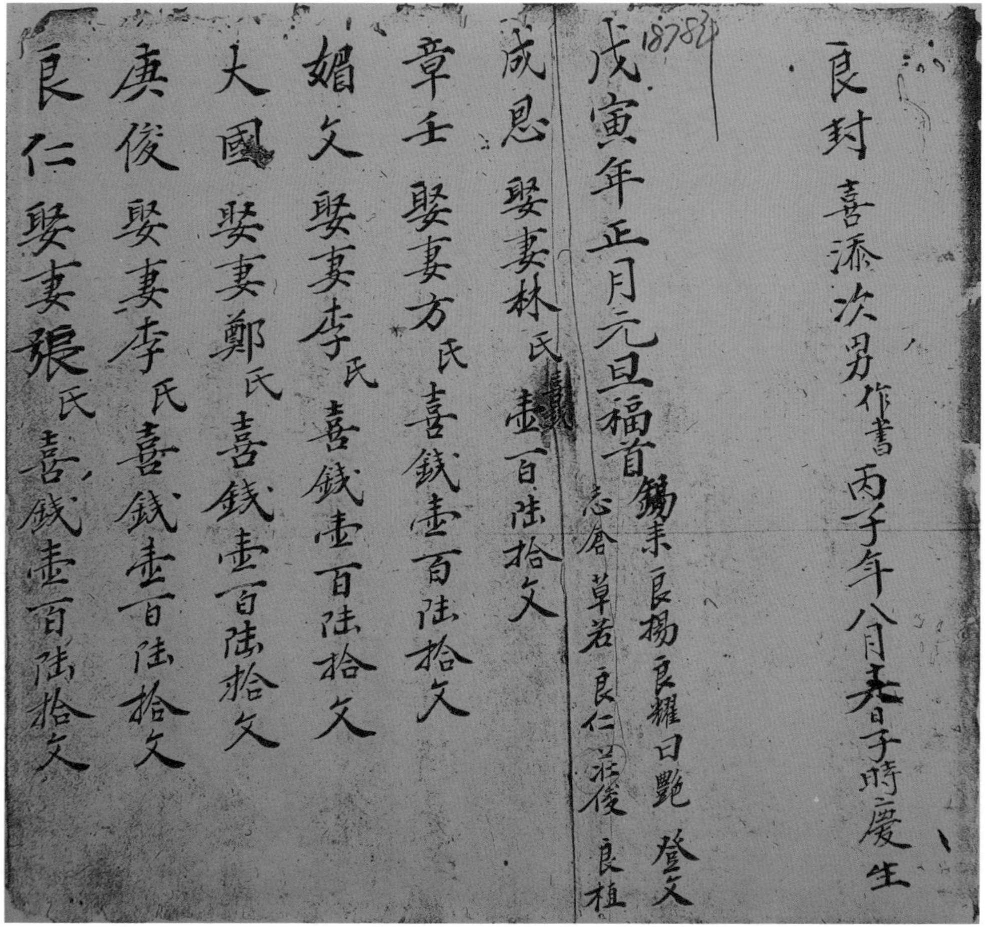

良封 喜添次男作書 丙子年八月十五日子時慶生

1878年

戊寅年正月元旦福首錫来 良揚 良耀 日艷 登文

志倉 草若 良仁 廷俊 良植

成恩 娶妻林氏 壹百陆拾文

章壬 娶妻方氏 喜錢壹百陆拾文

媢文 娶妻李氏 喜錢壹百陆拾文

大國 娶妻鄭氏 喜錢壹百陆拾文

庚俊 娶妻李氏 喜錢壹百陆拾文

良仁 娶妻張氏 喜錢壹百陆拾文

11-2-4-140　晚清民國錦屏衆全族添丁簿（一四〇）

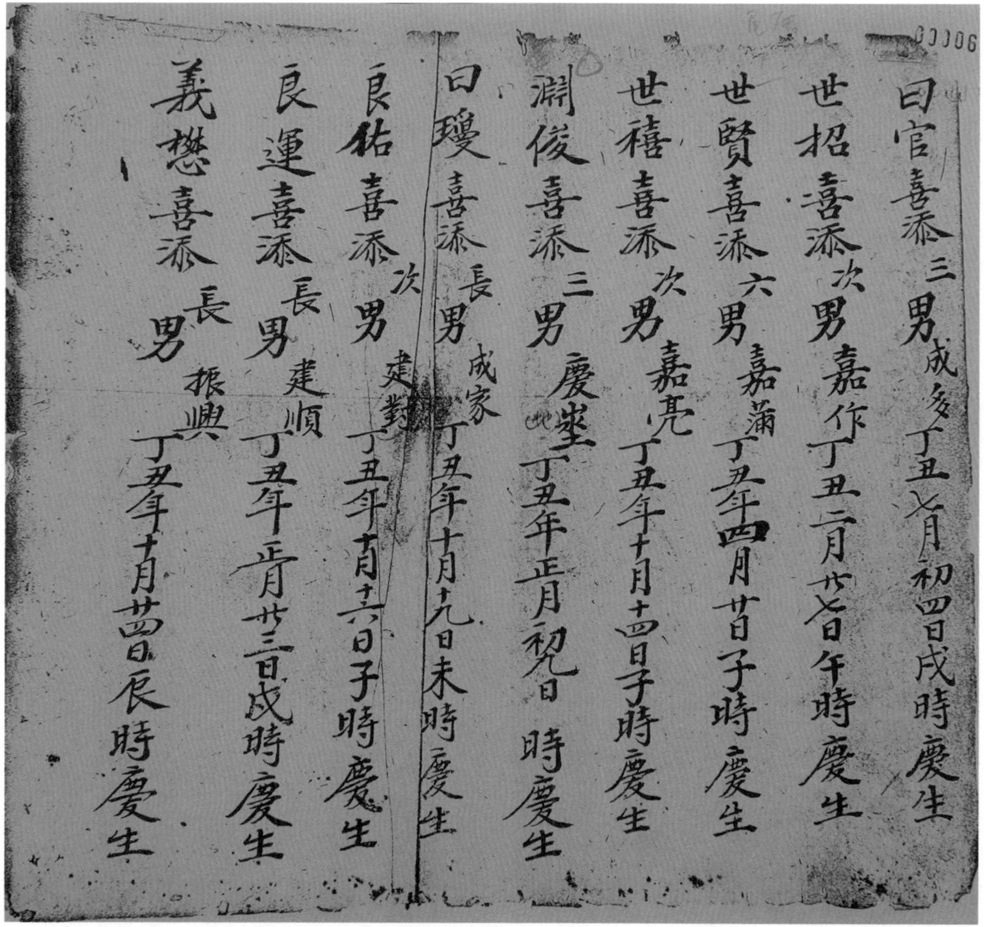

曰官喜添三男成多丁丑七月初四日戌時慶生
世招喜添次男嘉作丁丑二月廿七日午時慶生
世賢喜添六男嘉蒲丁丑年四月廿日子時慶生
世禧喜添次男嘉亮丁丑年十月十四日子時慶生
淵俊喜添三男慶堃丁丑年正月初九日　時慶生
曰瓊喜添長男成家丁丑年十月九日未時慶生
良佑喜添次男建對丁丑年十月十六日子時慶生
良運喜添長男建順丁丑年正月廿三日戌時慶生
義懋喜添長男振興丁丑年十月廿四日辰時慶生

11-2-4-141　晚清民國錦屏衆全族添丁簿（一四一）

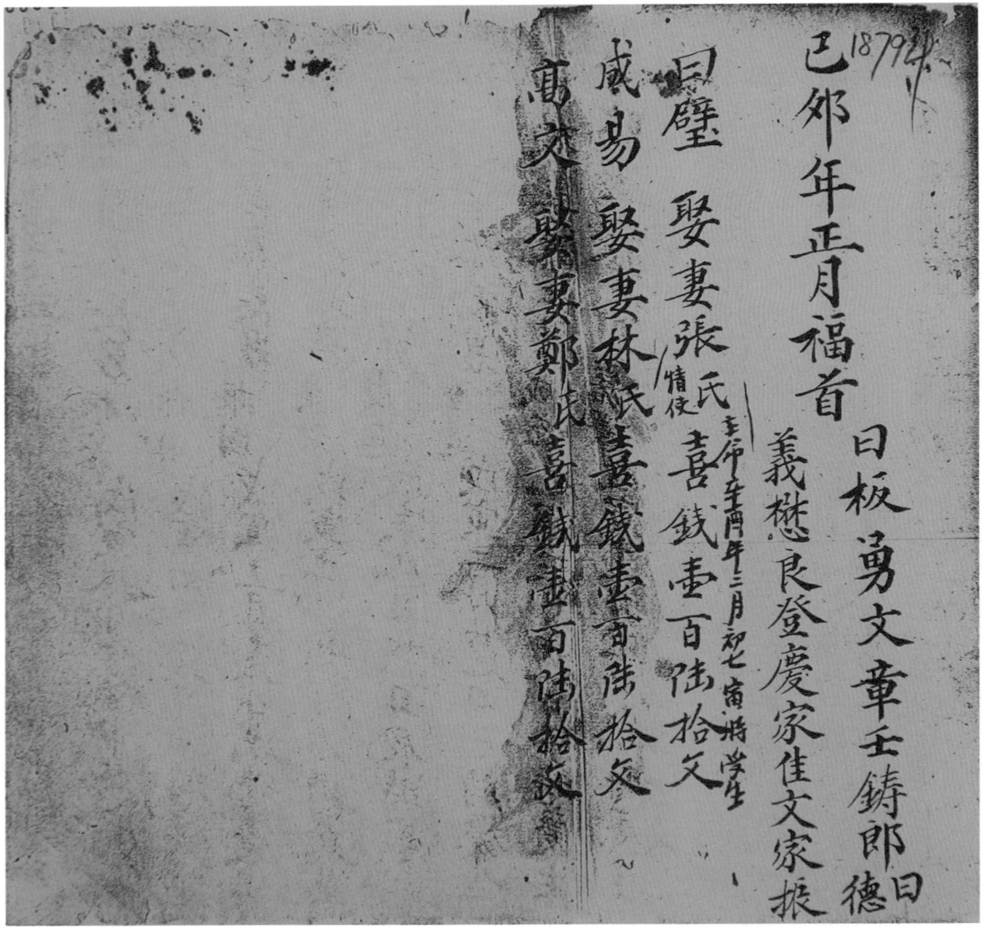

己卯年正月福首（1879年）

曰板　勇文　章壬　鑄郎　德曰

義懋　良登　慶家　佳文　家振

曰壁　娶妻張氏（情使）喜錢壹百陸拾文　壬午年二月初七寅時學生

咸易　娶妻林氏　喜錢壹百陸拾文

禹文　娶妻鄭氏　喜錢壹百陸拾文

11-2-4-142　晚清民國錦屏衆全族添丁簿（一四二）

良蟠喜添三男作進戊寅八月廿五日午時慶生
挺懋喜添長男振芳戊寅拾月廿四日申時慶生
良堅喜添四男作胙戊寅四月十八日子時慶生
諸懋喜添長男振國戊寅十一月十五日戌時慶生
良茂喜添七男建都戊寅十一月初六日未時慶生
曰選喜添長男成億戊寅九月廿一日辰時慶生
恭文喜添長男至道戊寅二月廿七日巳時慶生
田璇喜添七男成益己卯正月初一日子時慶生
世賢喜添七男嘉澤戊寅十二月十六日戌時慶生

11-2-4-143　晚清民國錦屏衆全族添丁簿（一四三）

18031

庚辰年正月初一福首 應祥、世昭、曰会、曰崇、曰根、曰典、国忠、国衡、世禧、曰水、書俊、思俊

世華娶妻江氏（系命道光壬寅年九月廿二日酉時瑞生）喜錢壹百陸拾文交

曰智娶妻葉氏喜錢壹百陸拾文交

曰潤娶妻黃氏喜錢壹百陸拾文交

嘉（慶）家娶妻林氏喜錢壹百陸拾文交

11-2-4-144 晚清民國錦屏衆全族添丁簿（一四四）

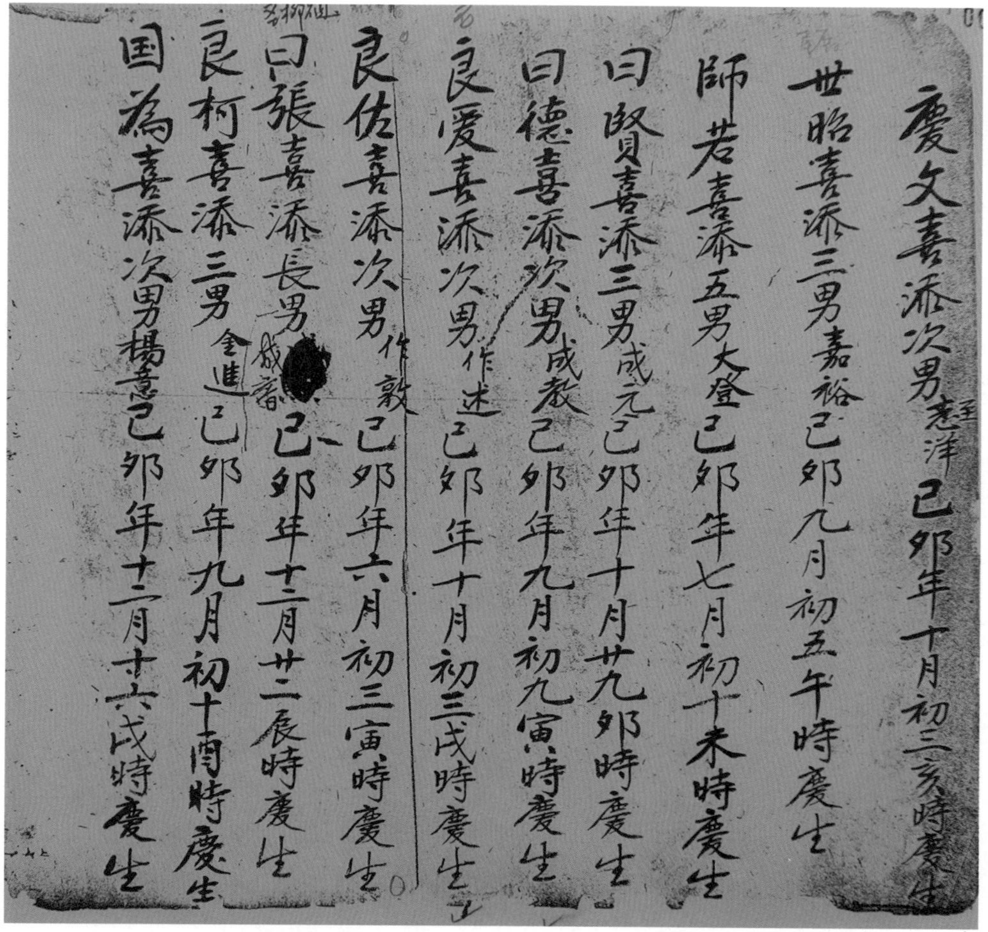
慶文喜添次男志洋己卯年十月初三亥時慶生
世昭喜添三男嘉裕己卯九月初五午時慶生
師若喜添五男大登己卯年七月初十未時慶生
曰賢喜添三男成元己卯年十月廿九卯時慶生
曰德喜添次男成教己卯年九月初九寅時慶生
良愛喜添次男作述己卯年十月初三戌時慶生
良佑喜添次男作敦己卯年六月初三寅時慶生
曰張喜添長男成畜己卯年十二月廿二辰時慶生
良柯喜添三男金進己卯年九月初十酉時慶生
国為喜添次男揚意己卯年十二月十六戌時慶生

11–2–4–145　晚清民國錦屏衆全族添丁簿（一四五）

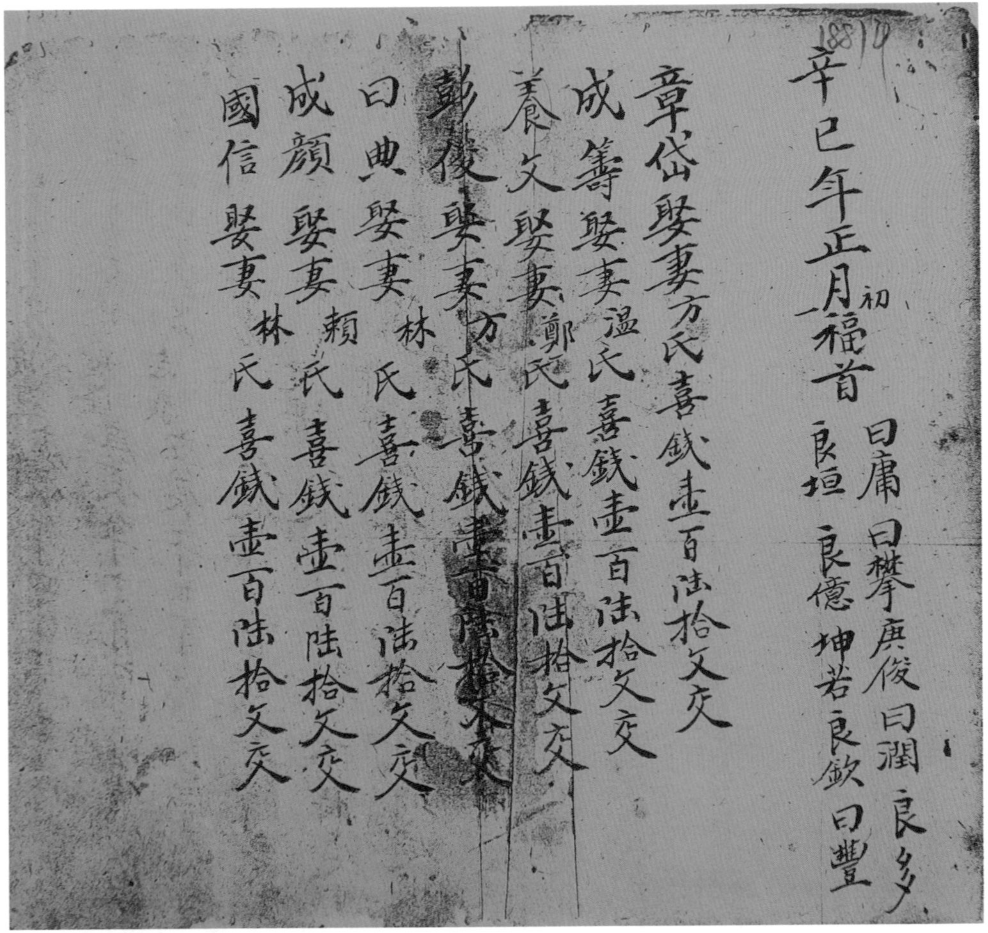

辛巳年正月初一福首

曰庸 曰攀 庚俊 曰潤 良彡

良垣 良億 坤若 良欽 曰豐

章岱娶妻方氏喜錢壹百陸拾文交

成籌娶妻溫氏喜錢壹百陸拾文交

養文娶妻鄭氏喜錢壹百陸拾文交

彭俊娶妻方氏喜錢壹百陸拾文交

曰典娶妻林氏喜錢壹百陸拾文交

成顏娶妻賴氏喜錢壹百陸拾文交

國信娶妻林氏喜錢壹百陸拾文交

11-2-4-146 晚清民國錦屏衆全族添丁簿（一四六）

曰振喜添次男成運 庚辰年四月廿二日戌時慶生
章明喜添長男聖隆 庚辰年十二月卯十日戌時慶生
孝文喜添次男志敬 庚辰年十二月初一日申時慶生
高文喜添長男 建冊 庚辰年十二月十三日戌時慶生
良大喜添長男 作維 庚辰年二月初六日子時慶生
良仁喜添長男 嘉健 庚辰年胃廿日戌時慶生
世禧喜添三男 庚辰年十二月初一日亥時慶生

11-2-4-147 晚清民國錦屏衆全族添丁簿（一四七）

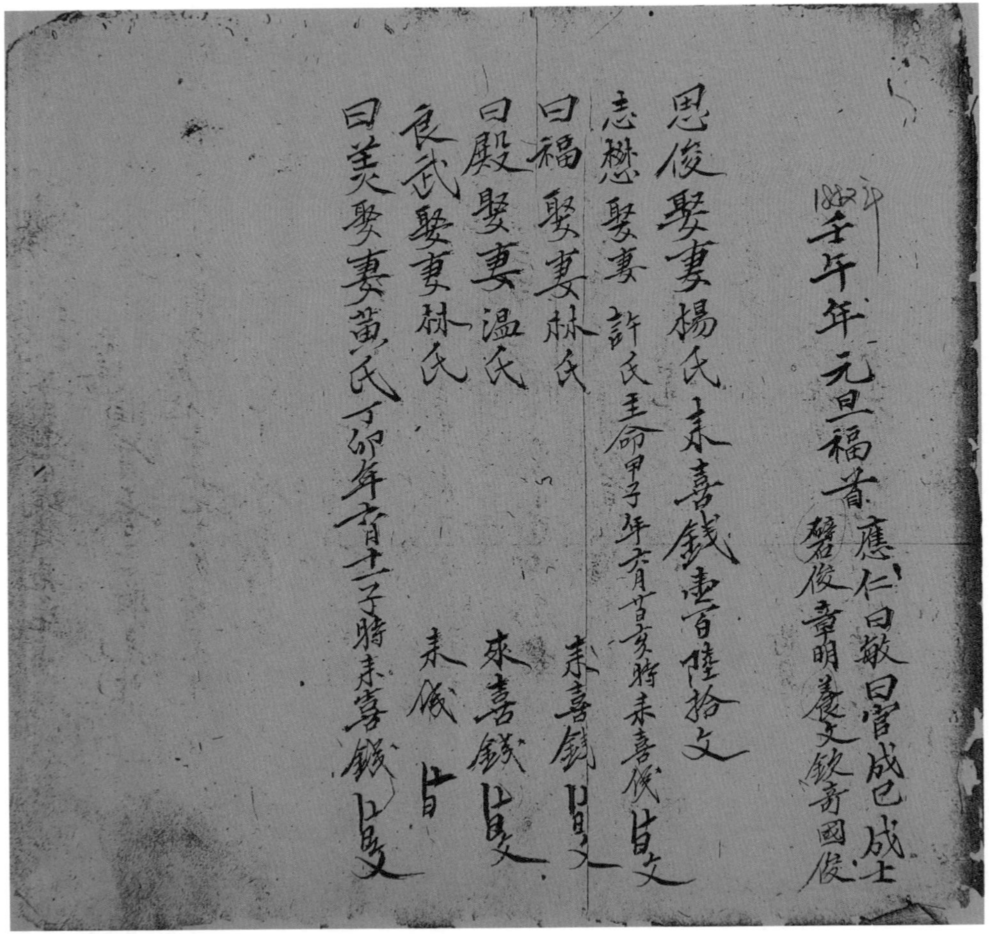

1882
壬午年元旦福首　應仁　曰敏　曰官　成巳　成士
　　　　　　　　磐君　俊章　明羲　文欽　奇國　俊
恩俊娶妻楊氏　來喜錢壹百陸拾文
志懋娶妻許氏　壬命甲子年六月廿二亥時　來喜錢　皆文
曰福娶妻林氏　來喜錢　皆文
曰殿娶妻温氏　來喜錢　皆文
良武娶妻林氏　來錢　皆
曰美娶妻萬氏　丁卯年六月十一子時　來喜錢　皆文

11-2-4-148　晚清民國錦屏衆全族添丁簿（一四八）

應仁喜添六男桑田，辛巳五月廿七日戌時見生
國信喜添長男楊橋，閏七月十七日子時見生
曰榮喜添長男成住，三月廿九日亥時見生
諸懋喜添次男振新，九月初七日申時見生
世揚喜添三男嘉濱，六月初五午時見生
良佐喜添四男作勳，八月廿七日辰時見生
曰典喜添次男成亨，五月十二日申時見生
良德喜添三男作元，九月十六日酉時見生
挺懋喜添次男振發，十月初五日戌時見生
大懷喜添長男成寬，九月十二日戌時見生
曰祈喜添長男成家，閏七月初五日卯時見生
世昭喜添四男嘉餘，辛巳年十二月廿二日子時生

11-2-4-149　晚清民國錦屏衆全族添丁簿（一四九）

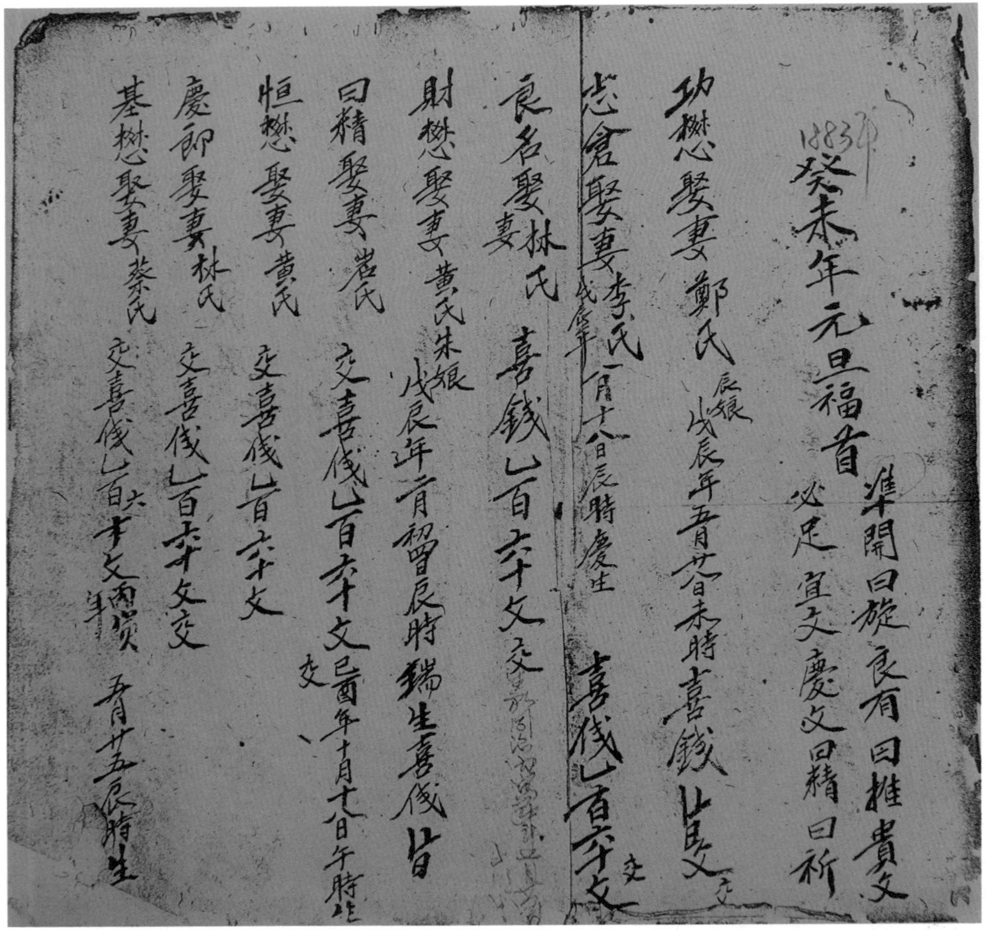
1883年
癸未年元旦福首　准開　曰旋　良有　曰椎　貴文
必足　宜文　慶文　曰精　曰祈
功懋娶妻鄭氏　辰娘　戊辰年五月廿八日未時　喜錢皆文　交
忠倉娶妻李氏　戊辰年一月十八日辰時慶生　喜錢乙百六十文　交
良名娶妻林氏　喜錢乙百六十文　交
財懋娶妻黃氏　朱娘　戊辰年十一月初四日辰時瑞生　喜錢皆
曰精娶妻崔氏　交喜錢乙百六十文　已酉年十月十八日午時生　交
恒懋娶妻黃氏　交喜錢乙百六十文
慶卯娶妻林氏　交喜錢乙百六十文　交
基懋娶妻蔡氏　交喜錢乙百六十文　兩年貫　五月廿五辰時生

11-2-4-150　晚清民國錦屏衆全族添丁簿（一五〇）

曰振喜添三男成橋　壬午年七月廿日子時慶生
章壬喜添長男信洋鑾　壬午年四月初五日午時慶生
曰福喜添長男成風　壬午年八月廿日申時慶生
義懋喜添次男振爵　壬午年九月初四日未時慶生
良堅喜添五男作啓　壬午年三月初九日午時慶生
良愛喜添三男作潤　壬午年九月十四日戌時慶生
良仁喜添次男作益　壬午年八月初二日亥時慶生
曰官喜添四男成富　壬午年六月十一日申時慶生
曰張喜添次男成楚　壬午年十月廿九巳時慶生

11-2-4-151　晚清民國錦屏衆全族添丁簿（一五一）

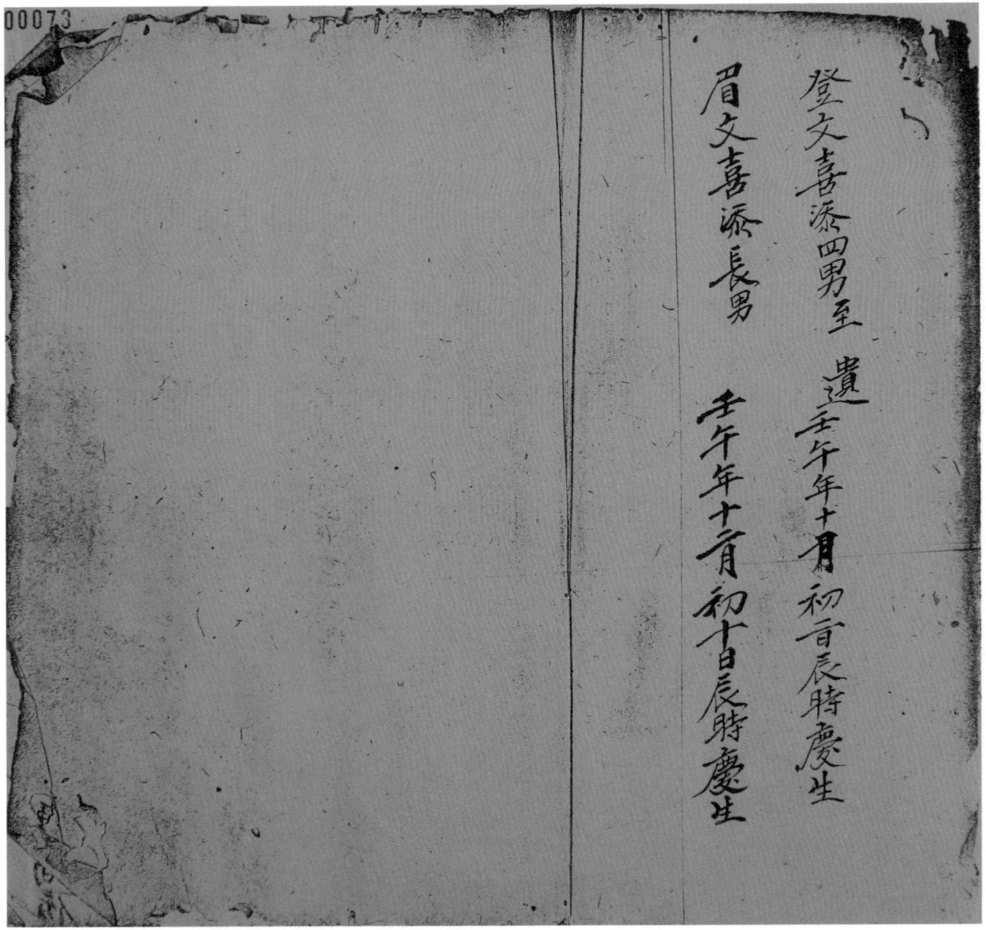

00073

登文喜添四男至遺　壬午年十月初一日辰時慶生

眉文喜添長男　壬午年十一月初十日辰時慶生

11-2-4-152　晚清民國錦屏衆全族添丁簿（一五二）

甲申年福首　德文　夏若　忠文　良蓮　福[illegible]
萱俵　国為　銀文　旨言　成田
癸未年
華楚娶妻楊氏　交青仍山百[illegible]文
漁文娶妻許氏　交青仍山百[illegible]文
禮文娶妻黃氏戊辰年[illegible]廿二戌時生　交青[illegible]山百[illegible]文

11-2-4-153　晚清民國錦屏衆全族添丁簿（一五三）

八閩文庫

八閩文庫

專題彙編

第二種

福建民間契約文書

廈門大學民間歷史文獻研究中心　編

鄭振滿　主編

49

海峽出版發行集團
THE STRAITS PUBLISHING & DISTRIBUTING GROUP
福建人民出版社

本册目録

第十一卷　永泰縣洑口鄉后亭、雙溪、廠坪村契約文書（二）

第二帙　盧氏祠堂

第三帙　温永國户

第四帙　鄭勇藏温氏文書

第五帙　温氏祠堂

第六帙　黄正柱户

第七帙　賴元代户

第十一卷 永泰縣洑口鄉后亭、雙溪、廠坪村契約文書（二）

本卷主編 鄭鵬程

第二帙　盧氏祠堂

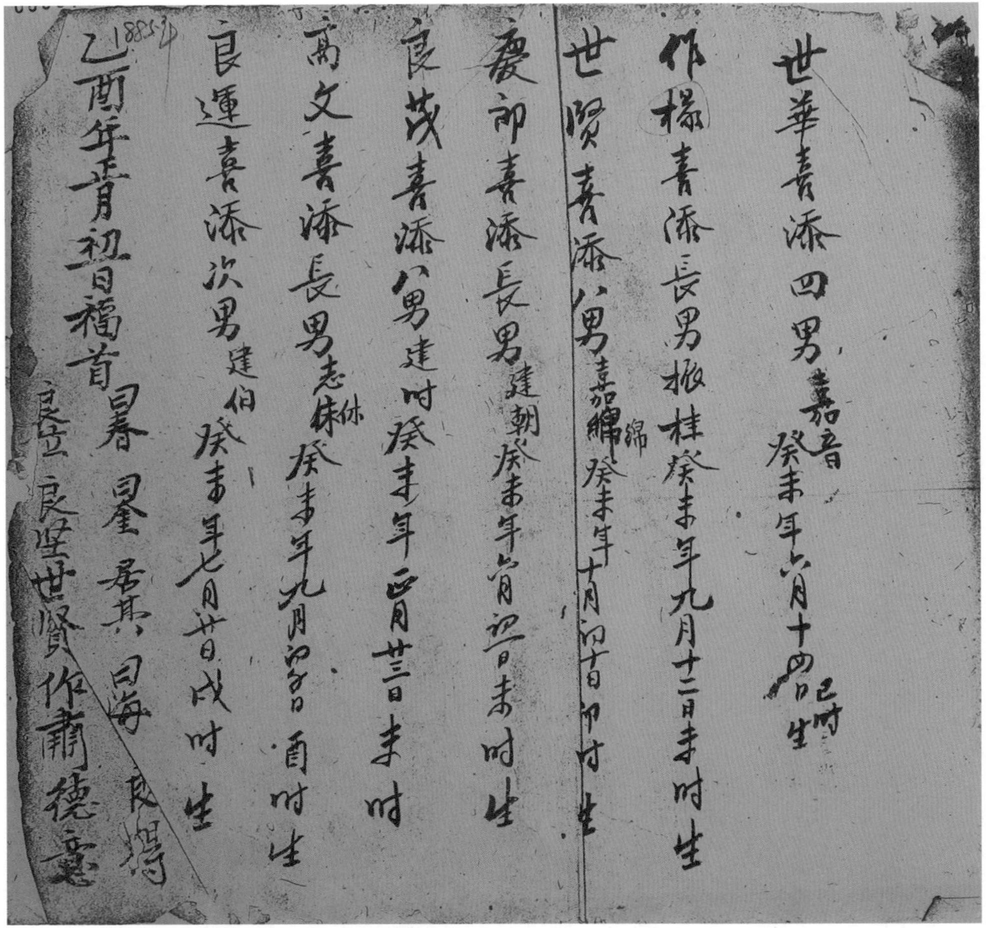
世華喜添四男嘉音　癸未年六月十四日巳時生
作樑喜添長男振桂　癸未年九月十二日未時生
世賢喜添八男嘉錦　錦　癸未年十月初四日卯時生
慶部喜添長男建朝　癸未年六月初四日未時生
良茂喜添八男建財　癸未年四月廿三日未時
高文喜添長男志休　休　癸未年九月初四日酉時生
良運喜添次男建伯　癸未年七月廿日戌時生
乙酉年正月初五日福首　昌暮　昌壘　居其　日海　良陽
良立　良堅　世賢　作肅　德意

11-2-4-154　晚清民國錦屏衆全族添丁簿（一五四）

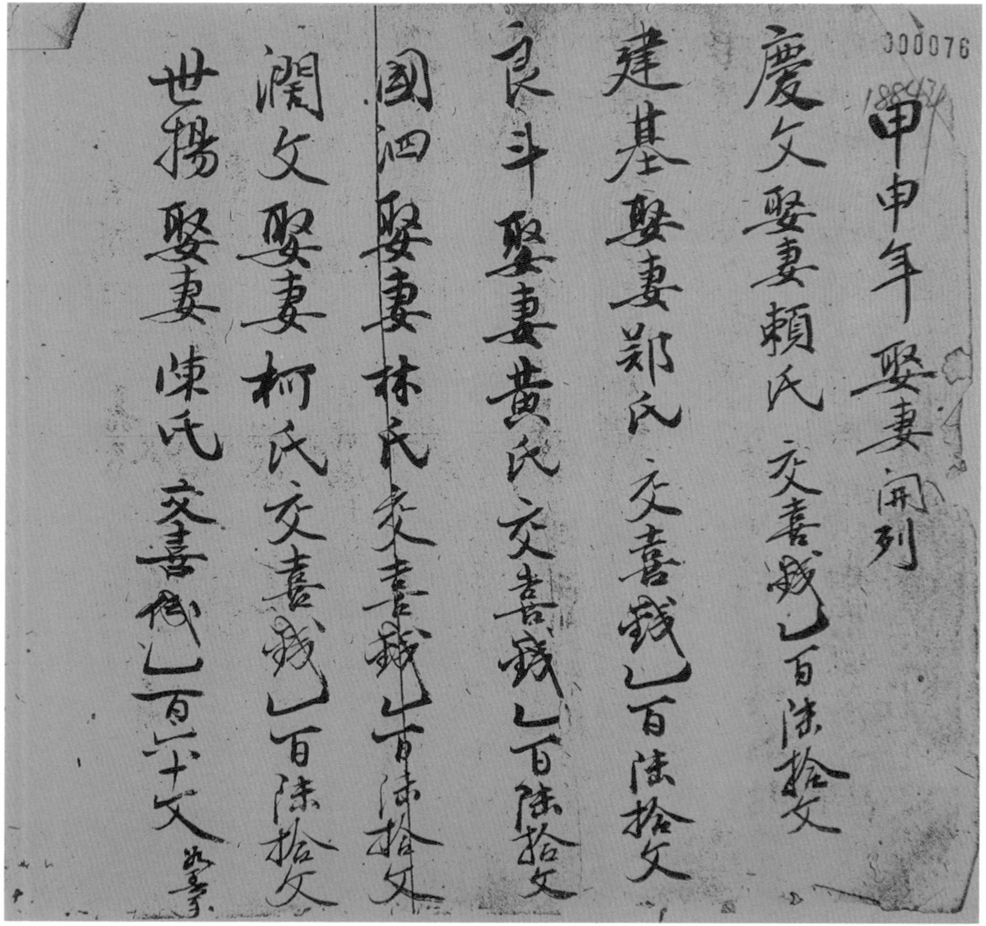

000076

甲申年娶妻開列

慶文娶妻賴氏 交喜錢一百陆拾文

建基娶妻鄭氏 交喜錢一百陆拾文

良斗娶妻黄氏交喜錢一百陆拾文

國泗娶妻林氏交喜錢一百陆拾文

潤文娶妻柯氏交喜錢一百陆拾文

世揚娶妻陳氏 交喜錢一百六十文 收了

11-2-4-155　晚清民國錦屏衆全族添丁簿（一五五）

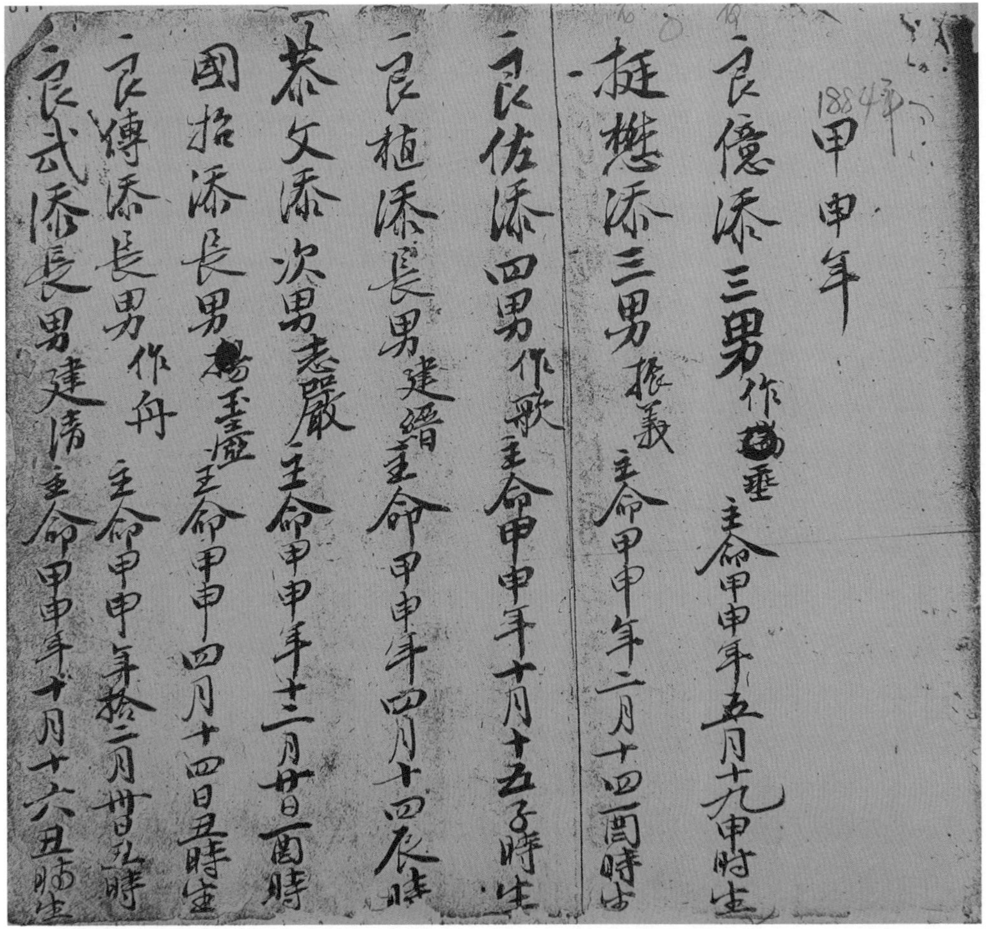

1884年

甲申年

一良億添三男作[illegible]垂　主命甲申年五月十九申時生

一挺懋添三男振義　主命甲申年二月十四酉時生

一良佐添四男作歌　主命甲申年十月十五子時生

一良植添長男建縉　主命甲申年四月十四辰時生

一恭文添次男志嚴　主命甲申年十二月廿一酉時

國招添長男[illegible]玉瑩　主命甲申四月十四日丑時生

一良溥添長男作舟　主命甲申年拾二月廿日丑時

一良武添長男建清　主命甲申年十月十六丑時生

11-2-4-156　晚清民國錦屏衆全族添丁簿（一五六）

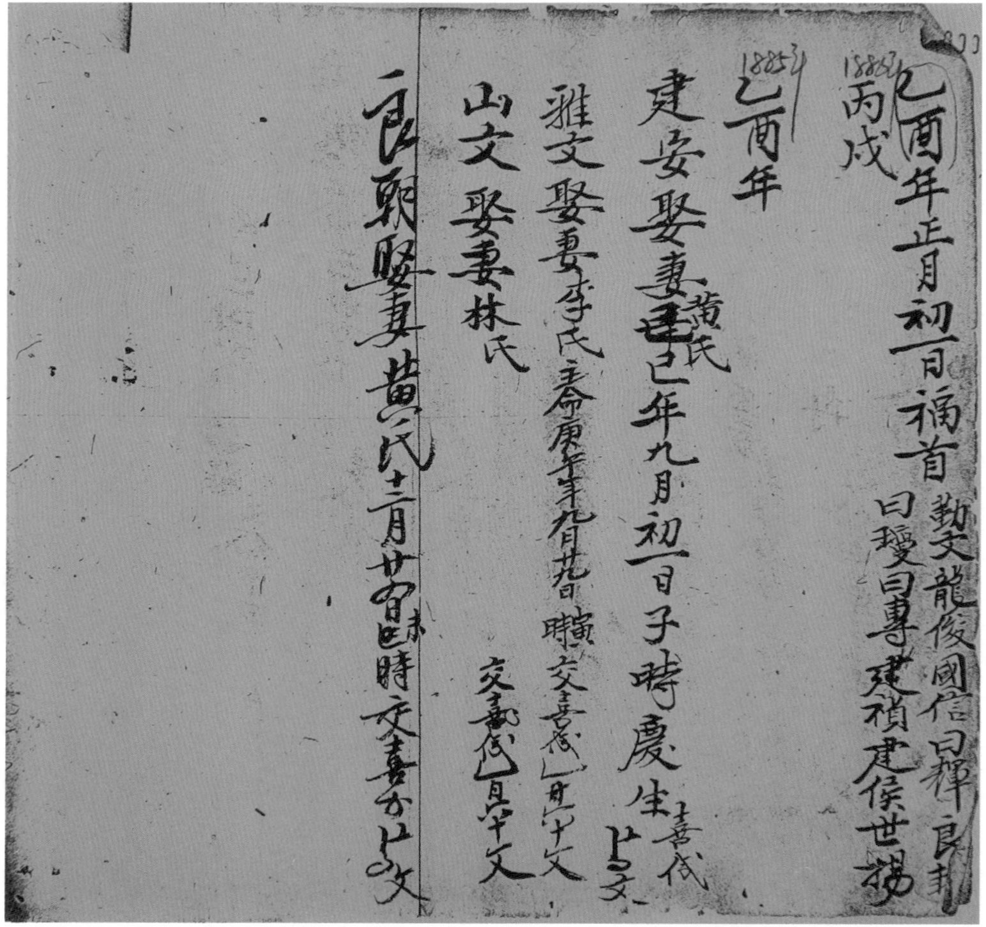
乙酉年正月初一日福首 勤文 龍俊 國信 日輝 良邦
日璦 日專 建禎 建侯 世揚
乙酉年
建安娶妻黃氏 乙巳年九月初一日子時慶生
雅文娶妻李氏
山文娶妻林氏
良郭娶妻黃氏十二月廿四日巳時

11-2-4-157　晚清民國錦屏衆全族添丁簿（一五七）

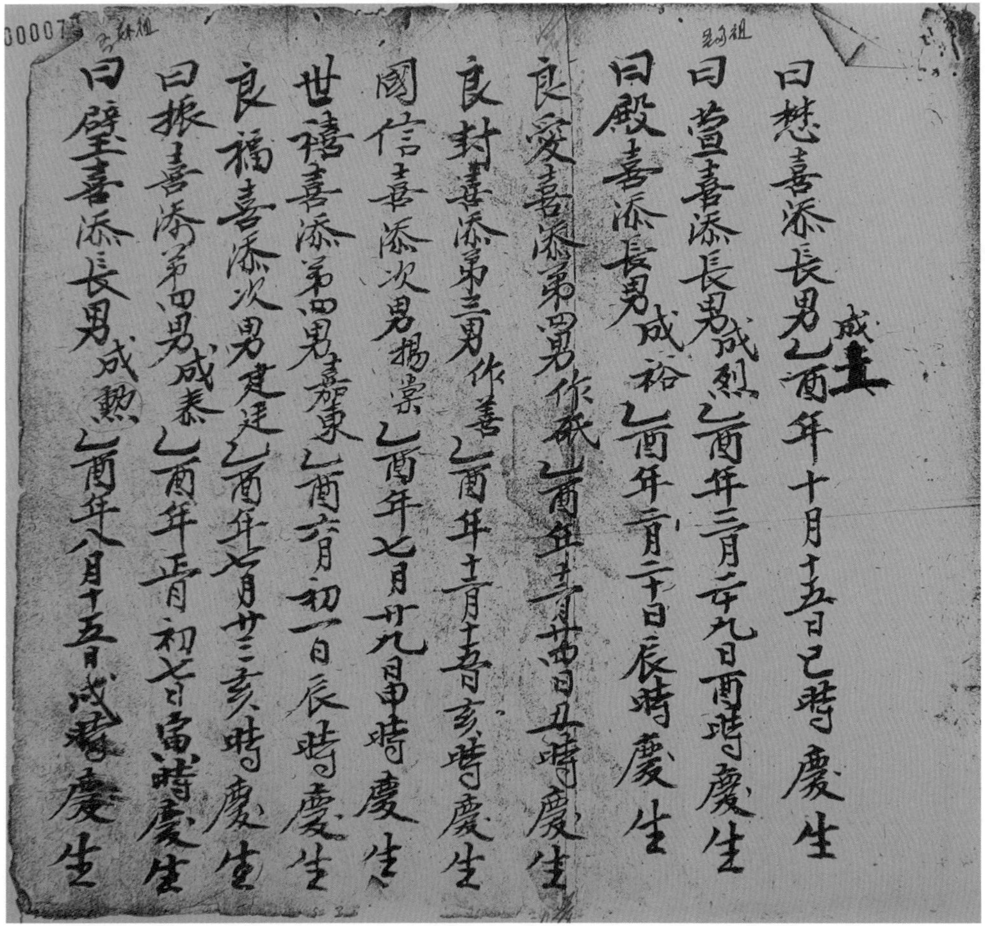

曰慈喜添長男成圭乙酉年十月十五日巳時慶生
曰萱喜添長男成烈乙酉年三月廿九日酉時慶生
曰殿喜添長男成裕乙酉年二月二十日辰時慶生
良愛喜添弟四男作秖乙酉年十一月廿四日丑時慶生
良封喜添弟三男作善乙酉年十二月十二日亥時慶生
國信喜添次男揚崇乙酉年七月廿九日申時慶生
世禧喜添弟四男嘉康乙酉年六月初一日辰時慶生
良福喜添次男建廷乙酉年七月廿三日亥時慶生
曰振喜添弟四男成泰乙酉年正月初七日寅時慶生
曰璧喜添長男成勲乙酉年八月十五日戌時慶生

11-2-4-158　晚清民國錦屏衆全族添丁簿（一五八）

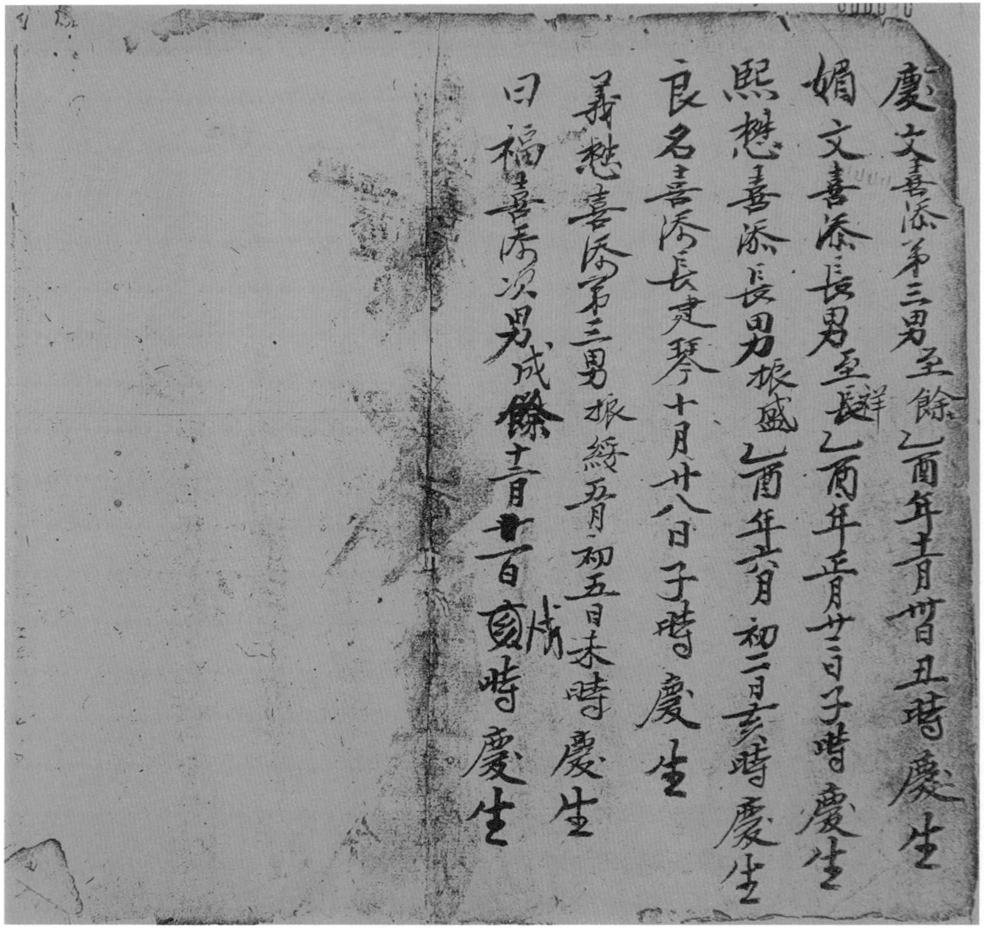

11-2-4-159　晚清民國錦屏衆全族添丁簿（一五九）

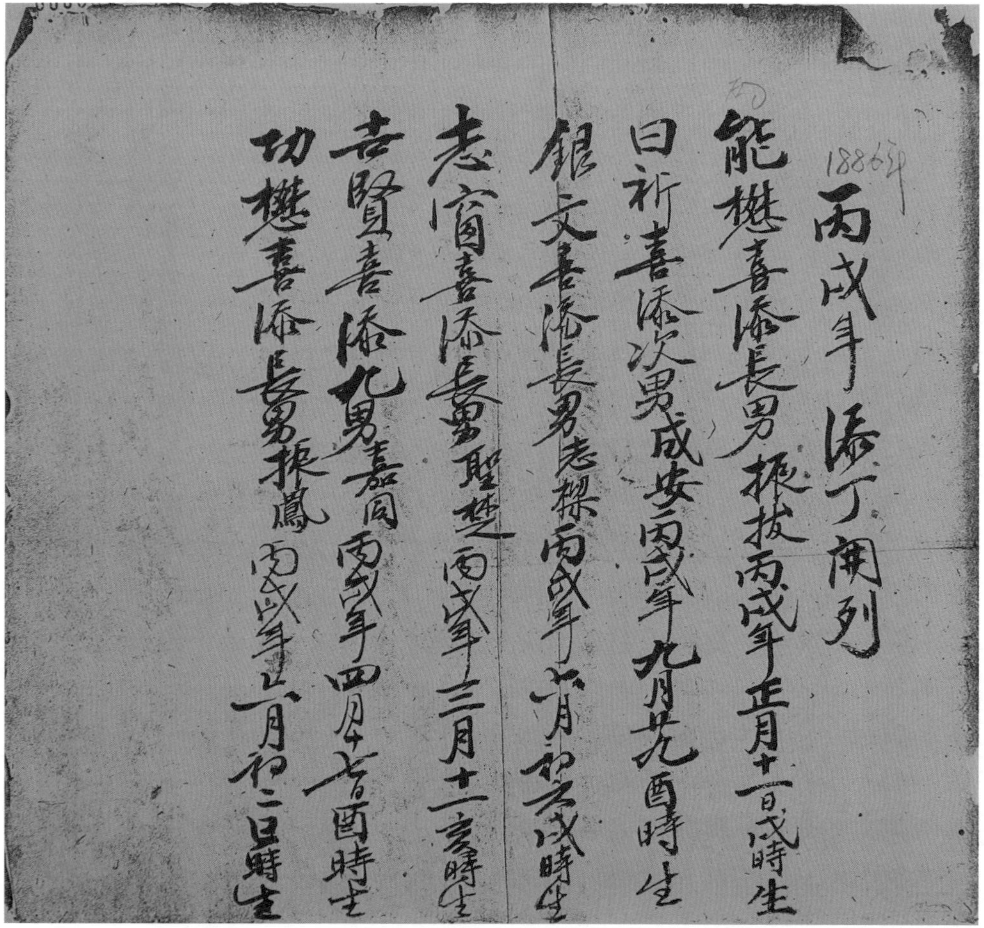
1886年
丙戌年添丁開列
能樾喜添長男振拔丙戌年正月十一日戌時生
曰祈喜添次男成安丙戌年九月廿九酉時生
銀文喜添長男志樑丙戌年六月初六戌時生
志甯喜添長男聖楚丙戌年三月十一亥時生
嘉賢喜添九男嘉同丙戌年四月十七酉時生
功樾喜添長男振鳳丙戌年六月初二日巳時生

11-2-4-160　晚清民國錦屏衆全族添丁簿（一六〇）

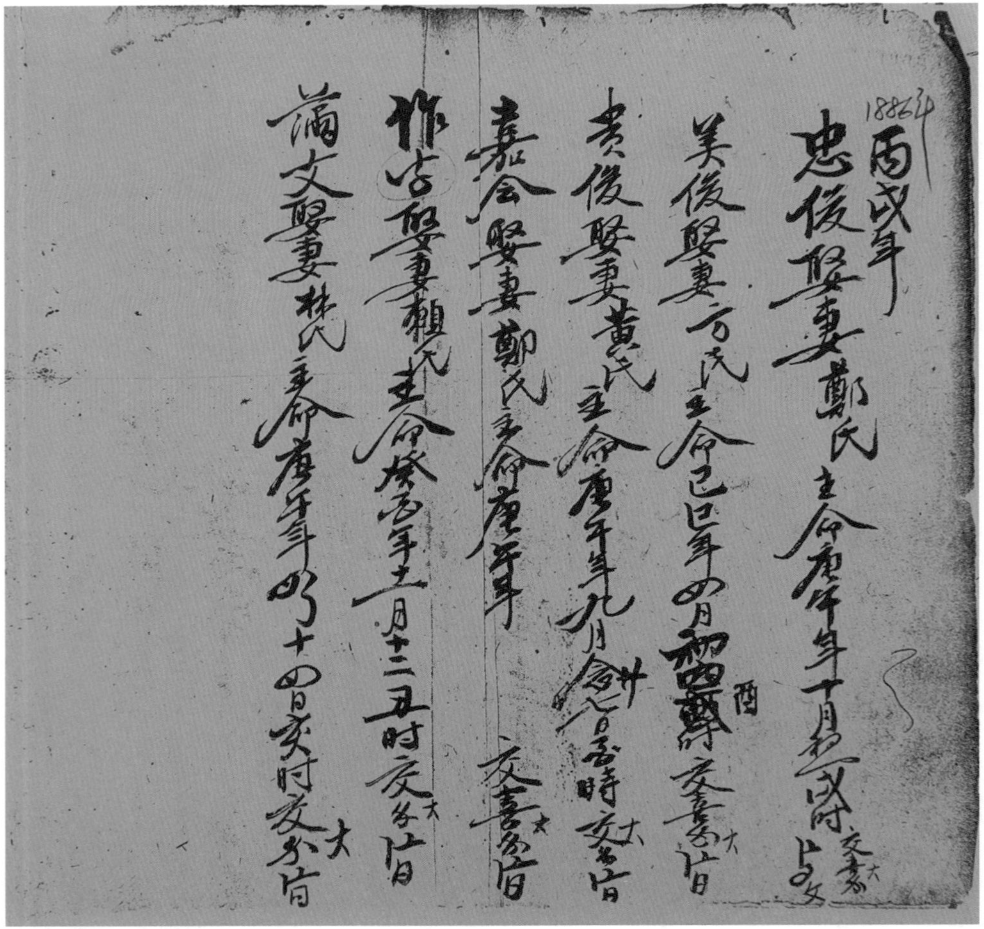
丙戌年　1886
忠俊娶妻鄭氏　主命庚午年十月初七戌時　交書大　占女
美俊娶妻方氏　主命己巳年四月初四酉時　交書大吉
貴俊娶妻黄氏　主命庚午年九月念七日丑時　交書大吉
嘉金娶妻鄭氏　主命庚午年　交書大吉
作古　娶妻賴氏　主命癸酉年十一月十二丑时　交書大吉
滿文娶妻林氏　主命庚午年四月十四日亥时　交書大吉

11-2-4-161　晚清民國錦屏衆全族添丁簿（一六一）

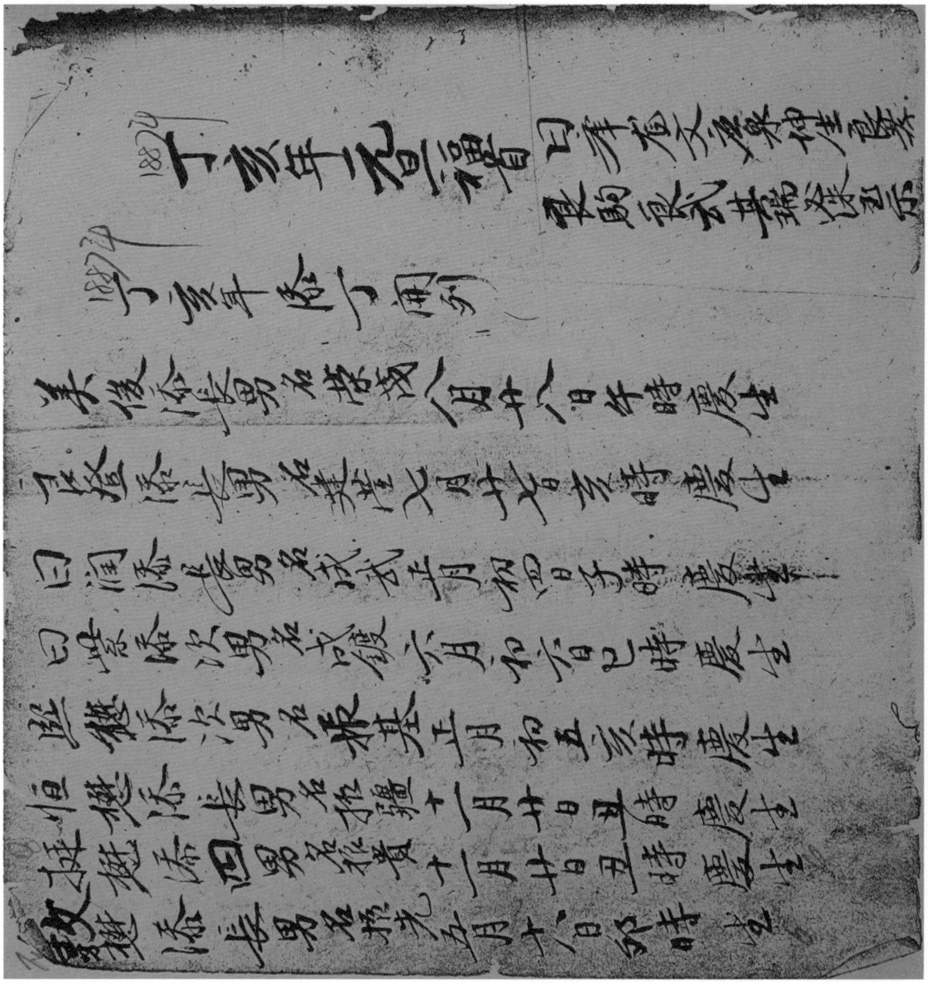
丁亥年添丁開列
美俵添長男名捷湯八月廿八日午時盧生
孫拯添長男名達塵七月廿七日亥時盧生
日潤添長男名成武正月初四日子時盧生
日塏添次男名成俊六月初六日巳時盧生
延樾添次男名振基正月初五日亥時盧生
恒樾添長男名振鏞十一月廿日丑時盧生
廷樾添四男名振貴十二月廿日丑時盧生
㐂樾添長男名振光五月十六日卯時盧生

11-2-4-162 晚清民國錦屏衆全族添丁簿（一六二）

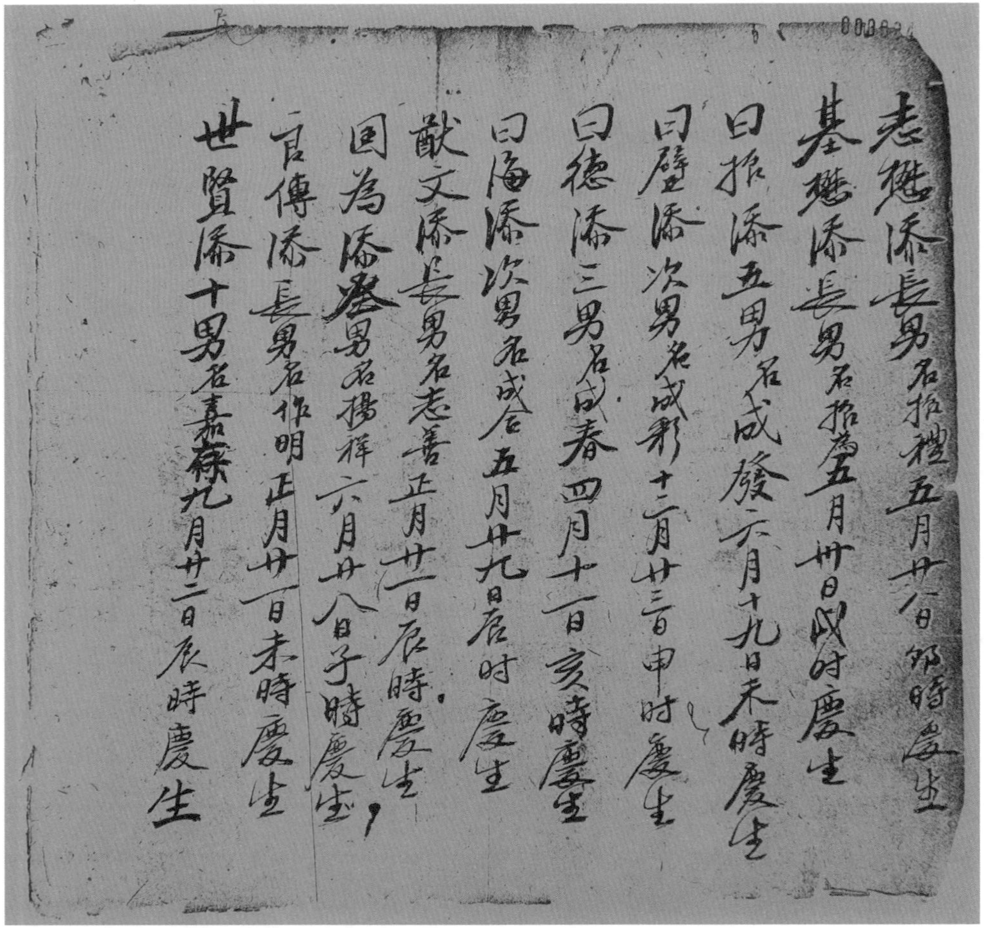

志懋添長男名振禮五月廿八日卯時慶生
基懋添長男名振為五月卅日戌时慶生
曰振添五男名成發六月十九日未時慶生
曰壁添次男名成彩十二月廿三日申时慶生
曰德添三男名成春四月十一日亥時慶生
曰海添次男名成合五月廿九日辰时慶生
猷文添長男名志善正月廿一日辰時慶生
国為添叄男名揚祥六月廿八日子時慶生
官傳添長男名作明正月廿一日未時慶生
世賢添十男名嘉祿九月廿二日辰時慶生

11-2-4-163　晚清民國錦屏衆全族添丁簿（一六三）

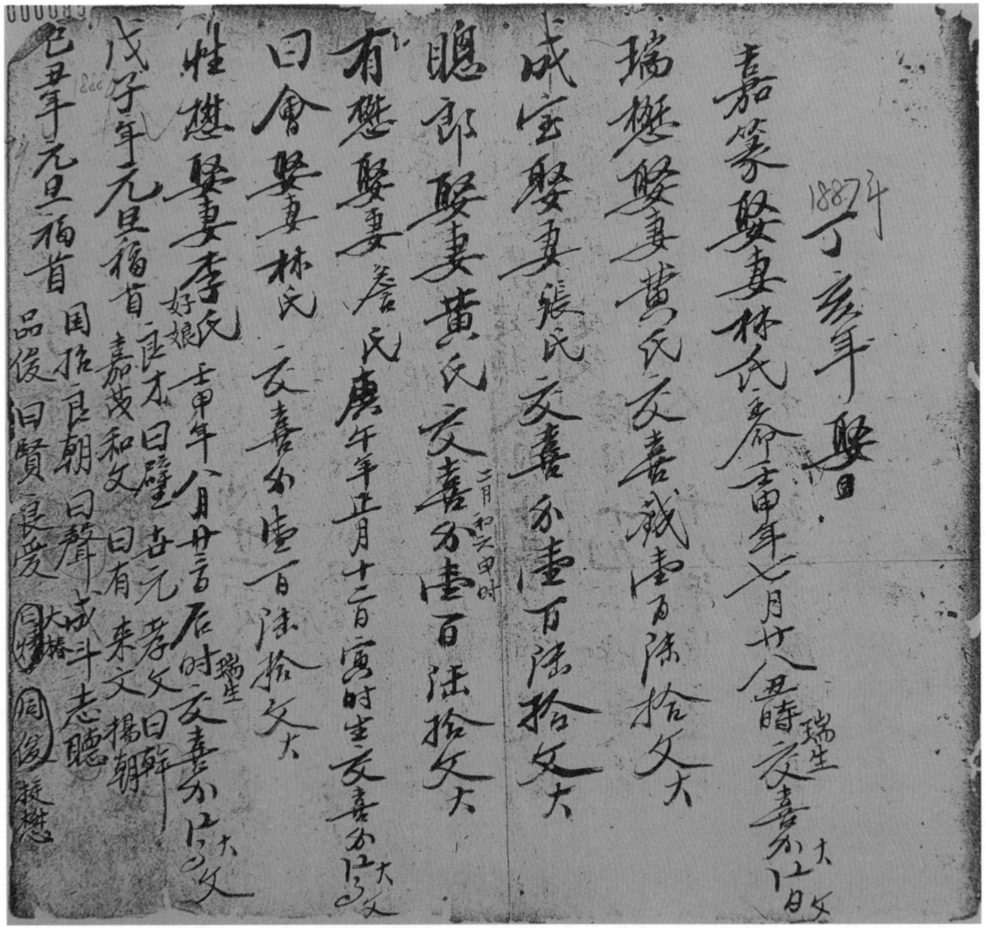

丁亥年娶　1887年

嘉篆娶妻林氏　壬申年七月廿八日時　瑞生　交喜錢〡〡〇大文

瑞懋娶妻黃氏　交喜錢壹百陸拾文大

成宝娶妻張氏　交喜錢壹百陸拾文大

聰郎娶妻黃氏　二月初六申时　交喜錢壹百陸拾文大

有懋娶妻詹氏　庚午年正月十二日寅时生　交喜錢〡〡〇大文

曰會娶妻林氏　交喜錢壹百陸拾文大

牲懋娶妻李氏　好娘　壬申年八月廿三日辰时　瑞生　交喜錢〡〡〇大文

戊子年元旦福首　良木　嘉茂　和文　曰鏜　岳元　曰有　孝文　來文　曰鋅　揚朝

己丑年元旦福首　国振　良朝　曰聲　成斗　大椿　志聽　品俊　曰贊　良爱　同樁　同俊　提懋

11-2-4-164　晚清民國錦屏衆全族添丁簿（一六四）

戊子年添丁 1888

志倉添取男 聖爾 拾壹十二月拾二丑時生

曰殿添取男 烕秋 柒月廿一寅時慶生

國泗添長男 成日 正月卅日寅辰時慶生

滿文添長男 志振 玖月廿五寅時慶生

良名添長男 建梅 叁月廿三戌時慶生

良福添叁男 建從 陸月十九子時慶生

良愛添伍男 佛永 拾月十八午時慶生 名氶

諸樾添三男 振美 拾月初二亥時慶生

良傳添取男 佛典 玖月十一未時慶生

11-2-4-165 晚清民國錦屏衆全族添丁簿（一六五）

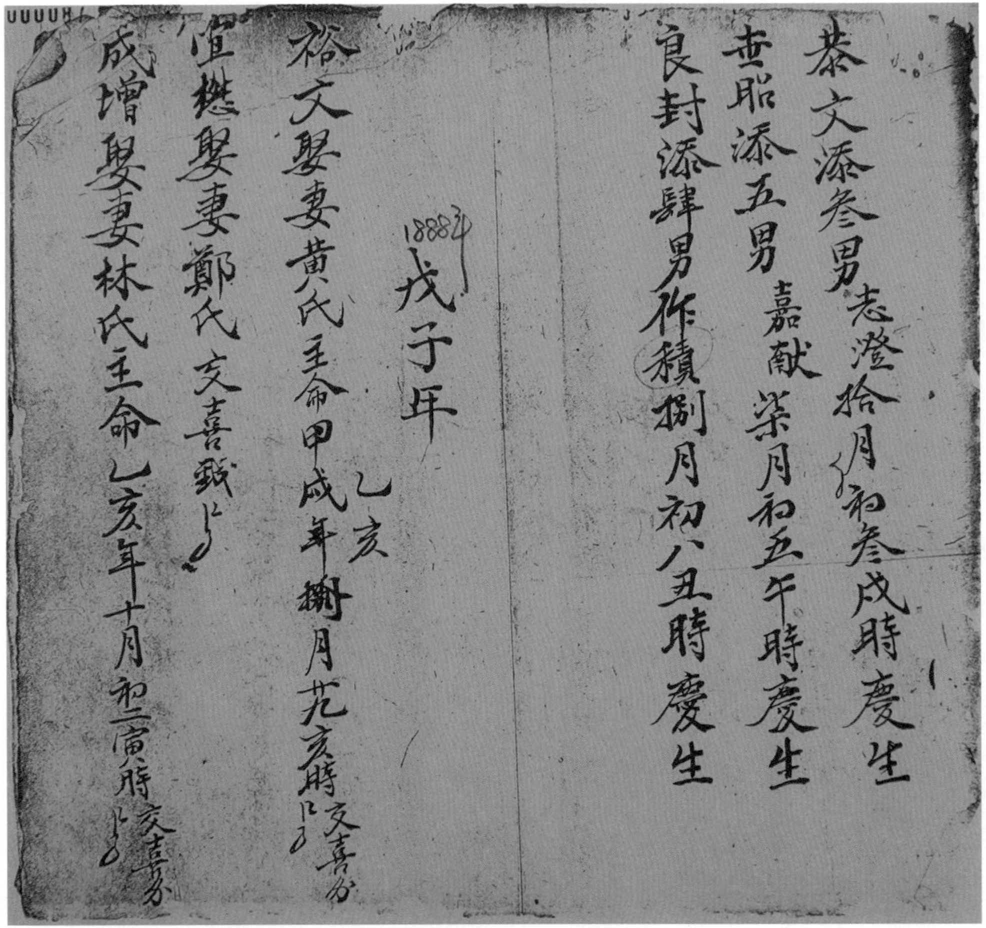
恭文添叁男志澄拾月初叁戌時慶生
世聪添五男嘉猷柒月初五午時慶生
良封添肆男作積捌月初八丑時慶生

1888年
戊子年

裕文娶妻黃氏主命甲戌年捌月廿九亥時　文喜分　乙亥
宜楙娶妻鄭氏　文喜銀
成增娶妻林氏主命乙亥年十月初二寅時　文喜分

11-2-4-166　晚清民國錦屏衆全族添丁簿（一六六）

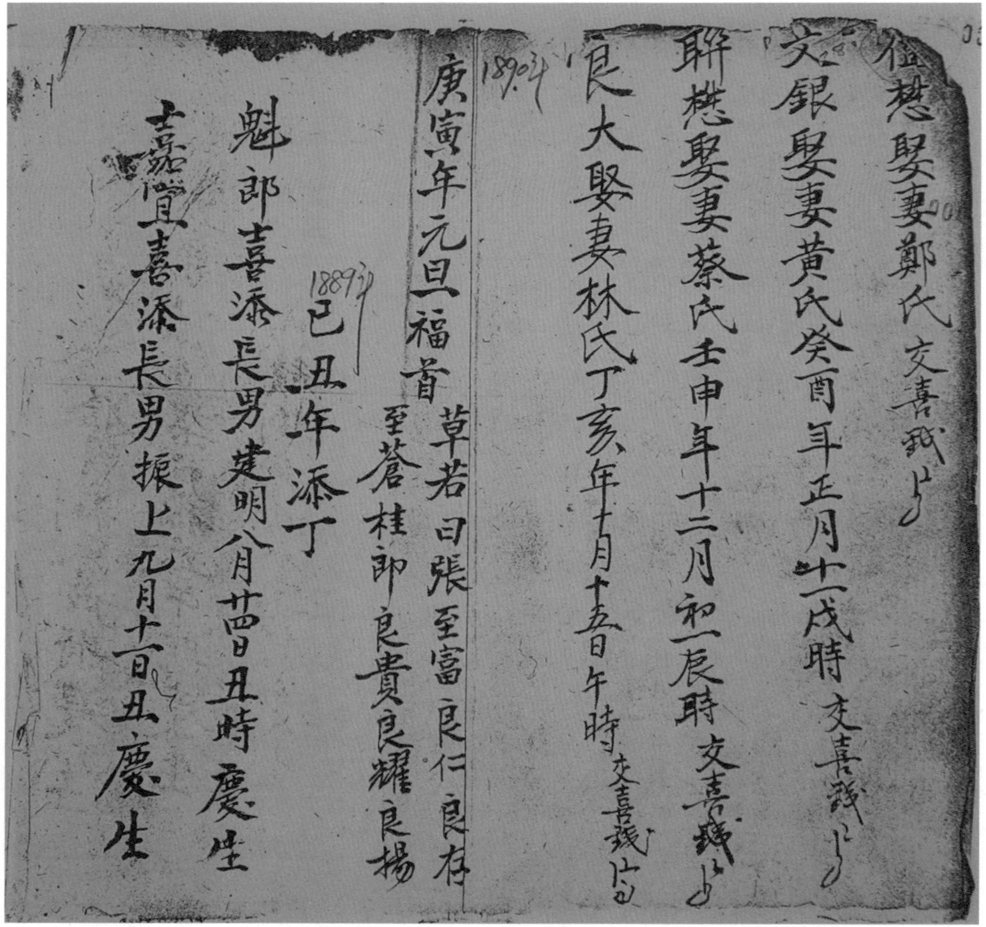

位楙娶妻鄭氏 文喜錢上占
文銀娶妻黄氏癸酉年正月廿一戌時 文喜錢上占
聯楙娶妻蔡氏壬申年十二月初一辰時 文喜錢上占
良大娶妻林氏丁亥年十月十五日午時 文喜錢上占
1890
庚寅年元旦福首 草若 日張 至富 良仁 良存
至蒼 桂郎 良貴 良耀 良揚
1889
己丑年添丁
魁郎喜添長男建明八月廿四日丑時慶生
士嘉貴喜添長男振上九月十一日丑時慶生

11-2-4-167　晚清民國錦屏衆全族添丁簿（一六七）

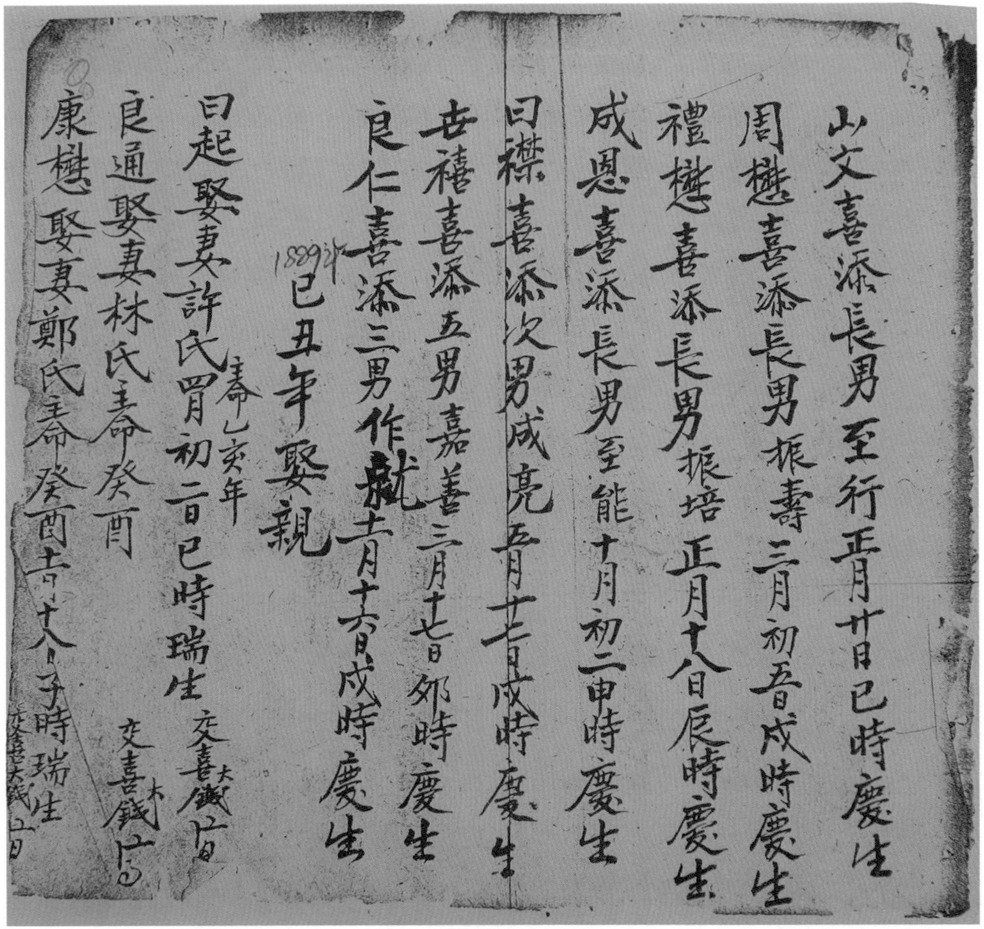
山文喜添長男至行正月廿日巳時慶生
周樾喜添長男振壽三月初五日戌時慶生
禮樾喜添長男振培正月十八日辰時慶生
成恩喜添長男至能十月初二申時慶生
曰襟喜添次男成亮五月十七日戌時慶生
岳禧喜添五男嘉善三月十七日卯時慶生
良仁喜添三男作就十二月十六日戌時慶生
1889年 己丑年娶親
曰起娶妻許氏壽命乙亥年四月初二日巳時瑞生 交喜錢六百
良通娶妻林氏壽命癸酉
康樾娶妻鄭氏壽命癸酉十二月十八日子時瑞生 交喜錢六百

11-2-4-168 晚清民國錦屏衆全族添丁簿（一六八）

000090

賢文娶妻周氏壽命辛未年十二月拾四日卯時瑞生 支喜家片

昌樾娶妻方氏壽命癸酉年

支喜方鐵片

曰德 曰紫芝文家傳 佳文良傳

1891年
辛卯年元旦福首

義樾 良陶 良登 章壬智生

1890年
庚寅年添丁

曰潤喜添次男名成達又三月廿四日戌時慶生

曰祈喜添三男名成貴六月廿八日午時慶生

功樾喜添次男振麒十一月初五日巳時慶生

11-2-4-169　晚清民國錦屏衆全族添丁簿（一六九）

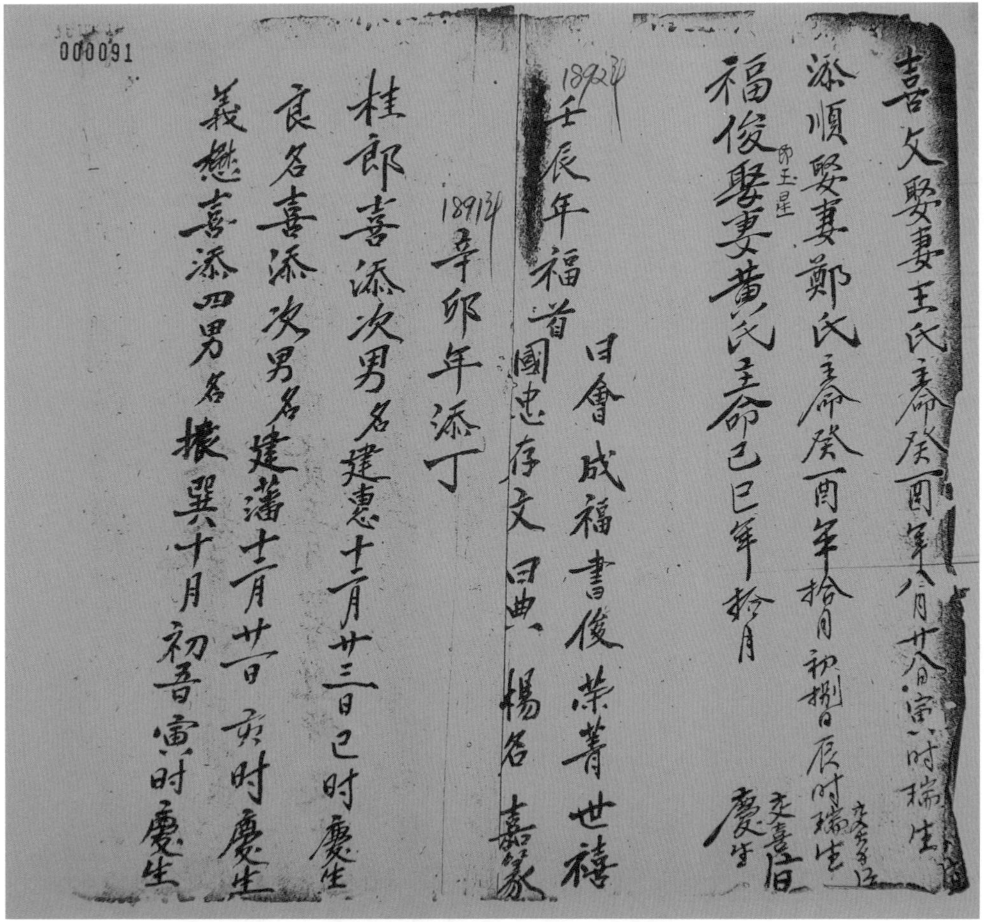
000091

喜文娶妻王氏，壽命癸酉年八月廿八日寅時瑞生
添順娶妻鄭氏，壽命癸酉年拾月初捌日辰時瑞生
福俊（乃玉星）娶妻黃氏，壽命己巳年拾月　交喜　慶生

1892　壬辰年福首　日會　成福　書俊　榮菁　世禧
國忠　存文　日典、楊名　嘉篆

1891　辛卯年添丁
桂郎喜添次男名建惠十一月廿三日巳時慶生
良名喜添次男名建藩十二月廿一日亥時慶生
義懋喜添四男名振巽十月初五日寅時慶生

11-2-4-170　晚清民國錦屏衆全族添丁簿（一七〇）

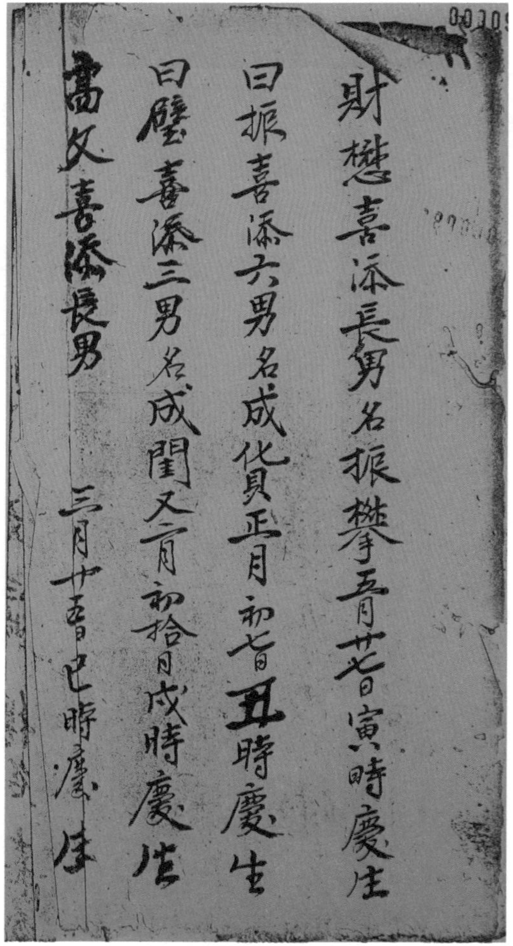
財懋喜添長男名振攀五月廿七日寅時慶生
曰振喜添六男名成化貞正月初七日丑時慶生
曰璧喜添三男名成閏又二月初拾日戌時慶生
高文喜添長男
三月十五日巳時慶生

11-2-4-171　晚清民國錦屏衆全族添丁簿（一七一）

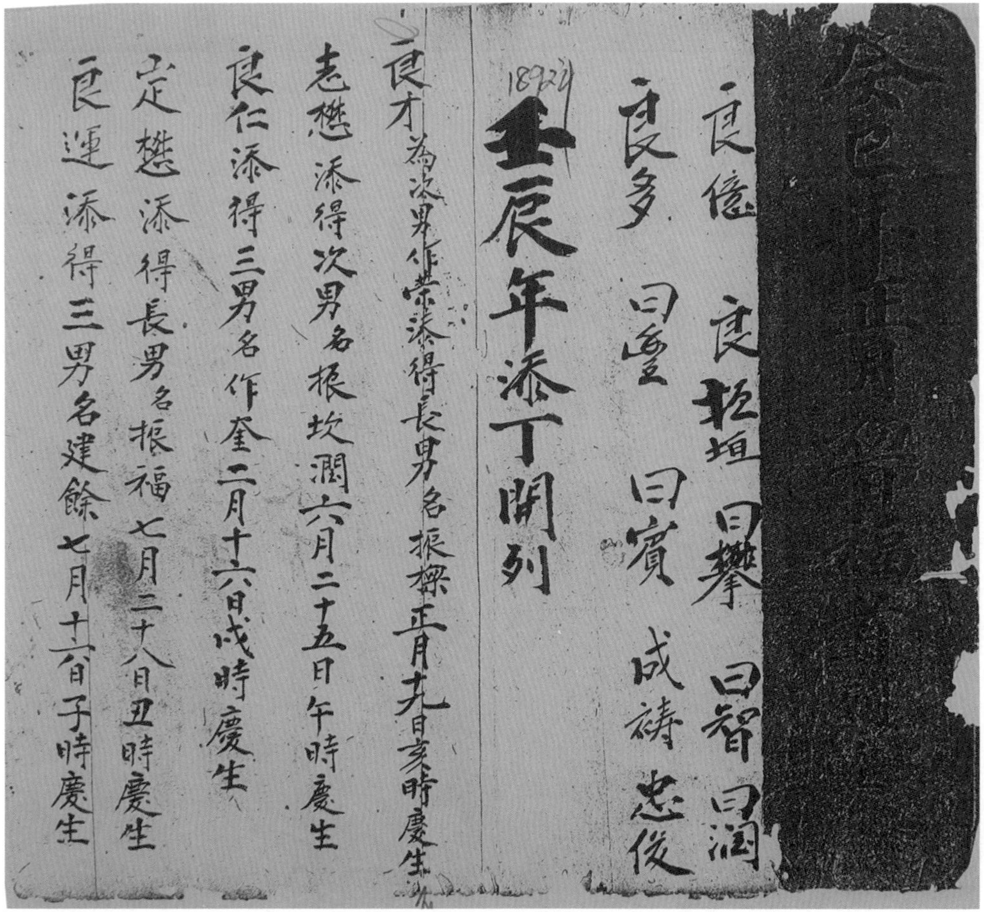

良億　良拔垣　曰攀　曰智　曰潤
良多　曰壘　曰賓　成祷　忠俊
1892
壬辰年添丁開列
良才為次男作崇添得長男名振樑正月廿九日亥時慶生
志懋添得次男名振坎潤六月二十五日午時慶生
良仁添得三男名作奎二月十六日戌時慶生
定懋添得長男名振福七月二十八日丑時慶生
良運添得三男名建餘七月十六日子時慶生

11-2-4-172　晚清民國錦屏衆全族添丁簿（一七二）

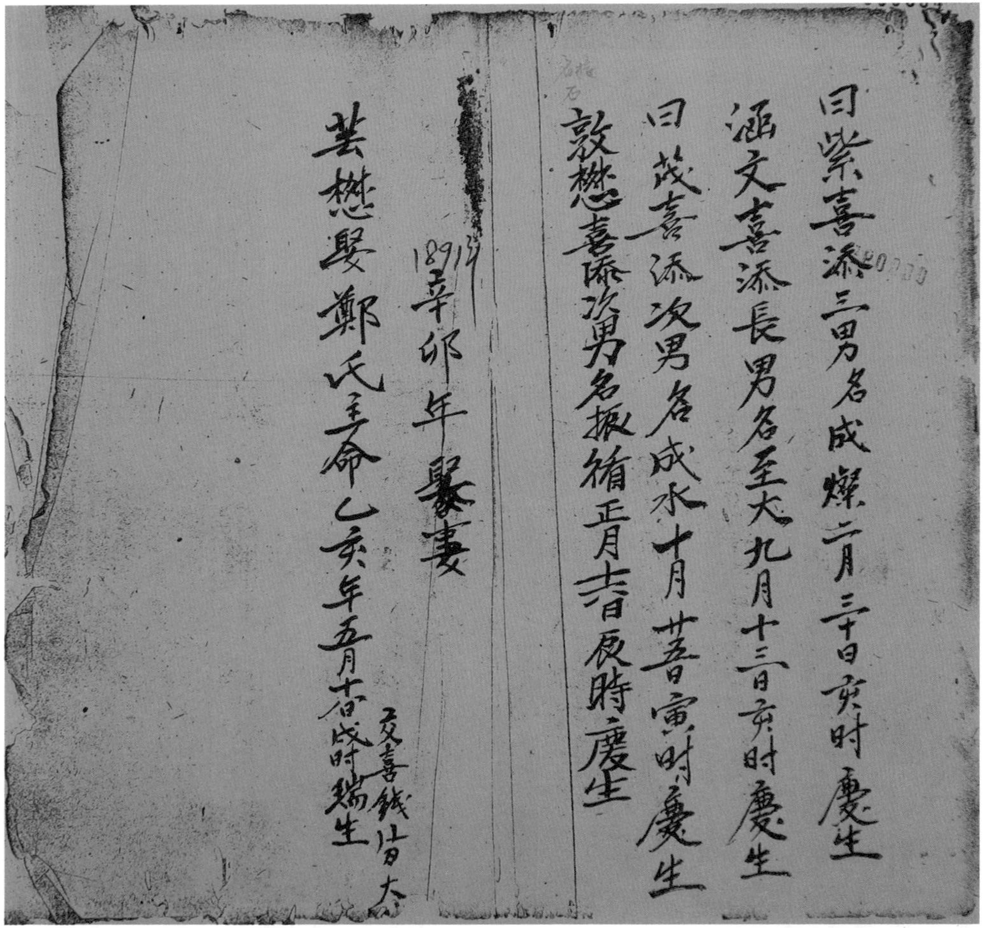
曰紫喜添三男名成燦二月三十日亥时慶生
涵文喜添長男名至大九月十三日亥时慶生
曰茂喜添次男名成水十月廿四日寅时慶生
敦懋喜添次男名振猶正月十一日辰時慶生
1891年
辛卯年娶妻
芸懋娶鄭氏主命乙亥年五月十六日戌時瑞生
交喜錢廿日大

11-2-4-173　晚清民國錦屏衆全族添丁簿（一七三）

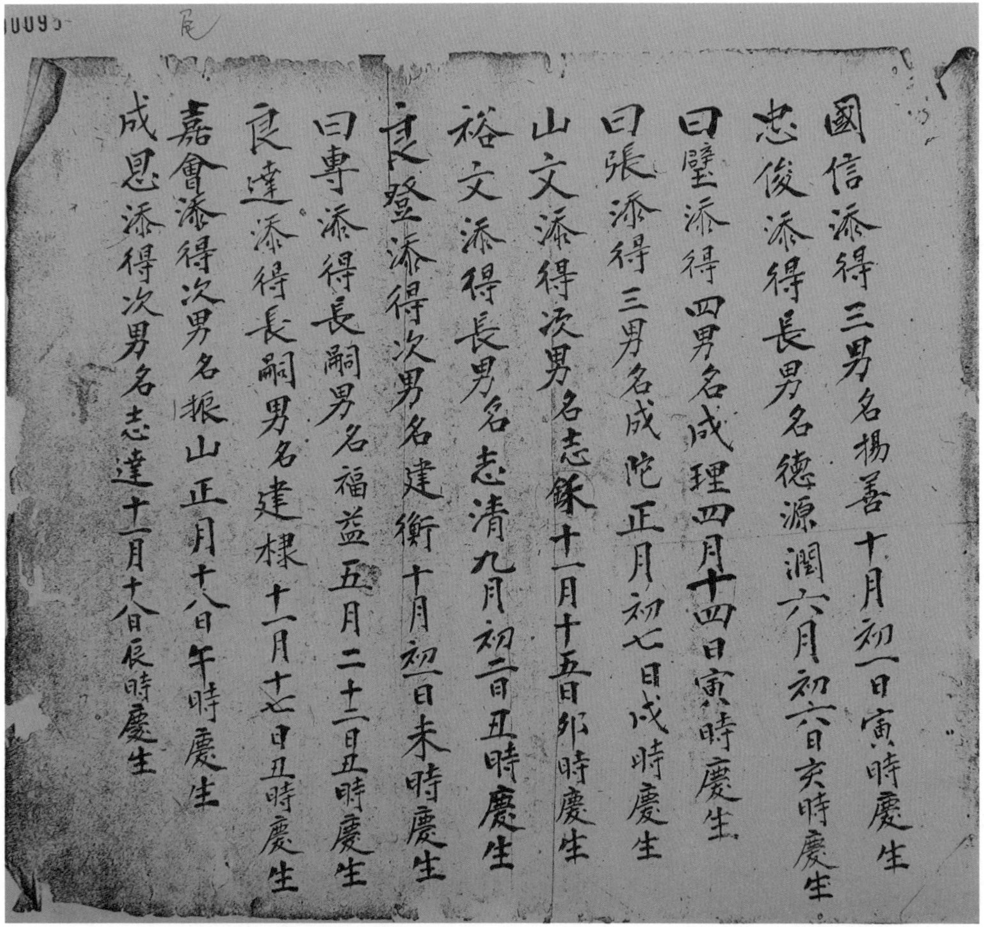
國信添得三男名揚善十月初一日寅時慶生
忠俊添得長男名德源閏六月初六日亥時慶生
曰壁添得四男名成理四月十四日寅時慶生
曰張添得三男名成陀正月初七日戌時慶生
山文添得次男名志錄十一月十五日卯時慶生
裕文添得長男名志清九月初二日丑時慶生
良登添得次男名建衡十月初日未時慶生
曰專添得長嗣男名福益五月二十二日丑時慶生
良達添得長嗣男名建棣十一月十七日丑時慶生
嘉會添得次男名振山正月十八日午時慶生
成恩添得次男名志達十一月十八日辰時慶生

11-2-4-174　晚清民國錦屏衆全族添丁簿（一七四）

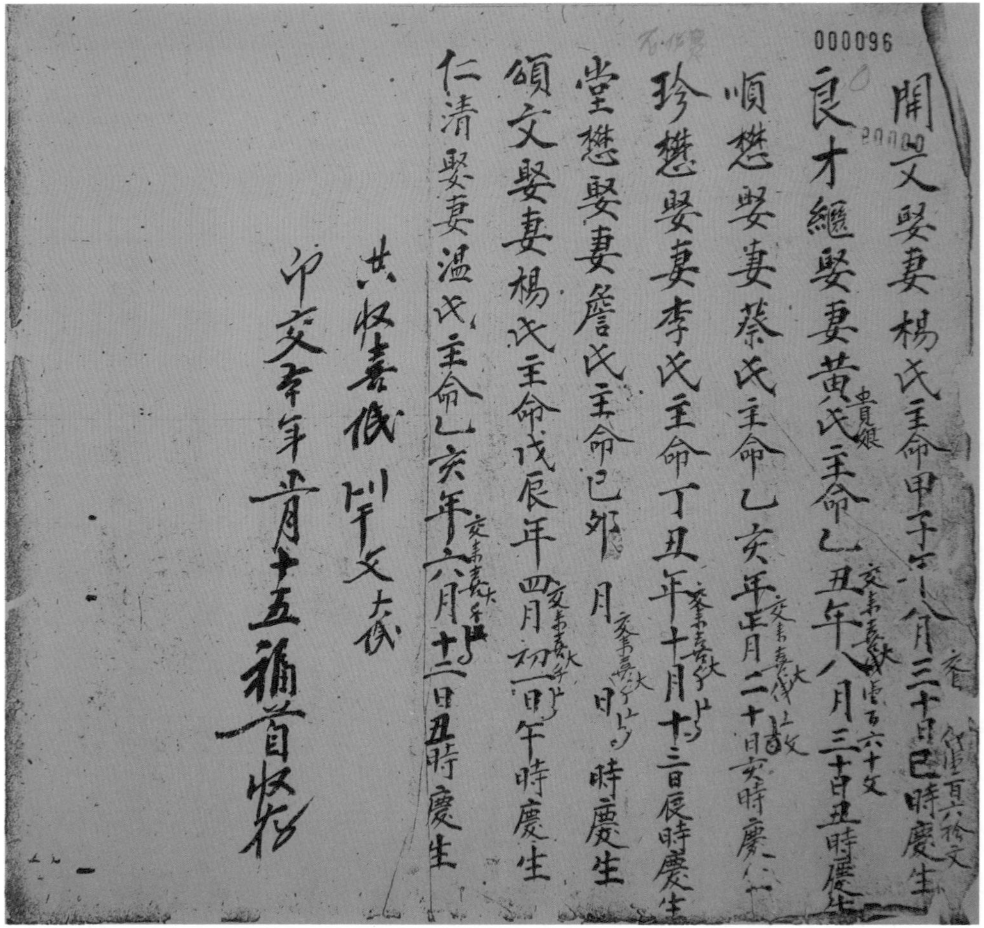

000096

開文娶妻楊氏主命甲子年八月三十日巳時慶生

良才繼娶妻黃氏主命乙丑年八月三十日丑時慶生

順懋娶妻蔡氏主命乙亥年正月二十日亥時慶生

珍懋娶妻李氏主命丁丑年十月十三日辰時慶生

堂懋娶妻詹氏主命己卯年　月　日　時慶生

頌文娶妻楊氏主命戊辰年四月初一日午時慶生

仁清娶妻溫氏主命乙亥年六月十二日丑時慶生

共收喜錢　　文大錢

卯交本年　月十五福首收花

11-2-4-175　晚清民國錦屏衆全族添丁簿（一七五）

1894.3

甲午年元旦福首　美俊　日敏　日富　成士　國俊

播　挑　欽　奇　章　餘　雅文　成已

地懋喜添長男振熙　命主癸巳年九月初二寅時慶生

日祈喜添四男成存　命主癸巳年十二月廿日戌時慶生

涵文喜添次男至盛　命主癸巳年十一月十三亥時慶生

宜懋喜添長男振麟　命主甲午年十月廿日辰時生

11-2-4-176　晚清民國錦屏衆全族添丁簿（一七六）

000098

尾

祈文娶妻黃氏辛使 主命辛巳年三月十六未時慶生 文喜代 旨大

良才娶妻林氏應娘 主命戊辰年八月十三酉時慶生 文喜代 旨大

良寬繼娶妻黃氏 主命庚午年七月廿一丑時慶生 文喜代 旨大

良起娶妻許氏 主命己巳年九月廿二寅時慶生 文喜代 旨大

良封娶妻林氏 主命戊戌年月 文喜代 旨大

餘懋娶妻凌氏 主命壬申年九月廿二戌時慶生 文喜代 旨大

嘉義娶妻李氏荔娘 主命丁丑年十二月廿六申時慶生 文喜代 旨大

共收錢卜千文十五首 收

11-2-4-177　晚清民國錦屏衆全族添丁簿（一七七）

乙未年元旦福首　餘懋　曰堆　曰祈　必足　应注

光文　慶文　高文　良闈　成恩

聯懋喜添長男振源甲午年十二月初九日辰時慶生

恒懋喜添次男振藩甲午正月廿四日申時慶生

美俊喜添次男德賢甲午七月初二日戌時慶生

良植喜添次男建曹甲午年十月初七日寅時慶生

曰會喜添長男成闡甲午年九月十三日戌時慶生

章財喜添長男聖品甲午年九月十九日辰（亥）時慶生

賢文喜添長男至旺甲午年正月初三日酉時慶生

嘉篆喜添長男振鋌甲午年七月初九日卯時慶生

11-2-4-178　晚清民國錦屏衆全族添丁簿（一七八）

000100

基懋喜添次男振雄甲午年五月廿六日亥時慶生

宜懋喜添長男振麟甲午年十月廿日辰時慶生

曰璧喜添五男成禮甲午年九月初七日午時慶生

光文喜添長男至修戊子年十二月十二日丑時慶生

曰福喜添三男成本甲午年七月初六日戌時慶生

曰慶喜添長孫至耀甲午年四月十八日午時慶生

11-2-4-179　晚清民國錦屏衆全族添丁簿（一七九）

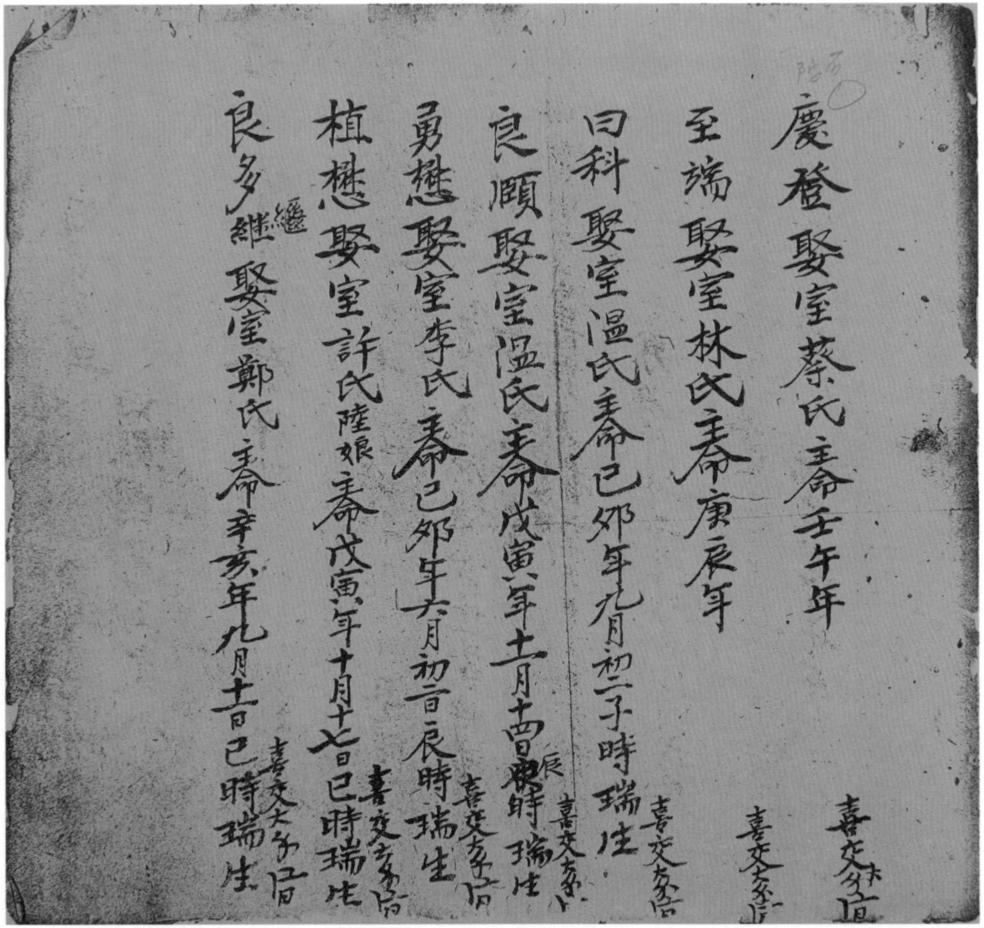

慶登 娶室蔡氏 主命壬午年 喜交叁旬

至端 娶室林氏 主命庚辰年 喜交叁旬

曰科 娶室温氏 主命己卯年九月初二子時瑞生 喜交叁旬

良顺 娶室温氏 主命戊寅年十一月十四日辰時瑞生 喜交叁旬

勇懋 娶室李氏 主命己卯年六月初三日辰時瑞生 喜交叁旬

植懋 娶室許氏陞娘 主命戊寅年十月十七日巳時瑞生 喜交叁旬

良多 繼 娶室鄭氏 主命辛亥年九月十一日巳時瑞生 喜交大叁旬

11-2-4-180 晚清民國錦屏衆全族添丁簿（一八〇）

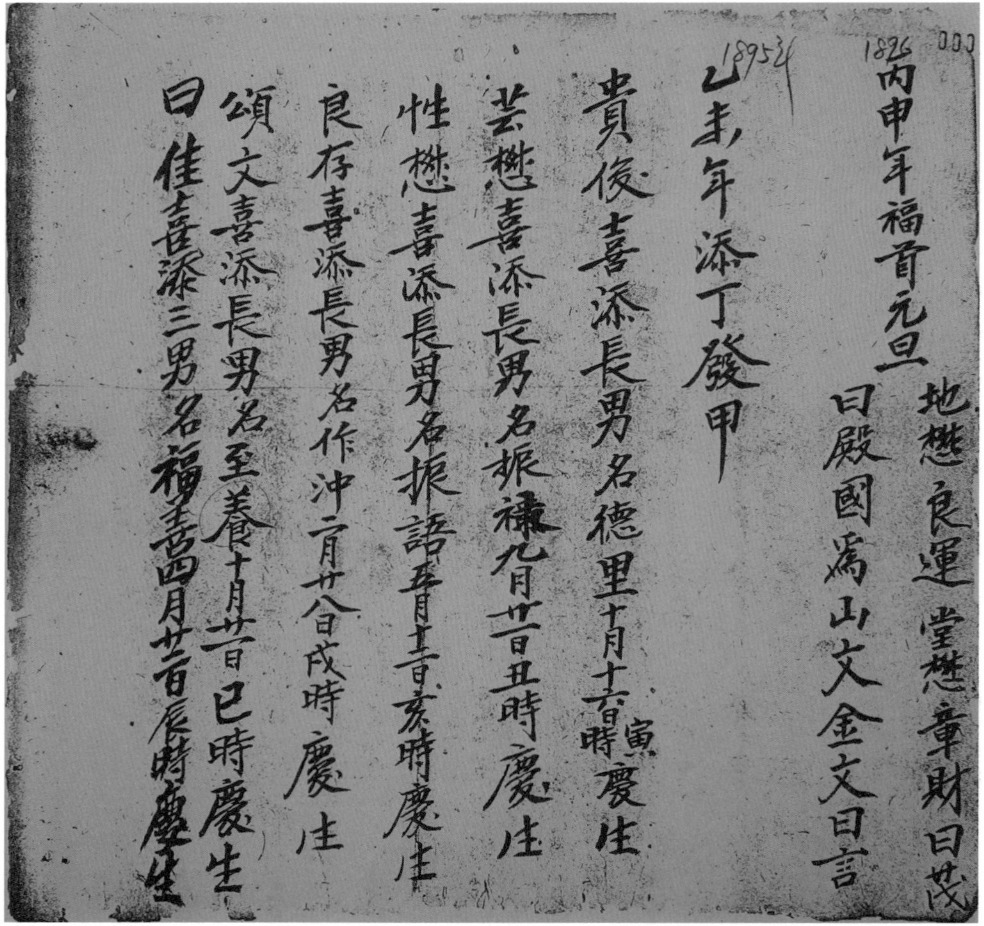

1826 丙申年福首元旦　地懋　良運　堂懋　章財　曰茂

曰殿　國爲　山文　金文　曰言

1895 乙未年添丁發甲

貴俊喜添長男名德里十月十六日寅時慶生

芸懋喜添長男名振祿九月廿三日丑時慶生

性懋喜添長男名振語五月十三日亥時慶生

良存喜添長男名作沖六月廿八日戌時慶生

頌文喜添長男名至養十月廿三日巳時慶生

曰佳喜添三男名福喜四月廿四日辰時慶生

11-2-4-181　晚清民國錦屏衆全族添丁簿（一八一）

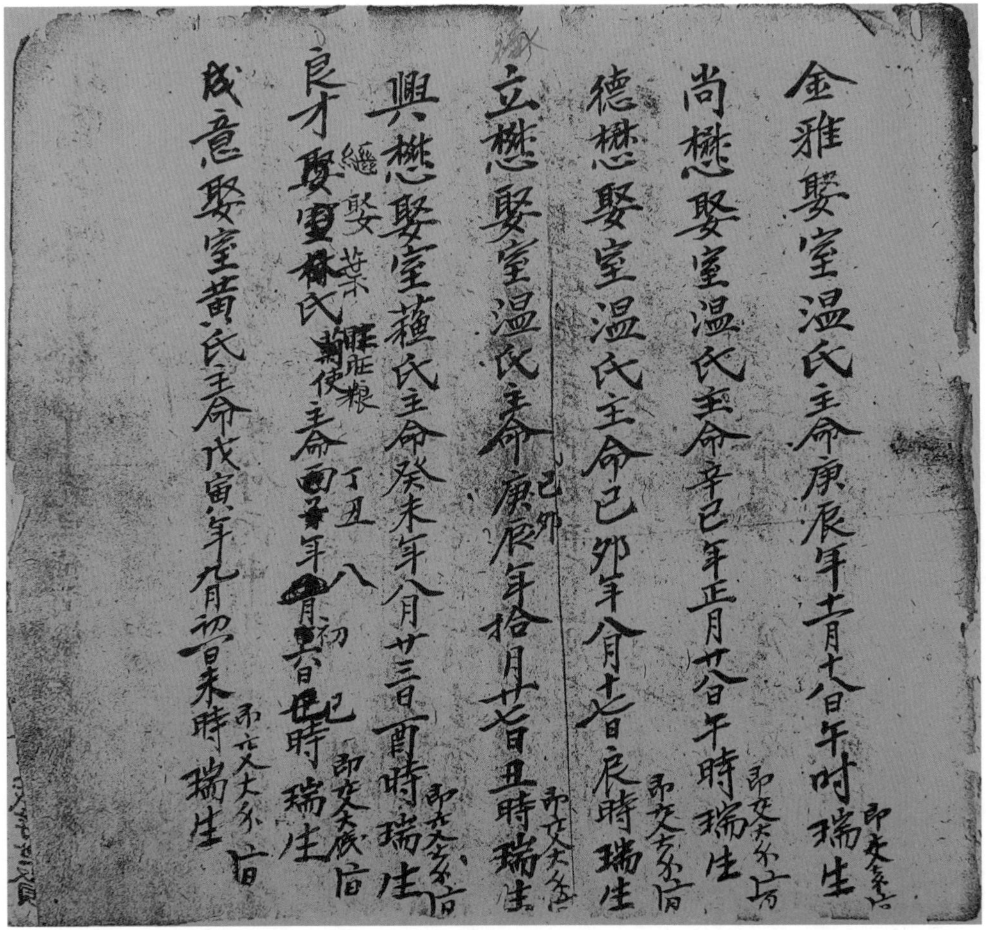
金雅娶室温氏，主命庚辰年十二月十六日午時瑞生　即[illegible]

尚懋娶室温氏，主命辛巳年正月廿六日午時瑞生　即[illegible]

德懋娶室温氏，主命己卯年八月十七日辰時瑞生　即[illegible]

立懋娶室温氏，主命（己卯）庚辰年拾月廿七日丑時瑞生　即[illegible]

興懋娶室蘊氏，主命癸未年八月廿三日酉時瑞生　即[illegible]

良才娶室林氏（繼娶葉氏）[illegible]主命（丁丑）[illegible]年（八）[illegible]月初[illegible]日（巳）[illegible]時瑞生　即[illegible]

成意娶室黃氏，主命戊寅年九月初一日未時瑞生　即[illegible]

11-2-4-182　晚清民國錦屏衆全族添丁簿（一八二）

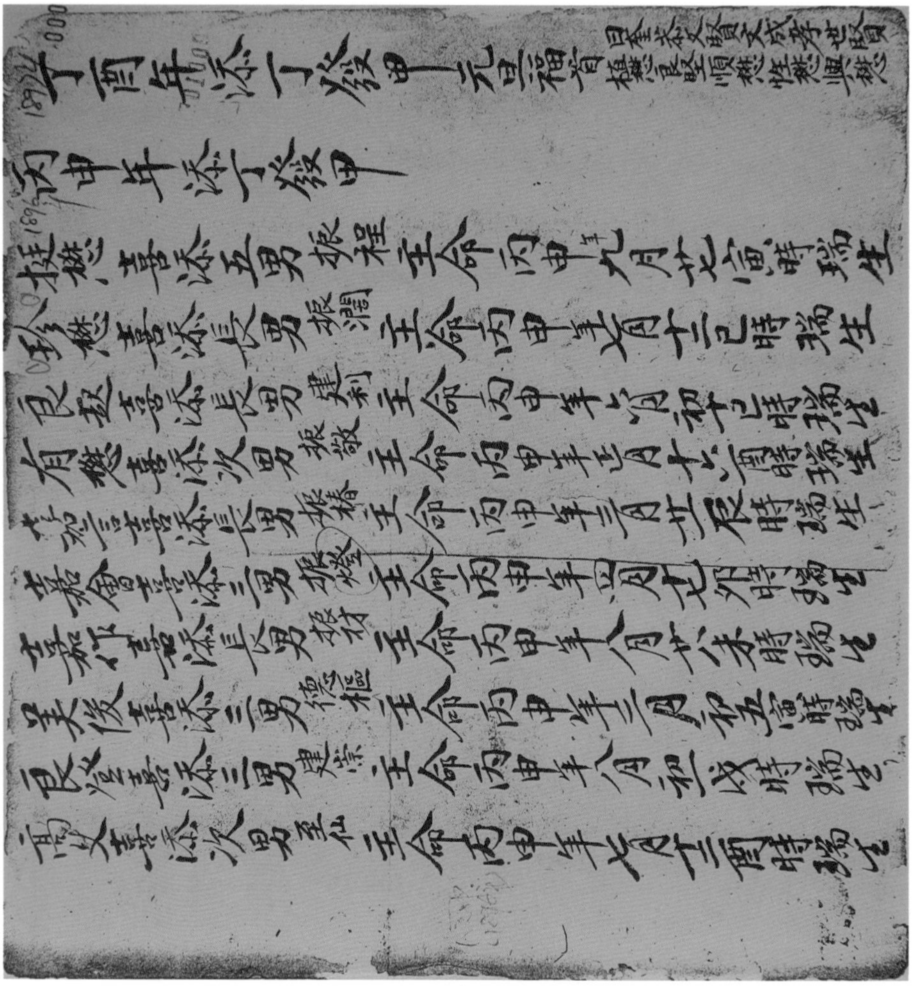

丁酉年添丁發甲 一元 日三福資

丙申年添丁發甲

挺懋 善添五男振程 主命丙申年九月廿七日酉時瑞生

珍懋 善添長男振潤 主命丙申年五月十三巳時瑞生

良懋 善添長男建利 主命丙申年七月初十巳時瑞生

有懋 善添次男振敦 主命丙申年正月十七酉時瑞生

芸懋 善添長男振椿 主命丙申年三月廿一辰時瑞生

嘉會 善添三男振燦 主命丙申年四月十九卯時瑞生

嘉修 善添長男振材 主命丙申年八月廿八未時瑞生

美俊 善添三男德樞 主命丙申年三月初五酉時瑞生

良煊 善添三男建崇 主命丙申年八月初四戌時瑞生

高文 善添次男至仙 主命丙申年七月十三酉時瑞生

11-2-4-183 晚清民國錦屏衆全族添丁簿（一八三）

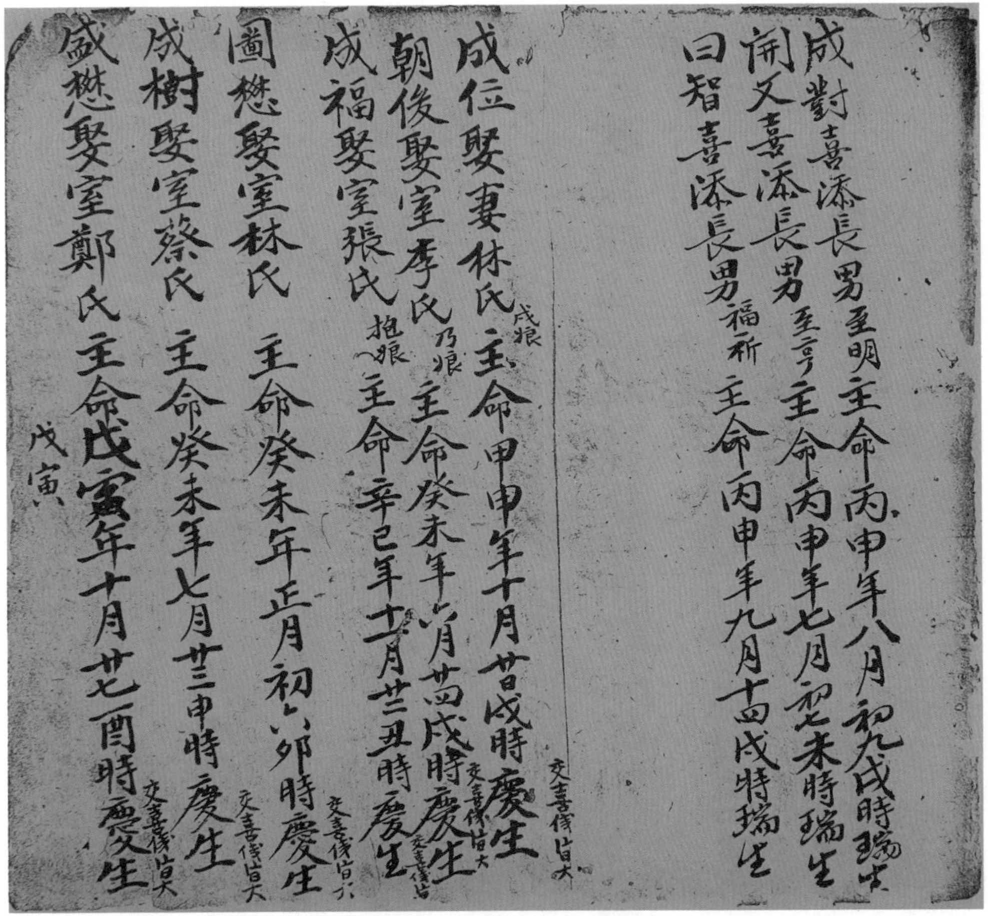
成對喜添長男至明　主命丙申年八月初九戌時瑞生
剛又喜添長男至亨　主命丙申年七月廿七未時瑞生
曰智喜添長男福祈　主命丙申年九月十四戌時瑞生
成位娶妻林氏戌娘　主命甲申年十月廿四戌時慶生　交喜傳旨大
朝俊娶室李氏乃娘　主命癸未年六月十四戌時慶生　交喜傳旨大
成福娶室張氏抱娘　主命辛巳年十二月廿三丑時慶生　交喜傳旨
圖懋娶室林氏　主命癸未年正月初六卯時慶生　交喜傳旨六
成樹娶室蔡氏　主命癸未年七月廿三申時慶生　交喜傳旨大
盛懋娶室鄭氏　主命戊寅年十月廿七酉時慶生　交喜傳旨大
戊寅

11-2-4-184　晚清民國錦屏衆全族添丁簿（一八四）

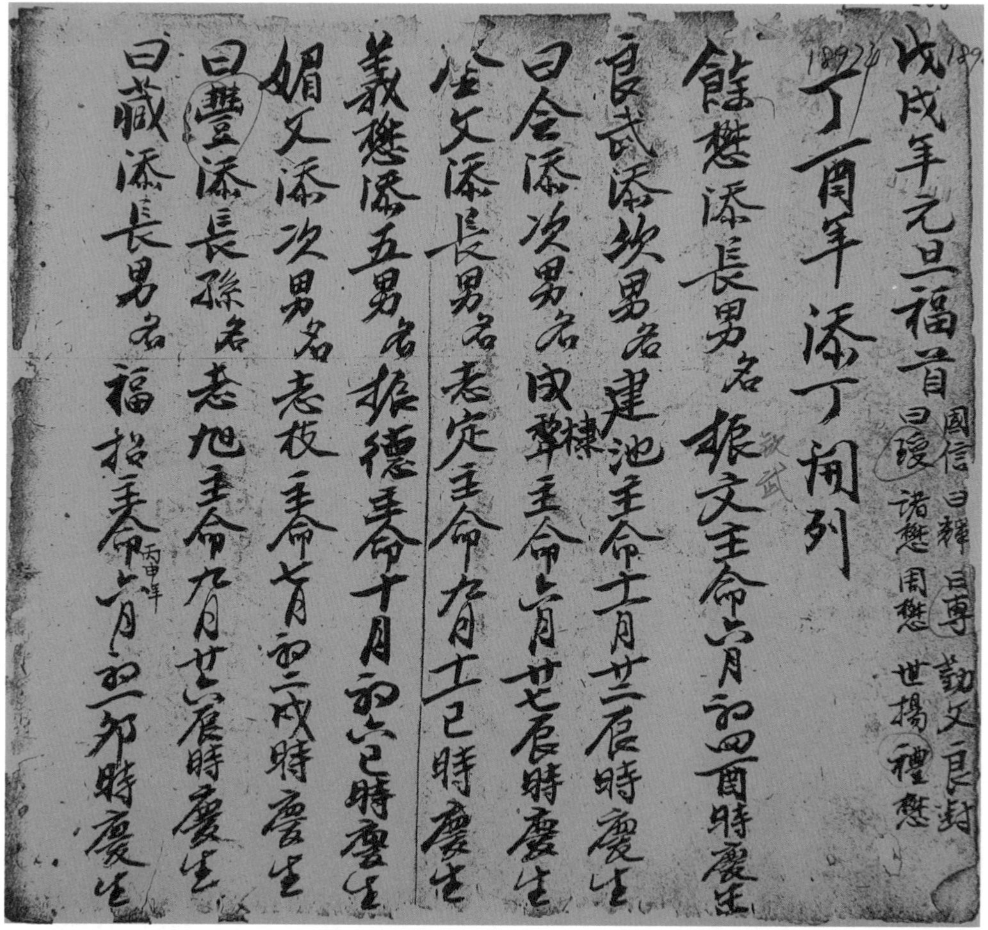
戊戌年元旦福首 國信 曰瑷 曰輝 諸懋 曰專 周懋 勤文 世揚 良封 禮懋
丁酉年添丁開列
饒懋添長男名振文 壬命六月初四酉時慶生
良武添次男名建池 壬命十一月廿二辰時慶生
曰合添次男名成肇棣 壬命六月廿七辰時慶生
全文添長男名志定 壬命九月十一巳時慶生
義懋添五男名振德 壬命十月初六巳時慶生
媚文添次男名志枝 壬命七月初二戌時慶生
曰豐添長孫名志旭 壬命九月廿六辰時慶生
曰藏添長男名福裕 壬命（丙申年）六月初一卯時慶生

11-2-4-185　晚清民國錦屏衆全族添丁簿（一八五）

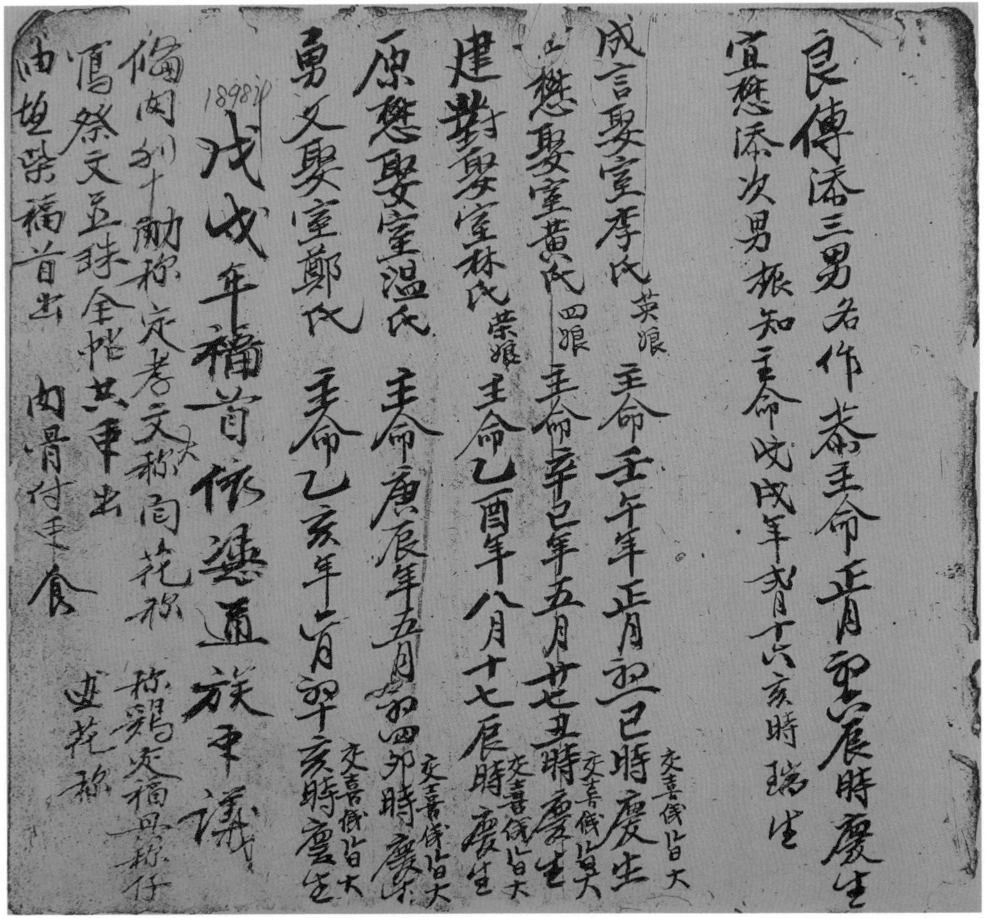
良傳添三男名作恭 主命正月初六辰時慶生
宜懋添次男振知 主命戊戌年十月十六亥時瑞生
成言娶室李氏英娘 主命壬午年正月廿二巳時慶生 交喜代旨大
懋娶室黄氏四娘 主命辛巳年五月廿七丑時慶生 交喜代旨大
建對娶室林氏榮娘 主命乙酉年八月十七辰時慶生 交喜代旨大
原懋娶室温氏 主命庚辰年五月初四卯時慶生 交喜代旨大
勇文娶室鄭氏 主命乙亥年十一月廿四亥時慶生 交喜代旨大
1898年
戊戌年禧首依邀通族申議
偏肉例十斛稱 定考文稱 大 向花稱 稱鷄定禧 母稱仔
值祭文互珠全帖共申出 出花稱
由世榮禧首出 肉骨付手食

11-2-4-186　晚清民國錦屏衆全族添丁簿（一八六）

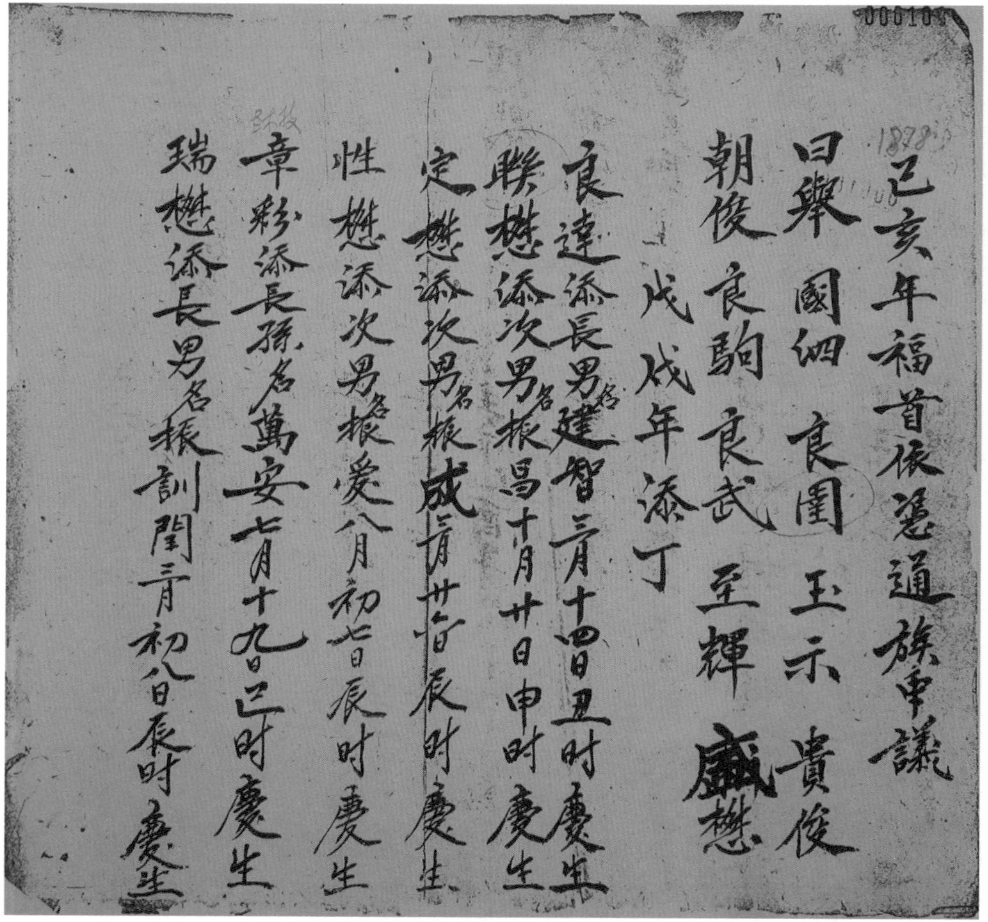
己亥年福首依選通族衆議
曰舉 國佃 良圍 玉示 貴俊
朝俊 良駒 良武 至輝 廣懋
戊戌年添丁
良達添長男名建智三月十四日丑时慶生
聯懋添次男名振昌十月廿日申时慶生
定懋添次男名振成二月廿六日辰时慶生
性懋添次男名振爱八月初七日辰时慶生
章彩添長孫名萬安七月十九日巳时慶生
瑞懋添長男名振訓閏三月初八日辰时慶生

11-2-4-187　晚清民國錦屏衆全族添丁簿（一八七）

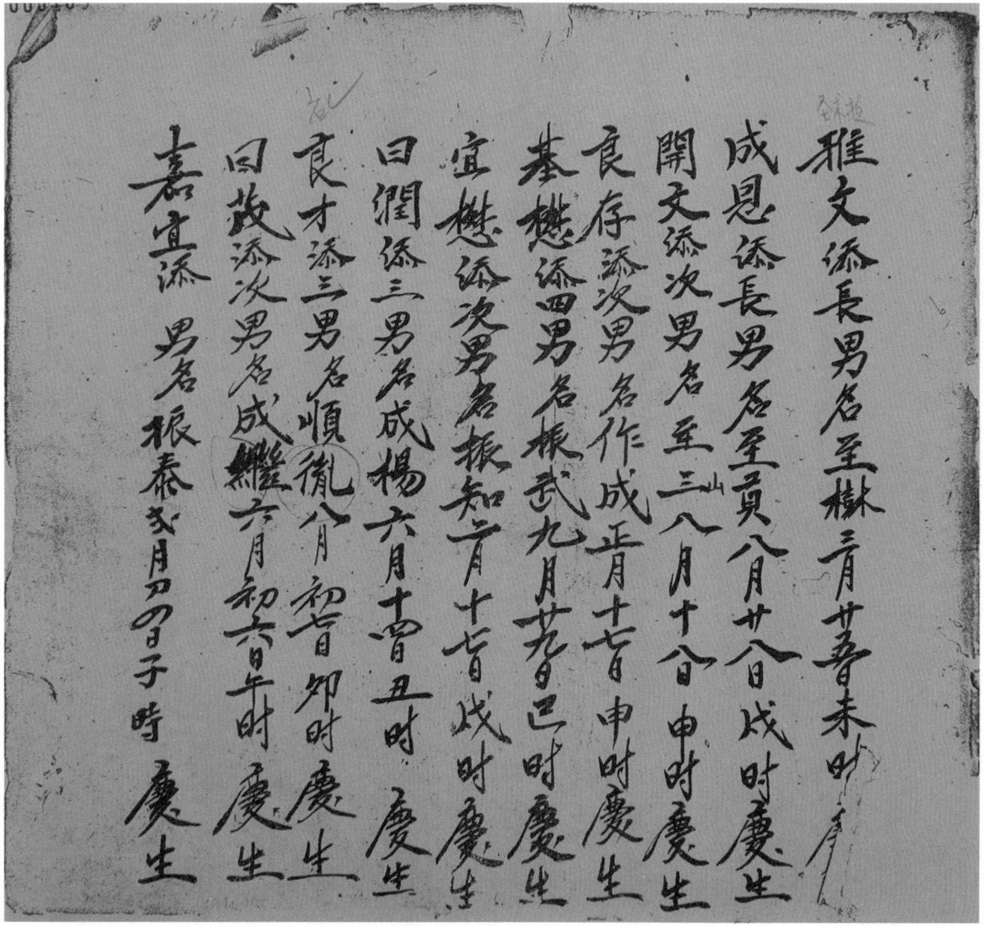
雅文添長男名至樹三月廿五日未時慶
成恩添長男名至員八月廿八日戌時慶生
開文添次男名至三山八月十八日申時慶生
良存添次男名作成正月十七日申時慶生
基懋添四男名振武九月廿五日巳時慶生
宜懋添次男名振知二月十七日戌時慶生
曰潤添三男名成楊六月十四日丑時慶生
良才添三男名順衡八月初四日卯時慶生
曰茂添次男名成繼六月初六日午時慶生
嘉宜添　男名振泰弍月初四日子時慶生

11-2-4-188　晚清民國錦屏衆全族添丁簿（一八八）

進燧娶室陳氏主命壬午年十月十一日亥時瑞生（交喜俊皆大）

欽奇娶室黃氏主命辛巳年二月十四日寅時瑞生（交喜俊皆大）

源文娶室曾氏主命壬申年七月初八日辰時瑞生（交喜俊皆大）

欽阜娶室蔡氏主命癸未年四月初三日巳時瑞生（交喜俊皆大）

日美娶室李氏（名妹娘）主命己卯年五月十一日申時瑞生（交喜俊皆大）

枝文娶室黃氏主命甲申年叁月廿七日子時瑞生（交喜俊大皆）

11-2-4-189　晚清民國錦屏衆全族添丁簿（一八九）

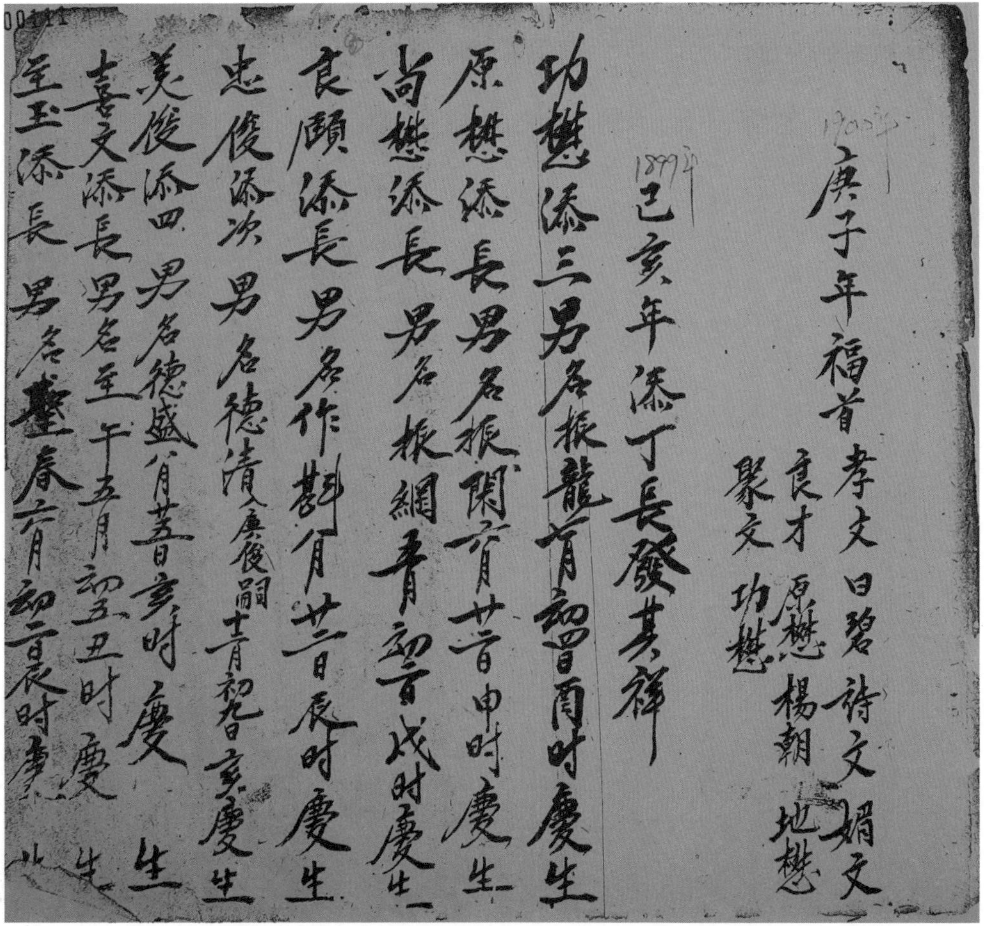
庚子年福首　孝文　日碧　詩文　娟文
良才　原懋　楊朝　地懋
聚文　功懋
己亥年添丁長發其祥
功懋添三男名振龍十月初四日酉時慶生
原懋添長男名振閑六月廿七日申時慶生
尚懋添長男名振綱十一月初四日戌時慶生
良顯添長男名作勘八月廿二日辰時慶生
忠俊添次男名德清（入庚俊嗣）十二月初九日亥時慶生
美俊添四男名德盛八月十五日亥時慶生
喜文添長男名至干五月初五丑時慶生
至玉添長男名奎春六月初二日辰時慶生

11-2-4-190　晚清民國錦屏衆全族添丁簿（一九〇）

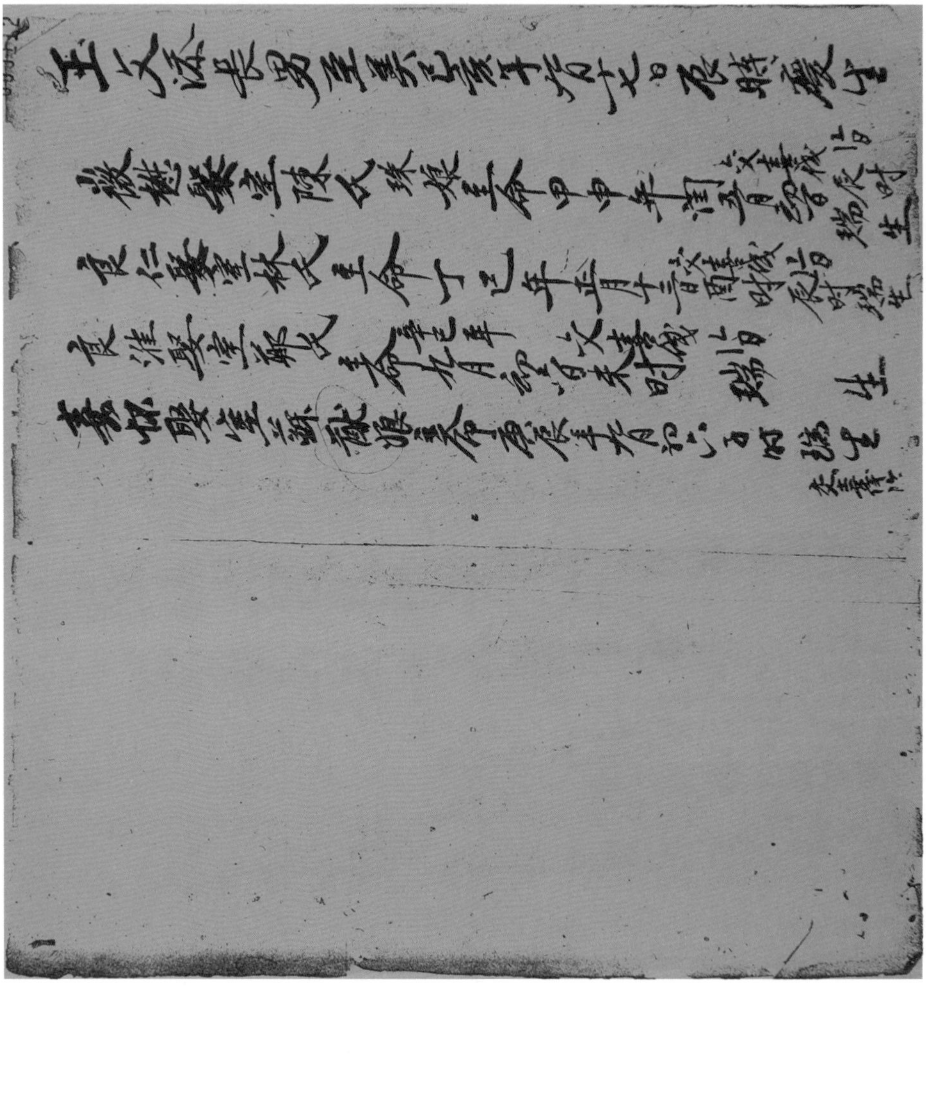

王文添長男至美乙亥年十二月十七日辰時慶生

嶶樾娶室陳氏珠娘生命甲申年閏五月初四日文書儀十二日辰时瑞生

良仁娶室林氏生命丁巳年正月十三日文書儀十二日酉时辰时瑞生

良淮娶室鄭氏生命辛巳年九月初四日文書儀十二日未时瑞生

嘉怀娶室蘇氏猷娘生命庚辰年十二月初六日子时瑞生

文書儀陸

11-2-4-191　晚清民國錦屏衆全族添丁簿（一九一）

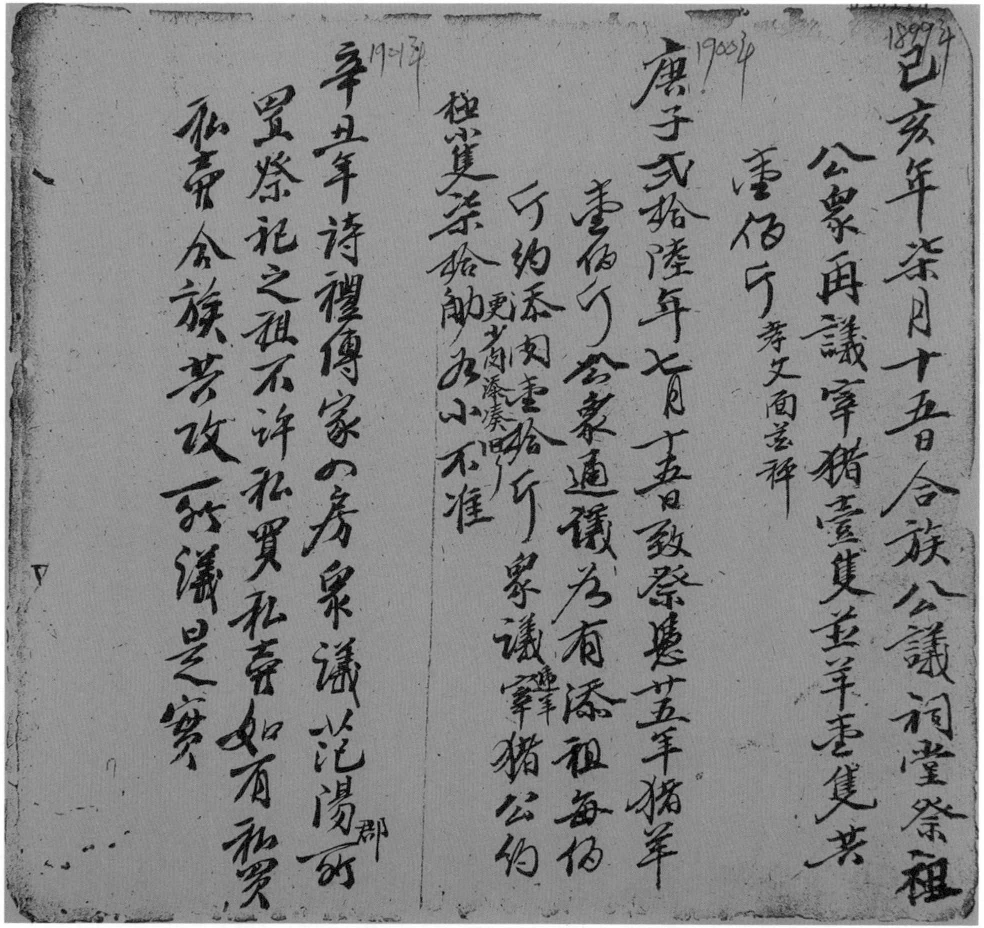

1899年
己亥年柒月十五日合族公議祠堂祭祖
公衆再議宰猪壹隻羊壹隻共
壹佰斤孝文面前秤

1900年
庚子式拾陸年七月十五日致祭憑廿五年猪羊
壹佰斤公衆通議爲有添祖每佰
斤約添肉壹拾斤（更考肉添湊四斤）衆議宰猪（添羊）公約
捌隻柒拾觔以小不准

1901年
辛丑年詩禮傳家之房衆議范陽郡所
買祭祀之祖不許私買私賣如有私買
私賣合族共攻所議是實

11-2-4-192　晚清民國錦屏衆全族添丁簿（一九二）

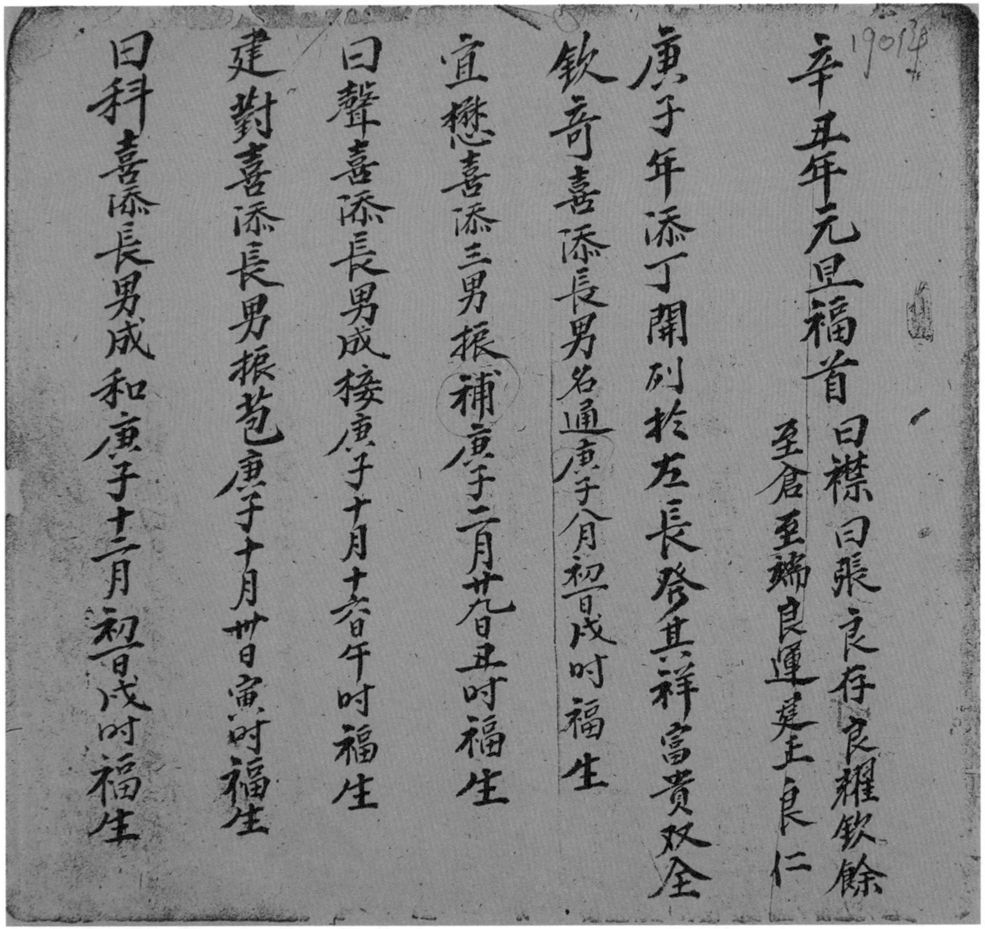

1901年

辛丑年元旦福首　曰襟　曰張　良存　良耀　欽餘
至倉　至端　良運　廷玉　良仁

庚子年添丁開列於左　長發其祥　富貴双全

欽奇喜添長男名通　庚子八月初四日戌时福生

宜戀喜添三男振補　庚子二月廿九日丑时福生

曰聲喜添長男成接　庚子十月十六日午时福生

建對喜添長男振苞　庚子十月廿日寅时福生

曰科喜添長男成和　庚子十二月初四日戌时福生

11-2-4-193　晚清民國錦屏衆全族添丁簿（一九三）

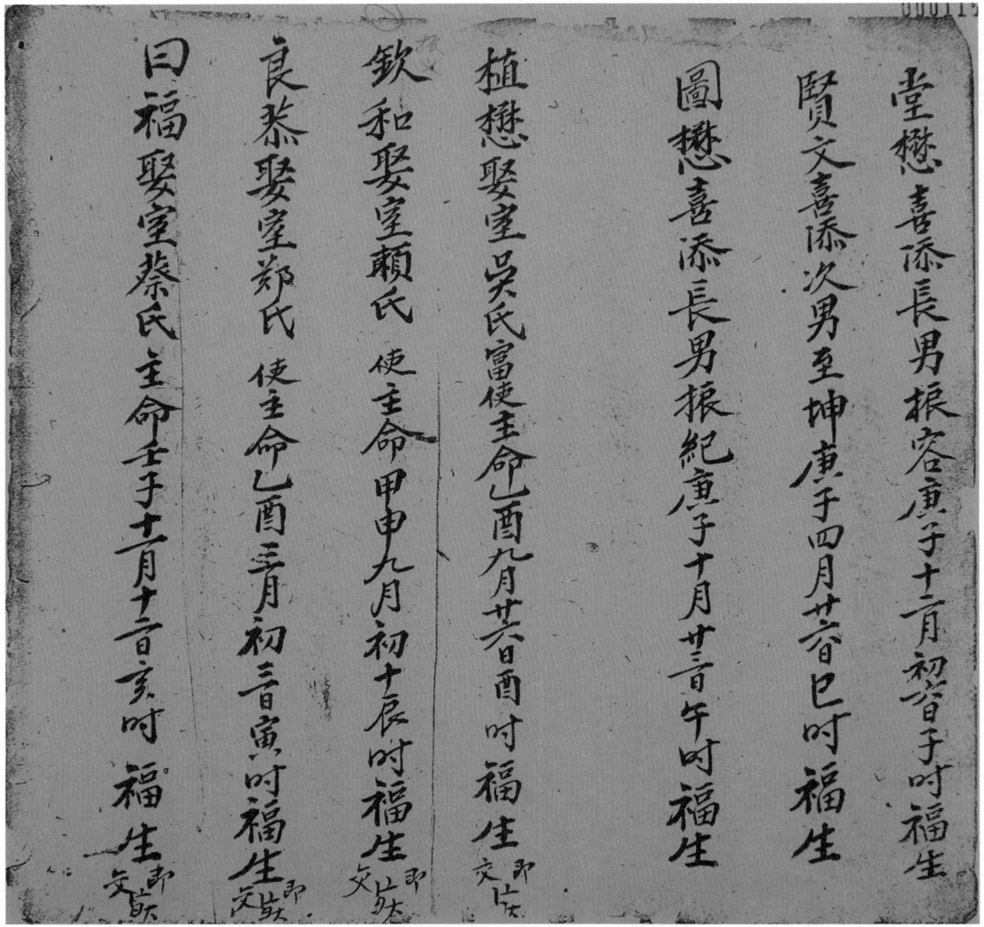

壹樬喜添長男根容庚子十二月初四日子时福生

賢文喜添次男至坤庚子四月廿六日巳时福生

圖樬喜添長男根紀庚子十月廿三日午时福生

植樬娶室吴氏富使主命乙酉九月廿六日酉时福生 即文岐

欽和娶室賴氏 使主命甲申九月初十辰时福生 即文岐

良恭娶室郑氏 使主命乙酉三月初三日寅时福生 即文岐

曰福娶室蔡氏主命壬子十二月十二日亥时福生 即文岐

11-2-4-194　晚清民國錦屏衆全族添丁簿（一九四）

000116

翼懋娶室李氏主命癸未十二月十二日子时福生

周懋娶仝室蔡氏美娘辛巳五月廿日巳時慶生

11-2-4-195　晚清民國錦屏衆全族添丁簿（一九五）

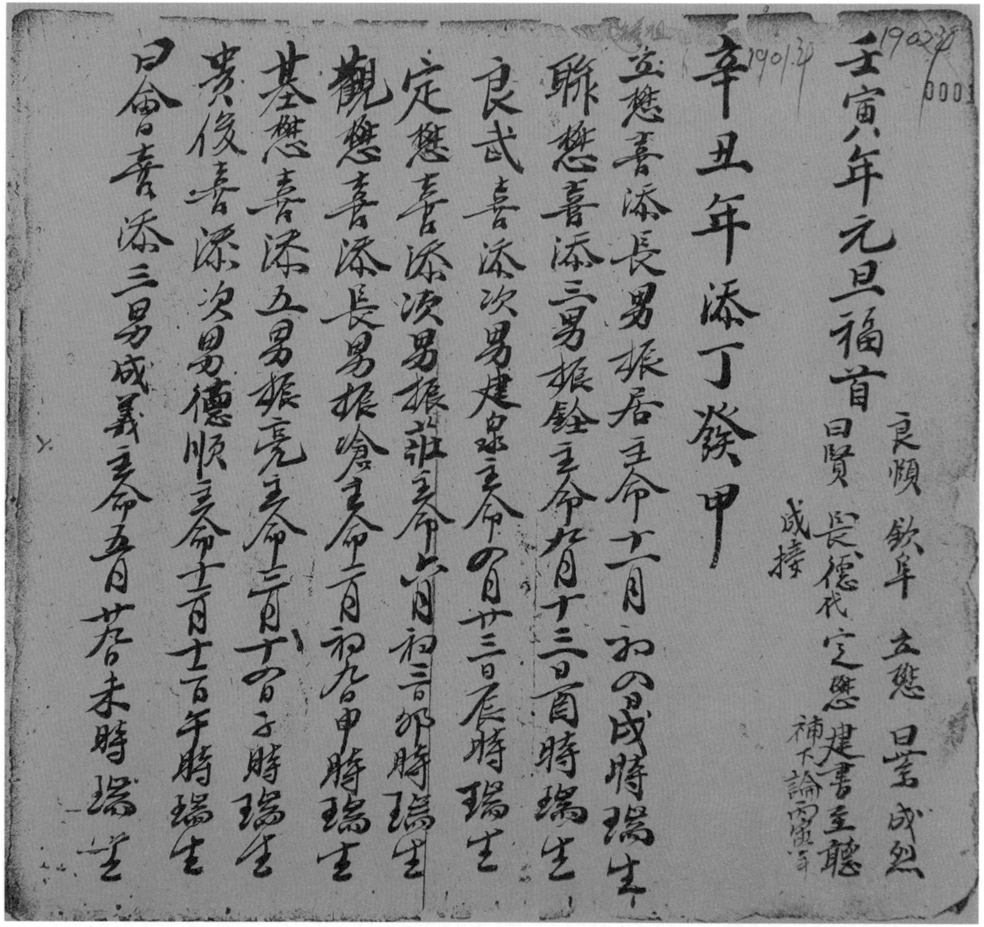
壬寅年元旦福首 良順 欽年 立懋 日崇 成烈
日賢 長德代 定懋 建書 孟聰
成揆 補不論丙寅年
辛丑年添丁癸甲
立懋喜添長男振居主命十一月初四日戌時瑞生
聯懋喜添三男振銓主命十一月十三日酉時瑞生
良武喜添次男建泉主命四月廿三日辰時瑞生
定懋喜添次男振莊主命六月初三日卯時瑞生
觀懋喜添長男振喻主命十一月初九日申時瑞生
基懋喜添五男振亮主命三月十二日子時瑞生
貴俊喜添次男德順主命十一月十七日午時瑞生
日會喜添三男成義主命五月廿八日未時瑞生

11-2-4-196　晚清民國錦屏衆全族添丁簿（一九六）

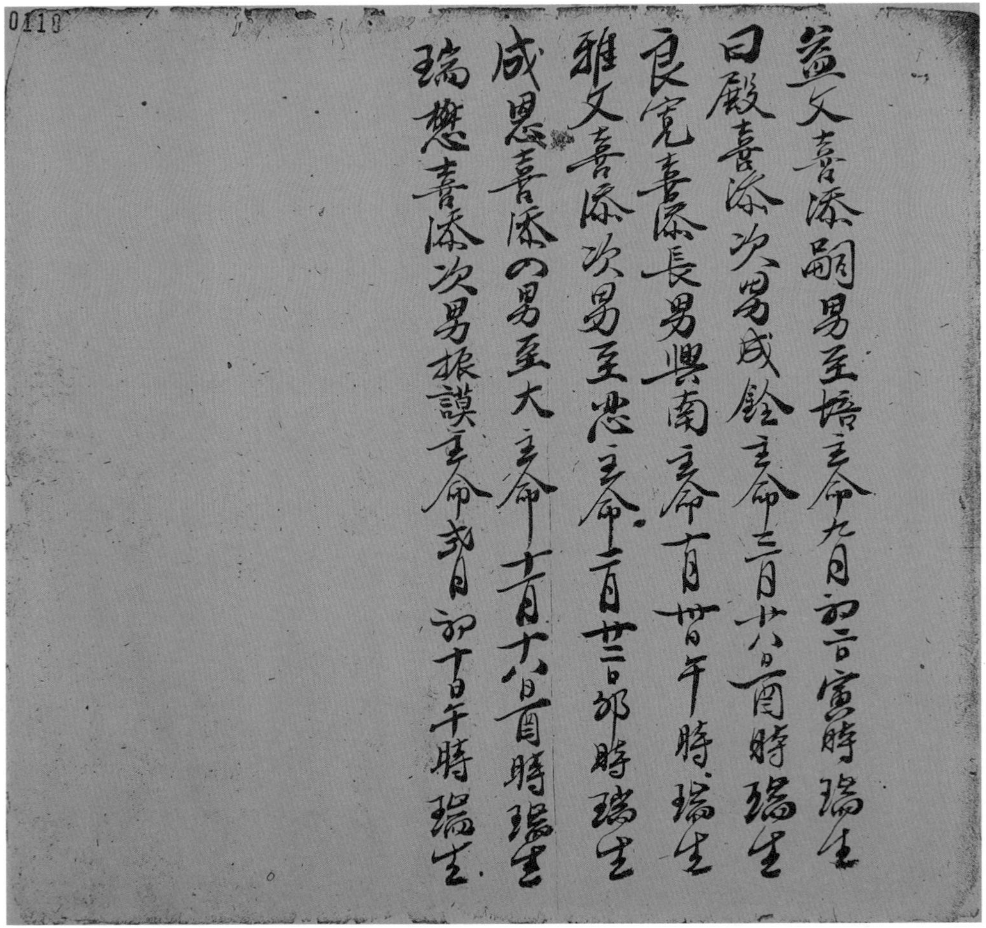

益文喜添嗣男至培，主命九月初三日寅時瑞生
日殿喜添次男成銓，主命三月廿六日酉時瑞生
良完喜添長男興南，主命十月廿日午時瑞生
雅文喜添次男至思，主命十月廿三日卯時瑞生
成恩喜添四男至大，主命十二月十八日酉時瑞生
瑞懋喜添次男根謨，主命戊月初十日午時瑞生

11-2-4-197　晚清民國錦屏衆全族添丁簿（一九七）

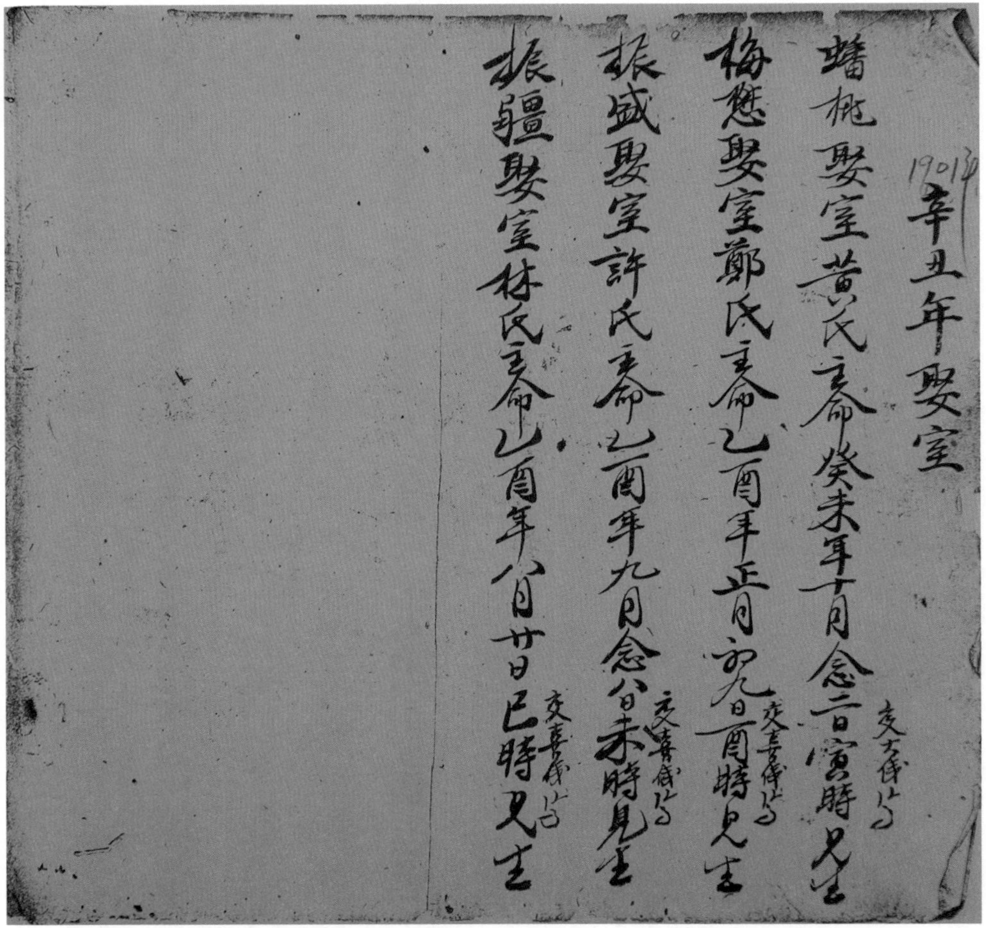

1901 辛丑年娶室

蟜桃娶室黄氏，壬命癸未年十月念二日寅時生　交丈保收

梅懋娶室鄭氏，壬命乙酉年正月初九日酉時生　交喜保收

振盛娶室許氏，壬命乙酉年九月念八日未時生　交喜保收

振疆娶室林氏，壬命乙酉年八月廿日巳時生　交喜保收

11-2-4-198　晚清民國錦屏衆全族添丁簿（一九八）

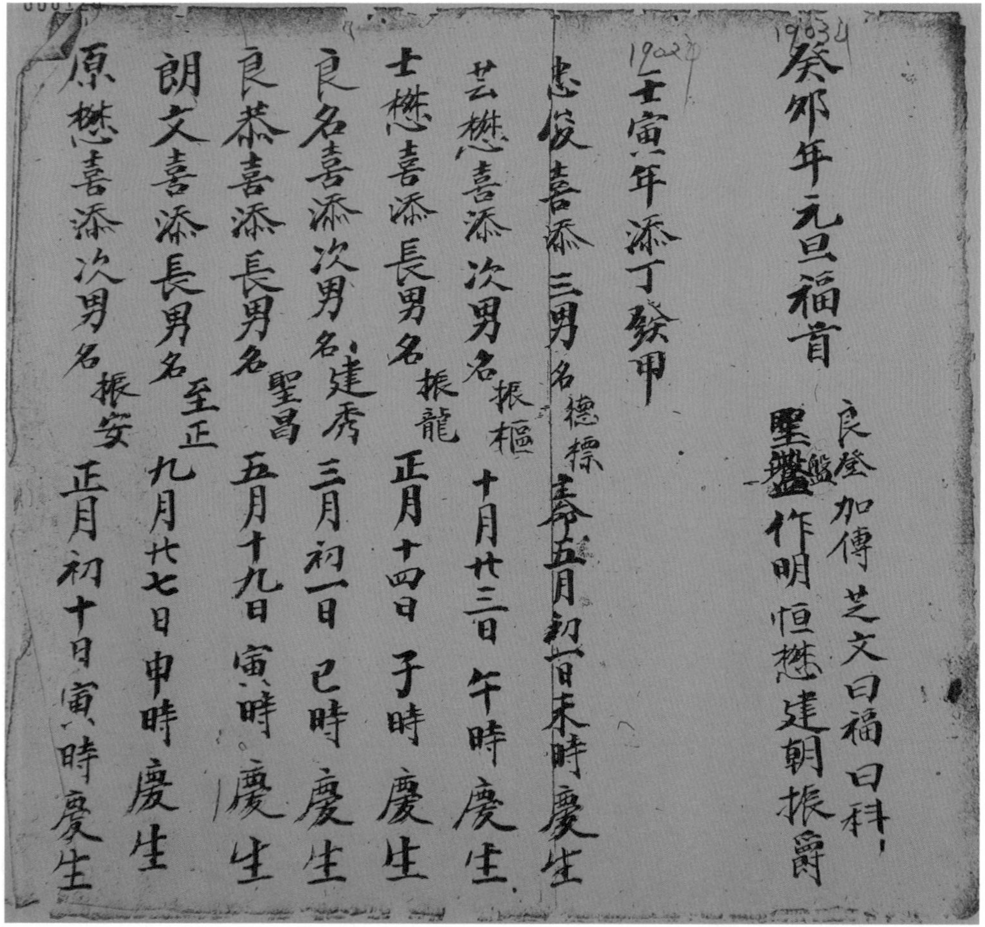
癸卯年元旦福首　1903
良登　加傳　芝文　曰福　曰科
聖鑑　作明　恒懋　建朝　振爵
壬寅年添丁彂甲　1902
忠俊喜添三男名德標　壽五月初一日未時慶生
芸懋喜添次男名振樞　十月廿三日午時慶生
士懋喜添長男名振龍　正月十四日子時慶生
良名喜添次男名建秀　三月初一日巳時慶生
良恭喜添長男名聖昌　五月十九日寅時慶生
朗文喜添長男名至正　九月廿七日申時慶生
原懋喜添次男名振安　正月初十日寅時慶生

11-2-4-199　晚清民國錦屏衆全族添丁簿（一九九）

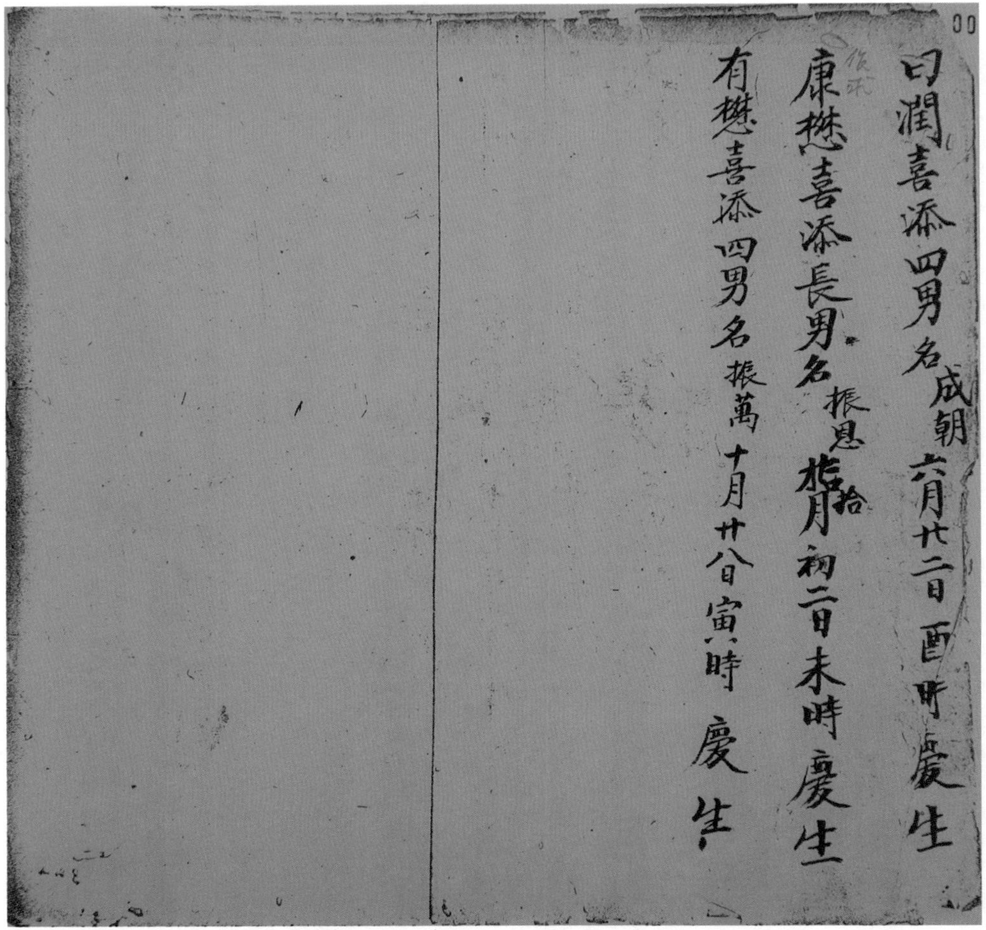

日潤喜添四男名成朝　六月廿二日酉時慶生

康懋喜添長男名振恩　拾月初二日未時慶生

有懋喜添四男名振萬　十月廿八日寅時慶生

11-2-4-200　晚清民國錦屏衆全族添丁簿（二〇〇）

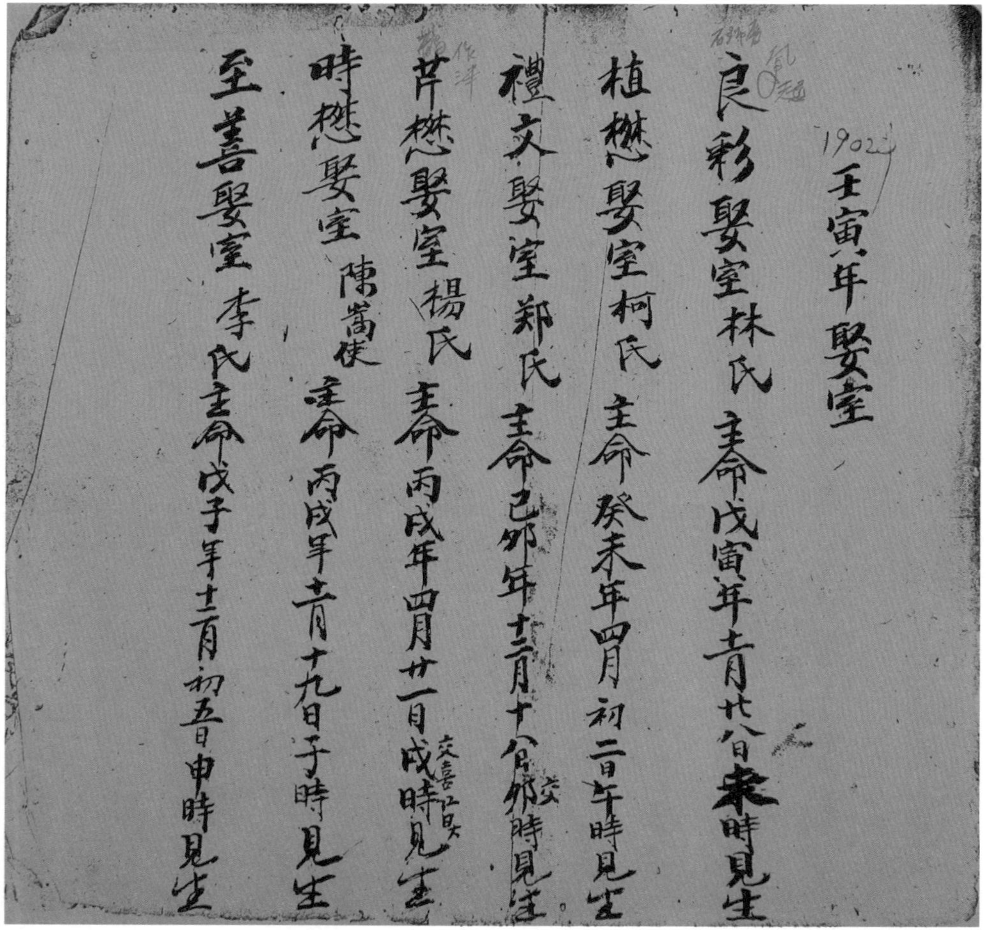
壬寅年娶室

良彩娶室林氏　主命戊寅年十二月廿八日未時見生

植懋娶室柯氏　主命癸未年四月初二日午時見生

禮文娶室郑氏　主命己卯年十二月十八日卯時見生

芹懋娶室楊氏　主命丙戌年四月廿一日戌時見生

時懋娶室陳嵩使　主命丙戌年十二月十九日子時見生

至善娶室李氏　主命戊子年十二月初五日申時見生

11-2-4-201　晚清民國錦屏衆全族添丁簿（二〇一）

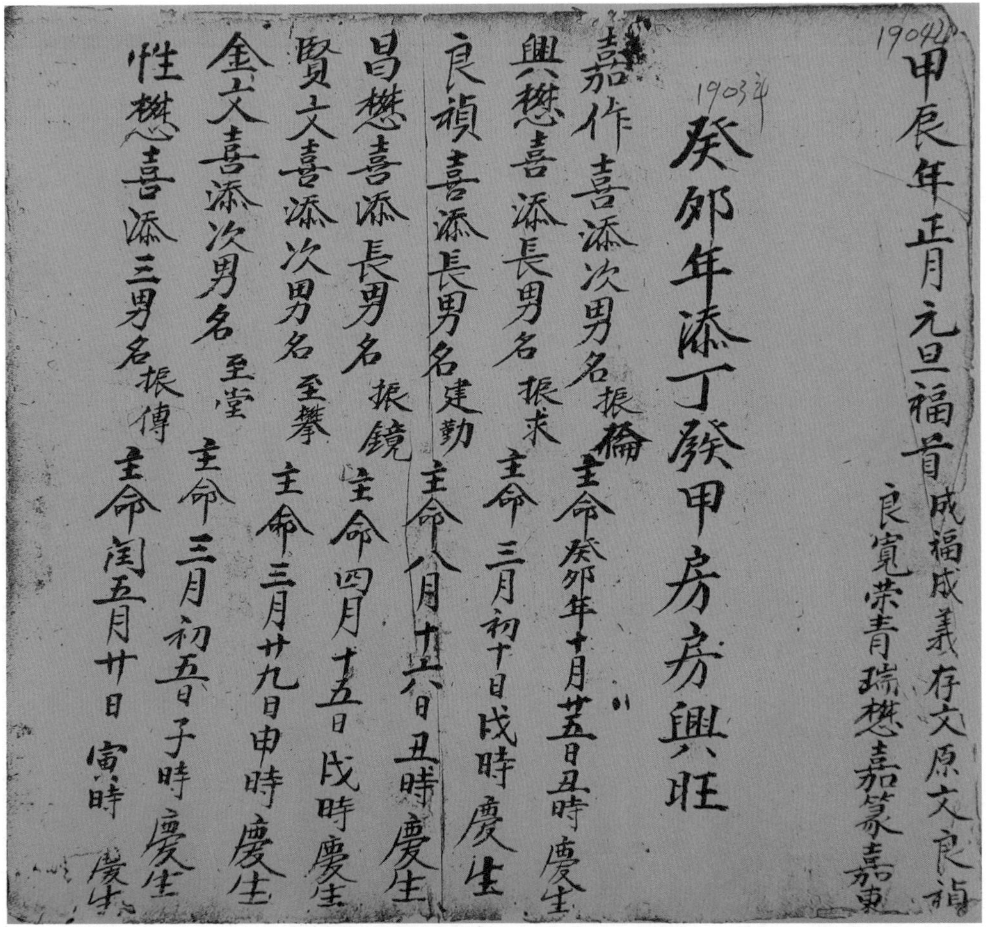

1904年

甲辰年正月元旦福首　成福成義存文原文良禎
良寬崇青瑞懋嘉篆嘉東

1903年

癸卯年添丁癸甲房房房興旺

嘉作喜添次男名振綸　主命癸卯年十月廿五日丑時慶生

興懋喜添長男名振求　主命三月初十日戌時慶生

良禎喜添長男名建勳　主命八月十六日丑時慶生

昌懋喜添長男名振鏡　主命四月十五日戌時慶生

賢文喜添次男名至攀　主命三月廿九日申時慶生

金文喜添次男名至堂　主命三月初五日子時慶生

性懋喜添三男名振傅　主命閏五月廿日寅時慶生

11-2-4-202　晚清民國錦屏衆全族添丁簿（二〇二）

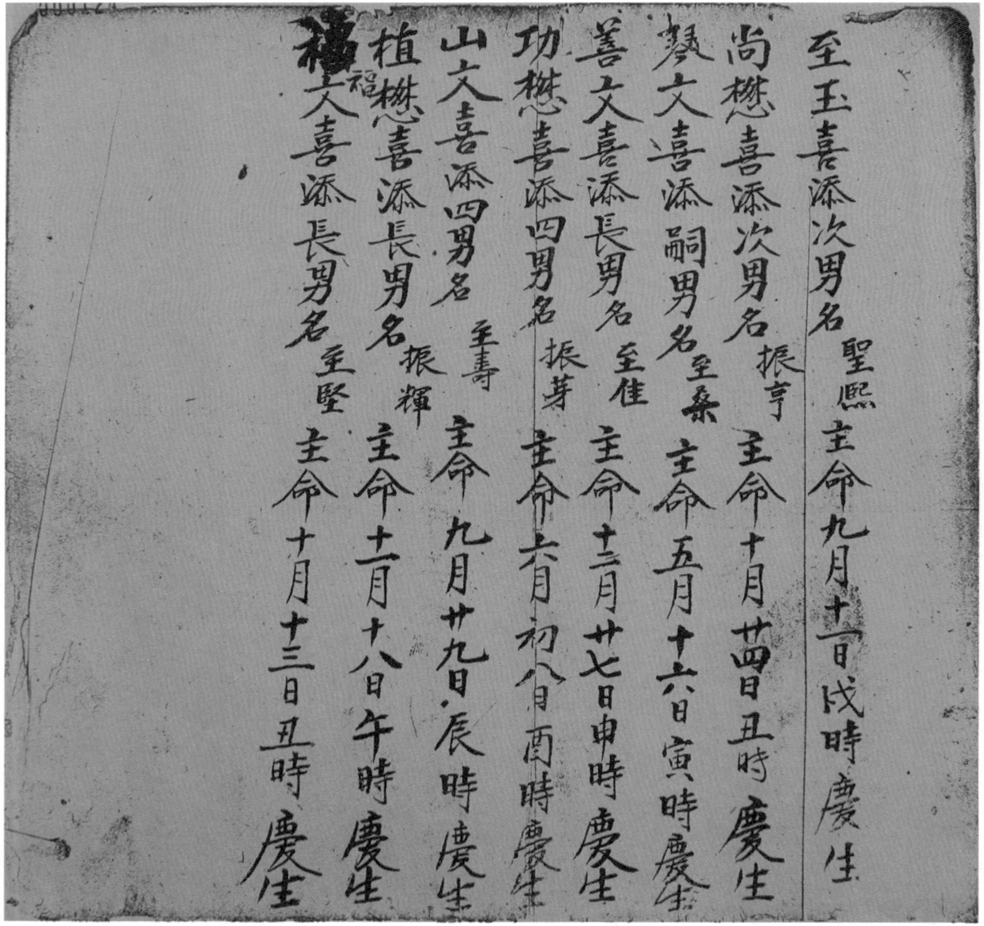

至玉喜添次男名聖熙　主命九月十一日戌時慶生
尚懋喜添次男名振亨　主命十月廿四日丑時慶生
彝文喜添嗣男名至燊　主命五月十六日寅時慶生
善文喜添長男名至佳　主命十二月廿七日申時慶生
功懋喜添四男名振芽　主命六月初八日酉時慶生
山文喜添四男名至壽　主命九月廿九日辰時慶生
植懋喜添長男名振輝　主命十二月十八日午時慶生
福文喜添長男名至堅　主命十月十三日丑時慶生

11-2-4-203　晚清民國錦屏衆全族添丁簿（二〇三）

癸卯年娶室開列（1903）

梓文娶室黃氏 丑使　主命己丑年九月十七日丑時瑞生　交

至聰娶室賴氏 樵使　主命己丑年五月初三日卯時生　交午旨大

欽道娶室温氏 容使　主命丁亥年二月初三卯時生　交

瑞懋娶側室蔡氏 鵲使　主命辛巳年八月廿八日酉時生　交

成英（大名財文）娶室林氏　主命戊子（丁亥）年五月十七日申時生　交

嘉東娶室林氏　主命戊子年　月　日　交角　時生

良有娶室林氏　主命己未年六月初七日子時生　交

振爵娶室温氏 香使　主命戊子年九月十六日辰時　交

11-2-4-204　晚清民國錦屏衆全族添丁簿（二〇四）

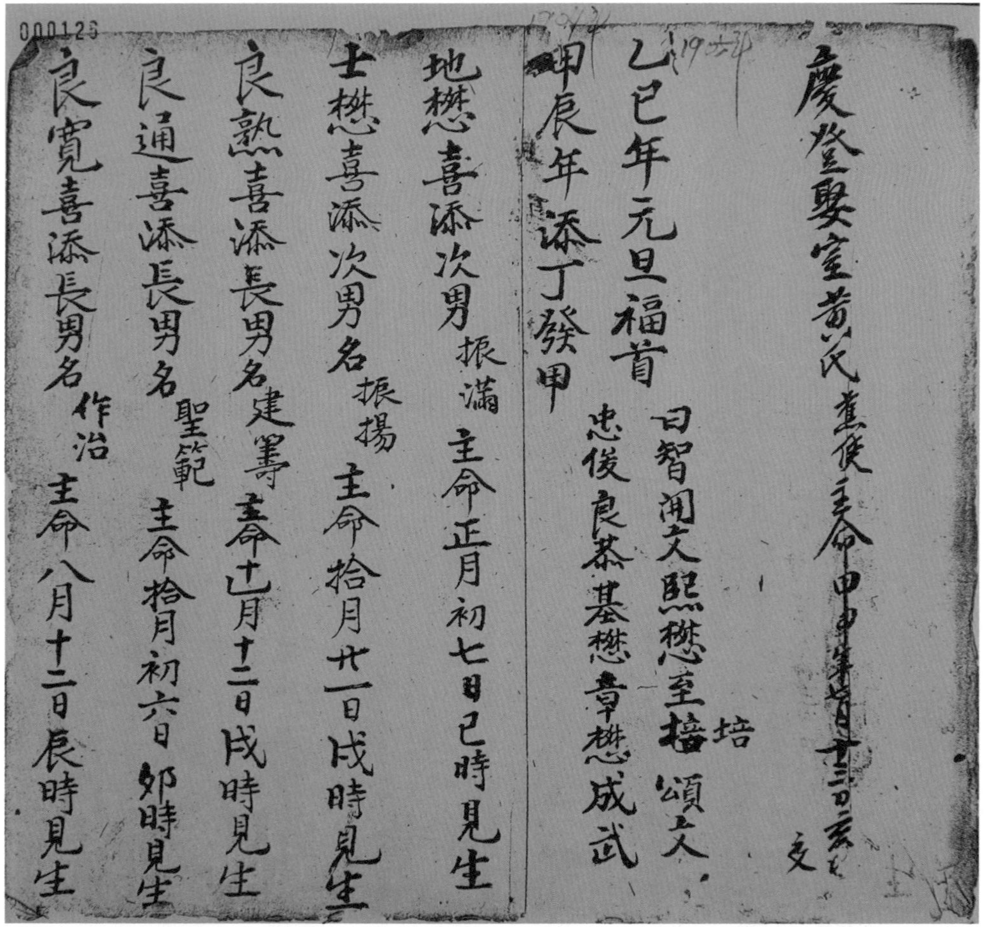
000126

慶登娶室黃氏進使主命甲申[illegible]十二日亥時　文

乙巳年元旦福首　曰智　潤文　熙懋　奎墙（培）　頌文

甲辰年添丁發甲　忠俊　良蓀　基懋　章懋　成武

地懋喜添次男振滿　主命正月初七日巳時見生

士懋喜添次男名振揚　主命拾月廿一日戌時見生

良熟喜添長男名建籌　主命十乙月十二日戌時見生

良通喜添長男名聖範　主命拾月初六日卯時見生

良寬喜添長男名作治　主命八月十二日辰時見生

11-2-4-205　晚清民國錦屏衆全族添丁簿（二〇五）

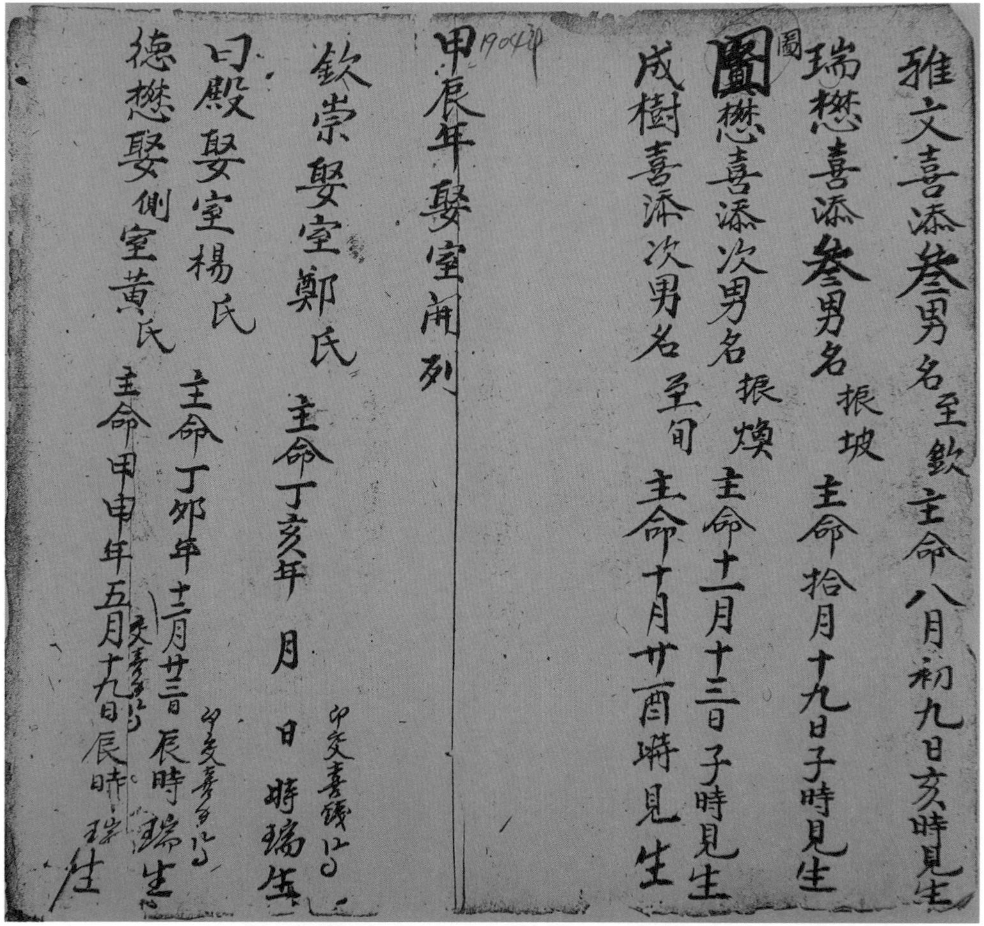

11-2-4-206　晚清民國錦屏衆全族添丁簿（二〇六）

雅文喜添叁男名至欽　主命八月初九日亥時見生

瑞懋喜添叁男名振坡　主命拾月十九日子時見生

圖懋喜添次男名振煥　主命十一月十三日子時見生

成樹喜添次男名至司　主命十月廿酉時見生

甲辰年娶室開列

欽崇娶室鄭氏　主命丁亥年　月　日　時瑞生

日殿娶室楊氏　主命丁卯年十二月廿三日辰時瑞生

德懋娶側室黃氏　主命甲申年五月十九日辰時瑞生

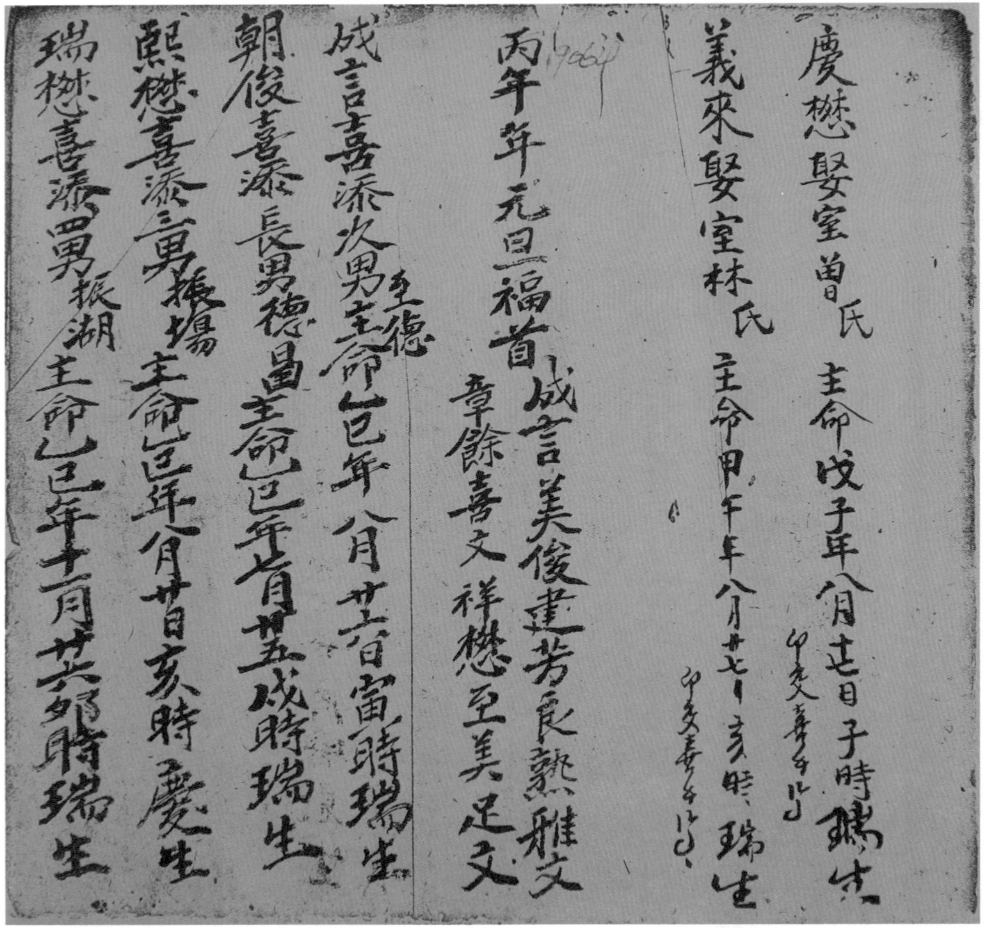

慶懋娶室曾氏　主命戊子年八月廿七日子時瑞生　中交人喜年收

義來娶室林氏　主命甲午年八月廿七日亥時瑞生　中交喜年收

丙午年元旦福首　成言　美俊　建芳　良熟　雅文

章餘　喜文　祥懋　至美　足文

成言喜添次男至德　主命乙巳年八月廿六日寅時瑞生

朝俊喜添長男德昌　主命乙巳年七月廿五日戌時瑞生

熙懋喜添三男振場　主命乙巳年八月廿日亥時慶生

瑞懋喜添四男振湖　主命乙巳年十一月廿六日卯時瑞生

11-2-4-207　晚清民國錦屏衆全族添丁簿（二〇七）

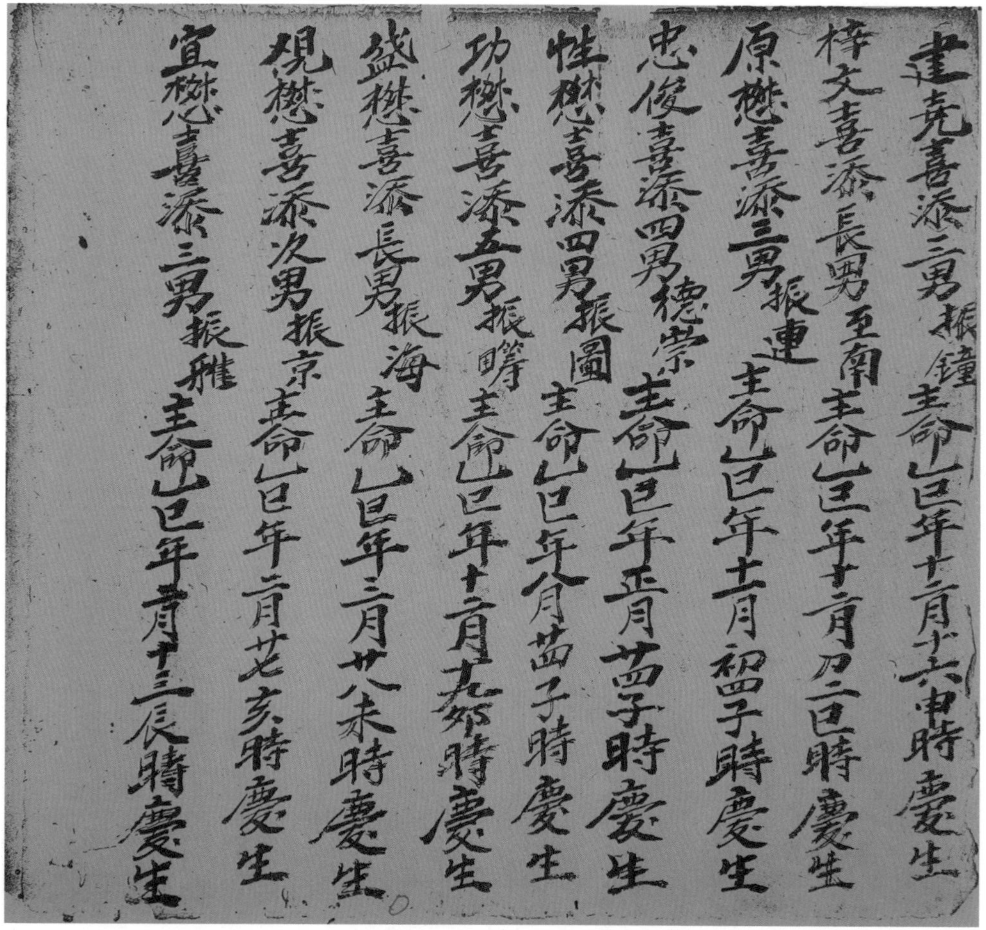
建堯喜添三男振鐘　主命乙巳年十二月廿六申時慶生
梓文喜添長男至南　主命乙巳年十二月初二巳時慶生
原懋喜添三男振連　主命乙巳年十一月初四子時慶生
忠俊喜添四男德崇　主命乙巳年正月廿四子時慶生
性懋喜添四男振圖　主命乙巳年八月廿四子時慶生
功懋喜添五男振[illegible]　主命乙巳年十二月十九卯時慶生
盛懋喜添長男振海　主命乙巳年三月廿八未時慶生
覌懋喜添次男振京　主命乙巳年二月廿七亥時慶生
宜懋喜添三男振雅　主命乙巳年正月十三辰時慶生

11-2-4-208　晚清民國錦屏衆全族添丁簿（二〇八）

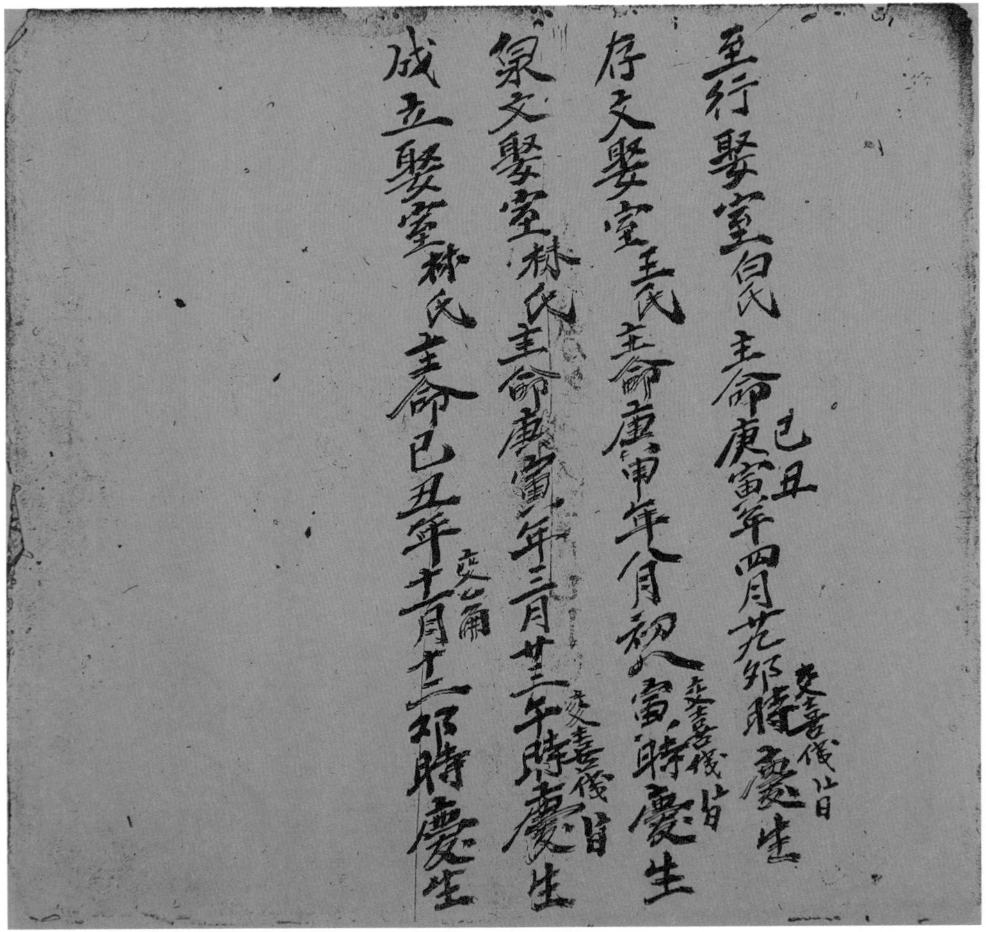

垂行娶室白氏　主命庚寅年四月廿卯時慶生

存文娶室王氏　主命庚申年八月初八寅時慶生

泉文娶室林氏　主命庚寅年三月廿三午時慶生

成立娶室林氏　主命己丑年十一月十二卯時慶生

11-2-4-209　晚清民國錦屏衆全族添丁簿（二〇九）

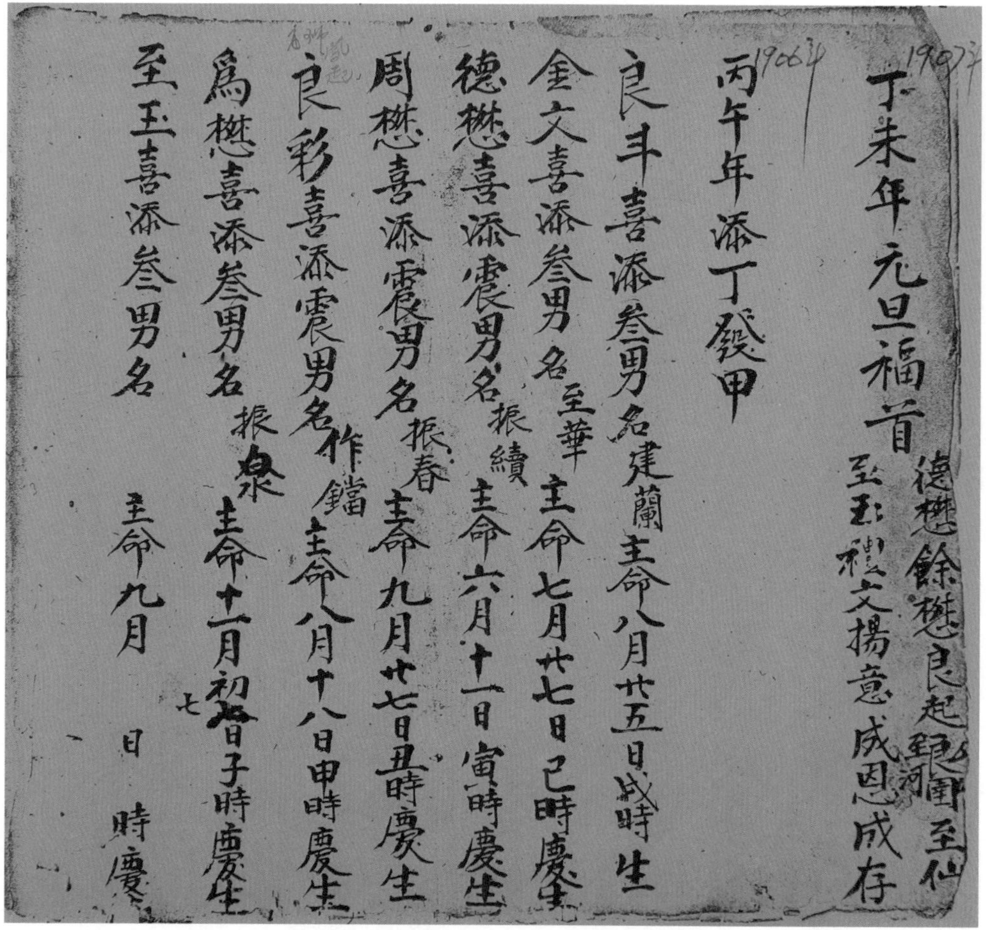

丁未年元旦福首

德懋　餘懋　良起　銀闈　至仙

至玉　禮文　揚意　成恩　成存

丙午年添丁發甲

良丰喜添叁男名建蘭　主命八月廿五日戌時生

金文喜添叁男名至華　主命七月廿七日巳時慶生

德懋喜添震男名振續　主命六月十一日寅時慶生

周懋喜添震男名振春　主命九月廿七日丑時慶生

良彩喜添震男名作鐺　主命八月十八日申時慶生

爲懋喜添叁男名振泉　主命十一月初七日子時慶生

至玉喜添叁男名　主命九月　日　時慶

11-2-4-210　晚清民國錦屏衆全族添丁簿（二一〇）

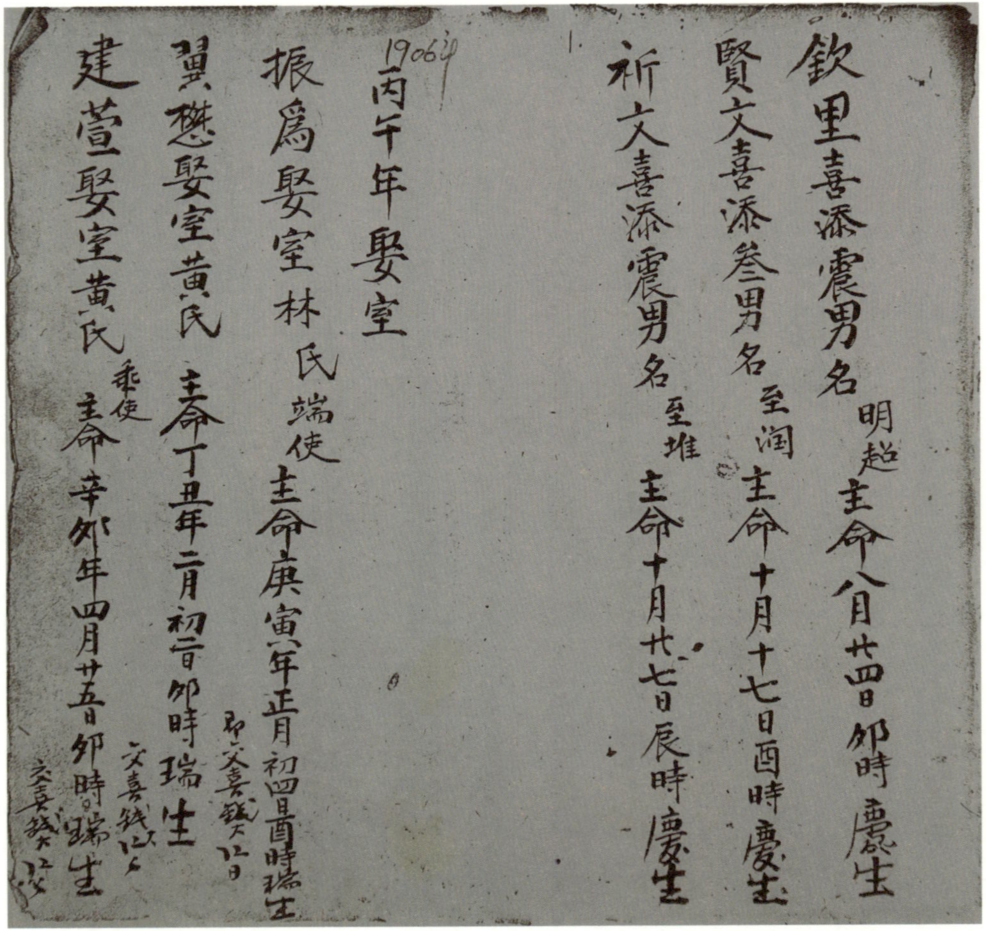

欽里喜添震男名明超　主命八月廿四日卯時慶生

賢文喜添叁男名至润　主命十月十七日酉時慶生

祈文喜添震男名至堆　主命十月廿七日辰時慶生

1906年

丙午年娶室

振爲娶室林氏端使　主命庚寅年正月初四日酉時瑞生　取文喜錢六仟日

翼燃娶室黃氏　主命丁丑年二月初二日卯時瑞生　文喜錢六仟

建萱娶室黃氏乖使　主命辛卯年四月廿五日卯時瑞生　文喜錢六仟

11-2-4-211　晚清民國錦屏衆全族添丁簿（二一一）

祥懋娶室鄭氏 生命九月十二日丑時瑞生 交喜錢大仁三

欽富娶室許氏 生命戊子年十月初六日申時瑞生 交喜錢大仁三

振國娶室蔡氏 生命壬申年十月廿七日卯時瑞生 交喜錢大仁三

良義娶室林氏生命壬辰年十月初十日寅時瑞生 交喜錢大仁三

福益娶室温氏生命乙未年二月廿二日子時瑞生 交喜錢大仁三

（1908年）戊申年元旦福首 曰殿 章財 堂懋 山文 楊末 金文 成土 提懋 通懋 法文 補不論

（1907年）丁未年添丁發甲

11-2-4-212 晚清民國錦屏衆全族添丁簿（二一二）

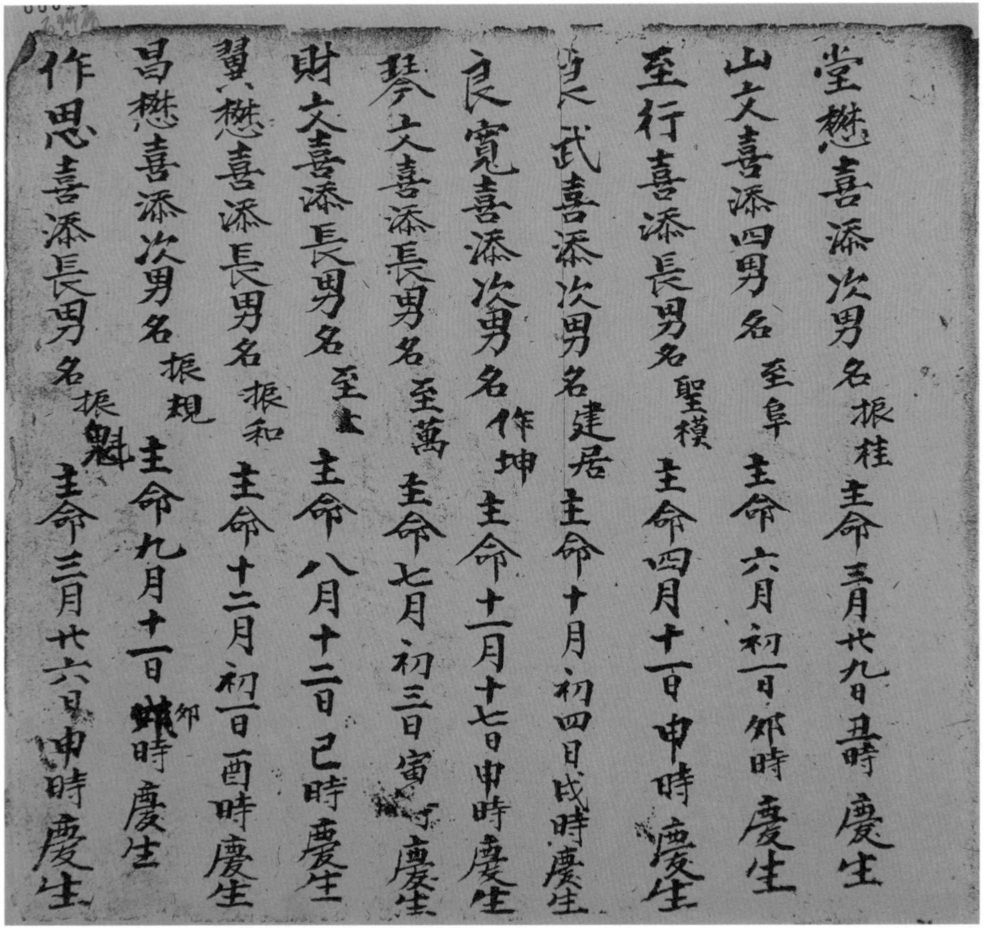

堂懋喜添次男名振桂主命三月廿九日丑時慶生
山文喜添四男名至阜主命六月初一日卯時慶生
至行喜添長男名聖模主命四月十一日申時慶生
良武喜添次男名建居主命十月初四日戌時慶生
良寬喜添次男名作坤主命十一月十七日申時慶生
琴文喜添長男名至萬主命七月初三日寅時慶生
財文喜添長男名至[illegible]主命八月十二日巳時慶生
翼懋喜添長男名振和主命十二月初一日酉時慶生
昌懋喜添次男名振規主命九月十一日卯時慶生
作思喜添長男名振魁主命三月廿六日申時慶生

11-2-4-213　晚清民國錦屏衆全族添丁簿（二一三）

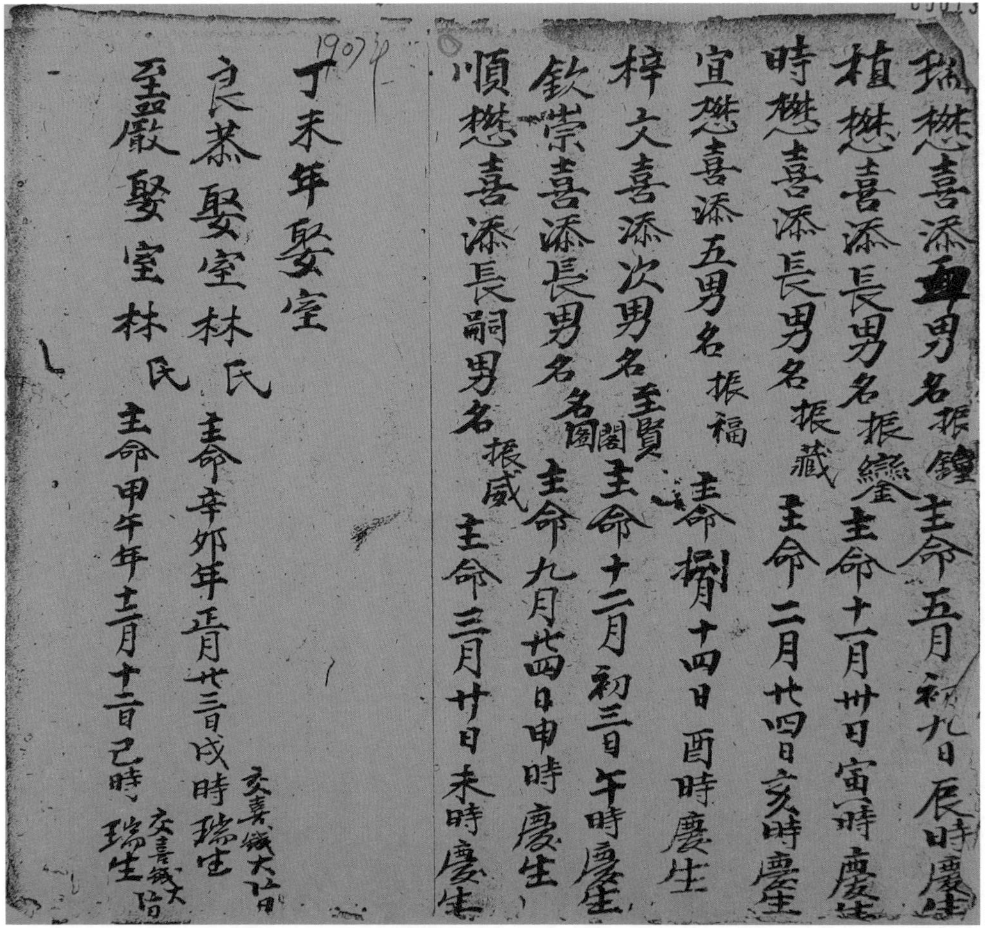

瑞懋喜添四男名振鐘　主命五月初九日辰時慶生
植懋喜添長男名振鑾　主命十一月卅日寅時慶生
時懋喜添長男名振藏　主命二月廿四日亥時慶生
宜懋喜添五男名振福　主命捌月十四日酉時慶生
梓文喜添次男名至賢　主命十二月初三日午時慶生
欽崇喜添長男名名閣　主命九月廿四日申時慶生
順懋喜添長嗣男名振威　主命三月廿日未時慶生

1907
丁未年娶室
良恭娶室林氏　主命辛卯年正月廿三日戌時瑞生　交喜錢大佰
至嚴娶室林氏　主命甲午年十二月十二日巳時瑞生　交喜錢大佰

11-2-4-214　晚清民國錦屏衆全族添丁簿（二一四）

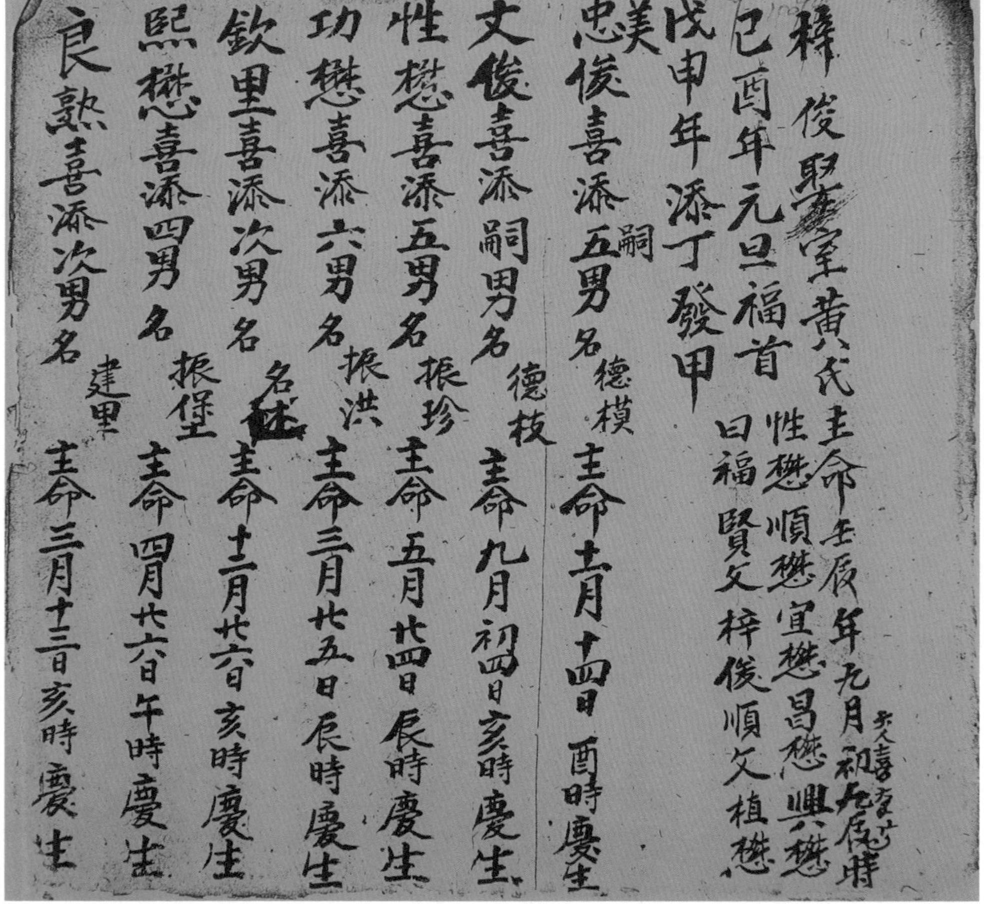

桂俊娶室黃氏主命壬辰年九月初九辰時生

性懋　順懋　宜懋　昌懋　興懋

曰福　賢文　梓俊　順文　植懋

己酉年元旦福首

戊申年添丁發甲

美忠俊喜添五（嗣）男名德模　主命十一月十四日酉時慶生

文俊喜添嗣男名德枝　主命九月初四日亥時慶生

性懋喜添五男名振珍　主命五月廿四日辰時慶生

功懋喜添六男名振洪　主命三月廿五日辰時慶生

欽里喜添次男名[illegible]　主命十二月廿六日亥時慶生

熙懋喜添四男名振堡　主命四月廿六日午時慶生

良懃喜添次男名建里　主命三月十三日亥時慶生

11-2-4-215　晚清民國錦屏衆全族添丁簿（二一五）

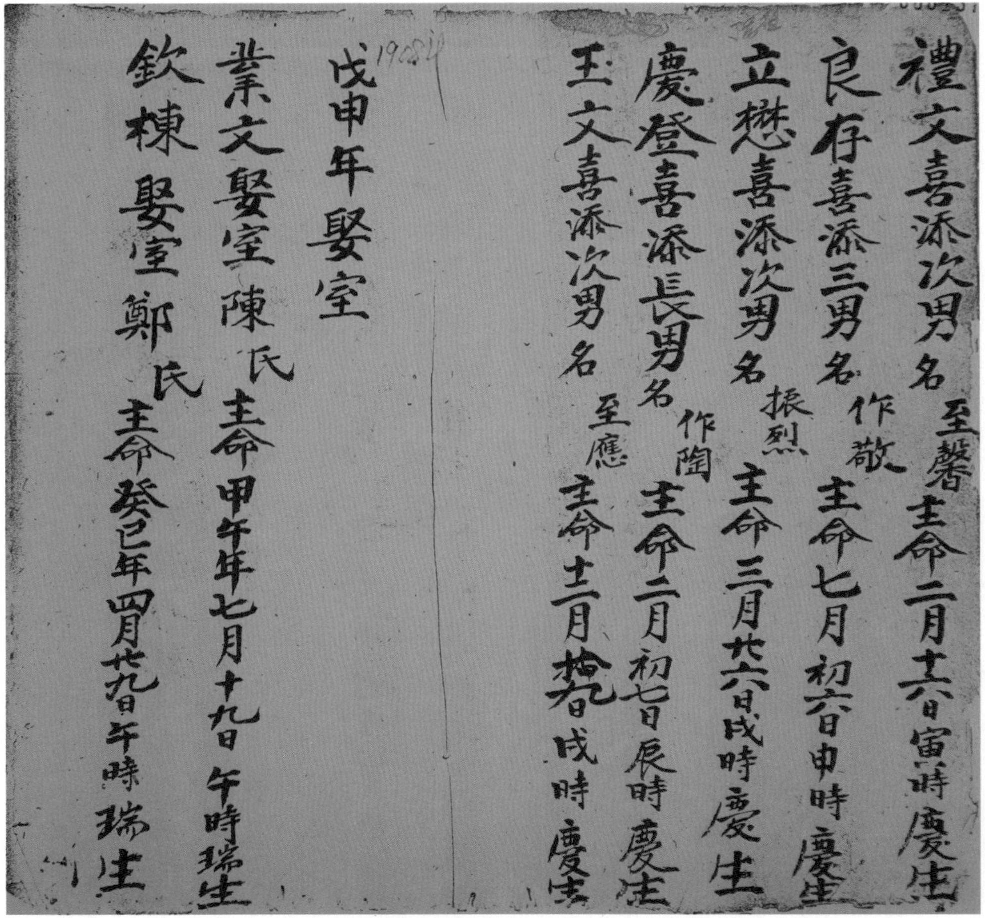

禮文喜添次男名至馨 主命二月十六日寅時慶生
良存喜添三男名作敬 主命七月初六日申時慶生
立懋喜添次男名振烈 主命三月廿六日戌時慶生
慶登喜添長男名作陶 主命二月初七日辰時慶生
玉文喜添次男名至應 主命十二月廿九日戌時慶生

1908

戊申年娶室
業文娶室陳氏 主命甲午年七月十九日午時瑞生
欽棟娶室鄭氏 主命癸巳年四月廿九日午時瑞生

11-2-4-216　晚清民國錦屏衆全族添丁簿（二一六）

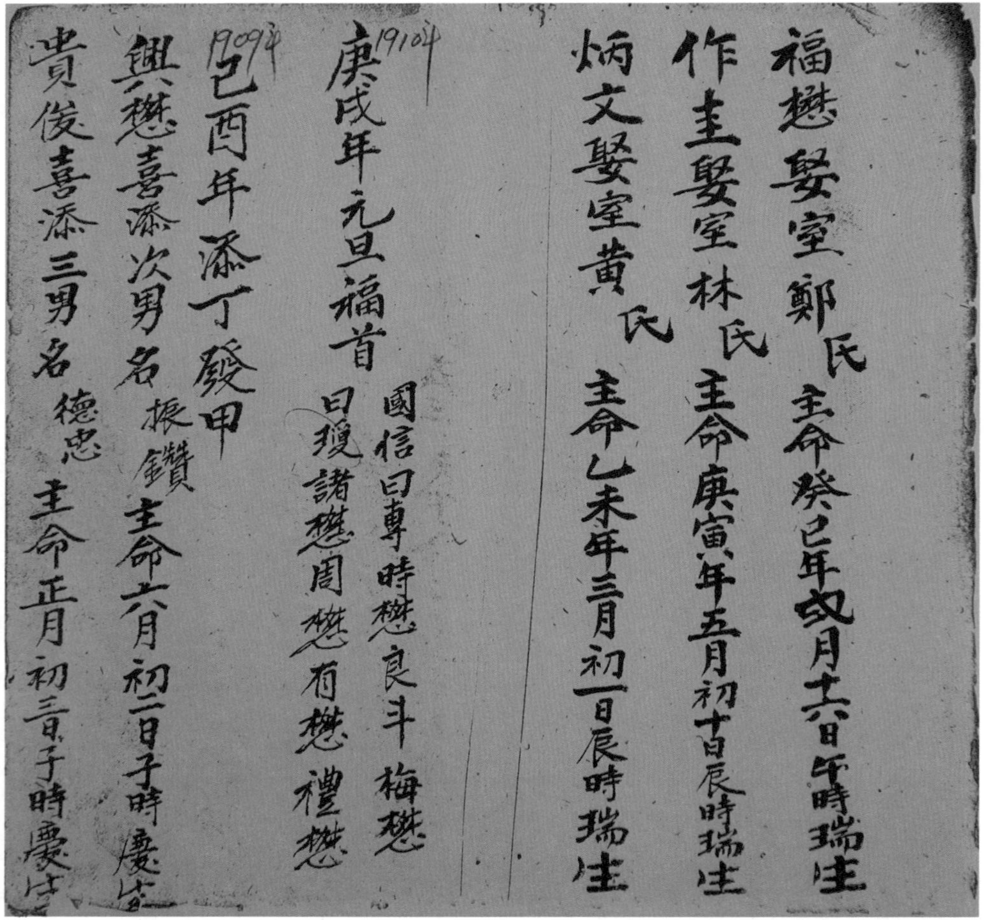
福懋娶室鄭氏 主命癸巳年戊月十六日午時瑞生
作圭娶室林氏 主命庚寅年五月初十日辰時瑞生
炳文娶室黃氏 主命乙未年三月初一日辰時瑞生
庚戌年元旦福首 1910年 國信 曰專 時懋 良斗 梅懋
曰獲 諸懋 周懋 有懋 禮懋
己酉年添丁發甲 1909年
興懋喜添次男名振鑽 主命六月初二日子時慶生
貴俊喜添三男名德忠 主命正月初三日子時慶生

11-2-4-217　晚清民國錦屏衆全族添丁簿（二一七）

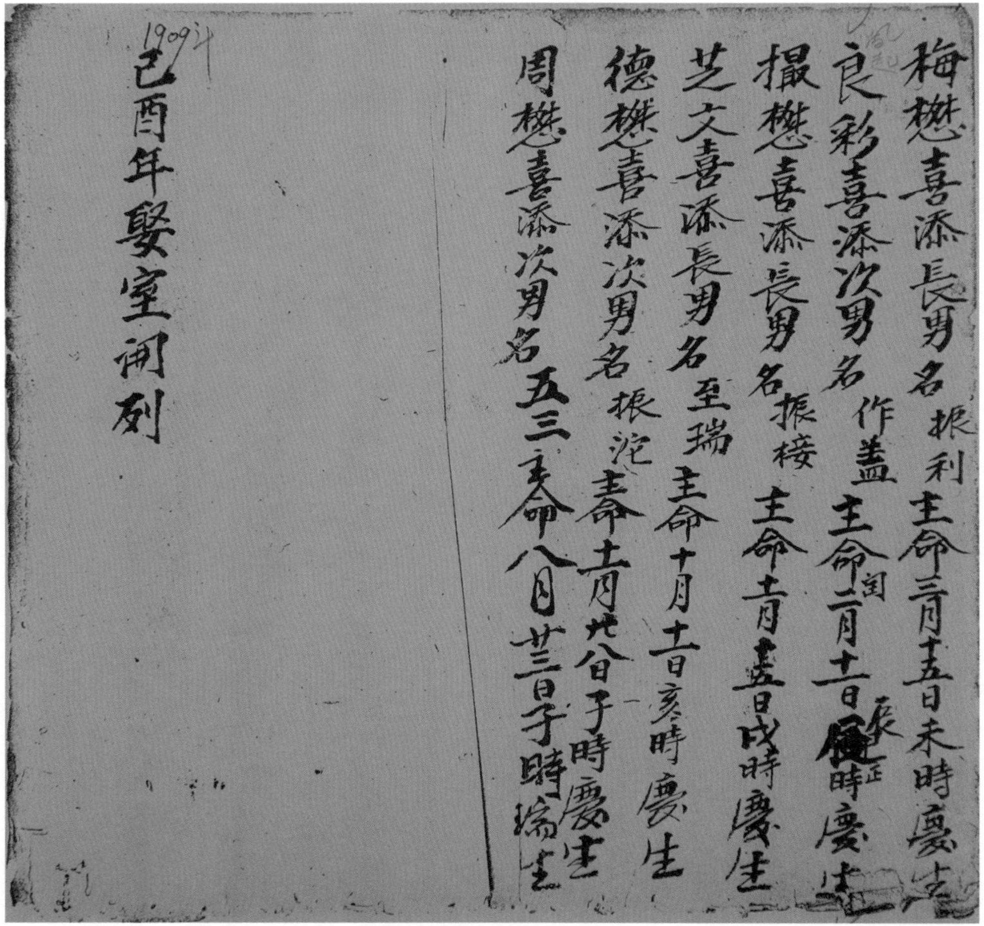

梅樅喜添長男名振利　主命三月十五日未時慶生
良彩喜添次男名作盖　主命閏二月十一日辰時慶生
撮樅喜添長男名振棲　主命十一月十五日戌時慶生
芝文喜添長男名至瑞　主命十月十二日亥時慶生
德樅喜添次男名振浤　主命十一月廿八日子時慶生
周樅喜添次男名五三　主命八月廿三日子時瑞生

1909

己酉年娶室開列

11-2-4-218　晚清民國錦屏衆全族添丁簿（二一八）

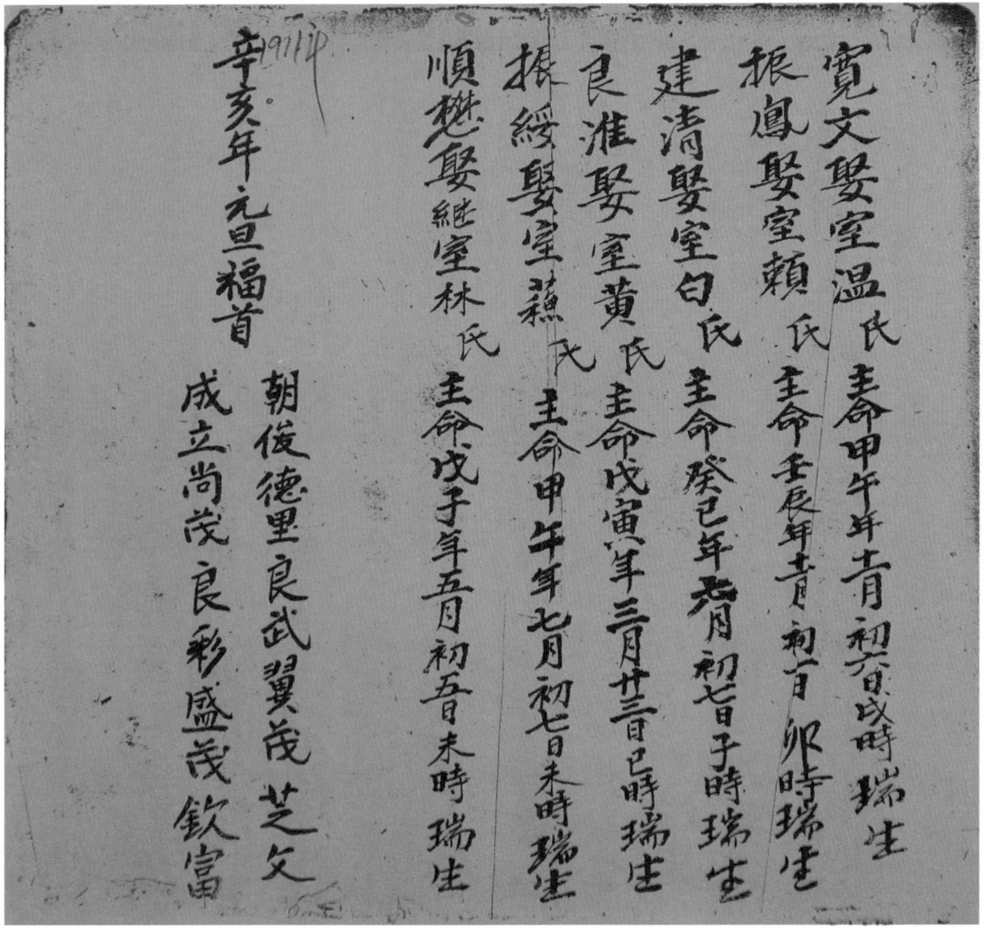
寬文娶室温氏 主命甲午年十二月初六日戌時瑞生
振鳳娶室賴氏 主命壬辰年十二月初一日卯時瑞生
建清娶室白氏 主命癸巳年十一月初七日子時瑞生
良淮娶室黄氏 主命戊寅年三月廿三日巳時瑞生
振綬娶室蘇氏 主命甲午年七月初七日未時瑞生
順懋娶繼室林氏 主命戊子年五月初五日未時瑞生
辛亥年元旦福首
朝俊 德里 良武 翼茂 芝文
成立 尚茂 良彩 盛茂 欽富

11-2-4-219　晚清民國錦屏衆全族添丁簿（二一九）

1910

庚戌年添丁興旺

曰科喜添次男名成耕　主命九月十八日亥時慶生

良恭喜添震男名聖安　主命二月初一日巳時慶生

建丹喜添震男名振康　主命十一月初十日子時慶生

良斗喜添三男名建孝　主命六月初七日未時慶生

陽朝喜添嗣男名至簡　主命八月十七日子時慶生

基文喜添震男名至忠　主命六月初二日亥時慶生

章彩喜添次孫名萬美　主命四月十一日亥時慶生

堂懋喜添三男名振壽　主命十二月十八日巳時慶生

良准喜添次男名建模　主命十一月廿三日午時慶生

昌懋喜添次男名振奇　主命二月廿一日卯時慶生

11-2-4-220　晚清民國錦屏衆全族添丁簿（二二〇）

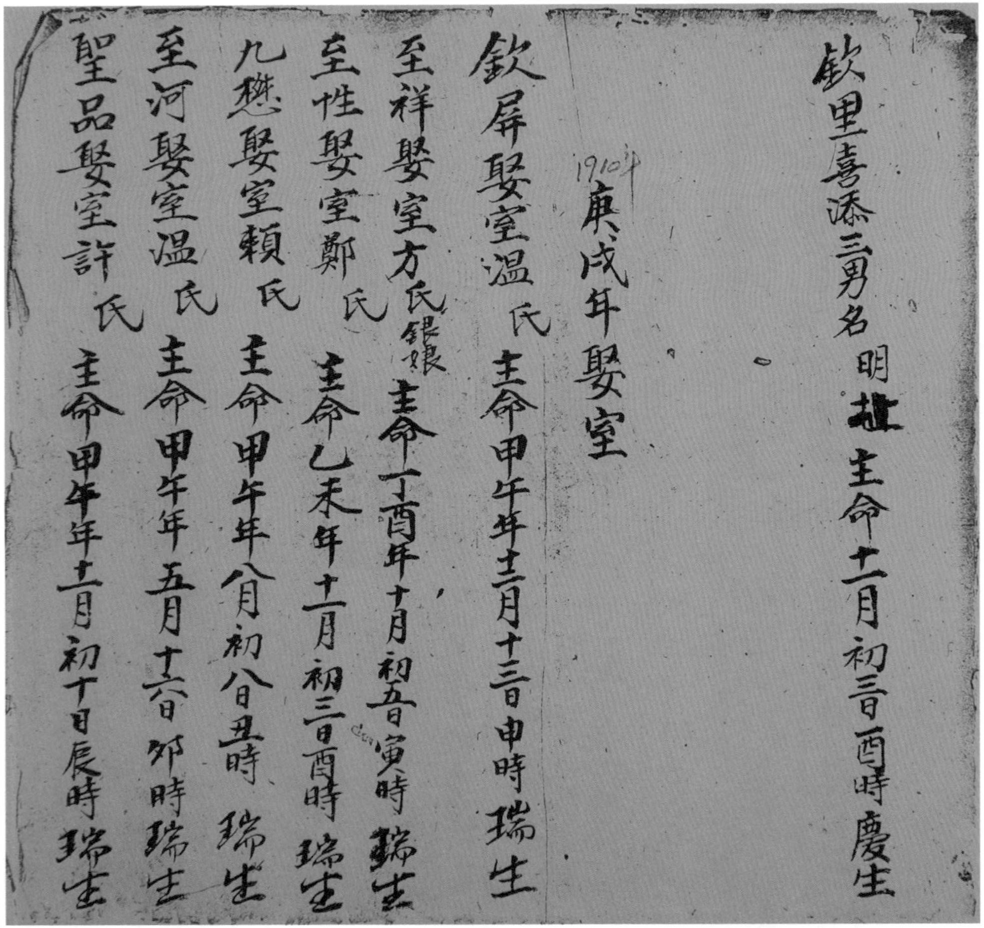

欽里喜添三男名明祉 主命十一月初三日酉時慶生

1910年 庚戌年娶室

欽屏娶室温氏 主命甲午年十二月十三日申時瑞生

至祥娶室方氏銀娘 主命丁酉年十月初五日寅時瑞生

至性娶室鄭氏 主命乙未年十一月初三日酉時瑞生

九懋娶室賴氏 主命甲午年八月初八日丑時瑞生

至河娶室温氏 主命甲午年五月十六日卯時瑞生

聖品娶室許氏 主命甲午年十二月初十日辰時瑞生

11-2-4-221　晚清民國錦屏衆全族添丁簿（二二一）

1912年

壬子年元旦福首　業文　良通　至清　至簡　功茂

原茂　地茂　傳義　至祥　欽屏

1911年

辛亥年添丁發甲

定懋喜添三男名振祥　主命十一月初四日寅時慶生

義來喜添長男名振煥　主命十一月十七日午時慶生

欽富喜添長男名　名燊　主命十二月初七日辰時慶生

至行喜添次男名聖材　主命七月廿二日寅時慶生

宜懋喜添五男名　主命正月初三日戌時慶生

良熟喜添次男名建林　主命五月十六日未時慶生

11-2-4-222　晚清民國錦屏衆全族添丁簿（二二二）

1911 辛亥年娶室

欽祿娶室蔡氏 主命甲午年十一月初四日酉時瑞生

富懋娶室温氏 細使 主命乙未年十二月十九日寅時瑞生

圖懋娶室鄭氏 瘟使 主命癸巳年正月初八日申時瑞生

世本娶室鄭氏 美使 主命乙未年八月廿二日午時瑞生

11-2-4-223　晚清民國錦屏衆全族添丁簿（二二三）

1913年
癸丑年丁丸足福首　振添　才文　作冲　作高　振先
至倉　振鋌　建順　建正　圖懋

1912年
壬子年添丁癸甲

植懋喜添次男名振達主命五月廿四日未時福生　欽通
為懋喜添四男名振坤主命十月十四日子時福生
周懋喜添三男名伍六主命正月廿日卯時福生
圖懋喜添次男名振生主命十一月初十日戌時福生
棖懋喜添次男名振担主命五月廿日辰時福生
尚懋喜添三男名振儒主命十二月初七日亥時福生
瑞懋喜添五男名振榮主命四月十三日丑時福生
欽里喜添四男名名焯主命十月廿日酉時福生

11-2-4-224　晚清民國錦屏衆全族添丁簿（二二四）

立懋喜添三男名振度主命四月初九日卯時福生

振國喜添長男名名達主命六月十六日辰時福生

1912年 壬子年娶室開烈癸甲

泰文娶室黃氏主命丙申年七月十八日申時端生

聖盤娶室林氏主命乙未年九月初三日申時端生

寶懋娶室紀氏主命庚寅年三月初三日酉時端生

順蔭娶室温氏有使主命戊戌年十月廿七日酉時端生

美俊娶室李氏主命壬戌年五月初四日辰時端生

良冊娶室温氏主命丁酉年十月十六日酉時端生

建明娶室林氏主命丁酉年八月廿八日午時端生

11-2-4-225　晚清民國錦屏衆全族添丁簿（二二五）

癸丑年新正初一吉日詩禮傳家四房公議
范陽郡祖祠祭祀弍拾歲起至六十歲止的
未時從正月初一祭祀每灶要出小庫洋肆角
如不遵規者四房合集改罰此錢定約二月
念九交首初四日福首準為戲資所用所議
是實各宜勉之

1914初

甲寅年元旦福首

定懋 良添 立懋 欽和 宝懋

堯文 炳文 呈聽 咸丑 詩懋

11-2-4-226 晚清民國錦屏衆全族添丁簿（二二六）

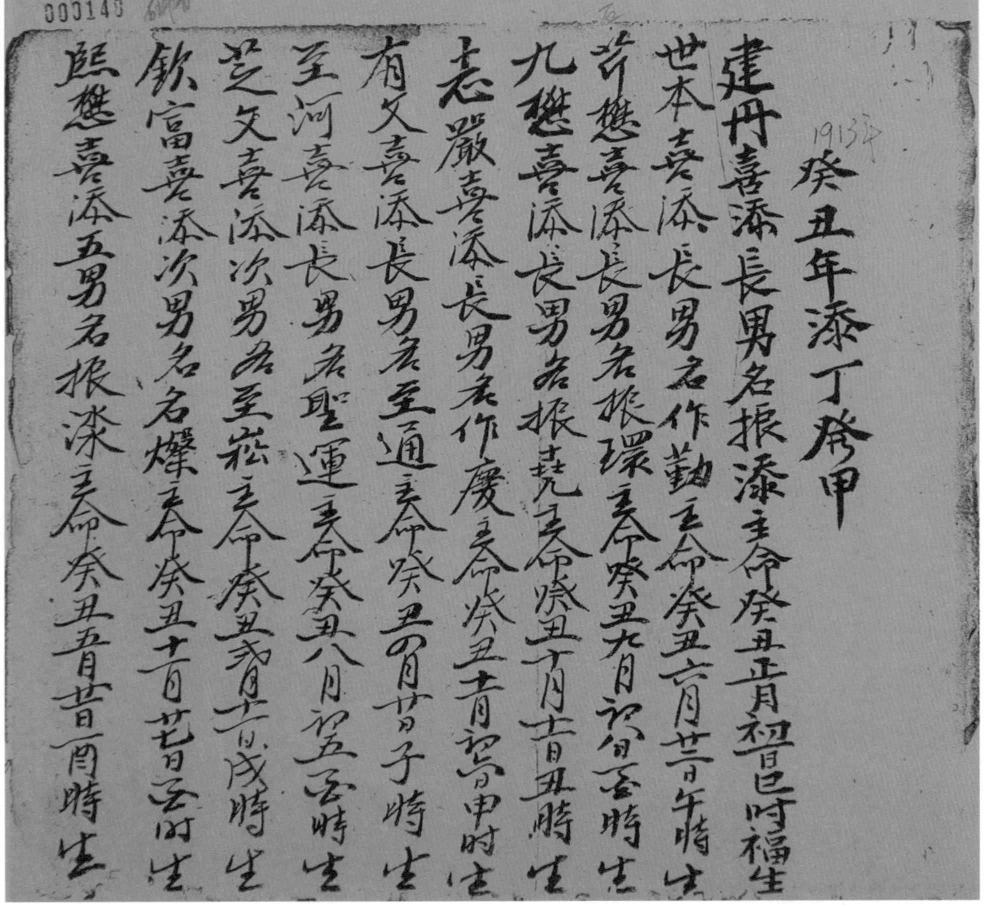
癸丑年添丁簿甲

1913年

建丹喜添長男名振添主命癸丑正月初一日巳時福生

世本喜添長男名作勤主命癸丑六月廿一日午時生

茍懋喜添長男名振環主命癸丑九月初八日亥時生

九懋喜添長男名振堯主命癸丑十月十二日丑時生

志嚴喜添長男名作慶主命癸丑十二月初四日申時生

有文喜添長男名至通主命癸丑四月廿日子時生

至河喜添長男名聖運主命癸丑八月初五日亥時生

芝文喜添次男名至嵩主命癸丑十一月十一日戌時生

欽富喜添次男名名燦主命癸丑十一月廿二日亥時生

熙懋喜添五男名振淶主命癸丑五月廿四日酉時生

11-2-4-227　晚清民國錦屏衆全族添丁簿（二二七）

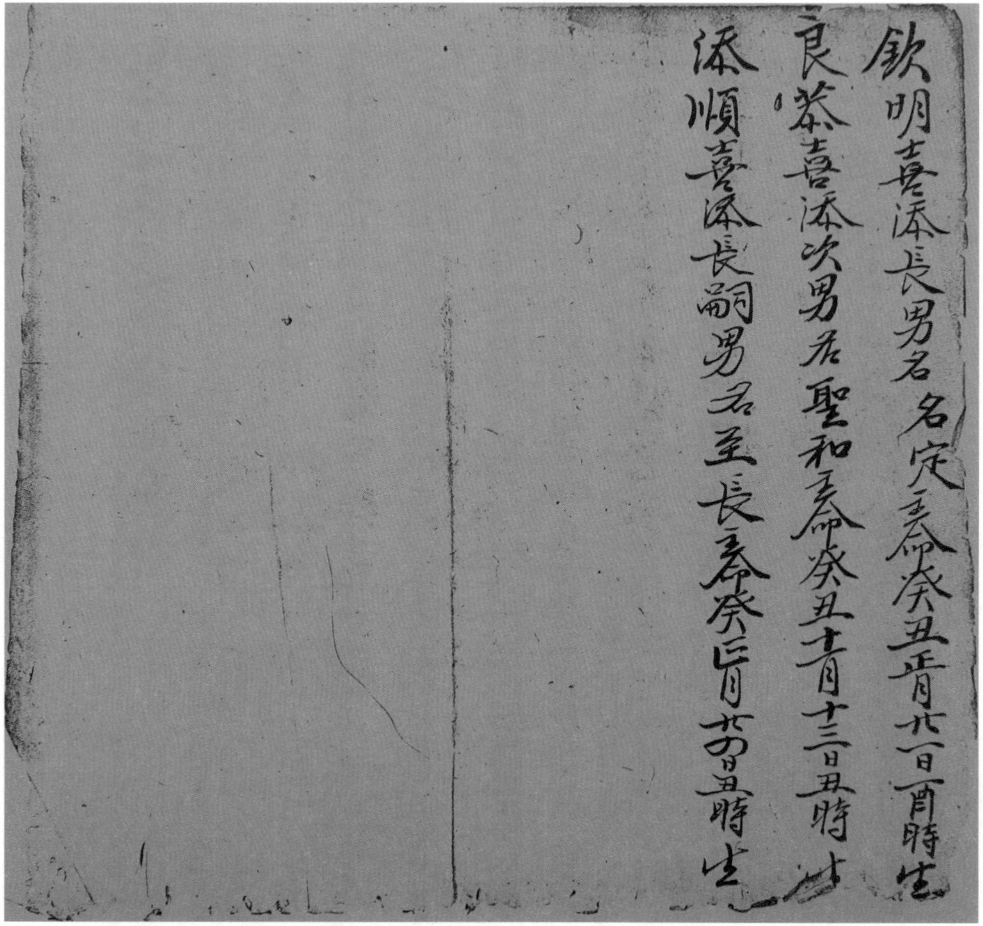

欽明喜添長男名　名定年命癸丑正月廿六日酉時生
良滐喜添次男名聖和年命癸丑十二月十三日丑時生
添順喜添長嗣男名至長年命癸丑四月廿四日丑時生

11-2-4-228　晚清民國錦屏衆全族添丁簿（二二八）

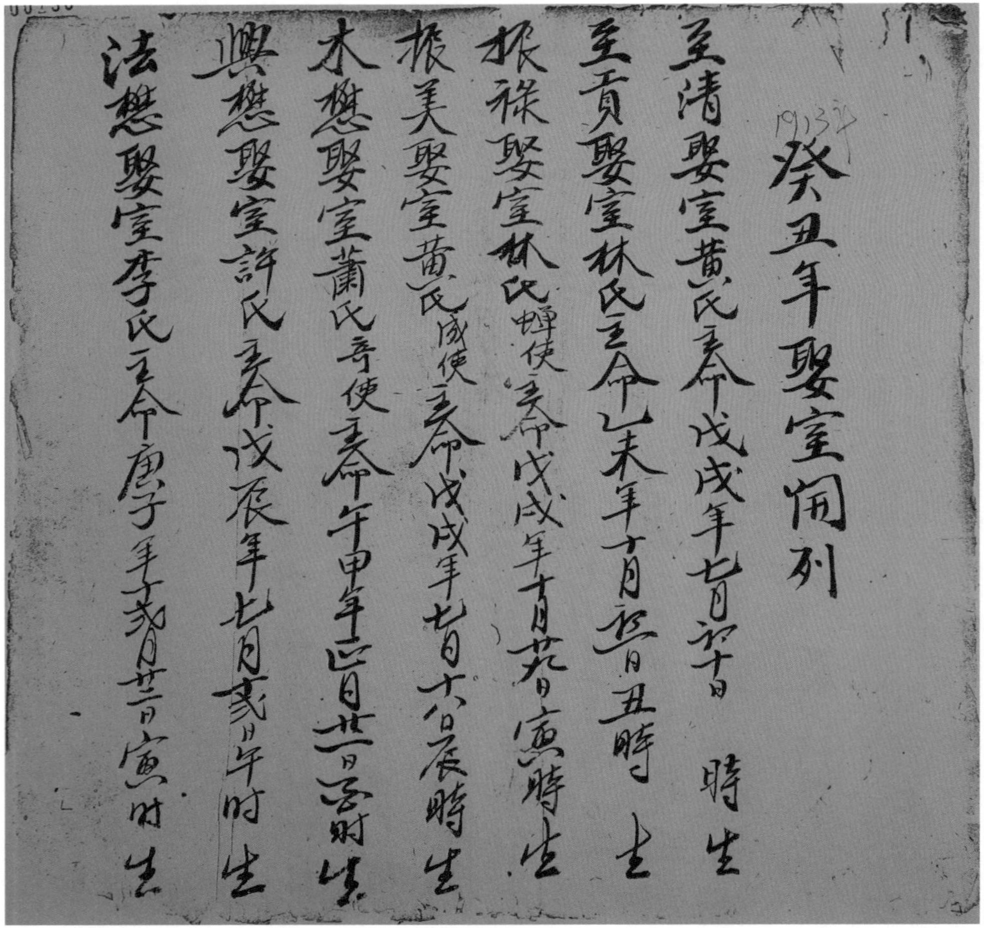

癸丑年娶室開列

至清娶室黃氏壬命戊戌年七月初十日　時生

至貢娶室林氏壬命己未年十月初四日丑時生

根祿娶室林氏婢使壬命戊戌年十月廿四日寅時生

根美娶室黃氏婢使壬命戊戌年七月十六日辰時生

木懋娶室蕭氏婢使壬命午甲年正月廿一日子時生

興懋娶室許氏壬命戊辰年七月貳日午時生

法懋娶室李氏壬命庚子年十一月廿二日寅時生

11-2-4-229　晚清民國錦屏衆全族添丁簿（二二九）

1915年 乙卯

乙卯年元旦福首

良碧 至忠 芝文 日福 聖

作明 建朝 成和 欽祿 明

鮮[illegible]

1914年

甲寅年添丁發甲

至聖喜添長男名開發 主命十二月廿六日戌時生

振綏喜添長男名名培 主命六月廿七日亥時生

性樾喜添六男名振億 主命四月廿三日午時生

寶樾喜添長男名振科 主命九月廿三日酉時生

瑞樾喜添五男名振中 主命七月十五日丑時生

良寬喜添三男名作楷 主命正月廿五日亥時生

禮樾喜添四男名振珹 主命二月初六日亥時生

建清喜添長男名振騰 主命七月初四日戌時生

11-2-4-230 晚清民國錦屏衆全族添丁簿（二三〇）

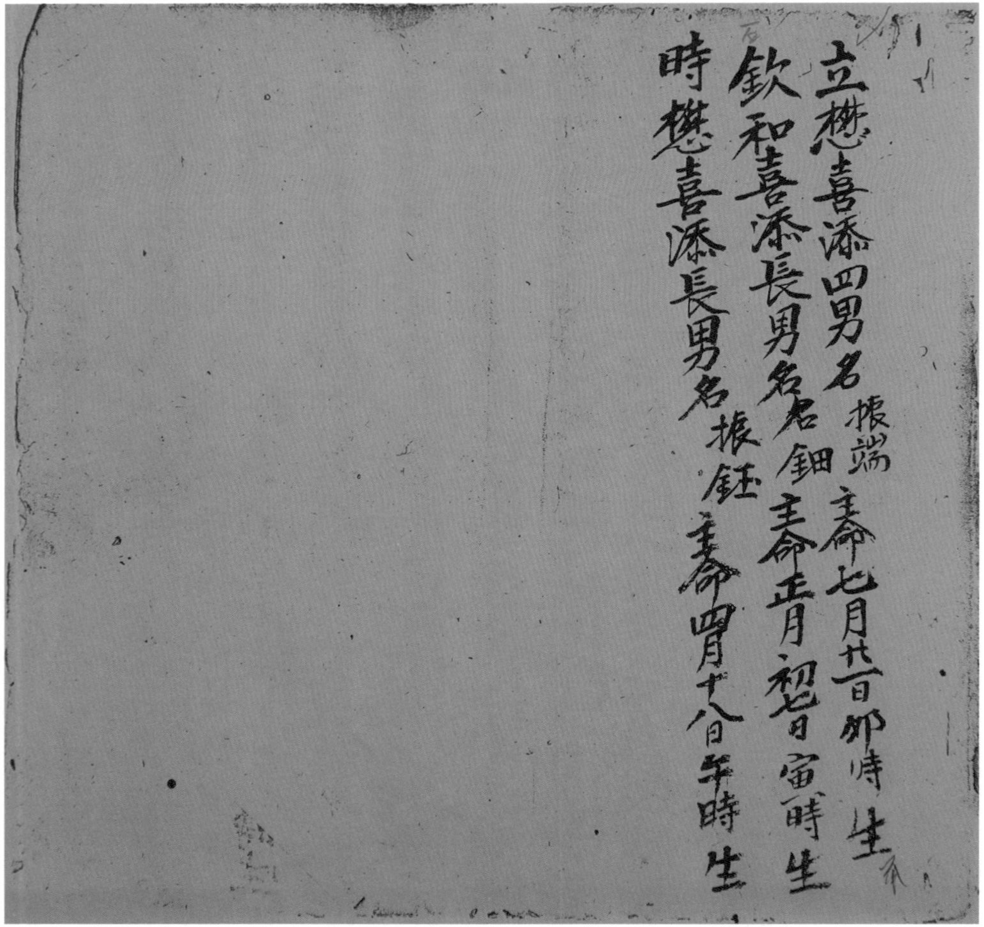

立懋喜添四男名振端　主命七月廿一日卯時生

欽和喜添長男名君鈿　主命正月初四日寅時生

時懋喜添長男名振鈺　主命四月十八日午時生

11-2-4-231　晚清民國錦屏衆全族添丁簿（二三一）

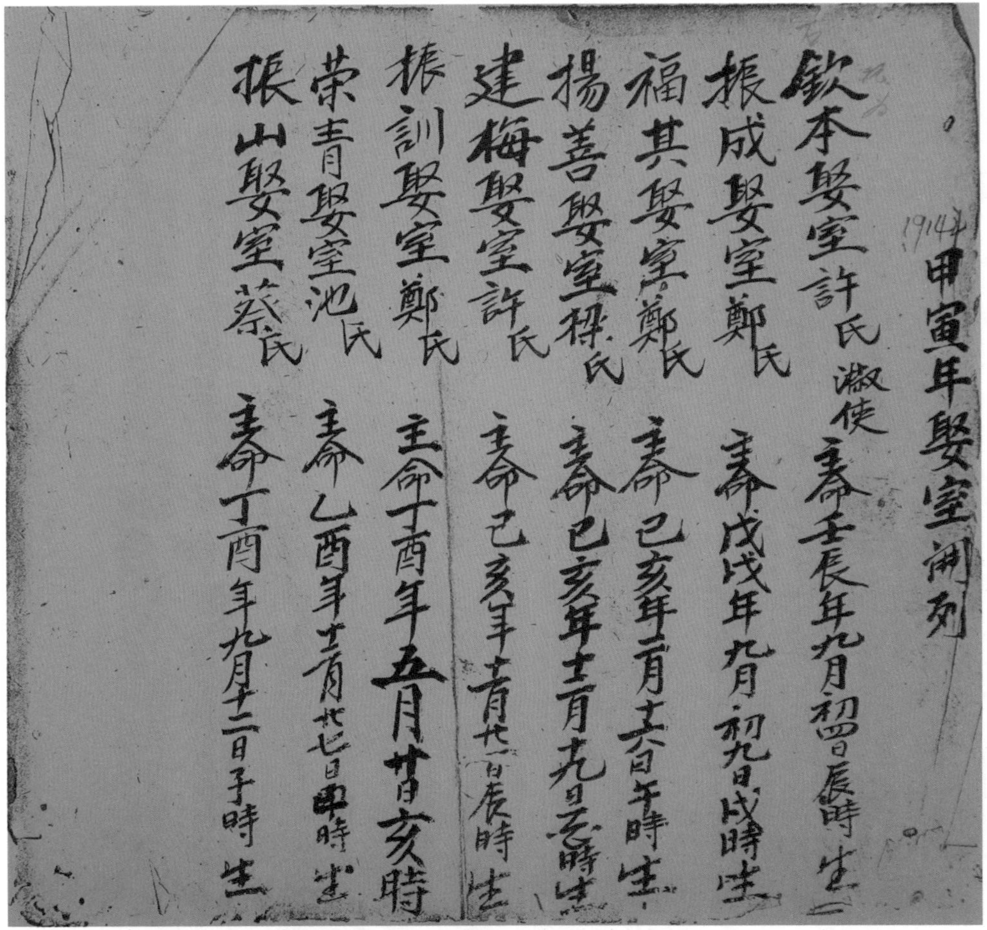

甲寅年娶室開列　1914

欽本娶室許氏　繳使　壽壬辰年九月初四日辰時生

振成娶室鄭氏　壽戊戌年九月初九日戌時生

福其娶室鄭氏　壽己亥年十二月十六日午時生

揚善娶室林氏　壽己亥年十二月十九日子時生

建梅娶室許氏　壽己亥年十二月廿一日辰時生

振訓娶室鄭氏　主命丁酉年五月廿日亥時

荣青娶室池氏　壽乙酉年十二月廿七日申時生

振山娶室蔡氏　壽丁酉年九月十二日子時生

11-2-4-232　晚清民國錦屏衆全族添丁簿（二三二）

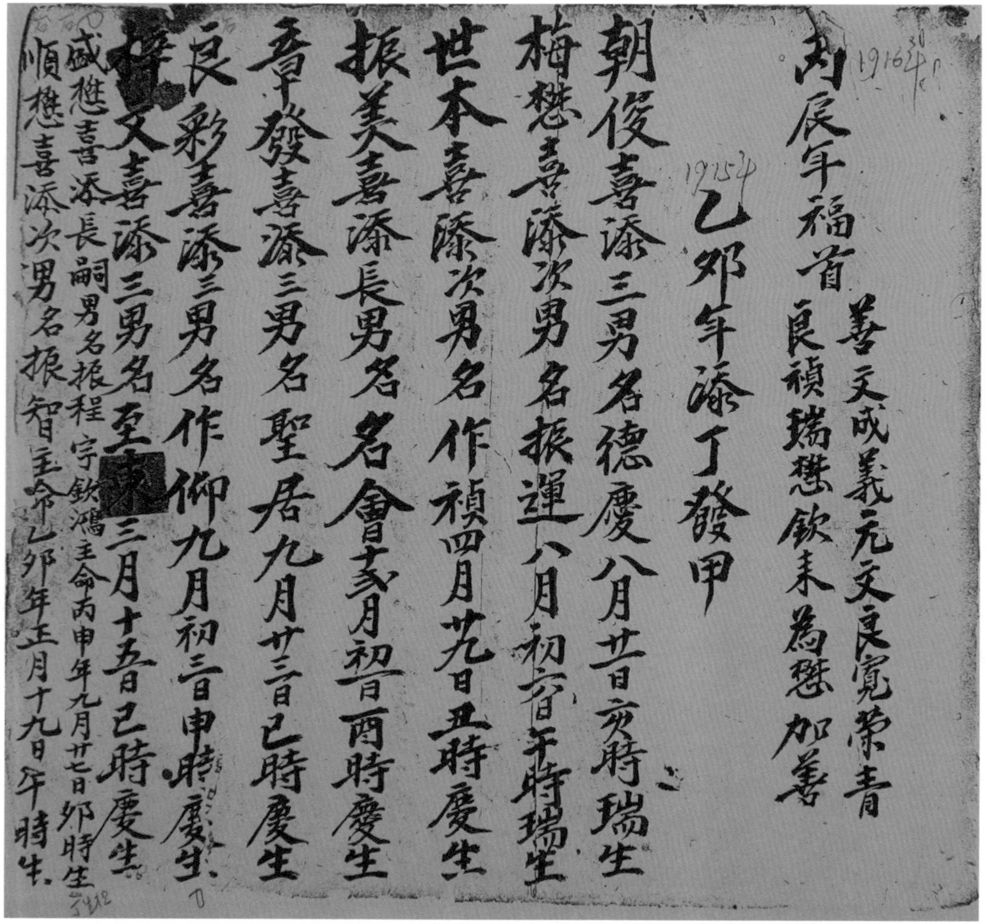

丙辰年福首 善文成義元文良寬榮青
良禎瑞懋欽来為懋加善
乙卯年添丁發甲
朝俊喜添三男名德慶八月廿二日亥時瑞生
梅懋喜添次男名振運八月初六日午時瑞生
世本喜添次男名作禎四月廿九日丑時慶生
振美喜添長男名名會十二月初四日酉時慶生
香發喜添三男名聖居九月廿三日巳時慶生
良彩喜添三男名作御九月初三日申時慶生
梓文喜添三男名至東三月十五日巳時慶生
盛懋喜添長嗣男名振程 字欽鴻 主命丙申年九月廿七日卯時生
順懋喜添次男名振智 主命乙卯年正月十九日午時生

11-2-4-233 晚清民國錦屏衆全族添丁簿（二三三）

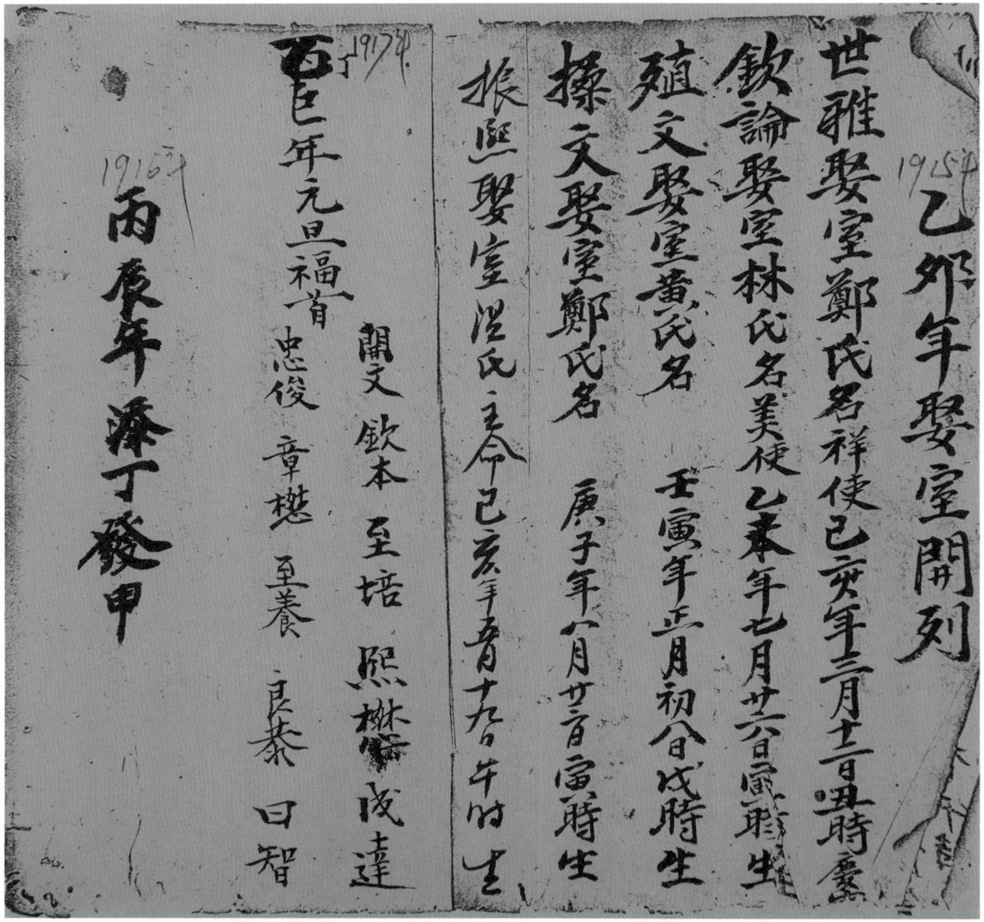

1915年
乙卯年娶室開列
世雅娶室鄭氏名祥使己亥年三月十三日丑時生
欽論娶室林氏名美使乙未年七月廿六日寅時生
殖文娶室黃氏名　壬寅年正月初八日戌時生
搡文娶室鄭氏名　庚子年八月廿二日寅時生
振艇娶室涅氏，名命己亥年二月十九日午時生

1917年
丁巳年元旦福首
開文　欽本　至培　熙樾　茂達
忠俊　章樾　至養　良恭　曰智

1916年
丙辰年添丁發甲

11-2-4-234　晚清民國錦屏衆全族添丁簿（二三四）

欽屏喜添長男名 名慶 五月初六酉時慶生

茂文喜添長男名 至朗 十二月初九日寅時产生

至河喜添次男 聖蔭 十月廿五日申時产生

為懋喜添五男名 根鑑 三月十六日巳時产生

欽祿喜添長男名 名瑞 十二月廿七日卯時产生

欽本喜添長男名 名德 七月廿二日 巳時产生

至貢喜添長男名 聖高 九月廿九日亥時产生

福招喜添長男名 至屏 正月十五日辰時生

11-2-4-235　晚清民國錦屏衆全族添丁簿（二三五）

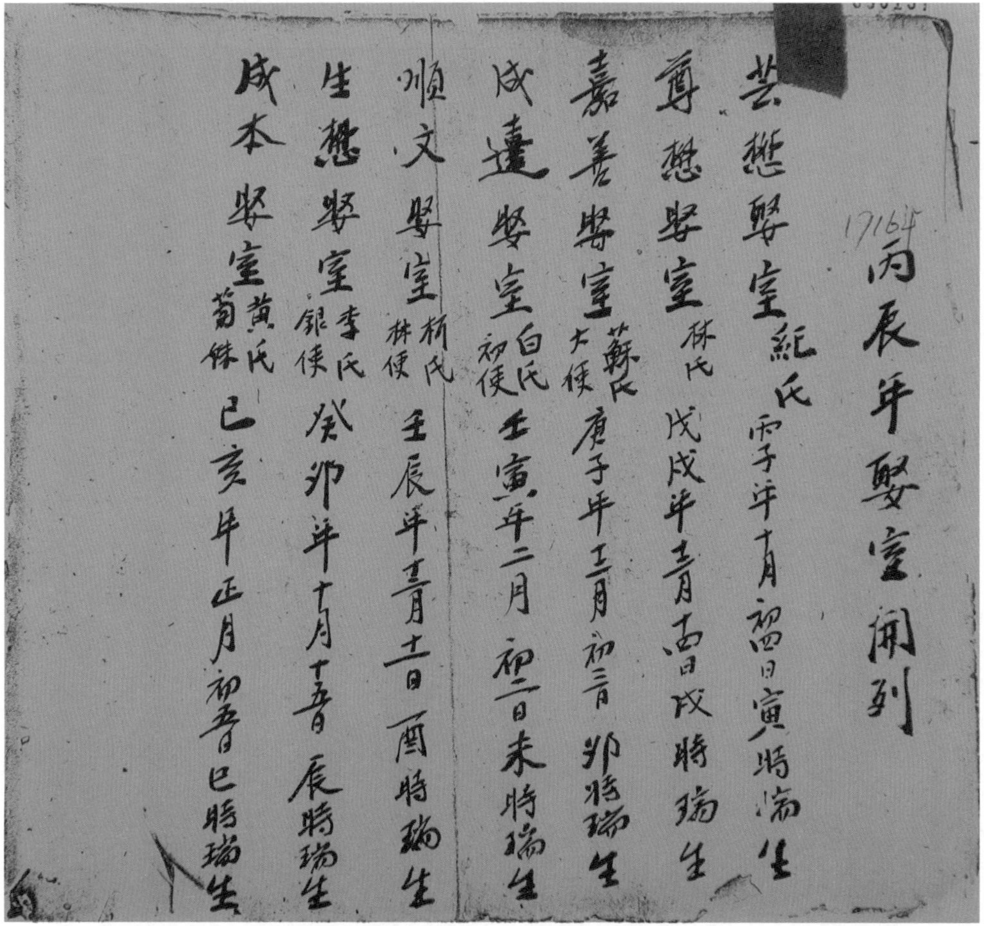

171645

丙辰年娶室開列

芸懋娶室紀氏 丙子年十月初四日寅時瑞生

尊懋娶室林氏 戊戌年十二月十四日戌時瑞生

嘉善娶室蘇氏大使 庚子年十一月初三日卯時瑞生

咸遠娶室白氏初使 壬寅年二月初二日未時瑞生

順文娶室林氏林使 壬辰年十二月十一日酉時瑞生

生懋娶室李氏銀使 癸卯年十月十五日辰時瑞生

咸本娶室黄氏菊妹 己亥年正月初五日巳時瑞生

11-2-4-236 晚清民國錦屏衆全族添丁簿（二三六）

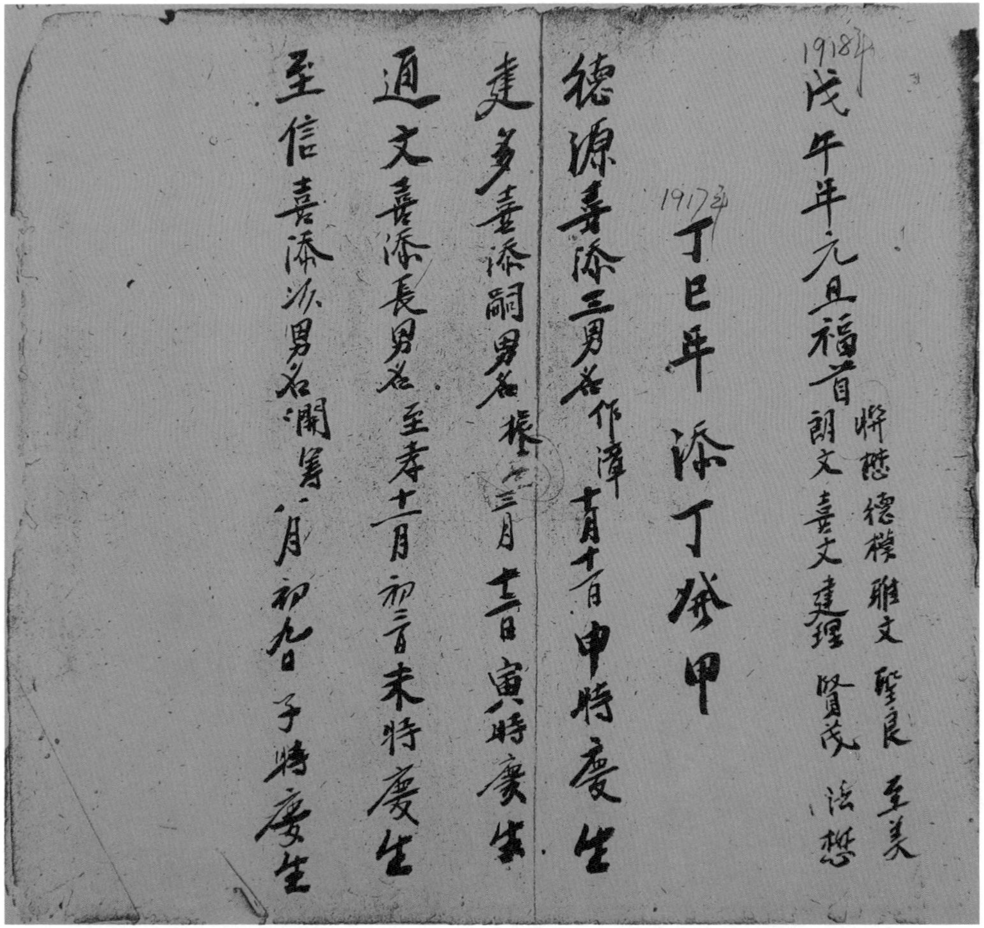

1918年
戊午年元旦福首　憐懋　朗文　德模　喜文　雅文　建理　聖良　賢茂　至美　法懋

1917年
丁巳年添丁發甲

德源喜添三男名作漳　十二月十六日申時慶生

建多喜添嗣男名根生　三月十三日寅時慶生

通文喜添長男名至孝　十一月初三日未時慶生

至信喜添次男名闌第　正月初六日子時慶生

11-2-4-237　晚清民國錦屏衆全族添丁簿（二三七）

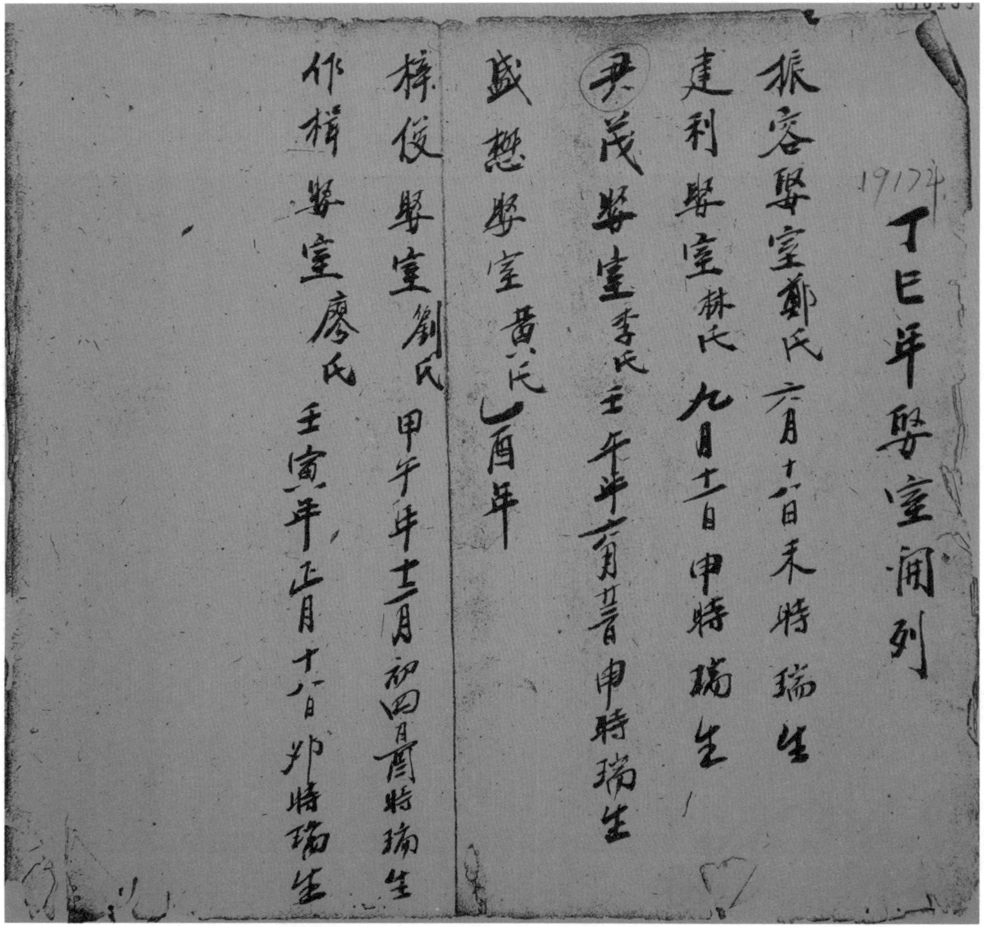

丁巳年娶室開列

1917年

振容娶室鄭氏　六月十六日未時瑞生

建利娶室林氏　九月十二日申時瑞生

君茂娶室李氏　壬午年六月廿二日申時瑞生

盛懋娶室黃氏　乙酉年

梯俊娶室劉氏　甲午年十二月初四日酉時瑞生

作梯娶室廖氏　壬寅年正月十六日卯時瑞生

11-2-4-238　晚清民國錦屏衆全族添丁簿（二三八）

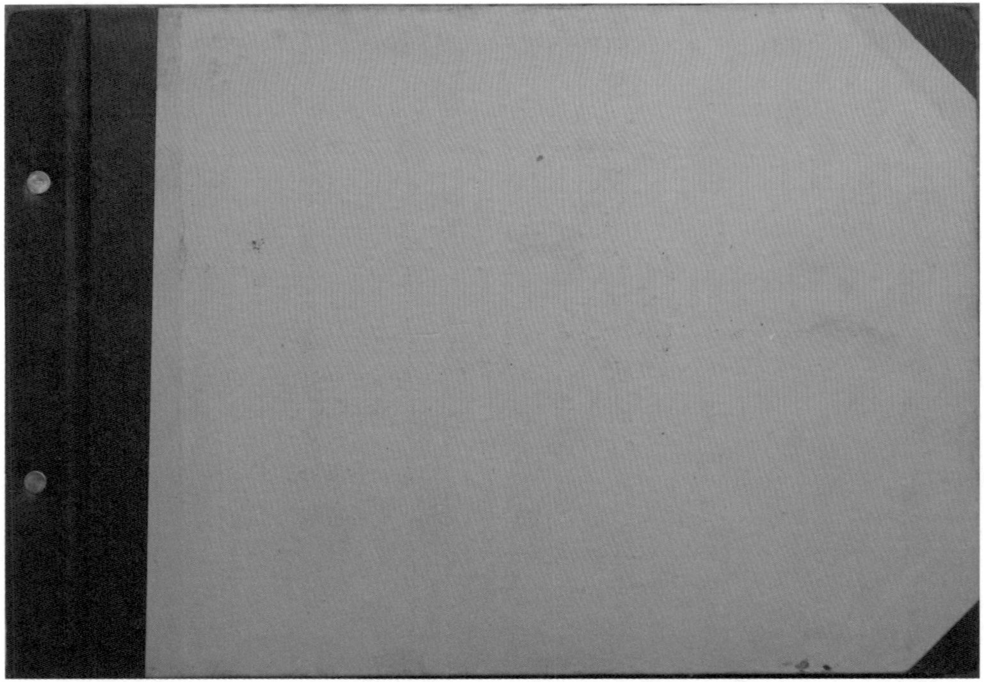

11-2-4-239 晚清民國錦屏衆全族添丁簿（二三九）

第三帙　温永國户

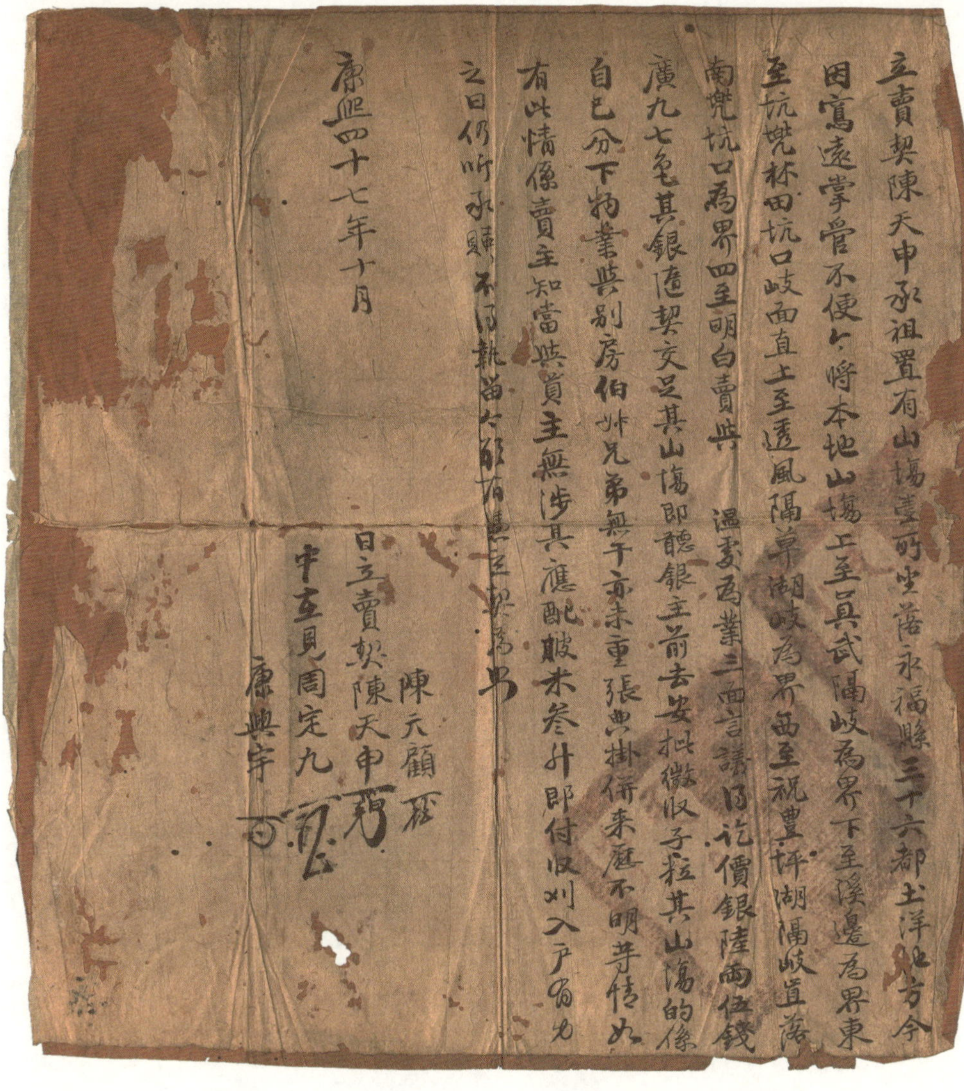

立賣契陳天申承祖置有山場壹所坐落永福縣三十六都土洋地方今
因窵遠掌管不便今將本地山場上至眞武隔岐爲界下至溪邊爲界東
至坑兜林田坑口岐面直上至透風隔草湖岐爲界西至祝豊坪湖隔岐直落
南兜坑口爲界四至明白賣與　溫要爲業三面言議得訖價銀陸兩伍錢
廣九七色其銀隨契交足其山場即聽銀主前去安扦徵収子粒其山場的係
自己分下物業與別房伯叔兄弟無干亦未重張典掛併來歷不明等情如
有此情係賣主知當與買主無涉其應配粮米叁升即付収刈入户自允
之日仍听承贖不得執留今欲有憑立賣契爲照
康熙四十七年十月　　日立賣契陳天申（押）
陳天顧（押）
中立見周定九
康興守（押）

11-3-1-1　清康熙四十七年十月陳天申等立賣山場契（紅契）

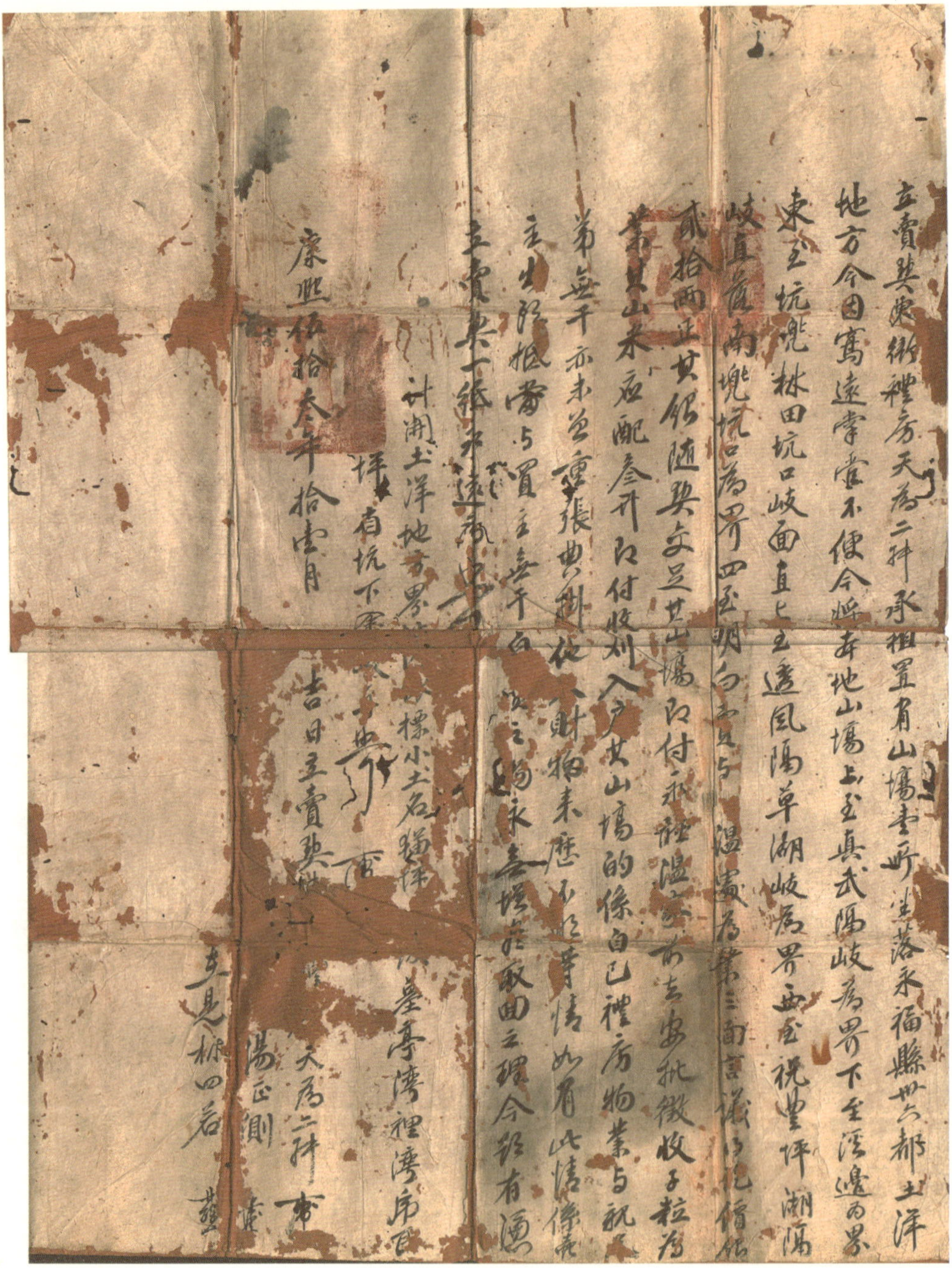

立賣契陳緣禮房天爲仝叔承祖置有山場壹所坐落永福縣卅六都土洋
地方今因窩遠掌管不便今將本地山場上至真武隔岐爲界下至溪邊爲界
東至坑兜林田坑口岐面直上至透風隔草湖岐爲界西至祝豐坪湖隔
岐直落南兜坑口爲界四至明白立與[illegible]温[illegible]爲業三面言議得紀價銀
貳拾兩正其銀隨契交足其山場的付承[illegible]温[illegible]前去安扎徵收子粒爲
業其山米應配叁升正付收割入户其山場的係自己禮房物業與親
弟無干亦未曾重張典掛他人財物來歷不明等情如有此情係[illegible]
主出頭抵當與買主無干自[illegible]之後永無增[illegible]取回之理今恐有憑
立賣契一紙永遠爲照
計開土洋地方界[illegible]標小土名猫坪
坪[illegible]有坑下[illegible]墓亭灣裡灣[illegible]
康熙伍拾叁年拾壹月　吉日立賣契[illegible]天爲仝叔[illegible]
陽正則[illegible]
立見[illegible]林四[illegible]

11-3-1-2　清康熙五十三年十一月陳天爲立賣山場契（紅契）

第四帙　鄭勇藏温氏文書

11-3-1-3 清嘉慶十一年八月盧温兩姓争控圖説

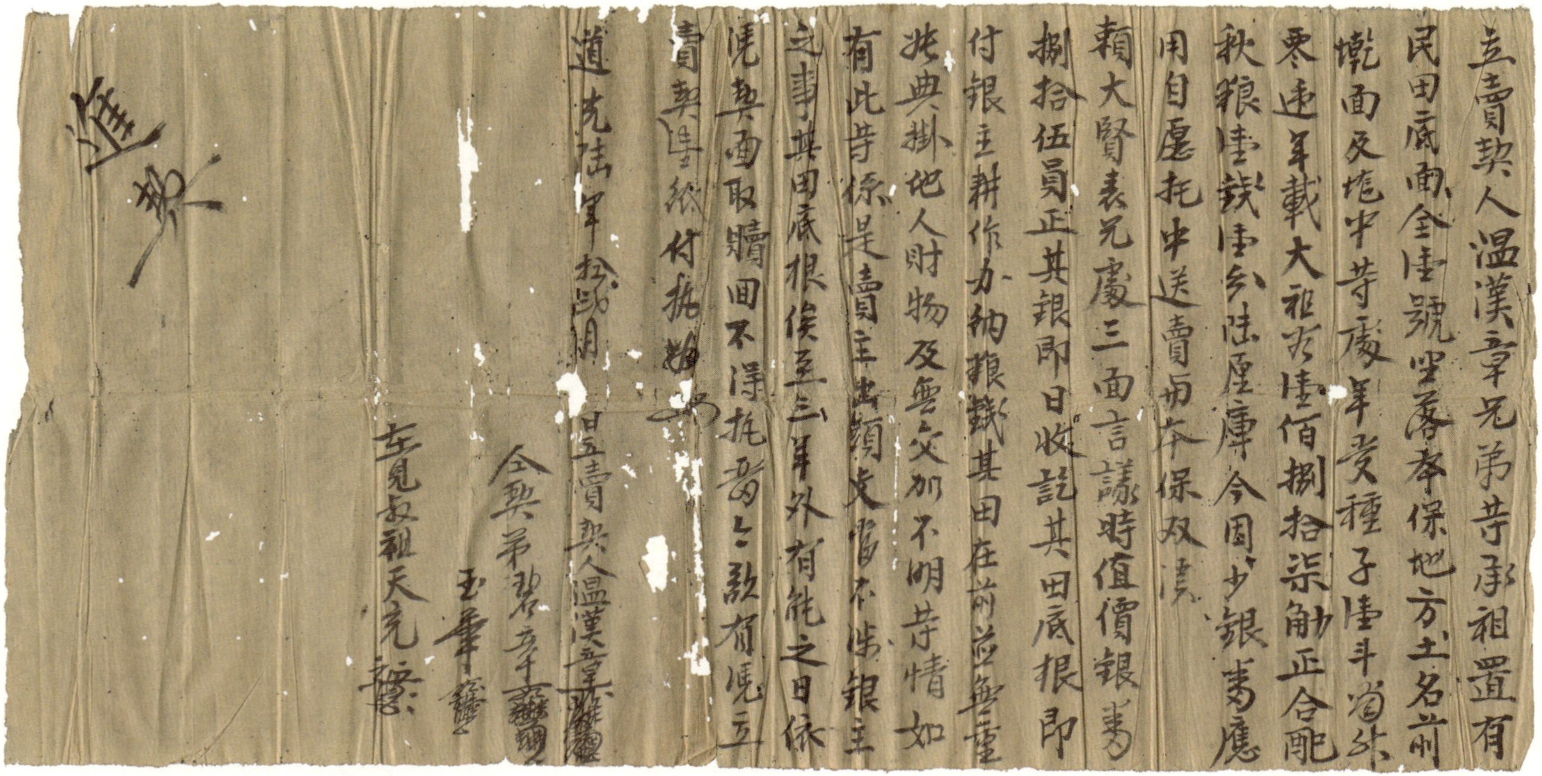

立賣契人温漢章兄弟等承祖置有
民田底面全塅坐落本保地方土名前
墘面及垵中等處，年受種子壹斗肖外
粟，递年載大租谷壹佰捌拾柒觔正，合配
秋粮壹錢壹分陸厘庫。今因乏銀應
用，自愿托中送賣与本保双溪
賴大賢表兄處，三面言議，時值價銀[illegible]
捌拾伍員正，其銀即日收訖，其田底根即
付銀主耕作办納粮錢。其田在前並無重
張典掛他人財物及無交加不明等情。如
有此等係是賣主出頭支當，不涉銀主
之事。其田底根俟至三年外有能之日，依
凭契面取贖，回不得執留，今欲有凭，立
賣契壹紙付執為照。
道光陆年拾貳月　日立賣契人温漢章（押）
全與弟碧章（押）
玉章（押）
在見叔祖天元（押）
進契

11-4-1-1　清道光六年十二月温漢章等立賣底面全民田契

立盡契人温偉章于前手出賣有民田
底面全書號坐落本鄉地方土名土洋前
號壠中其種子祖声粮額俱載原契内明白
今因乏銀自愿托中再向叔溪
賴大賢處三面言議時盡出價銀叁員正每
員重柒錢弍分其銀即日收訖其田付與
耕作辦納粮差任從其便掌管爲業係至有
能之日依恁原盡契面取贖今欲有凭立盡契
壹紙付執爲照
道光廿一年五月 日 立盡契人温偉章
代字在見房中章

11-4-1-2 清道光二十一年五月温偉章立盡底面全民田契

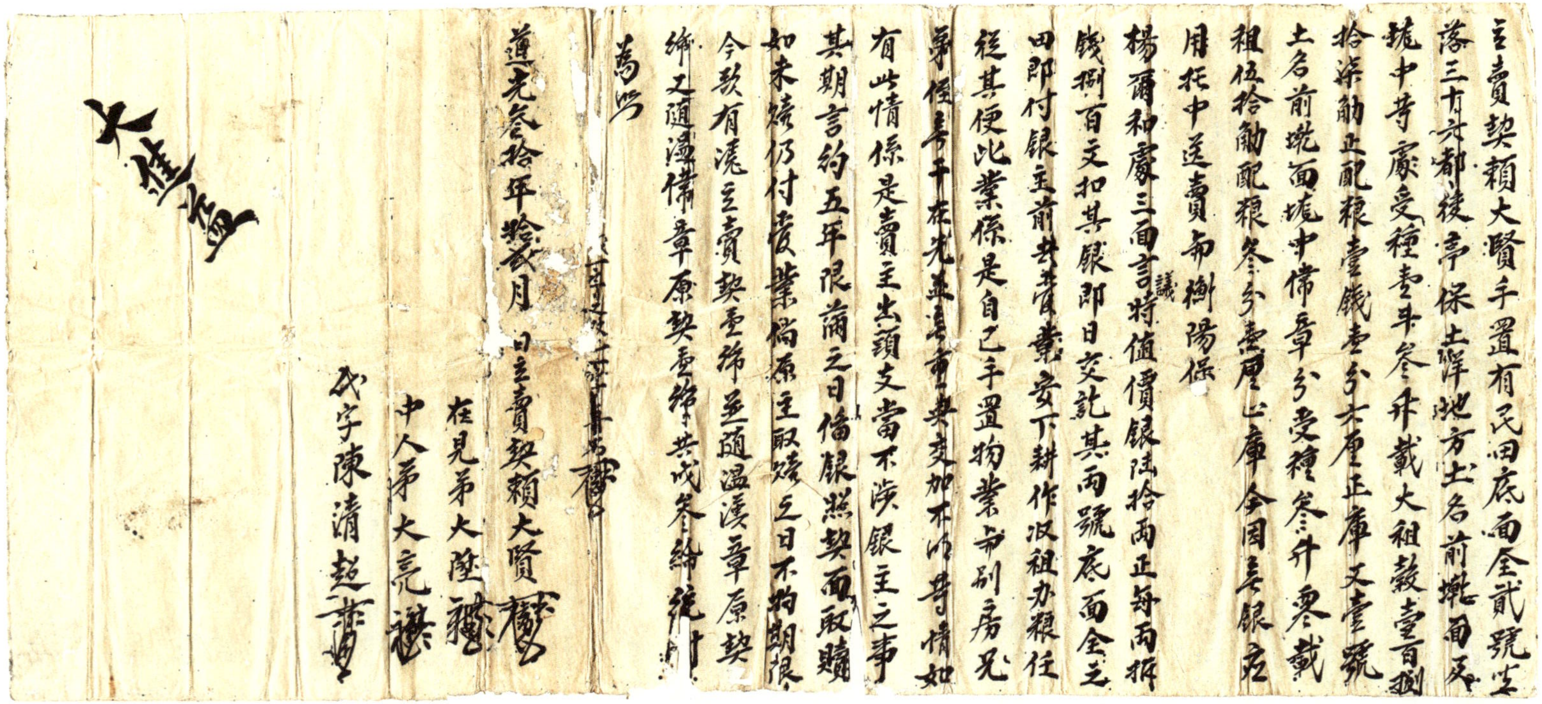
立賣契賴大賢手置有民田底面全貳號坐
落三十六都樓亭保土潭地方土名前墘面，又
坵中等處，受種壹斗叁升，載大租穀壹百捌
拾柒觔正，配粮壹錢壹分六厘正庫；又壹號
土名前墘面坵中㘭章，受種叁升，秊載
租伍拾觔，配粮叁分壹厘正庫，全因乏銀應
用，托中送賣與樹陽保
楊爾和處，三面言議時值價銀陸拾兩正，每兩折
錢捌百文扣算，其銀即日交訖，其田兩號底面全立
田即付銀主前去管業，安下耕作收租辦粮，任
從其便。此業係是自己手置物業，與別房兄
弟侄無干，亦無重張典掛交加不明等情，如
有此情，係是賣主出頭支當，不涉銀主之事。
其期言約五年限滿之日，備價照契面取贖；
如未贖，仍付管業，倘原主取贖之日，不拘期限。
今欲有憑，立賣契壹紙，並隨溫溪章原契
并又隨繳儲章原契壹紙，共成叁紙，付
為照。
[illegible]
道光叁拾年拾貳月　日立賣契賴大賢（押）
在見弟大陞（押）
中人弟大亮（押）
代字陳清超（押）
大進寶

11-4-1-3　清道光三十年十二月賴大賢立賣底面全民田契

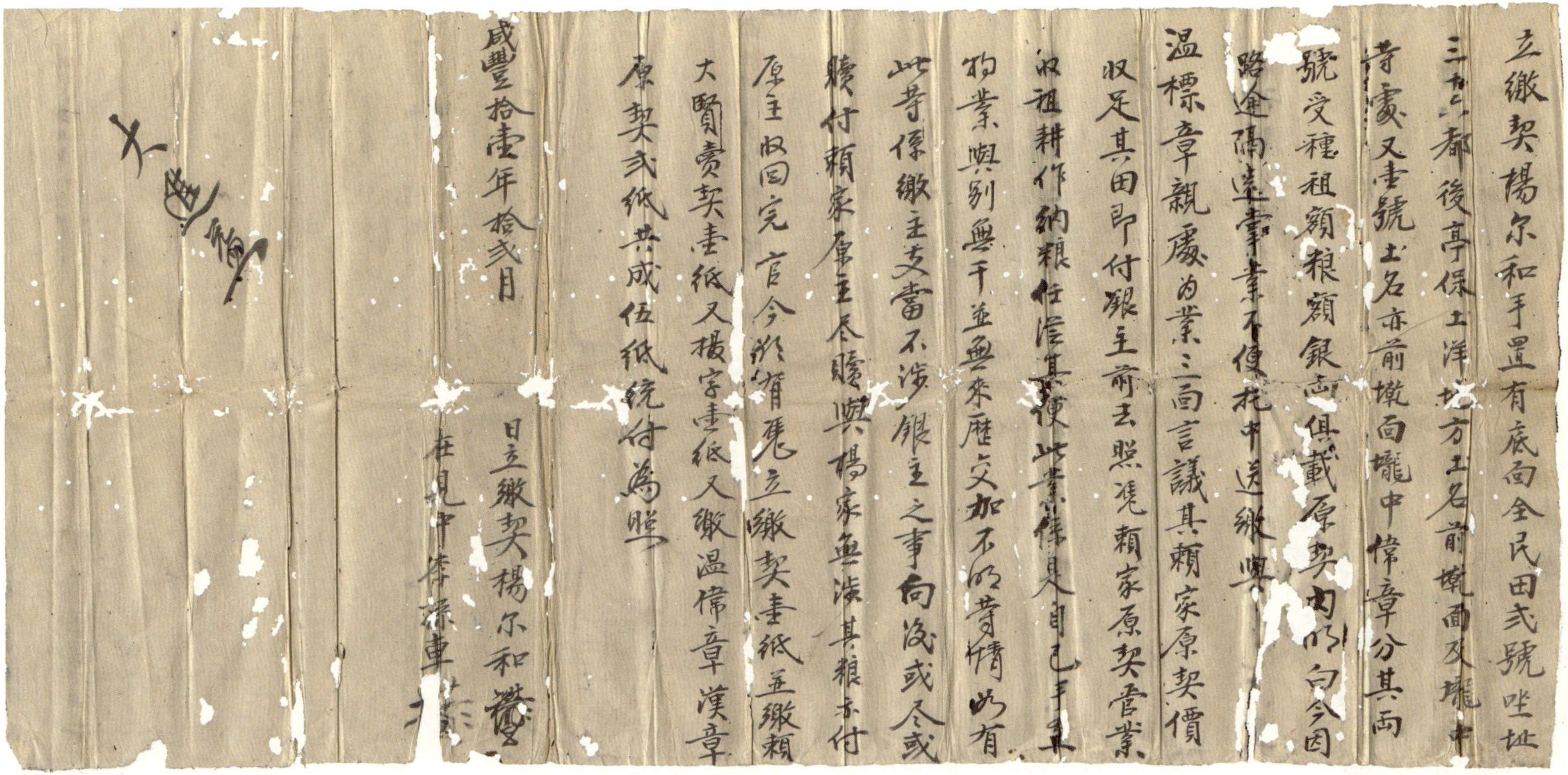
立繳契楊尔和手置有底面全民田弍號坐址
三十八都後亭保土洋地方土名前墩面及墘中
等處又壹號土名亦前墩面墘中偉章分其面
號受種租額粮額銀両俱載原契內仍明白今因
路途隔遠掌業不便托中送繳與
溫標章親處為業三面言議其賴家原契價
収足其田即付銀主前去照凭賴家原契管業
収租耕作納粮任從其便此業係是自己手置
物業與別無干並無來歷交加不明等情如有
此等係繳主支當不涉銀主之事向後或今或
贖付賴家原主不贖與楊家無涉其粮亦付
原主収回完官今欲有凭立繳契壹紙並繳賴
大賢賣契壹紙又棧字壹紙又繳溫偉章漢章
原契弍紙共成伍紙統付為照
咸豐拾壹年拾弍月　日立繳契楊尔和（押）
在見中　侍宗車（押）
[illegible]

11-4-1-4　清咸豐十一年十二月楊尔和立繳底面全民田契

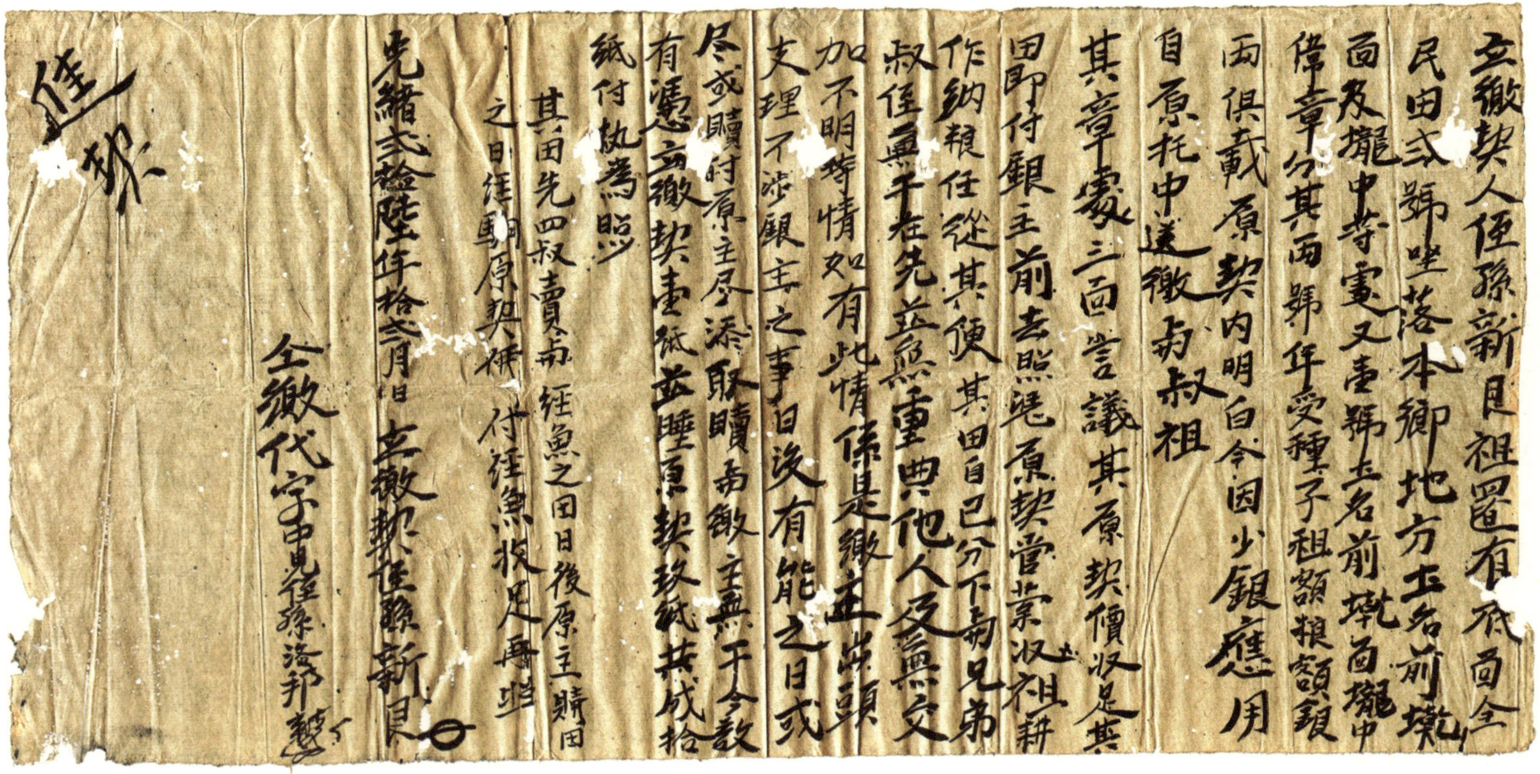
立繳契人侄孫新艮祖置有底面全
民田弍號坐落本鄉地方土名前墘山
面及壠中等處又壹號土名前墘面壠中
偉章分其兩號年受種子租額粮額銀
兩俱載原契內明白今因少銀應用
自原托中送繳與叔祖
其章處三面言議其原契價收足其
田即付銀主前去照原契管業收租耕
作納粮任從其便其田自己分下與兄弟
叔侄無干在先並無重典他人及無交
加不明等情如有此情係是繳主出頭
支理不涉銀主之事日後有能之日或
尽或贖付原主尽添取贖與繳主無干今欲
有憑立繳契壹紙並連原契玖紙共成拾
紙付執為照
其田先四叔賣與經魚之田日後原主贖回
之日侄駒原契保付侄魚收足再照
光緒弍拾陸年拾弍月　日　立繳契侄孫新艮
全繳代字中見侄孫滋邦
侄契

11-4-1-5　清光緒二十六年十二月温新艮立繳底面全民田契

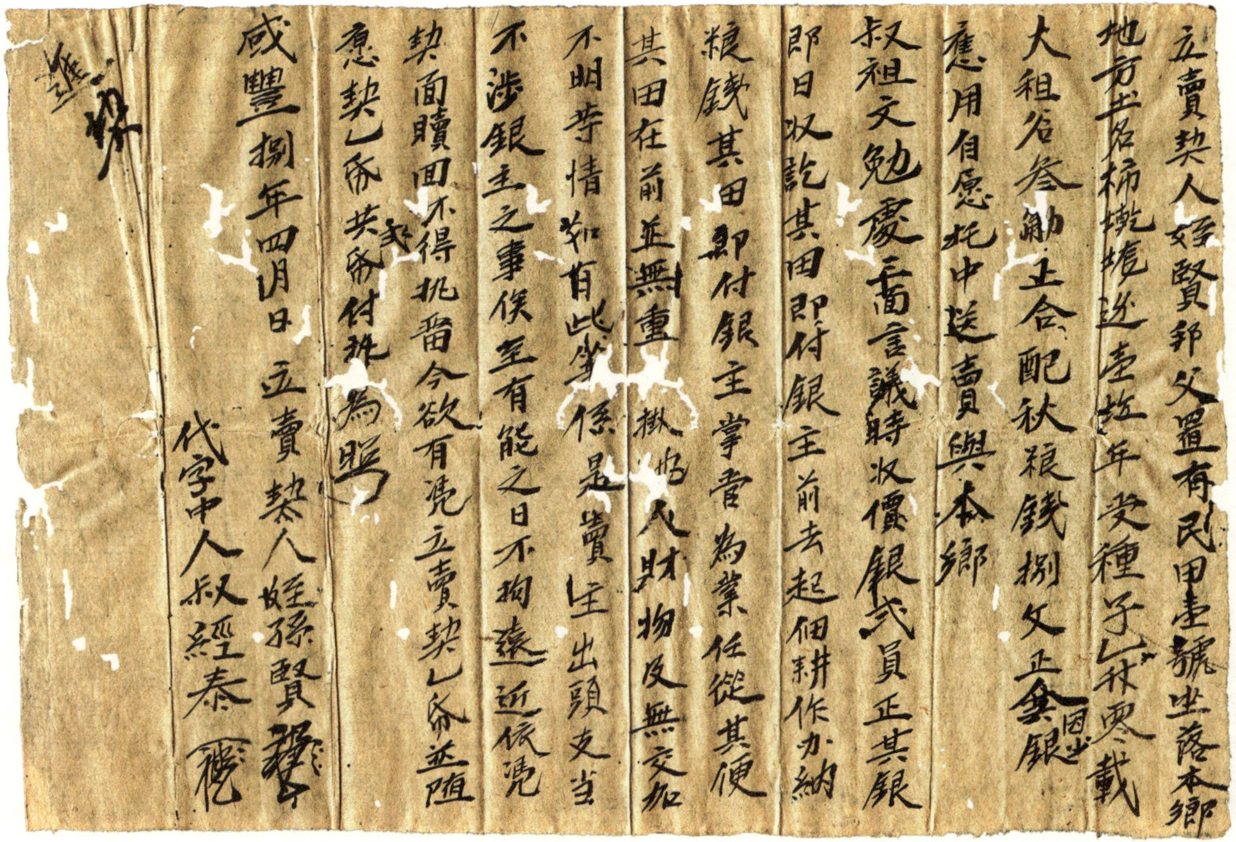
立賣契人温賢邦，父置有民田壹號，坐落本鄉
地方土名楠墘墘逆壹坵，年受種子乙秋粟載
大租谷叁觔五合，配秋粮錢捌文正。今因乏銀
應用，自愿托中送賣與本鄉
叔祖文勉處，三面言議時收價銀貳員正，其銀
即日收訖，其田即付銀主前去起佃耕作，办納
粮錢，其田即付銀主掌管為業，任從其便。
其田在前並無重張典掛他人財物及無交加
不明等情，如有此等，係是賣主出頭支當，
不涉銀主之事。係至有能之日，不拘遠近，依憑
契面贖回，不得執留。今欲有憑，立賣契一紙並隨
應契一紙，共貳紙，付執為照。
咸豐捌年四月　日　立賣契人侄孫賢邦（押）
代字中人叔經泰（押）

11-4-2-1　清咸豐八年四月温賢邦立賣民田契

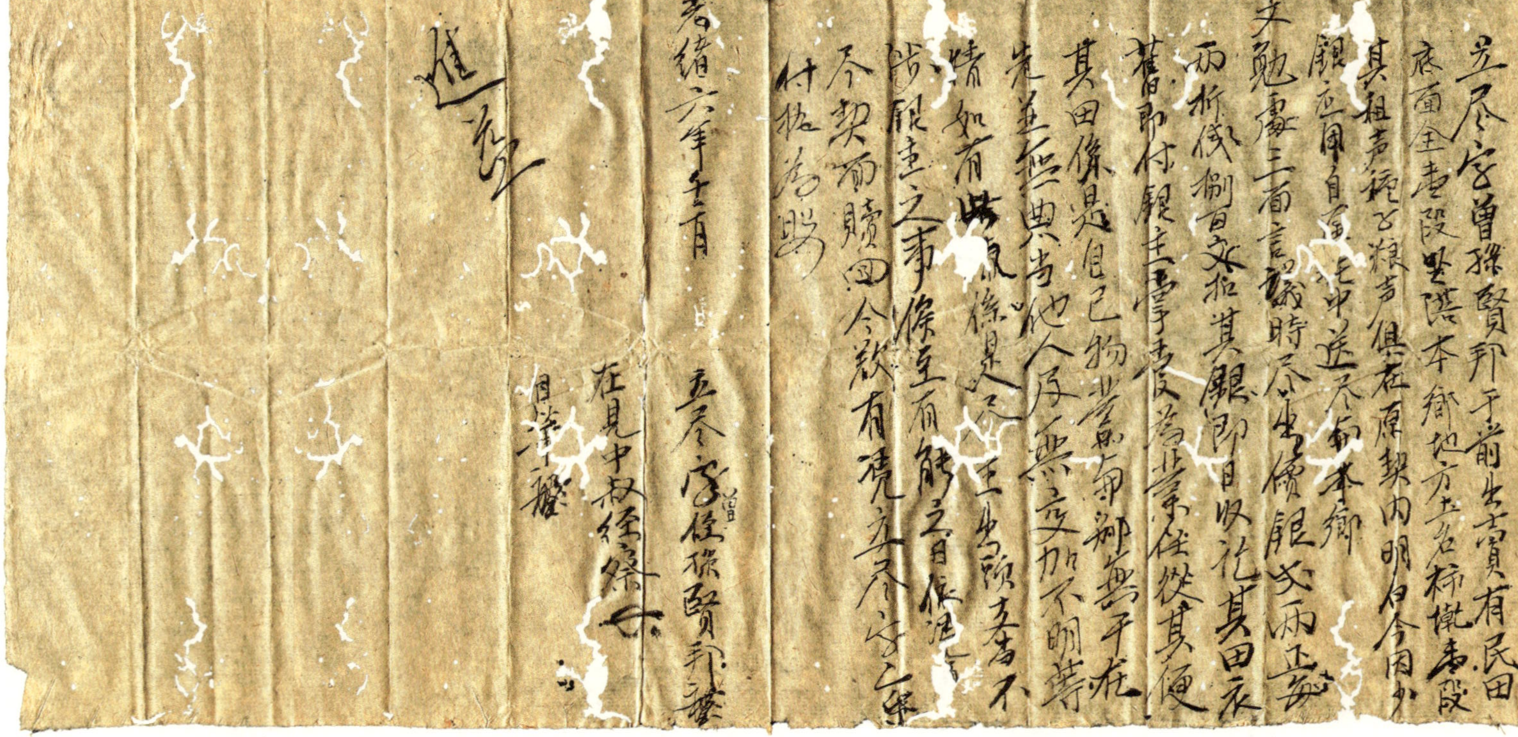
立盡字曾孫賢邦于前先年買有民田
底面全壹段，坐落本鄉地方，土名𣘀墘壹段，
其租声稅子粮声俱在原契内明白。今因乏
銀應用，自願托中送盡與本鄉
夫勉處，三面言議，時盡出價銀弍两正，每
两折錢捌百文，扣其銀即日收訖。其田在
舊即付銀主掌管為業，任從其便。
其田係是自己物業，與房親無干，在
先並無典当他人，及無交加不明等
情。如有此色，係是賢邦自出頭支当，不
干銀主之事。係立盡有能之日依准
盡契而贖回。今欲有憑，立盡字乙紙，
付執為照。

光緒六年十二月　日　立盡字曾孫賢邦（押）
在見中叔經條（押）
代筆

11-4-2-2　清光緒六年十二月温賢邦立盡底面全民田字

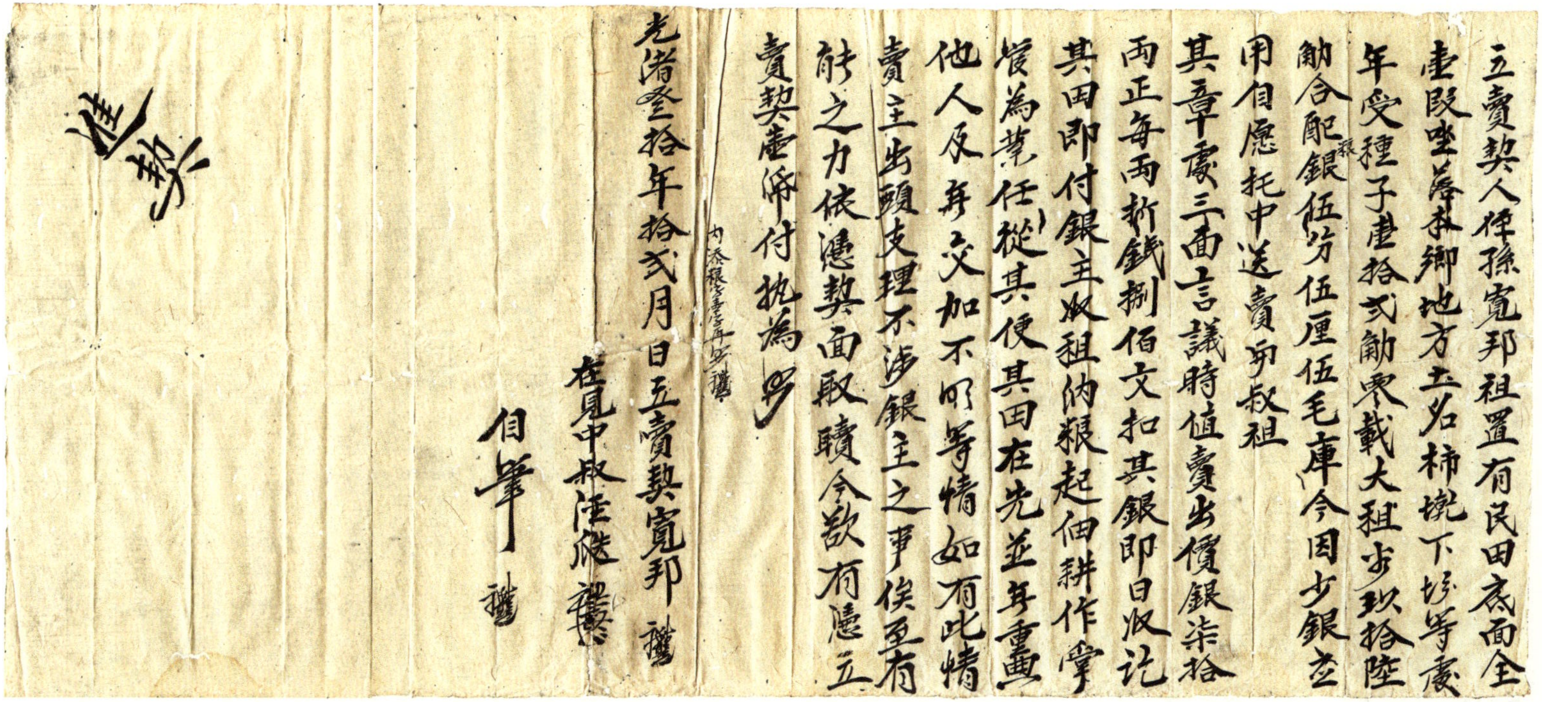
立賣契人倖孫寬邦，祖置有民田底面全
壹段，坐落本鄉地方，土名柿境下杉等處，
年受種子壹拾弍觔零，載大租谷玖拾陸
觔，今配銀伍分伍厘伍毛庫。今因少銀乏
用，自愿托中送賣與叔祖
其章千處，三面言議時値賣出價銀柒拾
兩正，每兩折錢捌佰文扣，其銀即日收訖。
其田即付銀主收租納糧，起佃耕作，掌
管為業，任從其便。其田在先並無重
他人及身文加不明等情，如有此情，
賣主出頭支理，不涉銀主之事。係至有
財之力，依憑契面取贖。今欲有憑，立
賣契壹帋付執為照。

內添糧字壹字照（押）

光緒叁拾年拾弍月　日立賣契寬邦（押）
在見中叔汪熾（押）
代筆丁（押）

11-4-2-3 清光緒三十年十二月温寬邦立賣底面全民田契

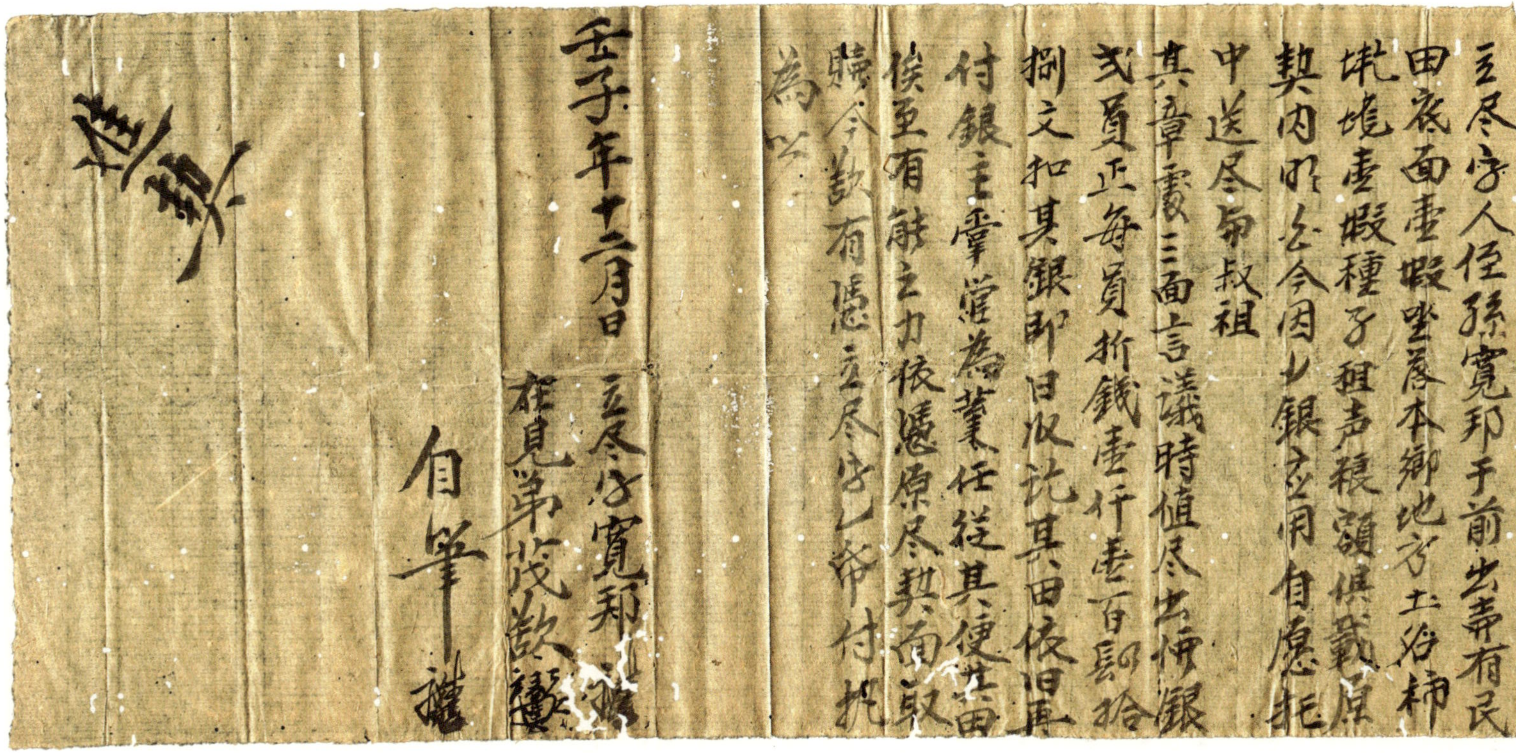
立尽字人侄孫寬邦，于前出帝有民田底面壹暇，坐落本鄉地方，土名柿坑塊，壹暇種子，租声粮頭俱載原契内明。今因少銀应用，自愿托中送尽与叔祖其章處，三面言議，時值尽出價銀弍員正，每員折錢壹仟壹百陆拾捌文，扣其銀即日收訖。其田依旧耳付銀主掌管為業，任從其便耕田。後至有贖之力，依憑原尽契面取贖。今欲有憑，立尽字乙紙付執為照。

壬子年十二月　日　立尽字寬邦（押）

在見弟茂歡（押）

自筆（押）

11-4-2-4　民國元年十二月温寬邦立盡底面全民田字（一）

立盡洗八侄孫寬邦于前年有民
田底面全兩畝坐落本鄉地方土名
柿垅及應寬公墓下早田兩畝種子
租苗額俱載原契內明，今因
少銀應用，自托中送盡與叔祖
其章處三面言議，時值價銀貳員正，
每員折錢壹千壹百駟拾捌文，扣其
銀即日收，其田依旧再付銀主掌管
為業，任從其便，其田從至有餘之力
依憑原盡契面取贖。今欲有憑，立
盡字乙帋付執為照。

壬子年十二月　日　立盡人温寬邦（押）
在見弟　□□欽（押）
有筆　□□（押）

□□

11-4-2-5　民國元年十二月温寬邦立盡底面全民田字（二）

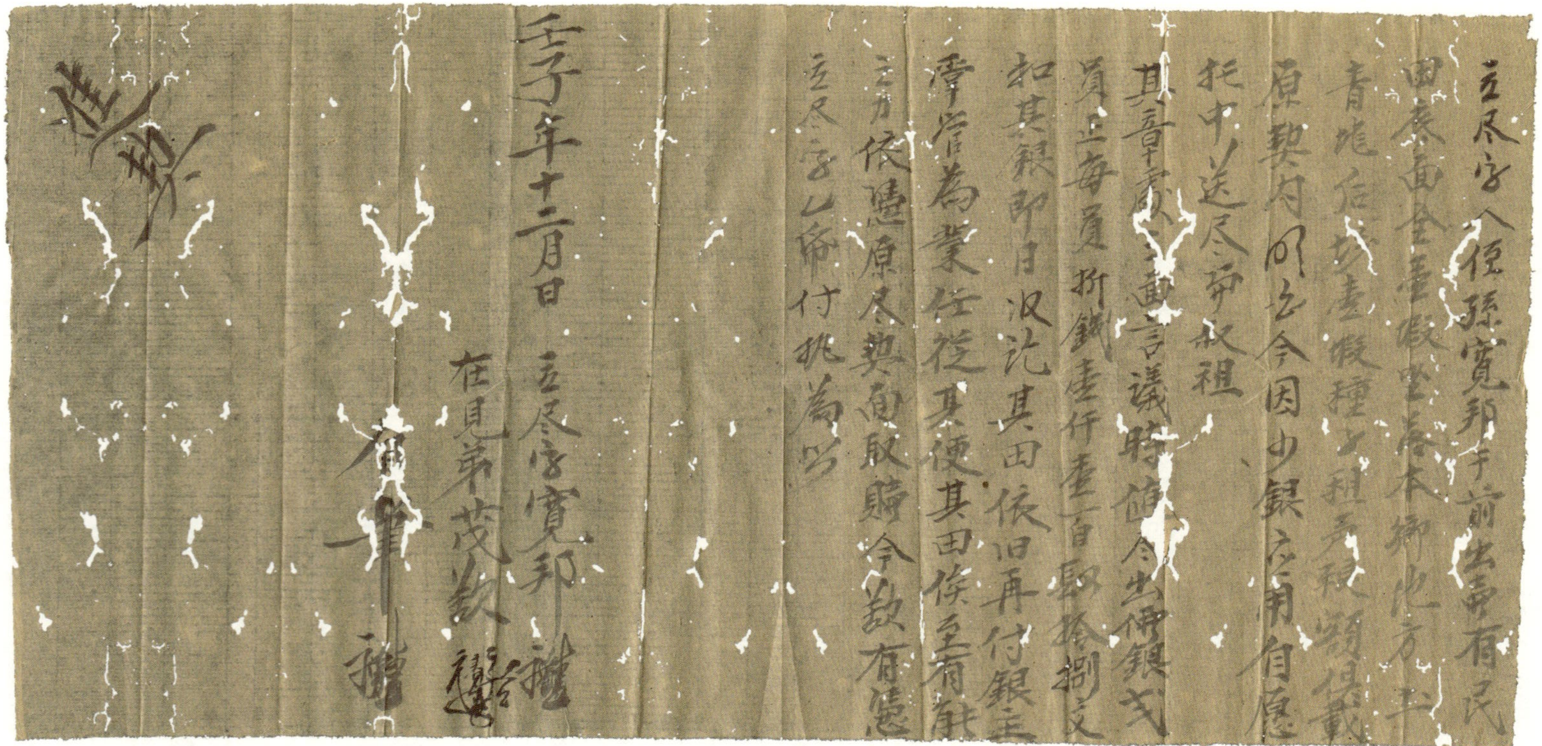
立尽字人侄孫寬邦于前出兑有民
田底面全壹段坐落本鄉池方土
青塊后坵壹段種子租弍秤額俱載
原契內明白今因少銀應用自愿
托中送尽與叔祖
其章家三面言議時值今出價銀弍
員正每員折錢壹仟壹百叁拾捌文
扣其銀即日收訖其田依旧再付銀主
掌管為業任從其便其田係是有耕
立方依憑原尽契面取贖今欲有憑
立尽字山帋付執為照

壬子年十二月日　立尽字寬邦　押
在見弟茂欽　押
代筆　押
佳契

11-4-2-6　民國元年十二月温寬邦立盡底面全民田字（三）

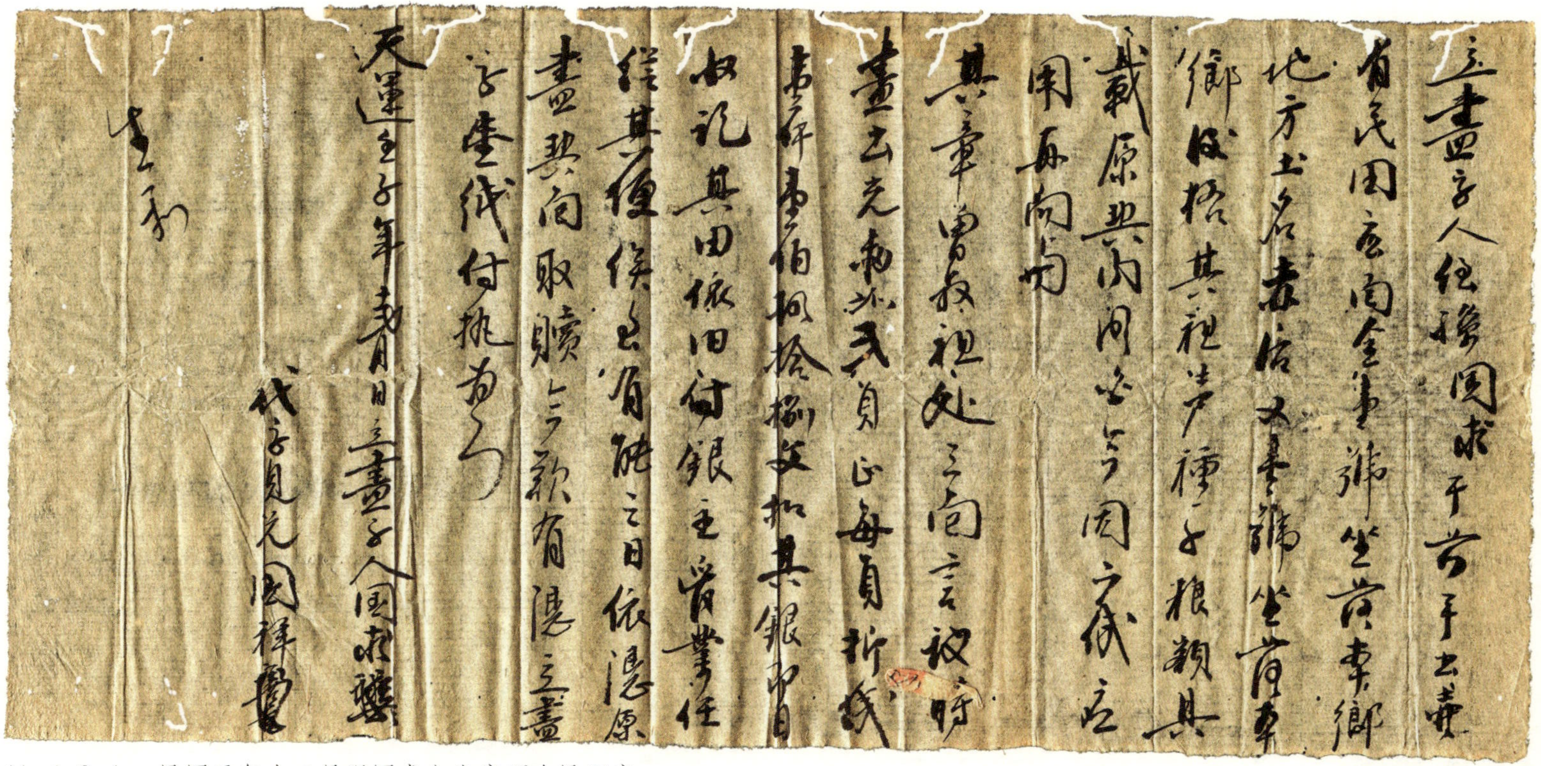

11-4-3-1　民國元年十二月温國求立盡底面全民田字

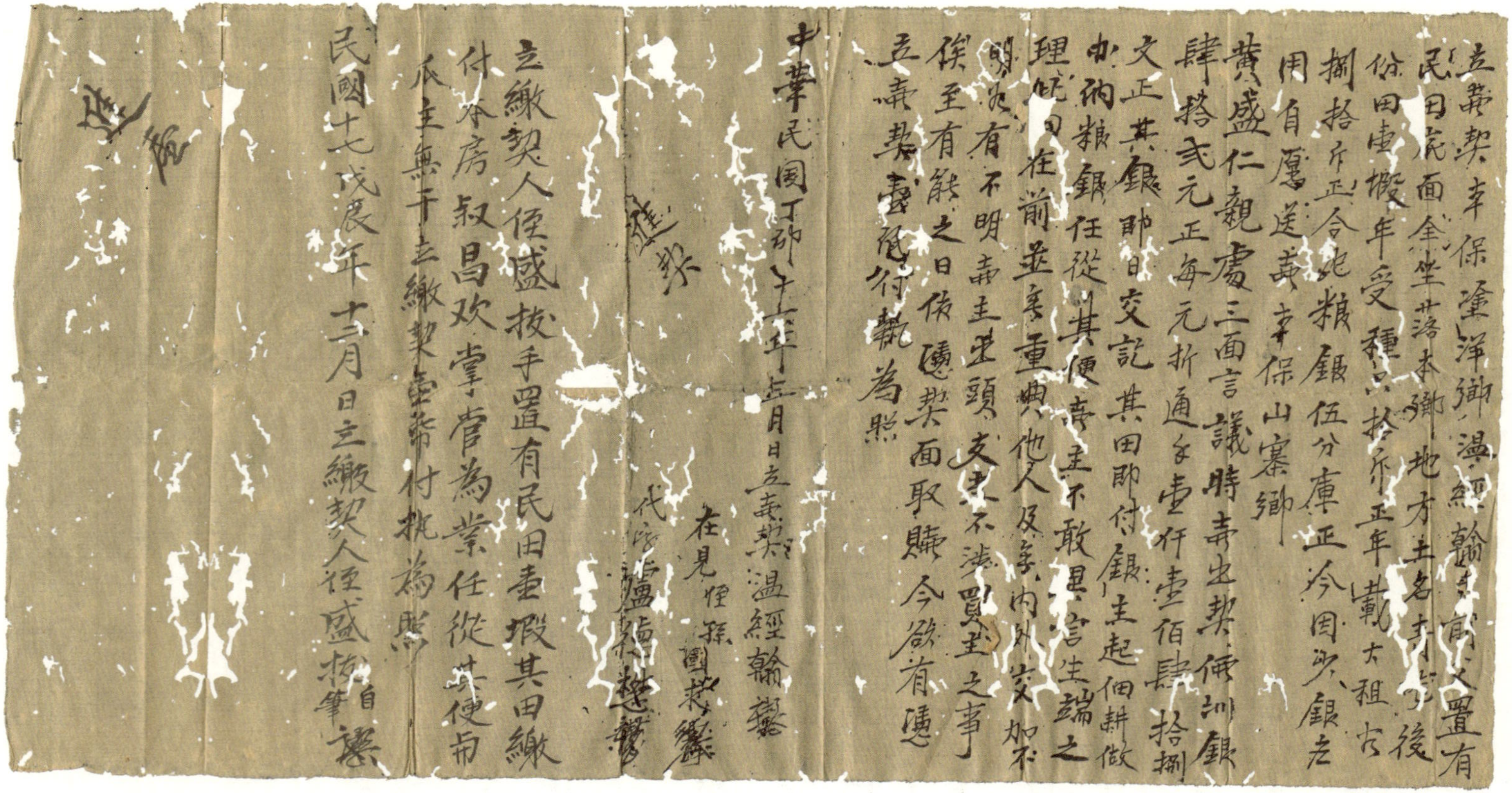

立賣契人保塗洋鄉温經翰，有承父置有
民田底面全，坐落本鄉地方，土名寺後
份田壹段，年受種子拾斤正，年載大租谷
捌拾斤正，合地粮銀伍分庫正。今因乏銀應
用，自愿送賣與本保山寨鄉
黄盛仁親處，三面言議，時賣出契價銀
肆拾貳元正，每元折通番壹仟壹佰肆拾捌
文正。其銀即日交訖，其田即付銀主起佃耕做，
收納粮銀，任從其便，賣主不敢異言生端之
理。此田在前並未重典他人及房内外交加不
明，如有不明，賣主出頭支當，不涉買主之事。
俟至有銀之日，依憑契面取贖。今欲有憑，
立賣契壹紙付執為照。

中華民國丁卯十六年三月　日立賣契温經翰

在見侄孫　國荣

代字　盧□標

立繳契人侄盛拔，手置有民田壹段，其田繳
付本房叔昌欢掌管為業，任從其便，而
與主無干。立繳契壹紙付執為照。

民國十七戊辰年十二月　日立繳契人侄盛拔自筆

11-4-3-2　民國十六年三月温經翰立賣底面全民田契

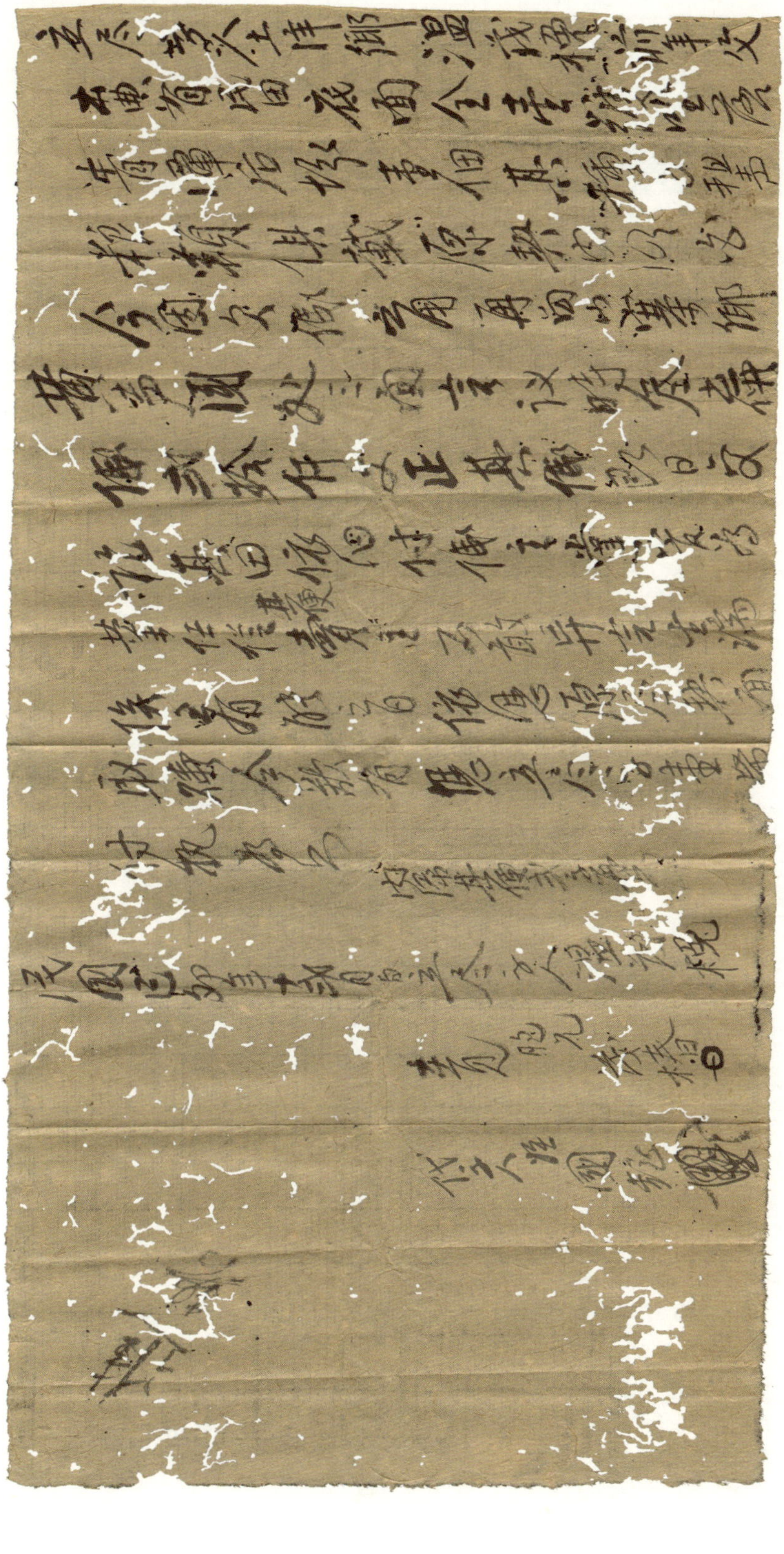

11-4-3-3 民國二十八年十二月温茂梯立盡底面全民田契

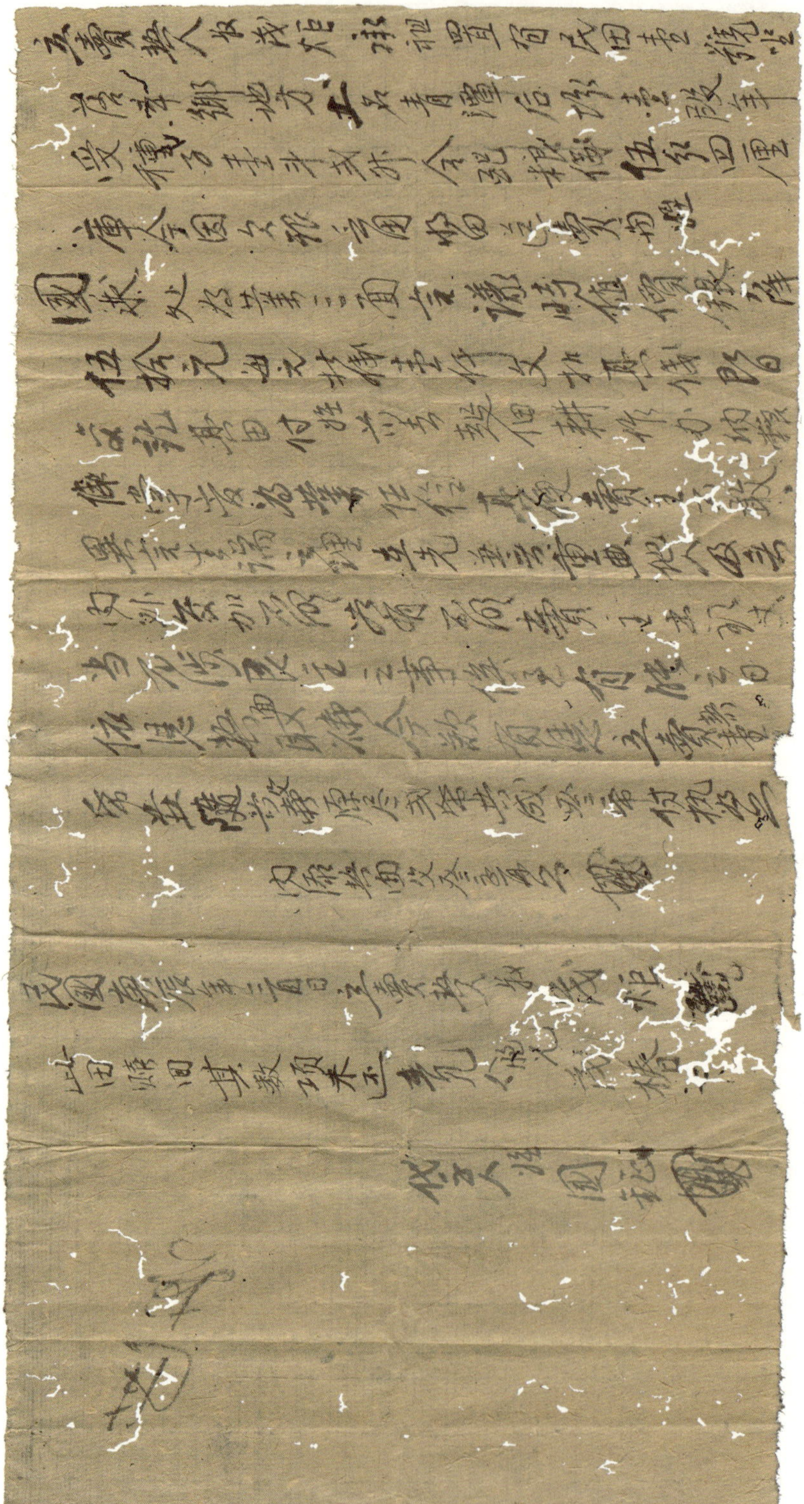

11-4-3-4　民國二十九年三月温茂炬立賣民田契

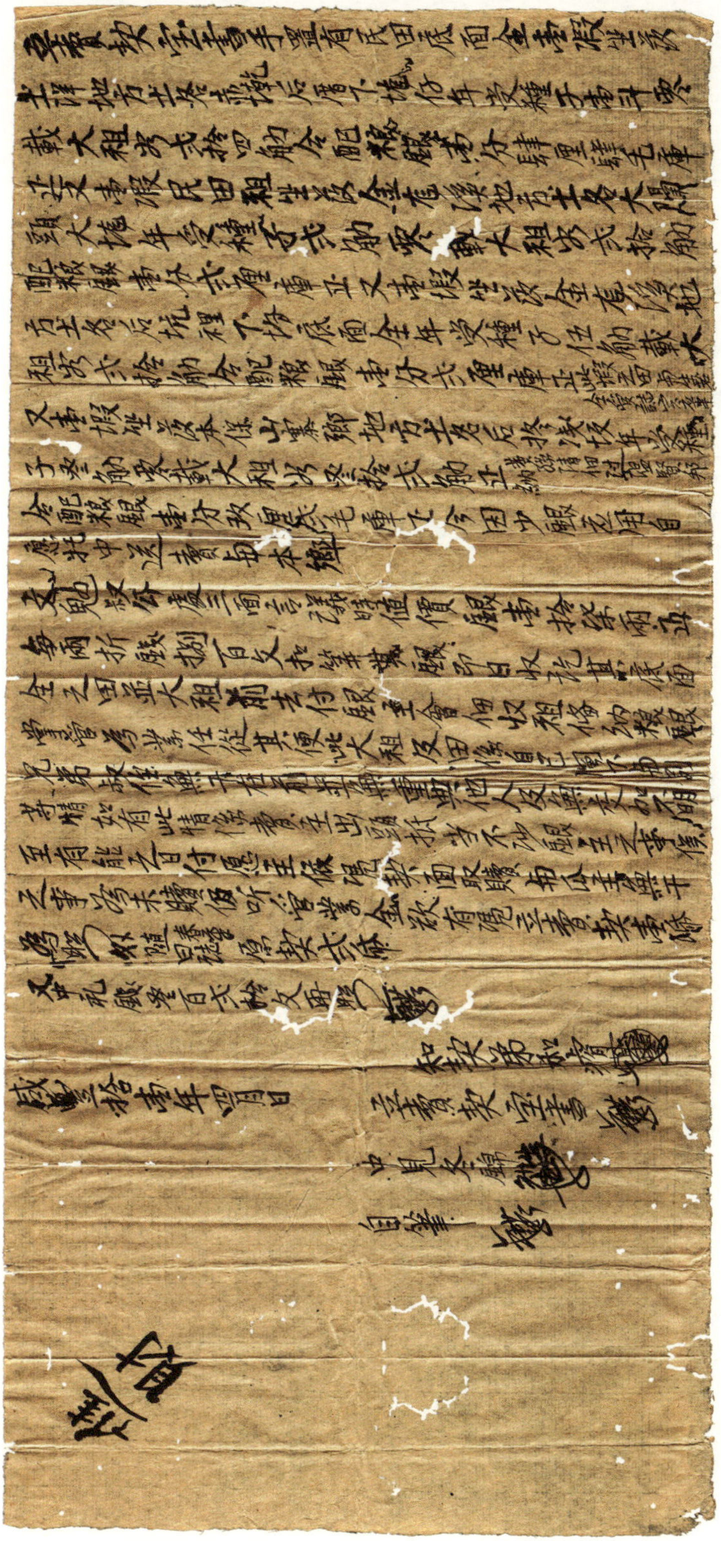

11-4-4-1　清咸豐十一年四月温宝書立賣底面全民田契

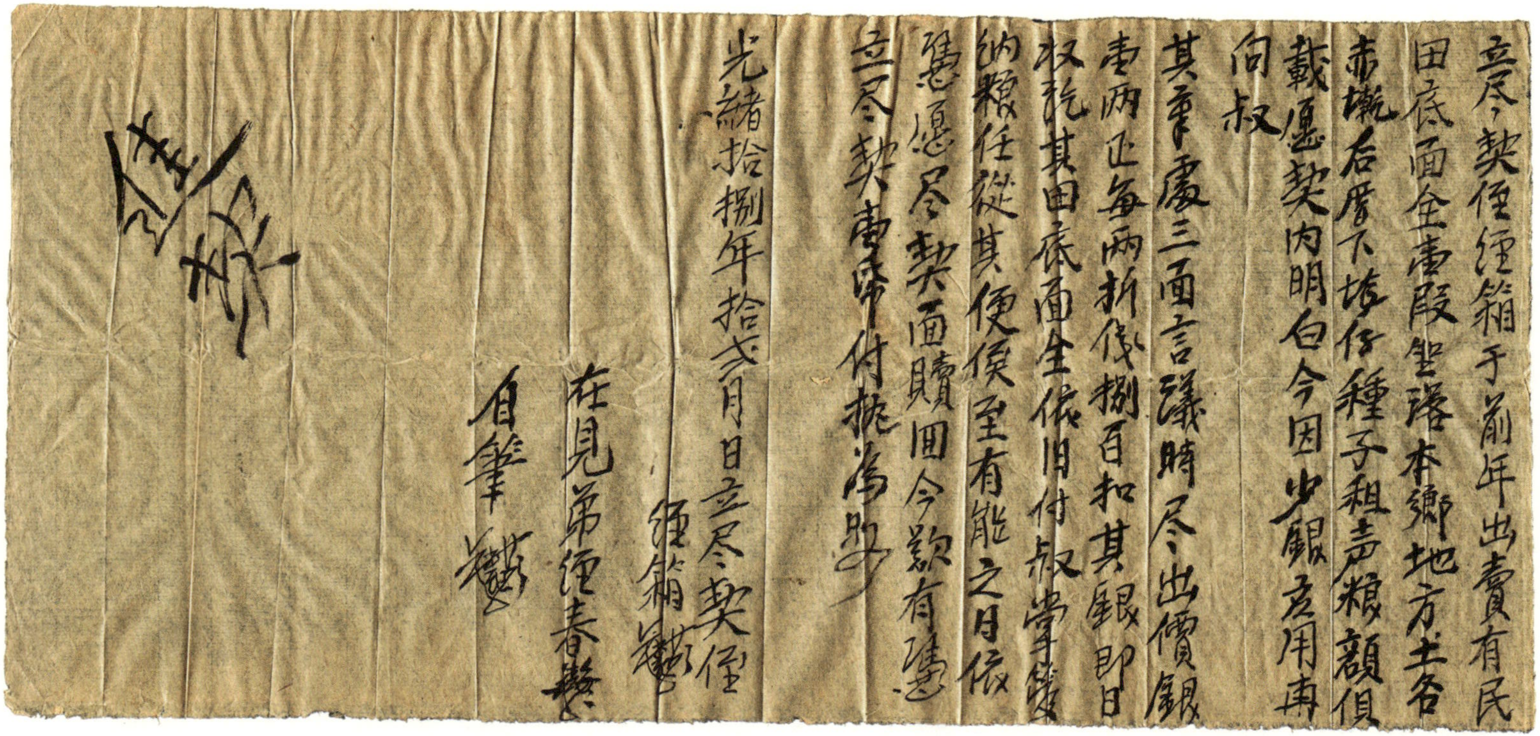
立盡契侄經箱，于前年出賣有民
田底面全畝段，坐落本鄉地方，土名
赤墘后厝下坵，仍種子租壹石，糧額俱
載正契內明白。今因少銀應用，再
向叔
其華處三面言議，將盡出價銀
壹兩正，每兩折錢捌百和。其銀即日
收訖。其田底面全依舊付叔掌管，收
納糧，任從其便。侯至有能之日，依
照原盡契面贖回。今欲有憑，
立盡契壹紙付執爲照。
光緒拾捌年拾弍月　日立盡契侄經箱（押）
在見弟經春（押）
自筆（押）
佳契

11-4-4-2　清光緒十八年十二月温經箱立盡底面全民田契

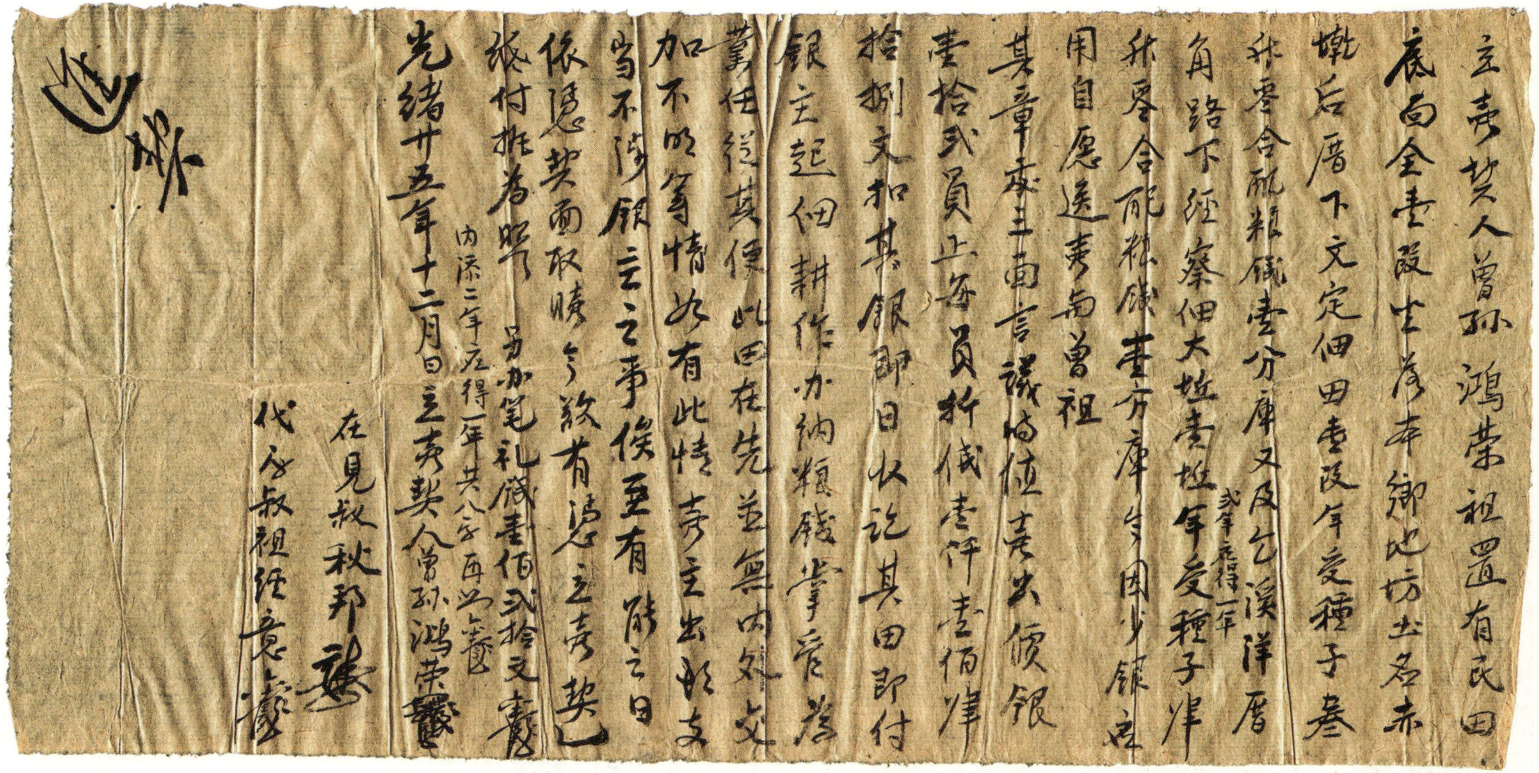

立賣契人曾孫鴻栄，祖置有民田底面全壹段，坐落本鄉地坊，土名赤墘后厝下文定佃田壹段，年受種子叁升零合，配粮錢壹分庫文；及乞溪洋厝角路下經察佃大垅壹坵，年受種子准升零合，配粮錢壹分庫，今因少銀應用，自愿送賣與曾祖其章叔，三面言議时值，其出價銀壹拾式員正，每員折錢壹仟壹佰准拾捌文。和其銀即日收訖，其田即付銀主起佃耕作，办納粮錢，掌管為業，任從其便。此田在先並無內外文加不明等情，如有此情，賣主出頭支當，不涉銀主之事。俟至有贖之日，依照契面取贖，不致有悮。立賣契為付執為照。

内添二字，式年在得一年，共八字再照。

另办笔礼錢壹佰式拾文

光緒廿五年十二月　日立賣契人曾孫鴻栄

在見叔秋邦

代字叔祖經意

11-4-4-3　清光緒二十五年十二月温鴻栄立賣底面全民田契

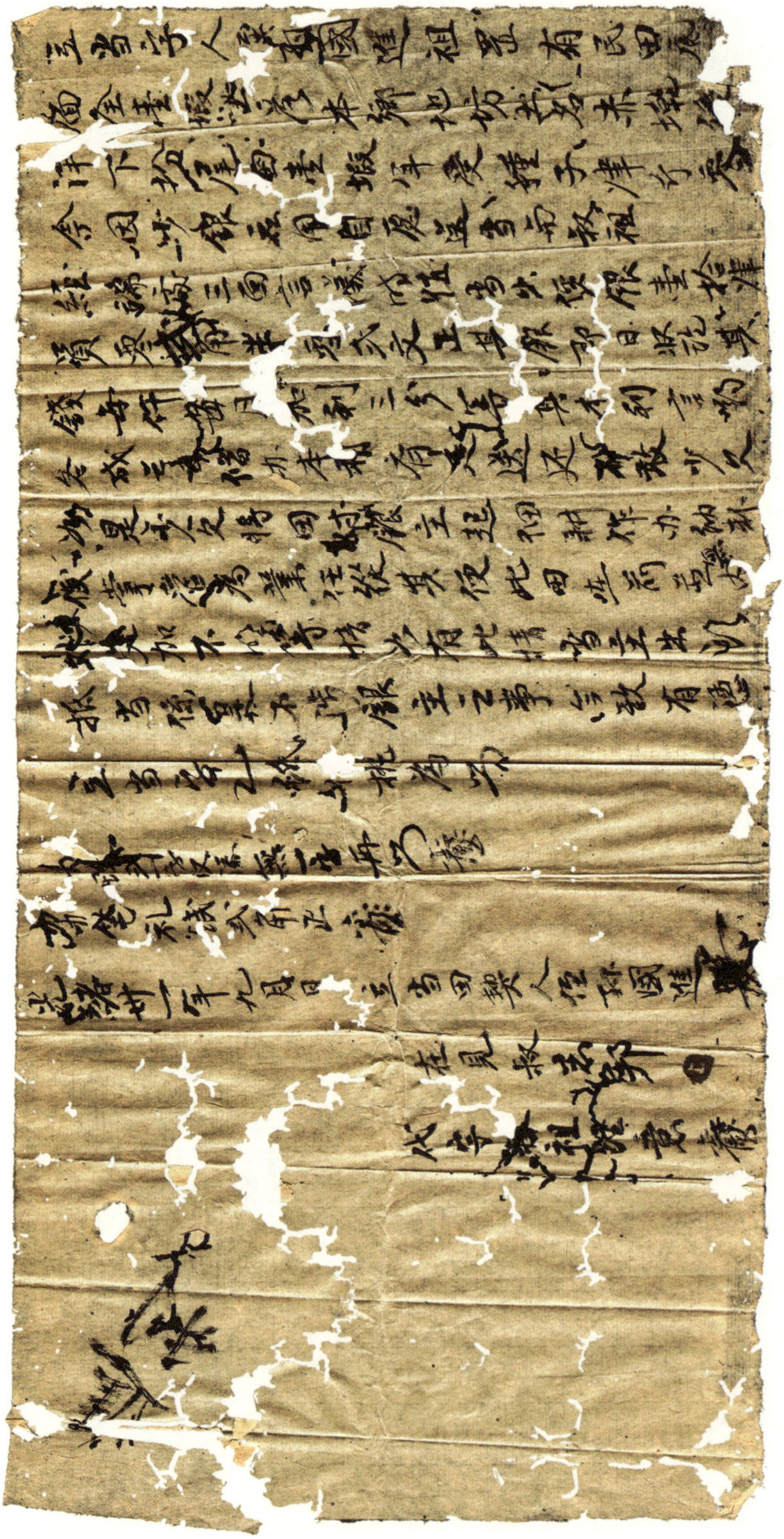

11-4-4-4 清光緒三十一年九月温國進立當底面全民田字

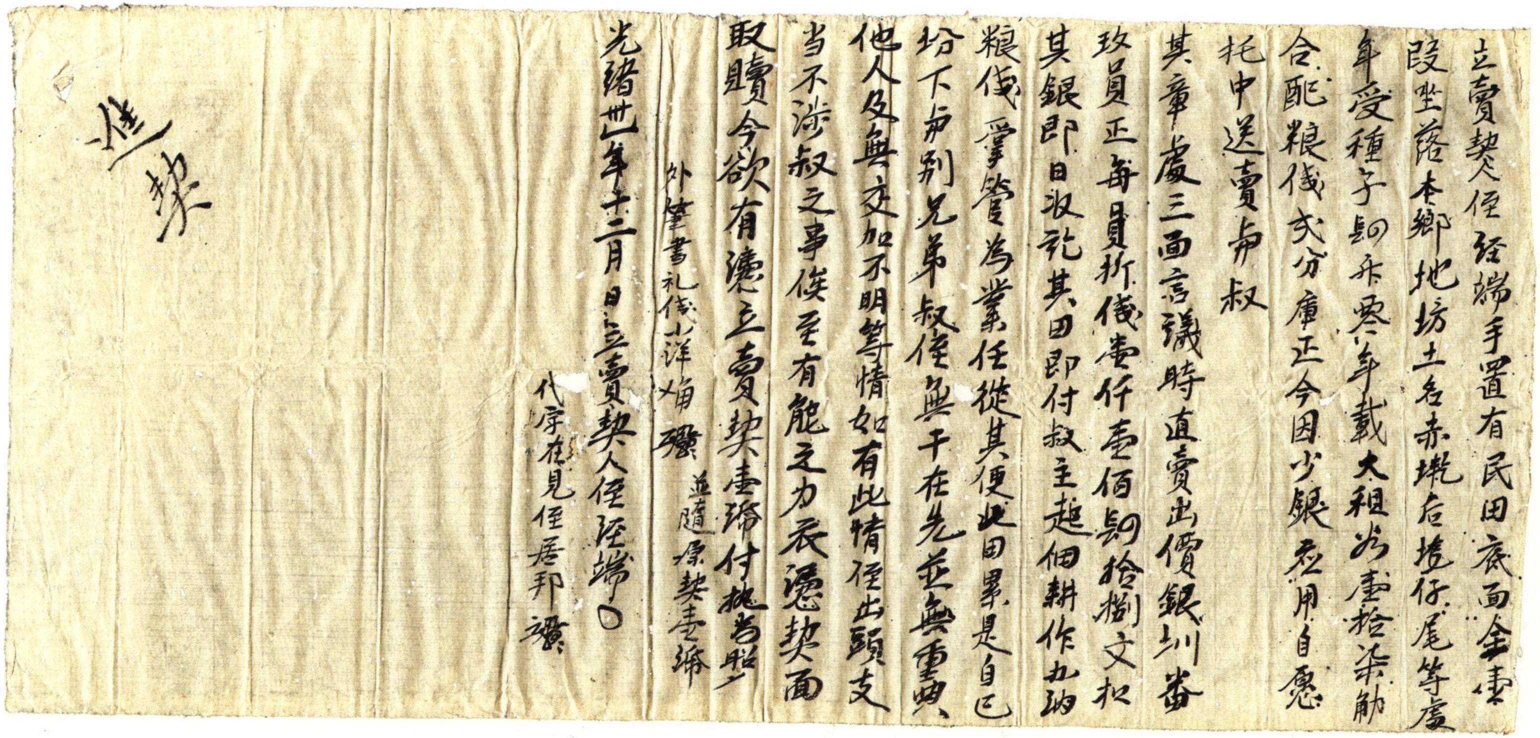

立賣契人侄經端手置有民田底面全業壹
段坐落本鄉地坊土名赤墈后壋仔尾等處
年受種子叁斗乖零年載大租米壹拾柒觔
合配粮錢弍分庫正今因少銀應用自愿
托中送賣与叔
其章處三面言議時直賣出價銀圳番
玖員正每員折錢壹仟壹佰叁拾捌文扣
其銀即日收訖其田即付叔主起佃耕作办納
粮錢掌管為業任從其便此田果是自己
份下弟別兄弟叔侄無干在先並無重典
他人及無交加不明等情如有此情侄出頭支
当不涉叔之事侯至有能之力衣還契面
取贖今欲有憑立賣契壹紙付執为照
外筆書礼錢小洋焰　並隨原契壹紙
光緒卅一年十二月　日立賣契人侄經端○
代字在見侄居邦
進契

11-4-4-5　清光緒三十一年十二月温經端立賣底面全民田契

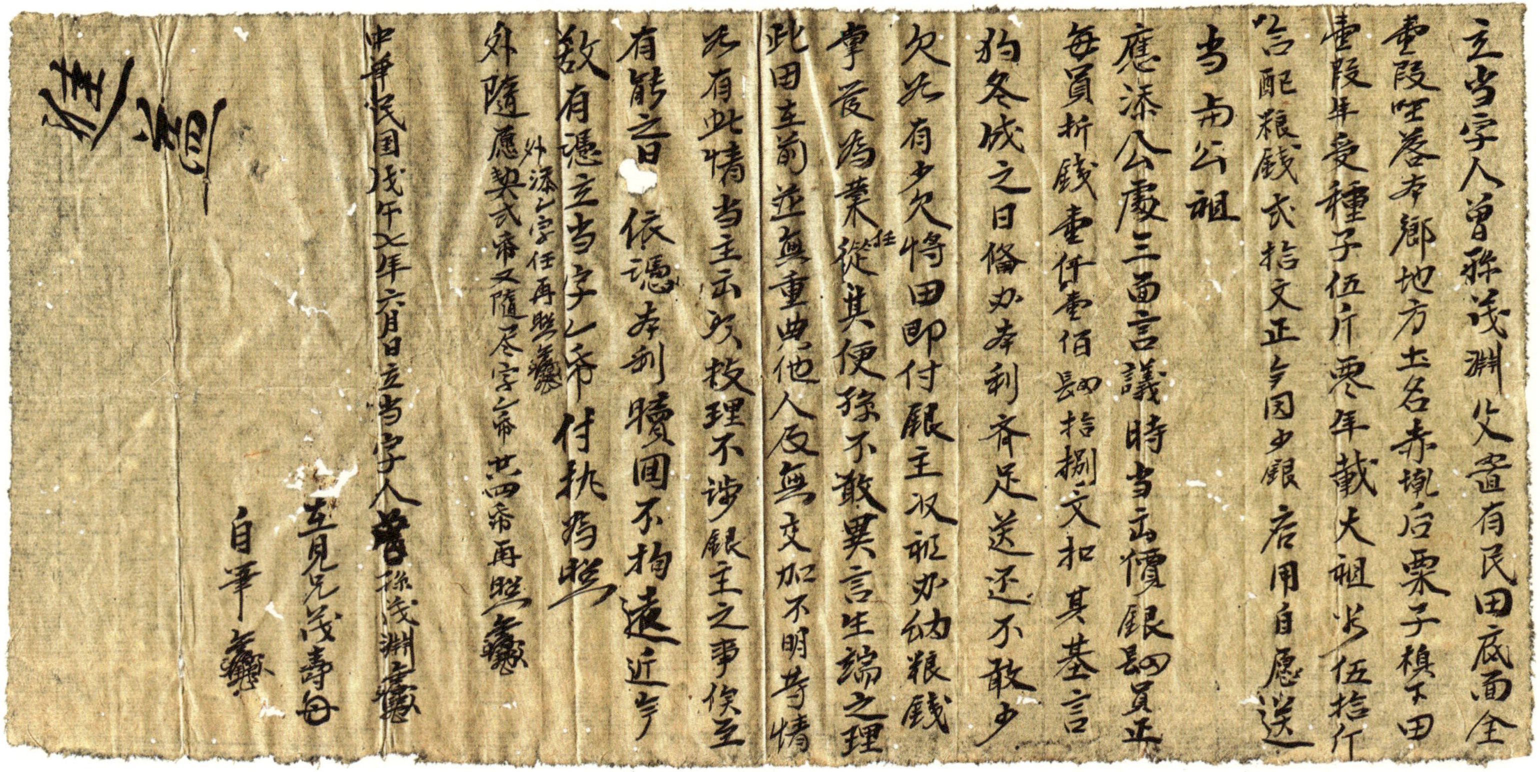
立当字人曾孫茂淵仝父置有民田底面全
壹段坐落本鄉地方土名赤墈后粟子棋下田
壹段年受種子伍斤零年載大租米伍拾斤
照配粮錢弍拾文正今因乏銀应用自愿送
当本公祖
應添公處三面言議時当出價銀弍員正
每員折錢壹仟壹佰弍拾捌文扣其基言
約冬成之日備办本利齐足送还不敢少
欠如有少欠將田即付銀主收租办納粮錢
掌管為業任從其便孫不敢異言生端之理
此田未前並無重典他人及無交加不明等情
如有此情当主承攻枝理不涉銀主之事係立
有能之日依憑本利贖回不拘遠近之
敎有憑立当字一帋付執為照
外添一字任再照
外隨應契弍帋又隨老字一帋共四帋再照
中華民国戊午七年六月日立当字人曾孫茂淵
在見兄茂壽
自筆

11-4-4-6　民國七年六月温茂淵立當底面全民田字

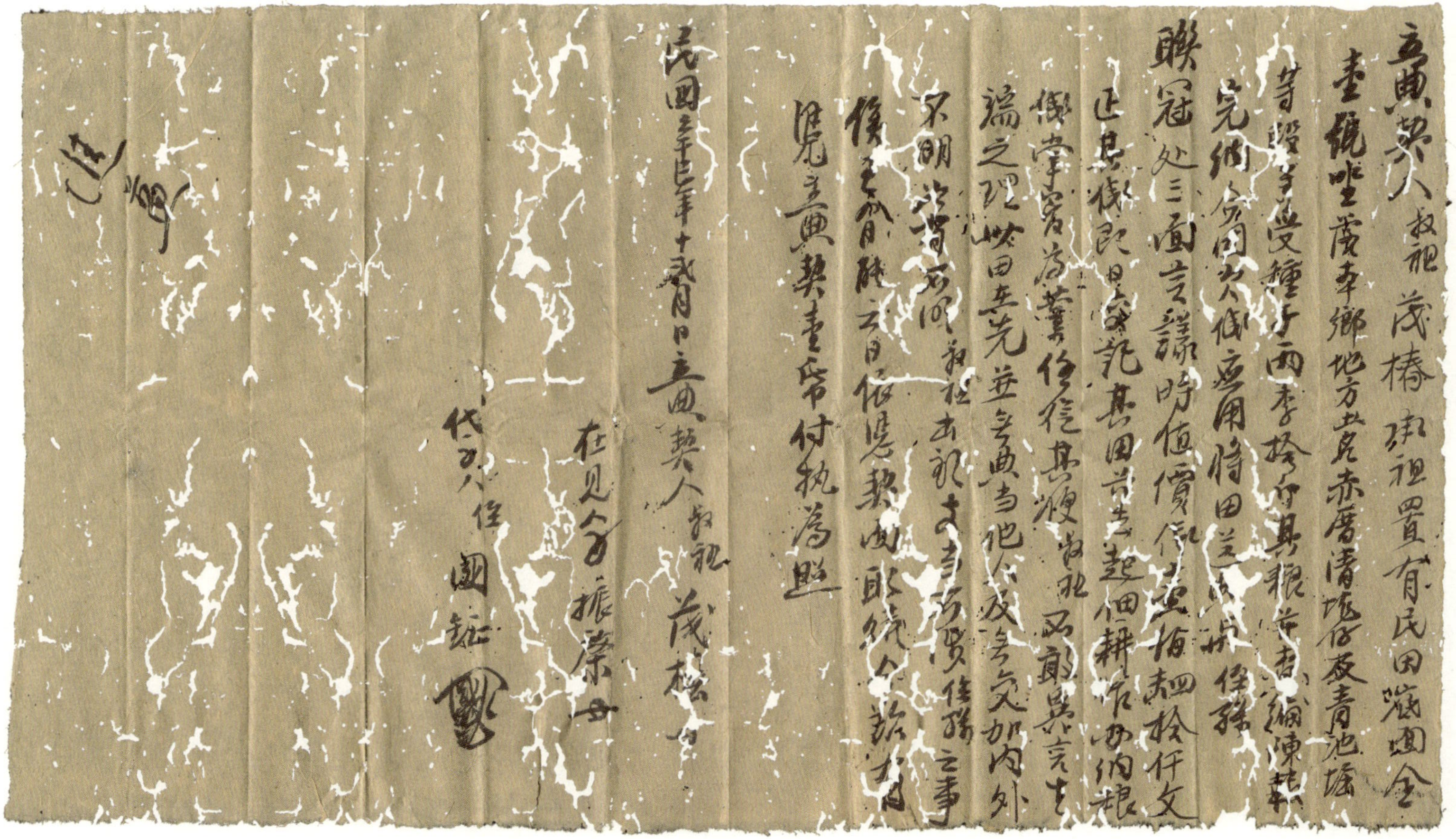

11-4-4-7 民國三十年十二月温茂椿立典底面全民田契

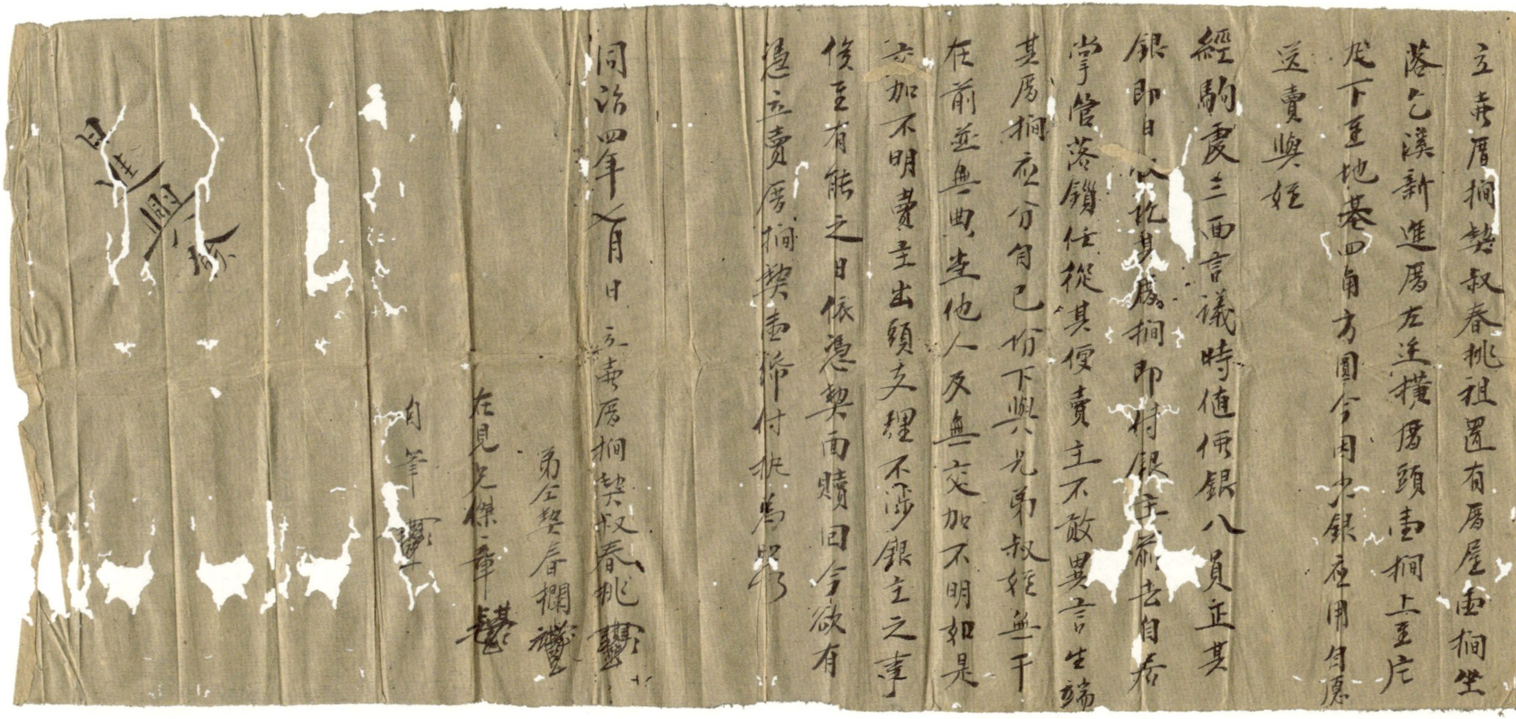
立賣厝櫊契叔春桃祖置有厝屋壹櫊坐
落乞漢新進厝左邊横厝頭壹櫊上至片
瓦下至地基四角方圓今因乏銀應用自愿
送賣與姪
經驥處三面言議時值價銀八員正其
銀即日收訖其厝櫊即時付銀主前去自居
掌管落鎖任從其便賣主不敢異言生端
其厝櫊係分自己份下與兄弟叔姪無干
在前並無典生他人及無交加不明如是
交加不明賣主出頭支理不涉銀主之事
後至有能之日依憑契面贖回今欲有
憑立賣厝櫊契壹紙付執為照
同治四年七月 日 立賣厝櫊契叔春桃
弟仝契春櫊
在見兄傑華
自筆

11-4-5-1　清同治四年七月温春桃立賣厝櫊契

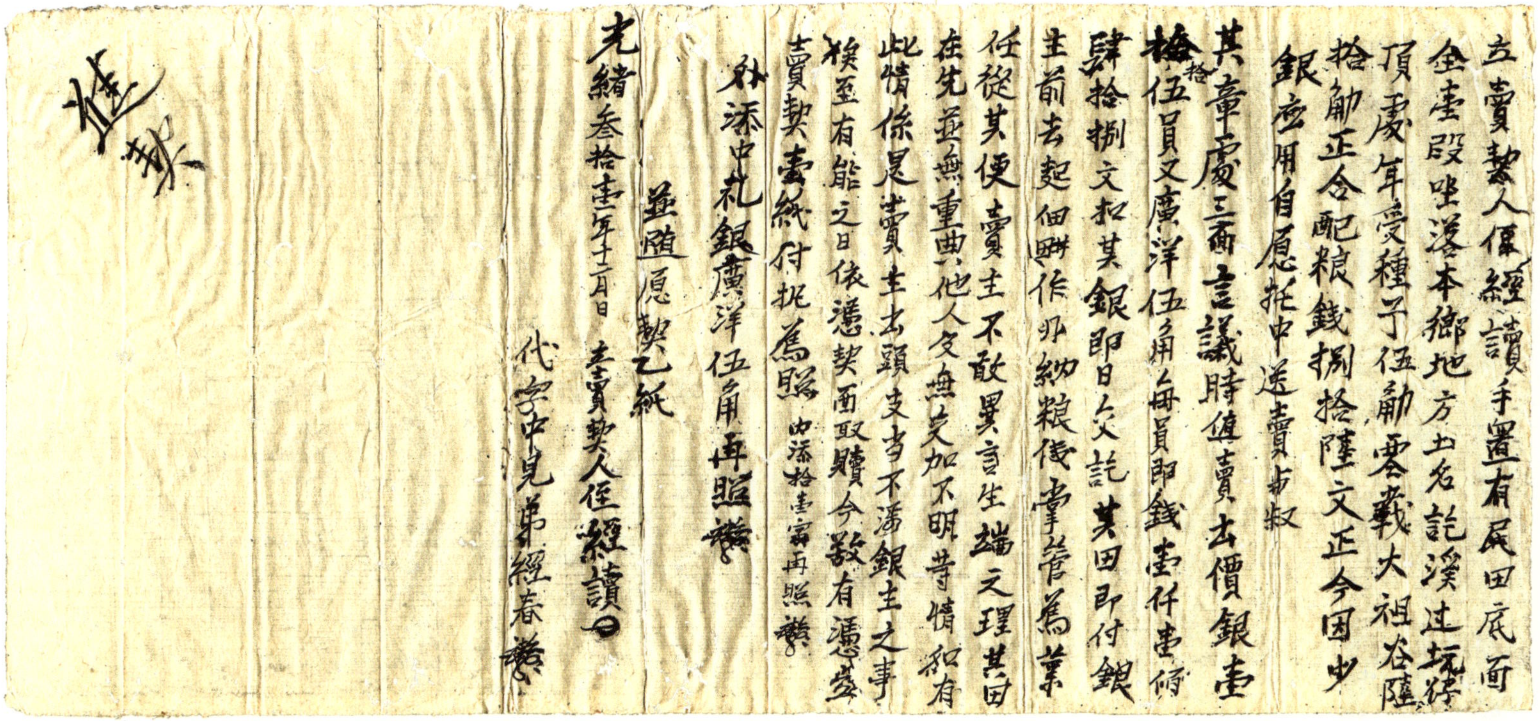
立賣契人溫經讀，手置有民田底面
全壹段，坐落本鄉地方，土名詑溪过坵塝
頂處，年受種子伍觔，零載大祖谷陸
拾觔正，合配粮錢捌拾陸文正。今因乏
銀應用，自愿托中送賣與叔
其章處，三面言議，時值賣出價銀壹佰
拾伍員又廣洋伍角，每員即錢壹仟壹佰
肆拾捌文扣，其銀即日仝文訖，其田即付銀
主前去起佃耕作，收納粮役，掌管為業，
任從其便，賣主不敢異言生端之理。其田
在先並無重典他人，又無交加不明等情，如有
此情，係是賣主出頭支当，不涉銀主之事。
候至有能之日，依憑契面取贖。今欲有憑，立
賣契壹紙付执為照。中添拾壹字再照。（押）
外添中礼銀廣洋伍角再照。（押）
並隨愿契乙紙。
光緒叁拾壹年十二月　日　立賣契人溫經讀（押）
代字中見弟經春（押）
[illegible]

11-4-5-2　清光緒三十一年十二月温經讀立賣底面全民田契

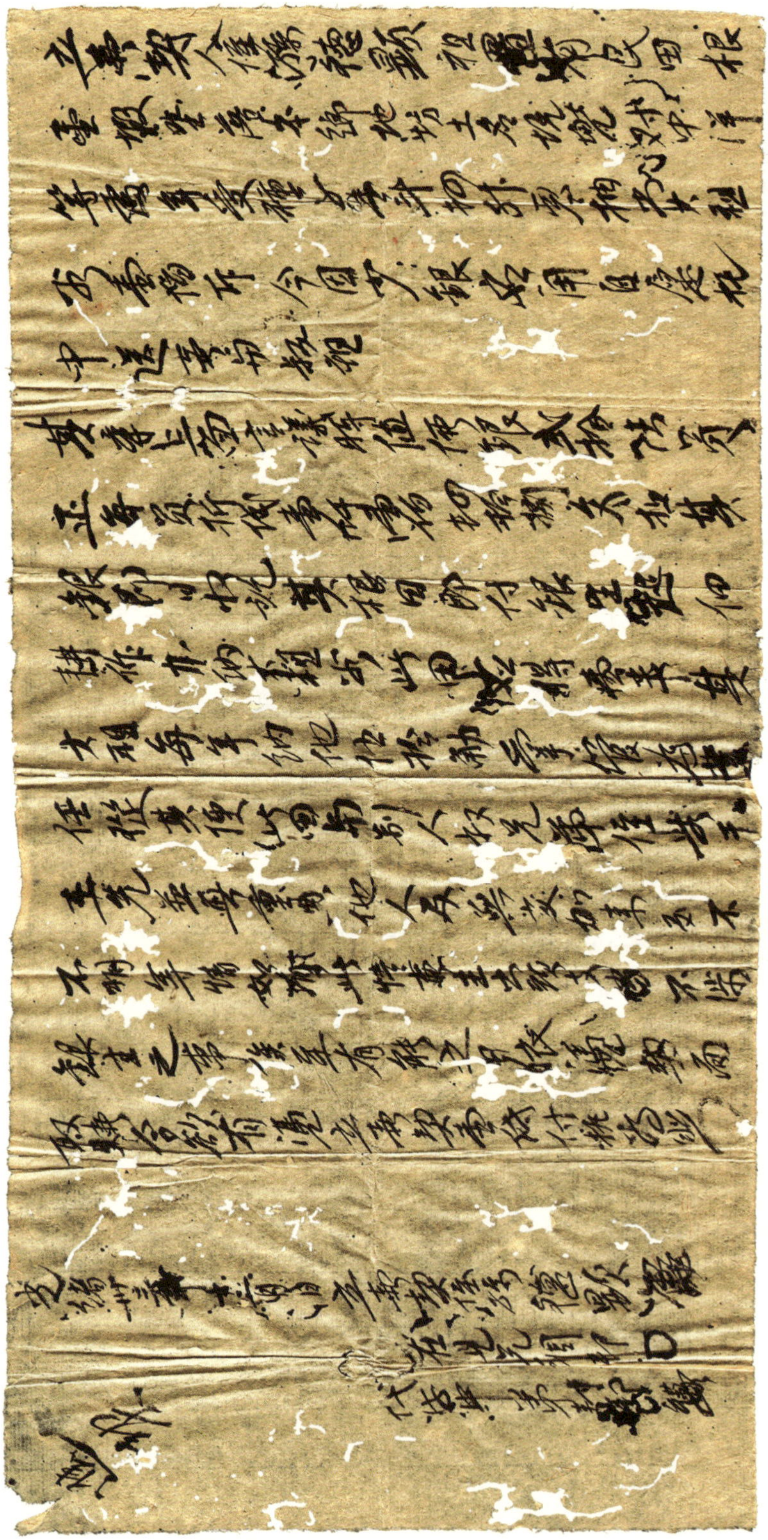

11-4-6-1 清光緒三十三年十二月温德顯立賣民田根契

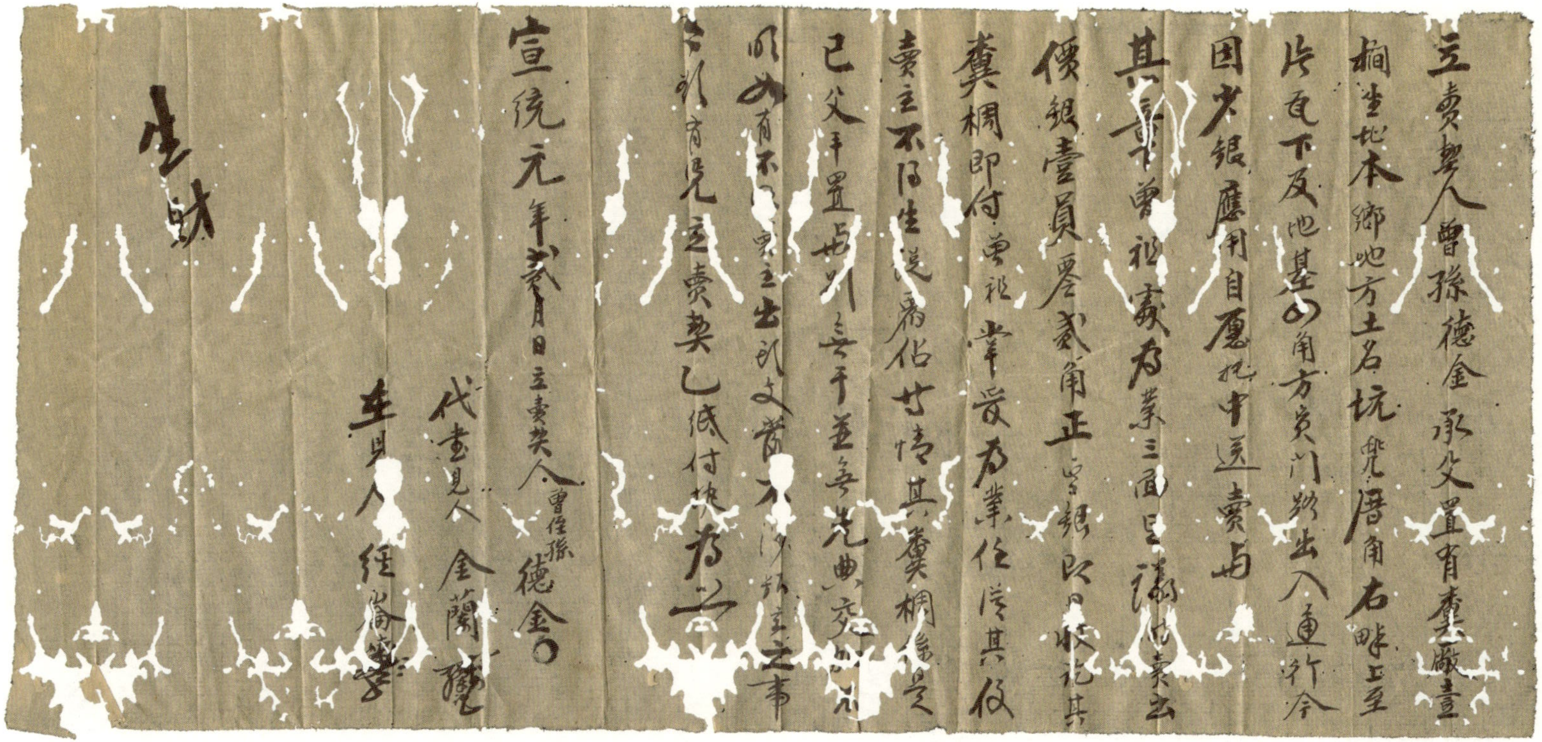

11-4-6-2　清宣統元年二月温德金立賣糞廠契

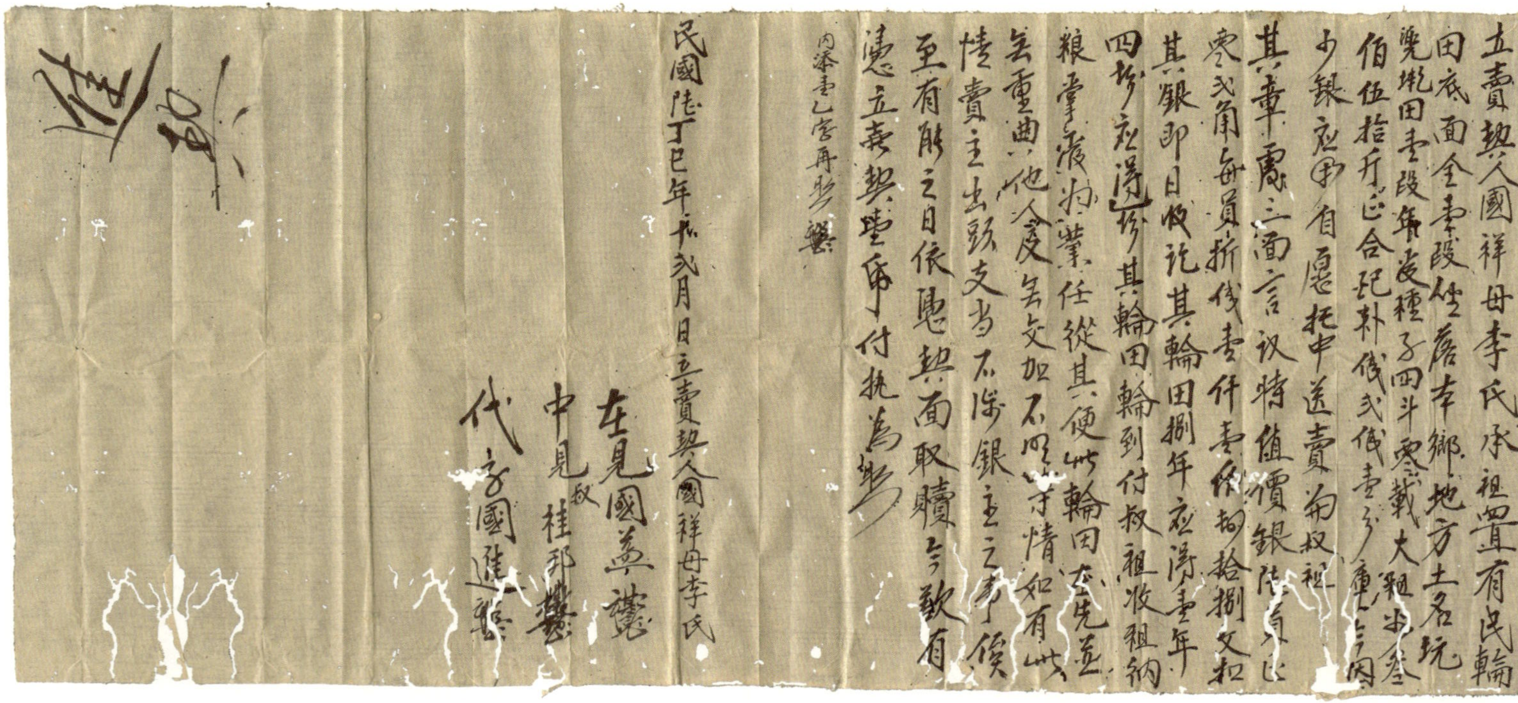
立賣契人國祥母李氏承祖置有民輪
田底面全壹段，坐落本鄉地方，土名坑
洸墘田壹段，年載種子四斗零，載大租出叁
佰伍拾斤，已合配朴錢弍伐壹分，庫上之内
少銀應用，自愿托中送賣與叔祖
其章處三面言議，時值價銀陸員又
零弍角，每員折錢壹仟壹佰捌拾捌文和
其銀即日收訖，其輪田捌年應得壹年
四行應得行，其輪田輪到付叔祖收租納
糧掌管為業，任從其便。此輪田未先並
無重典他人，交無文加不明等情，如有此
情，賣主出頭支當，不涉銀主之事。候
至有能之日，依照契面取贖無欵，有
憑立賣契壹紙，付執為照。
内添壹乙字再照
民國陸丁巳年十弍月　日立賣契人國祥母李氏
在見　國燕
中見叔　桂邦
代字　國進

11-4-6-3　民國六年十二月温國祥母李氏立賣底面全民輪田契

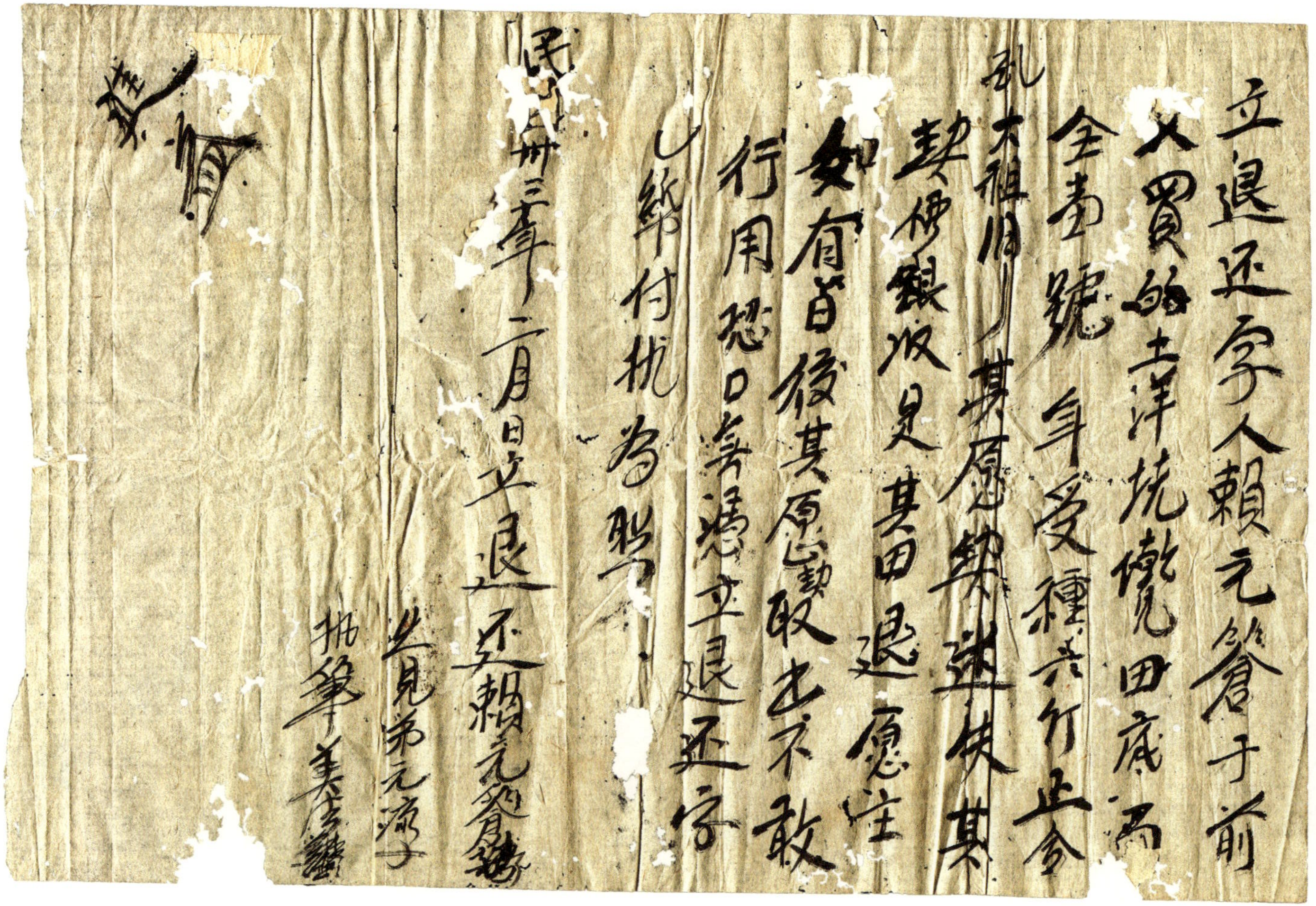

立退还字人賴元蒼于前
父買的土洋坑墘田底面
全𤲅號　身受種六斤正今
乱不祖用　其愿契送伏其
契價銀收足　其田退愿注
如有首後其愿心勒取　出不敢
行用　恐口無憑　立退还字
一紙付杭為照。
民卅三年二月日立退还字賴元蒼
在見弟元源
執筆　美蘇

11-4-6-4　民國三十三年二月賴元蒼立退還底面全田字

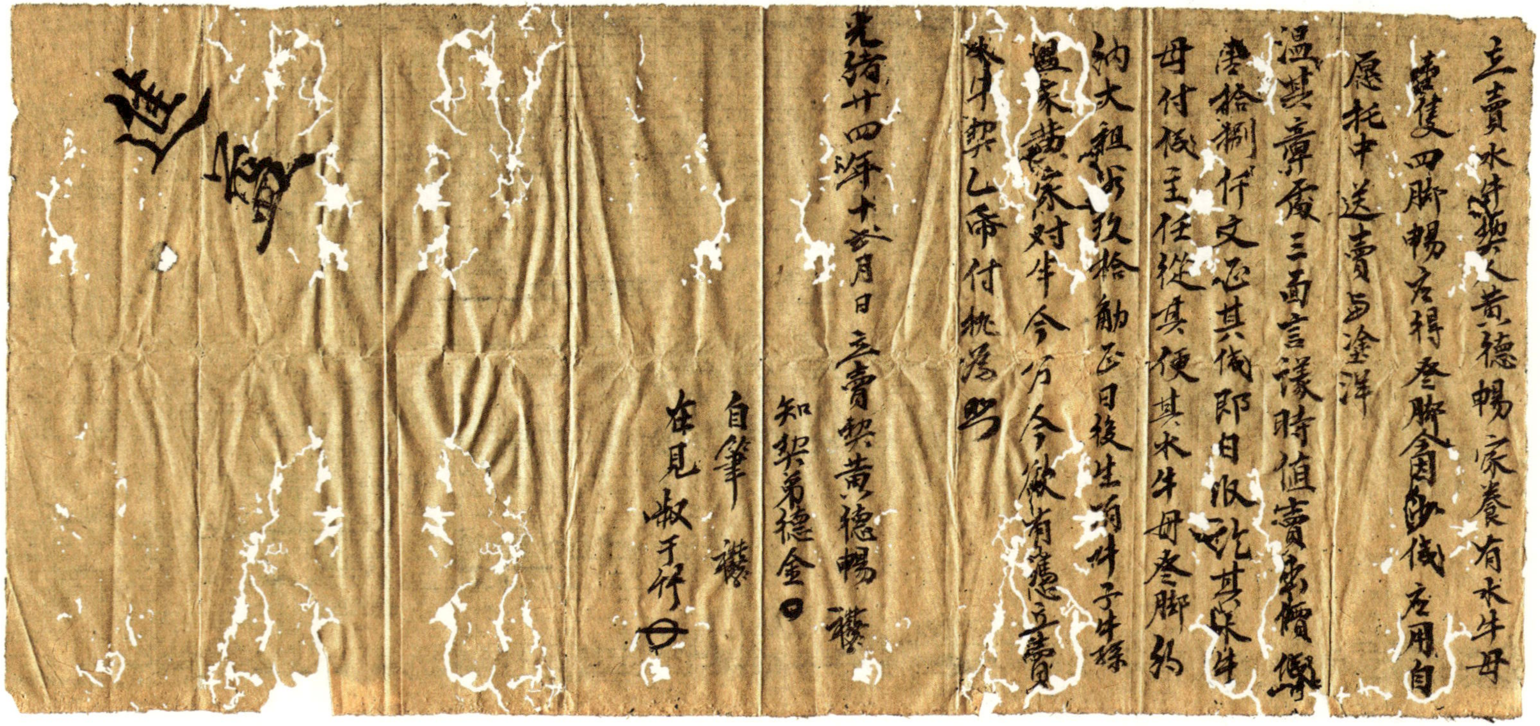
立賣水牛契人黃德暢，家養有水牛母
壹隻，四脚暢合得叁脚，今因乏銀應用，自
愿托中送賣與塗洋
温其章處，三面言議，時值賣出價銀
叁拾捌仟文正，其價即日收訖，其水牛
母付與銀主任從其便。其水牛母叁脚，約
納大租出玖拾觔正，日後生有牛子牛孫
温家黃家對半分，今分今欲有憑，立賣
水牛契乙帋付執為照。
光緒廿四年十二月日　立賣契黃德暢（號）
知契弟德金（○）
自筆（號）
在見叔于仔（中）
進寶

11-4-7-1　清光緒二十四年十二月黃德暢立賣水牛母契

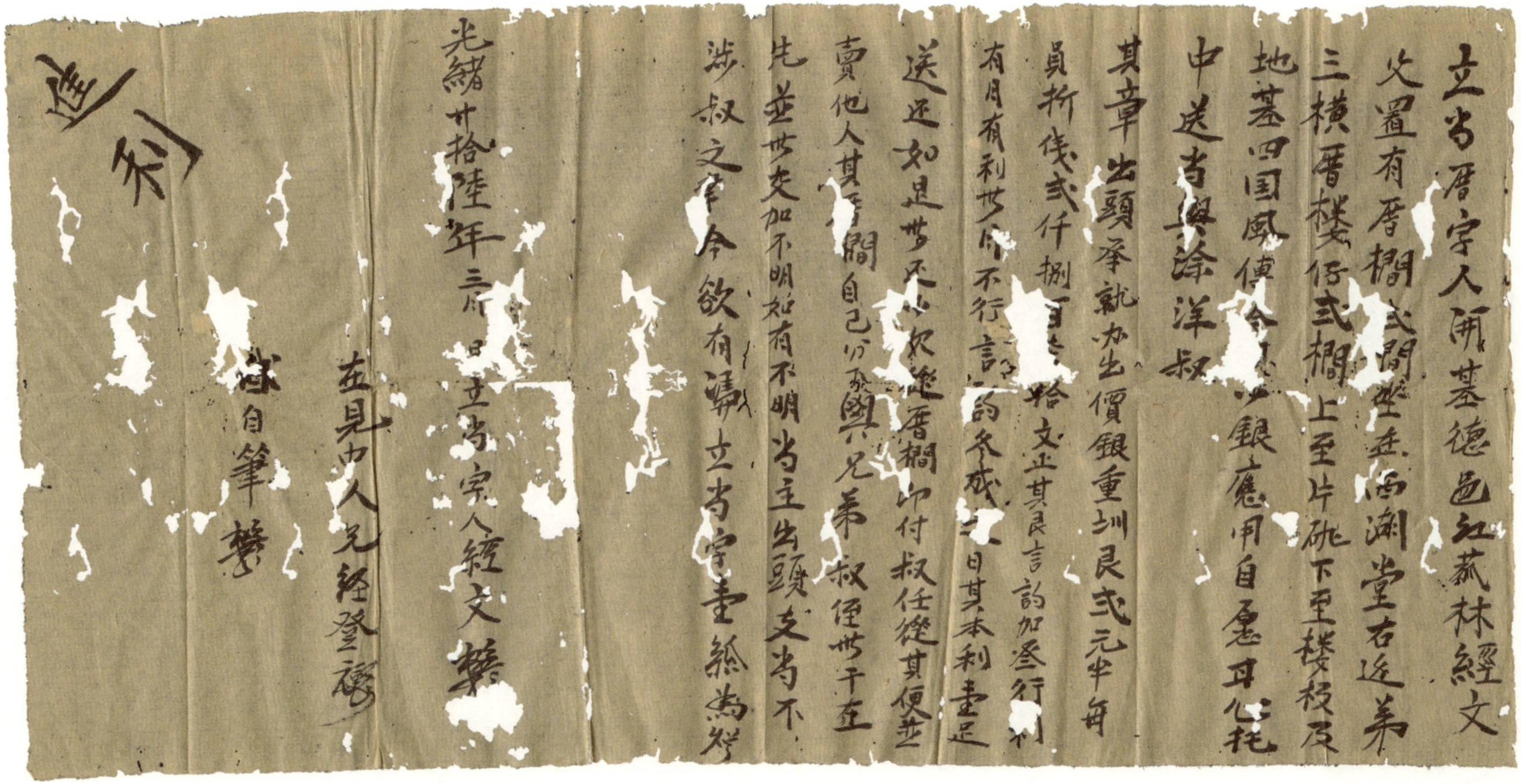

立当厝字人湧基德邑红菰林經文
父置有厝椆式間坐丢西洲堂右近弟
三横厝楼係式椆上至片砙下至楼板及
地基四囲風便今因乏銀應用自愿将仁花
中送当與涂洋叔
其章出頭承就办出價銀重圳艮式元半每
員折钱式仟捌百文[illegible]給文正其艮言訂加叁行利
有月有利此係不行訂的冬成之日其本利盡足
送还如是此不回厝椆仰付叔任從其便並
賣他人其厝関自己仍與兄弟叔侄此干在
先並此处加不明如有不明当主出頭支当不
涉叔之事今欲有憑立当字壹紙為照
光緒廿拾陸年三月 日 立当字人經文
在見中人兄經登
自筆
進利

11-4-7-2 清光緒二十六年三月德化温經文立當厝椆字

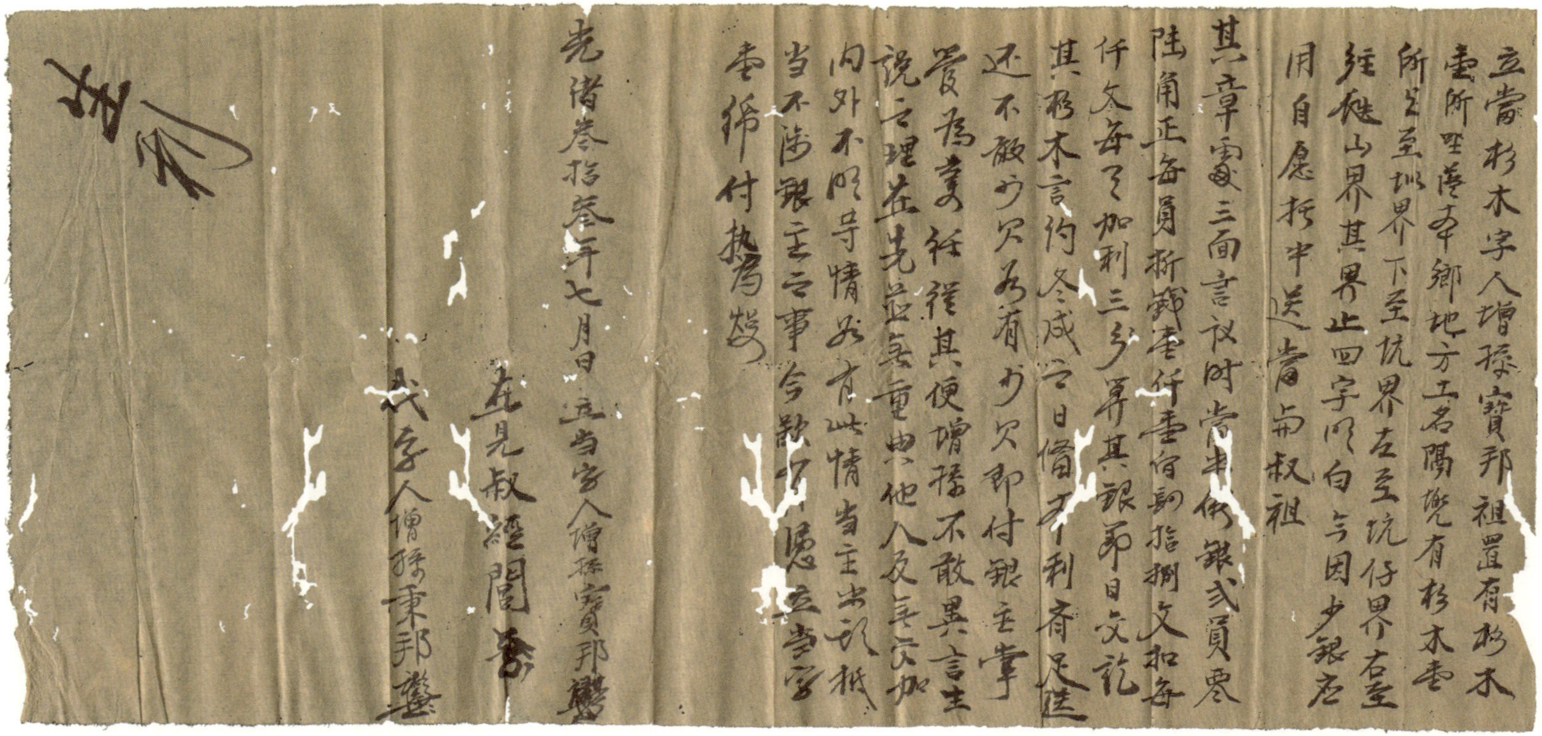
立當杉木字人增孫寶邦，祖置有杉木
壹所，坐落本鄉地方，土名隔塘有杉木壹
所，上至圳界，下至坑界，左至坑仔界，右至
經山界，其界止四字明白。今因少銀應
用，自愿托中送當與叔祖
其章處，三面言議，時當出佛銀弍員零
陸角正，每員新錢壹仟壹佰貳指捌文，扣每
仟文每年加利三分算，其銀即日交訖。
其杉木言約冬成之日，備本利齊足送
還，不敢少欠，如有少欠，即付銀主掌
管爲業，任從其便，增孫不敢異言生
說之理。在先並無重典他人，及無交加
內外不明等情，如有此情，當主出頭抵
當，不涉銀主之事。今欲有憑，立當字
壹紙，付執爲照。
光緒叁拾叁年七月　日　立當字人增孫寶邦（押）
在見叔經閶（押）
代字人增孫秉邦（押）

11-4-7-3　清光緒三十三年七月温寶邦立當杉木字

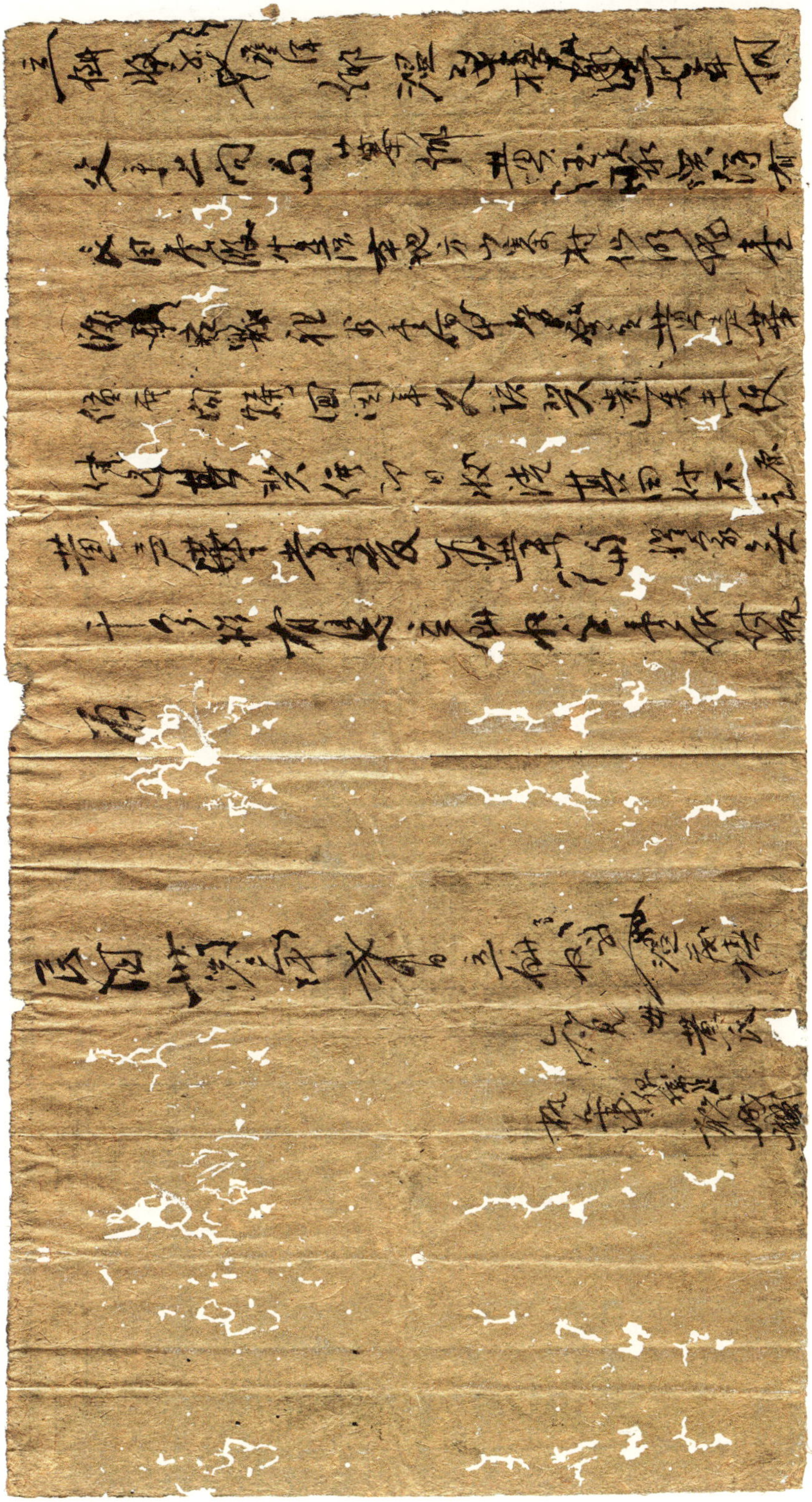

11-4-7-4　民國三十三年二月温茂椿立倒收字

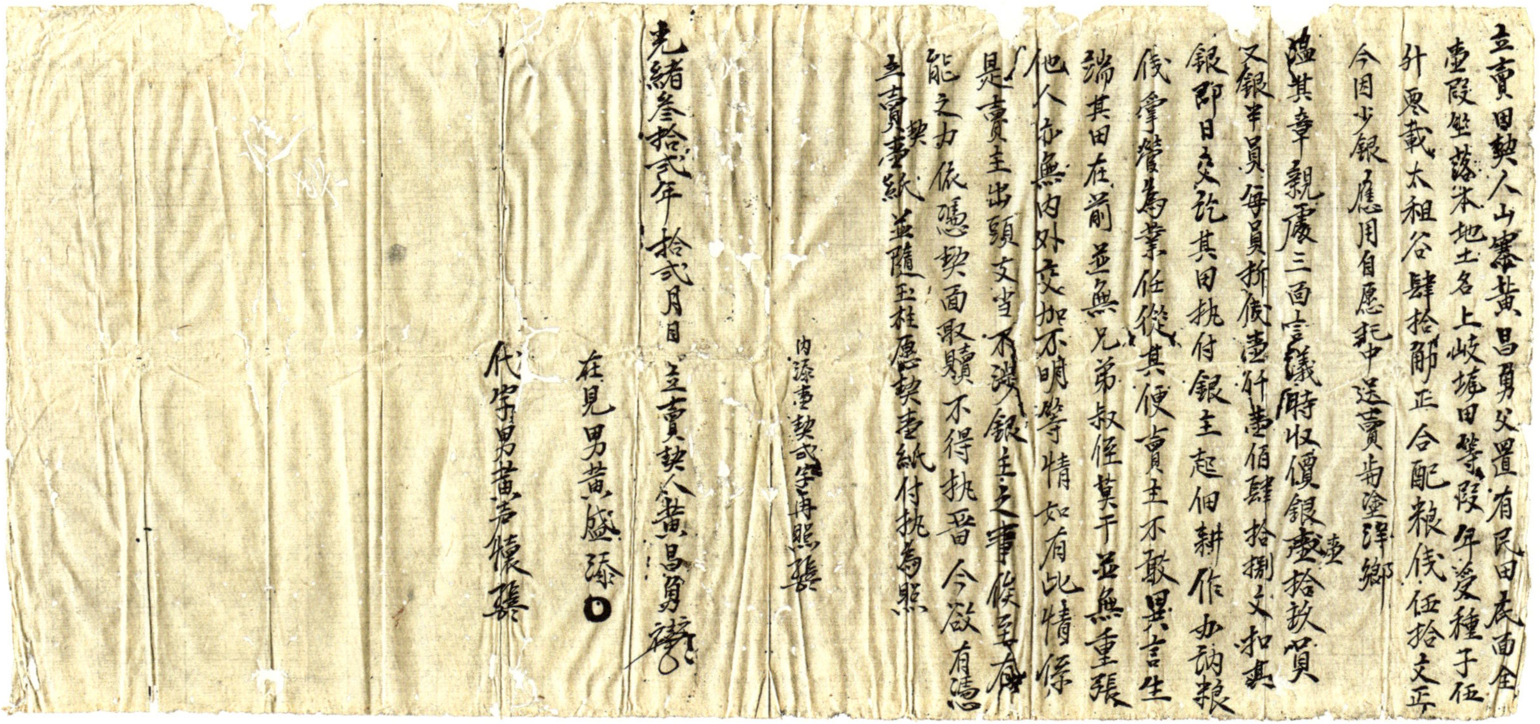
立賣田契人山寨黃昌勇，父置有民田底面全
壹段，坐落本地土名上岐墘田等段，年受種子伍
升，原載太祖谷肆拾觔正，合配糧伐伍拾文正。
今因少銀應用，自愿托中送賣與涂洋鄉
溫其章親處，三面言議，時收價銀壹拾玖員
又銀半員，每員折價壹仟壹佰肆拾捌文，扣其
銀即日交訖。其田執付銀主起佃耕作，办納糧
伐，拿營為業，任從其便，賣主不敢異言生
端。其田在前並無兄弟叔侄等干，並無重張
他人，亦無內外交加不明等情。如有此情，係
是賣主出頭支當，不涉銀主之事。俟至有
能之力，依憑契面取贖，不得執晉。今欲有憑，
立賣契壹紙，並隨玉桂原契壹紙，付執為照。
內添壹契貳字再照。
光緒叁拾貳年拾貳月　日　立賣契人黃昌勇（押）
在見男黃盛添（押）
代字男黃芳懷（押）

11-4-8-1　清光緒三十二年十二月黃昌勇立賣底面全民田契

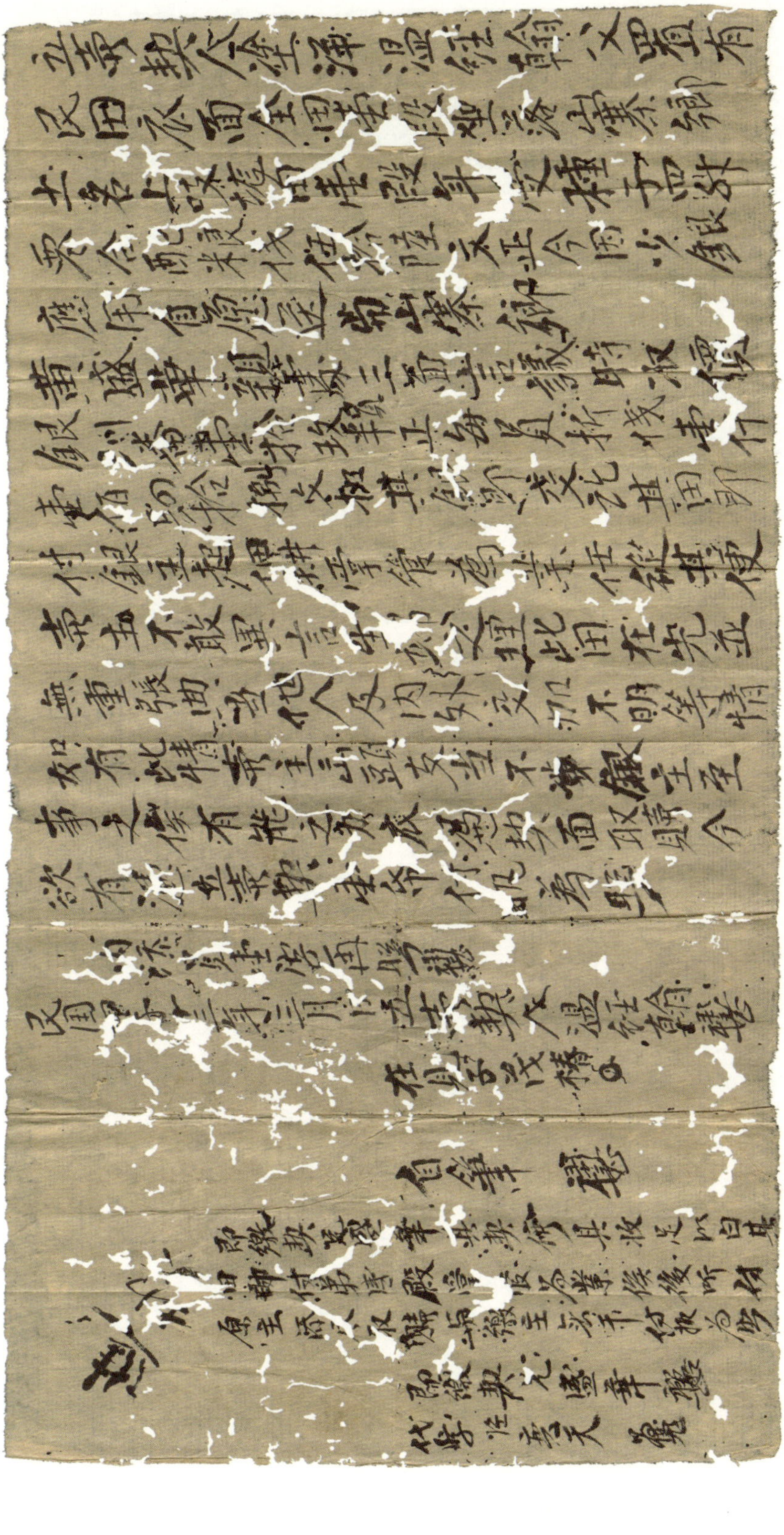

11-4-8-2　民國十三年三月温經翰立賣底面全民田契

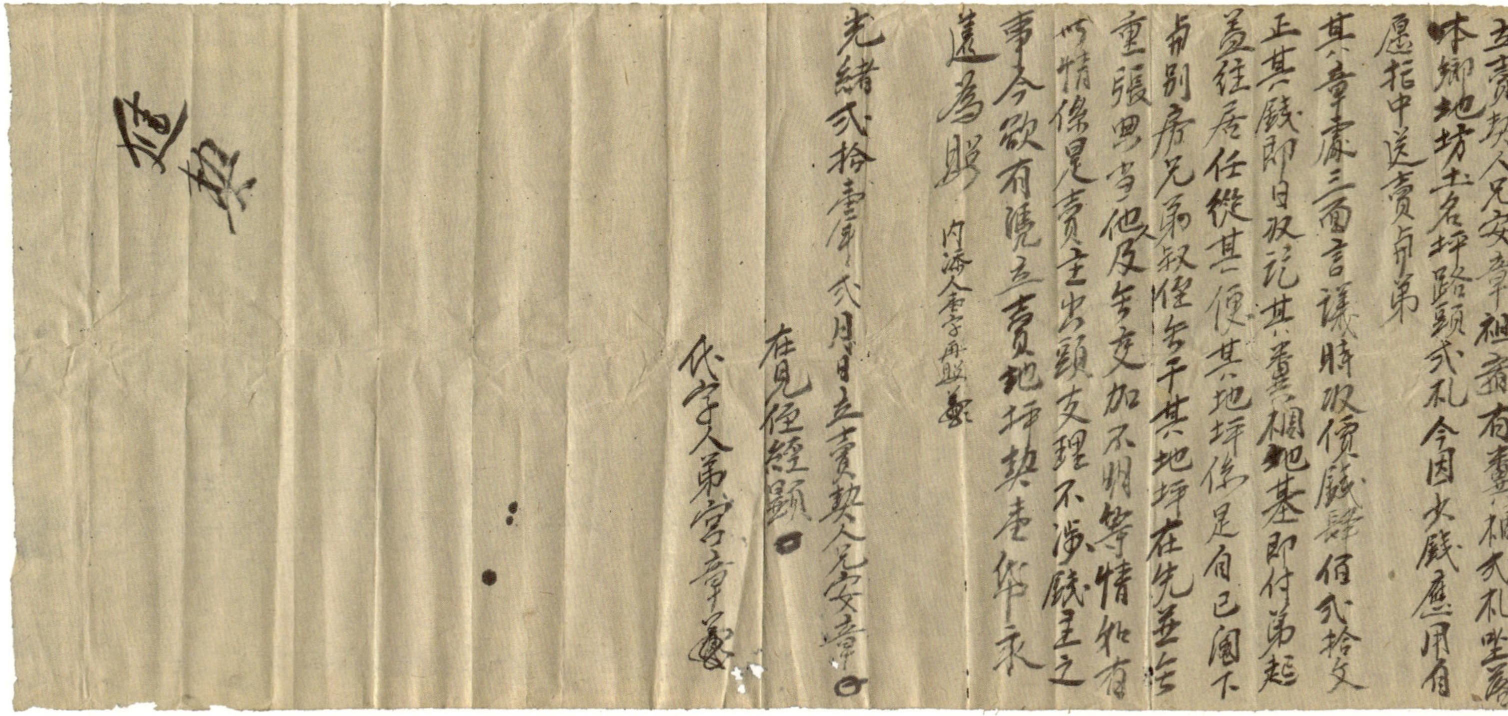

立賣契人兄安章祖齋有糞棡弍札坐落
本鄉地坊土名坪路頭弍札今因乏錢應用自
愿托中送賣與弟
其章處三面言議時收價錢肆佰弍拾文
正其錢即日收訖其糞棡地基即付弟起
蓋住居任從其便其地坪係是自己閹不
與別房兄弟叔侄無干其地坪在先並無
重張典當他處無交加不明等情如有
此情係是賣主出頭支理不涉錢主之
事今欲有憑立賣地坪契壹紙永
遠為照　內添人壹字再照
光緒弍拾壹年弍月　日立賣契人兄安章
在見侄經顯
代字人弟字章筆

11-4-9-1　清光緒二十一年二月温安章立賣糞棡契

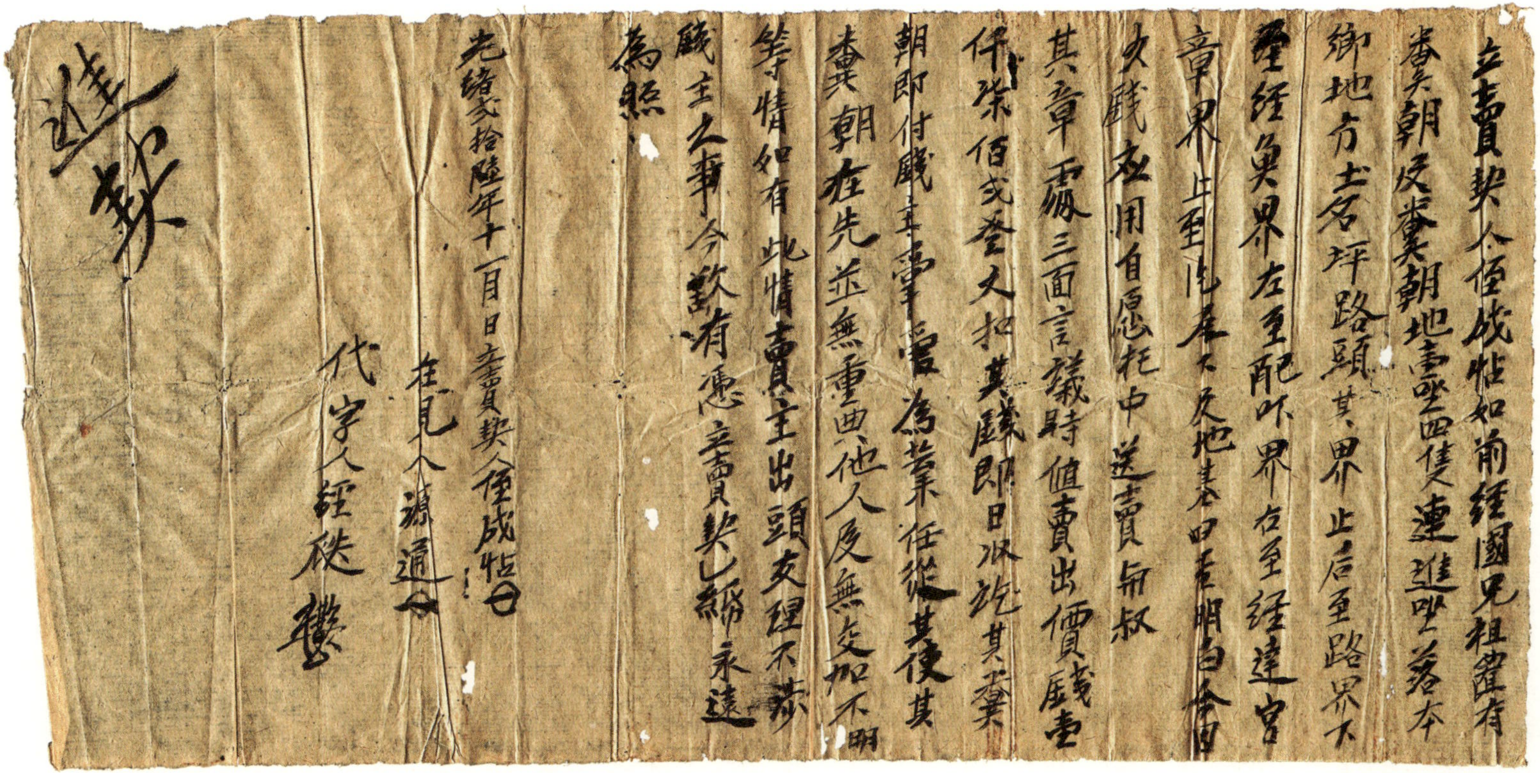

立賣契人侄成怡如前經國兄祖置有
糞朝及糞朝地壹塅坐落本
鄉地方土名坪路頭，其界上至路界下
至經奠界左至配叶界右至經達田
章界止，至此奉々交地壹个四至明白今因
乏錢應用自愿托中送賣與叔
其章處三面言議時值賣出價錢壹
仟柒佰文叁文扣其錢即日收訖其糞
朝即付錢主掌管為業任從其便其
糞朝在先並無重典他人及無交加不明
等情如有此情賣主出頭支理不涉
錢主之事今欲有憑立賣契一紙永遠
為照

光緒式拾陸年十一月日立賣契人侄成怡（押）
在見人　瀛通（押）
代字人　經發（押）

進契

11-4-9-2　清光緒二十六年十一月温成怡立賣糞桐契

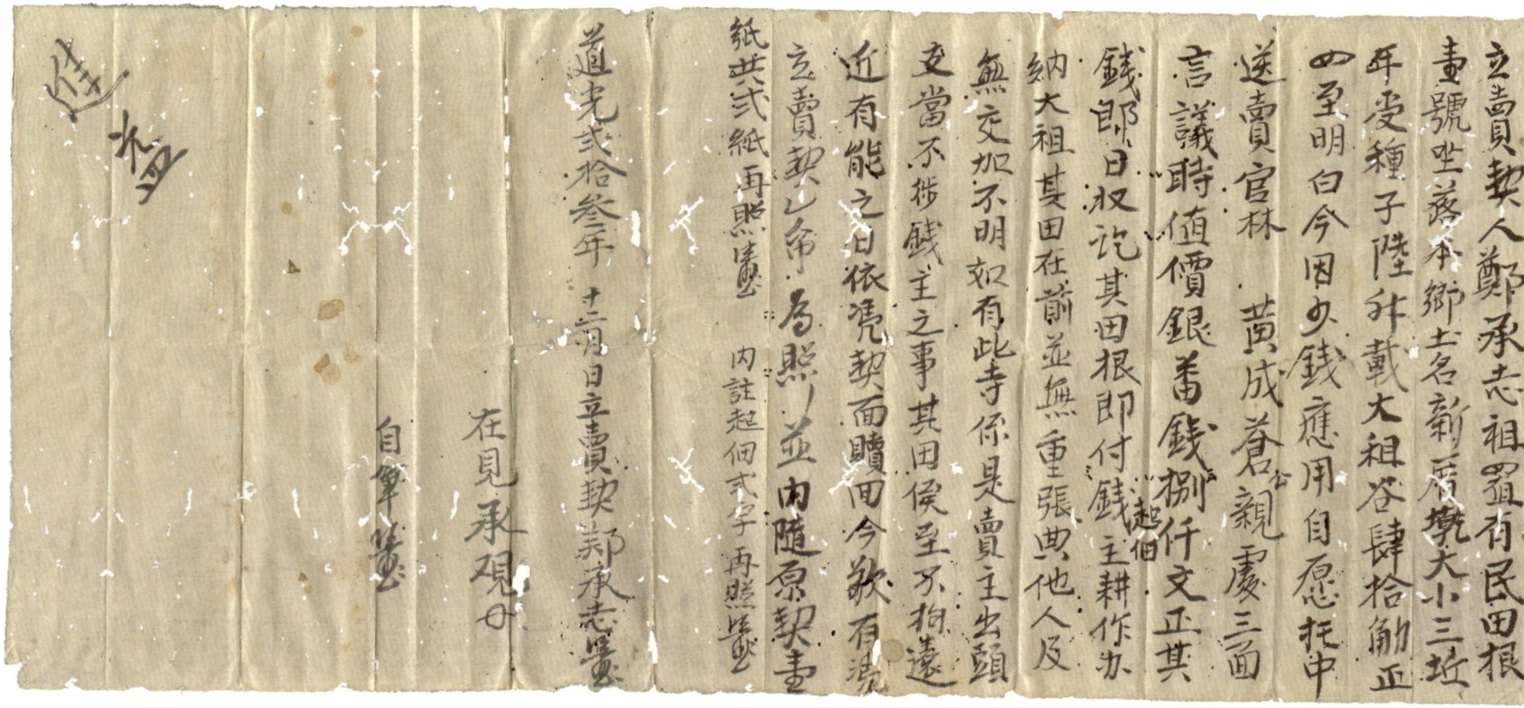
立賣契人鄭承志祖置有民田根
壹號坐落本鄉土名莿厝墘大小三坵
年受種子陸升載大租谷肆拾觔正
四至明白今因乏錢應用自愿托中
送賣官林 黄成蒼親處三面
言議時值價銀番錢捌仟文正其
錢即日收訖其田根即付錢主起佃耕作永
納大租其田在前並無重張典他人及
無交加不明如有此等係是賣主出頭
支當不涉錢主之事其田侯至不拘遠
近有能之日依憑契面贖回今欲有憑
立賣契乙紙為照／並內隨原契壹
紙共弍紙再照
內註起佃弍字再照
道光弍拾叁年 十二月 日立賣契鄭承志
在見 承硯
自筆
佳兆

11-4-10-1　清道光二十三年十二月鄭承志立賣民田根契

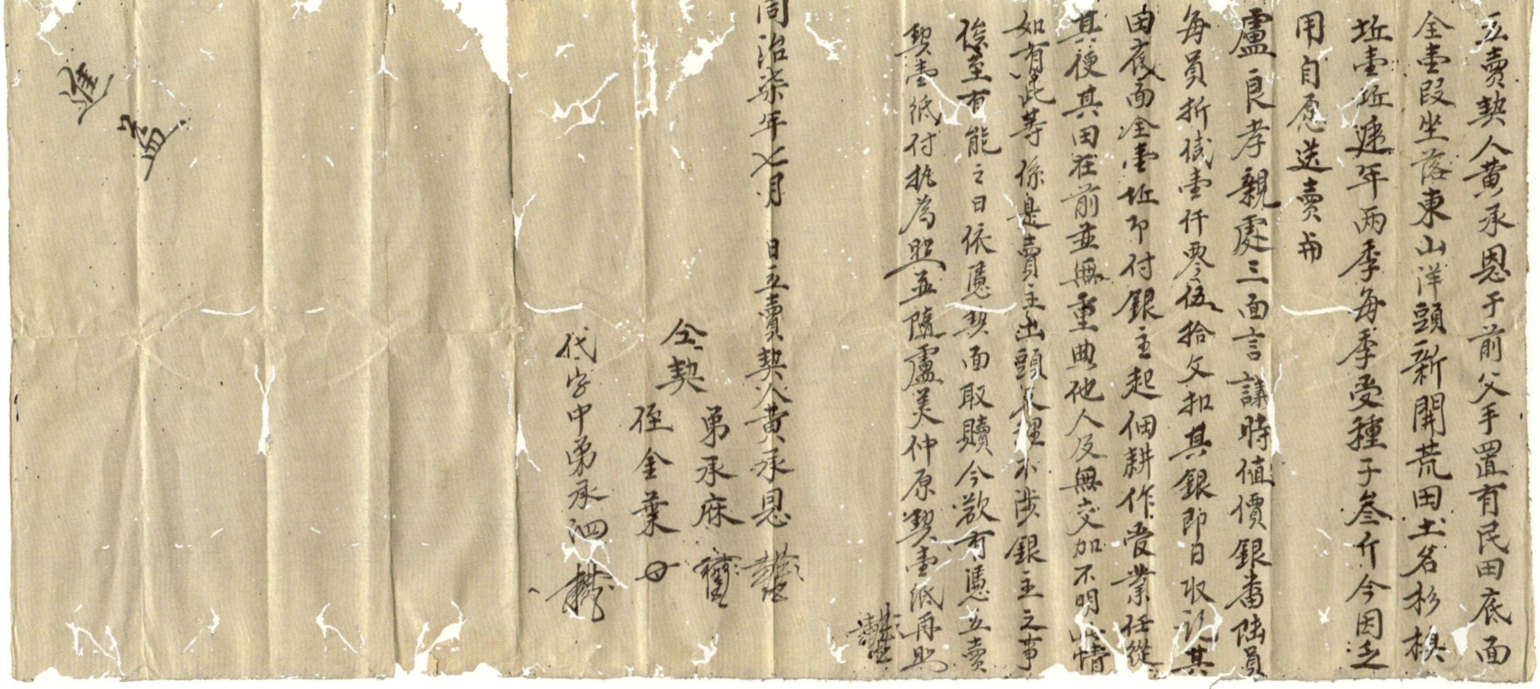
立賣契人黃承恩于前父手置有民田底面
全壹段坐落東山洋頭新開荒田土名杉枝
垅壹坵逐年兩季每季受種子叁斤今因乏
用自愿送賣于
盧良孝親處三面言議時值價銀壹陸員
每員折錢壹仟叁伍拾文扣其銀即日收訖其
田底面全壹坵即付銀主起佃耕作管業任從
其便其田在前並無重典他人及無交加不明之情
如有此等係是賣主出頭料理不涉銀主之事
恁至有能之日依原契面取贖今欲有憑立賣
契壹紙付執為照 並隨盧美仲原契壹紙再照

同治柒年七月 日立賣契人黃承恩（押）
仝契 弟承麻（押）
侄金業（押）
代字中弟承泗（押）

11-4-10-2 清同治七年七月黃承恩等立賣底面全民田契

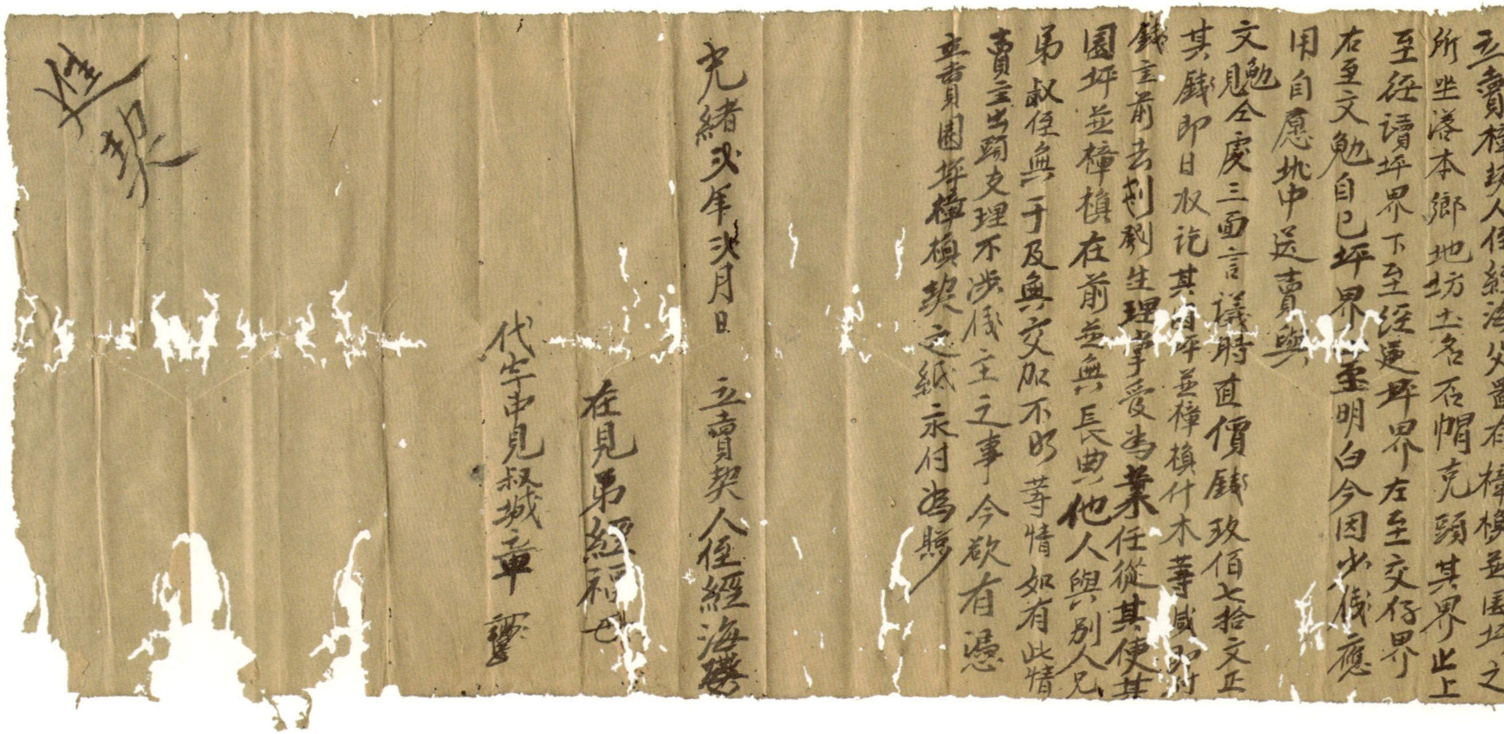

立賣樟楔人温經海父置有樟楔並園坪之
所坐落本鄉地坊土名石帽克頭其界止上
至徑讀坪界下至徑蓮坪界左至交仔界
右至文勉自己坪界爲至明白今因少錢應
用自愿托中送賣與
文勉仝處三面言議時直價錢玖佰七拾文正
其錢即日收訖其園坪並樟楔什木等盡付
錢主前去刈剃生理爲業任從其便其
園坪並樟楔在前並無典他人與別人兄
弟叔侄無干及無交加不明等情如有此情
賣主出頭支理不涉錢主之事今欲有憑
立賣園坪樟楔契之紙永付爲照

光緒弍年弍月日　立賣契人温經海

在見弟經福

代字中見叔城章

温契

11-4-10-3　清光緒二年二月温經海立賣樟楔等契

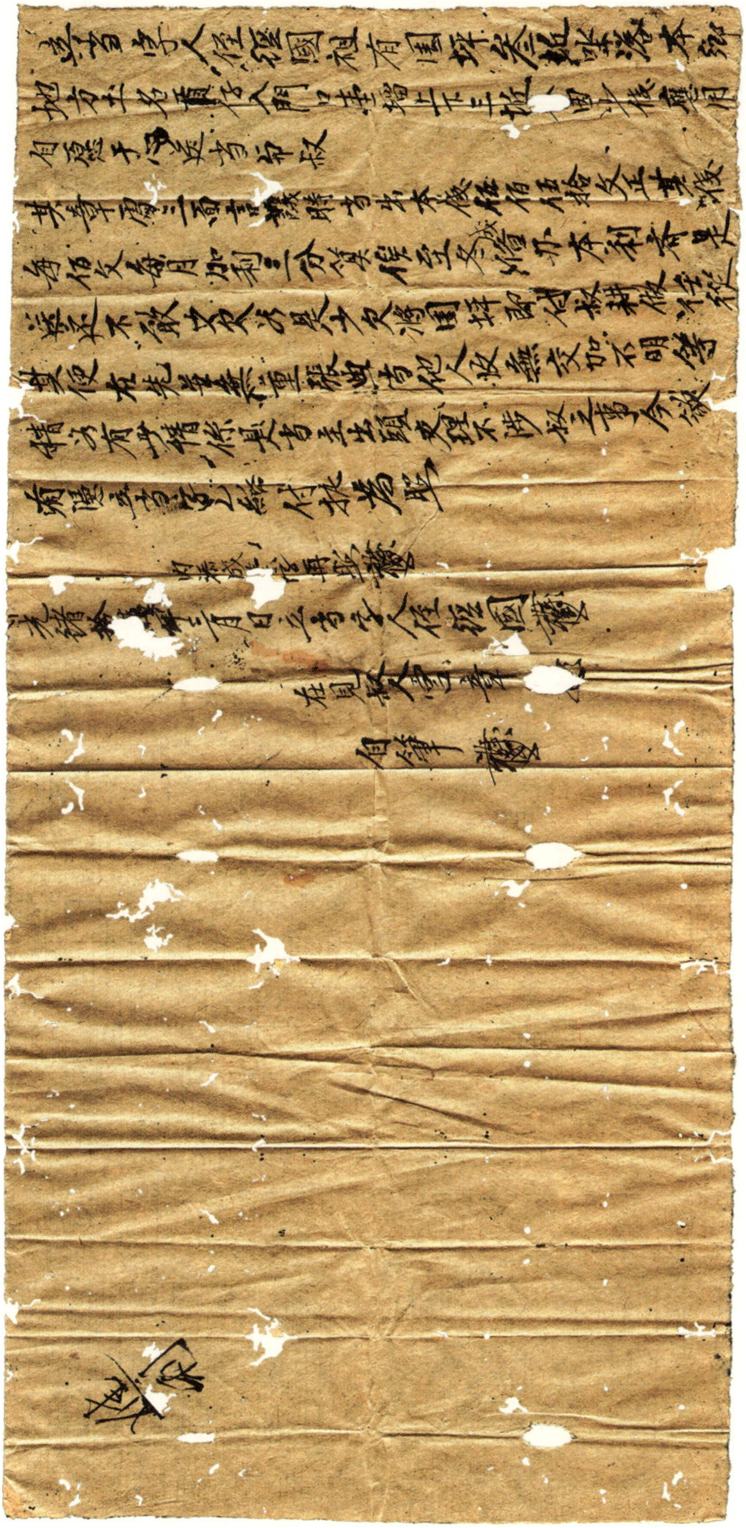

11-4-10-4　清光緒十六年三月温經國立當園坪字

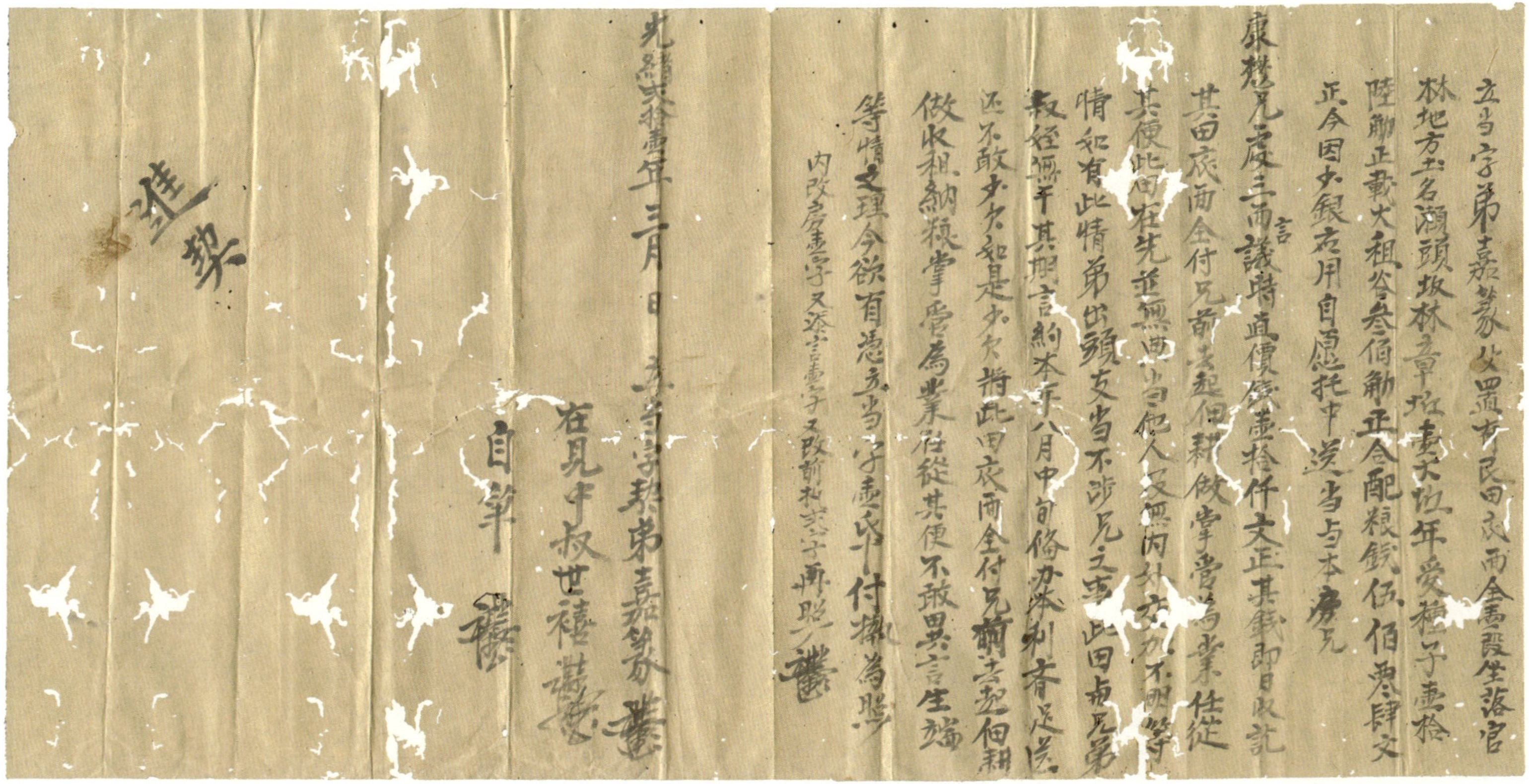

立当字弟嘉篆，父置有民田底面全壹段，坐落官
林地方，土名瀨頭坂林章垅，壹大坵，年受種子壹拾
陸觔正，載大租谷叁佰觔正，全配粮錢伍佰叁肆文
正。今因乏銀应用，自愿托中送当与本房兄
康楚兄處，三面言議，時直價錢壹拾仟文正，其錢即日收訖。
其田底面全付兄前去起佃耕做掌管為業，任從
其便。此田在先並無典当他人，又無內外交加不明等
情。如有此情，弟出頭支当，不涉兄之事。此田贞兄弟
叔侄無干。其期言約本年八月中旬備办本利齊足送
还，不敢少欠。如是少欠，將此田底面全付兄前去起佃耕
做收租，納粮掌管為業，任從其便，不敢異言生端。
等情支理，今欲有憑，立当字壹紙，付執為照。
內改房壹字，又添言壹字，又改前批式字。再照。（押）

光緒貳拾壹年三月　日　立当字弟嘉篆（押）
在見中叔世禧（押）
自筆（押）

進契

11-4-10-5　清光緒二十一年三月盧嘉篆立當底面全民田字

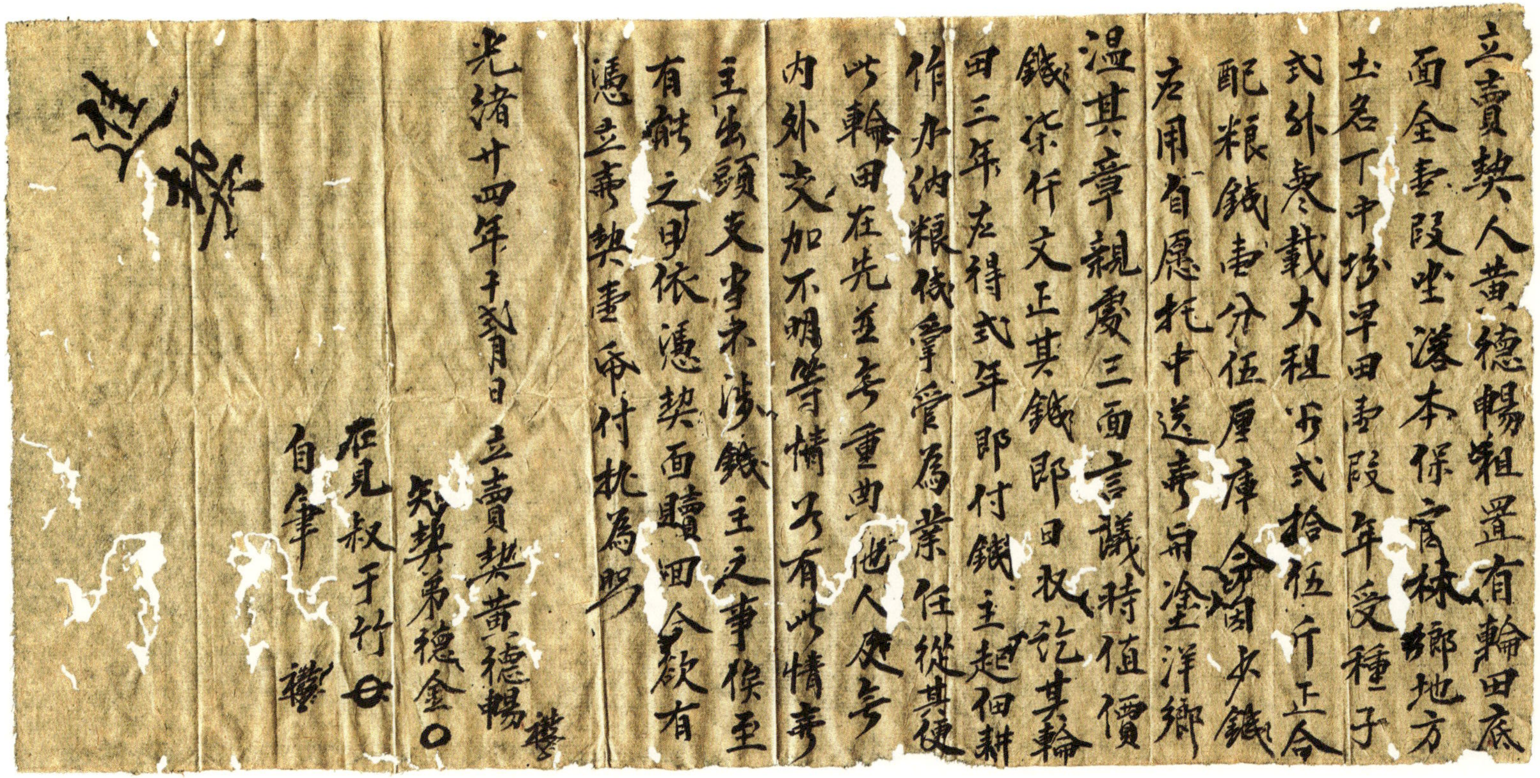
立賣契人黃德暢祖置有輪田底
面全壹段，坐落本保官林鄉地方，
土名下中垅旱田壹段，年受種子
弍外叁載，大租□弍拾伍斤正，合
配粮錢壹分伍厘庫。今因乏錢
應用，自愿托中送與西塗洋鄉
温其章親處三面言議，時值價
錢柒仟文正。其錢即日收訖，其輪
田三年左得弍年，即付錢主起佃耕
作，并納粮錢，章處為業，任從其便。
此輪田在先並無重典他人及與
內外交加不明等情，如有此情，系
主出頭支當，不涉錢主之事。俟至
有銀之日，依憑契面贖回。今欲有
憑，立賣契壹紙付執為照。

光緒廿四年十二月　日　立賣契黃德暢（押）
知契弟德金○
在見叔于竹（押）
自筆

11-4-10-6　清光緒二十四年十二月黃德暢立賣底面全輪田契

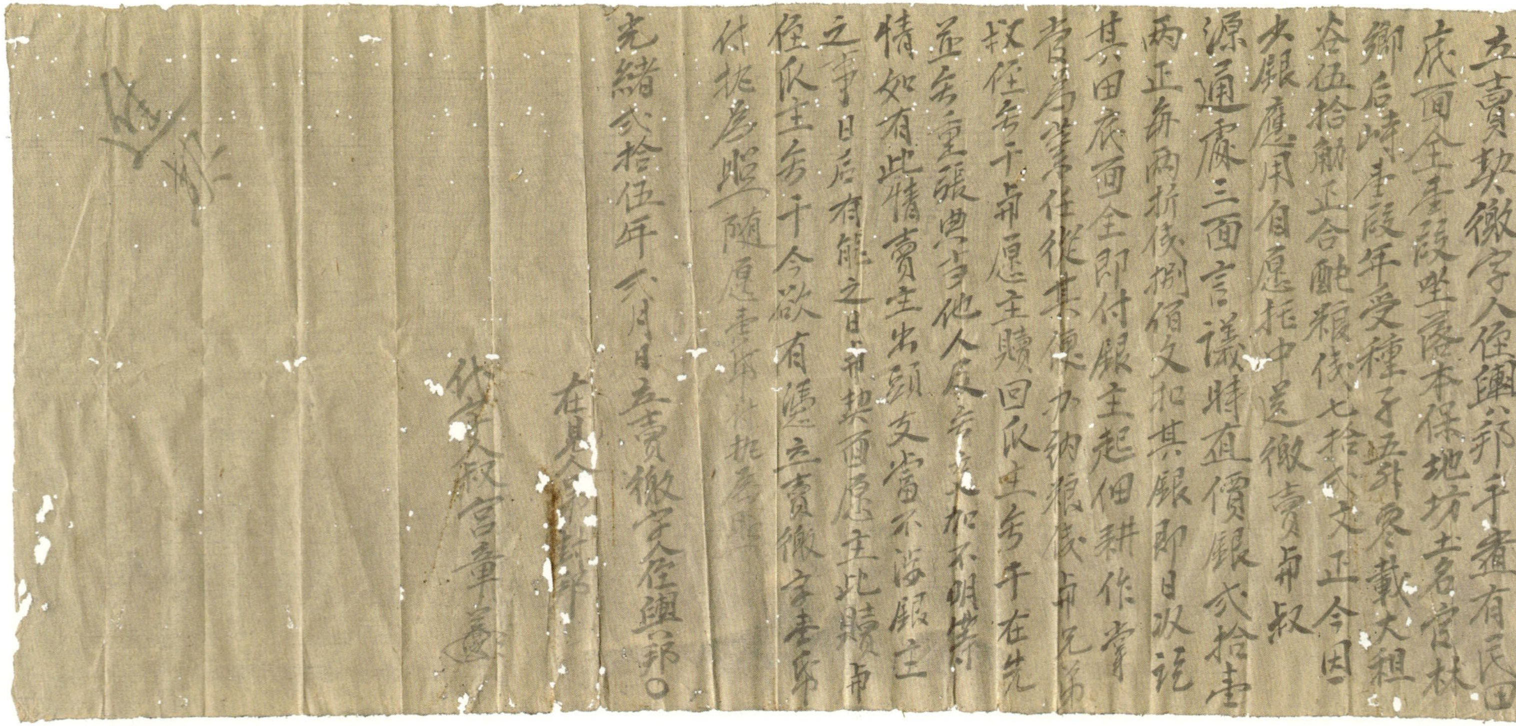

立賣契繳字人侄輿邦，手置有民田
底面全壹段，坐落本保地坊土名官林
鄉后峙，壹段年受種子叁斗，叁載大租
谷伍拾觔正，合配粮伐七拾弍文正。今因
乏銀應用，自愿托中送繳賣與叔
源通處，三面言議，時值價銀弍拾壹
兩正，每兩折伐捌佰文，扣其銀即日收訖。
其田底面全即付銀主起佃耕作，掌
管為業，任從其便，办納粮伐。與兄弟
叔侄無干，弟愿主贖回，仍主無干。在先
並無重張典当他人及交加不明等
情，如有此情，賣主出頭支當，不涉銀主
之事。日后有能之日，再契面原主照贖，弔
侄仍主無干。今欲有憑，立賣繳字壹紙
付執為照。　隨愿壹紙批為照
光緒弍拾伍年弍月日立賣繳字人侄輿邦○
在見人　邦
代字人叔　官章　（押）

11-4-10-7　清光緒二十五年二月温輿邦立賣繳底面全民田字

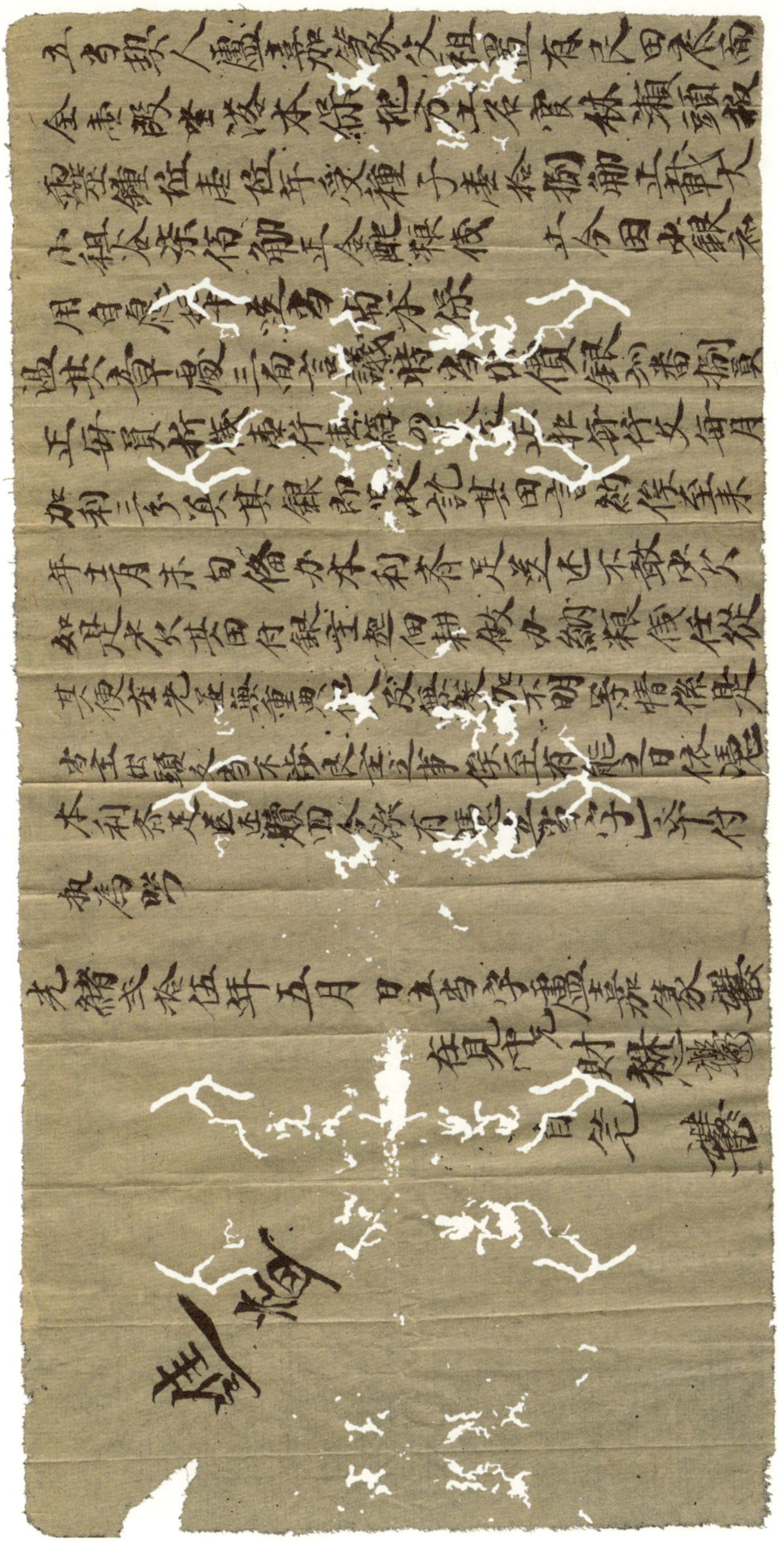

11-4-10-8　清光緒二十五年五月盧嘉篆立當底面全民田契

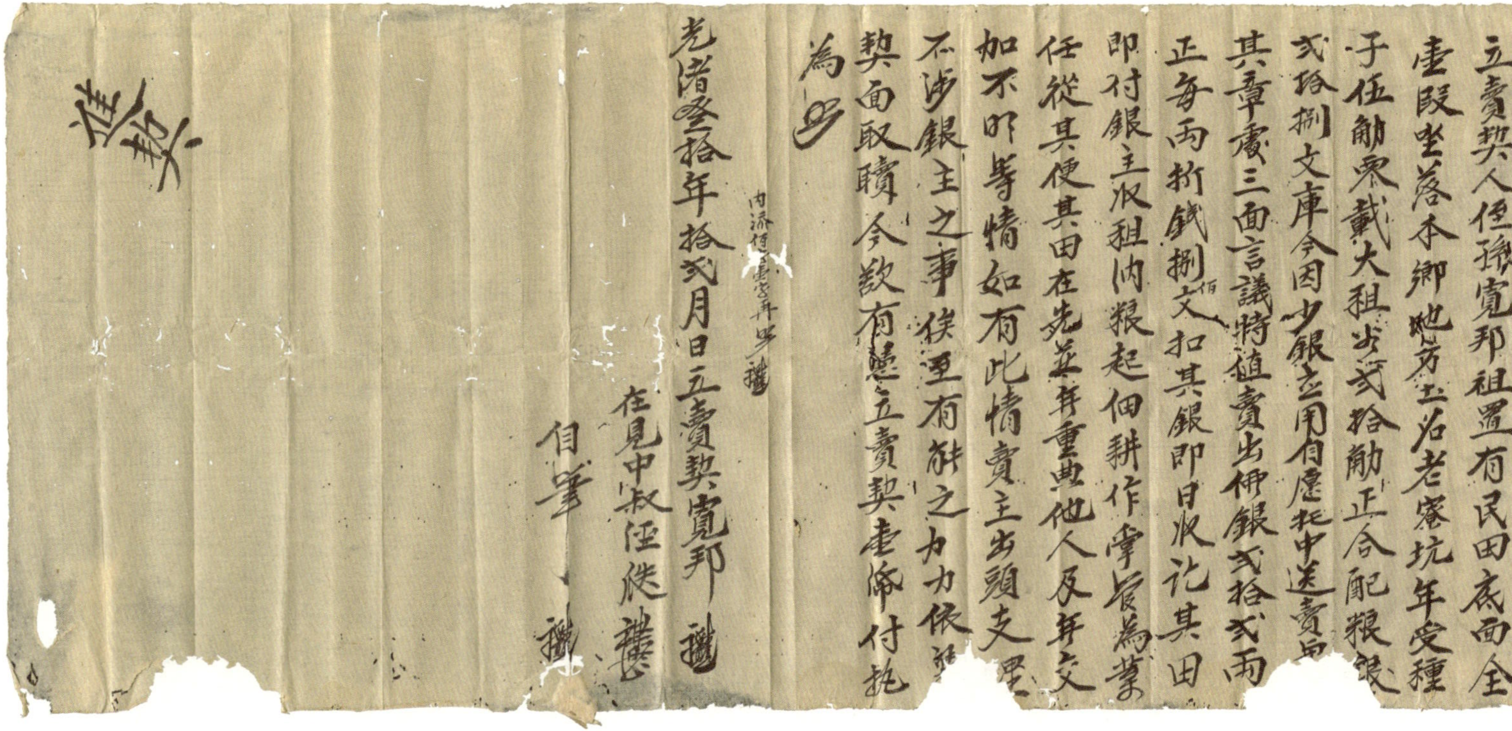
立賣契人侄孫寬邦祖置有民田底面全
壹段坐落本鄉地方土名老寮坑年受種
子伍觔眾載大租出弍拾觔正合配粮銀
弍拾捌文庫今因少銀應用自愿托中送賣與
其章處三面言議時值賣出佛銀弍拾弍兩
正每兩折錢捌佰文扣其銀即日收訖其田
即付銀主收租納粮起佃耕作管爲業
任從其便其田在先並無重典他人及無文
加不明等情如有此情賣主出頭支當
不涉銀主之事候至有拼之力力依照
契面取贖今欲有憑立賣契壹紙付執
爲照
内添佰字壹个再照
光緒叁拾年拾弍月日立賣契寬邦（押）
在見中叔侄傑（押）
自筆（押）
進契

11-4-10-9　清光緒三十年十二月温寬邦立賣底面全民田契（一）

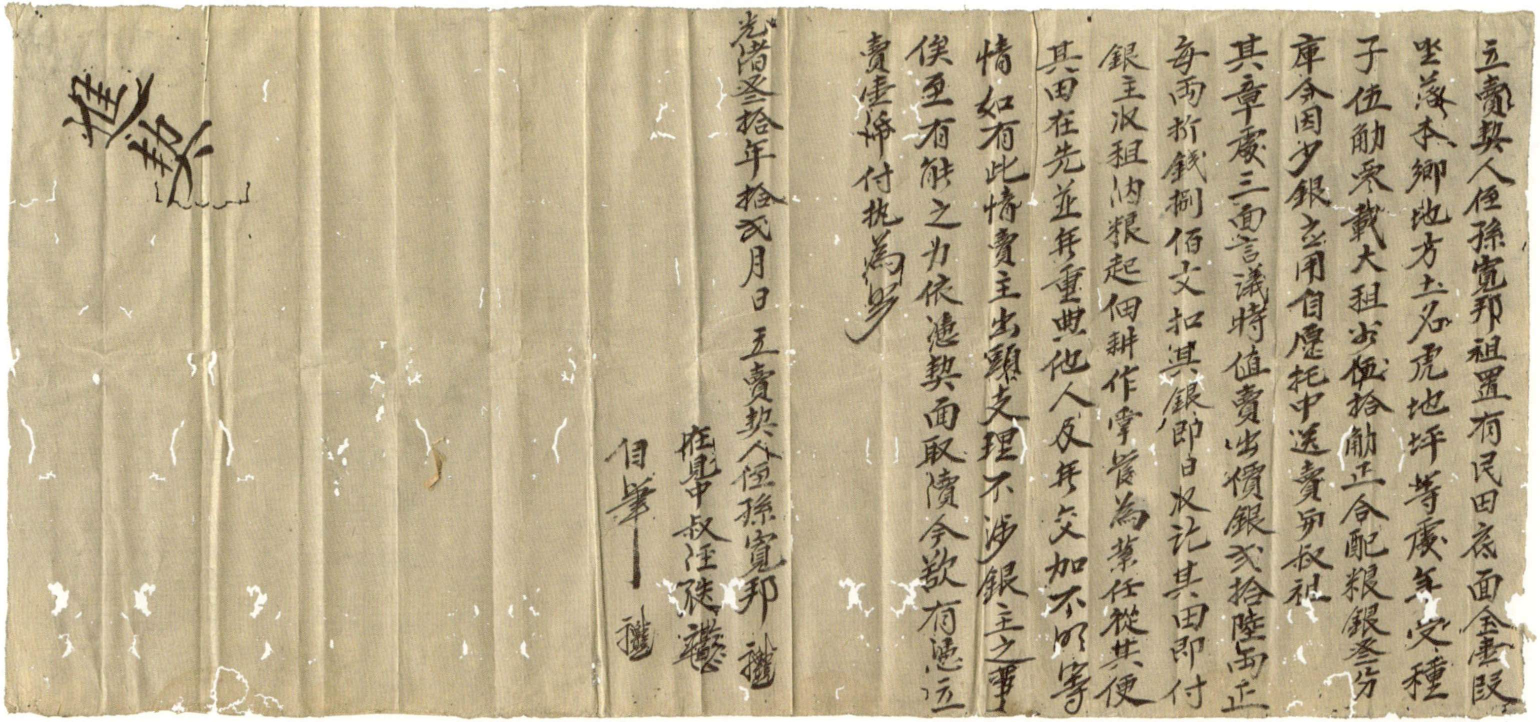

立賣契人侄孫寬邦祖置有民田底面全壹段
坐落本鄉地方土名虎地坪等處年完種
子伍觔柒載大租出伍拾觔正合配粮銀叁分
庫今因少銀応用自愿托中送賣與叔祖
其章處三面言議特值賣出價銀弍拾陸両正
每両折錢捌佰文扣淇銀即日收訖其田即付
銀主收租納粮起佃耕作掌管為業任從其便
其田在先並無重典他人及年交加不明等
情如有此情賣主出頭支理不涉銀主之事
侯至有能之力依遠契面取贖今欲有憑立
賣盡斷付執為炤
光緒叁拾年拾弍月　日　立賣契人侄孫寬邦（押）
在見中叔汪陞（押）
代筆一（押）
推收

11-4-10-10　清光緒三十年十二月温寬邦立賣底面全民田契（二）

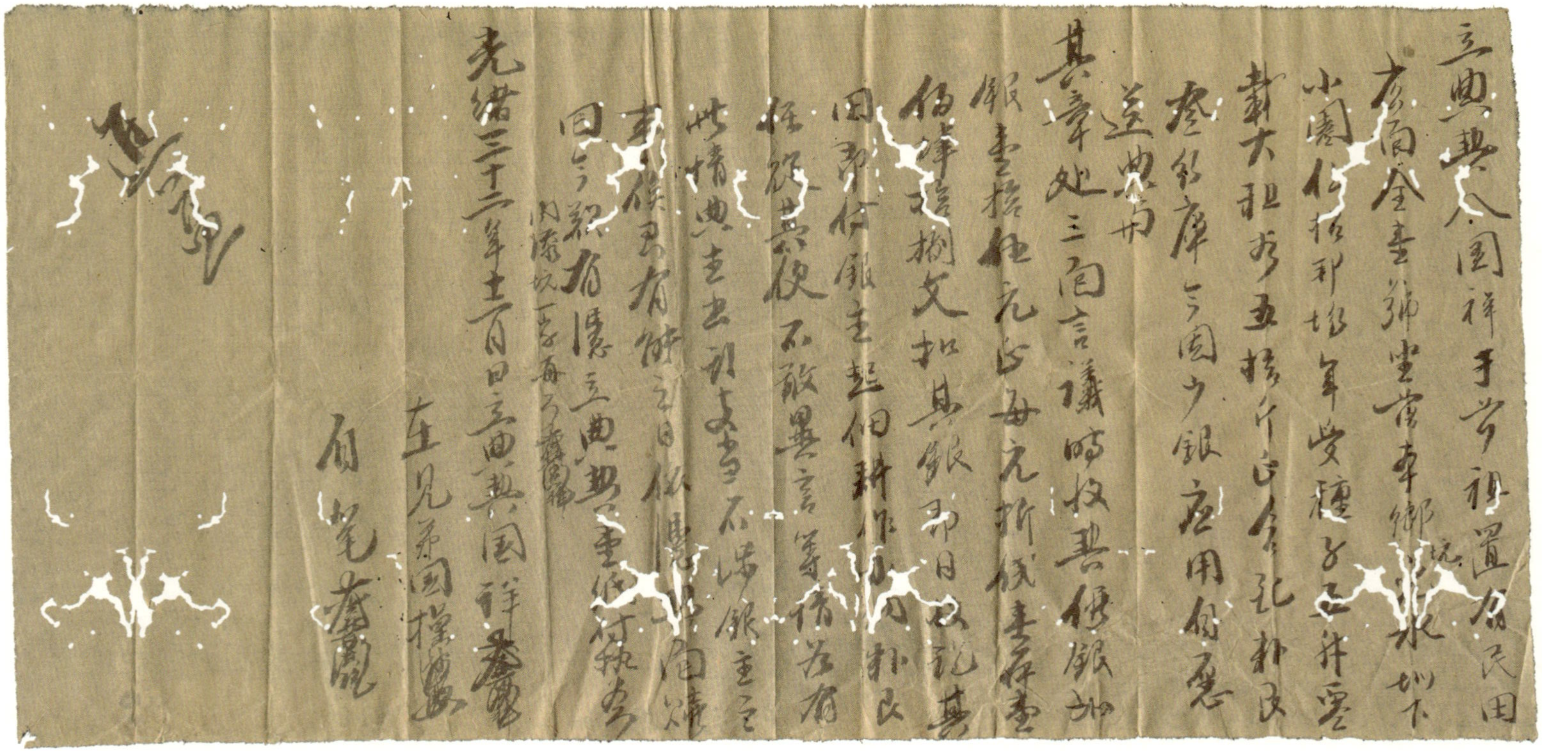

11-4-10-11　清光緒三十二年十二月温国祥立典底面全民田契

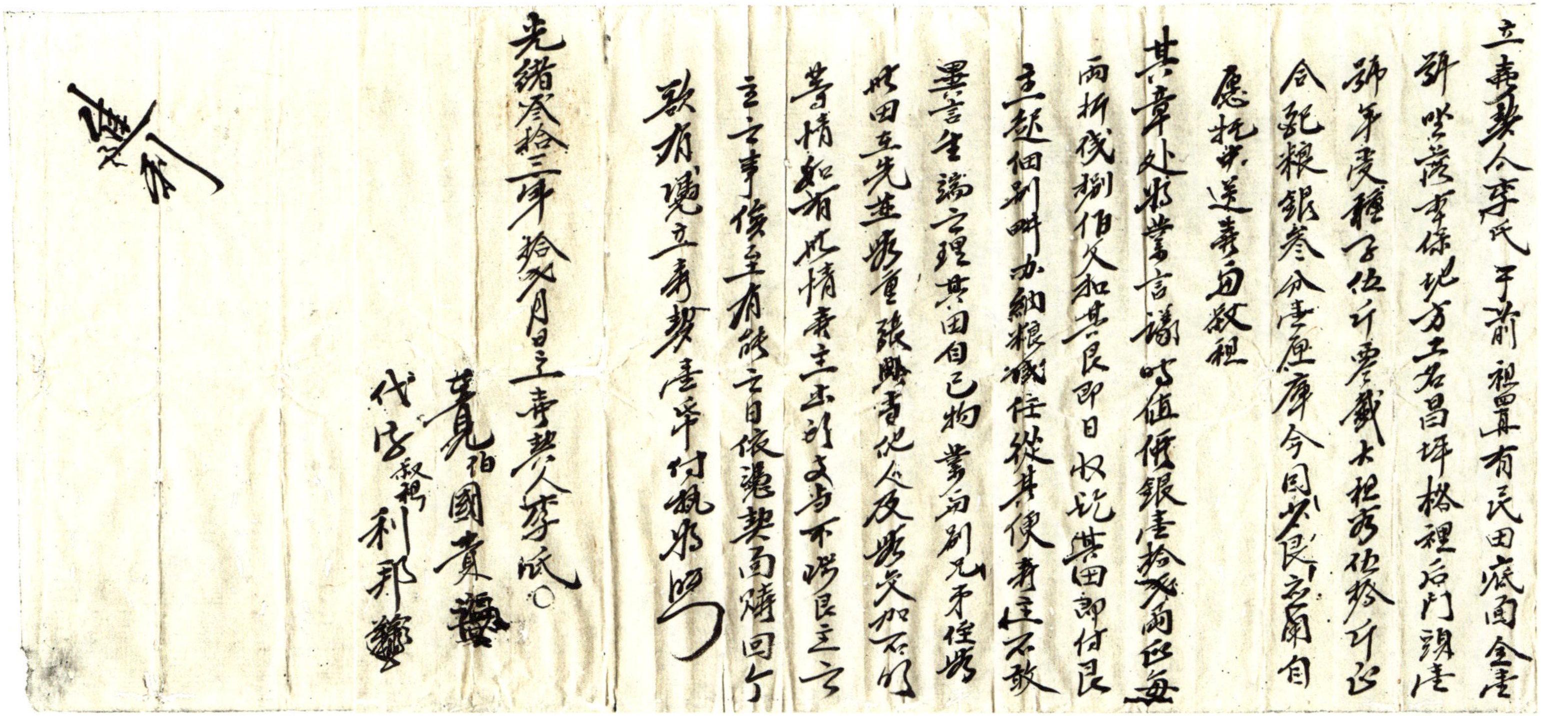

立賣契人李氏，于前祖置有民田底面全壹
號，坐落本保地方土名昌坪格裡后門頭壹
號，年受種子伍斤，覃載大租谷伍拾斤，正
合配粮銀叁分壹厘，今因乏銀應用，自
愿托中送賣與溫敘祖
其業，三面言議，時值價銀壹拾貳兩正，每
兩折錢捌伯文和，其銀即日收訖，其田即付銀
主起佃別耕，办納粮職，任從其便，賣主不敢
異言生端之理。其田自己物業，與別兄弟侄叔
無干，先並無重張典當他人交加不明
等情，如有此情，賣主出頭支當，不涉銀主之
事。今後至有能之日，依還契面價回
欲有憑，立賣契壹紙付執為照。

光緒叁拾三年拾貳月　日立賣契人李氏○
在見伯　國貴（押）
代字叔祖　利邦（押）

11-4-10-12　清光緒三十三年十二月李氏立賣底面全民田契

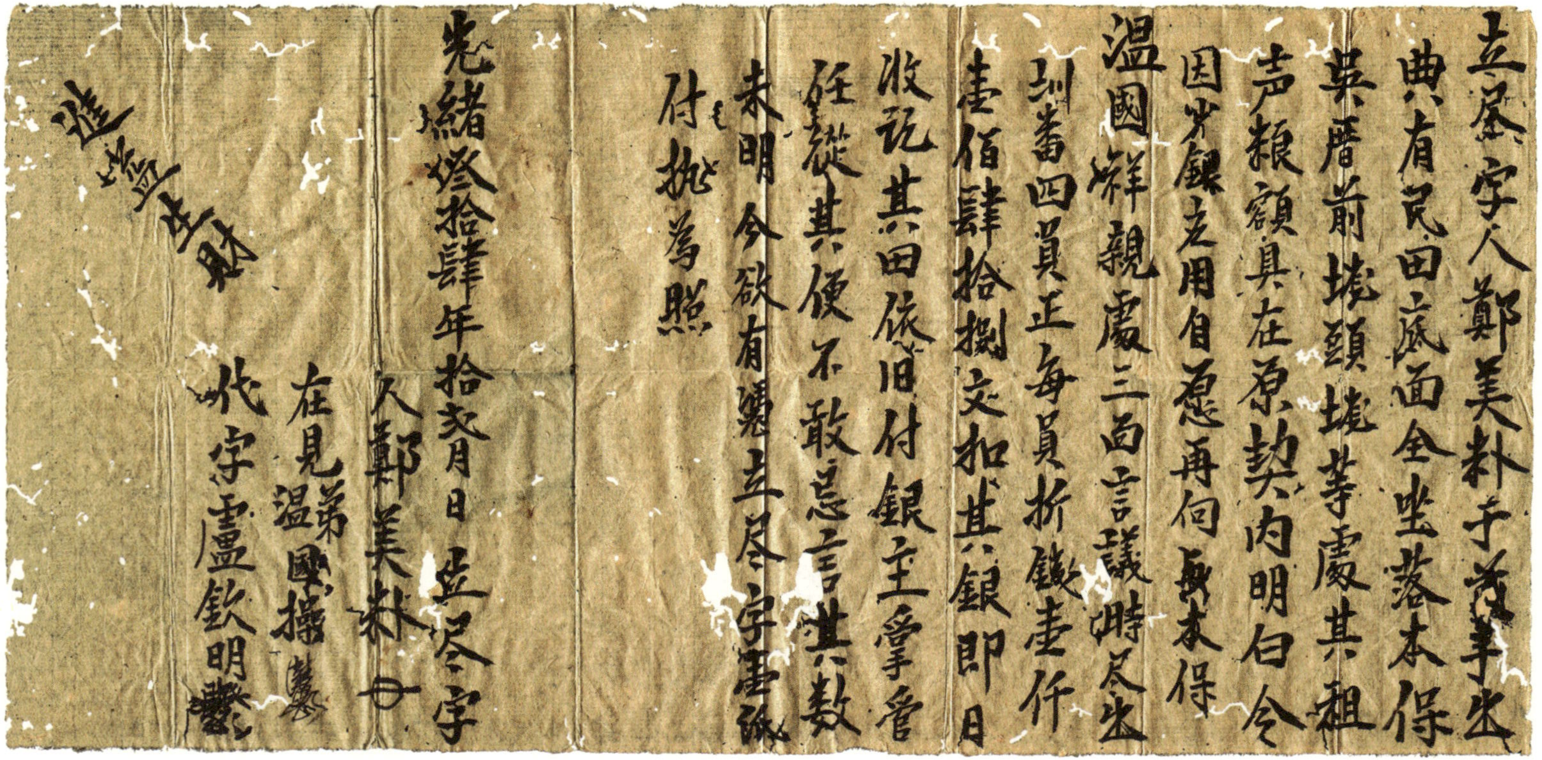

立盡字人鄭美朴，于承父手出典有民田底面全，坐落本保土名暦前垅頭垅等處，其租声粮額具在原契內明白。今因少銀乏用，自愿再向原本保溫國祥親處三面言議，時盡出洋番四員正，每員折錢壹仟壹佰肆拾捌文扣，其銀即日收訖。其田依旧付銀主掌管，任從其便，不敢異言。其數未明，今欲有憑，立盡字壹紙付執爲照。

光緒叁拾肆年拾弍月　日　立盡字人鄭美朴（押）

在見弟溫國擄（押）

代字盧欽明（押）

進益生財

11-4-10-13　清光緒三十四年十二月鄭美朴立盡底面全民田字

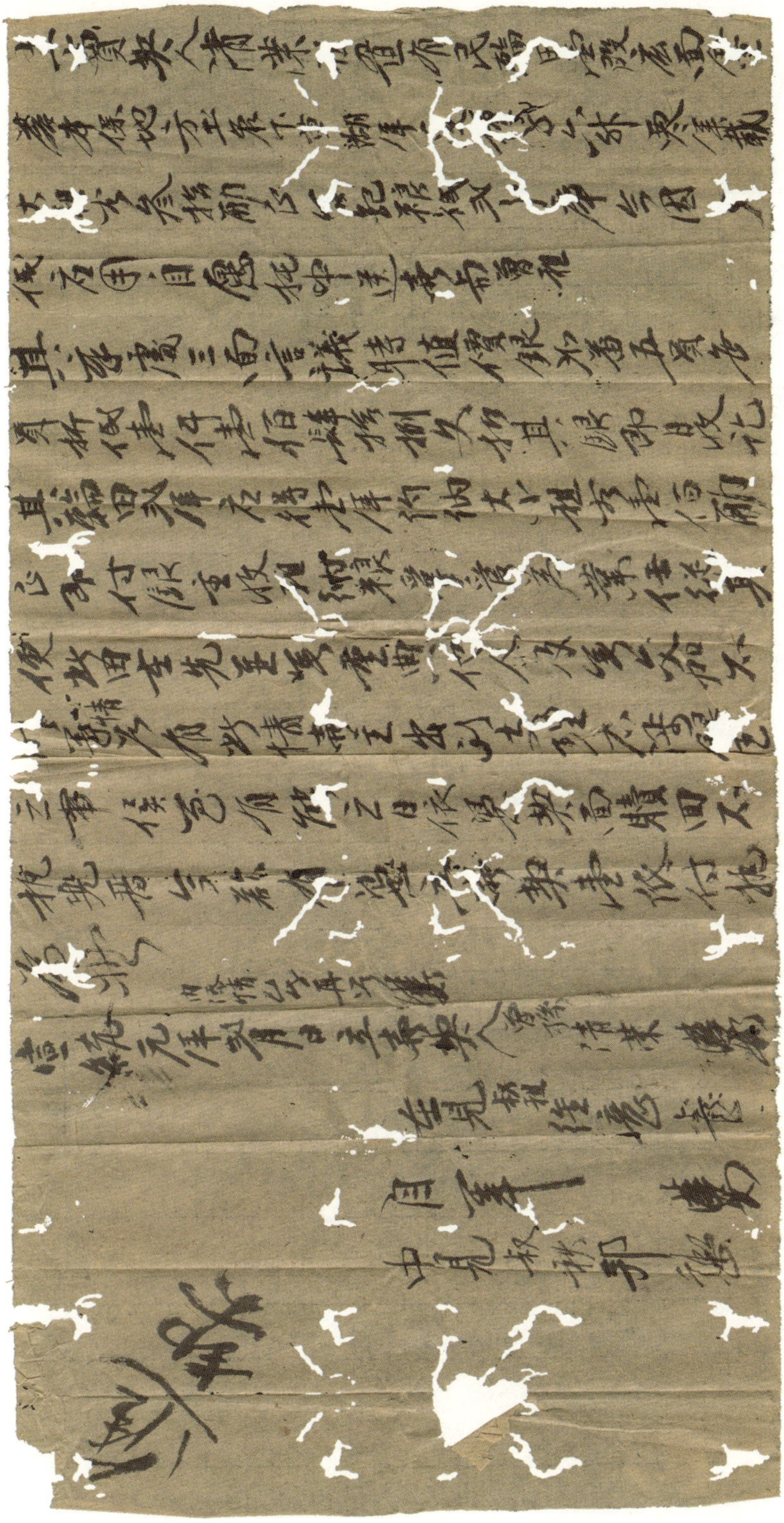

11-4-10-14　清宣統元年二月温清荣立賣底面全民輪田契

11-4-10-15　清宣統二年十二月温茂進立賣底面全民田契（紅契）

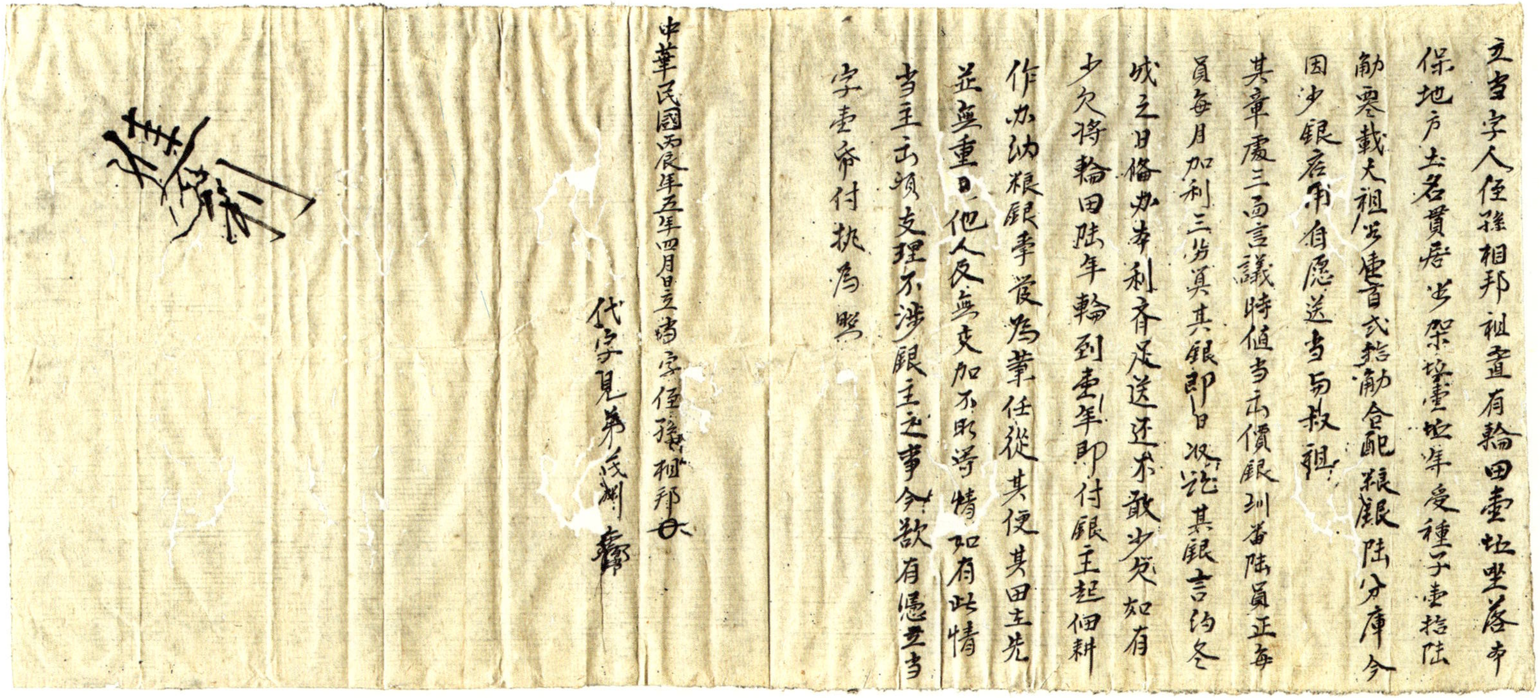

立當字人侄孫相邦，祖置有輪田壹坵，坐落本
保地方土名貫厝山架坵壹坵，年受種子壹拾陆
觔零，載大租谷壹百弍拾觔，倉配粮銀陆分庫，今
因乏銀應用，自愿送当与叔祖
其章處三面言議，時值当出價銀川番陆員正，每
員每月加利三分算，其銀即日收訖。其銀言約冬
成之日備办本利，齊足送还，不敢少欠。如有
少欠，將輪田陆年輪到壹年，即付銀主起佃耕
作，办納粮銀，季管為業，任從其便。其田立先
並無重当他人，及無交加不明等情，如有此情
当主出頭支理，不涉銀主之事。今欲有憑，立当
字壹帋付执為照。

中華民國丙辰年五年四月　日立當字侄孫相邦（押）
代字見弟氏渊（押）

11-4-10-16　民國五年四月温相邦立當輪田字

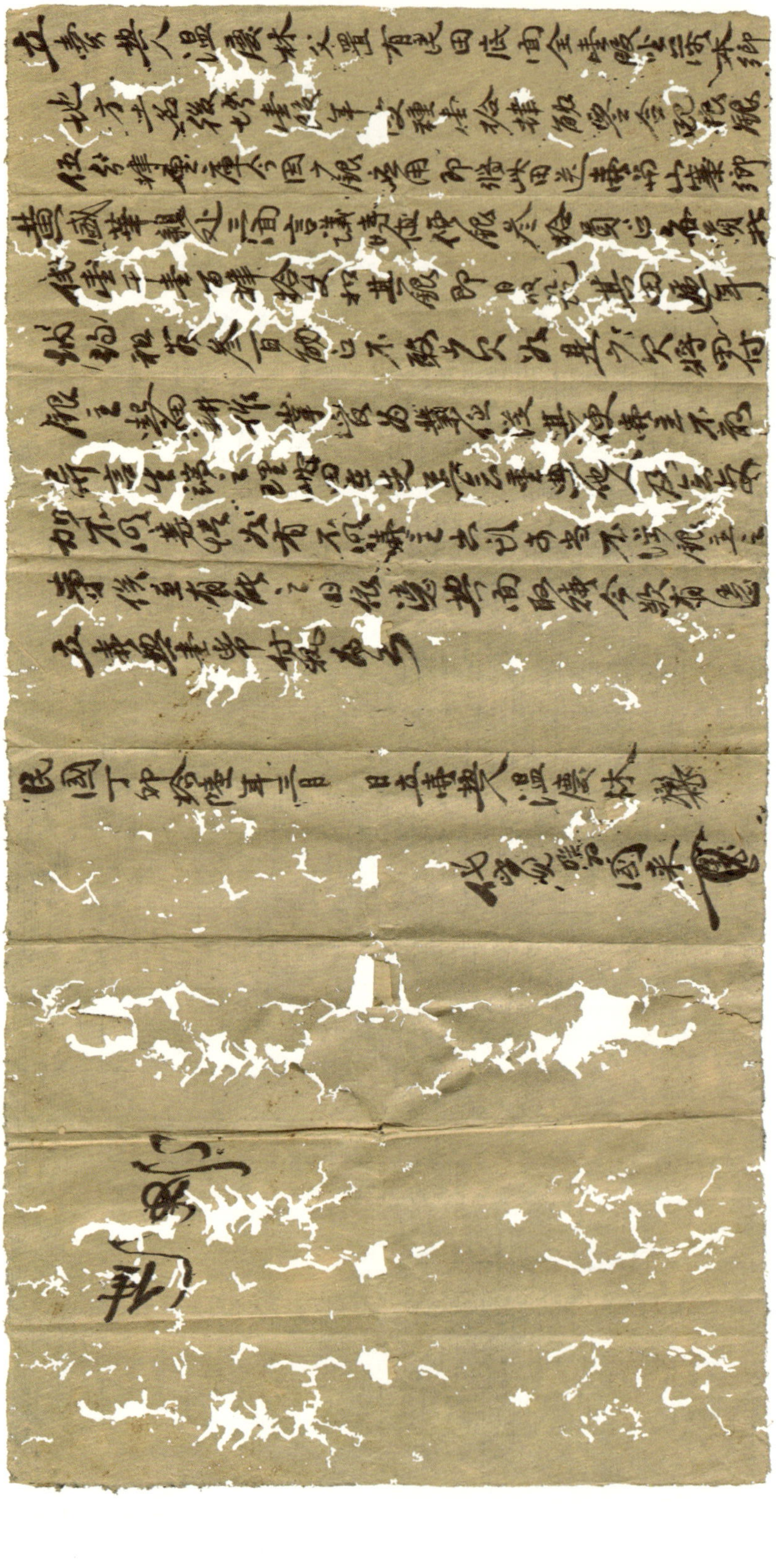

11-4-10-17　民國十六年三月温慶林立賣底面全民田契

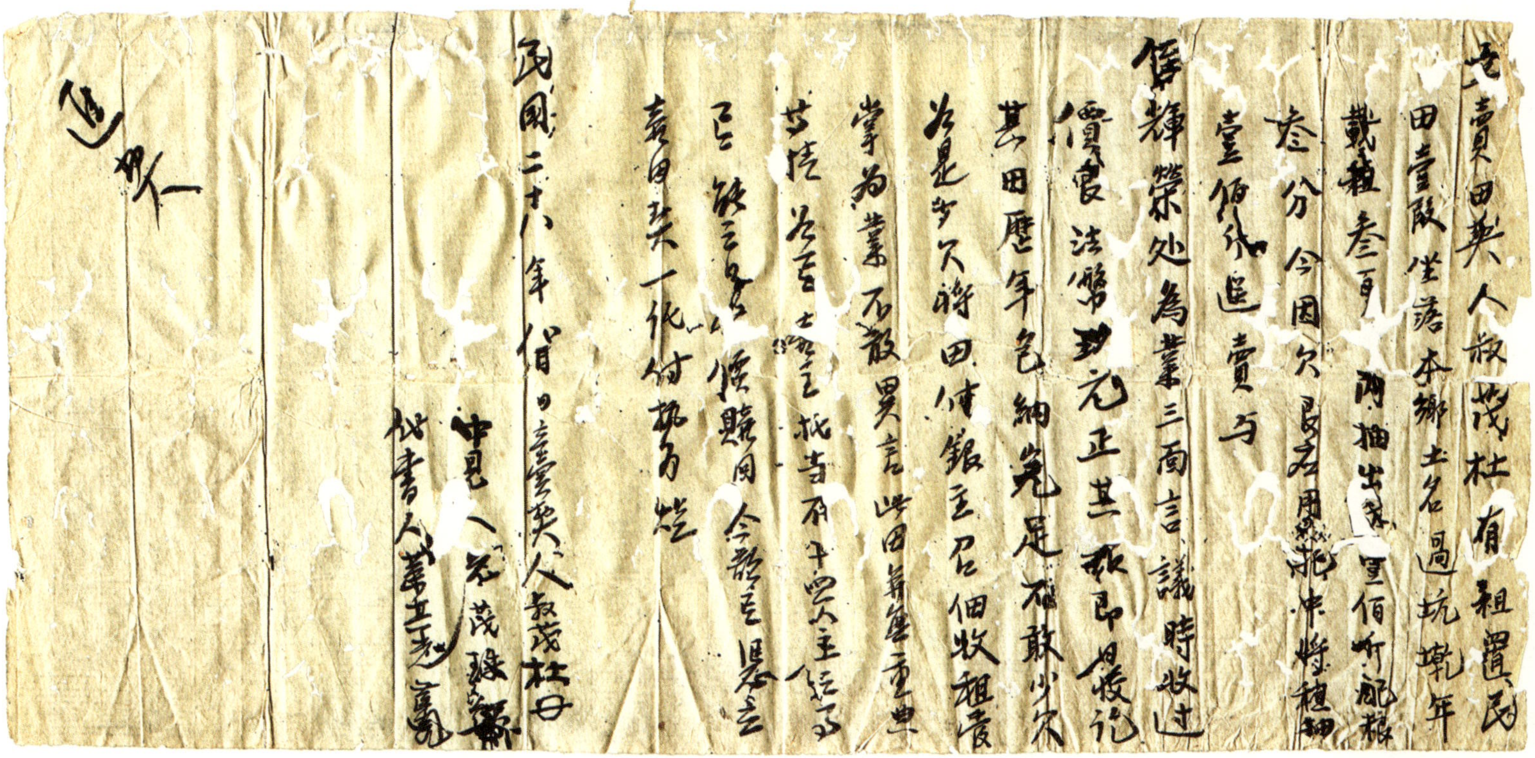

立賣田契人叔茂杜，有祖置民
田壹段，坐落本鄉土名過坑墘，年
載租叁百，內抽出壹佰斤配粮
叁分。今因欠艮應用，托中將租[illegible]
壹佰斤退賣与
侄輝榮出為業。三面言議，時收過
價艮法幣玖元正。其艮即日收訖，
其田歷年自納完足，不敢少欠。
如是少欠，將田付銀主召佃收租，管
掌為業，不敢異言。此田自售重典
其情兄弟叔侄托當，不干買主之事。
之後銀到之日價贖回。今欲有憑，立
賣田契一紙，付執為照。
民國二十八年八月日 立賣契人叔茂杜（押）
中見人 兄茂璉（押）
代書人 葉立芝（押）
過契人

11-4-10-18 民國二十八年八月温茂杜立賣民田契

第五帙　温氏祠堂

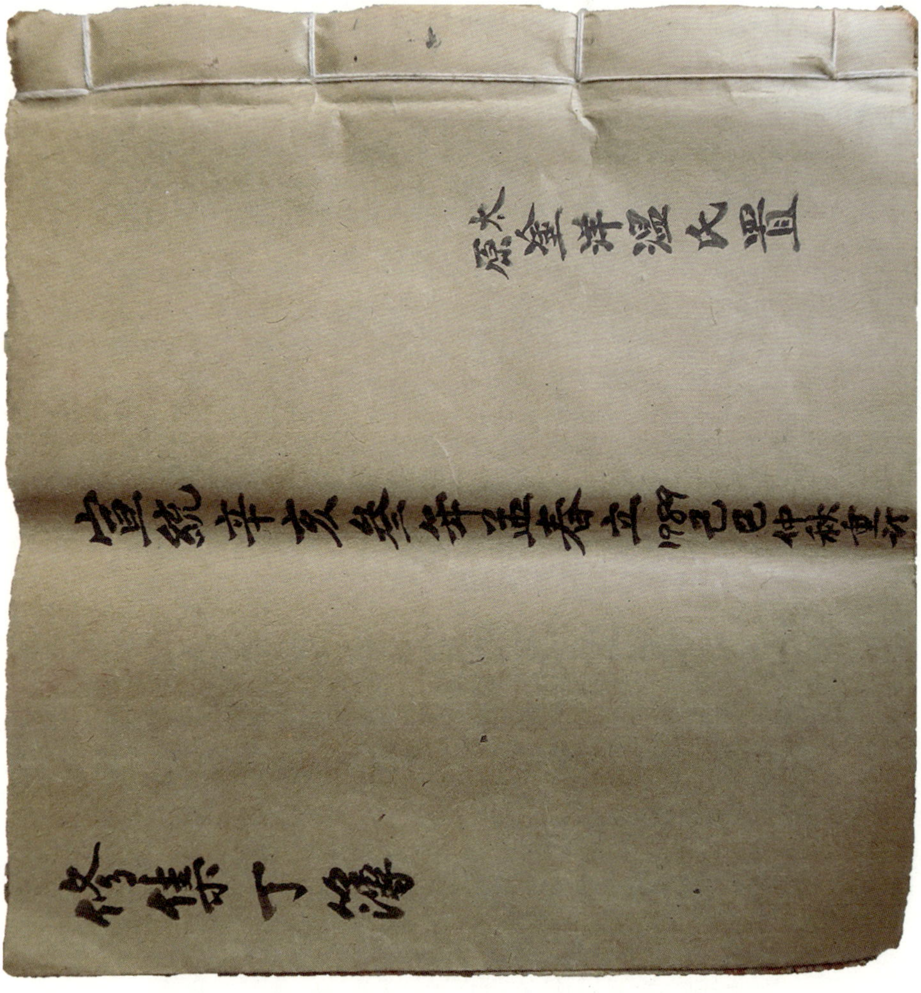

11–5–1–1　清宣统三年塗洋温氏置修集丁簿（一）

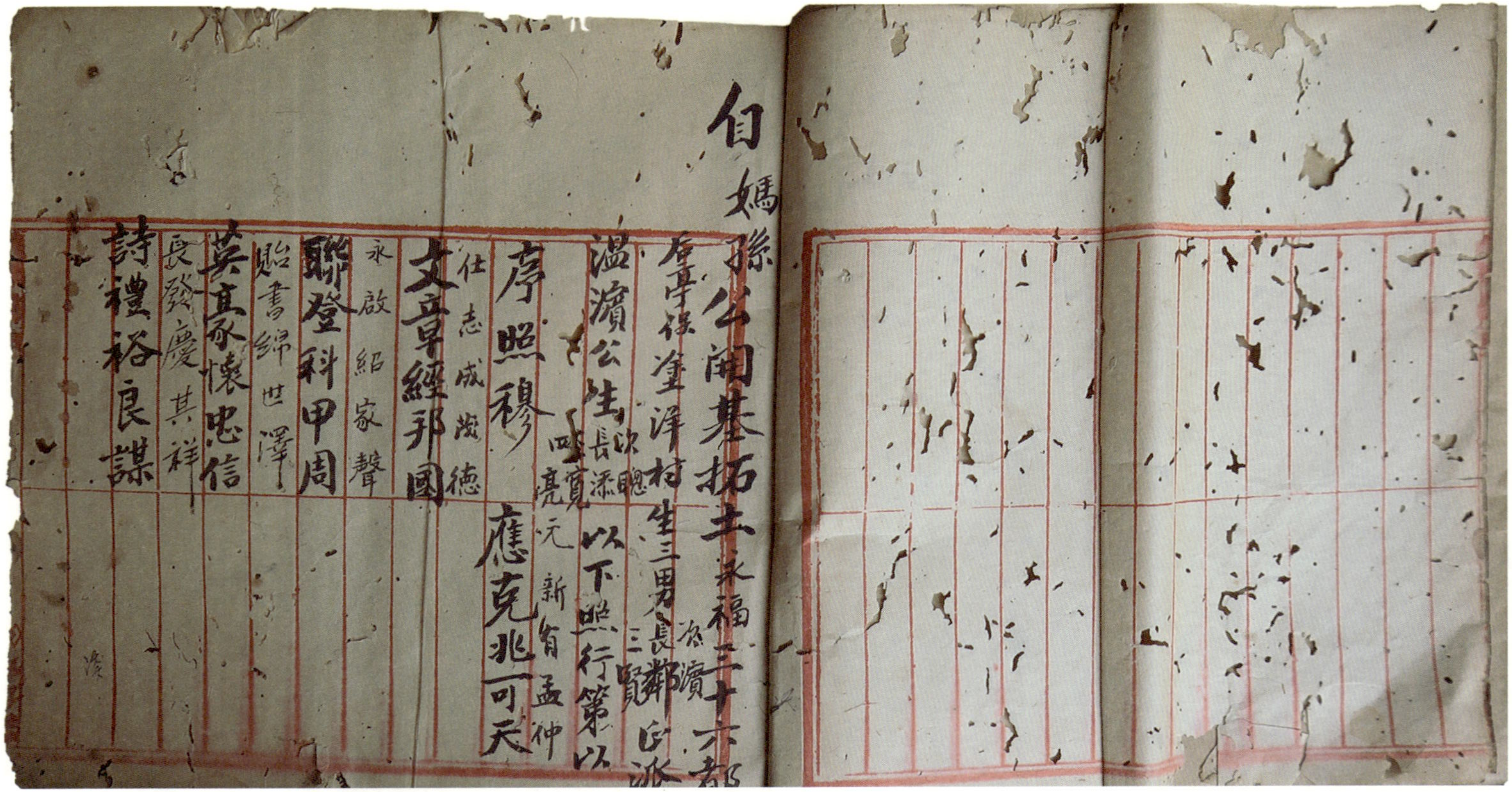
自嬀孫公開基拓土永福二十六都
居亭後塗洋村生三男長鄰正派次濱三賢
溫濱公生長添次聰四寬以下照行第以
亮元新肯孟仲
序照穆
應克兆可天
仕志成淑德
文章經邦國
永啟紹家聲
聯登科甲周
貽書錦世澤
英直承懷忠信
良發慶其祥
詩禮裕良謀

11-5-1-2　清宣統三年塗洋溫氏置修集丁簿（二）

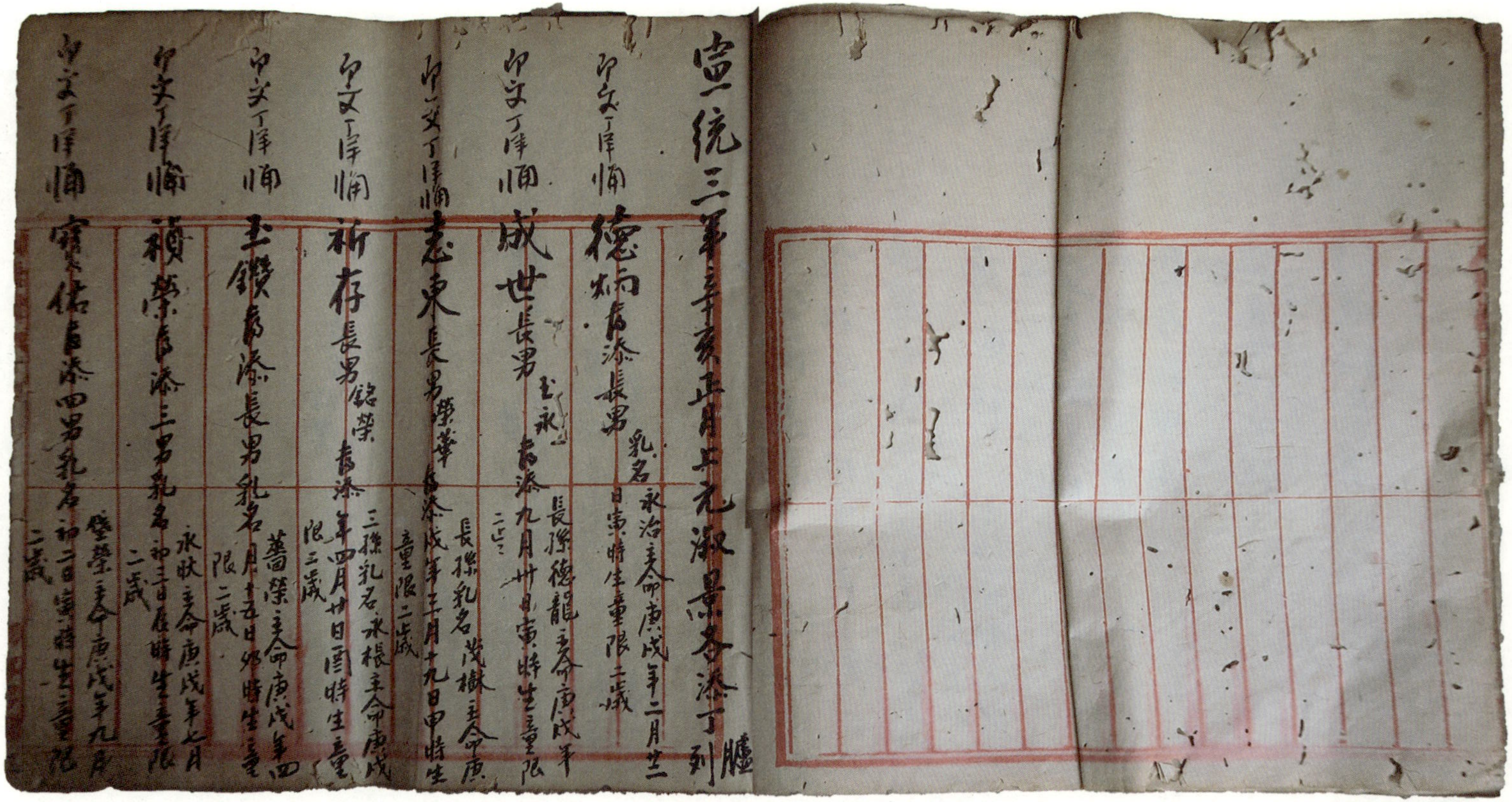

11-5-1-3 清宣統三年塗洋温氏置修集丁簿（三）

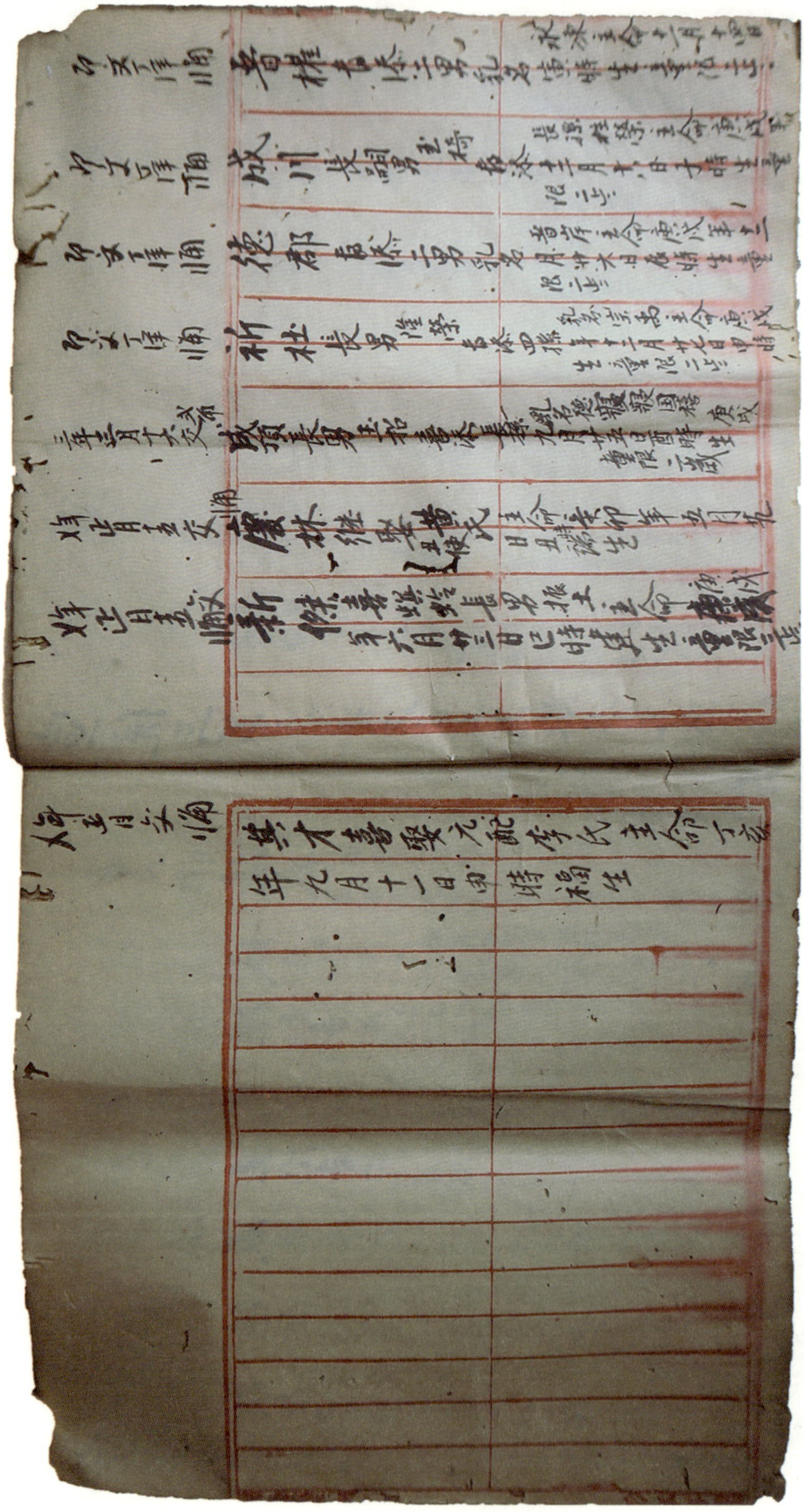

11-5-1-4　清宣統三年塗洋温氏置修集丁簿（四）

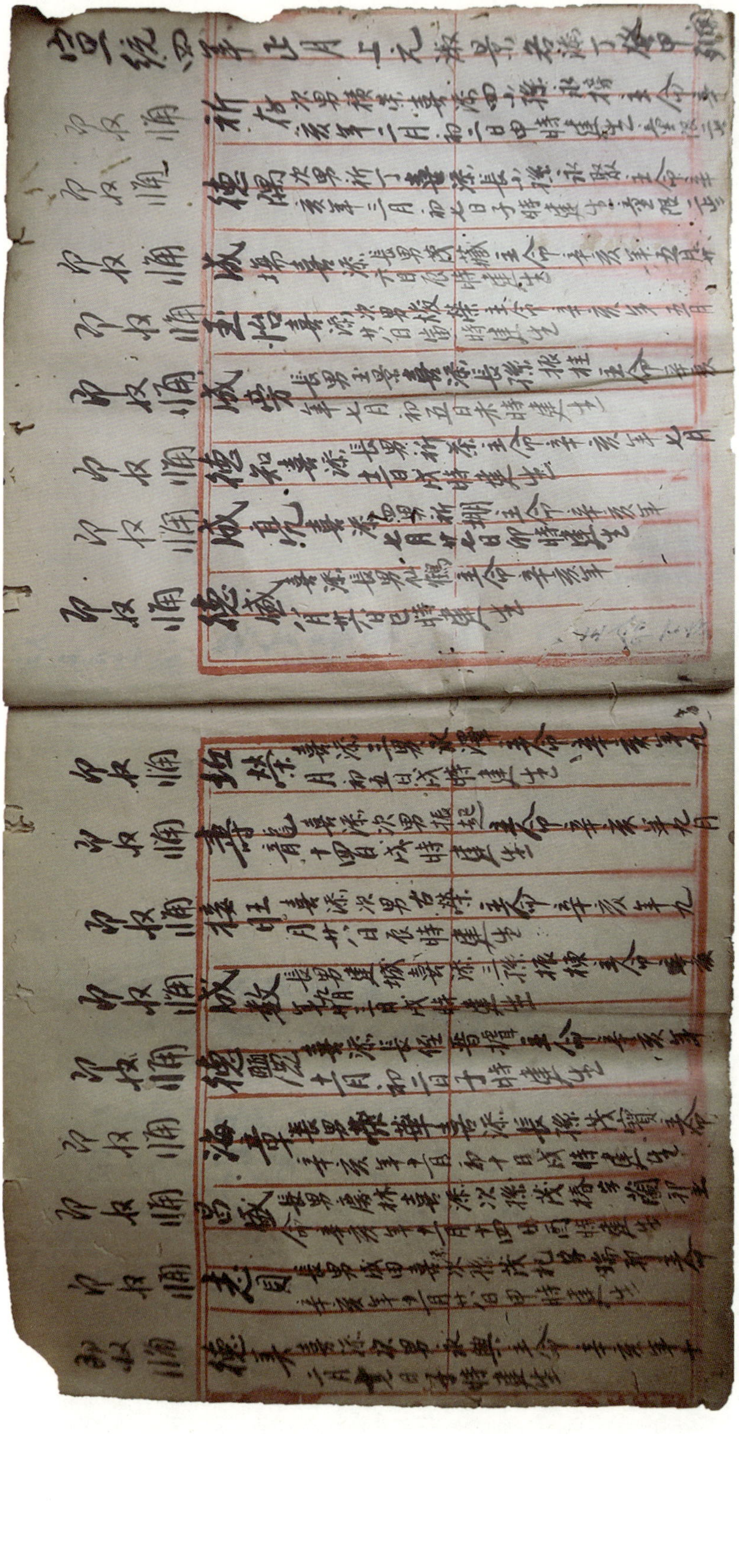

11–5–1–5　清宣統三年塗洋温氏置修集丁簿（五）

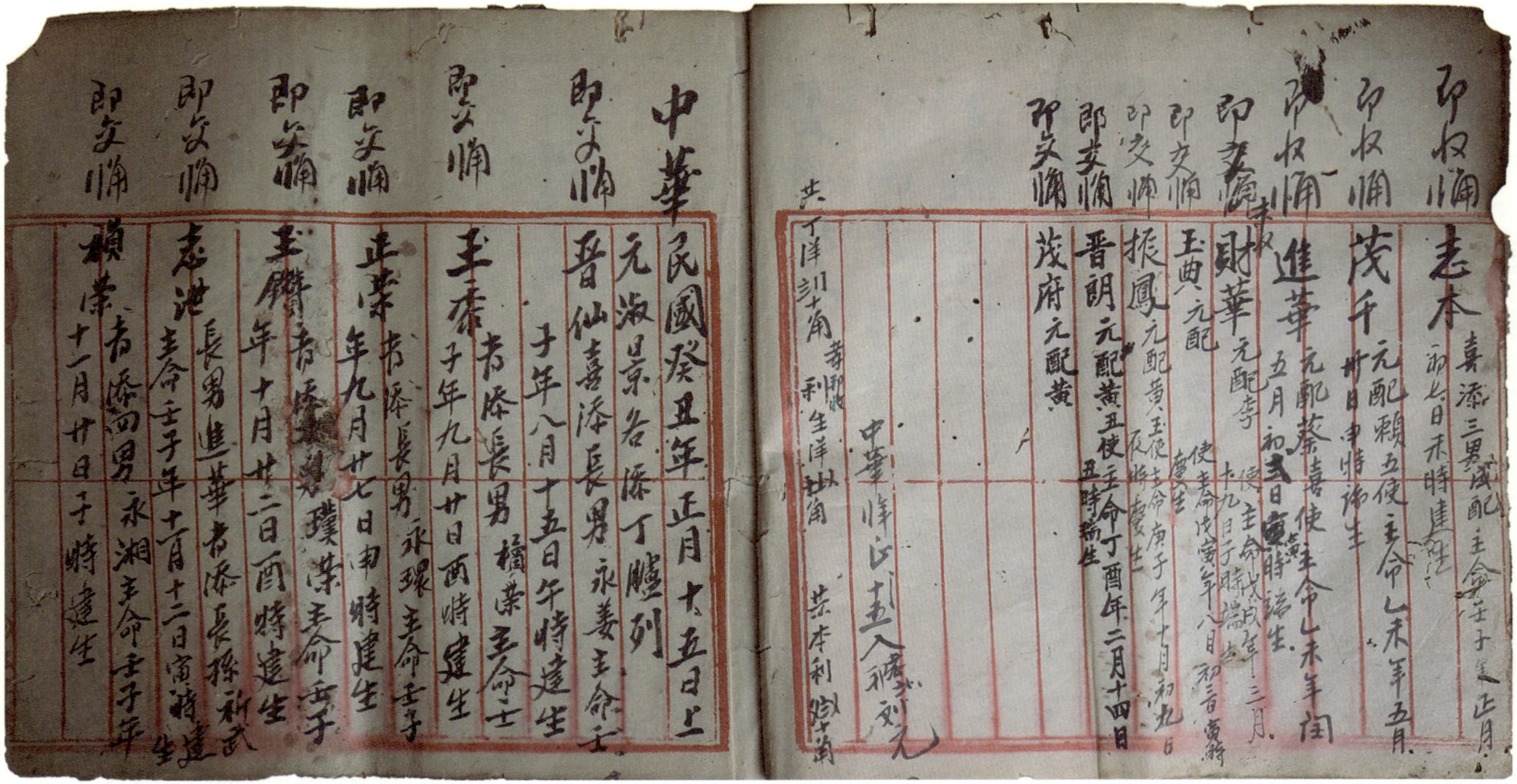

11-5-1-6　清宣統三年塗洋温氏置修集丁簿（六）

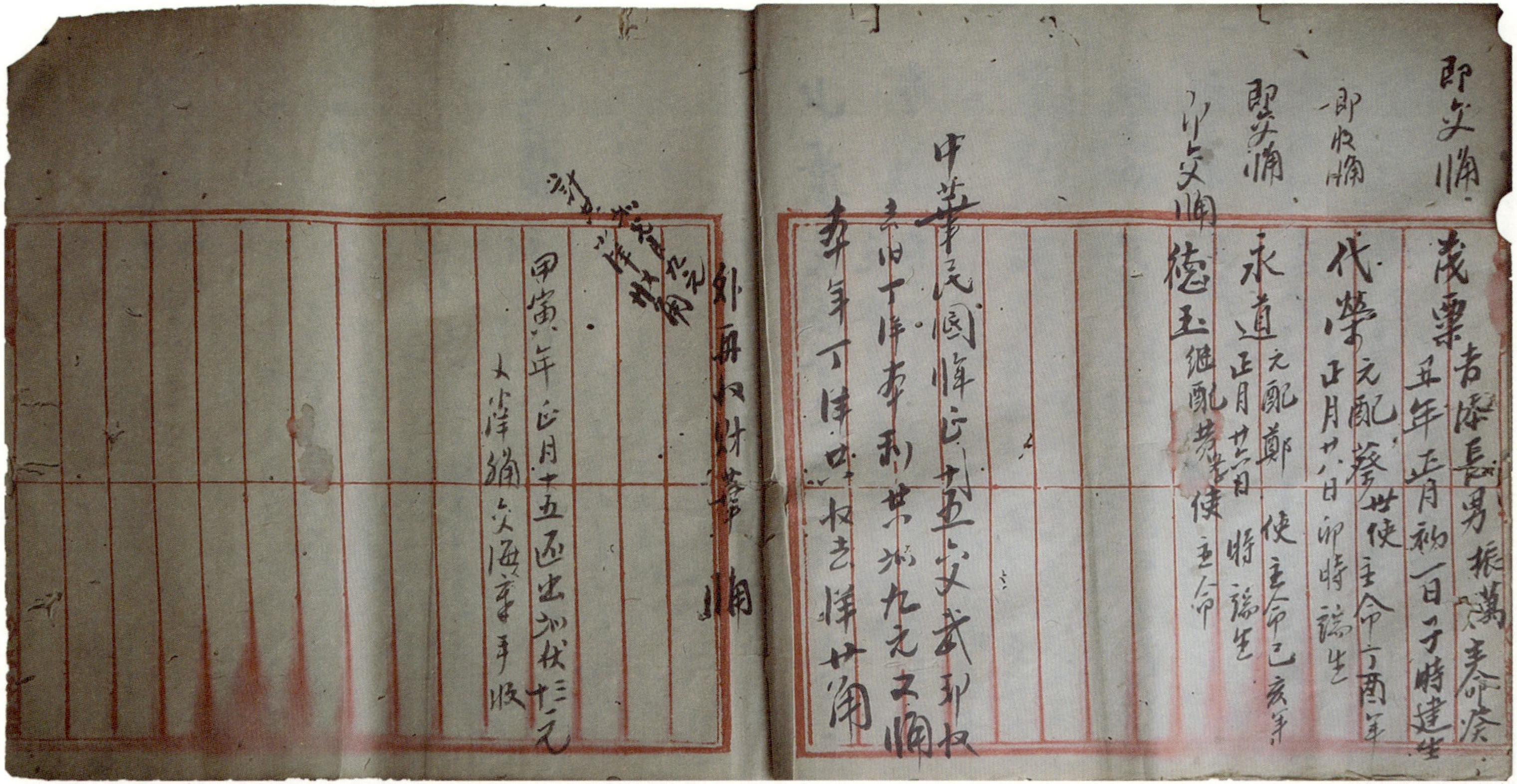
即交俑
一即收俑
即交俑
[illegible]交俑
茂粟　吉添長男　振萬　妻命癸
丑年正月初一日子時建生
代學　元配蔡世使　主命丁酉年
正月廿六日卯時瑞生
永道　元配鄭　使　主命己亥年
正月廿二日　時瑞生
德玉　繼配黃[illegible]使　主命
中華民國陸年正月十五日交武郭收
未旧十伴奉利其洪九元之俑
奉年丁伴出收去洋廿俑
外再收財帶俑
甲寅年正月十五區出加收十三元
大洋編交海亭手收

11-5-1-7　清宣統三年塗洋温氏置修集丁簿（七）

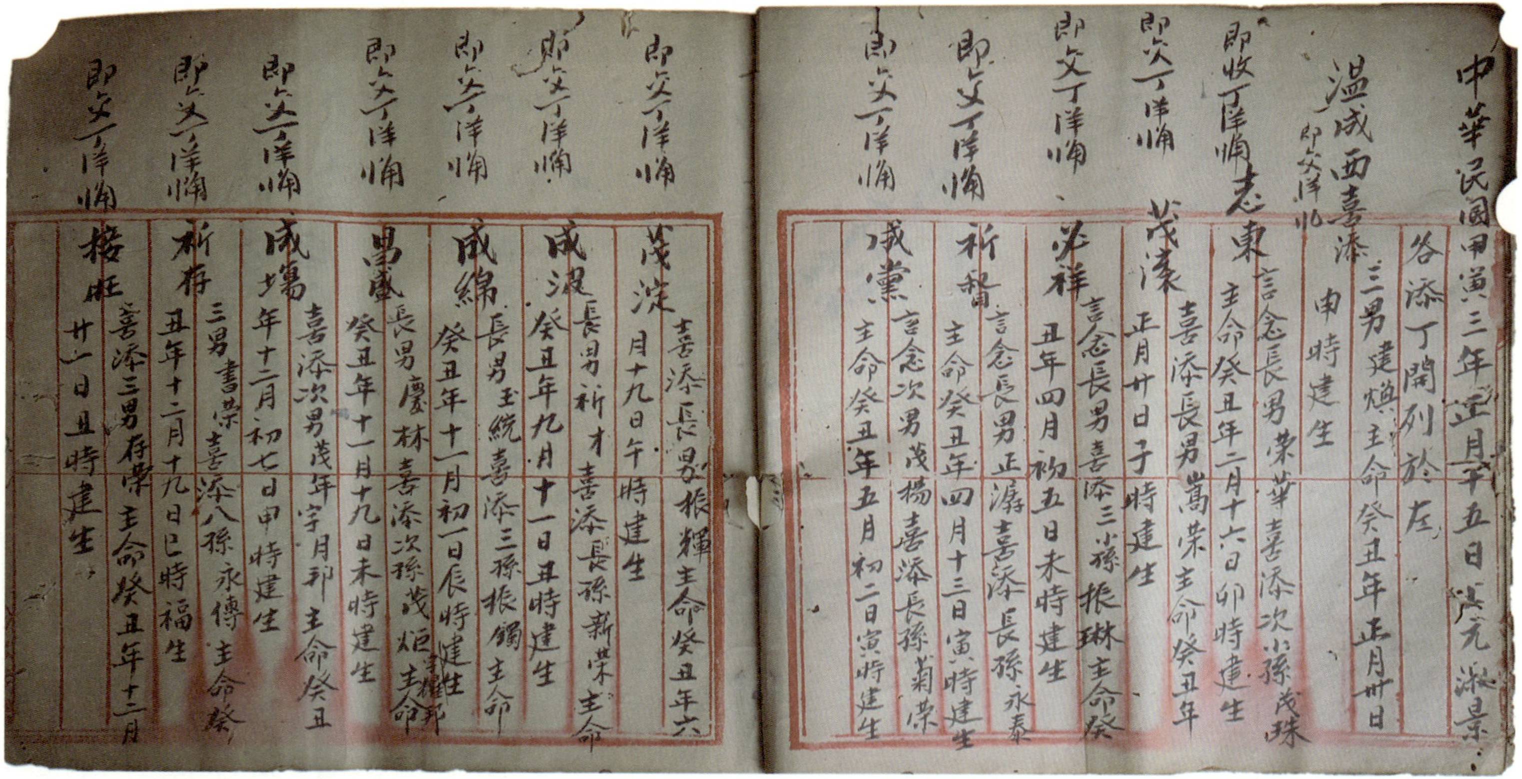
中華民國甲寅三年正月廿五日□元淑景
各添丁開列於左
温成西喜添三男建熾主命癸丑年正月廿日
即交洋收　申時建生
即收丁洋備　志東　言念長男榮華喜添次小孫茂珠
主命癸丑年二月十六日卯時建生
即交丁洋備　茂濠　喜添長男嵩榮主命癸丑年
正月廿日子時建生
即交丁洋備　必祥　言念長男喜添三小孫振琳主命癸
丑年四月初五日未時建生
即交丁洋備　祈晉　言念長男正濂喜添長孫永泰
主命癸丑年四月十三日寅時建生
即交丁洋備　成棠　言念次男茂揚喜添長孫菊榮
主命癸丑年五月初二日寅時建生
即交丁洋備　茂淀　喜添長男振輝主命癸丑年六
月十九日午時建生
即交丁洋備　成淑　長男祈才喜添長孫新榮主命
癸丑年九月十一日丑時建生
即交丁洋備　成綿　長男玉統喜添三孫振鐲主命
癸丑年十一月初一日辰時建生
即交丁洋備　昌盛　長男慶林喜添次孫茂炬主命
癸丑年十一月十九日未時建生
即交丁洋備　成瑞　喜添次男茂年字月耶主命癸丑
年十二月初七日申時建生
即交丁洋備　祈存　三男書崇喜添八孫永傳主命癸
丑年十二月十九日巳時福生
即交丁洋備　接旺　喜添三男存崇主命癸丑年十二月
廿一日丑時建生

11-5-1-8　清宣統三年塗洋温氏置修集丁簿（八）

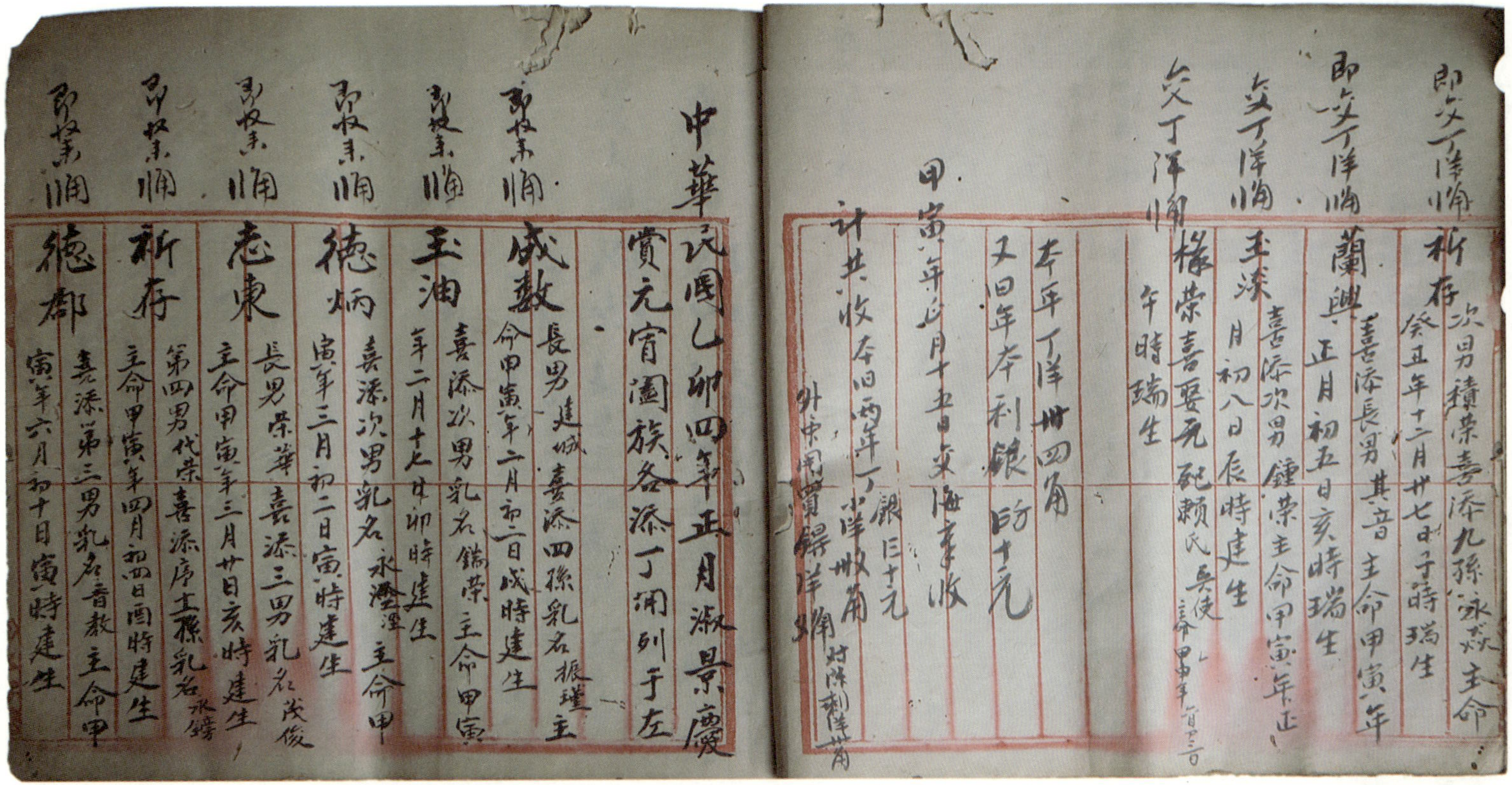
即交丁洋㑹　析存　次男積榮喜添九孫永焱　主命癸丑年十二月廿七日子時瑞生
即交丁洋㑹　蘭興　喜添長男其音　主命甲寅年正月初五日亥時瑞生
交丁洋㑹　玉淡　喜添次男鍾榮　主命甲寅年正月初八日辰時建生
交丁洋㑹　椽榮　喜娶元配賴氏　午時瑞生
本年丁洋卅四角
又旧年本利銀　叻十元
甲寅年正月十五日交海章收
計共收本旧兩年丁銀三十元　小洋卌角
外東周賢錫洋㑹

中華民國乙卯四年正月淑景慶賞元宵闔族各添丁㑹列于左
即收未㑹　成數　長男建城　喜添四孫乳名振瑾　主命甲寅年二月初二日戌時建生
即收未㑹　玉油　喜添次男乳名錦榮　主命甲寅年二月十七日卯時建生
即收未㑹　德炳　喜添次男乳名永瀅　主命甲寅年三月初二日寅時建生
即收未㑹　志東　長男榮華　喜添三男乳名茂俊　主命甲寅年三月廿日亥時建生
即收未㑹　析存　第四男代榮　喜添序五孫乳名永鏵　主命甲寅年四月初四日酉時建生
即收未㑹　德郁　喜添第三男乳名晉教　主命甲寅年六月初十日寅時建生

11-5-1-9　清宣統三年塗洋温氏置修集丁簿（九）

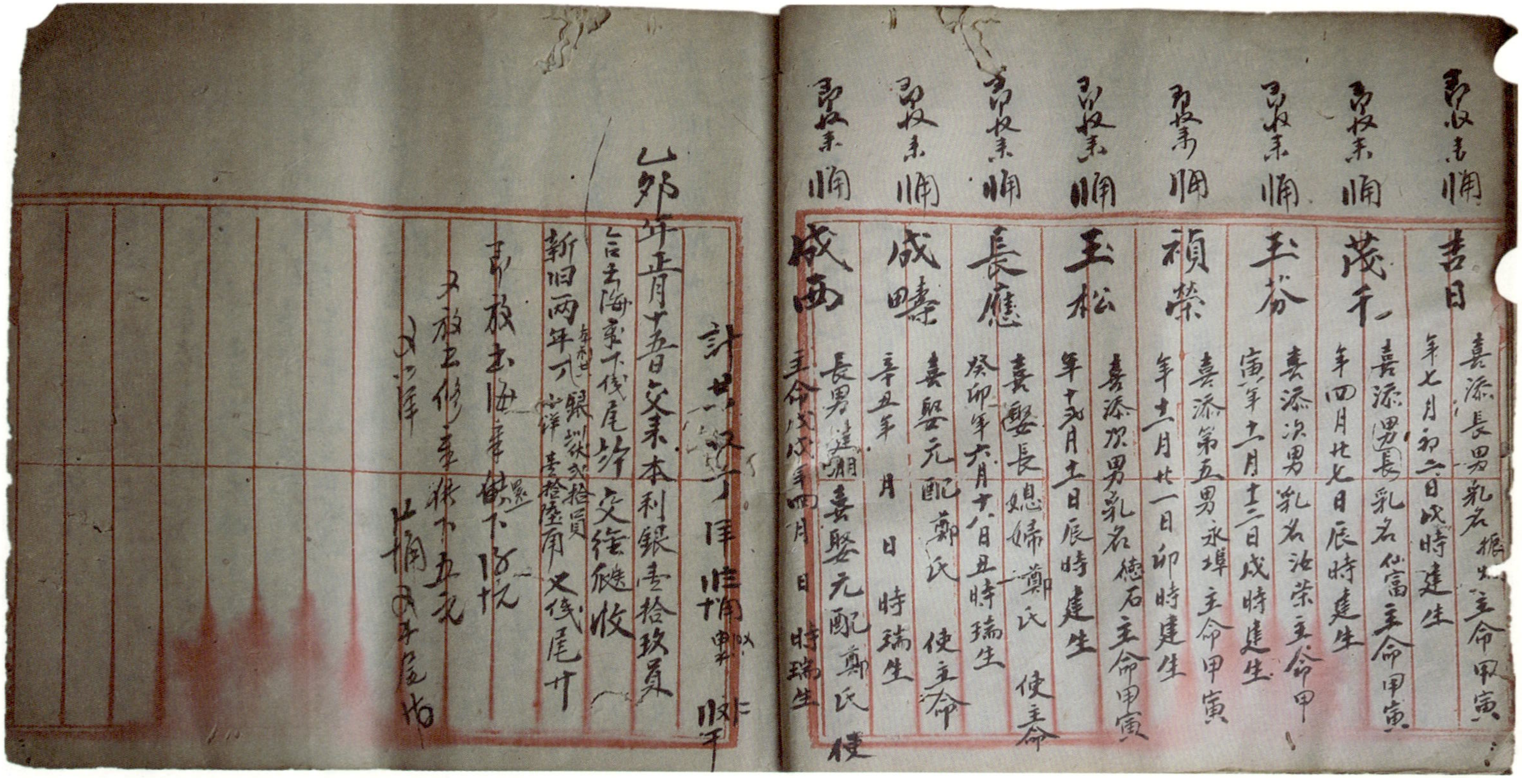

吉日　喜添長男乳名振□主命甲寅年七月初二日戌時建生

茂千　喜添男長乳名仙富主命甲寅年四月廿七日辰時建生

玉芬　喜添次男乳名治荣主命甲寅年十一月十二日戌時建生

禎榮　喜添第五男永埠主命甲寅年十一月廿一日卯時建生

玉松　喜添次男乳名德石主命甲寅年十九月十二日辰時建生

長應　喜娶長媳婦鄭氏　使主命癸卯年六月十八日丑時瑞生

成疇　喜娶元配鄭氏　使主命辛丑年　月　日　時瑞生

成西　長男達湘喜娶元配鄭氏　使主命戊戌年四月　日　時瑞生

11-5-1-10　清宣統三年塗洋温氏置修集丁簿（一〇）

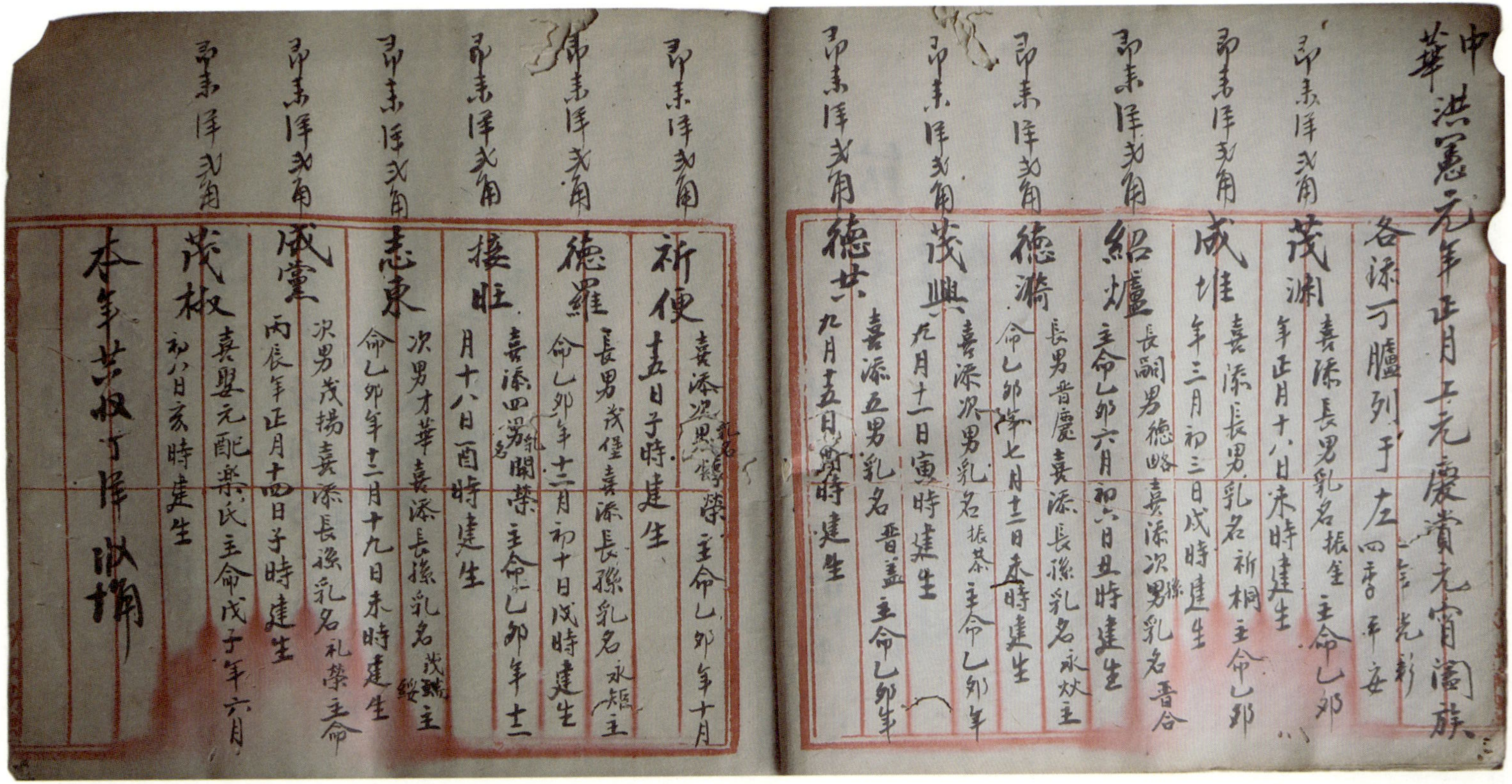

中華洪憲元年正月十五元宵慶賞元宵闔族各添丁臚列于左　[illegible]宗光彩　四季平安

即收洋貳角　茂淵　喜添長男乳名振金　主命乙卯年正月十八日未時建生

即收洋貳角　成堆　喜添長男乳名祈桐　主命乙卯年三月初三日戌時建生

即收洋貳角　紹爐　長嗣男德略喜添次男孫乳名晋合　主命乙卯年六月初六日丑時建生

即收洋貳角　德濟　長男晋慶喜添長孫乳名永炊主命乙卯年七月十二日未時建生

即收洋貳角　茂興　喜添次男乳名振茶　主命乙卯年九月十一日寅時建生

即收洋貳角　德共　喜添五男乳名晋益　主命乙卯年九月十五日寅時建生

即收洋貳角　祈便　喜添次男乳名鳴榮　主命乙卯年十月十五日子時建生

即收洋貳角　德羅　長男茂堡喜添長孫乳名永鉅主命乙卯年十二月初十日戌時建生

即收洋貳角　接旺　喜添四男乳名開榮　主命乙卯年十二月十八日酉時建生

即收洋貳角　志東　次男才華喜添長孫乳名茂瑞綏主命乙卯年十二月十九日未時建生

即收洋貳角　成棠　次男茂揚喜添長孫乳名礼榮主命丙辰年正月十四日子時建生

即收洋貳角　茂椒　喜娶元配樂氏主命戊子年六月初八日亥時建生

本年共收丁洋　[illegible]

11-5-1-11　清宣統三年塗洋温氏置修集丁簿（一一）

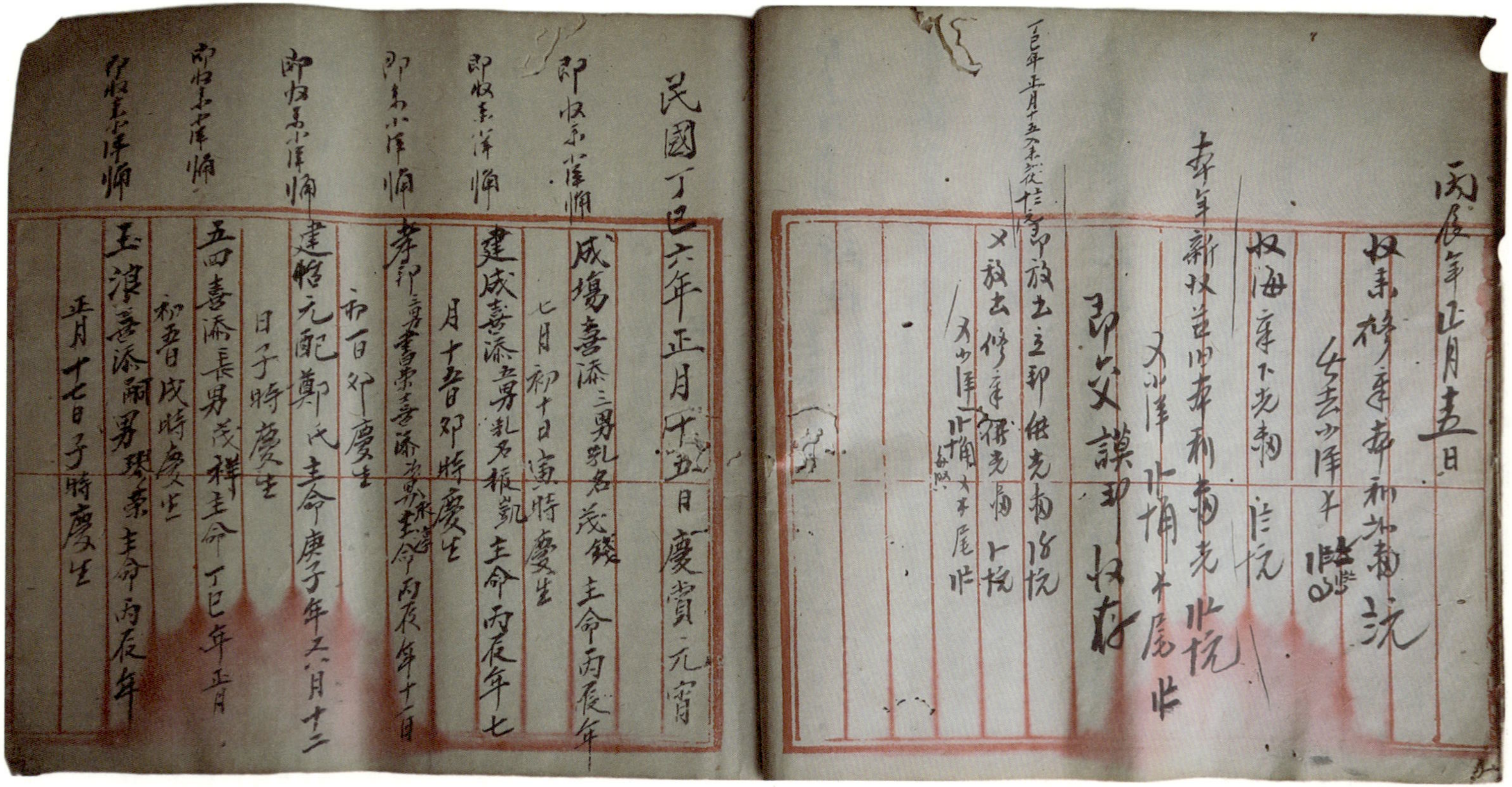

民國丁巳六年正月十五日慶賞元宵

成墻喜添三男乳名茂錢主命丙辰年七月初十日寅時慶生

建成喜添五男乳名振凱主命丙辰年七月十五日卯時慶生

孝卯喜添……主命丙辰年十一月……

建皓元配鄭氏主命庚子年六月十二日子時慶生

五四喜添長男茂祥主命丁巳年正月初五日戌時慶生

玉浪喜添嗣男琴桑主命丙辰年正月十七日子時慶生

11-5-1-12　清宣統三年塗洋温氏置修集丁簿（一二）

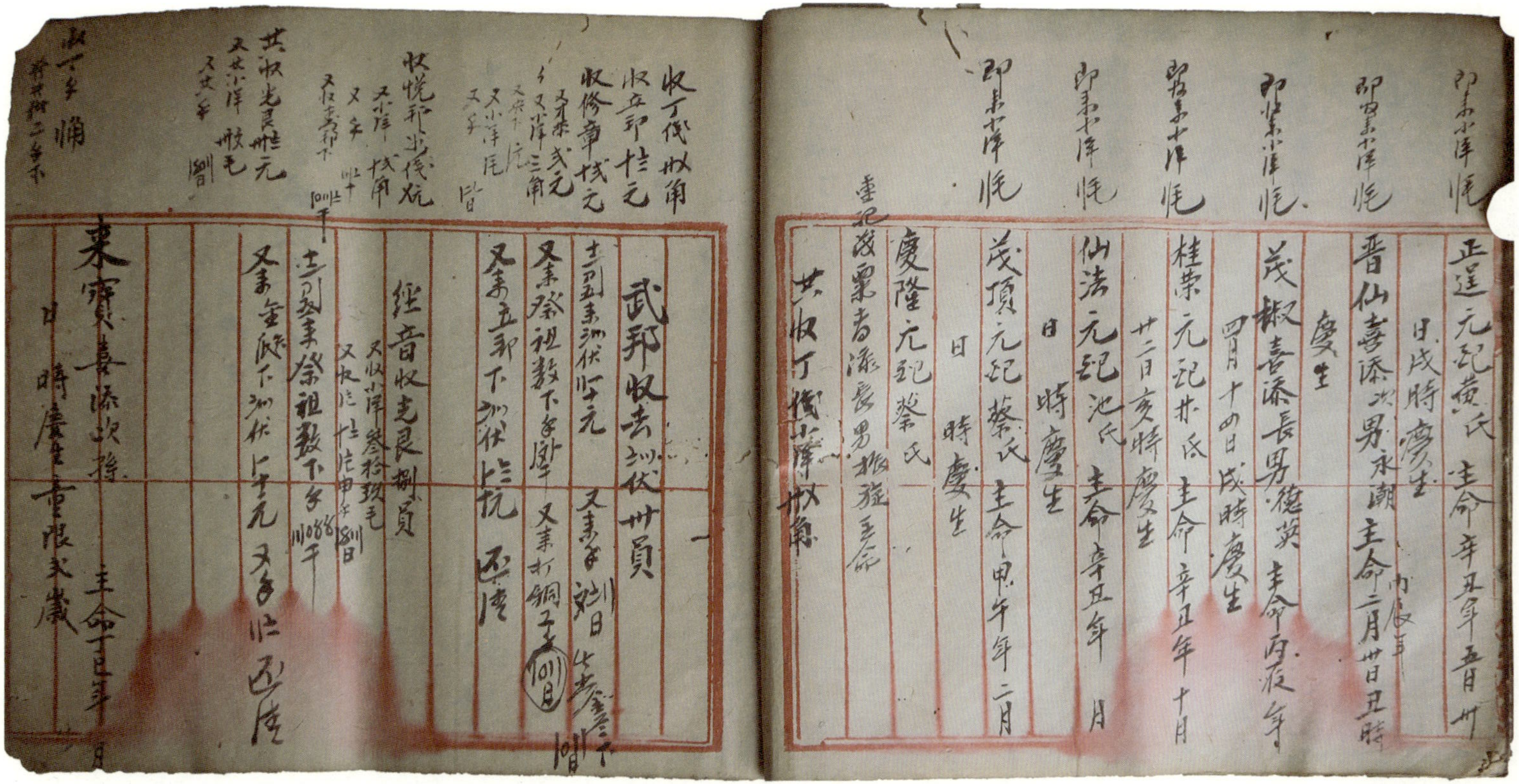

11-5-1-13　清宣統三年塗洋温氏置修集丁簿（一三）

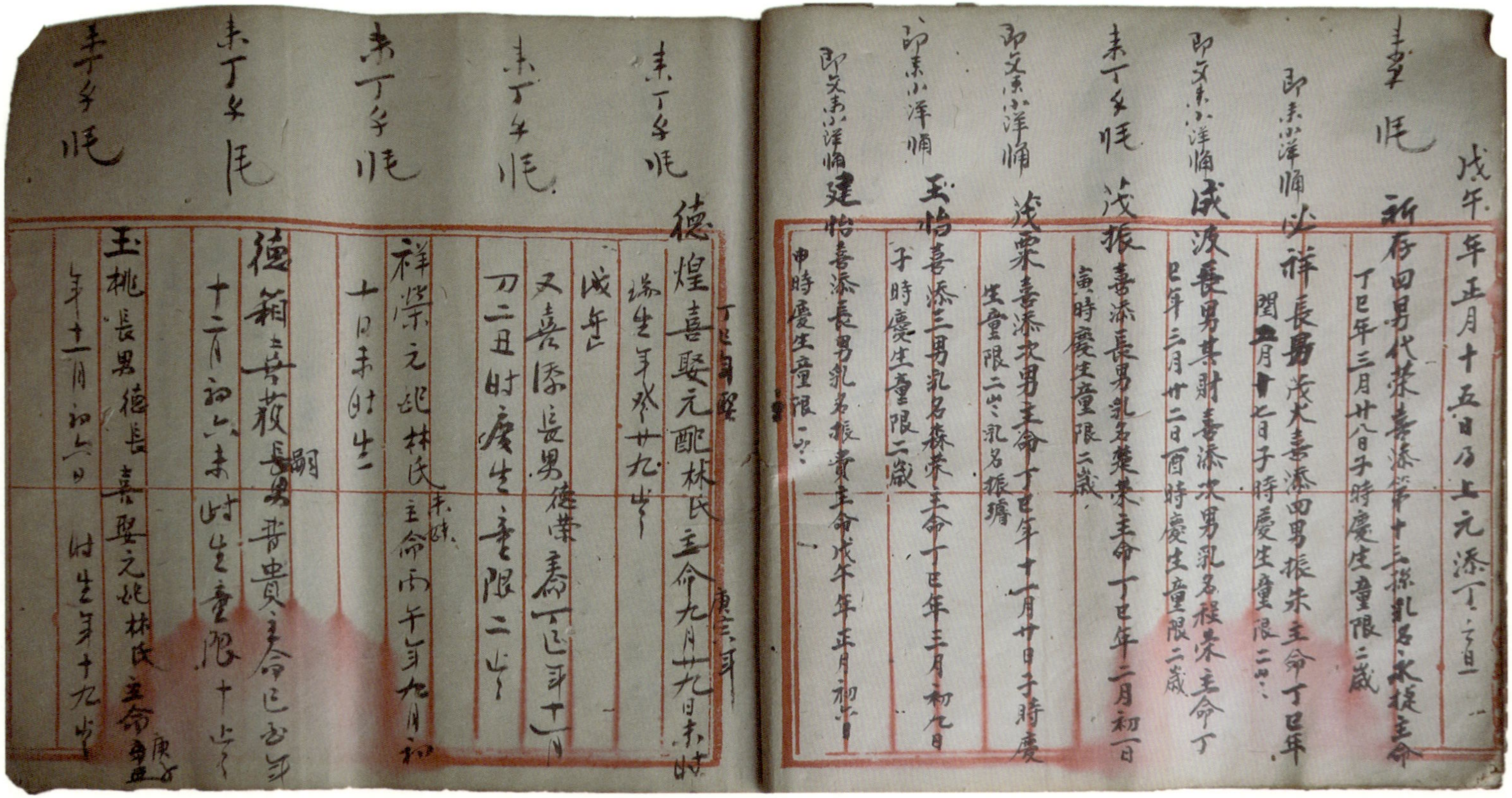

戊午年正月十五日乃上元添丁之首一

未丁乏旺　新存　四男代萊喜添第十三孫乳名永提主命丁巳年三月廿八日子時慶生童限二歲

即來小洋俑　必祥　長男茂大喜添四男振朱主命丁巳年閏五月廿七日子時慶生童限二歲

即交來小洋俑　成波　長男其財喜添次男乳名程榮主命丁巳年三月廿二日酉時慶生童限二歲

未丁乏旺　茂振　喜添長男乳名楚榮主命丁巳年二月初一日寅時慶生童限二歲

即交來小洋俑　茂粟　喜添次男主命丁巳年十一月廿日子時慶生童限二歲乳名振璿

即來小洋俑　玉怡　喜添三男乳名森榮主命丁巳年三月初七日子時慶生童限二歲

即交來小洋俑　建怡　喜添長男乳名振貴主命戊午年正月初六日申時慶生童限一歲

未丁乏旺　德煌　喜娶元配林氏主命九月廿九日未時瑞生年癸廿九歲　丁巳年娶　庚三年

未丁乏旺　成年

又喜添長男德業壽丁巳年十二月二丑時慶生童限二歲

未丁乏旺　祥榮　元之妣林氏主命丙午年九月初十日未時生　未娶

未丁乏旺　德箱　喜茯長男晋貴主命己酉年十二月初六未時生童限十歲　嗣

未丁乏旺　玉桃　長男德長喜娶之妣林氏主命庚戌年十一月初六日時生年十九歲

11-5-1-14　清宣統三年塗洋温氏置修集丁簿（一四）

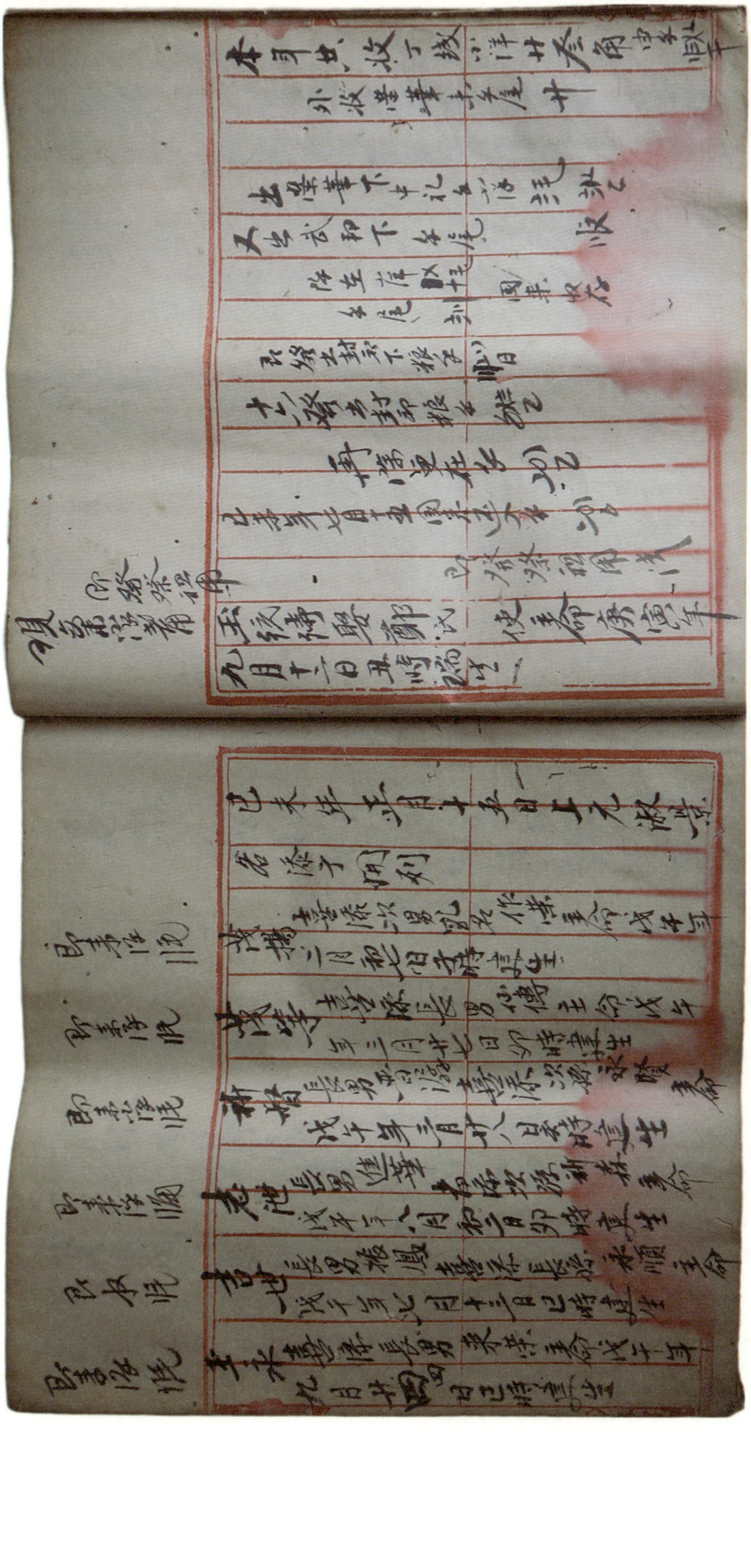

11-5-1-15 清宣統三年塗洋温氏置修集丁簿（一五）

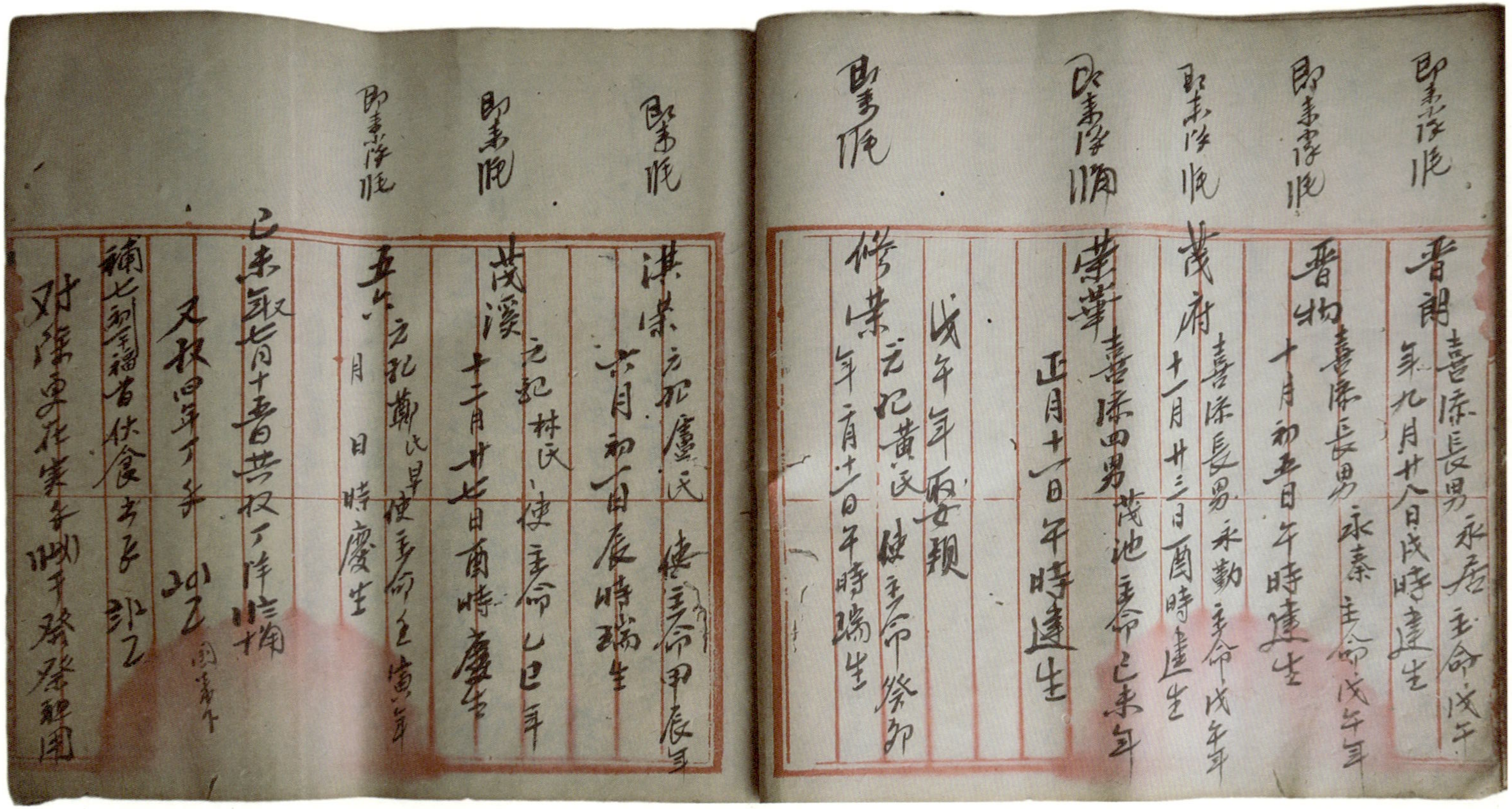
即未浮洗
即未浮洗
即未浮洗
即未浮澗
即未洗

晋朗 喜孫長男永居 主命戊午年九月廿八日戌時建生
晋物 喜孫長男永秦 主命戊午年十月初五日午時建生
茂府 喜孫長男永勤 主命戊午年十一月廿三日酉時建生
棠華 喜孫四男茂池 主命己未年正月十一日午時建生
戊午年丙安現
修棠 元配黃氏 使主命癸卯年十二月廿二日午時端生

即未洗
即未洗
即未浮洗

洪棠 元配盧氏 使主命甲辰年六月初一日辰時瑞生
茂溪 元配林氏 使主命乙巳年十二月廿七日酉時慶生
五六 元配鄭氏早 使主命丙寅年 月 日時慶生
己未取七月十五日共收丁洋拾捌
又收四年丁手 洋乙
補七刹福首伏食手 洋乙
对除東花業手 洋十

11-5-1-16　清宣統三年塗洋温氏置修集丁簿（一六）

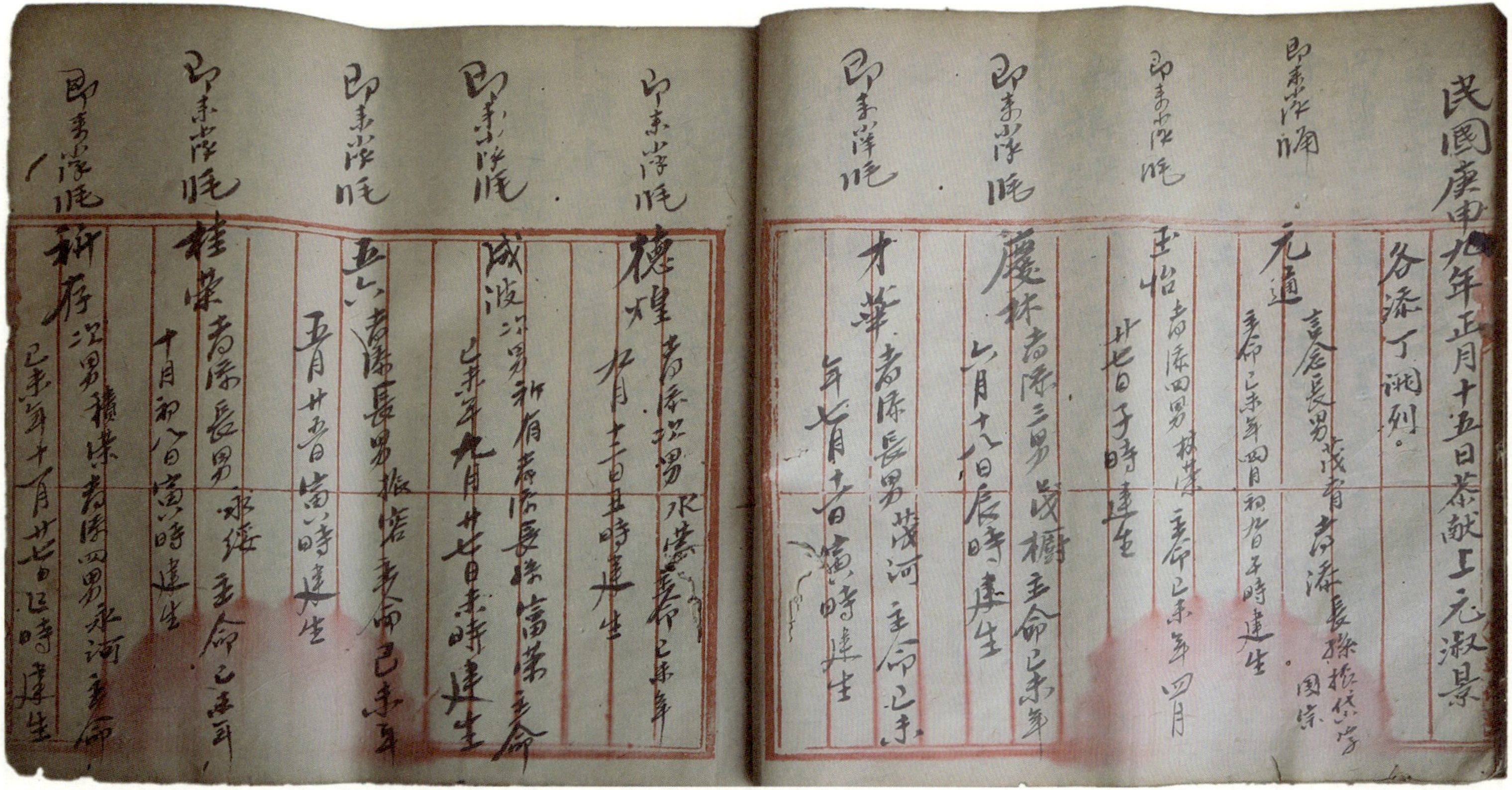
民國庚申九年正月十五日恭獻上元淑景
各添丁開列。
即來洋喃 元通 言念長男茂有 孝濟長孫 振依字国宗 壬命己未年四月初九日子時建生。
即來洋浯 玉怡 書添四男林榮 壬命己未年四月廿七日子時建生
即來洋浯 慶林 書添三男茂樹 壬命己未年六月十九日辰時建生
即來洋浯 才華 書添長男茂河 壬命己未年七月十四日寅時建生
即來洋浯 德煌 書添次男水藩 壬命己未年九月十三日丑時建生
即來洋浯 成波 次男新有 書添長孫富業 壬命己未年九月廿七日未時建生
即來洋浯 五六 書添長男振倍 壬命己未年五月廿五日寅時建生
即來洋浯 桂榮 書添長男永綏 壬命己未年十月初八日寅時建生
即來洋浯 祥存 次男積榮 書添四男永河 壬命己未年十月廿七日巳時建生

11-5-1-17 清宣統三年塗洋温氏置修集丁簿（一七）

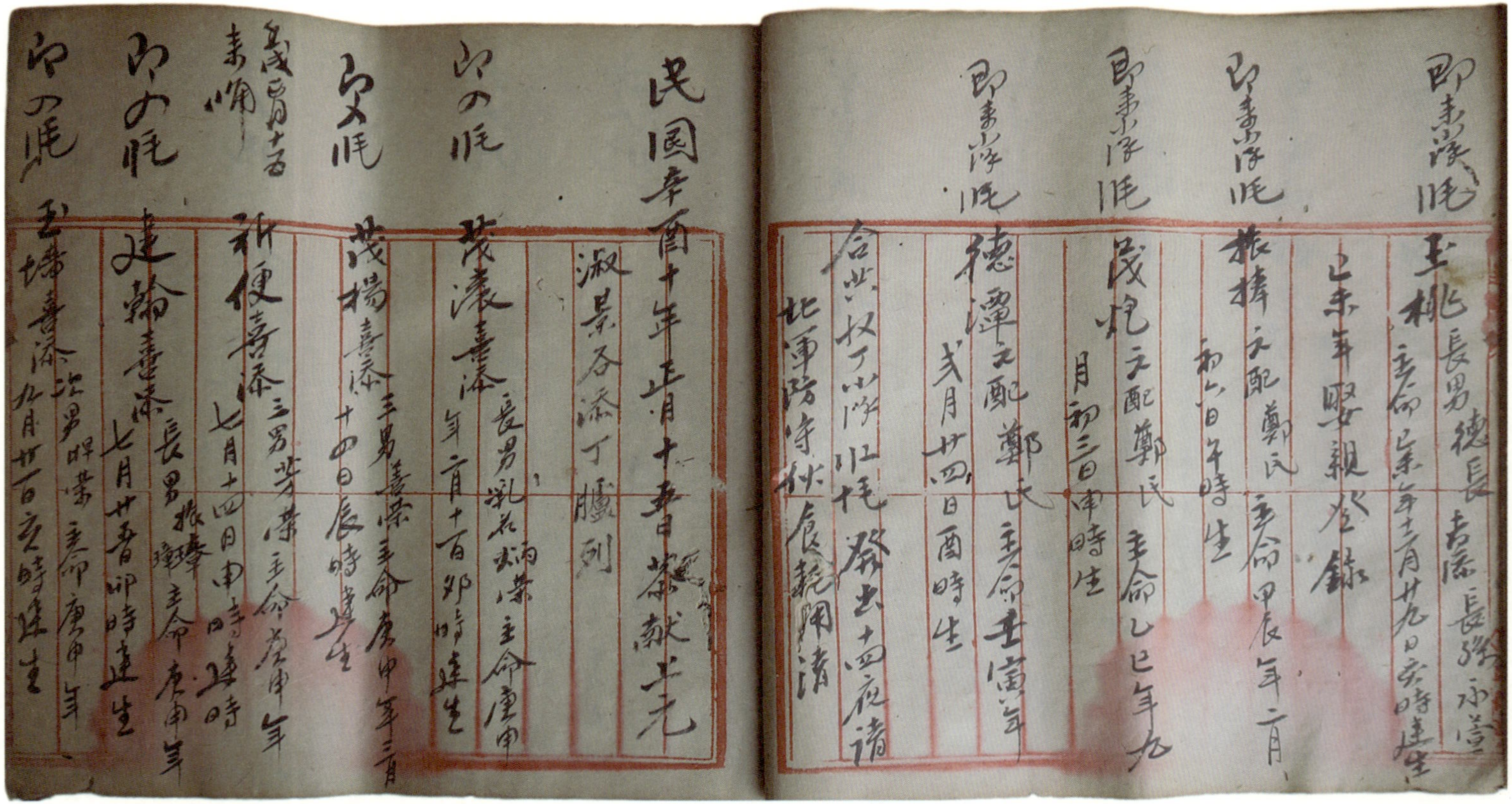

11-5-1-18　清宣統三年塗洋温氏置修集丁簿（一八）

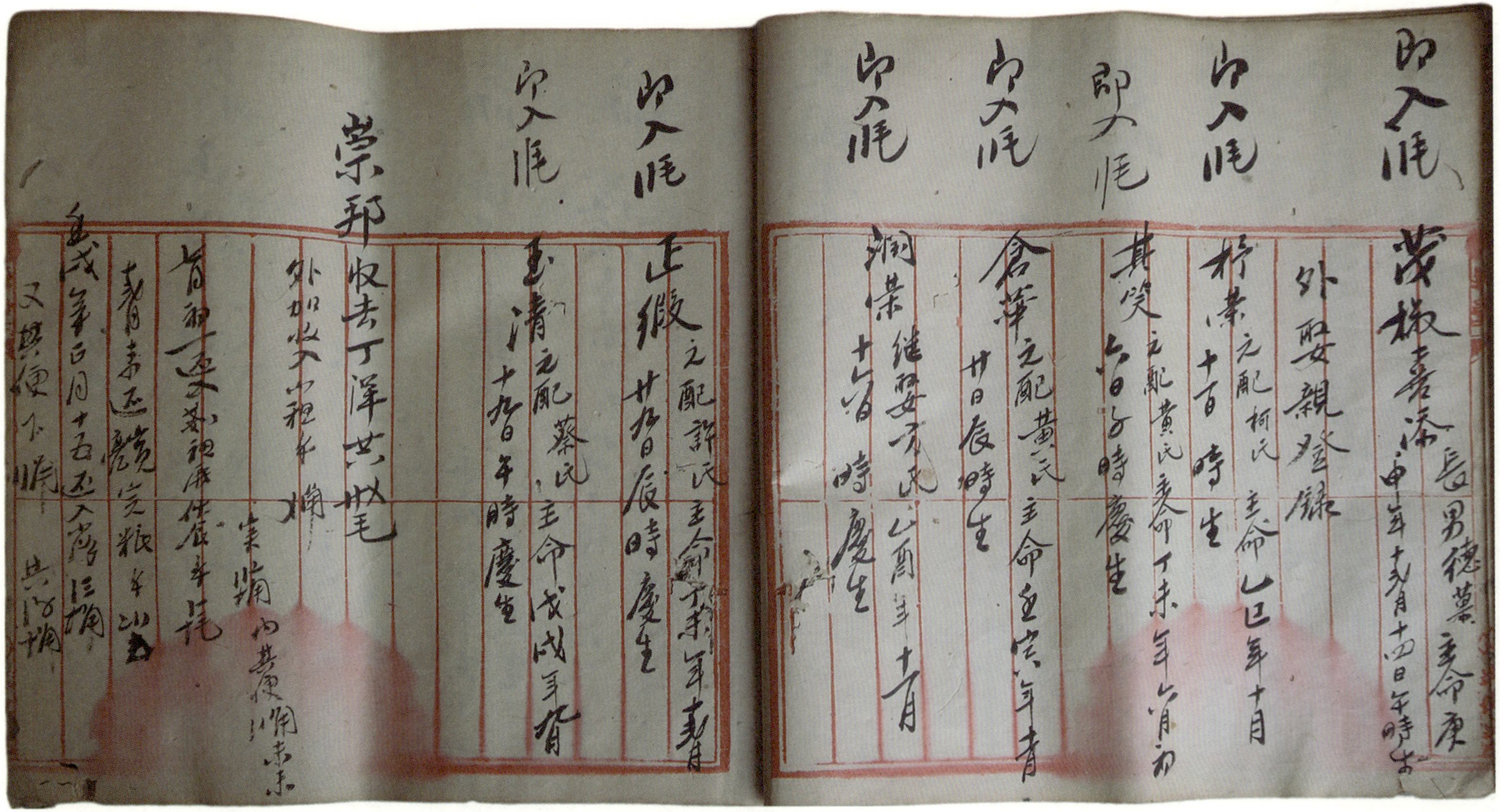

11-5-1-19　清宣統三年塗洋温氏置修集丁簿（一九）

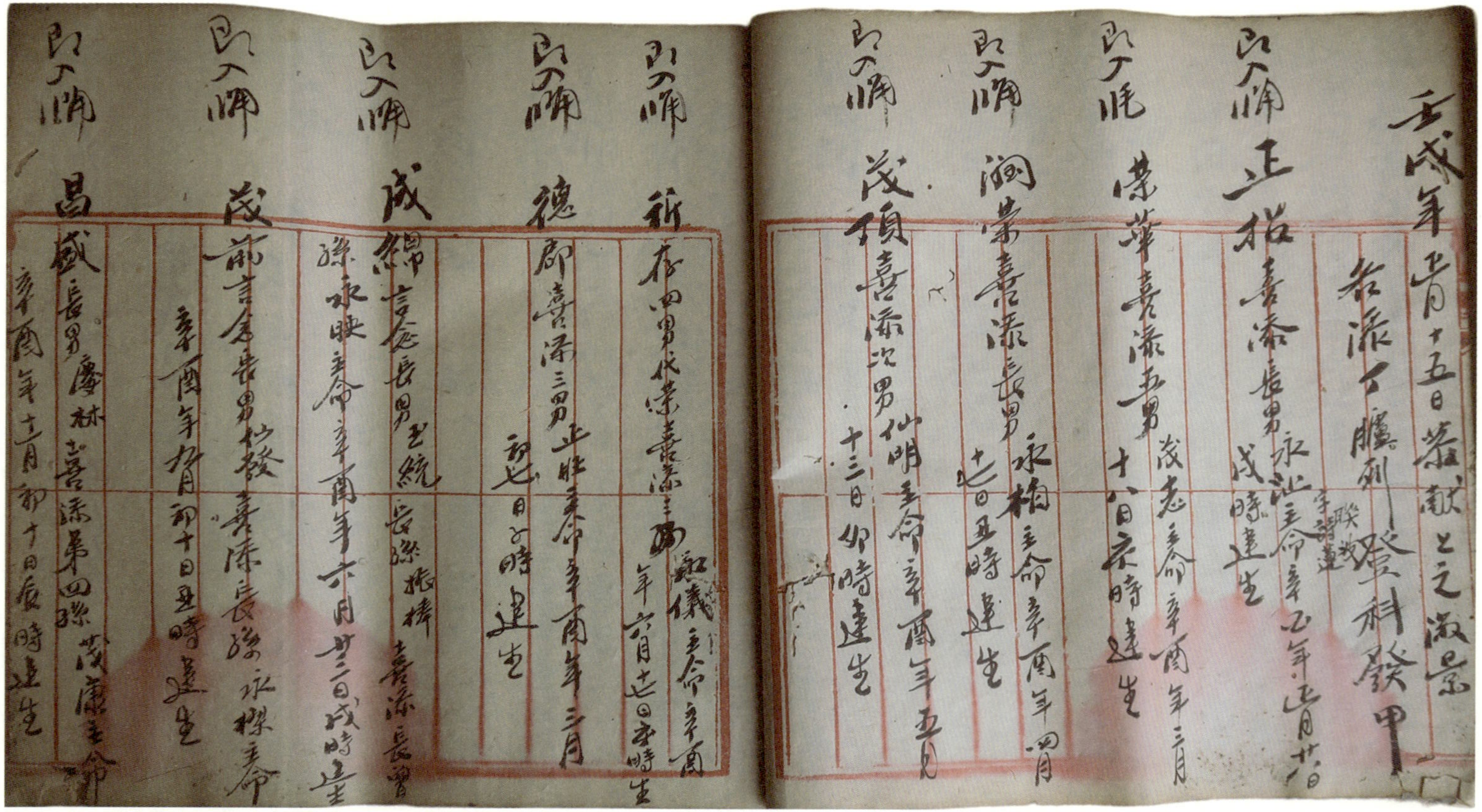

11-5-1-20　清宣統三年塗洋温氏置修集丁簿（二〇）

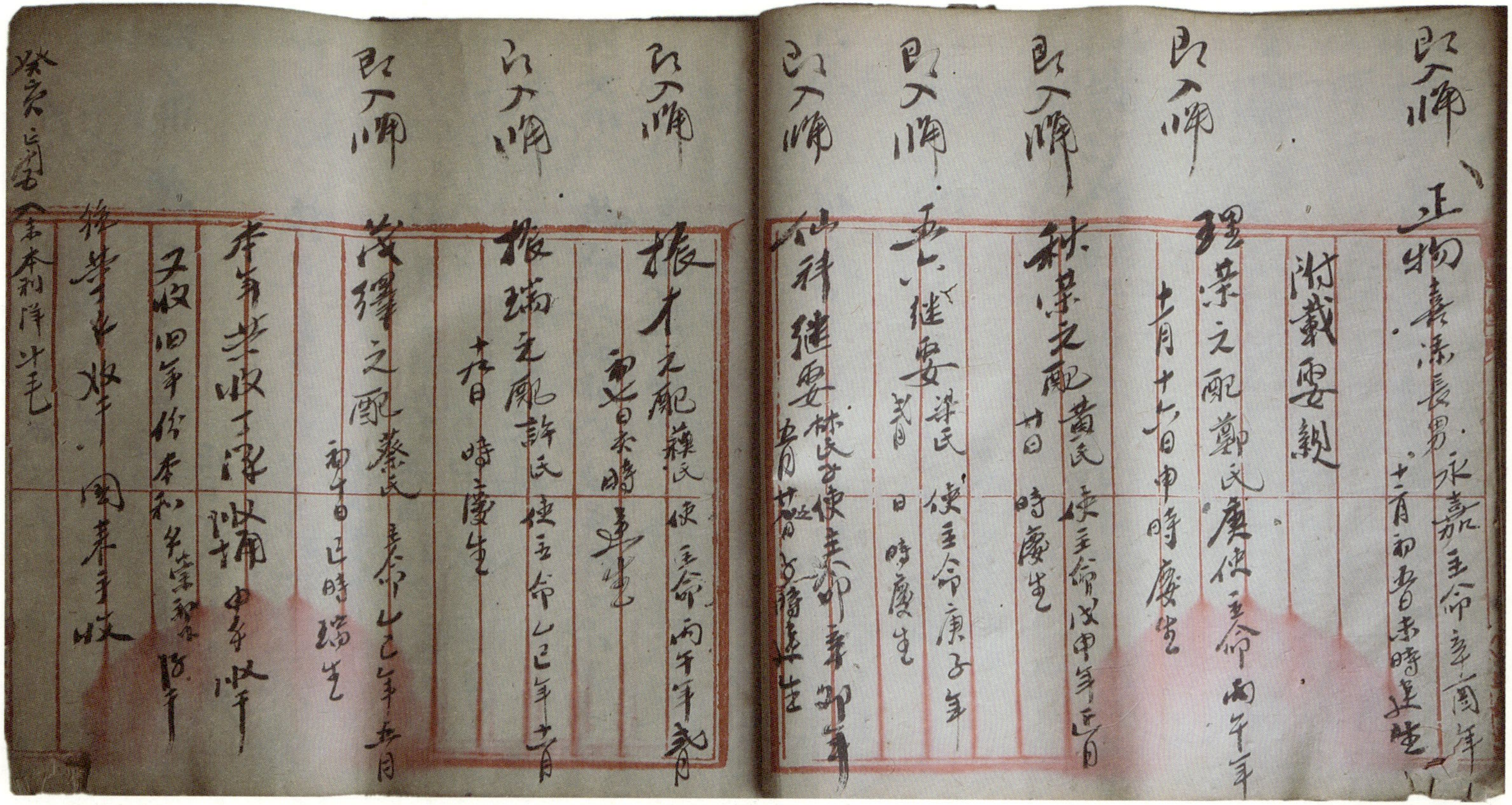

以下傳、正物 喜添長男。永嘉 主命辛酉年 十二月初五日未時建生

附載要親

以下傳 理棠之配鄭氏 庚使主命丙午年 十月十六日申時慶生

以下傳 秋棠之配黃氏 使主命戊申年正月 廿日 時慶生

以下傳 垂六 繼要梁氏 使主命庚子年 八月 日 時慶生

以下傳 仙祥 繼要林氏 使主命辛卯年 [illegible]

以下傳 振木之配藻氏 使主命丙午年[illegible] [illegible]日未時建生

以下傳 振瑞之配許氏 使主命乙巳年十一月 十八日 時慶生

以下傳 茂澤之配蔡氏 主命乙巳年五月 初十日巳時瑞生

本年共收丁谷 [illegible]

又收旧年 [illegible]

綜共 收 [illegible]

癸亥 [illegible] 本利洋 [illegible]

11-5-1-21 清宣統三年塗洋温氏置修集丁簿（二一）

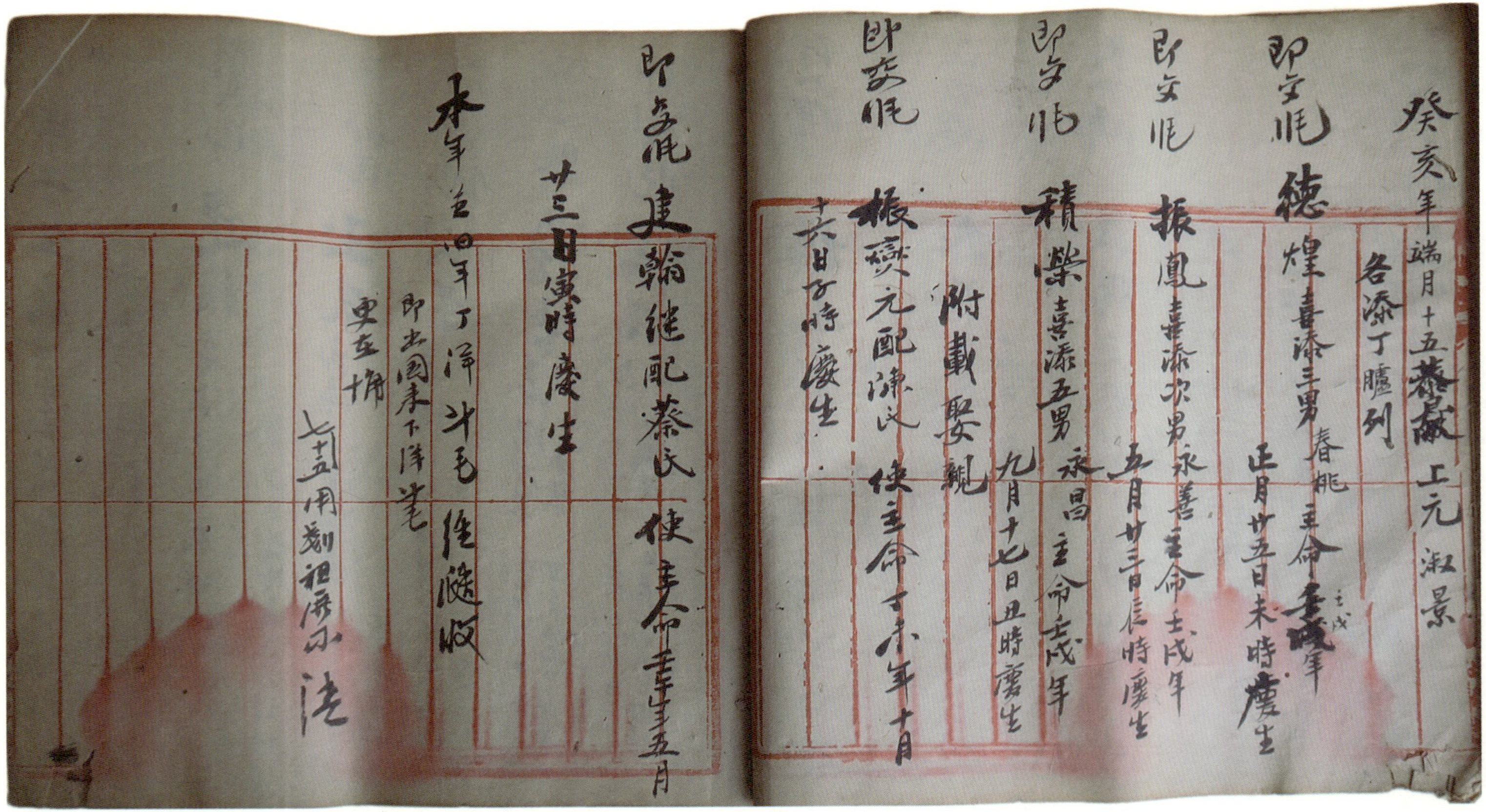

癸亥年端月十五恭獻上元淑景
各添丁臚列
即安呢 德煌喜添三男春桃 主命壬戌年正月廿五日未時慶生
即安呢 振凰喜添次男永善 主命壬戌年五月廿三日辰時慶生
即安呢 積榮喜添五男永昌 主命壬戌年九月十七日丑時慶生
附載娶親
即安呢 振𤏡元配陳氏 使主命丁未年十月十六日子時慶生
即安呢 建翰繼配蔡氏 使主命壬寅年五月廿三日寅時慶生
本年丁四年丁洋斗毛 俱繳收
即出國來下洋毛
要查捕
七十五用劉祖傳小法

11-5-1-22　清宣統三年塗洋温氏置修集丁簿（二二）

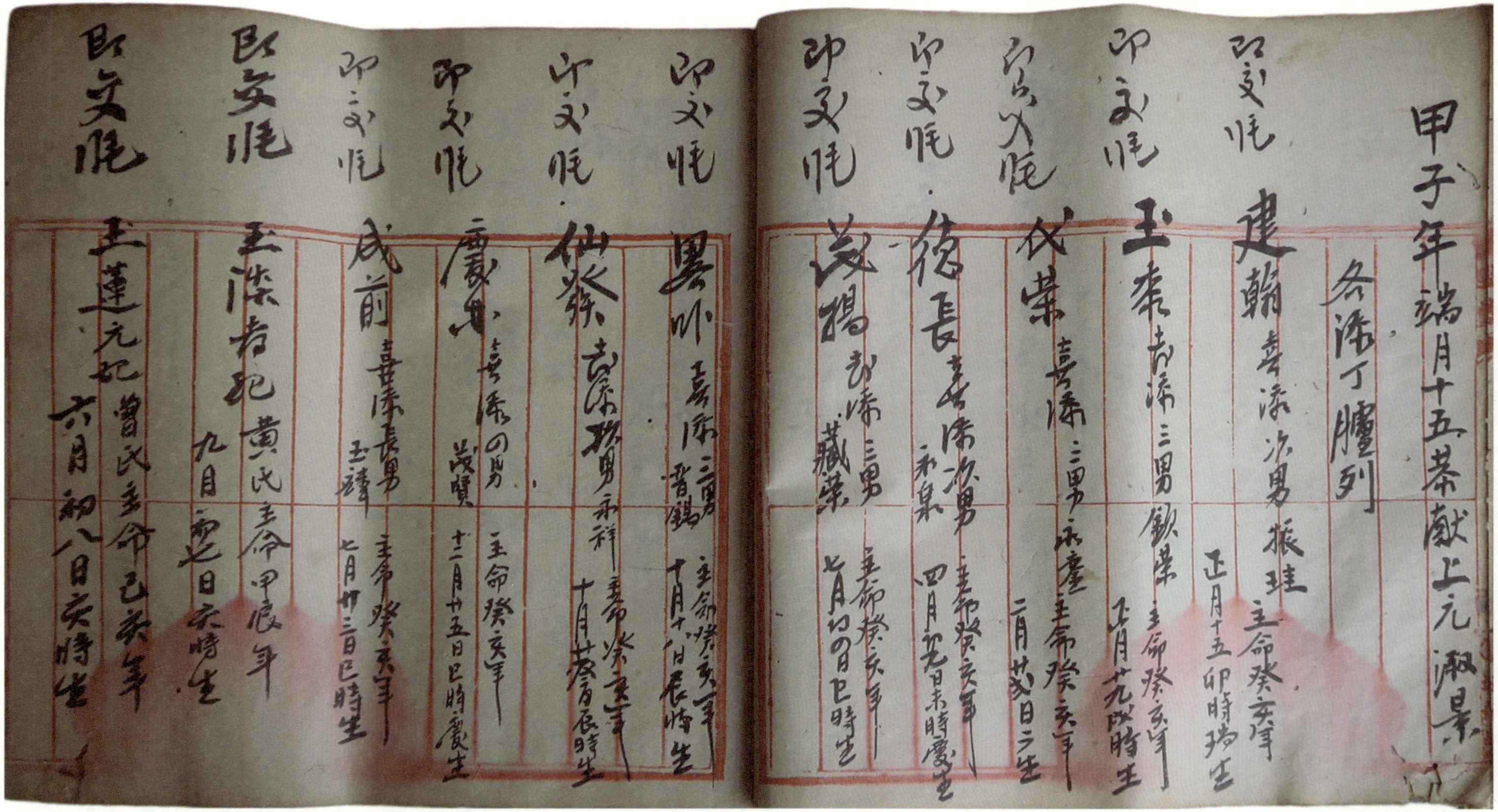

甲子年端月十五恭獻上元淑景

各派丁臚列

印文𥠖　建翰　壽添次男振珪　主命癸亥年　正月十五卯時瑞生

印文𥠖　玉来　壽添三男欽榮　主命癸亥年　五月十九戌時生

印文𥠖　代棠　壽添三男承塵　主命癸亥年　二月廿四日亥生

印文𥠖　德長　壽添次男和泉　主命癸亥年　四月廿七日未時慶生

印文𥠖　茂榀　壽添三男藏榮　主命癸亥年　七月初四日巳時生

印文𥠖　興川　壽添三男晉錫　主命癸亥年　十月十八日辰時生

印文𥠖　仙發　壽添務男承祥　主命癸亥年　十月廿八日辰時生

印文𥠖　廣典　壽添四男茂賢　主命癸亥年　十二月十五日巳時慶生

印文𥠖　成前　壽添長男玉璋　主命癸亥年　七月廿三日巳時生

臣文𥠖　玉滐　壽紀　黃氏主命甲辰年　九月廿七日亥時生

臣文𥠖　玉蓮　元紀　曾氏主命己亥年　六月初八日亥時生

11-5-1-23　清宣統三年塗洋温氏置修集丁簿（二三）

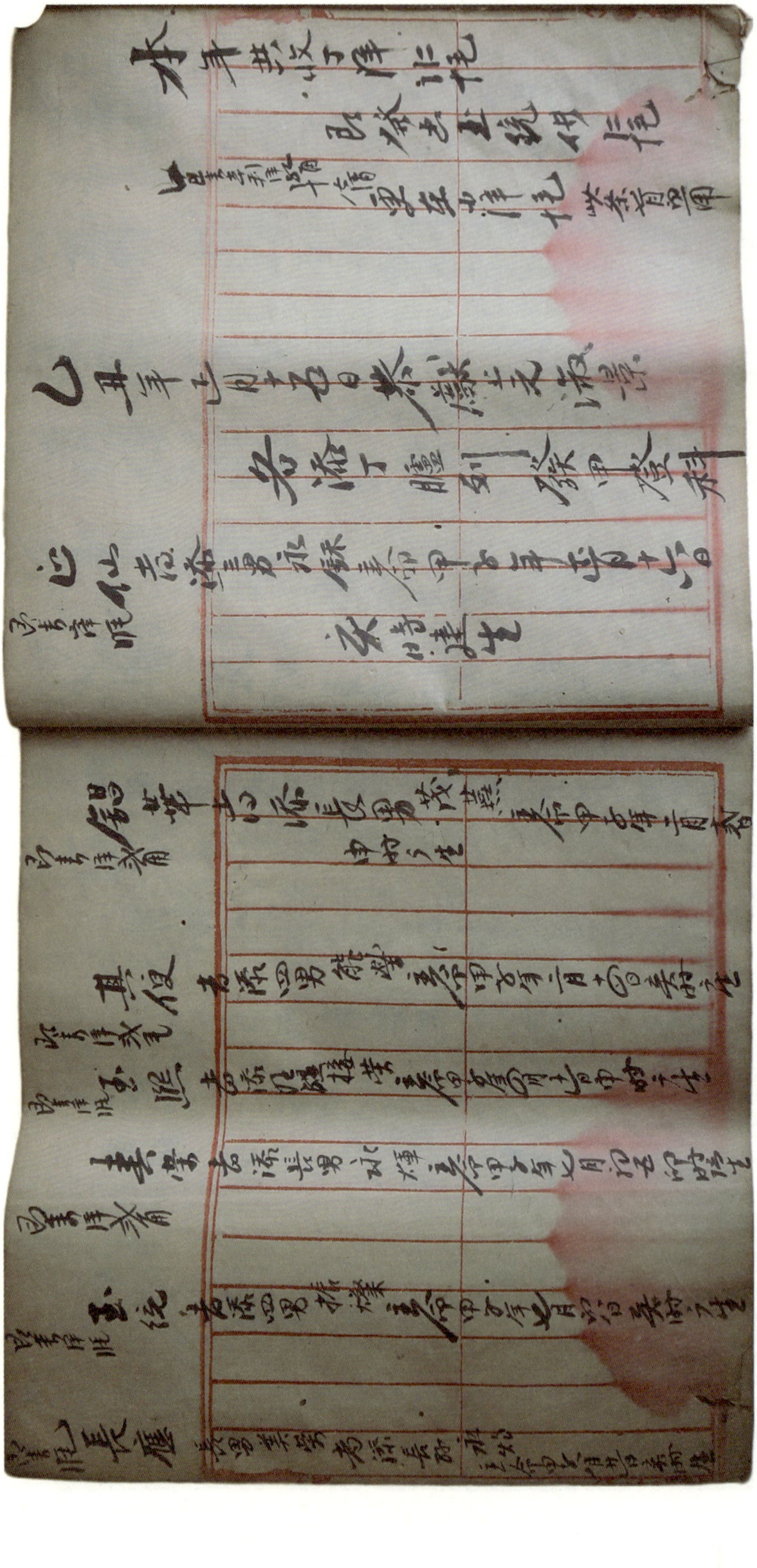

11–5–1–24　清宣統三年塗洋温氏置修集丁簿（二四）

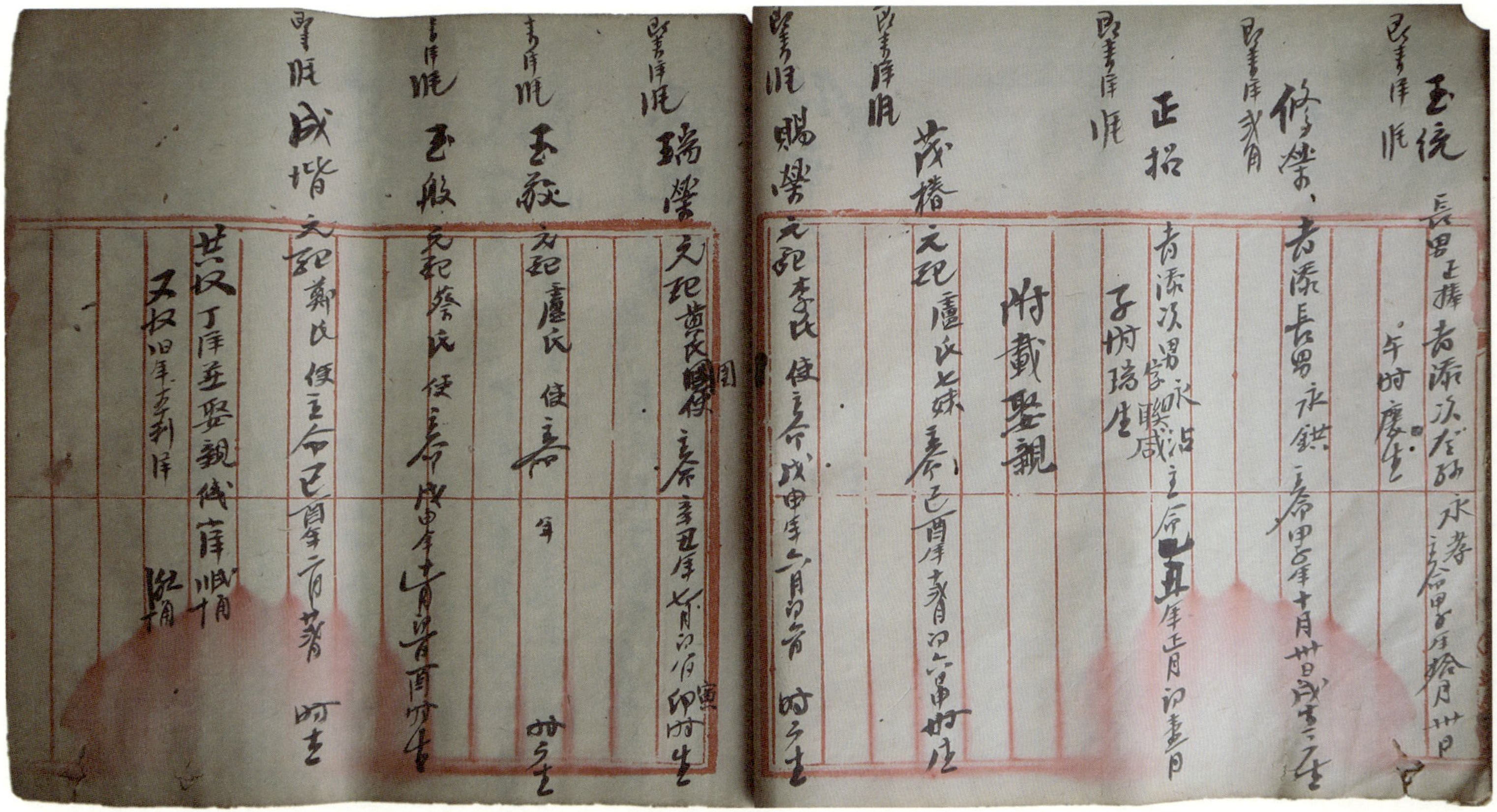

11-5-1-25 清宣統三年塗洋温氏置修集丁簿（二五）

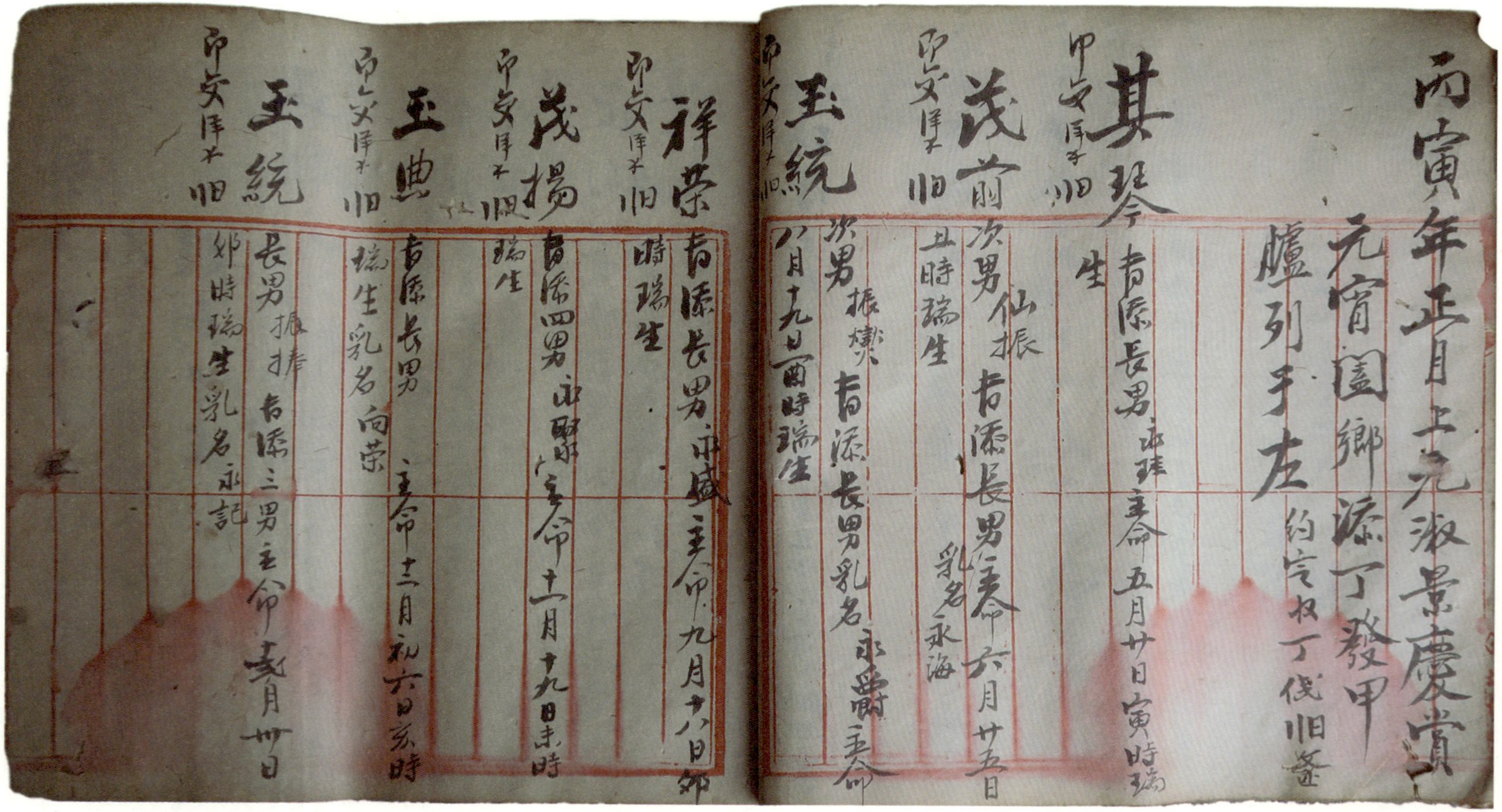

丙寅年正月上元淑景慶賞
元宵園鄉添丁發甲
爐列于左
約定收丁伐旧簽

其琴 甲安洋子旧
吉添長男永琫 壬命五月廿日寅時瑞生

茂前 卯安洋旧
次男仙振 吉添長男 壬命六月廿五日丑時瑞生 乳名永海

玉統 卯安洋子旧
次男振燉 吉添長男乳名永爵 壬命八月十九日酉時瑞生

祥榮 卯安洋子旧
吉添長男永盛 壬命九月十八日卯時瑞生

茂揚 卯安洋子旧
吉添四男永聚 壬命十一月十九日未時瑞生

玉典 卯安洋子旧
吉添長男 壬命十二月初六日亥時瑞生 乳名向榮

玉統 卯安洋子旧
長男振捧 吉添三男壬命十一月廿日卯時瑞生 乳名永記

11-5-1-26　清宣統三年塗洋温氏置修集丁簿（二六）

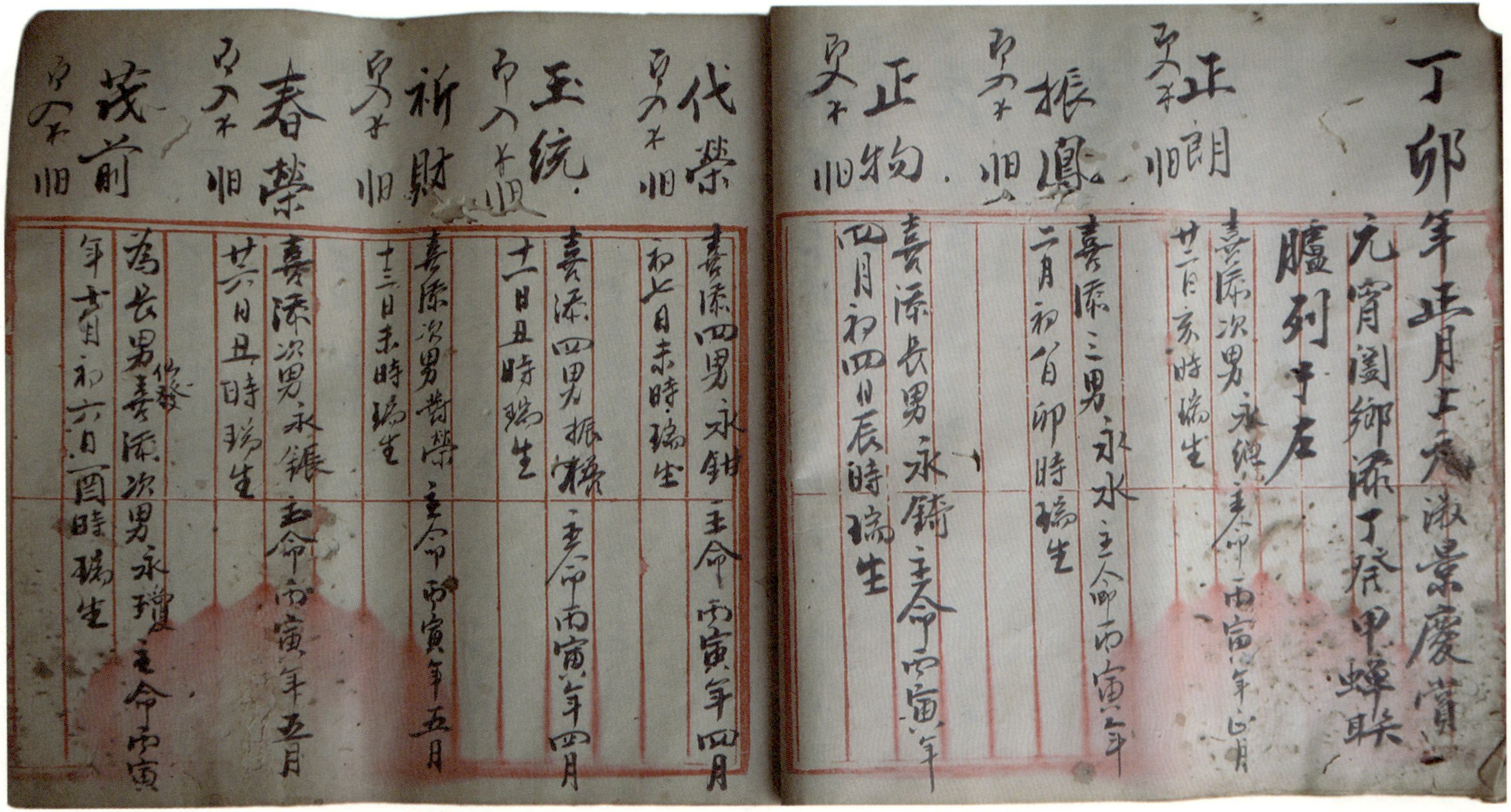
丁卯年正月上元淑景慶賞
元宵闔鄉添丁登甲蟬聯
臚列于左
正朗　喜添次男永繩，主命丙寅年正月廿二日亥時瑞生
振鳳　喜添三男永水，主命丙寅年二月初八日卯時瑞生
正物　喜添長男永鑄，主命丙寅年四月初四日辰時瑞生
代榮　喜添四男永鉗，主命丙寅年四月初七日未時瑞生
玉統　喜添四男振椽，主命丙寅年四月十一日丑時瑞生
祈財　喜添次男黃榮，主命丙寅年五月十三日未時瑞生
春榮　喜添次男永鎮，主命丙寅年五月廿六日丑時瑞生
茂前　為長男作發喜添次男永瓚，主命丙寅年十二月初六日酉時瑞生

11-5-1-27　清宣統三年塗洋温氏置修集丁簿（二七）

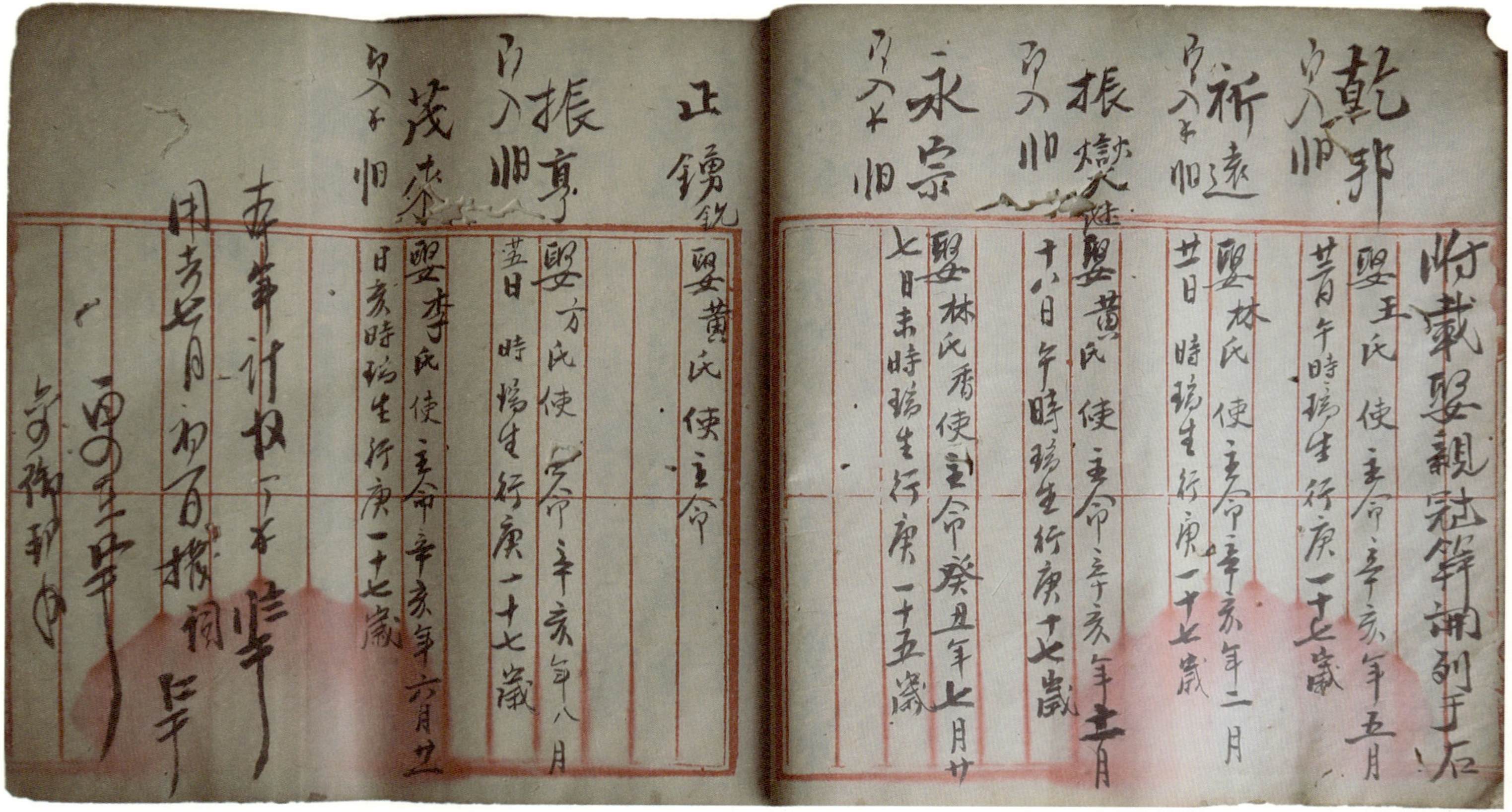

附載娶親冠笄謝列于右

乾邦 戶八卅
娶王氏使主命辛亥年五月
昔日午時瑞生行庚一十七歲

祈遠 戶八十卅
娶林氏使主命辛亥年二月
廿日時瑞生行庚一十七歲

振燮 戶八卅
娶黃氏使主命辛亥年十二月
十八日午時瑞生行庚十七歲

永宗 戶八十卅
娶林氏香使主命癸丑年七月廿
七日未時瑞生行庚一十五歲

止鐿鈋
娶黃氏使主命

振亨 戶八卅
娶方氏使主命辛亥年八月
廿五日時瑞生行庚一十七歲

茂參 戶八十卅
娶李氏使主命辛亥年六月廿
日亥時瑞生行庚一十七歲

本年計收丁米肆年
用去七月初日撥詞
西主年

11-5-1-28　清宣統三年塗洋溫氏置修集丁簿（二八）

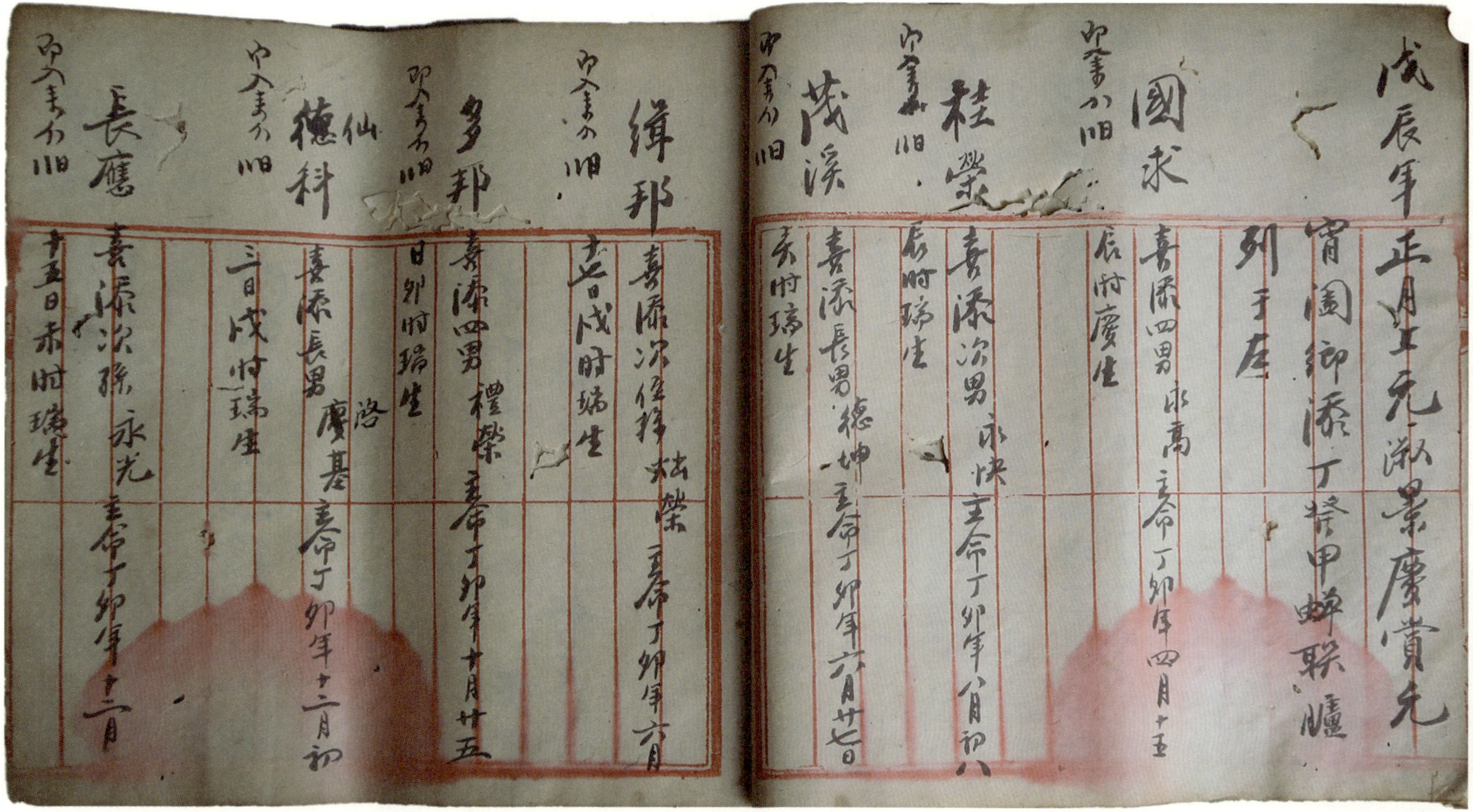

11-5-1-29　清宣統三年塗洋温氏置修集丁簿（二九）

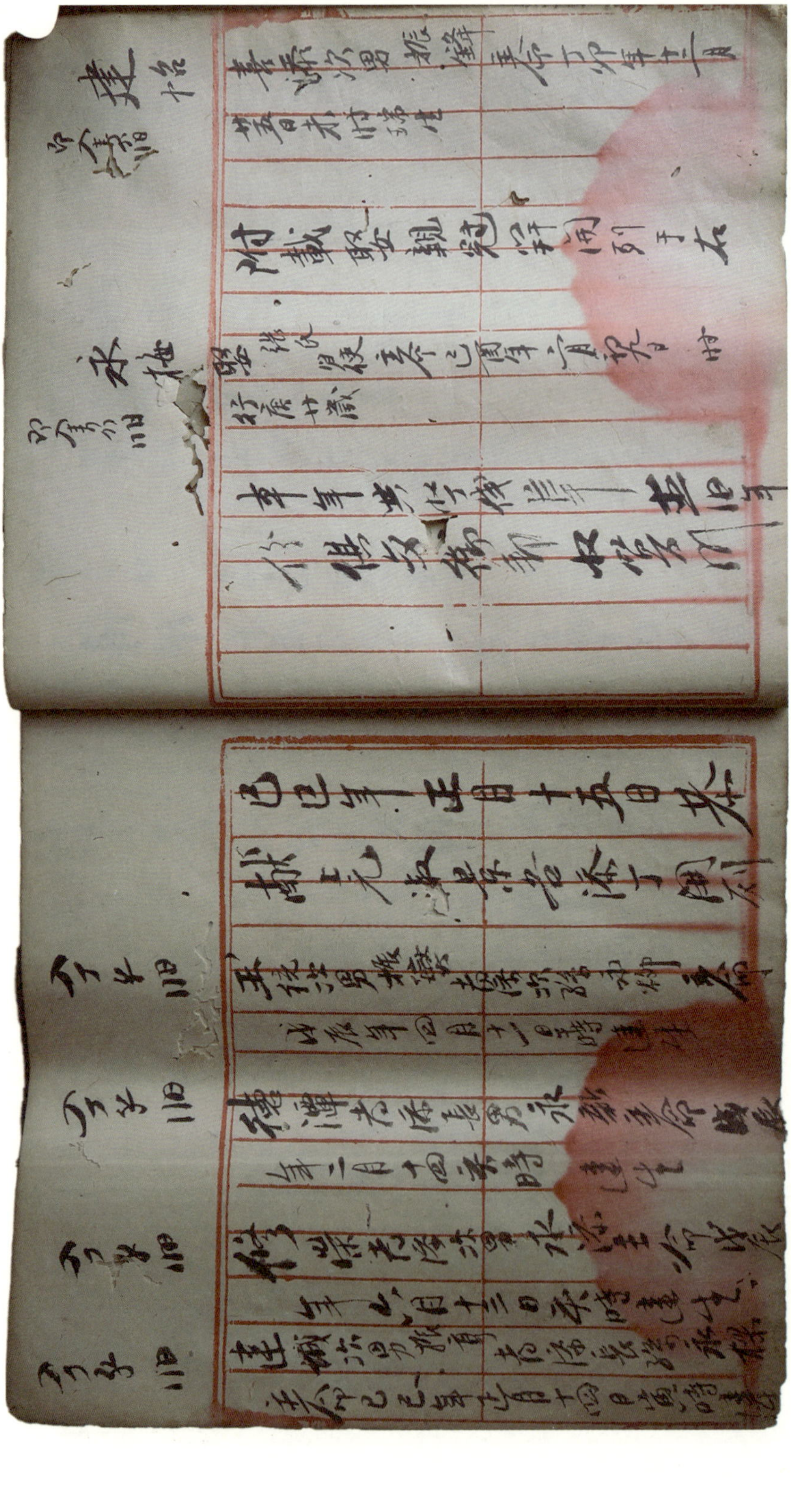

11–5–1–30　清宣統三年塗洋温氏置修集丁簿（三〇）

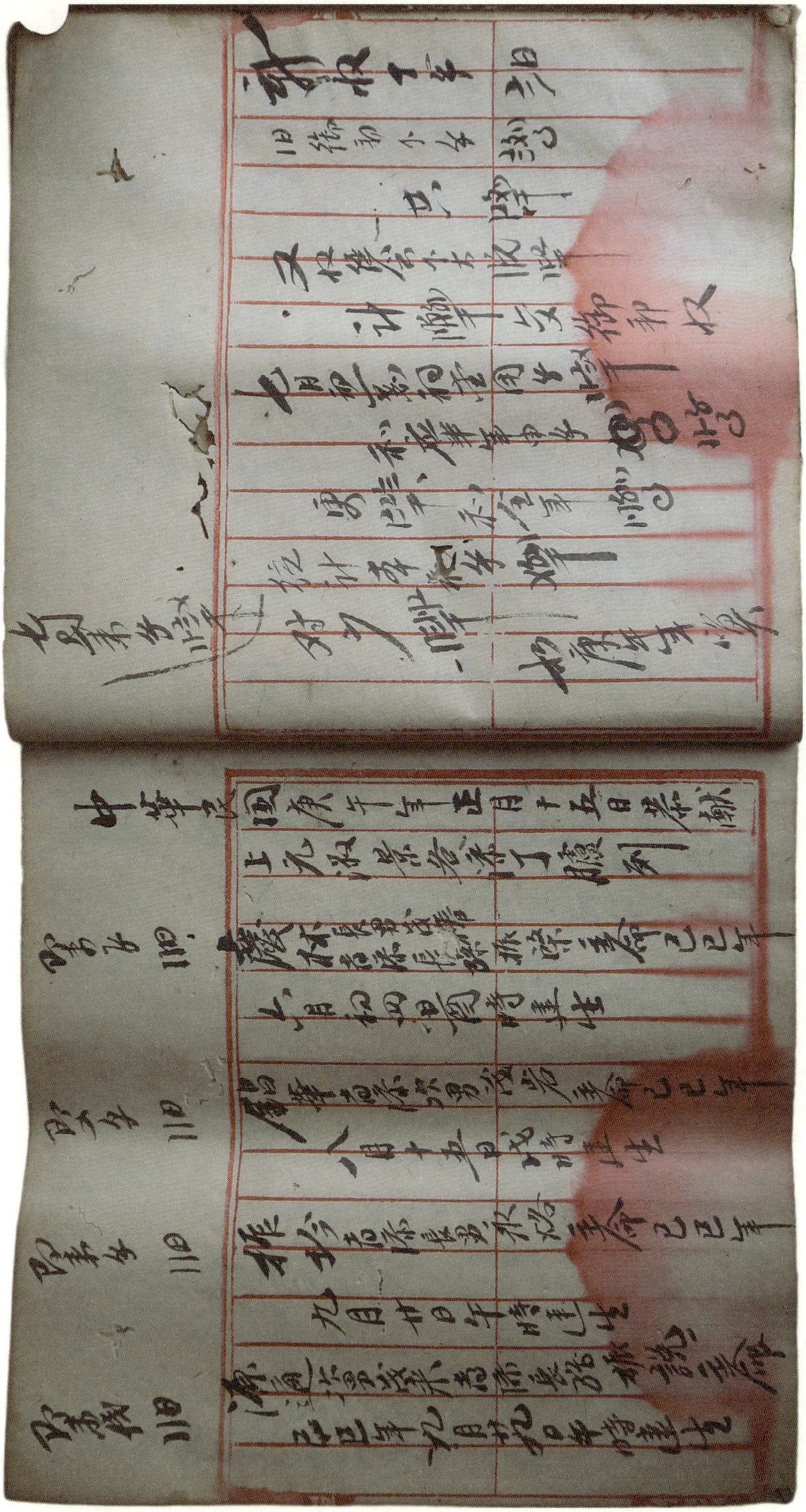

11-5-1-31　清宣统三年塗洋温氏置修集丁簿（三一）

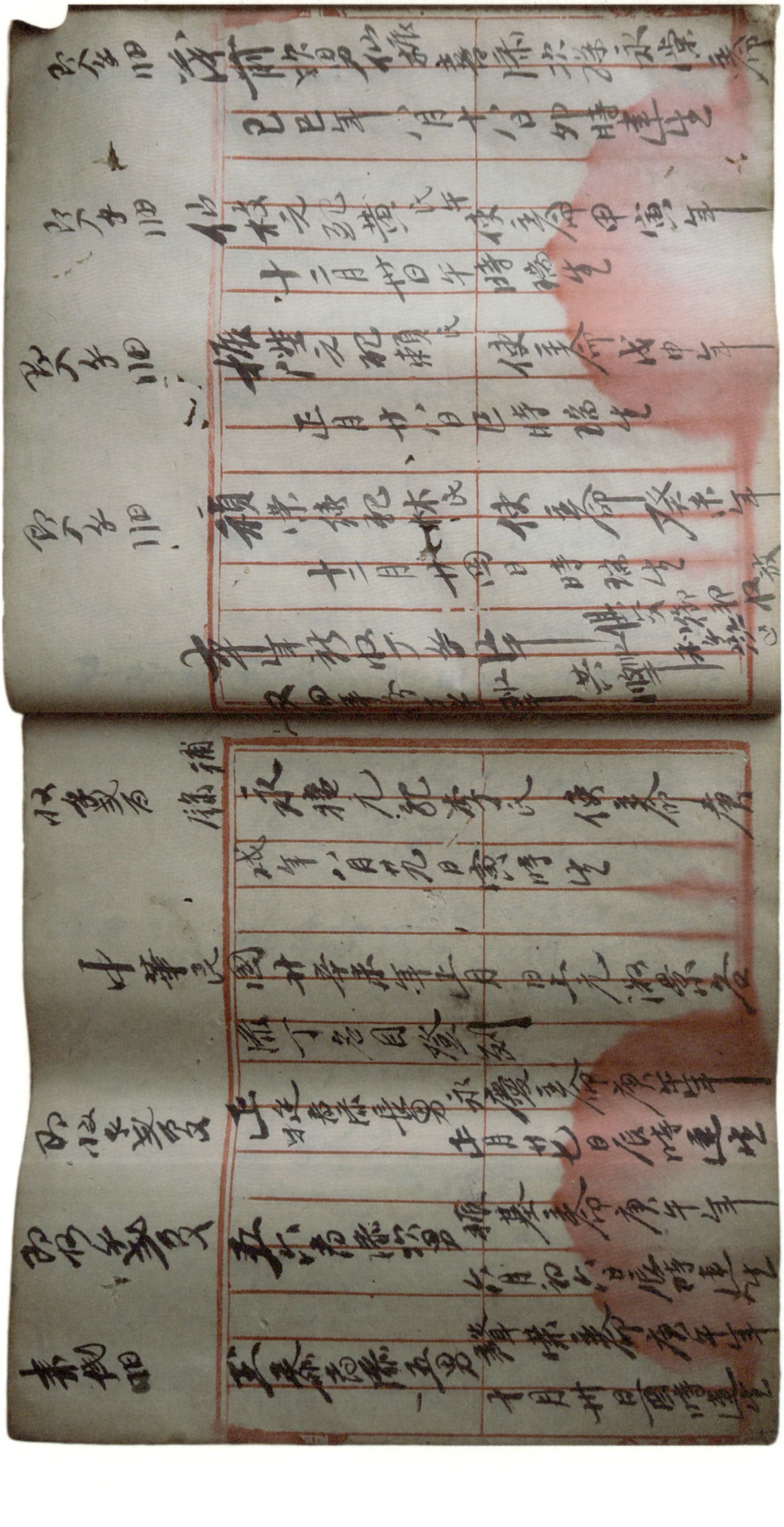

11-5-1-32 清宣統三年塗洋温氏置修集丁簿（三二）

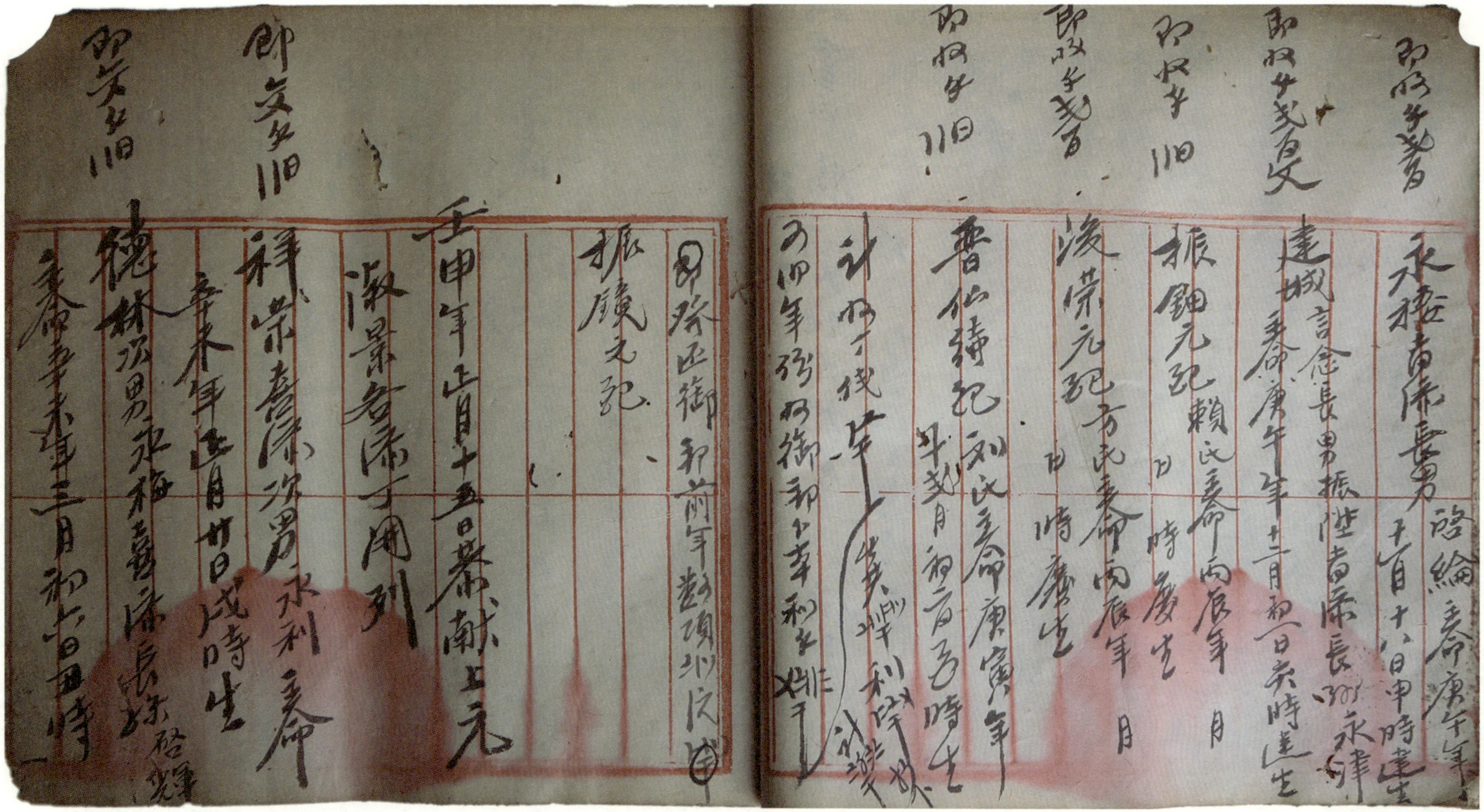

11-5-1-33　清宣統三年塗洋温氏置修集丁簿（三三）

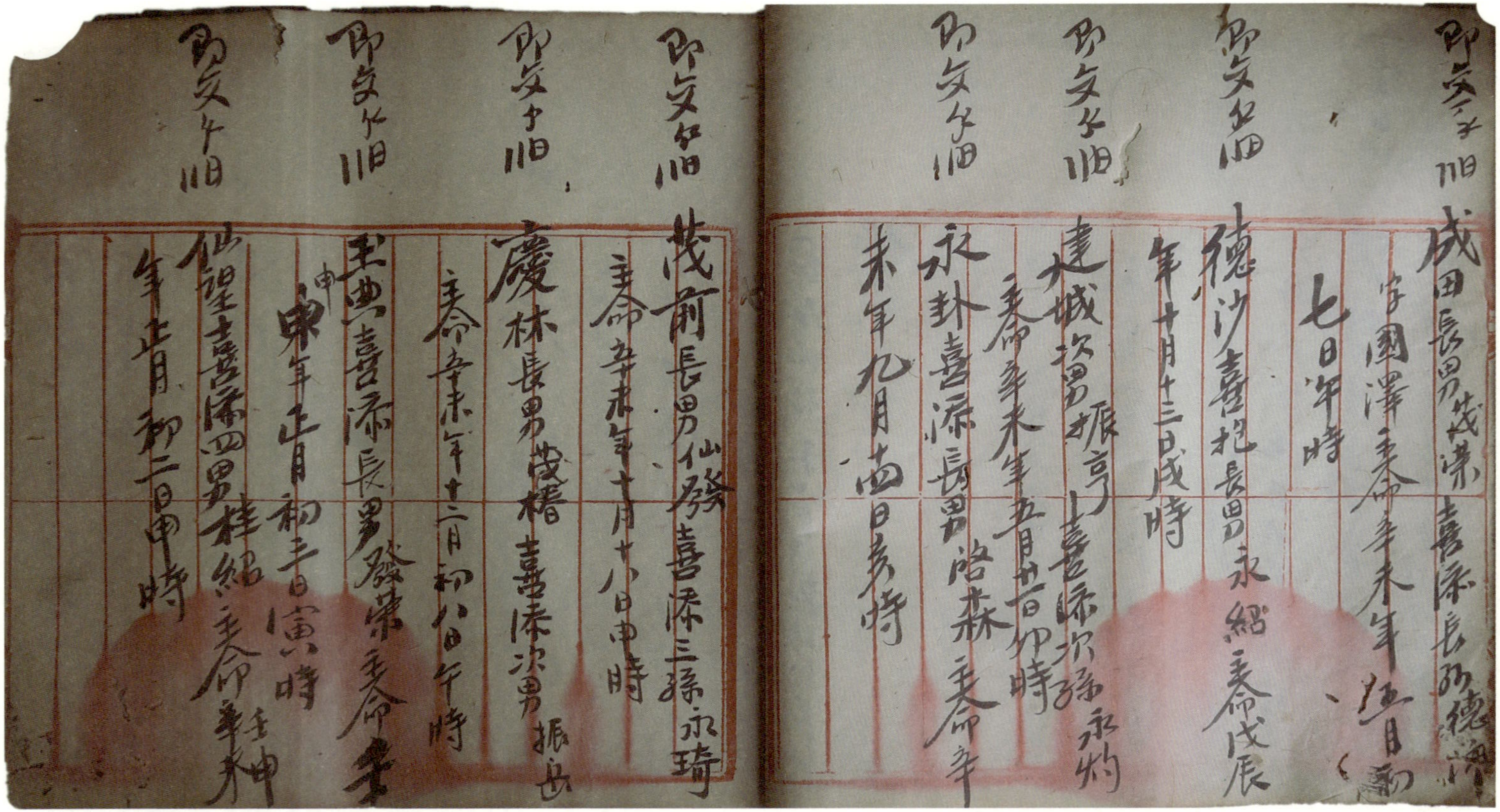

成田長男茂業 喜添長孫德潤
字國澤 壬命辛未年伍月初
七日午時

德沙喜抱長男永紹 壬命戊辰
年十月十三日戌時

建城次男振亨 喜添次孫永灼
壬命辛未年五月廿四日卯時

永卦喜添長男啓森 壬命辛
未年九月十四日亥時

茂前長男仙發 喜添三孫永琦
壬命辛未年十月十八日申時

慶林長男茂椿 喜添次男振岳
壬命辛未年十二月初八日午時

坐典喜添長男發榮 壬命辛
申東年正月初三日寅時

仙望喜添四男桂紹 壬命辛未
年正月初二日申時

11-5-1-34　清宣統三年塗洋温氏置修集丁簿（三四）

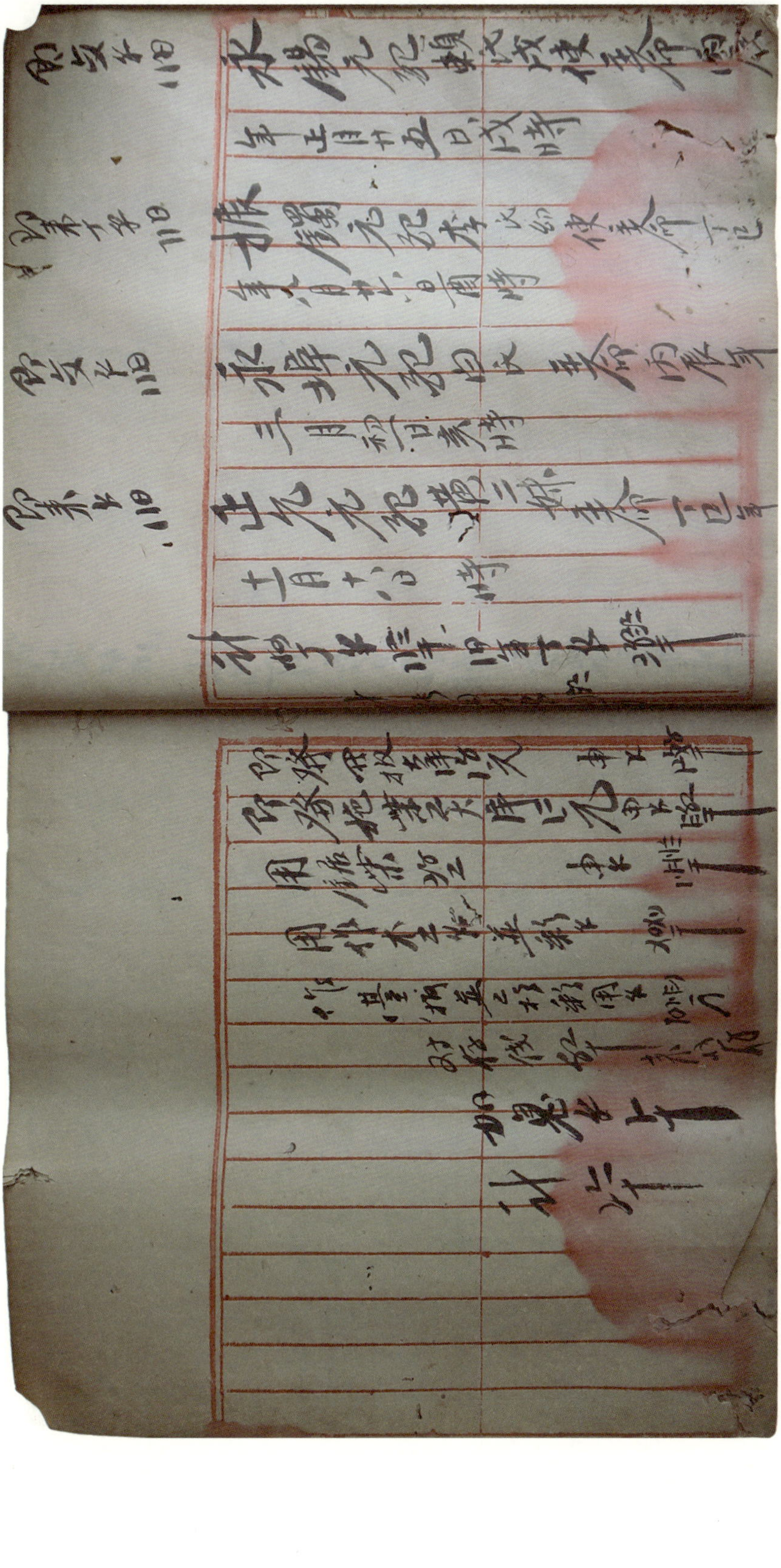

11-5-1-35　清宣統三年塗洋温氏置修集丁簿（三五）

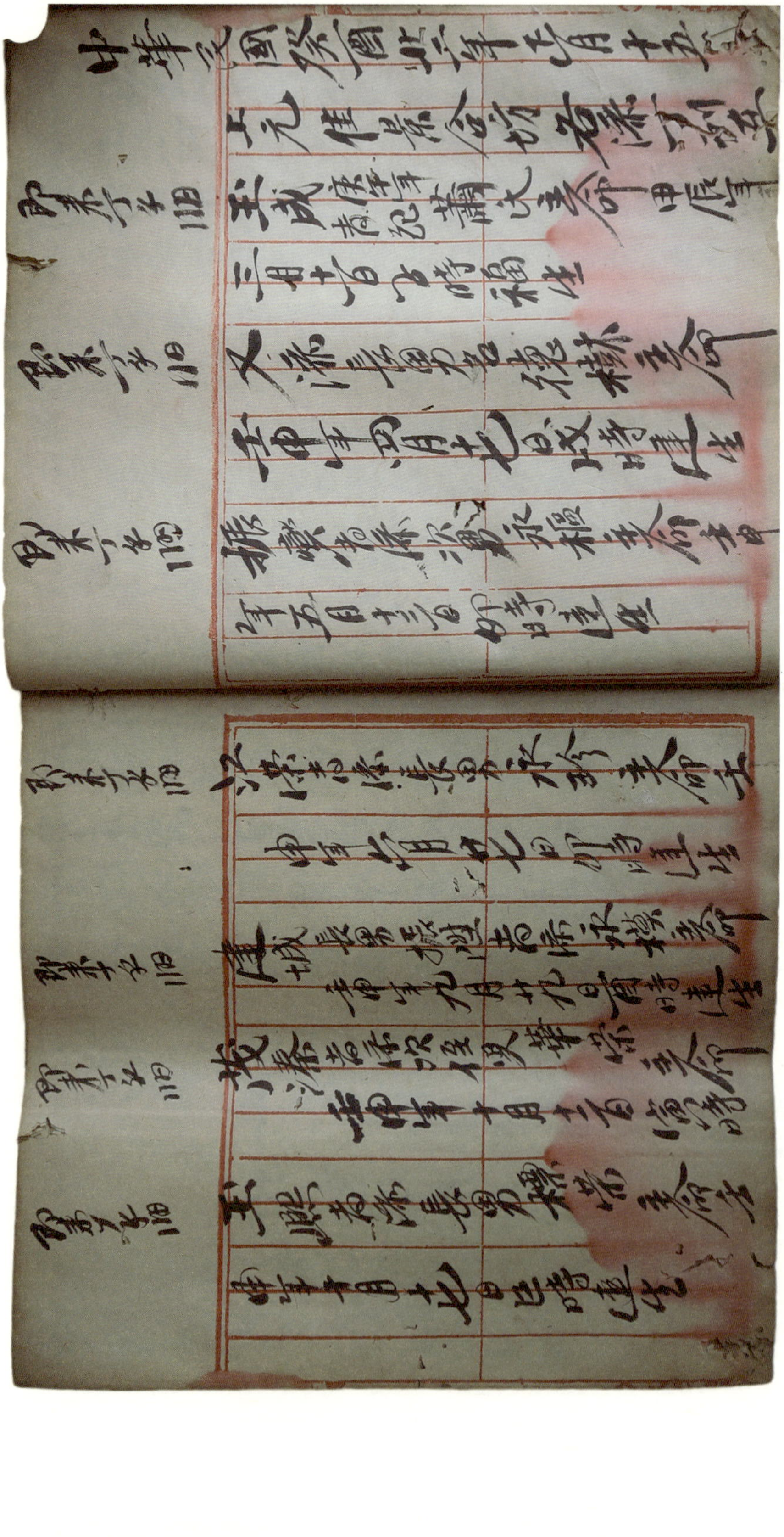

11—5—1—36　清宣統三年塗洋溫氏置修集丁簿（三六）

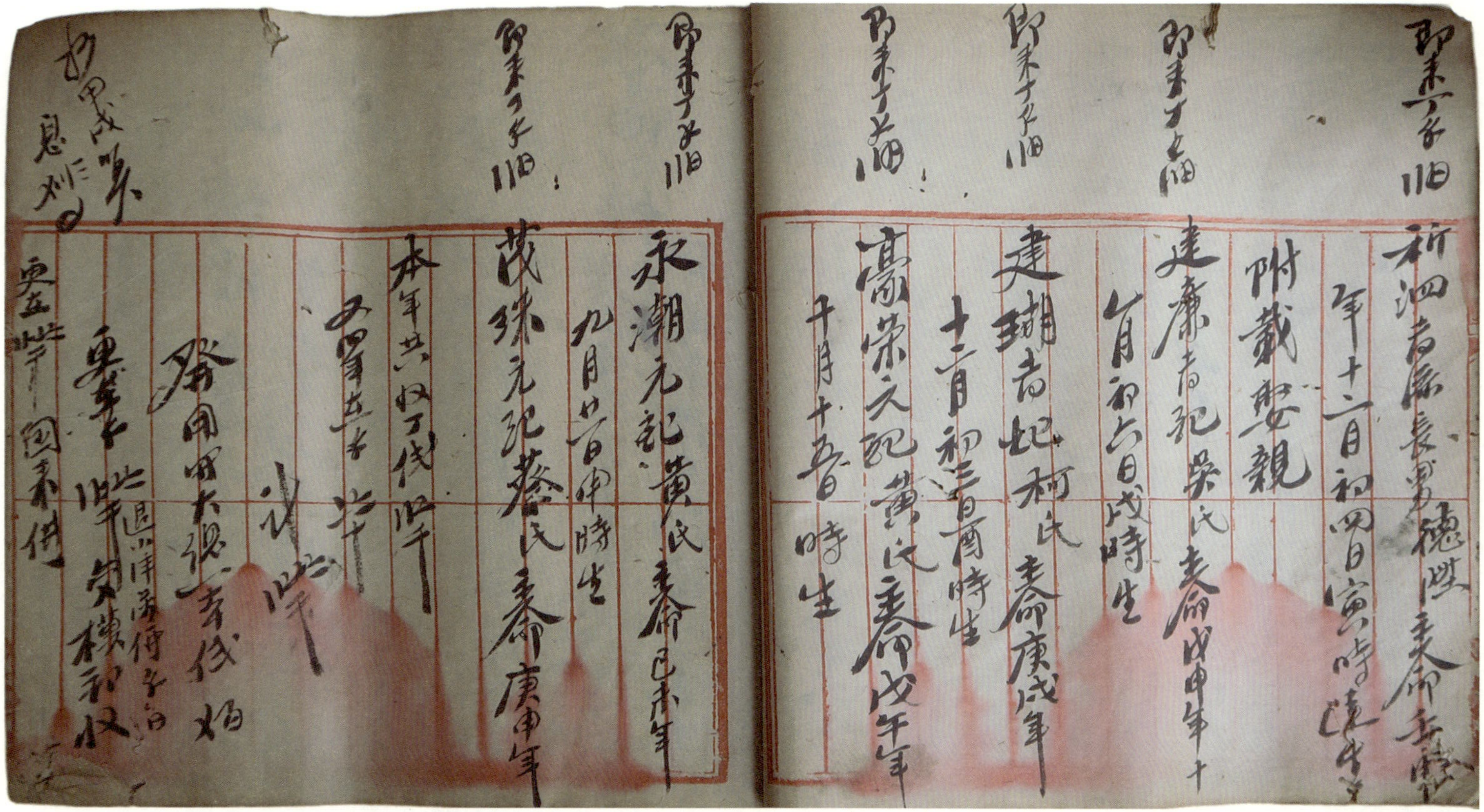

11-5-1-37　清宣統三年塗洋温氏置修集丁簿（三七）

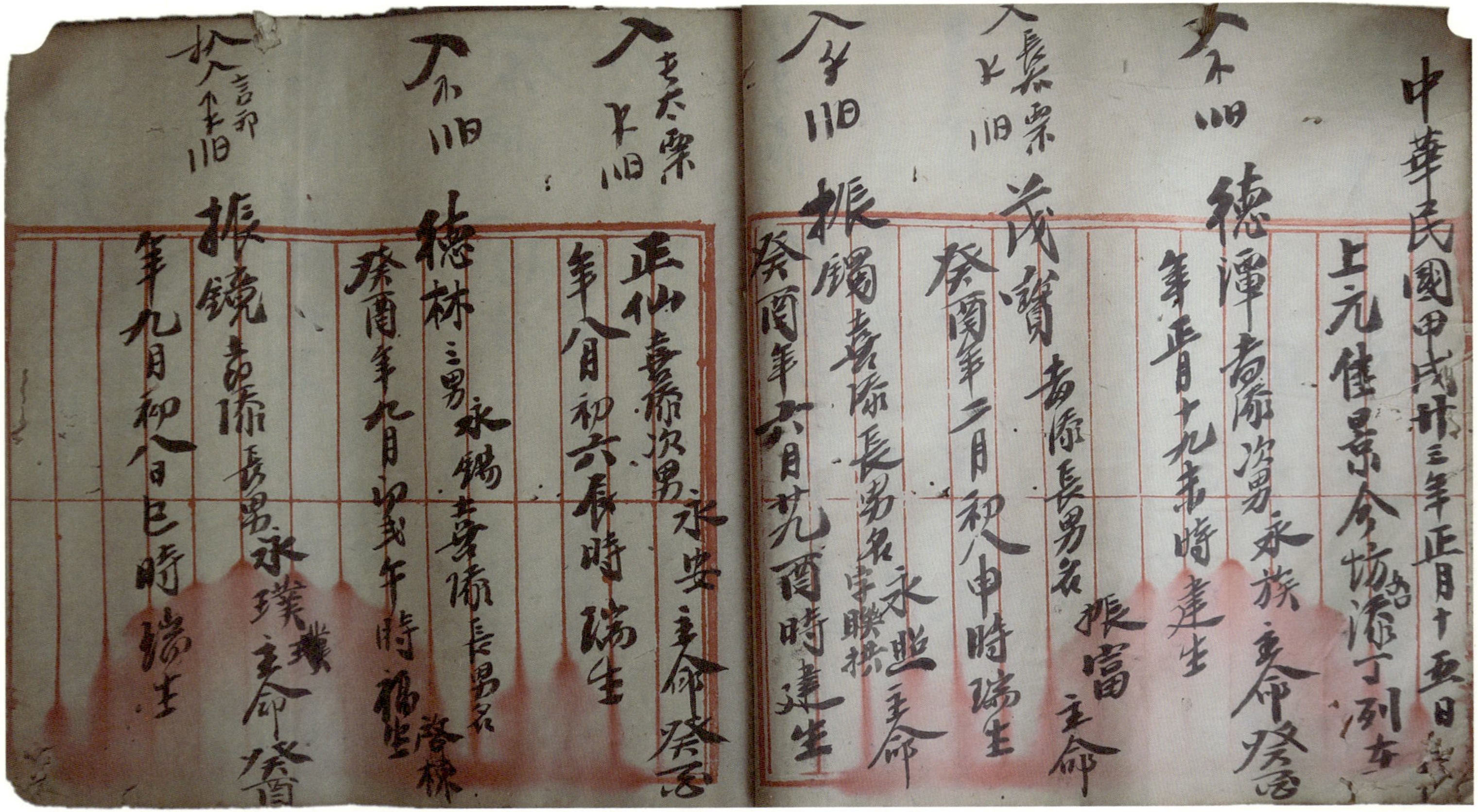

中華民國甲戌廿三年正月十五日
上元佳景合坊添丁列左

丁 不 旧
德潭 壽添次男 永族 主命癸酉
年正月十九未時建生

丁 長粟 丈 旧
茂寶 壽添長男名 振當 主命
癸酉年二月初八申時瑞生

丁 丈 旧
振鐲 喜添長男名 永照 字聯拱 主命
癸酉年六月廿九酉時建生

入 未太粟 丈 旧
正仙 喜添次男 永安 主命癸酉
年八月初六辰時瑞生

丁 不 旧
德林 三男 永錫 喜添長男名 啓棟
癸酉年九月初五午時福生

扵入 言卯 丈 旧
振鏡 喜添長男 永璞 主命癸酉
年九月初八日巳時瑞生

11-5-1-38　清宣統三年塗洋温氏置修集丁簿（三八）

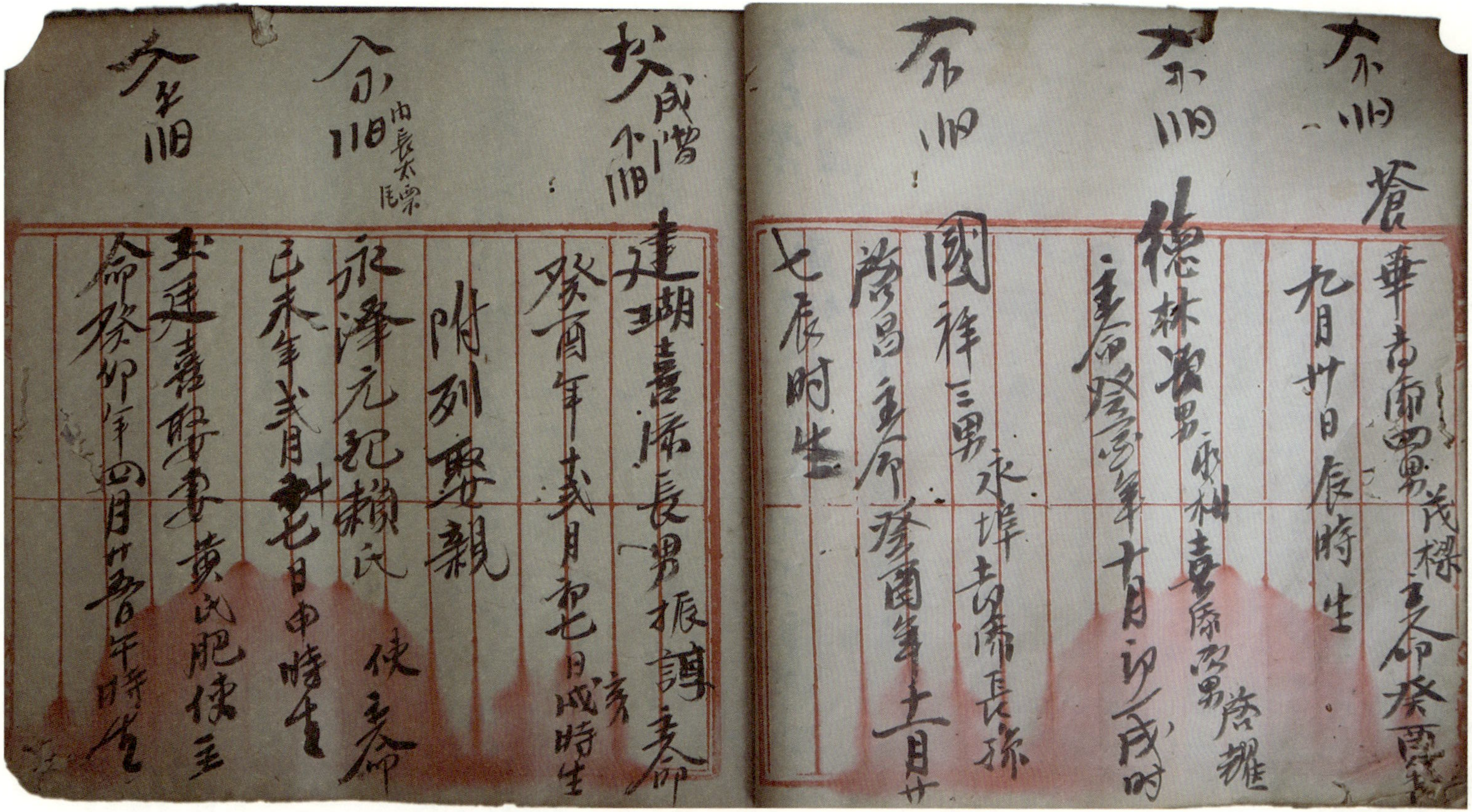

11-5-1-39 清宣統三年塗洋温氏置修集丁簿（三九）

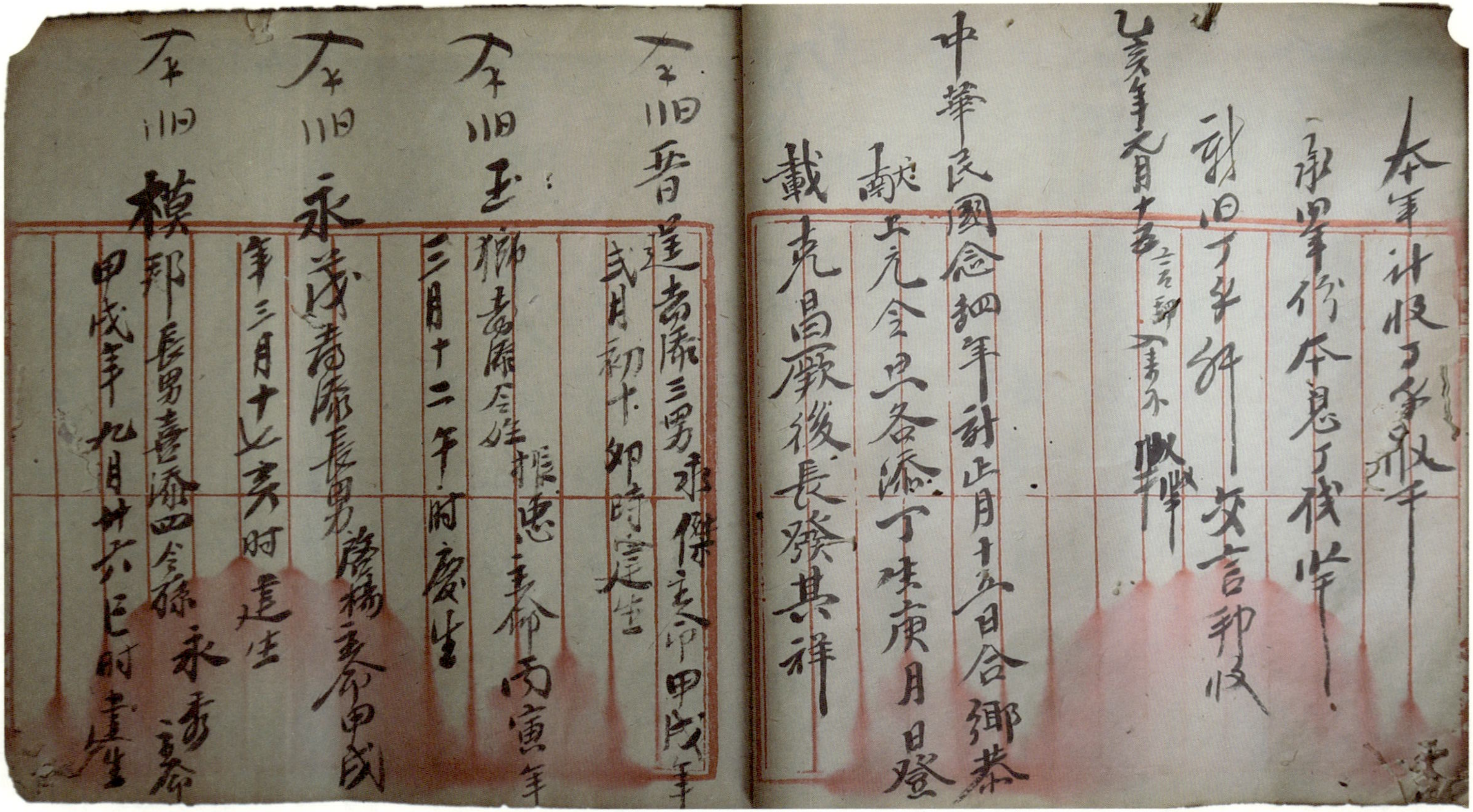

本年計收丁錢千
一承畢付本息丁錢半一
新旧丁半折一交言和收
乙亥年七月十五 三元卯 丁未不 懋樺
中華民國念捌年新正月十五日合鄉恭
獻上元金思各添丁咮庚月日登
載克昌厥後長發其祥

本 川 旧 晋 蓮壽康三男 求傑 生于甲戌年
戌月初十卯時定生
本 川 旧 玉 獅壽康令姪 振恵 生于丙寅年
三月十二午時慶生
本 川 旧 永 茂壽康長男 鏖楊 生于甲戌
年三月十七亥時是生
本 川 旧 模 邦長男壹添四令孫 永秀 生于
甲戌年九月廿六巳時建生

11-5-1-40　清宣統三年塗洋温氏置修集丁簿（四〇）

11-5-1-41 清宣統三年塗洋温氏置修集丁簿（四一）

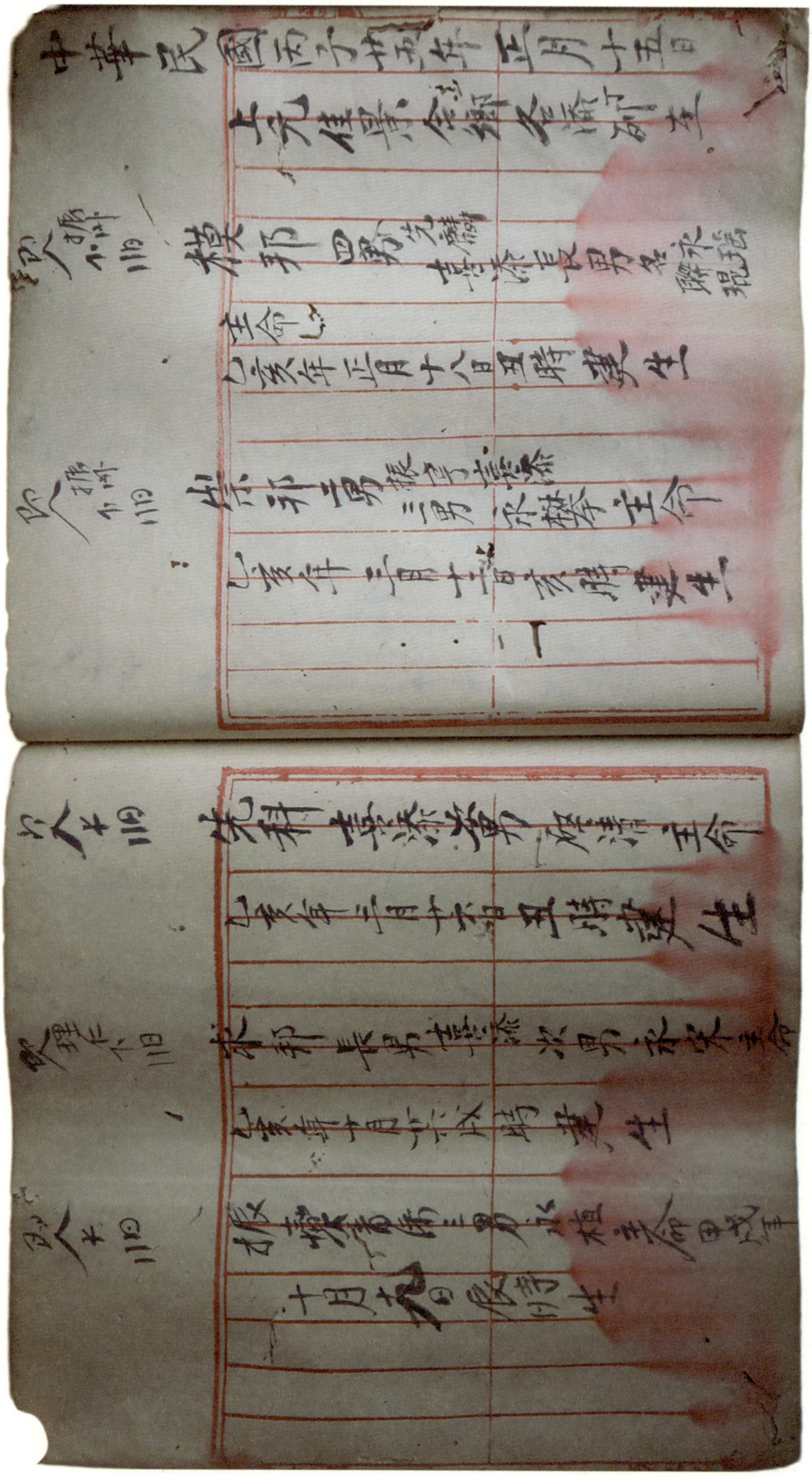

11-5-1-42　清宣統三年塗洋溫氏置修集丁簿（四二）

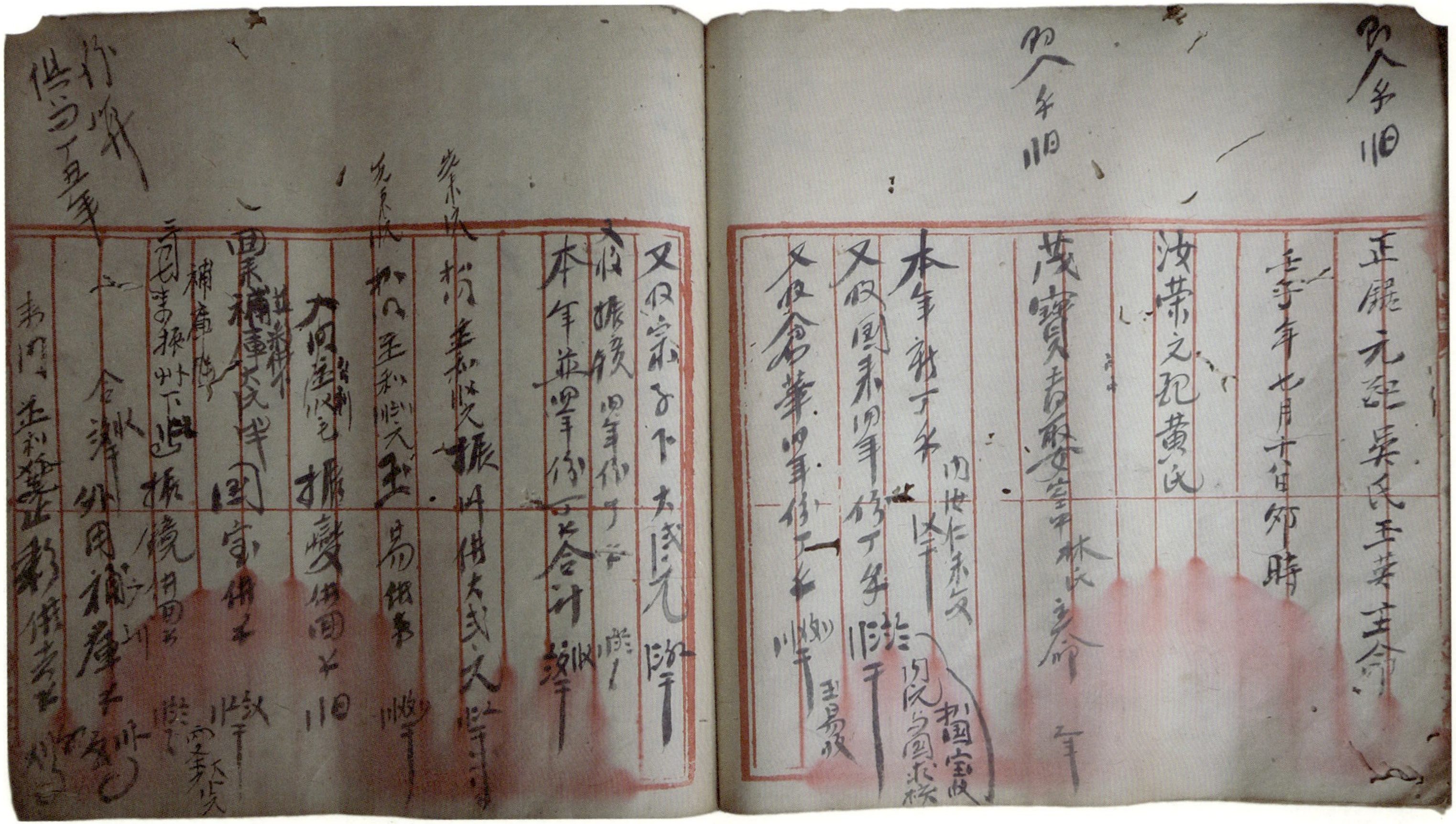

11-5-1-43　清宣統三年塗洋温氏置修集丁簿（四三）

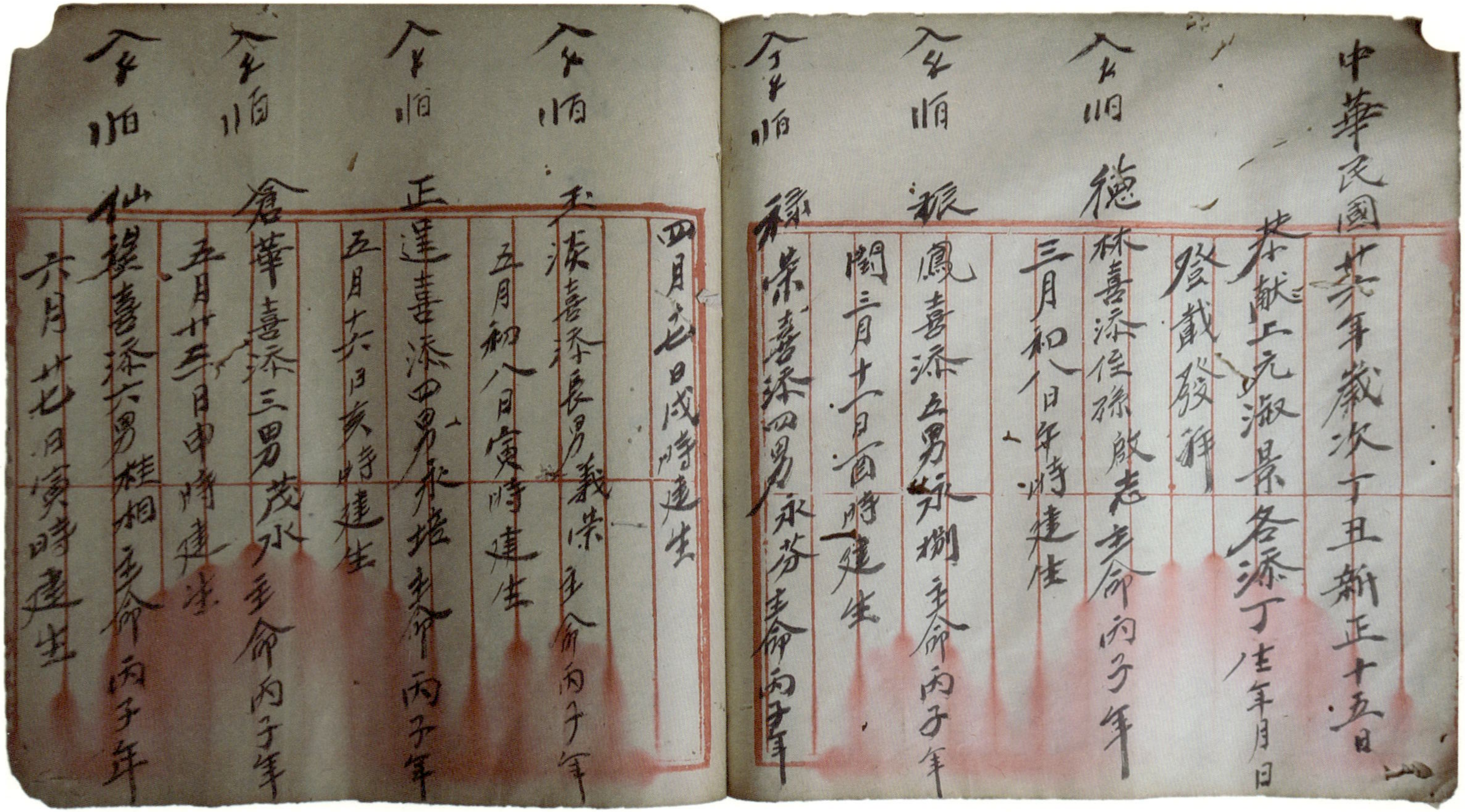
中華民國廿六年歲次丁丑新正十五日
恭獻上元淑景各添丁生年月日
登載發祥
德 林喜添侄孫啟志 主命丙子年
三月初八日午時建生
振 鳳喜添五男永撊 主命丙子年
閏三月十一日酉時建生
禄 崇喜添四男永芬 主命丙子年
四月廿七日戌時建生
求 湊喜添長男義崇 主命丙子年
五月初八日寅時建生
正 逢喜添四男永培 主命丙子年
五月十六日亥時建生
倉 華喜添三男茂水 主命丙子年
五月廿三日申時建生
仙 樑喜添六男桂相 主命丙子年
六月廿七日寅時建生

11-5-1-44　清宣統三年塗洋温氏置修集丁簿（四四）

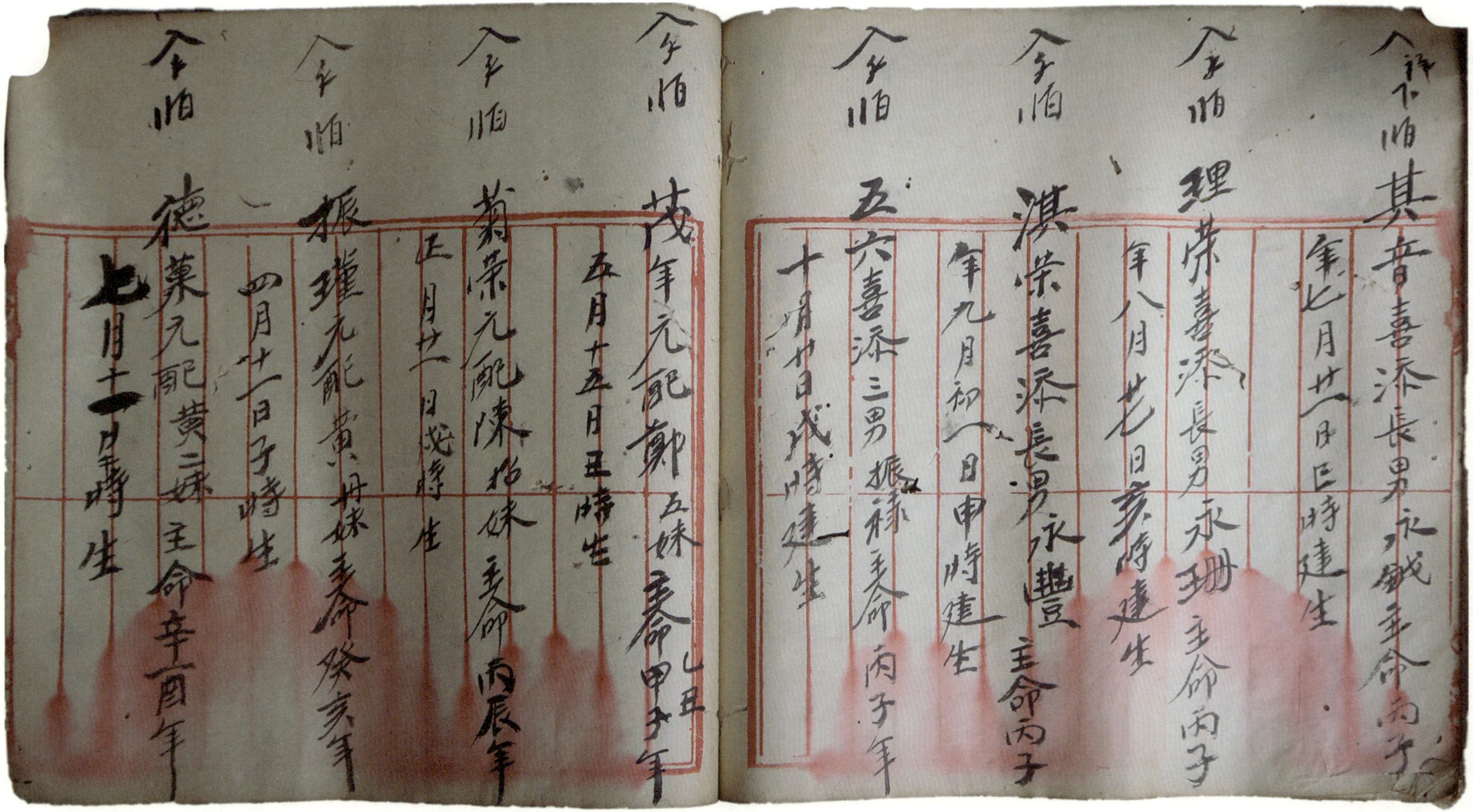
全下伯　其音喜添長男永鉞　主命丙子
年七月廿一日巳時建生
全伯　理崇喜添長男永珊　主命丙子
年八月廿七日亥時建生
全伯　淇崇喜添長男永豐　主命丙子
年九月初一日申時建生
全伯　五六喜添三男振祿　主命丙子年
十月廿日戌時建生
全伯　茂年元配鄭五妹　主命甲子年 乙丑
五月十五日丑時生
全伯　菊崇元配陳伯妹　主命丙辰年
正月廿一日戌時生
全伯　振瑾元配黃丹妹　主命癸亥年
四月廿一日子時生
全伯　德葉元配黃三妹　主命辛酉年
七月十一日寅時生

11-5-1-45　清宣統三年塗洋温氏置修集丁簿（四五）

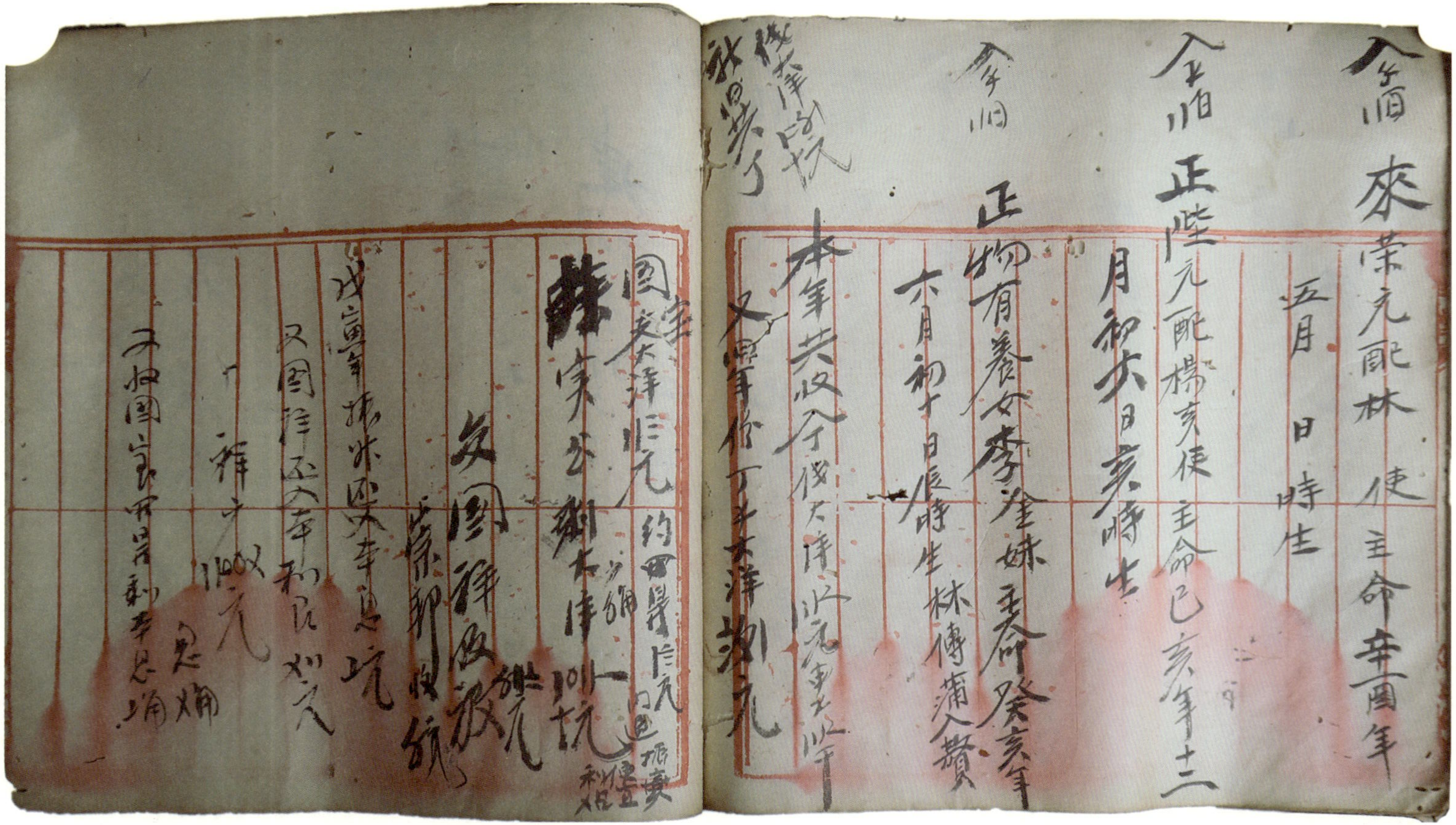

11-5-1-46　清宣統三年塗洋温氏置修集丁簿（四六）

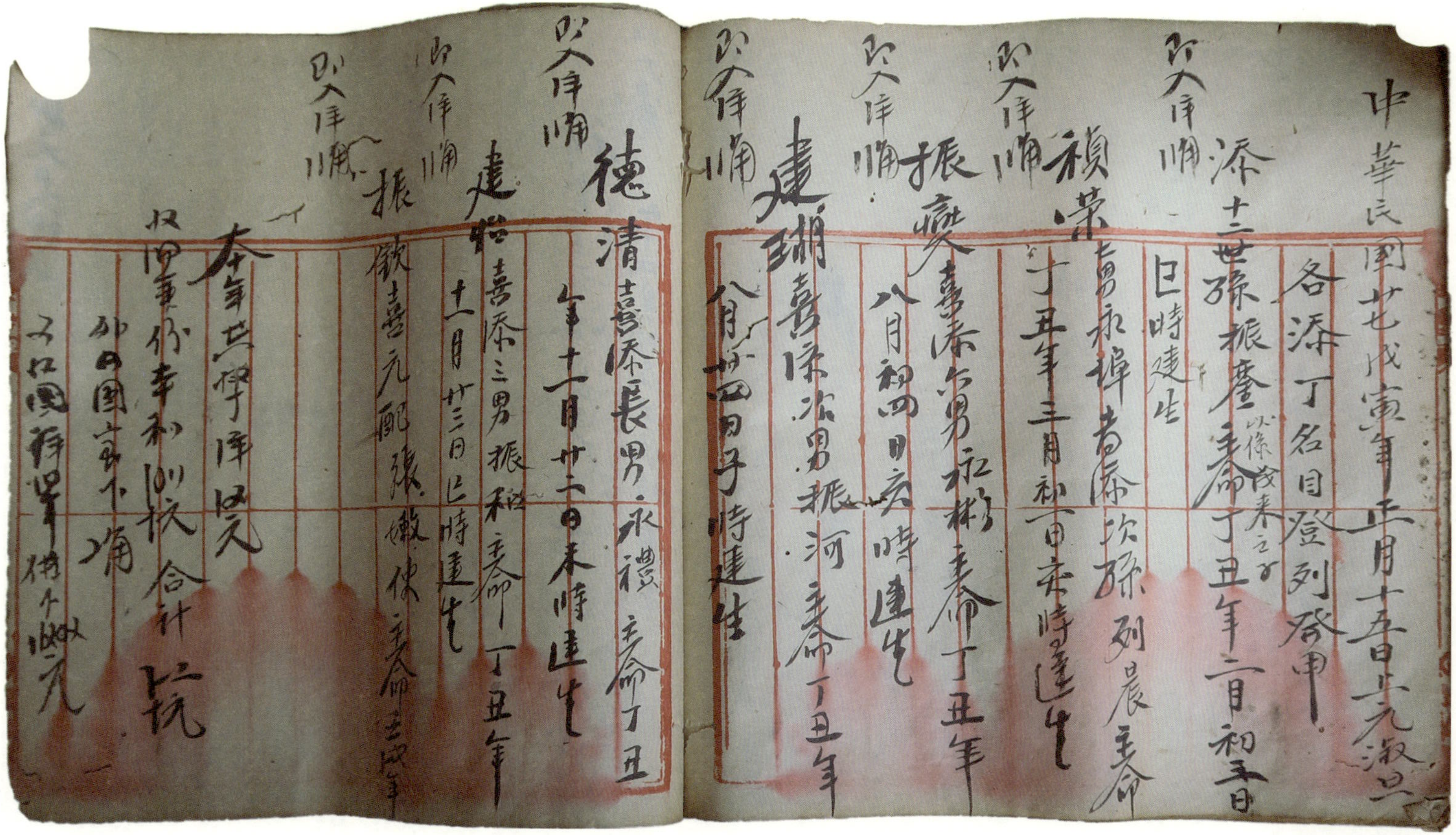
中華民国廿七戊寅年正月十五日共九淑具
各添丁名目登列於串
以入伴牌　添　十三世孫振奎（以係發來之子）壬命丁丑年二月初三日
巳時建生
以入伴牌　禎　榮　喜泰長男永棹　喜泰次孫列辰　壬命
丁丑年三月初十日未時建生
以入伴牌　振　燮　喜泰六男永彬　壬命丁丑年
八月初四日亥時建生
以入伴牌　建　瑚　喜泰次男振河　壬命丁丑年
八月廿四日子時建生
以入伴牌　德　清　喜泰長男永禮　壬命丁丑
年十一月廿二日未時建生
以入伴牌　建　松　喜泰三男振松　壬命丁丑年
十一月廿三日巳時建生
以入伴牌　振　欽　喜元配張徽使　壬命壬戌年
本年共柒伴收
收田賃分本和州收合計　乙元
卯四国安不角
子口四存單　捌角

11-5-1-47　清宣統三年塗洋温氏置修集丁簿（四七）

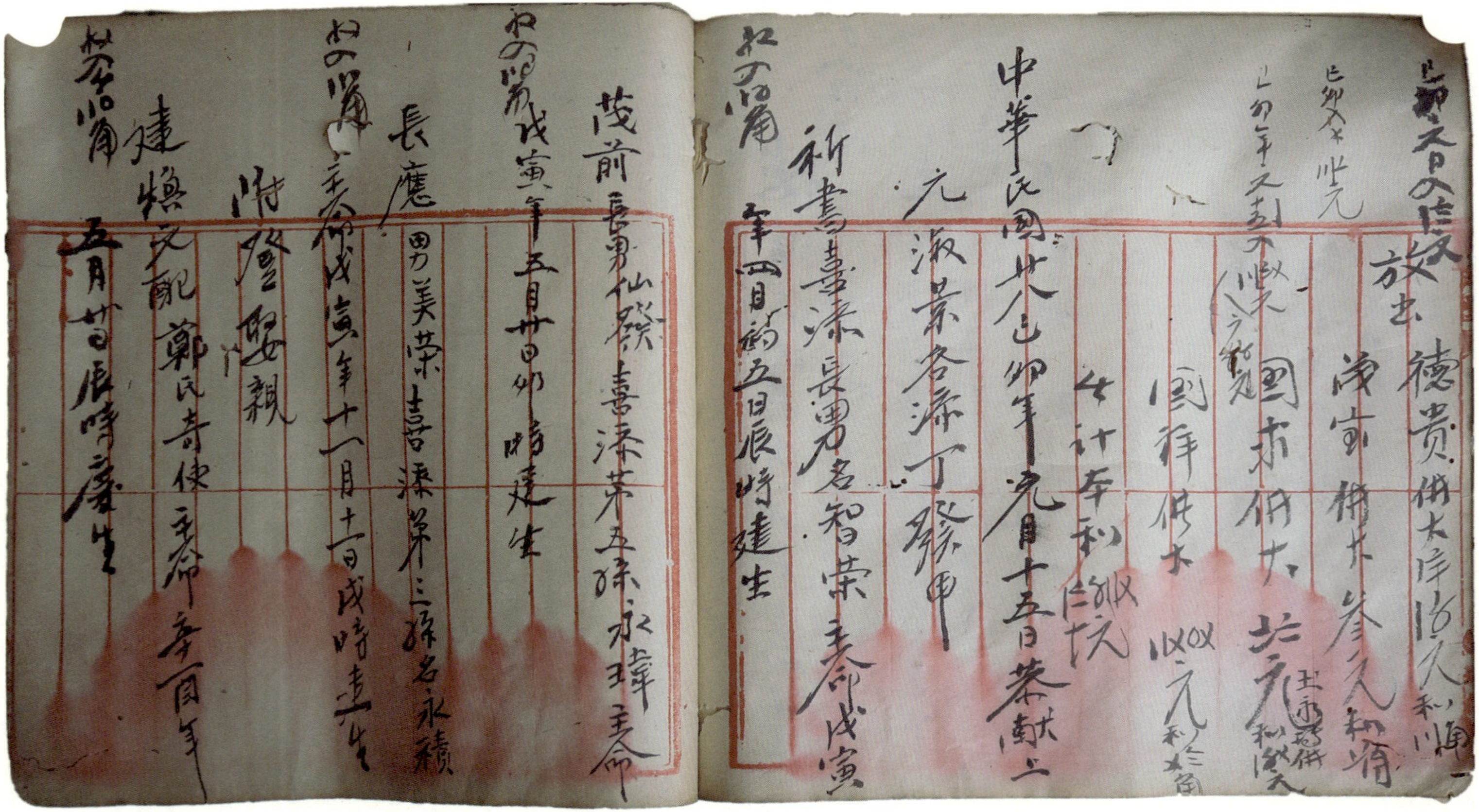

11–5–1–48　清宣統三年塗洋温氏置修集丁簿（四八）

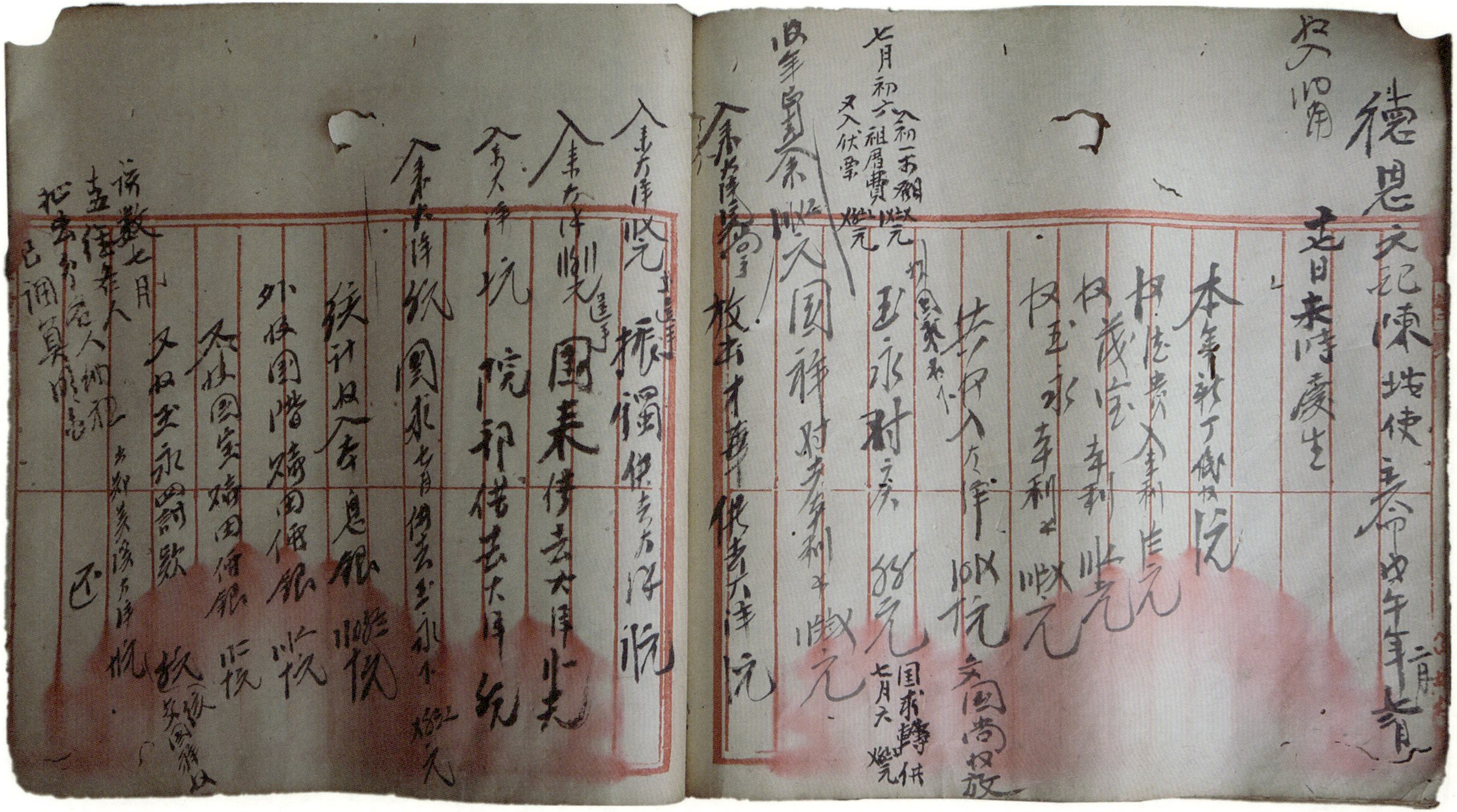

11-5-1-49 清宣統三年塗洋温氏置修集丁簿（四九）

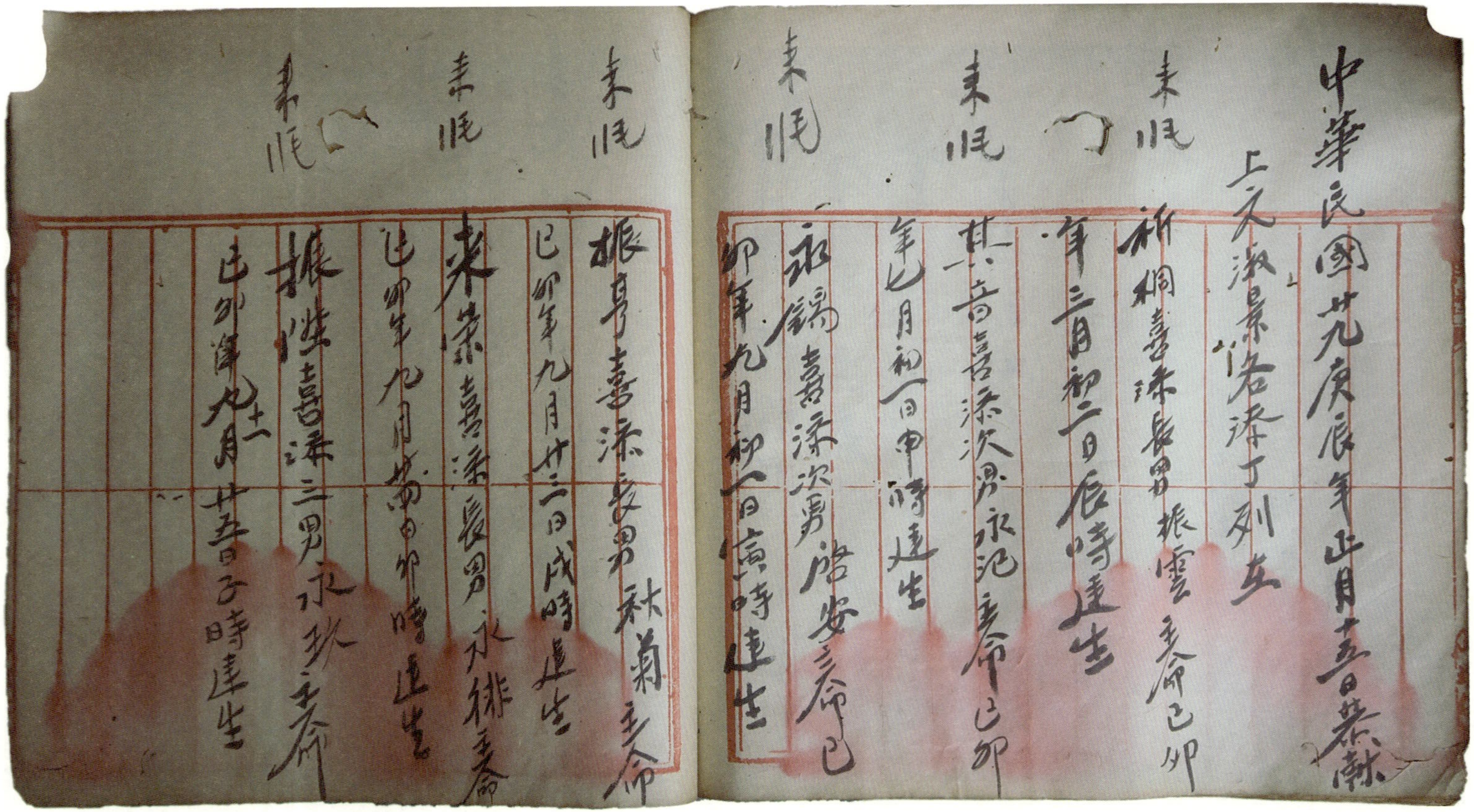
中華民國廿九庚辰年正月十五日恭獻
上文淑景洛添丁列左
祈桐喜添長男振雲 壬命己卯
年三月初二日辰時建生
其音喜添次男永汜 壬命己卯
年正月初一日申時建生
永錫喜添次男啟安 壬命己
卯年九月初一日寅時建生
振亨喜添長男秋菊 壬命
己卯年九月廿二日戌時建生
來榮喜添長男永排 壬命
己卯年九月廿四日卯時建生
振洪喜添三男永珍 壬命
己卯年十一月廿五日子時建生

11-5-1-50　清宣統三年塗洋温氏置修集丁簿（五〇）

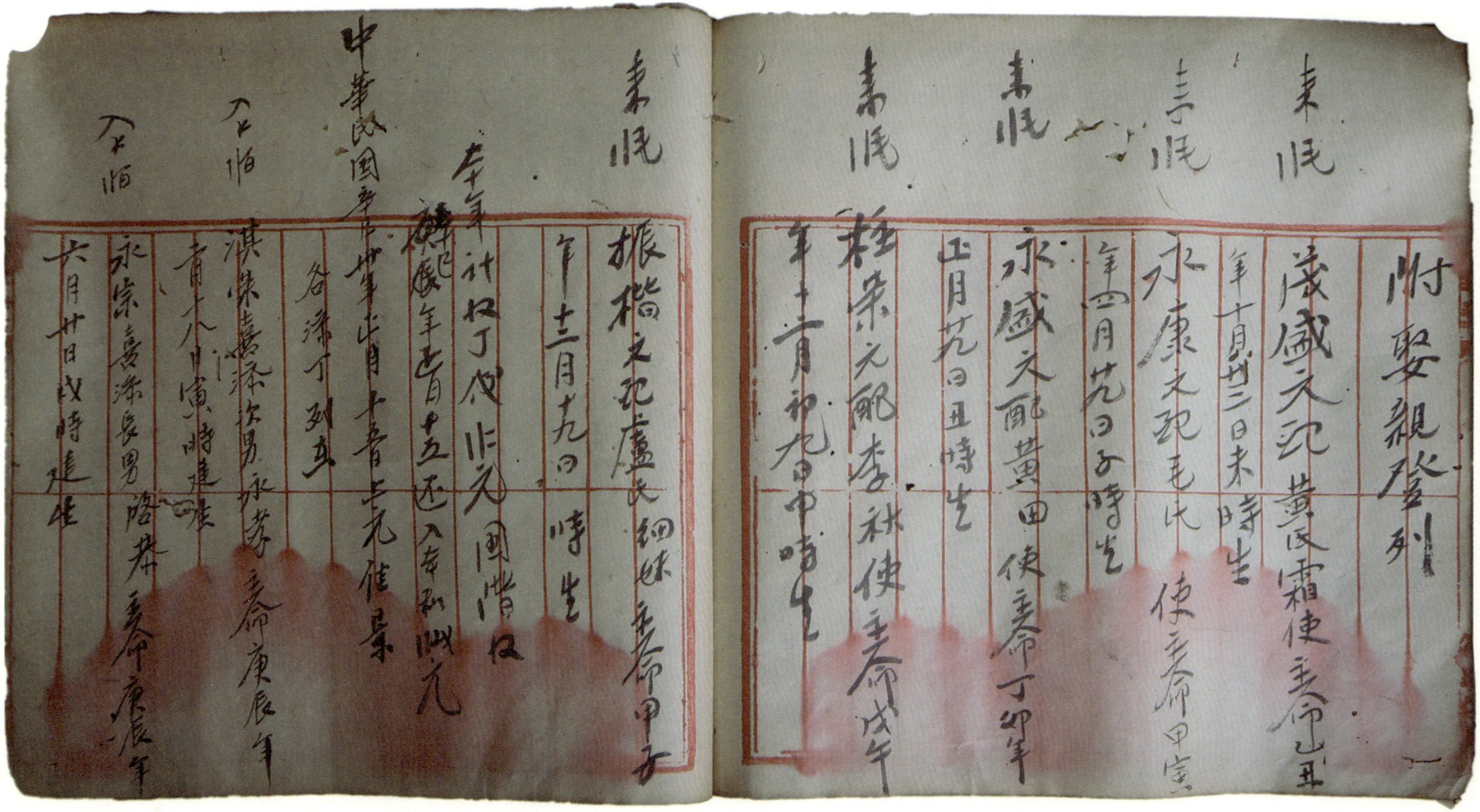

11-5-1-51　清宣統三年塗洋温氏置修集丁簿（五一）

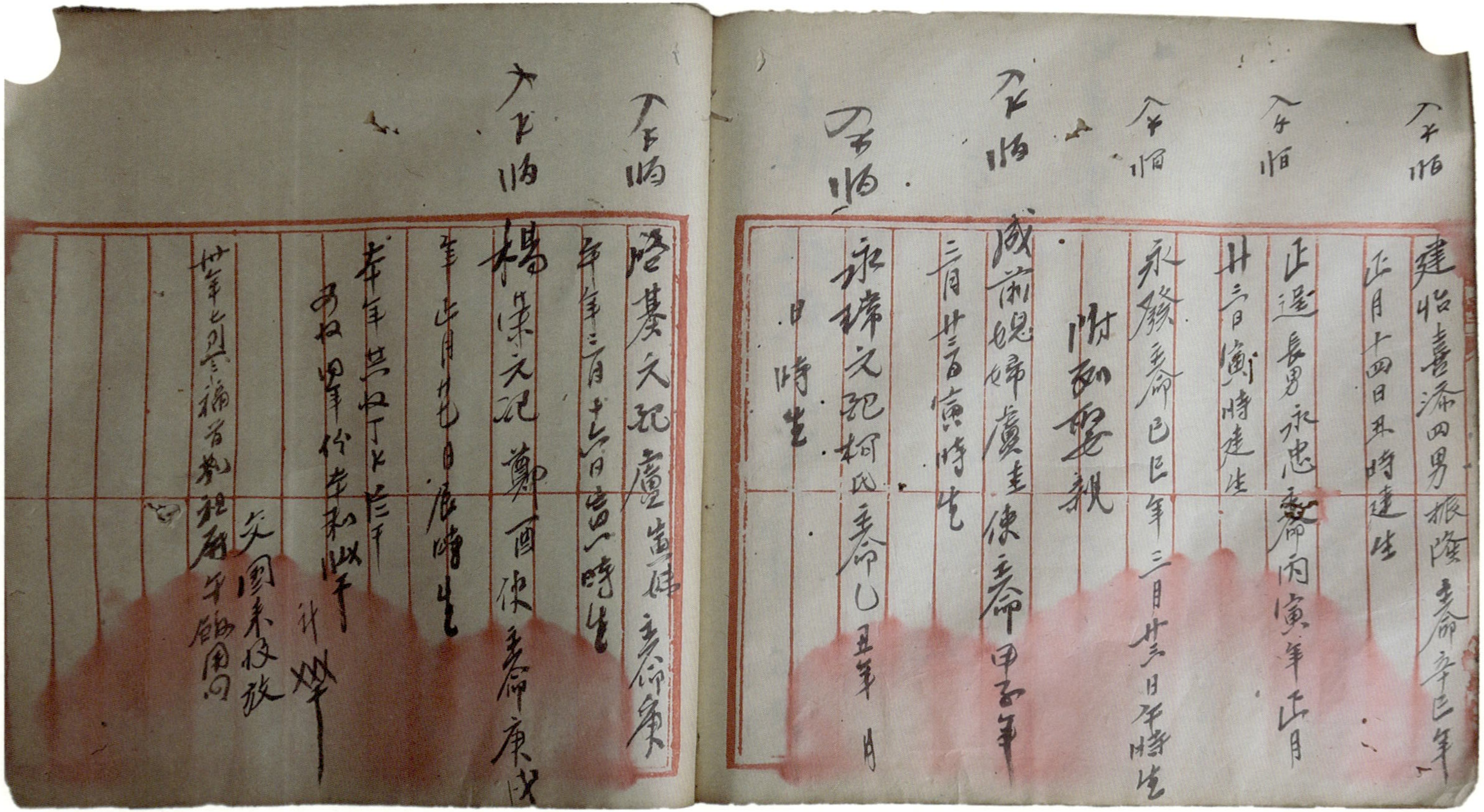

11-5-1-52　清宣統三年塗洋温氏置修集丁簿（五二）

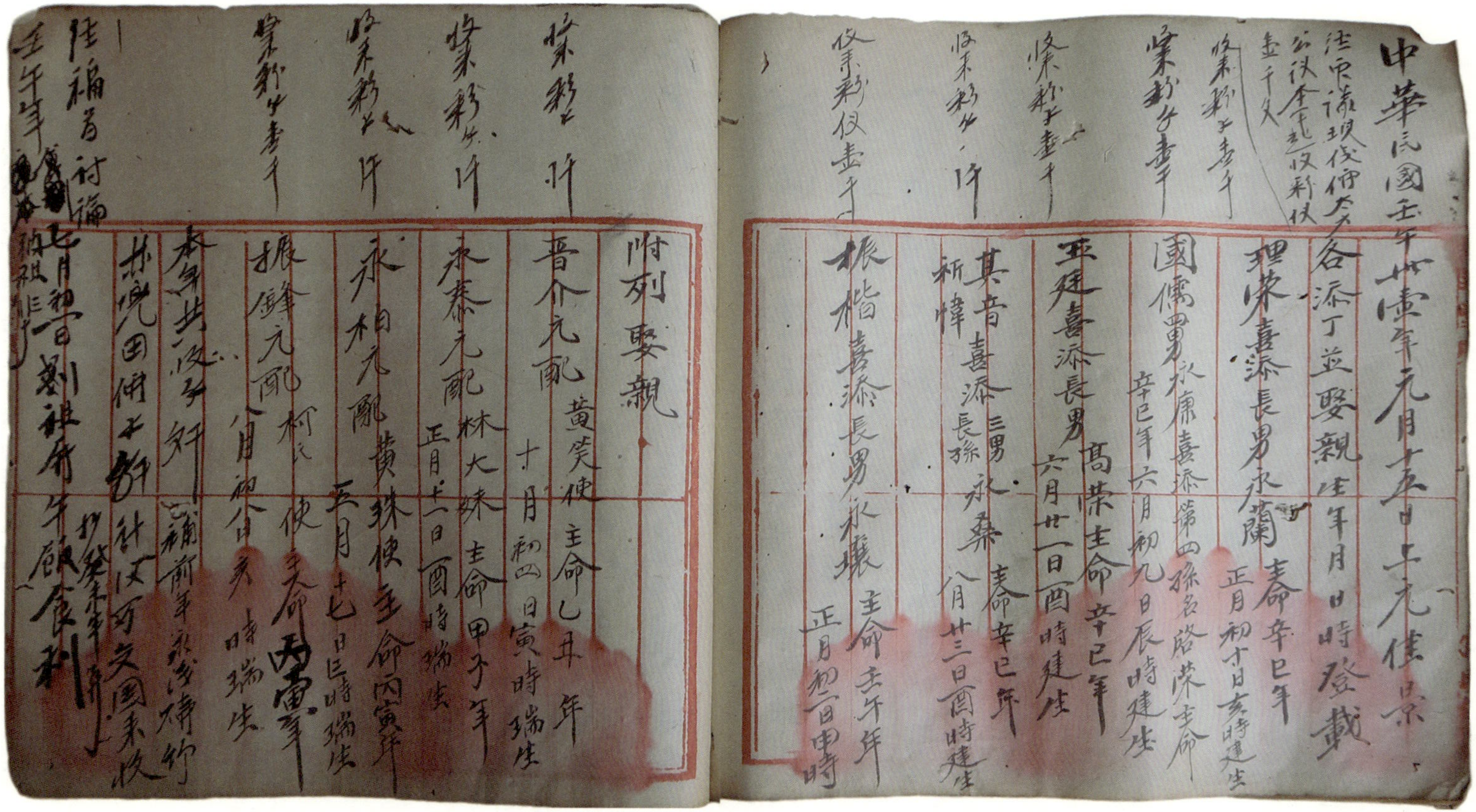
中華民國壬午年十二月十三日十九位[illegible]
各添丁並娶親生年月日時登載
理榮喜添長男永蘭　壽命辛巳年　正月初十日亥時建生
國儒男永康　喜添第四孫名啓榮　壽命辛巳年　六月初九日辰時建生
亚廷喜添長男　高榮　壽命辛巳年　六月廿一日酉時建生
其音喜添三男永桑　新悍長孫　壽命辛巳年　八月廿三日酉時建生
振楷喜添長男永壤　壽命壬午年　正月初三日申時
附列娶親
晉介元配黃笑使　壽命乙丑年　十月初四日寅時瑞生
永泰元配林大妹　壽命甲子年　正月廿一日酉時瑞生
永柏元配黃妹使　壽命丙寅年　五月十七日巳時瑞生
振鋒元配[illegible]使　壽命丙寅年　八月初八日未時瑞生

11-5-1-53　清宣統三年塗洋温氏置修集丁簿（五三）

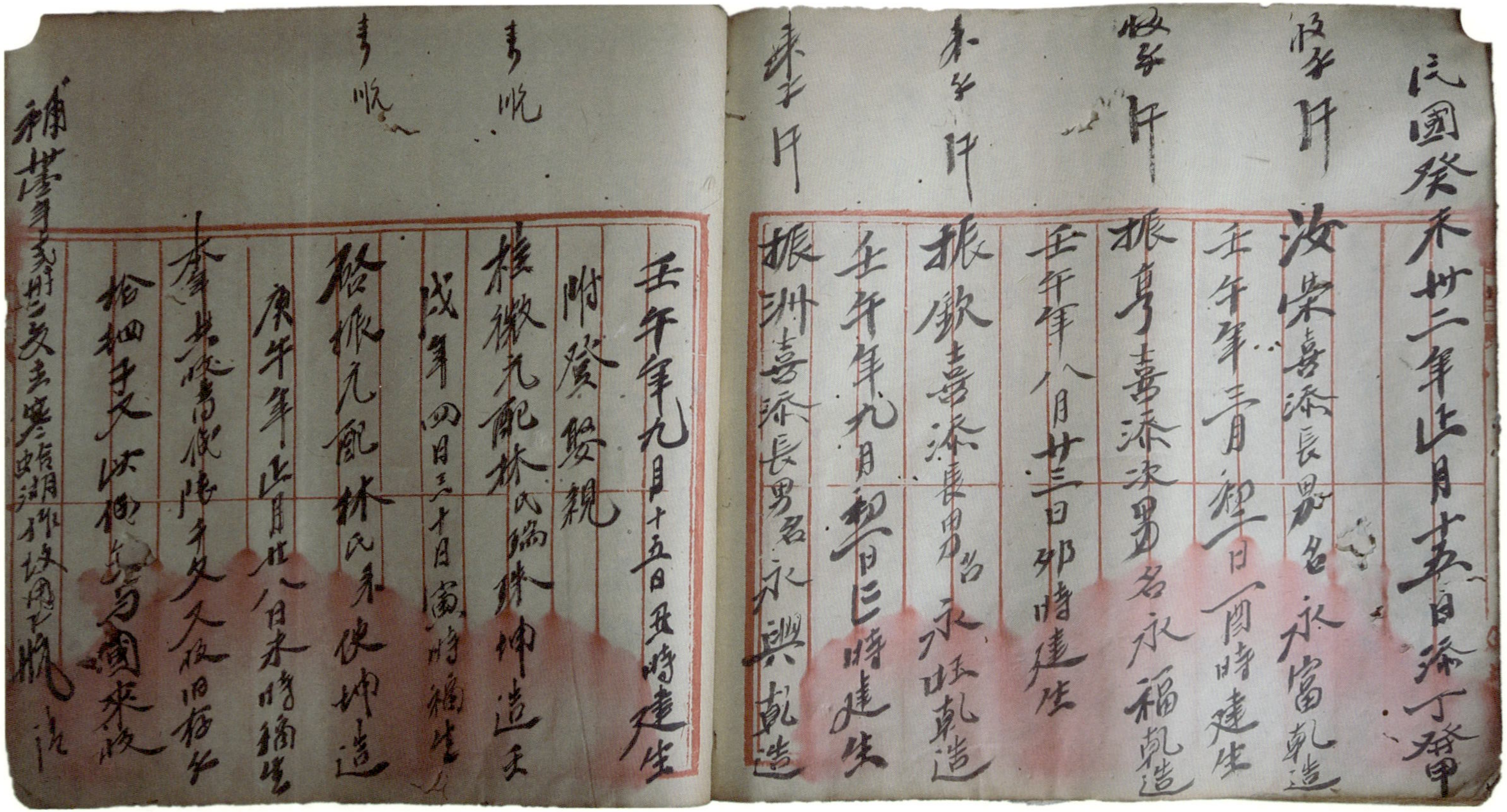

11-5-1-54　清宣統三年塗洋溫氏置修集丁簿（五四）

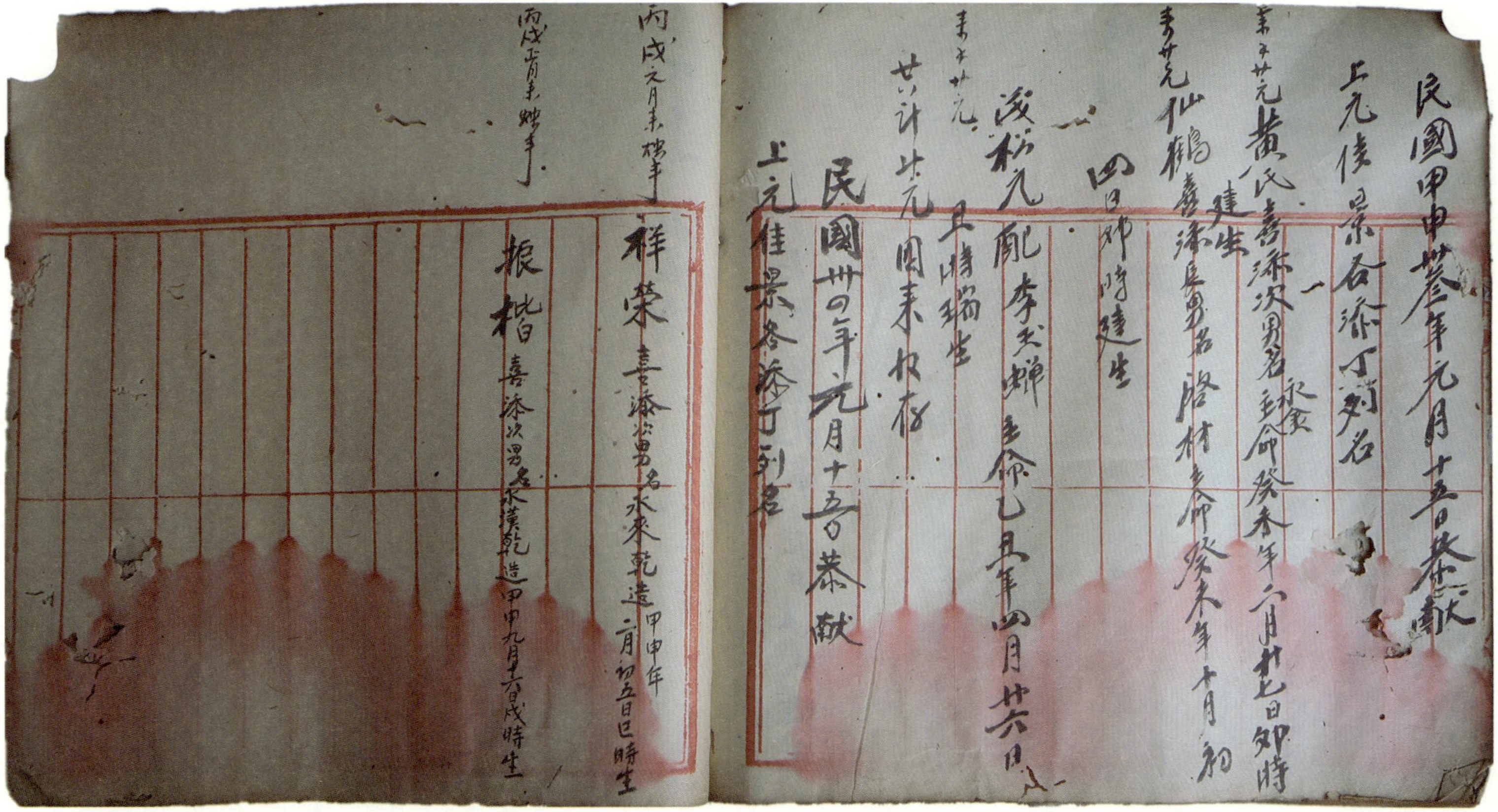

民國甲申卅叁年九月十五日恭獻
上元佳景各添丁列名
來廿元　黄氏喜添次男名永金　生命癸未年六月廿七日卯時建生
來廿元　仙鶴喜添長男名路林　生命癸未年十月初四日卯時建生
來廿元　淺松九配李氏蟬　生命乙丑年四月廿六日旦時瑞生
廿六計廿元　因未收存
民國卅四年九月十五日恭獻
上元佳景各添丁列名
丙戌元月未收手　祥榮　喜添次男名永來　乾造甲申年二月初五日巳時生
丙戌正月未收手　根楷　喜添次男名永漢　乾造甲申九月十六日戌時生

11-5-1-55　清宣統三年塗洋温氏置修集丁簿（五五）

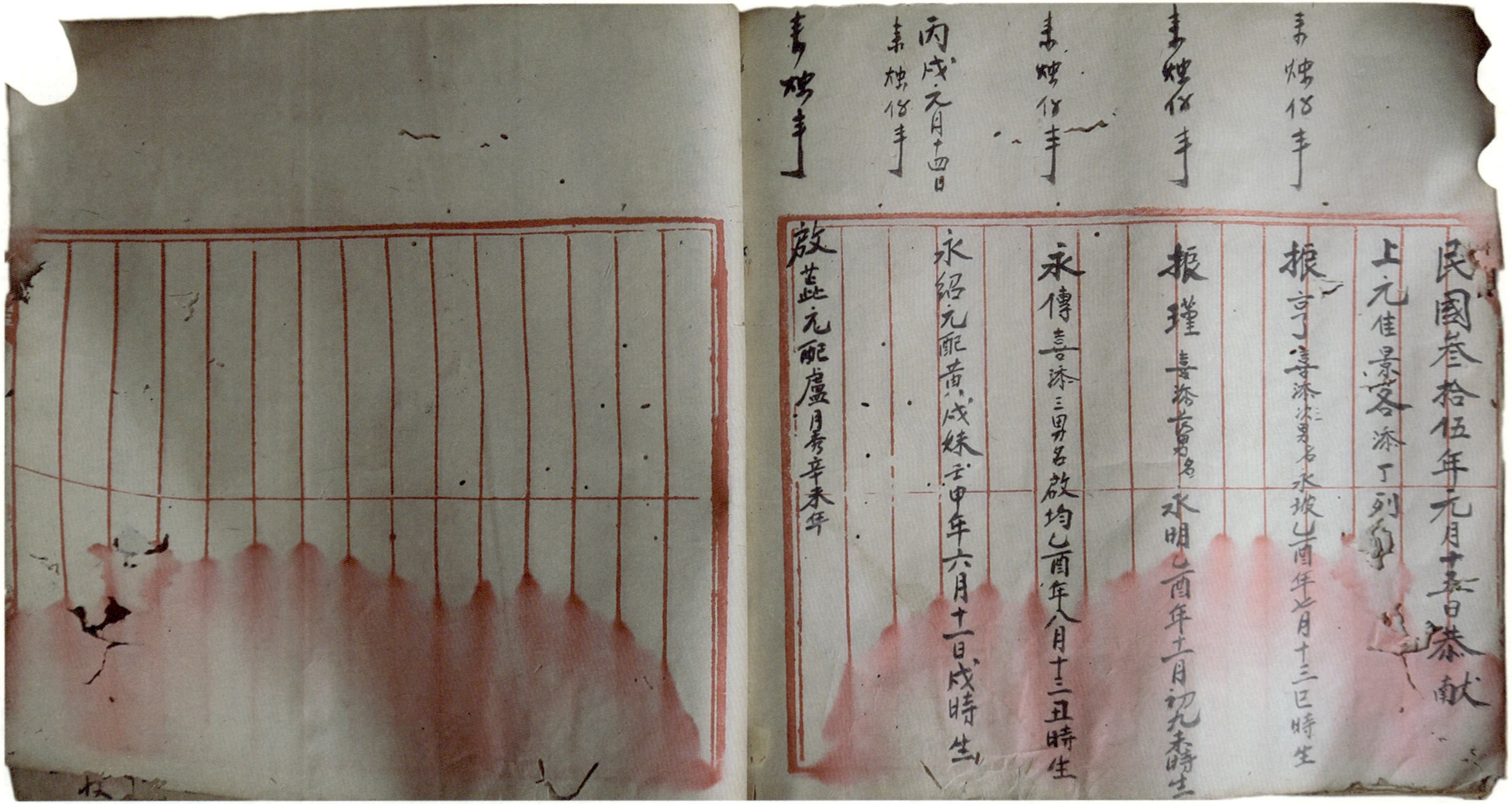
喜燭伍手丁
喜燭伍手丁
喜燭伍手丁
丙戌六月十四日
喜燭伍手丁
喜燭手丁
民國叁拾伍年元月十叁日恭獻
上元佳景客添丁列
振亨丁 喜添次男名永坡 乙酉年七月十三巳時生
振瑾 喜添長男名永明 乙酉年十一月初九未時生
永傳 喜添三男名啟均 乙酉年八月十三丑時生
永紹 元配黃氏妹 壬申年六月十一日戌時生
啟蕋 元配盧氏月秀 辛未年

11-5-1-56　清宣統三年塗洋温氏置修集丁簿（五六）

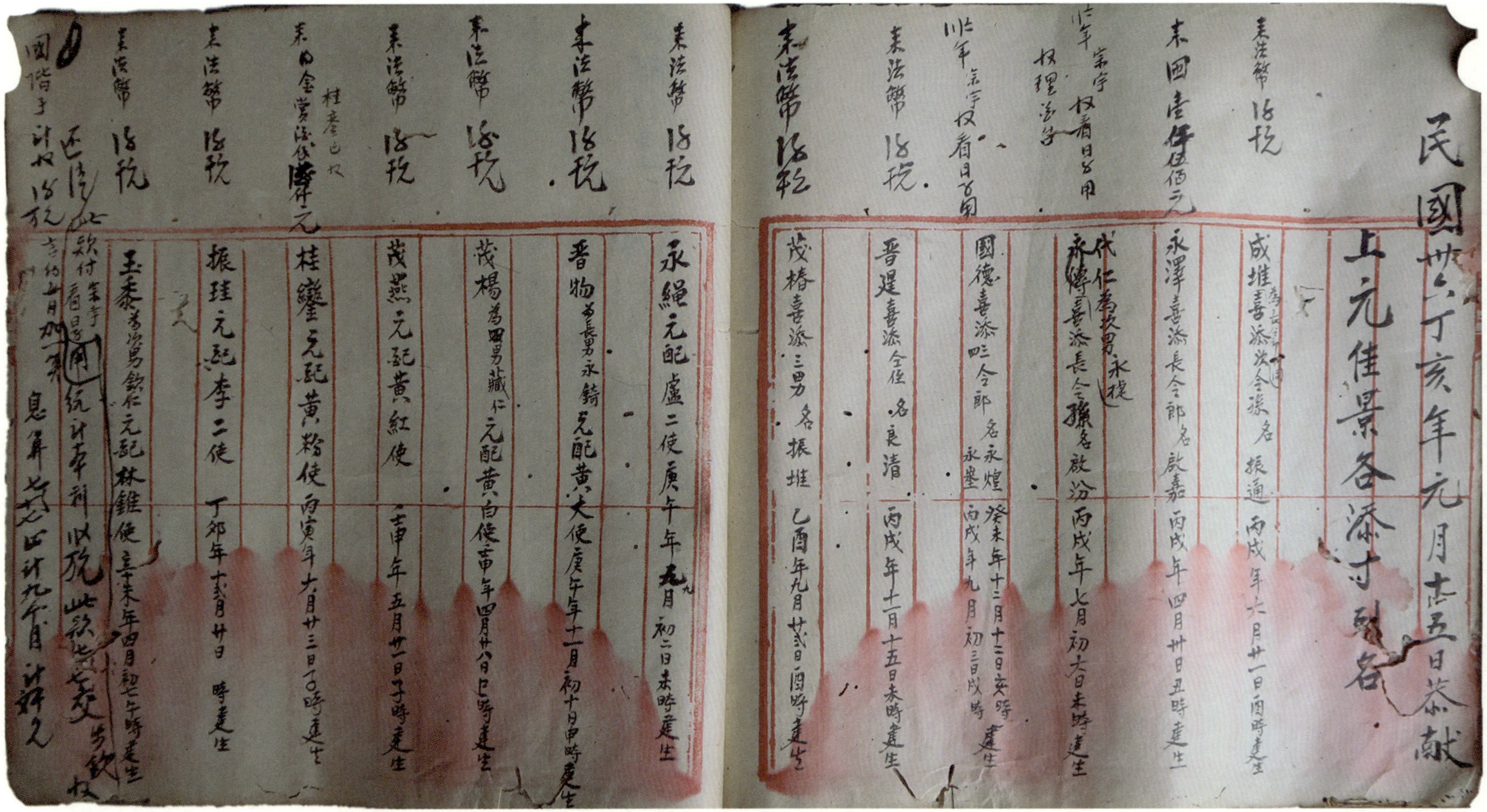

11-5-1-57　清宣統三年塗洋温氏置修集丁簿（五七）

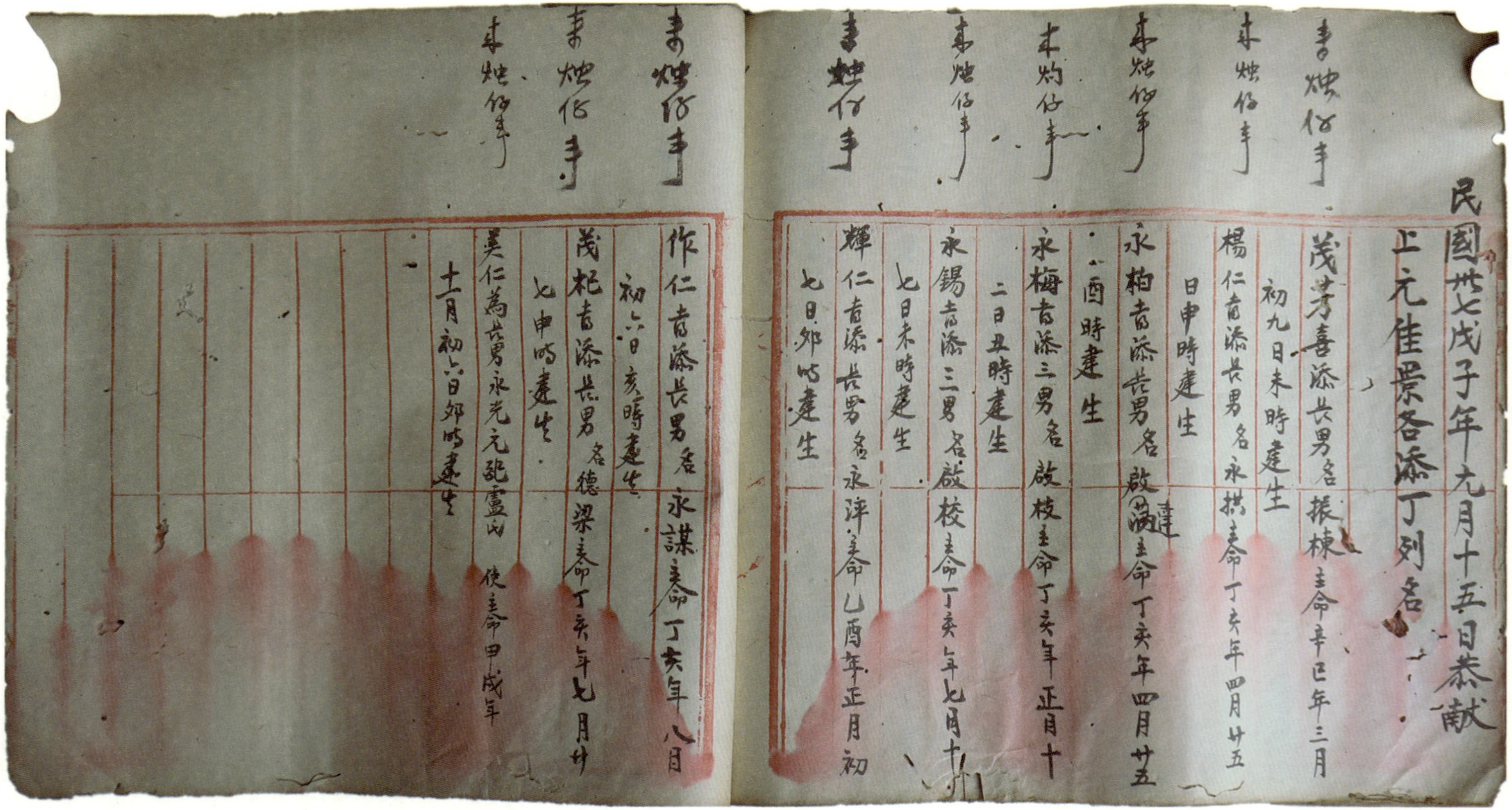
民國卅七戊子年九月十五日恭献
上元佳景各添丁列名

喜烛付手
茂芳喜添长男名振棟，生命辛巳年三月初九日未時建生

喜烛付手
楊仁吉添长男名永拱，生命丁亥年四月廿五日申時建生

喜烛付手
永柏吉添长男名啟達，生命丁亥年四月廿五酉時建生

喜烛付手
永梅吉添三男名啟枝，生命丁亥年正月十二日丑時建生

喜烛付手
永錫吉添三男名啟校，生命丁亥年七月十七日未時建生

喜烛付手
輝仁吉添长男名永洋，生命乙酉年正月初七日卯時建生

喜烛付手
作仁吉添长男名永謀，生命丁亥年八月初六日亥時建生

喜烛付手
茂杞吉添长男名德梁，生命丁亥年七月廿七日申時建生

喜烛付手
吳仁為长男永光元訖壹[illegible]，使生命甲戌年十一月初六日卯時建生

11-5-1-58　清宣統三年塗洋溫氏置修集丁簿（五八）

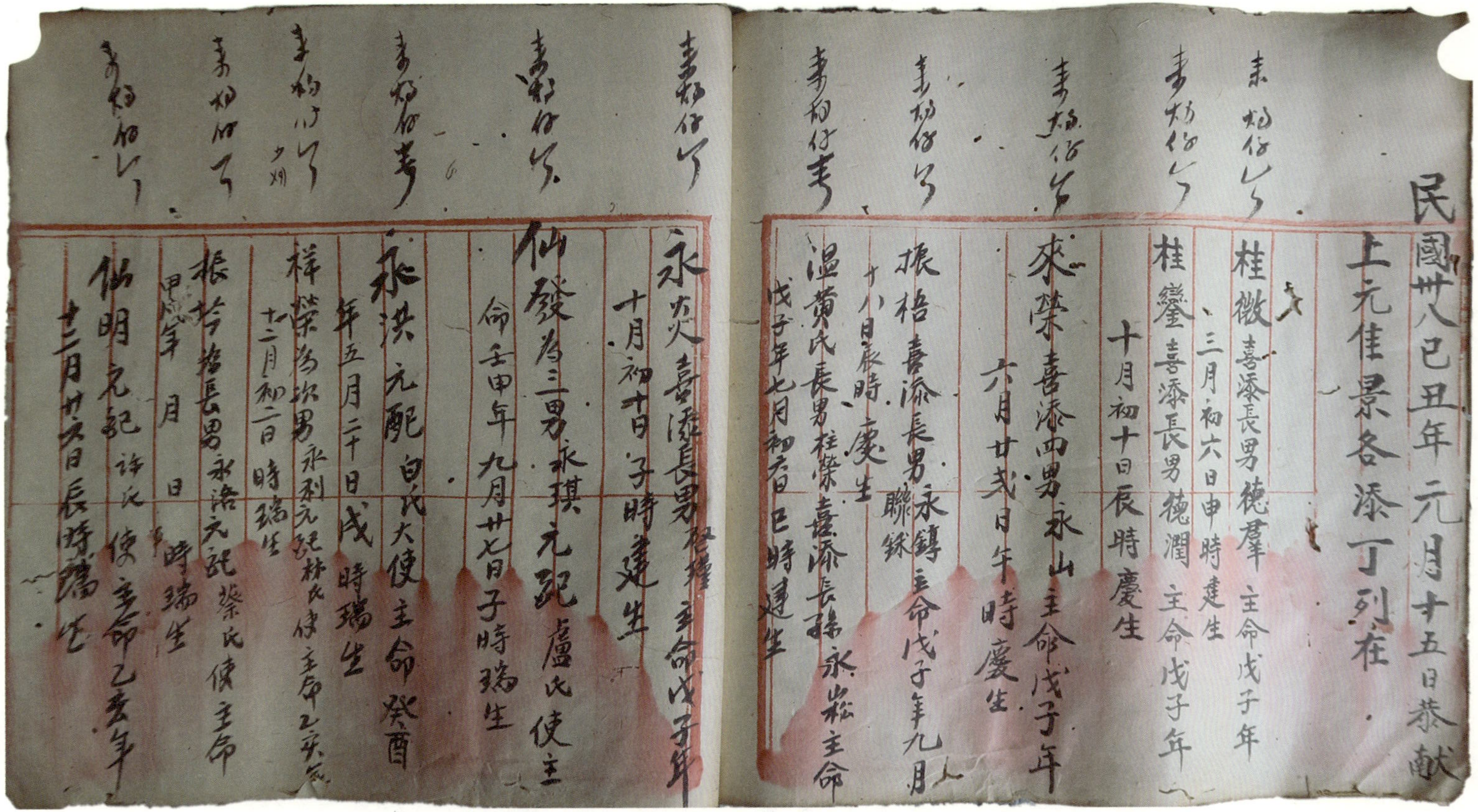

民國卅八己丑年元月十五日恭献
上元佳景各添丁列在
桂徽喜添長男德聲主命戊子年三月初六日申時建生
桂鑾喜添長男德潤主命戊子年十月初十日辰時慶生
來榮喜添四男永山主命戊子年六月廿戈日午時慶生
振梧喜添長男永鎮聯錸主命戊子年九月十八日辰時慶生
温黄氏長男桂榮喜添長孫永崧主命戊子年七月初旮日巳時建生
永炎喜添長男[illegible]主命戊子年十月初十日子時建生
仙發為三男永祺元配盧氏使主命壬申年九月廿七日子時瑞生
永洪元配白氏大使主命癸酉年五月二十日戌時瑞生
祥榮為次男永利元配林氏使主命乙亥年十二月初二日時瑞生
振梧為長男永洛元配紫氏使主命甲戌年月日時瑞生
仙明元配許氏使主命乙亥年十二月廿六日辰時瑞生

11-5-1-59　清宣統三年塗洋温氏置修集丁簿（五九）

11-5-2-1　民國時期塗洋温氏都司尊王福首祭簿（一）

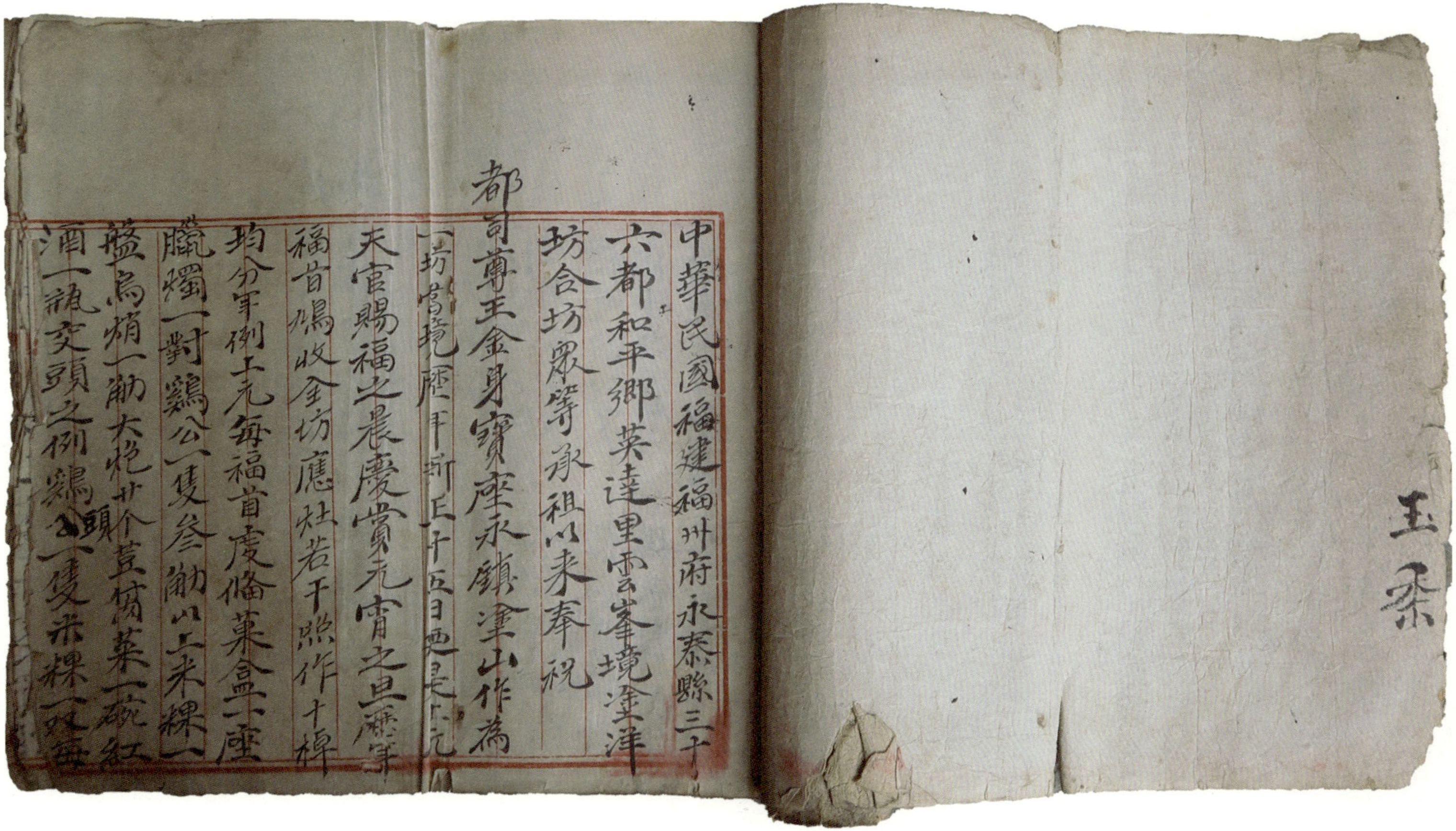

中華民國福建福州府永泰縣三十
六都和平鄉英達里雲峯境塗洋
坊合坊衆等承祖以来奉祝
都司尊王金身寶座永鎮塗山作爲
一坊當境歷年新正十五日卽是上元
天官賜福之晨慶賞元宵之旦歷年
福首鳩收全坊應灶若干照作十棹
均分年例十元每福首慶備菓盒十座
臘燭一對鷄公一隻叁觔以上米粿一
籃鳥焇一觔大炮廿个豆腐菜一碗紅
酒一瓶交頭之例鷄頭一隻米粿一双每

玉柰

11-5-2-2　民國時期塗洋温氏都司尊王福首祭簿（二）

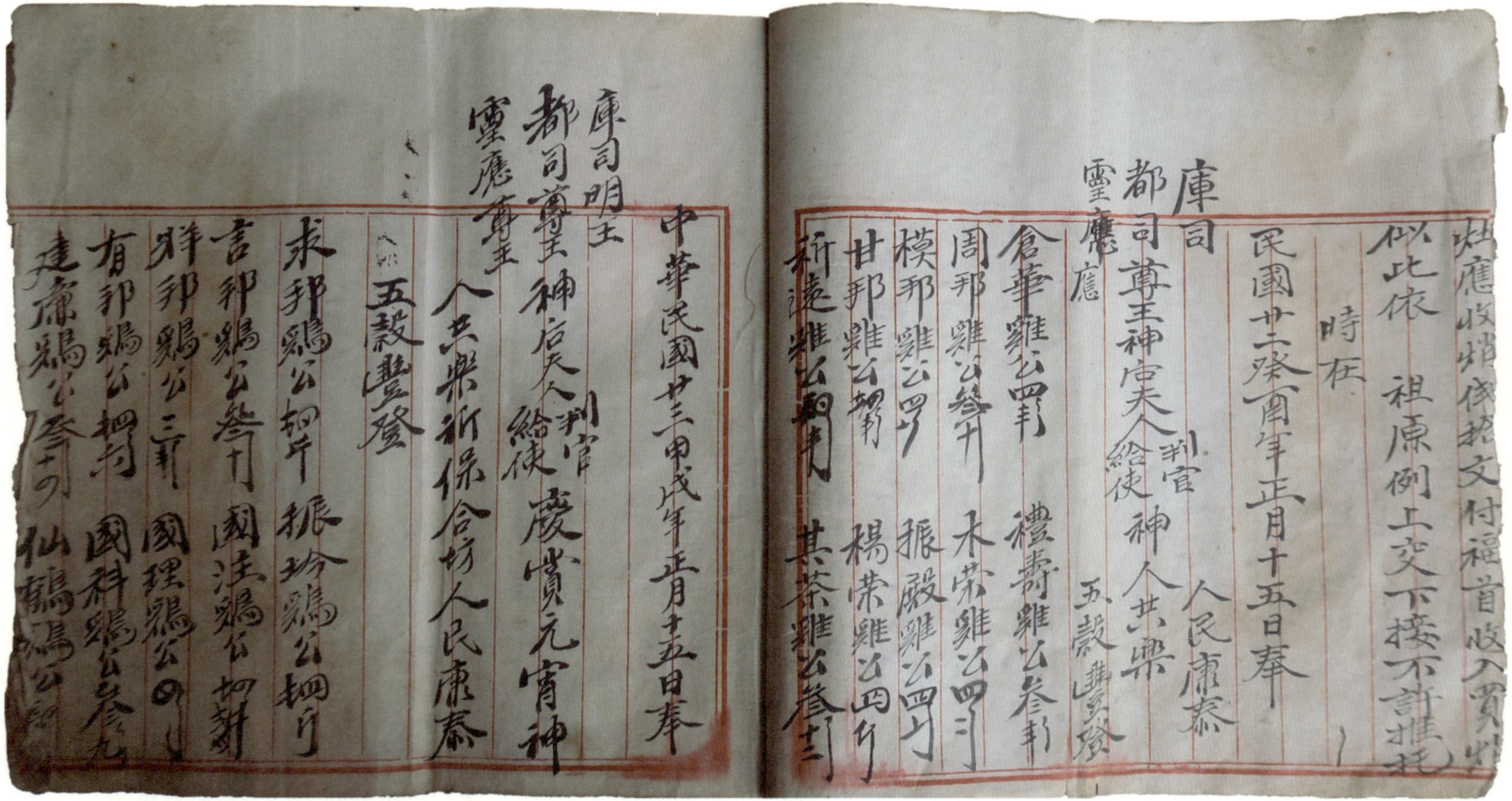

似此依　祖原例上交下接不許推托

時在

民國廿二癸酉年正月十五日奉

庫司
都司尊王神宮夫人判官給使神　人共樂　人民康泰
靈應

五穀豐登

中華民國廿三甲戌年正月十五日奉

庫司明主
都司尊王神宮夫人判官給使　慶賞元宵神
靈應尊主

人共樂祈保合坊人民康泰

五穀豐登

11-5-2-3　民國時期塗洋温氏都司尊王福首祭簿（三）

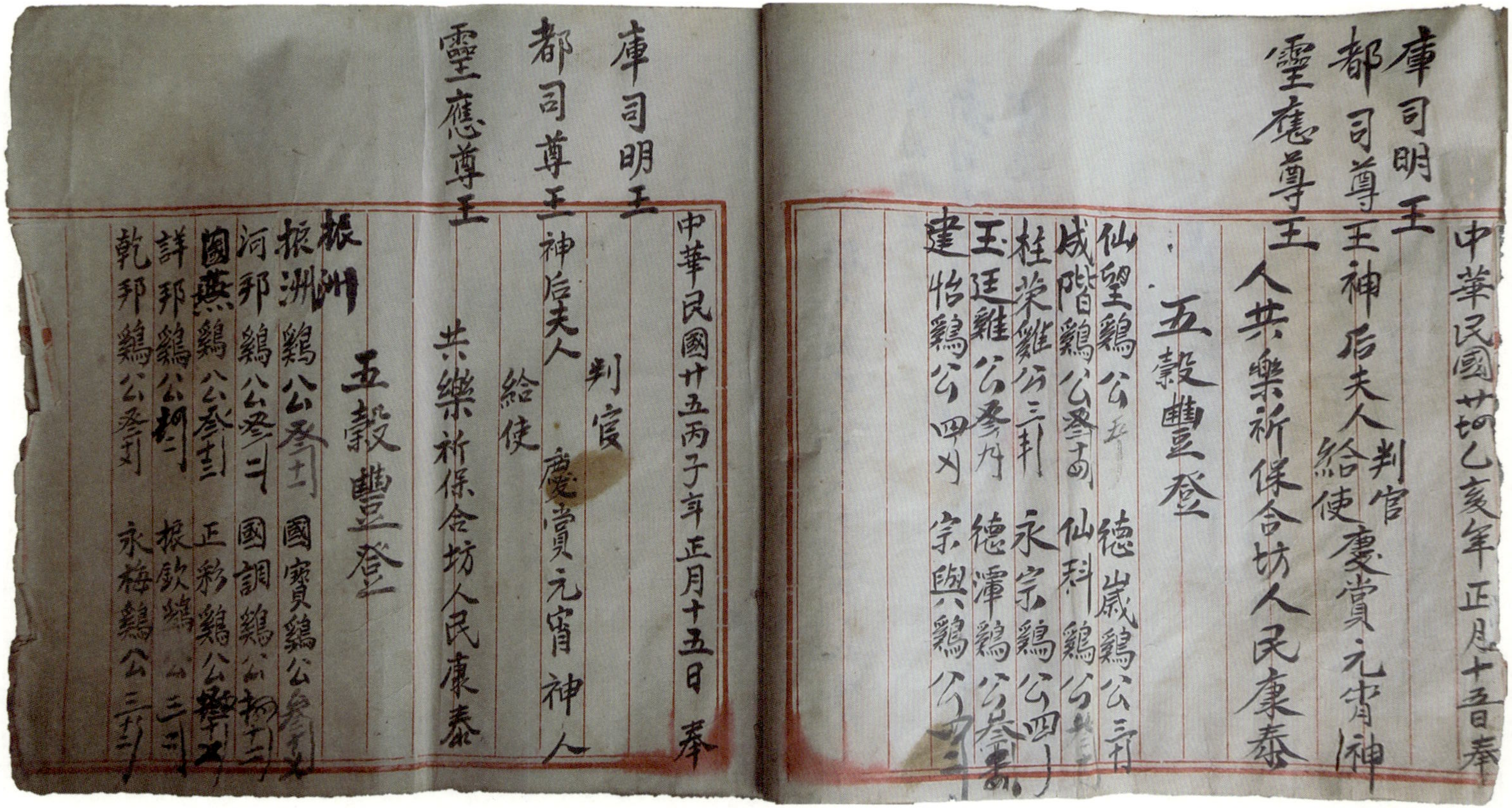
中華民國廿四乙亥年正月十五日奉
庫司明王
都司尊王神后夫人　判官　給使　慶賞元宵神
靈應尊王
人共樂祈保合坊人民康泰
五穀豐登
仙望鷄公　斤　德嵗鷄公三斤
成階鷄公　斤　仙科鷄公　斤
桂榮雞公三斤　永宗鷄公四斤
玉廷雞公　斤　德潭鷄公　斤
建怡鷄公四斤　宗興鷄公　斤

中華民國廿五丙子年正月十五日奉
庫司明王
都司尊王神后夫人　判官　給使　慶賞元宵神人
靈應尊王
共樂祈保合坊人民康泰
五穀豐登
振洲鷄公　斤　國寶鷄公　斤
河邦鷄公　斤　國調鷄公　斤
國燕鷄公　斤　正彩鷄公　斤
詳邦鷄公　斤　振欽鷄公三斤
乾邦鷄公　斤　永梅鷄公三斤

11-5-2-4　民國時期塗洋温氏都司尊王福首祭簿（四）

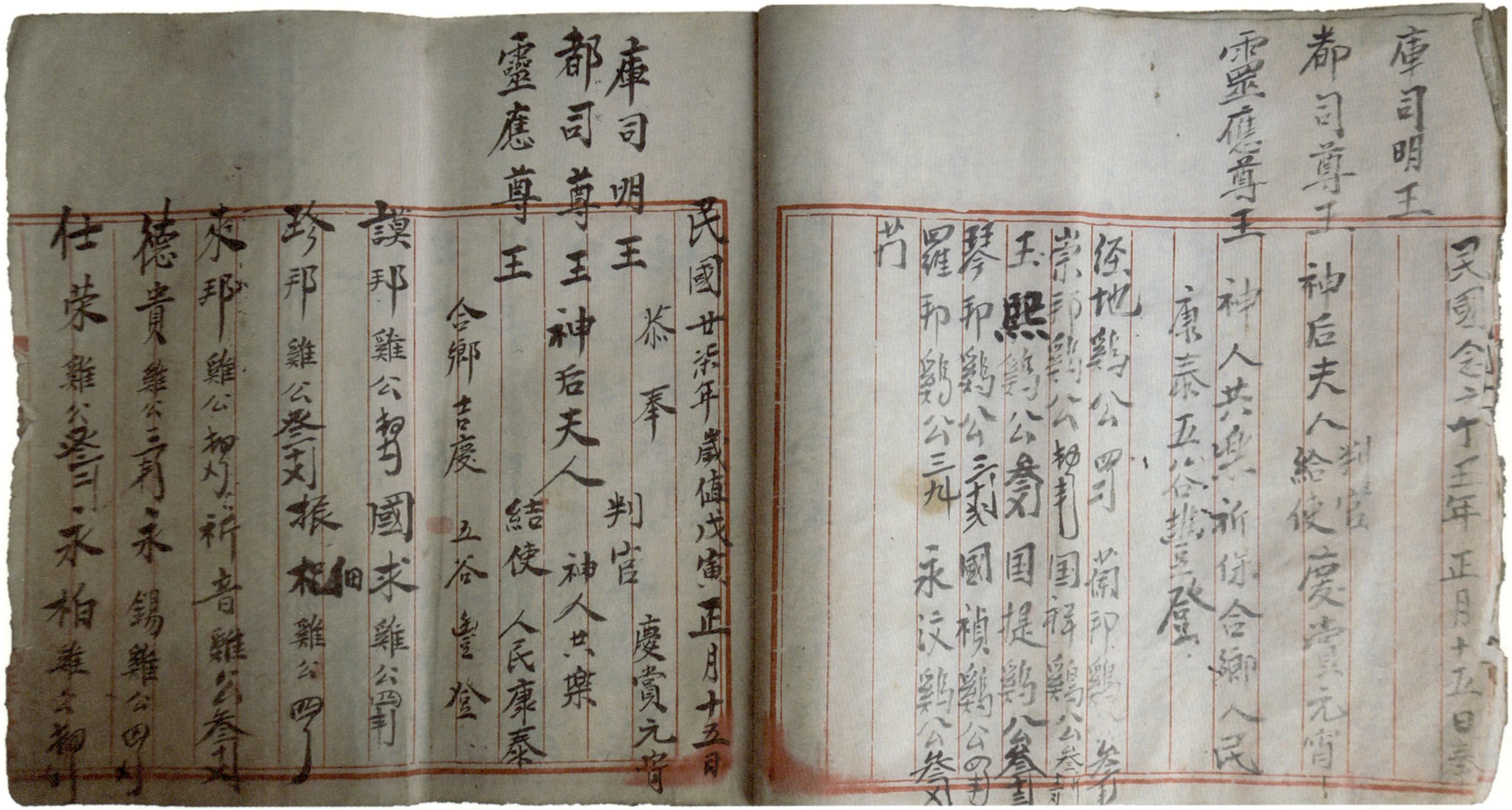

庫司明王
都司尊王
靈應尊王
民國廿柒年歲值戊寅正月十五日
恭奉　慶賞元宵
判官
神后夫人　神人共樂
結使　人民康泰
合鄉吉慶　五谷豐登
謨邦雞公壹斤　國求雞公四斤
玢邦雞公叁斤　振細雞公四斤
來邦雞公捌斤　祈音雞公叁斤
德貴雞公三斤　永錫雞公四斤
仕榮雞公叁斤　永柏雞公捌斤

庫司明王
都司尊王
靈應尊王
民國廿六年正月十五日恭
神后夫人　判官　給使　慶賞元宵
神人共樂　祈保合鄉人民
康泰五谷豐登
係地雞公四斤　蘭邦雞公叁斤
崇邦雞公捌斤　国驛雞公叁斤
玉熙雞公叁斤　国提雞公叁斤
琴邦雞公三斤　國禎雞公四斤
羅邦雞公三九　永汶雞公叁斤
芀

11-5-2-5　民國時期塗洋温氏都司尊王福首祭簿（五）

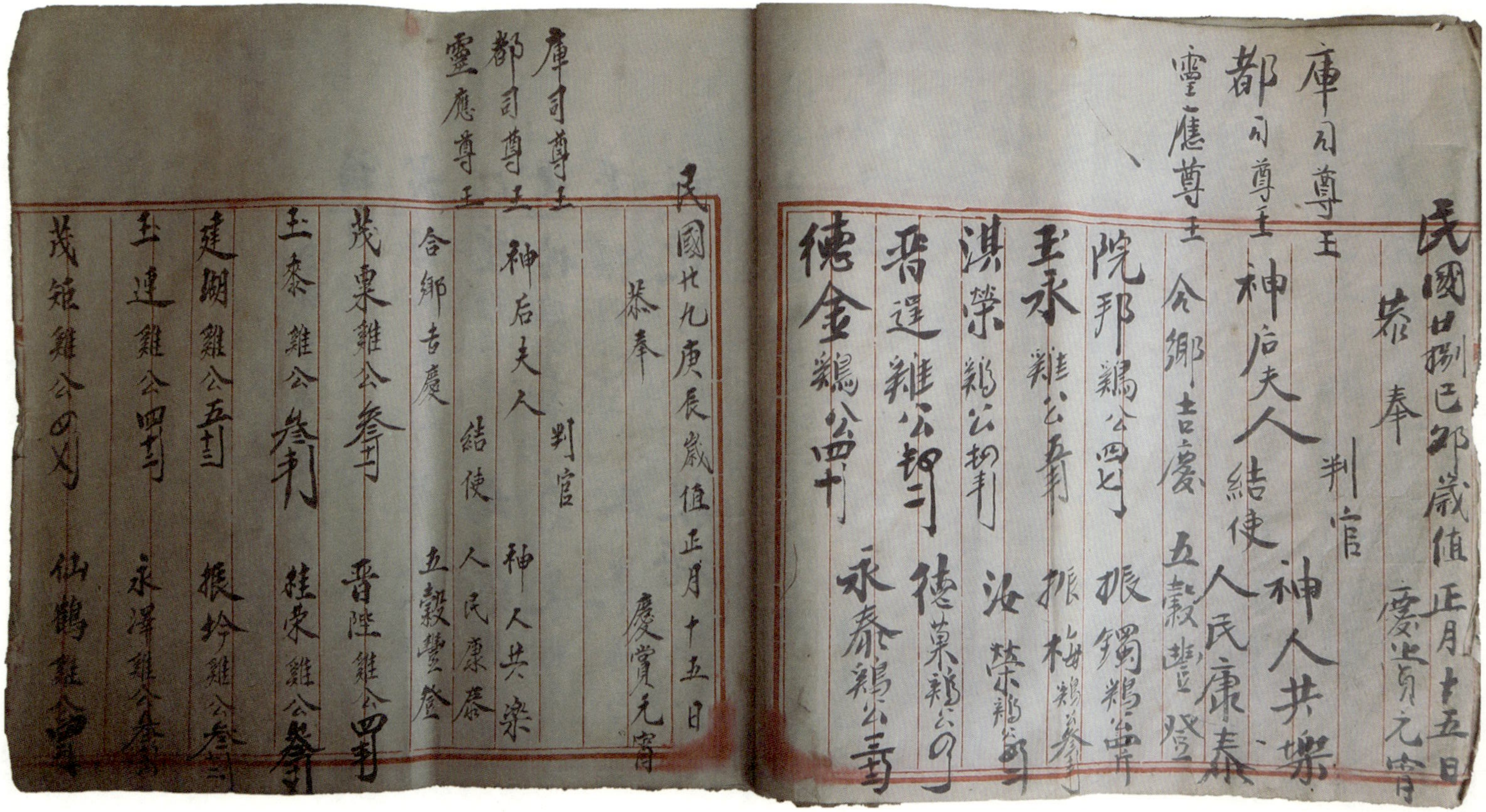
民國廿捌己卯歲值正月十五日
恭奉　慶賞元宵
庫司尊王
都司尊王
靈應尊王
判官
神后夫人　結使
合鄉吉慶　五穀豐登
神人共樂　人民康泰
阮邦雞公四斤　振鐲雞公四斤
玉永雞公五斤　振梅雞公叁斤
淇榮雞公捌斤　汝榮雞公[illegible]
晉逞雞公捌斤　德菓雞公[illegible]
德金雞公四斤　永泰雞公三斤

民國廿九庚辰歲值正月十五日
恭奉　慶賞元宵
庫司尊王
都司尊王
靈應尊王
判官
神后夫人　結使
合鄉吉慶　五穀豐登
神人共樂　人民康泰
茂東雞公叁斤　晉陞雞公四斤
玉泰雞公叁斤　桂來雞公叁斤
建瑚雞公五斤　振玲雞公叁斤
玉連雞公四斤　永澤雞公叁斤
茂矩雞公[illegible]　仙鶴雞公四斤

11-5-2-6　民國時期塗洋温氏都司尊王福首祭簿（六）

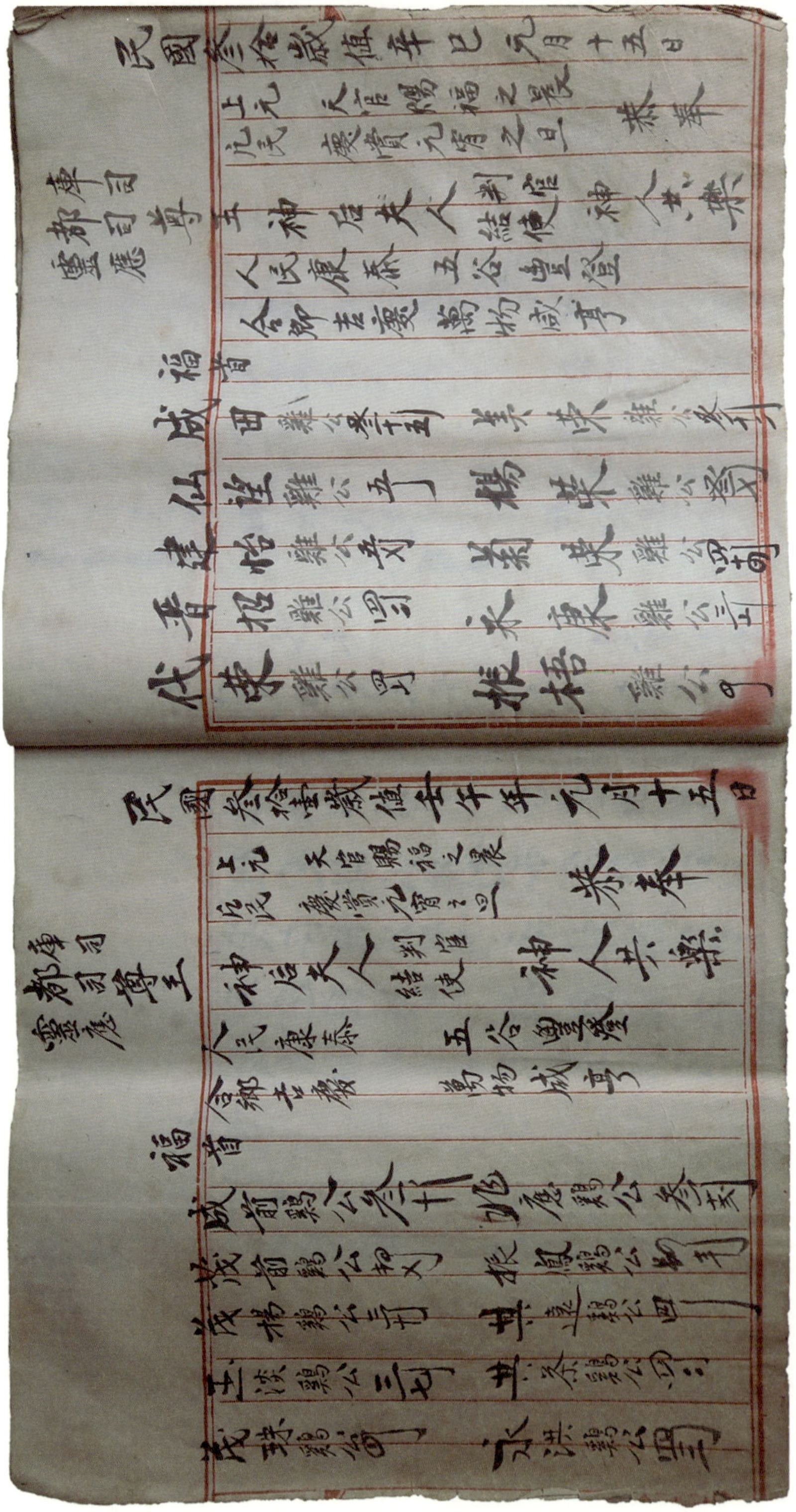

11-5-2-7 民國時期塗洋温氏都司尊王福首祭簿（七）

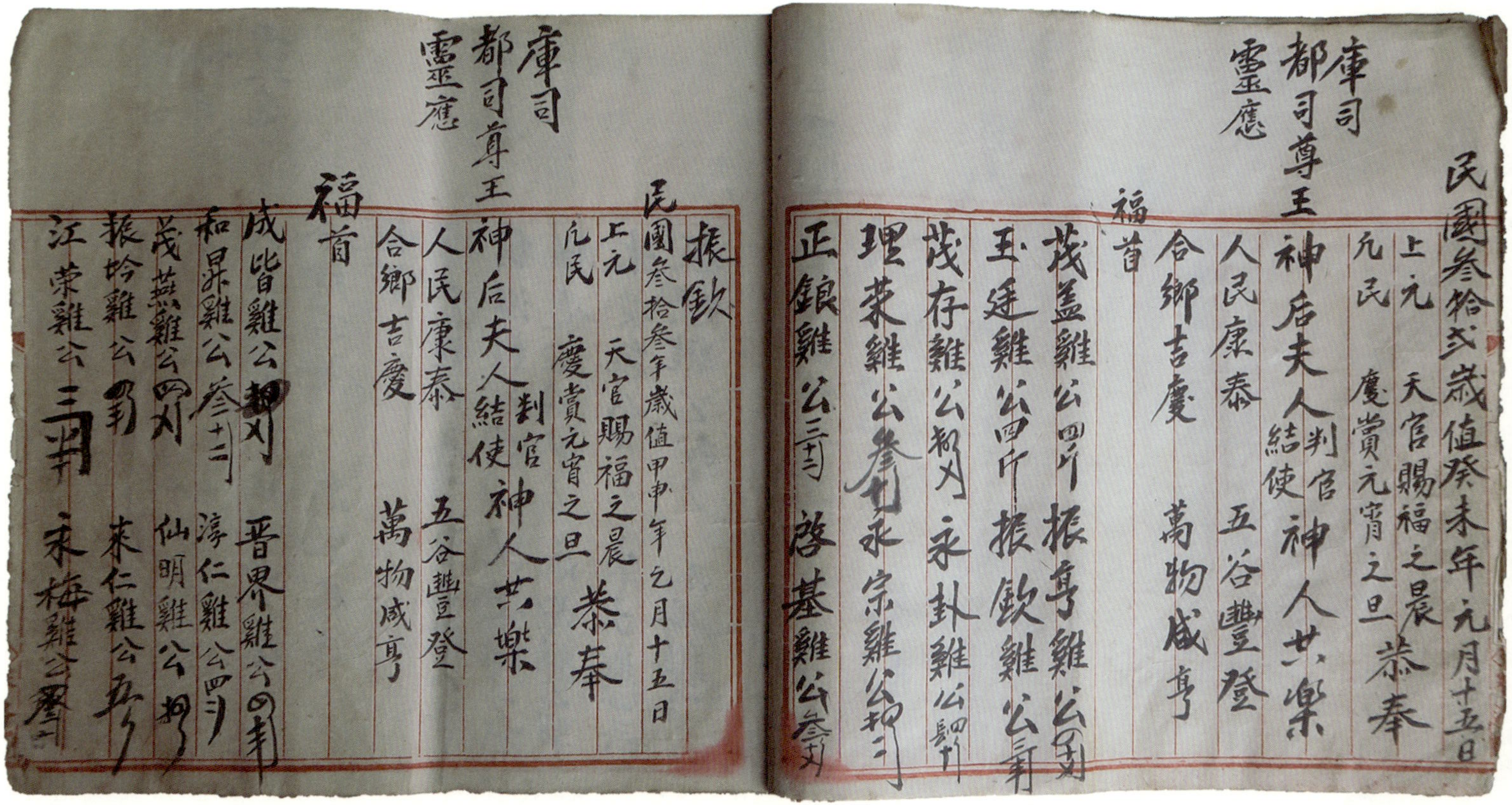
民國叁拾弍歲值癸未年元月十五日
上元天官賜福之晨
元民慶賞元宵之旦　恭奉
庫司
都司尊王
靈應
神后夫人結使判官神人共樂
人民康泰　五谷豐登
合鄉吉慶　萬物咸亨
福首
茂蓋雞公[illegible]　振亨雞公[illegible]
玉廷雞公[illegible]　振欽雞公[illegible]
茂存雞公[illegible]　永卦雞公[illegible]
理萊雞公[illegible]　永宗雞公[illegible]
正銀雞公[illegible]　啓基雞公[illegible]

振欽
民國叁拾叁年歲值甲申年元月十五日
上元天官賜福之晨
元民慶賞元宵之旦　恭奉
庫司
都司尊王
靈應
神后夫人結使判官神人共樂
人民康泰　五谷豐登
合鄉吉慶　萬物咸亨
福首
成皆雞公[illegible]　晋界雞公[illegible]
和昇雞公[illegible]　淳仁雞公[illegible]
茂燕雞公[illegible]　仙明雞公[illegible]
振鈴雞公[illegible]　來仁雞公[illegible]
江榮雞公[illegible]　宋梅雞公[illegible]

11-5-2-8　民國時期塗洋温氏都司尊王福首祭簿（八）

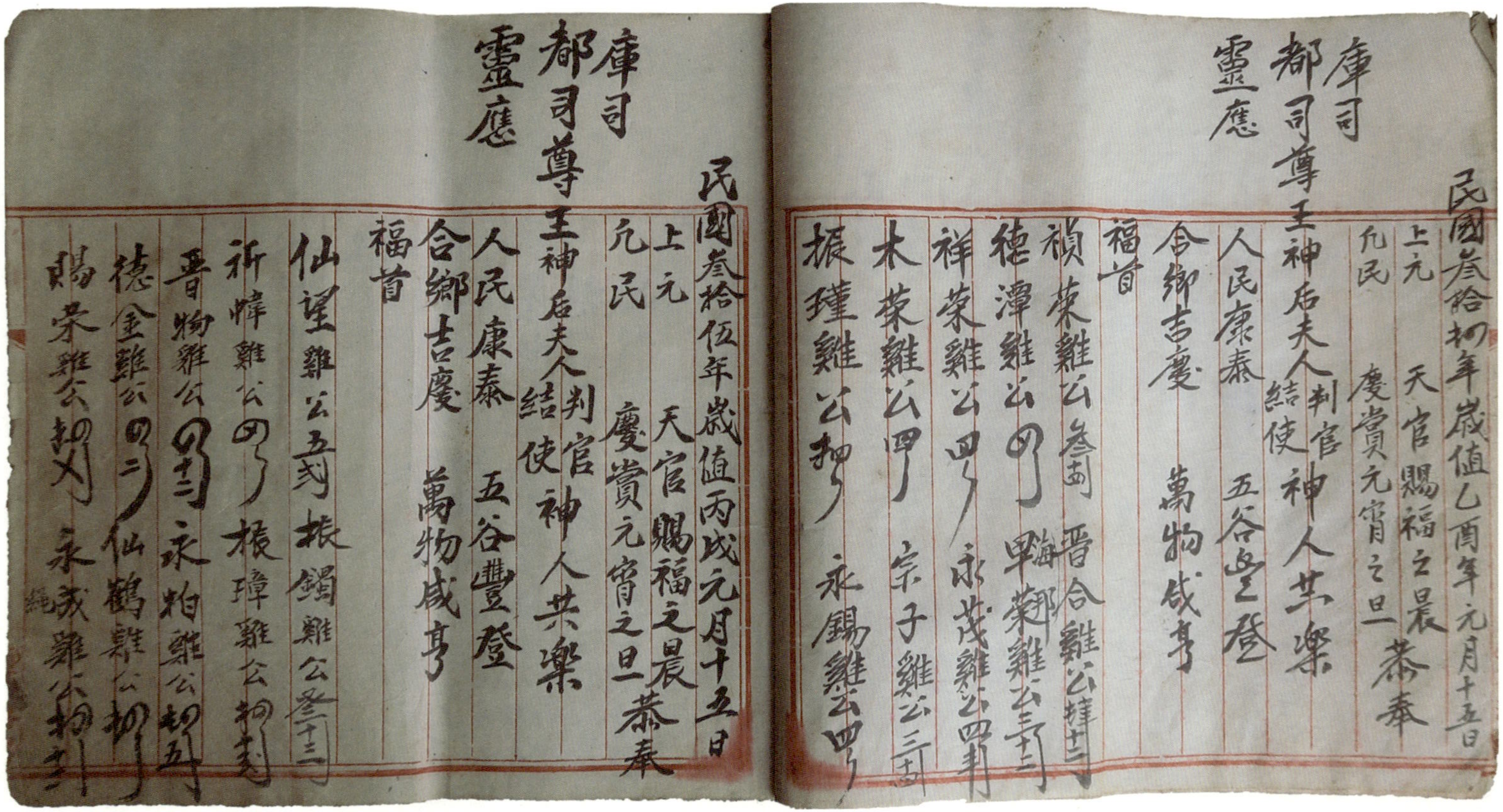

庫司
都司尊王
靈應

民國叁拾肆年歲值乙酉年元月十五日
上元　天官賜福之晨
允民　慶賞元宵之旦　恭奉
都司尊王神后夫人判官結使神人共樂
人民康泰　五谷豐登
合鄉吉慶　萬物咸亨
福首
禎萊雞公[illegible]　晉合雞公[illegible]
德潭雞公[illegible]　甲鄰雞公[illegible]
祥萊雞公[illegible]　永茂雞公[illegible]
木萊雞公[illegible]　宗子雞公[illegible]
振瑾雞公[illegible]　永錫雞公[illegible]

庫司
都司尊王
靈應

民國叁拾伍年歲值丙戌元月十五日
上元　天官賜福之晨
允民　慶賞元宵之旦　恭奉
都司尊王神后夫人判官結使神人共樂
人民康泰　五谷豐登
合鄉吉慶　萬物咸亨
福首
仙望雞公[illegible]　振鐲雞公[illegible]
祈幃雞公[illegible]　振璋雞公[illegible]
晋物雞公[illegible]　永柏雞公[illegible]
德金雞公[illegible]　仙鶴雞公[illegible]
賜榮雞公[illegible]　永我雞公[illegible]

11-5-2-9　民國時期塗洋温氏都司尊王福首祭簿（九）

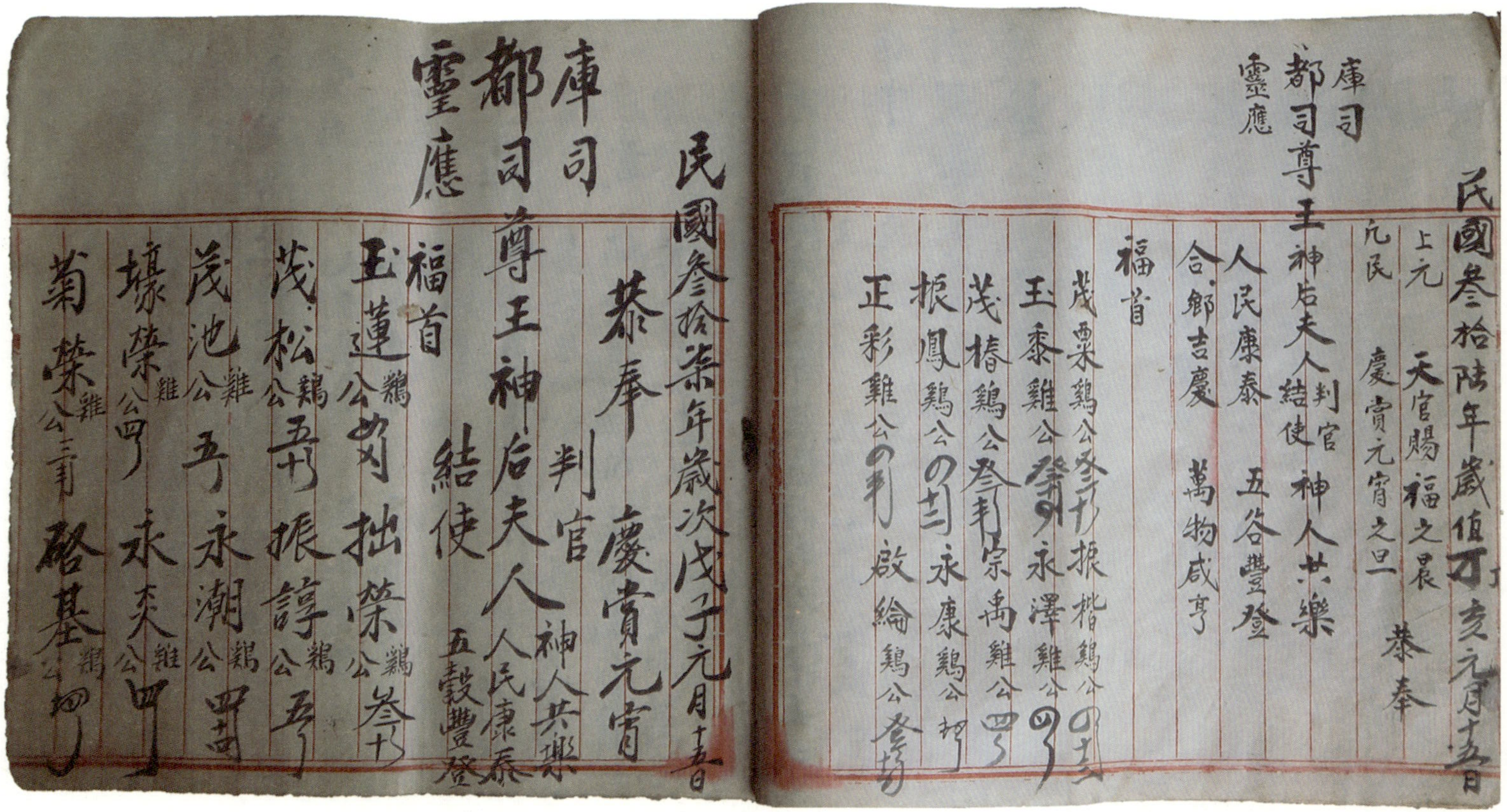
民國叁拾陸年歲值丁亥元月十五日
上元 天官賜福之辰 恭奉
元民 慶賞元宵之旦一
庫司
都司尊王神后夫人結使 判官 神人共樂
靈應
人民康泰 五谷豐登
合鄉吉慶 萬物咸亨
福首
茂粟鷄公[illegible] 振楷鷄公[illegible]
玉泰雞公[illegible] 永澤雞公[illegible]
茂椿鷄公[illegible] 宗禹雞公[illegible]
振鳳鷄公[illegible] 永康鷄公[illegible]
正彩雞公[illegible] 啟綸鷄公[illegible]

民國叁拾柒年歲次戊子元月十五日
恭奉 慶賞元宵
庫司 判官
都司尊王神后夫人 神人共樂 人民康泰
靈應 結使 五穀豐登
福首
玉蓮鷄公[illegible] 拙榮鷄公[illegible]
茂松鷄公[illegible] 振諄鷄公[illegible]
茂池雞公[illegible] 永潮鷄公[illegible]
壕榮雞公[illegible] 永夾雞公[illegible]
菊榮雞公[illegible] 啟基鷄公[illegible]

11-5-2-10 民國時期塗洋温氏都司尊王福首祭簿（一〇）

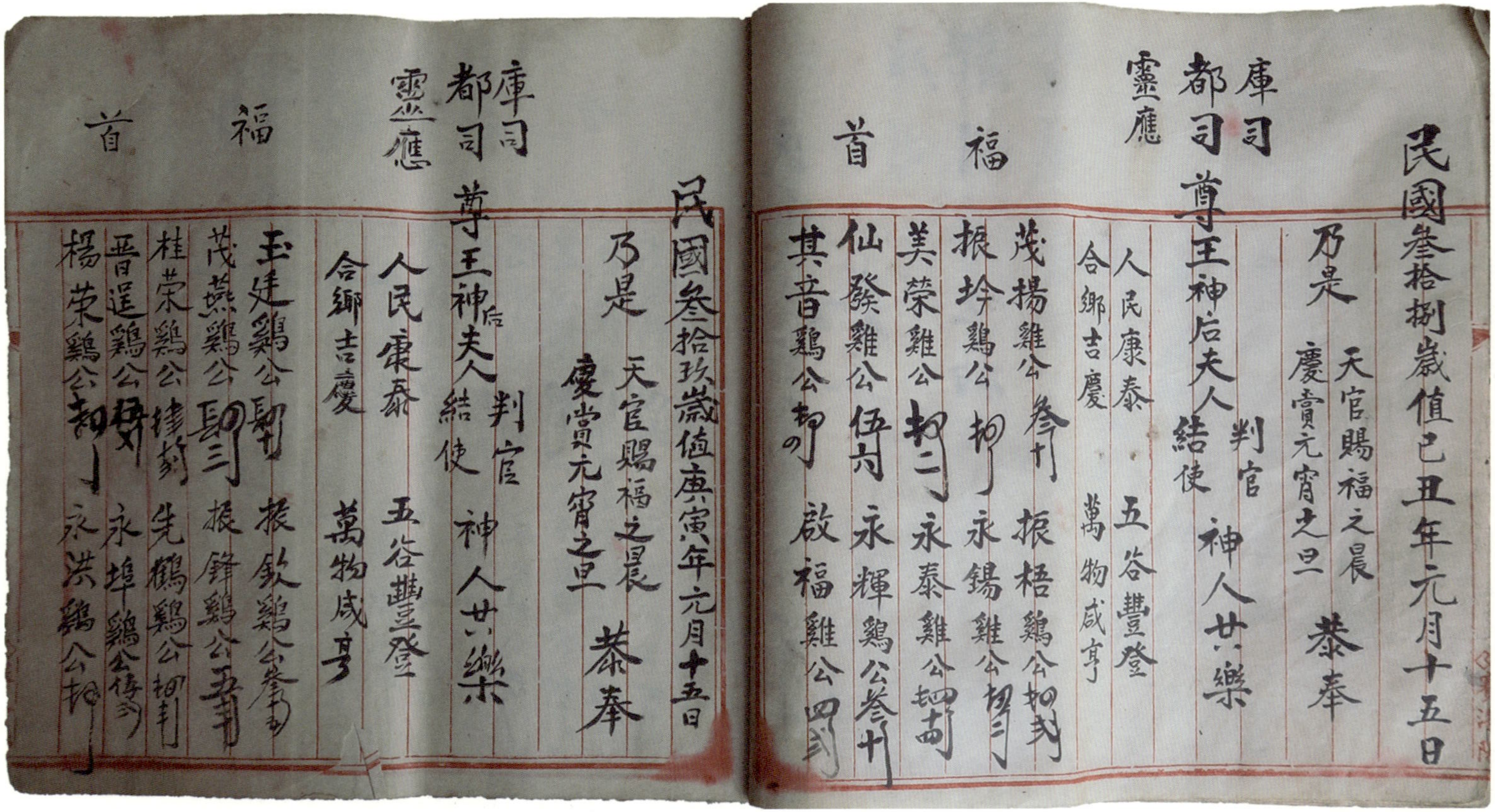
民國叁拾捌歲值己丑年元月十五日
乃是 天官賜福之晨 慶賞元宵之旦 恭奉
庫司 都司 靈應 尊王神后夫人 判官 結使 神人共樂
人民康泰 五谷豐登
合鄉吉慶 萬物咸亨
福首
茂揚雞公叁斤 振梧鷄公[illegible]
振玲鷄公[illegible] 永錫雞公[illegible]
美榮雞公[illegible] 永泰雞公[illegible]
仙發雞公伍斤 永輝鷄公叁斤
其音鷄公[illegible] 啟福雞公[illegible]

民國叁拾玖歲值庚寅年元月十五日
乃是 天官賜福之晨 慶賞元宵之旦 恭奉
庫司 都司 靈應 尊王神后夫人 判官 結使 神人共樂
人民康泰 五谷豐登
合鄉吉慶 萬物咸亨
福首
玉建鷄公[illegible] 振欽鷄公[illegible]
茂燕鷄公[illegible] 振鋒鷄公[illegible]
桂榮鷄公[illegible] 先鶴鷄公[illegible]
晋選鷄公[illegible] 永埠鷄公[illegible]
楊榮鷄公[illegible] 永洪鷄公[illegible]

11-5-2-11　民國時期塗洋温氏都司尊王福首祭簿（一一）

第六帙　黄正柱户

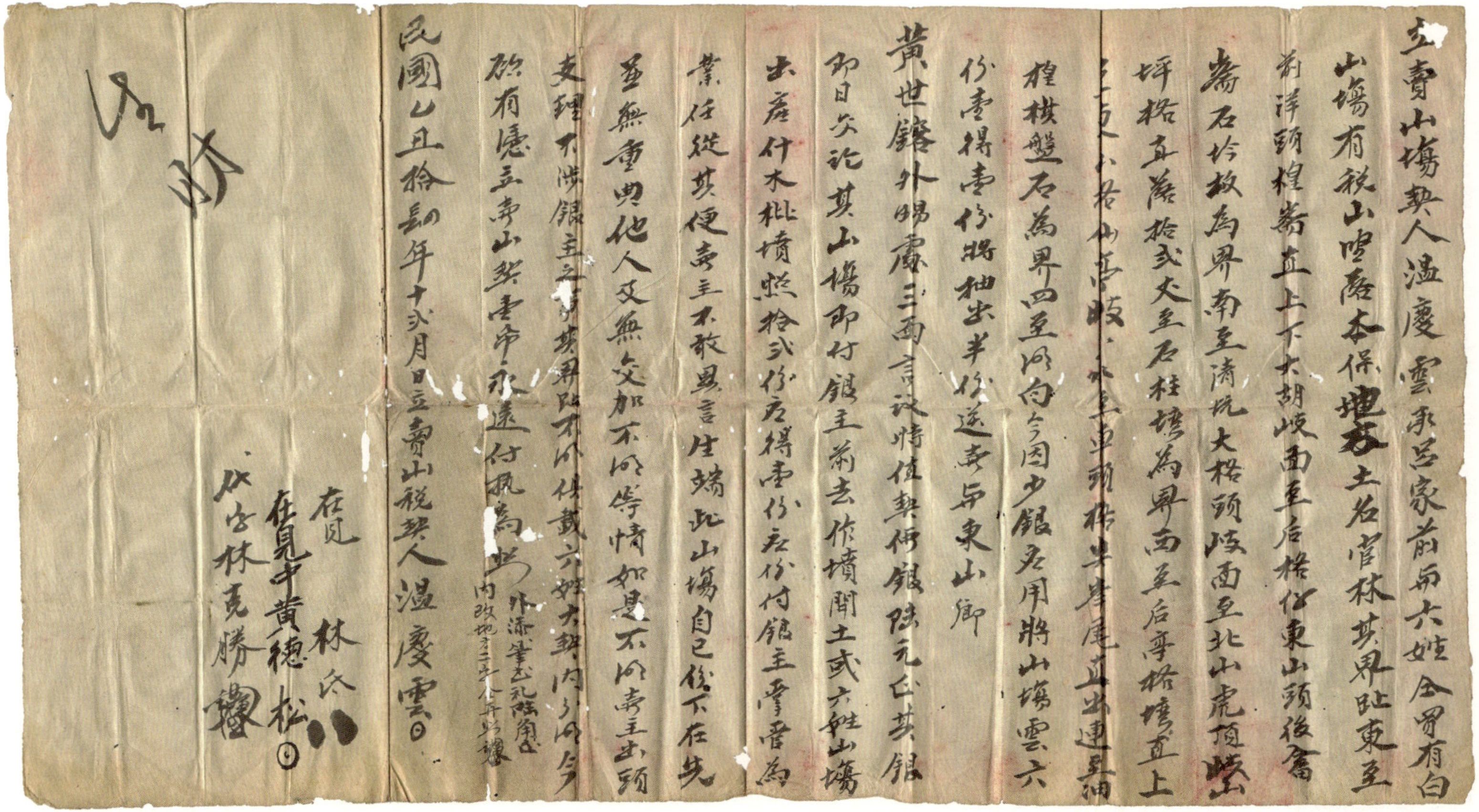
立賣山塲契人温慶雲承祖家前㒳六姓仝買有白
山塲有稅山壹處，坐落本保𡋯，土名官林，其界址東至
前洋頭橫崙直上下大胡峽，西至后格仔東山頭後崙
崙石岭坎為界，南至清坑大格頭陵，西至北山虎頂嶺
坪格直落拾弍丈至石柱壋為界，西至后亭格壋直上
至[illegible]岐，[illegible]至頭格[illegible]尾直出連至油
桯樹盤石為界，四至明白。今因少銀應用，將山塲雲六
份壹得壹份，將抽出半份送賣與東山鄉
黃世鏘外甥處，三面言议，時值契價銀陸元正。其銀
即日交訖，其山塲即付銀主前去作墳開土。式六姓山塲
出產什木柴墳地拾弍份應得壹份，應付銀主掌管為
業，任從其便，賣主不敢異言生端。此山塲自己份下，在先
並無重典他人，又無交加不明等情。如是不明，賣主出頭
支理，不涉銀主之事。其界趾不明，俟載六姓大契內。今
欲有憑，立賣山契壹帋永遠付執為照。
外添[illegible]　內改[illegible]
民國乙丑拾肆年十弍月　日立賣山稅契人温慶雲（押）
在見　林氏（押）
在見中　黃德松（押）
代字　林克勝（押）

11-6-1-1　民國十四年十二月温慶雲立賣稅山契

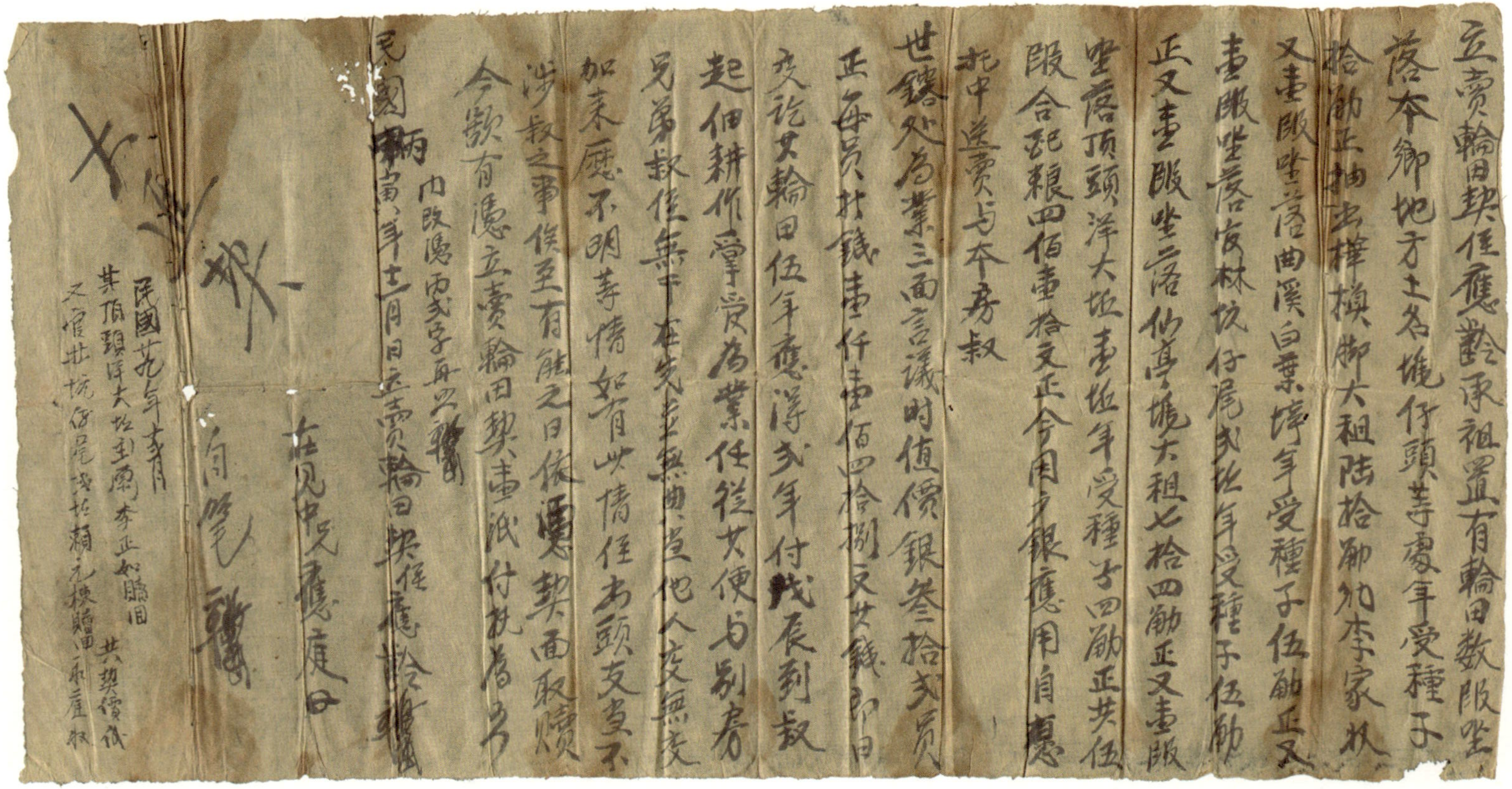

立賣輪田契侄應齡承祖置有輪田數坵坐
落本鄉地方土名塊仔頭等處年受種子
拾觔正抽出樺樸御大租陸拾觔加李家朳
又壹坵坐落曲溪白葉墘年受種子伍觔正又
壹坵坐落安林坑仔尾我坵年受種子伍觔
正又壹坵坐落仙亭塊大租七拾四觔正又壹坵
坐落頂頭洋大坵壹坵年受種子四觔正共伍
坵合配粮四佰壹拾文正今因乏銀應用自愿
托中送賣与本房叔
世鐐處為業三面言議時值價銀叁拾弍員
正每員折錢壹仟壹佰四拾捌文其錢即日
交訖其輪田伍年應得弍年付我辰到叔
起佃耕作掌管為業任從其便与別房
兄弟叔侄無干在先並無典當他人交無交
加來歷不明等情如有此情任出頭支當不
涉叔之事俟至有能之日依原契面取贖
今欲有憑立賣輪田契壹紙付執為炤
內改憑丙戌字再照
民國丙寅年十二月日立賣輪田契侄應齡
在見中兄應庭
[illegible]筆
民國元年十二月
其頂頭洋大坵封兩李正如贖回
又唐壯坑仔尾我坵賴元楼贖回一承庄叔
共契價錢

11-6-1-2　民國十五年十二月黃應齡立賣輪田契

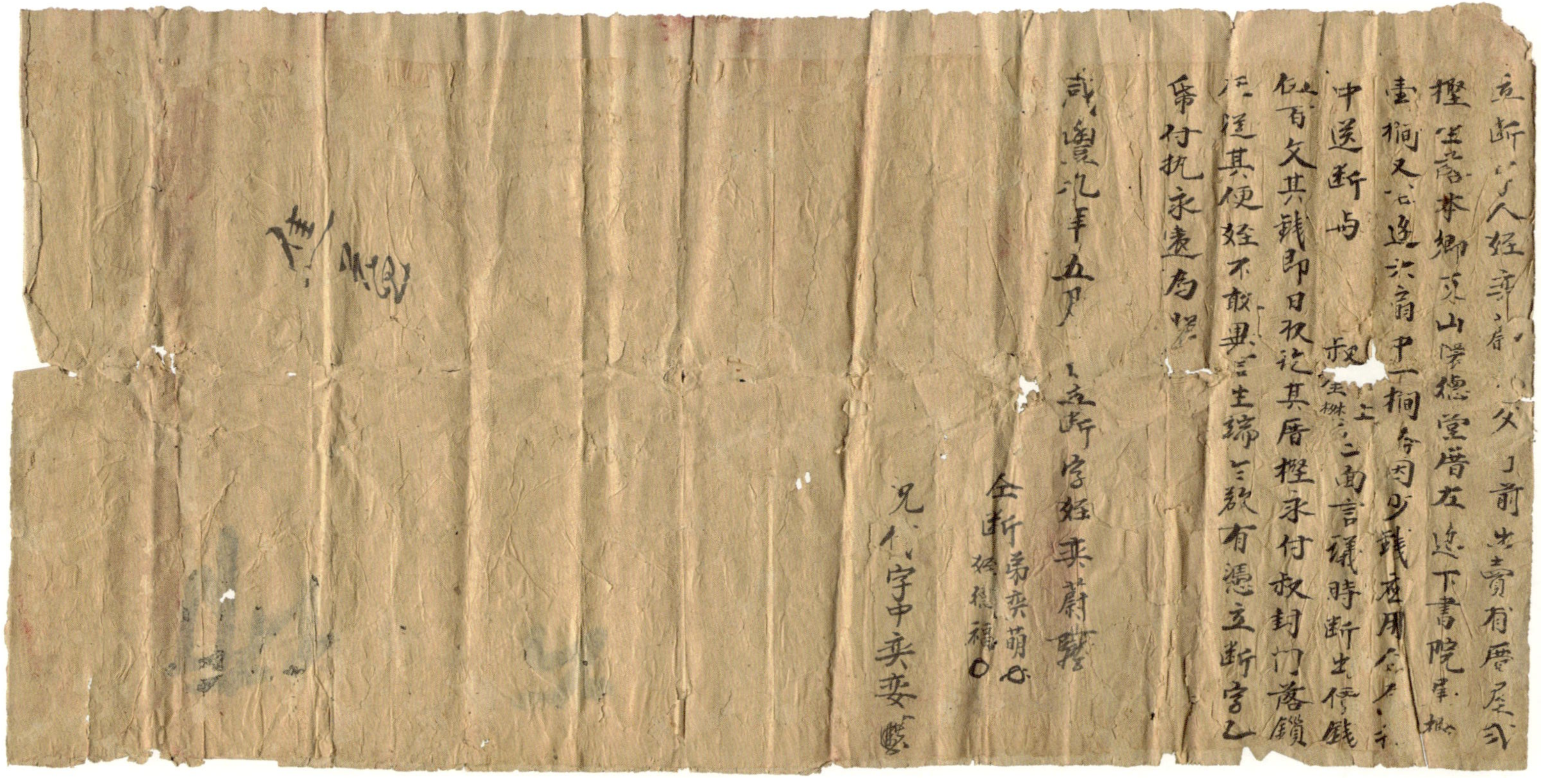
立斷〻〻人侄奕〻蔚〻，父〻前出賣有厝屋弍
橂坐落本鄉長山𡉕德堂厝左邊下書院
壹櫚又一邊六扇中一櫚，今因少錢應用，今
中送斷與 叔〻瓊〻二面言議時斷出价錢
伍百文，其錢即日收訖，其厝橂永付叔封門落鎖
任從其便，侄不敢異言生端，今欲有憑，立斷字乙
紙付執永遠為照。
咸豐九年五月　日立斷字侄奕蔚（押）
仝斷弟奕萌（押）
侄德福（押）
見代字中奕晏（押）

11-6-2-1　清咸豐九年五月黄奕蔚等立斷厝屋字

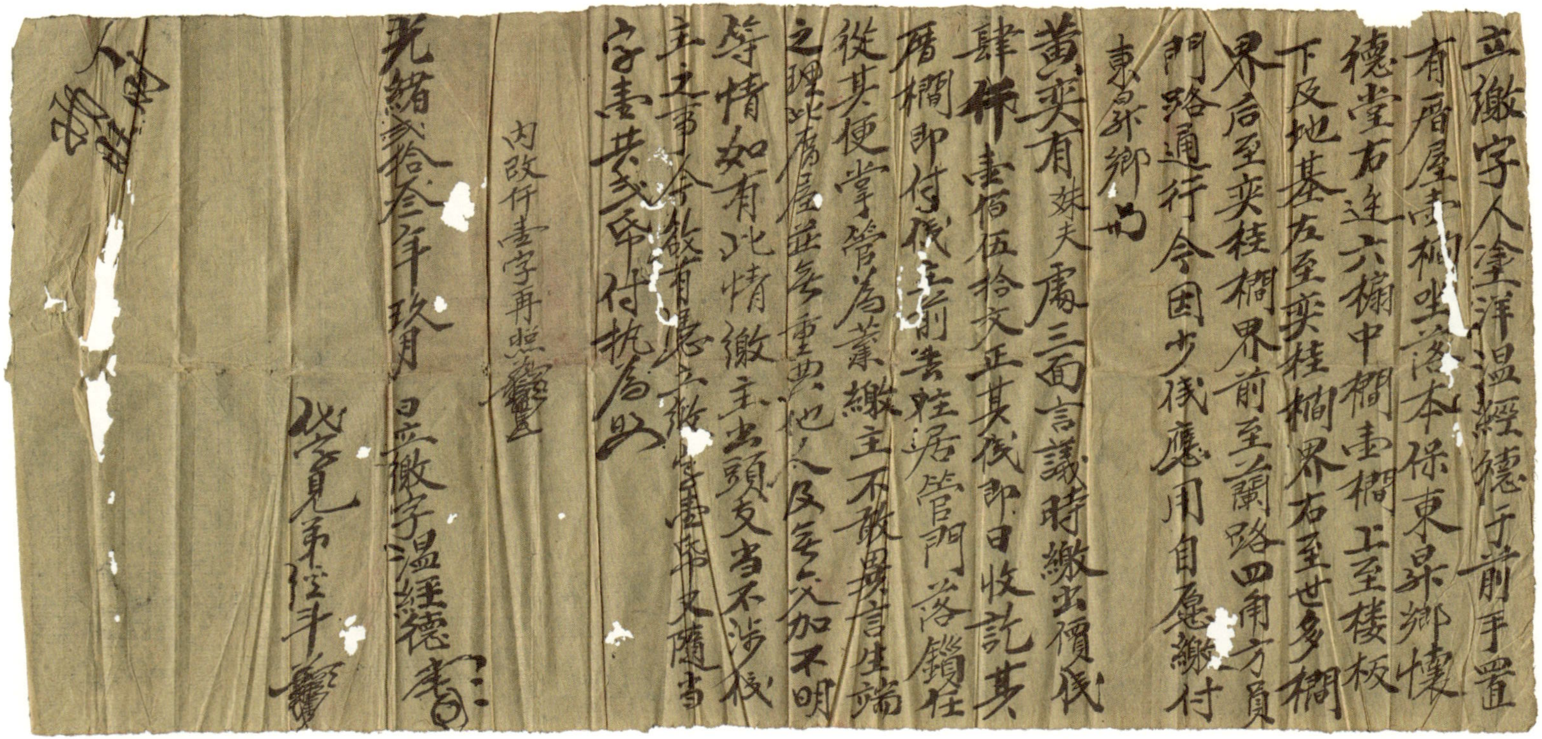

立繳字人全洋温經德，于前手置有厝屋壹棟，坐落本保東呆鄉懷德堂右邊六櫚中櫚壹櫚，上至樓板，下及地基，左至奕桂櫚界，右至世多櫚界，后至奕桂櫚界，前至蘭路，四角方員門路通行。今因乏錢應用，自愿繳付東呆鄉内黃奕有妹夫處，三面言議時繳出價錢肆仟壹佰伍拾文正，其錢即日收訖，其厝櫚即付錢主前去拄居管門落鎖，任從其便掌管為業，繳主不敢異言生端之理。此厝屋並無重典他人及無交加不明等情，如有此情，繳主出頭支當，不涉錢主之事。今欲有憑，立繳字壹紙，付執為照。

内改仟壹字再照。

光緒貳拾叁年玖月　日立繳字温經德（押）

代筆見弟侄手（押）

11-6-2-2　清光緒二十三年九月温經德立繳厝屋字

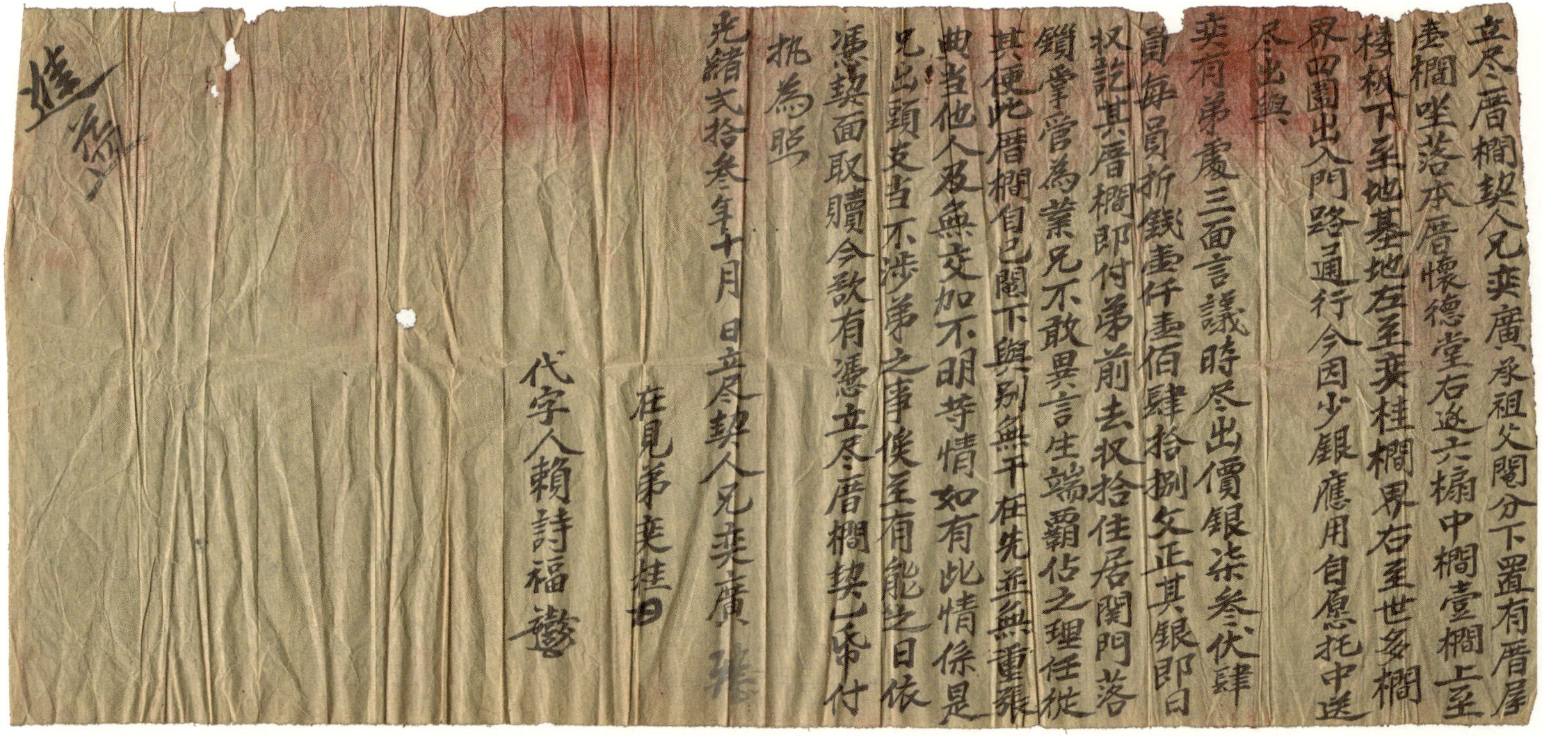

立盡厝欄契人兄奕廣，承祖父鬮分下置有厝屋
壹欄，坐落本厝懷德堂右邊六㰀中欄壹欄，上至
桂枋，下至地基地，左至奕桂欄界，右至世多欄
界，四圍出入門路通行。今因少銀應用，自愿托中送
盡出與
奕有弟處三面言議，時盡出價銀柒叁伏肆
員，每員折錢壹仟壹佰肆拾捌文正。其銀即日
收訖，其厝欄即付弟前去收拾住居，関門落
鎖，掌管為業，兄不敢異言生端霸佔之理，任從
其便。此厝欄自己鬮下，與別無干，在先並無重張
典當他人，及無交加不明等情。如有此情，係是
兄出頭支當，不涉弟之事。後至有能之日，依
憑契面取贖，今欲有憑，立盡厝欄契一帋付
執為照。

光緒弍拾叁年十月　日立盡契人兄奕廣（押）

在見弟奕桂（押）

代字人賴詩福（押）

進益

11-6-2-3　清光緒二十三年十月黃奕廣立盡厝欄契

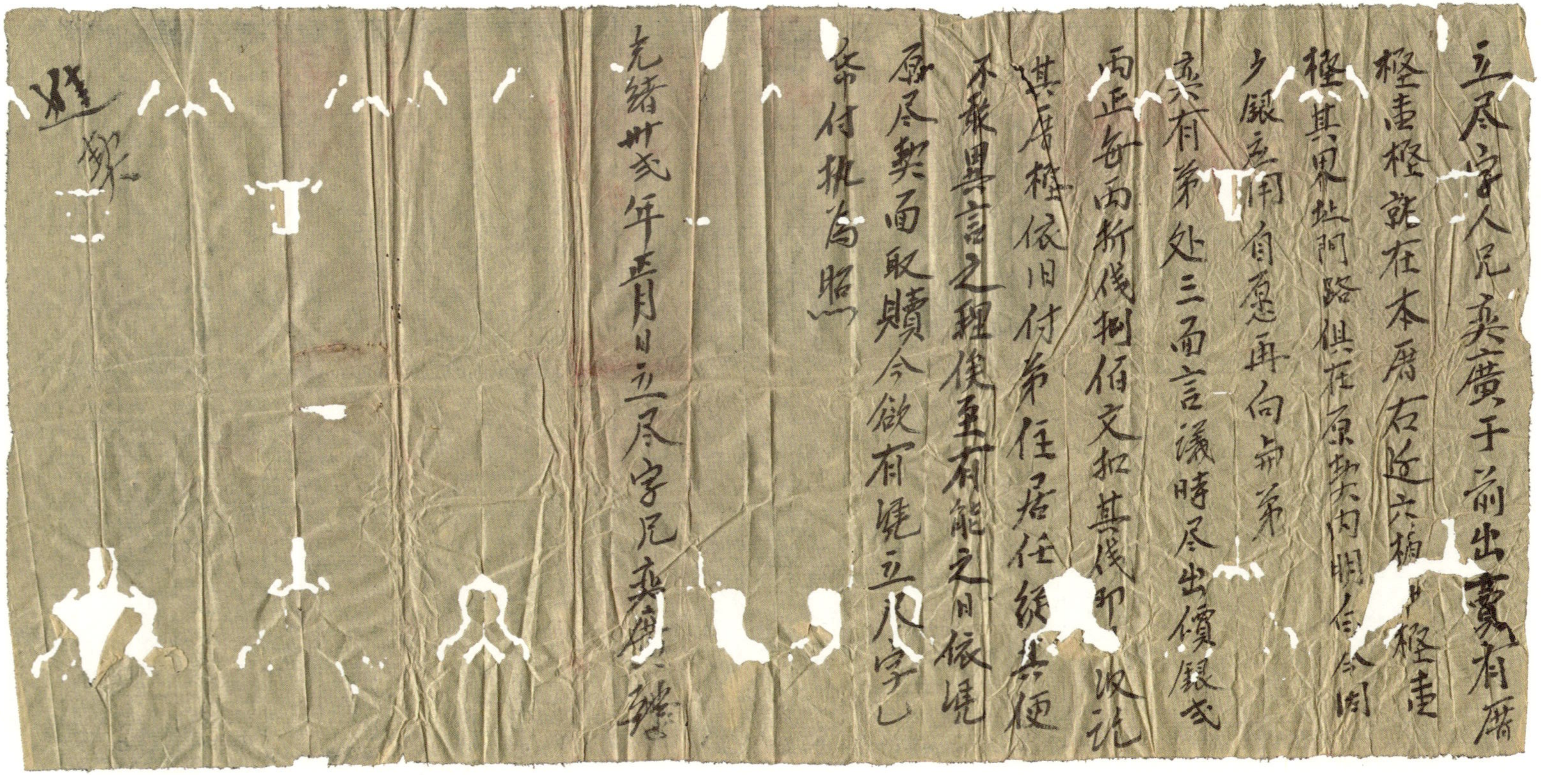

立盡字人兄奕廣于前出賣有厝
楻壹楻，就在本厝右邊六橺，[illegible]楻壹
楻，其東址門路俱在原契內明白，今因
少銀應用，自愿再向與弟
奕有弟處三面言議，時盡出價銀弍
兩正，每兩折錢捌佰文，扣其錢即收訖。
其厝楻依旧付弟任居任給其便，
不敢異言之理。俟至有能之日依憑
原盡契面取贖。今欲有憑，立盡字乙
紙付執爲照。

光緒卅弍年正月　日立盡字兄奕廣（押）

[illegible]

11-6-2-4　清光緒三十二年正月黃奕賡立盡厝楻字

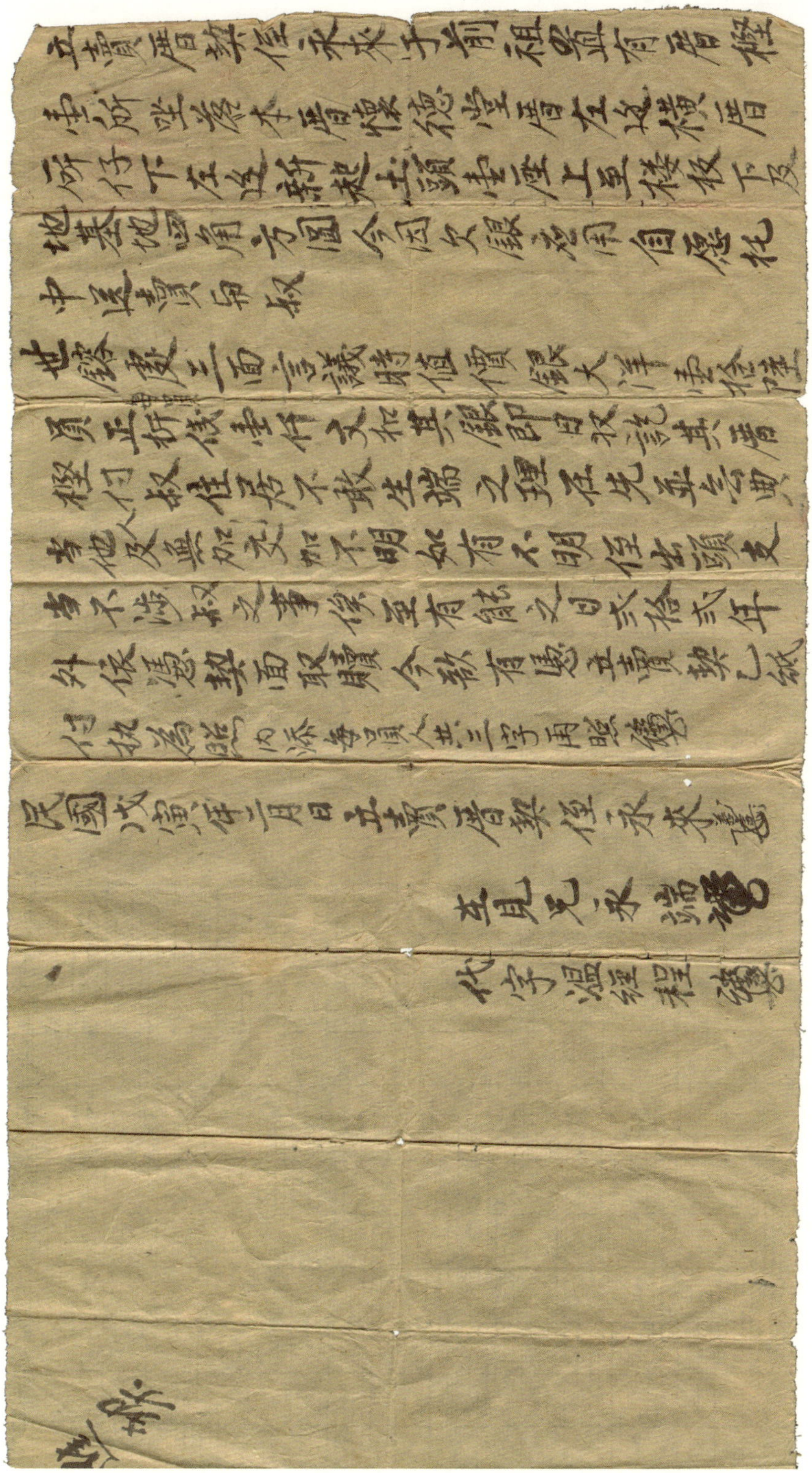

立賣厝契侄永來，于前祖置有厝樫
壹所，坐落本處[illegible]德堂厝左邊樫一厝
一所，仔下左邊樓起土頭至厝上至樓板下及
地基地四角方圓，今因欠銀應用，自愿托
中送賣與叔
出錢承買，三面言議時值價銀大洋壹拾陸
圓正，[illegible]其銀即日收訖，其厝
樫付叔住居，不敢生端之理，在先並無典
當他人及無重張交加不明，如有不明，侄出頭支
當，不涉叔之事。係至有銀之日，不拘年
外，係侄備契面取贖。今欲有憑，立賣契一紙
付執為照。內添[illegible]二字再照
民國戊寅年二月日　立賣厝契侄永來
立見兄永端
代字温經程

11—6—2—5　民國二十七年二月温永來立賣厝樫契

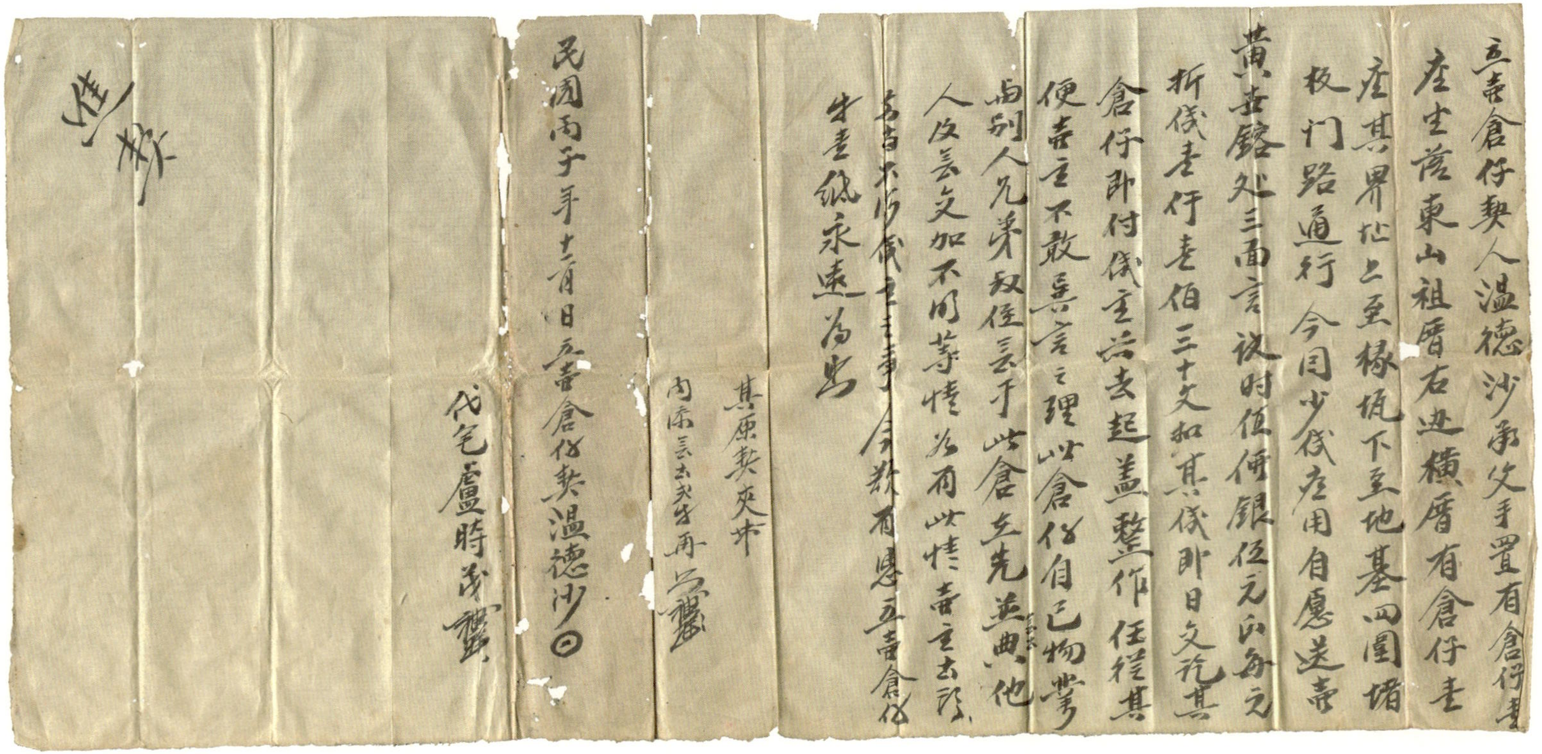

11-6-3-1　民國二十五年十二月温德沙立賣倉仔契

第七帙 赖元代户

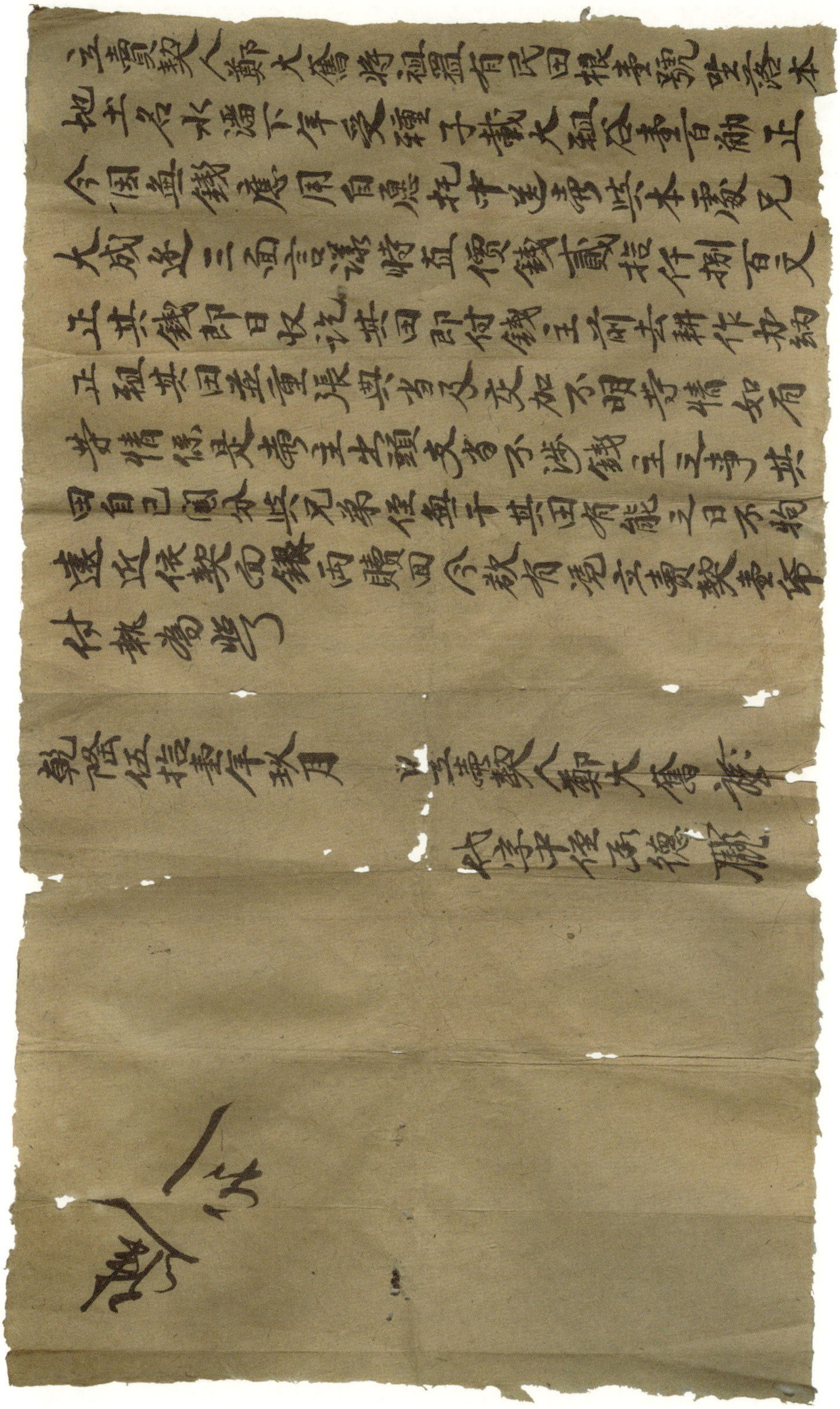
立賣契人鄭大奮將祖遺有民田根壹號坐落本
地土名水漈下年受種子載大租谷壹百觔正
今因無錢應用自願託中送與本家處兄
大成邊三面言議時值價錢貳拾仟捌百文
正其錢即日收訖其田即付錢主前去耕作办納
正租其田并無重張典当及交加不明等情如有
等情係是賣主出頭支當不涉錢主之事其
田自己鬮分與兄弟侄無干其田有能之日不拘
遠近依契面價而贖田今欲有憑立賣契壹紙
付執爲照

乾隆伍拾壹年玖月　日立賣契人鄭大奮（押）
代字[illegible]侄承德（押）

11-7-1-1　清乾隆五十一年九月鄭大奮立賣民田根契

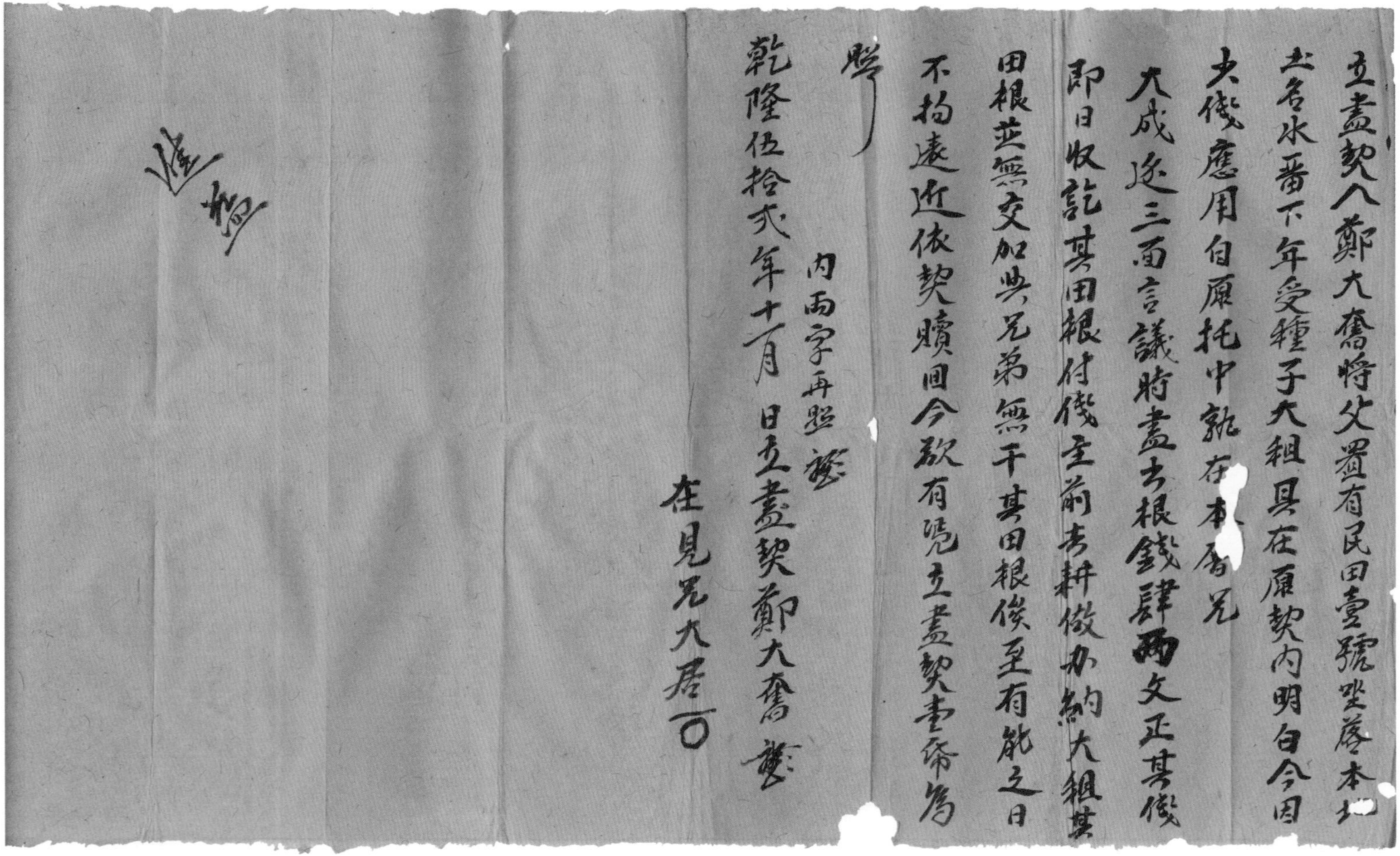

立盡契人鄭大奮將父置有民田壹號坐落本地
土名水番下年受種子大租具在原契內明白今因
欠錢應用自願托中就在本房兄
大成邊三面言議將盡去根錢肆兩文正其錢
即日收訖其田根付錢主前去耕做办納大租其
田根並無交加與兄弟無干其田根倘至有能之日
不拘遠近依契贖回今欲有憑立盡契壹紙為
照

內両字再照

乾隆伍拾弍年十一月　日立盡契鄭大奮

在見兄大居

111-7-1-2　清乾隆五十二年十一月鄭大奮立盡民田契

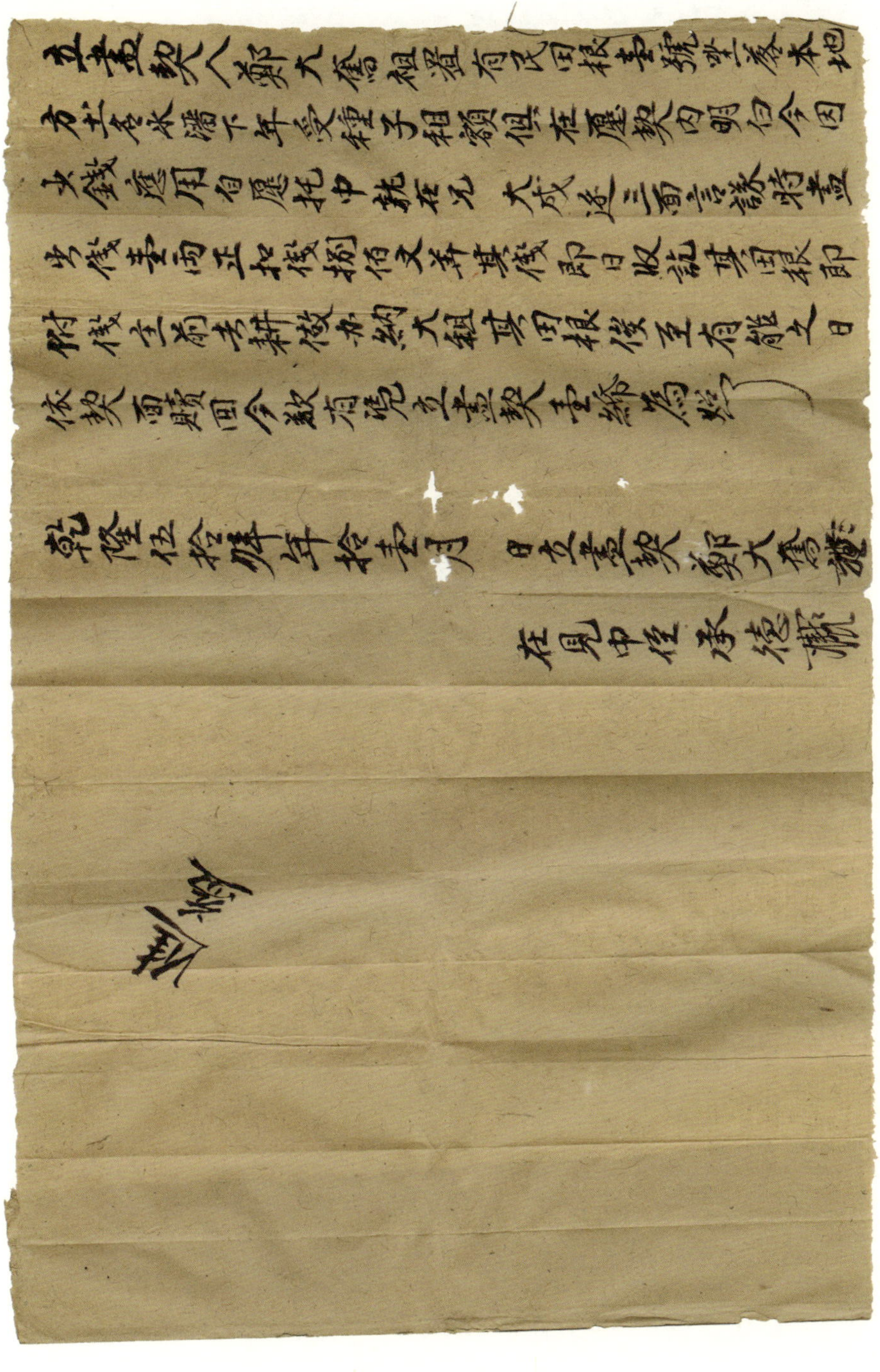
立盡契人鄭大奮祖置有民田根壹號坐落本地
方土名水墻下年受種子租額俱在原契內明白今因
乏錢應用自愿托中就在兄 大成邊三面言議將盡
出價壹兩正折價捌伯文其錢即日收訖其田根即
附價主前去耕作收納大租其田根從至有能之日
依契面贖回今欲有憑立盡契壹紙為照
乾隆伍拾肆年拾壹月 日立盡契鄭大奮
在見中侄 李德濂

11-7-1-3 清乾隆五十四年十一月鄭大奮立盡民田根契

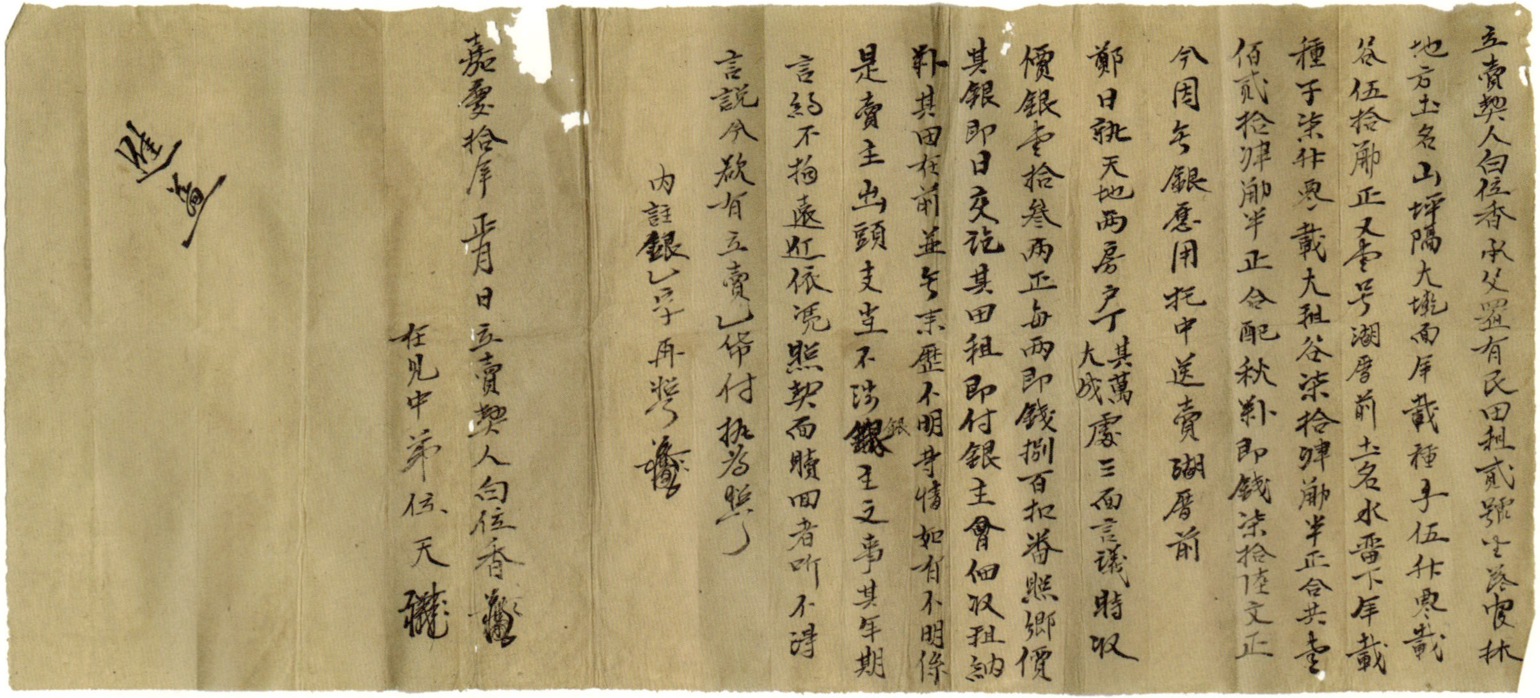
立賣契人白位香承父置有民田租貳號坐落寅林
地方土名山坪隔大墘面岸載種子伍升，累載
谷伍拾斤正；又壹号湖厝前土名水晉下岸載
種子柒升，累載大租谷柒拾肆斤半正，合共壹
佰貳拾肆斤半正，合配秋粮即錢柒拾陸文正。
今因乏銀應用，托中送賣湖厝前
鄭日執天地西房户丁其萬大成處，三面言議，時收
價銀壹拾叁兩正，每兩即錢捌百扣，番照鄉價。
其銀即日交訖，其田租即付銀主會佃収租納
粮。其田在前並無來歷不明等情，如有不明係
是賣主出頭支當，不涉銀主之事。其年期
言約不拘遠近，依憑照契面贖回者，听不得
言說。今欲有立賣契付執為照。
内註銀一字再照。
嘉慶拾年正月　日立賣契人白位香（押）
在見中弟位天（押）

11-7-1-4　清嘉慶十年正月白位香立賣民田租契

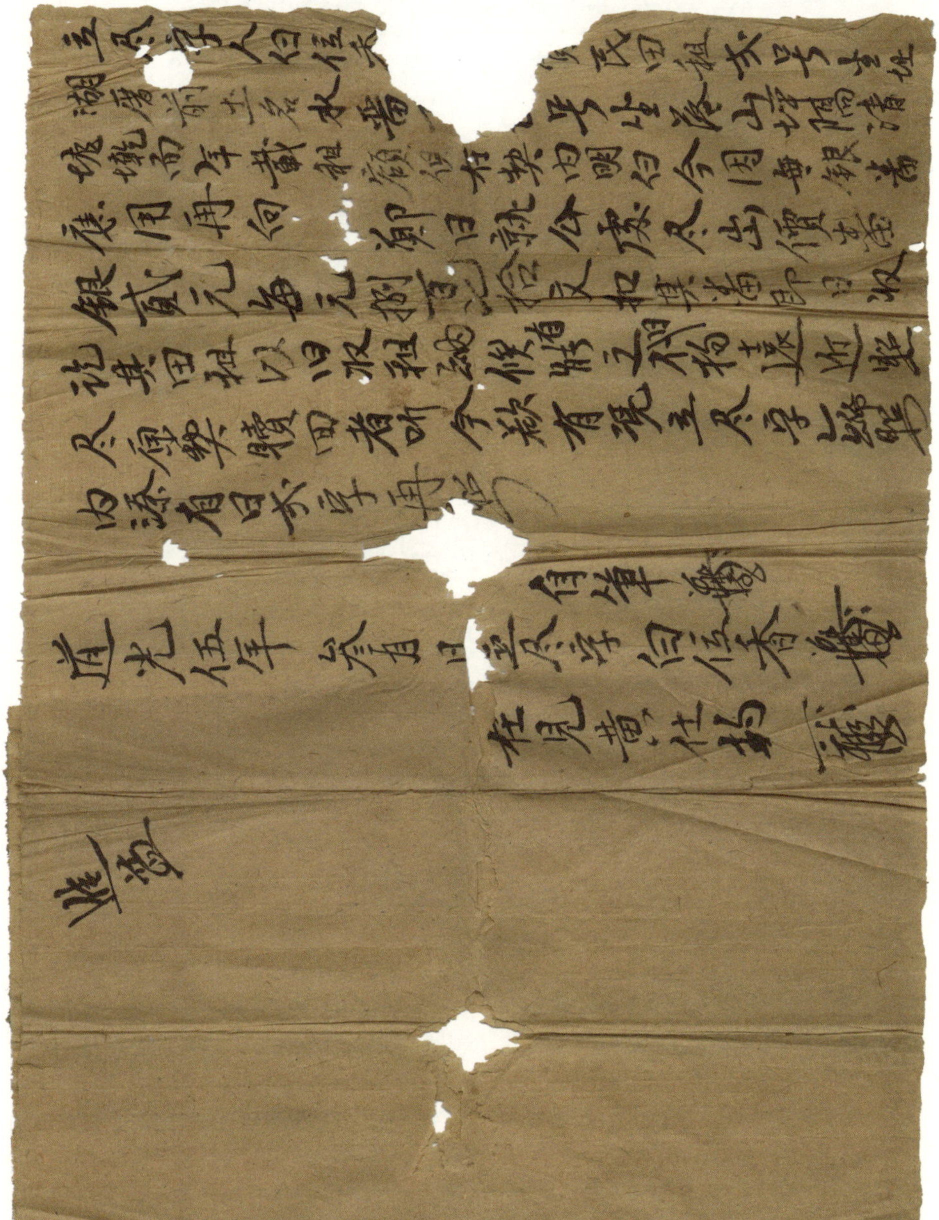

11-7-1-5　清道光五年三月白位香立盡民田租字

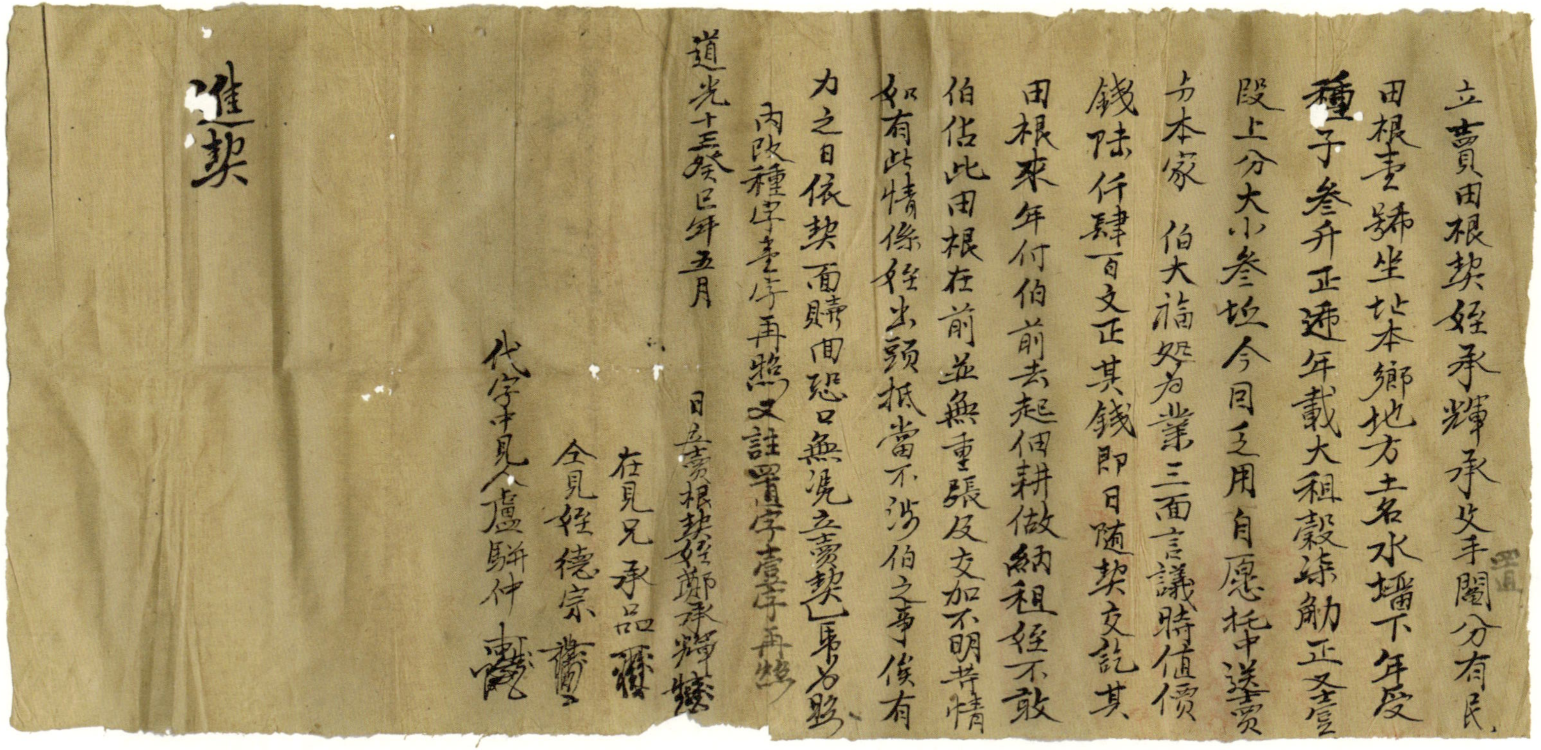
立賣田根契姪承輝承父手鬮分有民
田根壹號坐址本鄉地方土名水壋下年受
種子叁升正逓年載大租穀柒觔正全壹
段上分大小叁坵今因乏用自愿托中送賣
与本家 伯大福爲業三面言議時值價
錢陸仟肆百文正其錢即日隨契交訖其
田根來年付伯前去起佃耕做納租姪不敢
伯佔此田根在前並無重張及交加不明等情
如有此情係姪出頭抵當不涉伯之事倘有
力之日依契面贖伯恐口無凭立賣契一帋爲照
内改種字壹字再照 又註罝字壹字再照
道光十三癸巳年五月 日立賣根契姪鄭承輝
在見兄 承品
仝見姪 德宗
代字中見人 盧駢仲
進契

11-7-1-6 清道光十三年五月鄭承輝立賣民田根契

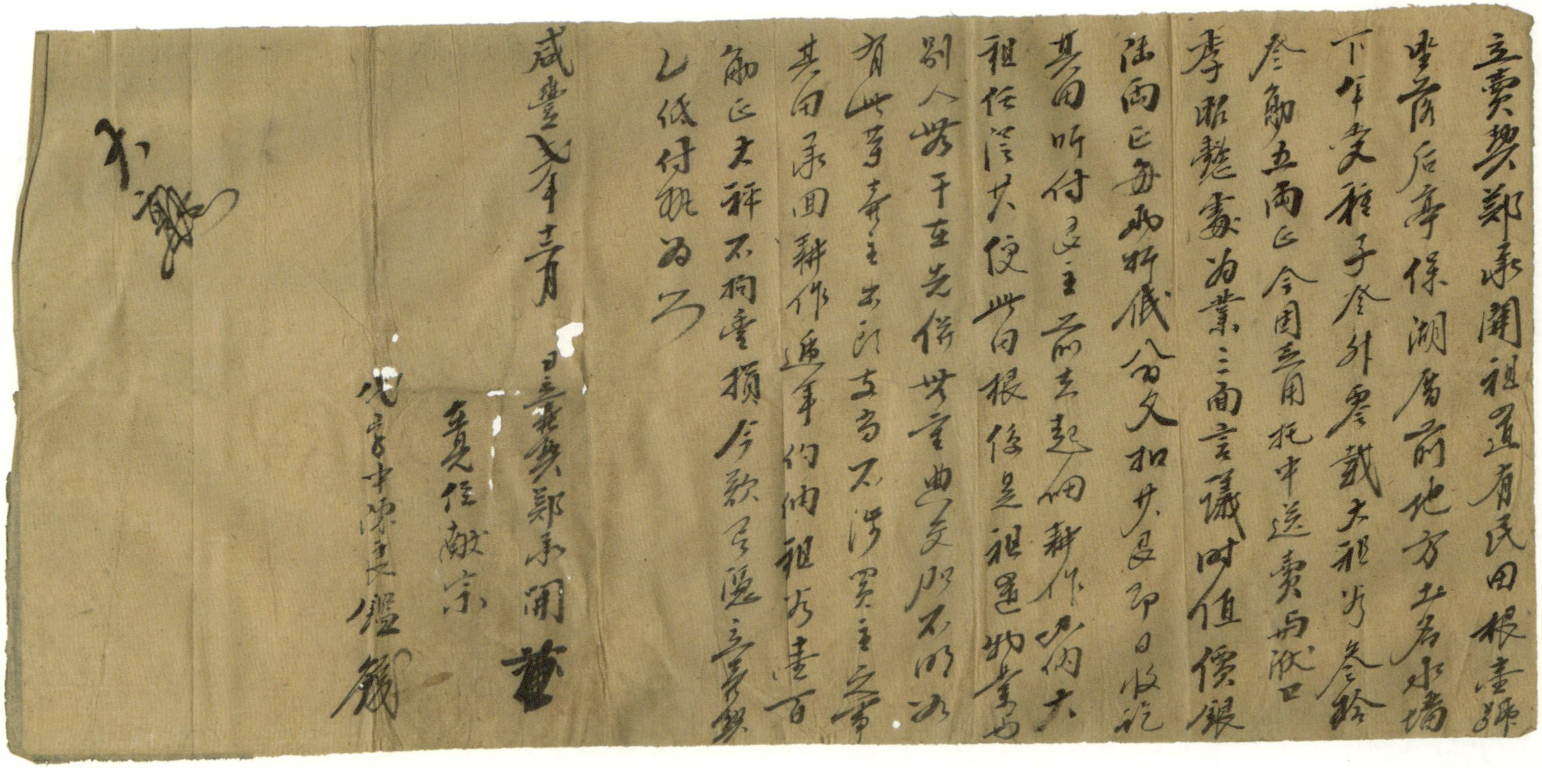

立賣契人鄭承開，祖置有民田根壹號，
坐落后亭保湖厝前地方，土名小墻
下，年受租子叁升零，載大租谷叁拾
叁觔五兩正，今因無用，托中送賣與洑口
李昭懿處為業，三面言議，時值價銀
陆兩正，每兩折錢八百文，扣廿足，即日收訖。
其田听付退主前去起佃耕作，納大
租任從其便。此田根係是祖置物業，與
别人無干，在先係無重典交加不明，如
有此等情，出主自當，不涉買主之事。
其田承佃耕作，遞年约納租谷壹百
觔正，去秤不拘豐損。今欲有憑，立賣契
一紙付執為照。

咸豐弍年十二月　日立賣契人鄭承開（押）
在見侄敵宗
代字中梁本鑑（押）

11-7-1-7　清咸豐二年十二月鄭承開立賣民田根契

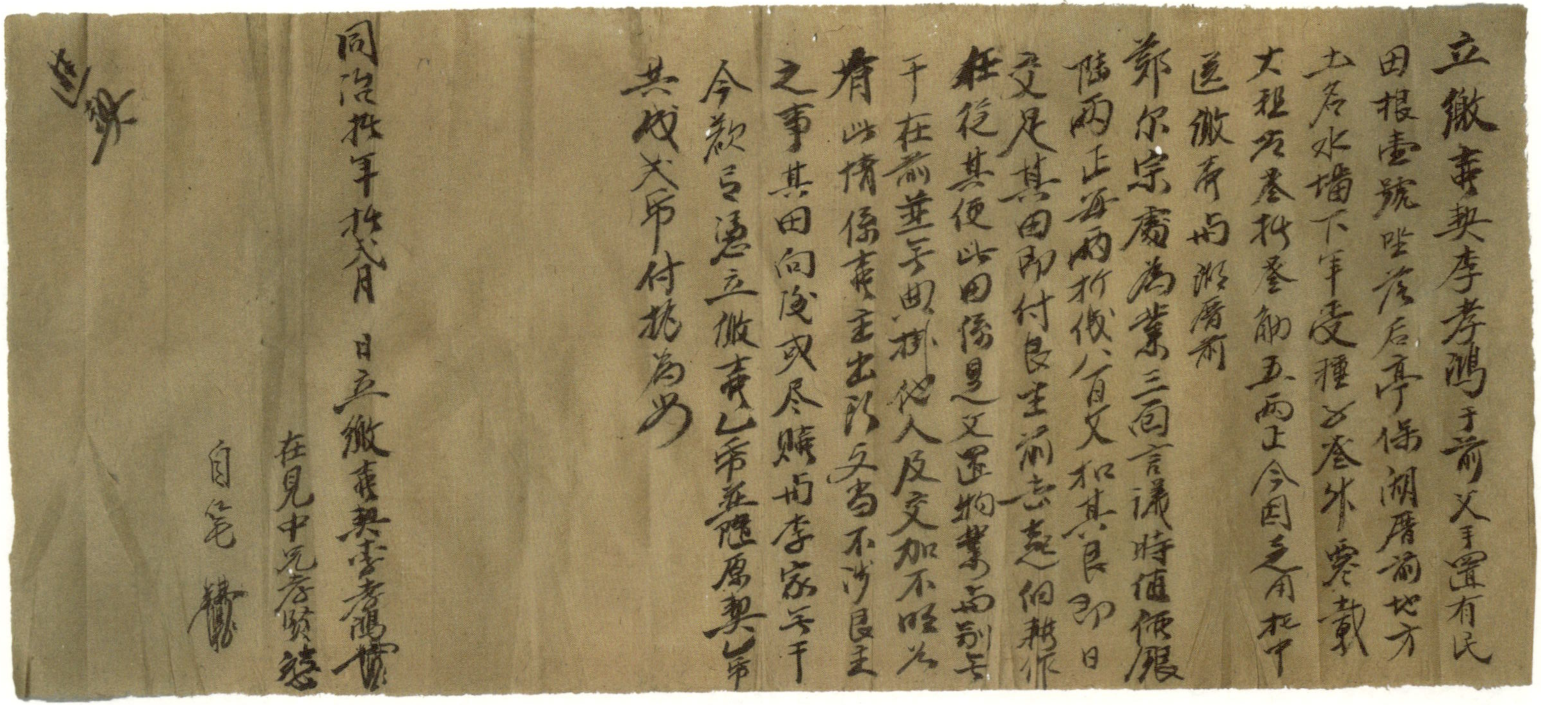

11-7-1-8　清同治十年十二月李孝鴻立繳賣民田根契

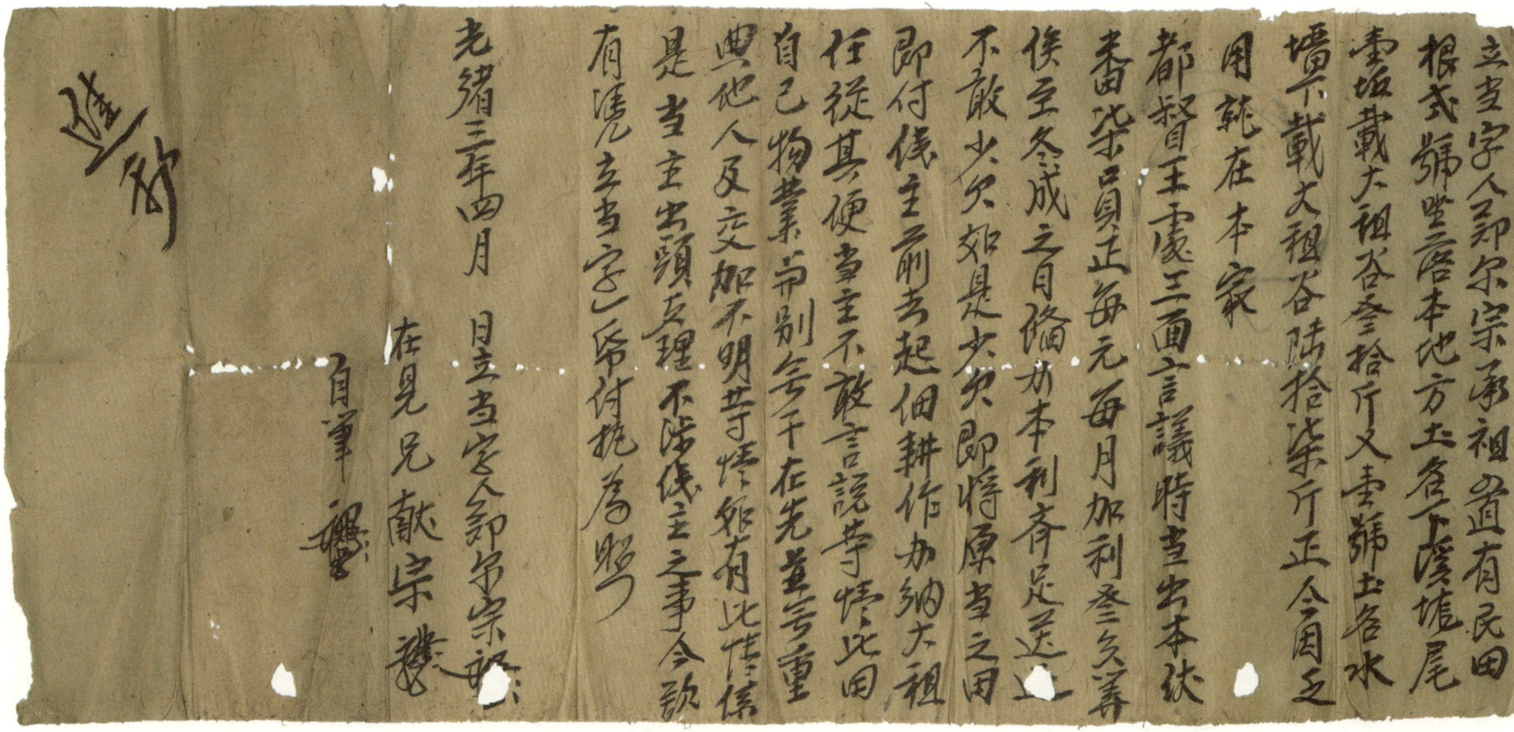

立當字人鄭尔宗承祖遺有民田
根弍號坐落本地方土名上溪墘尾
壹坵載大租谷叁拾斤又壹號土名水
墻下載大租谷陆拾柒斤正今因乏
用就在本家
都督王處三面言議將當出本洋
番銀壹員正每元每月加利叁分算
俟至冬成之日備办本利齊足送上
不敢少欠如是少欠即將原當之田
即付錢主前去起佃耕作办納大租
任從其便當主不敢言說等情此田
自己物業與別房無干在先並無重
典他人及交加不明等情如有此情係
是當主出頭支理不涉錢主之事今欲
有憑立當字乙紙付執為照

光緒三年四月　日立當字人鄭尔宗（押）
在見兄　献宗（押）
自筆（押）

[illegible]

11-7-1-9　清光緒三年四月鄭尔宗立當民田根字

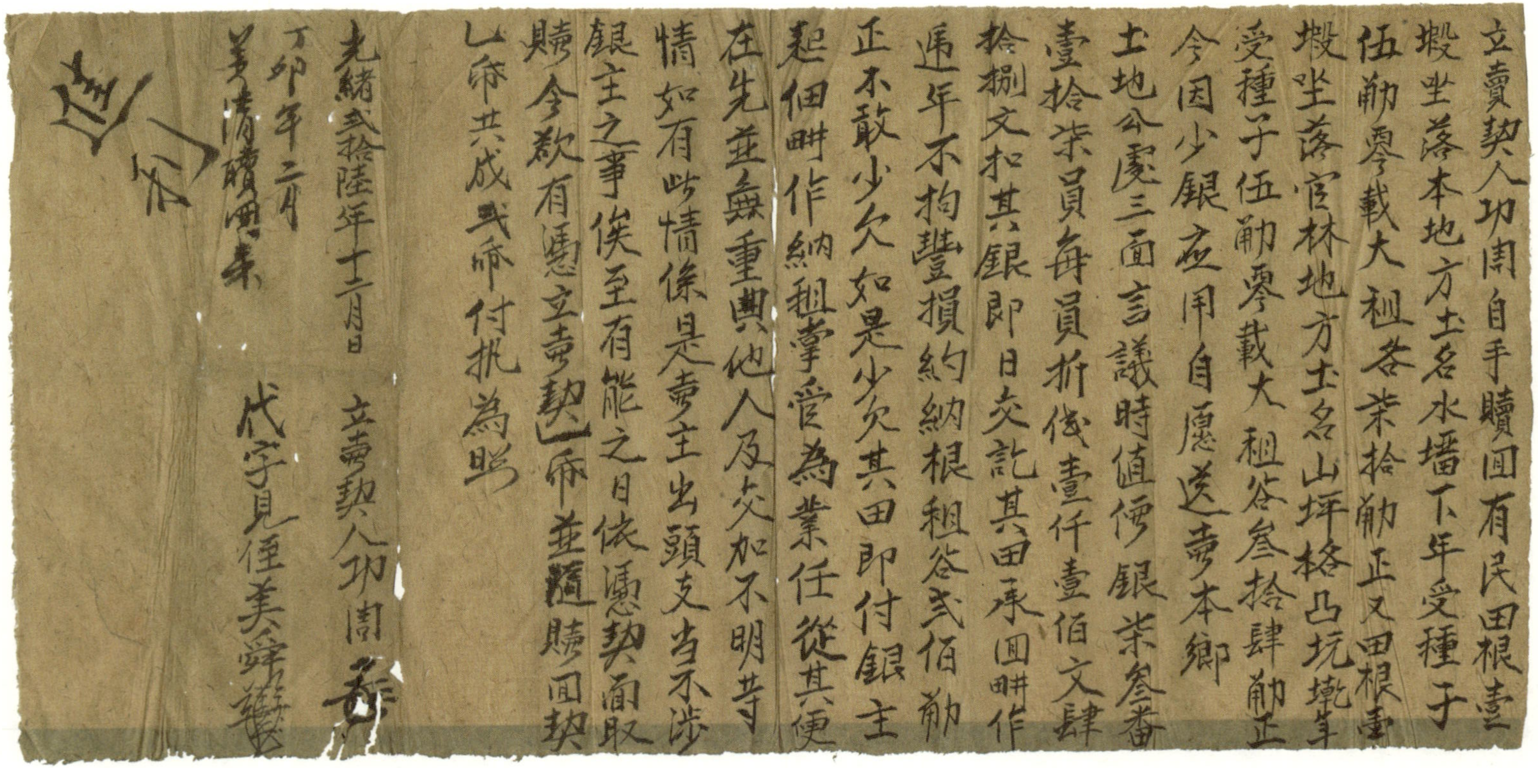
立賣契人功周自手贖回有民田根壹
搬坐落本地方土名水墙下年受種子
伍觔零載大租谷柒拾觔正又田根壹
搬坐落官林地方土名山坪格凸坑墘苐
受種子伍觔零載大租谷叁拾肆觔正
今因少銀應用自愿送賣本鄉
土地公處三面言議時值價銀柒叁番
壹拾柒員每員折錢壹仟壹佰文肆
拾捌文和其銀即日交訖其田承佃耕作
遞年不拘豐損約納根租谷弍佰觔
正不敢少欠如是少欠其田即付銀主
起佃耕作納租掌管為業任從其便
在先並無重典他人及交加不明等
情如有此情係是賣主出頭支当不涉
銀主之事俟至有能之日依憑契面取
贖今欲有憑立賣契一帋並隨贖回契
一帋共成弍帋付執為照
光緒弍拾陸年十二月日　立賣契人功周（押）
代字見侄美舜（押）
丁卯年二月 美清贖回來

11-7-1-10　清光緒二十六年十二月鄭功周立賣民田根契

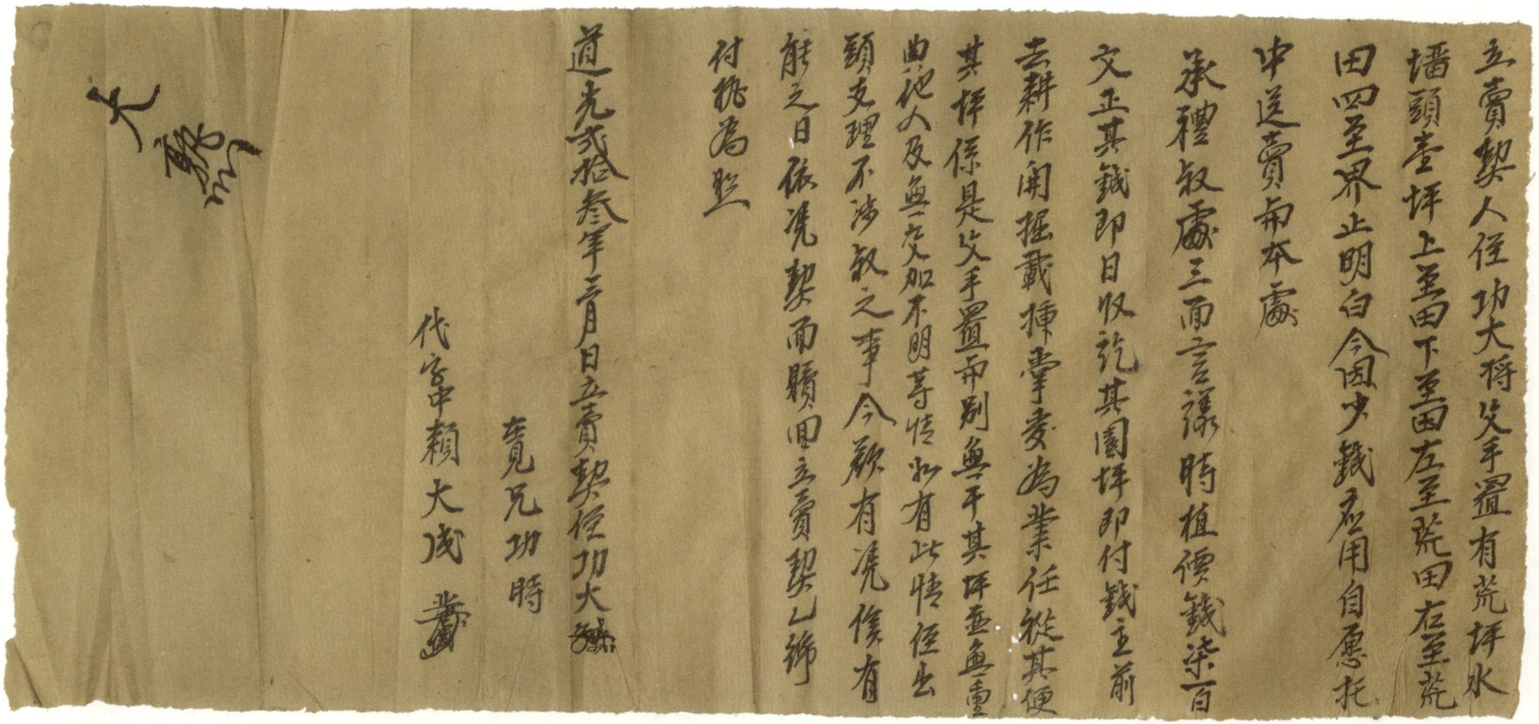
立賣契人侄功大將父手置有荒坪水
塯頭壹坪上至田下至田左至荒田右至荒
田四至界止明白今因乏錢應用自愿托
中送賣与本處
承禮叔處三面言議時值價錢柒百
文正其錢即日收訖其園坪即付錢主前
去耕作開掘栽種掌管為業任從其便
其坪係是父手置产别無干其坪並無重
典他人及無交加不明等情如有此情侄出
頭支理不涉叔之事今欲有憑倚有
能之日依憑契面贖回立賣契乙紙
付執為照

道光貳拾叁年三月日立賣契侄功大（押）
見兄功時
代字中賴大茂書

大吉

11-7-2-1　清道光二十三年三月鄭功大立賣荒坪水塯契（一）

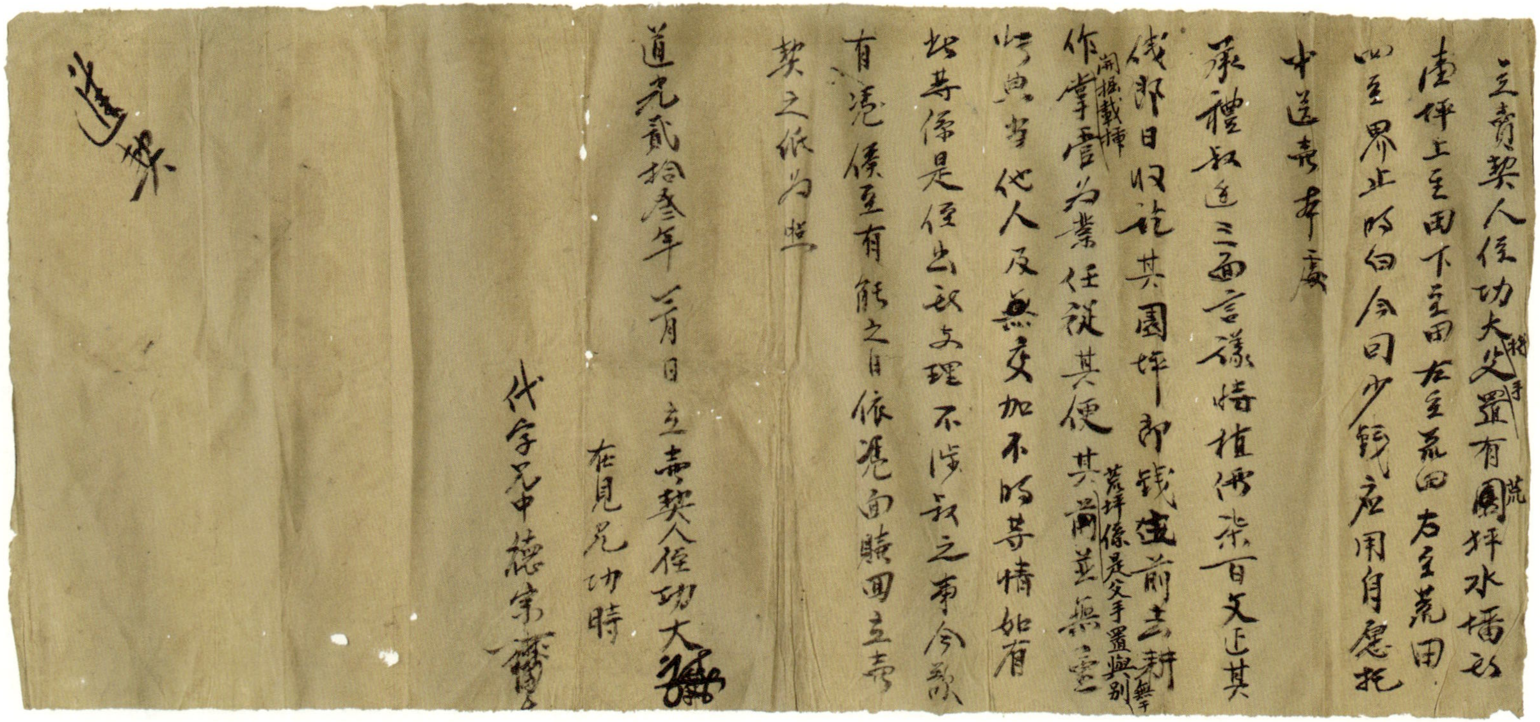

11-7-2-2　清道光二十三年三月鄭功大立賣荒坪水塯契（二）

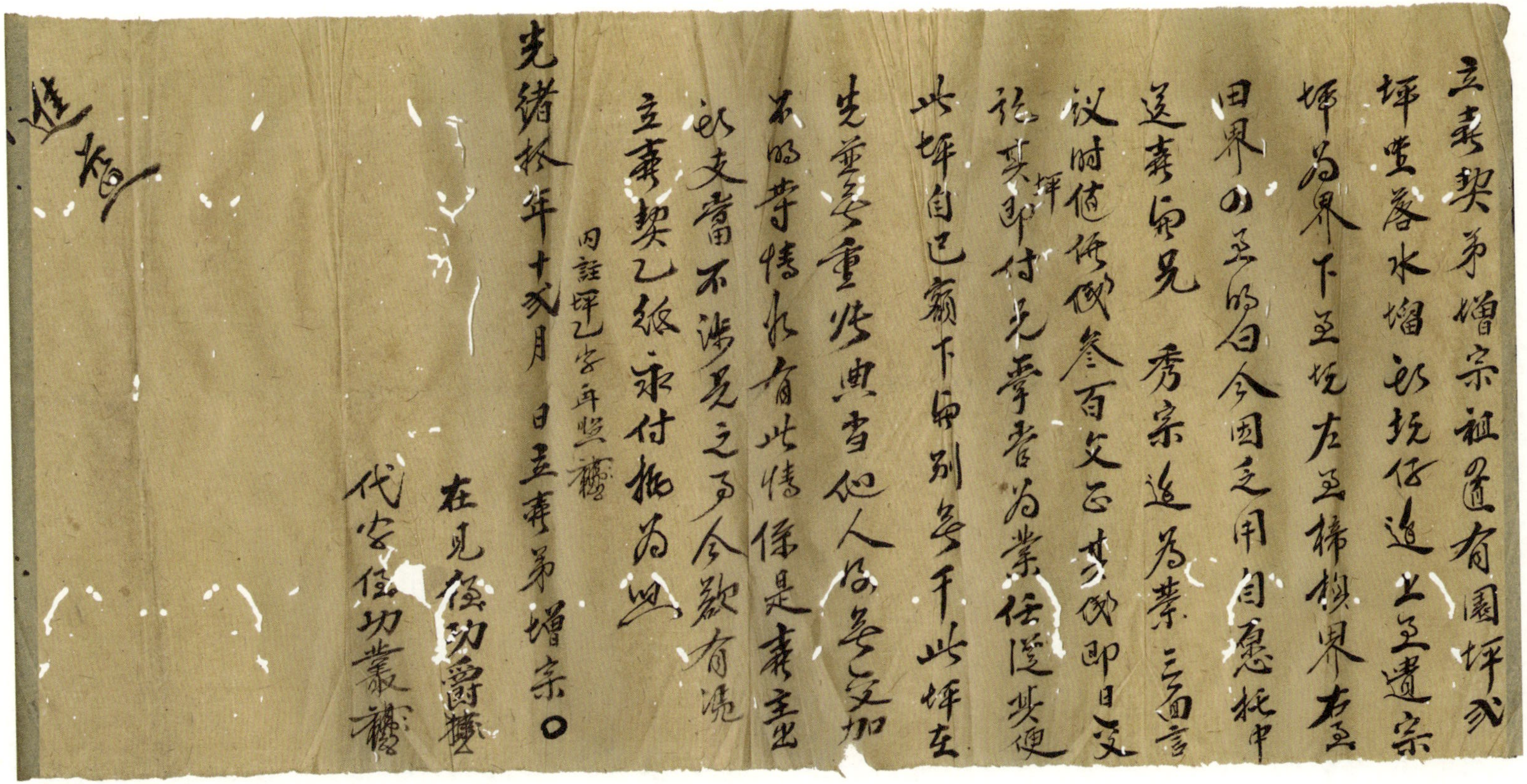
立賣契弟增宗祖遺有園坪弍
坪坐落水墻头坑仔邊，上至遺宗
坪為界，下至坑，左至梯樹界，右至
田界，四至明白。今因乏用，自愿托中
送賣與兄　秀宗邊為業。三面言
議時值價錢叁百文正，其錢即日交
訖，其坪即付兄掌管為業，任從其便。
此坪自己額下，與別房無干。此坪在
先並無重張典當他人，亦無交加
不明等情，如有此情，係是賣主
出支當，不涉兄之事。今欲有憑，
立賣契乙紙，永付執為照。
內註坪乙字再照
光緒拾年十弍月　日立賣弟增宗○
在見侄功爵
代字侄功叢

11-7-2-3　清光緒十年十二月鄭增宗立賣園坪契

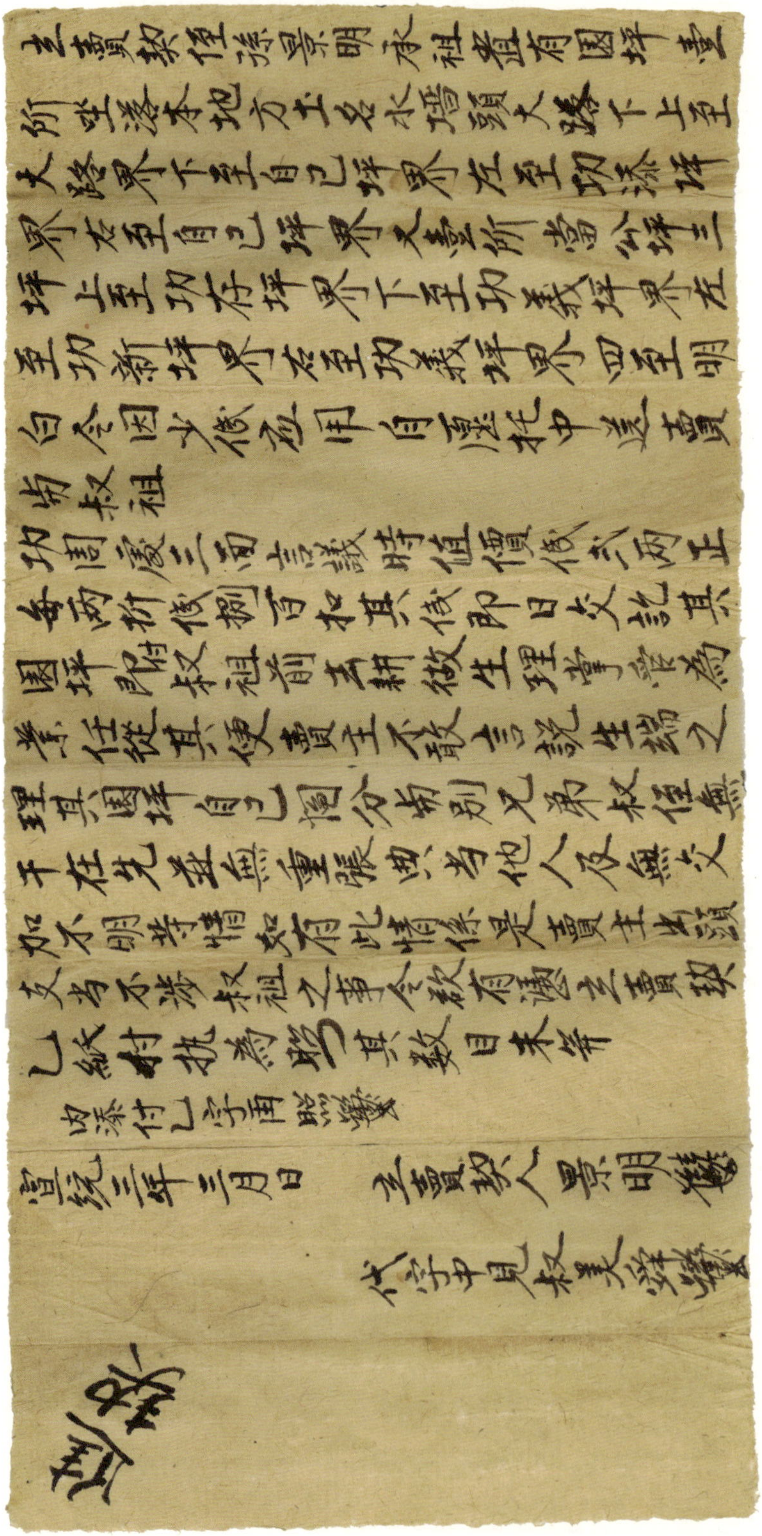

立賣契侄孫景明承祖遺有園坪壹
所坐落本地方土名水壋頭大路下上至
大路界下至自己坪界左至功添坪
界右至自己坪界又壹所坐當分坪三
坪上至功存坪界下至功義坪界左
至功新坪界右至功義坪界四至明
白今因少銀應用自愿托中送賣
與叔祖
功周處三面言議時值價銀弍兩正
每兩行息利字加其銀即日交訖其
園坪即付叔祖前去耕做生理掌管為
業任從其便賣主不敢言說生端之
理其園坪自己個分的別兄弟叔侄無
干在先並無重張典當他人及無交
加不明等情如有此情係是賣主出頭
支當不涉叔祖之事今欲有憑立賣契
乙紙付執為照其數目未筆
內添付乙字再照
宣統三年三月日　立賣契人景明
代字中見叔美[illegible]
過收

11-7-2-4　清宣統三年三月鄭景明立賣園坪契

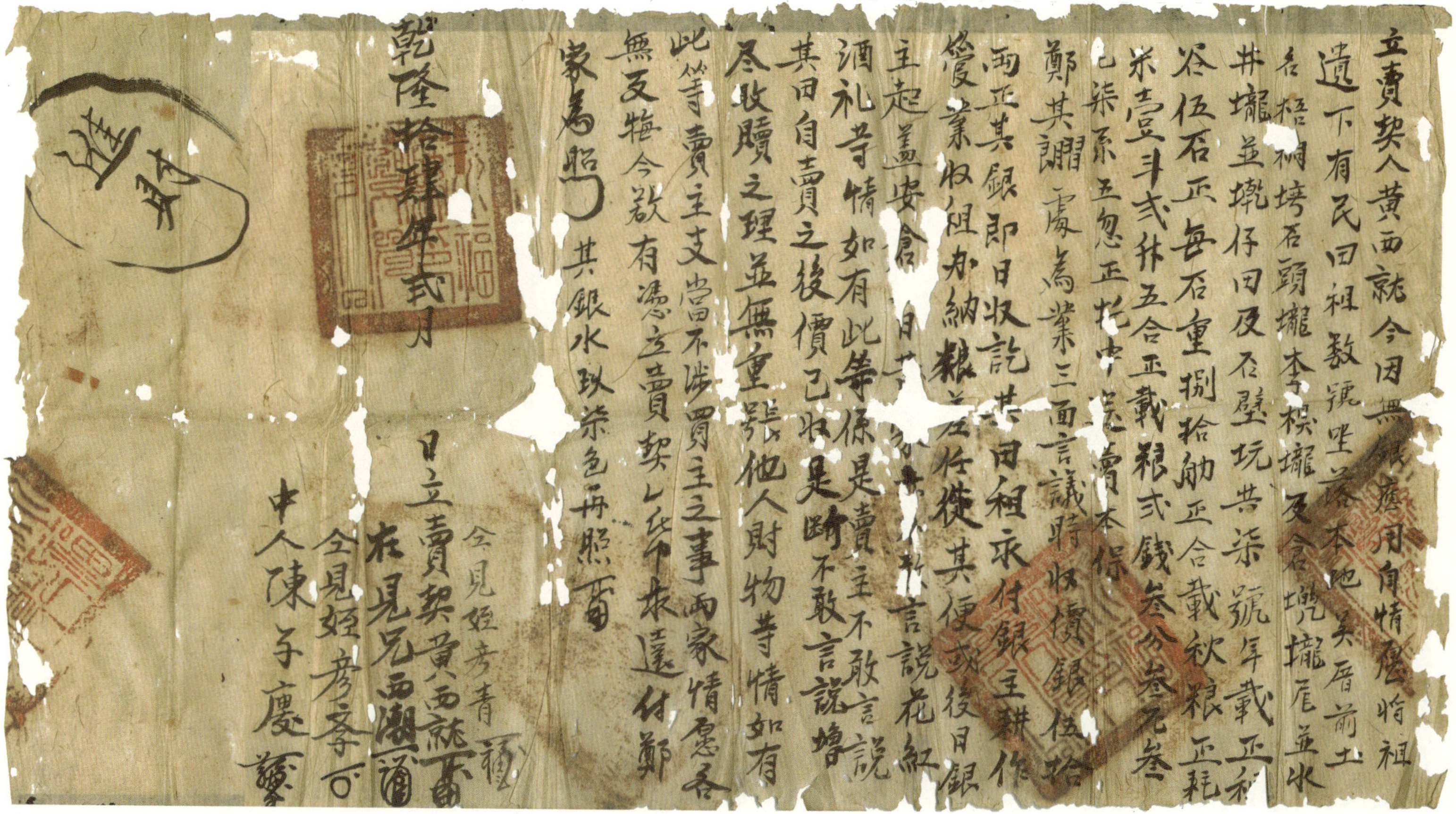

立賣契人黃西就，今因無銀應用，自情愿將祖
遺下有民田租數鈔，坐落本地，吳厝前土
名梧桐塝石頭壠、李樹壠及倉塝壠尾並水
井壠並塝仔田及石壁坑，共柒號，年載正租
谷伍石正，每石重捌拾觔正，合載秋粮正耗
米壹斗弍升五合正，載粮弍錢叁分叁厘叁
乙柒系五忽正，托中送賣本保
鄭其謅處為業，三面言議，時收價銀伍拾
兩正，其銀即日收訖，其田租永付銀主耕作
管業，收租办納粮差，任從其便，或後日銀
主起蓋安倉，自去[illegible]言說花紅
酒礼等情，如有此等，係是賣主不敢言說。
其田自賣之後，價已收足，斷不敢言說增
盡收贖之理，並無重張他人財物等情，如有
此等，賣主支當，不涉買主之事。兩家情愿，各
無反悔，今欲有憑，立賣契一紙，付鄭
家為照。　其銀水玖柒色再照。

乾隆拾肆年弍月　日立賣契　黃西就
中人　陳子慶
全見兄　西湖
全見姪　孝亭
全見姪　孝青

11-7-3-1　清乾隆十四年二月黃西就立賣民田租契（紅契）

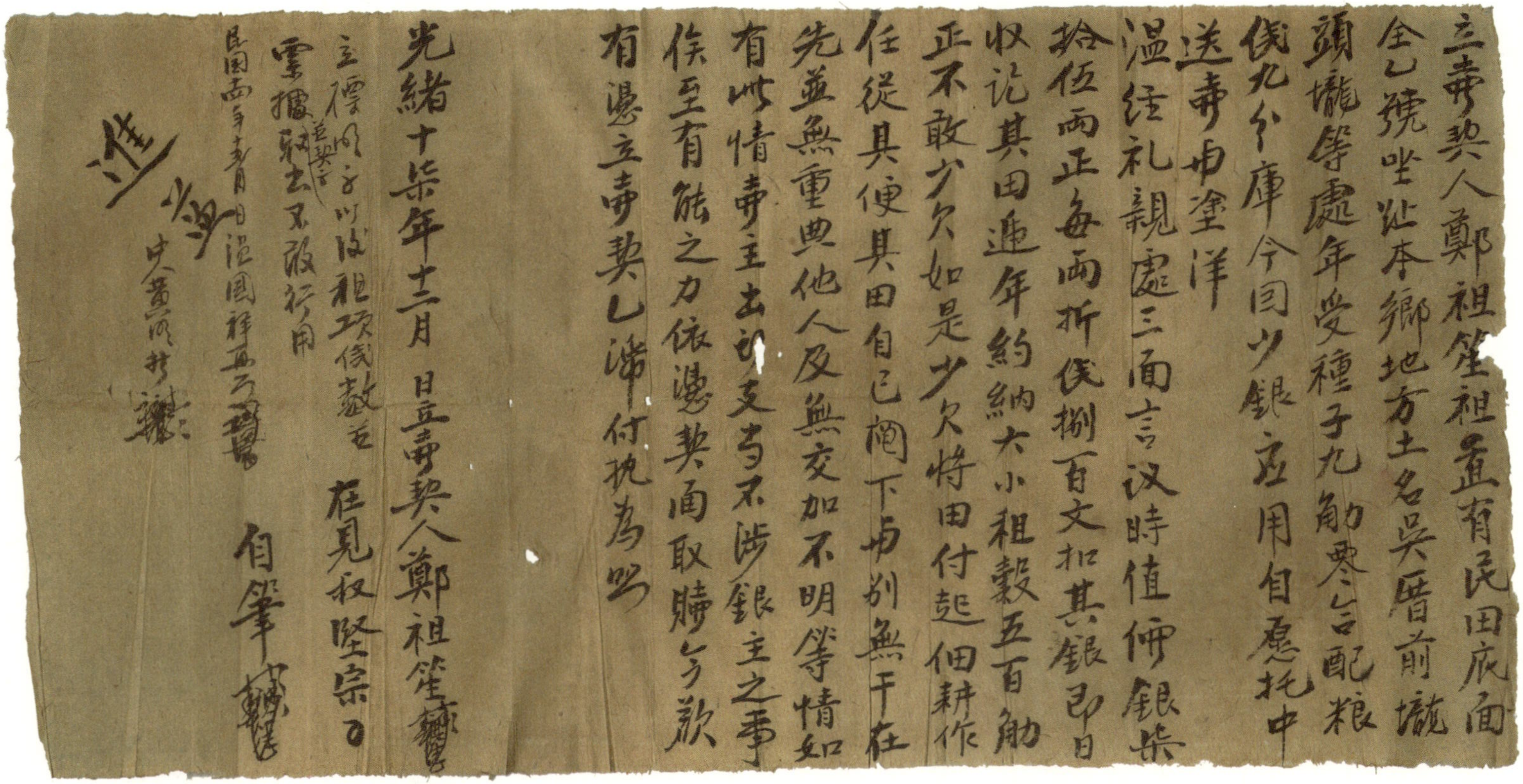
立賣契人鄭祖笙祖置有民田底面
全乙號坐址本鄉地方土名吳厝前壠
頭壠等處年受種子九觔零配粮
錢九分庫今因乏銀應用自愿托中
送賣與塗洋
溫經禮親處三面言议時值價銀柒
拾伍兩正每兩折錢捌百文扣其銀即日
收訖其田逐年約納大小租穀五百觔
正不敢少欠如是少欠將田付起佃耕作
任從其便其田自己掌下物别無干在
先並無重典他人及無交加不明等情如
有此情賣主出頭支当不涉銀主之事
係至有能之力依憑契面取贖無款
有憑立賣契乙紙付執為照
光緒十柒年十二月 日立賣契人鄭祖笙
在見叔 堅宗
自筆

11-7-3-2　清光緒十七年十二月鄭祖笙立賣底面全民田契

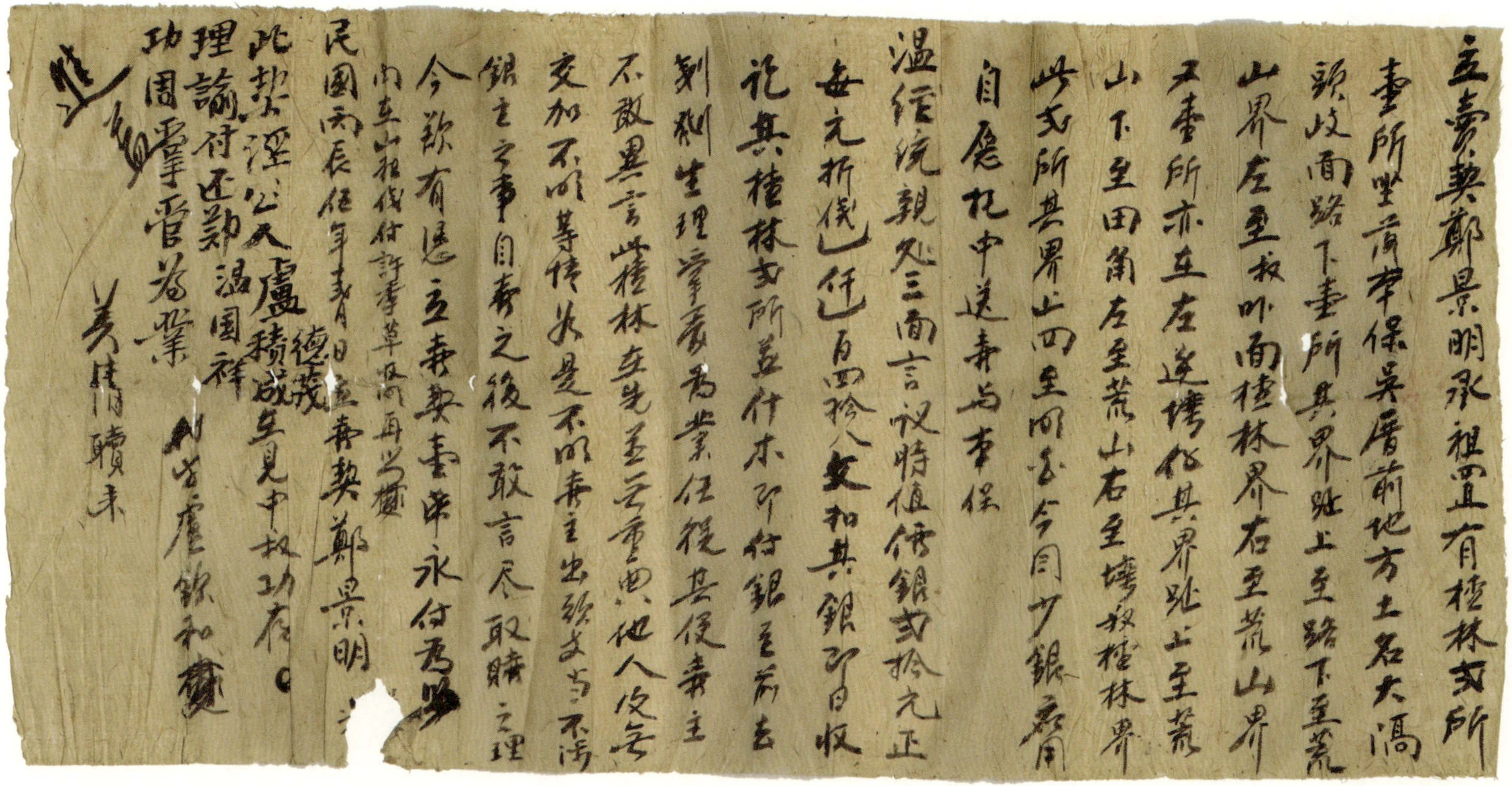

11-7-3-3　民國五年十二月鄭景明立賣樒林契

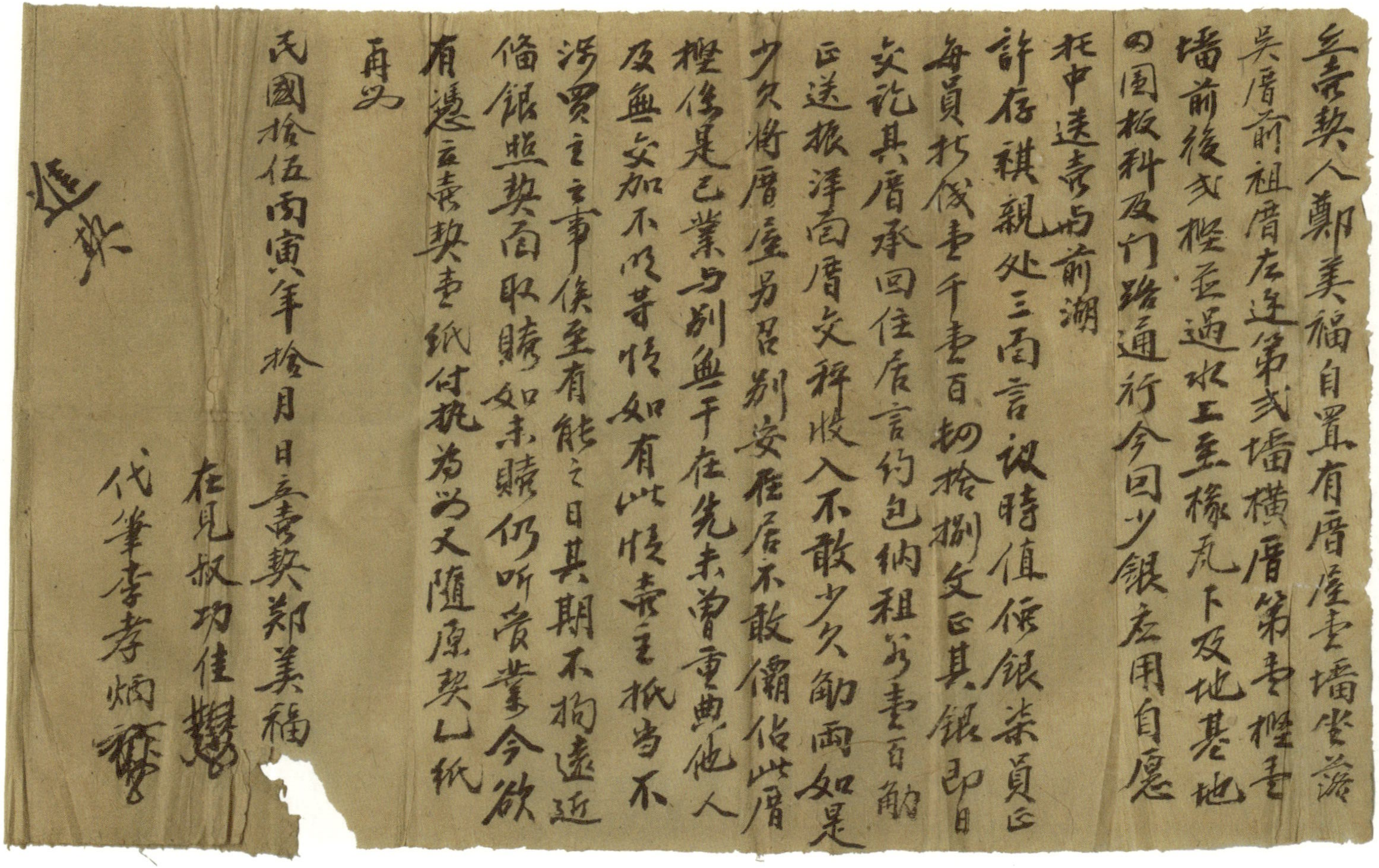
立賣契人鄭美福自置有厝屋壹墻坐落
吳厝前祖厝左邊第弍墻橫厝第壹櫈壹
墻前後弍櫈並過水上至椽瓦下及地基地
四圍板料及门路通行今因乏銀應用自愿
托中送賣與前湖
許存祺親处三面言议時值價銀柒員正
每員折錢壹千壹百捌拾捌文正其銀即日
交訖其厝承回住居言约包納租谷壹百觔
正送振洋商厝交秤收入不敢少欠觔兩如是
少欠將厝屋另召別安在居不敢備佔此厝
櫈係是己業與別無干在先未曾重典他人
及無交加不明等情如有此情賣主抵当不
涉買主之事俟至有能之日其期不拘遠近
備銀照契取贖如未贖仍听買業今欲
有憑立賣契壹紙付執為照文隨原契乙紙
再照
民國拾伍丙寅年拾月　日立賣契鄭美福
在見叔功佳（押）
代筆李孝炳（押）
進契

11-7-3-4　民國十五年十月鄭美福立賣厝屋契

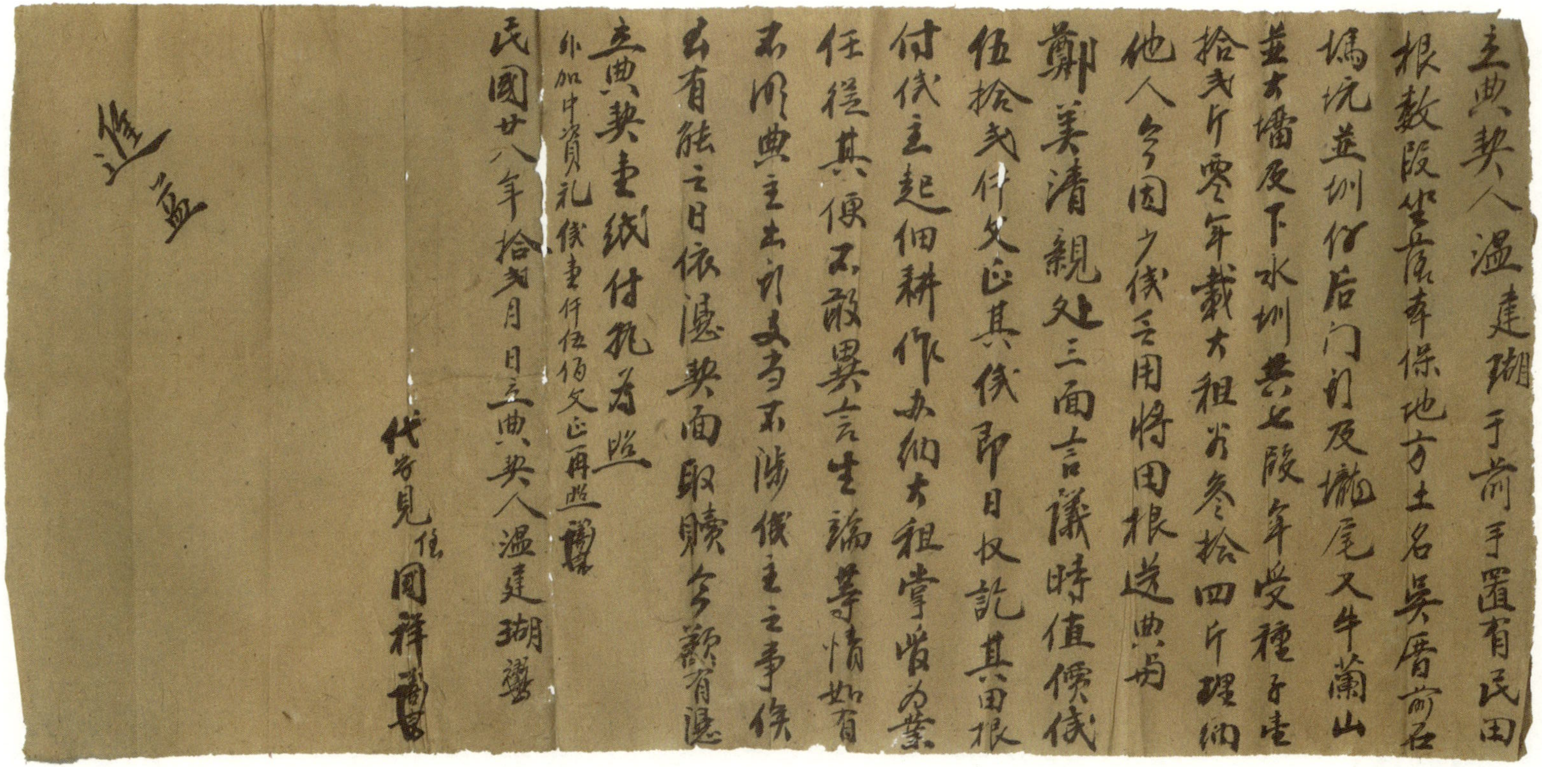
立典契人温建瑚承前手置有民田
根數段坐落本保地方土名吴厝前右
墈坑並圳仔后门头及墘尾又牛蘭山
並大墙及下水圳共七段年受種子壹
拾弍斤零年載大租谷叁拾四斤理納
他人今因乏錢應用將田根送典與
鄭美清親处三面言議時值價錢
伍拾弍仟文正其錢即日收訖其田根
付錢主起佃耕作办納大租掌管爲業
任從其便不敢異言生端等情如有
不明典主出头支當不涉錢主之事係
出有能之日依還契面取贖今欲有憑
立典契壹紙付執爲照
外加中資礼錢壹仟伍佰文正再照（押）
民國廿八年拾弍月　日立典契人温建瑚（押）
代字見　佃　國祥（押）
進益

11-7-3-5　民國二十八年十二月温建瑚立典民田根契

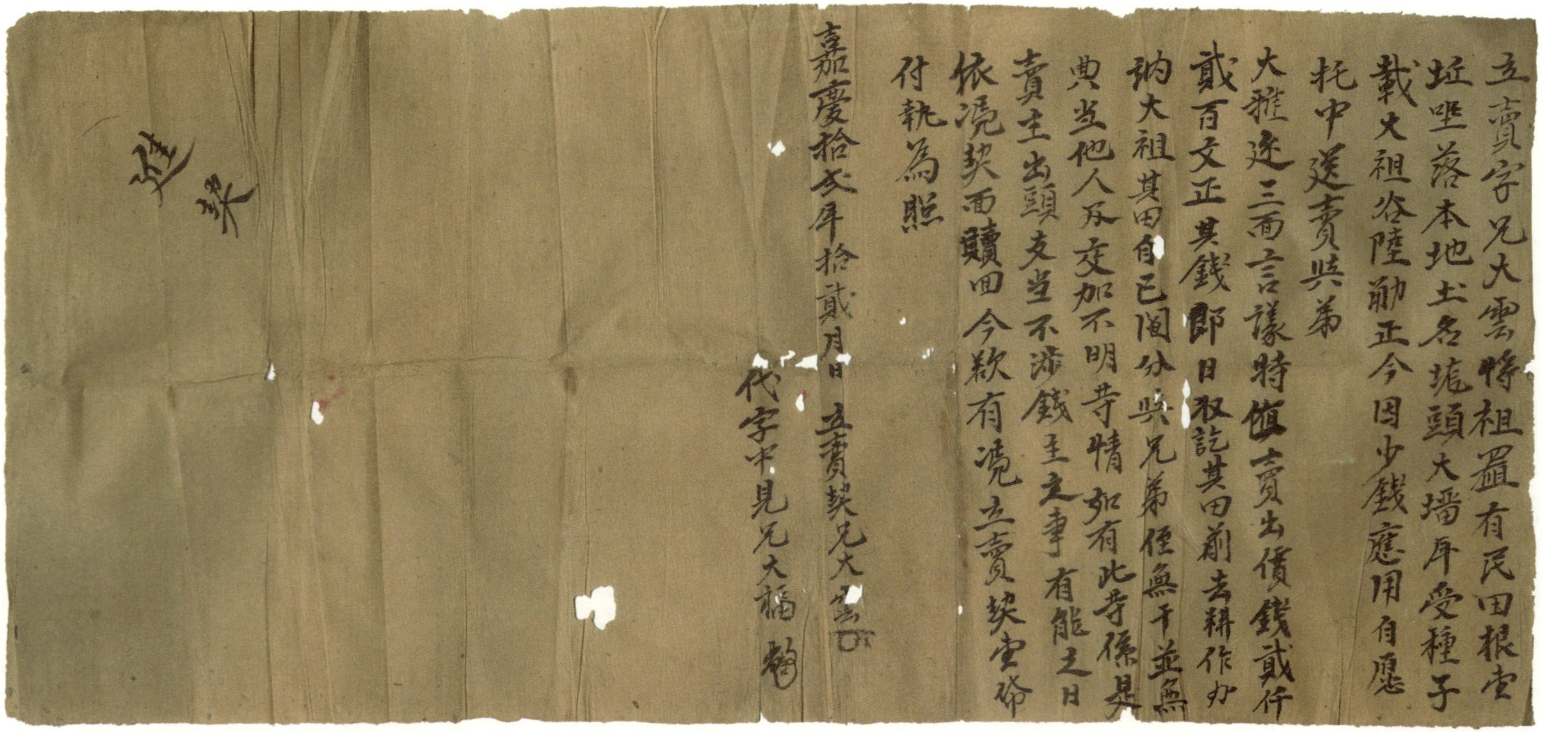

立賣字兄大雲將祖置有民田根壹
坵，坐落本地土名坭頭大墻厈受種子
載，大祖谷陸斛正。今因少錢應用，自愿
托中送賣與弟
大雅邊。三面言議，特值賣出價錢貳仟
貳百文正。其錢即日收訖，其田前去耕作，办
納大祖。其田自己阄分與兄弟，俚無干，並無
典当他人及交加不明等情，如有此等係是
賣主出頭支当，不涉錢主之事。有能之日
依憑契面贖回。今欲有憑，立賣契壹紙
付執為照。
嘉慶拾弍年拾貳月日　立賣契兄大雲（押）
代字中見兄大福（押）
退契

11-7-4-1　清嘉慶十二年十二月鄭大雲立賣民田根契

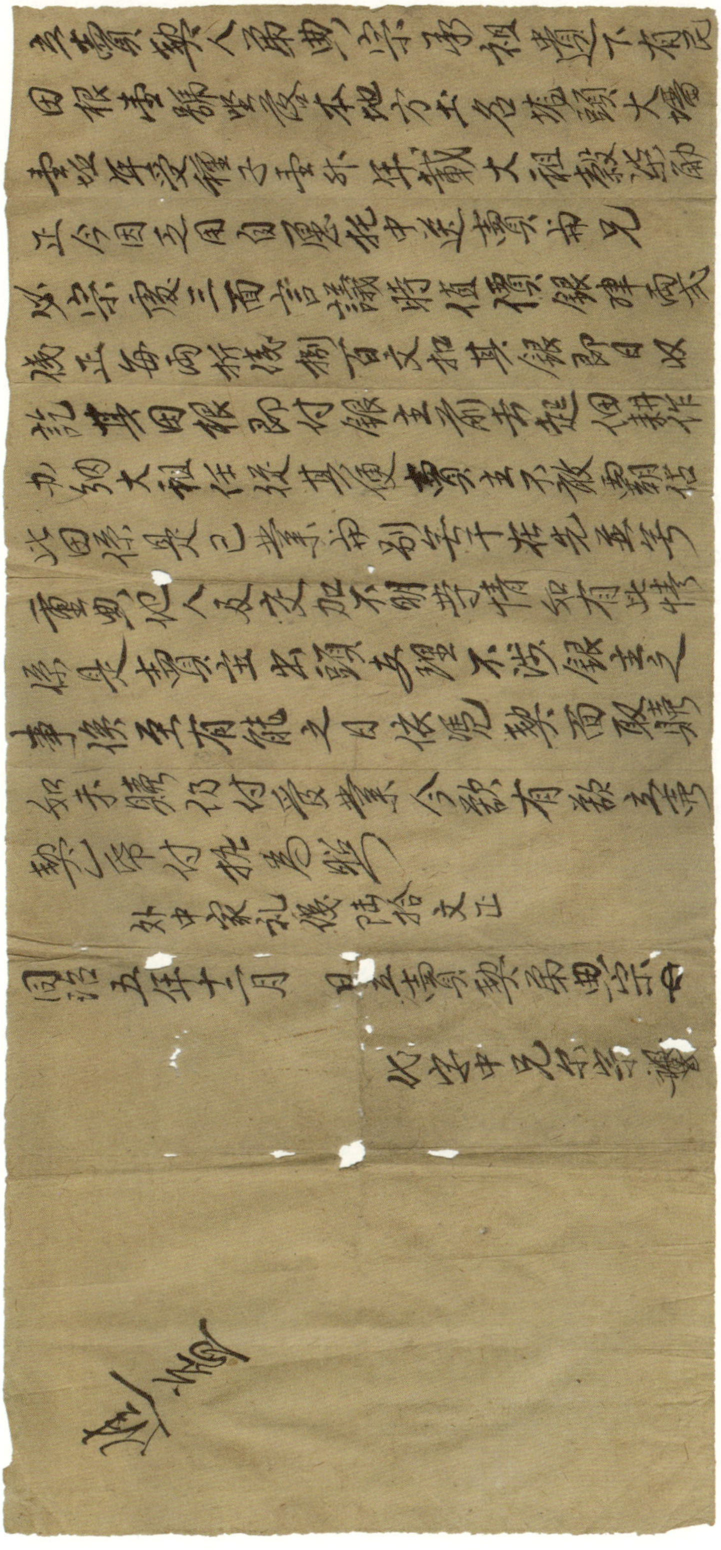

立賣契人鄭典宗承祖遺下有民
田根壹號，坐落本地方土名坑頭大壋
壹坵，年受種子壹斗，年載大租穀貳斛
正。今因乏用，自願托中送賣與兄
典宗處，三面言議時值價銀肆兩貳
錢正，每兩折錢制百文，其銀即日收
訖，其田根即付銀主前去起佃耕作，
办納大租，任從其便，賣主不敢阻執。
此田係是己業，與別房伯叔兄弟無干，亦無
重典他人及交加不明等情，如有此情，
係是賣主出頭支理，不涉銀主之
事。倘宗有能之日，依憑契面取贖，
如未贖，仍付管業。今欲有憑，立賣
契一紙付執為照。
外中家礼錢陸拾文正
同治五年十二月　日立賣契鄭典宗（押）
代字中兄典宗號

11-7-4-2　清同治五年十二月鄭典宗立賣民田根契

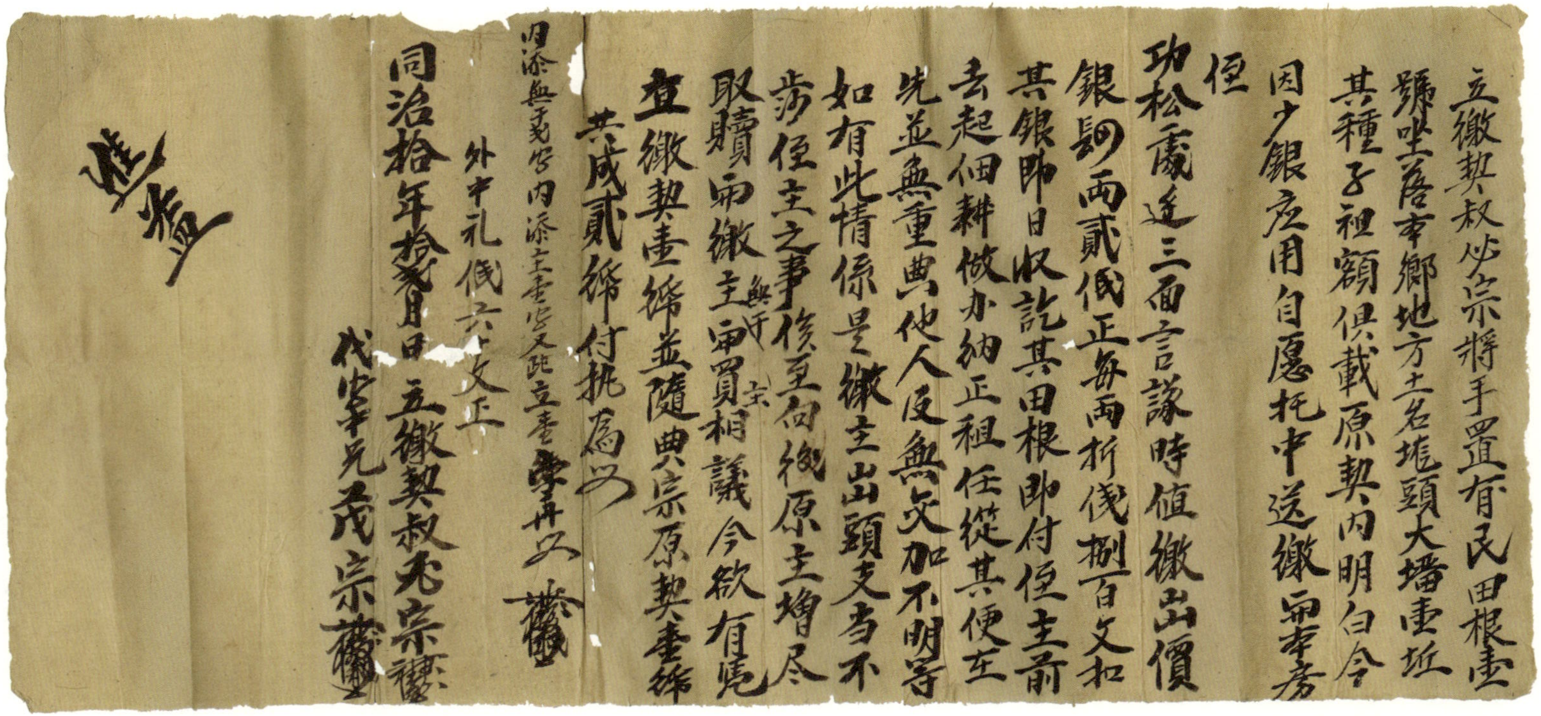

立繳契叔必宗將手置有民田根壹
號坐落本鄉地方土名垅頭大墙壹坵
其種子租額俱載原契內明白今
因乏銀應用自愿托中送繳與本房
侄
功松處，三面言議時值繳出價
銀駒兩貳伐正每兩折伐捌百文扣
其銀即日收訖其田根即付侄主前
去起佃耕做办納正租任從其便在
先並無重典他人及無交加不明等
如有此情係是繳主出頭支当不
涉侄主之事後至向後原主增尽
取贖兩繳主兩買相議今欲有憑
立繳契壹紙並隨典宗原契壹紙
共成貳紙付執爲照
日添無字内添土壹字又跎立壹字
外中礼伐六十文正
同治拾年拾貳月日 立繳契叔必宗
代字弟兄茂宗

11-7-4-3　清同治十年十二月鄭必宗立繳民田根契

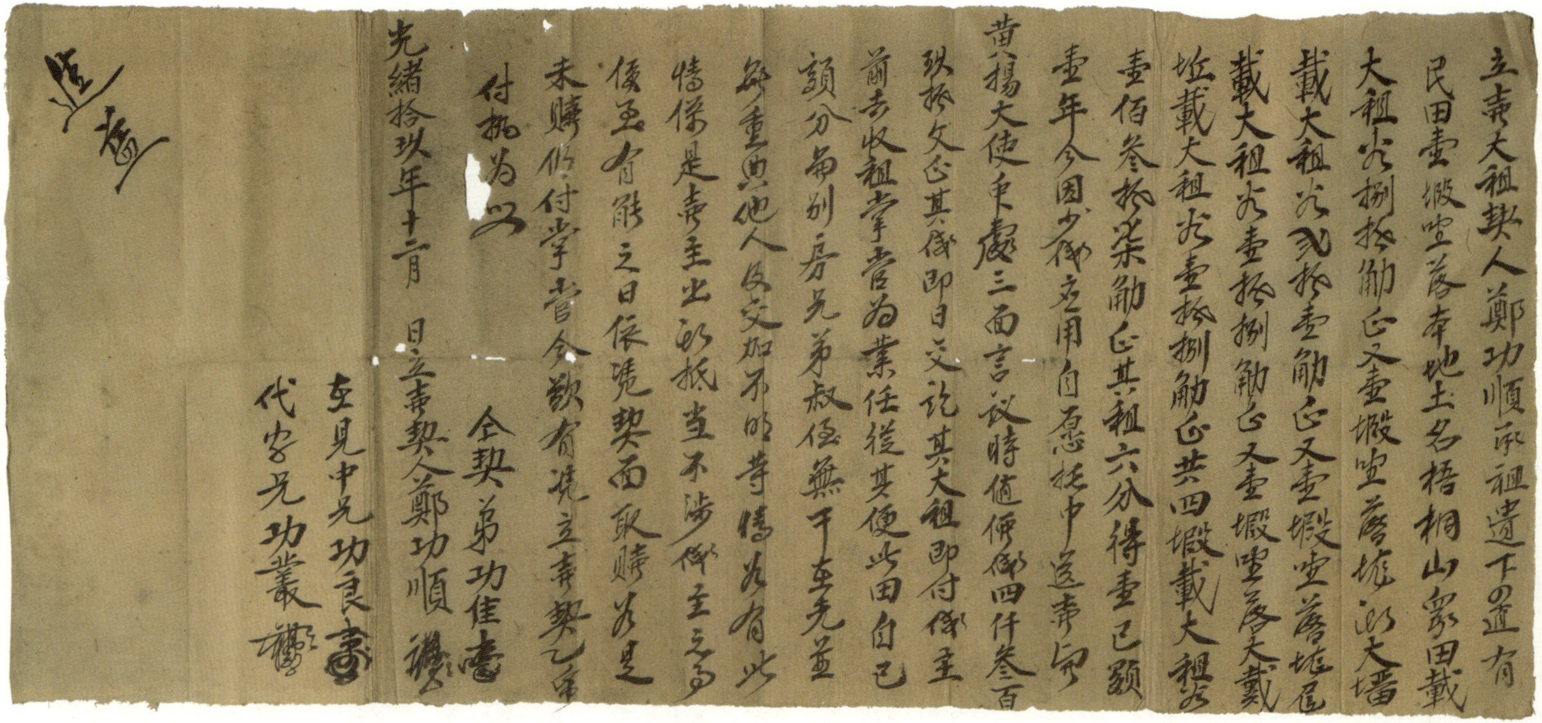
立賣大租契人鄭功順承祖遺下の置有
民田壹坵坐落本地土名梧桐山窠田載
大租米捌拾觔正又壹坵坐落坑仔大墻
載大租米弍拾壹觔正又壹坵坐落坑尾
載大租米壹拾捌觔正又壹坵坐落大藏
坵載大租米壹拾捌觔正共四坵載大租米
壹佰叁拾柒觔正其租六分得壹已額
壹年今因乏銀應用自愿托中送賣與
黃揚大使爺處三面言議時值價銀四仟叁百
玖拾文正其錢即日交訖其大租即付錢主
前去收租掌管為業任從其便此田自己
額分而别房兄弟叔侄無干在先並
無重典他人及交加不明等情如有此
情係是賣主出頭抵當不涉錢主之事
係五冬有能之日依憑契面取贖不是
未贖仍付掌管今欲有憑立賣契乙紙
付執為照
全契弟功佳（押）
光緒拾玖年十二月　日立賣契人鄭功順（押）
在見中兄功良（押）
代字兄功叢（押）
退查

11-7-4-4　清光緒十九年十二月鄭功順等立賣民田大租契

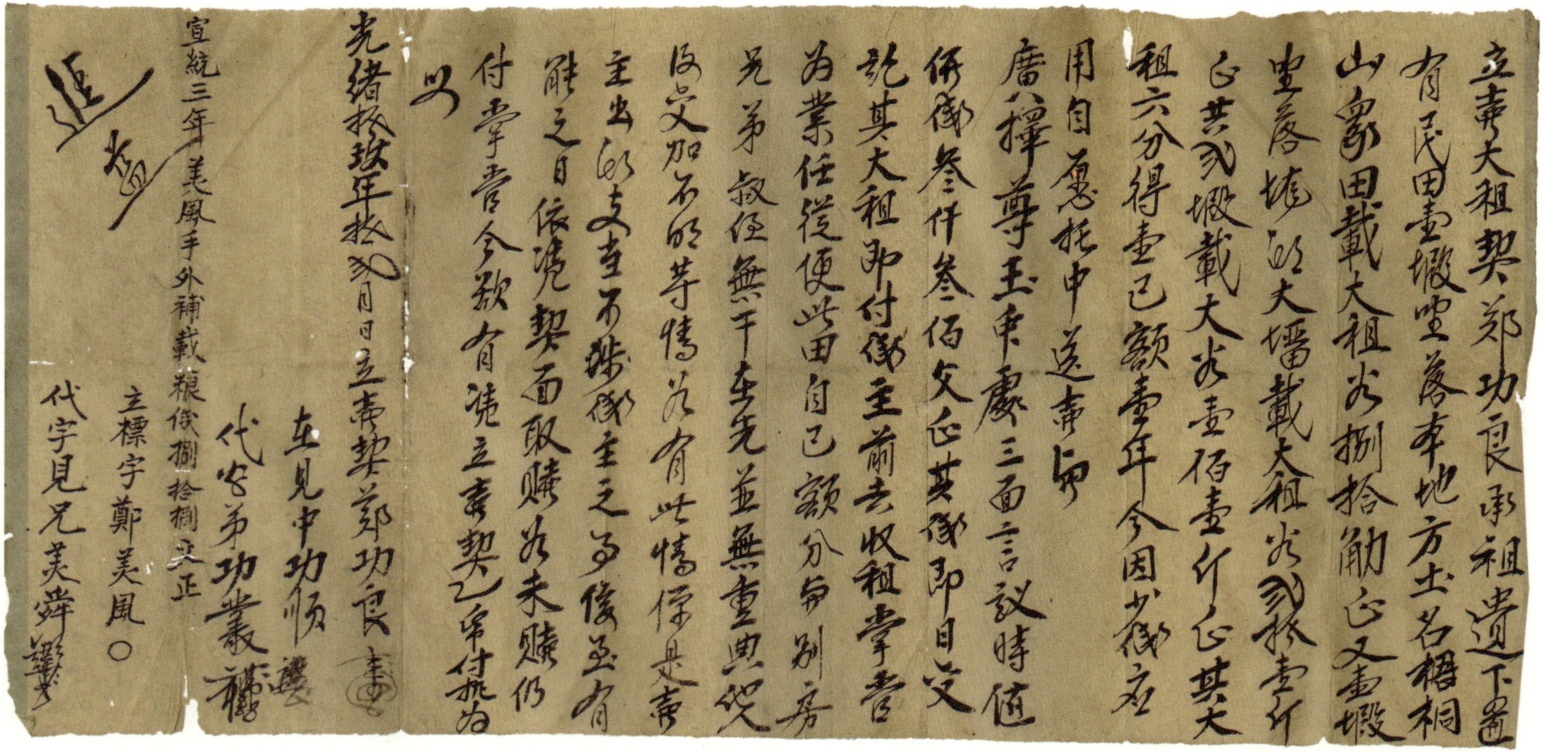

11-7-4-5　清光緒十九年十二月鄭功良立賣民田大租契

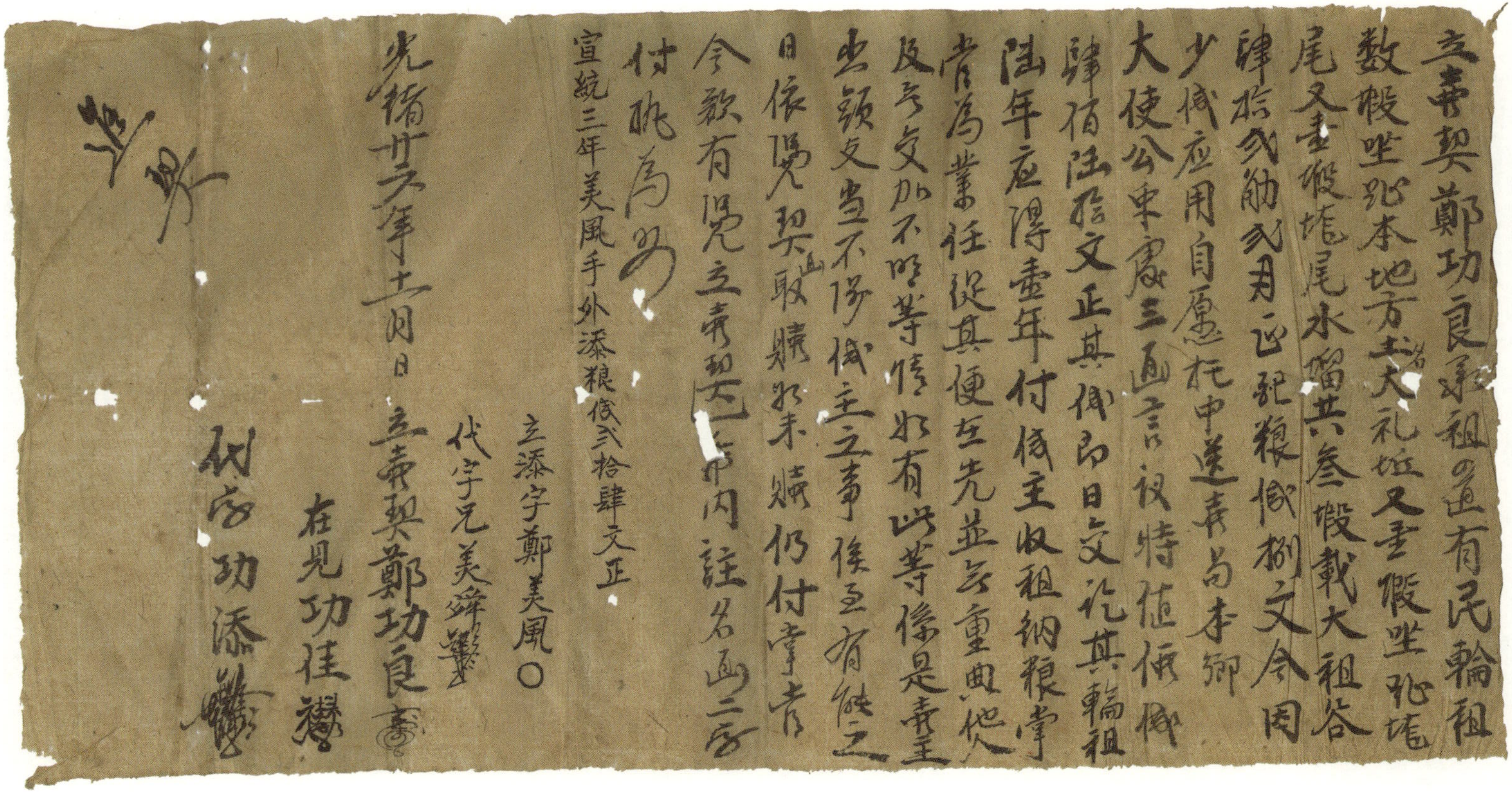
立賣契鄭功良承祖遺有民輪租
數段坐址本地方土名大礼垣又壹段坐址垅
尾又壹段垅尾水𤱶共叁段載大租谷
肆拾貳觔貳月正租粮伍捌文今因
少錢應用自愿托中送賣與本鄉
大使公衆處三面言議時值價錢
肆佰陸拾文正其錢即日交訖其輪租
陸年應得壹年付錢主收租納粮掌
管爲業任從其便在先並無重典他人
及交加不明等情如有此等係是賣主
出頭支當不干錢主之事係至有繳之
日依照契面取贖如未贖仍付掌管
今欲有憑立賣契一紙內註名面二字
付執爲照
宣統三年美風手外添粮價弍拾肆文正
立添字鄭美風○
代字兄美舜
光緒廿六年十一月日　立賣契鄭功良
在見功佳
知見功添

11-7-4-6　清光緒二十六年十一月鄭功良立賣民輪租契

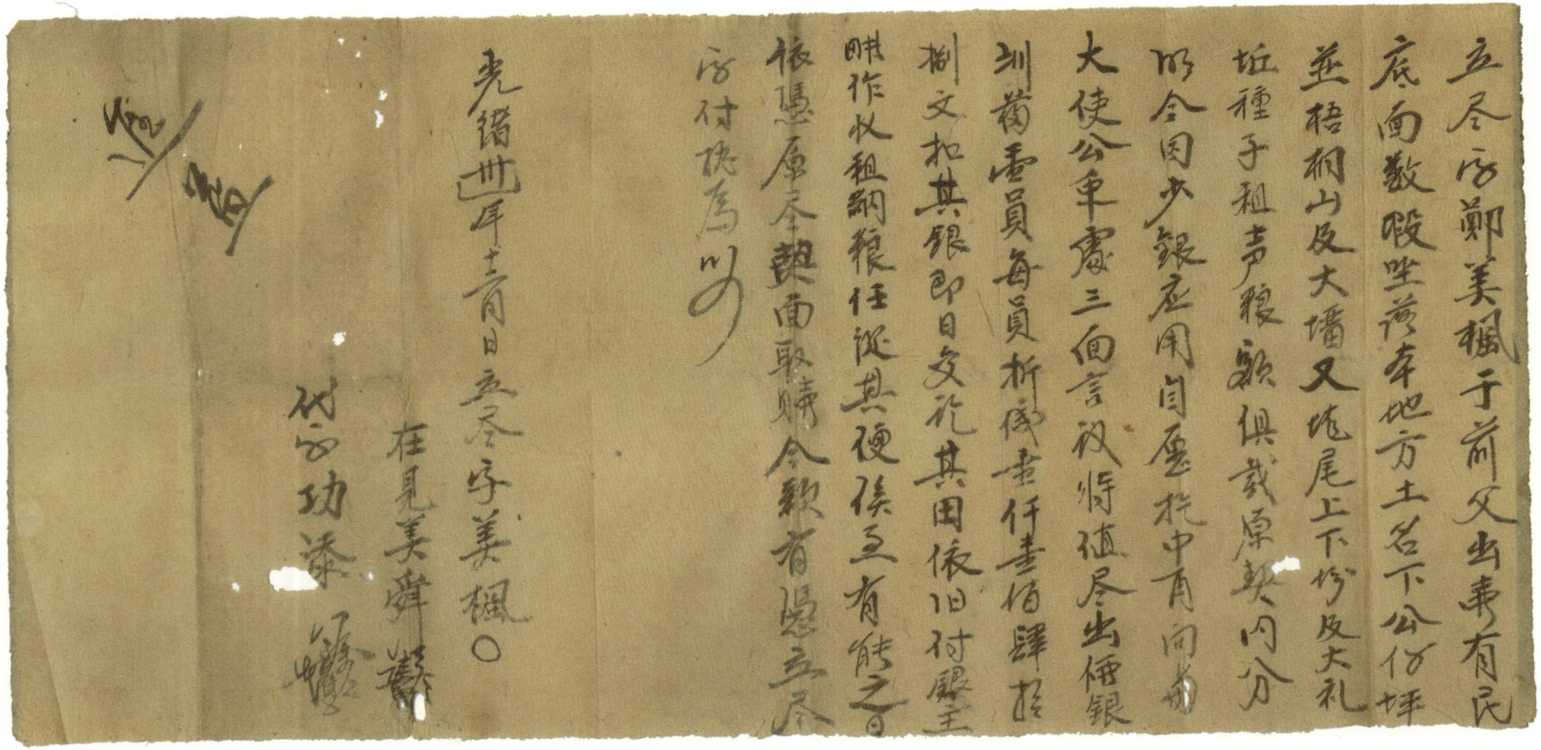

11-7-4-7　清光緒三十一年十二月鄭美楓立盡底面全民田契

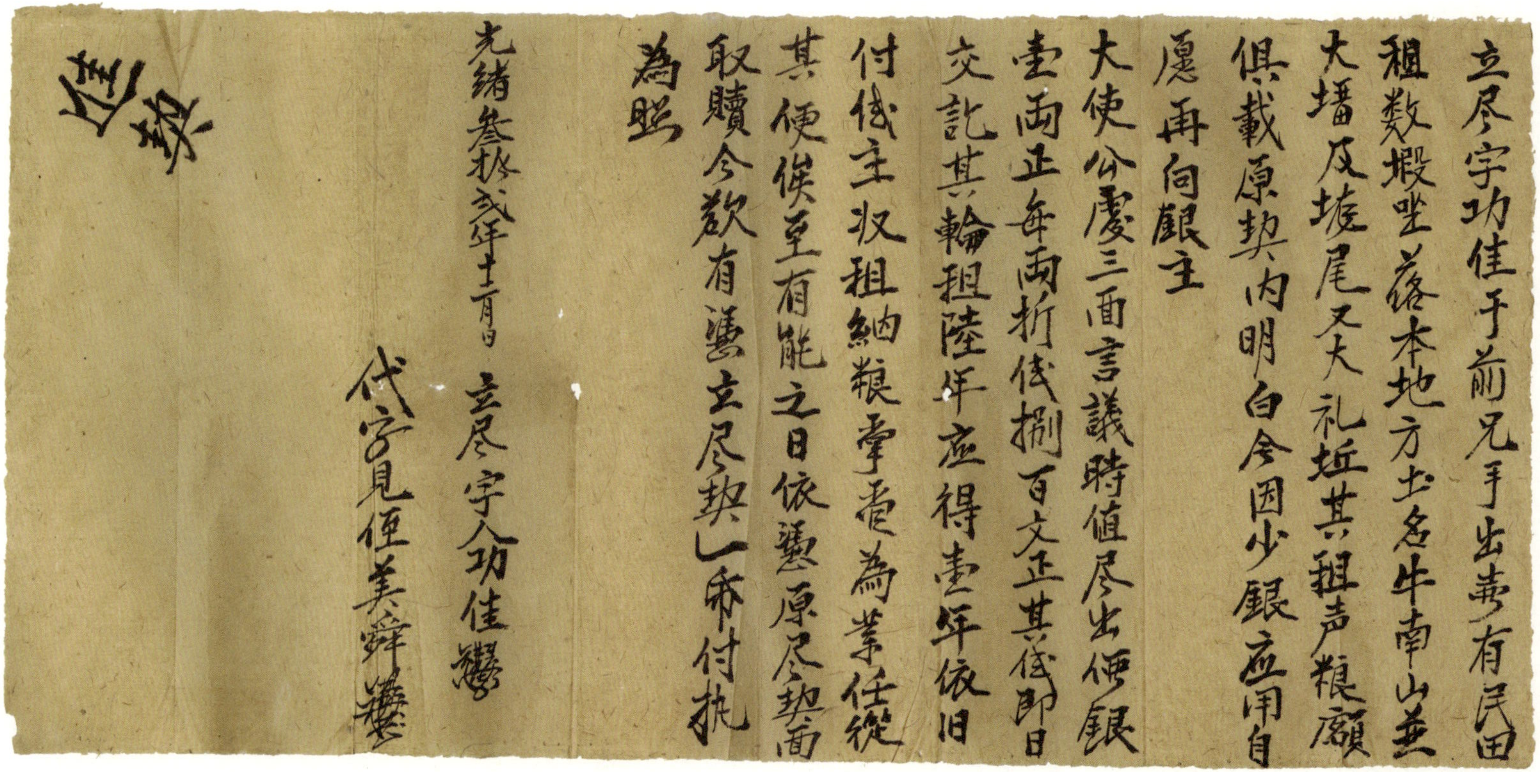
立尽字功佳于前兄手出有民田
租數畋坐落本地方土名牛南山并
大墻反墘尾又大礼坵其租声粮額
俱載原契内明白今因少銀應用自
愿再向銀主
大使公處三面言議時值尽出便銀
壹両正每両折伐捌百文正其伐即日
交訖其輪担陸年應得壹年依旧
付伐主收租納粮掌管為業任從
其便俟至有能之日依照原尽契面
取贖今欲有憑立尽契乙帋付执
為照

光緒叁拾貳年十二月日　立尽字人功佳（押）
代字見侄美舜（押）

尽契

11-7-4-8　清光緒三十二年十二月鄭功佳立盡民田租字

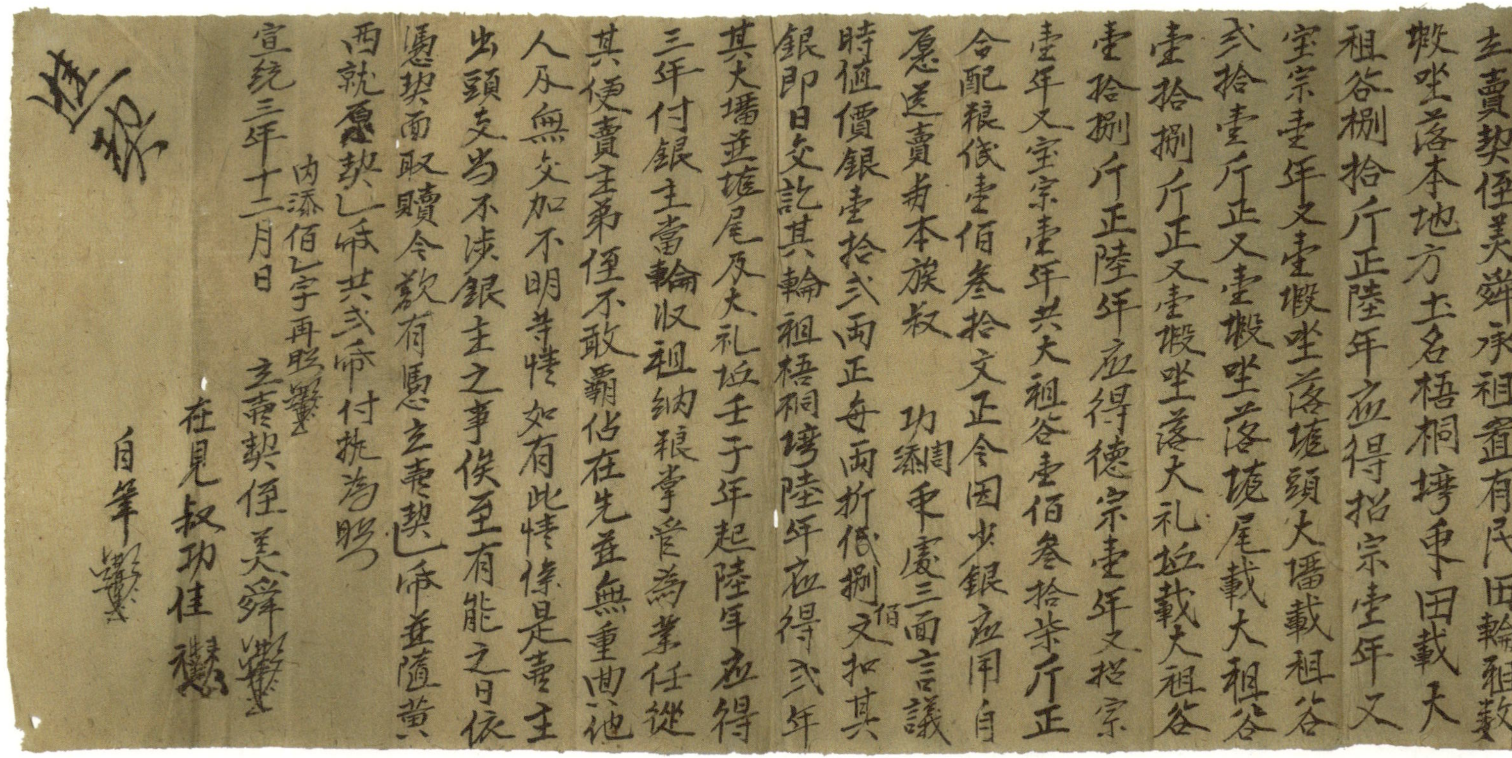
立賣契侄美舜承祖置有民田輪租數
緞坐落本地方土名梧桐墩乘田載大
祖谷捌拾斤正陸年應得拾宗壹年又
宗宗壹年又壹緞坐落墘頭大壋載祖谷
貳拾壹斤正又壹緞坐落墘尾載大祖谷
壹拾捌斤正又壹緞坐落大礼垃載大祖谷
壹拾捌斤正陸年應得德宗壹年又拾宗
壹年又宗宗壹年共大祖谷壹佰叁拾柒斤正
合配粮代壹佰叁拾文正今因少銀應用自
愿送賣與本族叔 功添、周秉、慶三面言議
時值價銀壹拾弍兩正每兩折代捌佰文扣其
銀即日交訖其輪租梧桐墩陸年應得弍年
其大壋并墘尾及大礼垃壬子年起陸年應得
三年付銀主當輪收租納粮掌管為業任從
其便賣主弟侄不敢覇佔在先并無重典他
人及無交加不明等情如有此情係是賣主
出頭支当不涉銀主之事俟至有能之日依
憑契面取贖令欲有憑立賣契一紙并隨黄
西就愿契一紙共弍紙付執為照
內添佰一字再照
宣統三年十二月日 立賣契侄美舜
在見叔功佳
自筆

11-7-4-9 清宣統三年十二月鄭美舜立賣民田輪租契

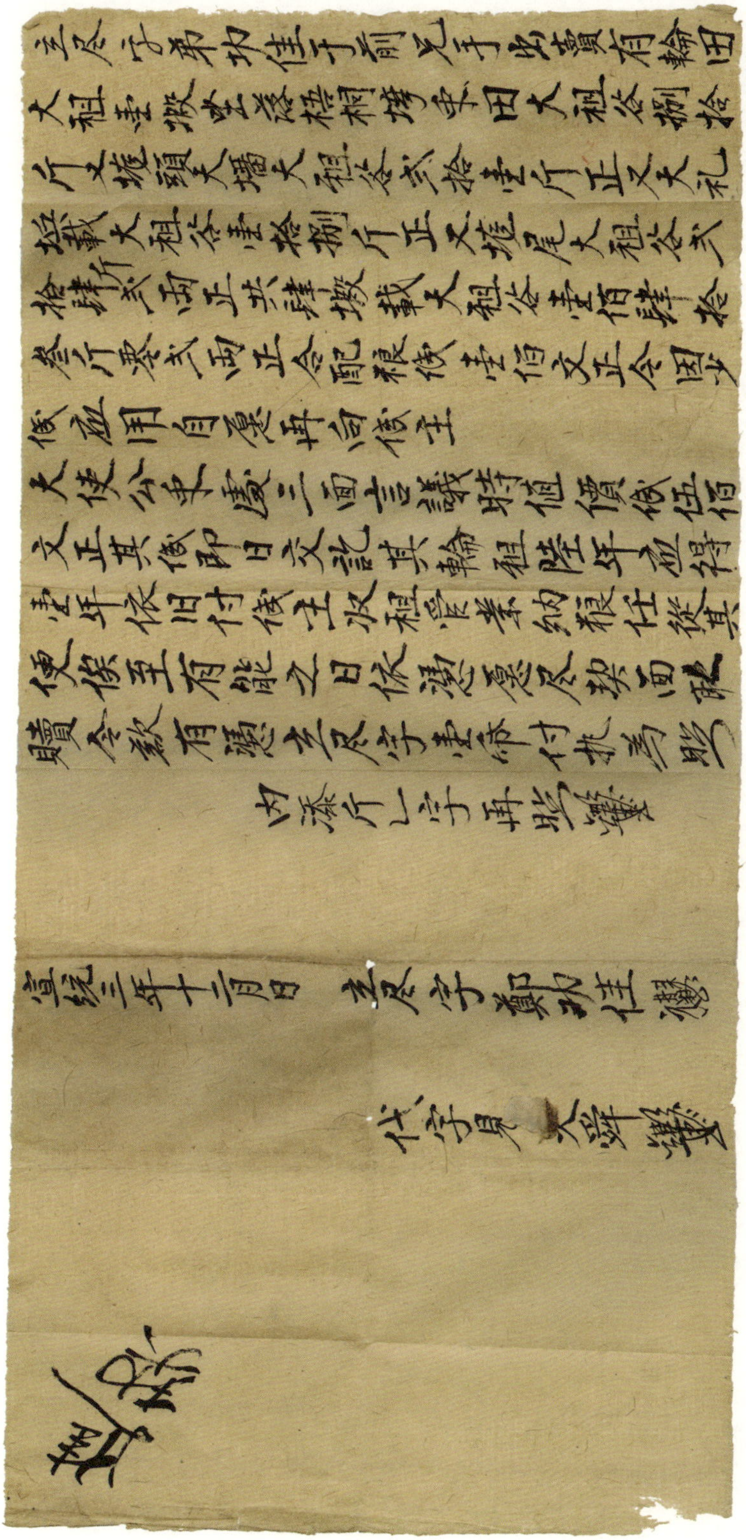

立盡字弟功佳，于前兄手出賣有輪田大租壹擻，坐落梧桐垮秉田大租谷捌拾斤，又墘頭大墦大租谷弍拾壹斤正，又大礼垃載大租谷壹拾捌斤正，又墘尾大租谷弍拾肆斤弍両正，共肆擻，載大租谷壹佰肆拾叁斤零弍両正，合配粮銀壹佰文正。今因乏銀應用，自愿再向銀主

大使公秉處，三面言議，時值價銀伍佰文正。其銀即日交訖，其輪租陸年應得壹年，依旧付銀主收租管業、納粮，任從其便。俟至有能之日，依憑盡契面取贖。今欲有憑，立盡字壹帋付执為照。

内添斤乙字，再照。

宣統三年十二月日　立盡字鄭功佳（押）

代字兄文舜（押）

11-7-4-10　清宣統三年十二月鄭功佳立盡輪田大租字

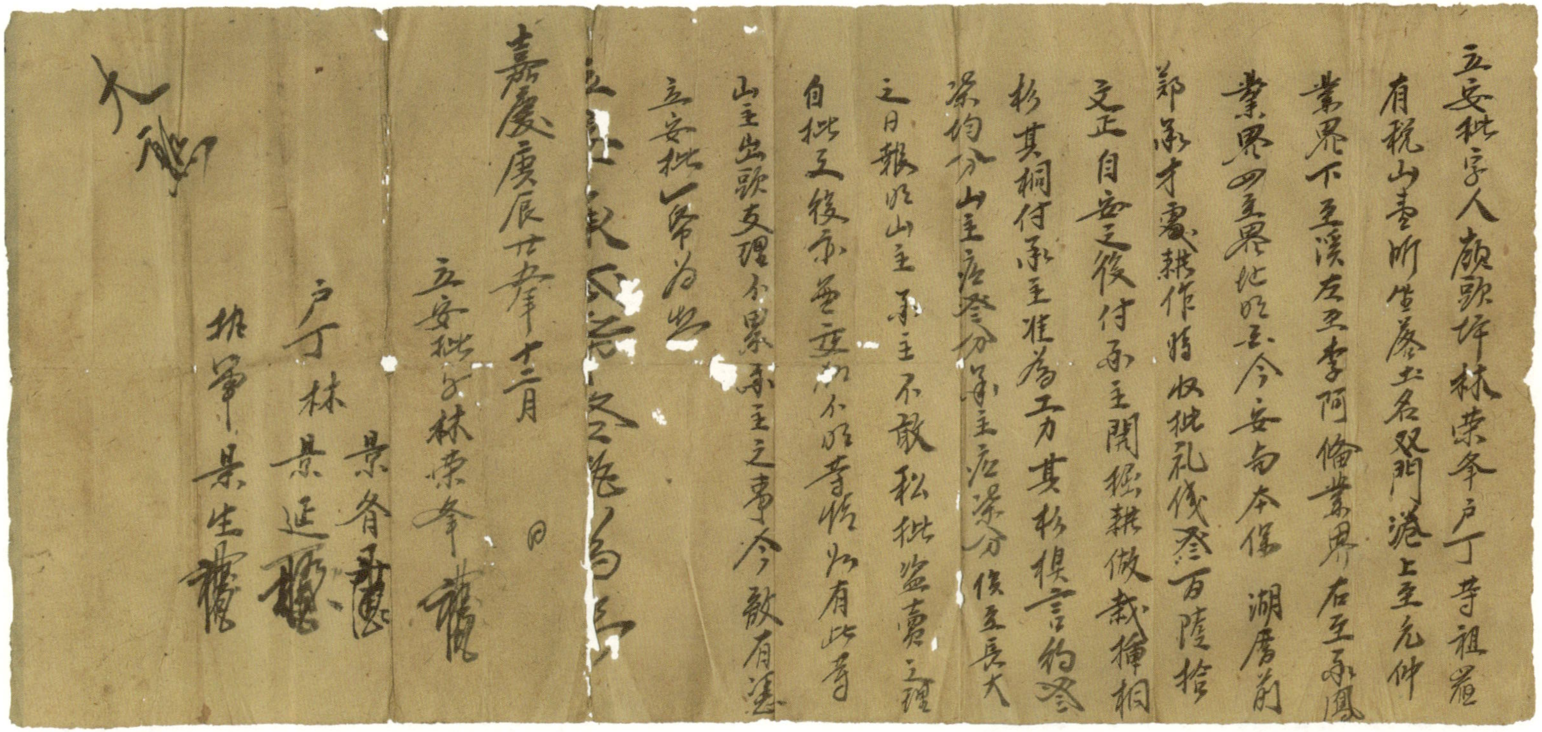

11-7-5-1　清嘉慶二十五年十二月林荣峯户丁等立安批税山字

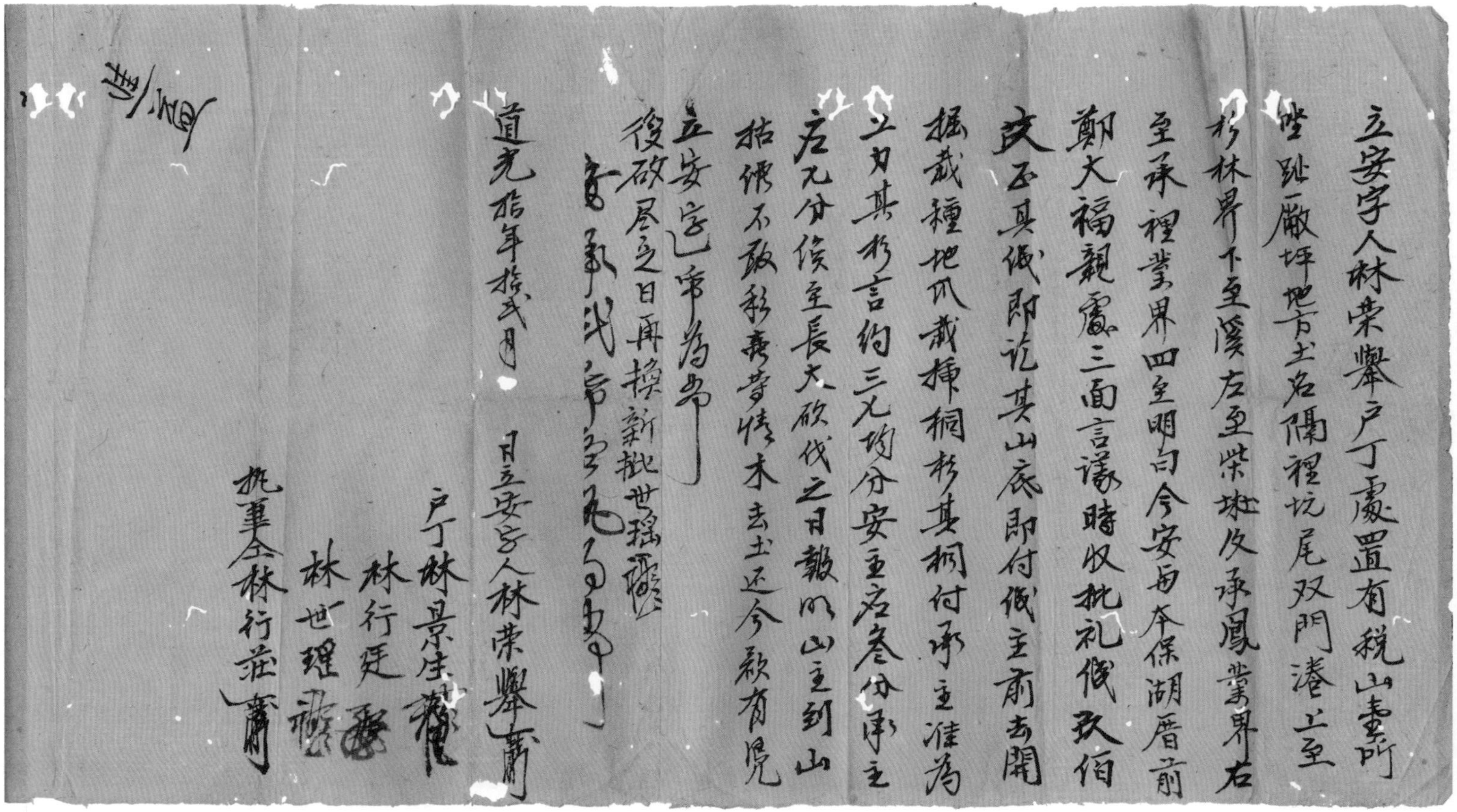
立安字人林荣舉户丁處置有稅山壹所
坐址廠坪地方土名陽裡坑尾双門灌上至
杉林界下至溪左至荣址及承鳳業界右
至承裡業界四至明白今安與本保湖厝前
鄭大福親處三面言議時収批礼錢玖佰
文正其錢即訖其山底即付錢主前去開
掘栽種地瓜栽插桐杉其桐付承主准為
工力其杉言約三九均分安主占叁分承主
占九分候至長大砍伐之日報明山主到山
拈鬮不敢私賣偷木出山还今欲有憑
立安字一帋為照
後砍尽之日再換新批世瑶
實收錢字內完足訖再照
道光拾年拾貳月　日立安字人林荣舉
户丁林景生
林行廷
林世理
執筆仝林行莊

11-7-5-2　清道光十年十二月林荣舉户丁等立安税山字

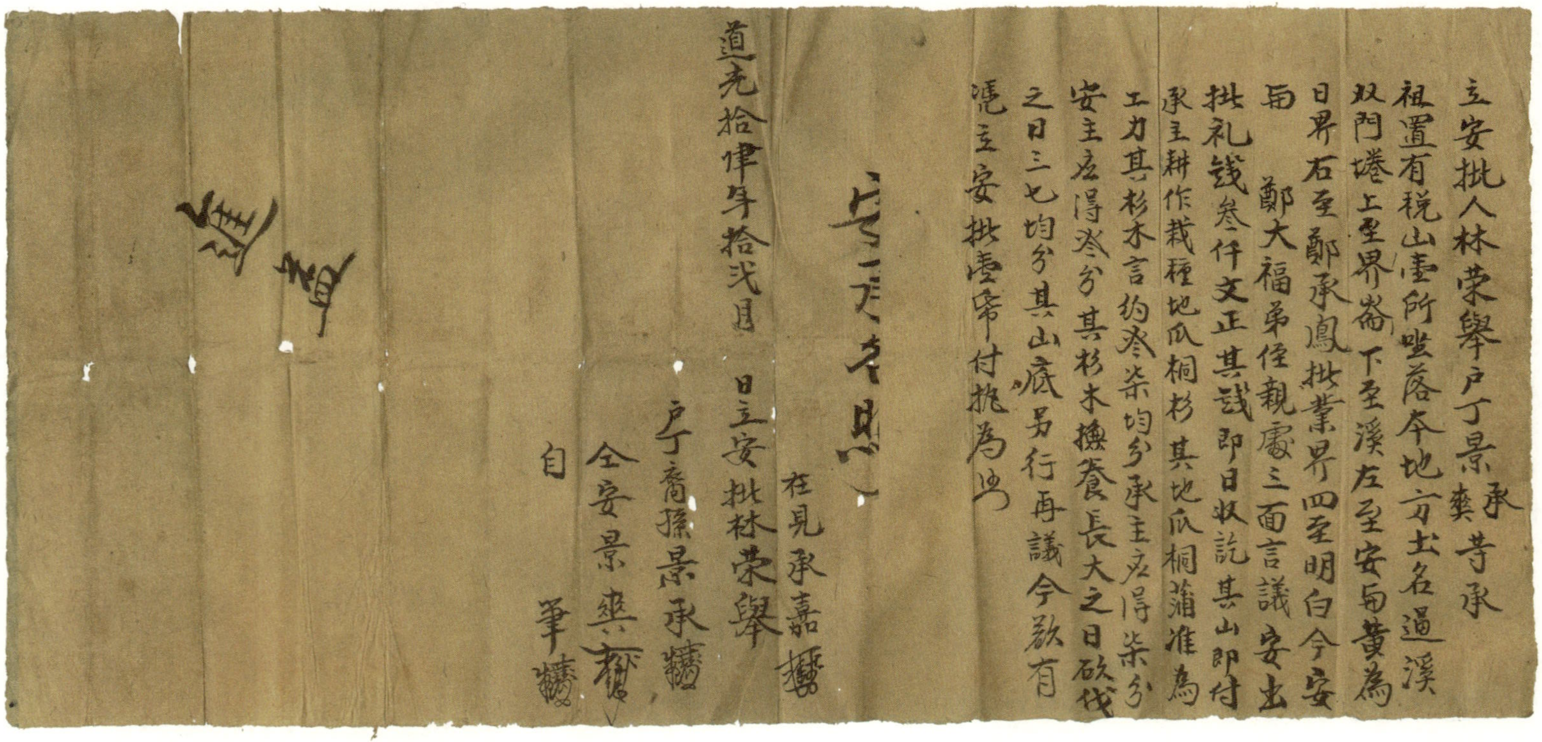

立安批人林荣舉户丁景承奕芳承
祖置有税山壹所，坐落本地方，土名通溪
双門墘上，至界嵛下，至溪左，至安亩黄為
日界，右至鄭承鳳批業界，四至明白。今安
亩 鄭大福弟侄親處，三面言議，安出
批礼钱叁仟文正，其钱即日收訖，其山即付
承主耕作，栽種地瓜、桐杉，其地瓜、桐蒲准為
工力，其杉木言约叁、柒均分，承主应得柒分，
安主应得叁分。其杉木撫養長大之日砍伐
之日，三七均分。其山底另行再議。今欲有
凭，立安批壹帋，付執為照。

在見 承嘉（押）

道光拾肆年拾弍月 日立安批林荣舉
户丁裔孫景承（押）
仝安景樂（押）
自筆（押）

11-7-5-3 清道光十四年十二月林荣舉户丁等立安批税山契

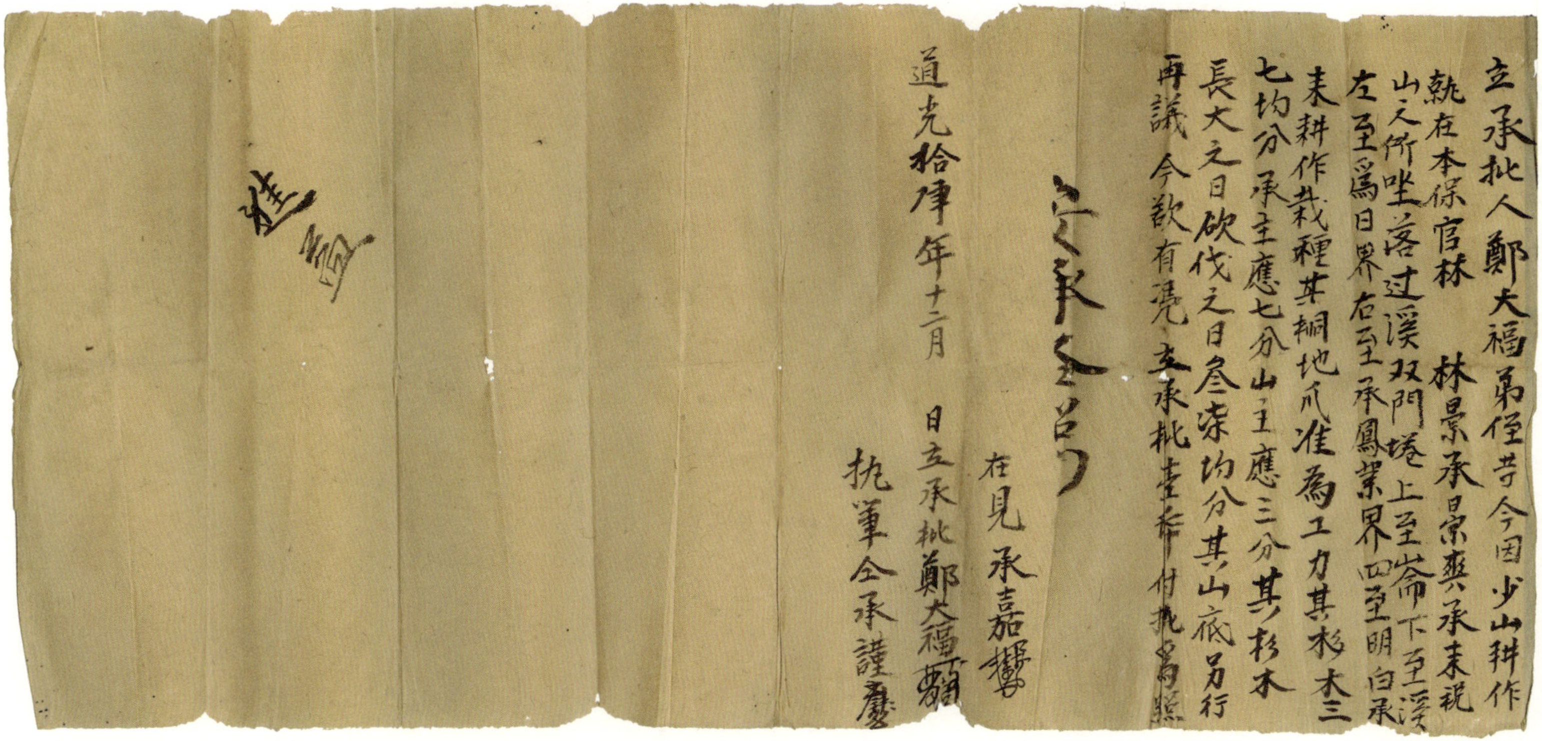
立承批人鄭大福弟侄等今因少山耕作
就在本保官林　林景承景宗興承来税
山之所坐落过溪双門墘上至崙下至溪
左至爲日界右至承鳳業界四至明白承
耒耕作栽種茶桐地瓜准爲工力其杉木三
七均分承主應七分山主應三分其杉木
長大之日砍伐之日叁宗均分其山底另行
再議今欲有憑立承批壹紙付執爲照
在見承嘉
道光拾肆年十二月　日立承批鄭大福
執筆仝承謹

11-7-5-4　清道光十四年十二月鄭大福等立承批税山契

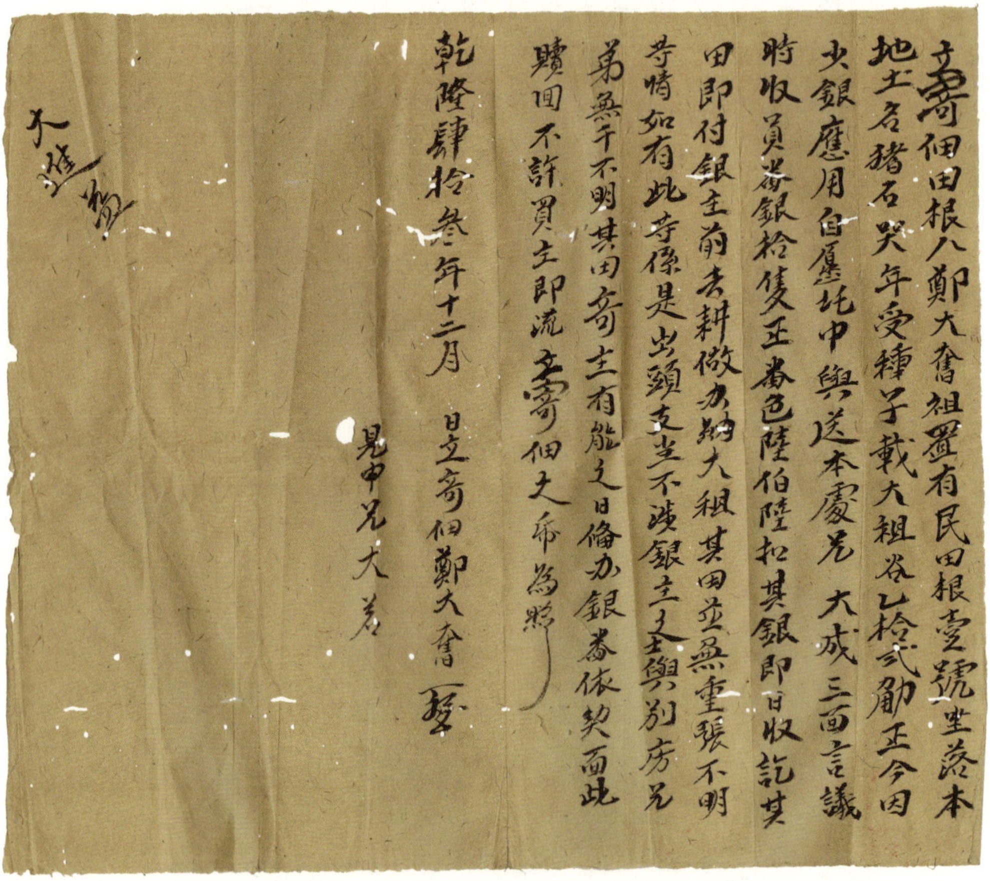

立寄佃田根人鄭大奮祖置有民田根壹號坐落本
地土名豬石哭年受種子載大祖谷山拾式觔正今因
乏銀應用自愿托中與送本處兄　大成　三面言議
時收員番銀拾隻正番色陸伯陸扣其銀即日收訖其
田即付銀主前去耕做办納大租其田並無重張不明
寄情如有此寄係是出頭支当不涉銀主之事與別房兄
弟無干不明其田寄主有能之日備办銀番依契面此
贖回不許買主即流　立寄佃文希為照

乾隆肆拾叁年十二月　日立寄佃鄭大奮（押）

見中兄大若

大進 [illegible]

11-7-6-1　清乾隆四十三年十二月鄭大奮立寄佃田根契

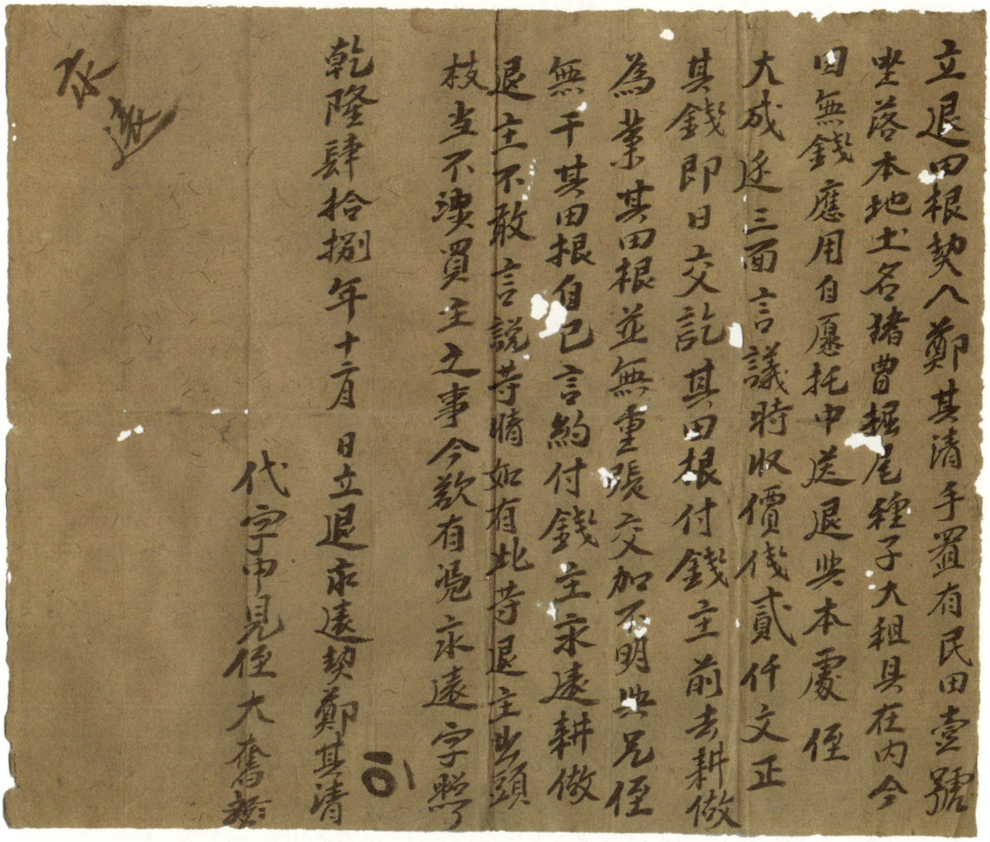

立退田根契人鄭其清手置有民田壹號
坐落本地土名楮曽掘尾種子大租具在內今
因無錢應用自愿托中送退與本處侄
大成邊三面言議時收價錢貳仟文正
其錢即日交訖其田根付錢主前去耕做
為業其田根並無重張交加不明出兄侄
無干其田根自己言約付錢主永遠耕做
退主不敢言說等情如有此等退主出頭
枝當不涉買主之事今欲有憑永遠字照
乾隆肆拾捌年十二月　日立退永遠契鄭其清
代字中見侄大奮
依遠
10

11-7-6-2　清乾隆四十八年十二月鄭其清立退民田根契

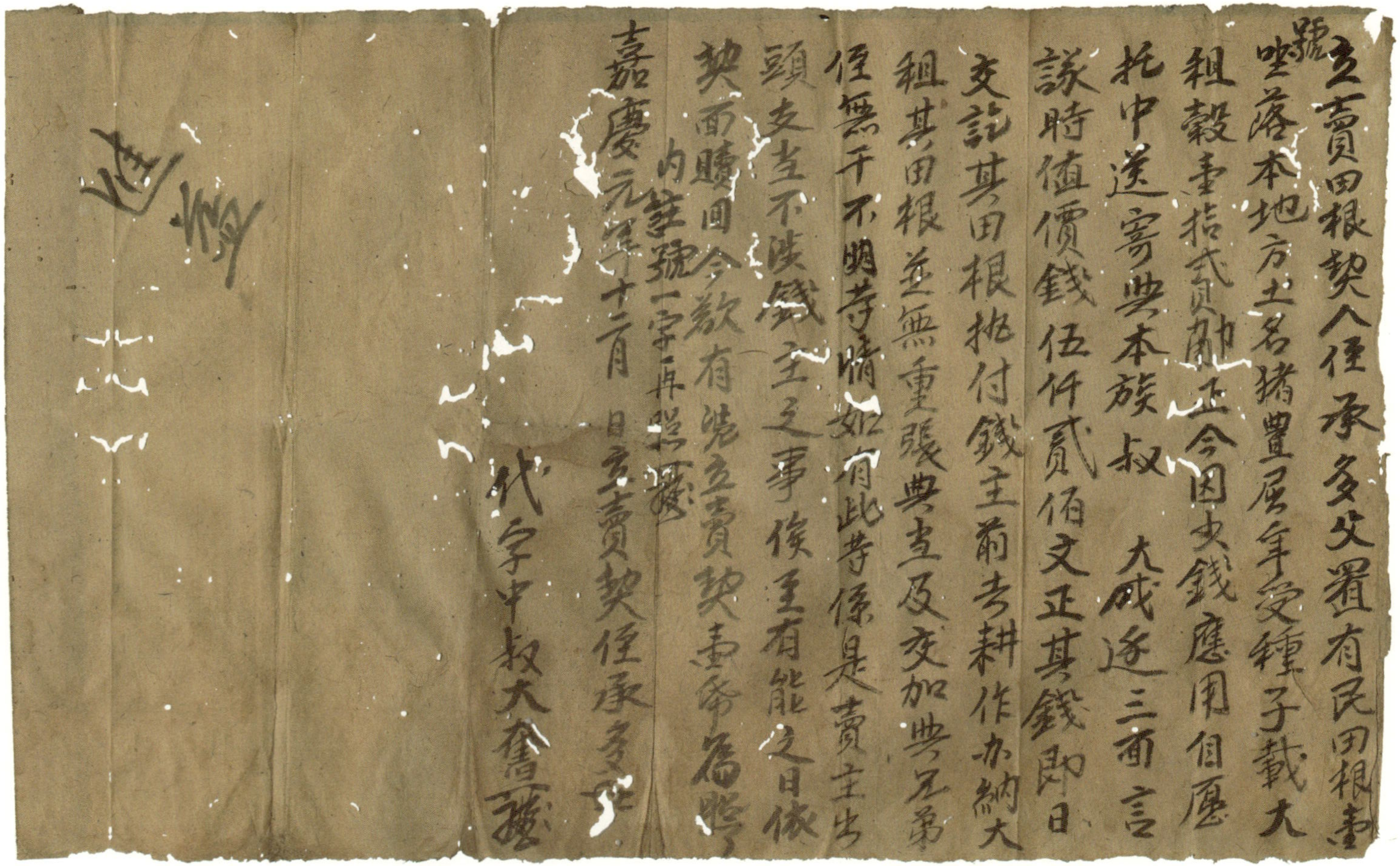
立賣田根契人侄承多父置有民田根壹號
坐落本地方土名猪豐居年受種子載大
租穀壹拾貳角正今因乏錢應用自愿
托中送與本族叔 大成邊三面言
議時值價錢伍仟貳佰文正其錢即日
交訖其田根抱付錢主前去耕作办納大
租其田根並無重張典當及交加典兄弟
侄無干不明等情如有此等係是賣主出
頭支當不涉錢主之事後至有能之日依
契面贖回今欲有憑立賣契壹紙爲照
內註號一字再照
嘉慶元年十二月 日立賣契侄承多
代字中叔大奮

11-7-6-3 清嘉慶元年十二月鄭承多立賣民田根契

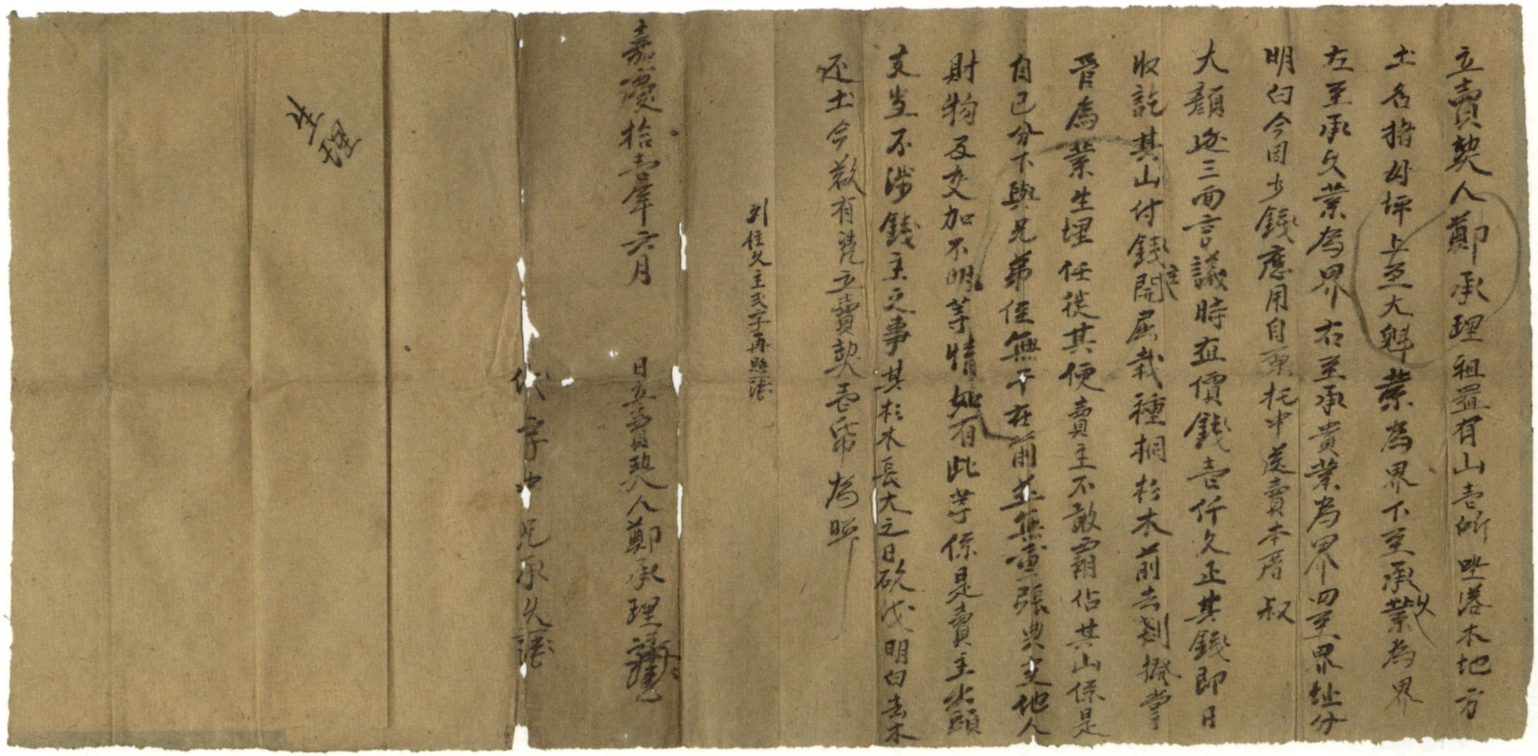
立賣契人鄭承理祖置有山壹所，坐落本地方
土名指山坪，上至大路為界，下至承業為界，
左至承父業為界，右至承貴業為界，四至界址分
明。今因乏錢應用，自愿托中送賣本房叔
大顏邊三面言議時值價錢壹仟文正，其錢即日
收訖。其山付錢主開壙栽種桐杉木，前去剗掘掌
管為業生埋，任從其便，賣主不敢霸佔。其山係是
自己分下，與兄弟侄無干，在前並無重張典當他人
財物，及交加不明等情。如有此等，係是賣主出頭
支當，不涉錢主之事。其杉木長大之日砍伐，明白去木
還土。今欲有憑，立賣契為照。

外往父主貳字再照

嘉慶拾壹年六月　日立賣契人鄭承理（押）

代字中兄承父（押）

11-7-6-4　清嘉慶十一年六月鄭承理立賣山契（廢契）

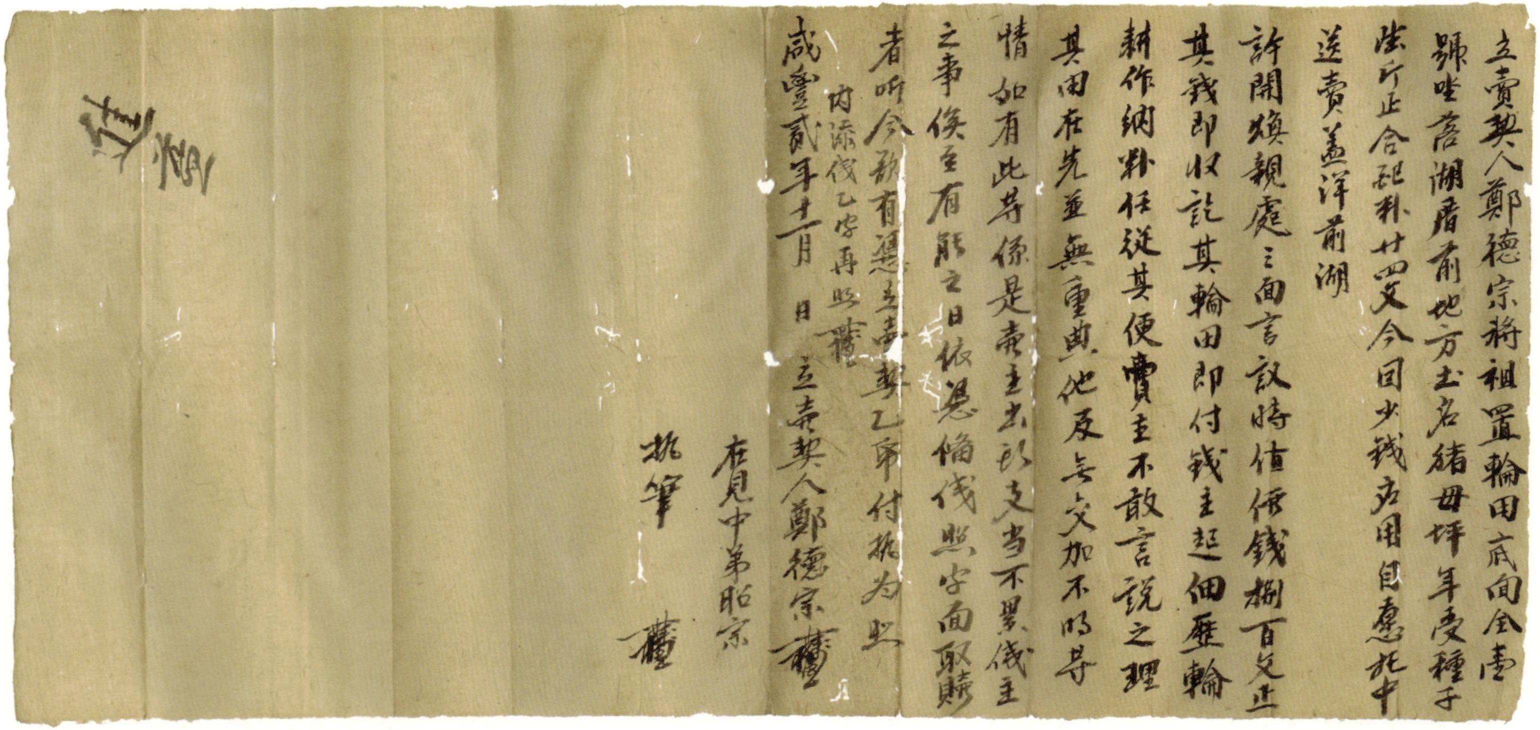

立賣契人鄭德宗將祖置輪田底面全壹
號坐落湖厝前地方土名豬母坪年受種子
四斤正合配粮廿四文今因少錢應用自愿托中
送賣盖洋前湖
許開焕親處三面言議時值價錢捌百文正
其錢即收訖其輪田即付錢主起佃耕輪
耕作納粮任從其便賣主不敢言說之理
其田在先並無重典他人及上手文加不明等
情如有此等係是賣主出頭支当不累錢主
之事後至有能之日依照偷錢照字面取贖
者听今欲有憑立賣契乙帋付執為照
内添錢乙字再照
咸豐貳年十一月　日　立賣契人鄭德宗
在見中弟昭宗
執筆

11-7-6-5　清咸豐二年十一月鄭德宗立賣底面全輪田契

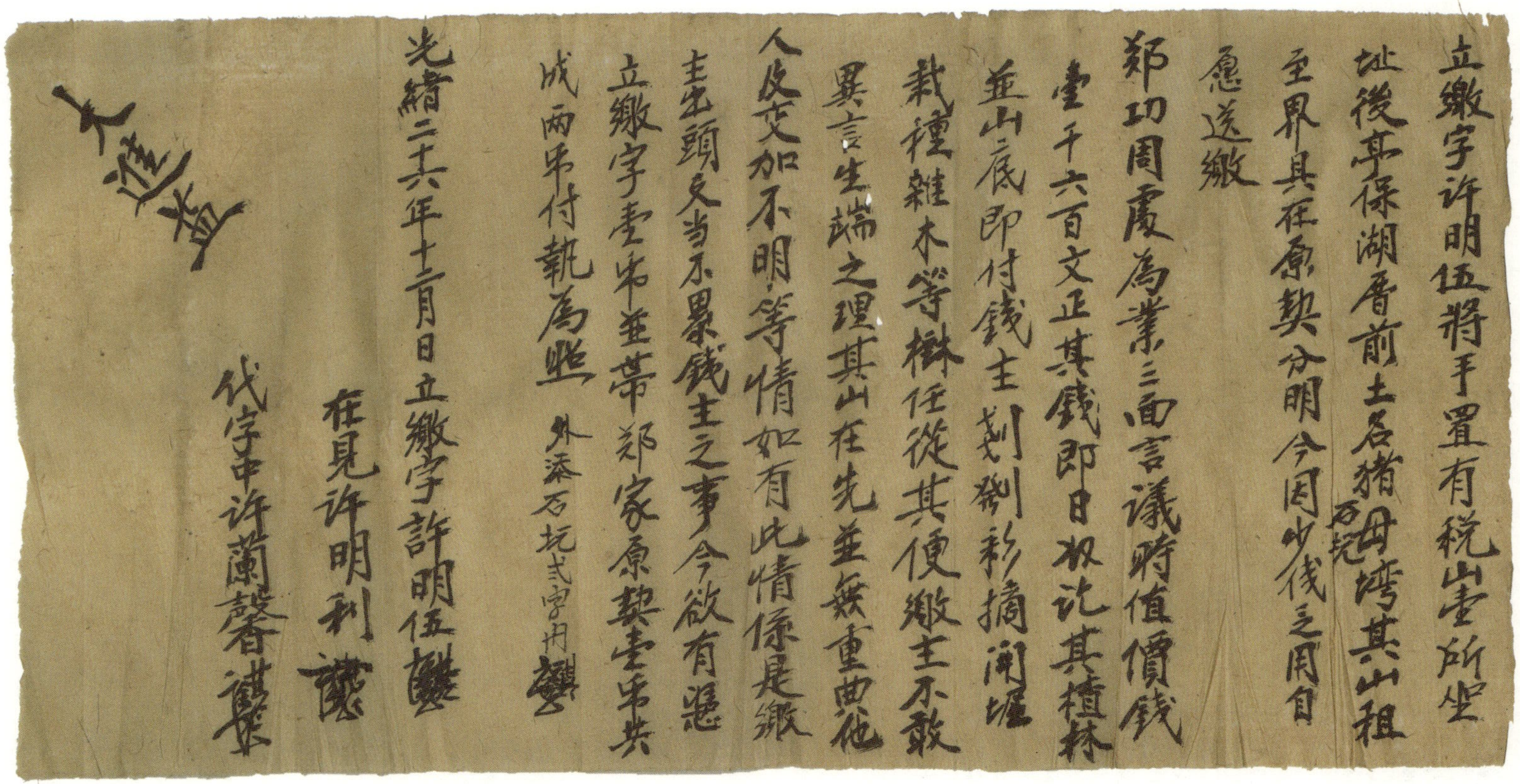

立繳字許明伍將手置有稅山壹所坐
址後亭保湖厝前土名豬母塆石坑其山租
至界具在原契分明今因少錢乏用自
愿送繳
鄭功周處為業三面言議時值價錢
壹千六百文正其錢即日收訖其植林
並山底即付錢主劃剷杉摘開墾
栽種雜木等樹任從其便繳主不敢
異言生端之理其山在先並無重典他
人交加不明等情如有此情係是繳
主出頭支当不累錢主之事今欲有憑
立繳字壹帋並帶鄭家原契壹帋共
成兩帋付執為照 外添石坑弍字再照
光緒二十六年十二月日立繳字許明伍
在見許明利
代字中許蘭馨

11-7-6-6 清光緒二十六年十二月許明伍立繳稅山字

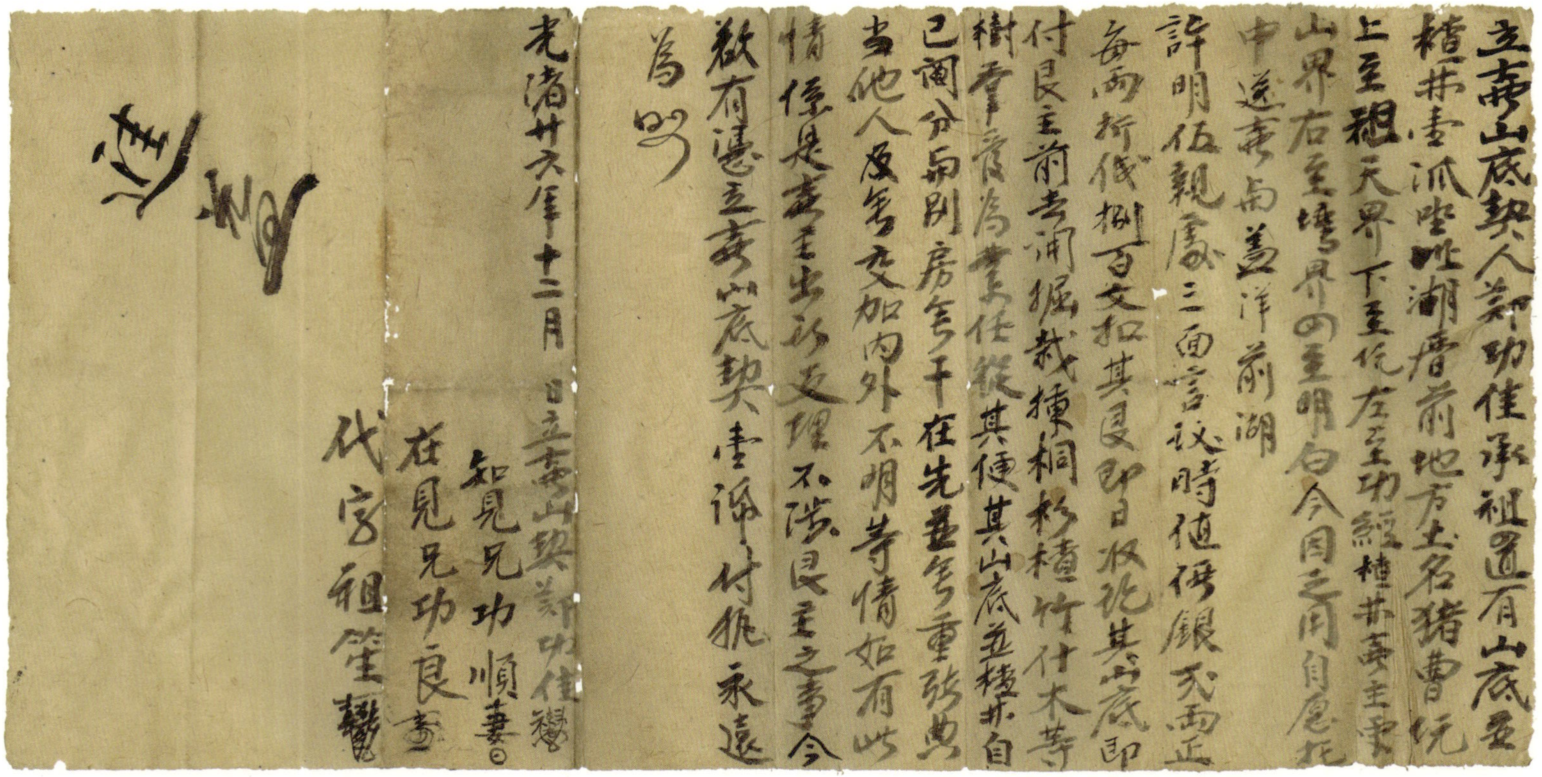

立賣山底契人鄭功佳承祖置有山底壹
植并壹派坐址湖唐前地方土名豬曹坑
上至祖天界下至坑左至功紋植并賣主叔
山界右至塆界四至明白今因乏用自愿托
中送賣與人蓋洋前湖
許明伍親處三面言議時值價銀叁兩正
每兩折錢捌百文扣其銀即日收訖其山底即
付銀主前去開掘栽種桐杉植竹什木等
樹管為己業任從其便其山底并植亦自
己閹分份內物房親等干在先並無重張典
當他人及無交加內外不明等情如有此
情係是賣主出頭支理不涉銀主之事今
欲有憑立賣山底契壹紙付執永遠
為照

光緒廿六年十二月　日立賣山底契鄭功佳（押）
知見兄功順（押）
在見兄功良（押）
代字祖筆（押）

11-7-6-7　清光緒二十六年十二月鄭功佳立賣山底等契

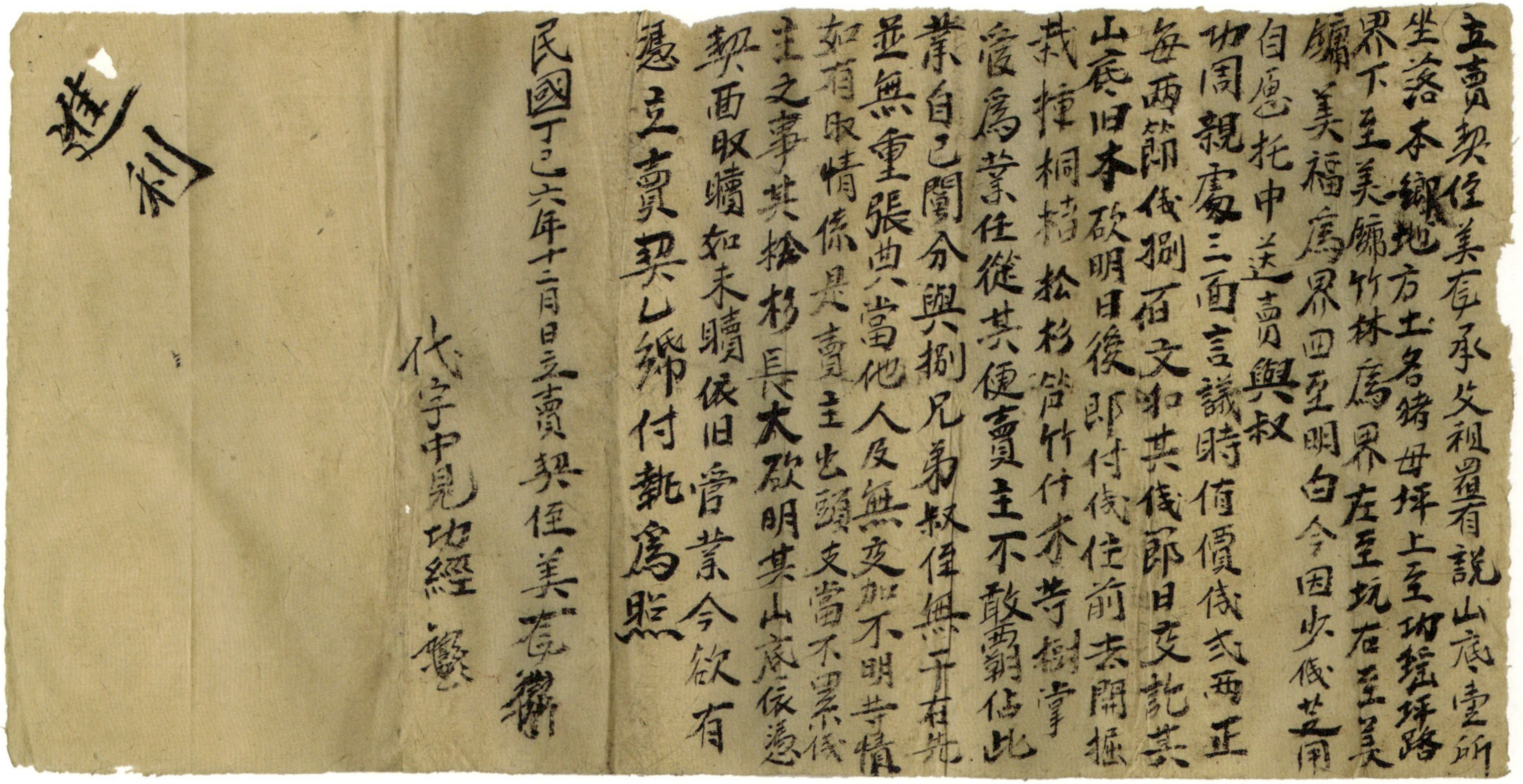

立賣契侄美龙承父祖置有税山底壹所
坐落本鄉地方土名豬母坪上至圳墘坪路
界下至美歸竹林爲界左至坑右至美
歸美福爲界四至明白今因少錢應用
自愿托中送賣與叔
圳周親處三面言議時值價錢弍兩正
每兩節錢捌百文如其錢即日交訖其
山底旧本砍明日後即付錢侄前去開掘
栽種桐桔松杉苗竹什木等樹掌
管爲業任從其便賣主不敢霸佔此
業自己閹分與捌兄弟叔侄無干在先
並無重張典當他人及無交加不明等情
如有取情係是賣主出頭支當不累錢
主之事其松杉長大砍明其山底依憑
契面取贖如未贖依旧管業今欲有
憑立賣契山鄉付執爲照

民國丁巳六年十二月日立賣契侄美龙（押）
代字中見圳經（押）

進利

11-7-6-8　民國六年十二月鄭美龙立賣税山底契

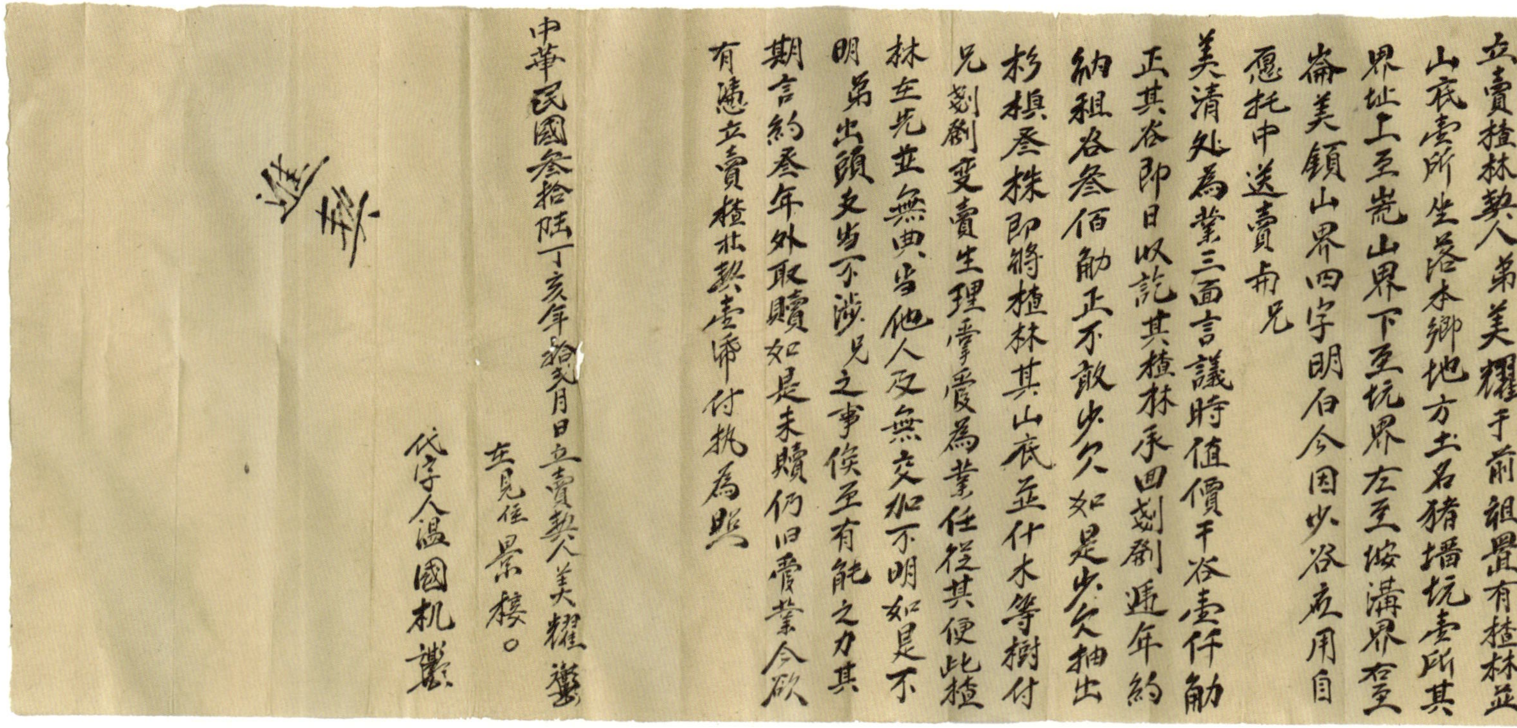
立賣楂林契人弟美耀于前祖置有楂林並
山底壹所坐落本鄉地方土名豬擂坑壹所其
界址上至崇山界下至坑界左至垵溝界右至
崙美領山界四字明白今因少谷應用自
愿托中送賣與兄
美清处為業三面言議時值價干谷壹仟觔
正其谷即日收訖其楂林承回刻劄逓年約
納租谷叁佰觔正不敢少欠如是少欠抽出
杉楨叁株即將楂林其山底並什木等樹付
兄刻劄變賣生理永遠為業任從其便此楂
林在先並無典當他人及無交加不明如是不
明弟出頭支当不涉兄之事俟至有能之力其
期言約叁年外取贖如是未贖仍旧賣業今欲
有憑立賣楂林契壹帋付執為照
中華民國叁拾陸丁亥年拾弍月　日立賣契人美耀（押）
在見侄景樓○
代字人溫國机（押）

11-7-6-9　民國三十六年十二月鄭美耀立賣楂林等契

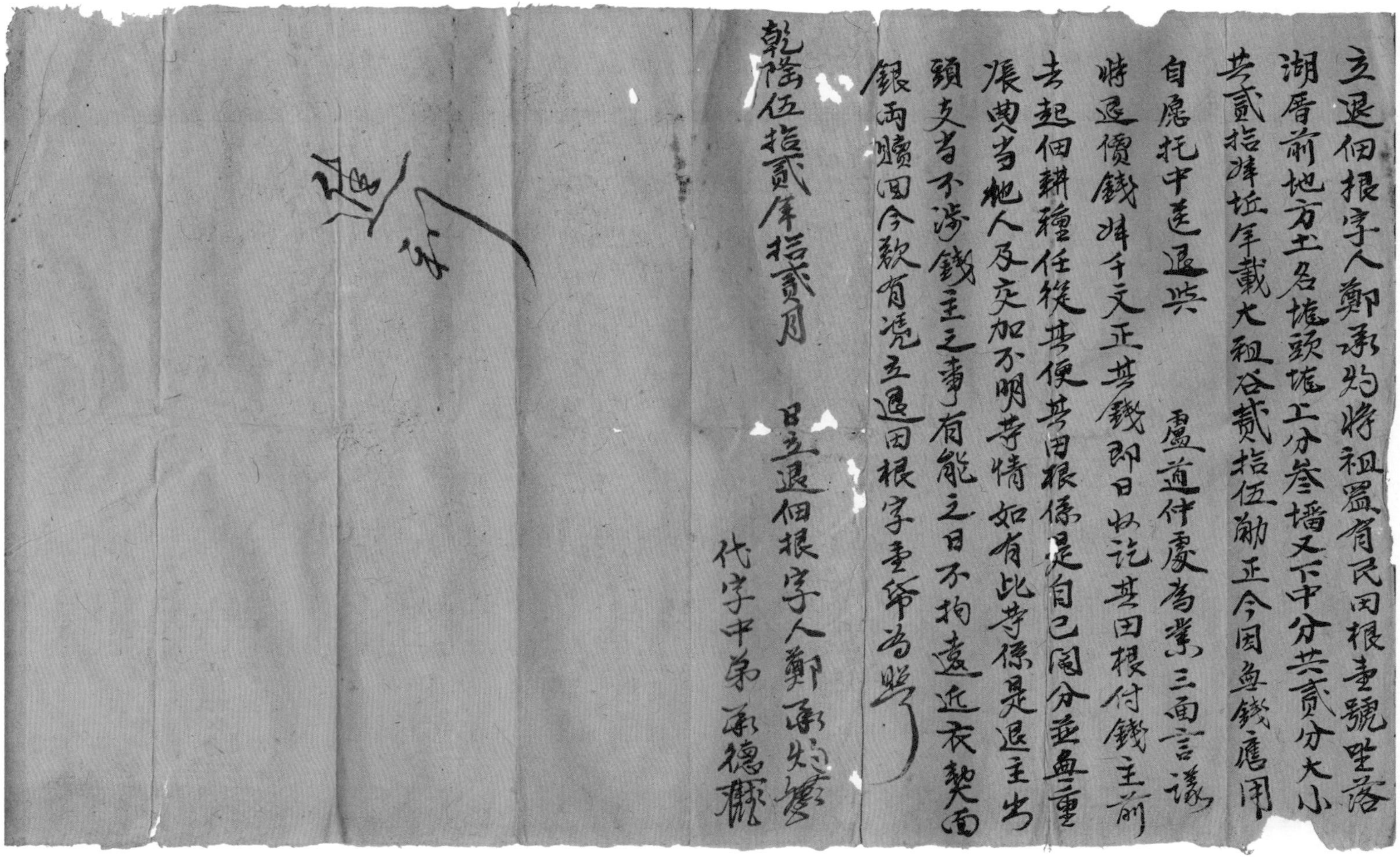
立退佃根字人鄭承灼將祖置有民田根壹號坐落
湖厝前地方土名墘頭墘工分叁墻又下中分共貳分大小
共貳拾肆坵年載大租谷貳拾伍觔正今因無錢應用
自愿托中送退與　盧道仟處為業三面言議
時退價錢肆千文正其錢即日收訖其田根付錢主前
去起佃耕種任從其便其田根係是自己閹分並無重
張典當他人及交加不明等情如有此等係是退主出
頭支当不涉錢主之事有能之日不拘遠近衣契面
銀兩贖回今欲有憑立退田根字壹紙為照
乾隆伍拾貳年拾貳月　日立退佃根字人鄭承灼（押）
代字中弟承德（押）

11-7-7-1　清乾隆五十二年十二月鄭承灼立退佃民田根字

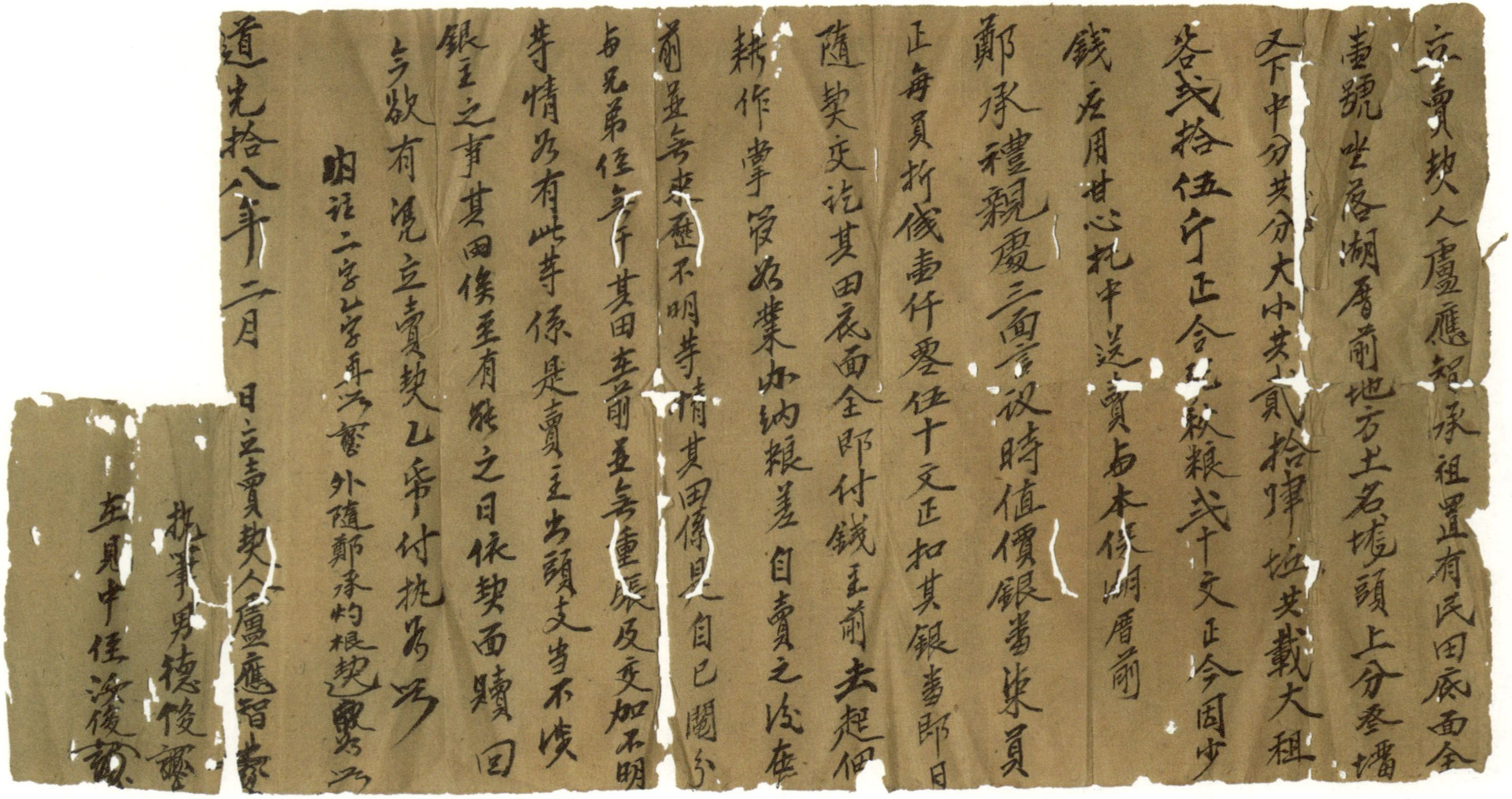

11-7-7-2　清道光十八年二月盧應智立賣底面全民田契

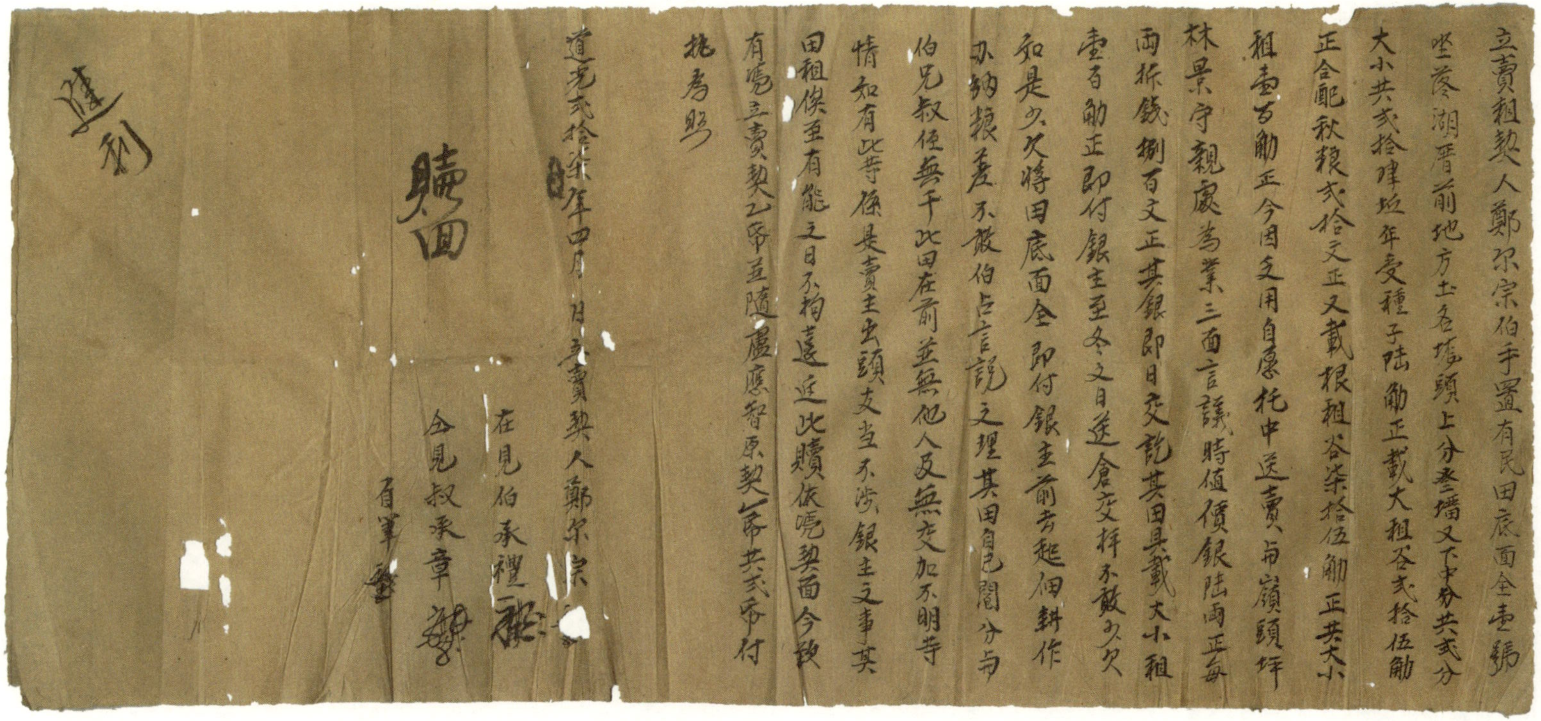

立賣租契人鄭尔宗伯手置有民田底面全壹號
坐落湖眉前地方土名塆頭上分叁墻又下中分共貳分
大小共貳拾肆坵年受種子陸斛正載大租谷貳拾伍斛
正全配秋粮貳拾文正又載根租谷柒拾伍斛正共大小
租壹百斛正今因乏用自愿托中送賣与嶺頭坪
林景守親處為業三面言議時値價銀陸兩正每
兩折錢捌百文正其銀即日交訖其田具載大小租
壹百斛正即付銀主至冬之日送倉交秤不敢少欠
如是少欠將田底面全即付銀主前去起佃耕作
办納粮差不敢伯占言說之理其田自己閹分与
伯兄叔侄無干此田在前並無他人反無交加不明等
情如有此等係是賣主出頭支當不涉銀主之事其
田租俟至有能之日不拘遠近比贖依照契面今欲
有憑立賣契一帋並隨盧應智原契一帋共貳帋付
執為照

道光貳拾柒年四月　日立賣契人鄭尔宗
在見伯承禮
全見叔承章
自筆

贖回

達利

11-7-7-3　清道光二十七年四月鄭尔宗立賣底面全民田租契

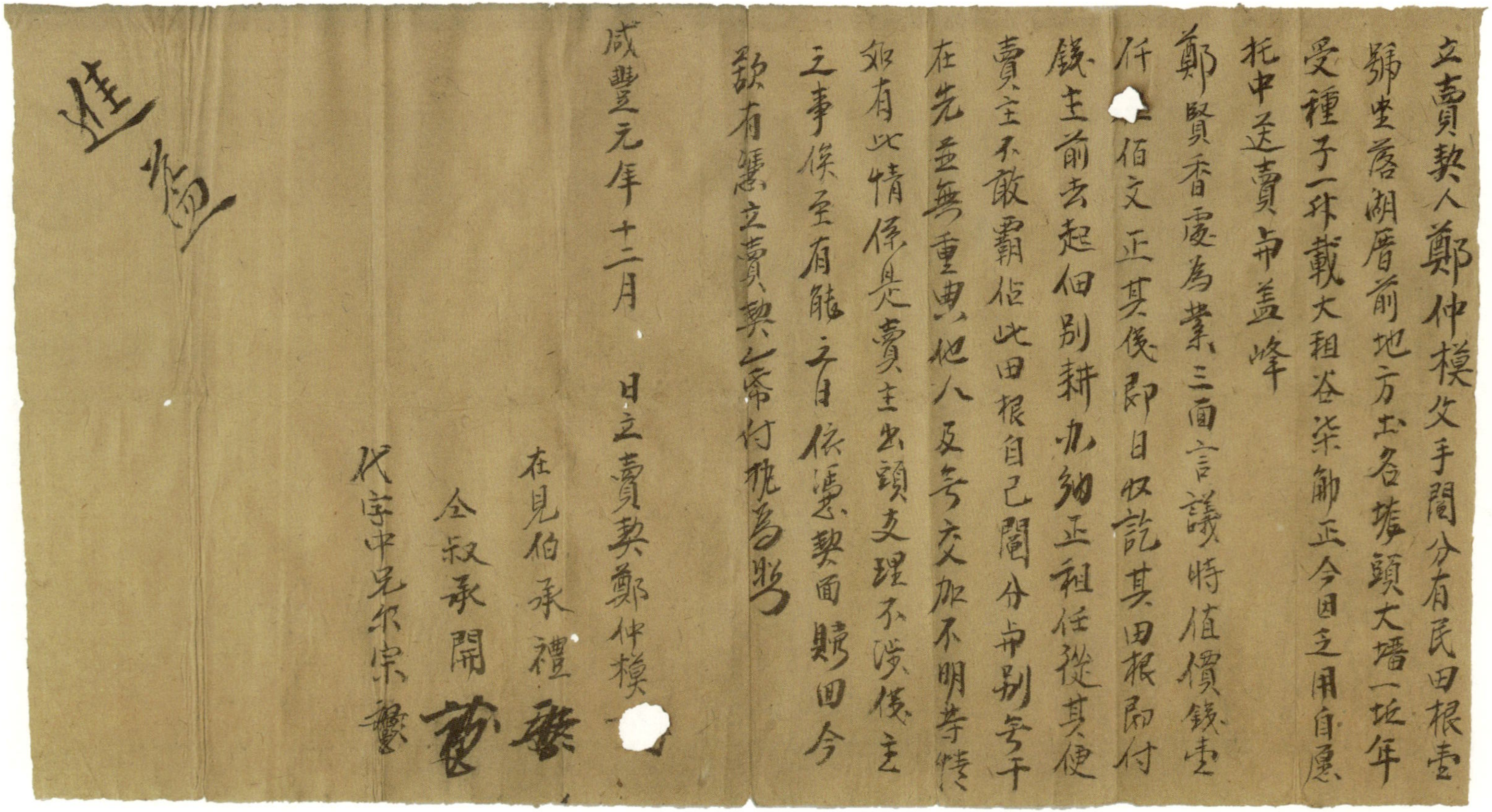
立賣契人鄭仲模父手閹分有民田根壹
號坐落湖厝前地方土名埁頭大墻一坵年
受種子一斗載大租谷柒斛正今因乏用自愿
托中送賣與蓋峰
鄭賢香處為業，三面言議時值價錢壹
仟[illegible]佰文正，其錢即日收訖，其田根即付
錢主前去起佃別耕，办納正租，任從其便，
賣主不敢霸佔。此田根自己閹分，與别無干，
在先並無重典他人及寄交加不明等情，
如有此情，係是賣主出頭支理，不涉錢主
之事。俟至有能之日，依憑契面贖回。今
欲有憑，立賣契一紙付執為照。
咸豐元年十二月　日立賣契鄭仲模
在見伯承禮
仝叔承開
代字中兄尔宗
進查

11-7-7-4　清咸豐元年十二月鄭仲模立賣民田根契

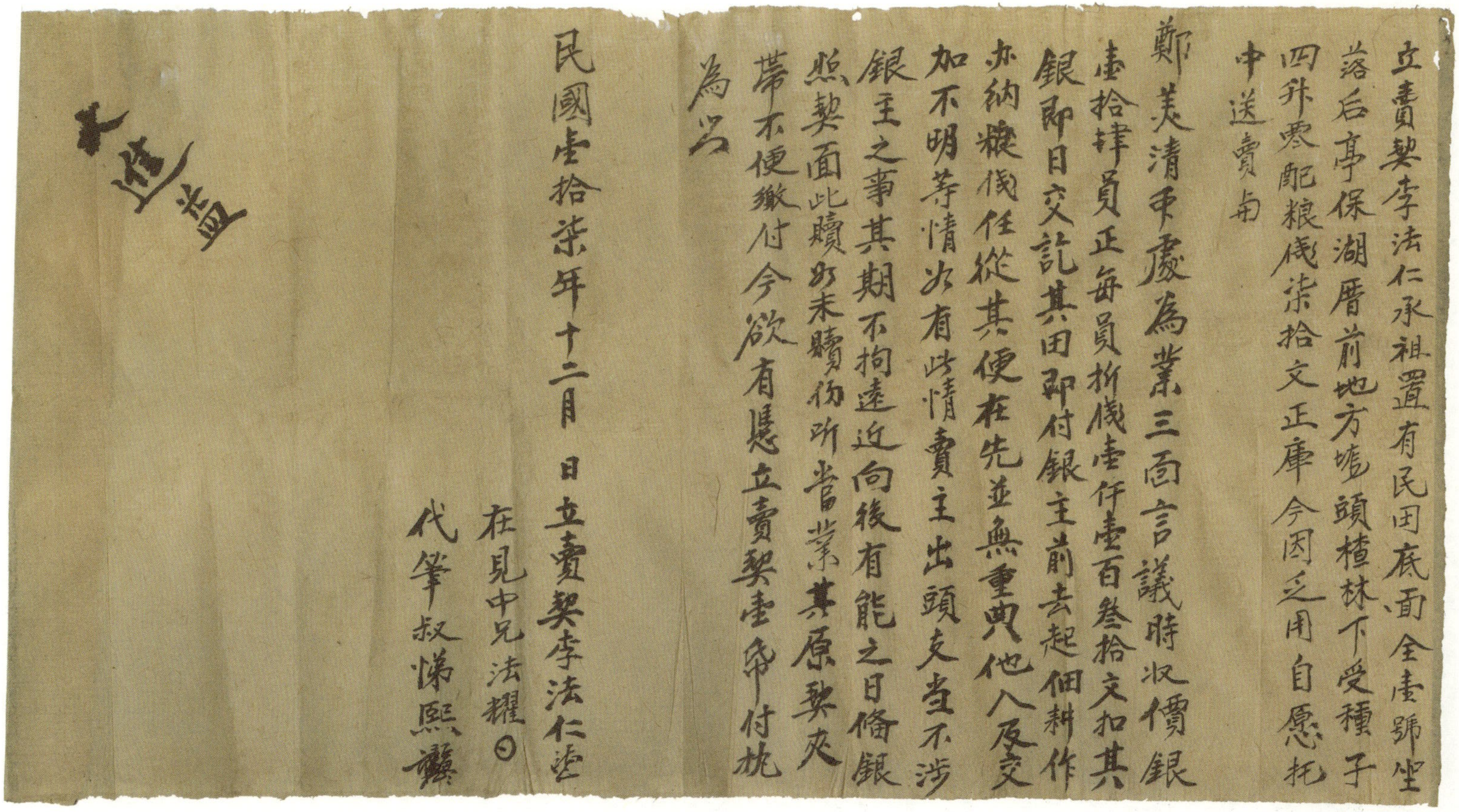

立賣契李法仁承祖置有民田底面全壹號坐
落后亭保湖厝前地方塆頭植林下受種子
四升零配粮伐柒拾文正庫今因乏用自愿托
中送賣與
鄭美清手處為業三面言議時收價銀
壹拾肆員正每員折伐壹仟壹百叁拾文扣其
銀即日交訖其田即付銀主前去起佃耕作
亦納粮伐任從其便在先並無重典他人及交
加不明等情如有此情賣主出頭支當不涉
銀主之事其期不拘遠近向後有能之日備銀
照契面此贖如未贖仍所當業其原契夾
帶不便繳付今欲有憑立賣契壹帋付執
為照
民國壹拾柒年十二月　日立賣契李法仁（押）
在見中兄法耀（押）
代筆叔悌熙（押）

11-7-7-5　民國十七年十二月李法仁立賣底面全民田契

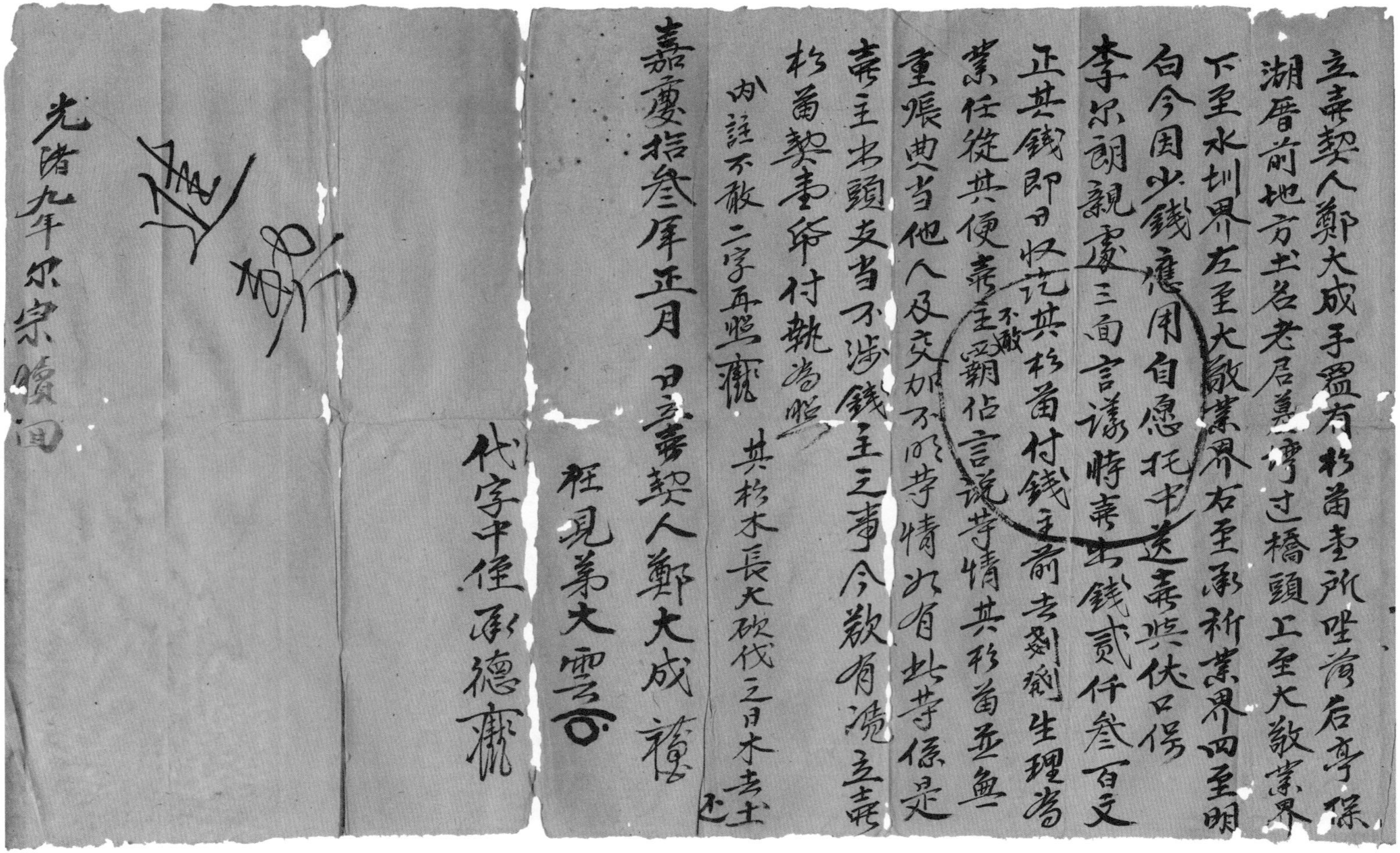

立賣契人鄭大成手置有杉苗壹所坐落右亭保
湖厝前地方土名老居蕉墩过橋頭上至大敬業界
下至水圳界左至大敬業界右至承祈業界四至明
白今因乏錢應用自願托中送賣與伏口俢
李宗朗親處三面言議時賣出錢貳仟叁百文
正其錢即日收訖其杉苗付錢主前去劉剷生理為
業任從其便賣主不敢霸佔言説等情其杉苗并無
重張典當他人及交加不明等情如有此等係是
賣主出頭支當不涉錢主之事今欲有憑立賣
杉苗契壹帋付執為照
內註不敢二字再照　其杉木長大砍伐之日木去土还
嘉慶拾叁年正月　日立賣契人鄭大成
在見弟大雲
代字中侄承德
光緒九年尔宗贖回

11-7-8-1　清嘉慶十三年正月鄭大成立賣杉苗契（廢契）

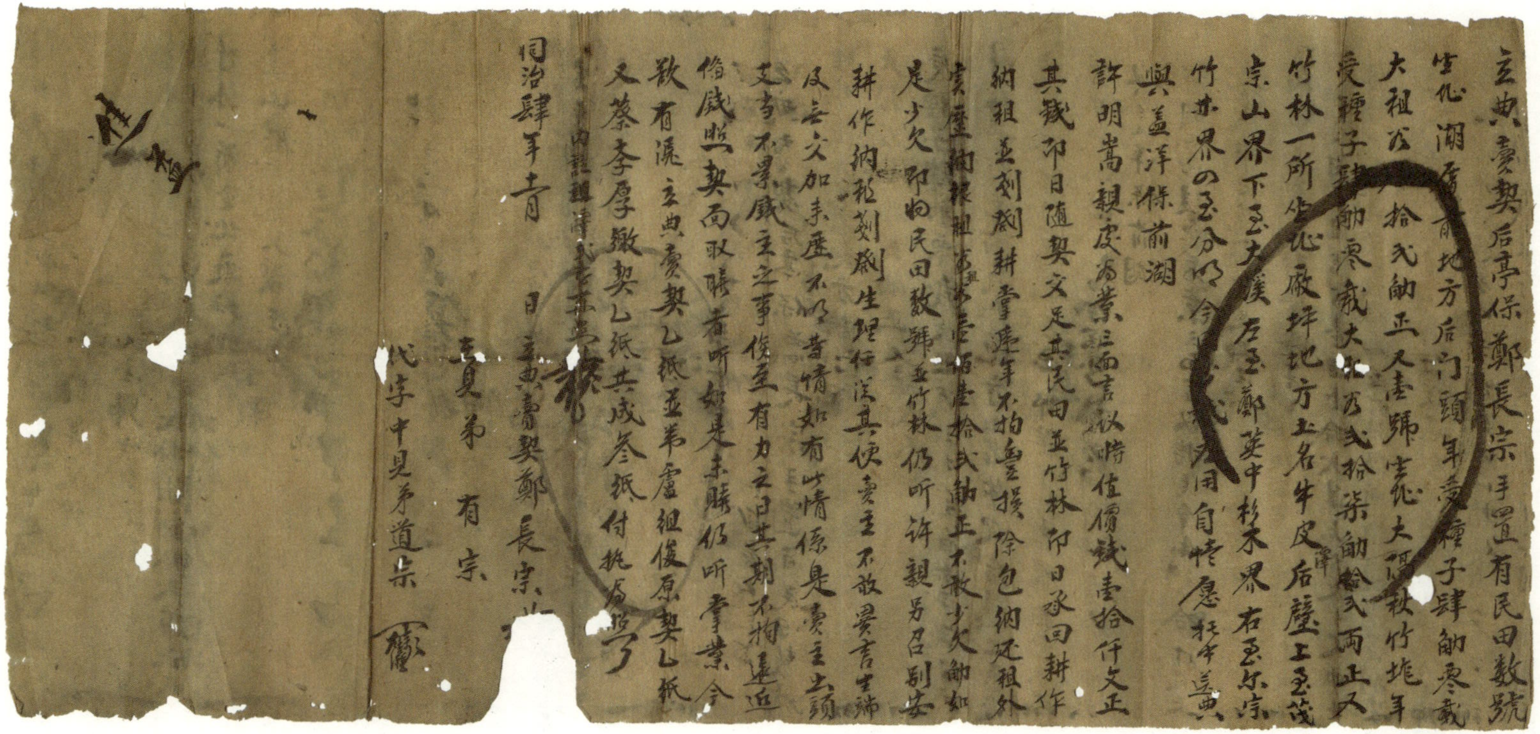

立典賣契后亭保鄭長宗手置有民田數號
坐化湖[illegible]有地方后门頭年受種子肆觔叁載
大租公[illegible]拾弍觔正又壹號坐化大[illegible]秋竹塅年
受種子肆觔叁載大租[illegible]弍拾柒觔捌弍兩正又
竹林一所坐化廠坪地方土名牛皮潭后壟上至茂
宗山界下至大溪左至鄭英中杉木界右至長宗
竹林界四至分明今[illegible]乏用自情愿托中送典
與蓋洋保前湖
許明高親邊為業三面言議時值價錢壹拾仟文正
其錢即日隨契交足其民田並竹林即日承回耕作
納租並刈割耕掌遞年不拘豐歉除色納延租外
實壟納粮租[illegible]谷壹拾弍觔正不敢少欠倘如
是少欠即將民田數號並竹林仍听許親另召別安
耕作納租刈割生理[illegible]其使賣主不敢異言生端
及無文加未歷不明等情如有此情係是賣主出頭
支當不累錢主之事俟至有力之日其期不拘遠近
備錢與契而取贖者听如是未贖仍听掌業今
欲有憑立典賣契乙紙並弟盧組侯原契乙紙
又蔡李厚繳契乙紙共成叁紙付執為照了
内[illegible]
同治肆年十一月　日　立典賣契鄭長宗（押）
在見弟　有宗（押）
代字中見弟道宗（押）

11-7-8-2　清同治四年十一月鄭長宗立典民田契（廢契）

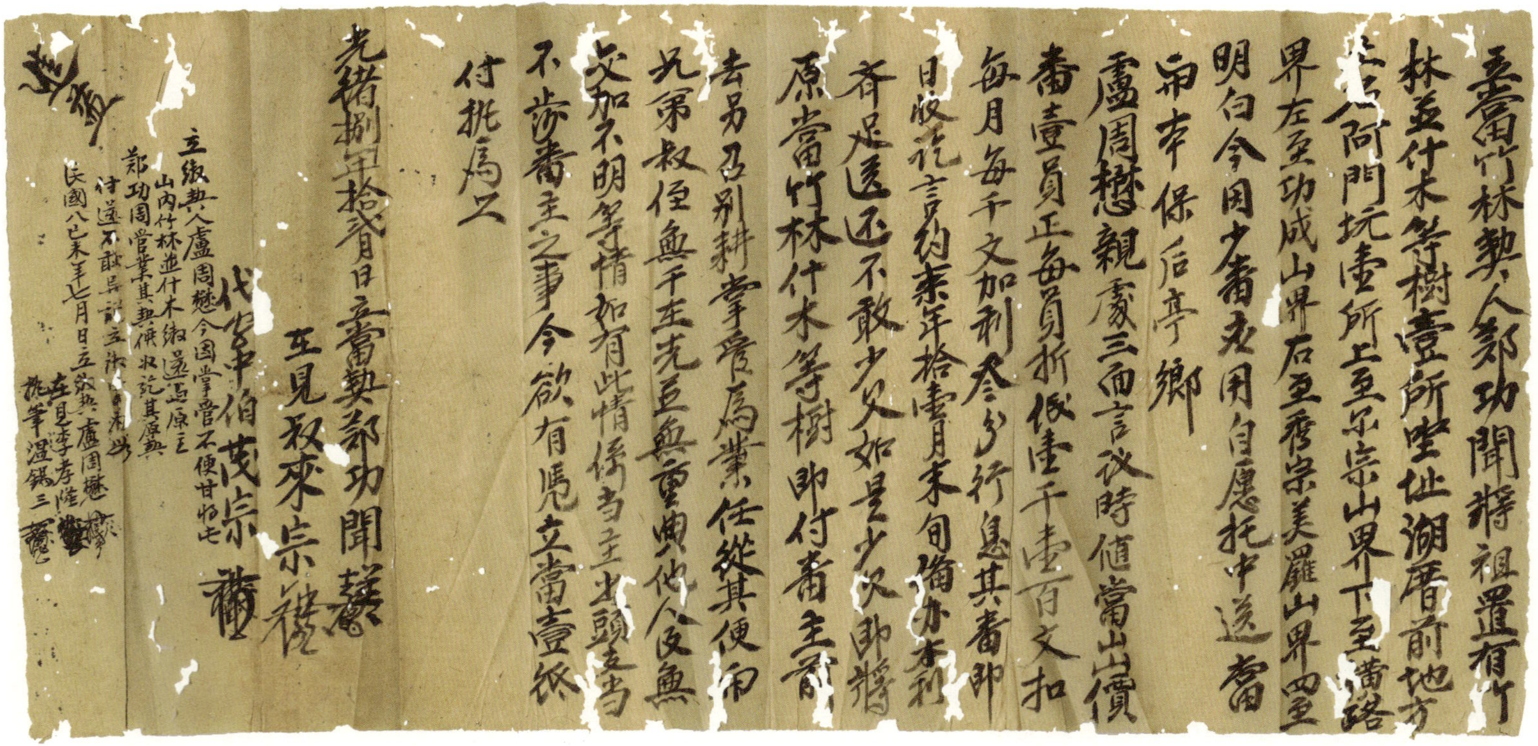

11-7-8-3　清光緒八年十二月鄭功聞立當竹林等契

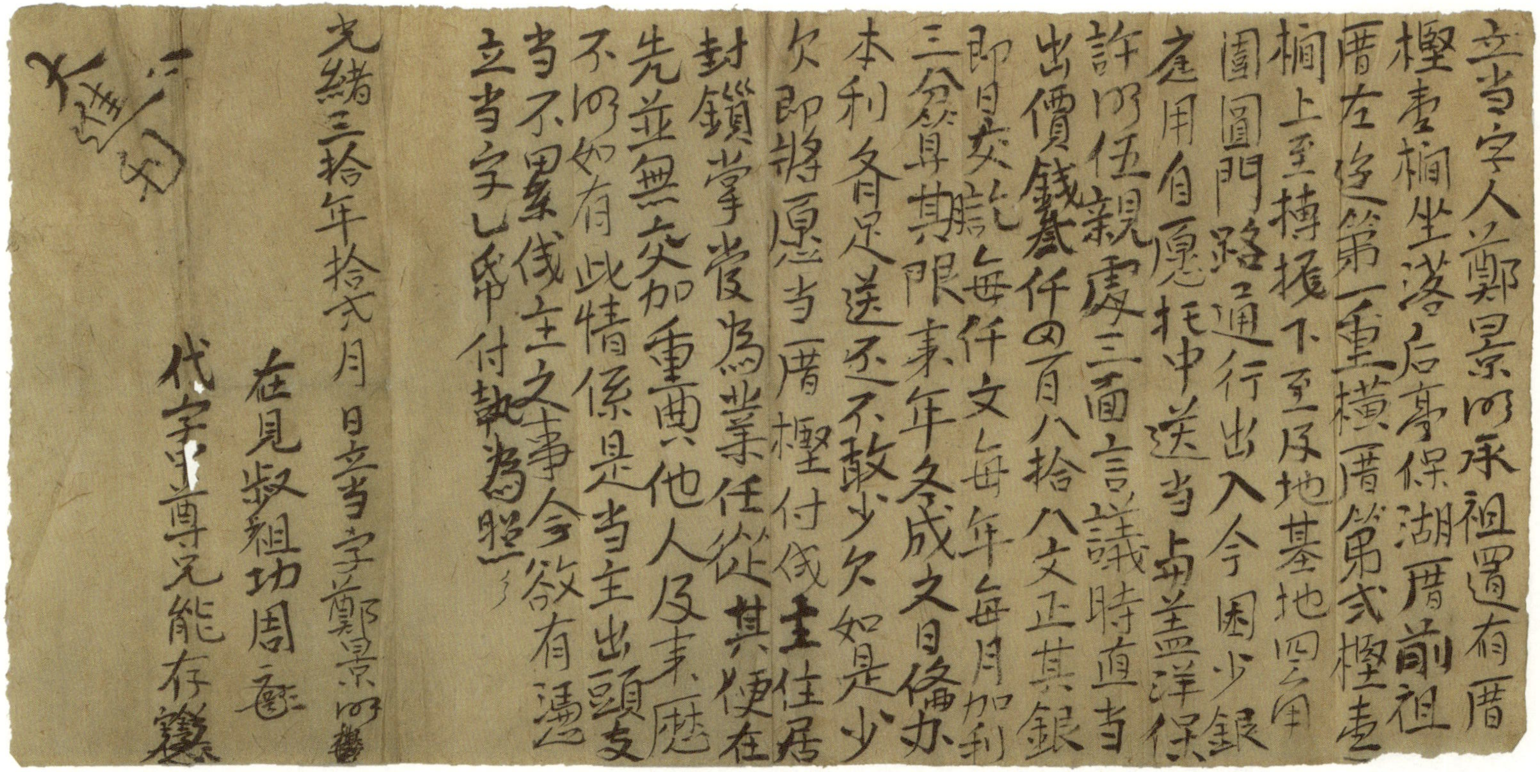
立当字人鄭景明承祖置遺有厝
樫壹桐坐落后亭保湖厝前祖
厝左邊第一重橫厝第弍樫壹
桐上至椽下至地基地四至
園圍門路通行出入今因少銀
應用自愿托中送当與盖洋保
許明伍親處三面言議時直当
出價錢叁仟四百八拾八文正其銀
即日交訖每仟文每年每月加利
三分算其限來年冬成之日備办
本利各足送還不敢少欠如是少
欠即將愿当厝樫付伐主住居
封鎖掌管為業任從其便在
先並無交加重典他人及來歷
不明如有此情係是当主出頭支
当不累伐主之事今欲有憑
立当字一帋付執為照
光緒三拾年拾弍月　日立当字鄭景明（押）
在見叔祖功周（押）
代字兄道尊兄能存（押）
大進

11-7-8-4　清光緒三十年十二月鄭景明立當厝樫字

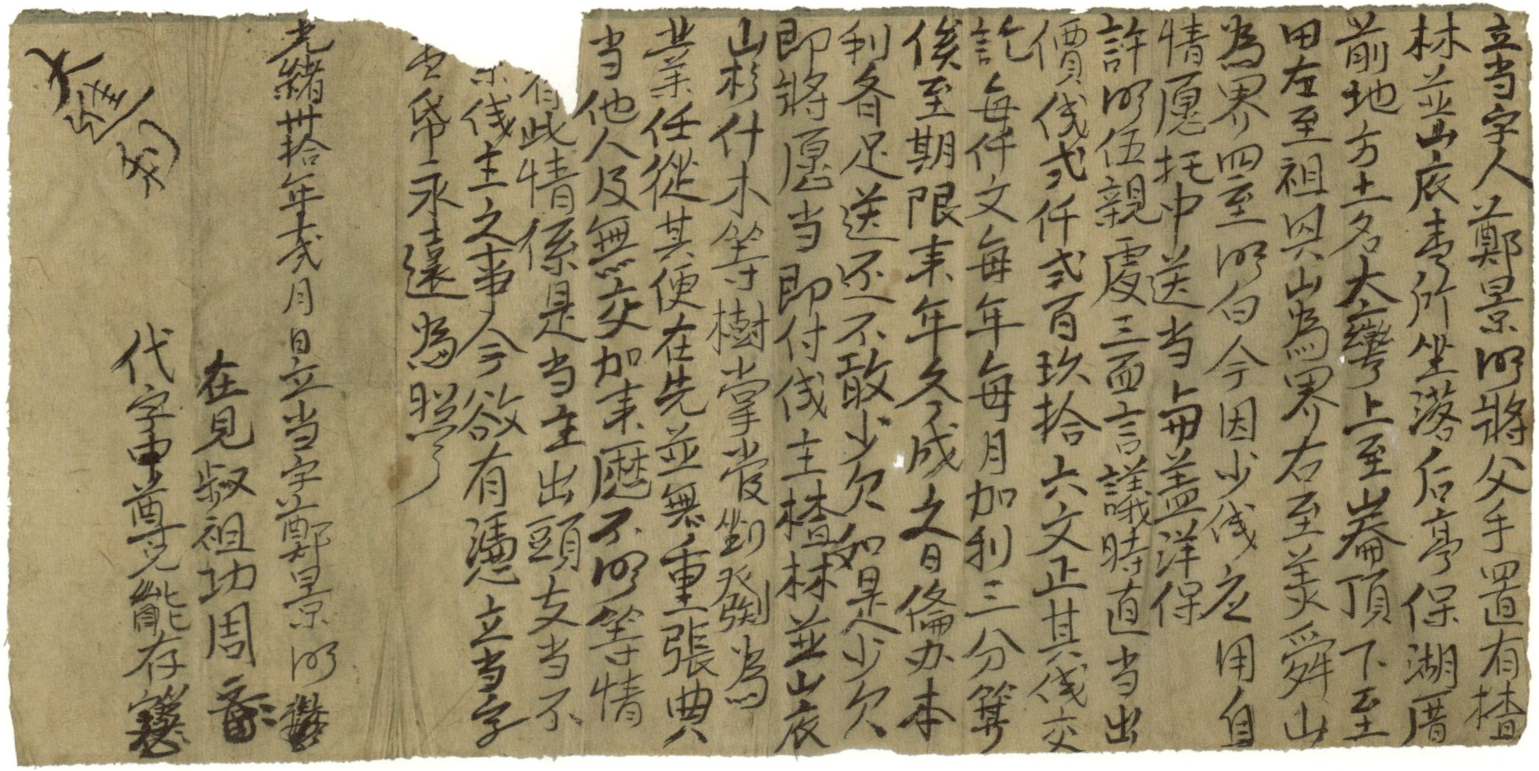

立当字人鄭景明將父手置這有楂
林並山底壱所坐落后亭保湖厝
前地方土名大彎上至崙頂下至
田左至祖與山為界右至美舜山
為界四至明白今因少錢乏用自
情愿托中送当與盖洋保
許明伍親處三面言議時直当出
價錢弍仟弍百玖拾六文正其錢交
訖每仟文每年每月加利三分算
得至期限末年冬成之日備办本
利备足送还不敢少欠如是少欠
即將愿当即付錢主楂林並山底
山杉什木等樹掌管劉砍為
業任從其便在先並無重張典
当他人及無交加來歷不明等情
有此情係是当主出頭支当不
涉錢主之事今欲有憑立当字
一帋永遠為照

光緒卅拾年十二月日立当字人鄭景明（押）

在見叔祖功周（押）

代字中黃光能存（押）

大吉利

11-7-8-5　清光緒三十年十二月鄭景明立當楂林等字

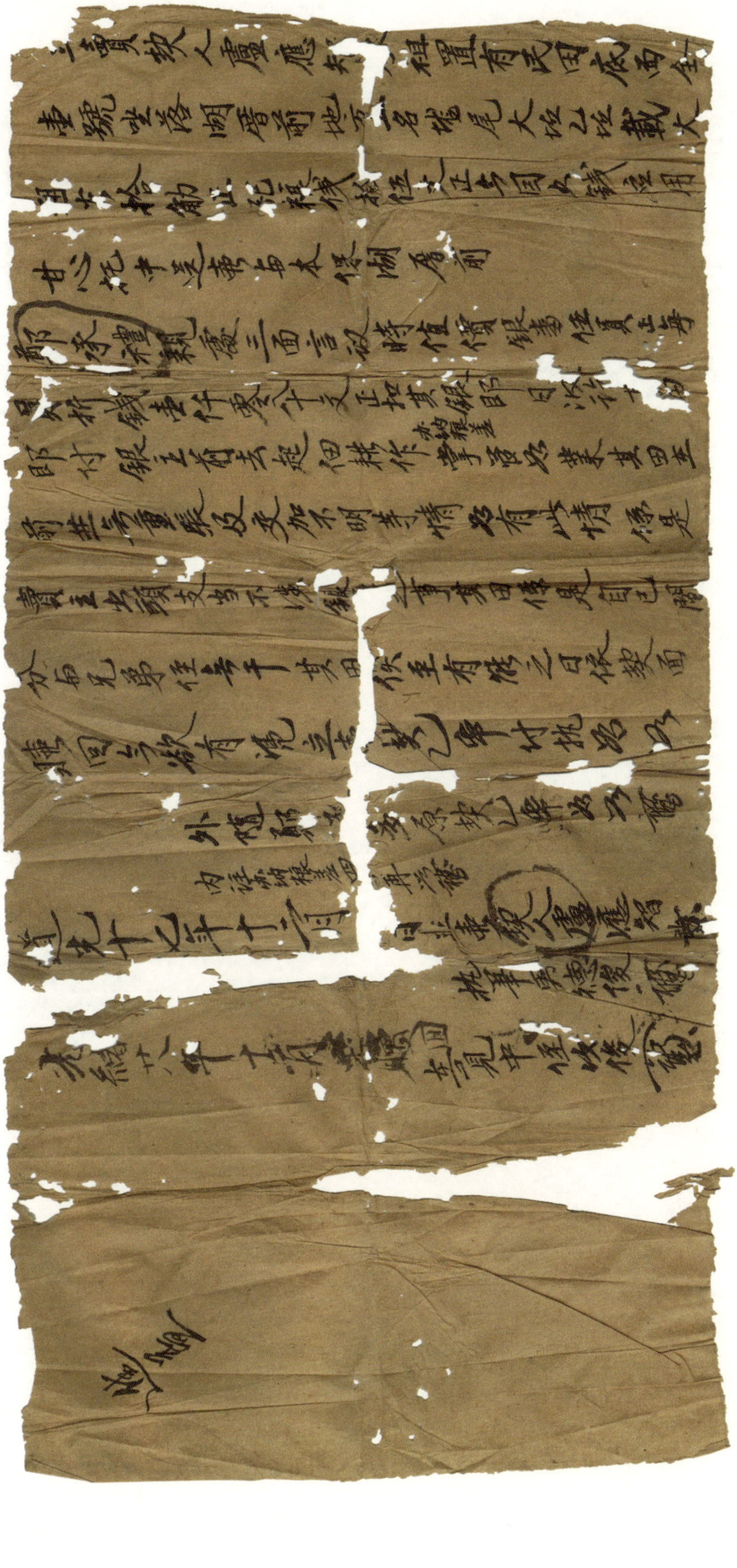

11-7-9-1 清道光十七年十二月盧應智立賣底面全民田契（廢契）

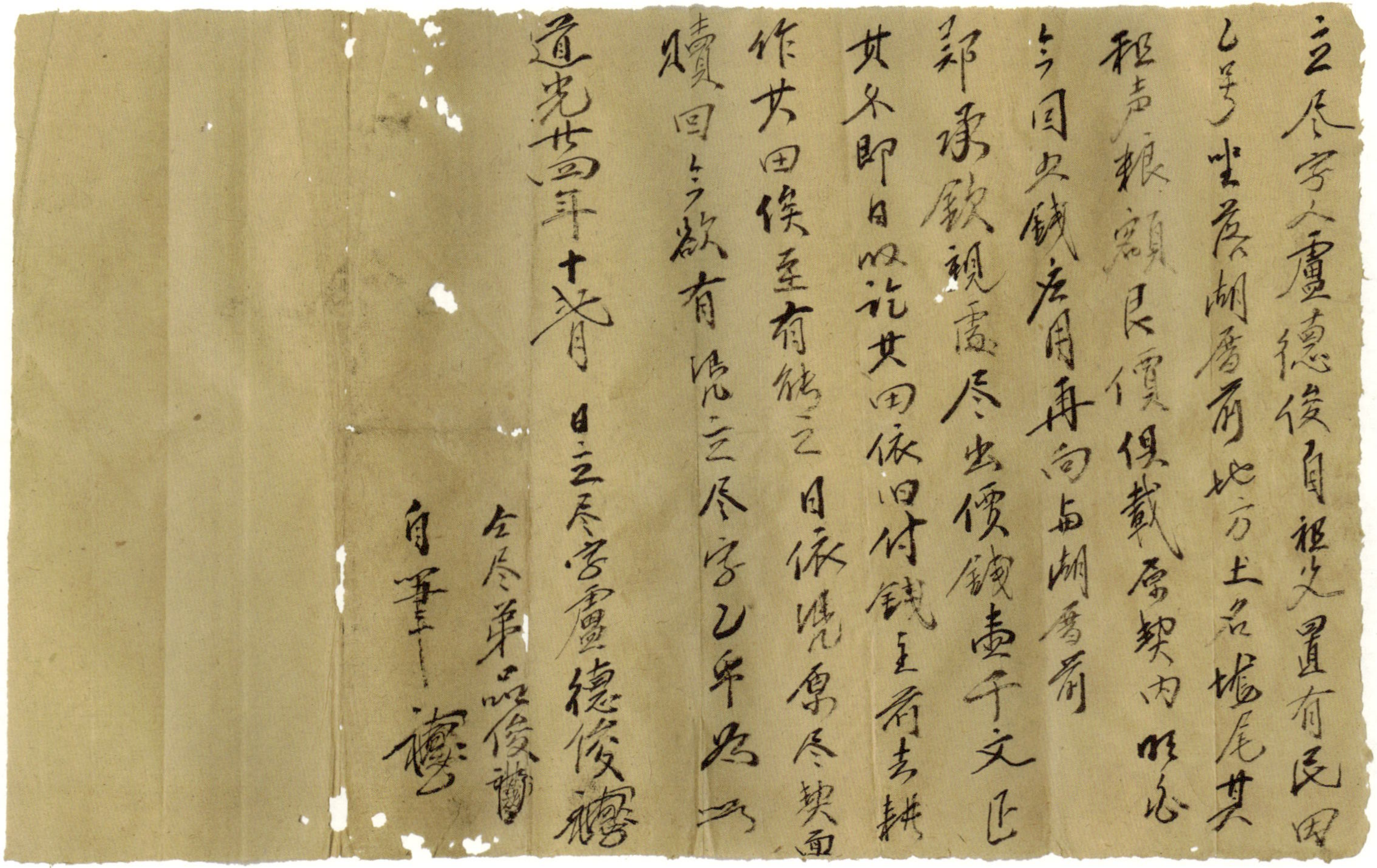

11-7-9-2　清道光二十四年十二月盧德俊等立盡民田字

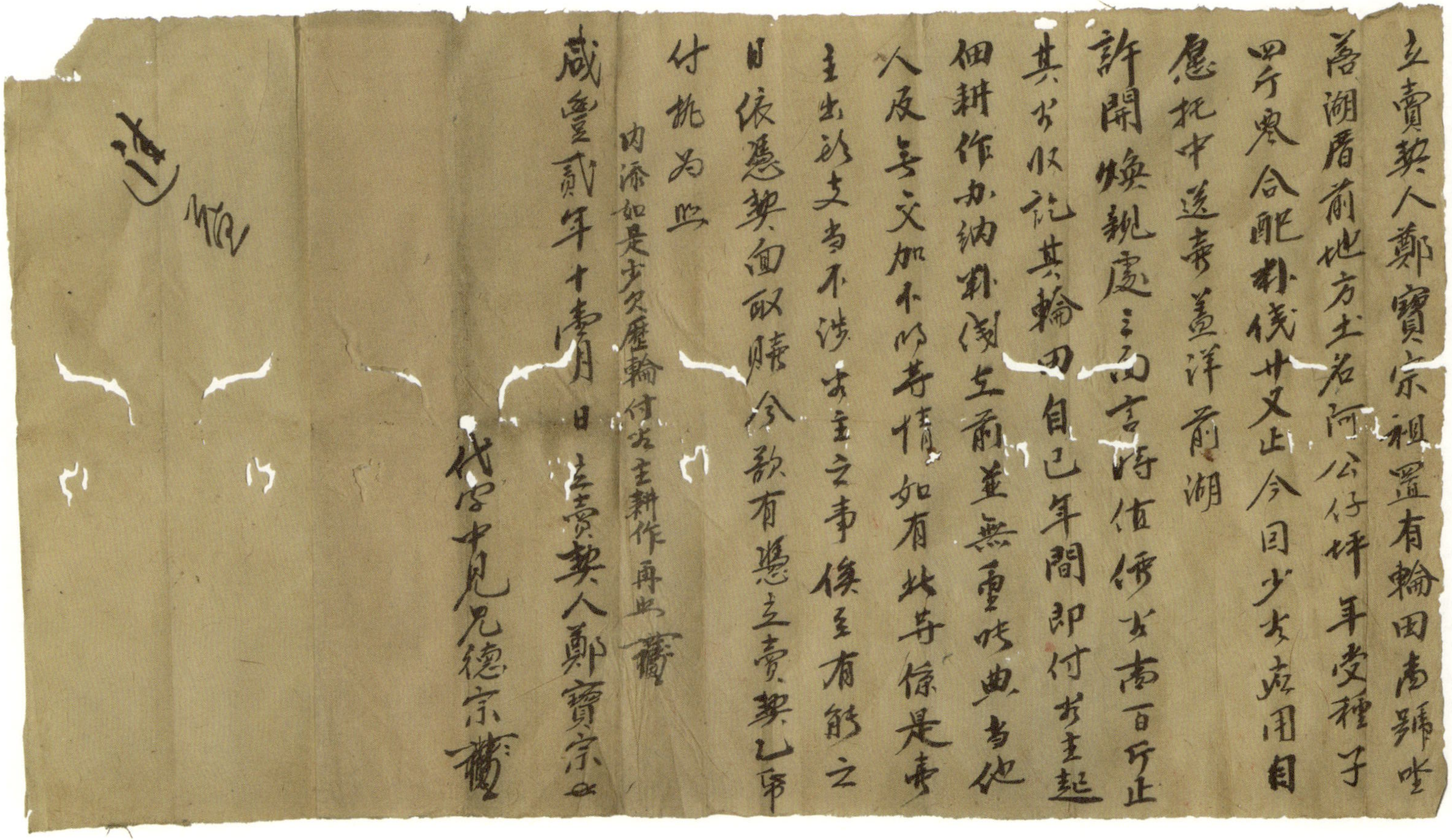

立賣契人鄭寶宗祖置有輪田壹號坐
落湖厝前地方土名阿公仔坪年受種子
四斤零合配糧錢廿文止今因少欠應用自
愿托中送與葉洋前湖
許開煥親處三面言議值價錢壹百斤止
其錢收訖其輪田自己年間即付錢主起
佃耕作办納糧併立前並無重張典當他
人及無文加不明等情如有此等係是賣
主出頭支當不涉錢主之事倘至有能之
日依憑契面取贖今欲有憑立賣契乙紙
付執為照
内添如是少欠壓輪付錢主耕作再照
咸豐貳年十壹月　日立賣契人鄭寶宗
代字中見兄德宗

11-7-10-1　清咸豐二年十一月鄭寶宗立賣輪田契

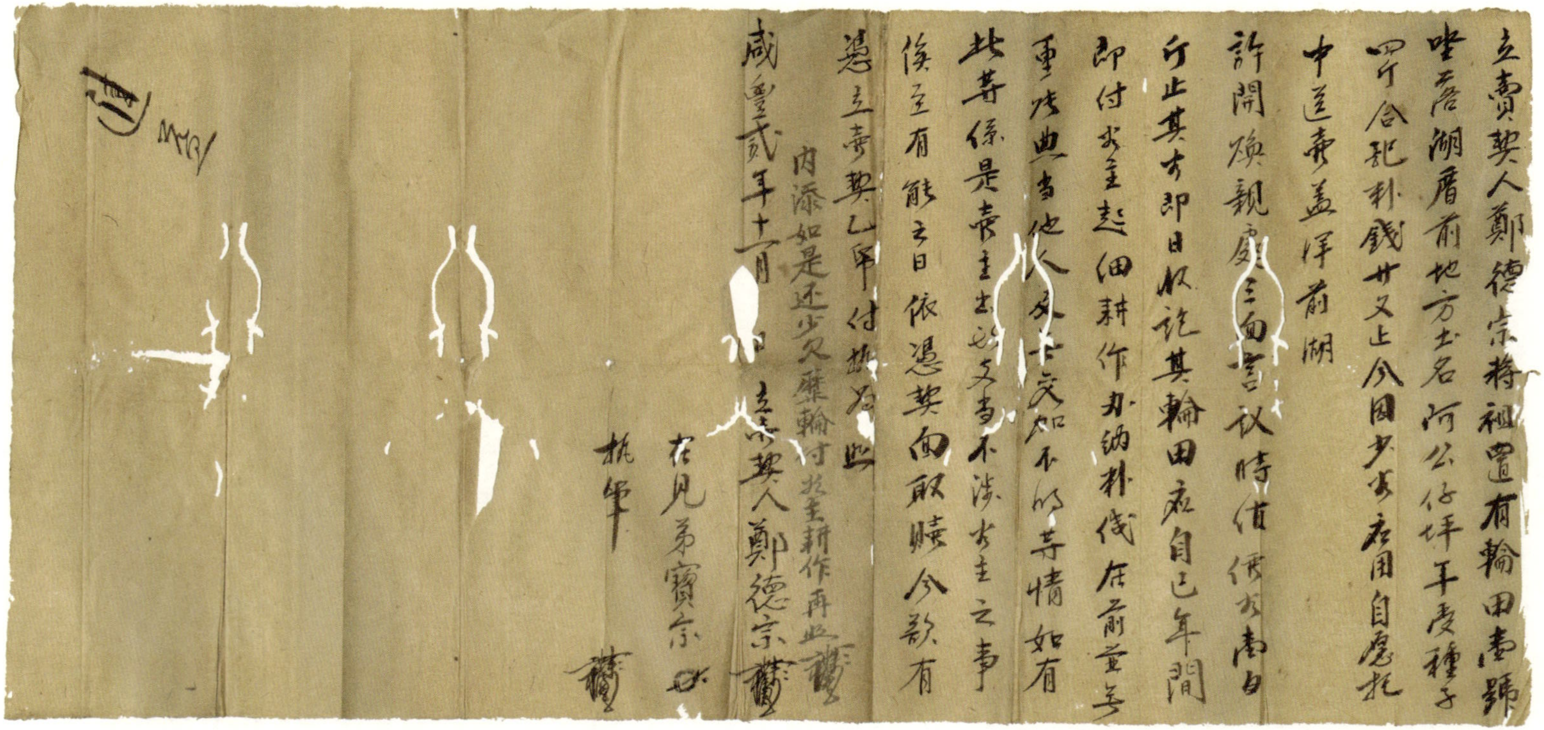
立賣契人鄭德宗將祖置有輪田壹號
坐落湖眉前地方，土名阿公仔坪，年受種子
四斗合，配朴錢廿又七分，因乏銀應用，自愿托
中送賣盖洋前湖
許開煥親處，三面言議時值價錢壹佰
斤止，其銀即日收訖，其輪田應自己年間
即付銀主起田耕作，办納朴錢，在前並無
重張典當他人，及交加不明等情，如有
此等，係是賣主出頭支當，不涉銀主之事。
俟至有能之日，依憑契面取贖，今欲有
憑，立賣契乙紙付執為照。
內添如是还少欠藥輪付出主耕作再照。
咸豐貳年十一月　日　立賣契人鄭德宗
在見弟寶宗
執筆

11-7-10-2　清咸豐二年十一月鄭德宗立賣輪田契

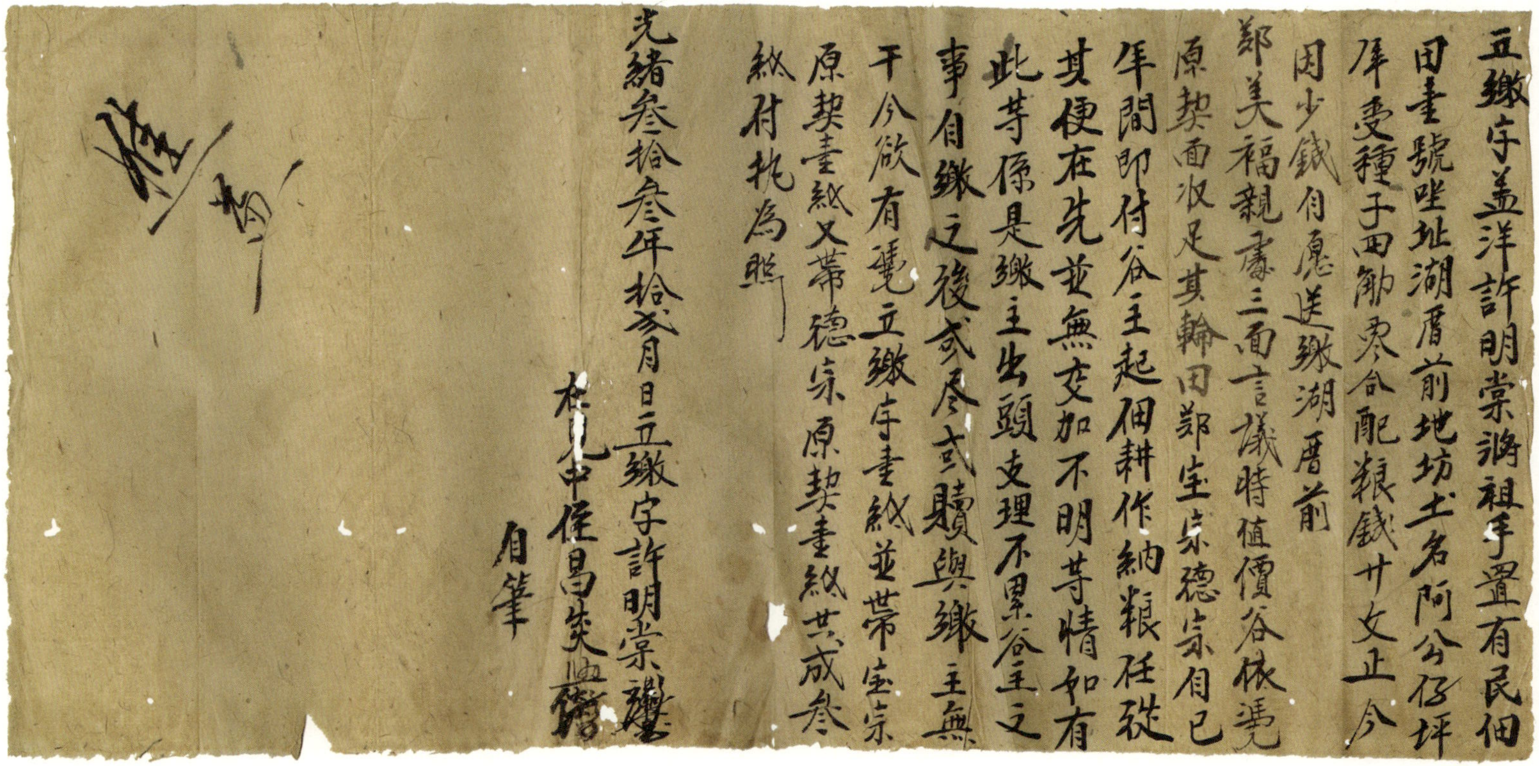

立繳字盖洋許明棠漪祖手置有民佃
田壹號坐址湖厝前地坊土名阿公仔坪
坪受種子四觔柒合配粮錢廿文正今
因少錢自愿送繳湖厝前
鄭美福親處三面言議時值價谷依湧
原契面收足其輪田鄭宝宗德宗自己
年間即付谷主起佃耕作納粮任從
其便在先並無交加不明等情如有
此等係是繳主出頭支理不累谷主之
事自繳之後叁式贖與繳主無
干今欲有憑立繳字壹紙並帶宝宗
原契壹紙又帶德宗原契壹紙共成叁
紙付執為照

光緒叁拾叁年拾貳月日立繳字許明棠
在見中侄昌英
自筆

11-7-10-3 清光緒三十三年十二月許明棠立繳民佃田字

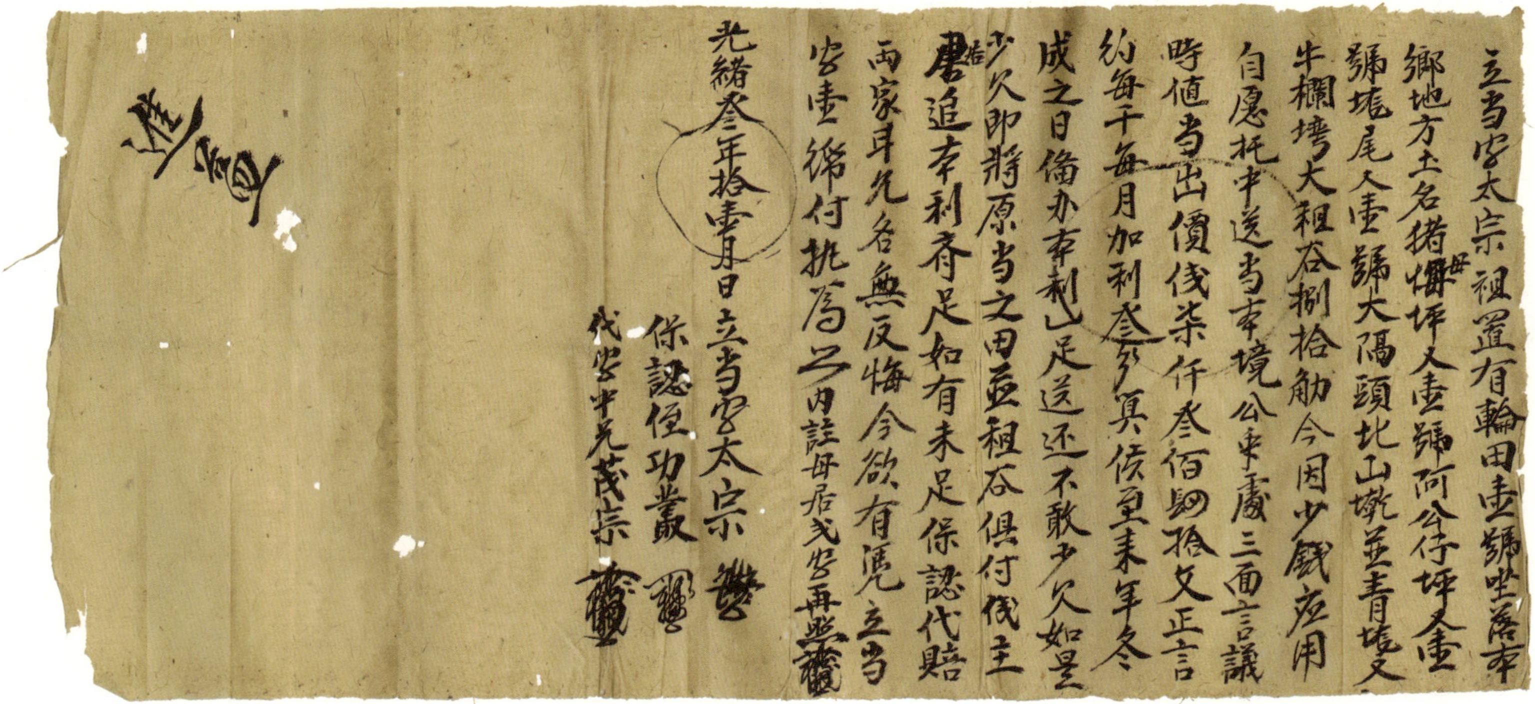

立当字太宗祖置有輪田壹號坐落本
鄉地方土名猪母坪人壹號阿公仔坪人壹
號堘尾人壹號大隔頭北山墘並青墘人
牛欄墘大租谷捌拾觔今因少錢應用
自愿托中送当本境公衆處三面言議
時值当出價錢柒仟叁佰肆拾文正言
約每千每月加利叁分算依至來年冬
成之日備辦本利足送还不敢少欠如是
少欠即將原当之田並租谷俱付錢主
耕追本利齊足如有未足保認代賠
兩家耳允各無反悔今欲有憑立当
字壹紙付執爲照　內註母字一個再照

光緒叁年拾壹月　日立当字太宗
保認侄功叢
代字中兄茂宗

11-7-11-1　清光緒三年十一月鄭太宗立當輪田字（廢契）

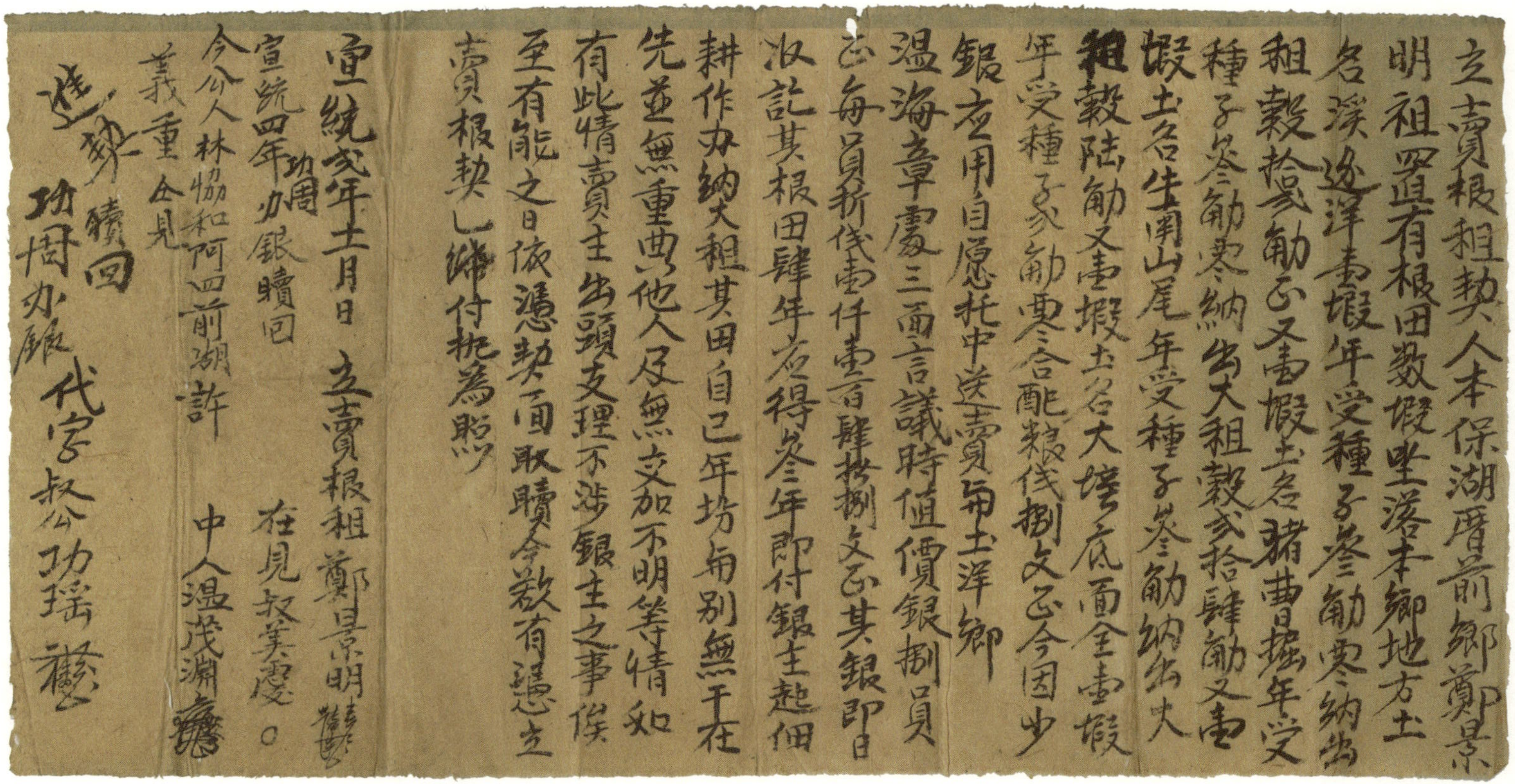
立賣根租契人本保湖厝前鄉鄭景
明祖置有根田数段坐落本鄉地方土
名溪邊洋壹段年受種子叁觔粟納出
租穀拾貳觔正又壹段土名豬曹坵年受
種子叁觔粟納出大租穀貳拾肆觔又壹
段土名生圍山尾年受種子叁觔納出大
租穀陸觔又壹段土名大塔底面全壹段
年受種子叁觔粟合配粮伐捌文正今因少
銀应用自愿托中送賣與本洋鄉
溫海章處三面言議時值價銀捌員
正每員折伐壹仟壹百肆拾捌文正其銀即日
収訖其根田肆年应得叁年即付銀主起佃
耕作办納大租其田自己年均分別無干在
先並無重典他人及無交加不明等情知
有此情賣主出頭支理不涉銀主之事倘
至有能之日依憑契面取贖今欲有憑立
賣根契一帋付批爲照
宣統式年十一月日　立賣根租鄭景明（押）
在見叔美慶　○
中人溫茂淵（押）
宣統四年功周办銀贖回
今公人林協和阿四前湖許
義重仝見
進契贖回
功周办銀
代字叔公功瑤（押）

11-7-11-2　清宣統二年十一月鄭景明立賣根租契

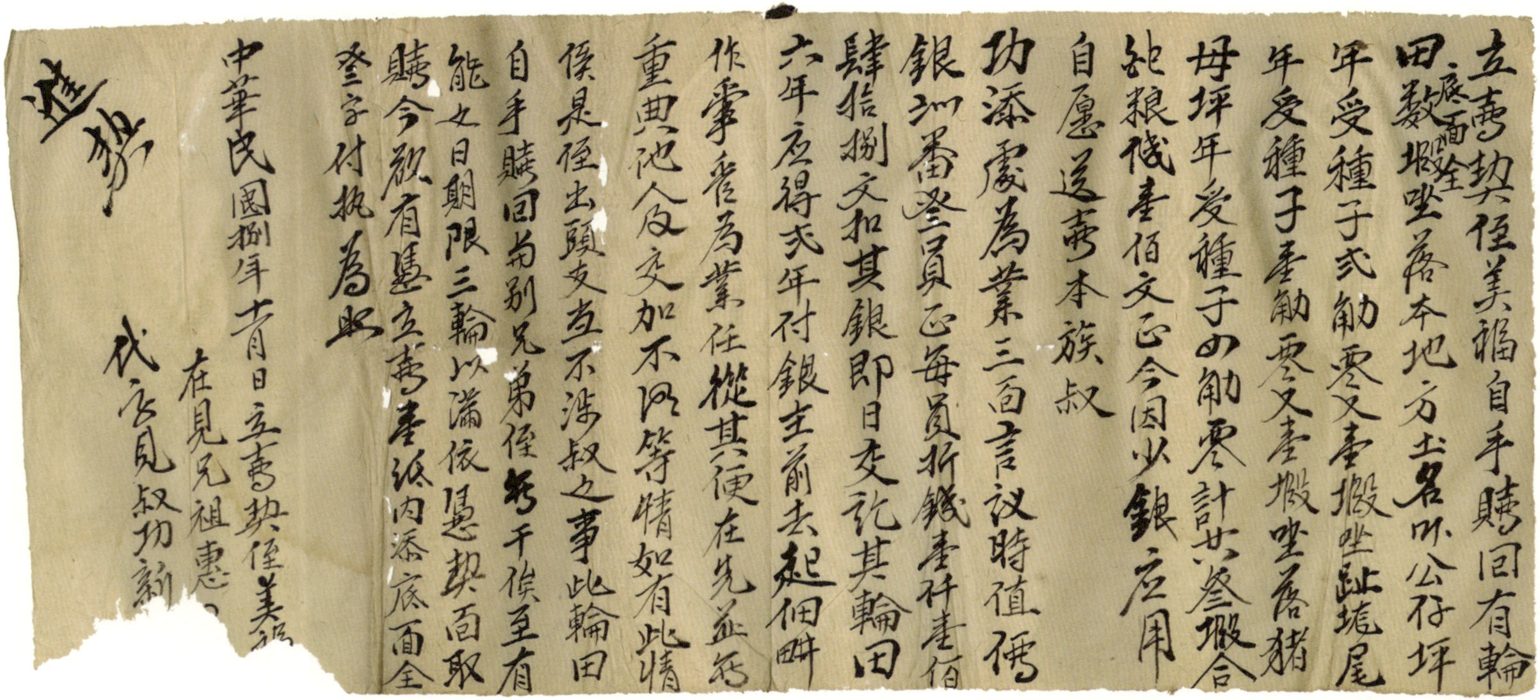
立賣契侄美福自手贖回有輪
田底面全數搬坐落本地方土名外公仔坪
年受種子弍觔零又壹搬坐址堀尾
年受種子壹觔零又壹搬坐落猪
母坪年受種子四觔零計共叁搬合
純粮錢壹佰文正今因少銀應用
自愿送賣本族叔
功添處為業三面言議時值價
銀洲番叁員正每員折錢壹仟壹佰
肆拾捌文扣其銀即日交訖其輪田
六年應得弍年付銀主前去起佃耕
作管為業任從其便在先並無
重典他人交加不明等情如有此情
係是侄出頭支當不涉叔之事此輪田
自手贖回尚別兄弟侄無干候至有
能之日期限三輪以滿依照契面取
贖今欲有憑立賣壹紙內添底面全
叁字付執為照
中華民國捌年十一月　日立賣契侄美福
在見兄祖惠
代字見叔功新
進契

11-7-11-3　民國八年十一月鄭美福立賣底面全輪田契

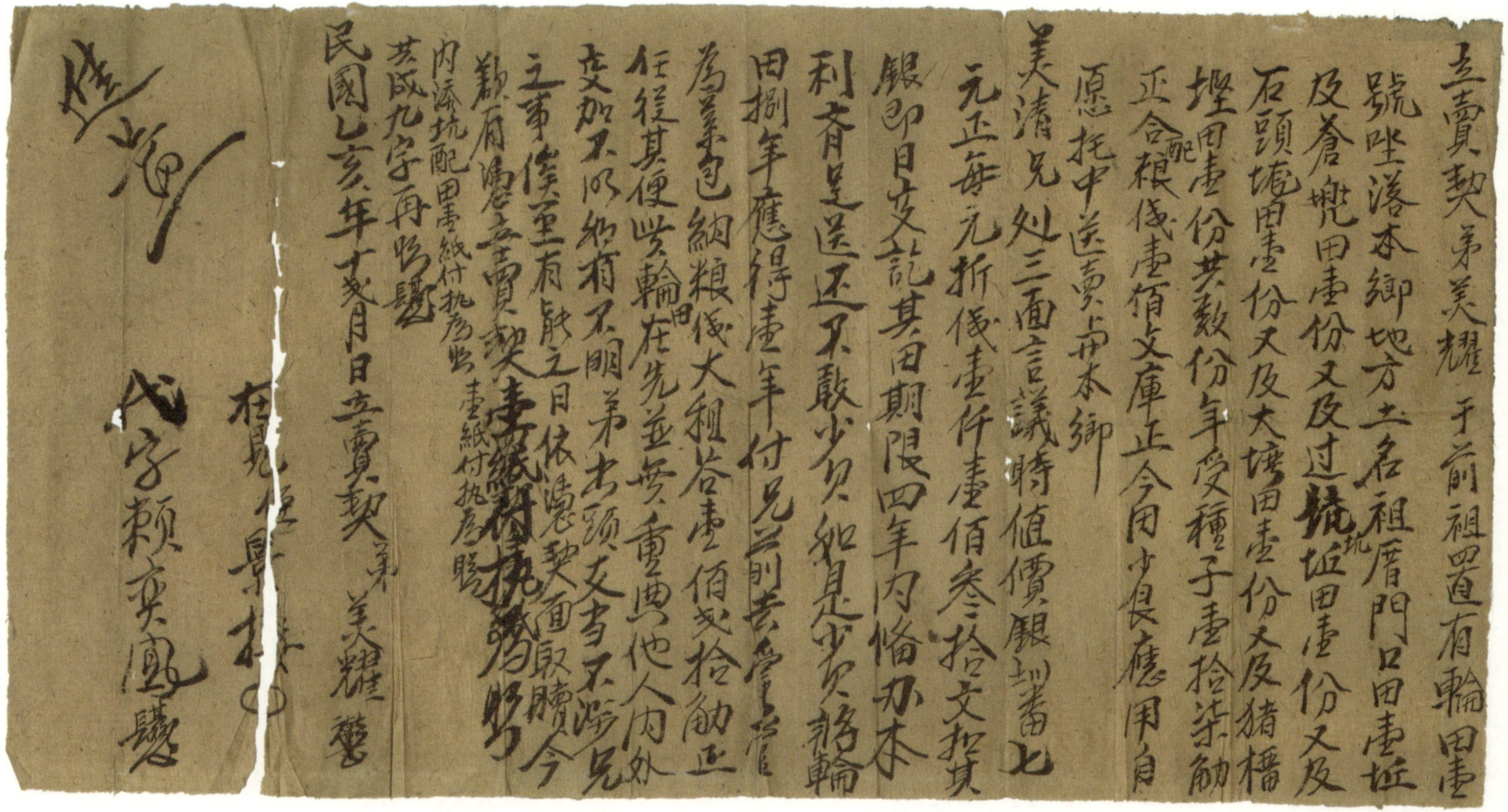

立賣契弟美耀，于前祖置有輪田壹
號，坐落本鄉地方，土名祖厝門口，田壹坵
及蒼兜田壹份，又及过坑坵田壹份，又及
石頭墘田壹份，又及大墘田壹份，又及猪橎
埕田壹份，共數份，年受種子壹拾柒觔
正，合配粮𢊍壹佰文庫正。今因少艮應用，自
愿托中送賣与本鄉
美清兄处，三面言議，時值價艮壹番七
元正，每元折𢊍壹仟壹佰叁拾文扣，其
銀即日交訖，其田期限四年內備办本
利齊足送还，不敢少欠。如是少欠，將輪
田捌年應得壹年付兄前去管
為業，包納粮𢊍大租谷壹佰〇拾觔正，
任從其便。此輪田在先并無重典他人，內外
交加不明，弟出頭支当，不涉兄
之事。候至有艮之日，依照契面取贖。今
欲有憑，立賣契壹紙付執為照。
內添坑配田壹紙付執為照
共改九字再照
民國乙亥年十二月　日　立賣契弟美耀（押）
在見堂叔□□
代字賴英鳳（押）
佳兆□

11-7-11-4　民國二十四年十二月鄭美耀立賣輪田契

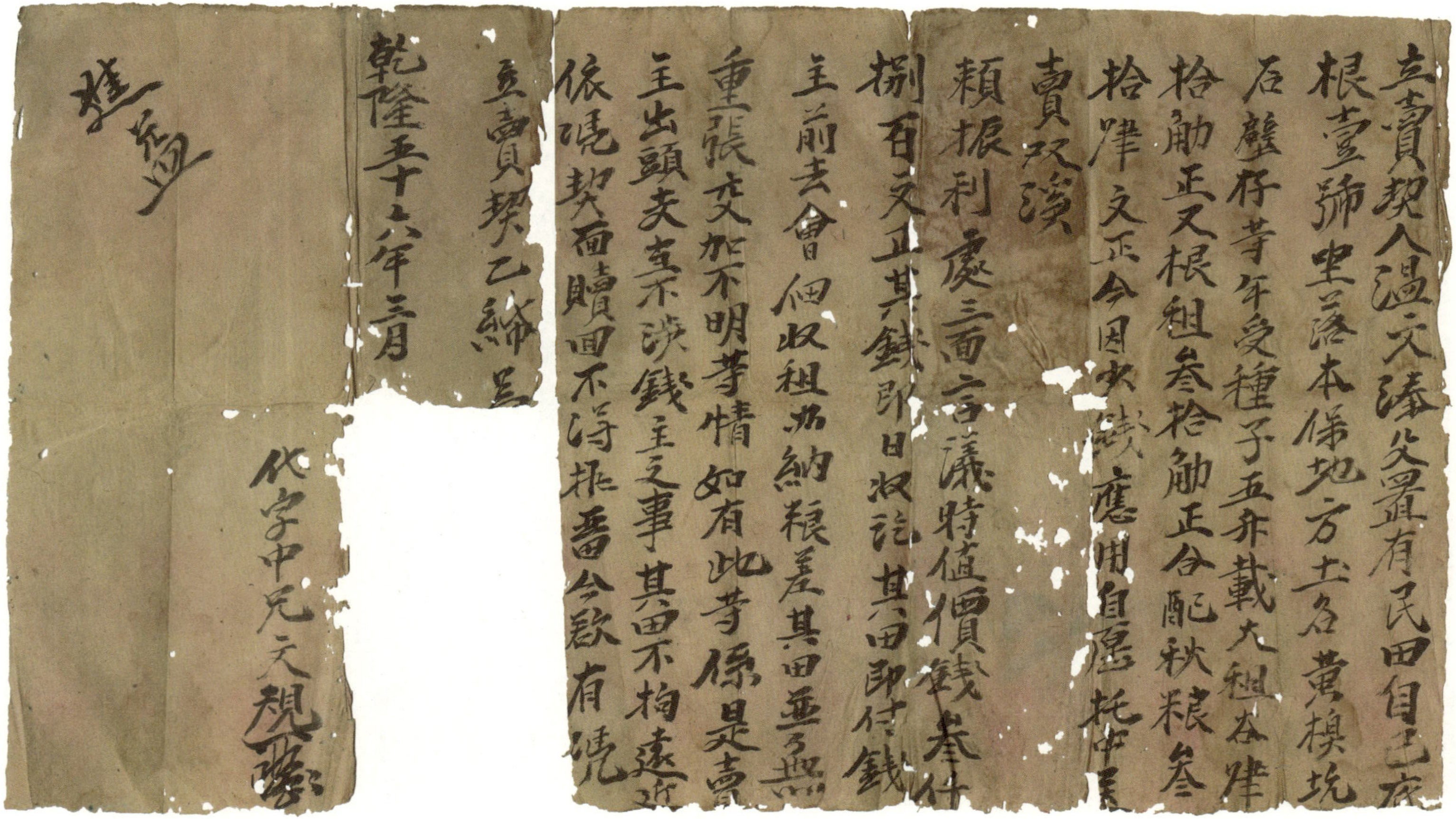
立賣契人温文溱父置有民田自己底
根壹號坐落本係地方土名黄模坑
石壟存[illegible]年受種子五升載大租谷肆
拾觔正又根租叁拾觔正合配秋粮叁
拾肆文正今因乏錢應用自愿托中賣
賣双溪
賴振利處三面言議特值價錢叁仟
捌百文正其錢即日收訖其田即付錢
主前去會佃收租出納粮差其田並無
重張交加不明等情如有此等係是賣
主出頭支當不涉錢主之事其田不拘遠近
依憑契面贖回不得推番今欲有憑
立賣契乙紙為照
乾隆五十六年三月
代字中兄文覲

11-7-12-1　清乾隆五十六年三月温文溱立賣民田底根契

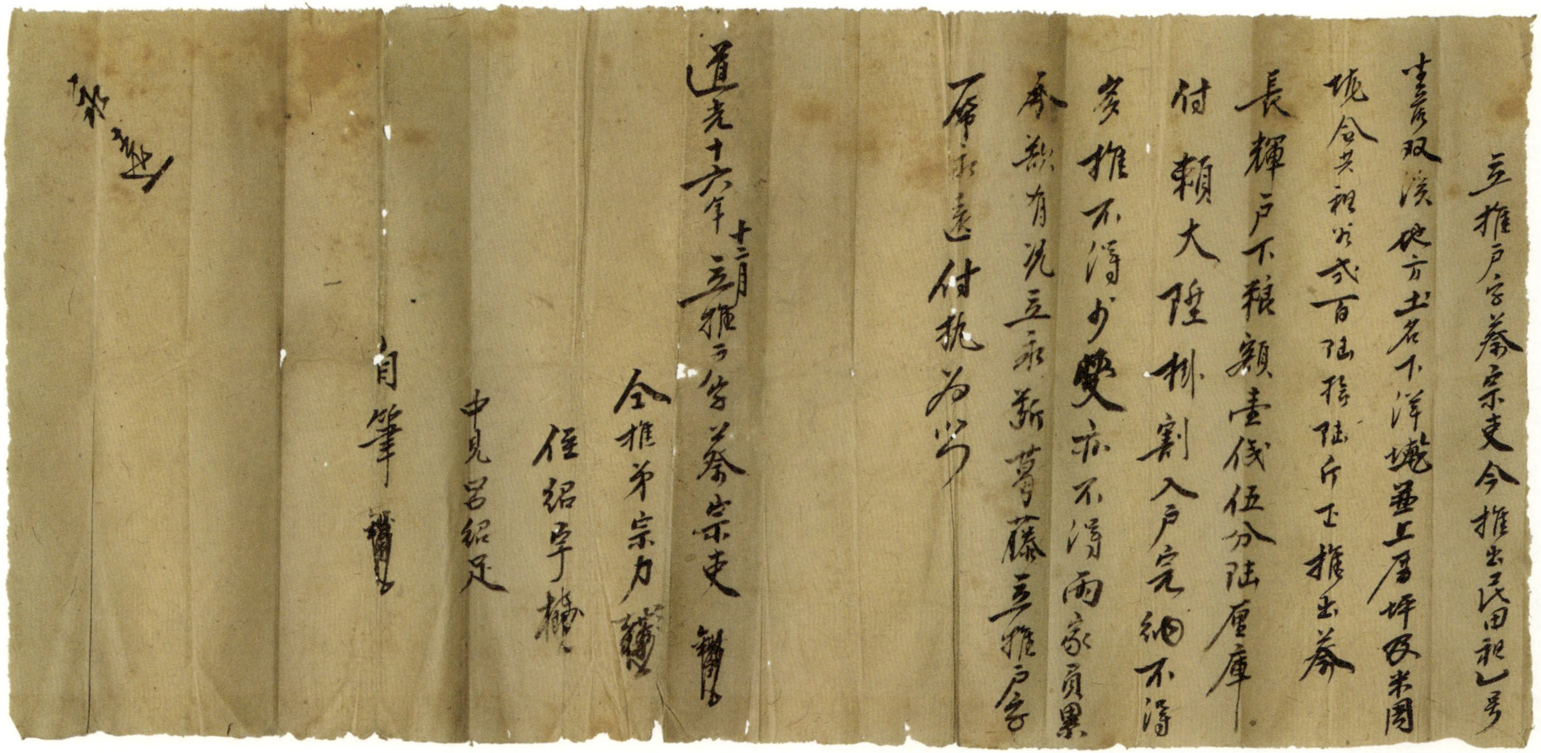

立推户字蔡宗吏，今推出民田租山号
土名双溪地方土名下洋墘並上居坪段米周
坑合共租谷貳百陆拾陆斤正，推出蔡
長輝户下粮額壹錢伍分陆厘庫
付賴大陞掛割入户完納，不得
多推不得少受，亦不得兩家貢累。
今欲有憑，立永斷葛藤立推户字
存永遠付執為照。

道光十六年十二月　日立推户字蔡宗吏（押）
仝推弟宗力（押）
侄紹亨（押）
中見呂紹足
自筆（押）

[illegible]

11-7-12-2　清道光十六年十二月蔡宗吏立推户字

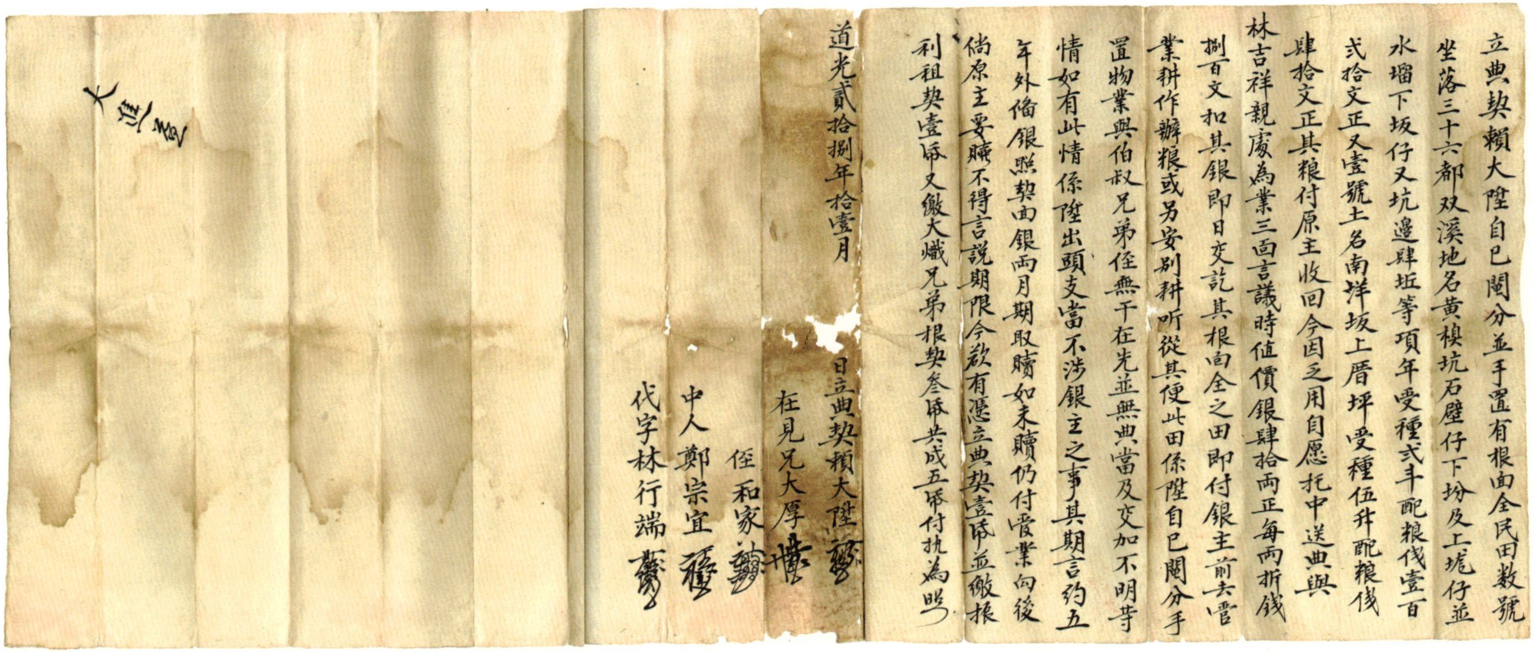
立典契賴大陞自己閹分並手置有根面全民田數號
坐落三十六都双溪地名黄杉坑石壁仔下坋及上坵仔並
水瑠下坂仔又坑邊肆坵等項年受種弍斗配粮伐壹百
弍拾文正又壹號土名南洋坂上厝坪受種伍升配粮伐
肆拾文正其粮付原主收回今因乏用自愿托中送典與
林吉祥親處為業三面言議時值價銀肆拾兩正每兩折錢
捌百文扣其銀即日交訖其根面全之田即付銀主前去管
業耕作辦粮或另安别耕听從其便此田係陞自己閹分手
置物業與伯叔兄弟侄無干在先並無典當及交加不明等
情如有此情係陞出頭支當不涉銀主之事其期言約五
年外備銀照契面銀兩月期取贖如未贖仍付管業向後
倘原主要贖不得言說期限今欲有憑立典契壹紙並繳根
利租契壹紙又繳大職兄弟根契叁紙共成五紙付執為照
道光貳拾捌年拾壹月　日立典契賴大陞
在見兄大厚
侄和家
中人鄭宗宜
代字林行端

11-7-12-3　清道光二十八年十一月賴大陞立典根面全民田契

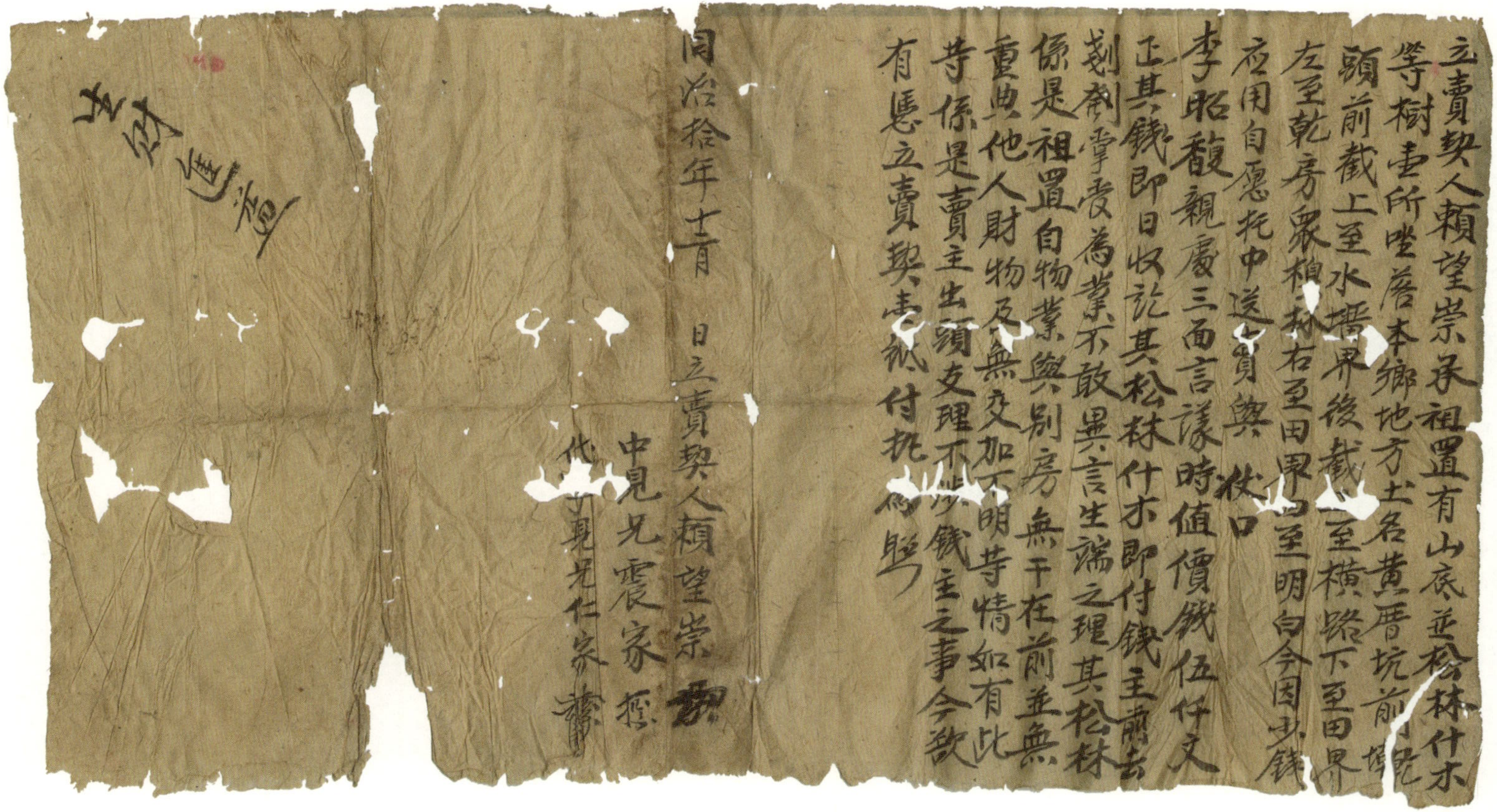
立賣契人賴望崇承祖置有山底並松林什木
等樹壹所坐落本鄉地方土名黃厝坑前坪
頭前截上至水墘界後截至橫路下至田界
左至乾房衆樹林右至田界四至明白今因乏錢
应用自愿托中送與賣與洑口
李昭馥親處三面言議時值價錢伍仟文
正其錢即日收訖其松林什木即付錢主前去
砍伐掌管爲業不敢異言生端之理其松林
係是祖置自物業與別房無干在前並無
重典他人財物及無交加不明等情如有此
等係是賣主出頭支理不涉錢主之事今欲
有憑立賣契壹紙付執爲照
同治拾年十二月　日立賣契人賴望崇（押）
中見兄震家（押）
代筆見兄仁家（押）

11-7-12-4　清同治十年十二月賴望崇立賣山底等契

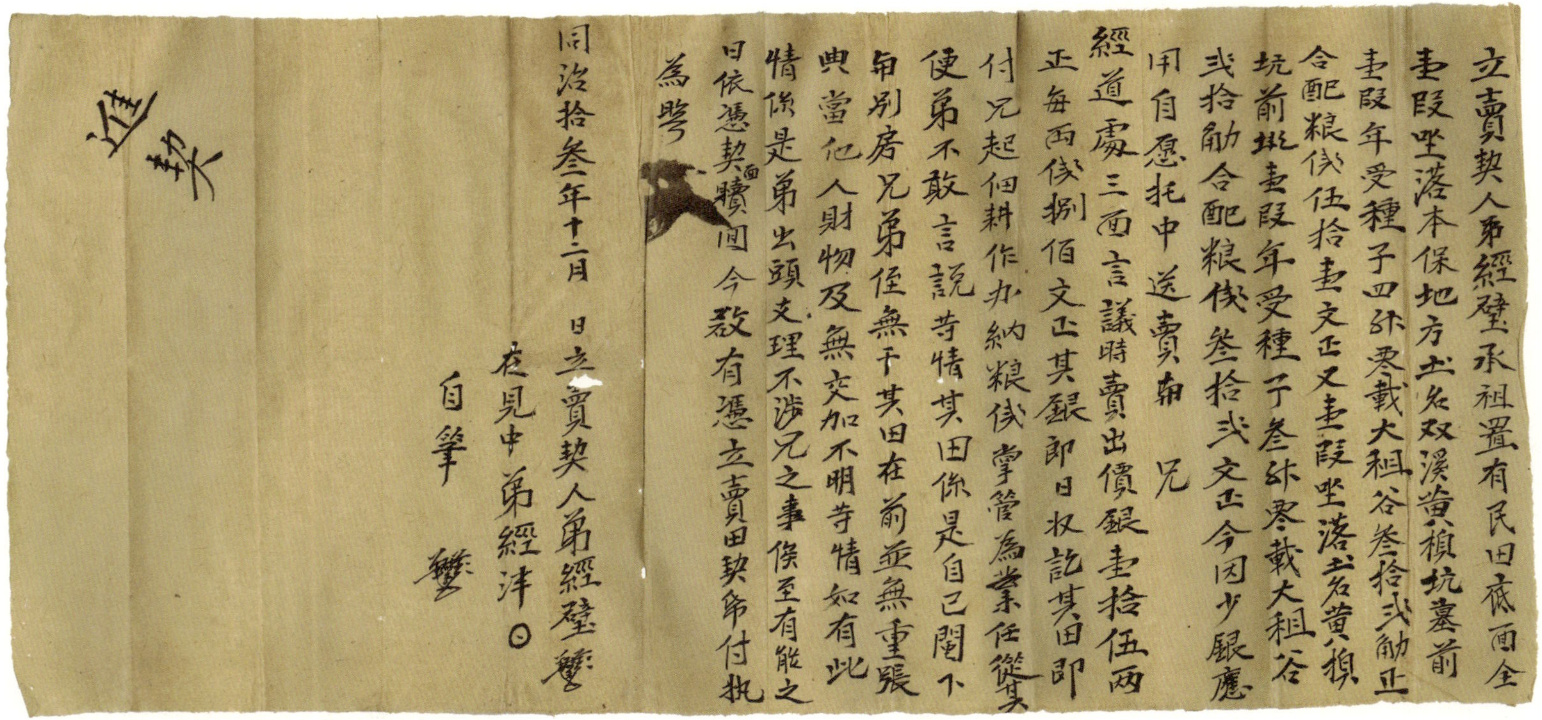
立賣契人弟經璧承祖置有民田底面全
壹段坐落本保地方土名双溪黄積坑墓前
壹段年受種子四斗零載大租谷叁拾弍觔正
合配粮伏伍拾壹文正又壹段坐落土名黄積
坑前挑壹段年受種子叁斗零載大租谷
弍拾觔合配粮伏叁拾弍文正今因少銀應
用自愿托中送賣與　兄
經道處三面言議時賣出價銀壹拾伍两
正每两伍捌佰文正其銀即日收訖其田即
付兄起佃耕作办納粮伏掌管為業任從
使弟不敢言說等情其田係是自己閣下
弟别房兄弟侄無干其田在前並無重張
典當他人財物及無交加不明等情如有此
情係是弟出頭支理不涉兄之事係至有能之
日依憑契面贖回今欲有憑立賣田契付执
為照
同治拾叁年十二月　日立賣契人弟經璧（押）
在見中弟經洋 ○
自筆（押）
進契

11-7-12-5　清同治十三年十二月温經璧立賣底面全民田契

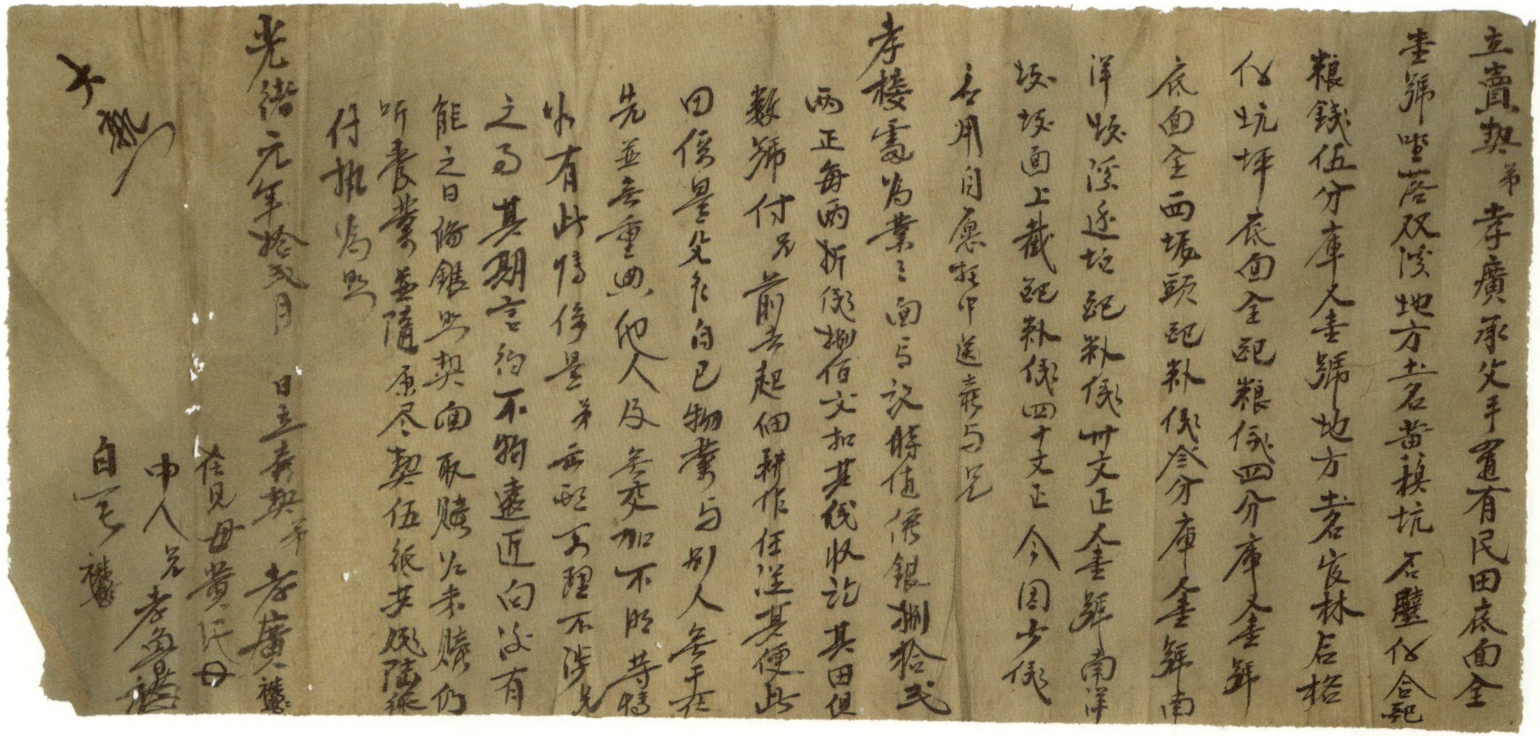

立賣契弟李孝廣承父手置有民田底面全
坐歸嵾落双溪地方土名黄頭坑石壟仔合配
粮錢伍分庫平全歸地方土名宦林后拾
仔坑坪底面全配粮錢四分庫平全歸
底面全西塅頭配粮錢叁分庫平全歸南
洋垅溪边坵配粮錢廿文正全歸南洋
垅垅面上截配粮錢四十文正　今因乏錢
應用自愿托中送與兄
孝樓處為業三面言議時值價銀捌拾弍
兩正每兩折錢捌佰文加其錢收訖其田但
聽歸兄前去起佃耕作任從其便此
田係是兄自己物業与別人無干在
先並無重典他人及無交加不明等情
如有此情係是弟無干理不涉兄
之事其期言約不拘遠近向後有
能之日備銀照契面取贖兄來贖仍
聽兄業並隨原老契伍紙交與兄隨繳
付執為照
光緒元年拾弍月　日立賣契弟孝廣[押]
在見母黄氏[押]
中人兄孝[?][押]
自筆[押]
大吉

11-7-12-6　清光緒元年十二月李孝廣立賣底面全民田契

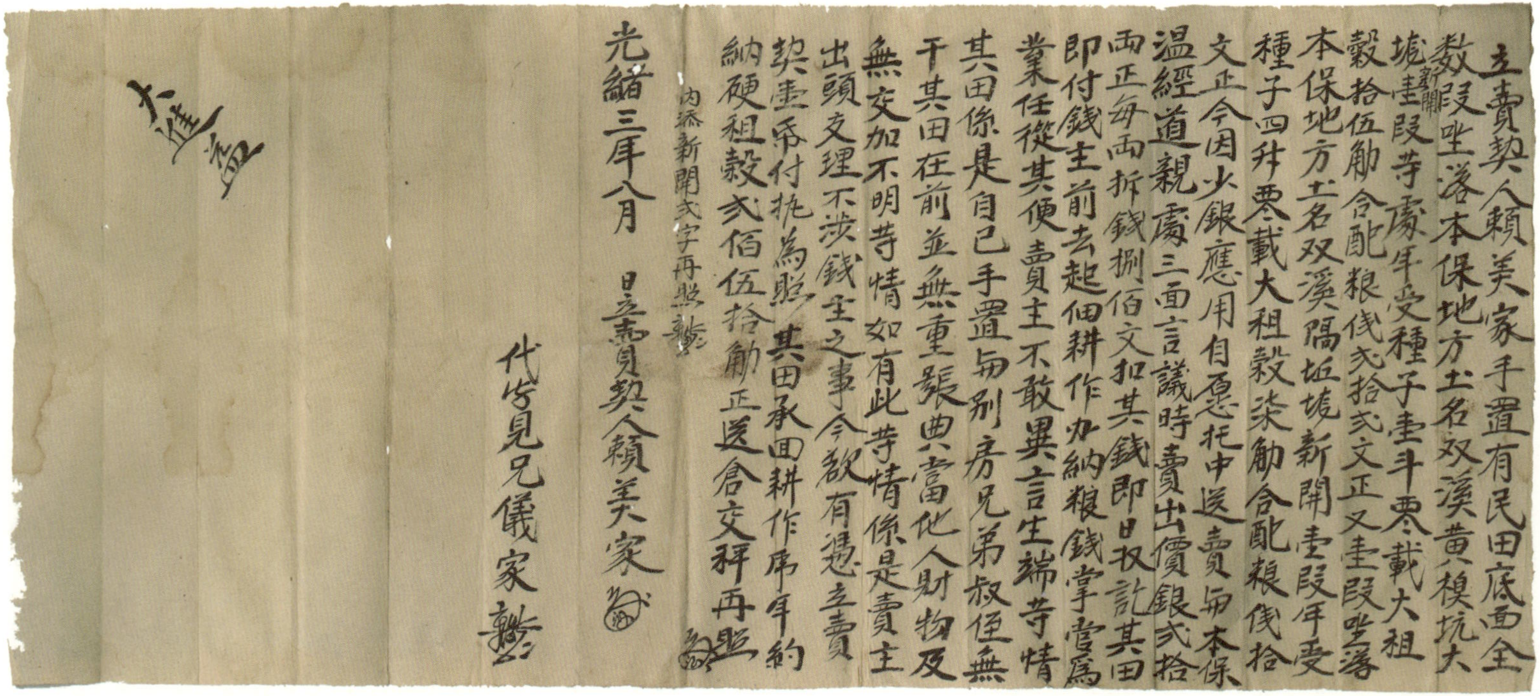

立賣契人賴美家手置有民田底面全
数段坐落本保地方土名双溪黄模坑大
墘新開圭段等處年受種子壹斗叁載大祖
穀拾伍觔合配粮伐弍拾弍文正又圭段坐落
本保地方土名双溪隔垱墘新開圭段年受
種子四升叁載大祖穀柒觔合配粮伐拾
文正今因乏銀應用自愿托中送賣与本保
溫經道親處三面言議時賣出價銀弍拾
両正每両折錢捌佰文扣其錢即日收訖其田
即付錢主前去起佃耕作办納粮錢掌管爲
業任從其便賣主不敢異言生端等情
其田係是自己手置与別房兄弟叔侄無
干其田在前並無重張典當他人財物及
無交加不明等情如有此等情係是賣主
出頭支理不涉錢主之事今欲有憑立賣
契壹帋付執爲照 其田承田耕作每年約
納硬租穀弍佰伍拾觔正送倉交秤再照
内添新開弍字再照
光緒三年八月 日立賣契人賴美家
代筆見兄儀家
大進

11-7-12-7 清光緒三年八月賴美家立賣底面全民田契

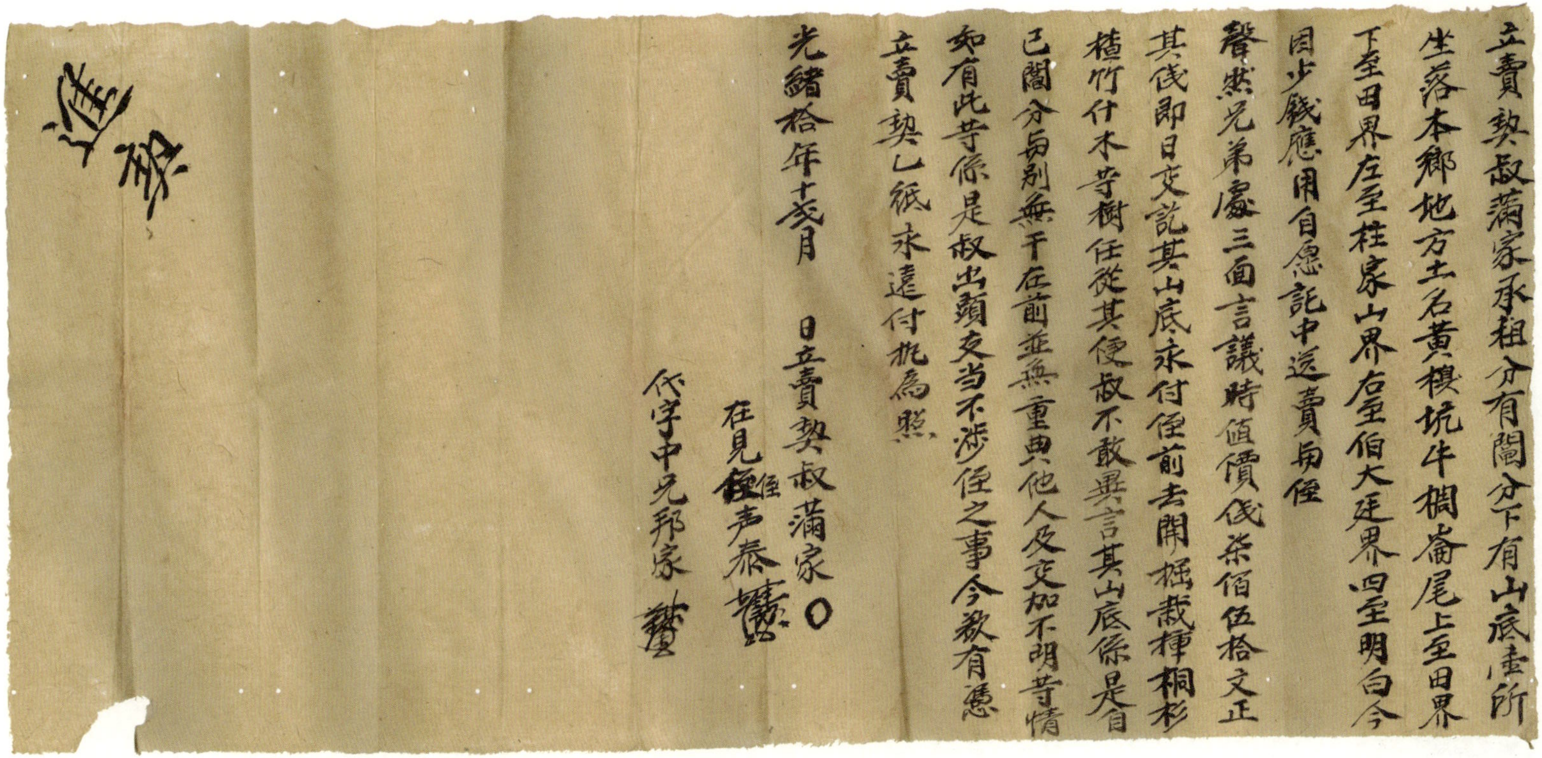

11-7-12-8 清光緒十年十二月賴滿家立賣山底契

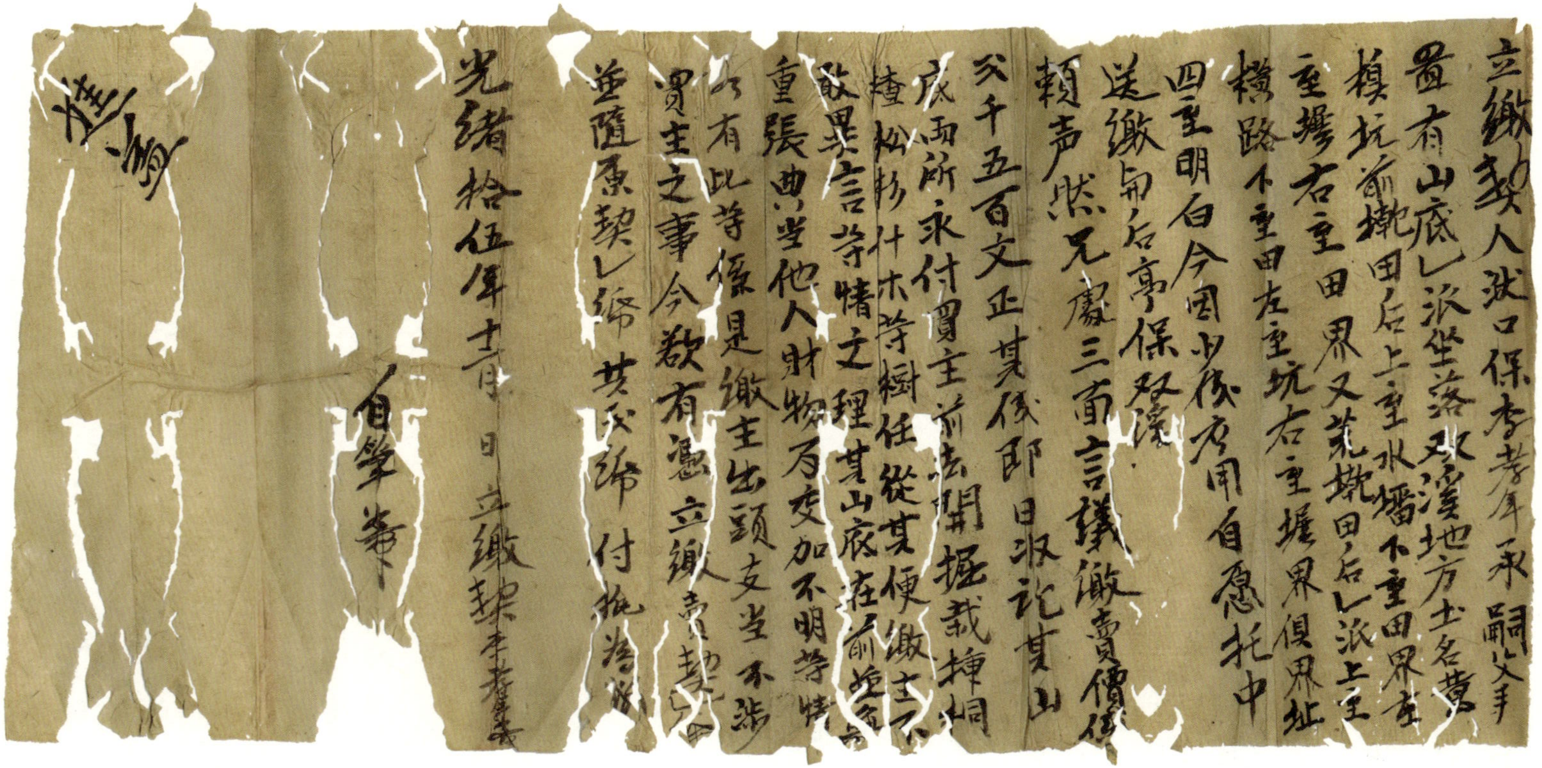
立繳山底契人洑口保李孝年承嗣父手
置有山底乙派坐落本溪地方土名黄土
模坑前墈田后上至水墻下至田界左
至塝右至田界又并墈田后乙派上至
横路下至田左至坑右至堀界俱界址
四至明白今因少錢応用自愿托中
送繳向后亭保叔滨
賴声然兄處三面言議繳賣價錢
六千五百文正其錢即日收訖其山
底面所永付買主前去開掘栽插桐
楂松杉什木等樹任從其便繳主不
敢異言等情之理其山底在前並無
重張典当他人財物及交加不明等情
如有此等係是繳主出頭支当不涉
買主之事今欲有憑立繳賣契乙紙
並隨原契乙紙 共弍紙 付執為照
光緒拾伍年十二月 日 立繳契李孝年
自筆

11-7-12-9　清光緒十五年十二月李孝年立繳山底契

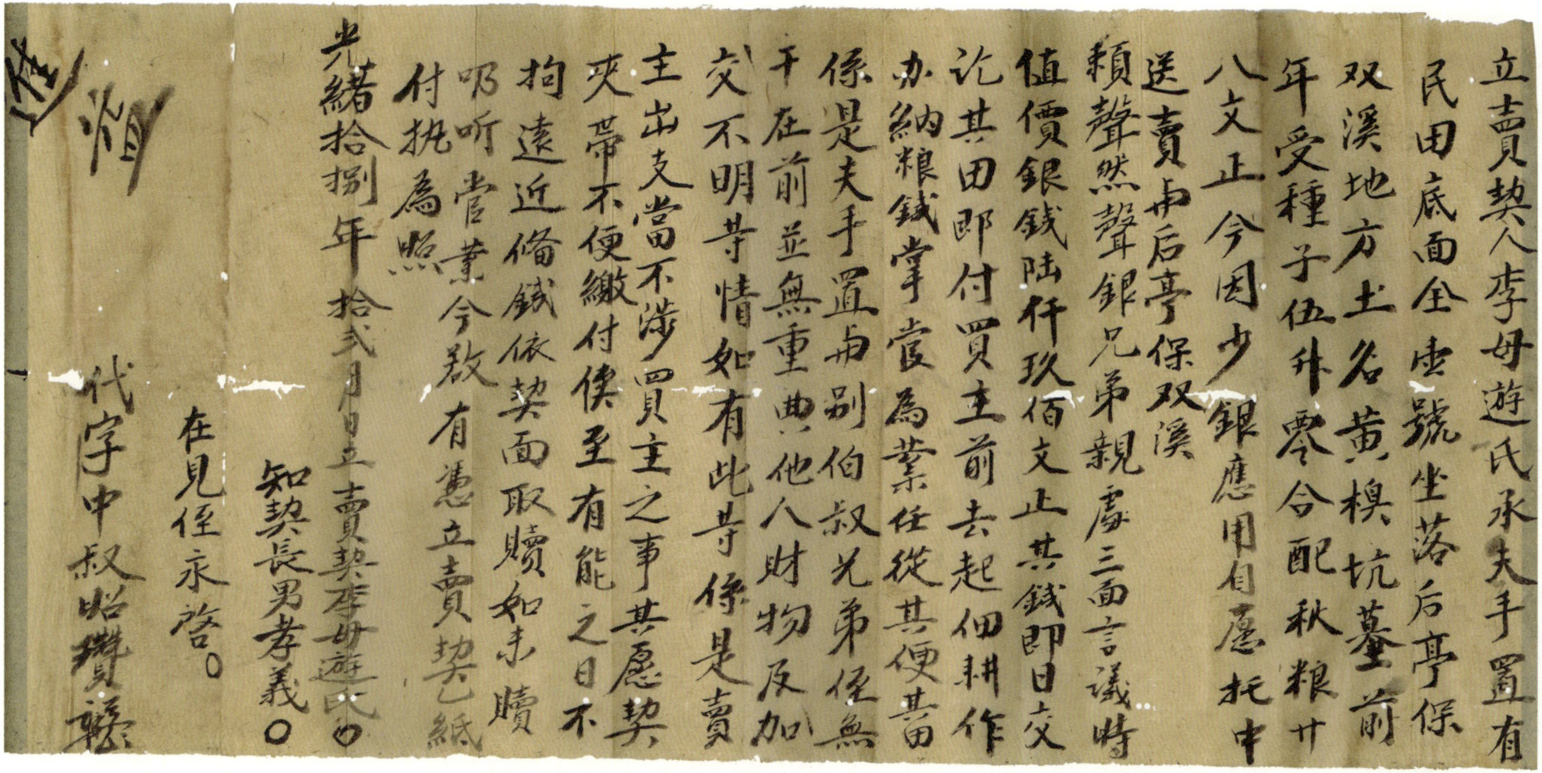

11-7-12-10　清光緒十八年十二月李母遊氏立賣底面全民田契

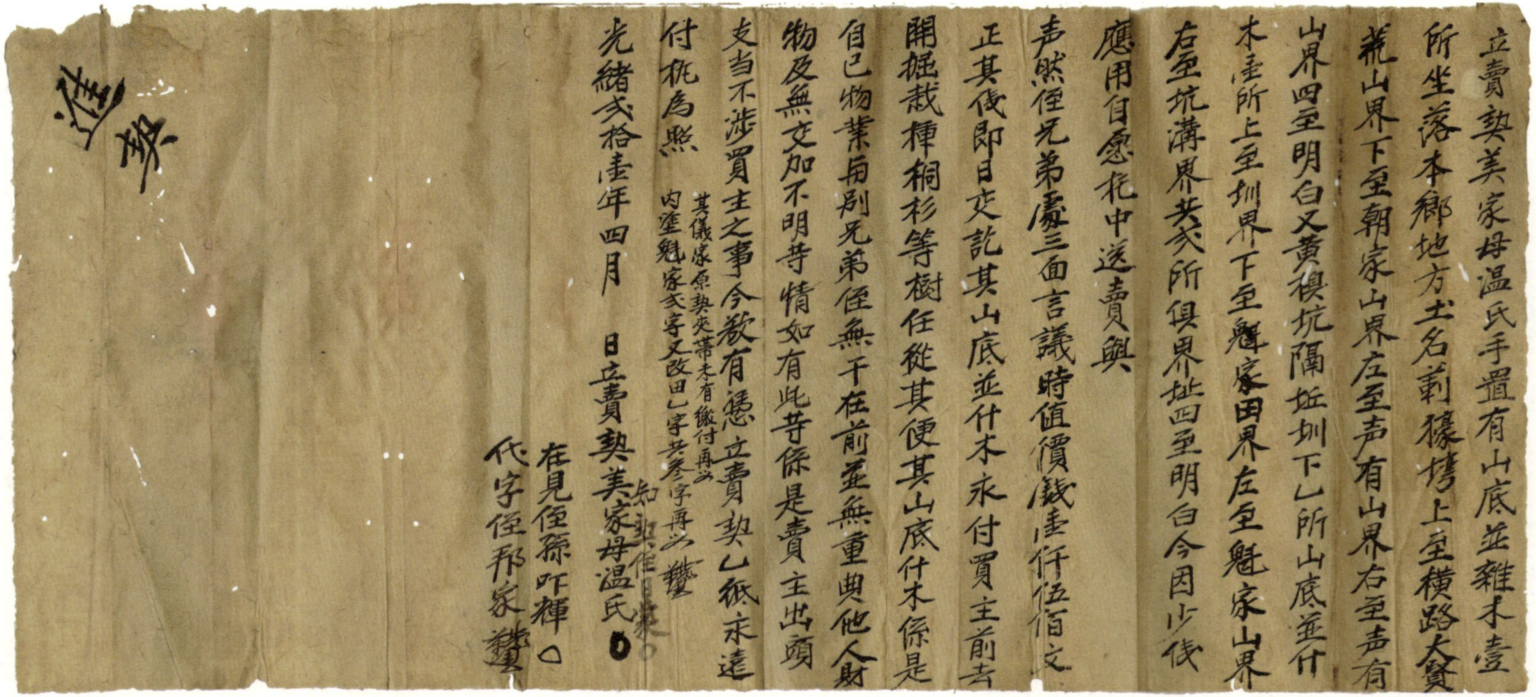
立賣契美家母温氏手置有山底並雜木壹
所坐落本鄉地方土名荊𧄼塆上至横路大賢
荒山界下至朝家山界左至声有山界右至声有
山界四至明白又黄𥢶坑隔𡋯圳下山所山底並什
木壹所上至圳界下至魁家田界左至魁家山界
右至坑溝界共弍所俱界址四至明白今因少銭
應用自愿托中送賣與
声然侄兄弟處三面言議時值價錢壹仟伍佰文
正其銭即日交訖其山底並什木永付買主前去
開掘栽種桐杉等樹任從其便其山底什木係是
自己物業与别兄弟侄無干在前並無重典他人財
物及無交加不明等情如有此等係是賣主出頭
支当不涉買主之事今欲有憑立賣契山紙永遠
付執為照
其儀家原契夾帶未有繳付再照
內塗魁家弍字又改田山字共叁字再照
光緒弍拾壹年四月　日立賣契美家母温氏
知契侄□□
在見侄孫吓禪
代字侄邦家

11-7-12-11　清光緒二十一年四月賴母温氏立賣山底等契

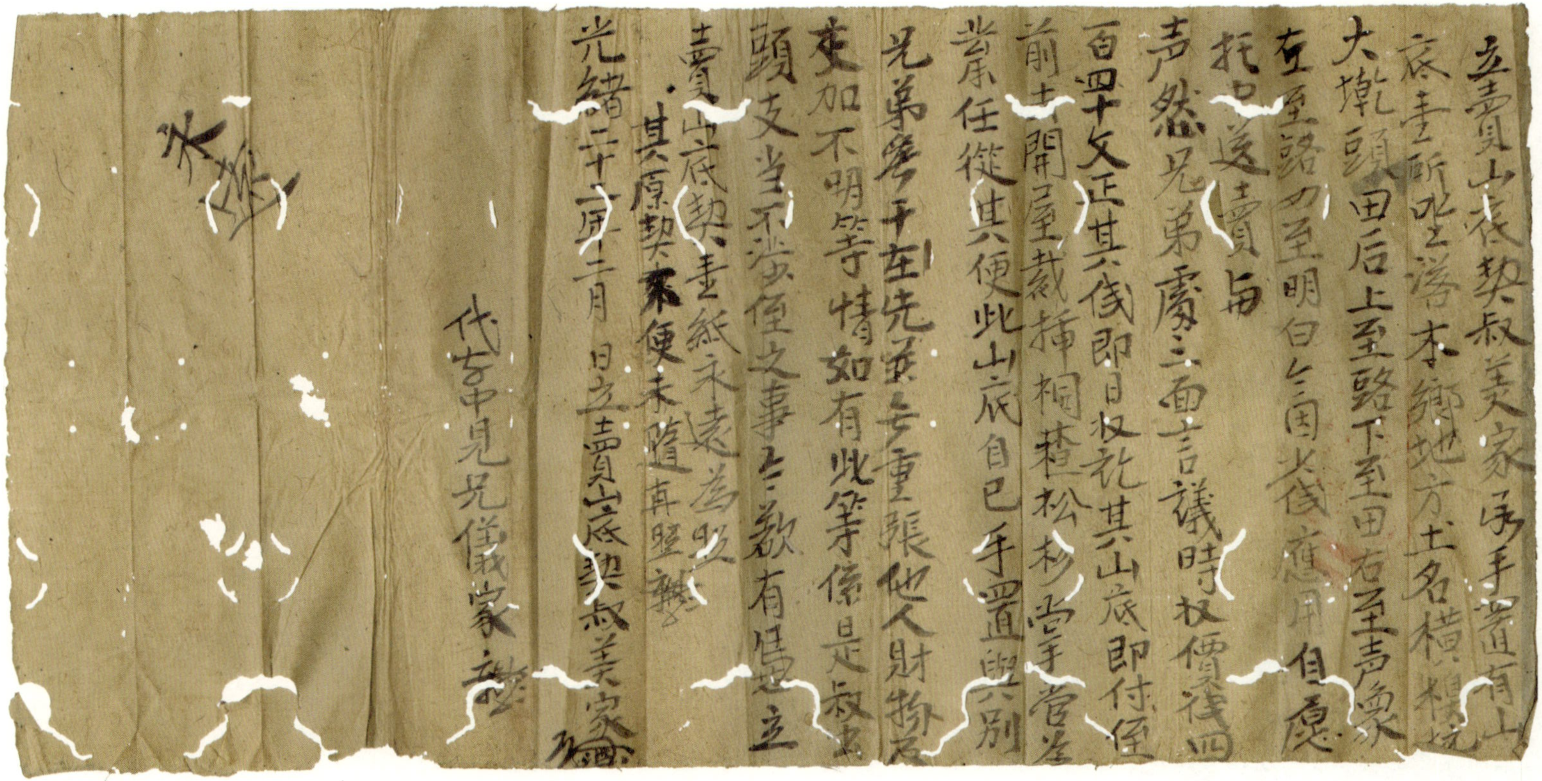

立賣山底契叔美家，承手置有山
底壹所，坐落本鄉地方，土名橫槽坑
大墩頭，田后上至路，下至田，右至声象
左至路，四至明白為界。今因乏銭應用，自愿
托中送賣與
声然兄弟處，三面言議，時值價銭四
百四十文正。其銭即日收訖，其山底即付侄
前去開屋栽插桐楂松杉等，管業
掌任從其便。此山底自己手置，與別
兄弟叔侄無干，在先並無重張他人財物
交加不明等情。如有此等，係是叔出
頭支當，不涉侄之事。二比歡有恁，立
賣山底契壹紙，永遠為照。
其原契不便未隨，再照。
光緒二十二年二月　日立賣山底契叔美家（押）
代字中見兄儀家（押）

11-7-12-12　清光緒二十二年二月賴美家立賣山底契

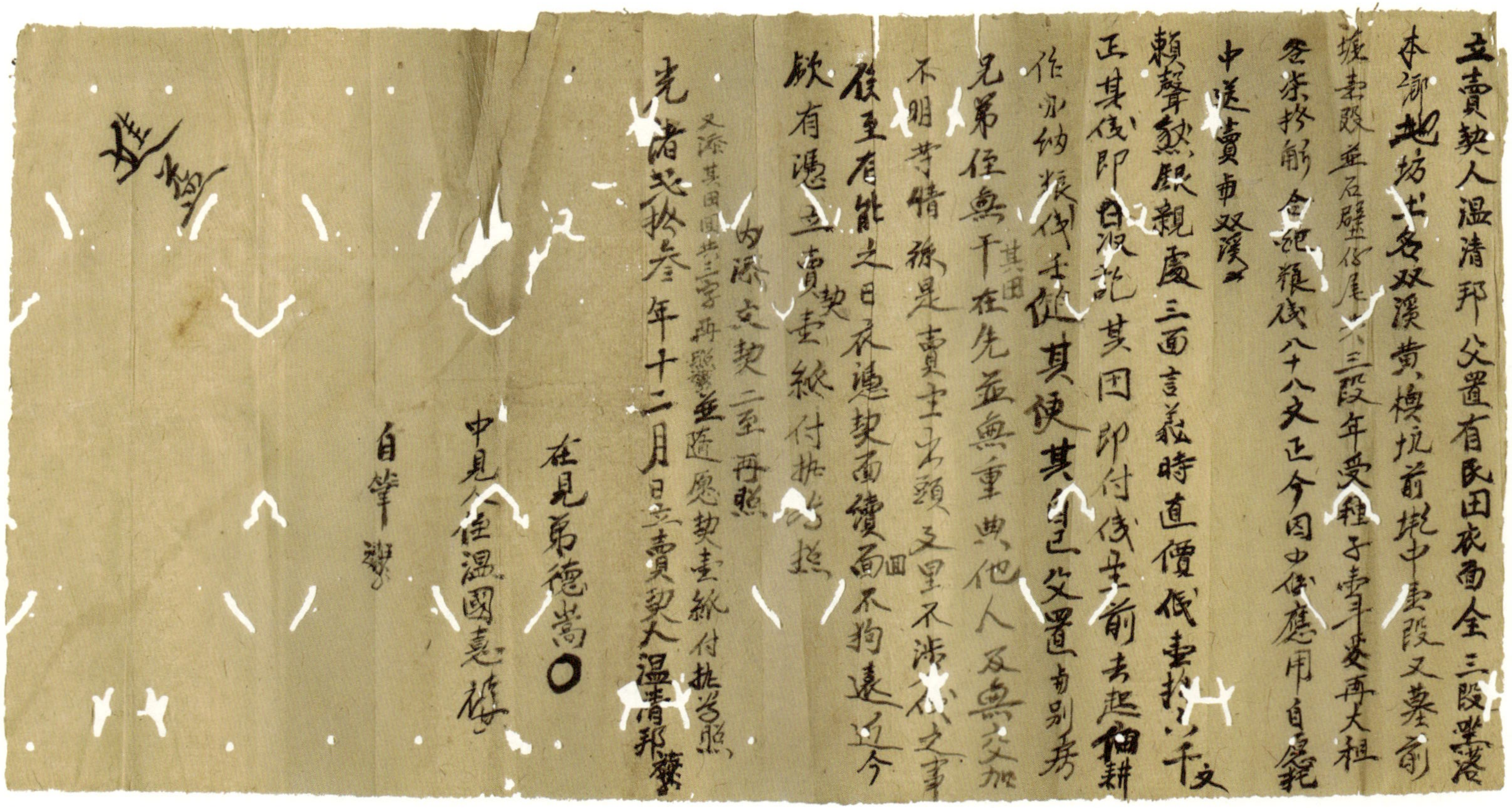
立賣契人温清邦，父置有民田底面全三段，坐落
本鄉地坊土名双溪黄樟坑前垅中壹段，又墓前
墘壹段，並石壁仔尾，共三段，年受種子壹斗，要納大租
谷柒拾觔，仓纳粮钱八十八文正。今因乏錢應用，自愿托
中送賣本双溪
賴聲嶽觀處，三面言議，時值價錢壹拾六千文
正。其錢即日收訖，其田即付錢主前去起佃耕
作、办纳粮钱，任從其便。其田乃是父置，与別房
兄弟侄無干。其田在先並無重典他人及無交加
不明等情，係是賣主出頭支理，不涉錢主之事。
後至有能之日，衣邊契面價面回不拘遠近。今
欲有憑，立賣契壹紙，付执为照。
内添文契二至再照。
又添其田園共三字再照。並遞愿契壹紙付执为照。
光緒廿叁年十二月　日立賣契人温清邦
在見弟德嵩
中見人侄温國惠
自筆
推登

11-7-12-13　清光緒二十三年十二月温清邦立賣底面全民田契

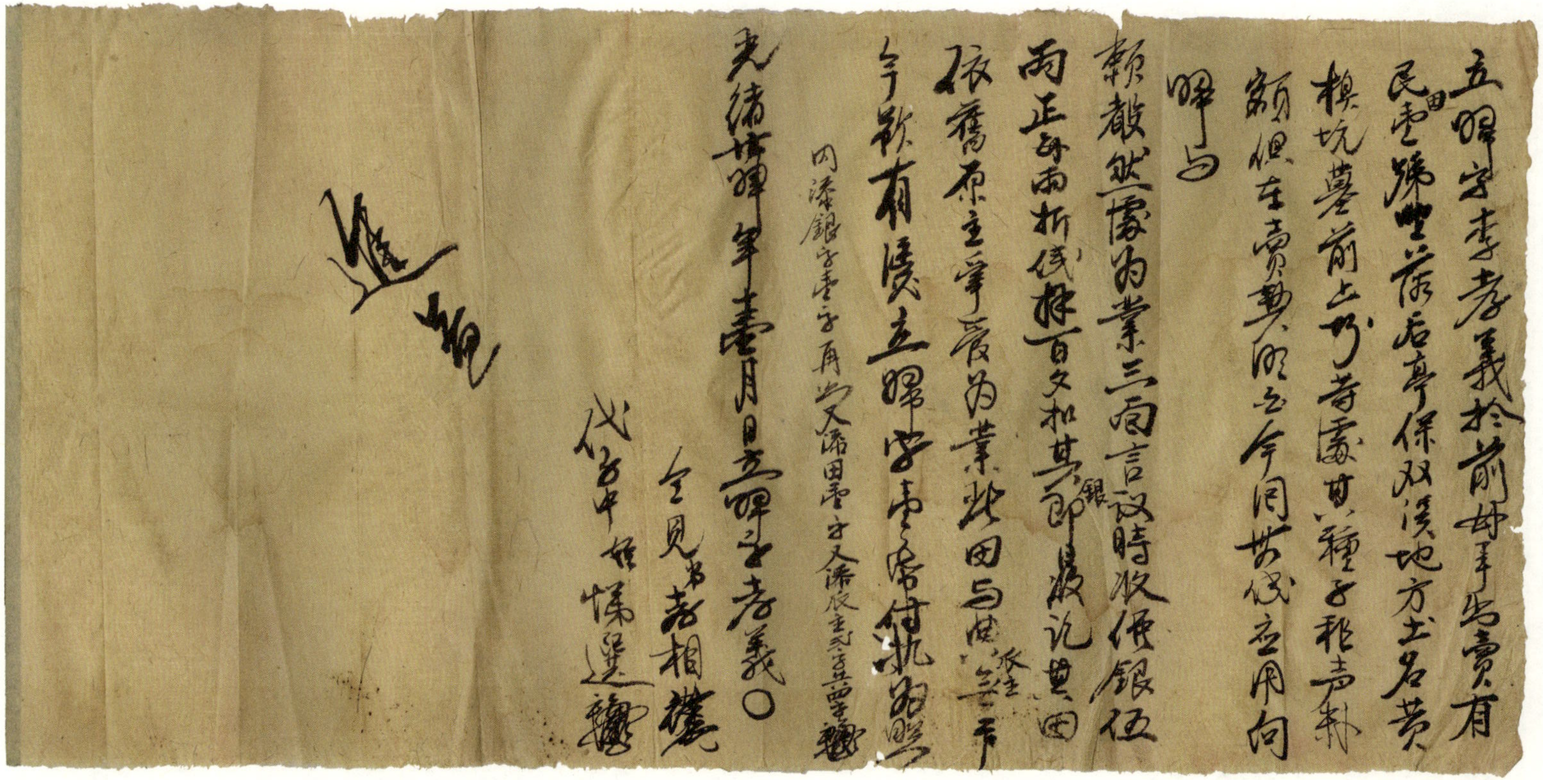

立歸字李孝義，於前好年出賣有
民田壹號，坐落后亭保双溪地方，土名黄
模坑墓前上下等處，田大小種子貳秤，載
額俱在賣契明白，今因其價應用，向
歸與
賴緻然處為業，三面言議，時收價銀伍
兩正，每兩折錢捌百文，和其銀即收訖，其田
依舊原主掌管為業，此田與他無干，
今欲有憑，立歸字壹紙，付執為照。
內添銀字壹字，再批。又添田壹字，又添依主弍字，共四字。（押）
光緒廿肆年壹月　日立歸字李孝義〇
仝見叔　孝相（押）
代筆中侄　[illegible]（押）

11-7-12-14　清光緒二十四年十一月李孝義立歸民田契

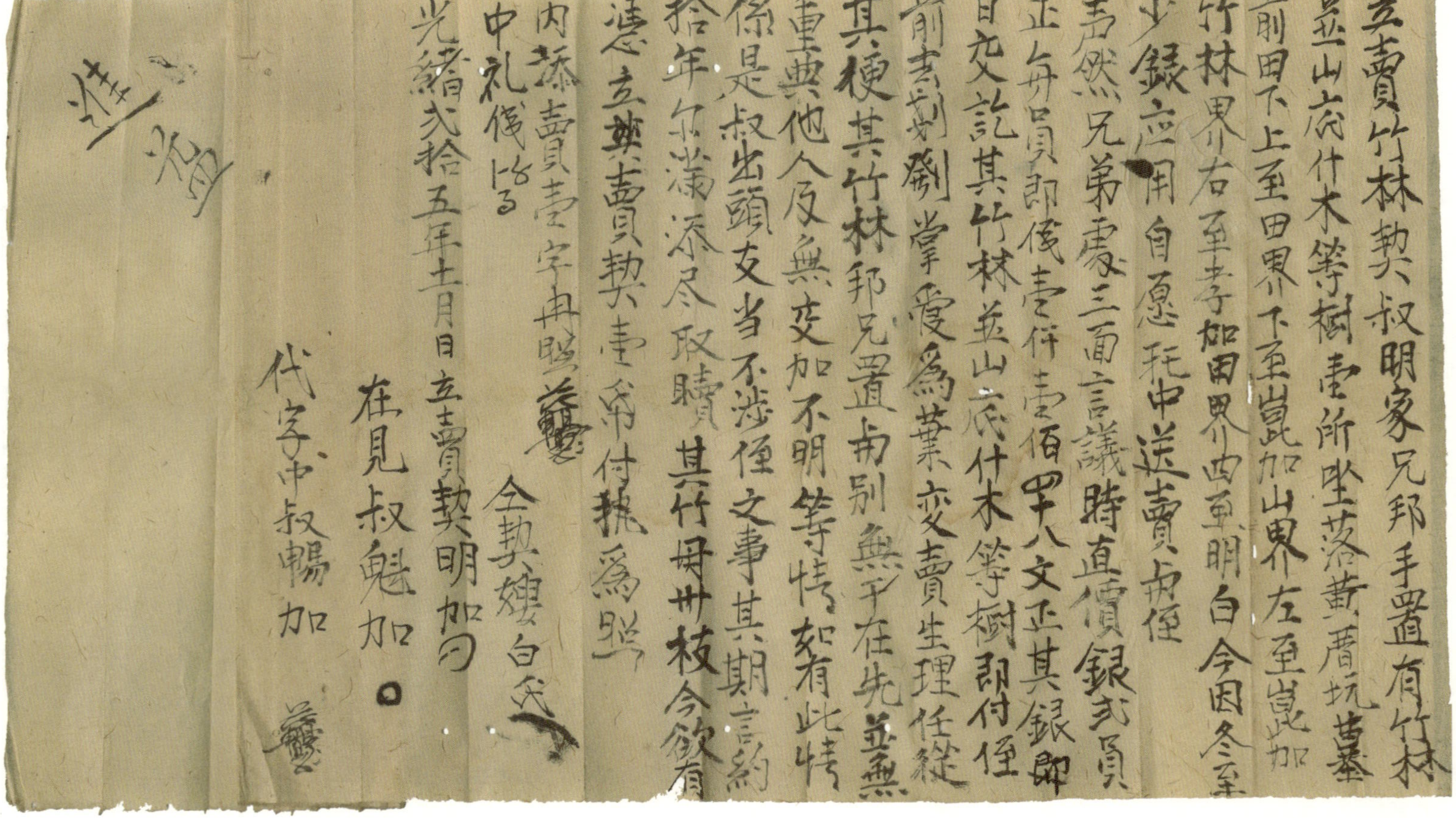
立賣竹林契人叔明家兄邦手置有竹林
並山底竹木等樹壹所坐落黄厝坑甚基
前田下上至田界下至崑加山界左至崑加
竹林界右至李加田界西至明白今因冬至
少錢應用自愿托中送賣與侄
聲然兄弟處三面言議時值價銀貳員
正每員即錢壹仟壹佰四十八文正其銀即
日交訖其竹林並山底竹木等樹即付侄
前去割掌管為業變賣生理任從
其便其竹林邦兄置出有别無干在先並無
重典他人反無交加不明等情如有此情
係是叔出頭支當不涉侄之事其期言約
拾年不滿添足取贖其竹母廿枝今欲有
憑立賣契壹帋付執為照
內添壹賣字再照
中礼儀皆
仝契嫂白氏
光緒貳拾五年十一月 日 立賣契明加
在見叔魁加 ○
代字中叔暢加
佳兆

11-7-12-15　清光緒二十五年十一月賴明家等立賣竹林等契

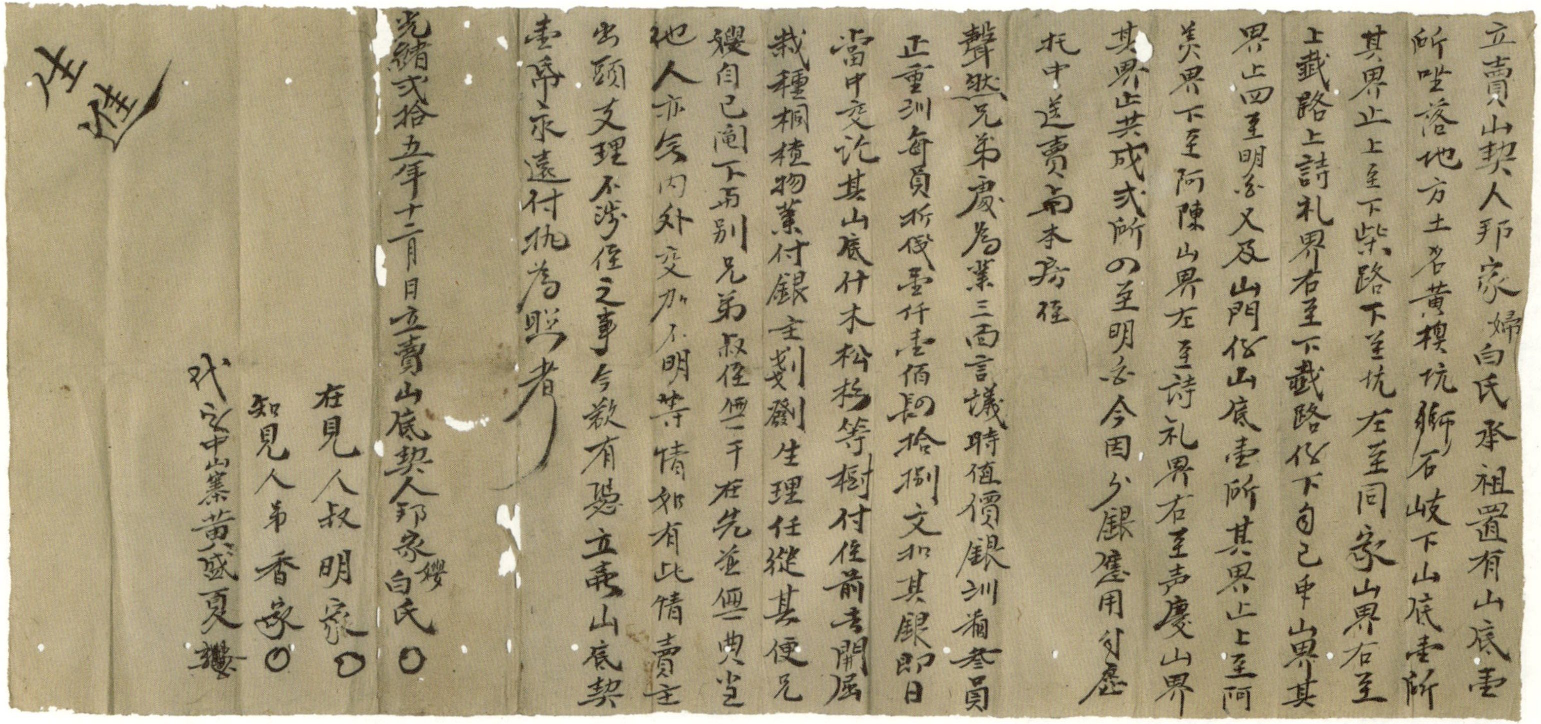

立賣山契人邦家婦白氏承祖置有山底壹
所坐落地方土名黄模坑衕石岐下山底壹所
其界止上至下柴路下至坑左至同家山界右至
上截路上詩礼界右至下截路從下自己中山界其
界上四至明白又及山門從山底壹所其界止上至阿
美界下至阿陳山界左至詩礼界右至声慶山界
其界止共成式所四至明白今因乏銀應用付屈
托中送賣與本房侄
聲歡兄弟慶為業三面言議時值價銀訓滿叁員
正重訓每員折錢壹仟壹佰肆拾捌文扣其銀即日
當中交訖其山底什木松杉等樹付侄前去開展
栽種桐植物業付銀主剗劉生理任從其便兄
嫂自己面下弟別兄弟叔侄無干在先並無典當
他人亦無內外交加不明等情如有此情賣主
出頭支理不涉侄之事今欲有憑立賣山底契
壹紙永遠付侃為照者

光緒式拾五年十二月日立賣山底契人邦家婦白氏〇

在見人叔明家〇

知見人弟香家〇

代字中山寨黄盛夏

11–7–12–16　清光緒二十五年十二月賴邦家婦白氏立賣山底契

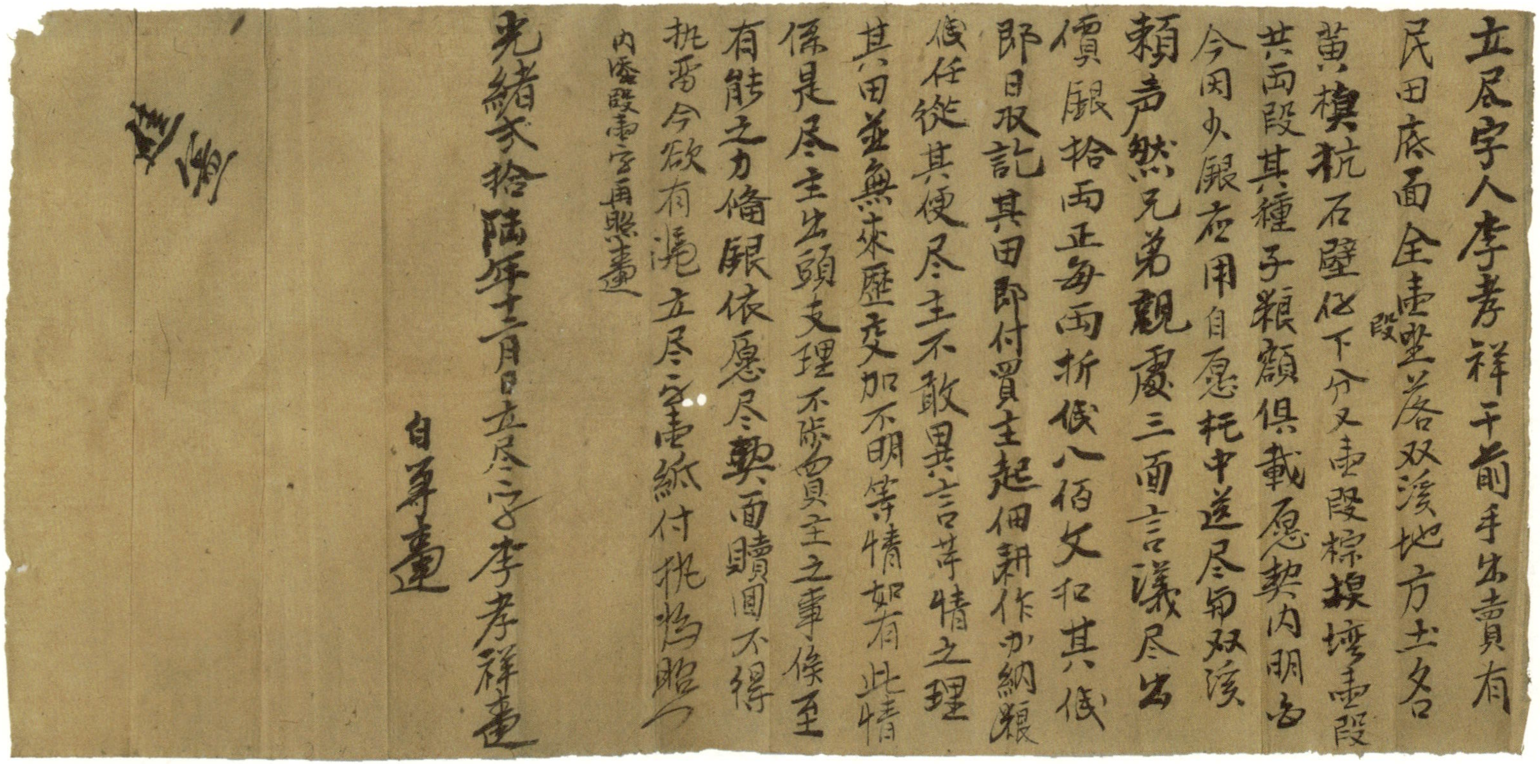
立尽字人李孝祥干前手出賣有
民田底面全壹段坐落双溪地方土名
黄槙杭石壁仫下介又壹段棕墩壹段
共两段其種子粮額俱載原契内明白
今因乏銀応用自愿托中送尽与双溪
賴声然兄弟觀處三面言議尽出
價銀拾两正每两折錢八佰文扣其錢
即日収訖其田即付買主起佃耕作办納粮
錢任從其便尽主不敢異言等情之理
其田並無來歷交加不明等情如有此情
係是尽主出頭支理不干買主之事係至
有能之力備銀依愿尽契面贖回不得
執留今欲有憑立尽字壹紙付執為照
内添段壹字再照（押）
光緒贰拾陆年十二月日立尽字李孝祥（押）
自筆（押）

11-7-12-17　清光緒二十六年十二月李孝祥立盡底面全民田字

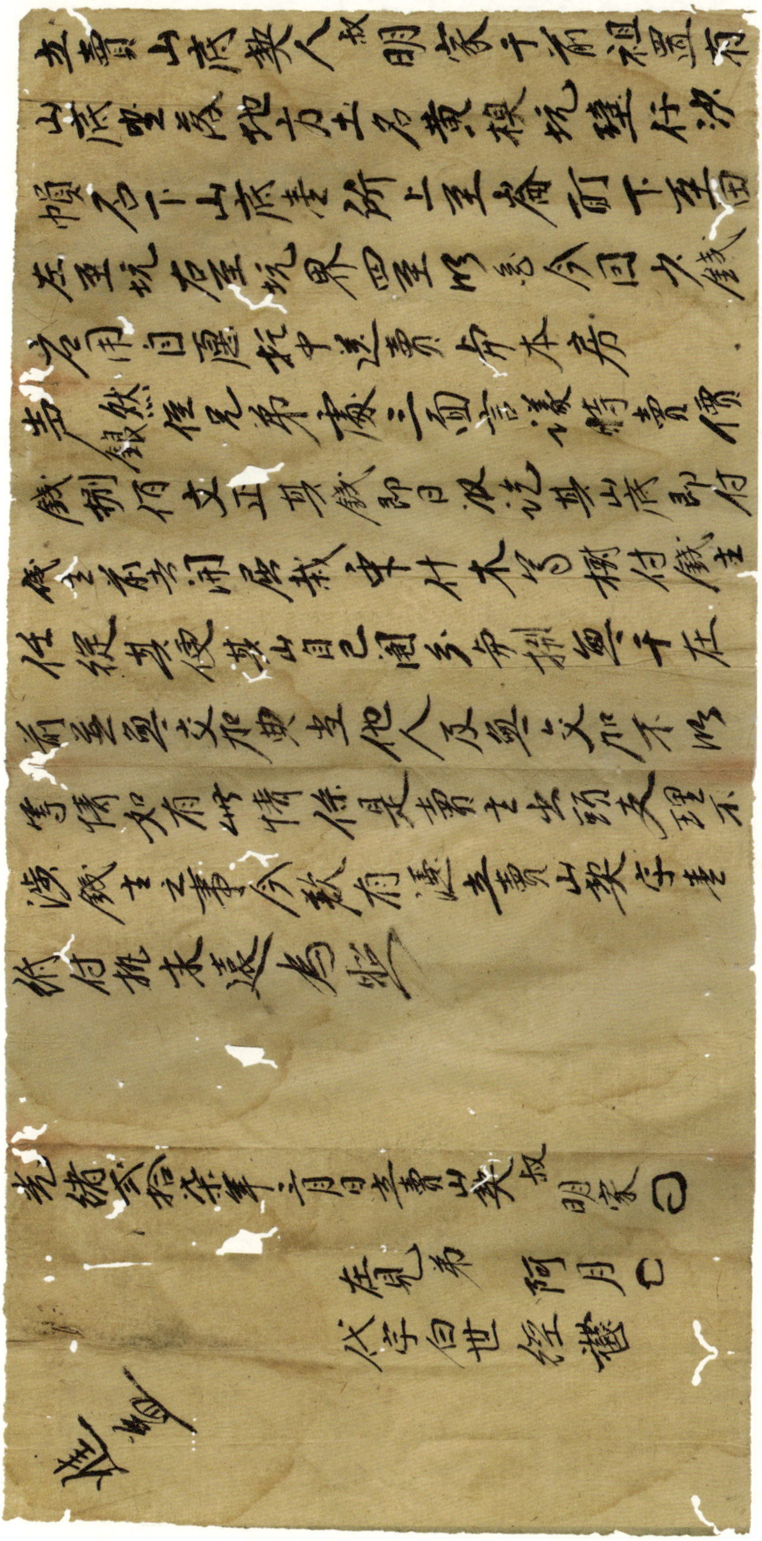

立賣山底契人賴明家今有祖置有
山底坐落地方土名東槐坑壟仔洪
嶺名下山底壹所上至倚面下至田
左至坑右至坑界四至明白今因乏銀
應用自愿托中送賣與本房
叔然侄兄弟處三面言議時價
錢捌佰文正其錢即日收訖其山底即付
錢主前去開壟栽種杉木收蓄樹付錢主
任從其便其山自己開手前拼無干在
前並無交加典當他人及無文字不明
等情如有此情係是賣主出頭支理不
涉錢主之事今欲有憑立賣山契字壹
紙付執永遠為照

光緒貳拾柒年三月日立賣山契人賴明家（押）
在見兄弟　阿月（押）
代字白世煌

11-7-12-18　清光緒二十七年三月賴明家立賣山底契

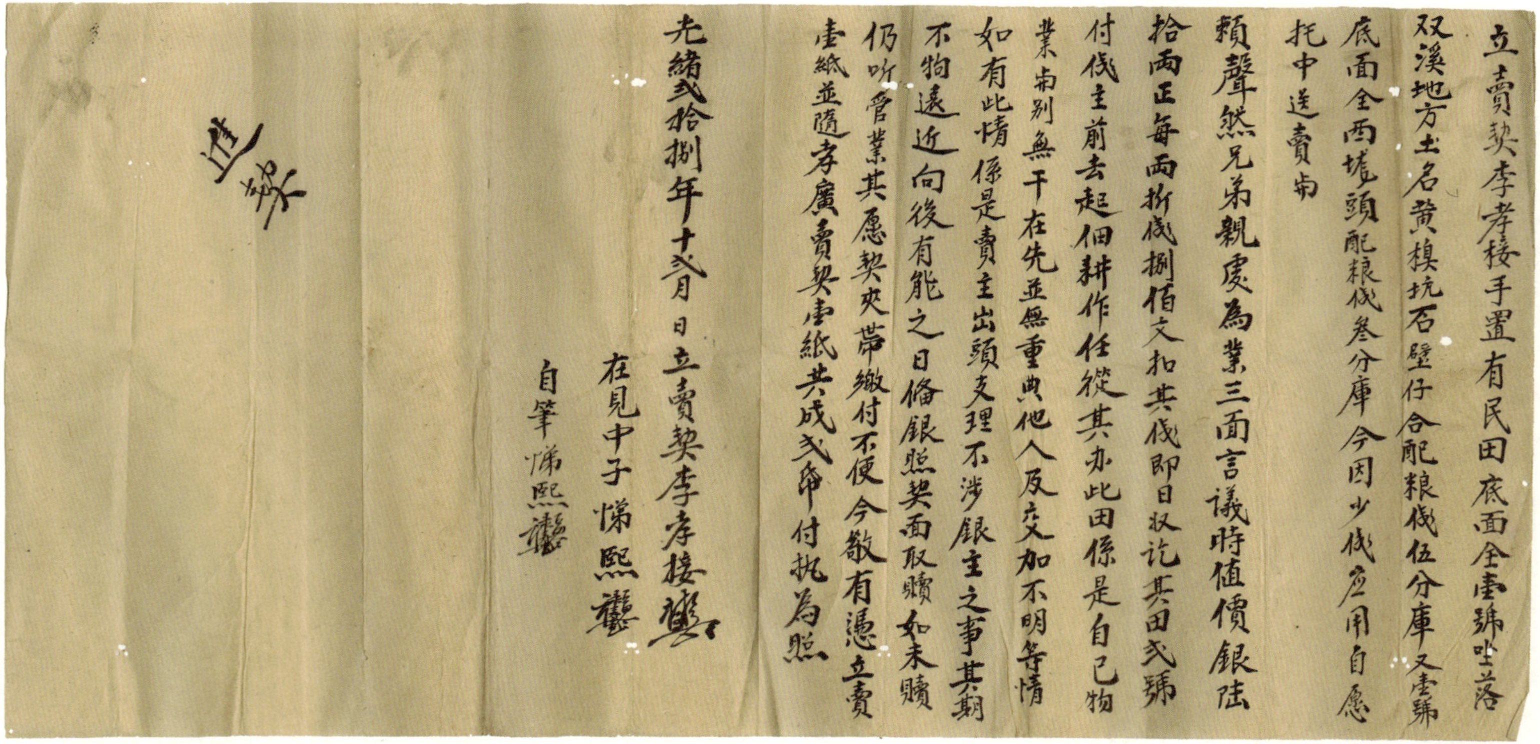
立賣契李孝接手置有民田底面全壹號坐落
双溪地方土名黄模坑石壁仔合配粮錢伍分庫又壹號
底面全西墘頭配粮錢叁分庫今因少錢应用自愿
托中送賣与
賴聲然兄弟親處為業三面言議時值價銀陆
拾两正每两折錢捌佰文扣共錢即日收訖其田弍號
付錢主前去起佃耕作任從其办此田係是自己物
業与别無干在先並無重典他人反交加不明等情
如有此情係是賣主出頭支理不涉銀主之事其期
不拘遠近向後有能之日備銀照契面取贖如未贖
仍听管業其愿契夹带繳付不便今欲有憑立賣
壹紙並隨孝廣賣契壹紙共成弍帋付執為照

光緒弍拾捌年十弍月　日立賣契李孝接（押）
在見中子　悌熙（押）
自筆　悌熙（押）

11-7-12-19　清光緒二十八年十二月李孝接立賣底面全民田契

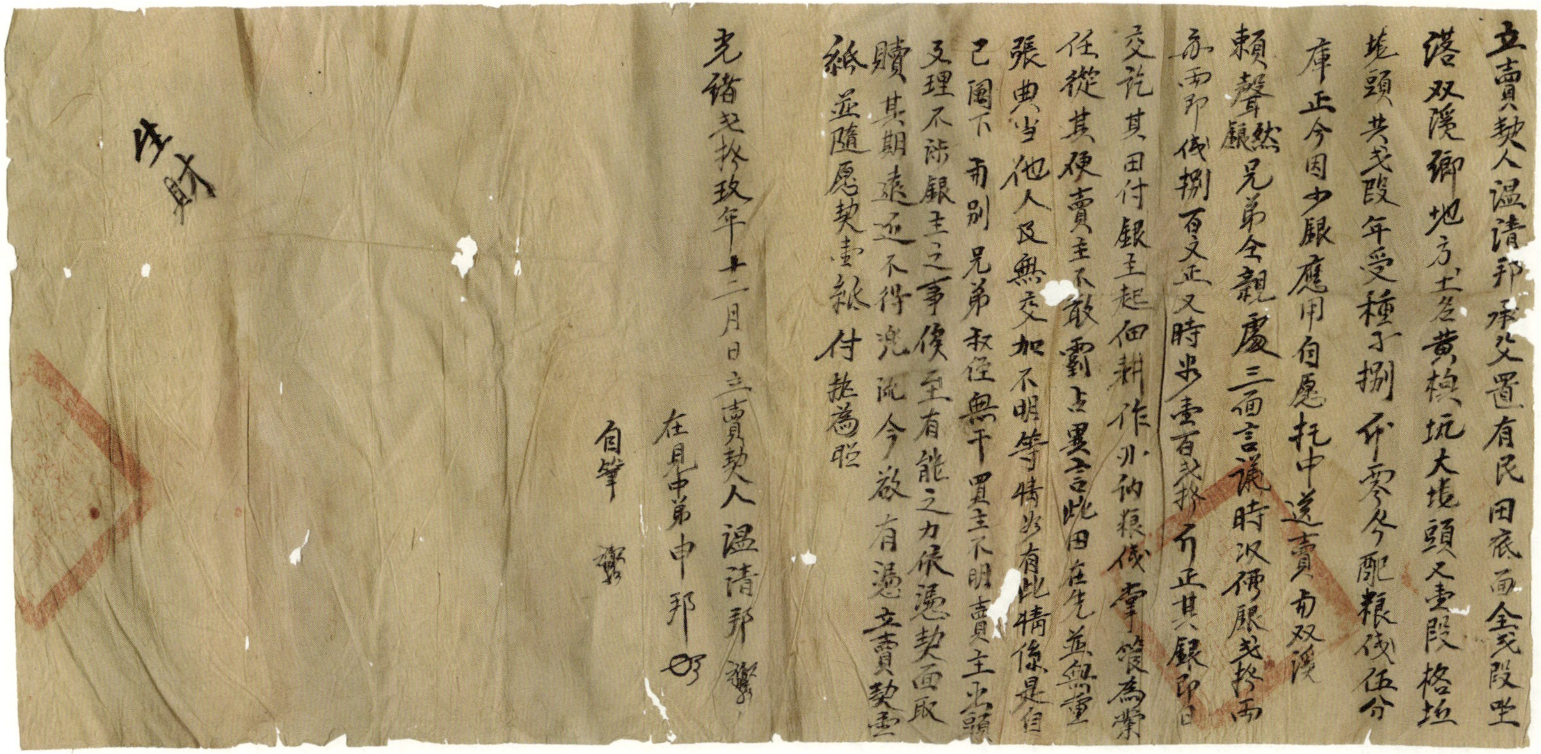

立賣契人温清邦承父置有民田底面全弍段坐
落双溪鄉地方土名黄楻坑大垅頭又壹段格垅
垅頭共弍段年受種子捌斤零今配粮伍分
庫正今因少銀應用自愿托中送賣与双溪
賴聲然兄弟全親處三面言議時價銀弍拾両
叁両叩伐捌百文正又時出壹百弍拾斤正其銀即日
交訖其田付銀主起佃耕作小納粮伐掌管爲業
任從其便賣主不敢刁難言此田在先並無重
張典当他人及無交加不明等情如有此情係是自
己圍下　而別兄弟叔侄無干買主不明賣主出頭
又理不涉銀主之事俟至有能之力依憑契面取
贖其朝遠近不得洗阻今欲有憑立賣契壹
紙並隨原契壹紙付執爲照

光緒弍拾玖年十二月　日立賣契人温清邦（押）
在見中弟申邦（押）
自筆（押）

生財

11-7-12-20　清光緒二十九年十二月温清邦立賣底面全民田契（紅契）

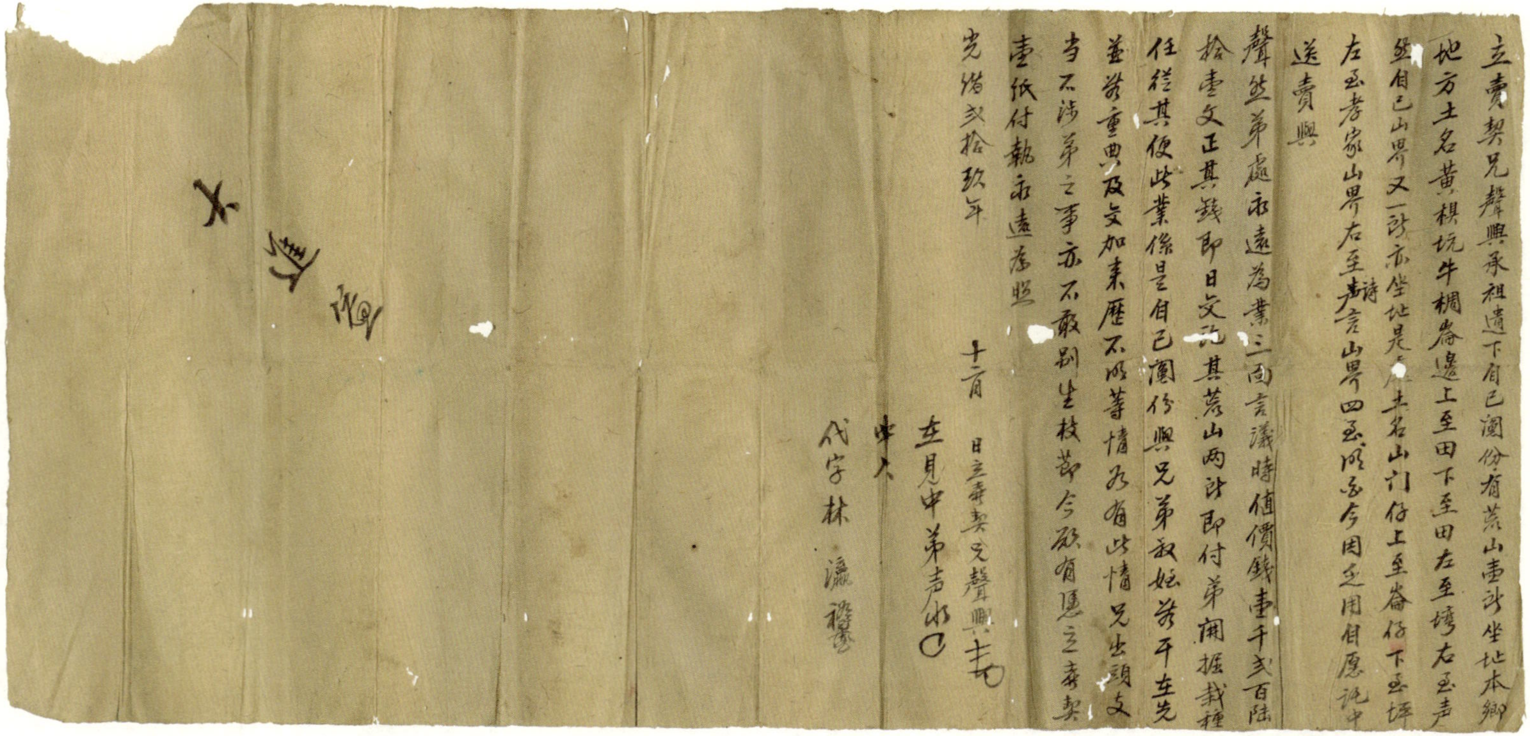

立賣契兄聲興承祖遺下自己閹份有荒山壹訃坐址本鄉
地方土名黃棋坑牛欄崙邊上至田下至田左至塝右至声
與自己山界又一訃亦坐址是處土名山门仔上至崙仔下至坪
左至孝家山界右至詩言山界四至明白今因乏用自愿託中
送賣與
聲然弟處永遠為業三面言議時值價錢壹千弍百陸
拾壹文正其錢即日交訖其荒山两訃即付弟開掘栽種
任從其便此業係是自己閹份與兄弟叔姪并干在先
並無重典及文加未歷不明等情如有此情兄出頭支
当不涉弟之事亦不敢别生枝節今欲有憑立賣契
壹紙付執永遠存照
光緒弍拾玖年　十二月　日立賣契兄聲興（押）
在見中弟声仰（押）
中人
代字林瀛（押）

11-7-12-21　清光緒二十九年十二月賴聲興立賣荒山契

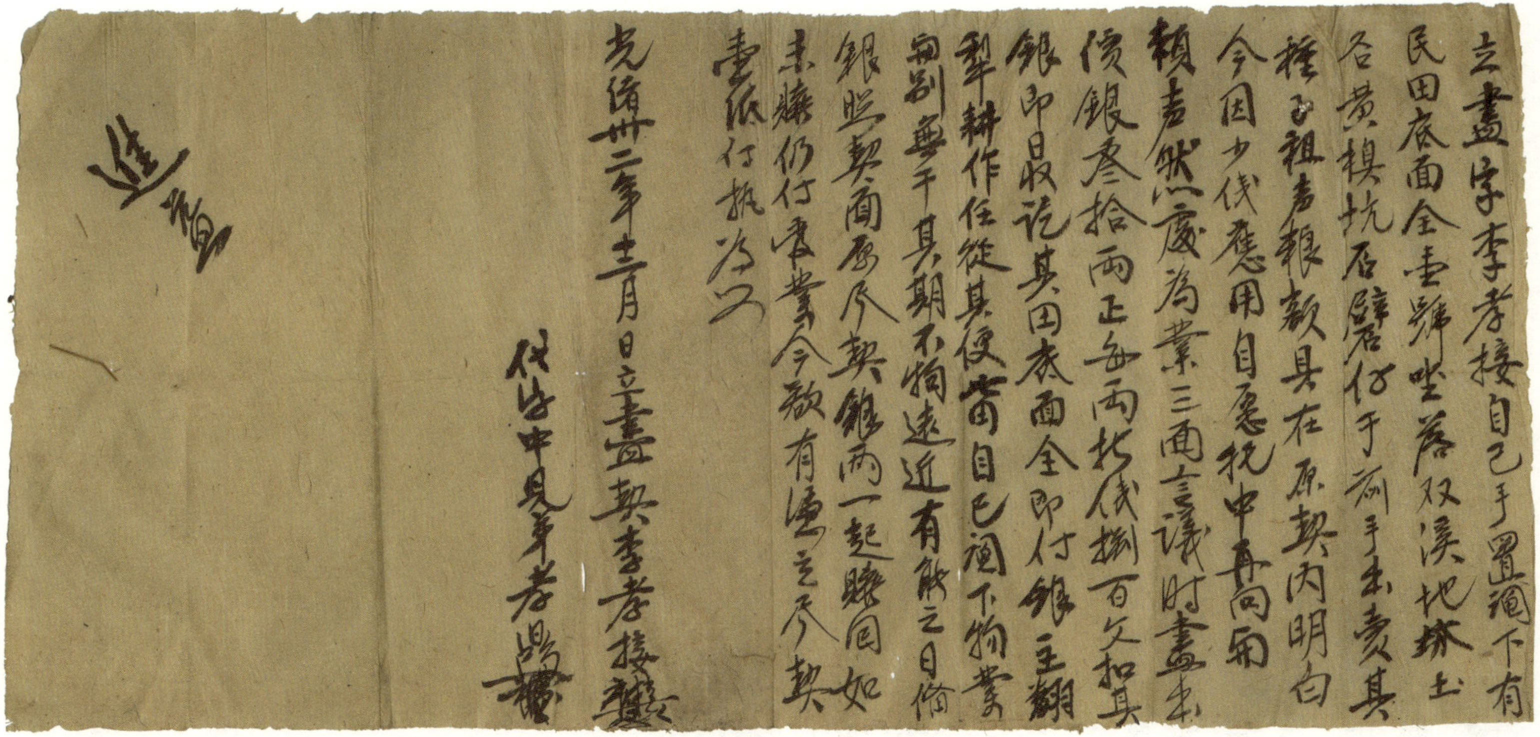

立盡字李孝接自己手置通下有
民田底面全壹號坐落双溪地塲土
名黄模坑石壁仔于两手未賣其
種子祖声粮款具在原契内明白
今因乏伐應用自愿托中再向甬
賴声然處為業三面言議时盡出
價銀叁拾兩正每兩折伐捌百文扣其
銀即日収訖其田表面全即付銀主翻
犁耕作任從其便當自己通下物業
向别無干其期不拘遠近有能之日備
銀照契面原契銀兩一起贖回如
未贖仍付承業今欲有憑立盡契
壹紙付執為照

光緒卅二年十二月　日立盡契李孝接

代筆中見李孝

11-7-12-22　清光緒三十二年十二月李孝接立盡底面全民田字

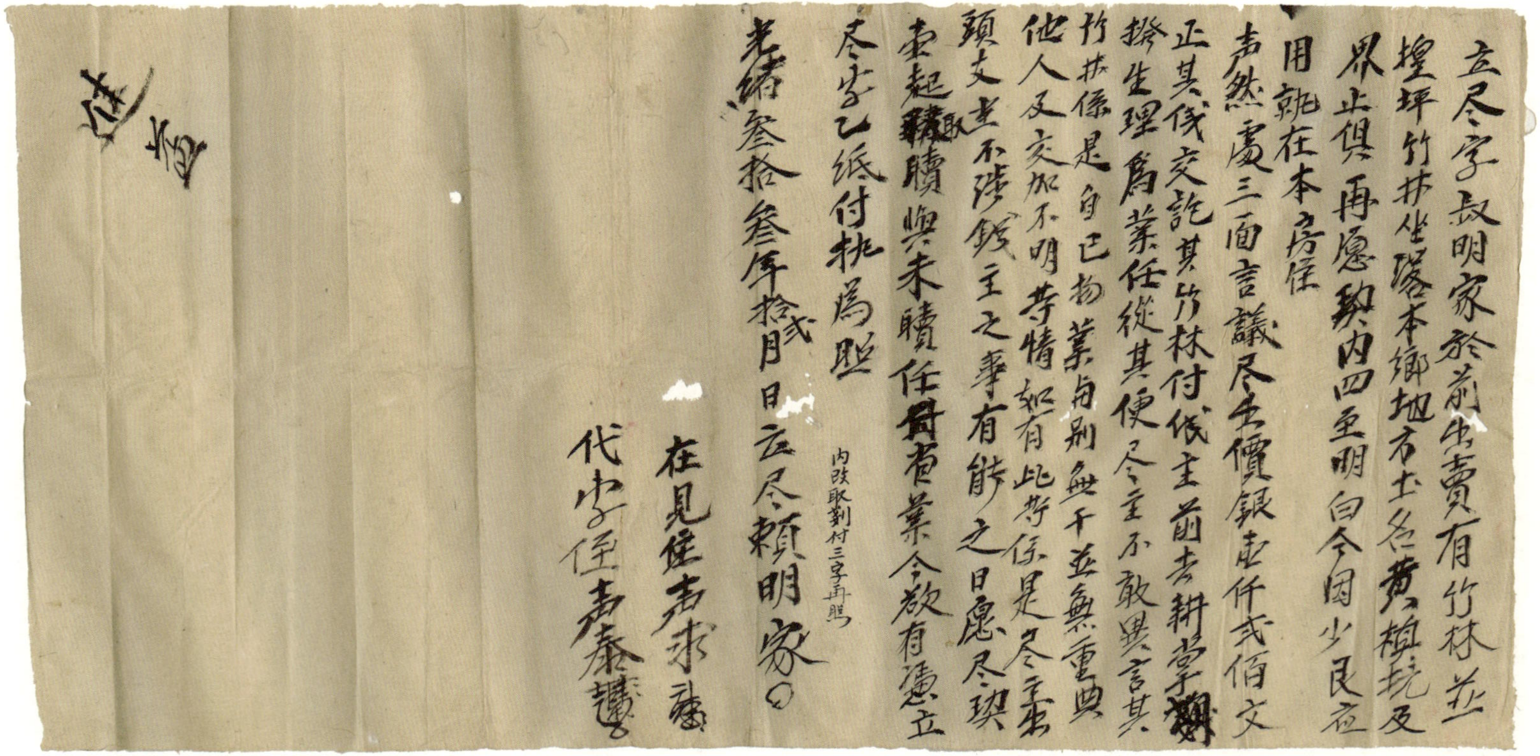
立盡字叔明家於前出賣有竹林並
埕坪竹林坐落本鄉地方土名黄ㄙ樟坑及
界止俱再應契內四至明白今因少艮应
用就在本房侄
声然處三面言議盡出價銀壹仟弍佰文
正其錢交訖其竹林付錢主前去耕掌管
掺生理爲業任從其便盡主不敢異言其
竹林係是自己物業與别無干並無重典
他人及交加不明等情如有此等係是盡主出
頭支當不涉錢主之事有能之日愿盡契
壹起取贖與未贖任憑業今欲有憑立
盡字乙紙付執爲照
内改取剃付三字再照
光緒叁拾叁年拾弍月　日立盡賴明家
在見侄声求
代字侄声泰

11-7-12-23　清光緒三十三年十二月賴明家立盡竹林等字

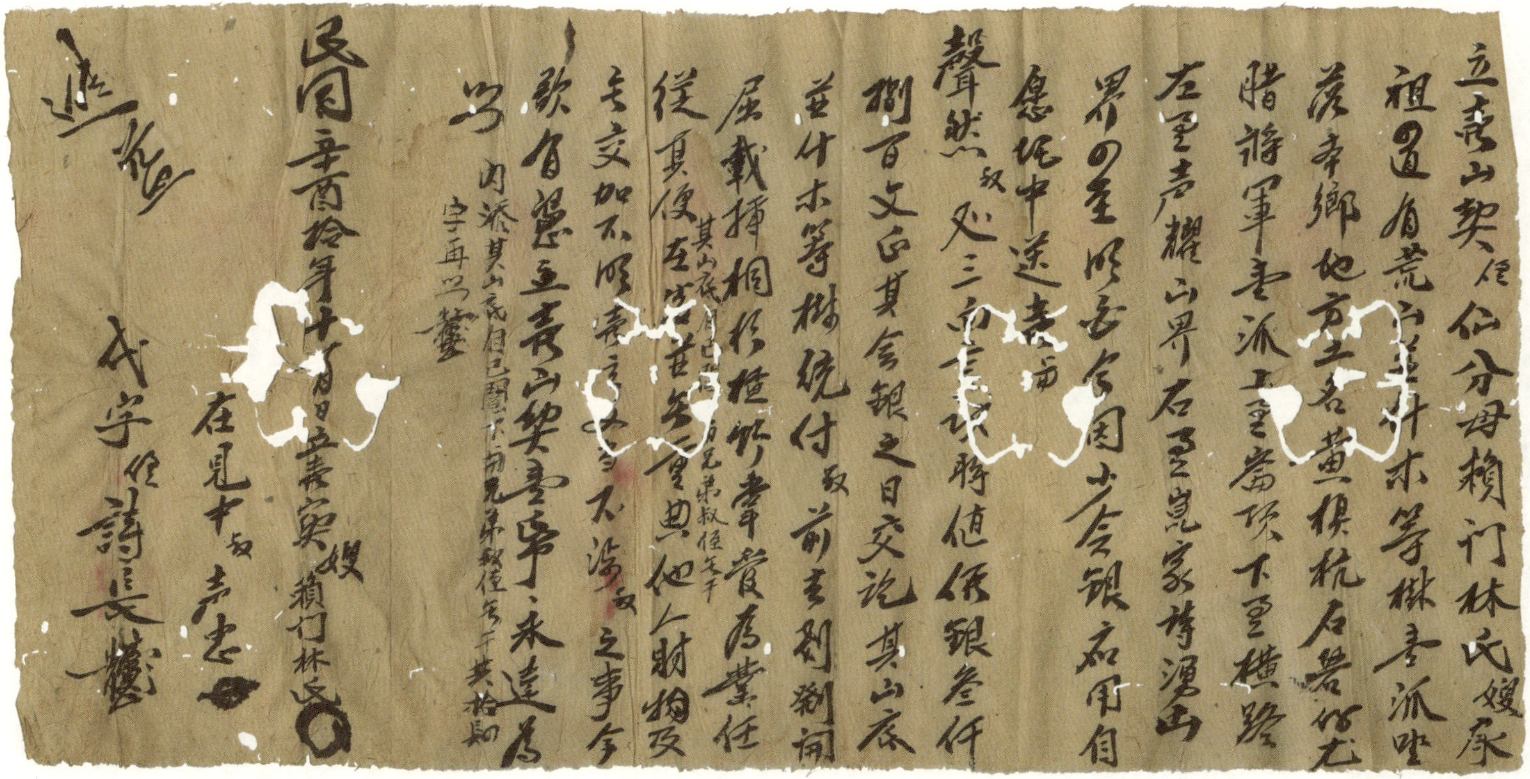

11-7-12-24　民國十年十一月賴門林氏立賣荒山等契

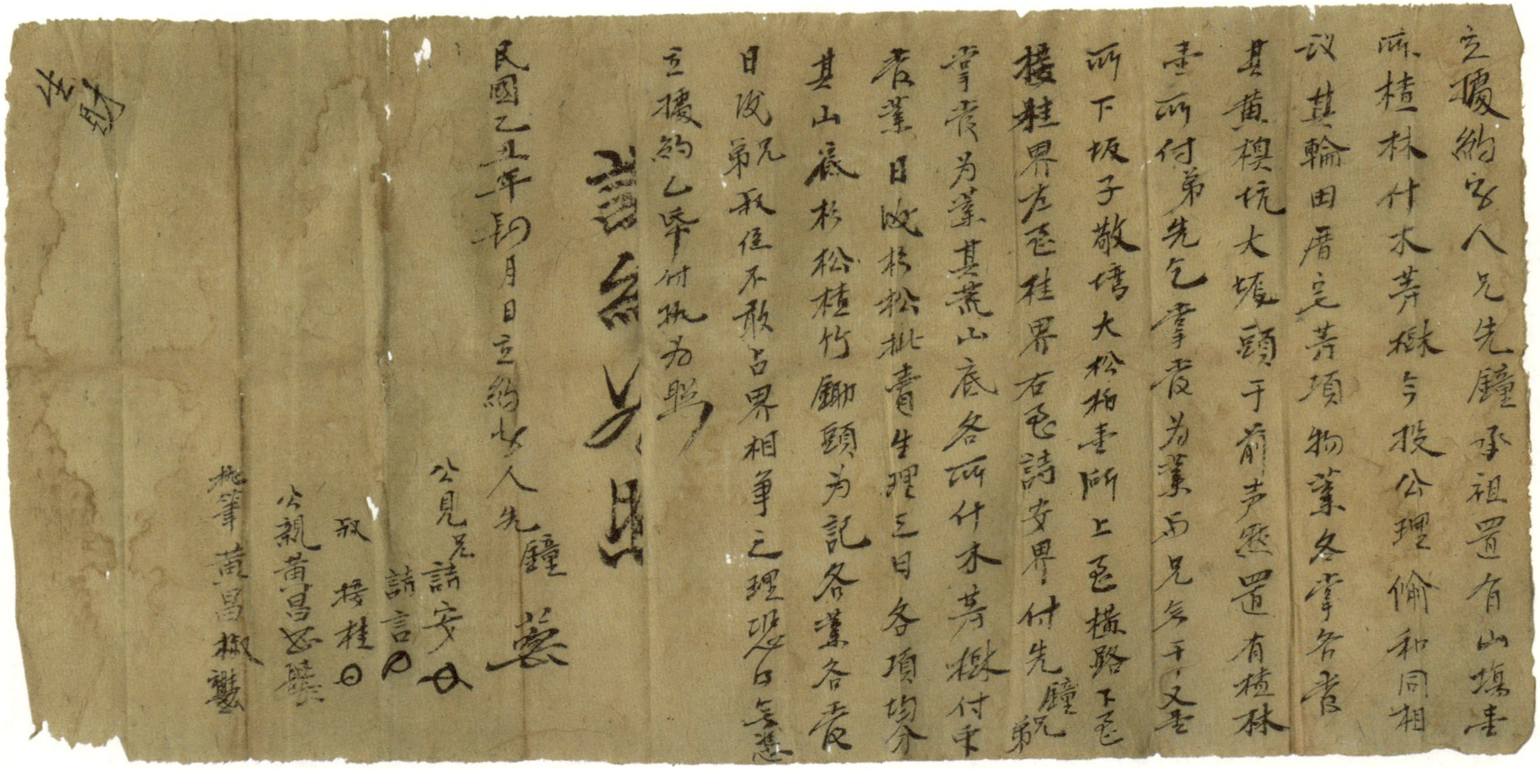

11-7-12-25　民國十四年四月賴先鍾立據約字

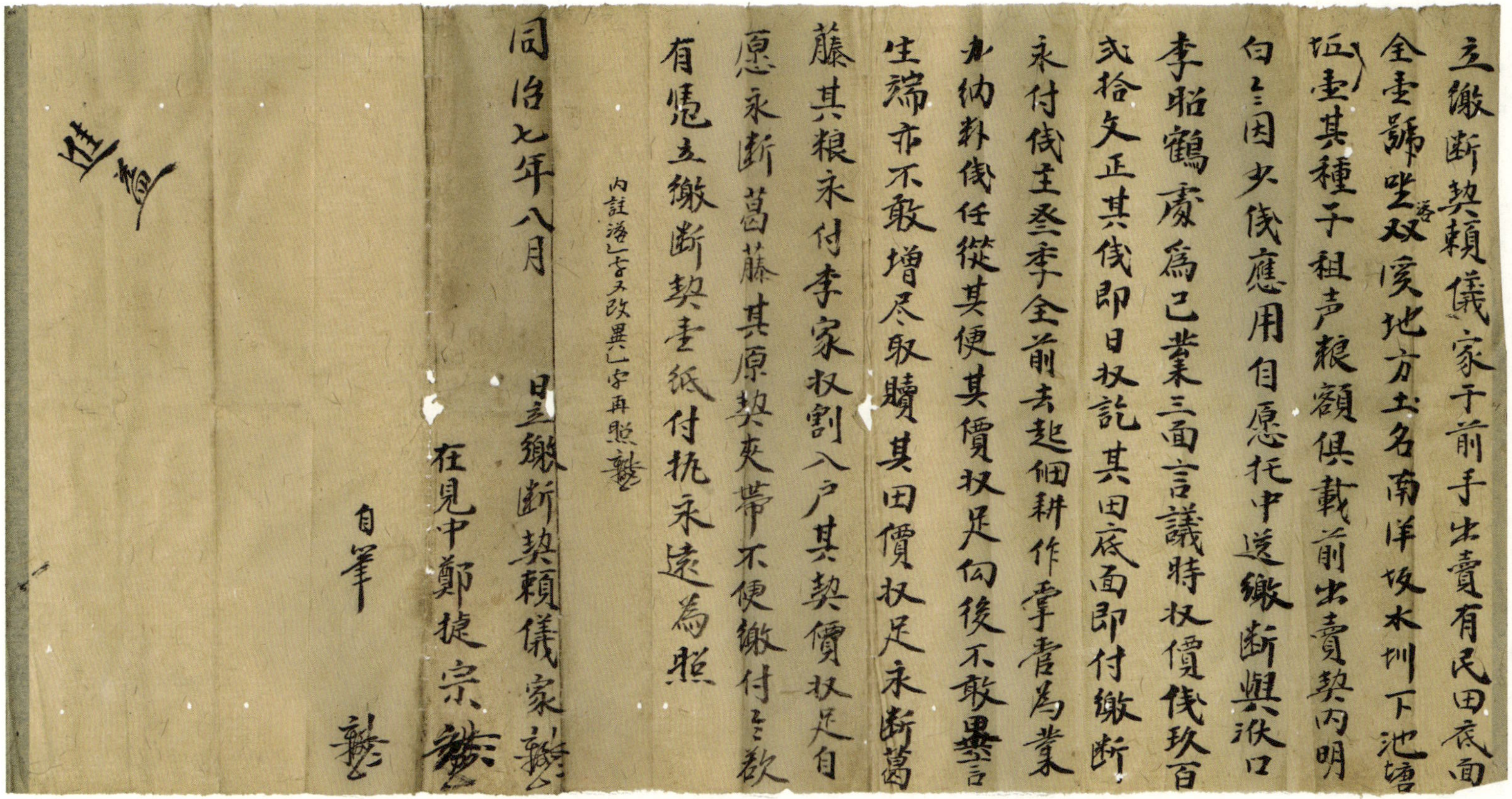
立繳斷契賴儀家于前手出賣有民田底面
全壹號，坐落双溪地方，土名南洋坂水圳下池塘
坵壹坵，其種子租声粮額俱載前出賣契內明
白。今因乏錢應用，自愿托中送繳斷與洑口
李貽鶴處為己業，三面言議時值價錢玖百
弍拾文正。其錢即日收訖，其田底面即付繳斷
永付錢主李全前去起佃耕作，掌管為業，
办納料錢，任從其便。其價收足，向後不敢異言
生端，亦不敢增尽取贖。其田價收足，永斷葛
藤，其粮永付李家收割入户。其契價收足，自
愿永斷葛藤。其原契夾帶不便繳付，今欲
有憑，立繳斷契壹紙付執，永遠為照。
內註添乙字又改異乙字再照（押）
同治七年八月　日立繳斷契賴儀家（押）
在見中鄭捷宗（押）
自筆（押）

11-7-13-1　清同治七年八月賴儀家立繳斷底面全民田契

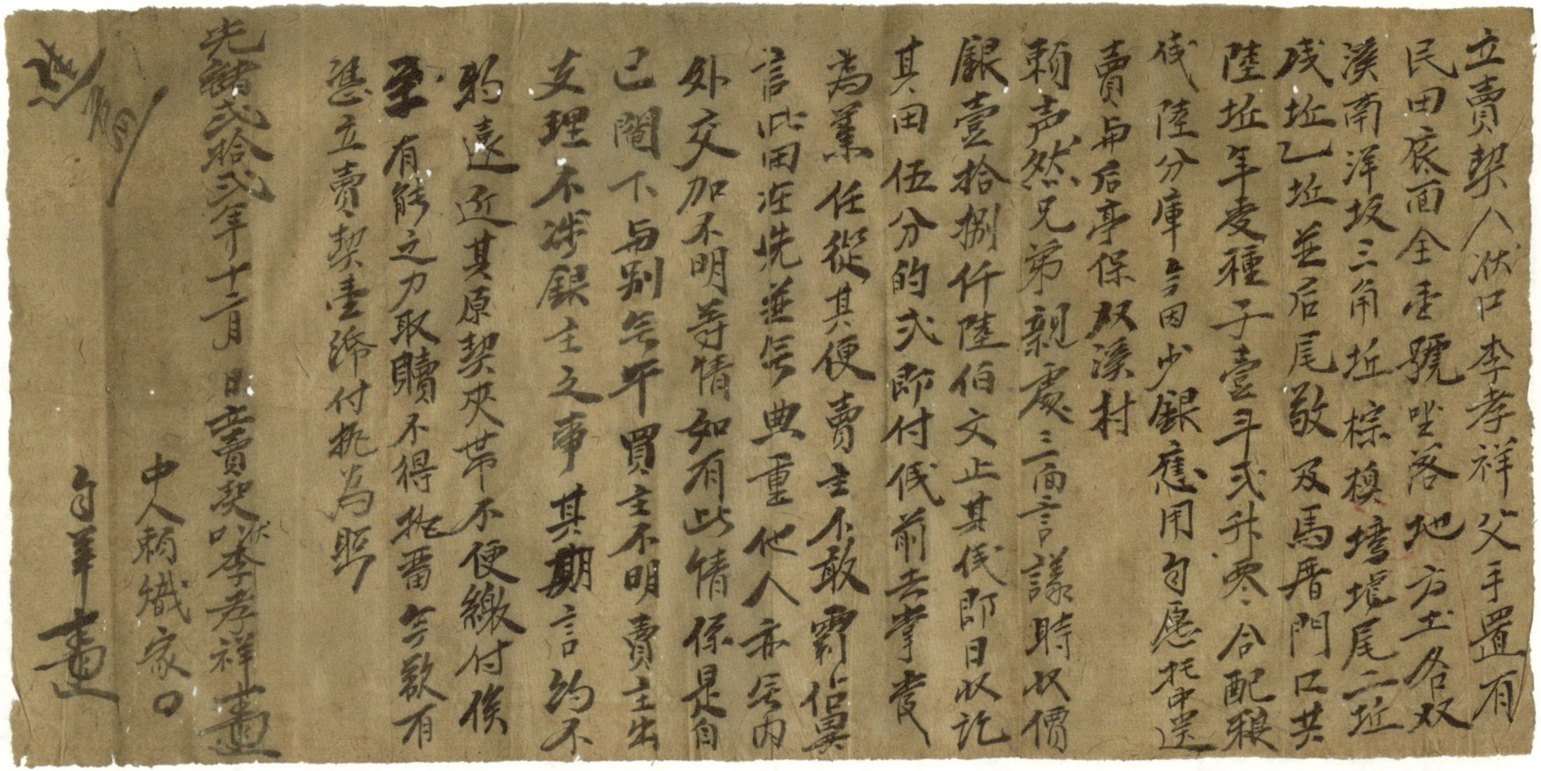
立賣契人洑口李孝祥父手置有
民田底面全壹號坐落地方土名坟
溪南洋坂三角坵棕模塆堤尾二坵
茂坵乙坵并后尾敬及馬厝門口共
陸坵年受種子壹斗弍升零合配粮
錢陸分庫今因少銀應用自愿托中送
賣與后亭保双溪村
賴声然兄弟親處三面言議時價
銀壹拾捌仟陸伯文止其錢即日收訖
其田伍分的弍即付錢前去掌管
為業任從其便賣主不敢霸佔異
言此田并先并無典重他人亦係內
外交加不明等情如有此情係是自
己阻不與到無干買主不明賣主出
支理不涉銀主之事其期言約不
拘遠近其原契夾帯不便繳付後
至有能之力取贖不得執番無歉有
憑立賣契壹紙付執為照
光緒弍拾弍年十二月 日立賣契人洑口李孝祥畫
中人賴織家口
自筆畫

11-7-13-2 清光緒二十二年十二月李孝祥立賣底面全民田契

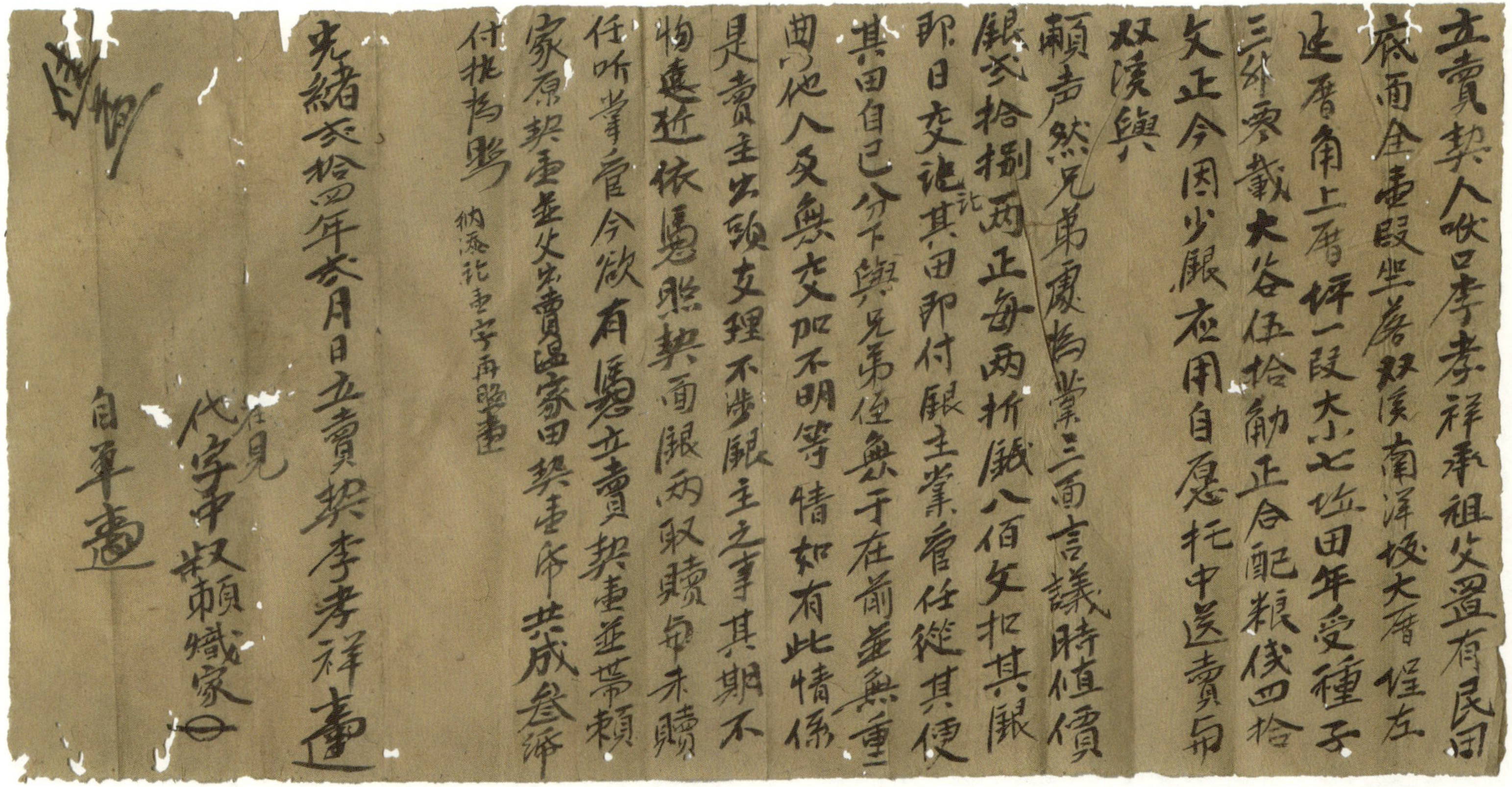

立賣契人洑口李孝祥承祖父置有民田
底面全壹段坐落双溪南洋坂大厝埕左
边厝角上厝坪一段大小七坵，田年受種子
三升零，載大谷伍拾觔正，合配粮伐四拾
文正。今因少銀应用，自愿托中送賣与
双溪與
賴声然兄弟處為業。三面言議，時值價
銀叁拾捌兩正，每兩折錢八佰文。扣其銀
即日交訖，其田即付銀主掌業，會任從其便。
其田自己分下與兄弟侄無干，在前並無重
典他人，及無交加不明等情。如有此情，係
是賣主出頭支理，不涉銀主之事。其期不
拘遠近，依憑照契面銀兩取贖，如未贖
任听掌管。今欲有憑，立賣契壹並帶賴
家原契壹並父出賣温家田契壹帋，共成叁纸，
付執為照。　納添花壹字再照
光緒贰拾四年贰月　日立賣契李孝祥（押）
在見　代字　弟　收頓　熾家
自筆（押）

11-7-13-3　清光緒二十四年二月李孝祥立賣底面全民田契

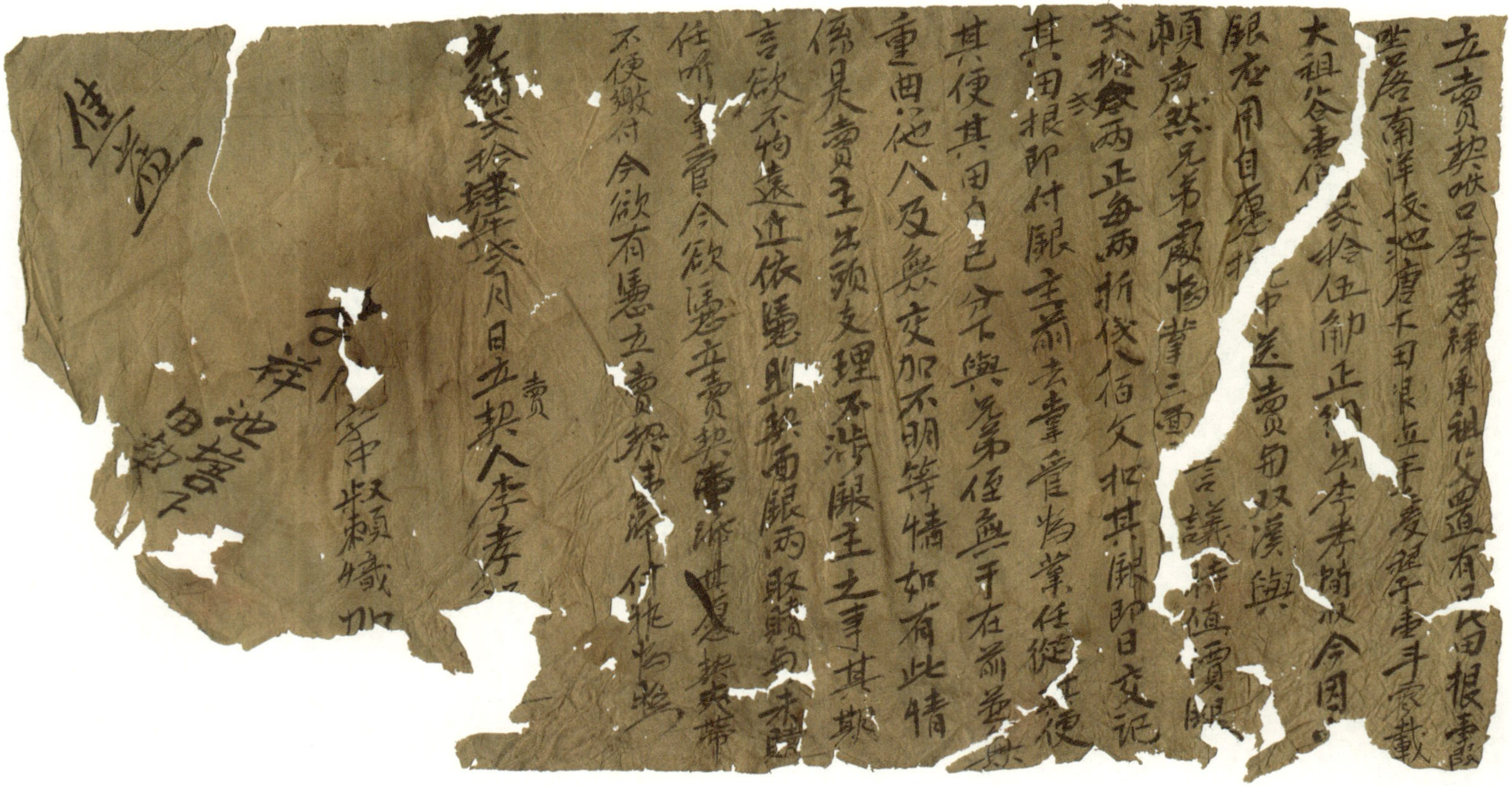

11-7-13-4　清光緒二十四年二月李孝祥立賣民田根契（草契）

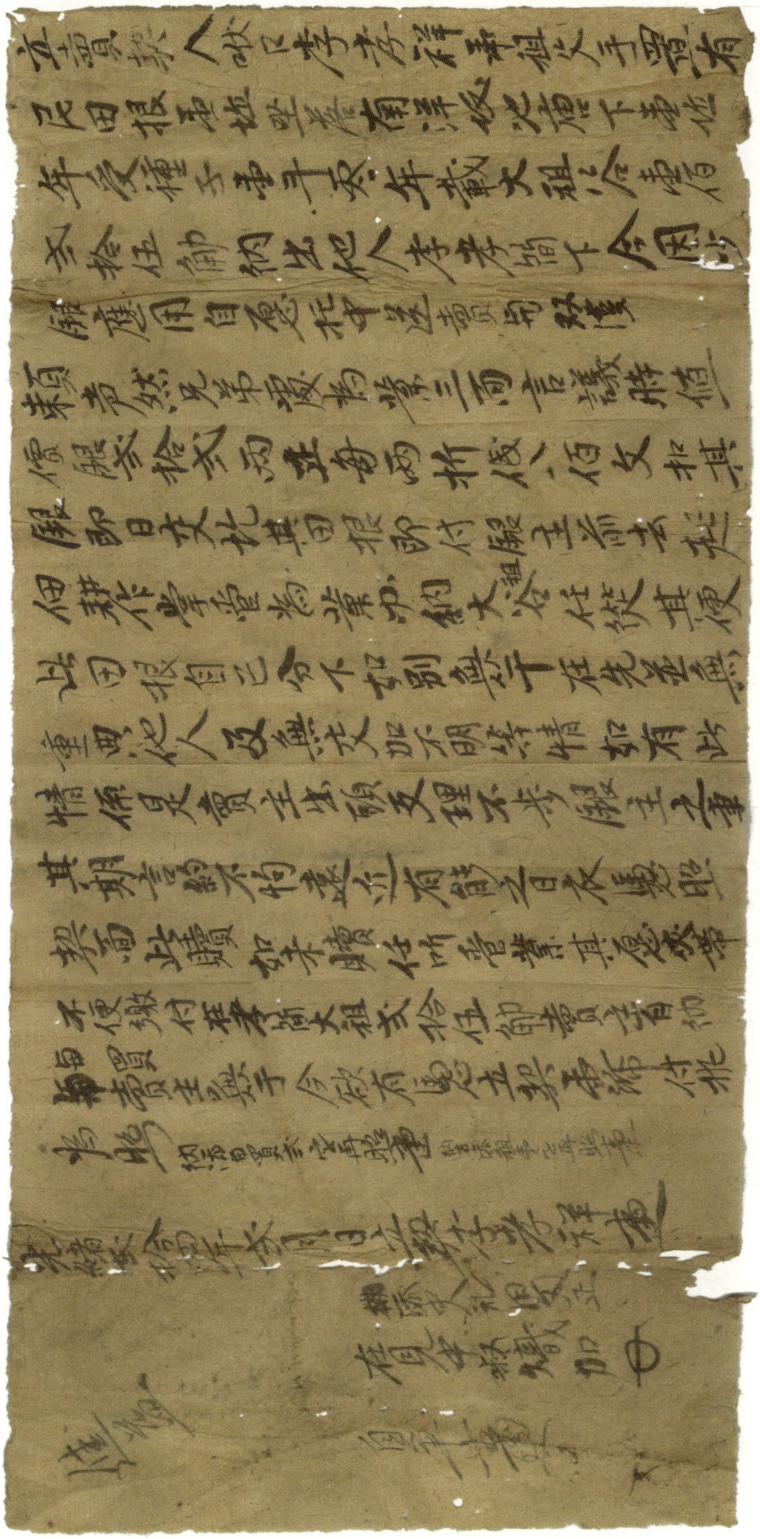

11-7-13-5　清光緒二十四年二月李孝祥立賣民田根契

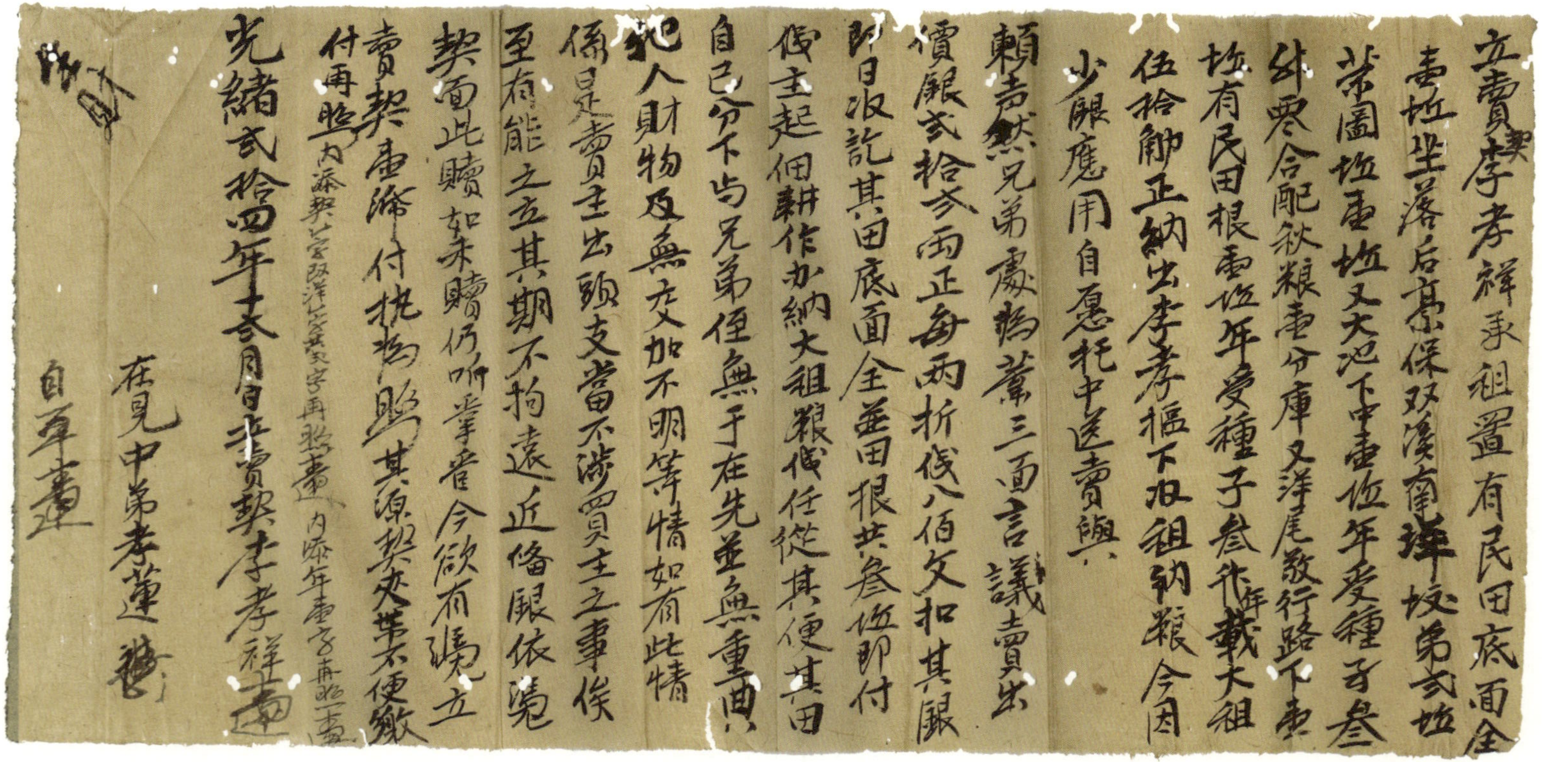
立賣契李孝祥承祖置有民田底面全
壹坵坐落后亭保双溪前洋坂弟式坵
并園坵壹坵又大坵下中壹坵年受種子叁
升零合配秋粮壹分庫又洋尾數行路下壹
坵有民田根壹坵年受種子叁升載大租
伍拾觔正納出李孝樞下收租納粮今因
少銀應用自愿托中送賣與
賴声然兄弟處為業三面言議賣出
價銀弍拾叁兩正每兩折錢八佰文扣其銀
即日收訖其田底面全並田根共叁坵即付
與主起佃耕作办納大租粮俱任從其便其田
自己分下与兄弟侄無干在先並無重典
他人財物及無交加不明等情如有此情
係是賣主出頭支當不涉買主之事倘
至有能之立其期不拘遠近備銀依照
契面此贖如未贖仍聽掌管今欲有憑立
賣契壹紙付執為照其源契交業不便繳
付再照　内添契一字改洋一字共二字再照書（押）　内添年壹字再照一（押）
光緒弍拾四年十二月　日立賣契李孝祥（押）
在見中弟孝蓮（押）
自筆書（押）

11-7-13-6　清光緒二十四年十二月李孝祥立賣底面全民田契

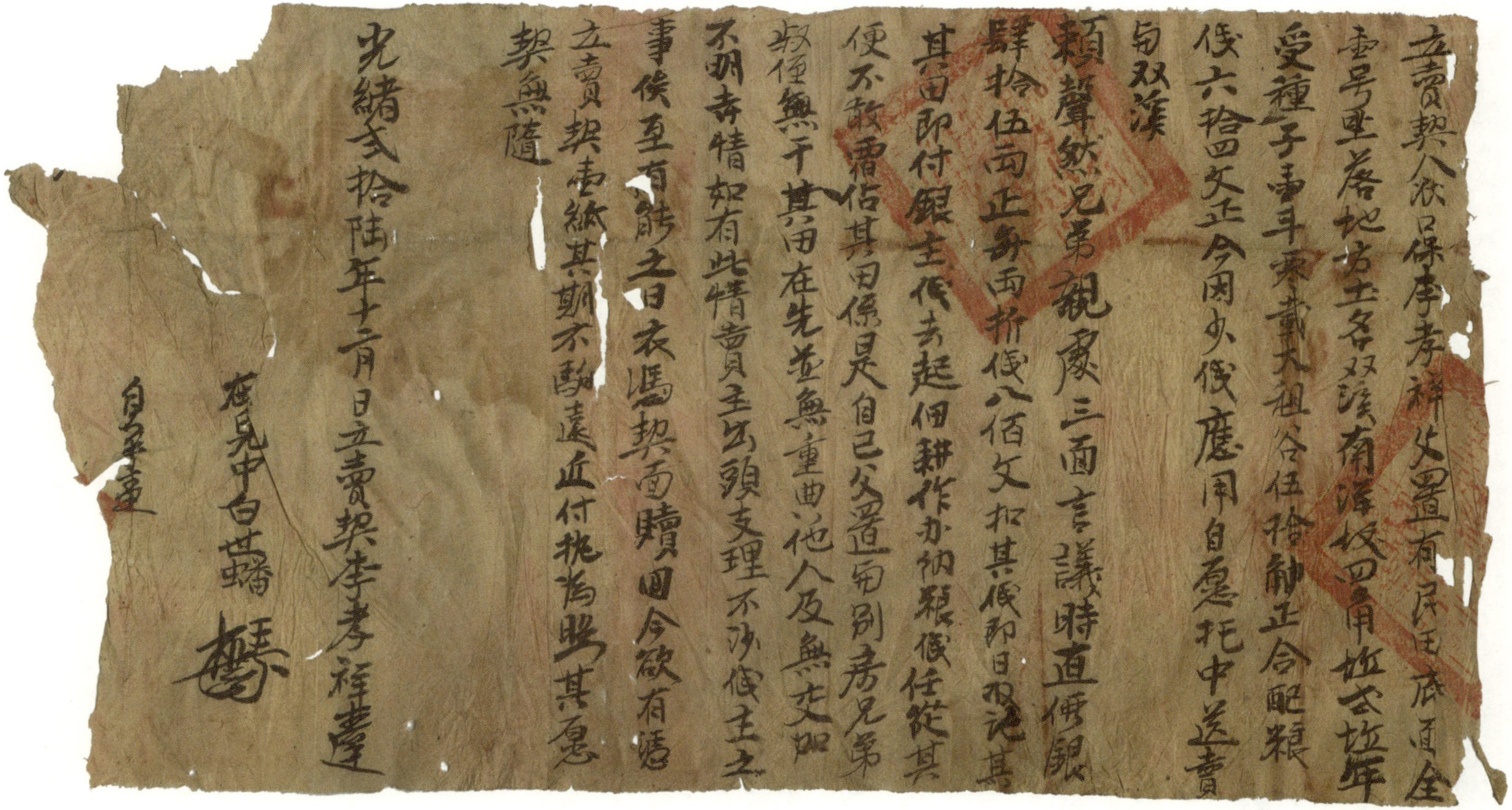
立賣契人洑口保李孝祥，父置有民田底面全
壹号，坐落地方土名双溪南洋坂，田壹坵，年
受種子壹斗乘貳大，祖谷伍拾觔正，合配粮
錢六拾四文正。今因少錢應用，自愿托中送賣
與双溪
賴聲然兄弟親處，三面言議，時值價銀
肆拾伍兩正，每兩折錢八佰文，扣其錢即日收訖，其
其田即付銀主，錢主起佃耕作，办納粮錢，任從其
便，不敢霸佔。其田係是自已父置，與别房兄弟
叔侄無干，其田在先並無重典他人及無交加
不明等情，如有此情，賣主出頭支理，不涉錢主之
事。俟至有錢之日，衣憑契面贖回。今欲有憑，
立賣契壹紙，其期不敢遠，近付執為照。其息
契無隨
光緒貳拾陸年十二月 日立賣契李孝祥(押)
在見中白芸播(押)
自筆(押)

11-7-13-7 清光緒二十六年十二月李孝祥立賣底面全民田契（紅契）

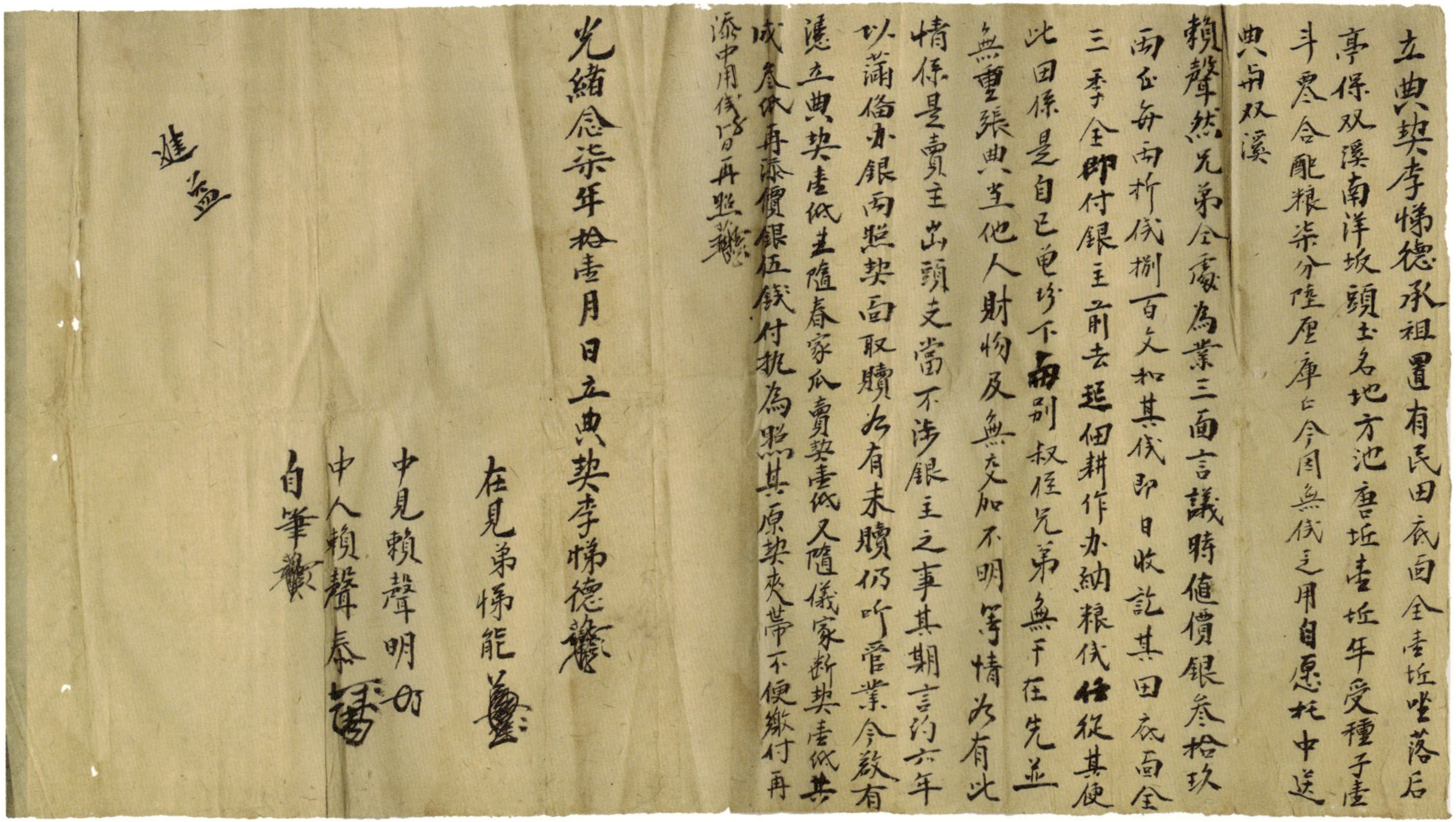
立典契李悌德承祖置有民田底面全壹坵坐落后
亭保双溪南洋坂頭土名地方池唐坵壹坵年受種子壹
斗叁合配粮柒分陸厘庫庫今因無錢乏用自愿托中送
典與双溪
賴聲然兄弟仝處為業三面言議時值價銀叁拾玖
兩正每兩折錢捌百文和其錢即日收訖其田底面全
三季仝即付銀主前去起佃耕作办納粮錢任從其便
此田係是自己包分下面別叔侄兄弟無干在先並
無重張典生他人財物及無交加不明等情如有此
情係是賣主出頭支當不涉銀主之事其期言約六年
以滿備办銀兩照契面取贖如有未贖仍听管業今欲有
憑立典契壹紙土隨春家瓜賣契壹紙又隨儀家斷契壹紙共
成叁紙再添價銀伍錢付执為照其原契夾帶不便繳付再
添中用錢[illegible]再照繳

光緒念柒年拾壹月日立典契李悌德

在見弟悌能
中見賴聲明
中人賴聲泰
自筆

進益

11-7-13-8　清光緒二十七年十一月李悌德立典底面全民田契

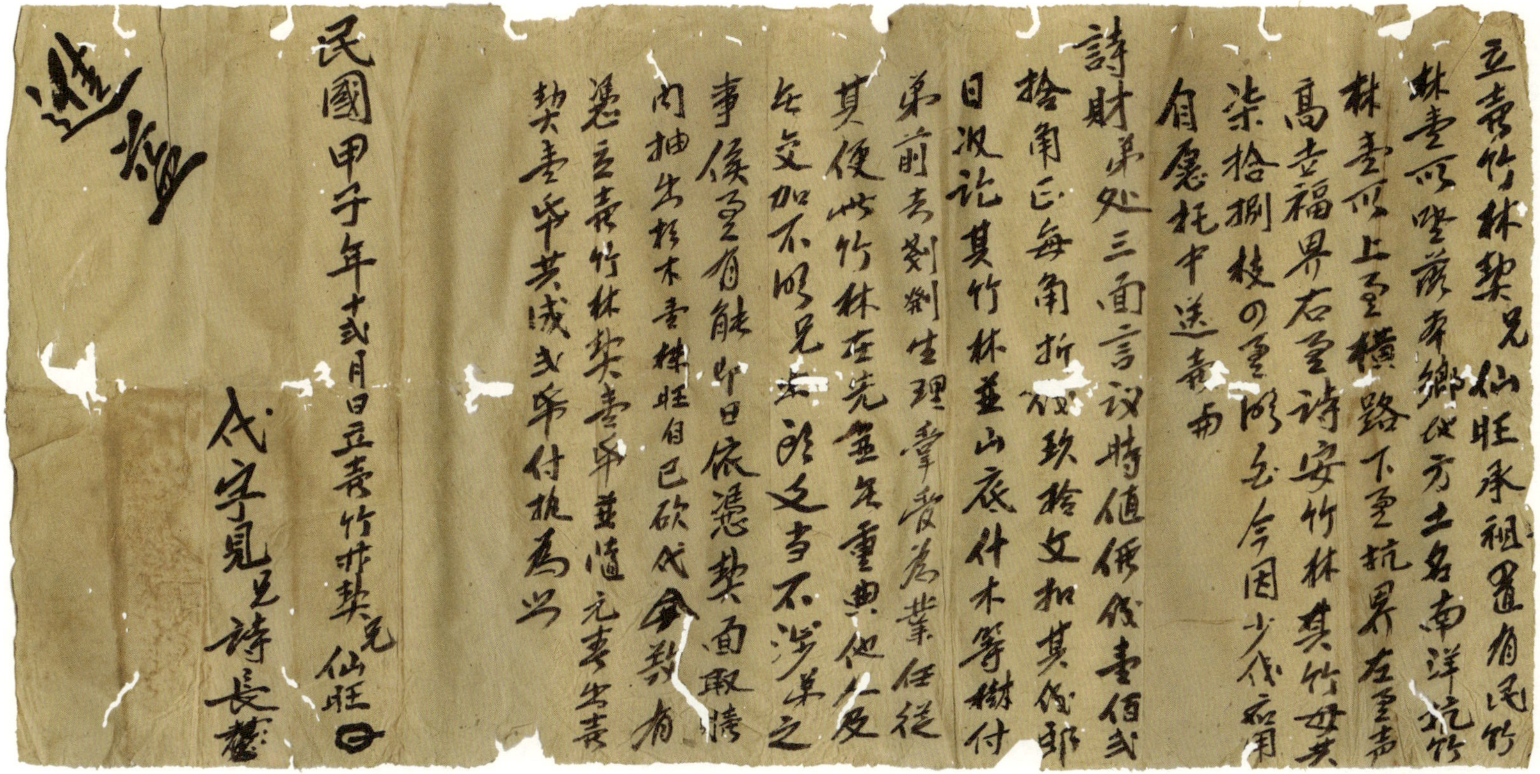
立賣竹林契兄仙旺承祖置有民竹
林壹所坐落本鄉洑方土名南洋坑竹
林壹所上至横路下至坑界左至声
高吉福界右至詩安竹林其竹母共
柒拾捌枝四至明白今因少錢應用
自愿托中送賣與
詩財弟处三面言议時值價錢壹佰弍
拾角正每角折钱玖拾文扣其錢即
日收訖其竹林並山底什木等樹付
弟前去劉剝生理掌管爲業任從
其便此竹林在先並無重典他人及
在交加不明兄出頭支當不涉弟之
事係至有能此日依憑契面取贖
內抽出杉木壹株旺自己砍伐今欲有
憑立賣竹林契壹紙並隨元契出賣
契壹紙共成弍紙付執為照
民國甲子年十弍月日立賣竹林契兄仙旺（押）
代字兄見詩長（押）

11-7-14-1　民國十三年十二月賴仙旺立賣民竹林契

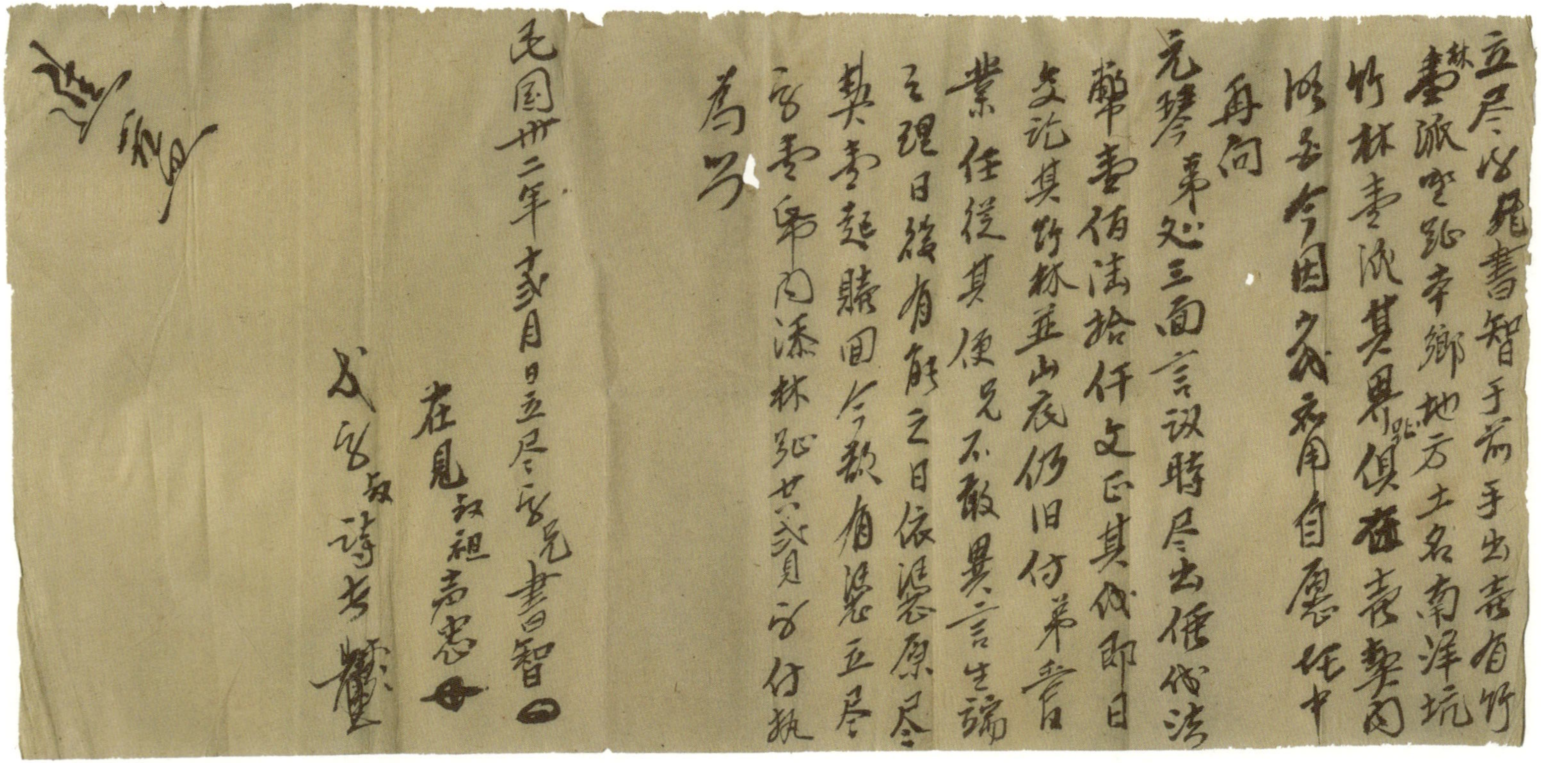

立尽竹兄書智手置手出產有竹
林壹派，坐址本鄉地方土名南洋坑
竹林壹派，其界址俱載老契內
明白，今因乏銀應用，自愿託中
再向
兄琴弟处三面言议，時尽出價法
幣壹佰法拾仟文正，其銀即日
交訖，其竹林並山底仍旧付弟壹
業，任從其便，兄不敢異言生端
之理，日後有解之日依照原尽
契壹典贖回。今欲有憑，立尽
字壹紙，内添林弛共貳字，付執
為照。

民國卅二年拾貳月　日立尽字兄書智（押）
在見叔祖声忠（押）
代筆叔[illegible]（押）

11-7-14-2　民國三十二年十二月賴書智立盡竹林契

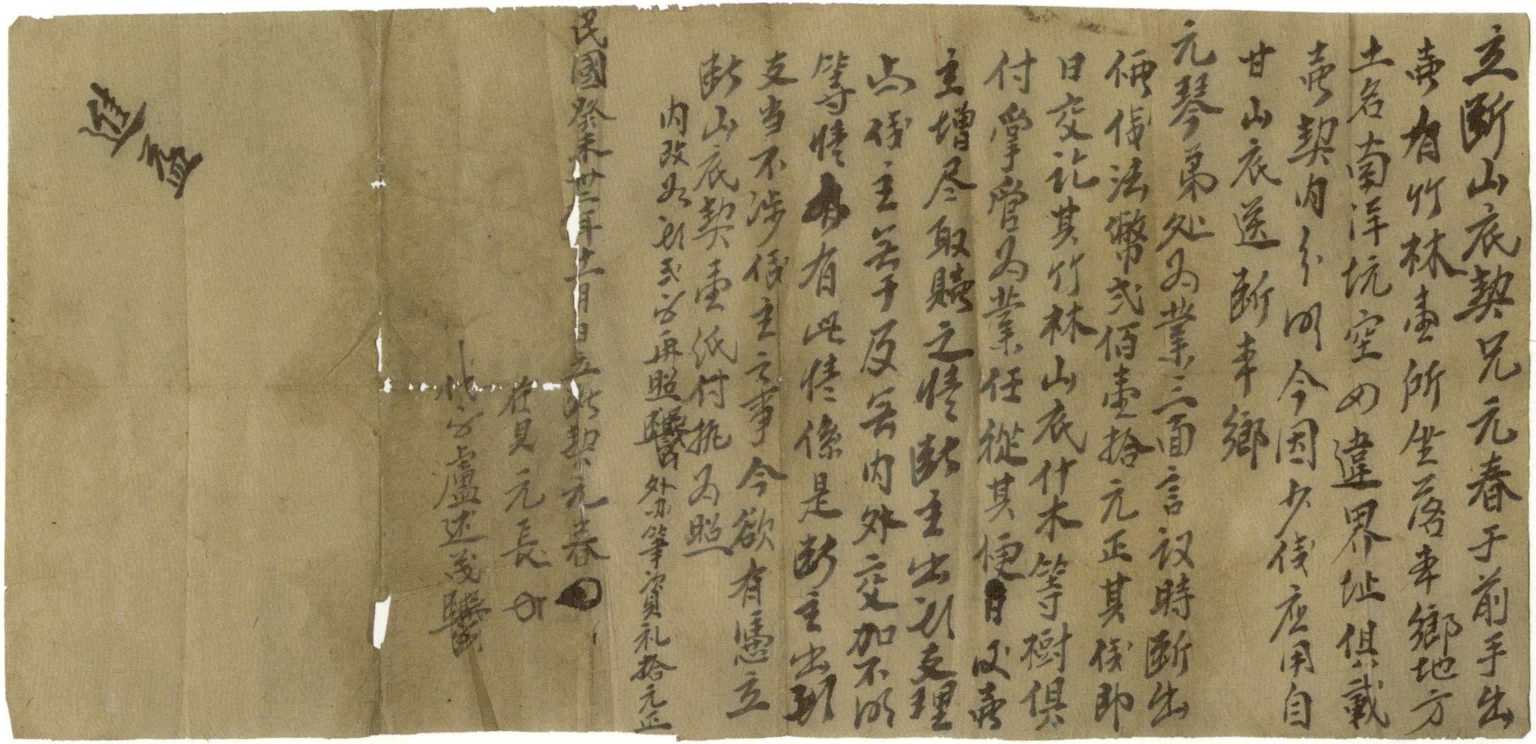

立斷山底契兄元春于前手出
賣有竹林壹所坐落本鄉地方
土名南洋坑空內達界址俱載
賣契內今因少伐應用自
甘山底送斷本鄉
元琴弟處為業三面言議時斷出
價法幣弍佰壹拾元正其價即
日交訖其竹林山底竹木等樹俱
付掌管為業任從其便日後賣
主增找取贖之情斷主出以支理
山係主等手反若內外交加不明
等情本有此情係是斷主出頭
支當不涉佛主之事今欲有憑立
斷山底契壹紙付執為照
內改五個又字一個再照（押）
外加筆資禮拾元正
民國癸未卅二年十一月日立斷契元春（押）
在見元長（押）
代字盧述義（押）

11-7-14-3　民國三十二年十一月賴元春立斷山底契

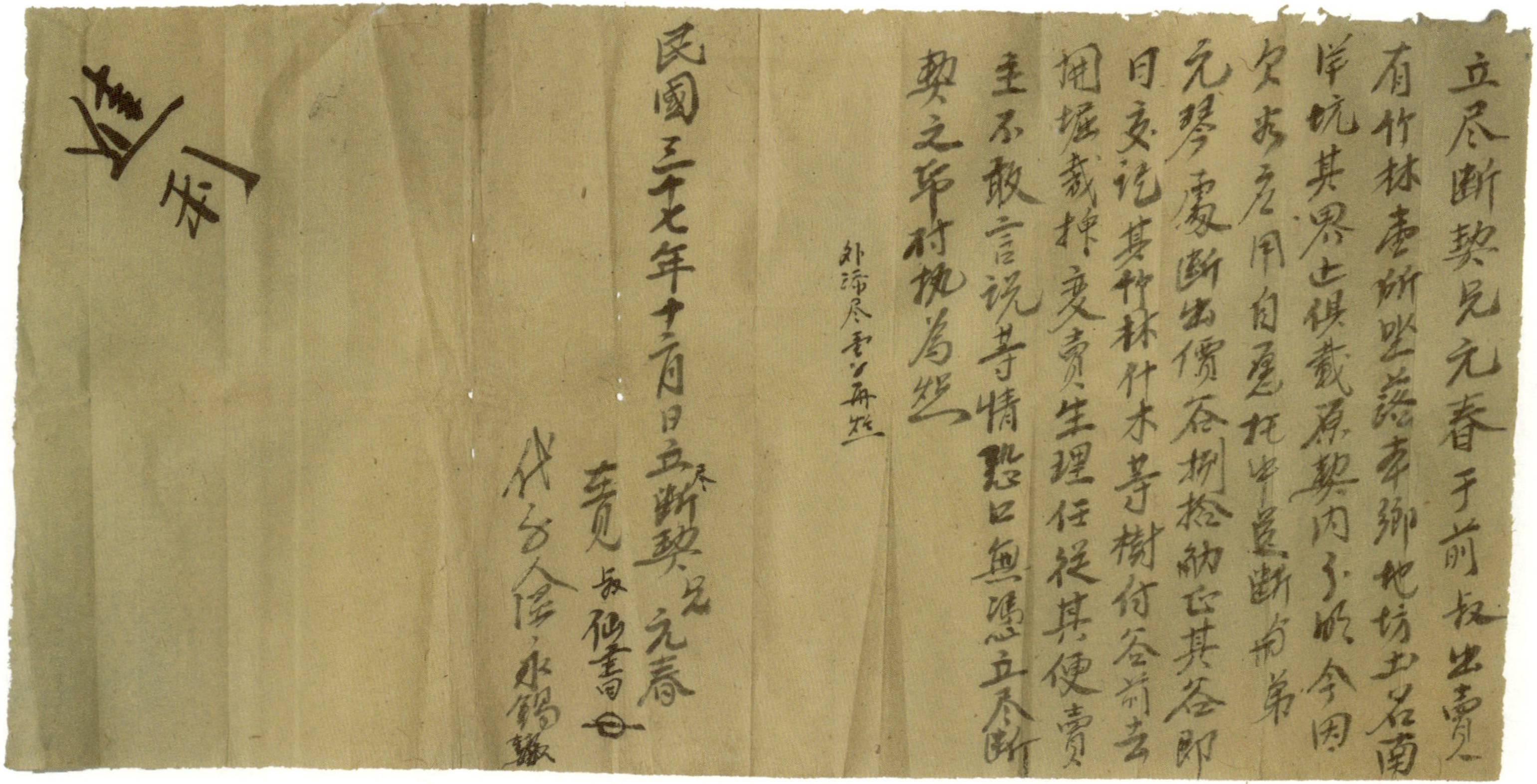

立盡斷契兄元春于前叔出賣
有竹林壹所坐落本鄉地坊土名南
岸坑其界址俱載原契內分明今因
欠款應用自愿托中盡斷與弟
元琴處斷出價谷捌拾觔正其谷即
日交訖其竹林竹木等樹付谷前去
掘挖栽種變賣生理任從其便賣
主不敢言說等情恐口無憑立盡斷
契乙帋付執爲照

外添盡壹字再照

民國三十七年十二月　日立盡斷契兄元春
在見　叔　仙壽
代筆人　侄　永錫

存據

11-7-14-4　民國三十七年十二月賴元春立盡斷竹林契

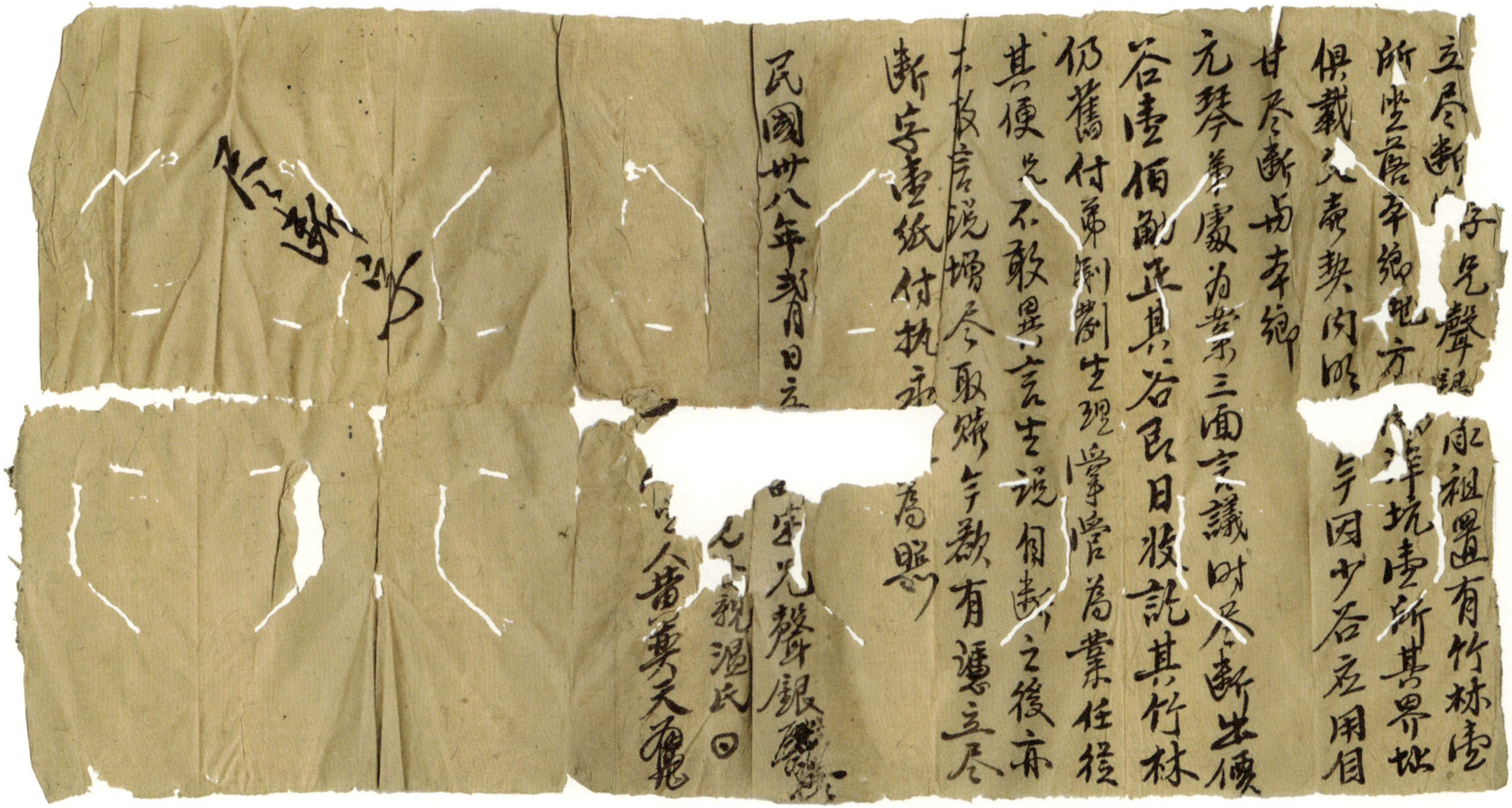
立盡斷[illegible]字兄聲銀，承祖置有竹林壹
所，坐落本鄉地方，土名洋坑壹所，其界址
俱載老契內明。今因少谷應用，自
甘盡斷與本鄉
元琴弟處為業，三面言議，時盡斷出價
谷壹佰斤正。其谷即日收訖，其竹林
仍舊付弟制割生理掌管為業，任從
其便，兄不敢異言生說。自斷之後，亦
不敢言說增盡取贖等情。有憑，立盡
斷字壹紙，付執永遠為照。
民國卅八年貳月日立
盡斷字兄聲銀（押）
在見親[illegible]渥氏（押）
代筆人黄英天（押）

11-7-14-5　民國三十八年二月賴聲銀立盡斷竹林字

11-7-15-1　包契紙

11-7-15-2　包契紙

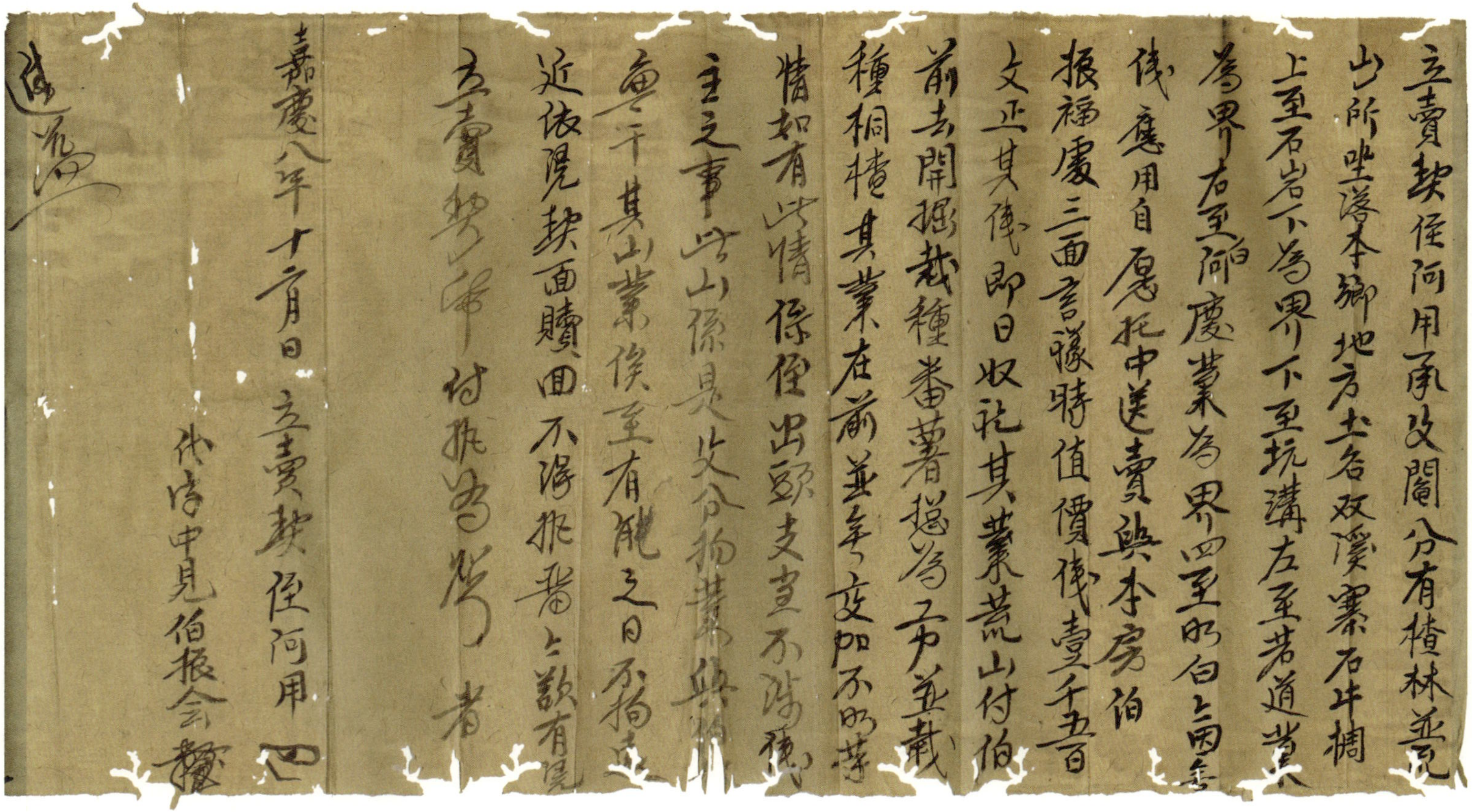
立賣契侄阿用承父閻分有楂林並荒
山所坐落本鄉地方土名双溪寨石牛榻
上至石岩下為界下至坑溝左至苦道背
為界右至佰慶業為界四至明白今因乏
錢應用自愿托中送賣與本房伯
振福處三面言議時值價錢壹千五百
文正其錢即日收訖其業荒山付伯
前去開掘栽種番薯聽為己業並栽
種桐楂其業在前並無交加不明等
情如有此情係侄出頭支當不涉錢
主之事此山係是父分物業與[illegible]
無干其山業後至有能之日不拘遠
近依原契面贖回不得推番之說有憑
立賣契字付伯為照　者

嘉慶八年十二月日　立賣契侄阿用（押）
代筆中見伯振[illegible]
[illegible]

11-7-15-3　清嘉慶八年十二月賴阿用立賣楂林等契

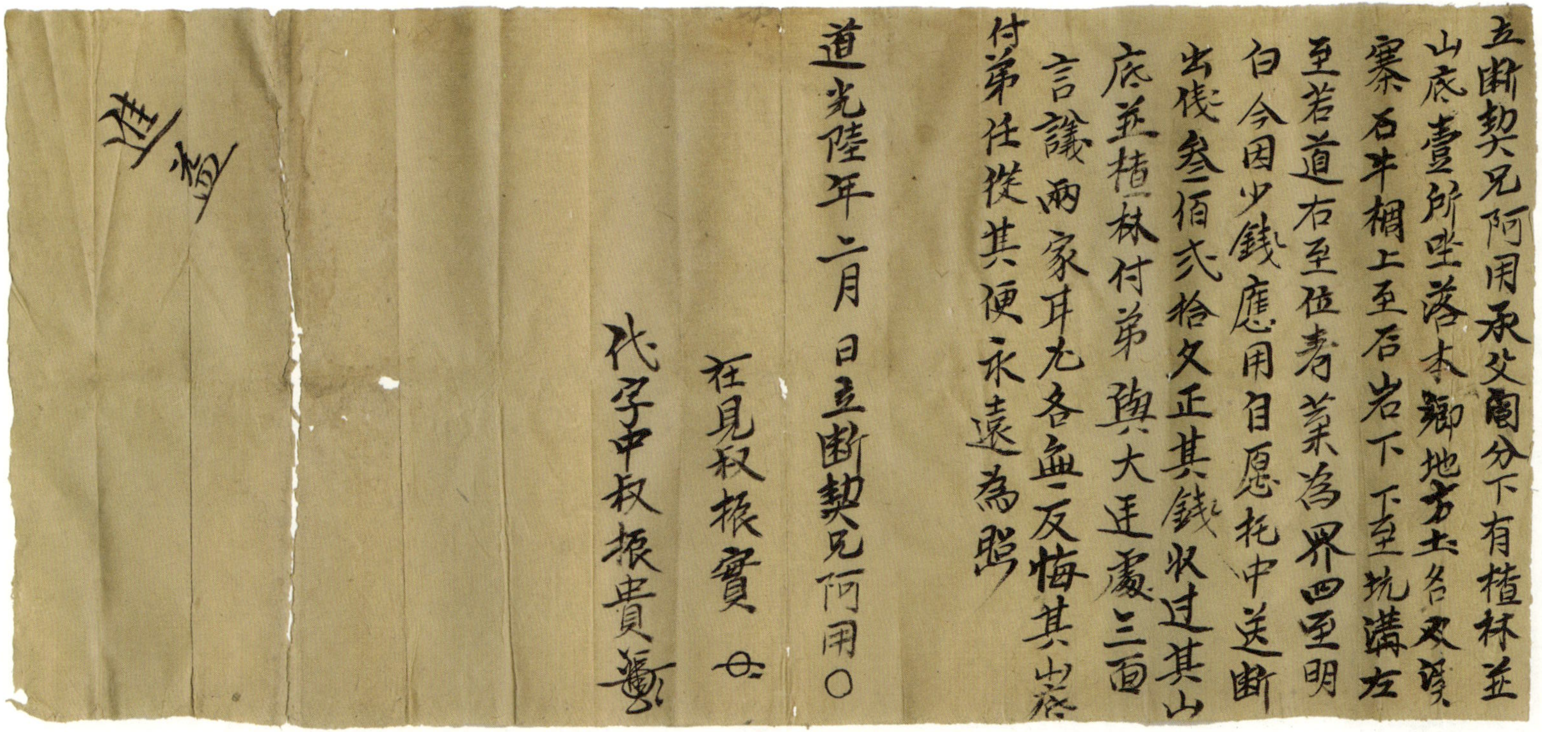

立斷契兄阿用承父阄分下有楂林並
山底壹所坐落本鄉地方土名双溪
寨石半桐上至石岩下 下至坑溝左
至若道右至伍壽菜為界四至明
白今因少錢應用自愿托中送斷
出佛叁佰弍拾文正其錢收過其山
底並楂林付弟與大廷處三面
言議兩家并无各無反悔其山
付弟任從其便永遠為照

道光陸年二月 日立斷契兄阿用〇

在見叔振寶 ＋

代字中叔振貴

11-7-15-4 清道光六年二月賴阿用立斷楂林等契

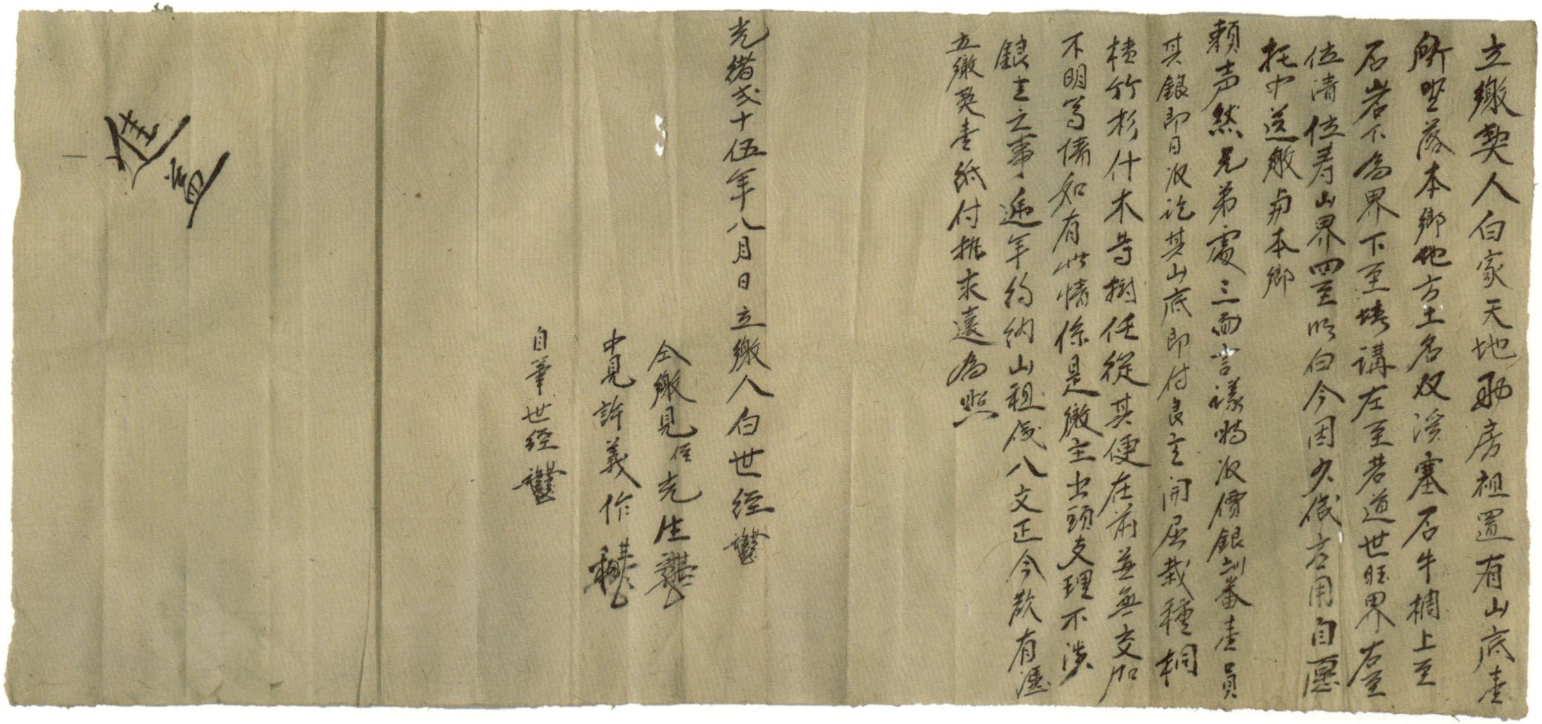

11-7-15-5　清光緒二十五年八月白氏天地兩房立繳山底契

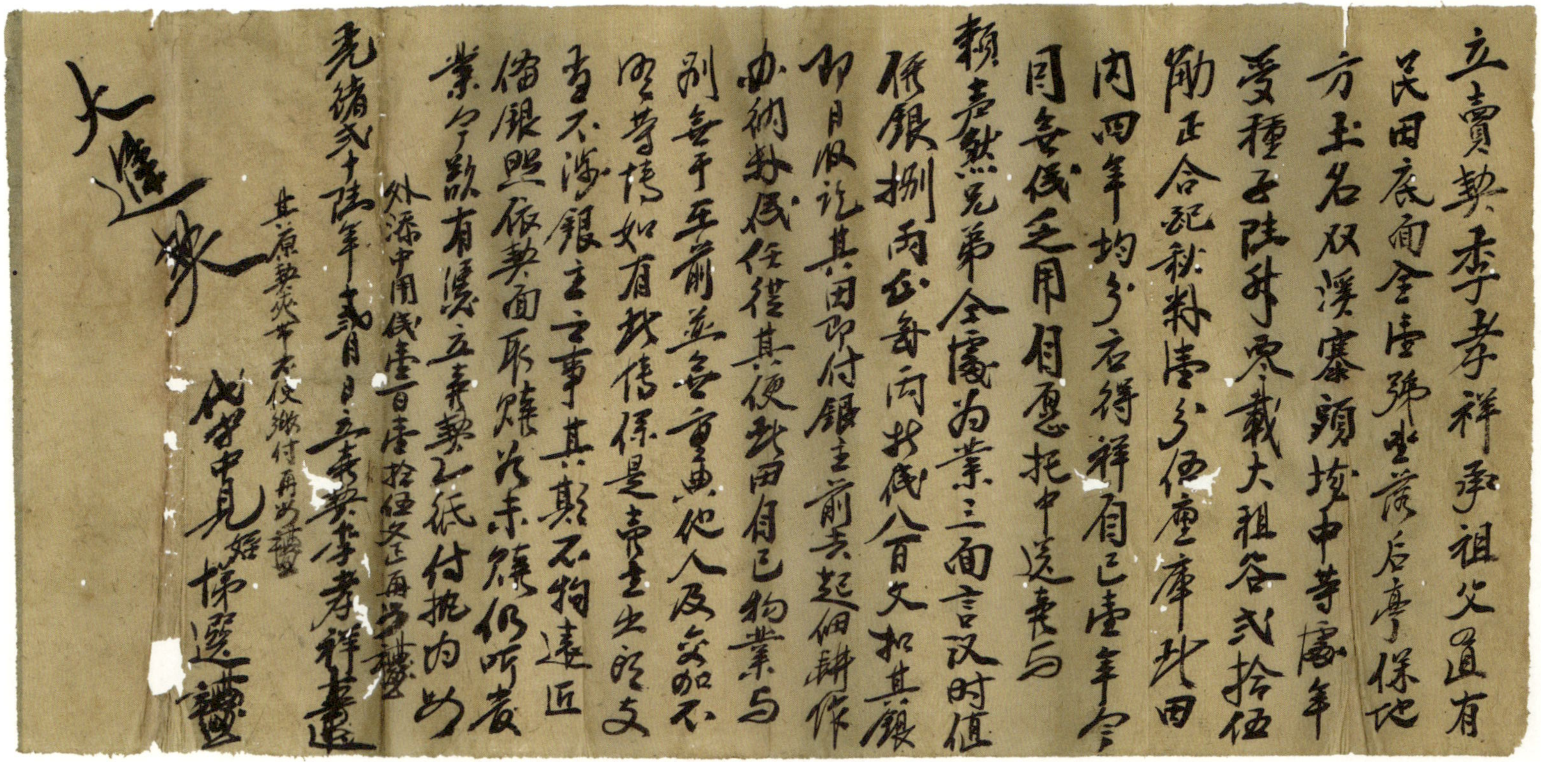

立賣契李孝祥承祖父道有
民田底面全號，坐落后亭保地
方土名雙溪寨頭坵中等處，年
受種子陸斗零，載大祖谷弍拾伍
觔正，合配秋粮壹分伍厘庫。此田
內四年均分，應得孝祥自己壹年。今
因無錢乏用，自愿托中送與
賴克歡兄弟全處為業。三面言議時值
價銀捌兩正，每兩折錢八百文，扣其銀
即日收訖，其田即付銀主前去起佃耕作
收納粮苗，任從其便。此田自己物業，與
別無干，至前並無重典他人及交加不
明等情。如有此情，係是賣主出頭支
當，不涉銀主之事。其田不拘遠近，
備價照依契面取贖；如未贖，仍聽其
業。今欲有憑，立賣契一紙付執為照。
外添中用錢壹百壹拾伍文正，再照。
光緒弍拾陸年十弍月　日立賣契李孝祥（押）
其原契失落，不便繳付，再照。
為中見堂姪　檬選（押）
大進

11-7-15-6　清光緒二十六年十二月李孝祥立賣底面全民田契

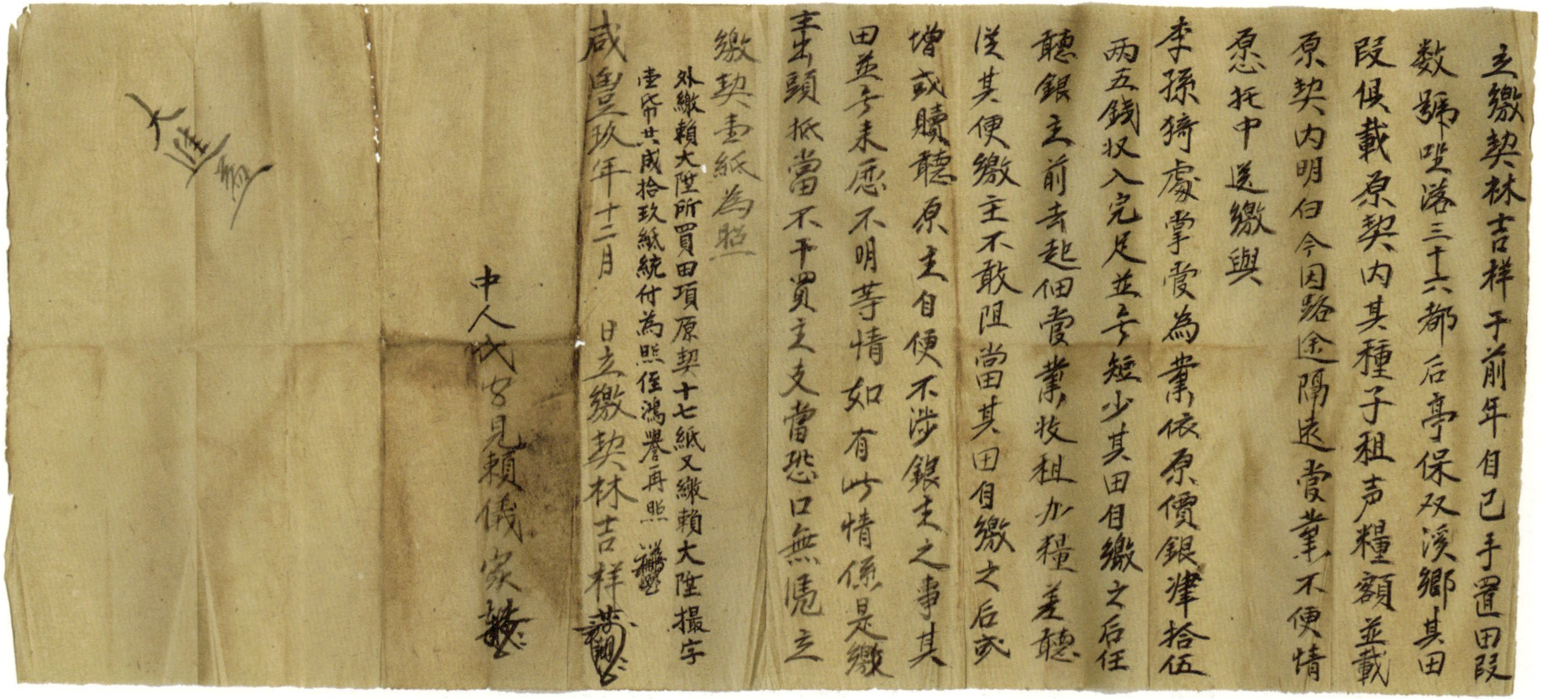
立繳契林吉祥于前年自己手置田段数號坐落三十六都后亭保双溪鄉其田段俱載原契內其種子租声糧額並載原契內明白今因路途隔遠管業不便情愿托中送繳與
李孫猗處掌管為業依原價銀肆拾伍兩五錢収入完足並無短少其田自繳之后任聽銀主前去起佃管業收租加粮差聽從其便繳主不敢阻當其田自繳之后或增或贖聽原主自便不涉銀主之事其田並無來歷不明等情如有此情係是繳主出頭抵當不干買主之事恐口無憑立
繳契壹紙為照
外繳賴大陞所買田項原契十七紙又繳賴大陞撮字壹紙共成拾玖紙統付為照 任鴻譽再照
咸豐玖年十二月 日立繳契林吉祥
中人吳見賴俊家
大進

11-7-16-1 清咸豐九年十二月林吉祥立繳田段契

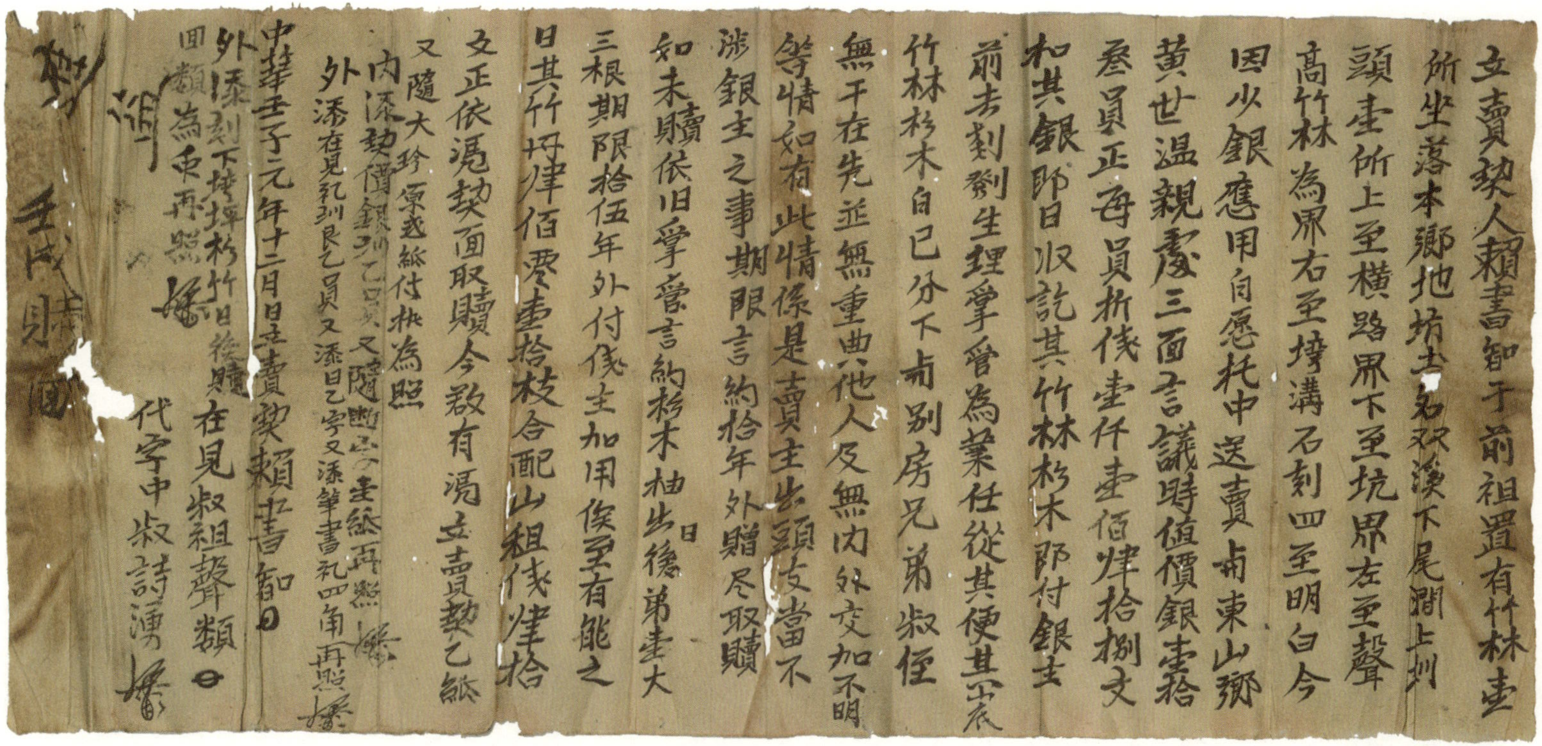
立賣契人賴書智，于前祖置有竹林壹
所，坐落本鄉地坊，土名双溪下尾澗上圳
頭壹所，上至橫路界，下至坑界，左至聲
高竹林為界，右至埓溝石刻，四至明白。今
因少銀應用，自愿托中送賣與甫東山鄉
黄世温親處，三面言議，時值價銀壹拾
叁員正，每員折伐壹仟壹佰肆拾捌文
和。其銀即日收訖，其竹林杉木即付銀主
前去劖剹生理，掌管為業，任從其便，其[illegible]
竹林杉木自己分下，甫別房兄弟叔侄
無干，在先並無重典他人，及無內外交加不明
等情，如有此情，係是賣主出頭支當，不
涉銀主之事。期限言約拾年外贖，盡取贖
知，未贖依旧掌管。言約杉木柚出日後弟壹大
三根，期限拾伍年外付伐主加用，俟至有能之
日，其竹坪肆佰零壹拾枝，合配山租伐肆拾
文正，依憑契面取贖。今欲有憑，立賣契乙紙，
又隨大珍原老紙付執為照。
內添契價銀圳乙口員，又隨幽乙字壹紙，再照。[押]
外添在見礼圳艮乙員，又添日乙字，又添筆書礼四角，再照。[押]
中華壬子元年十二月日立賣契賴書智[押]
外添劖下埓坪杉竹日後贖回，類為乘再照。[押]
在見叔祖聲類[押]
代字中叔詩漂[押]
契
壬戌贖回

11-7-16-2　民國元年十二月賴書智立賣竹林契

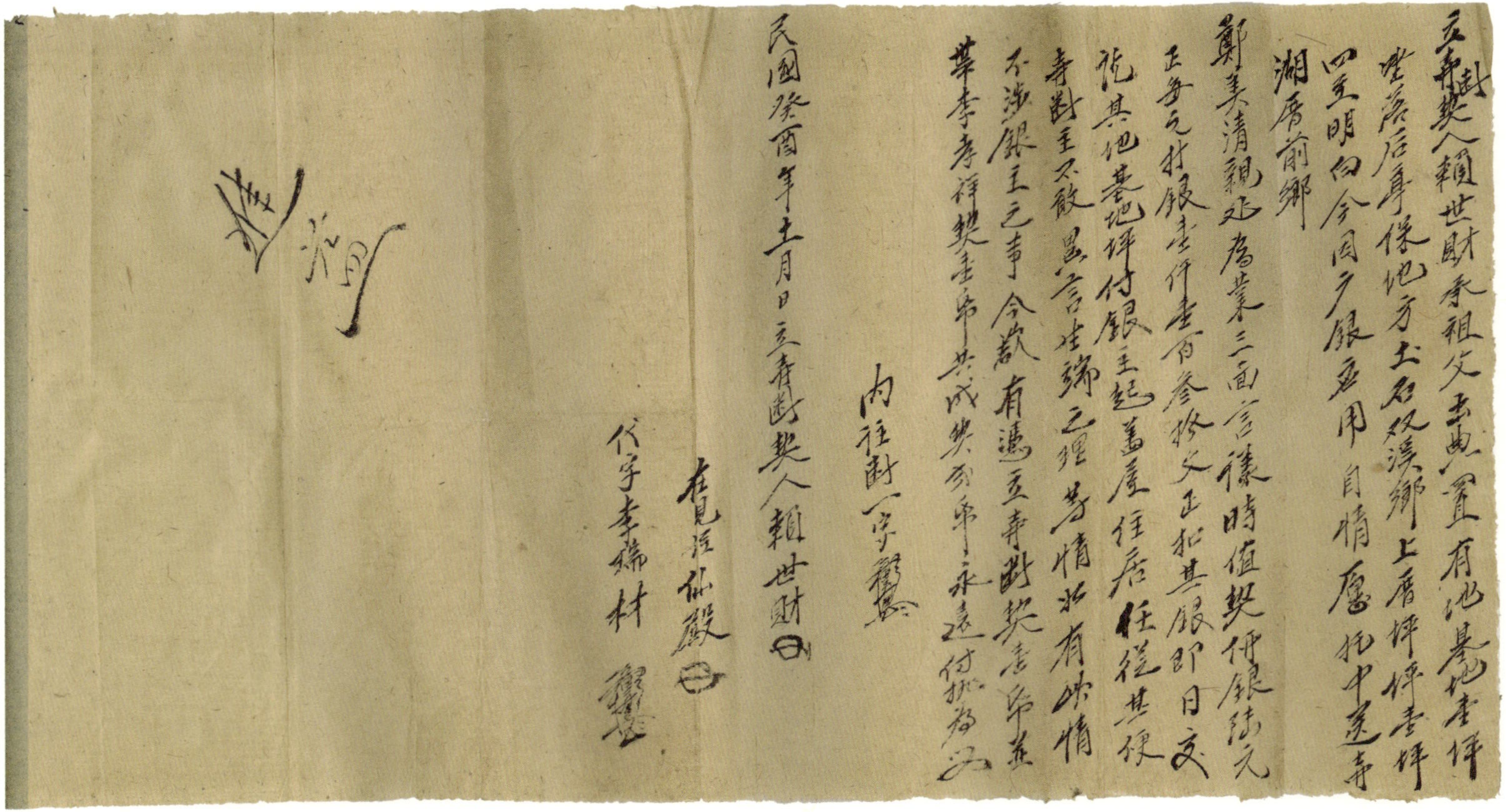

11-7-16-3　民國二十二年十一月賴世財立賣斷地基地契

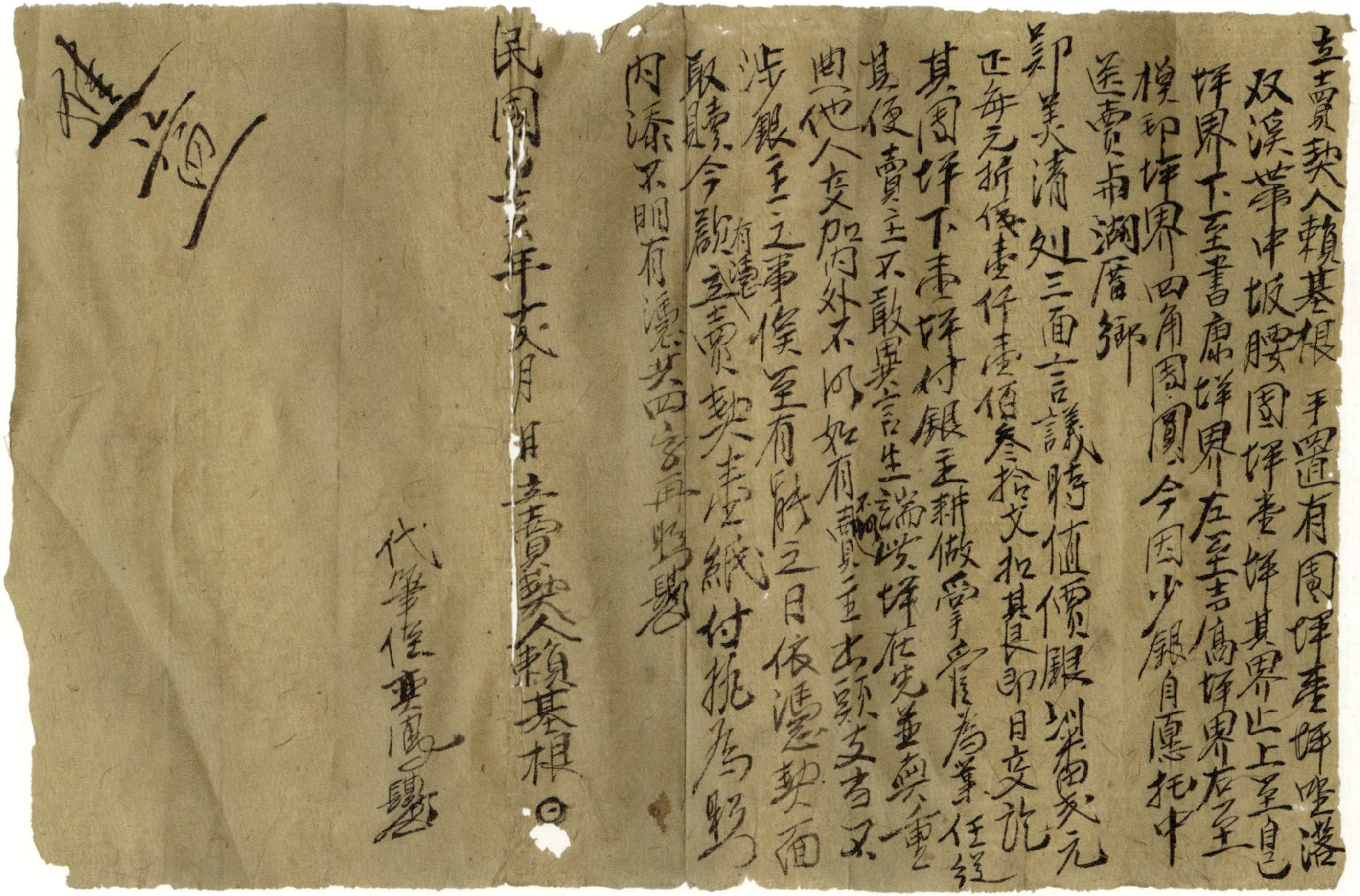

立賣契人賴基根，手置有園坪壹坪，坐落
双溪第中坂腰，園坪壹坪，其界止：上至自己
坪界，下至書康坪界，左至書偈坪界，右至
模印坪界，四角周圍。今因少銀，自愿托中
送賣本鄉
鄭美清处，三面言議，時值價銀洋番元
正，每元折係壹仟壹佰叁拾文，扣其艮即日交訖。
其園坪下壹坪，付銀主耕做管業為業，任從
其便。賣主不敢異言生端。此坪在先並無重
典他人交加、內外不明，如有不明，賣主出頭支當，不
涉銀主之事。俟至有銀之日，依憑契面
取贖。今欲有憑，立賣契書壹紙，付執為照。
內添不明有憑共四字，再照。

民國廿四年十二月　日　立賣契人賴基根（押）

代筆侄其鳳書

11-7-16-4　民國二十四年十二月賴基根立賣園坪契

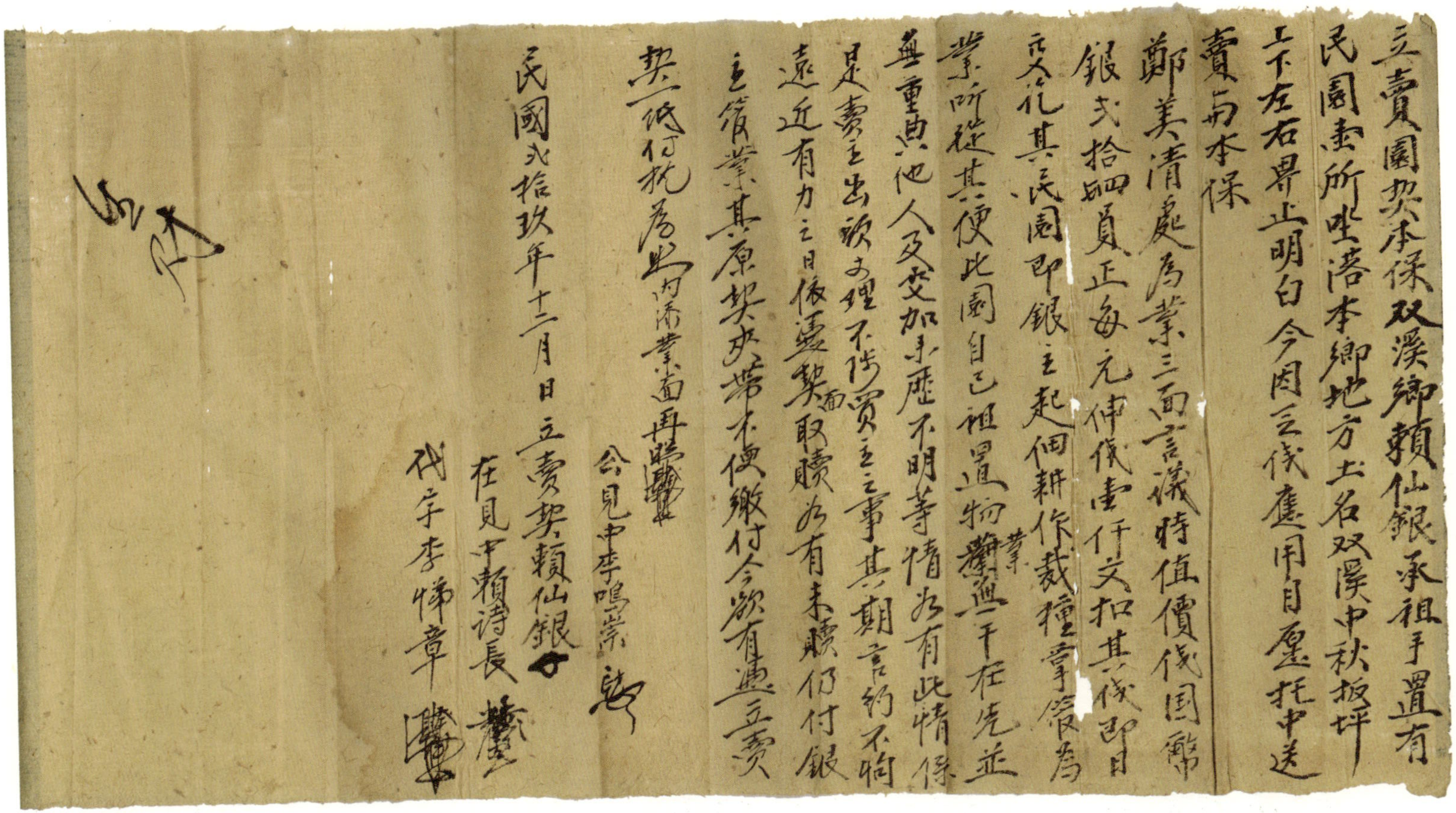
立賣園契本保双溪鄉賴仙銀承祖手置有
民園壹所坐落本鄉地方土名双溪中秋坂坪
上下左右畀止明白今因乏錢應用自愿托中送
賣與本保
鄭美清處為業三面言議時值價錢國幣
銀弍拾捌員正每元伸作壹仟文扣其錢即日
交訖其民園即銀主起佃耕作栽種掌管為
業所從其便此園自己祖置之物業與一干在先並
無重典他人及交加未歷不明等情如有此情係
是賣主出頭支理不涉買主之事其期言約不拘
遠近有力之日依還契面取贖如有未贖仍付銀
主管業其原契失帶未便繳付今欲有憑立賣
契一紙付執為照　內添業字面再照
公見中李鳴崇
民國弍拾玖年十二月日立賣契賴仙銀
在見中賴詩長
代字李悌章

11-7-16-5　民國二十九年十二月賴仙銀立賣民園契

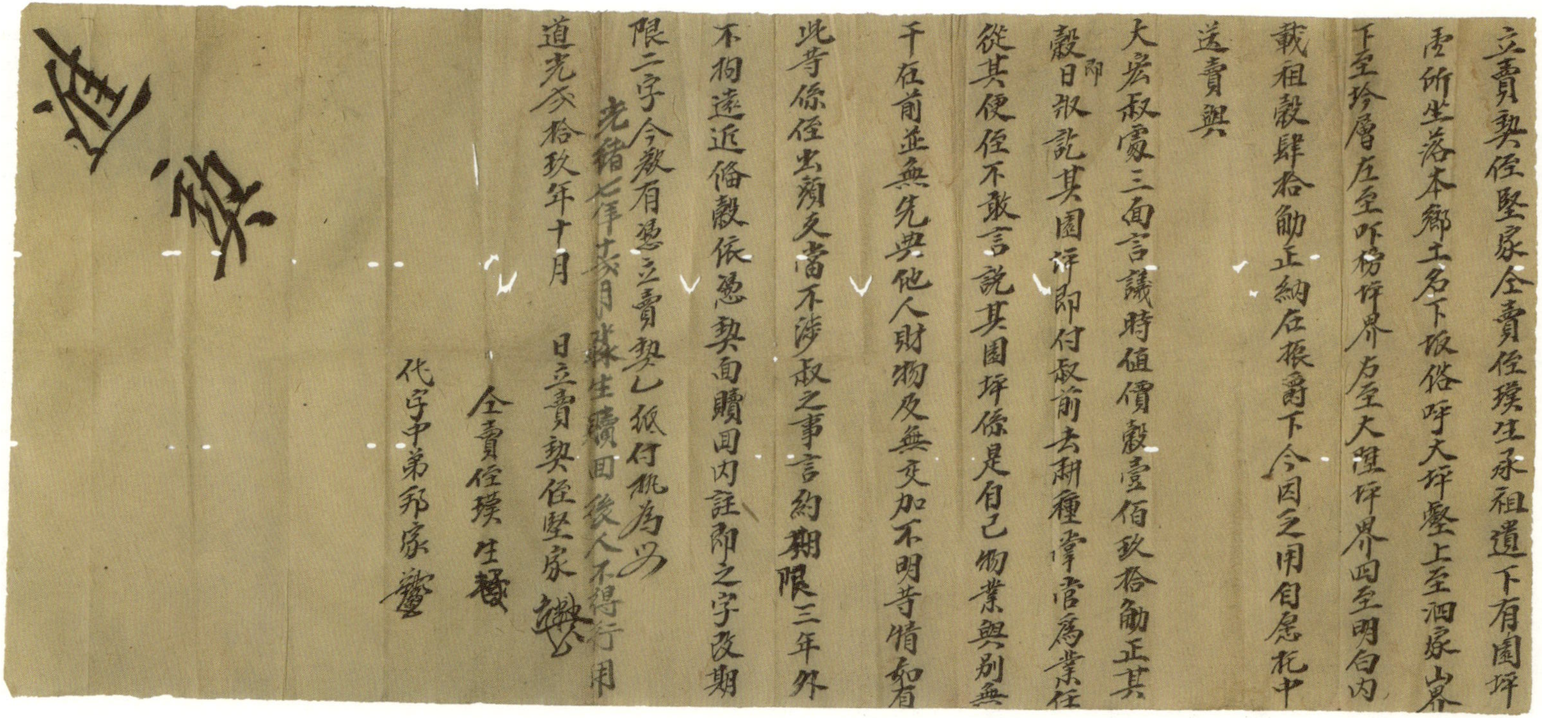

立賣契侄堅家仝賣侄璞生承祖遺下有園坪
壹所坐落本鄉土名下坂俗呼大坪壟上至洄家山界
下至玲層左至吓枋坪界右至大湿坪界四至明白内
載租穀肆拾觔正納在振爵下今因乏用自愿托中
送賣與
大宏叔處三面言議時值價穀壹佰玖拾觔正其
穀印日收訖其園坪即付叔前去耕種掌管為業任
從其便侄不敢言說其園坪係是自己物業與别無
干在前並無先典他人財物及無交加不明等情如有
此等係侄出頭支當不涉叔之事言約期限三年外
不拘遠近備穀依照契面贖回内註即之字改期
限二字今欲有憑立賣契乙紙付執為照
光緒七年十一月琳生贖回後人不得行用
道光貳拾玖年十月　日立賣契侄堅家
仝賣侄璞生
代字中弟邦家

11-7-17-1　清道光二十九年十月賴堅家立賣園坪契

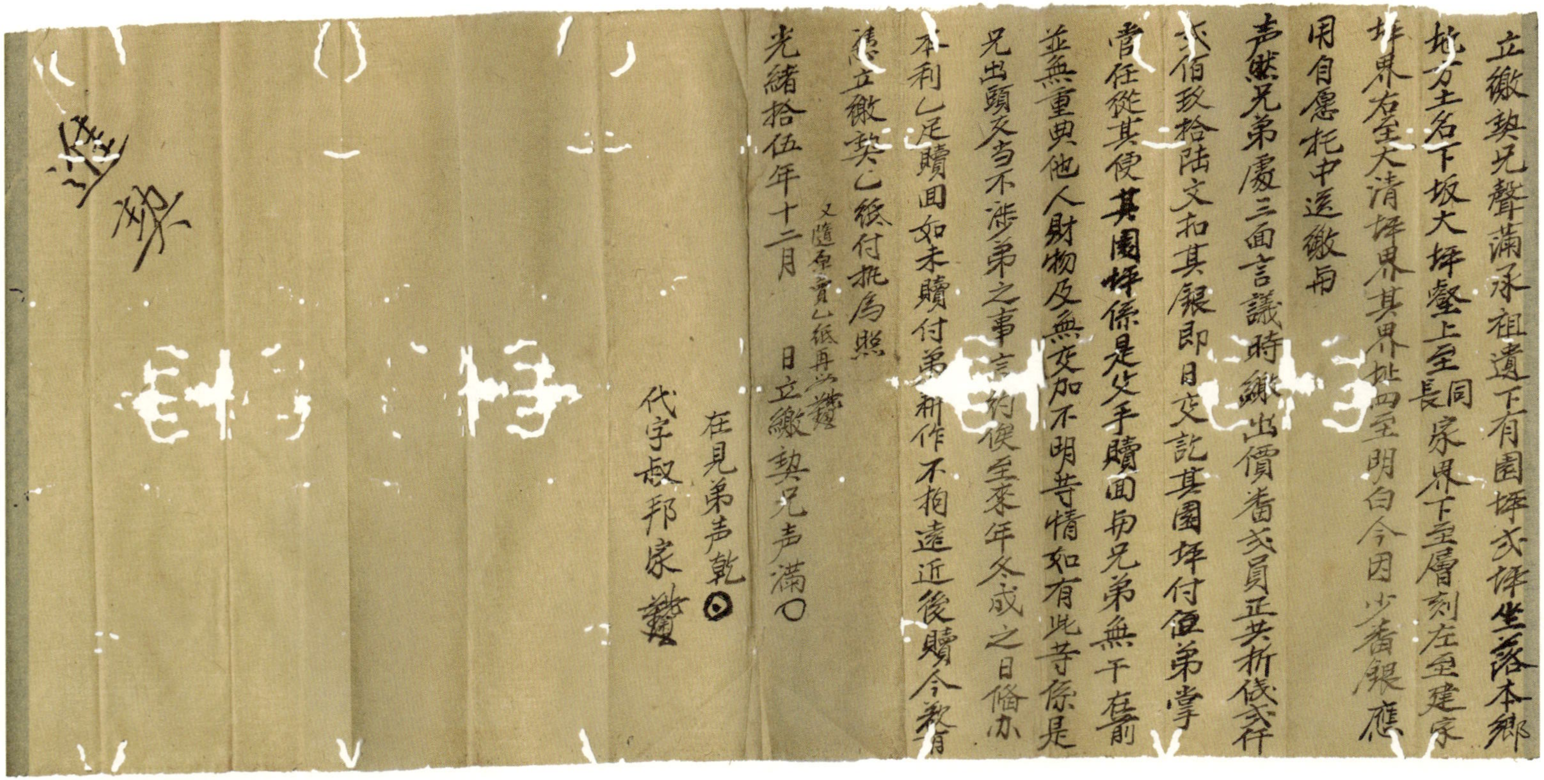
立繳契兄聲滿承祖遺下有園坪弍坪坐落本鄉
地方土名下坂大坪螯上至同長家界下至層刻左至建家
坪界右至大清坪界其界址四至明白今因少香銀應
用自愿托中送繳与
声乾兄弟處三面言議時繳出價香弍員正共折錢弍仟
柒佰玖拾陸文和其銀即日交訖其園坪付與弟掌
管任從其便其園坪係是父手贖回与兄弟無干在前
並無重典他人財物及無交加不明等情如有此等係是
兄出頭支当不涉弟之事言約係至來年冬成之日備办
本利乙足贖回如未贖付弟耕作不拘遠近後贖今欲有
憑立繳契乙紙付執為照
又隨帶買山紙乙紙再照
光緒拾伍年十二月　日立繳契兄声滿
在見弟声乾
代字叔邦家

11-7-17-2　清光緒十五年十二月賴声滿立繳園坪契

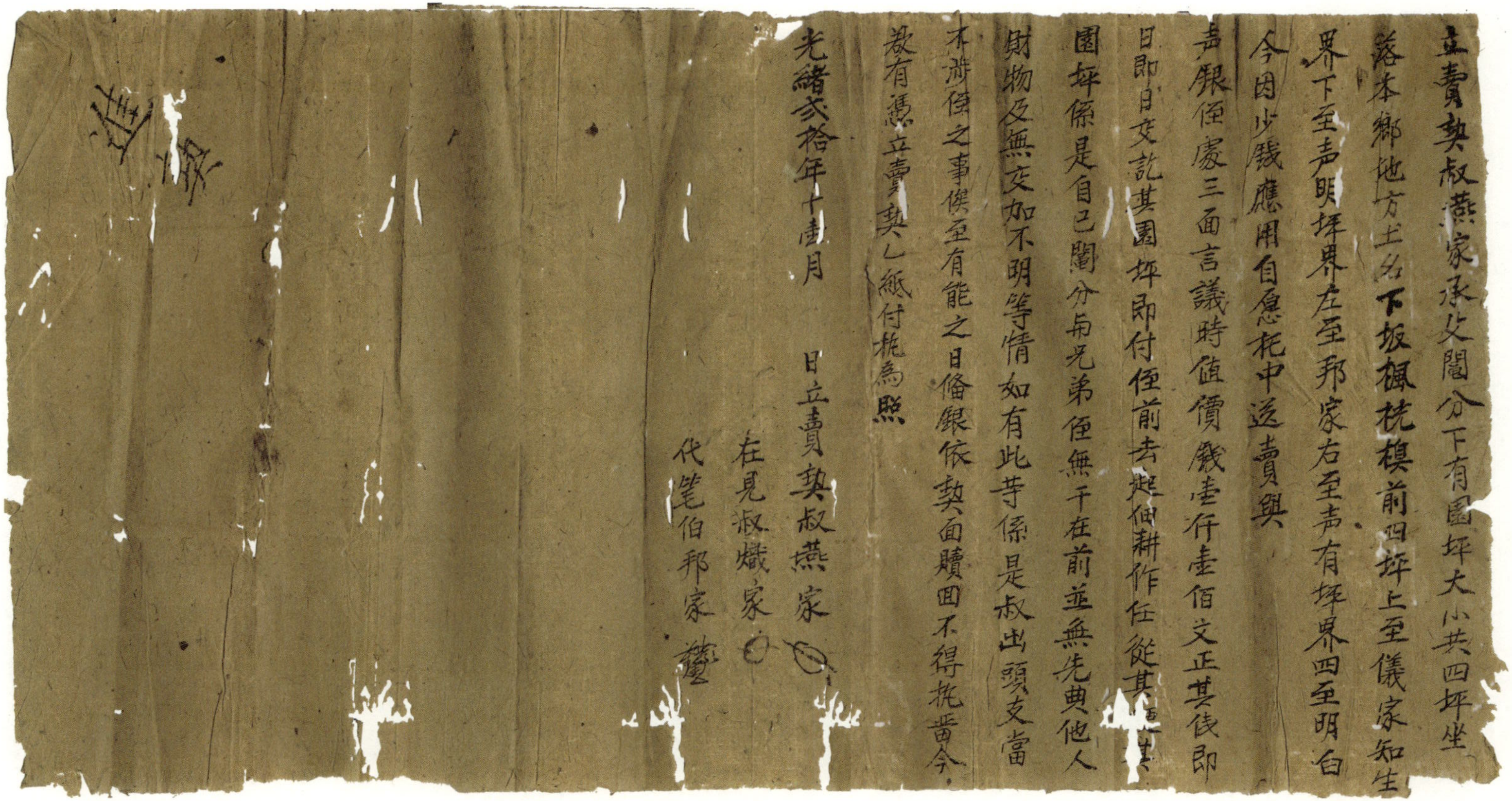

11-7-17-3 清光緒二十年十一月賴燕家立賣園坪契

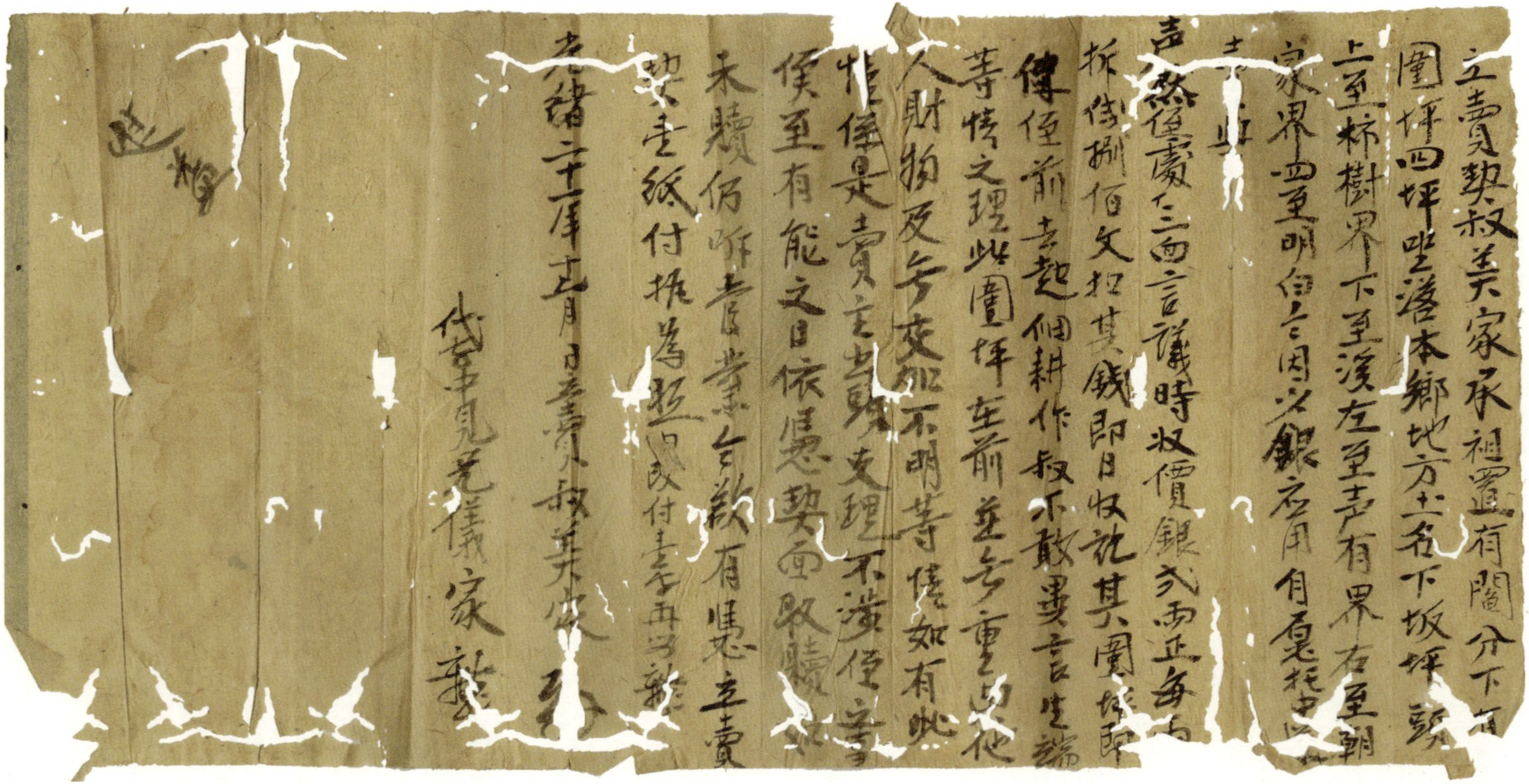
立賣契叔美家承祖置有閹分下有
園坪四坪坐落本鄉地方土名下坂坪頭
上至柿樹界下至溪左至吉戶有界右至朝
家界四至明白今因乏銀應用自愿托中
[illegible]
吉然侄處三面言議時值價銀弍兩正[illegible]
折除捌佰文扣其錢即日收訖其園坪即
傳侄前去起佃耕作叔不敢異言生端
等情之理此園坪並前並無重張他
人財物及無交加不明等情如有此
情係是賣主出頭支理不涉侄事
便至有能之日依照契面取贖
未贖仍聽侄管業無欵有憑立賣
契壹紙付執為照 即日收付壹字再照
光緒二十一年十一月　日立賣叔美家
代字見兄儀家
[illegible]

11-7-17-4　清光緒二十一年十一月賴美家立賣園坪契

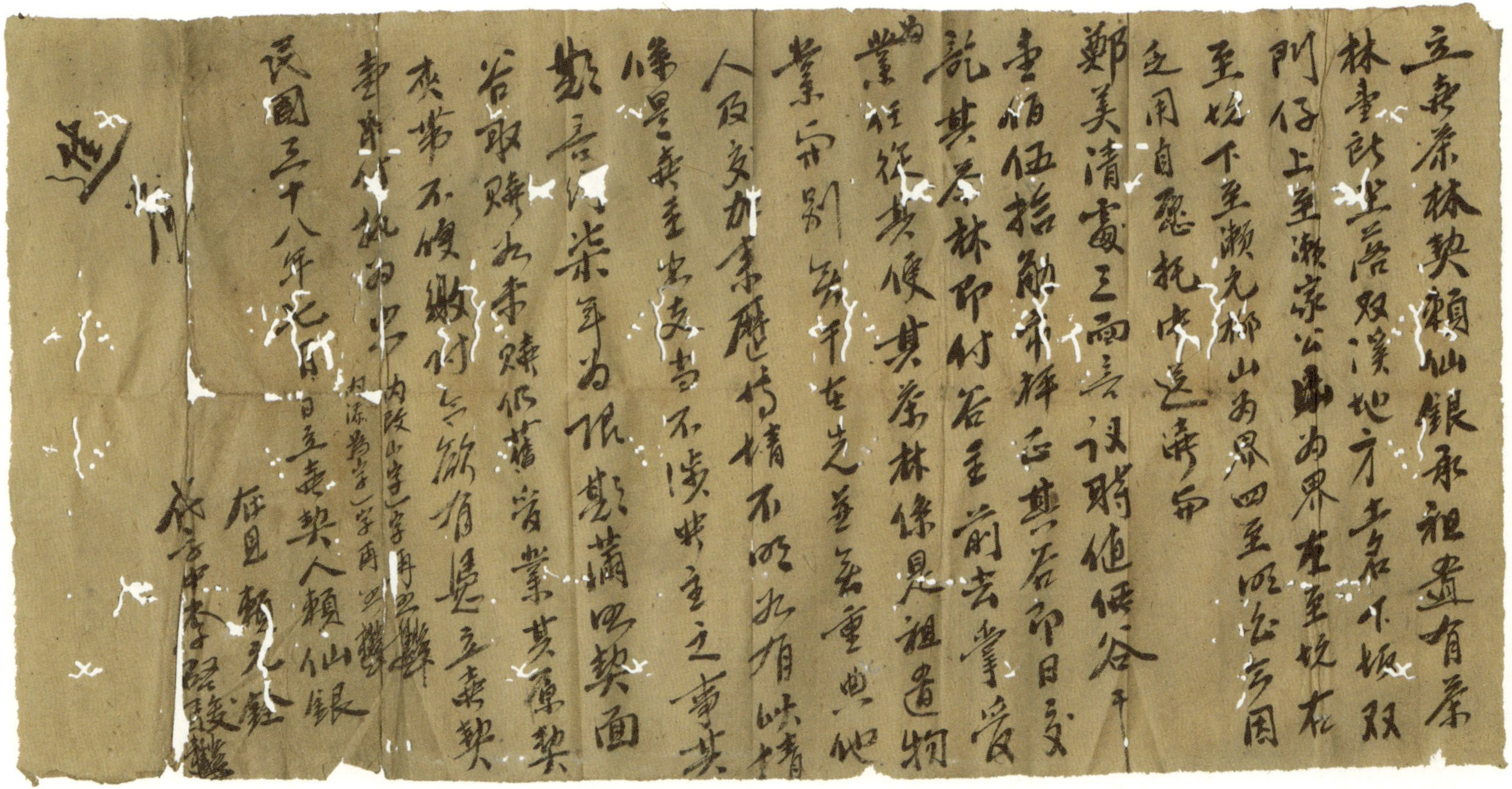
立賣茶林契賴仙銀承祖遺有茶
林壹片坐落雙溪地方土名下坂双
門仔上至瀨家公路為界左至坑右
至坑下至瀨元柳山為界四至明白為因
乏用自愿托中送并向
鄭美清處三面言議時值價谷干
壹佰伍拾觔秤正其谷即日交
訖其茶林即付谷主前去掌管
為業任從其便其茶林係是祖遺物
業宗別無干在先並無重典他
人以及文墨來歷不明如有此情
係是賣主出支當不涉買主之事其
欵言明柒年為限欵滿照契面
谷取贖如未贖仍舊管業其原契
來第不便繳付今欲有憑立賣契
壹紙付執為照
內改此字一字再照
外添為字一字再照
民國三十八年七月　日立賣契人賴仙銀
在見　賴元鐘
代字中　李昭發

11-7-17-5　民國三十八年七月賴仙銀立賣茶林契

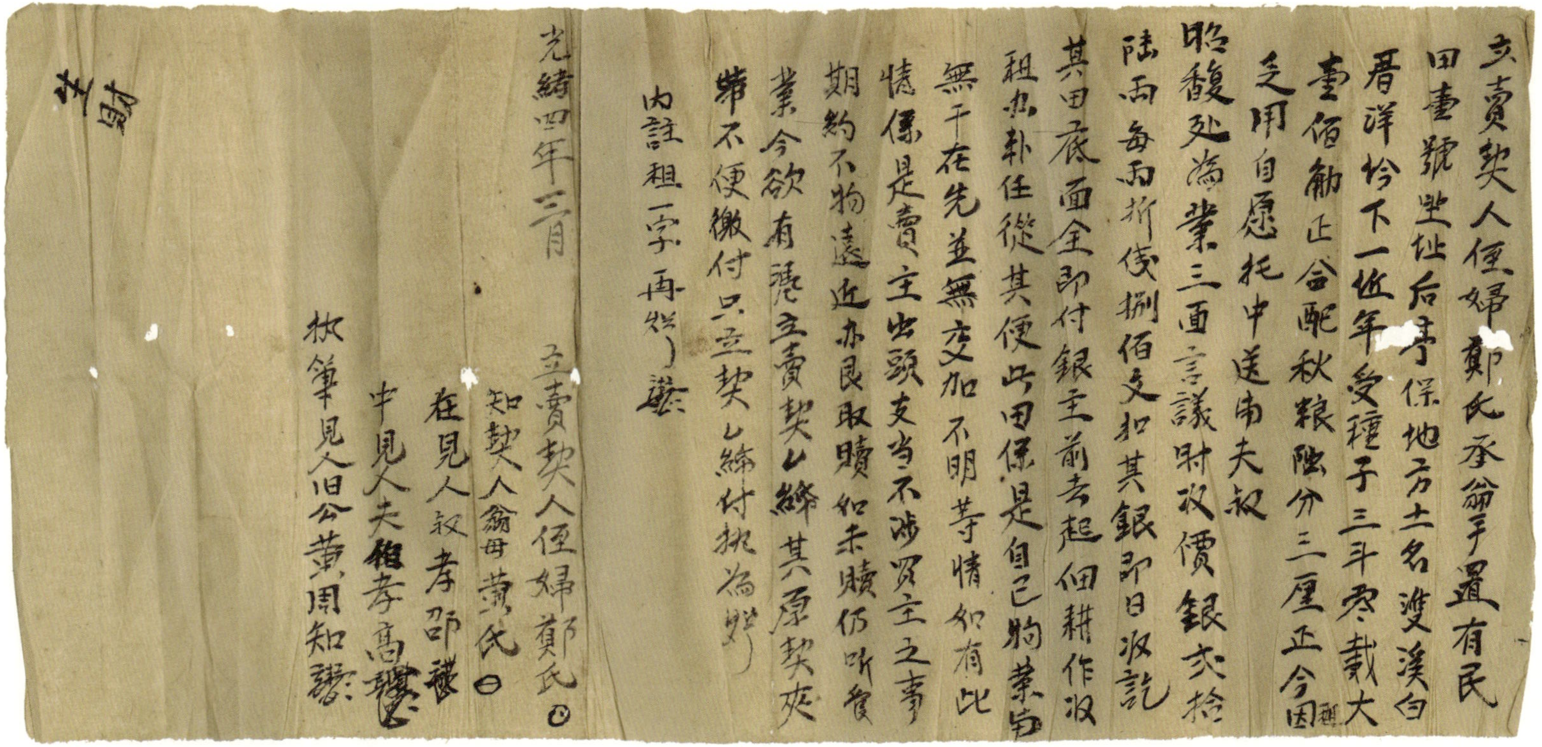
立賣契人侄婦鄭氏承命手置有民
田壹號坐址后寺保地方土名渡溪白
厝洋坋下一坵年受種子三斗零載大
畫佰觔正合配秋粮陞分三厘正今因
乏用自愿托中送與夫叔
明發処為業三面言議時值價銀弍拾
陆両每両折伐捌佰文扣其銀即日收訖
其田底面全即付銀主前去起佃耕作收
租办納任從其便此田係是自己物業與
無干在先並無交加不明等情如有此
情係是賣主出頭支当不涉買主之事
期約不拘遠近亦良取贖如未贖仍听管
業今欲有憑立賣契乙紙 其原契夾
帶不便繳付只立契乙紙付執為照
内註租一字再炤）
光緒四年三月　立賣契人侄婦鄭氏
知契人翁母黄氏
在見人叔孝部
中見人夫伯孝高
代筆見人旧公黄周知

11-7-18-1　清光緒四年三月鄭氏立賣民田契

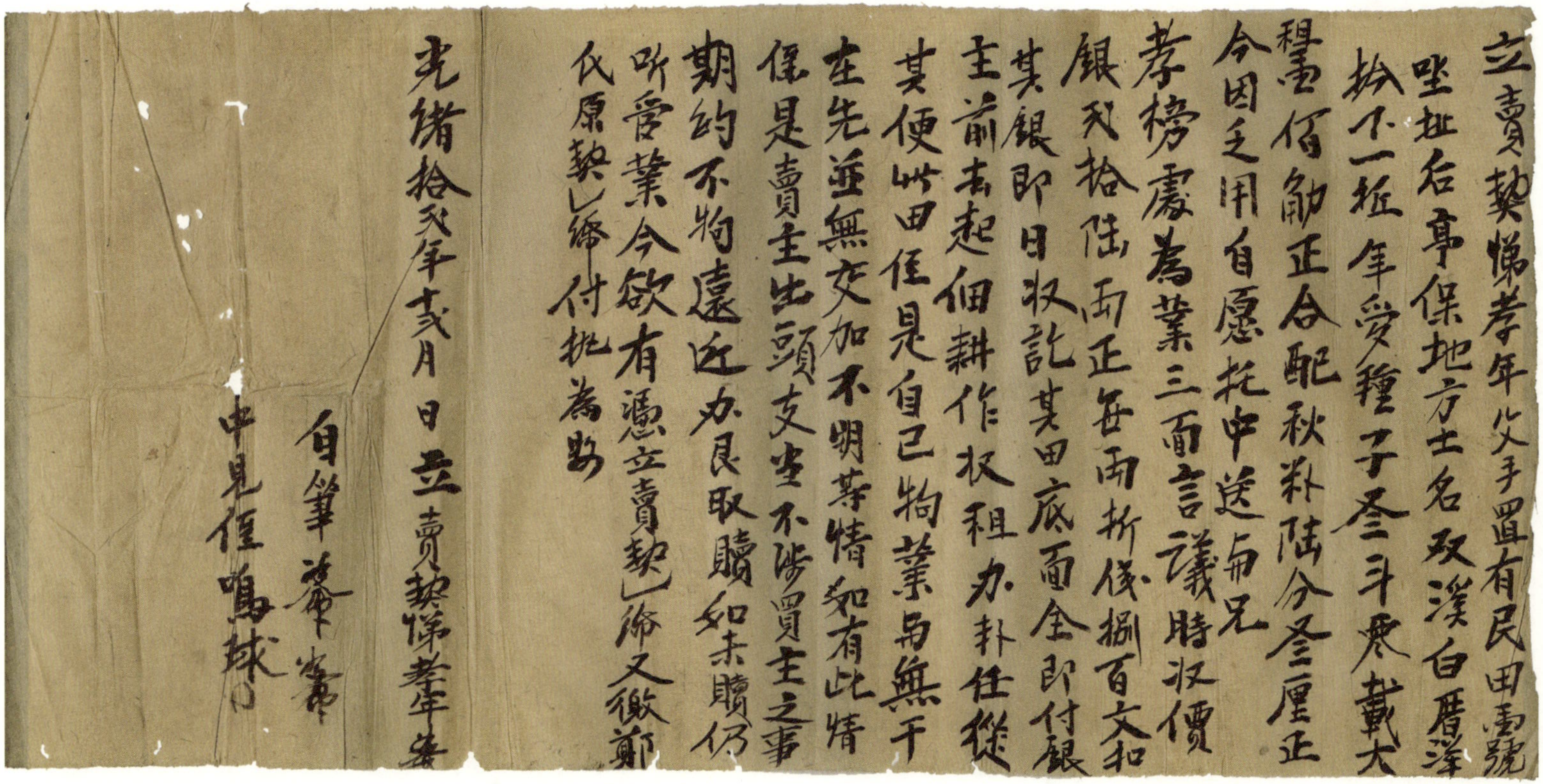
立賣契李孝年父手置有民田壹號，坐址后亭保地方，土名双溪白厝洋
拾下一坵，年受種子叁斗，來載大
糧伍勺正，合配秋料陸分叁厘正。
今因乏用，自愿托中送向兄
孝榜處為業，三面言議，時值價
銀弍拾陸兩正，每兩折錢捌百文，扣
其銀即日收訖，其田底面全，即付銀
主前去起佃耕作收租，办朴任從
其便。此田係是自己物業，與無干
在先並無交加不明等情，如有此情，
係是賣主出頭支當，不涉買主之事。
期約不拘遠近，办良取贖，如未贖，仍
听管業。今欲有憑，立賣契一紙，又繳鄭
氏原契一紙，付批為照。
光緒拾弍年十弍月　日立賣契李孝年
自筆孝年
中見侄鳴球

11-7-18-2　清光緒十二年十二月李孝年等立賣民田契

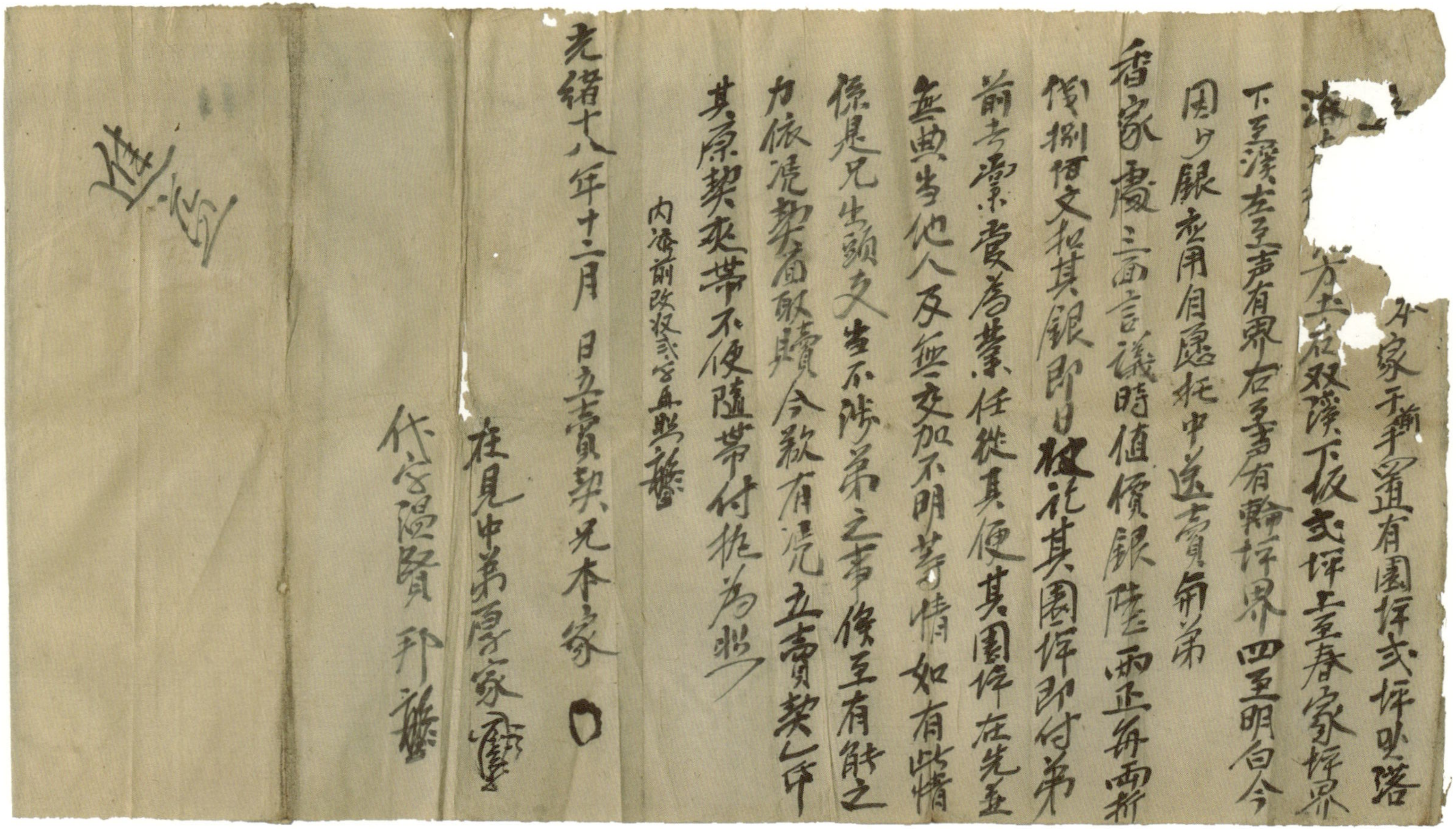
□本家手置有園坪弍坪坐落
□□□方土名双溪下坂弍坪上至春家坪界
下至溪左至声有界右至声有□坪界四至明白今
因少銀應用自愿托中送賣與弟
香家處三面言議時值價銀陸兩正每兩新
□捌佰文其銀即日收訖其園坪即付弟
前去管業任從其便其園坪在先並
無典當他人及無交加不明等情如有此情
係是兄出頭支當不涉弟之事後至有能之
力依價契面取贖今欲有憑立賣契一紙
其原契交帶不便隨帶付執為照
內添前改扠弍字再照
光緒十八年十二月　日立賣契兄本家
在見中弟厚家
代字温賢邦

11-7-19-1　清光緒十八年十二月賴本家立賣園坪契

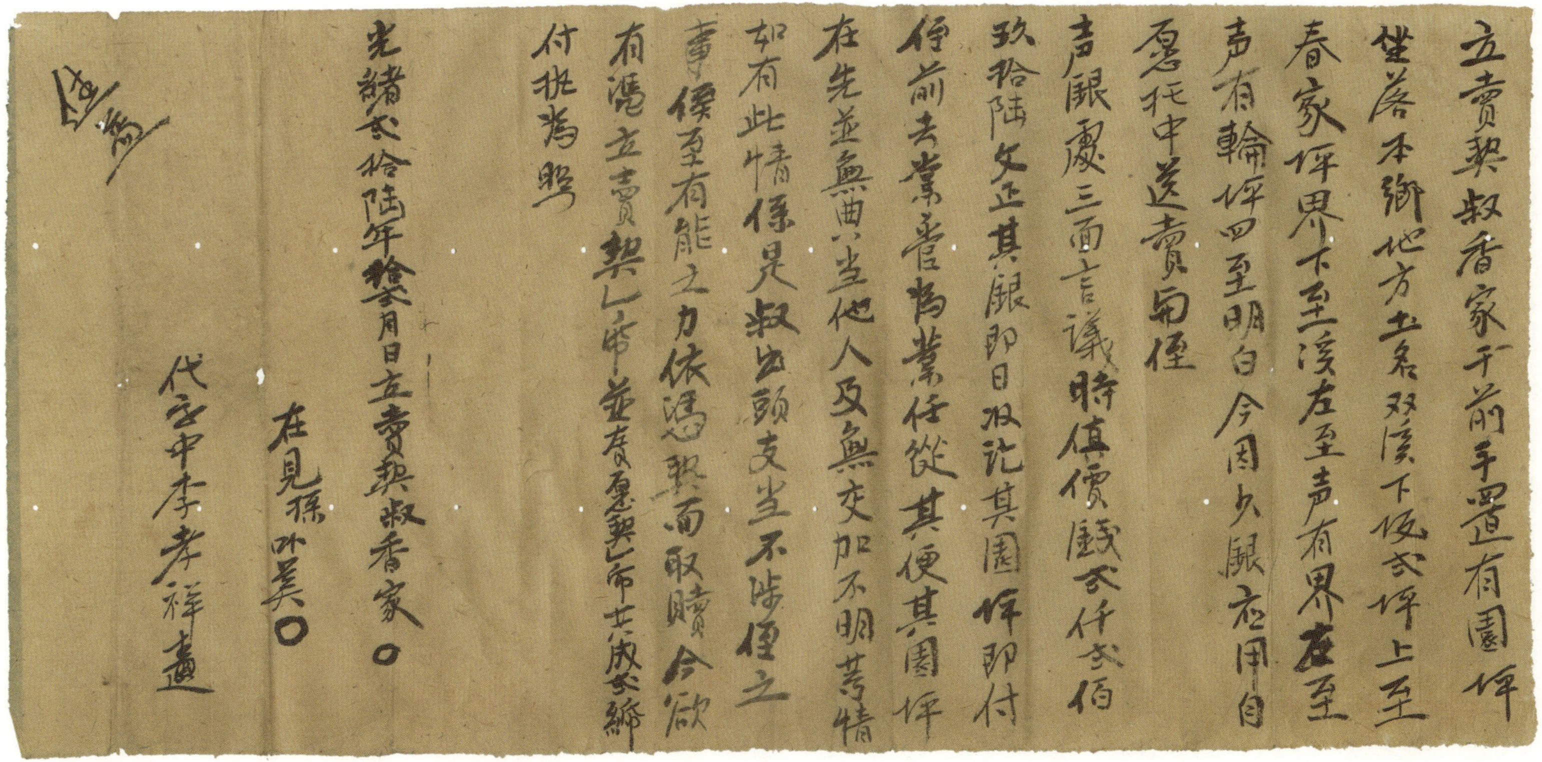
立賣契叔香家于前手置有園坪
坐落本鄉地方土名双溪下段弍坪上至
春家坪界下至溪左至声有界右至
声有輪坪四至明白今因乏銀応用自
愿托中送賣與侄
声銀處三面言議時值價錢弍仟弍佰
玖拾陆文正其銀即日收訖其園坪即付
侄前去掌管為業任從其便其園坪
在先並無典當他人及無交加不明等情
如有此情係是叔出頭支当不涉侄之
事俟至有能之力依憑契面取贖今欲
有憑立賣契乙帋並[illegible]契乙帋共成弍帋
付执為照
光緒弍拾陆年拾弍月日立賣契叔香家○
在見孫 咪美○
代字中李孝祥書

11-7-19-2 清光緒二十六年十二月賴香家立賣園坪契

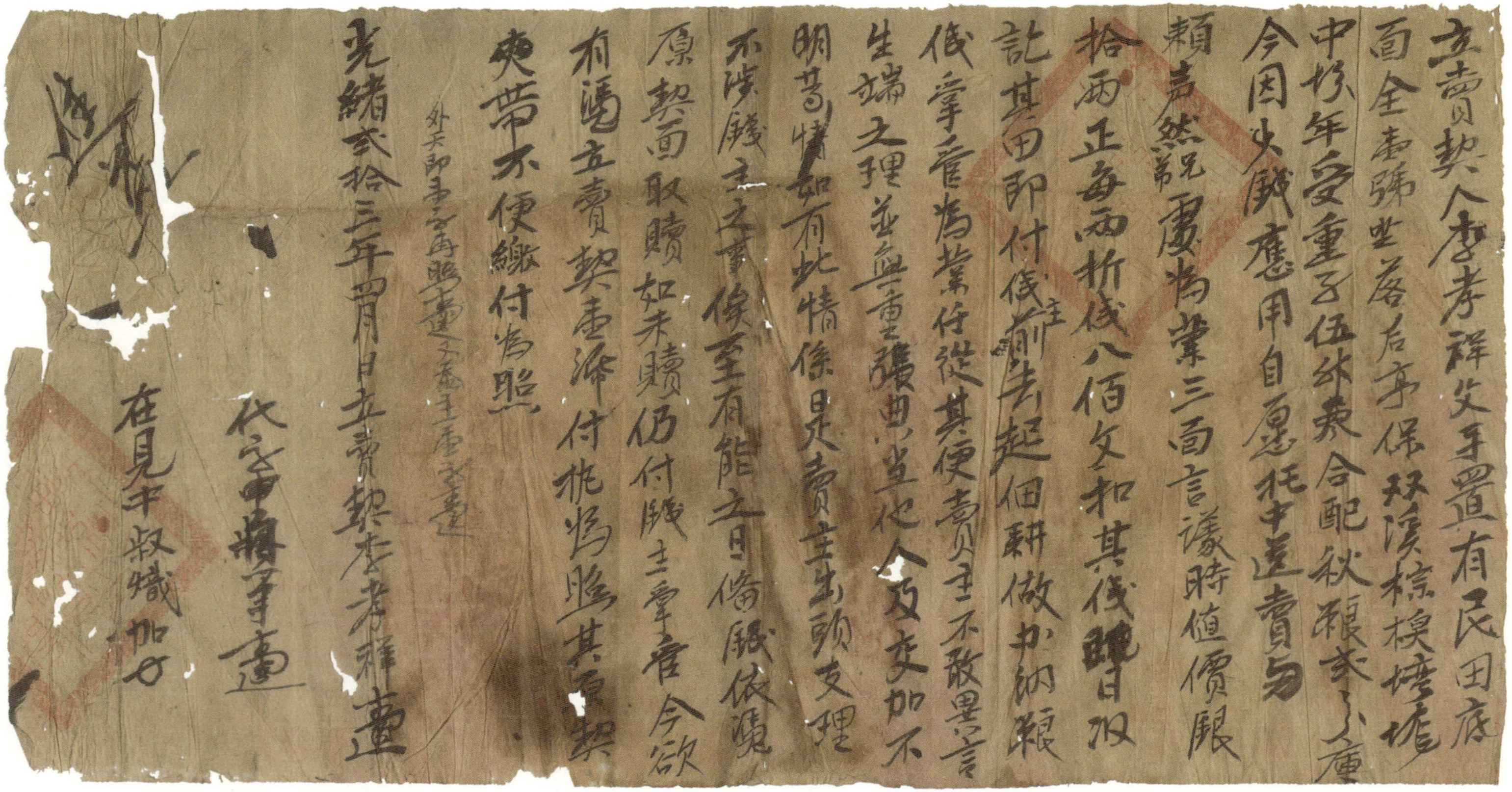
立賣契人李孝祥父手置有民田底
面全壹號坐落后亭保双溪棕模塘堘
中圻年受重子伍升長合配秋糧式厘
今因乏錢應用自愿托中送賣與
賴吉然兄弟處爲業三面言議時值價銀
拾兩正每兩折錢八佰文和其錢即日收
訖其田即付錢主前去起佃耕做办納糧
僋掌管爲業任從其便賣主不敢異言
生端之理並無重張典當他人交加不
明等情如有此情係是賣主出頭支理
不涉錢主之事俟至有能之日備賍依還
原契面取贖如未贖仍付錢主掌管今欲
有憑立賣契壹紙付執爲照其原契
夾帶不便繳付爲照
光緒貳拾三年四月　日立賣契李孝祥
代字中
在見中叔

11-7-20-1　清光緒二十三年四月李孝祥立賣底面全民田契（紅契）

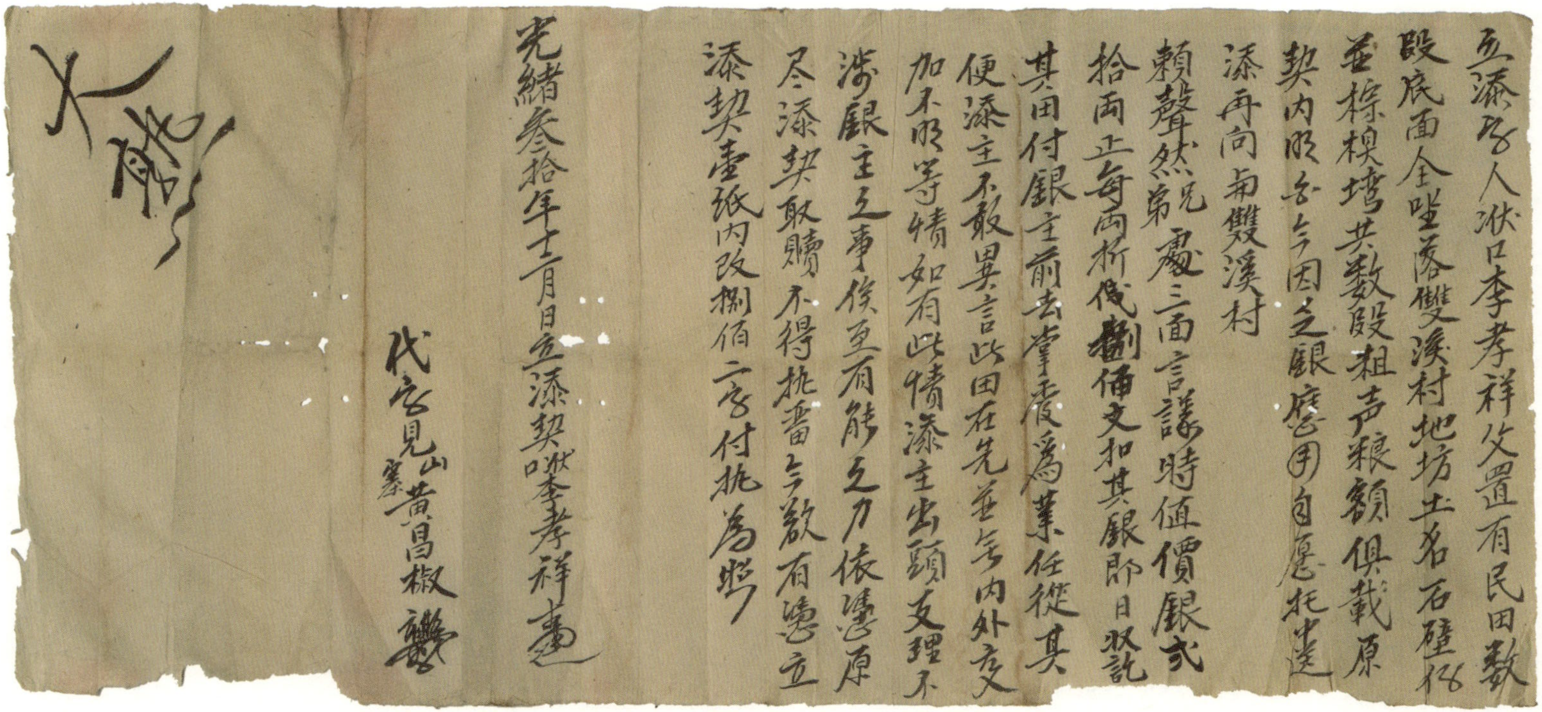

立添字人洑口李孝祥父置有民田數
段底面全坐落雙溪村地坊土名石壁後
並稼模墘共數段租声粮額俱載原
契內明今因乏銀應用自愿托中送
添再向南雙溪村
賴聲然兄弟處三面言議時值價銀弍
拾兩正每兩折伐捌佰文扣其銀即日收訖
其田付銀主前去掌管為業任從其
便添主不敢異言此田在先並無內外交
加不明等情如有此情添主出頭支理不
涉銀主之事倘有能力依憑原
盡添契取贖不得抗留今欲有憑立
添契壹紙內改捌佰二字付執為照
光緒叁拾年十二月　日立添契洑口李孝祥（押）
代字見山寨黃昌椒（押）
大發

11-7-20-2　清光緒三十年十二月李孝祥立添底面全民田字

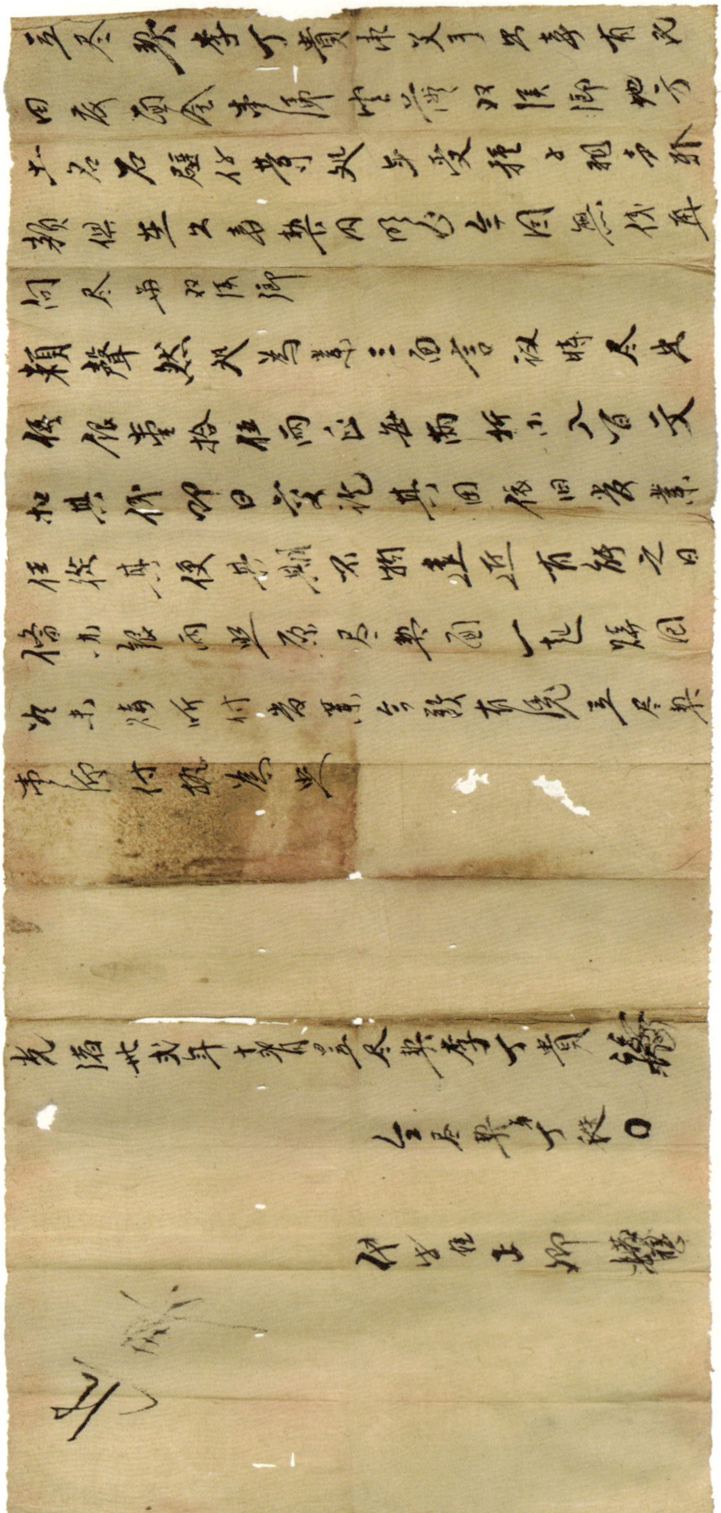

11-7-20-3　清光緒三十二年十二月李丁貴等立盡底面全民田契

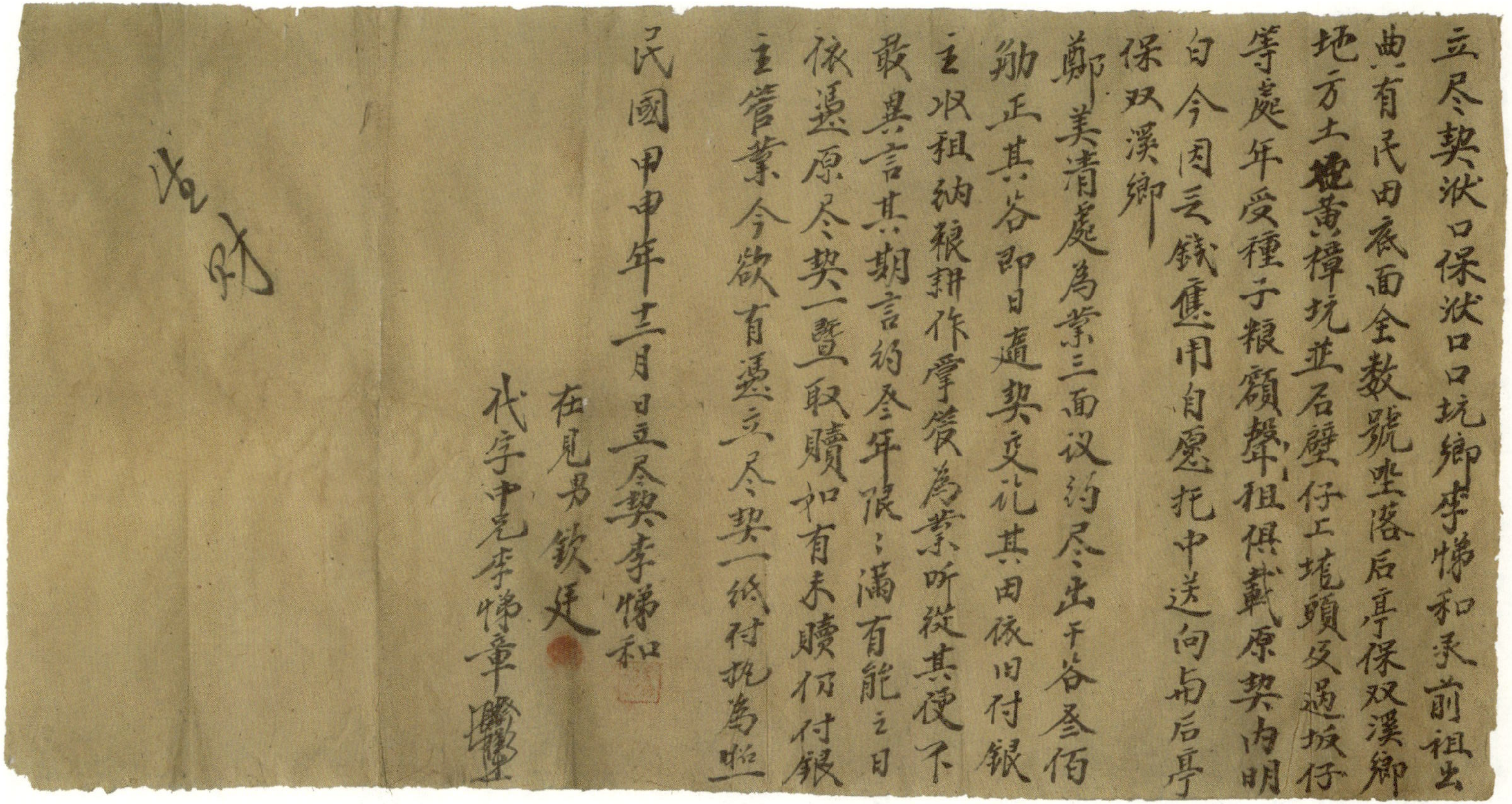

立尽契洑口保洑口口坑鄉李悌和承前祖出
典有民田底面全数號坐落后亭保双溪鄉
地方土名黄樟坑並石壁仔土墘頭及過坂仔
等處年受種子粮額肆租俱載原契內明
白今因乏錢應用自愿托中送向与后亭
保双溪鄉
鄭美清處為業三面议約尽出干谷叁佰
觔正其谷即日遁契交訖其田依旧付銀
主收租納粮耕作管業為業听從其便不
敢異言其期言約叁年限滿有能之日
依遠原尽契一暨取贖如有未贖仍付銀
主管業今欲有憑立尽契一紙付執為照
民國甲申年十二月 日立尽契李悌和
在見男 欽廷
代字中見李悌章

11-7-20-4 民國三十三年十二月李悌和立盡底面全民田契

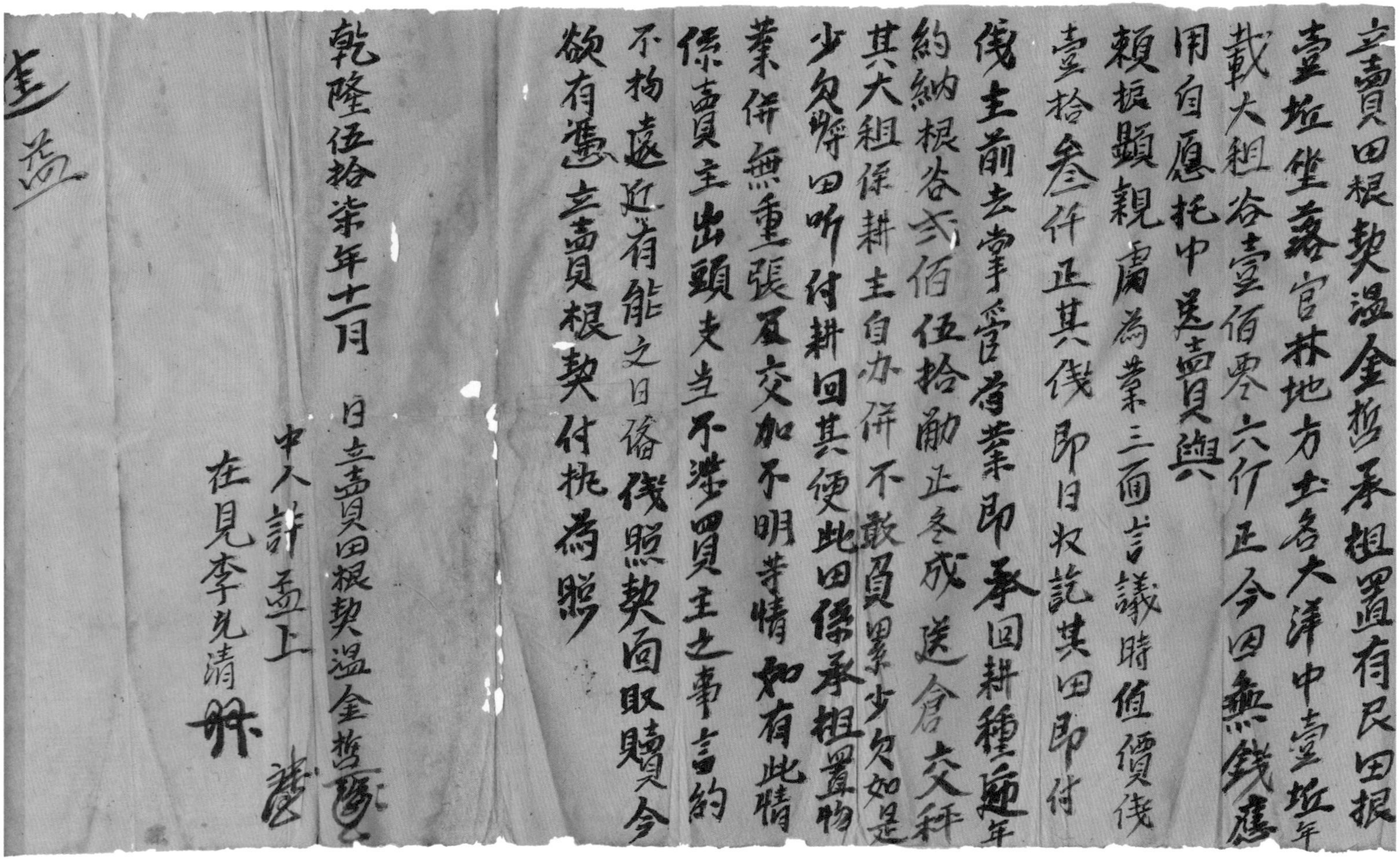
立賣田根契溫金哲承祖置有民田根
壹坵坐落官林地方土名大洋中壹坵年
載大租谷壹佰零六斤正今因無錢應
用自愿托中送賣與
賴振顯親處為業三面言議時值價錢
壹拾叁仟正其錢即日收訖其田即付
錢主前去掌管為業即承回耕種逐年
約納根谷弍佰伍拾觔正冬成送倉交秤
其大租係耕主自办併不敢負累少欠如是
少欠將田听付耕回其便此田係承祖置物
業併無重張及交加不明等情如有此情
係賣主出頭支当不涉買主之事言約
不拘遠近有能之日備錢照契面取贖今
欲有憑立賣根契付执為照
乾隆伍拾柒年十一月　日立賣田根契溫金哲（押）
中人許孟上（押）
在見李光清（押）
進益

11-7-21-1　清乾隆五十七年十一月温金哲立賣民田根契

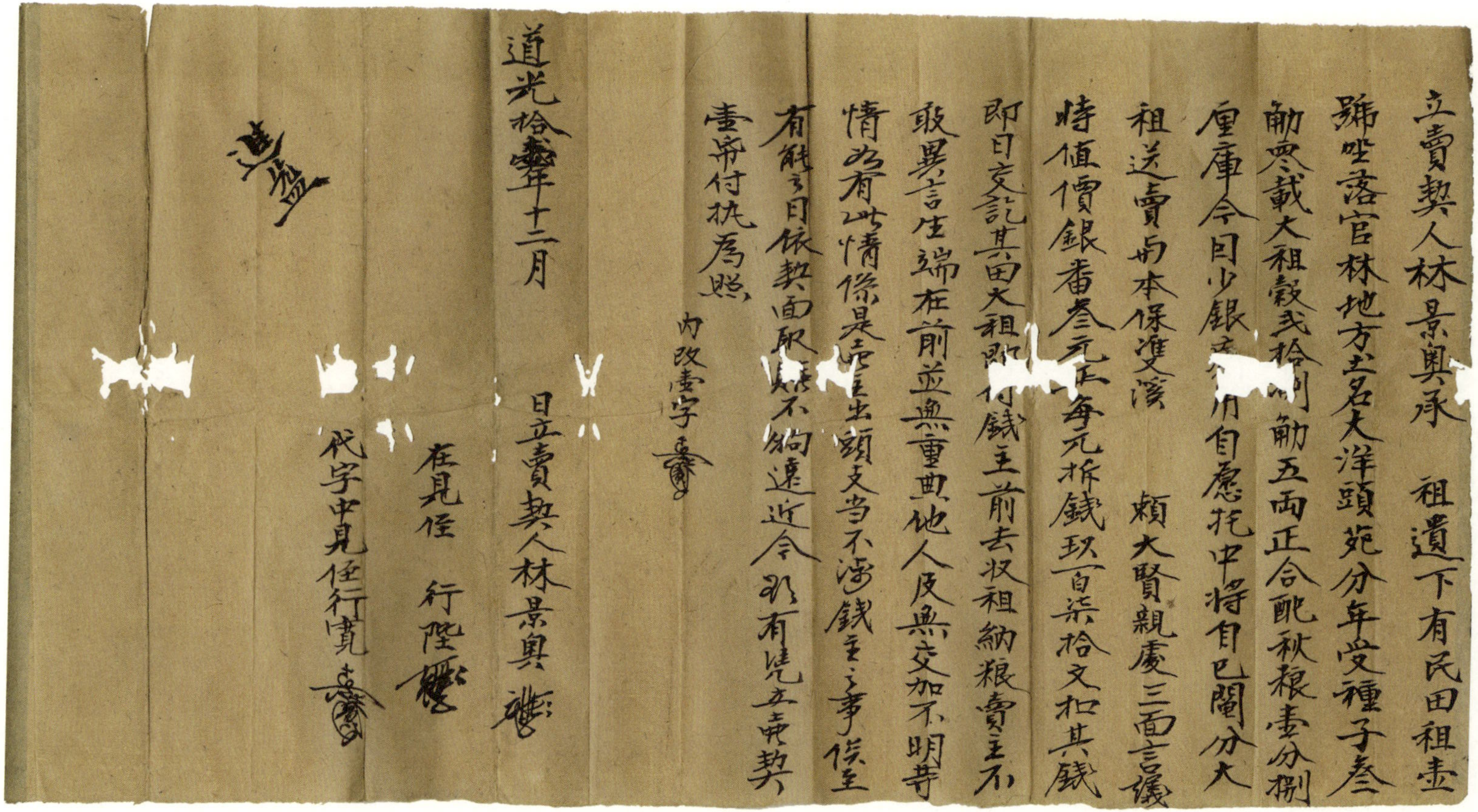

立賣契人林景興承　祖遺下有民田租壹
號坐落官林地方土名大洋頭苑分年受種子叁
觔貳載大租穀弍拾[illegible]觔五両正合配秋粮壹分捌
厘庫今因少銀[illegible]用自愿托中將自己鬮分大
租送賣與本保渼溪　賴大賢親處三面言議
時值價銀番叁元正每元折錢玖百柒拾文扣共錢
即日交訖其田大租聽付錢主前去收租納粮賣主不
敢異言生端在前並無重典他人及無交加不明等
情如有此情係是賣主出頭支當不涉錢主之事係至
有銀之日依契面取贖不拘遠近今欲有憑立賣契
壹帋付執爲照。

內改壹字 押

道光拾壹年十二月　日立賣契人林景興 押

在見侄　行陞 押

代字中見侄行寬 押

退訖

11-7-21-2　清道光十一年十二月林景興立賣民田租契

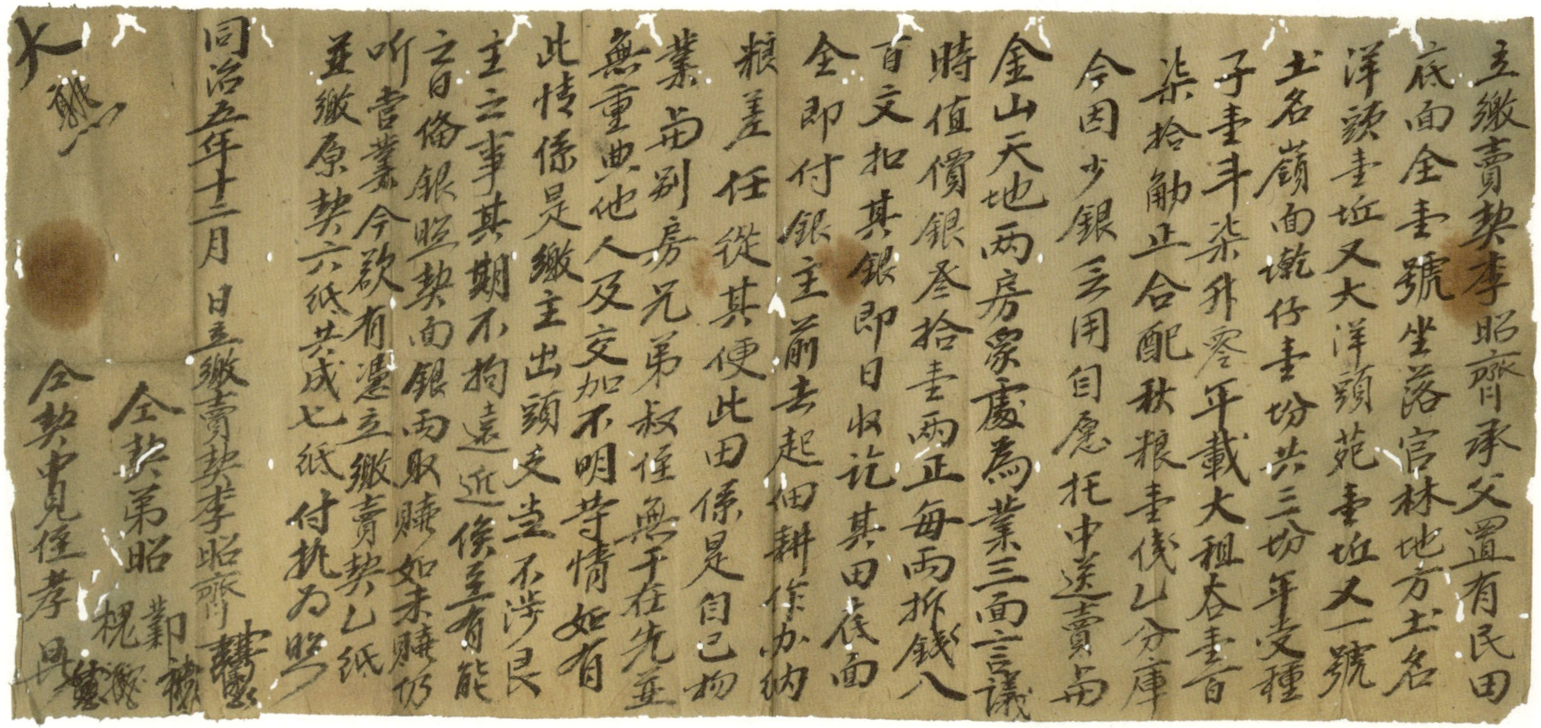
立繳賣契李昭齊承父置有民田
底面全壹號坐落官林地方土名
洋頭壹坵又大洋頭苑壹坵又一號
土名嶺面墘仔壹坵共三坵年交種
子壹斗柒升零年載大租谷壹百
柒拾觔正合配秋粮壹錢山分庫
今因乏銀應用自愿托中送賣與
金山天地兩房衆處爲業三面言議
時值價銀叁拾壹兩正每兩折錢八
百文扣其銀即日收訖其田底面
全即付銀主前去起佃耕作办納
粮差任從其便此田係是自己物
業與別房兄弟叔侄無干在先並
無重典他人及交加不明等情如有
此情係是繳主出頭支當不涉民
主之事其期不拘遠近俟至有能
言備銀照契面銀兩取贖如未贖仍
听書業今欲有憑立繳賣契山紙
並繳原契六紙共成七紙付執爲照
同治五年十二月　日立繳賣契李昭齊（押）
仝契弟昭勤（押）　梘（押）
仝契中見侄孝丹（押）
大繳

11-7-21-3　清同治五年十二月李昭齊等立繳賣底面全民田契

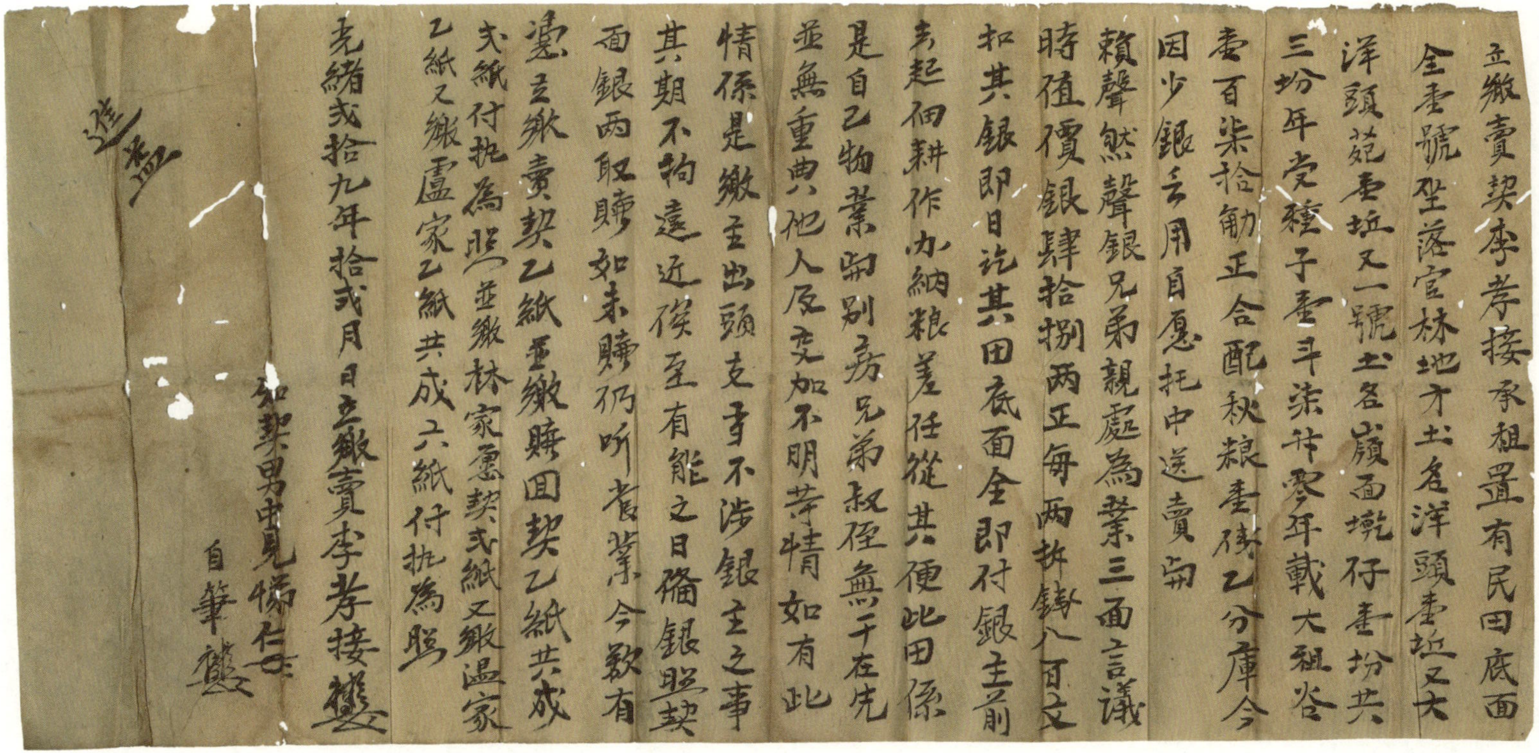
立繳賣契李孝接承祖置有民田底面
全壹號坐落官林地方土名洋頭壹坵又大
洋頭苑壹坵又一號土名嶺面墘仔壹坵共
三坵年受種子壹斗柒升零年載大租谷
壹百柒拾觔正合配秋粮壹條乙分庫今
因少銀需用自愿托中送賣與
賴聲魁聲銀兄弟親處為業三面言議
時值價銀肆拾捌兩正每兩折錢八百文
扣其銀即日訖其田底面全即付銀主前
去起佃耕作辦納粮差任從其便此田係
是自己物業與别房兄弟叔侄無干在先
並無重典他人及交加不明等情如有此
情係是繳主出頭支手不涉銀主之事
其期不拘遠近候至有能之日備銀照契
面銀兩取贖如未贖仍听管業今欲有
憑立繳賣契乙紙並繳贖回契乙紙共成
弍紙付執為照 並繳林家退契弍紙又繳温家
乙紙又繳盧家乙紙共成六紙付執為照
光緒弍拾九年拾弍月　日立繳賣李孝接
知契男中見 佛仁
自筆
進益

11-7-21-4　清光緒二十九年十二月李孝接立繳賣底面全民田契

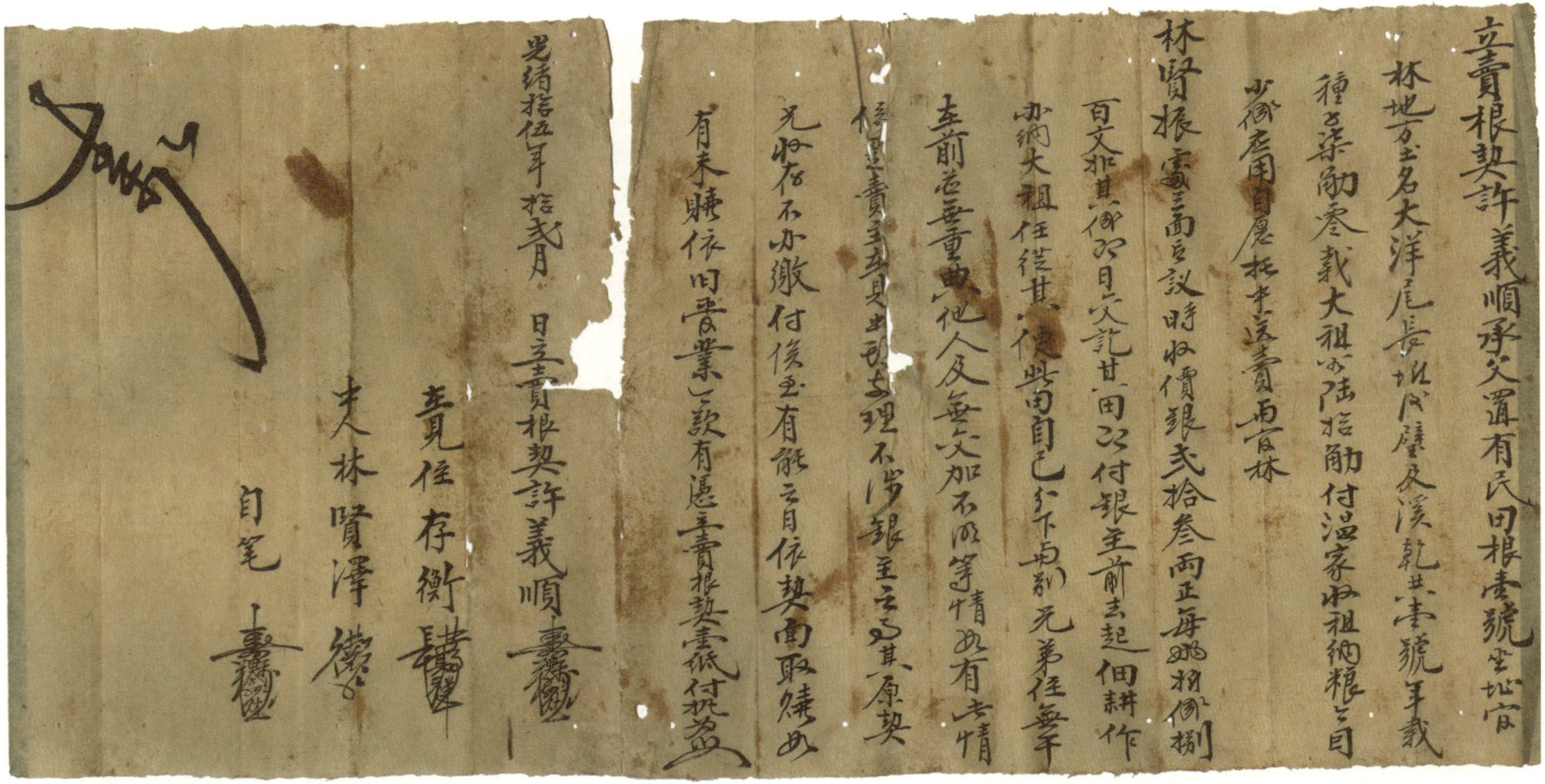
立賣根契許義順承父置有民田根壹號坐址官
林地方土名大洋尾長坵及溪乾共壹號年載
種子柒觔零載大租谷陆拾觔付温家收租納粮之司
少餘應用自愿托中送賣與官林
林賢振處為業三面言議時收價銀弍拾叁兩正每兩柒錢捌
百文非其價即日交訖其田即付銀主前去起佃耕作
收納大租任從其便此田自己分下與别兄弟侄無干
未賣之先並無重典他人及無交加不明等情如有此情
係是賣主出頭支理不涉銀主之事其原契
先收存不必繳付後去有能之日依契面取续如
有未贖依旧管業今欲有憑立賣根契壹紙付执為照

光緒拾伍年拾弍月　日立賣根契許義順
見任存衡
中人林賢澤
自笔

11-7-22-1　清光緒十五年十二月許義順立賣民田根契

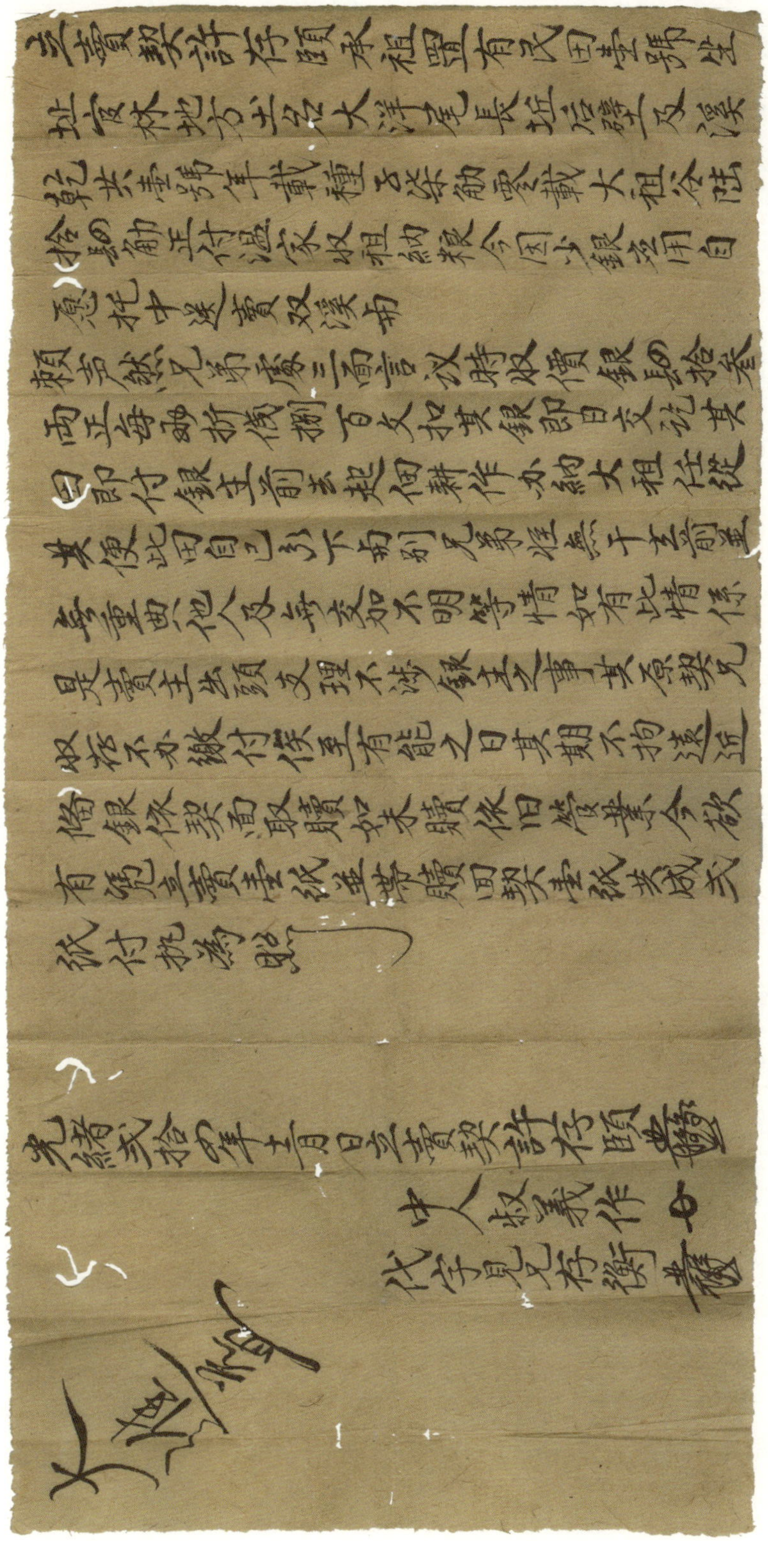

立賣契許存頤，承祖置有民田壹號，坐
址宮林地方，土名大洋尾長坵，后壹及溪
乾，共壹號，年載種子谷納粮載大租谷陸
拾肆觔正，付退家收租納粮。今因乏銀應用，自
愿托中送賣與溪坊
賴宗欽兄弟處，三面言議，時價銀肆拾叁
兩正，每兩折錢捌百文，扣其銀即日交訖，其
田即付銀主前去起佃耕作，办納大租，任從
其便。此田自己分下物業，與別房兄弟侄無干，亦無重
張典賣他人及上手交加不明等情，如有此情，係
是賣主出頭支理，不涉銀主之事。其原契兄
收存，不办繳付，候至有能之日，其期不拘遠近，
備銀照契面取贖，如未贖，依舊管業。今欲
有憑，立賣契壹紙，並帶贖田契壹紙，共成貳
紙，付執為照。

光緒貳拾四年十二月　日立賣契許存頤（押）
中人　叔昌義作（押）
代字見兄存衡（押）

[illegible]

11–7–22–2　清光緒二十四年十二月許存頤立賣民田契

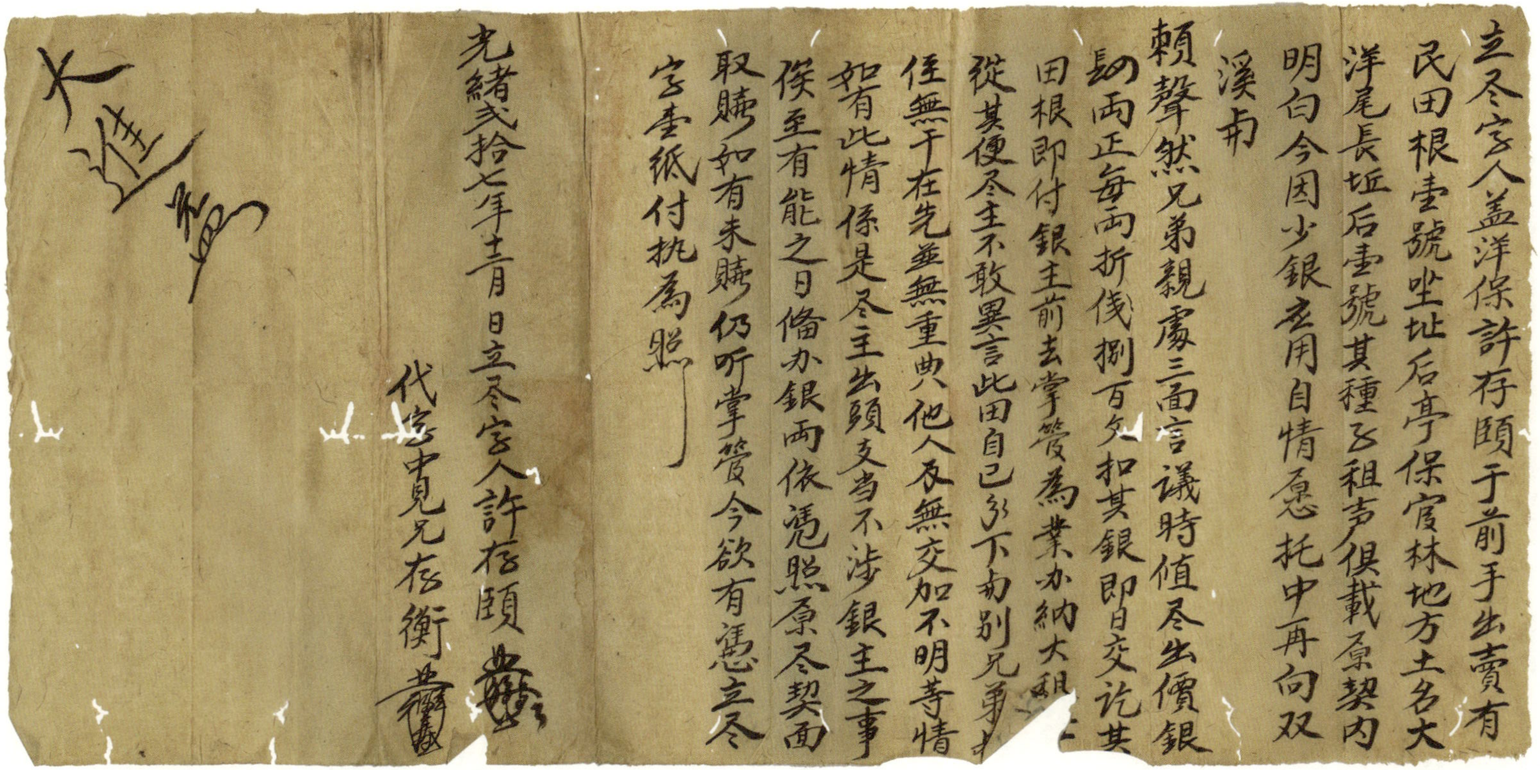

11-7-22-3　清光緒二十七年十二月許存頤立盡民田根字

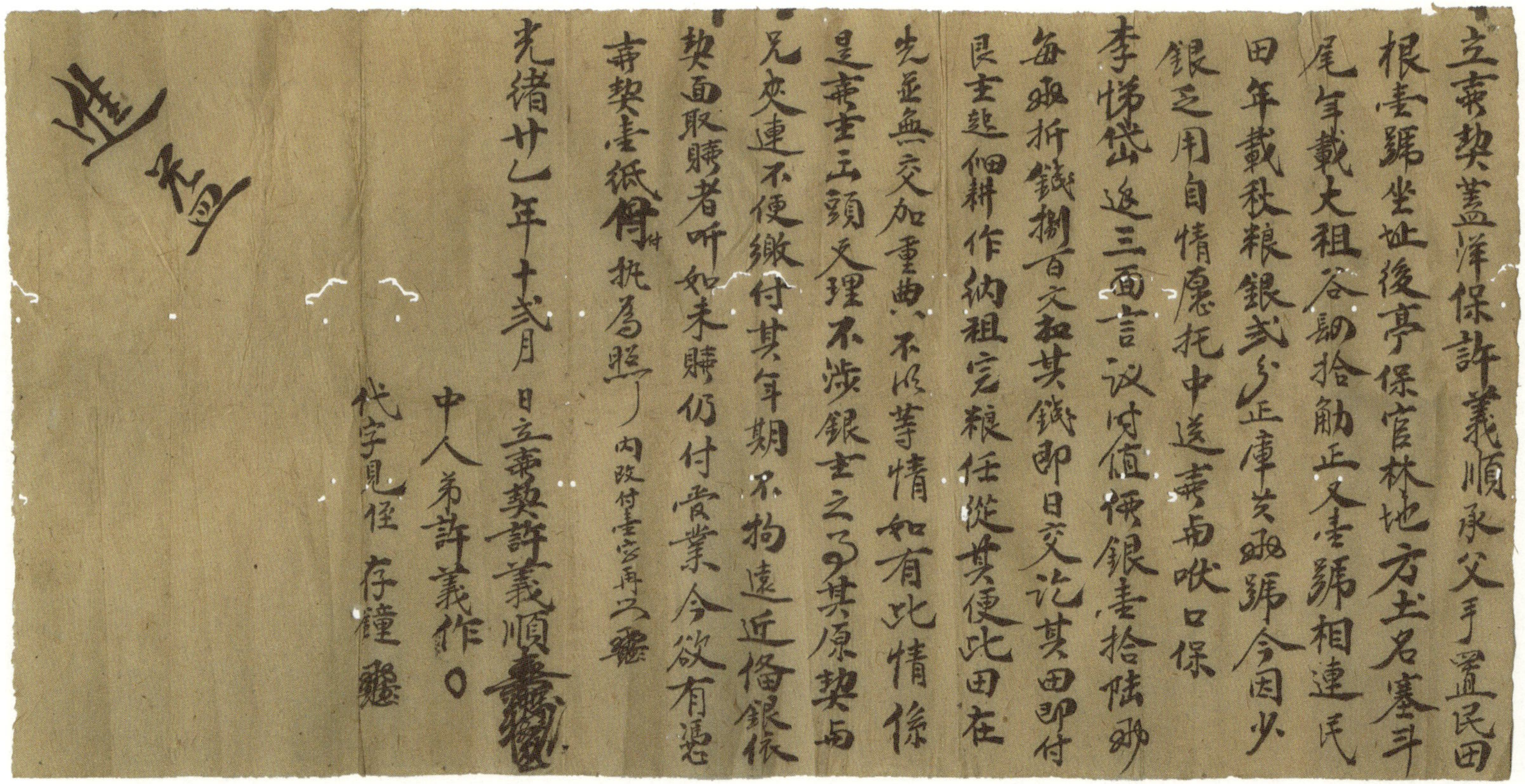

立賣契盖洋保許義順承父手置民田
根壹號坐址後亭保官林地方土名塞斗
尾年載大租谷肆拾觔正又壹號相連民
田年載秋粮銀式分正庫共兩號今因少
銀乏用自情愿托中送賣與吠口保
李悌鑑邊三面言议时值價銀壹拾陆兩
每兩折錢捌百文和其錢即日交讫其田即付
艮主起佃耕作納租完粮任從其便此田在
先並無交加重典、不明等情如有此情係
是賣主一頭支理不涉銀主之事其原契與
兄交連不便繳付其年期不拘遠近備銀依
契面取贖者听如未贖仍付管業今欲有憑
賣契壹紙併付批爲照　内改付壹字再又
光緒廿乙年十式月　日立賣契許義順
中人弟許義作○
代字見侄　存鐘

11-7-23-1　清光緒二十一年十二月許義順立賣民田根契

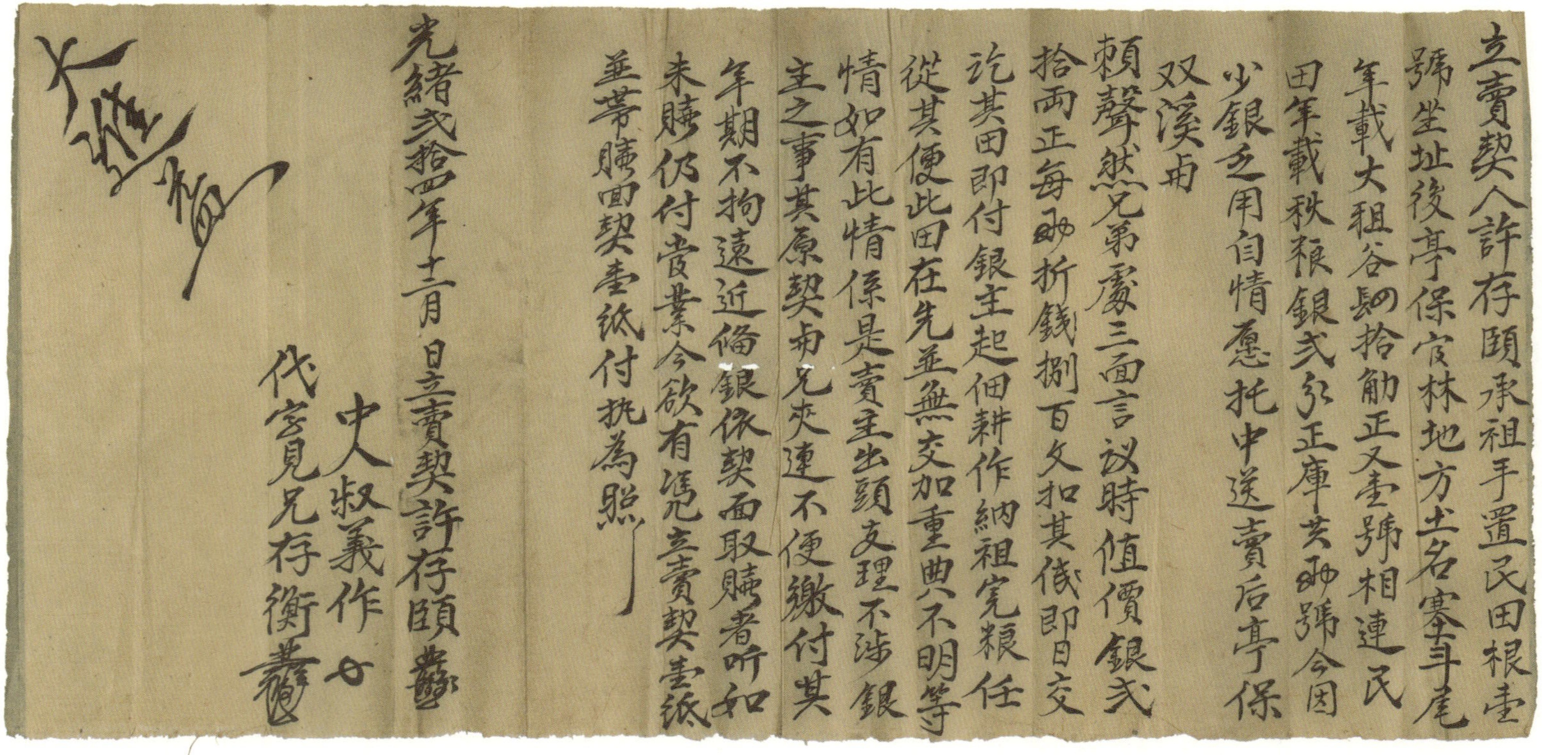
立賣契人許存頤承祖手置民田根壹
號坐址後亭保宮林地方土名㙒寺尾
年載大租谷叁拾觔正又壹號相連民
田年載秋粮銀弍分正庫平兩號合田
少銀乏用自情愿托中送賣后亭保
双溪冉
頼聲然兄弟處三面言议時值價銀弍
拾兩正每兩折錢捌百文扣其價即日交
訖其田即付銀主起佃耕作納祖完粮任
從其便此田在先並無交加重典不明等
情如有此情係是賣主出頭支理不涉銀
主之事其原契而兄爽連不便繳付其
年期不拘遠近備銀依契面取贖者听和
未贖仍付賣業今欲有憑立賣契壹紙
並帶贖回契壹紙付執為照。
光緒弍拾四年十二月 日立賣契許存頤（押）
中人叔義作（押）
代字見兄存衡（押）
大進宜

11-7-23-2　清光緒二十四年十二月許存頤立賣民田根契

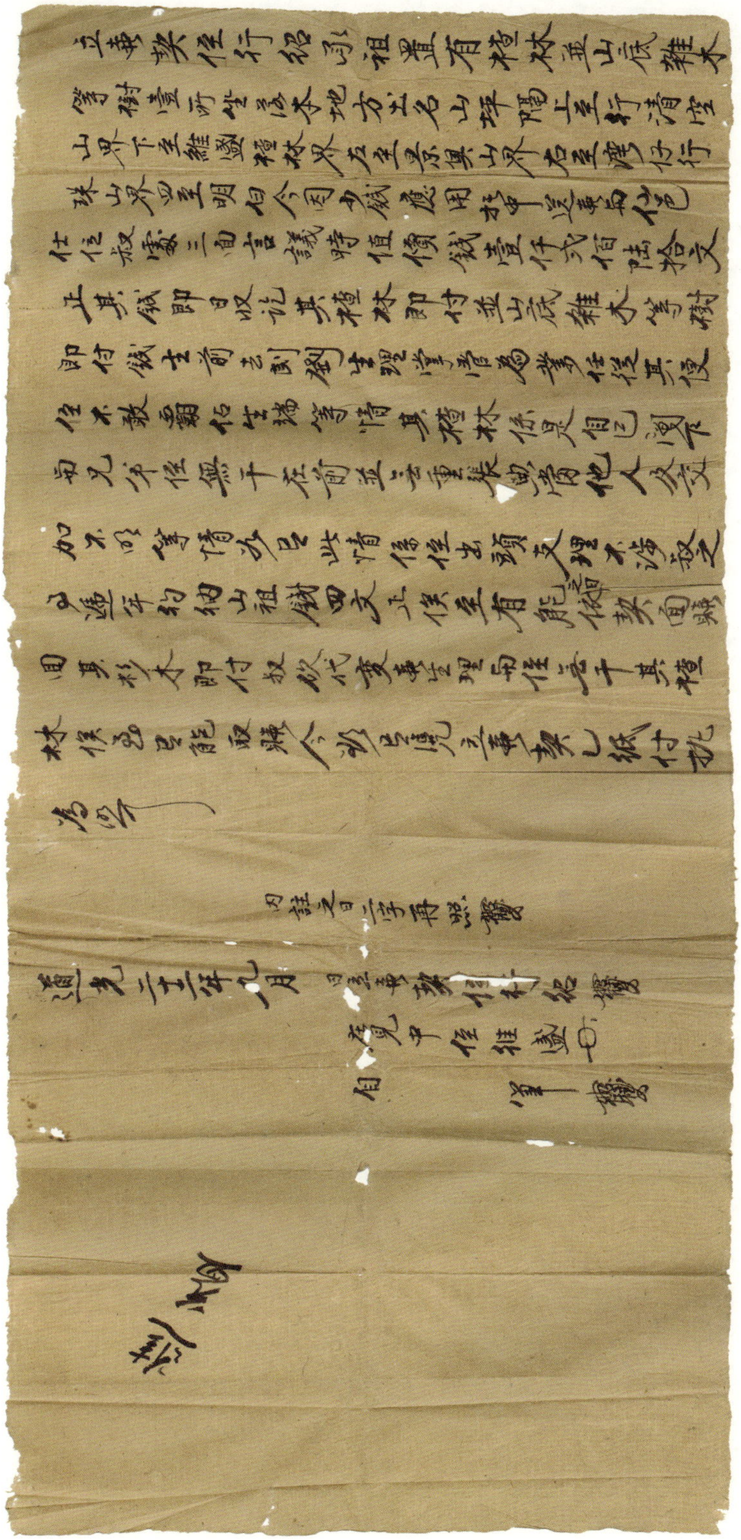

立賣契侄行紹承祖置有楂林並山底雜木
等樹壹所坐落本地方土名山坪隔上至行清坐
山界下至維照楂林界左至吉照山界右至達仕行
珠山界四至明白今因乏銀應用托中送賣與仕邑
仕侄叔處三面言議時值價銀壹仟貳佰陸拾文
正其銀即日收訖其楂林即付並山底雜木等樹
即付銀主前去到創造照掌管為業任從其便
侄不敢言翻阻生端等情其楂林係是自己闔下
物兄弟侄無干在前並無重張典當他人及交
加不明等情如有此情係侄出頭支理不涉銀主之
事
因其杉木即付收砍代賣其理兩侄亡于其楂
林係己自能取贖今欲有憑立賣契一紙付執
為照

內註去口二字再照

道光二十二年九月　日立賣契侄行紹
在見中侄維照
代筆侄俊一

11-7-24-1　清道光二十二年九月賴行紹立賣楂林等契

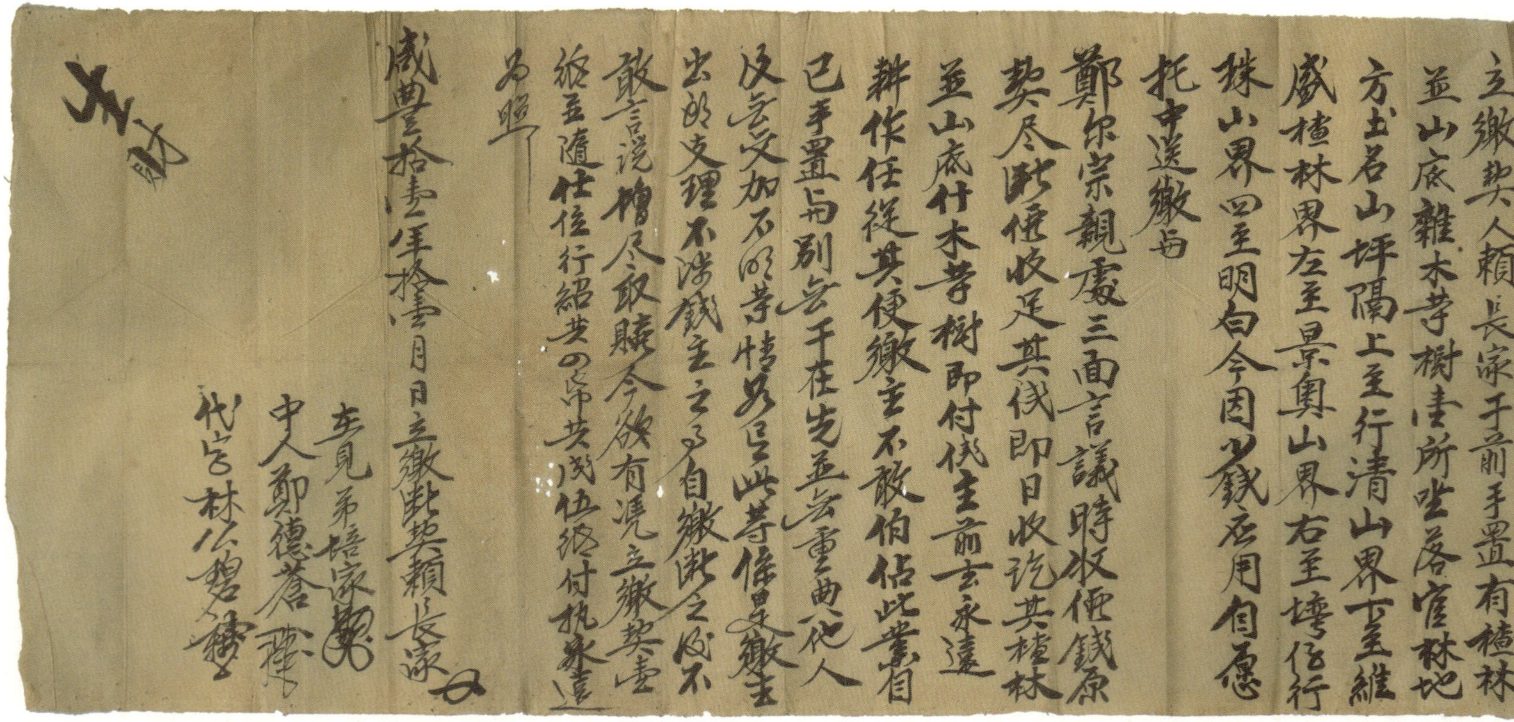
立繳契人賴長家于前手置有楂林
並山底雜木芽樹壹所坐落楂林地
方土名山坪陽上至行清山界下至維
盛楂林界左至景輿山界右至壋仔行
珠山界四至明白今因乏錢應用自愿
托中送繳與
鄭宗親處三面言議時收價錢原
契盡斷價收足其價即日收訖其楂林
並山底什木芽樹即付錢主前去永遠
耕作任從其便繳主不敢伯佔此業自
已手置與別無干在先並無重典他人
及無文加不明等情如有此等係是繳主
出頭支理不涉錢主之事自繳斷之後不
敢言說增盡取贖今欲有憑立繳契壹
紙並遺仕位行絕契四紙共價伍佰付執永遠
爲照
咸豐拾壹年拾壹月　日立繳斷契賴長家
在見弟培家
中人鄭德蒼
代字林仏碧

11-/-24-2　清咸豐十一年十一月賴長家立繳楂林等契

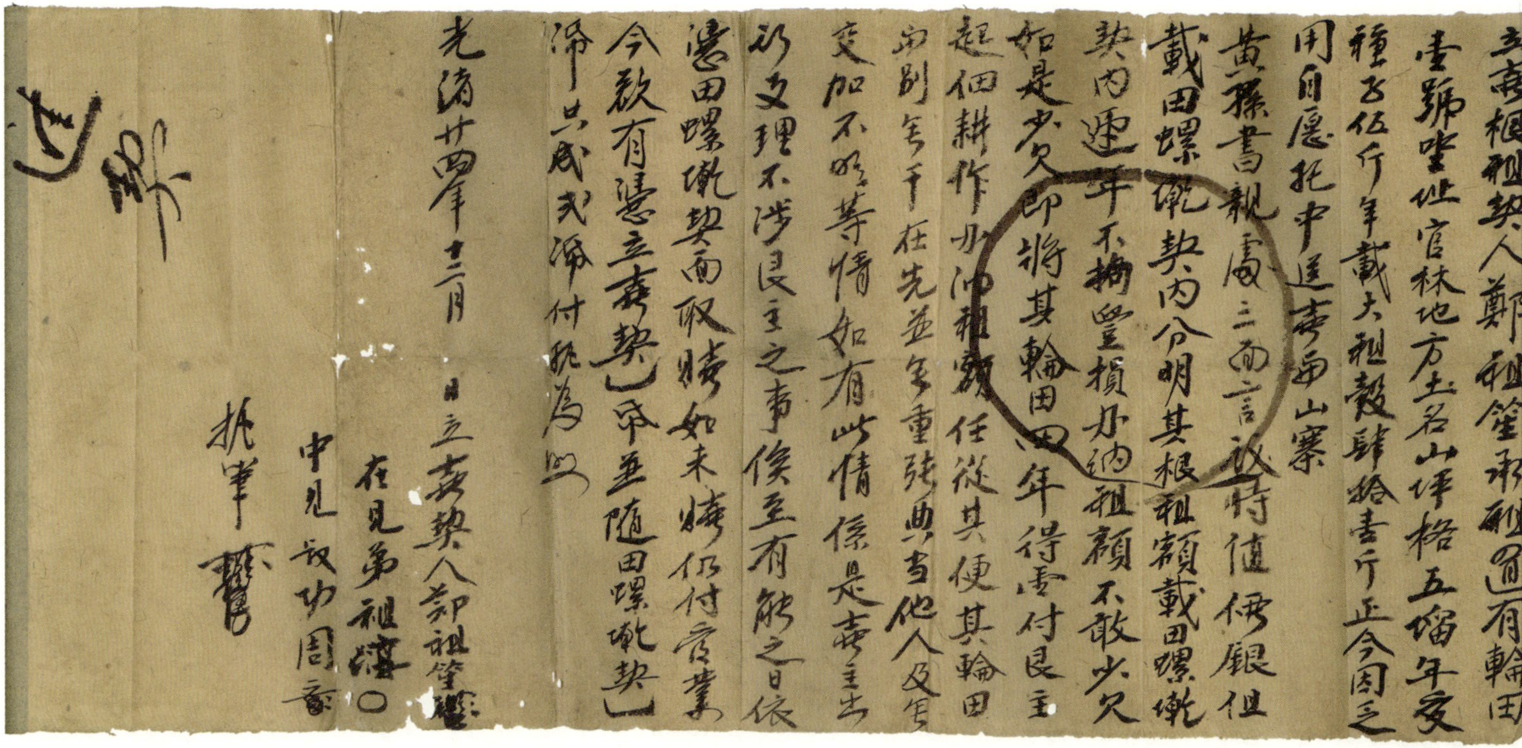

立賣根租契人鄭祖笙承祖遺有輪田
壹號坐址官林地方土名山坪格五溜年交
種子伍斤年載大租穀肆拾壹斤正今因乏
用自愿托中送賣與山寨
黃孫書親處三面言議時值價銀伍
[illegible]載田螺[illegible]契內分明其根租額載田螺[illegible]
契內逐年不拘豐損办納租額不敢少欠
如是少欠即將其輪田四年得賣付艮主
起佃耕作办納租額任從其便其輪田
[illegible]别[illegible]手在先並無重張典當他人及[illegible]
交加不明等情如有此情係是賣主出
[illegible]支理不涉艮主之事候至有能之日依
[illegible]田螺[illegible]契面取贖如未贖仍付賣業
今欲有憑立賣契一帋並隨田螺[illegible]契一
帋共貳帋付執為照

光緒廿四年十二月　日立賣契人鄭祖笙
在見弟祖[illegible]
中見[illegible]
執筆[illegible]

11-7-24-3　清光緒二十四年十二月鄭祖笙立賣輪田根租契（廢契）

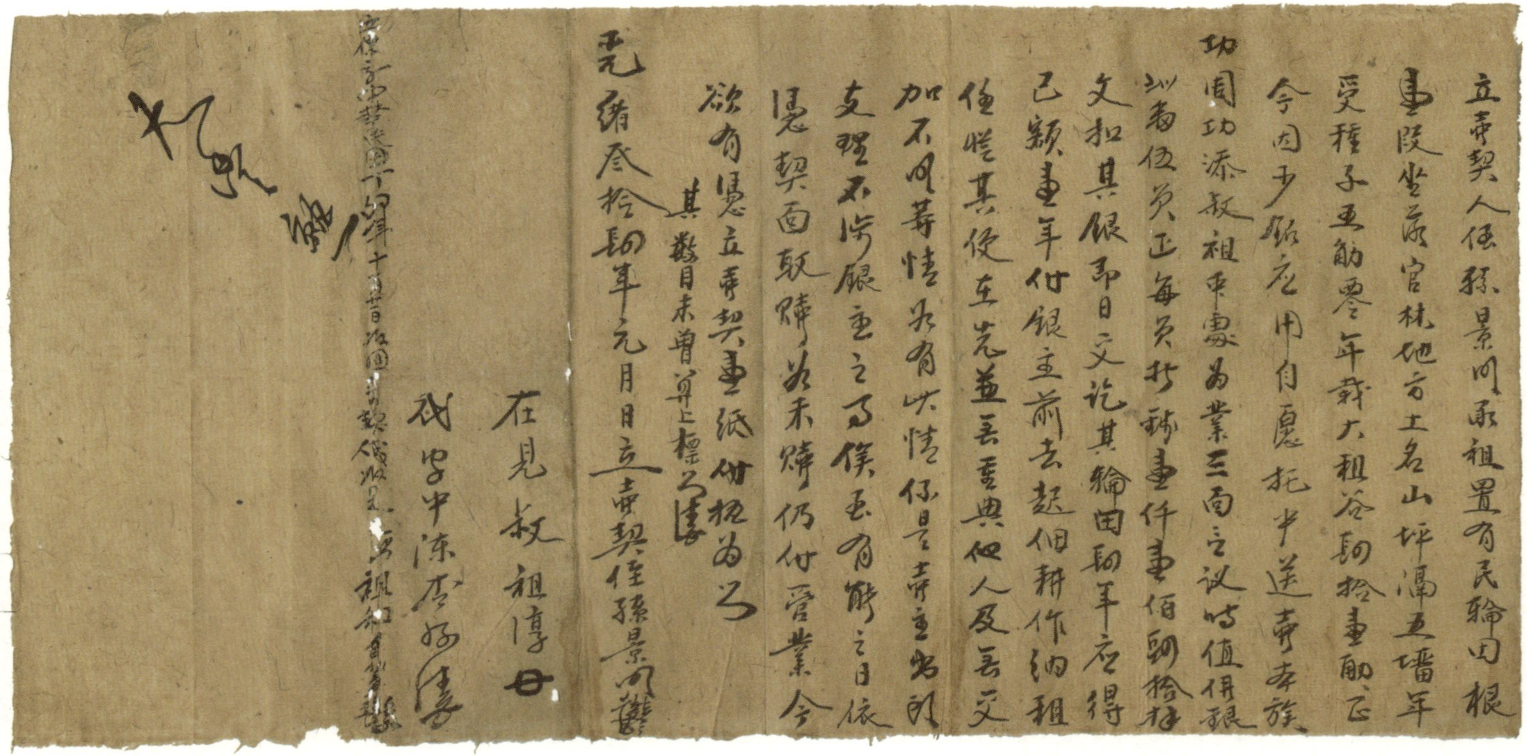
立賣契人侄孫景明承祖置有民輪田根
壹段，坐落官林他方，土名山坪漏五壋，年
受種子五觔零，年載大租谷肆拾壹觔正。
今因乏銀應用，自愿托中送賣本族
功周、功添叔祖承買為業。三面言议，時值價銀
[illegible]伍員正，每員折錢壹仟壹佰肆拾捌
文，扣其銀即日交訖。其輪田肆年應得
已額，壹年付銀主前去起佃耕作納租，
任從其便。在先並無重典他人及無交
加不明等情，如有此情，係是賣主出頭
支理，不涉銀主之事。侯至有銀之日，依
原契面取贖；如未贖，仍付管業。今
欲有憑，立賣契壹紙，付执為照。
其數目未曾算上標之據。
光緒叁拾肆年元月　日立賣契侄孫景明（押）
在見叔祖傳（押）
代字中陳秀好（押）

11-7-24-4　清光緒三十四年正月鄭景明立賣民輪田根契

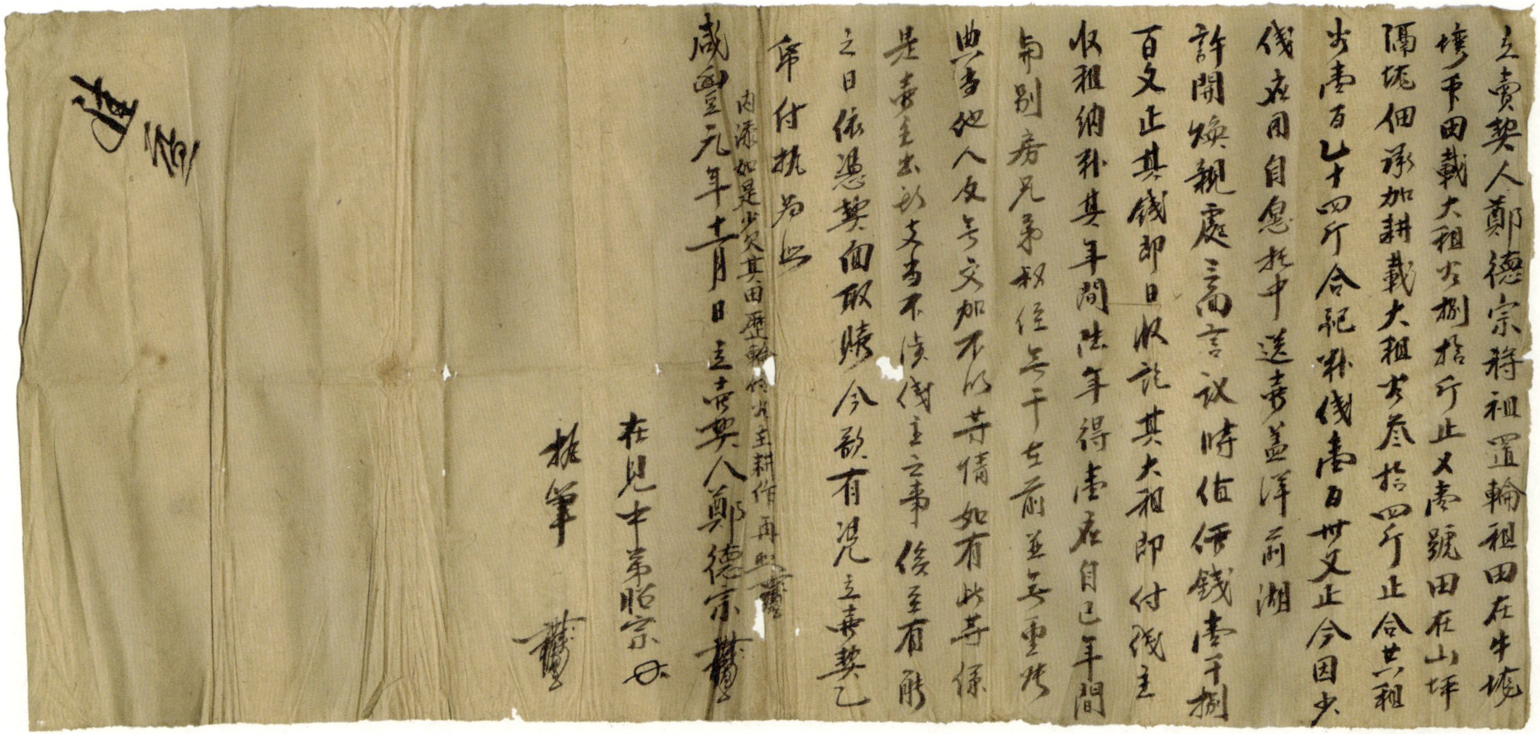

立賣契人鄭德宗將祖置輪租田在牛塆
壋下田載大租谷捌拾斤止又壹號田在山坪
隔垅佃承加耕載大租谷叁拾四斤止合共租
谷壹百廿四斤合配粮錢壹百廿文止今因乏
錢應用自愿托中送賣盖洋蔚湖
許開煥親處為業三面言議時值價錢壹千捌
百文止其錢即日收訖其大租即付錢主
收租納粮其年間怯年得壹在自己年間
與別房兄弟叔侄無干亦蔚並無重張
典當他人及無交加不明等情如有此等係
是賣主出頭支當不涉錢主之事後至有能
之日依憑契面取贖今欲有憑立賣契乙
帋付執為照
內添如是少欠其田歷輸任憑錢主耕作再照
咸豐元年十一月　日立賣契人鄭德宗
在見中弟昭宗
執筆

11-7-25-1　清咸豐元年十一月鄭德宗立賣輪租田契

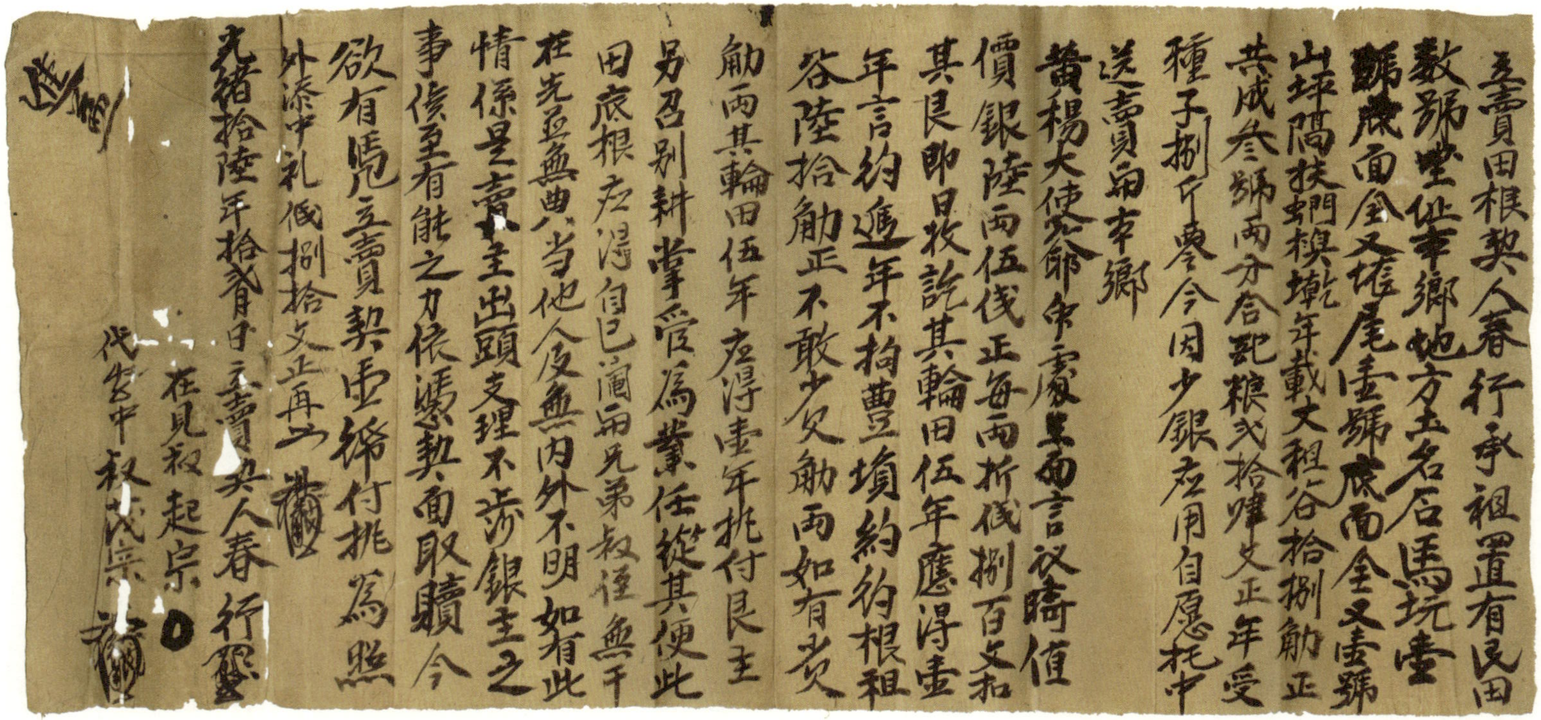

立賣田根契人春行承祖置有民田
數號坐址本鄉地方土名石馬坑壹
號原面全又塘尾壹號原面全又壹號
山坪隔扶門蚪模墘年載大租谷拾捌觔正
共成叁號両分合配粮弍拾肆文正年受
種子捌斤零今因少銀應用自愿托中
送賣與本鄉
黃楊大使爺爺處邊面言議時值
價銀陸両伍錢正每両折錢捌百文扣
其艮即日收訖其輪田伍年應得壹
年言約遞年不拘豊歉約根租
谷陸拾觔正不敢少欠觔両如有欠
觔両其輪田伍年應得壹年挑付艮主
另召別耕掌管為業任從其便此
田原根應得自己阄分兄弟叔侄無干
在先並無典當他人及無內外不明如有此
情係是賣主出頭支理不涉銀主之
事候至有能之日依憑契面取贖今
欲有憑立賣契壹紙付挑為照
外添中礼低捌拾文正再照
光緒拾陸年拾貳月日立賣契人春行
在見叔 起宗
代筆中 叔 茂宗

11-7-25-2　清光緒十六年十二月鄭春行立賣民田根契

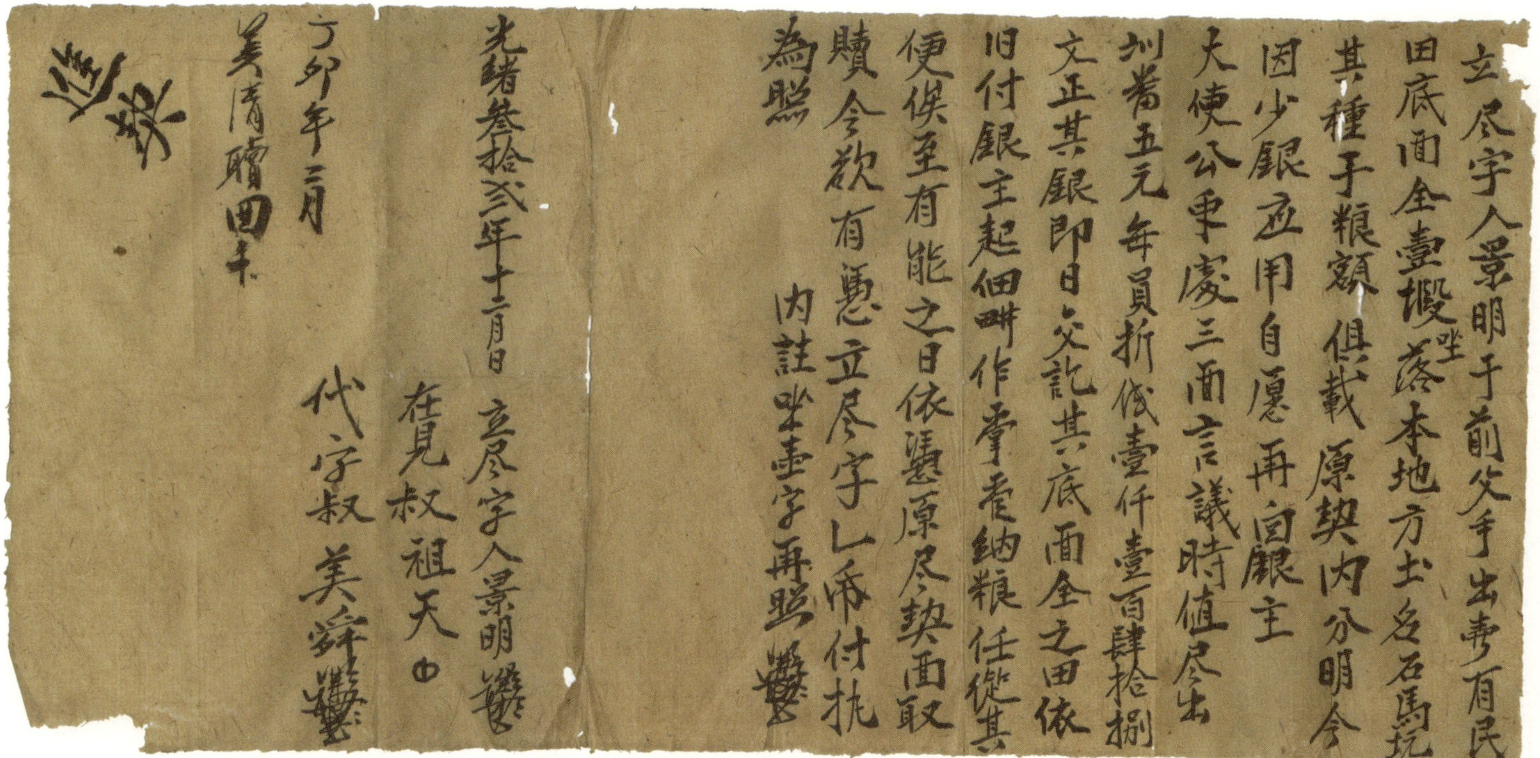
立盡字人景明，于前父手出賣有民
田底面全壹號，坐落本地方，土名石馬坑，
其種子、粮額俱載原契內分明。今
因少銀應用，自愿再向親主
大使公車(?)處三面言議，時值盡出
刈(?)番五元，每員折價壹仟壹百肆拾捌
文正。其銀即日交訖，其底面全之田依
旧付銀主起佃耕作，掌管納粮，任從其
便。俟至有能之日，依照原盡契面取
贖。今欲有憑，立盡字乙帋付執
為照。
內註坐壹字再照。

光緒叁拾貳年十二月　日　立盡字人景明
在見叔祖天由
代字叔美舜

丁卯年三月
美清贖回

退(?)契

11-7-25-3　清光緒三十二年十二月鄭景明立盡底面全民田字

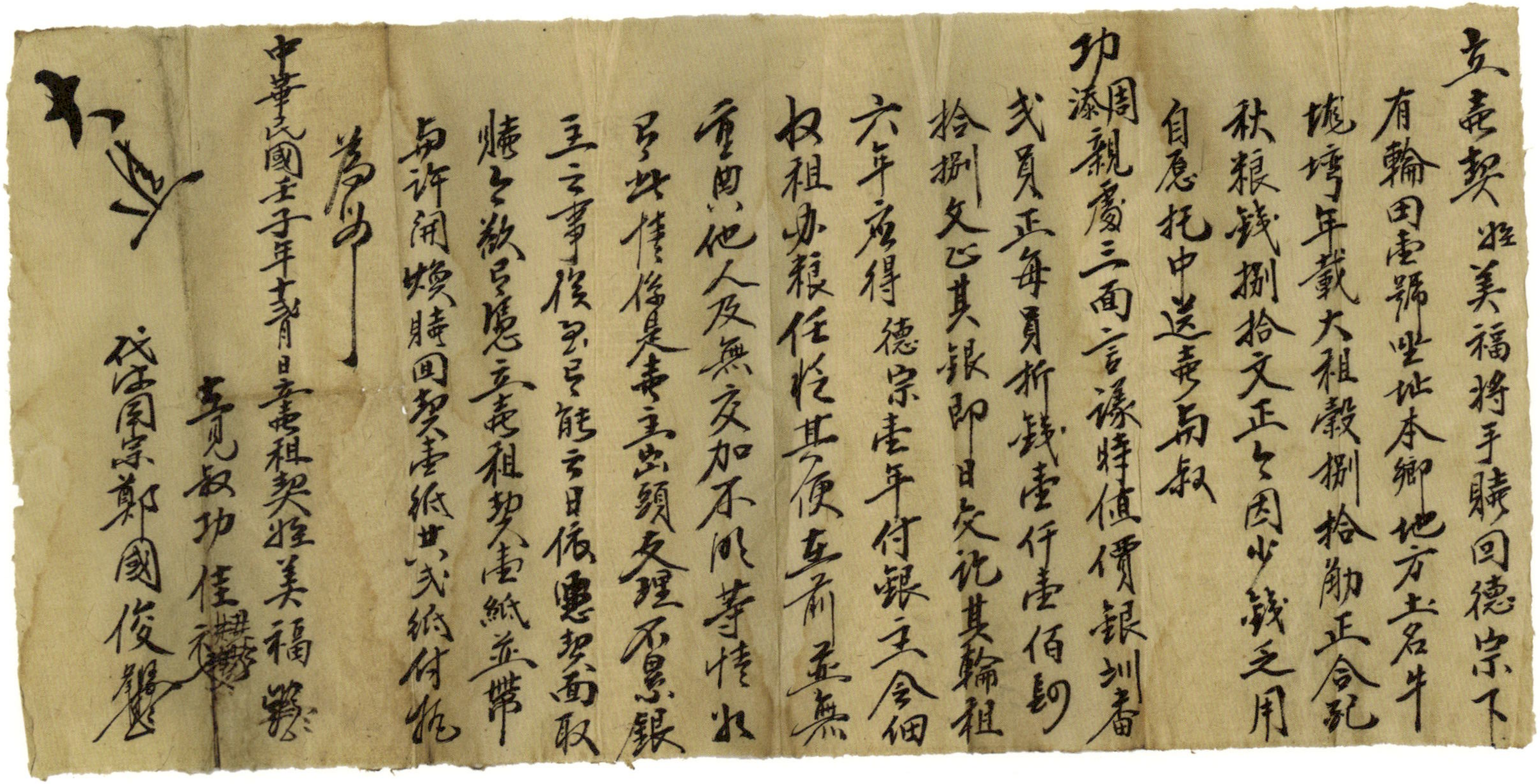
立賣契姪美福將手贖回德宗下
有輪田壹號坐址本鄉地方土名牛
塊墩年載大租穀捌拾觔正合記
秋粮錢捌拾文正今因乏錢應用
自愿托中送賣與叔
周添功親處三面言議時值價銀叫番
弍員正每員折錢壹仟壹佰肆
拾捌文正其銀即日交訖其輪租
六年應得德宗壹年付銀主今佃
收租亦粮任從其便在前並無
重典他人及無交加不明等情如
有此情係是賣主出頭支理不累銀
主之事俟其只能云日依憑契面取
贖之欲只照立賣租契壹紙並帶
與許開換贖回契壹紙共弍紙付執
為照
中華民國壬子年十二月　日立賣租契姪美福
在見叔功佳
代筆宗親鄭國俊

11-7-25-4　民國元年十二月鄭美福立賣輪田契

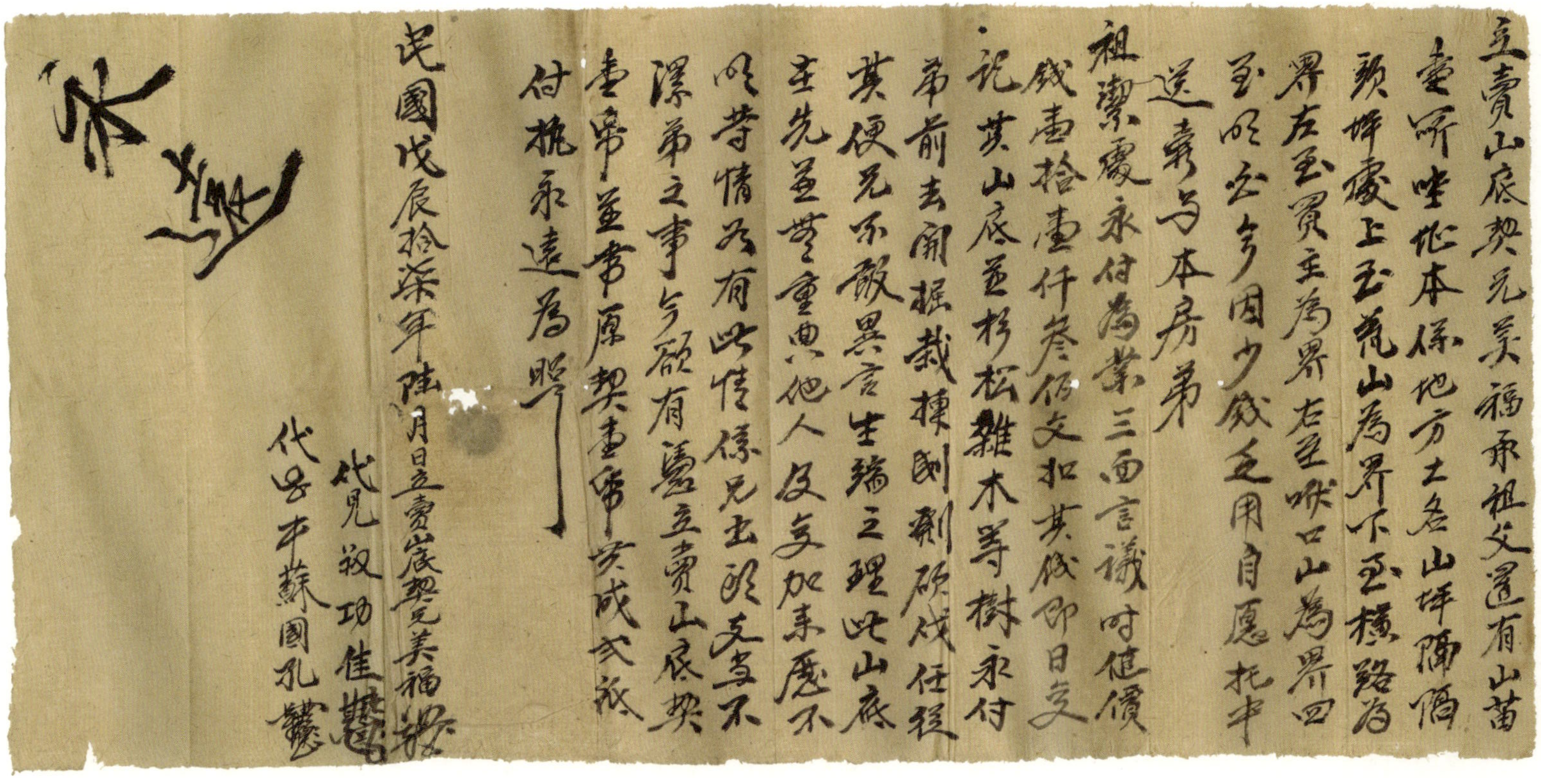
立賣山底契兄美福承祖父遺有山苗
壹所坐址本保地方土名山坪隔個
頭坪處上至荒山為界下至横路為
界左至買主為界右至咊口山為界四
至明白今因乏錢應用自愿托中
送與本房弟
祖潔處永付為業三面言議時值價
錢壹拾壹仟叁佰文扣其錢即日交
訖其山底並杉松雜木等樹永付
弟前去開掘栽棟倒劉砍伐任從
其便兄不敢異言生端之理此山底
未先並無重典他人及乏加未歷不
明等情如有此情係兄出頭支當不
累弟之事今欲有憑立賣山底契
壹帋並帶原契壹帋共成貳紙
付執永遠為照
民國戊辰拾柒年陸月日立賣山底契兄美福（押）
代見叔功佳（押）
代筆中蘇國孔（押）
永遠

11-7-25-5 民國十七年六月鄭美福立賣山底契

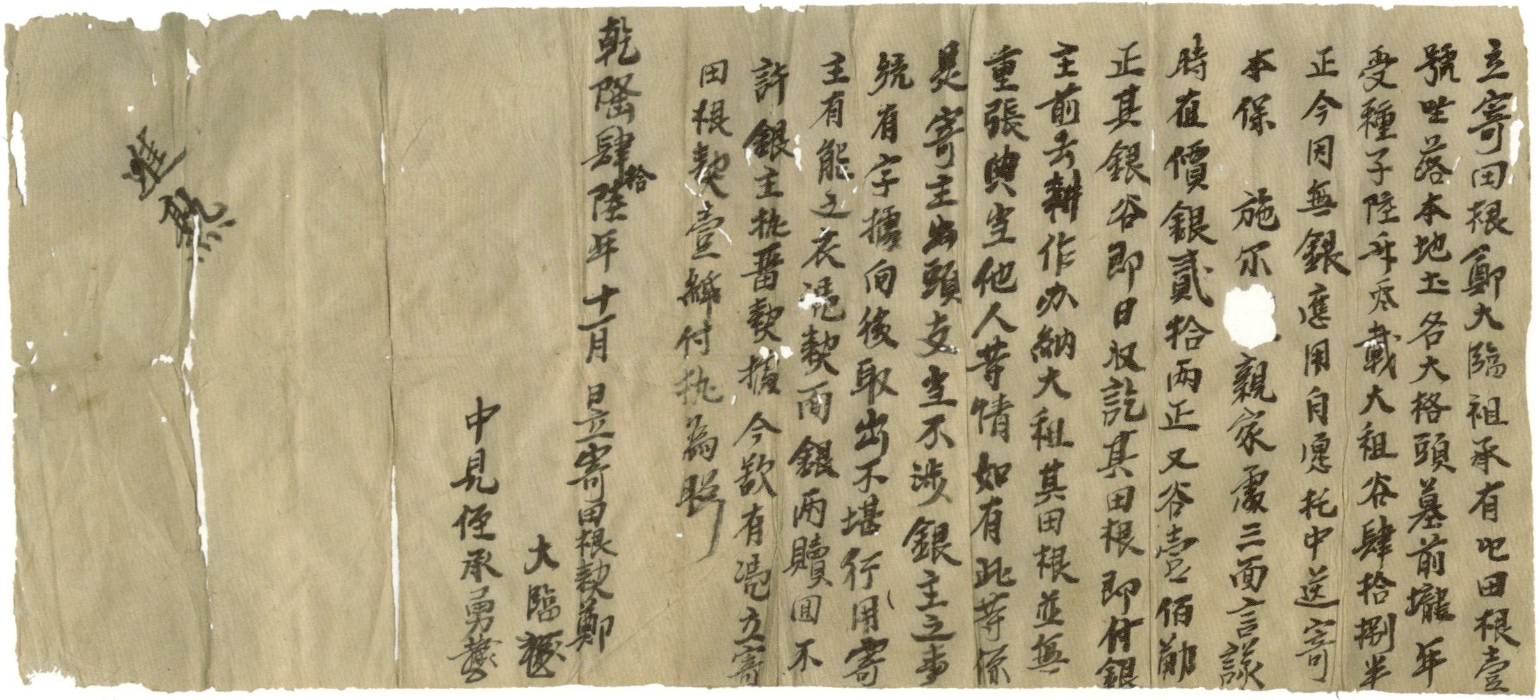

立寄田根鄭大臨祖承有屯田根壹
號坐落本地土名大格頭墓前壠年
受種子陸升正載大租谷肆拾捌半
正今因無銀應用自愿托中送寄
本保 施爾 親家處三面言議
時值價銀貳拾兩正又谷壹佰觔
正其銀谷即日收訖其田根即付銀
主前去耕作办納大租其田根並無
重張典尘他人等情如有此等係
是寄主出頭支当不涉銀主之事
號有字據向後取出不堪行用寄
主有能立衣還契面銀兩贖回不
許銀主執留契據今欲有憑立寄
田根契壹紙付執為照

乾隆肆拾陸年十一月 日立寄田根契鄭
大臨
中見侄承勇

11-7-26-1　清乾隆四十六年十一月鄭大臨立寄屯田根契

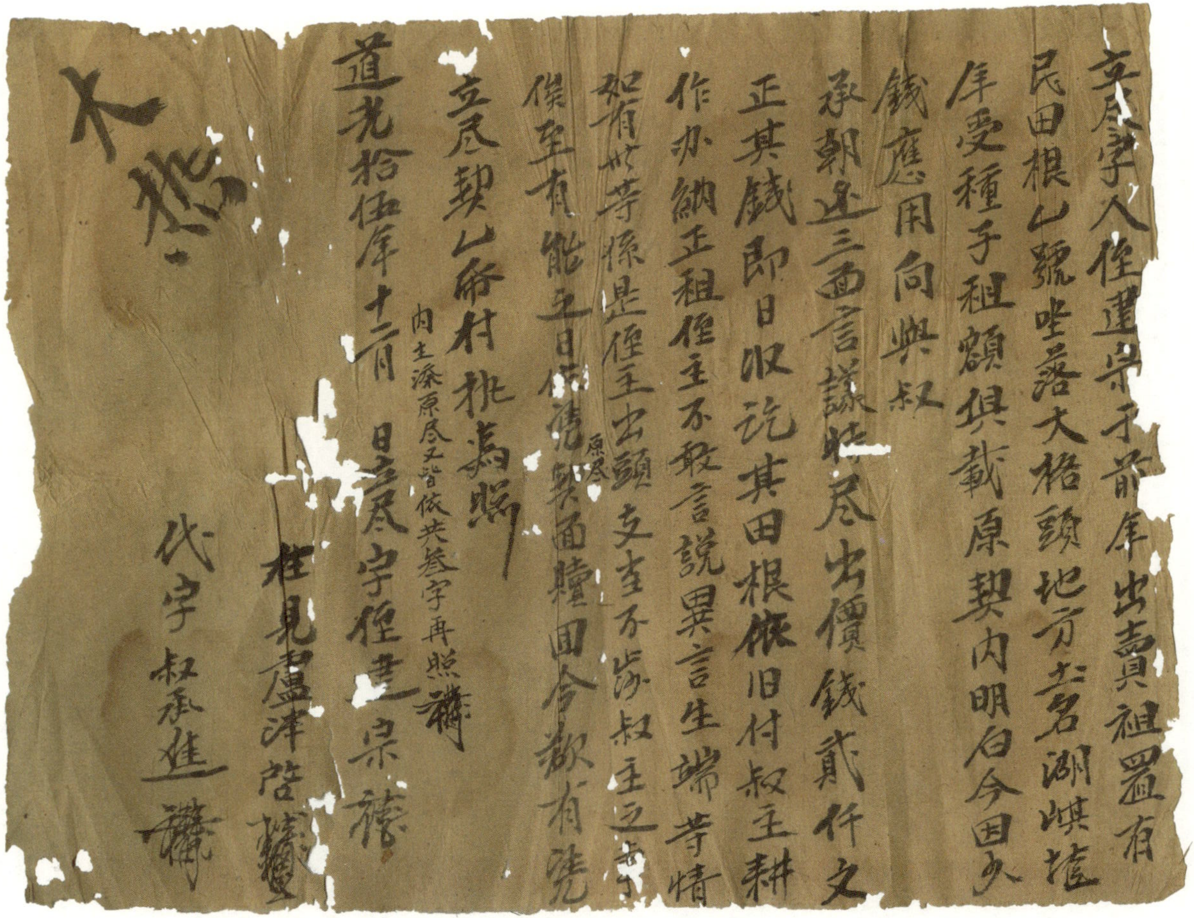
立盡字人侄建宗于前年出賣祖置有
民田根山號坐落大格頭地方土名湖峡坮
年受種子租額俱載原契內明白今因乏
錢應用向與叔
承朝邊三面言議再盡出價錢貳仟文
正其錢即日收訖其田根依旧付叔主耕
作办納正租侄主不敢言說異言生端等情
如有叔等孫是侄主出頭支查不涉叔主之事
係至有能至日原盡價贖回今欲有憑
立盡契山紙付批為照
內土添原盡文皆依共叁字再照
道光拾伍年十二月 日立盡字侄建宗
在見盧津陞
代字叔承進
大吉

11-7-26-2 清道光十五年十二月鄭建宗立盡民田根契

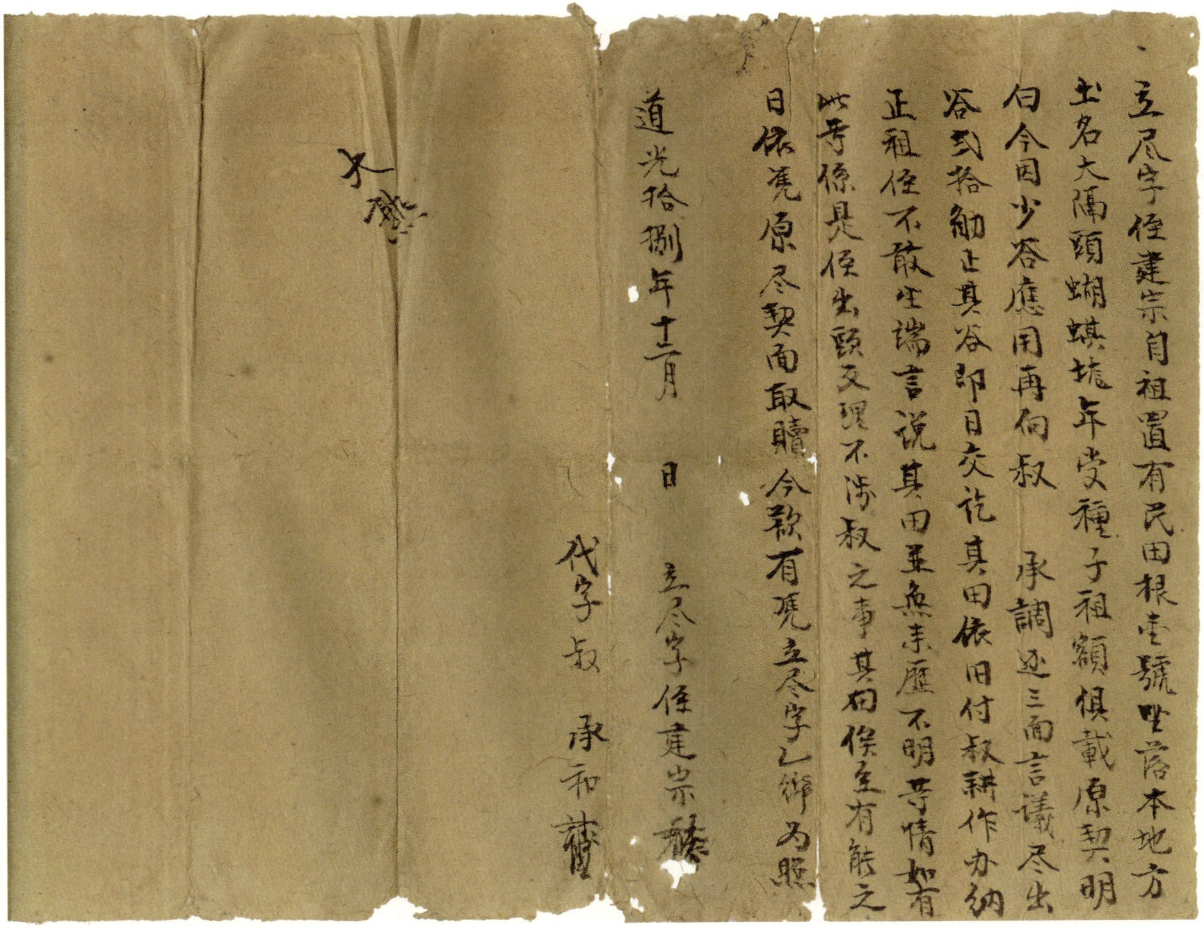
立尽字侄建宗，自祖置有民田根壹號，坐落本地方土名大隔頭蝴蜞垅，年受種子祖額俱載原契明白。今因少谷應用，再向叔承調邊三面言議，尽出谷弍拾觔正。其谷即日交訖，其田依旧付叔耕作，办納正租，侄不敢生端言說。其田並無來歷不明等情，如有此等，係是侄出頭支理，不涉叔之事。其田侯至有能之日，依憑原尽契面取贖。今欲有憑，立尽字乙紙為照。

道光拾捌年十二月　日　立尽字侄建宗（押）

代字叔　承和（押）

不贖

11-7-26-3　清道光十八年十二月鄭建宗立盡民田根字

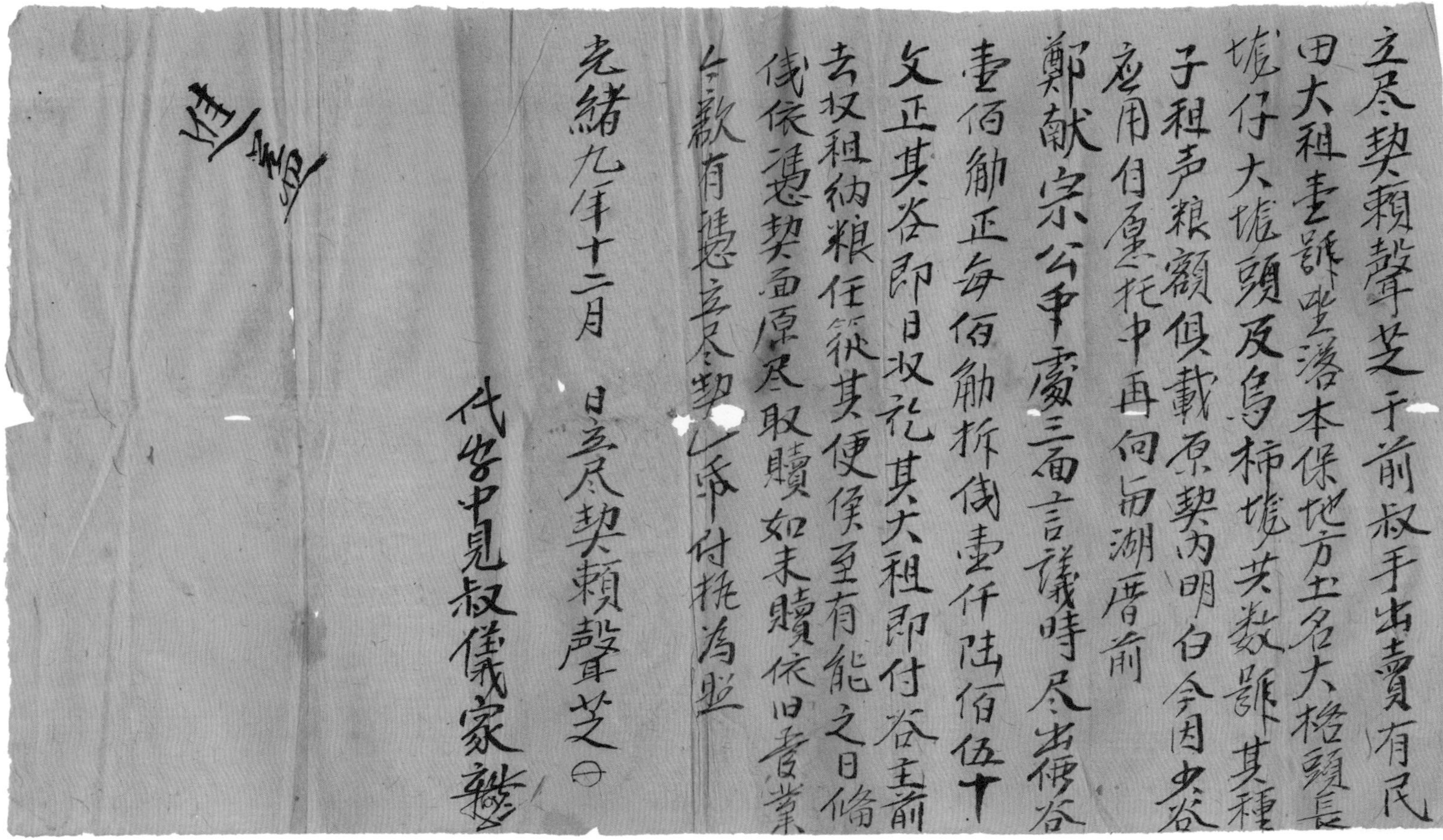

立尽契賴聲芝，于前叔手出賣有民
田大租壹號，坐落本保地方，土名大格頭長
墘仔、大墘頭及烏柿墘共数號，其種
子租声粮額俱載原契內明白，今因欠谷
應用，自愿托中再向后湖厝前
鄭獻宗公中處三面言議，時尽出價谷
壹佰餘正，每佰餘折價壹仟陆佰伍十
文正，其谷即日收訖，其大租即付谷主前
去收租納粮，任從其便，俟至有能之日，備
價依憑契面原尽取贖，如未贖，依旧壹業
合款，有憑，立尽契乙紙付執為照。

光緒九年十二月　日立尽契賴聲芝（押）

代字中見叔儀家（押）

11-7-26-4　清光緒九年十二月賴聲芝立盡民田大租契

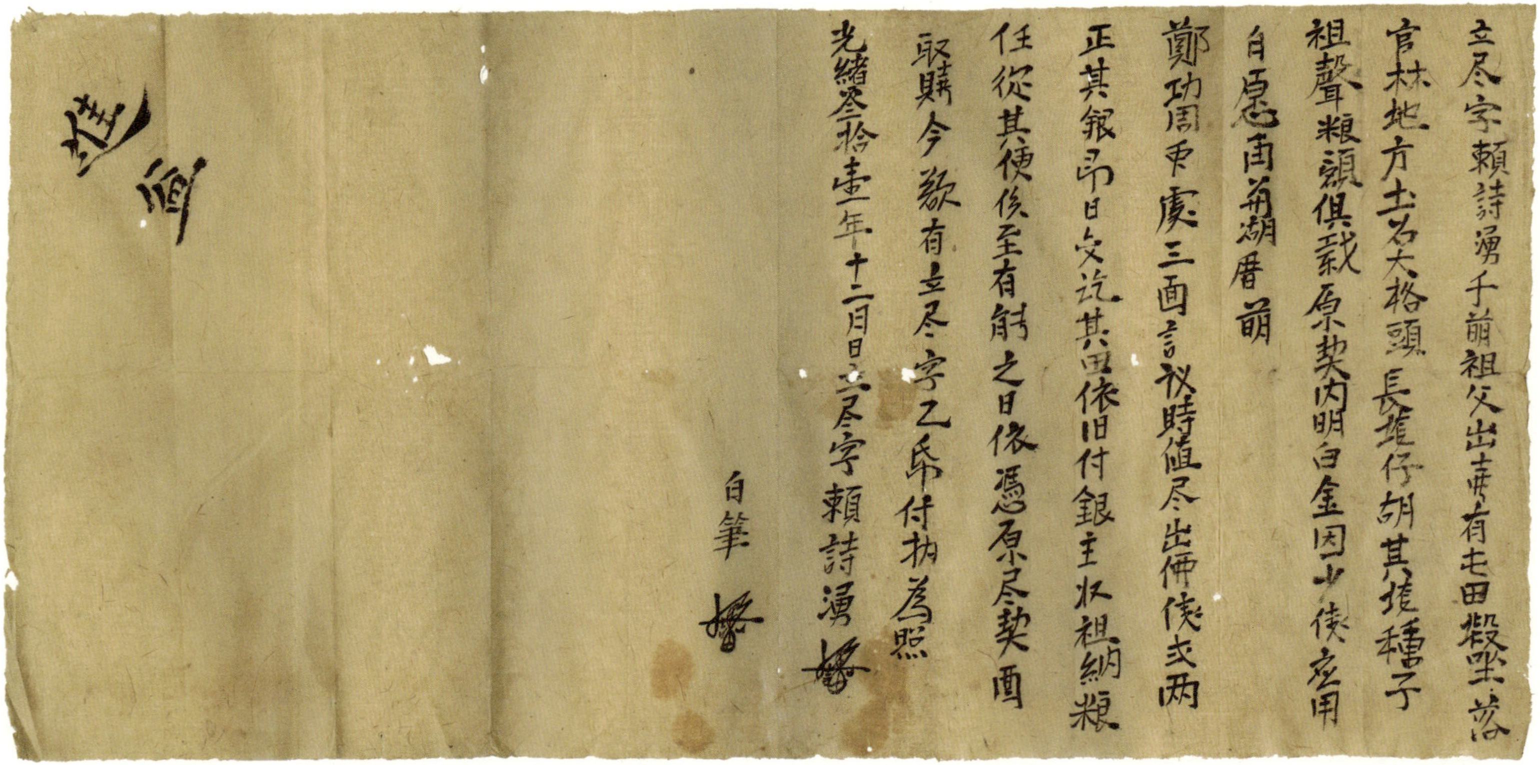

11-7-26-5　清光緒三十一年十二月賴詩湧立盡屯田契

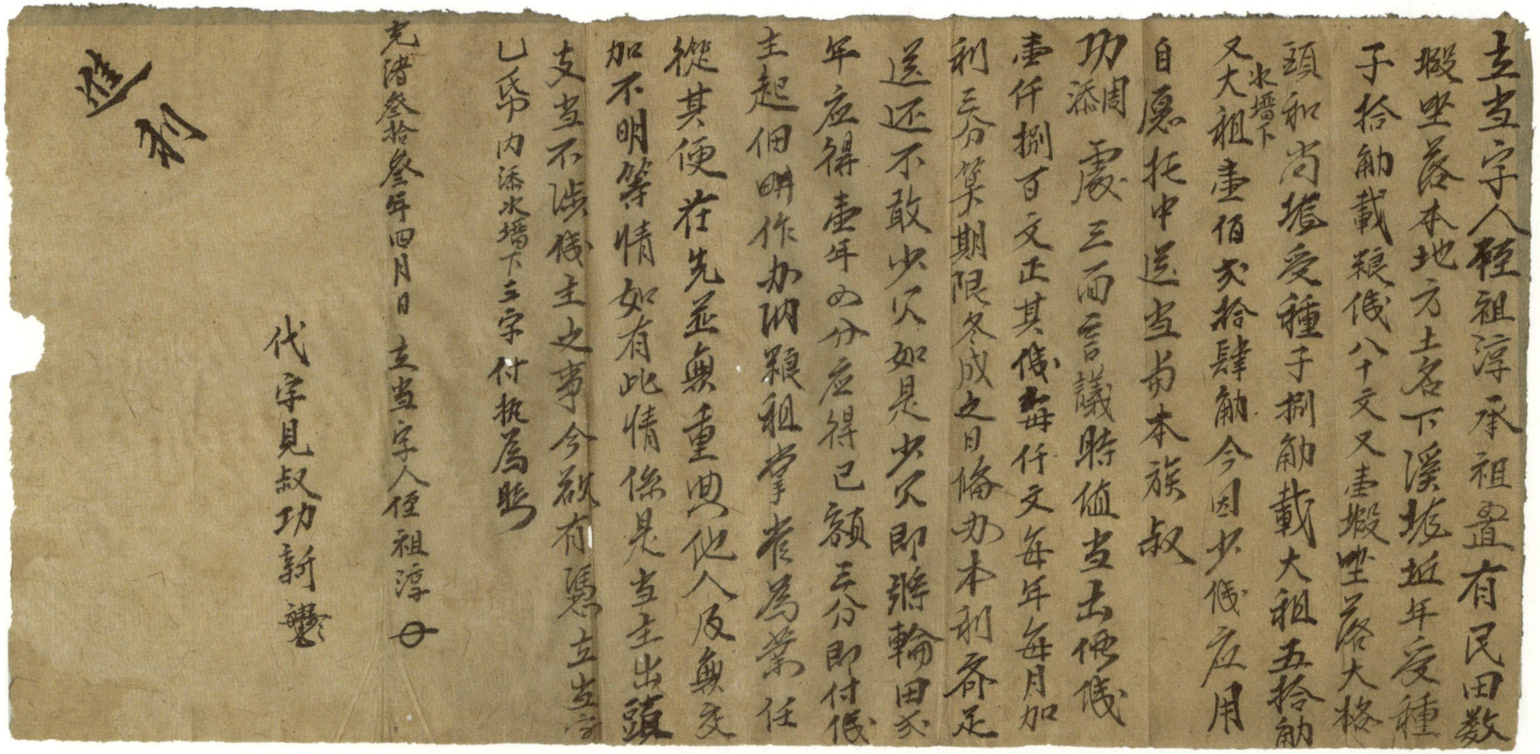

立當字人鄭祖淳承祖置有民田數
坵坐落本地方土名下溪垅坵年受種
子拾觔載粮八十文又壹坵坐落大格
頭和尚塆受種子捌觔載大租五拾觔
又大租壹佰貳拾肆觔今因乏錢應用（水墻下）
自愿托中送當與本族叔
功添周處三面言議時值當出佛錢
壹仟捌百文正其錢每仟文每年每月加
利三分算期限冬成之日備办本利齊足
送还不敢少欠如是少欠即將輪田交
年应得壹年四分應得已額三分即付錢
主起佃明作办納粮租掌管為業任
從其便存先並無重典他人反典交
加不明等情如有此情係是當主出頭
支當不涉錢主之事今欲有憑立當字
乙紙内添水墻下三字付執為照
光緒叁拾叁年四月日　立當字人侄祖淳（押）
代字見叔功新（押）
進利

11-7-26-6　清光緒三十三年四月鄭祖淳立當民田字

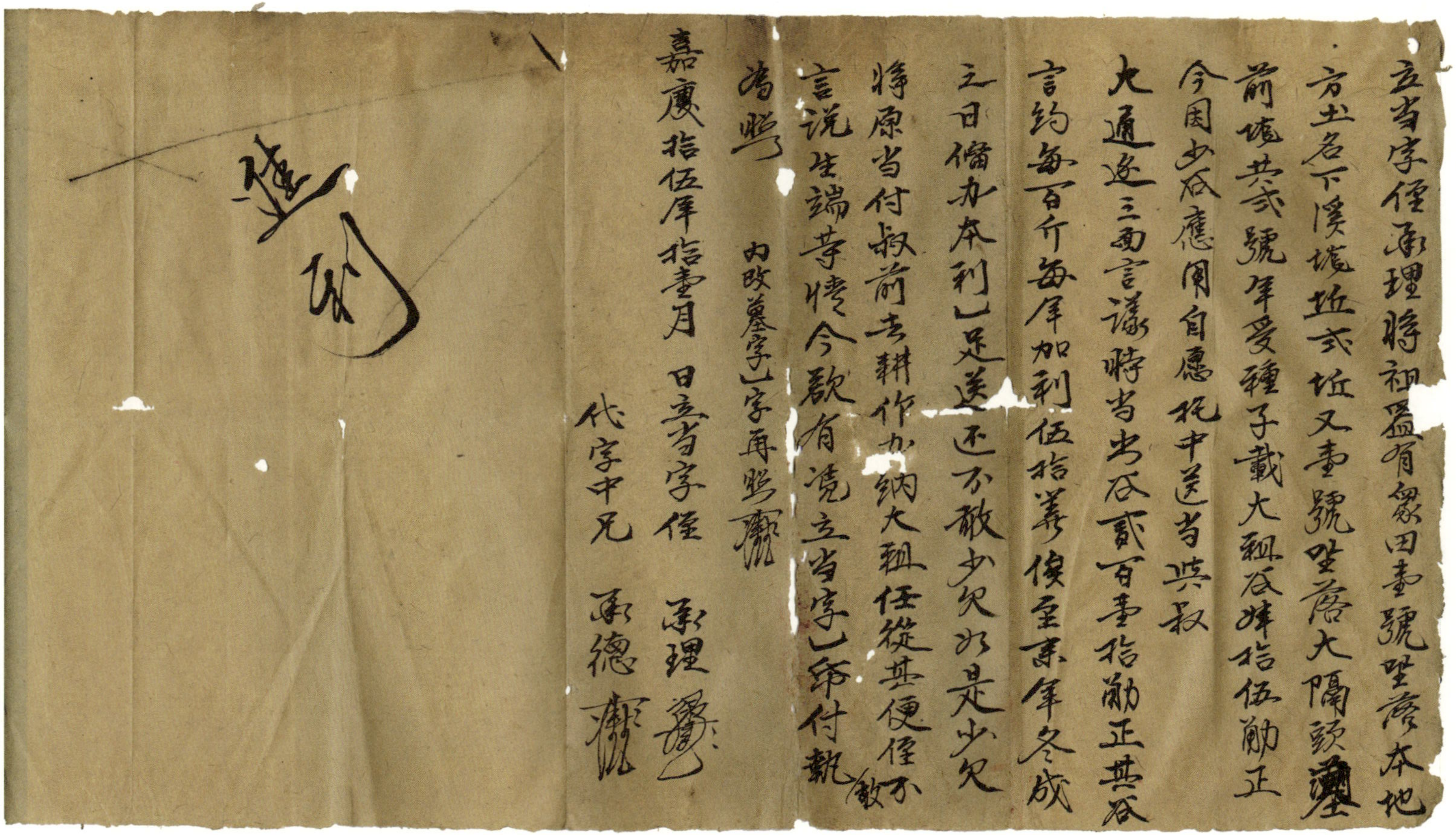

立當字侄承理將祖置有衆田壹號坐落本地
方土名下溪墘坵弍坵又壹號坐落大隔頭壟
前墘共弍號年受種子載大租谷肆拾伍斛正
今因乏谷應用自愿托中送當與叔
大通邊三面言議將當出谷貳百壹拾斛正其谷
言約每百斤每年加利伍拾觔俟至本年冬成
之日備办本利一足送還不敢少欠如是少欠
將原當付叔前去耕作办納大租任從其便侄不敢
言説生端等情今欲有憑立當字一帋付執
爲照　內改墓字一字再照
嘉慶拾伍年拾壹月　日立當字侄　承理
代字中兄　承德
進利

11-7-27-1　清嘉慶十五年十一月鄭承理立當衆田字

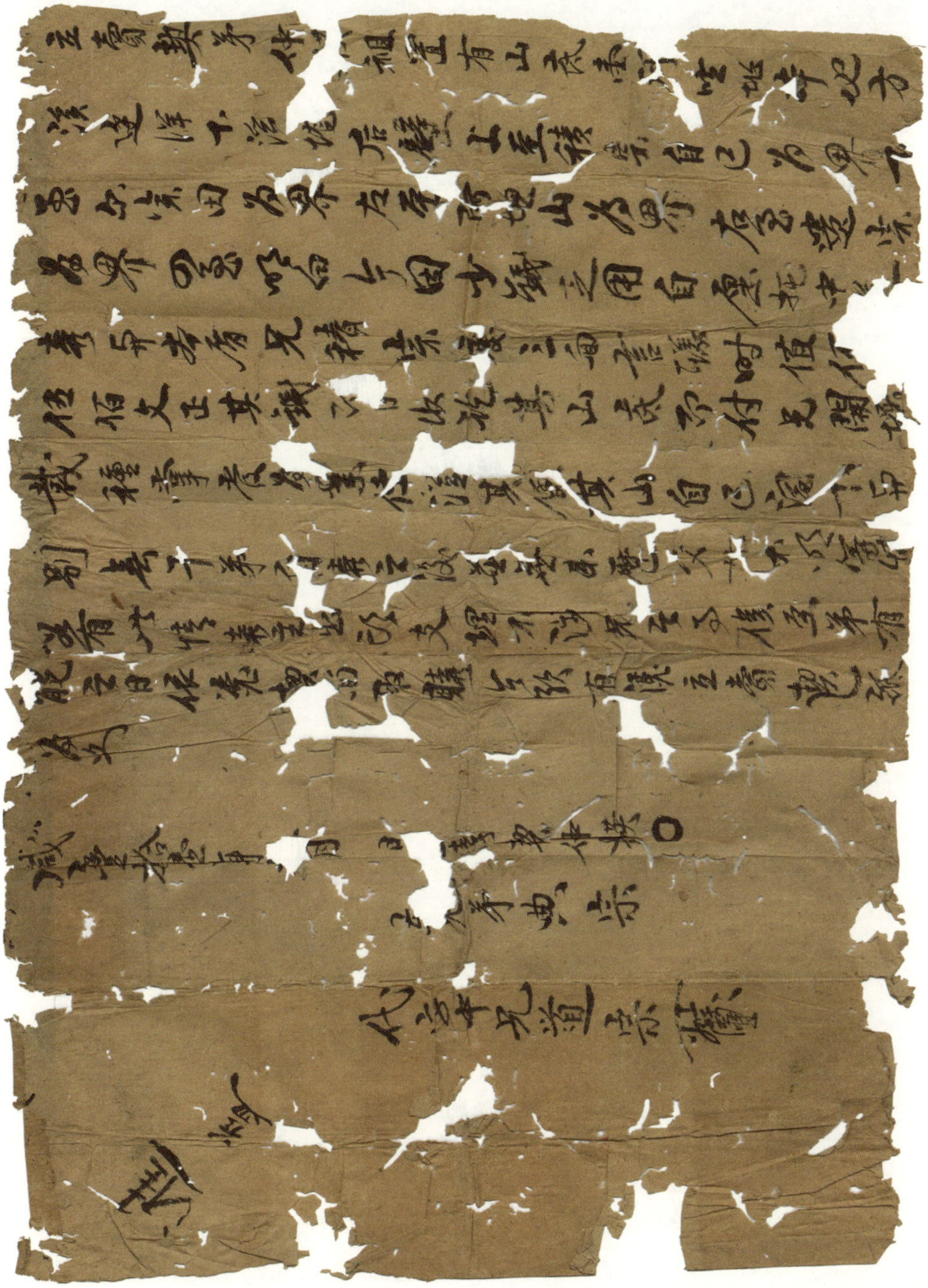

11-7-27-2　清咸豐十一年□月鄭仲樸立賣山底契

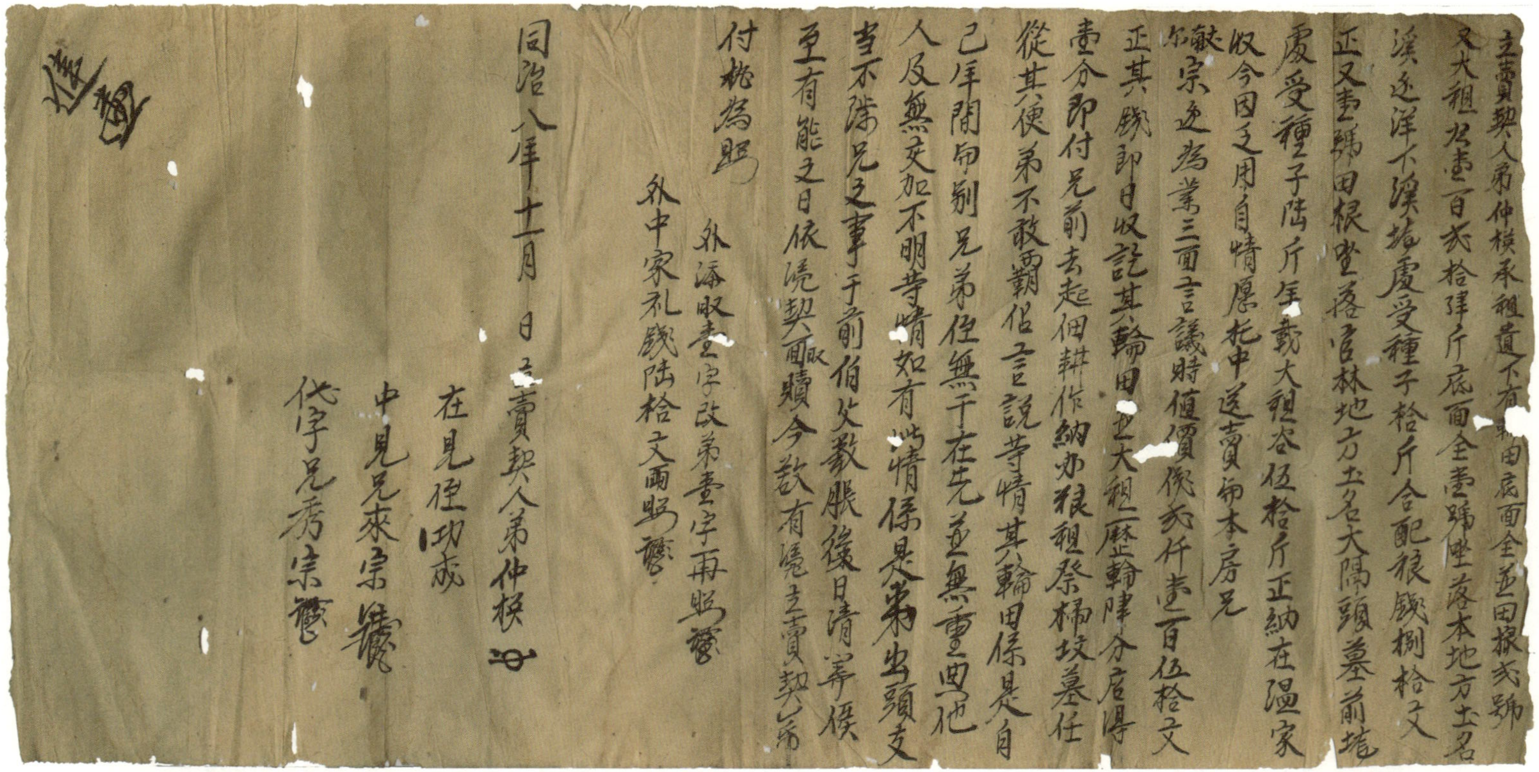

立賣契人弟仲樸承祖遺下有田底面全並田根弍號
又大祖水壹百弍拾肆斤底面全壹號坐落本地方土名
溪边洋下溪垢處受種子拾斤合配粮錢捌拾文
止又壹號田根坐落官林地方土名大陽頭墓前埕
處受種子陸斤年載大租谷伍拾斤正納在温家
收今因乏用自情愿托中送賣弟本房兄
來宗边為業三面言議時值價錢弍仟壹百伍拾文
正其錢即日收訖其輪田亦大租歷輪肆分居得
壹分即付兄前去起佃耕作納办粮租祭掃墳墓任
從其便弟不敢霸佔言說等情其輪田係是自
己年間分別兄弟侄無干在先並無重典他
人及無交加不明等情如有此情係是弟出頭支
当不涉兄之事于前伯父數賬後日清筹俟
至有能之日依照契面取贖今欲有凭立賣契壹帋
付執為照
外海收壹字改弟壹字再照
外中家礼錢陸拾文再照
同治八年十一月 日 立賣契人弟仲樸（押）
在見侄功成
中見兄來宗（押）
代字兄秀宗（押）

11-7-27-3　清同治八年十一月鄭仲樸立賣底面全輪田等契

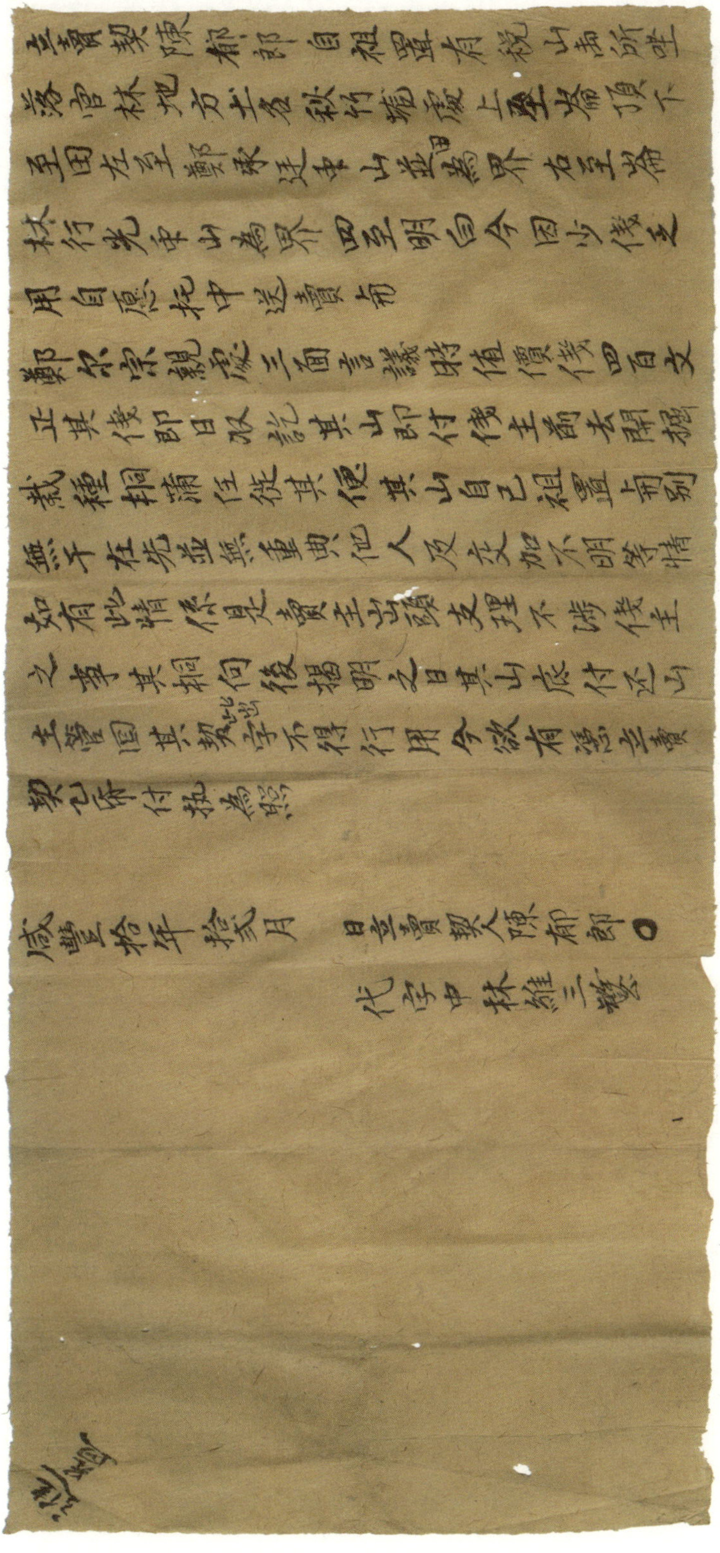
立賣契陳郁郎自祖置有稅山壹所坐
落沓林地方土名秋竹墘處上至嵩頂下
至田左至鄭家垅山並田為界右至嵩
林行兆宅山為界四至明白今因少錢乏
用自愿托中送賣與郁
鄭永宗親處三面言議時值價錢四百文
正其錢即日收訖其山即付錢主前去開掘
栽種桐蒲任從其便其山自己祖置與別
無干在先並無重典他人及交加不明等情
如有此情係自是賣主出頭支理不涉錢主
之事其桐向後掘明之日其山應付還山
主管回其契比照字不得行用今欲有憑立賣
契已系付執為照

咸豐拾年拾弍月　日立賣契人陳郁郎〇
代字中林維三

11-7-28-1　清咸豐十年十二月陳郁郎立賣稅山契

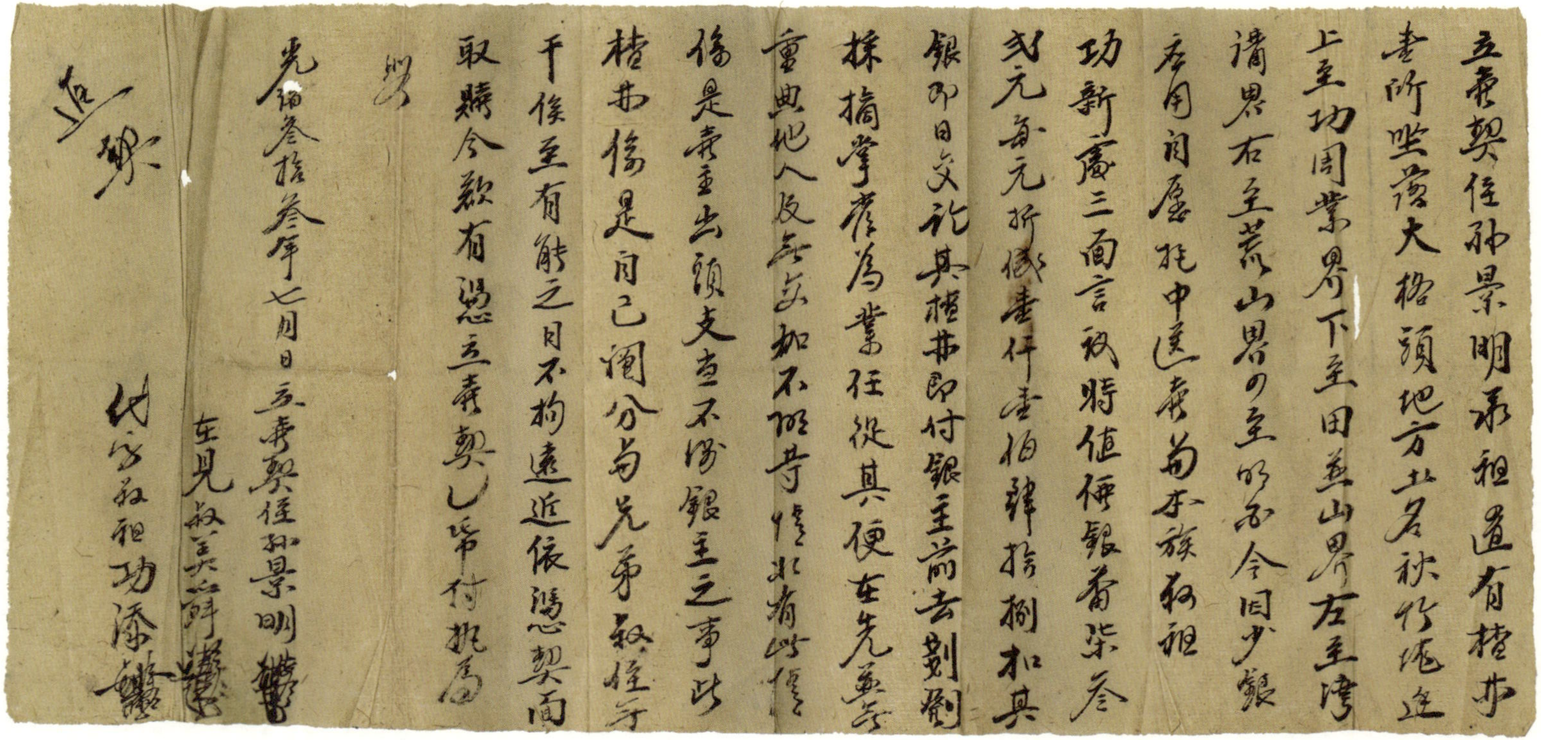
立賣契侄孙景明承祖遺有楂林
壹所坐落大格頭地方土名秋竹塆边
上至功周業界下至田並山界左至湾
清界右至荒山界四至明白今因少銀
應用自愿托中送賣與本族叔祖
功新為三面言議時值價銀番柒叁
弍元每元折錢壹仟壹佰肆拾捌和其
銀即日交訖其楂林即付銀主前去剗劉
採摘掌管為業任從其便在先並無
重典他人及無交加不明等情如有此情
係是賣主出頭支當不涉銀主之事此
楂林係是自己鬮分與兄弟叔侄無
干係至有能之日不拘遠近依照契面
取贖今欲有憑立賣契乙紙付執為
照
光緒叁拾叁年七月日立賣契侄孙景明（押）
在見叔[illegible]（押）
代筆叔祖功添（押）
[illegible]一契

11-7-28-2　清光緒三十三年七月鄭景明立賣楂林契

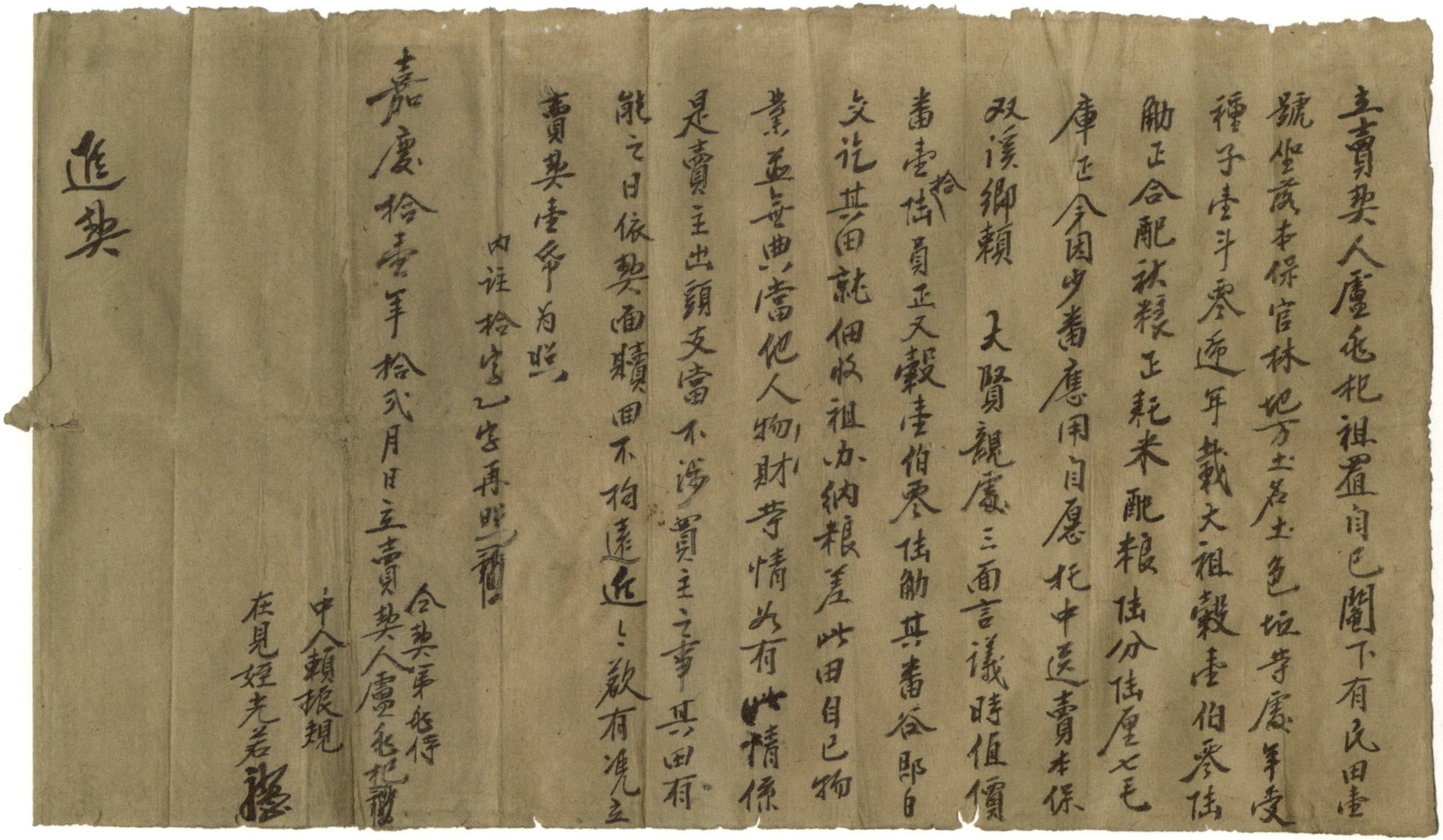
立賣契人盧兆杞祖置自己鬮下有民田壹
號坐落本保官林地方土名土色坵等處年受
種子壹斗叁遞年載大租穀壹伯叁拾
觔正合配秋糧正耗米配粮拾分拾厘七毛
庫正今因少番應用自愿托中送賣本保
双溪鄉賴　天賢親處三面言議時值價
番壹拾佰員正又穀壹伯叁拾觔其番谷即日
交訖其田就佃收租办納粮差此田自己物
業並無典當他人物財等情如有此情係
是賣主出頭支當不涉買主之事其田有
能之日依契面贖回不拘遠近之欵有憑立
賣契壹帋為照
內注拾字一字再照
嘉慶拾壹年拾弍月　日立賣契人盧兆杞
仝契弟兆侍
中人賴振規
在見姪光若
進契

11-7-29-1　清嘉慶十一年十二月盧兆杞等立賣民田契

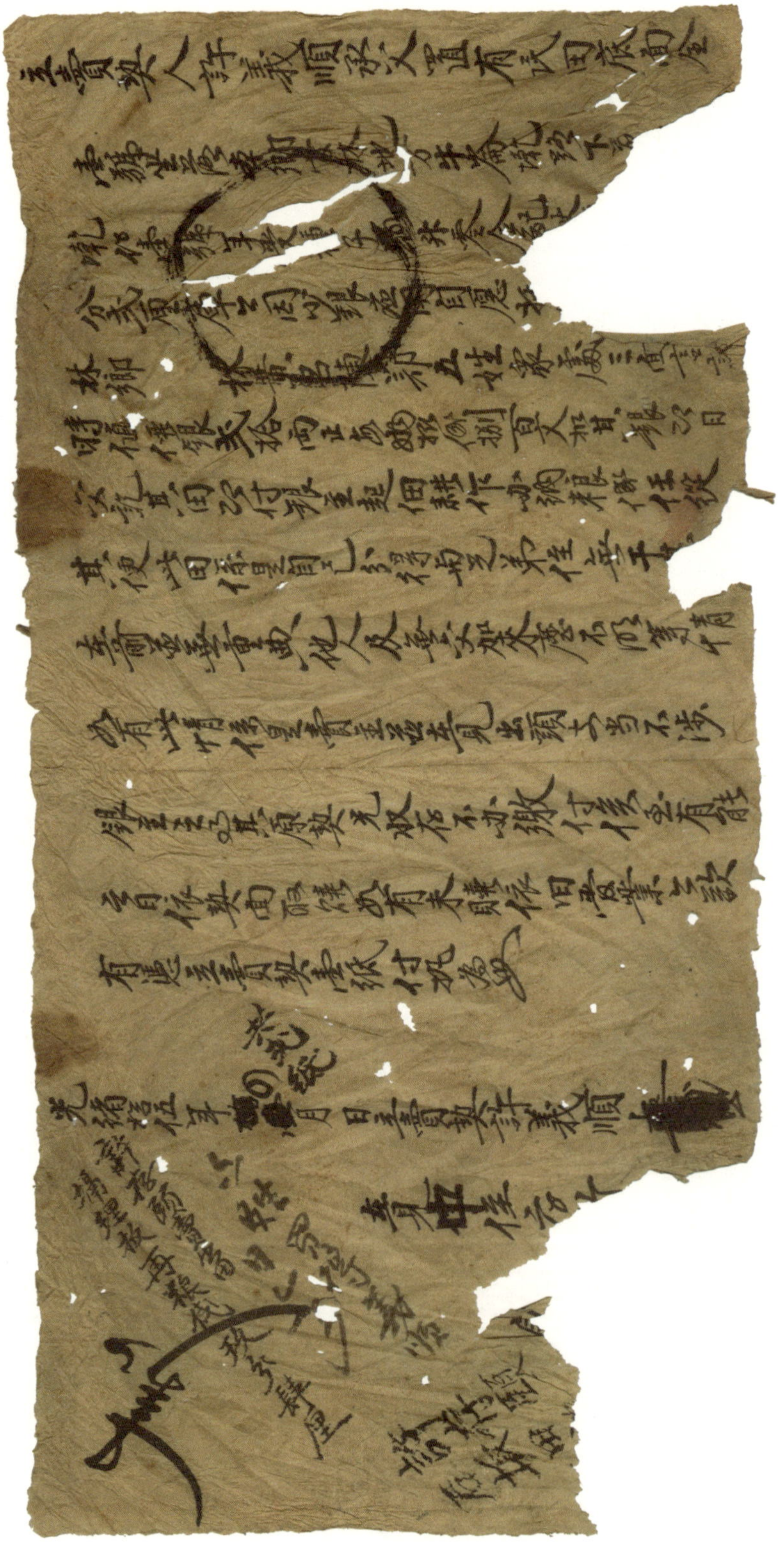

11-7-29-2　清光緒十五年四月許義順立賣底面全民田契（廢契）

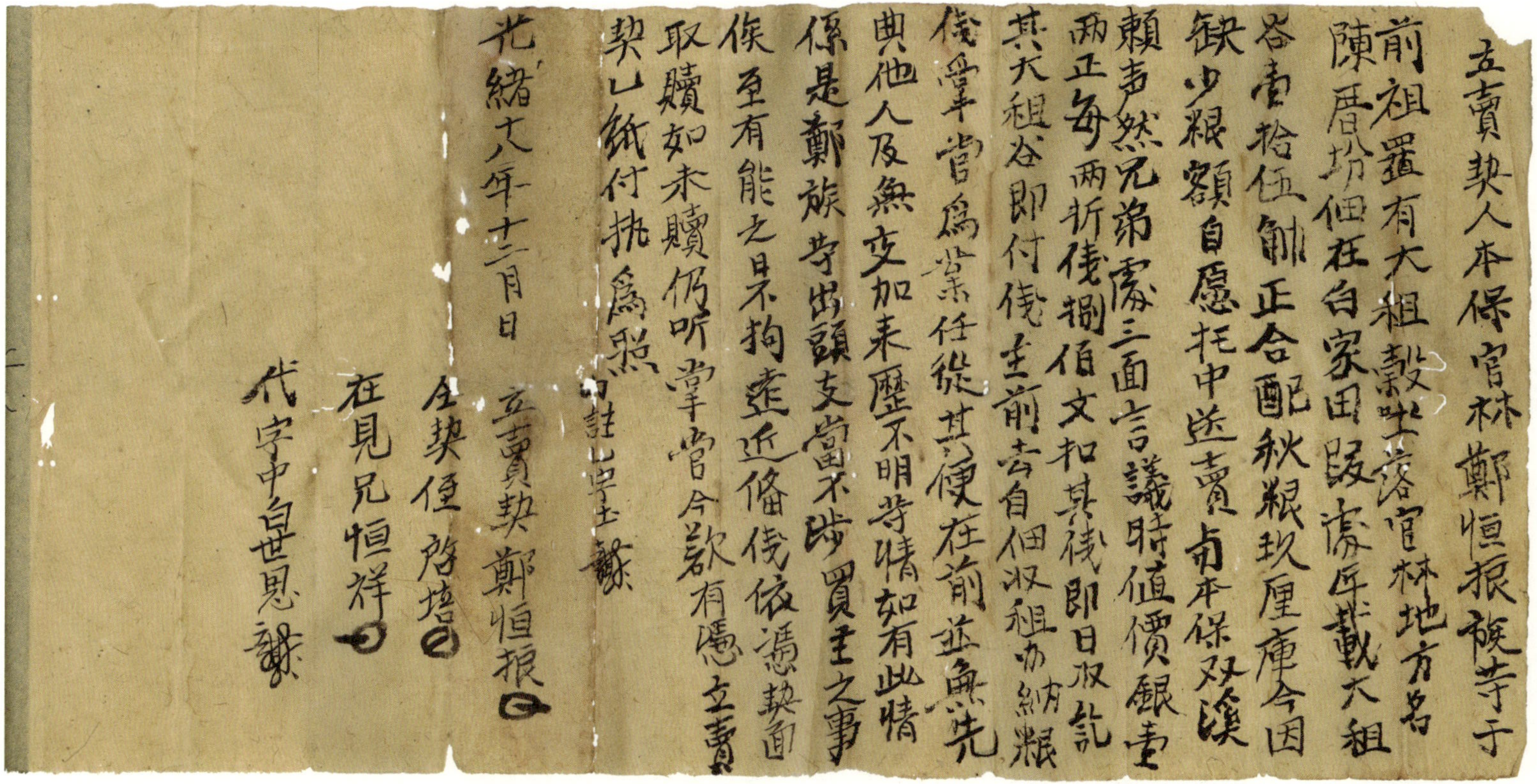

立賣契人本保宮林鄭恒振等，承
前祖置有大祖穀，坐落宮林地方，名
陳厝坊佃在白家田段，除卑載大祖
谷壹拾伍觔正，合配秋粮玖厘庫，今因
缺少粮額，自願托中送賣與本保双溪
賴声然兄弟處，三面言議時值價銀壹
兩正，每兩折錢捌佰文，和其錢即日收訖，
其大租谷即付錢主前去自佃收租办納粮
錢，掌管為業，任從其便。在前並無先
典他人，及無交加來歷不明等情，如有此情，
係是鄭族等出頭支當，不涉買主之事。
俟至有能之日，不拘遠近，備錢依憑契面
取贖，如未贖，仍听掌管。今欲有憑，立賣
契山紙付執為照。
口註山字壹。
光緒十八年十二月　日　立賣契鄭恒振（押）
全契侄　啓培（押）
在見兄　恒祥（押）
代字中　白世恩（押）

11-7-29-3　清光緒十八年十二月鄭恒振等立賣大租穀契

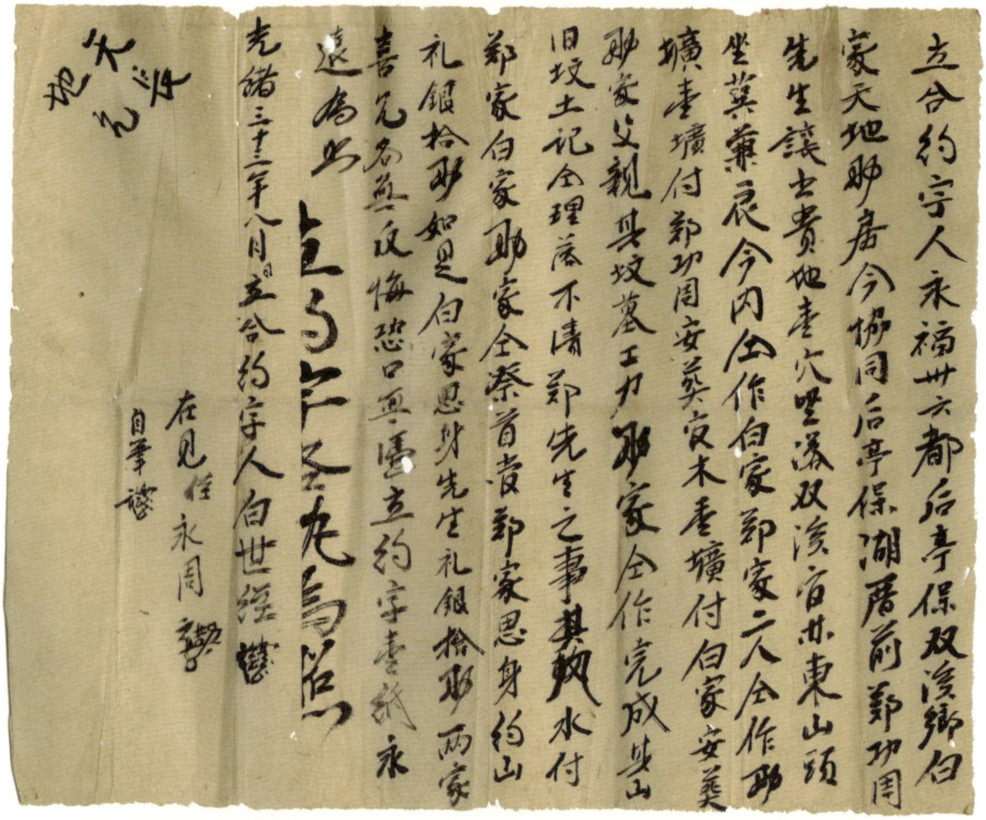

立合約字人永福卄六都后亭保双溪鄉白
家天地两房今協同后亭保湖厝前鄭功周
先生議出貴地壹穴坐落双溪宫林東山頭
坐巽兼辰今内仝作白家鄭家二人仝作两
壙壹壙付鄭功周安葬白木壹壙付白家安葬
两家父親其坟墓工力两家仝作完成其山
旧坟土記仝理落不清鄭先生之事其風水付
鄭家白家两家仝祭首貴鄭家恩身約山
礼銀拾两如是白家恩身先生礼銀拾两两家
喜允各無反悔恐口無憑立約字壹紙永
遠為照　立写字仝存為照
光緒三十三年八月　日立合約字人白世經（押）
在見侄永周（押）
自筆（押）
天地存元

11-7-29-4　清光緒三十三年八月白氏天地兩房立合約字

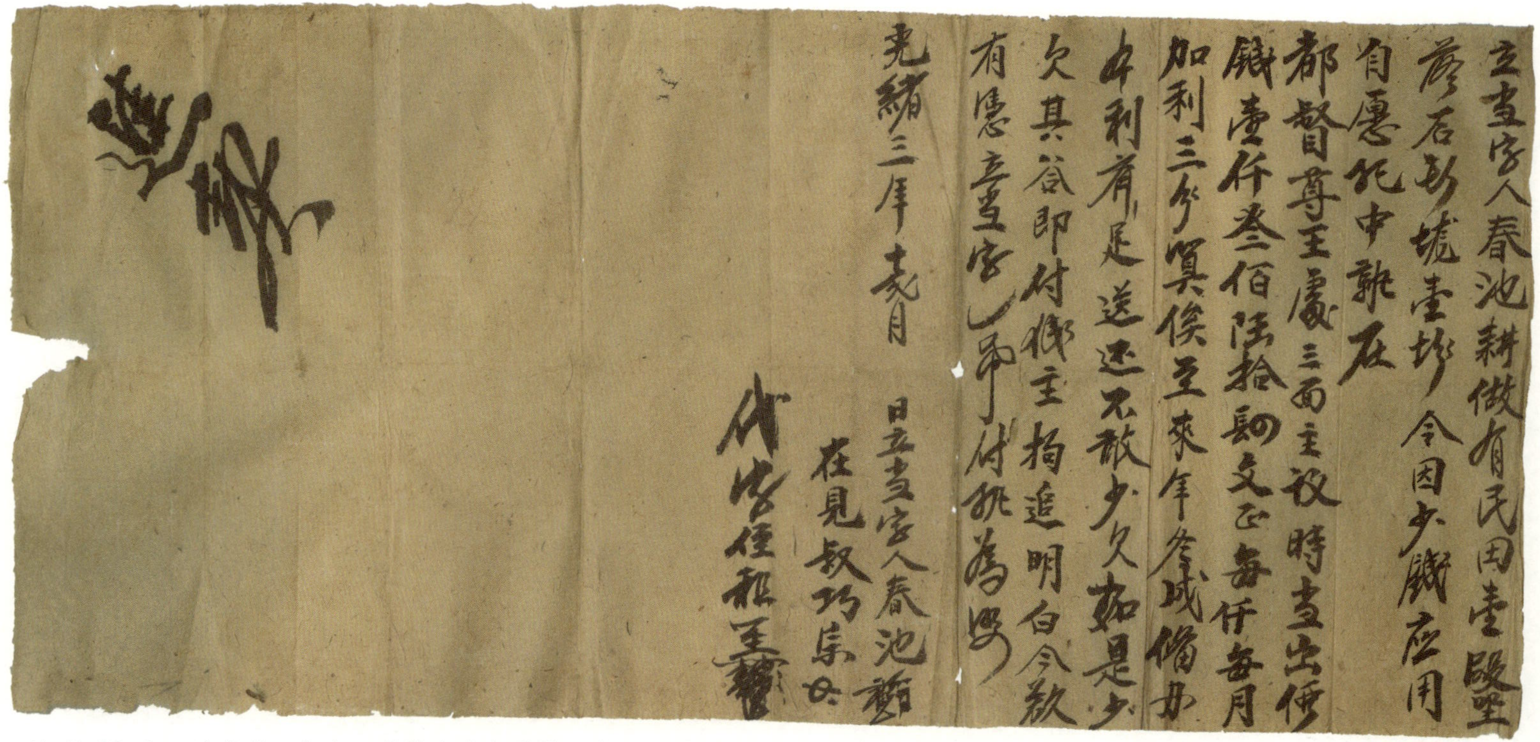
立當字人春池耕做有民田壹段坐
落石砂壋壹坵，今因少錢應用，
自愿托中就在
都督尊王處三面言議，時當出佛
錢壹仟叁佰陸拾駒文正，每仟每月
加利三分算，候至來年冬成備办
本利前足送還，不敢少欠。如是少
欠，其谷即付銀主掏追，明白。今欲
有憑，立當字一紙付執為照。
光緒三年十二月　日立當字人春池（押）
在見叔巧宗（押）
代字侄根王（押）

11-7-30-1　清光緒三年十二月鄭春池立當民田字

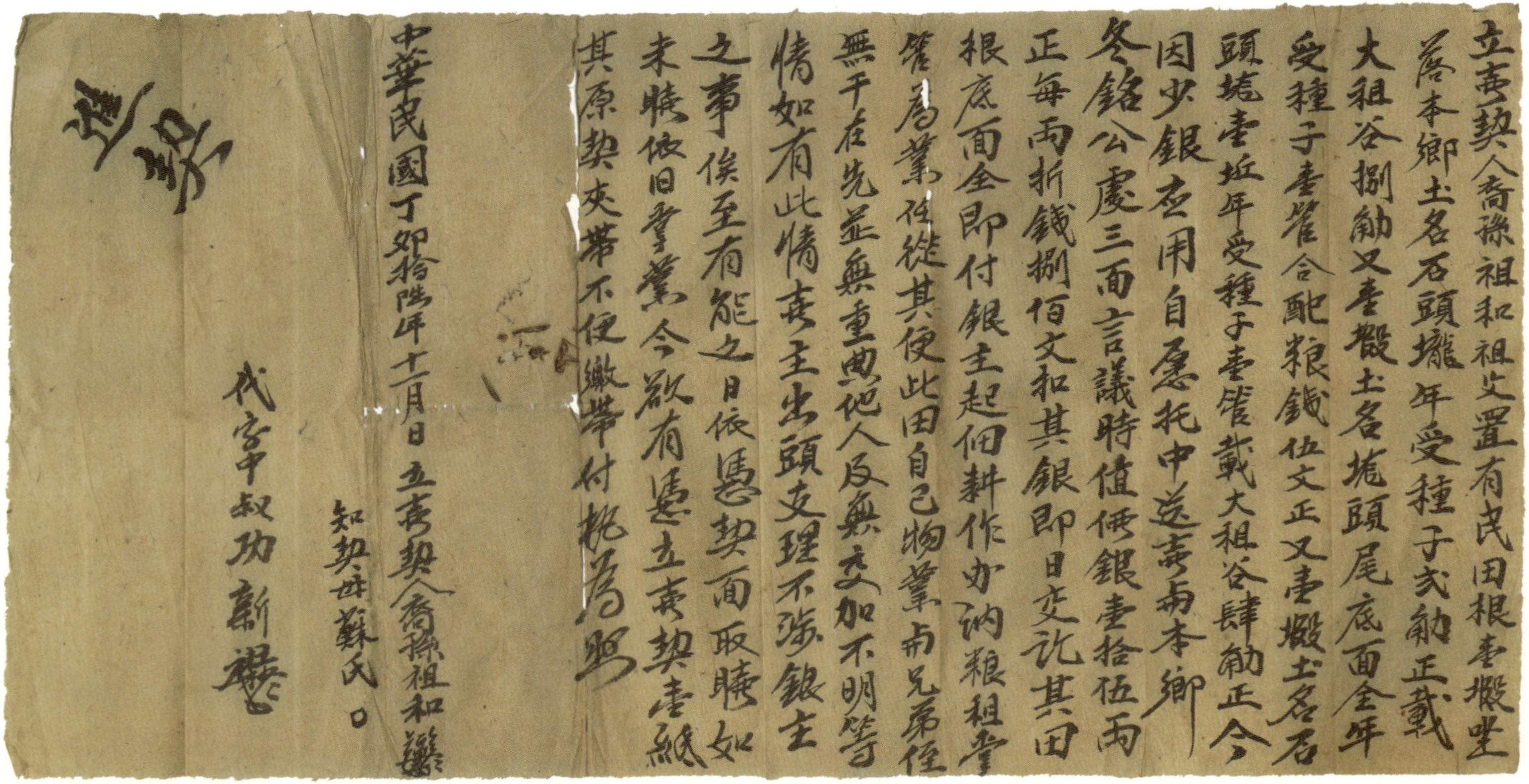
立賣契人裔孫祖和祖史置有民田根壹缴坐
落本鄉土名石頭壠年受種子弍觔正載
大祖谷捌觔又壹缴土名墘頭尾底面全年
受種子壹罡合配粮錢伍文正又壹缴土名石
頭墘壹坵年受種子壹罡載大祖谷肆觔正今
因少銀應用自愿托中送賣与本鄉
冬銘公處三面言議時值價銀壹拾伍両
正每両折錢捌佰文和其銀即日交訖其田
根底面全即付銀主起佃耕作办納粮租掌
管為業任從其使此田自己物業与兄弟侄
無干在先并無重典他人及無交加不明等
情如有此情賣主出頭支理不涉銀主
之事俟至有能之日依憑契面取贖如
未贖依旧管業今欲有憑立賣契壹紙
其原契夾帶不便繳帶付執為照

中華民國丁卯拾陆年十一月日 立賣契人裔孫祖和（押）
知契母蘇氏 口
代字中叔功新（押）

退契

11-7-30-2　民國十六年十一月鄭祖和立賣民田根契

立賣契人鄭冬銘公有民田坐落本鄉地方
土名厝后山坪壹段，又四角坵貳段，年受種
子叁斗，年載大租谷壹拾弍觔正，又壹段坐
落坵頭尾底全面田，年受種子壹斤正，合記秋租谷
五斗庫正，今因乏錢應用，自愿托中送賣與
本鄉
美清處為業，三面言議，時值價錢玖員正，每
員折價壹千壹百三十文，扣其銀即日交訖，
其田付銀主起佃耕作，亦納秋糧，任從其
便。此田至先并無典當他人，及無交加不
明。如不明，賣主出頭支理，不涉之，日後丞
有能之力，依憑契面取贖，内添底壹字，今
欲有憑，立賣契壹紙付執為照。

民國甲戌年拾弍月　日立賣契人冬銘
在見　美使
美猷
知見　美鏞
美鎮
景貴
景居
代筆　祖長

進壹

11-7-30-3　民國二十三年十二月鄭冬銘公衆立賣底面全田契

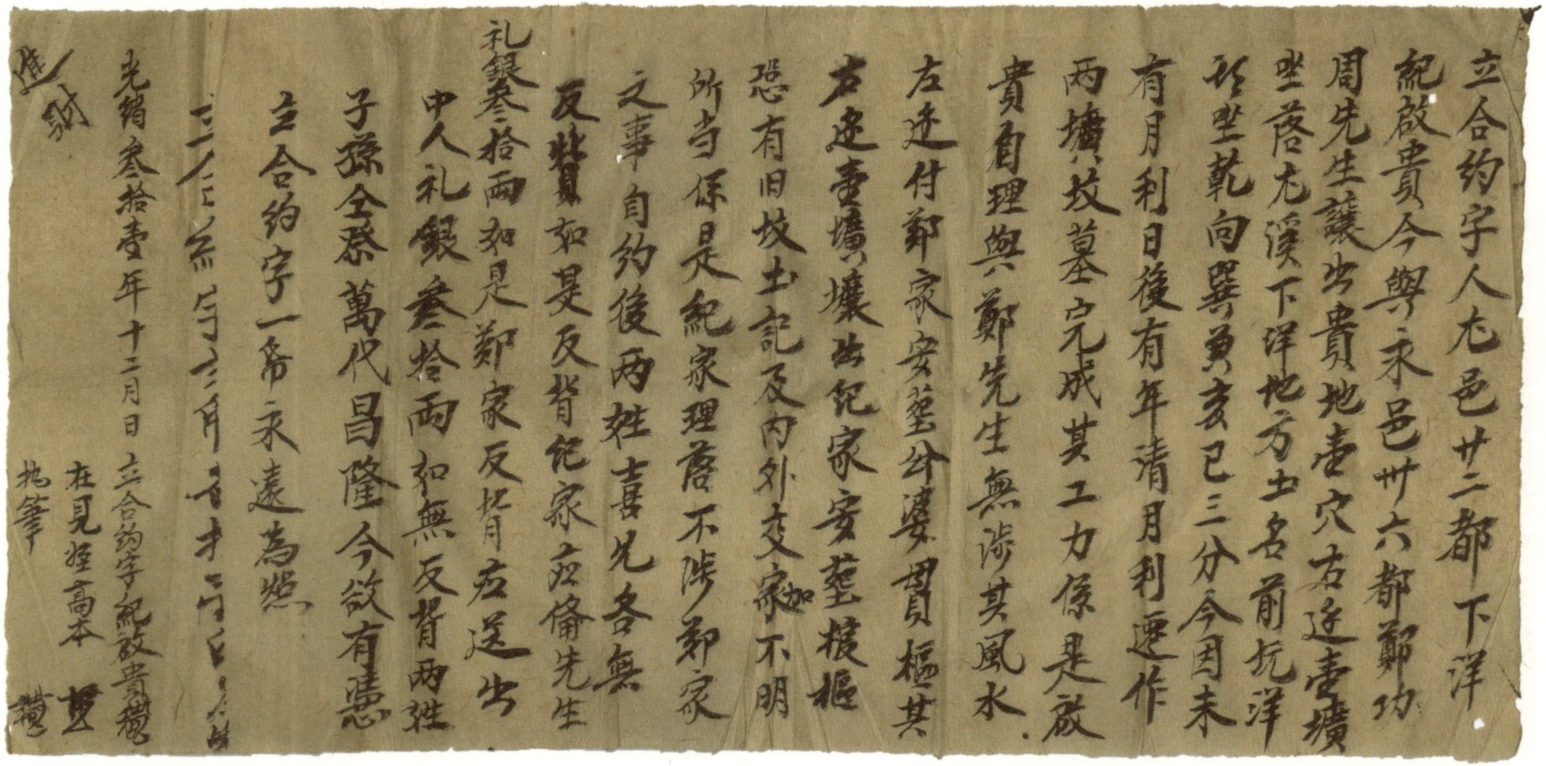
立合約字人尤邑廿二都下洋
紀啓貴，今與永邑廿六都鄭功
周先生議出貴地壹穴，右迭壹壙，
坐落尤溪下洋地方，土名前坑洋，
於坐乾向巽兼亥巳三分。今因未
有月利，日後有年清月利，運作
兩壙，其墓完成，其工力係是啓
貴自理，與鄭先生無涉。其風水
左迭付鄭家安塟分婆骨骸，其
右迭壹壙出紀家安塟根据。
恐有旧坟土記及內外之家加不明
所當係是紀家理落，不涉鄭家
之事。自約後兩姓喜允，各無
反悔。知是反悔，紀家应備先生
礼銀叁拾兩；知是鄭家反悔，应送出
中人礼銀叁拾兩。和無反悔，兩姓
子孫全發萬代昌隆。今欲有憑，
立合約字一帋，永遠為照。
光緒叁拾壹年十二月　日　立合約字紀啓貴（押）
在見姪高本（押）
執筆

11–7–31–1　清光緒三十一年十二月尤溪紀啓貴立合約字

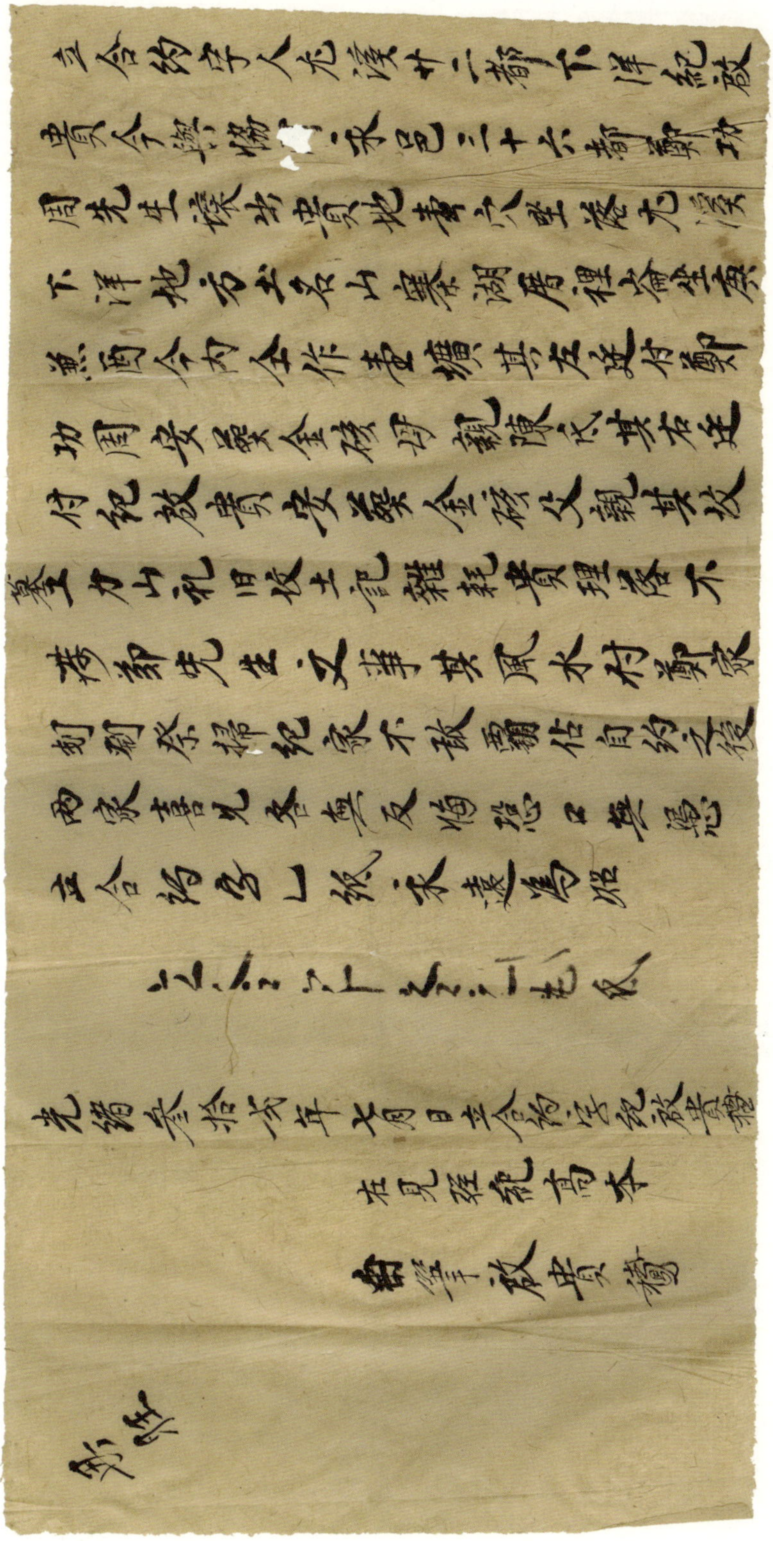

立合約字人尤溪廿二都下洋紀啓
貴今與協[illegible]，永邑三十六都鄭功
周先生選出貴地壹穴，坐落尤溪
下洋地方，土名山寨湖厝裡崙，坐庚
兼酉，今內全作壹壙，其左廷付鄭
功周安葬金骸母親陳氏，其右廷
付紀啓貴安葬金骸父親，其坟
墓土力山礼，旧坟土記雜耗，貴理落不
涉鄭先生之事，其風水付鄭家
剗割祭掃，紀家不敢覇佔。自約之後，
兩家喜允，各無反悔，恐口無憑，
立合約字乙紙，永遠為炤。

[illegible]

光緒叁拾弍年七月日立合約字紀啓貴（押）
在見程能高本
由筆 啓貴（押）

永胜

11-7-31-2　清光緒三十二年七月尤溪紀啓貴立合約字

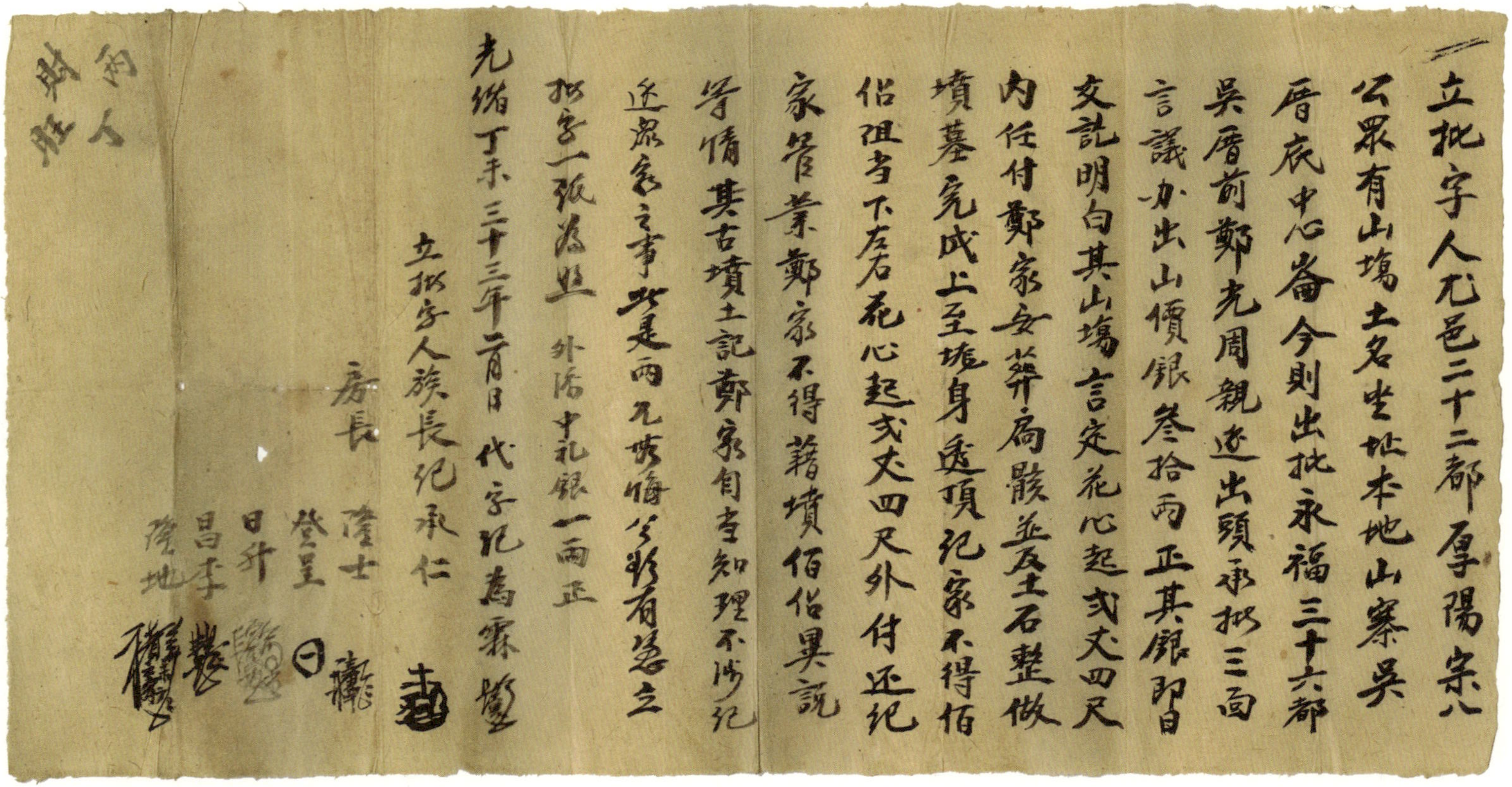
立批字人尤邑二十二都厚陽宗八
公衆有山場土名坐址本地山寨吳
厝後中心崙今則出批永福三十六都
吳厝前鄭光周親送出頭承批三面
言議办出山價銀叁拾兩正其銀即日
交訖明白其山場言定花心起式丈四尺
内任付鄭家安葬扃骸並及土石整做
墳墓完成上至堆身透頂紀家不得佰
佁阻当下左右花心起式丈四尺外付还紀
家管業鄭家不得藉墳佰佁異說
等情其古墳土記鄭家自当知理不涉紀
还衆家之事此是兩允無悔今欲有憑立
批字一紙爲照　外帖中礼銀一兩正
光緒丁未三十三年二月日　代字紀爲霖（押）
立批字人族長紀承仁（押）
房長　隆士（押）
登呈（押）
日升（押）
昌李（押）
隆地（押）
[illegible]人
莫旺

11-7-31-3　清光緒三十三年二月尤溪紀氏厚陽宗八公衆立批山場字

立約字人尤邑廿二都厚陽鄉紀吓央，于前
祖墓有古坟山穴，坐址本地，土名湖厝衣坐
庚向甲。今因永福三十六都湖厝前鄭　功周
親廷，本年春向衆在央坟上批碍風水壹穴
安葬母親金骸。今因卦碍龍身，經投各房長
到文猶看，爲坟隔遠，衆劝諭親廷办出甬花
礼銀叁两正，其銀即日交訖。其坟基央不敢
異言有說，亦無事等情。日後紀鄭两姓改做墓
面，各墳各管，各做两姓俱各不敢阻青，亦不
敢霸佔等情。惟願两家風水迴迷，人丁興盛，
富貴双全。此是两允，無悔。今欲有憑，立約字
永遠爲照。

光緒丁未叁十三年七月　日

立約字人廿二都紀吓央（押）

在見代字侄　隆士（押）

財發

人進

11-7-31-4　清光緒三十三年七月尤溪紀吓央立約字

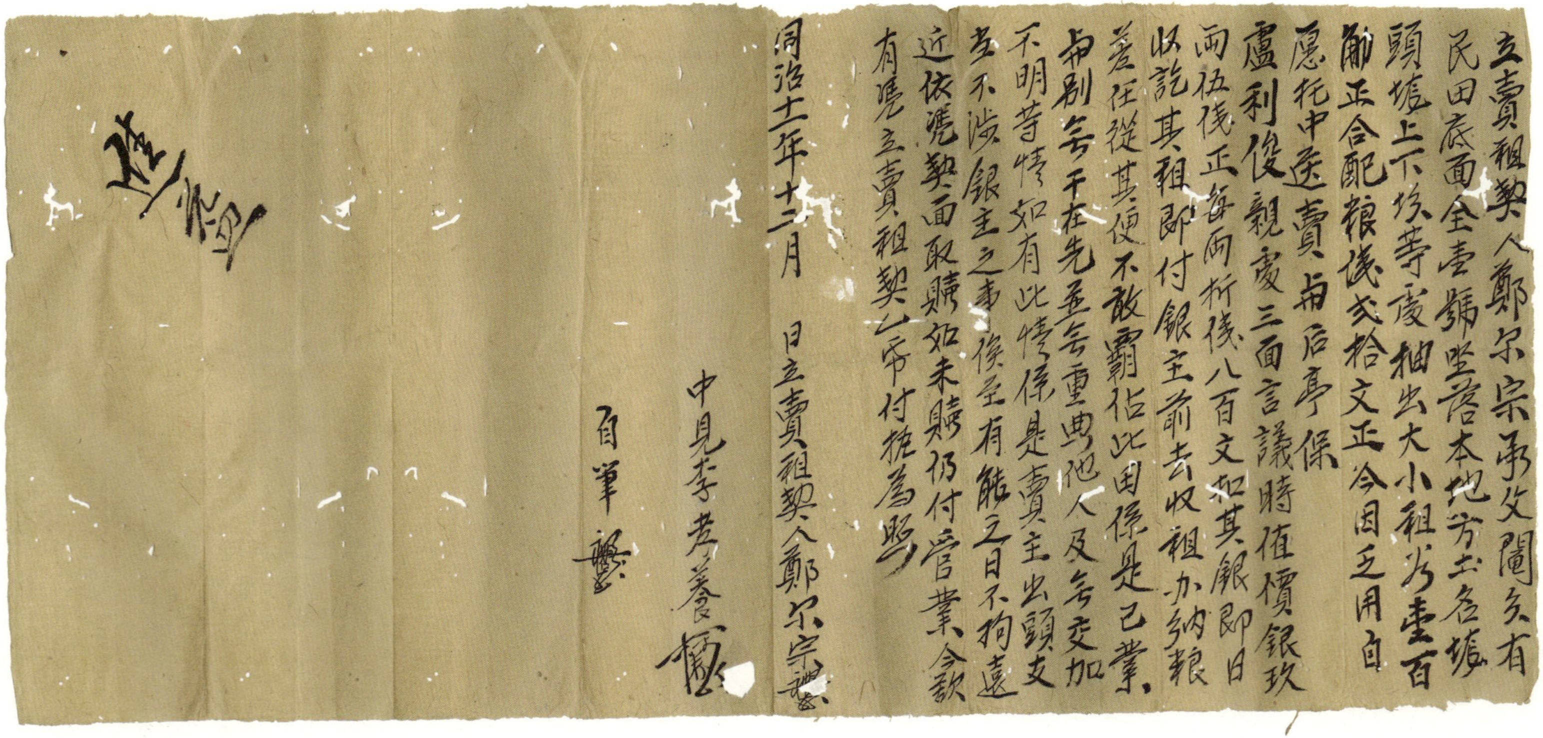

立賣租契人鄭尔宗承父鬮分有
民田底面全壹號坐落本地方土名塆
頭塆上下坵等處抽出大小租米壹百
斤正合配粮錢式拾文正今因乏用自
愿托中送賣與后亭保
盧利俊親處三面言議時值價銀玖
兩伍錢正每兩折錢八百文如其銀即日
收訖其租即付銀主前去收租办納粮
差任從其便不敢霸佔此田係是己業，
與別無干在先並無重典他人及無交加
不明等情如有此情係是賣主出頭支
當不涉銀主之事候至有能之日不拘遠
近依憑契面取贖如未贖仍付管業，今欲
有憑立賣租契一帋付執為照

同治十一年十二月　日立賣租契人鄭尔宗（押）

中見李孝養（押）

自筆（押）

11-7-32-1　清同治十一年十二月鄭尔宗立賣底面全民田租契

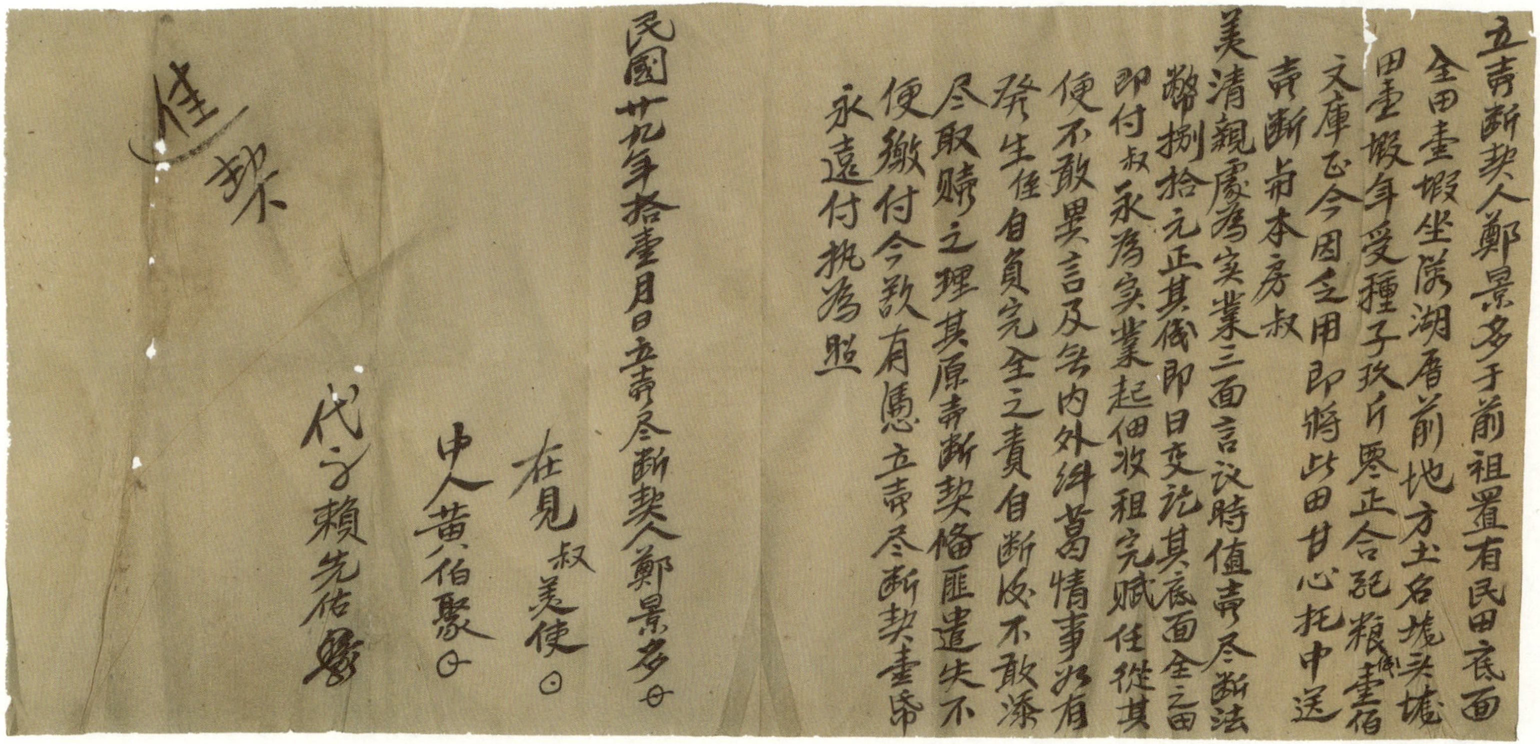

立賣斷契人鄭景多于前祖置有民田底面
全田壹坵坐落湖唐前地方土名壠頭壠
田壹坵年受種子玖斤零正合配粮壹佰
文庫正今因乏用即將此田甘心托中送
賣斷與本房叔
美清親處爲實業三面言議時值賣盡斷法
幣捌拾元正其價即日交訖其底面全之田
即付叔永爲實業起佃收租完賦任從其
便不敢異言及至內外絲葛情事如有
發生任自負完全之責自斷後不敢添
盡取贖之理其原賣斷契倘匪遺失不
便繳付今欲有憑立賣盡斷契壹帋
永遠付執爲照

民國廿九年拾壹月日立賣盡斷契人鄭景多(押)

在見 叔 美使(押)

中人 黄伯聚(押)

代字 賴先佑(押)

佳契

11-7-32-2　民國二十九年十一月鄭景多立賣斷底面全民田契

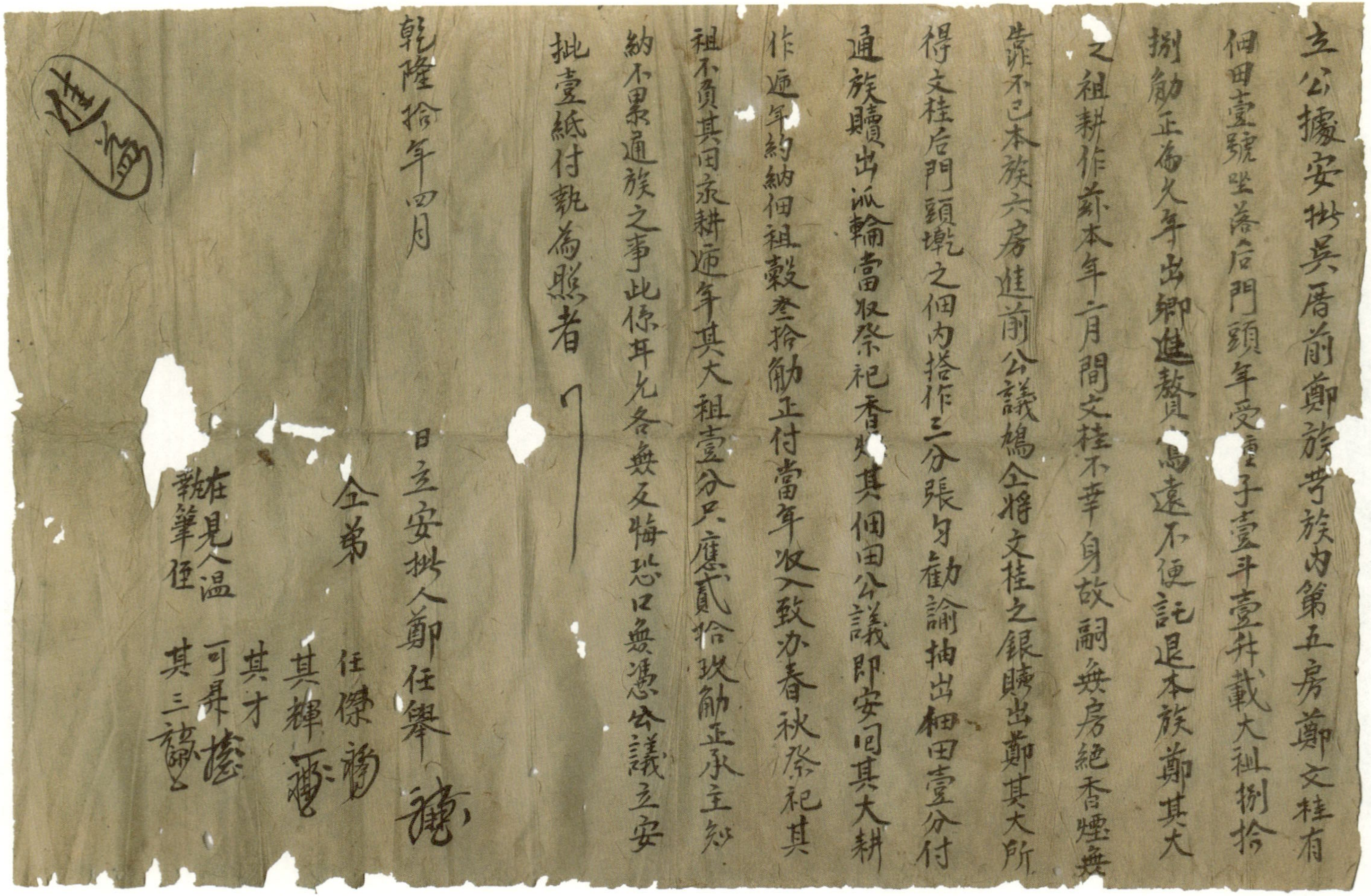
立公據安批吳厝前鄭族芳族內第五房鄭文桂有
佃田壹號坐落后門頭年受種子壹斗壹升載大租捌拾
捌觔正為父年出鄉進贅□遠不便託退本族鄭其大
之祖耕作茲本年六月間文桂不幸身故嗣無房絕香煙無
靠不已本族六房進前公議鳩仝將文桂之銀贖出鄭其大所
得文桂后門頭墘之佃內搭作三分張匀勸諭抽出佃田壹分付
通族贖出派輪當收祭祀香[火]其佃田公議即安回其大耕
作逐年約納佃租穀叁拾觔正付當年收入致办春秋祭祀其
祖不負其田永耕逐年其大祖壹分只應貳拾玖觔正承主納
納不累通族之事此係弍允各無反悔恐口無憑公議立安
批壹紙付執為照者
乾隆拾年四月 日立安批人鄭任舉（押）
仝弟 任傑（押）
其輝（押）
其才
可昇（押）
其三（押）
在見人温
執筆任

11-7-33-1　清乾隆十年四月鄭任舉等立公據安批

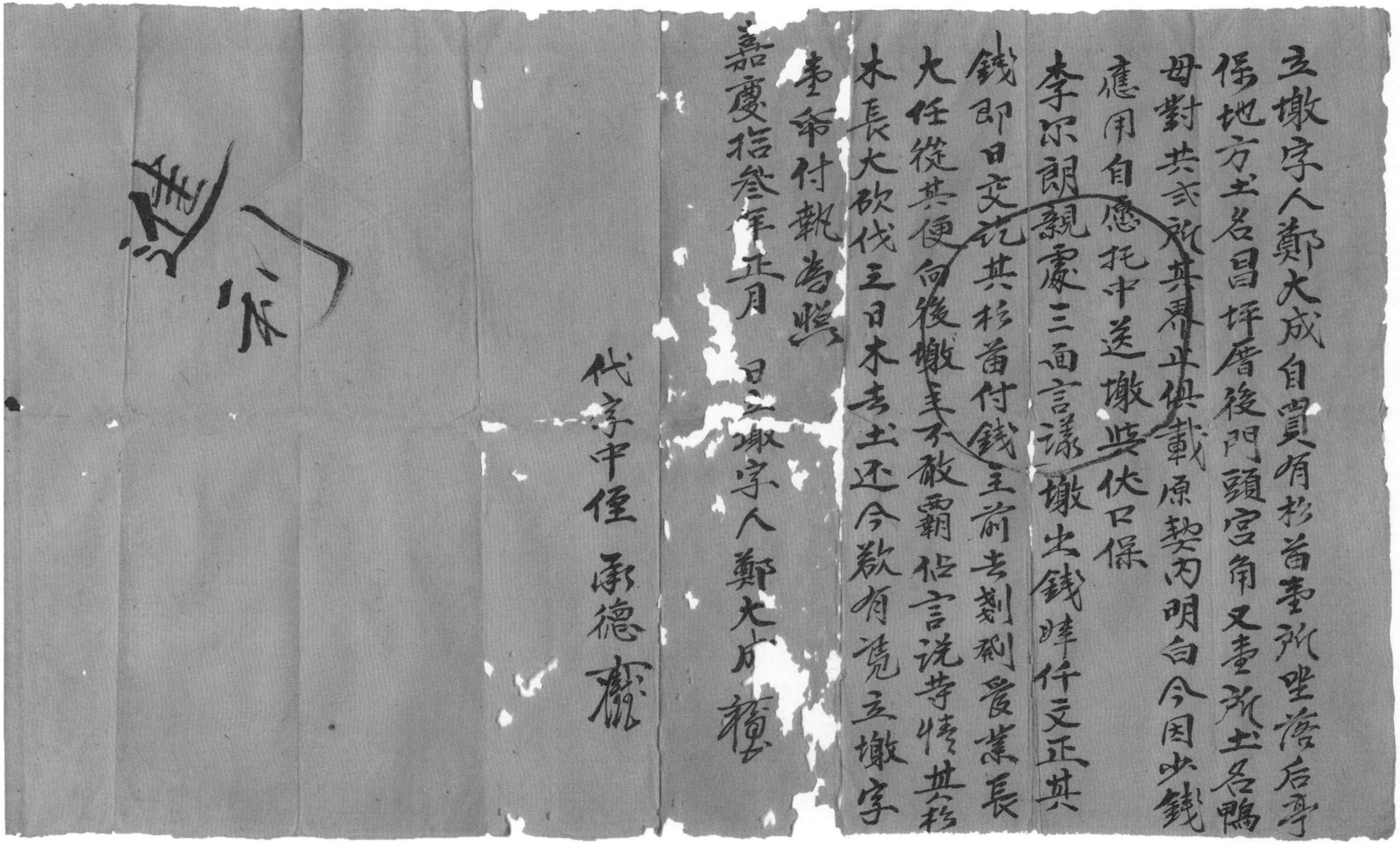

立繳字人鄭大成自置有杉苗壹所坐落后亭
保地方土名昌坪厝後門頭宮角又壹所土名鴨
母對共貳所其界址俱載原契內明白今因乏錢
應用自愿托中送繳與伏口保
李宗朗親處三面言議繳出錢肆仟文正其
錢即日交訖其杉苗付錢主前去剷刷長養長
大任從其便向後繳主不敢霸佔言說等情其杉
木長大砍伐之日木去土还今欲有憑立繳字
壹帋付執為照
嘉慶拾叁年正月　日立繳字人鄭大成（押）
代字中侄　承德（押）

11-7-33-2　清嘉慶十三年正月鄭大成立繳杉苗字（廢契）

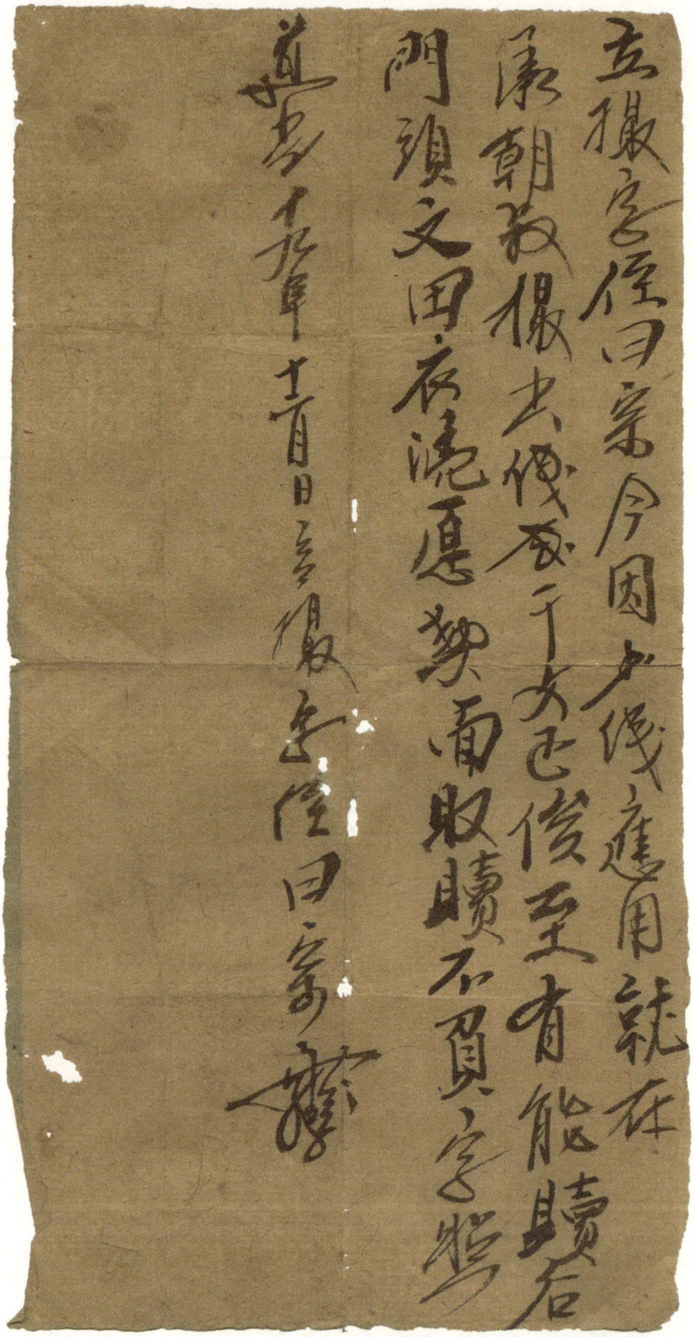

立撮字侄曰宗，今因乏錢應用，就在
叔朝敢撮出錢壹千文正，償至有能贖右
門頭文田，應憑愿契面取贖，不買字照。
道光十九年十二月日立撮字侄曰宗號

11-7-33-3　清道光十九年十二月鄭曰宗立撮字

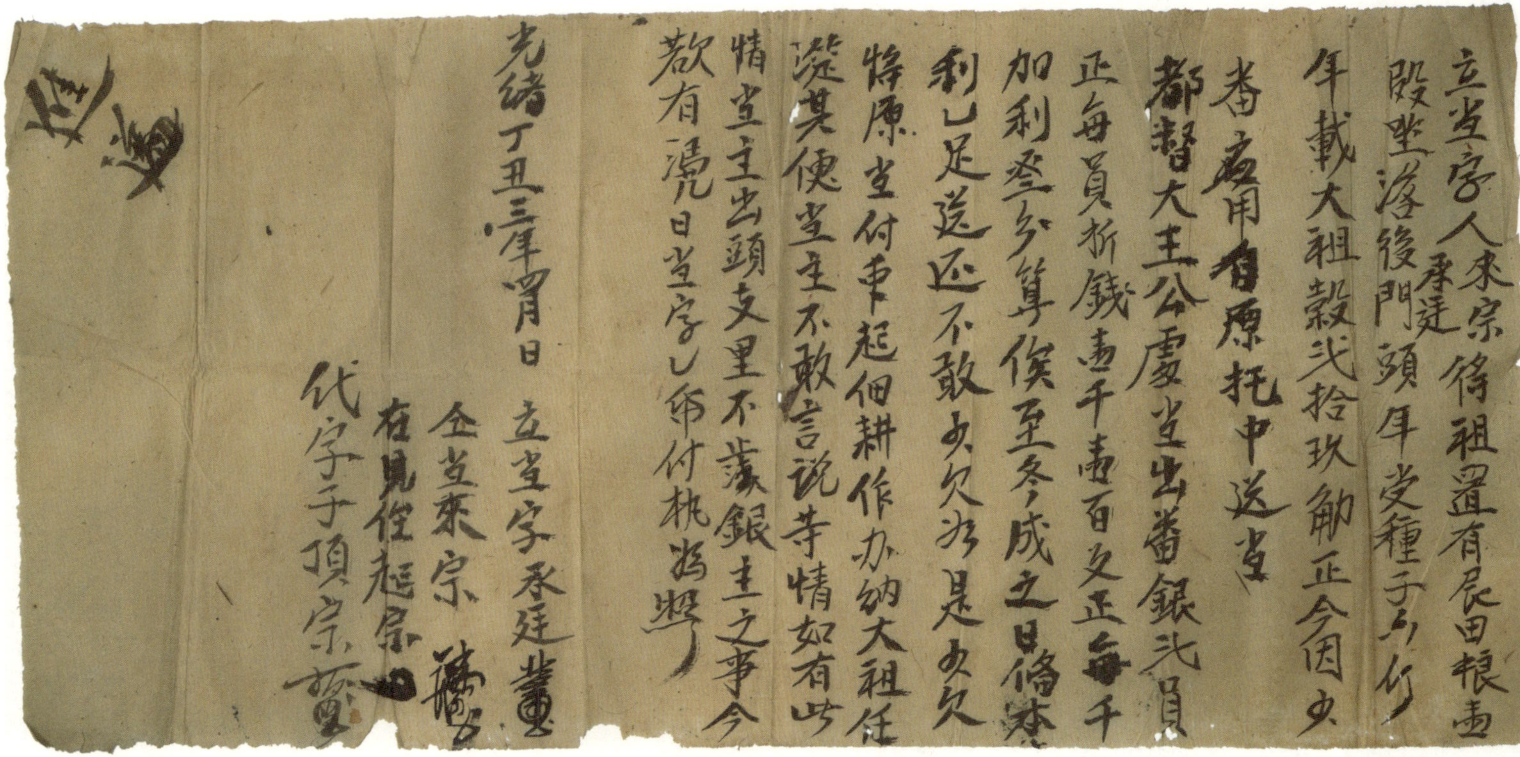
立當字人來宗承廷仝祖置有民田根壹
段，坐落後門頭，年受種子乙斗
年載大祖穀弍拾玖觔正，今因乏
番應用，自愿托中送當
都暨大王公處，當出番銀弍員
正，每員折錢壹千壹百文正，每千
加利叁分算，候至冬成之日備辦
利足送還，不敢少欠，如是少欠
將原當付手起佃耕作，辦納大祖任
從其便，當主不敢言說等情。如有此
情，當主出頭支里，不涉銀主之事。今
欲有憑，立當字乙帋，付執為照。
光緒丁丑三年四月日 立當字 承廷
仝立 來宗
在見 侄 起宗
代字 子 頂宗

11-7-33-4 清光緒三年四月鄭承廷等立當民田根契

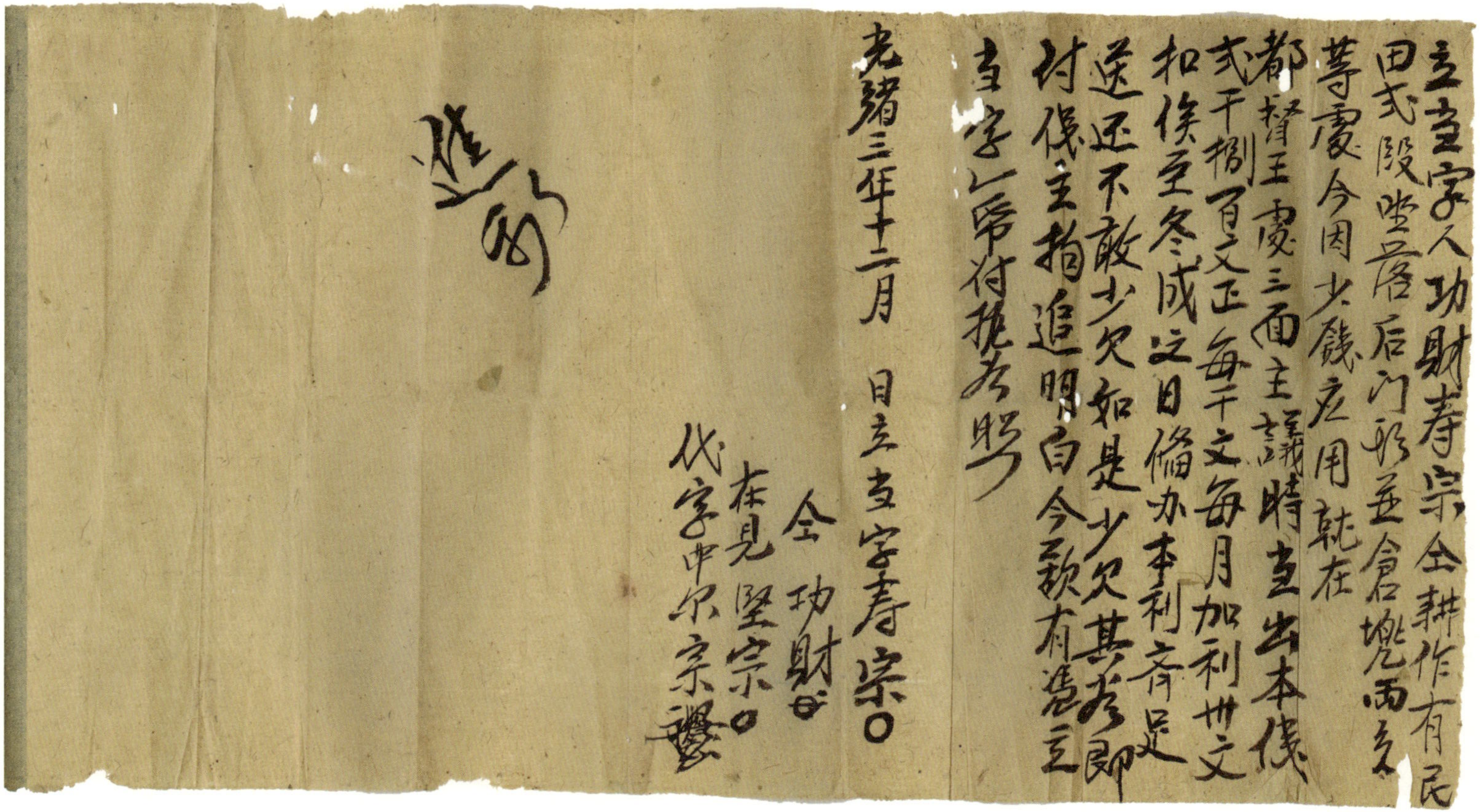
立当字人功財、寿宗仝耕作有民
田弍段坐落后门邦並倉后塆丙至
等處，今因少錢应用，就在
都督王處三面主議時出本俵
弍千捌百文正，每千文每月加利卅文
和俟至冬成之日備办本利齊足
送还，不敢少欠，如是少欠，其田即
付俵主揭追，明白。今欲有憑，立
当字一帋付执为照。
光緒三年十二月　日立当字寿宗〇
仝　功財〇
在見　堅宗〇
代字　中沵宗
退約

11-7-33-5　清光緒三年十二月鄭寿宗等立當民田字

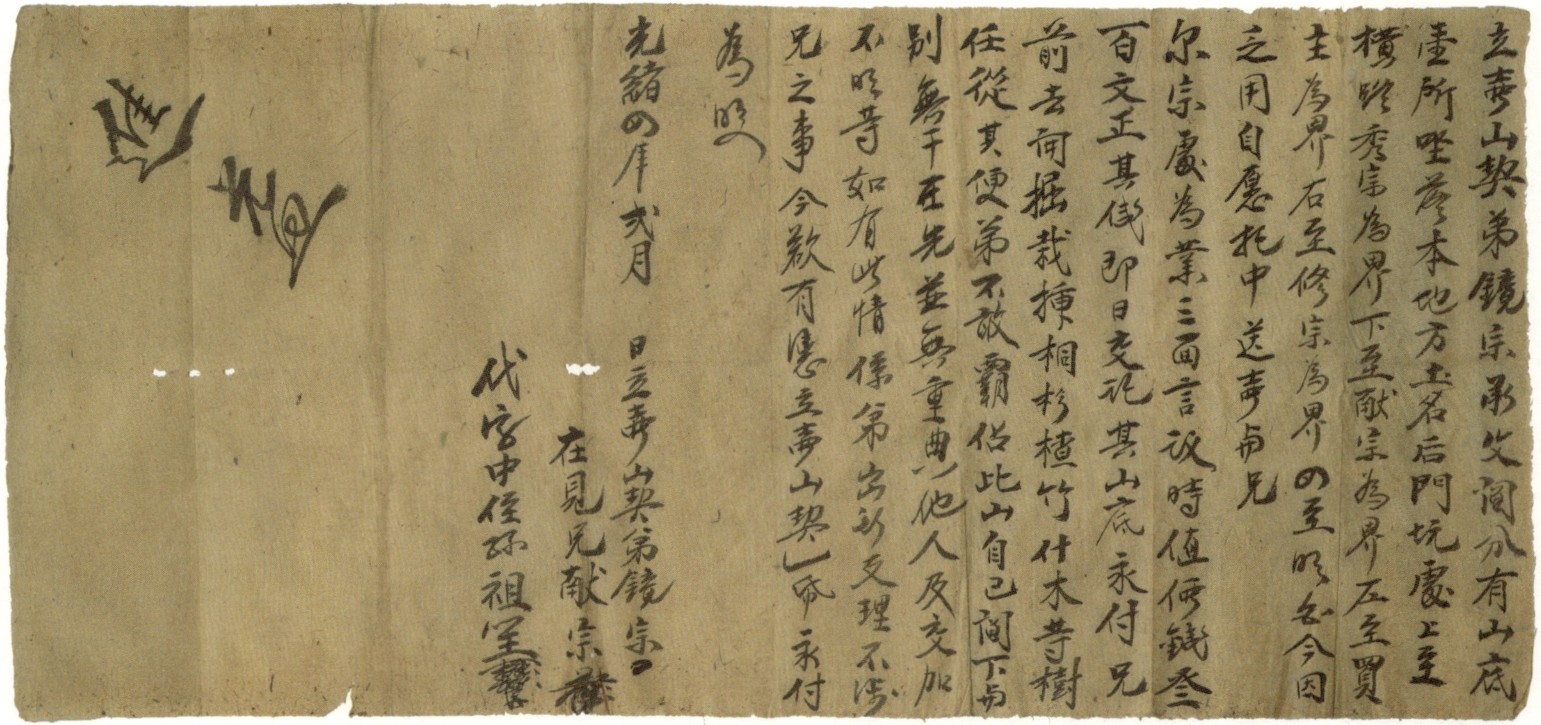
立賣山契弟鏡宗承父閩分有山底
壹所坐落本地方土名后門坑處上至
横路秀宗為界下至猷宗為界左至買
主為界右至修宗為界四至明白今因
之用自愿托中送賣與兄
尔宗處為業三面言議時值價錢叁
百文正其錢即日交訖其山底永付兄
前去開掘栽插桐杉植竹什木等樹
任從其便弟不敢霸佔此山自己閩下與
別無干在先並無重典他人及交加
不明等如有此情係弟出頭支理不涉
兄之事今欲有憑立賣山契一紙永付
為照
光緒四年弍月　日立賣山契弟鏡宗
在見兄猷宗
代字中侄孫祖呈

11-7-33-6　清光緒四年二月鄭鏡宗立賣山底契

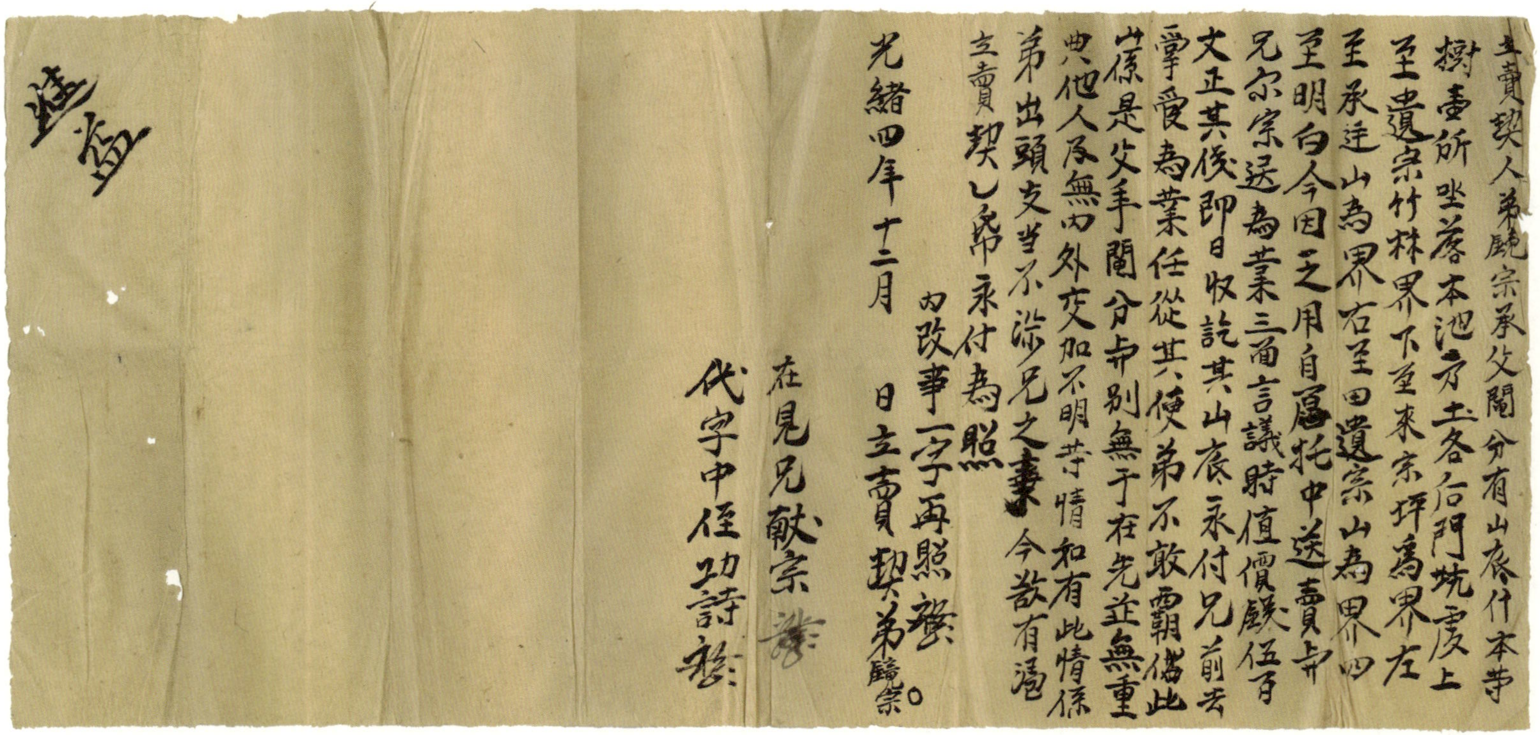
立賣契人弟鏡宗承父鬮分有山底什木并
樹壹所，坐落本廻方土名后門坑處，上
至遺宗竹林界，下至來宗坪為界，左
至承廷山為界，右至田遺宗山為界，四
至明白。今因乏用，自愿托中送賣與
兄獻宗邊為業，三面言議時值價錢伍百
文正，其錢即日收訖，其山底永付兄前去
掌管為業，任從其便，弟不敢霸佔。此
山係是父手鬮分，並別無于在先，並無重
典他人，及無內外交加不明等情，如有此情，係
弟出頭支當，不涉兄之事。今欲有憑，
立賣契乙紙，永付為照。
內改事一字再照。（押）
光緒四年十二月　日立賣契弟鏡宗〇
在見兄獻宗（押）
代字中侄功詩（押）
達炤

11-7-33-7　清光緒四年十二月鄭鏡宗立賣山底什木契

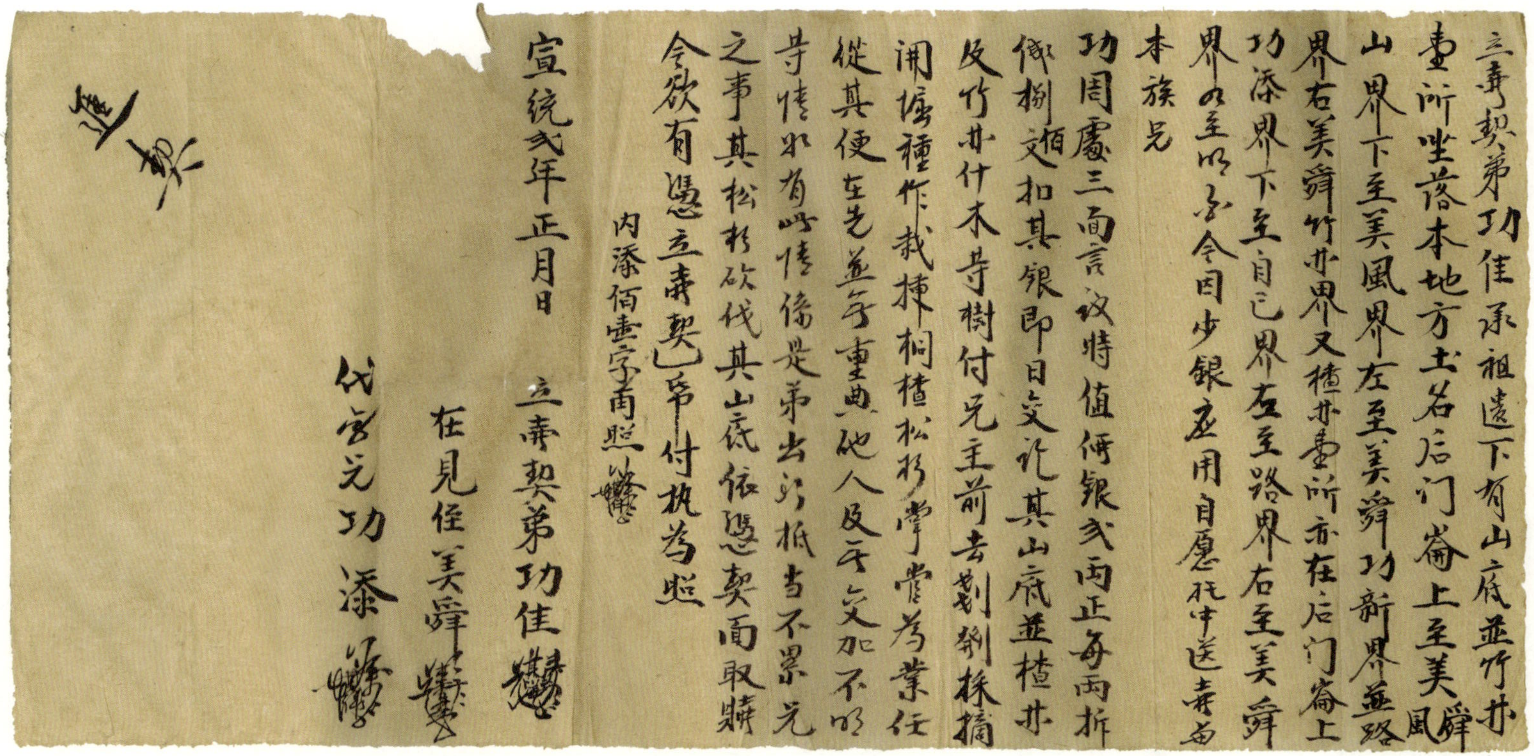
立売契弟功佳承祖遺下有山底並竹卉
壹所坐落本地方土名后门崙上至美舜風
山界下至美風界左至美舜功新界並路
界右美舜竹卉界又植卉壹所亦在后门崙上
功添界下至自己界左至路界右至美舜
界四至明白今因少銀應用自愿托中送売與
本族兄
功周處三面言議時值價銀贰両正每両折
伸捌佰文加其銀即日交訖其山底並植卉
及竹卉什木等樹付兄主前去割剝株摘
开墾種作栽挿桐植松杉掌管為業任
從其便在先並無重典他人及弟交加不明
等情如有此情係是弟出頭抵当不累兄
之事其松杉砍伐其山底依憑契而取贖
今欲有憑立売契一帋付執為照
内添佰壹字再照
宣統贰年正月日　立売契弟功佳
在見侄美舜
代字兄功添

11-7-33-8　清宣統二年正月鄭功佳立賣山底等契

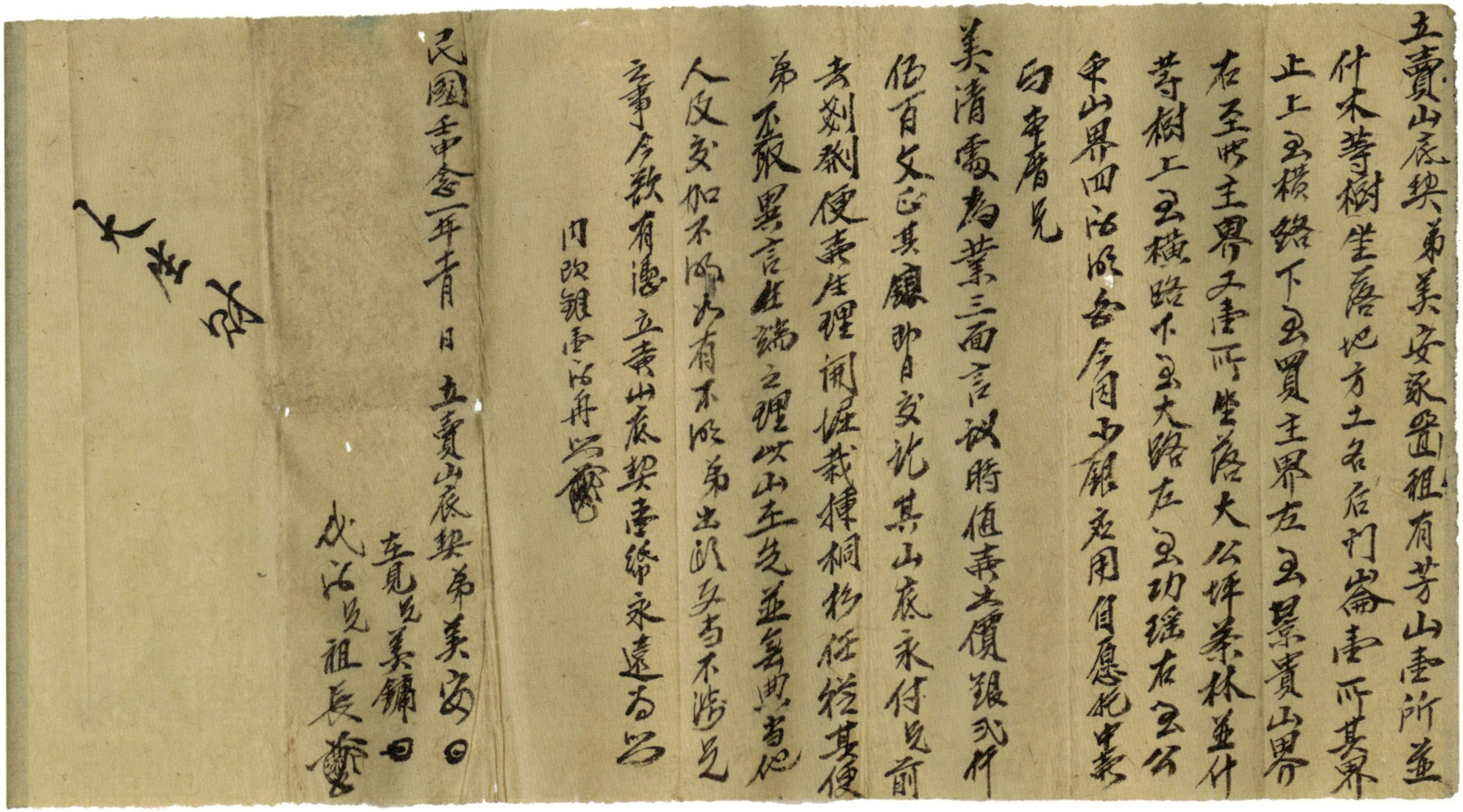
立賣山底契弟美安承置祖有芳山壹所並
什木等樹坐落地方土名后门崙壹所其界
止上至横路下至買主界左至景貴山界
右至四主界又壹所坐落大公坪茶林並什
芳樹上至横路下至大路左至功瑤右至公
衆山界四至分明今因乏銀應用自愿托中盡
向本房兄
美清處為業三面言議時值賣出價銀貳仟
伍百文正其銀即日交訖其山底永付兄前
去劉剝便賣住理開掘栽插桐杉松榕等便
弟不敢異言生端之理此山並無典當他
人及交加不明如有不明弟出頭承當不涉兄
之事今欲有憑立賣山底契壹紙永遠為照
内改銀壹字再照

民國壬申念一年十一月　日　立賣山底契弟美安
在見兄美鏞
代筆兄祖長

11-7-33-9　民國二十一年十一月鄭美安立賣芳山底等契

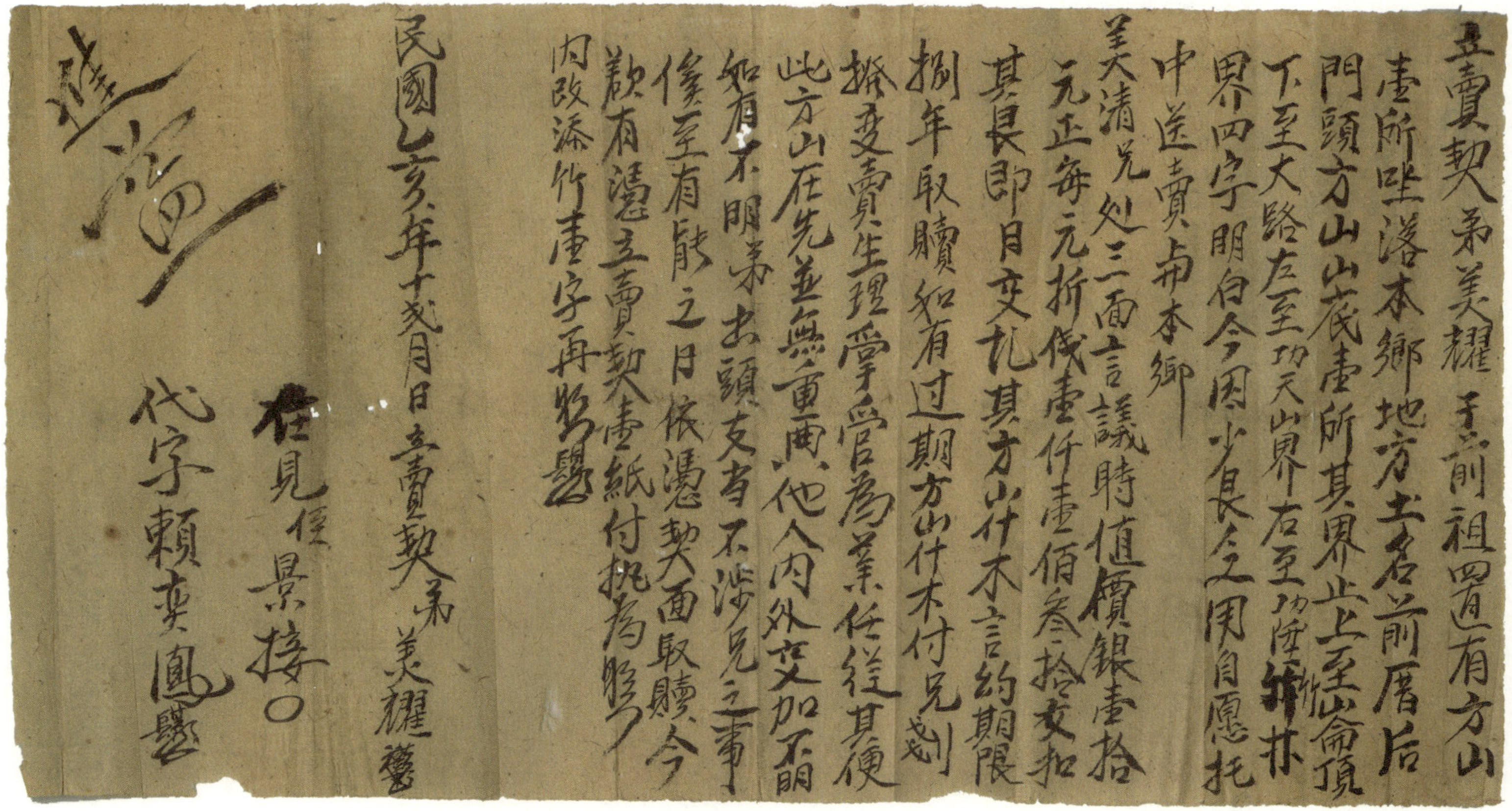

立賣契人弟美耀，承前祖置有方山
壹所，坐落本鄉地方，土名前厝后
門頭方山山底壹所，其界上至山頂，
下至大路，左至功天山界，右至功陞竹林，
界四字明白。今因少艮乏用，自愿托
中送賣與本鄉
美清兄处三面言議，時值價銀壹拾
元正，每元折錢壹仟壹佰叁拾文扣，
其艮即日交讫。其方山竹木言約期限
捌年取贖，如有过期，方山竹木付兄砍
搬變賣生理管為業，任從其便。
此方山在先並無重典他人，内外交加不明，
如有不明，弟出頭支当，不涉兄之事。
俟至有能之日，依憑契面取贖。今
欲有憑，立賣契壹紙，付執為照。
内改添竹壹字再照。

民國乙亥年十弍月　日立賣契弟美耀（押）
在見侄景接〇
代字賴英鳳（押）

進[illegible]

11-7-33-10　民國二十四年十二月鄭美耀立賣方山契

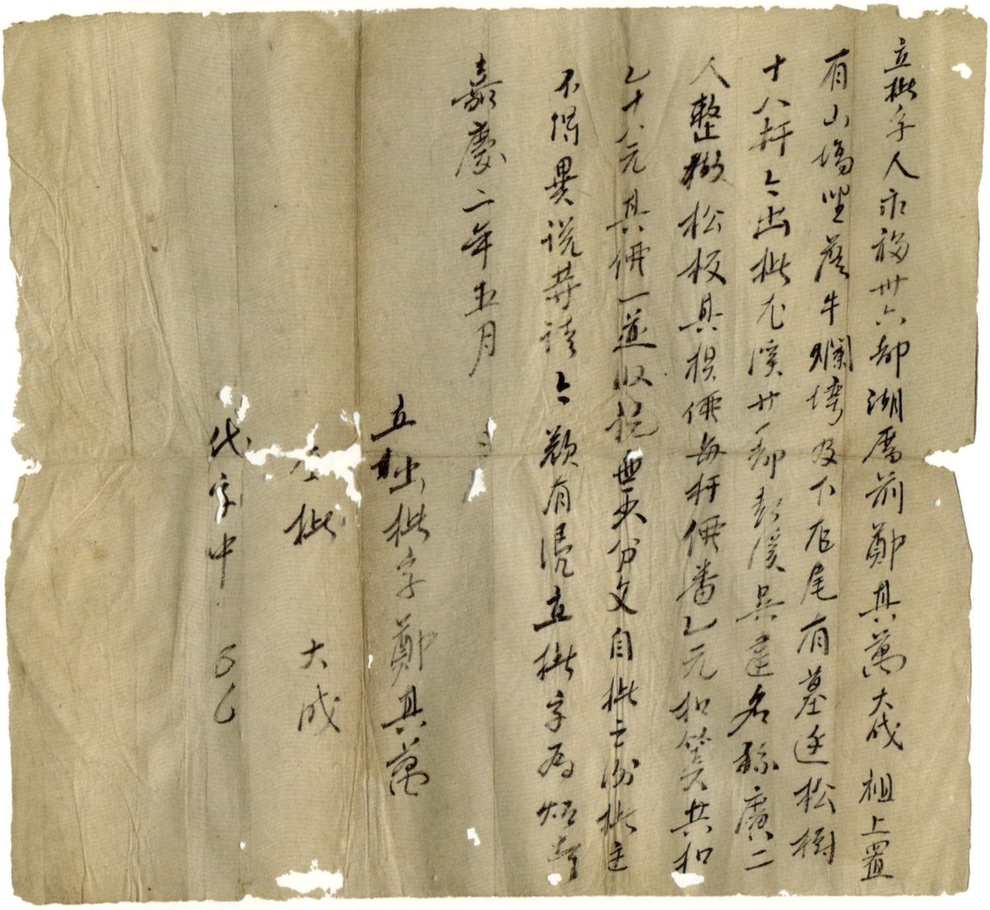

立批字人永福廿六都湖厝前鄭其萬、大成，祖上置
有山場坐落牛欄墘及下厝尾有墓邊松樹
十八杆，今出批與本縣廿一都彭俊英邊名孫廣二
人整斫松枝，其根併無杆併番山元和管，其和
乙十六元，其價一道收訖，無欠分文。自批之後，批主
不得異說異請，今欲有憑，立批字為照。
嘉慶二年五月　日
立出批字鄭其萬
仝批　大成
代字中　石

11-7-34-1　清嘉慶二年五月鄭其萬等立批山場字

立賣契人侄長宗，將祖置有圓坪伍所，又
及山底弍所，合共上並圓坪山底七號，坐落
本地方土名埞尾，上至兩宗坪荣為界，下至大文田
界，左至大路為界，右至大文田界。又及壹號圓坪
埞尾，上至大雅坪為界，下至承桀坪為界，左至大
雅坪為界，右至玉宗坪為界。又及壹號埞尾圓坪
牛欄峇其廠地基，上至買主荣為界，下至大文牛欄
為界，左至承賢坪為界，右至承岳牛欄為界。又
及壹號坐落大王公，上至大路界，下至仲鏑坪為界，左
大路為界，右至承傳坪為界。又及壹號坐落本地方
土名溪邊洋下溪埞圓坪，上至承謹坪為界，前至
仲鏑坪為界，左至玉宗坪為界，右至兩宗坪為界。
又及有山底一所，坐落本地方土名金前面，上至承久
荣為界，下至承理荣為界，左至承地荣為界，右
至承才荣為界。又及一所埞尾水墻下有山底一
所，上至用宗荣為界，下至溪為界，左至承金下
荣為界，右至坑為界。合共上圓坪並山底柒所，
四至界址明白。今因乏銀應用，自託中送賣本
房與叔
承加邊，三面言議，時出價番銀壹拾叁員，又出
伐叁百肆拾文，正其番銀、伐即日收訖。其圓坪
並山底即付牛欄峇其廠山底付開掘栽種楂桐
杉木掌管為業，生理任從其便，賣主不敢霸
佔。其圓坪並山底自己鬮分，不與兄弟叔侄無干，在
前並無重張典當及來歷交加不明等情。如有此情，係
是賣主出頭支當，不涉銀主之事。其杉木長大之日砍伐
明白，依[illegible]憑契贖回。今欲有憑，立賣契一帋
付執為照。內注塗情弍字再照。

道光三年十一月　日立賣契人侄長宗（押）

仝見兄兩宗（押）

見叔承地（押）

知見兄玉宗（押）

中見叔承寶（押）

代字叔承以（押）

[illegible]

11-7-34-2　清道光三年十一月鄭長宗立賣園坪及山底契

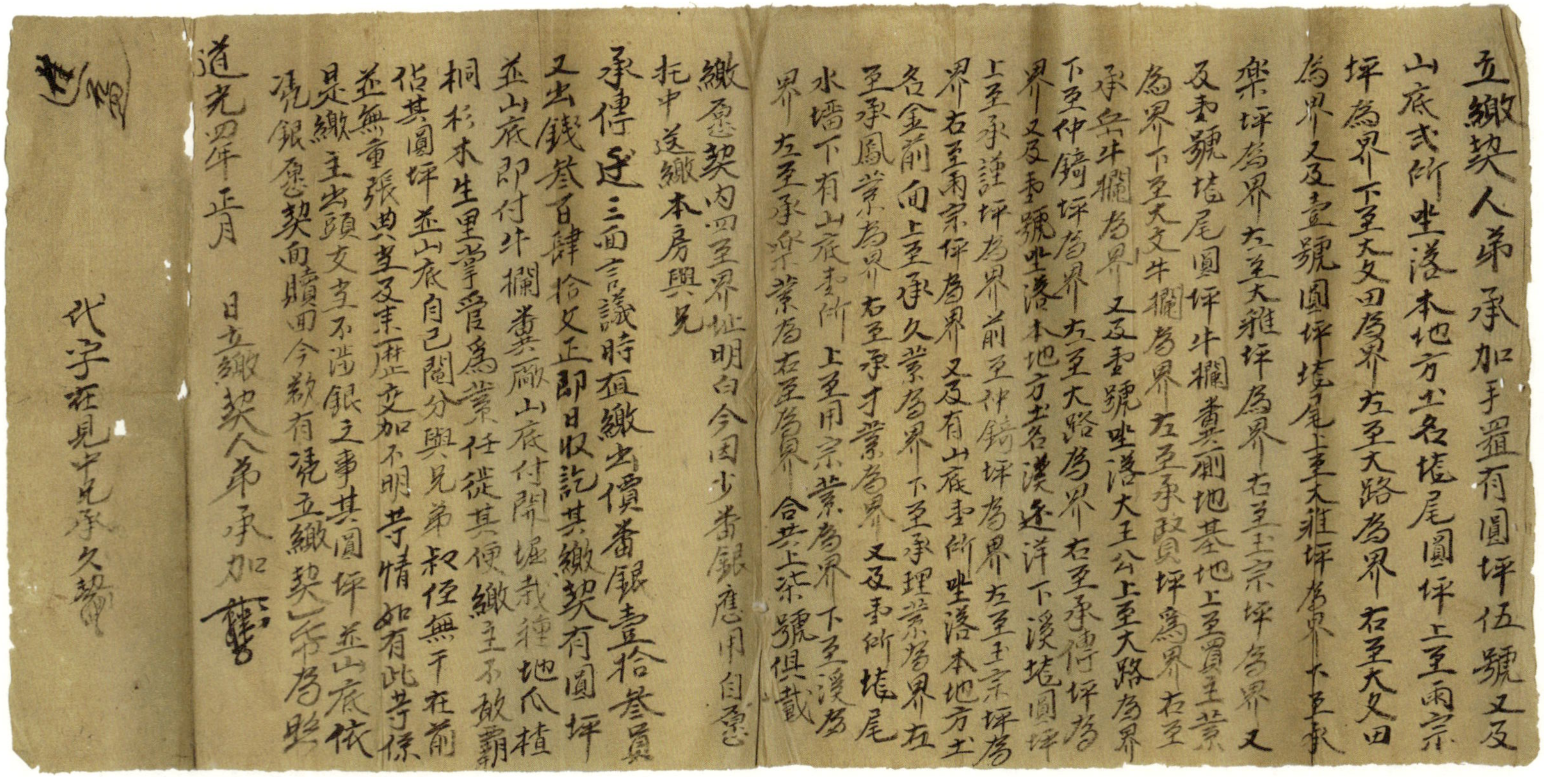

立繳契人弟承加手置有圓坪伍號又及
山底弍所坐落本地方土名垰尾圓坪上至两宗
坪為界下至大丈田為界左至大路為界右至大丈田
為界又及壹號圓坪垰尾上至大雅坪為界下至我
樂坪為界左至大雅坪為界右至玉宗坪為界又
及壹號垰尾圓坪牛欄並其前地基地上至買主業
為界下至大丈牛欄為界左至承貴坪為界右至
承岳牛欄為界 又及壹號坐落大王公上至大路為界
下至仲錡坪為界左至大路為界右至承傳坪為
界又及壹號坐落本地方土名溪邊洋下溪垰圓坪
上至承謹坪為界前至仲錡坪為界左至玉宗坪為
界右至两宗坪為界又及有山底壹所坐落本地方土
名金前面上至承久業為界下至承理業為界左
至承鳳業為界右至承才業為界 又及壹所垰尾
水壋下有山底壹所上至用宗業為界下至溪為
界左至承樂業為右至為界 合共上宗號俱載
繳憑契内四至界址明白今因乏番銀應用自愿
托中送繳本房與兄
承傳邊三面言議時值繳出價番銀壹拾叁員
又出錢叁百肆拾文正即日收訖其繳契有圓坪
並山底即付牛欄並其廠山底付開墾栽種地瓜植
桐杉木生里掌管為業任從其便繳主不敢霸
佔其圓坪並山底自己閣分與兄弟叔侄無干在前
並無重張典当及來歷交加不明等情如有此等係
是繳主出頭支当不涉銀主之事其圓坪並山底依
凭銀憑契面贖回今欲有凭立繳契一帋為照
道光四年正月　日立繳契人弟承加
代字在見中兄承久

11-7-34-3　清道光四年正月鄭承加立繳園坪及山底契

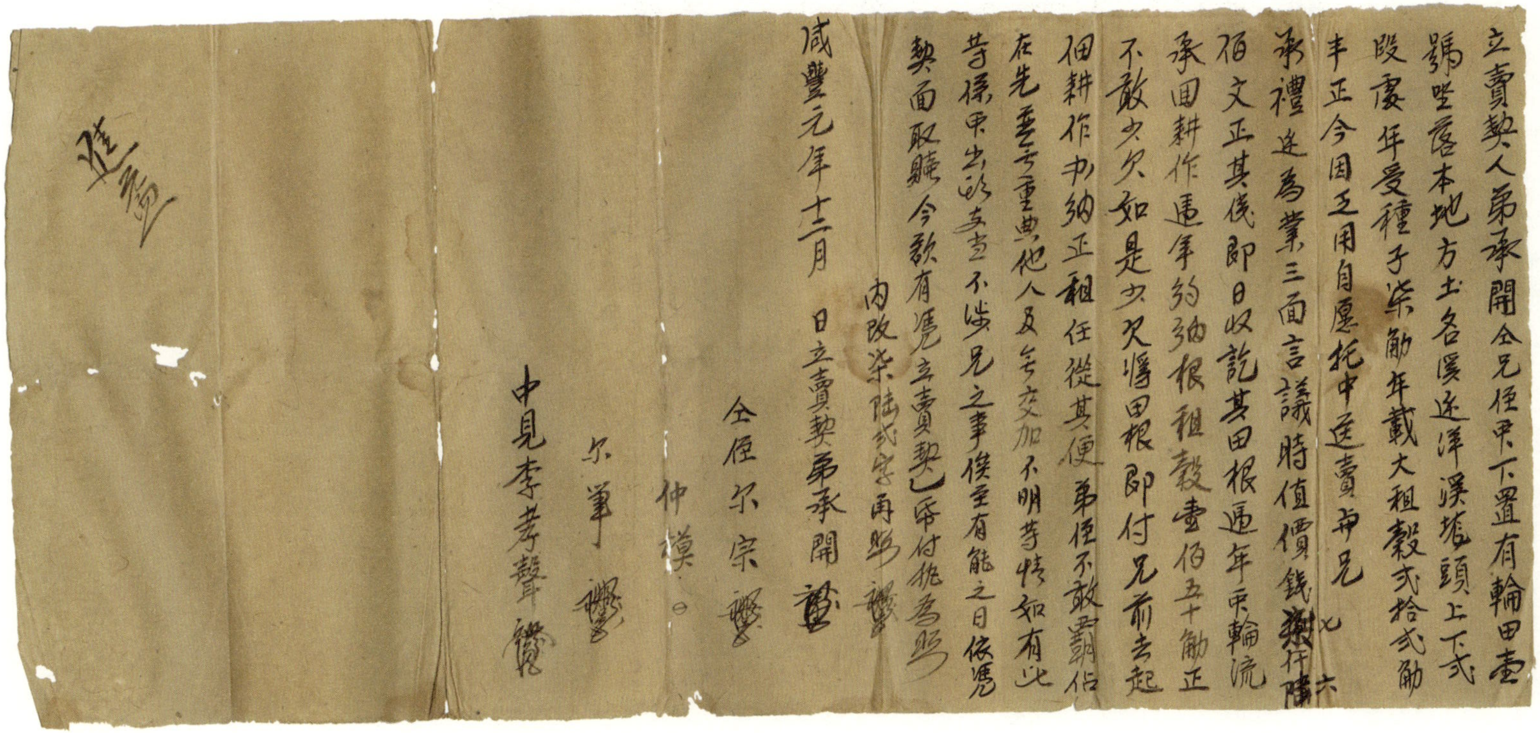

立賣契人弟承開仝兄侄宗下置有輪田壹
号坐落本地方土名溪邊洋溪塆頭上下弍
段處年受種子柒觔年載大租穀弍拾弍觔
丰正今因乏用自愿托中送賣與兄
承禮邊為業三面言議時值價錢柒仟陸
佰文正其錢即日收訖其田根逓年交輪流
承田耕作逓年約納根租穀壹佰五十觔正
不敢少欠如是少欠將田根即付兄前去起
佃耕作办納正租任從其便弟侄不敢翻佔
在先並無重典他人及無交加不明等情如有此
等係弟出頭支当不涉兄之事候至有能之日依憑
契面取贖今欲有憑立賣契一紙付執為照
内改柒陆弍字再照
咸豐元年十二月　日立賣契弟承開
仝侄尔宗
仲漢
尔華
中見李孝聲

11-7-34-4　清咸豐元年十二月鄭承開等立賣輪田契

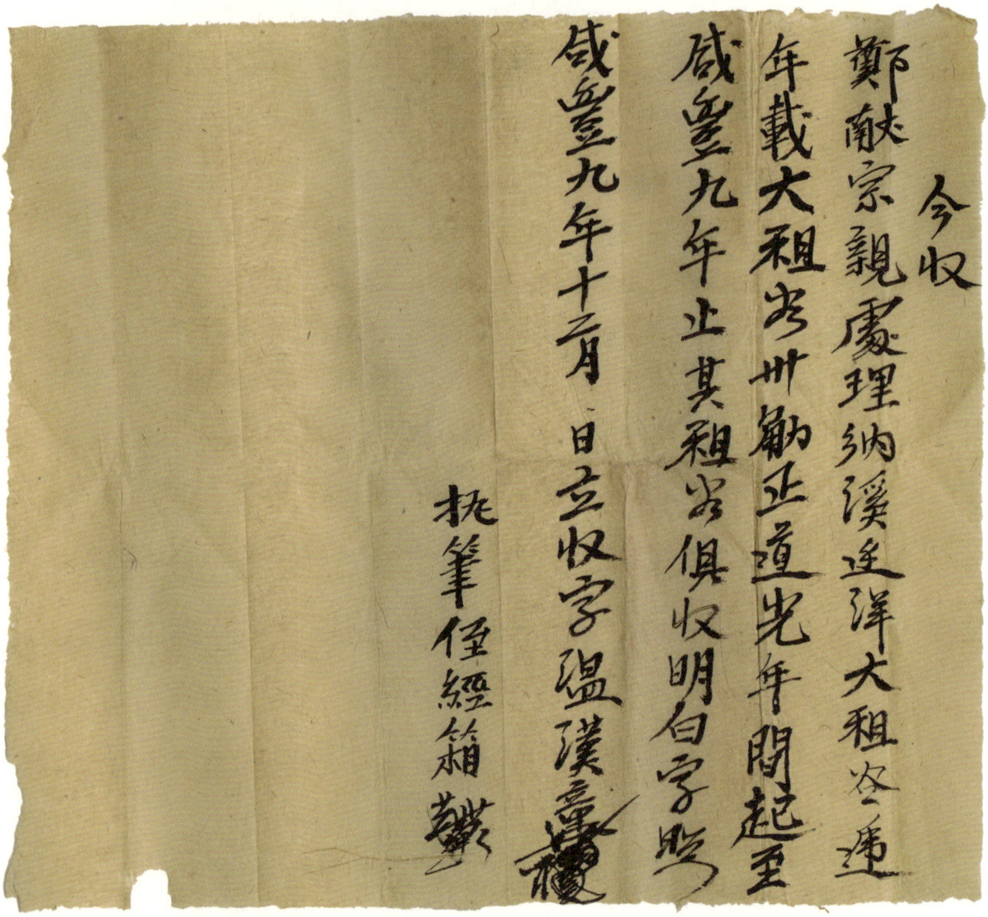

今收
鄭献宗親處理納溪迯洋大租谷連
年載大租谷卅觔正道光年間起至
咸豐九年止其租谷俱收明白字照
咸豐九年十二月　日立收字温漢章(押)
代筆侄經籍(押)

11-7-34-5　清咸豐九年十二月温漢章立收大租穀字

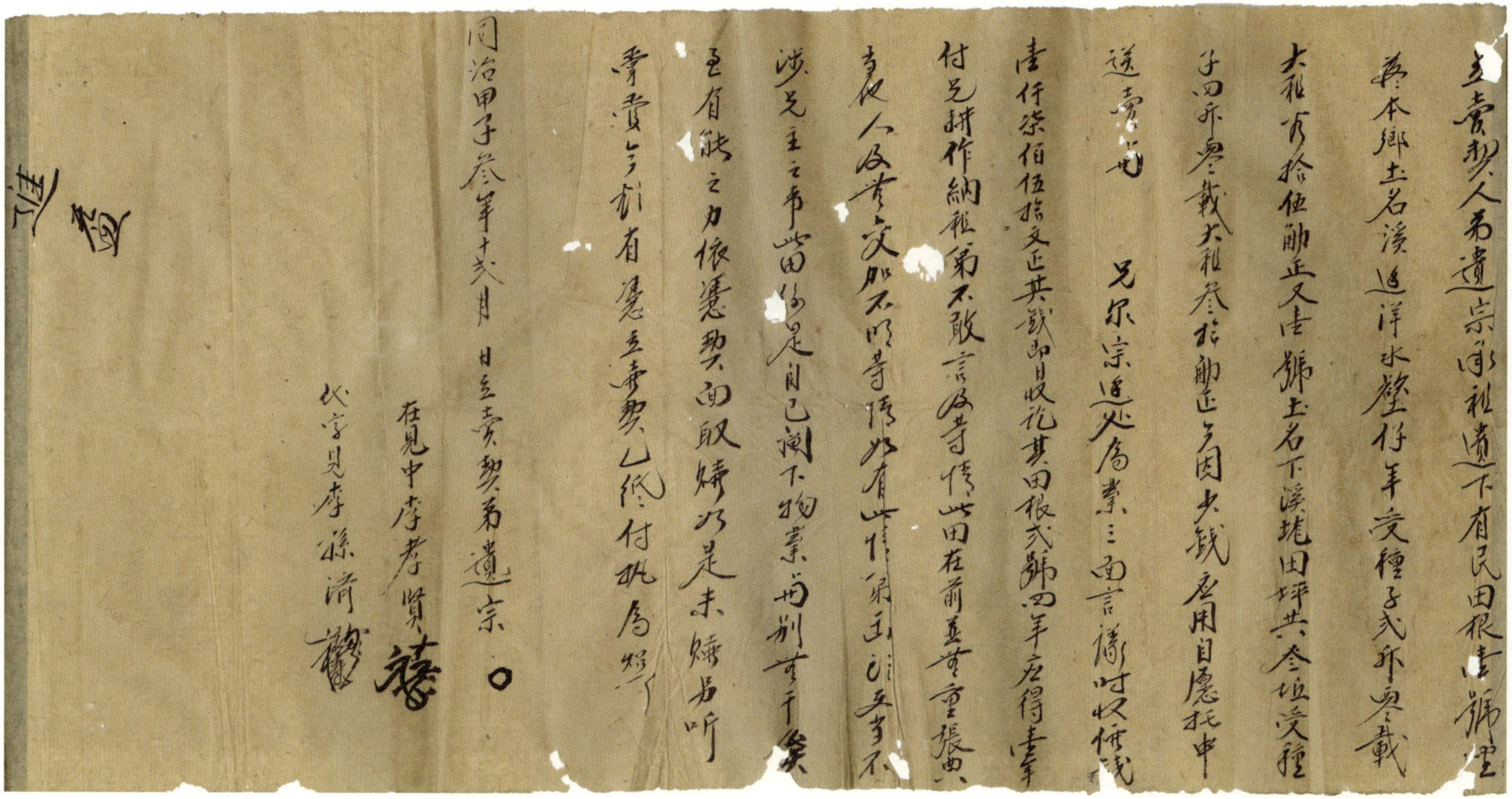

立賣契人弟遺宗，承祖遺下有民田根壹號，坐
產本鄉土名溪邊洋水墘仔，年受種子弍斤零載，
大租穀拾伍觔正，又壹號土名下溪墘田坪，共仝坵受種
子四斤零載，大租叁拾觔正。今因要錢應用，自愿托中
送賣與　兄尔宗邊為業，三面言議，时收价錢
壹仟柒佰伍拾文正，其錢即日收訖，其田根弍號四年后得壹年
付兄耕作納租，弟不敢言及异借，此田在前並無重張典
當他人及并交加不明等情，如有此情，係弟出頭抵当，不
涉兄之事。此田係是自己鬮下物業，[illegible]
至有銀之日，依憑契面取贖，如是未贖，[illegible]
賣[illegible]有憑，立賣契乙紙，付執為照。
同治甲子叄年十弍月　日立賣契弟遺宗 ○
在見中　廖孝賢
代字見　廖孫濟

11-7-34-6　清同治三年十二月鄭遺宗立賣民田根契

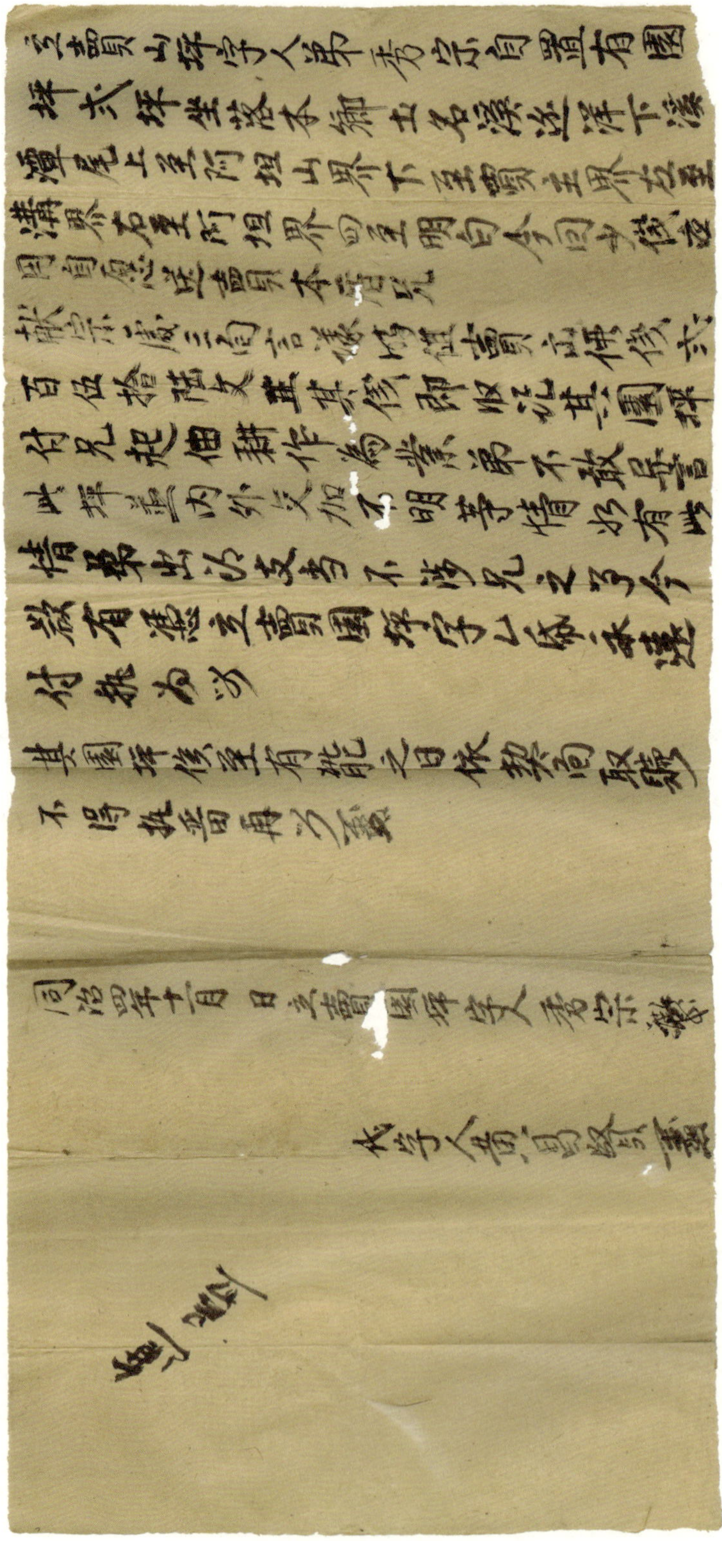
立賣園山坪字人鄭秀宗，自置有園
坪一坪，坐落本鄉土名濠垅洋下濠
邊尾上至阿坦山界，下至賣主界，左至
溝界，右至阿坦界，四至明白。今因少錢應
用，自愿托中送賣與本家□兄
報宗承成，三面言議時值價錢壹仟伍
百伍拾文正。其錢即日收訖，其園坪
付兄起佃耕作爲業，弟不敢異言。
此坪並內外人等相不明等情，如有此
情，弟出頭支當，不涉兄之事。今
欲有憑，立賣園坪字一紙，永遠
付執爲照。
其園坪修至有銀之日，依契面取贖，
不得執留，再照。
同治四年十一月　日立賣園坪字人秀宗（押）
代字人吾周盛（押）

11-7-34-7　清同治四年十一月鄭秀宗立賣園坪字

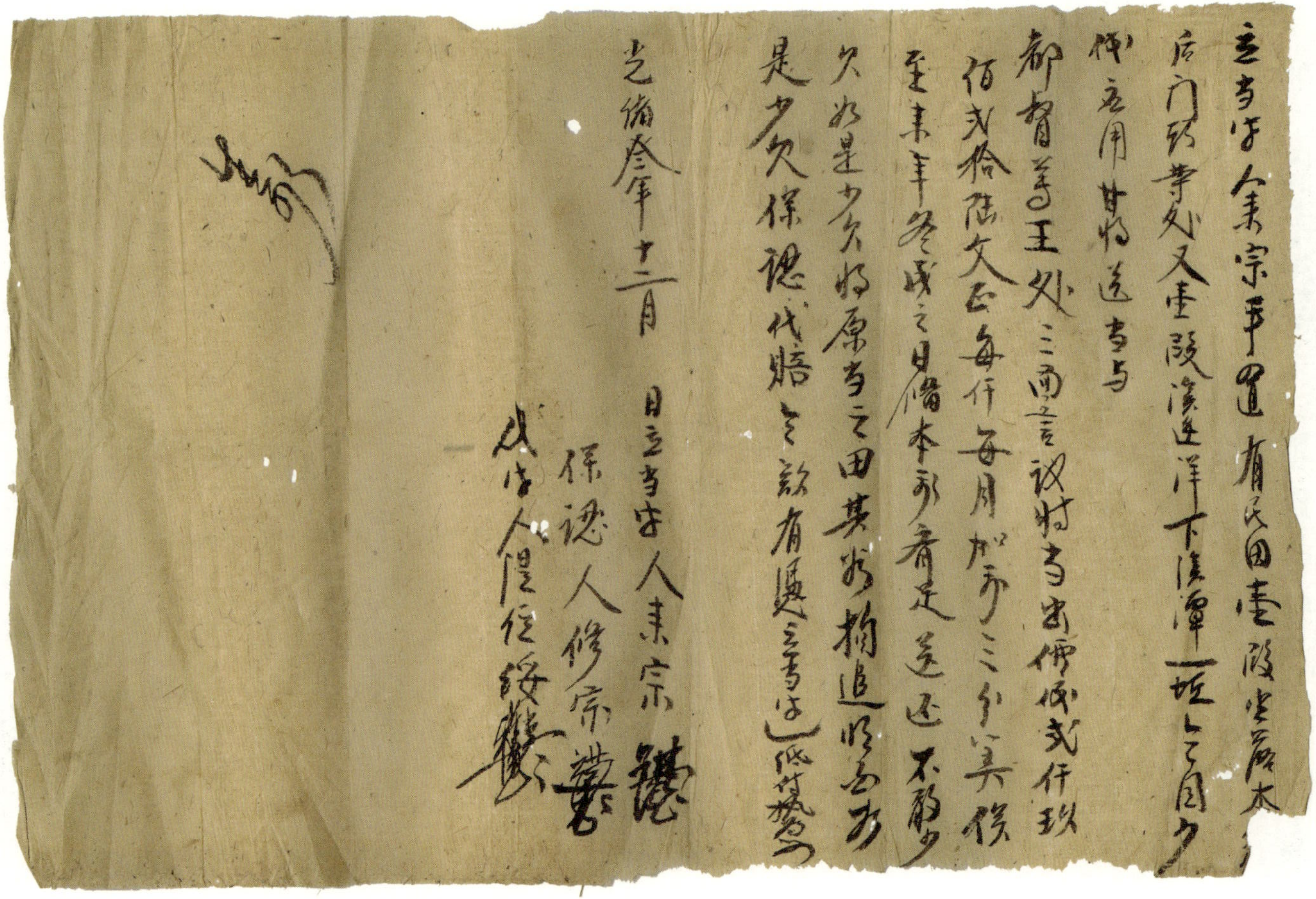

11-7-34-8　清光緒三年十二月鄭來宗立當民田字

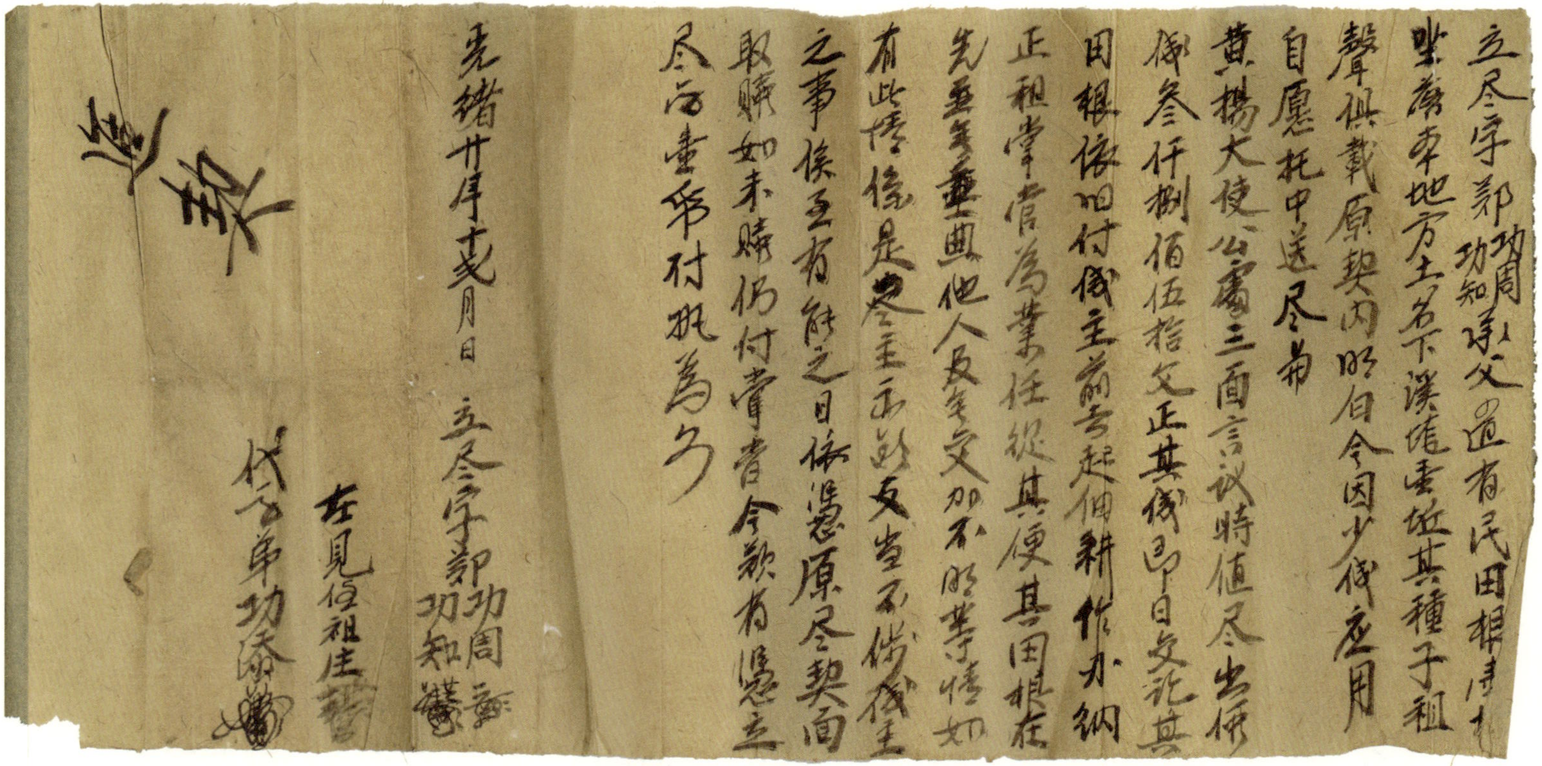
立尽字鄭功周、功知承父遺有民田根壹
坐落本地方土名下溪墘壹坵，其種子租
聲俱載原契內明白。今因少錢應用，
自愿托中送尽弟
黄揚大使公處三面言議，時值尽出價
錢叁仟捌佰伍拾文正，其錢即日交訖，其
田根依旧付錢主前去起佃耕作，办納
正租，掌管為業，任從其便。其田根在
先並無重典他人，及年交加不明等情，如
有此情，係是尽主承認，不干錢主
之事。係至有銀之日，依照原尽契面
取贖，如未贖仍付掌管。今欲有憑，立
尽字壹帋付執為照。
光緒廿年十二月　日　立尽字鄭功周、功知
在見侄祖佳
代字弟功添

11-7-34-9　清光緒二十年十二月鄭功周等立盡民田根字

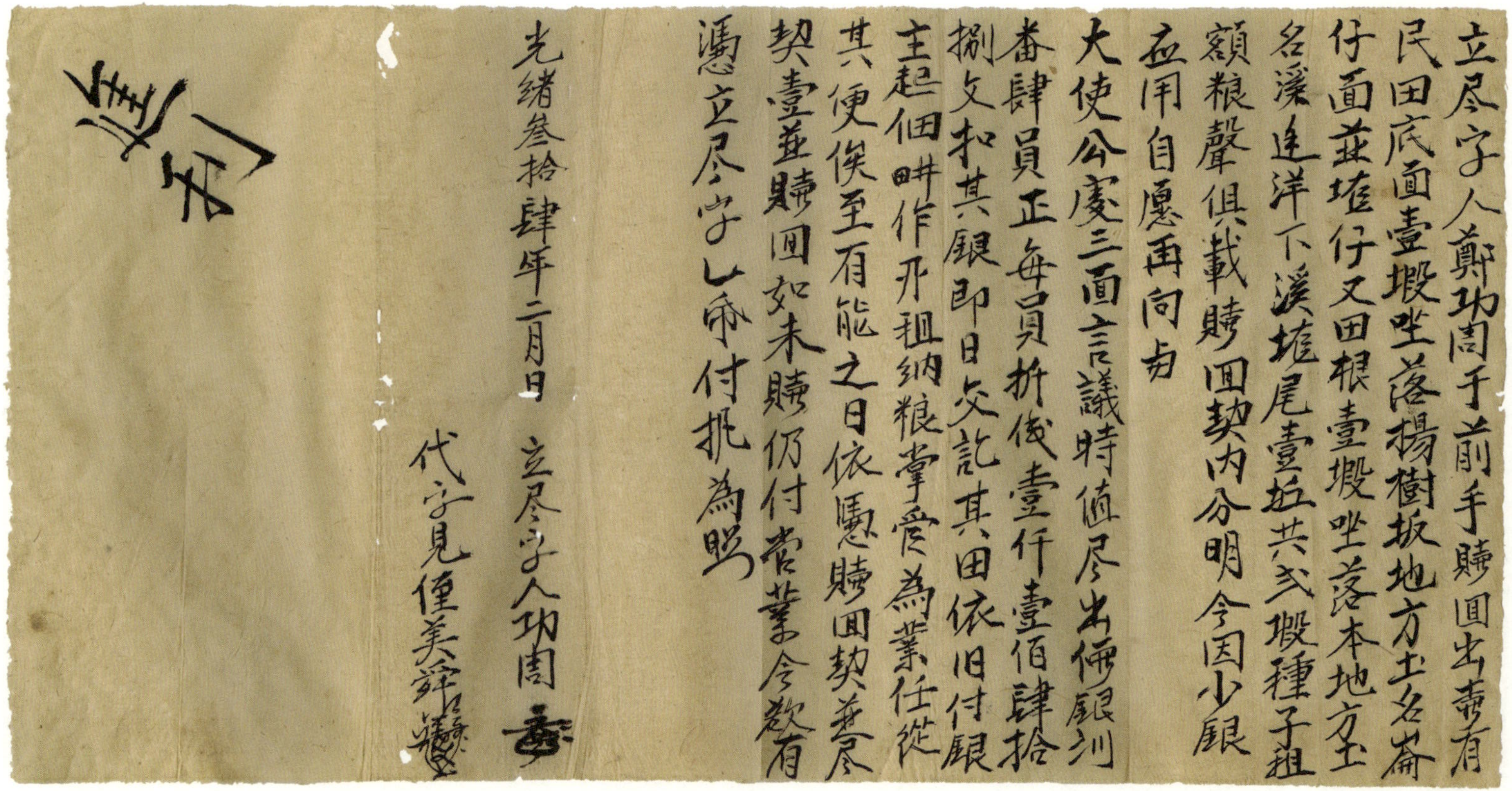
立盡字人鄭功周于前手贖回出賣有
民田底面壹坵坐落楊樹坂地方土名崙
仔面並墘仔又田根壹坵坐落本地方土
名溪邊洋下溪墘尾壹坵共貳坵種子租
額粮聲俱載贖回契內分明今因少銀
應用自愿再向
大使公處三面言議時值盡出佛銀洲
番肆員正每員折錢壹仟壹佰肆拾
捌文和其銀即日交訖其田依旧付銀
主起佃耕作并粗納粮掌管為業任從
其便俟至有能之日依憑贖回契並盡
契壹並贖回如未贖仍付管業今欲有
憑立盡字一帋付執為照
光緒叁拾肆年二月日　立盡字人功周（押）
代字見侄美鋒（押）
建利

11-7-34-10　清光緒三十四年二月鄭功周立盡民田底面字

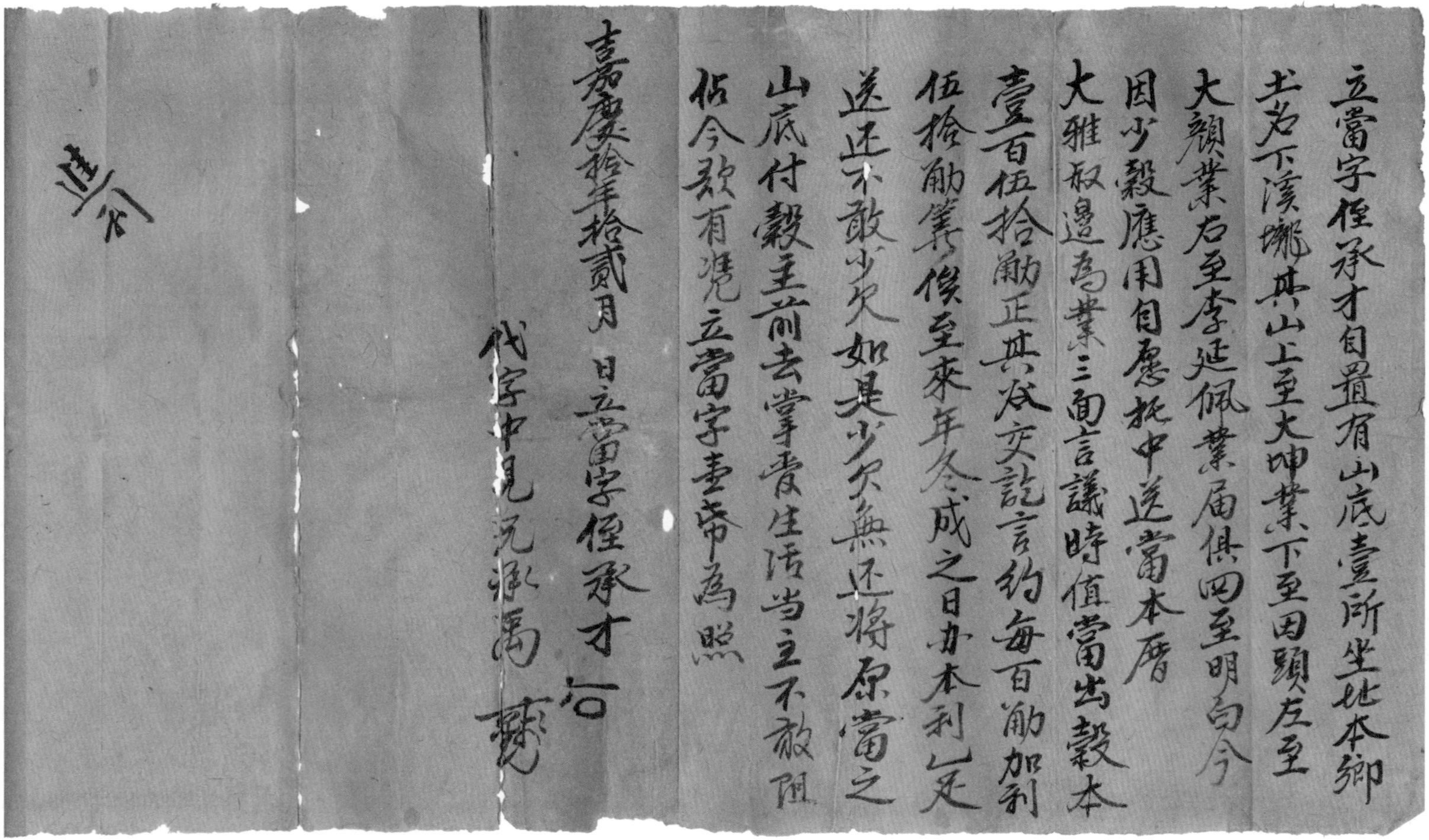

立當字侄承才自置有山底壹所坐址本鄉
土名下溪墘其山上至大坤業下至田頭左至
大嶺業右至李延佩業届俱四至明白今
因少穀應用自愿托中送當本厝
大雅叔邊為業三面言議時值當出穀本
壹百伍拾觔正其穀交訖言约每百觔加利
伍拾觔算俟至來年冬成之日办本利足
送还不敢少欠如是少欠無还將原當之
山底付穀主前去掌管生活当主不敢阻
佔今欲有凭立當字壹帋為照

嘉慶拾年拾貳月　日立當字侄承才（押）

代字中見　兄承瑞（押）

注不

11-7-35-1　清嘉慶十年十二月鄭承才立當山底字

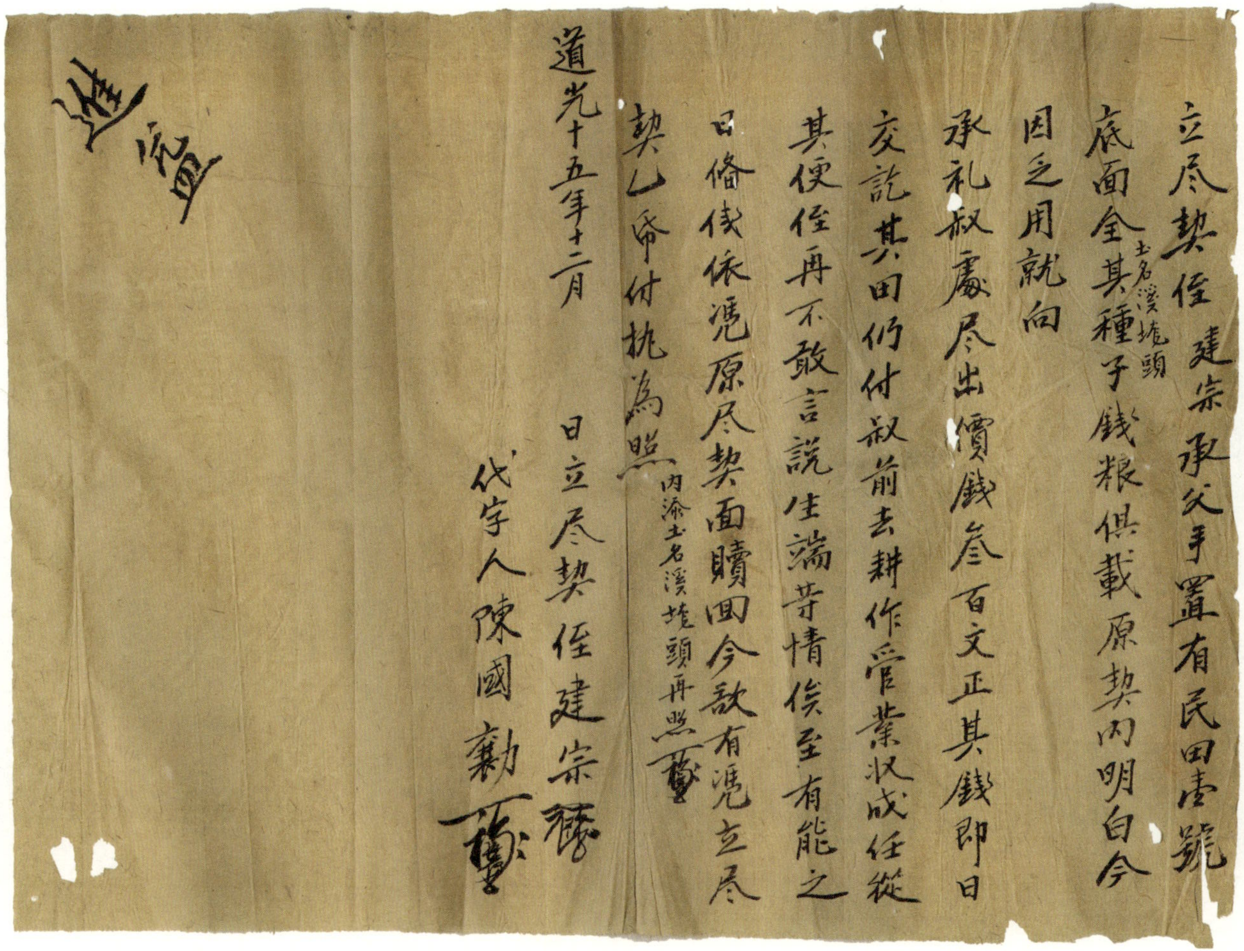
立尽契侄建宗承父手置有民田壹號土名溪墘頭
底面全其種子錢粮供載原契內明白今
因乏用就向
承礼叔處尽出價錢叁百文正其錢即日
交訖其田仍付叔前去耕作管業收成任從
其便侄再不敢言說生端苛情倘至有能之
日備价依凭原尽契面贖回今欲有凭立尽
契乙帋付执為照 內添土名溪墘頭再照
道光十五年十二月 日立尽契侄建宗
代字人陳國勳
建宜

11-7-35-2 清道光十五年十二月鄭建宗立盡底面全民田契

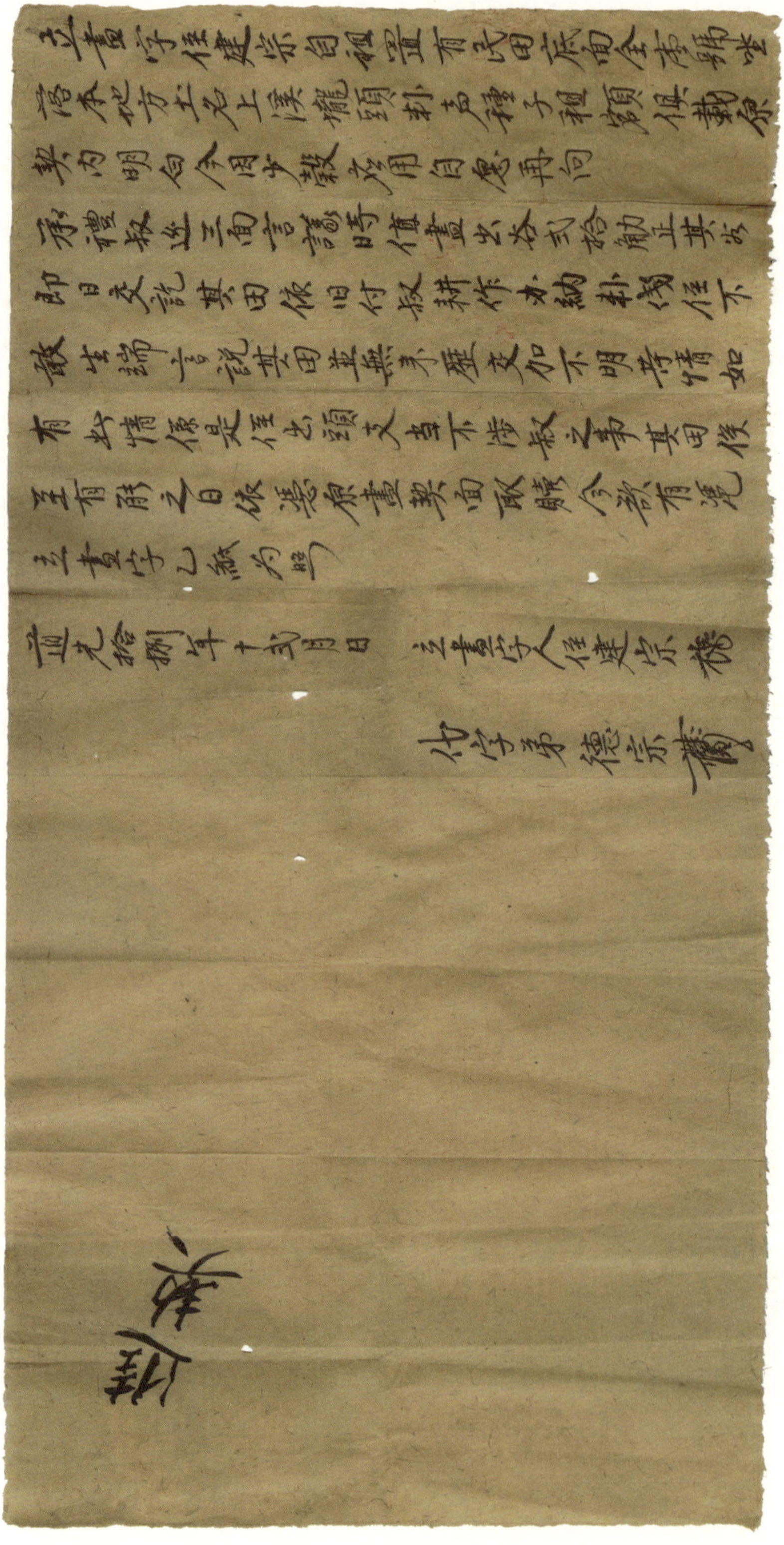

立盡字鄭建宗自祖置有民田底面全業壹號，坐
落本地方，土名上洋壠頭，計一種子，租額佃銀載原
契內明白。今因乏銀應用，自愿再向
房禮叔边三面言議，時值盡出价銀拾兩正，其銀
即日交訖，其田依舊付叔耕作，永納租，鄭侄不
敢生端言說。其田並無重張交加不明等情，如
有此情，係是侄出頭支當，不涉叔之事。其田候
至有銀之日，依照原盡契面取贖。今欲有憑，
立盡字一紙為照。
道光拾捌年十貳月　日　立盡字人鄭建宗（押）
代字弟德宗（押）

11-7-35-3　清道光十八年十二月鄭建宗立盡底面全民田字

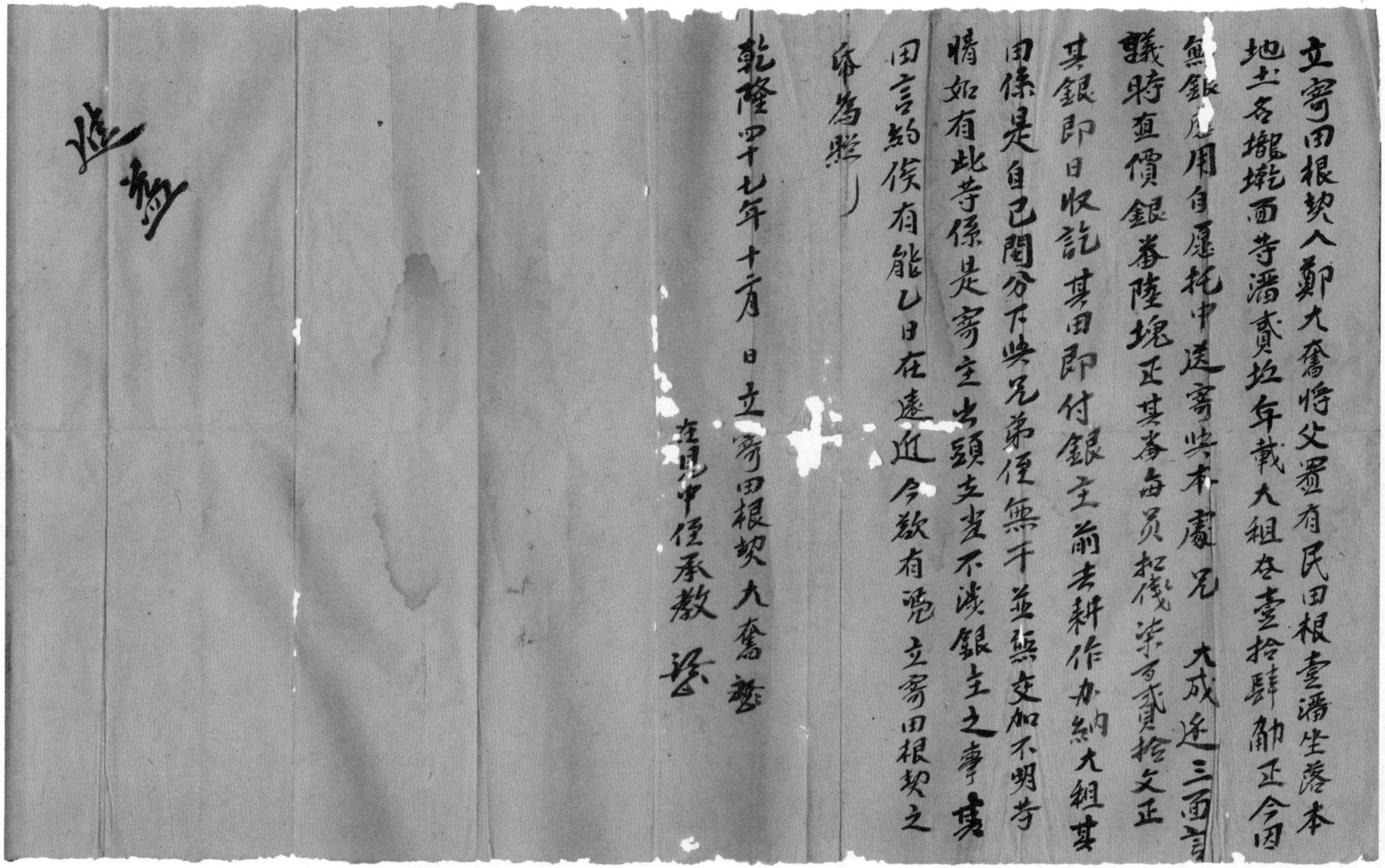
立寄田根契人鄭大奮將父置有民田根壹濟坐落本
地土名壠垅西寺濟貳坵年載大租谷壹拾肆觔正今因
無銀應用自愿托中送寄與本處兄　大成邊三面言
議時值價銀番陸塊正其番每員扣錢柒百貳拾文正
其銀即日收訖其田即付銀主前去耕作办納大租其
田係是自己鬮分下與兄弟侄無干並無交加不明等
情如有此等係是寄主出頭支當不涉銀主之事其
田言約侯有能乙日在遠近今欲有憑立寄田根契之
係為照）
乾隆四十七年十二月　日立寄田根契大奮
在見中侄承教

11-7-36-1　清乾隆四十七年十二月鄭大奮立寄民田根契

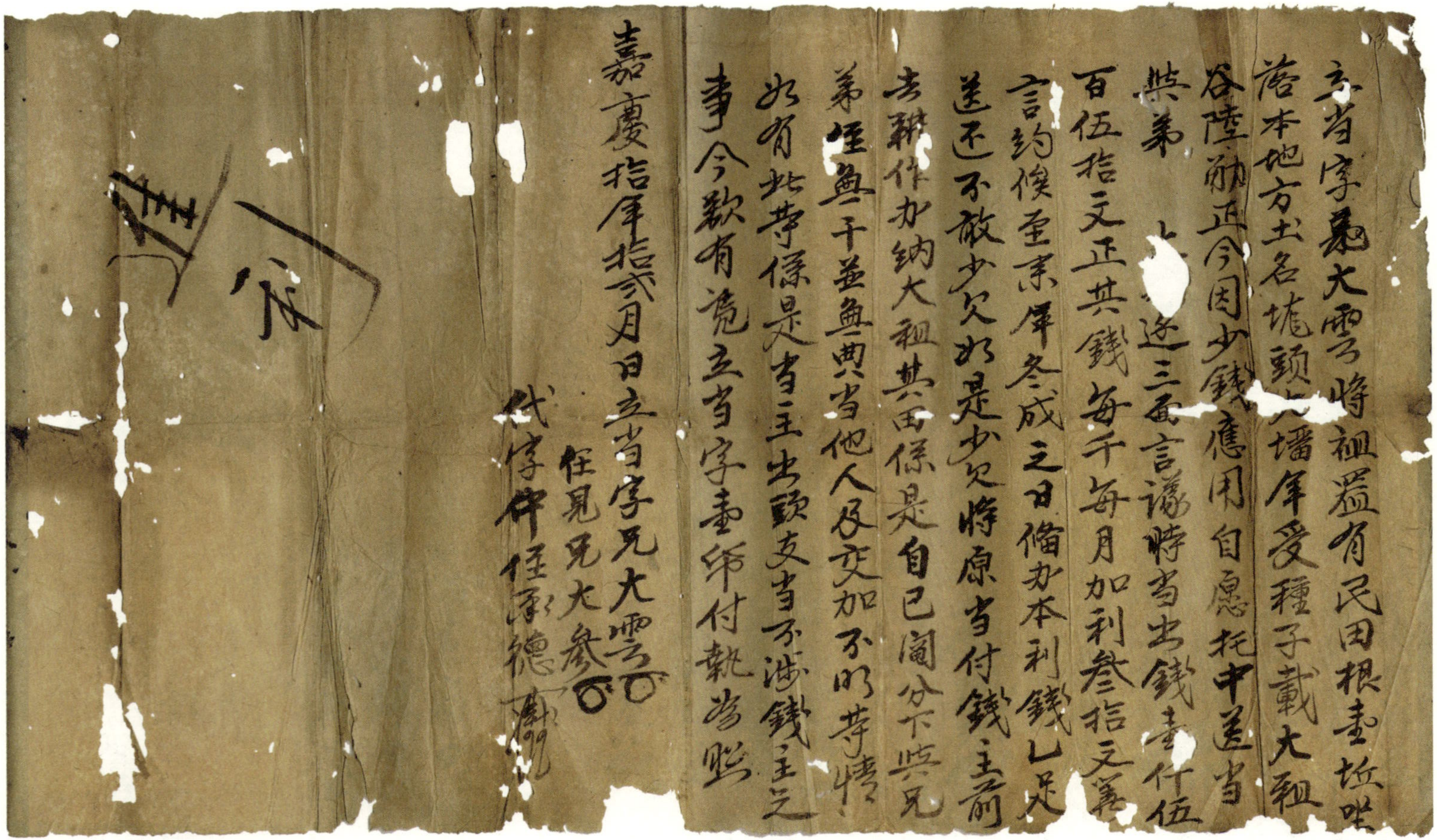
立當字人鄭大雲今將祖置有民田根壹坵坐
落本地方土名塊頭大壚年受種子載大租
谷陸斤正今因少錢應用自愿托中送當
與弟 上边三面言議將當出錢壹仟伍
百伍拾文正其錢每千每月加利叁拾文算
言約候至來年冬成之日備办本利錢一足
送还不敢少欠如是少欠將原當付錢主前
去耕作办納大租其田係是自己閹分下與兄
弟侄無干並無典當他人及交加不明等情
如有此等係是當主出頭支當不涉錢主之
事今欲有憑立當字壹紙付執為照
嘉慶拾年拾貳月日立當字兄大雲
在見兄大叅
代字仲侄承德

11-7-36-2　清嘉慶十年十二月鄭大雲立當民田根字

立繳契字侄朝宗，將手置有承興荒坪
壹所，坐址本地，土名塘付頭。今因無錢
之用，自情願托中送繳與本家叔
承謙邊，三面言議，時值價錢玖百柒拾文
正，其錢即日收訖，其荒坪即付叔前去耕
作掌管為業，任從其便，繳主不敢覇佔言
說之理。其荒坪在前並無交加不明等情，如
有此等，係侄出頭支理，不涉叔之事。其荒
坪係主業賤之日，備價照原契面取贖，言明
〻欲有憑，立繳契字乙紙，隨帶承興舊契
壹紙，共式紙，付執為照。

道光拾貳年十一月　日立繳契字侄朝宗
在見弟用宗
代字中許開貴

11-7-36-3　清道光十二年十一月鄭朝宗立繳荒坪字

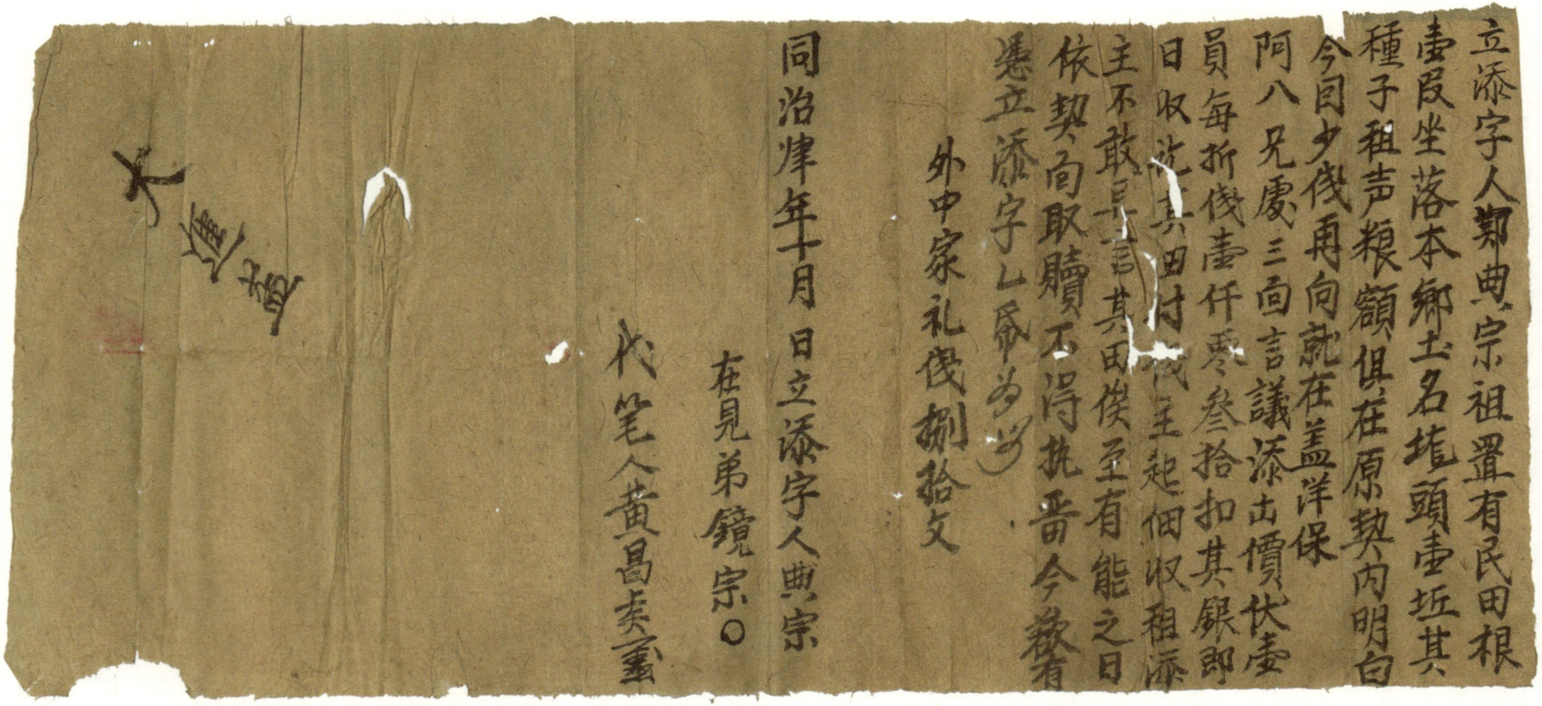

立添字人鄭典宗祖置有民田根
壹段坐落本鄉土名垅頭壹坵其
種子租声粮額俱在原契內明白
今因少錢再向就在盖洋保
阿八兄處三面言議添出價錢壹
員每折錢壹仟零叁拾扣其錢即
日收訖其田付[illegible]主起佃收租添
主不敢異言其田候至有能之日
依契向取贖不得執留今欲有
憑立添字一紙為照
外中家礼錢捌拾文
同治肆年十月 日立添字人典宗
在見弟鏡宗○
代筆人黃昌奏(押)

11-7-36-4　清同治四年十月鄭典宗立添民田根字

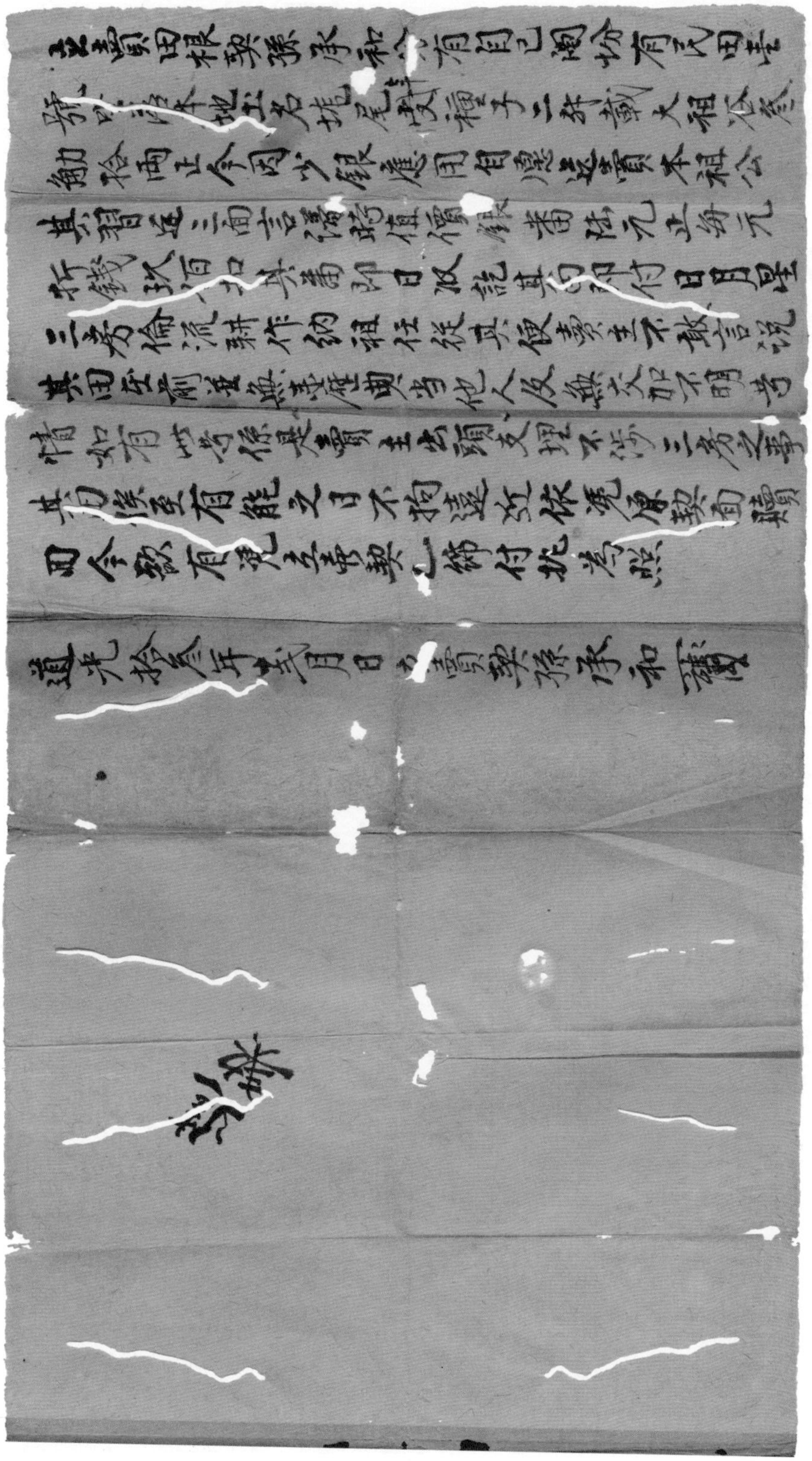

11-7-37-1　清道光十三年十二月鄭承和立賣民田根契

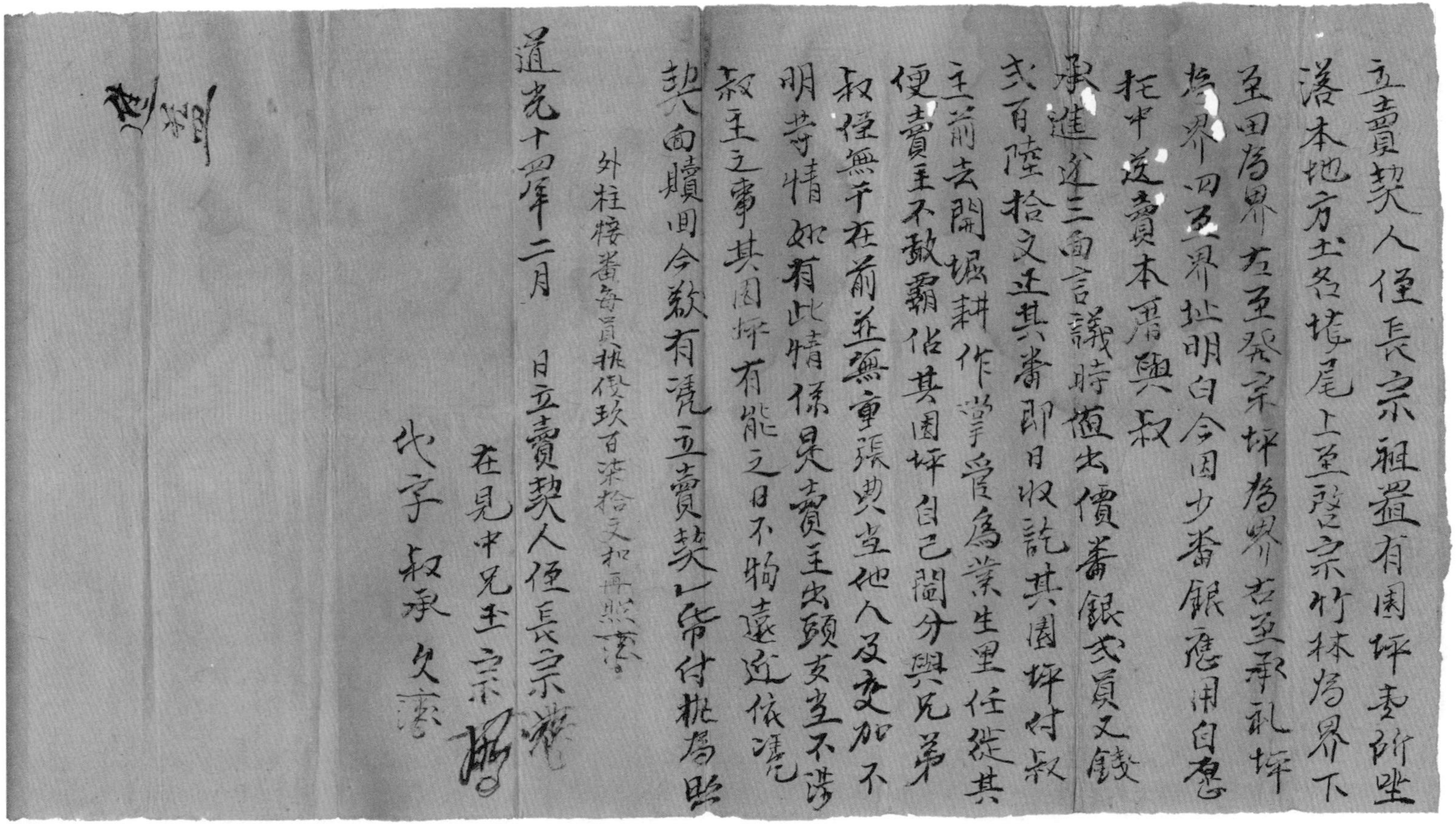
立賣契人侄長宗祖置有園坪壹所坐
落本地方土名埄尾上至登宗竹林為界下
至田為界左至發宗坪為界右至承亂坪
為界四至界址明白今因少番銀應用自愿
托中送賣本房與叔
承進边三面言議時值出價番銀貳員又錢
貳百陸拾文正其番即日收訖其園坪付叔
主前去開掘耕作掌管為業生里任從其
便賣主不敢霸佔其園坪自己闔分與兄弟
叔侄無干在前並無重張典豈他人及交加不
明等情如有此情係是賣主出頭支豈不涉
叔主之事其園坪有能之日不拘遠近依湊
契面贖回今欲有憑立賣契一帋付執為照
外柱梭番每員批價玖百柒拾文和再照
道光十四年二月　日立賣契人侄長宗
在見中兄玉宗
代字叔承文

11-7-37-2　清道光十四年二月鄭長宗立賣園坪契

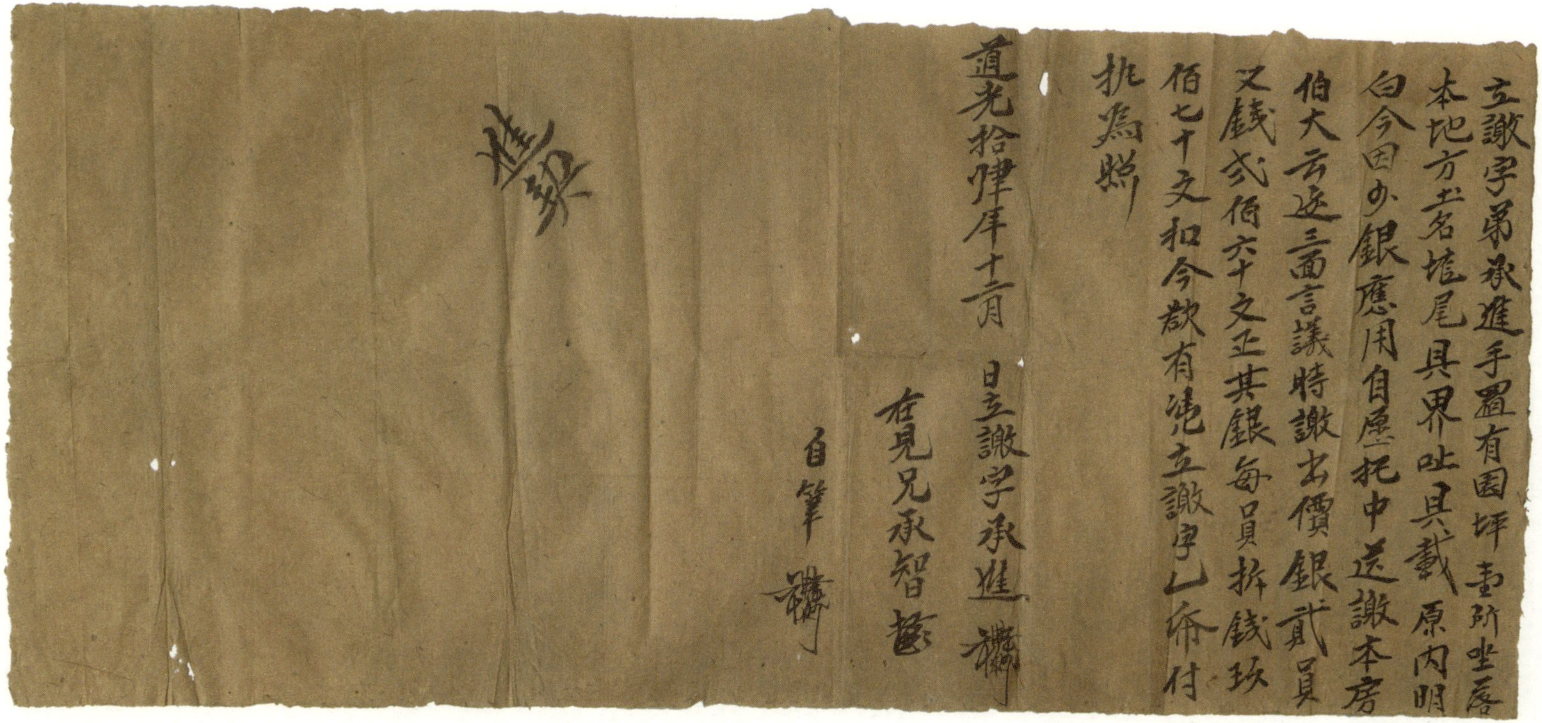

立繳字弟承進手置有園坪壹所坐落
本地方土名墘尾具界址具載原內明
白今因乏銀應用自愿托中送繳本房
伯大云返三面言議時繳出價銀貳員
又錢弍佰六十文正其銀每員折錢玖
佰七十文和今欲有憑立繳字一紙付
執為照

道光拾肆年十二月　日立繳字承進（押）
在見兄承智（押）
自筆（押）

11-7-37-3　清道光十四年十二月鄭承進立繳園坪字

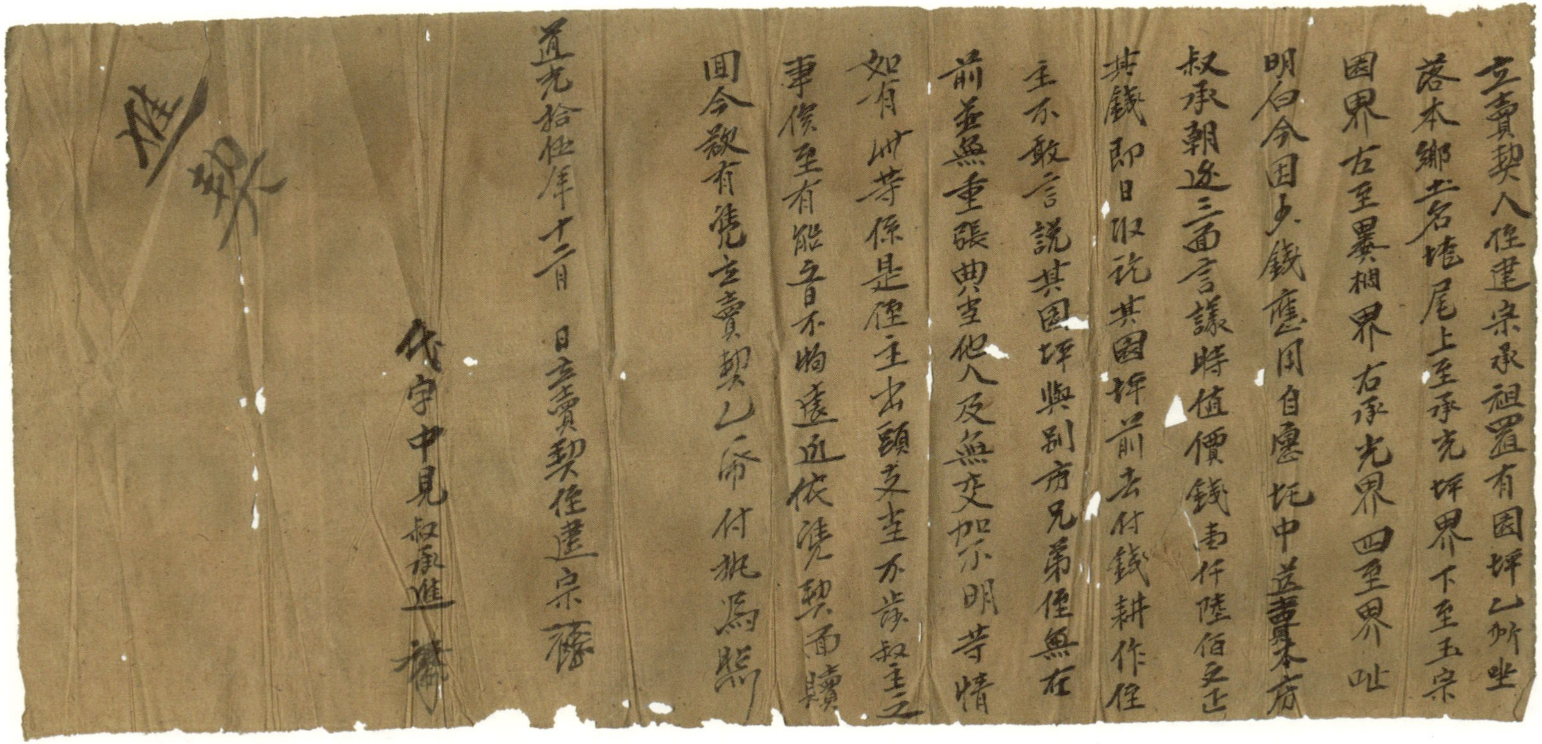
立賣契人侄建宗承祖置有園坪山一所坐
落本鄉土名墘尾上至承光坪界下至玉宗
園界左至纍相界右承光界四至界址
明白今因乏錢應用自愿托中並賣本房
叔承朝邊三面言議時值價錢壹仟陸佰文正
其錢即日收訖其園坪前去付錢耕作侄
主不敢言説其園坪與别房兄弟侄無在
前並無重張典當他人及無交加不明等情
如有此等係是侄主出頭支當不涉叔主之
事倘至有能之日不拘遠近依價契面贖
回今欲有憑立賣契一紙付執為照
道光拾伍年十二月　日立賣契侄建宗
代字中見叔承進
准契

11-7-37-4　清道光十五年十二月鄭建宗立賣園坪契

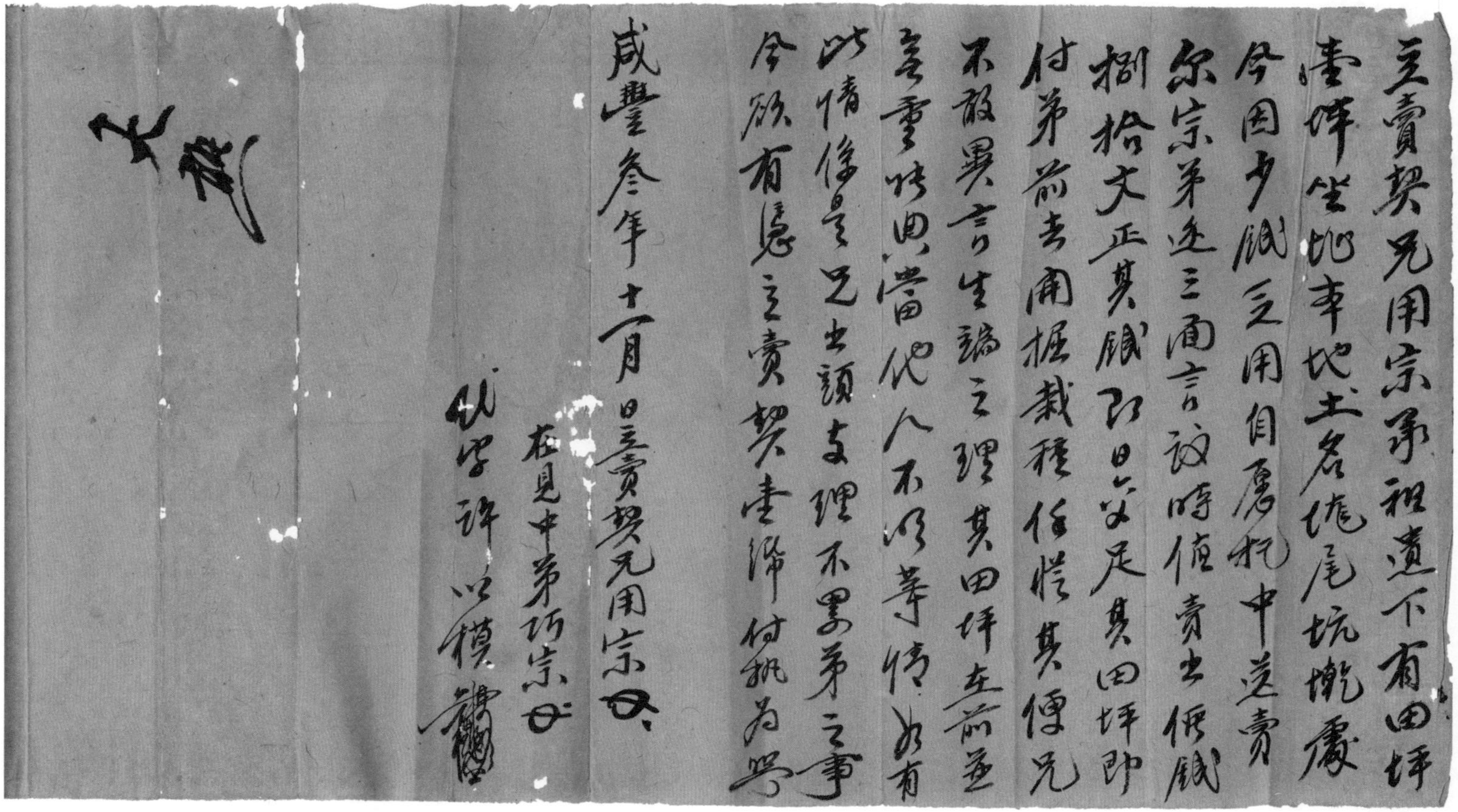

立賣契兄用宗承祖遺下有田坪
壹坪，坐址本地，土名墘尾坑墘處。
今因少銀乏用，自愿托中送賣
與宗弟迭三面言議，時值賣出價銀
捌拾文正。其銀即日交足，其田坪即
付弟前去開掘栽種，任憑其便，兄
不敢異言生端之理。其田坪在前並
無重張典當他人，不明等情，如有
此情，係兄出頭支理，不累弟之事。
今欲有憑，立賣契壹紙付執爲照。

咸豐叁年十一月　日立賣契兄用宗（押）
在見中弟炳宗（押）
代字許以模（押）

大發

11-7-37-5　清咸豐三年十一月鄭用宗立賣田坪契

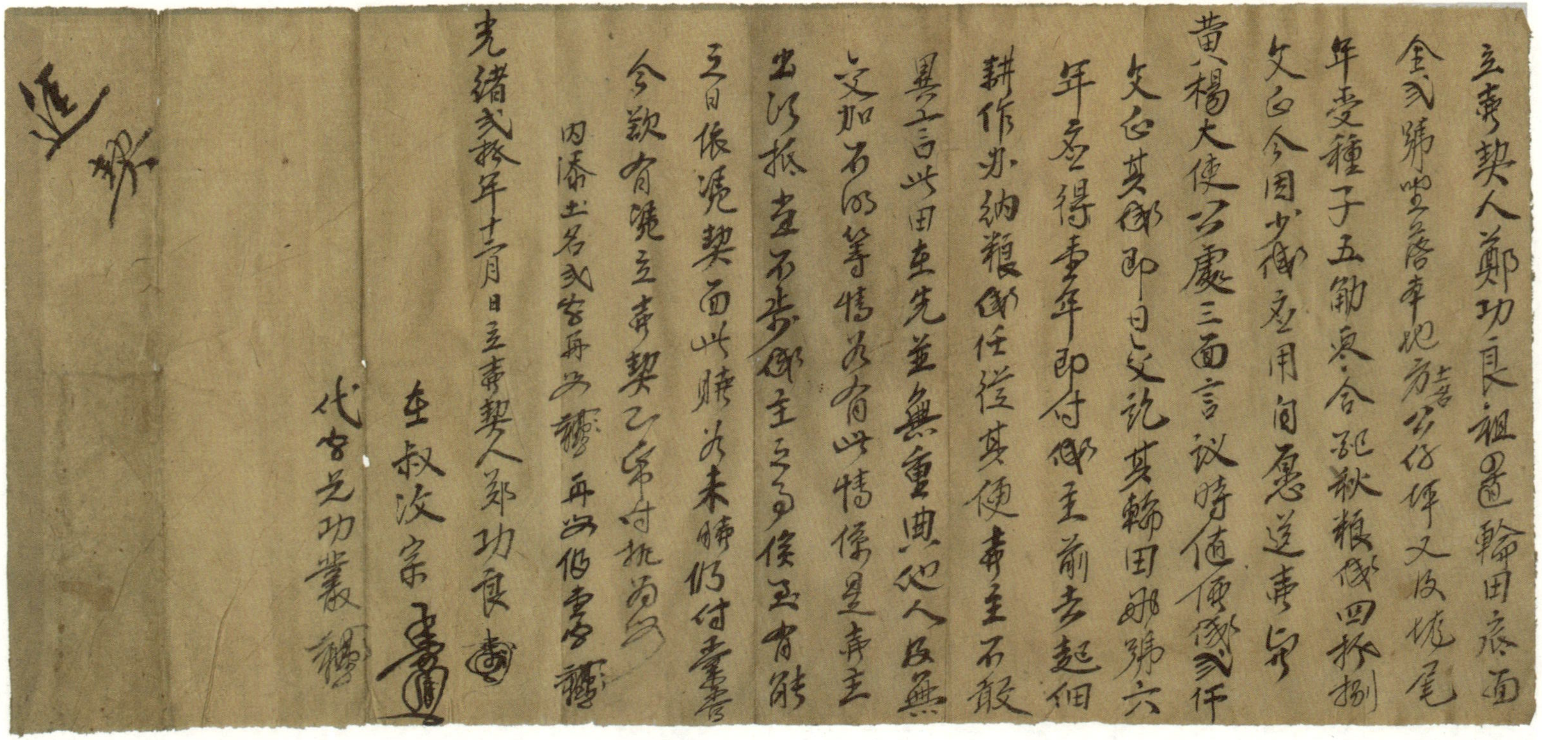

立賣契人鄭功良祖置輪田底面
全弍號坐落本地方土名□仔坪又段坑尾
年受種子五觔（辰）合配秋粮錢四拾捌
文正今因少錢應用自愿送賣與
黄楊大使公處三面言议時值價錢弍仟
文正其錢即日交訖其輪田郎號六
年應得賣年即付錢主前去起佃
耕作水納粮錢任從其便賣主不敢
異言此田在先並無重典他人及無
文加不明等情如有此情係是賣主
出頭抵當不涉錢主之事後來有能
之日依憑契面此贖如未贖仍付壹書
今欲有憑立賣契乙紙付執為照
內添土名弍字再加□字再批伍字
光緒弍拾年十二月　日立賣契人鄭功良（押）
在叔汝宗（押）
代书兄功叢（押）
退契

11-7-37-6　清光緒二十年十二月鄭功良立賣底面全輪田契

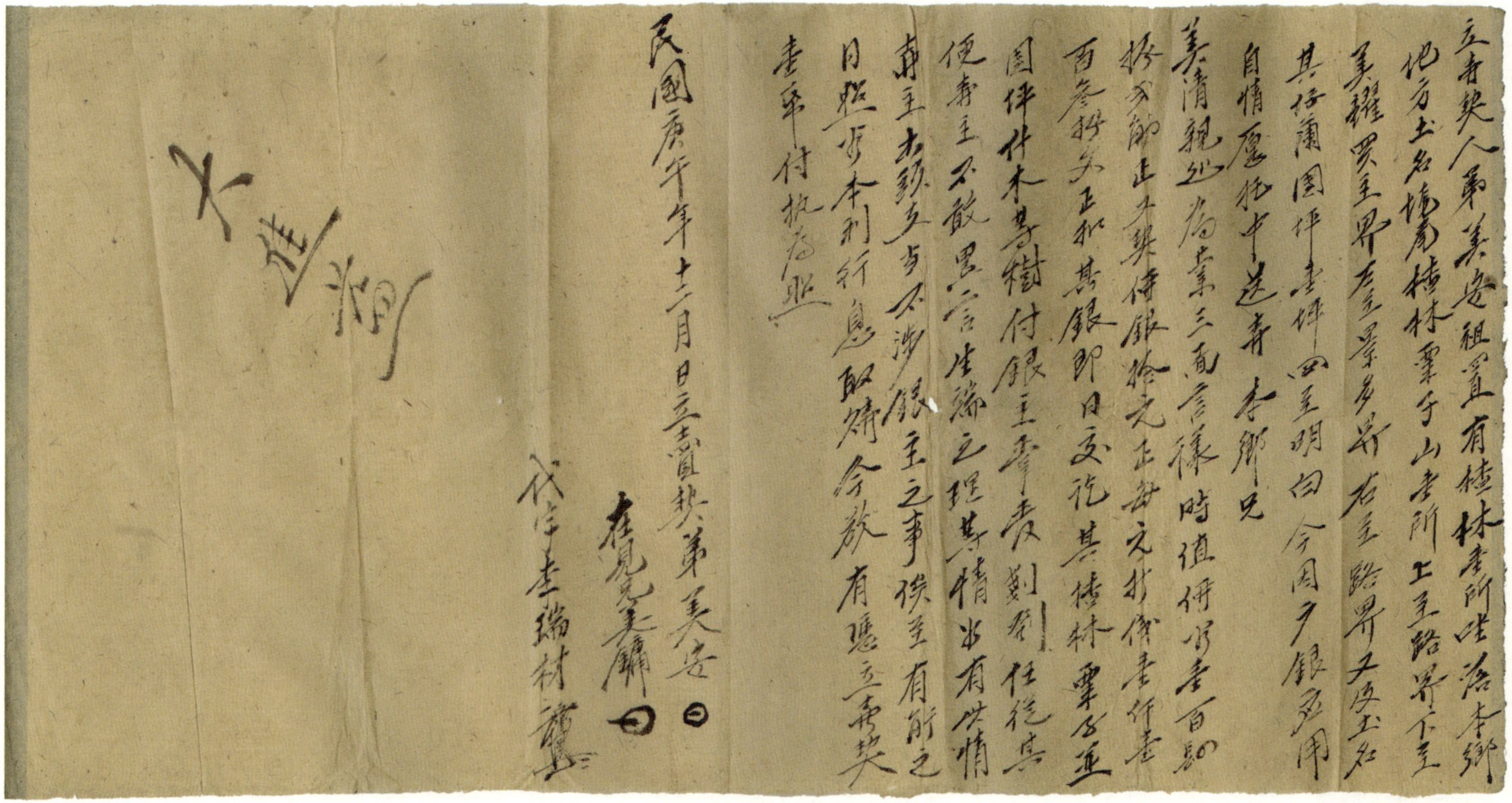

立賣契人鄭美安祖置有楂林壹所坐落本鄉
地方土名墻尾楂林壹號壹山壹所，上至路界，下至
美耀買主界，左至景多界，右至路界，又坐土名
其仔蘭園坪壹坪，四至明白。今因乏銀應用，
自情愿托中送賣本鄉兄
美清親邊為業，三面言議，時值價洋壹百貳
拾[illegible]元正，其契價銀拾元正，每元折價壹仟壹
百叁拾文正，其銀即日交訖。其楂林壹號並
園坪什木等樹付銀主掌管[illegible]，任從其
便，賣主不敢異言生端之理，其情出有[illegible]情
賣主[illegible]支當，不涉銀主之事，俟至有銀之
日照原本利行息取贖。今欲有憑，立賣契
壹紙付執為照。

民國庚午年十二月　日立賣契鄭美安（押）
在見兄美鏞（押）
代字李瑞材（押）

11-7-37-7　民國十九年十二月鄭美安立賣楂林契

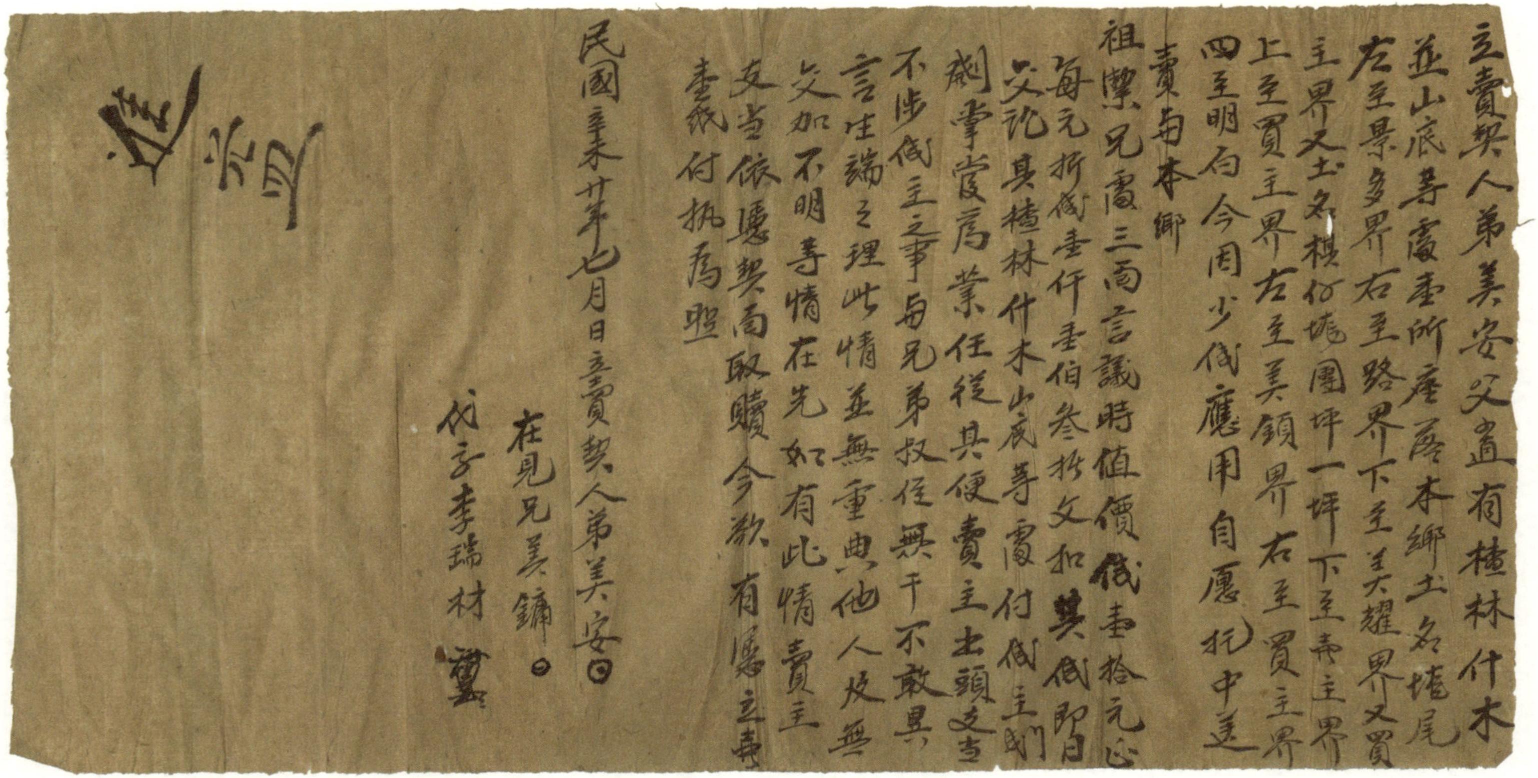

立賣契人弟美安父遺有楂林什木
並山底壹處坐所座落本鄉土名墘尾
左至景多界右至路界下至美耀界又買
主界又土名栈仔墘園坪一坪下至壽主界
上至買主界左至美鎖界右至買主界
四至明白今因少錢應用自愿托中送
賣與本鄉
祖饗兄處三面言議時值價錢壹拾元正
每元折錢壹仟壹伯叁拾文加其錢即日
交訖其楂林什木山底壹處付錢主前去
砍伐當管為業任從其便賣主土頭支書
不涉錢主之事毋兄弟叔侄無干不敢異
言生端之理此情並無重典他人及無
交加不明等情在先如有此情賣主
支當依憑契面取贖今欲有憑立壹
壹紙付執為照
民國辛未廿年七月日立賣契人弟美安
在見兄美鏞
代字李瑞材

11-7-37-8　民國二十年七月鄭美安立賣楂林什木契

八閩文庫

八閩文庫

專題彙編

第二種

福建民間契約文書

厦門大學民間歷史文獻研究中心　編

鄭振滿　主編

50

海峽出版發行集團
THE STRAITS PUBLISHING & DISTRIBUTING GROUP
福建人民出版社

本册目録

第十一卷　永泰縣洑口鄉后亭、雙溪、廠坪村契約文書（三）

第七帙　賴元代户

第八帙　白昌爐户

第九帙　鄭應艷户

第十一卷　永泰縣洑口鄉后亭、雙溪、廠坪村契約文書（三）

本卷主編　鄭鵬程

第七帙　賴元代户

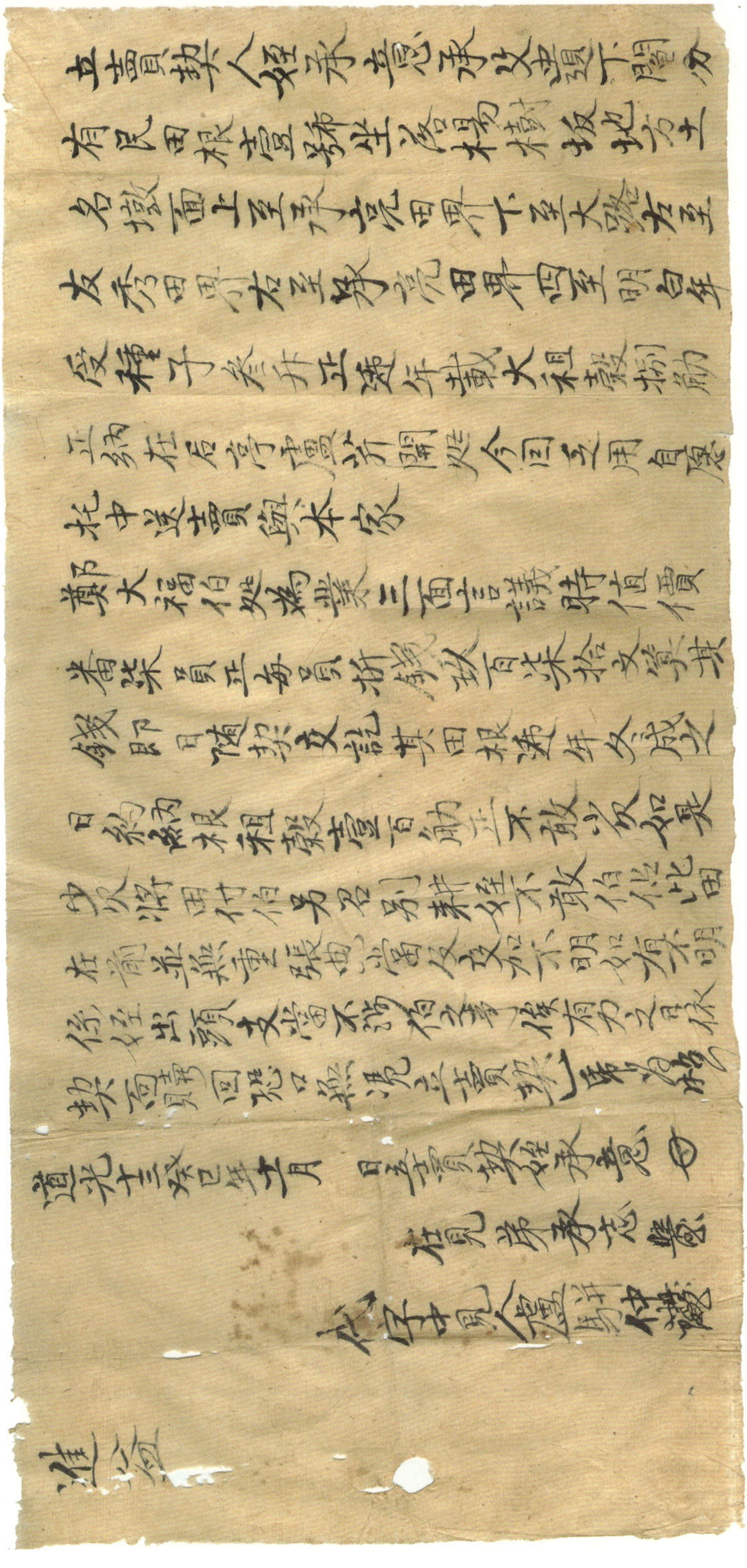

立賣根契人鄭承意，承父遺下鬮分
有民田根壹號，坐[illegible]后楊樹坡地方，土
名嶺面。上至承意田，下至大路，左至
友秀田界，右至承意田界，四至明白。年
受種子叁升五合，載大租穀捌觔
正，納在后亭[illegible]開熙。今因乏用，自愿
托中送賣與本家
鄭大福伯處為業，三面言議，時值價
番[illegible]柒員五角[illegible]
錢即日隨契交訖。其田根遞年冬成之
日，納根租穀壹百觔正，不敢少欠。如果
少欠，將田付伯另召別耕，不敢阻執。此田
在前並無重張典當，及交加不明。如有不明，係
侄出頭支當，不涉伯之事。係有力之日，依原
契[illegible]價回贖，恐口無憑，立賣根契一紙為照。
道光十三癸巳年十一月　日立賣根契侄承意（押）
在見弟承志（押）
代字中見[illegible]
[illegible]

11-7-38-1　清道光十三年十一月鄭承意立賣民田根契

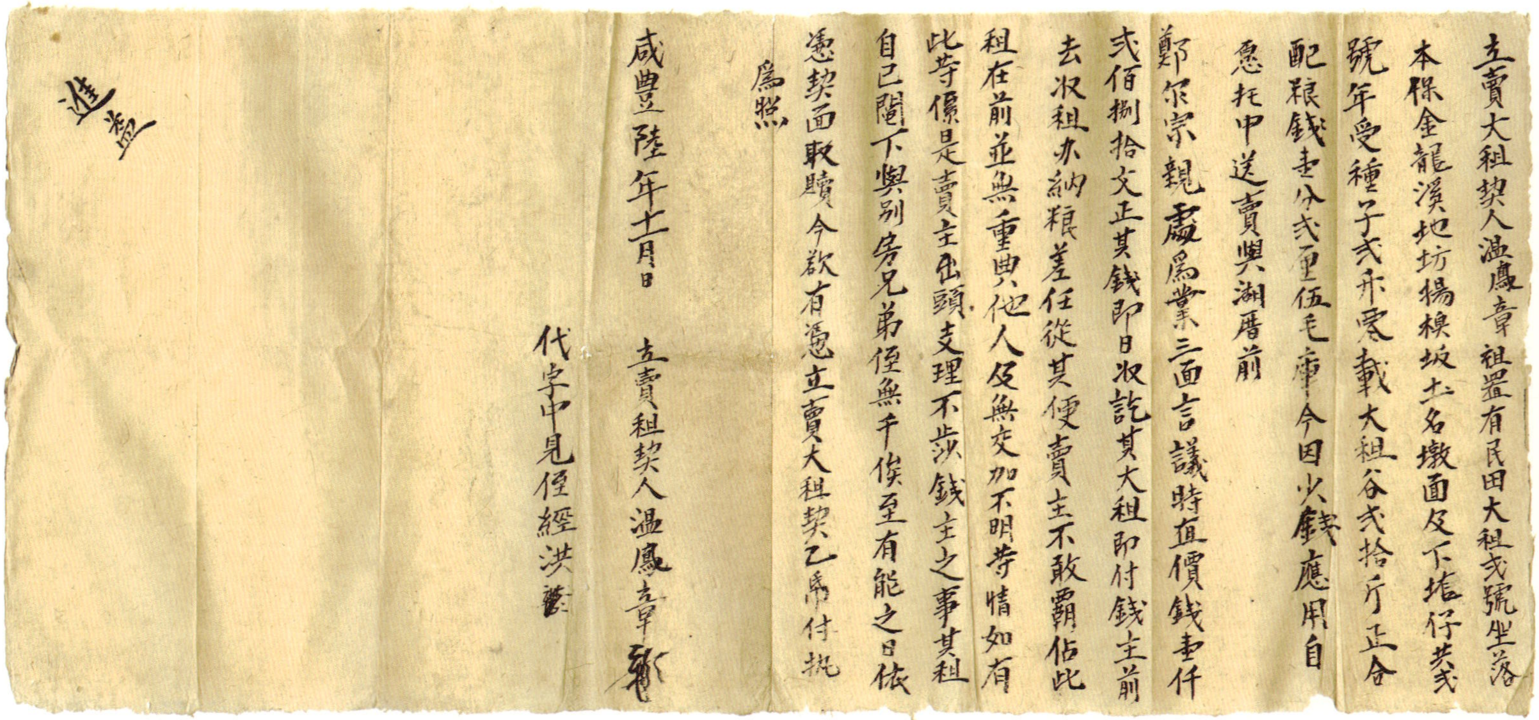

立賣大租契人温鳳章祖置有民田大租弍號坐落
本保金龍溪地坊楊梅坂土名墩面及下堆仔共弍
號年受種子弍斗零載大租谷弍拾斤正仝
配粮錢壹分弍厘伍毛庫今因乏錢應用自
愿托中送賣與湖厝前
鄭尔宗親處爲業三面言議時值價錢壹仟
弍佰捌拾文正其錢即日收訖其大租即付錢主前
去收租亦納粮差任從其便賣主不敢覇佔此
租在前並無重典他人及無交加不明等情如有
此等係是賣主出頭支理不涉錢主之事其租
自己閹下與别房兄弟侄無干候至有能之日依
憑契面取贖今欲有憑立賣大租契乙紙付執
爲照
咸豐陸年十一月日　立賣租契人温鳳章（押）
代字中見侄經洪（押）
進契

11-7-38-2　清咸豐六年十一月温鳳章立賣民田大租契

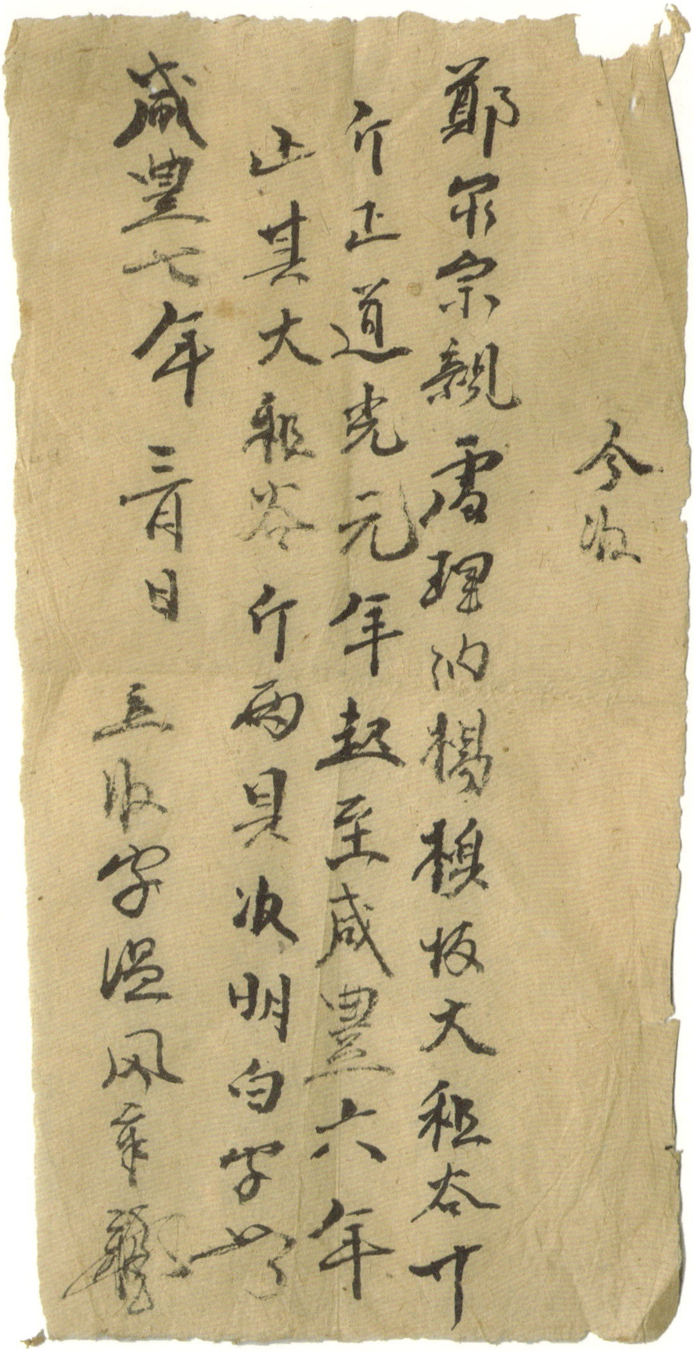

今收
鄭宗親處理沙楊楨坂大租谷廿斤正
道光元年起至咸豐六年
止其大租谷斤兩具收明白字照
咸豐七年 三月 日 立收字温风章[押]

11-7-38-3　清咸豐七年三月温风章立收大租穀字

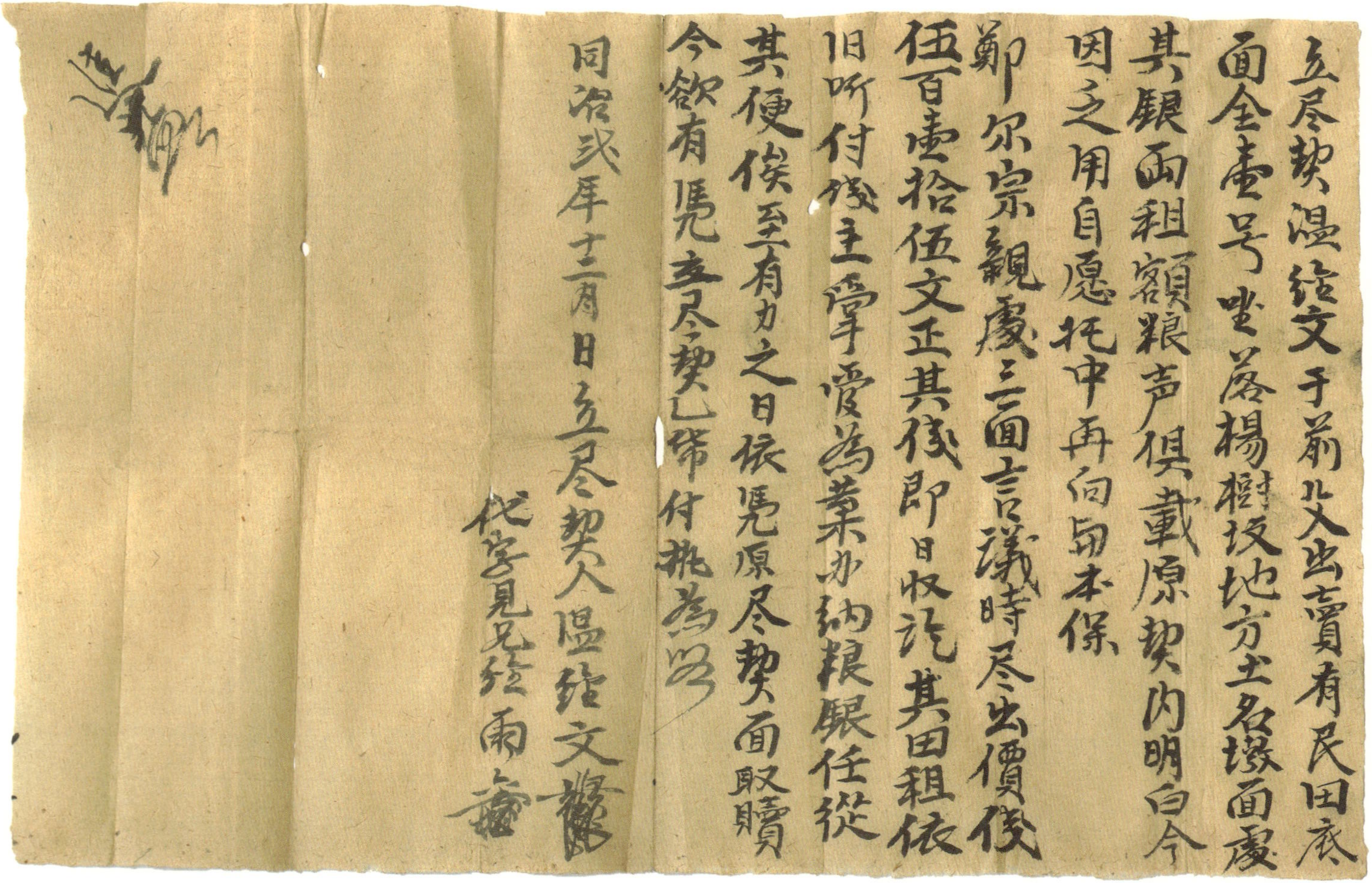

11-7-38-4　清同治二年十二月温經文立盡底面全民田契

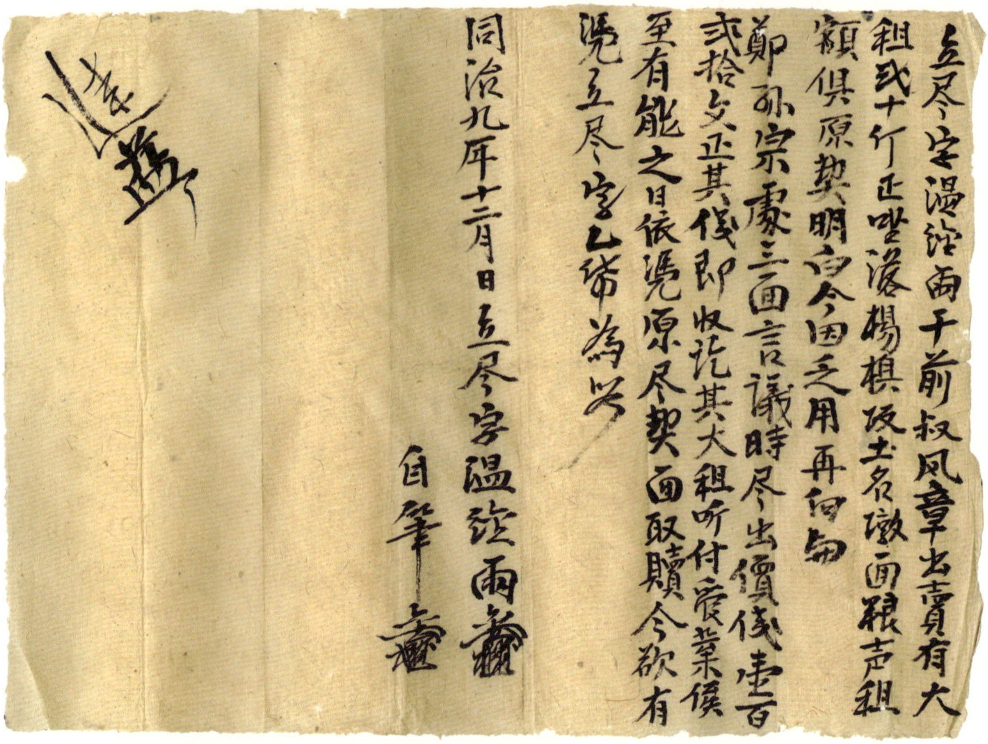

立盡字溫經雨于前叔鳳章手出賣有大
租弍十斤正坐落楊棋坂土名墩面粮声租
額俱原契明白今因乏用再向與
鄭孙宗處三面言議時盡出價錢壹百
弍拾文正其錢即收訖其大租听付管業俟
至有能之日依憑原盡契面取贖今欲有
憑立盡字乙紙為照

同治九年十二月日立盡字溫經雨
自筆

11-7-38-5　清同治九年十二月溫經雨立盡大租字

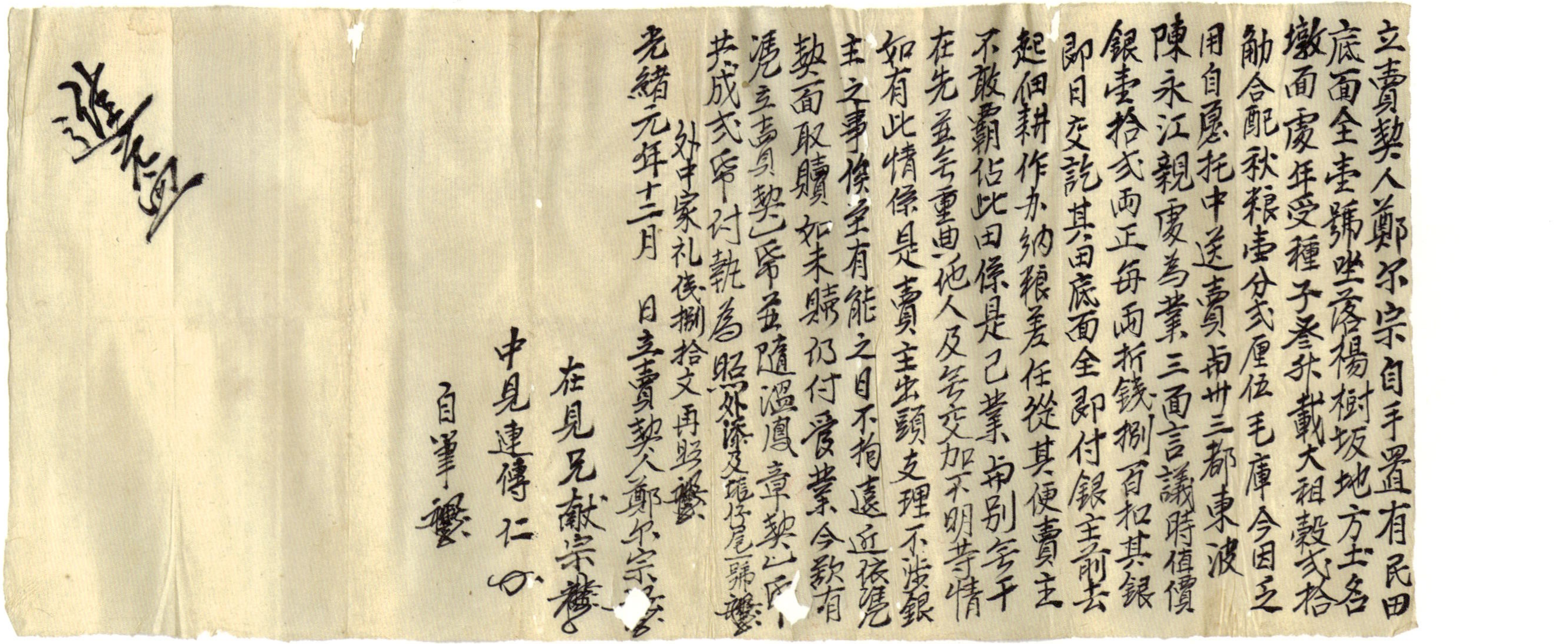

立賣契人鄭尔宗自手置有民田
底面全壹號坐落楊樹坂地方土名
墩面處年受種子叁升載大租穀弍拾
觔合配秋粮壹分弍厘伍毛庫今因乏
用自愿托中送賣與廿三都東波
陳永江親處為業三面言議時值價
銀壹拾弍両正每両折錢捌百扣其銀
即日交訖其田底面全即付銀主前去
起佃耕作办納粮差任從其便賣主
不敢霸佔此田係是己業與别房無干
在先並無重典他人及無交加不明等情
如有此情係是賣主出頭支理不涉銀
主之事倘至有能之日不拘遠近依憑
契面取贖如未贖仍付買業今欲有
憑立賣契一帋並隨[illegible]章契[illegible]
共成弍帋付執為照外添又[illegible]仔尾一號
外中家礼錢捌拾文再照
光緒元年十二月　日立賣契人鄭尔宗
在見兄献宗
中見連傳仁
自筆

11-7-38-6　清光緒元年十二月鄭尔宗立賣底面全民田契

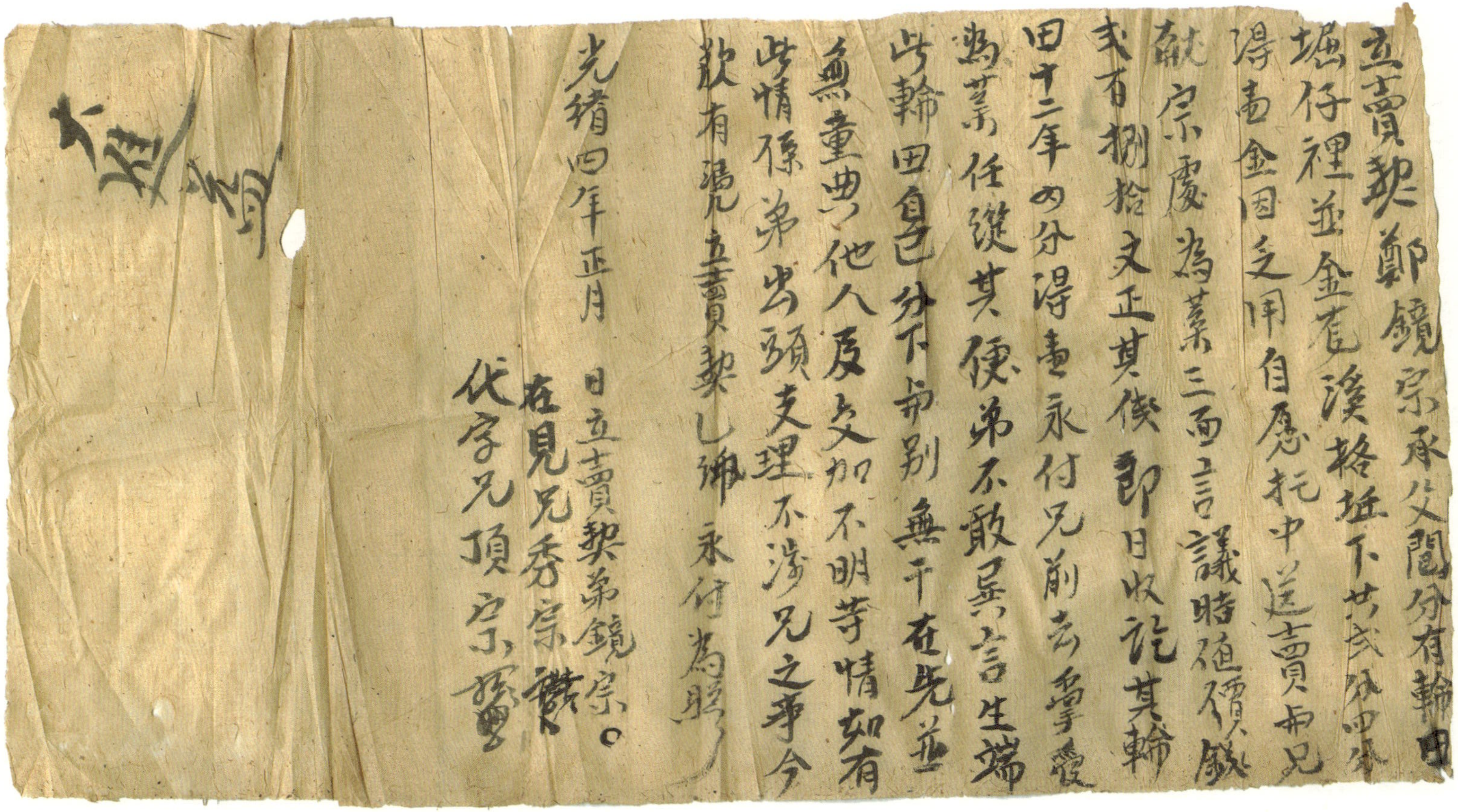

立賣契鄭鏡宗承父鬮分有輪田
坵仔裡並金苞溪格坵下廿弍伍田伍
得壹金因乏用自愿托中送賣與兄
献宗處為業三面言議時值價錢
弍有捌拾文正其錢即日收訖其輪
田十二年内分得壹永付兄前去掌管
為業任從其便弟不敢異言生端
此輪田自己分下并別無干在先並
無重典他人及交加不明等情如有
此情係弟出頭支理不涉兄之事今
欲有憑立賣契乙紙永付為照

光緒四年正月　日立賣契弟鏡宗○
在見兄秀宗（押）
代字兄頂宗（押）

11-7-38-7　清光緒四年正月鄭鏡宗立賣輪田契

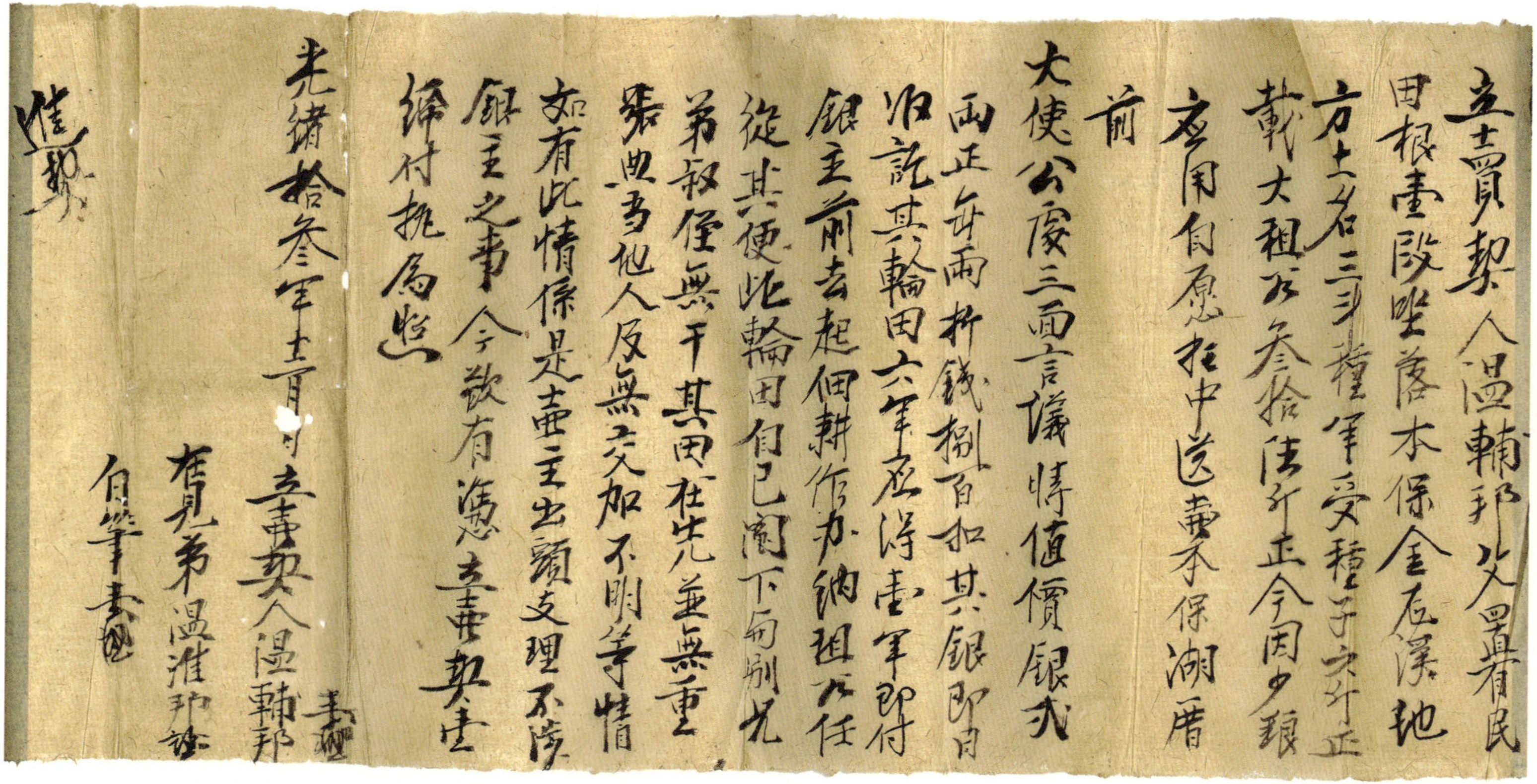

立賣契人温輔邦，父置有民田根壹段，坐落本保金石溪地方，土名三斗種，年受種子六斤正，載大租谷叁拾陸斤正。今因乏銀應用，自愿托中送賣本保湖厝前
大使公處，三面言議，時值價銀弍兩正，每兩折錢捌百扣。其銀即日收訖。其輪田六年應得壹年，即付銀主前去起佃耕作，办納租谷，任從其便。此輪田自己閹下，分別兄弟叔侄無干。其田在先並無重張典與他人，及無交加不明等情。如有此情，係是賣主出頭支理，不涉銀主之事。今欲有憑，立賣契壹紙付執為照。

光緒拾叁年十二月　日　立賣契人温輔邦（押）

在見弟温淮邦（押）

自筆（押）

佳契

11-7-38-8　清光緒十三年十二月温輔邦立賣民田根契

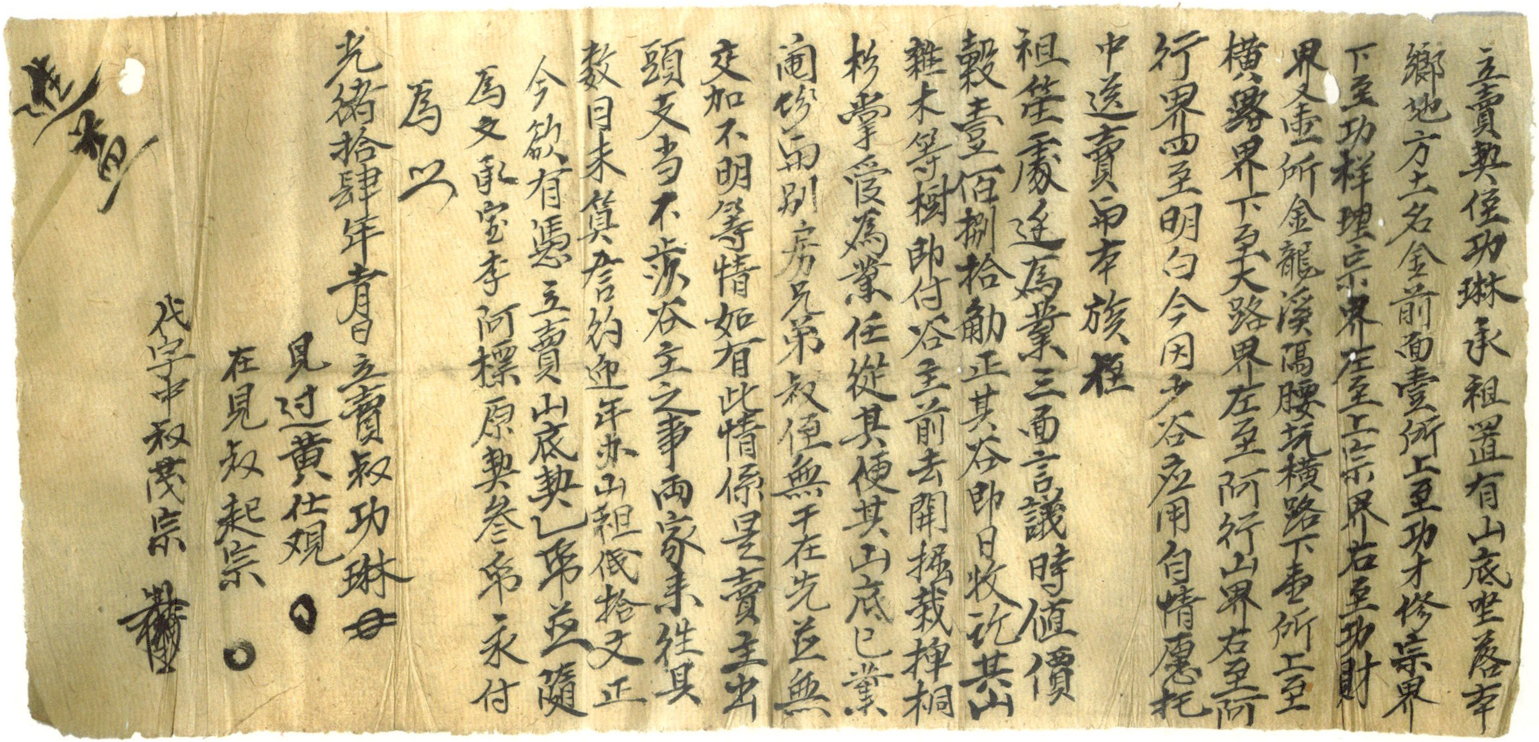

立賣契侄功琳承祖置有山底坐落本
鄉地方土名金前面壹所上至功才修宗界
下至功祥理宗界左至上宗界右至功財
界又壹所金龍溪馮腰坑横路下壹所上至
横路界下至大路界左至阿行山界右至阿
行界四至明白今因乏谷應用自情愿托
中送賣與本族叔
祖笙處邊為業三面言議時值價
穀壹佰捌拾觔正其谷即日收訖其山
雜木等樹即付谷主前去開掘栽樟桐
杉掌管為業任從其便其山底已業
阖份與别房兄弟叔侄無干在先並無
交加不明等情如有此情係是賣主出
頭支当不涉谷主之事两家未往其
數目未算盡約迎年亦山租低拾文正
今欲有憑立賣山底契乙帋並隨
為文乱宝李阿標原契叁帋永付
為照
光緒拾肆年十一月日立賣叔功琳（押）
見过黄仕規
在見叔起宗
代字中叔茂宗（押）

11-7-38-9 清光緒十四年十一月鄭功琳立賣山底契

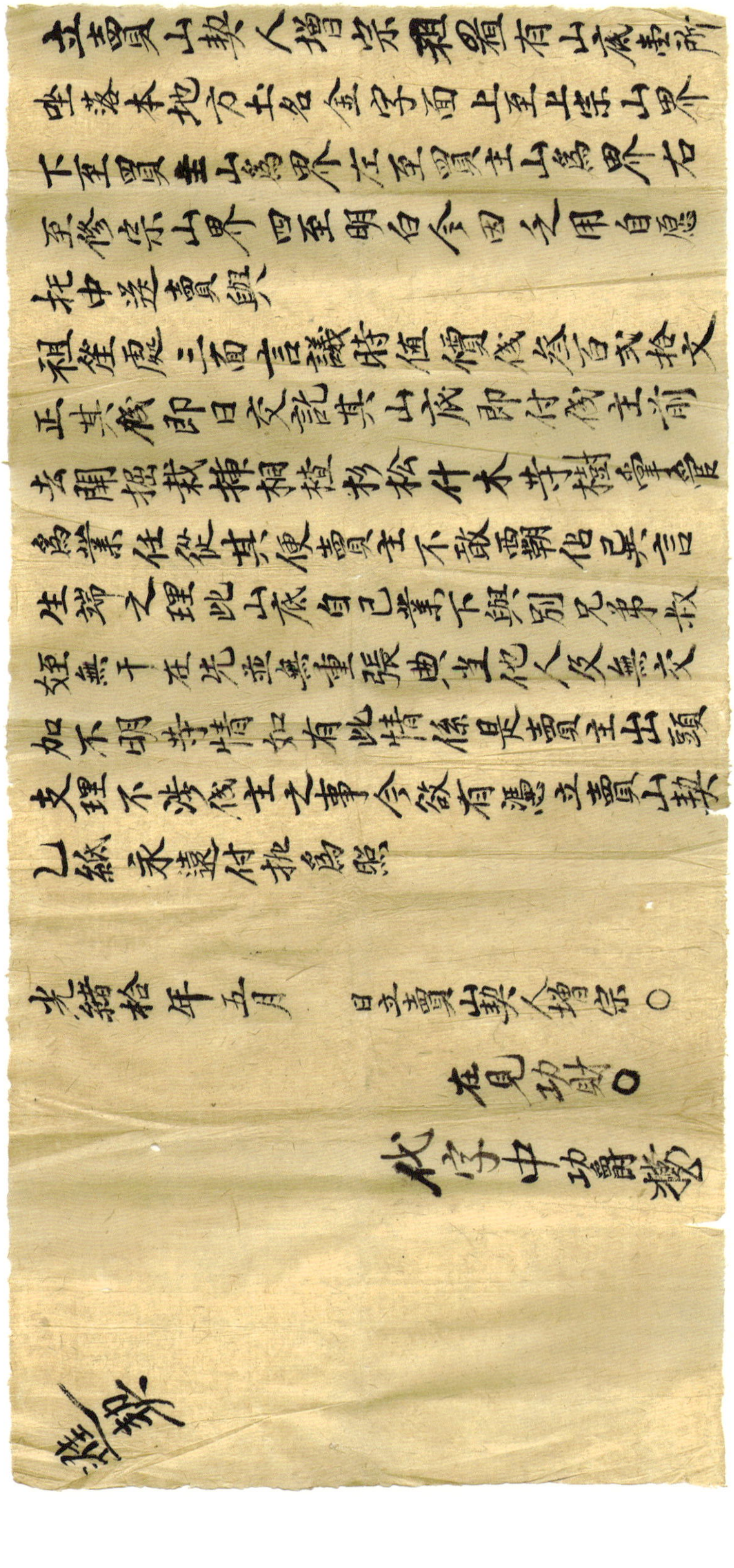
立賣山契人增宗親置有山一處在本
坐落本地方土名金字面上至上宗山界
下至賣主山為界左至賣主山為界右
至修宗山界四至明白今因乏用自愿
托中送賣與
祖崖西底三面言議時值價錢六百弍拾文
正其錢即日交訖其山一處即付買主前
去開掘栽種相插杉松竹木茶樹[illegible]掌管
為業任從其便賣主不敢阻覇他異言
生端之理此山係自己業下與別兄弟叔
姪無干在先并無重張典當他人及無交
加不明等情如有此情係是賣主出頭
支理不涉買主之事今欲有憑立賣山契
山紙永遠付執為照

光緒拾年五月　日立賣山契人增宗○
在見功財○
代字中功昌鄧
[illegible]

11-7-38-10　清光緒十年五月鄭增宗立賣山底契

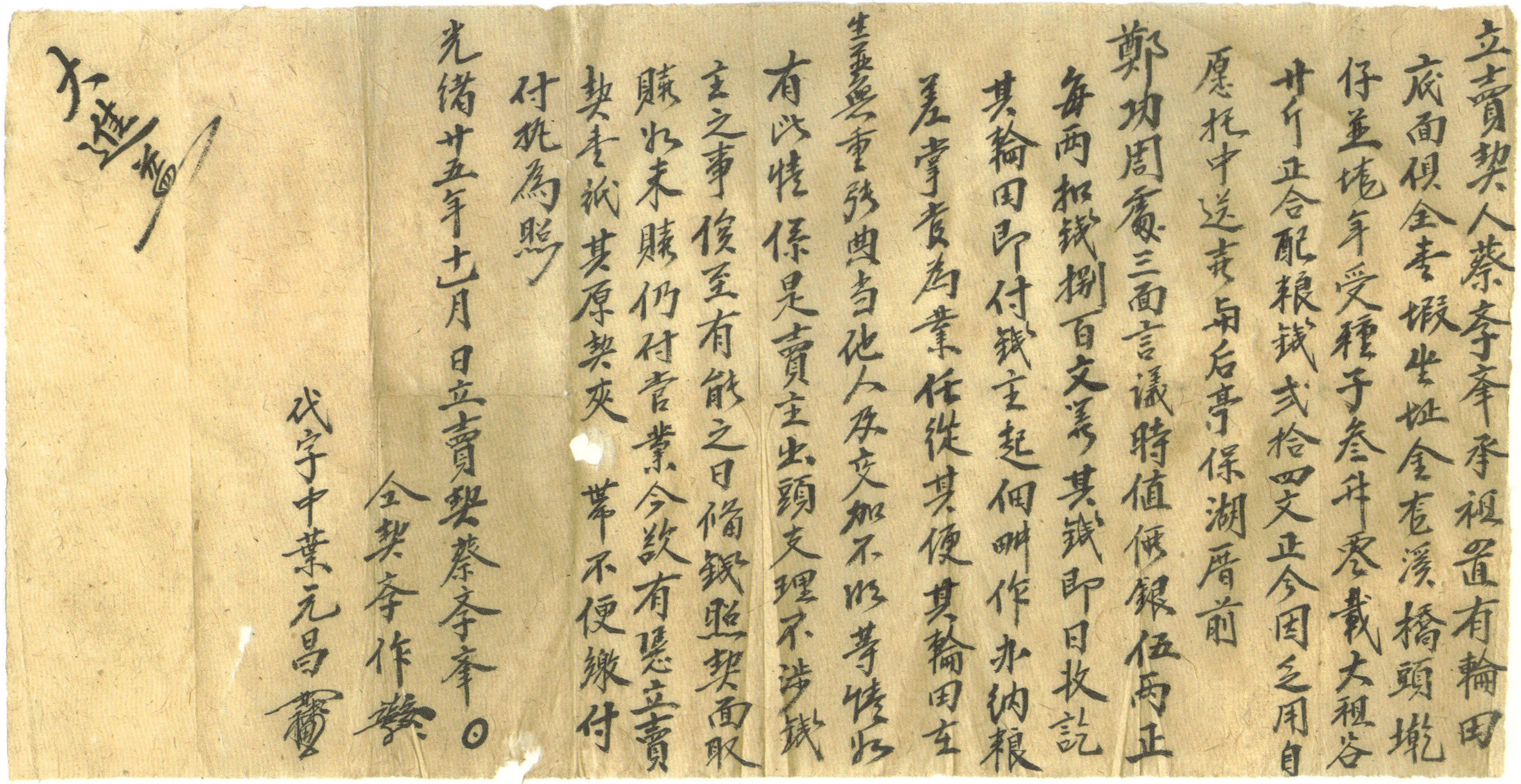

11-7-38-11　清光緒二十五年十一月蔡李夆等立賣底面全輪田契

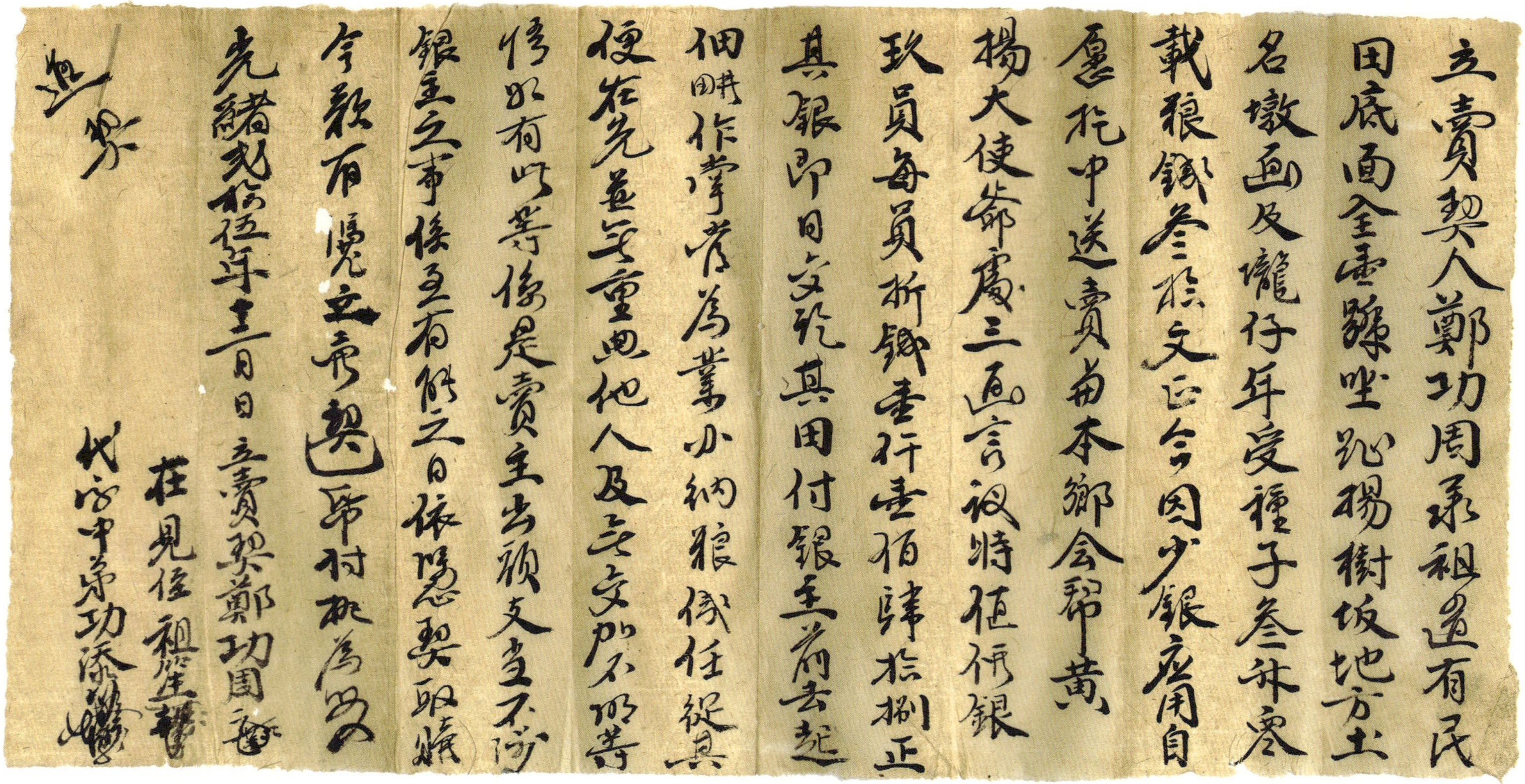

立賣契人鄭功周承祖遺有民
田底面全墎坐址揚樹坂地方土
名墩頭及壠仔年受種子叁斗零
載粮錢叁拾文正今因少銀應用自
愿托中送賣與本鄉会邦黃
揚大使爺處三面言议時值價銀
玖員每員折錢壹仟壹佰肆拾捌正
其銀即日交訖其田付銀主前去起
佃作掌管為業办納粮錢任從其
便在先並無重典他人及無交加不明等
情如有此等係是賣主出頭支當不干
銀主之事係至有銀之日依照契取贖
今欲有憑立賣契付邦村收爲照
光緒貳拾伍年十二月　日　立賣契鄭功周
在見侄　祖煌
代筆中弟功添
退契

11-7-38-12　清光緒二十五年十二月鄭功周立賣底面全民田契

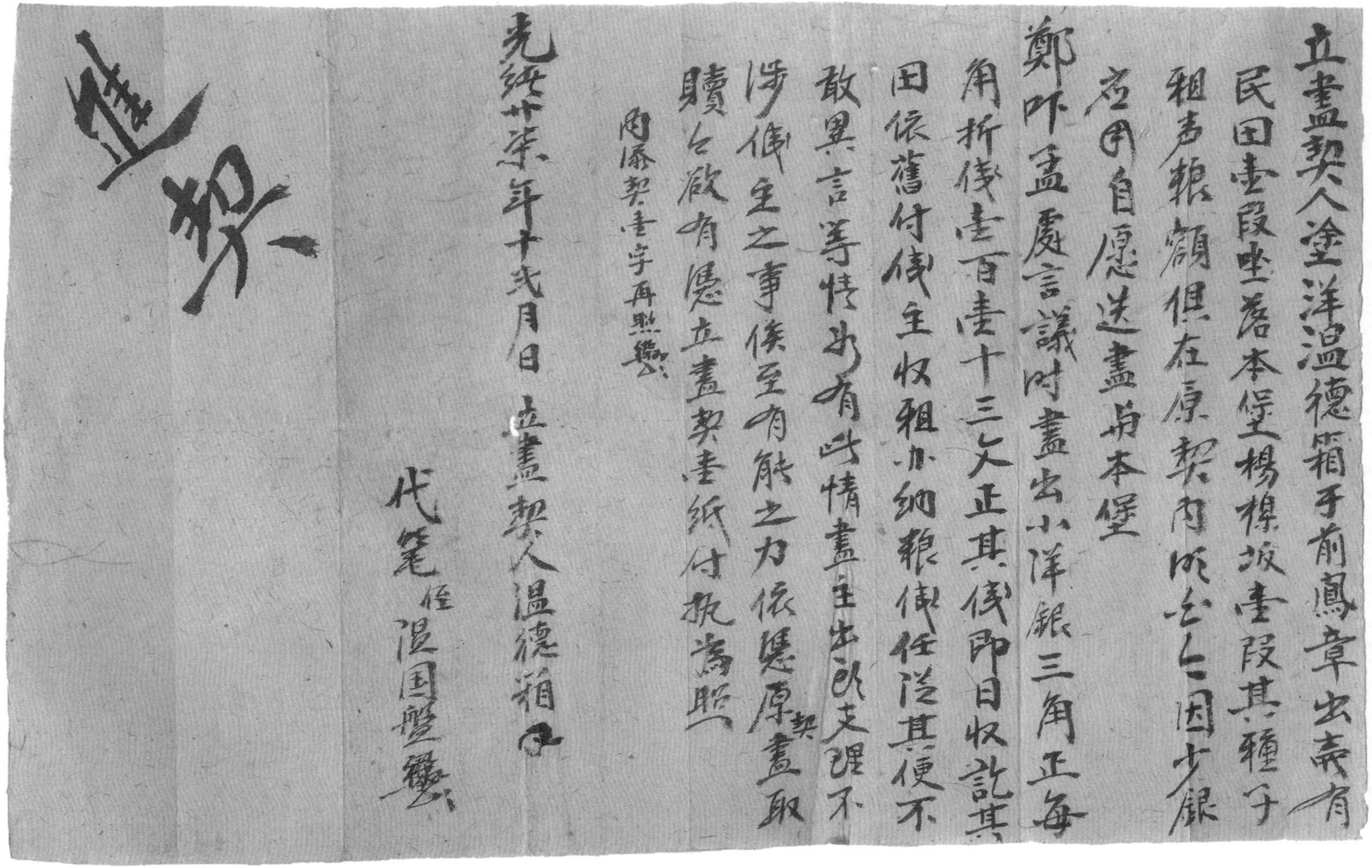
立盡契人塗洋溫德箱手前鳳章出賣有
民田壹段坐落本堡楊樑坂壹段其種子
租声粮額俱在原契內所已因少銀
應用自愿送盡與本堡
鄭吓孟處言議時盡出小洋銀三角正每
角折錢壹百壹十三文正其錢即日收訖其
田依舊付錢主收租小納粮錢任從其便不
敢異言等情如有此情盡主出頭支理不
涉錢主之事俟至有能之力依憑原契盡取
贖不敢有憑立盡契壹紙付執為照
內添契壹字再照
光緒廿柒年十弍月日 立盡契人溫德箱
代筆 侄 溫國盤
佳契

11-7-38-13 清光緒二十七年十二月温德箱立盡民田契

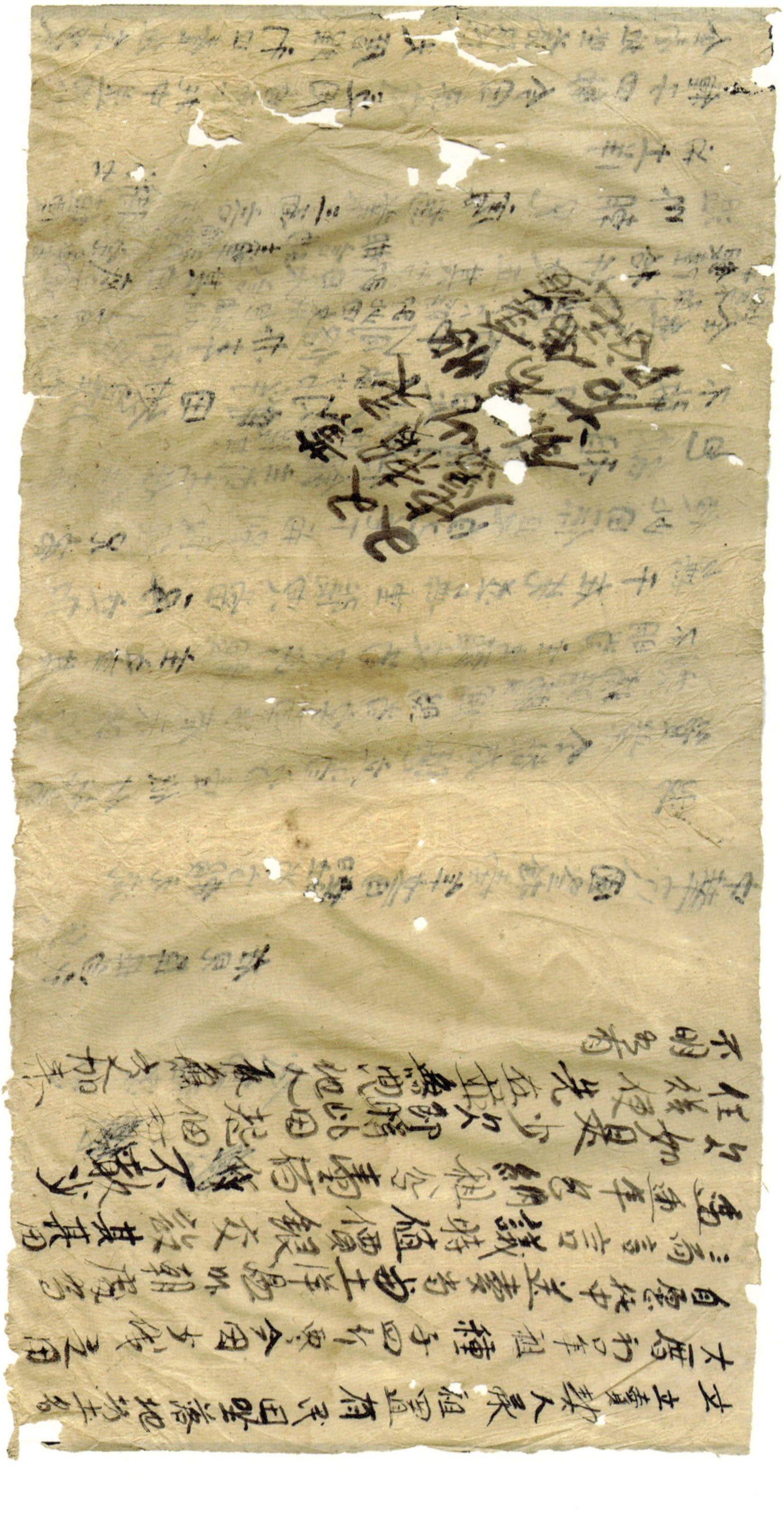

11-7-39-1　包契紙（草契）

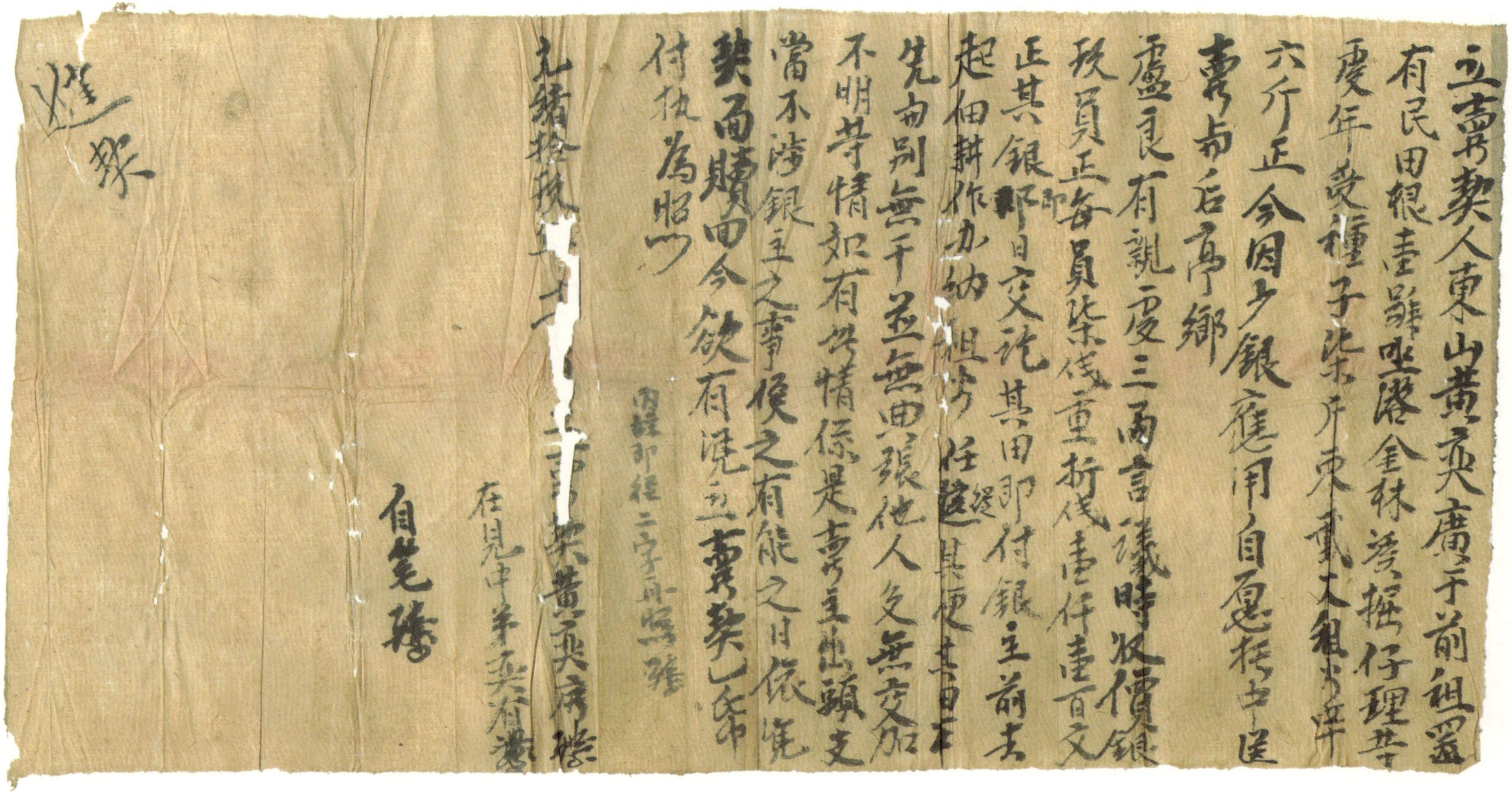
立賣根契人東山黄奕賡，于前祖置
有民田根壹號，坐落金林湰墘仔理，共
受年受種子柒斤，東貳大租谷乙平
六斤正。今因乏銀應用，自愿托中送
賣與后亭鄉
盧良有親邊，三面言議時價銀
玖員正，每員柒錢重，折錢壹仟壹百文，
正其銀即（印）日交訖，其田即付銀主前去
起佃耕作，办納糧務，任從（経）其便。其田本
先無別典，亦無重張他人，又無交加
不明等情。如有此情，係是賣主出頭支
當，不涉銀主之事。候之有能之日，依憑
契面贖回。今欲有憑，立賣契一紙，
付執為照。
內註即経二字再照
光緒拾玖年十一月　日立賣契黄奕賡（押）
在見中弟奕有（押）
自筆（押）
[illegible]契

11-7-39-2　清光緒十九年十一月黄奕賡立賣民田根契

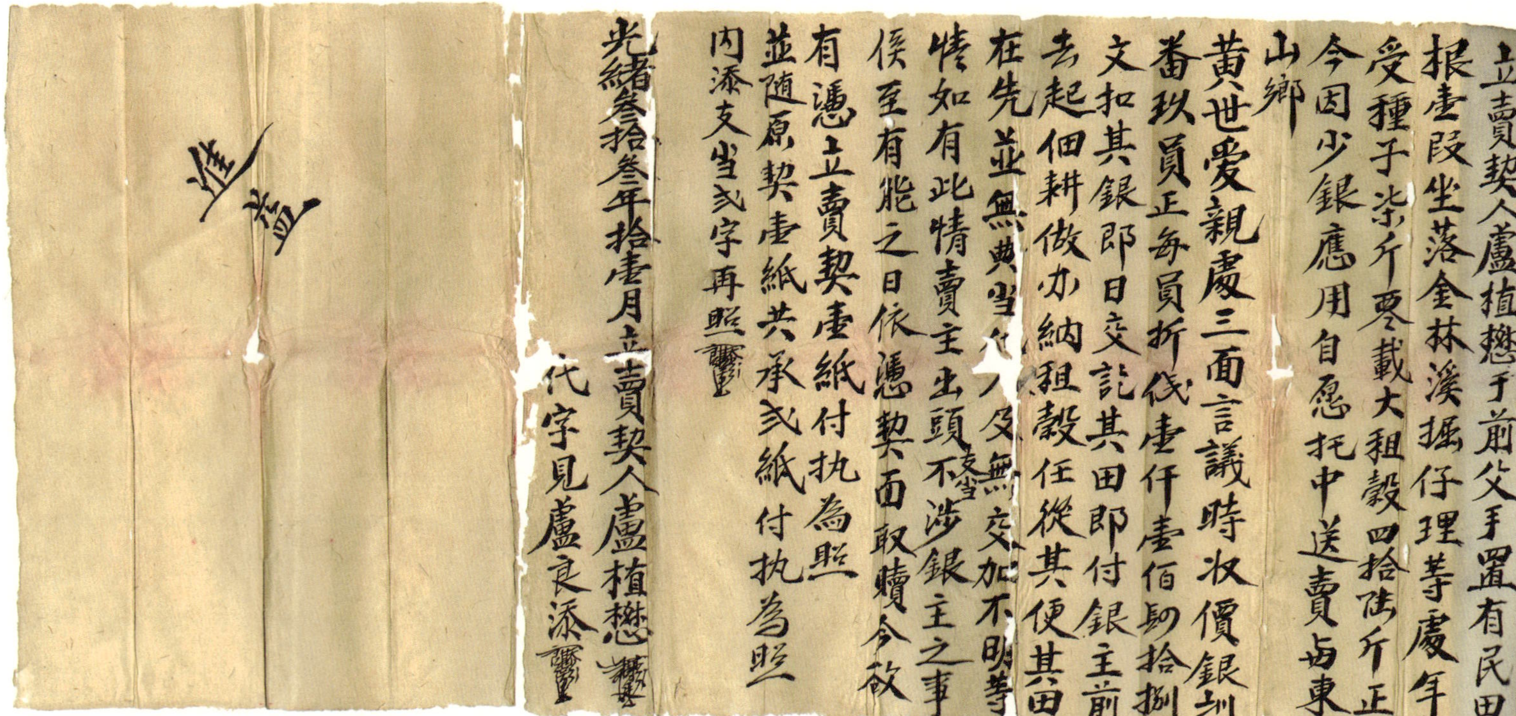
立賣契人盧植懋于前父手置有民田
根壹段坐落金林溪掘仔理等處年
受種子柒斤載大租穀四拾陸斤正
今因少銀應用自愿托中送賣与東
山鄉
黃世愛親處三面言議時價銀圳
番玖員正每員折錢壹仟壹佰肆拾捌
文扣其銀即日交訖其田即付銀主前
去起佃耕做办納租穀任從其便其田
在先並無典當他人及無交加不明等
情如有此情賣主出頭不干涉銀主之事
係至有能之日依憑契面取贖今欲
有憑立賣契壹紙付執為照
並隨原契壹紙共承弍紙付執為照
內添支当弍字再照（押）
光緒叁拾叁年拾壹月　立賣契人盧植懋（押）
代字見盧良添（押）
進豊

11-7-39-3　清光緒三十三年十一月盧植懋立賣民田根契

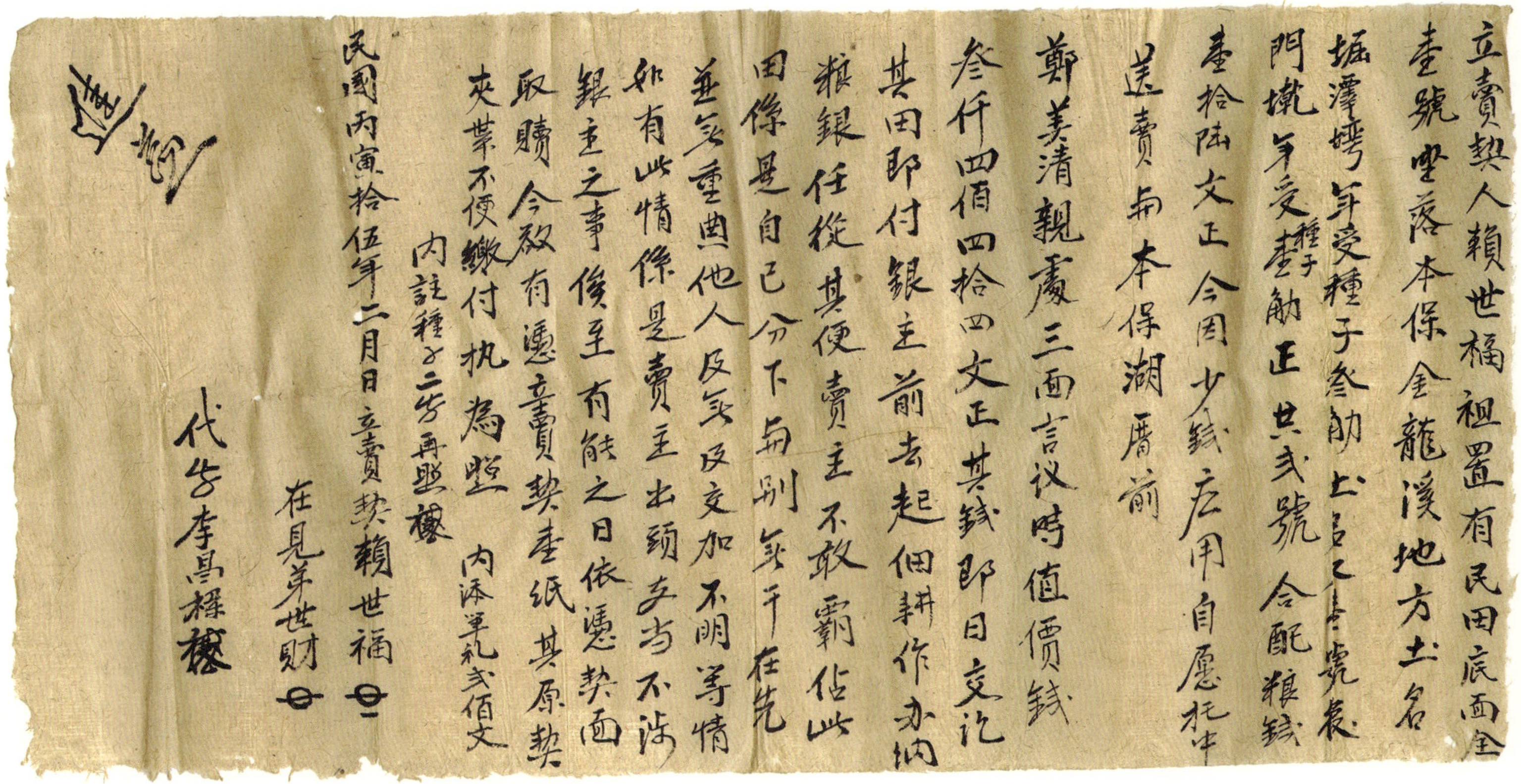
立賣契人賴世福祖置有民田底面全
壹號坐落本保金龍溪地方土名
墟潭塆年受種子叁觔土名乙〃壹號表
門墘年受種子壹觔正共貳號合配粮錢
壹拾陸文正今因乏錢应用自愿托中
送賣與本保湖厝前
鄭美清親處三面言议時值價錢
叁仟四佰四拾四文正其錢即日交訖
其田即付銀主前去起佃耕作办納
粮銀任從其便賣主不敢霸佔此
田係是自己分下與別無干在先
並無重典他人及無交加不明等情
如有此情係是賣主出頭支當不涉
銀主之事後至有能之日依憑契面
取贖今欲有憑立賣契壹紙其原契
夾業不便繳付執為照　内添筆札式佰文
内註種子二字再照
民國丙寅拾伍年二月日立賣契賴世福
在見弟世財
代筆李昌樑

11-7-39-4　民國十五年二月賴世福立賣底面全民田契

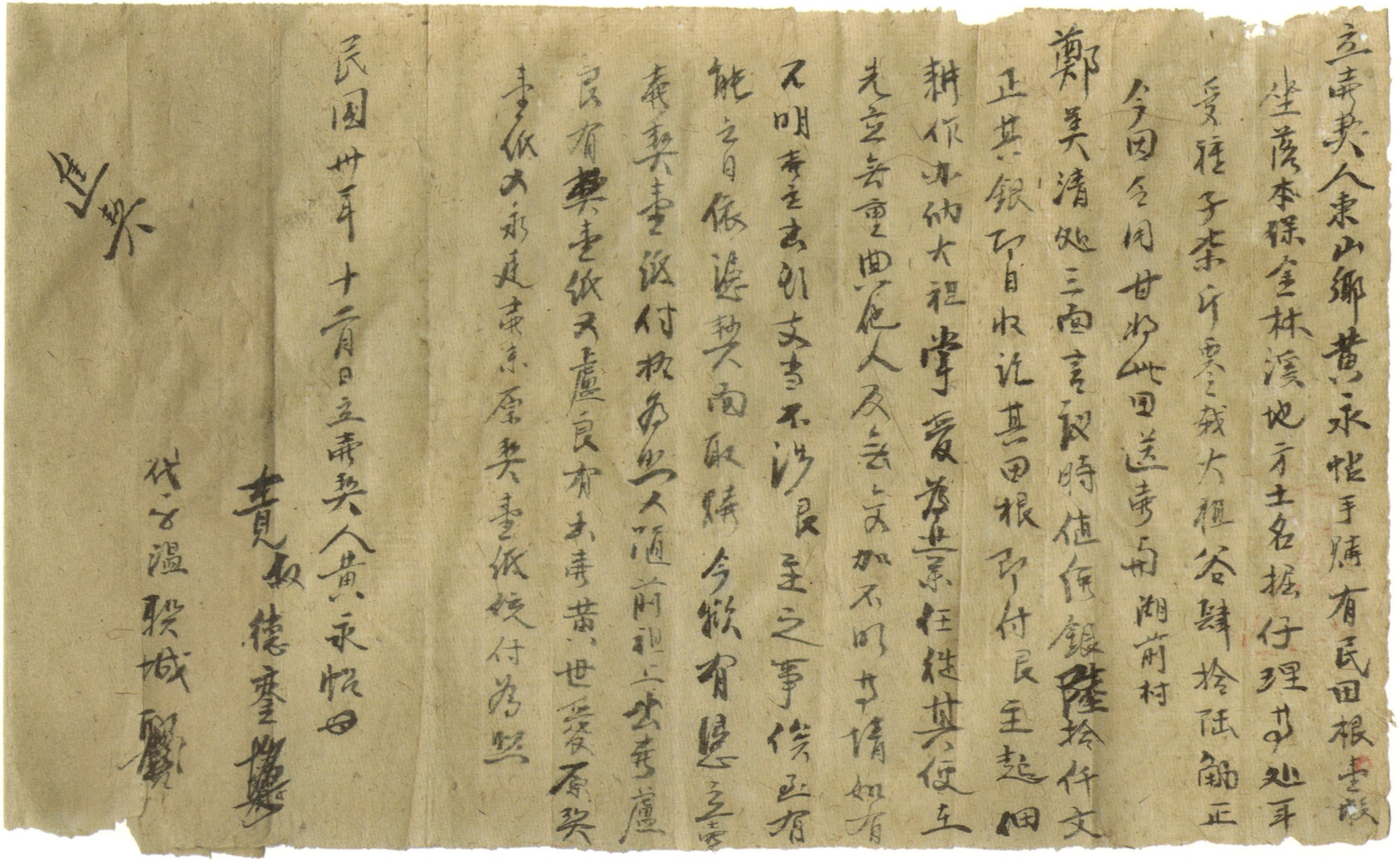
立賣契人東山鄉黃永怡手續有民田根壹段
坐落本保金林濱地方土名搖仔理其处耳
受種子柒斤零載大租谷肆拾陸觔正
今因乏用甘將此田送賣與湖前村
鄭美清处三面言議時值價銀陸拾仟文
正其銀即日收訖其田根即付銀主起佃
耕作兼納大租掌管為業任從其便立
先立無重典他人及無上手不明等情如有
不明賣主出頭支當不涉銀主之事係出
能立日依據契兩取贖今欲有憑立賣
賣契壹紙付執為照又隨前租立賣盧
良有契壹紙又盧良有未賣黃世發原契
壹紙又永廷賣余原契壹紙繳付為照
民國卅年十二月日立賣契人黃永怡
黃叔德奎
代字溫聯城
進契

11-7-39-5　民國三十年十二月黃永怡立賣民田根契

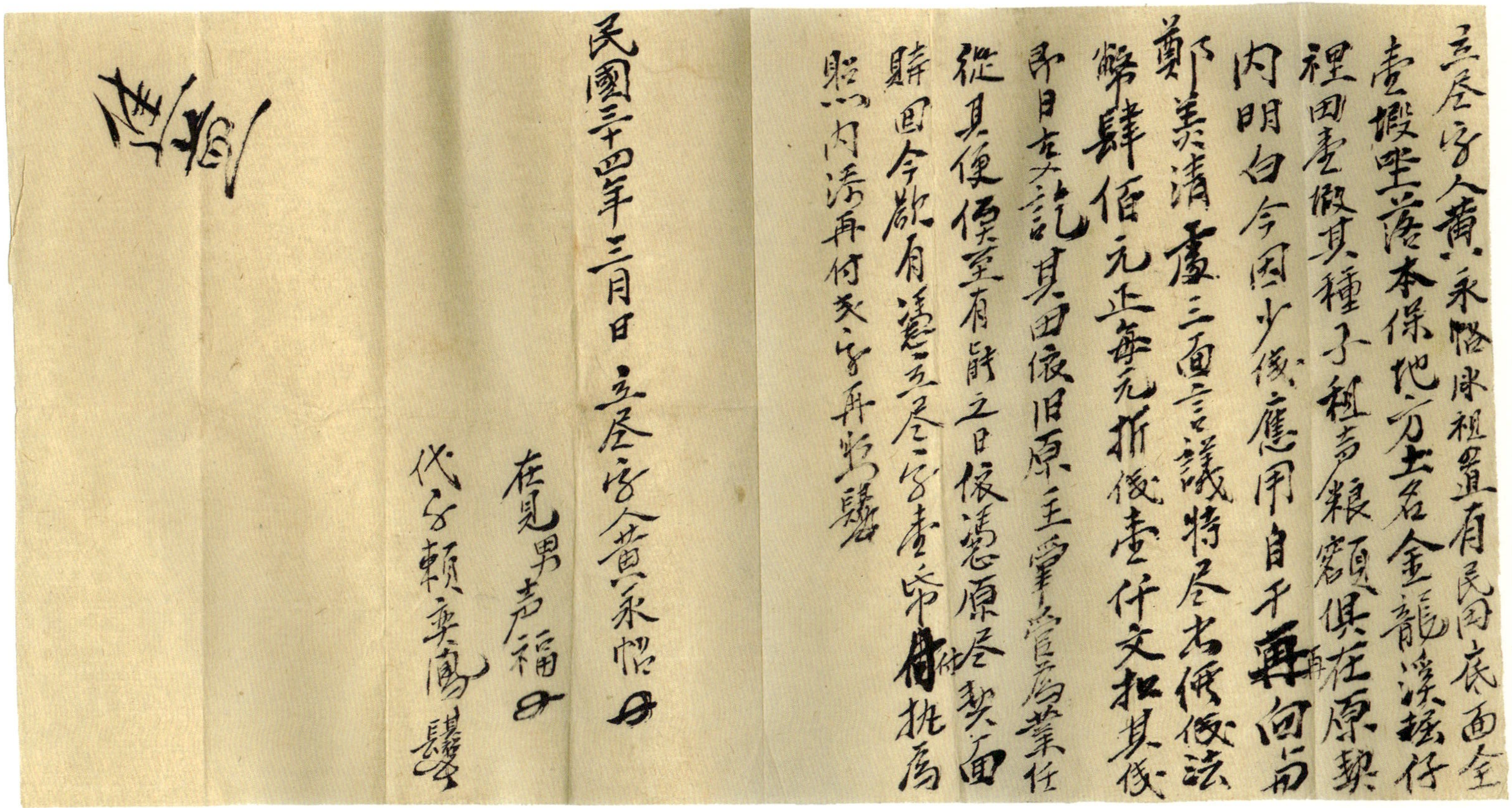

立盡字人黃永怡承祖置有民田底面全
壹段坐落本保地方土名金龍溪樓仔
裡田壹段，其種子租声粮額俱在原契
內明白。今因少錢應用，自于再向與
鄭美清處三面言議，特盡出價法
幣肆佰元正，每元折錢壹仟文，扣其錢
即日交訖。其田依旧原主掌管為業，任
從其便。至有前立日依憑原盡契面
贖回。今欲有憑，立盡字壹紙付挑為
照。內添再付叁字再照。

民國三十四年三月日　立盡字人黃永怡（押）
在見男声福（押）
代字賴奕鳳（押）

11-7-39-6　民國三十四年三月黃永怡立盡底面全民田字

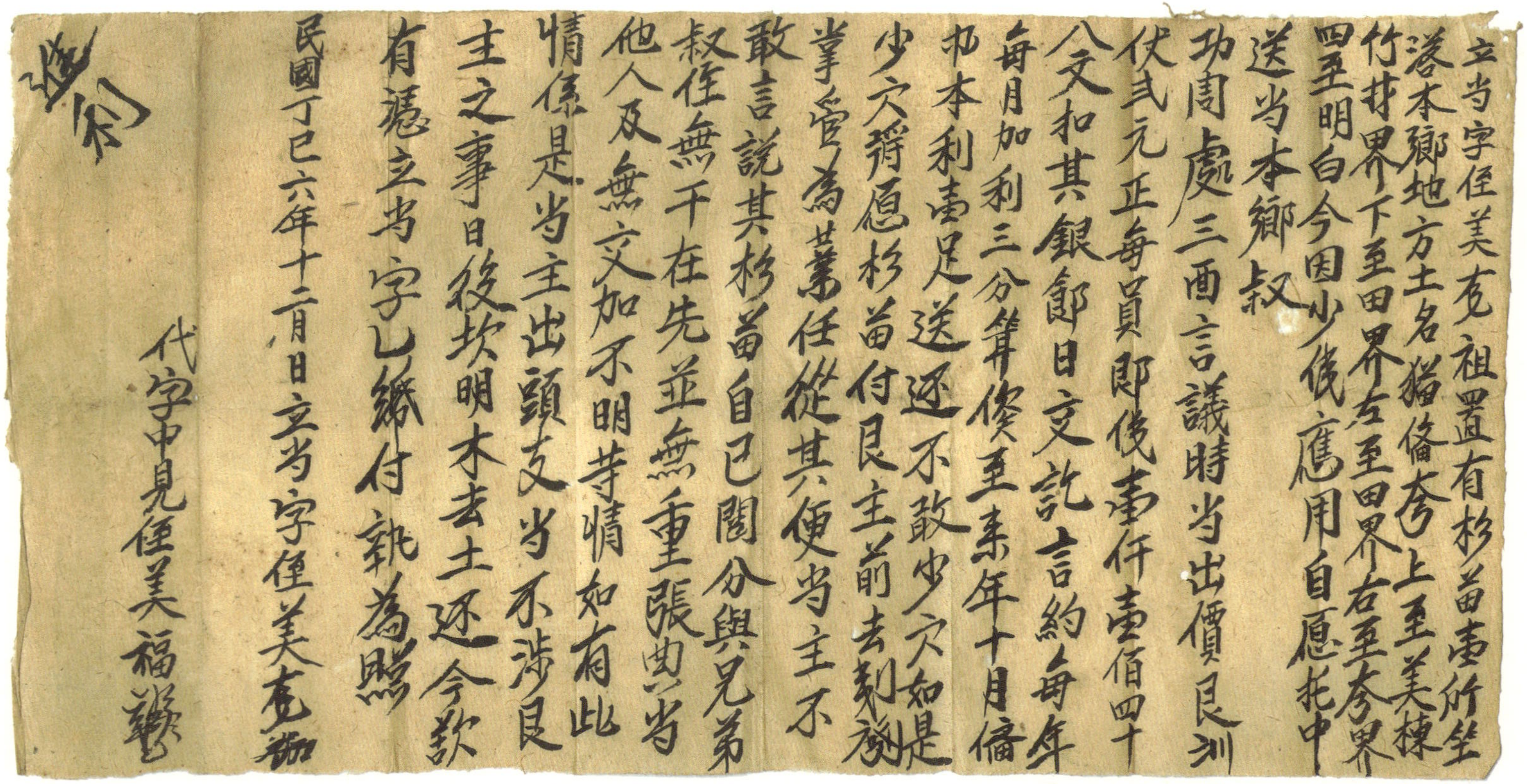
立当字侄美龙祖置有杉苗壹所坐
落本鄉地方土名貓𠊎夲上至美揀
竹林界下至田界左至田界右至夲界
四至明白今因少錢應用自愿托中
送当本鄉叔
功周處三面言議時当出價艮訓
伏弍元正每員即錢壹仟壹佰四十
八文和其銀鄧日交訖言約每年
每月加利三分算條至来年十月備
水本利壹足送还不敢少欠如是
少欠將愿杉苗付良主前去刹砍
掌管為業任從其便当主不
敢言說其杉苗自己閹分與兄弟
叔侄無干在先並無重張典当
他人及無文加不明等情如有此
情係是当主出頭支当不涉艮
主之事日後坎明木去土还今欲
有憑立当字乙紙付執為照
民國丁巳六年十二月日立当字侄美龙押
代字中見侄美福押
進利

11-7-40-1　民國六年十二月鄭美尨立當杉苗字

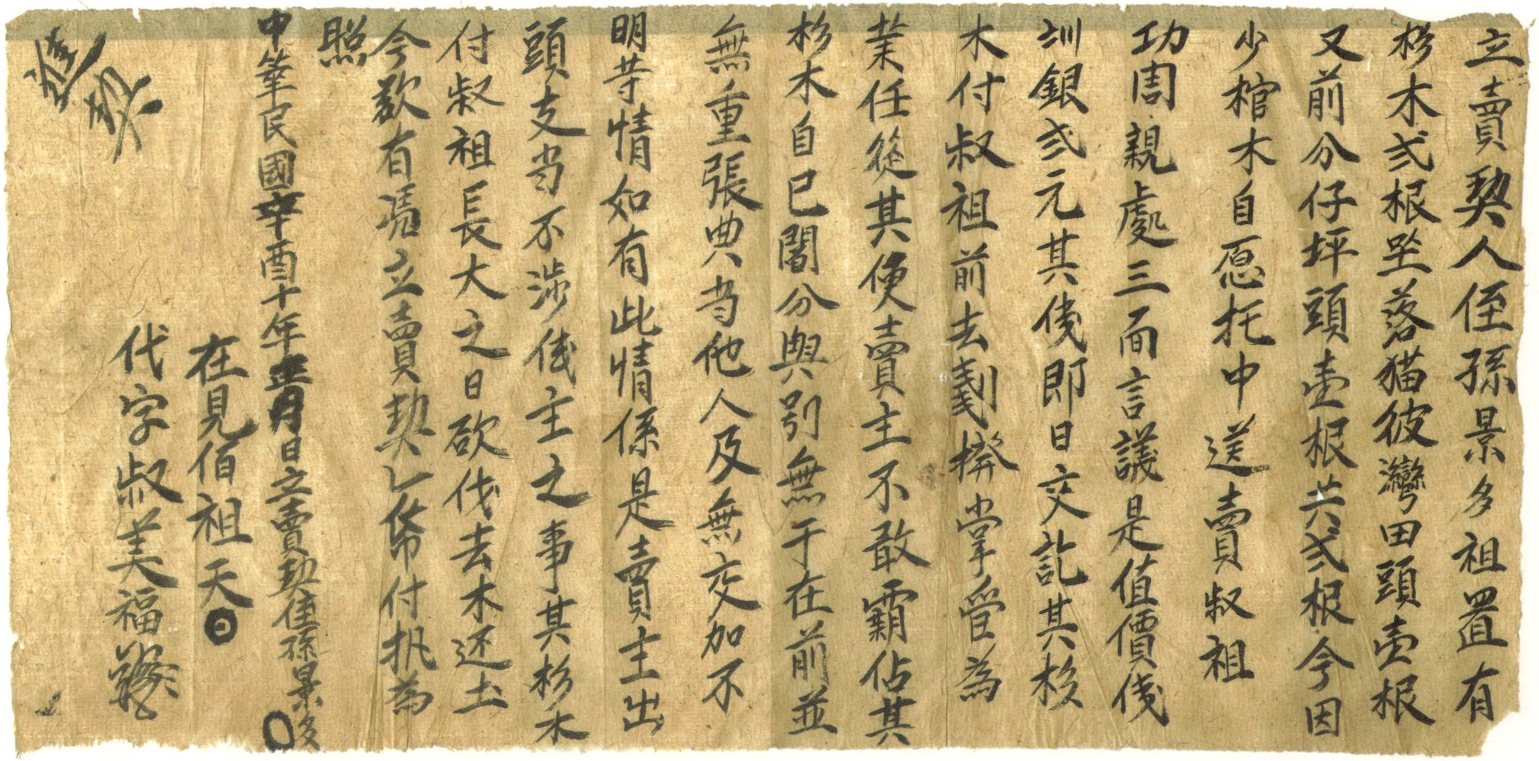

立賣契人侄孫景多祖置有
杉木式根坐落猫彼灣田頭壹根
又前分仔坪頭壹根共式根今因
少棺木自愿托中送賣叔祖
功周親處三面言議是值價伐
訓銀叁元其伐即日交訖其杉
木付叔祖前去剷撡掌管為
業任從其便賣主不敢霸佔其
杉木自己閣分與别無干在前並
無重張典當他人及無交加不
明等情如有此情係是賣主出
頭支当不涉伐主之事其杉木
付叔祖長大之日砍伐去木還土
今欲有憑立賣契一紙付執為
照
中華民國辛酉十年正月日立賣契侄孫景多○
在見伯祖天○
代字叔美福

11-7-40-2　民國十年正月鄭景多立賣杉木契

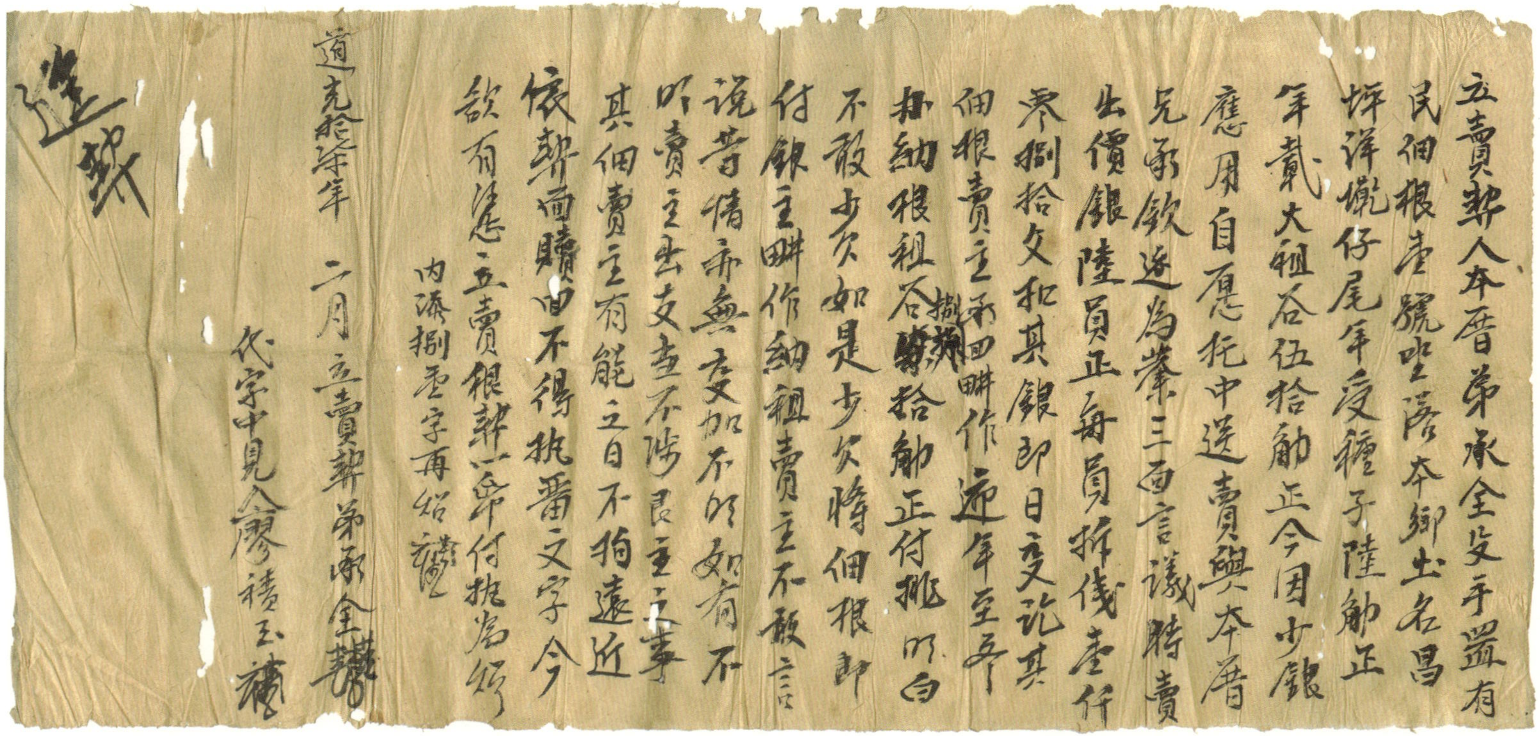
立賣契人本厝弟承全兄弟手置有
民佃根壹號坐落本鄉土名昌
坪洋墘仔尾年受種子陸觔正
年載大租谷伍拾觔正今因乏銀
應用自愿托中送賣與本厝
兄承欽邊為業三面言議時價
出價銀陸員正每員扣錢壹仟
參佰拾文和其銀即日交訖其
佃根賣主承佃耕作逐年至冬
抽納根租谷捌拾觔正付挑以白
不敢少欠如是少欠將佃根即
付銀主耕作納租賣主不敢言
說并情亦無交加不明如有不
明賣主出支當不涉銀主之事
其佃賣主有能立日不拘遠近
依契面贖回不得執番文字今
欲有憑立賣根契一紙付執為照
內添捌壹字再炤

道光拾柒年　二月　日立賣契弟承全（押）
代字中見人廖積玉（押）

進契

11-7-41-1　清道光十七年二月鄭承全立賣民佃根契

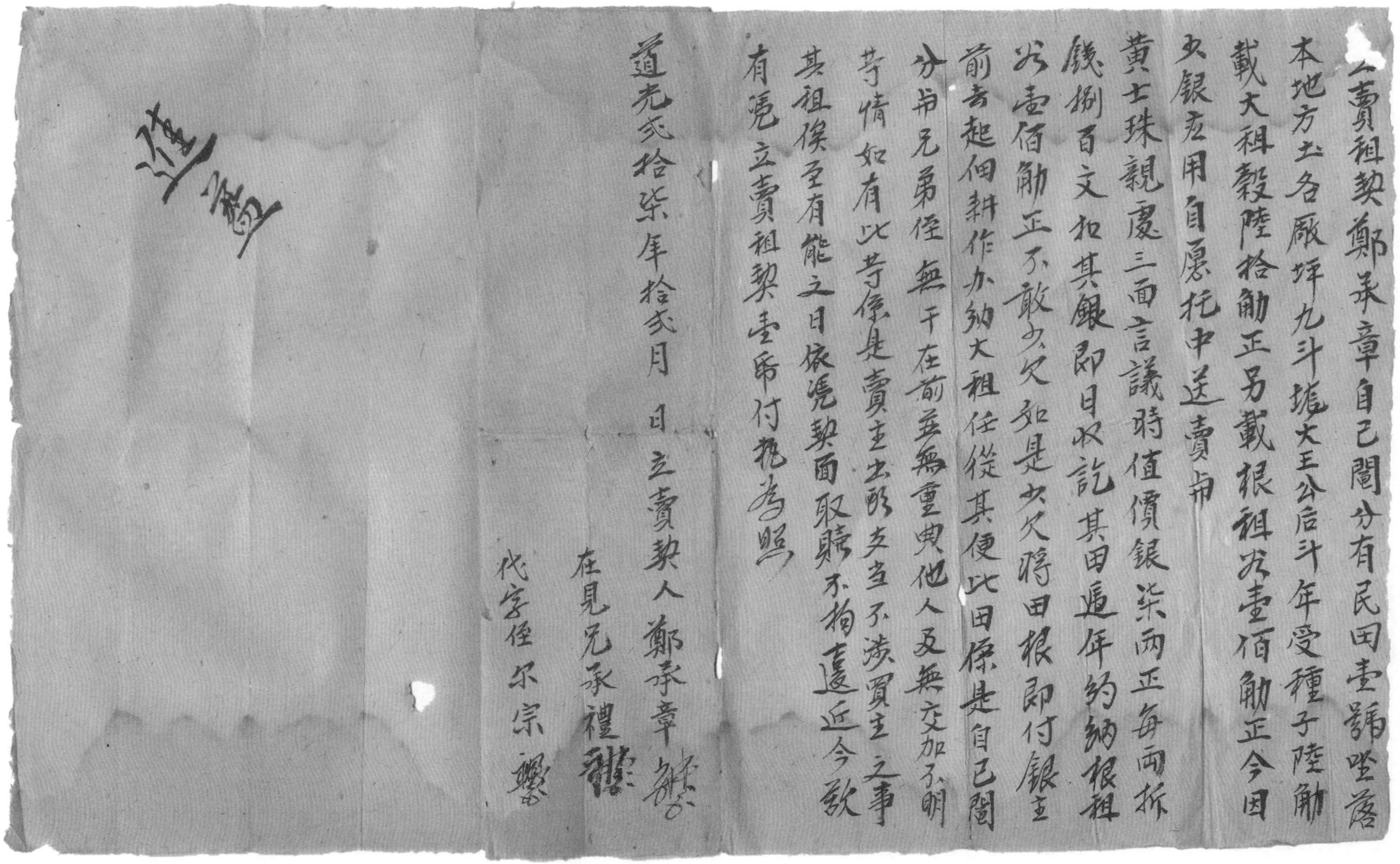
立賣租契鄭承章自己閻分有民田壹號坐落
本地方土名廠坪九斗壠大王公后斗年受種子陸觔
載大租穀陸拾觔正另載根租米壹佰觔正今因
乏銀應用自愿托中送賣與
黄士珠親處三面言議時值價銀柒兩正每兩折
錢捌百文扣其銀即日收訖其田逓年約納根租
米壹佰觔正不敢少欠如是少欠將田根即付銀主
前去起佃耕作亦聽大租任從其便此田係是自己閻
分與兄弟侄無干在前並無重典他人及無交加不明
等情如有此等係是賣主出頭支當不涉買主之事
其租俟至有能之日依憑契面取贖不拘遠近今欲
有憑立賣租契壹帋付執為照
道光貳拾柒年拾貳月 日 立賣契人鄭承章
在見兄承禮
代字侄尔宗

11-7-41-2 清道光二十七年十二月鄭承章立賣民田租契

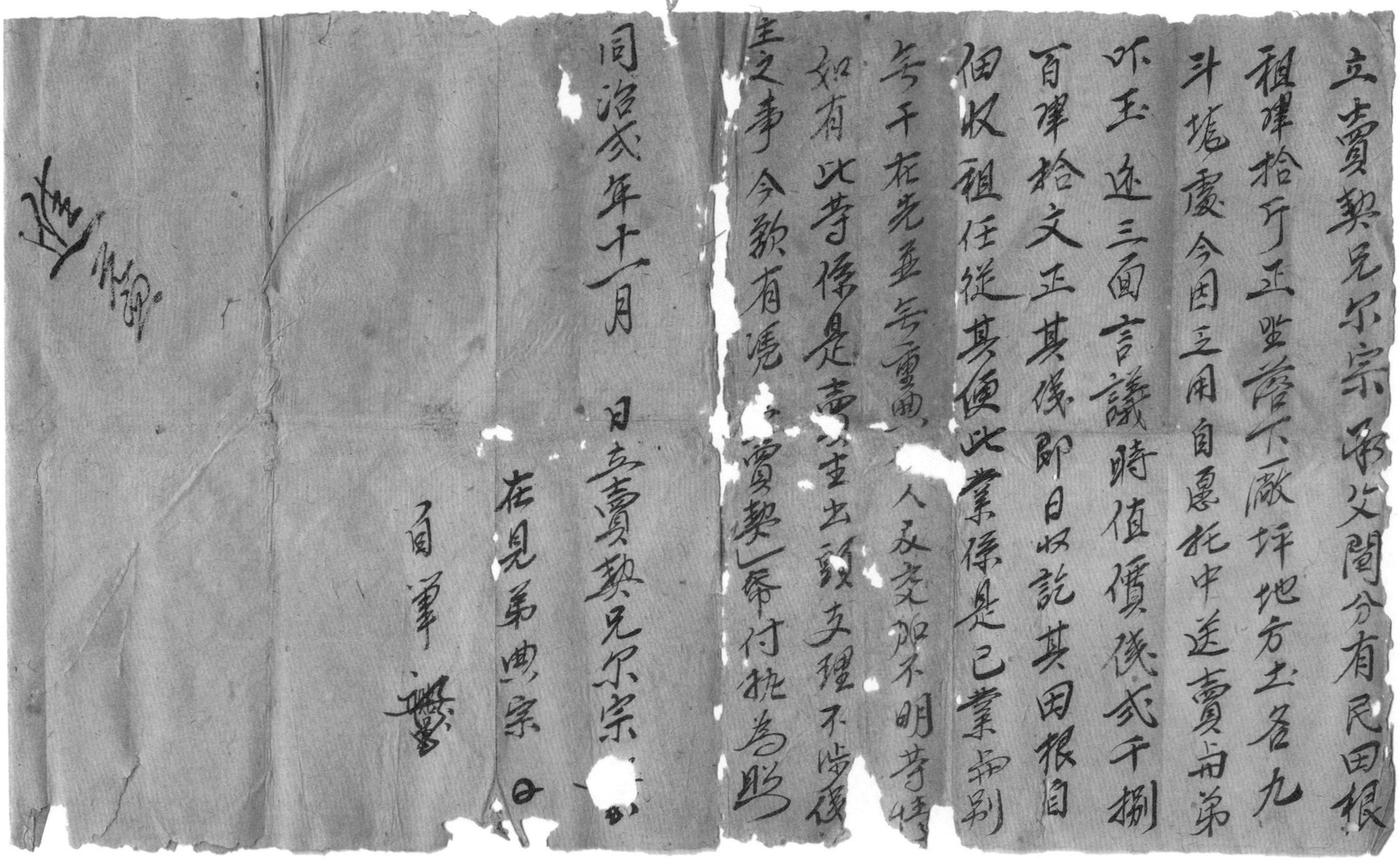

立賣契兄尔宗承父鬮分有民田根
租肆拾斤正坐落下廠坪地方土名九
斗塍處今因乏用自愿托中送賣與弟
吓玉邊三面言議時值價錢弍千捌
百肆拾文正其錢即日收訖其田根自
佃收租任從其便此業係是己業與别
無干在先並無重典人及交加不明等情
如有此等係是賣主出頭支理不涉錢
主之事今欲有憑立賣契一帋付執為照
同治弍年十一月　日立賣契兄尔宗
在見弟典宗
自筆

11-7-41-3　清同治二年十一月鄭尔宗立賣民田根租契

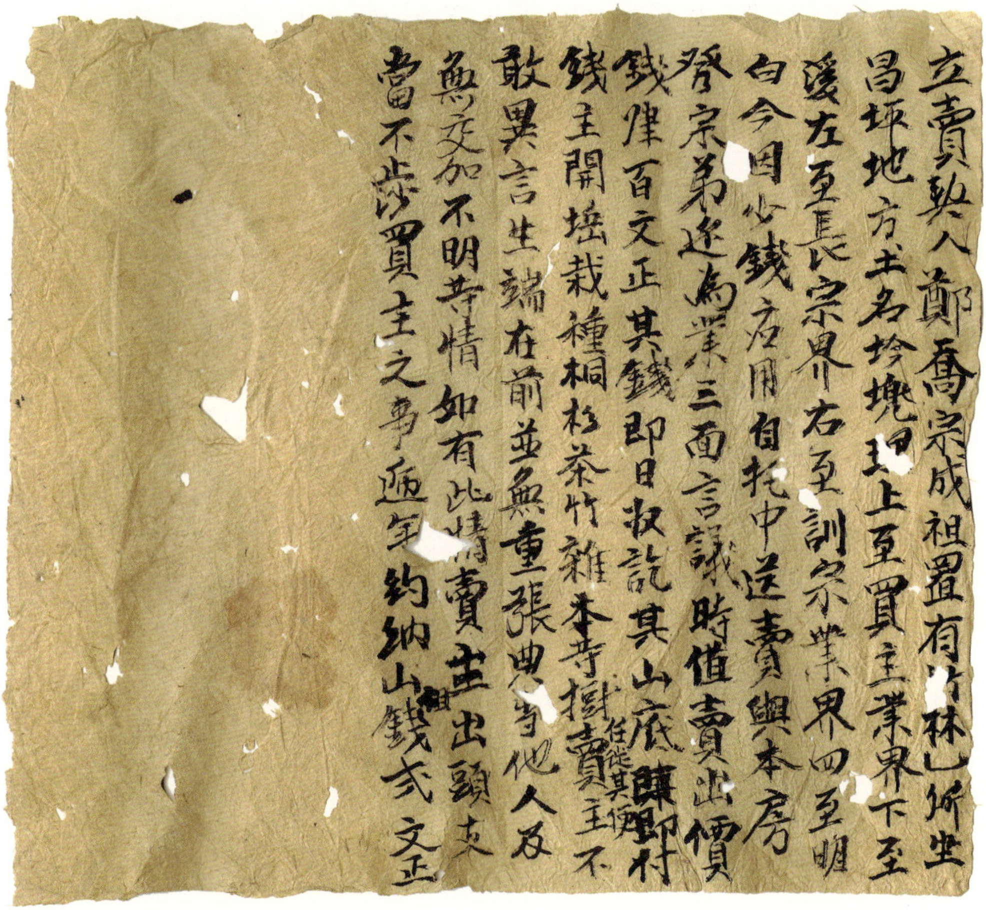

立賣契人鄭喬宗成祖置有竹林山所坐
昌坪地方土名玲塊口上至買主業界下至
溪左至長宗界右至訓宗業界四至明
白今因乏錢應用自托中送賣與本房
叔宗弟進爲業三面言議時值賣出價
錢肆百文正其錢即日收訖其山底陳鄭村
錢主開墾栽種桐杉茶竹雜木等樹任從其便賣主不
敢異言生端在前並無重張典當他人及
爲交加不明等情如有此情賣主出頭支
當不涉買主之事遞年約納山錢弍文正

11-7-41-4　鄭喬宗立賣竹林契（年代不詳，草契）

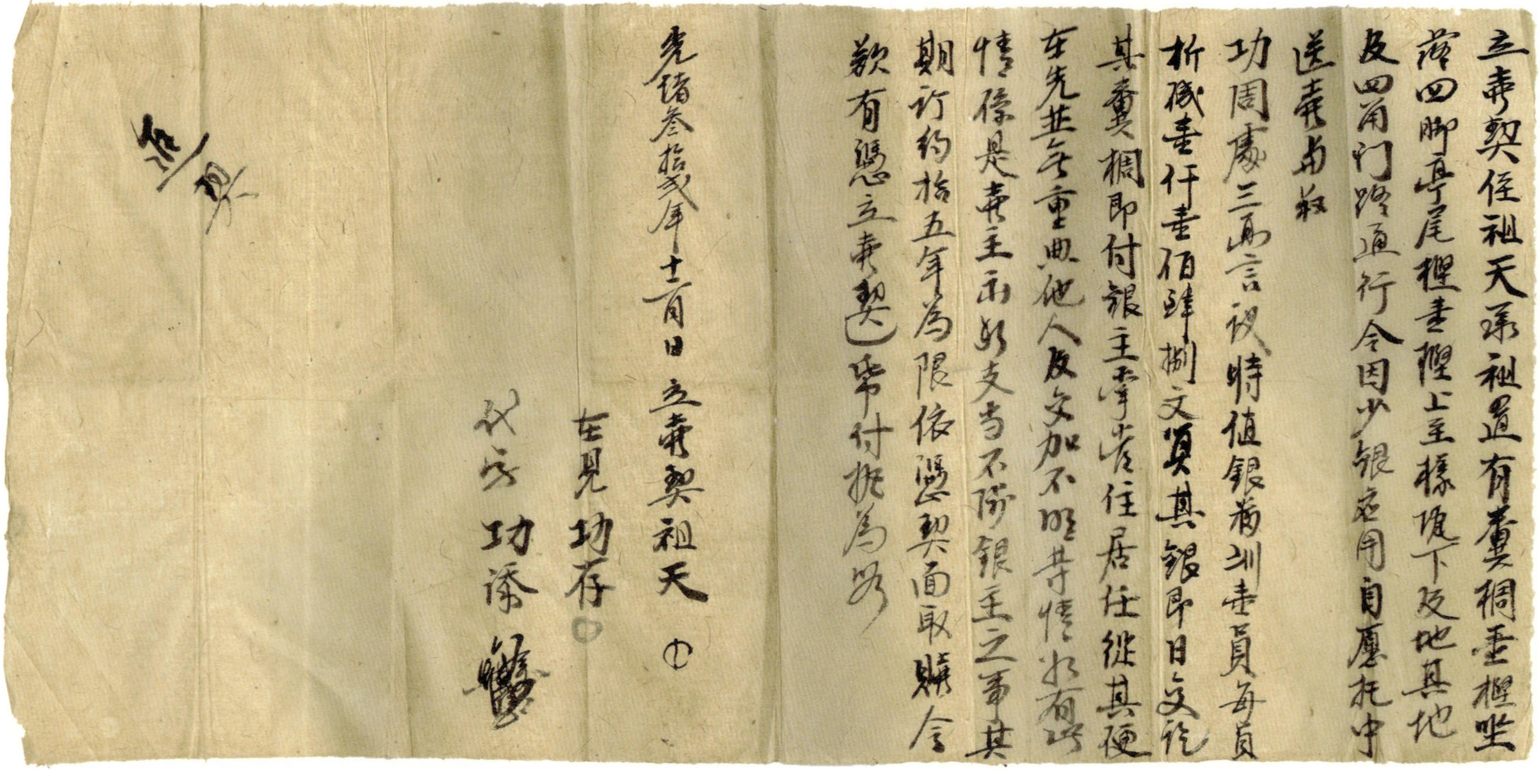

11-7-42-1　清光緒三十二年十二月鄭祖天立賣糞榻契

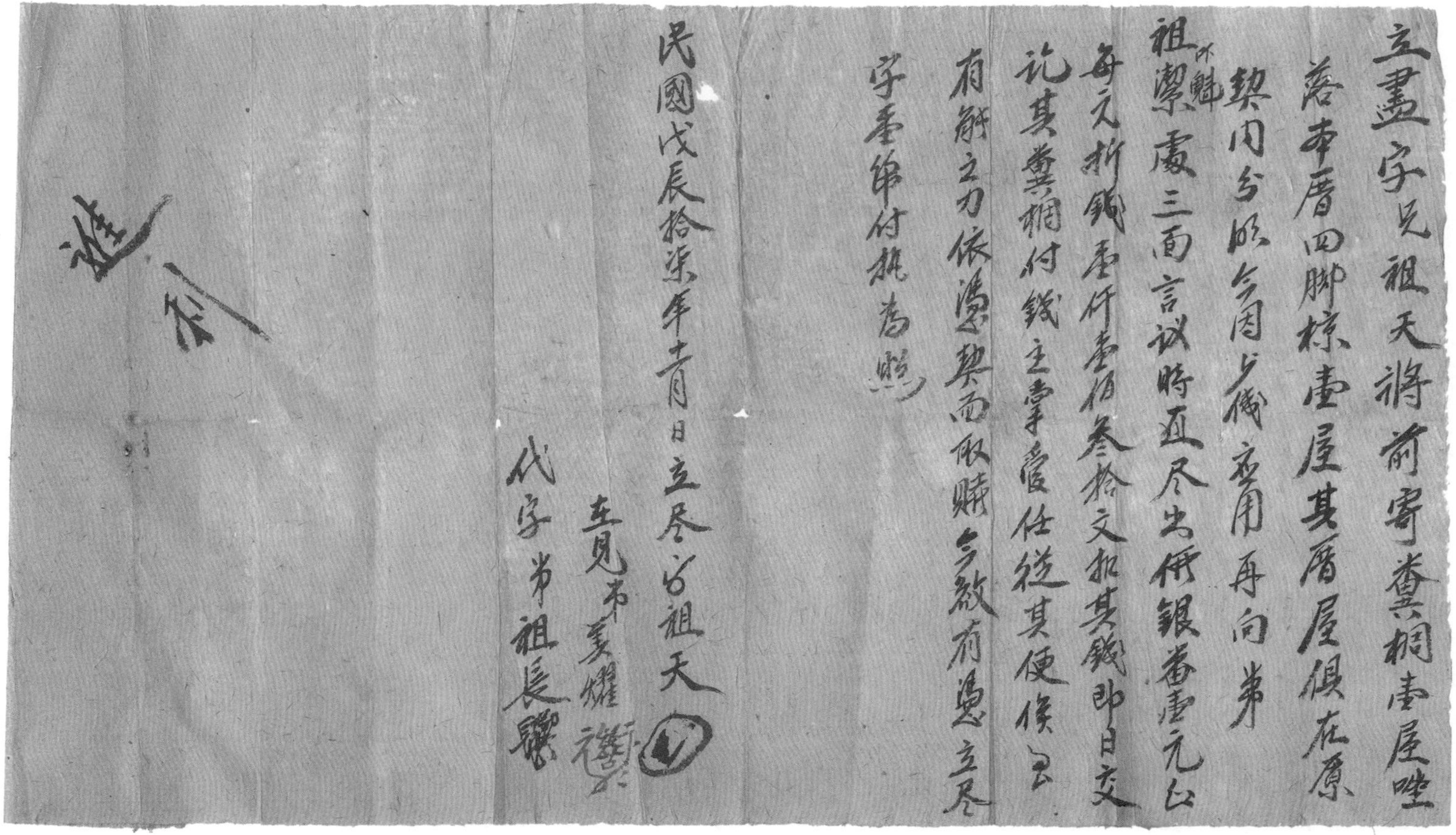
立盡字兄祖天將前寄耷椆壹屋坐
落本厝四脚棕壹屋其厝屋俱在原
契内分以今因乏錢應用再向弟
祖魁邊處三面言議時直盡出價銀番壹元正
每元折錢壹仟壹佰叁拾文扣其錢即日交
訖其糞椆付錢主掌管任從其便係已
有份之物依憑契面取贖今欲有憑立盡
字壹紙付執為照
民國戊辰拾柒年十一月　日立盡字祖天
在見弟□燿
代字弟祖長

11-7-42-2　民國十七年十一月鄭祖天立盡糞椆字

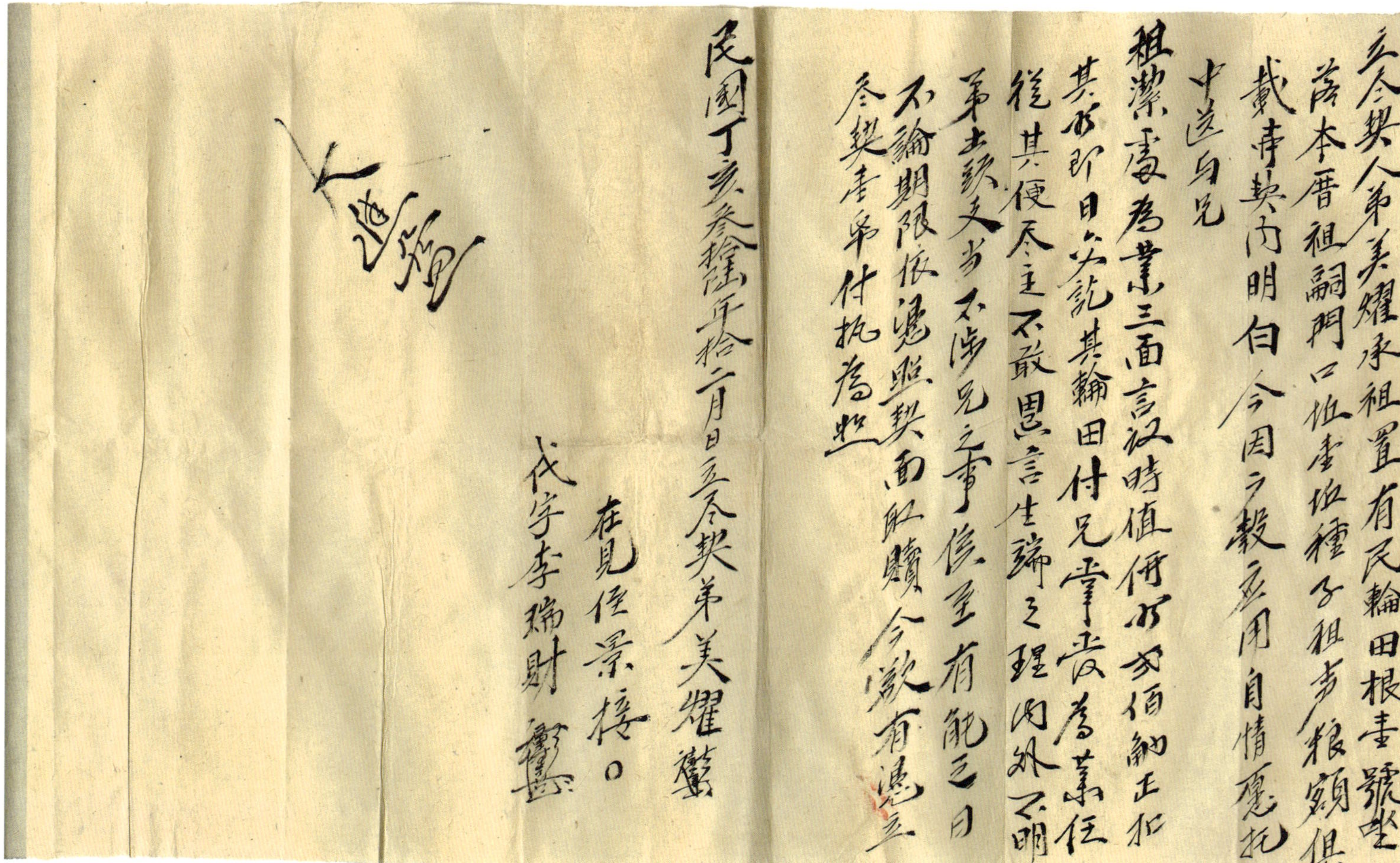

立盡契人弟美耀承祖置有民輪田根壹號，坐落本厝祖祠門口，址壹址，種子租步糧穎俱載薄契內明白。今因乏穀應用，自情愿托中送與兄祖潔處為業，三面言議時值價谷叁佰觔正。其谷即日交訖，其輪田付兄掌管為業，任從其便，盡主不敢思言生端之理。內外不明，弟出頭支當，不涉兄之事。後至有能之日，不論期限，依憑照契面取贖。今欲有憑，立盡契壹帋付執為照。

民國丁亥叁拾陸年拾二月 日立盡契弟美耀（押）

在見侄景樟（押）

代字李瑞財（押）

11-7-42-3 民國三十六年十二月鄭美耀立盡民輪田根契

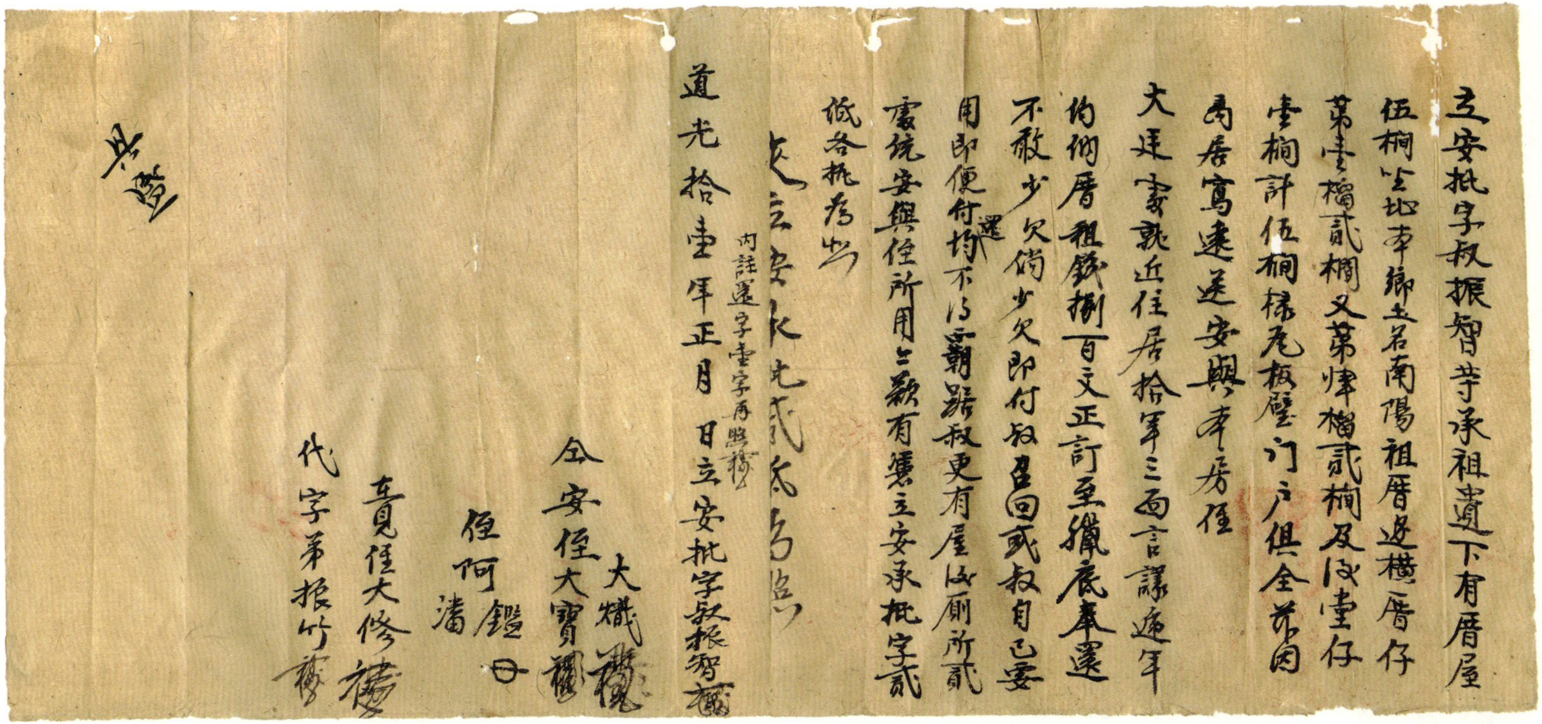
立安批字叔振智等承祖遺下有厝屋
伍桐坐址本鄉土名南陽祖厝邊橫厝仔
第壹榴貳桐又第肆榴貳桐及後壹仔
壹桐，計伍桐，樑瓦板壁門户俱全。今因
西居寫遠，送安與本房侄
大廷家就近住居，拾年三面言議遞年
的納厝租錢捌百文正，訂至臘底奉還，
不敢少欠；倘少欠，即付叔召回，或叔自己要
用，即便付還，不得霸踞。叔更有屋後廁所貳
處，流安與侄所用。今欲有憑，立安承批字貳
紙，各執爲照。
內註還字壹字再照
道光拾壹年正月　日立安批字叔振智
大熾
仝安侄大寶
中　侄阿鐙
阿潘
責侄大修
代字弟振竹

11-7-43-1　清道光十一年正月賴振智等立安批厝屋字

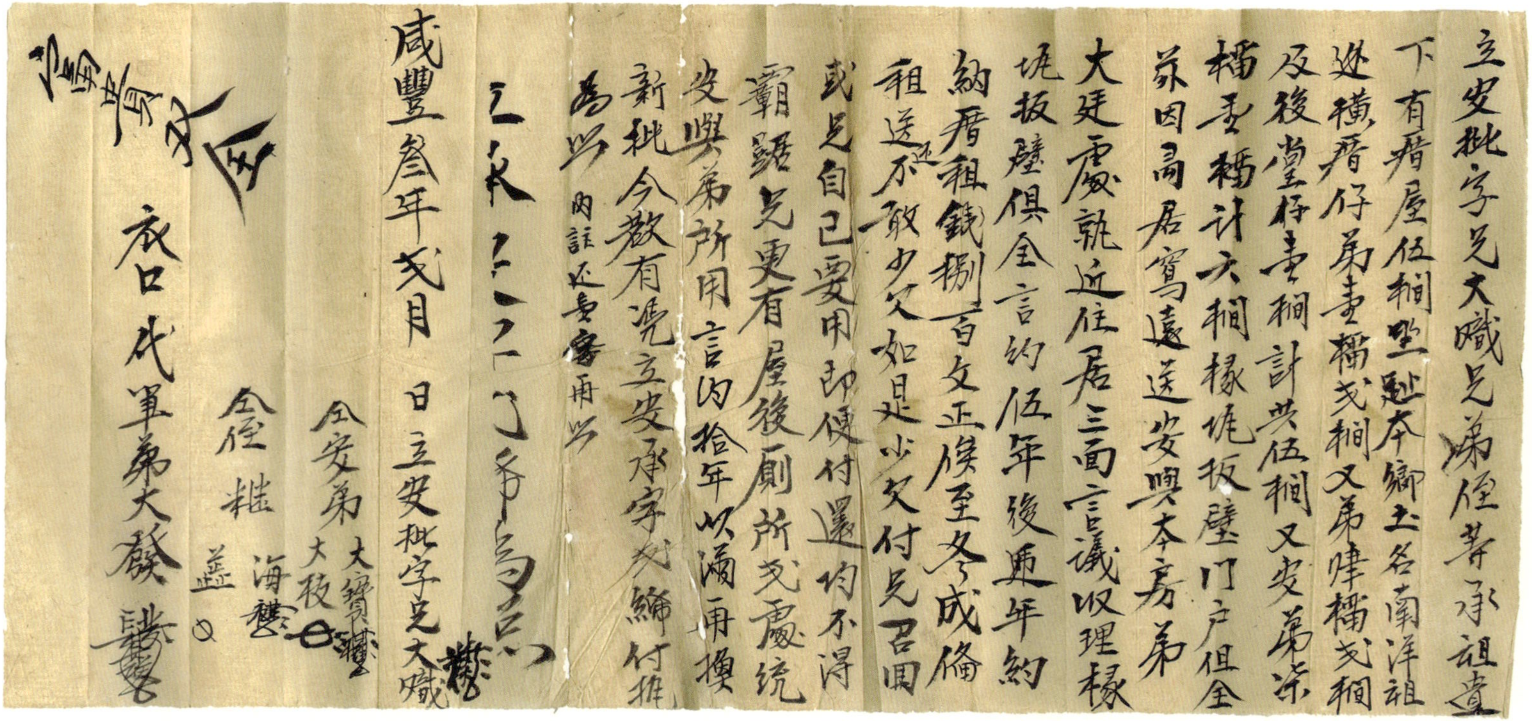

立安批字兄大熾兄弟侄等承祖遺
下有厝屋伍桐坐址本鄉土名南洋祖
迯横厝仔弟壹桐弍桐又弟肆桐弍桐
及後堂仔壹桐計共伍桐又安弟流
桐壹桐計六桐椽坭板壁门户但全
弟因高居窎遠送安與本房弟
大廷處就近住居三面言議以理椽
坭板壁俱全言約伍年後逓年約
納厝租錢捌百文正候至冬成備
租送不敢少文如是少文付兄召回
弍兄自己要用即便付還均不得
霸踞兄更有屋後廁所弍處统
安與弟所用言约拾年以滿再換
新批今欲有凭立安承字弍紙付批
為照　内註还字壹再照

咸豐叁年弍月　日立安批字兄大熾
仝安弟　大寶　大杖
仝侄　糕　海　益
依口代筆弟大發

11-7-43-2　清咸豐三年二月賴大熾等立安批厝屋字

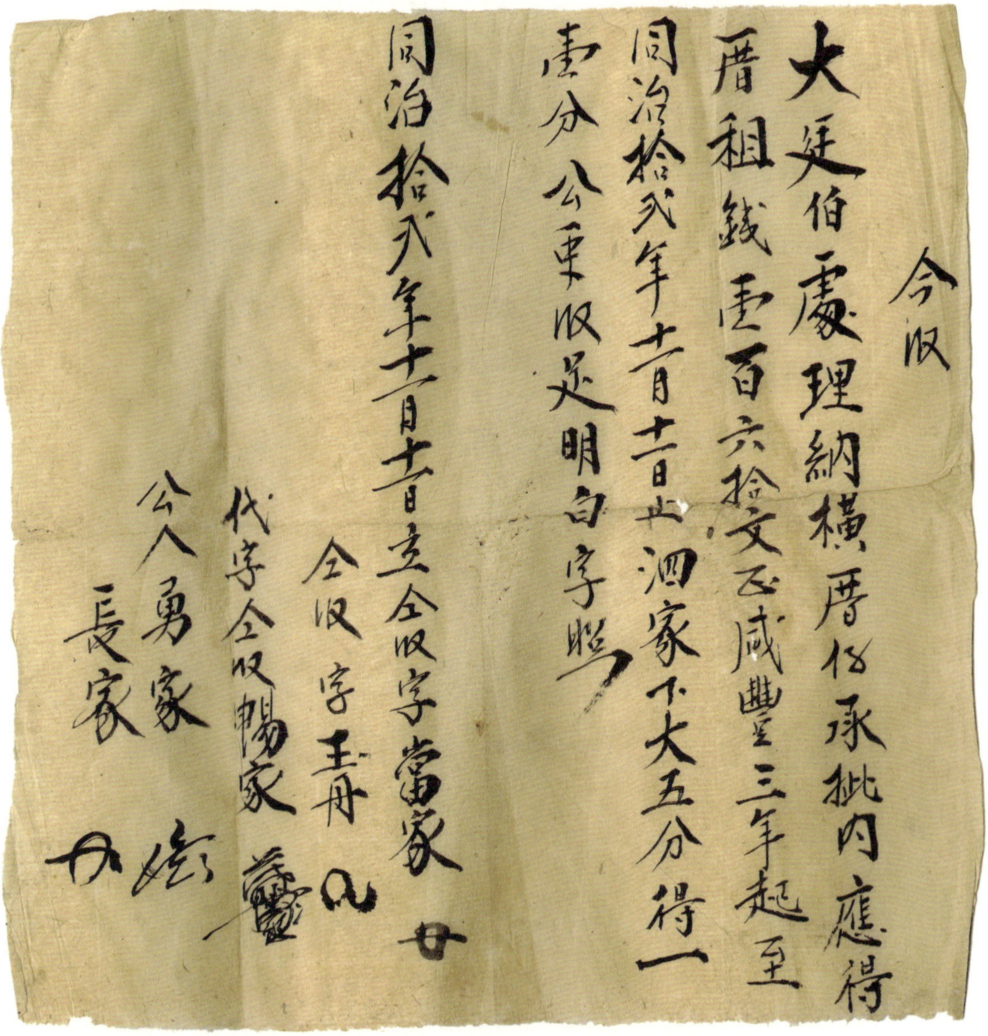

今收

大廷伯處理納橫厝仔承批内應得

厝租錢壹百六拾文正咸豐三年起至

同治拾貳年十二月十二日止洄家下大五分得一

壹分公衆收足明白字照

同治拾貳年十一月十一日立全收字當家

全收字壬冊

代字全收暢家

公人勇家

長家

11-7-43-3 清同治十二年十一月賴當家立收厝租錢字

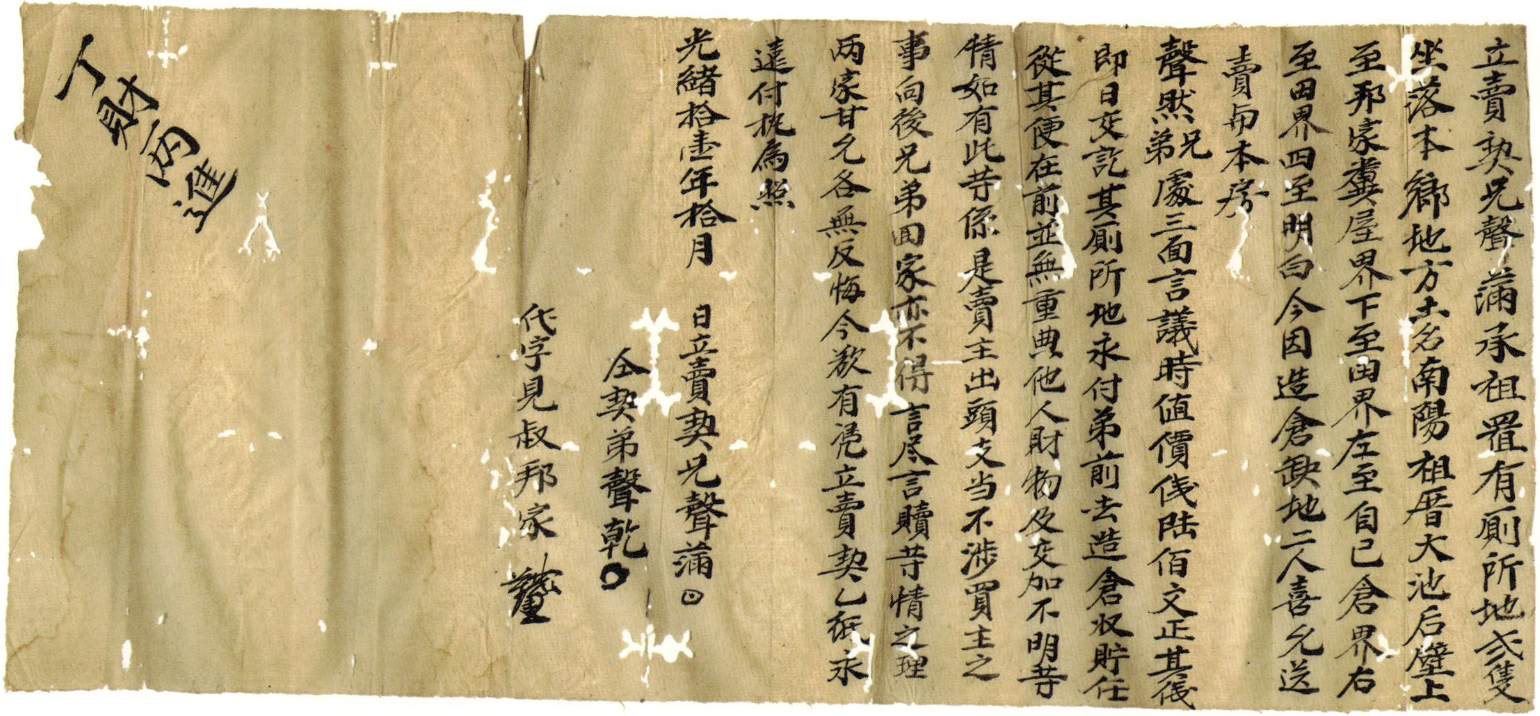

立賣契兄聲滿承祖置有厠所地弍隻
坐落本鄉地方土名南陽祖厝大池后壁上
至邦家糞屋界下至田界左至自己倉界右
至田界四至明白今因造倉缺地二人喜允送
賣與本房
聲然弟兄處三面言議時值價錢陆佰文正其錢
即日交訖其厠所地永付弟前去造倉收貯任
從其便在前並無重典他人財物及交加不明等
情如有此等係是賣主出頭支当不涉買主之
事向後兄弟田家亦不得言尽言贖等情之理
两家甘允各無反悔今欲有凴立賣契乙紙永
遠付執為照
光緒拾壹年拾月　日立賣契兄聲滿（押）
仝契弟聲乾（押）
代字見叔邦家（押）
丁財兩進

11-7-43-4　清光緒十一年十月賴聲滿等立賣厠所地契

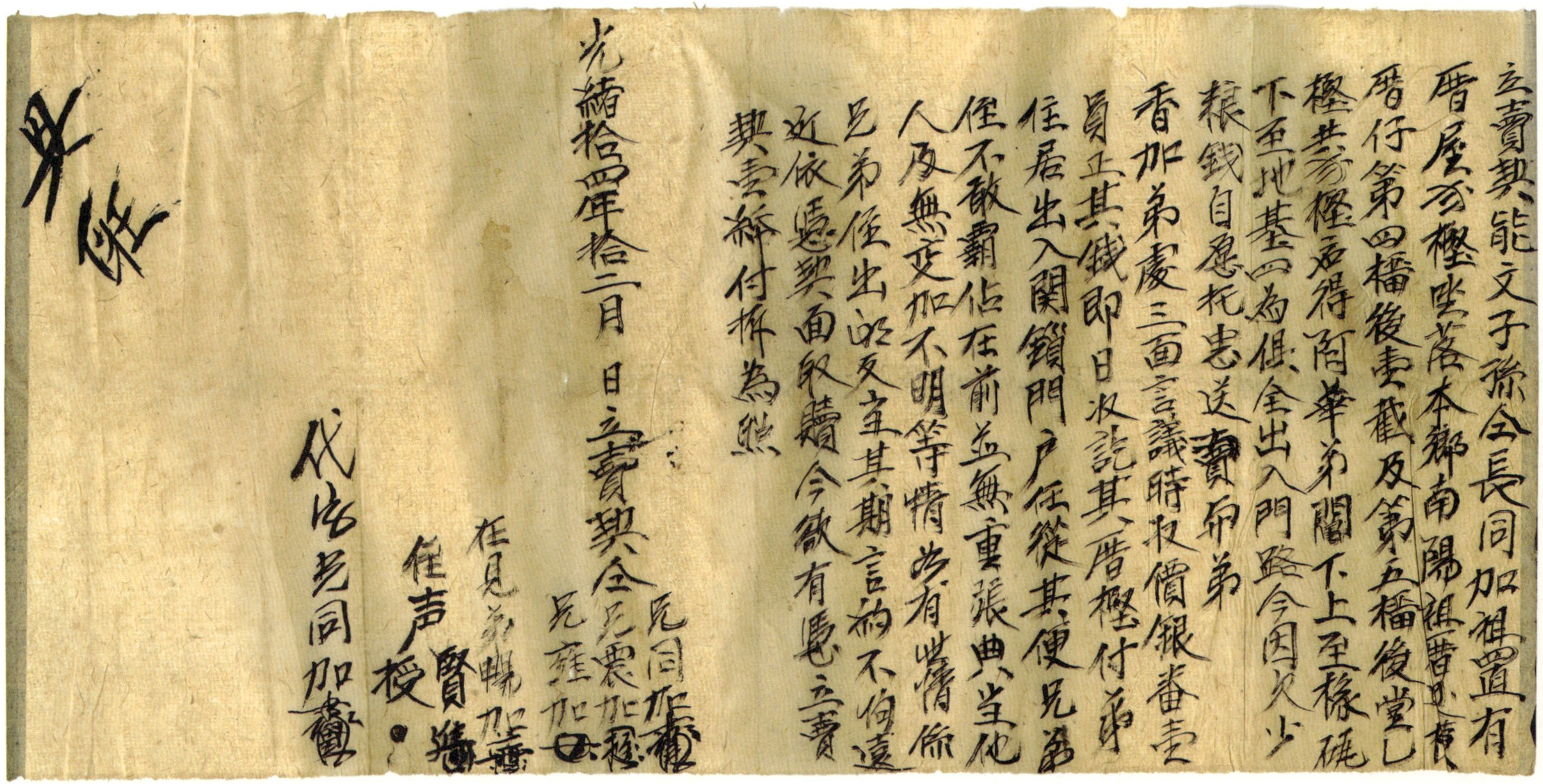

立賣契、能文子孫仝長同加祖置有
厝屋弍榀，坐落本鄉南陽祖厝後堂乚
厝仔第四檔後壹截及第五檔後堂乚
榀共弍榀，應得同華弟鬮下，上至椽硫，
下至地基，四為俱全，出入門路，今因欠少
粮錢，自愿托中送賣與弟
香加弟處，三面言議，時價銀番壹
員正，其錢即日收訖，其厝榀付弟
任居出入關鎖門户，任從其便，兄弟
侄不敢霸佔，在前並無重張典、當他
人，及無定加不明等情，如有此情，係
兄弟侄出頭支主，其期言約不拘遠
近，依原契面取贖，今欲有憑，立賣
契壹紙付執為照

光緒拾四年拾二月　日立賣契仝兄同祚（押）
兄同震加（押）
兄同雍加（押）
在見弟暢加（押）
侄賢（押）
侄声授●
代筆兄同加（押）

11-7-43-5　清光緒十四年十二月賴同加等立賣厝屋契

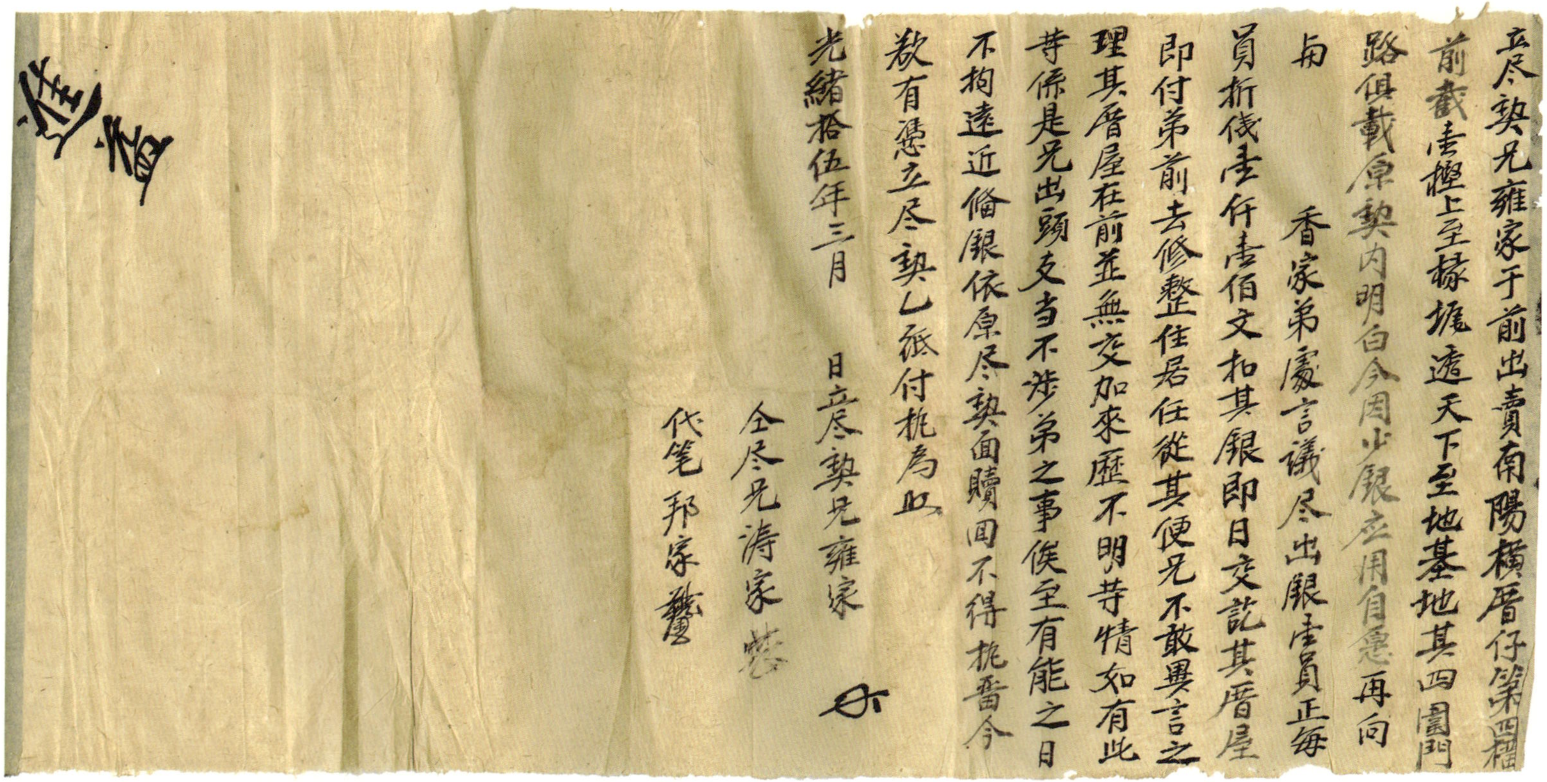
立尽契兄雍家于前出賣南陽横厝仔第四櫊
前截壹橷上至椽瓦下至地基地其四圍門
路俱載原契内明白今因少銀应用自愿再向
与　香家弟處言議尽出銀壹員正每
員折伐壹仟壹佰文扣其銀即日交訖其厝屋
即付弟前去修整住居任從其便兄不敢異言之
理其厝屋在前並無交加來歷不明等情如有此
等係是兄出頭支当不涉弟之事俟至有能之日
不拘遠近備銀依原尽契面贖回不得抗留今
欲有憑立尽契乙紙付执為照
光緒拾伍年三月　日立尽契兄雍家（押）
全尽兄濤家（押）
代笔邦家（押）

11-7-43-6　清光緒十五年三月賴雍家等立盡横厝契

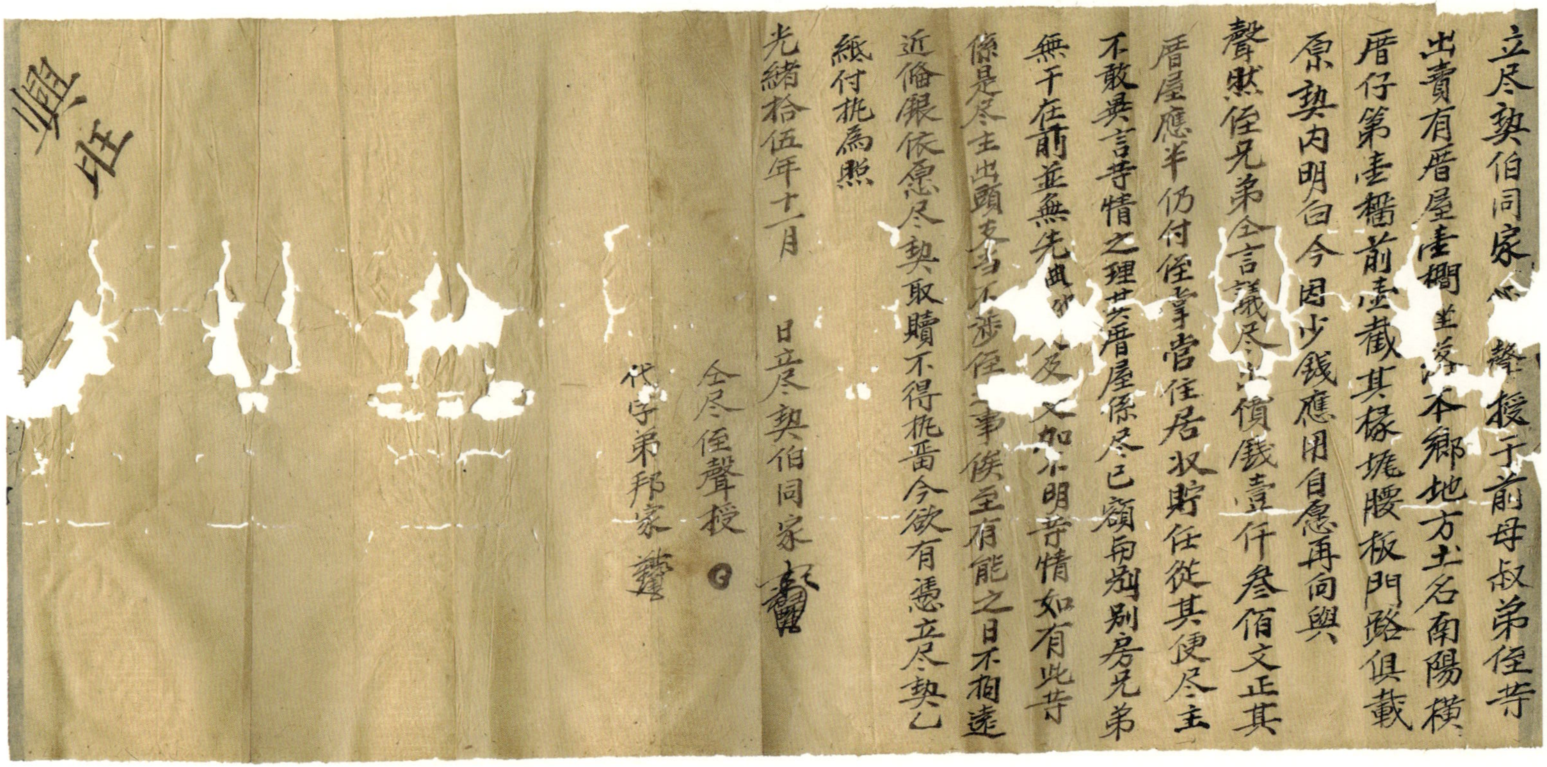

11-7-43-7　清光緒十五年十一月賴同家等立盡厝屋契

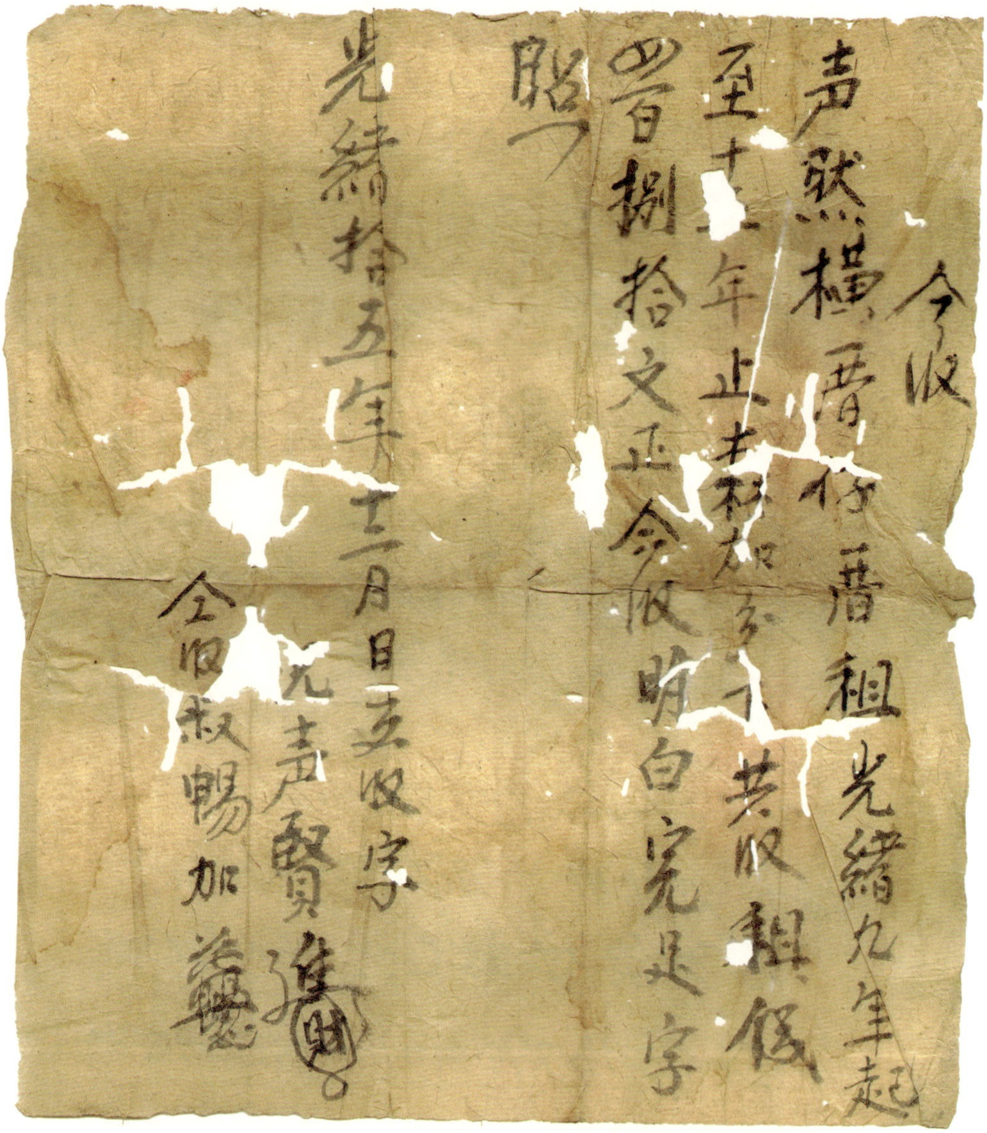
今收
声然横厝侄厝租 光緒九年起
至十五年止去秋加多十 共收租錢
四百捌拾文正今收明白完足字
照
光緒拾五年十二月日立收字
光声賢（押）
今收 叔暢加（押）

11-7-43-8　清光緒十五年十二月賴声賢等立收厝租錢字

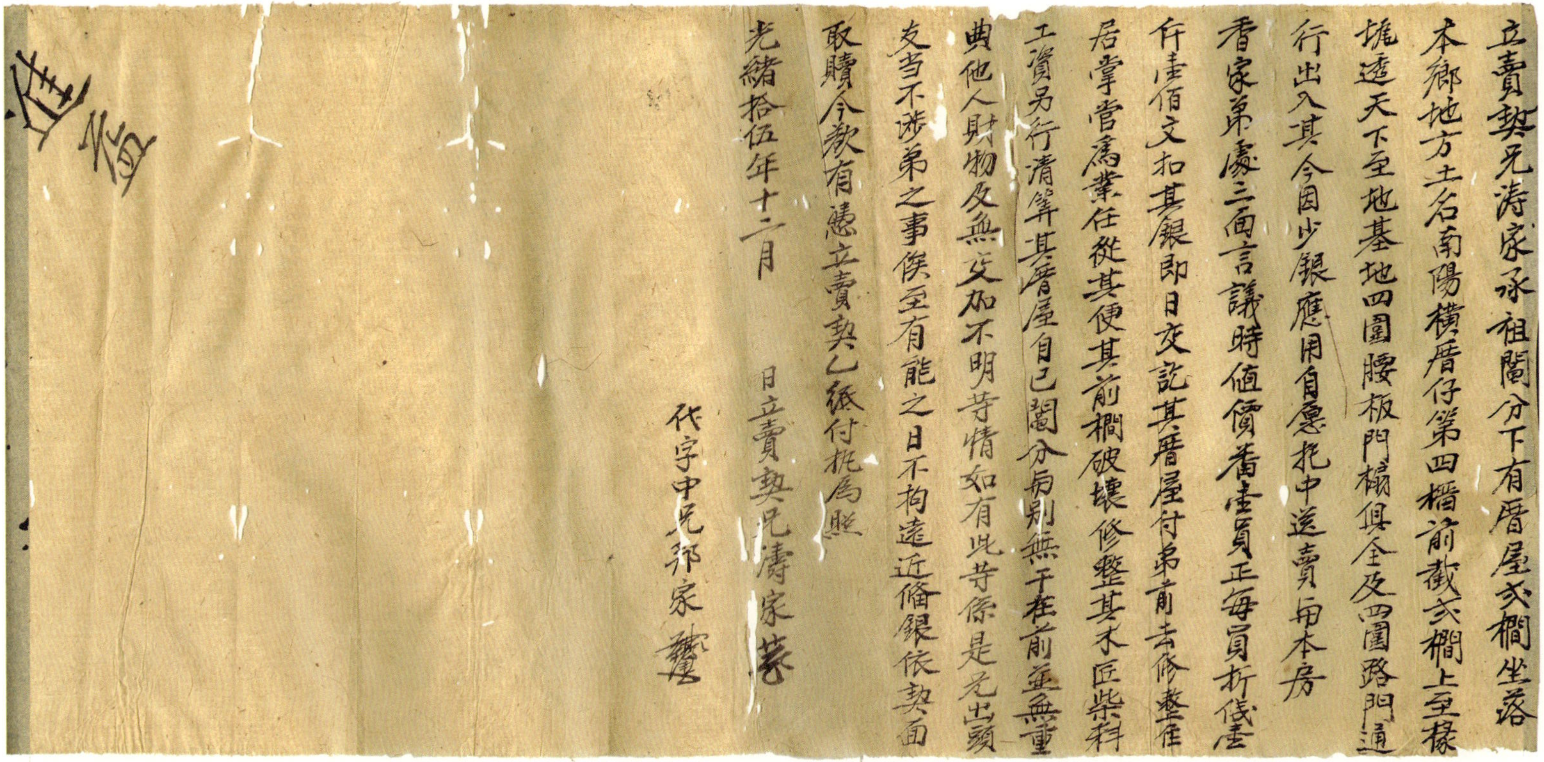

11-7-43-9 清光緒十五年十二月賴濤家立賣厝屋契

立賣契兄濤家承祖鬮分下有厝屋弍間坐落
本鄉地方土名南陽樓厝仔第四橺前截弍橺上至椽
桷下至地基地四圍墻板門扇俱全及四圍路門通
行出入其今因乏銀應用自愿託中送賣與本房
香家承買為業三面言議時值價番佛伍員正每員折柒錢
行平佰文和其銀即日交訖其厝屋付與弟前去修整住
居掌管為業任從其便其前橺破壞修整其木匠材料
工資另行清算其厝屋自己鬮分與別無干甚前並無重
典他人財物及無交加不明等情如有此等係是兄出頭
支當不涉弟之事俟至有能之日不拘遠近備銀依契面
取贖今欲有憑立賣契一紙付執為照

光緒拾伍年十二月 日立賣契兄濤家
代字中兄祁家

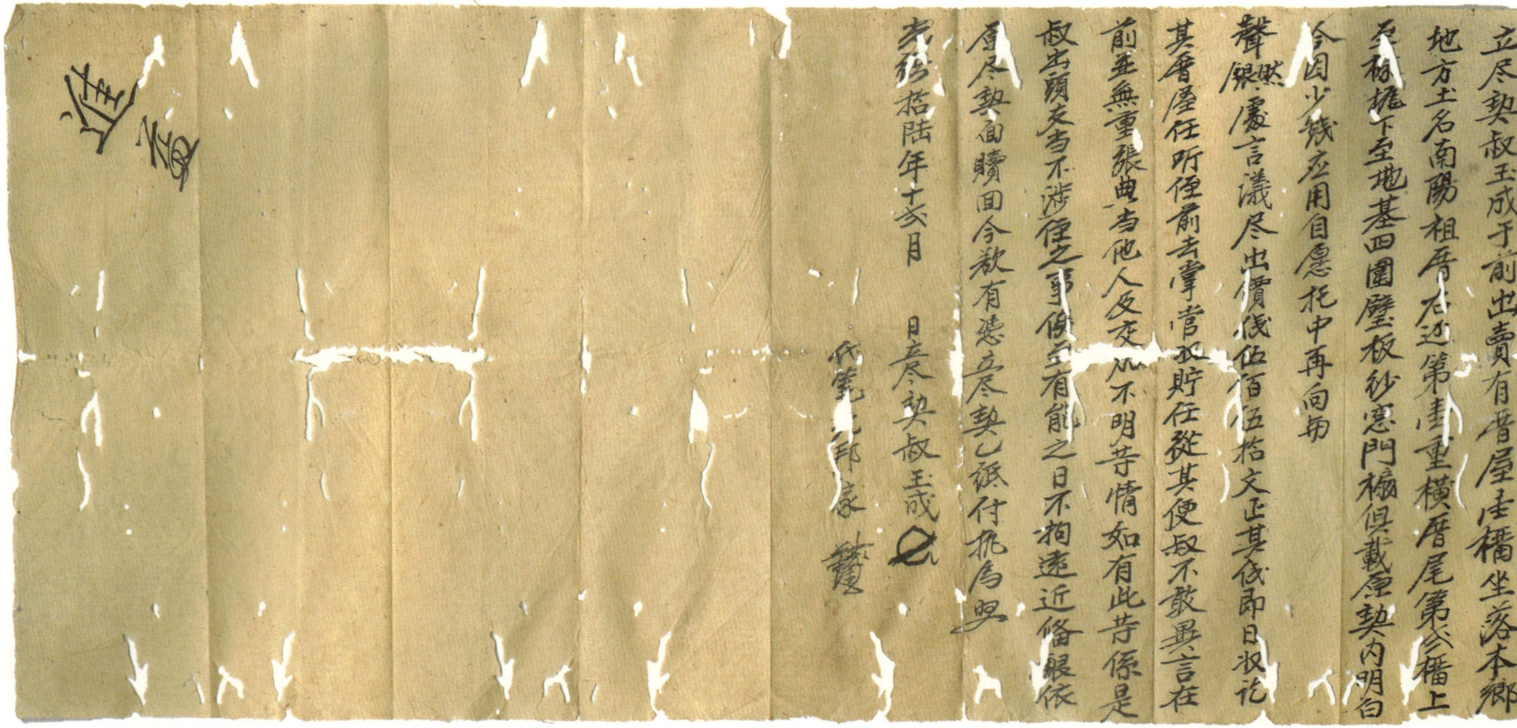

立尽契叔玉成于前出賣有㕓屋壹幢坐落本鄉
地方土名南陽祖厝右边第壹重横㕓尾第六幢上
至桁桷下至地基四圍壁板紗窓門橺俱載原契內明白
今因少錢應用自愿托中再向與
聲銀處言議尽出價錢伍百伍拾文正其錢即日收訖
其㕓屋任聽姪前去掌管收貯任從其便叔不敢異言在
前並無重張典當他人及交加不明等情如有此等係是
叔出頭支當不涉姪之事倘日後有能之日不拘遠近備銀依
原尽契面贖回今欲有憑立尽契一紙付執爲照
光緒拾陸年十二月　日立尽契叔玉成（押）
代筆兄邦家（押）

廷芝

11-7-43-10　清光緒十六年十二月賴玉成立盡㕓屋契

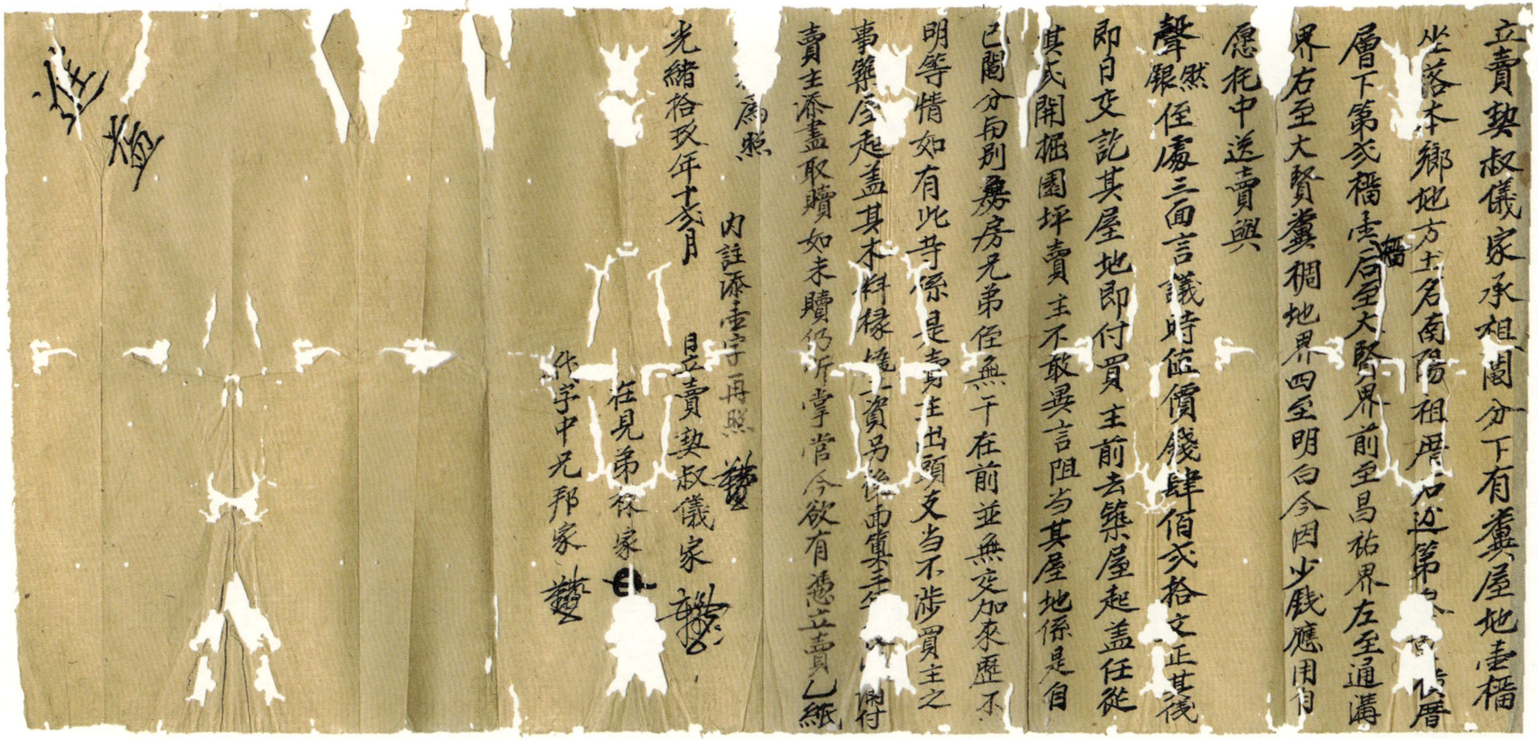
立賣契叔儀家承祖鬮分下有糞屋地壹稽
坐落本鄉地方土名南陽祖厝口边第[illegible]厝
層下第叁稽，壹稽，后至大路界，前至昌祐界，左至通溝
界，右至大賢糞硐地界，四至明白。今因乏錢應用，自
愿托中送賣與
聲然銀姪處，三面言議時值價錢肆佰叁拾文正，其錢
即日交訖，其屋地即付買主前去築屋起盖，任從
其民開掘園坪，賣主不敢異言阻当。其屋地係是自
己鬮分，與别房兄弟姪無干，在前並無交加來歷不
明等情，如有此等係是賣主出頭支当，不涉買主之
事。築屋起盖其木料椽[illegible]資另係兩業主[illegible]付
賣主添盡取贖，如未贖仍听掌管。今欲有憑，立賣乙紙
[illegible]為照。
光緒拾玖年十二月
內註添壹字再照
日立賣契叔儀家
在見弟孫家
代字中兄邦家
注查

11-7-43-11　清光緒十九年十二月賴儀家立賣糞屋地契

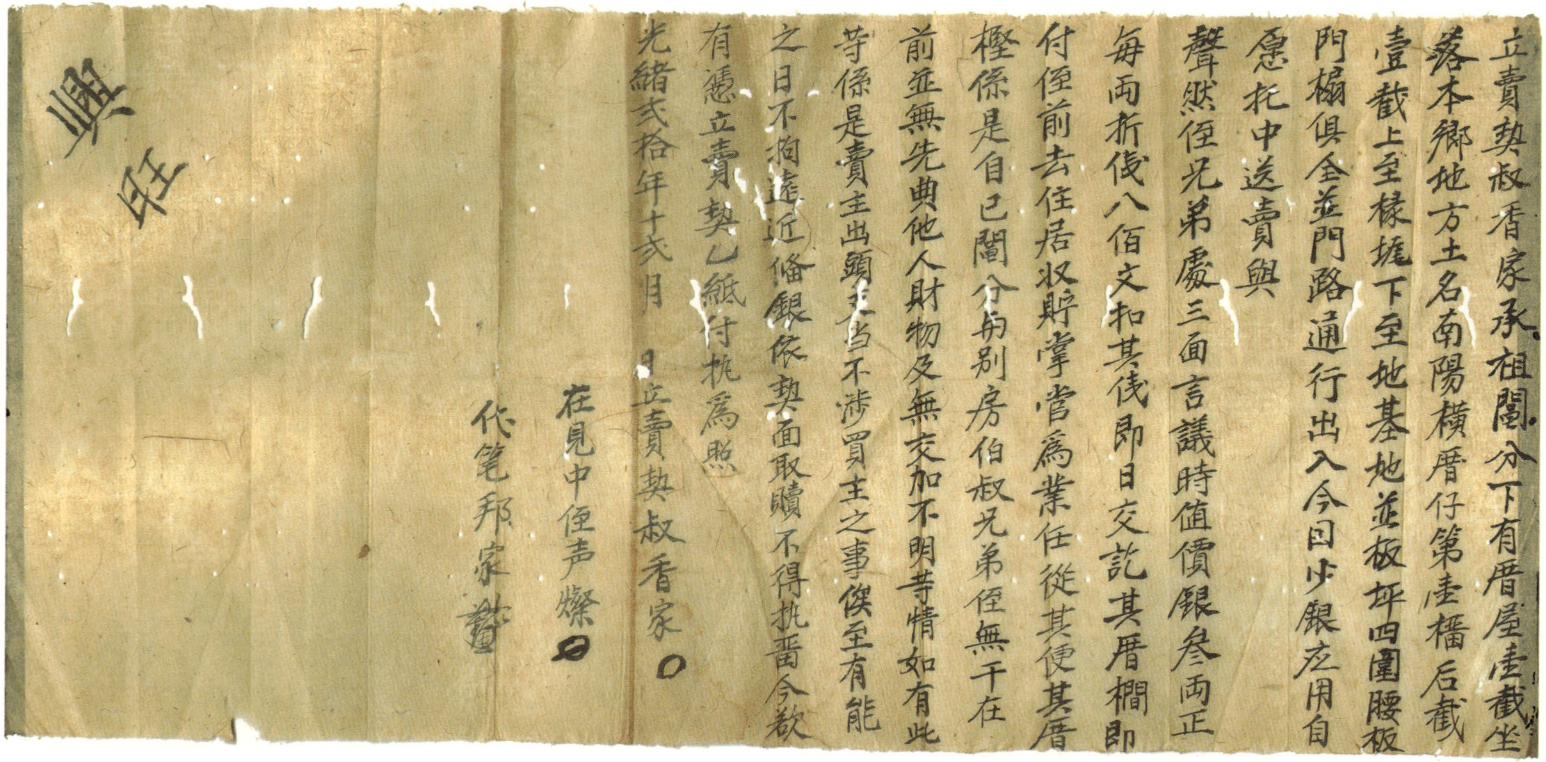

立賣契叔香家承祖閹分下有厝屋壹截坐
落本鄉地方土名南陽横厝仔第壹橺后截
壹截上至椽梴下至地基地並板坪四圍腰板
門楄俱全並門路通行出入今因少銀應用自
愿托中送賣與
聲然侄兄弟處三面言議時值價銀叁兩正
每兩折伐八佰文和其伐即日交訖其厝橺即
付侄前去住居收貯掌管為業任從其便其厝
橺係是自己閹分與別房伯叔兄弟侄無干在
前並無先典他人財物及無交加不明等情如有此
等係是賣主出頭支當不涉買主之事倘至有能
之日不拘遠近備銀依契面取贖不得執留今欲
有憑立賣契乙紙付執為照
光緒弍拾年十弍月　日立賣契叔香家
在見中侄声燦
代筆邦家
興旺

11-7-43-12　清光緒二十年十二月賴香家立賣厝屋契

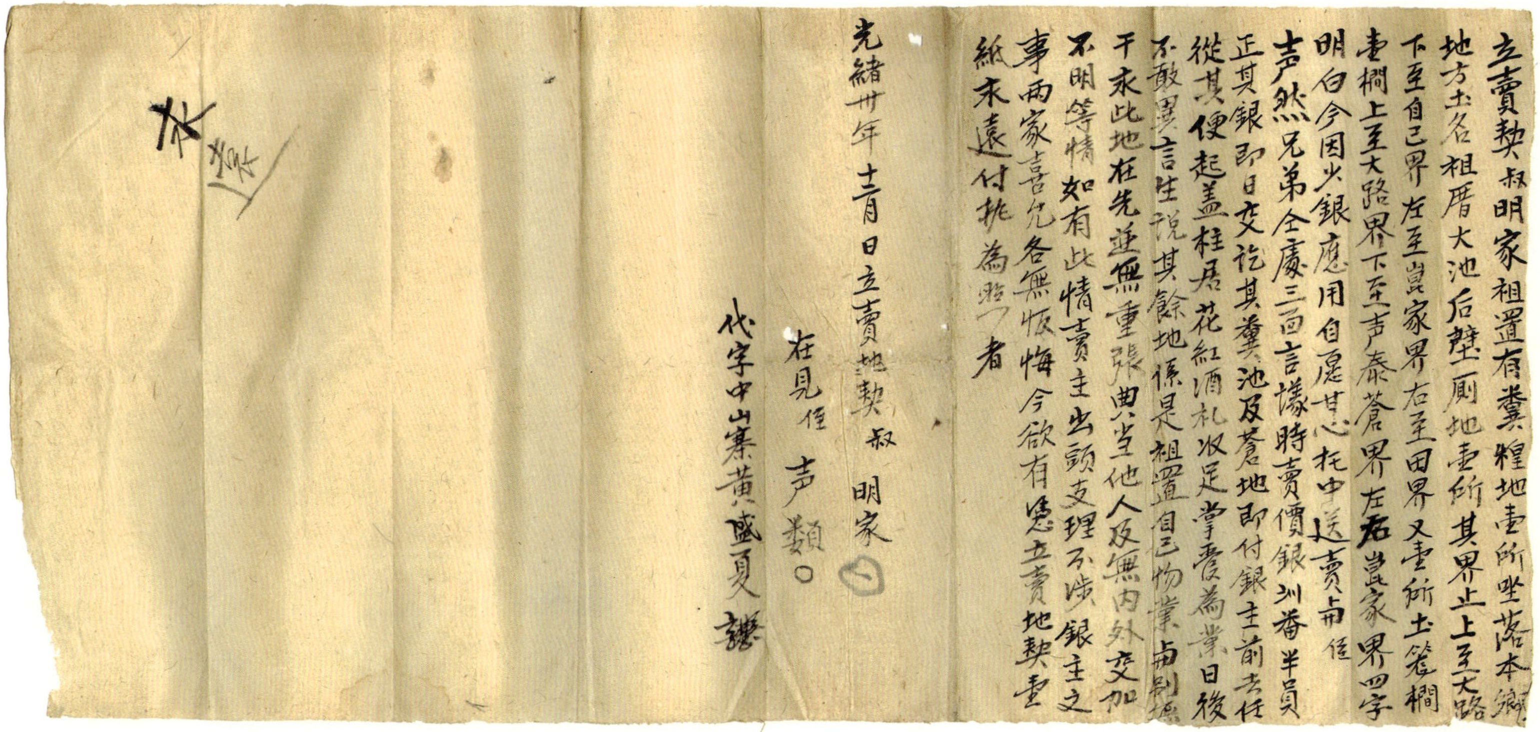
立賣契叔明家祖置有糞楻地壹所坐落本鄉
地方土名祖厝大池后壁厠地壹所其界止上至大路
下至自己界左至崑家界右至田界又壹所土笼櫚
壹櫚上至大路界下至声泰蒼界左右崑家界四字
明白今因乏銀應用自愿甘心托中送賣𠇗侄
声然兄弟仝處三面言議時賣價銀圳番半員
正其銀即日交訖其糞池及蒼地即付銀主前去任
從其便起蓋柱居花紅酒礼収足掌管為業日後
不敢異言生說其餘地係是祖置自己物業𠇗則無
干永此地在先並無重張典当他人及無内外交加
不明等情如有此情賣主出頭支理不涉銀主之
事两家喜允各無恢悔今欲有憑立賣地契壹
紙永遠付挑為照者

光緒卅年十二月日立賣地契叔 明家（押）

在見侄 声類〇

代字中山寨黃盛夏𦘕

11-7-43-13 清光緒三十年十二月賴明家立賣糞楻地契

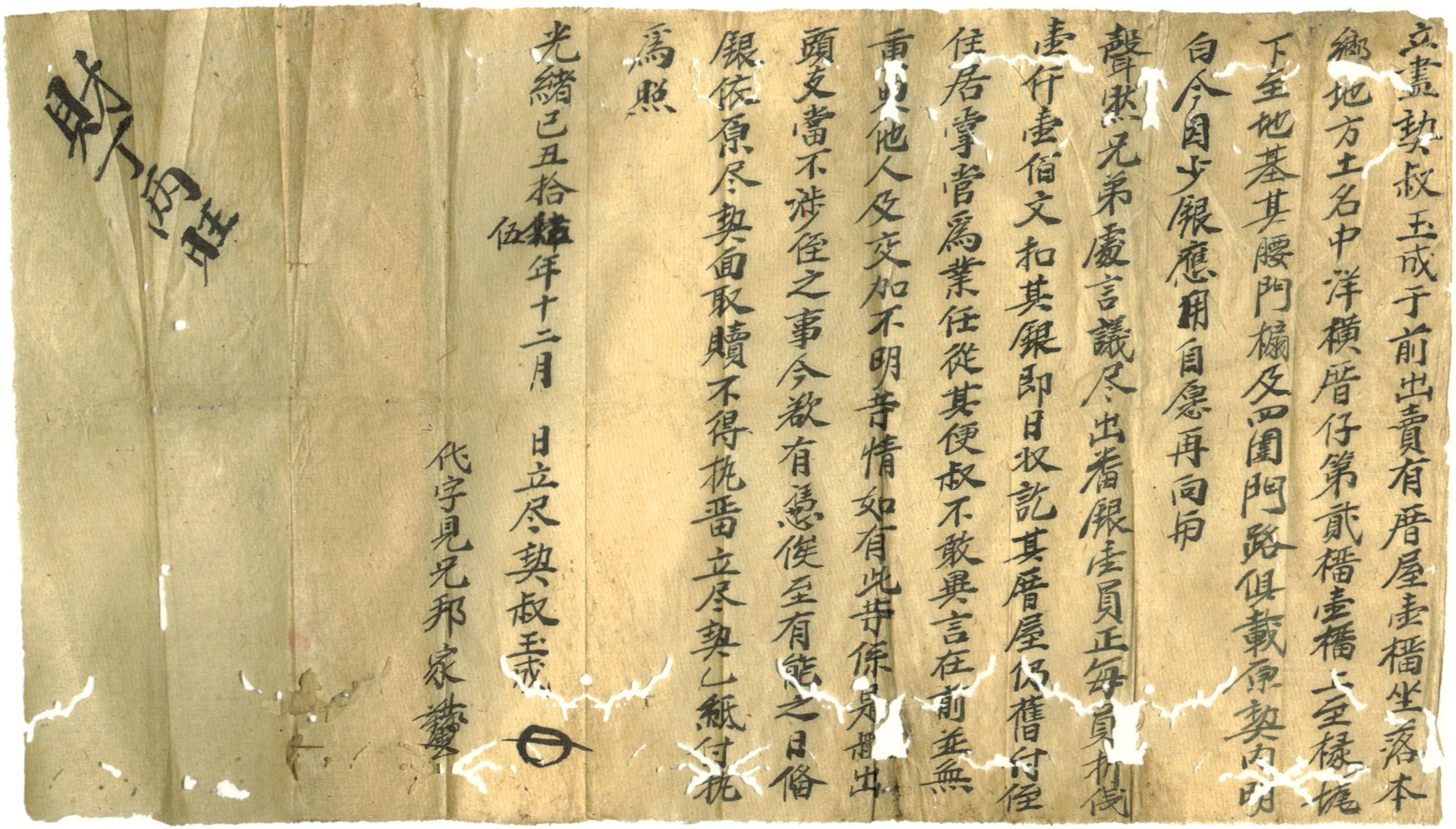
立盡契叔玉成于前出賣有厝屋壹橺坐落本
鄉地方土名中洋横厝仔第貳橺壹橺上至椽桷
下至地基其腰門欄及四圍門路俱載原契內明
白今因乏銀應用自愿再向帛
聲然兄弟處言議盡出首銀壹員正每員折錢
壹仟壹佰文和其銀即日收訖其厝屋仍舊付侄
侄居掌管為業任從其便叔不敢異言在前並無
重典他人及交加不明等情如有此等係[illegible]出
頭支當不涉侄之事今欲有憑從至有能之日備
銀依原盡契面取贖不得執留立盡契乙紙付執
為照
光緒己丑拾伍年十二月　日立盡契叔玉成
代字見兄邦家
財丁兩旺

11-7-44-1　清光緒十五年十二月賴玉成立盡厝屋契

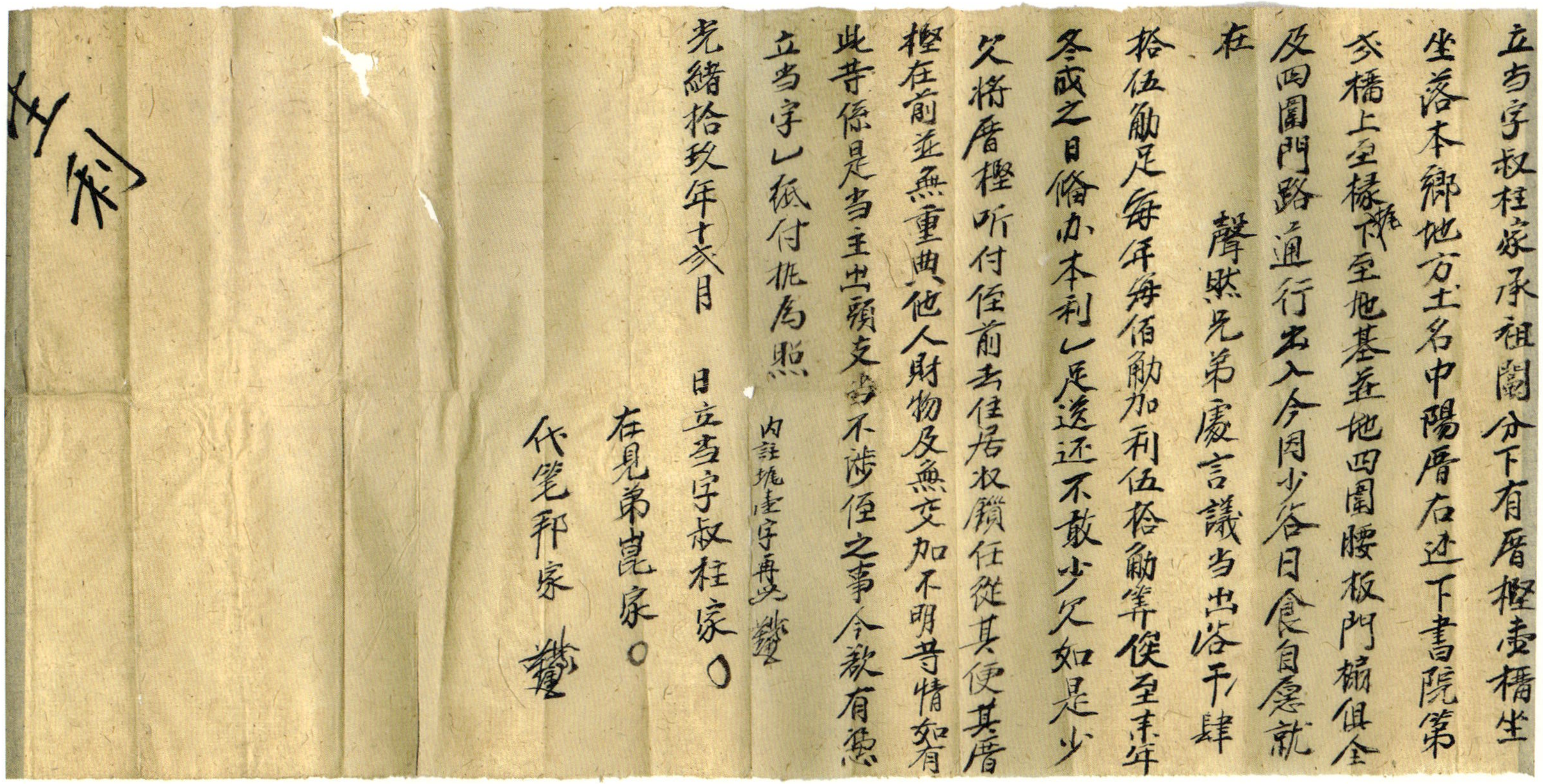
立当字叔柱家承祖閣分下有厝樫壹橺坐
坐落本鄉地方土名中陽厝右边下書院第
叁橺上至椽挑下至地基並地四圍樓板門橺俱全
及四圍門路通行出入今因少谷日食自愿就
在　聲照兄弟處言議当出谷千肆
拾伍觔足每年每佰觔加利伍拾觔筭使至來年
冬成之日備办本利一足送还不敢少欠如是少
欠將厝樫听付兄前去住居收鎖任從其便其厝
樫在前並無重典他人財物及無交加不明等情如有
此等係是当主出頭支当不涉兄之事今欲有憑
立当字一紙付執為照　內註塊𡒄字再照
光緒拾玖年十弍月　日立当字叔柱家〇
在見弟崑家〇
代笔邦家
主利

11-7-44-2　清光緒十九年十二月賴柱家立當厝樫字

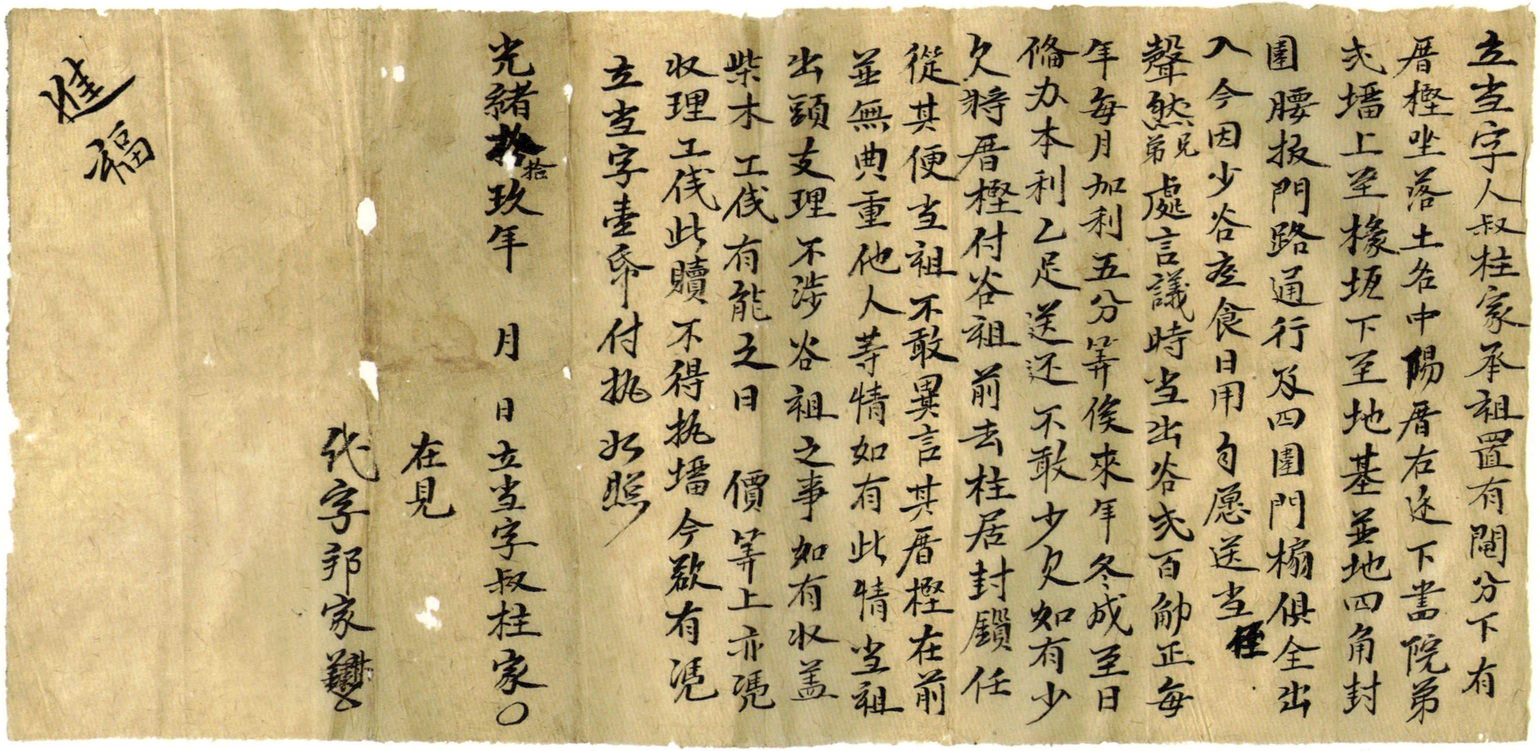

立当字人叔柱家承祖置有閲分下有
厝樫坐落土名中陽厝右边下書院弟
弍墻上至椽坂下至地基並地四角封
圍腰扱門路通行及四圍門楄俱全出
入今因少谷应食日用自愿送当侄
声然兄弟處言議時当出谷弍百觔正每
年每月加利五分算後來年冬成至日
倫办本利乙足送还不敢少欠如有少
欠将厝樫付谷祖前去柱居封鎖任
從其便当祖不敢異言其厝樫在前
並無典重他人等情如有此情当祖
出頭支理不涉谷祖之事如有收蓋
柴木工伐有能之日 價算上亦凭
收理工伐此贖不得執墻今欲有凭
立当字壹帋付執为照

光緒拾玖年 月 日 立当字叔柱家〇

在見

代字郭家鑾

桂福

11-7-44-3 清光緒十九年賴柱家立當厝樫字（一）

立當字叔柱家承祖閭分下有厝楹
壹墻坐落本鄉中陽厝右邊下書院第
弍墻上至椽坯下至地基并地四角封園
勝枝門楯俱全及四圍門路通行今因
少谷日食，自用，自愿執在送當本房侄
聲熊兄弟處言議當出干谷弍佰斤，己每
年每月加伍本利，筭上來年冬成至日倫
办本利已足送還，不敢少欠，如有少欠，將
厝楹付侄祖前去柱居封鎖，任從其便，
當祖不敢異言。其厝楹在前并無典當
他人等情，如有此情，當祖出頭支理，不涉
侄祖之事。如有收蓋柴木工錢，有能之
日估價筭上，亦憑當字收理取贖，不得
拖番。今欲有憑，立當字壹帋付執爲照。

光緒拾玖年　月　日　立當字人柱家○
在見
代字邦家（押）

進利

11-7-44-4　清光緒十九年賴柱家立當厝楹字（二）

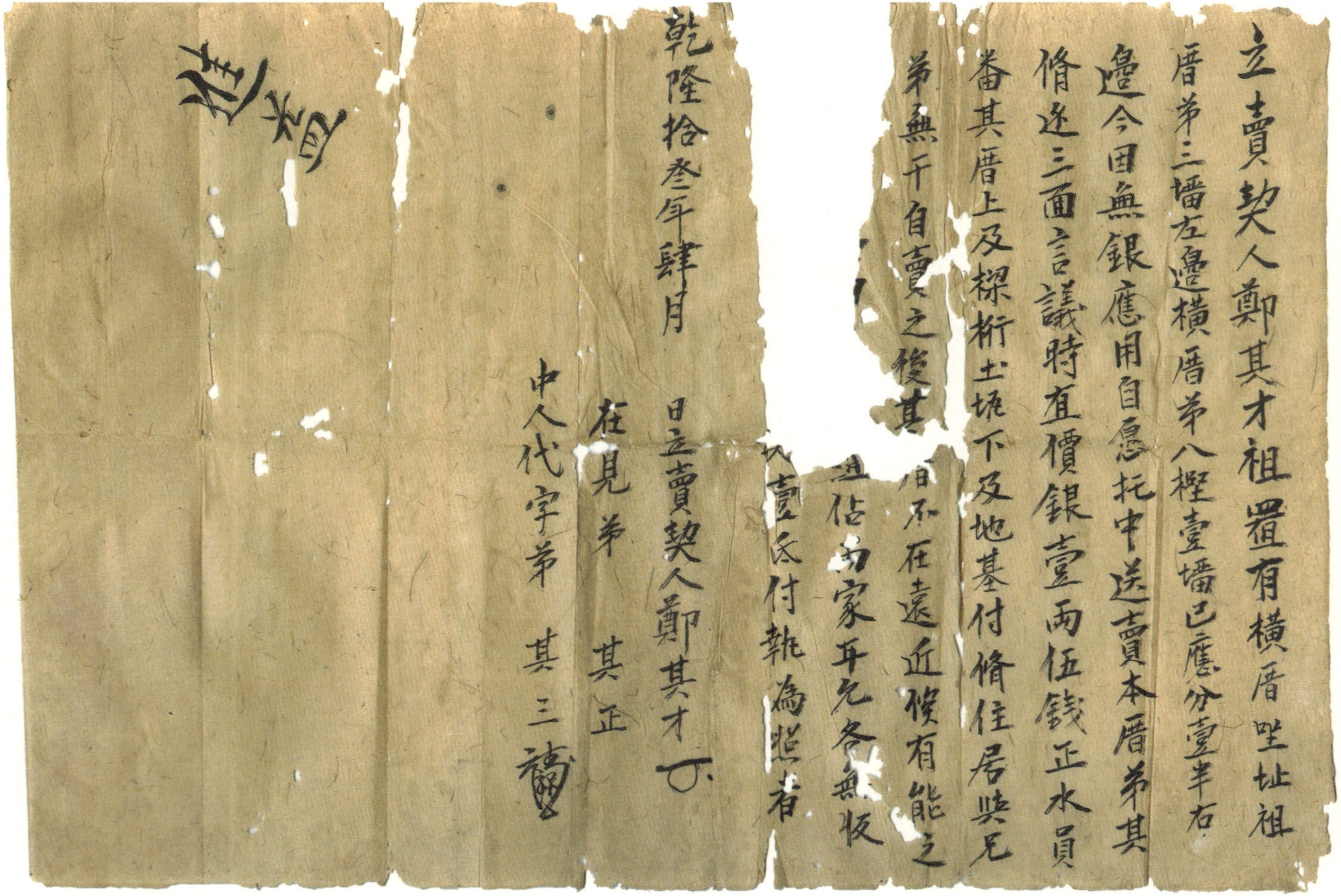
立賣契人鄭其才祖置有横厝坐址祖
厝弟三墻左邊横厝弟八椏壹墻已應分壹半右
邊今因無銀應用自息托中送賣本厝弟其
脩迯三面言議時直價銀壹两伍錢正水員
番其厝上及樑桁土坯下及地基付脩住居與兄
弟無干自賣之後其[illegible]厝不在遠近候有能之
[illegible]退佔家年允各無收
[illegible]壹紙付執為照者
乾隆拾叁年肆月　日立賣契人鄭其才
在見弟　其正
中人代字弟　其三

11-7-45-1　清乾隆十三年四月鄭其才立賣横厝契

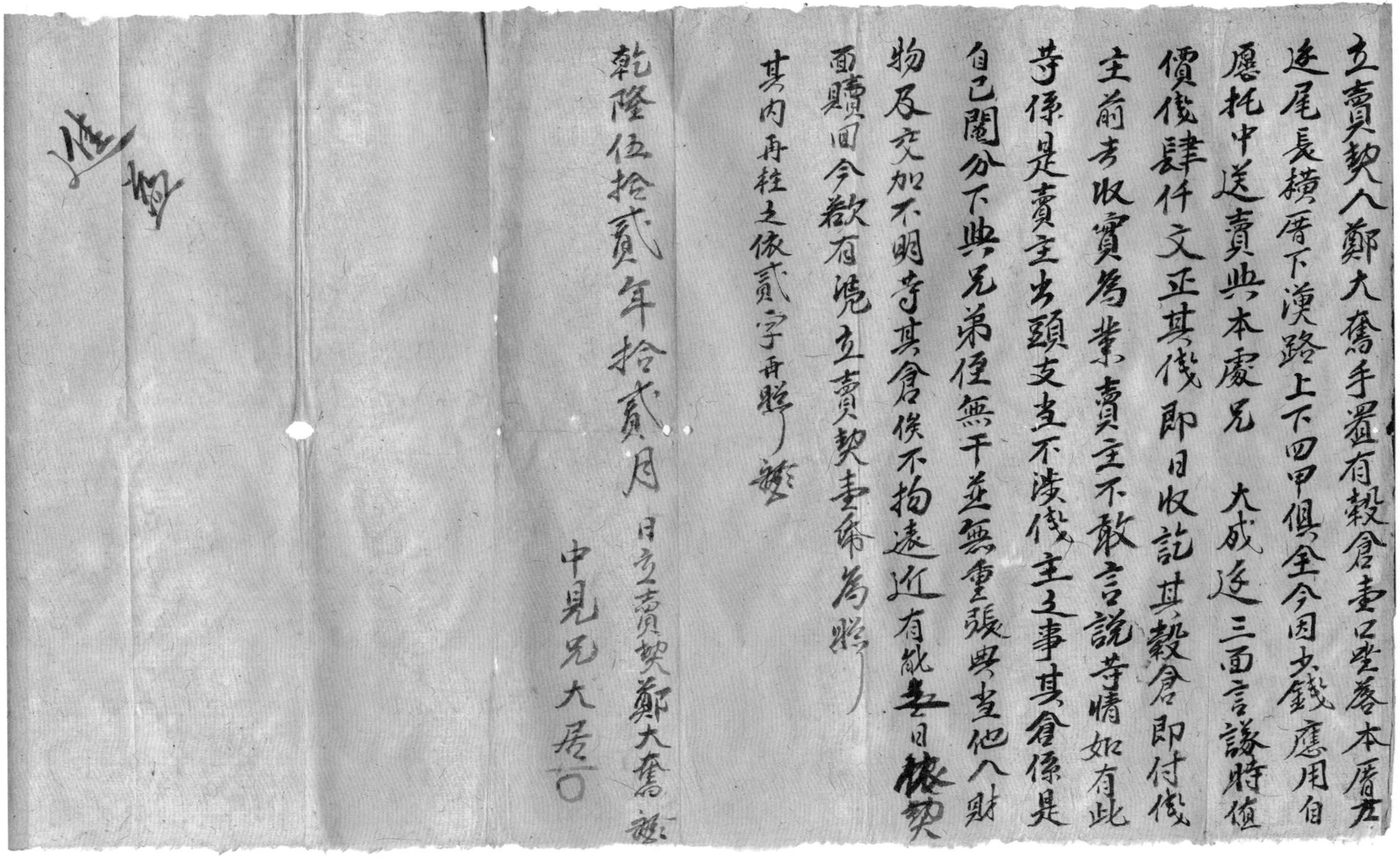
立賣契人鄭大奮手置有穀倉壹口坐落本厝左
邊尾長横厝下漢路上下四甲俱全今因乏錢應用自
愿托中送賣與本處兄 大成邊三面言議時值
價錢肆仟文正其錢即日收訖其穀倉即付錢
主前去收賣為業賣主不敢言說等情如有此
等係是賣主出頭支当不涉錢主之事其倉係是
自己閹分下與兄弟侄無干並無重張典当他人財
物及交加不明等其倉俟不拘遠近有能出日依契
面贖回今欲有憑立賣契壹紙為照
其內再柱之依貳字再照 鋒
乾隆伍拾貳年拾貳月 日立賣契鄭大奮 號
中見兄大居 〇

11-7-45-2 清乾隆五十二年十二月鄭大奮立賣穀倉契

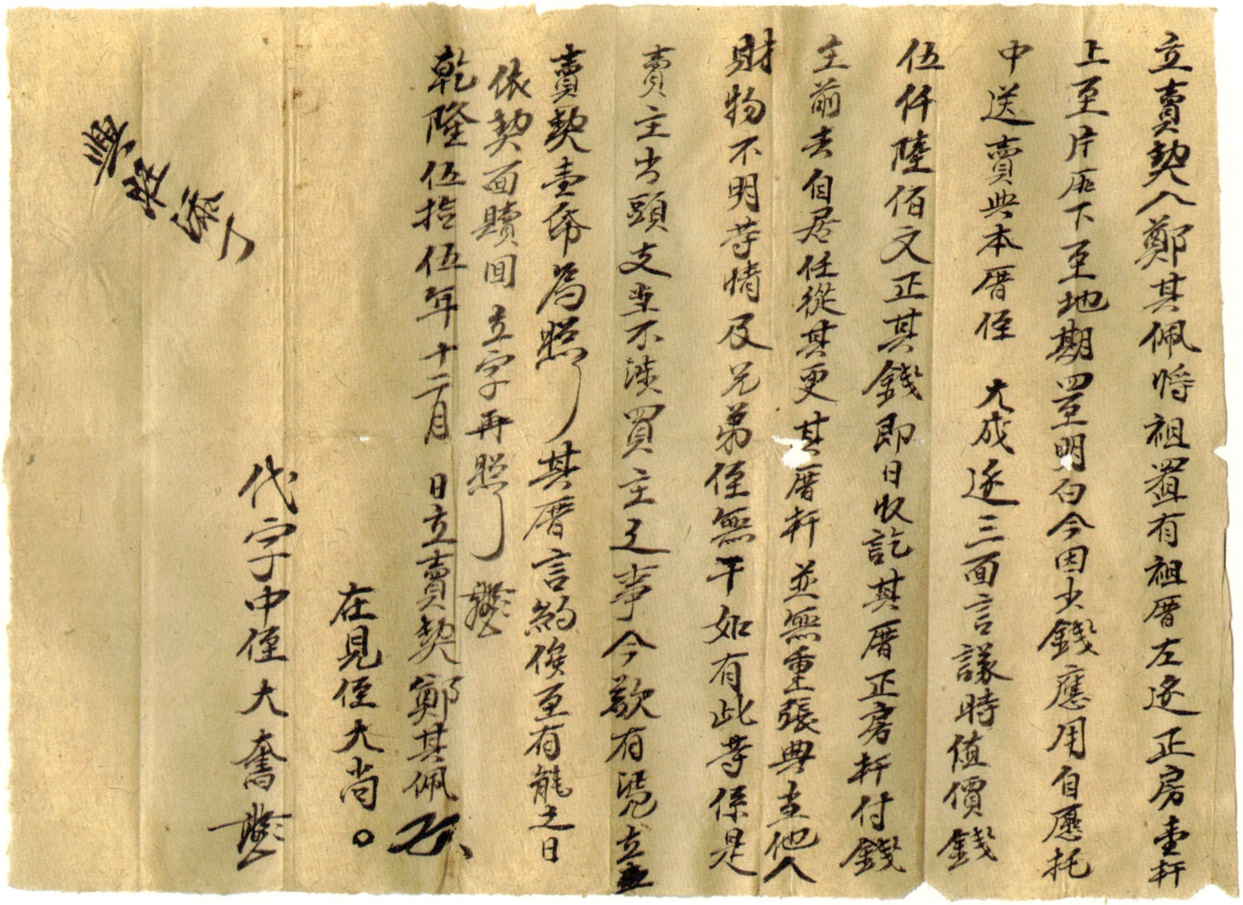
立賣契人鄭其佩，將祖置有祖厝左邊正房壹扦，
上至片瓦，下至地基，四至明白。今因乏錢應用，自愿托
中送賣與本厝侄 大成邊，三面言議時值價錢
伍仟陸佰文正。其錢即日收訖，其厝正房扦付錢
主前去自居，任從其更其厝扦，並無重張典與他人
財物不明等情，及兄弟侄無干。如有此等，係是
賣主出頭支當，不涉買主之事。今欲有憑，立賣
賣契壹紙為照。其厝言約，後至有能之日，
依契面贖回。立字再照。
乾隆伍拾伍年十二月　日立賣契鄭其佩（押）
在見侄大尚○
代字中侄大喬（押）

11-7-45-3　清乾隆五十五年十二月鄭其佩立賣房厝契

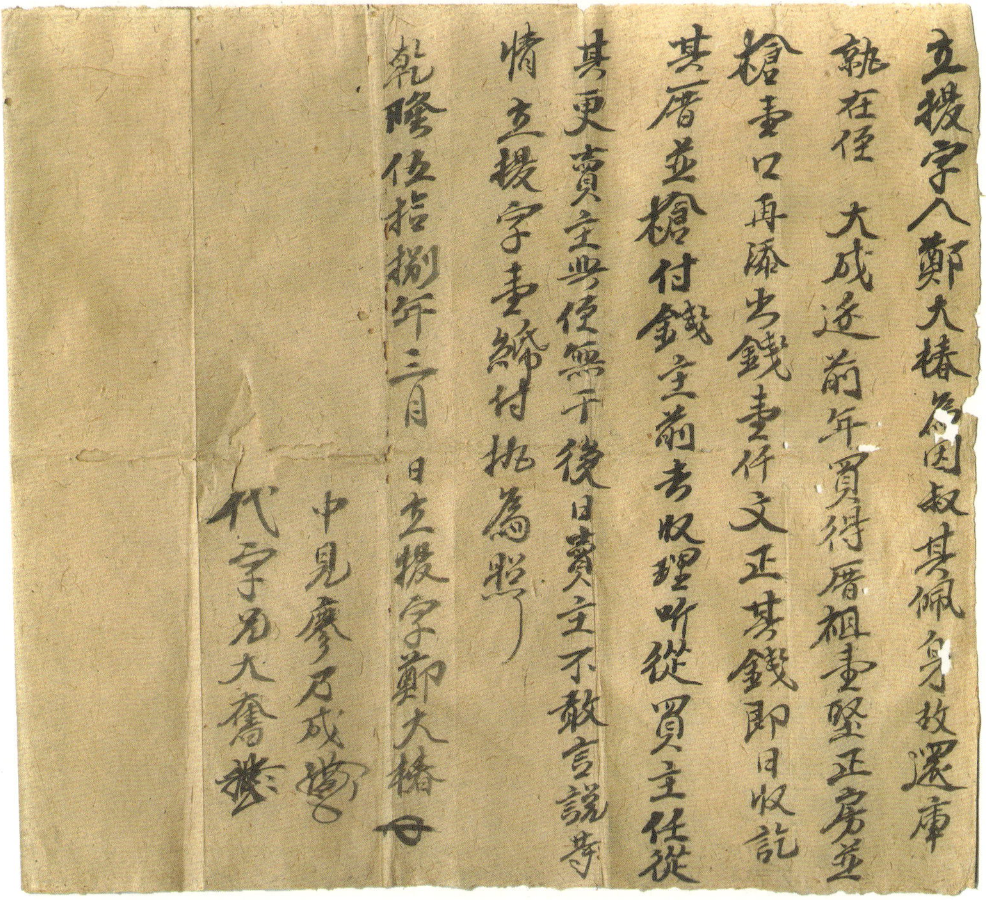
立撮字人鄭大椿今因叔其佩身故還庫
孰在侄 大成送前年買得厝祖壹堅正房並
檜壹口再添出錢壹仟文正其錢即日收訖
其厝並檜付錢主前去收理聽從買主任從
其更賣主無使無干後日賣主不敢言說等
情 立撮字壹紙付批為照
乾隆伍拾捌年三月 日立撮字鄭大椿（押）
中見廖万成（押）
代字男大喬（押）

11-7-45-4 清乾隆五十八年三月鄭大椿立撮字

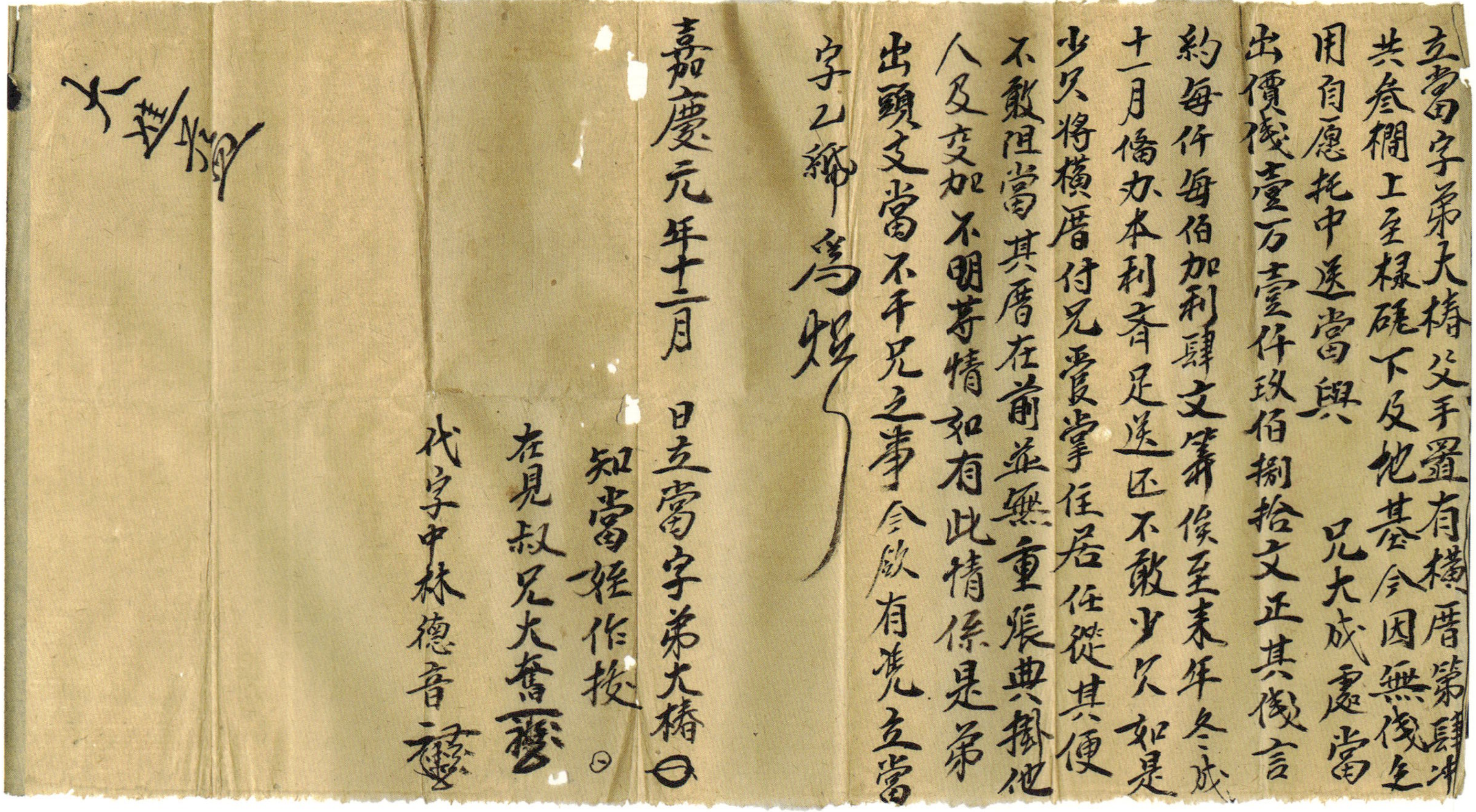
立當字弟大椿，父手置有橫厝第肆井
共叁棡，上至椽硋下及地基。今因無錢乏
用，自愿托中送當與 兄大成處，當
出價錢壹万壹仟玖佰捌拾文正。其錢言
約每仟每佰加利肆文算，候至來年冬成
十二月備办本利齊足送还，不敢少欠。如是
少欠，將橫厝付兄賣掌，任居任從其便，
不敢阻當。其厝在前並無重張典掛他
人及交加不明等情；如有此情，係是弟
出頭支當，不干兄之事。今欲有凭，立當
字乙紙為炤。
嘉慶元年十二月 日立當字弟大椿（押）
知當侄作拔（押）
在見叔兄大奮（押）
代字中林德音（押）

11-7-45-5 清嘉慶元年十二月鄭大椿立當橫厝字

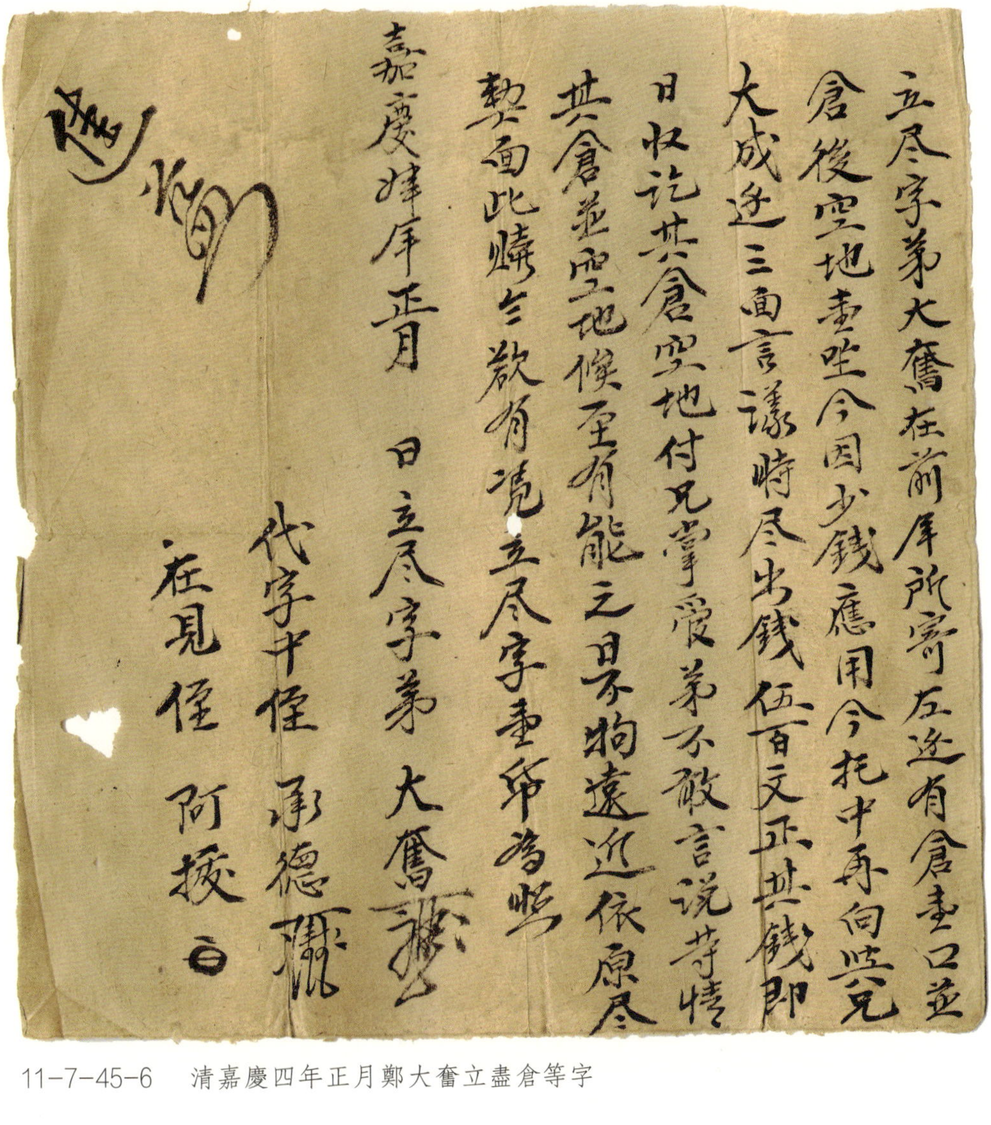
立盡字弟大奮在前年所寄左邊有倉壹口並
倉後空地壹坐今因少錢應用今托中再向烋兄
大成邊三面言議將盡出錢伍百文正其錢即
日收訖其倉空地付兄掌管弟不敢言說苛情
其倉並空地倘至有能之日不拘遠近依原盡
契面取贖今欲有憑立盡字壹帋為照
嘉慶肆年正月　日立盡字弟　大奮
代字叔侄　承德
在見侄　阿授

11-7-45-6　清嘉慶四年正月鄭大奮立盡倉等字

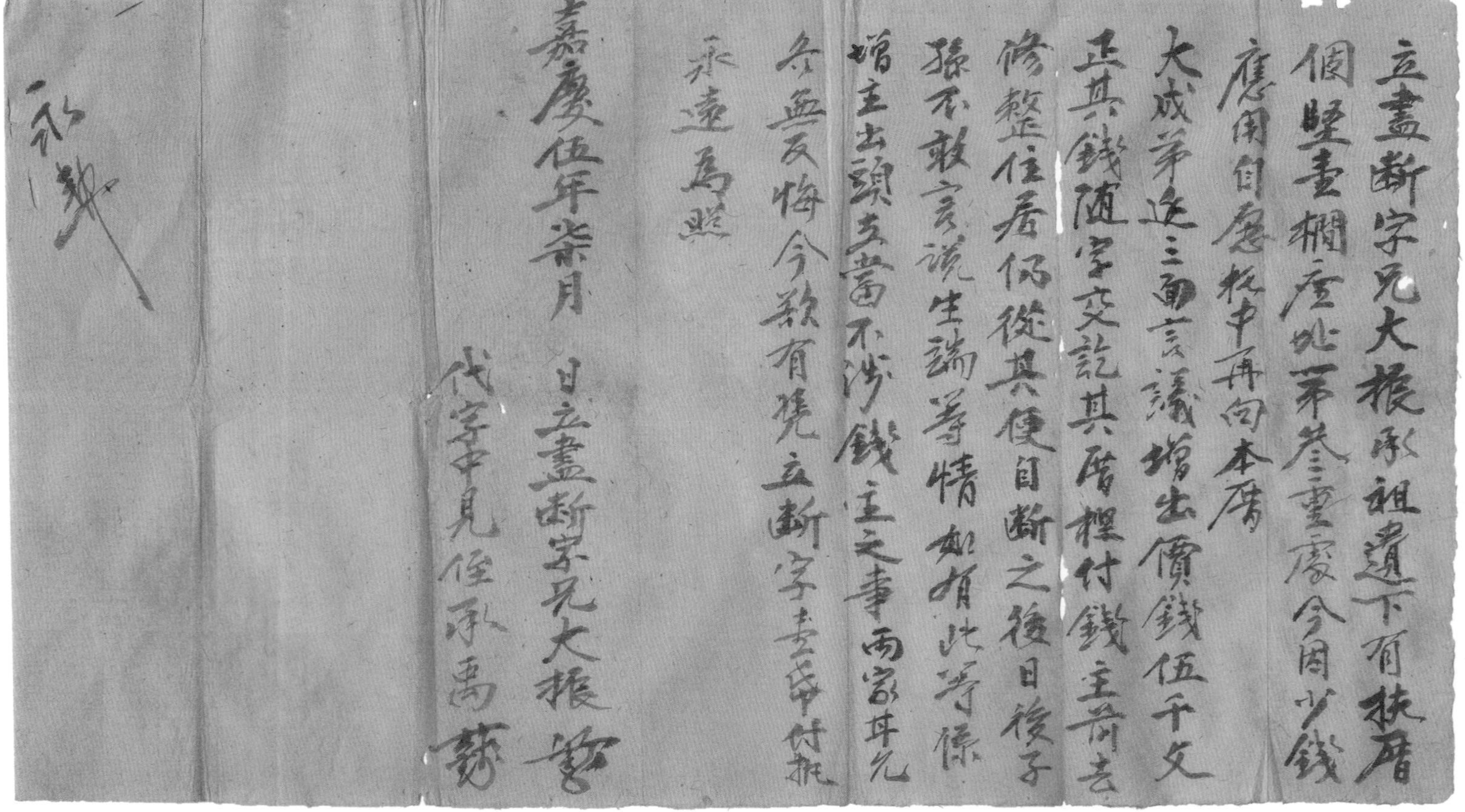

立盡斷字兄大振承祖遺下有扶厝
個壹堂壹棚座址第叁重處今因少錢
應用自愿托中再向本房
大成弟邊三面言議增出價錢伍千文
正其錢隨字交訖其厝裡付錢主前去
修整住居仍從其便自斷之後日後子
孫不敢言說生端等情如有此等係
增主出頭支當不涉錢主之事兩家甘允
各無反悔今欲有憑立斷字壹紙付執
永遠為照

嘉慶伍年柒月　日立盡斷字兄大振（押）
代字中見侄承禹（押）

一冇找

11-7-45-7　清嘉慶五年七月鄭大振立盡斷扶厝契

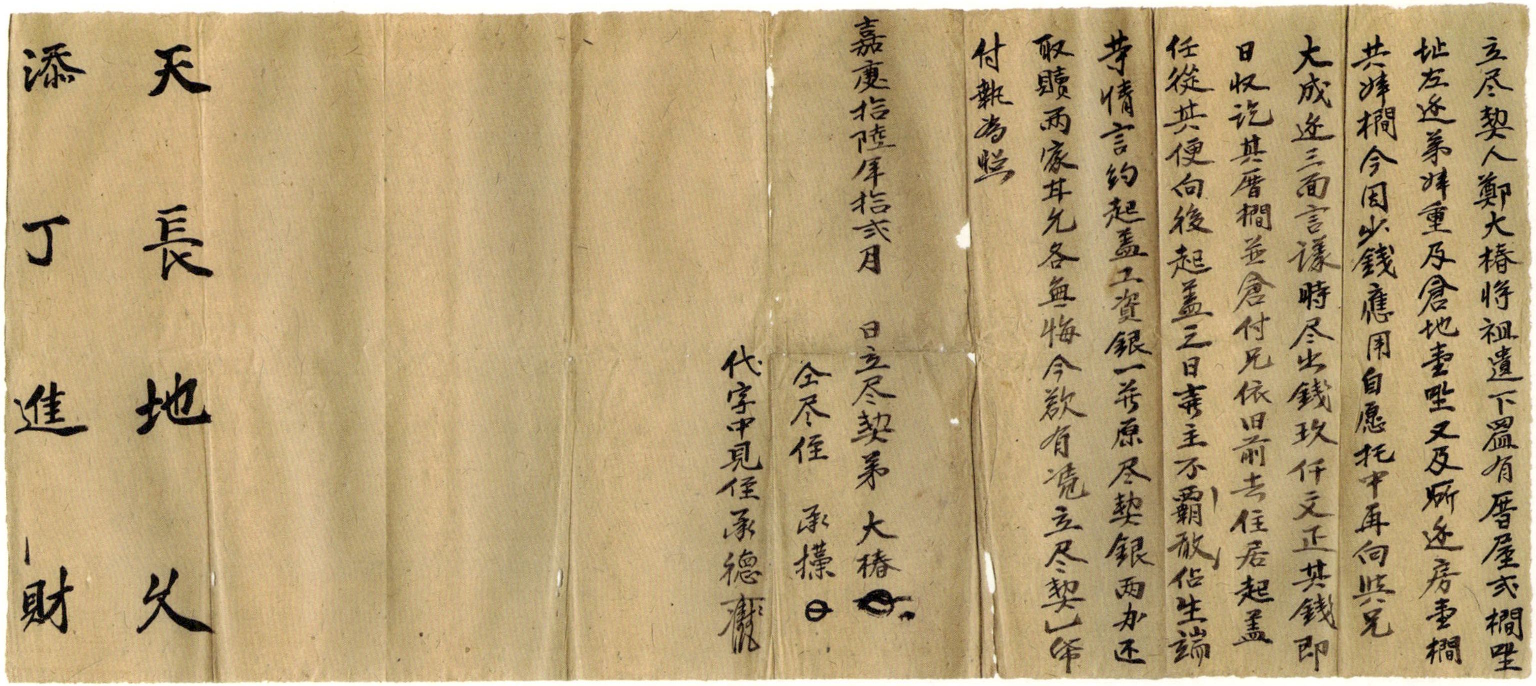

立尽契人鄭大椿将祖遺下盈有厝屋弍棚坐
址左边弟㭭重居倉地壹坐又及廝边房壹棚
共㭭棚今因乏錢應用自愿托中再向㭭兄
大成边三面言議時尽出錢玖仟文正其錢即
日收訖其厝棚並倉付兄依旧前去住居起蓋
任從其便向後起蓋之日弟主不覇敢佔生端
芋情言約起蓋工資銀一并原尽契銀兩办还
取贖兩家甘允各無悔今欲有憑立尽契一紙
付執為照

嘉慶拾陸年拾弍月 日立尽契弟 大椿（押）
仝尽侄 承㯋（押）
代字中見侄承德（押）

天長地久
添丁進財

11-7-45-8 清嘉慶十六年十二月鄭大椿等立盡厝屋契

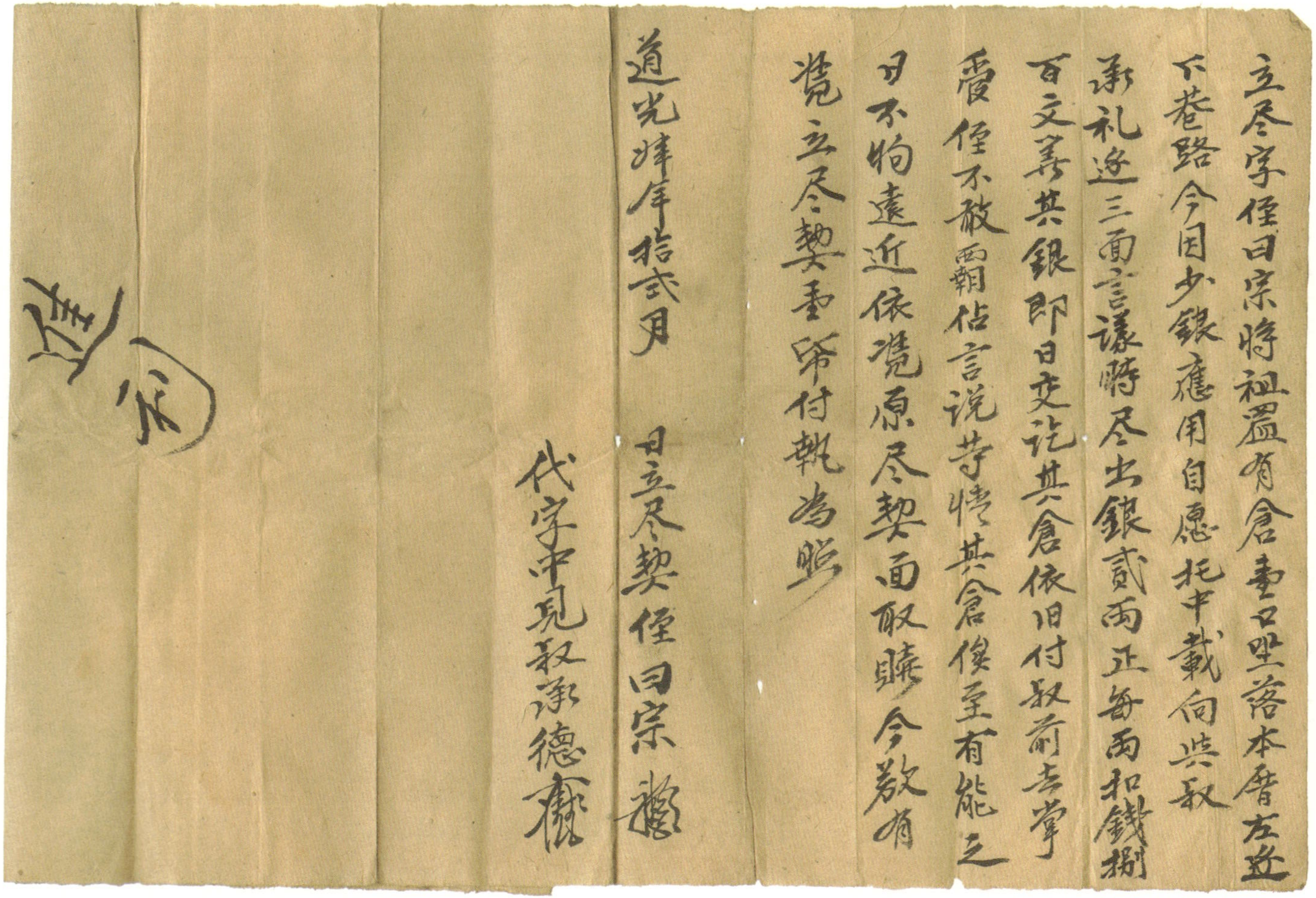

立尽字侄日宗将祖置有倉壹口坐落本厝左边
下巷路今因少銀應用自愿托中載向共叔
涵礼逊三面言議将尽出銀贰两正每两和錢捌
百文算共銀即日交訖其倉依旧付叔前去掌
管侄不敢两翻佔言説等情其倉俟至有能之
日不拘遠近依價原尽契面取贖今欲有
憑立尽契壹紙付執為照

道光肆年拾贰月　日立尽契侄日宗（押）
代字中見叔涵德（押）

11-7-45-9　清道光四年十二月鄭曰宗立盡倉字

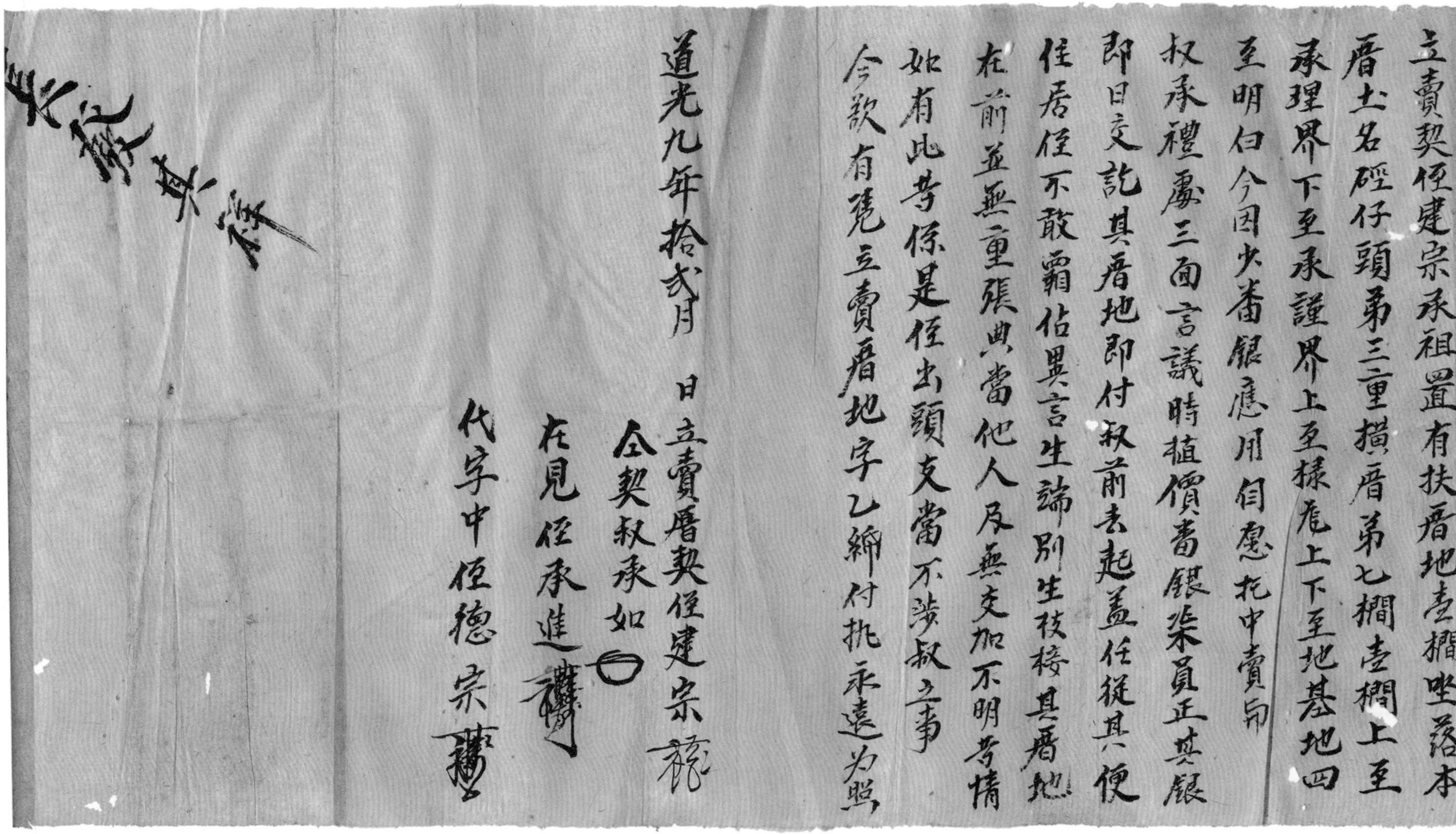

立賣契侄建宗承祖置有扶厝地壹欄坐落本
厝土名硿仔頭第三重擋厝第七欄壹欄上至
承理界下至承謹界上至椽尾上下至地基地四
至明白今因乏番銀應用自愿托中賣與
叔承禮處三面言議時植價番銀柒員正其銀
即日交訖其厝地即付叔前去起蓋任從其便
任居侄不敢霸佔異言生端別生枝椏其厝地
在前並無重張典當他人及無交加不明等情
如有此等係是侄出頭支當不涉叔之事
今欲有憑立賣厝地字乙紙付執永遠為照

道光九年拾弍月　日立賣厝契侄建宗（押）
仝契叔承如（押）
在見侄承進（押）
代字中侄德宗（押）

長發其祥

11-7-45-10　清道光九年十二月鄭建宗等立賣扶厝地契

立賣契侄建宗承祖遺下有厝樫壹榴並
倉壹口坐落本厝第三重橫厝巷路下第
弍榴壹榴並倉壹口上至椽尾下至地基街
路門户今因乏用自愿托中送賣與
承謹叔處為業三面言議時值價錢八千
文正其錢即日交訖其厝樫倉即付叔前
去掌管封鎖安置物件仍從其便其街路
門户四圍付其出入此厝樫並倉係是已業
與别無干在前並無重典交加不明等情如
有此等係侄出頭支當不涉叔之事其厝樫
倉年期不拘遠近備錢照契面贖回如無贖
仍付掌管不得言盡之理今欲有憑立賣斷
厝樫倉契壹紙付執為照

道光十六年弍月　日立賣斷契侄建宗（押）
在見叔承如（押）
代字中陳國勳（押）

11-7-45-11　清道光十六年二月鄭建宗立賣厝樫契

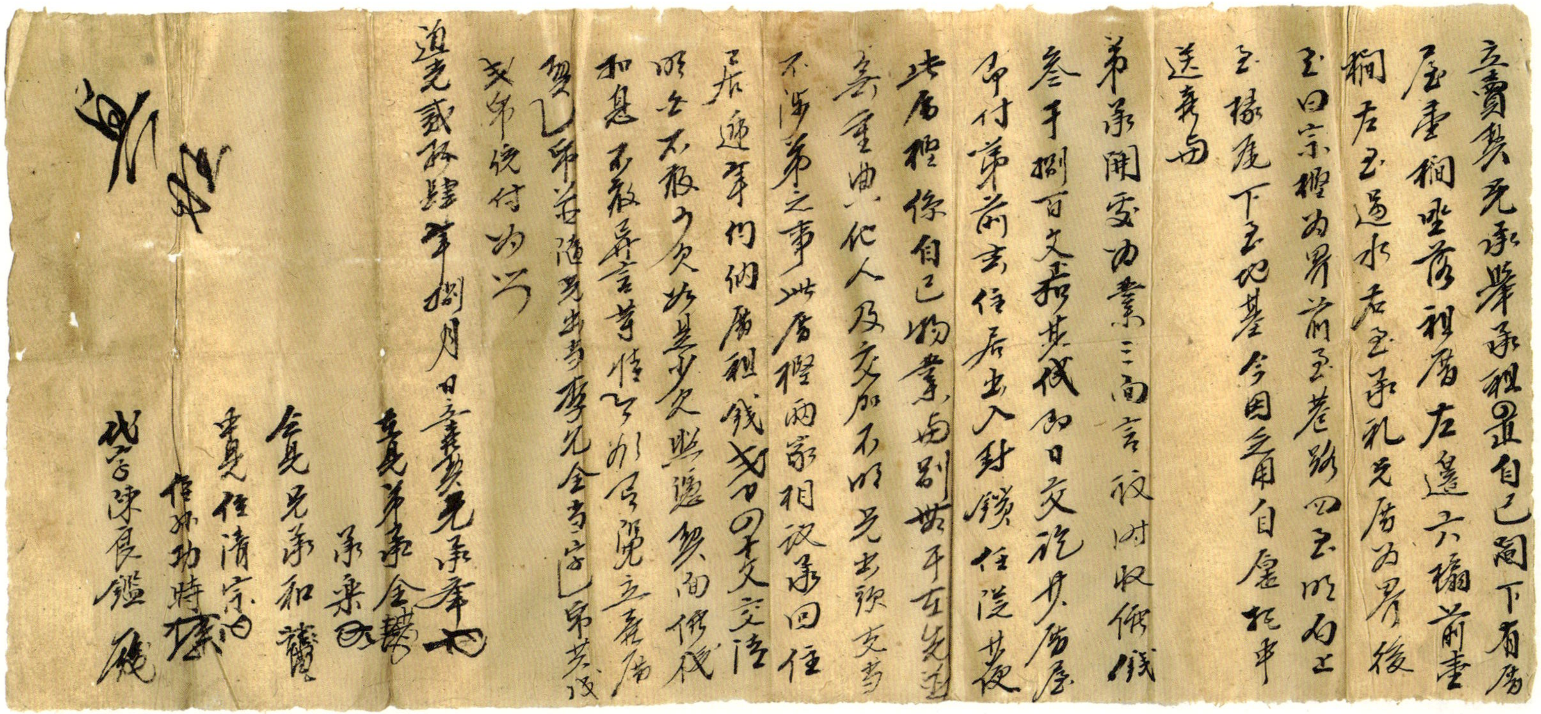

立賣契兄承舉承祖置自己闔下有厝
屋壹桐坐落祖厝左邊六扇前壹
桐右至遶水右至承孔兄厝爲界後
至田宗禮爲界前至巷路四至明白上
至椽瓦下至地基今因乏用自愿托中
送賣與
弟承開安爲業三面言議時收價錢
叁千捌百文正其錢即日交訖其厝屋
即付弟前去任居出入封鎖任從管
此厝理係自己物業與別房兄弟叔姪
無重典他人及交加不明兄出頭支當
不涉弟之事此厝理兩家相議承回任
從遲年仍納厝租錢[illegible]四千文交清
明白不敢少欠如是少欠照邀契面價錢
和息不敢異言等情今欲有憑立賣厝
契乙紙并隨兄出當契兄全當字乙紙共成
交弟收付爲照

道光貳拾肆年捌月　日立賣契兄承舉（押）
在見弟承全（押）
承梁（押）
仝見兄承和（押）
在見侄清宗（押）
作中功時（押）
代字陳良鑑（押）

11-7-45-12　清道光二十四年八月鄭承舉立賣厝屋契

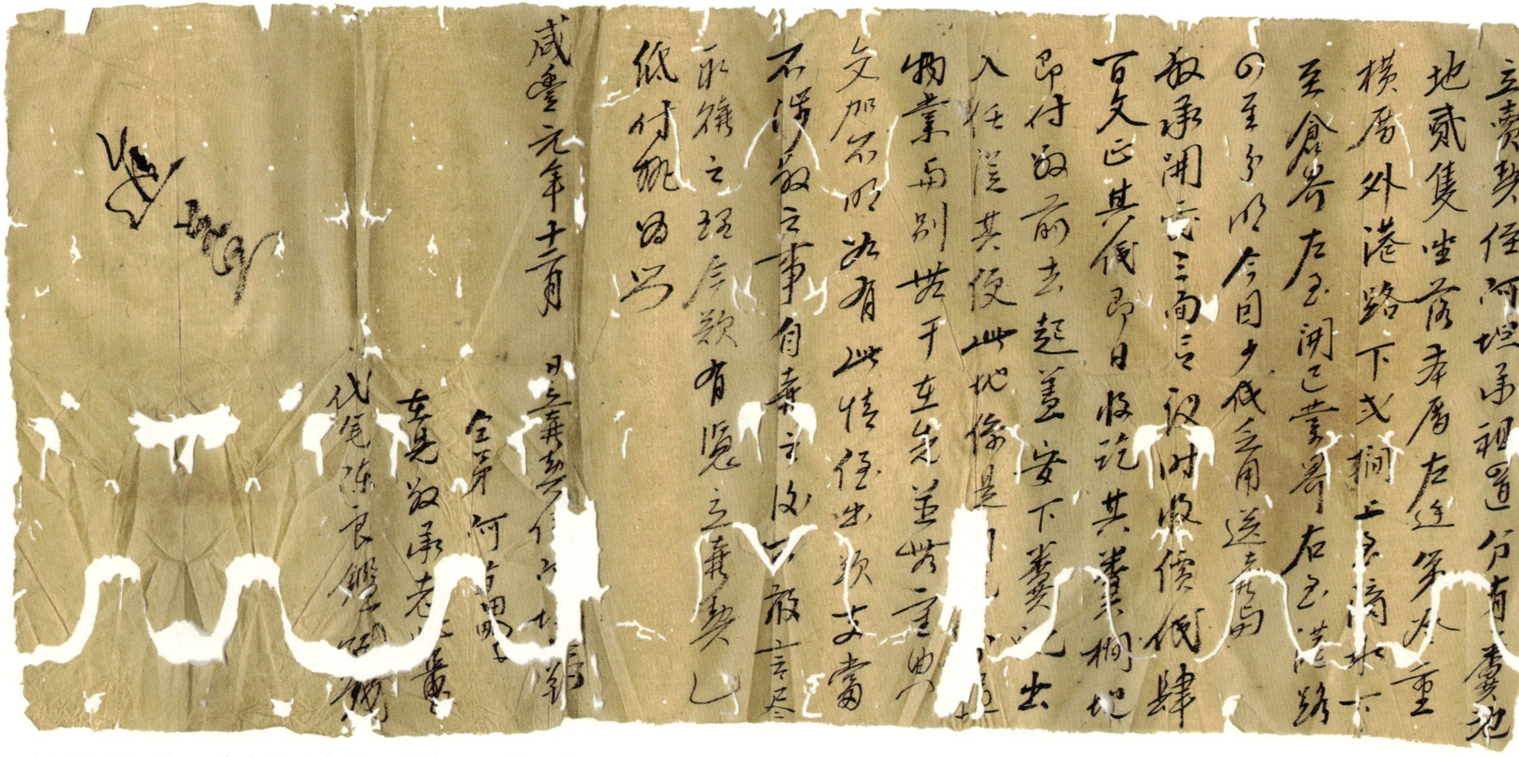

11-7-45-13　清咸豐元年十二月鄭阿坦等立賣糞地契

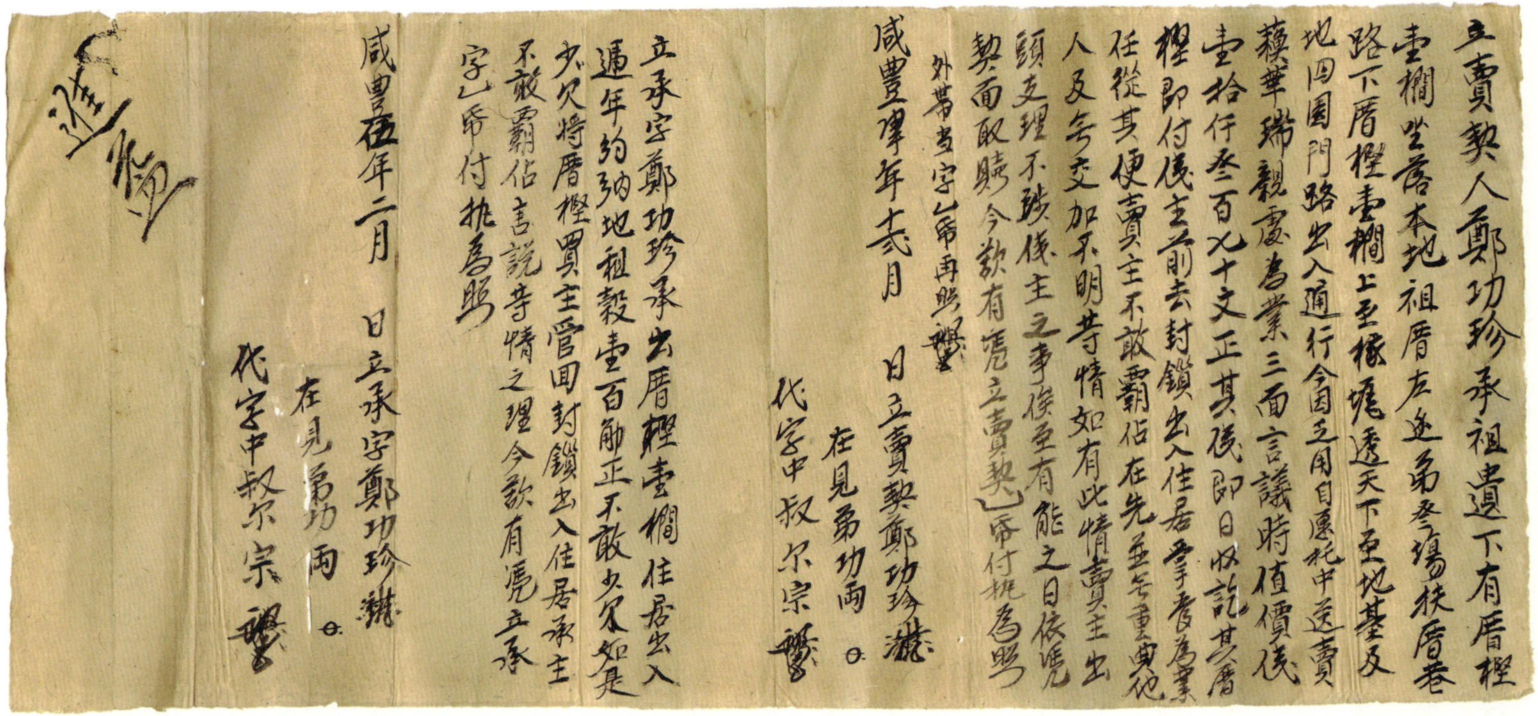

立賣契人鄭功珍承祖遺下有厝樫
壹楣坐落本地祖厝左邊弟叁場扶厝巷
路下厝樫壹楣上至椽瓦透天下至地基及
地四圍門路出入通行今因乏用自愿托中送賣
與華瑞親處為業三面言議時值價錢
壹拾仟叁百九十文正其錢即日收訖其厝
樫即付錢主前去封鎖出入住居弟手管為業
任從其便賣主不敢霸佔在先並無重典他
人及無交加不明等情如有此情賣主出
頭支理不干錢主之事候至有能之日依憑
契面取贖今欲有憑立賣契一紙付執為照
外帶老字一紙再照
咸豐肆年十弍月　日立賣契鄭功珍
在見弟功雨
代字中叔尔宗

立承字鄭功珍承出厝樫壹楣住居出入
逐年約納地租穀壹百斤正不敢少欠如是
少欠將厝樫買主管回封鎖出入住居承主
不敢霸佔言說等情之理今欲有憑立承
字一紙付執為照
咸豐伍年二月　日立承字鄭功珍
在見弟功雨
代字中叔尔宗

11-7-45-14　清咸豐四年十二月鄭功珍立賣厝樫契

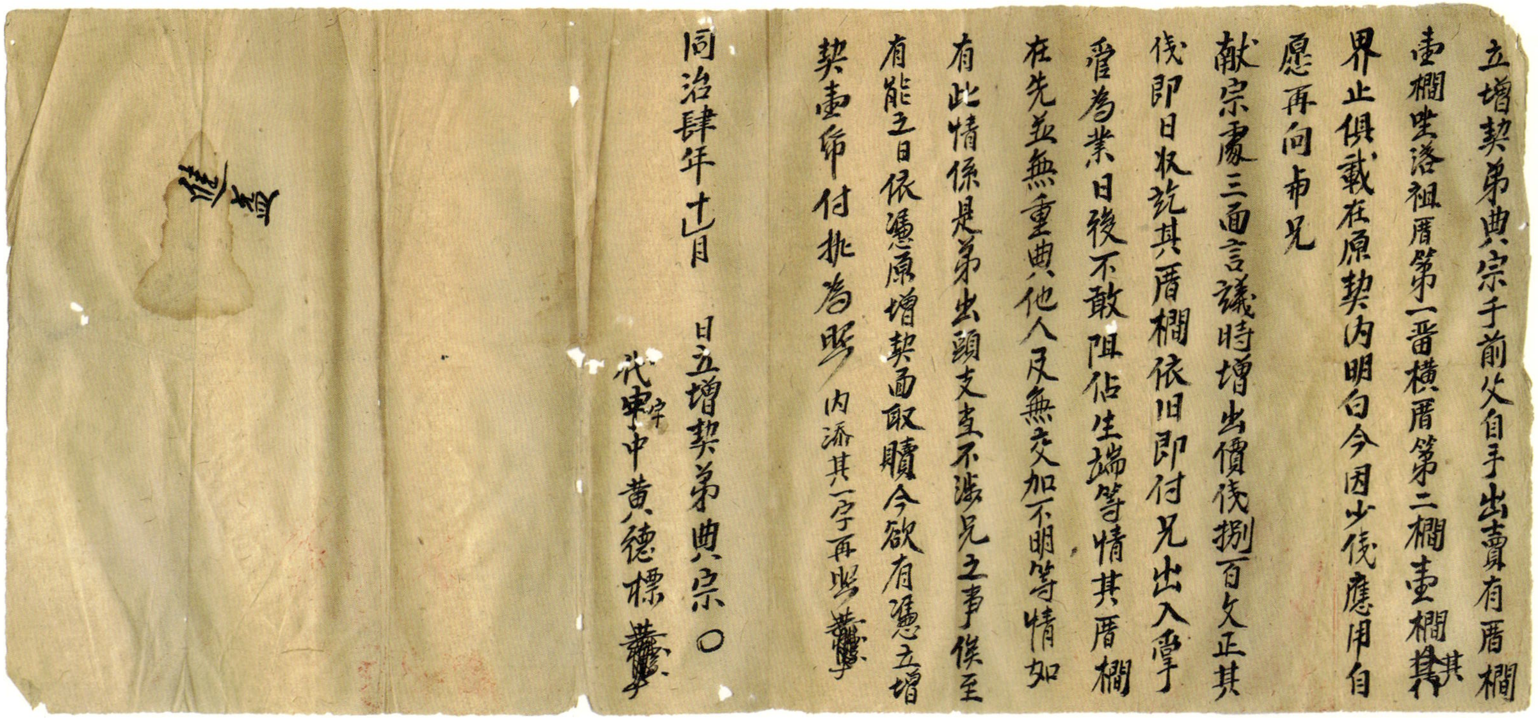
立增契弟典宗于前父自手出賣有厝棚
壹棚坐落祖厝第一番横厝第二棚壹棚其
界止俱載在原契内明白今因乏銭應用自
愿再向兄
献宗處三面言議時增出價銭捌百文正其
銭即日收訖其厝棚依旧即付兄出入掌
管為業日後不敢阻佔生端等情其厝棚
在先並無重典他人及無交加不明等情如
有此情係是弟出頭支當不涉兄之事從至
有能五日依憑原增契面取贖今欲有憑立增
契壹帋付兆為照　内添其一字再照
同治肆年十一月　日立增契弟典宗〇
代字中黄德標

11-7-45-15　清同治四年十一月鄭典宗立增厝棚契

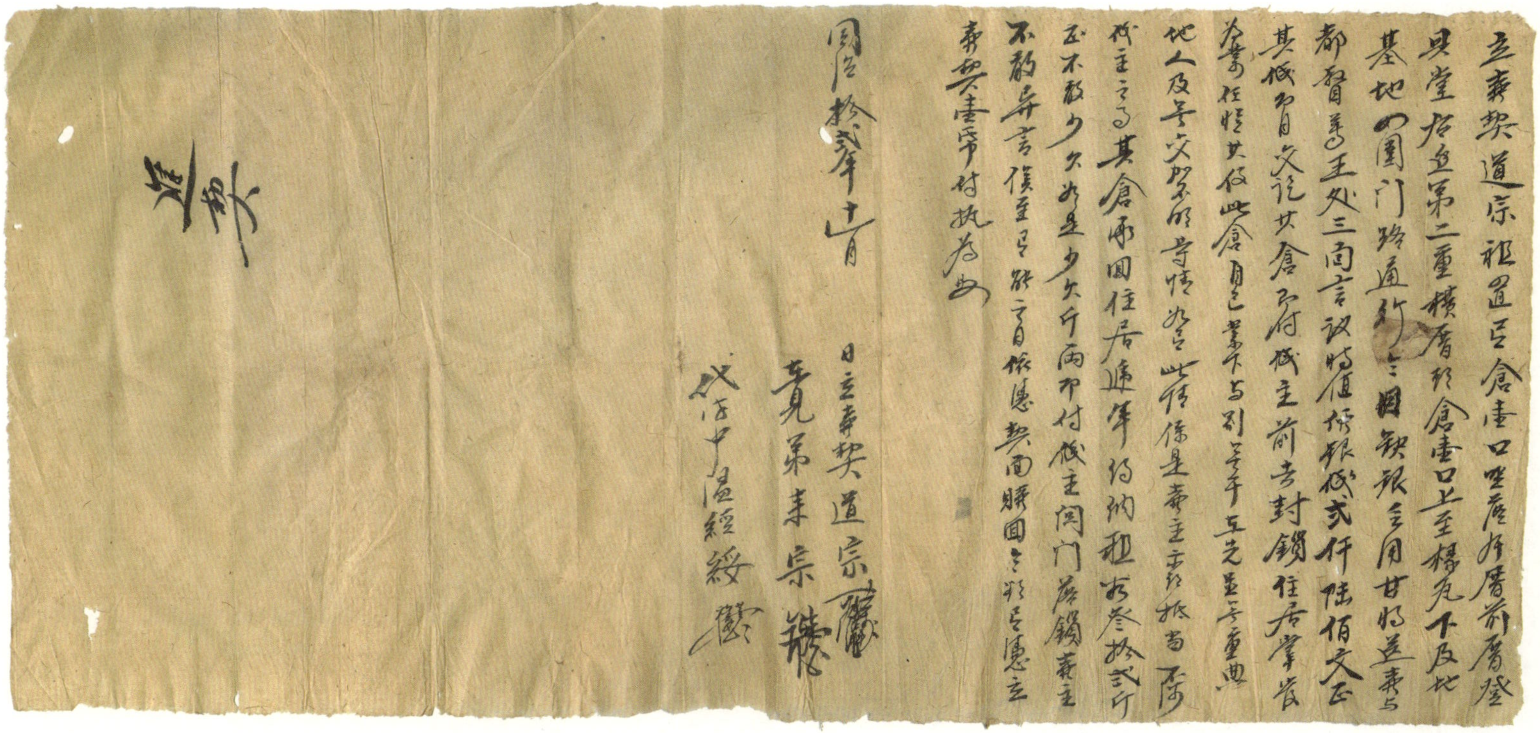
立賣契道宗，祖置有倉壹口，坐在厝前厝埕
與堂叔同造第二重橫厝，計倉壹口，上至椽瓦，下及地
基地四圍門路通行。今因缺銀應用，甘將送賣與
都賢弟王處，三面言議，時值價銀貳仟陸佰文正。
其銀即日交訖，其倉即付銀主前去封鎖，住居掌管
為業，任從其便。此倉自己之業，不與別兄弟之事，並無重典
他人及未交加不明等情。如有此情，係是賣主出頭抵當，不涉
銀主之事。其倉承管住居，遞年得納租錢叁拾貳文
正，不敢少欠。如是少欠升兩，任付銀主開門封鎖，賣主
不敢異言。倘至日後，言明依憑契面贖回，二比甘愿。立
賣契壹帋，付執為照。

同治拾貳年十一月　日立賣契道宗（押）
見弟　來宗（押）
代筆中温經綏（押）

11-7-45-16　清同治十二年十一月鄭道宗立賣倉契

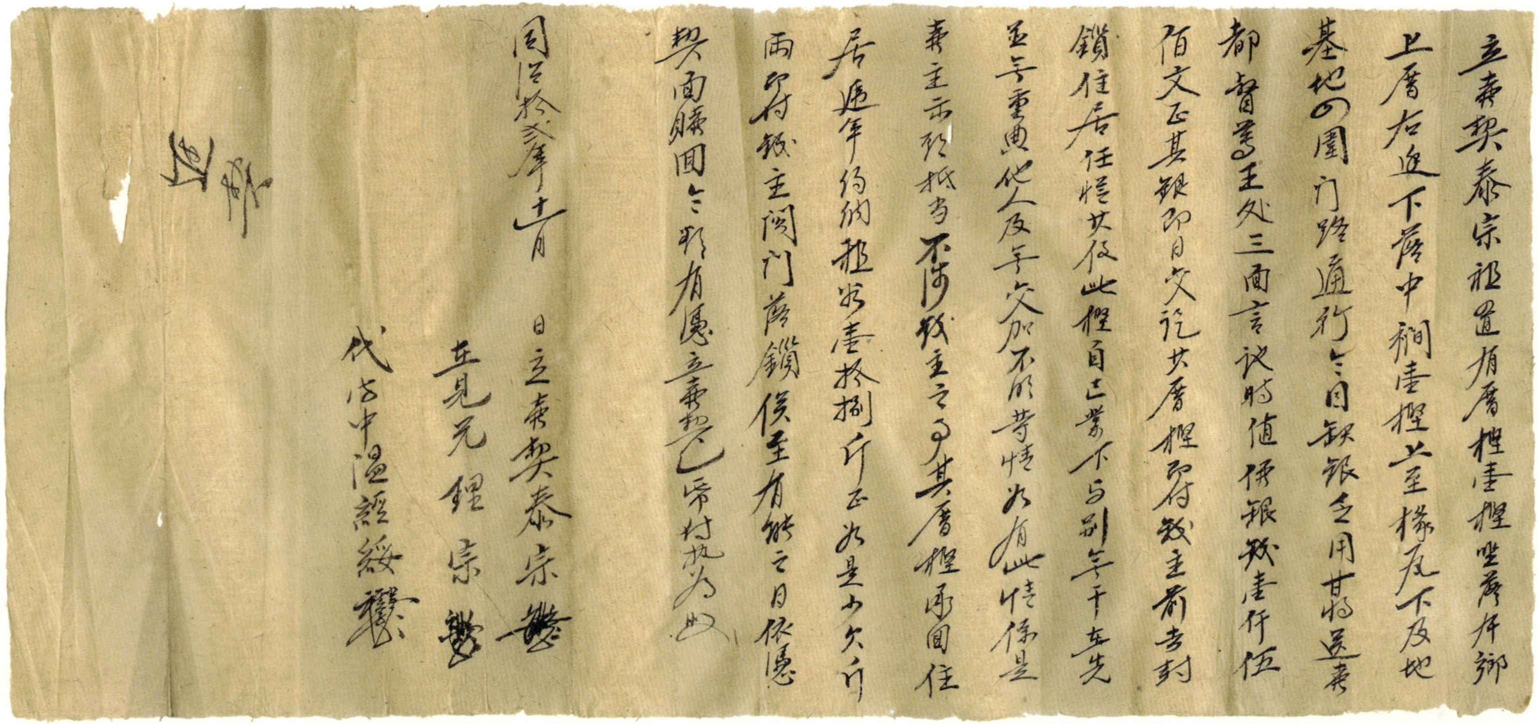
立賣契泰宗祖置有厝樫壹樫坐落仟鄉
上厝右邊下落中𥨊壹樫上至椽及下及地
基地四圍門路通行，今因缺銀應用，甘將送賣
都晉壽王处三面言議，時值價銀錢壹仟伍
佰文正，其銀即日交訖，其厝樫即付錢主前去封
鎖住居，任憑其便。此樫自己業，不與別等干，在先
並無重典他人，及年交加不明等情，如有此情，係是
賣主出頭抵當，不涉錢主之事。其厝樫承回住
居，逐年納租谷壹拾捌斤正，如是少欠斤
兩，即付錢主閉門落鎖，候至有錢之日，依憑
契面贖回，二比甘愿。立賣契一帋付執為照。
同治拾叁年十一月　日立賣契泰宗（押）
在見兄鋰宗（押）
代书中温經綏（押）

11-7-45-17　清同治十二年十一月鄭泰宗立賣厝樫契

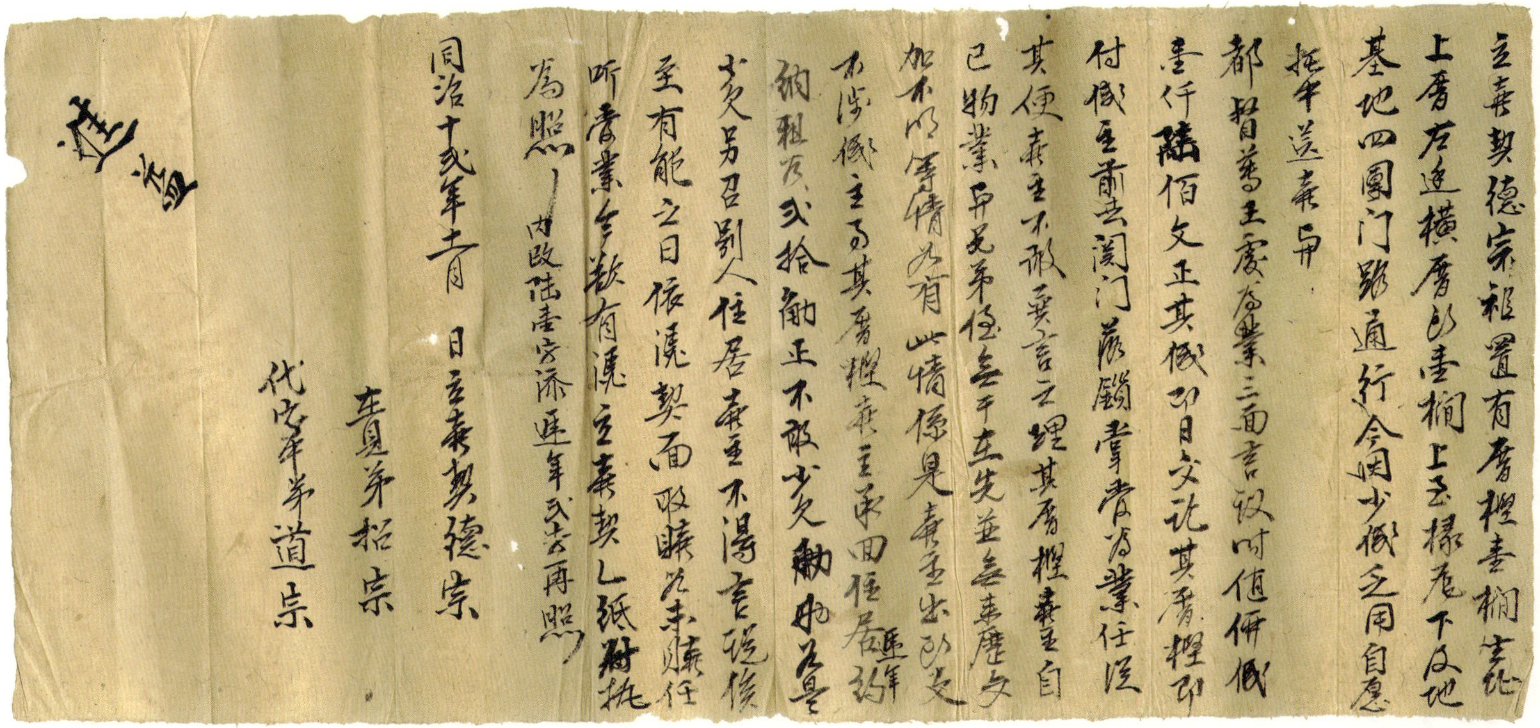
立賣契德宗祖置有厝樫壹桐坐址
上厝右边横厝卧壹桐上至椽尾下至地
基地四圍门路通行今因少银乏用自愿
托中送賣與
郭督蕃主處為業三面言议时值价银
壹仟陆佰文正其银即日交讫其厝樫即
付银主前去闗门蔽锁掌管為業任從
其便賣主不敢異言之理其厝樫賣主自
己物業與兄弟侄無干在先並無重張交
加不明等情如有此情係是賣主出頭支
不涉银主之事其厝樫賣主承回住居逐年約
納租穀弍拾觔正不敢少欠觔兩如有
少欠另召别人住居賣主不得言說候
至有能之日依照契面取贖如未贖任
听管業今欲有憑立賣契乙紙付執
為照　内改陆壹字添逐年弍字再照
同治十弍年十一月　日立賣契德宗
在見弟招宗
代字弟道宗

11-7-45-18　清同治十二年十一月鄭德宗立賣厝樫契

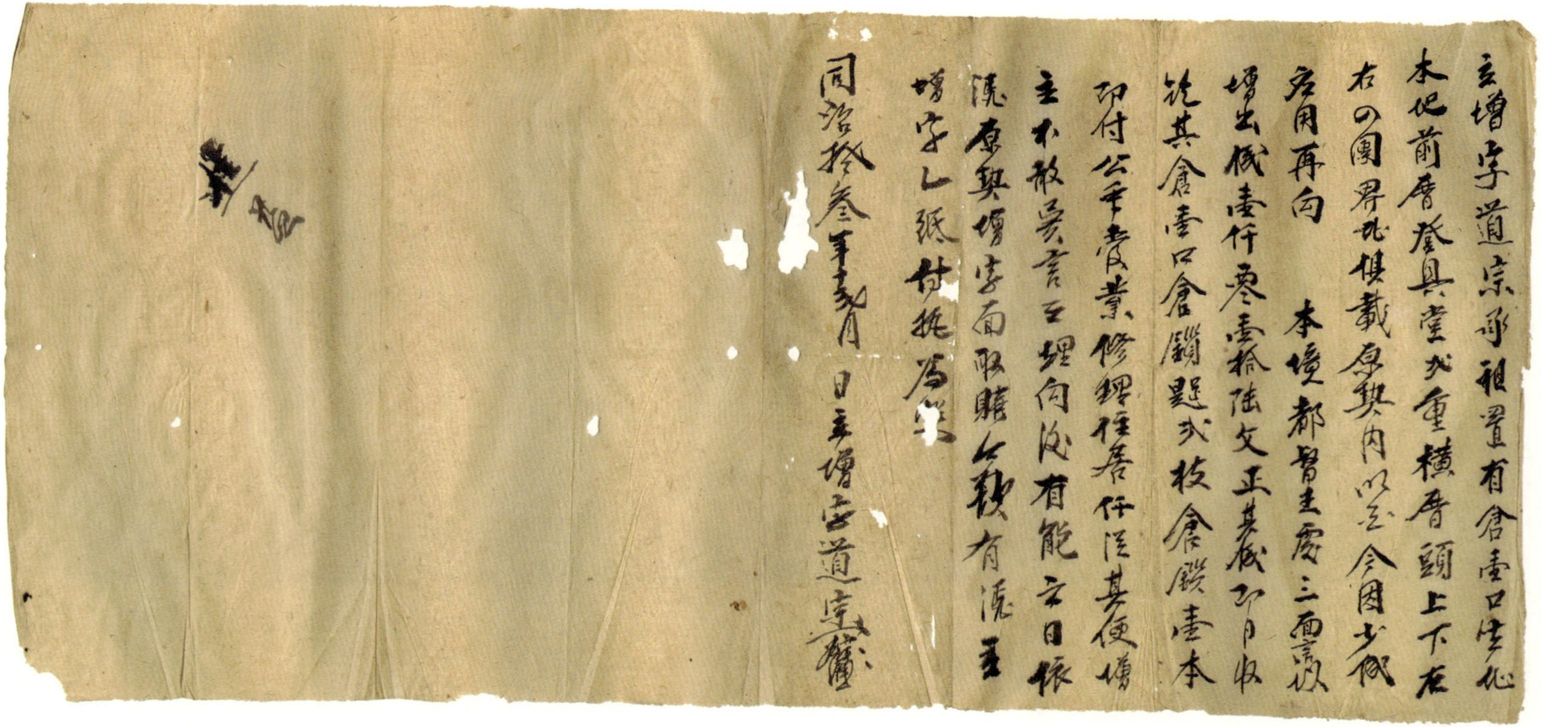
立增字道宗承祖置有倉壹口坐化
本地前厝蚕具堂弍重横厝頭上下右
右の園界址俱載原契內明白今因少欠
應用再向　本境都督主處三面言議
增出錢壹仟叁百捌拾陸文正其錢即日收
訖其倉壹口倉鑰匙弍枚倉鑰壹本
即付公平掌業修理住居任从其便增
主不敢異言至理向後有能之日根
流原契增字面取贖不敢有流主
增字乙紙付執爲照
同治拾叁年十二月　日立增字道宗（押）

11-7-45-19　清同治十三年十二月鄭道宗立增倉字

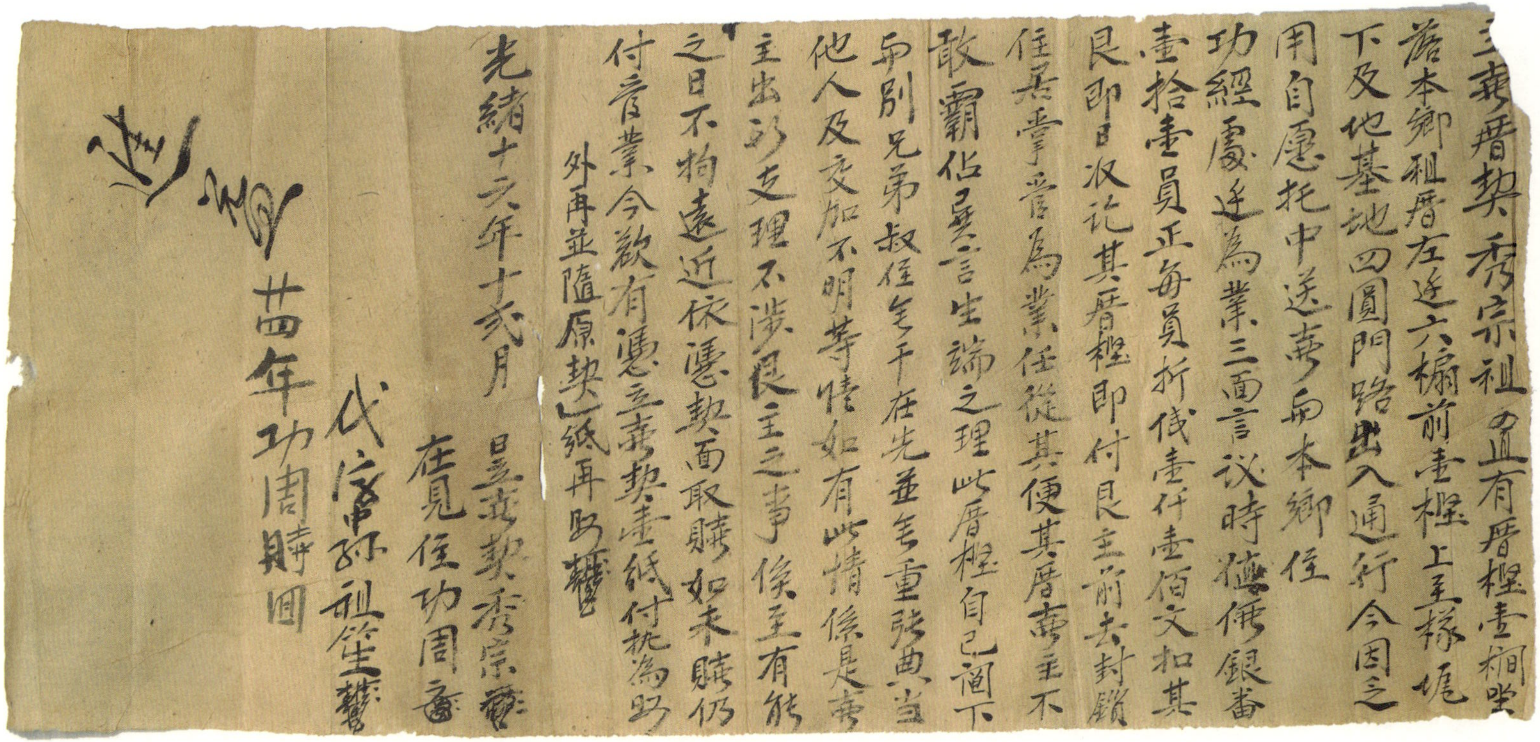

立賣厝契秀宗祖遺有厝椏壹榈坐
落本鄉祖厝左边六榈前壹椏上至椽墘
下及地基地四圓門路出入通行今因乏
用自愿托中送賣与本鄉任
功經處边為業三面言议時價銀番
壹拾壹員正每員折錢壹仟壹佰文扣其
艮即日收訖其厝椏即付艮主前去封鎖
任其掌管為業任從其便其厝賣至不
敢霸佔異言生端之理此厝椏自己閬下
與別兄弟叔侄等干在先並無重張典當
他人及交加不明等情如有此情係是賣
主出身支理不涉艮主之事倘至有能
之日不拘遠近依憑契面取贖如未贖仍
付管業今欲有憑立賣契壹紙付執為照
外再並隨原契一紙再照
光緒十六年十弍月　日立賣契秀宗
在見侄功周
代筆孫祖從
廿四年功周贖回

11-7-45-20　清光緒十六年十二月鄭秀宗立賣厝㮓契

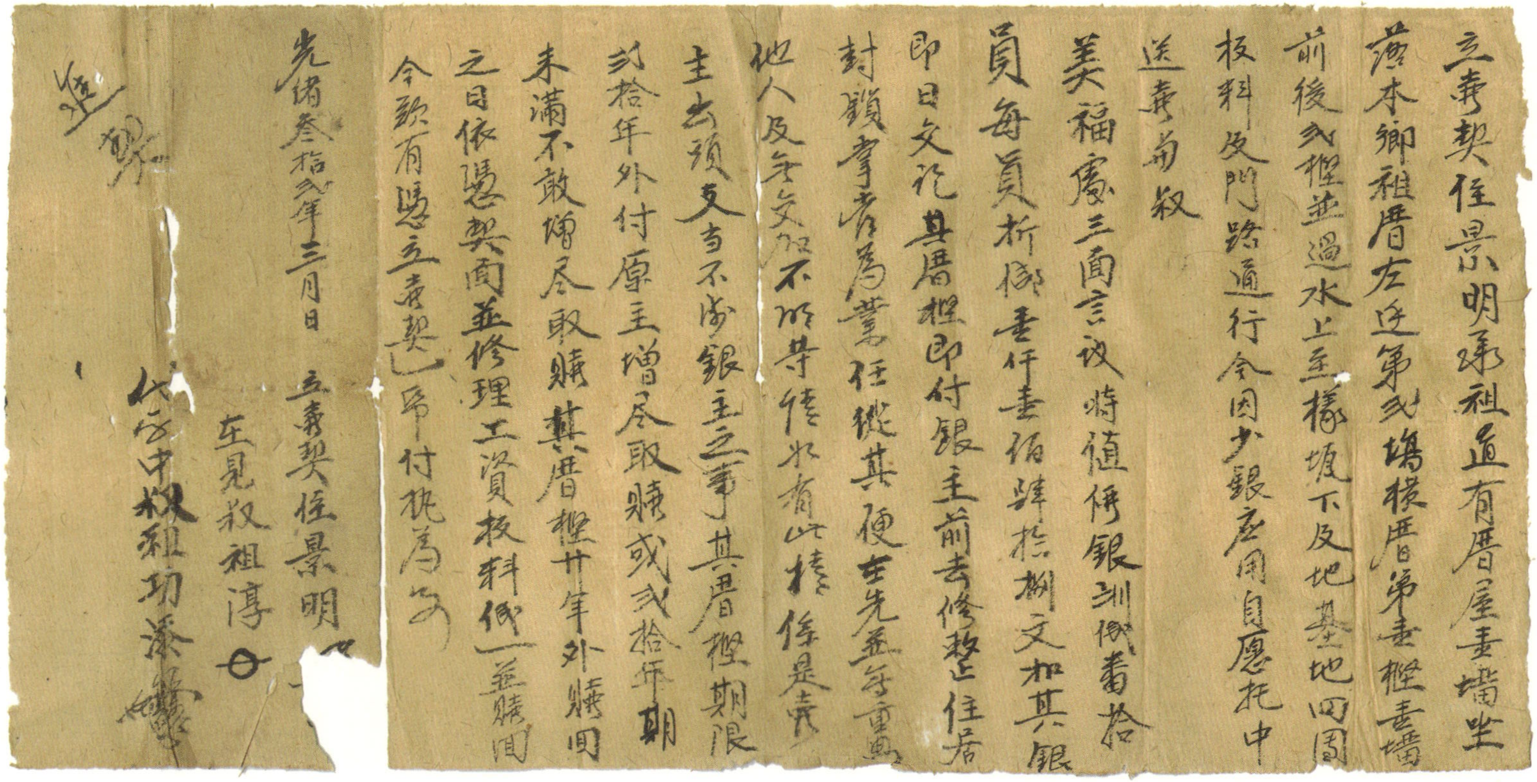
立賣契侄景明承祖遺有厝屋壹墻坐
落本鄉祖厝左邊第弍塢横厝第壹植壹墻
前後弍植並過水上至檐坡下及地基地四圍
板料及門路通行今因少銀應用自愿托中
送賣與叔
美福處三面言議時值價銀訓伐番拾
員每員折錢壹仟壹佰肆拾捌文扣其銀
即日文契其厝憑即付銀主前去修整住居
封鎖掌管為業任從其便並無先並無重典
他人及無文加不明等情如有此情係是賣
主出頭支當不涉銀主之事其厝憑期限
弍拾年外付原主增添取贖或弍拾年期
未滿不敢增添取贖其厝憑廿年外贖回
之日依憑契面並修理工資板料作一並贖回
今欲有憑立賣契一紙付執為照
光緒叁拾弍年三月日 立賣契侄景明
左見叔祖淳
代字中叔祖功添
進契

11-7-45-21　清光緒三十二年三月鄭景明立賣厝屋契

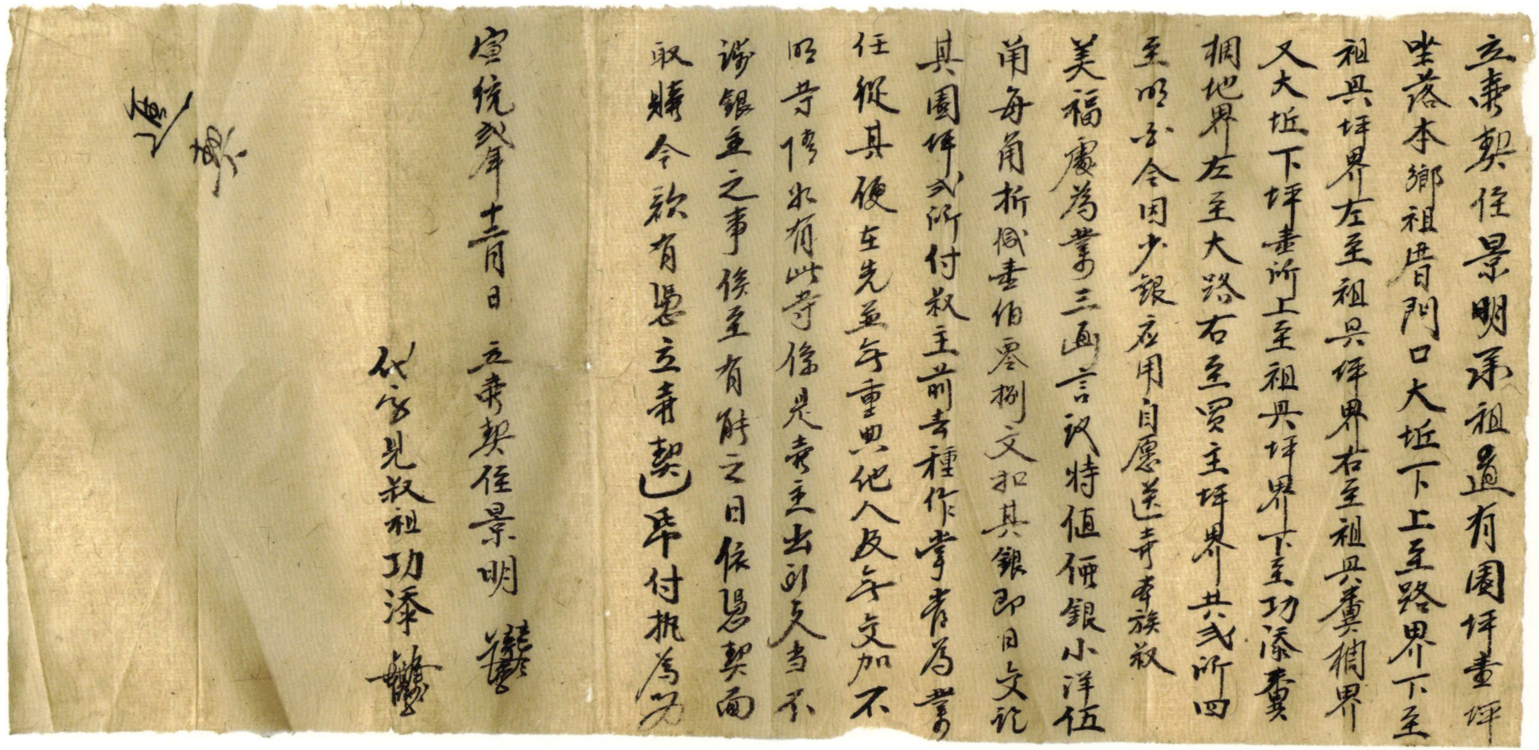

立賣契侄景明承祖遺有園坪壹坪
坐落本鄉祖厝門口大埕下上至路界下至
祖與坪界左至祖與坪界右至祖與龔桐界
又大埕下坪壹所上至祖與坪界下至功添賣
桐地界左至大路右至買主坪界共弍所四
至明白今因少銀應用自愿送賣與本族叔
美福處為業三面言議時值價銀小洋伍
角每角折錢壹伯零捌文扣其銀即日交訖
其園坪弍所付叔主前去種作管為業
任從其便在先並無重典他人及無文加不
明等情如有此等係是賣主出頭支當不
涉銀主之事倘至有贖之日依照契面
取贖今欲有憑立賣契一紙付執為照

宣統弍年十二月日　立賣契侄景明（押）
代筆見叔祖功添（押）

11-7-45-22　清宣統二年十二月鄭景明立賣園坪契

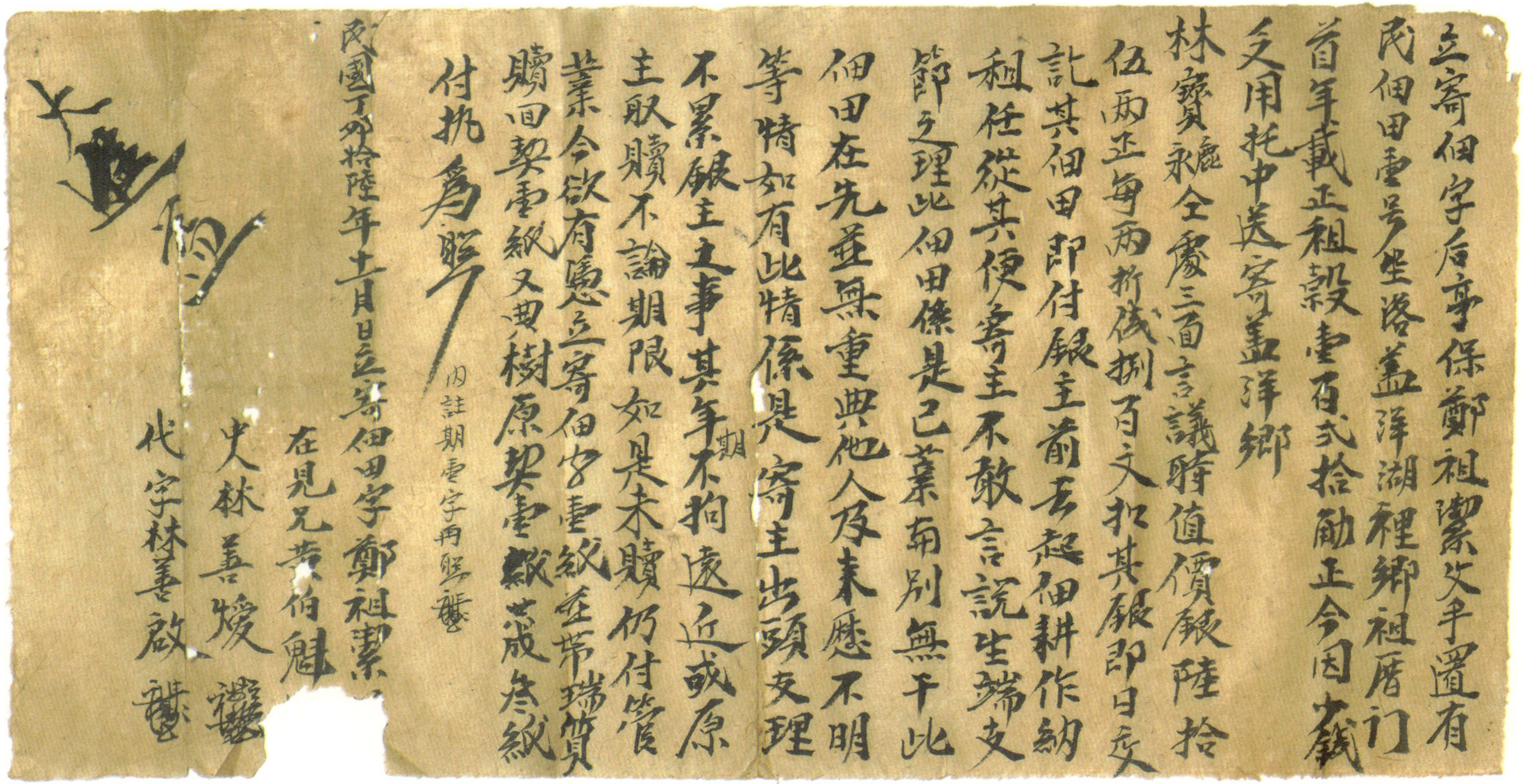

立寄佃字后亭保鄭祖潔父手置有
民佃田壹号坐落蓋洋湖裡鄉祖厝门
首年載正租穀壹百弍拾觔正今因缺錢
乏用托中送寄蓋洋鄉
林寶鹿永全處三面言議時值價銀陸拾
伍兩正每兩折錢捌百文扣其銀即日交
訖其佃田即付銀主前去起佃耕作納
租任從其便寄主不敢言說生端支
節之理此佃田係是己業向別無干此
佃田在先並無重典他人及來歷不明
等情如有此情係是寄主出頭支理
不累銀主之事其年期不拘遠近或原
主取贖不論期限如是未贖仍付管
業今欲有憑立寄佃字壹紙並帶瑞買
贖回契壹紙又典樹原契壹紙共成叁紙
付執為照
內註期壹字再照
民國丁卯拾陸年十一月日立寄佃田字鄭祖潔
在見兄黃伯魁
中人林善煖
代字林善啟

11-7-45-23　民國十六年十一月鄭祖潔立寄民佃田字

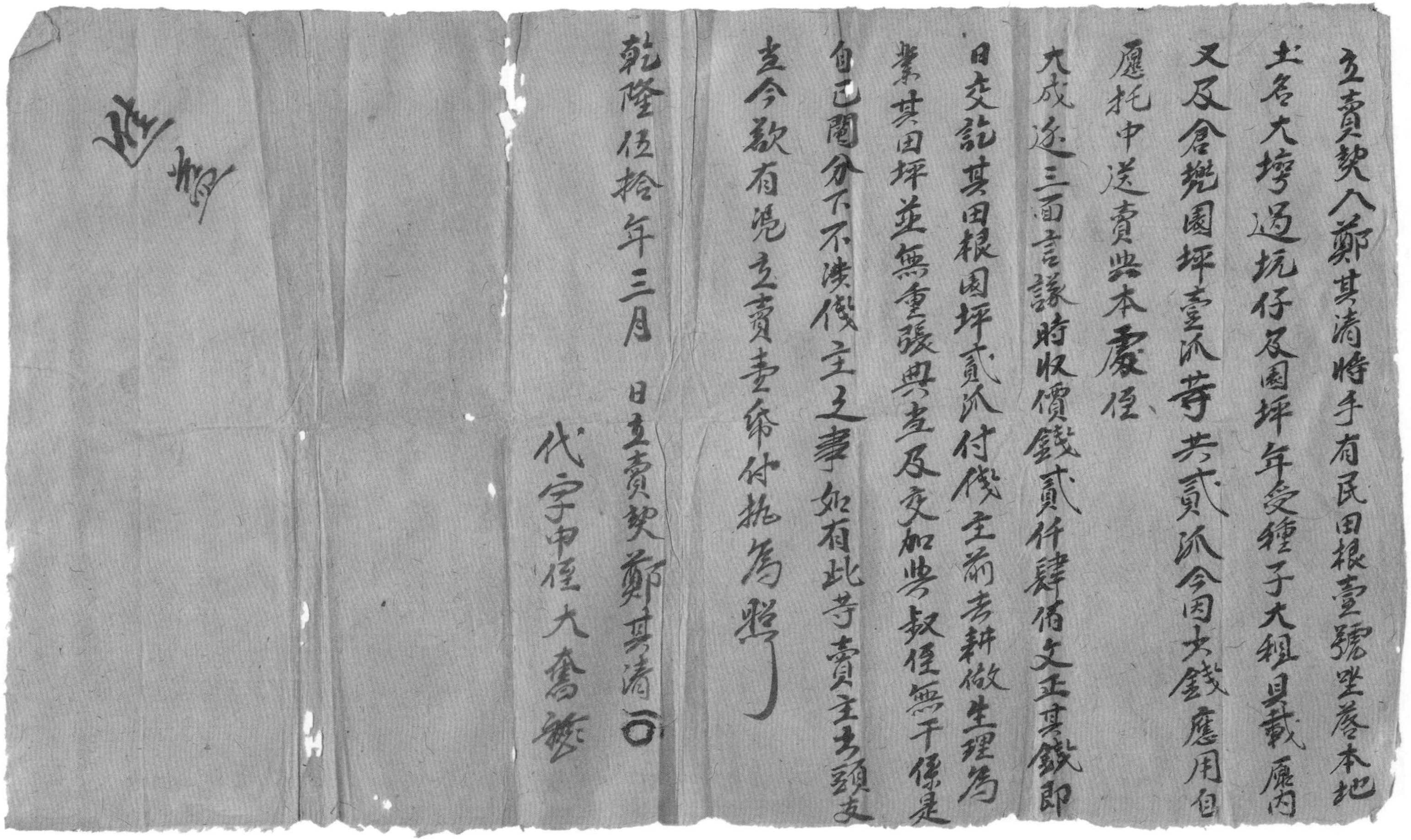

立賣契人鄭其清將手有民田根壹號，坐落本地
土名大墩過坑仔及園坪，年受種子大租貝載，廐內
又及倉兜園坪壹坵，并共貳坵。今因乏錢應用，自
願托中送賣與本處侄
大成邊。三面言議，時收價錢貳仟肆佰文正，其錢即
日交訖。其田根園坪貳坵付伐主前去耕做生理為
業。其田坪並無重張典在及交加典叔侄無干，係是
自己閬分，不涉伐主之事。如有此等，賣主出頭支
當。今欲有憑，立賣壹紙付執為照。
乾隆伍拾年三月　日立賣契鄭其清（押）
代字中侄大喬（押）

11-7-46-1　清乾隆五十年三月鄭其清立賣民田根契

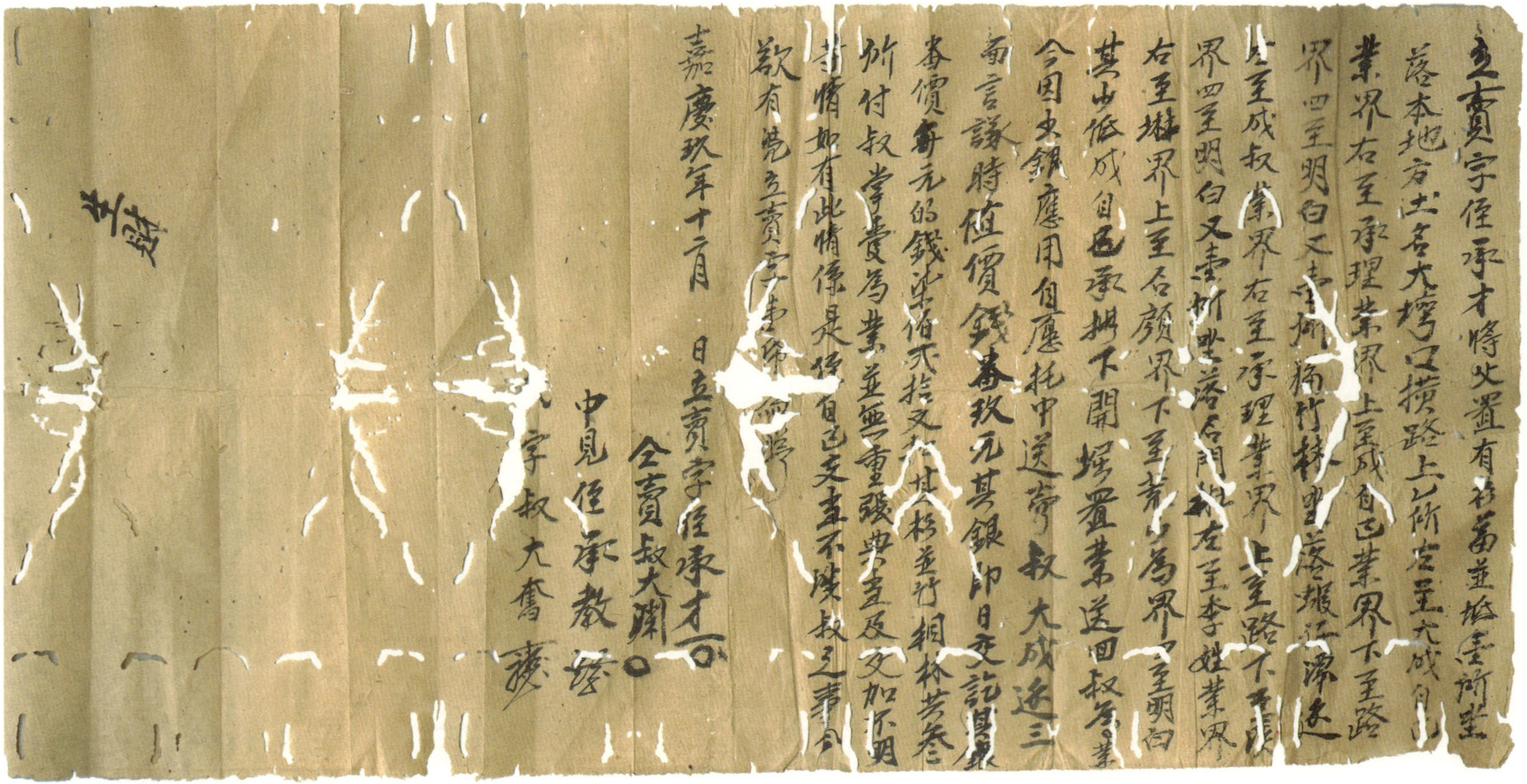
立賣字侄承才將父置有杉苗並坪壹所坐
落本地方土名大塆口横路上山所左至大成自己
業界右至承理業界上至成自己業界下至路
界四至明白又壹所杉竹林坐落堀頭潭邊
左至成叔業界右至承理業界上至路下至溝
界四至明白又壹所坐落谷門坑左至李姓業界
右至樹界上至石頭界下至荒山為界四至明白
其山併成自己承耕下開墾置業送回叔為業
今因缺銀應用自愿托中送與叔大成邊三
面言議時值價錢壹拾玖元其銀即日交訖其杉
木價壹元的錢柒佰文折文其杉並竹桐杉苦參
所付叔掌管為業並無重張典當及文加不明
等情如有此情係是侄自己支當不干叔之事今
欲有憑立賣字乙紙付照
嘉慶玖年十二月　日立賣字侄承才
仝賣叔大琳
中見侄承敎
字叔大奮

11-7-46-2　清嘉慶九年十二月鄭承才等立賣杉苗等字

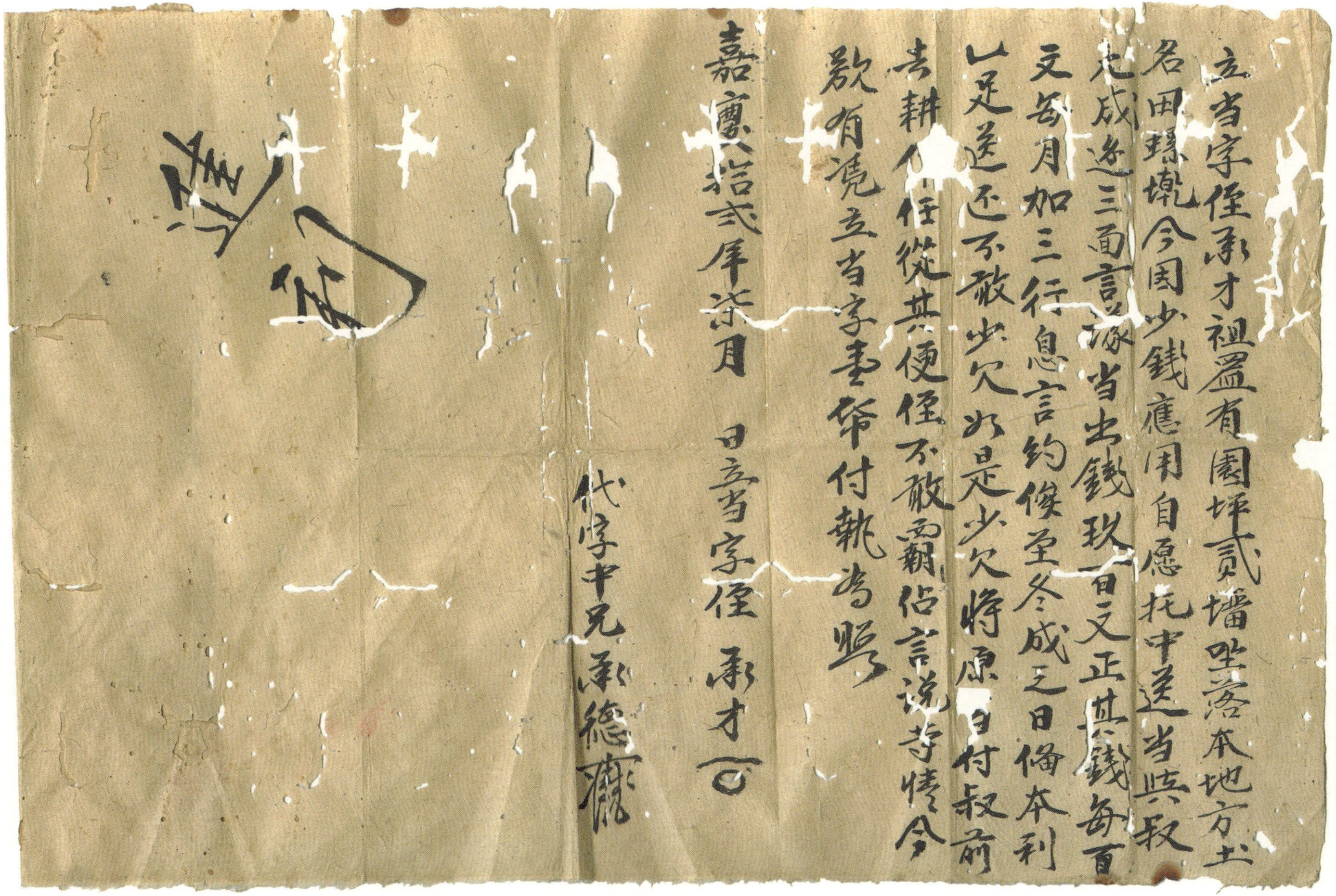

立当字侄承才祖置有園坪貳墙坐落本地方土
名田塚墘，今因少錢應用，自愿托中送当與叔
光成邊三面言議，当出錢玖百文正，其錢每百
文每月加三行息，言約係至冬成之日備本利
一足送还，不敢少欠。如是少欠，將原□日付叔前
去耕作，任從其便，侄不敢霸佔言說等情。今
欲有憑，立当字壹紙付執為照。
嘉慶拾貳年柒月　日立当字侄　承才（押）
代字中兄　承德（押）

11-7-46-3　清嘉慶十二年七月鄭承才立當園坪字

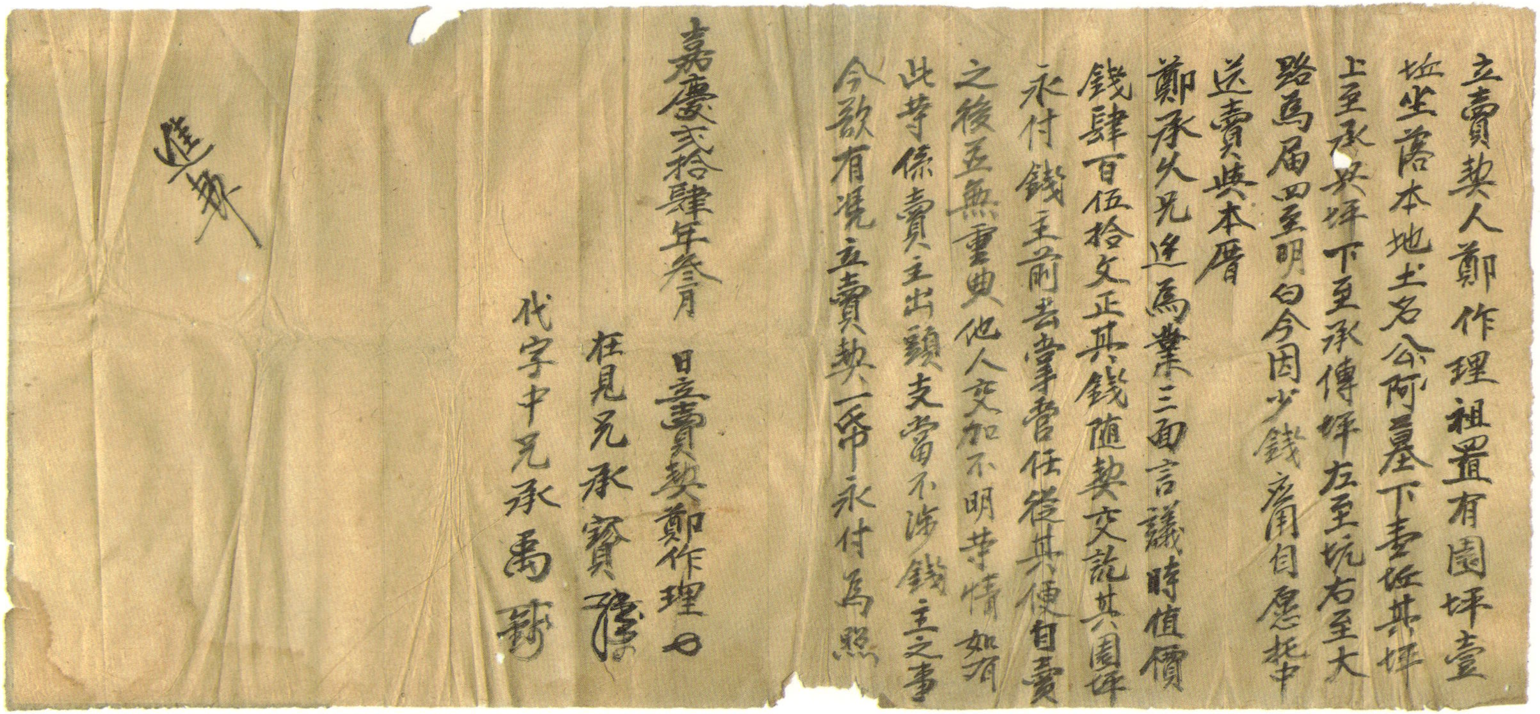
立賣契人鄭作理祖置有園坪壹
坵坐落本地土名公阿墓下壹坵其坪
上至承其坪下至承傳坪左至坑右至大
路爲届四至明白今因少錢應用自愿托中
送賣與本房
鄭承父兄边爲業三面言議時值價
錢肆百伍拾文正其錢随契交訖其園坪
永付錢主前去掌管任從其便自賣
之後更無重典他人交加不明等情如有
此等係賣主出頭支當不涉錢主之事
今欲有憑立賣契一帋永付爲照
嘉慶貳拾肆年叁月　日立賣契鄭作理
在見兄承寶
代字中兄承禹
進業

11-7-46-4　清嘉慶二十四年三月鄭作理立賣園坪契

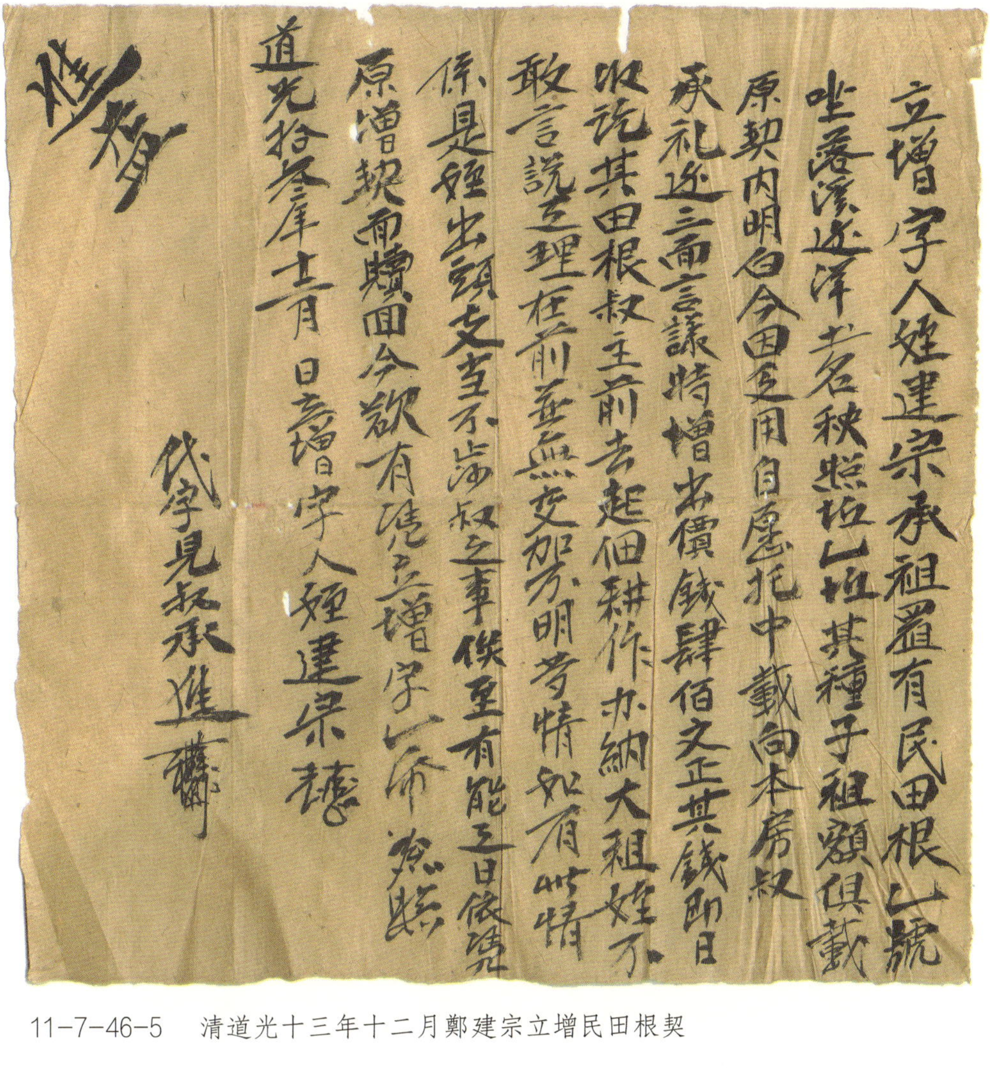

立增字人侄建宗承祖置有民田根乙號
坐落溪边洋土名秋照垬山垬其種子租額俱載
原契内明白今因乏用自愿托中載向本房叔
承礼边三面言議特增出價钱肆佰文正其錢即日
収訖其田根叔立前去起佃耕作亦納大租侄不
敢言説並理在前並無交加另明寺情如有此情
係是侄出頭支当不涉叔之事倘至有能立日依照
原增契面贖回今欲有凭立增字乙紙為照
道光拾叁年十二月　日立增字人侄建宗（押）
代字見叔承進（押）

11-7-46-5　清道光十三年十二月鄭建宗立增民田根契

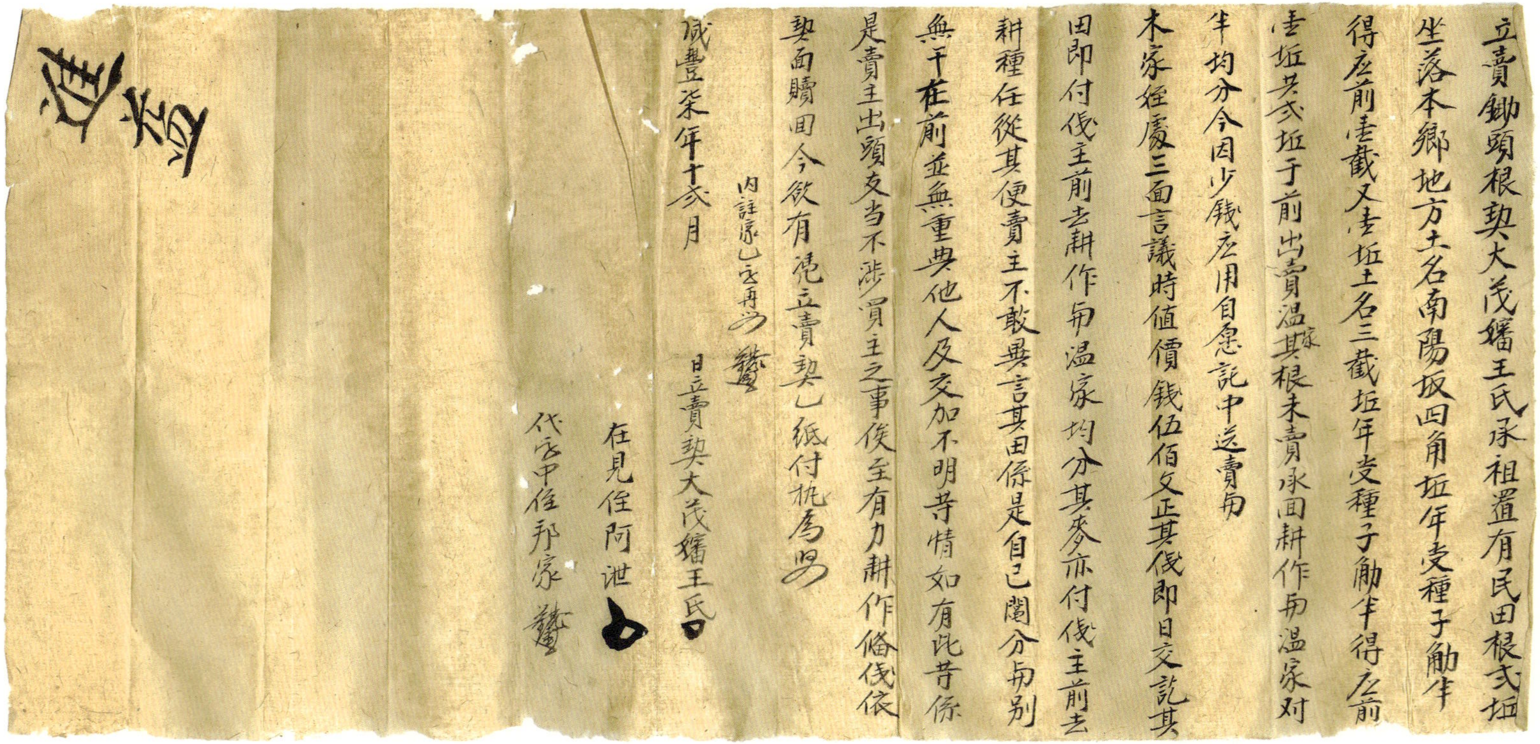

11-7-46-6　清咸豐七年十二月鄭大茂婦王氏立賣民田根契

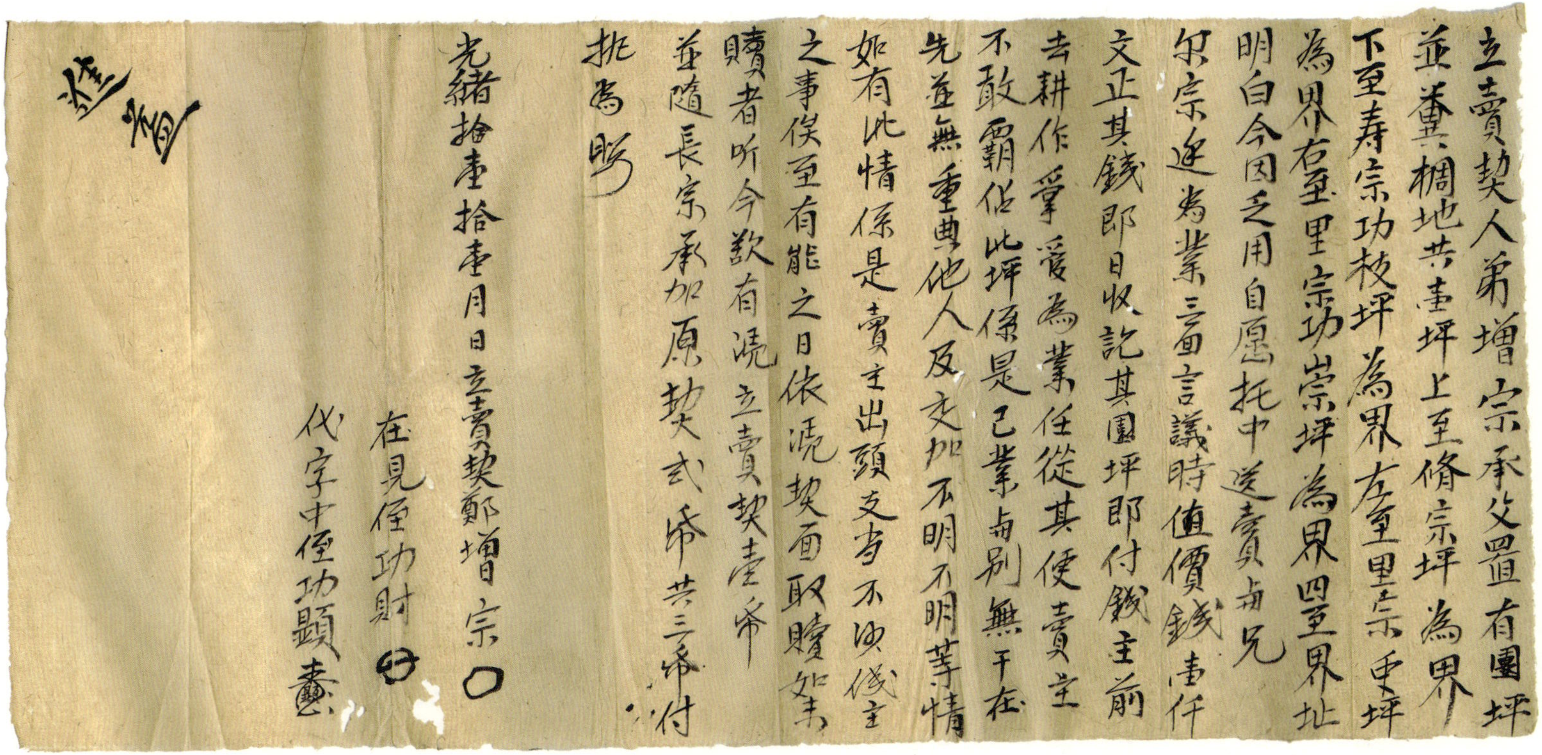

立賣契人弟增宗承父置有園坪
並蕃槆地共壹坪上至脩宗坪為界
下至寿宗功枚坪為界左至里宗受坪
為界右至里宗功崇坪為界四至界址
明白今因乏用自愿托中送賣與兄
仰宗邊為業三面言議時值價錢壹仟
文正其錢即日收訖其園坪即付錢主前
去耕作管看為業任從其便賣主
不敢霸佔此坪係是己業与别無干在
先並無重典他人及交加不明等情
如有此情係是賣主出頭支当不涉錢主
之事俟至有能之日依憑契面取贖如未
贖者听今欲有憑立賣契壹帋
並隨長宗承加原契弍帋共三帋付
批為照

光緒拾壹年拾壹月日立賣契鄭增宗（押）
在見侄功財（押）
代字中侄功顯（押）

[illegible]

11-7-46-7 清光緒十一年十一月鄭增宗立賣園坪等契

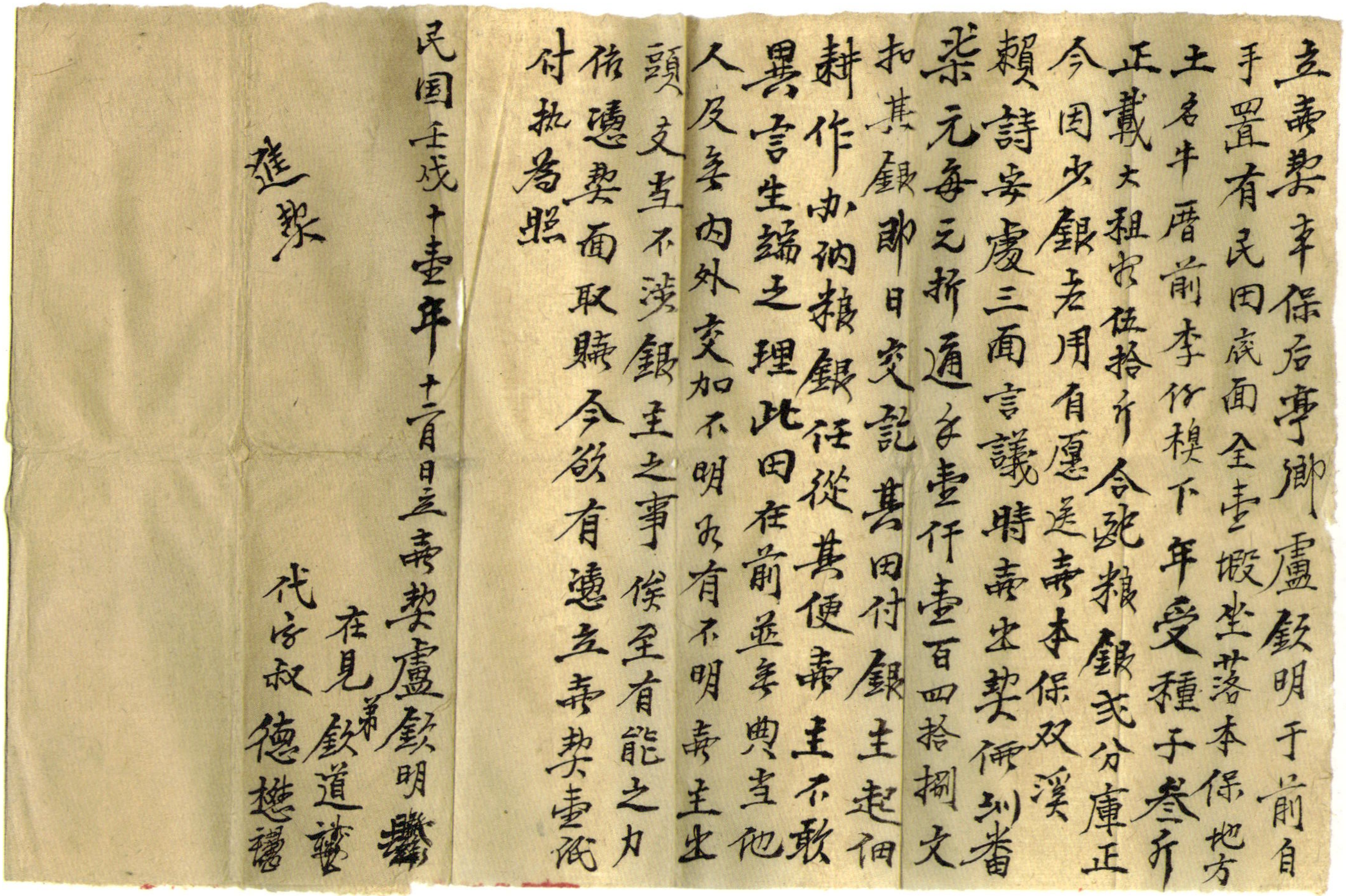
立賣契人保后亭鄉盧欽明于前自
手買有民田底面全壹㙦坐落本保地方
土名牛厝前李仔樓下年受種子叁斤
正載大租穀伍拾斤合跪糧銀弍分庫正
今因少銀去用自愿送賣本保双溪
賴詩安處三面言議時賣出契價劍番
柒元每元折通足壹仟壹百四拾捌文
和其銀即日交訖其田付銀主起佃
耕作办納糧銀任從其便賣主不敢
異言生端之理此田在前並無典當他
人及無內外交加不明如有不明賣主出
頭支當不涉銀主之事倘至有能之力
依遞契面取贖今欲有憑立賣契壹紙
付執為照

民国壬戌十壹年十二月　日立賣契盧欽明（押）

在見弟欽道（押）

代字叔德懋（押）

進契

11-7-46-8　民國十一年十二月盧欽明立賣底面全民田契

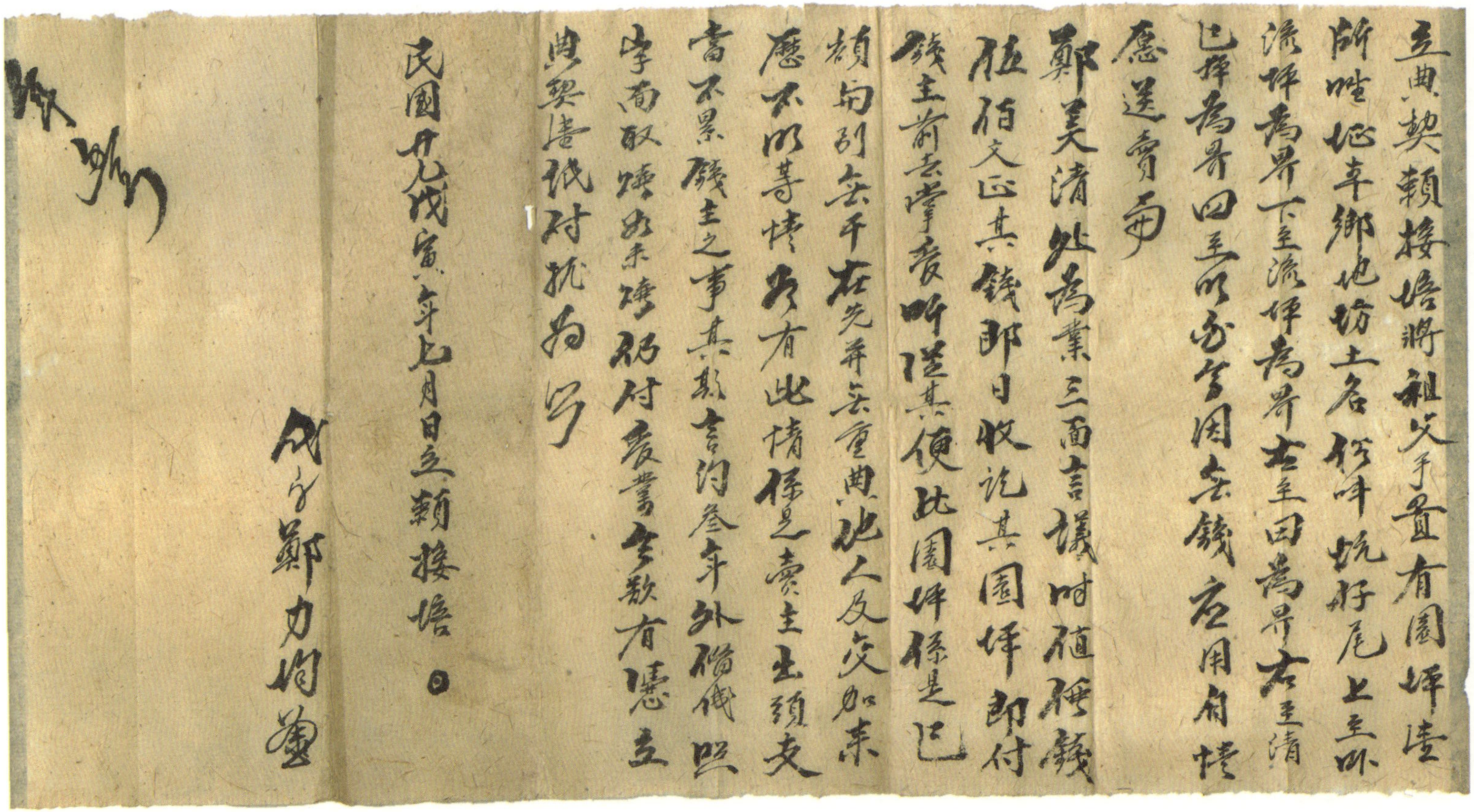

立典契賴接培將祖父手置有園坪壹
所坐址本鄉地坊土名行坪坑仔尾，上至咊
流坪為界，下至流坪為界，左至田為界，右至清
也坪為界，四至明白。今因無錢應用，自情
愿送與
鄭美清出為業，三面言議時值價錢
伍佰文正，其錢即日收訖，其園坪即付
錢主前去掌管，收從其便。此園坪係是己
物，與別無干，在先并無重典他人及交加來
歷不明等情。如有此情，係是賣主出頭支
當，不累錢主之事。其款言約叁年外備價照
字面取贖，如未贖，仍付錢業主耕，有憑立
典契壹紙付執為照
民國廿七戊寅年七月日立賴接培 ◎
代字鄭力洵筆

11-7-46-9　民國二十七年七月賴接培立典園坪契

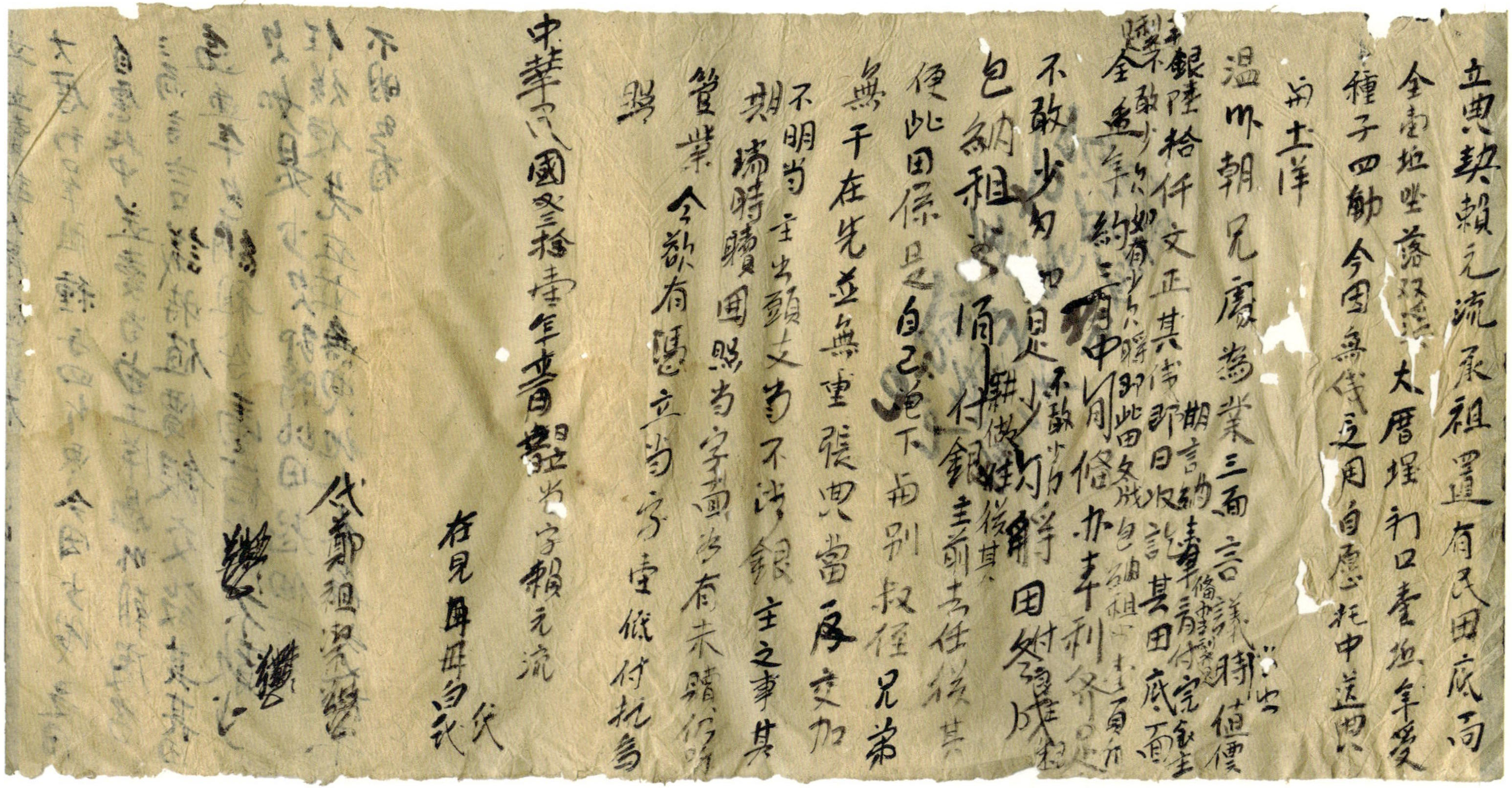

11-7-46-10　民國三十一年十二月賴元流立典底面全民田契（草契）

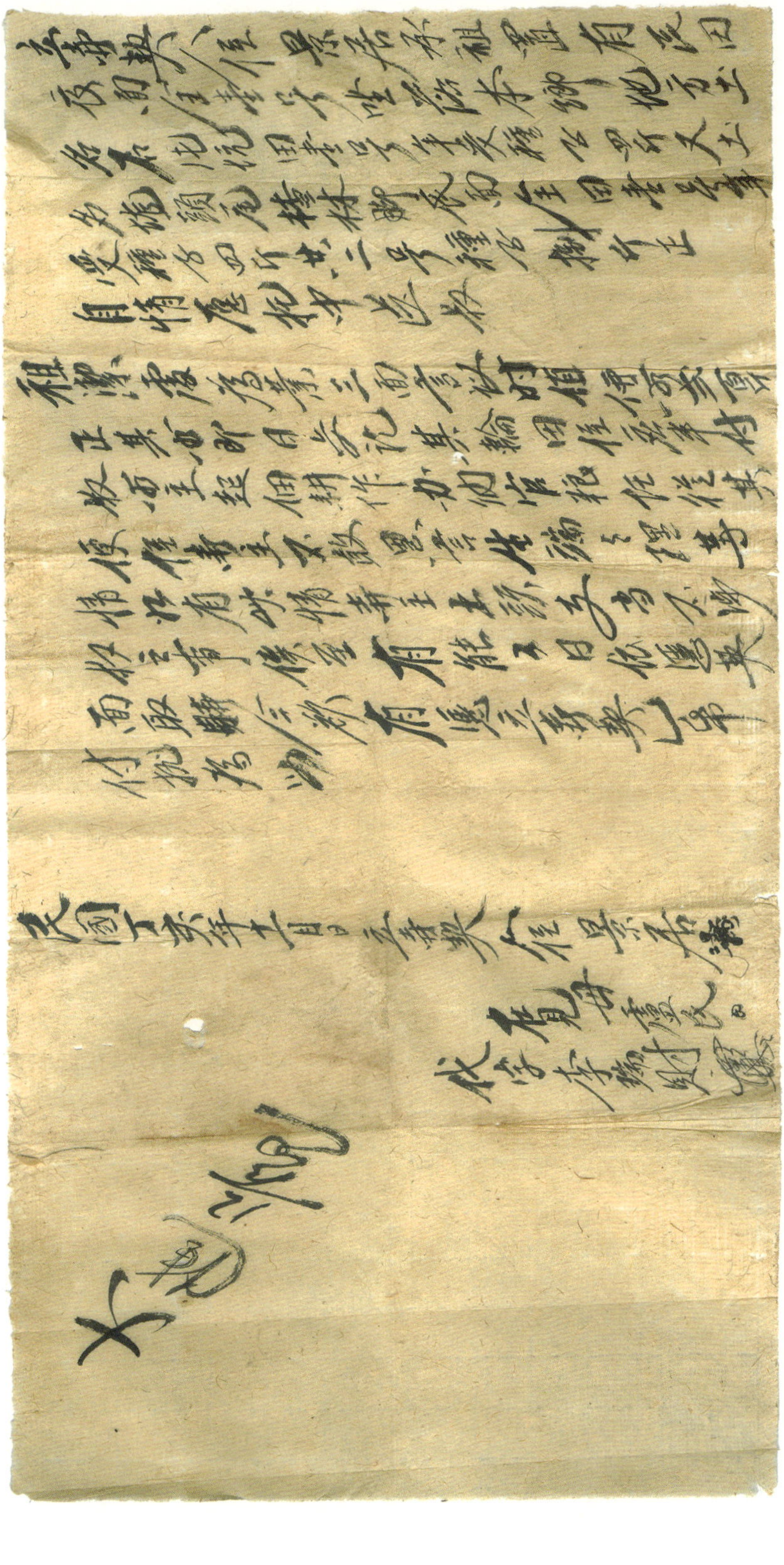

11-7-46-11　民國三十六年十一月鄭景居立賣底面全民田契

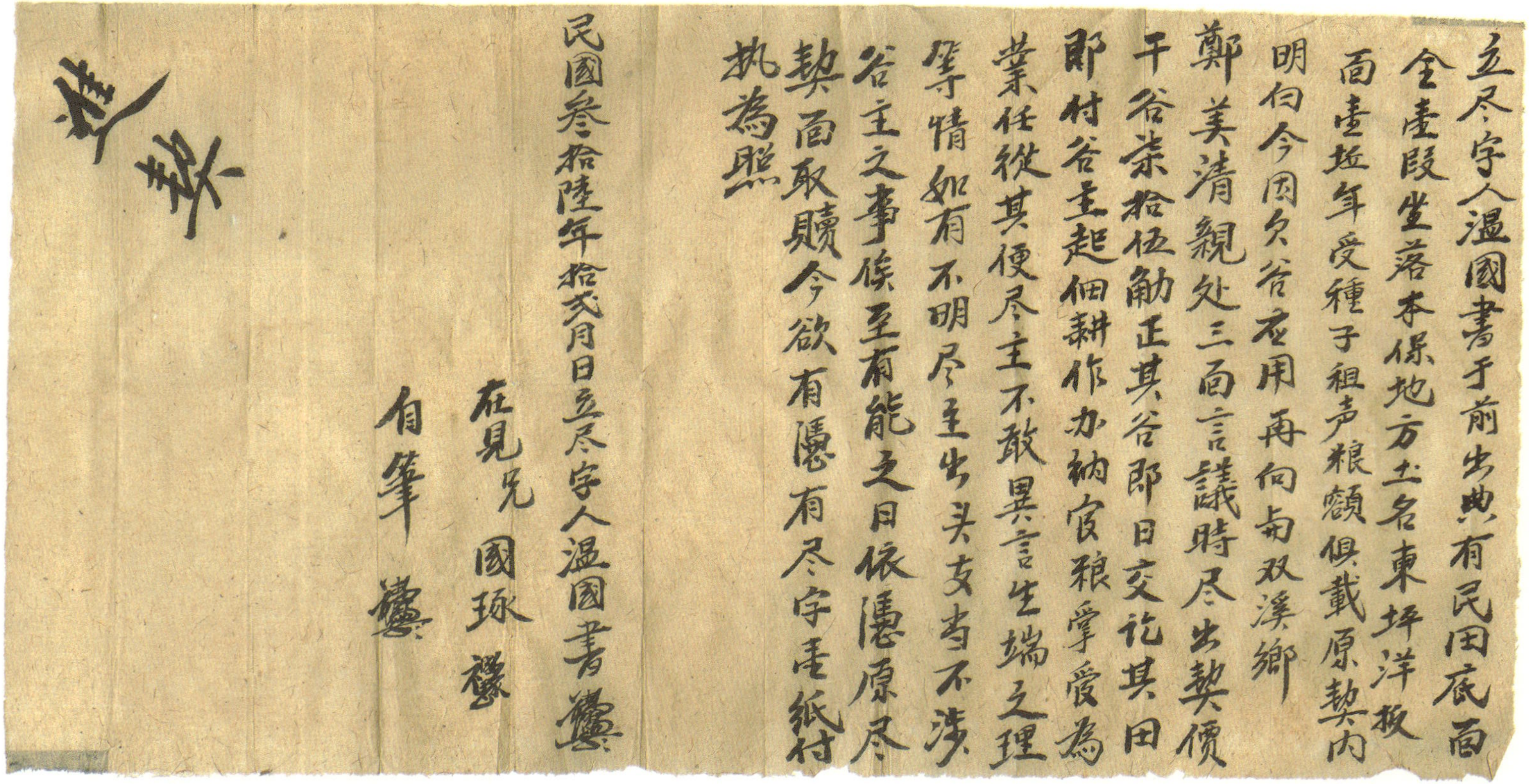
立尽字人温國書于前出典有民田底面
全壹段坐落本保地方土名東坪洋板
面壹坵年受種子租声粮額俱載原契內
明白今因欠谷應用再向南双溪鄉
鄭美清親处三面言議時尽出契價
干谷柒拾伍觔正其谷即日交訖其田
即付谷主起佃耕作办納官粮掌管為
業任從其便尽主不敢異言生端之理
等情如有不明尽主出头支当不涉
谷主之事候至有能之日依憑原尽
契面取贖今欲有憑有尽字壹紙付
执為照

民國叁拾陸年拾弍月日立尽字人温國書（押）

在見兄 國琢（押）

自筆（押）

進契

11-7-46-12　民國三十六年十二月温國書立盡底面全民田字

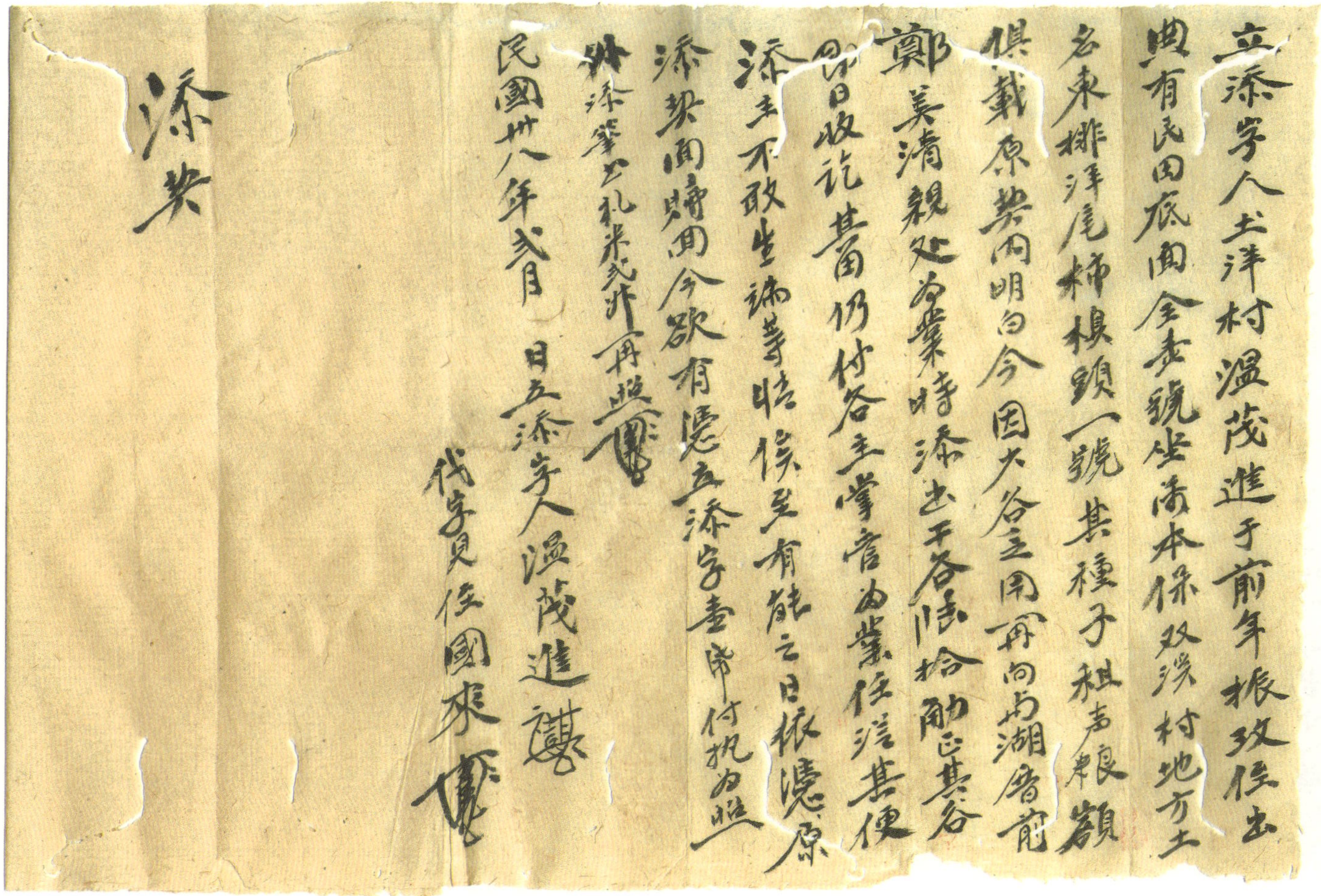
立添字人大洋村温茂進，于前年振玖仕出
典有民田底面全壹號，坐落本保双溪村地方，土
名東排洋尾柿根頭一號，其種子租声粮額
俱載原契內明白。今因少谷乏用，再向与湖厝前
鄭美清親处為業時添出干谷陆拾斤正，其谷
即日收訖，其田仍付谷主掌管為業，任從其便，
添主不敢生端等情。候至有能之日，依還原
添契兩歸用。今欲有憑，立添字壹帋付执為照。
外添筆出礼米弍斤再照（押）
民國卅八年弍月　日立添字人温茂進（押）
代字見侄國來（押）
添契

11-7-46-13　民國三十八年二月温茂進立添底面全民田字

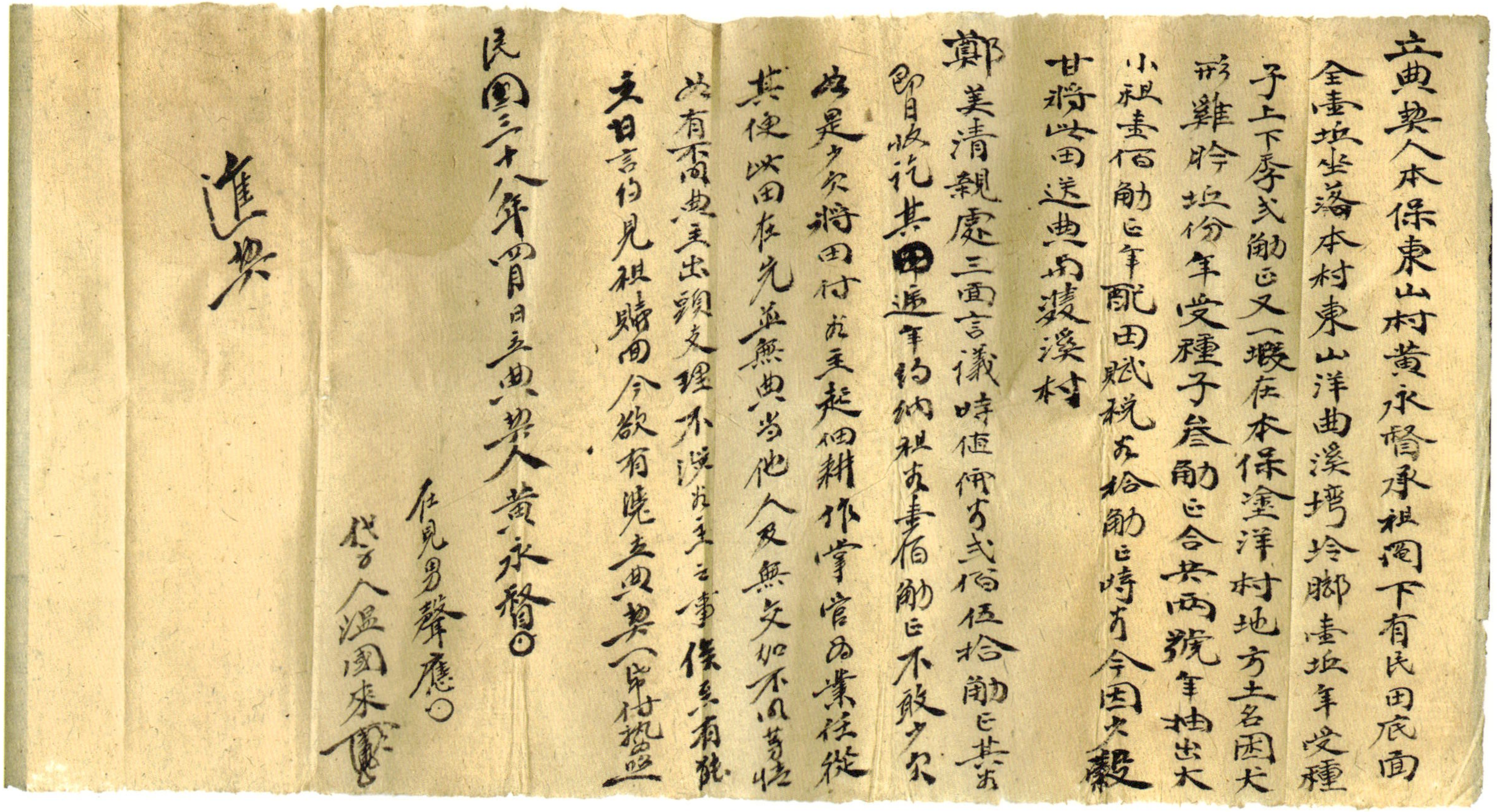
立典契人本保東山村黃永督承祖闔下有民田底面
全壹坵，坐落本村東山洋曲溪墘坽腳，壹坵年受種
子上下季弍觔正；又一塅在本保塗洋村地方，土名囷大
形雞坽坵份，年受種子叁觔正。合共兩號，年抽出大
小租壹佰觔正，年配田賦税乙拾觔正。時有今因乏穀，
甘將此田送典與蔆溪村
鄭美清親處，三面言議，時值價乙弍佰伍拾觔正，其穀
即日收訖。其田遞年約納租乙壹佰觔正，不敢少欠。
如是少欠，將田付乙主起佃耕作，掌管為業，任從
其便。此田在先並無典當他人，及無交加不明等情。
如有不明，典主出頭支理，不涉乙主之事。係是有能
立日言約，見祖贖回。今欲有憑，立典契一紙付執為照。
民國三十八年四月　日立典契人黃永督（押）
在見男馨應（押）
代字人温國來（押）
進契

11-7-46-14　民國三十八年四月黃永督立典底面全民田契

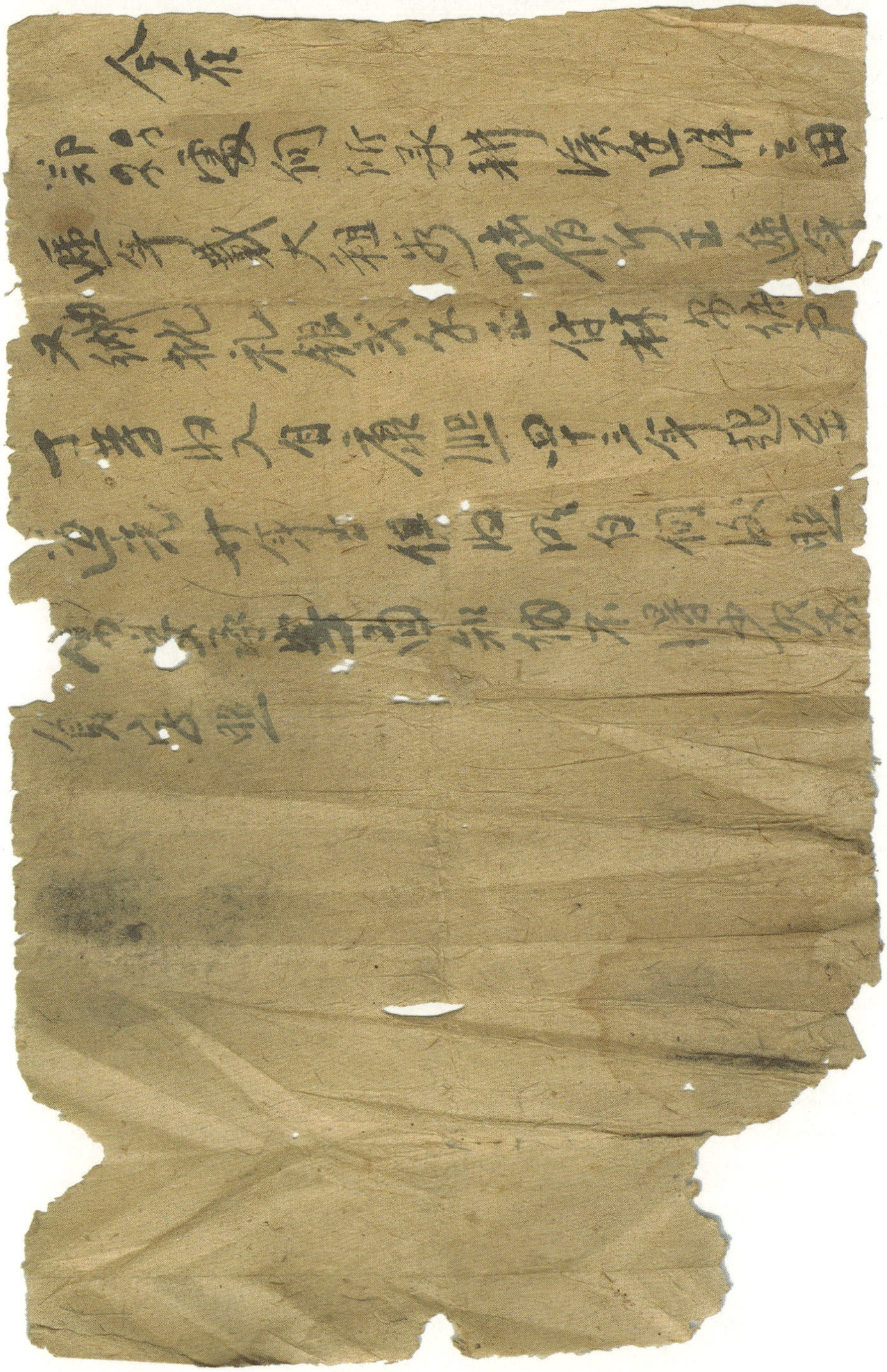

11-7-46-15 林尔純户丁等立承耕契（年代不詳，草契）

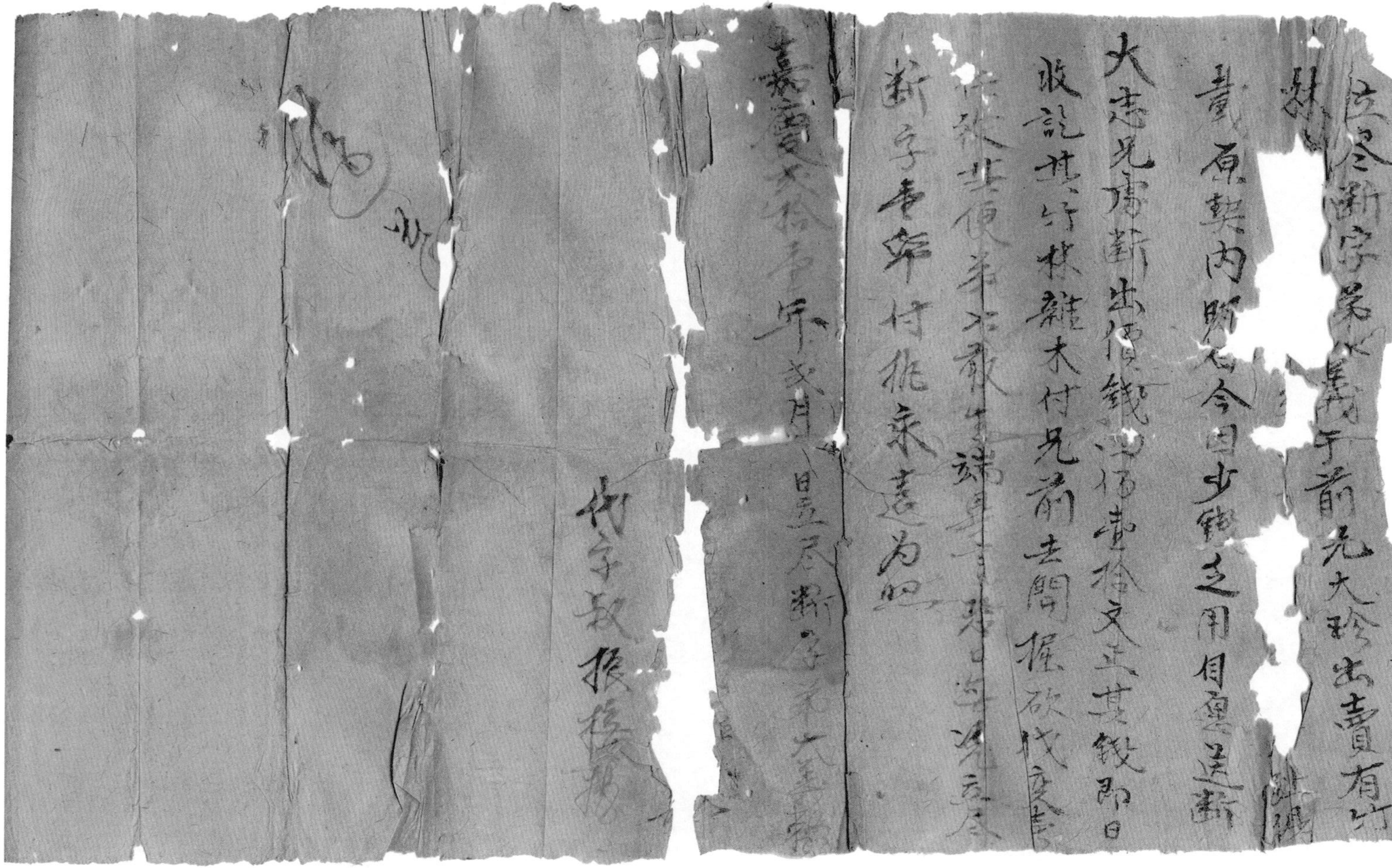

11-7-47-1　清嘉慶二十一年二月鄭大義立盡斷竹林字

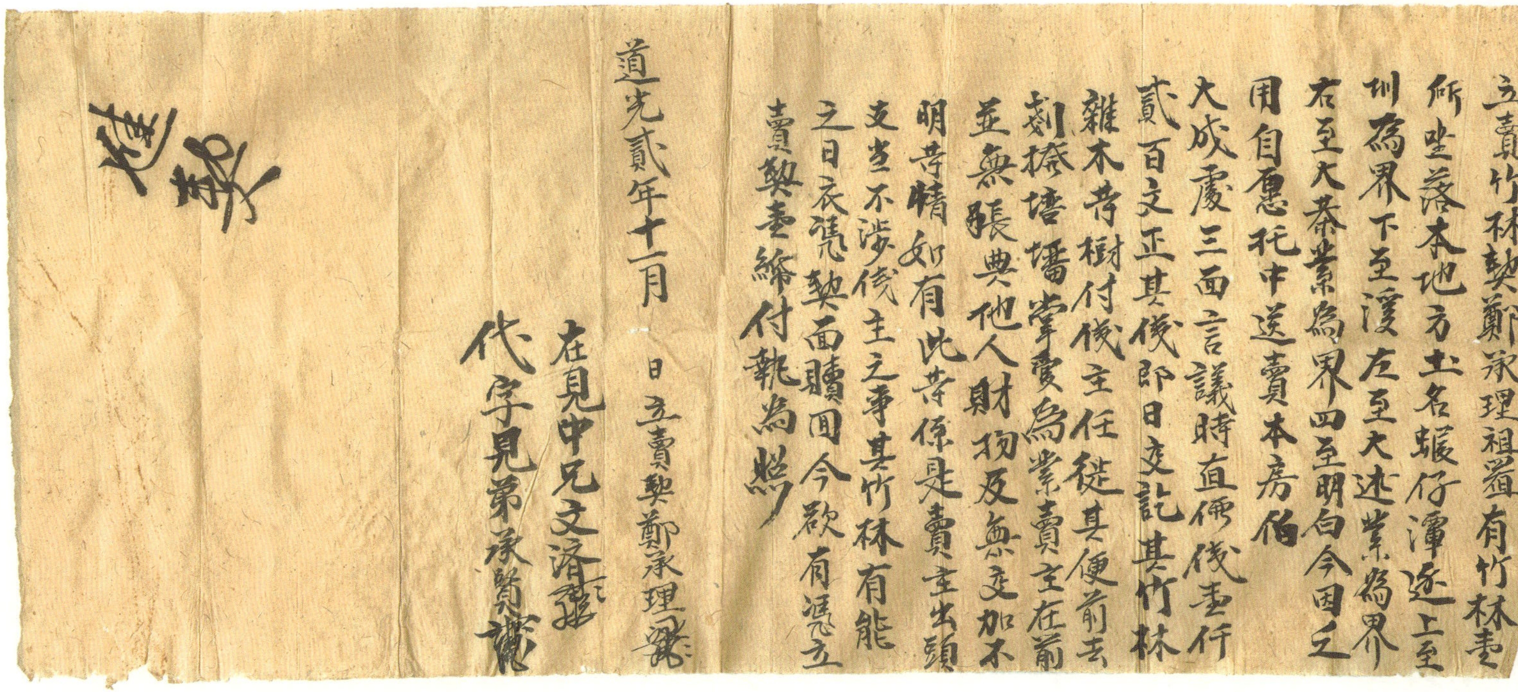

立賣竹林契鄭承理祖置有竹林壹
所，坐落本地方土名蝦仔潭，透上至
圳為界，下至溪，左至大迹業為界，
右至大蔡業為界，四至明白。今因乏
用，自愿托中送賣本房伯
大成處，三面言議時直價錢壹仟
貳百文正。其錢即日交訖，其竹林
雜木并樹付錢主任從其便前去
砍擇墻掌管為業。賣主在前
並無張典他人財物，及無交加不
明等情；如有此等，係是賣主出頭
支當，不涉錢主之事。其竹林有能
之日，依憑契面贖回。今欲有憑，立
賣契壹紙付執為照。

道光貳年十一月　日　立賣契鄭承理（押）

在見中兄文濟（押）

代字見弟承贊（押）

11-7-47-2　清道光二年十一月鄭承理立賣竹林契

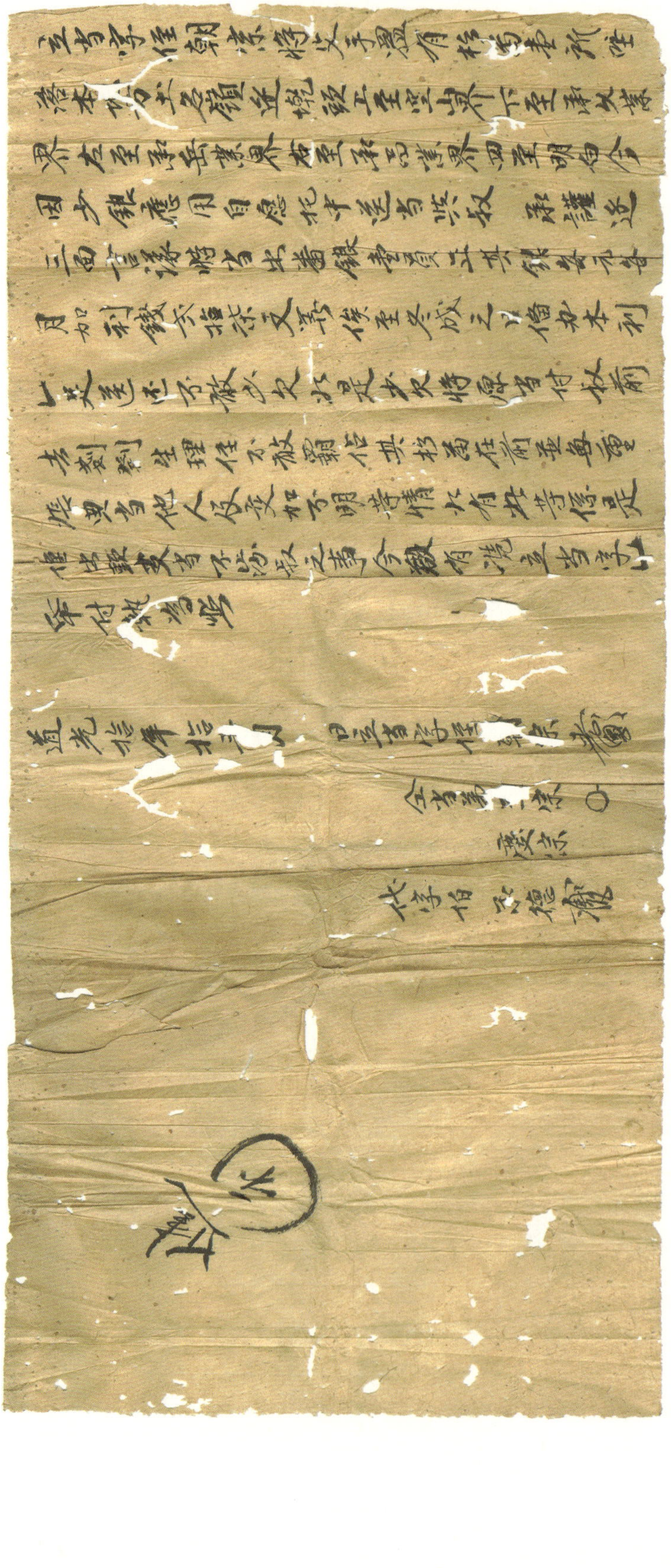

11-7-47-3　清道光十年十一月鄭朝宗等立當杉苗字

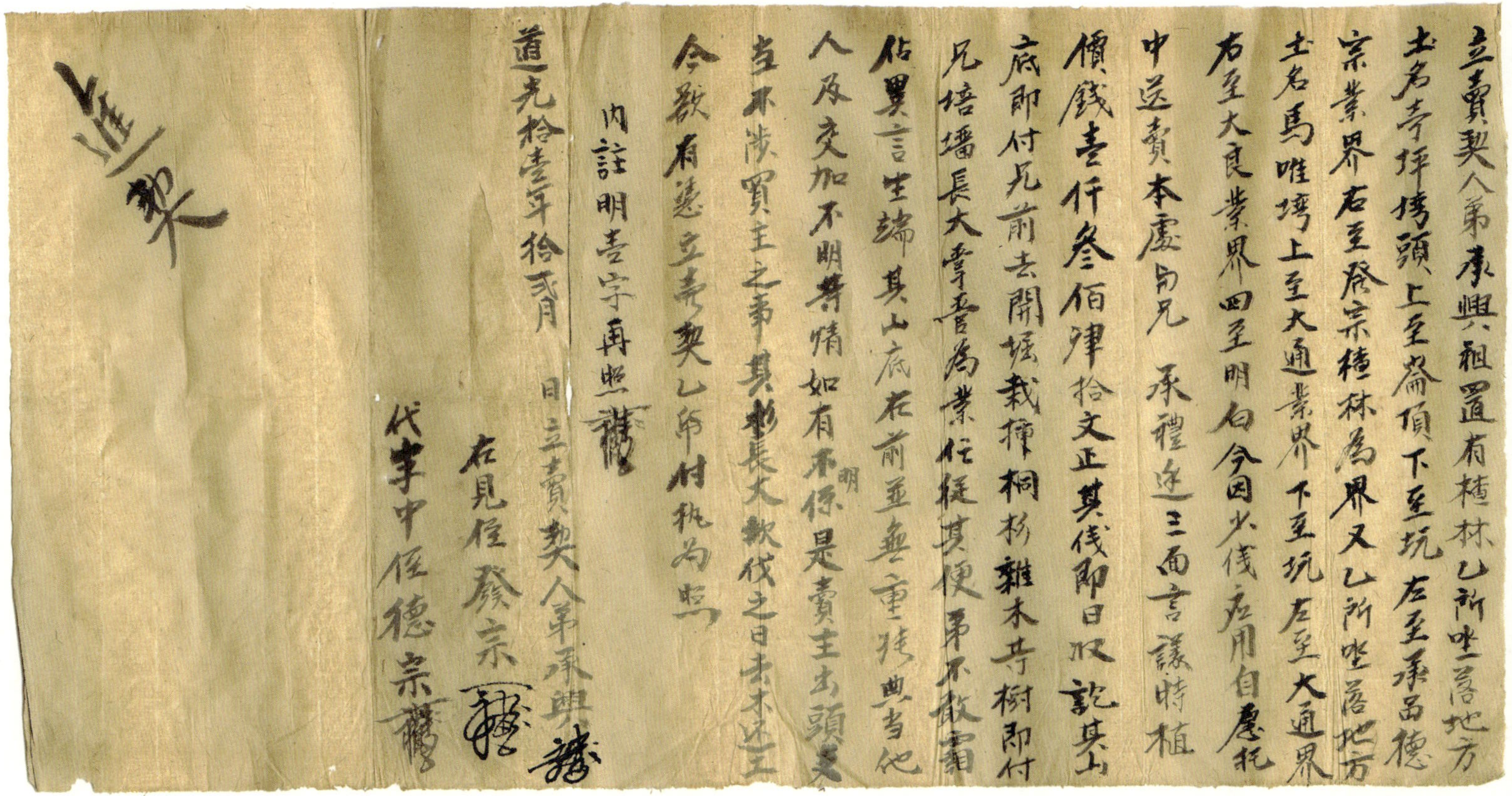
立賣契人弟承興，祖置有楂林乙所，坐落地方
土名亭坪墘頭，上至崙頂，下至坑，左至承品、德
宗業界，右至癸宗楂林為界；又乙所坐落地方
土名馬唯墘，上至大通業界，下至坑，左至大通界，
右至大良業界，四至明白。今因少錢應用，自愿托
中送賣本處兄　承禮邊，三面言議時植
價錢壹仟叁佰肆拾文正，其錢即日收訖，其山
底即付兄前去開墾栽插桐杉雜木等樹，即付
兄培壜長大，掌管為業，任從其便，弟不敢霸
佔異言生端。其山底在前並無重張典當他
人，及交加不明等情；如有不明，係是賣主出頭支
當，不涉買主之事。其杉長大，歛伐之日，去木還主。
今欲有憑，立賣契乙紙付執為照。
內註明壹字再照。（押）
道光拾壹年拾貳月　日立賣契人弟承興（押）
在見侄癸宗（押）
代筆中侄德宗（押）
退契

11-7-47-4　清道光十一年十二月鄭承興立賣楂林契

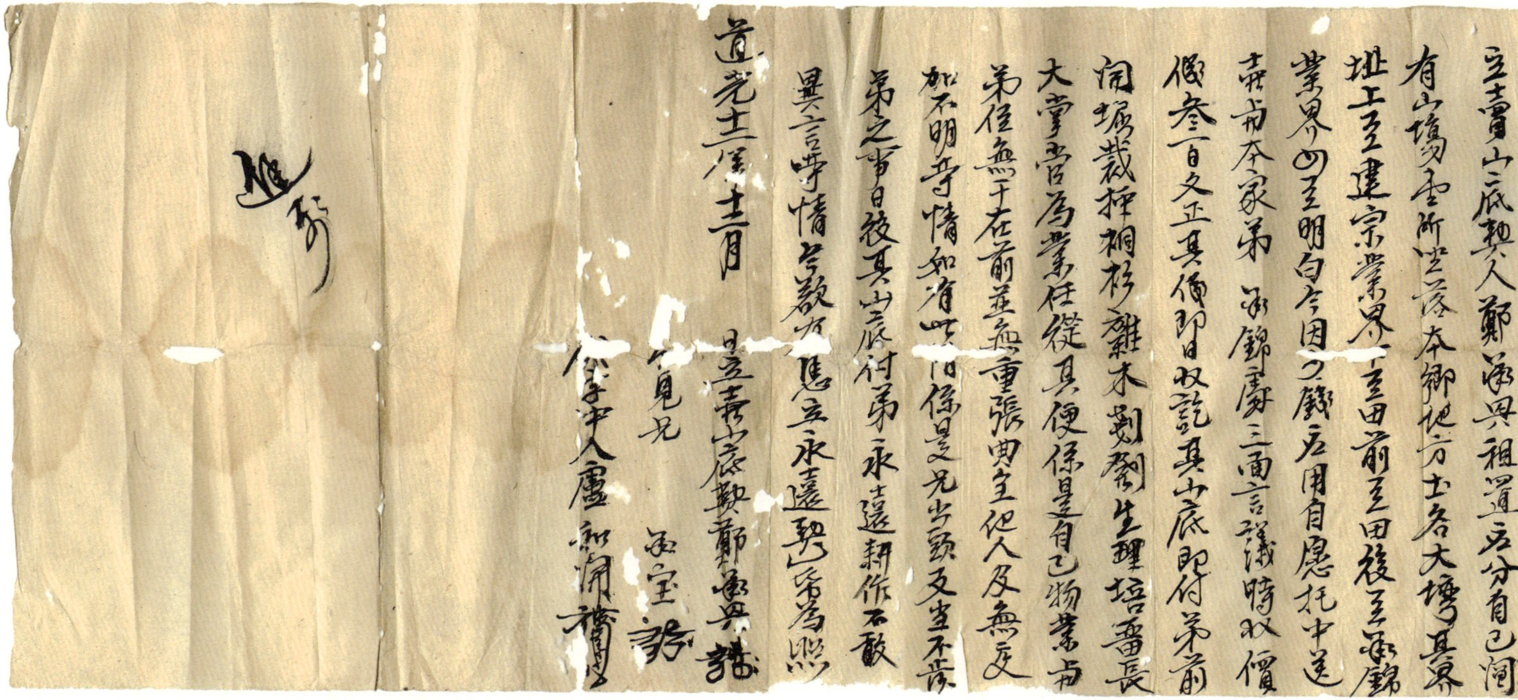

立賣山底契人鄭承興，祖置並分自己闔
有山塲壹所，坐落本鄉地方，土名大塆，其界
址上至建宗業界，下至田，前至田，後至承錦
業界，四至明白。今因乏錢應用，自愿托中送
賣與本家弟　承錦處，三面言議，時收價
錢叁百文正。其價即日收訖，其山底即付弟前
開塲栽插桐杉雜木，剗劉生理，培畨長
大，掌管為業，任從其便。係是自己物業，与
弟侄無干，在前並無重張典主他人及無交
加不明等情。如有此情，係是兄出頭支当，不涉
弟之事。日後其山底付弟永遠耕作，不敢
異言等情。今欲有憑，立永遠契山底為照。
道光十二年十二月　日立賣山底契鄭承興　押
見兄　承宝　押
代字中人盧[illegible]　押

11-7-47-5　清道光十二年十二月鄭承興立賣山底契

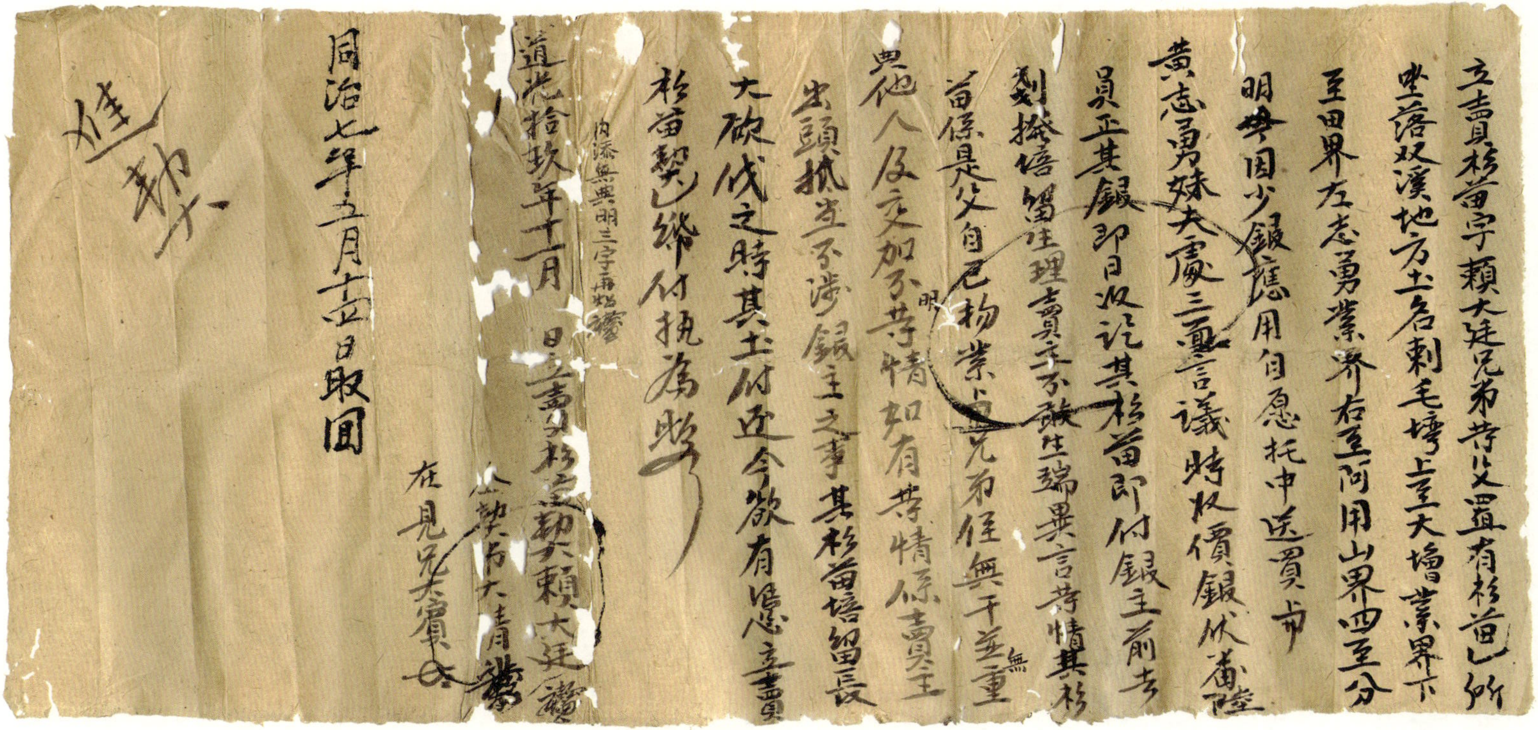
立賣杉苗字賴大廷兄弟等，父置有杉苗山一所，
坐落双溪地方，土名刺毛墇，上至大墻業界，下
至田界，左至志勇業界，右至阿用山界，四至分
明。今因少銀應用，自愿托中送賣与
黄志勇妹夫處，三面言議，時収價銀伍両陸
員正，其銀即日収訖，其杉苗即付銀主前去
劉掞培留生理，賣主不敢生端異言等情。其杉
苗係是父自己物業，與兄弟侄無干，並無重
典他人，及交加不明等情，如有等情，係賣主
出頭抵當，不涉銀主之事。其杉苗培留長
大砍伐之時，其土付還。今欲有憑，立賣
杉苗契一紙，付執為照。
內添無典明三字再照
道光拾玖年十一月　日立賣杉苗契人賴大廷
仝契弟大清
在見兄大賓
同治七年五月十五日取回
[illegible]

11-7-47-6　清道光十九年十一月賴大廷等立賣杉苗字（廢契）

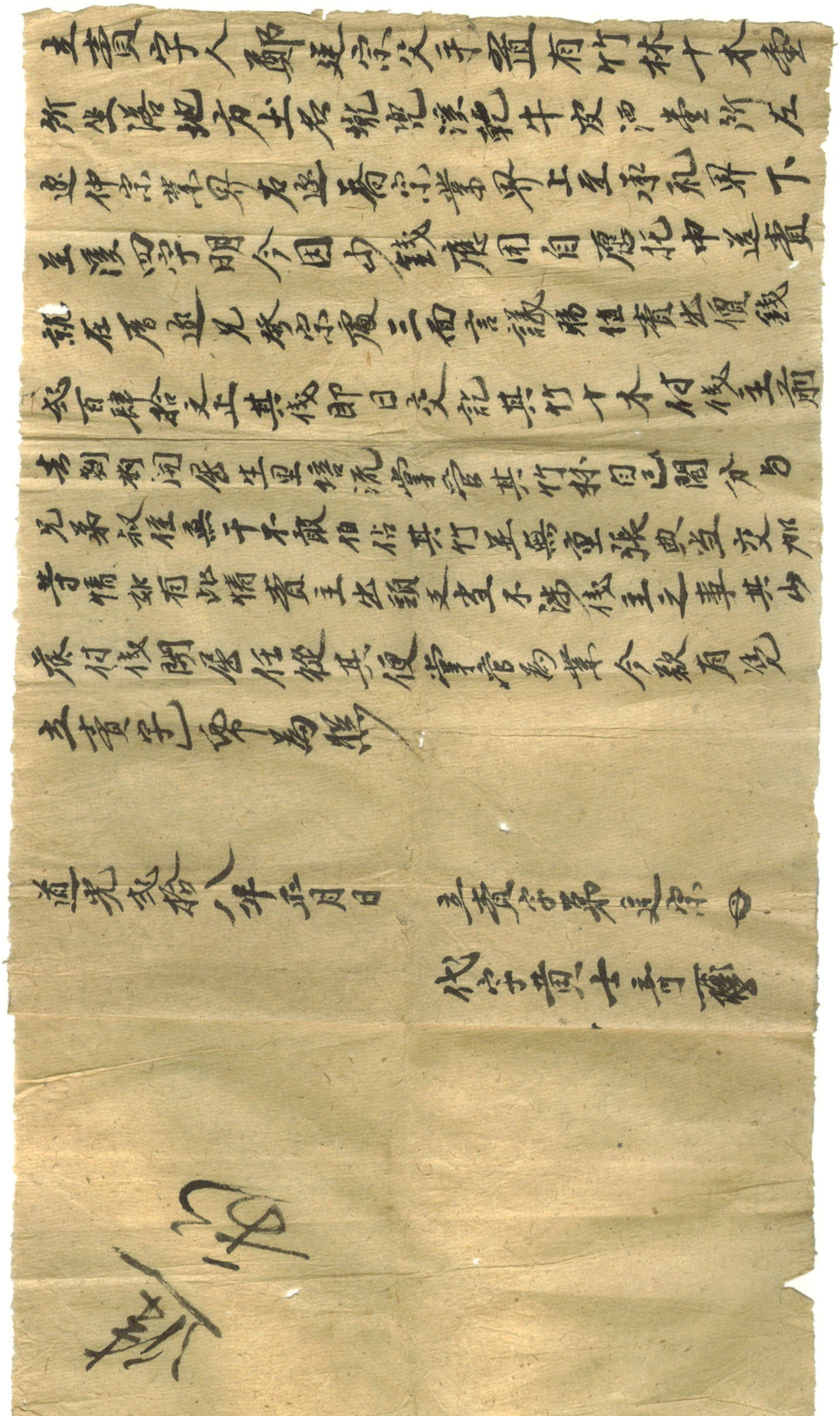

立賣字人鄭廷宗父手置有竹林什木壹
所坐落地方土名枇杷洋乾牛皮洞[illegible]坪左
邊伊宗兄業界右邊為宗山業界上至承私坪下
至溪四字明白今因乏錢應用自愿托中送賣
就在房兄廷光弟宗處三面言議時值賣出價錢
貳百肆拾文正其錢即日交訖其竹什木付錢主前
去劃蓄開[illegible]生理任從掌管其竹林日已闔分與
兄弟叔侄無干不敢相許其竹並無重張典當交加
等情如有此情賣主出頭支當不涉錢主之事其山
聽付錢主開掘任從其便掌管為業今欲有憑
立賣字一紙為照

道光貳拾八年正月日

立賣字人鄭廷宗（押）

代字[illegible]

11-7-47-7　清道光二十八年正月鄭廷宗立賣竹林什木字

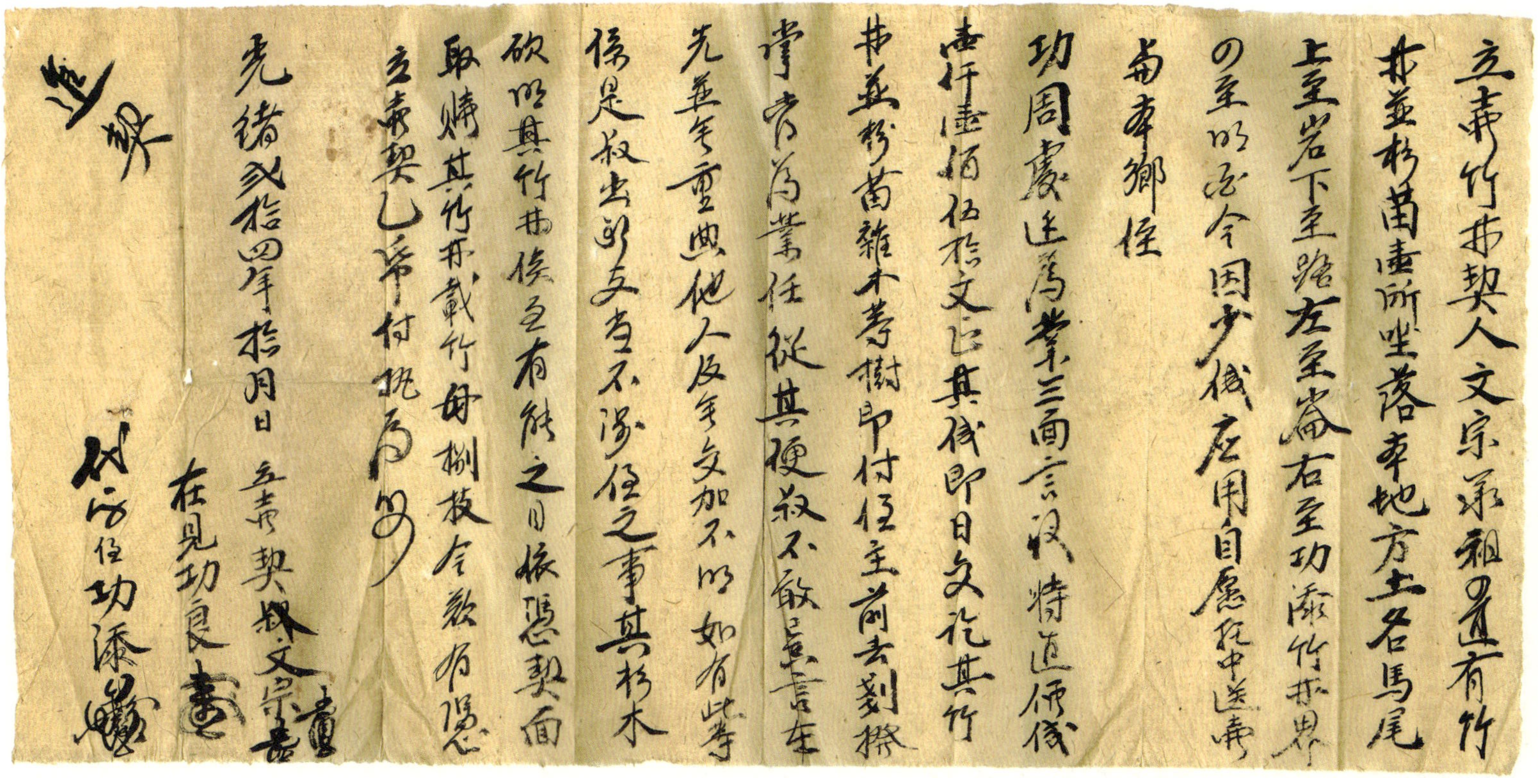

立賣竹林契人文宗承祖置有竹
林并杉苗壹所，坐落本地方，土名馬尾
上至岩，下至路，左至崙，右至功添竹林界，
四至明白。今因乏錢應用，自愿托中送賣
與本鄉侄
功周處邊為業，三面言議，時值價錢
壹仟壹佰伍拾文正，其錢即日交訖，其竹
林并杉苗雜木等樹，即付侄主前去劉掞
掌管為業，任從其便，叔不敢異言。在
先並無重典他人，及兄弟叔加不明，如有此等，
係是叔出頭支當，不涉侄之事。其杉木
砍後，其竹林係回有份之日，依憑契面
取贖，其竹林載竹母捌枝，全數有憑。
立賣契乙紙付執為照。

光緒貳拾四年拾月　日　立賣契叔文宗(押)
在見功良(押)
代筆侄功添(押)

退契

11-7-47-8　清光緒二十四年十月鄭文宗立賣竹林等契

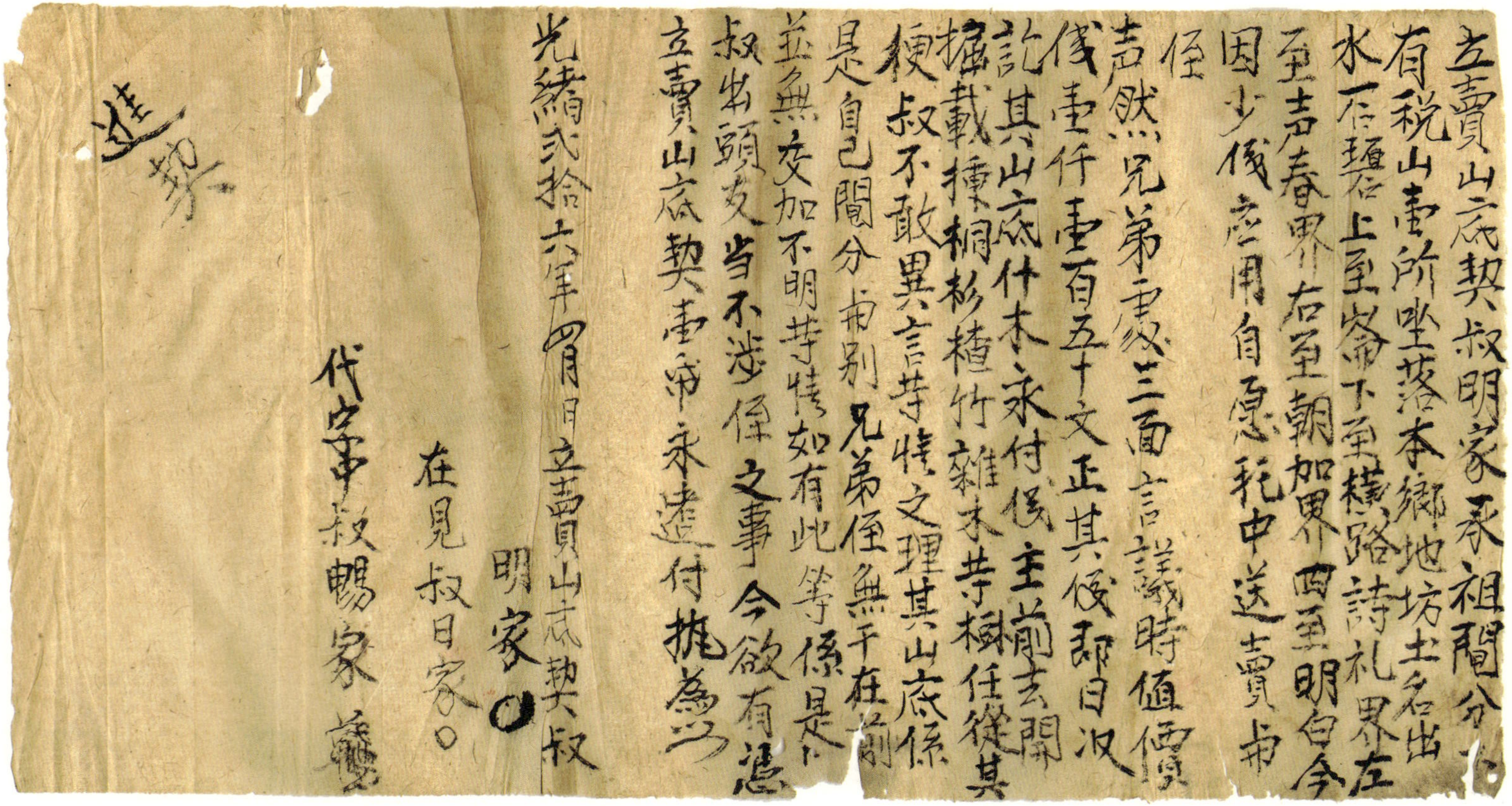
立賣山底契叔明家承祖鬮分
有稅山壹所坐落本鄉地坊土名出
水一石壚上至崙下至横路詩礼界左
至吉春界右至朝加界四至明白今
因少錢應用自愿託中送賣與
侄
吉然兄弟承受三面言議時值價
錢壹仟壹百五十文正其錢即日収
訖其山底什木永付侄主前去開
掘栽種桐杉植竹雜木等樹任從其
便叔不敢異言等情之理其山底係
是自己鬮分與別兄弟侄無干在前
並無交加不明等情如有此等係是
叔出頭支當不涉侄之事今欲有憑
立賣山底契壹帋永遠付執為照
光緒弍拾六年四月日立賣山底契叔
明家
在見叔日家
代筆叔暢家
進契

11-7-47-9　清光緒二十六年四月賴明家立賣稅山底契

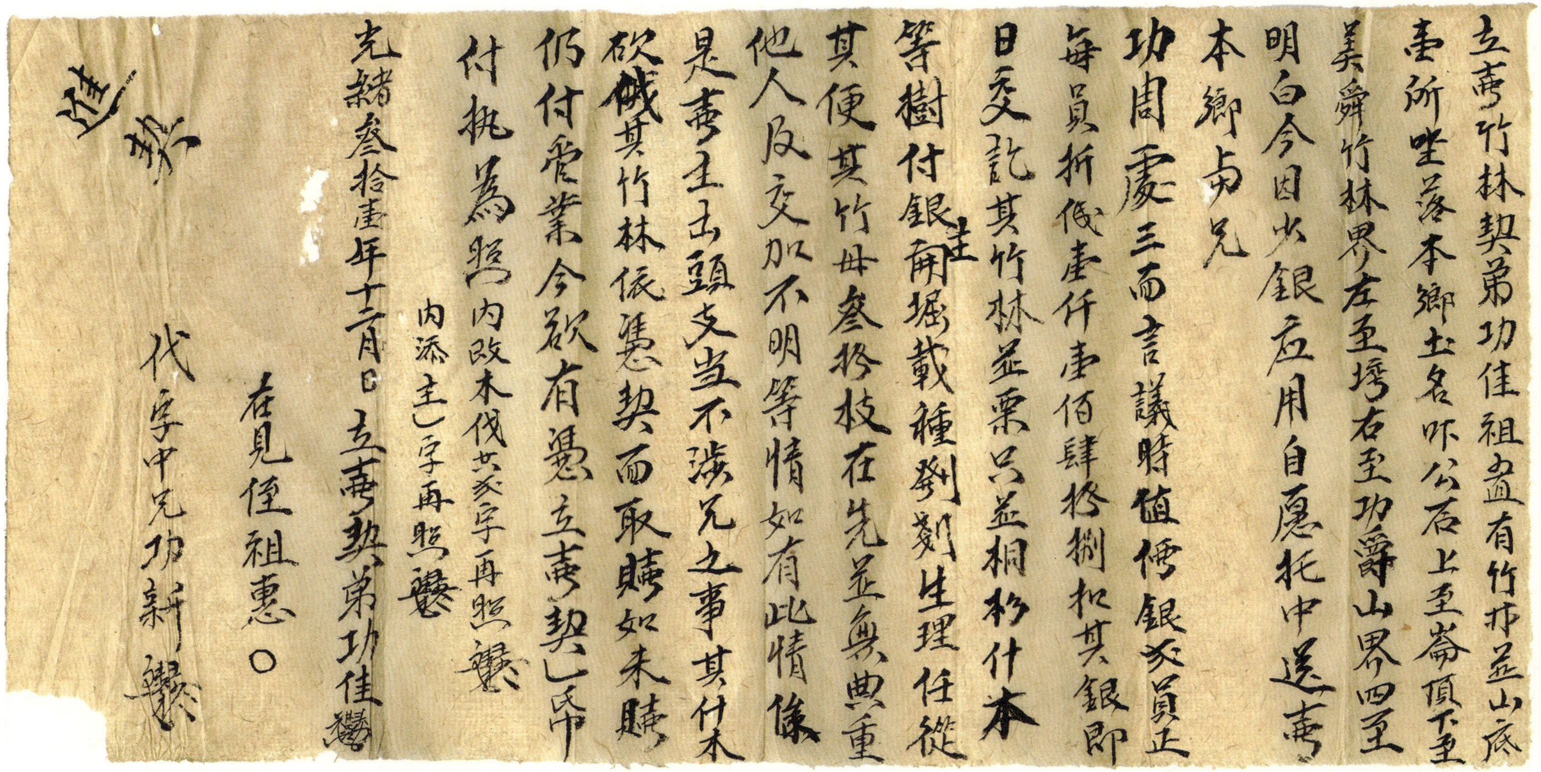

立賣竹林契弟功佳祖置有竹林並山底
壹所，坐落本鄉土名吓公后，上至崙頂，下至
吴舜竹林界，左至塆，右至功舜山界，四至
明白。今因乏銀應用，自愿托中送賣
本鄉占兄
功周處，三面言議，時值價銀叁員正，
每員折僟壹仟壹佰肆拾捌，扣其銀即
日交訖。其竹林並栗只並桐杉什木
等樹，付銀主前去掘載，種劉剷，生理任從
其便。其竹母叁拾枚在先，並無典重
他人及交加不明等情，如有此情，係
是賣主出頭支當，不涉買主之事。其什木
砍伐，其竹林依憑契而取贖，如未贖，
仍付管業。今欲有憑，立賣契一紙，
付執為照。內改木伐共叁字再照（押）
內添主一字再照（押）
光緒叁拾壹年十二月日 立賣契弟功佳（押）
在見侄祖惠 〇
代字中兄功新（押）
進契

11-7-47-10 清光緒三十一年十二月鄭功佳立賣竹林等契

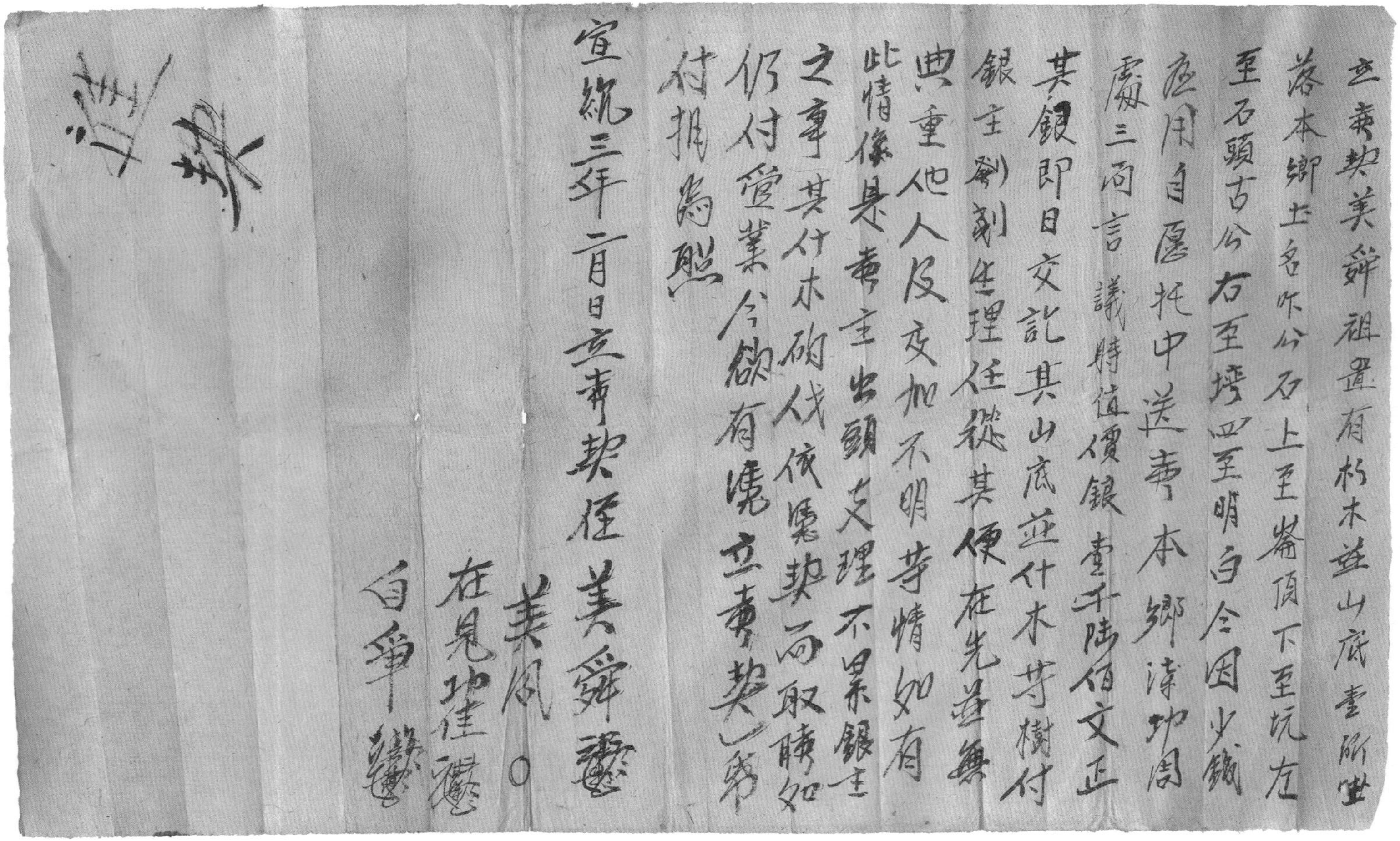
立賣契美舜祖置有杉木並山底壹所坐
落本鄉土名下公石上至崙頂下至坑左
至石頭古公右至埒四至明白今因少錢
應用自愿托中送賣本鄉法圳周
處三面言議時值價銀壹十陆伯文正
其銀即日交訖其山底並什木芽樹付
銀主劉生理任從其便在先並無
典重他人及交加不明等情如有
此情係是賣主出頭支理不累銀主
之事其什木砍伐依憑契面取贖如
仍付管業今欲有憑立賣契一紙
付執為照

宣統三年二月日立賣契侄美舜（押）
美風 〇
在見圳佳（押）
自筆（押）

11-7-47-11　清宣統三年二月鄭美舜立賣杉木等契

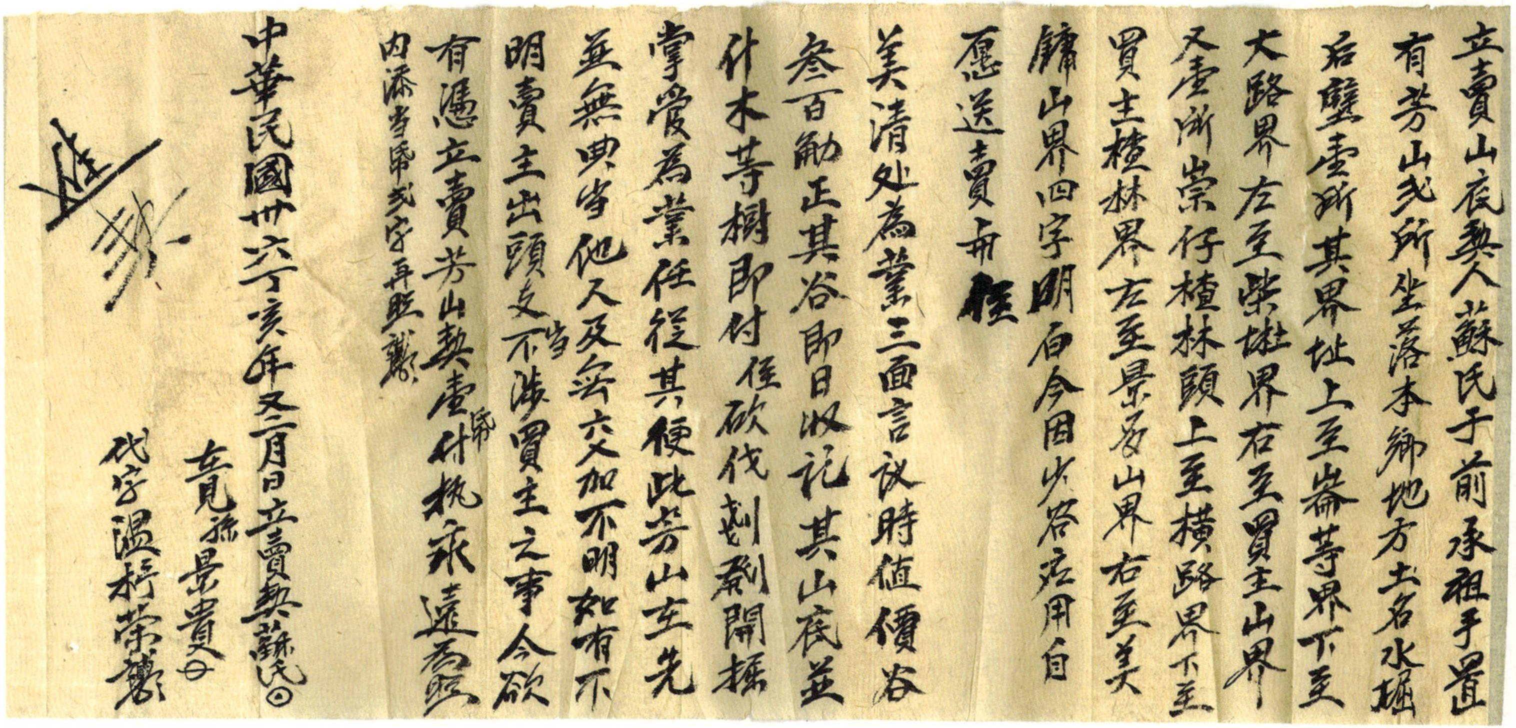
立賣山底契人蘇氏于前承祖手置
有芳山弍所坐落本鄉地方土名水碓
后壟壹所其界址上至崙等界下至
大路界左至柴楼界右至買主山界
又壹所崇仔橦林頭上至横路界下至
買主橦林界左至景爻山界右至美
鏞山界四字明白今因乏谷应用自
愿送賣前莊
美清处為業三面言議時值價谷
叁百觔正其谷即日收訖其山底並
什木等樹即付任砍伐割劉開掘
掌管為業任從其便此芳山在先
並無典当他人及会交加不明如有不
明賣主出頭支当不涉買主之事今欲
有憑立賣芳山契壹帋付執永遠為照
內添芳字弍字再照盖

中華民國卅六丁亥年又二月日立賣契蘇氏○
在見孫景貴○
代字溫村榮盖

11-7-47-12　民國三十六年閏二月蘇氏立賣芳山底契

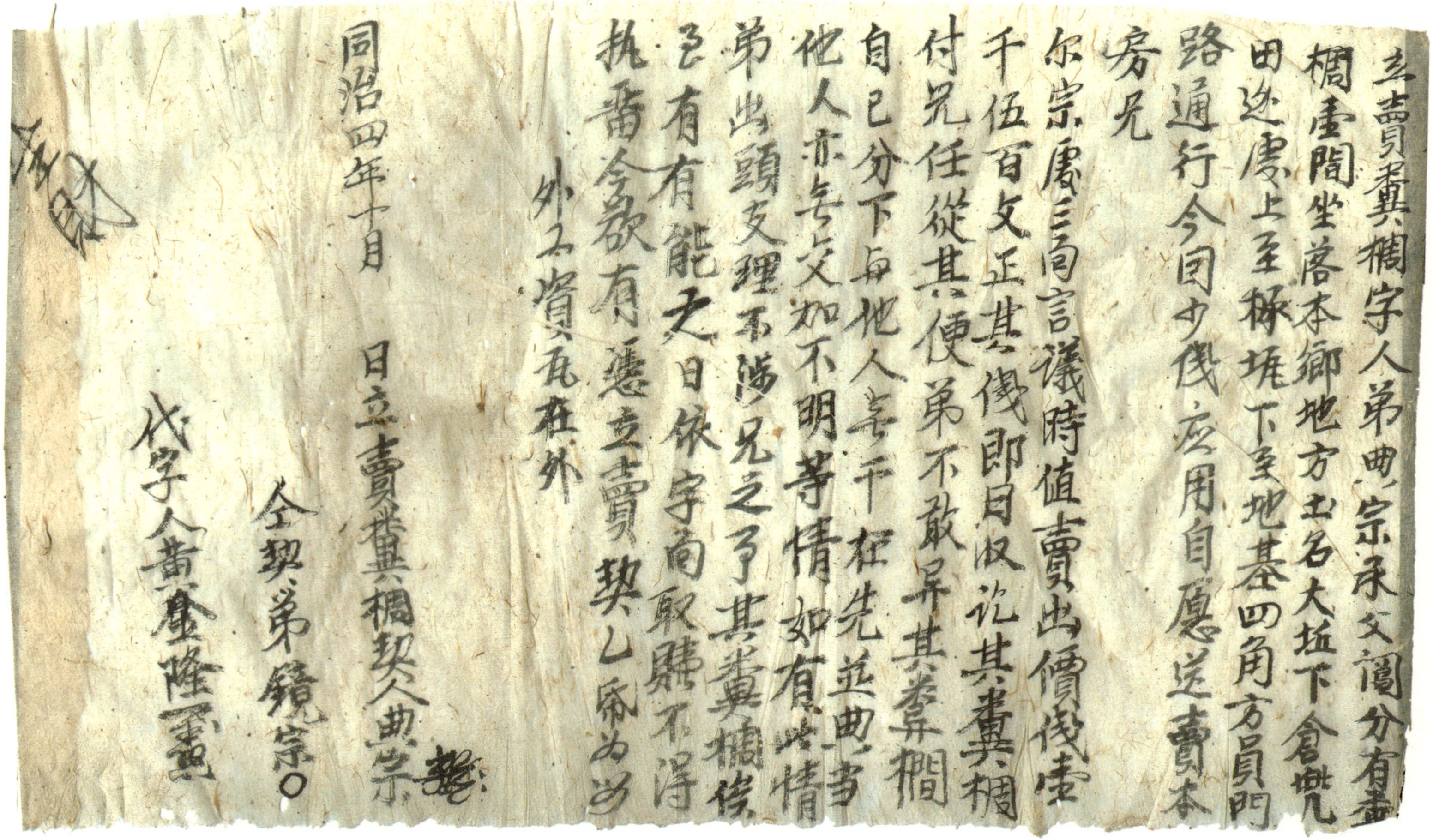
立賣糞桐字人弟典宗承父鬮分有糞
桐壹間坐落本鄉地方土名大垅下倉兜
田墘處上至稼堀下至地基四角方員門
路通行今因少錢應用自愿送賣本
房兄
爾宗處三面言議時值賣出價錢壹
千伍百文正其錢即日收訖其糞桐
付兄任從其便弟不敢异其糞桐
自己分下與他人無干在先並典當
他人亦無交加不明等情如有此情
弟出頭支理不涉兄之事其糞桐後
已有有能之日依字向取贖不得
執留今欲有憑立賣契乙紙為照
外工資在外
同治四年十月　日立賣糞桐契人典宗
仝契弟鏡宗
代字人黃登隆

11-7-48-1　清同治四年十月鄭典宗等立賣糞桐字

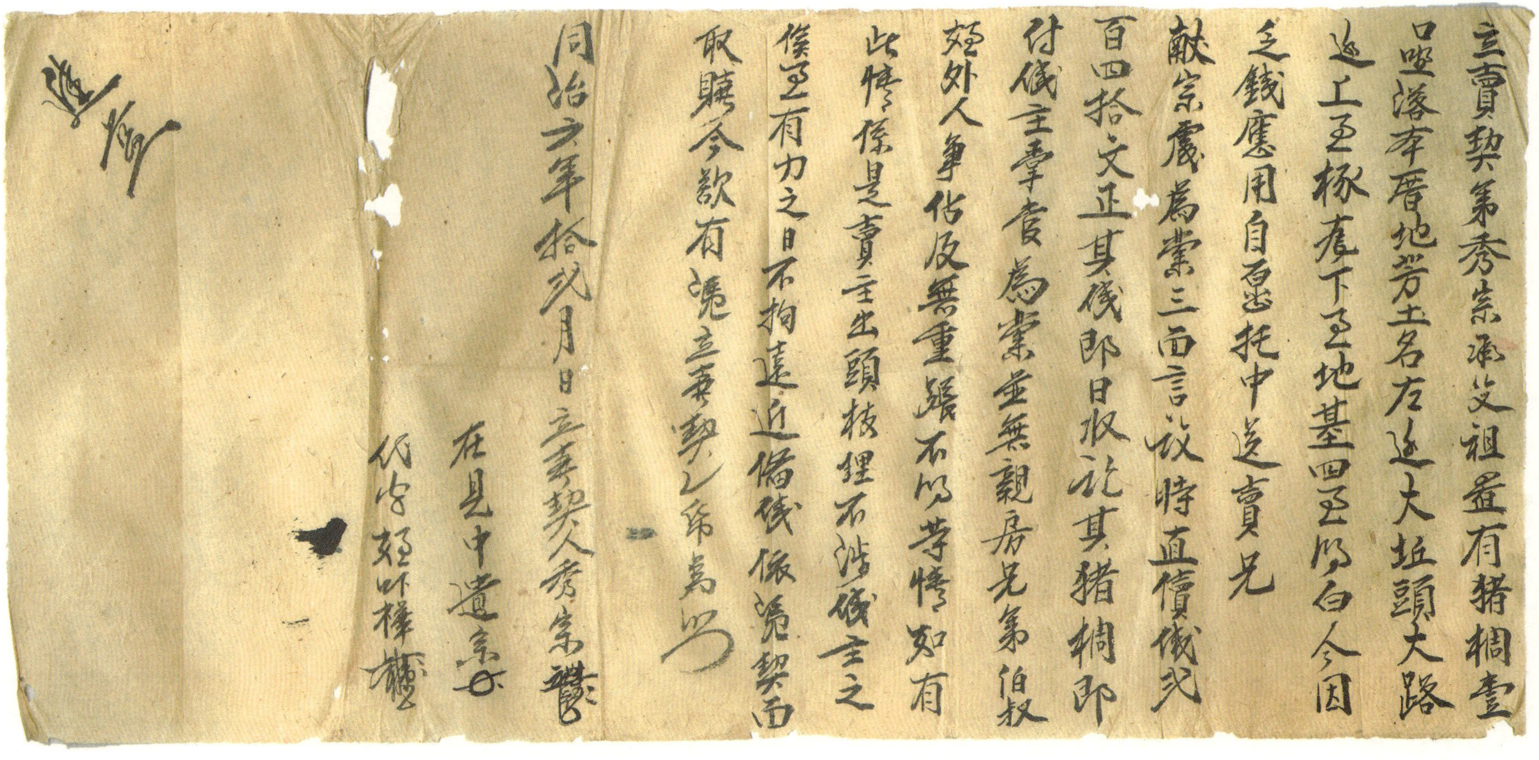

立賣契弟秀宗承父祖置有猪椆壹
口坐落本厝地芳土名右邊大坵頭大路
邊上至椽蓋下至地基四至明白今因
乏錢應用自愿托中送賣兄
獻宗處爲業三面言議時值價錢弍
百四拾文正其錢即日收訖其猪椆即
付錢主掌管爲業並無親房兄弟伯叔
姪外人爭佔及無重張不明等情如有
此情係是賣主出頭抵理不涉錢主之
侯至有力之日不拘遠近備錢依憑契面
取贖今欲有憑立賣契乙紙爲照
同治六年拾弍月　日立賣契人秀宗
在見中　遺宗
代字　姪以樑

11-7-48-2　清同治六年十二月鄭秀宗立賣猪椆契

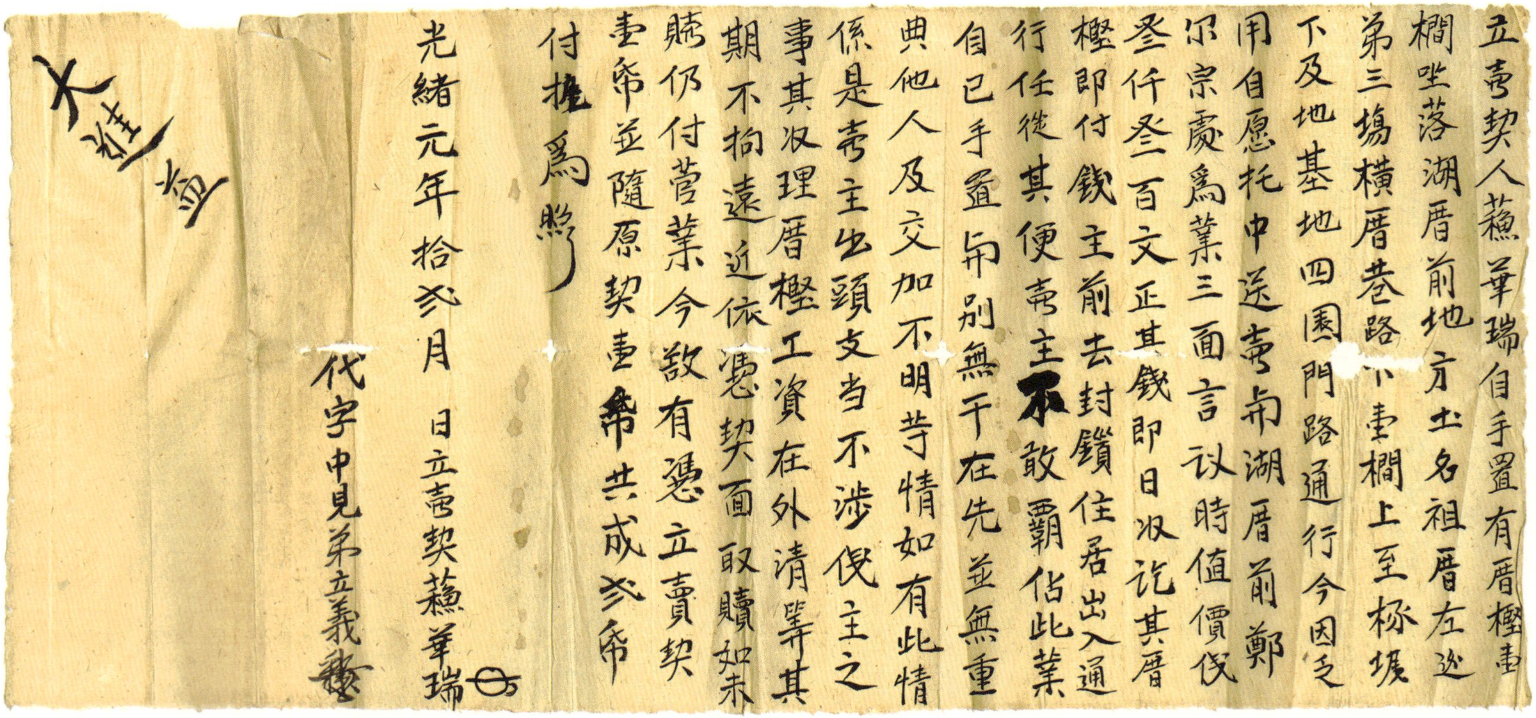
立賣契人蘇華瑞自手置有厝樫壹
樹坐落湖厝前地方土名祖厝左边
弟三塲横厝巷路下壹樹上至椓埧
下及地基地四圍門路通行今因乏
用自愿托中送賣帋湖厝前鄭
尔宗處爲業三面言议時值價伐
叁仟叁百文正其錢即日收訖其厝
樫即付錢主前去封鎖住居出入通
行任從其便賣主不敢覇佔此業
自己手置帋别無干在先並無重
典他人及交加不明等情如有此情
係是賣主出頭支当不涉從主之
事其收理厝樫工資在外清筭其
期不拘遠近依憑契面取贖如未
贖仍付營業今欲有憑立賣契
壹帋並隨原契壹帋共成弍帋
付據爲照
光緒元年拾弍月　日立賣契蘇華瑞
代字中見弟立義

11-7-48-3　清光緒元年十二月蘇華瑞立賣厝樫契

11-7-48-4　民國三十一年十二月温仙明立賣厝樫契

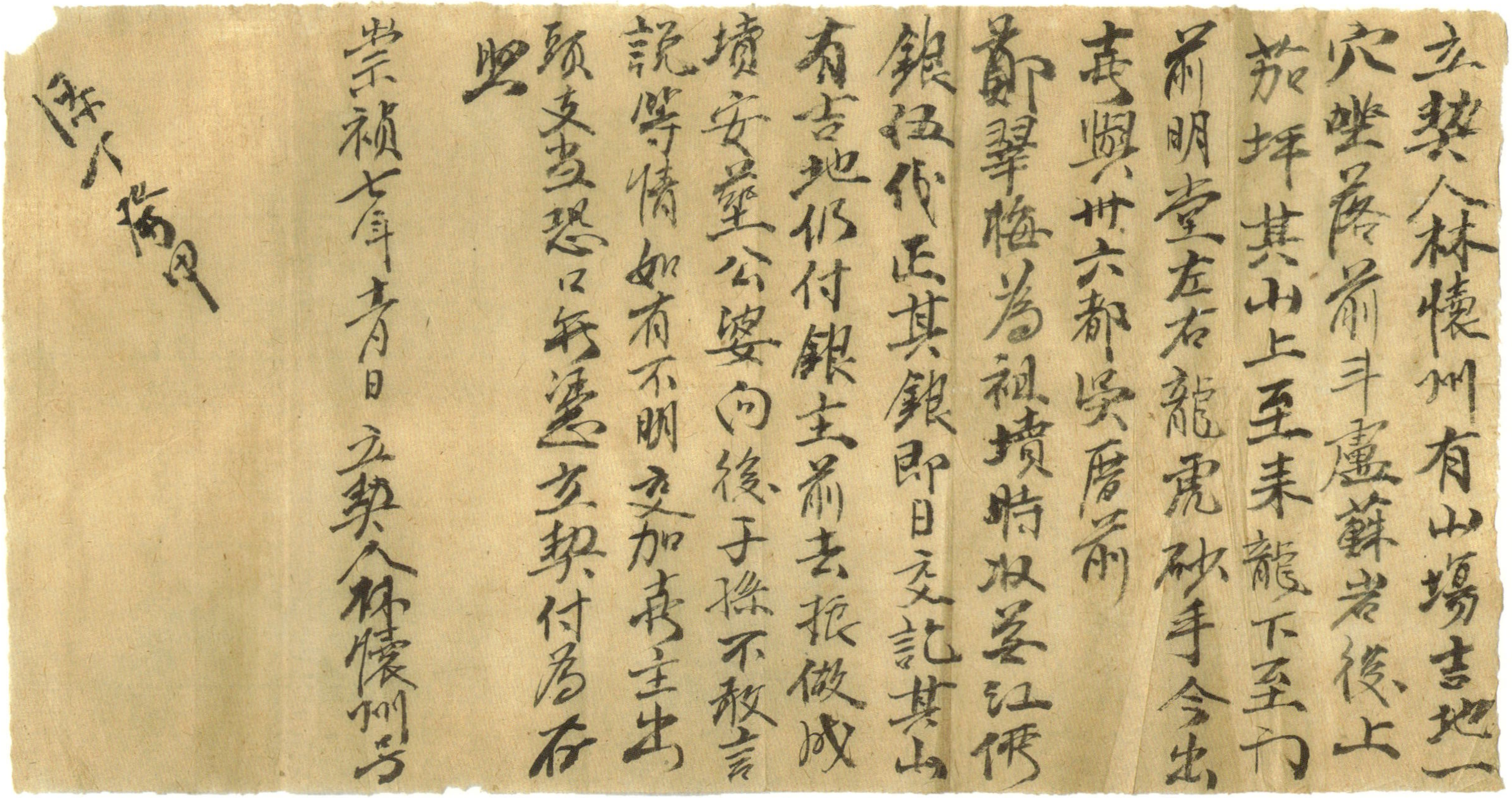
立契人林懷州有山場吉地一
穴坐落前斗盧蘇岩後上
茄坪其山上至末龍下至门
前明堂左右龍虎砂手今出
賣與卅六都吳厝前
鄭翠梅為祖墳時收吾价
銀伍代正其銀即日交訖其山
有吉地仍付銀主前去扳做成
墳安塟公婆向後子孫不敢言
說等情如有不明交加賣主出
頭支當恐口無憑立契付為存
照
崇禎七年 月 日 立契人林懷州号
保人楊甲

11-7-49-1　明崇禎七年十一月林懷州立賣吉地契

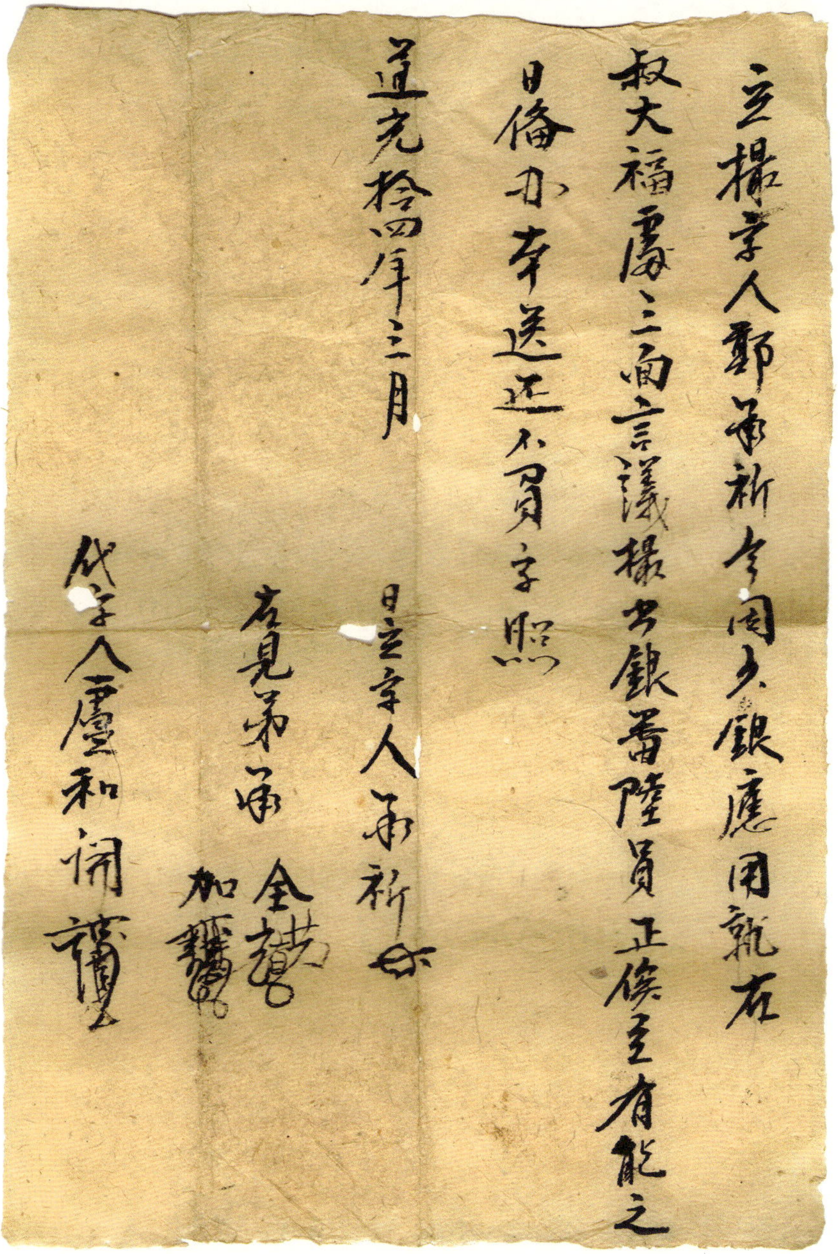

立撮字人鄭承祈今因乏銀應用就在

叔大福處三面言議撮出銀番陸員正候至有能之

日備办本送还不負字照

道光拾四年三月　日立字人承祈

在見弟承全

加

代字人盧和開

11-7-49-2　清道光十四年三月鄭承祈立撮字

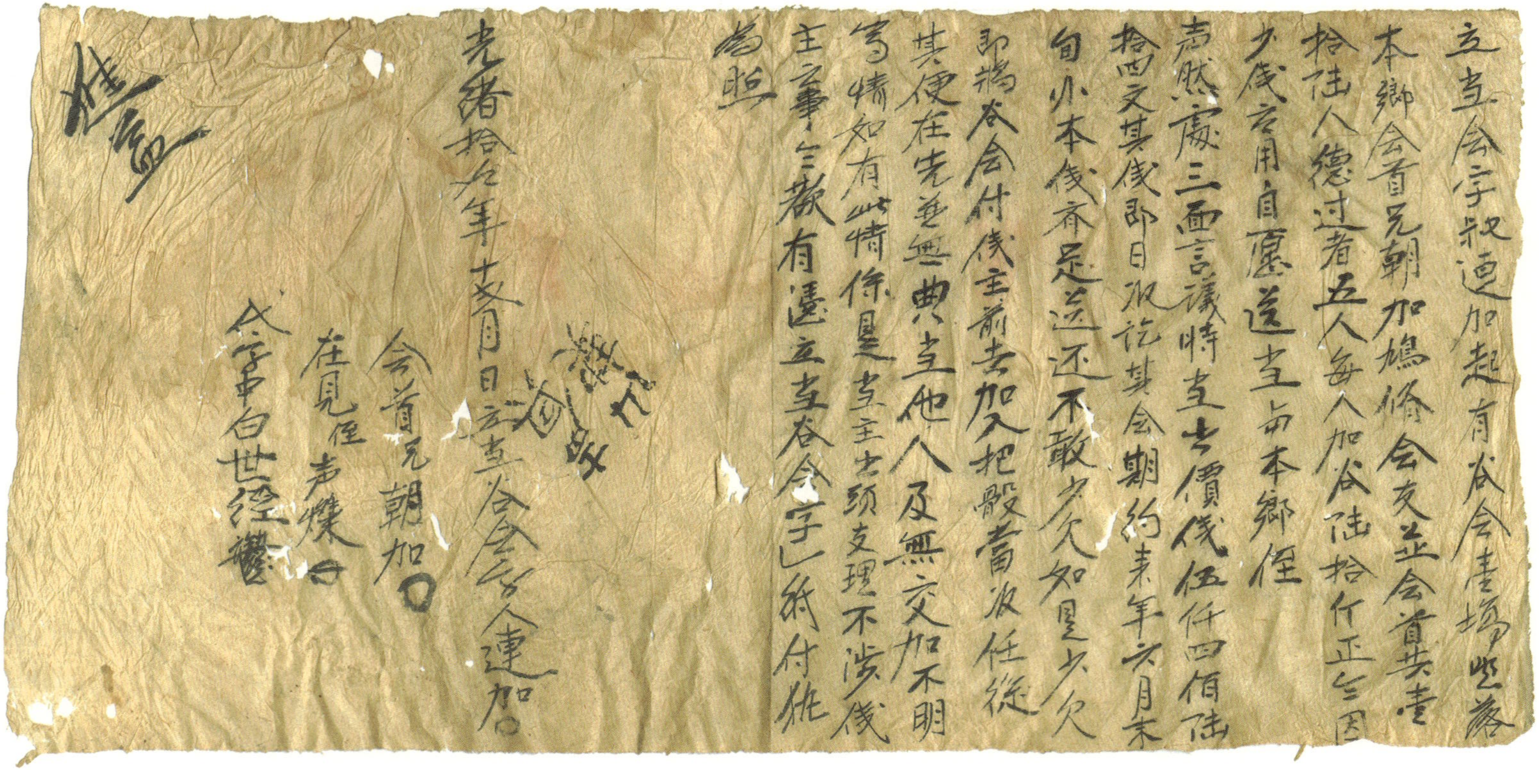

立当会字亲邑加起有谷会壹場出落
本鄉会首兄朝加鳩脩会友並会首共壹
拾陆人德过者五人每人加谷陆拾斤正今因
少钱応用自愿送当与本鄉侄
声然處三面言議時当出價钱伍仟四佰陆
拾四文其钱即日收讫其会期約来年六月末
旬小本钱齐足送还不敢少欠如是少欠
即將谷会付钱主前去加入把殷当收任從
其便在先並無典当他人及無交加不明
等情如有此情係是当主出頭支理不涉钱
主之事今欲有憑立当谷会字乙紙付執
為照

光緒拾九年十弍月日立当谷会字人連加
会首兄朝加
在見侄声煥
代字白世經

11-7-49-3　清光緒十九年十二月賴連加立當穀會字

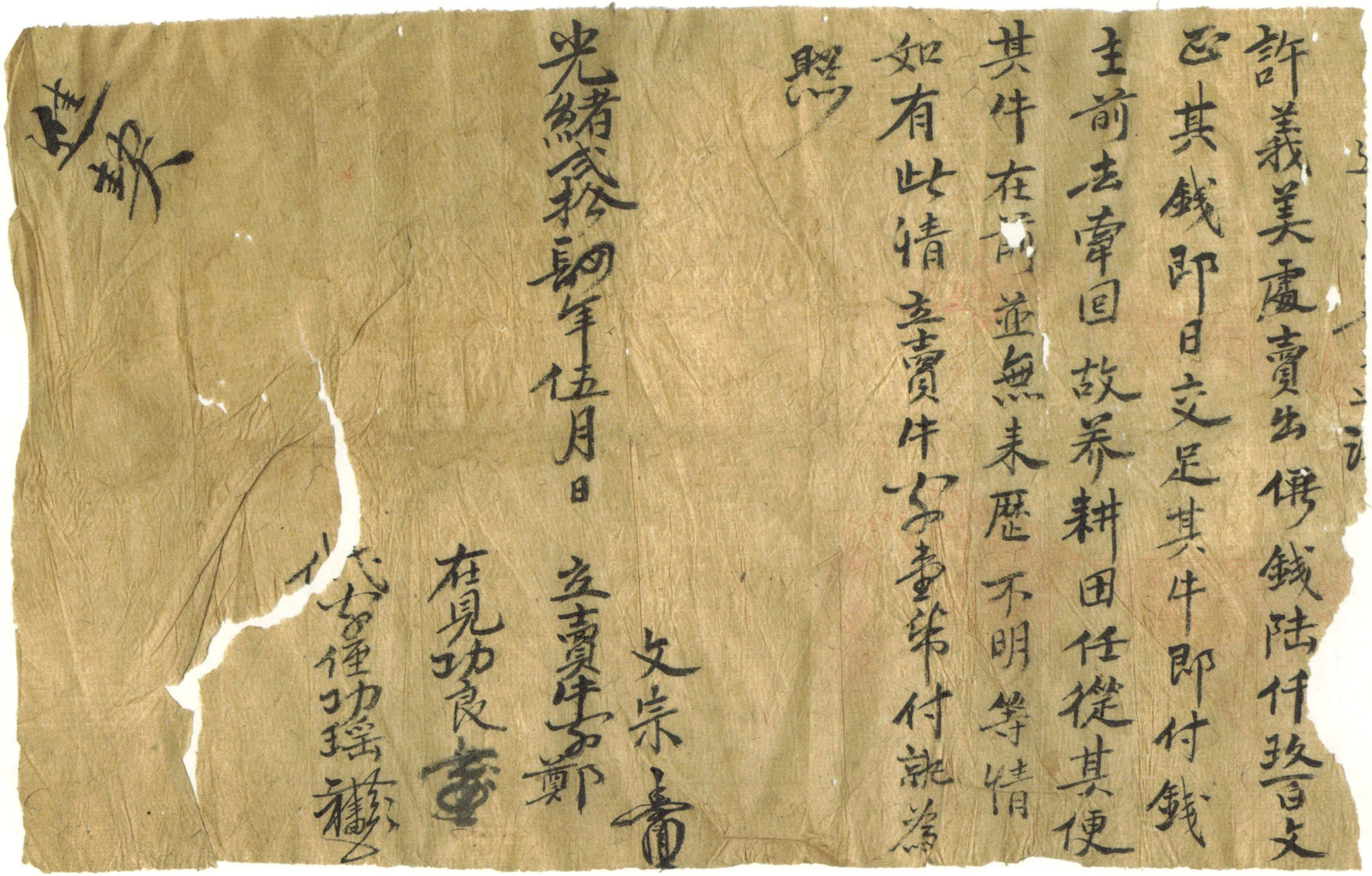
[illegible]
許義美處賣出佛錢陸仟玖百文
正其錢即日交足其牛即付錢
主前去牽回故養耕田任從其便
其件在前並無來歷不明等情
如有此情立賣件字壹帋付執為
照
光緒貳拾肆年伍月　日
立賣牛字鄭　文宗（押）
在見功良（押）
代字侄功瑤（押）

11-7-49-4　清光緒二十四年五月鄭文宗立賣牛字

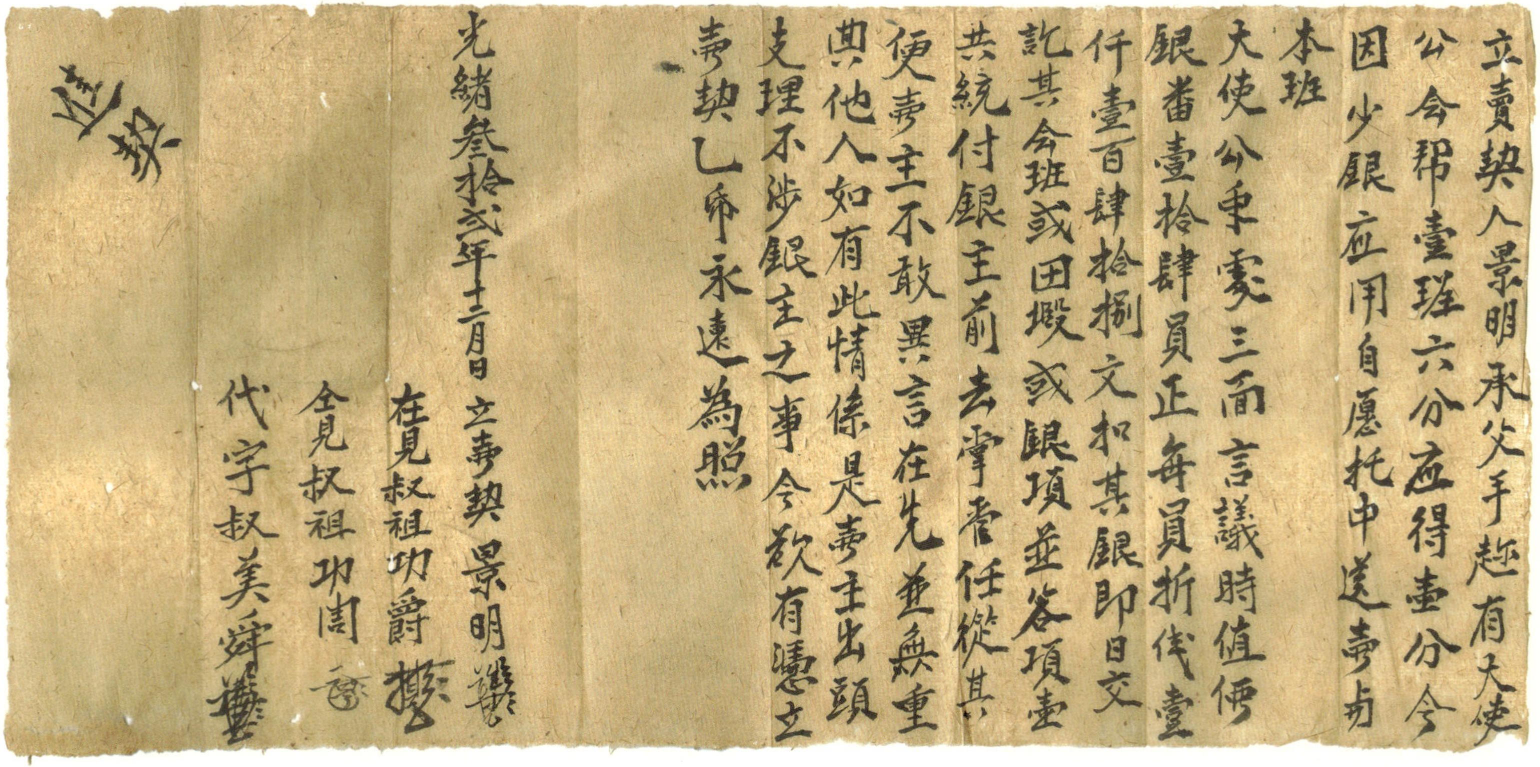
立賣契人景明承父手趣有大使
公会帮壹班六分应得壹分今
因少銀应用自愿托中送賣與
本班
大使公手爲三面言議時值價
銀番壹拾肆員正每員折伐壹
仟壹百肆拾捌文扣其銀即日交
訖其会班或田塅或銀項並各項壹
共統付銀主前去掌管任從其
便賣主不敢異言在先並無重
典他人如有此情係是賣主出頭
支理不涉銀主之事今欲有憑立
賣契乙帋永遠為照
光緒叁拾弍年十二月日 立賣契 景明
在見叔祖功爵
仝見叔祖功周
代字叔美舜
佳契

11-7-49-5　清光緒三十二年十二月鄭景明立賣大使公會契

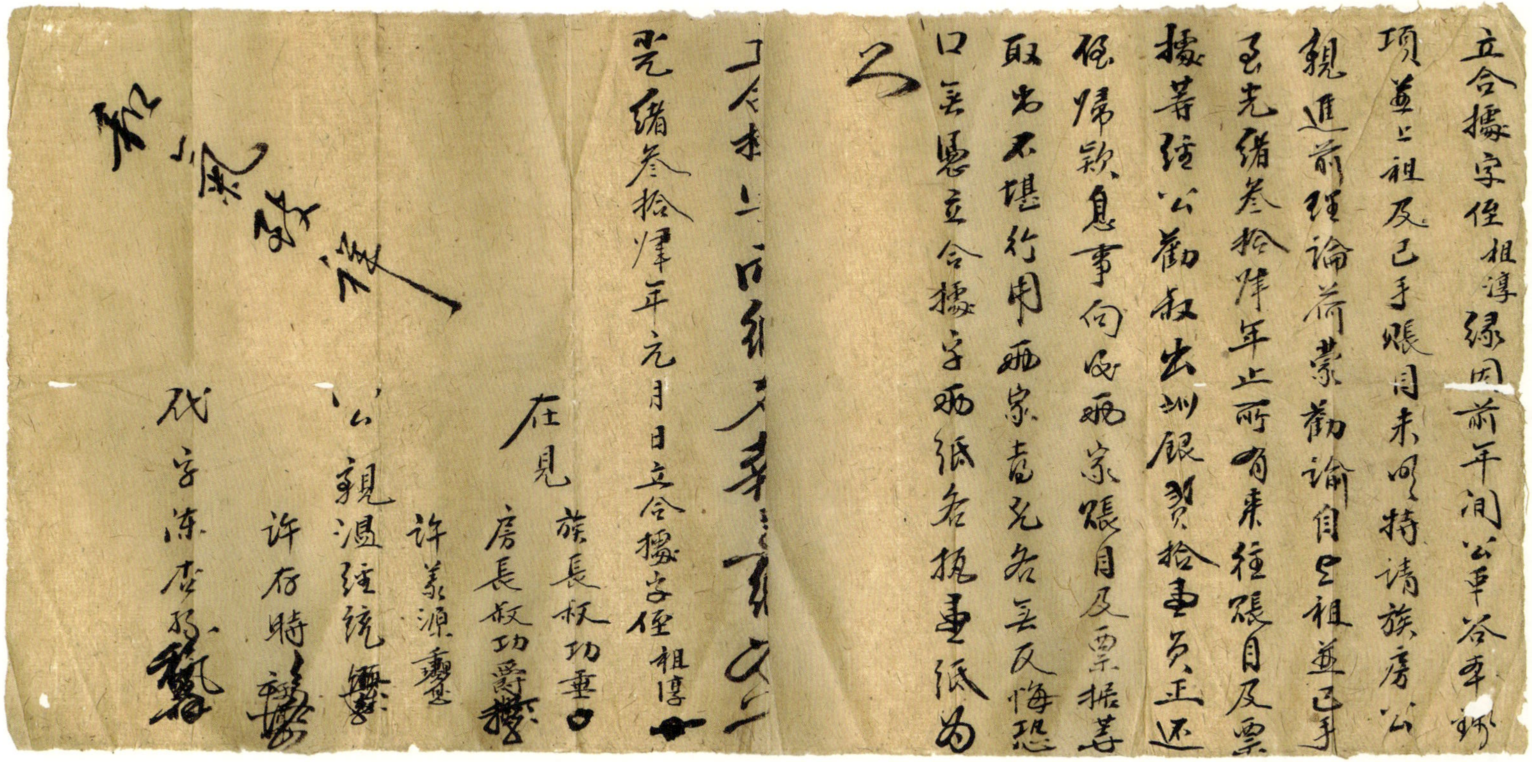

立合據字侄祖淳，緣因前年間以車谷東坪項並祖及己手賬目未明，特請族房公親進前理論，荷蒙勸諭，自己祖並己手至光緒叁拾肆年止所有來往賬目及票據，著侄以勸叔出洋銀貳拾壹員正，還伊歸款息事，向兩家賬目及票據，若取出不堪行用，兩家甘允，各無反悔。恐口無憑，立合據字兩紙，各執壹紙為照。

光緒叁拾肆年元月　日立合據字侄祖淳（押）

在見　族長叔功垂（押）

房長叔功爵（押）

許美源（押）

公親　溫瑞鏡（押）

許存時（押）

代字　陳應務（押）

11-7-49-6　清光緒三十四年正月鄭祖淳立合據字

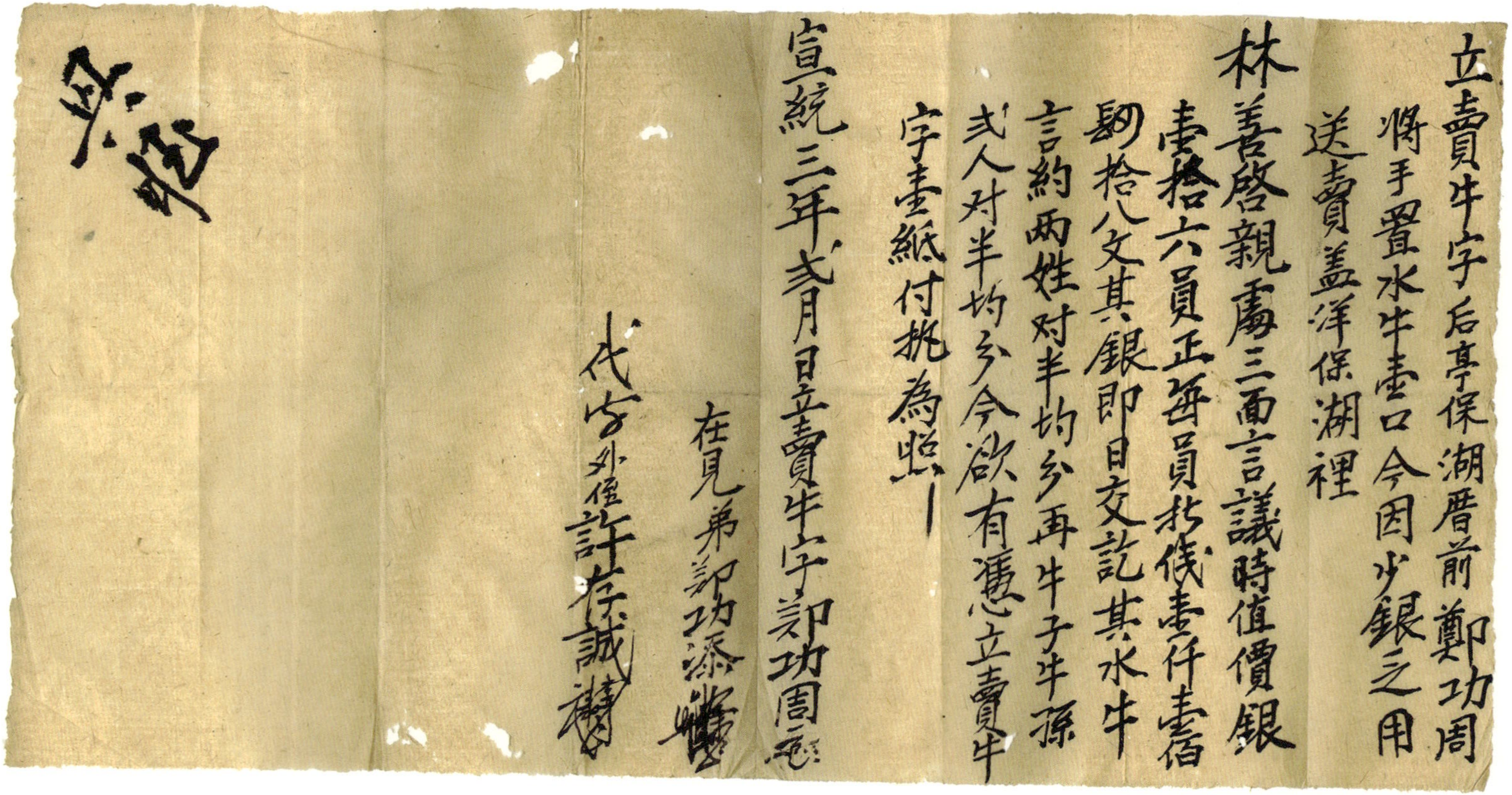

立賣牛字后亭保湖厝前鄭功周
將手置水牛壹口今因少銀之用
送賣蓋洋保湖裡
林善啓親處三面言議時值價銀
壹拾六員正每員扣錢壹仟壹佰
肆拾八文其銀即日交訖其水牛
言約兩姓對半均分再牛子牛孫
弍人对半均分今欲有憑立賣牛
字壹紙付執為照
宣統三年弍月　日立賣牛字鄭功周
在見弟鄭功添
代字外侄許存誠

11-7-49-7　清宣統三年二月鄭功周立賣牛字

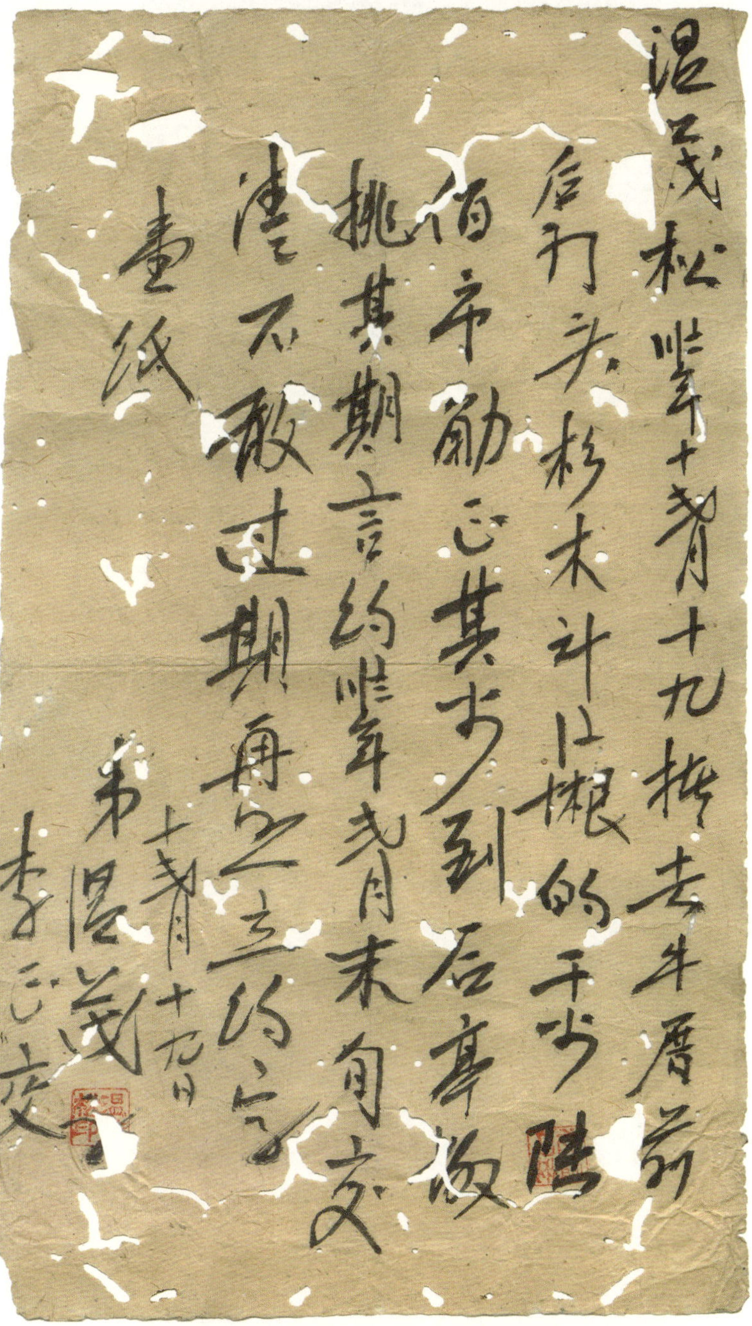

温茂松此年十二月十九拆去牛厝前
后门头杉木计廿根的干步陆
佰元勘正其款到后亭收
挑其期言约此年十二月末旬交
清不敢过期再立之约字
画纸

十二月十九日
弟温茂松
李正心交

11-7-49-8　民國三十七年十二月温茂松立約字

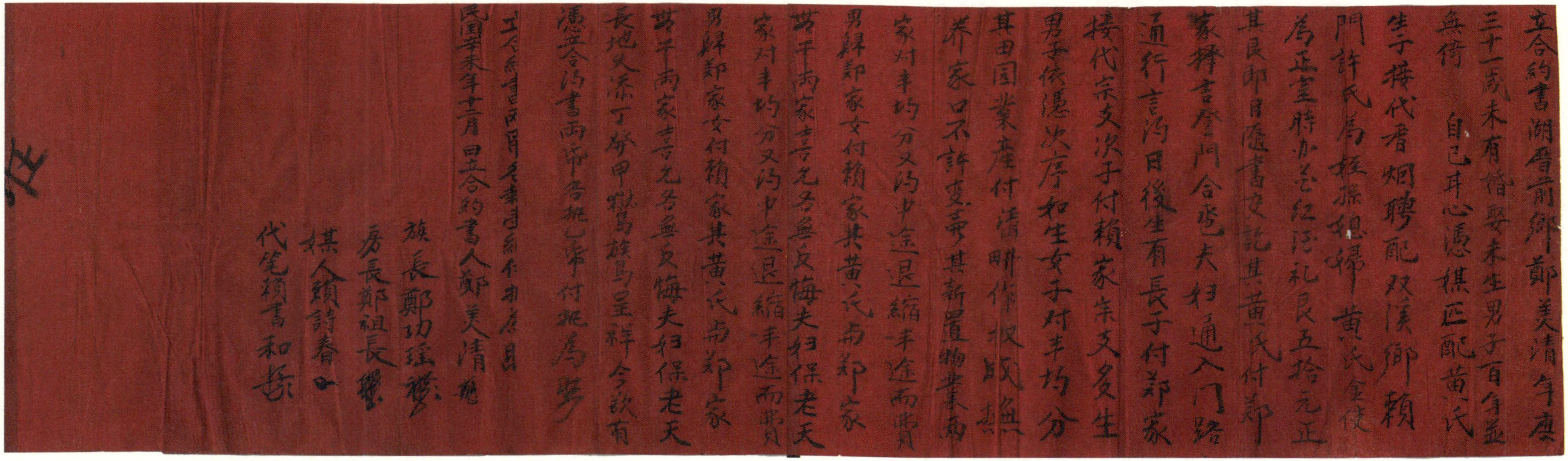

立合約書湖脣前鄉鄭美清年庚
三十一歲未有婚娶未生男子百年無
無倚　自己甘心憑媒匠配黃氏
生子接代香烟聘配双溪鄉賴
門許氏為妊孫媳婦黃氏全使
為正室時办出紅礼艮五拾元正
其艮即日隨書交訖其黃氏付鄭
家擇吉登門合卺夫妇通入門路
通行言約日後生有長子付鄭家
接代宗支次子付賴家宗支多生
男子依憑次序和生女子付平均分
其田園業產付清明作收取無
养家曰不許変弃其新置物業兩
家對半均分又約中途退縮半途而費
男歸鄭家女付賴家其黃氏兩鄭家
共千兩家言定各無反悔夫妇保老天
家對半均分又約中途退縮半途而費
男歸鄭家女付賴家其黃氏兩鄭家
共千兩家言定各無反悔夫妇保老天
長地久添丁發甲鸞鳳呈祥今欲有
憑立合約書兩紙各執一紙付執為照
[illegible]
民國辛未年十二月　日立合約書人鄭美清（押）
族長鄭功瑤（押）
房長鄭祖長（押）
媒人賴詩春（押）
代筆賴書和（押）

11-7-50-1　民國二十年十二月鄭美清立合約書

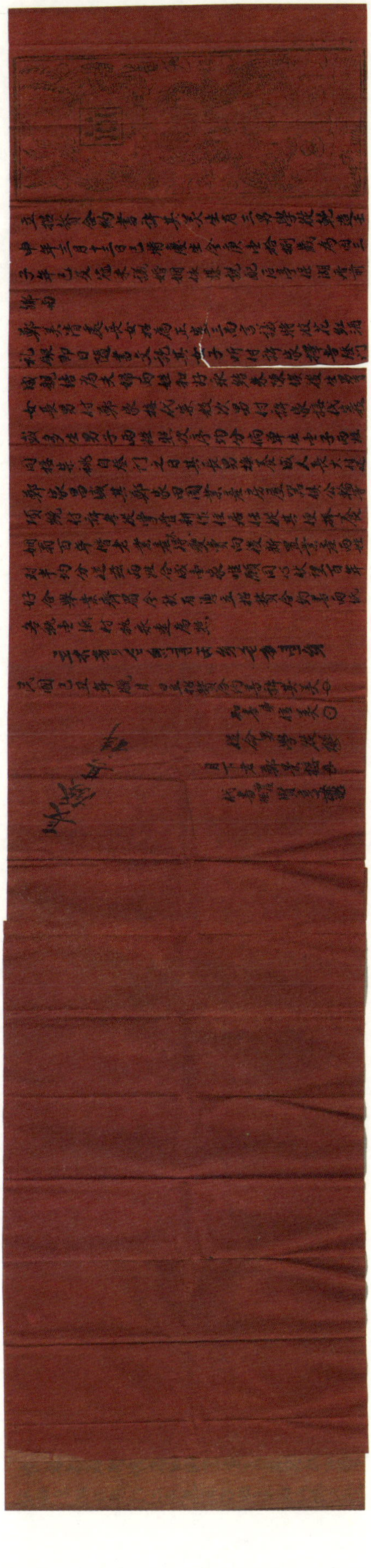

11-7-50-2 民國三十八年十二月許其美立招贅合約書

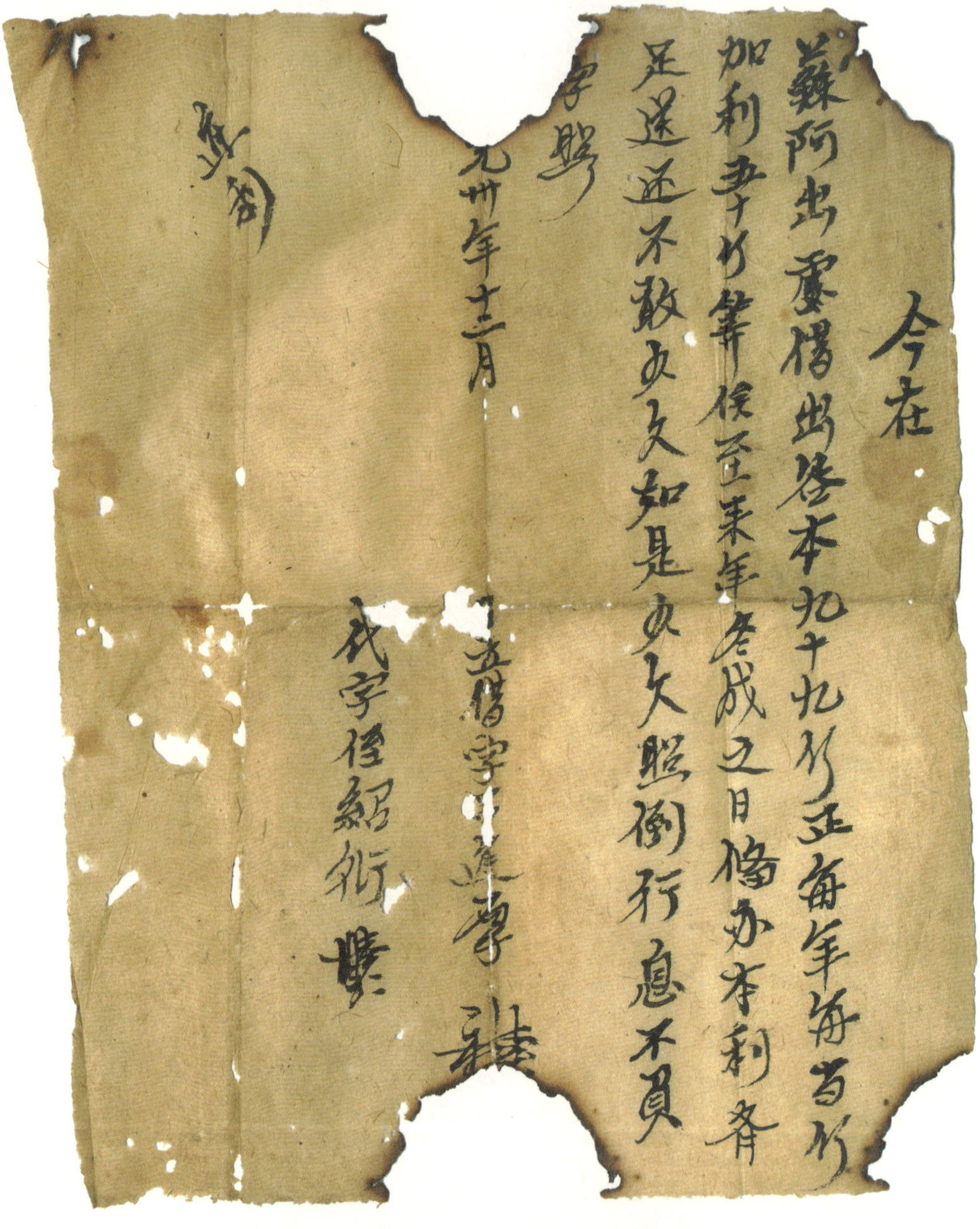
今在
蘇阿出處借出谷本九十九斤正每年每百斤
加利五十斤筭候至來年冬成之日備办本利齊
足送还不敢少欠如是少欠照例行息不負
字照
光卅年十二月
立借字呂進厚
代字侄紹衍
退劄

11-7-51-1　清道光三十年十二月呂進厚立借穀本字

今在
頼發字號觀處借出錢本壹仟柒佰
貳拾貳文正每月每百文加利三十文算
俟至冬成之日備办本利齊足送还不
致少欠如是少欠照例行息不負立字
照」
光緒貳拾八年七月日立借字許存衡書
自筆書

11-7-51-2 清光緒二十八年七月許存衡立借錢本字

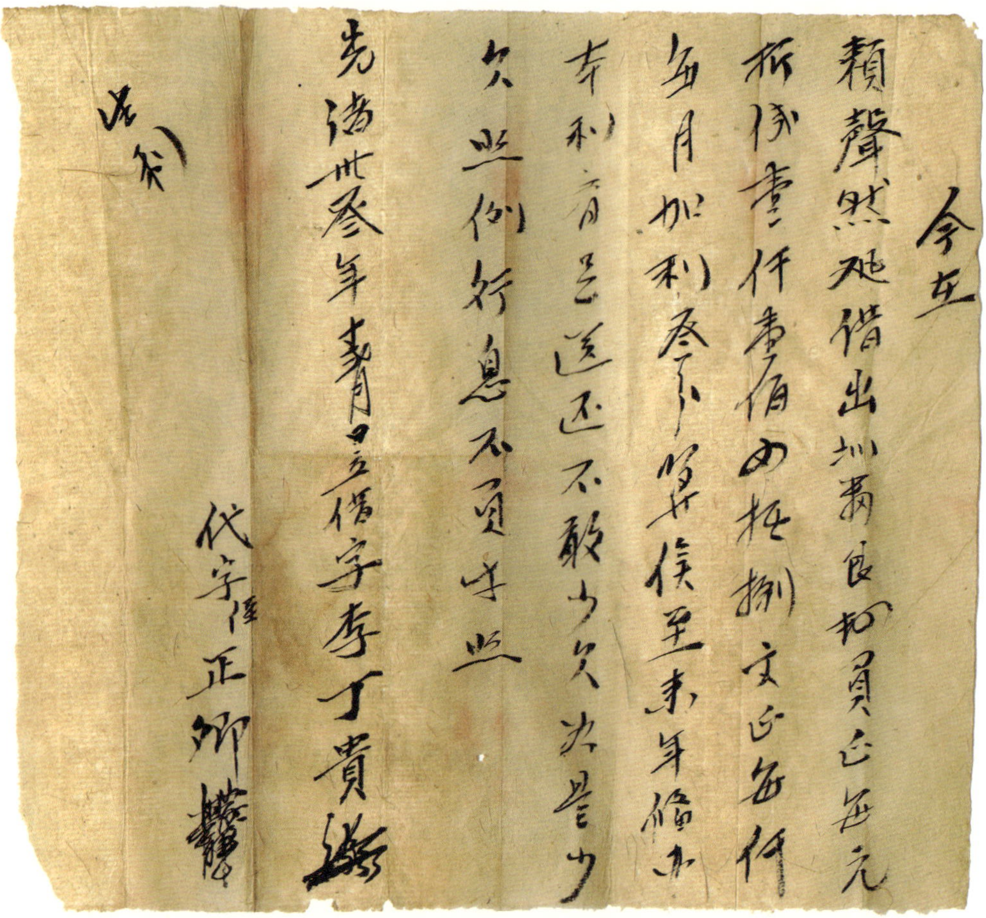
今在
賴聲然邊借出[illegible]番銀[illegible]員正每元
折錢壹仟壹佰肆拾捌文正每仟
每月加利叁分算俟至來年備本
本利有足送還不敢少欠此是少
欠無例行息不負此照
光緒卅叁年十二月日立借字李丁貴
代字侄正卿
[illegible]

11-7-51-3　清光緒三十三年十二月李丁貴立借番銀字

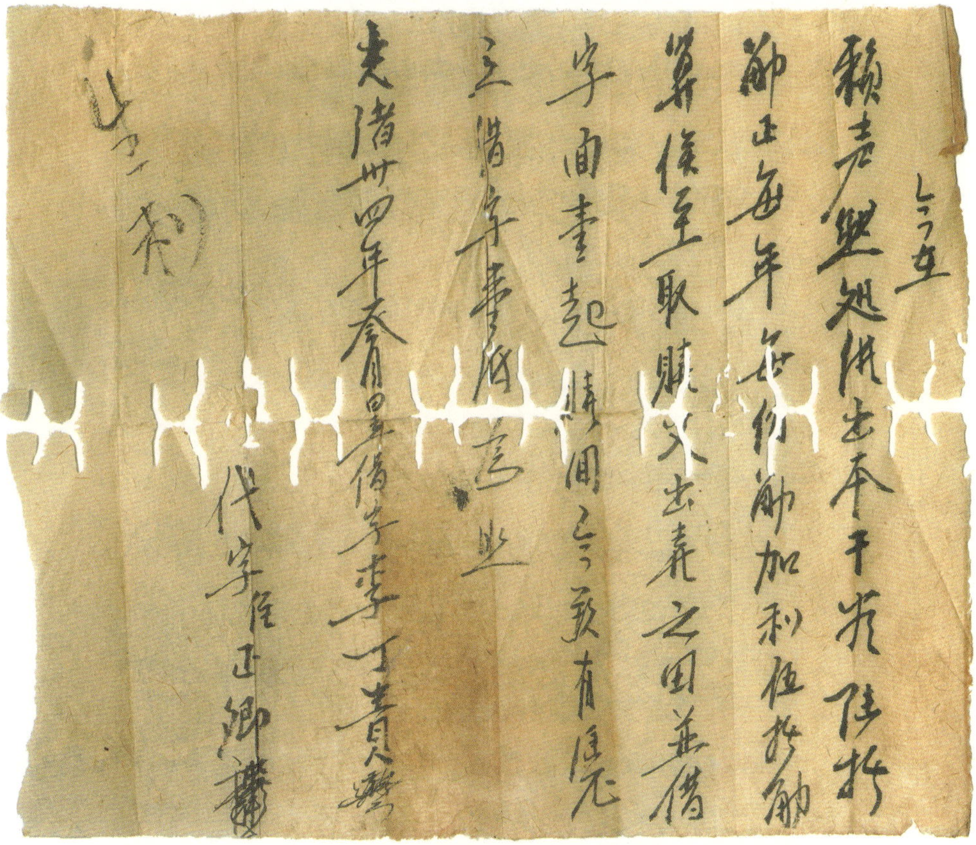

立
賴吉興邊借出本乾穀陸拾
觔正每年每佰觔加利伍拾觔
算係至取賬又出走之田並借
字面書起時間ムフ敢有匪尤
立借字事隨爲照
光緒卅四年叁月四日借字李丁貴押
代字任正卿押

11-7-51-4　清光緒三十四年三月李丁貴立借乾穀字

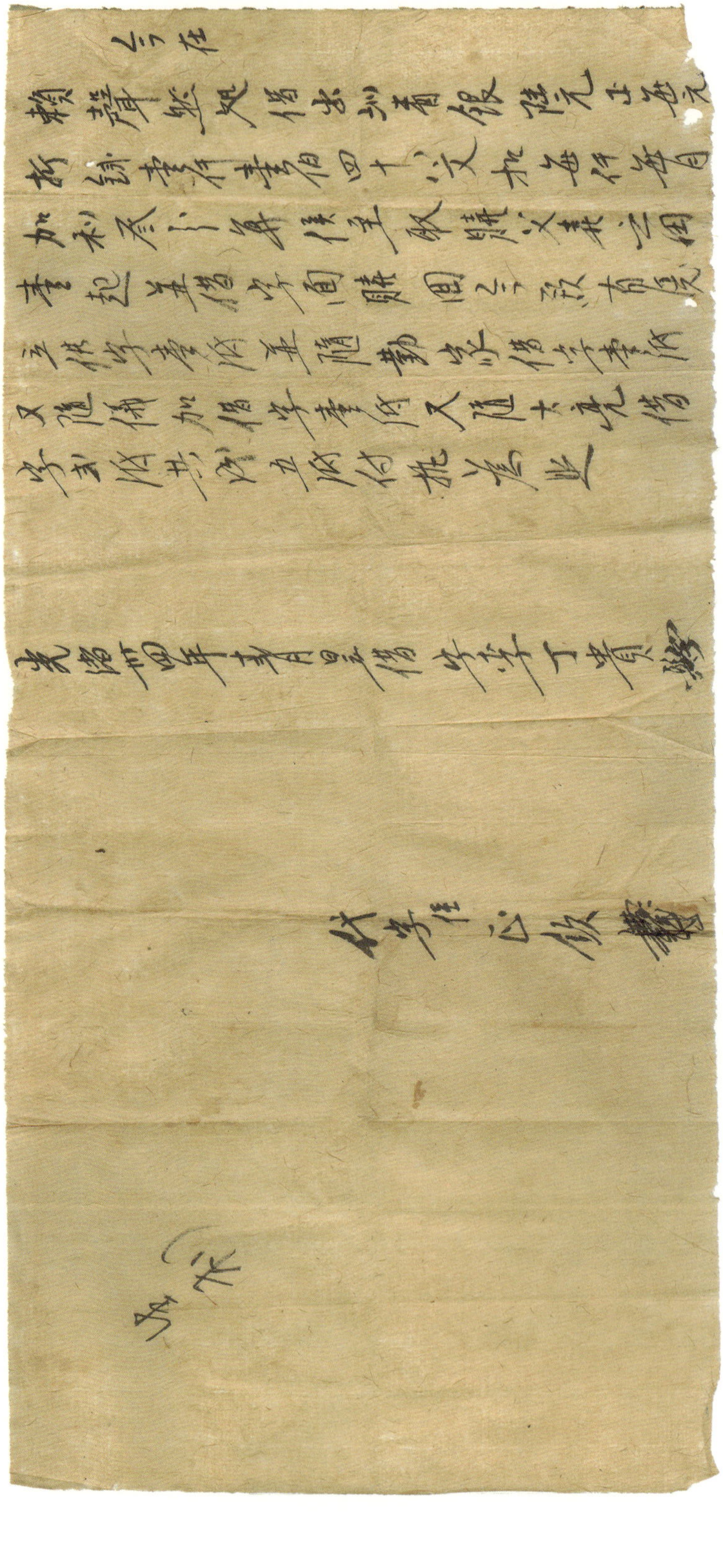

11-7-51-5　清光緒三十四年十二月李丁貴立借番銀字

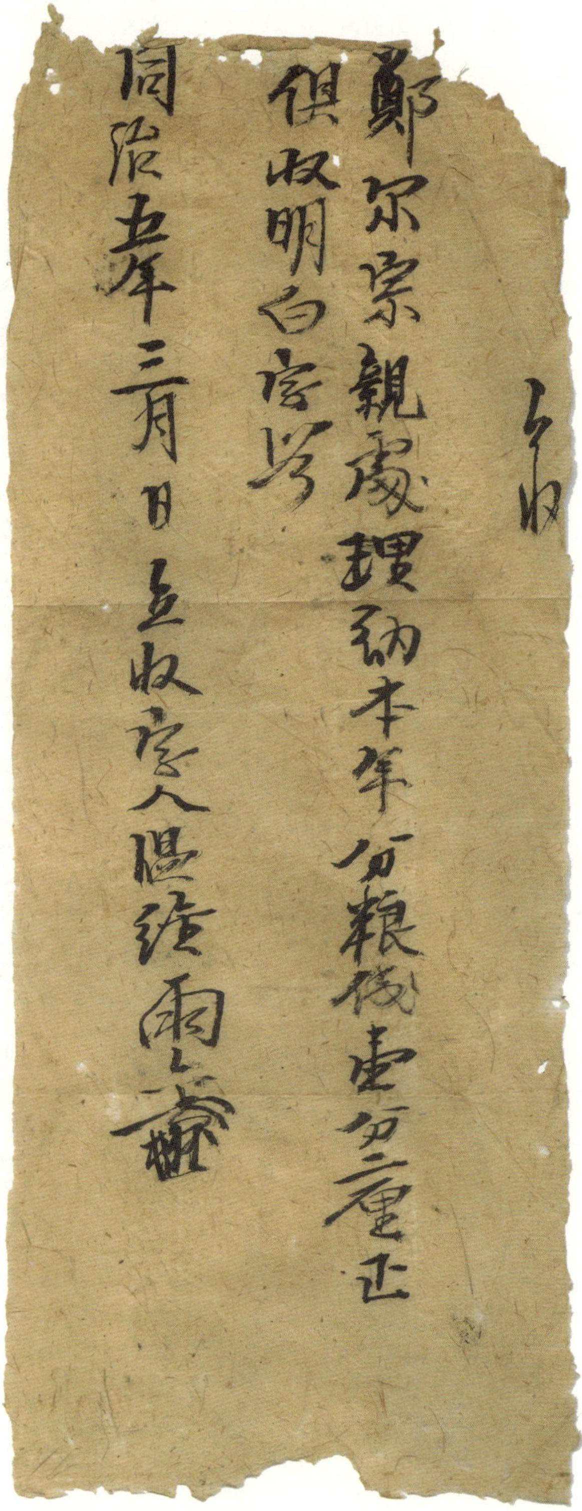
上收
鄭宗親處理納本年分粮錢壹分二厘正
俱收明白字号
同治五年三月　日　立收字人温經雨（押）

11-7-52-1　清同治五年三月温經雨立收糧錢字

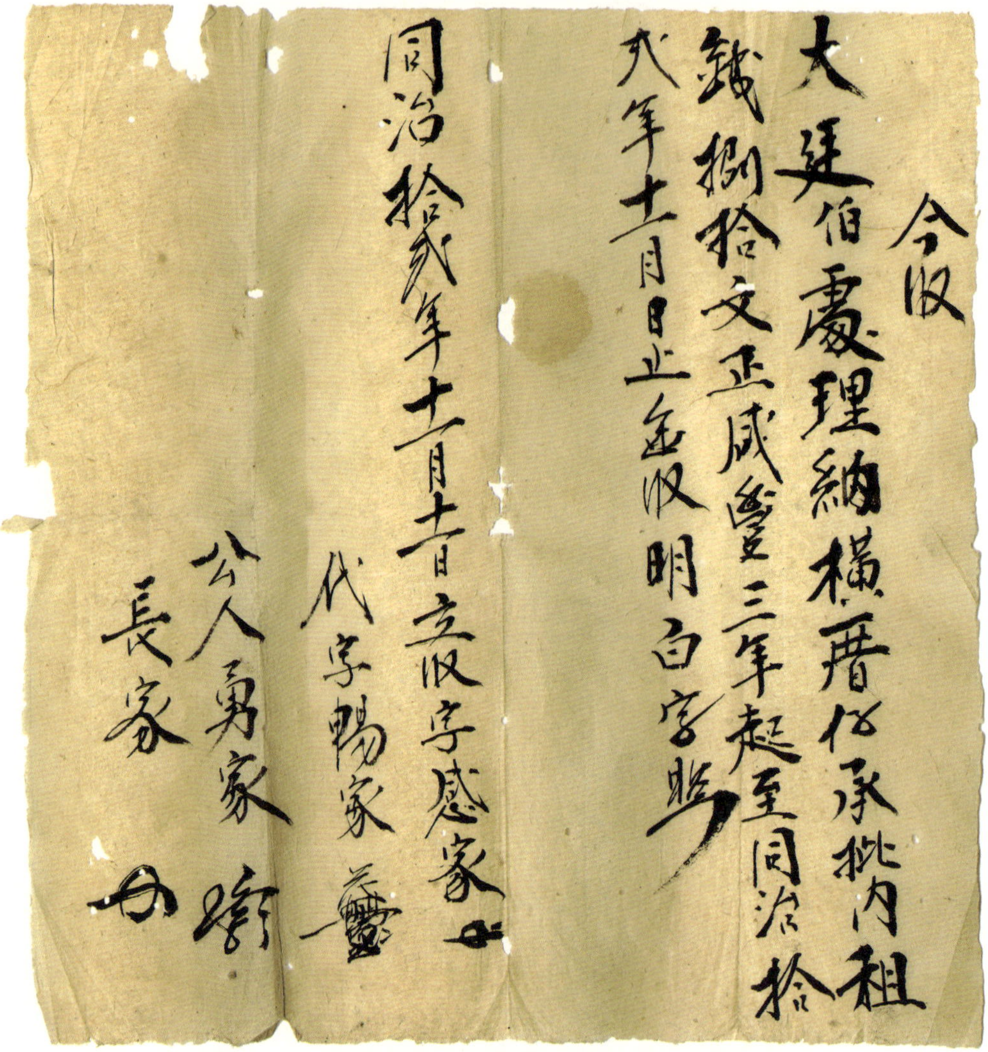

今收
大廷伯處理納横厝仔承批內租
錢捌拾文正咸豐三年起至同治拾
弍年十一月日止並收明白字照
同治拾弍年十一月十一日立收字感家（押）
代字暢家（押）
公人勇家（押）
長家（押）

11-7-52-2　清同治十二年十一月賴感家立收租錢字

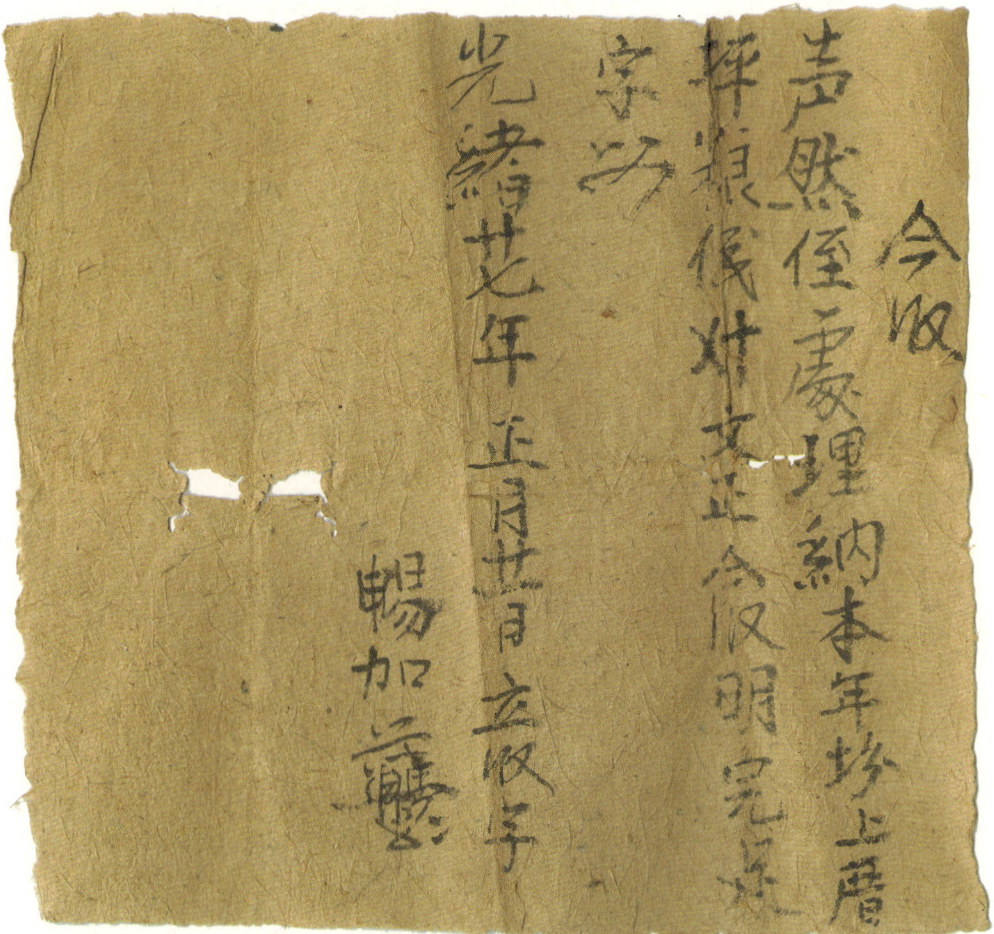
今收
声然侄處理納本年抄上層
坪粮錢对文正今收明完足
字以
光緒廿七年正月廿日立收字
暢加親

11-7-52-3　清光緒二十七年正月賴暢加立收糧錢字

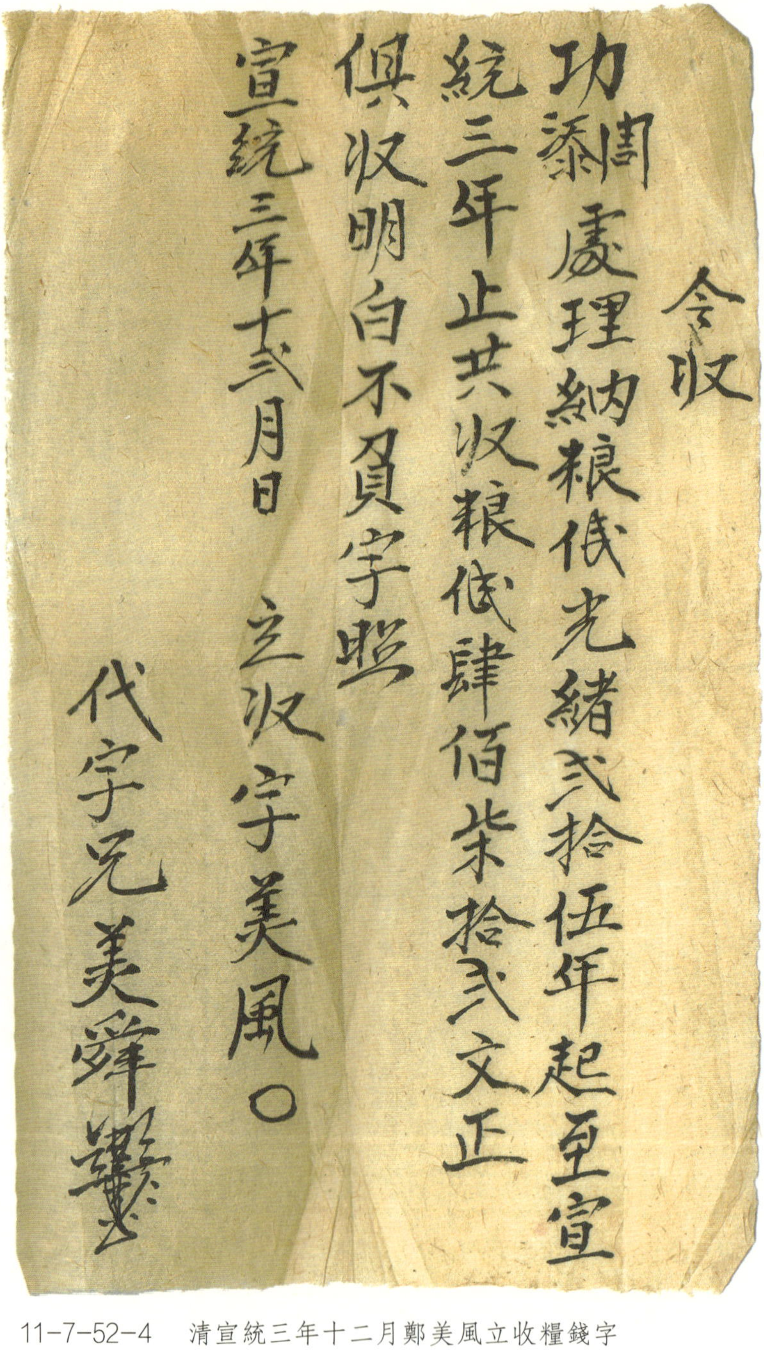

令收
功添周處理納粮低光緒弍拾伍年起至宣
統三年止共收粮低肆佰柒拾弍文正
俱收明白不負字照
宣統三年十弍月日　立收字美風〇
代字兄美舜

11-7-52-4　清宣統三年十二月鄭美風立收糧錢字

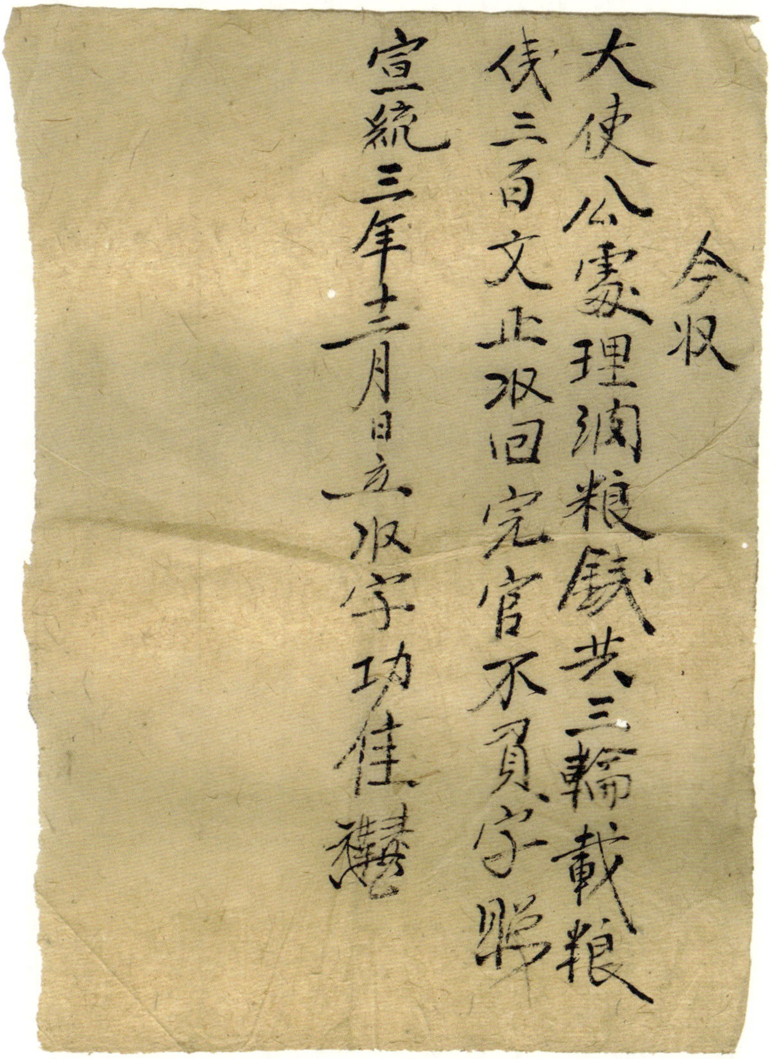

今收

大使公處理納粮錢共三輪載粮錢三百文正收回完官不負字照

宣統三年十二月　日立收字功佳

11-7-52-5　清宣統三年十二月鄭功佳立收糧錢字

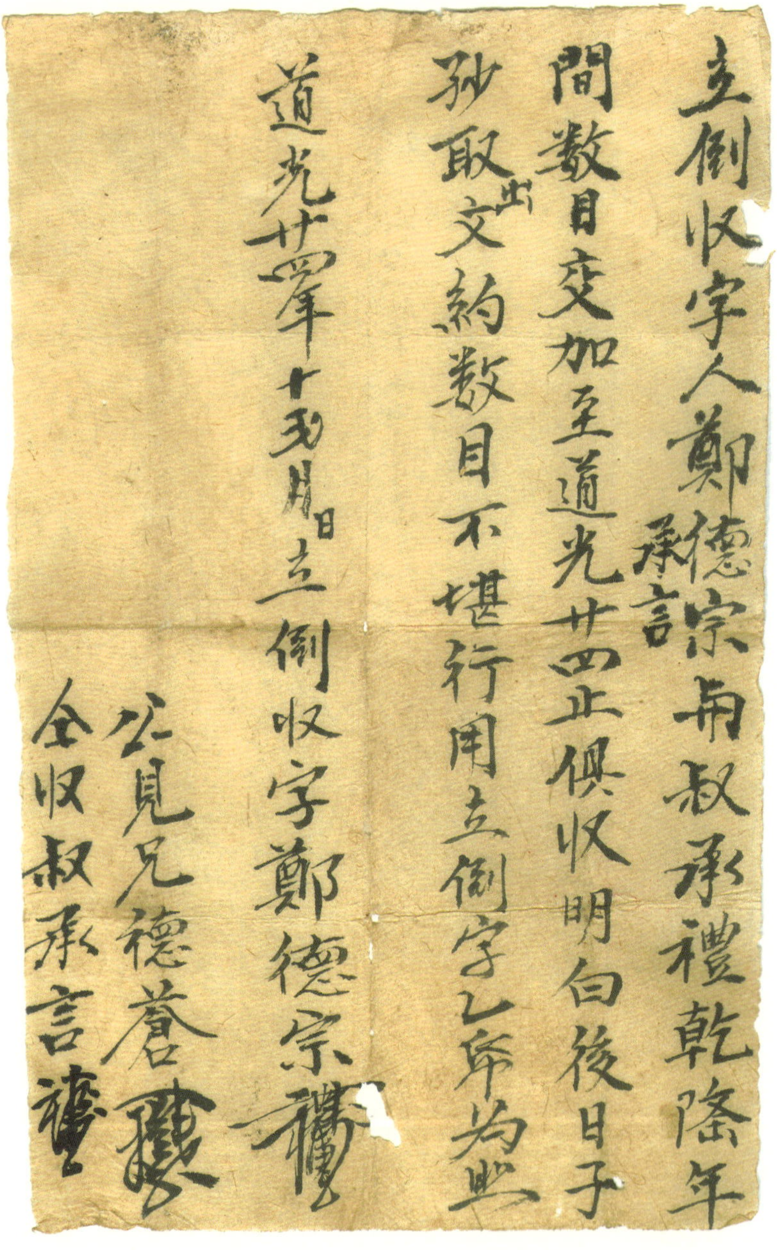
立倒收字人鄭德宗承言甫叔承禮乾隆年
間數目交加至道光廿四止俱收明白後日子
孙取出文約數目不堪行用立倒字乙帋為照
道光廿四年十弍月日立倒收字鄭德宗（押）
公見兄德蒼（押）
仝收叔承言（押）

11-7-53-1　清道光二十四年十二月鄭德宗等立倒收字

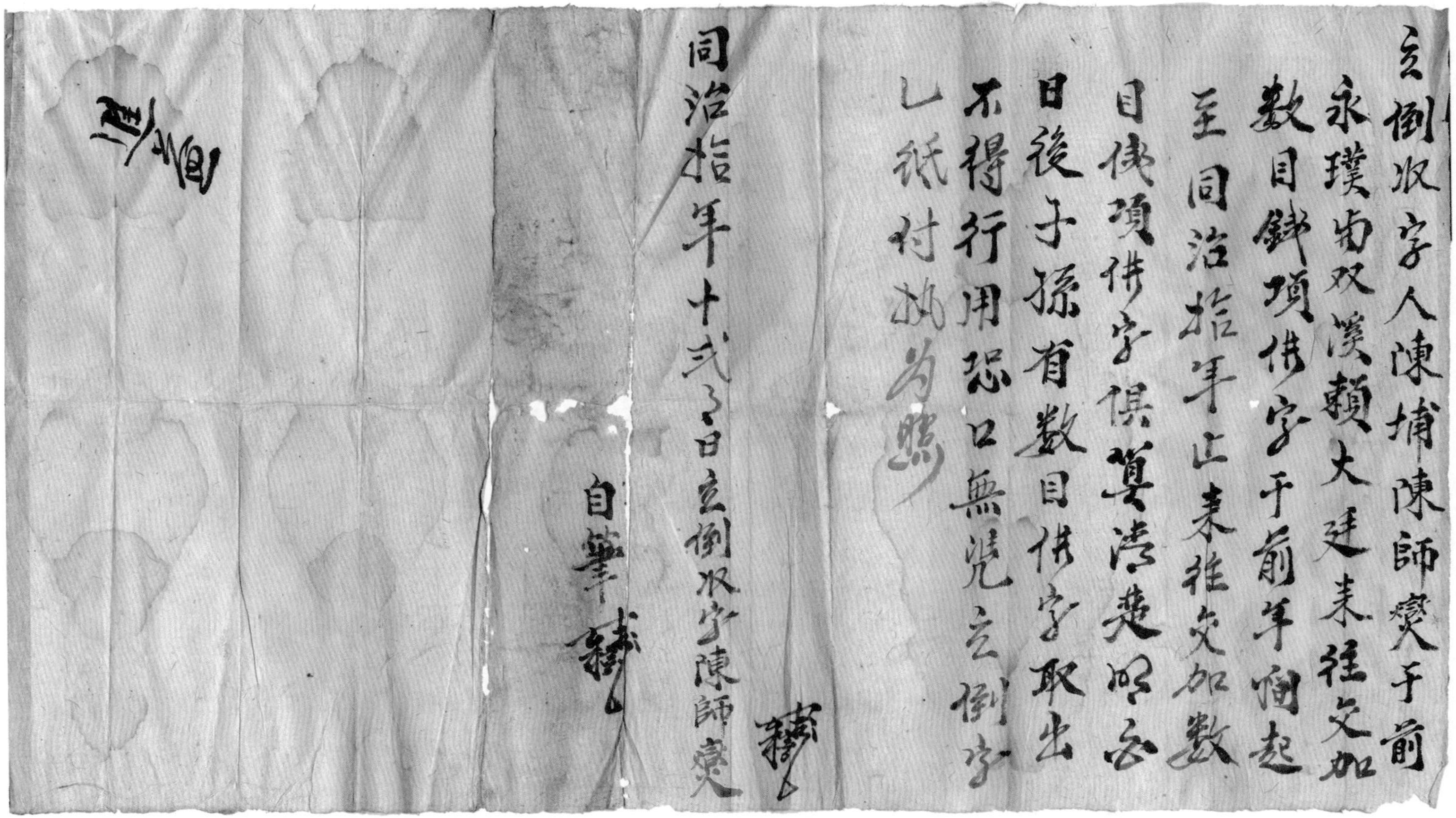
立倒收字人陳埔陳師燮于前
永璞由双溪賴大廷來往交加
數目錢項借字于前年倒起
至同治拾年止來往交加數
目俵項借字俱算清楚收訖
日後子孫有數目借字取出
不得行用恐口無憑立倒字
乚紙付執為照
同治拾年十弍月　日立倒收字陳師燮
自筆

11-7-53-2　清同治十年十二月陳師燮立倒收字

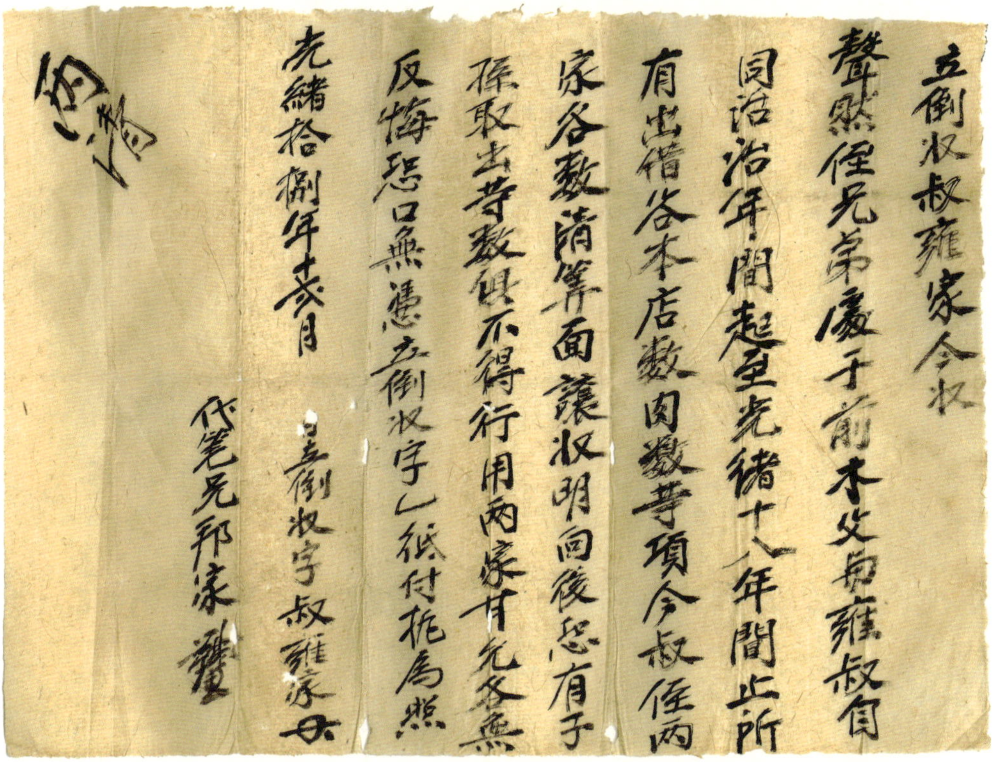

立倒收叔雍家今收
聲然侄兄弟處于前本父向雍叔自
同治年間起至光緒十八年間止所
有出借谷本店數目數等項今叔侄兩
家各數清算面議收明向後恐有子
孫取出等數但不得行用兩家甘允各無
反悔恐口無憑立倒收字乙紙付抵為照
立倒收字叔雍家（押）
光緒拾捌年拾貳月
代筆兄邦淙（押）
合同

11-7-53-3　清光緒十八年十二月賴雍家立倒收字

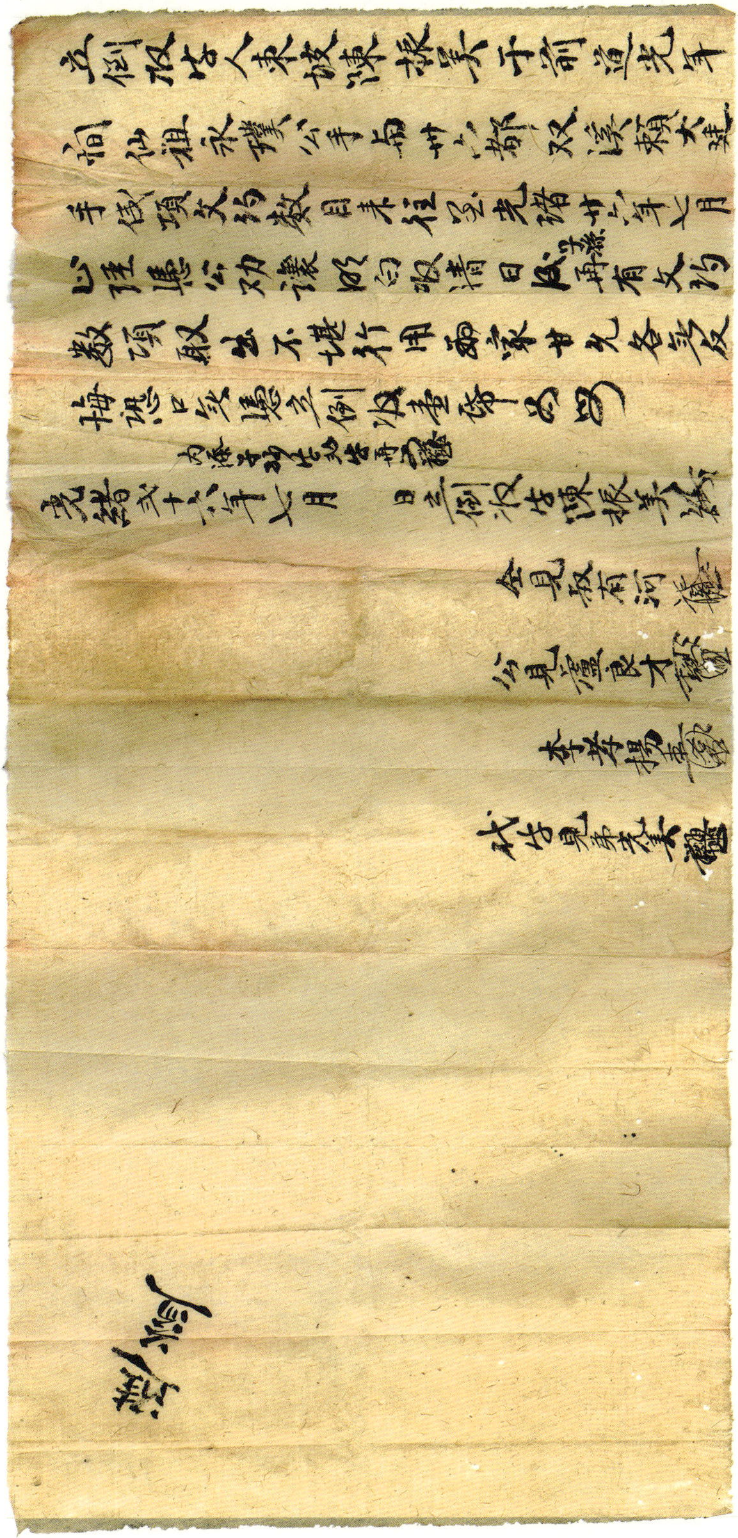
立倒收字人陳振美，今因道光年間，仙祖永攀公手與廿六都雙溪賴大建手借項文約數目，未往至光緒廿六年七月已經憑公勸議明，向收清。日後子孫再有文約數項取出，不堪行用。兩家甘允，各無反悔。恐口無憑，立倒收字壹紙為照。
内添子孫二字批照
光緒弍十六年七月　日立倒收字陳振美（押）
仝見叔萬河（押）
公見盧良才（押）
李華揚（押）
代字見弟承泰（押）

11-7-53-4　清光緒二十六年七月陳振美立倒收字

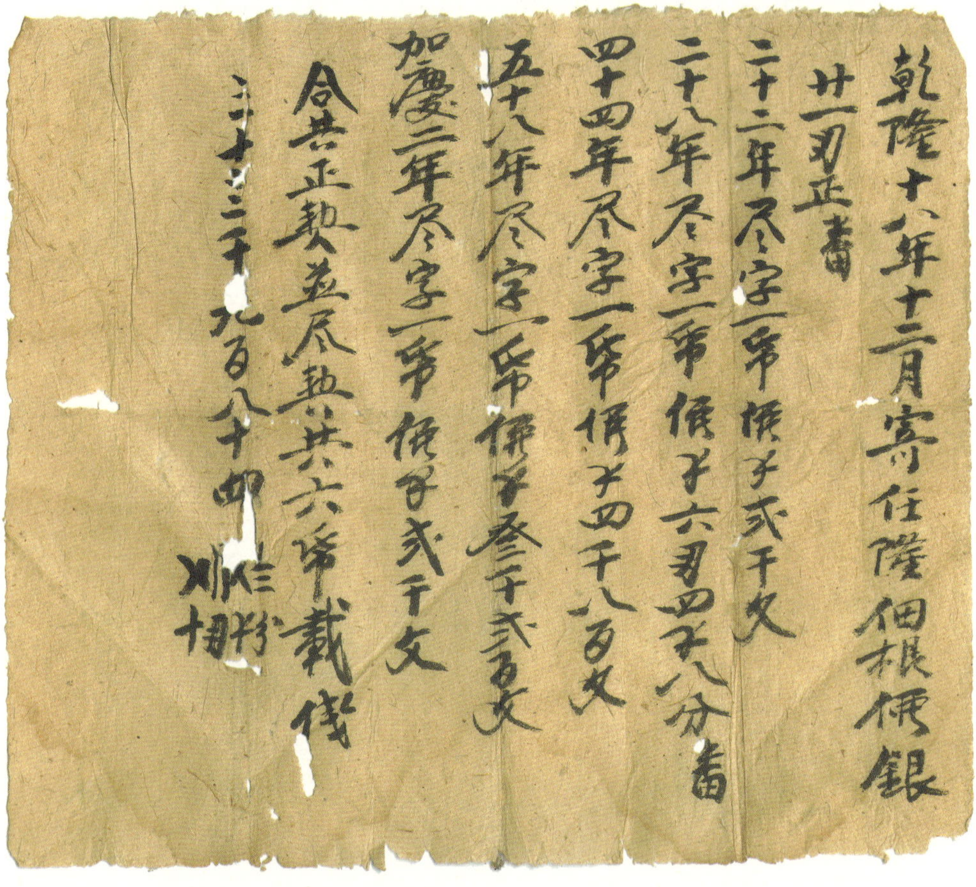

乾隆十八年十二月寄任隆佃根價銀
廿一兩正書
二十二年盡字一帋價子弍千文
二十八年盡字一帋價子六兩四錢八分書
四十四年盡字一帋價子四千八百文
五十八年盡字一帋價子叁千弍百文
加慶二年盡字一帋價子弍千文
合共正契並盡契共六帋載價
三十三千九百八十四

11-7-54-1　清乾隆嘉慶年間寄佃根價銀賬單

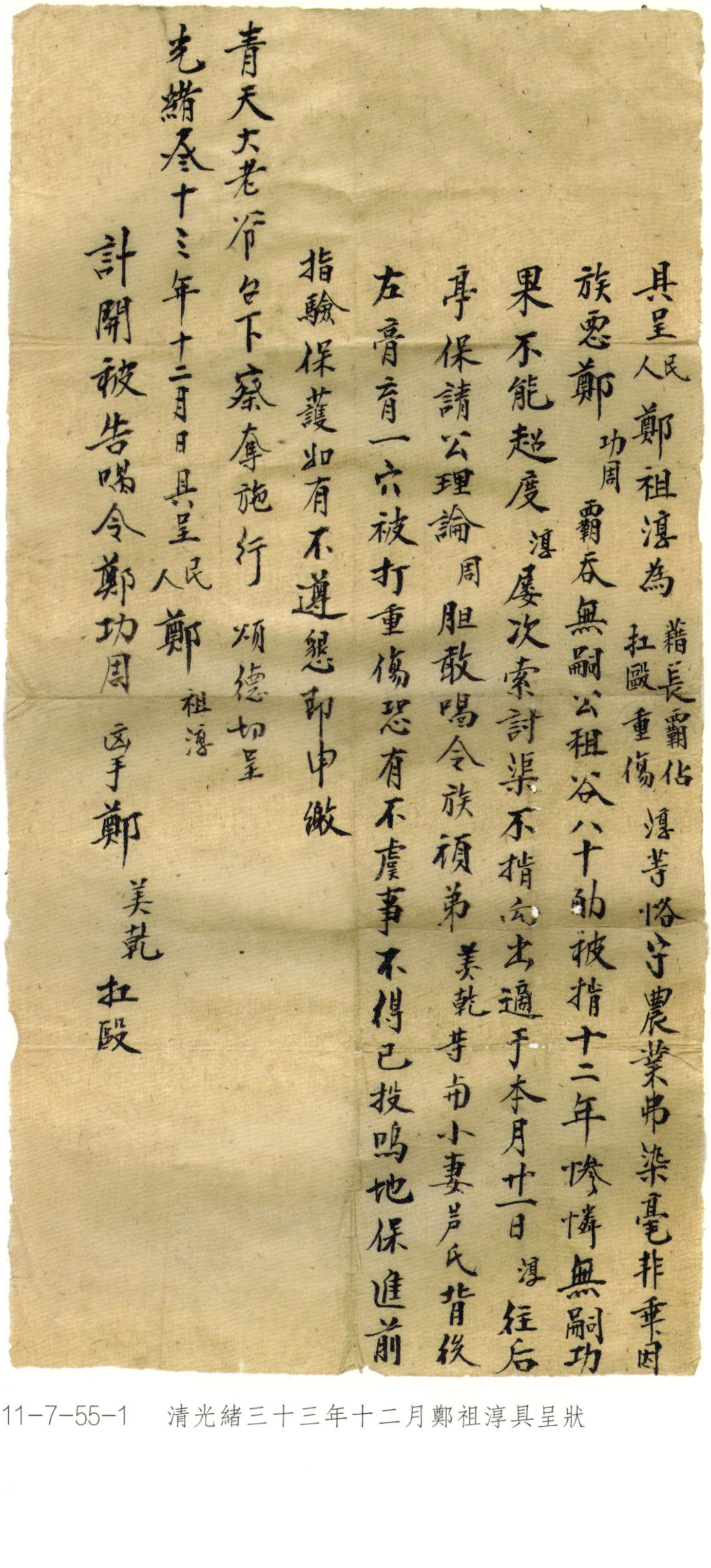

具呈民人鄭祖淳為藉長霸佔扛毆重傷淳等恪守農業弗染毫非秉因
族惡鄭功周霸吞無嗣公租谷八十觔被措十二年慘憐無嗣功
果不能超度淳屢次索討渠不措文出適于本月廿一日淳往后
亭保請公理論周胆敢喝令族積弟美乾等將小妻芦氏背後
左膏肓一穴被打重傷恐有不虞事不得已投鳴地保進前
指驗保護如有不遵懇即申繳
青天大老爺台下察奪施行 烦德切呈
光緒叁十三年十二月日具呈民人鄭祖淳
計開被告喝令鄭功周
凶手鄭美乾扛毆

11-7-55-1 清光緒三十三年十二月鄭祖淳具呈狀

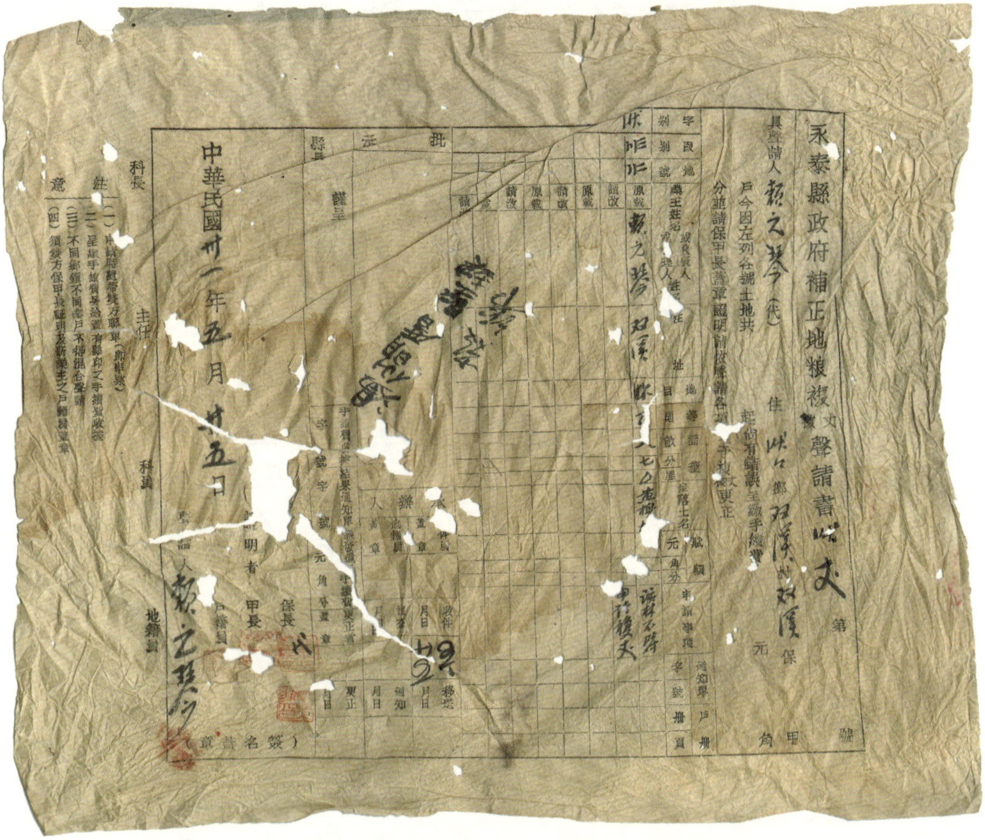
永泰縣政府補正地粮複文聲請書
具聲請人賴元琴（代） 住 嵩口鄉 双溪村 双溪 保 甲
戶今因左列各號土地共 元 角
起尚有錯誤呈繳手續費
分並請保甲長蓋章證明請核准請各項 予複文更正
原載 賴元琴
批示
縣長
謹呈
中華民國卅一年五月廿五日
具聲請人 賴元琴（簽名蓋章）
證明者 甲長 保長
戶籍員

11-7-55-2　民國三十一年五月賴元琴補正地糧複文核聲請書

第八帙　白昌爐户

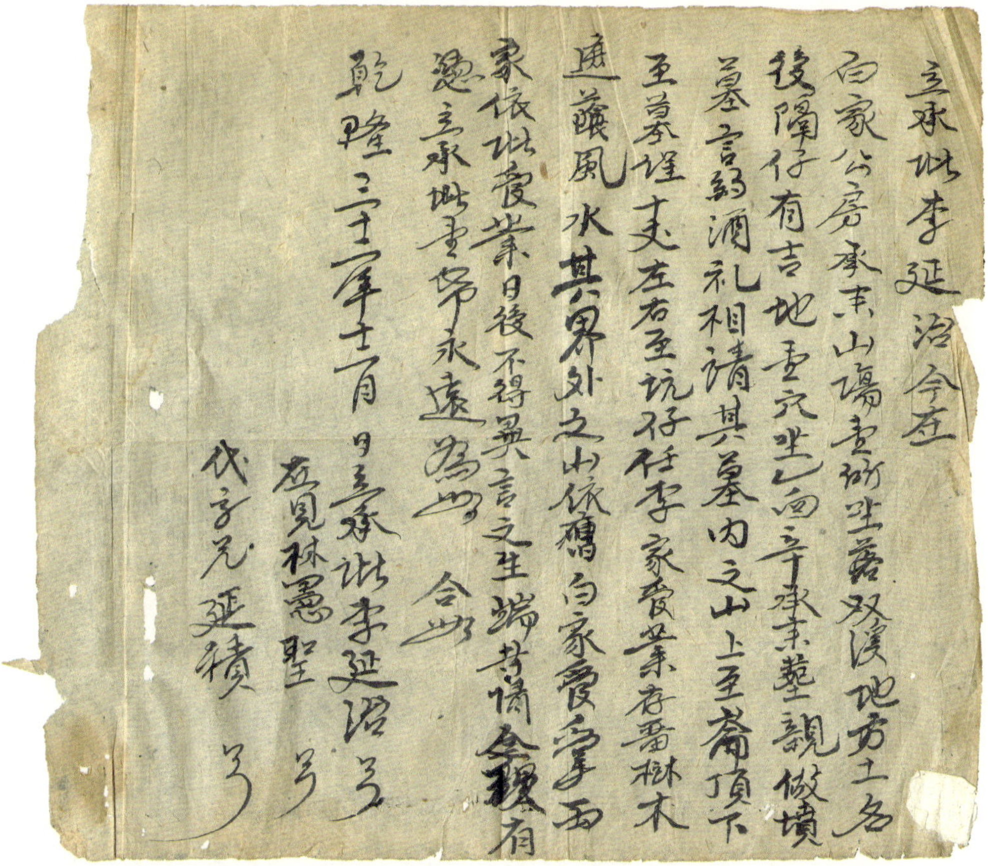
立承批李延治今在
白家公房承来山場壹所坐落双溪地方土名
後陽仔有吉地壹穴坐乙向辛承来整覩做墳
墓言約酒礼相請其墓内之山上至崙頂下
至墓埕直左右至坑仔任李家管業存留樹木
庇蔭風水其界外之山依舊白家管掌兩
家依批管業日後不得異言之生端等情今欲有
憑立承批壹帋永遠為照 合照
乾隆三十二年十二月 日立承批李延治（押）
在見林德聖（押）
代字兄延積（押）

11-8-1-1 清乾隆三十二年十二月李延治立承批山場字

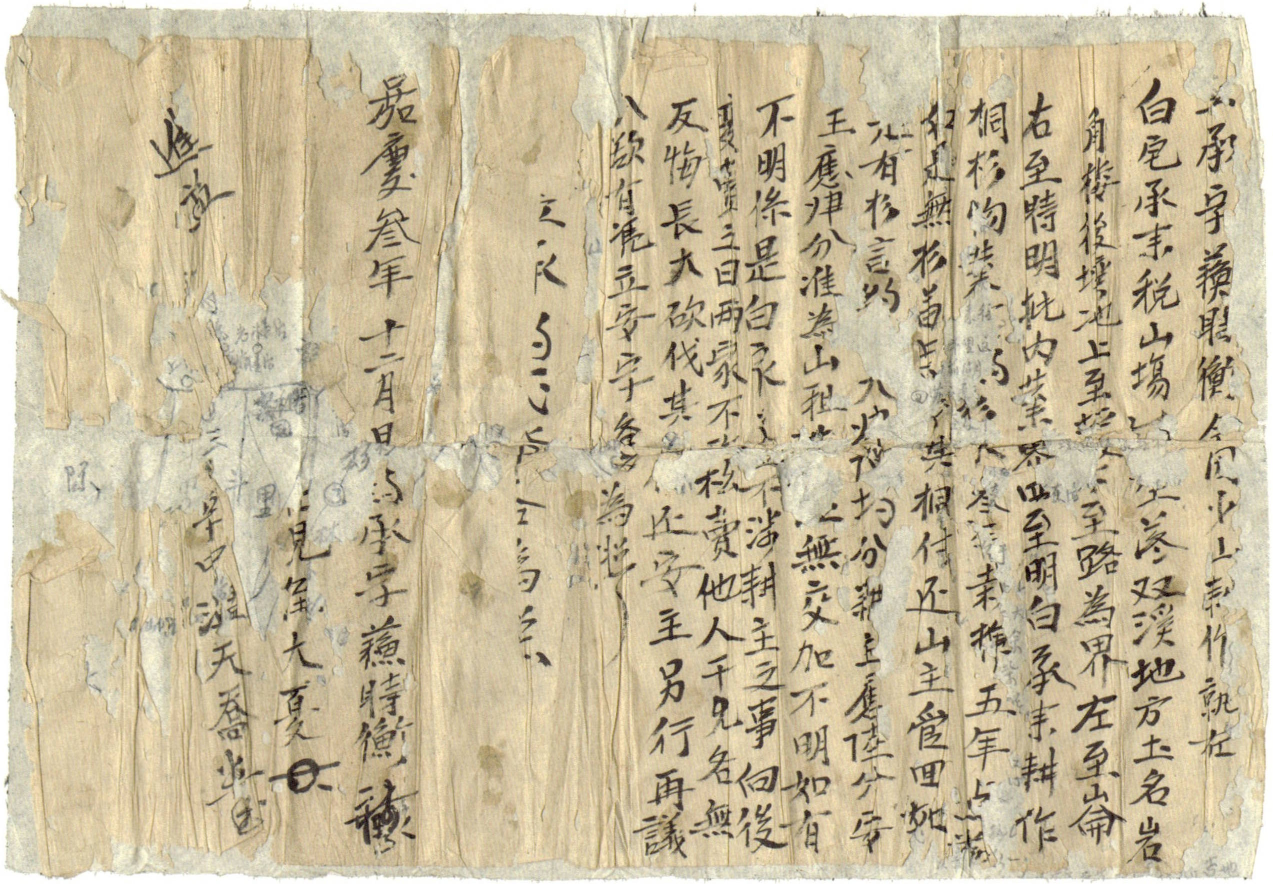

立承字蘇聰衡，今因乏山耕作，就在
白宅承來稅山場一所，坐落双溪地方，土名岩
角樓後壠池，上至崠，下至路為界，左至山俞，
右至時明耕內業界，四至明白。承來耕作
桐杉[illegible]，[illegible]來插五年[illegible]
如是無杉苗，[illegible]其根付還山主管田地。
如有杉言約，入山[illegible]均分，耕主應得分壹，
主應得[illegible]分，準為山租[illegible]，無交加不明，如有
不明，係是白家[illegible]，不涉耕主之事。向後
[illegible]三日兩家不[illegible]核賣他人，千兄各無
反悔，長大砍伐，其[illegible]還安主另行再議。
今欲有憑，立承字一紙為照。

嘉慶叁年十二月日立承字蘇時衡（押）

11-8-1-2　清嘉慶三年十二月蘇時衡立承稅山場字

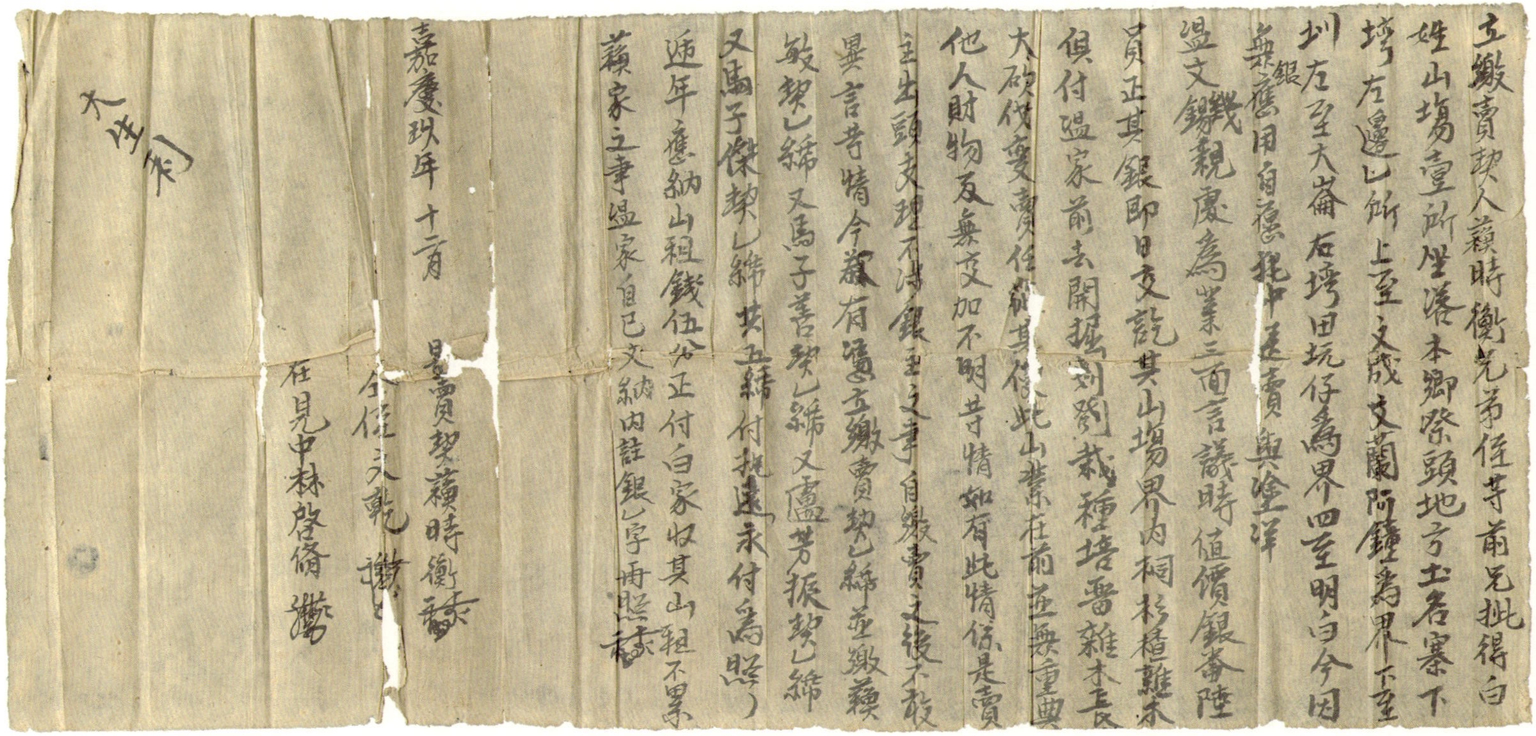
立繳賣契人蘇時衡兄弟侄等前見批得白
姓山場壹所坐落本鄉祭頭地方土名寨下
垮左邊山所上至文成支蘭阿鍾為界下至
圳左至大崙右垮田坑仔為界四至明白今因
無銀應用自愿托中送賣與塗洋
溫文錫親處為業三面言議時值價銀叁陸錢
員正其銀即日交訖其山場界內桐杉植雜木
俱付溫家前去開掘刈割栽種培番雜木長
大砍伐變賣任從其便此山業在前並無重典
他人財物及無交加不明等情如有此情係是賣
主出頭支理不涉銀主之事自繳賣之後不敢
異言等情今蘇有還立繳賣契乙紙并繳蘇
敏契乙紙又馬子善契乙紙又盧芳振契乙紙
又馬子傑契乙紙共五紙付挽遠永付為照）
逐年應納山租錢伍分正付白家收其山租不累
蘇家之事溫家自己交納內註銀乙字再照

嘉慶玖年十二月　日立繳賣契蘇時衡（押）
仝侄文乾（押）
在見中林啓脩（押）

大吉利

11-8-1-3　清嘉慶九年十二月蘇時衡等立繳賣山場契

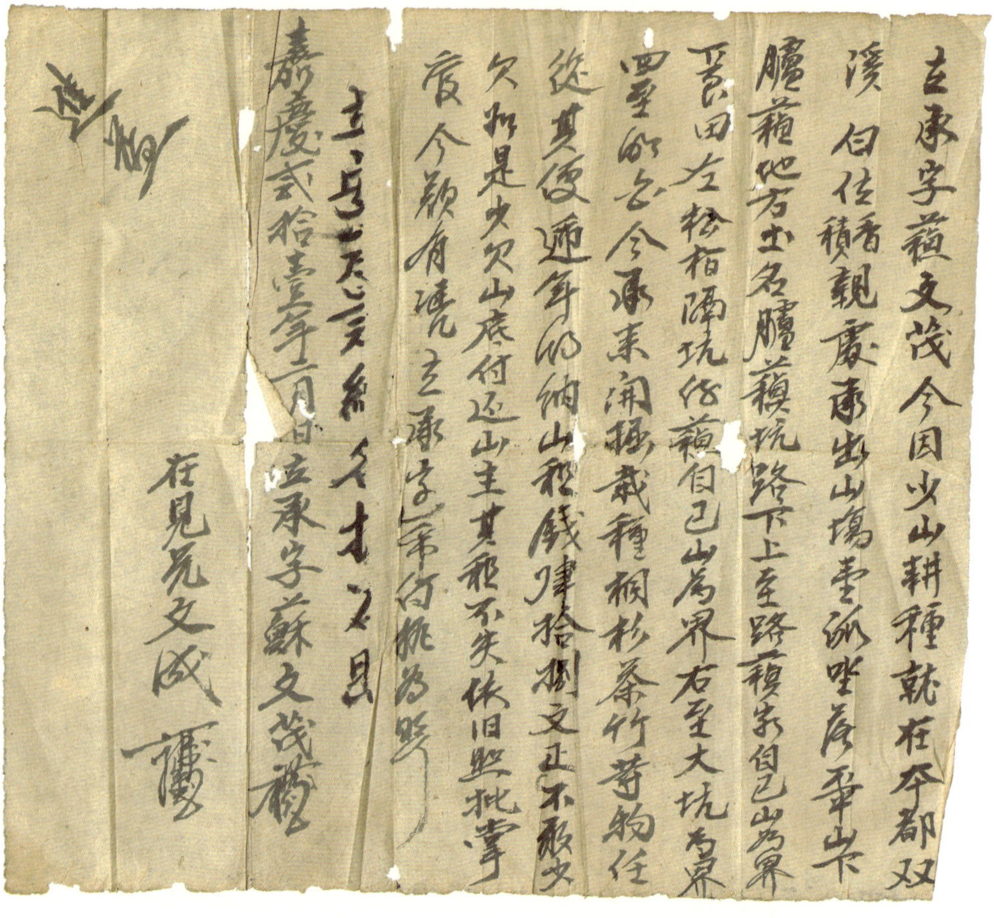

立承字蘇文茂今因少山耕種就在本都双
溪向住積親處承出山場壹所坐落平山下
臚莪地方土名臚蕻坑路下上至路蘇家自己山為界
下至田左至柏陽坑伯蘇自己山為界右至大坑為界
四至明白今承来開掘栽種桐杉茶竹等物任
從其便逓年仍納山税錢肆拾捌文正不敢少
欠如是少欠山税付还山主其税不失依旧照批掌
管今欲有憑立承字一紙付執為照
嘉慶貳拾壹年二月　日立承字蘇文茂（押）
立字一式兩紙各執一只
在見兄文成（押）

11-8-1-4　清嘉慶二十一年二月蘇文茂立承山場字

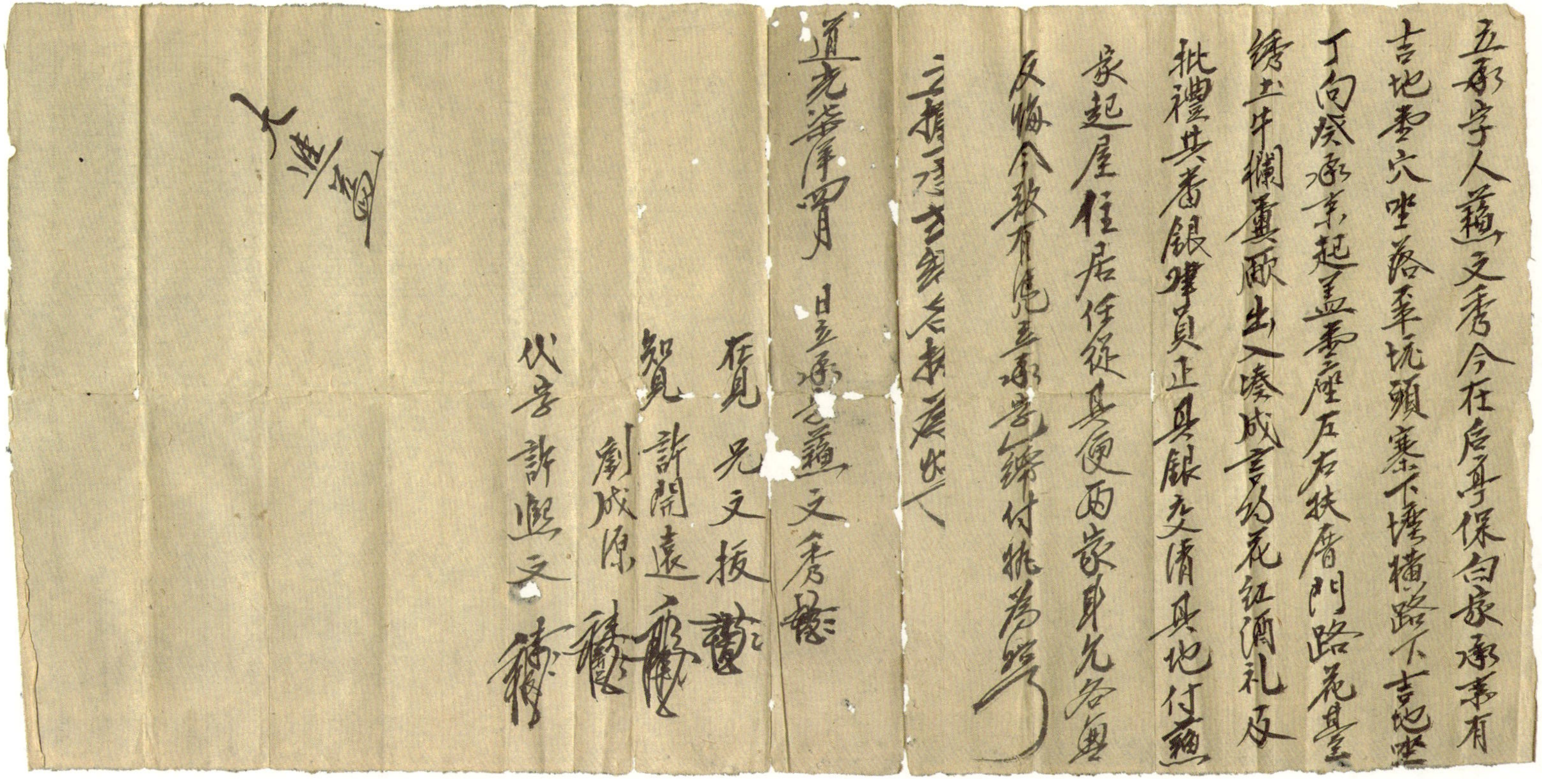

立承字人蘇文秀今在后亭保白家承㕘有
吉地壹穴坐落峯坑頭寨下墘橫路下吉地坐
丁向癸承來起蓋壹座左右扶唇門路花臺
綉土牛欄[illegible]厰出入湊成言約花紅酒礼及
批禮共番銀肆員正其銀交清其地付蘇
家起屋住居任從其便兩家甘允各無
反悔今欲有憑立承字壹紙付執為照
一據[illegible]去銀[illegible]收足訖
道光柒年四月　日立承字蘇文秀（押）
在見　兄文振（押）
賀　許開遠（押）
劉成源（押）
代字　許邀文（押）
大利

11-8-1-5　清道光七年四月蘇文秀立承吉地字

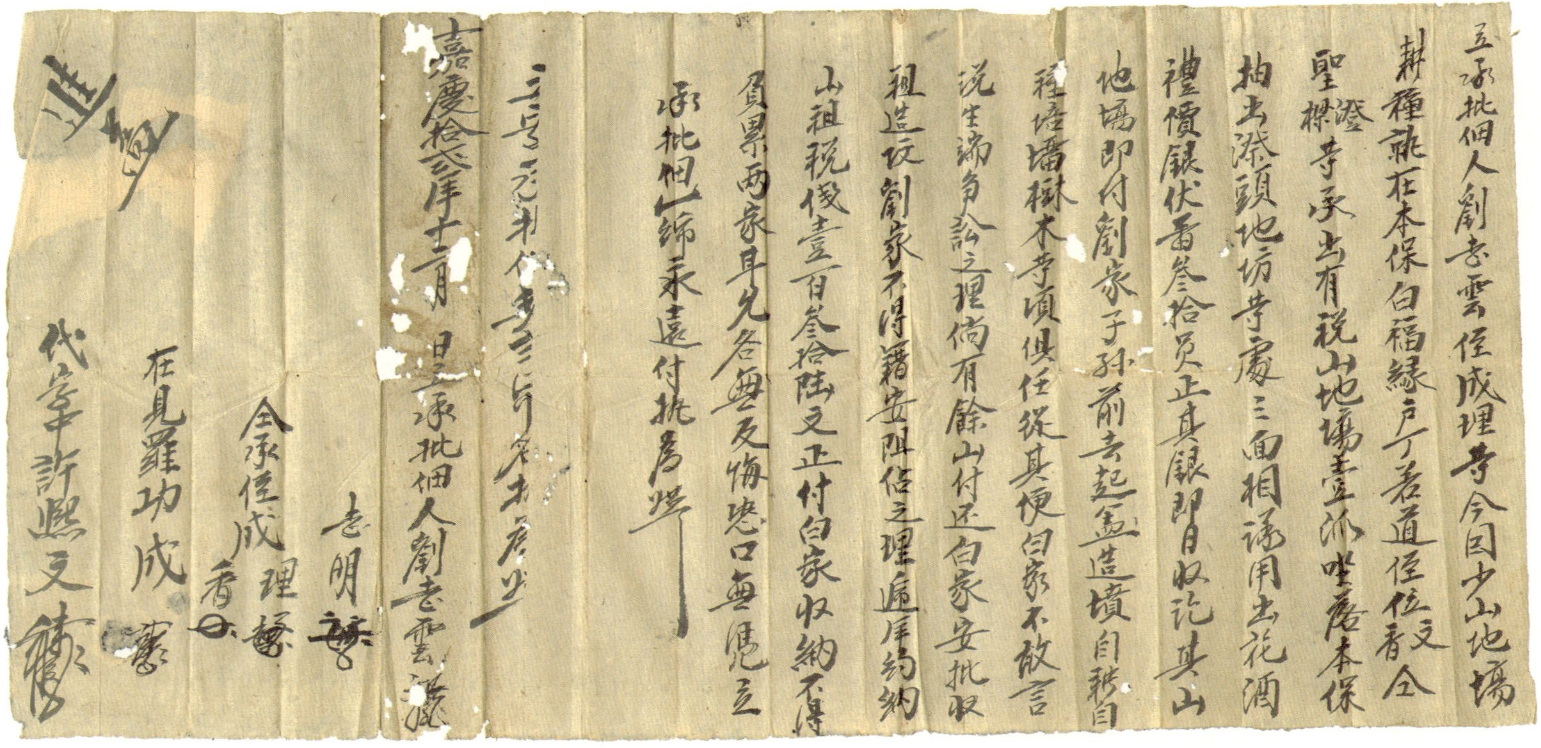

立承批佃人劉志雲、任成理等，今因少山地場
耕種，就在本保白福緣戶丁若道、位香、文全、
聖樑、澄等承出有稅山地場壹所，坐落本保
柚木(?)湀頭地坊等處，三面相議，用出花酒
禮價銀伏番叁拾員正，其銀即日收訖，其山
地場即付劉家子孫前去起蓋造墳，自耕自
種，培插樹木等項，俱任從其便，白家不敢言
說生端多論之理。倘有餘山，付還白家安批收
租。造墳劉家不得藉安阻佔之理，逐年約納
山租稅錢壹百叁拾陸文正，付白家收納，不得
負累。兩家甘允，各無反悔，恐口無憑，立
承批佃山帋永遠付批為照。
[illegible]
嘉慶拾貳年十二月 日立承批佃人劉志雲（押）
志明（押）
仝承任成理（押）
香（押）
在見羅功成（押）
代筆許興文（押）
[illegible]

11-8-2-1　清嘉慶十二年十二月劉志雲等立承批稅山地場契

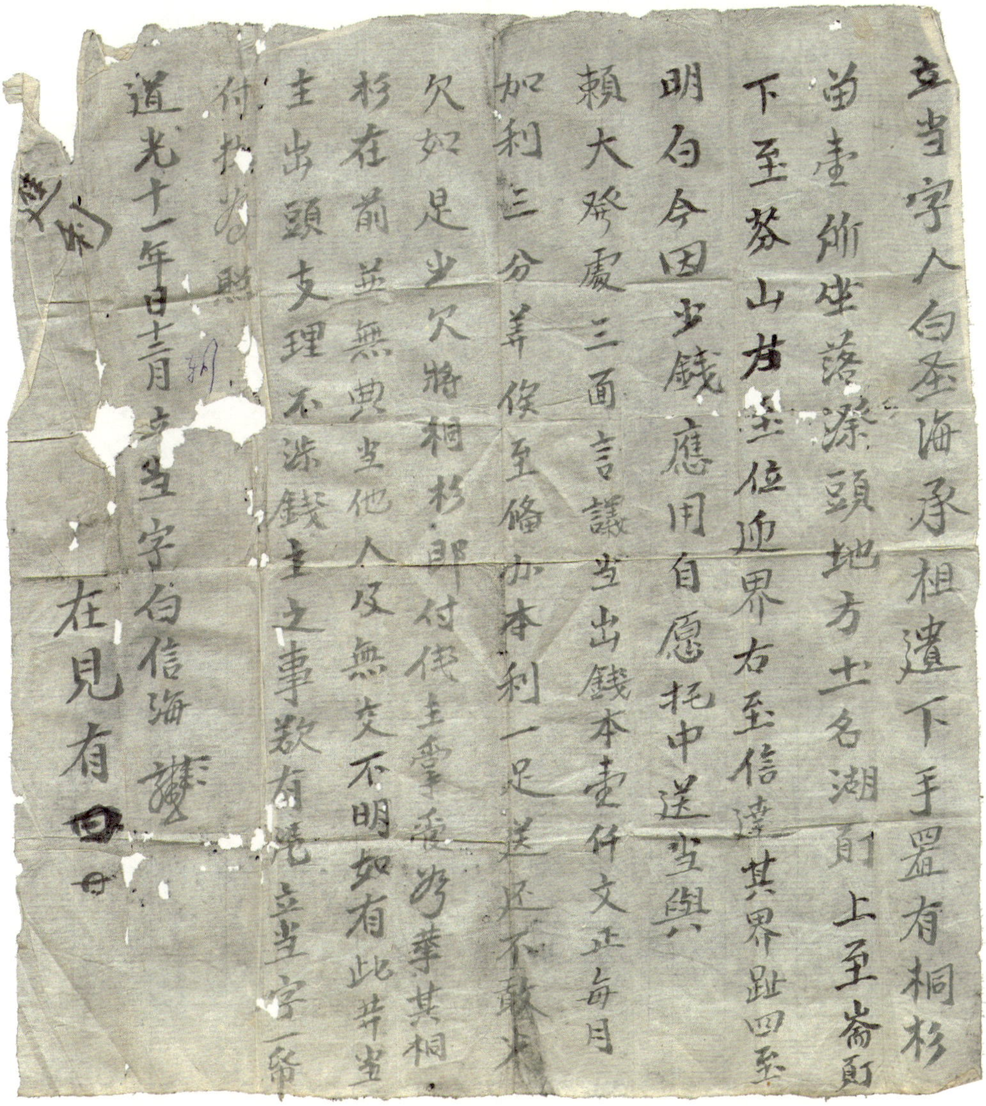

立当字人白圣海承祖遺下手置有桐杉
苗壹所坐落滁頭地方土名湖頭上至崙頭
下至芬山岦坐位迹界右至信達其界趾四至
明白今因少錢應用自愿托中送当與
賴大發處三面言議当出錢本壹仟文正每月
加利三分年候至備办本利一足送还不敢少
欠如是少欠將桐杉即付銭主掌管為業其桐
杉在前並無與当他人及無交不明如有此等当
主出頭支理不涉錢主之事欲有憑立当字一紙
付執為照
道光十一年十二月 日立当字白信海 押
在見有

11-8-2-2　清道光十一年十二月白圣海立當桐杉苗字

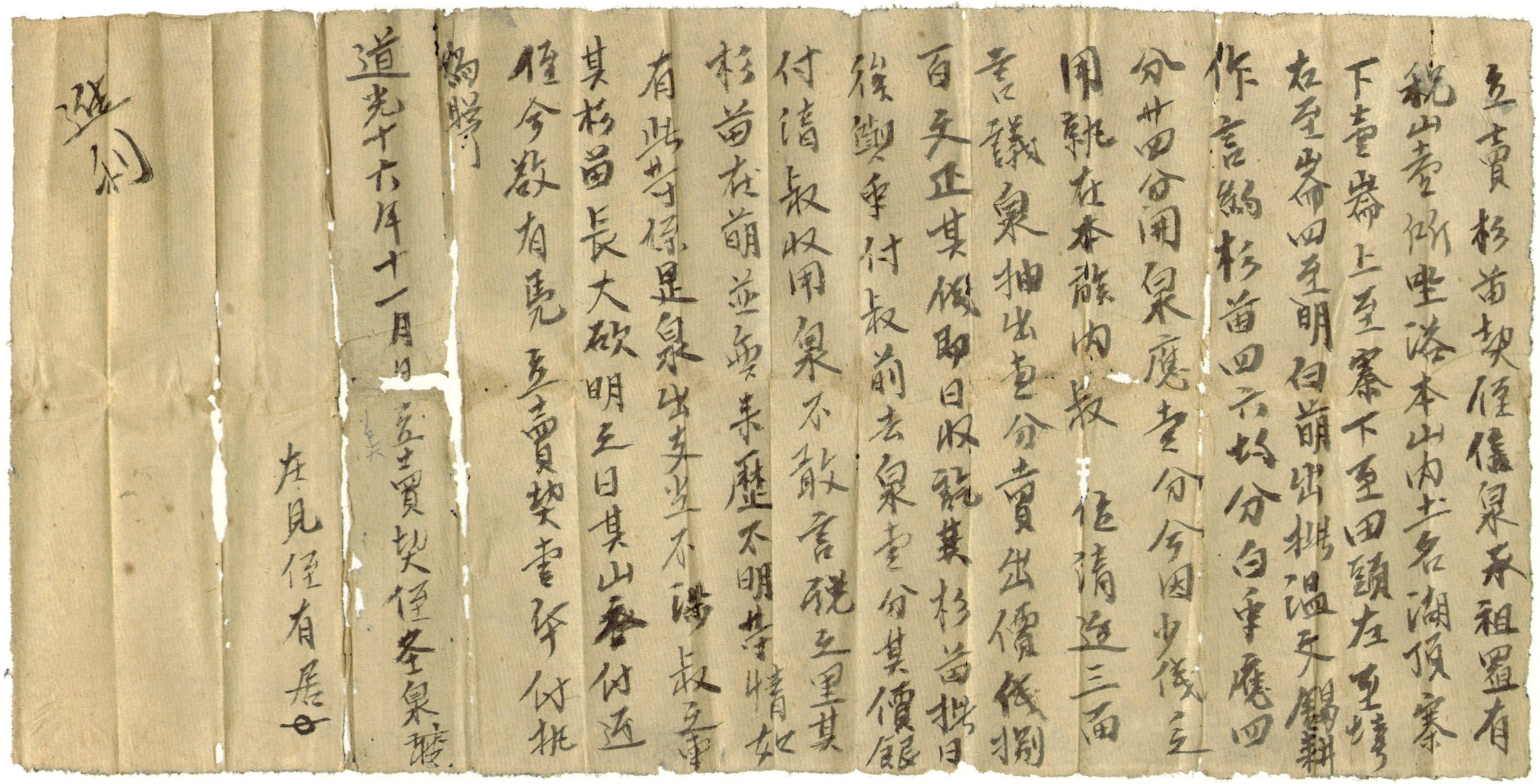
立賣杉苗契侄儀泉承祖置有
税山壹所坐落本山内土名湖頂寨
下壹嶺上至寨下至田頭左至墘
右至嶺四至明白崩出拱溫叉鍋耕
作言約杉苗四六均分白手應四
分卌四分佣泉應壹分今因少錢乏
用就在本族内叔 佳清遊三面
言議泉抽出壹分賣出價錢捌
百文正其錢即日收訖其杉苗拱日
後與手付叔前去泉壹分其價銀
付清叔收用泉不敢言説之里其
杉苗在嶺並無來歷不明等情如
有此等係是泉出支當不涉叔之事
其杉苗長大砍明之日其山叁付還
侄今欲有憑立賣契壹紙付批
爲照
道光十六年十一月日 立賣契侄圣泉[illegible]
在見侄有居
[illegible]

11-8-2-3　清道光十六年十一月白圣泉立賣杉苗契

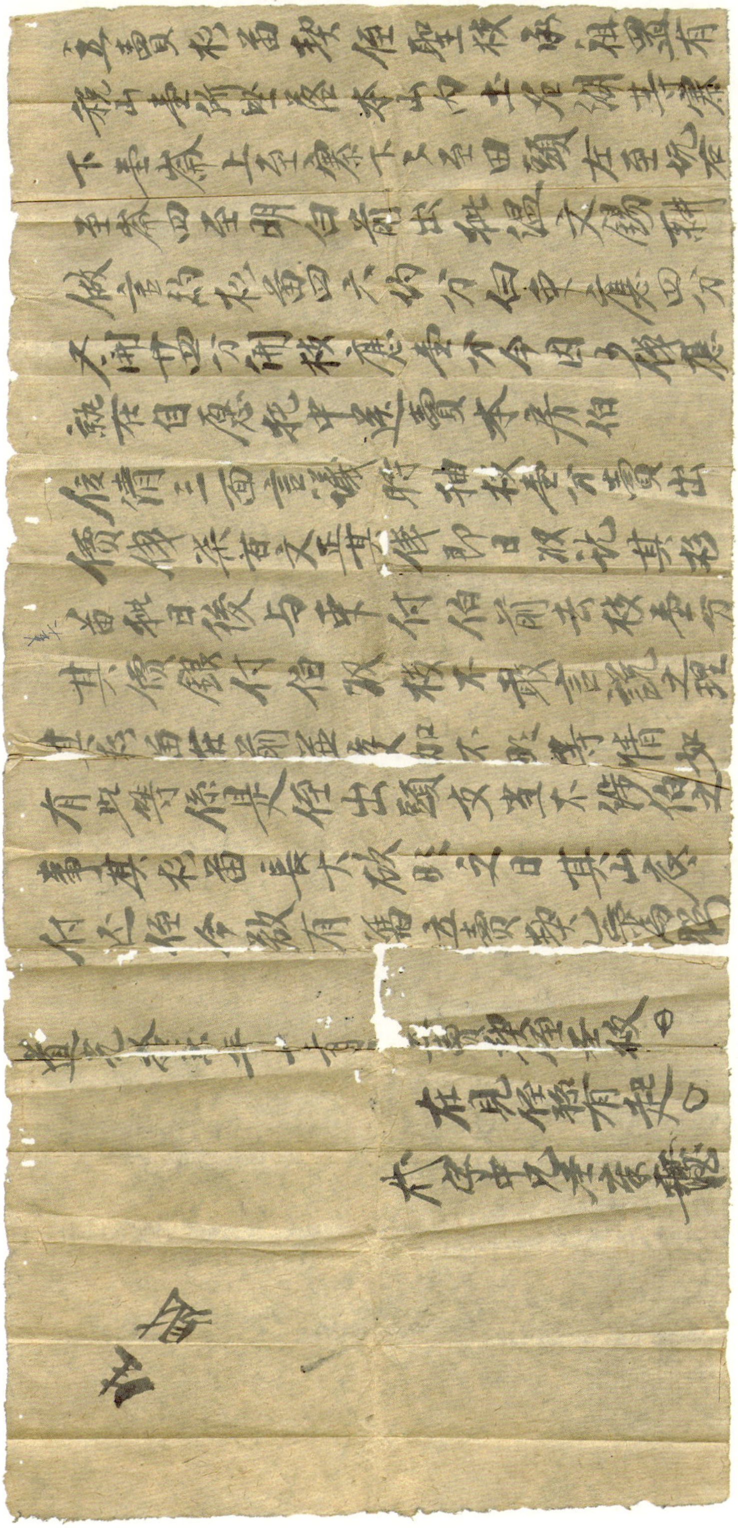

11-8-2-4　清道光十七年十二月白聖枝立賣杉苗契

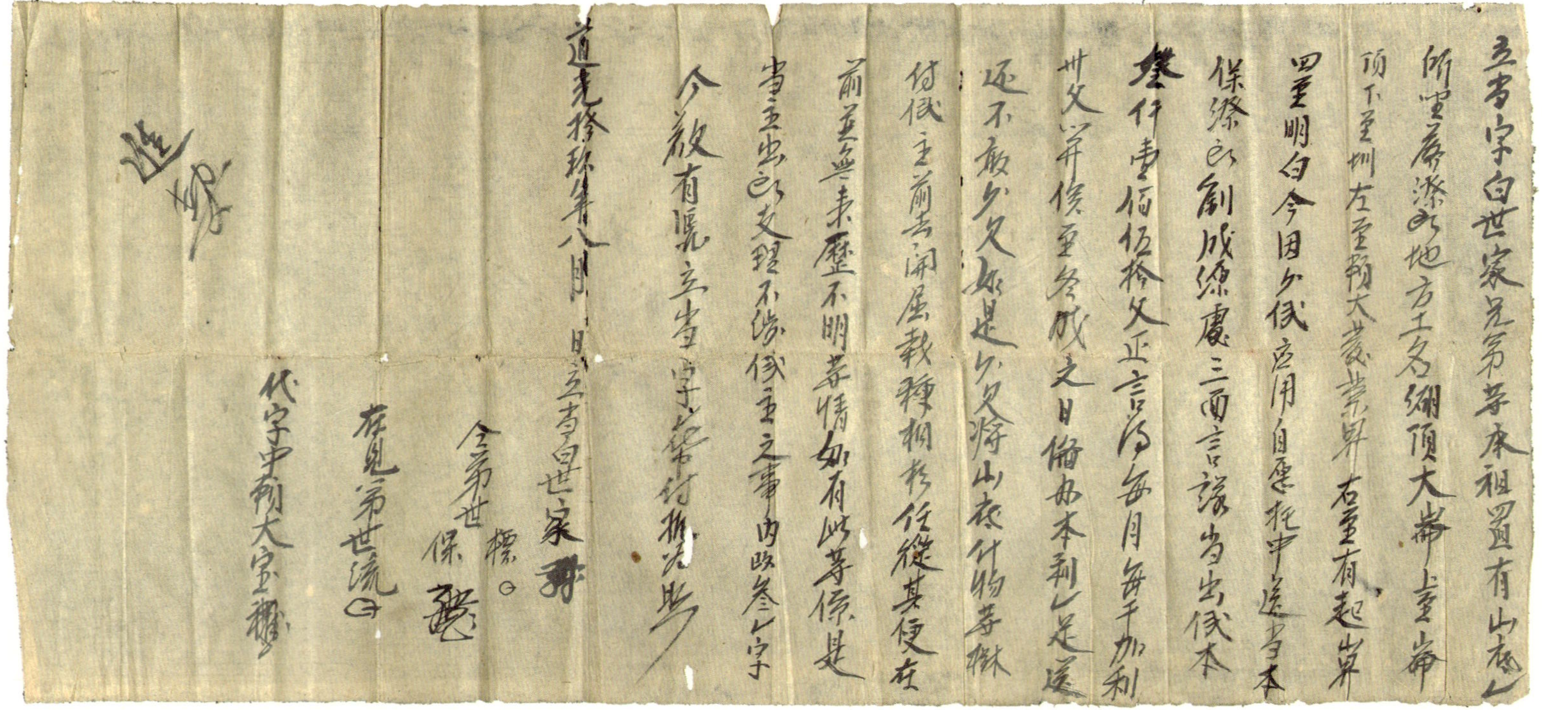

立當字白世家兄弟等承祖置有山底乙
所坐落漈下地方土名綱頂大崙上至崙
頂下至圳左至翔大蔑崇昇右至有起山界
四至明白今因乏錢應用自愿托中送當本
保漈下劉成緣處三面言議當出錢本
叄仟壹佰伍拾文正言約每月每千加利
卅文算俟至冬成之日備出本利足送
還不敢少欠如是少欠將山底竹物等概
付錢主前去開墾栽種相於任從其便在
前並無來歷不明等情如有此等係是
當主出首支理不涉錢主之事 內改叄字
今欲有憑立當字付執為照

道光拾玖年八月 日立當白世家（押）
仝弟世標○
保（押）
在見弟世流○
代字中翔大宝（押）

11-8-2-5　清道光十九年八月白世家等立當山底字

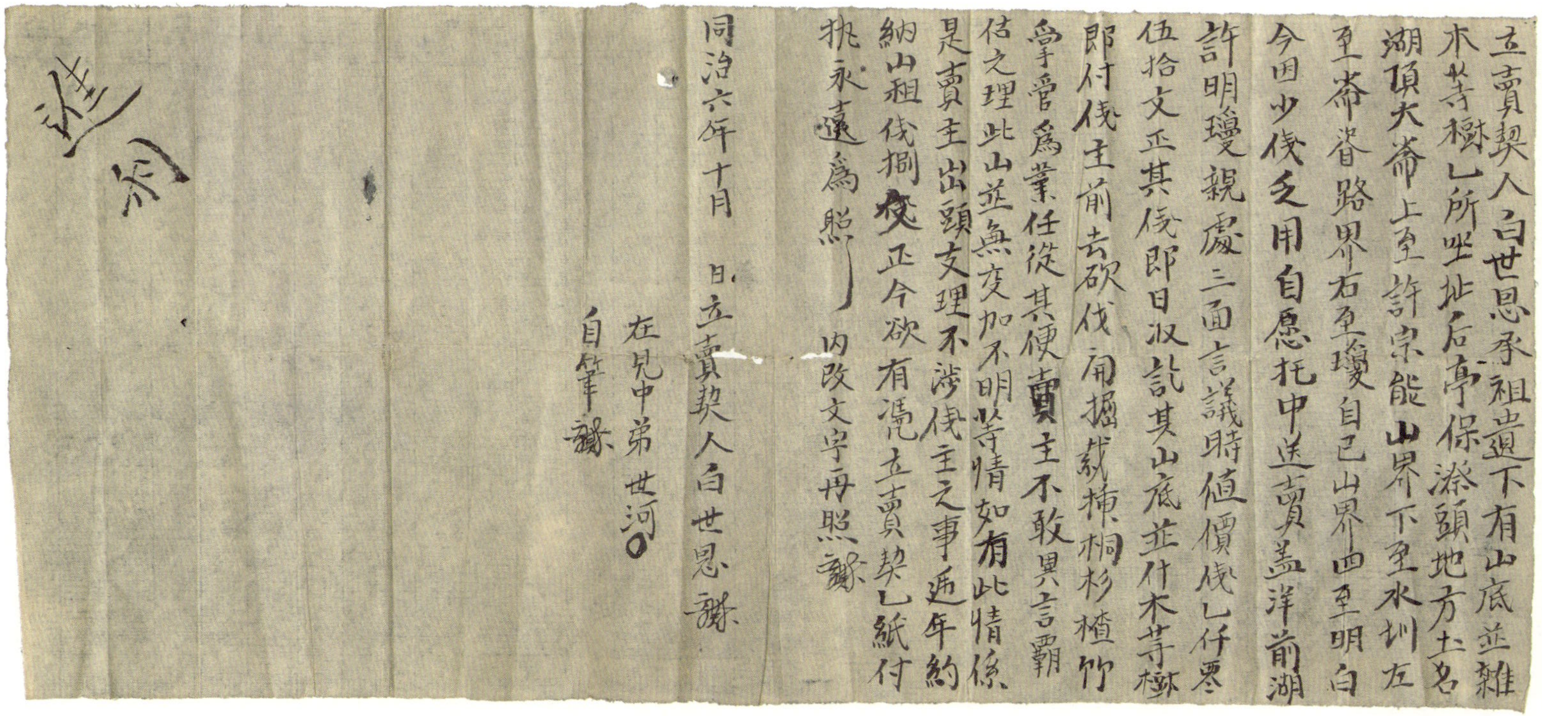
立賣契人白世恩承祖遺下有山底並雜
木等樹乙所坐址后亭保溚頭地方土名
湖頂大峇上至許宗能山界下至水圳左
至峇沓路界右至瓊自己山界四至明白
今因少錢乏用自愿托中送賣盖洋前湖
許明瓊親處三面言議時值價錢乙仟叁
伍拾文正其錢即日收訖其山底並什木等樹
即付錢主前去砍伐開掘栽插桐杉植竹
曡管爲業任從其便賣主不敢異言霸
佔之理此山並無交加不明等情如有此情係
是賣主出頭支理不涉錢主之事過年約
納山租錢捌文正今欲有憑立賣契乙紙付
執永遠爲照。　內改文字再照。號

同治六年十月　日立賣契人白世恩號
在見中弟　世河○
自筆號

11-8-2-6　清同治六年十月白世恩立賣山底等契

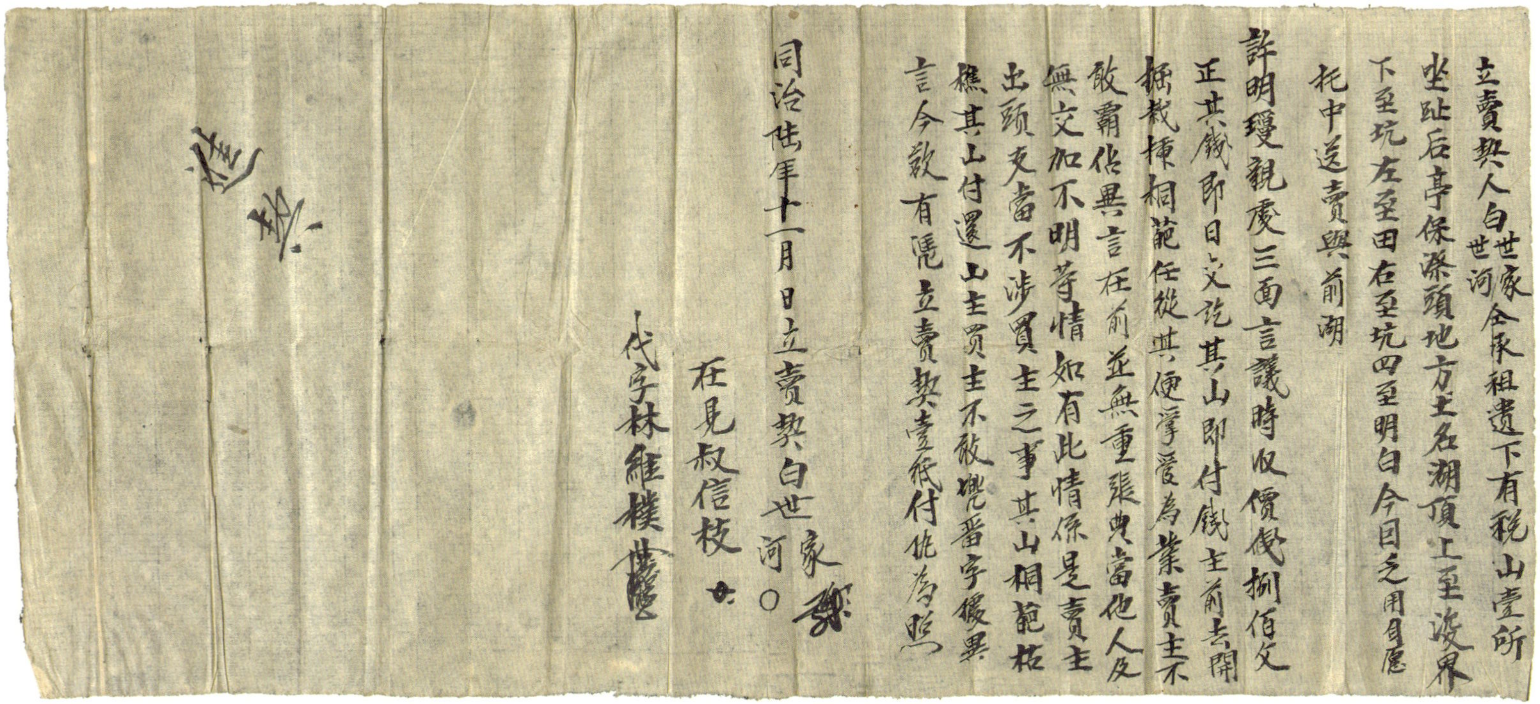
立賣契人白世家、世河仝承祖遺下有稅山壹所
坐址后亭保漈頭地方土名湖頂上至逡界
下至坑左至田右至坑四至明白今因乏用自愿
托中送賣與前湖
許明瓊親處三面言議時價價捌佰文
正其錢即日交訖其山即付錢主前去開
掘栽種桐茈任從其便掌管為業賣主不
敢霸佔異言在前並無重張典當他人及
無交加不明等情如有此情係是賣主
出頭支當不涉買主之事其山桐茈枯
樵其山付還山主買主不敢覬覦異
言今欲有憑立賣契壹紙付執為照

同治陆年十一月日立賣契白世家、世河 ○
在見叔信枝
代字林維樸

11-8-2-7　清同治六年十一月白世家等立賣稅山契

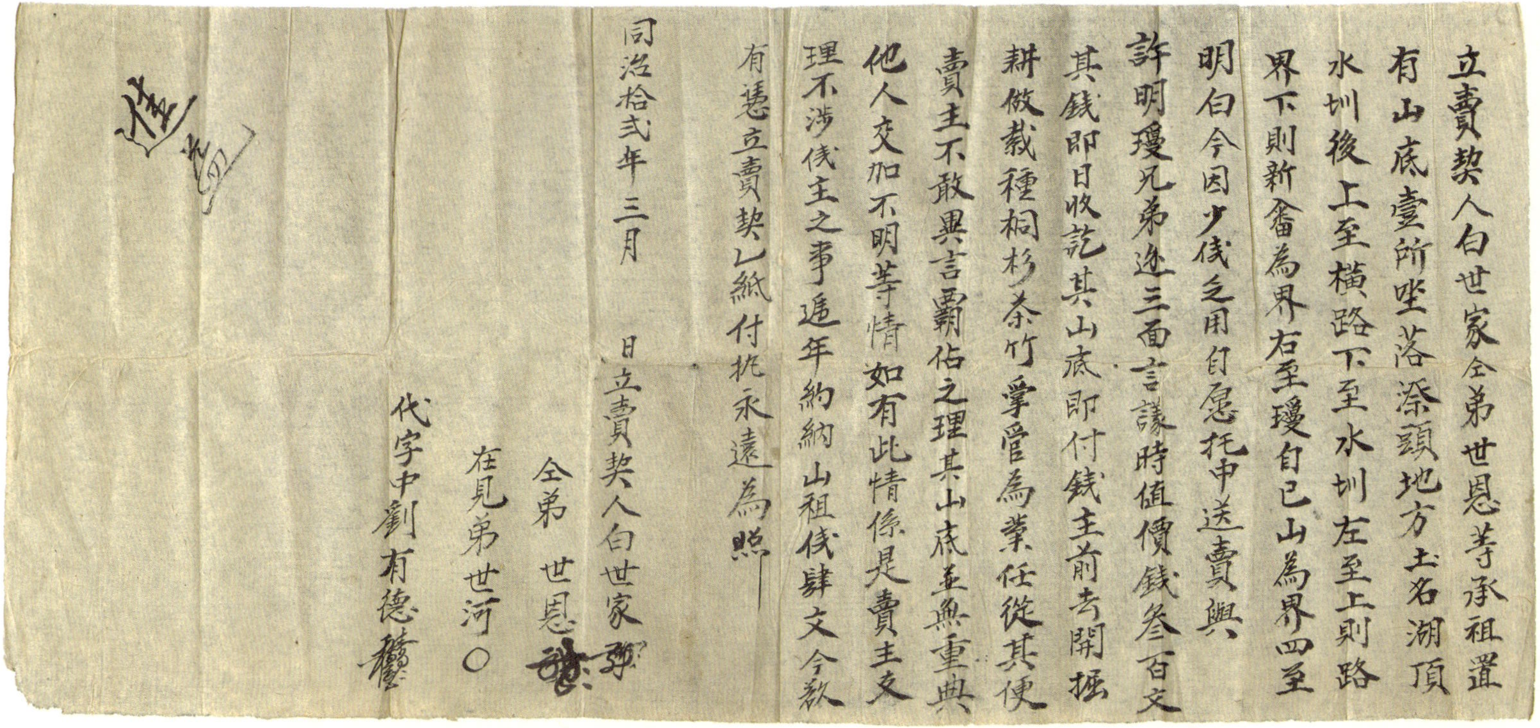

立賣契人白世家仝弟世恩等承祖置
有山底壹所坐落涂頭地方土名湖頂
水圳後上至横路下至水圳左至上則路
界下則新畬為界右至瓊自己山為界四至
明白今因少錢乏用自愿托中送賣與
許明瓊兄弟邊三面言議時值價錢叁百文
其錢即日收訖其山底即付錢主前去開掘
耕做栽種桐杉茶竹掌管為業任從其便
賣主不敢異言霸佔之理其山底並無重典
他人交加不明等情如有此情係是賣主支
理不涉錢主之事逓年納納山租錢肆文今欲
有憑立賣契山紙付執永遠為照
同治拾弍年三月　日立賣契人白世家（押）
仝弟　世恩（押）
在見弟世河〇
代字中劉有德（押）

11-8-2-8　清同治十二年三月白世家等立賣山底契

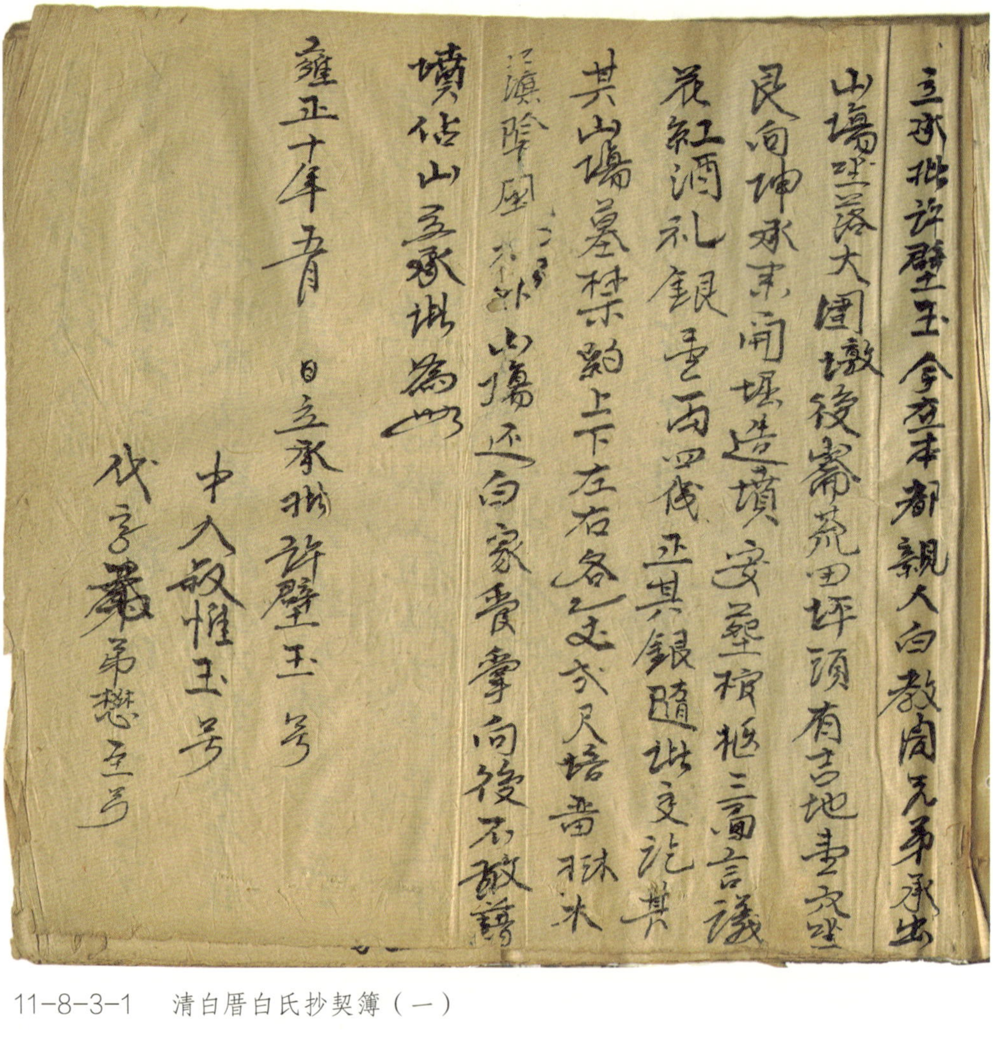

立承批許璧玉今在本都親人白教周兄弟承出
山場坐落大園墩後崙荒田坪頭有吉地壹穴坐
艮向坤承出開堀造墳安塟棺柩三面言議
花紅酒礼銀壹両四錢正其銀隨批交訖其
其山場墓禁約上下左右各二丈六尺培畜株木
江源陰風不許山場還白家貴掌向後不敢諍
墳佔山立承批爲炤

雍正十年五月　日立承批許璧玉　号

中人　故惟玉　号

代字　弟懋　立号

11-8-3-1　清白厝白氏抄契簿（一）

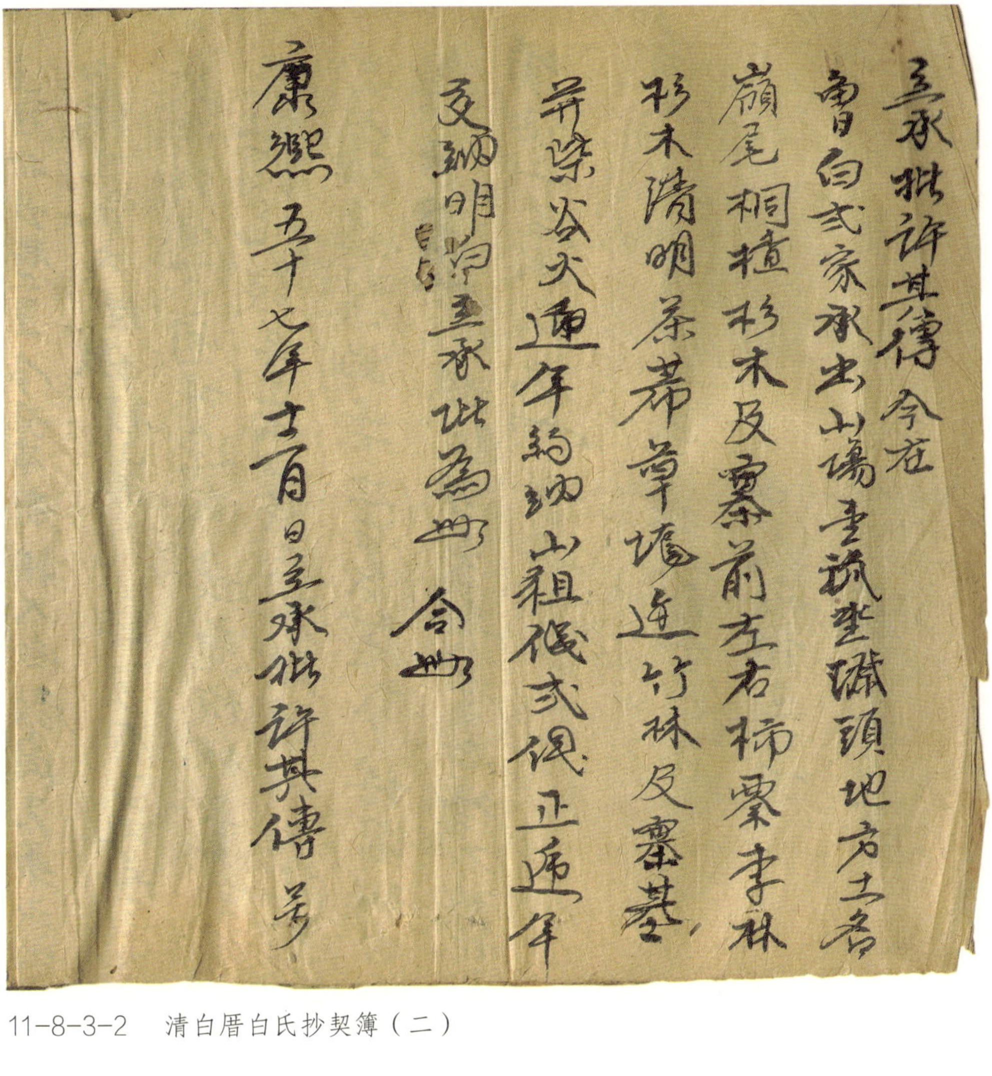
立承批許其傳今在
曾白式家承出山場壹號坐壠頭地方土名
嶺尾桐植杉木及寮前左右柿栗李林
杉木清明茶蒂草墟連竹林及寮基
并崇公父通年納山租錢式錢正遞年
交納明白 立承批為照 合照
康熙五十七年十二月 日立承批許其傳 號

11-8-3-2　清白厝白氏抄契簿（二）

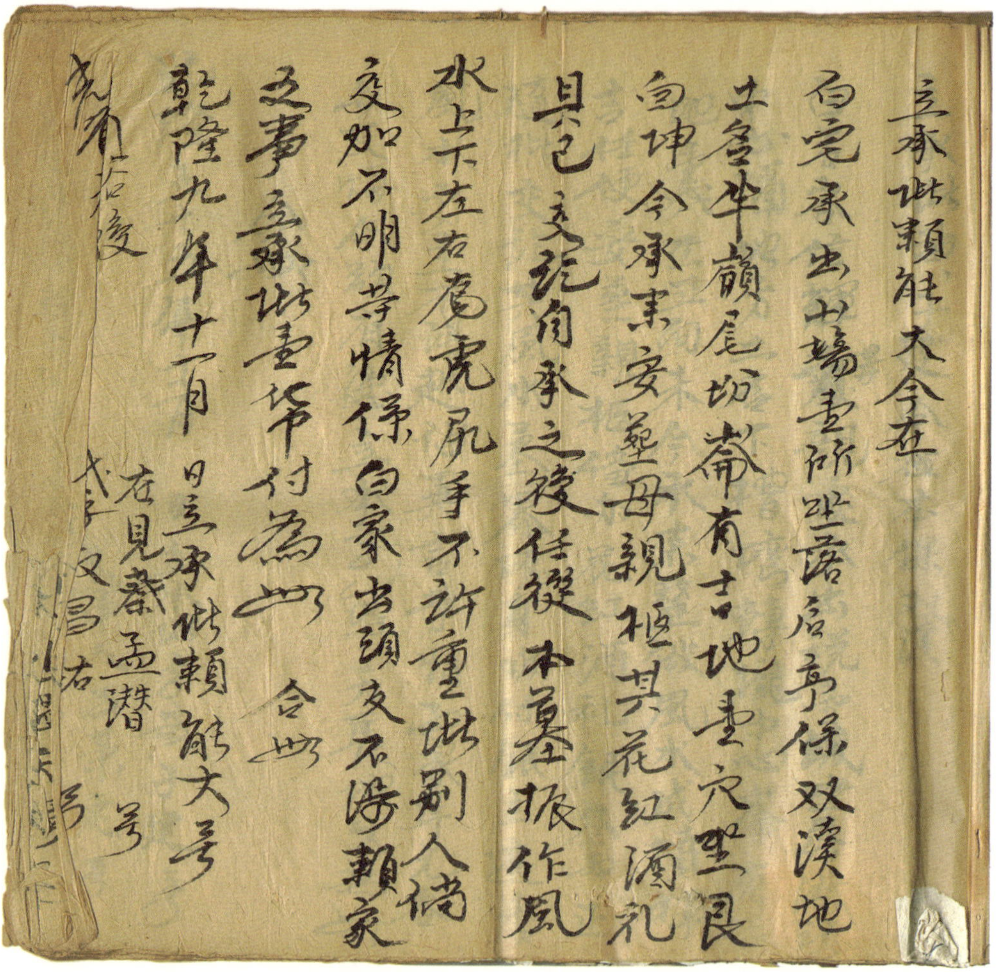

立承批賴能大今在
白宅承出山場壹所坐落后亭保双溪地
土名半嶺尾坳崙有吉地壹穴坐艮
向坤今承來安葬母親柩其花紅酒礼
具已交訖自承之後任從本墓振作風
水上下左右龍虎凡手不許重批别人倘
有交加不明等情係白家出頭支不涉賴家
之事立承批壹帋付爲照

合照

乾隆九年十一月　日立承批賴能大号

在見蔡孟潛号

代書文昌右号

批有右後

11-8-3-3　清白厝白氏抄契簿（三）

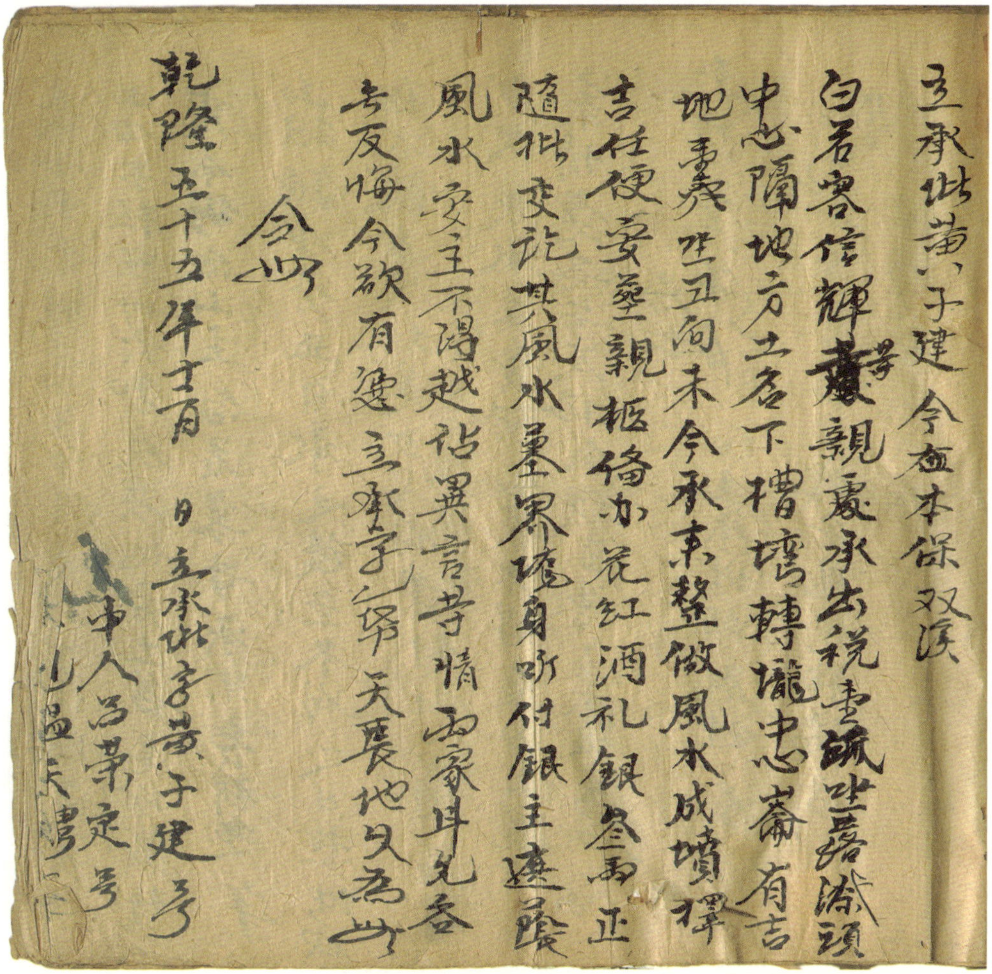

立承批黄〻子建 今在本保双溪
白君富信輝孝叢親處承出稅壹號坐落湍頭
中心隔地方土名下槽壞轉壠忠崙有吉
地壹處坐丑向未今承來整做風水成墳擇
吉任便安塟親柩備办花紅酒礼銀叁兩正
隨批交訖其風水墓界墳身聽付銀主迭蔭
風水受主不得越佔異言等情兩家爿允各
無反悔今欲有憑立承字一帋天長地久為照
合照
乾隆五十五年十二月 日立承批字黄〻子建号
中人呂秉定号
[illegible]温長書

11-8-3-4　清白厝白氏抄契簿（四）

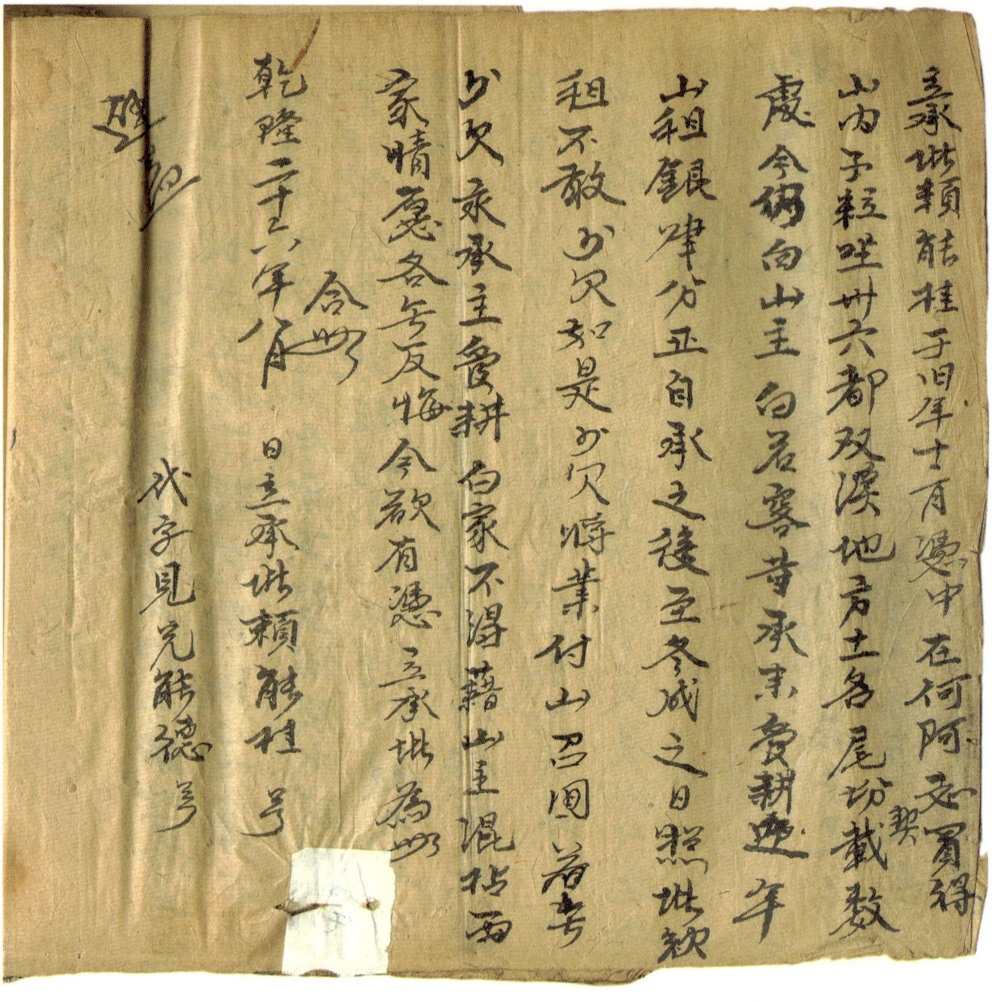
立承批賴能桂，于旧年十月憑中在何阿定買得契
山內子粒壟廿六都雙溪地方土名尾坊載數
處，今將向山主白君寄昔承來受耕遞年
山租銀肆分五，自承之後，至冬成之日照批交
租不敢少欠，如是少欠，將業付山召回首去
少欠，永承主受耕，白家不得藉山主混抬兩
家情愿，各無反悔，今欲有憑，立承批爲照
乾隆二十八年　月　日立承批賴能桂　号
合照
代字見兄能德　号

11-8-3-5　清白厝白氏抄契簿（五）

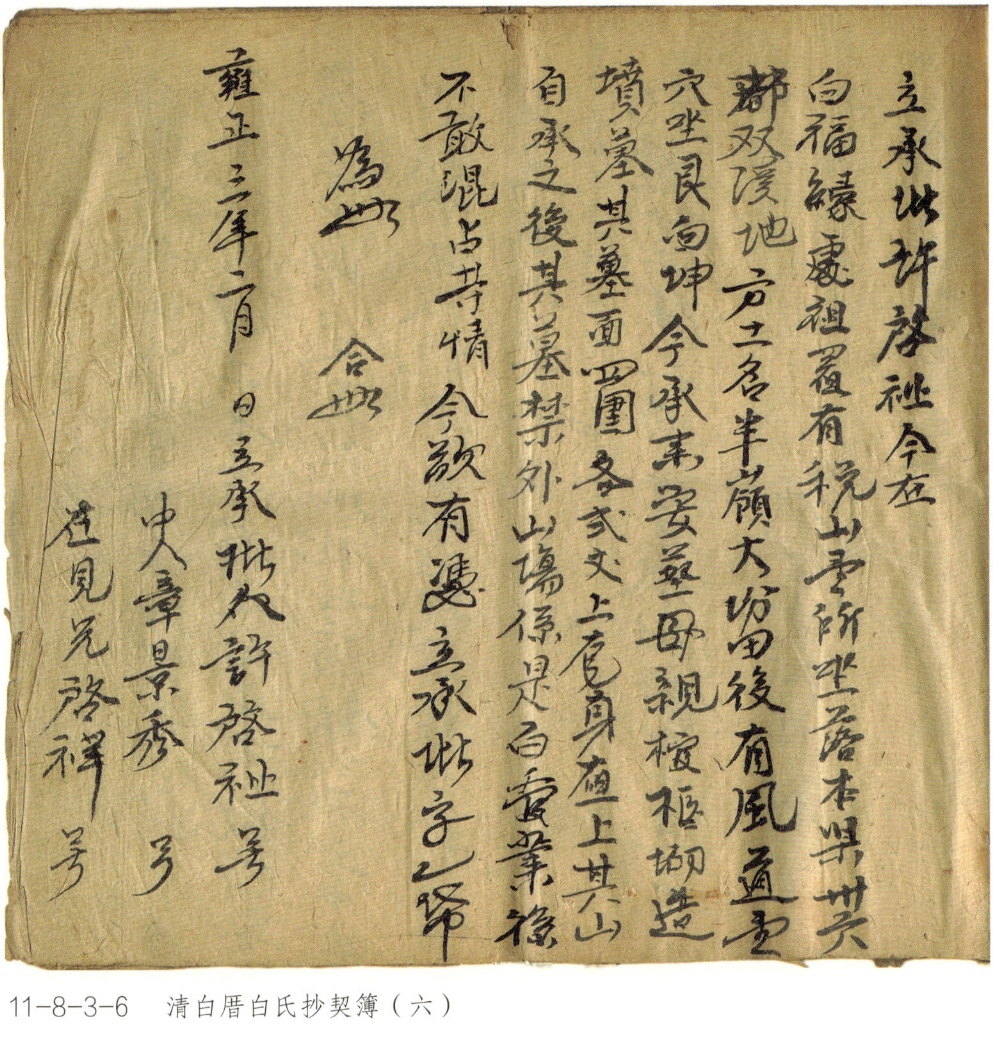

立承批許啓祉今在
白福緣處祖置有税山壹所坐落本県卅六
都双溪地方土名半嶺大路面後有風道壹
穴坐艮向坤今承素安葬母親棺柩砌造
墳墓其墓面四圍各弍丈上尾身直上其山
自承之後其墓禁外山場係是白家業様
不敢混占等情今欲有憑立承批字一帋
為照
合照
雍正三年二月　日立承批人許啓祉　号
中人章景秀　号
在見兄啓祥　号

11-8-3-6　清白厝白氏抄契簿（六）

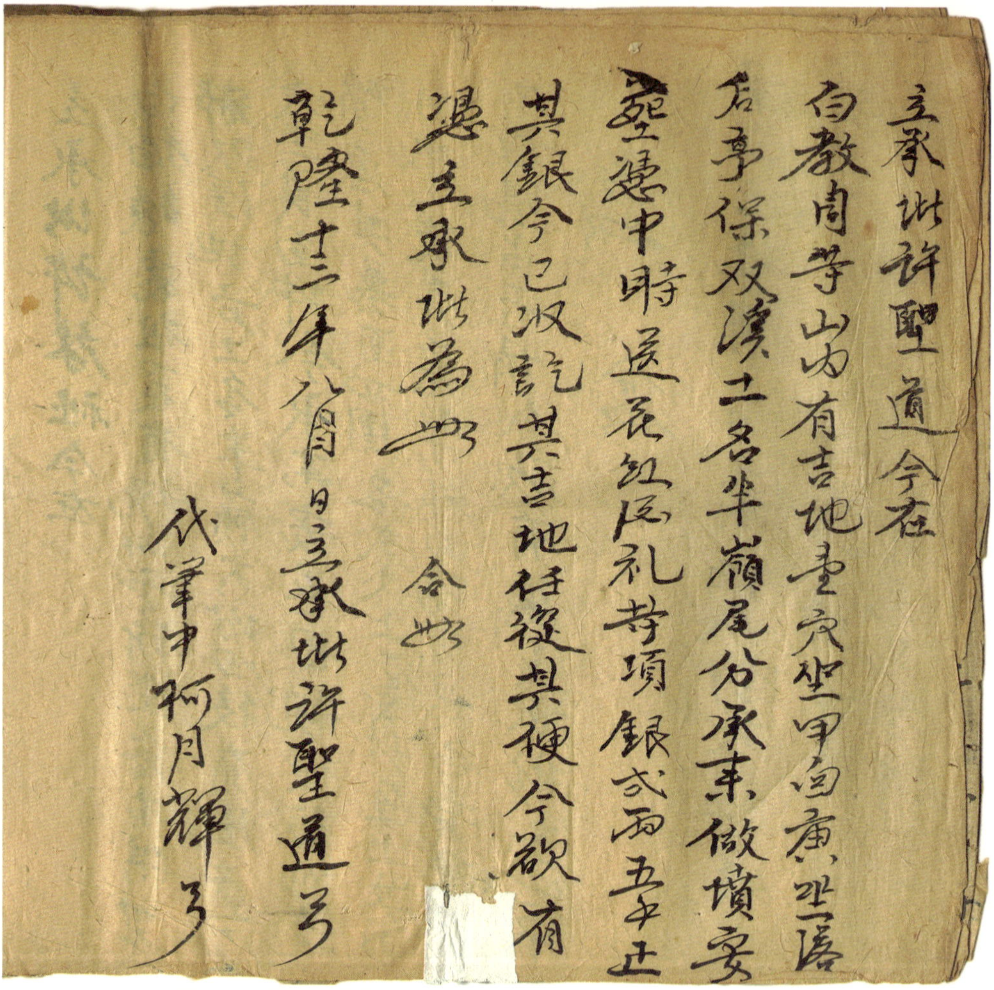

立承批許聖道，今在白教周等山内有吉地壹穴，坐甲向庚，坐落石亭保双溪，土名半嶺尾，分承來做墳安塟。憑中時送花紅尾礼等項銀弍兩五分正，其銀今已收訖，其吉地任從其便。今欲有憑，立承批為照。

合照

乾隆十三年八月　日立承批許聖道号

代筆中阿月輝号

11-8-3-7　清白厝白氏抄契簿（七）

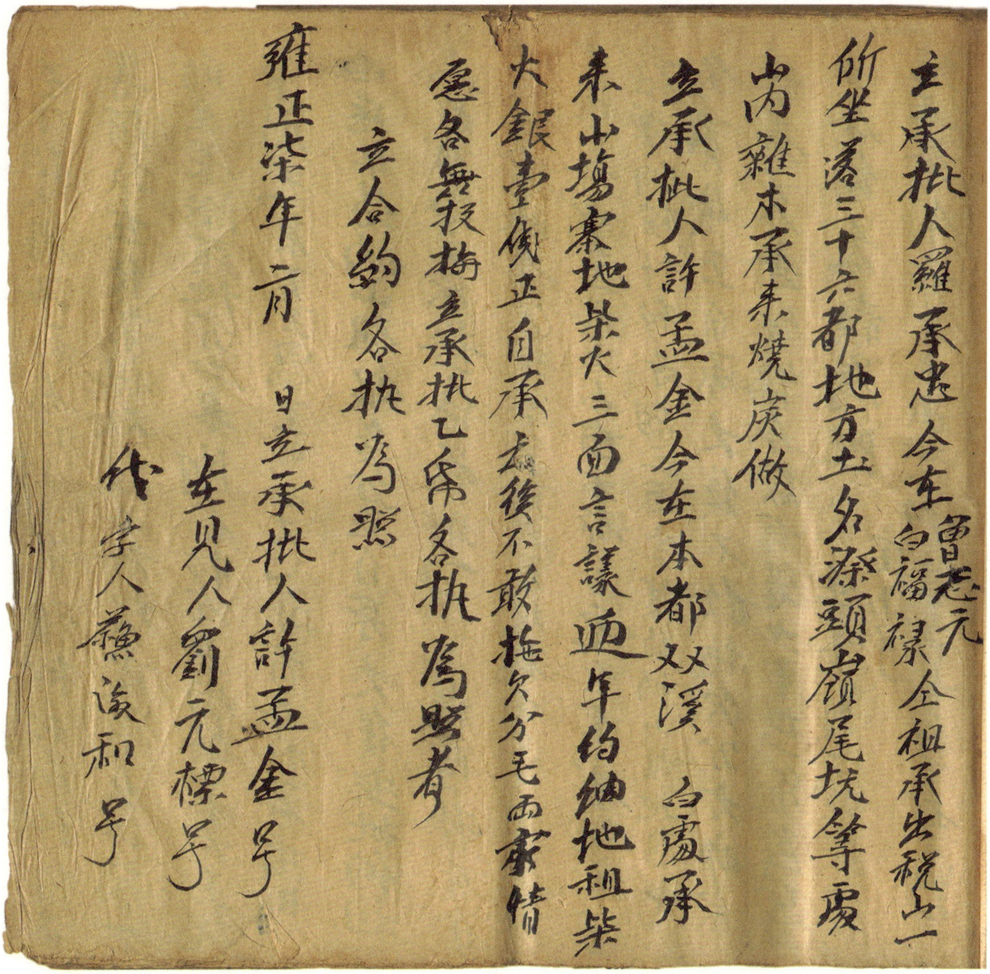

立承批人羅承忠今在曾志元白福祿仝祖承出稅山一
所坐落三十六都地方土名漈頭嶺尾坑等處
山內雜木承來燒炭做
立承批人許孟金今在本都双溪白處承
來山場業地茶大三面言議逐年納細地租柒
大銀壹錢正自承之後不敢拖欠分毛两家情
愿各無反悔立承批乙帋各執為照者
立合約各執為照
雍正柒年二月　日立承批人許孟金号
在見人劉元標号
代字人蕭海和号

11-8-3-8　清白厝白氏抄契簿（八）

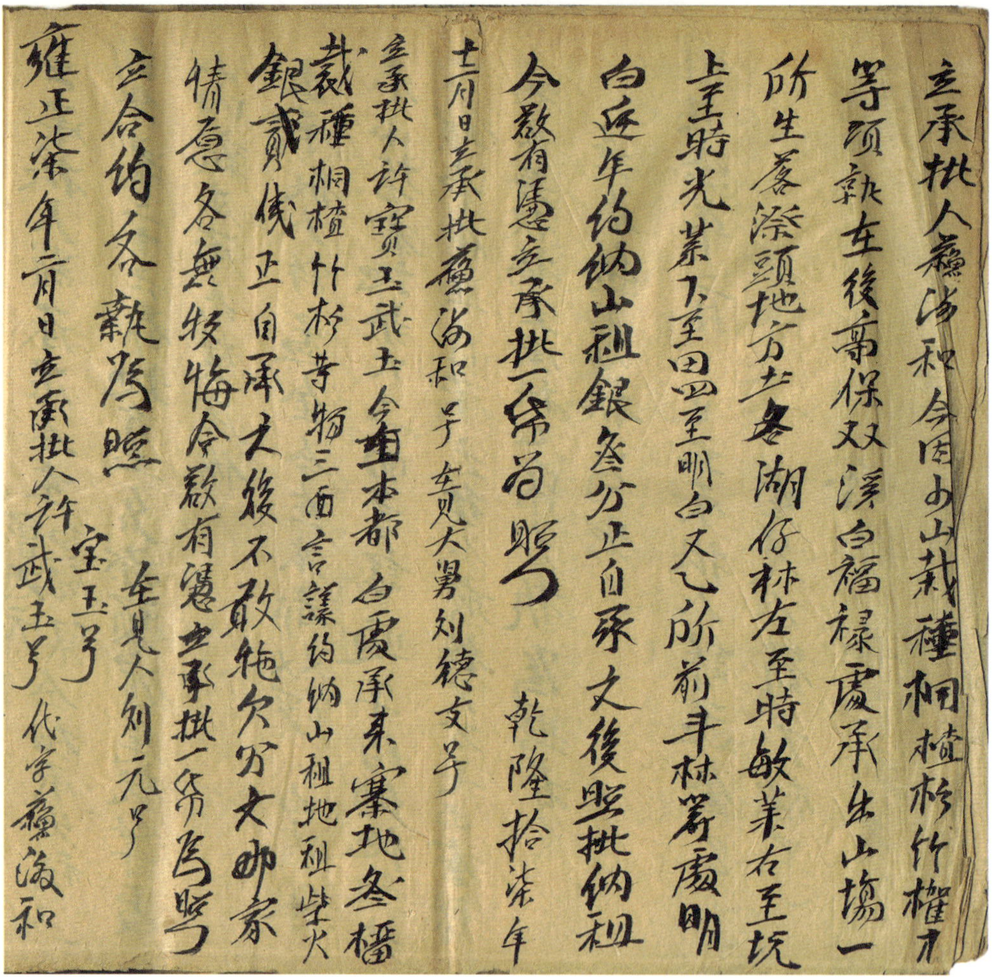

立承批人蘇海和今因出山栽種桐檍杉竹權木
等項就在後蒲保双溪白福祿處承出山場一
所坐蒼溪頭地方土名湖仔林左至時敏業右至坑
上至時光業下至田四至明白又乙所前手林背處明
白逐年約納山租銀叁分正自承之後照批納租
今欲有憑立承批一紙爲照
乾隆拾柒年
十二月日立承批蘇海和号　全見大男劉德文号

立承批人許寶玉武玉今因本都白處承來寨地叁播
栽種桐檍竹杉等物三面言議約納山租地租柴火
銀貳錢正自承之後不敢拖欠分文如家
情愿各無反悔今欲有憑立承批一紙為照
立合約各執為照　全見人劉元号
雍正柒年十二月日立承批人許宝玉号武玉号　代字蘇海和

11-8-3-9　清白厝白氏抄契簿（九）

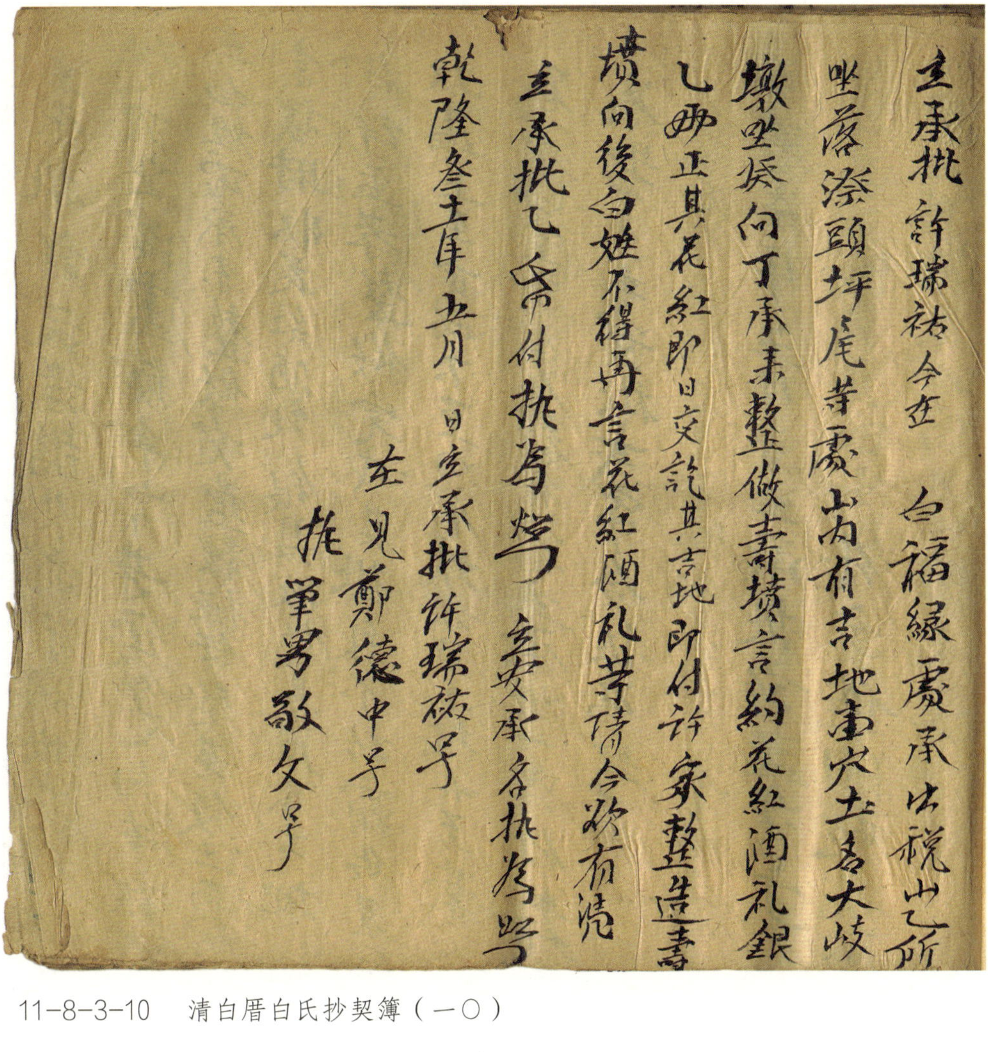

立承批許瑞祐今在白福緣處承出税山乙所
坐落淤頭坪尾等處山内有吉地壹穴土名大岐
墩坐癸向丁承来整做壽墳言約花紅酒礼銀
乙两正其花紅即日交訖其吉地即付許家整造壽
墳向後白姓不得再言花紅酒礼等情今欲有憑
立承批乙紙付執為照　立安承各執為照
乾隆叁十年五月　日立承批許瑞祐号
在見鄭德中号
代筆男敬文号

11-8-3-10　清白厝白氏抄契簿（一〇）

立承批許孟孝將父前手所批山內有吉
地乙穴坐落盧嶺傘山下土名處坐乙向辛兼
左白姓處承來整做安葬骸極任從其便三面
言議時取花紅酒礼銀具收訖其風水吉地
付許孟孝整做完成其批外不許霸佔其
坟墓上至官路下至田尾坑左至小坑右至蒙
為界四至明白今欲有憑立承批一紙付執
為照　立安批弍紙合執為照

嘉慶柒年五月　日立承批許孟孝（押）
代字侄開超（押）

11-8-3-11　清白厝白氏抄契簿（一一）

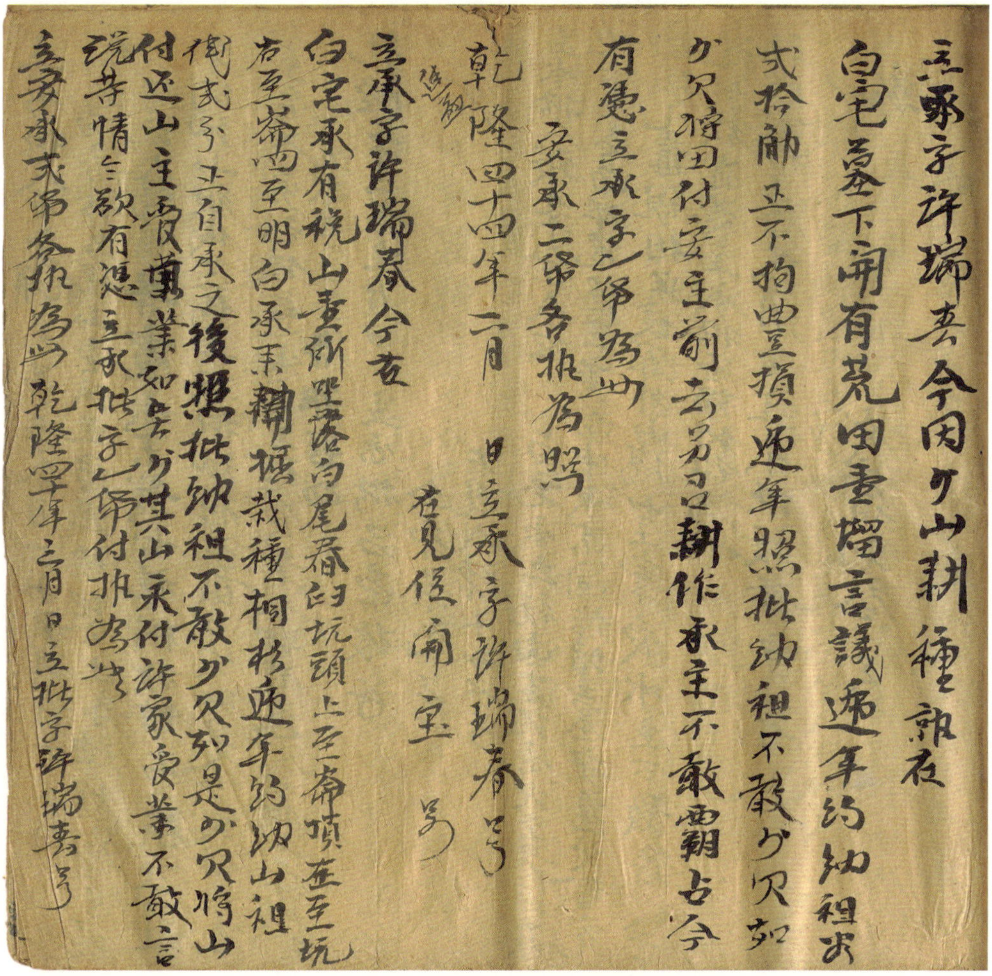

立承字許瑞春今因少山耕種郎在
白宅墓下開有荒田壹塅言議遞年約納租谷
式拾觔正不拘豐損遞年照批納租不敢少欠如
少欠將田付與主前去另召耕作承主不敢霸占今
有憑立承字一紙為此
安承二紙各執為照
乾隆四十四年二月　日立承字許瑞春　字
在見侄開宝　字

退約

立承字許瑞春今在
白宅承有稅山壹所坐落白尾春白坑頭上至一崙頂左至坑
右至崙下至明白承去翻掘栽種桐杉遞年約納山租
銀式分正自承之後照批納租不敢少欠如是少欠將山
付還山主管業知若少欠其山永付許家管業不敢言
說等情今欲有憑立承批字一紙付執為此
立承式帋各執為照　乾隆四十四年二月　日立批字許瑞春　字

11-8-3-12　清白厝白氏抄契簿（一二）

立承批人呂弟禮兄弟等今因少山栽種，前在本保白宅兩房承出税山壹派，坐落溪頭地方，土名陽理嶺尾坑、野猪坑、大陽頭并處，承來栽種桐植竹出入興谷，逐年約納山租低三低五照批納租，不敢少欠，如是少欠，付山主掌管，不負租依舊還主生理管業。今欲有憑，立承批壹紙為照。

立承交二紙各執為照

乾隆二十三年十一月日 立承批呂榮振 号

仝弟榮祀 号

在見人陳子雲 号

立承批人張年宗，今在白宅承出税山吉地壹穴，坐落溪頭地方，土名南坪境，坐寅向申，承來開作墳為基，安葬父柩，花紅俗禮藉親相送，坟界外山場山主掌管，求主不敢藉坟言說。今欲有憑，立承批壹紙付執為照。

乾隆貳拾壹年四月日 立承批張年宗 号

代字伯則啓 号

11-8-3-13　清白厝白氏抄契簿（一三）

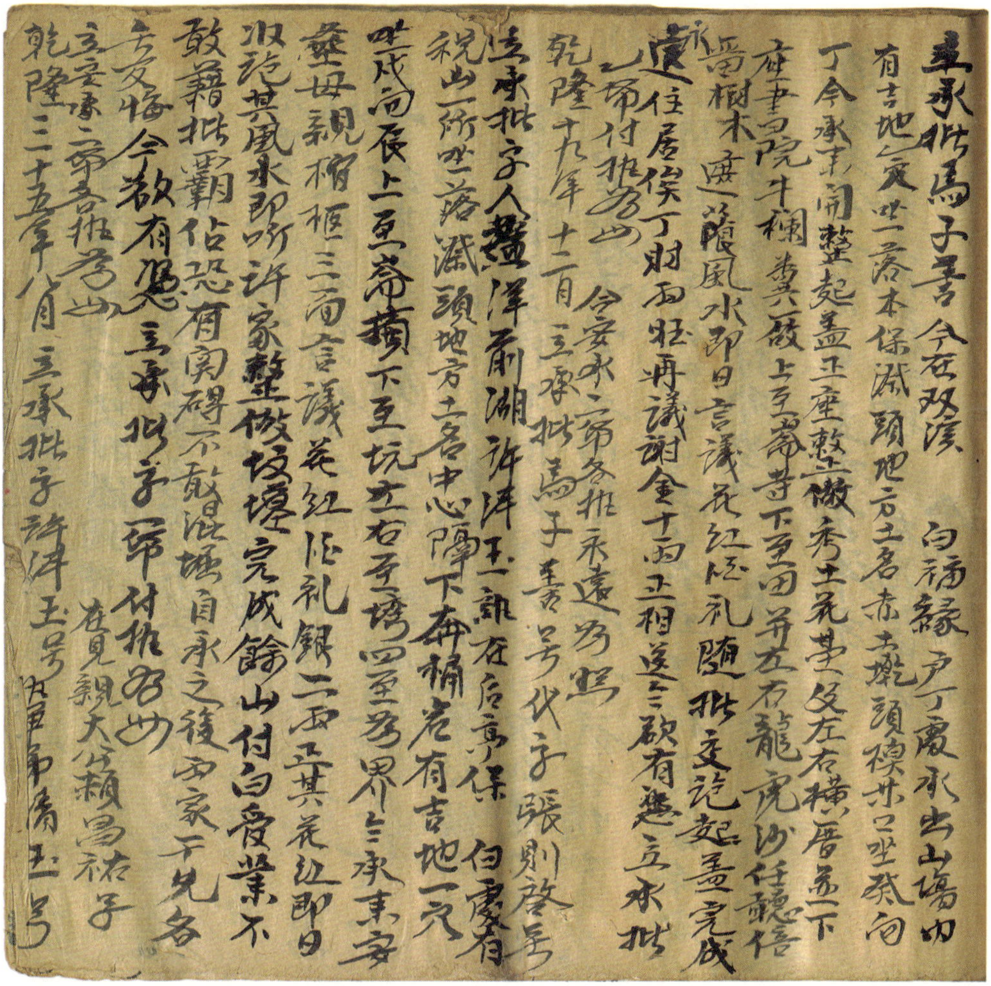
立承批爲字書今在双溪白福緣户丁處承出山場一切
有吉地壹處坐落本保洑頭地方土名赤土壠頭模井口坐癸向
丁今承來開整起蓋土座數丈墩秀土兩邊及左右横眉一下
座十五穴半欄壹段上至爲界下至田并左右龍虎沙任聽培
蓄樹木遮蔭風水即日言議花紅恆礼隨批交訖起蓋完成
永遠住居發丁財兩旺再議酬金十兩正相送之日欲有憑立承批
一帋付執爲照
今安承二帋各執永遠爲照
乾隆十九年十二月 立承批爲子書号 代字張則啓号
立承批字人盤洋前湖許洋玉今就在后亭保白處有
祝山一所坐落洑頭地方土名中心隴下奔桶窟有吉地一穴
坐戌向辰上至爲界下至坑左右至壙四至爲界今承來安
葬母親棺柩三面言議花紅恆礼銀一兩正其花紅即日
收訖其風水即听許家整做墳壙完成餘山付白管業不
敢藉批霸佔恐有窒碍不敢混墈自承之後兩家子孫各
安分恐今欲有憑立承批字一帋付執爲照
立安承二帋各執爲照
乾隆三十五年 月 立承批字許洋玉号
在見親大公賴昌祜号
代筆弟許清玉号

11-8-3-14　清白厝白氏抄契簿（一四）

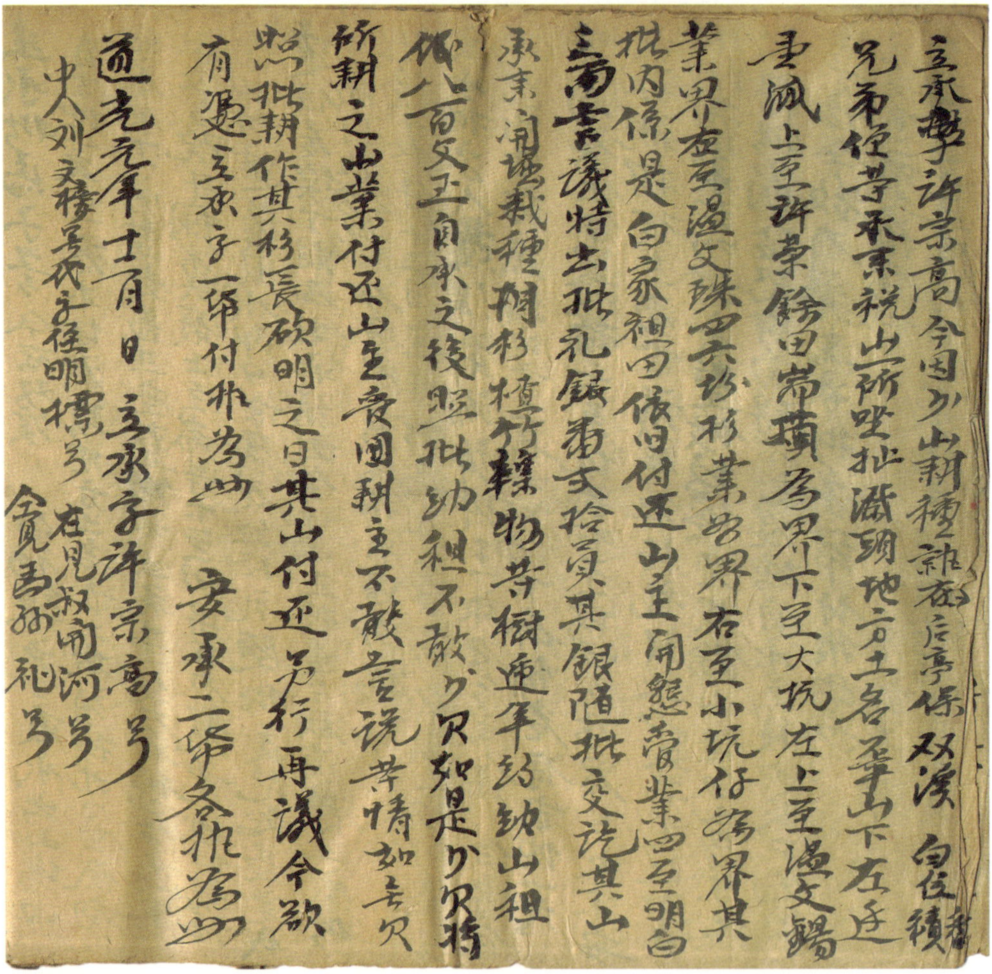
立承耕字許宗高，今因少山耕種，就在后亭係双溪白位積兄弟侄等承東税山一所，坐址藏頭地方，土名峯山下，左廷垂減上至許榮鉩田常横為界，下至大坑，左上至温文錫業界，右至温文珠田弍坵杉業為界，右至小坑仔為界，其批内係是白家祖田，依旧付还山主開懇管業，四至明白，三面言議，特出批礼銀番文拾員，其銀隨批交訖，其山承東開墾栽種栽杉、植竹、雜物等樹，逐年約納山租錢八百文，至自承之後照批納租，不敢少欠，如是少欠，特所耕之山業付还山主管回耕，主不敢言説等情，如去欠照批耕作，其杉長砍明之日，其山付还，另行再議。今欲有憑，立承字一帋付执為照。

安承二帋，各执為照。

道光元年十月　日　立承字許宗高号

中人刘文楼号

代字侄明標号

在見叔南河号

全見馬孙禮号

11-8-3-15　清白厝白氏抄契簿（一五）

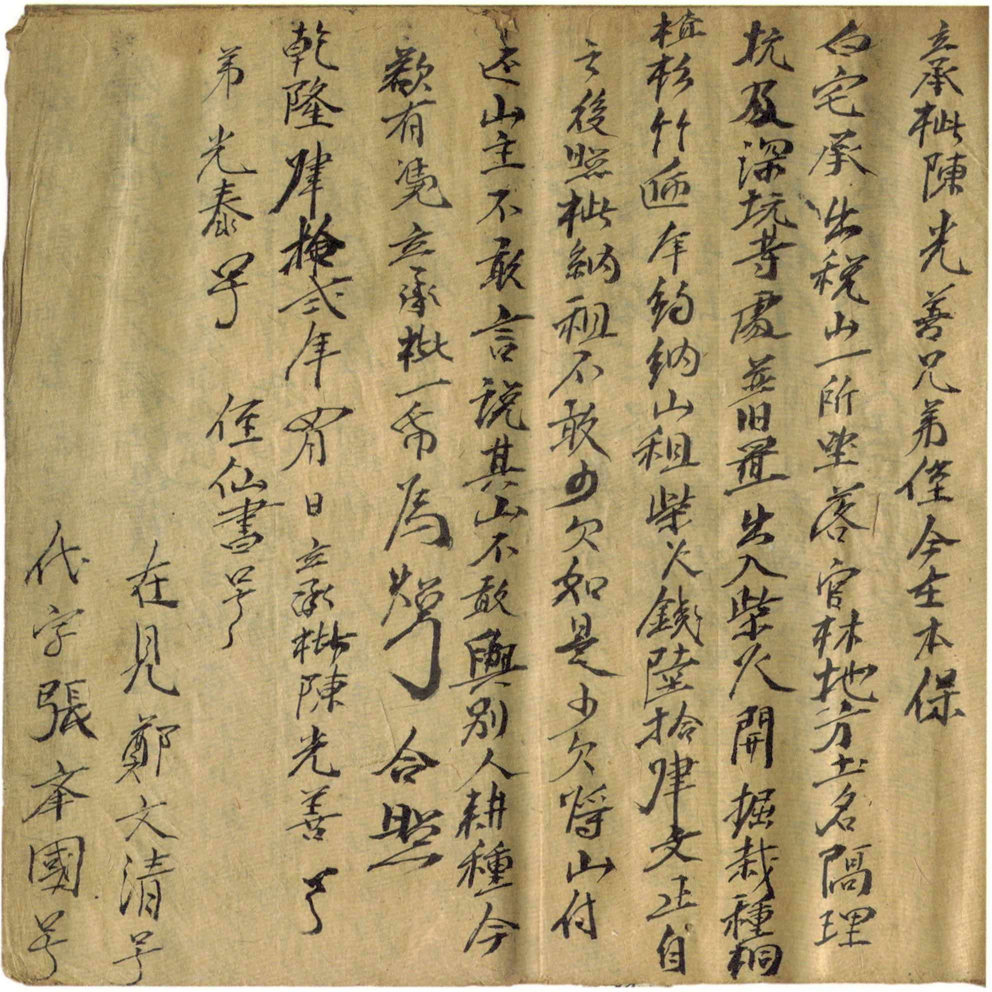
立承批陳光善兄弟侄今在本保
白宅承出税山一所坐落官林地方土名隔理
坑及深坑等處並舊管出入柴火開掘栽種桐
植杉竹匝年約納山租柴火錢陸拾肆文正自
立後照批納租不敢少欠如是少欠將山付
還山主不敢言說其山不敢與別人耕種今
欲有憑立承批一紙爲照　合照
乾隆肆拾弍年　月　日立承批陳光善　号
弟光泰　号　　侄仙書　号
在見鄭文清　号
代字張本國　号

11-8-3-16　清白厝白氏抄契簿（一六）

立繳批字劉仙弟叔在日批得白家税山一派坐落漈頭地方其土名界址俱載原批內明白今因叔父身故並無棺木衣裳埋葬自情愿托中將叔手置乾隆十二年十一月批得所種的桐杉樹竹雜物等項原批據盡繳付　羅有俊兄弟等處三面言議時值價銀肆兩正其銀即日收訖其白家税山即付羅家掌管為業或所納山租遞年約納伍分正係是羅家出辦與劉家無干不許貽累自繳之後其批內山場一二盡付羅家掌管生理為業不敢言說生端等情恐口無憑立繳批字一帋永付為照

乾隆貳拾伍年十一月　日立繳批字劉仙弟（押）

男劉進弟（押）　中人馬子善（押）　代書李廷彩（押）

11-8-3-17　清白厝白氏抄契簿（一七）

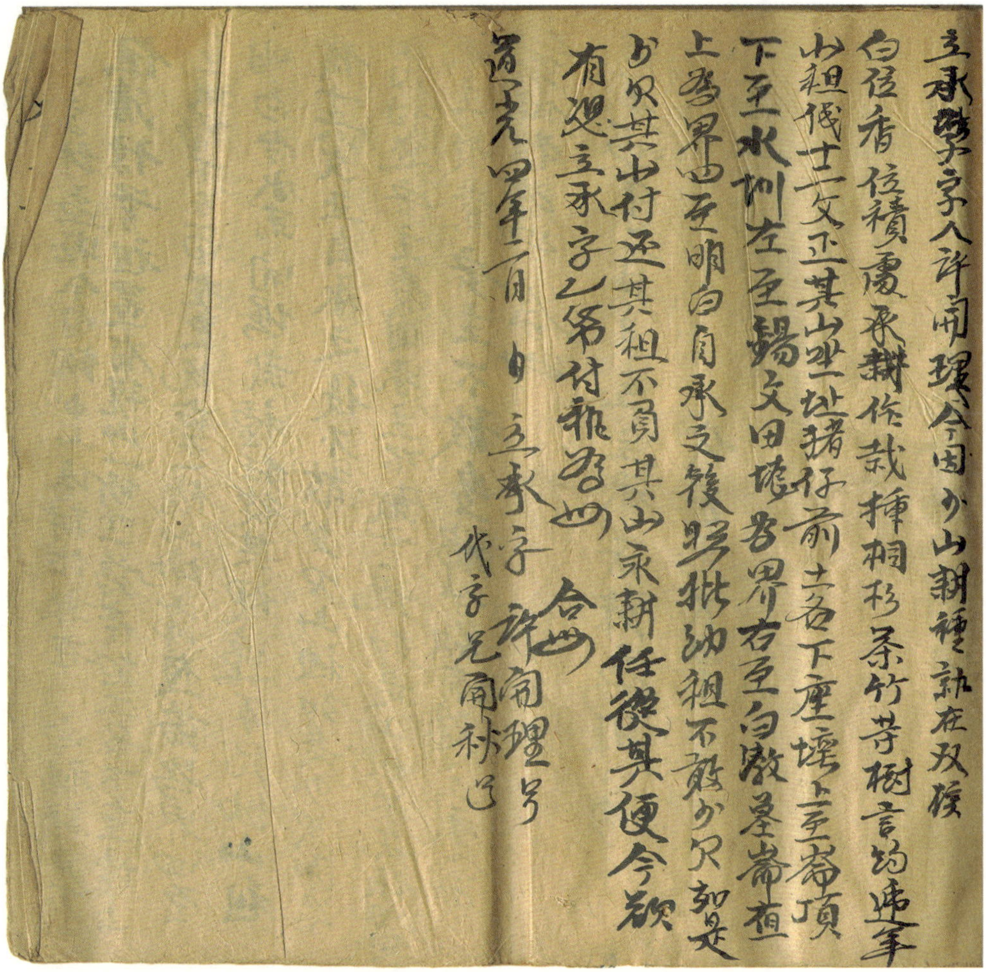
立承批字人許開理今因少山耕種就在双溪
白岩香位積處承耕作栽插桐杉茶竹芽樹等物遞年
山租錢廿一文正其山坐址豬仔崗土名下屋壋上至崙頂
下至水圳左至錫文田壋為界右至白墩墓崙直
上為界四至明白自承之後照批納租不敢少欠如是
少欠其山付還其祖不得其山永耕任從其便今欲
有憑立承字乙紙付執為照
道光四年二月　日　立承字　許開理　号
合照
代字兄開秋　筆

11-8-3-18　清白曆白氏抄契簿（一八）

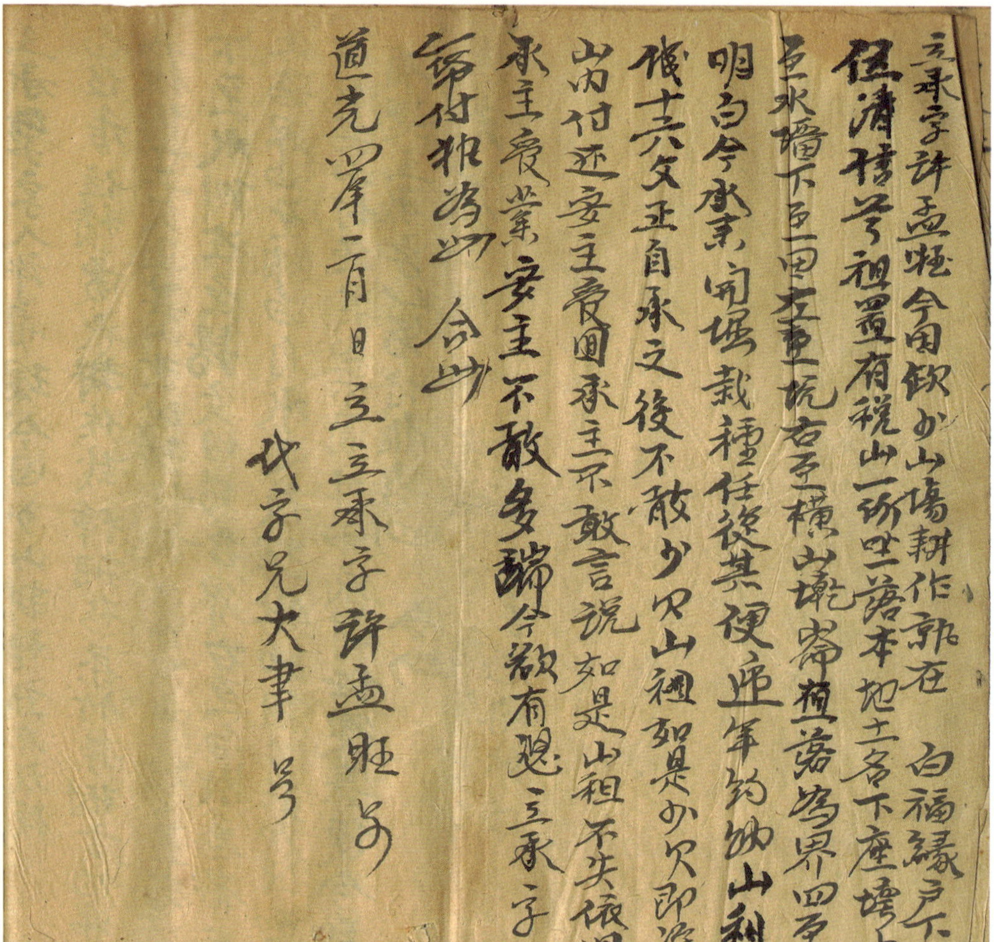
立承字許孟胜今因缺少山場耕作就在　白福緣戶下
任清積等祖置有税山一所坐落本地土名下座壋上
至水壋下至田大重坑右至横山垅岗直落為界四至
明白今承來前去栽種任從其便逐年約納山租
錢十六文正自承之後不敢少欠山租如是少欠即將
山場付還安主管回承主不敢言說如是山租不失依旧付
承主管業安主不敢多端今欲有憑立承字
爲付执為照　合照
道光四年二月　日　立承字許孟胜字
代字兄大聿字

11-8-3-19　清白厝白氏抄契簿（一九）

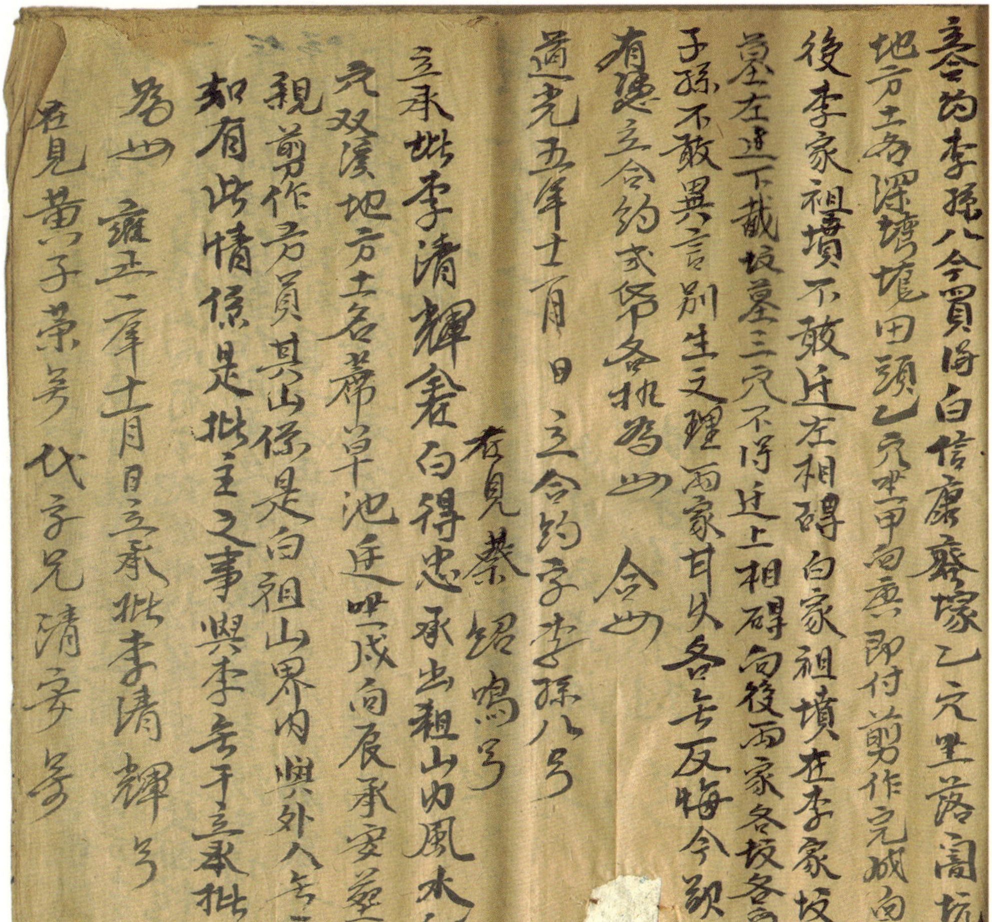

立合約李孫八今買得白信康齋塚乙穴坐落高坑地方土名深塘墘田頭乙穴坐甲向庚即付剪作完城向後李家祖墳不敢近左相碍白家祖墳在李家坟墓左近下截坟墓三穴不得近上相碍向後兩家各坟各管子孫不敢異言別生支理兩家甘此各無反悔今欲有憑立合約式紙各執為照 合照

道光五年十二月 日立合約字李孫八号

在見蔡紹鴻号

立承批李清輝今向白得忠承出祖山內風水乙穴双溪地方土名蒂草池邊坐戌向辰承安葬父親剪作坟員其山係是白祖山界內與外人無干如有此情係是批主之事與李無干立承批為照

雍正二年十二月 日立承批李清輝号

在見黃子榮号 代字兄清榮号

11-8-3-20 清白厝白氏抄契簿（二〇）

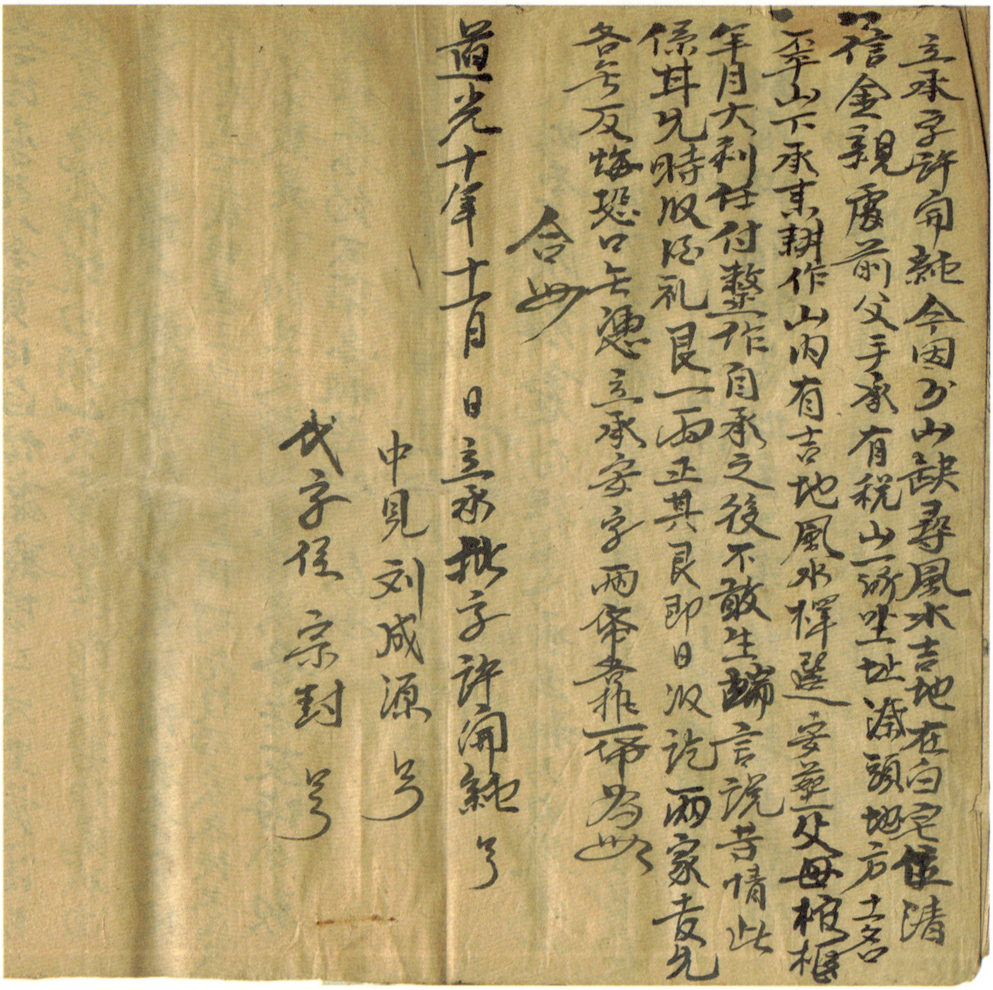

立承字許甫純，今因少山缺尋風水吉地，在白宅住清
信金親房前父手承有税山一所，坐址溪頭地方，土名
平山下，承來耕作。山內有吉地風水，擇選安葬父母柩
年月大利，付與整作。自承之後，不敢生端言說等情。此
係甘允，時收過礼艮一兩正，其艮即日收訖。兩家喜允，
各無反悔。恐口無憑，立承字兩帋，各執一帋為照。

合此

道光十年十二月　日　立承批字許甫純　字

中見　刘成源　字

代字侄　宗封　字

11-8-3-21　清白厝白氏抄契簿（二一）

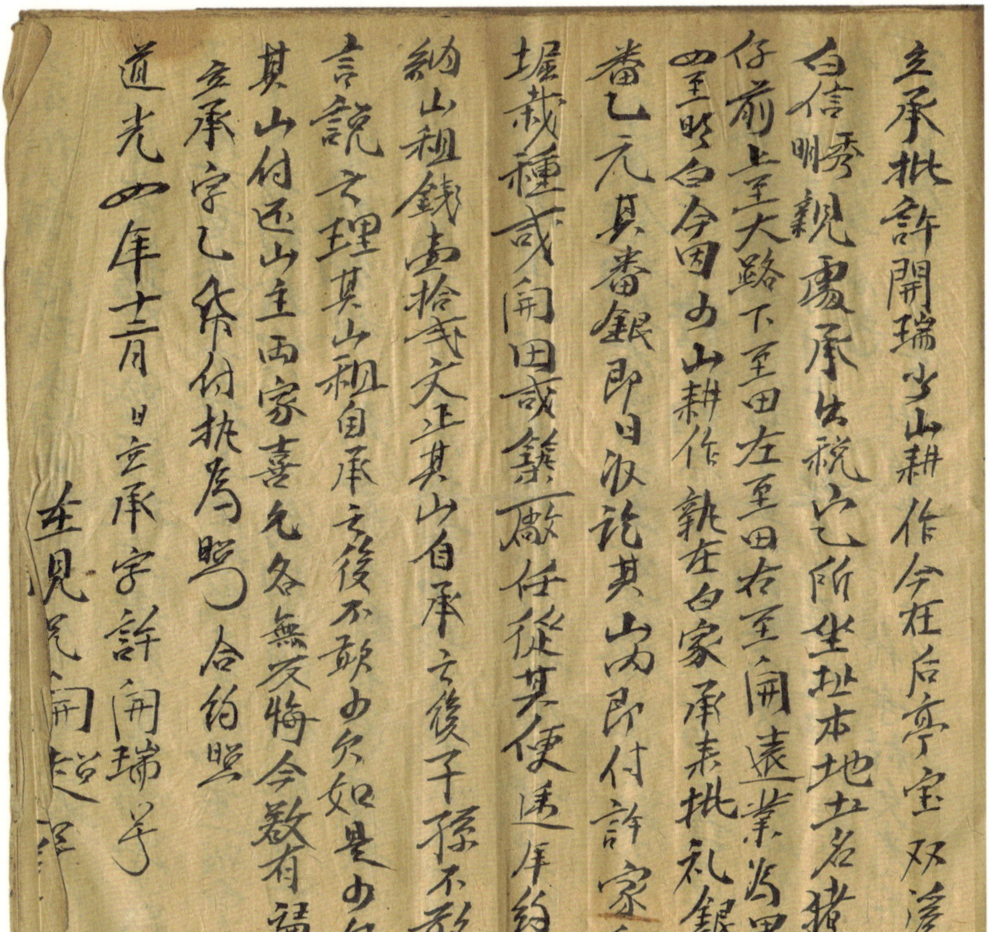
立承批許開瑞出山耕作今在后亭宝双溪
白信明秀親處承出税已所坐址本地土名猪
仔前上至大路下至田左至田右至開遠業為界
四至明白今因出山耕作就在白家承耒批礼銀
畨乙元其畨銀即日收訖其山两即付許家開
墾栽種或開田或蘩廠任從其便遂年約
納山租錢壹拾貳文正其山自承之後子孫不敢
言說之理其山租自承之後不敢出欠如是出欠
其山付还山主西家喜允各無反悔今欲有憑
立承字乙紙付执為照　合约照
道光四年十二月　日立承字許開瑞筆
在見兄開遠押

11-8-3-22　清白厝白氏抄契簿（二二）

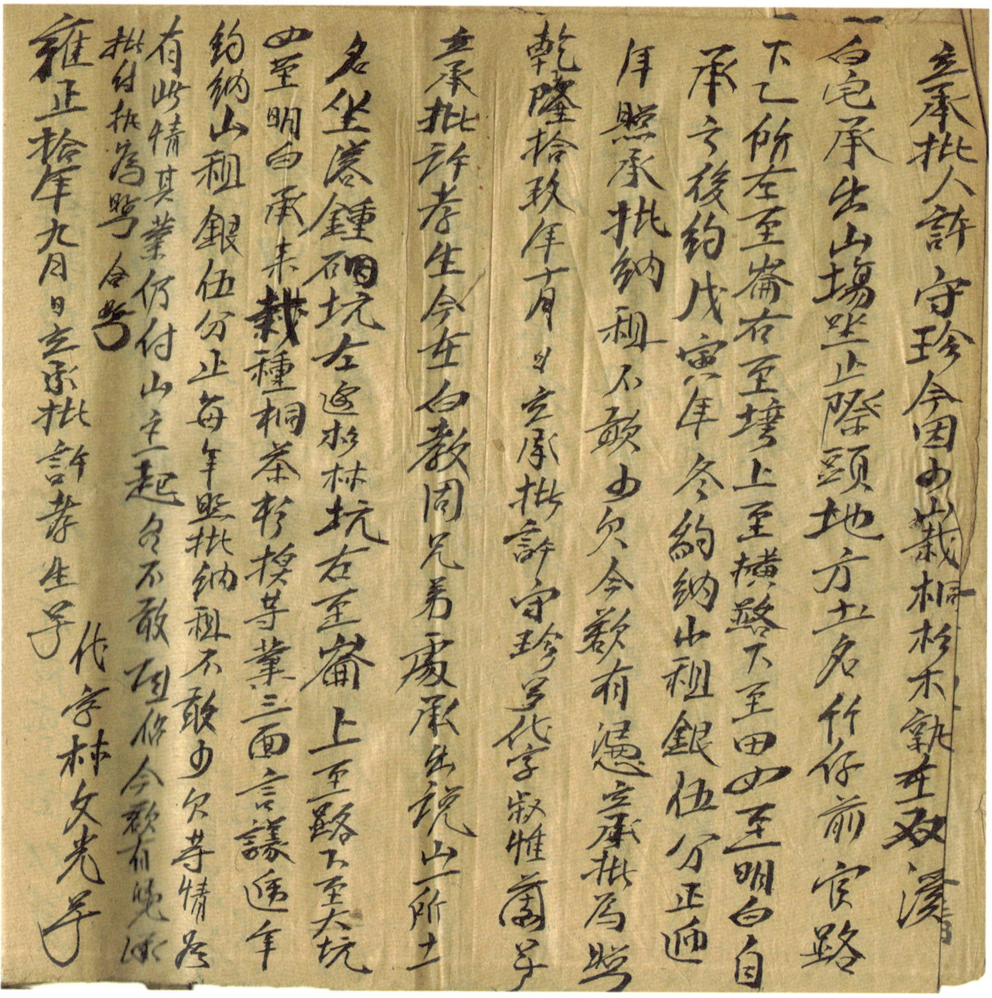
立承批人許守珍今因山地栽桐杉木執在双溪
白宅承出山場坐止隘頭地方土名竹仔前官路
下乙所左至崙右至墩上至横路下至田四至明白自
承之後約戊寅年冬約納山租銀伍分正逓
年照承批納租不敢少欠今欲有憑立承批爲照
乾隆拾玖年十月日立承批許守珍号代字叔惟蘭号
立承批許孝生今在白教同兄弟處承出坑山一所土
名坐落鍾硐坑左逸杉林坑右至崙上至路下至大坑
四至明白承來栽種桐茶杉摸等業三面言議逓年
約納山租銀伍分正每年照批納租不敢少欠等情恐
有此情其業仍付山主起耕不敢阻佔今欲有憑立
批付執爲照合號
雍正拾年九月日立承批許孝生号 代字林文光号

11-8-3-23 清白厝白氏抄契簿（二三）

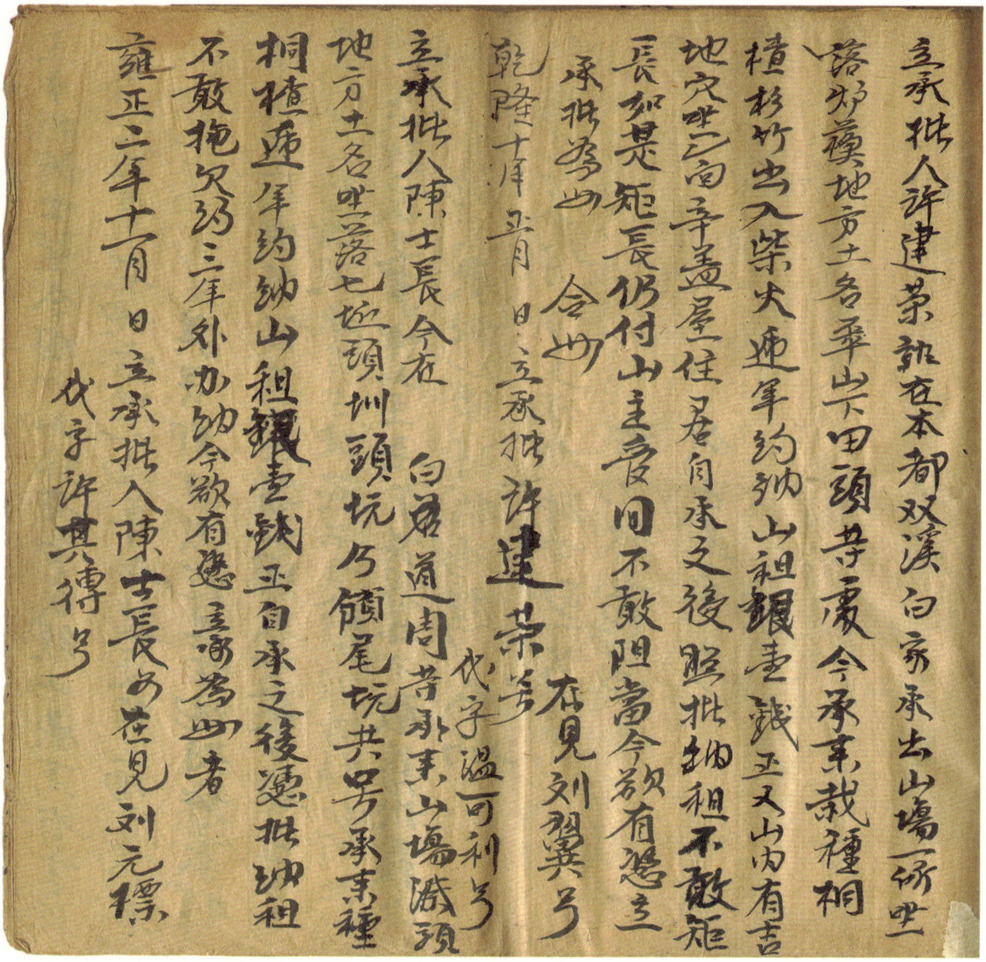

立承批人許建榮執在本都双溪白家承出山場一所坐
落夕蕉地方土名平山下田頭并號今承來栽種桐
植杉竹出入柴火逐年約納山租銀壹錢正又山內有吉
地穴坐向辛盖屋住居自承之後照批納租不敢短
長如是短長仍付山主會同不敢阻當今欲有憑立
承批為照 合照
乾隆十年五月 日立承批許建榮号
在見刘習巽号
代字溫可利号

立承批人陳士長今在 白家道周普承來山場濺頭
地方土名坐落七坵頭圳頭坑夕領尾坑共号承來種
桐植逐年約納山租銀壹錢正自承之後照批納租
不敢拖欠如三年外不納今欲有憑立承為照者
雍正三年十月 日立承批人陳士長号 在見刘元標
代字許其傳号

11-8-3-24　清白厝白氏抄契簿（二四）

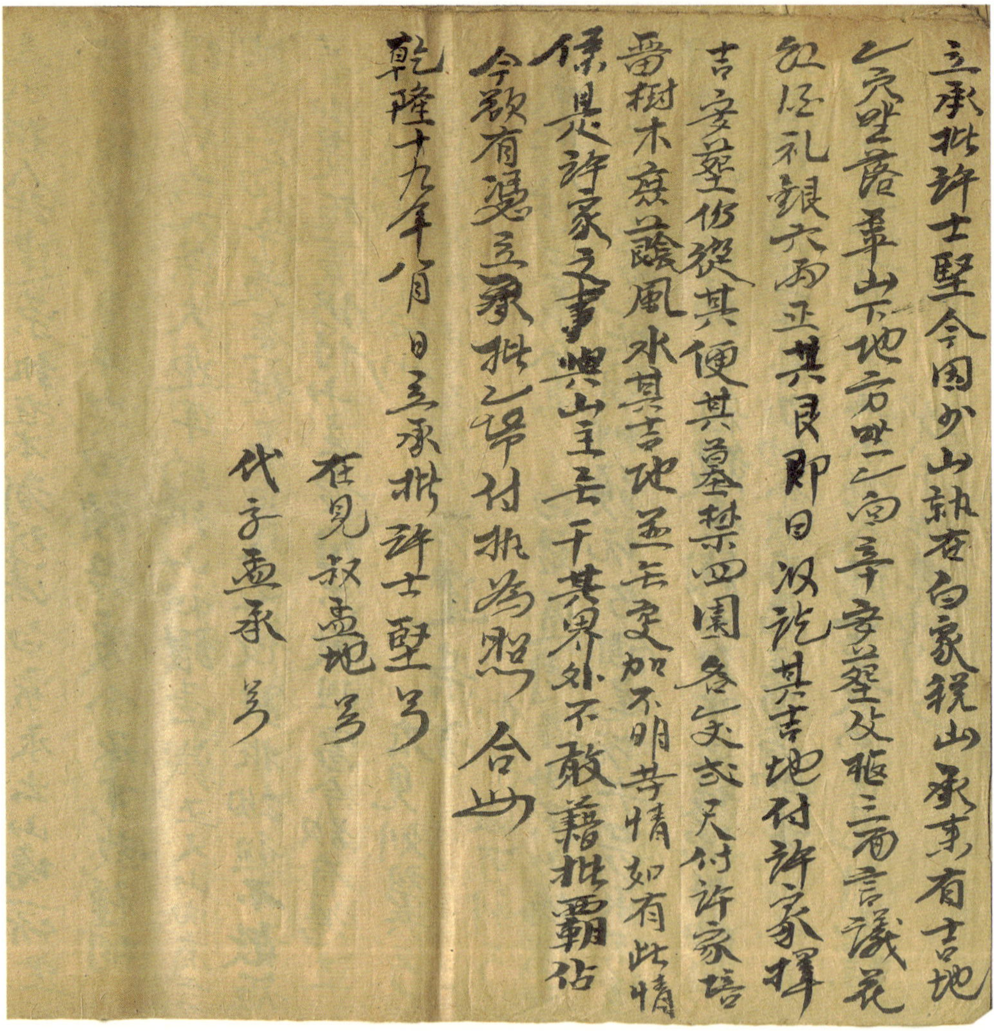

立承批許士堅今因少山執在白家税山承東有吉地
一穴坐落葉山下地方四二面辛向安塟父親三面言議花
紅禮銀六兩正其艮即日收訖其吉地付許家擇
吉安塟任從其便其墳塋禁四圍各安天付許家培
畜樹木蔭護風水其吉地並無更加不明等情如有此情
係是許家之事與山主無干其界外不敢藉批霸佔
今欲有憑立承批一帋付執為照　合出
乾隆十九年　月　日立承批許士堅　号
在見叔孟地　号
代字孟承　号

11-8-3-25　清白厝白氏抄契簿（二五）

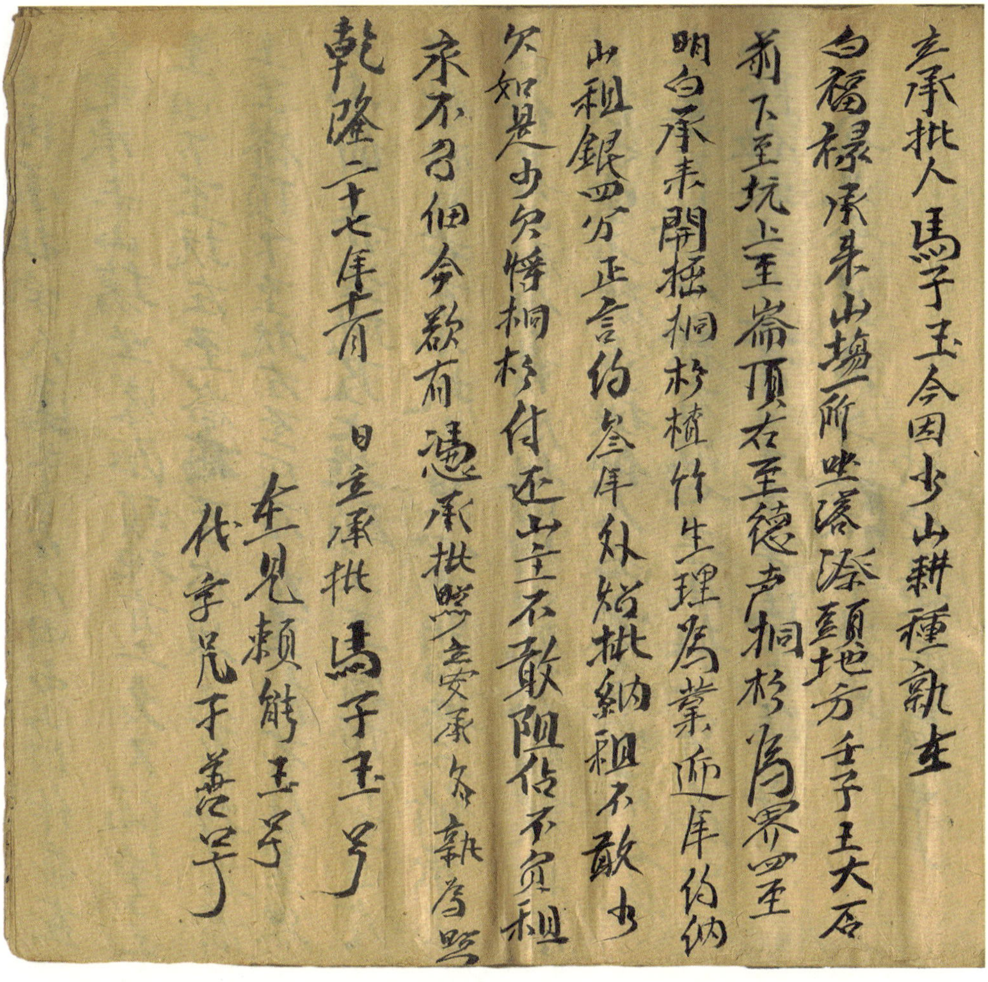

立承批人馬子玉今因乏山耕種就在
白福祿承來山場一所坐落添頭地方壬子土大石
前下至坑上至崙頂右至德声桐杉為界四至
明白承來開掘桐杉植竹生理為業逐年約納
山租銀四分正言約叁年外始批納租不敢少
欠如是少欠悮桐杉付還山主不敢阻佔不貨租
來不得個今欲有憑承批照立安承為執為照
乾隆二十七年十二月　日立承批馬子玉号
在見賴能玉号
代字兄千善号

11-8-3-26　清白厝白氏抄契簿（二六）

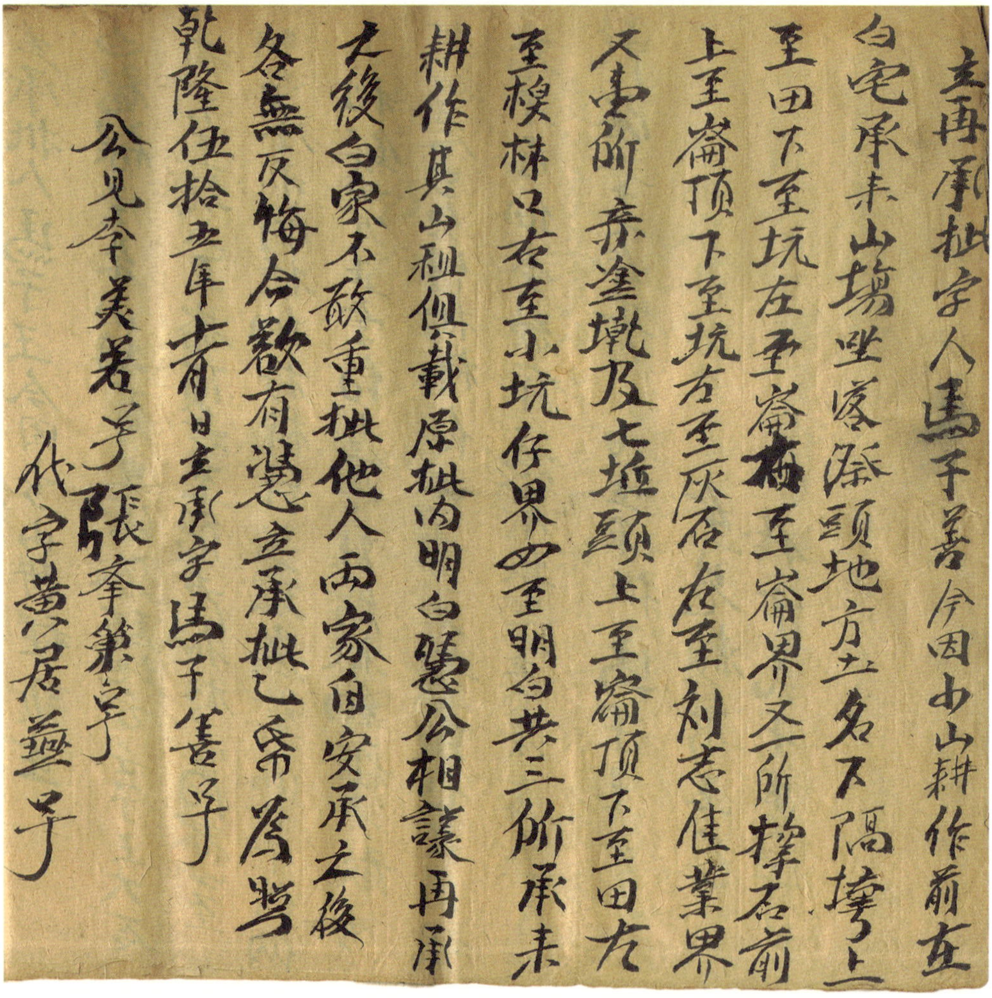
立再承批字人馬千善今因由山耕作前左
白宅承來山場坐落溪頭地方土名不隔壋上
至田下至坑左至嶺梅至嶺界又一所撑石前
上至嶺頂下至坑右至灰石右至刘志佳業界
又壹所赤塗壠及七埴頭上至嶺頂下至田左
至樸林口右至小坑仔界四至明白共三所承來
耕作其山租俱載原批內明白憑公相議再承
之後白家不敢重批他人兩家自安承之後
各無反悔今欲有憑立承批一紙爲照
乾隆伍拾五年十二月日立承字馬千善（押）
公見李美若（押）　張李兼（押）
代字黃居益（押）

11-8-3-27　清白厝白氏抄契簿（二七）

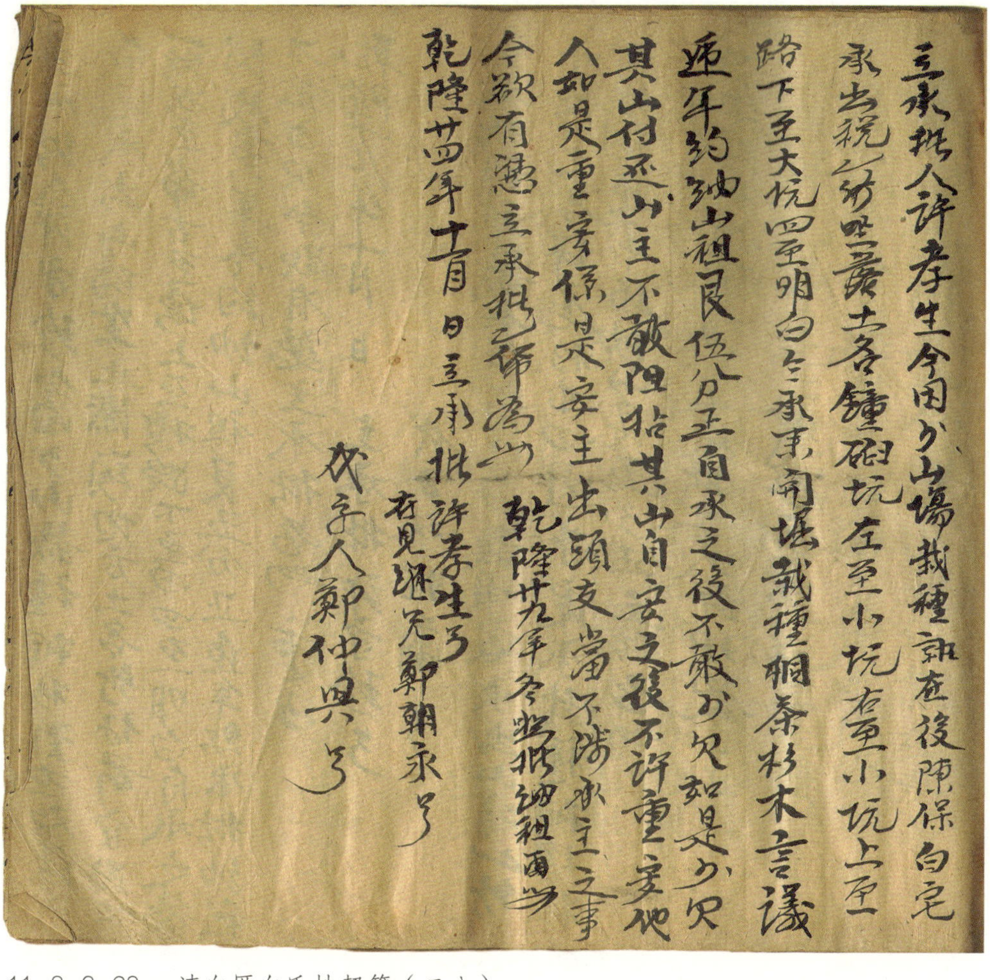

立承批人許孝生今因少山場栽種就在後陳保白宅
承出税山的坐落土名鍾砌坑左至小坑右至小坑上至一
路下至大坑四至明白立承來開墾栽種桐茶杉木言議
逐年約納山租艮伍分正自承之後不敢少欠如是少欠
其山付還山主不敢阻拾其山自安立之後不許重立安他
人如是重安係是安主出頭支當不涉承主之事
今欲有憑立承批一紙為照
乾隆廿四年十一月　日立承批許孝生号
乾隆廿九年冬收批納租再照
在見堂兄鄭朝永号
代字人鄭仲興号

11-8-3-28　清白厝白氏抄契簿（二八）

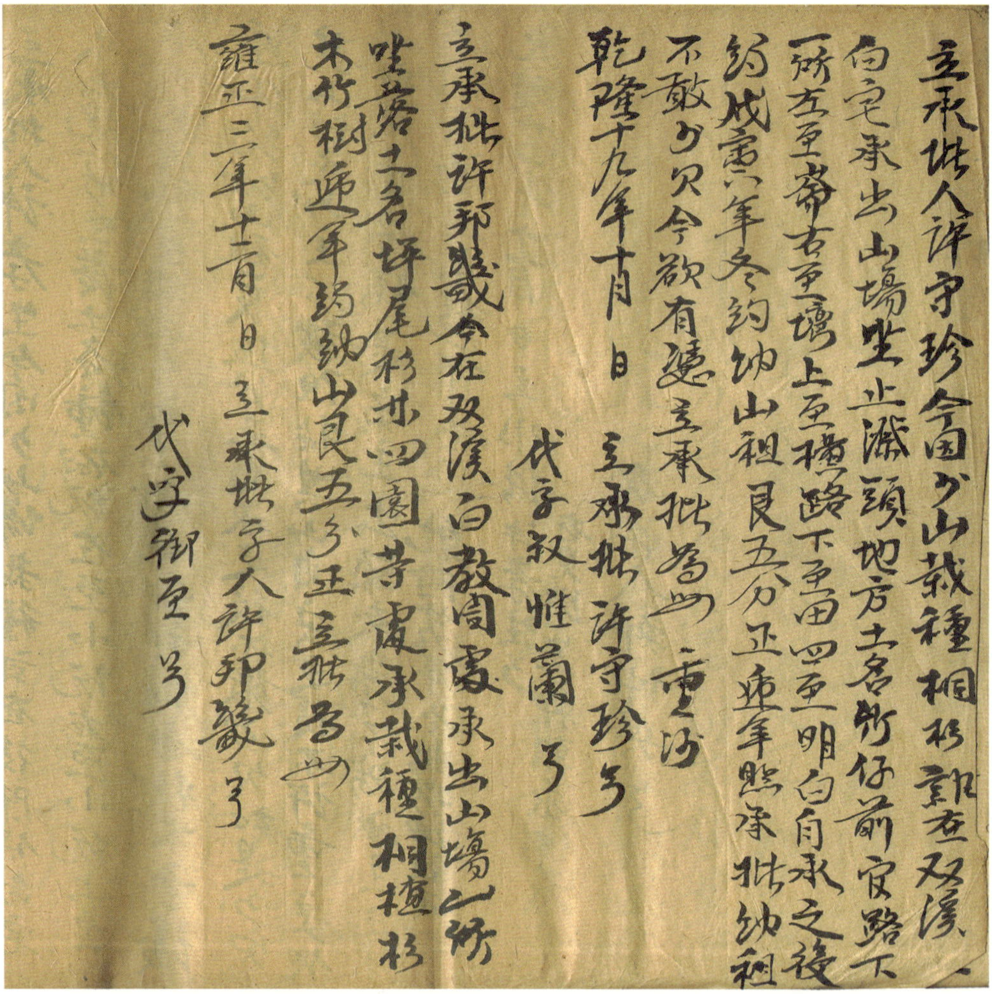
立承批人許守珍今向少山栽種桐杉親在双溪
白宅承出山塲坐止濊頭地方土名竹仔前官路下
一所左至峯古右至壙上至横路下至田四至明白自承之後
約戊寅年冬約納山租艮五分正逐年照承批納租
不敢少欠今欲有憑立承批爲照 重添
乾隆十九年十月 日 立承批許守珍 号
代字叔 惟蘭 号
立承批許邦懿今在双溪白敎周處承出山塲一所
坐落土名坪尾杉林四園苐處承栽種桐樟杉
木竹樹逐年約納山艮五分正立批爲照
雍正三年十二月 日 立承批字人許邦懿 号
代字御臣 号

11-8-3-29 清白厝白氏抄契簿（二九）

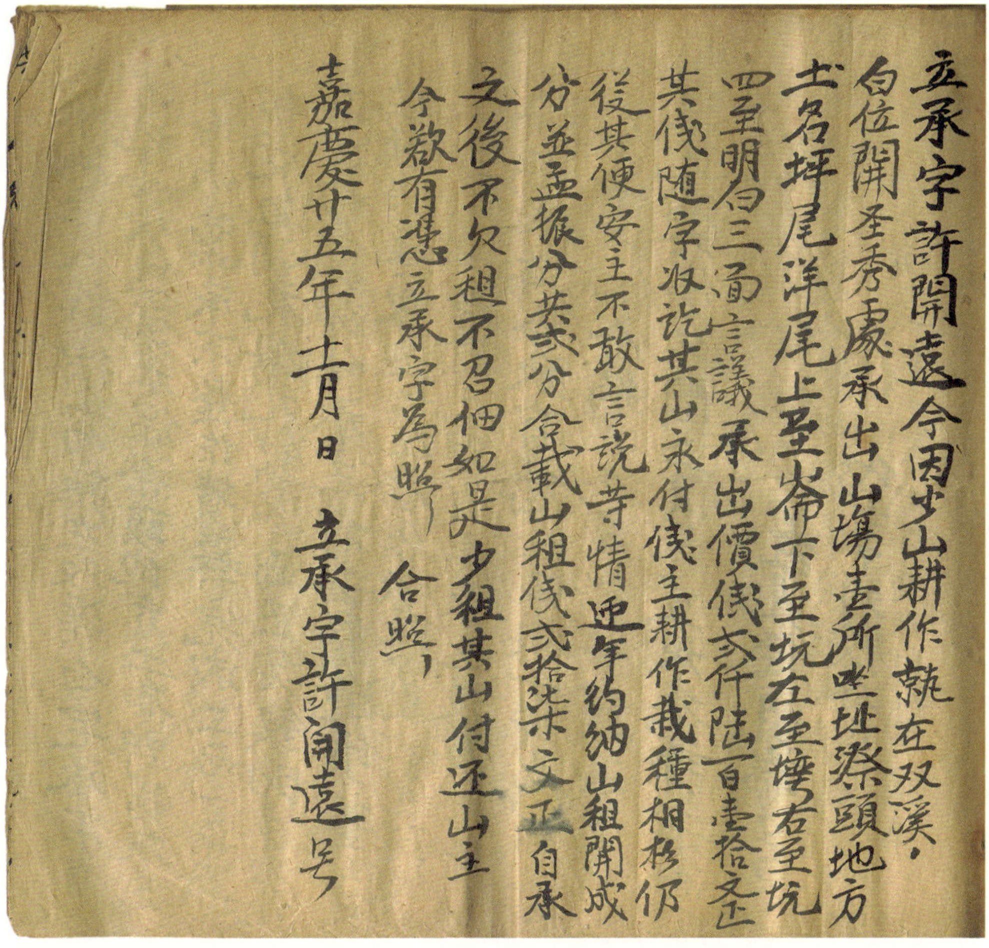

立承字許開遠，今因少山耕作，就在双溪・
白位開丕秀處承出山場壹所，坐址漈頭地方，
土名坪尾洋尾，上至嵛，下至坑，左至塆，右至坑，
四至明白。三面言議，承出價錢贰仟陆百壹拾叁正，
其錢随字收訖。其山永付錢主耕作栽種相杉，仍
從其便，安主不敢言説等情。逐年約納山租，開成
分並孟振分共贰分，合載山租錢贰拾柒文正。自承
之後，不欠租，不召佃，如是少租，其山付还山主。
今欲有凴，立承字爲照。　合照
嘉慶廿五年十月　日　立承字許開遠号

11-8-3-30　清白厝白氏抄契簿（三〇）

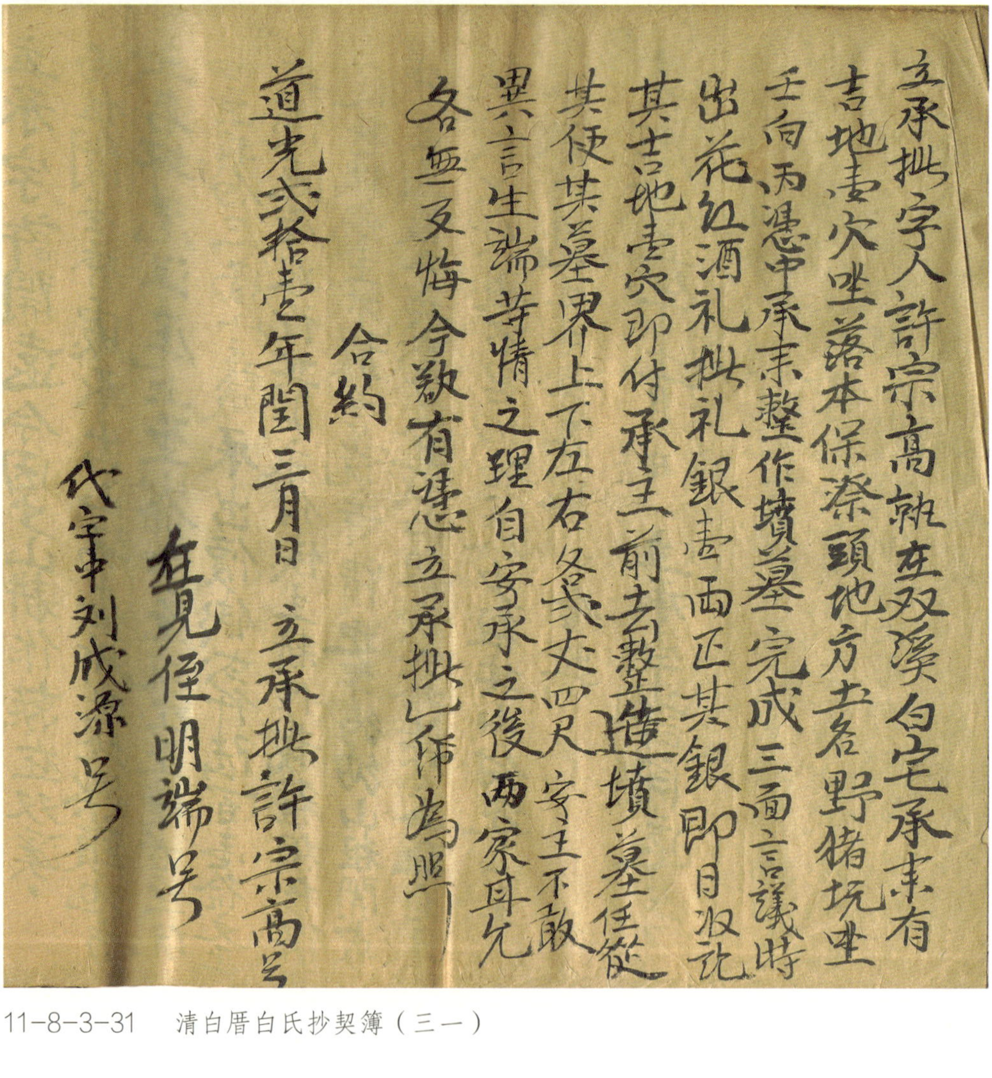

立承批字人許宗高執在双溪白宅承来有
吉地壹穴坐落本保漈頭地方土名野猪坑坐
壬向丙憑中承来整作墳墓完成三面言議時
出花紅酒礼批礼銀壹両正其銀即日收訖
其吉地壹穴即付承主前去整造墳墓任從
其便其墓界上下左右各弍丈四尺家主不敢
異言生端等情之理自承之後两家毋允
各無反悔今欲有憑立承批一紙為照

合約

道光弍拾壹年閏三月日　立承批許宗高号

在見侄明端号

代字中刘成源号

11-8-3-31　清白厝白氏抄契簿（三一）

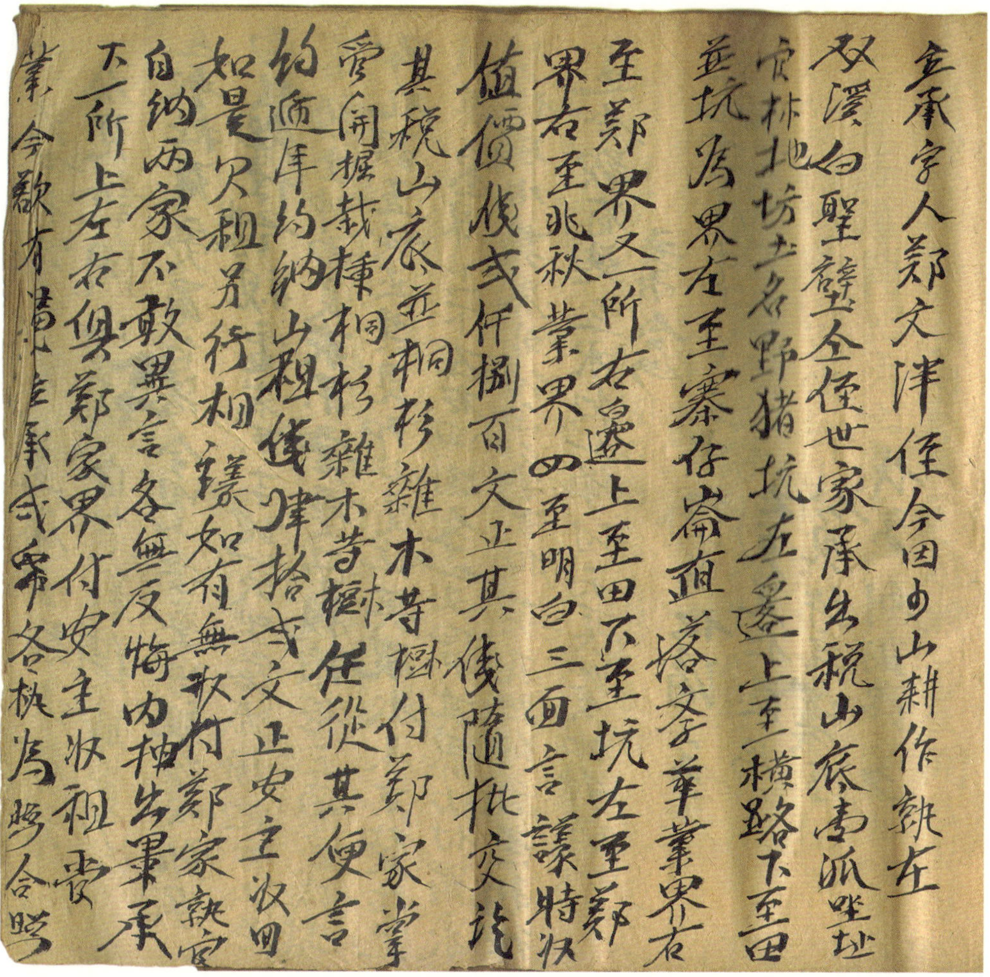
立承字人鄭文津侄今因乏山耕作就在
双溪白聖壇仝侄世家承出税山底壹派坐址
本林地坊土名野猪坑左邊上至一横路下至田
並坑為界左至寨仔崙直落李華業界右
至鄭界又一所右邊上至田下至坑左至鄭
界右至兆秋業界四至明白三面言議特将
值價錢弍仟捌百文正其錢隨批交訖
其税山底並桐杉雜木苛樹付鄭家掌
管開掘栽種桐杉雜木苛樹任從其便言
約逓年約納山租錢肆拾弍文正安主收回
如是只租另行相議如有無欠付鄭家執定
自納兩家不敢異言各無反悔內抽出界承
下一所上左右與鄭家界付安主收租費
業今欲有憑立承字弍紙各執為照合照

11-8-3-32　清白厝白氏抄契簿（三二）

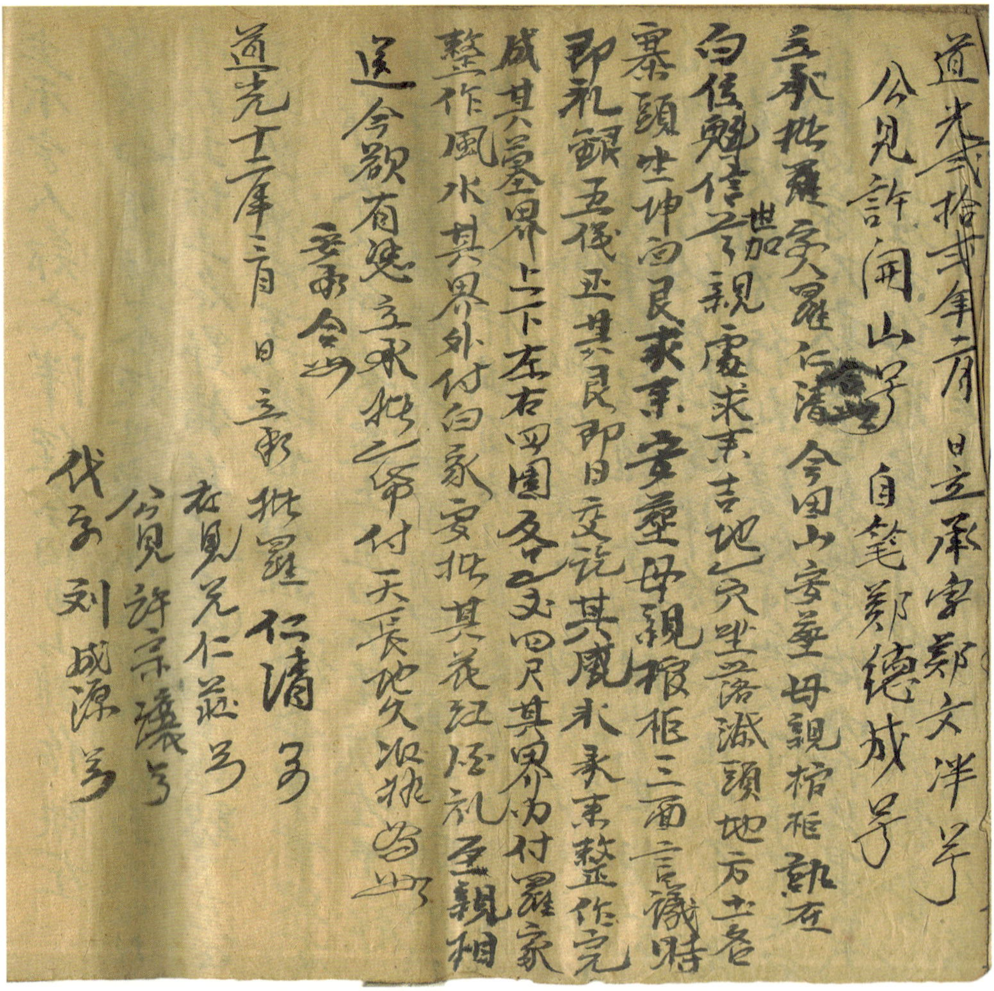
道光弍拾弍年二月 日立承字鄭文泮号
公見許甬山号 自筆鄭德成号
立承批羅家羅仁清今因山安塟母親棺柩執在
白信炳信卅加之親處求来吉地一穴坐落溪頭地方土名
寨頭坐坤向艮求来安塟母親棺柩三面言議時
即礼銀五钱正其艮即日交訖其風水承来整作完
成其墓界上下左右四圍各丈四尺其界仍付羅家
整作風水其界外付白家安批其花红礼至親相
送今欲有憑立承批一帋付天長地久收執為照
立承合照
道光十二年二月 日立承批羅仁清号
在見兄仁茲号
公見許宗讓号
代字刘城源号

11-8-3-33　清白厝白氏抄契簿（三三）

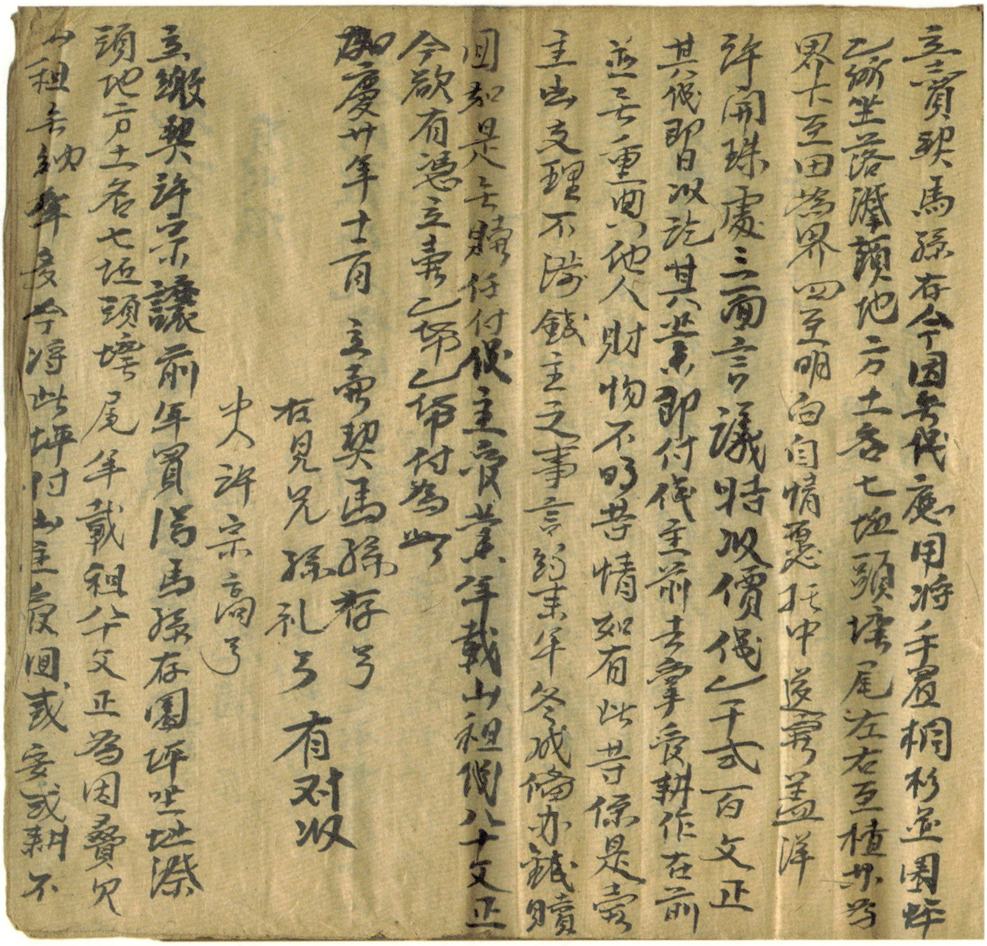
立賣契馬孫存今因無錢應用將手置桐杉並園坪
一所坐落濼頭地方土名七坵頭墘尾左右並植竹為
界下至田為界四至明白自情愿托中送賣盖洋
許開珠處三面言議時值價錢一千弍百文正
其錢即日收訖其產業即付錢主前去掌管耕作在前
並無重典他人財物不明等情如有此等係是賣
主出支理不涉錢主之事言約來年冬成備辦錢贖
回知是人去贖付付錢主管業每年載山租價八十文正
今欲有憑立賣一帋一帋付為照
嘉慶廿年十一月　立賣契馬孫存號
在見兄孫礼號　有對收
代筆許宗論號
立繳契許宗議前年買得馬孫存園坪坐址濼
頭地方土名七坵頭墘尾年載租仟文正為因叠欠
山租無納年長今將此坪付山主贖回或另或耕不

11-8-3-34　清白厝白氏抄契簿（三四）

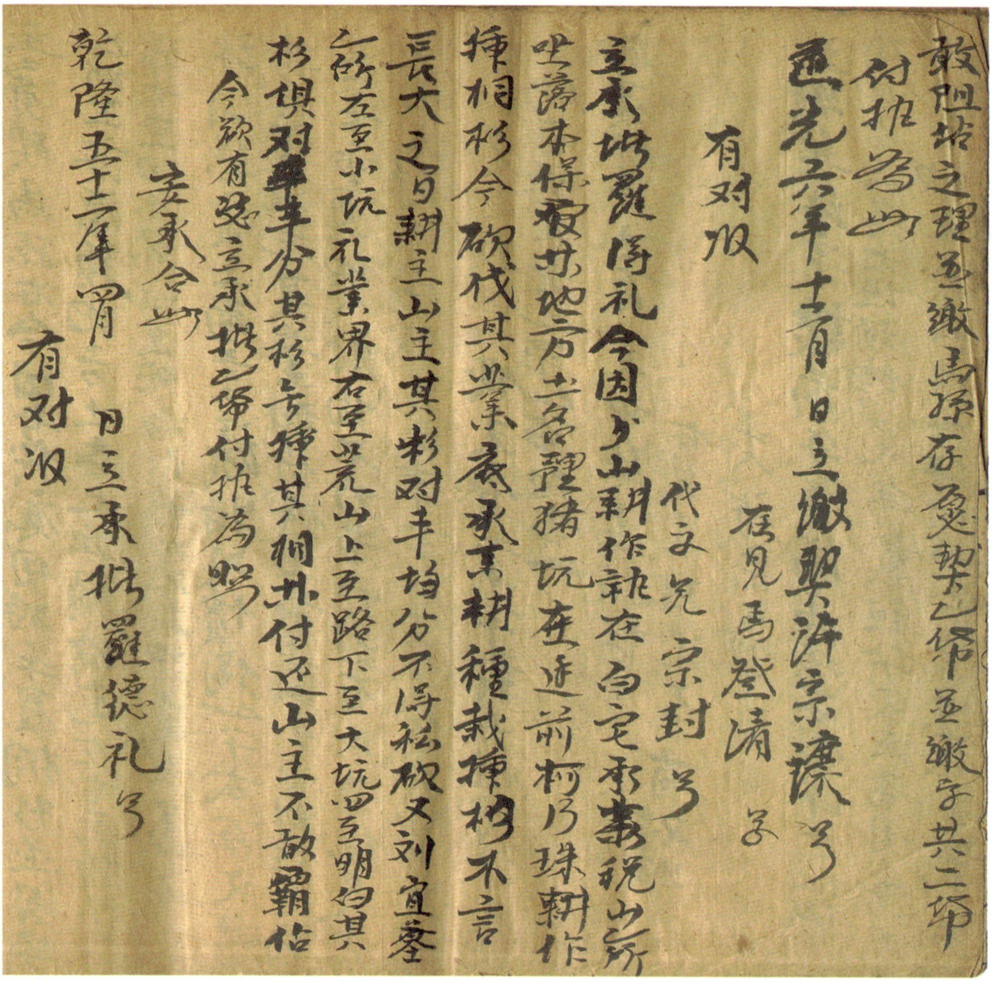
敦睦姑之理並繳馬孫存底契乙帋並繳字共二帋
付執為照

道光六年十二月 日立繳契許宗讓 号

在見馬登清 号

代字 兄 宗封 号

有对汲

立承批羅得礼今因乏山耕作就在白宅承業税山所
坐落本保霞林地方土名狸猪坑在進前柯乃珠耕作
揷桐杉今砍伐其業承来耕種栽揷杉不言
長大之日耕主山主其杉对半均分不得私砍又刘宜崟
之所左至小坑孔業界右至荒山上至路下至大坑四至明白其
杉俱对半分其杉去揷其桐未付还山主不敢霸佔
今欲有憑立承批乙帋付執為照

在承合照

乾隆五十二年 月 日立承批羅德礼 号

有对汲

11-8-3-35　清白厝白氏抄契簿（三五）

立承佃人鄭元周，今因乏山耕作，就在白岩舊兄弟
處承山税山一所，坐落本保灘頭地方，土名圳頭坑
左右至崙，下至圳，上至分水為界。乾隆廿一年山主安與陳子
明兄弟侄三人錫分耕種，逐年約納山租錢，今抽山安
佃兩光燕三下一分，承去耕作，逐年約納山租錢四分正，每年
照批納租，不敢拖欠。如有此等，將所置物業付還山
主，另手發佃。今欲有憑，立承批一紙為照。　承安合照

乾隆三十又年十二月　日立承批鄭元周（押）

在見　陳光燕（押）

代字　叔公　瑞芳（押）

立承批温旌仲，今因少耕種，就在本保白岩承出山場
一所，坐落官林地方，土名嶺尾塅坑，左近田頭及埋豬坑
山一所，承去栽種桐植杉竹，逐年約納山租錢共式錢捌分
正，不敢少欠。如是少欠，將桐杉即付山主自承，後不敢
説告情。今欲有憑，立承山字為照。

安承合照

11-8-3-36　清白厝白氏抄契簿（三六）

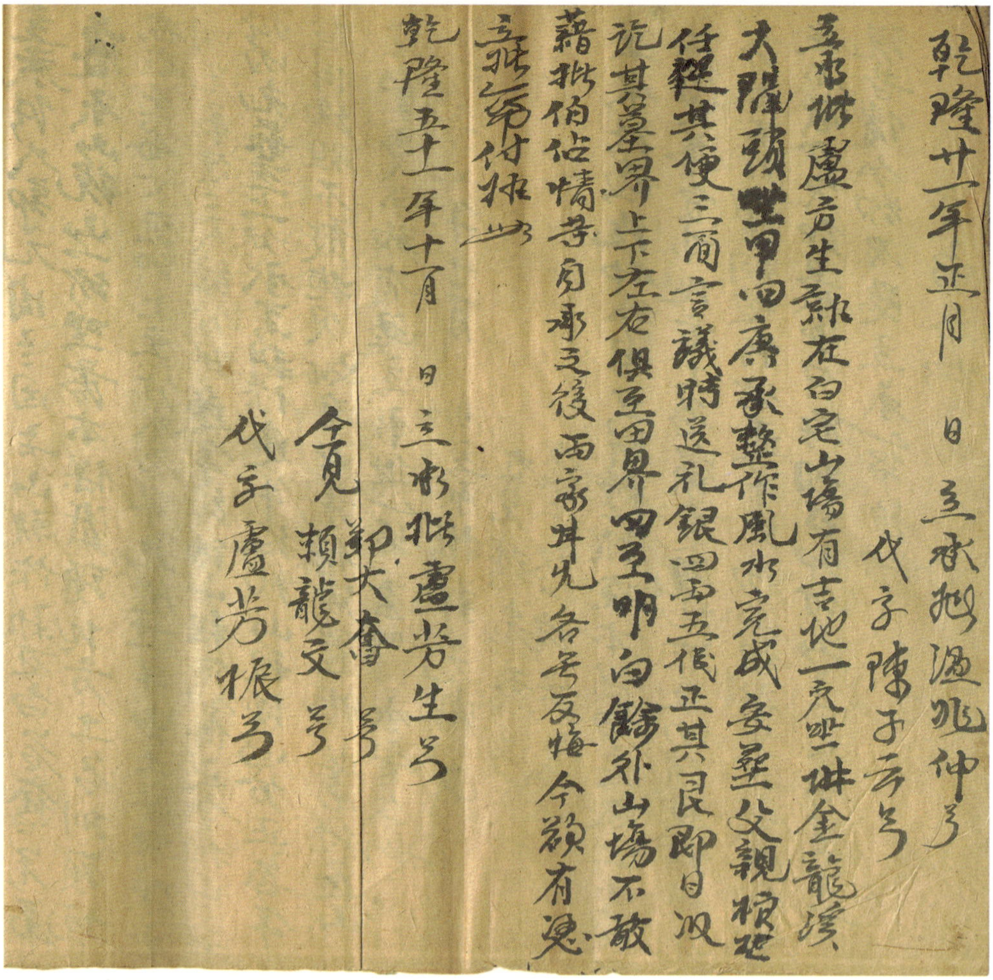
乾隆廿一年正月　日　立承批邊兆仲号
代字陳子云号
立承批盧芳生就在白宅山場有吉地一穴土名金龍坑大隆頭坐甲向庚承墾作風水完成安厝父親棺柩任從其便三面言議時送禮銀四兩五錢正其艮即日收訖其墓界上下左右俱至田界四至明白餘外山場不敢藉批佔情等自承之後兩家并先各無反悔今欲有憑立承批一紙付照
乾隆五十一年十月　日　立承批盧芳生号
仝見　鄭大會号
賴龍文号
代字盧芳根号

11-8-3-37　清白厝白氏抄契簿（三七）

立承批呂業定今在本保白教宵姻親處承出税山吉
地乙穴坐落良字地方土名石壁垅頭中心帝坐癸向丁
承來開做墳墓安塟父柩上下左右各四至三丈為界
三面言議花紅仔礼俱收訖今欲有憑立承批
帋永遠為照　立承合照
乾隆二十三年　九月　日立承批呂業定字
有对汲　在見兄業振筆
在見李開大字

立承批呂業礼今因少山造坟就在白教宵姻親處
承出山場吉地乙穴坐落官字地方土名陳厝坊中
心帝坐癸向丁今承來安塟一父骸整作風水任從其
便其風水穿九弓如外之山不敢侵佔三面言議花紅
仔礼俱收訖其風水並一別生枝節等情如有此情係
山主支當不涉呂家之事今欲有憑立承批永付批
為照　立承合照

11-8-3-38　清白厝白氏抄契簿（三八）

乾隆廿一年十二月　日立承批吕荣礼 号

在見盧芳京 号　有对汲

代字弟荣定 号

立承字林景承于前在温金哲植林杉林二所，坐落本地方土名圳頭坑路下山所，上至路，下至坑，左至墙，右至德礼業界；又一所土名陳厝坳，上至吕家業界，下至田，左至林，右至文錦界，俱四至明白。今因温家少欠山租，憑中理論，在白為香位積親處承出耕管為業，三面言議，時出批礼錢一千文正，其錢即日當場交訖，其山付承主前去任從其便，言陳厝坳帖納山租錢十文正，又圳頭帖山租錢八文正，其圳坑杉木長大砍伐之日，其山材還山主，其陳厝不欠租，不召佃，如日後少欠付還山主，界內有土地不敢蓄承佃，其山不明等情，山主出頭支理，不涉承主之事，今欲有憑，立承字乙紙付執為照。

亲承合照

嘉慶廿二年十二月　日立承字林景承 号

中見賴根会 号

有对汲

11-8-3-39　清白厝白氏抄契簿（三九）

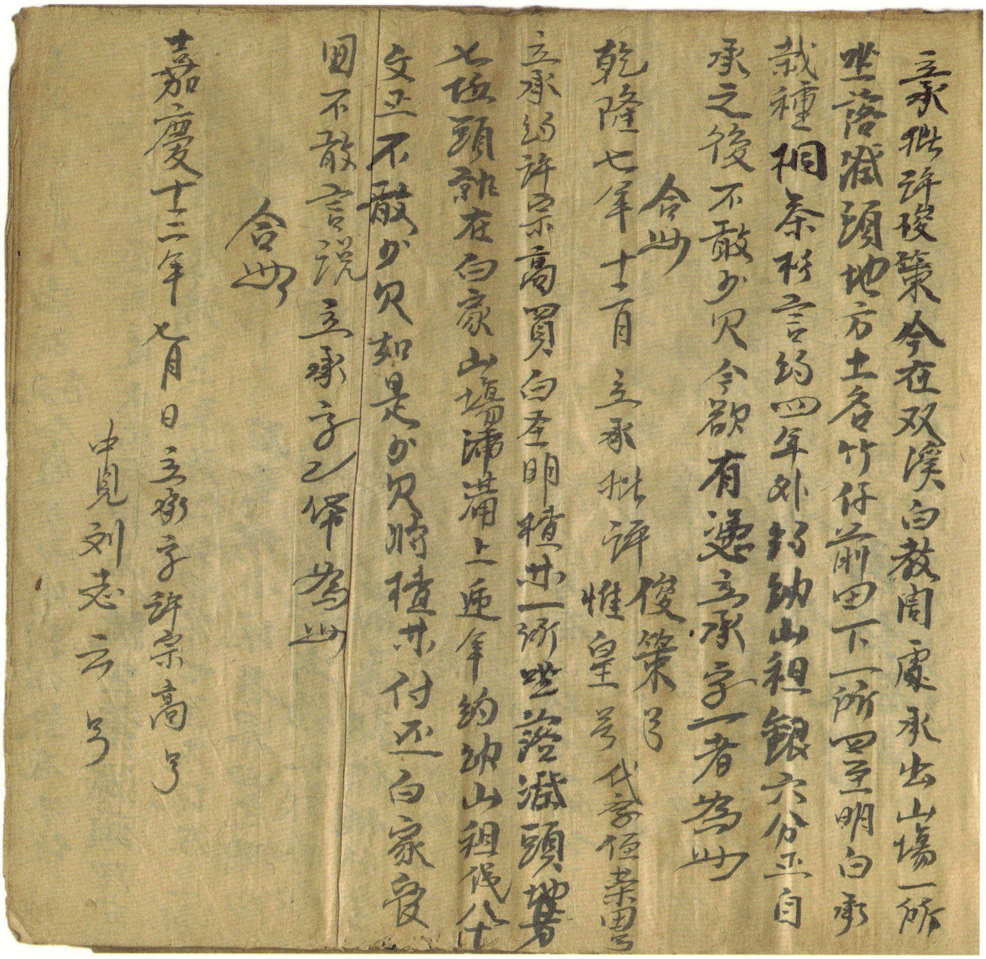

立承批許俊策今在双溪白教南處承出山場一所
坐落湖頭地方土名竹仔前田下一所四至明白承
栽種桐茶杉言約四年外扞納山租銀六分正自
承之後不敢少欠今欲有憑立承字一帋為照
合照
乾隆七年十二月　立承批許俊策ㄗ
惟皇号　代字侄桒書

立承約許宗高買白李明種出一所坐落湖頭地
七坵頭就在白家山場滿上边年約納山租錢八十
文正不敢少欠如是少欠時植木付还白家管
回不敢言說立承字一帋為照
合照
嘉慶十二年七月日立承字許宗高ㄗ
中見刘志云ㄗ

11-8-3-40　清白厝白氏抄契簿（四〇）

立再约字人馬孫存礼，今因ケ山塲耕作，執在本保
白侄润香、侄信滋兄處承出有税山一號，坐落濈頭坳方，
土名炉萩下隔墻，上至許仁如田界，下至大坑，左至刘
家業界頂直上田界，右至墻小坑為界，四至明白。
承來開堀栽種桐杉，三面言議時出約礼銀壹式元
正，其銀汊訖。其山塲依旧付孫礼兩年耕作，桐杉言
約杉木四六均分，耕主應六分，要主應四分，總為山祖。
其杉苗五年看明，如是去插杉苗，將桐付还要主管
回，耕主不敢言説之理。此約字內有旧種林一所，付孫礼
管業，敢砍山祖。其出塲白家並去發加，不明等情，如有此
等，係白出頭支理，不涉耕主之事。此杉苗兩家私典私賣
之理，係至長大之日砍伐，其山塲另言再議，二兩家其
先各無反悔，立約字一紙，各執為照。　合約
嘉慶六年十月　日立約承字馬孫存礼了
在見許馬盛了　代字中許凞文了

11-8-3-41　清白厝白氏抄契簿（四一）

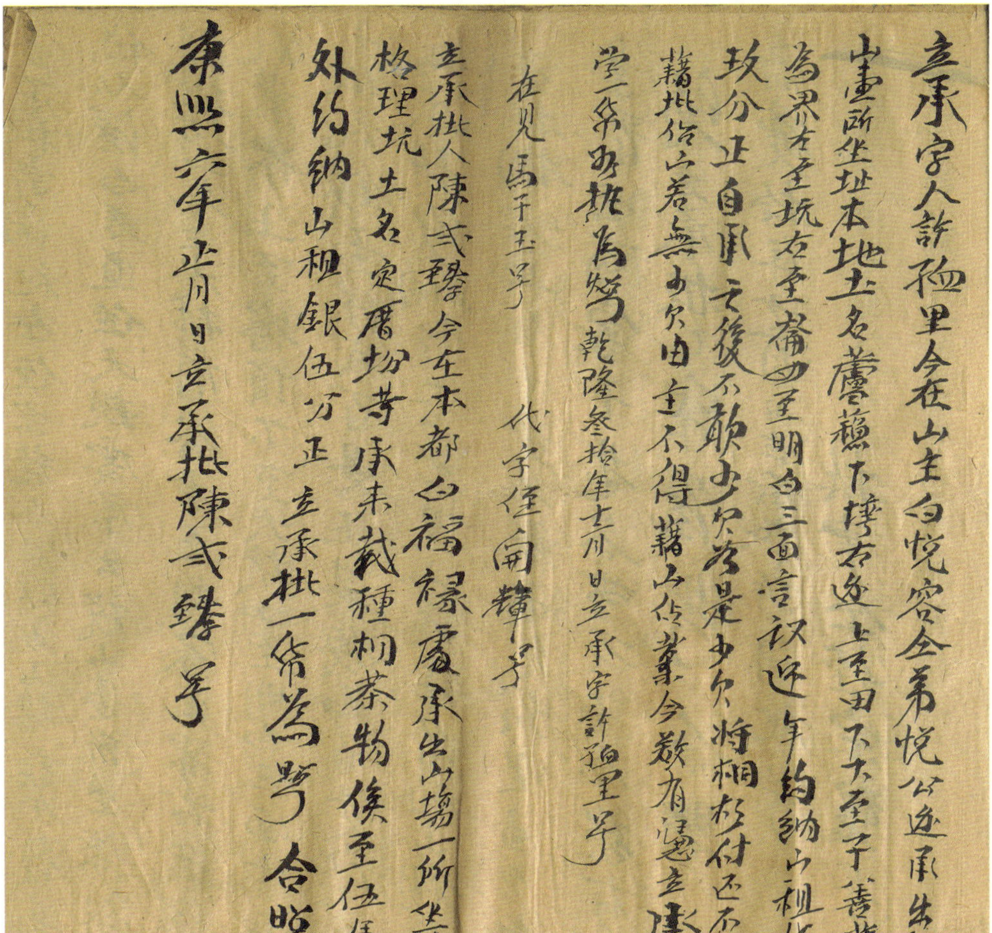

立承字人許徊里今在山主白悅容仝弟悅公邊承出税
山壹所坐址本地土名蘆蘊下墶右邊上至田下大垄子壽業
為界左至坑右垄嵴為至明白三面言议逐年约納山租係
玖分正自承之後不敢少欠若是少欠將桐杉付还不敢
藉批佔山若無少欠山主不得藉山佔業今欲有憑立承
字一紙為批為照 乾隆叁拾年十二月 日立承字許徊里 号
在見馬干玉 号
代字侄白輝 号

立承批人陳式臻今在本都白福禄處承出山場一所坐落
格理坑土名定厝坳等處未栽種桐茶物候至伍年
外约納山租銀伍分正 立承批一紙為照 合照
康熙六年正月 日立承批陳式臻 号

11-8-3-42 清白厝白氏抄契簿（四二）

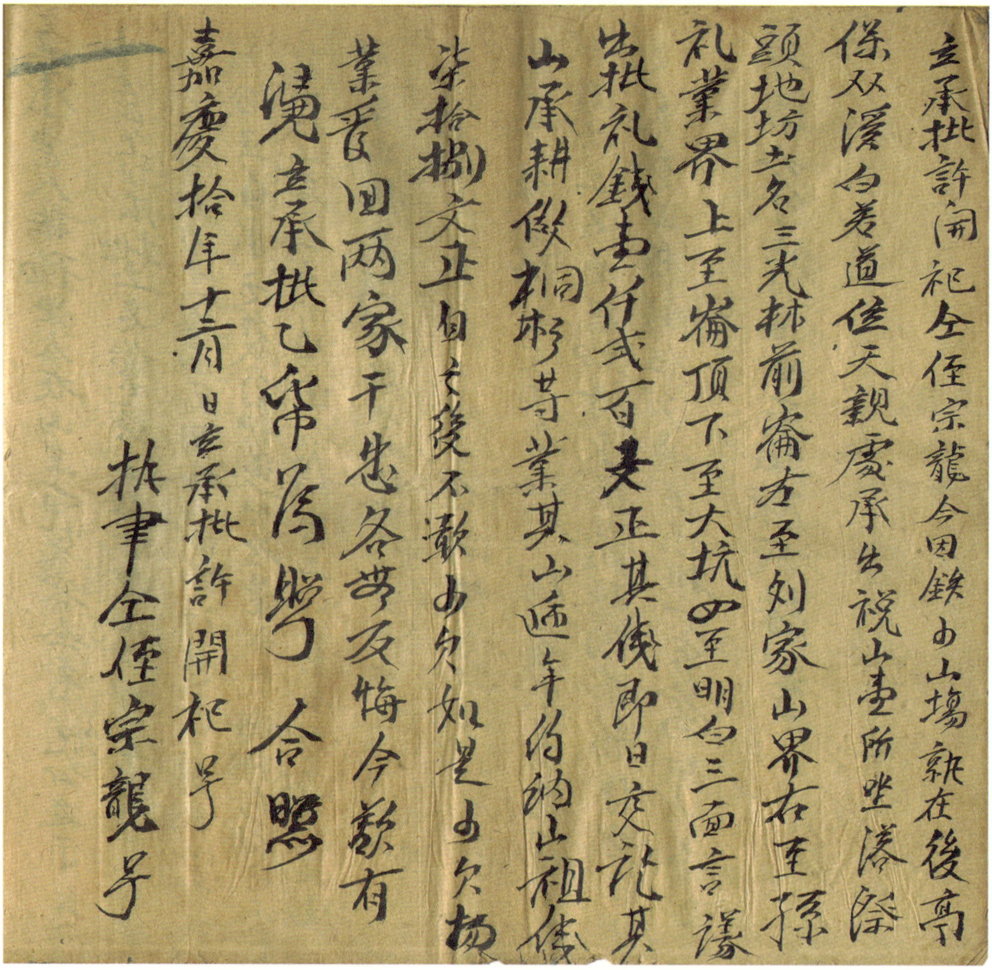
立承批許開祀全侄宗龍今因缺少山場就在後亭
係双溪白岩道佳天觀慶承出税山壹所坐落際
頭地坊土名三光林前嶺古至劉家山界右至孫
礼業界上至嶺頂下至大坑四至明白三面言議
出批礼錢壹仟弍百文正其錢即日交訖其
山承耕做桐杉茶業其山逐年約納山租係
柒拾捌文正自立之後不敢少欠如是少欠挽
業聽回兩家干恐各無反悔今欲有
憑立承批一紙為照 合照
嘉慶拾年十二月 日立承批許開祀 号
執筆全侄宗龍 号

11-8-3-43　清白厝白氏抄契簿（四三）

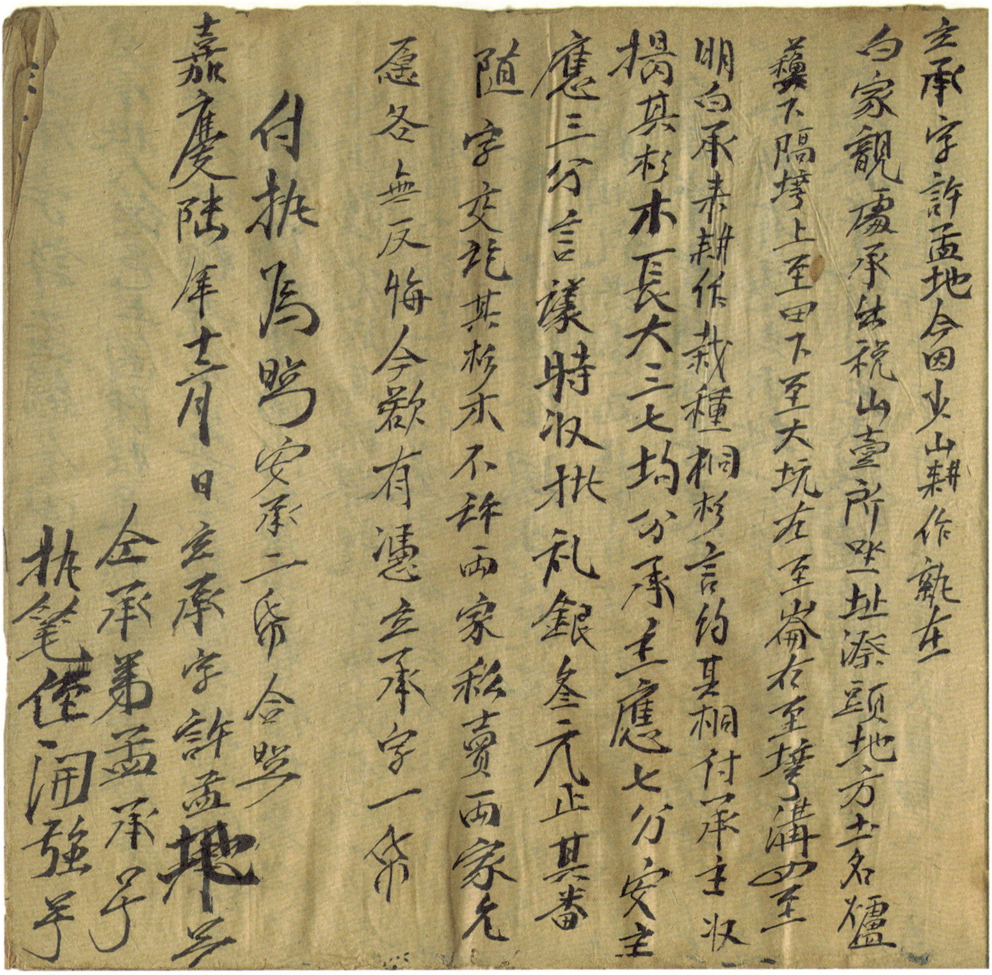
立承字許孟地今因乏山耕作就在
白家親房承出税山壹所坐址添頭地方土名爐
蘖下隔埕上至田下至大坑左至崙右至埕溝四至
明白承来耕作栽種桐杉言約其桐付承主收
揭其杉木長大三七均分承主應七分安主
應三分言議時收批礼銀叁元正其番
随字交訖其杉木不許兩家私賣兩家允
愿各無反悔今欲有憑立承字一紙
付執為照　安承二紙合照
嘉慶陸年十二月　日立承字許孟地　号
仝承弟孟承　号
執筆侄涌强　号

11-8-3-44　清白厝白氏抄契簿（四四）

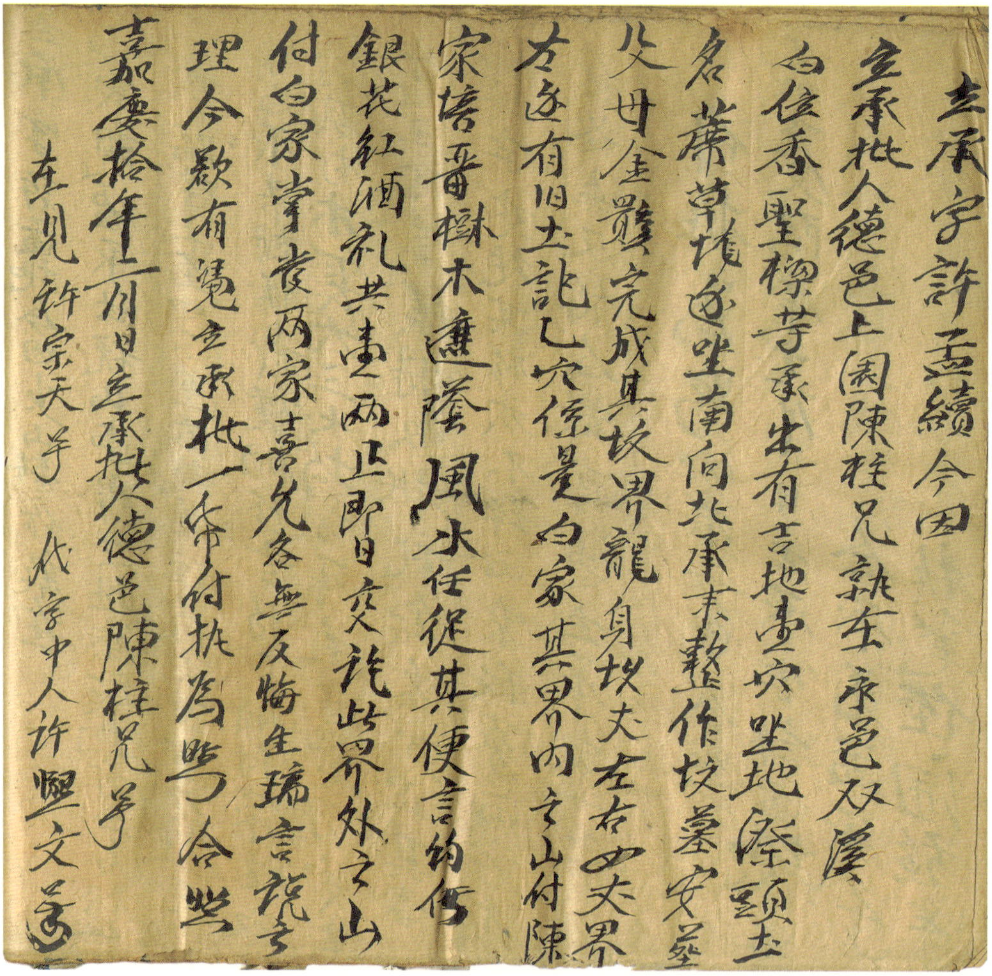

立承字許孟續今因

立承批人德邑上園陳桂兄孰在承邑及㞐

白位香聖樑等承出有吉地壹穴坐地除頭土

名蔴草坵逐坐南向北承去整作坟墓安墓

父母金骸完成其坟界龍身坟大左右四丈界

方途有旧土記乙穴係是白家其界內之山付陳

家培蓄樹木遮陰風水任從其便言約價

銀花紅酒礼共壹兩正即日交訖此界外之山

付白家掌管兩家喜允各無反悔生端言說之

理今欲有憑立承批一紙付執為照合照

嘉慶拾年　月日立承批人德邑陳桂兄筆

在見許宗天筆　代字中人許嬰文筆

11-8-3-45　清白厝白氏抄契簿（四五）

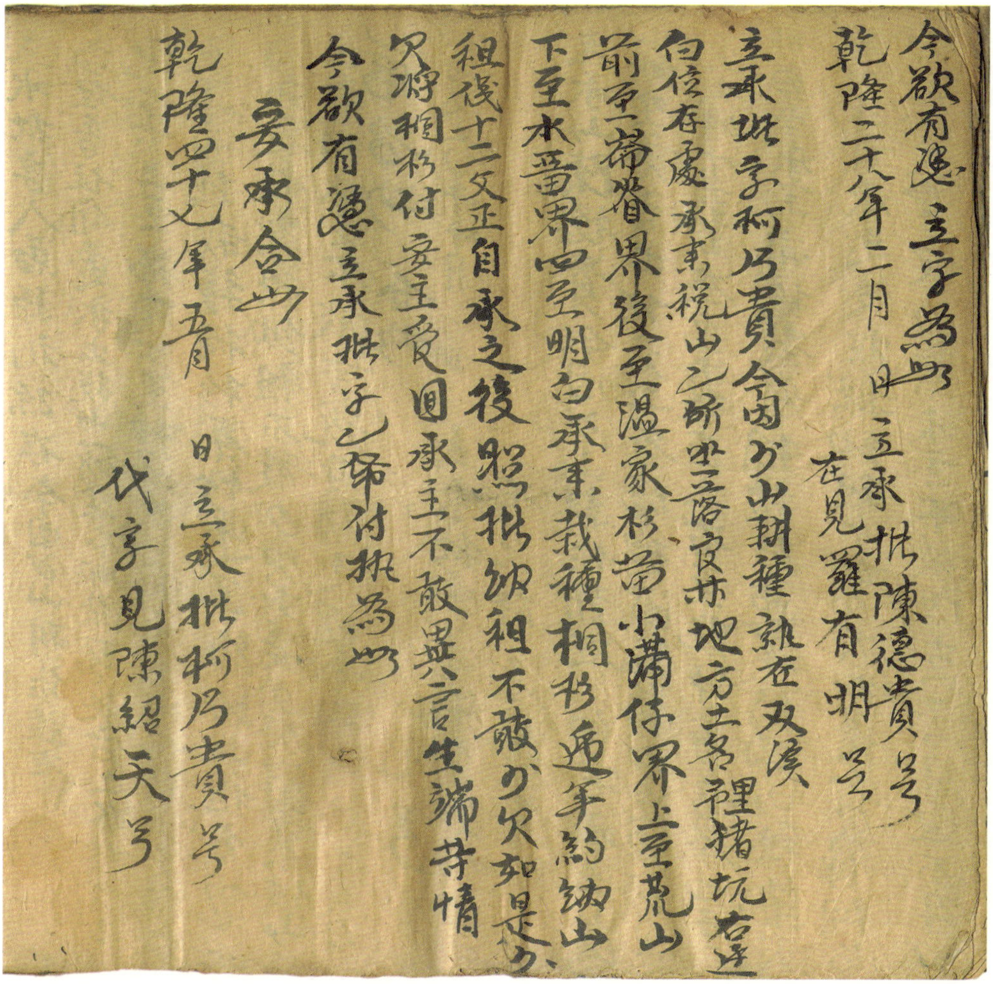

今欲有憑立字為照
乾隆二十八年二月　日立承批陳德貴号
在見羅有明号
立承批字柯乃貴今因乏山耕種就在双溪
白倍存處承來税山一所坐落良赤地方土名裡猪坑右至
前至一崙脊界後至溫家杉苗小滿仔界上至荒山
下至水圳界四至明白承來栽種桐杉逓年約納山
租錢十二文正自承之後照批納租不敢少欠如是少
欠將桐杉付山主管理承主不敢異言生端等情
今欲有憑立承批字一帋付執為照
另承合照
乾隆四十七年五月　日立承批柯乃貴号
代字見陳紹天号

11-8-3-46　清白厝白氏抄契簿（四六）

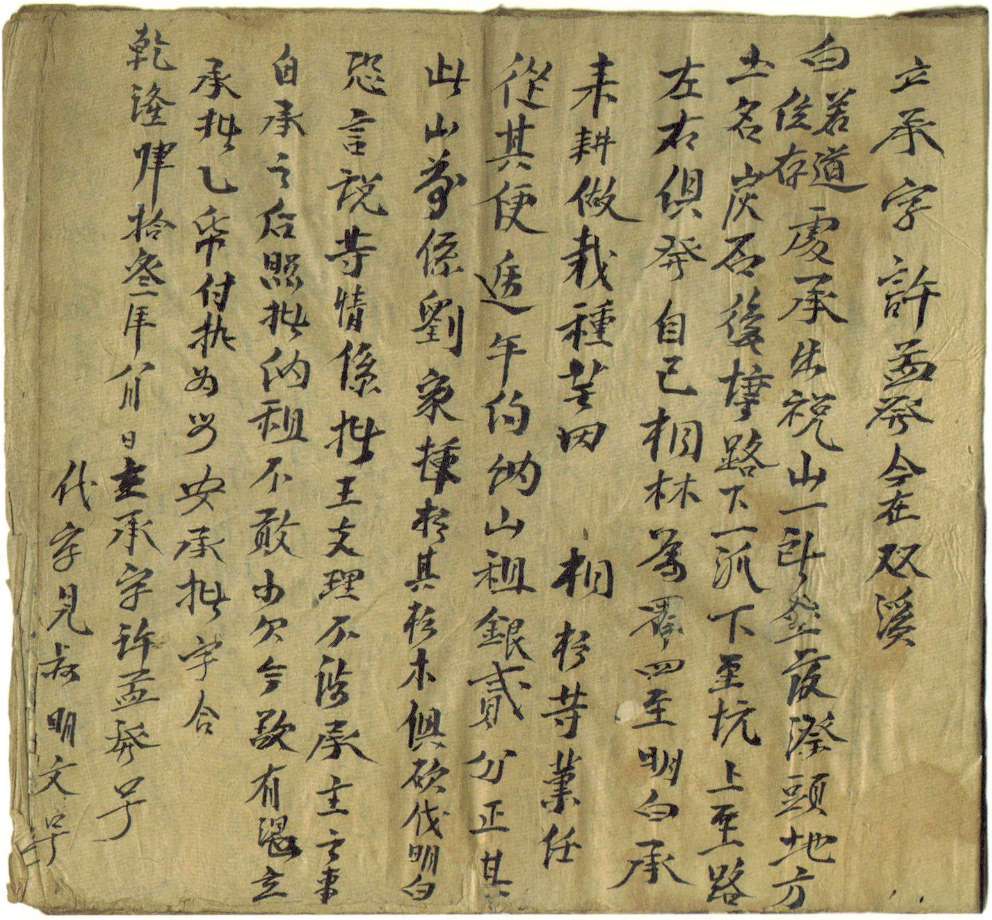

立承字許孟癸今在双溪
白若道後存處承出税山一片坐落溪頭地方
土名炭石後墘路下一派下至坑上至路
左右俱癸自己桐林爲界四至明白承
來耕做栽種茶田　桐杉茶葉任
從其便逐年的納山租銀貳分正其
此山爭係劉家棟杉其杉木俱砍伐明白
恐言說茶情係批主支理不涉承主之事
自承之后照批納租不敢少欠合致有退立
承批一紙付執為照安承批字合
乾隆肆拾叁年伍月日立承字許孟癸字
代字見叔明文字

11-8-3-47　清白厝白氏抄契簿（四七）

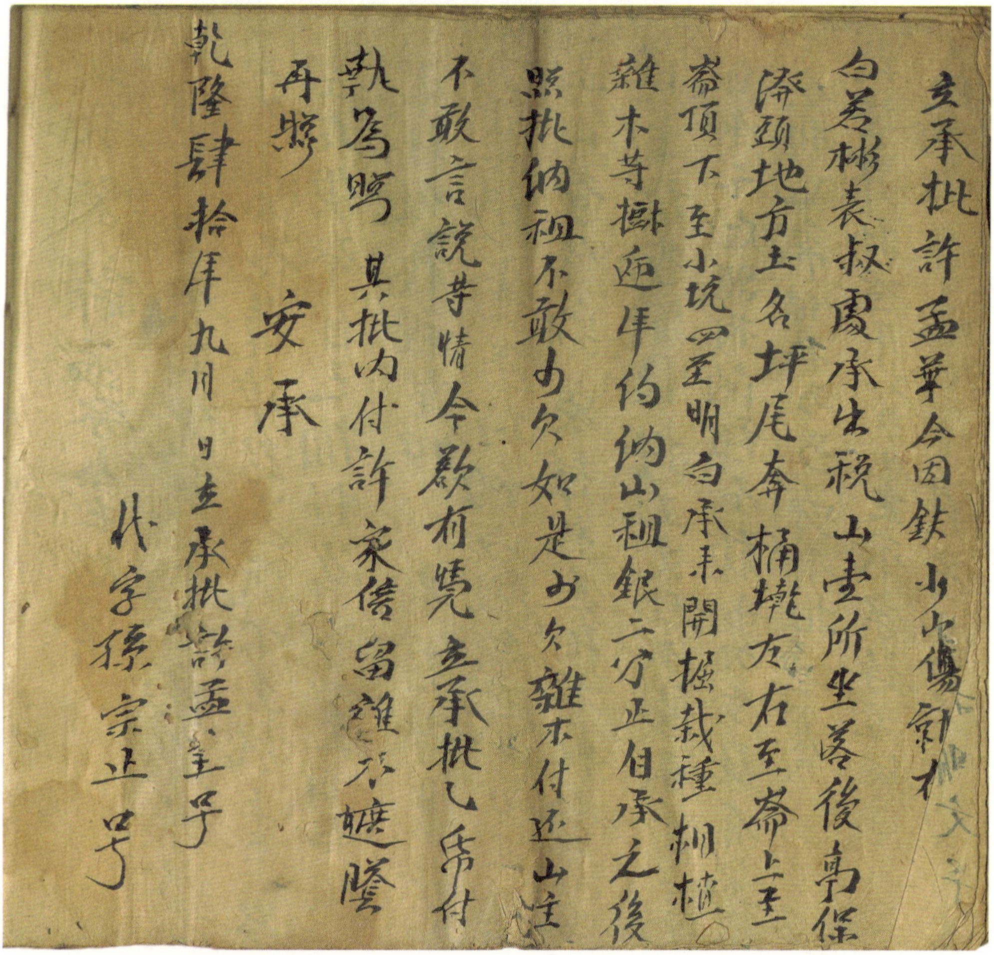

立承批許孟華今因缺少山場劄木
白若彬表叔處承出稅山壹所坐落後亭保
洋頭地方土名坪尾奔楠墘左右至奔上至
崙頂下至小坑四至明白承來開墾栽種桐植
雜木等樹逐年約納山租銀二分正自承之後
照批納租不敢少欠如是少欠雜木付还山主
不敢言說等情今欲有憑立承批乙帋付
執爲照 其批內付許家借留雜木遮蔭
再照 安承
乾隆肆拾年九月 日立承批許孟華（押）
代字孫宗正（押）

11-8-3-48 清白厝白氏抄契簿（四八）

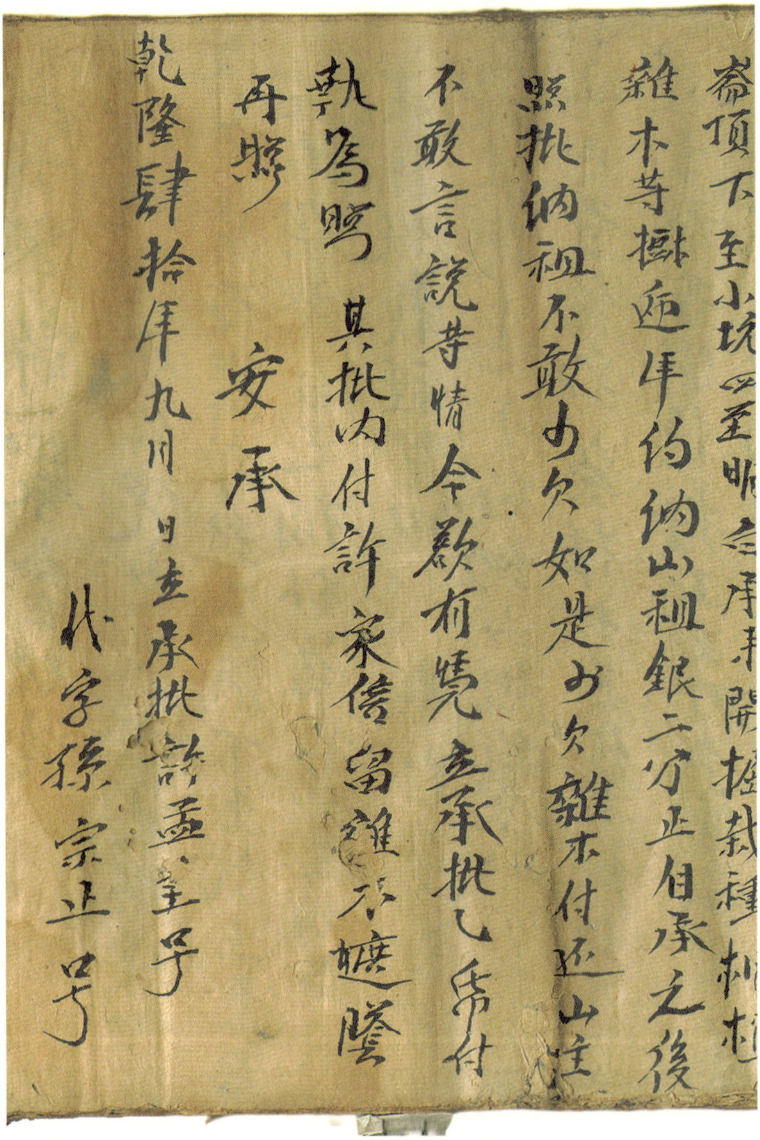

嵛頂下至小坑，四至明白，任凭開掘栽種杉松
雜木等樹，逐年约納山租銀二分正。自承之後
照批納租，不敢少欠。如是少欠，雜木付還山主
不敢言說荅情。今欲有憑，立承批乙帋付
執為照。其批内付許家倍留雜木遮蔭
再照。　安承
乾隆肆拾年九月　日立承批許孟全子
代字孫宗正口子

11-8-3-49　清白厝白氏抄契簿（四九）

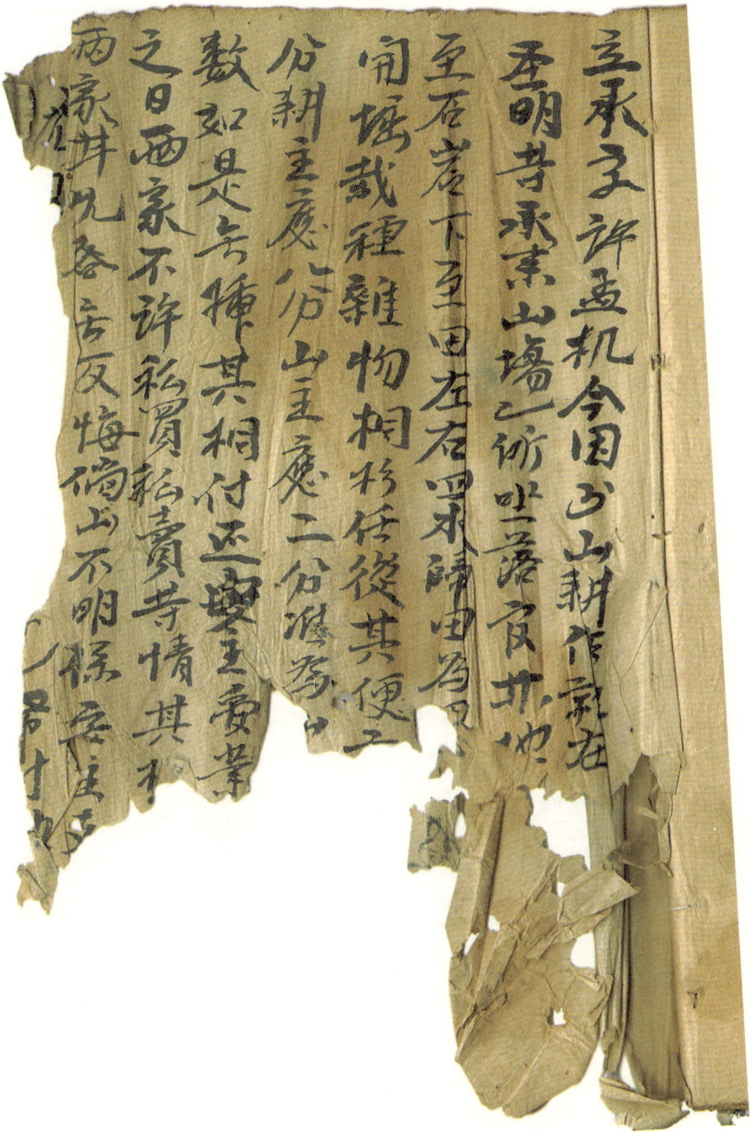

立承字許孟机今因乏山耕作就在
丞明寺承束山壇乙所坐落官井坳
至石岩下至田左右眾歸田為[illegible]
開墾栽種雜物杉杉任從其便工
分耕主應八分山主應二分湖為[illegible]
數如是吾掉其相付還與主家業
之日兩家不許私買私賣寺情其[illegible]
兩家并无參吾反悔倘山不明係吾自[illegible]

11-8-3-50 清白厝白氏抄契簿（五〇）

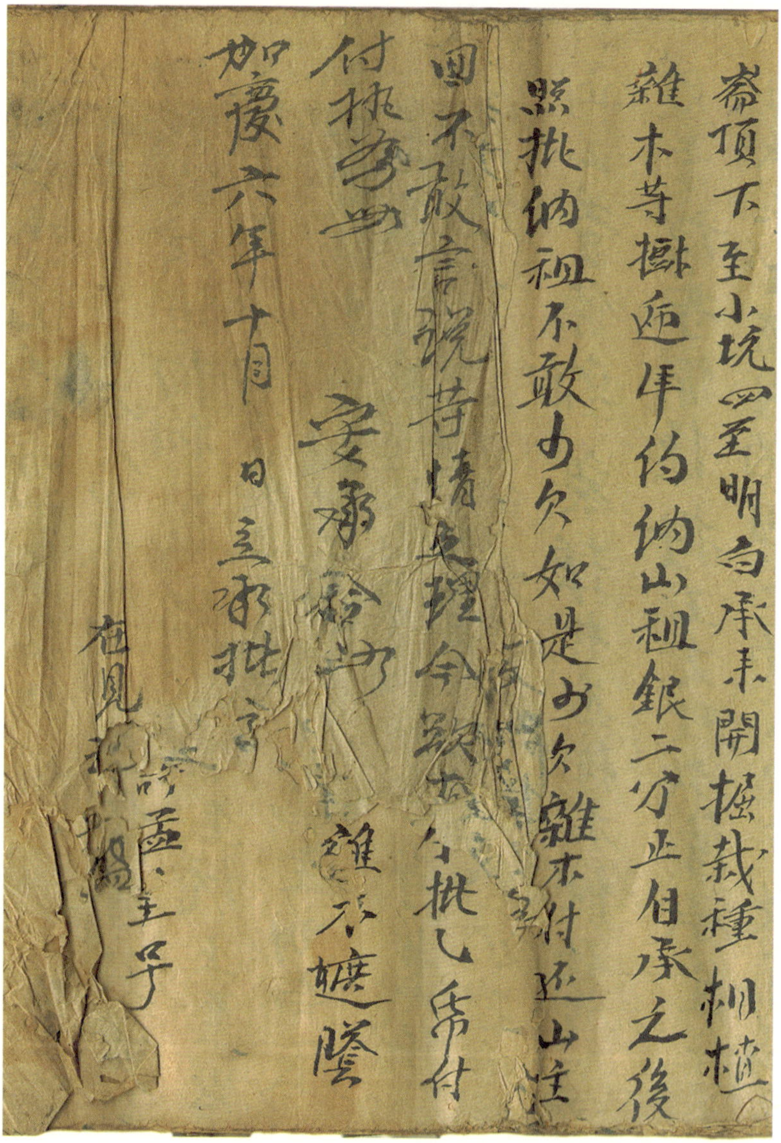

嵛頂下至小坑四至明白承耒開插栽種杉植
雜木等掛延年約納山租銀二分正自承之後
照批納租不敢少欠如是少欠雜木付還山主
回不敢言說等情之理今欲有批乙紙付
付執為照
安承[illegible] 雜木遊蔭
嘉慶六年十月　日　立承批字
在見[illegible] 孟、王字

11-8-3-51　清白厝白氏抄契簿（五一）

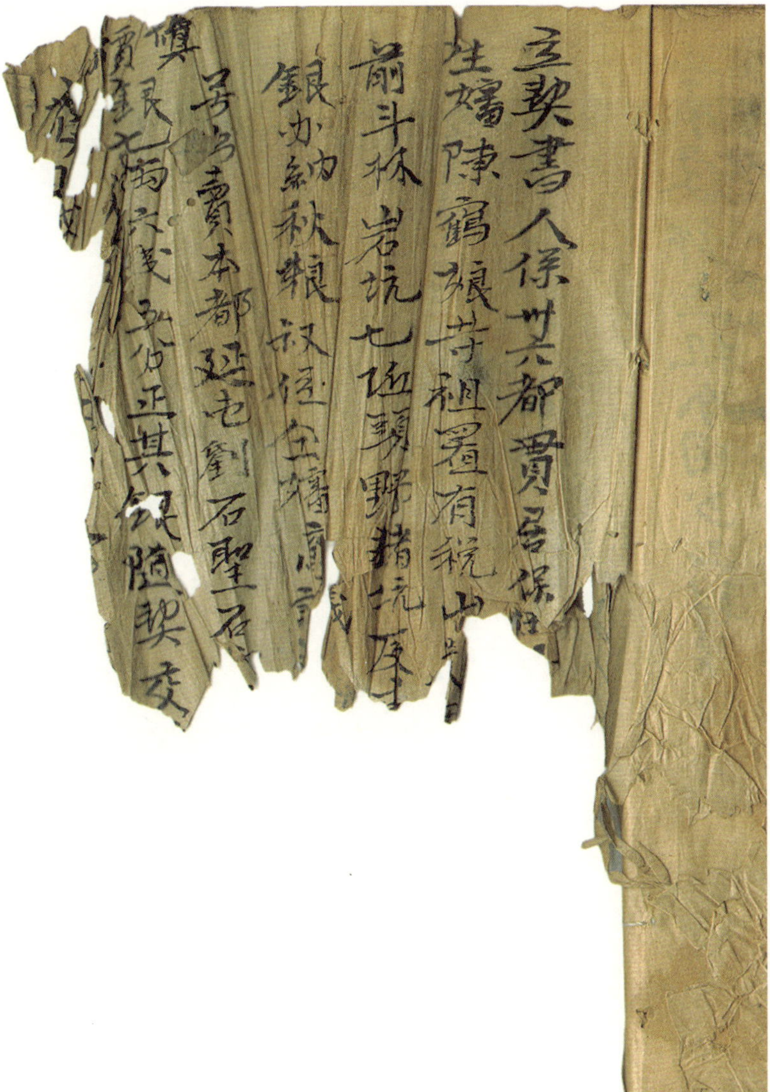

立契書人保卅六都貫吕保
生嬸陳鶴娘有祖置有税山
前斗林岩坑七坵頭野猪坑
銀亦納秋粮叔侄全嬸
另與賣本都延屯劉石聖
價銀七兩六錢正其銀隨契交

11-8-3-52　清白厝白氏抄契簿（五二）

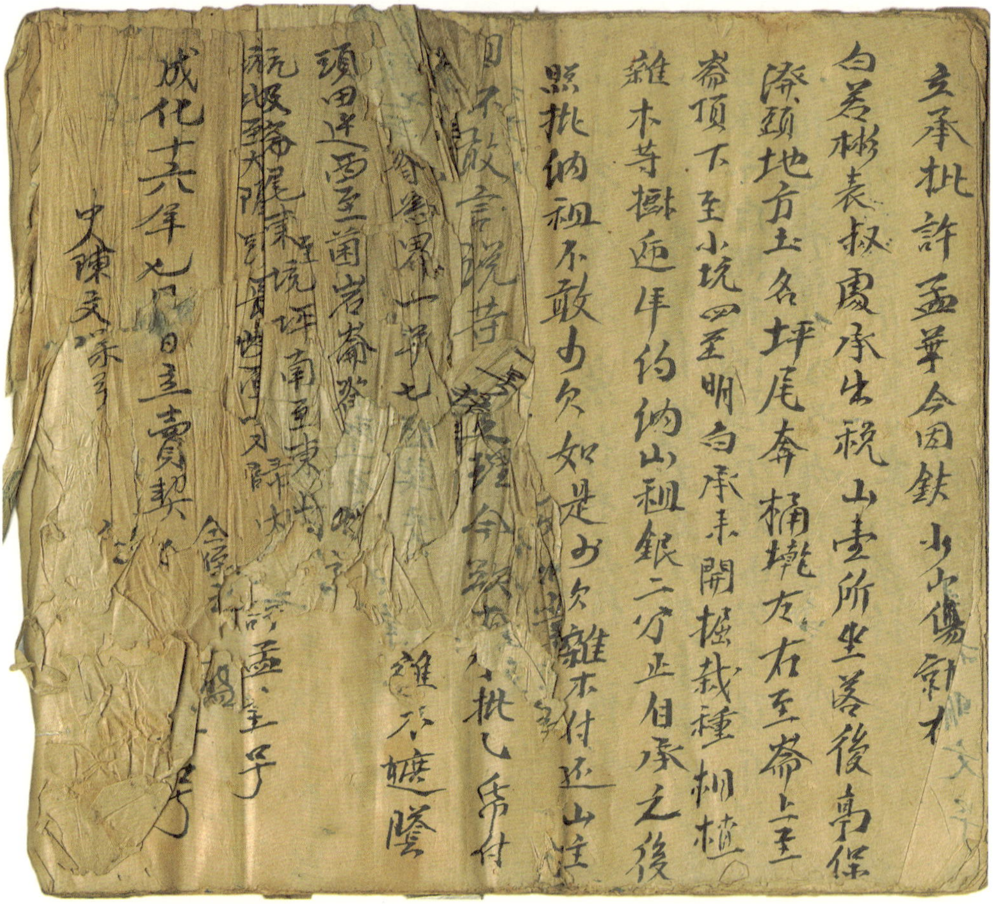

立承批許孟華今因缺少山場劄木
白若彬表叔處承出稅山壹所坐落後亭保
滌頭地方土名坪尾崙桶墘左右至崙上至
崙頂下至小坑四至明白承來開掘栽種杉植
雜木等樹逐年約納山租銀二分正自承之後
照批納租不敢少欠如是少欠雜木付還山主
自不敢言說等[illegible]理今欲有[illegible]批已為付
[illegible]界一尖七[illegible] 雜不攤遞隱
頭田半近西至一兩岩崙脊[illegible]
坑坂崙尾埭坑坪南至東[illegible]
[illegible]
成化十六年九月日立賣契[illegible]
代書陳文承筆
[illegible]許孟華筆

11-8-3-53　清白厝白氏抄契簿（五三）

第九帙　鄭應豔户

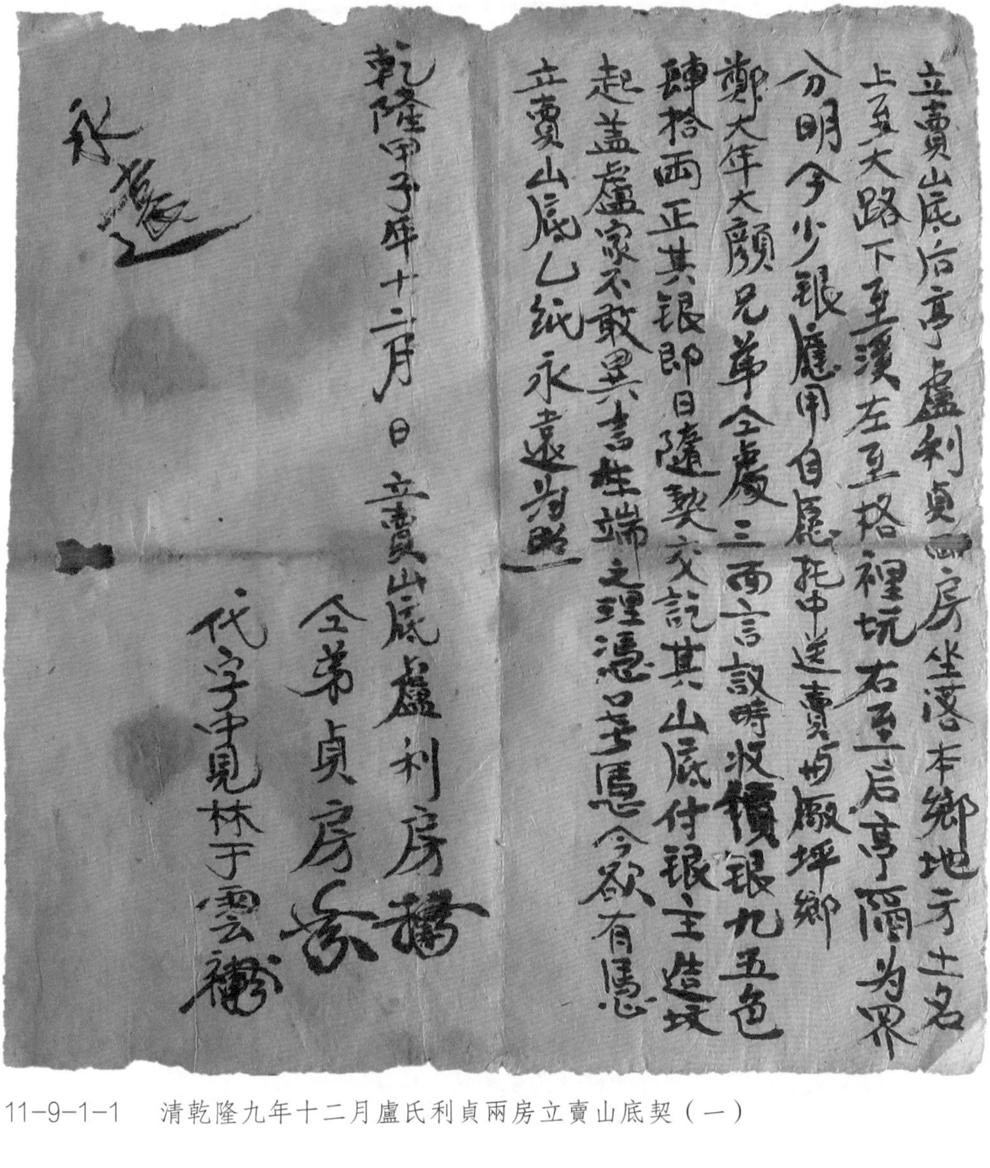

立賣山底后亭盧利貞兩房，坐落本鄉地方土名
上至大路，下至溪，左至格裡坑，右至后亭隔為界，
分明。今少銀應用，自愿托中送賣與廠坪鄉
鄭大年、大顏兄弟仝處三面言議，時收價銀九五色
肆拾兩正，其銀即日隨契交訖。其山底付銀主造坟
起盖，盧家不敢異言生端之理。憑口無憑，今欲有憑，
立賣山底乙紙永遠為照。

乾隆甲子年十二月　日　立賣山底盧利房（押）
仝弟貞房（押）
代字中見林于雲（押）

永遠

11-9-1-1　清乾隆九年十二月盧氏利貞兩房立賣山底契（一）

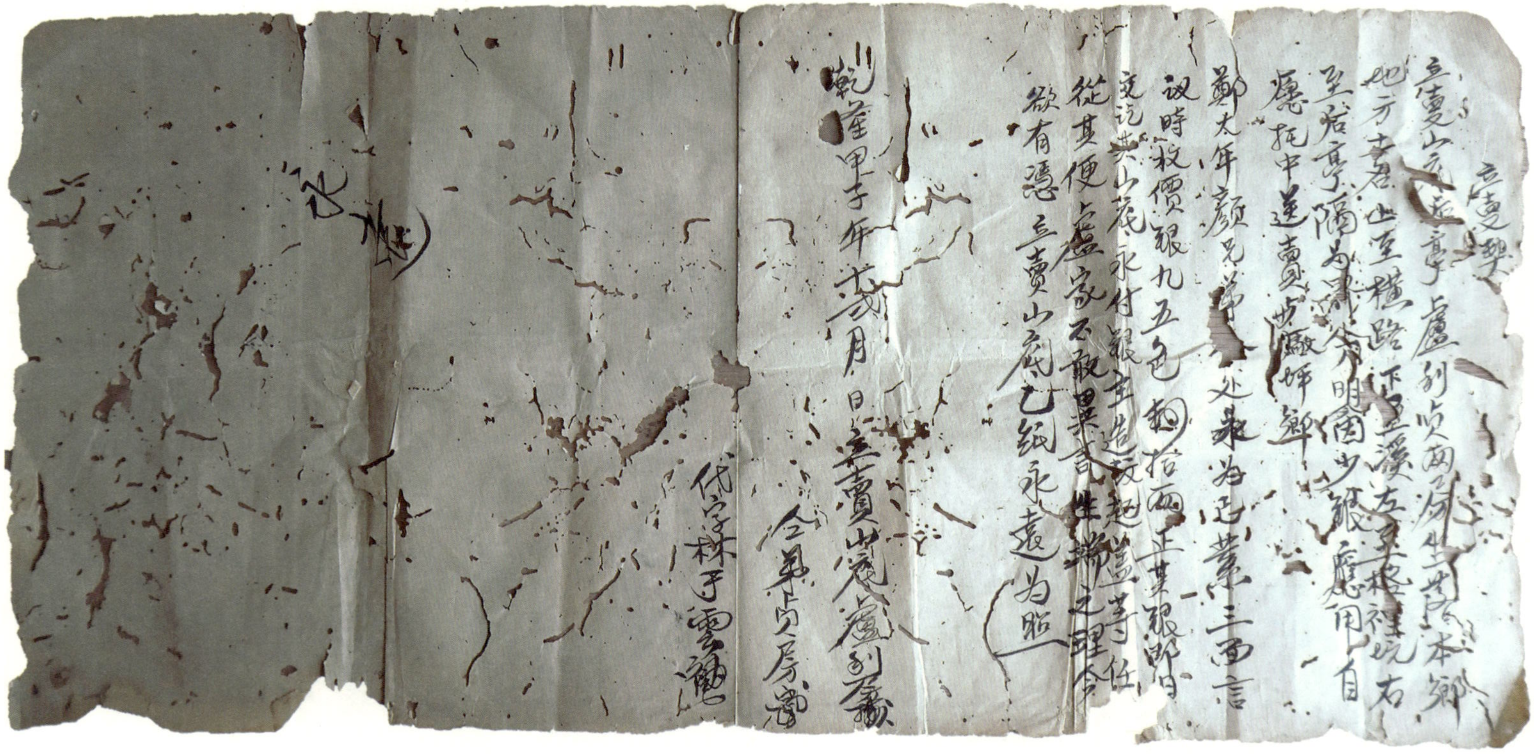

11-9-1-2　清乾隆九年十二月盧氏利貞兩房立賣山底契（二）

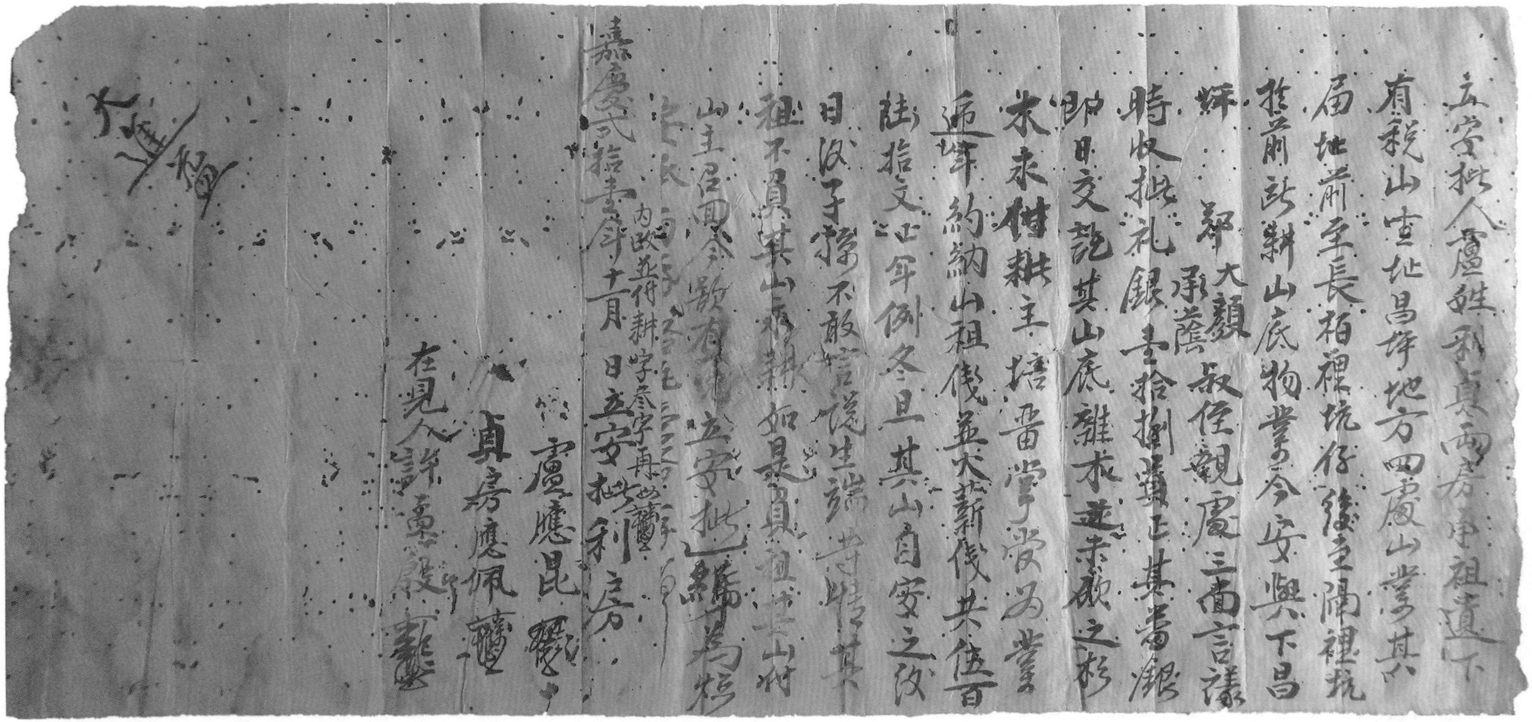
立安批人盧姓利貞兩房承祖遺下
有税山壹址，土名昌坪地方四處山業，其
界址前至長箱裡坑仔，後至隔裡坑
於前該耕山底物業，今安與下昌
坪鄭大顯、承蔭叔侄觀處，三面言議
時收批礼銀壹拾捌兩正，其銀當
即日交訖。其山底雜木，並本家之杉
木，求付耕主培苗掌管為業
逐年納山租錢並大薪伐共伍百
陸拾文正，年例冬旦。其山自安之後
日後子孫不敢言說生端，并此其
租不負，其山永遠耕，如是負租，其山將
山主召回。今欲有憑，立安批一紙為照。
內改五得耕字，添字再照。
嘉慶貳拾壹年十一月　日立安批利貞房
盧應昆
貞房應佩
在見人許棗殷

11-9-1-3　清嘉慶二十一年十一月盧氏利貞兩房立安批税山契

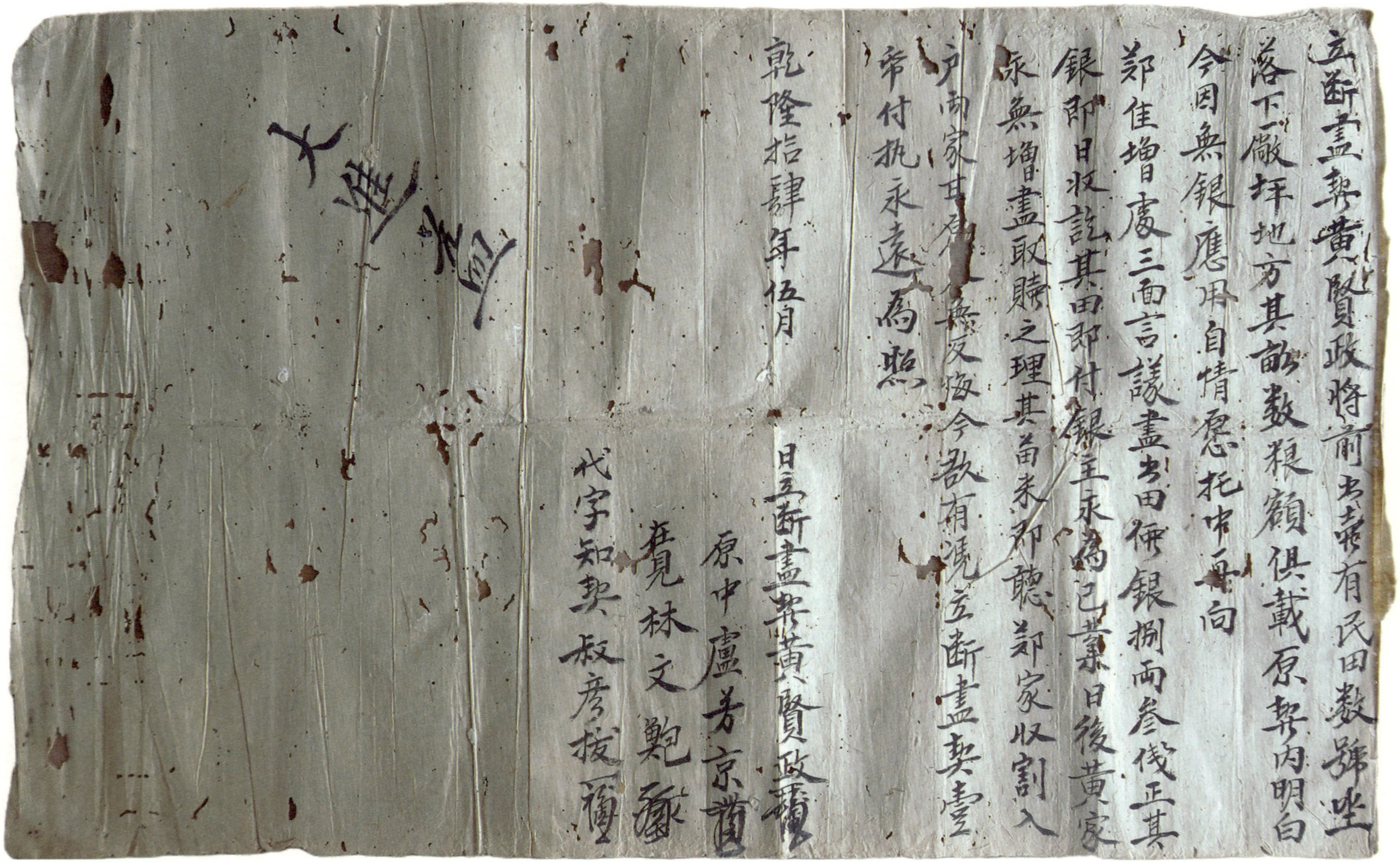

立斷盡契黄賢政將前年有民田數號坐
落下徽坪地方其畝數粮額俱載原契內明白
今因無銀應用自情愿托中向
鄭住增處三面言議盡出田價銀捌兩叁錢正其
銀即日收訖其田即付銀主永為己業日後黄家
永無增盡取贖之理其苗米即聽鄭家收割入
戶兩家甘允無反悔今欲有憑立斷盡契壹
帋付執永遠為照

乾隆拾肆年伍月　日立斷盡契黄賢政
原中　盧若京
在見　林文勉
代字知契　叔彥拔

11-9-2-1　清乾隆十四年五月黄賢政立斷盡民田契

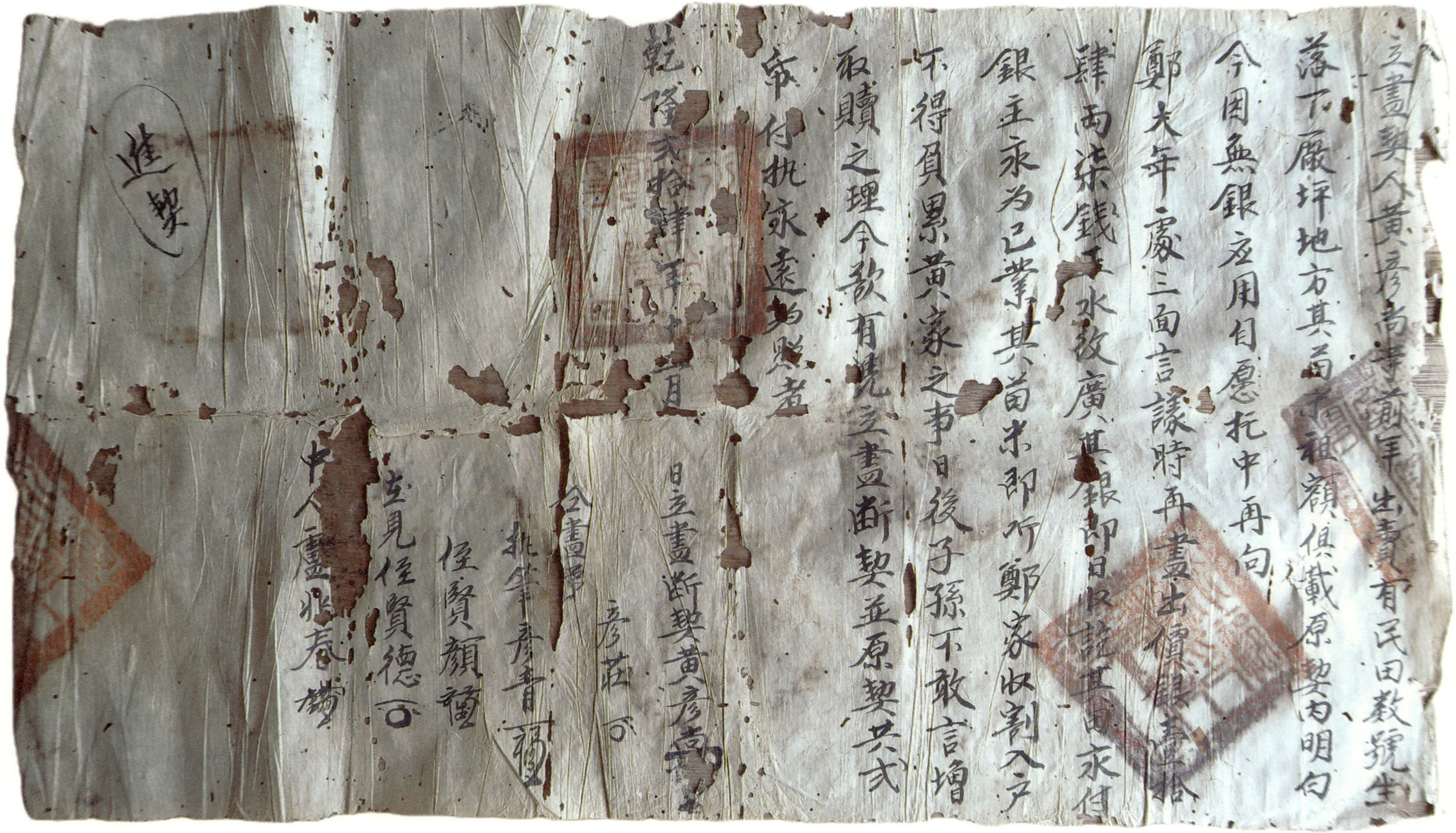
立盡契人黄彦尚等□出賣有民田數號坐
落下廠坪地方其苗米祖額俱載原契内明白
今因無銀應用自愿托中再向
鄭大年處三面言議時再盡出價銀壹拾
肆兩柒錢正水改廣其銀即日收訖其田永付
銀主永為己業其苗米即行鄭家收割入户
不得負累黄家之事日後子孫不敢言增
取贖之理今欲有憑立盡斷契并原契共弍
帋付執永遠為照者
乾隆貳拾肆年十二月　日立盡斷契黄彦尚
彦莊
仝盡契
執筆　彦青
侄賢顏
在見侄賢德
中人盧兆春
進契

11-9-2-2　清乾隆二十四年十二月黃彦尚等立盡民田契（紅契）

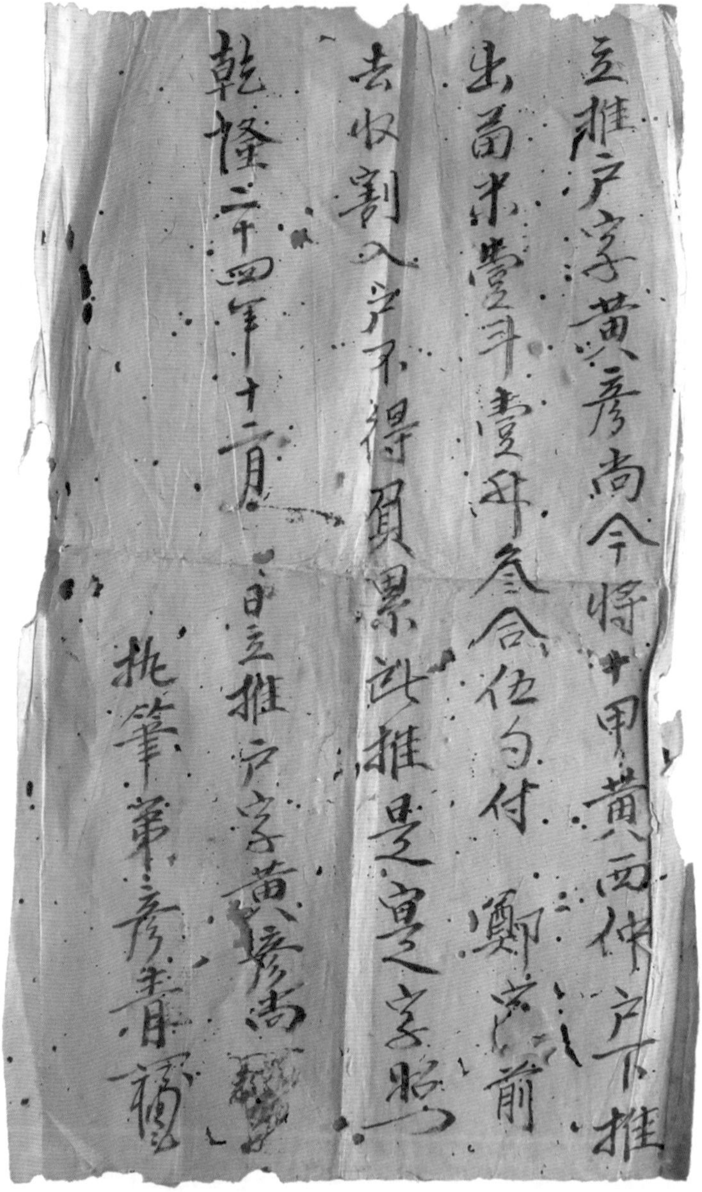
立推户字黄彦尚今将十甲黄西仲户下推
出苗米壹斗壹升叁合伍勺付 鄭宗前
去收割入户不得阻累此推是实字照
乾隆二十四年十二月 日立推户字黄彦尚
批筆弟彦青

11-9-2-3　清乾隆二十四年十二月黄彦尚立推户字

立字黃彦青等父置有民田數號坐址本
鄉廠坪地方上秫斗于前年賣與
鄭大年處自耕自種永爲己業內有吉地
壹穴付鄭家起蓋住居任從其便即收花
紅酒礼其田任听整做風水完成全美天
長地久今欲有[illegible]字為炤
乾隆叁拾捌年十二月　日立字黃彦青（押）
[illegible]禮（押）
仝姪　賢顏（押）
賢道（押）
在見　呂荣定（押）
柯元恩（押）
添丁進財

11-9-2-4　清乾隆三十八年十二月黃彦青等立賣民田字

立賣契人黃聖生自置有桐杉林壹所，坐落本地土
名上移裡坑，左至為西禽界，右至黃聖時禽為界，上至
山頂，下至坑橫路為界，四至明白。今因無銀應用，自愿
托中送賣與本鄉 鄭大舜處為業，三面言議
時值價錢壹千伍百文正，其錢即日收訖，其桐林
執付買主前去管業，其桐林與兄弟侄無干[illegible]
交加不明等情，如有此等，係是賣主出頭支當，不涉
買主之事。兩家甘允，各無反悔，今欲有憑，立賣契為照。
乾隆三十一年十二月 日 立賣契 黃聖生 押
代字中侄 為儲 [illegible]

11-9-3-1 清乾隆三十一年十二月黃聖生立賣桐杉林契

11-9-3-2　清同治十三年十二月鄭頂宗立賣山底契

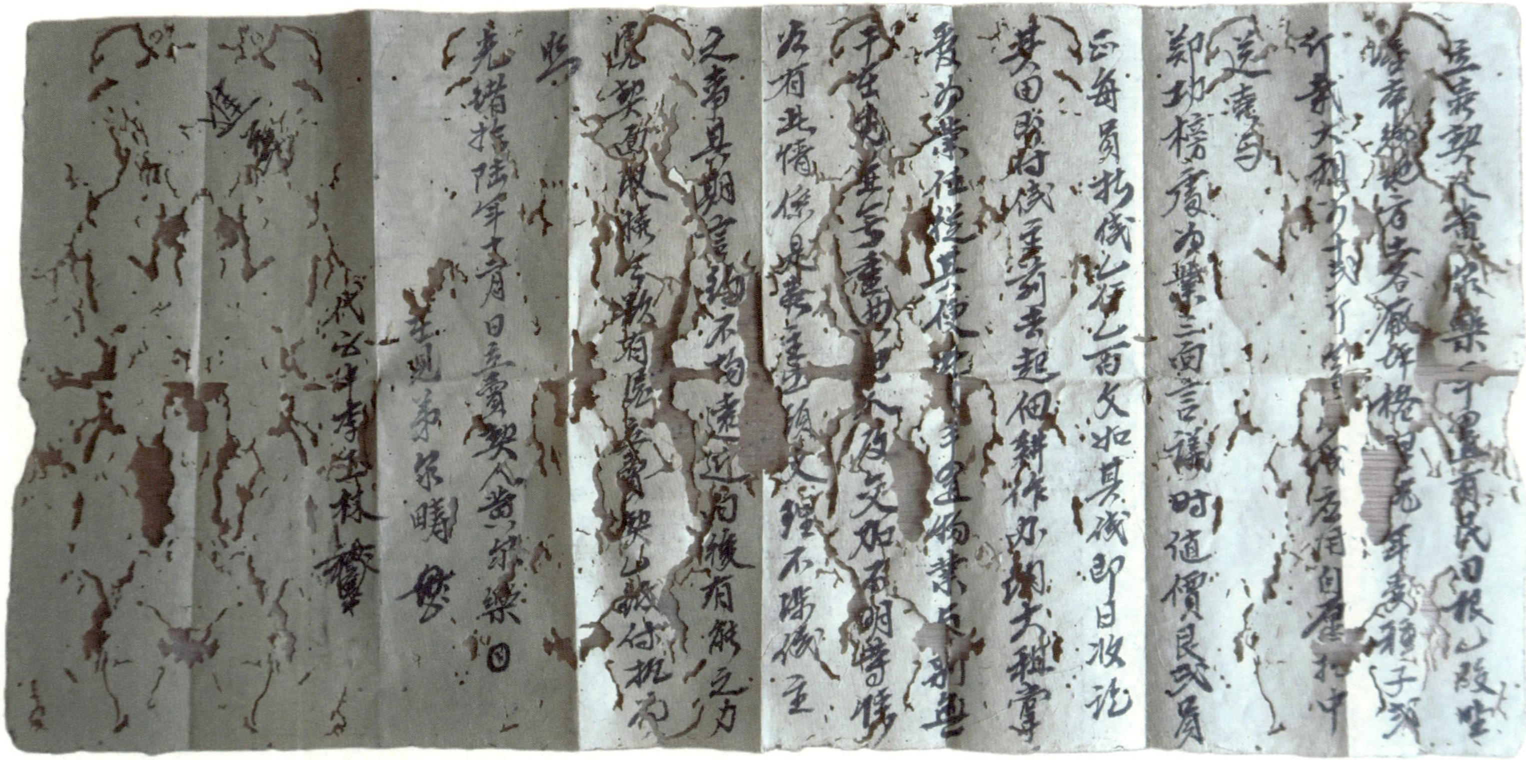

11-9-3-3 清光緒十六年十二月黃尔樂立賣民田根契

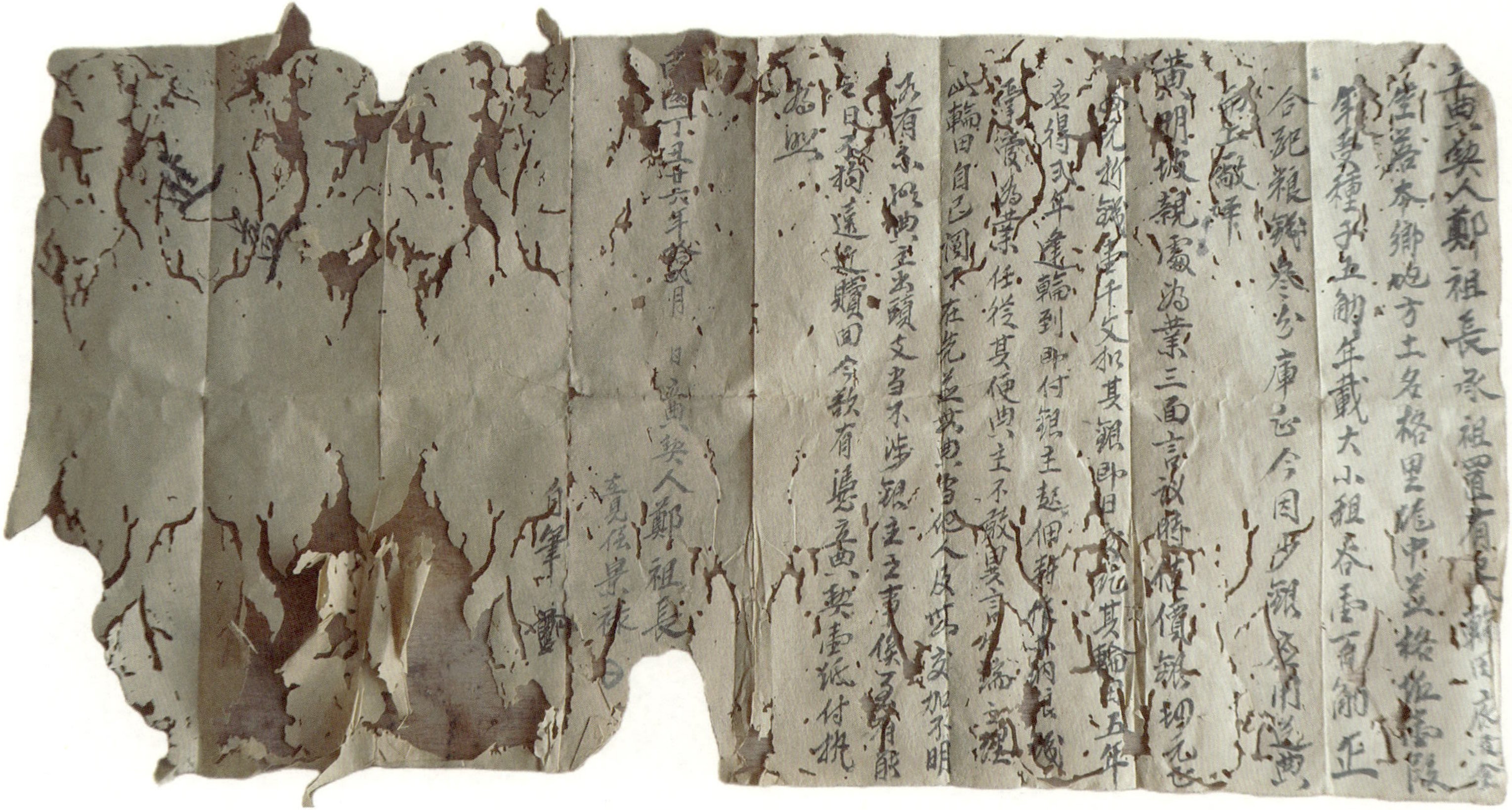
立典底面契人鄭祖長承祖置有民輪田底面全
坐落本鄉土名格里垅中並路邊下段
計受種子五斛年載大小租谷壹百斛正
合託親鄰叁分庫立今因少銀應用，向黃
嶺上嶺坪
黃明坡親處為業三面言議時價銀捌元正
充折錢壹千文扣其銀即日收訖其輪田五年
之後得贰年逢輪到即付銀主起佃耕作納租收
掌管為業任從其便典主不敢異言生端滋事
此輪田自己閹下在先並無典當他人及契交加不明
如有不明典主出頭支當不涉銀主之事係是本家
之日不拘遠近贖回今欲有憑立典底面契壹紙付執
為照
民國丁丑廿六年十贰月　日　立典契人鄭祖長
在見伍泉祿
自筆（押）

11-9-3-4　民國二十六年十二月鄭祖長立典底面全民輪田契

11-9-4-1　包契紙

11-9-4-2　清乾隆四十三年五月鄭大年立當民田根字

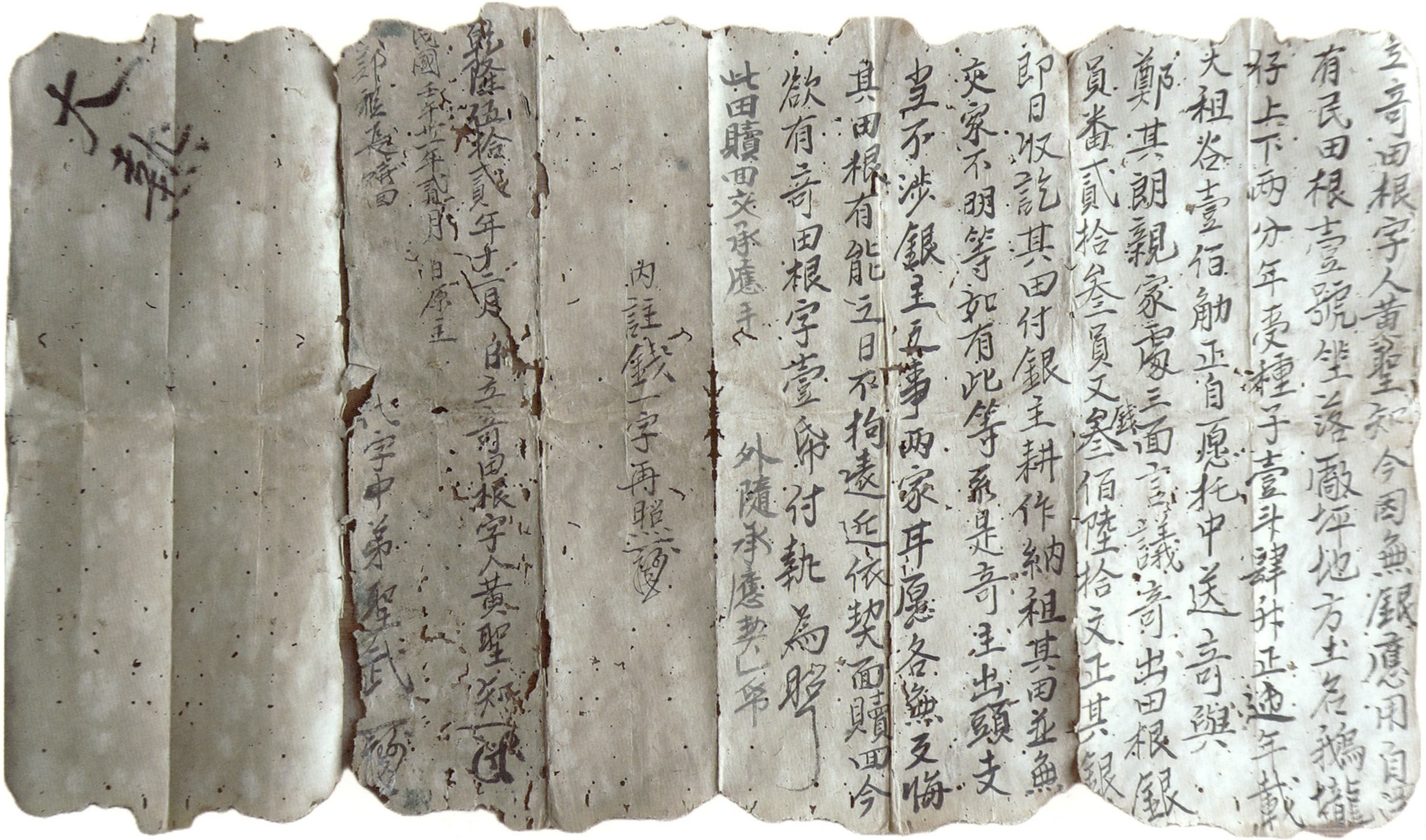
立寄田根字人黃聖知，今因無銀應用，自己
有民田根壹號，坐落廠坪地方，土名鵝壠
仔上下兩分，年受種子壹斗肆升正，逐年載
大租谷壹佰觔正，自愿托中送寄與
鄭其朗親家處，三面言議，寄出田根銀
員番貳拾叁員，又錢叁佰陸拾文正。其銀
即日收訖，其田付銀主耕作，納租。其田並無
交家不明等，如有此等，系是寄主出頭支
當，不涉銀主之事。兩家甘愿，各無反悔。
其田根有能之日，不拘遠近，依契面贖回。今
欲有憑，立寄田根字壹紙付執為照。
此田贖回，交承應手。　外隨承應契一紙
內注錢一字再照。
乾隆伍拾貳年十二月　日立寄田根字人黃聖知（押）
代字中弟聖武（押）

11-9-4-3　清乾隆五十二年十二月黃聖知立寄民田根字

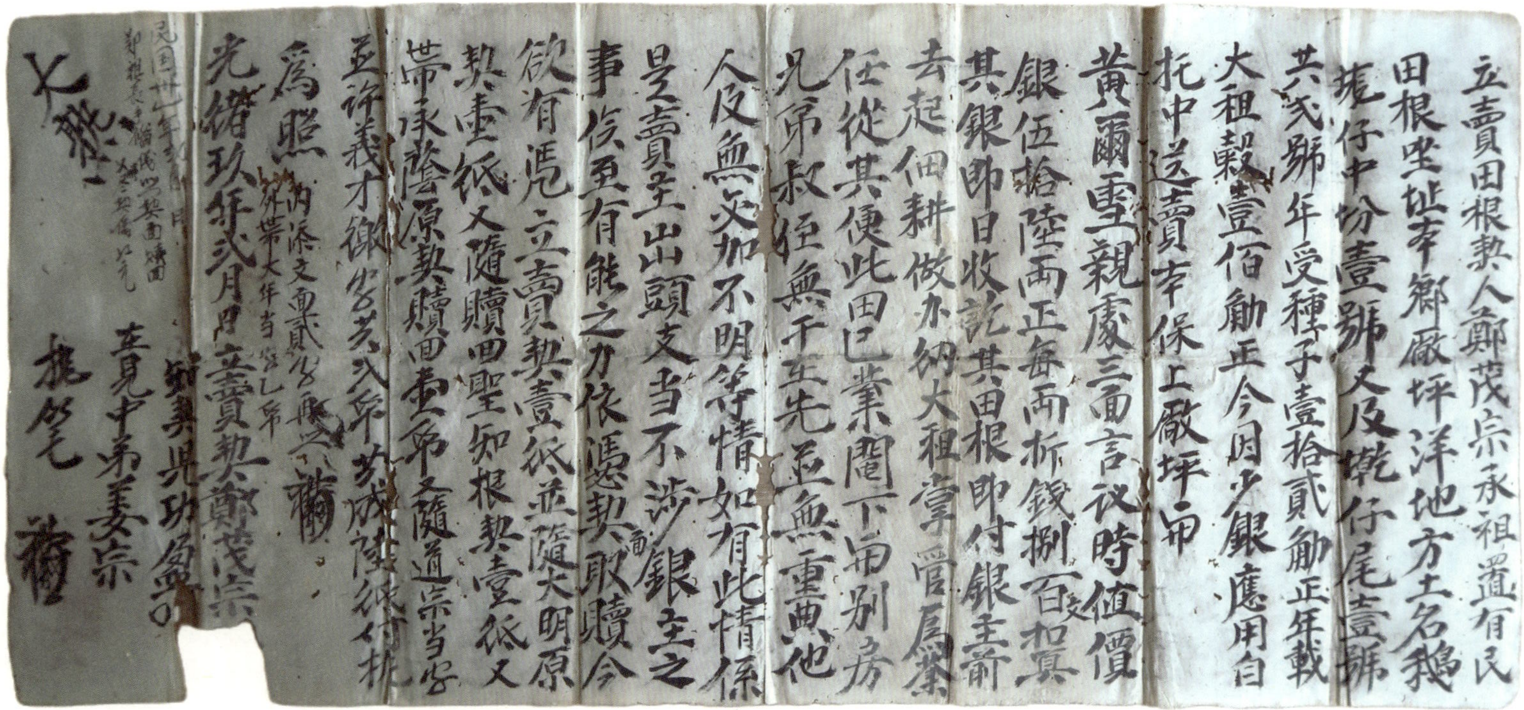

11-9-4-4　清光緒九年二月鄭茂宗立賣民田根契

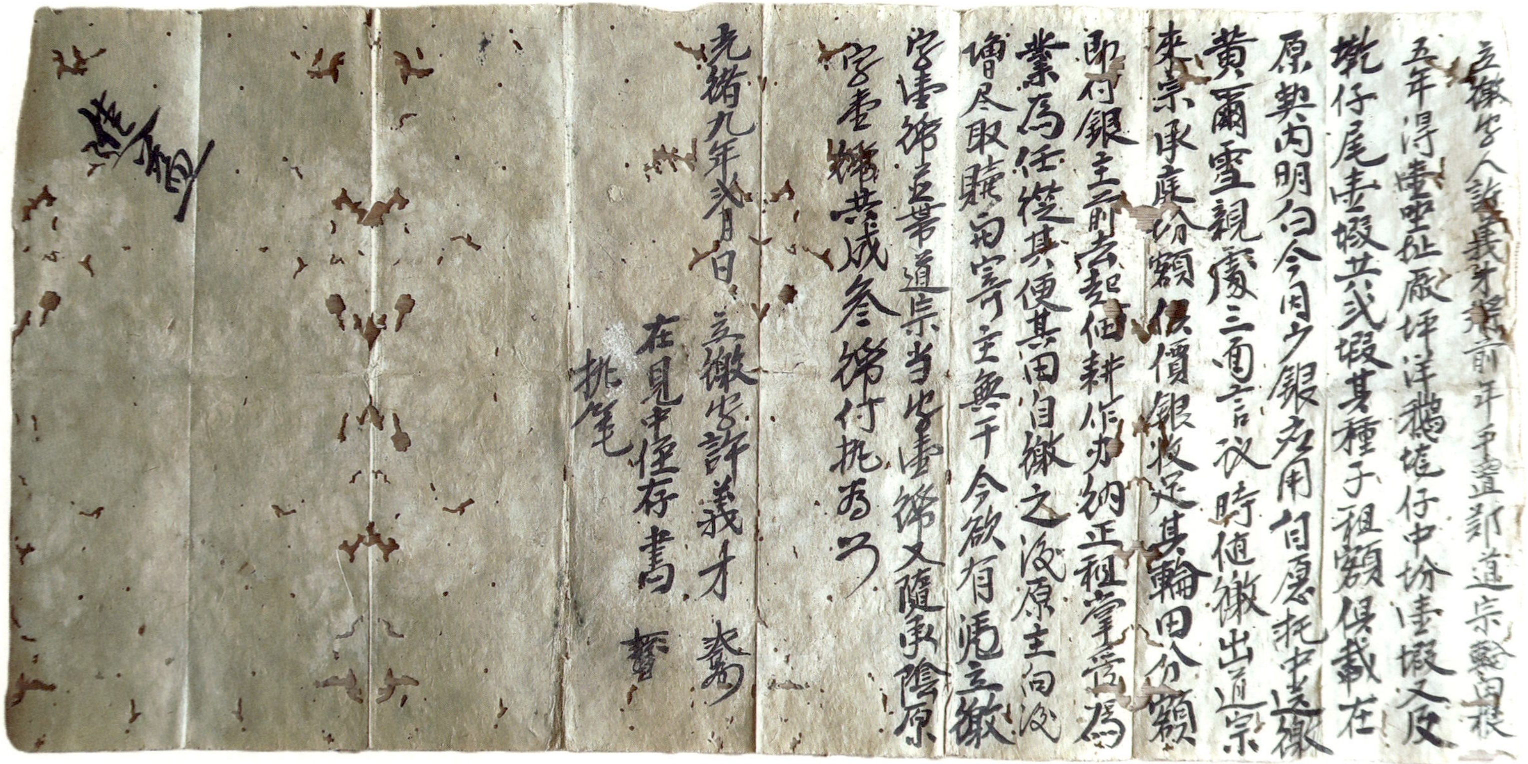

立繳字人許義才緣前年手置鄭道宗契內根
五年得業坐址廠坪洋鵝墘仔中坵壹坵又段
墘仔尾壹坵共弍坵其種子租額俱載在
原契內明白今因乏銀應用自愿托中送繳
黃爾雪親處三面言议時值繳出道宗
來承庭分額佃價銀收足其輪田分額
即付銀主前去起佃耕作办纳正租掌管為
業為任從其便其田自繳之後原主向後
增尽取贖兩家甘愿無干今欲有凭立繳
字壹紙又帶道宗當字壹紙又隨承陰原
字壹紙共成叁紙付執為照

光緒九年弍月　日　立繳字許義才（押）
在見中侄存書（押）
執筆

11-9-4-5　清光緒九年二月許義才立繳輪田根字

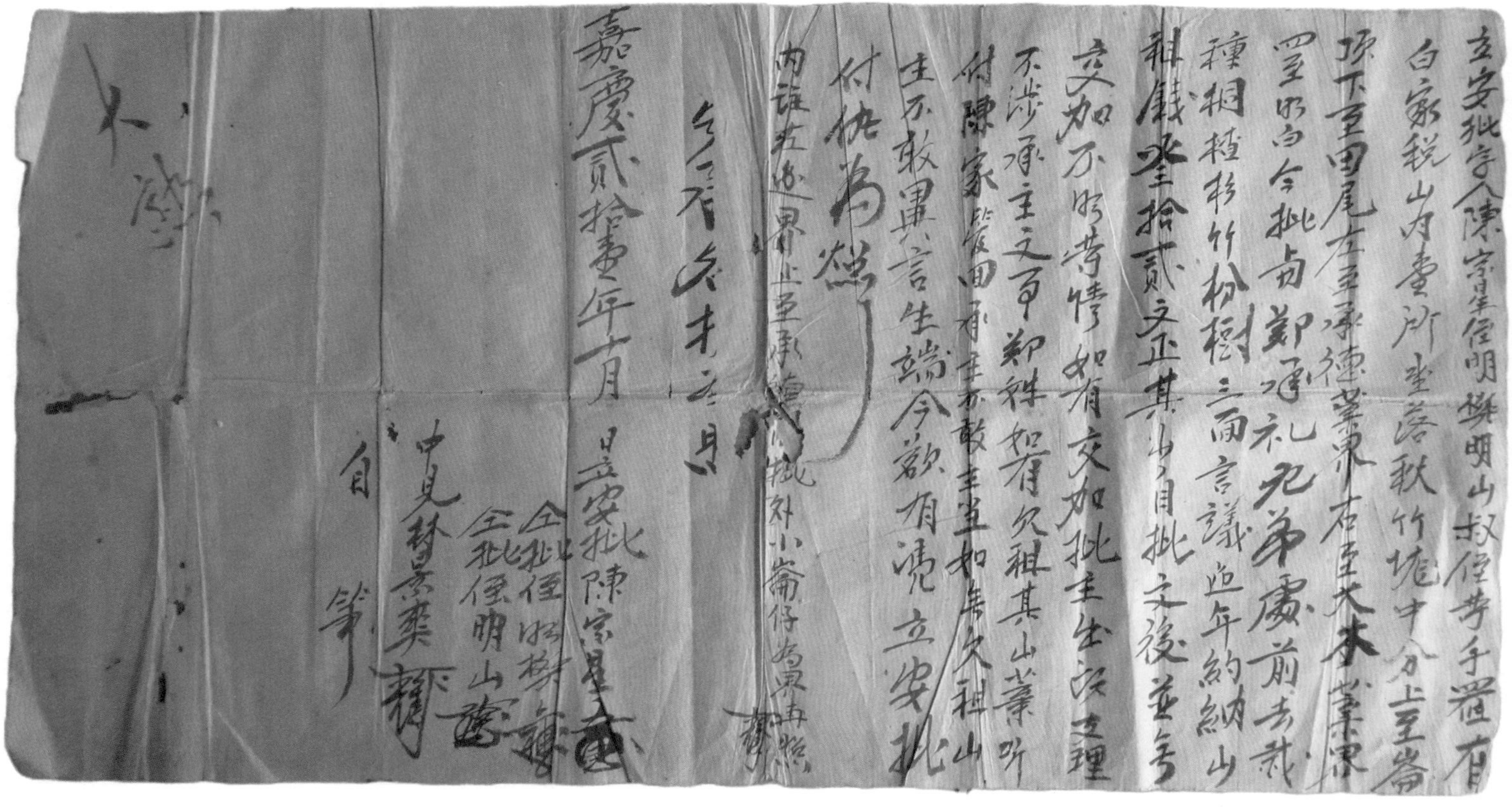
立安批字人陳宗星侄明樊、明山叔侄等，手置有
白家稅山乙處，所坐落秋竹坵中，分上至嵛
頂，下至田尾，左至承德業界，右至大木業界，
四至明白。今批與鄭承禮兄弟處前去栽
種桐、植杉、竹、松樹。三面言議，迨年約納山
租錢叁拾貳文正。其山自批之後，並無
交加不明等情。如有交加，批主出頭支理，
不涉承主之事。鄭邊如有欠租，其山業听
付陳家管田，承者不敢主立；如無欠租，山
主不敢異其言生端。今欲有憑，立安批
付執為照。
内註在批界止至承德□，批外小崙仔為界，再照。
[illegible]
嘉慶貳拾壹年十月　日立安批　陳宗星（押）
仝批　侄明樊（押）
仝批　侄明山（押）
中見　林景奕（押）
自筆
[illegible]

11-9-5-1　清嘉慶二十一年十月陳宗星等立安批稅山字

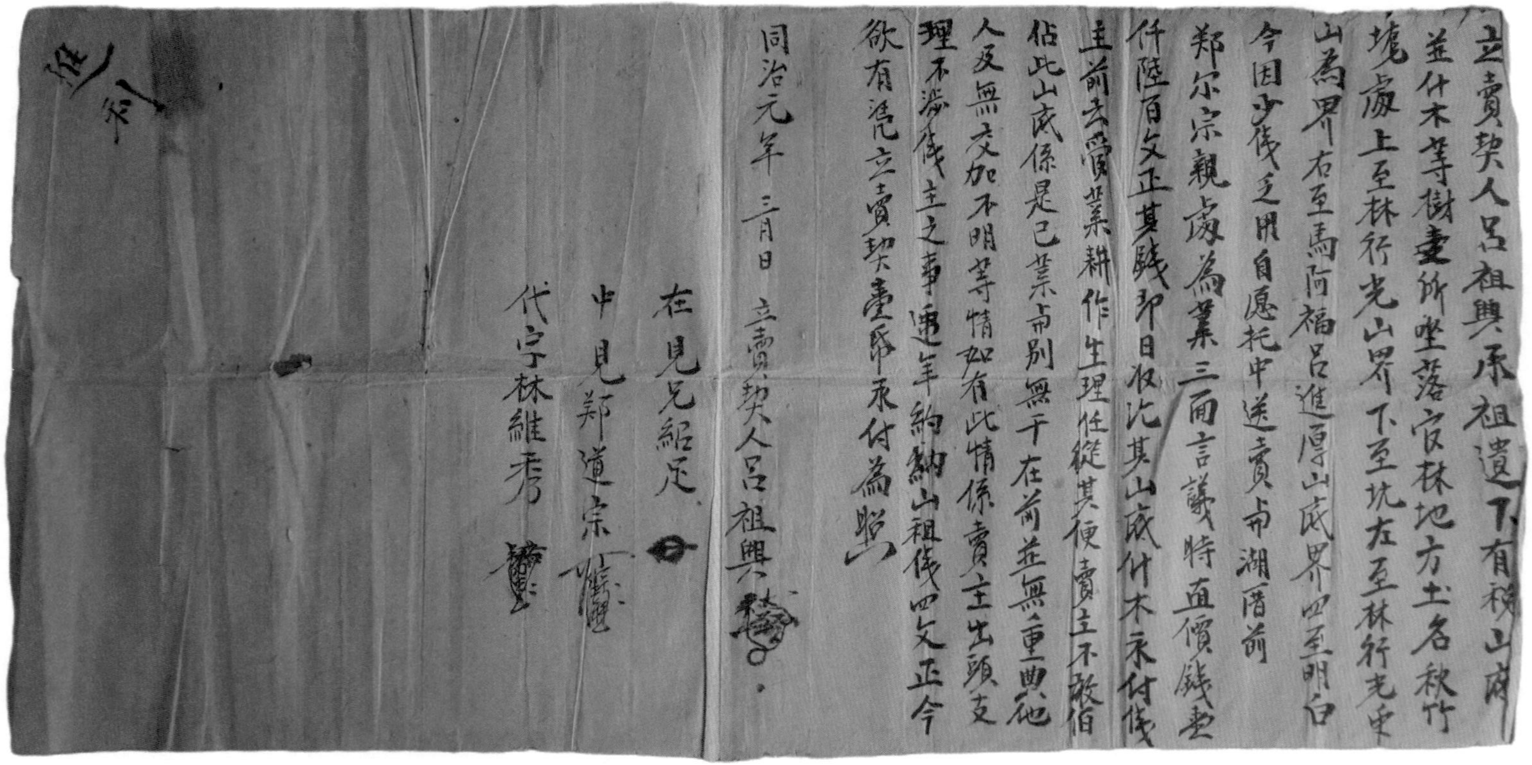

立賣契人呂祖興承祖遺下有税山南
並什木等樹壹所坐落宦林地方土名秋竹
境處上至林行光山界下至坑左至林行光史
山爲界右至馬阿福呂進厚山底界四至明白
今因少錢乏用自愿托中送賣与湖厝前
郑尔宗親處爲業三面言議特直價錢壹
仟陸百文正其錢即日收訖其山底什木永付錢
主前去管業耕作生理任從其便賣主不敢佰
佔此山底係是己業与別無干在前並無重典他
人又無交加不明等情如有此情係賣主出頭支
理不涉錢主之事遞年納勳山租錢四文正今
欲有憑立賣契壹紙永付爲照

同治元年三月日 立賣契人呂祖興

在見兄紹足

中見郑道宗

代字林維秀

11-9-5-2　清同治元年三月呂祖興立賣鳳山底等契

11-9-6-1　包契紙

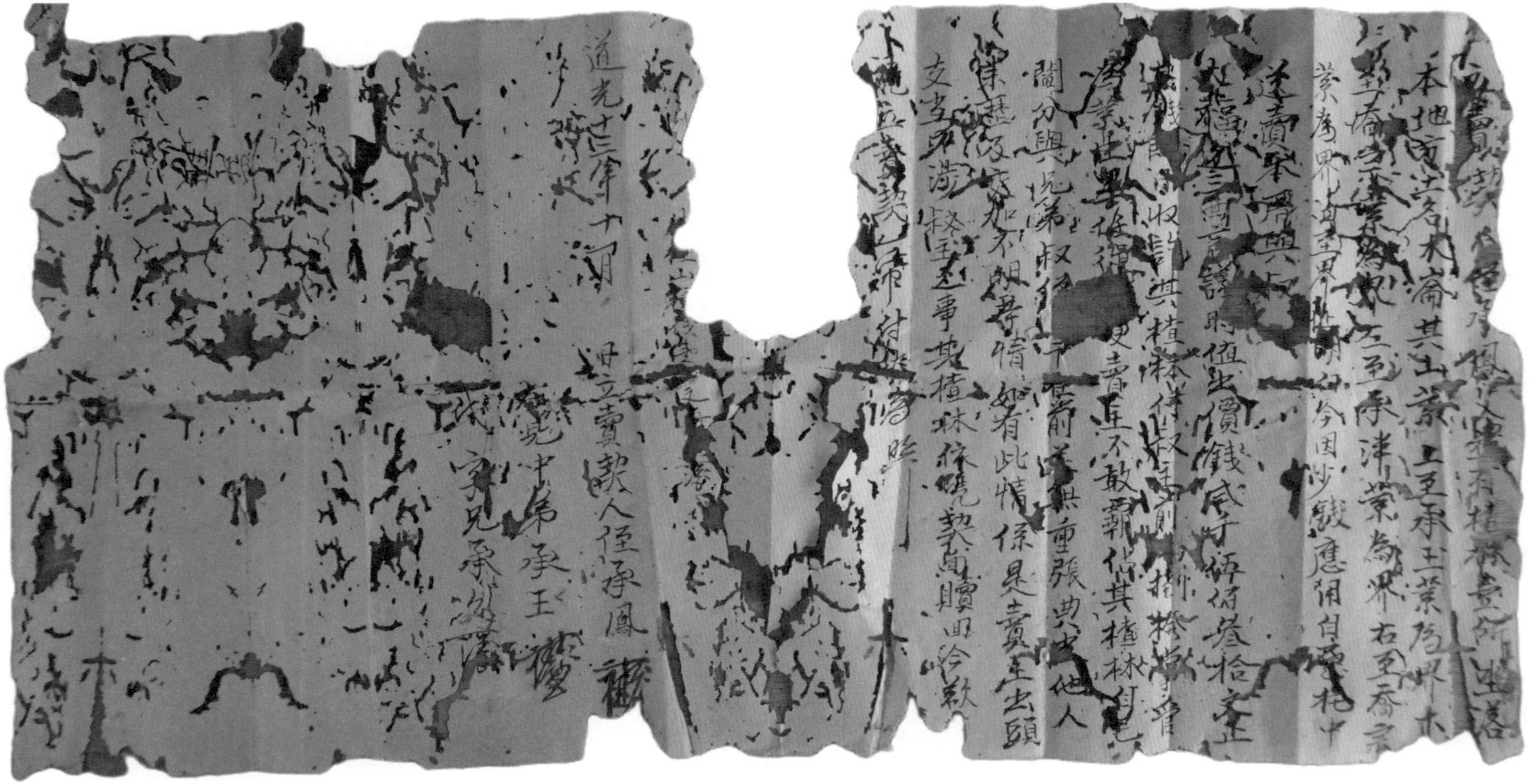

11-9-6-2　清道光十三年十一月鄭承鳳立賣楂林契

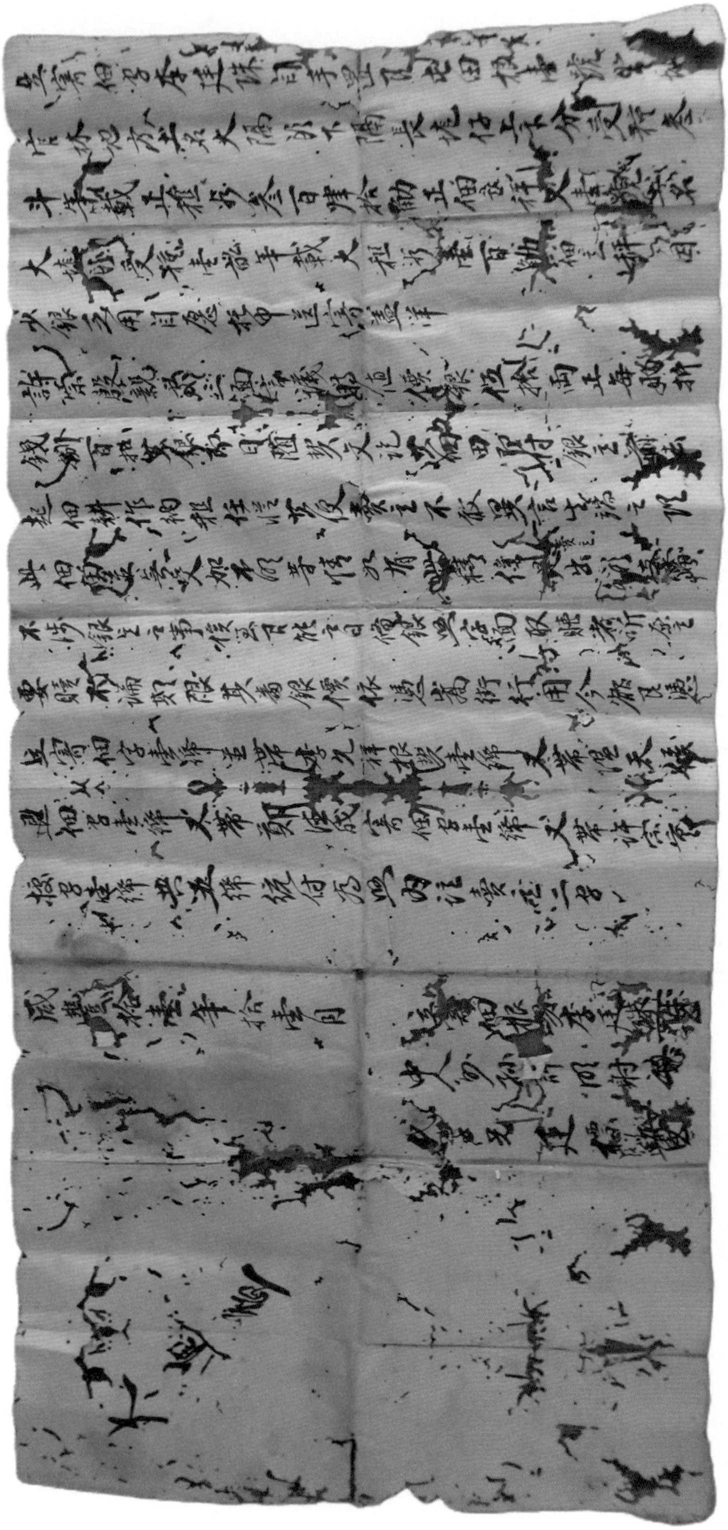

11-9-6-3　清咸豐十一年十一月李廷珠立寄佃屯田根字

立賣契人[illegible]鄉鄭美溪[illegible]
[illegible]田底面全壹段，坐落土名溪邊洋，年受種[illegible]
[illegible]拾觔，[illegible]租[illegible]伍百文庫平[illegible]
用自愿托中送與向本山寨鄉[illegible]
[illegible]盛[illegible]為業，三面言議，時值價[illegible]
[illegible]壹仟壹佰叁拾[illegible]
[illegible]本年[illegible]納租[illegible]
[illegible]種田付銀[illegible]起佃耕作[illegible]
[illegible]粮錢任從其便，不敢異言生端[illegible]
[illegible]物業兩兄弟叔侄等[illegible]並無典[illegible]
[illegible]及交加[illegible]不明等情，如有此情，賣主出頭[illegible]
[illegible]之事，[illegible]至有能之力[illegible]
[illegible]面[illegible]憑，有立賣契[illegible]付執[illegible]
[illegible]內添逆壹字再照[illegible]
民國庚午拾九年七月　日立賣契鄭美溪
中見[illegible]法[illegible]
代筆[illegible]
[illegible]

11-9-6-4　民國十九年七月鄭美溪立賣底面全民田契

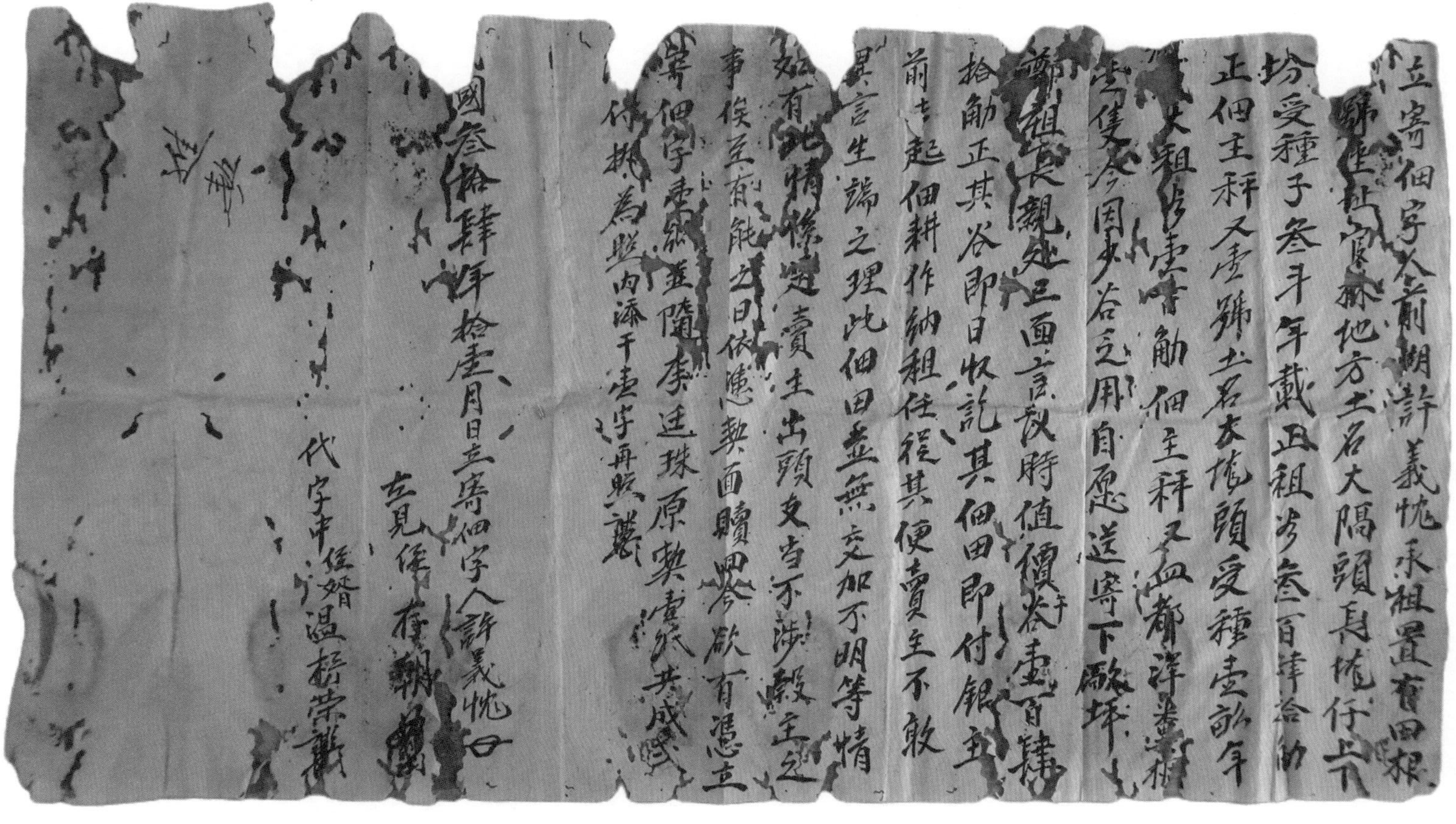

11-9-6-5　民國三十四年十一月許義恍立寄佃田根字

11-9-7-1　包契紙

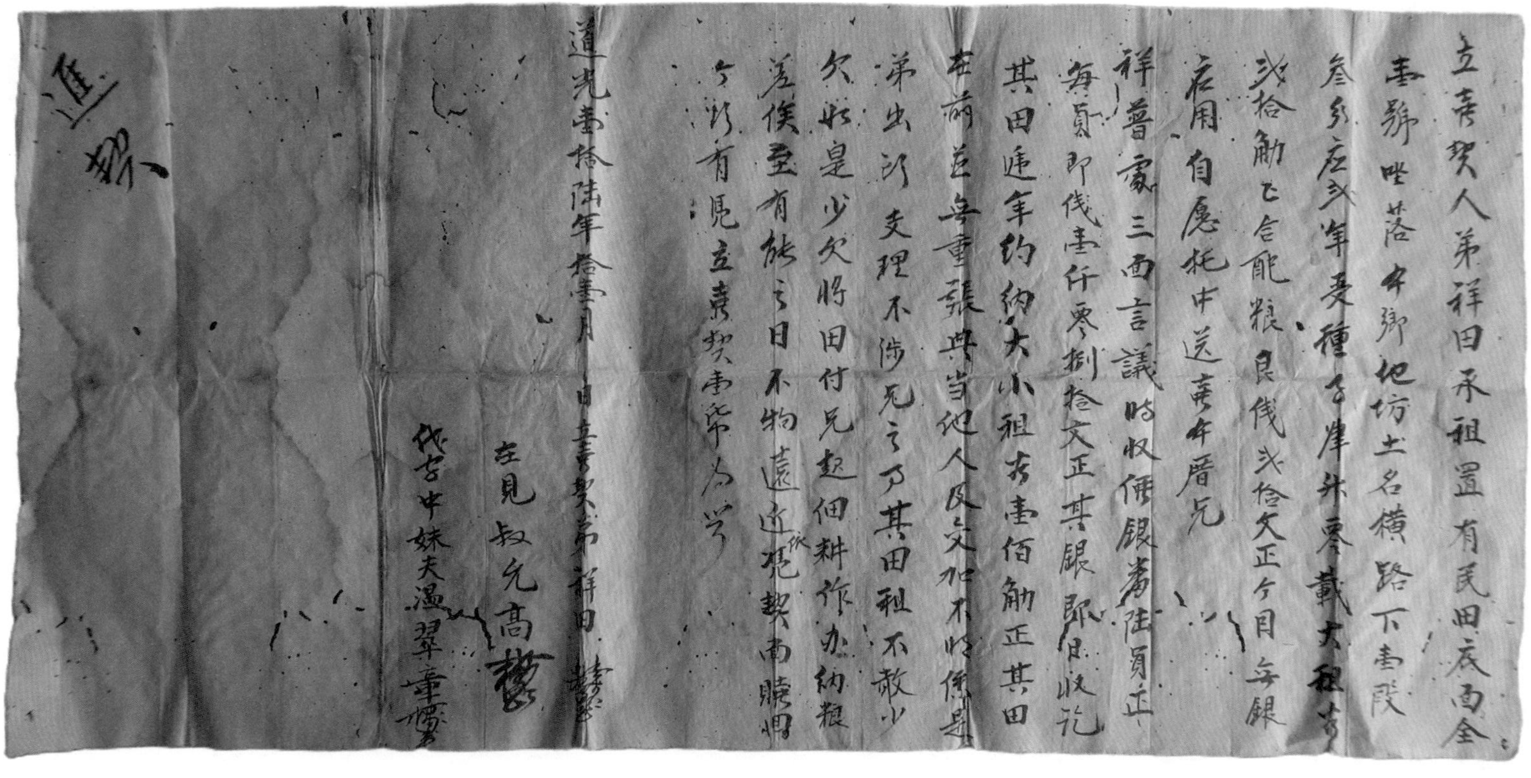
立賣契人弟祥田承祖置有民田底面全
壹號，坐落本鄉地坊，土名横路下壹段，
叁分，在弍年受種子准斗叁㪷，載大租谷
弍拾觔七合，能粮銀弍拾文正，今因無銀
應用，自愿托中送賣本厝兄
祥普處，三面言議時收價銀壹陆員正，
每員即銭壹仟叁捌拾文正，其銀即日收訖。
其田逐年約納大小租谷壹佰觔正，其田
在前並無重張典当他人及交加不明，係是
弟出頭支理，不涉兄之事。其田租不敢少
欠，如是少欠，將田付兄起佃耕作，办納粮
差。俟至有能之日，不拘遠近，依照契面贖回。
今欲有憑，立賣契壹帋為照。
道光拾陆年拾壹月　日立賣契弟祥田（押）
在見叔允高（押）
代字中妹夫温翠章（押）
底契

11-9-7-2　清道光十六年十一月鄭祥田立賣底面全民田契

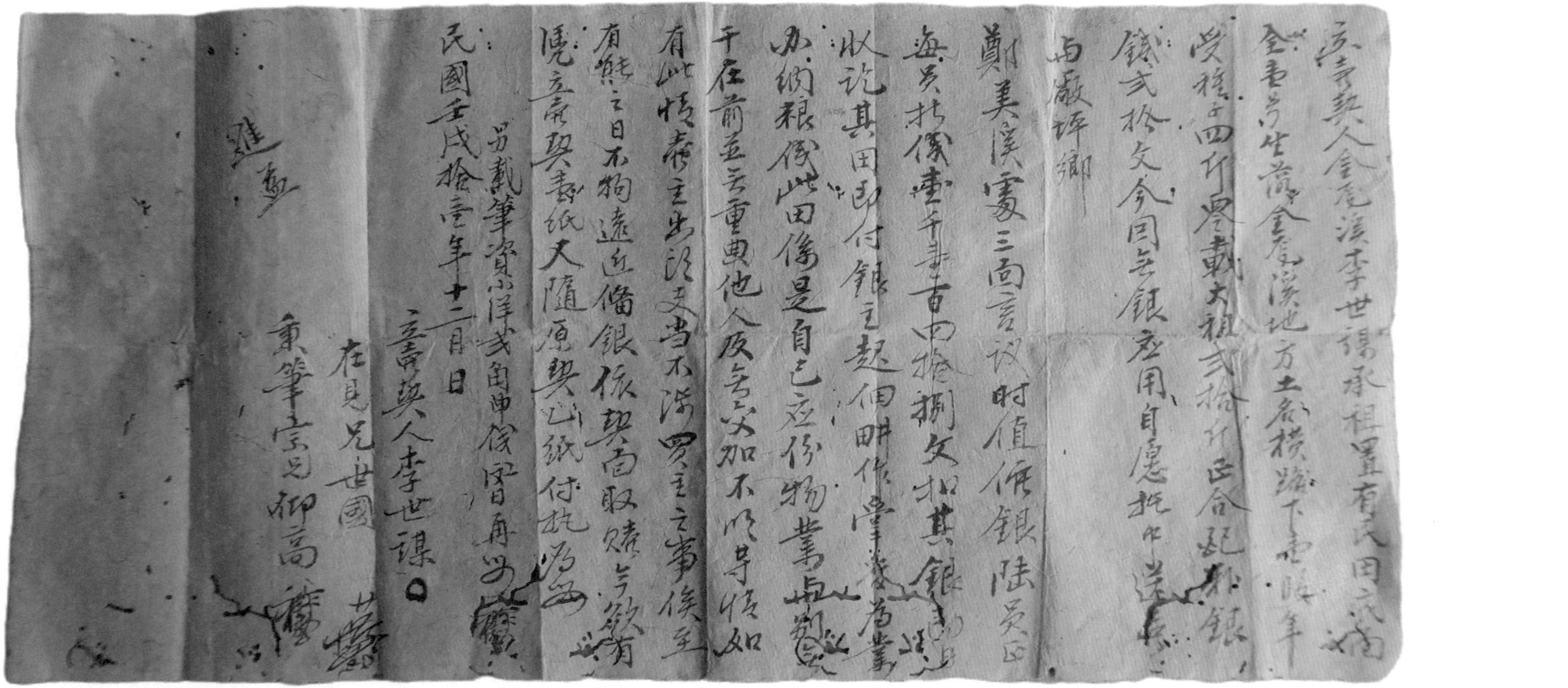

立賣契人金虎溪李世謀，承祖置有民田貳處，坐落本處金虎溪地方，土名横路下壹段，年受租子四斤，又載大租貳拾斤正，合起稅銀錢貳拾文。今因無銀應用，自愿托中送與巖坪鄉鄭美溪處，三面言議時值價銀陸員正，每員折價壹千壹百四拾捌文，扣其銀即日收訖。其田即付銀主起佃耕作，掌管為業，办納粮錢。此田係是自己應份物業，與别無干，在前並無重典他人，及無文加不明等情。如有此情，賣主出頭支當，不涉買主之事。候至有銀之日，不拘遠近，備銀依契面取贖，無得執留。今欲有憑，立賣契壹紙，又隨原契一紙，付執為照。

另載筆資小洋弍角，由係買再付。

民國壬戌拾壹年十二月　日

立賣契人李世謀（押）

在見兄世國（押）

秉筆宗兄御高（押）

進益

11-9-7-3　民國十一年十二月李世謀立賣底面全民田契

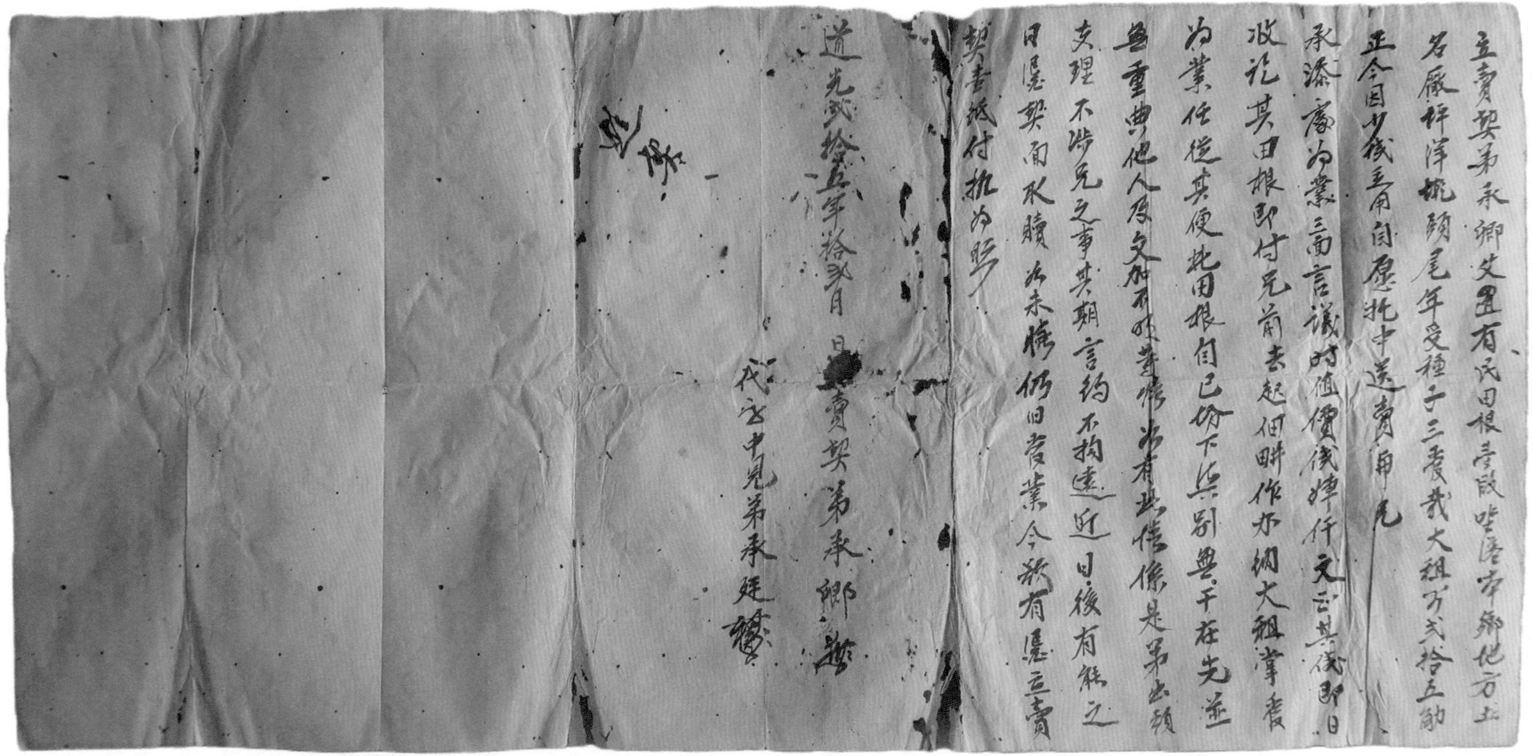

立賣契弟承卿，文置有民田根壹段，坐落本鄉地方土
名廠坪洋坑頭尾，年受種子三秤，載大租谷貳拾五觔
正。今因乏錢應用，自愿托中送賣與兄
承滌處為業。三面言議時值價錢肆仟文，其錢即日
收訖，其田根即付兄前去起佃耕作，亦納大租掌管
為業，任從其便。此田根自己份下與別無干，在先並
無重典他人及文私不明等情，如有此情，係是弟出頭
支理，不涉兄之事。其期言約不拘遠近，日後有銀之
日，愿契面取贖，如未贖，仍舊管業。今欲有憑，立賣
契壹紙付執為照。

道光貳拾五年拾貳月　日　立賣契弟承卿（押）
代字中兄弟承廷（押）

11-9-8-1　清道光二十五年十二月鄭承卿立賣民田根契

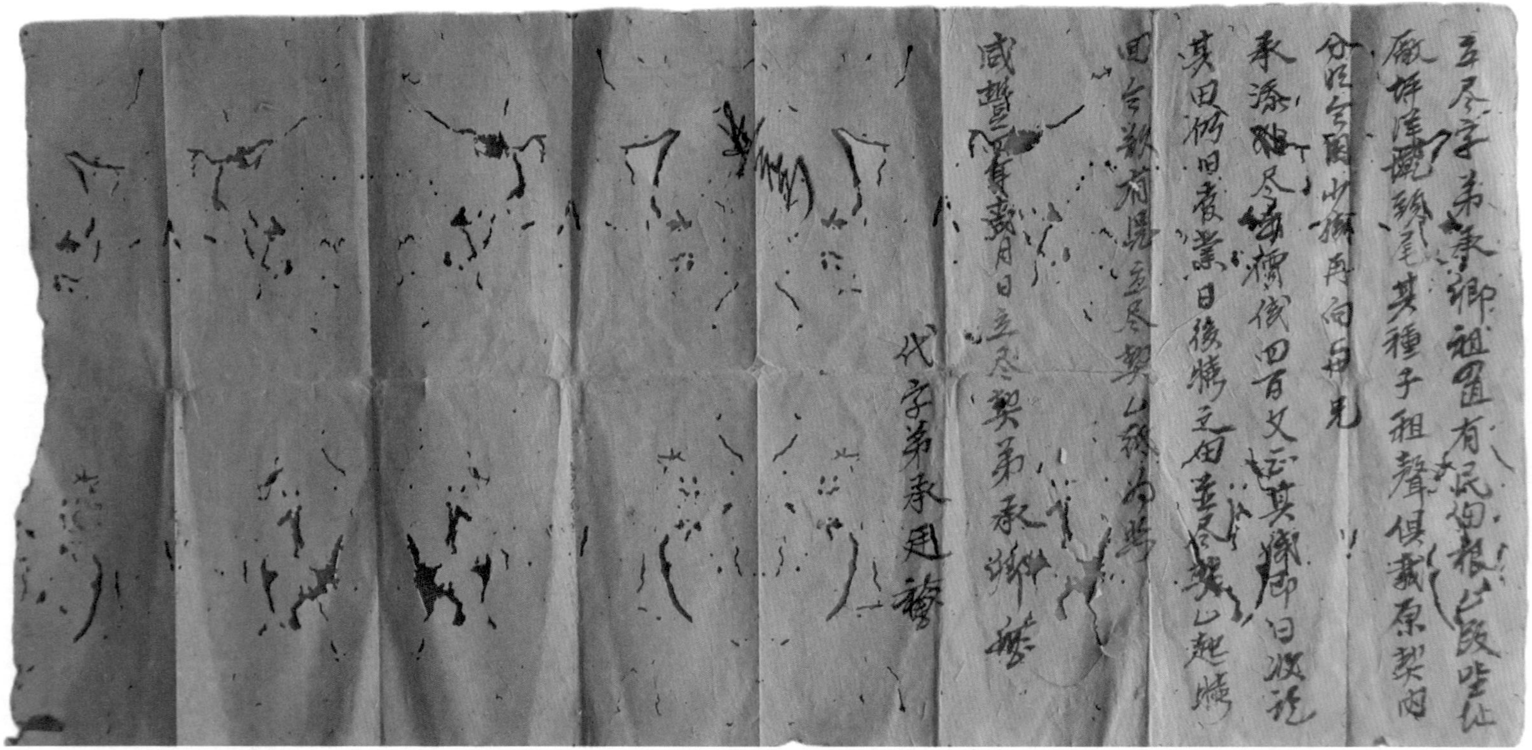
立盡字弟承卿祖置有民田根一段坐址
廠坪洋硋尾，其種子租聲俱載原契內
分明。今因乏用，再向兄
承添出盡價錢四百文，其錢即日收訖。
其田仍旧管業，日後轉之，再盡契乙紙起帖。
田今欲有憑，立盡契乙紙為照。
咸豐四年十二月　日立盡契弟承卿
代字弟承廷

11-9-8-2　清咸豐四年十二月鄭承卿立盡民田根字

11-9-9-1　包契紙

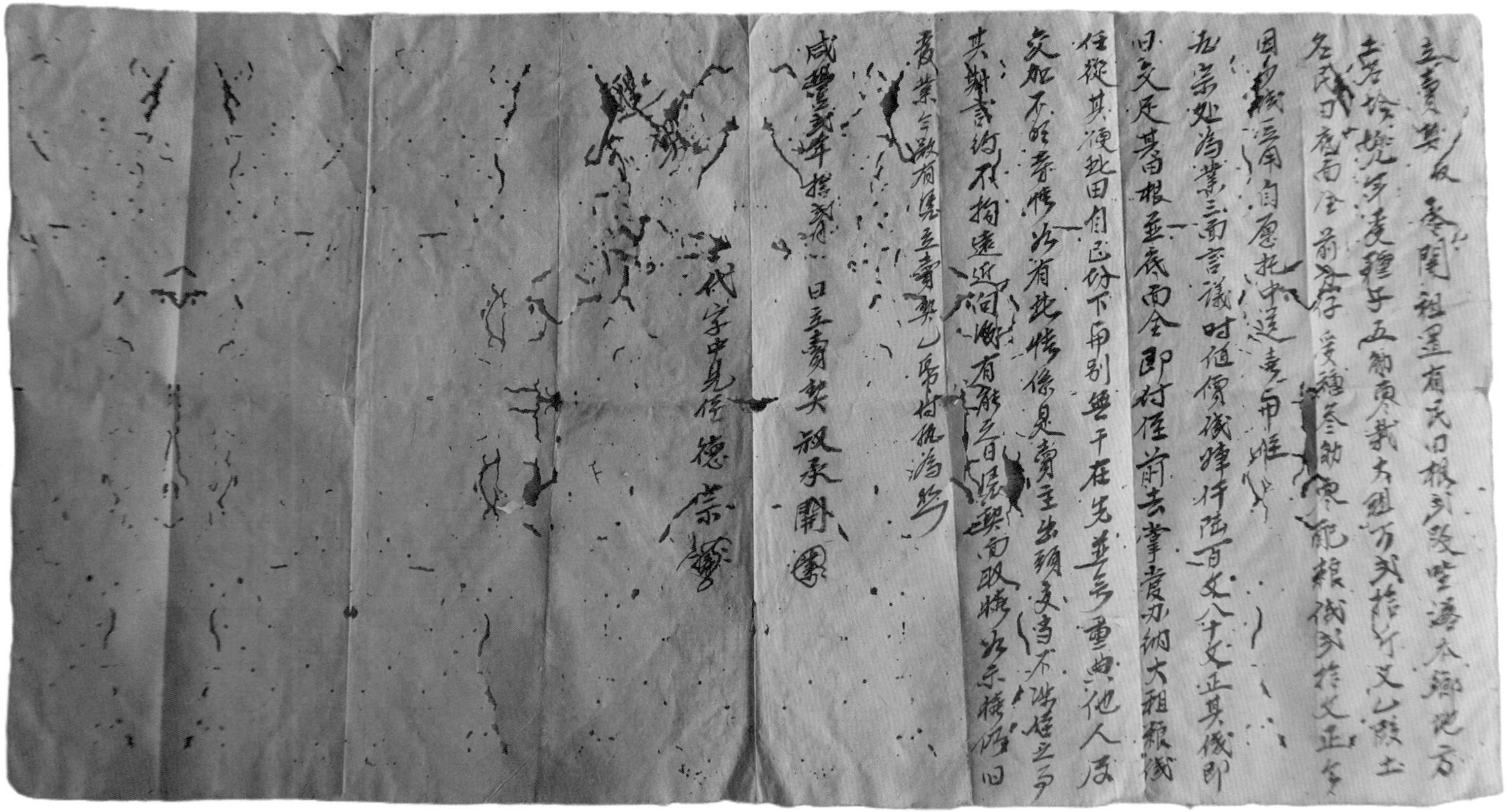

11-9-9-2　清咸豐二年十二月鄭承開立賣民田根契

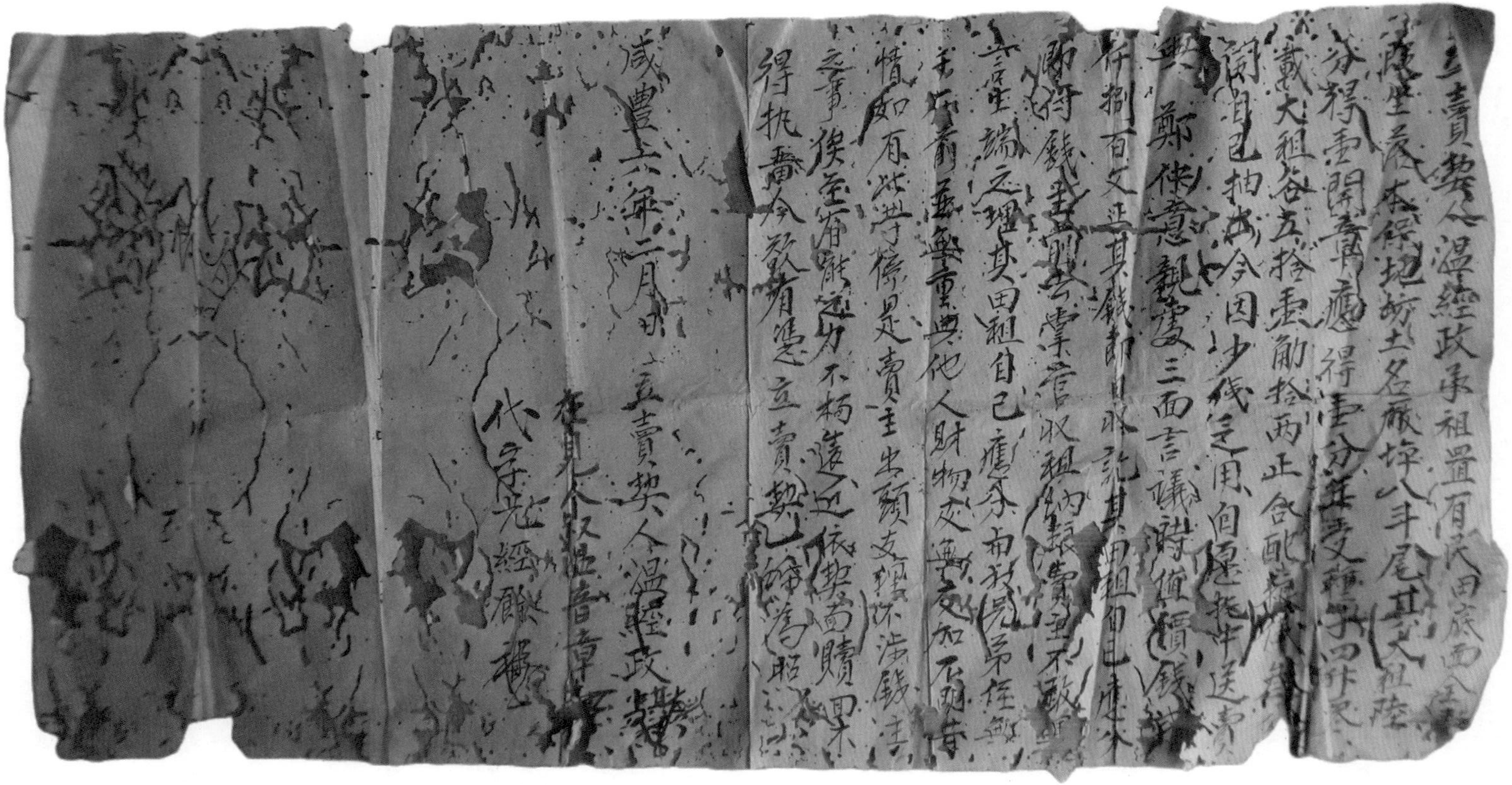

11-9-10-1　清咸豐六年二月温經政立賣底面全民田契

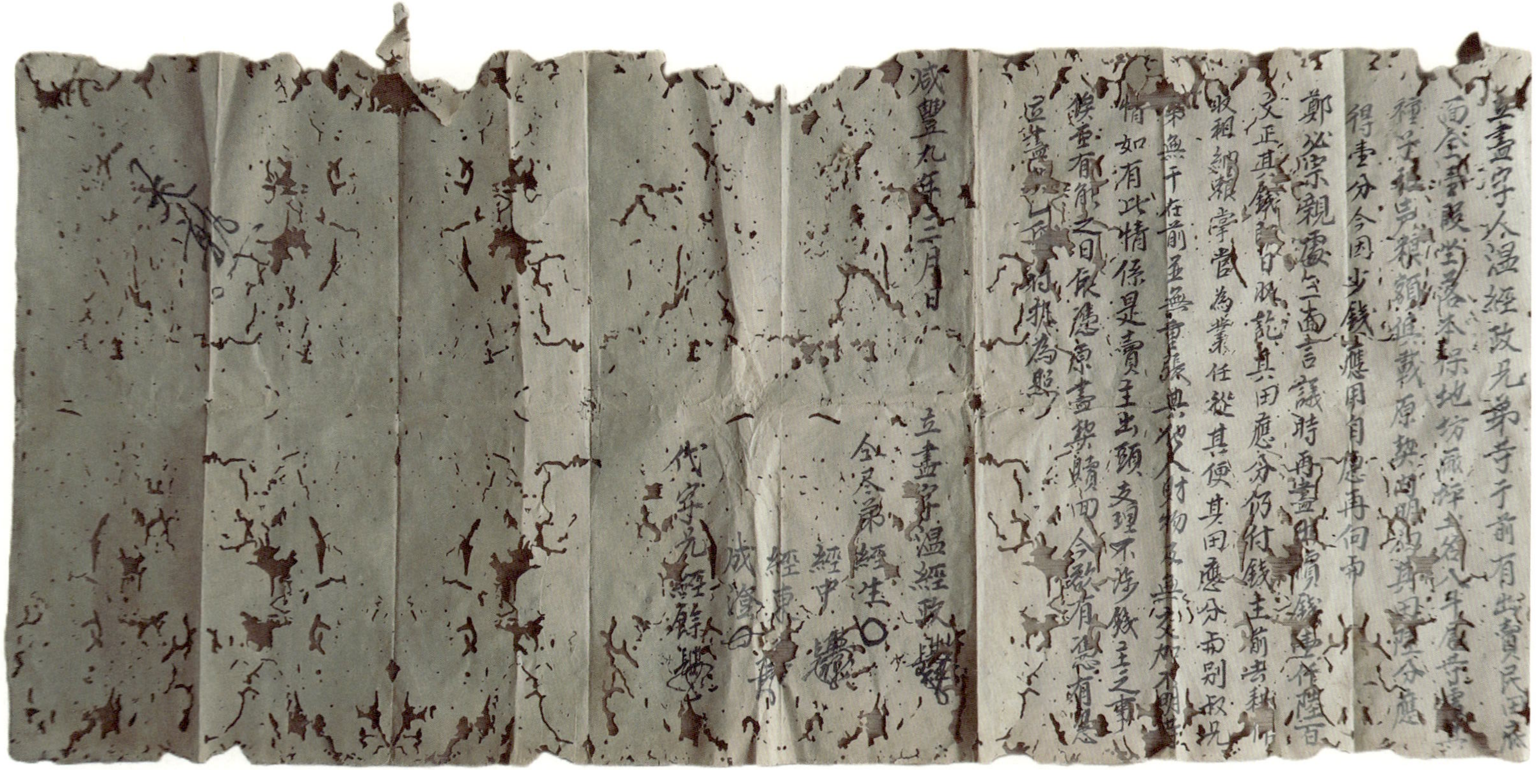
立盡字人温經政兄弟等于前有出賣民田底
面全[illegible]坐落本保地方[illegible]
種子[illegible]原契[illegible]其田[illegible]分應
得壹分今因乏錢應用自愿再向本
鄭必宗親處三面言議時再盡[illegible]
文正其錢[illegible]其田應分仍付錢主前去耕[illegible]
收租納糧掌管為業任從其便其田應分兩別叔兄
弟無干在前並無重張典[illegible]財物亦無交加不明[illegible]
情如有此情係是賣主出頭支理不涉錢主之事
[illegible]有能之日依憑原盡契贖回今欲有憑
立盡[illegible]為照
咸豐九年三月　日
立盡字温經政
仝兄弟經生
經中[illegible]
[illegible]
代字[illegible]

11-9-10-2　清咸豐九年三月温經政等立盡底面全民田字

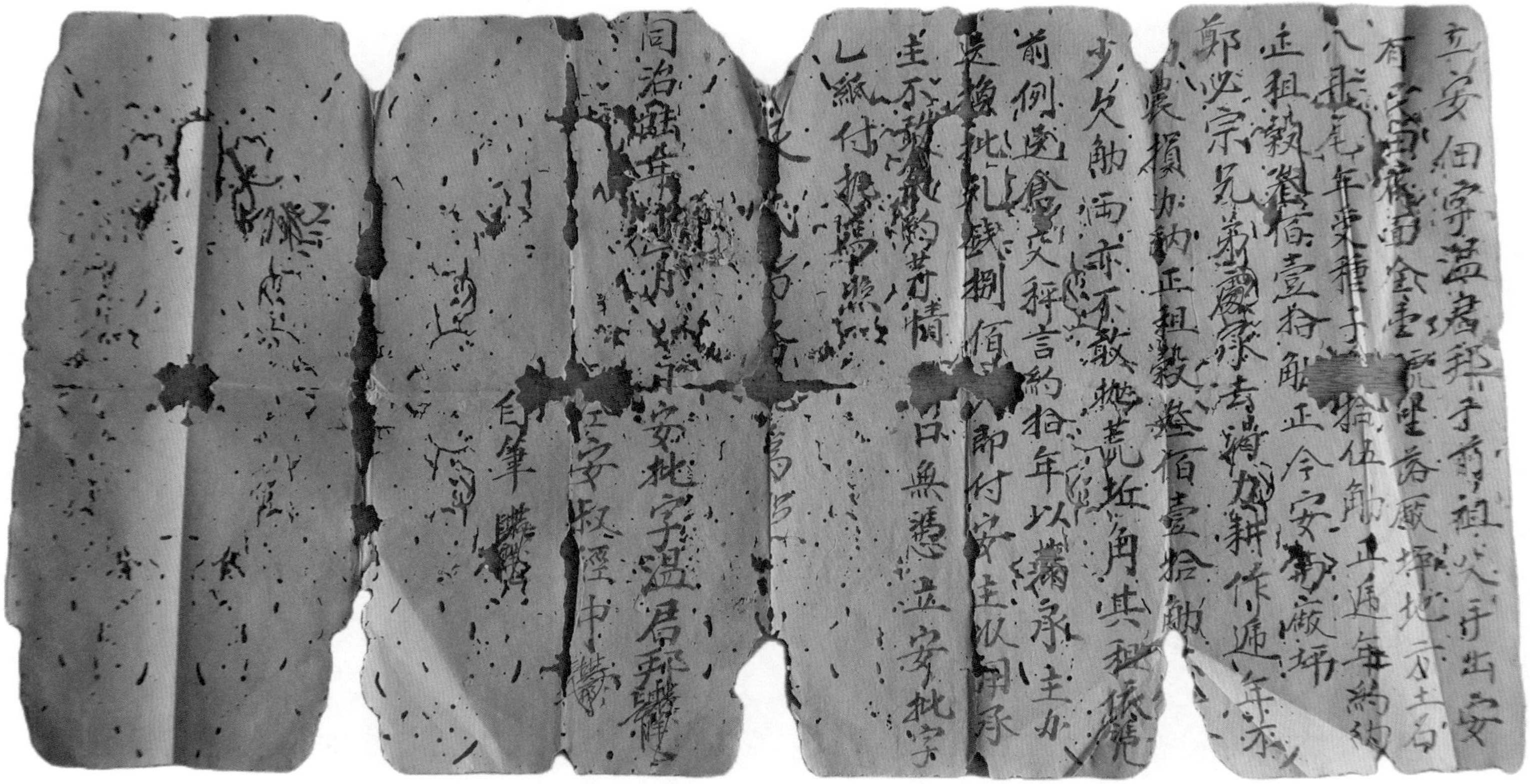
立安佃字温君邦[illegible]手前祖父手出安
有[illegible]面全壹號坐落廠坪地方土名
八[illegible]年要種子[illegible]拾伍觔正逓年約納
正租穀叁佰壹拾觔正今安鄭厰坪
鄭必宗兄弟處承去耕作逓年本
[illegible]農損加納正租穀叁佰壹拾觔
少欠觔兩亦不敢拋荒坵角其租[illegible]
前例送倉交秤言約拾年以滿承主加
是換批礼錢捌佰[illegible]即付安主收用承
主不敢[illegible]約等情口無憑立安批字
乙紙付[illegible]照
[illegible]
同治[illegible]年[illegible]月　日立安批字温君邦
仝安叔[illegible]經中
[illegible]筆

11-9-10-3　清同治六年十一月温君邦等立安批底面全民田字

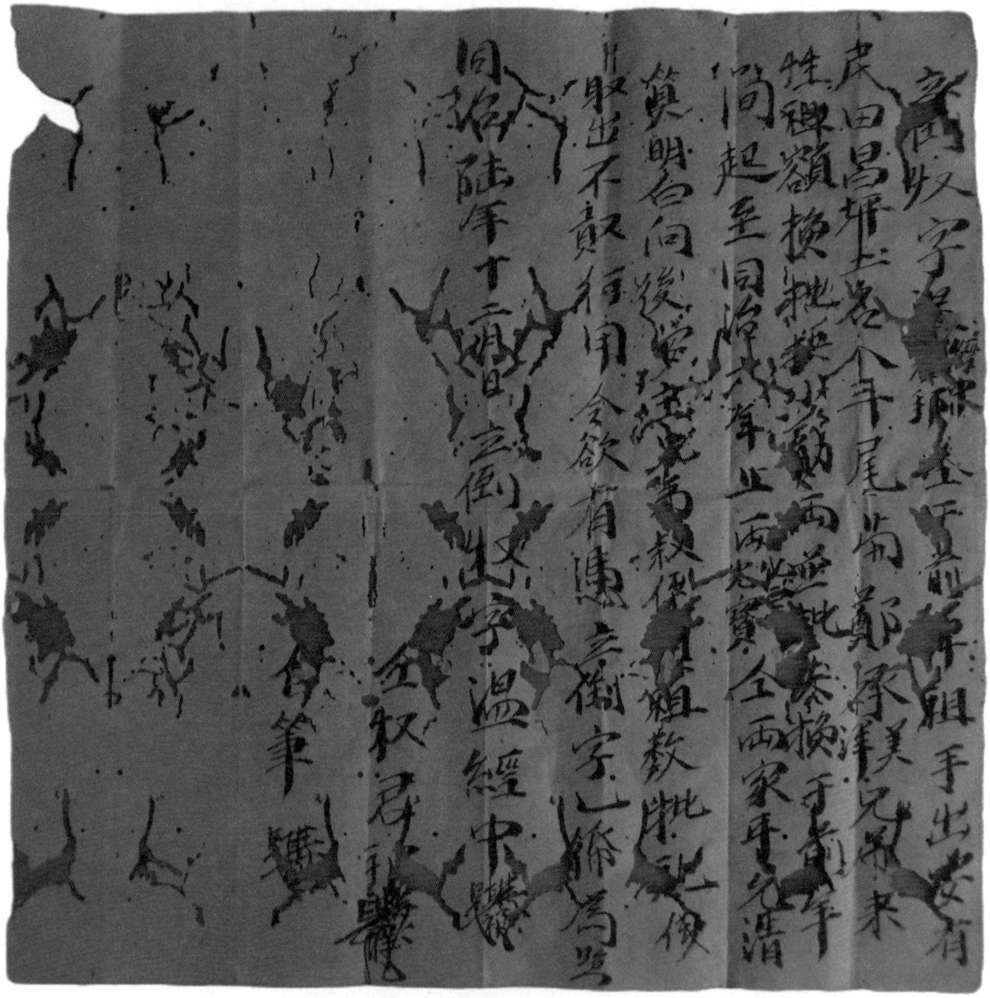

立倒收字溫[illegible]孫[illegible]于[illegible]年祖手出安有
米田昌坪上名[illegible]年尾崗鄭[illegible]洋美兄弟來
姓碑嶺換批[illegible]兩[illegible]換于[illegible]年
尚起至同治六年止兩[illegible]寶仝兩家手[illegible]清
算明白向後[illegible]叔侄[illegible]數[illegible]批[illegible]係
取出不敢行用今欲有憑立倒字一紙為照
同治陸年十二月　日立倒收字溫經中
仝叔君[illegible]
代筆[illegible]

11-9-10-4　清同治六年十二月溫經中等立倒收字

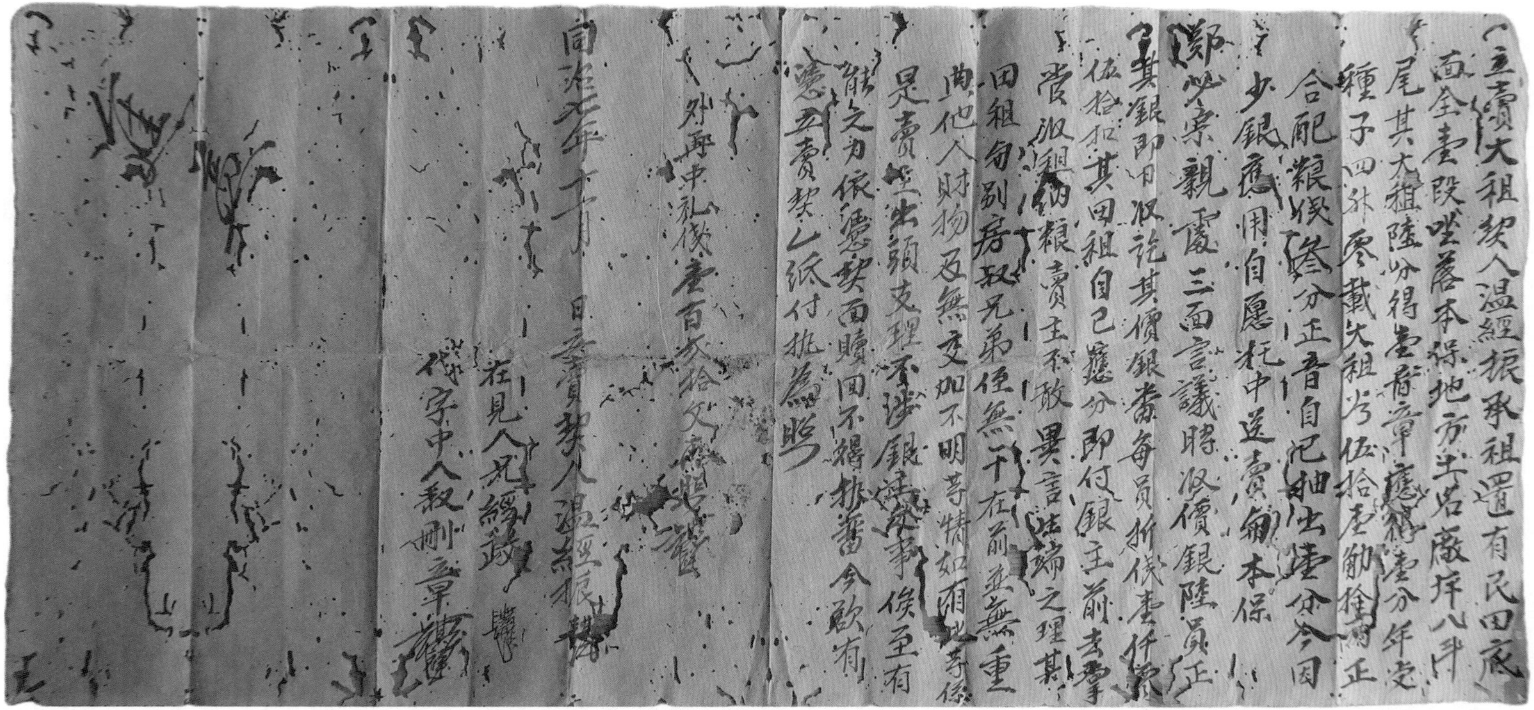

立賣大租契人温經振承祖置有民田底
面全壹段坐落本保地方土名廠坪八斗
尾其大租陸分得壹半應分年交
種子四外廖載大租谷伍拾壹觔捌兩正
合配粮米分正普自己抽出今因
乏銀應用自愿托中送賣與本保
鄭兴棠親處三面言議時价價銀陸員正
其銀即日收訖其價銀每員折俵壹仟
伍拾和其田租自己應分即付銀主前去掌
管收租納粮賣主不敢異言生端之理其
田租與别房叔兄弟侄無干在前並無重
典他人財物及無交加不明等情如有此等係
是賣主出頭支理不涉銀主之事俟至有
能之力依憑契面贖回不得執留今欲有
憑立賣契一紙付執為照
外再中礼俵壹百文拾文
同治七年十一月 日立賣契人温經振
在見人兄經政
代字中人叔剛章

11-9-10-5 清同治七年十一月温經振立賣底面全民田大租契

11–9–10–6 清光緒二十年十二月鄭必宗立承批底面全民田字

11-9-11-1　包契紙

11-9-11-2　清咸豐十一年十二月鄭尔宗立盡民田根契

11-9-12-1　包契紙

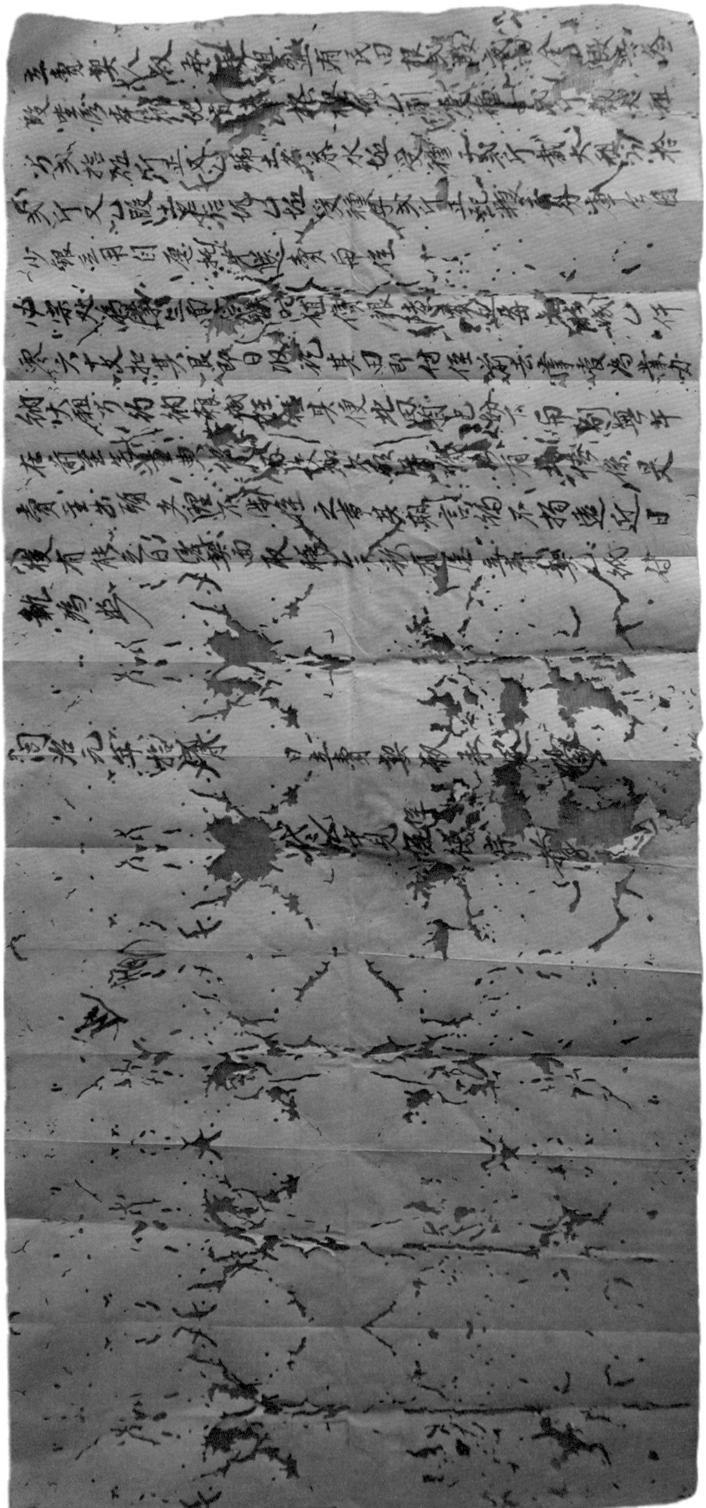

11-9-12-2　清同治元年十二月鄭承廷立賣民田根契

11-9-13-1　包契紙

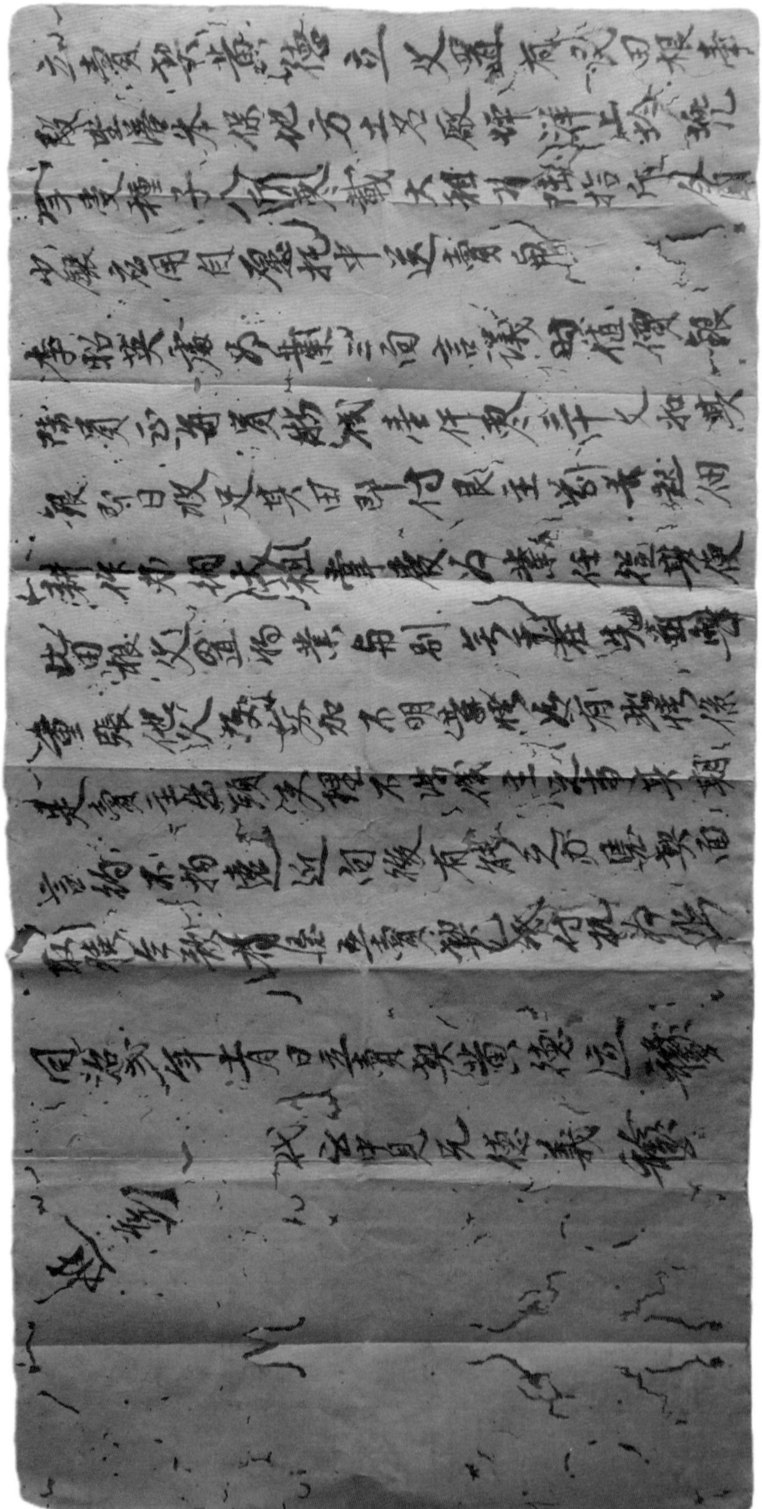

11-9-13-2　清同治二年十一月黄德立立賣民田根契

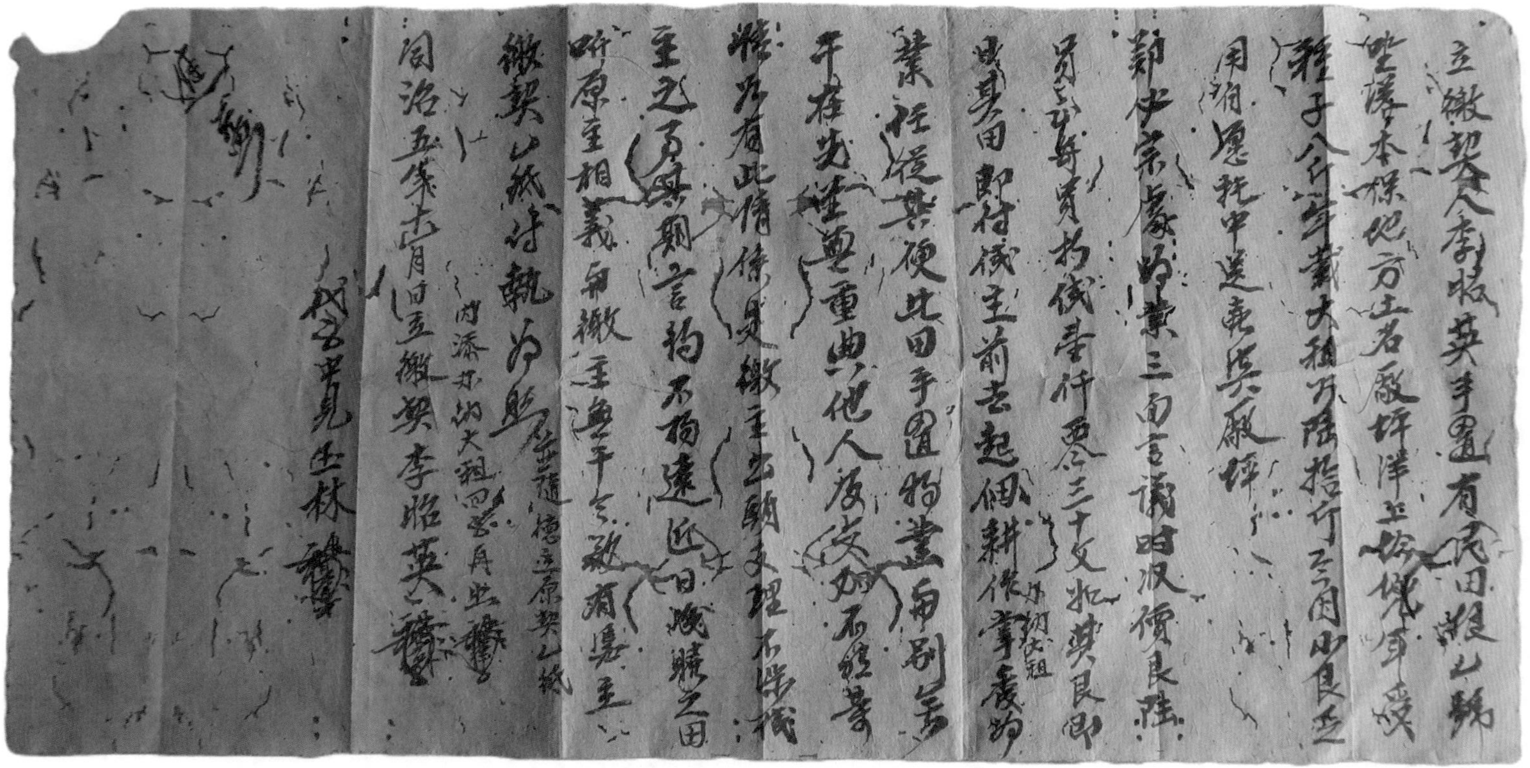

11-9-13-3　清同治五年十一月李昭英立繳民田根契

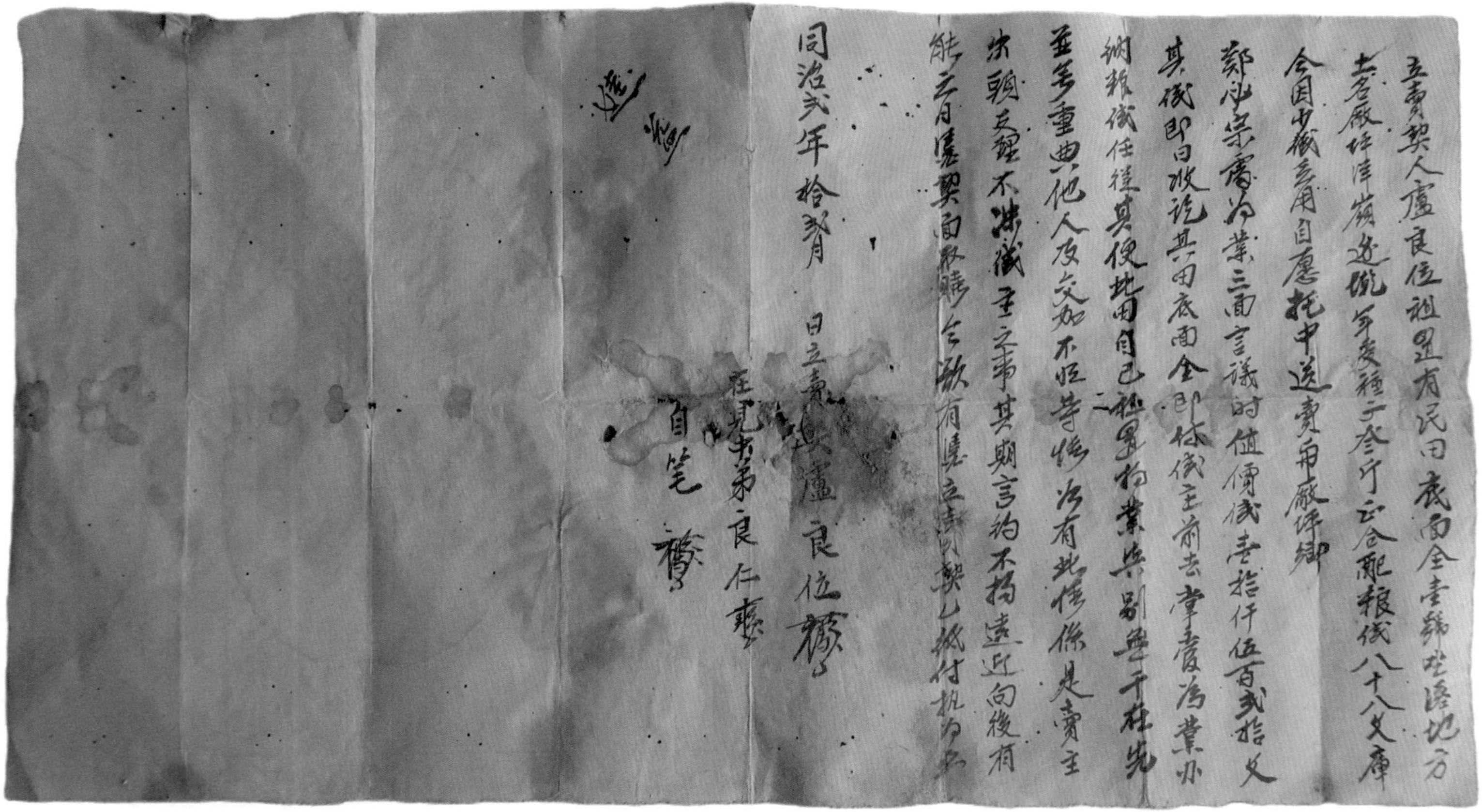
立賣契人盧良位祖置有民田底面全壹號坐落地方
土名廠坪洋嶺透說年夜種子叁斤正合配粮錢八十八文庫
今因少錢應用自愿托中送賣與廠坪鄉
鄭宗處為業三面言議時值價錢壹拾仟伍百貳拾文
其錢即日收訖其田底面全付錢主前去掌管為業亦
納粮錢任從其便此田自己祖置物業與別房無干在先
並無重典他人交加不明等情如有此情係是賣主
出頭支理不涉錢主之事其期言約不拘遠近向後有
能之日照契面原價取贖有憑立賣契一紙付執為照
同治貳年拾貳月　日立賣契人盧良位（押）
在見弟良仁（押）
自筆（押）

11-9-14-1　清同治二年十二月盧良位立賣底面全民田契

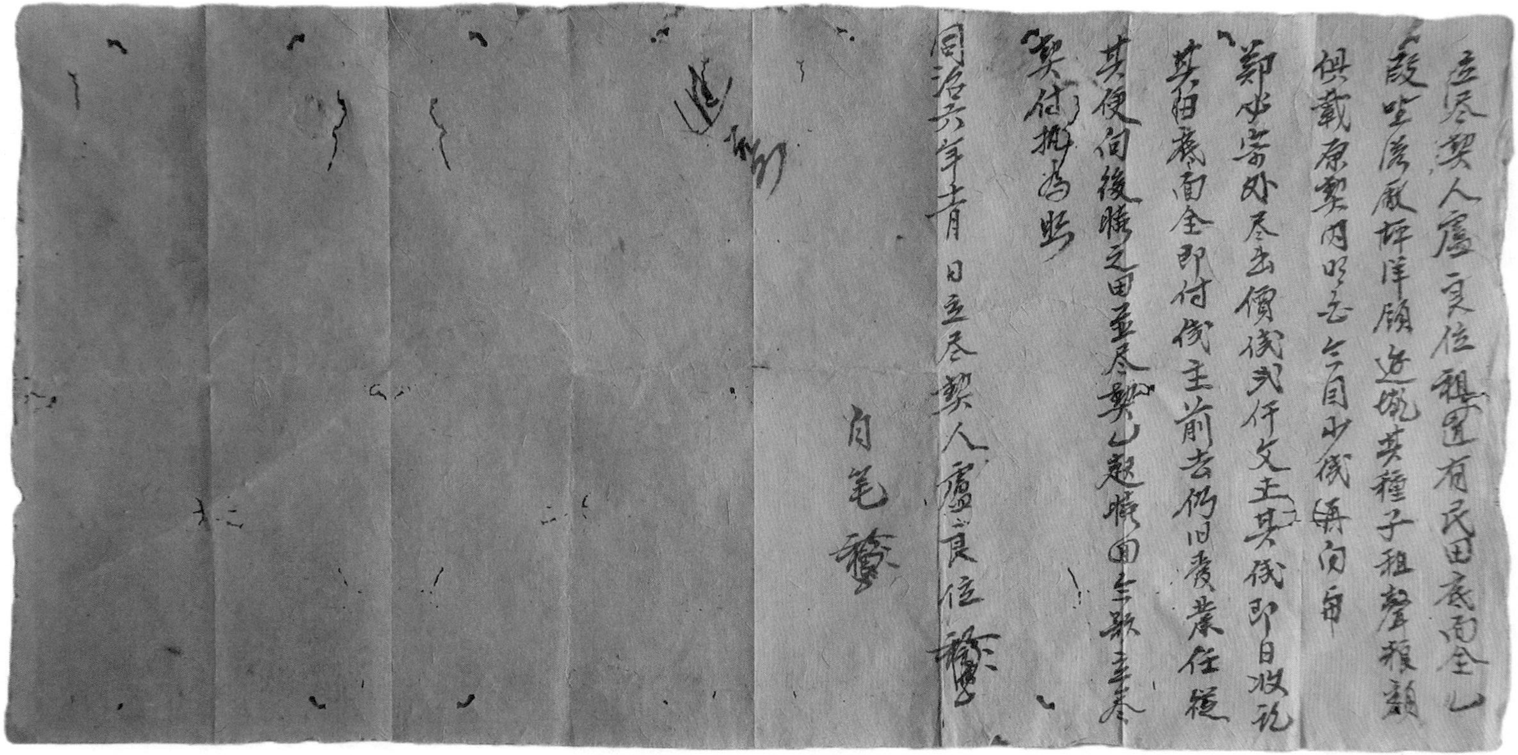
立盡契人盧良位祖置有民田底面全山
段坐落廠坪洋頭近坑其種子租聲額
俱載原契內明白今因少錢應用向
鄭少寄處盡出價錢貳仟文正其錢即日收訖
其田底面全即付錢主前去仍舊管業任從
其便向後勝之田並盡契之起贖[illegible]
契付執為照
同治六年十一月　日立盡契人盧良位（押）
自筆（押）

11-9-14-2　清同治六年十一月盧良位立盡底面全民田契

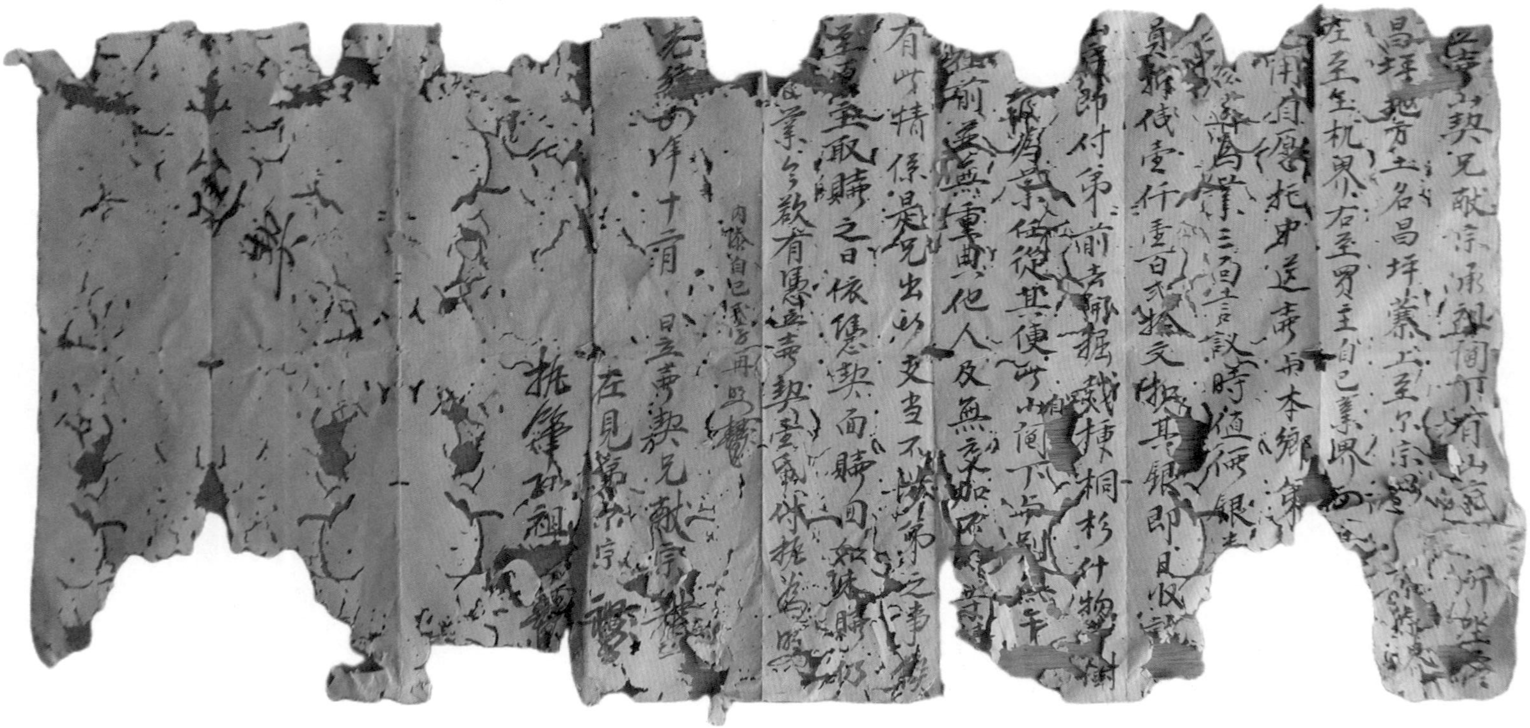

11-9-14-3　清光緒四年十二月鄭獻宗立賣山底契

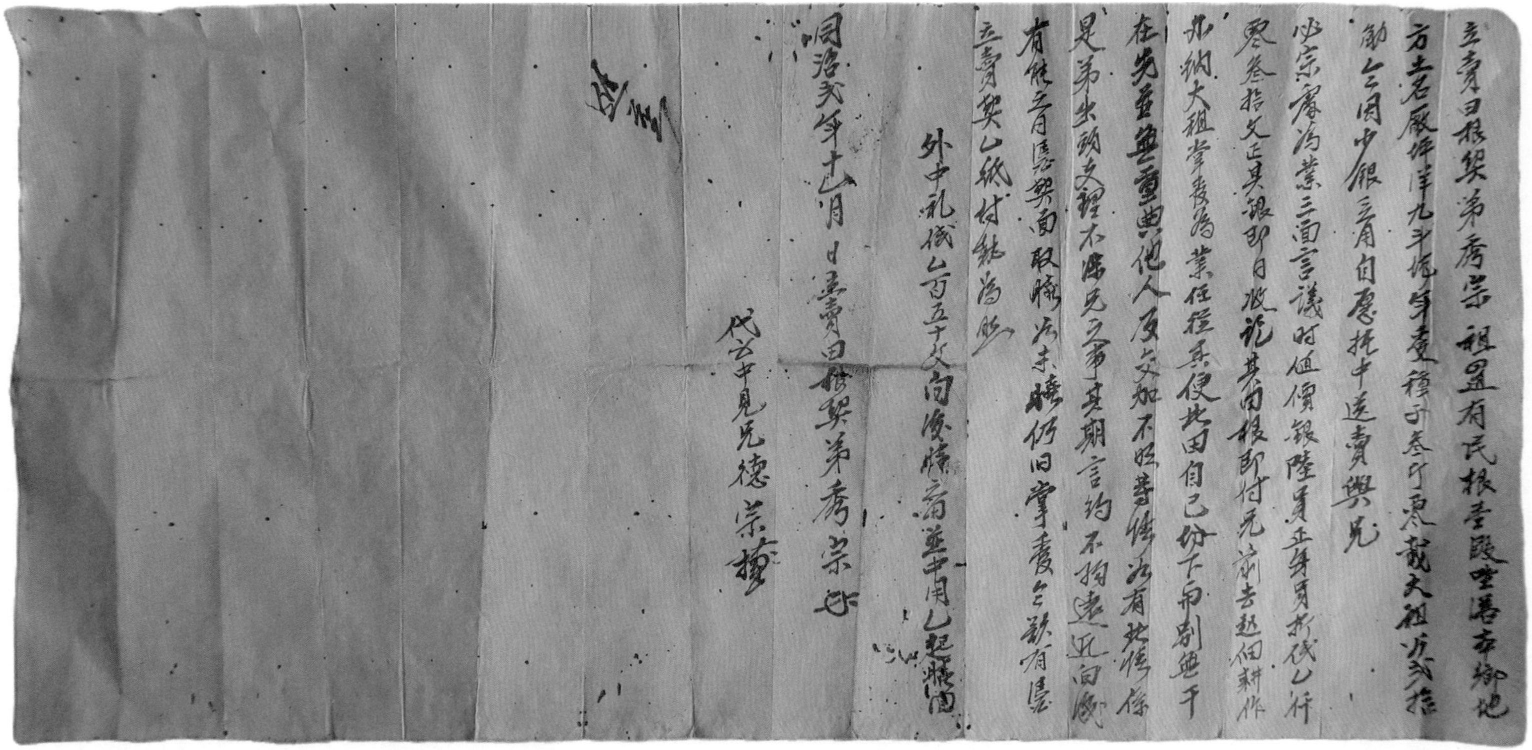
立賣田根契弟秀宗，祖置有民根壹段，坐落本鄉地
方土名廠坪岸九斗坵，年受種子叁斤，原載大租谷弍拾
觔正。因少銀應用，自愿托中送賣與兄
必宗處為業。三面言議，時值價銀陸員正，每員折錢乙仟
叁佰文。其銀即日收訖，其田根即付兄前去起佃耕作，
并納大租掌管為業，任從其便。此田自己分下，與別無干，
在先並無重典他人及交加不明等情。如有此情，係
是弟出頭支理，不涉兄之事。其期言約不拘遠近，向備
有能之日，憑契面取贖，如未贖，仍旧掌管。今欲有憑，
立賣契乙紙，付執為照。
外中礼錢乙百五十文，向後贖面並中用乙起贖回。
同治弍年十一月　日立賣田根契弟秀宗（押）
代字中見兄德宗（押）

11-9-15-1　清同治二年十一月鄭秀宗立賣民田根契

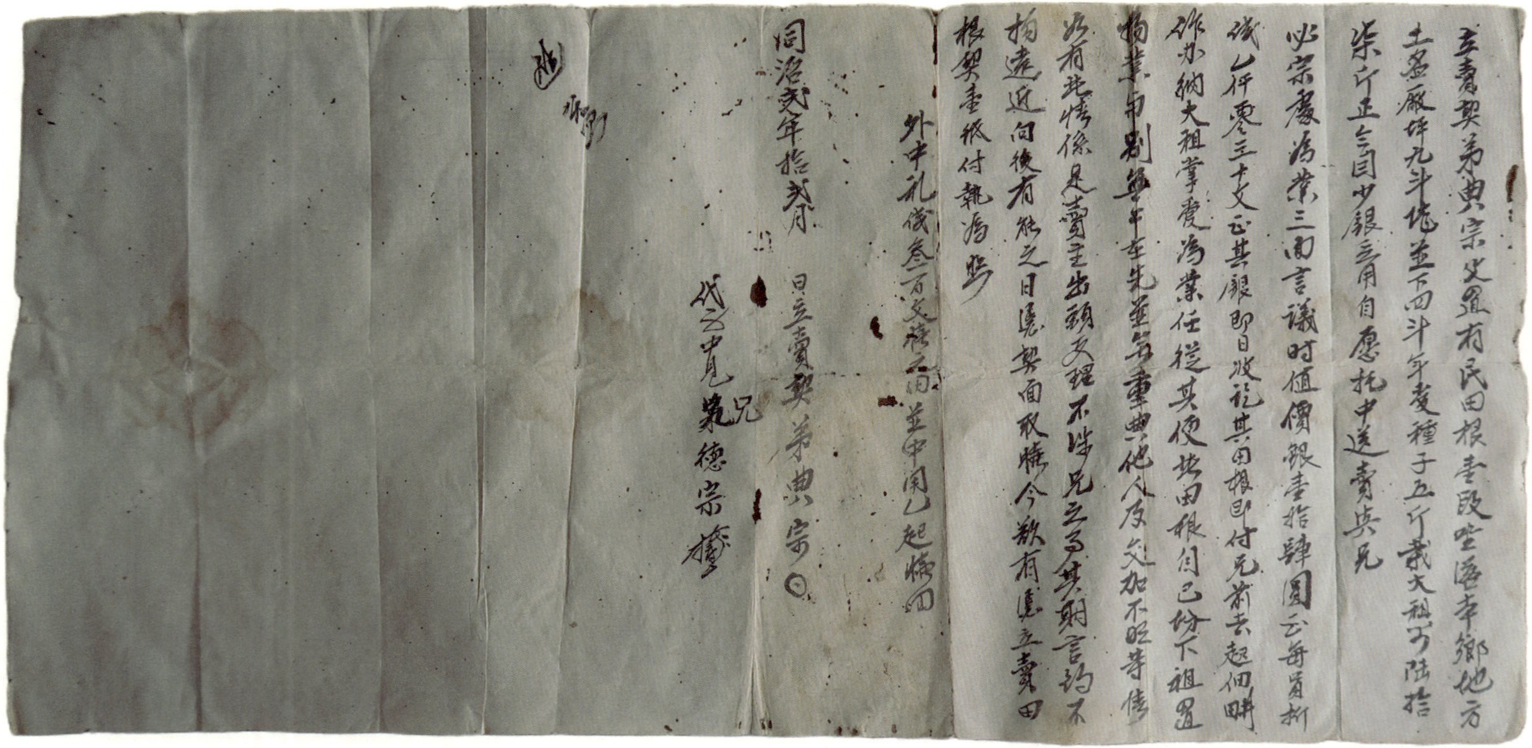

11-9-15-2　清同治二年十二月鄭典宗立賣民田根契

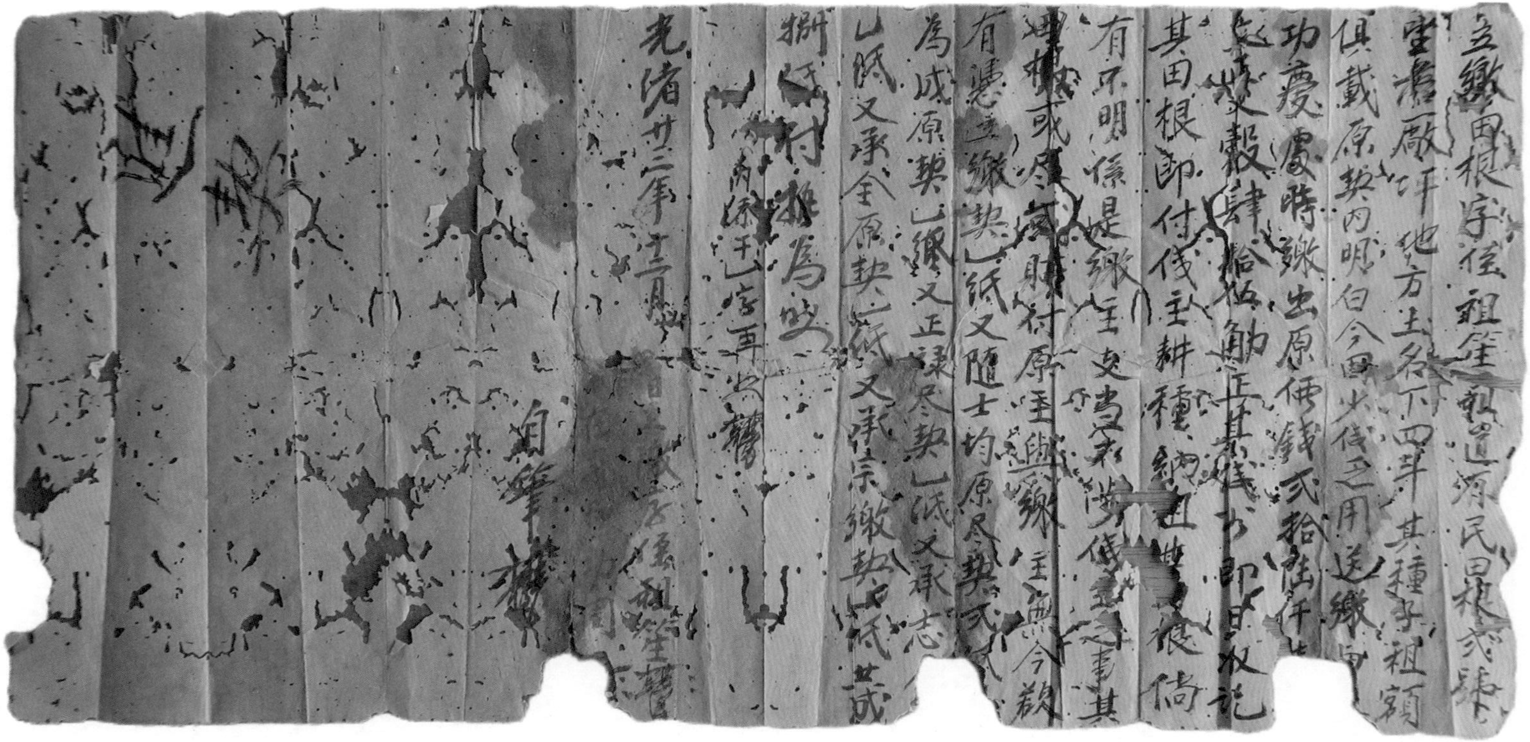

11-9-15-3 清光緒二十三年十二月鄭祖筌立繳民田根字

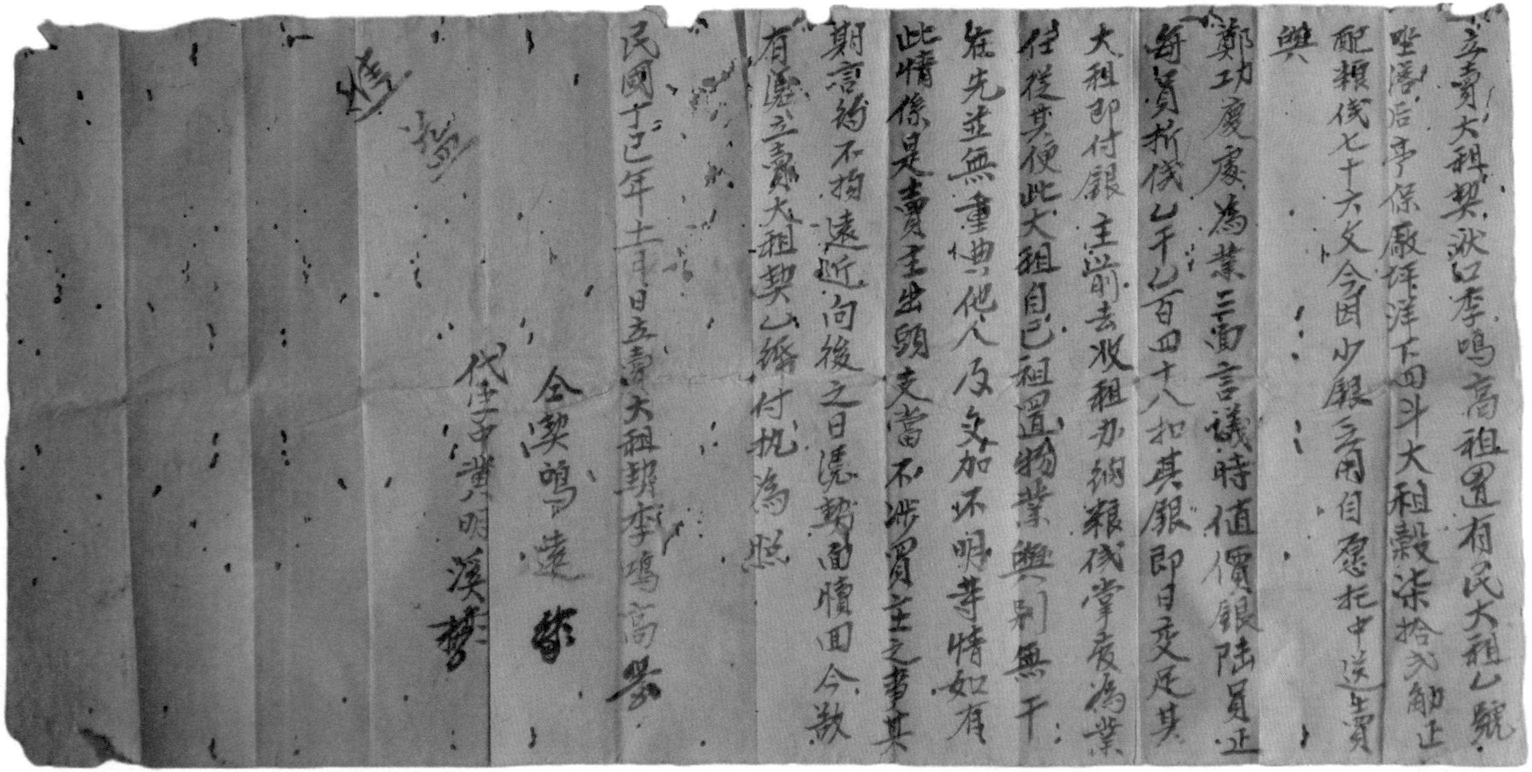
立賣大租契人洑口李鳴高祖置有民大租一號
坐落后亭保廠坪洋下四斗大租穀柒拾弍觔正
配糧錢七十六文今因乏銀乏用自愿托中送賣
與
鄭功慶處為業三面言議時值價銀陸員正
每員折錢一千一百四十八扣共銀即日交足其
大租即付銀主前去收租办納糧錢掌管為業
任從其便此大租自己祖置物業與別無干
係先並無重典他人及交加不明等情如有
此情係是賣主出頭支當不涉買主之事其
期言約不拘遠近向後之日憑契面贖回不敢
有違立賣民大租契一紙付執為照
民國丁巳年十一月 日立賣民大租契李鳴高 押
仝契 鳴遠 押
代筆中人 黄明漢 押

11-9-15-4　民國六年十一月李鳴高等立賣民大租契

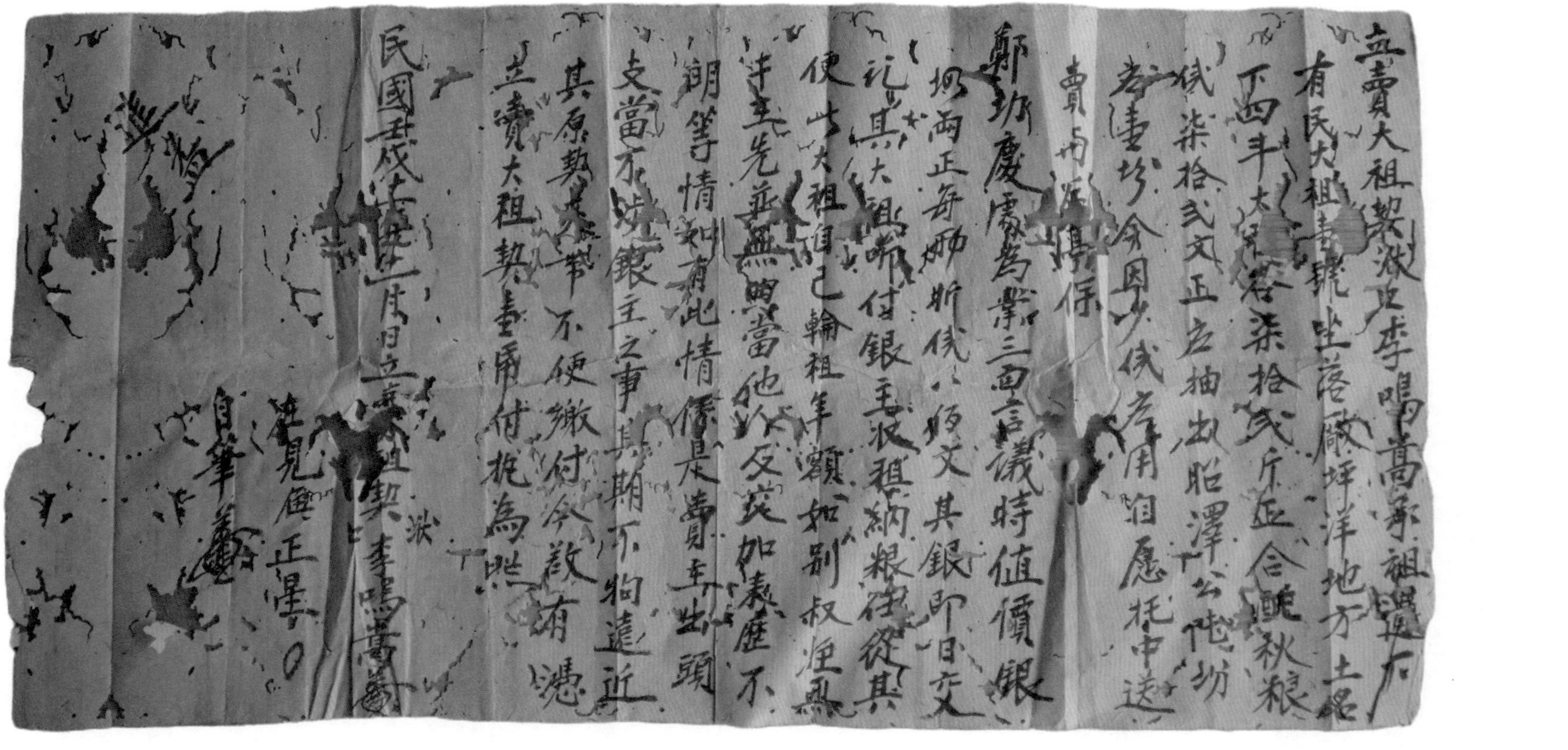

11-9-15-5　民國十一年十一月李鳴嵩立賣民大租契

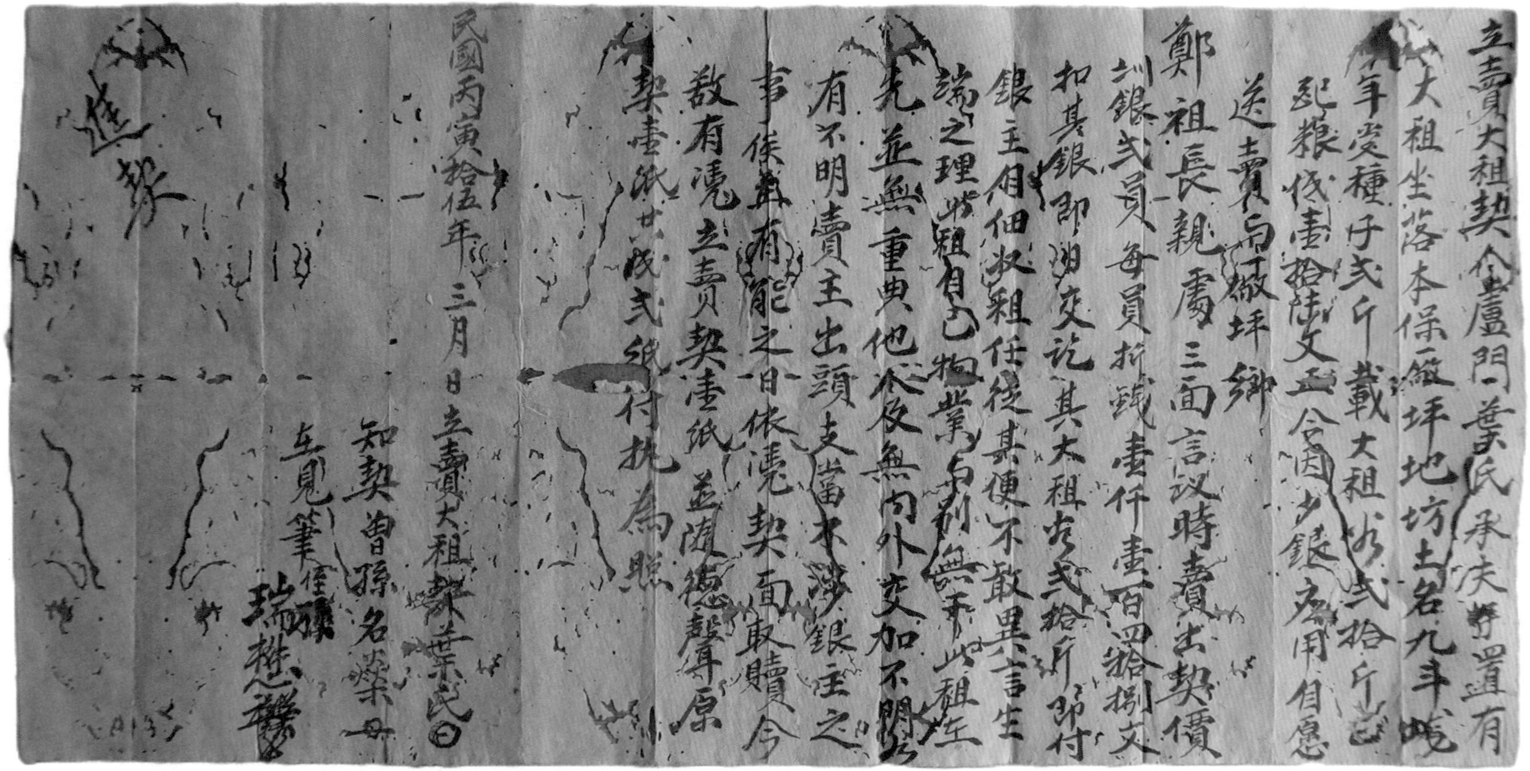

立賣大租契人盧門葉氏，承夫手置有大租，坐落本保一飯坪地坊，土名九斗岐，年受種子弍斤，載大租谷弍拾斤，帶起糧錢壹拾陸文正。今因乏錢應用，自愿送賣與一飯坪鄉鄭祖長親房，三面言議，時賣出契價洋銀弍員，每員折錢壹仟壹百四拾捌文，扣其銀即日交訖。其大租谷弍拾斤，即付銀主自佃收租，任從其便，不敢異言生端之理。此租自己物業，與別無干。此租在先並無重典他人，及無內外交加不明之事。有不明，賣主出頭支當，不涉銀主之事。倘有能之日，依原契面取贖。今欲有憑，立賣契壹紙，並繳總契壹原，契壹紙，共成弍紙，付執為照。

民國丙寅拾伍年三月　日立賣大租契葉氏（押）

知契曾孫名燊（押）

在見筆侄瑞楙（押）

進契

11-9-15-6　民國十五年三月盧門葉氏立賣大租契

立賣契鄭祖長[illegible]
[illegible]本保廠坪洋[illegible]
[illegible]
叁分五亘，已庫今因乏銀應用，自愿
托中送賣與
温模邦處爲業，三面言議，時值價銀洲
角壹拾壹元正，每元折價壹千壹百叁
拾文，扣其銀即日交訖，其田隨田耕作管
[illegible]
民國廿叁甲戌年柒月　日立賣契鄭祖長
此田係主應回对換補添
底地其數項未正大據
在見侄德[illegible]
代筆[illegible]

11-9-15-7　民國二十三年七月鄭祖長立賣底面全民田契

11-9-16-1　包契紙

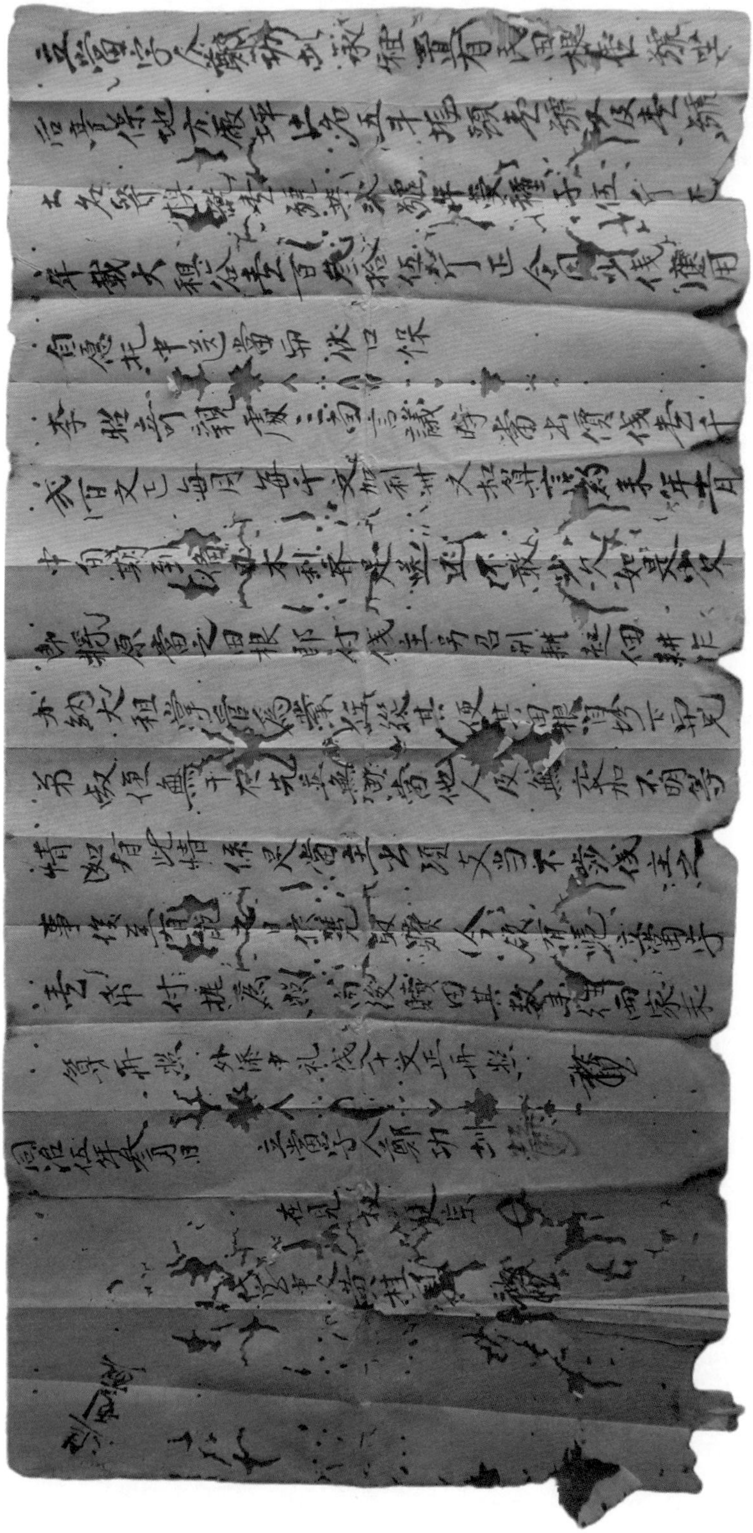

11-9-16-2　清同治五年三月鄭功圳立當民田根字

11-9-16-3　清光緒二十一年十月李孝揚立盡田根字

11-9-17-1　包契紙

11-9-17-2　包契紙

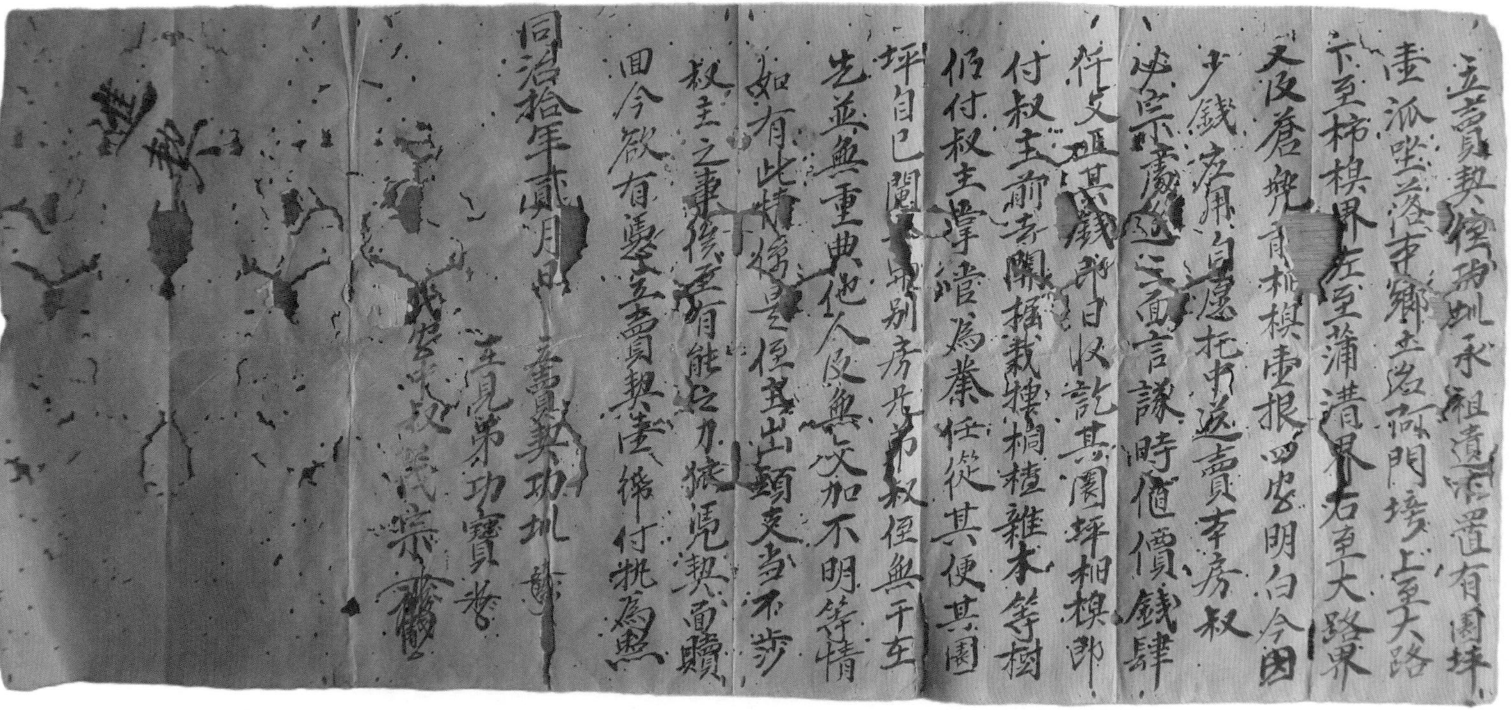

立賣契侄功圳承祖遺置有園坪
壹派坐落本鄉土名[illegible]門[illegible]上至大路
下至柿模界左至蒲清界右至大路界
又後蒼兜有柿模壹根四至明白今因
少錢應用自愿托中送賣本房叔
[illegible]宗[illegible]處為業三面言議時值價錢肆
仟文正其錢即日收訖其園坪柏模即
付叔主前去開[illegible]栽[illegible]桐植雜木等樹
仍付叔主掌管為業任從其便其園
坪自己鬮分與別房兄弟叔侄無干在
先並無重典他人及無交加不明等情
如有此情係侄出頭支當不涉
叔主之事後至有能力依憑契面贖
回今欲有憑立賣契壹紙付執為照
同治拾年貳月　日　立賣契功圳（押）
在見弟功寶（押）
代字叔宗[illegible]（押）

11-9-17-3　清同治十年二月鄭功圳立賣園坪契

11-9-18-1　包契紙

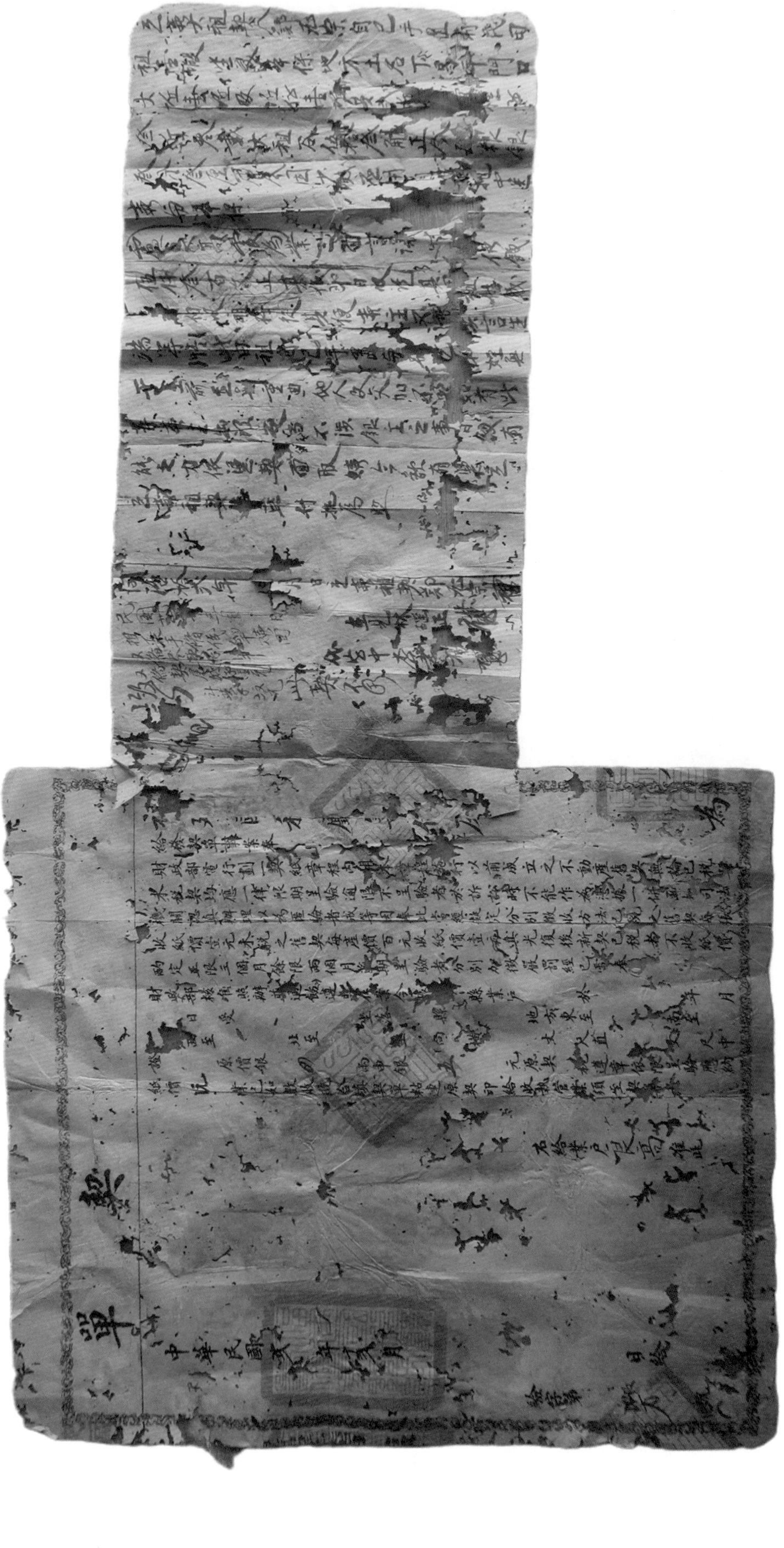

11-9-18-2　清同治十二年三月鄭必宗立賣民田大租契（紅契）

立盡字人鄭必宗前年出賣有民田
大租壹號坐落下厰坪大[illegible][illegible]仔弍佰載
租谷伍拾叁觔正其[illegible]子租[illegible][illegible][illegible][illegible]
原契內明今因少銀應用自愿再向[illegible][illegible]
盡定憑親房三面言議時出盡價銀弍[illegible]
正每两折錢捌佰文其錢即日交訖其大
租永付自向收租納粮任從其便此大租
自盡之後日後別無干係亦有[illegible][illegible]不敢[illegible]
[illegible]原盡契取贖之歎有憑立盡字壹紙
付執爲照
光緒弍拾柒年拾弍月 日立盡字鄭必宗[illegible]
在見 溫[illegible]惠[illegible]

11-9-18-3　清光緒二十七年十二月鄭必宗立盡民田大租字

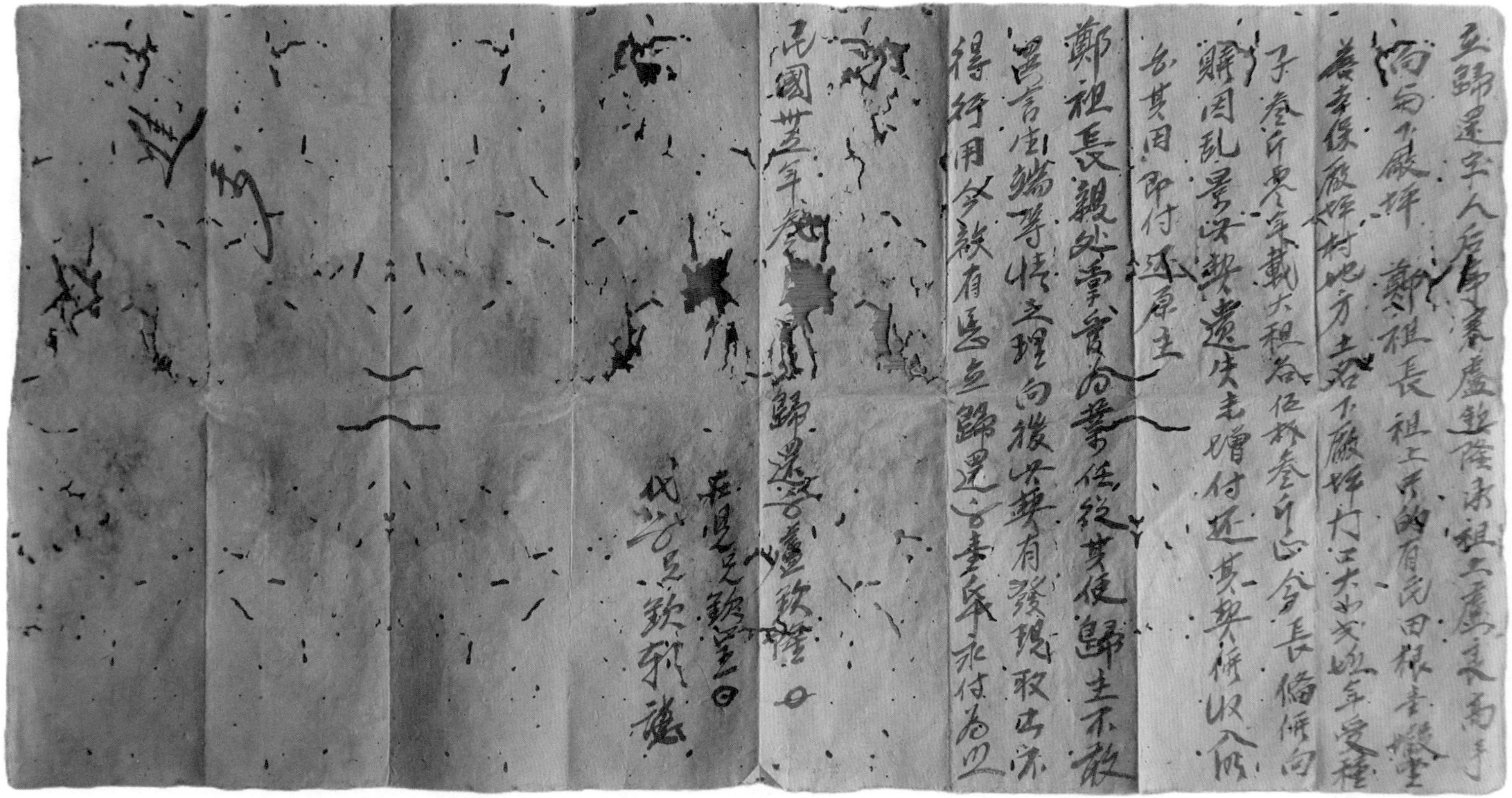
立歸還字人后亭寨盧欽隆承祖上[illegible]有手
置向下廠坪　鄭祖長祖上手的有民田根壹號坐
產本保廠坪村地方土名下廠坪大江大小共坵，年受種
子叁斤，另年載大租谷伍拾叁斤，今長備價向
贖，因亂景將契遺失，未曾付還，其契價收入，
其田即付還原主
鄭祖長親父掌管為業，任從其便歸主，不敢
異言生端等情之理。向後此契有發現，取出不
得行用，今欲有憑，立歸還字壹紙永付為照。
民國卅五年叁月　日　立歸還字盧欽隆（押）
在見兄欽璧（押）
代筆兄欽[illegible]

11-9-18-4　民國三十五年三月盧欽隆立歸還民田根字

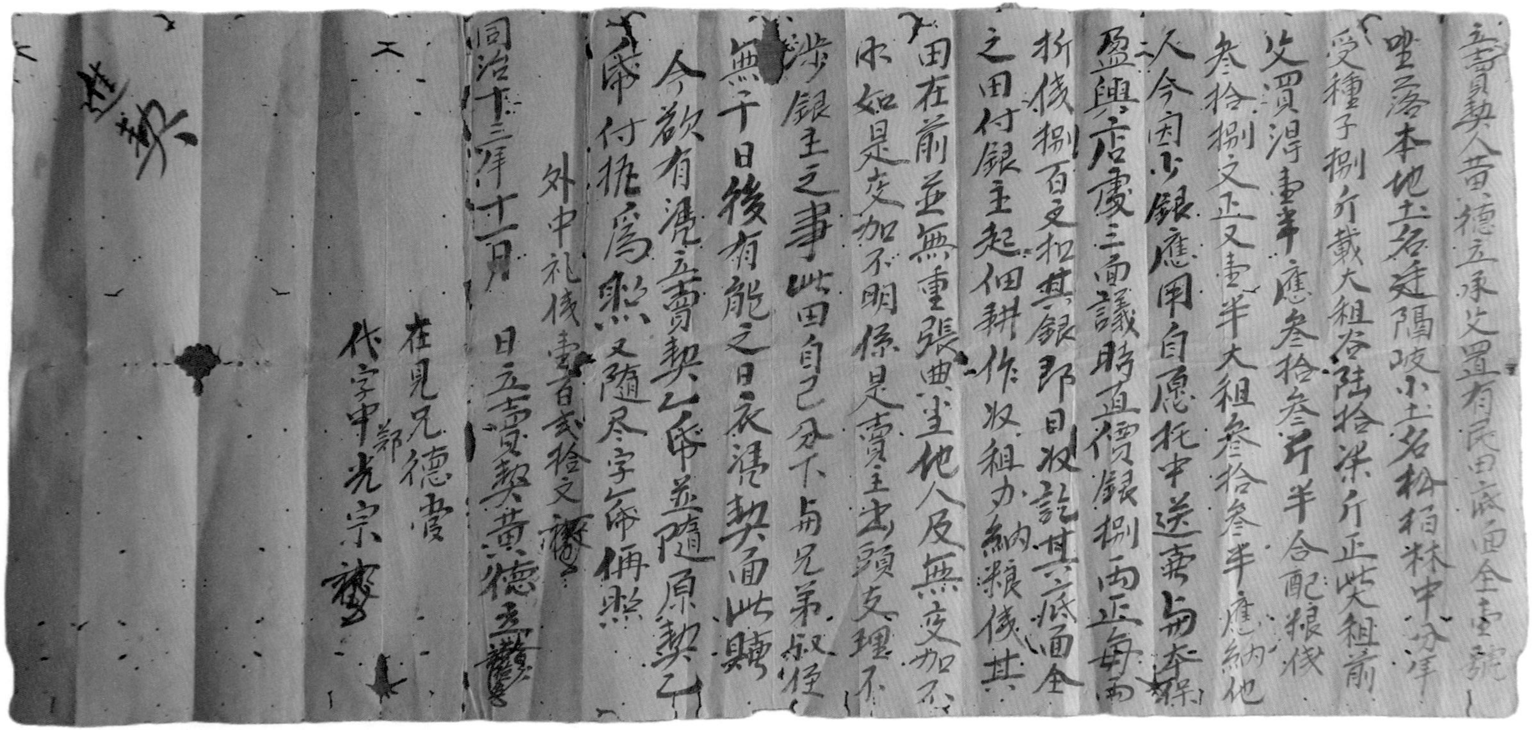
立賣契人黄德立承父置有民田底面全壹號，坐落本地土名廷陽坡小土名松柏林中，分年受種子捌斤，載大租谷陆拾柒斤正，帶大租前父買得壹半，應叁拾叁斤半，合配粮錢叁拾捌文正；又壹半大租叁拾叁半，應納他人。今因乏銀應用，自愿托中送賣與本族盈興店處，三面議時值價銀捌两正，每两折錢捌百文扣，其銀即日收訖，其底面全之田付銀主起佃耕作，收租办納粮錢。其田在前並無重張典当他人，及無交加不明；如是交加不明，係是賣主出頭支理，不涉銀主之事。此田自己分下，与兄弟叔侄無干。日後有能之日，依照契面贖。今欲有憑，立賣契乙帋，並隨原契乙帋付執爲照。又隨尽字乙帋，俱照。

外中礼錢壹百貳拾文

同治十三年十一月　日立賣契黄德立

在見兄德貴

代字中鄭光宗

進契

11-9-19-1　清同治十三年十一月黄德立立賣底面全民田契

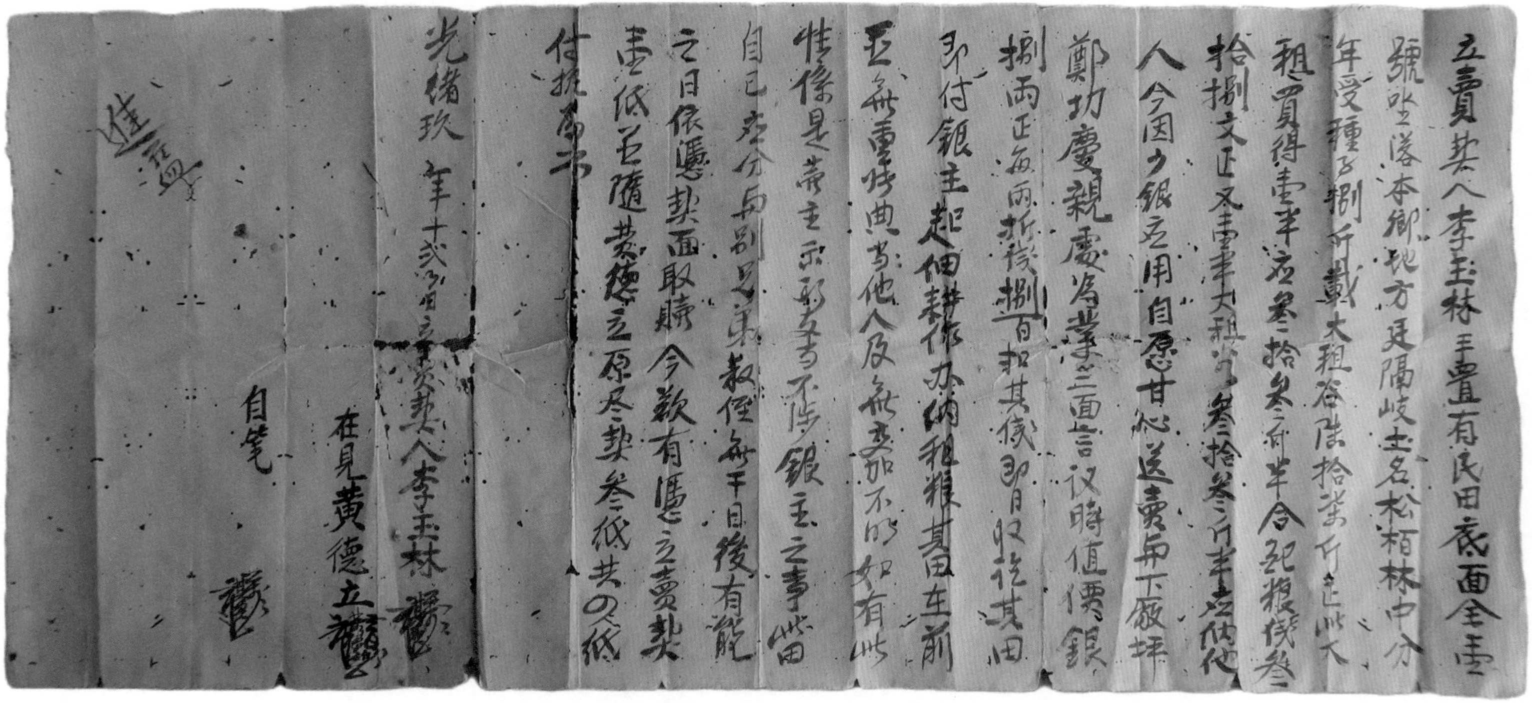
立賣契人李玉林手置有民田底面全壹
號坐落本鄉地方廷陽岐土名松柏林中分
年受種子捌斤載大租谷陸拾柒斤正此大
租買得壹半應叁拾叁斤半合記粮米叁
拾捌文正又壹半大租谷叁拾叁斤半應他
人今因乏銀應用自愿甘心送賣與下廠坪
鄭功慶親處爲業三面言议時值價銀
捌兩正每兩折錢捌百扣其錢即日收訖其田
即付銀主起佃耕作办納租粮其田在前
並無重張典當他人及無來歷不明如有此
情係是賣主承當不涉銀主之事此田
自己應分與别房兄弟叔侄無干日後有能
之日照憑契面取贖今欲有憑立賣契
壹紙又隨黄德立原盡契叁紙共四紙
付執爲照
光緒玖年十弍月 日立賣契人李玉林
在見黄德立
自笔

11-9-19-2 清光緒九年十二月李玉林立賣底面全民田契

11-9-20-1　包契紙

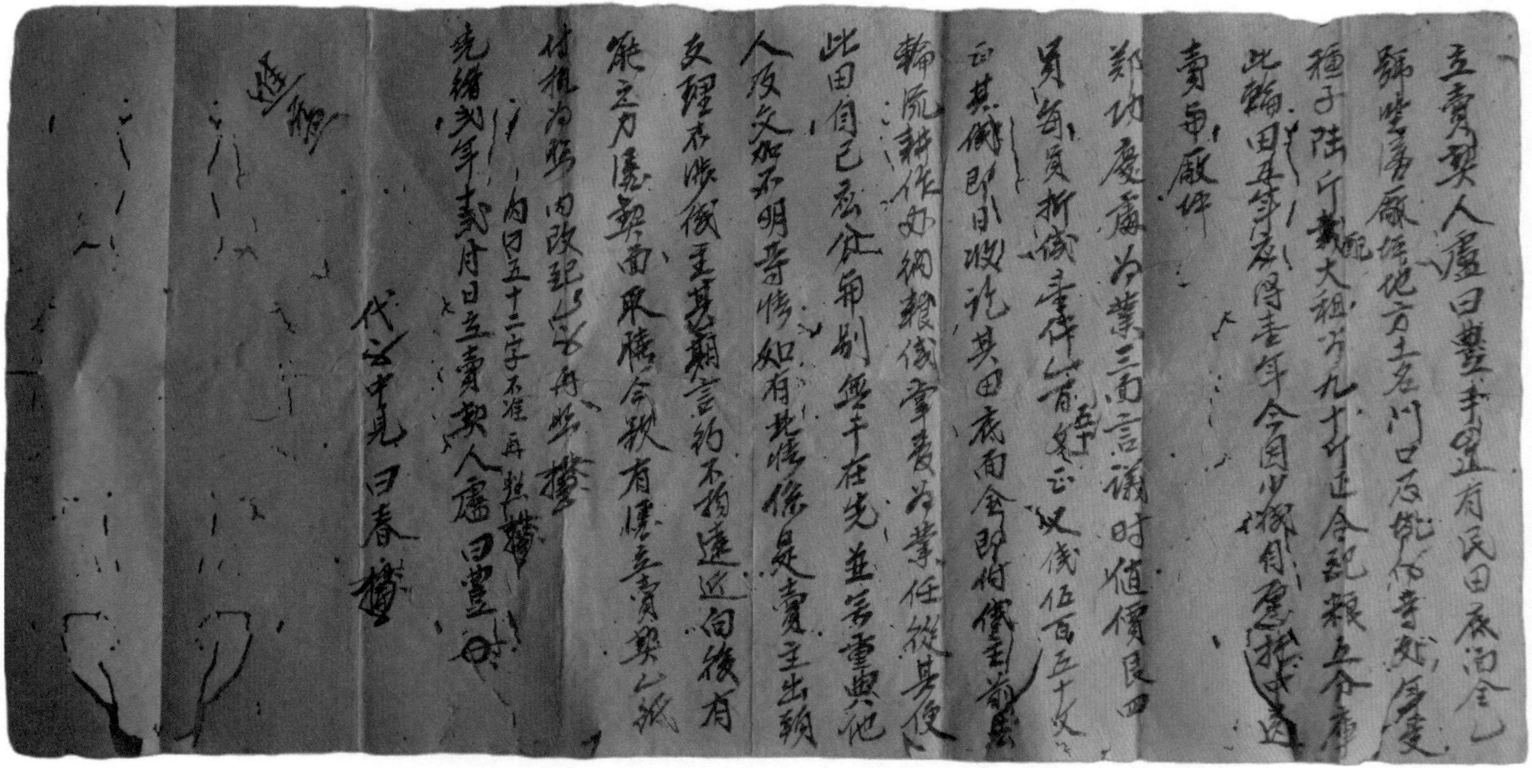

11-9-20-2　清光緒二年十二月盧曰豊立賣底面全民田契

光緒三年之月 日立

[illegible]

11-9-21-1　包契紙

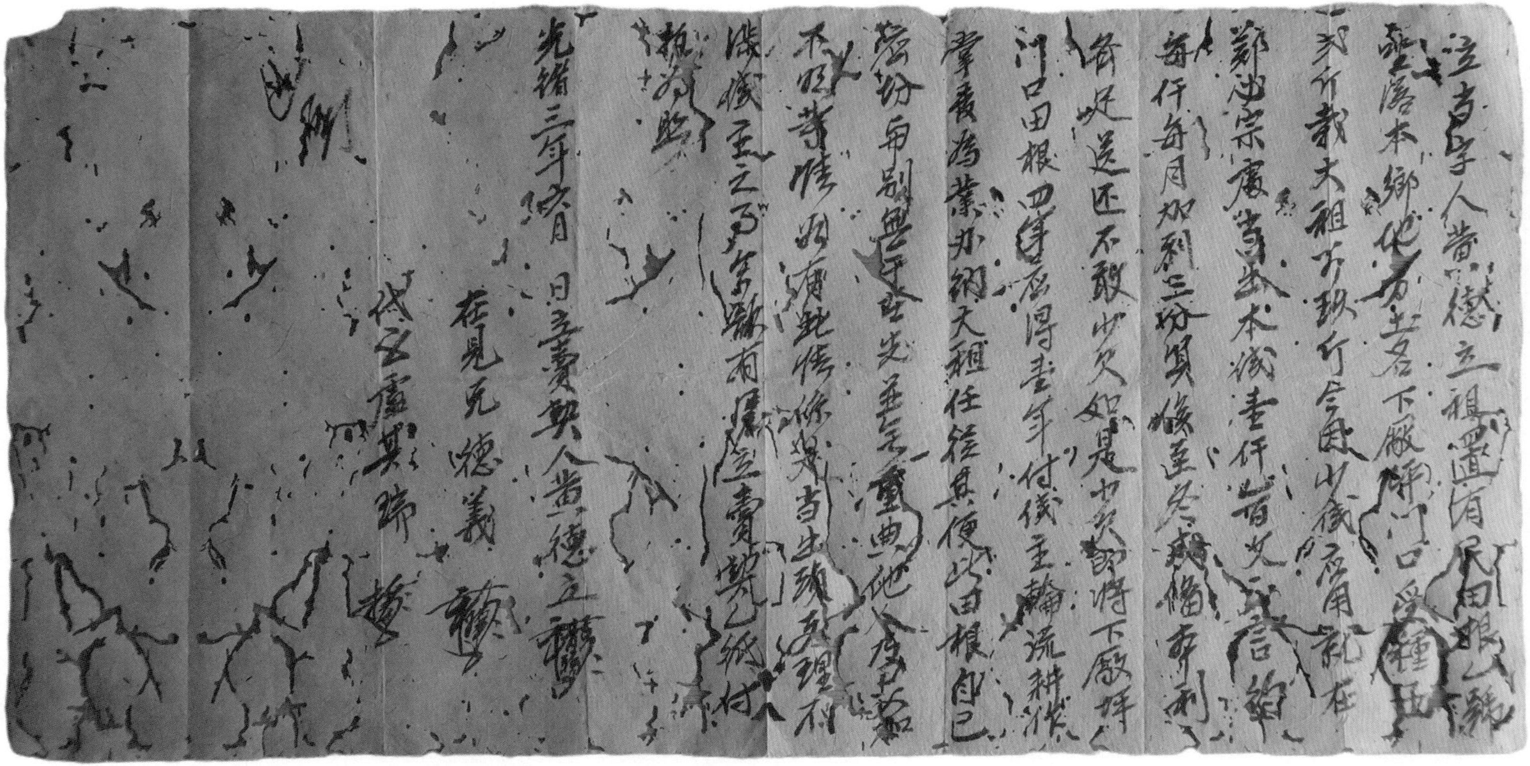

立當字人黄德立，祖置有民田根一號，坐落本鄉地方土名下廠坪洑口，受種五斤，載大租谷玖斤，今因乏錢應用，託在鄭邊宗康當出本錢壹仟貳百文，言約每仟每月加利三分算，除至冬成備本利齊送還，不敢少欠。如是少欠，即將下廠坪洑口田根四[illegible]歷得壹年，付錢主輪流耕作掌管為業，外納大租任從其便。此田根自己物業，與房親伯叔兄弟並無重典他人，倘有不明等情，與錢主無干，係是出頭承理，不涉錢主之事。今欲有憑，立當契一紙，付執為照。

光緒三年六月 日立當契人黄德立（押）

在見兄 德義（押）

代書 盧[illegible]瑞（押）

11-9-21-2 清光緒三年六月黄德立立當民田根字

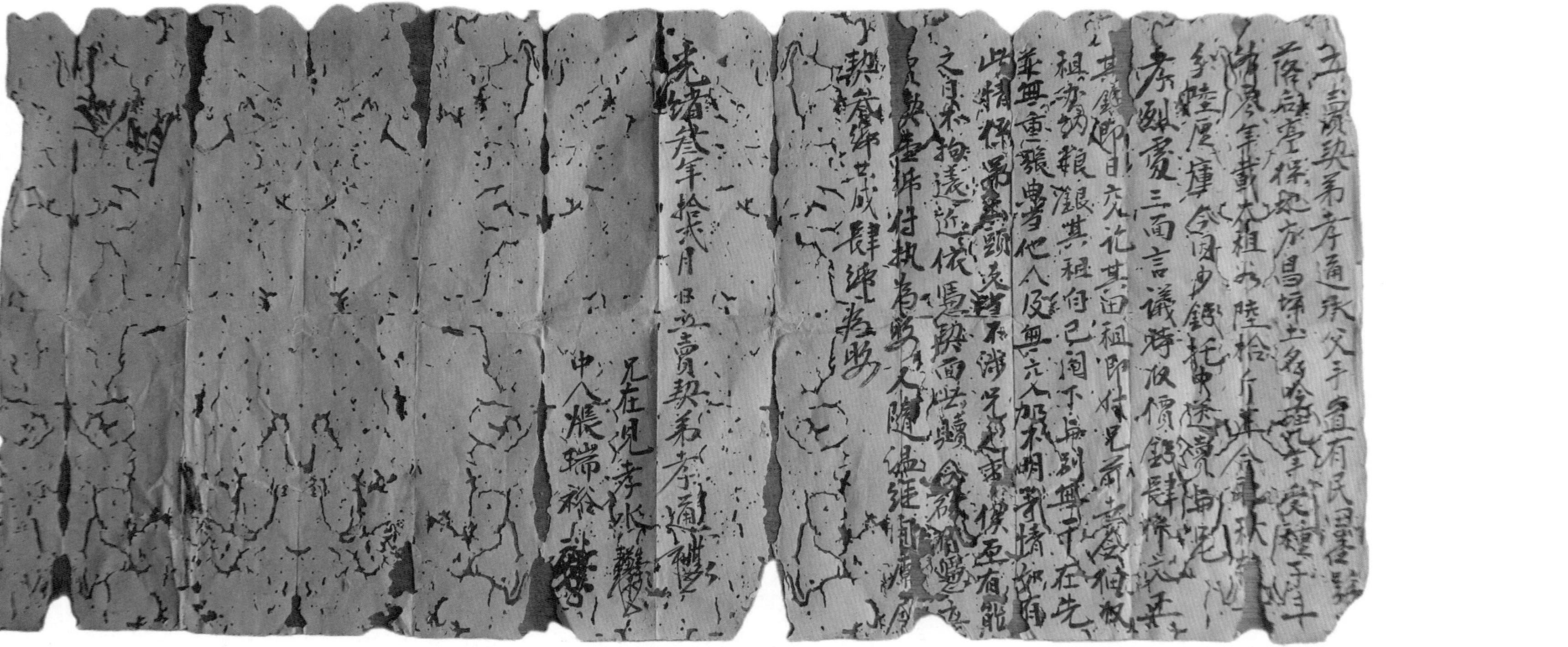

11-9-22-1　清光緒三年十二月李孝通立賣民田契

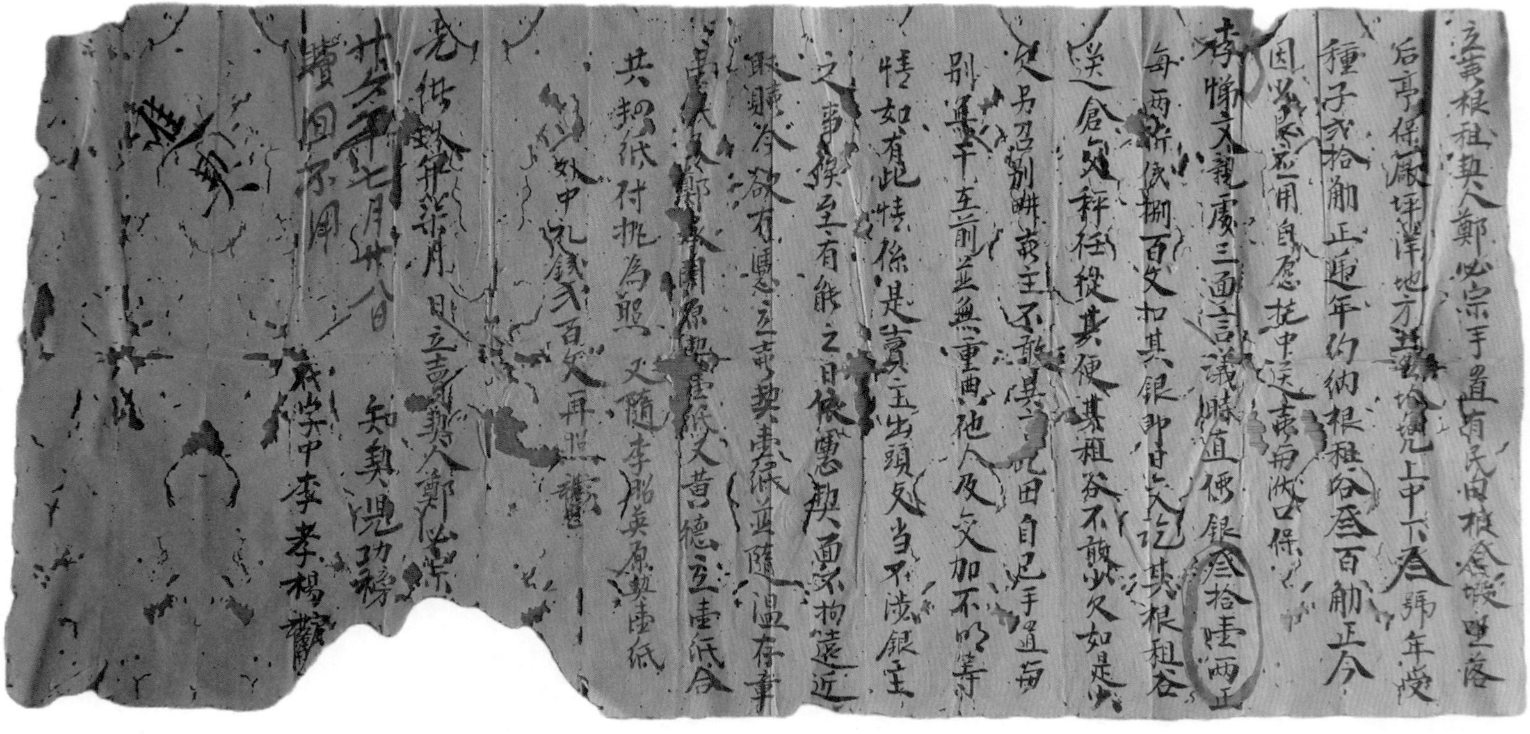

11-9-22-2　清光緒九年七月鄭必宗立賣民田根租契

11-9-22-3 清光緒十三年十二月李孝昆立賣民田根契

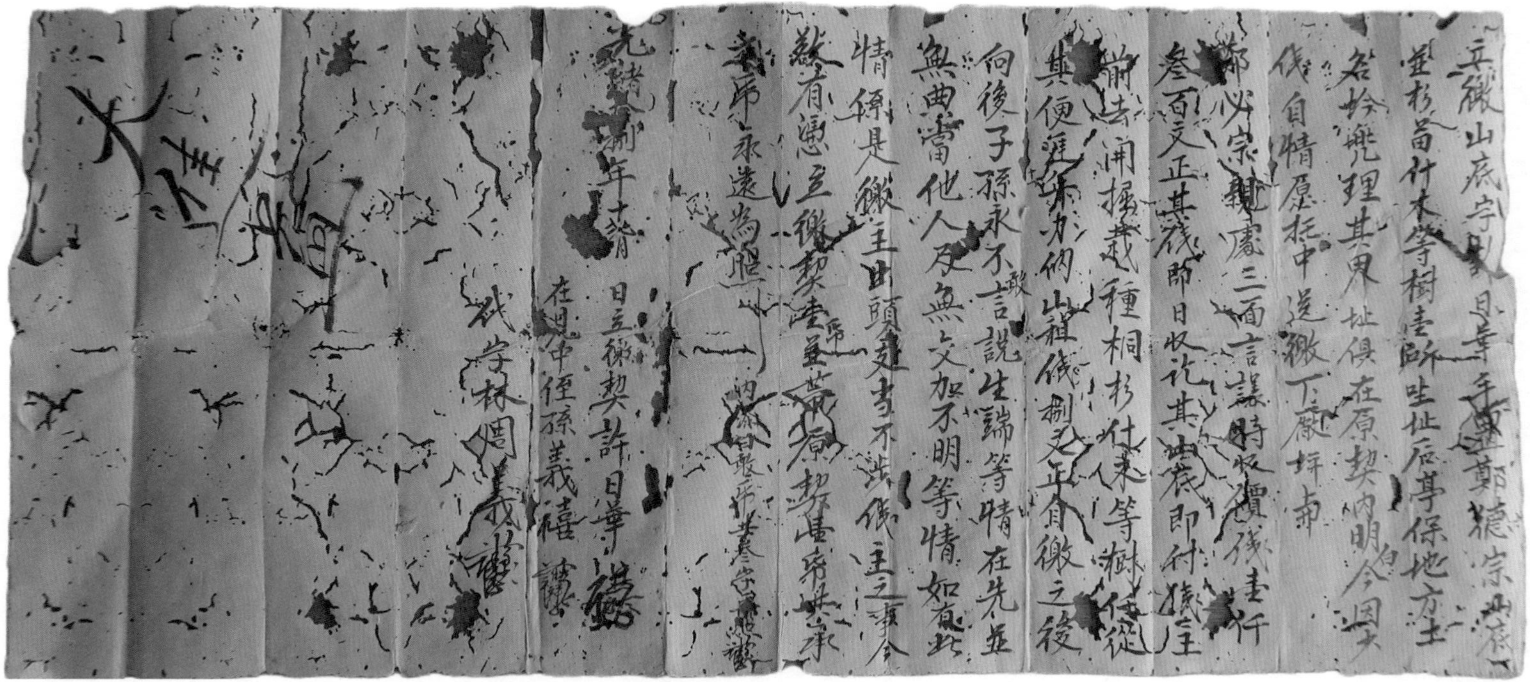

11-9-22-4　清光緒十八年十二月許日華立繳山底等字

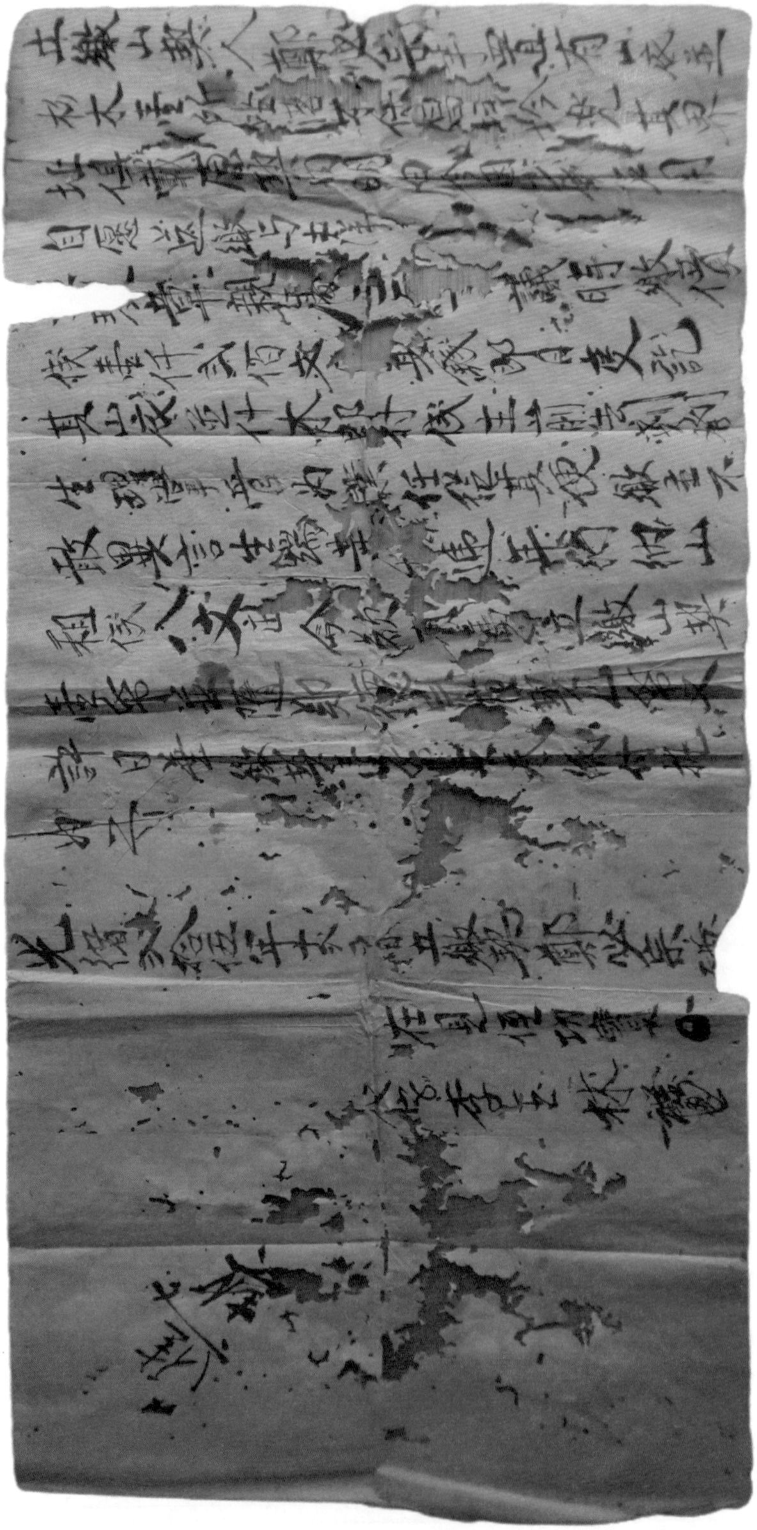

11–9–22–5　清光緒二十五年十二月鄭必宗立繳山底等契

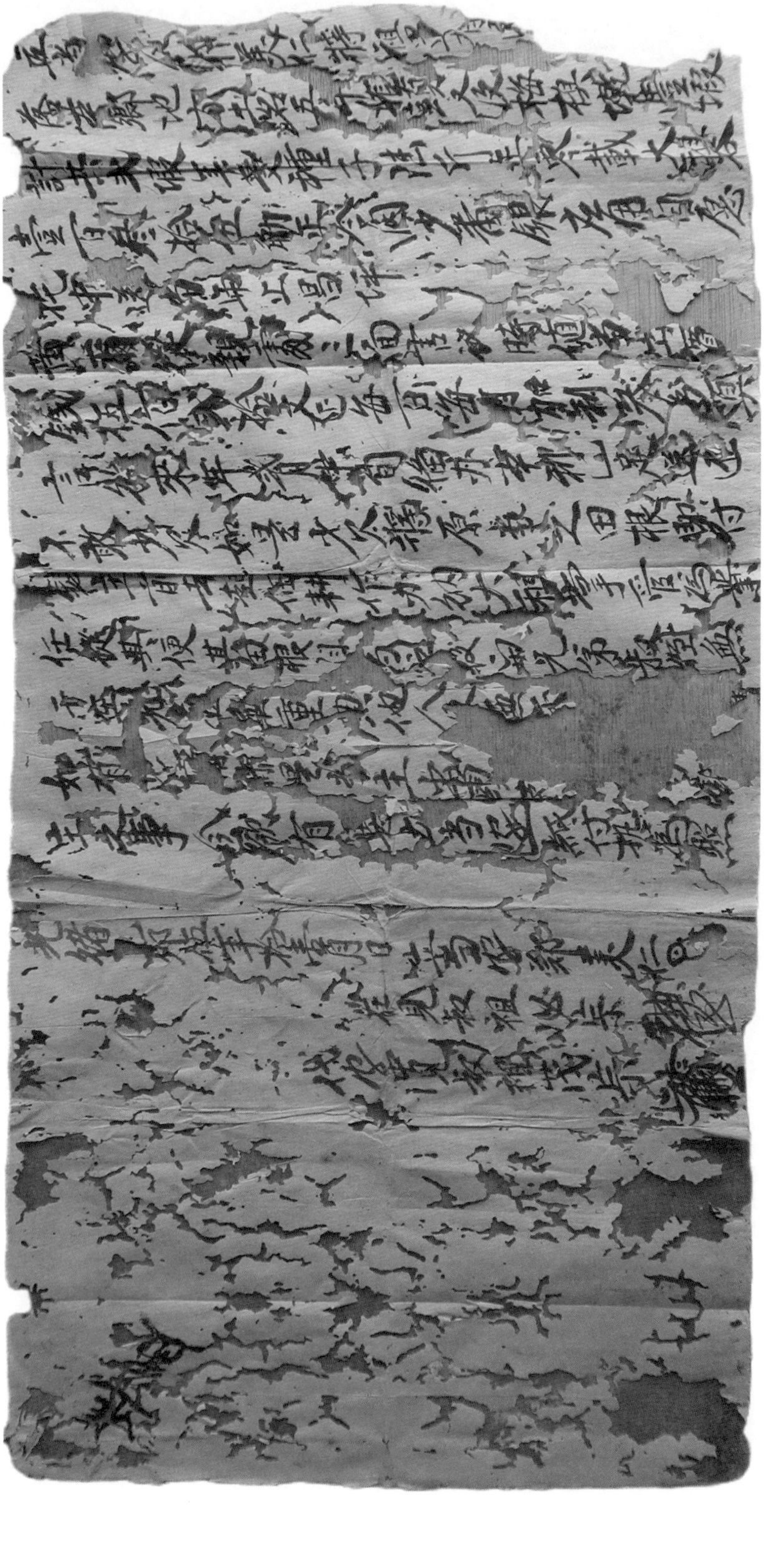

11-9-23-1 清光緒五年十一月鄭美仁立當民田契

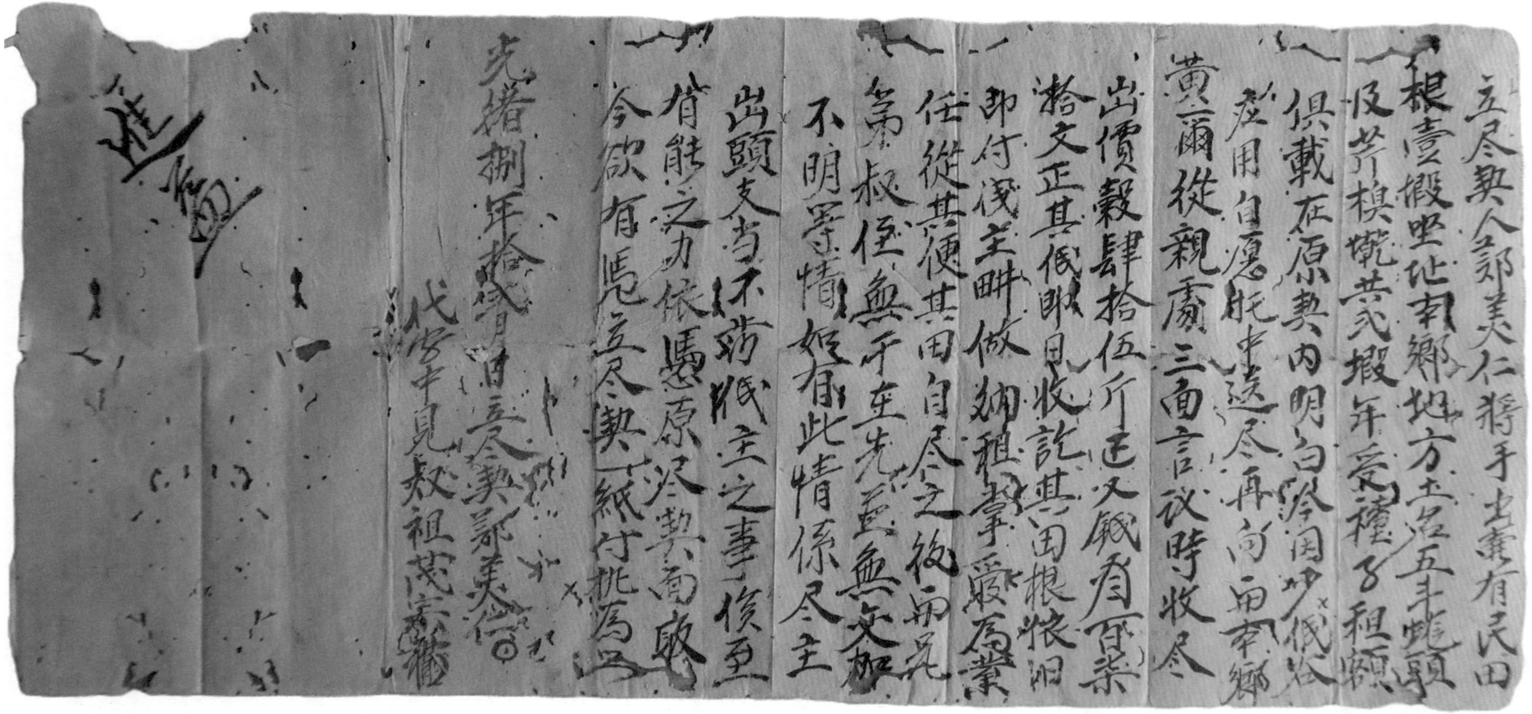

立盡契人鄭美仁將手置有民田
根壹段坐址本鄉地方土名五斗坵頭
及芹模墘共弍段年受種子租額
俱載在原契內明白今因乏銀
應用自愿托中送盡再向本鄉
黃爾從親處三面言議時收盡
出價穀肆拾伍斤正又錢肆百柒
拾文正其錢即日收訖其田根仍旧
即付錢主耕做納租掌管為業
任從其便其田自盡之後兩無
弟叔侄無干在先並無文加
不明等情如有此情係盡主
出頭支當不涉錢主之事係至
骨斷之力依憑原盡契兩願
今欲有憑立盡契一紙付執為照
光緒捌年拾弍月 日立盡契鄭美仁（押）
代字中見 叔祖 茂宗（押）

11-9-23-2　清光緒八年十二月鄭美仁立盡民田根契

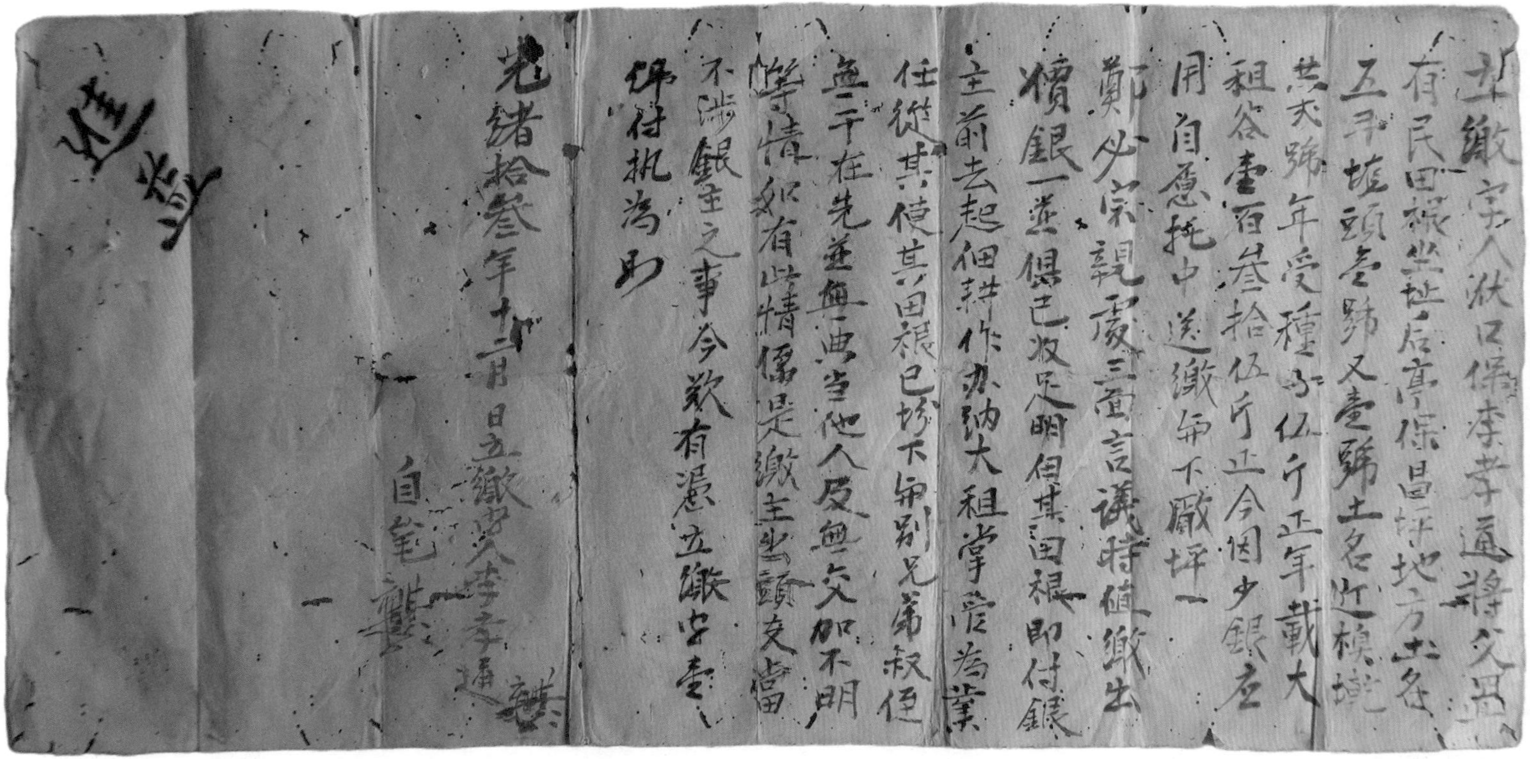

立繳字人洑口保李孝通，將父置
有民田根坐址后亭保昌坪地方，土名
五斗塆頭壹號，又壹號土名近墳塆，
共弍號，年受種子伍斤正，年載大
租谷壹佰叁拾伍斤正。今因少銀應
用，自愿托中送繳與下廠坪一
鄭父宗親處，三面言議時值繳出
價銀一英（?）員，銀已收足明白，其田根即付銀
主前去起佃耕作，办纳大租掌管為業，
任從其便。其田根已（?）[illegible]下與別兄弟叔侄
無干，在先並無典当他人，及無交加不明
等情，如有此情，係是繳主出頭支當，
不涉銀主之事。今欲有憑，立繳字壹
紙付执為照。

光緒拾叁年十二月　日立繳字人李孝通（押）
自筆（押）

11-9-23-3　清光緒十三年十二月李孝通立繳民田根字

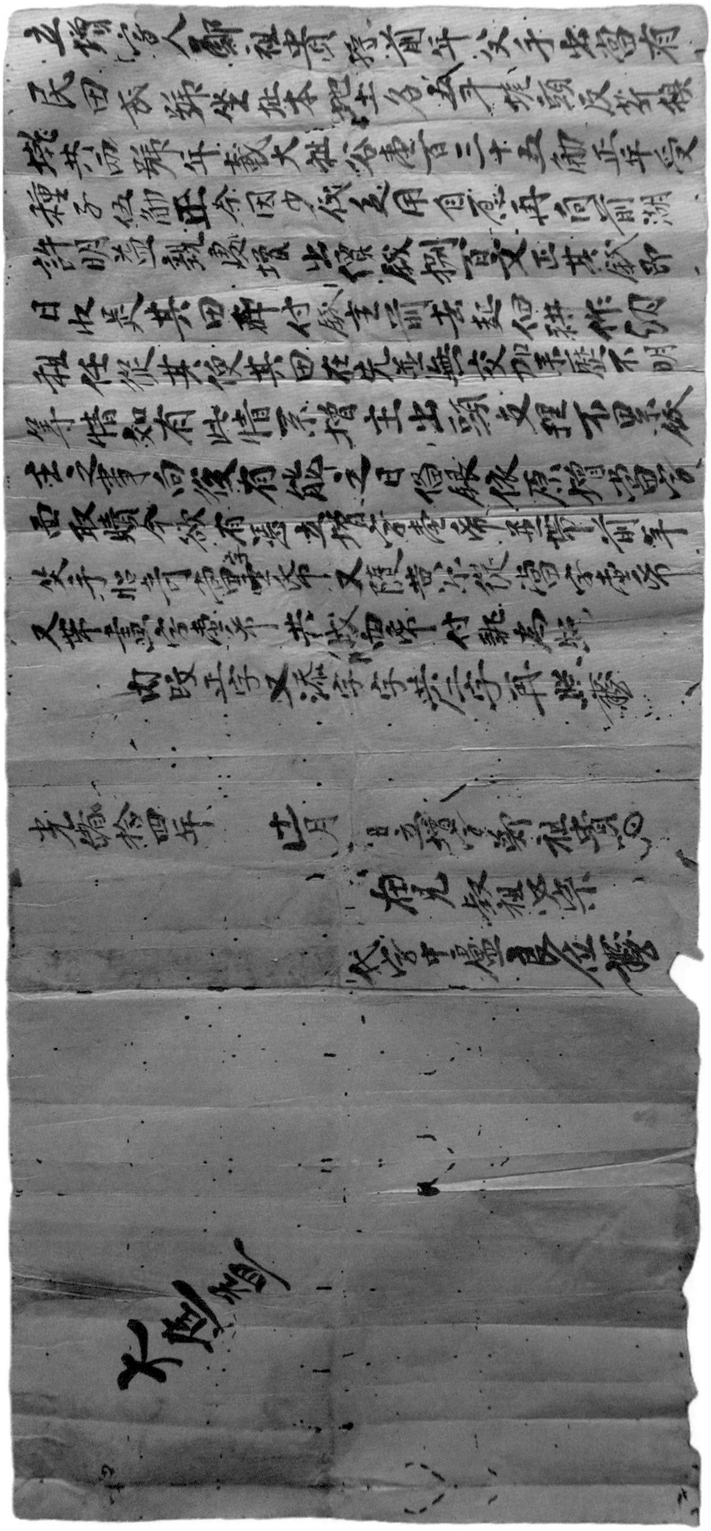

11-9-23-4 清光緒十四年十一月鄭祖貴立增民田字

11-9-24-1　包契紙

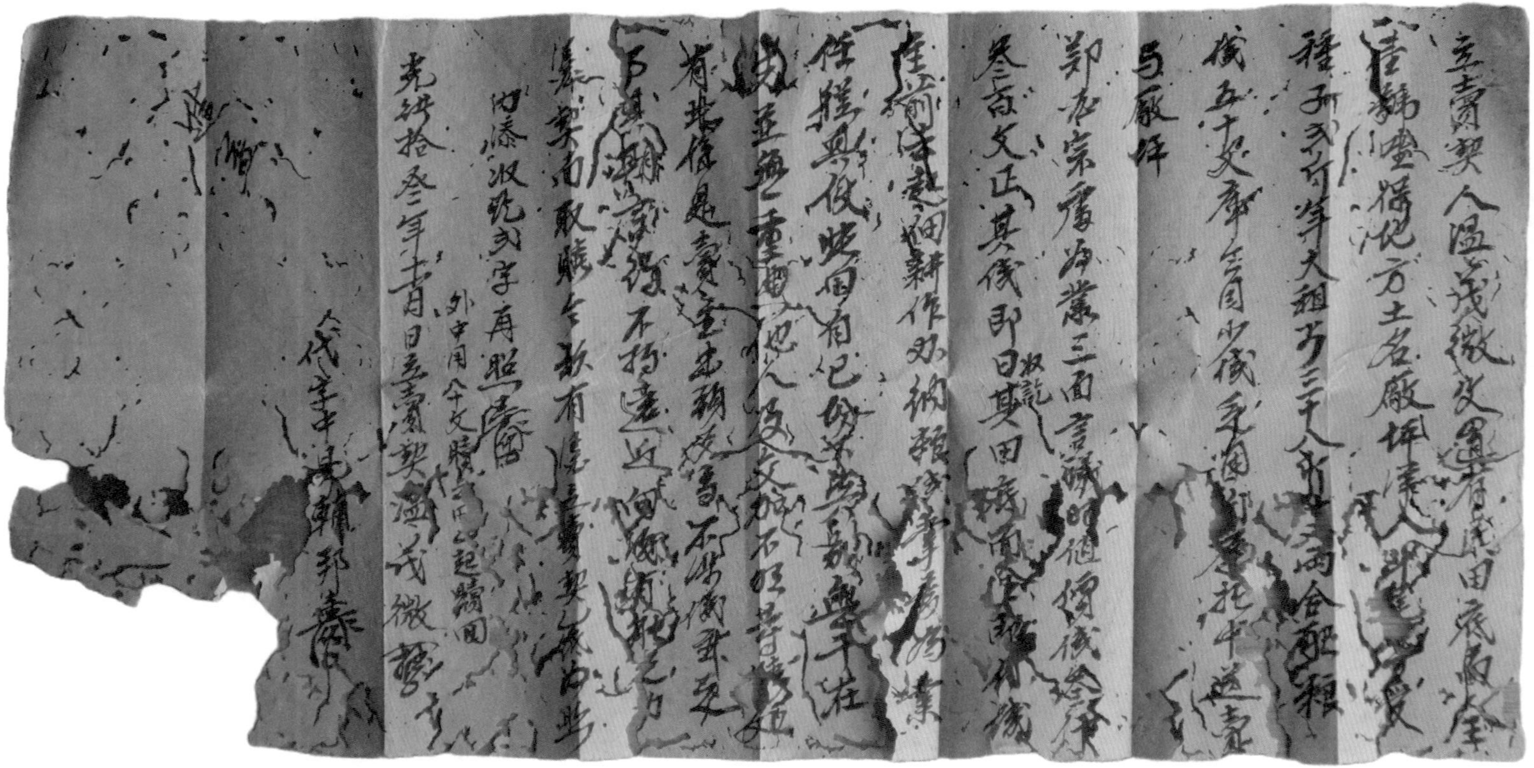

11-9-24-2　清光緒十三年十一月温茂微立賣底面全民田契

11-9-25-1 包契紙

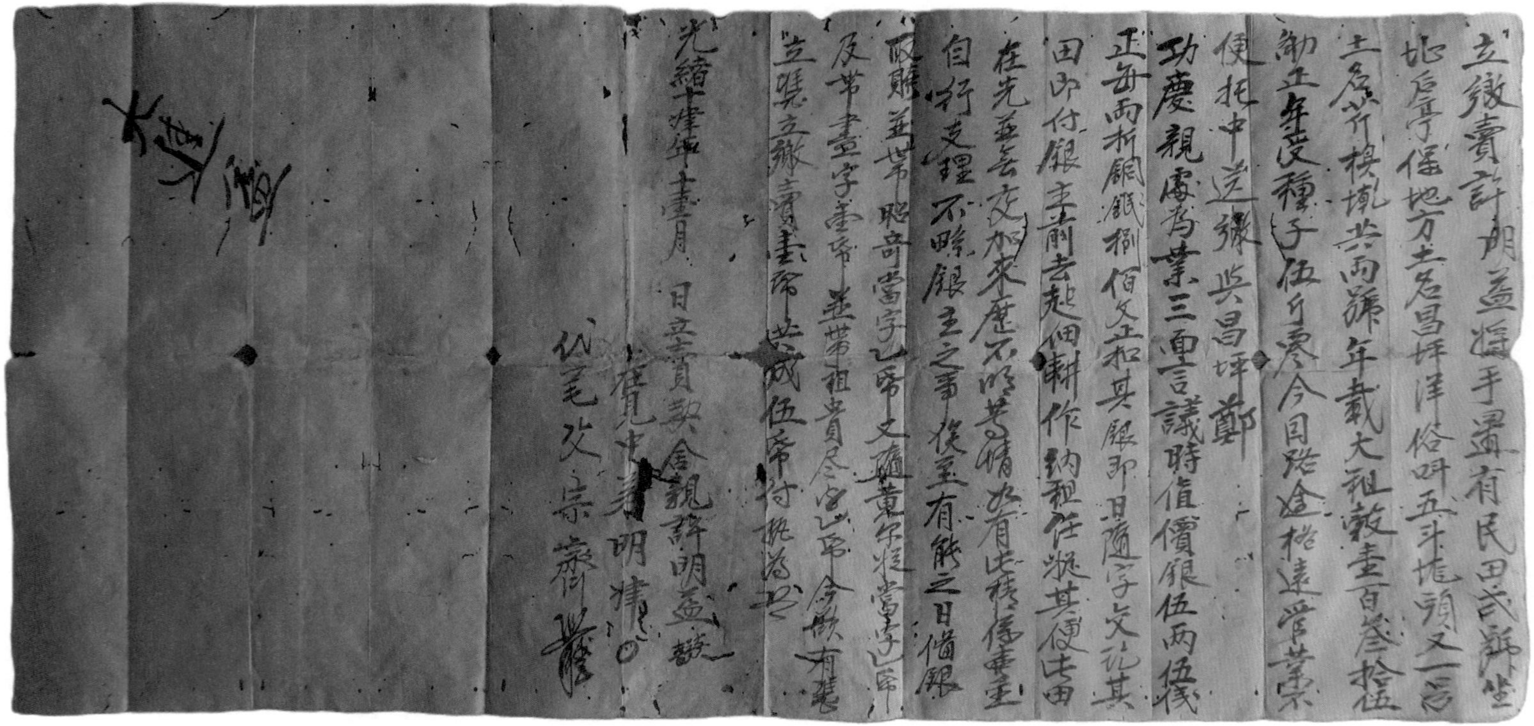

11-9-25-2　清光緒十四年十一月許明益立繳賣民田契

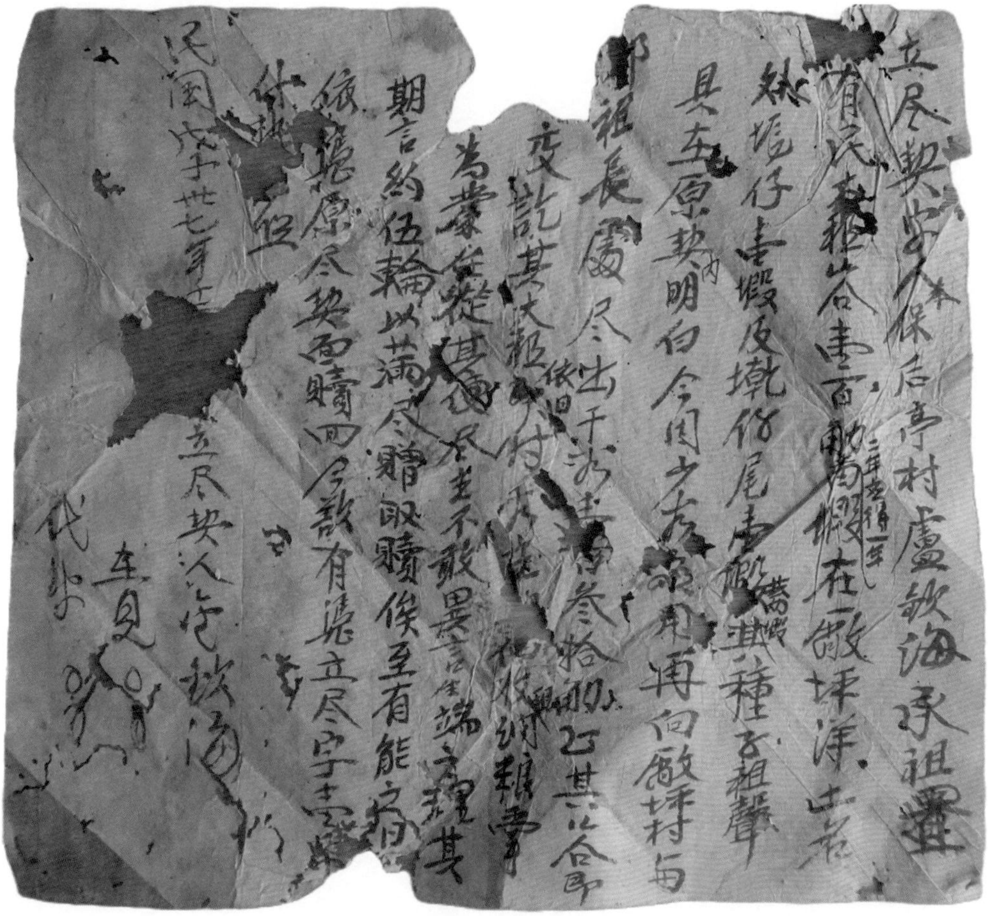

立尽契字人本保后亭村盧欽海承祖置
有民大租山合壹百[illegible]坐在敞坪洋土名
林垱仔壹段及墘仔尾壹段其種子租聲
具在原契內明白今因乏[illegible]再向敞坪村鄭
祖長處尽出干[illegible]叁拾[illegible]其山合即
交訖其大租依旧[illegible]收納粮事
為業任從其[illegible]不敢異言[illegible]理其
期言約伍輪以滿尽贖取贖候至有能之日
依照原尽契面贖回[illegible]有憑立尽字壹紙
付執照
民国戊子卅七年十二[illegible]
立尽契人盧欽海
在見[illegible]
代筆[illegible]

11-9-25-3　民國三十七年十二月盧欽海立盡民大租契（草契）

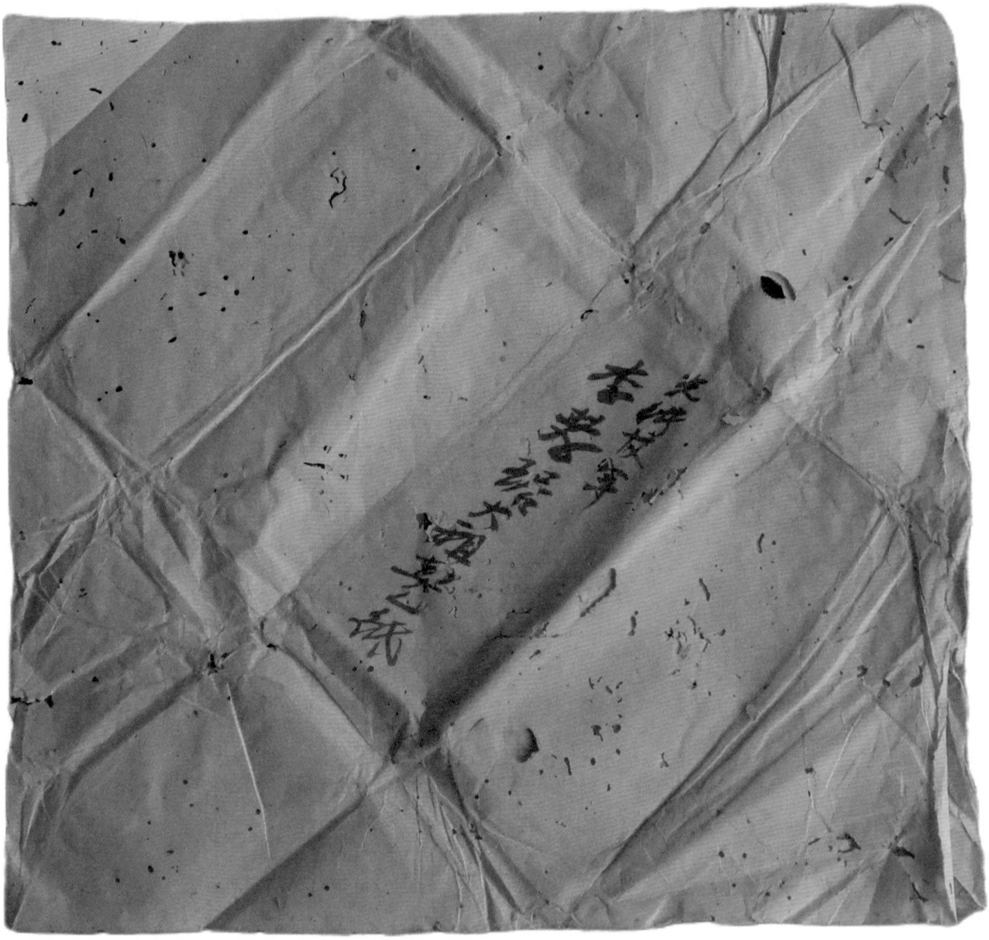

11-9-26-1　包契紙

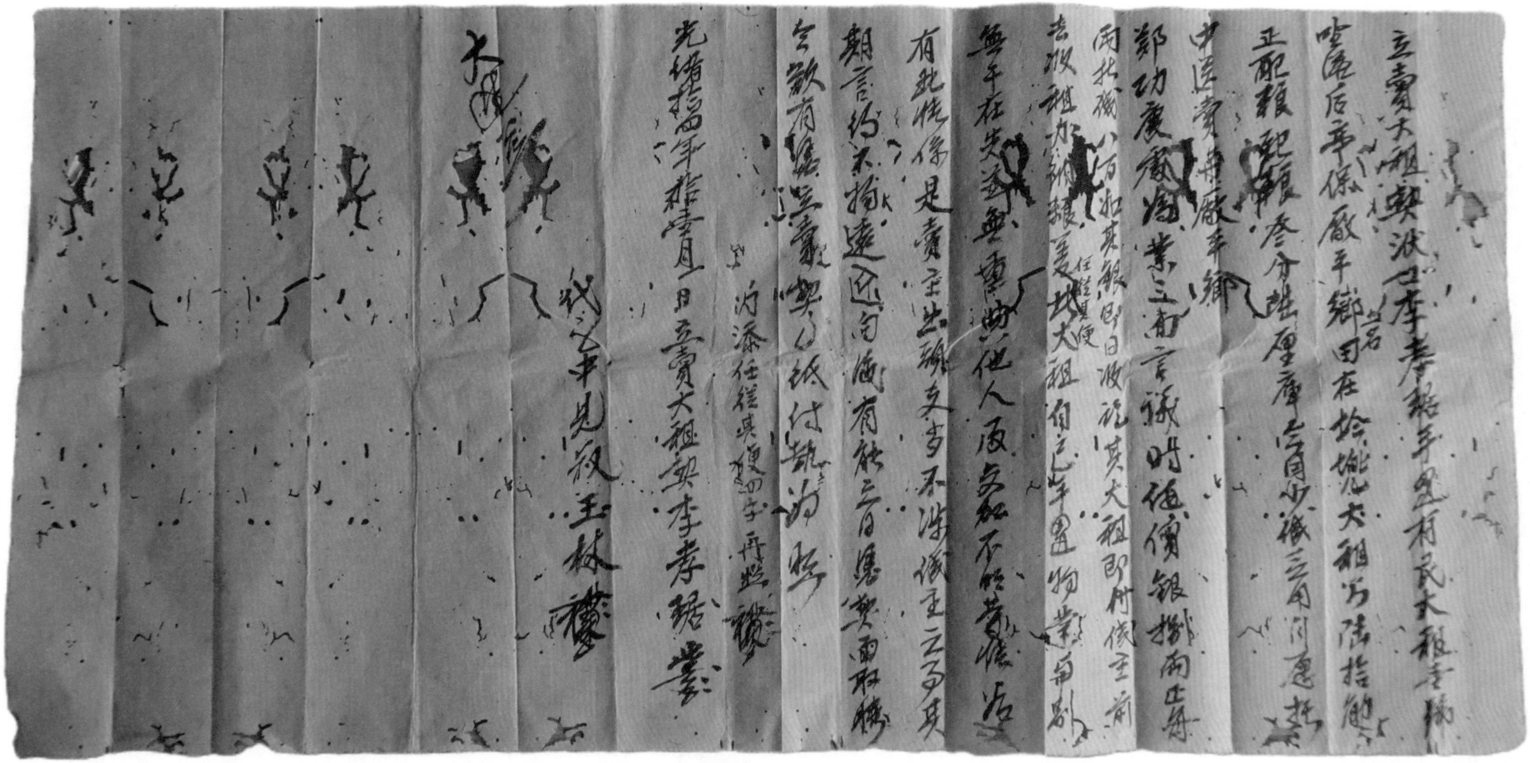
立賣大租契洑口李孝琚，今有民大租壹號，
坐落后亭保廠平鄉，土名□田，在拾□大租谷陸拾捌觔，
正配糧配銀叁分陸厘庫，今因乏銀應用，愿托
中送賣與廠平鄉
鄭功慶處為業，三面言議，時值價銀捌兩正，每
兩扣八百扣，其銀即日收訖，其大租即付銀主前
去收租辦糧，任從買便。其大租自己不得置物業等別
無干，在先並無重典他人，及交加不明等情，如
有此情，係是賣主出頭支當，不涉銀主之事。其
期言約不拘遠近，備有價銀，照契面取贖。
今欲有憑，立賣契壹紙，付執為照。
內添「任從買便」四字，再照。
光緒拾四年拾壹月　日立賣大租契李孝琚「押」
代筆中見叔王林「押」

11-9-26-2　清光緒十四年十一月李孝琚立賣民大租契

11-9-27-1　包契紙

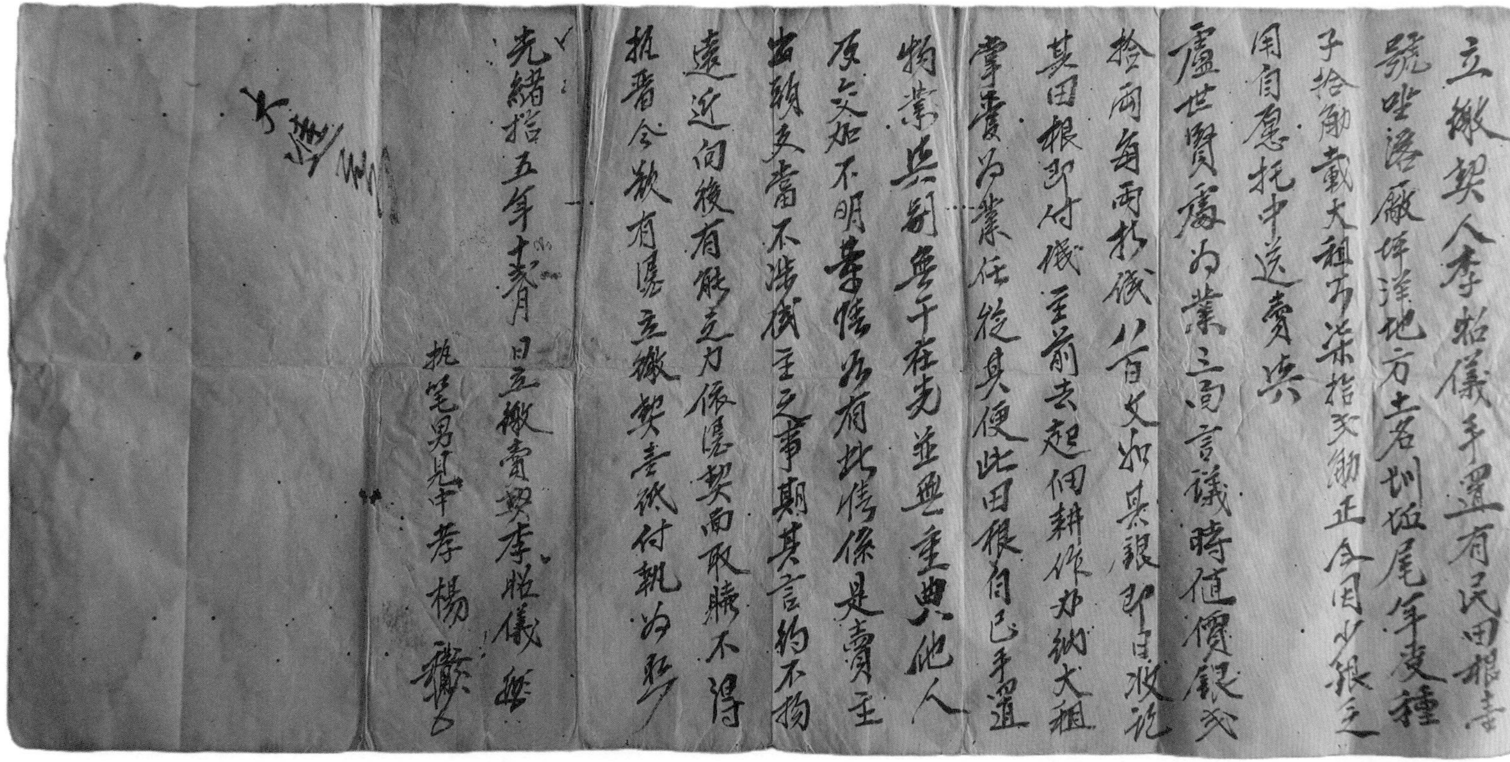

立缴契人李昭儀手置有民田根壹
號坐落廠坪洋地方土名圳垓尾年受種
子拾觔載大租谷柒拾斤御正今因乏銀
用自愿托中送賣與
盧世賢處為業三面言議時值價銀弍
拾兩每兩扣錢其銀即日收訖
其田根即付銀主前去起佃耕作办納大租
掌管為業任從其便此田根自己手置
物業與別無干在先並無重典他人
交加不明等情如有此情係是賣主
出頭支當不涉銀主之事期其言約不拘
遠近向後有能之力依價契面取贖不得
執番今欲有憑立缴契壹紙付執為照
光緒拾五年十二月　日立缴賣契李昭儀（押）
執笔男見中李楊㵾（押）

11-9-27-2　清光緒十五年十二月李昭儀立繳民田根契

11-9-27-3 清光緒十八年十二月李昭儀立繳民田根契

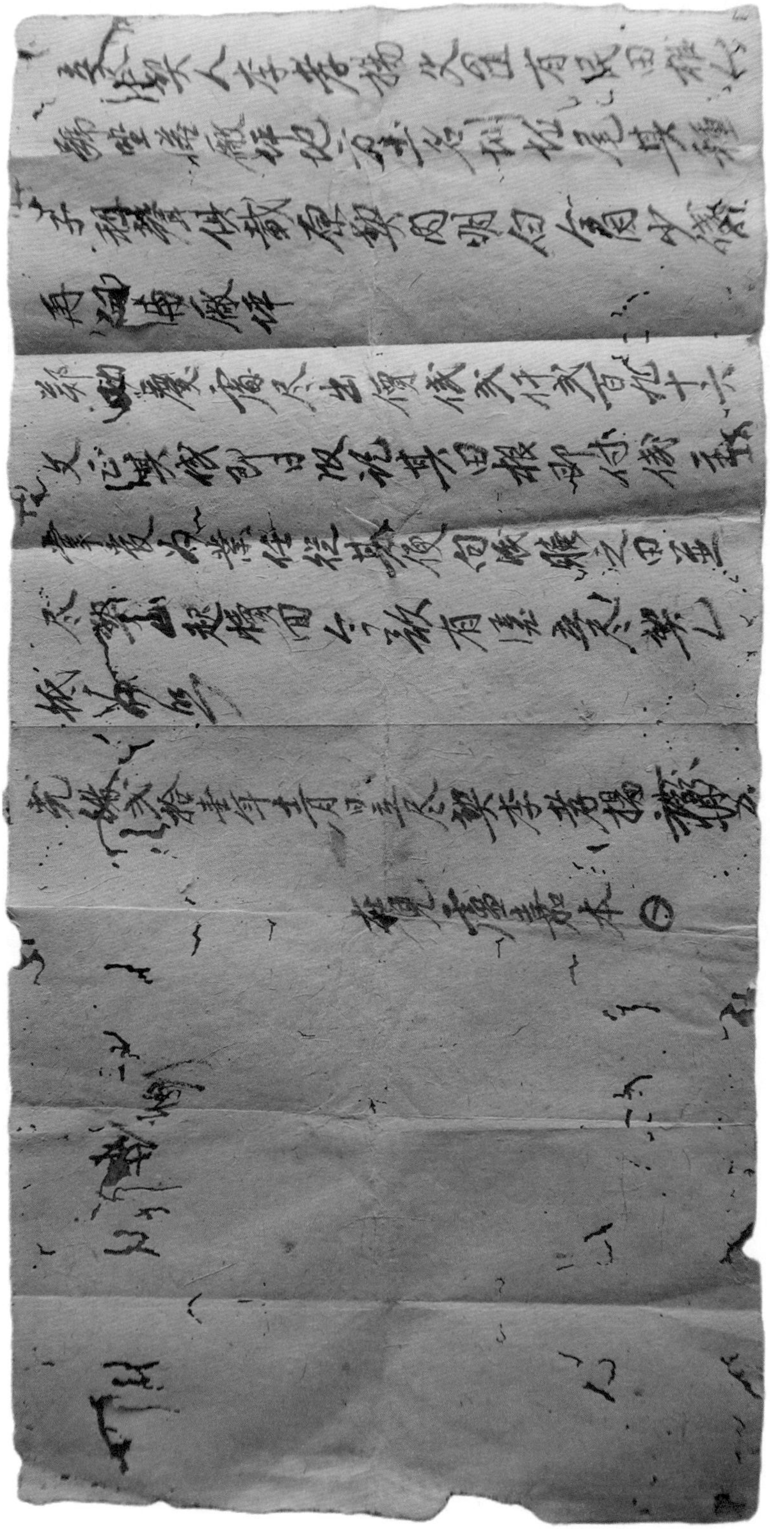

11-9-27-4 清光緒二十一年十二月李孝揚立盡民田根契

11-9-28-1　包契紙

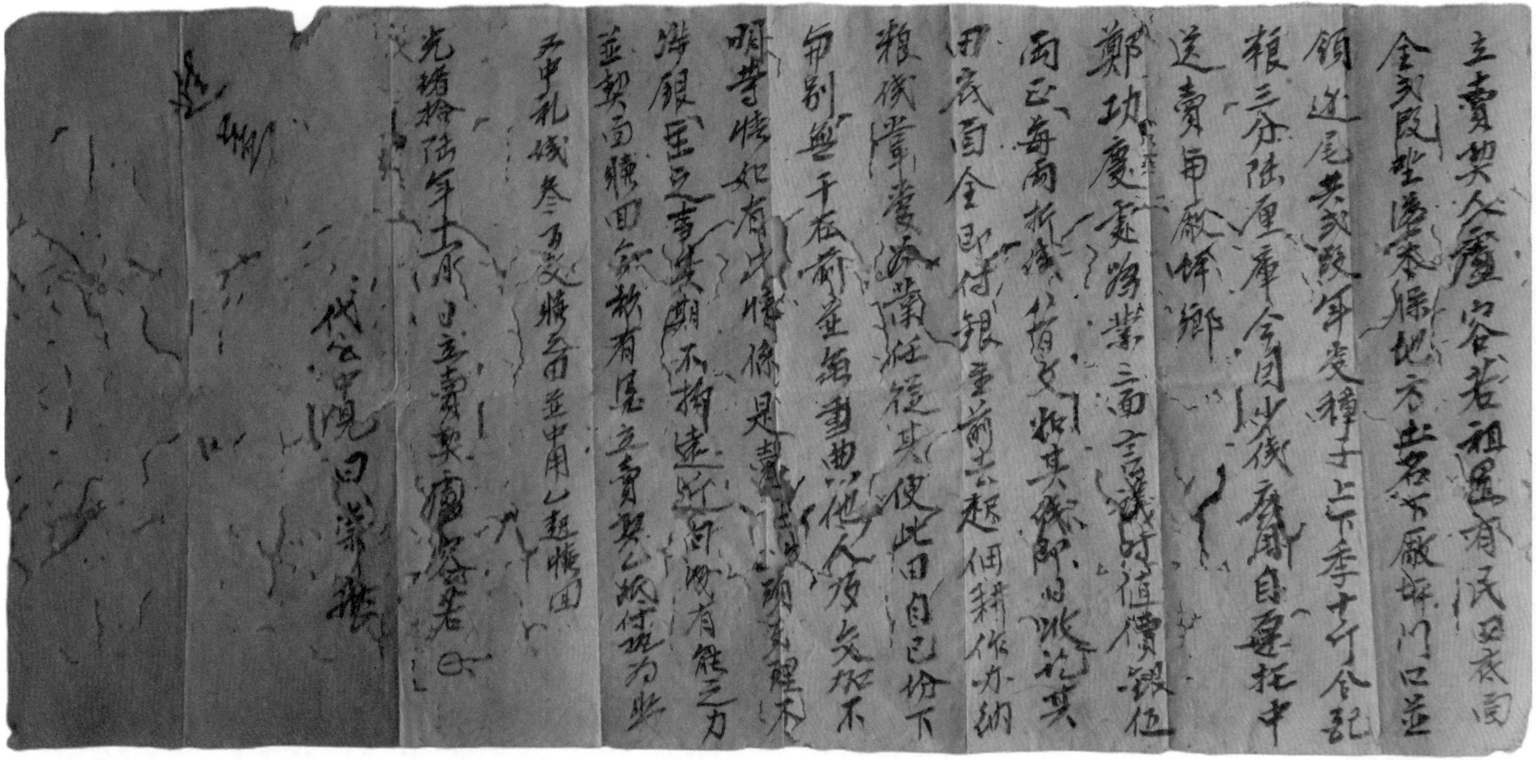

立賣契人盧容若，祖置有民田底面
全號，坐落永泰縣地方，土名下廠坪門口並
鎖道尾，共貳段，年受種子上下季十斤，合記
粮三分陸厘庫。今因少錢應用，自願托中
送賣與廠坪鄉
鄭功慶邊為業。三面言議，時值價銀伍
兩正，每兩折錢八百文，收其錢，即日收訖。其
田底面全，即付銀主前去起佃耕作，辦納
粮錢，當蘭任從其便。此田自己份下
事，與別無干，在前並無重典他人及交加不
明等情。如有此情，係是盧邊一力支理，不
涉銀主之事。其期不拘遠近，備有能之力
並契面贖田，欲有憑，立賣契乙紙付執為照。
再中礼錢叁百文，轉立田並中用已趕收田
光緒拾陸年十一月　日立賣契盧容若（押）
代字中見[illegible]崇[illegible]
見[illegible]

11-9-28-2　清光緒十六年十一月盧容若立賣底面全民田契

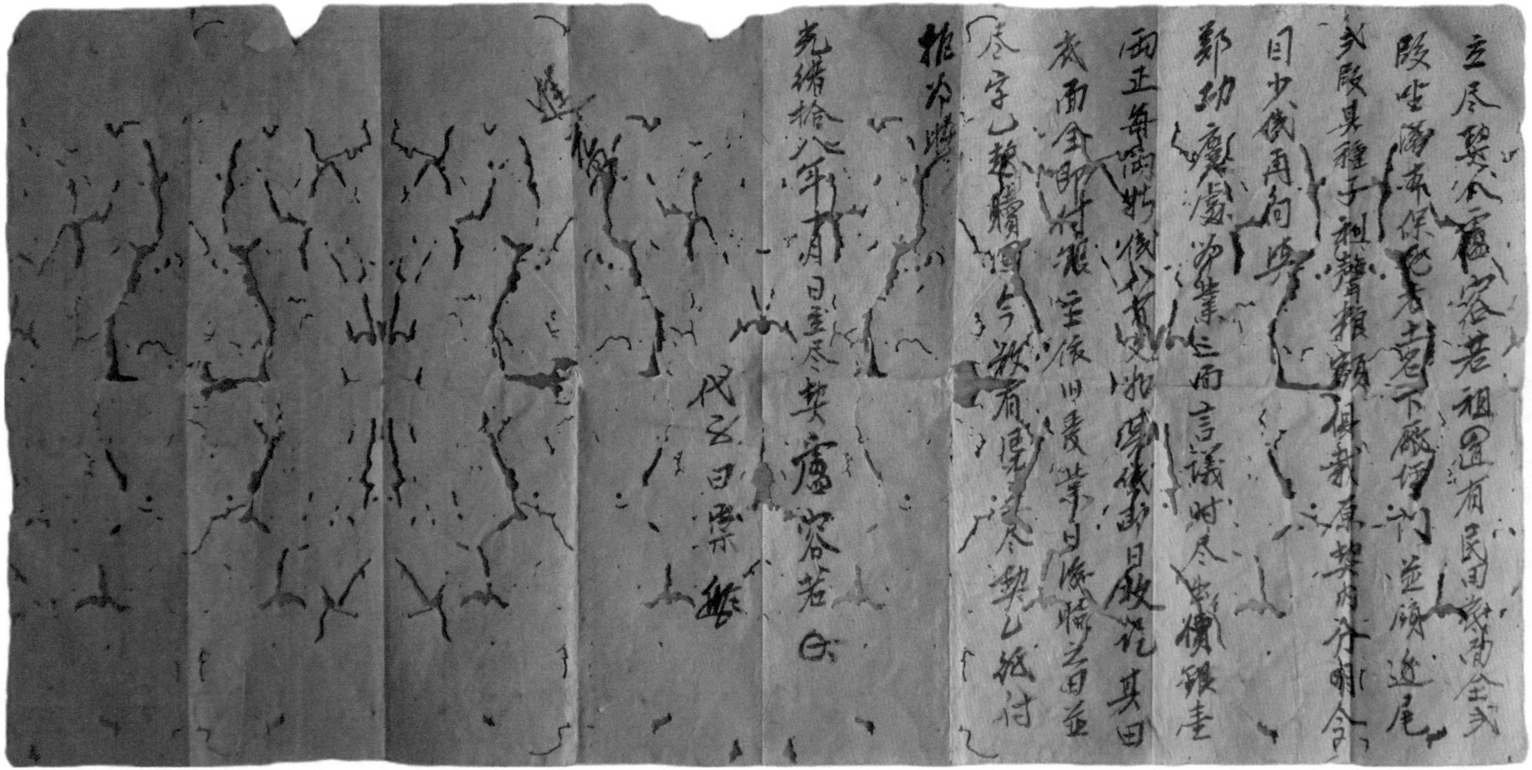

11-9-28-3　清光緒十八年十月盧容若立盡底面全民田契

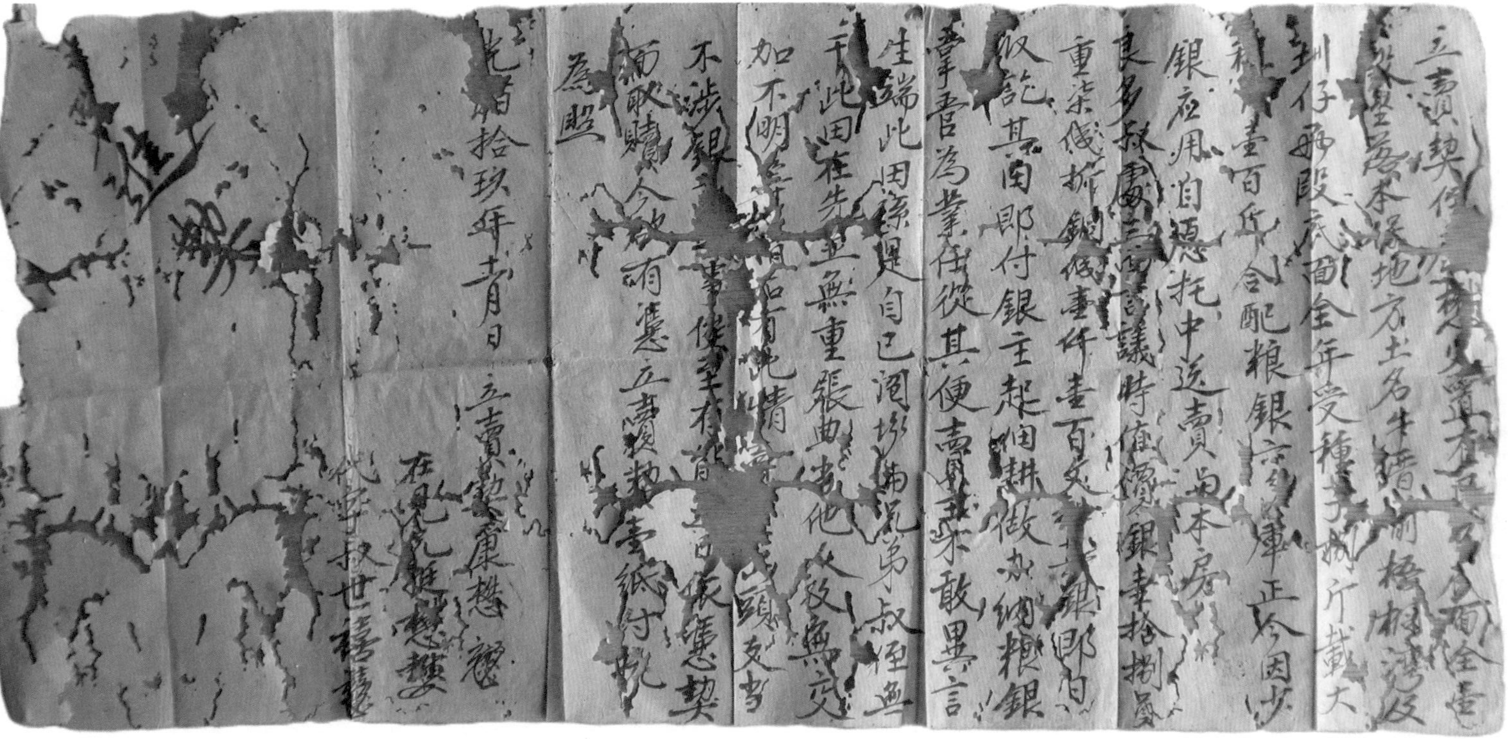

11-9-29-1　清光緒十九年十一月鄭康懋立賣底面全民田契

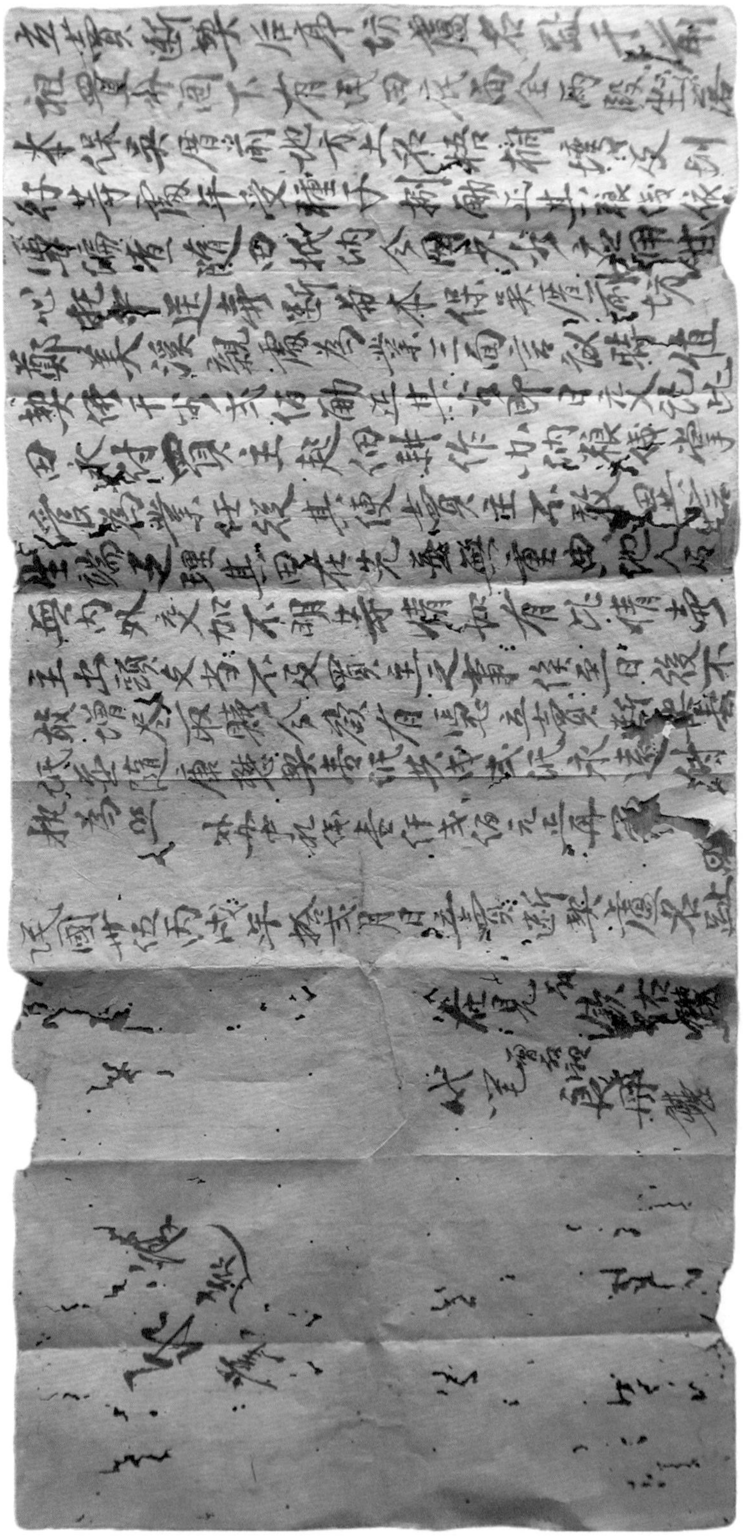

11-9-29-2　民國三十五年十二月盧名趾立賣斷底面全民田契

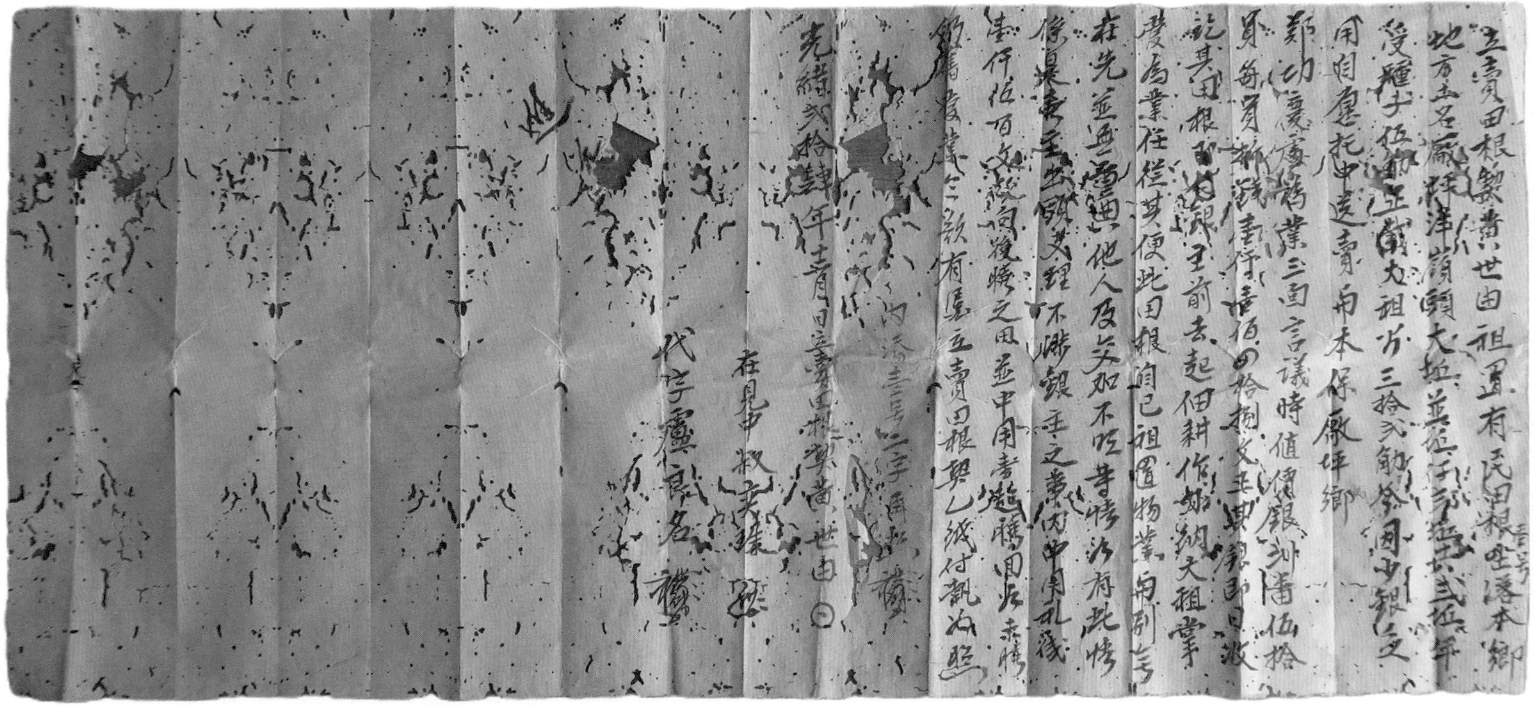

11-9-30-1 清光緒二十四年十二月黄世由立賣民田根契

11-9-30-2　清光緒三十年十二月黃世由立盡民田根契

11-9-31-1　包契紙

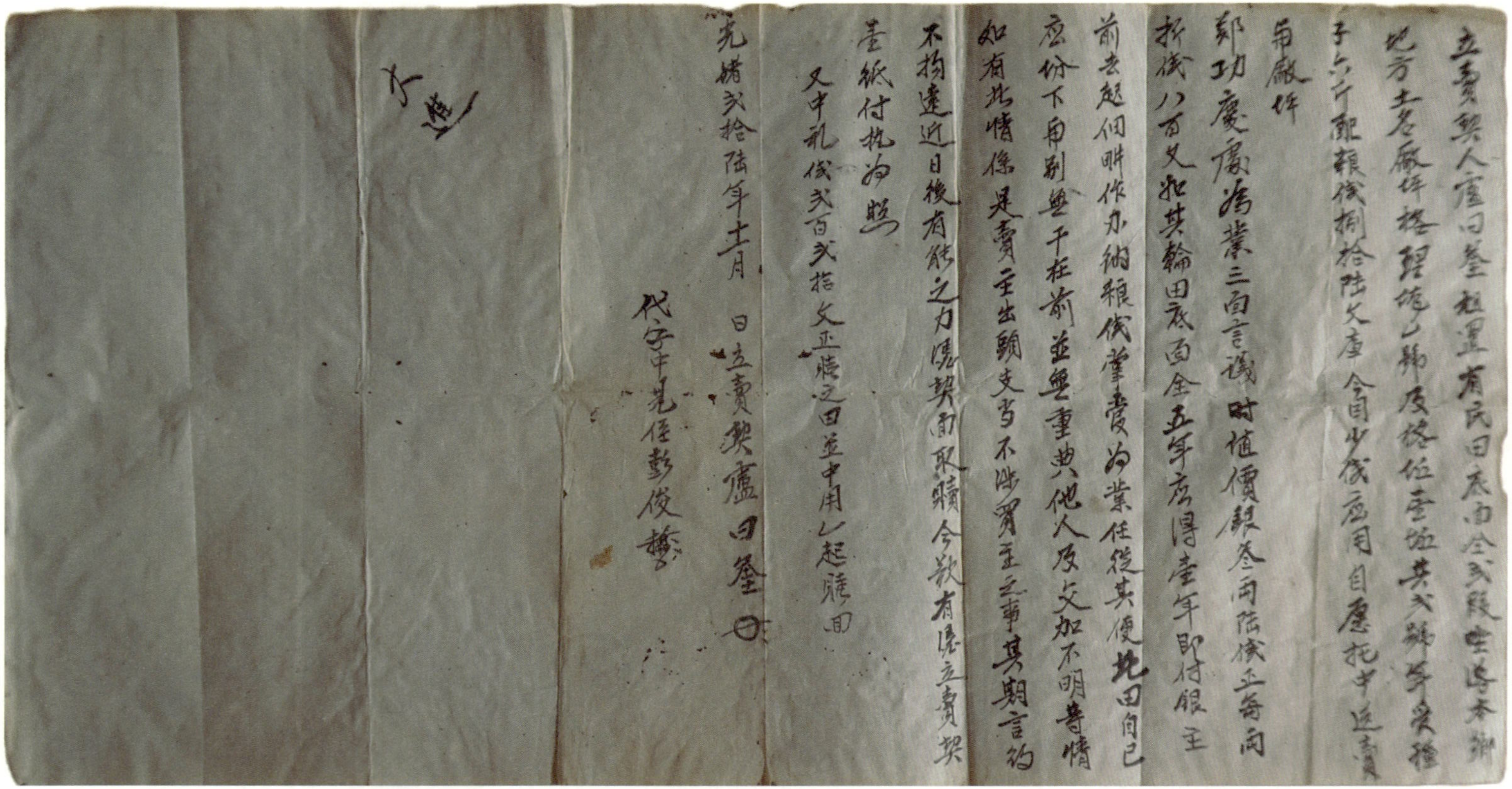
立賣契人盧曰奎祖置有民田底面全貳段坐落本鄉
地方土名廠坪格璧墘乙坵及格仔壹坵共貳坵年實稻
子六斤配粮錢捌拾陸文庫今因少錢應用自愿托中送賣
弟廠坪
鄭功慶處爲業三面言議時值價銀叁兩陸錢正每兩
折錢八百文批其輸田底面全立年應得壹年即付銀主
前去起佃耕作办納粮錢肇賣為業任從其便此田自己
應份不與別無干在前並無重典他人及交加不明等情
如有此情係是賣主出頭支當不涉買主之事其期言約
不拘遠近日後有能之力憑契面取贖今欲有憑立賣契
壹紙付執為照
又中礼錢貳百貳拾文正其之田並中用乙起繳田
光緒貳拾陸年十一月　日立賣契盧曰奎（押）
代字中見侄彭俊（押）

11-9-31-2　清光緒二十六年十一月盧曰奎立賣底面全民田契

11-9-32-1 包契紙

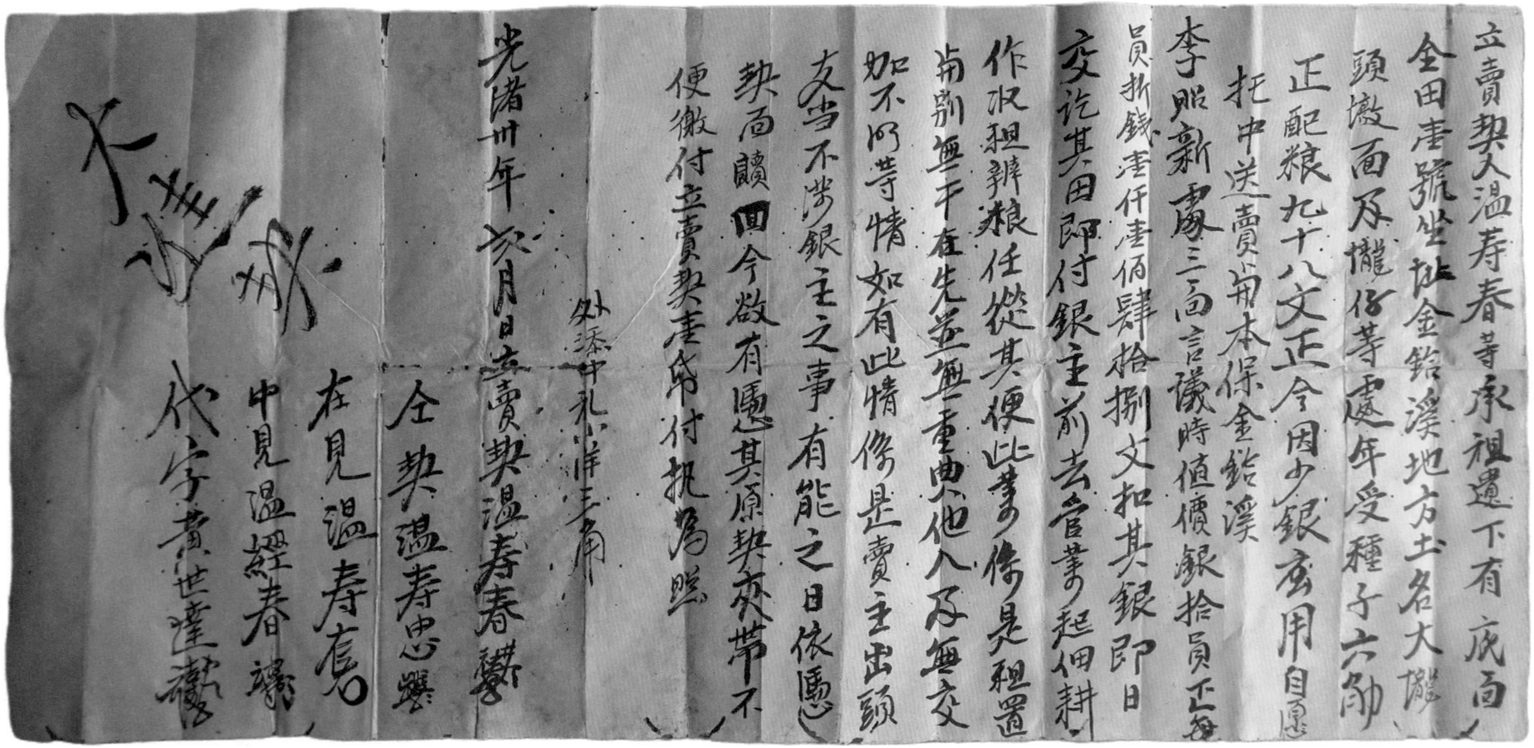

11-9-32-2　清光緒三十年二月温寿春等立賣底面全田契

11-9-32-3　民國三十六年十一月李瑞材立賣底面全民田契

11-9-33-1　包契紙

11-9-33-2　包契紙

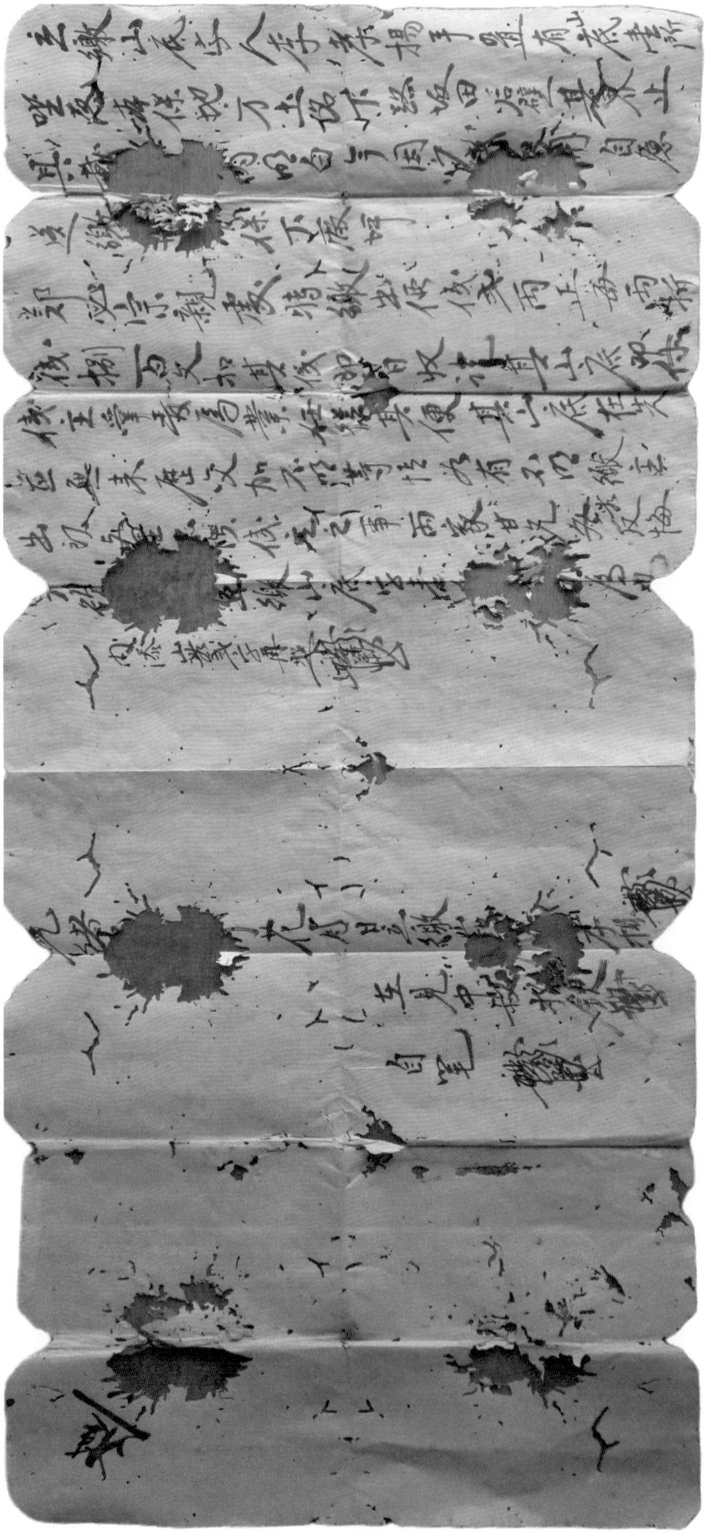

11-9-33-3　清光緒年間李孝揚立繳山底字

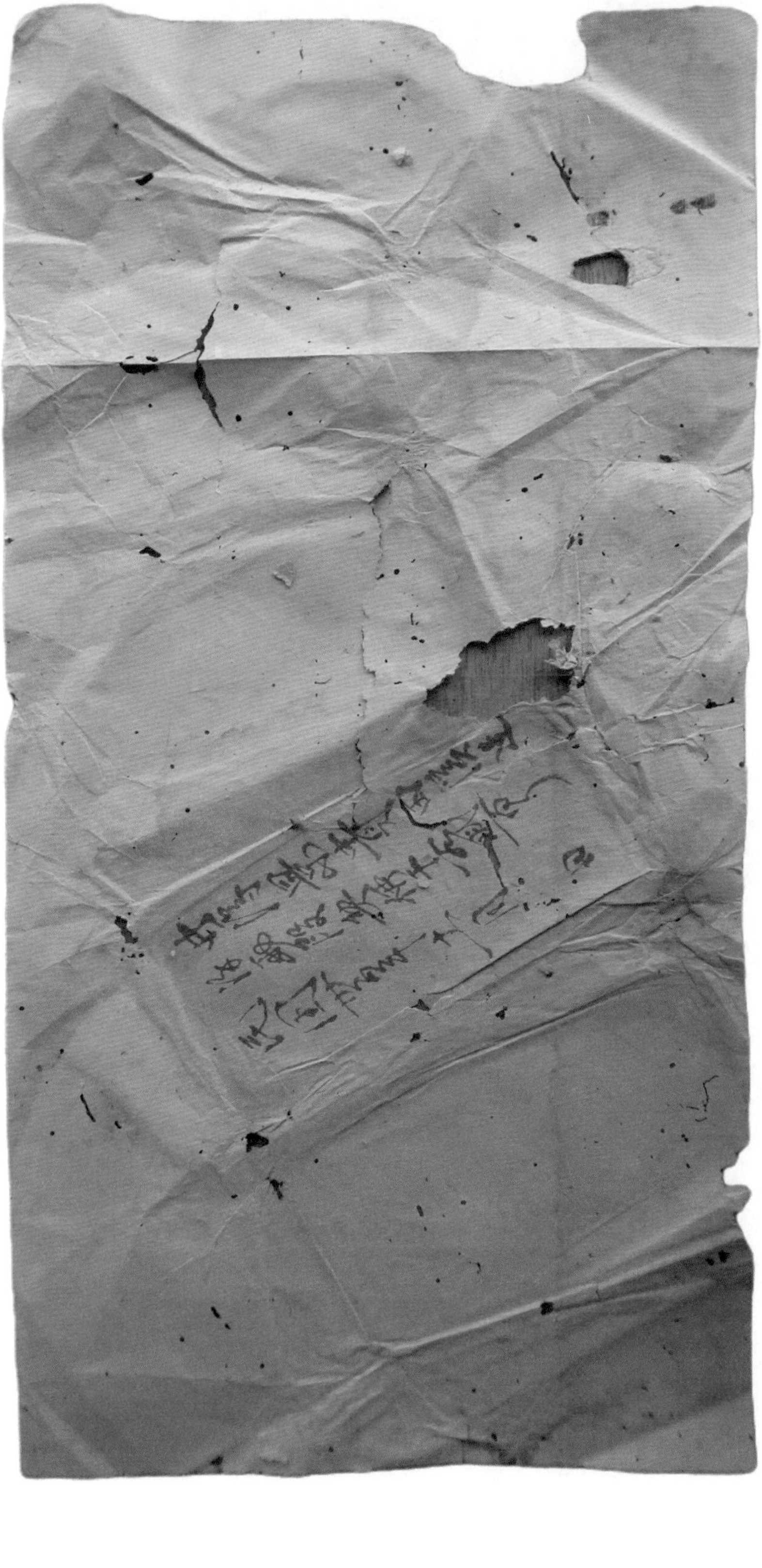

11-9-34-1　包契紙

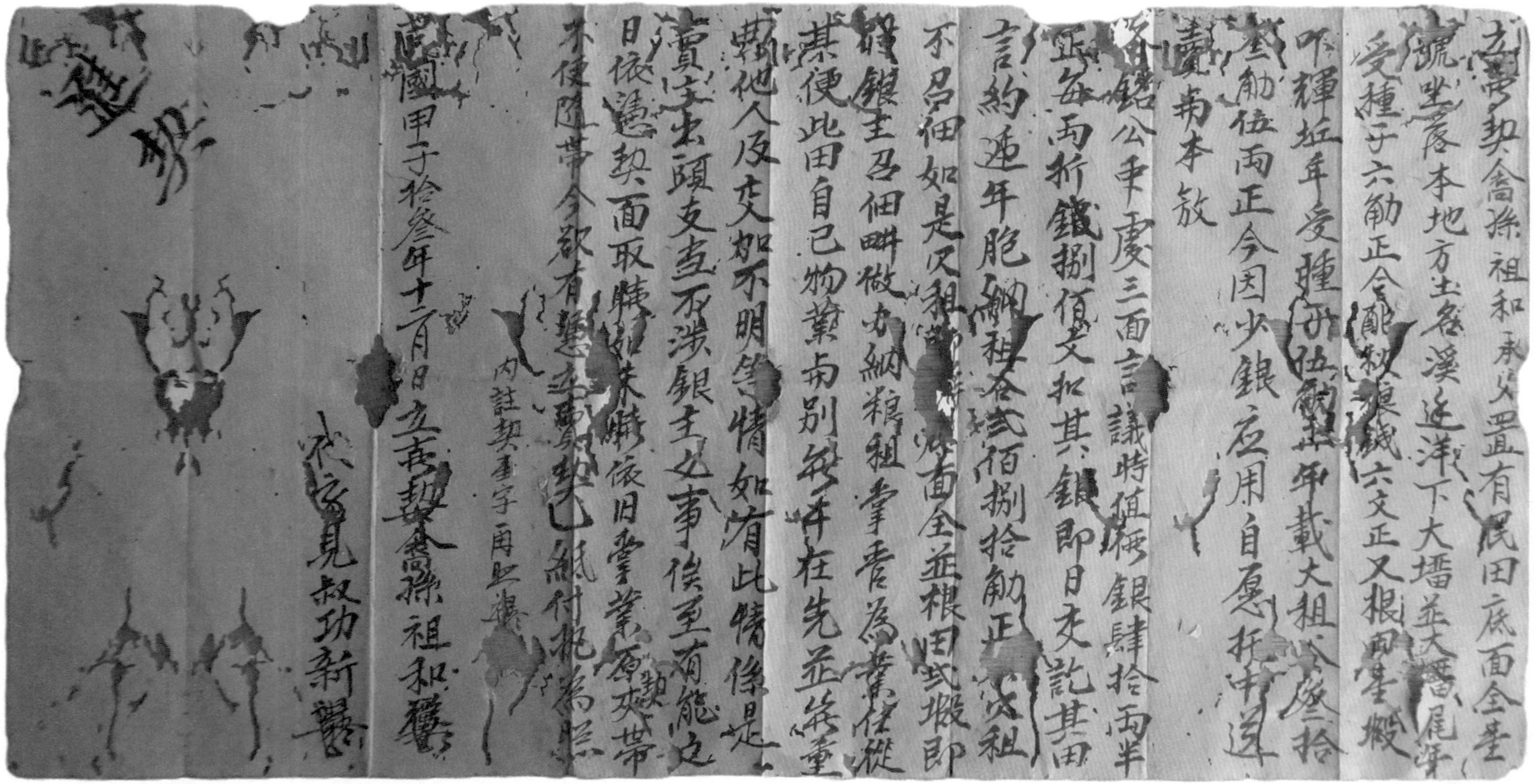

立賣契人鄭孫祖和承父置有民田底面全壹
號坐落本地方土名溪边洋下大墻並大墻尾洋
受種子六觔正今配粮錢六文正又根面壹段
[illegible]垃年受種廿伍觔正年載大租谷叁拾
叁觔伍兩正今因少銀應用自愿托中送
賣與本族
[illegible]公手處三面言議時值價銀肆拾兩半
正每兩折錢捌佰文和其銀即日交訖其田
言約逐年肥納租谷貳佰捌拾觔正[illegible]祖
不召佃如是[illegible]租[illegible]面全並根田式段即
付銀主召佃耕做办納粮租掌管為業任從
其便此田自己物業与别房無干在先並無重
典他人及交加不明等情如有此情係是
賣主出頭支当不涉銀主之事俟至有能之
日依憑契面取贖如未贖依旧掌業[illegible]帶
不便随帶今欲有憑立賣契一紙付執為照
内註契壹字再照
民國甲子拾叁年十二月　日立賣契人鄭孫祖和
憑見叔功新
[illegible]契

11-9-34-2　民國十三年十二月鄭祖和立賣底面全民田契

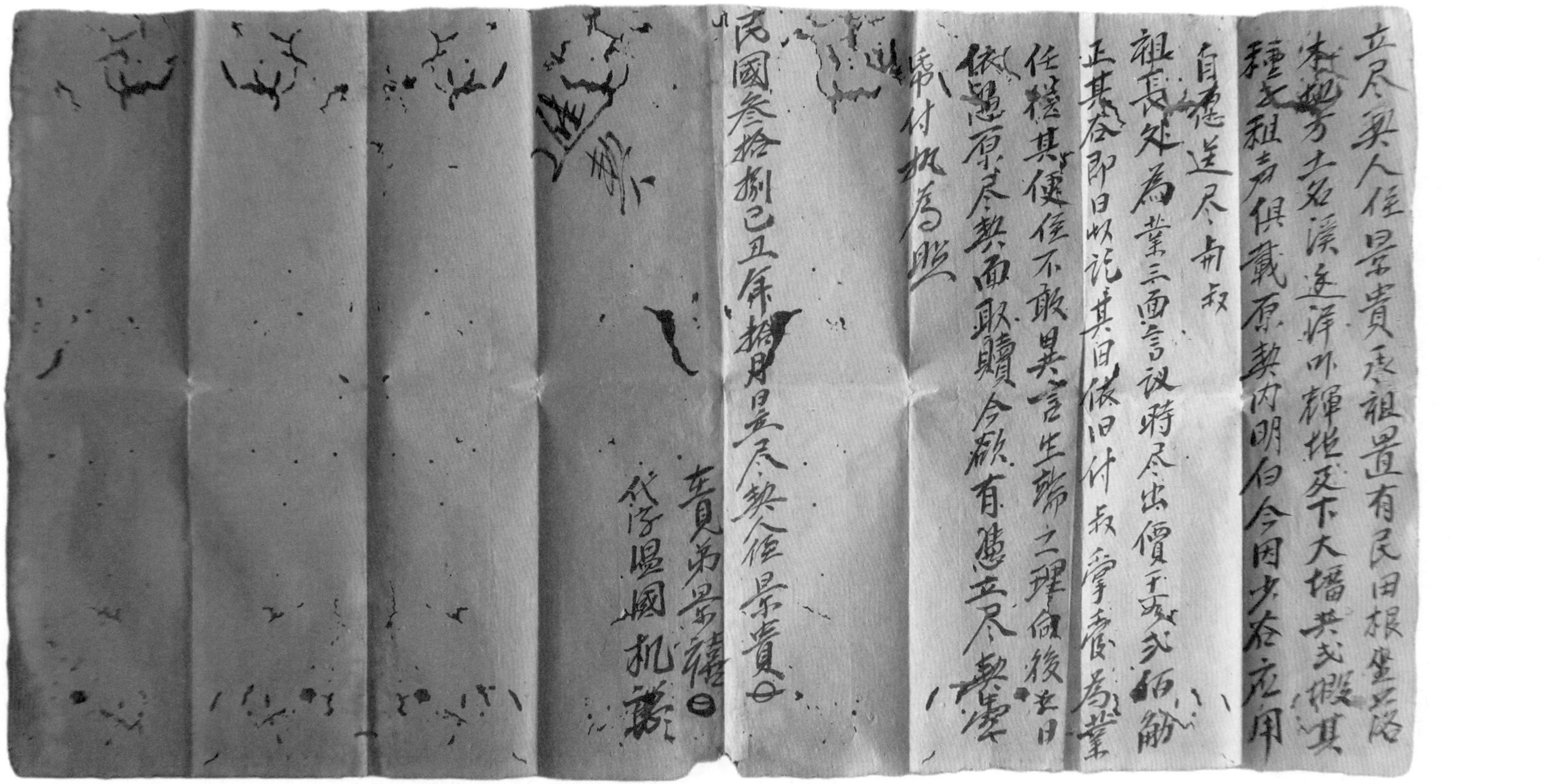

11-9-34-3　民國三十八年十月鄭景貴立盡民田根契

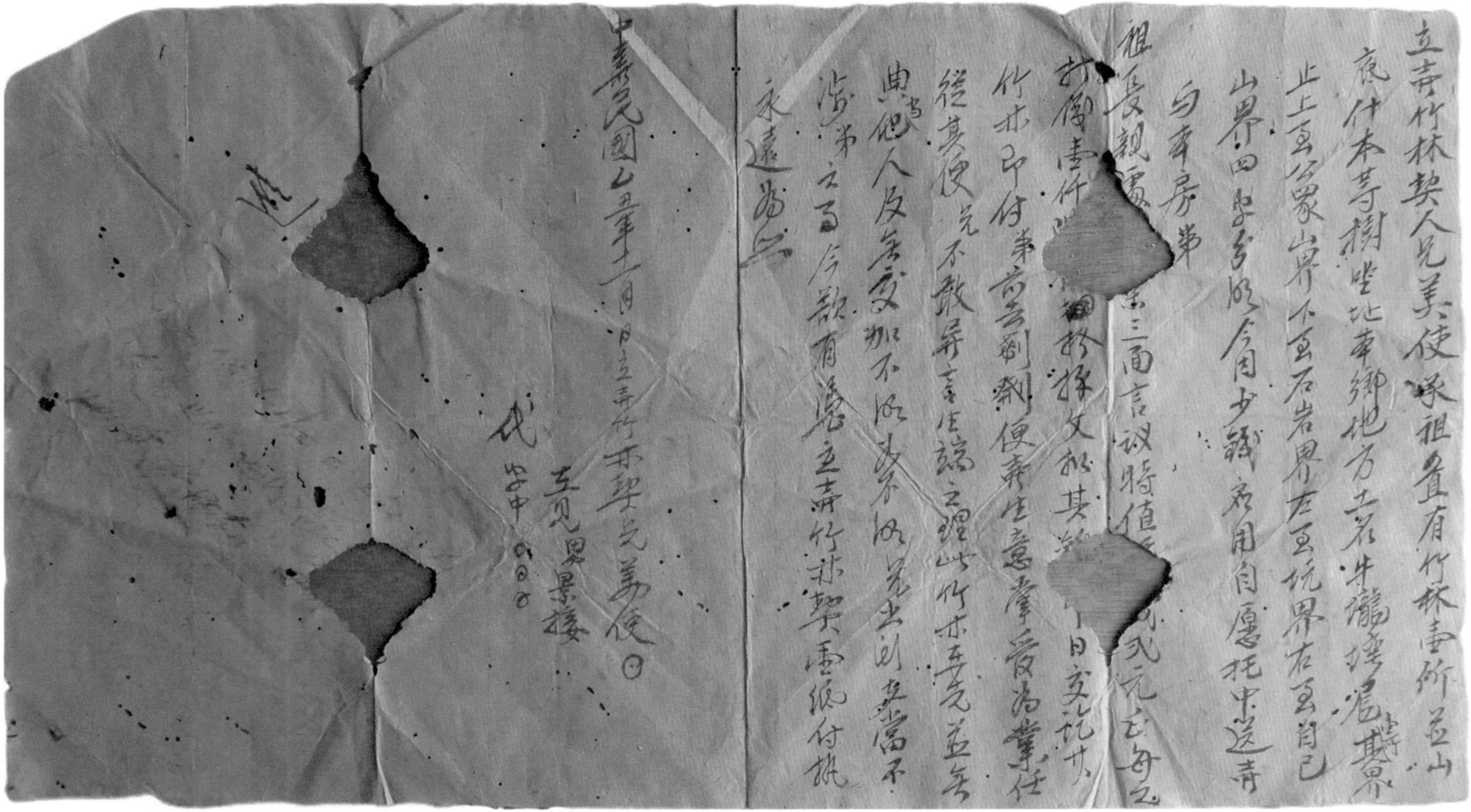

11-9-35-1　民國十四年十一月鄭美使立賣竹林等契（草契）

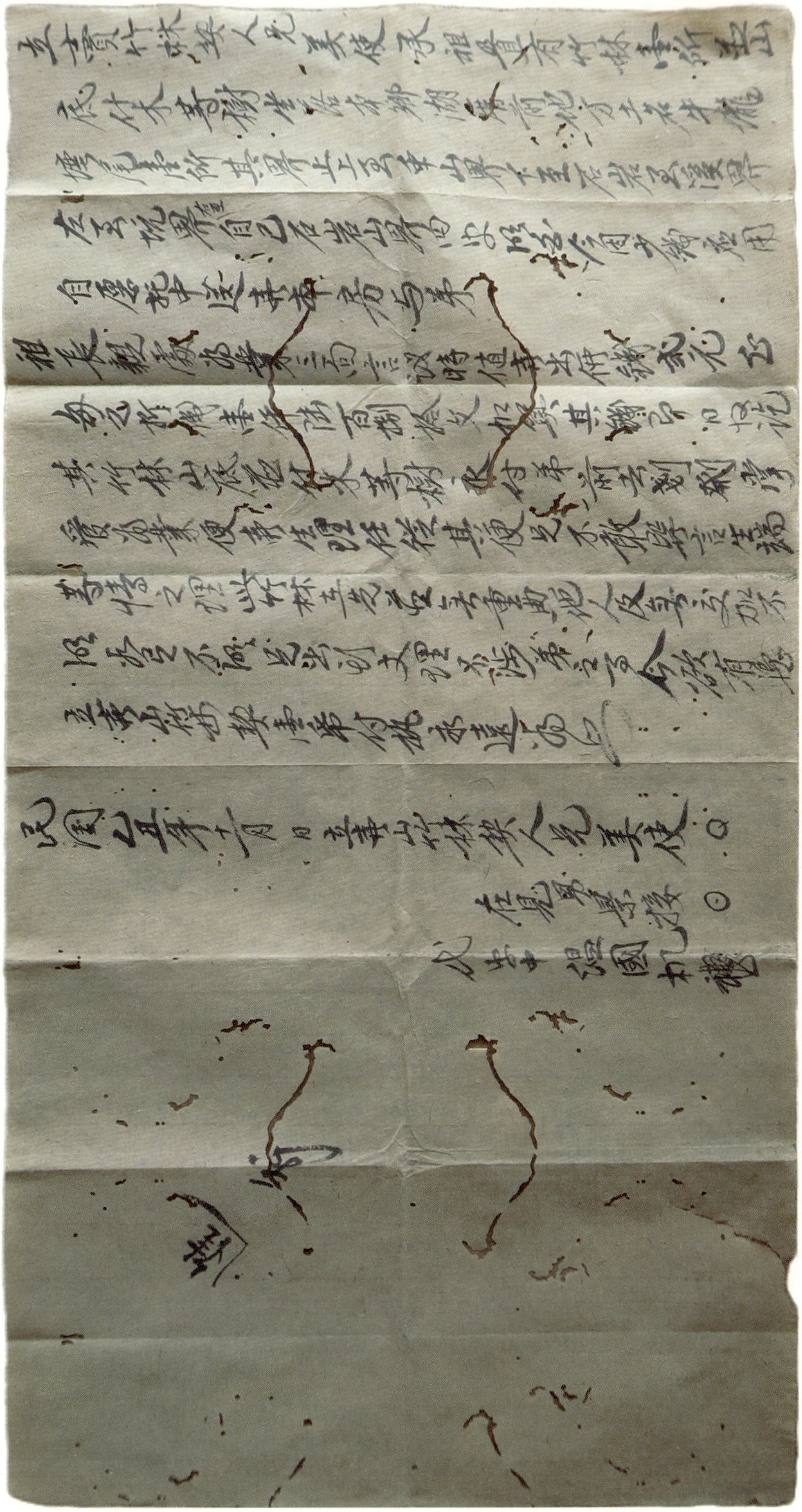

11-9-35-2 民國十四年十一月鄭美使立賣竹林等契

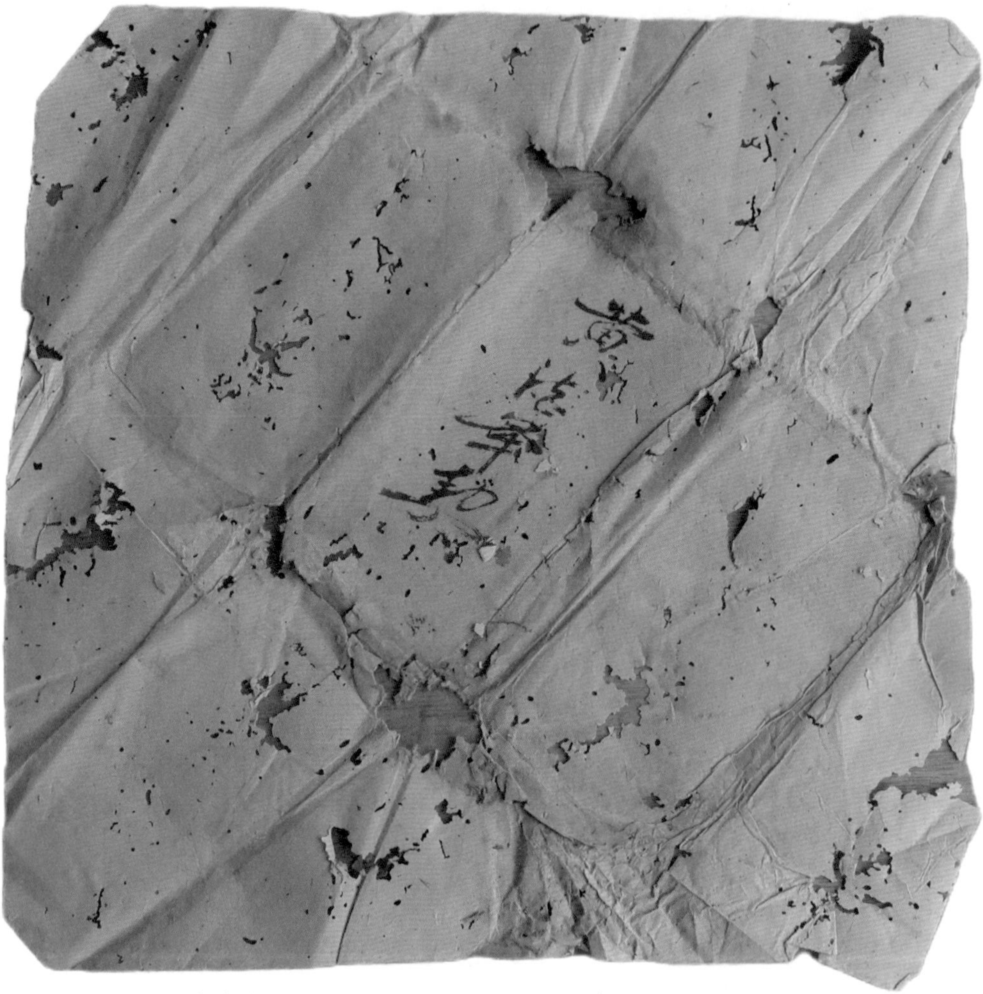

11-9-36-1　包契紙

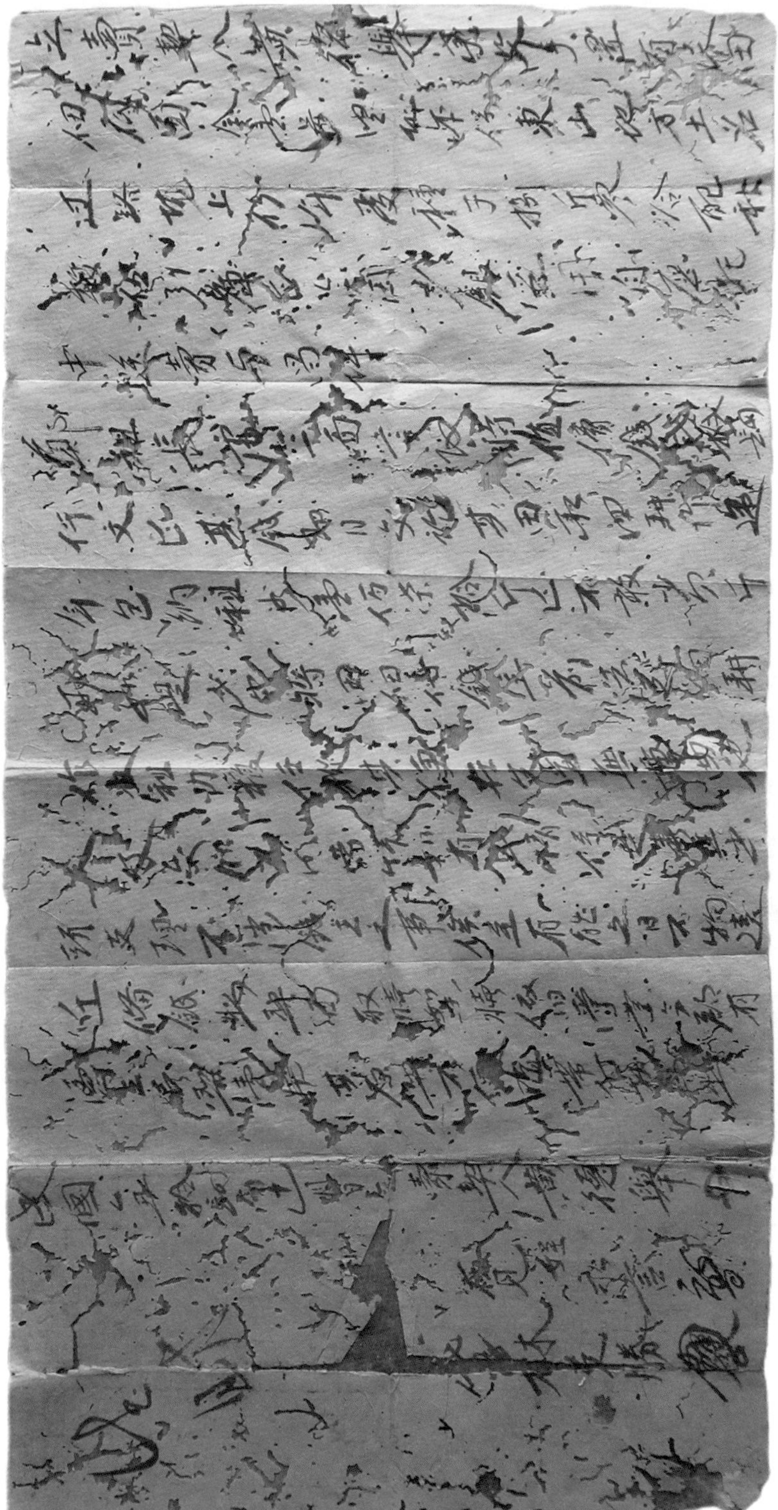

11-9-36-2　民國十四年十一月黃德華立賣底面全民田佃契

11-9-37-1　包契紙

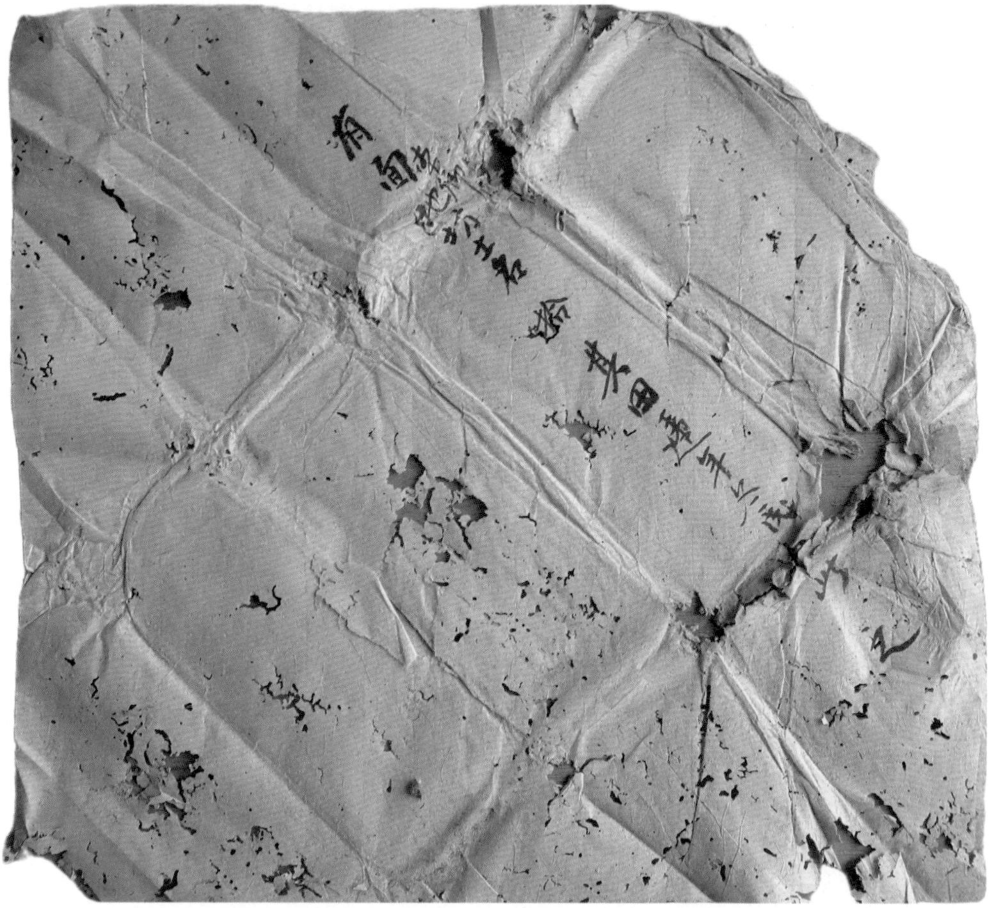

11-9-37-2　包契紙

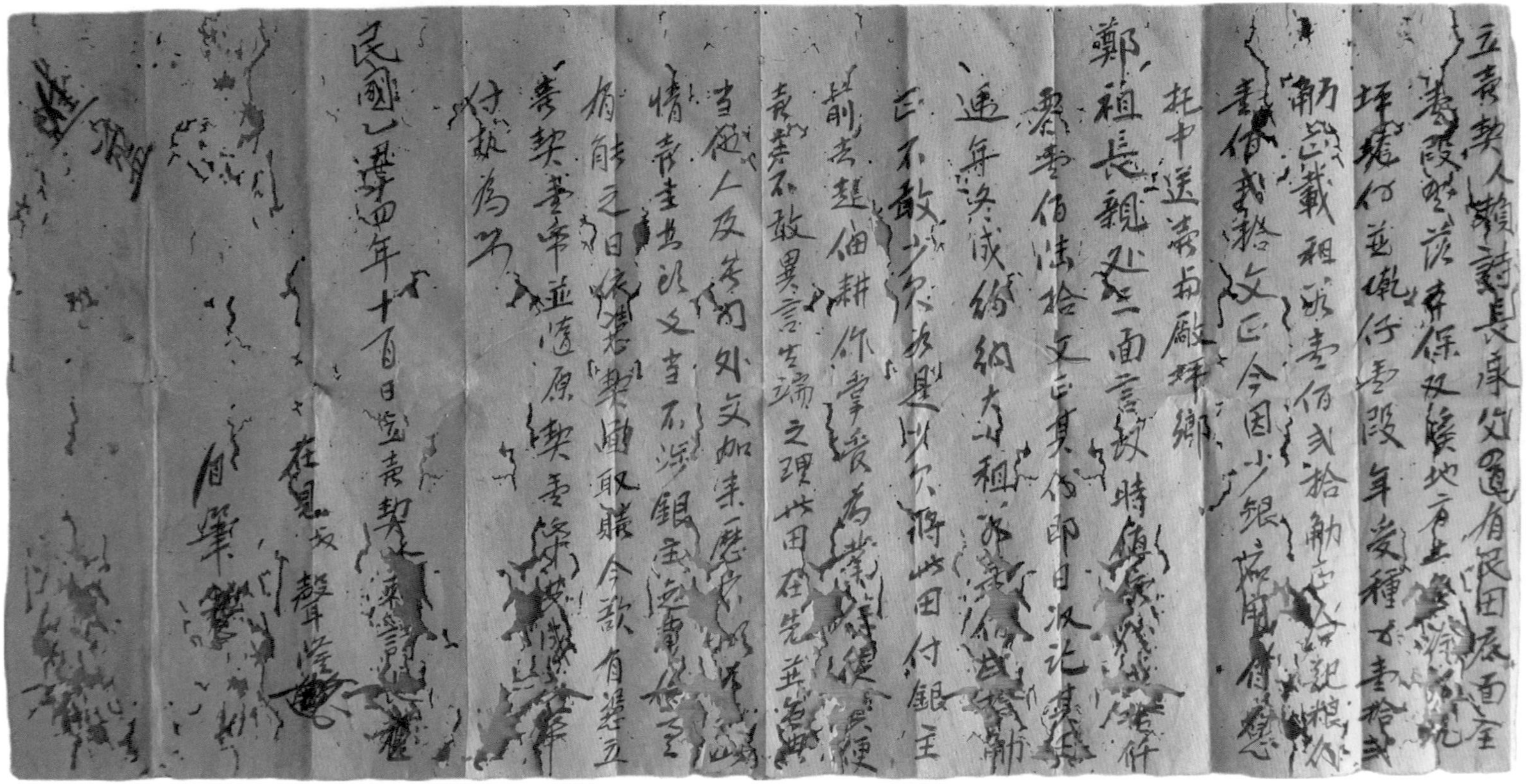

11-9-37-3　民國十四年十一月賴詩長立賣底面全民田契

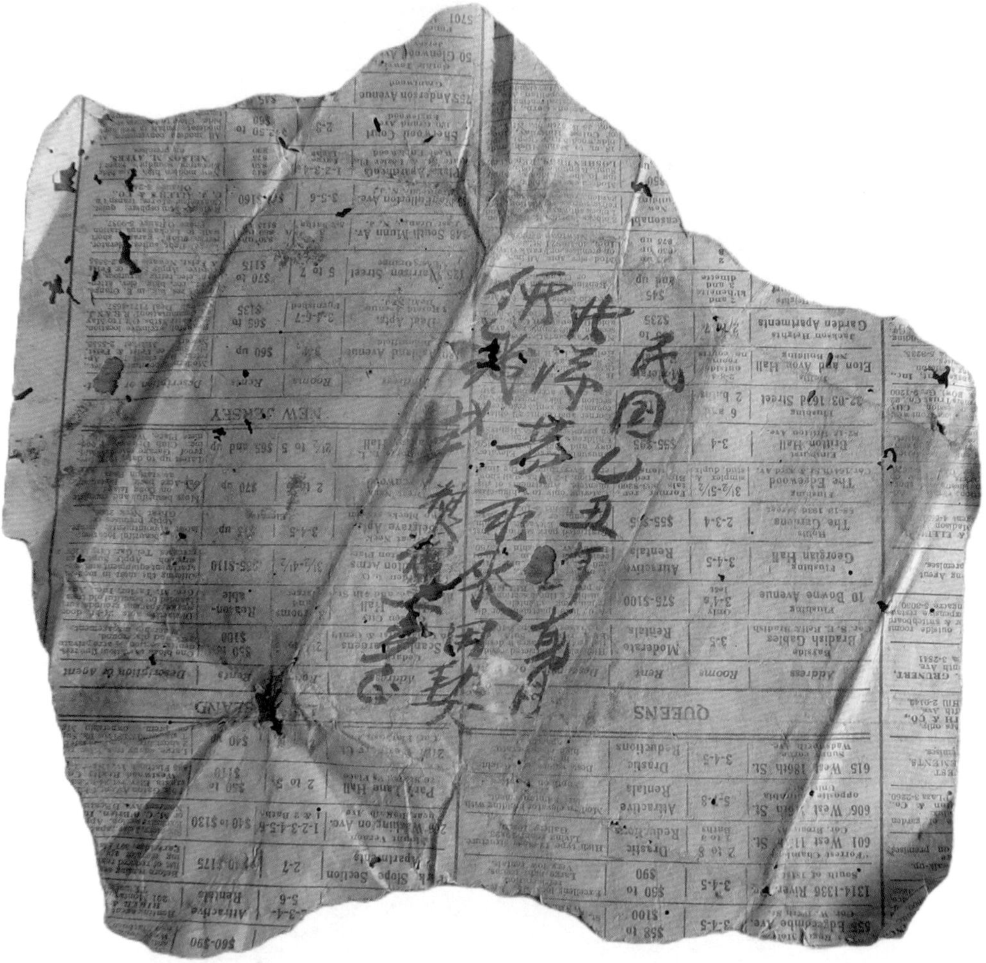

11-9-38-1　包契紙

11-9-38-2　民國十四年十二月黃永來立賣底面全民田契

11-9-39-1　民國十六年十二月黃明勤立賣民田根契

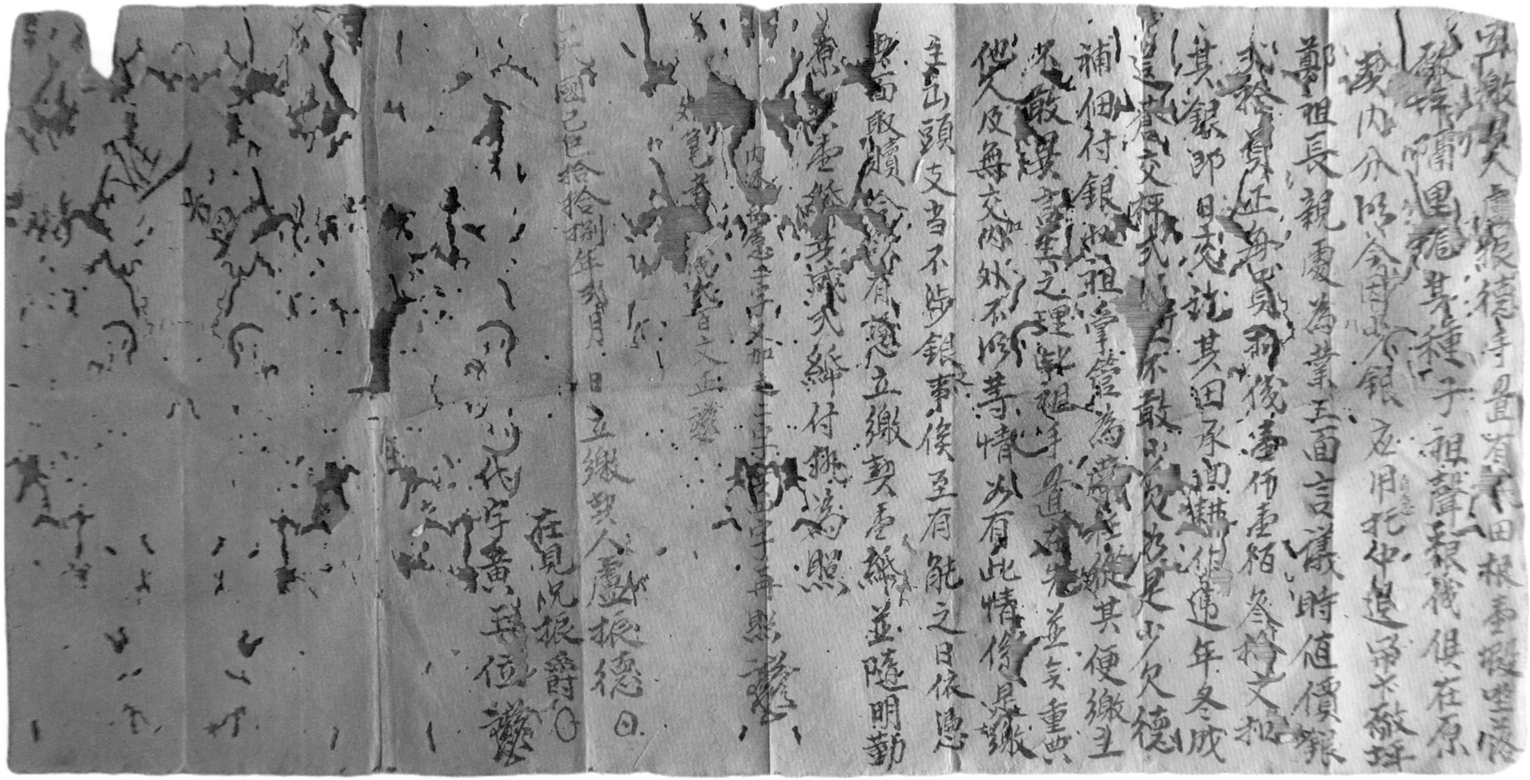
立繳契人盧振德手置有民田根壹段，坐落
土名[illegible]里施，其種子[illegible]祖聲稱俱在原
處內分明，今因無銀應用，托中退與[illegible]
鄭祖長親處為業，三面言議，時值價銀
弍拾[illegible]正，每員[illegible]係壹佰叁拾文扣
其銀即日憑訖，其田承佃耕作，遞年冬成
送倉交[illegible]不敢少欠，德
補佃付銀，[illegible]祖掌管為業，聽從其便，繳主
不敢異言之理，此祖手置[illegible]並無重典
從人及每交內外不[illegible]等情，如有此情，係是繳
主出頭支當，不涉銀主之事，候至有能之日，依憑
契面取贖，今欲有憑，立繳契壹紙，並隨明勤
[illegible]壹紙，共弍紙付執為照。
內添[illegible]字又加[illegible]字再照
[illegible]之正
民國己巳拾捌年弍月　日　立繳契人盧振德
在見兄振爵
代字黃[illegible]位

11-9-39-2　民國十八年二月盧振德立繳民田根契

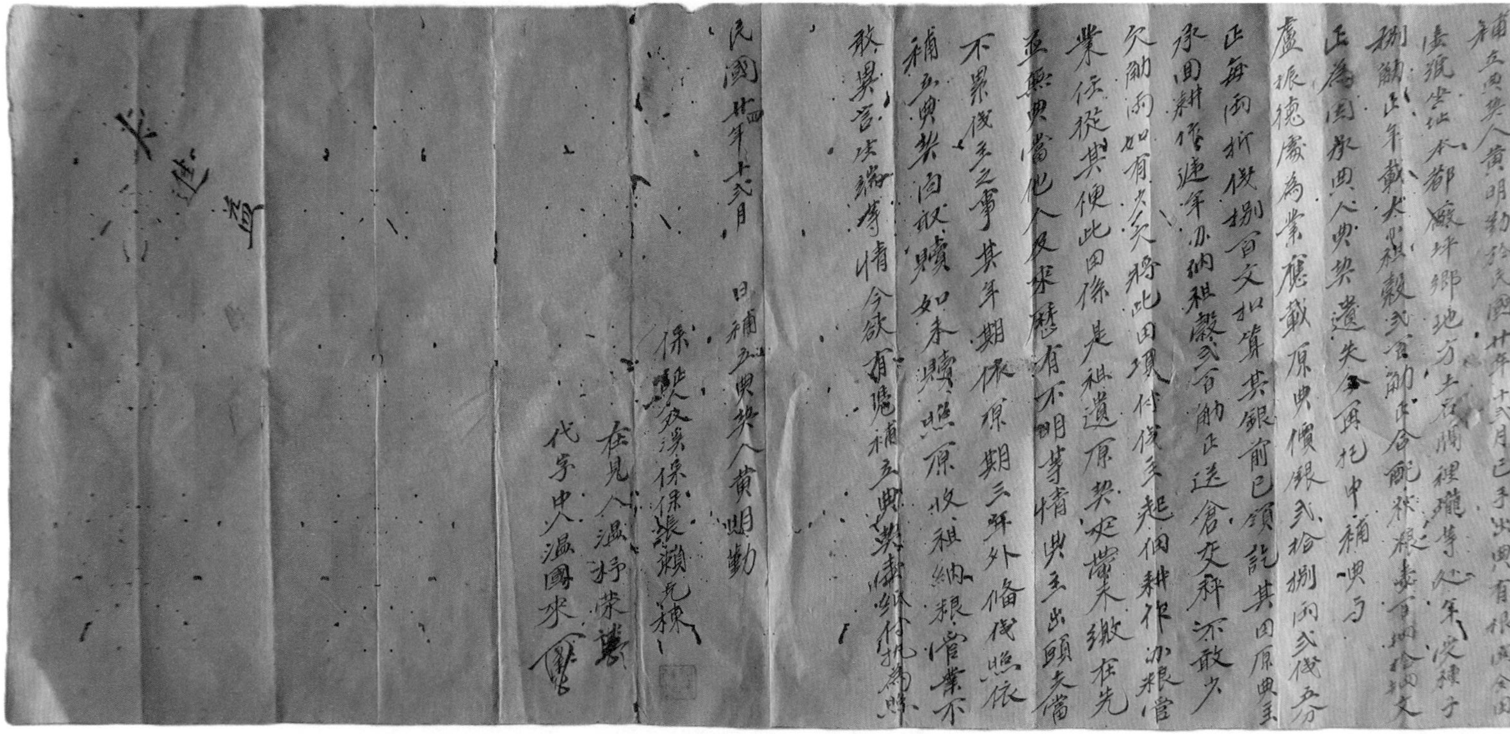

補立典契人黄明勤，於民國廿四年十二月已手出典有根面全田壹坵，坐址本都廠坪鄉地方，土名隔裡壠等處，年受種子捌觔，年載大租穀弍石□□□合，配米粮□□□拾捌文正。為因承典人典契遺失，今再托中補典與盧振德處為業，應載原典價銀弍拾捌兩弍錢五分正，每兩折伐捌百文扣算，其銀前已領訖。其田原典主承回耕作，逐年小納租穀弍石肆斗正，送倉交秤，不敢少欠觔兩。如有少欠，將此田退付錢主起佃耕作，小粮當業，任從其便。此田係是祖遺原契，並帶米徵，在先並無典當他人及來歷有不明等情，典主出頭承當，不累錢主之事。其年期依原期三年外，備價照依補立典契內取贖，如未贖，照原收租納粮管業，不敢異言生端等情。今欲有憑，補立典契壹紙，付執為照。

民國廿四年十二月　日補立典契人黄明勤
保甲長□□保保長賴元標
在見人溫秄棠
代字中人溫國來

11-9-39-3　民國二十四年十二月黄明勤補立典根面全田契

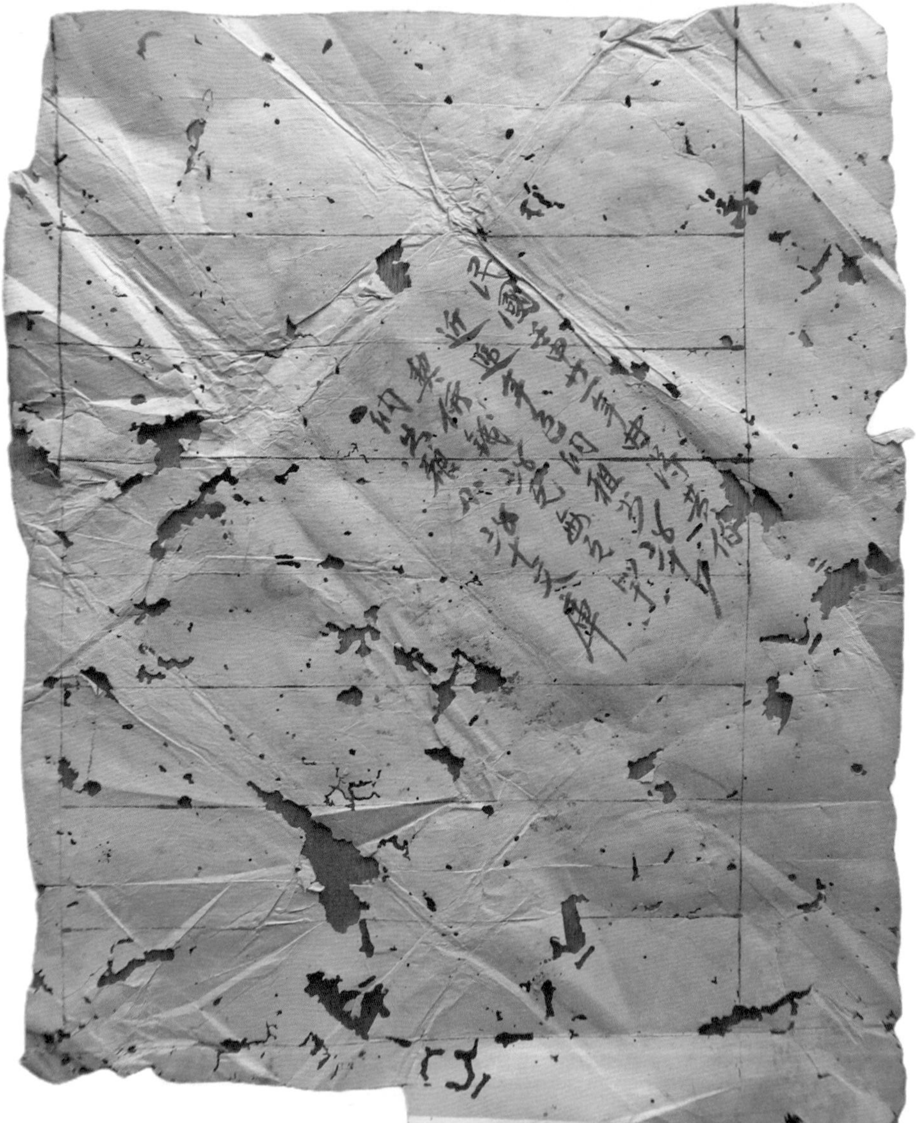

11-9-40-1　包契紙

11-9-40-2　包契紙

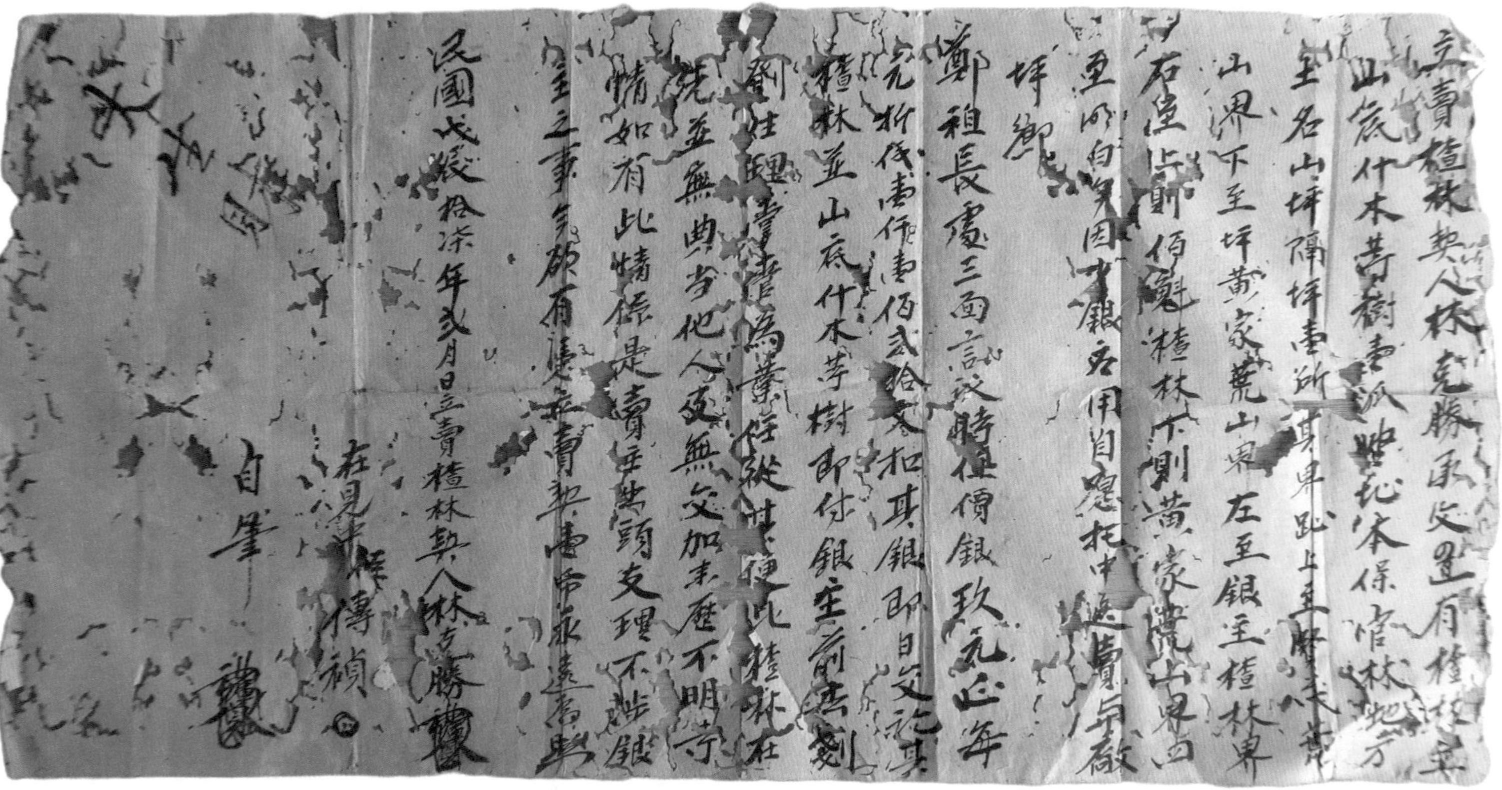

立賣楂林契人林克勝承父置有楂林坐落
山底竹木茶樹壹派，坐址本保㘵林地方
土名山坪隔坪壹所，其界址上至牌黃
山界，下至坪黃家荒山界，左至銀至楂林界，
右至片斷佰楂林下則黃家荒山界四
至明白，今因無銀應用，自愿托中送賣與本
坪鄉
鄭祖長處，三面言議時值價銀玖元正，每
元折錢壹仟壹佰貳拾文，其銀即日交訖，其
楂林並山底竹木茶樹即付銀主前去砍伐
劉姓理管為業，任從其便，此楂林在
先並無典當他人，亦無交加未歷不明等
情，如有此情，係是賣主出頭支理，不涉銀
主之事，今欲有憑，立賣契壹紙，永遠爲照。
民國戊辰拾柒年弍月　日立賣楂林契人林克勝（押）
在見中人林傳禎（押）
自筆（押）

11-9-40-3　民國十七年二月林克勝立賣楂林等契

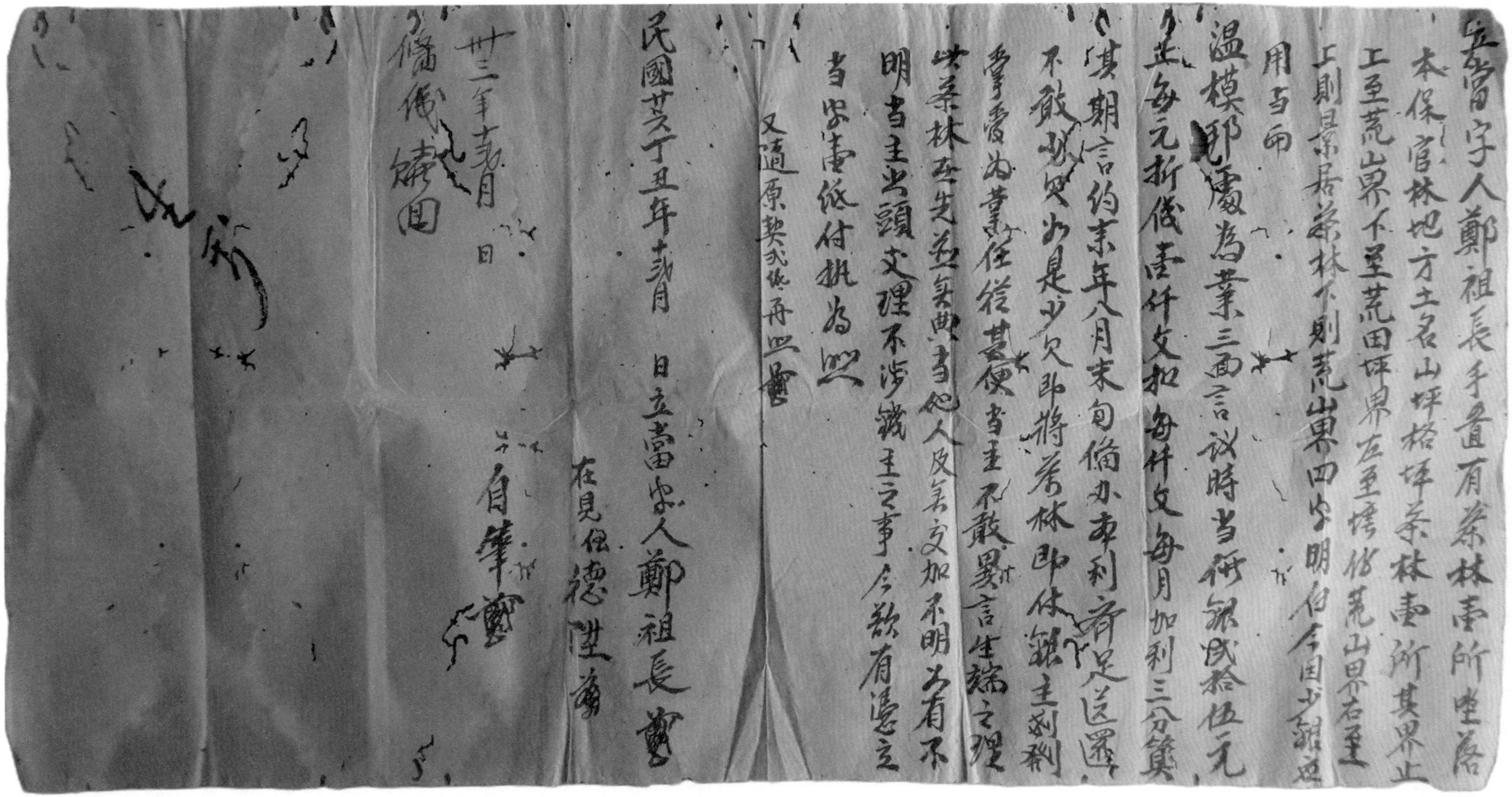

立當字人鄭祖長手置有茶林壹所坐落
本保官林地方土名山坪格坪茶林壹所其界上
至荒山界下至荒田坪界左至塆仔荒山界右至
上則是茶林下則荒山界四至明白今因少銀应
用当而
温模耶處為業三面言議時当得銀貳拾伍元
正每元折錢壹仟文扣每仟文每月加利三分算
其期言約來年八月末旬備办本利齊足送還
不敢少欠如是少欠即將茶林即付銀主剗利
管當為業任從其便当主不敢異言生端之理
此茶林並先未曾典当他人及未交加不明如有不
明当主出頭文理不涉銀主之事今欲有憑立
当字壹紙付執為照
又繳原契弍紙再照
民國廿六丁丑年十二月　日立當字人鄭祖長（押）
在見侄德陞（押）
自筆（押）
廿三年十二月　日
備價贖回
批

11-9-40-4　民國二十六年十二月鄭祖長立當茶林字

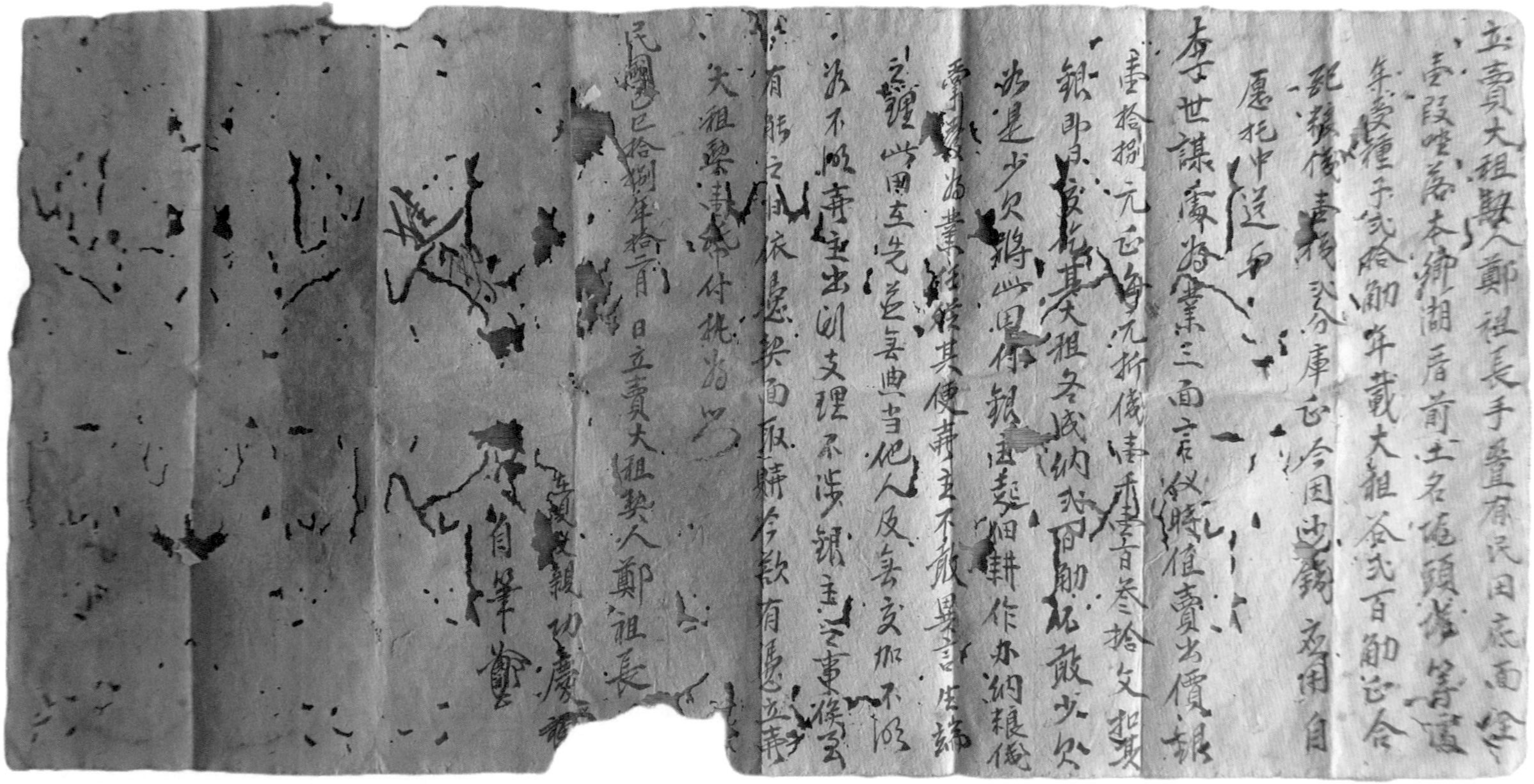

11-9-41-1　民國十八年十二月鄭祖長立賣底面全民田大租契

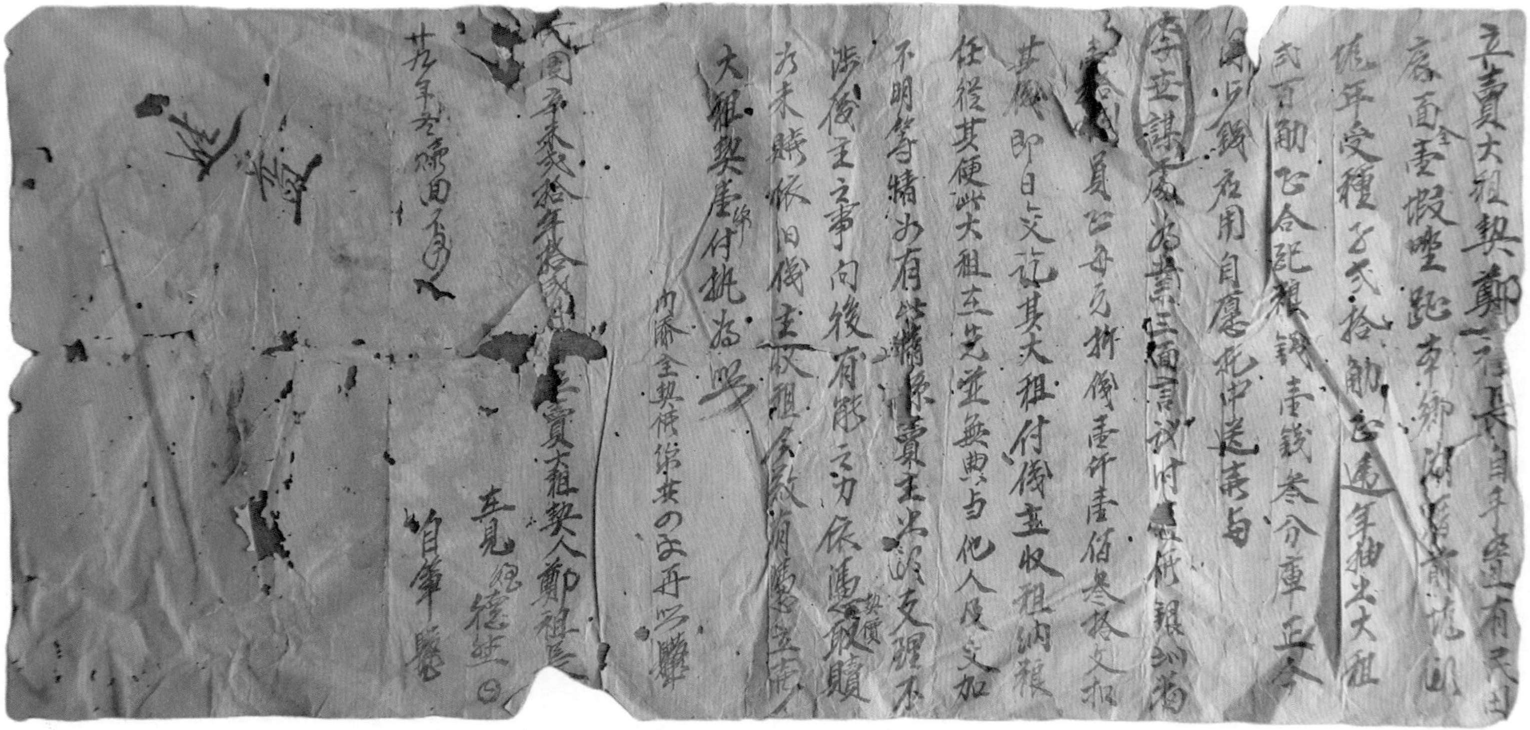

立賣大租契鄭祖長，今因自手置有民田
底面全壹段，坐址本鄉湖[illegible]前坑山，
佃年受種子弍拾觔正，遞年抽出大租
弍百觔正，合配糧錢壹錢叁分重正，今
因乏錢應用，自愿托中送來與
李恭謀處為業，三面言議，付出價銀弍拾
[illegible]員正，每元折價壹仟壹佰叁拾文，扣
其錢即日交訖，其大租付價主收租納糧，
任從其便。此大租在先並無典當他人及交加
不明等情，如有此情，係賣主出頭支理，不
涉價主之事。向後有能之力，依憑契價取贖，
如未贖，依舊價主收租，各無[illegible]。
大租契壹紙付執為照。
內添全、契價、係共四字再照。
民國弍拾年拾弍月　日立賣大租契人鄭祖長
在見兄德鉦
自筆鑾
其年冬[illegible]

11-9-41-2　民國二十年十二月鄭祖長立賣底面全民田大租契

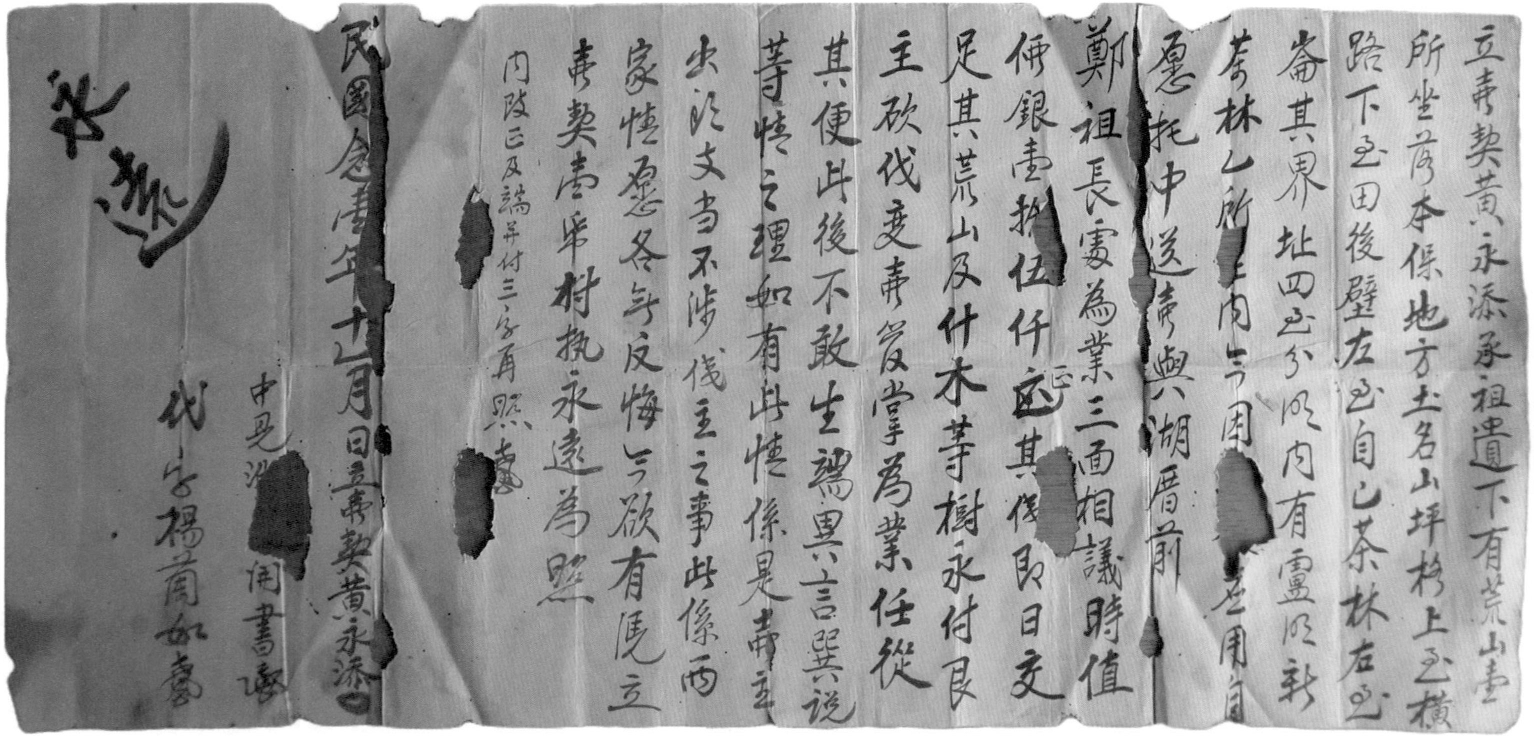

立賣契黄永添承祖遺下有荒山壹
所坐落本保地方土名山坪杉上至横
路下至田後壁左至自己茶林右至
崙其界址四至分明内有靈明新
茶林乙所[illegible]内[illegible]周[illegible]用自
憑托中送賣與湖厝前
鄭祖長處為業三面相議時值
價銀壹拾伍仟正其銀即日交
足其荒山及什木等樹永付銀
主砍伐变賣管掌為業任從
其便此後不敢生端異言異説
等情之理如有此情係是賣主
出頭支當不涉錢主之事此係兩
家情愿各無反悔今欲有憑立
賣契壹紙付執永遠為照
内改三及端字付三字再照

民國念壹年十一月日立賣契黄永添
中見 洪[illegible] 同書
代字 楊蔺如

永遠

11-9-42-1　民國二十一年十一月黄永添立賣荒山契

11-9-42-2　民國三十年四月鄭祖長立賣植林契

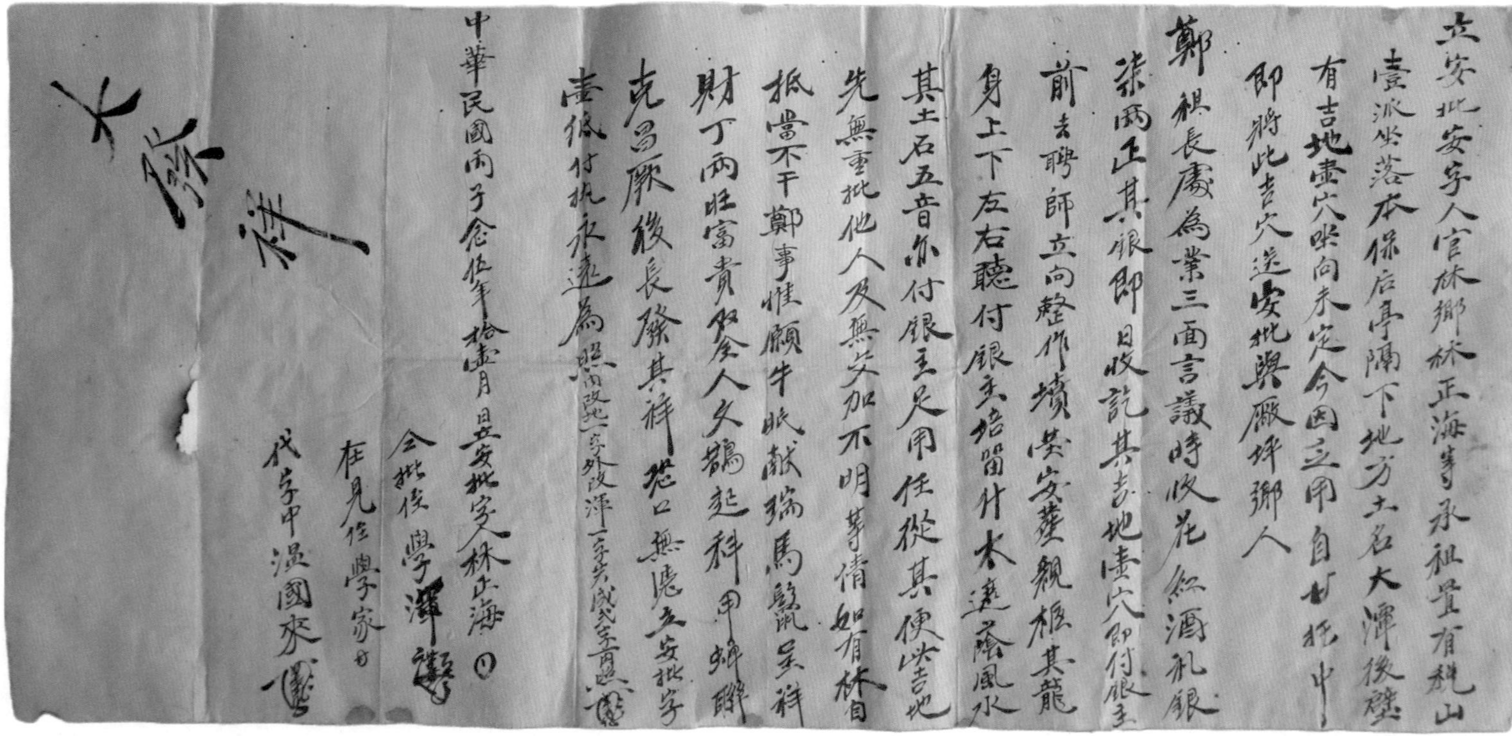
立安批字人官林鄉林正海等承祖置有秋山
壹派坐落本保后亭隔下地方土名大潭後礅
有吉地壹穴坐向未定今因乏用自甘托中
即將此吉穴送安批與廠坪鄉人
鄭根長處為業三面言議時收花紅酒礼銀
柒兩正其銀即日收訖其吉地壹穴即付銀主
前去聘師立向整作墳塋安葬親柩其龍
身上下左右聽付銀主培留什木遮蔭風水
其土石五音亦付銀主足用任從其便此吉地
先無重批他人及無交加不明等情如有林自
抵當不干鄭事惟願牛眠獻瑞馬鬣呈祥
財丁兩旺富貴雙全人文鵲起科甲蟬聯
克昌厥後長發其祥恐口無憑立安批字
壹紙付執永遠為照（內改地一字外改澤一字共改弍字再照）
中華民國丙子念伍年拾壹月　日立安批字人林正海
仝批侄學澤
在見侄學家
代字中溫國來
大發祥

11-9-43-1　民國二十五年十一月林正海等立安批吉地字

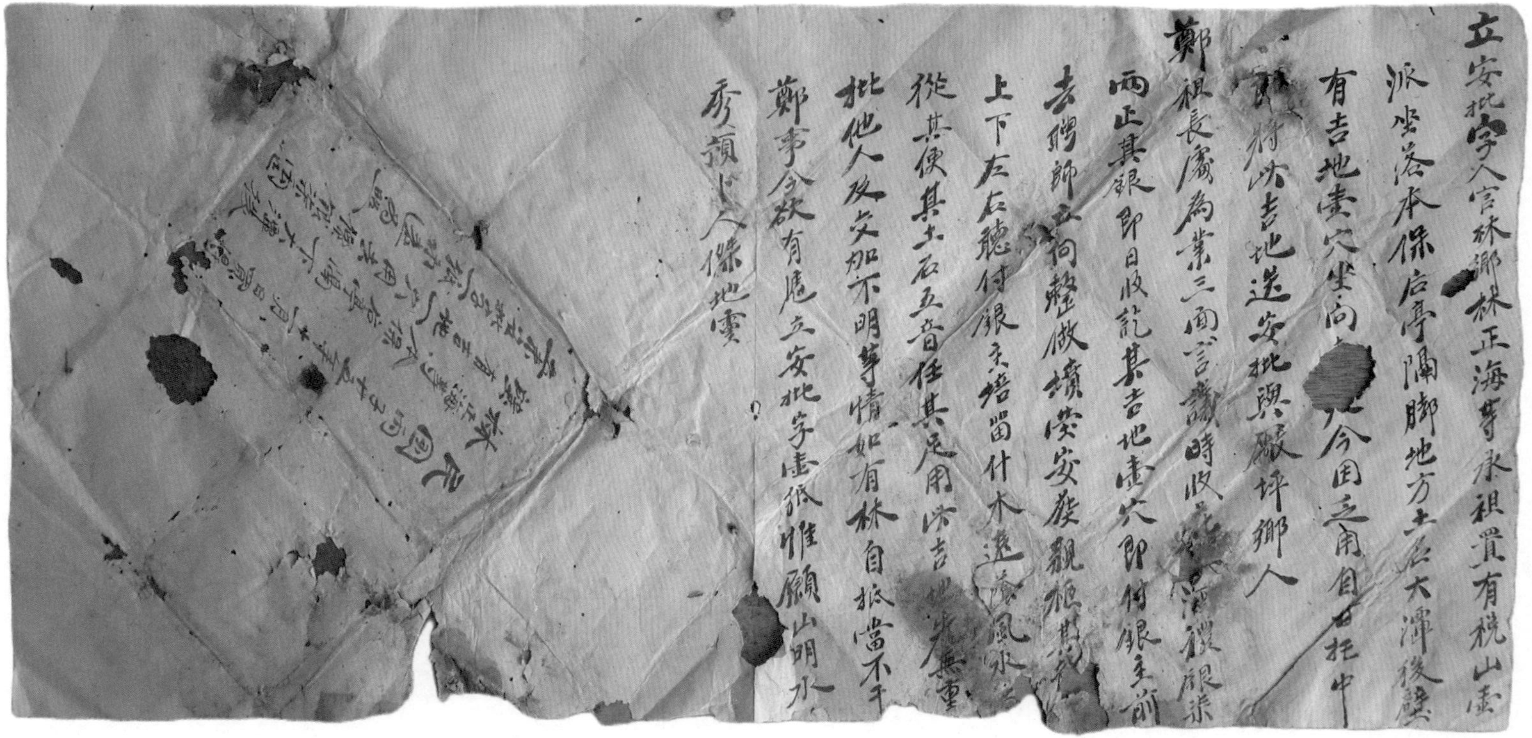
立安批字人官林鄉林正海等承祖買有梲山壹
派坐落本保后亭隔脚地方土名大潭後壟
有吉地壹穴坐向[illegible]今因乏用自甘托中
[illegible]洑吉地送安批與廠坪鄉人
鄭祖長處為業三面言議時收[illegible]洋銀柒
兩正其銀即日收訖其吉地壹穴即付銀主前
去擇節[illegible]向整做墳塋安葬親柩其[illegible]
上下左右聽付銀主培留什木遮蔭風水[illegible]
從其便其土石五音任其足用洑吉地[illegible]無重
批他人及交加不明等情如有林自抵當不干
鄭事今欲有憑立安批字壹紙惟願山明水
秀頴[illegible]人傑地靈

11-9-43-2　民國時期林正海等立安批吉地字（草契）

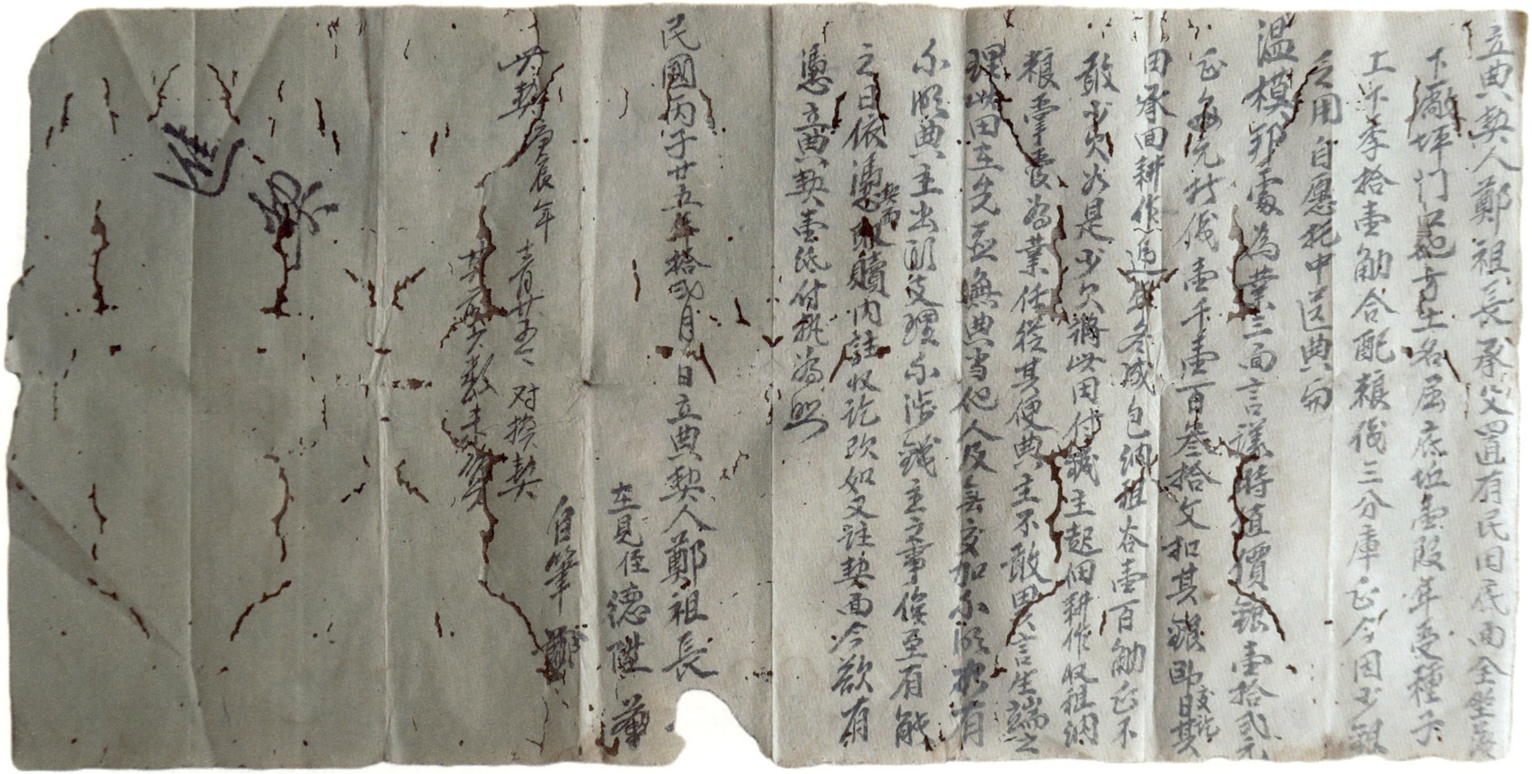

立典契人鄭祖長承父置有民田底面全坐落
本處坪门[illegible]土名屋底垃壹段，年受種子
工斗零拾壹觔，合配粮税三分庫，今因乏銀
應用，自愿托中送典与
溫模邦處為業，三面言議時值價銀壹拾貳元
正，每元折錢壹千壹百叁拾文，扣其銀即日交訖，其
田承回耕作，递年冬成包納租谷壹百觔，正不
敢少欠。如是少欠，將此田付與錢主起佃耕作，收租納
粮，壹聽錢主任從其便，典主不敢異言生端之
理。此田主先吞無典當他人及無交加不明，如有
不明，典主出頭支理，不涉錢主之事。倘至有能
之日，依憑契面取贖，內註收訖，欵如文註，契面今欲有
憑，立典契壹紙，付執為照。

民國丙子廿五年拾貳月　日立典契人鄭祖長
在見侄德隆（押）
自筆鄭

此契底長年青廿五对换契
其前契數未管

11-9-44-1　民國二十五年十二月鄭祖長立典底面全民田契

11-9-44-2　民國二十九年十二月鄭祖長立典底面全民田契（一）

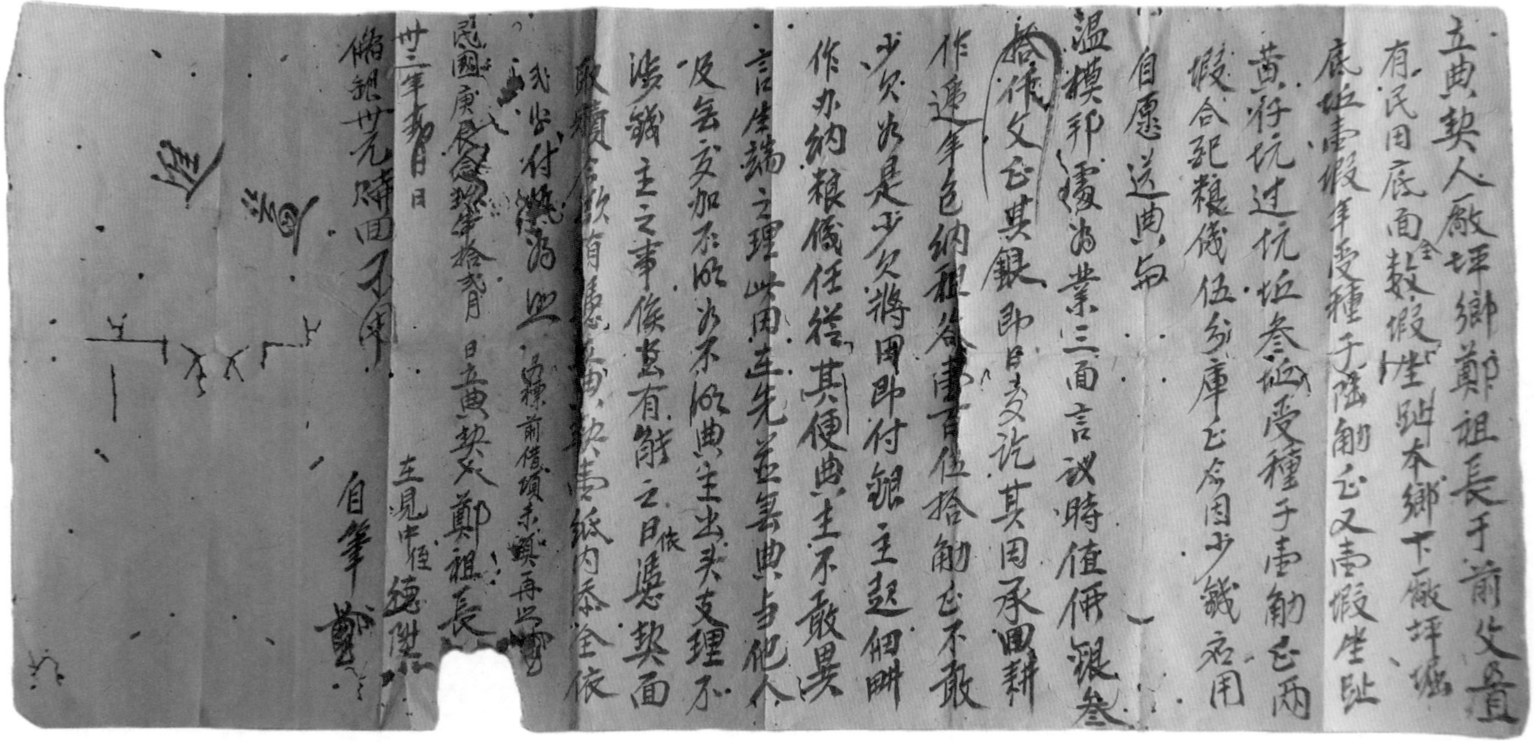

11-9-44-3　民國二十九年十二月鄭祖長立典底面全民田契（二）

11-9-45-1　包契紙

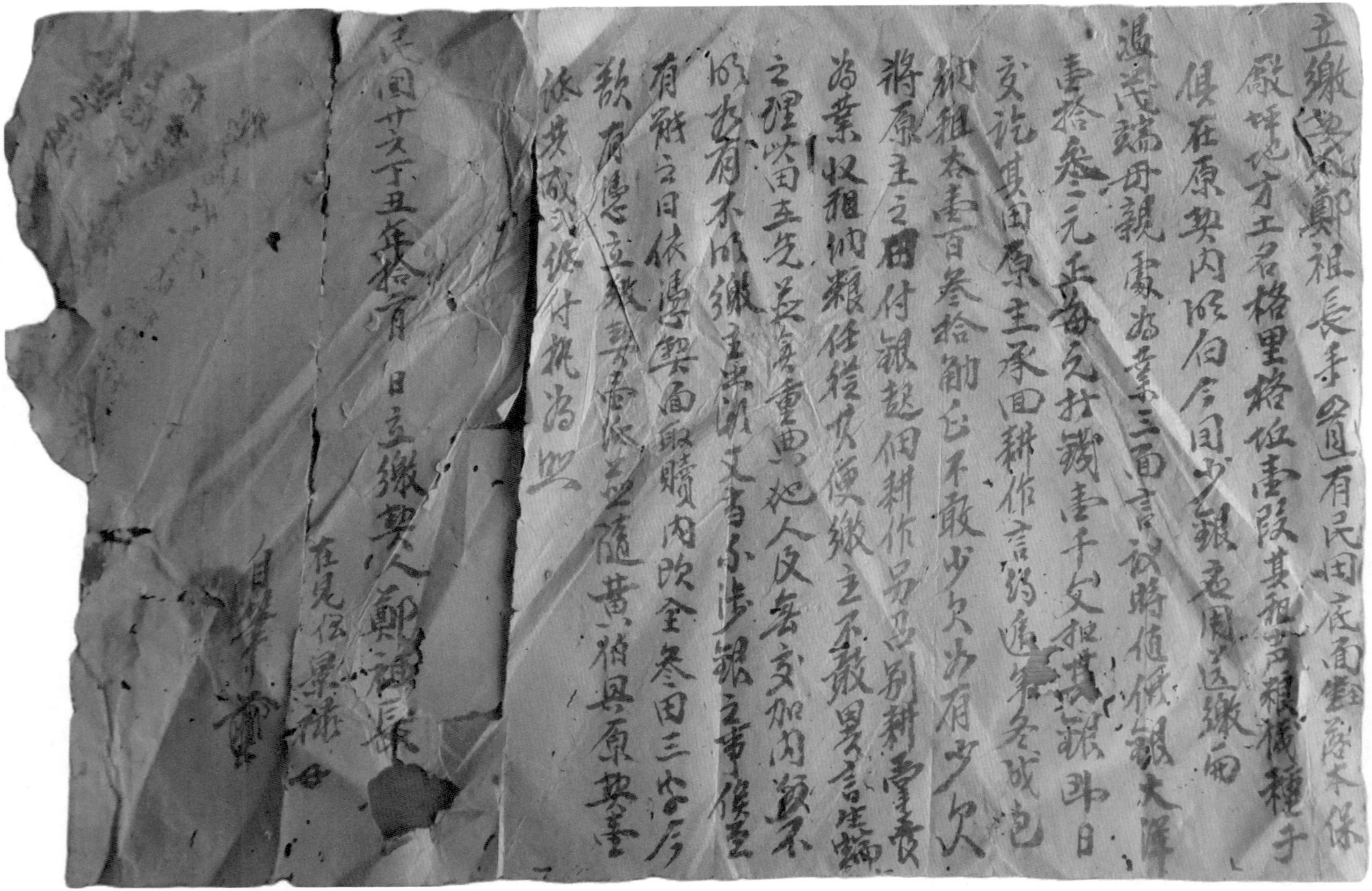
立繳契人鄭祖長手置有民田底面叁□本保
殿坪地方土名格里格坵壹段其租苗種手
俱在原契內明白今因少銀應用造繳面
退託端母親處為業三面言議時值價銀大洋
壹拾叁元正每元扑錢壹千文其銀即日
交訖其田原主承回耕作言約逐年冬成包
納祖谷壹百叁拾觔不敢少欠如有少欠
將原主之田付銀主起佃耕作另召別耕管業
為業收租納糧任從其便繳主不敢異言生端
之理此田在先並無重典他人及無交加內顧不
明如有不明繳主出頭支當不涉銀主之事俱是
有戕之日依憑契面取贖內改全叁田三字今
欲有憑立繳契面並隨黃柏與原契壹
紙共成叁紙付執為照
民國廿六年丁丑年拾貳月 日立繳契人鄭祖長
在見伍景福
代筆

11-9-45-2 民國二十六年十二月鄭祖長立繳底面全民田契

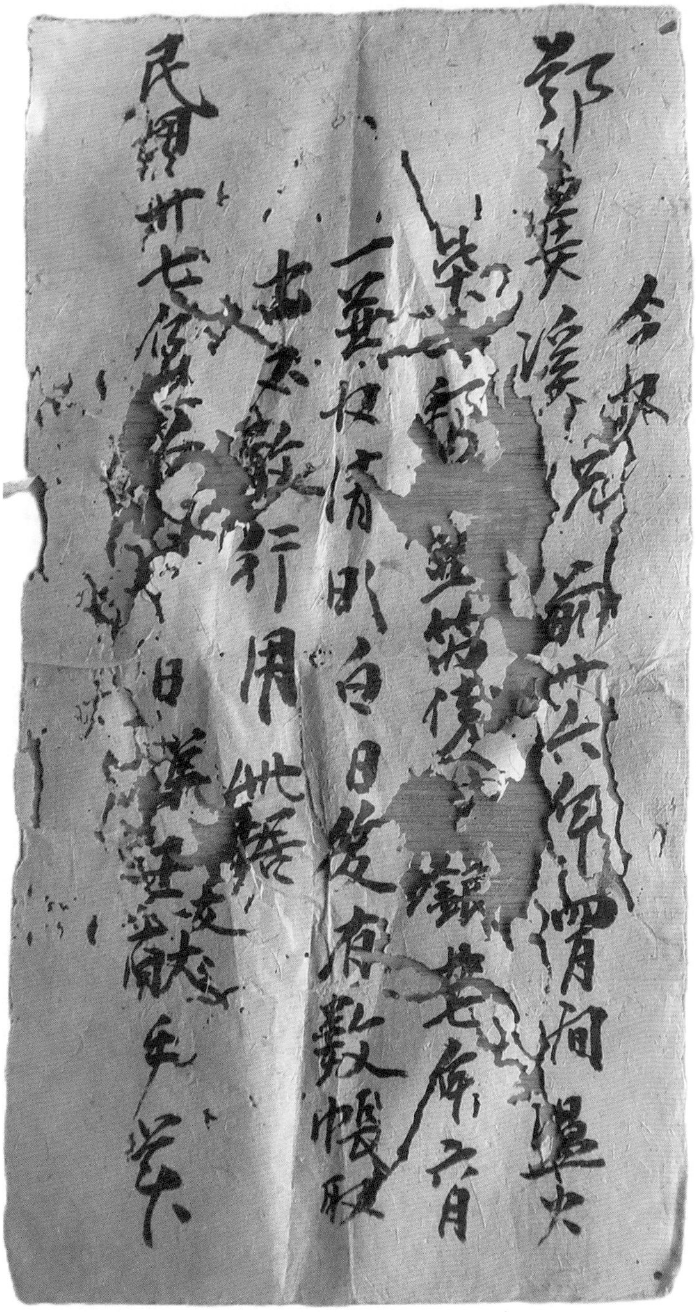
今收[illegible]
鄭溪兄前[illegible]
[illegible]老[illegible]月
一並收清明白日後存數帳[illegible]
出來數行用無據
民國廿七年[illegible]日 王友獻親筆

11-9-45-3　民國二十七年王友獻立收銀字

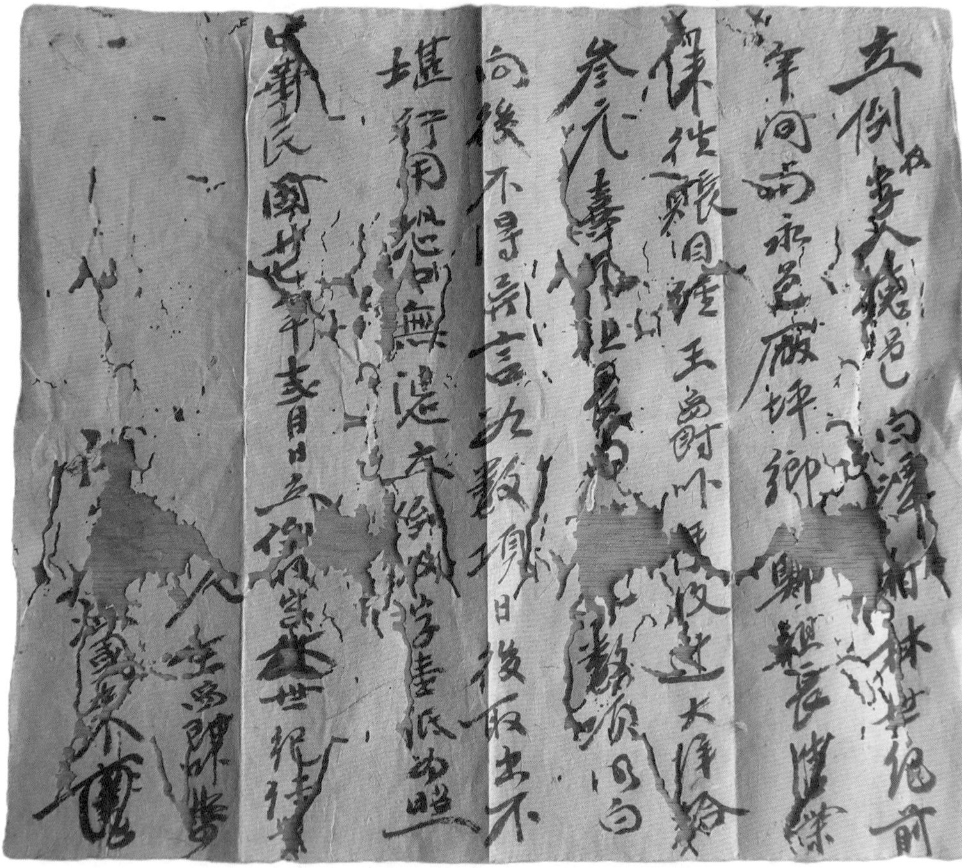

11-9-45-4　民國二十七年十二月林世紀立倒收字

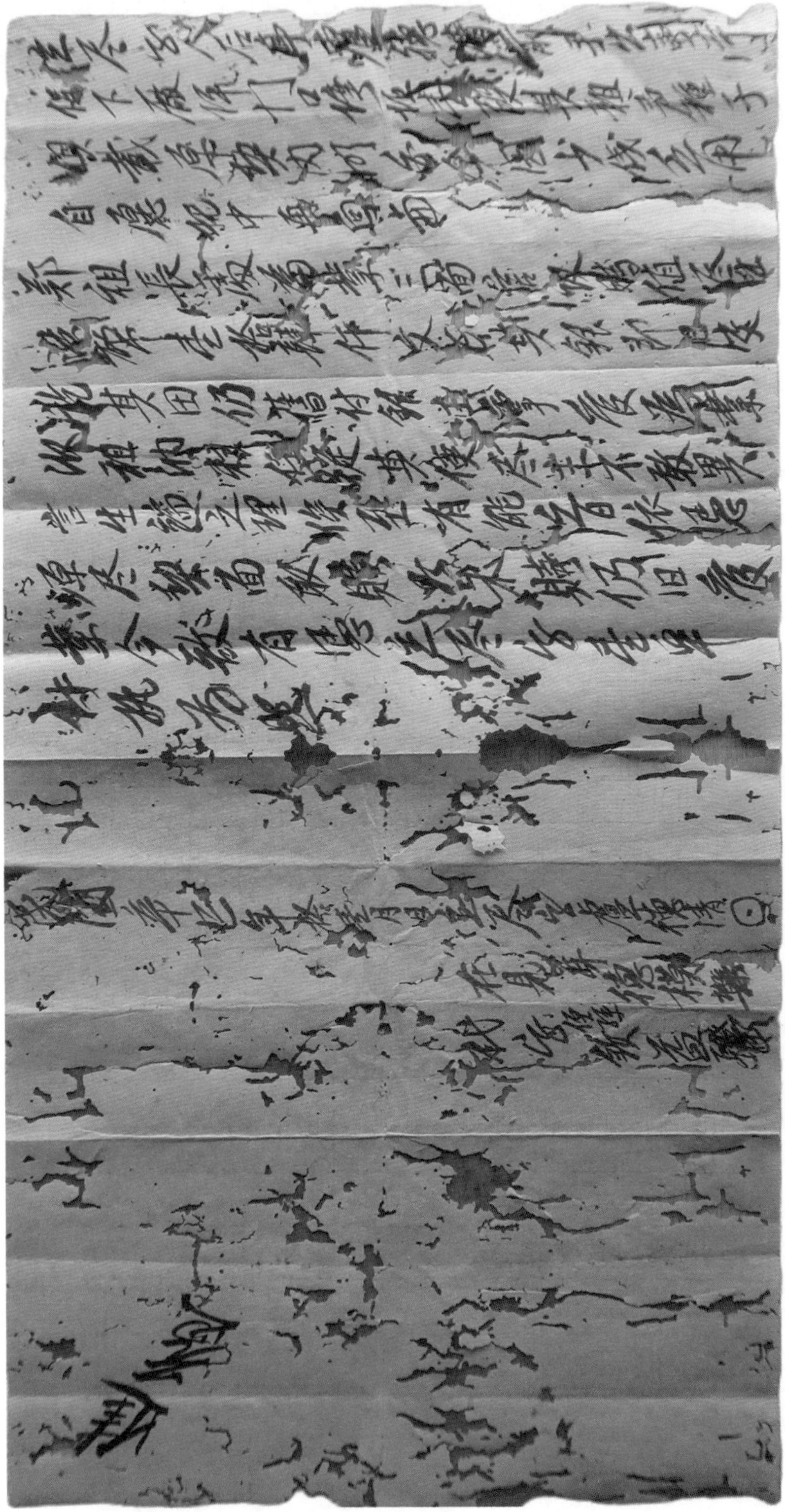

11-9-46-1 民國三十年十一月盧德清立盡底面全民田契

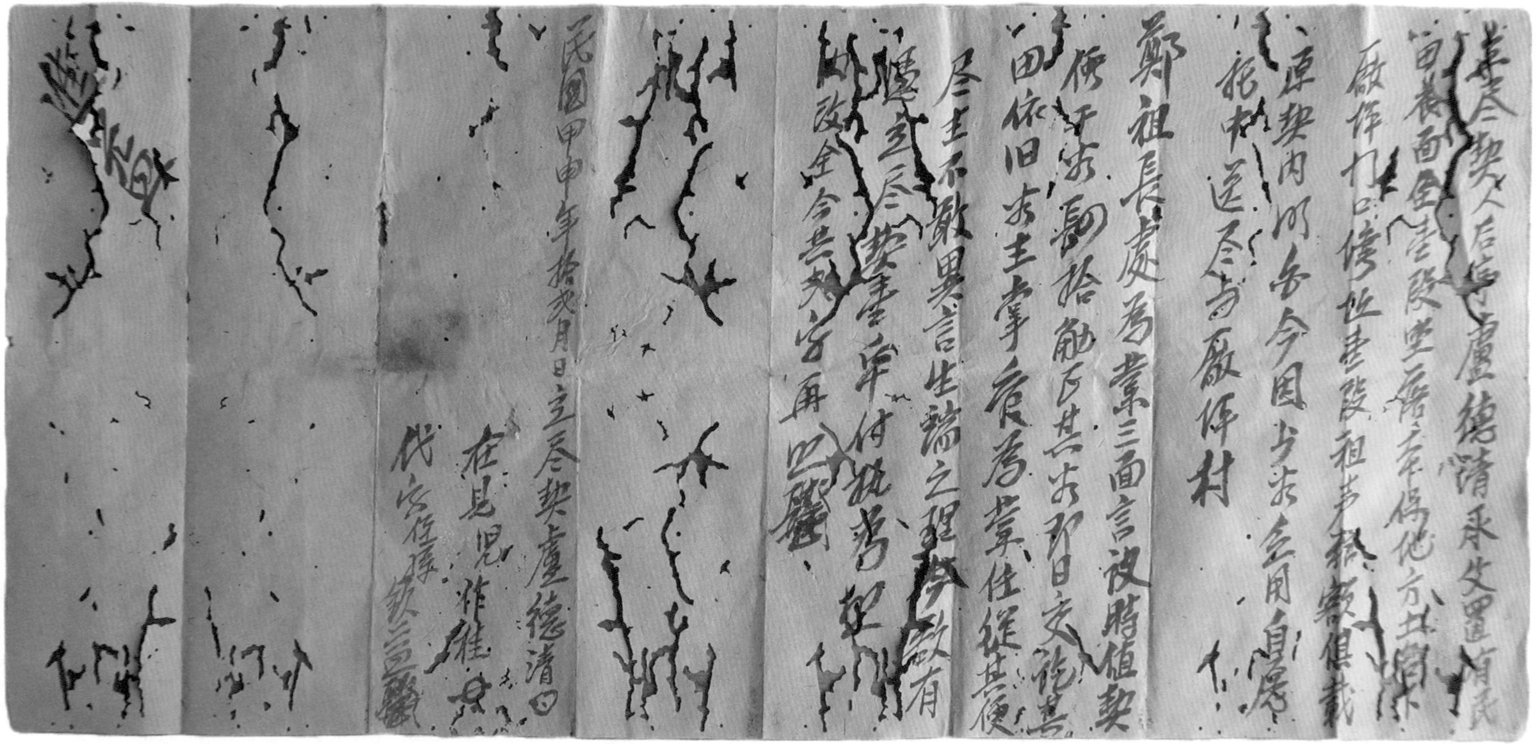

立盡契人后坑盧德清承父置有民
田底面全壹段坐落本鄉土名佛仔方土樹下
厰仔竹口傍丘壹段租壹拾叁斤載
原契內明今因乏錢應用自愿
托中送盡與厰仔村
鄭祖長處為業三面言議時值契
價國幣壹拾舶斤其錢即日交訖其
田依旧錢主掌管為業任從其便
盡主不敢異言生端之理倘有
退盡契壹紙付執為照
此後全今共收字再照
民國甲申年拾弍月日立盡契盧德清
在見兄 推雄
代字侄 欽三

11-9-46-2 民國三十三年十二月盧德清立盡底面全民田契

11-9-47-1　包契紙

11-9-47-2　民國三十三年十一月盧欽海立賣民田大租契

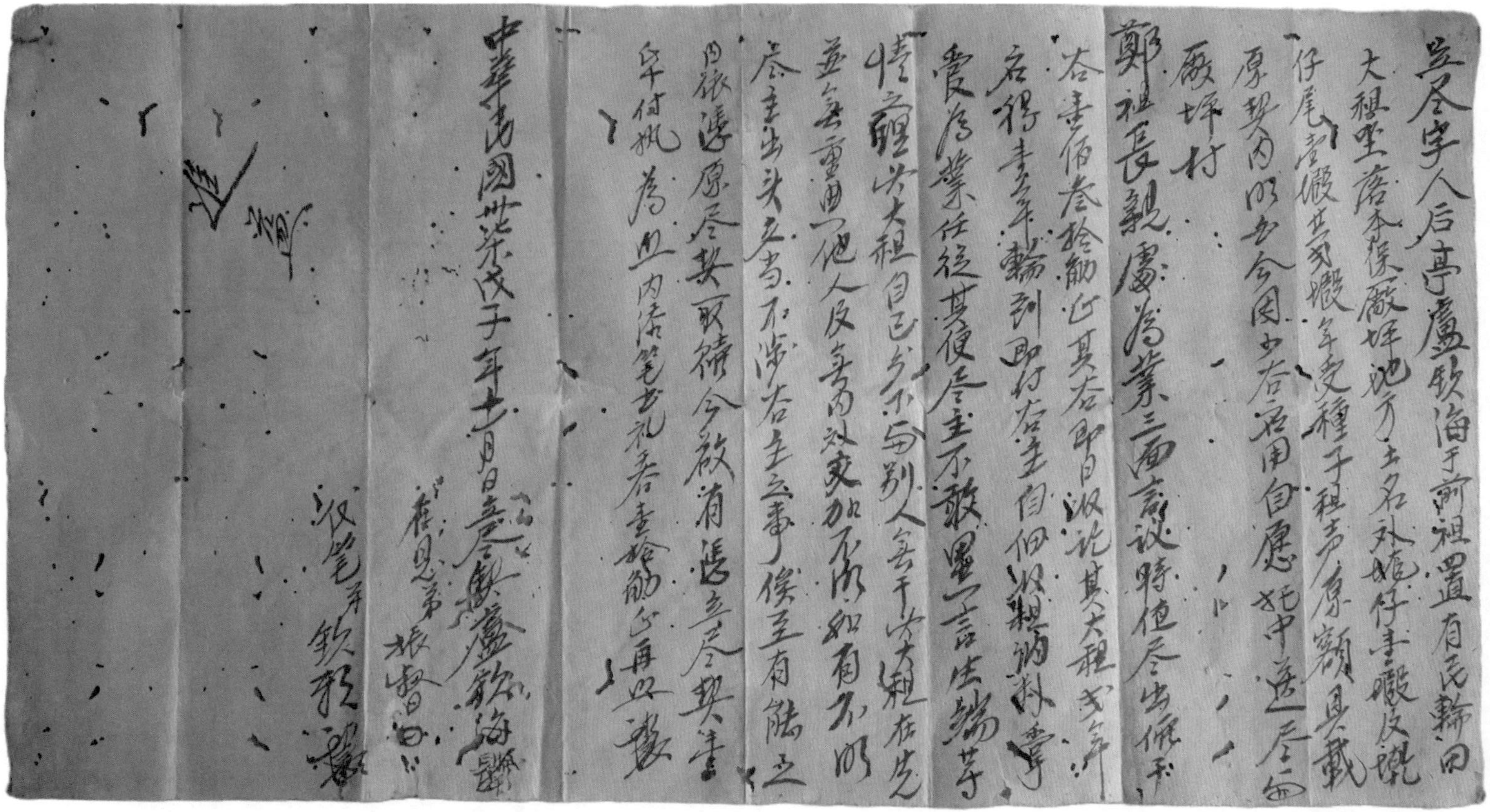
立盡字人后亭盧欽海，于前祖置有民輪田大租坐落本保廠坪地方，土名沐坑仔壹段，又號仔尾壹段，共弍段，年受種子租壹石，原額具載原契內明白。今因要谷應用，自愿托中送盡與廠坪村鄭祖長親處為業，三面言議時值盡出價谷壹佰叁拾觔正，其谷即日收訖。其大租弍年名得壹年輪到，即付谷主自佃收租納糧掌管為業，任從其便，盡主不敢異言生端等情。此大租自己分下物業，與別人無干，此大租在先並無重典他人及無內外交加不明，如有不明，盡主出頭承當，不涉谷主之事。候至有能之日，依照原盡契取贖。今欲有憑，立盡契壹紙付執為照。內添筆出礼谷壹拾觔正，再照。
中華民國卅七年戊子年十一月　日立盡盧欽海（押）
在見弟　振曾（押）
代筆弟　欽輝（押）

11-9-47-3　民國三十七年十一月盧欽海立盡民輪田大租字

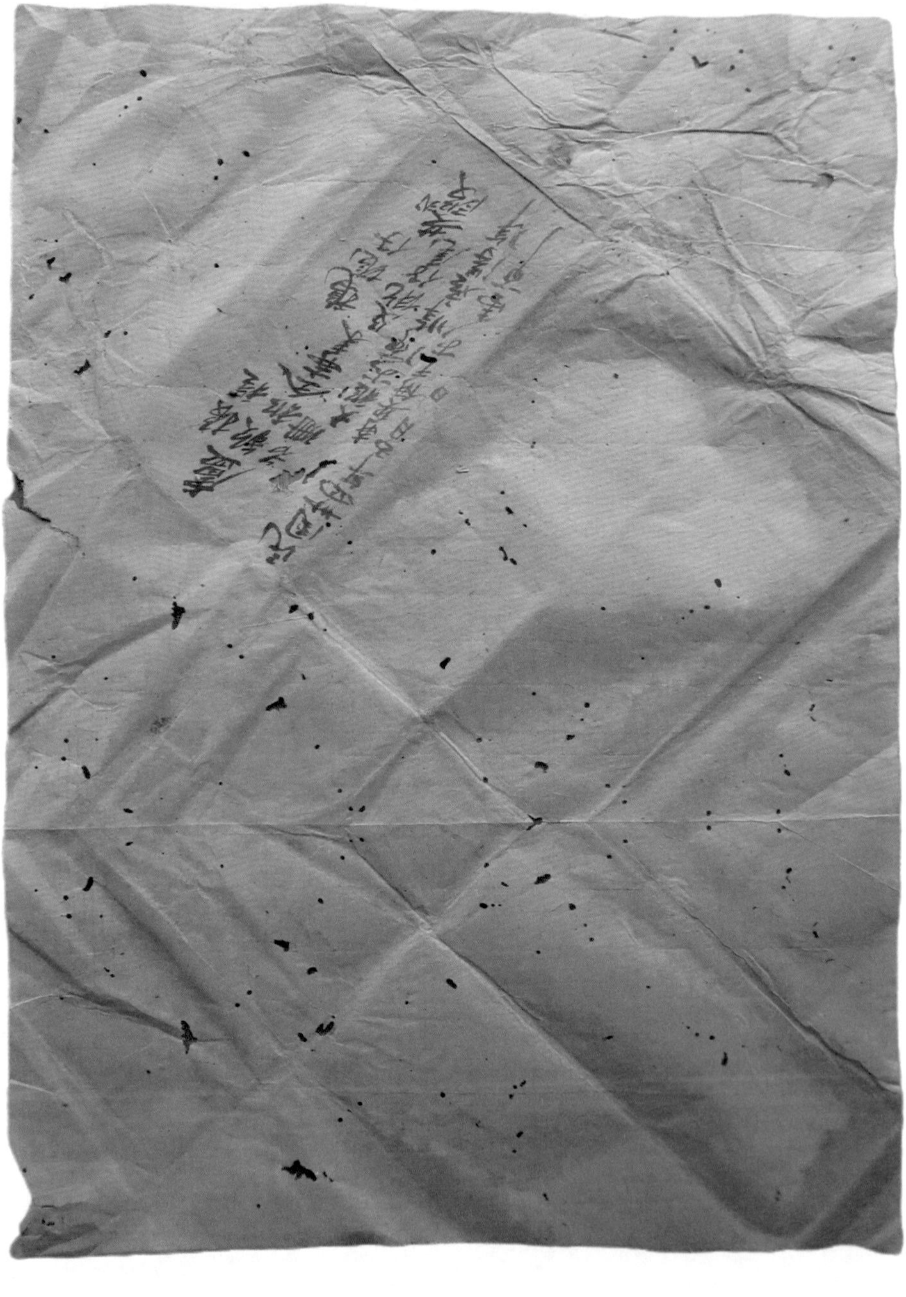

11-9-48-1　包契紙

11-9-48-2　民國三十四年五月盧欽和等立賣輪田大租契

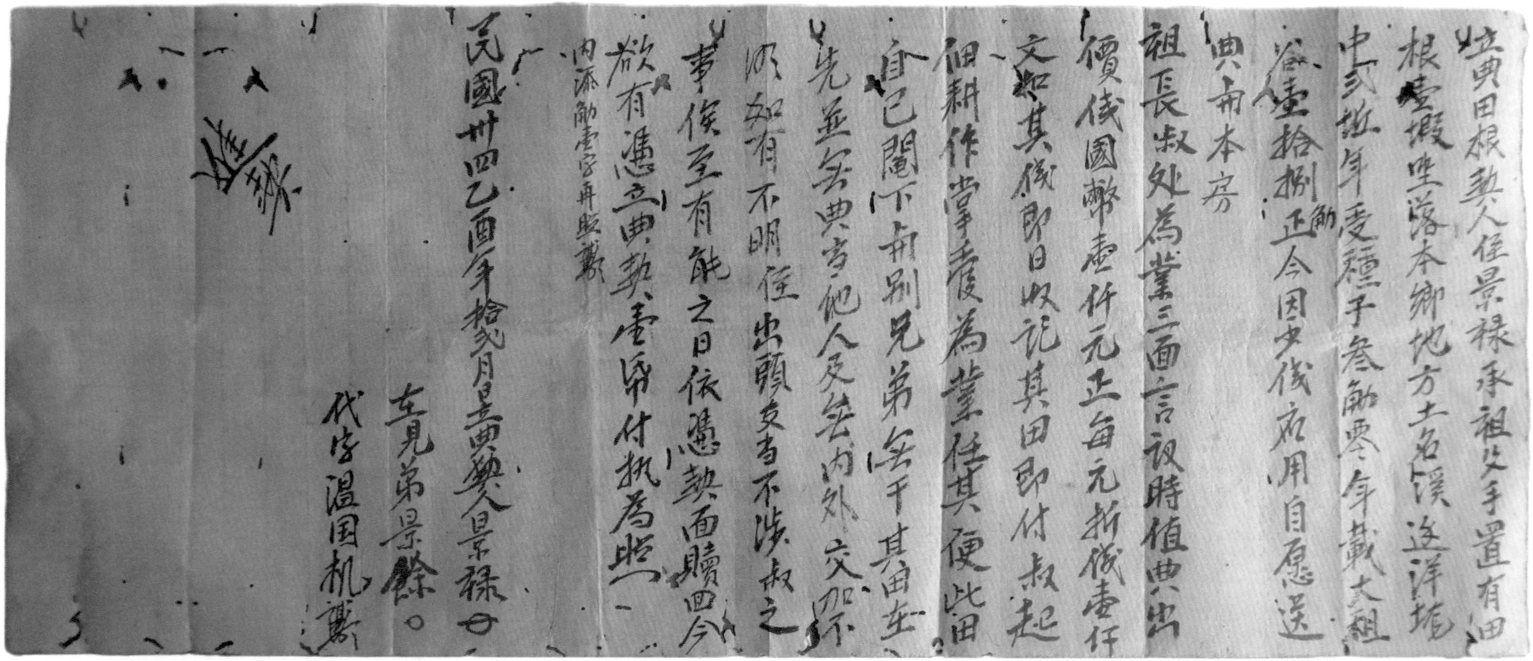

立典田根契人侄景禄承祖父手置有田
根壹段坐落本鄉地方土名溪边洋垅
中式址年受種子叁觔零年載大租
谷壹拾捌觔正今因少錢應用自愿送
典與本房
祖長叔處為業三面言議時值典出
價錢國幣壹仟元正每元折錢壹仟
文其錢即日收訖其田即付叔起
佃耕作掌管為業任其便此田
自己閭下併别兄弟無干其田在
先並無典当他人及無內外交加不
明如有不明侄出頭支当不涉叔之
事俟至有能之日依憑契面贖回今
欲有憑立典契壹帋付執為照
内添觔壹字再照
民國卅四乙酉年拾弍月　日立典契人景禄
在見弟景餘
代字温国机

11-9-49-1　民國三十四年十二月鄭景禄立典田根契

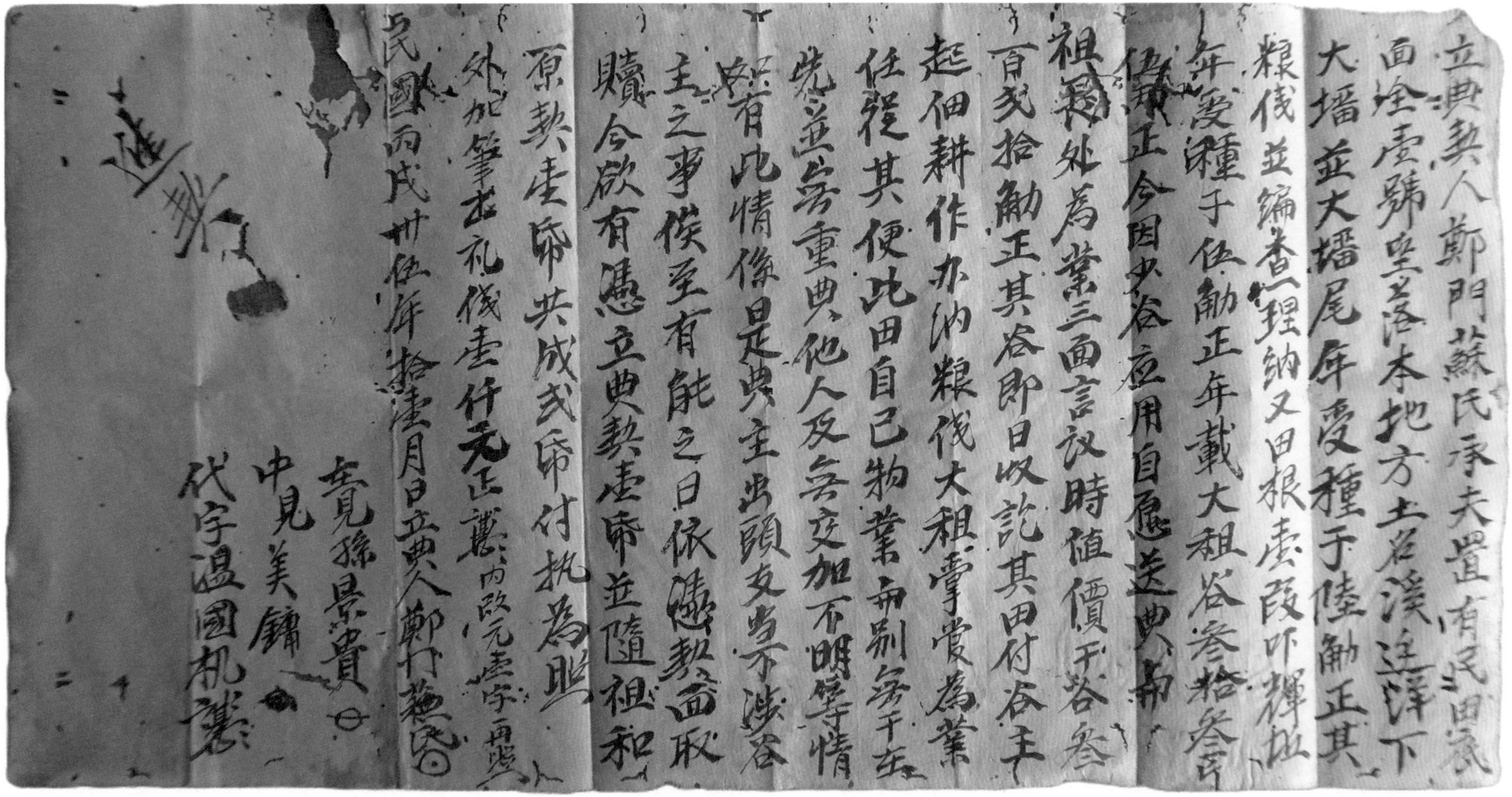
立典契人鄭門蘇氏承夫置有民田底
面全壹號坐落本地方土名溪汪洋下
大墙並大墙尾年受種子陸觔正其
粮伐並編查理納又田根壹段叫擇址
年受種子伍觔正年載大租谷叁拾叁
伍觔正今因乏谷应用自愿送典与
祖邊為業三面言議時值價谷叁
百弍拾觔正其谷即日收訖其田付谷主
起佃耕作办納粮伐大租亭當為業
任從其便此田自己物業并無別房干在
先並無重典他人及無交加不明等情
如有此情係是典主出頭支當不涉谷
主之事侯至有能之日依憑契面取
贖今欲有憑立典契壹帋並隨祖和
原契壹帋共成弍帋付執為照
外加筆札伐壹仟元正　內改元壹字再照
民國丙戌卅伍年拾壹月日立典人鄭門蘇氏
貴見孫景貴
中見美鏞
代字溫國机

11-9-49-2　民國三十五年十一月鄭門蘇氏立典底面全民田契

立尽字人侄景禄于前祖置有民根田坐落
本地方土名廣迳洋墘中壹坵其種子
租声具在原契内明白今因乏用
自甘再向与
祖長叔處尽出千少捌拾觔正其谷
即日交訖其田依旧付叔[illegible]農業任
從其便侄不敢異言生端等情[illegible]
係至有能之日依還原尽契面取贖
今因欵有憑立尽字壹紙付執為照
内添谷壹字又改再壹字共弍字再照
民国卅七年拾二月　日立尽字人侄景禄
在見弟景[illegible]
代字黄佰增

11-9-49-3　民國三十七年十二月鄭景禄立盡民根田契

11-9-50-1 包契紙

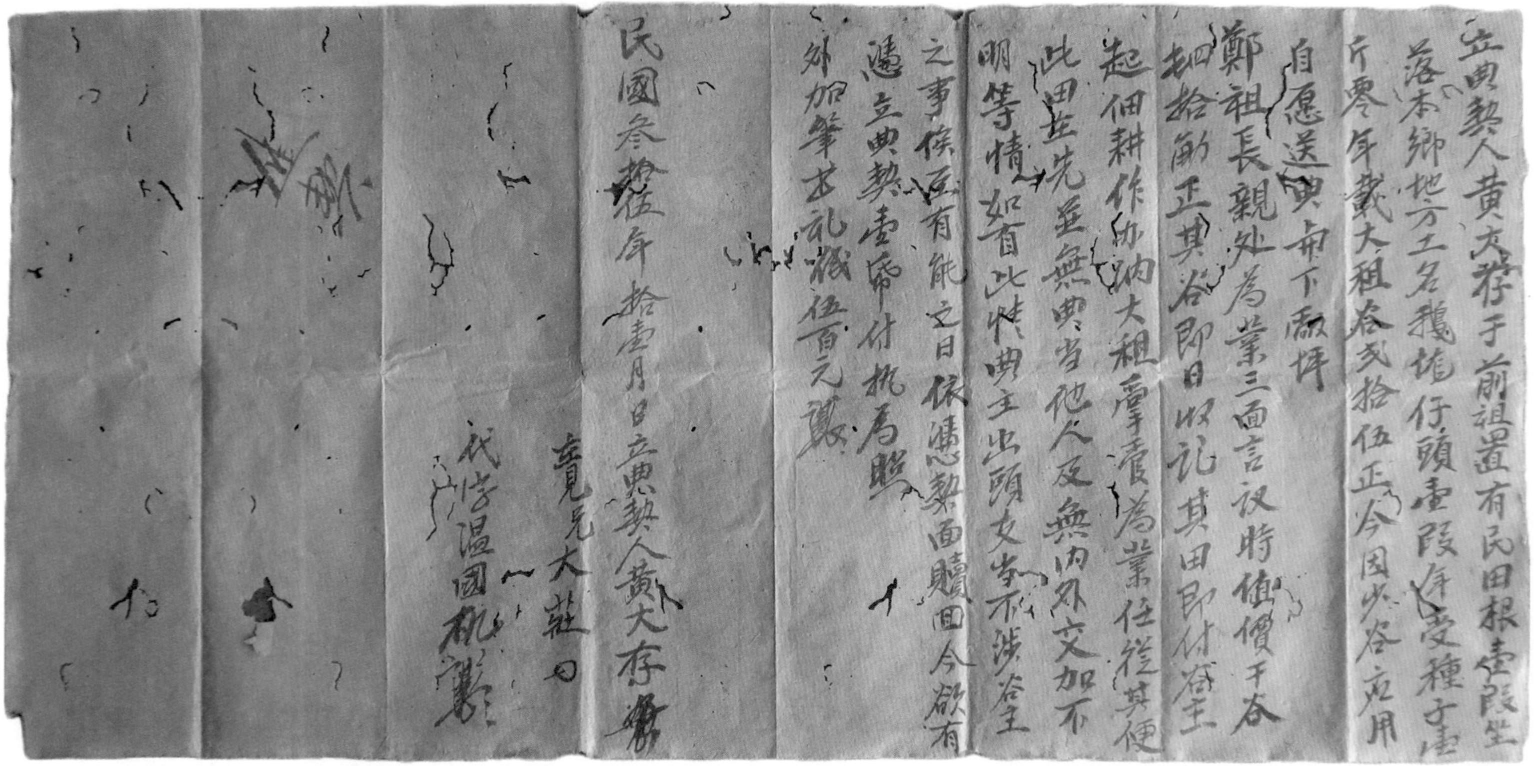
立典契人黃大存于前祖置有民田根壹段，坐
落本鄉地方土名鵝墘仔頭壹段，年受種子壹
斤零，年載大租谷弍拾伍斤正，今因少谷應用，
自愿送與南下厫坪
鄭祖長親处為業，三面言議時值價干谷
捌拾觔正，其谷即日收訖，其田即付谷主
起佃耕作，納大租，管業為業，任從其便，不
此田並先並無典当他人，及無内外交加不
明等情，如有此情，典主出頭支当，不涉谷主
之事。候至有能之日，依憑契面贖回，今欲有
憑，立典契壹紙付執為照。
外加筆去礼谷伍百元。又照。
民國叁拾伍年拾壹月　日立典契人黃大存
見兄大莊
代字温國機

11-9-50-2　民國三十五年十一月黃大存立典民田根契

11-9-51-1　包契紙

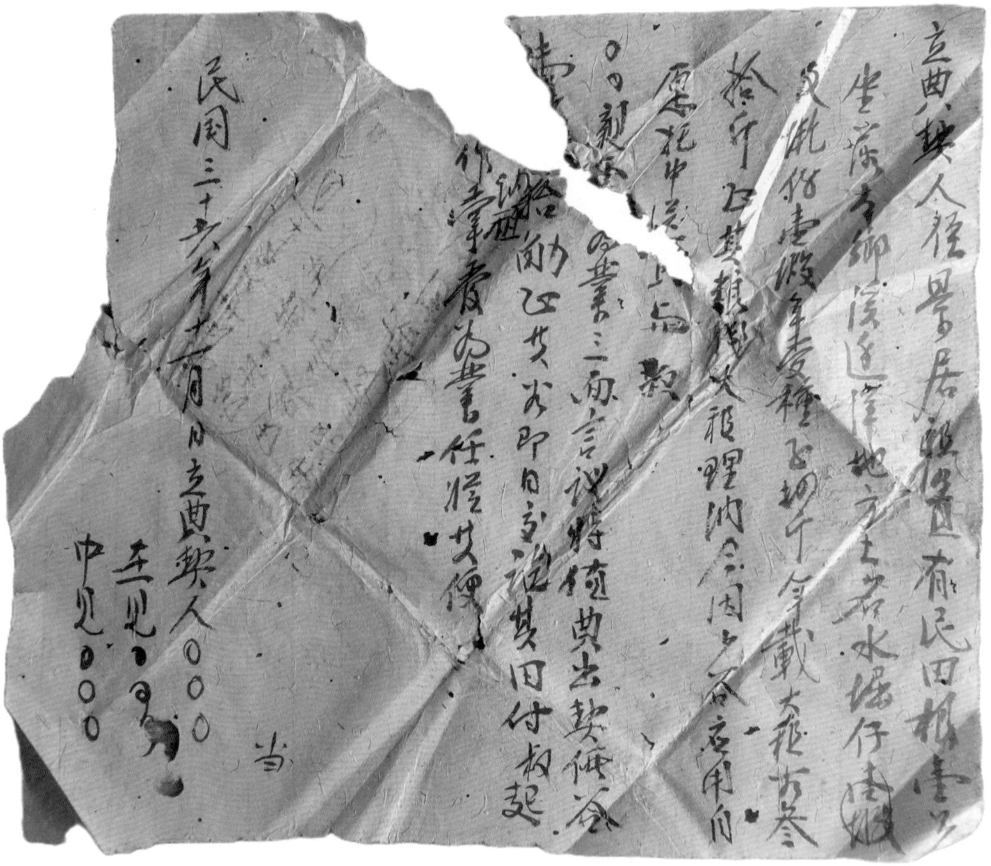
立典契人程景居，緣有民田根壹[illegible]
坐落本鄉溪邊地方，土名水碓仔處段
又批計壹段，年受種子[illegible]斤，全載大租谷叁
拾斤正，其根下大租理納，今因乏谷應用，自
愿托中送與上向[illegible]款
○○親[illegible]
邊為業，三面言議時值典出契價谷
[illegible]拾[illegible]斤正，其谷即日交訖，其田付叔起
耕管業，為業任從其便
民國三十六年十一月 日立典契人○○○
在見○○○
中見○○○
当

11-9-51-2　民國三十六年十一月鄭景居立典民田根契（草契）

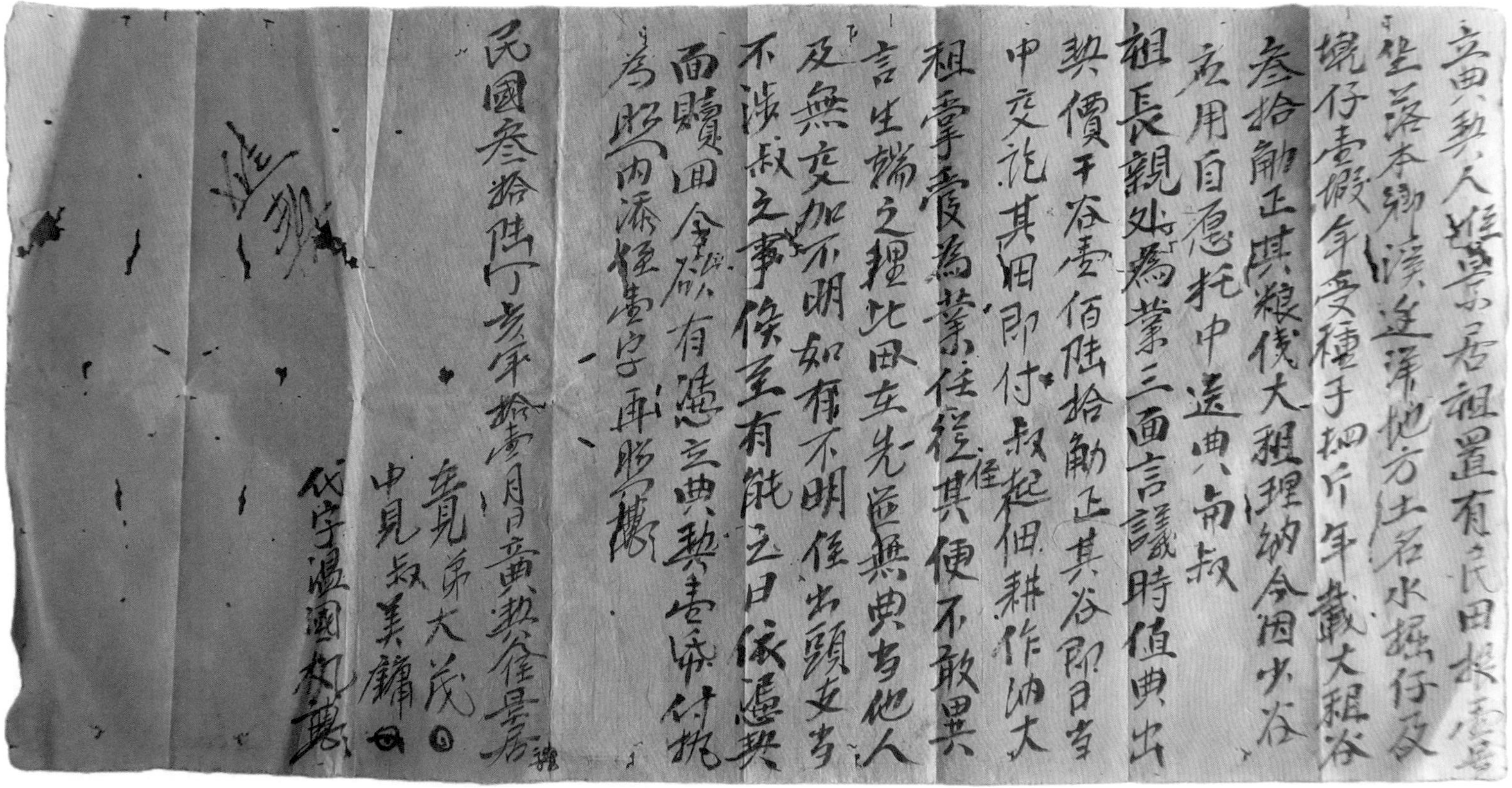

立典契人姪景居，今有祖置有民田根壹處，
坐落本鄉溪逆洋地方，土名水碓仔及
墘仔壹段，年受種子捌斤，年載大租谷
叁拾觔正，其糧伐大租理納。今因少谷
應用，自愿托中送典，向叔
祖長親處為業。三面言議時值典出
契價干谷壹佰陸拾觔正，其谷即日當
中交訖。其田即付叔起佃耕作納大
祖掌管為業，任從姪其便，不敢異
言生端之理。此田在先並無典当他人
及無交加不明，如有不明，姪出頭支当，
不涉叔之事。候至有能之日，依憑契
面贖回。今欲有憑，立典契壹紙付執
為照。內添姪壹字再照。
民國叁拾陸丁亥年拾壹月　日立典契人姪景居
在見弟大茂
中見叔美鏞
代字温國樹

11-9-51-3　民國三十六年十一月鄭景居立典民田根契

11-9-52-1　民國三十七年十二月許義恍立盡田佃字

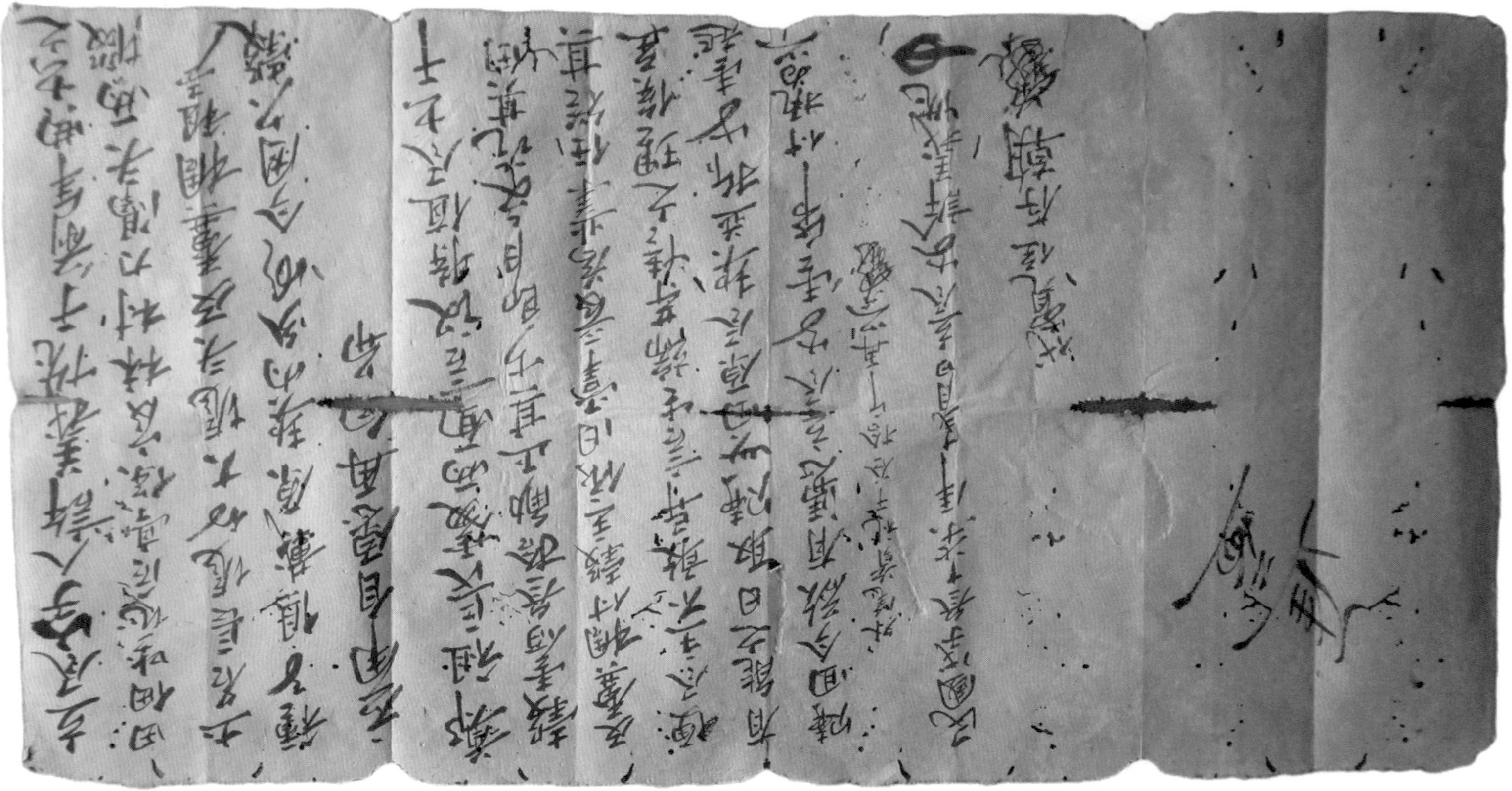

11-9-52-2　民國三十九年□月許義忱立撮字

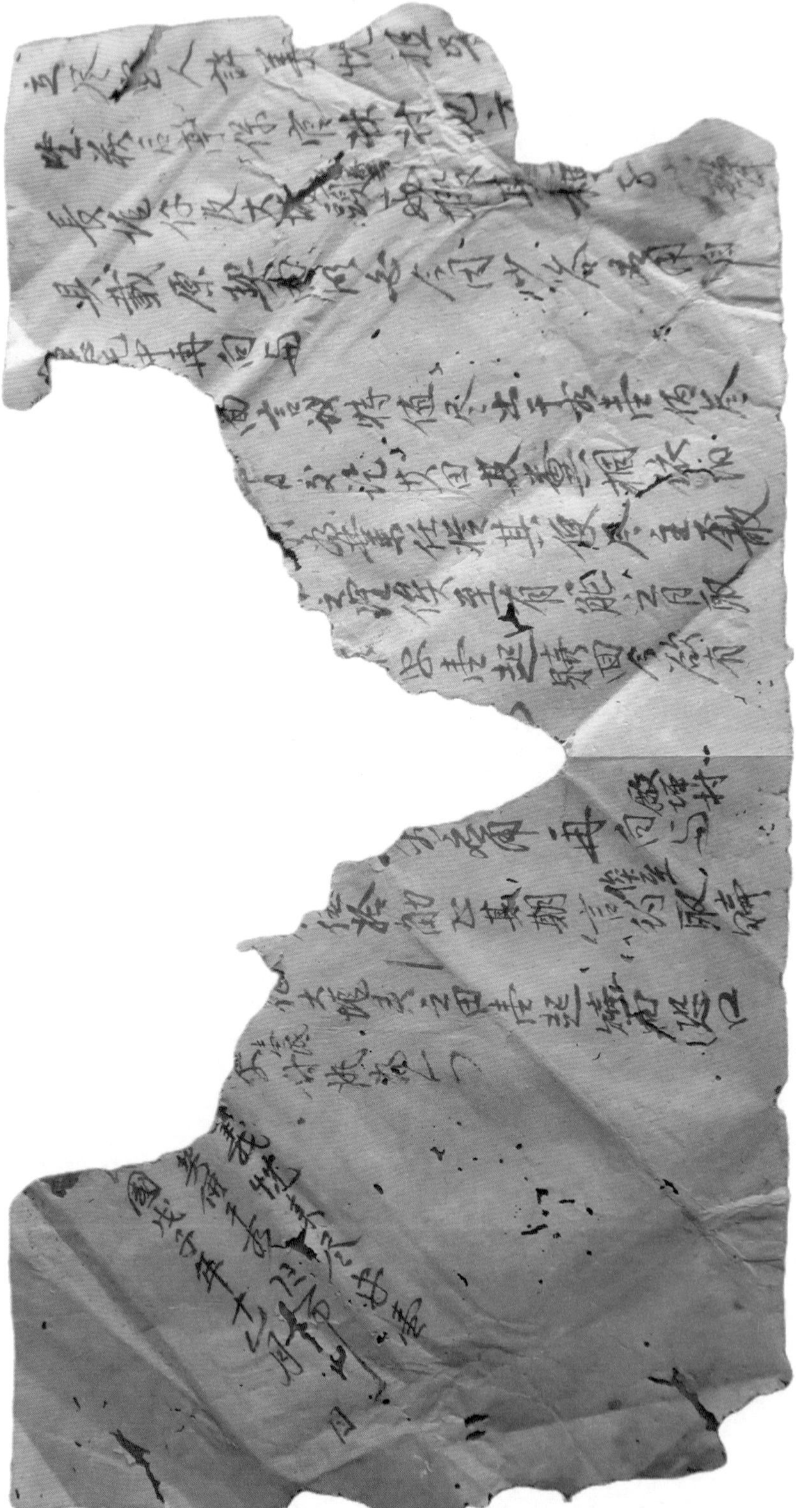

11-9-52-3　民國時期許義沈立盡田字（草契）

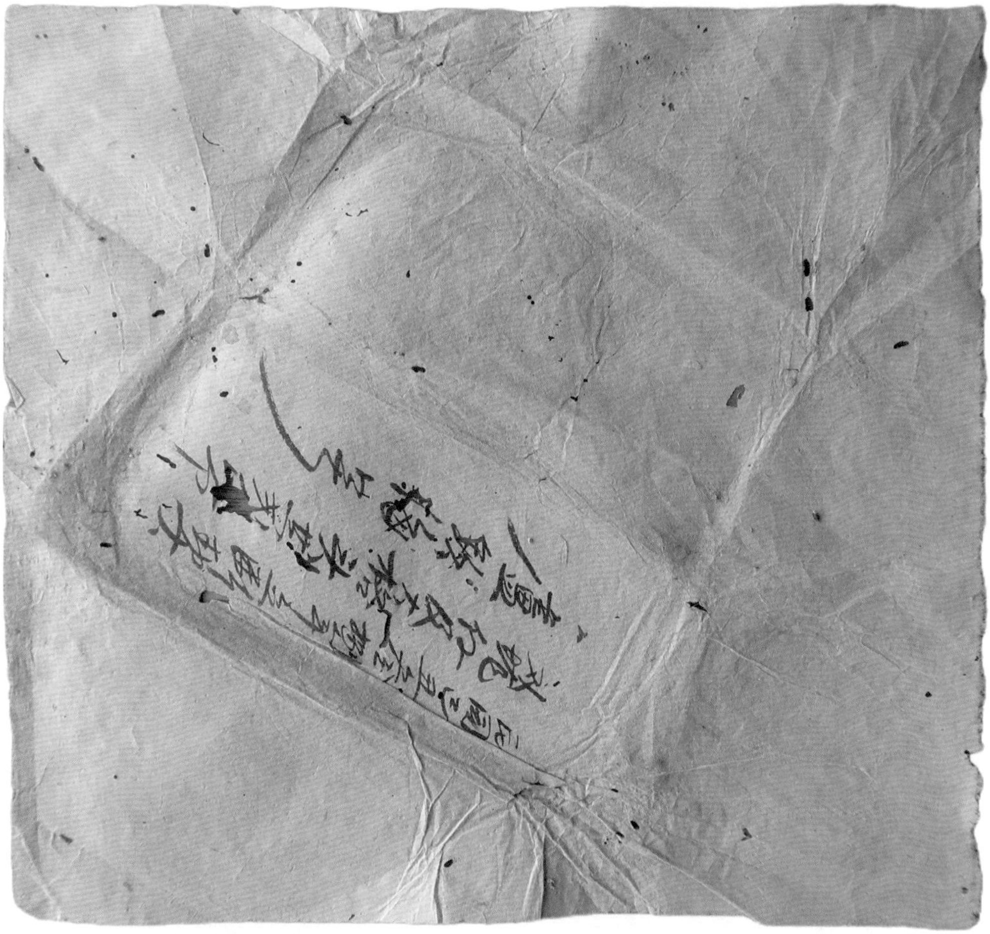

11-9-53-1　包契紙

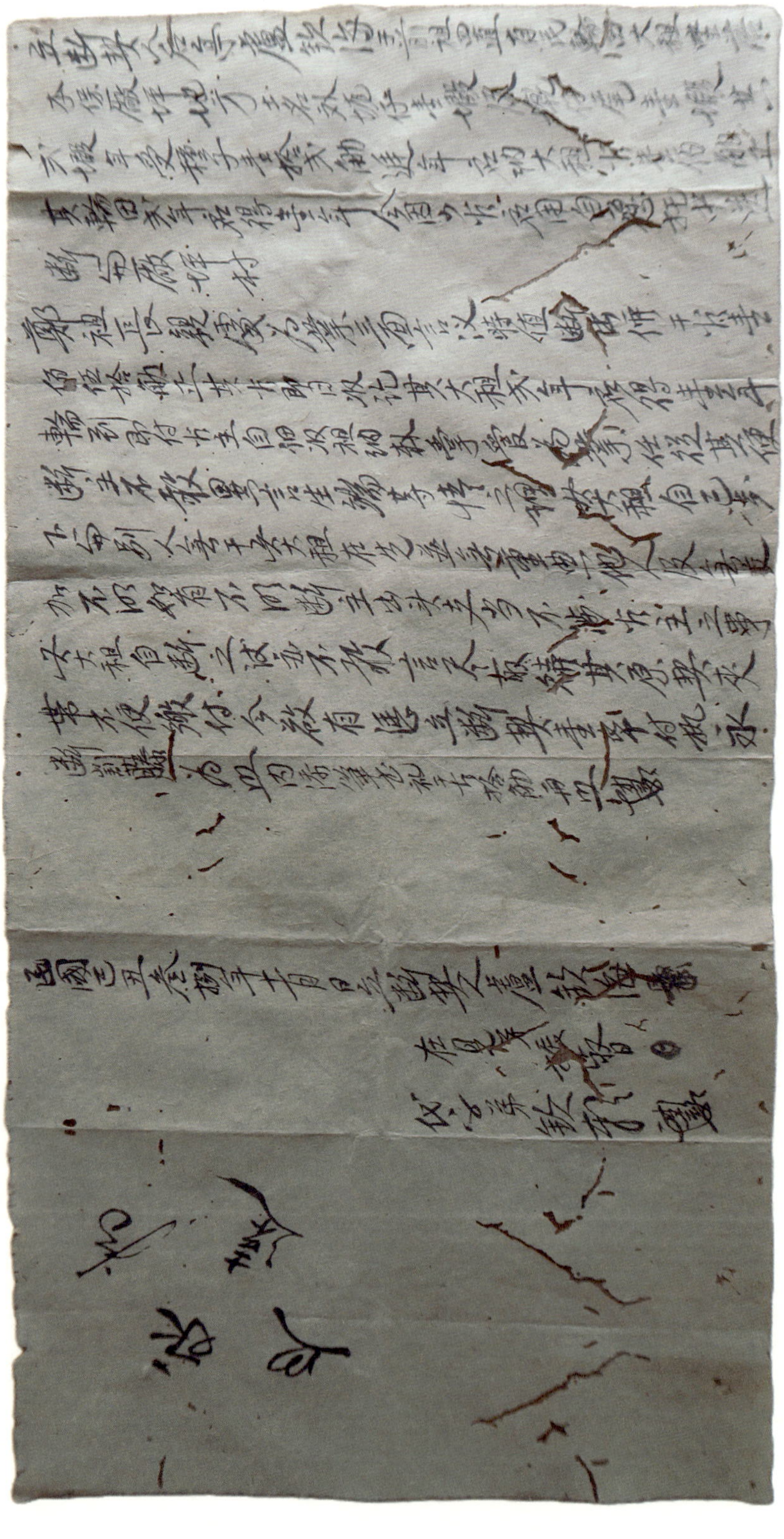

11-9-53-2　民國三十八年十一月盧欽海立斷民輪田大租契

11-9-53-3 民國三十八年十一月盧欽海立斷底面全民輪田契

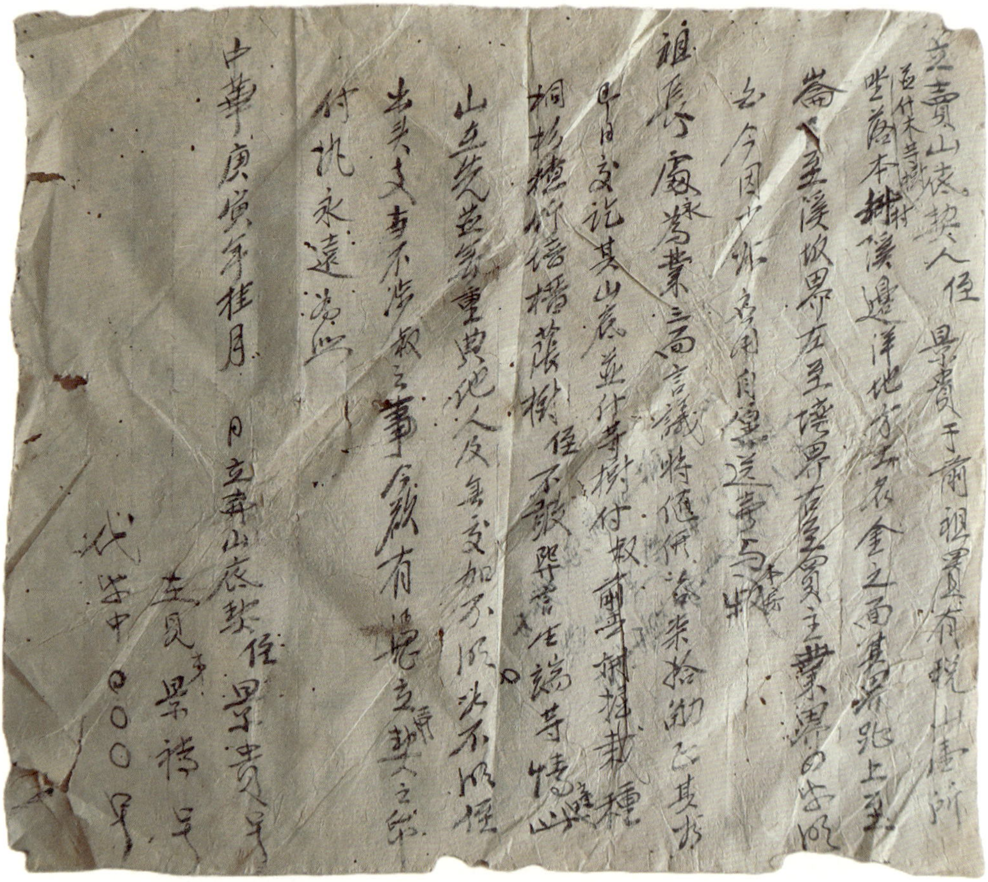

立賣山底契人侄　景貴[illegible]祖置及有稅山底所
坐落本村溪邊洋地方土名金之面（並竹木等樹），其界址上至
嶺，下至溪坎，界左至[illegible]界，右至賣主業界，四至分明
，今因少錢應用，自愿托中送與本叔
祖[illegible]處承為業，三面言議，時值價洋柒拾捌元，其於
即日交訖。其山底並竹等樹付叔前去掃插栽種
桐杉樵竹培播蓄樹，侄不敢阻當生端等情。此山
山並無重典他人及來交加不明，如有不明，侄
出頭支當，不涉叔之事。今欲有憑，立賣契一紙
付執永遠為照。
中華庚寅年桂月　日立賣山底契侄　景貴（押）
在見弟　景禧（押）
代筆中　[illegible]（押）

11-9-54-1　民國三十九年八月鄭景貴立賣稅山底等契（草契）

11-9-54-2　民國三十九年八月鄭景貴立賣稅山底等契

11-9-55-1 包契紙

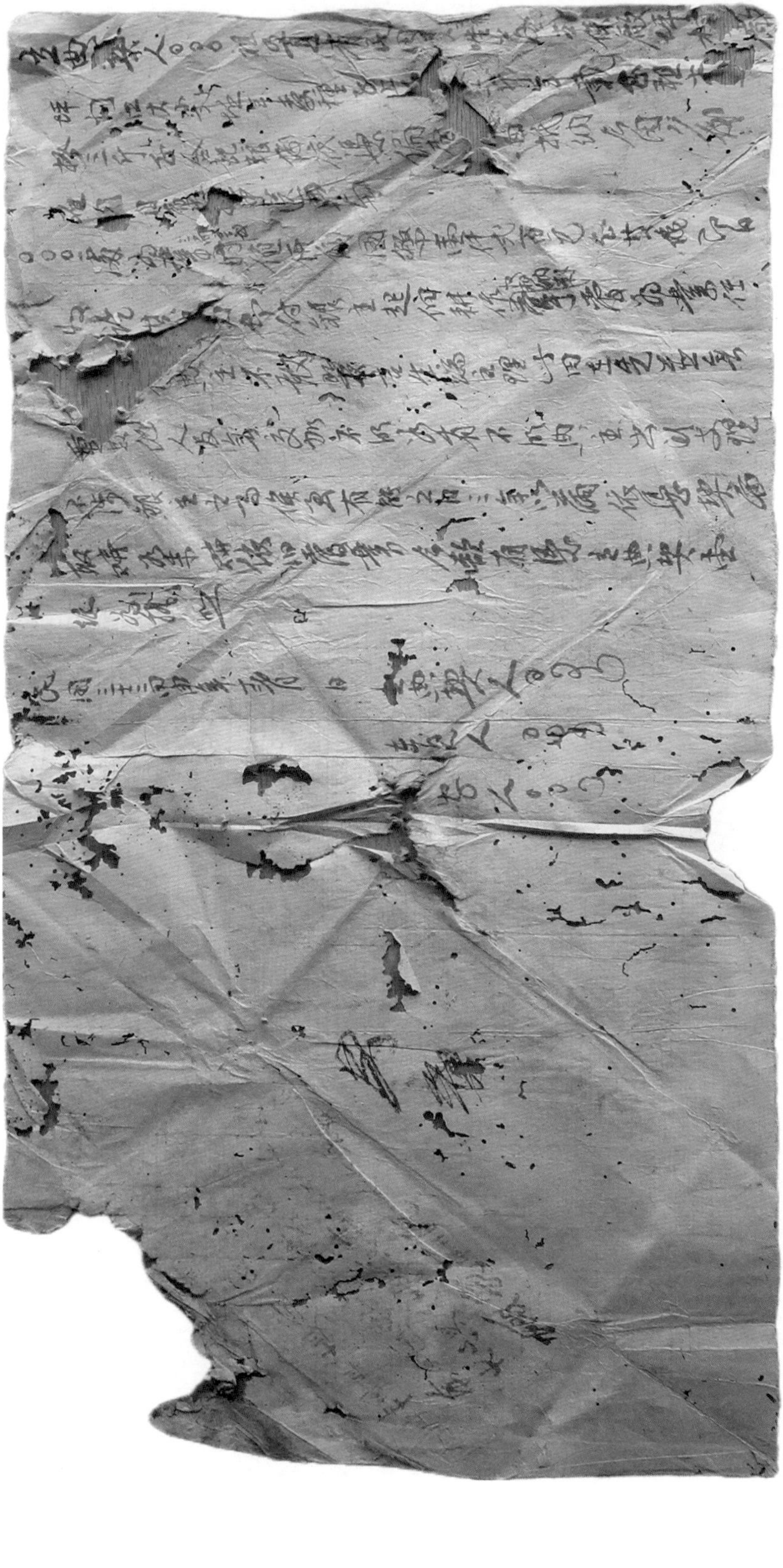

11-9-55-2　民國三十三年十二月盧氏立典民田契（草契）

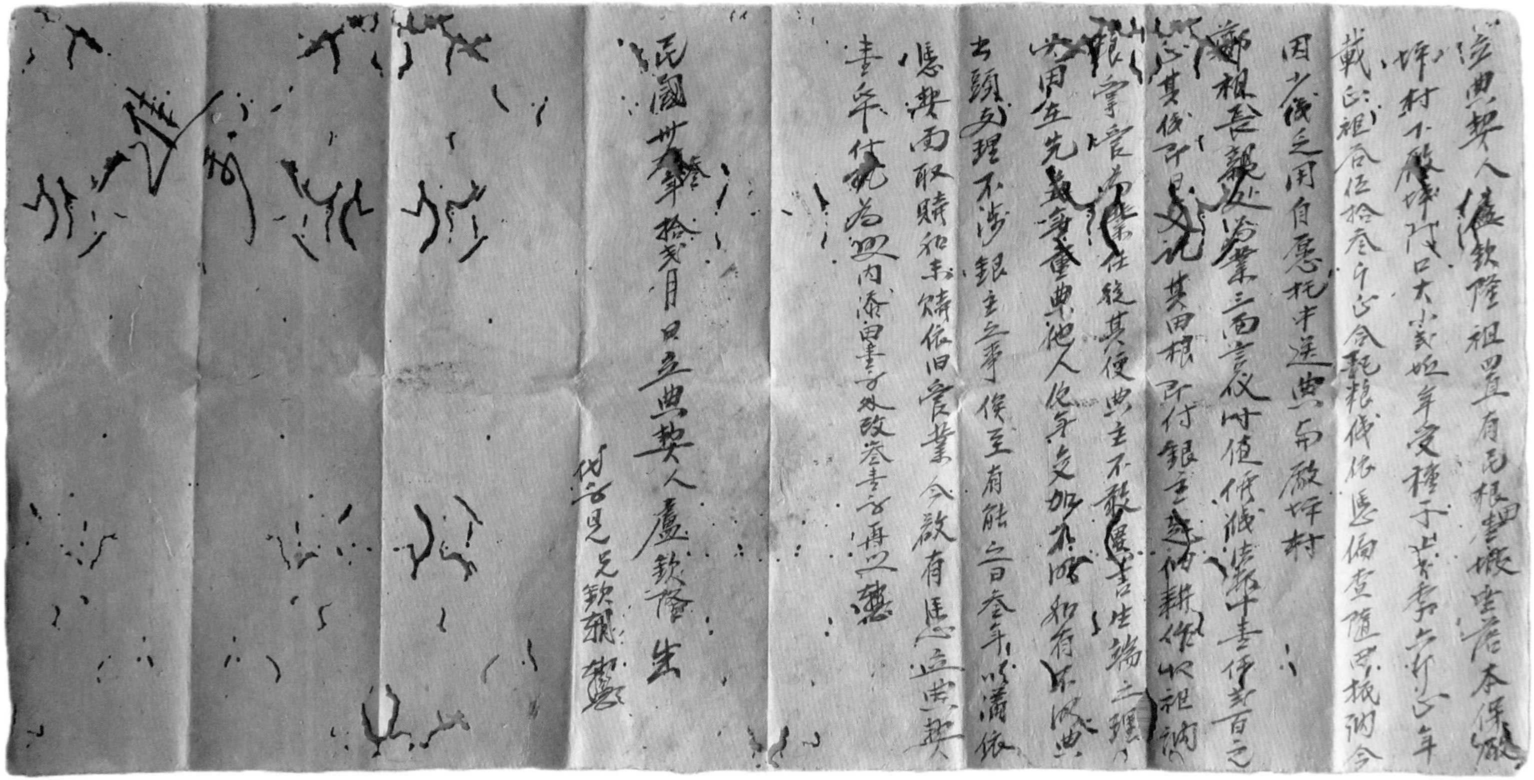

立典契人盧欽隆祖置有民根田壹坵，坐落本保嶺
坪村土名嶺坪門口大小貳坵，年受種子[illegible]斤正，年
載正租谷伍拾叁斤正，全耗粮係依憑偏查隨冊據納。今
因乏錢應用，自愿托中送典與本嶺坪村
鄉親[illegible]為業，三面言議時值價錢法幣壹仟貳百元
正，其錢即日交訖，其田根即付銀主前去耕作收租納
粮，掌管為業，任從其便，典主不敢異言生端之理。
此田在先並無重典他人，倘有交加不明，典
出頭支理，不涉銀主之事。候至有能之日，叁年以滿，依
憑契面取贖，如未贖，依舊管業。今欲有憑，立典契
壹紙，付執為照。內添田壹字，外改叁字，再照。

民國卅叁年拾貳月　日立典契人盧欽隆（押）
代書兄盧欽[illegible]（押）

11-9-55-3　民國三十三年十二月盧欽隆立典民根田契

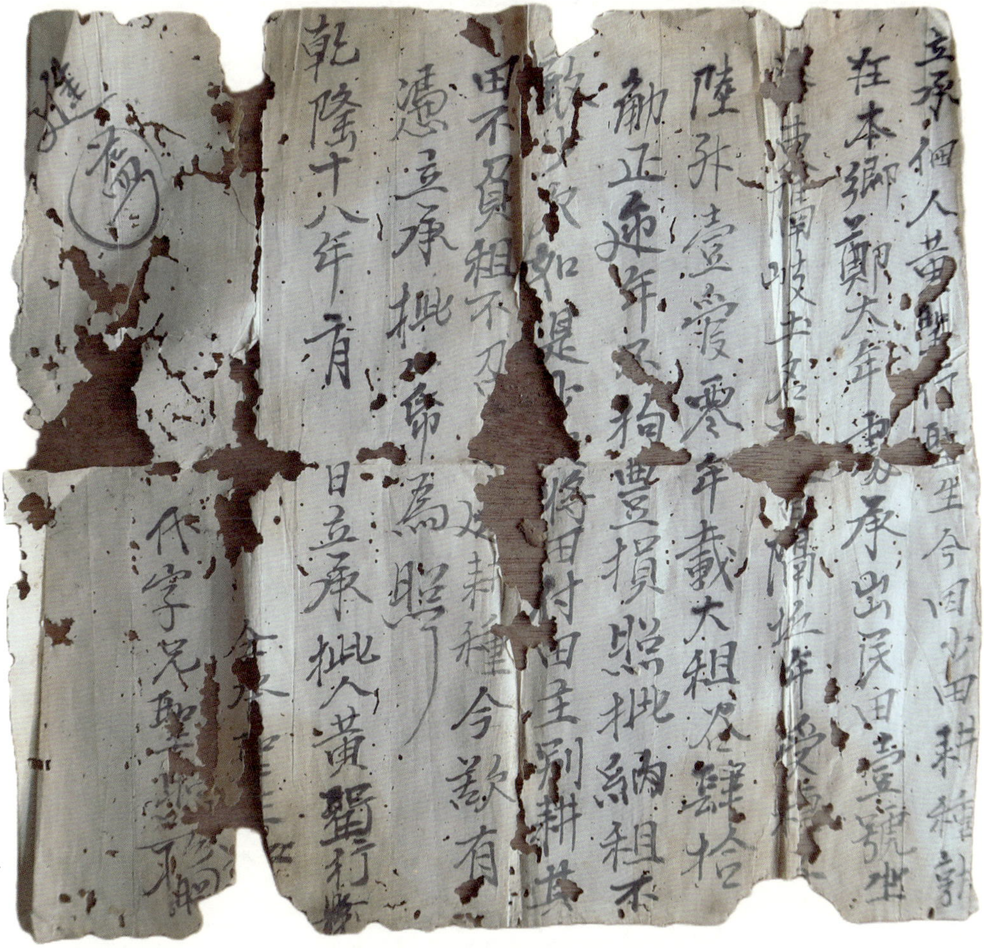

立承佃人黃聖行[illegible]今因出田耕種就
在本鄉鄭大年邊承出民田壹號坐
[illegible]南岐土名[illegible]陽坵年受[illegible]
陸升壹處零年載大租谷肆拾
觔正逐年冬拘豐損照批納租不
敢少欠如是[illegible]將田付田主別耕其
田不負租不[illegible]好耕種今欲有
憑立承批爲照
乾隆十八年[illegible]月　日立承批人黃聖行[illegible]
仝[illegible]
代字兄聖[illegible]

11-9-56-1　清乾隆十八年二月黃聖行等立承佃民田契

立斷盡契林于清仝弟于禮祖置有民田壹
号坐落本地土名[illegible]其畝數粮
額俱載原契內今因無銀應用自愿托中再
向鄭大年處三面言議增出價銀捌錢正其
民即日收訖其田即付民主永為已業日後
林家永無增盡取贖之理其苗即聽鄭家
收割入户兩家甘愿各無反悔今欲有憑立斷盡
契壹紙為照
乾隆叁拾年正月　日　立斷盡契林于清
仝斷盡契弟于禮
中見黃為青

11-9-56-2　清乾隆三十年正月林于清等立斷盡民田契

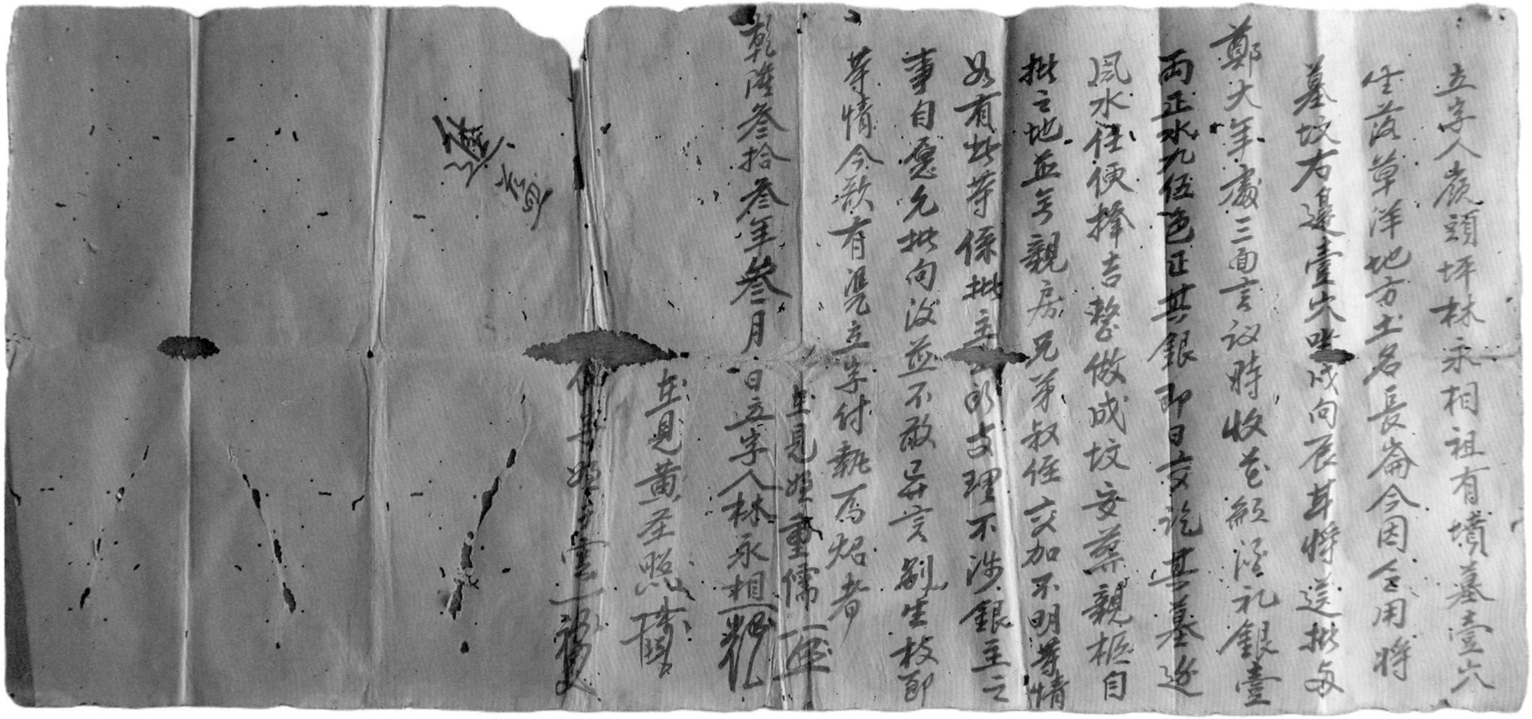
立字人嶺頭坪林永相祖有墳墓壹穴
坐落草洋地方土名長崙今因乏用將
墓坟右邊壹穴坐戌向辰其將送批與
鄭大年處三面言议時收花紅禮銀壹
兩正水九伍色正其銀即日交訖其墓送
風水任便擇吉整做成坟安葬親柩自
批之地並無親房兄弟叔侄交加不明等情
如有此等係批主一力支理不涉銀主之
事自愿允批向後並不敢另言别生枝節
等情今欲有憑立字付執爲炤者
乾隆叁拾叁年叁月　日立字人林永相（押）
在見姪重儒（押）
在見黄聖照（押）
代筆[illegible]

11-9-56-3　清乾隆三十三年三月林永相立批墳墓字

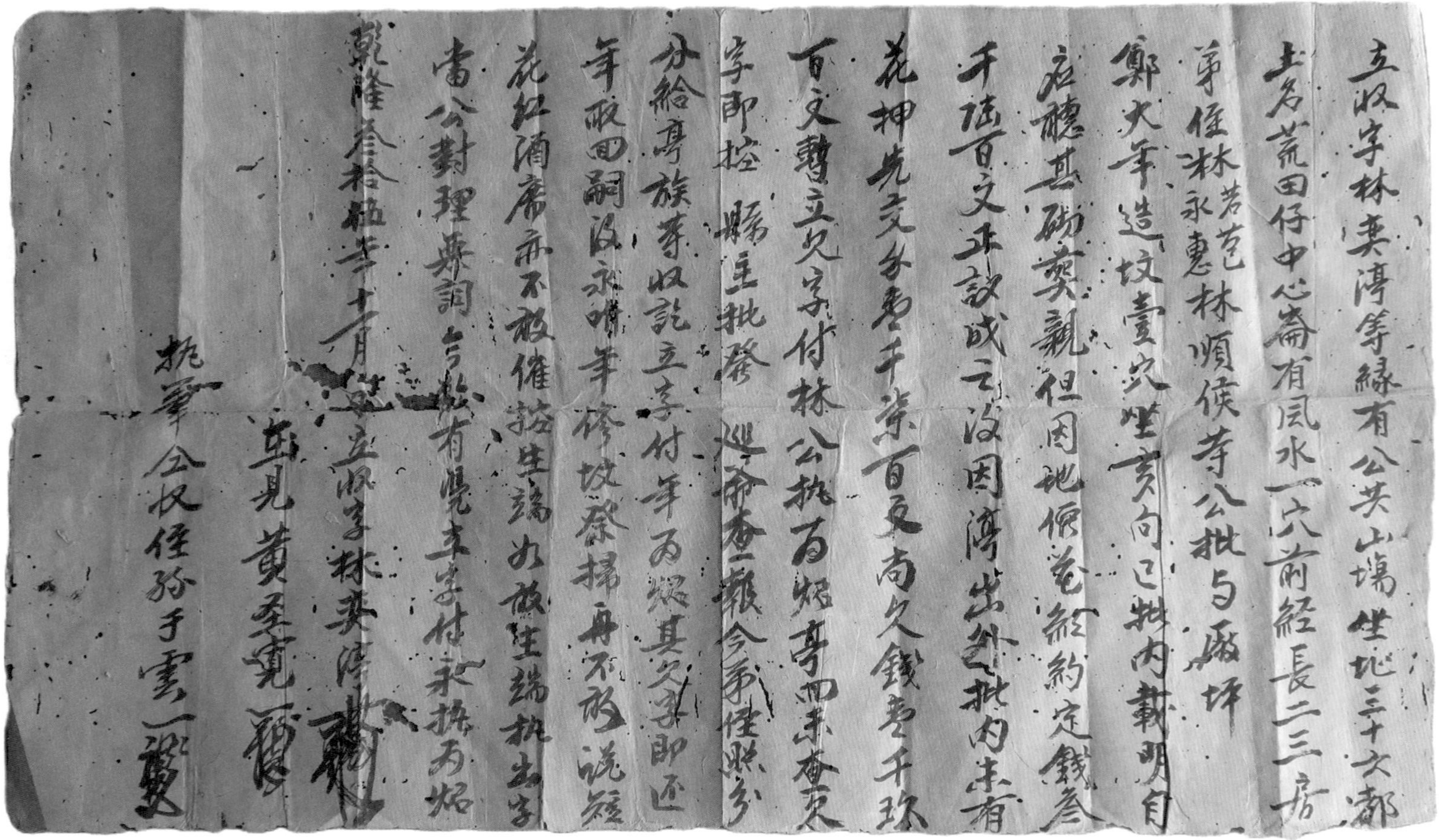
立收字林奕淳等緣有公共山場坐址三十六都
土名荒田仔中心崙有風水一穴前經長二三房
弟侄林若芑林順侯等公批与廢坪
鄭大年造坟壹穴坐□向已批内載明自
應聽其砌葬親但因地係芑經約定錢叁
千陆百文正說成之後因淳出外批内未有
花押先交多惠千柒百文尚欠錢叁千玖
百文轉立欠字付林公執為照其四未奉及
字即控 縣主批發 巡爺查報今弟侄照分
分給房族等收訖立字付年為照其欠字即還
年取回嗣後永以年修坟祭掃再不敢說短
花紅酒席亦不敢借端生端如敢生端執出字
當公對理無詞 今欲有憑立字付永據為照
乾隆叁拾伍年十一月 日立收字林奕淳
在見黄丕寬
執筆 仝收侄孫子雲

11-9-56-4　清乾隆三十五年十一月林奕淳等立收風水錢字

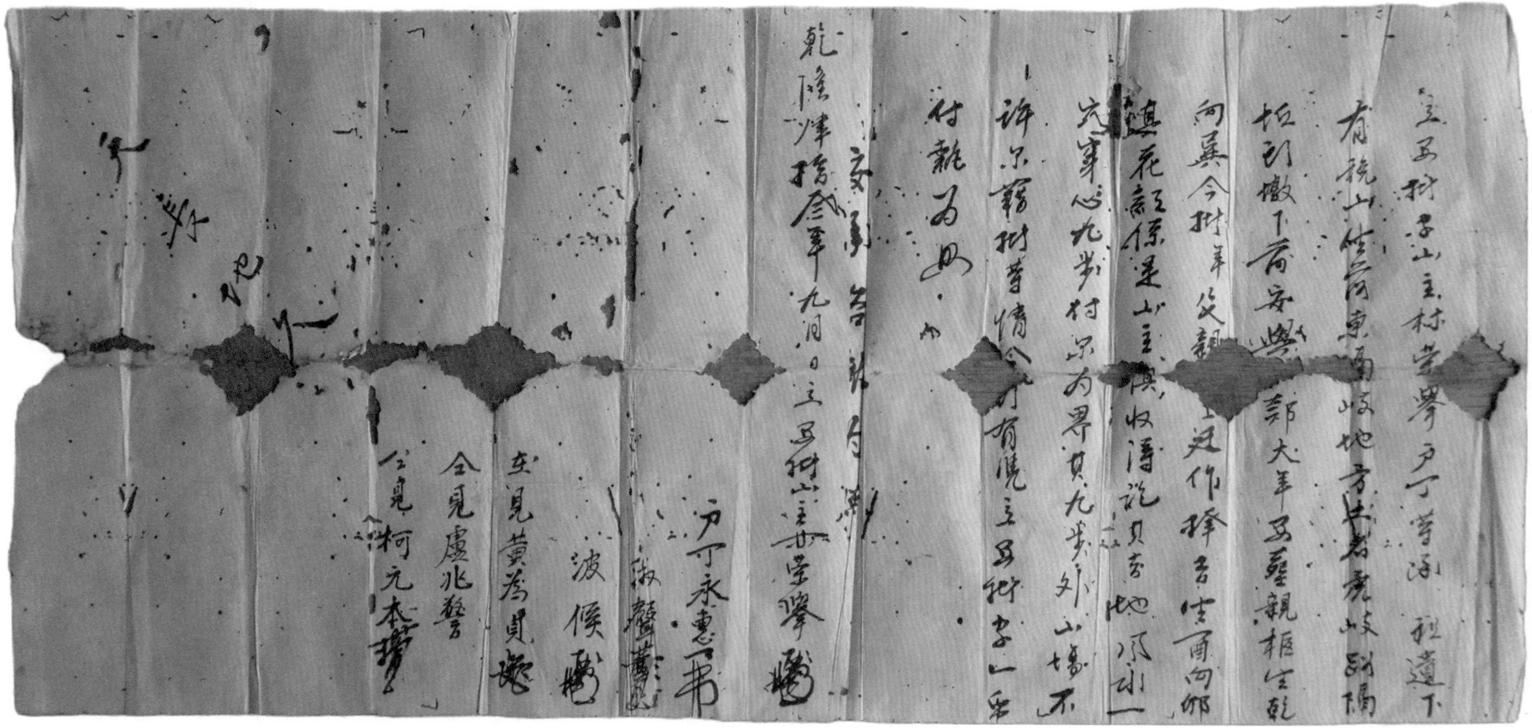

11-9-56-5　清乾隆四十三年九月林荣舉户丁等立安批吉地字

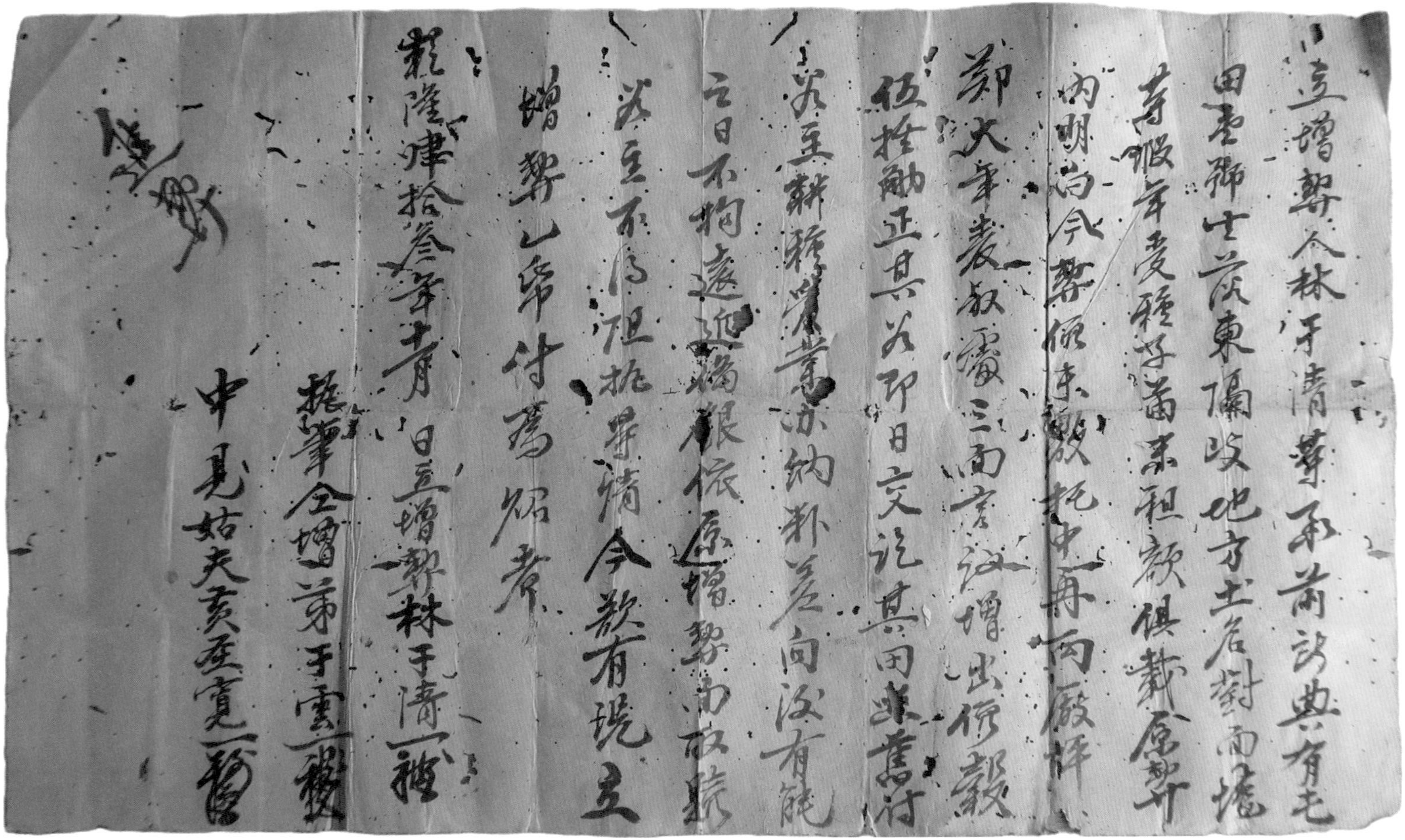
立增契人林于清等承前父典有屯
田壹號坐落東偏坡地方土名樹兩墘
并帶年受種子苗米租穀俱載原契
內明白今契價未敷托中再向廒坪
鄭大年處取價三兩當收增出價穀
伍拾觔正其穀即日交訖其田悉付
銀主耕種管業亦納糧差向後有能
之日不拘遠近備銀依原增契而取贖
銀主不得阻執異請今欲有憑立
增契一紙付為照者
乾隆肆拾叁年十一月 日立增契林于清（押）
執筆仝增弟于雲（押）
中見姑夫黃丕寬（押）

11-9-56-6　清乾隆四十三年十一月林于清等立增屯田契

立賣契叔鄭其清承祖遺下應闔分有厝
樫貳櫚坐址本厝湖前厝第叁重扶厝應分樓
第伍貳櫚今因乏銀應用托中送賣與本厝
九年侄位居三面言議其厝上至椽坯下及地基
時值價銀捌兩正又穀壹仟貳佰觔正其銀穀
即日收訖其厝櫚即付侄前去住居管業從
其便其厝櫚自己闔分與兄弟叔侄無干並無
重張典掛他人財物不明等情如有此等係是賣
主出頭支當不涉買主之事俟至有能之日
契面贖回兩家甘允各無反悔恐口無憑立賣契
壹紙付執爲照

乾隆肆拾陸年十二月 日立賣契叔其清（押）
代字中侄大審

11-9-56-7 清乾隆四十六年十二月鄭其清立賣厝櫚契

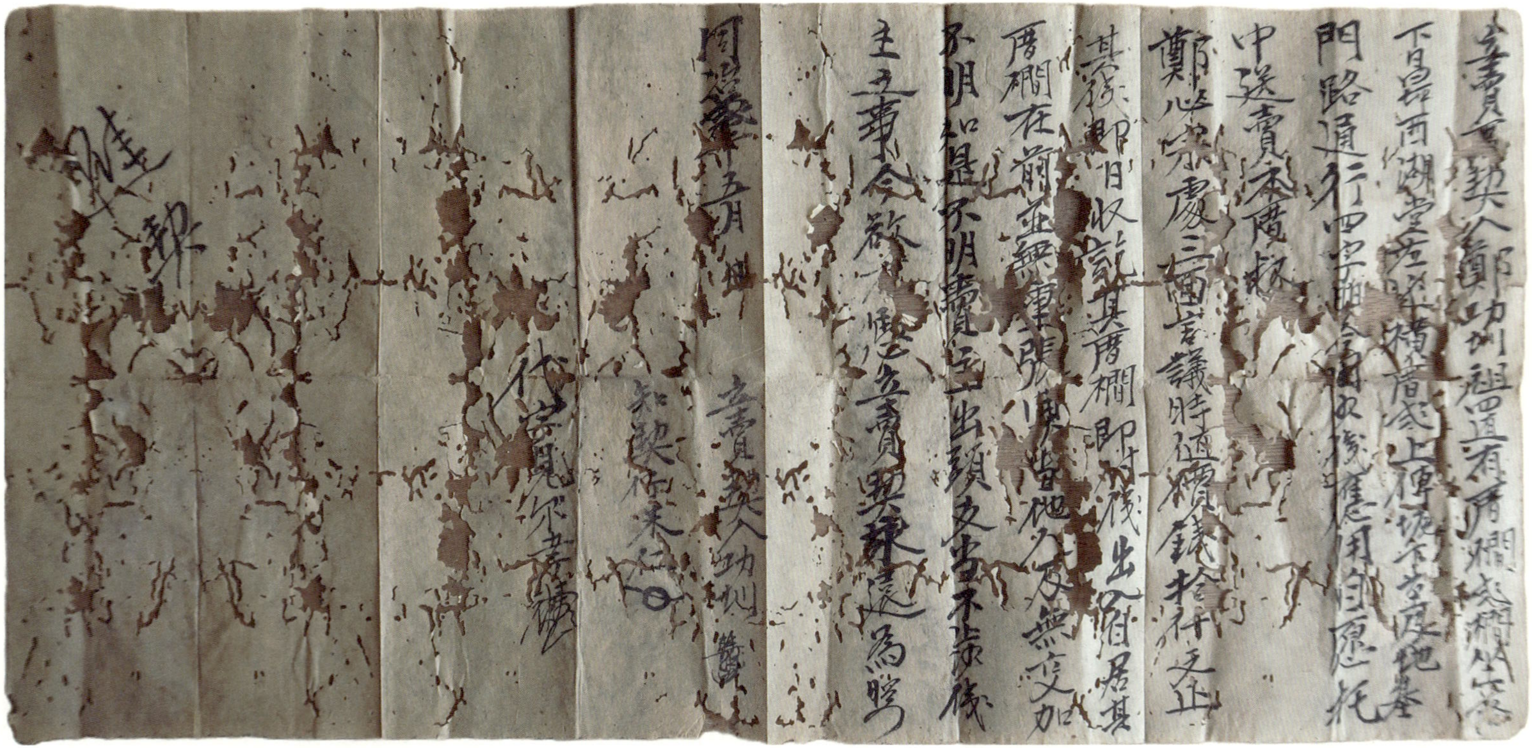

11-9-57-1　清同治二年五月鄭功圳立賣厝㮰契

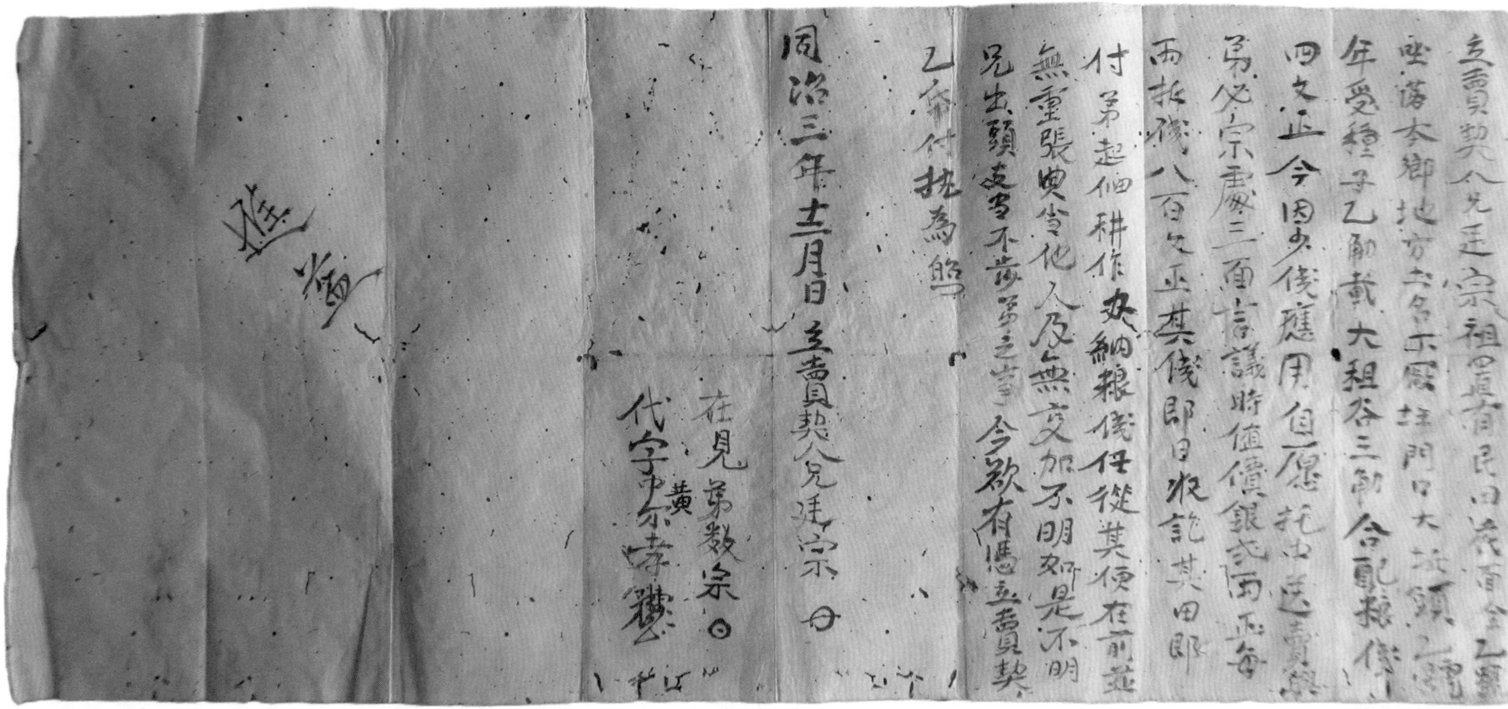

立賣契人兄廷宗祖置有民田底面全乙號
坐落本鄉地方土名下屬埕門口大坵頭[illegible]
年受種子乙斛貳，大租谷三斛，合配粮錢[illegible]
四文正。今因乏錢應用，自愿托中送賣與
弟兄宗慶三面言議，時值價銀弍兩正，每
兩折錢八百文正。其錢即日收訖，其田即
付弟起佃耕作，辦納粮錢，任從其便。在前並
無重張典當他人，及無交加不明；如是不明，
兄出頭支當，不涉弟之事。今欲有憑，立賣契
乙紙，付執為照。

同治三年十二月日 立賣契人兄廷宗（押）

在見弟敦宗（押）

代字[illegible]

11-9-57-2 清同治三年十二月鄭廷宗立賣底面全民田契

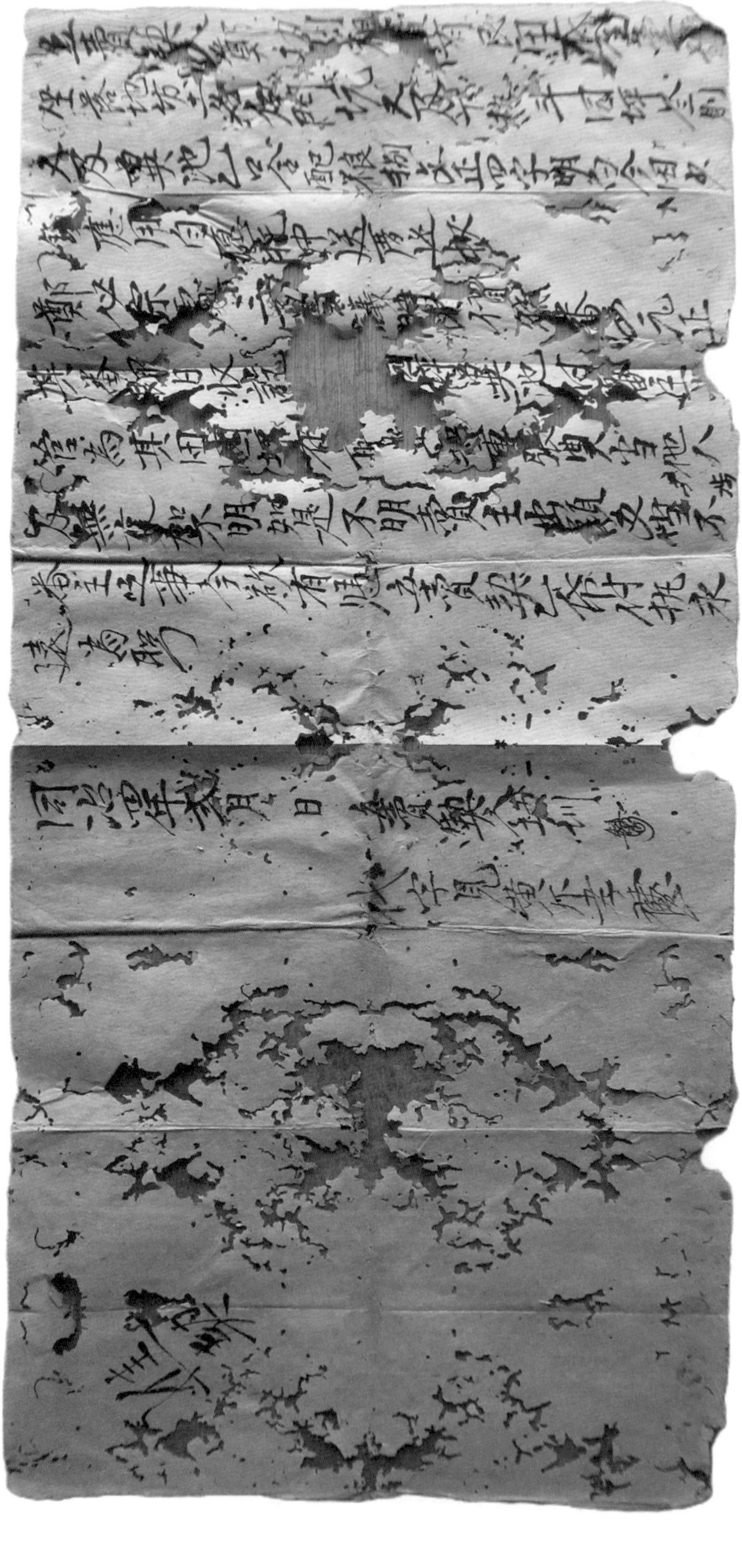

11-9-57-3　清同治四年二月鄭功圳立賣底面全民田契

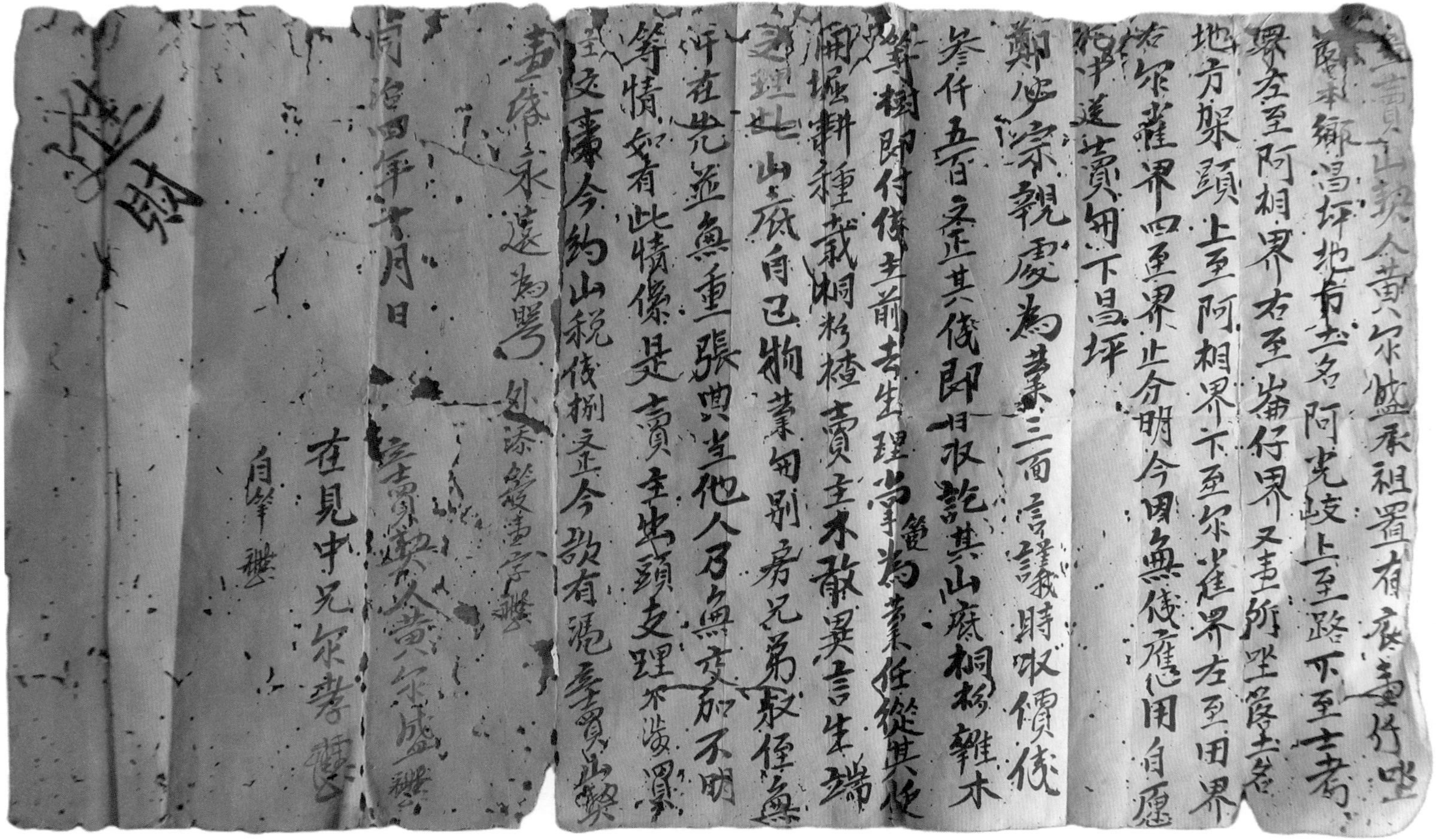

立賣山契人黃尔盛承祖置有底壹片坐
落本鄉溫坪地方土名阿光岐上至路下至士壽
界左至阿相界右至崙仔界又壹所坐落土名
地方架頭上至阿相界下至尔崔界左至田界
右尔崔界四至界止分明今因無錢應用自愿
托中送賣與下昌坪
鄭少宗親處爲業三面言議時值價錢
叁仟五百文正其錢即日收訖其山底桐杉雜木
等樹即付與主前去生理管爲業任從其便
開掘耕種栽桐杉植賣主不敢異言生端
此山底自己物業與别房兄弟叔侄無
干在先並無重張典當他人及無交加不明
等情如有此情係是賣主出頭支理不涉買
主之事今約山税錢捌文正今欲有憑立賣山契
壹紙永遠爲照　外添錢壹字
同治四年十月　日　立賣山契人黃尔盛
在見中兄尔孝
自筆

11-9-57-4　清同治四年十月黃尔盛立賣山底契

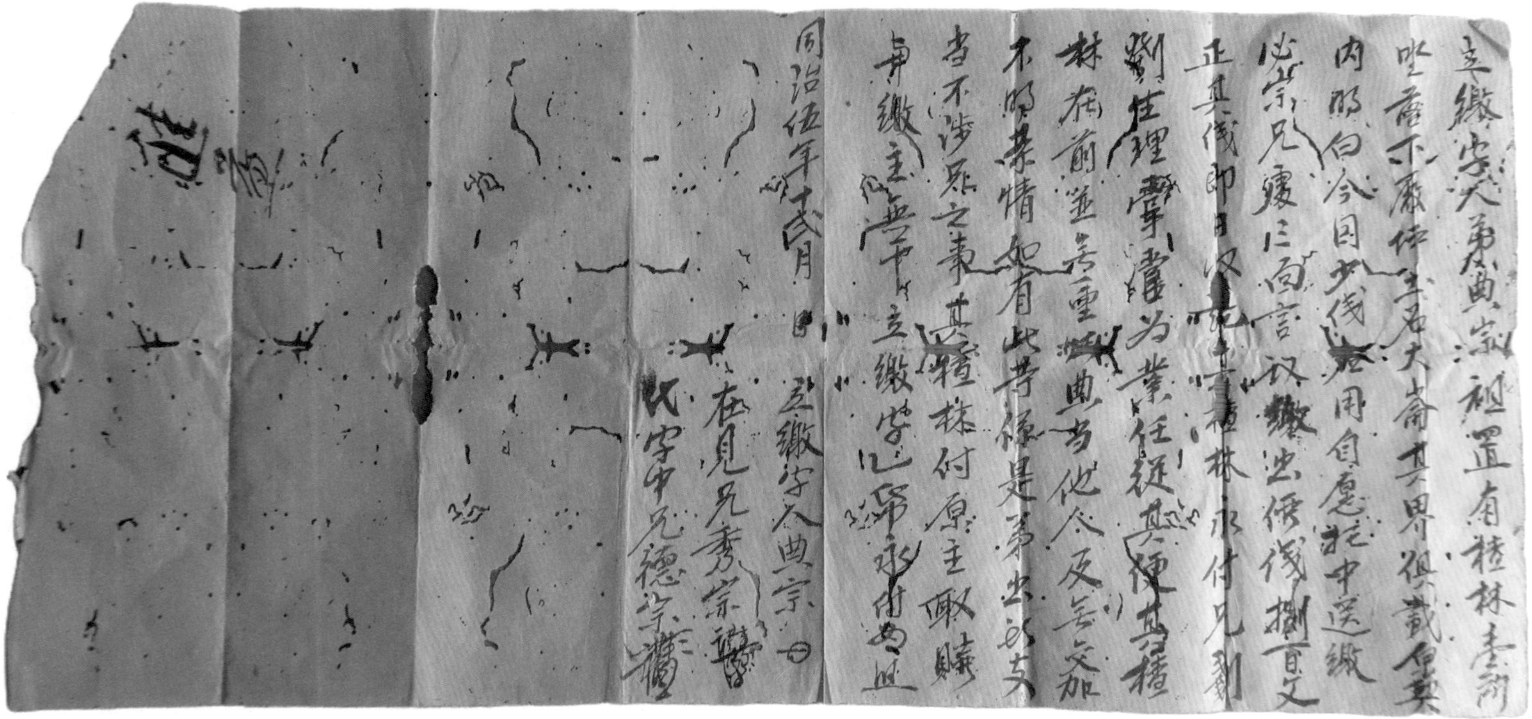

11-9-57-5　清同治五年十二月鄭典宗立繳楂林字

11-9-57-6 清同治十年二月鄭功圳立賣山底契

11-9-57-7 清同治十三年十二月黃奕見立送風水契

11-9-57-8　清光緒八年十二月鄭祖貴立賣山底契

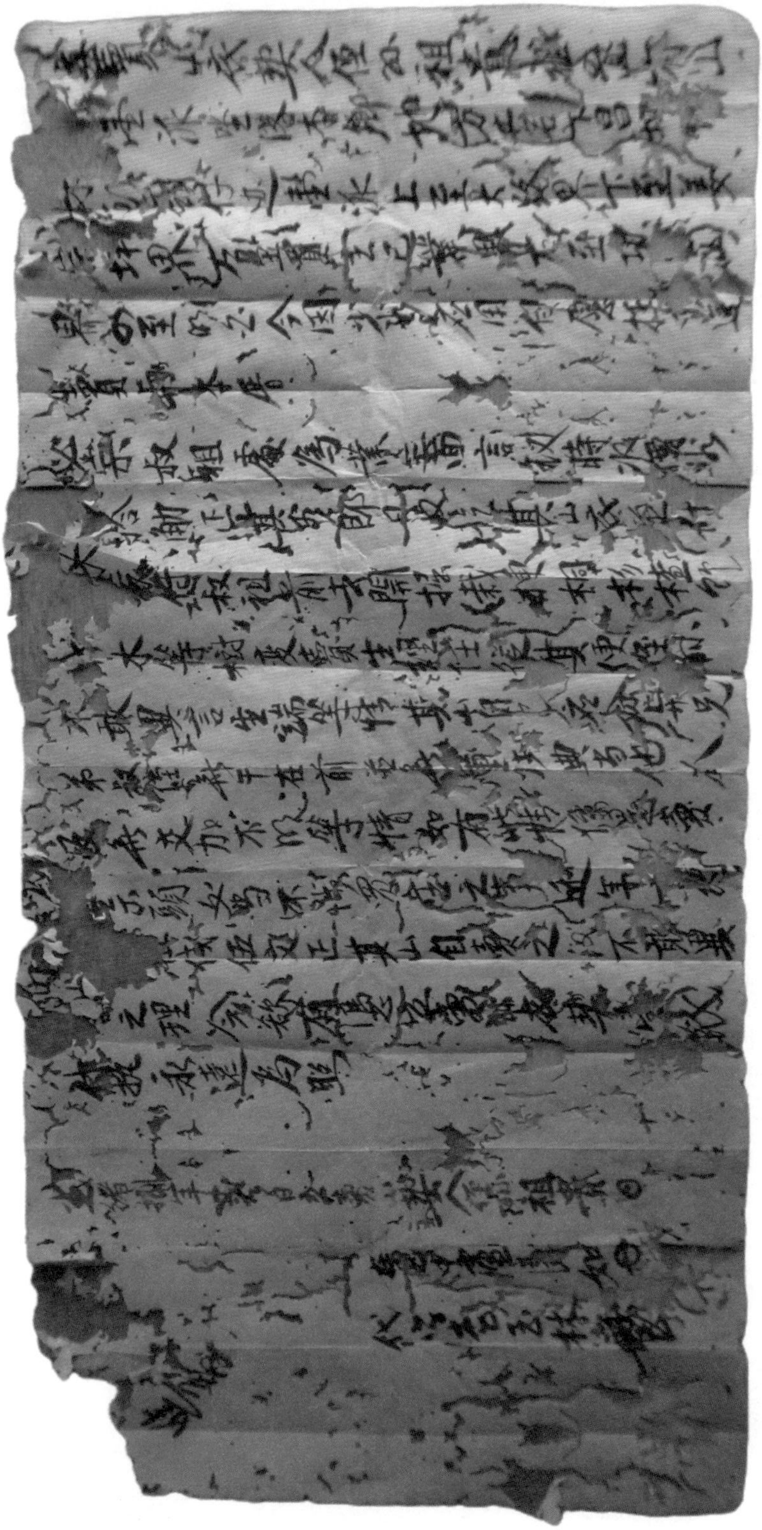

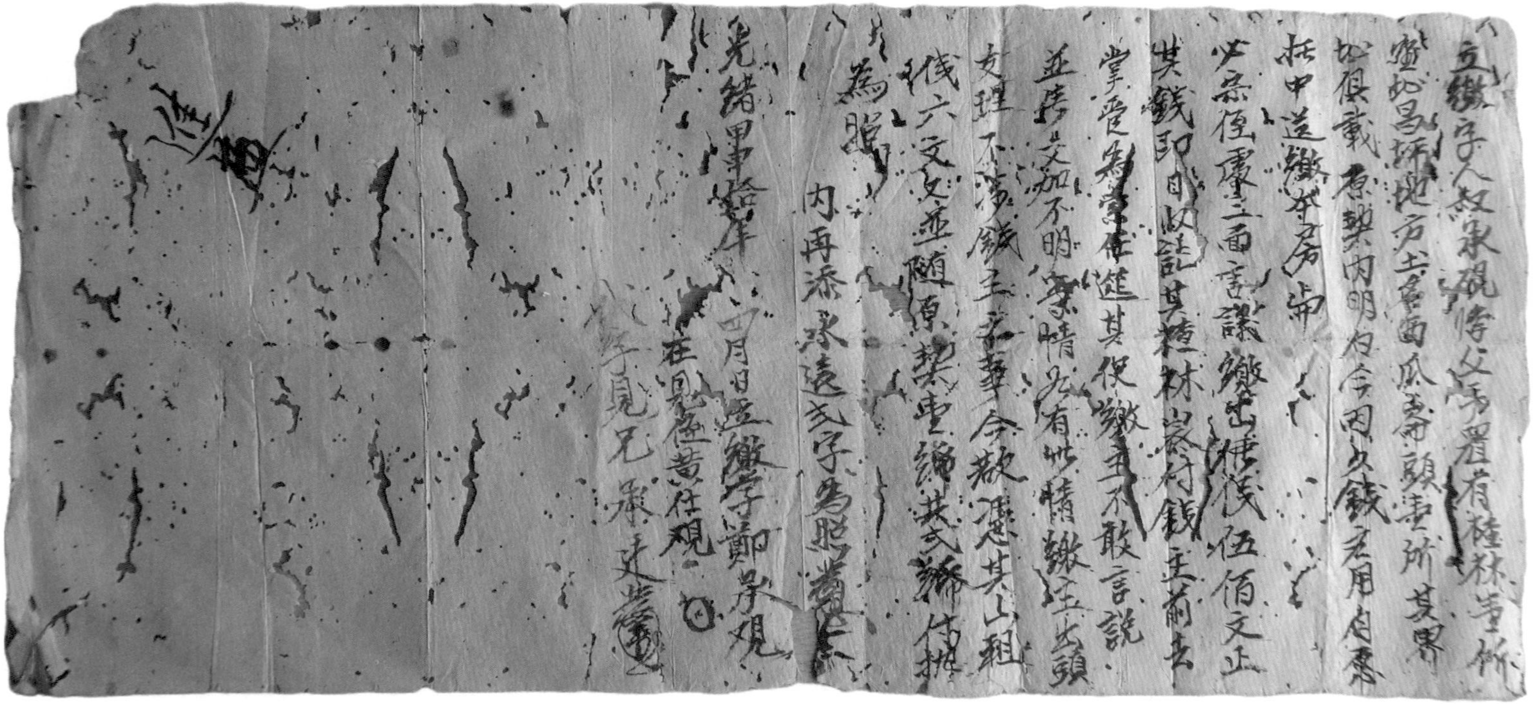

立繳字人叔承观，今有承父手置有楂林壹所，
坐址邑坪地方土名西瓜寮頭，壹所，其界
址俱載原契內明。今因乏錢應用，自愿
托中送繳與房弟
少宗侄處，三面言議，繳出價錢伍佰文正，
其錢即日收訖，其楂林聽從錢主前去
掌管為業，任從其便，繳主不敢言說。
並無交加不明等情，如有此情，繳主出頭
支理，不涉錢主之事。今欲有憑，其山租
錢六文，交並隨原契重繳，其式歸付執
為照。
內再添「永遠」二字為照。
光緒甲申拾年　四月　日立繳字鄭承观
在見堂侄黄仕觀
代字見兄承廷

11-9-57-9　清光緒十年四月鄭承观立繳楂林字

11-9-57-10 清光緒十六年七月鄭茂宗立繳斷舊厝契

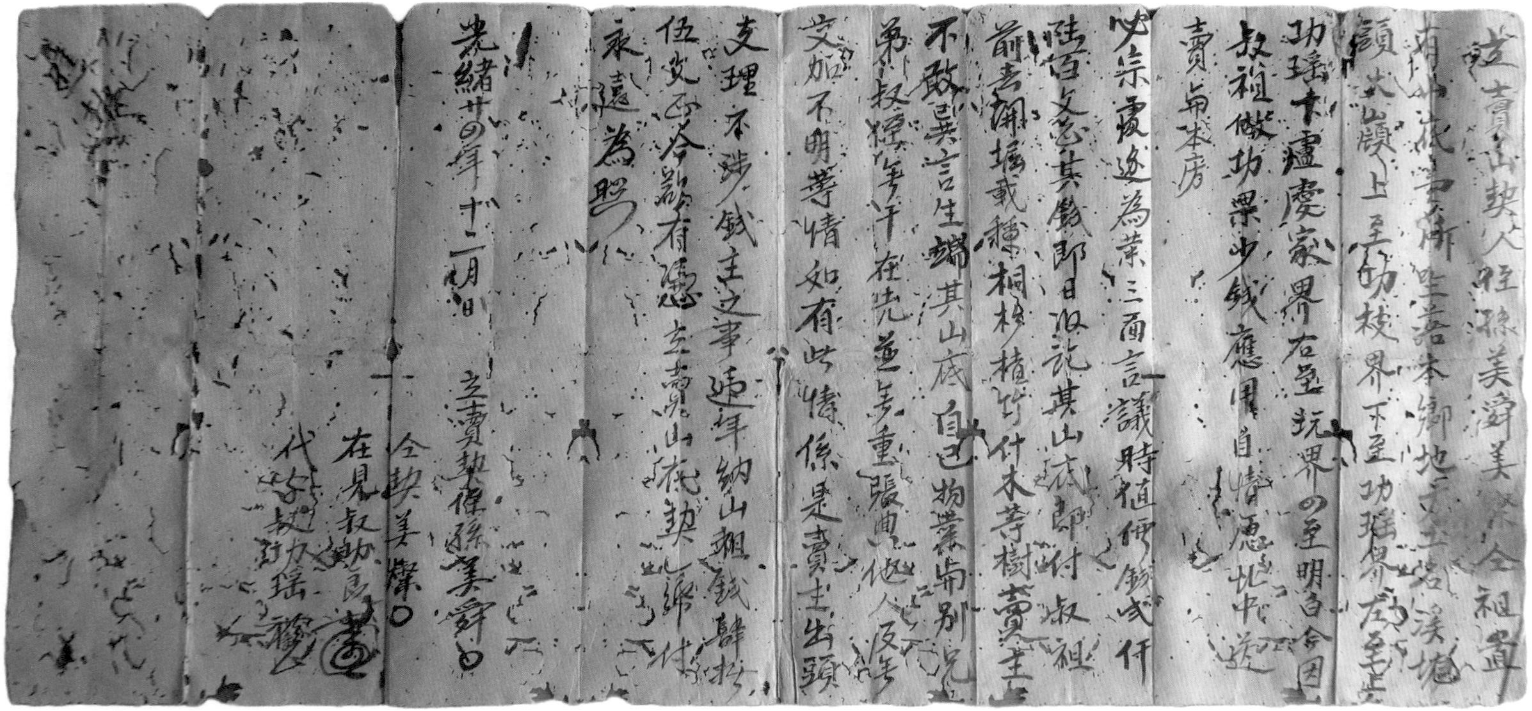

立賣山契人侄孫美舜美□仝祖置
有山地一所，坐落本鄉地方土名溪墘
頭大山嶺，上至功枝界，下至功瑤界，左至□
功瑤叔盧慶家界，右至坑界，四至明白。今因
叔祖儆功界少錢應用，自情愿托中送
賣與本房
宗震邊為業，三面言議時值價錢弍仟
陸佰文，其錢即日收訖。其山底即付叔祖
前去開墾栽種桐杉植竹什木等樹，賣主
不敢異言生端。其山底自己物業，與別兄
弟叔侄等并在先並無重張典他人及等
交加不明等情，如有此情，係是賣主出頭
支理，不涉錢主之事。遞年納山租錢肆拾
伍文。恐今無憑，立賣山底契一紙付
永遠為照。

光緒廿四年十二月　日　立賣契侄孫美舜○
仝契美燦○
在見叔功良（押）
代字叔功瑤（押）

11-9-57-11　清光緒二十四年十二月鄭美舜等立賣山底契

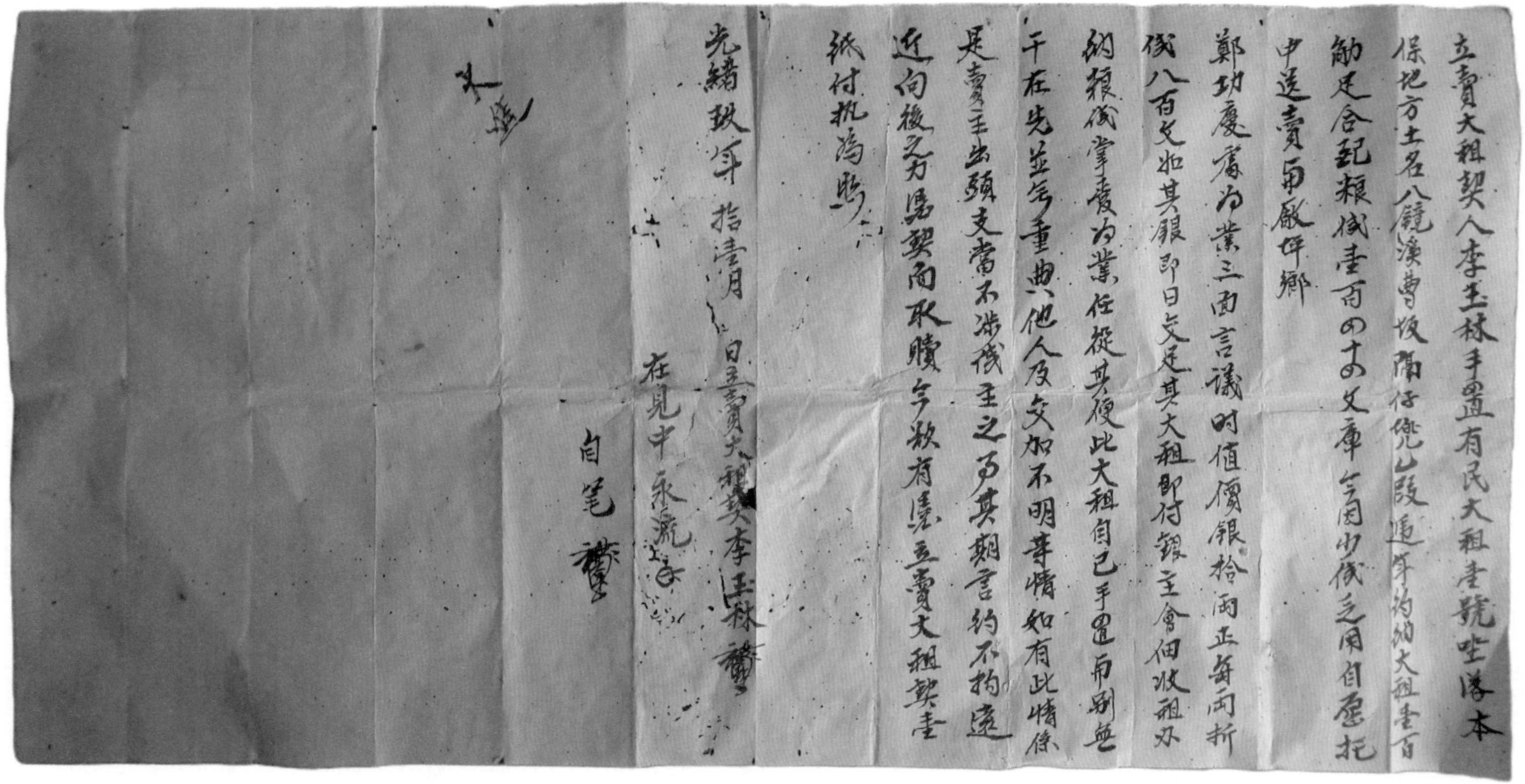
立賣大租契人李玉林手置有民大租壹號坐落本
保地方土名八鏡溪曹坂尾仔兜山段過年的納大租壹百
斤正足合起糧伐壹百四十文庫，今因少伐乏用，自愿托
中送賣與廠坪鄉
鄭功慶為業，三面言議時值價銀拾兩正，每兩折
伐八百文，扣其銀即日交足，其大租即付銀主會佃收租办
納糧伐，掌管為業，任從其便。此大租自己手置，與別無
干，在先並無重典他人及交加不明等情，如有此情，係
是賣主出頭支當，不涉伐主之事。其約言約不拘遠
近，向後之方憑契面取贖無故。有憑，立賣大租契壹
紙付執為照。
光緒玖年拾壹月　日立賣大租契李玉林（押）
在見中　永流（押）
自筆（押）
大吉

11-9-58-1　清光緒九年十一月李玉林立賣民大租契

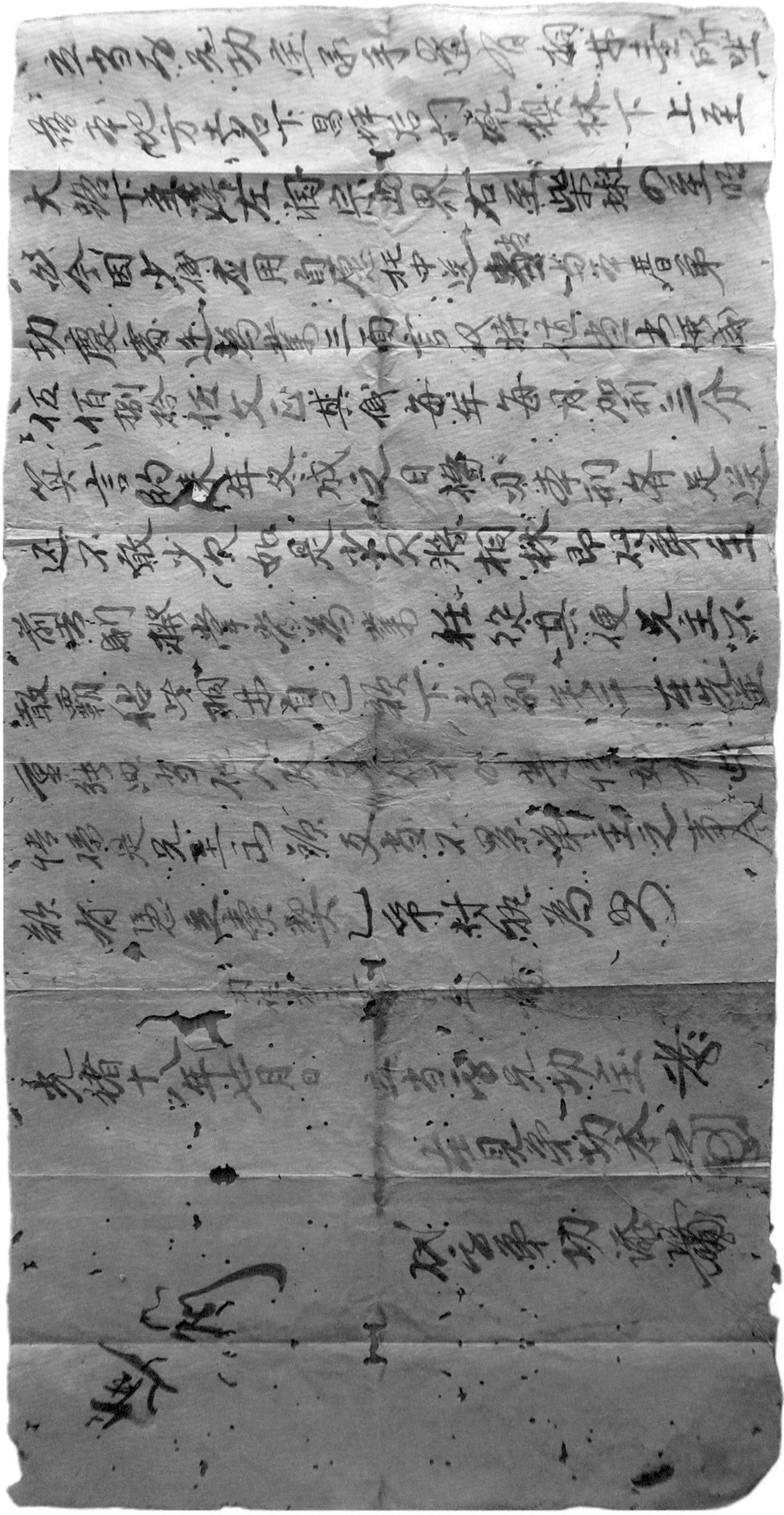

11-9-58-2　清光緒十八年七月鄭功宝立當桐林契

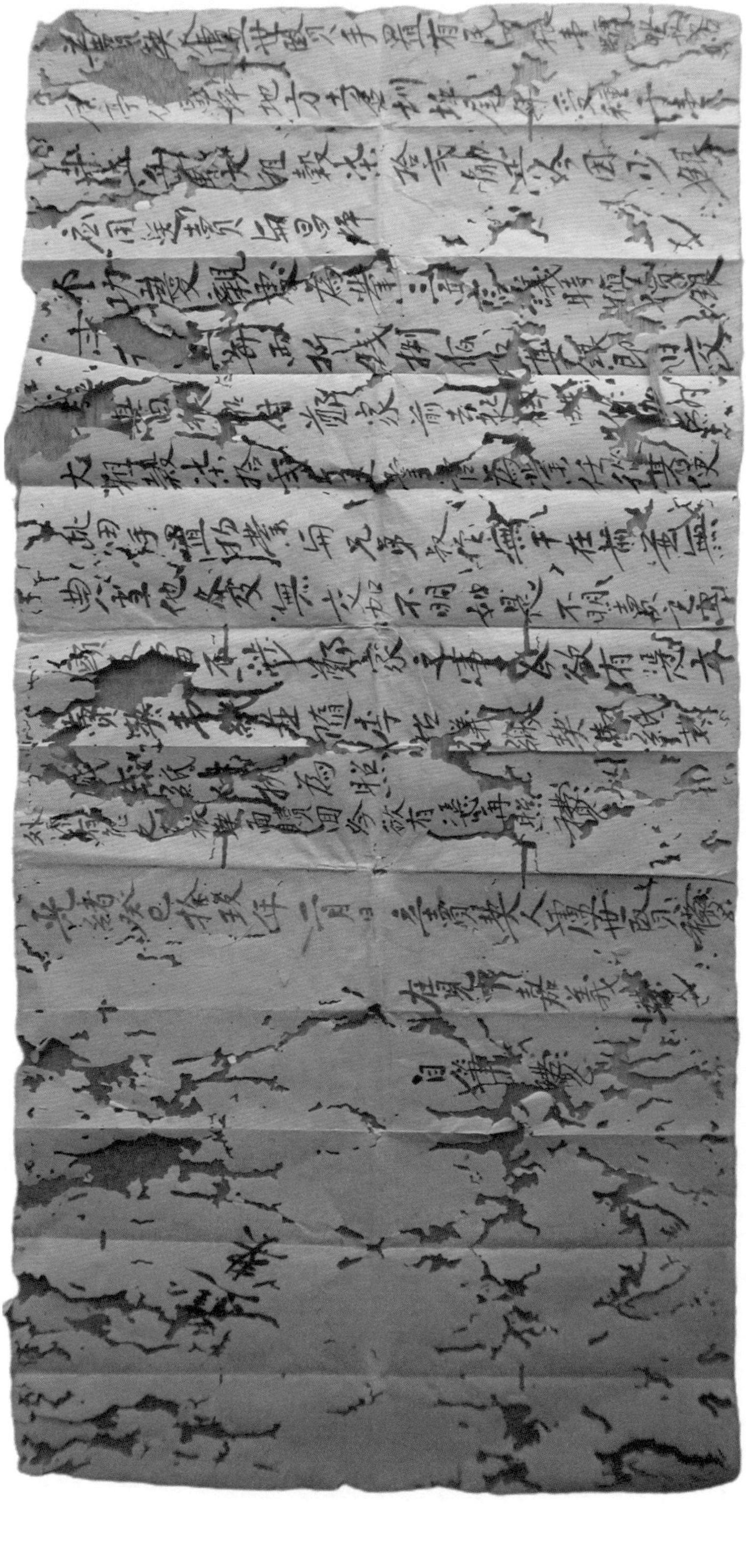

11-9-58-3　清光緒十九年二月盧世賢立賣民田根契

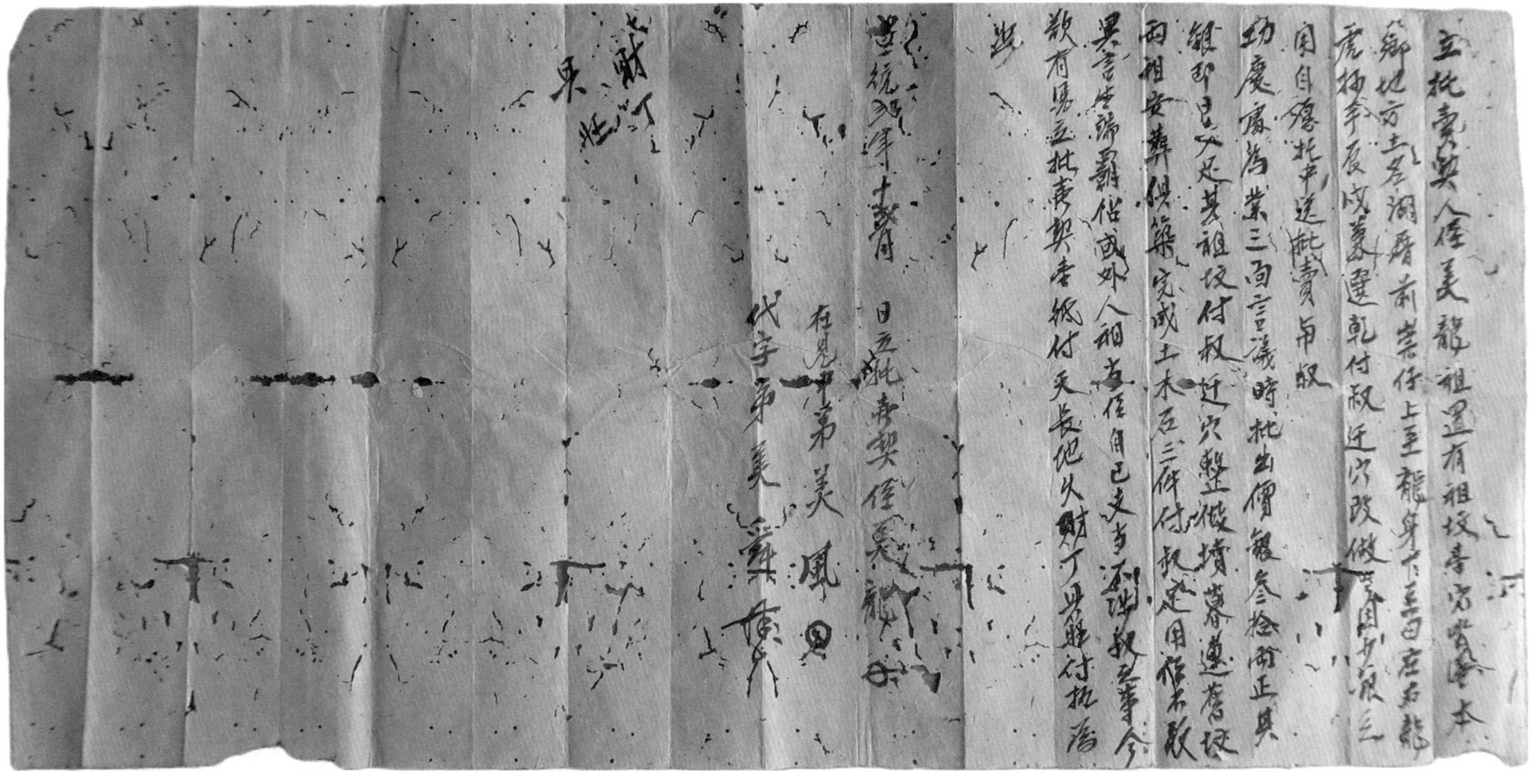

立批賣契人侄美龍，祖置有祖坟壹穴，坐落本
鄉地方土名湖厝前崇仔，上至龍身，下至西座右龍
虎梯爭辰坟墓，遷乾付叔近穴改做，因少銀之
用，自愿托中送批賣與叔
功慶康為業，三面言議時批出價銀叁拾兩正，其
銀即日交足，其祖坟付叔近穴整做墳墓，遷葬
兩祖安葬，俱築完成，土木石三件付叔定用，倘有
異言生端覇佔，或外人相爭，侄自己支当，不涉叔之事。今
欲有憑，立批賣契壹紙，付與長他火財丁興旺，付執為
照。

宣統弍年十弍月　日立批賣契侄美龍（押）
在見中弟美風（押）
代字弟美彝（押）

財丁興旺

11-9-58-4　清宣統二年十二月鄭美龍立批賣祖墳契

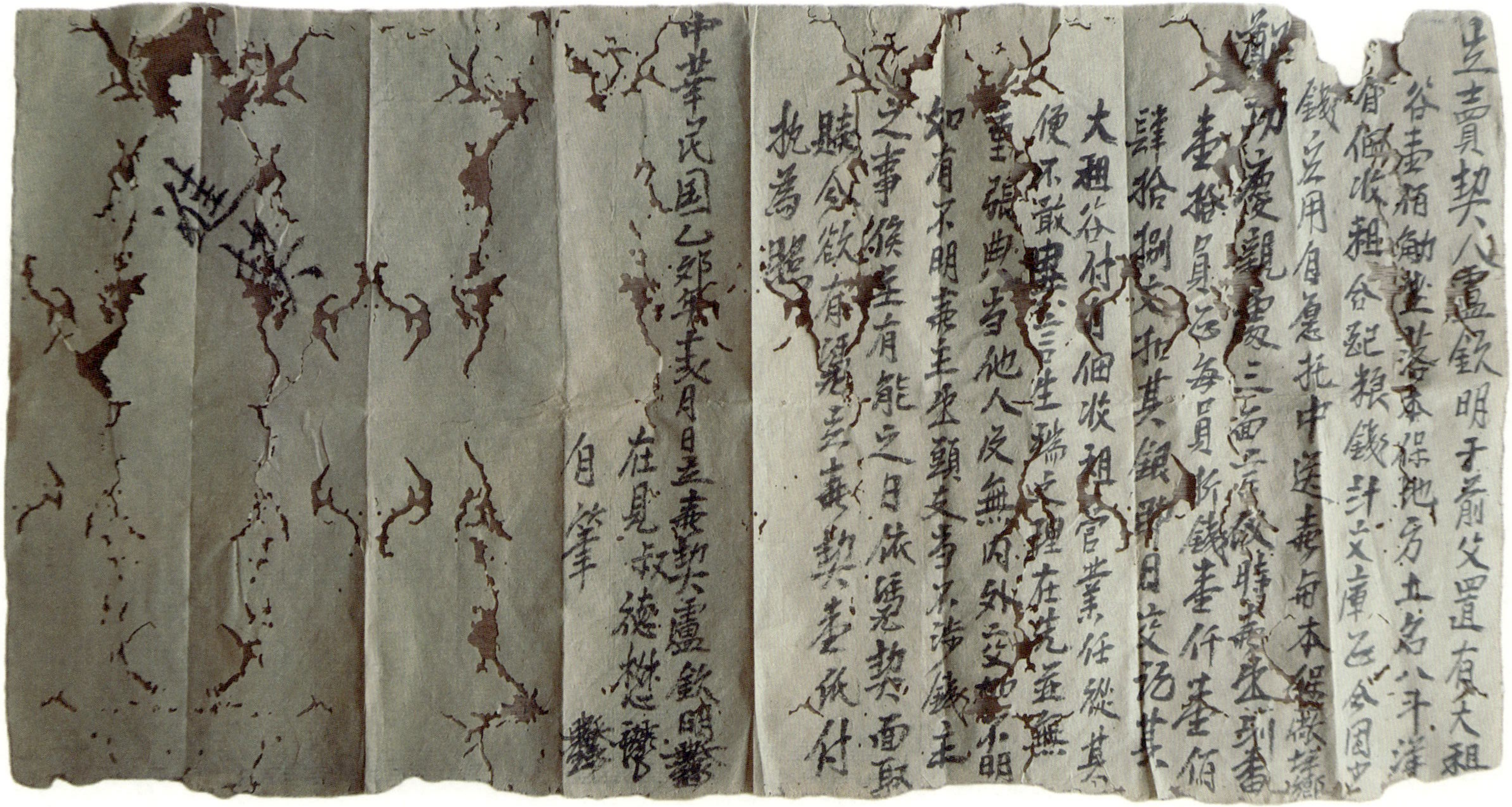

立賣契人盧欽明，承前父置有大租
谷壹佰觔，坐落本保地方土名八斗洋
倉係收租谷，配粮錢計七文庫平，今因乏
錢應用，自愿托中送賣與本保[illegible]鄉
鄭[illegible]慶觀處，三面言議，時賣出[illegible]番
壹拾員，每員折錢壹仟壹佰
肆拾捌文，扣其銀即日交訖，其
大租谷付與佃收租，管業任從其
便，不敢異言生端，亦理在先並無
重張典當他人，及無內外交加不明
如有不明，賣主出頭支當，不涉錢主
之事。候至有能之日，依憑契面取
贖，今欲有憑，立賣契壹紙付
執為照。

中華民國乙卯年十弍月　日立賣契人盧欽明（押）
在見叔德楚（押）
自筆（押）

11-9-58-5　民國四年十二月盧欽明立賣大租穀契

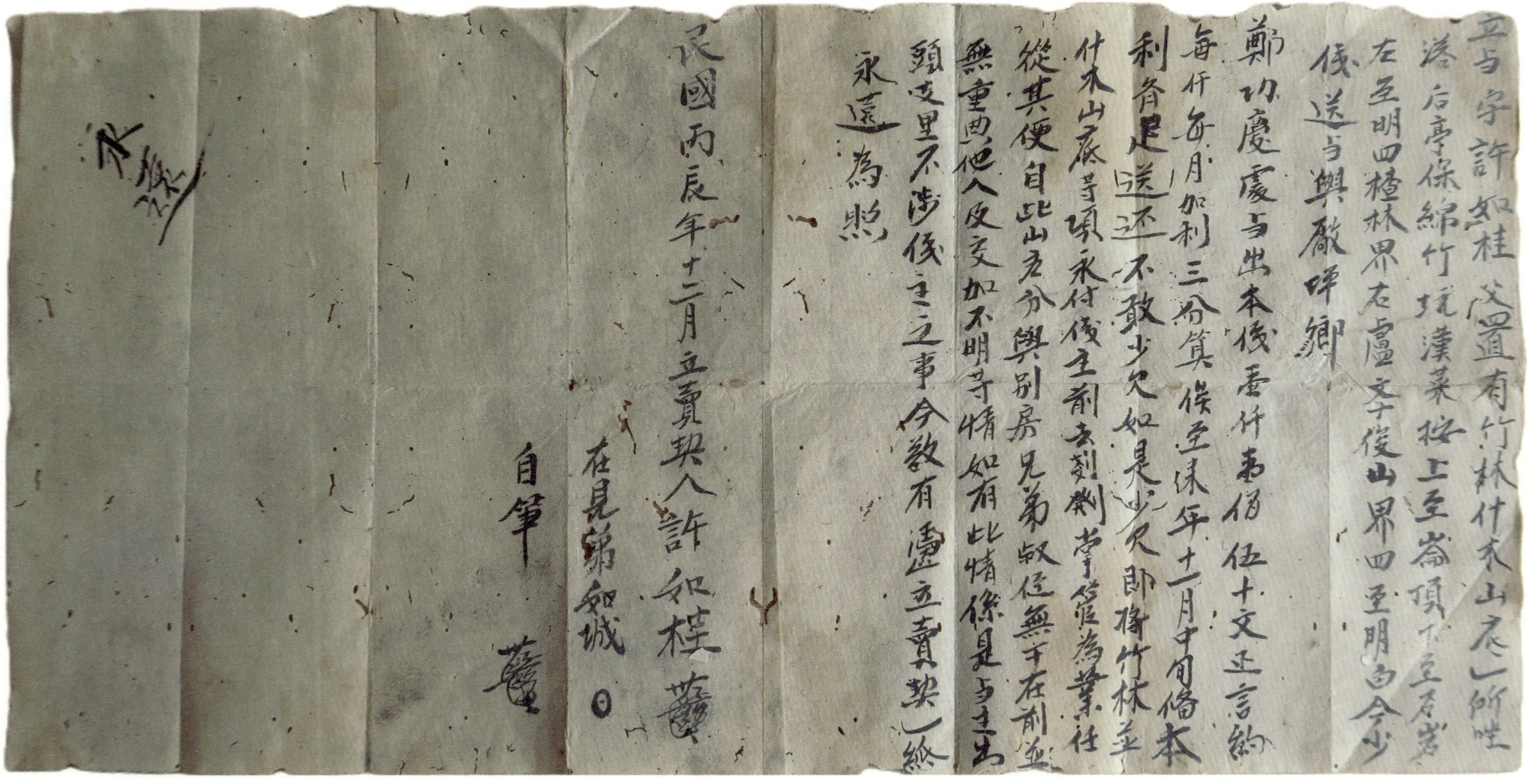
立当字許如桂，父置有竹林什木山底一所，坐落后亭保綿竹坑漢菜按，上至崙頂，下至右岩，左至明田，四植林界，右盧文俊山界，四至明白。今少銀送与與敵坪鄉
鄭功慶處当出本銀壹什弍佰伍十文正，言約每什每月加利三分算，俟至本年十二月中旬備本利齊足送还，不敢少欠。如是少欠，即將竹林並什木山底等項永付銀主前去剷掌管為業，任從其便。自此山底分與別房兄弟叔侄無干，在前並無重典他人及交加不明等情，如有此情，係是与主出頭支里，不涉銀主之事。今欲有憑，立賣契一紙，永遠為照。

民國丙辰年十二月　立賣契人　許如桂（押）

在見弟　知城（押）

自筆（押）

11-9-58-6　民國五年十二月許如桂立當竹林什木山底字

11-9-58-7 民國十二年二月德化林伯習立出批廢塚字

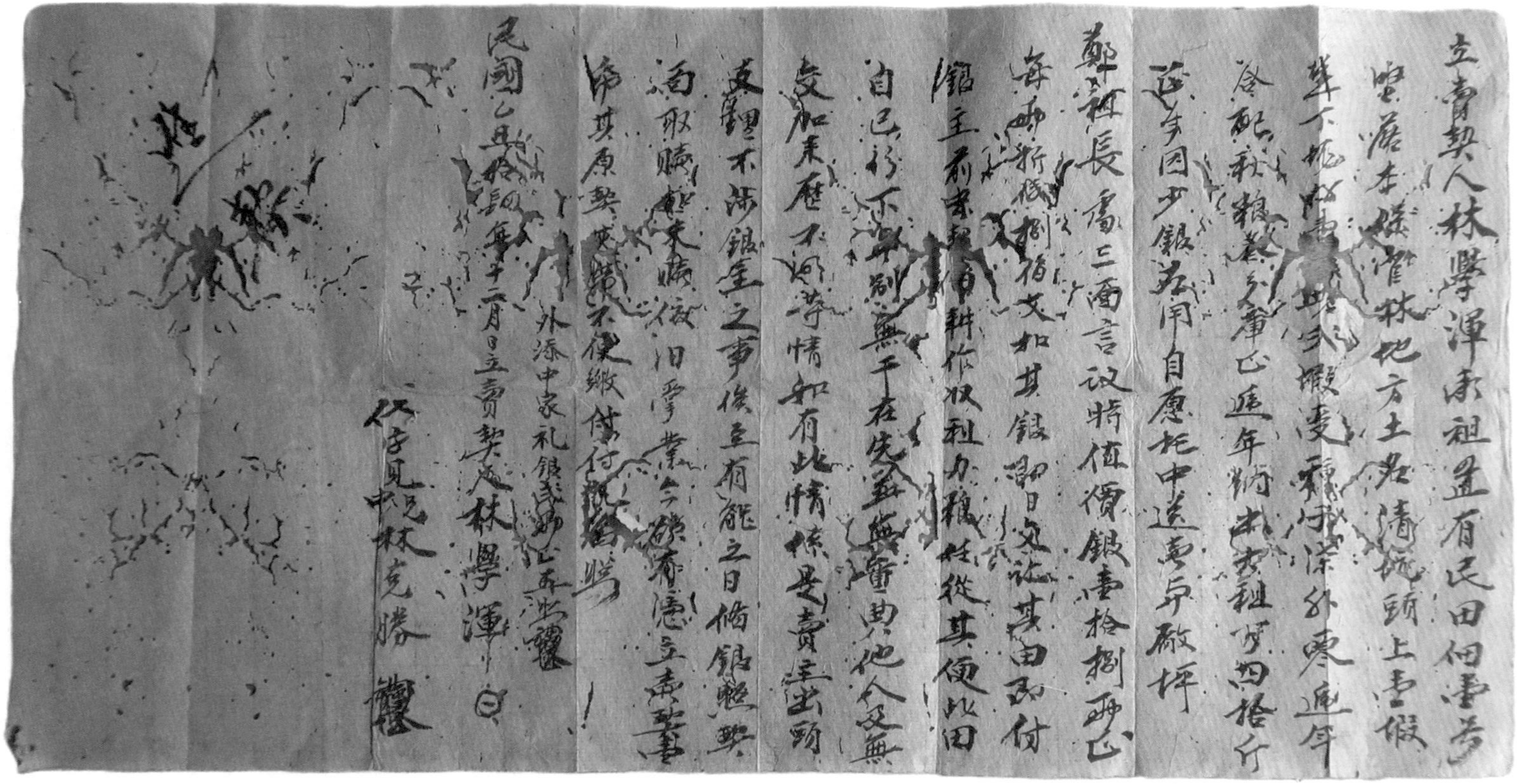

立賣契人林學渾承祖置有民田佃壹號
坐落本縣灌林地方土名清[illegible]頭上壹假
載下[illegible]受種[illegible]外更[illegible]年
各配秋糧[illegible]正進年[illegible]佃租[illegible]拾斤
茲因少銀應用自愿托中送賣與[illegible]
鄭[illegible]長[illegible]三面言議時值價銀壹拾捌兩正
每兩折[illegible]捌佰文如其銀即日[illegible]其田即付
銀主[illegible]耕作收租力糧任從其便此田
自己[illegible]不[illegible]無干在先並無重典他人及無
來歷不明等情如有此情係是賣主出頭
支理不涉銀主之事候至有能之日備銀贖契
面取贖[illegible]依旧學業今欲有憑立賣契書
付其原契[illegible]不便繳付[illegible]照
外添中家礼銀[illegible]正再照
民國乙丑拾四年十二月日立賣契人林學渾
代字見中林克勝

11–9–59–1　民國十四年十二月林學渾立賣民田佃契

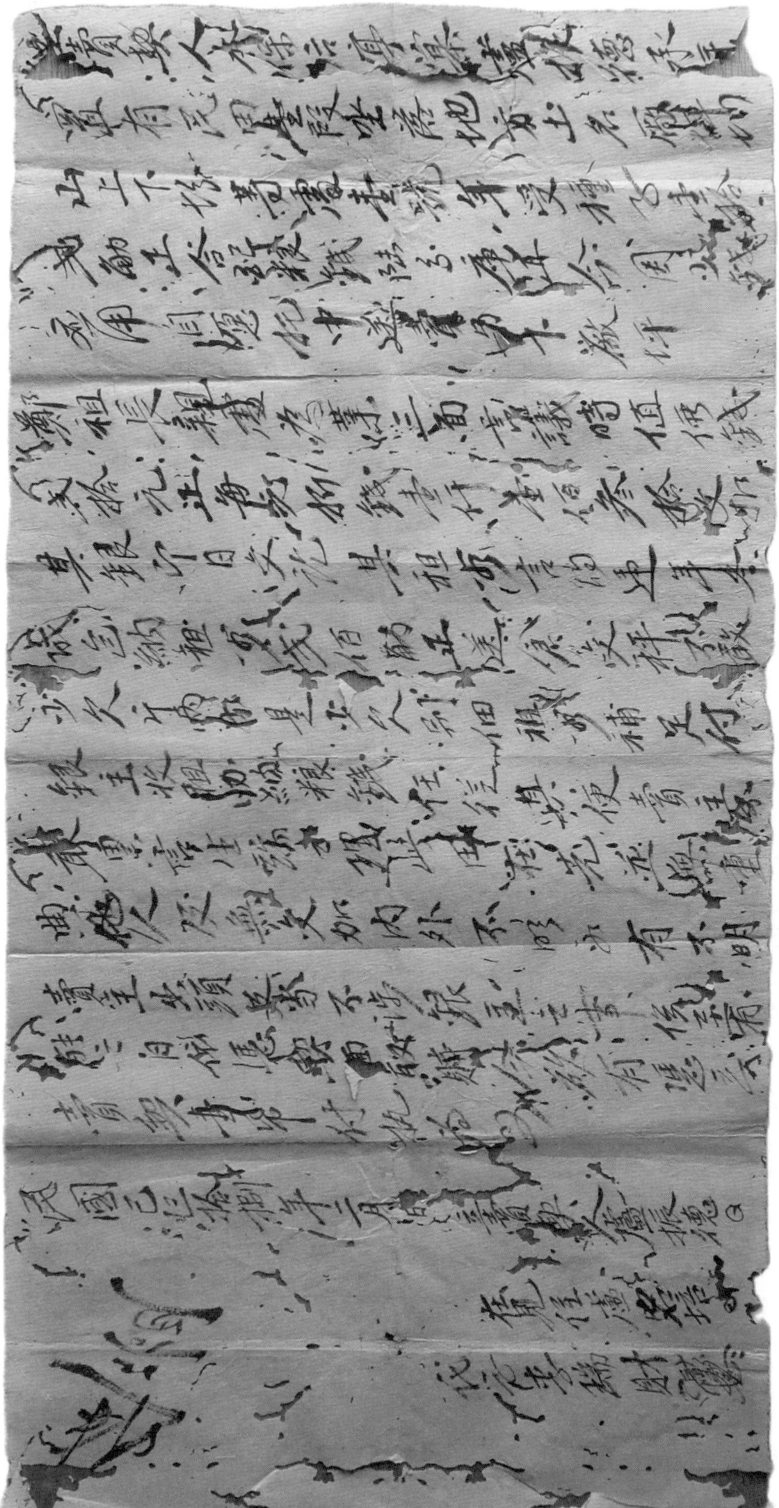

民國十八年二月盧振德立賣民田契

11-9-59-2

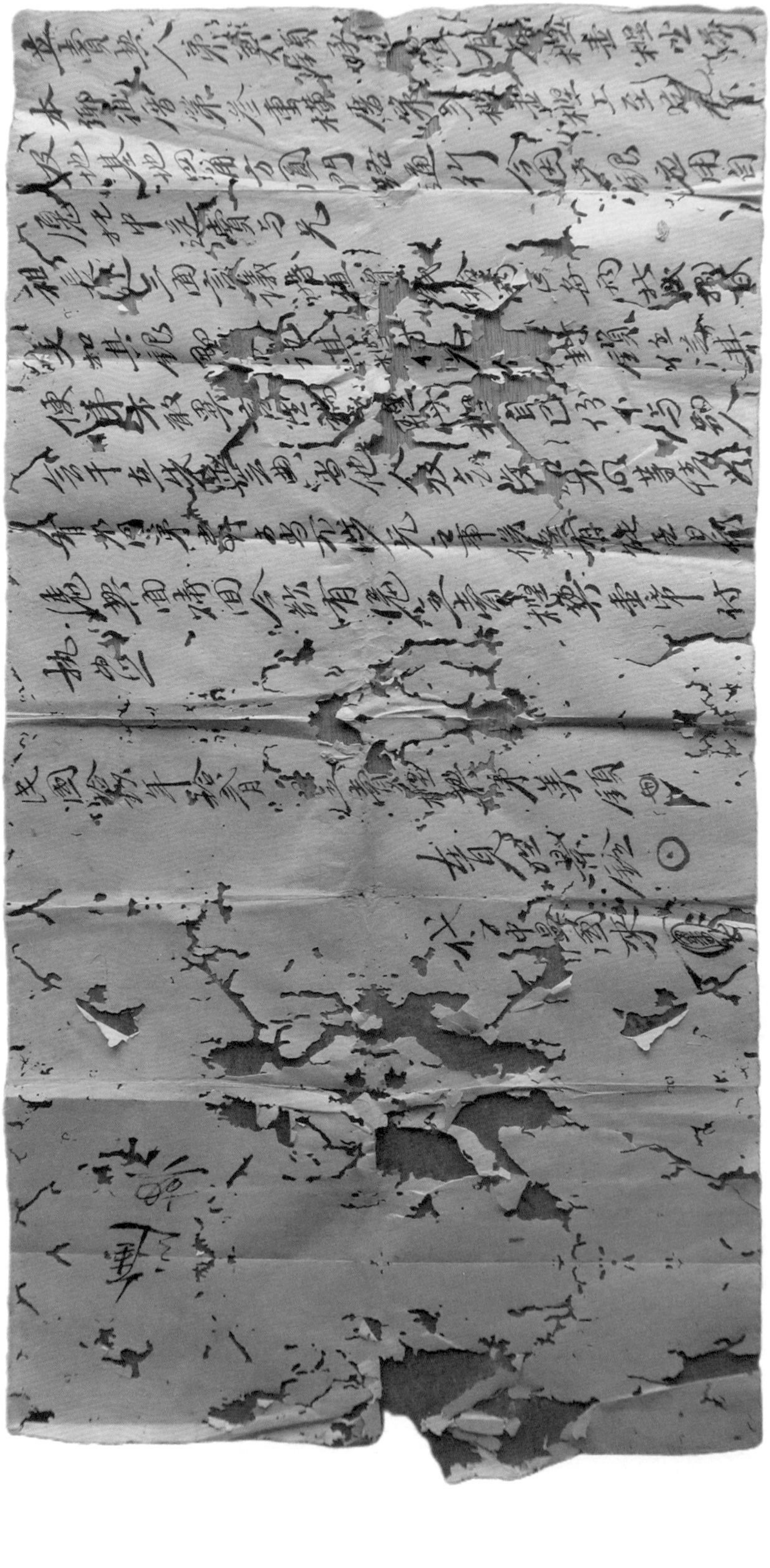

11-9-59-3　民國十九年十二月鄭美鎮立賣厝墘契

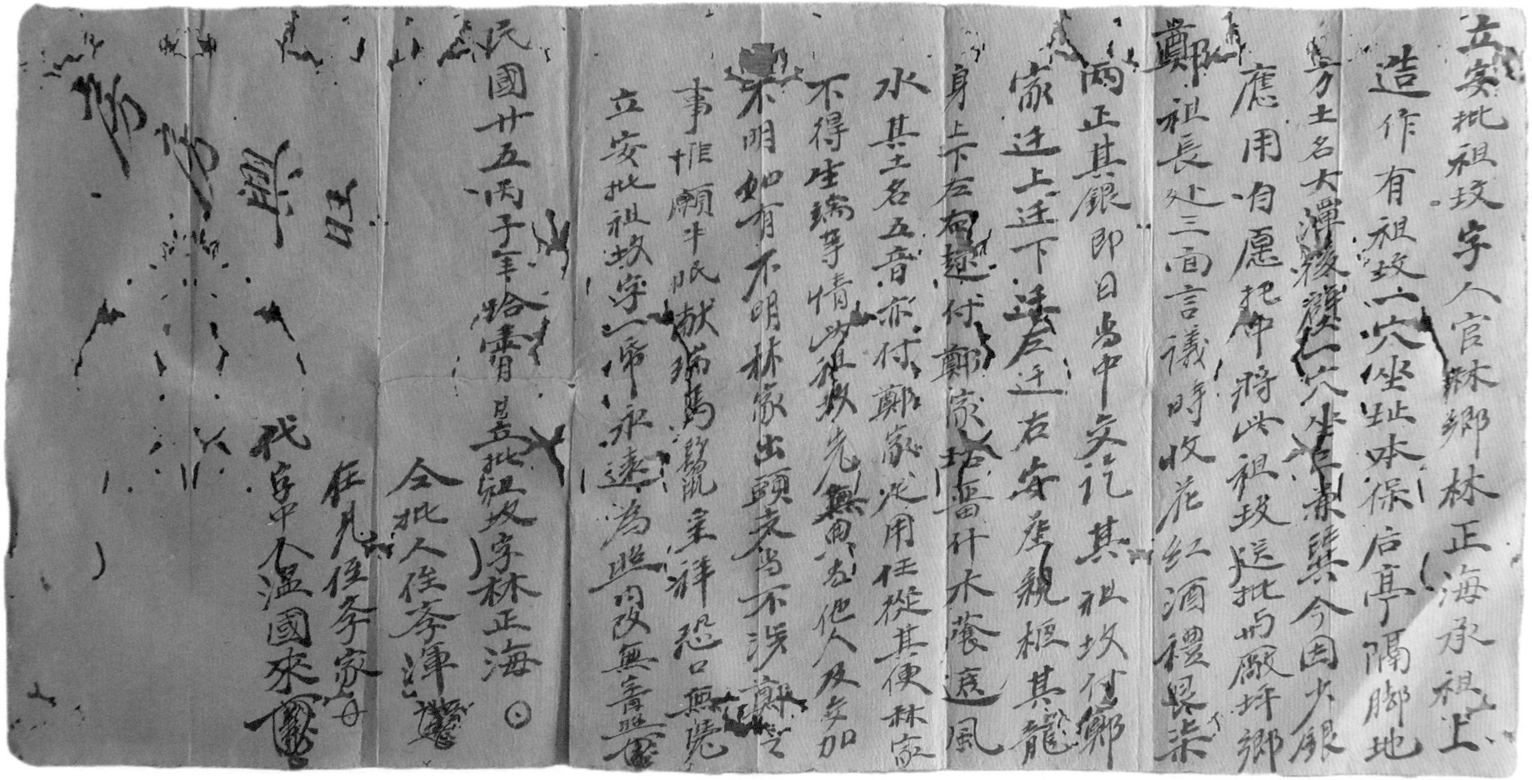
立安批祖坟字人官林鄉林正海承祖上
造作有祖坟一穴坐址洑保后亭隔脚地
方土名大潭[illegible]一穴坐[illegible]今因少銀
應用自愿托中將此祖坟送批與廠坪鄉
鄭祖長延三面言議時收花紅酒禮銀柒
兩正其銀即日當中交訖其祖坟付與鄭
家迁上迁下迁左迁右安厝親柩其龍
身上下左右隨付鄭家培壅什木蔭庇風
水其土名五音亦付鄭家?用任從其便林家
不得生端等情此祖坟先無典當他人及另加
不明如有不明林家出頭支當不涉鄭之
事[illegible]恐口無憑
立安批祖坟字一帋永遠為照 內改無字照
民國廿五丙子年拾壹月 日立批祖坟字林正海
全批人侄孝淨
在見侄孝家
代字中人溫國來

11-9-59-4　民國二十五年十一月林正海等立安批祖墳字

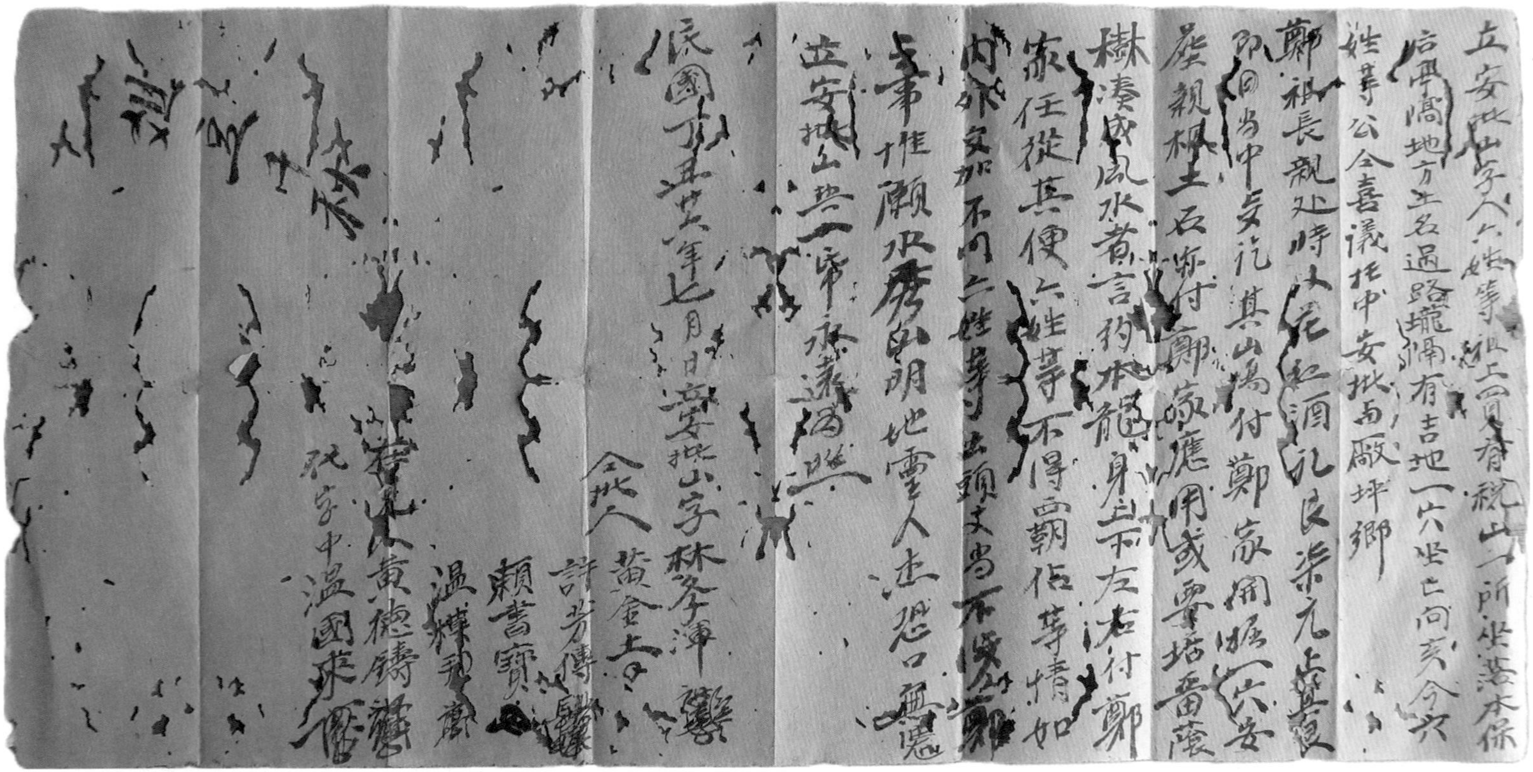
立安批税山字人六姓等祖上買有税山一所，坐落本保
后甲高地方土名過路壠㘭有吉地一穴，坐亡向亥。今六
姓等公仝喜議，托中安批與鄭坪鄉
鄭祖長親处，時下花红酒礼良洋九十元
正，即日當中交訖。其山鳥付鄭家開掘一穴，安
厝親柩上石，亦付鄭家應用或要培番蔭
樹湊成風水者，言約本龍身上下左右，亦付鄭
家任從其便，六姓等不得生端佔葬情如
內外安加不同二姓等出頭支當，不干鄭
事。惟願兩家明地靈人杰，恐口無憑，
立安批山契一帋，永遠為照。
民國丁丑廿六年七月 日立安批山字 林李渾
仝批人 黃金土 許芳傳 賴書寶 温樺秋 黃德鑄
代字中 温國球

11-9-59-5　民國二十六年七月林李渾等立安批税山字

11-9-59-6　民國二十六年十二月鄭祖長立當底面全民田字

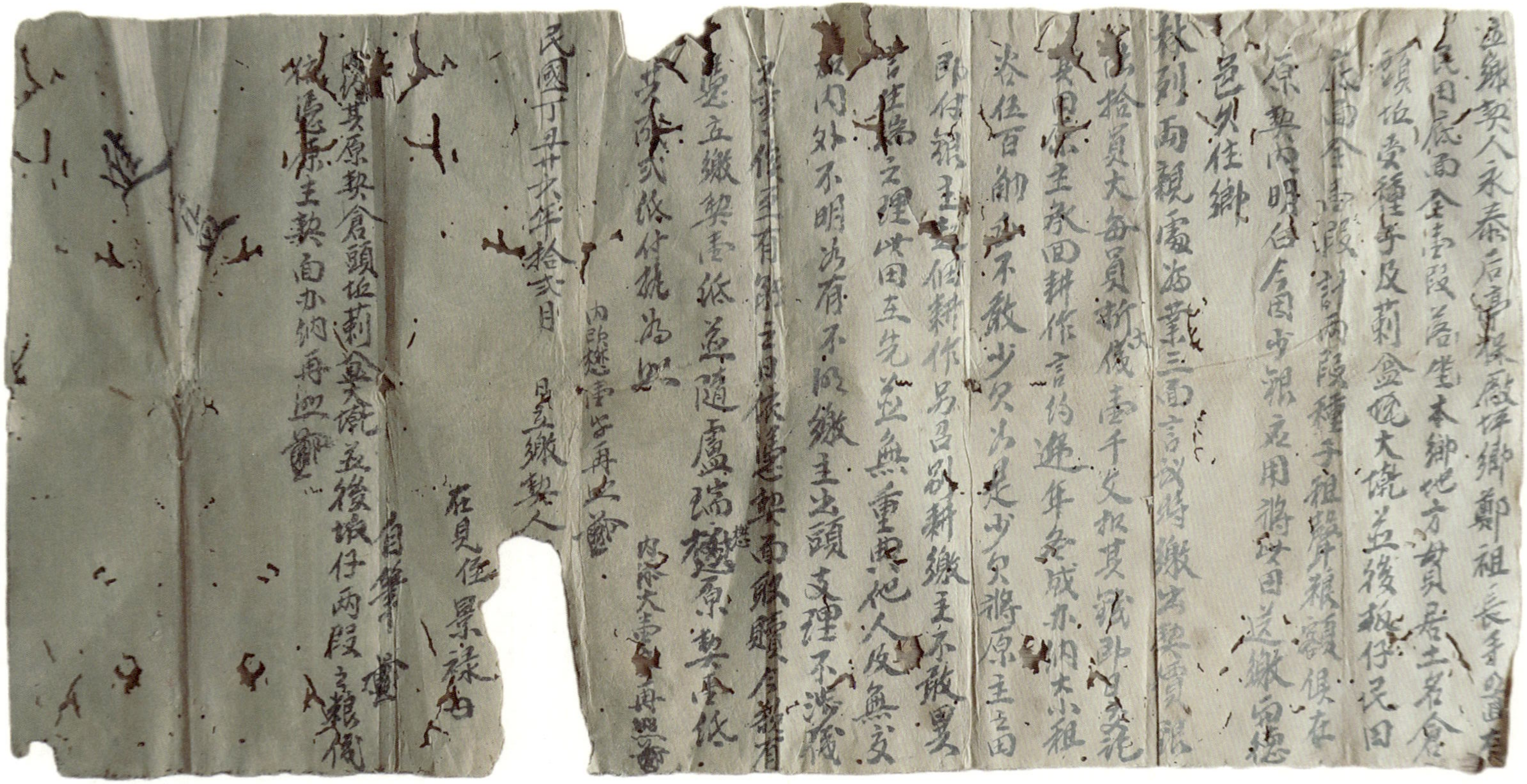
立繳契人永泰后亭保殿坪鄉鄭祖長，手內置有
民田底面全壹段，落坐本鄉地方，土名倉
頭坵，受種子及荊盒大塊並後栃仔民田
底面全壹段，計兩段，種子祖聲糧額俱在
原契內明白。今因無銀應用，將此田送繳與德
邑外住鄉
林列兩親處為業，三面言議，將繳出契價銀
[illegible]拾貳大每員折錢壹千文，扣其錢即日交訖。
其田係主承田耕作，言約逐年冬成亦納大小租
谷伍百觔，不敢少欠，如是少欠，將原主之田
即付銀主起佃耕作，另召別耕，繳主不敢異
言。[illegible]之理，此田在先並無重典他人，又無交
加內外不明，如有不明，係繳主出頭支理，不涉繳
主之事。[illegible]有[illegible]之日依[illegible]契面贖，[illegible]契有
憑。立繳契壹紙，並隨盧瑞懋原契壹紙，
共成式紙，付執為照。
內許懋壹字再照
內添大壹字再照
民國丁丑廿六年拾式月　日　立繳契人
在見侄景祿
自筆
內批其原契倉頭坵荊盒大塊並後栃仔兩段之糧
撥還原主執自辦納，再照。

11-9-59-7　民國二十六年十二月鄭祖長立繳底面全民田契

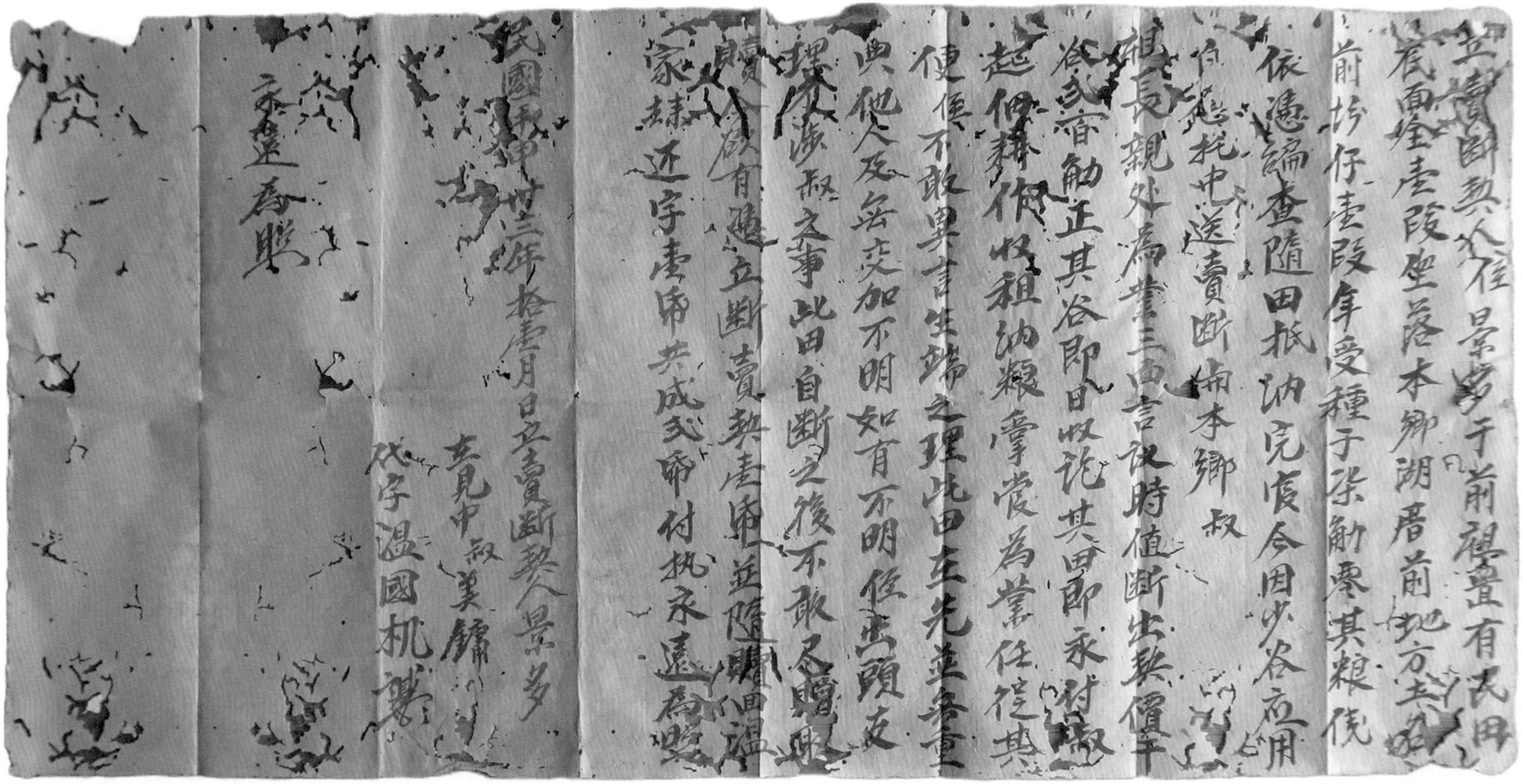

立賣斷契人侄景多于前祖置有民田
底面全壹段，坐落本鄉湖厝前地方，土名
前坵仔壹段，年受種子柒斛零，其糧係
依憑編查隨田抵納完清。今因少谷應用，
自愿托中送賣斷與本鄉叔
祖長親外爲業，三面言議時值斷出契價國幣
谷弍百觔正，其谷即日收訖，其田即永付叔
起佃耕作收租納糧，掌管爲業，任從其
便，侄不敢異言生端之理。此田在先並無重
典他人及無交加不明，如有不明，侄出頭支
理，不涉叔之事。此田自斷之後，不敢言找
贖。今欲有憑，立斷賣契壹紙，並隨贈溫
家隸述字壹紙，共成弍紙，付執永遠爲照。

民國卅三年拾壹月　日立賣斷契人景多
知見中叔美鏞
代字溫國机

永遠爲照

11-9-59-8　民國三十三年十一月鄭景多立賣斷底面全民田契

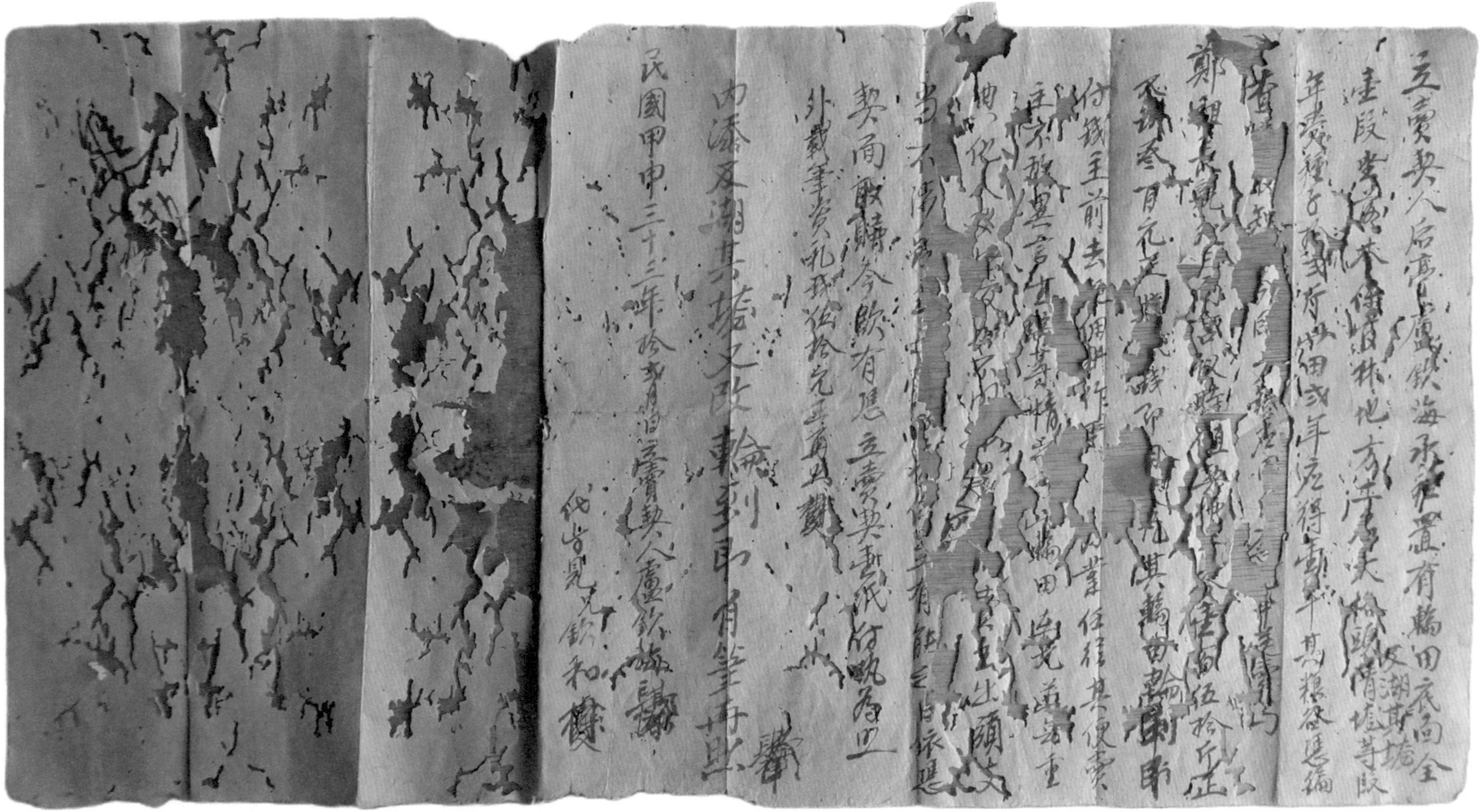

11-9-59-9　民國三十三年十二月盧欽海立賣底面全輪田契

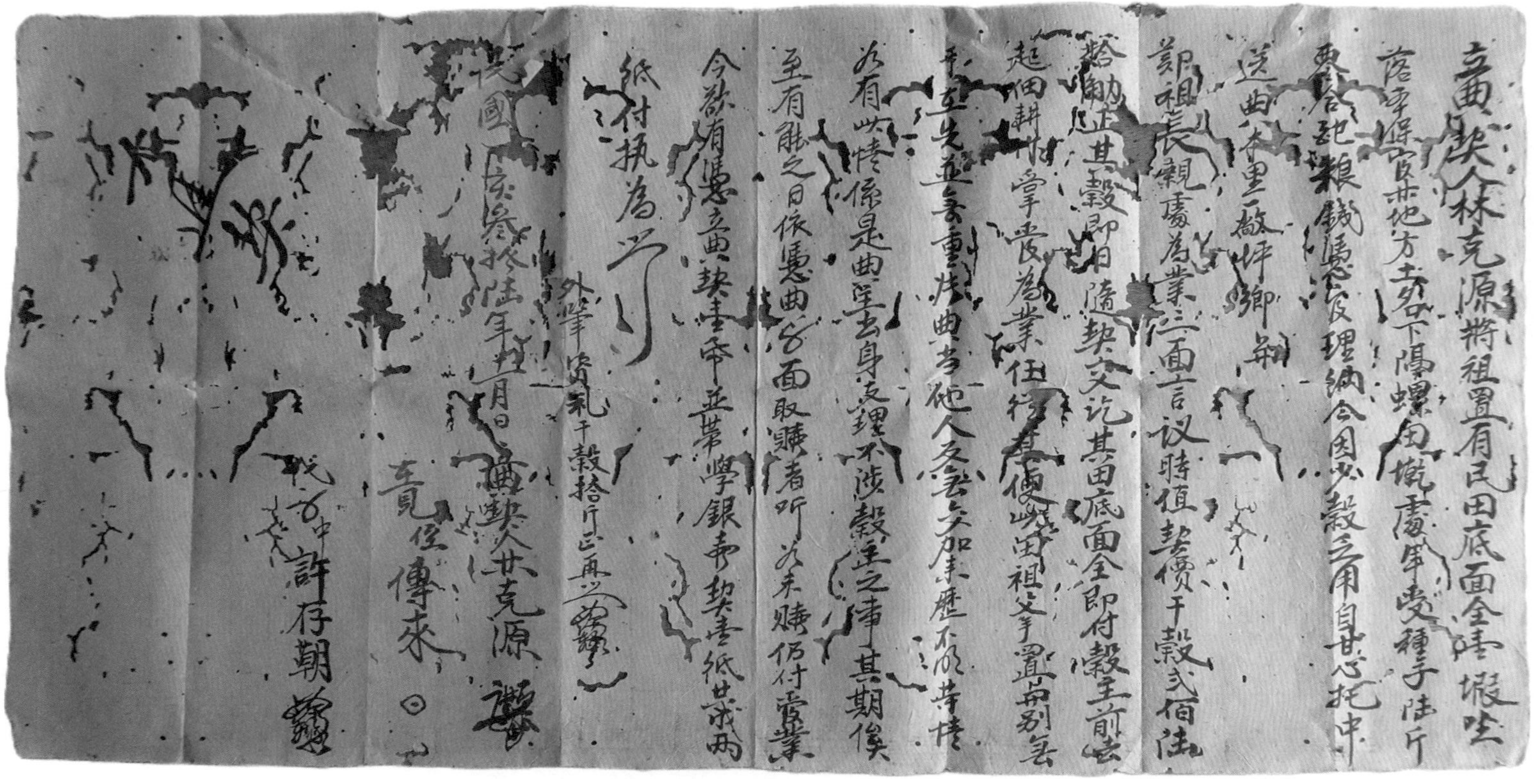

11-9-59-10　民國三十六年十一月林克源立典底面全民田契

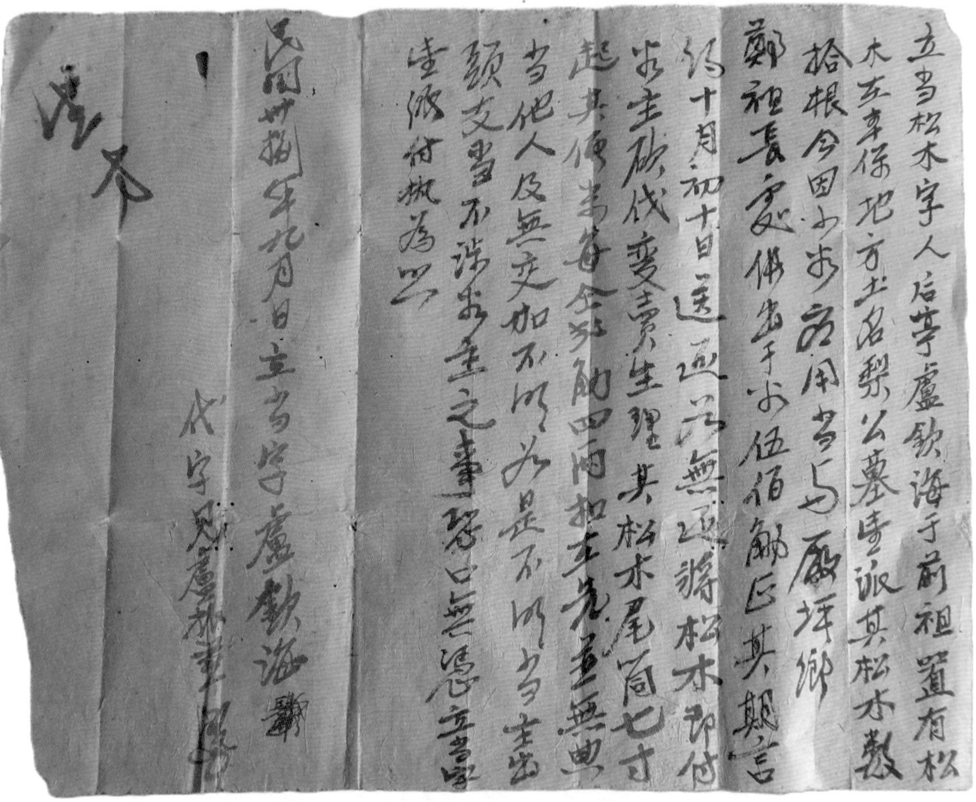

立当松木字人后亭盧欽海于前祖置有松
木在本保地方土名梨公墓壹派其松木數
拾根今因少钱應用当与厰坪鄉
鄭祖長處借出钱伍佰斛正其起息
得十月初十日送還無還將松木即付
出主砍伐变賣生理其松木尾向七寸
起其價当每[illegible]斛四兩扣去先兩無典
当他人及無交加不明如是不明当出
頭支當不涉出主之事恐口無憑立當字
壹紙付執為照

民國卅捌年九月日立當字盧欽海
代字兄盧[illegible]

11-9-59-11　民國三十八年九月盧欽海立當松木字

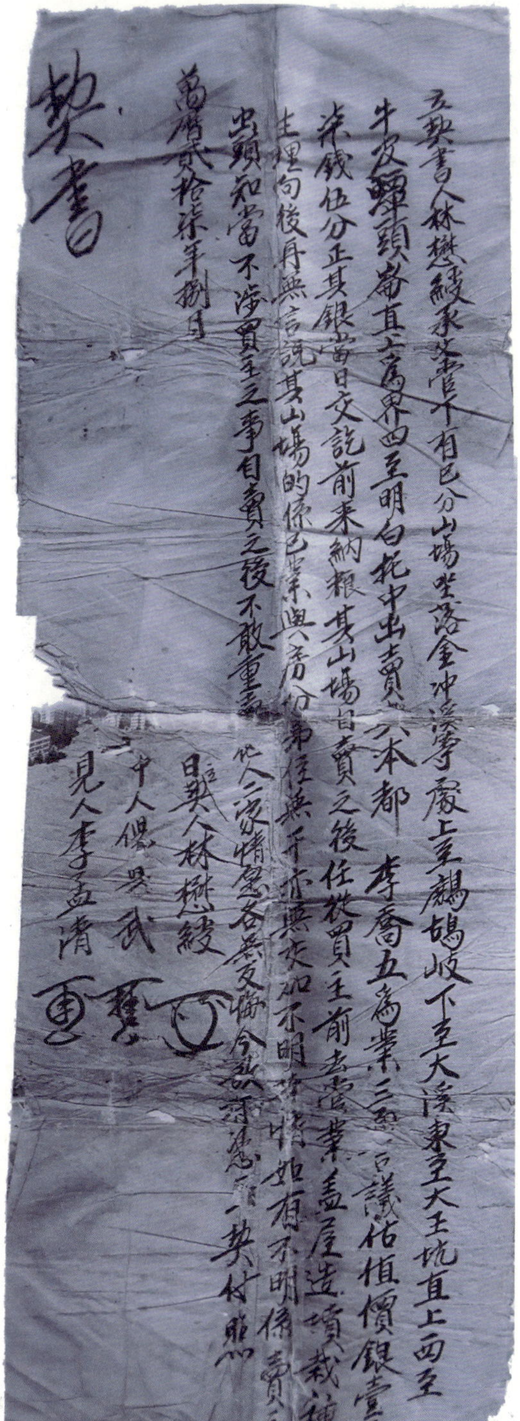
立契書人林懋綬承父管下有已分山場坐落金沖溪等處上至鵜鴣岐下至大溪東至大王坑直上西至
牛皮嶂頭崙直上爲界四至明白托中出賣與本都 李喬五爲業三面言議估值價銀壹兩
柒錢伍分正其銀當日交訖前來納糧其山場自賣之後任從買主前去管業盖屋造墳栽種
生理向後再無言說其山場的係已業與房分弟侄無干亦無交加不明等情如有不明係賣主
出頭知當不涉買主之事自賣之後不敢重言 此係二家情愿各無反悔今恐無憑立一契付照
萬曆貳拾柒年捌月 日立契人林懋綬
中人 偶吳武
見人李孟清
契書

11-9-60-1 明萬曆二十七年八月林懋綬立賣山場契

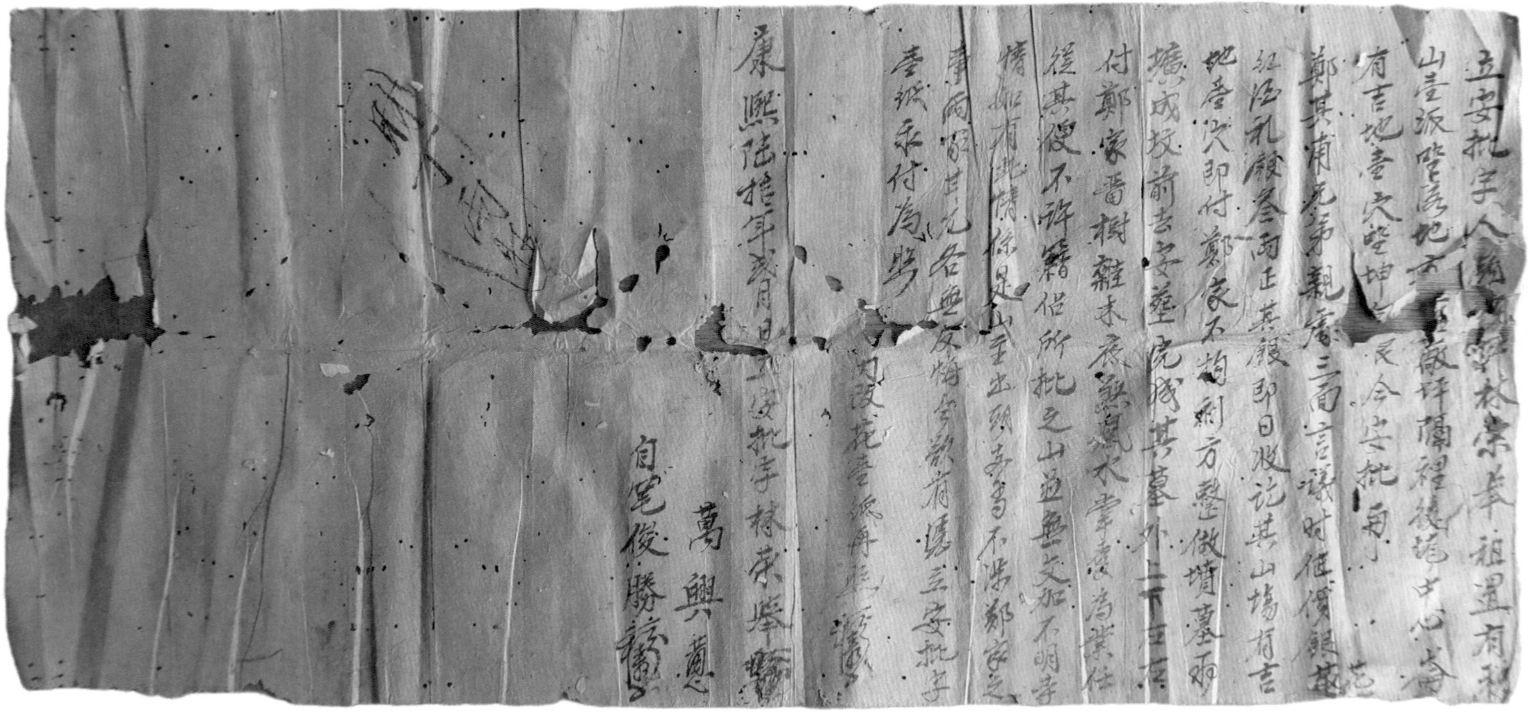
立安批字人[illegible][illegible]林荣舉，祖遺有私
山壹派，坐落地方[illegible][illegible]敝坪蘭裡後苑中心，今
有吉地壹穴，坐坤[illegible]艮，今安批與
鄭其甫兄弟親屬三面言議，時值價銀花
紋陸兩貳錢叁分正，其銀即日收訖。其山場有吉
地壹穴，即付鄭家不拘剋方整做墳墓兩
壙，成坟前去安葬，院護其墓外二丈五尺，
付鄭家番樹雜木蔭護風水，掌管為業，任
從其便，不許藉借所批之山，並無文加不明等
情。如有此情，係是山主出頭承當，不涉鄭家之
事。兩家甘允，各無反悔，今欲有憑，立安批字
壹紙，永付為照。 内改花壹纸，再照。[illegible]
康熙陸拾年貳月 日 立安批字 林荣舉
萬興 蘭
自笔俊 勝

11-9-60-2　清康熙六十年二月林荣舉等立安批吉地字

11-9-60-3　清乾隆二十七年十二月林毓萃等立安批吉地契

立據字人蘇應[illegible]今做故墓壹穴，
穴坐落本都[illegible]洋保前牛地方[illegible]
[illegible]
見左邊界外，今憑公勸議，蘇家向
故鄭鄭家即收猪酒[illegible]墓，蘇家向
後不敢越界。鄭家收理故墓振做，
蘇家不敢言說。向後鄭家坟界，蘇
家子孫亦不敢異說。[illegible]兩家[illegible]
各無反悔，立據字壹紙[illegible]
[illegible]
乾隆叁拾壹年十二月　日立據字蘇應千（押）
見　鄭世積（押）
全見　許開來（押）
執筆代字侄孫[illegible]光（押）

11-9-60-4　清乾隆三十一年十二月蘇應千立據字

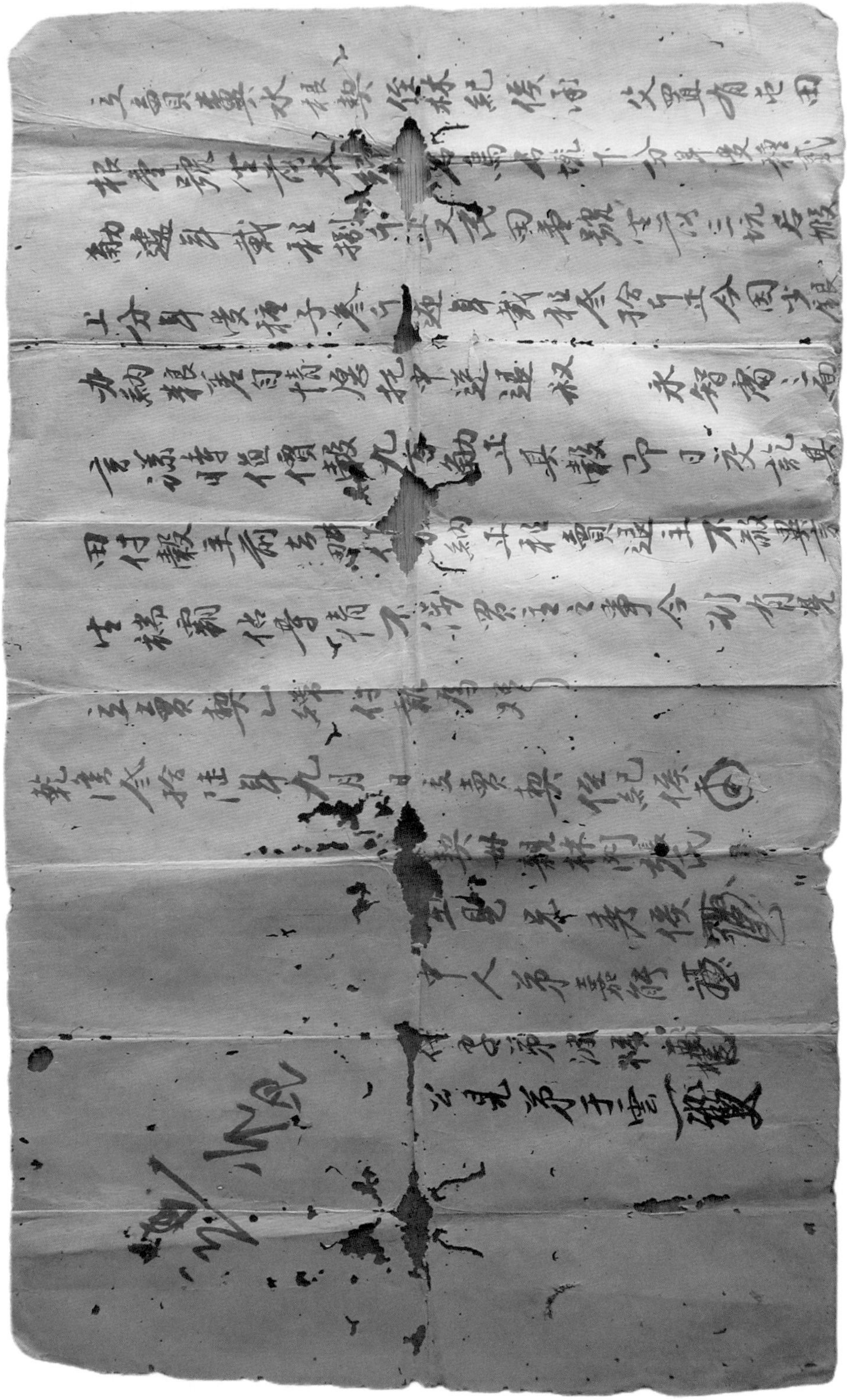

11-9-60-5　清乾隆三十六年九月林紀侯立賣糞水根契

11-9-60-6　清乾隆三十六年十月黃鄭兩姓立合約字

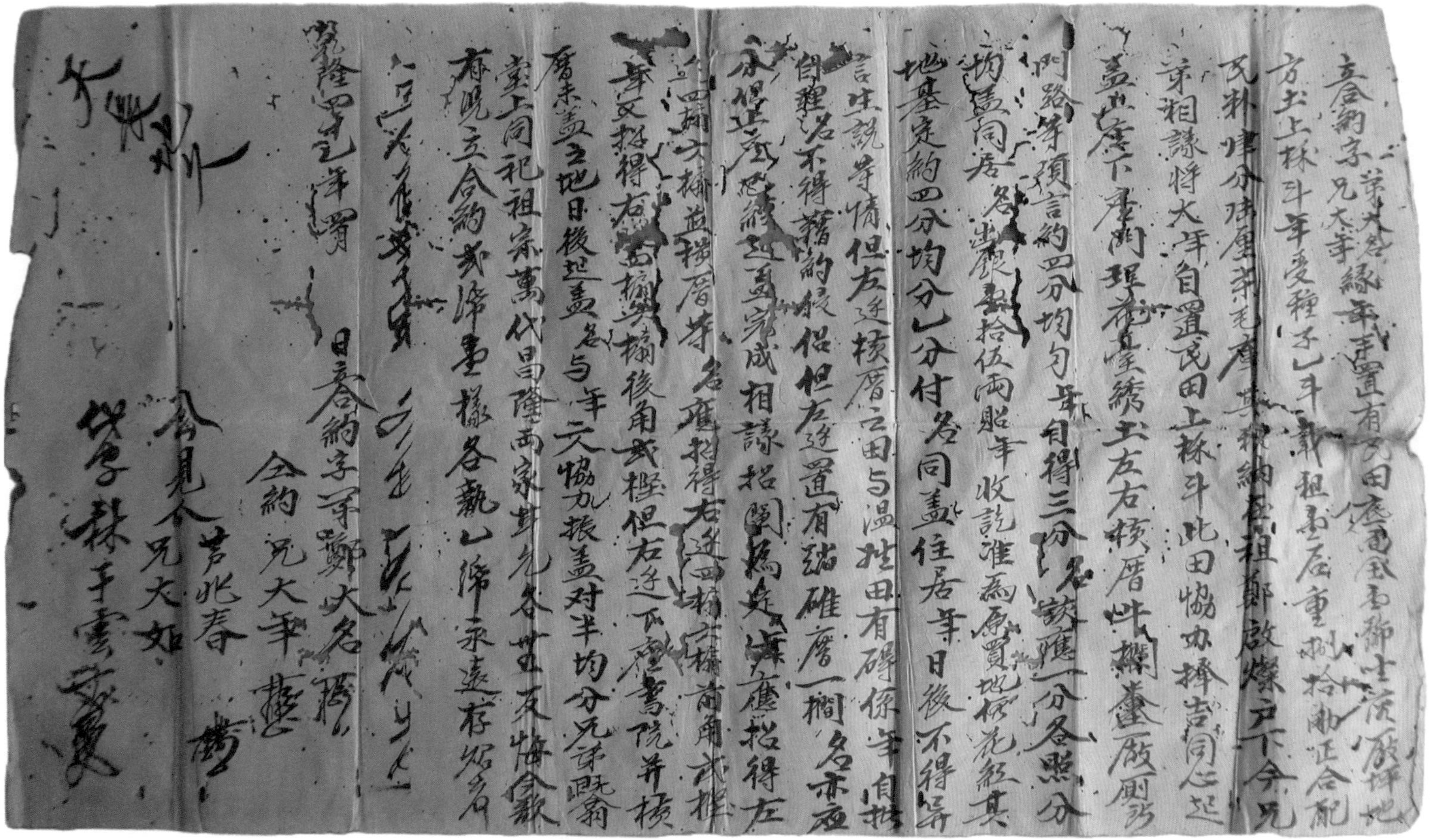

11-9-60-7　清乾隆四十一年四月鄭大名等立合約字

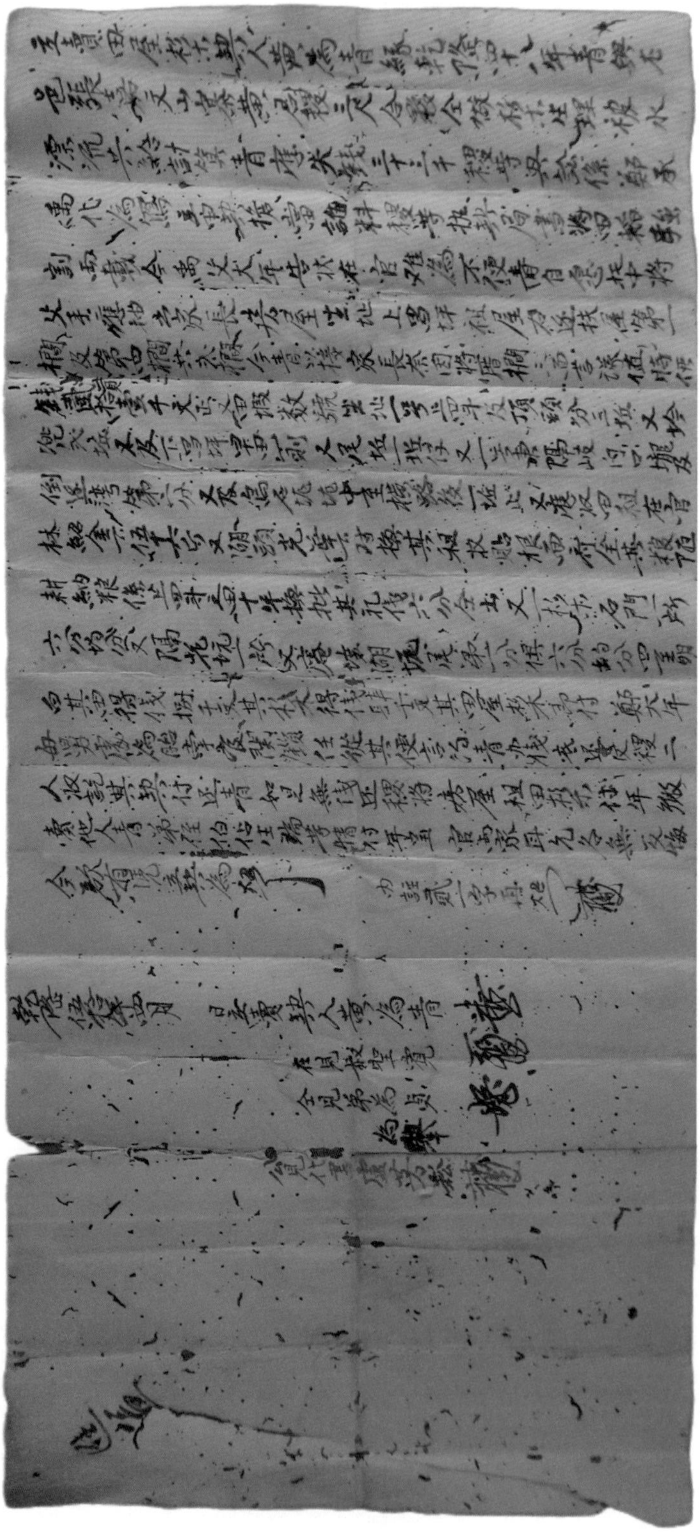

11-9-60-8　清乾隆五十年四月黃爲青立賣田屋杉木契

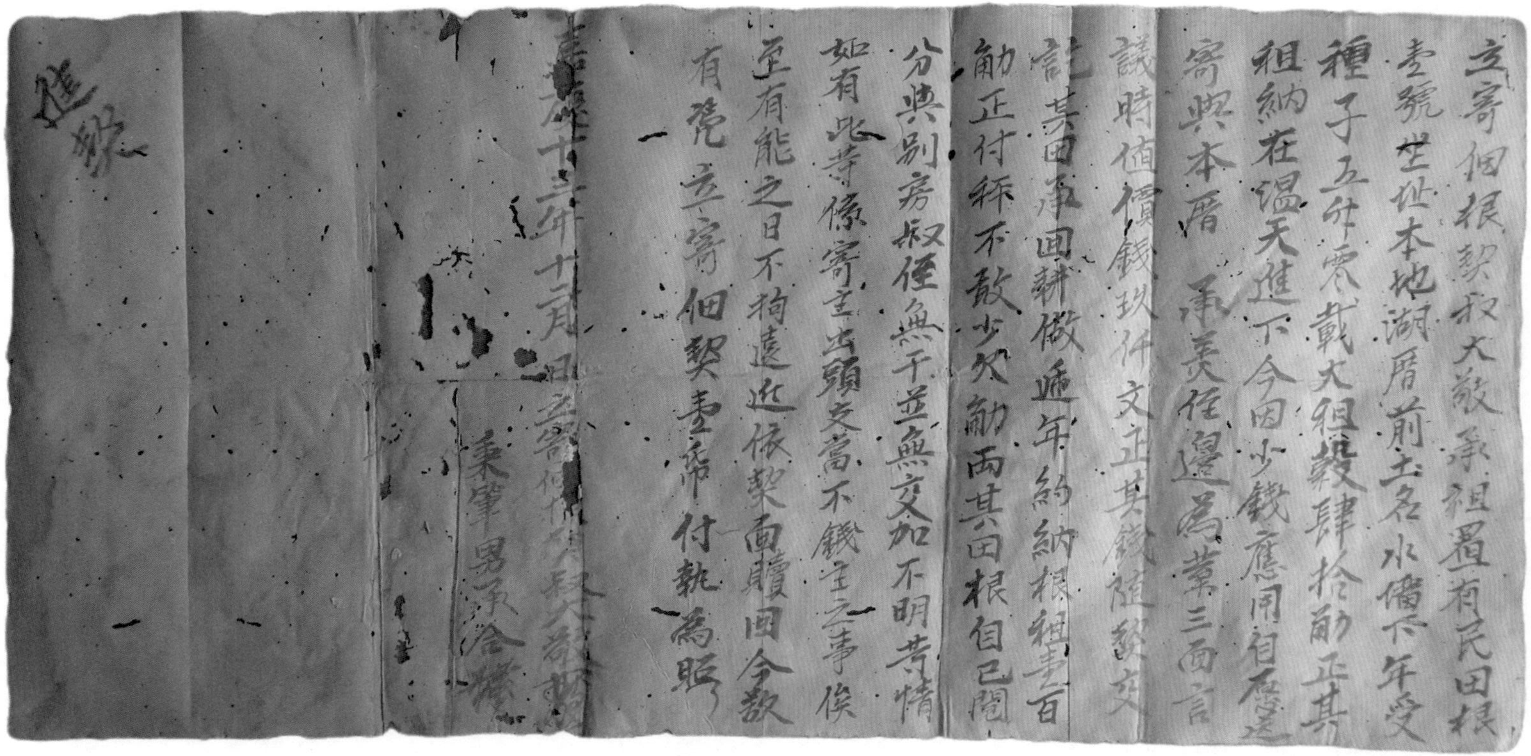

11-9-60-9　清嘉慶十三年十二月鄭大敬立寄佃民田根契

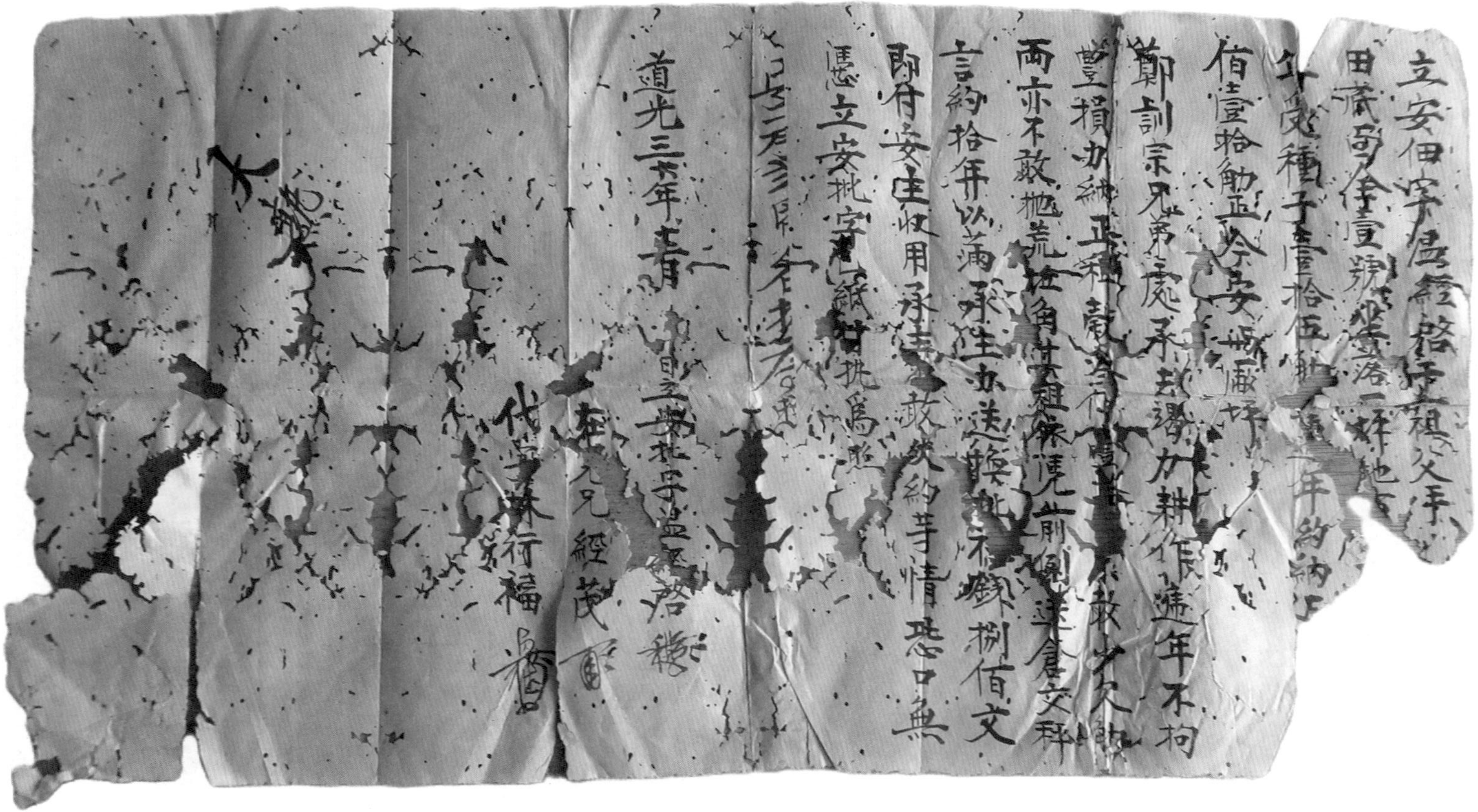

11–9–60–10　清道光三十年十二月温經啓立安佃底面全民田字

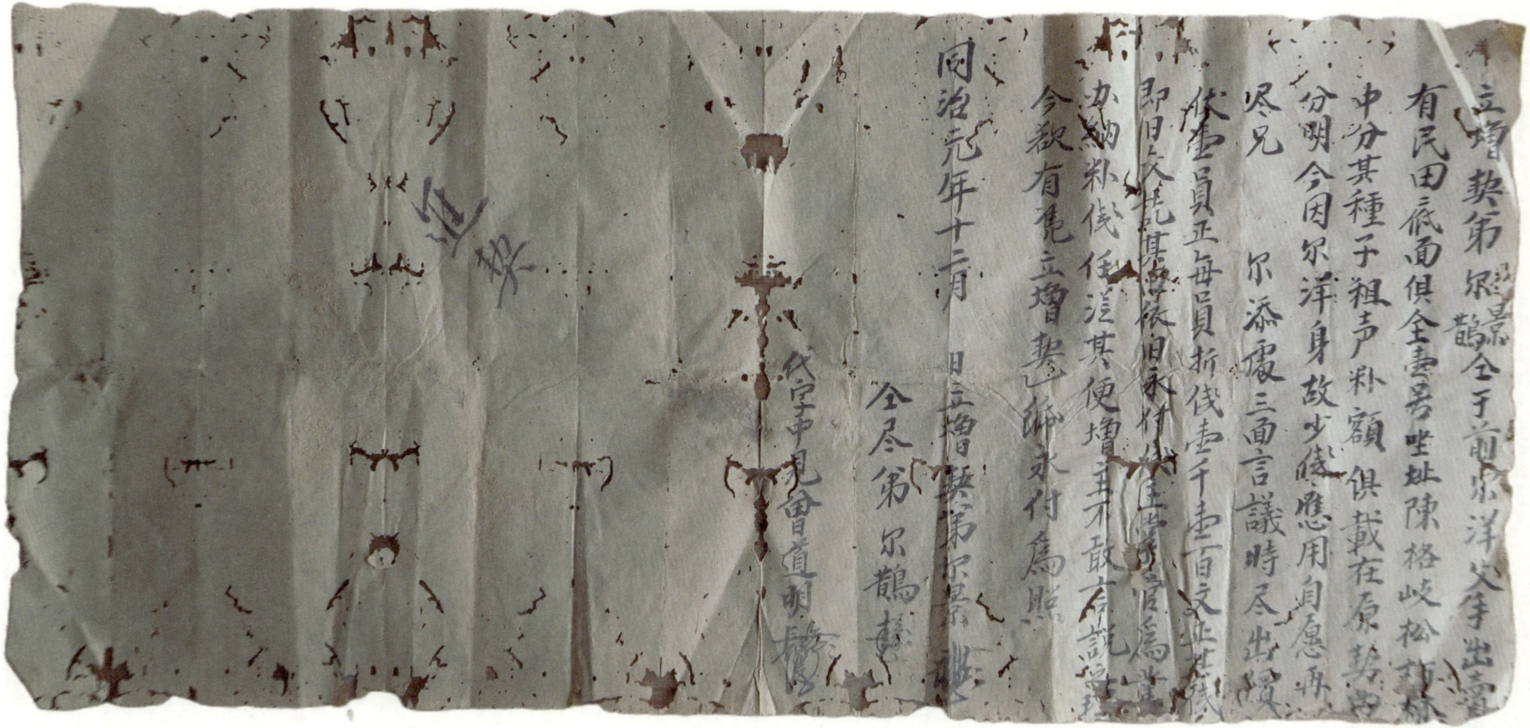
立增契弟尔景、鹤仝子前尔洋父手出置
有民田〻底面俱全壹号坐址陳格岐松柄林
中分其種子祖声户粮額俱載在原契内
分明今因尔洋身故少錢應用自愿再
尽兄 尔添處三面言議時尽出價
伏壹員正每員折錢壹千壹百文其錢
即日交訖其田依旧永付[illegible]管為業
办納粮錢任從其便增并不敢言説
今欲有憑立增契乙紙永付為照
同治元年十二月 日立增契弟尔景
仝尽弟 尔鹤
代字中見 曾道明

11-9-60-11 清同治元年十二月鄭尔景等立增民田底面全契

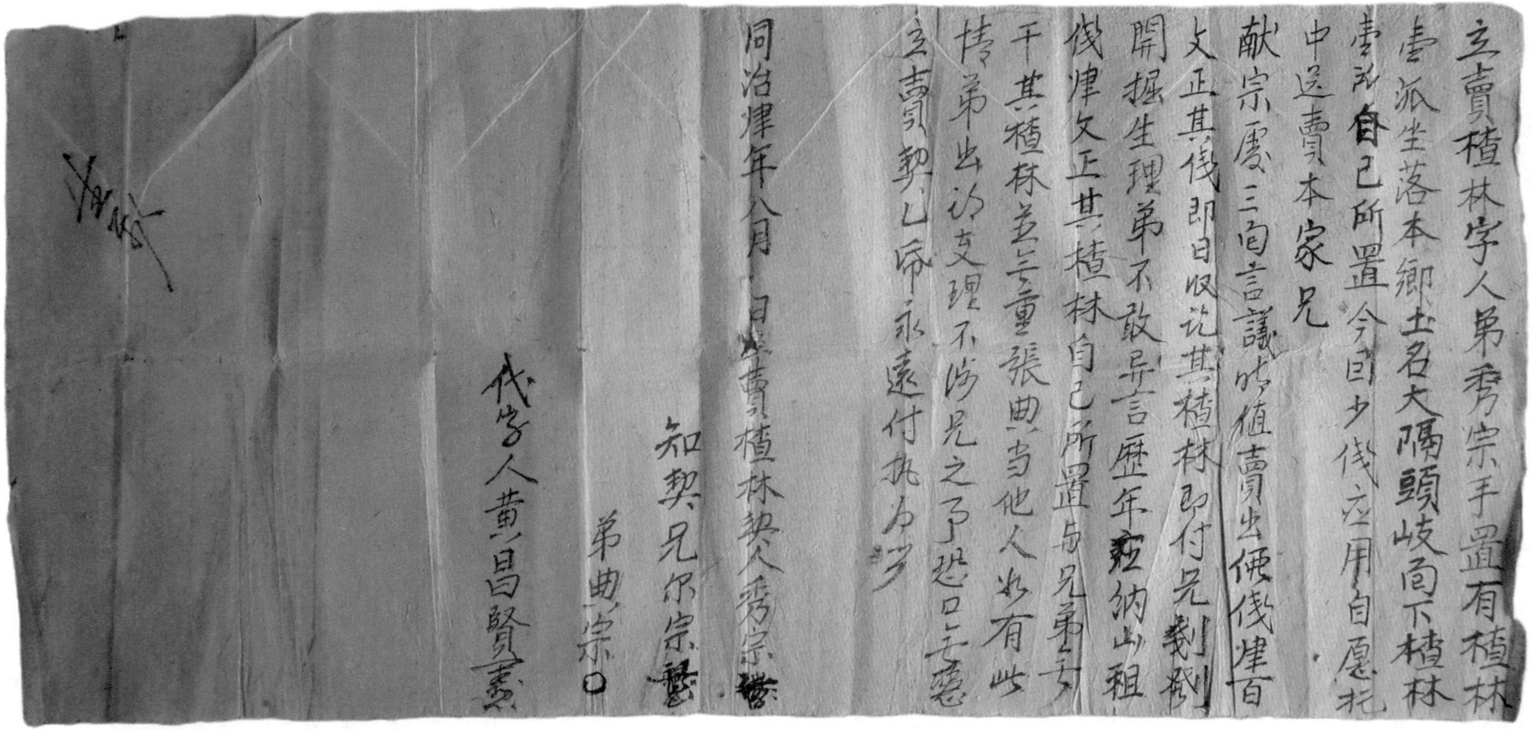

立賣楂林字人弟秀宗手置有楂林
壹派坐落本鄉土名大陽頭岐面下楂林
壹所自己所置今因少錢應用自愿托
中送賣本家兄
献宗處三面言議時值賣出價錢肆百
文正其錢即日收訖其楂林即付兄剗劄
開掘生理弟不敢异言歷年應納山租
錢肆文正其楂林自己所置与兄弟無
干其楂林並無重張典当他人如有此
情弟出頭支理不涉兄之事恐口無憑
立賣契一紙永遠付執爲照
同治肆年八月　日立賣楂林契人秀宗（押）
知契兄尔宗（押）
弟曲宗（押）
代字人黄昌賢（押）

11-9-60-12　清同治四年八月鄭秀宗立賣楂林字

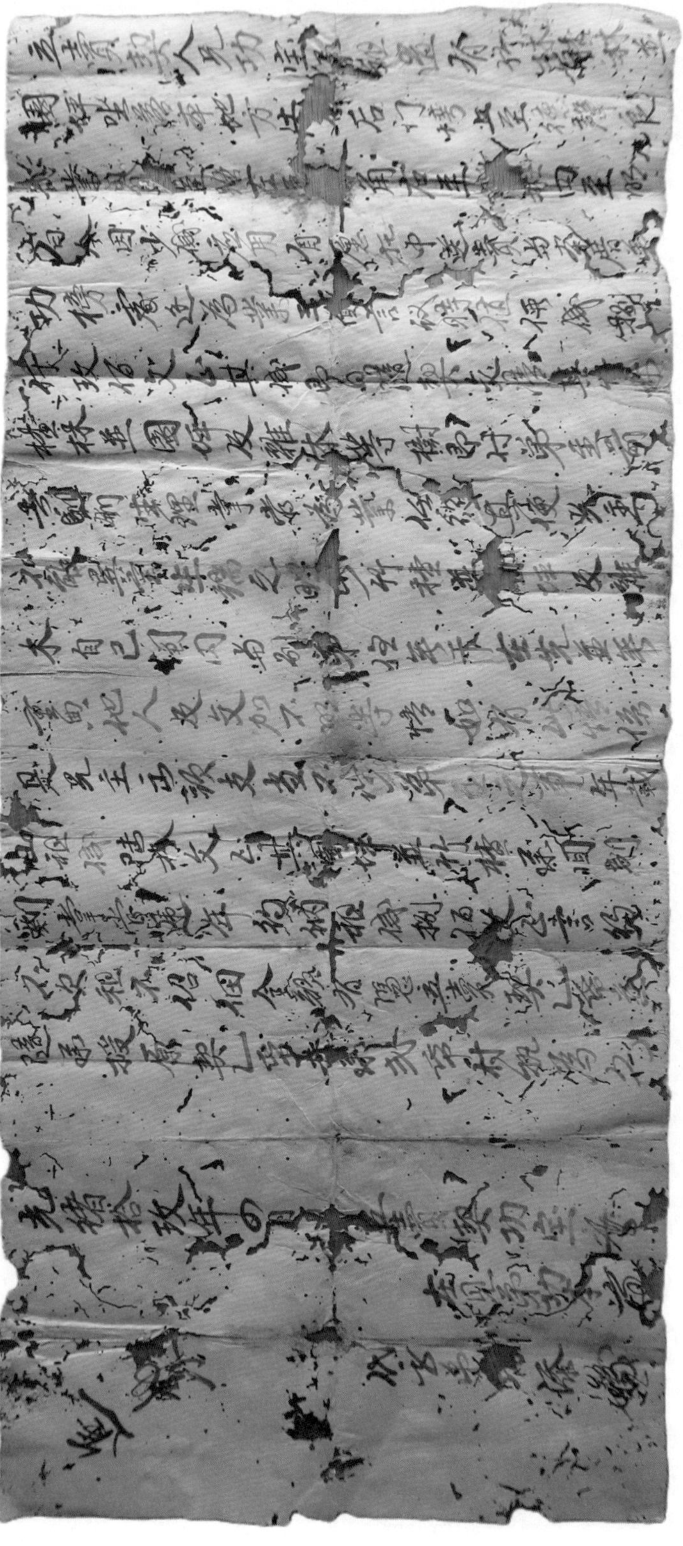

11-9-60-13　清光緒十九年四月鄭功宝立賣竹林等契

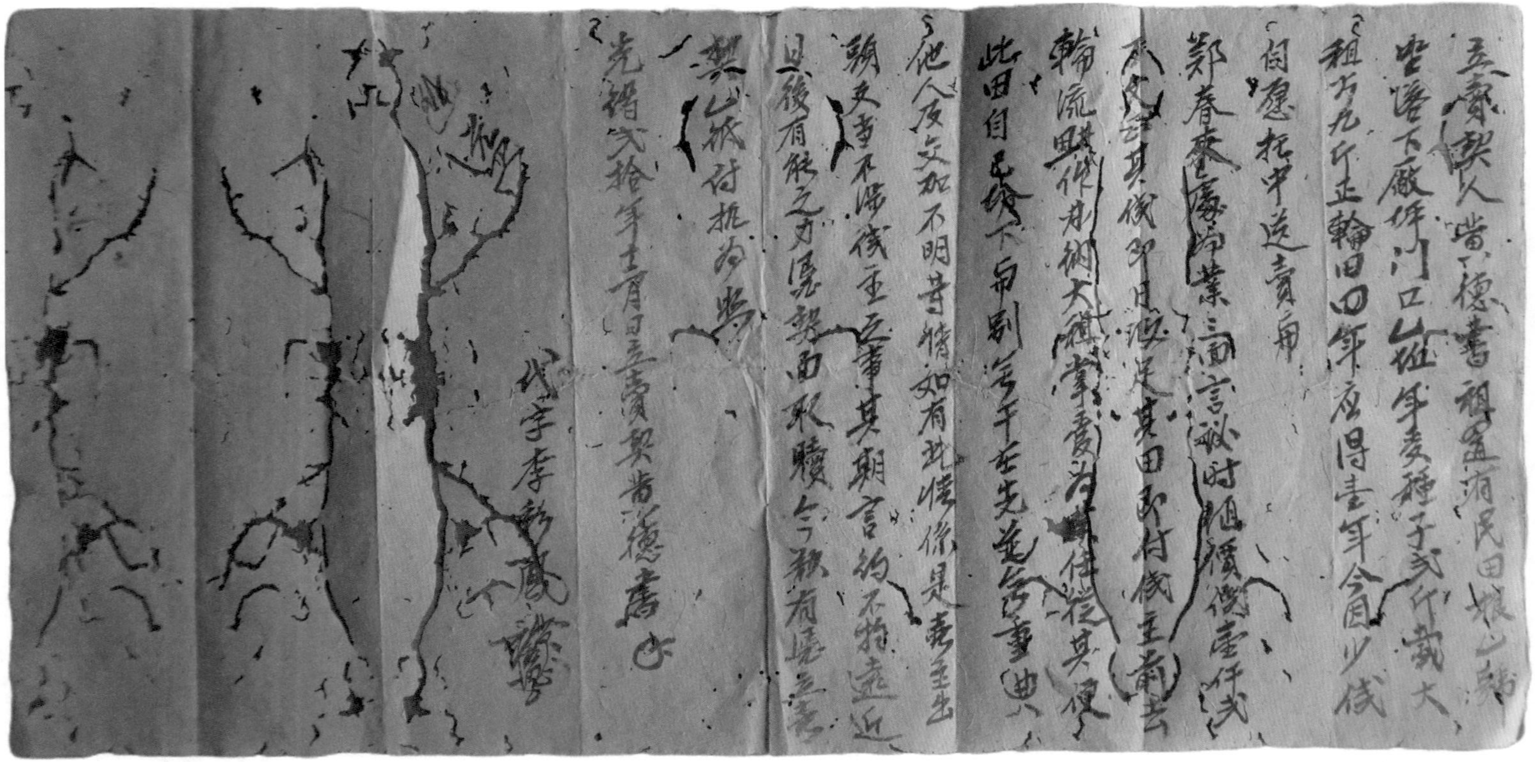

立賣契人黃德書，祖遺有民田根一號，
坐落下廠仔門口，址年麥種子弍斤，載大
租谷九斤正，輪田四年應得壹年，今因少錢
應用，托中送賣與
鄭春泰處爲業，三面言議，時值價錢壹仟弍
百文正，其錢即日收足，其田即付錢主前去
輪流與伊耕種，大納掌管爲業，任從其便。
此田自己分下，與別房兄弟叔侄無干，先並無重典
他人及交加不明等情，如有此情，係是賣主出
頭支當，不涉錢主之事。其期言約不拘遠近，
日後有銀之日，憑契面取贖。今欲有憑，立賣
契一紙付執爲照。
光緒弍拾年十二月　日立賣契黃德書（押）
代字李彩鳳（押）

11-9-60-14　清光緒二十年十二月黃德書立賣民田根契

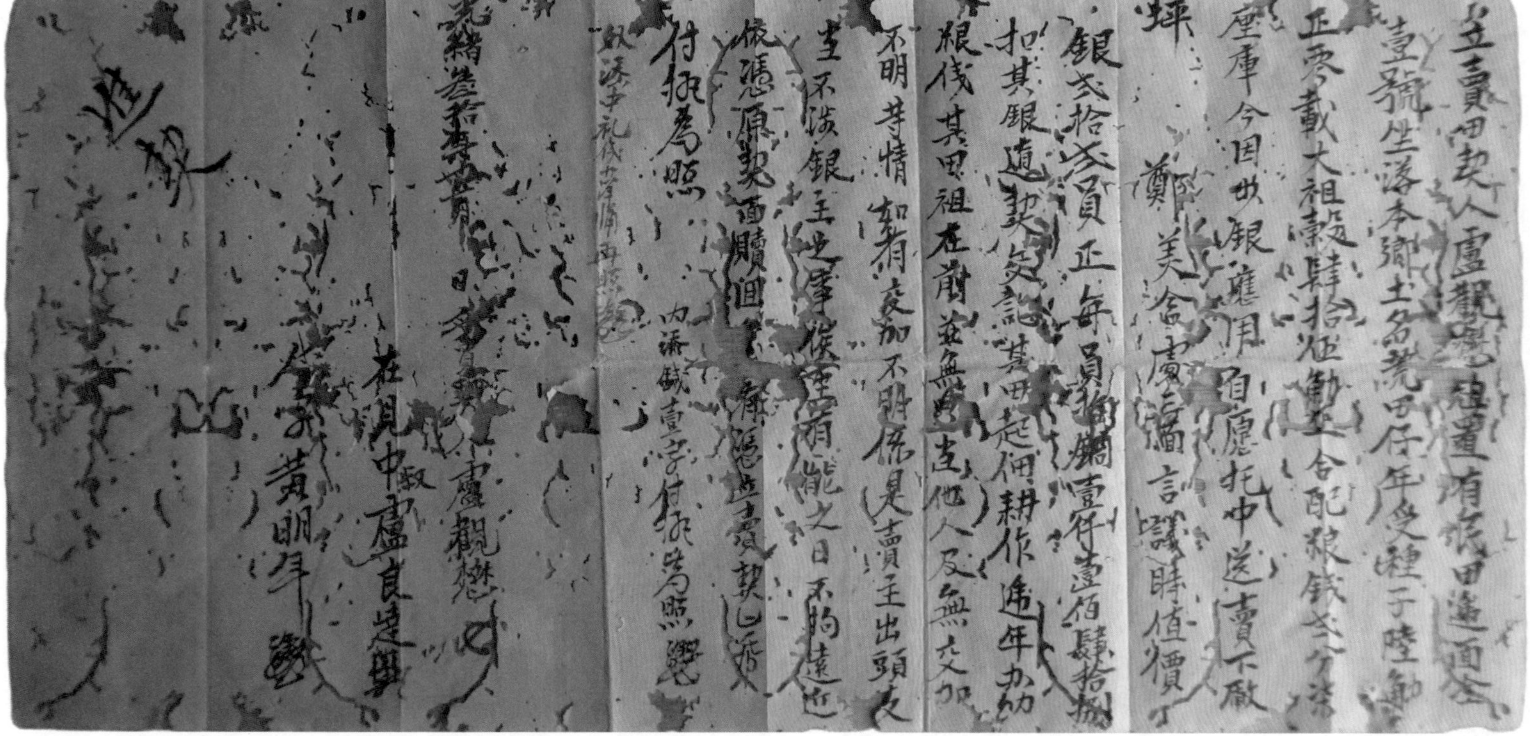
立賣田契人盧觀懋，有承祖遺下底面全
壹號，坐落本鄉土名荒田仔，年受種子陸斗
正，零載大祖穀肆拾伍斤，合配粮錢叁分柒
厘庫。今因缺銀應用，自愿托中送賣本廠
坪鄭美合處為業，三面言議時值價
銀貳拾叁員正，每員折錢壹仟壹佰肆拾捌
扣，其銀随契交訖。其田起佃耕作，遞年办納
粮錢。其田祖在前並無[illegible]他人及無交加
不明等情，如有交加不明，係是賣主出頭支
當，不涉銀主之事。[illegible]有能之日，不拘遠近，
依憑原契面贖回，[illegible]憑此賣契[illegible]
付執為照。
[illegible]
內添贓壹字，付執為照。
光緒叁拾年十一月　日　立賣契人盧觀懋
在見中叔　盧良遠
[illegible]　黃明年
准契

11-9-60-15　清光緒三十年十一月盧觀懋立賣底面全民田契

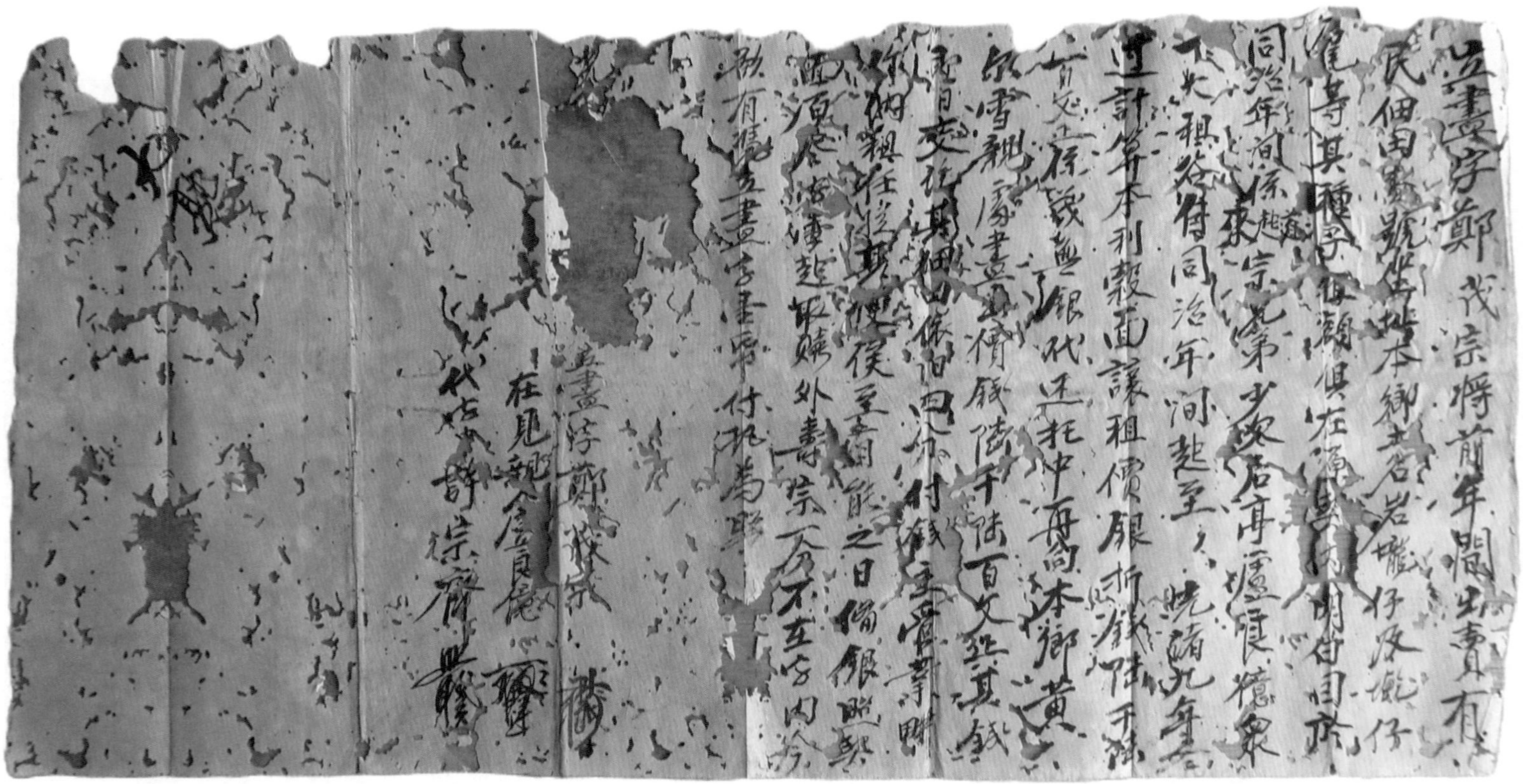

11-9-60-16　清光緒年間鄭茂宗立盡民佃田字

11–9–60–17　民國二年十二月林正挺等立賣民輪田契

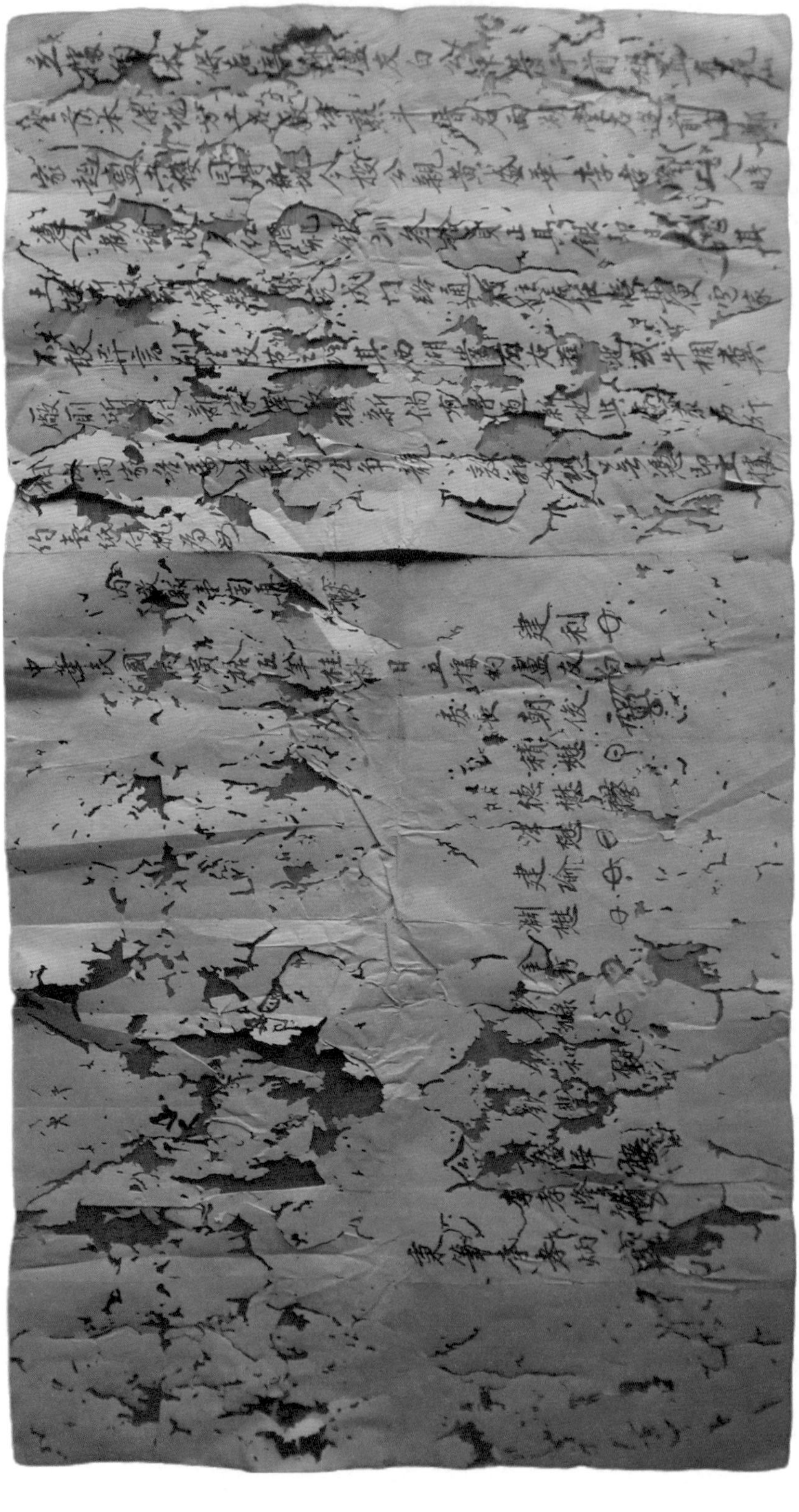

11-9-60-18　民國十五年八月盧友白公衆等立據約

11-9-60-19　民國十九年二月鄭祖明立賣底面全民田契

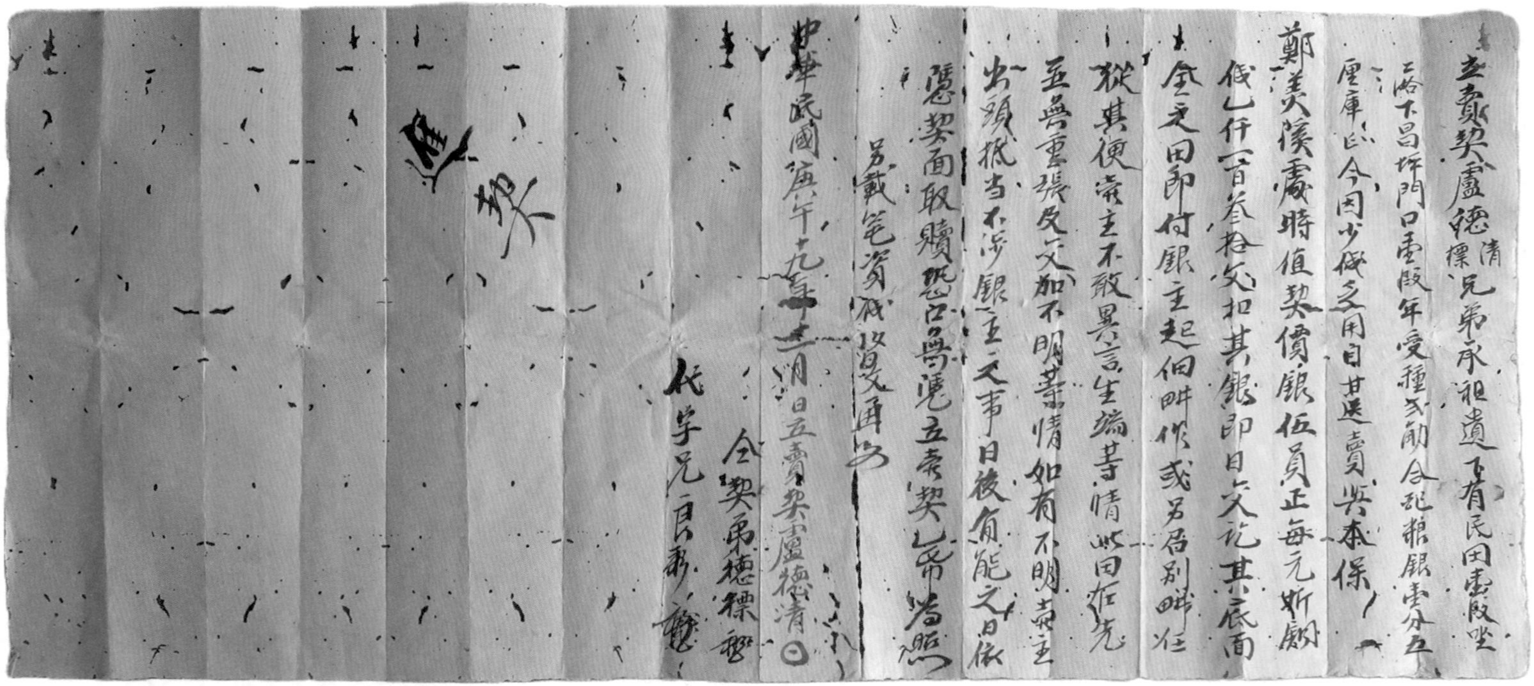

立賣契人盧德清、標兄弟承祖遺下有民田壹段，坐
落本邑坪門口，壹段年受種弍斛，今配粮銀壹分五
厘庫。今因乏錢應用，自甘退賣與本保
鄭美溪處，時值契價銀伍員正，每元折
錢乙仟一百叁拾文，扣其銀即日交訖，其底面
全之田即付銀主起佃耕作，或另召別耕，任
從其便，業主不敢異言生端等情。此田在先
並無重張典文加不明等情，如有不明，業主
出頭抵當，不涉銀主之事。日後有能之日，依
照契面取贖，照□無覓。立賣契一紙為照。
另載筆資錢叁百文再照。
中華民國庚午十九年十一月　日立賣契盧德清（押）
仝契弟德標（押）
代字兄日彩（押）
退契

11-9-60-20　民國十九年十一月盧德清等立賣民田契

11-9-60-21　李習長立寄佃屯田字（年代不詳）

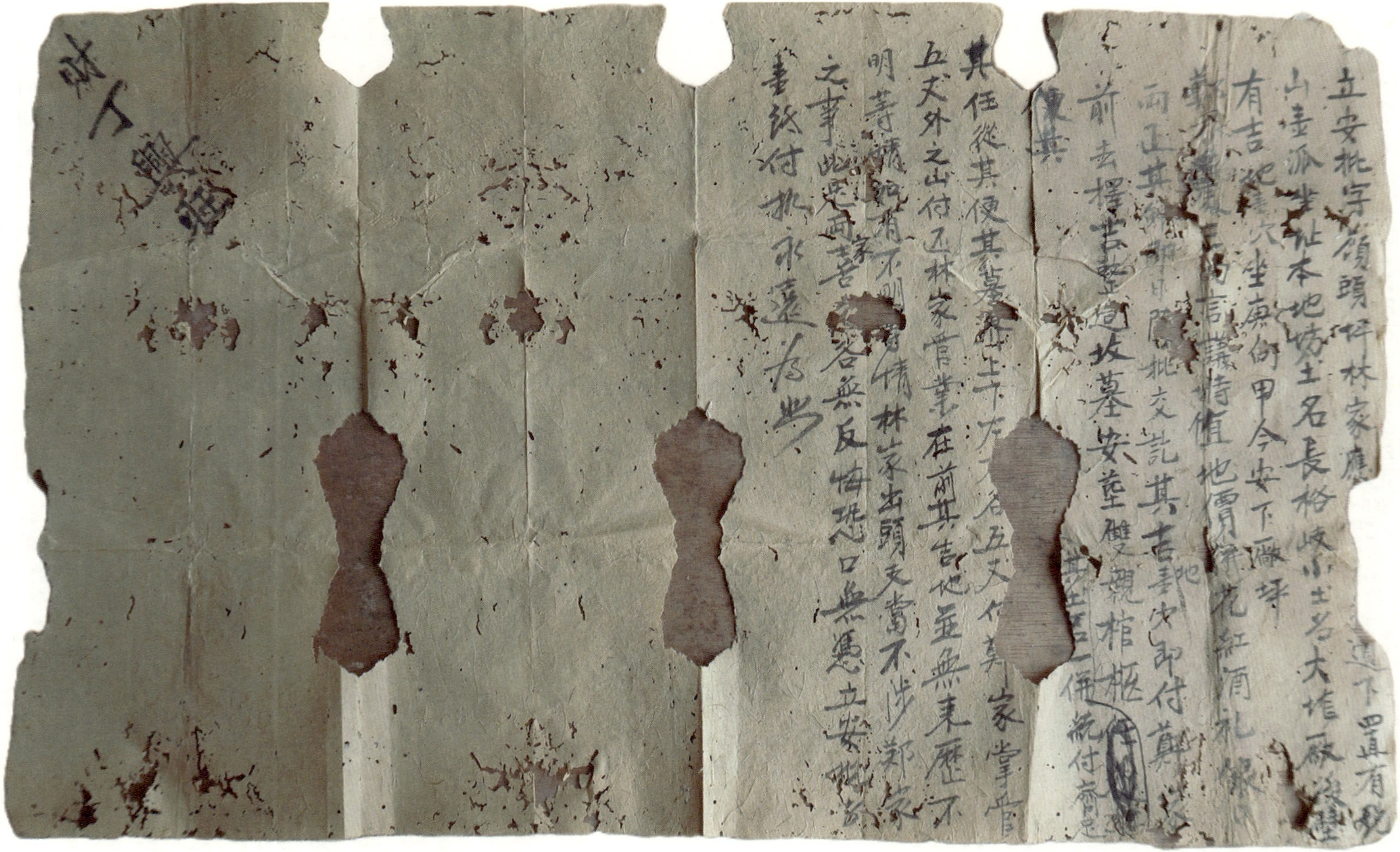

11-9-60-22　林家應立安批吉地契（年代不詳，草契）

11-9-61-1 清乾隆十二年十月温可全立收番銀字

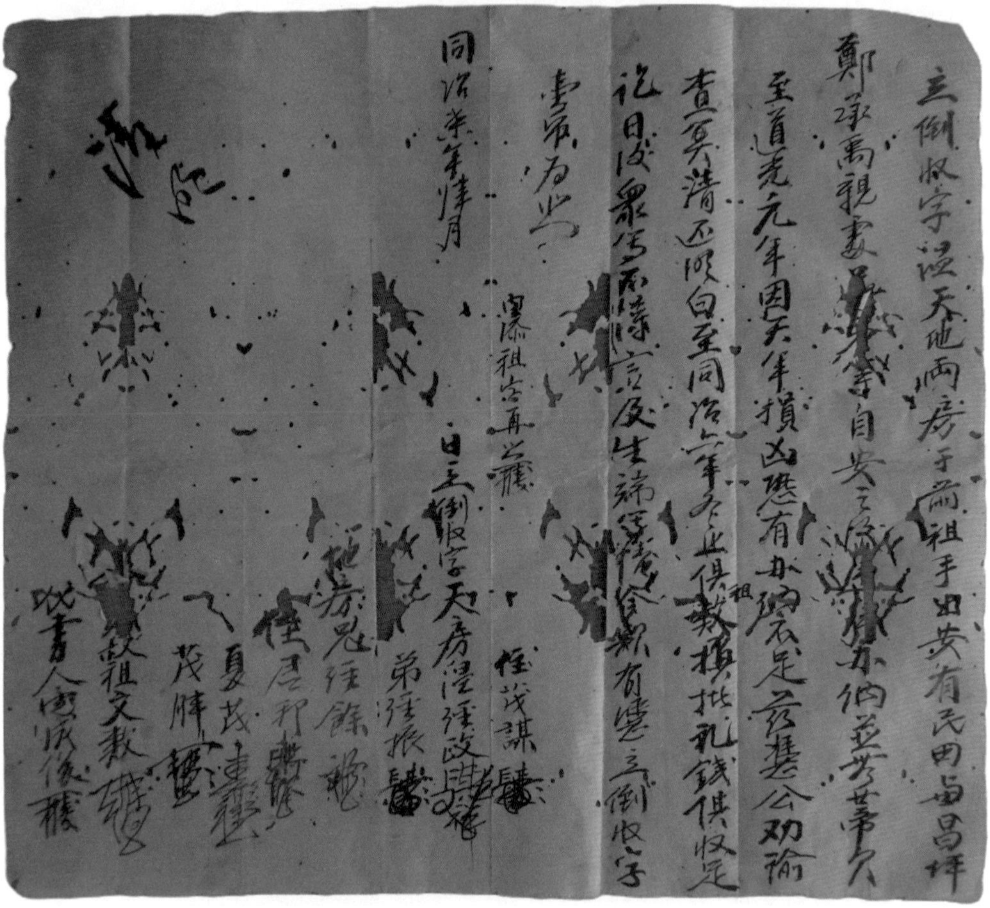

立倒收字溫天地兩房于前祖手出安有民田一處昌坪
鄭承高親處□□等自安立□□本納並無帶欠
至道光元年因天年損凶，懸有本納未足，族甚公劝諭
查算清还，收白至同治六年不止，俱祖敷積批乳钱俱收足
訖，日后眾等兩房言及生端等情，恐口無憑，立倒收字
壹紙為照。
曾孫祖容再押
同治柒年肆月　日立倒收字天房溫侄政□押
侄茂謀押
弟侄振押
地房兄侄餘押
侄居邦押
夏茂連押
茂肆押
叔祖文數押
代書人溫宸後押
永記

11-9-61-2　清同治七年四月温氏天地兩房立倒收字

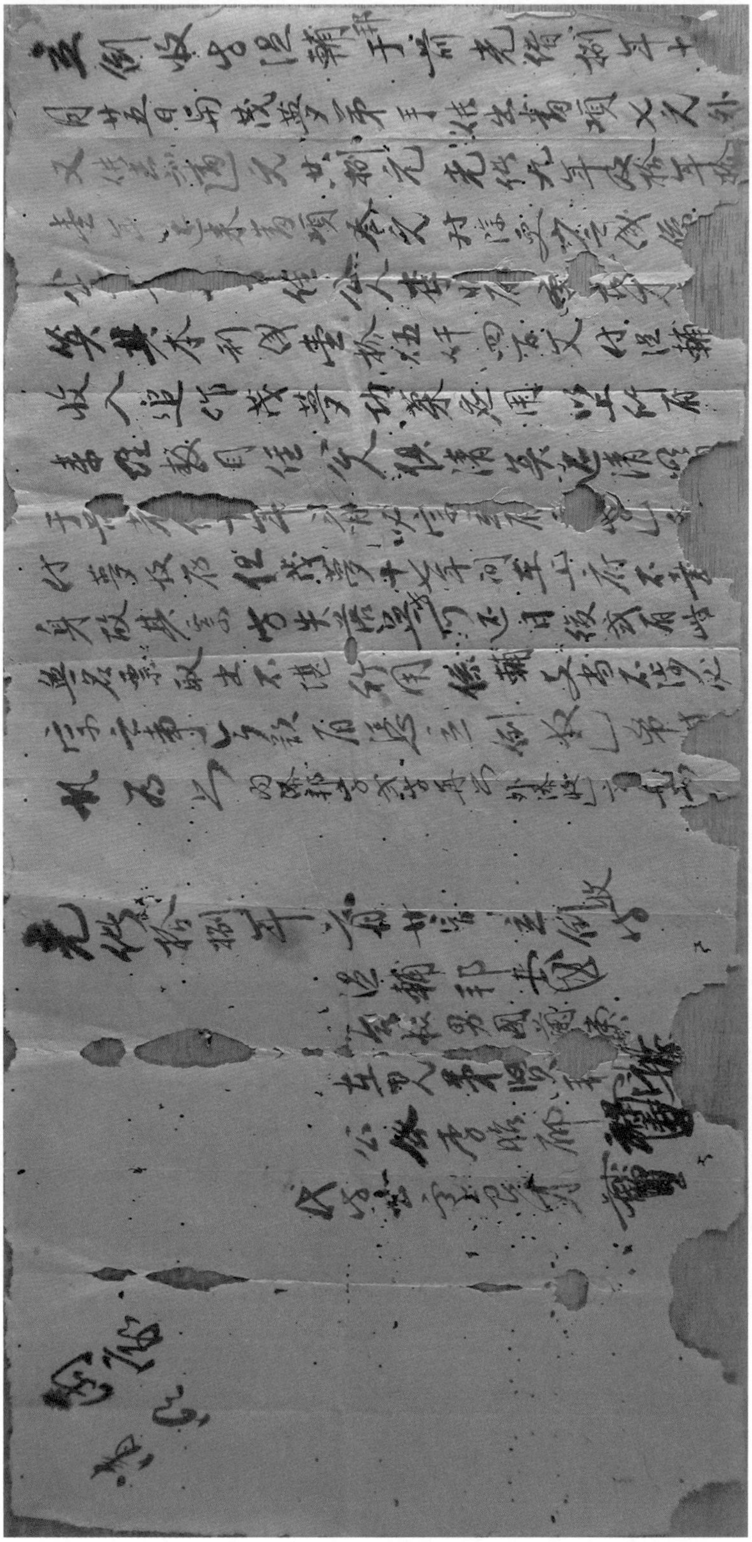

11-9-61-3　清光緒十八年二月温輔邦立倒收字

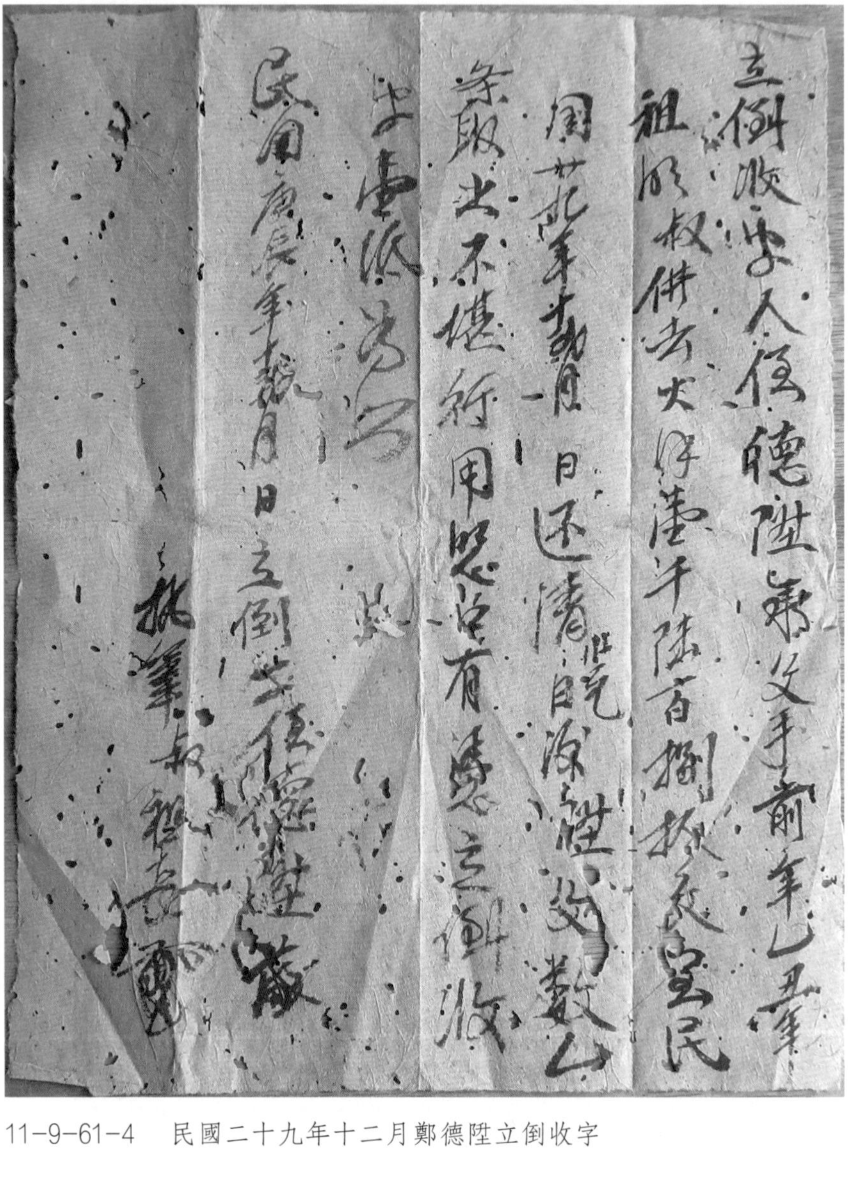

11-9-61-4　民國二十九年十二月鄭德陞立倒收字

立倒收字德[illegible]濟[illegible]鄉鄭天疇承
置本邑民田[illegible]歸底面壹坐地在、
[illegible]頭坪地方土名下坑及肥坑的坐
[illegible]年受種面式拾伍[illegible]其契併收
[illegible]因大兵上山亂景其契遺失未繳
[illegible]後其契尋出日取出不能行用
民國卅年十弍月　日
立倒收字鄭天疇[illegible]

11-9-61-5　民國三十年十二月鄭天疇立倒收字

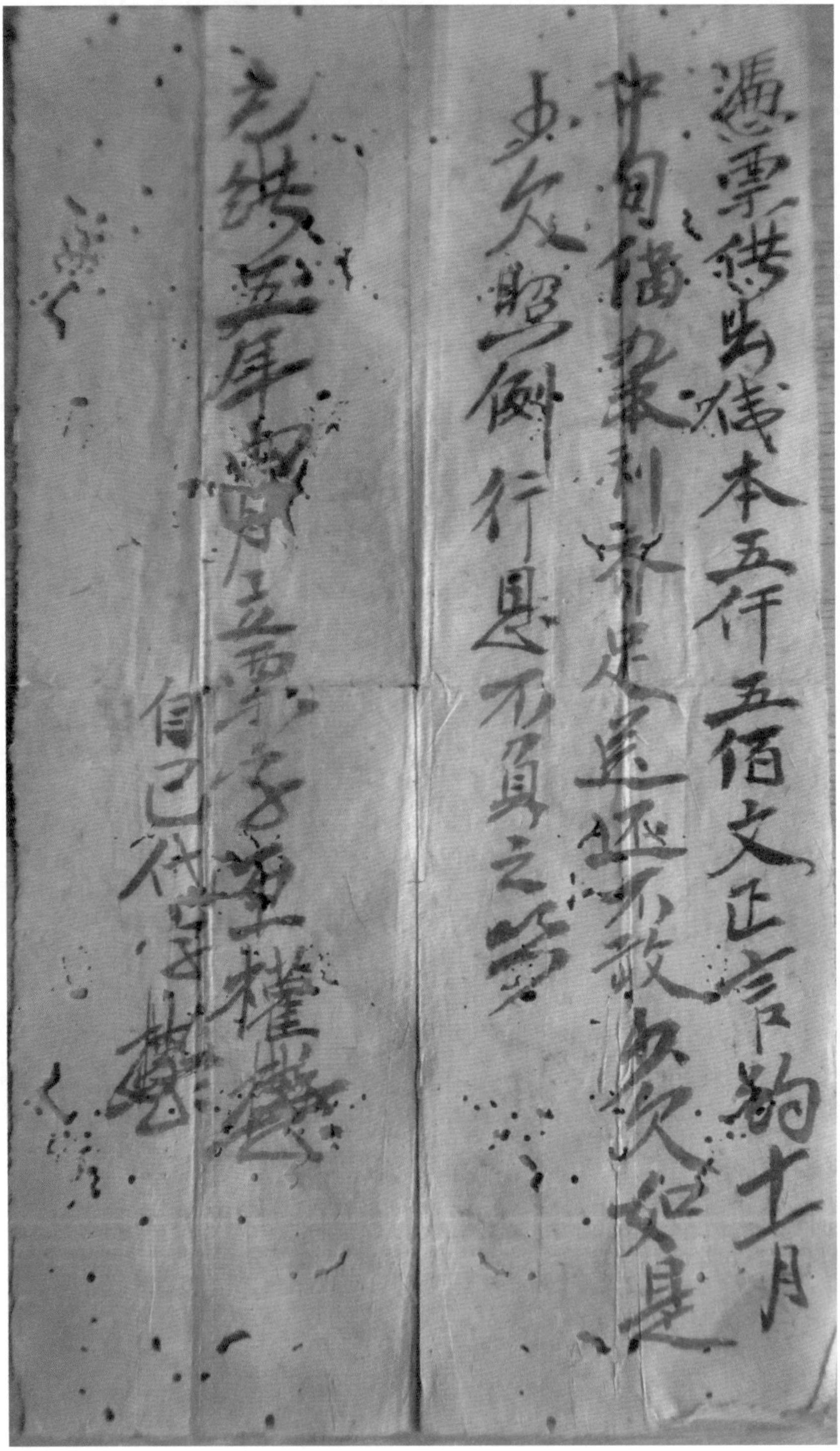
憑票借出錢本五仟五佰文正言約十一月
中旬備辦利本足送還不敢少欠如是
少欠照例行息不負之字
光緒五年四月 日立票字鄭至權
自己代筆

11-9-62-1　清光緒五年四月鄭至權支錢憑票

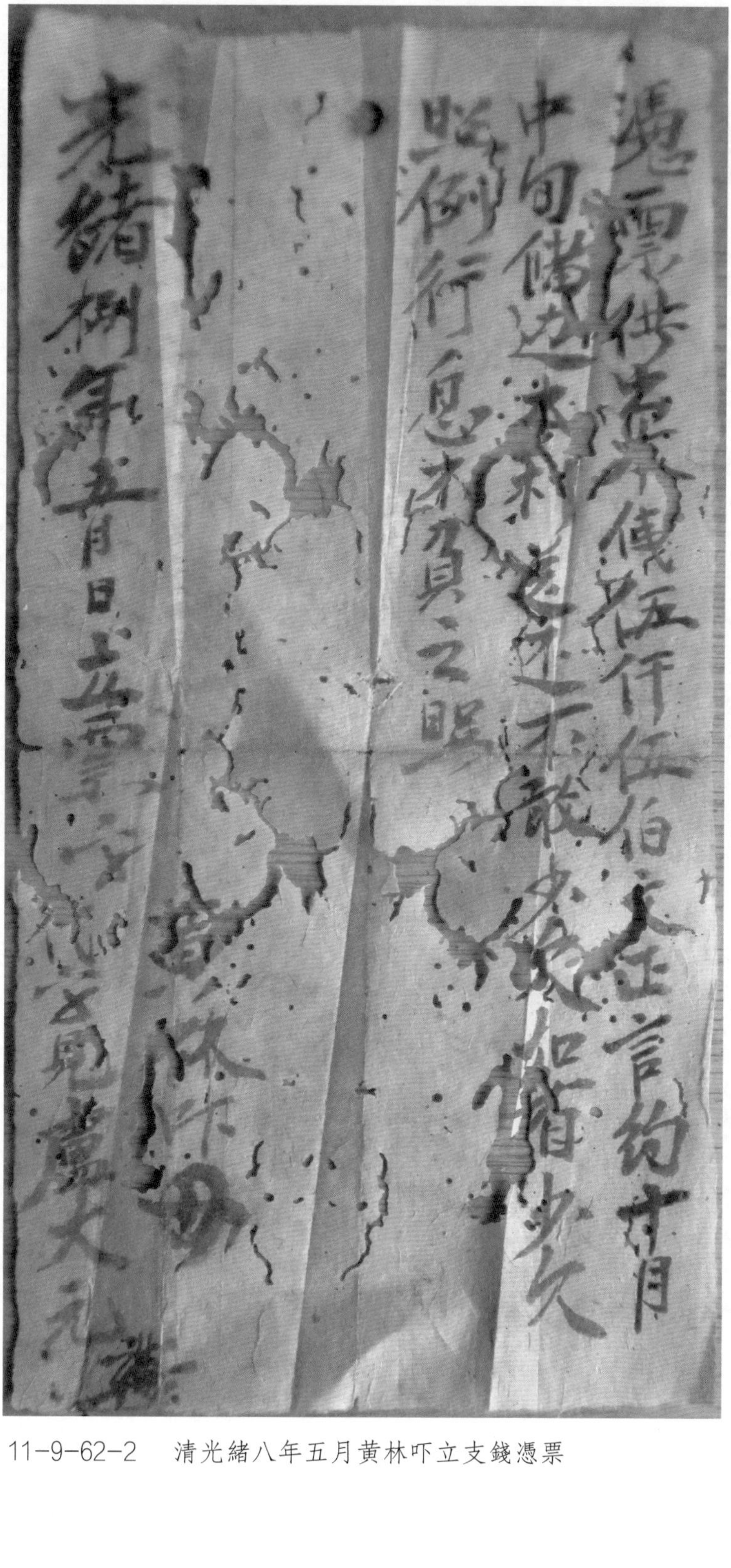
憑票借[illegible]錢伍仟伍伯文正言約十月
中旬備還本利足還不敢少欠
照例行息者[illegible]之照
光緒捌年五月日立憑票人　黃林吓
代字見盧大元

11-9-62-2　清光緒八年五月黃林吓立支錢憑票

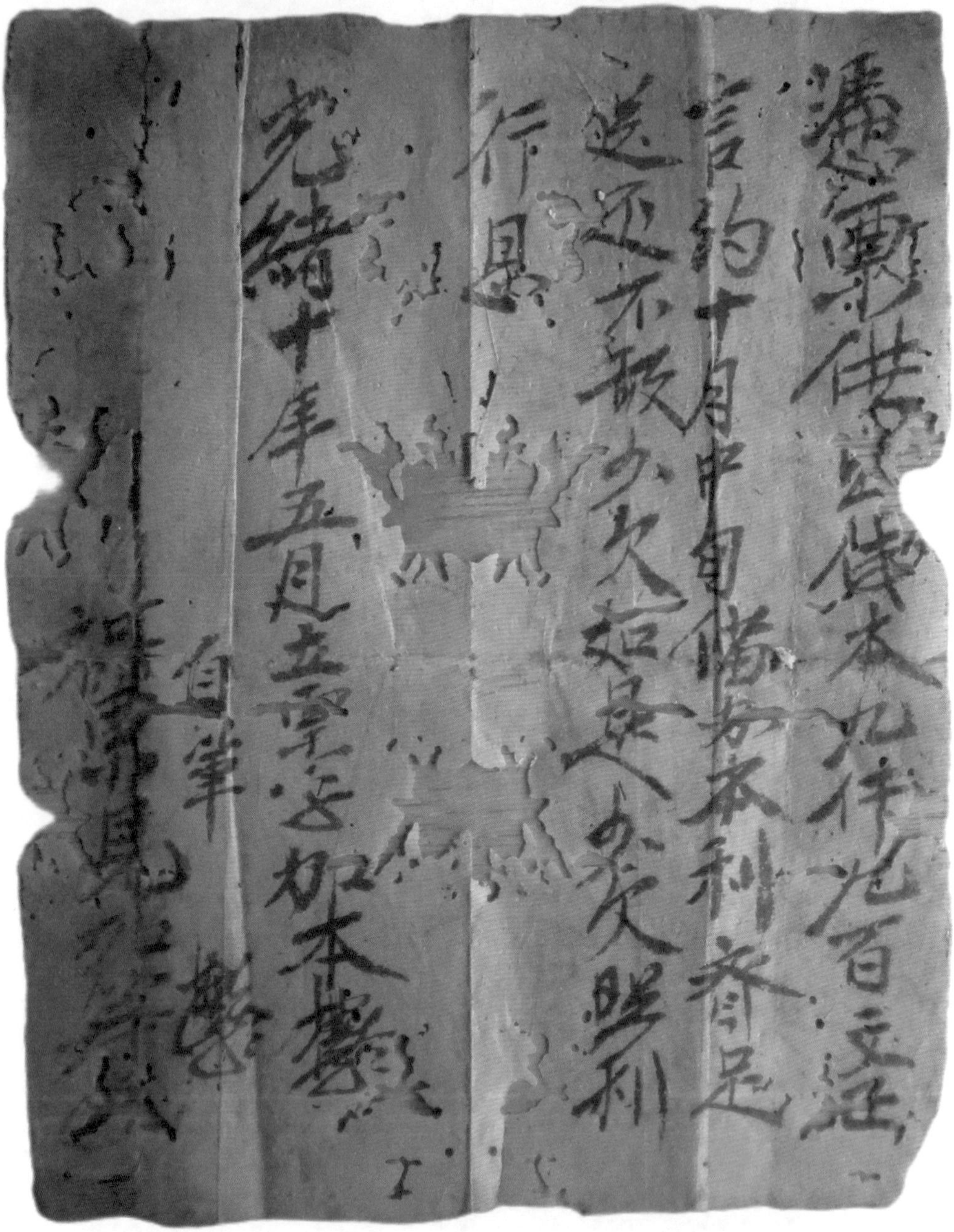

憑鄭借去錢本九仟九百文正，言約十月中旬備出本利齊足送还，不敢少欠，如是少欠照利行息。

光緒十年五月　日立票　鄭加本（押）

自筆

11-9-62-3　清光緒十年五月鄭加本支錢憑票

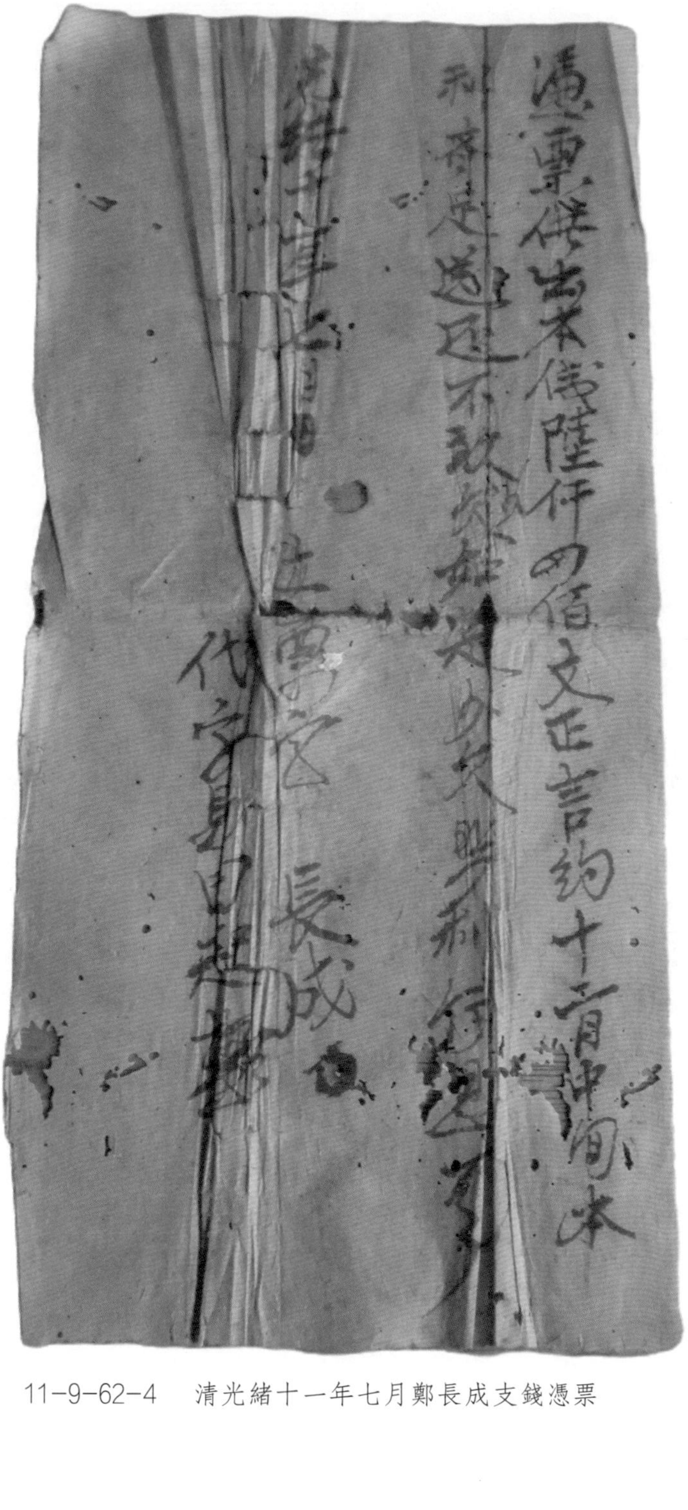

11-9-62-4 清光緒十一年七月鄭長成支錢憑票

11-9-63-1　包契紙

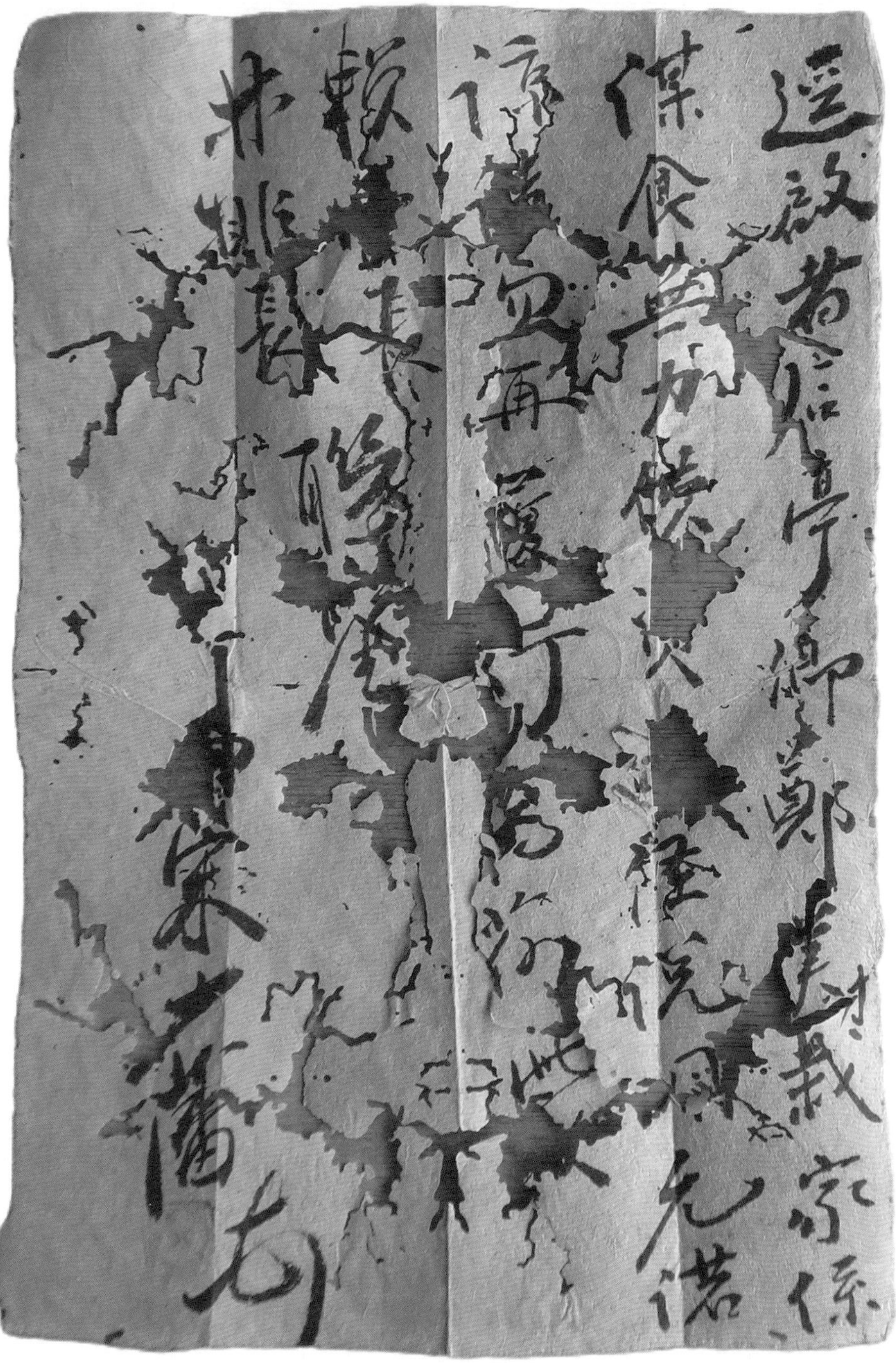

逕啟者：后亭鄉鄭應艷家係
僕食無力繳[illegible]種稅原允諾
請[illegible]再緩[illegible]月[illegible]
報[illegible]長[illegible]
林排長[illegible]宋少藩右

11-9-63-2　國民軍第四路司令部副官宋少藩致林排長等書信

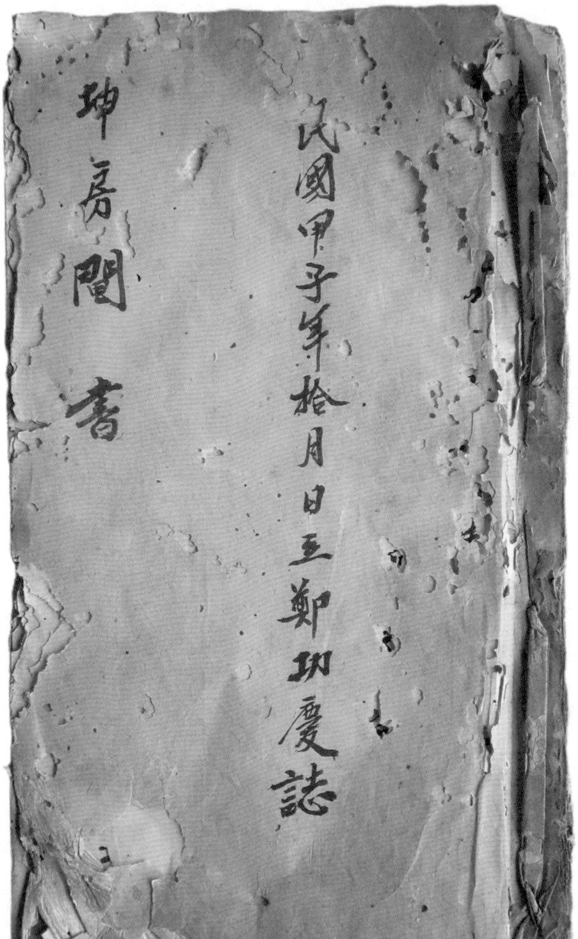
民國甲子年拾月日立鄭功慶誌
坤房鬮書

11-9-64-1　民國十三年鄭功慶誌坤房鬮書（一）

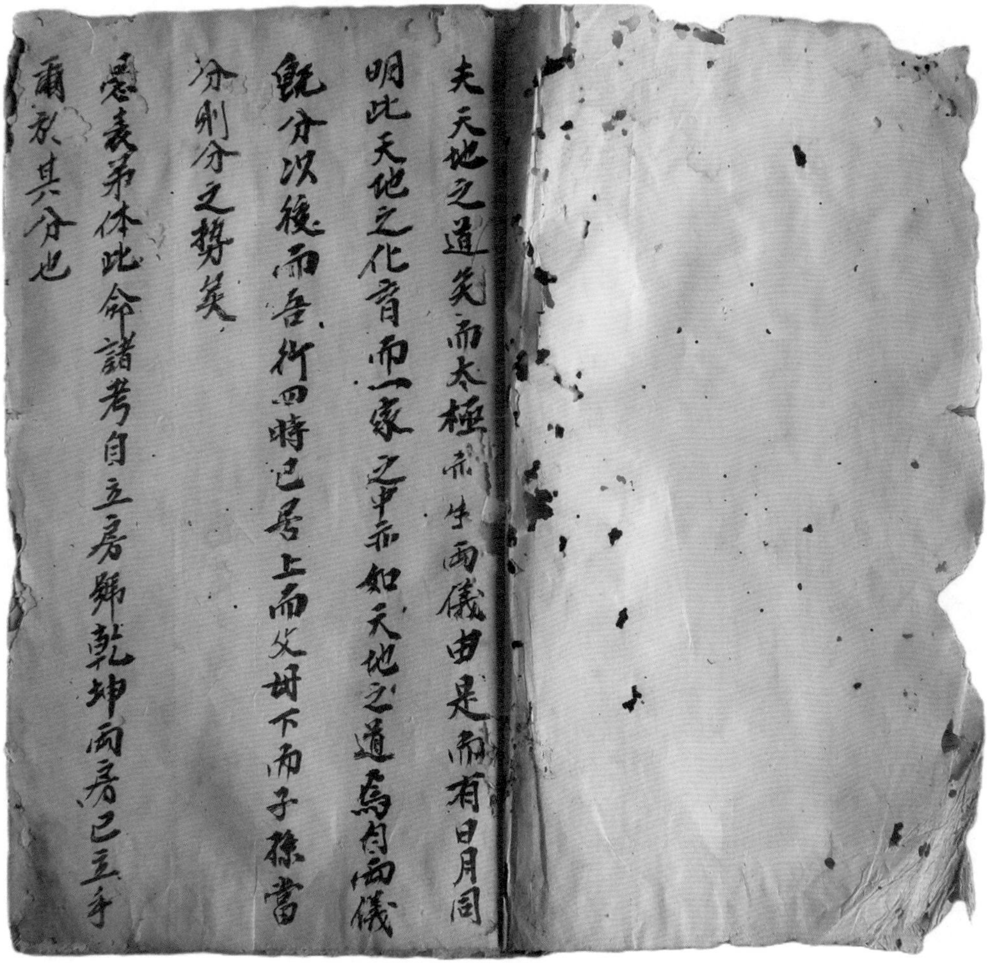

夫天地之道矣而太極亦生兩儀由是而有日月同
明此天地之化育而一家之中亦如天地之道為有兩儀
既分以後而吾行四時已居上而父母下而子孫當
分別分之勢矣
愚表弟体此命諸考自立房歸乾坤兩房已立手
爾於其分也

11-9-64-2　民國十三年鄭功慶誌坤房鬮書（二）

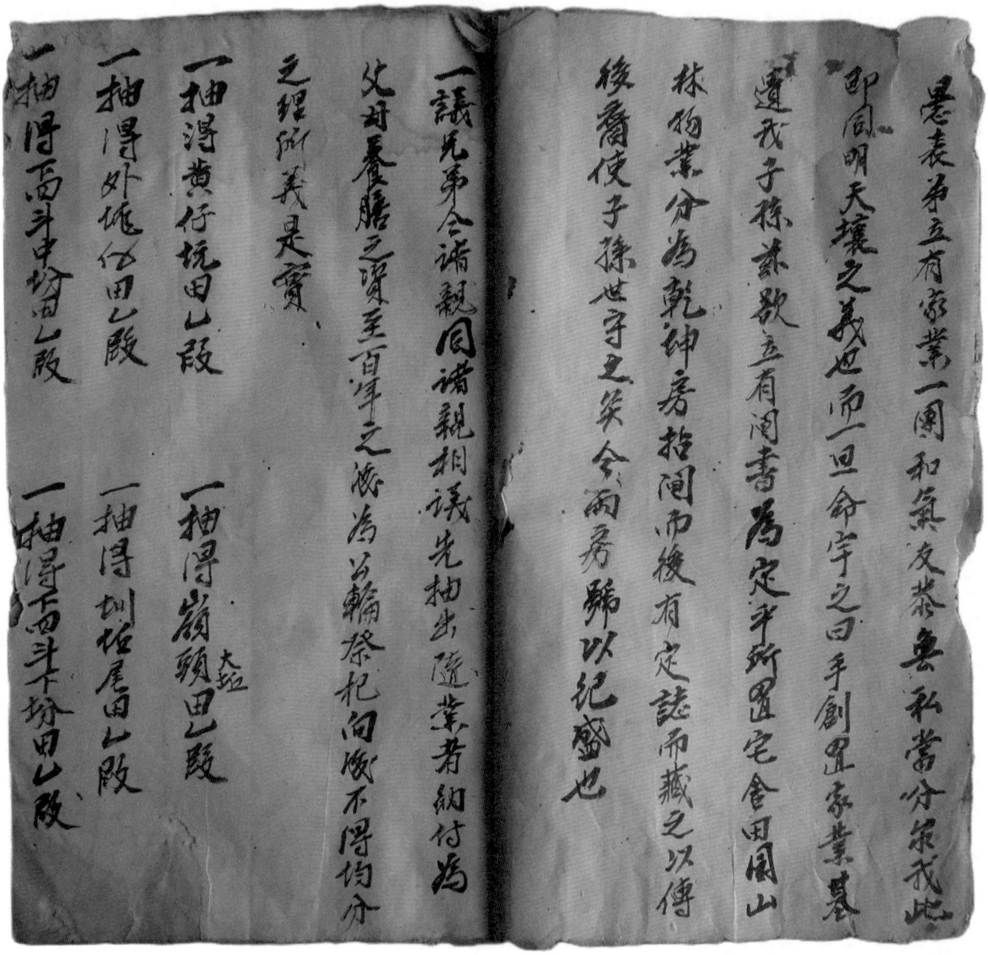
愚表弟立有家業一團和氣友恭無私當分承我此
即同明天壤之義也而一旦命字之曰手創置家業基
遺我子孫恭敬立有閹書爲定平術置宅舍田園山
林物業分爲乾坤房拈閹而後有定誌而藏之以傳
後裔使子孫世守之策今兩房歸以紀盛也
一議兄弟仝諸親同諸親相議先抽出隨業若納付爲
父母養膳之資至百年之後爲公輪祭祀向例不得均分
之理所義是實
一抽得黄仔坑田山段
一抽得嶺頭大埕田山段
一抽得外堆仔田山段
一抽得圳坵尾田山段
一抽得下面斗中坋田山段
一抽得下面斗下坋田山段

11-9-64-3　民國十三年鄭功慶誌坤房鬮書（三）

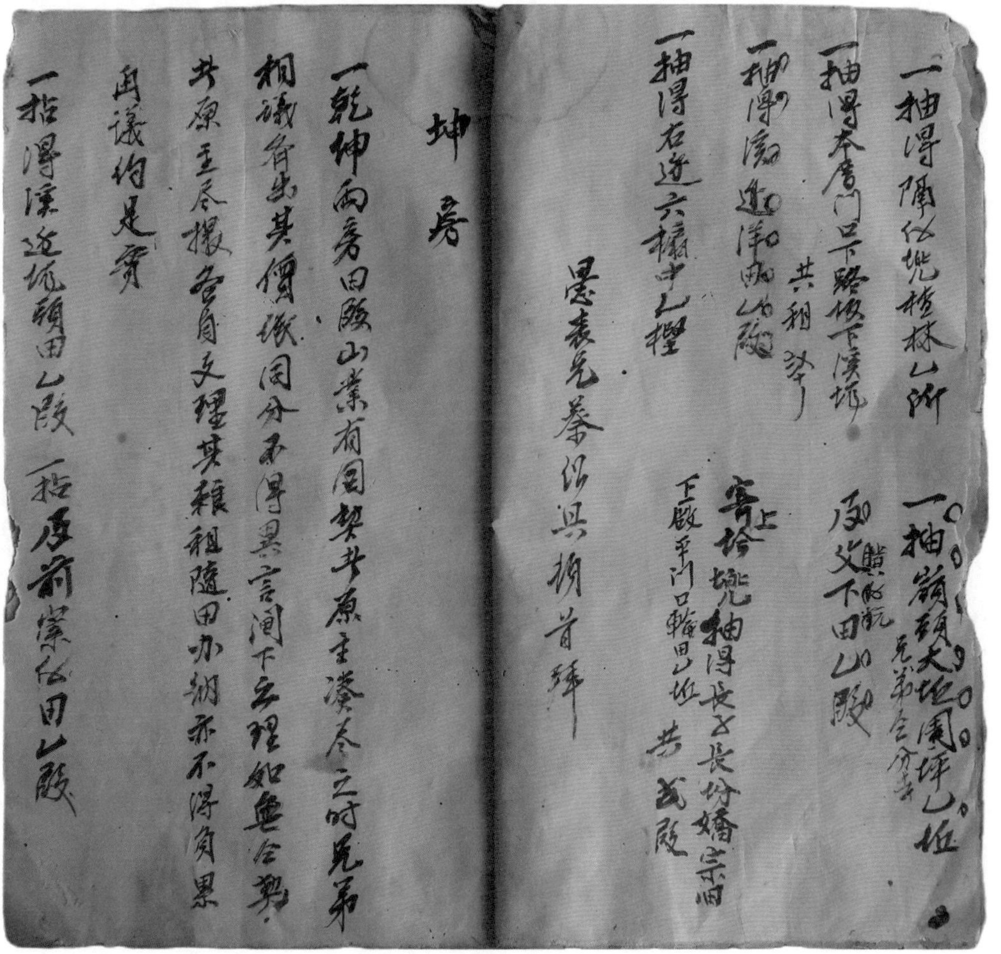
一抽得陳似坵杉林山所
一抽得本厝門口下路坂下溪坵　共租叁
一抽得潙邊洋面山殿
一抽得右邊六橋中山樫
墨表兄綦仍與損首拜
一抽嶺頭大坵園坪山坵　兄弟全分去
原父下田山殿　贈與的
寄上拾坵抽得長子長份婚宗面
下殿平門口輪田山坵　共弍殿

坤房
一乾坤兩房田殿山業有同契共原主湊叁之时兄弟
相議合出其價銭同分不得異言個下立理如無合契
共原主尽撥各自支理其粮租隨田办納亦不得角累
再議約是實
一指得溪邊坑頭田山殿　一指原前㘵仔田山殿

11-9-64-4　民國十三年鄭功慶誌坤房鬮書（四）

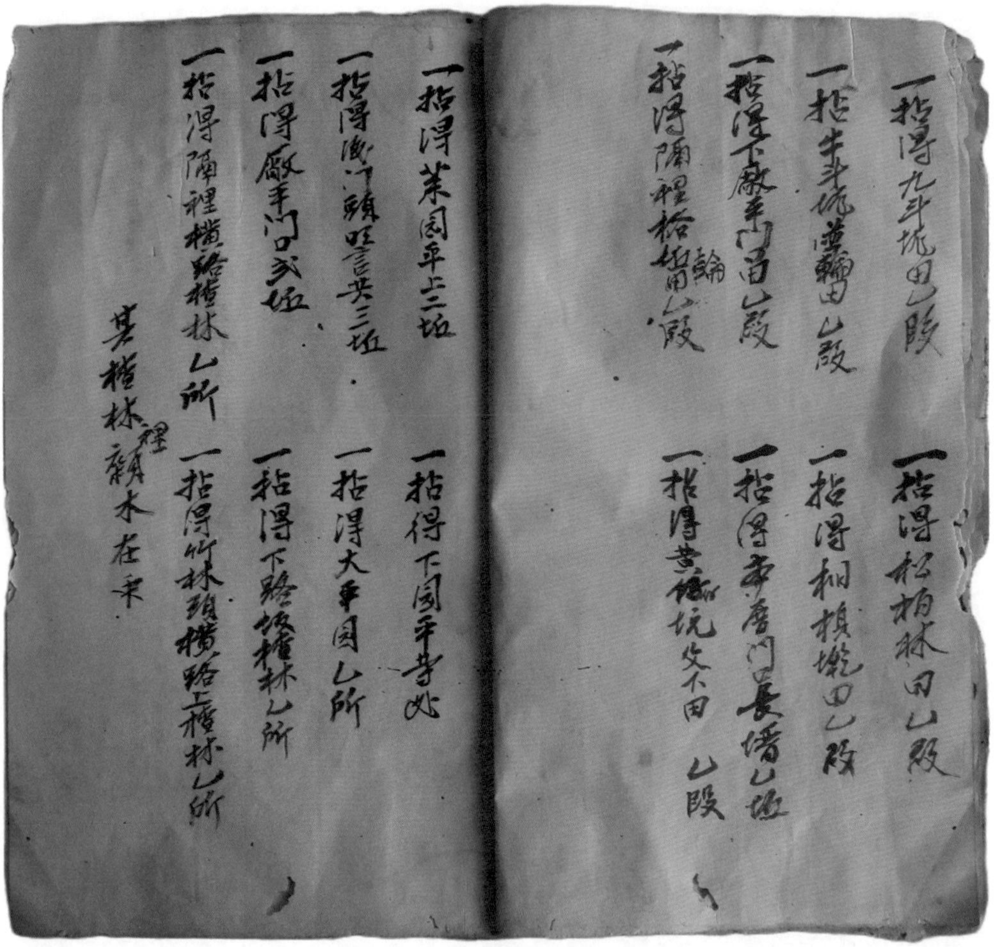

一拈得九斗坵田山段
一拈牛斗坑蓮輪田山段
一拈得下廠平門前山段
一拈得隔裡梧𡍼田山段
一拈得松柏林田山段
一拈得相槙墘田山段
一拈得廠厝門口長墻山坵
一拈得黃𡍼坑文不田山段
一拈得茉園平上三坵
一拈得後門頭旺言共三坵
一拈得廠平門口弍坵
一拈得隔裡横路橧林山所
一拈得下園平等处
一拈得大平園山所
一拈得下路飯橧林山所
一拈得竹林頭横路上橧林山所
其橧林裡頭木在乘

11-9-64-5　民國十三年鄭功慶誌坤房鬮書（五）

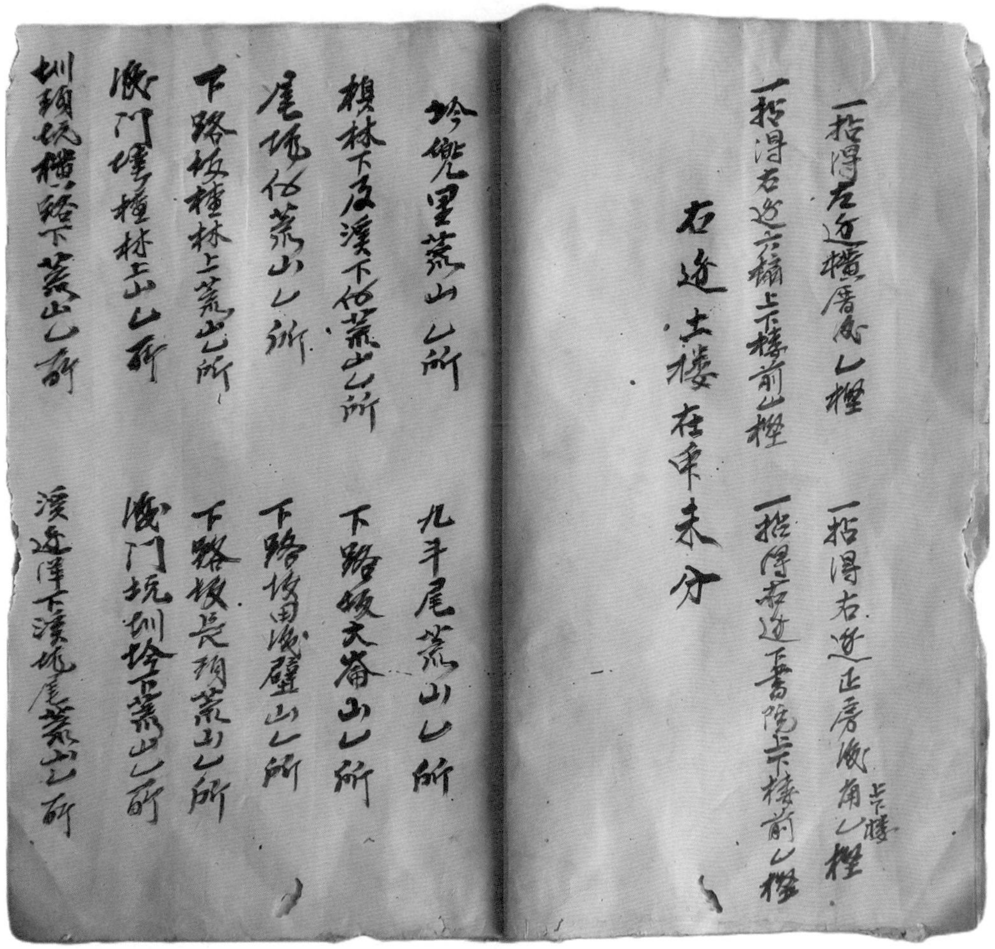
一拈得右邊横厝底山桱
一拈得右邊六扇上下樓前山桱
右邊土樓在衆未分
一拈得右邊正房後角上下樓山桱
一拈得右邊下書院上下樓前山桱
坽兜里荒山乙所
樟林下皮溪下仑荒山乙所
尾坑仑荒山乙所
下路坂樟林上荒山乙所
後门壠樟林上山乙所
圳頭坑横路下荒山乙所
九斗尾荒山乙所
下路坂大崙山乙所
下路坂田後壁山乙所
下路坂長頭荒山乙所
後门坑圳坽下荒山乙所
溪邊洋下溪坑尾荒山乙所

11-9-64-6　民國十三年鄭功慶誌坤房鬮書（六）

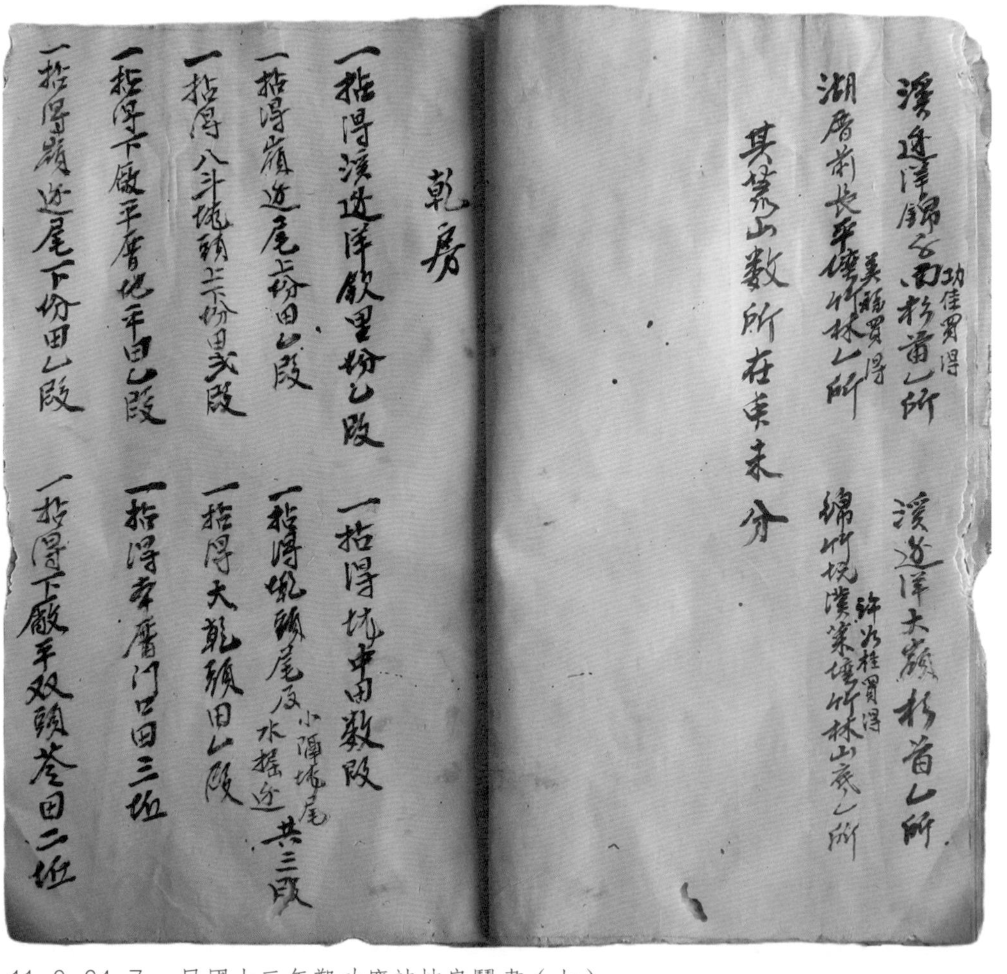

溪邊洋錦仔面杉苗山一所 功佳買得

湖厝前長平墱竹林山一所 美福買得

其荒山數所在未分

溪邊洋大嶺杉苗山一所

綿竹坑漈墱竹林山式一所 許仍桂買得

乾房

一拈得溪邊洋欽里坋山一段

一拈得嶺邊尾上坋田山一段

一拈得八斗坑頭上下坋田式段

一拈得下廠平厝邊平田山一段

一拈得嶺邊尾下坋田山一段

一拈得坑中田數段

一拈得蜆頭尾及水搖邊 小潭坑尾 共三段

一拈得大乾頭田山一段

一拈得本厝门口田三坵

一拈得下廠平双頭荅田二坵

11-9-64-7　民國十三年鄭功慶誌坤房鬮書（七）

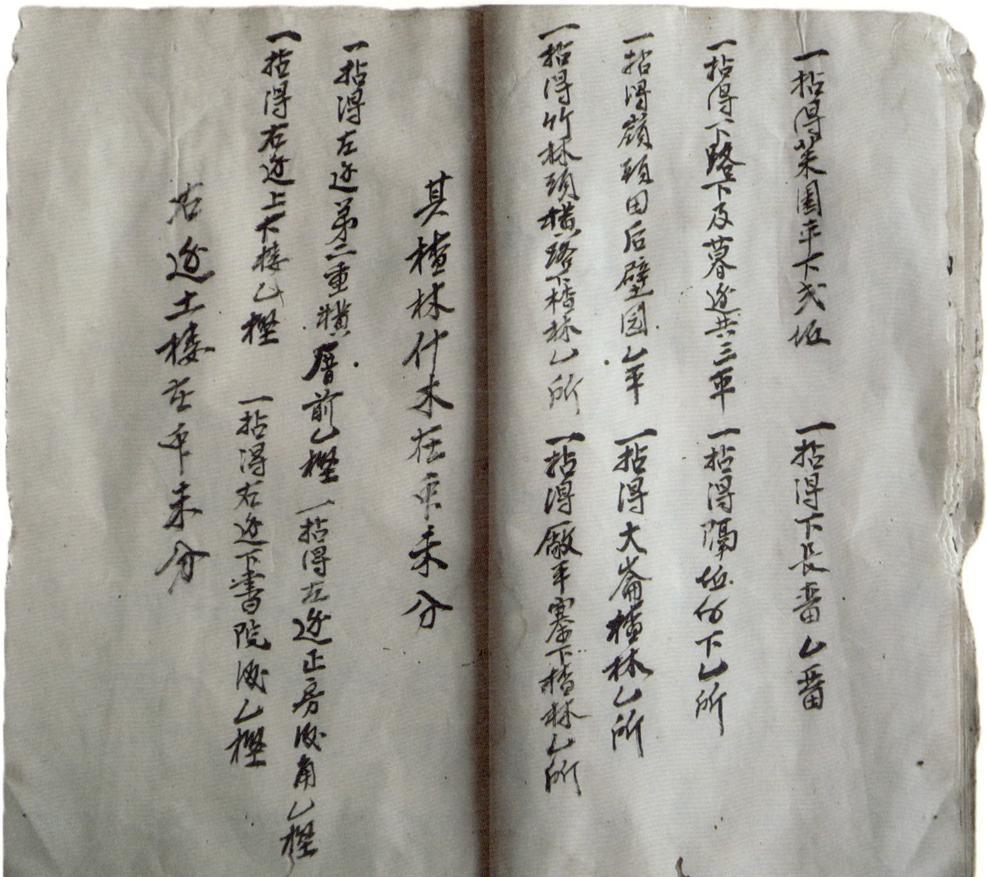

一拈得菜園平下弍坵
一拈得下長畬山番
一拈得下路下及暮邊共三平
一拈得陽坵仔下山所
一拈得嶺頭田后壁園山平
一拈得大崙樟林山所
一拈得竹林頭横路下樟林山所
一拈得廠平寨下樟林山所

其樟林什木在平未分
一拈得左邊第二重横厝前山坪
一拈得左邊正房後角山坪
一拈得右邊上大樓山坪
一拈得右邊下書院後山坪
右邊土樓在平未分

11-9-64-8　民國十三年鄭功慶誌坤房鬮書（八）

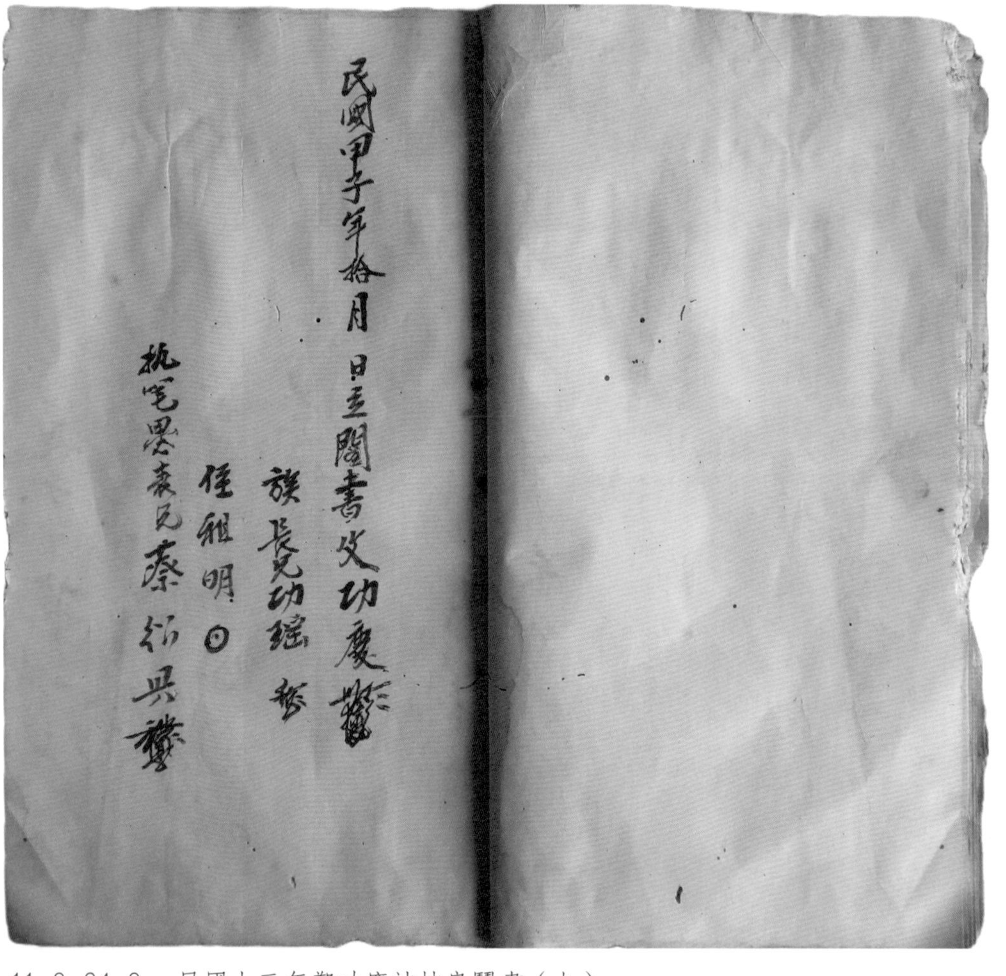

民國甲子年拾月 日立鬮書父功慶（押）

族長兄功瑶（押）

侄祖明（押）

執笔愚表兄秦紹興（押）

11-9-64-9　民國十三年鄭功慶誌坤房鬮書（九）

長子祖華 華識
次子祖畏長 識
書日黃守生 ⊞
愚女婿林問侯 識

11-9-64-10　民國十三年鄭功慶誌坤房鬮書（一〇）

11-9-64-11　民國十三年鄭功慶誌坤房鬮書（一一）

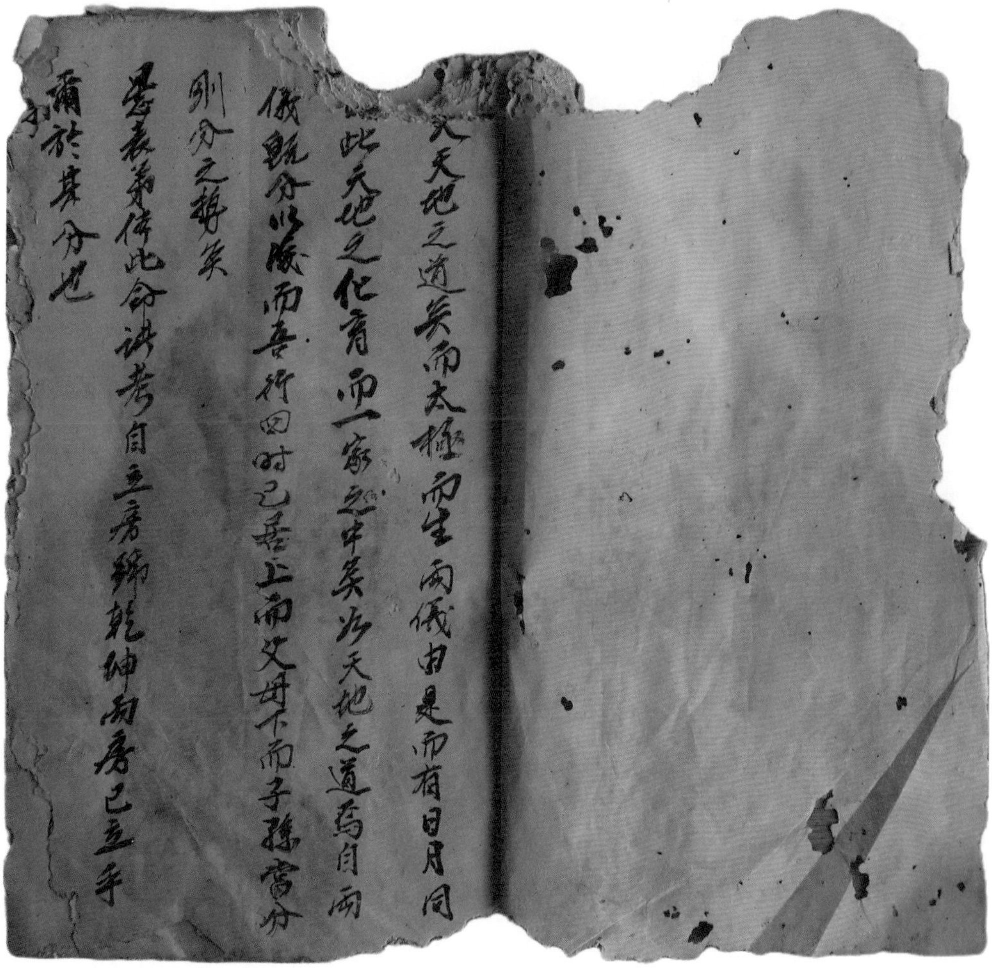

夫天地之道矣而太極而生兩儀由是而有日月同
此天地之化育而一家之中矣於天地之道為自兩
儀既分以後而吾祈因时已居上而父母下而子孫當分
別分之勢矣
是表弟侍此命訣考自立房號乾坤兩房已立手
彌於其分也

11-9-65-1　民國十三年廠坪鄭氏乾坤兩房鬮書（一）

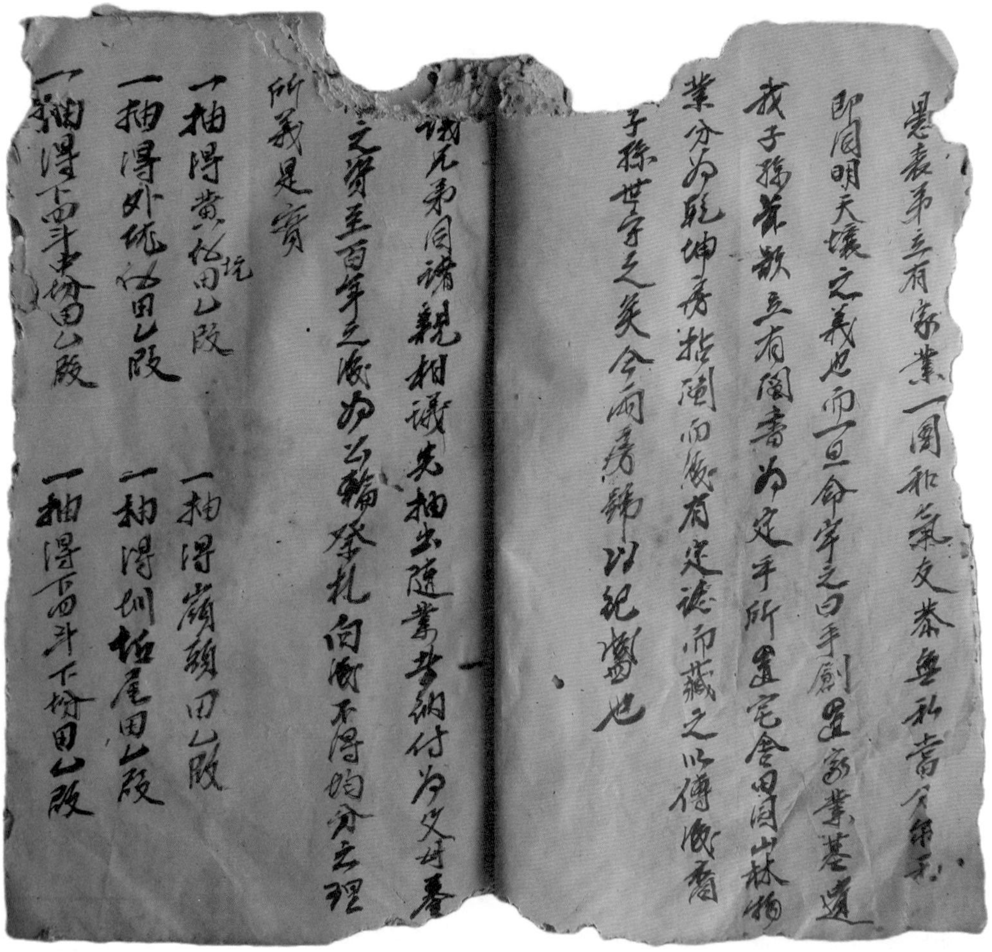

是袁弟立有家業一團和氣友恭無私嘗見昆弟
即同明天壤之義也而亘命字之曰手創置家業基遺
我子孫並歎立有鬮書為定手所置宅舍田園山林物
業分為乾坤房拈鬮而後有定據而藏之以傳後裔
子孫世守之矣今兩房歸以紀鬮也

識兄弟同請親相識先抽出隨業券納付為父母養
之資至百年之後為公輪祭礼向後不得均分之理
所義是實

一抽得黃坑竹田山段
一抽得外坑竹田山段
一抽得下四斗中份田山段

一抽得嶺頭田山段
一抽得圳坵尾田山段
一抽得下四斗下份田山段

11-9-65-2　民國十三年廠坪鄭氏乾坤兩房鬮書（二）

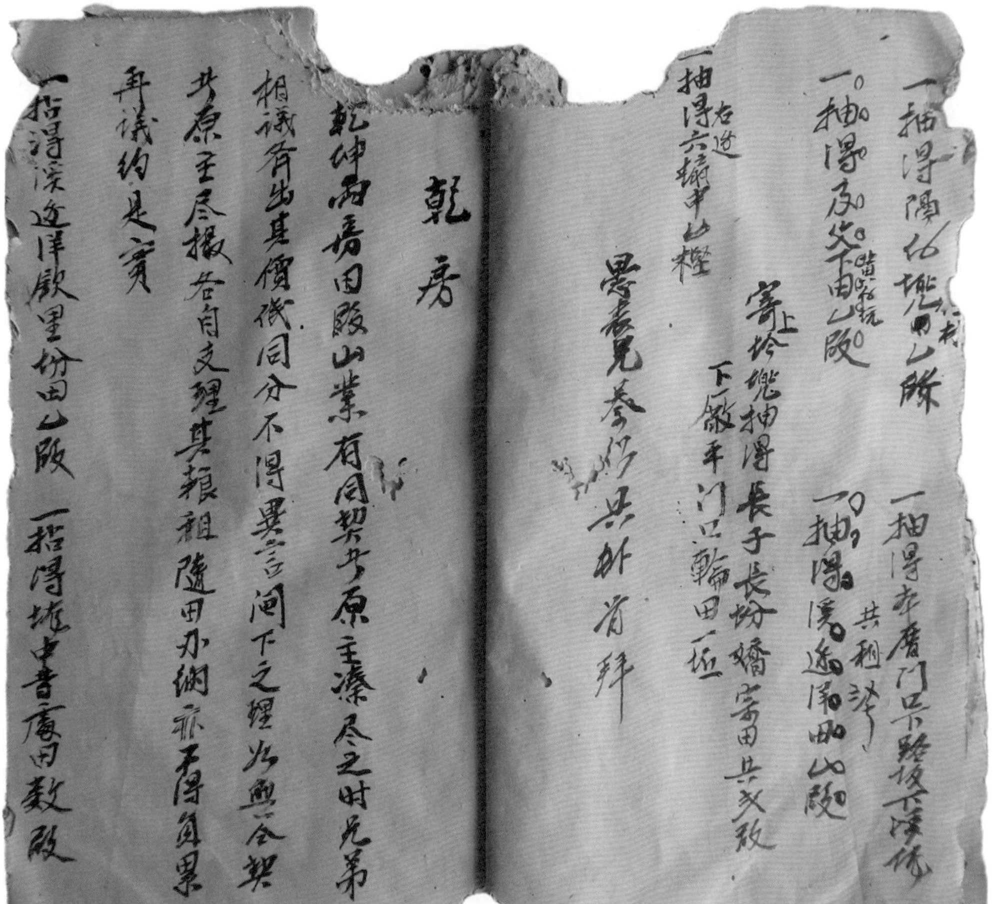

一抽得陽山垅田山股
一抽得本厝门口下路坂下坪仸
一抽得后火下田山股
一抽得溪邊尾田山股 共种湫
寄上坽垅抽得長子長婿寄田共弍段
下一段平门口輪田一坵
一抽得右邊六墙中山壂
愚叔兄泰作共卅肖拜

乾房

乾坤兩房田段山業有同契共原主湊尽之时兄弟
相議齊出其價俵同分不得異言間下之理兆無合契
共原主尽撥各自支理其粮祖隨田办纳亦不得負累
再議约是實
一抽得溪邊洋段里份田山段 一抽得垅中書處田數段

11-9-65-3　民國十三年廠坪鄭氏乾坤兩房鬮書（三）

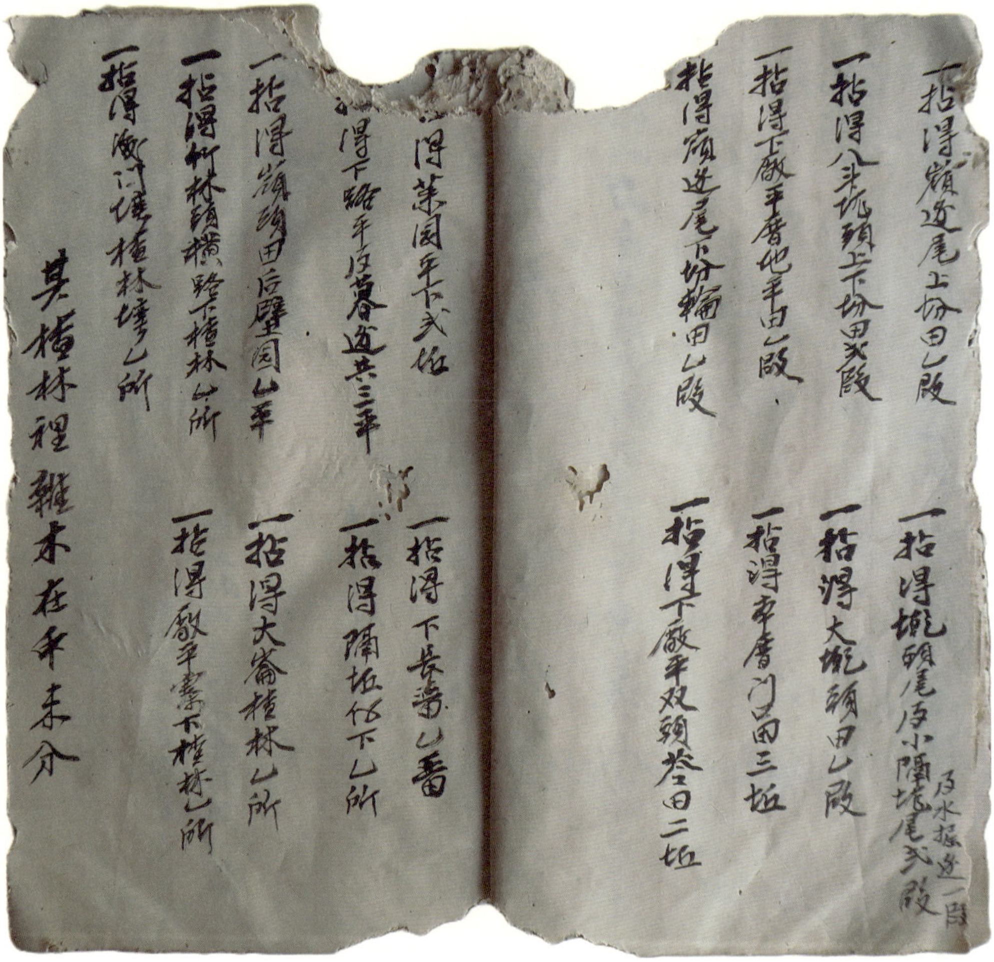

一拈得嶺逆尾上份田乙段
一拈得八斗坑頭上下份田弍段
一拈得下廠平厝他平田乙段
一拈得嶺逆尾下份輪田乙段
一拈得垅頭尾及小隴垅尾弍段 及水碓逆一段
一拈得大垅頭田乙段
一拈得亭厝门口田三坵
一拈得下廠平双頭叁田二坵
一拈得菜园平下弍坵
一拈得下路平丘嘗逆共三平
一拈得嶺頭田后壁园乙平
一拈得竹林頭横路下植林乙所
一拈得洪门堘植林壇乙所
其植林裡雜木在乎未分
一拈得下長嶺乙番
一拈得隔坵仔下乙所
一拈得大崙植林乙所
一拈得敞平崇下植林乙所

11-9-65-4　民國十三年廠坪鄭氏乾坤兩房鬮書（四）

11-9-65-5　民國十三年廠坪鄭氏乾坤兩房鬮書（五）

一拈得左邊第二重横厝前一樫
一拈得右邊正房上下樓乙桐
右邊土樓存半未分

一拈得左邊正房後角乙樫
一拈得右邊下書院後乙樫

[illegible]里荒山乙所
[illegible]林下后溪下仑山乙所
尾墘仑荒山乙所
下路坂樟林上山乙所
后门垅樟林上山乙所
圳頭坑橫路下山乙所

北斗尾荒山乙所
下路坂大崙荒山乙所
下路坂田後壁荒山乙所
下路坂長頭荒山乙所
後门坑圳仑下荒山乙所
溪邊洋下溪墘尾山乙所

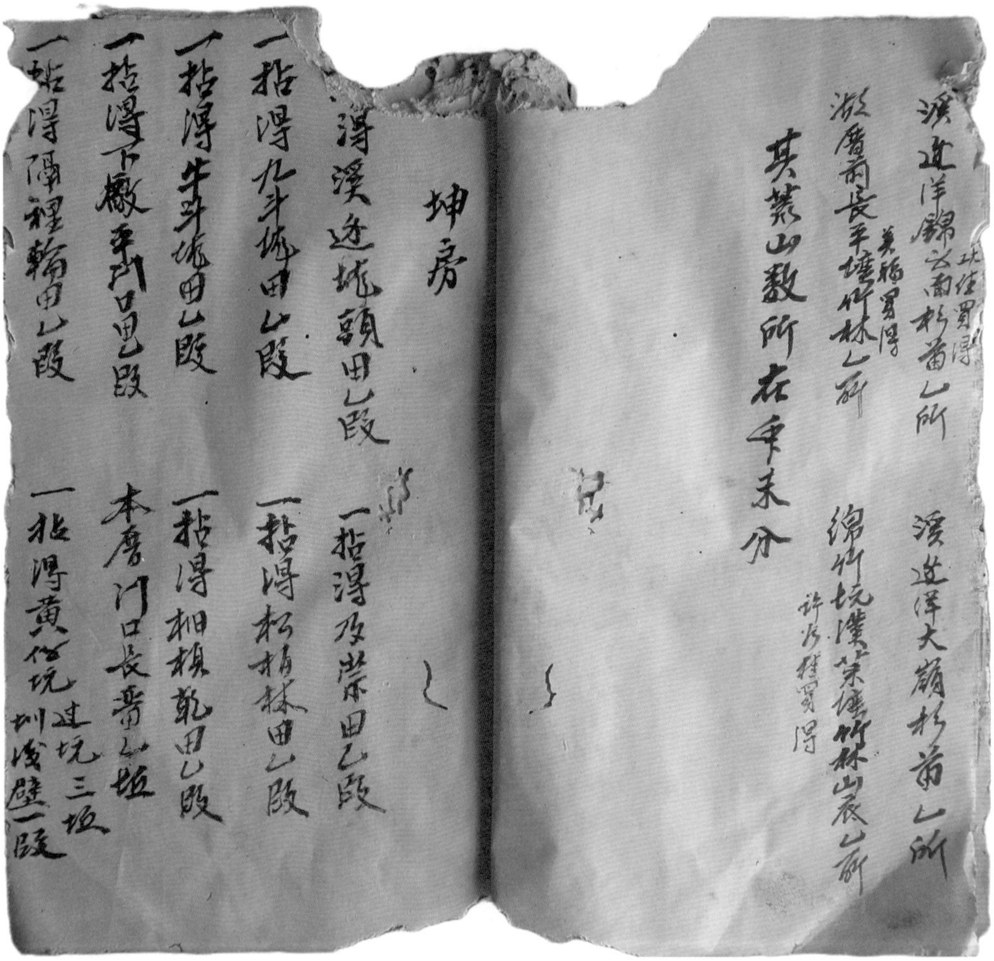

溪边洋錦公前杉苗山所 此係買得

澈厝前長平壠竹林山所 莫福買得

其荒山數所右手未分

溪边洋大嶺杉苗山所

綿竹坑漈茶壠竹林山衣山所 許炎樣買得

坤房

一指得溪边垅頭田山段

一指得九斗坵田山段

一指得牛斗坵田山段

一指得下廠平门口田山段

一指得隔裡輸田山段

一指得及崇田山段

一指得松樹林田山段

一指得相棋乾田山段

本厝门口長垄山坵

一指得黄竹坑过坑三坵 圳墘壁一段

11-9-65-6　民國十三年廠坪鄭氏乾坤兩房鬮書（六）

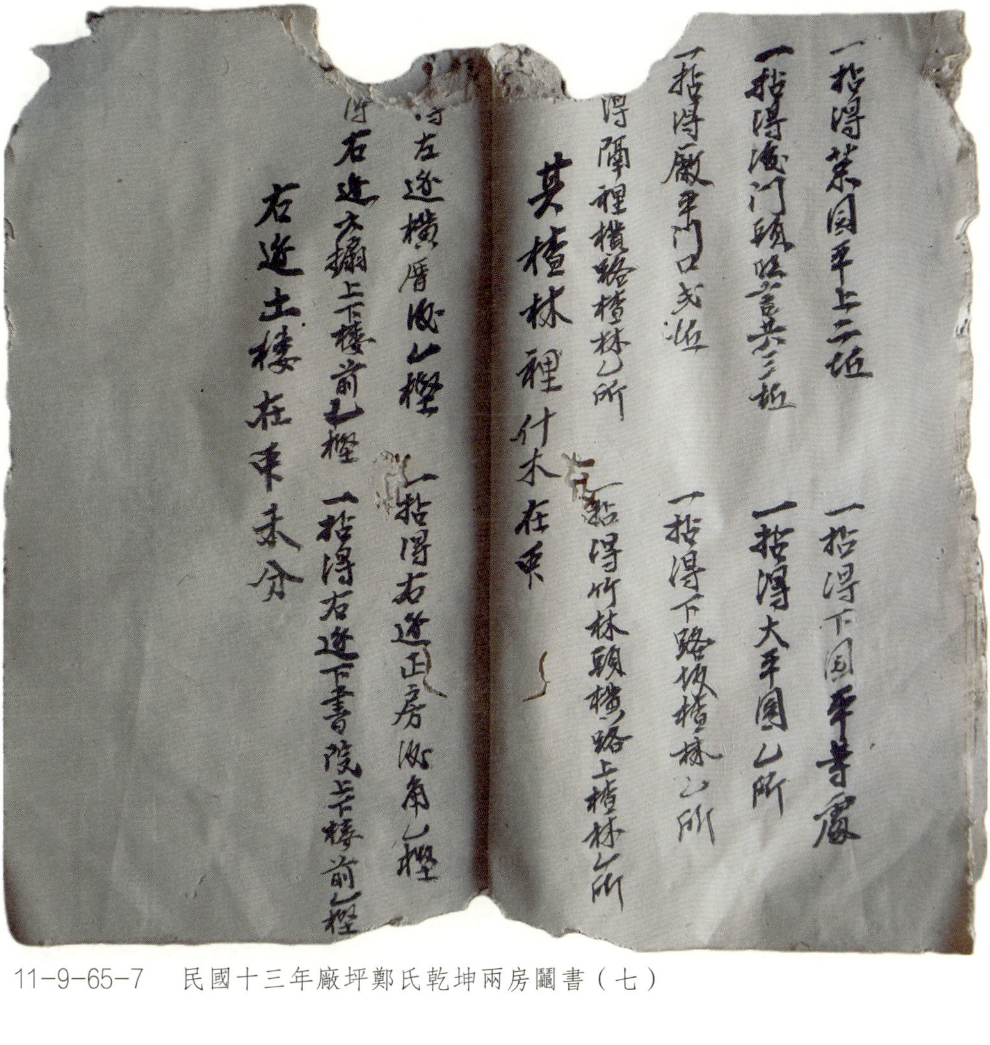

一拈得茶園坪上二坵
一拈得後门頭路邊共三坵
一拈得廠坪门口弍坵
得蘭裡横路槽林山所
其槽林裡什木在東
一拈得下園坪菁處
一拈得大坪園山所
一拈得下路坎槽林山所
一拈得竹林頭横路上槽林山所
得左边横厝後山壄
得右边大攎上下樓前山壄
一拈得右边正房後角山壄
一拈得右边下書院上下樓前山壄
右边土樓在東未分

11-9-65-7　民國十三年廠坪鄭氏乾坤兩房鬮書（七）

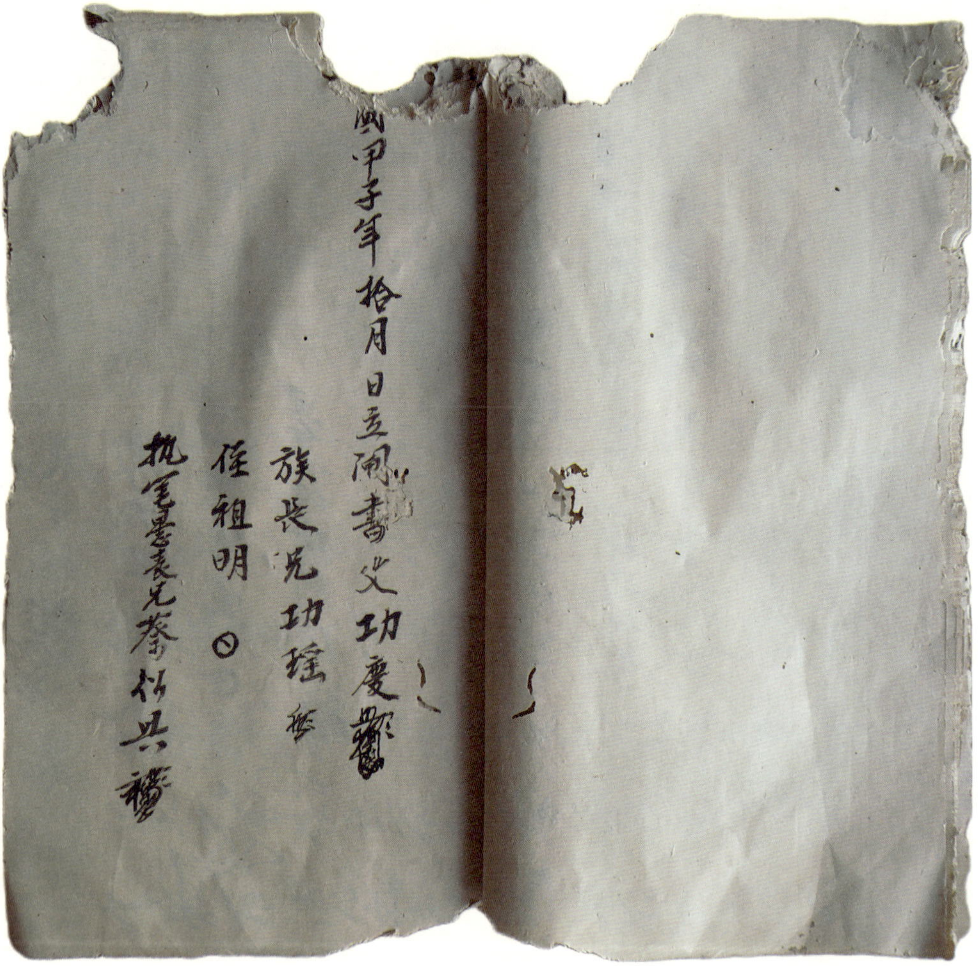

11-9-65-8　民國十三年廠坪鄭氏乾坤兩房鬮書（八）

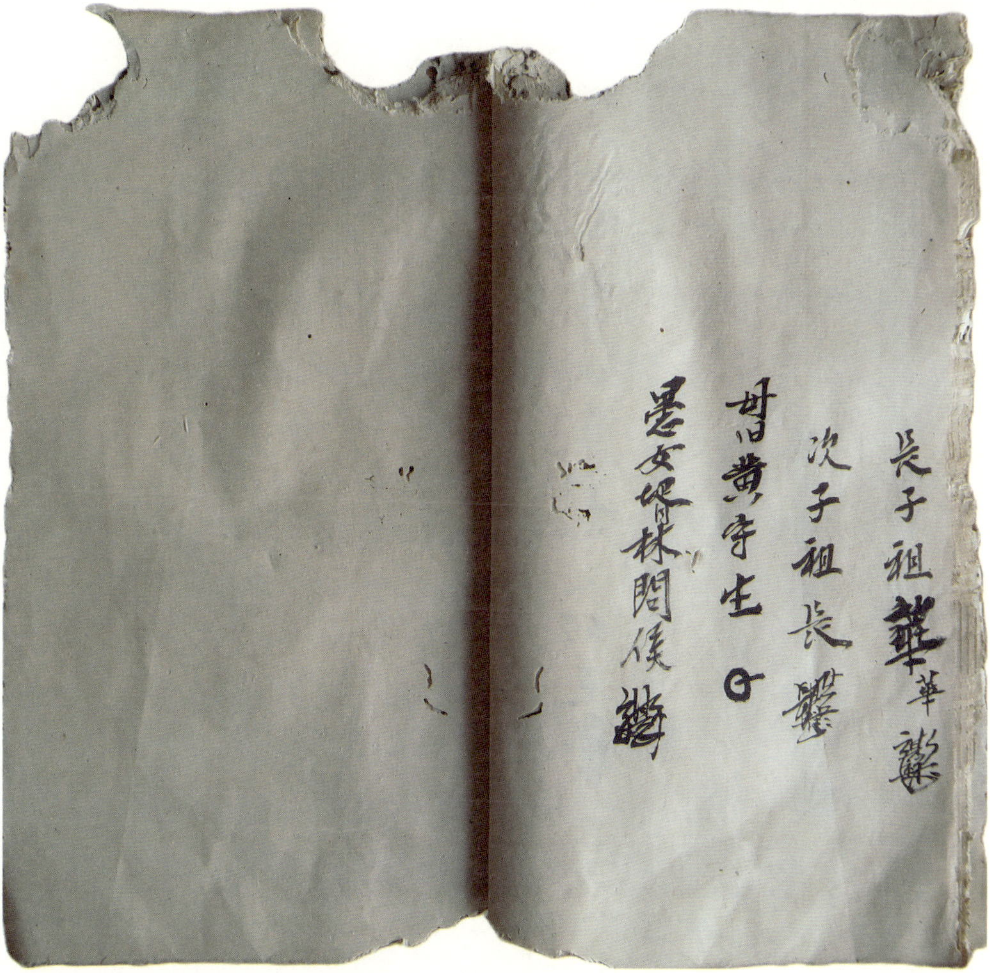

11-9-65-9　民國十三年廠坪鄭氏乾坤兩房鬮書（九）

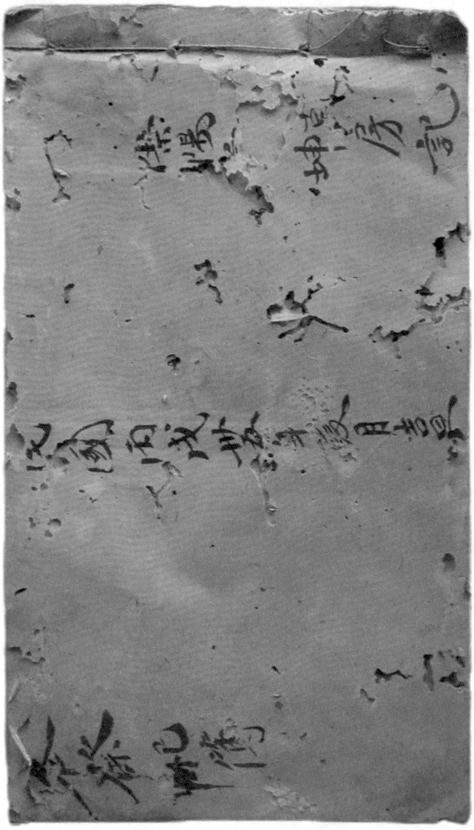

11-9-66-1　民國三十五年廠坪鄭氏乾坤兩房記冬祭賬簿（一）

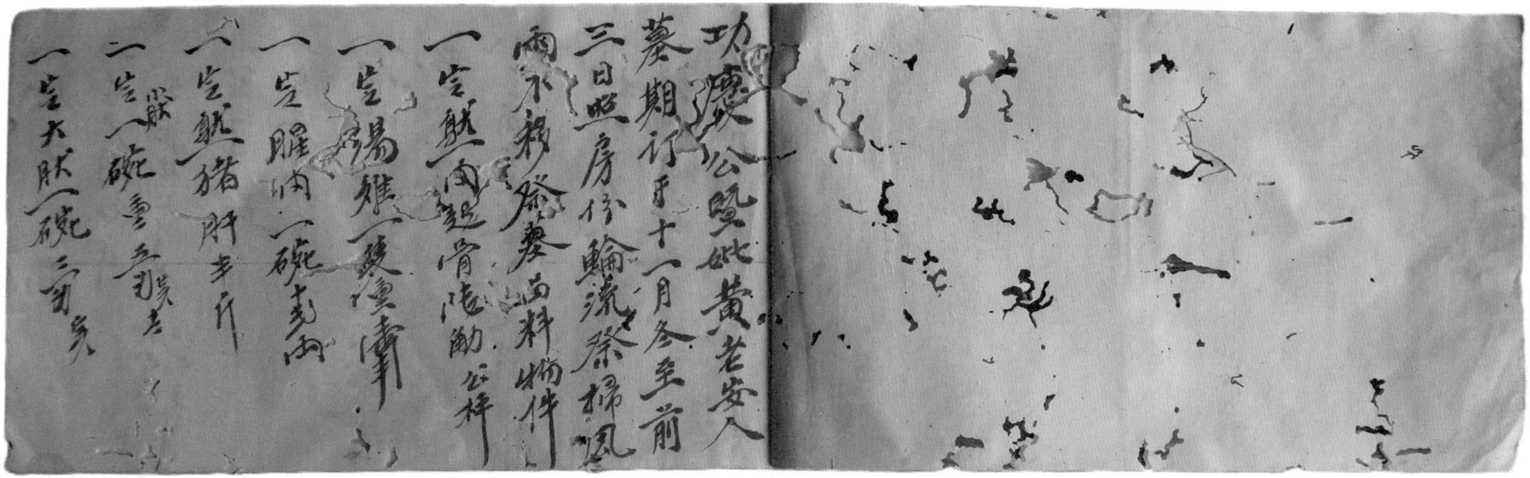

11-9-66-2　民國三十五年廠坪鄭氏乾坤兩房記冬祭賬簿（二）

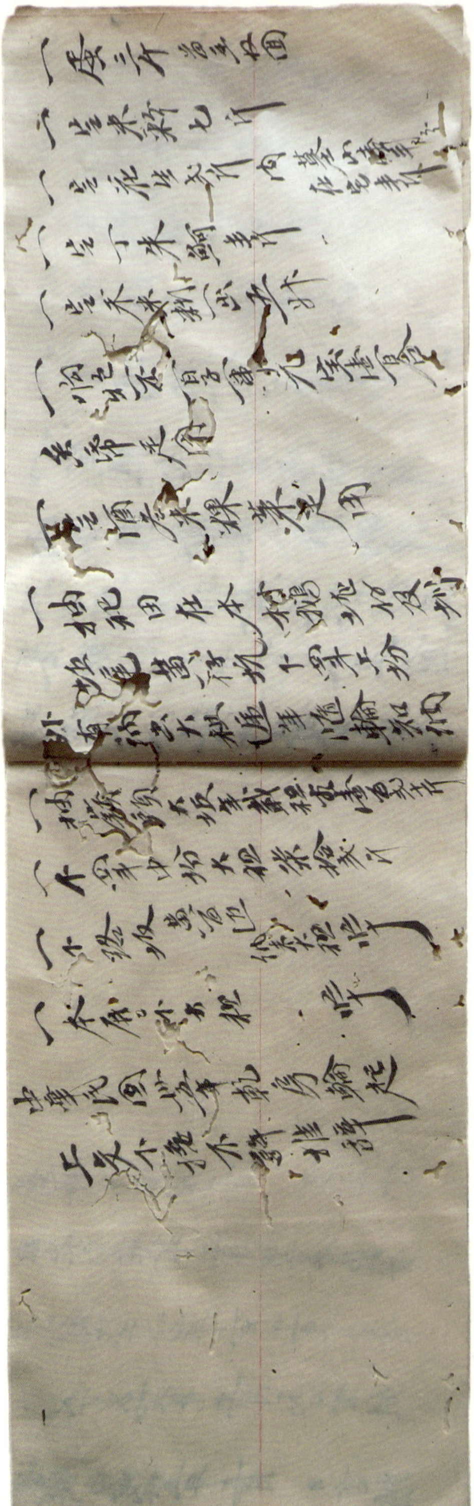

11-9-66-3　民國三十五年廠坪鄭氏乾坤兩房記冬祭賬簿（三）

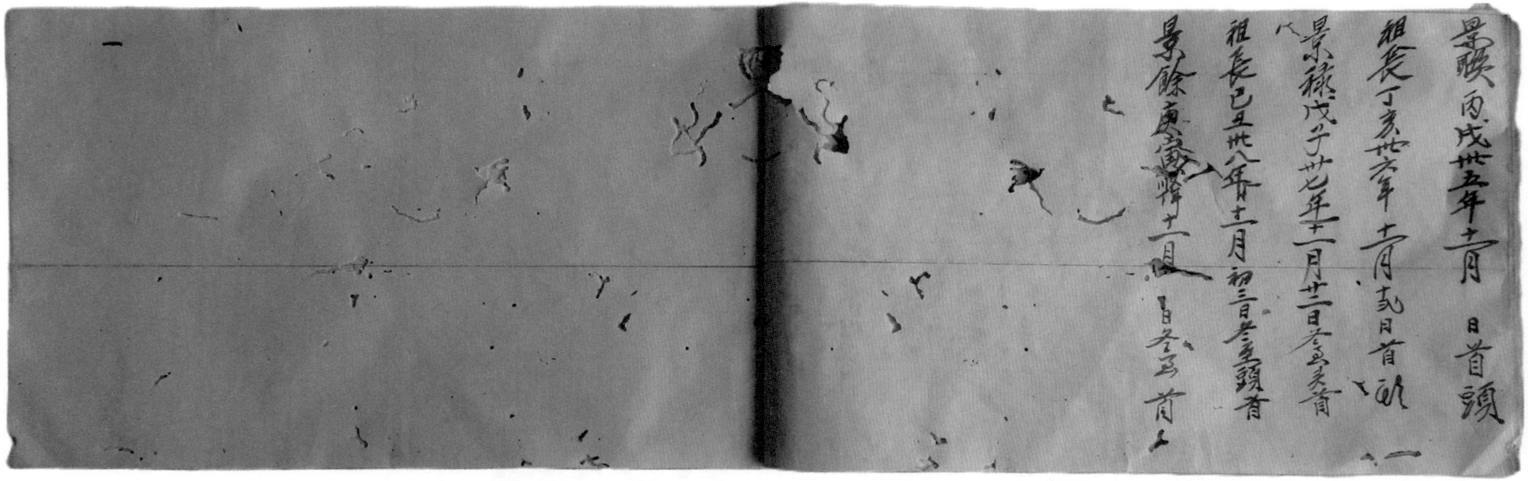

景暎丙戌卅五年十二月　日首頭
祖長丁亥卅六年十二月弍日首頭
景禄戊子卅七年十一月廿二日冬至首
祖長己丑卅八年十一月初三日冬至頭首
景餘庚寅卅九年十一月　日冬至首

11-9-66-4　民國三十五年廠坪鄭氏乾坤兩房記冬祭賬簿（四）

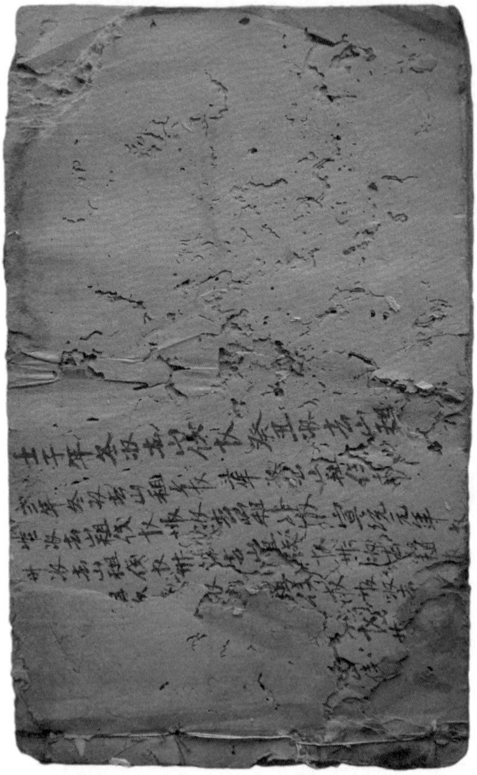

11-9-67-1　晚清民國廠坪鄭氏山租賬簿（一）

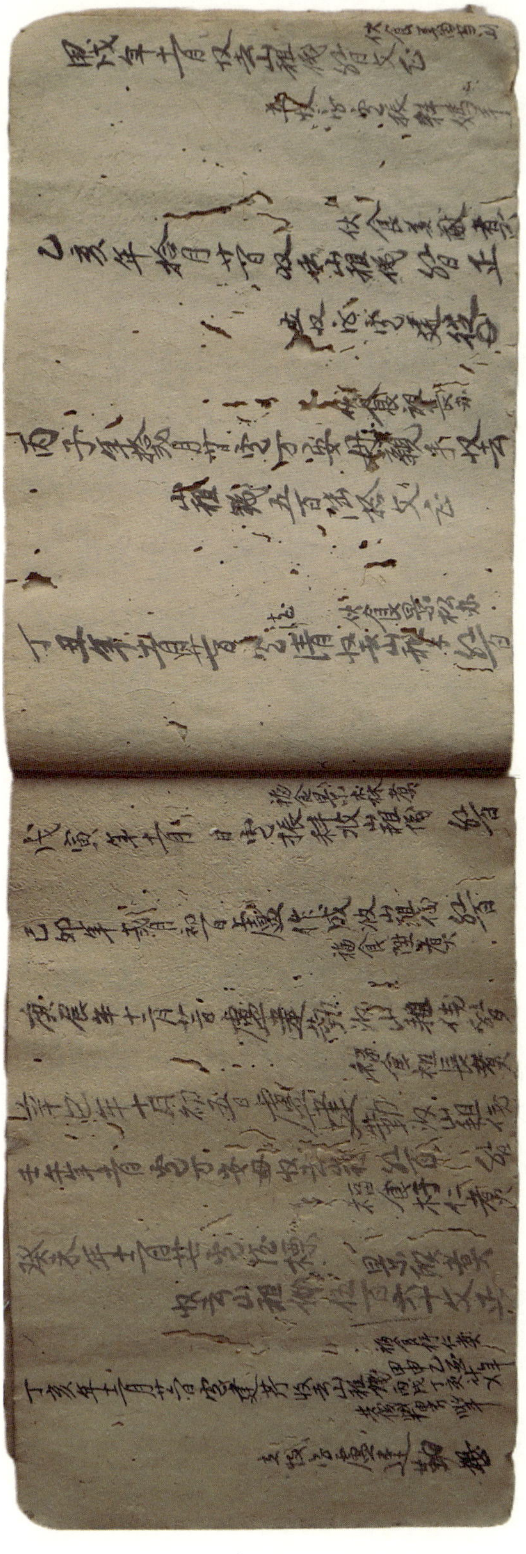

11—9—67—2 晚清民國廠坪鄭氏山租賬簿（二）

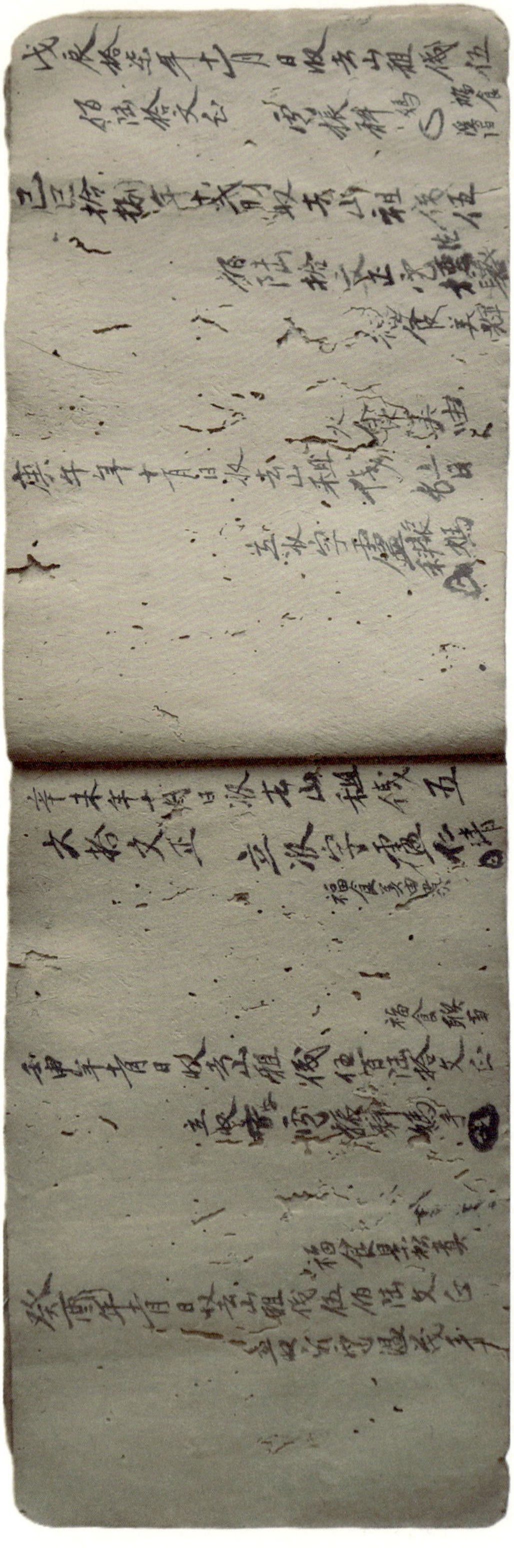

11-9-67-3　晚清民國廠坪鄭氏山租賬簿（三）

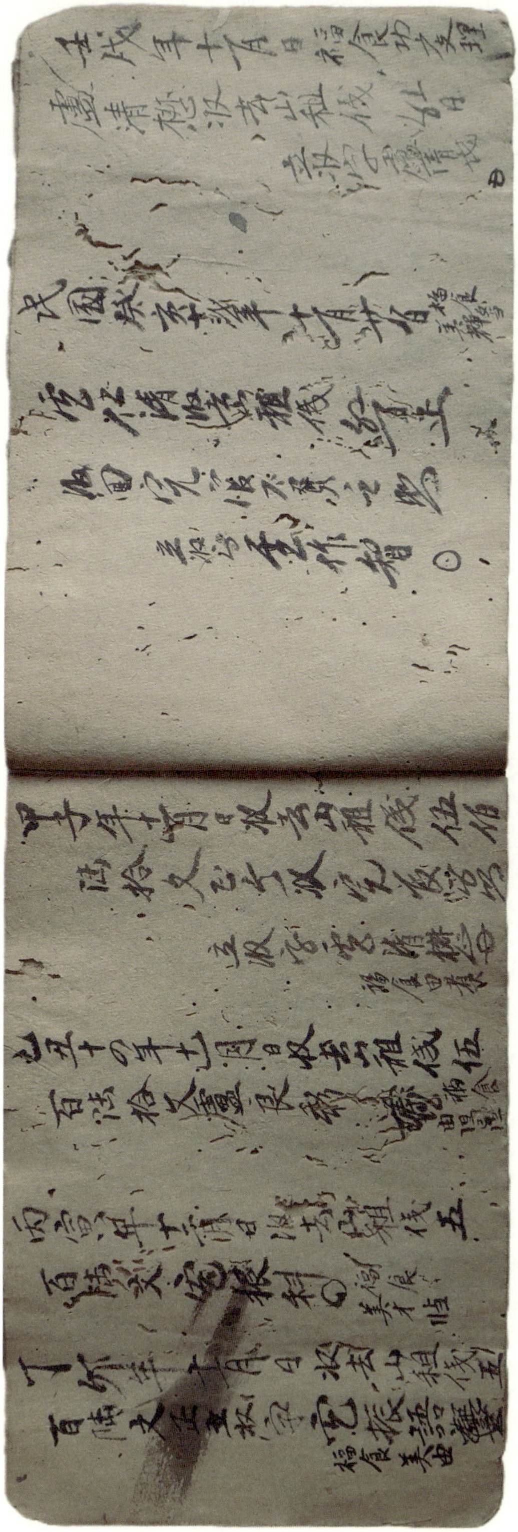

11-9-67-4　晚清民國廠坪鄭氏山租賬簿（四）

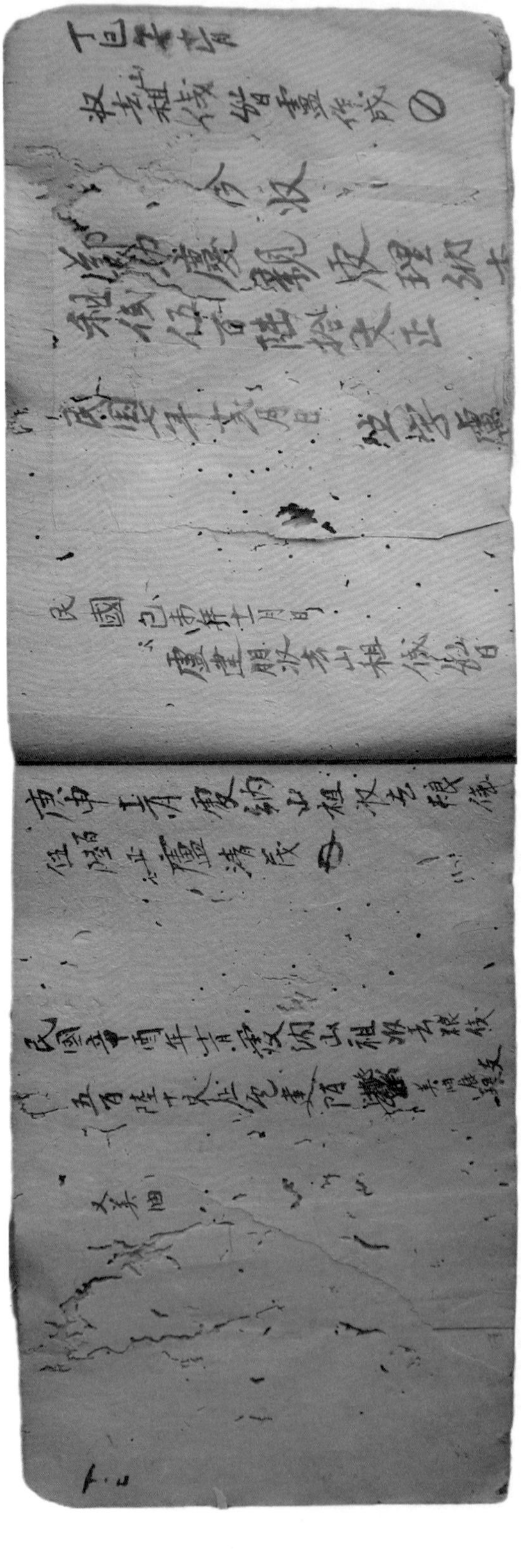

11-9-67-5　晚清民國廠坪鄭氏山租賬簿（五）

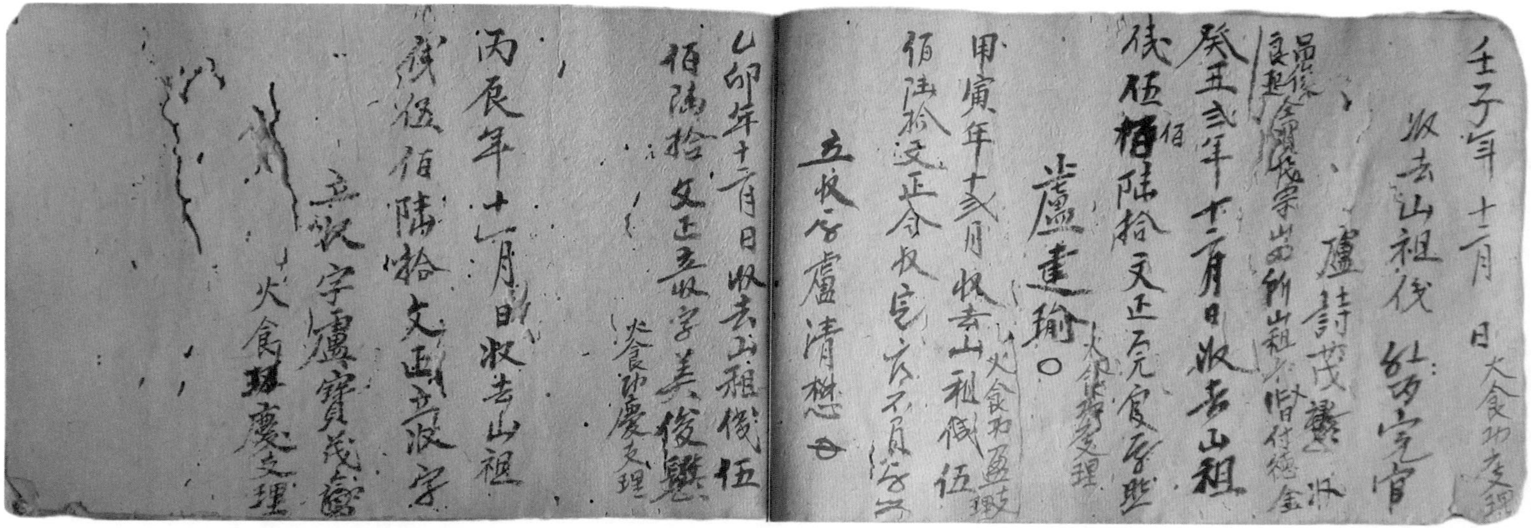
壬子年十二月　日　火食功支理
收去山租钱　[illegible]完官
盧詩茂鱀　收
品後全領茂字山西所山租俱付德金
癸丑弍年十二月日收去山租
钱伍佰陆拾文正立完官字照
盧達瑜〇　火食功慶支理
甲寅年十弍月　收去山租钱伍　火食功慶支理
佰陆拾文正今收完　不負
立收字盧清懋　中
乙卯年十二月日收去山租钱伍
佰陆拾文正立收字美俊懋
火食功慶支理
丙辰年十一月　日收去山租
钱伍佰陆拾文正立收字
立收字盧寶茂懿
火食功慶支理

11-9-67-6　晚清民國廠坪鄭氏山租賬簿（六）

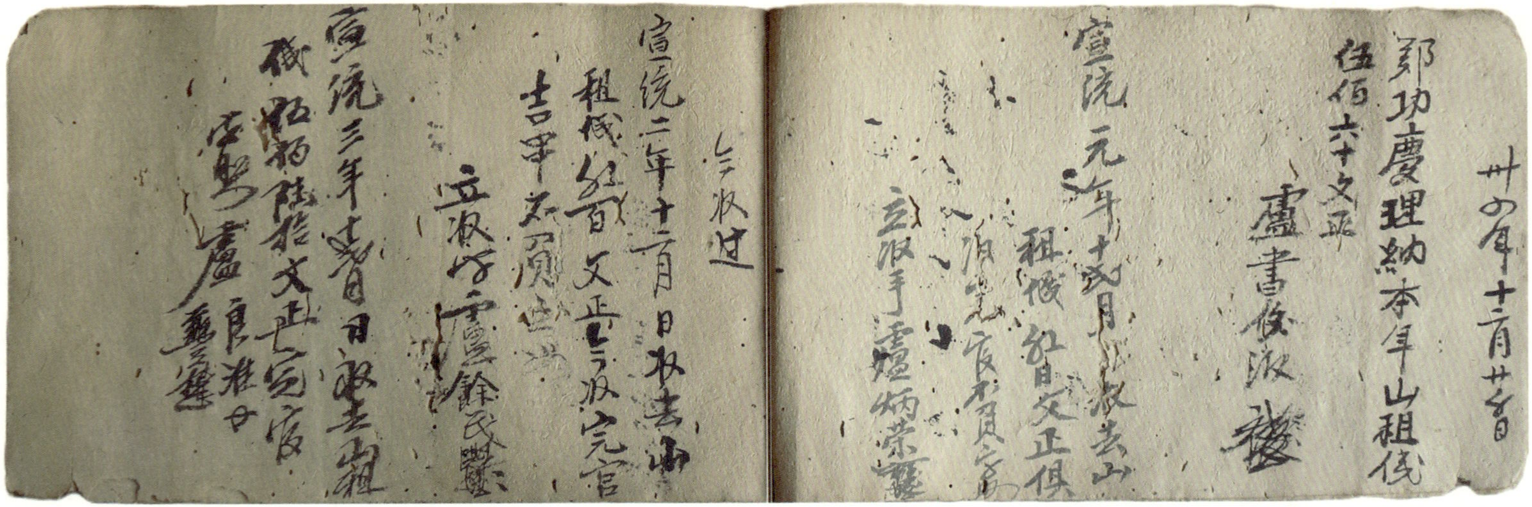

卅四年十二月廿二日
鄭功慶理納本年山租錢
伍佰六十文正
盧書俊收號

宣統元年十弍月 日收去山
租錢紅[illegible]文正俱
[illegible]
立收手盧炳榮號

二收过
宣统二年十二月 日收去山
租錢紅百文正二收完官
吉年不須出[illegible]
立收字盧餘民號

宣统三年十二月 日收去山租
錢柒拾陆文正七收官
[illegible]盧良准中
[illegible]

11-9-67-7　晚清民國廠坪鄭氏山租賬簿（七）

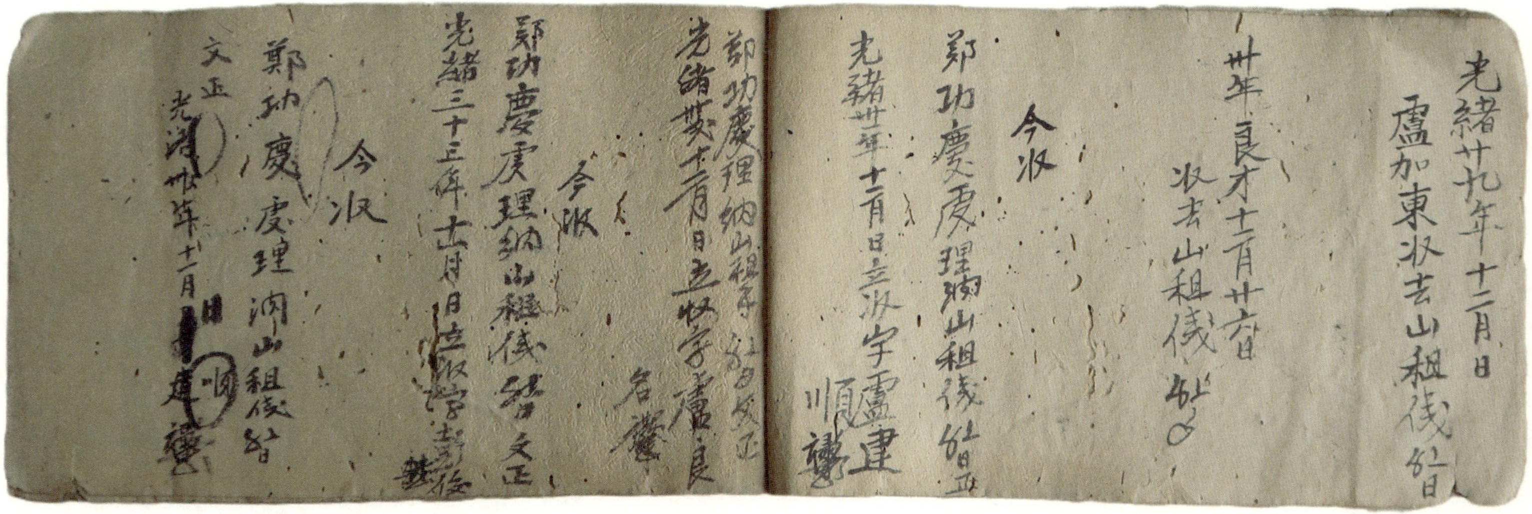
光緒廿九年十二月日
盧加東收去山租錢
今收
鄭功慶虔理納山租錢
光緒卅年十二月日立收字盧建
今收
鄭功慶虔理納山租錢　文正
今收
鄭功慶虔理納山租錢

11-9-67-8　晚清民國廠坪鄭氏山租賬簿（八）

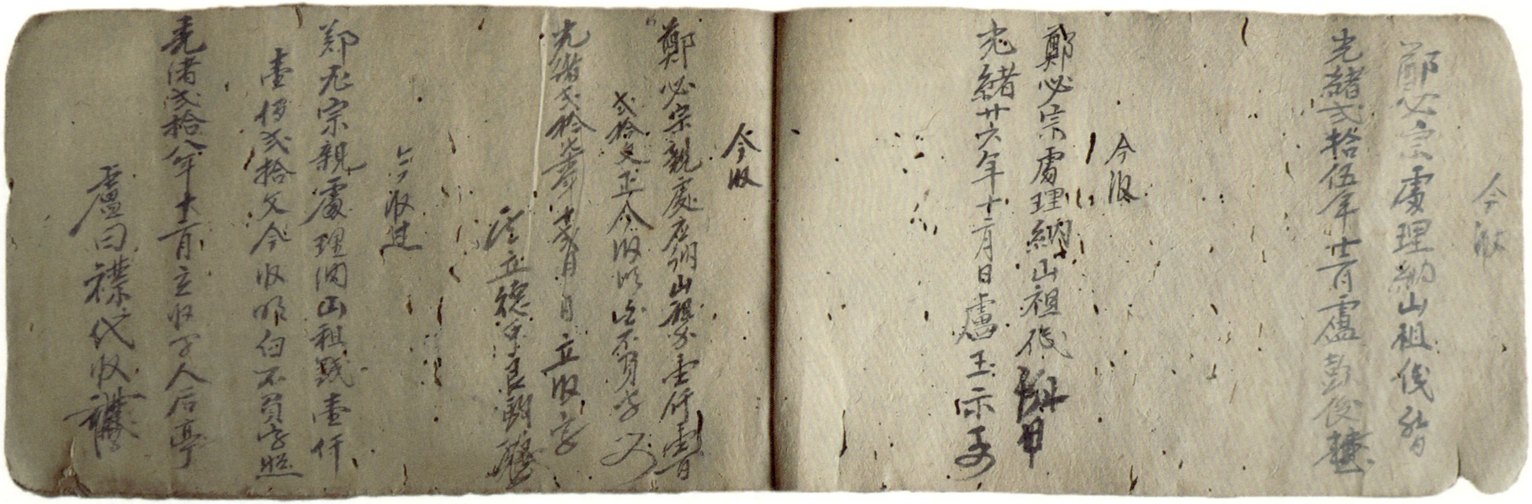

今收
鄭必宗處理納山租錢[illegible]
光緒式拾伍年十二月盧彭俊[illegible]
今收
鄭必宗處理納山租錢[illegible]
光緒廿六年十二月日盧玉宗手
今收
鄭必宗親處交納山租錢壹仟[illegible]
式拾文正今收明足不得少欠
光緒式拾柒年十二月日立收字
[illegible]立總字[illegible]
[illegible]收過
鄭必宗親處理納山租錢壹仟
壹佰式拾文今收明白不[illegible]字照
光緒式拾八年十二月立收字人[illegible]
盧日[illegible]代收[illegible]

11-9-67-9　晚清民國廠坪鄭氏山租賬簿（九）

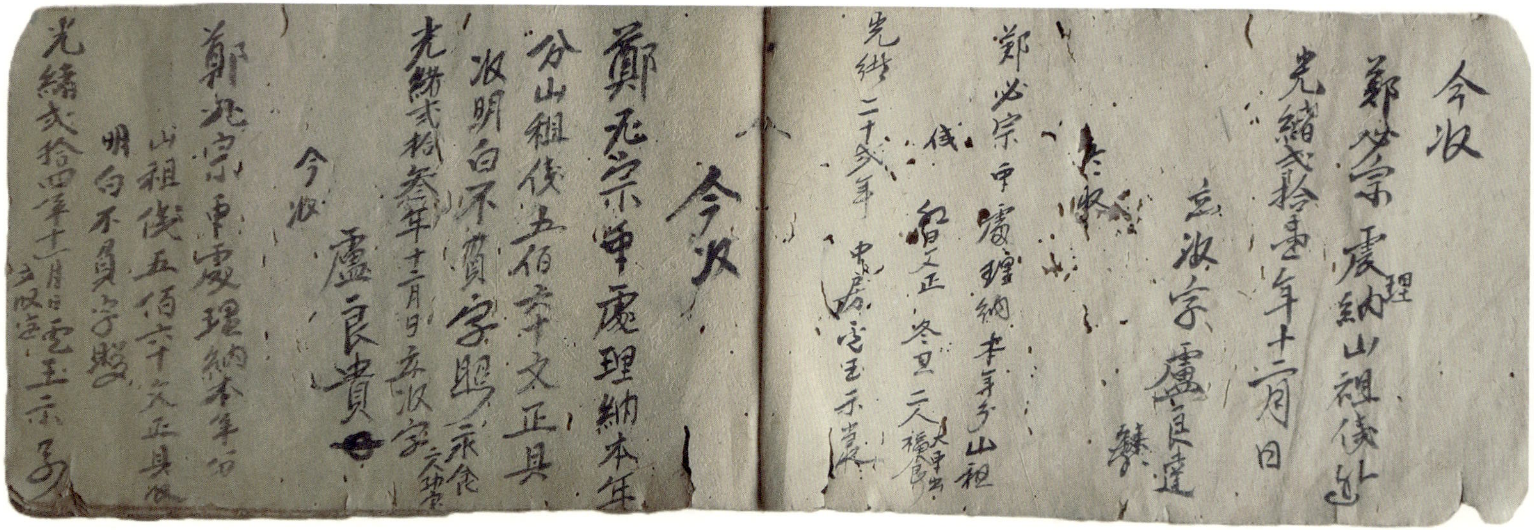
今收
鄭必宗處理納山租錢訖
光緒貳拾壹年十二月日
立收字盧良達
今收
鄭必宗處理納本年分山租
光緒二十貳年
今收
鄭兆宗處理納本年
分山租錢五佰六十文正具
收明白不負字照
光緒式拾叁年十二月日立收字
盧良貴
今收
鄭兆宗處理納本年分
山租錢五佰六十文正具收
明白不負字照
光緒式拾四年十二月日

11-9-67-10　晚清民國廠坪鄭氏山租賬簿（一〇）

圖書在版編目（CIP）數據

福建民間契約文書. 第十一卷：3册 / 鄭振滿主編. --福州：福建人民出版社，2022.10
（八閩文庫. 專題彙編）
ISBN 978-7-211-08905-5

Ⅰ. ①福… Ⅱ. ①鄭… Ⅲ. ①契約—文書—彙編—福建
Ⅳ. ①D927.570.369

中國版本圖書館CIP數據核字（2022）第161527號

福建民間契約文書（第十一卷）

主　　編：鄭振滿
編　　者：厦門大學民間歷史文獻研究中心
責任編輯：張輝蘭　連天雄　趙遠方
裝幀設計：張志偉
美術編輯：陳培亮
出版發行：福建人民出版社
電　　話：0591—87533169（發行部）
網　　址：http://www.fjpph.com
電子郵箱：fjpph7221@126.com
地　　址：福建省福州市東水路76號
經　　銷：福建新華發行（集團）有限責任公司
印刷裝訂：雅昌文化（集團）有限公司
地　　址：深圳市南山區深雲路19號
電　　話：0755—86083235
開　　本：787毫米×1092毫米 1/16
印　　張：87.75
版　　次：2022年10月第1版第1次印刷
書　　號：ISBN 978-7-211-08905-5
定　　價：1800.00元（全3册）